# METZLER PHILOSOPHIE LEXIKON

*2. Auflage*

# METZLER PHILOSOPHIE LEXIKON

## Begriffe und Definitionen

2., erweiterte und aktualisierte Auflage

*Herausgegeben von*
*Peter Prechtl und Franz-Peter Burkard*

Verlag J.B. Metzler
Stuttgart · Weimar

*Inhaltsverzeichnis*



Die Deutsche Bibliothek – CIP-Einheitsaufnahme

**Metzler-Philosophie-Lexikon** : Begriffe und Definitionen
/ hrsg. von Peter Prechtl und Franz-Peter Burkard. – 2. überarb. u. aktualisierte Aufl.
– Stuttgart ; Weimar : Metzler, 1999
ISBN 3-476-01679-X

ISBN 3-476-01679-X


Einbandgestaltung: Willy Löffelhardt
Satz: Dörr + Schiller GmbH, Stuttgart
Druck und Bindung: Franz Spiegel Buch GmbH, Ulm
Printed in Germany

# *Vorwort*

Das Lexikon Philosophie ist als Arbeitsmittel für die erste Orientierung innerhalb der philosophischen Begrifflichkeit konzipiert. Es soll den Studierenden der Philosophie (auch Studienanfängern), Wissenschaftlern anderer Fachgebiete und den philosophisch Interessierten ermöglichen, sich innerhalb der verschiedenen Gebiete der Philosophie die nötige begriffliche Übersicht zu verschaffen. Um diesem Anspruch zu genügen, muß das Lexikon so umfassend wie möglich sein, ohne seine Handlichkeit als einbändiges Nachschlagewerk zu verlieren. Angesichts der Tatsache, daß man es in der Philosophie weder mit monolithischen Lehrmeinungen noch mit fixiertem oder fixierbarem Wissen zu tun hat, lassen sich beide Ziele nicht einfach auf einen Nenner bringen. Für jede Begriffserläuterung galt es, eine hinreichend klare Darstellung ohne unzulässige Verkürzung zu finden. Für die Auswahl der Begriffe galt es, die Überrepräsentierung bestimmter Spezialgebiete zu vermeiden und das gesamte Spektrum philosophischer Fragestellungen abzudecken. Es liegt auf der Hand, daß ein solches Unternehmen nicht allein nach streng systematischen Gesichtspunkten zu bewerkstelligen ist.

Das Lexikon umfaßt den Bereich der abendländischen Philosophie von der Antike bis zur Gegenwart. Hinzukommen Grundbegriffe der chinesischen und indischen Philosophie. Einschränkungen bezüglich sogenannter Spezialphilosophien waren aus den oben genannten Gründen notwendig.

So wie sich um jeden »größeren« philosophischen Begriff eine ganze Problemstellung konzentriert, der dieser Begriff seine Bedeutung verdankt, so ist auch mit jeder Problemstellung ein Spektrum an philosophischen Reflexionen verbunden – entsprechend vielfältig sind die Antworten. Bei einzelnen Autoren haben zahlreiche Termini eine spezielle Ausformung erhalten. In solchen Fällen haben wir uns auf die für eine Position grundlegenden Begriffe konzentriert, die den Einstieg in das Werk eines Philosophen ermöglichen und von denen aus sich die weiteren Begriffe erschließen lassen. Das Lexikon kann nicht die Beschäftigung mit dem Autor ersetzen, sondern bestenfalls erste Hilfestellungen geben. Da philosophisches Denken immer auch einen Prozeß darstellt, haben wir versucht, die Bezüge herzustellen, in denen sich der betreffende Begriff bewegt, und ebenso, die Bedeutungsverschiebungen sichtbar zu machen. Auch an dieser Stelle waren Beschränkungen aus den genannten Gründen nicht zu vermeiden. Ein Großteil der Begriffe fügt sich nicht der definitorischen Festlegung, sondern wird erst in der historischen Ausfaltung hinreichend erkennbar; begriffsgeschichtliche Gesichtspunkte lassen sich immer auch als eigene Unterscheidungsgeschichte rekonstruieren. Im Lexikon waren hier Akzente historischer und systematischer Art zu setzen. Die Einbußen hinsichtlich der historischen Vielfalt der Begriffsdimensionen versucht das Lexikon durch den Verweis auf kontroverse Verständnisse und zumindest die wichtigsten Bedeutungsdifferenzen zu kompensieren. Für umfassendere Darstellungen philosophischer Begriffe und Fragestellungen verweisen wir auf die folgenden Werke, die natürlich auch in den Artikeln des Lexikons zur Anwendung kamen: auf das *Historische Wörterbuch der Philosophie*, hrsg. von J. Ritter und K. Gründer, auf die *Enzyklopädie Philosophie und Wissenschaftstheorie*, hrsg. von J. Mittelstraß, auf die *Europäische Enzyklopädie zu Philosophie und Wissenschaften*, hrsg. von H. J. Sandkühler. Für die Darstellung von einzelnen Philosophen verweisen wir auf das *Metzler Philosophenlexikon.*

Begriffe aus Einzelwissenschaften wie Physik, Mathematik, Sprachwissenschaft, Psychologie, Soziologie, Biologie sind im Lexikon vertreten, soweit sie Eingang in philosophische Kontexte gefunden haben und Bestandteil philosophischer Argumentation geworden sind.

Die Artikel geben die Werke der für den behandelten Begriff repräsentativen Autoren an und bieten, soweit es angebracht erscheint, einführende oder weiterführende Literatur neueren Datums, die den Einstieg in die dem Begriff zugehörige Thematik ermöglichen soll.

Die einzelnen Begriffserläuterungen sollen jeweils für sich selbst verständlich sein, ohne daß der Leser durch zahlreiche Verweise zu ständigem Weiterblättern genötigt wäre; daraus resultieren Redundanzen solcherart, daß Begriffe in jeweils anderem Zusammenhang nochmals erläutert werden. Die vorhandenen Verweise (↗) sind ein Angebot für den Leser, dem thematischen Bezug innerhalb des Lexikons nachzugehen. Wo es aus Gründen der Verständlichkeit geboten war, wurde mitunter der Erläuterung eines Begriffes mehr Platz eingeräumt, als es dessen systematischer Stellenwert hätte erwarten lassen.

*

An dieser Stelle gilt unser ausdrücklicher Dank dem Verlag, speziell Bernd Lutz, der diese Konzeption mitgetragen hat. Er war es auch, der das Projekt und damit auch die Herausgeber mit entsprechendem Druck vorangetrieben hat. Bisweilen bedurfte es eines äußeren Zwanges, über unseren »philosophischen Schatten« zu springen und uns für eine Fassung eines Artikels zu entscheiden, den wir nur zu gerne im x-fachen Umfang gebracht hätten.

Danken möchten wir auch den Mitarbeitern des Metzler-Verlags, Ute Hechtfischer, Norbert Retlich und Oliver Schütze für ihre engagierte Arbeit in verschiedenen Phasen des Projektes.

Carmen-Marion Herrmann und Ruth Dommaschk möchten wir herzlich für mühevolle redaktionelle Arbeit danken.

Michael Quante, Münster, möchten wir namentlich erwähnen. Er hat nicht nur zahlreiche eigene Artikel verfaßt, sondern in spontaner und engagierter Weise weitere Mitautoren gewonnen. Für die Herausgeber war es eine angenehme Erfahrung, wie Herr Quante das Anliegen des Lexikons uneigennützig zu seiner eigenen Sache machte und zum Gelingen des Projekts beigetragen hat.
Einen ganz persönlichen Dank habe ich an Gerhard Gehrke, Max Karges und Manfred Voit zu richten, die mir mit sämtlichen Geräten und unter denkwürdigen Umständen geholfen haben, als mein Computer ausgerechnet in der Endphase der Produktion seine technische bzw. elektronische Intelligenz aufgab und seine Mitarbeit verweigerte (PP).

Berlin/Würzburg,
im Oktober 1995

Peter Prechtl
Franz-Peter Burkard

# *Vorwort zur 2. Auflage*

Die erfreuliche Resonanz, die das »Metzler Philosophie Lexikon« seit seinem ersten Erscheinen im Jahr 1996 gefunden hat, eröffnet den Herausgebern und dem Verlag die Möglichkeit zu einer 2. Auflage früher als ursprünglich erwartet. Wir haben diese Gelegenheit gerne benutzt, um einige Begriffe nachzutragen, die aus unterschiedlichen Gründen in der 1. Auflage nicht aufgenommen waren, und neue Begriffe einzufügen, um dem gegenwärtigen Diskussionsstand innerhalb der Philosophie in ihren verschiedenen Denkrichtungen Rechnung zu tragen. Über 200 Begriffe sind auf diese Weise dazugekommen (vgl. die Liste der neuen Artikel auf S. XI). Die Literaturhinweise wurden so gut wie möglich aktualisiert und ergänzt. In dem positiven Zuspruch sehen wir die Verpflichtung, auch weiterhin konstruktive Anregungen aufzunehmen und die Aktualität des Lexikons durch die Aufmerksamkeit auf die unterschiedlichen Diskussionsströme der Philosophie sicherzustellen.

München/Würzburg
im März 1999

Peter Prechtl
Franz-Peter Burkard

# *Autoren- und Kürzelverzeichnis*

AA Andreas Arndt, Berlin
AB Andreas Bartels, Paderborn
AC Andreas Cremonini, Basel
AD Andreas Disselnkötter, Dortmund
AE Achim Engstler, Münster
AG Alexander Grau, Berlin
AK André Kieserling, Bielefeld
AM Arne Malmsheimer, Bochum
AN Armin Nassehi, München
AR Alexander Riebel, Würzburg
ARE Anne Reichold, Kaiserslautern
AS Annette Sell, Bochum
AT Axel Tschentscher, Würzburg
ATA Angela T. Augustin, Basel
AW Astrid Wagner, Berlin
BA Bernd Amos, Erlangen
BBR Birger Brinkmeier, Münster
BC Bernadette Collenberg, Hagen
BD Bernhard Debatin, Berlin
BES Bettina Schmitz, Würzburg
BG Bernward Gesang, Kusterdingen
BI Bernhard Irrgang, Dresden
BK Bernd Kleimann, Tübingen
BKO Boris Kositzke, Tübingen
BL Burkhard Liebsch, Bochum
BR Boris Rähme, Berlin
BS Berthold Suchan, Gießen
BZ Bernhard Zimmermann, Freiburg
CA Claudia Albert, Berlin
CHA Christoph Asmuth, Berlin
CHR Christa Runtenberg, Münster
CI Christian Iber, Berlin
CJ Christoph Jäger, Leipzig
CK Christian Kanzian, Innsbruck
CL Cornelia Liesenfeld, Augsburg
CLK Clemens Kauffmann, Lappersdorf
CM Claudius Müller, Nehren
CO Clemens Ottmers, Tübingen
CP Cristina de la Puente, Stuttgart
CS Christian Schröer, Bamberg
CSE Clemens Sedmak, Innsbruck
CZ Christian Zeuch, Münster
DG Dorothea Günther, Würzburg
DGR Dorith Grugel, Münster
DH Detlef Horster, Hannover
DHB Daniela Hoff-Bergmann, Bremen
DIK Dietmar Köveker, Frankfurt a.M.
DK Dominic Kaegi, Heidelberg
DKÖ Dietmar Köhler, Witten
DL Dorothea Lüddeckens, Veitshöchheim
DP Dominik Perler, Göttingen
DR Dane Ratliff, Würzburg und Austin/Texas
EE Eva Elm, Berlin
EJ Eva Jelden, Leipzig
EF Elisabeth Fink, Berlin
EM Ekkehard Martens, Hamburg
ER Eberhard Rüddenklau, Staufenberg
EWG Eckard Wolz-Gottwald, Davensberg
EWL Elisabeth Weisser-Lohmann, Bochum
FBS Franz-Bernhard Stammkötter, Bochum
FG Frank Grunert, Basel
FPB Franz-Peter Burkard, Würzburg
FW Fabian Wittreck, Würzburg
GK Georg Kneer, Leipzig
GKB Gudrun Kühne-Bertram, Ochtrup
GL Georg Lohmann, Magdeburg
GM Georg Mildenberger, Tübingen
GME Günther Mensching, Hannover
GMO Georg Mohr, Bremen
GN Guido Naschert, Tübingen
GOS Gottfried Schwitzgebel, Mainz
GS Georg Scherer, Oberhausen
GSO Gianfranco Soldati, Tübingen
HB Harald Berger, Graz
HD Horst Dreier, Würzburg
HDH Han-Ding Hong, Düsseldorf
HG Helmut Glück, Bamberg
HGR Horst Gronke, Berlin
HL Hilge Landweer, Berlin
HND Herta Nagl-Docekal, Wien
HPS Helke Pankin-Schappert, Mainz
HS Herbert Schnädelbach, Berlin
IR Ines Riemer, Hamburg
JA Johann S. Ach, Münster
JC Jürgen Court, Köln
JH Jörg Hardy, Münster
JHI Jens Hinkmann, Göttingen
JK Jörg Klawitter, Würzburg
JM Jörg F. Maas, Hannover
JOP Jeff Owen Prudhomme, Macon/Georgia
JP Jörg Pannier, Münster
JPB Jens Peter Brune
JQ Josef Quitterer, Innsbruck
JR Josef Rauscher, Mainz
JRO Johannes Rohbeck, Dresden
JS Joachim Söder, Würzburg
JSC Jörg Schmidt, München
JV Jürgen Villers, Aachen
KDZ Klaus-Dieter Zacher, Berlin
KE Klaus Eck, Würzburg
KG Kerstin Gevatter, Bochum
KH Kai-Uwe Hellmann, Berlin
KHG Karl-Heinz Gerschmann, Münster
KHL Karl-Heinz Lembeck, Würzburg
KJG Klaus-Jürgen Grün, Frankfurt a.M.
KK Klaus Kahnert, Bochum
KRL Karl-Reinhard Lohmann, Witten
KS Kathrin Schulz, Würzburg
KSH Klaus Sachs-Hombach, Magdeburg
LG Lutz Geldsetzer, Düsseldorf
LR Leonhard Richter, Würzburg
MA Mauro Antonelli, Graz

MB Martin Beisler, Gerbrunn
MBI Marcus Birke, Münster
MBO Marco Bonato, Tübingen
MD Max Deeg, Würzburg
MDB Matthias Bloch, Bochum
ME Michael Esfeld, Münster
MFM Martin F. Meyer, Münster
MK Matthias Kunz, München
MKL Martin Kleinsorge, Aachen
MKO Mathias Koßler, Mainz
ML Mark Lekarew, Berlin
MLE Michael Leibold, Würzburg
MM Matthias Maring, Karlsruhe
MN Marcel Niquet, Neu-Isenburg
MQ Michael Quante, Münster
MR Mathias Richter, Rottenburg
MRM Marie-Luise Raters-Mohr, Münster
MS Manfred Stöckler, Bremen
MSI Mark Siebel, Hamburg
MSP Michael Spang, Kaiserslautern
MSU Martin Suhr, Hamburg
MW Markus Willaschek, Münster
MWÖ Matthias Wörther, München
NM Norbert Meuter, Berlin
OB Oliver Baum, Bochum
OFS Orrin F. Summerell, Bochum
PE Peter Eisenhardt, Frankfurt a.M.
PCL Peter Ch. Lang, Frankfurt a.M.
PK Peter Kunzmann, Würzburg
PN Peter Nitschke, Vechta
PP Peter Prechtl, München/Würzburg
RD Ruth Dommaschk, Würzburg
RDÜ Renate Dürr, Karlsruhe
RE Rolf Elberfeld, Wuppertal
REW Ruth Ewertowski, Stuttgart
RH Reiner Hedrich, Gießen
RHI Reinhard Hiltscher, Stegaurach
RK Reinhard Kottmann, Münster
RL Rudolf Lüthe, Koblenz
RLA Rolf-Jürgen Lachmann, Berlin
RM Reinhard Mehring, Berlin
RP Roland Popp, Bremen
RS Regina Srowig, Würzburg
RTH Robert Theis, Strassen
RW Raymund Weyers, Köln
SD Steffen Dietzsch, Hagen
SIK Simone Koch, Bochum
SP Stephan Pohl, Dresden
SZ Snjezana Zoric, Würzburg
TB Thomas Bausch, Berlin
TBL Thomas Blume, Dresden
TF Thomas Friedrich, Würzburg
TG Thomas Grundmann, Bonn
TH Thomas Hammer, Frankfurt a.M.
TK Thomas Kisser, München
TM Thomas Mormann, Unterhaching
TN Thomas Noetzel, Marburg
TW Thomas Welt, Bochum
UB Ulrich Baltzer, München
UT Udo Tietz, Berlin
UM Ulrich Metschl, München/Leonberg
VG Volker Gerhardt, Berlin
VM Verena Mayer, München
VP Veit Pittioni, Innsbruck
VR Virginie Riant, Vechta
WAM Walter Mesch, Tübingen
WB Wilhelm Baumgartner, Würzburg
WH Wolfram Hinzen, Bern
WJ Werner Jung, Duisburg
WK Wulf Kellerwessel, Aachen
WL Winfried Löffler, Innsbruck
WM Wolfgang Meckel, Butzbach
WN Wolfgang Neuser, Kaiserslautern
WP Wolfgang Pleger, Cochem/Dohr
WS Werner Schüßler, Trier
WST Wolfgang Struck, Göttingen
WSU Wolfgang Schulz, Tübingen
WvH Wolfram von Heynitz, Weiburg

# *Alphabetisches Autorenverzeichnis*

Ach, Johann S.
Albert, Claudia
Amos, Bernd
Antonelli, Mauro
Arndt, Andreas
Asmuth, Christoph
Augustin, Angela
Baltzer, Ulrich
Bartels, Andreas
Baum, Oliver
Baumgartner, Wilhelm
Bausch, Thomas
Beisler, Martin
Berger, Harald
Birke, Marcus
Bloch, Matthias
Blume, Thomas
Bonato, Marco
Brinkmeier, Birger
Brune, Jens Peter
Burkard, Franz-Peter
Collenberg, Bernadette
Court, Jürgen
Cremonini, Andreas
de la Puente, Christina
Debatin, Bernhard
Deeg, Max
Dietzsch, Steffen
Disselnkötter, Andreas
Dommaschk, Ruth
Dreier, Horst
Dürr, Renate
Eck, Klaus
Eisenhardt, Peter
Elberfeld, Rolf
Elm, Eva
Engstler, Achim
Esfeld, Michael
Ewertowski, Ruth
Fink, Elisabeth
Friedrich, Thomas
Geldsetzer, Lutz
Gerhardt, Volker
Gerschmann, Karl-Heinz
Gesang, Bernward
Gevatter, Kerstin
Glück, Helmut
Grau, Alexander
Gronke, Horst
Grugel, Dorith
Grün, Klaus-Jürgen
Grundmann, Thomas
Grunert, Frank
Günther, Dorothea
Hammer, Thomas
Hardy, Jörg
Hedrich, Reiner
Hellmann, Kai-Uwe
Hiltscher, Reinhard
Hinkmann, Jens
Hinzen, Wolfram
Hoff-Bergmann, Daniela
Hong, Han-Ding
Horster, Detlef
Iber, Christian
Irrgang, Bernhard
Jäger, Christoph
Jelden, Eva
Jung, Werner
Kaegi, Dominic
Kahnert, Klaus
Kanzian, Christian
Kauffmann, Clemens
Kellerwessel, Wulf
Kieserling, André
Kisser, Thomas
Klawitter, Jörg
Kleimann, Bernd
Kleinsorge, Martin
Kneer, Georg
Koch, Simone
Köhler, Dietmar
Kositzke, Boris
Koßler, Matthias
Kottmann, Reinhard
Köveker, Dietmar
Kühne-Bertram, Gudrun
Kunz, Matthias
Kunzmann, Peter
Lachmann, Rolf-Jürgen
Landweer, Hilge
Lang, Peter Christian
Leibold, Michael
Lekarew, Mark
Lembeck, Karl-Heinz
Liebsch, Burkhard
Liesenfeld, Cornelia
Löffler, Winfried
Lohmann, Georg
Lohmann, Karl-Reinhard
Lüddeckens, Dorothea
Lüthe, Rudolf
Maas, Jörg F.
Malmsheimer, Arne
Maring, Matthias
Martens, Ekkehard
Mayer, Verena
Meckel, Wolfgang
Mehring, Reinhard
Mensching, Günther
Mesch, Walter
Metschl, Ulrich

Meuter, Norbert
Meyer, Martin F.
Mildenberger, Georg
Mohr, Georg
Mormann, Thomas
Müller, Claudius
Nagl-Docekal, Herta
Naschert, Guido
Nassehi, Armin
Neuser, Wolfgang
Niquet, Marcel
Nitschke, Peter
Noetzel, Thomas
Ottmers, Clemens
Pankin-Schappert, Helke
Pannier, Jörg
Perler, Dominik
Pittioni, Veit
Pleger, Wolfgang
Pohl, Stephan
Popp, Roland
Prechtl, Peter
Prudhomme, Jeff O.
Ratliff, Dane
Reichold, Anne
Quante, Michael
Quitterer, Josef
Rähme, Boris
Raters-Mohr, Marie-Luise
Rauscher, Josef
Riant, Virginie
Richter, Leonhard
Richter, Mathias
Riebel, Alexander
Riemer, Ines
Rohbeck, Johannes
Rüddenklau, Eberhard
Runtenberg, Christa
Sachs-Hombach, Klaus
Scherer, Georg
Schmidt, Jörg
Schmitz, Bettina
Schnädelbach, Herbert
Schröer, Christian
Schulz, Kathrin
Schulz, Wolfgang
Schüßler, Werner
Schwitzgebel, Gottfried
Sedmak, Clemens
Sell, Annette
Siebel, Mark
Söder, Joachim
Soldati, Gianfranco
Spang, Michael
Srowig, Regina
Stammkötter, Franz-Bernhard
Stöckler, Manfred
Struck, Wolfgang
Suchan, Berthold
Suhr, Martin
Summerell, Orrin F.
Theis, Robert
Tietz, Udo
Tschentscher, Axel
Villers, Jürgen
von Heynitz, Wolfram
Wagner, Astrid
Weisser-Lohmann, Elisabeth
Welt, Thomas
Weyers, Raymund
Willaschek, Markus
Wittreck, Fabian
Wolz-Gottwald, Eckard
Wörther, Matthias
Zacher, Klaus-Dieter
Zeuch, Christian
Zimmermann, Bernhard
Zoric, Snjezana

# *Neue Artikel der 2. Auflage*

(Mit Sternchen gekennzeichnete Artikel ersetzen Artikel der 1. Auflage.)

Schematismus
Sein-Sollen-Differenz
Seinsgeschichte
Seinsvergessenheit
Selbstverursächlichung
Setzen
Sheng Ren
Sic et non
*Slippery slope-Argument
Sokratisches Gespräch
*Solidarität
Sollen
Sorge
Sozialschädlichkeit
Sozialwahltheorie
*Spekulation, spekulativ
Spiritualismus
Sprache
Spur
Straftheorien
*Strebensethik
Stufe
*Subjektivität
Subsidiaritätsprinzip
*Substanz
Substanzontologie
*Substitutionsprinzip
Symbolisierung, präsentative
Symmetrieprinzip
Syntax
Tapferkeit
Tatbestand
Tathandlung
Technikfolgenabschätzung
Teilhabeethik
Theologie, negative
Theorie/Praxis
Thermodynamik
Tian
Transzendenz
Traum
Triage
Trost
Tugendethik
Tyrannis
Übergehen, Übergang
Umsicht
Unendlichkeit
Unverborgenheit/Verborgenheit
Urteilskraft
*Verantwortung, Verantwortungsethik
Verbrechen
Vergehen
Vergeltung
Verhalten (behavior)
Vermittlung
Verstehen, interkulturelles
Verzichtsethik
Vielheit
Visio beatifica
Vita contemplativa
Vorhandenheit
Was ist X-Frage
Weltanschauungslehre
*Werden
Wesensschau
Willensfreiheit
Wissenschaft
Wissenssoziologie
Writing Culture
Xing
*Zeigwörter
Zeitlichkeit
Zuhandenheit
*Zukunftsverantwortung
*Zweifel

# *Abkürzungen*

| | |
|---|---|
| a. | Articulus |
| Abh. | Abhandlung(en) |
| Anm. | Anmerkung |
| Aufl. | Auflage |
| Bd.,Bde. | Band, Bände |
| Beih. | Beiheft(e) |
| Diss. | Dissertation |
| eingel. | eingeleitet |
| Einl. | Einleitung |
| Erg.Bd. | Ergänzungsband |
| erl. | erläutert |
| Frg. | Fragment |
| Fs. | Festschrift |
| GW, Ges. Werke | Gesammelte Werke |
| Hdb. | Handbuch |
| Hg., hg. | Herausgeber, herausgegeben |
| Jb. | Jahrbuch |
| Jg. | Jahrgang |
| Kap. | Kapitel |
| MA., ma. | Mittelalter, mittelalterlich |
| Nachdr. | Nachdruck |
| ND | Neudruck |
| NF. | Neue Folge |
| q., qu. | Quaestio |
| S. | Sutras |
| Suppl. | Supplement |
| U. | Upaniṣad |
| u.ö. | und öfter |
| übers. | übersetzt |
| V. | Veda |
| Zs. | Zeitschrift(en) |

## Abkürzungen von Einzelwerken

| | |
|---|---|
| HWPh. | Historisches Wörterbuch der Philosophie. Hg. v. J. Ritter u. K. Gründer. Basel 1971 ff. |
| Aristoteles | |
| an. pr. | Analytica priora |
| an. post. | Analytica posteriora |
| de an. | De anima |
| Eth. Nic. | Ethica Nicomachea |
| Met. | Metaphysik |
| Hegel | |
| Enc. | Encyklopädie der philosophischen Wissenschaften ([3]1830) |
| Logik | Wissenschaft der Logik (1812/1816) |
| Phänom. | Phänomenologie des Geistes (1807) |
| Rechtsphil. | Grundlinien der Philosophie des Rechts (1821) |
| Kant | |
| GMS | Grundlegung zur Metaphysik der Sitten |
| KpV | Kritik der praktischen Vernunft |
| KrV | Kritik der reinen Vernunft |
| KU | Kritik der Urteilskraft |
| Proleg. | Prolegomena zu einer jeden Metaphysik… |
| Thomas v. Aquin | |
| S.th. | Summa theologiae |
| Wittgenstein | |
| Phil. Unters. | Philosophische Untersuchungen |
| Tract. | Tractatus logico-philosophicus |

## Abkürzungen von Werkausgaben und Sammlungen

| | |
|---|---|
| Descartes | |
| Oeuvres | Oeuvres, I-XII, hg.Adam/Tannery, Paris 1897–1910, bzw. I-XI, 1964–1974 |
| Fichte | |
| Ges. Ausg. | Gesamtausgabe der Bayerischen Akademie der Wissenschaften. Hg. R. Lauth und H. Jacob. Stuttgart-Bad Cannstatt 1964 ff. |
| Hegel | |
| Ges. Werke | Gesammelte Werke, Hamburg 1968 ff. |
| Sämtl. Werke | Sämtliche Werke, Hg. Glockner, Stuttgart 1927–1939 |
| Husserl | |
| Hua. | Husserliana. Den Haag 1950 ff. |
| Kant | |
| Akad.-Ausg. | Gesammelte Schriften, hg. Königl. Preußische Akademie der Wissenschaften, Berlin 1902 ff. |
| Marx/Engels | |
| MEGA | Historisch-kritische Gesamtausgabe. Frankfurt/Berlin/Moskau 1927–1935 (unvollständig) |
| MEW | Werke. Berlin 1956–1968 |
| PG | J. P. Migne (Hg.): Patrologiae cursus completus. Series I: Ecclesia graeca. Paris 1857–1912 |
| PL | J. P. Migne (Hg.): Patrologiae cursus completus. Series II: Ecclesia latina. Paris 1841–1864 |

| | |
|---|---|
| Schelling | |
| Hist.-krit. Ausg. | Historisch-kritische Ausgabe. Hg. H. M. Baumgartner u. a. Stuttgart-Bad Cannstatt 1976 ff. |
| Sämtl. Werke | Sämtliche Werke. Hg. K. F. A. Schelling. Stuttgart 1856–61 |
| Stoiker | |
| SVF | Stoicorum veterum fragmenta. Hg. J. v. Arnim. Leipzig 1903–1924 |
| Vorsokratiker | |
| VS | Die Fragmente der Vorsokratiker. Hg. H. Diels/W. Kranz $^{6}$1951 (und weitere Aufl.) |

# *Logische und mathematische Symbole*

| | |
|---|---|
| A, B, C | Zeichen für Mengen oder für Aussagenkonstante |
| a, b, c | Zeichen für Elemente oder für Individuenkonstante |
| F, G, H | Zeichen für Prädikate |
| X, Y, Z | Zeichen für Individuenvariable |
| gdw. | genau dann, wenn |
| p | wird zur Kennzeichnung einer propositionalen Aussage verwendet, z. B.: »ich behaupte, daß die Straße naß ist« – »ich behaupte, daß p«, oder »es ist wahr, daß p« |
| p und q | in der Aussagenlogik Zeichen für die Teilsätze, die durch die Junktoren verknüpft werden. |

| | | |
|---|---|---|
| ε | es ist/es hat | affirmativa Kopula |
| ε' | es ist nicht/hat nicht | negative Kopula |

Die Kopula »ε« verbindet Objektausdrücke und Eigenschafts- oder Klassenausdrücke zu einem Satz, ebenso geordnete Paare von Gegenstandsausdrücken und zweistellige Beziehungsausdrücke, geordnete Tripel von Gegenstandsausdrücken und dreistellige Beziehungsausdrücke – z. B.: »Jürgen ist *Element* der Klasse der Begabten« – »j ε λ x(x ε B)«;
»Stephan *ist* verliebt in Carola« – »<s, c> ε Lb« (wobei »s« für »Stephan«, »c« für »Carola« und »Lb« für »verliebt in« steht).

**Junktoren (Aussagenlogik)**

| | | |
|---|---|---|
| ¬ | nicht (Negation) | Negator |
| ∧ | und (Konjunktion) | Konjunktor |
| ∨ | oder (nicht ausschließendes »oder«) (Adjunktion oder Disjunktion) | Adjunktor oder Disjunktor |
| ⊃, → | wenn – dann (Implikation oder Subjunktion) | Implikator/Subjunktor |
| ≡, ↔ | genau dann, wenn (Äquivalenz oder Bisubjunktion) | Äquivalentor/Bisubjunktor/ Biimplikator |

weitere logische Konstante

| | | |
|---|---|---|
| ↣, ↮ | entweder – oder, i. S. v. ausschließendes »oder« (Kontravalenz) | Kontravalentor |

**Quantoren (Quantoren- oder Prädikatenlogik)**

| | | |
|---|---|---|
| ⋀, ∀ | alle<br>z. B.: $\forall_x$ – zu lesen als: für alle x gilt | Allquantor |
| ⋁, ∃ | es gibt mindestens/einige<br>z. B.: $\exists_x$ – zu lesen als: es gibt mindestens ein x, für das gilt … | Existenzquantor |

**Folgerungssymbole**

| | |
|---|---|
| → | folglich (bei einem gültigen Schluß) |
| ⊢ | herleitbar/ableitbar/beweisbar<br>(syntaktischer Folgerungsbegriff – bspw. der Satz »A« ist ableitbar aus einer Menge *M* von Sätzen) |
| ⊩ | folgt/impliziert logisch<br>(semantischer Folgerungsbegriff – bspw. ein Satz »A« folgt logisch aus einer Menge von Sätzen) |

## Regel- und Kalkülsymbole

| | |
|---|---|
| $\Rightarrow$ | es ist erlaubt, von … überzugehen zu … |
| $\Leftrightarrow$ | es ist erlaubt, von … überzugehen zu … und umgekehrt |
| $=$ df, $\leftrightharpoons$, $:=$ | nach Definition gleich |

## Relationssymbole

| | |
|---|---|
| $=$ | gleich |
| $\neq$ | nicht gleich |
| $\equiv$ | identisch |
| $\sim$ | äquivalent |
| $<$ | kleiner |
| $\leq$ | kleiner oder gleich |
| $>$ | größer |
| $\geq$ | größer oder gleich |

## Modallogik

| | |
|---|---|
| $\Diamond$ | es ist möglich, daß<br>z.B.:<br>S – Sokrates war ein Philosoph<br>$\Diamond$S – es ist möglich, daß Sokrates ein Philosoph war<br>$\Diamond\neg$S – es ist möglich, daß S. kein Philosoph war<br>$\neg\Diamond$S – es ist nicht möglich, daß S. ein Philosoph war<br>$\neg\Diamond\neg$S – es ist nicht möglich, daß S. kein Philosoph war |
| $\Box$ | es ist notwendig, daß |
| $\Rightarrow$, $\prec$ | strikte Implikation: $p \Rightarrow q = \mathrm{df}\,\Box\,(p \rightarrow q)$<br>z. B.: wenn (im Straßenverkehr) ein Auto die Vorfahrt hat, dann hat es notwendigerweise das von rechts kommende Auto |
| $\Vdash$ | semantische (modelltheoretische) Erfüllungsrelation |

## Syllogistik

| | |
|---|---|
| S | Subjekt |
| P | Prädikat |
| a | universell bejahend (affirmo universaliter) |
| e | universell verneinend (nego universaliter) |
| i | partiell bejahend (affirmo partialiter) |
| o | partiell verneinend (nego partialiter) |

## Mengenlehre

| | |
|---|---|
| $\langle x, y\rangle$ | geordnetes Paar |
| $\{x, y\}$ | Paarmenge mit Elementen x, y |
| $\lambda$ | die Klasse der / Inbegriff der<br>z. B.: »$\lambda$ x (x $\varepsilon$ Ph)« – zu lesen als: »die Klasse der Philosophierenden« |
| $\iota$ | derjenige, diejenige, dasjenige; gibt es einen und nur einen Gegenstand, der die Eigenschaft F hat, dann wird er durch den Ausdruck »$\iota$ x(x $\varepsilon$ F)« gekennzeichnet – zu lesen als: »dasjenige Ding, das F ist« |
| $\in$ | Element von |
| $\notin$ | nicht ein Element von |

| | |
|---|---|
| $\subset$ | echte Menge von – z. B.: $M \subset N$ – M ist echte Menge von N |
| $\subseteq$ | Teilmenge von / eingeschlossen in / enthalten in |
| | z. B.: »$F \subseteq G$« – zu lesen als: »Die Klasse/Menge F ist Teilklasse/Teilmenge von G« |
| $\emptyset$, $\{\}$ | leere Menge |
| $\cup$ | Vereinigung von … und … |
| $\cap$ | Durchschnitt von … und … |
| $M \setminus N$ | Differenzmenge/-klasse |
| $f: M \rightarrow N$ | f ist eine Abbildung von M in N |
| | |
| $\omega$ | kleinste unendliche Zahl |
| $\mathbb{N}$ | Menge der Natürlichen Zahlen |
| £ | formale Sprache erster Stufe |

**A, a,** dient (1) a (Kleinbuchstabe): innerhalb der klassischen Logik zur Kennzeichnung von universal bejahenden Urteilen (affirmo universaliter): alle Menschen sind sterblich (Abk.: SaP); daneben stehen die universell verneinenden Urteile: kein Mensch ist sterblich, gekennzeichnet durch e (SeP), die partiell bejahenden Urteile: einige Menschen sind sterblich, gekennzeichnet durch i (SiP), die partiell verneinenden Urteile: einige Menschen sind nicht sterblich, gekennzeichnet durch o (SoP). ↗Syllogismus, ↗Urteilslehre. (2) A (Großbuchstabe): in der ↗Prädikatenlogik zur Kennzeichnung der Prädikate erster Stufe (neben den anderen lateinischen Großbuchstaben des Alphabets). (3) a (Kleinbuchstabe): zur Kennzeichnung der ↗Individuen-Konstanten (neben den anderen lateinischen Kleinbuchstaben der ersten beiden Drittel des Alphabets) – in Abgrenzung zu den lateinischen Kleinbuchstaben des letzten Drittels des Alphabets (u,v,w,x,y,z), die zur Kennzeichnung von Individuen-Variablen verwendet werden. PP

**A fortiori,** dient zur Kennzeichnung einer Aussage, die sich aus einer schon als gültig akzeptierten oder erwiesenen Aussage gewinnen läßt. PP

**A-wahr** ↗Analytizitätspostulat

**Ab alio,** Bezeichnung der ursächlichen Abhängigkeit eines Seienden von etwas anderem. Speziell in der scholastischen Philosophie kennzeichnet es den Gegensatz zwischen einem absoluten, d.i. nicht verursachten Seienden und dem in Abhängigkeit davon ursächlich Bedingten. PP

**Abditum mentis** (lat. »Versteck« des Geistes), von Augustin in *De trinitate* (bes. XIV 6, 9 – 7, 9) entwickelter Terminus: Im Rahmen seiner Bemühungen, die göttliche Trinität zu verstehen, entdeckt Augustin analoge Strukturen im menschlichen Geist (↗mens). Die wichtigste Analogie ist dabei die untrennbare Einheit der drei Momente: ↗memoria, intellegentia und voluntas. Der aus diesen Wesensmomenten bestehende Geist besitzt ein permanentes, substantielles Wissen (nosse) seiner selbst sowie aller anderen reinen Denkinhalte. Als a.m. ist die memoria »Ort« apriorischer, ewiger Wissensinhalte, die sich im einzelnen Denkakt (cogitatio) als Gedanken aus der »verborgenen Tiefe« des Geistes selbst entfalten. In dieser Hinsicht ist das a.m. der Ursprung, das Haupt des menschlichen Geistes, ja sogar die mens selbst. Im 13. Jh. greift Dietrich v. Freiberg das augustinische a.m. auf und weist ihm in seiner Intellekttheorie die Rolle des ↗intellectus agens zu; er verbindet damit die aristotelische mit der augustinischen Auffassung. **Lit.:** B. Mojsisch: Die Theorie des Intellekts bei Dietrich von Freiberg. Hamburg 1977. S. 39 ff.; S. 58 ff. – A. de Libera: Introduction à la mystique rhénane. D'Albert le Grand à Maître Eckart. Paris 1984. KK

**Ab-esse-ad-posse-Prinzip,** Bezeichnung für ein in der Modallogik gültiges Prinzip. Es besagt: was wirklich ist, das ist erst recht möglich, oder: »wenn p wahr ist, dann ist p möglich«. PP

**Abbildtheorie,** (1) Bezeichnung für unterschiedliche Theorien der Erkenntnis mit den gemeinsamen Grundannahmen (a) einer vom Bewußtsein unabhängigen, objektiv existierenden Wirklichkeit und (b) einer Bewußtseinsleistung des menschlichen Verstandes oder einer sprachlichen Darstellung, durch die die Wirklichkeit oder deren logische Form abgebildet wird. Hinsichtlich des Abbildungscharakters lassen sich positionale Unterscheidungen anführen: (a) Die naiv-realistische A. geht davon aus, daß im Bewußtsein die Abbilder der wirklichen Dinge, deren Eigenschaften und Beziehungen, erscheinen. Die griech. Atomisten Leukipp und Epikur fassen den Gedanken in eine Vorstellungstheorie, wonach die Gegenstände unsichtbare Bilder in Form von Atomgruppen aussenden, die über die Sinnesorgane aufgenommen und zu unmittelbaren Gegenständen der Wahrnehmung werden. – (b) Der Empirismus der Neuzeit ist von Bacons Forderung geprägt, der Verstand soll die Natur ausschließlich abbilden und keine wesenlosen Bilder (↗Idole) entwerfen. Die Erkenntnistheorie von Descartes beruht auf der stillschweigenden Annahme, daß Erkennen immer eine Art Abbilden bedeute: Bei der Wahrnehmungserkenntnis erzeugen vom Objekt ausgehende Reize mechanischer Natur im Sinnesorgan bestimmte quantitative Eindrücke, die dem körperlichen Normalsinn und der körperlichen Imagination übermittelt werden und von der rein geistigen Erkenntniskraft bewußt erfahren werden. Der Abbildungscharakter ist zu verstehen als eine Ähnlichkeitsbeziehung zwischen der Gestalt des wahrgenommenen Objekts und der Gestalt des Eindrucks im Sensorischen. Bei Locke findet die Abbildung in veränderter Form eine Entsprechung: Die physische Außenwelt wird im Geist durch verschiedene Arten von Ideen repräsentiert, deren Ursprung in der äußeren Wahrnehmung (sensation) und der inneren Wahrnehmung (reflection) liegen. Der Geist gleicht einem unbeschriebenem Blatt (tabula rasa), der über Sinnesdaten einfache Ideen (simple ideas) aufnimmt, die ihrerseits als exakte Abbilder der äußeren Wirklichkeit mit ihren verschiedenartigen Qualitäten anzusehen sind. In der Aufnahme einfacher Ideen wird der Geist als passiv-rezeptive Instanz aufgefaßt, dem erst in der Verknüpfung der einfachen Ideen zu komplexen eine aktive Leistung zugesprochen wird. – (c) Der historisch-dialektische Materialismus (Lenin, Pawlow, Rubinstein) erweitert die bloß rezeptive Abbildung um den Handlungsaspekt: Die sozial determinierte psychische Tätigkeit des Gehirns führt zu einer historisch vermittelten, vorstellungsmäßigen Reproduktion der materiellen Objekte. Die Anforderungen der gesellschaftlichen Handlungspraxis bestimmen die Selektion der Abbilder. Die isomorphe Entsprechung von Abbildung und objektiver Realität wird als subjektive Widerspiegelung der objektiven Wirklichkeit im menschlichen Bewußtsein begriffen. – (d) In der analytischen Sprachphilosophie (Wittgenstein) wird die Abbildung i.S. einer ↗Isomorphie von strukturellen Eigenschaften der Dinge bzw. Sachverhalte und der sprachlichen Abbildung verstanden. Die semantische Funktion der Sprache wird in ihrer Abbildungsfunktion gesehen, so daß durch den Aufbau einer exakten Sprache (↗ideale Sprache) eine korrekte ↗Abbildung der Wirklichkeit dem Anspruch nach gewährleistet wird, d. h. der Aufbau der Sprache soll den Aufbau der abgebildeten Tatsachen wiedergeben. – (e) Der Rationalismus (Herbart, Külpe, N. Hartmann) versteht die A. in dem Sinne, daß nicht die wirklichen Dinge selbst wahrgenommen werden, sondern nur ihre Abbilder dem Bewußtsein zugänglich sind. Auf die Beschaffenheit der Wirklichkeit kann von den Abbildern her hypothetisch rückgeschlossen werden. – (2) Platons Ideenlehre, wonach die wirklichen Dinge als Abbilder der Ideen zu verstehen sind, stellt eine den realistischen Annahmen gegenläufige A. dar: In seiner frühen Ideenlehre sind die Sinnendinge Aggregate von Sachgehalten, die die Seele als bloße Abbilder von Ideen empfängt. Gegen die Undeutlichkeit der Sinneseindrücke, die Vermischung der Sachgehalte in den Dingen und die Unzuverlässigkeit unserer Sinnesorgane verhilft die Wiedererinnerung jener Ideen, d. h. der reinen unvermischten Urbilder zu einem Wissen von größter Deutlichkeit. Nur dadurch wird in der Seele auch Erkenntnis von Dingen als Verdeutlichung des Undeutlichen, als steigerungsfähige Deutlichkeit i.S. von Wahrheit möglich (*Phaidon*). – Seitens Kant wird an den A.n kritisiert, daß der Charakter von Erkenntnis solange unverstanden bleibt, als sie rückgebunden wird an ein wahres oder falsches Sinngebilde i.S. der Abbildung, und solange die Verstandesleistung nur in der Verdeutlichung undeutlicher Sinneseindrücke gesehen wird. **Lit.:** R. Descartes: Regeln zur Ausrichtung der Erkenntniskraft. Hg. H. Springmeyer/L. Gäbe/H. Zekl. Hamburg 1973. – Ders.: Dioptrik. Hg. G. Leisegang. Meisenheim 1954. – O. Külpe: Die Realisierung. Bd. I-III. Leipzig 1920–23. – J. Locke: Versuch über den menschlichen Verstand. Bd. I. Hamburg 1981. – W. Röd: Descartes. München ²1982. – M. Sandkühler: Marxistische Erkenntnistheorie. Stuttgart 1973. – M. Schlick: Allgemeine Erkenntnislehre. Frankfurt 1978. – W. Windelband: Einleitung in die Philosophie. Tübingen 1914. – L. Wittgenstein: Tractatus logico-philosophicus (Werkausgabe Bd. 1). Frankfurt 1984. – D. Wittich/K. Gößler/K. Wagner: Marxistisch-leninistische Erkenntnistheorie. Berlin 1978. PP

**Abbildung,** (1) bildliche oder sprachliche Darstellung eines Gegenstandes oder Sachverhalts. (2) Als erkenntnistheoretische Annahme bedeutet A., daß die Wirklichkeit in Sprache und Denken, d. h. durch Empfindungen, Wahrnehmungen, Vorstellungen oder Begriffe, Urteile, Theorien, abgebildet wird. (3) In der ↗analytischen Sprachphilosophie versteht man unter A., daß die Sätze die Form der Welt darstellen. Ausgehend von der ontologischen Vorstellung, daß sich die Welt in komplexe und einfache Tatsachen gliedert, soll durch den Aufbau einer ↗idealen Sprache sichergestellt werden, daß der Aufbau der Sprache den Aufbau der abgebildeten Tatsachen wiedergibt. Die Tatsachen, die sich aus einfachen Dingen, d. h. Objekten und Attributen, zusammensetzen, und der objektive Zusammenhang der Sachverhalte sollen durch einfache Terme für einfache Dinge und durch den logisch-formalen Satzbau abgebildet werden. Der logische Satz widerspiegelt die logische Form der Wirklichkeit insofern, als alle möglichen Verbindungen seiner Einzelzeichen mögliche Komplexe der entsprechenden Entitäten der Wirklichkeit vertreten. Jeder möglichen Konfiguration dieser Entitäten muß eine mögliche, richtig gebildete Verbindung von Symbolen entsprechen. Nach diesem Verständnis stellen Sätze isomorphe A.en möglicher Sachverhalte dar. (4) In der Mathematik und Logik ist A. gleichbedeutend der ↗Funktion, d.i. eine Beziehung zwischen veränderlichen Größen, die derart in einem bestimmten Abhängigkeitsverhältnis stehen, daß jedem Wert der einen Größe ein Wert der anderen eindeutig entspricht. – Das Abbild stellt das Resultat einer A. dar. PP

**Abduktion** (engl. abduction, von lat. abductio: Wegführung). Ch. S. Peirce veröffentlichte erstmals 1867 den von ihm entdeckten syllogistischen Schlußmodus, den er ursprünglich als engl. »hypothesis« bezeichnete. Dementsprechend konnte er die Gesamtheit aller Schlüsse als deduktiv oder analytisch bzw. als synthetisch klassifizieren. Zu letzterem zählte Peirce Induktion und Hypothese/A., wobei er glaubte, dasselbe zu meinen wie Aristoteles (*an. pr.* II, 25, 69a). Im Zuge der Weiterentwicklung seiner Theorie des logischen Schließens prägte er zwischenzeitlich den Namen »Retroduktion« (Collected Papers 1.68), bevor – aufgrund von Strittigkeiten bei der Datierung seiner Manuskripte – wahrscheinlich ab ca. 1898 von »A.« (Riemer, 1988, 36 f.) gesprochen werden kann. A. bedient sich zwar der Hypothese, schließt freilich nur (»von der Wirkung auf die Ursache« (Collected Papers 2.636), »von Fakten einer Art auf Fakten anderer Art« (Collected Papers 2.642)) mit Wahrscheinlichkeit. Daher haben die durch diesen Schlußmodus gewonnenen Hypothesen stets nur provisorischen Charakter, gelten weder als wahr noch als wahrscheinlich, sondern sind aufgrund unseres Vorwissens bloße Annahmen (»nothing but guessing«; Collected Papers 7.219) in einer bestimmten Situation und müssen folglich kontinuierlich weiter überprüft werden (Collected Papers 1.67 f., 1.81, 1.120 ff.). Das Verfahren der A. selbst garantiert dabei nicht die Richtigkeit der dadurch erzielten Resultate, sondern bietet aufgrund des in den jeweiligen inhaltlichen Aussagen innewohnenden Neuigkeitswertes (Collected Papers 5.181) potentielle Erklärungsmöglichkeiten für die Ausgangsfragestellung. Gültigkeit erhält die durch A. ermittelte Hypothese, wenn sie »zusammen mit den entsprechenden Antecedensbedingungen tatsächlich eine potentielle Erklärung« darstellen kann (Collected Papers 6.469; Riemer, 1988, S. 140). Hier muß das Verfahren im Zusammenhang mit der Peirce'schen Idee des Forschungsprozesses »in the long run« (Oehler, 1993, S. 120 ff.) auf der Basis einer prinzipiell unendlichen Forschergemeinschaft gesehen werden, denn: A. eröffnet zwar für das individuell forschende Subjekt wissenschaftlichen Fortschritt, dessen möglicherweise innovativ-erklärenden Schlüsse müssen sich jedoch in der Gemeinschaft der Wissenschaftler durch Nachprüfung und Diskussion erst als realiter fruchtbar erweisen. In jedem Fall beinhaltet A. die wissenschaftstheoretische Funktion, neue Hypothesen zu entdecken, zu formulieren und so erkenntniserweiternd zu wirken. Demzufolge gehört sie nach Peirce zur »logic of discovery« und ist Bestandteil jeder wissenschaftlichen Hypothesenbildung. Ein einfaches Beispiel aus den Frühschriften von Peirce (Collected Papers 2.623) verdeutlicht rudimentär die Zusammenhänge:

DEDUKTION.

*Regel*. – Alle Bohnen aus diesem Sack sind weiß.
*Fall*. – Diese Bohnen sind aus diesem Sack.
∴ *Resultat*. – Diese Bohnen sind weiß.

INDUKTION.

*Fall*. – Diese Bohnen sind aus diesem Sack.
*Resultat*. – Diese Bohnen sind weiß.
∴ *Regel*. – Alle Bohnen aus diesem Sack sind weiß.

HYPOTHESE (Abduktion).

*Regel*. – Alle Bohnen aus diesem Sack sind weiß.
*Resultat*. – Diese Bohnen sind weiß.
∴ *Fall*. – Diese Bohnen sind aus diesem Sack.

**Lit.:** K. Oehler: Charles Sanders Peirce. München 1993. – H. Pape: Erfahrung und Wirklichkeit als Zeichenprozeß. Frankfurt 1989. – Ch. S. Peirce: Collected Papers. Vol. I-VI. Hg. v. C. Hartshorne/P. Weiß. Cambridge Mass. 1931 ff., [2]1960. Vol. VII-VIII. Hg. v. A. W. Burks. Cambridge Mass. 1958. insb. 2.461–516, 2.619–644, 2.694–751. – I. Riemer: Konzeption und Begründung der Induktion. Würzburg 1988. JK

**Abfall,** bezeichnet in der platonischen Tradition die – willkürliche oder unumgängliche – Loslösung der Seele vom vorbildlichen Urzustand der unmittelbaren Teilnahme am Göttlichen, die zur Entfremdung ihres leiblichen Sich-Befindens führt; sein Gegenstück ist der Aufstieg zum Einen. Platon zufolge stürzt die selbstbewegte Seele in den irdischen Körper durch das Mißgeschick von »Vergessen« und »Untüchtigkeit« hinab (*Phaidros* 246bff.); laut Plotin wenden sich die Einzelseelen wider Willen sowie mit eigner Bewegung von der Ganzheit in das Teil- und Eigensein und verbinden sich mit der Materie (vgl. *Enneaden* IV 8, 4). Die christliche Auffassung vom A. als Sündenfall etwa bei Origenes und Augustin unterstreicht die Eigenverantwortung des Hochmütigen und hat zum Pendant die Versöhnung. Für Eckhart ist sogar die Vielheit selbst ein A. vom mit dem Guten und dem Sein konvertierbaren ↗Einen (vgl. *Lat. Werke* II, 488; III, 100); daher stellt alles Körperliche einen A. von der eigenen Natur, dem ↗Seelengrund, dar (vgl. *Deutsche Werke* II, 182 f.). Für Schelling ist der A. im Sinne des Sich-Entfernens vom Absoluten eine unerklärliche, da freiheitliche ↗Tathandlung: Zur Selbständigkeit des Ich führt keine Vermittlung, sondern nur ein »Ur-Sprung«; dennoch ist er notwendiges Mittel der Offenbarung Gottes als absoluter Identität (vgl. *Sämtl. Werke* VI, 38 ff.). **Lit.:** G. Vergauwen: Absolute und endliche Freiheit. Schellings Lehre von Schöpung und Fall. Freiburg 1975. OFS

**Abfolge,** stellt eine Folgerung einer Aussage aus einer Reihe von vorhergehenden Aussagen dar, wobei diese gleichzeitig die Gründe für die gefolgerte Aussage sind: weil A, so B. PP

**Abgeschiedenheit,** die höchste und beste Tugend bei Eckhart, weil sie nicht nur »ledic aller crêatûren«, sondern »gote selber« ist (*Deutsche Werke* V, 423 ff.): Sie bezeichnet die totale Indifferenz Gottes jedem Seienden gegenüber, an der der Mensch teilnimmt, insofern er sich vom Körperlichen, vom Mannigfaltigen und vom Zeitlichen loslöst, also selbst einförmig mit Gott wird – der Negation aller Bestimmung und Andersheit, also aller Negation. Der von Dionysius Pseudo-Areopagita konzipierten sich loslassenden und von allem Seienden Abstand nehmenden ↗unio mystica verwandt, erweist sich dieses lautere, einfaltige, unwandelbare, d. h. beziehungslose Insichselbstgekehrtsein jedoch als form- und bildloser möglicher Intellekt. – Im Anschluß an G. Trakl hingegen deutet Heidegger die A. als das »Abendland«, von dem her die ↗Seinsgeschichte sprachlich gestiftet wird (*Unterwegs zur Sprache*, S. 52 ff.). **Lit.:** W. Waldschütz: Meister Eckhart. Eine philosophische Interpretation der Traktate. Bonn 1978. OFS

**Abgrenzungskriterium,** von K. Popper eingefordertes Kriterium zur Kennzeichnung des empirisch-wissenschaftlichen Charakters von Theorien und Satzsystemen. Es dient einerseits dazu, wissenschaftliche, diskutable Theorien von pseudo-wissenschaftlichen abzugrenzen und andererseits von Aussagen der reinen Mathematik, der Logik, der Metaphysik und der Erkenntnistheorie zu unterscheiden. Aus seiner Kritik an der Brauchbarkeit des empiristischen ↗Sinnkriteriums des ↗Logischen Empirismus heraus schlägt Popper als Kriterium die empirische Widerlegbarkeit (↗Falsifizierbarkeit) einer Theorie vor. Diese ist gegeben, wenn einer Theorie auf der Grundlage von Beobachtungssätzen (Basissätzen, Prüfsätzen), deren Wahrheit die Theorien widerlegen, die Falschheit nachgewiesen werden kann. Statt die Existenz solcher Beobachtungssätze kann auch die Existenz möglicher beobachtbarer Vorgänge gefordert werden, deren Auftreten von der betreffenden Theorie ausgeschlossen ist. Durch beide Forderungen wäre die Falsifikationsmöglichkeit gewährleistet und in der Folge davon der wissenschaftliche Charakter empirischer Aussagesysteme sichergestellt. Das A. ist eine These der Meta-Wissenschaft und als solche kein empirischer Satz, der seinerseits empirisch widerlegbar oder falsifizierbar wäre. **Lit.:** K. Popper: Logik der Forschung. Tübingen [7]1982. PP

**Abgrund,** bei den deutschen Mystikern Bezeichnung für die »Tiefe Gottes« (Meister Eckhart), für die Anfangs- und Grundlosigkeit Gottes. ↗Ungrund. FPB

**Abhängigkeit.** A. besteht zwischen zwei Gegenständen, wenn der eine nicht ohne den anderen existieren kann. Hängt ein Gegenstand von einem anderen ab, so wird er auch unselbständig genannt. Ein unselbständiger Gegenstand bedarf einer Fundierung durch einen anderen Gegenstand. Husserl nennt unselbständige Gegenstände auch ↗Momente. Die A. kann sowohl einseitig wie wechselseitig sein. Zwischen einer Farbe und ihrer Intensität bzw. Tönung, Sättigung und Helligkeit besteht eine gegenseitige A. Dagegen hängt ein Ganzes einseitig von seinen Teilen ab. – Es gilt zwischen allgemeiner und individueller A. zu unterscheiden. Eine individuelle A. besteht zwischen einem Gegenstand a und einem Gegenstand b, wenn a nicht ohne b existieren kann. Eine allgemeine A. besteht zwischen einem Gegenstand a des Typs $\alpha$ und einem Gegenstand b des Typs $\beta$, wenn a kein $\alpha$ wäre, gäbe es kein $\beta$. Nach einigen Autoren besteht eine individuelle A. zwischen einem Schmerz und seinem Träger: ich kann nicht deinen Schmerz haben. Eine allgemeine A. besteht hingegen zwischen Hans als Ehemann und Anna als Ehefrau: Hans wäre Ehemann, selbst wenn er eine andere Ehefrau als Anna hätte. **Lit.:** E. Husserl: Logische Untersuchungen II. 3. Log. U. Hua XIX. Den Haag 1975. – K. Mulligan/B. Smith: Pieces of a Theory. In: K. Mulligan/B. Smith: Parts and Moments. München 1982. S. 15–109. GSO

**Abkürzungsdefinition,** auch stipulative oder festsetzende Definition, dient dem praktischen Interesse, einen komplexen Ausdruck durch einen kürzeren zu ersetzen. Dabei wird im Vorschlag festgelegt, in welchem Kontext K für welche Sprache S ein längerer Ausdruck durch ein kürzeren zu ersetzen ist. Die Ersetzung steht unter dem Vorbehalt der Adäquatheitsforderung, daß der Wahrheitswert der Sätze, in denen der zu ersetzende und der ersetzende Ausdruck vorkommen, sich nicht verändern darf, und daß durch den ersetzenden Ausdruck keine neue Information eingeführt werden darf (Postulat der Nichtkreativität). PP

**Ableitbarkeit.** Im aussagenlogischen (oder junktorenlogischen) Kalkül des natürlichen Schließens ist aus einer Menge M von Urteilen eine Aussage B genau dann ableitbar, wenn es eine nichtleere und endliche Folge von Sätzen gibt, so daß: (1) jeder Satz dieser Folge durch Annahmeeinführung oder aber aus vorangehenden Sätzen durch eine der Regeln des aussagenlogischen Kalküls des natürlichen Schließens gewonnen worden ist, (2) das letzte Glied dieser Folge von Sätzen die Aussage B ist, und (3) B nur von solchen Annahmen abhängt,die Urteile aus M sind. **Lit.:** W.K. Essler/R.F.M. Cruzado: Grundzüge der Logik I. Das logische Schließen. Frankfurt 1991. S. 98 f. PP

**Ableitung,** stellt eine Folgerung einer Aussage mittels logischer Schlußregeln aus anderen vorgegebenen Aussagen dar, wobei über den Wahrheitsgehalt der vorgegebenen Aussagen weder positiv noch negativ entschieden ist. Die A. besteht aus einer nicht-leeren Menge von Sätzen, dabei stellt die Annahme das Anfangsglied, der abgeleitete Satz das Endglied (Postulat der Nicht-Unendlichkeit) einer A. dar. ↗Ableitbarkeit. PP

**Abschwächung,** auch hypothetische A. oder das Gesetz des verum ex quodlibet sequitur. In der formalen Logik wird folgende Ableitung als A. bezeichnet: Aus dem Satz A ist ableitbar die Aussage »wenn B, dann A« – dabei wird der in der Prämisse gegebene Satz A in der abgleiteten Aussage unter die Bedingung von B gestellt. PP

**Abschwächungsregel.** In der klassischen Syllogistik wird durch die A. festgelegt, daß man von einem allgemein bejahenden Urteil übergehen darf zu einem partikular bejahenden (von SaP zu SiP), ebenso von einem allgemein verneinenden zu einem partikular verneinenden (von SeP zu SoP). Die A. erlaubt den Übergang zu einer schwächeren Aussage, d.h. von einer allgemeinen zu einer partikularen Aussage. PP

**Absicht,** stellt einen Handlungsgrund oder ein Handlungsziel dar. Die Bedeutung von »A.« enthält mehrere voneinander zu unterscheidende Aspekte: (1) Die in einer Äußerung wie »ich werde den Artikel schreiben« ausgedrückte A. stellt eine Vorhersage dar. (2) In bezug auf das Handeln ist zu differenzieren zwischen absichtlichem und unabsichtlichem Handeln. Die Unterscheidung ist in zwei Hinsichten relevant: (a) Wenn an den Handelnden die Frage gestellt wird, warum er das getan oder warum er so gehandelt habe, kann dieser darauf antworten, er war sich dessen nicht bewußt, was er tat. Dadurch lassen sich unwillkürliche Handlungsvollzüge von bewußten Handlungen unterscheiden. (b) Der Handelnde kann eine Handlung bewußt, also absichtlich vollziehen, ohne das Resultat der Handlung in der Weise beabsichtigt zu haben. D.h. das Ergebnis der Handlung war ein Versehen, obwohl die Handlung absichtlich ausgeführt wurde. (3) Aus der Unterscheidung zwischen absichtlich und A. ergibt sich ein dritter Aspekt: A. stellt einen bewußten Handlungsgrund dar, d.h. ein bestimmtes Ziel wird angestrebt. A. stellt ein »vorwärtsschauendes Motiv« dar. **Lit.:** G.E.M. Anscombe: Absicht. Freiburg/München 1986. – G.H. v. Wright: Erklären und Verstehen. Frankfurt 1974. S. 83 ff. PP

**Absolut, das Absolute.** In attributiver Verwendung bedeutet a.: unbedingt, vollkommen (im Ggs. zu relativ), notwendig (im Ggs. zu bloß hypothetisch); in substantivischer Verwendung bedeutet das A. die Vorstellung einer unbedingten Instanz. Im Hinblick auf die Existenz: die erste Ursache oder eine unendliche Einheit; im Hinblick auf die Verfügungsgewalt: die uneingeschränkte Macht. – (1) Als zentrales Thema der Metaphysik resultiert das A. aus den ontologischen Fragestellungen: Was ist das eigentlich Wirkliche? Worin liegt der Grund der Wirklichkeit? Worin ist der umfassende Sinnzusammenhang der Wirklichkeit zu sehen? Die metaphysische Fragestellung kann auch in theologischer Wendung nach einem höchsten Wesen als unbedingtem Sein, von dem her das Seiende erst sich als bedingtes und endliches bestimmen läßt, formuliert werden. (2) Im Rahmen ethischer Fragen kann das A.

als höchstes Gut, das in sich selbst gut ist, bestimmt werden. (3) In erkenntniskritischer Hinsicht: Das A. als notwendige metaphysische Annahme (Leibniz). Da das Universum einerseits in seiner Äußerlichkeit nicht vollständig erfahrbar, andererseits nur in seiner Totalität als vollendet gedacht werden kann, ergibt sich als metaphysische Notwendigkeit die Unabweisbarkeit der Vorstellung des Ganzen. (4) In der Philosophie des ↗Deutschen Idealismus stellt das A. die Wirklichkeit als zusammenhängende Einheit dar. In der Erörterung des einheitsstiftenden Moments differieren die Positionen: Bei Fichte wird das bedingende Ich, d. h. die Freiheit der schöpferischen Aktivität, als Grund der Einheit angenommen. Als a. ist das Ich deshalb anzusehen, da es das von ihm Unterschiedene, das Nicht-Ich, sich selbst entgegensetzt, also den Unterschied zu sich selbst erst setzt. Schelling setzt dieser Position einschränkend entgegen: Das Ich ist nur im Hinblick auf seine Selbstbegründung als frei handelndes a., nicht aber das letzte eigentliche A., da es als Subjekt eines Objektes, d. h. der Natur bedarf. Dem a.n Handeln des Subjekts aus freiem Willen setzt Schelling das a.e Handeln der Natur aus Gesetzen gegenüber. Das eigentliche A. besteht in dem wechselseitigen Verhältnis des Subjektiven, d.i. Welt des Ideellen, mit dem Objektiven, d.i. Welt des Reellen, so daß Ich und Natur nur als Manifestationen einer Einheit zu denken sind. Diese Einheit wird von ihm als totale Vernunft bezeichnet, insofern sie als totale Indifferenz des Subjektiven und Objektiven gedacht wird. Bei Hegel fungiert das A. als Relation und als Idee. Die Welt als ganze in der Mannigfaltigkeit der in Wechselwirkung miteinander verknüpften Einheiten stellt das a.e Verhältnis dar. Das A. ist die Relation selbst, in der jedes mit jedem verknüpft ist. Vom a.en Geist spricht Hegel in bezug auf die geschichtliche Wirklichkeit, in der sich die prozeßhafte Selbstentfaltung der Vernunft vollzieht, d. h. daß in den geschichtlich-gesellschaftlichen Gestaltungen des Lebens sich die Selbstbestimmung als Fortschritt im Bewußtsein der Freiheit zeitigt. **Lit.:** G. W. F. Hegel: Enzyklopädie der philosophischen Wissenschaften (Werkausgabe hg. E. Moldenhauer/K. M. Michel Bd. 8–10). Frankfurt 1970. – J. G. Fichte: Die Wissenschaftslehre. Hg. R. Lauth u. a. Hamburg 1975. – H. H. Holz: Das Absolute. In: Europ. Enzyklopädie zu Philosophie und Wissenschaften. – H. Radermacher: Fichtes Begriff des Absoluten. Frankfurt 1970. – F. W. J. Schelling: Darstellung meines Systems der Philosophie. In: Schellings Werke. Hg. M. Schröter. Bd.III. München 1962–71. S. 1–108. – A. Schurr: Philosophie als System bei Fichte, Schelling und Hegel. Stuttgart 1974. PP

**Absolutes Nichts** (jap. Zettai mu, nach Kontext auch: schlechthinniges Nichts), Grundwort der ↗Kyôto-Schule, bezeichnet das ungründige, gestaltlose Selbst von Ich und Welt. Die geschichtliche Welt gilt als reines Selbstbestimmungsgeschehen des a.n N., das sich selbst zunichte gehen läßt, dabei aber nicht als bloße Nichtigkeit im Gegensatz zum Sein steht. Der Weg der westlichen Philosophie ist bestimmt von der »Philosophie des Seins« (Ontologie). Auf dem östlichen Weg hingegen steht seit Beginn das »Nichts« im Mittelpunkt, womit ein grundsätzliches Mißtrauen gegenüber sprachlichen Fixierungen der letzten Wirklichkeit verbunden ist. Durch die Philosophie der Kyôto-Schule verbindet sich der Gedanke des Nichts erstmalig mit den Fragen der westlichen Philosophie nach dem Menschen und der geschichtlichen Welt und gelangt so zu philosophischem Selbstbewußtsein. **Lit.:** K. Nishida: Die intelligible Welt. Drei philosophische Abhandlungen. Berlin 1943. H. Rombach/K. Tsujimura/R. Ohashi: Sein und Nichts. Freiburg 1981. RE

**Abstractive fallacy,** abstraktiver Fehlschluß (auch: reductive fallacy). Im Anschluß an die pragmatische Semiotik von Peirce unternimmt Apel eine Kritik an der Transzendentalphilosophie Kantischen Typs und der sprachanalytischen Wissenschaftslogik im Gefolge von Carnap und Wittgensteins *Tractatus logico-philosophicus*. Die Grundlage der Kritik bildet die epistemologische Deutung der These von Peirce, daß die Zeichen-Relation bzw. Zeichen-Funktion eine nicht weiter reduzierbare dreistellige Relation ist: (1) Das Zeichen kann in seiner Funktion nicht verstanden werden, ohne prinzipiell das zu bezeichnende Reale und die Existenz des Zeichen-Interpreten vorauszusetzen. (2) Das interpretierende Erkenntnis-Subjekt kann nur gedacht werden unter der Voraussetzung realer Zeichen, die auch einen materialen Aspekt haben, und der zu bezeichnenden Realität. (3) Das Reale selbst kann von uns als das Reale nicht gedacht werden, ohne daß seine Interpretierbarkeit vermittels Sprach-Zeichen vorausgesetzt wird. Diese drei Bestimmungen kennzeichnen die grundlegenden Bedingungen sprachvermittelter menschlicher Erkenntnis (transzendental-semiotischer Ansatz). Jede Erkenntniskritik, die transzendentalphilosophisch auf Leistungen, Vermögen und Prinzipien des reinen Bewußtseins rekurriert (Descartes, Kant, Husserl) bleibt in einem Bewußtseins-Idealismus befangen, da es das Vermögen und die Prinzipien nicht als Regeln und Grundsätze für zeichenverwendende und immer schon miteinander kommunizierende Mitglieder einer ↗Kommunikationsgemeinschaft begreift (Sprachspiel-Apriori). Der Fehlschluß besteht darin, daß von der Bedingung der Zeichenvermittlung (Sprach-Apriori) und der damit verbundenen immer schon gegebenen intersubjektiven Verständigung (Verständigungs-Apriori) abstrahiert wird. Die sprachanalytische Wissenschaftslogik ruht zwar angesichts ihrer Untersuchungen zur logischen Semantik auf einem Sprach-Apriori, abstrahiert allerdings von der pragmatischen Dimension der Sprach-Interpretation durch das Erkenntnis-Subjekt, d. h. reduziert den argumentativen Diskurs auf ein abstraktes Sprachsystem (reductive fallacy). **Lit.:** K.-O. Apel: Zur Idee einer transzendentalen Sprach-Pragmatik. In: J. Simon (Hg.): Aspekte und Probleme der Sprachphilosophie. Freiburg/München 1974. S. 283–326. PP

**Abstrakt/konkret.** (1) Allgemeine Begriffe bzw. Gattungsbegriffe können als a. bezeichnet werden, da dabei von konkreten Merkmalen (der Einzelexemplare) abgesehen wird. (2) Hegels spezifisches Verständnis: Ein Begriff ist a., wenn er ohne Bezug zu anderen, ihn begrenzenden und bestimmenden Begriffen gedacht wird. Im Ggs. dazu ist ein Begriff dadurch k., als er im Durchgang durch die Mannigfaltigkeiten die verschiedenen Bedeutungsmomente in sich aufgenommen hat. Hegel bezeichnet die Verstandesbegriffe oder kontextinvarianten Begriffe als a., da in ihnen der Bezug zu anderen Begriffen einschließlich ihrer genetisch-logischen Entwicklung außer acht bleibt. PP

**Abstraktheit,** (1) Darstellung durch nicht-anschauliche, allgemeine Begriffe, denen keine adäquate repräsentative Vorstellung entspricht. (2) Gedankliche Isolierung eines unselbständigen Teils von einem Ganzen, z. B. das Farbigsein eines Gegenstandes, das Ausgedehntsein eines räumlichen Körpers. PP

**Abstraktion,** gedankliches Verfahren, das von den als unwesentlich erachteten Merkmalen absieht, um das Augenmerk auf die als wesentlich beurteilten Merkmale zu lenken. Das Kriterium des Wesentlichen ist nach pragmatischen Gesichtspunkten festgelegt und variiert mit dem jeweiligen Erkenntnisinteresse. Die gedankliche Operation ermöglicht es, entweder eine spezifische Eigenschaft an einem einzelnen Gegenstand herauszustellen (isolierende A.), oder das Gemeinsame einer Menge von Gegenständen festzulegen, um zu Allgemein- und Gattungsbegriffen und den damit bezeichneten Gegenstandsbereichen zu gelangen. Im Hinblick auf den Stellenwert der A. für die Begriffsbildung wird zwischen einem hypothetischen und einem konstitutiven Charakter der generalisierenden A. unterschieden: Die hypothetische Sichtweise unterstreicht einerseits den psychisch prozeßhaften Charakter der Bildung von Allgemeinbegriffen und verweist andererseits darauf, daß allgemeine Begriffe nur aus logischen Konstruktionen des gedanklichen Prozesses in bezug auf Sinnesdaten resultieren, d. h. daß zu ihrem Verständnis auf sinnlich Gegebenes Bezug genommen werden müsse. Die konstitutive Sichtweise betont die durch die A. vollzogene gedankliche Neuschöpfung: Über das vorliegende Einzelne hinaus wird durch eine definitorische Festlegung bestimmt, worin das gemeinsame Merkmal und damit der Aspekt der Gleichheit mehrerer einzelner Entitäten bestehen soll. Die konstitutive A. formuliert ein intensionales Auswahlkriterium für diese Menge, das den Inhalt eines Begriffs bildet, ist damit die Voraussetzung für die extensionale Bestimmung, d. h. für die Angabe des Begriffsumfangs als Menge dessen, was als Einzelfall unter diesen Begriff zu zählen ist. Die konstitutiv generalisierende A. ermöglicht den Bezug auf eine offene Menge von gegebenen und möglicherweise noch eintretenden Fällen, über die begrenzte Menge der vorliegenden Fälle hinaus. – Die transzendentale A. stellt heraus, daß beim Gebrauch eines Begriffs von der Verschiedenheit desjenigen, was unter ihm enthalten ist, d. h. den besonderen Merkmalen, abgesehen wird. Die A. stellt ein transzendentales Moment jeglichen empirischen Wissens dar, insofern dabei immer schon eine notwendige Verbindung (Synthesis) von begrifflichen (formalen) und sinnlichen (materialen) Elementen zugrundegelegt ist. **Lit.:** P. Aubenque u. a.: Abstraktion. In: HWPh. PP

**Abstraktionstheorie,** thematisiert das Verhältnis von sinnlich-materialen Gegebenheiten und der auf diese bezogenen Begrifflichkeit. In Frage stehen Status und Genese der für jede Erkenntnis vorauszusetzenden Allgemeinbegriffe: Sowohl mathematische Gegenstände wie Allgemeinbegriffe müssen erst durch einen intellektuellen Akt durch Bezug auf das sinnlich Wahrnehmbare konstituiert werden und können nicht selbst aus der sinnlichen Erfahrung stammen. Sofern die Begriffe allgemein sind, stellen sie das Ergebnis eines geistigen Erkennens dar, das entweder von den sinnlichen Qualitäten zugunsten der bloß formalen Kennzeichnung (wie bei mathematisch-geometrischen Gegenständen) oder von einigen als unwesentlich erachteten sinnlichen Qualitäten absieht und die wesentlichen, für alle Einzelexemplare geltenden Merkmale herausstellt. Für die Position des ↗Nominalismus gilt, daß sich derart gebildete Allgemeinbegriffe immer nur auf individuelle Gegenstände beziehen können und keinerlei Annahmen über die Existenz allgemeiner Gegenständlichkeit oder Klassen außerhalb des Bewußtseins rechtfertigt. PP

**Abstraktor,** auch Komprehensor oder Lambda-Operator, Bezeichnung für einen Funktor, mittels dessen ein Prädikat all den Individuen zugeordnet wird, auf die dieses bestimmte Prädikat zutrifft. Seine Anwendung auf eine Aussageform ergibt eine Klasse. PP

**Absurd, das Absurde** (Widersinnige). Eine Behauptung »ad absurdum« führen, bedeutet durch korrekte Schlußfolgerung den in ihr enthaltenen Widersinn aufdecken. – In der Patristik werden damit die theologischen Aussagen bezeichnet, die sich nicht rational beweisen, sondern nur glauben lassen. In ähnlicher Weise verwendet Kierkegaard das A. als Entsprechung für das vom Verstand nicht einholbare »Paradox«, daß Gott in der Zeit Mensch geworden ist. – Eine zentrale Stellung gewinnt der Begriff bei Camus, dem er als methodischer Ausgangspunkt dient. Das A. zeigt sich als die Kluft zwischen dem Menschen, der fragt und der Welt, die vernunftwidrig schweigt. Die Erfahrung der »Dichte« und Fremdartigkeit der Welt wirft den Menschen in seinem ihm wesenseigenen Sinnstreben auf sich selbst zurück und führt zur ersten Gewißheit: das A. hat nur dann einen Sinn, wenn man sich nicht mit ihm einverstanden erklärt. In der Auflehnung dagegen (Sisyphos) wird der Mensch radikal auf sich zurückgeworfen und gewinnt die Würde seiner Existenz. Auch bei Sartre hat die Welt keinen vorgegebenen Sinn, sondern der Einzelne muß, auf seine Freiheit verwiesen, sich aus sich heraus entwerfen. **Lit.:** A. Camus: Der Mythos von Sisyphos. Hamburg 1959 u.ö. – J.-P. Sartre: Das Sein und das Nichts. Hamburg 1952 u.ö. – U. Timm: Das Problem der Absurdität bei A. Camus. Hamburg 1971. FPB

**Abtrennungsregel,** oder Regel des ↗Modus ponens, besagt: wenn eine Aussagenverknüpfung »wenn A, dann B« (↗Implikation) gegeben ist und zugleich die Aussage A (Vordersatz) positiv behauptet wird, dann kann auch auf die Aussage B (Nachsatz) als positive Behauptung geschlossen werden; z. B.: Wenn es schneit, ist der Flüela-Paß für Autos gesperrt; es schneit (bzw. hat geschneit); also ist der Paß gesperrt. PP

**Achilles** (auch A. und die Schildkröte) ↗Zenonsche Paradoxien

**Achsenzeit,** bezeichnet in der Geschichtsphilosophie von Jaspers den weltgeschichtlichen Umbruch, der sich in der Zeit von 800–200 v. Chr. gleichzeitig in China, Indien, Iran, Palästina und Griechenland vollzieht. Er stellt einen Prozeß geistiger Neuorientierung dar, der das Ende der frühen Hochkulturen anzeigt und den Übergang zu einer gemeinsamen Weltgeschichte einleitet. In dieser Zeit beginnt die methodische Reflexion des Menschen auf sich selbst und das Ganze des Seins; es werden die Grundkategorien entwickelt, in denen wir bis heute denken. Das Bewußtwerden dieser menschheitsgeschichtlichen Gemeinsamkeit, kann nach Jaspers den Weg ebnen helfen zu einer künftigen faktischen Einheit der Menschheit, die auf freie Selbstbestimmung und vernünftige Kommunikation gegründet ist. Der Gedanke der A. versucht die Einseitigkeit christlich-abendländischer Geschichtskonzeptionen durch eine universal gültige Betrachtung zu ersetzen. **Lit.:** K. Jaspers: Vom Ursprung und Ziel der Geschichte. München/Zürich 1949 u.ö. – N. Rigali: Die Selbstkonstitution der Geschichte im Denken von K. Jaspers. Meisenheim 1968. FPB

**Achtung,** ein Begriff der Ethik, der in verschiedener Hinsicht verwendet wird: (1) I. S. einer allgemeinen moralischen A. beinhaltet er das Postulat, die moralisch relevanten Tatsachen zu berücksichtigen: andere nicht zu verletzen, nicht zu täuschen oder zu benachteiligen; (2) i.S. von Respektierung anderer im Hinblick auf eine objektive Werteigenschaft, die allen Personen zukommt. Die A. gründet z. B. darin, daß man jede Person für wertvoll hält, weil sie ein zur Selbstbestimmung fähiges Wesen ist (Dilthey); (3) i.S. von Wertschätzung: Eine Person genießt A., da sie bestimmte positive Eigenschaften auf exemplarische Weise verkörpert. Die moralische Wertschätzung richtet sich auf eine bestimmte Qualität als Person, die wir an allen Personen auf die gleiche Weise schätzen; (4) i.S. der Wertschätzung eines absoluten Werts, der apriori erkannt wird: Die moralische A. des anderen um seiner selbst willen, als Selbstzweck, die es verbietet, ihn als Mittel für einen Zweck zu benutzen. – In der Ethik bzw. Moralphilosophie wird die A. noch nach zwei Gesichtspunkten thematisiert: (1) nach dem motivationalen Aspekt moralischen Handelns und (2) hinsichtlich des Aspekts der Wertgenese. (1) Sowohl bei Kant wie in empirisch-psychologisch begründeten Theorien des Personenbegriffs, dem Konzept Selbstbejahung und Selbstachtung und der Konzeption des sinnvollen Lebens, wird die Frage des motivationalen Aspekts aufgeworfen: Für Kant stellt die A. eine sinnliche Triebfeder des Handelns dar, die sich von den sonstigen Neigungen dadurch unterscheidet, daß sie nicht von dem Lust-Unlust-Prinzip geleitet ist. Als A. für das Gesetz repräsentiert sie einerseits das Bewußtsein einer freien Unterwerfung des Willens unter das allgemeine Sittengesetz und stellt andererseits ein Gefühl dar, das durch Vernunft bewirkt ist. Sie fungiert als Triebfeder dafür, das Sittengesetz in sich zur Handlungsmaxime zu machen. Das Konzept eines empirisch-psychologischen Personenbegriffs bindet die Einstellung der moralischen A. an die Möglichkeit der Entwicklung zu einer sinnvollen persönlichen Identität zurück: Moralität stellt eine notwendige Bedingung dafür dar, daß man sein Leben als sinnvoll erfahren kann (praktische Identität). Dies ist nur dann erreichbar, wenn die Person sich in Tätigkeiten verwirklichen kann und zur Aufnahme erfüllter persönlicher Beziehungen in der Lage ist. Deshalb stellt die im Kindesalter gemachte Erfahrung einer affektiv-emotional positiven Beziehung die notwendige Bedingung für personale Identität und Selbstachtung dar. Aus der Selbstachtung folgt die Fähigkeit zur moralischen Einstellung der Rücksichtnahme gegenüber anderen. Die Konzeption des sinnvollen Lebens gibt die affektiven Beziehungserlebnisse der Liebe und der Freundschaft als Basis für das Ideal des gemeinsamen guten Lebens an, das sich in reziproken Achtungsbeziehungen zwischen sich selbst verwirklichenden Individuen realisiert. Diese stellen die Ausgangsbedingungen für die Frage, wie ich mir insgesamt meine Beziehungen zu anderen vorstelle, dar. – (2) Bei Scheler setzt jede Sollensgrundlage, die A. fordert, das Fühlen eines Wertes und dessen verpflichtenden Charakters voraus. Dilthey entwickelt die A. vor dem Selbstwert anderer aus dem Mitleidsgefühl bzw. dem Gefühl der Solidarität: Die Erfahrung der Homogenität mit anderen Menschen-Naturen hinsichtlich der Interessen und ähnlichen Gefühlsregungen führt zur Entdeckung einer selbstbewußten Willensstruktur im anderen. Wo ein Selbstbewußtsein auftritt, existiert ein Selbstzweck, dem man nicht die A. verweigern kann. **Lit.:** W. Dilthey: System der Ethik (Gesammelte Schriften Bd. X). Göttingen $^{2}$1965. §§ 16, 17. – I. Kant: Kritik der praktischen Vernunft. – M. Scheler: Der Formalismus in der Ethik und die materiale Werteethik (Gesammelte Werke Bd. 2). Bern 1954. – E. Tugendhat: Selbstbewußtsein und Selbstbestimmung. Frankfurt 1979. – Ders.: Retraktationen. In: Probleme der Ethik. Stuttgart 1984. S. 132–176. – Ders.: Vorlesungen über Ethik. Frankfurt 1993. – A. Wildt: Autonomie und Anerkennung. Stuttgart 1982. – U. Wolf: Das Problem des moralischen Sollens. Berlin/New York 1984. PP

**Actio,** als Gegensatz zu passio, charakterisiert die Verhaltensweise des Menschen als Handeln oder Tätigkeit im Unterschied zur Einstellung des Erleidens oder Erduldens (Aristoteles, Scholastik). Als Gegensatz zu reactio charakterisiert a. das entgegengesetzte Aufeinandereinwirken zweier Kräfte i.S. von Wirkung und Gegenwirkung (Newtonsche Physik). PP

**Actus/potentia.** Das von Aristoteles eingeführte Begriffspaar Akt/Potenz (energeia/dynamis) dient zur Beschreibung einer ontologischen Bewegung bzw. Veränderung (motus). Jede Veränderung, ob substantiell (Werden und Vergehen) oder akzidentiell (Tun, Leiden, Qualität, Quantität etc.), läßt sich beschreiben als Überführung von der P. in den A.: etwas gelangt von dem Vermögen, zu sein (zu tun, zu leiden etc.), in die Wirklichkeit, zu sein (zu tun, zu leiden etc.). Das Erz wird durch den Künstler von dem Vermögen, eine Statue zu sein, in die Wirklichkeit, Statue zu sein, überführt; das Sehvermögen wird im Sehakt, die Erwärmbarkeit im Erwärmtwerden aktuiert. P./A. beschreibt somit ein analoges Verhältnis: P. verhält sich zum A. wie das Erz zur Statue, wie das Sehvermögen zum Sehakt, wie das Erwärmtwerdenkönnen zum Erwärmtwerden etc. Der *A. primus* konstituiert alle weiteren Akte eines Seienden; so ist der a. primus die Wirklichkeit der Wesensform einer Sache, ein *A. secundus* aber die Verwirklichung eines Vermögens, das in der Wesensform angelegt ist. *P. activa* nennt man ein Vermögen, das ein Seiendes aus sich selbst in den A. überführen kann, *P. passiva* ein Vermögen, dessen Aktuierung durch ein anderes bewirkt und daher nur erlitten wird. Der A. ist erkenntnistheoretisch und ontologisch vorrangig. Eine P. wird vom A. her erkannt; die P. ist auf den A. hin angelegt. – Wirklich Seiendes (actu ens) und potentiell Seiendes (ens in potentia) unterscheiden sich durch den *A. essendi*. Die Überführung einer P. in den A. kann nur durch etwas bewirkt werden, das selbst schon im A. ist. Was immer für seinen Seinsakt eines anderen Wirklich-Seienden bedarf, bleibt auch im A. durch Potentialität gekennzeichnet (↗Kontingenz). Prinzip der Potentialität ist bei den aus ↗Form und Materie bestehenden Dingen die Materie, bei den materielosen Geschöpfen (Engeln) das Wesen, insofern es den Seinsakt einem andern verdankt. Allein Gott besitzt den Grund aller Aktualität in sich selbst und ist daher reiner A. (*A. purus*). So verweist alles kontingent Wirkliche auf ein wesenhaft Wirkliches, d.h. auf Gott. ↗Akt/Potenz, ↗Dynamis, ↗Energeia.

**Lit.:** H. Beck: Der Akt-Charakter des Seins. München 1965. – Thomas v. Aquin: De Veritate q. 11 a. 1. – S.th. I q. 2 a. 3; q.3 a.4. CS

**Ad-hoc-Hypothese,** stellt eine Zusatzerklärung dar, wenn für ein System von Hypothesen Beobachtungen gemacht werden können, die diesen Hypothesen widersprechen. Dabei können solche ad hoc eingeführten Hilfshypothesen (oder ad hoc abgeänderte Definitionen) der Abwehr der falsifizierenden Erfahrungen dienen. Gegen diese Immunisierung des Systems von Hypothesen macht K. Popper geltend, nur solche ad-hoc-Hypothesen zuzulassen, durch deren Einführung der Grad der Falsifizierbarkeit gesteigert wird. PP

**Ad hominem,** rhetorische Form des Begründens, bei der sich ein Argumentierender auf die vom Kontrahenten für wahr gehaltenen, wenn auch ungeprüften Aussagen beruft. PP

**Ad infinitum,** dient zur Kennzeichnung einer nicht abschließbaren Reihe des Bestimmens, Fragens oder Zurückfragens. Von einem Regreß a. i. spricht man, wenn die Reihe der Bestimmungen oder Begründungen nicht durch eine letzte Bestimmung oder Begründung abgeschlossen werden kann, bzw. wenn jede Begründung sich wiederum als begründungsbedürftig erweist. PP

**Adaption,** bei Piaget allgemein eine Form des Austausches zwischen Organismus und Umwelt, bei der das Individuum eine Veränderung durch Anpassung erfährt. A. geschieht aufgrund von ↗Akkommodation und Assimilation. FPB

**Adäquat.** In einem allgemeinen Verständnis wird eine Vorstellung dann als a. bezeichnet, wenn sie den vorgestellten Gegenstand seinen Bestimmungen gemäß voll erfaßt. In der Phänomenologie von Husserl ist die Rede von a.er und inadäquater Gegebenheit: Ein räumliches Ding kann immer nur einseitig, wenn auch in bestimmt geordneten kontinuierlichen Mannigfaltigkeiten (↗Abschattung) und daher nur inadäquat gegeben sein. Die Adäquatheit bemißt sich in dieser Hinsicht an der Möglichkeit der vollkommenen Gegebenheit, die nur bei immanent zu gebenden Gegenständlichkeiten erreichbar ist, da diese in vollständiger originärer Sinneserfüllung absolut einsichtig sind. Von a.er Evidenz spricht Husserl, wenn keine weiteren Bestätigungen oder Widerlegungen bezüglich einer Einsicht mehr erwartet werden können. – In der Logik gilt ein formales System dann als a., wenn es vollständig und formal korrekt ist. PP

**Adäquatheitsbedingung,** Kriterium der inhaltlichen Angemessenheit formaler Darstellungen bezüglich intendierter Bereiche in der Logik. Die A. unterteilt sich in die Bedingung der Korrektheit und die Bedingung der Vollständigkeit. Sie wird v.a. mit formalen Theorien verbunden. So sollen etwa logische Kalküle korrekt und vollständig bezüglich einer jeweiligen Semantik sein und Axiomensysteme bezüglich bestimmter, intendierter Modelle. Die A. ist nicht trivial wie etwa das Beispiel der Peano-Arithmetik zeigt, die von Gödel als unvollständig hinsichtlich der (im Standardmodell) wahren Aussagen der Zahlentheorie aufgezeigt wurde. In einem weiteren Sinn findet die A. auch Anwendung auf Definitionen sowie auf Mengen logischer Konstanten bezüglich der Charakterisierung aller, in einem formalen System definierbaren logischen Konstanten. UM

**Adäquatio rei et intellectus,** Formel zur Kennzeichnung des Wahrheitsbegriffs: Wahrheit ist dann erreicht, wenn urteilender Verstand bzw. Geist und die zu beurteilende Sache übereinstimmen (Aristoteles, Th. v. Aquin). Die von den arabischen Philosophen (vermutlich Avicenna) gelieferte Formulierung »ein Satz ist wahr, wenn er mit der Wirklichkeit übereinstimmt« führt in der weiteren Entwicklung im MA. zu der Aussage »veritas est adaequatio rei et intellectus«. ↗Adäquationstheorie, ↗Korrespondenztheorie, ↗Wahrheit. PP

**Adäquationstheorie.** Die Frage, ob unsere Vorstellung von und unsere Aussagen über die Wirklichkeit auch mit der Wirklichkeit übereinstimmen, zieht sich durch die Geschichte der Philosophie seit Aristoteles. Die Aristotelische Ausführung dazu: »die Sache erscheine gleichsam als der Grund dafür, daß die Aussage wahr ist. Denn sofern die Sache ist oder nicht ist, wird die Aussage wahr oder falsch genannt« (*Kategorien* 14 b) erfährt im MA. eine Umformulierung in »veritas est adaequatio rei et intellectus«, die zu der unpräzisen Formulierung führt: Ein Satz ist wahr, wenn er mit der Wirklichkeit übereinstimmt. Die Feststellbarkeit der Entsprechung bleibt dabei ebenso ein Problem, wie die Bestimmung des Begriffs der Wirklichkeit. Mit Leibniz setzt eine veränderte Richtung der Überlegung bezüglich der Übereinstimmung ein: Die Wahrheit besteht darin, daß die Worte derart in Sätzen verbunden sind, daß sie die Übereinstimmung oder Nichtübereinstimmung genau so ausdrücken, wie sie wirklich ist. Diese Aussage wirkt fort bis zu Wittgensteins Feststellung, daß eine wahre Aussage einen bestehenden Sachverhalt (d.i. eine Tatsache) repräsentiert. Der Logiker Tarski versucht eine semantische Klärung (↗Adäquatheitsbedingung) des Wahrheitsbegriffs mit rein formalsprachlichen Mitteln zu leisten. ↗Wahrheit. **Lit.:** Aristoteles: Kategorien. Darmstadt $^{2}$1986. – G. W. Leibniz: Neue Abhandlungen über den menschlichen Verstand. IV. Buch. Von der Erkenntnis. Hg. W. v. Engelhardt/H. H. Holz. Darmstadt 1985. S. 329 ff. – A. Tarski: Die semantische Konzeption der Wahrheit und die Grundlagen der Semantik. In: G. Skirbekk (Hg.): Wahrheitstheorien. Frankfurt 1980. S. 140 ff. – L. Wittgenstein: Tractatus logico-philosophicus. In: Werkausgabe Bd. 1. Frankfurt 1984. PP

**Additiv,** Kennzeichnung einer Aneinanderreihung von Elementen ohne Angabe eines Zusammenhangs. PP

**Adiaphora** (griech. das ethisch Gleichgültige). In der stoischen Ethik gilt als A. alles, was sittlich weder gut noch schlecht ist. Gut ist allein die Tugend, die in der rechten Einsicht besteht, schlecht ihr Gegenteil. Alles andere gehört daher zu den A. Dennoch sahen sich die Stoiker veranlaßt, eine weitere Unterteilung vorzunehmen in solche, die bevorzugt, weil naturgemäß sind (z. B. Gesundheit), solche die zurückgesetzt sind (z. B. Krankheit) und diejenigen, die keines von beiden sind (z. B. die Zahl der Haare auf dem Kopf). Die Lehre der A. und ihre Einteilung war in der Geschichte der stoischen Schule umstritten und wurde daher häufig modifiziert. **Lit.:** M. Forschner: Die stoische Ethik. Stuttgart 1981. FPB

**Adjunktion,** auch ↗Disjunktion, die Verknüpfung zweier Aussagen durch den nicht-ausschließenden ↗Junktor »entweder-oder«, d. h. eine sich gegenseitig nicht ausschließende Alternative. Der Operator, der die A. bildet, heißt Adjunktor. PP

**Advaita** (sanskrit, »Nicht-Zweiheit«), Bezeichnung der einflußreichsten ↗Vedānta-Schule, die sich auf Śaṅkara (788–820?) zurückführt. Die Schule baut auf die alte ↗Upaniṣaden-Vorstellung der Identität zwischen der letzten Realität, dem Absoluten (↗Brahman) und dem ↗Ātman, der ewigen Substanz im Einzelwesen, auf. Die Vielheit der Welt ist nur eine Illusion, ein Produkt der illusionären Kraft, der ↗Māyā, die durch das Unwissen (↗Avidyā) des erkennenden Subjekts entsteht. A. bietet, beeinflußt durch das ↗Mahāyāna, eine niedere und eine höchste Wahrheit an; erstere ist die der empirischen Entfaltung der Welt und die des ewigen Kreislaufs (↗Saṃsāra) der Seelenmonaden (↗Jīva); die eigentliche Erlösung wird jedoch nur erlangt in der intuitiven Erkenntnis der Einheit und der Identität mit dem unveränderlichen Brahman. **Lit.:** P. Deussen: System des Vedānta. Leipzig 1883. – E. Deutsch/ J. A. B. Buitenen: A Source Book of Advaita Vedānta. Honululu 1971. – P. Hacker: Die Schule Shankaras. Wiesbaden 1951. – K. H. Potter (Hg.): Encyclopaedia of Indian Philosophy. Bd. 4. Delhi 1981. MD

**Advokatorische Ethik.** Die a.E. oder Ethik der advokatorischen Stellvertretung reagiert auf das Problem, das für eine Reihe von Moralkonzeptionen (wie z. B. kontraktualistischen und diskursethischen Moraltheorien) dadurch entsteht, daß auch die Interessen und Ansprüche solcher Menschen und nicht-menschlicher Lebewesen berücksichtigt werden sollen, die diese noch nicht (Embryonen/Föten, Neugeborene, Angehörige zukünftiger Generationen), nicht mehr oder überhaupt nicht (Anencephale, geistig Schwerstbehinderte, Tiere) selbst zur Geltung bringen können. Ihre Interessen und Ansprüche finden in der a.E. nach dem Modell von »Fürsprecher« oder »Treuhänder« in den moralischen Entscheidungsprozeß Eingang. JA

**Affekt,** kurz andauernde Gefühlsbewegung von starker Intensität, meist mit körperlicher Begleitsymptomatik (z. B. Schwitzen). A.e sind immer gerichtet und damit reaktiv. Dabei kann die Erregung so stark sein, daß das Rational-Willensmäßige nicht mehr, oder nur eingeschränkt, die Handlungen im A. steuern kann (juristische Bedeutung). Bsp.: Zorn, Ekstase, Panik, Scham. In der Philosophie spielt der Begriff seit der griechischen Antike, hier vor allem in der Stoa (Chrysippos), eine Rolle. A.e sind Regungen der Seele und je nach Schule wird ein Freisein oder eine Mäßigung von A.en gefordert (Aristoteles, später Thomas von Aquin). In Antike und MA umfaßt der Begriff den gesamten Gefühlsbereich. Bis Kant werden die Begriffe A. und Leidenschaft synonym verwendet. Kant unterscheidet zwischen den plötzlichen Gefühlsbewegungen (A., z. B. Zorn), und den habituellen Begierden (Leidenschaften, z. B. Haß). Die Philosophie wendet ihr Interesse nach Kant mehr den Leidenschaften zu, die Beschäftigung mit den A.en findet hauptsächlich in der Psychologie statt. DL

**Affektion,** das Einwirken von Gegenständen auf die Sinne des Anschauungsvermögens oder Begehrungsvermögens. Hinsichtlich des Anschauungsvermögens ist damit gemeint, daß irgendwelche Sinnesreize auf den Menschen bzw. dessen Wahrnehmungssinne einwirken. Bei Kant stellt die A. die notwendige Bedingung der Anschauung dar, da sie nur dann stattfinde, wenn der Gegenstand unser Wahrnehmungsvermögen auf gewisse Weise affiziere. Hinsichtlich des Begehrungsvermögens bedeutet A., daß durch äußere Reize triebhafte Regungen oder Neigungen wachgerufen werden. PP

**Affidamento,** bezeichnet eine feministische politische Praxis, in der Frauen mit ihrer Unterschiedlichkeit anders umgehen, als dies in traditionellen männlichen Hierarchien vorgesehen ist. Die A.-Beziehung soll durch ein wertschaffendes Sich-Anvertrauen geprägt sein. Sie intendiert gesellschaftliche Veränderung durch eine Akzentsetzung auf der symbolischen Mutter-Tochter-Beziehung (↗Mutter). A. erarbeitet eine Konzeption weiblicher Autorität, die Voraussetzung für weibliche Wertsetzungen ist. In der Praxis des A. werden Differenzen zwischen Frauen nicht geleugnet, sondern zur Befreiung genutzt. Das Denken der Ungleichheitsbeziehung zwischen Frauen kann auch eine feministische Pädagogik prägen. Der Begriff, der im italienischen Feminismus entstanden ist, wurde wegen seiner Herkunft aus dem juristischen Sprachgebrauch, wo er »Pflegschaft, Vormundschaft« bezeichnet, auch als anti-emanzipatorischer Entwurf kritisiert. **Lit.:** E. Franco: Das Affidamento in der pädagogischen Beziehung. In: Diotima, Philosophinnengruppe aus Verona: Der Mensch ist zwei. Das Denken der Geschlechterdifferenz. Wien 1989. S. 173–194. – Libreria delle Donne di Milano: Wie weibliche Freiheit entsteht. Berlin 1991. – M. Schuller: Wie entsteht weibliche Freiheit? In: Frankfurter Frauenschule (Hg.): Materialienband 6. Genealogie und Tradition. Frankfurt 1989. S. 35–48. BES

**Affinität,** Verwandtschaft von Begriffen und Vorstellungen. A. bezeichnet bei Kant den »objektiven Grund aller Assoziation der Erscheinungen« (*KrV* A 122). Die A. der Erscheinungen, durch die sie als »an sich assoziabel, und allgemeinen Regeln einer durchgängigen Verknüpfung« (ebd., vgl. *KrV* A 113 f.) unterworfen anzusehen sind, beruht auf der in der Einheit des Selbstbewußtseins gegründeten transzendentalen A. FPB

**Affirmation, affirmativ,** (1) bejahende Aussage, (a) indem einem Subjekt ein Prädikat zugesprochen wird (Mont Blanc ist der höchste Berg Europas), oder (b) indem eine komplexe Aussage universal (alle S sind P) oder partiell (einige S sind P) bejaht wird. (2) In der Gesellschaftskritik der Kritischen Theorie (H. Marcuse: *Über den affirmativen Charakter der Kultur*) wird jene Kultur als a. bezeichnet, die die geistig-seelische Welt als ein selbständiges Wertreich von der tatsächlichen Welt des alltäglichen Daseinskampfes ablöst, um dieses Wertreich als eine unbedingt zu bejahende, allgemein verpflichtende, ewig bessere und wertvollere Welt darzustellen. PP

**Agape** (griech. Liebe). Während im Begriff des ↗Eros die zur Selbstvervollkommnung auf ein Ziel hin strebende Liebe gefaßt ist, bezeichnet A. im christlichen Verständnis zum einen die liebende Zuwendung Gottes zum Menschen und zum anderen die sie erwidernde Selbsthingabe des Menschen an Gott und den Nächsten. **Lit.:** V. Warnach: Agape. Düsseldorf 1951. FPB

**Agathon** (griech. das Gute), bezeichnet allgemein dasjenige, worin das Streben bzw. die Bestimmung eines Seienden zur Erfüllung kommt. Ontologisch bezieht sich A. auf die Seinsvollkommenheit eines Seienden, dem kein Mangel anhaftet; ethisch bildet es das Ziel, wonach alles strebt und um dessentwillen alles andere getan wird (Aristoteles: *Eth. Nic.* 1094 a3, 1097 a18). – Platon bestimmt ontologisch die »Idee des Guten« (↗Sonnengleichnis, *Politeia* 506b-509b) als den Urgrund des Seins (Ideen), die selbst noch jenseits des Seins steht und diesem seine Existenz und sein Wesen verleiht. Auf den sittlichen Bereich bezogen besteht das A. in der rechten Ordnung der Seele aufgrund der Herrschaft der Vernunft über die unvernünftigen Seelenteile. Im *Philebos* erörtert Platon die Frage, welchen Anteil die Vernunft und die Lust bei der Erlangung der ↗Eudaimonie haben. Da weder ein Leben ohne Einsicht noch ohne Lust erstrebenswert erscheint, muß das gute Leben in der rechten Mischung beider bestehen. Dabei ergibt sich eine Hierarchie der erstrebenswerten Güter: an erster Stelle steht das Maßvolle, gefolgt von dem Schönen, der Vernunft, Wissenschaft und Kunst, schließlich der Lust (66 a ff.). – Aristoteles bestimmt in der *Nikomachischen Ethik* das Gute zunächst allgemein »als dasjenige, wonach alles strebt« (1094 a3). Da dieses Gute für jedes Seiende gemäß seiner Natur verschieden ist, gilt es, das Wesen des spezifisch menschlich Guten (anthropinon agathon) zu erkennen. Innerhalb der erstrebenswerten Ziele gibt es nun solche, die um etwas anderes willen und solche, die nur um ihrer selbst willen angestrebt werden. Das höchste, um seiner selbst willen erstrebte Gut für den Menschen ist die ↗Eudaimonie (Glückseligkeit). Da diese das spezifisch menschliche Endziel darstellt, muß sie in einer dem Menschen wesensmäßig eigentümlichen Leistung liegen und dies ist die Betätigung seiner Vernunft. Das Gute zeigt sich so in der Tätigkeit der Seele gemäß ihrer besonderen Befähigung zur Vernunft (*Eth. Nic.* 1098 a7), d. h. der ihr zukommenden Tugend (Tauglichkeit, ↗arete). – Auch die Stoiker bezeichnen das Gute als dasjenige, was ein Vernunftwesen gemäß seiner Natur als Vernunftwesen vollendet (SVF III, 76), d. h. seine der Erkenntnis entspringenden Tugend. Bei Plotin nimmt das Gute den ontologischen Rang ein, der auch bei Platon der »Idee des Guten« zukommt: es ist das Überseiende, das Eine (hen), aus dem alles entspringt und auf das hin es strebend gerichtet ist. **Lit.:** H.-G. Gadamer: Die Idee des Guten zwischen Plato und Aristoteles. Heidelberg 1978. FPB

**Agens** (lat. agere: machen), ontologischer Begriff für das Wirkende, Tätige als Prinzip. Der Terminus stammt der Sache nach aus der aristotelischen Ursachenlehre. Aristoteles hatte in seiner *Metaphysik* (VII.7) dargelegt, daß die Form als Wirkendes der an sich unbestimmten Materie erst Bestimmtheit und Grenze verleiht. Dieser Gedanke wird in der Hochscholastik vor allem von Thomas von Aquin und Duns Scotus aufgenommen und führt zu einem inflationären Gebrauch des A.-Begriffs. Wenn Scotus (*De rerum principum*, q. 8,17) als A. triplex Gott, Natur und Mensch bezeichnet, so erweitert er damit das aristotelische Dictum, daß alles Geformte entweder durch Natur (physis) oder durch Kunst (techne) gewirkt sei. Schon bei Thomas liegt eine hochdifferenzierte Verwendung des Begriffs (etwa im externen und extrinsischen A., im künstlichen und naturalen, körperlichen und unkörperlichen, im mittelbaren, unmittelbaren und der Ursache nach weiter entfernten A.) vor; insgesamt finden sich bei Thomas allein 45 Distinktionen. Bei Duns Scotus wird A. necessarum von A. liberum, A. naturale von A. supernaturale, A. univocum (Gott) und A. aequivocum unterschieden. MFM

**Aggregat** (lat. aggregare: zu-, beigesellen). Ein A. ist ein zusammengesetztes Ganzes aus gleichartigen oder verschiedenartigen Teilen, deren Zusammensetzung entweder durch Anordnung oder zufällig entstanden sein kann. Das A. zeichnet sich dadurch aus, daß es als Ganzes nicht mehr als die Summe seiner Teile ist, d. h. daß das Ganze durch die Teile konstituiert wird und nicht umgekehrt (wie bei ↗System und ↗Organismus). Die Menge der Teile ist also beliebig und ihr Zusammenhang ist nicht notwendig, sondern den Teilen »äußerlich«. RD

**Agnostizismus,** von Th. Huxley 1869 eingeführter Begriff, der Positionen kennzeichnen soll, die die Möglichkeit übersinnlicher, metaempirischer Erkenntnis leugnen (agnostos = unbekannt). In diesem Sinne wird Kants Lehre von der Unerkennbarkeit des Dinges an sich, wie auch strikt positivistische Philosophen zum A. gerechnet. Üblich ist der Terminus heute in religionsphilosophischer und theologischer Hinsicht, wenn mit ihm v. a. die Erkennbarkeit Gottes und damit die Möglichkeit von Theologie bestritten wird. PK

**Agon** (Wettkampf), für Nietzsche und Burckhardt Grundprinzip der griechischen Kultur. Im geordneten Wettkampf kann der Einzelne seine Fähigkeiten zum äußersten entwickeln und dabei zugleich für die Gemeinschaft fruchtbar machen. J. Huizinga (*Homo ludens*, 1939) betont den A. als ein wesentliches Moment im Aufbau jeder Kultur. FPB

**Ahaṃkāra** (sanskrit, Ich-Macher), Terminus des ↗Sāṃkhya, der schon in der ↗Upaniṣaden-Zeit auftaucht (*Chāndogya-U.* 7.25.1., *Śvetāśvatara-U.* 5.8.). A. ist innerhalb der Hierarchie der feinstofflich-psychischen Faktoren nach der Entfaltung der Vernunft (buddhi) die Instanz, die zwischen Subjekt und Objekt unterscheidet, also die Annahme eines Ichs erst ermöglicht, gehört jedoch gemäß dem metaphysischen Dualismus des Sāṃkhya dem Bereich der Materie an. Aus dem A. entspringen wiederum die fünf feinen Elemente (tanmātra) und die Fähigkeiten (buddhīndriya) und Tätigkeiten (karmendriya) der Sinnesorgane, denen die aus den tanmātras entstandenen Grobelemente (bhūta), aus denen wiederum die wahrnehmbare Welt besteht, als Sinnesobjekte gegenüberstehen. **Lit.:** E. Frauwallner: Geschichte der indischen Philosophie. Bd. I. Salzburg 1953. S.309 ff. MD

**Ahiṃsā** (sanskrit, Nicht-Töten/-Verletzen). Ab der Zeit der ↗Upaniṣaden (*Chāndogya-U.* 3.17.4.) ist das Nicht-Verletzen oder Nicht-Töten von Lebewesen eine konstante Forderung indischer Ethik (im ↗Yoga des Patañjali eines der acht »Glieder des Yoga«, yogāṅgāni). Entstanden ist dieses ethische Prinzip als Reaktion auf die exzessiven Schlachtungen des vedischen Opfers und im Zusammenhang mit der Wiedergeburtslehre, nach der man bei der Tötung von Lebewesen immer damit rechnen mußte, nahestehende verstorbene Personen zu treffen. Im hinduistischen Pflichtenkatalog (↗Dharma) steht A. an der Spitze, und konsequent durchgeführt wird sie im passiven »bürgerlichen Ungehorsam« in der Zeit des Widerstandes gegen die britische Kolonialmacht. Der ↗Buddhismus macht A. zur Pflicht für Mönche und Laien. Der ↗Jainismus betrachtet Töten als das schlimmste Vergehen (Mundtücher, um keine Kleinlebewesen einzuatmen, Tierkrankenhäuser). **Lit.:** J. Gonda: Die Religionen Indiens I. Stuttgart ²1978. S.315 f. u. 392 (dort weiterführende Literatur). – R. C. Zaehner: Hinduismus. München ³1979. S.182 ff. MD

**Ahnung,** gefühlsmäßiges Vorwegempfinden eines noch nicht erkennbaren Sachverhaltes oder Ereignisses. Für F. H. Jacobi gehören Vernunft und A. zusammen, da der Vernunft wesensmäßig das noch zu erkennende Wahre als ihr Gegenstand in der A. vorschwebt. Bei J. F. Fries nimmt A. »als notwendige Überzeugung aus bloßem Gefühl« eine bedeutende Rolle neben Wissen und Glauben ein. Das religiöse Erlebnis der Andacht bestimmt er als die A. des Ewigen im Endlichen. **Lit.:** J. F. Fries: Wissen, Glaube und Ahndung. Jena 1805. FPB

**Aion** (griech. Lebenszeit), in der griech. Philosophie die überzeitliche Ewigkeit im Unterschied zur Endlichkeit der zeitlichen Dinge. Später wird Äon auch im Sinn von Zeitalter verwendet. FPB

**Aisthesis** (griech. Sinneswahrnehmung). Die Bedeutung dieses Begriffs für die griech. Philosophie bringt der berühmte erste Satz von Aristoteles' *Metaphysik* zum Ausdruck: »Alle Menschen streben nach Wissen; dies beweist die Freude an den Sinneswahrnehmungen«: Die Sinneswahrnehmungen werden primär unter dem Aspekt erforscht, wie sie sich zur Erkenntnis und dem Wissen verhalten.

I. Platon: (1) Der Bereich der Wahrnehmungen: Zu den Wahrnehmungen zählt Platon im *Theaitet* u. a. Gesicht, Gehör, Geruch, Erwärmung und Erkältung, aber auch Lust und Unlust, Begierden und Abscheu (156 a ff.). Alle Wahrnehmungen kommen »vermittels« der Sinnesorgane zustande, denen spezifische wahrnehmbare Gegenstände gegenüberstehen, dem Sehen etwa die Farbe, die ihrerseits »determinierbar« ist, also viele Unterschiede in sich enthält; dem Tastsinn das Berührbare, das sich nach hart und weich, kalt und warm, schwer und leicht, rauh und glatt usw. unterscheidet. (2) Die Entstehung der Wahrnehmung: Im *Theaitet* (156 a 1 ff.) entwickelt Platon eine Theorie der Entstehung von sinnlichen Wahrnehmungen, die Sokrates zwar als Geheimlehre ungenannter Protagorasschüler ausgibt, die aber zweifellos Platons eigene ist, da er sie im *Timaios* (61 c ff.) wiederholt: Was wir unser Auge nennen und was wir die äußere Welt nennen, sind in Wahrheit nur zwei Arten von Prozessen, Bewegungen: Wenn sie miteinander in Berührung kommen, »wird« etwas und dieses etwas ist die Farbe, die deshalb weder in uns noch außer uns ist, sondern das gemeinsame Produkt der beiden Faktoren, der Bewegung also, die außerhalb des Organismus stattfindet, und der Bewegung, die das Auge ist. Dieses gemeinsame Produkt ist selber wiederum ein Prozeß, der in stetiger Veränderung begriffen ist. Dies erklärt einerseits, wieso jeder von uns in einer privaten Welt der Sinneswahrnehmungen lebt; andrerseits, warum jede Veränderung des einen der beiden Faktoren eine Veränderung des Gesamtprodukts zur Folge hat. Die wahrgenommene Welt ist eine Funktion zweier Variablen; so sehen ein gesunder und ein kranker Mensch ebenso jeweils etwas anderes wie auch ein Mensch und ein Hund; ebenso hat aber auch die Veränderung der Beleuchtung die Veränderung der gesehenen Farbe zur Folge. (3) Wahrnehmung ist kein Wissen: Diese Bezogenheit der Wahrnehmungen auf die Wahrnehmungsorgane macht also die wahrgenommenen Objekte zu sich wandelnden Prozessen und die Wahrnehmung zu einem steten, sich verändernden Prozeß. Damit kann aber weder die Wahrnehmung Wissen noch das Wahrgenommene etwas Gewußtes, Erkanntes sein. Wenn die Theorie der absoluten Flüssigkeit (*Theaitet* 182 c 4 ff.) wahr ist, können eigentlich nur Aussagen von der Art »So nicht« (183 b 5) gemacht werden, da sowohl der Prozeß des Sehens in Veränderung begriffen ist, wie das Objekt. Widerspricht schon dieses Ergebnis dem Begriff des Wissens, so noch mehr die Tatsache, daß wir kein Objekt als etwas bestimmen können, ohne Begriffe wie Sein, Gleichheit, Verschiedenheit usw. zu verwenden. Aber das sind Eigenschaften oder Relationen, die das Resultat von Reflexion, Vergleich und Unterscheidung sind. Also können wir die Sinnesorgane nur als Werkzeuge ansehen, »vermittels« derer wir etwas in der »Seele« tun. Damit ist der Anspruch, daß Sinneswahrnehmung Wissen sei, abgewiesen. (4) Die Rolle der Wahrnehmung im Erkenntnisprozeß: Daß die Objekte sich grundsätzlich in die beiden Klassen der sinnlich Wahrnehmbaren und der Denkbaren einteilen lassen, durchzieht Platons Lehre vom *Phaidon* über den *Staat* bis zum *Timaios*. So kommt den aistheta eine ganz besondere Rolle im Erkenntnisprozeß zu. Platon unterscheidet zwei Arten von Sinneswahrnehmung, solche, die das Denken anregen und solche, die es nicht tun (*Staat* 523 a; 524 b ff). Wahrnehmungen, die nicht zum Nachdenken anregen, sind die, die nicht zugleich entgegengesetzte Eindrücke hervorrufen, während umgekehrt die Erfahrung, daß ein und dasselbe Ding als groß und klein, hart und weich usw. erscheint, den Erkenntnisprozeß anregt. Die Bedeutung der Mathematik erklärt sich gerade daraus, daß hier systematisch die sinnlichen Wahrnehmungen nur zum Ausgangspunkt der Erkenntnis genommen werden, nicht aber als solche Gegenstände des Wissens sind.

II. Aristoteles' Theorie der Wahrnehmung: Nach *De anima* sprechen wir einem Wesen Leben zu, wenn es folgende Eigenschaften besitzt: Vernunft, Wahrnehmung, Bewegung und Stillstand am Ort, Bewegung in der Ernährung, und Hinschwinden und Wachstum (II, 2). Aristoteles diskutiert die Sinneswahrnehmung in II, 5 – III, 2. – (1) Die Gleichheit von Wahrnehmung und ihrem Objekt: Wahrnehmung ist eine Fähigkeit, die potentiell im Organismus existiert, bis sie durch irgendein sinnlich wahrnehmbares Objekt, ein aistheton, in der Umgebung des Organismus verwirklicht wird. Dann wird die Wahrnehmung, die als das Funktionieren des Sinnesorgans begriffen wird, »wie« das Sinnesobjekt, ihm gleich. Die Sinnesqualität, die das Objekt potentiell besitzt, wird in dem Wahrnehmen des Sinnesorgans wirklich. Z. B.: Die Wand ist potentiell weiß, die Sehkraft kann mittels der Augen Weiße sehen; wir sehen nicht in, sondern mit den Augen. Im Prozeß der Wahrnehmung gibt es eine Kooperation dieser beiden Kräfte, in der die Fähigkeit der Wand, als weiß gesehen zu werden und die Fähigkeit der Augen, die Weiße zu sehen, erfüllt werden. Die potentielle Weiße der Wand und die potentielle Weiße der Sicht werden in einem einzigen Prozeß, Die-weiße-Wand-Sehen, verwirklicht. Die wirkliche Farbe hat ihren Ort im Auge, nicht in der Wand, d. h. in der Kooperation der beiden Fähigkeiten. Aber die Farbe des Objekts und die Farbe im Sehen des Auges sind einunddieselbe Farbe. Deshalb ist Sehen ein Leiden, im wesentlichen passiv, eine alloiosis, es bedarf eines Objektes, um in Gang zu kommen – im Ggs. zum Denken, das eine aktive Tätigkeit ist. Es gibt aber zwei Arten von Veränderung, manchmal ist sie eine Art Vernichtung durch das Entgegengesetzte, das andere Mal eher »Erweckung des der Möglichkeit nach Bestehenden durch das, was der Erfüllung nach da ist, und ihm in dem Sinne gleich, wie Möglichkeit zu Erfüllung steht«. Die Wahrnehmung ist eine qualitative Veränderung in diesem zweiten Sinne; sie ist die Verwirklichung einer Fähigkeit. Infolgedessen ist Wahrnehmen ein dem wahrgenommenen Objekt Gleichwerden. »Deshalb leidet es in einer Hinsicht vom Gleichen, in anderer vom Ungleichen. Es leidet das ungleiche, ist das Erleiden vorüber, ist es ein Gleiches.« Da nun die Wirksamkeit des Wahrgenommenen und des Wahrnehmungsfähigen zusammenfällt, das Sein aber verschieden ist, müssen Gehör und Schall, Geschmack und Schmecken usw. in diesem Sinne der Wirksamkeit verstanden, zusammen untergehen und sich erhalten;

aber im Sinn der Möglichkeit verstanden, müssen sie es nicht (426 a15). (2) Wahrnehmung der Form: Allgemein ist ein Sinn die Fähigkeit, wahrnehmbare Formen ohne Materie aufzunehmen, wie das Wachs das Zeichen des Ringes ohne das Eisen und das Gold aufnimmt. Das Wahrnehmungsorgan ist ein ausgedehntes Ding, aber nicht die Wahrnehmung, die eher die Form und Kraft des Wahrnehmungsorgans ist: Die Funktion und das Instrument unterscheiden sich durch ihr Sein. (3) Die spezifische Wahrnehmung: Jeder der fünf Sinne hat seine spezifischen Objekte, der Tastsinn mehrere (heiß und kalt, trocken und naß, hart und weich). Jede dieser Wahrnehmungen ist unfehlbar, d. h. die Tatsache der Wahrnehmung selbst ist unfehlbar, wenn auch nicht die Zuordnung zu einem bestimmten Objekt. (4) Der Gemeinsinn: Eine Reihe von Objekten sind von mehr als einem Sinn wahrnehmbar – Bewegung und Ruhe, Zahl, Gestalt, Größe, Einheit, Vergehen der Zeit u. a.m. Der Gemeinsinn, eine unspezialisierte Wahrnehmung, ist die gemeinsame Natur, die allen fünf verschiedenen Sinneswahrnehmungen innewohnt. Man kann sich die Wahrnehmung als eine einzige Fähigkeit denken, die für gewisse Zwecke in die fünf Sinne spezifiziert ist, aber gewisse Funktionen dank ihrer allgemeinen Natur erfüllt. Die erste Funktion ist die Wahrnehmung »gemeinsamer Sinnesgegenstände« wie Bewegung, Ruhe, Gestalt, Größe, Zahl, Einheit. Die zweite Funktion ist die Wahrnehmung der akzidentellen Wahrnehmungsgegenstände, wie wenn man das Weiße dort als Kleons Sohn wahrnimmt. Die dritte Funktion ist die Wahrnehmung, daß wir wahrnehmen. Die vierte Funktion ist die Unterscheidung zwischen den Objekten zweier Sinne. – Für Aristoteles ist Wahrnehmen ein natürlicher, kein geistiger Vorgang, sinnliche Wahrnehmungen sind physisch, nicht mental. Die Grenze verläuft bei ihm also nicht zwischen Körper und Geist, wie später bei Descartes, sondern zwischen dem Wahrnehmen als Wahrnehmen des Einzelnen und dem Denken als Wissen des Allgemeinen. MSU

III. Für die Stoiker sind Sinneswahrnehmungen durch äußere Einwirkung hervorgerufene Abdrücke in der (materiellen) Seele, die zu Vorstellungen weitergebildet werden, die ihrerseits von der Vernunft (logos) geprüft und als richtig oder falsch beurteilt werden. Ohne Sinneseindrücke gibt es keine Denkvorgänge und Erkenntnis, wenngleich erst die hinzukommende Tätigkeit des logos zu einer vollständigen Erfassung (Katalepsis) führt. – Grundlage der Wahrnehmung bei Epikur sind die von den Körpern ausfließenden Atome, die in der feinstofflichen Seele einen Abdruck hinterlassen. Diese Eindrücke (und Erinnerungsbilder) liegen der Vernunfttätigkeit zugrunde, das Wahrheitskriterium für deren Urteile bleibt aber die Evidenz des Wahrgenommenen. [FPB] **Lit.:** W. Welsch: Aisthesis. Stuttgart 1987.

**Akademie,** von Platon zwischen 387 und 361 v.Chr. in Athen gegründete Philosophenschule. Der Name leitet sich her von einem in der Nähe befindlichen Heiligtum des Heros Akademos. Die von Wilamowitz stammende These, die A. sei rechtlich als Kultverein der Musen (Thiasos) organisiert gewesen, wird neuerdings nicht mehr aufrechterhalten (Krämer). Die A. stand unter der Leitung eines Scholarchen, ihre Mitglieder teilten sich in die »jüngeren« Schüler (neaniskoi) und die »älteren«, selbständigen Forscher (presbyteroi). Schon kurz nach Platons Tod kommt es zu ersten Abspaltungen (Aristoteles), und im Lauf der Zeit divergieren A. und außerakademischer Platonismus teils recht stark. – Bereits die Antike unterscheidet mehrere Phasen der Schulgeschichte: Die ältere A. bemüht sich um Fortführung und Erweiterung der Lehren Platons, übt aber auch Kritik und Korrektur (Speusipp, Aristoteles). Mit Arkesilaos (Scholarch seit ca. 268 v.Chr.) gewinnt eine skeptische Richtung die Oberhand (sog. mittlere A.), welche durch den Probabilismus des Karneades (gest. 129 v.Chr.) weitergeführt wird. Antiochos v. Askalon (Lehrer Ciceros) kehrt wieder zu einer eher dogmatischen Platoninterpretation zurück und integriert stoische Elemente. Für die Zeit zwischen Antiochos und der neuplatonischen Wiederbelebung der A. fehlen sichere Nachrichten über die Athener Schule. Plutarch v. Athen (gest. 433 n.Chr.) ist der erste bekannte Scholarch des ↗Neuplatonismus. In dieser Zeit verkörpert die A. das Erbe der heidnisch-antiken Kultur in Opposition zum Christentum, bis Kaiser Justinian 529 n.Chr. die Schließung der Schule anordnet. – Die platonische A. diente bereits in der Antike zum Vorbild für weitere Schulbildungen (Peripatos, Stoa), beeinflußte auch das ma. Bildungswesen (karolingische Rennaissance) und die frühe Neuzeit (A. von Florenz im 15. Jh.) und kann als eine Art Vorläufer der Universitäten gelten. **Lit.:** H.J. Krämer: Die Ältere Akademie. In: Grundriß der Geschichte der Philosophie: Die Philosophie der Antike 3. Hg. v. H. Flashar. Basel/Stuttgart 1983. S. 1–174. – W. Theiler: Forschungen zum Neuplatonismus. Berlin 1966. JS

**Akatalepsie** (griech. Unerfaßbarkeit, Unerkennbarkeit), bezeichnet seit der Antike Grenzen des Verstehens und Benennens metaphysischer Grundbegriffe. Über das »Seiende« etwa erfährt man von Gorgias »zum einen und ersten, daß nichts ist, zweitens, daß, wenn auch etwas ist, es nicht aufzufassen ist für den Menschen, und drittens, daß, ist es auch aufzufassen, es doch einem Nächsten zumindest nicht mitzuteilen und zu erklären ist« (Sextus Empiricus: *Adversus mathematicos* VII, 65). Für Sextus Empiricus ist A. eines der Charakteristika von ↗Skepsis überhaupt, vor allem aber in Auseinandersetzung mit der ↗Stoa (*Pyrrhonicae Hypotyposes* I, 1–4). Von Zenon, dem Stoiker, finden wir bei Diogenes Laertios eine Definition von A.: Vorstellungen (als Eindruck der Seele) seien zwar einerseits unmittelbar begrifflich faßbar. Nicht begreifbar (akataleptisch) seien demgegenüber solche (Vorstellungen), die kein wahrer Abdruck des ihnen zugrunde Liegenden sind (SVF II, 21, 14ff., vgl. Cicero *Academica priora II*, 18; SVF II, 26,32). Diese Fixierung von A. am Begriff der »Vorstellung« kritisiert

Sextus Empiricus (*Adversus mathematicos* VII 248.402; *Pyrrhonicae Hypotyposes* II, 4.5). Bei ihm bedeutet A. das eigene Erlebnis, »nach dem der Skeptiker für den gegenwärtigen Zeitpunkt darauf verzichtet, etwas von den erforschten verborgenen Gegenständen zu setzen oder aufzuheben« (*Pyrrhonicae Hypotyposes* I, 201. Vgl. 200). Auf die stoische Definition der A. bezieht sich auch Karneades und grenzt auf dem Hintergrund einer A. Unerkennbares von Unklarem ab (Sextus Empiricus: *Pyrrhonicae Hypotyposes* I, 200.226; *Adversus mathematicos* VII 49; Cicero: *Academica priora* II 32). Mit Blick auf praktische Gesichtspunkte angesichts von A. teilt er Wahrnehmungen in erkenntnisbringende einerseits und wahrscheinliche und unwahrscheinliche andererseits ein (Cicero: *Academica priora* II, 99; Sextus Empiricus: *Pyrrhonicae Hypotyposes* I, 226 f.). Um der Konsequenz, daß nichts erfaßt werden könne, zu entkommen, spricht Philon von Larissa (Cicero: *Academica priora* II, 18) zwar von einer A. im Sinne des stoischen Kriteriums einer »erkennenden Vorstellung«, hinsichtlich der Natur der Dinge aber seien die Dinge erkennbar (Sextus Empiricus: *Pyrrhonicae Hypotyposes* I, 235). **Lit.:** W. Görler: Älterer Pyrrhonismus. Jüngere Akademie. Antiochos aus Askalon. In: Grundriß der Geschichte der Philosophie. Philosophie der Antike Bd. 4. Hg. v. H. Flashar. Basel 1994. Kap. 5. CL

**Akkommodation/Assimilation.** Mit diesem Begriffspaar umschreibt Piaget die beiden Komponenten der Umweltadaption des Organismus, die als wesentlichste Bedingung des Entwicklungsgeschehens fungiert. Insofern kommt diesen beiden Begriffen eine explikative Funktion innerhalb von Piagets Konzept zu. Der Begriff der Akkommodation bezieht sich auf die Anpassung der Verhaltensweisen an die Eigenschaften ihres Gegenstandes, während der Terminus der Assimilation die Einbeziehung der Umweltgegebenheiten in die bereits ausgebildeten Verhaltenskompetenzen des Organismus anspricht. Das Element der Assimilation hat zudem einen rückbezüglichen (»reziproken«) Sinn: Dadurch, daß sich Verhaltensstrukturen aneinander assimilieren, integrieren sie sich zu umfassenderen systematischen Einheiten. Obwohl die beiden Momente der Adaption gegensätzlich ausgerichtet sind, kennzeichnen sie nicht unterschiedliche Verhaltensklassen, sondern sind als Aspekte eines Sachverhaltes zu verstehen, die sich wechselseitig bedingen: Jedes Verhalten ist als assimilierende und objektbezogene Tätigkeit immer auch mit der Aufgabe konfrontiert, sich zwecks adäquater Assimilation den Gegebenheiten seines Gegenstandes anzupassen, d.h. zu akkomodieren. Die Dynamik in der Beziehung der beiden Aspekte wird durch das Streben nach einem Gleichgewichtszustand bestimmt. **Lit.:** J. Piaget: Biologie und Erkenntnis. Frankfurt 1983. – H.M. Trautner: Lehrbuch der Entwicklungspsychologie. Bd.2. Göttingen 1991. CZ

**Akkulturation** (von Adkulturation: Kulturanpassung). Der Begriff A. stammt aus der Ethnologie. Er bezeichnet Prozesse und Phänomene des Kulturwandels, die durch Übernahme materieller und/oder immaterieller Güter wie z.B. religiöser Vorstellungen oder auch technischen Wissens von einer fremden Kultur bedingt sind. Bei direktem oder medialem Kulturkontakt kann diese Übernahme entweder partiell, also durch Gruppen, oder total, bis hin zur gegenseitigen Anpassung und Verschmelzung von Kulturgemeinschaften stattfinden. RD

**Akoluthie** (griech. Aufeinanderfolge), vor allem bei den Stoikern die notwendige Folge, mit der ein Satz aus einem anderen folgt (z.B. »Wenn es Tag ist, ist Licht.«). FPB

**Akt.** Unter einem A. versteht man zunächst eine (nicht weiter spezifizierte) Tätigkeit. Eine vollziehende Tätigkeit schließt die Möglichkeit und Fähigkeit zur Ausführung derselben ein. Ein Aktvollzug kann mithin als eine Einheit bezeichnet werden aus dem A. selbst und der ihm (als Bestandteil) inhärierenden Potenz zu dessen Aktualisierung. – Die klassische Distinktion von A. (energeia, actus) und Potenz (dynamis, potentia) stützt sich auf sachliche und begriffliche Gründe. Sachlich scheint diese Differenz motiviert dadurch, daß eine Potenz rein für sich existent statuiert werden kann, unabhängig vom A., oder, wenn sie mit bzw. im A. statthat, als diesen in seinem Bestand (ontisch) ermöglichend bzw. fundierend ausgewiesen scheint. Die begriffliche (logische) Differenz von A. und Potenz scheint somit sachlich fundiert. Man kann jedoch Zweifel hegen daran, ob die Differenz gerechtfertigt ist; denn wenn ein A. seine Möglichkeit einschließt, liegt wohl ein logisch wechselseitiges, nicht notwendigerweise aber ein sachlich (ontisch) reziprokes Verhältnis der Termini vor. Eine Potenz für sich kann nicht eigentlich bestehen, sie ist (nach Aristoteles) anzusiedeln zwischen Sein und Nichtsein und sie entzieht sich direkter Wahrnehmung; sie ist spezifisch auf denjenigen A. verwiesen, in dem sie erst zur Realisierung kommt. Das Problem kann somit reduziert werden auf die Unterscheidung von möglichem und wirklichem A. Ein bloß möglicher A. ist aber eigentlich gar kein A. und kann als nichtrelevant erachtet werden. Ein verwirklichter A. ist jedoch konstatierbar, auch ohne besonderen Ausweis der ihm zugeschriebenen inhärenten Möglichkeit oder Fähigkeit. Immer wenn ein A. stattfindet, ist seine implizite Möglichkeit mit ihm präsent und kommt nur in ihm, in einseitiger Abhängigkeit von ihm zur Erfüllung; sie kann mithin nicht real, sondern nur durch begriffliche Distinktion als von ihm getrennt erachtet werden. Zudem hat die Potenz in ihrem Aufgehen im A. sozusagen ihren »Dienst« erfüllt und ist zu ihrem »Ende« gekommen; eine »unvollkommene Wirklichkeit« wurde in »wirkliche Wirklichkeit« transformiert, wurde »aufgehoben« im Sinne Hegels. In der Linie dieser Argumentation wird die transzendentalphilosophische Begründungsfrage (im Sinne Kants), die Frage nach der Potenz als Ermöglichungsgrund des ihr folgenden A.s, von manchen als redundant bzw. als obsolet betrachtet. Andererseits

tritt auch das scholastische scholion vom *actus purus* (Gott), d.i. der unabhängig von aller bloßen Potenz voll aktualisierte zeitlos-ewige Zustand, in den Hintergrund.
Unter A. in psychologischer Hinsicht versteht man die psychischen »Erscheinungen«, »Phänomene« oder »Funktionen« (F. Brentano, C. Stumpf, E. Husserl), in denen Psychisches zum Ausdruck kommt bzw. sich offenkundig präsentiert, weil es sich unmittelbar evident einem jeden in seiner ↗ inneren Erfahrung zeigt als das, was es ist. Deshalb werden psychische A.e (»Aktpsychologie«) in der philosophischen Psychologie und Phänomenologie auch als »Tatsachen in der Wahrnehmung« (Th. Fechner) bezeichnet. Sie können bemerkt, methodisch beschrieben und klassifiziert werden analog naturwissenschaftlichen Fakten, doch sind »psychische Phänomene« ihrer Natur und ihrem Gegenstandsbereich nach von »physischen« zu unterscheiden. Als Charakteristika psychischer A.e gelten ihre intentionale Beziehung auf einen (mentalen) Inhalt und auf ein (immanentes) Objekt, ihre exklusive Wahrnehmbarkeit in sog. innerer Wahrnehmung, ihre Selbstreferenz, ihre ↗ Evidenz und ihre Wirklichkeit. Physischen Phänomenen fehlen diese Eigenschaften; deshalb kann über sie nicht die gleiche Wissenssicherheit bestehen. – Zu seinen psychischen A.en hat jeder privilegierten direkten Zugang, zu den der anderen, zu Anderem überhaupt, nur indirekt. Der Vorwurf des ↗ Psychologismus als Subjektivismus an die Adresse einer so verstandenen Aktpsychologie lag nahe und wurde (u.a. von Husserl) auch erhoben. Verfeinerte Untersuchungen über die bipolare Struktur der Intentionalität als actio immanens und actio transcendens (nach Thomas v. Aquin) und ihre Leistung für Intersubjektivität und Sprache haben diesen Vorwurf entkräftet. ↗ actus/potentia, ↗ Dynamis, ↗ Energeia. **Lit.:** Aristoteles: Metaphysik IX, 8, 1049 b u. XII, 6, 1072 a. – F. Brentano: Psychologie vom empirischen Standpunkt I. (1874). Hamburg [3]1973. – Ders.: Deskriptive Psychologie. Hamburg 1982. – E. Husserl: Logische Untersuchungen (Hua XVIII). Den Haag 1975. – J.R. Searle: Intentionality. Cambridge 1983. – C. Stumpf: Erscheinungen und psychische Funktionen. In: Abh. der preußischen Akademie der Wissenschaften 1906 (1907). S. 3–39. – Thomas. v. Aquin: S. Th. I,18,3 ad 1. WB

**Akt/Potenz,** zentrales Begriffspaar der aristotelischen Philosophie, zurückgehend auf die von Aristoteles gebrauchten Termini energeia (Wirkung, Macht, Tun) und dynamis (Vermögen, Möglichkeit i.S. von Anlage zu etwas). Aristoteles entwickelte diese Begrifflichkeit gegen seine eleatischen Vorgänger (die Leugner jeder Bewegung) und die sog. herakliteischen Flußtheoretiker (die Leugner von Stillstand und Identität) »zur Lösung der alten Streitfrage« (*Physik* I.8), wie Bewegung überhaupt möglich sei. Für Aristoteles (*Met.* IX) muß jedes Gewordene (erstes Seiendes) als konkretes X (etwa die Erzsäule) aus einem anderen nicht-X geworden sein. Dieses »aus-etwas« nennt er die Stoffursache (causa materialis). Im Stoff (Erz) ist das konkret wirkliche X seiner Möglichkeit nach bereits angelegt, ohne zugleich das konkrete X in voller Bestimmung zu individuieren. Erst durch den Akt der Formung (etwa des Künstlers) gelangt der Stoff zu seiner konkreten Bestimmtheit und wird auf diese Weise zum individuierten wirklich Seienden. Dem Akt und mithin der Form (causa formalis) kommt von daher in der aristotelischen Erklärung des Werdens gegenüber der Potenz das absolute Primat zu (*Met.* IX 8.). Diese Lehre wird in der Scholastik vor allem in einen theologischen Kontext gestellt: So wird Gott bei Thomas von Aquin und Duns Scotus als reiner Akt (actus purus) gedeutet, da jede Potenz auch stets Materie, mithin Akzidenz und Unbestimmtheit bedeutet. **Lit.:** M.-T. Liske: Aristoteles und der logische Aristotelismus. Freiburg 1985. S. 236–259. – J. Stallmach: Dynamis und Energeia. München 1959. – W. Viertel: Der Begriff der Substanz bei Aristoteles. Königstein 1982. S. 343–456. MFM

**Aktivität,** Tätigkeit und Wirkungsfähigkeit. Der Begriff bestimmt sich gegenüber dem Erleiden von Fremdem und Äußerem einerseits und Kontemplation andererseits. A. wird dem Denken und dem Willen zugesprochen. Aristoteles vertrat den Gedanken von einem nous poietikos, dem aktiven Teil der Denkseele, der in der ma. Philosophie in Gestalt des ↗ intellectus agens weitergeführt wurde. Bei Kant und der an ihn anschließenden philosophischen Diskussion kommt A. den synthetisierenden Funktionen des Bewußtseins zu, insbesondere dem ↗ Verstand, der das durch die Sinnlichkeit empfangene Material entsprechend seinen Gedankenformen (↗ Kategorien) bestimmt. **Lit.:** Aristoteles: De anima. – I. Kant: Kritik der reinen Vernunft (1781/87). – F. Kaulbach: Das Prinzip der Handlung in der Philosophie Kants. Berlin/New York 1978. TBL

**Aktual,** im philosophischen Sinne (im Unterschied zum alltagssprachlichen und auf den zeitlichen Aspekt abzielenden Gebrauch) das je Wirkliche im Gegensatz zum bloß Möglichen. Der Sache nach ist der Terminus aristotelischer Herkunft. Der Bedeutungsgehalt von wirklich liegt insbesondere bei Thomas von Aquin (*S.Th.* I 3.4:) vor und leitet sich von der dort zentralen Entgegensetzung von Akt und Potenz her. Mit dem Begriff a. zielt Thomas auf die reine und höchste Bestimmtheit des Seins, wobei a. aber gerade nicht nur die bloße Form meint, sondern den bestimmtesten Grad der Wirklichkeit, also Gott. Das absolut Wirkliche ist nicht (wie im Platonismus) bloße Form, sondern als formgebende Form wesentlich tätig, also a. **Lit.:** P.G. Manser: Das Wesen des Thomismus. Fribourg 1935. S. 75 ff. MFM

**Aktualisierung,** (a) Kennzeichnung des augenblicklichen Geschehens einer Handlung oder eines Ereignisses; (b) in der Handlungstheorie die Einzelhandlung, d.h. der konkrete Vollzug eines Handlungsschemas; (c) in der Wertetheorie die Übertragung eines idealen, an-sich-seienden Wertes in die reale Welt, den realen Handlungsbezug (Aktualwert). PP

**Aktualität** (lat. actualitas: Wirklichkeit, Tätigkeit), im philosophisch-ontologischen Sprachgebrauch die Wirklichkeit. Der Terminus ist ein Kernbegriff der Seinslehre des Thomas von Aquin, begriffsgeschichtlich leitet sich A. aus dem aristotelischen Primat des Aktiven gegenüber dem bloß Möglichen ab. Für Thomas (*S.Th.* I 3.4) ist A. die primäre Bedeutung von Sein überhaupt: Sein (esse) ist als Akt und A. zu fassen. Dies gilt insbesondere für Gott als die höchste und bestimmteste Form alles Seins: Deus est actus purus. Im Unterschied zur platonischen Ideenlehre betont der thomasische A.s-Begriff den tätigen Aspekt des Seins: Indem Sein als A. begriffen wird, ist es mehr als bloße und vom Seienden abgetrennte Form, als formgebendes Prinzip durchwirkt es die Sphäre des Realen in jedem Augenblick. Aus diesem zeitlichen Aspekt des momentan Wirksamen leitet sich auch der moderne deutsche Sprachgebrauch ab. **Lit.:** P. G. Manser: Das Wesen des Thomismus. Fribourg 1935. S. 75–229.

MFM

**Akzeptabilität,** (1) Bezeichnung, die Chomsky im Rahmen seiner generativen Grammatik in bezug auf die Sprachverwendung einführt. Als akzeptabel gelten Äußerungen, die »völlig natürlich und unmittelbar verständlich« sind und die in »keiner Weise bizarr oder fremdartig klingen« (*Aspekte der Syntax-Theorie*. S. 22). Die A. wird überwiegend graduell bestimmt: als akzeptabler gelten diejenigen Sätze, die mit höherer Wahrscheinlichkeit hervorgebracht werden, die leichter verstanden werden, weniger schwerfällig sind und in bestimmter Weise natürlich klingen. Die A. ist nicht deckungsgleich mit Grammatikalität (↗Grammatiktheorie), die zum Bereich der Sprachkompetenz zu zählen ist. Zwar stellt die Grammatikalität einen wesentlichen Faktor der A. dar, aber trotzdem können grammatisch korrekte Sätze bspw. aufgrund komplizierter Konstruktionen oder aufgrund der Gedächtnisbegrenztheit (beim aktuellen Hörer) als unakzeptabel erscheinen. – (2) Im semantischen und handlungstheoretischen Kontext wird in bezug auf den in sprachlicher Kommunikation erhobenen Wahrheitsanspruch von Akzeptabilitätsbedingungen gesprochen. A. besagt, daß wir eine Äußerung verstehen, wenn wir wissen, was sie wahr macht. In bezug auf das ↗kommunikative Handeln, das auf Verständigung abzielt, ist die A. an die ↗Geltungsansprüche rückgebunden, die mit jeder sprachlichen Äußerung erhoben werden: (a) im Hinblick auf das, was in der Äußerung behauptet wird (d.i. der Wahrheitsanspruch), (b) im Hinblick auf die normative Richtigkeit oder Angemessenheit der Äußerung als einer Handlung im sozialen Kontext, (c) im Hinblick auf die Aufrichtigkeit der vom Sprecher geäußerten Intentionen. Die A. einer kommunikativen Handlung bemißt sich an der Bereitschaft, für diese Geltungsansprüche (im Bedarfsfalle) die geeigneten Begründungen zu erbringen. **Lit.:** N. Chomsky: Aspekte der Syntax-Theorie. Frankfurt 1970. S. 22 ff. – J. Habermas: Theorie des kommunikativen Handelns. Frankfurt 1981. S. 31 ff. PP

**Akzidenz, akzidentell** (lat. accido: sich ereignen, zu- bzw. niederfallen), das Nicht-Notwendige, Zufällige im Gegensatz zum Wesentlich-Substantiellen. Der Begriff geht auf das aristotelische kata symbebekos zurück. Die entschiedene Antithese von A. (kata symbebekos) und Wesen/Substanz (ousia, kat'auto) steht im Zentrum der aristotelischen Philosophie: So ist es beispielsweise dem Menschen wesentlich vernünftig, aber nur a., etwa blond, krank oder musisch zu sein. Es sind verschiedene Bedeutungsebenen zu unterscheiden: (1) Im logischen (für die Begriffsgeschichte primären, weil gegen die sophistischen Fehlschlüsse gewandten) Sinn ist a. das von etwas nicht notwendig zur Definition gehörende Ausgesagte. Die verschiedenen sprachlichen Bedeutungen des A.en sind bei Aristoteles in der *Kategorienschrift* (als Lage, Habitus, Quantität, Qualität, etc.) systematisiert. – (2) Im ontologischen Sinne ist mit a. das zufällige, nicht notwendige (an) einer Sache gemeint, das im Unterschied zu seinem So-Sein (Form) wandel-, austauschbar (z. B.: krank/gesund) und vergänglich ist. Das A.e korrespondiert hier zugleich mit dem Materiellen. In seiner wesentlichen Bestimmung des An-der-Ousia-Haftens liegt bei allem Seiendem stets eine notwendige Zweierkette von Substanz und Akzidenz vor. – (3) Die epistemologisch-erkenntniskritische Absicht des Begriffes ist von Aristoteles in *De anima* und *An. p.* zwar entwickelt (die Wahrnehmung erkennt nur Akzidentelles als Besonderes, der Verstand die Definition als Allgemeines ), aber in ihrer vollen Relevanz erst in Folge der scholastischen Aristotelesrezeption durch Thomas und Duns Scotus herausgehoben. Thomas (*S.Th.* I 3.4) unternimmt eine weite Ausdifferenzierung (etwa in a. commune und a. a proprium). Wesentlich bei Scotus ist die Unterscheidung zwischen Nominal- und Real-A. – (4) In einem weiteren theologischen Kontext, etwa bei Leibniz (*Theodizee*. S. 329 ff.), wird alles außer Gott als a. bezeichnet. **Lit.:** K. Bärthlein: Die Entstehung der aristotelischen Substanz-Akzidenz-Lehre. In: Archiv für Geschichte der Philosophie 50 (1968). – T. Nisters: Akzidentien der Praxis. Freiburg 1992. MFM

**Albertinismus,** Schulrichtung ab dem Beginn des 15. Jh., die sich in Abgrenzung zum ↗Thomismus auf die Schriften Alberts des Großen beruft. Vertreter sind u. a. Johannes de Nova Domo und Heymericus de Campo. Neuplatonisch beeinflußt vertritt der A. den Hervorgang der Einzeldinge aus den Ideen, wobei ein Realunterschied von essentia und esse abgelehnt wird. **Lit.:** G. Meersseman: Geschichte des Albertinismus I und II. Paris 1933/Rom 1935. FPB

**Aletheia,** griech. Wirklichkeit im Ggs. zu Schein; Wahrheit im Ggs. zu Lüge und Irrtum; Unverborgenheit. Zur Etymologie: A. ist herleitbar aus a (alpha privativum = nicht) und lethos/lethe (zu lanthano verborgen sein). Bei Parmenides (*Über die Natur*, Frg. 1, 29) trägt die Wahrheit noch Züge einer Gottheit (das unerschütterliche Herz der A.); A., das wahre Wesen der Dinge, steht hier im Gegensatz zu den Meinungen der Sterblichen, der doxa. Platon gebraucht den Begriff der A. in dreifacher Weise: (a) ontologisch: als die Wahrheit, die Offenbarkeit der seienden Dinge (he aletheia ton onton, *Menon* 86 b 1, *Phaidon* 99 e 6) oder die Wahrheit der Sachen (he aletheia ton pragmaton, *Sophistes* 234 c 4); (b) epistemologisch: als die Wahrheit von Erkenntnissen, Meinungen, Aussagen (*Phaidon* 90 d 7; *Kratylos* 386 c 3; *Staat* 508 e 4). Im *Kratylos* 385 b 2 ff. bestimmt Platon den wahren Satz als den logos, der das Seiende so sagt, wie es ist; der wahre Satz besteht nun aber aus Teilen, die, wenn das Ganze wahr ist, ebenfalls wahr sein müssen: so scheint es also auch wahre Namen zu geben; (c) moralisch: als Wahrhaftigkeit (Ggs. Lüge; *Phaidon* 114 e 5). – Heidegger hat dem ontologischen Wahrheitsbegriff, wie er sich etwa im ↗Sonnen- (*Staat* 508 e 1) und vor allem im ↗Höhlengleichnis (515 d 6) zeigt, den Vorrang vor der Satzwahrheit eingeräumt; der Erkenntnisprozeß der Höhlenbewohner ist ein Prozeß des Entbergens des Wesens der Dinge, A. sei deshalb ursprünglich Unverborgenheit, eine Bestimmung des Erkannten, nicht ein Charakter des Erkennens (in: *Vom Wesen der Wahrheit*, Gesamtausgabe Bd. 34.). Die etymologische Deutung findet sich schon schon bei Sextus Empiricus.(*Adv. math*. VIII, 8). – Aristoteles bezeichnet (*Met.* 993 a 30 ff.) die Philosophie als Wissenschaft von der Wahrheit: hier bedeutet Wahrheit so viel wie die Wahrheit im allgemeinen, die letzte Natur der Dinge. Für ihn hat den höchsten Grad an Wahrheit demgemäß dasjenige, welches für das Spätere Ursache der Wahrheit ist. Im allgemeinen hat sich bei ihm aber der Begriff der Wahrheit als Eigenschaft von wahren Aussagen durchgesetzt. Nicht einzelne Namen sind wahr oder falsch, sondern die Verbindung von Wörtern in Sätzen (*De interpretatione* 16 a 3; *Met.* Q 10.) MSU

**Alexandrinische Schule,** bezeichnet als Sammelbegriff die im »Didaskaleion« Alexandrias ansässigen Theologen ab dem 3. Jh. Herausragende Gestalten: Klemens, der ein umfassendes christliches Bildungsideal anstrebt, in dem die Philosophie die Vorschule des wahren Wissens (↗Gnosis) darstellt. Origenes errichtet ein neuplatonisch inspiriertes System der christlichen Lehre. Gemeinsame Merkmale der A. sind eine stark spirituelle Tendenz und eine Schriftauslegung, die den geistigen Gehalt hinter dem geschriebenen Wort aufdeckt. **Lit.:** U. Berner: Origenes. Darmstadt 1981. – S. Lilla: Clement of Alexandria. Oxford 1971. PK

**Algorithmus,** generelles, schrittweise vorgehendes Rechenverfahren, das nach schematischen Regeln vollzogen wird. Die das Rechenverfahren leitende Anweisung muß in allen Einzelheiten genau und von endlicher Länge sein. Sie muß so abgefaßt sein, daß jedes Mitglied der Sprachgemeinschaft, in deren Sprache die Anweisung formuliert ist, nach ihr handeln kann. Gefordert ist, daß die Folge der Schritte eindeutig erfolgen kann. Der ↗Kalkül stellt eine Modifikation des A. dar, der statt der eindeutigen Festlegung der Schrittabfolge endlich viele Wahlmöglichkeiten bei jedem Schritt bietet. A.en kommen in Verfahren der Berechenbarkeit, Entscheidbarkeit, Aufzählbarkeit zur Anwendung. Dabei soll nach endlich vielen Schritten das Verfahren abbrechen und zu einem gültigen Ergebnis bzw. einer korrekten Antwort führen. Statt des Abbruchs ist auch die unbegrenzte Fortsetzbarkeit i.S. einer approximativen Berechnung möglich. Die Übertragbarkeit des A. auf Rechenautomaten hat zu einer Algorithmentheorie geführt. **Lit.:** H. Hermes: Aufzählbarkeit, Berechenbarkeit, Entscheidbarkeit. New York/Heidelberg/Berlin $^{2}$1971. PP

**Allaussage, Allsatz,** auch Generalisation, eine Aussage, in der mit den Wörtern »alle«, »sämtliche«, »jeder«, »jegliche« eine Generalisierung des ausgesagten Sachverhalts zum Ausdruck gebracht wird. Die A. entspricht dem universell bejahenden Urteil. In der ↗Prädikatenlogik wird der Allquantor vorangestellt, um zu kennzeichnen, daß ein bestimmtes Prädikat (der Aussage) für den genannten Individuenbereich universal gilt. PP

**Allegorese** ↗Allegorie

**Allegorie** (griech. allo agoreuein: etwas anderes sagen), bildhafte Redeweise, die hinter der wörtlichen Bedeutung einen auf Vergleichsebene vermittelten Sinn zum Ausdruck bringt (z. B. Justitia mit verbundenen Augen, Waage und Schwert). Allegorese bedeutet die Interpretation eines Textes durch Unterlegen eines allegorischen Sinnes. In der Antike wurde sie vor allem von den Stoikern angewandt, um den Vorwurf des Anthropomorphismus der homerischen und hesiodschen Götter zu entkräften. So seien mit den Göttern in mythischer Sprache kosmische Kräfte (z. B. Zeus als Leben, Poseidon als Wasser) gemeint. Die Kirchenväter wandten die Allegorese in teils apologetischer Absicht dann auf die Bibelexegese an. **Lit.:** W. Haug (Hg.): Formen und Funktionen der Allegorie. Stuttgart 1979. FPB

**Allgemein, das Allgemeine,** (a) dient zur Kennzeichnung dessen, was einer Menge von einzelnen Dingen oder Eigenschaften gemeinsam ist. Das A. ist durch die Klasse von Dingen, Eigenschaften etc. gegeben; (b) ein empirisch a.es Merkmal kann durch Abstraktion aus einer Vielzahl konkreter Einzeldinge gewonnen werden (z. B. Gattungsbegriffe); (c) das A. kann als Generalisierung einer (bedeutsamen) Eigenschaft einer Menge von Einzeldingen verstanden werden (z. B. der Mensch als ein Wesen, das seine Natur bearbeiten muß, ein Wesen, das mit Vernunft ausgestattet ist); (d) hinsichtlich des Verhältnisses von Individuum und Gemeinschaft stellt das A. entweder das Gemeinsame der Einzelinteressen oder über die Einzelinteressen hinweg den a.en Zweck des Ganzen (z. B. der Gesellschaft oder des Staates) dar; (e) bezüglich des philosophischen Begriffspaars »Anschauung«-»Begriff« repräsentieren die (Verstandes-)Begriffe das A.; (f) in der Mathematik ist das A. eine Invarianzbeziehung, d. h. dasjenige, was beim Übergang von einem Element zu einem anderen konstant bleibt. PP

**Allgemeinbegriff,** (1) ein Begriff, unter den mehrere Einzeldinge fallen (z. B. der Begriff »Mensch«, der jedem einzelnen Individuum zugesprochen werden kann; der Begriff »Tier«, unter den verschiedene Arten fallen); (2) als logischer A. (↗Prädikabilien) wird er hinsichtlich seiner Aussageweise unterschieden nach: (a) Gattung (genus, z. B. Lebewesen), (b) Art (species, z. B. Mensch, Tier), (c) artbildender Unterschied (differentia specifica, z. B. Vernunftbegabung, Sprachvermögen), (d) Eigentümlichkeit (proprium, z. B. Fähigkeit zur Kommunikation), (e) zufällige Eigenschaft (accidens). PP

**Allgemeingültig.** (1) In der formalen Logik ist ein logischer Ausdruck a., wenn bei jeder beliebigen Einsetzung für seine aussagenlogischen Variablen, bei jeder beliebigen Interpretation seiner Prädikate und für beliebige Gegenstandsbereiche der Ausdruck eine wahre Aussage ergibt. (2) Aussagen und Normen werden dann als a. betrachtet, wenn sie unabhängig von den äußernden Personen und den Umständen ihrer Äußerung Geltung beanspruchen können. PP

**Allgemeinheit - Besonderheit - Einzelheit,** die drei methodologischen und inhaltlichen Bestimmungen des »reinen Begriffs« in der spekulativen Logik Hegels. Der »reine Begriff« ist das hinreichende Prinzip der Entwicklung aller ↗Kategorien des Denkens. Mit der Interpretation des »reinen Begriffs« als apriorisch tätigem Prinzip der Erzeugung aller klassischen logischen und ontologischen Bestimmungen übernimmt Hegel Elemente der Philosophien von Kant einerseits und Fichte andererseits. Er folgt Kant, indem er den »reinen Begriff« als begriffliche Allgemeinheit denkt, der als Regel der Verknüpfung der Mannigfaltigkeit der Erfahrung begrifflicher Natur ist. Er folgt Fichte darin, diesem Prinzip Tätigkeit zuzusprechen, die als synthetisch apriorisches Erzeugen (»setzen«) von Bestimmungen (»Kategorien«) gedacht werden muß. Abgelehnt wird dagegen Kants dualistische Auffassung, daß diese Allgemeinheit lediglich formalen Charakter habe und durch die sinnliche Mannigfaltigkeit der Erfahrung inhaltlich bestimmt werde. Hegel zufolge, der hier Fichte und Schelling zustimmt, muß man den »reinen Begriff« – ausgehend von Kants Begriff der produktiven ↗Einbildungskraft – als Einheit von formaler und inhaltlicher Bestimmung denken. Andererseits aber kritisiert Hegel auch die Auffassung (vor allem Schellings), daß diese produktive Tätigkeit des »reinen Begriffs« als begriffslose Allgemeinheit der Anschauung aufgefaßt wird. Hegels Position verlangt somit, den »reinen Begriff« als tätiges Prinzip der sowohl logisch formellen wie inhaltlich anschaulichen Erzeugung aller Kategorien und damit als Selbstbestimmung und Selbstdifferenzierung zu denken. – Hegels Begriff der Allgemeinheit ist daher nicht der einer abstrakten Allgemeinheit, die das Gemeinsame einer Menge von Mannigfaltigem bezeichnet, sondern die Einheitsstruktur des »reinen Begriffs« selbst als Subjekt in der Mannigfaltigkeit seiner Erfahrungsinhalte. Als diese Einheit in einem Mannigfaltigen ist der »reine Begriff« Totalität, oder wie Hegel auch sagt, »konkrete Allgemeinheit«. Die kategorienerzeugende Tätigkeit des »reinen Begriffs« hat die Struktur der ↗Negation der Negation. Als selbstnegierendes Prinzip bringt der »reine Begriff« besondere Inhalte hervor, die als Negationen seiner eigenen Allgemeinheit Besonderungen und inhaltliche Bestimmungen sind. In dieser Hinsicht – als sich selbst bestimmendes, seine Allgemeinheit negierendes Prinzip – wird der »reine Begriff« als Besonderheit gedacht. Allgemeinheit und Besonderheit sind entgegengesetzte Bestimmungen des »reinen Begriffs«, die dieser qua sich selbst bestimmender und differenzierender Tätigkeit (»Negativität« bei Hegel) selbst erzeugt. Da nach Hegels Auffassung dieses Erzeugen und Entgegensetzen als die eigene Tätigkeit des »reinen Begriffs« gedacht werden muß, wird diese Selbstbegrenzung und inhaltliche Bestimmung (= Negation) in der Bewegung der ↗Aufhebung in ihrem negativen Charakter ihrerseits negiert (= Negation der Negation). In dieser Aufhebungsbewegung, die die Produktivität der Negation der Negation voraussetzt, wird der »reine Begriff« als Einheit von Allgemeinheit und Besonderheit gedacht. Diese Einheit ist die Bedeutung von Einzelheit bei Hegel. Bezeichnet wird damit die immanente Negativität der Subjektivität qua Selbstbestimmung und -beschränkung aufhebender, integrierender Einheit eines Subjekts, das sich in einer selbstgesetzten Mannigfaltigkeit von Besonderheiten selbst als konkrete Allgemeinheit, d. h. als inhaltlich und formal autonomes Allgemeines manifestiert. Einzelheit ist damit keine dritte Bestimmung neben der Allgemeinheit und Besonderheit, sondern die spekulativ gedeutete Einheit der produktiven Tätigkeit des »reinen Begriffs«. Sie stellt Hegels »Aufhebung« der Ansätze von Kant, Fichte und Schelling dar. **Lit.:** G. W. F. Hegel: Enzyklopädie der philosophischen Wissenschaften. [3]1830. § 163–165. – Ders.: Wissenschaft der Logik. 2. Teil. 3. Buch. 1. Abschnitt. 1. Kap.: »Der Begriff«. MQ

**Allheit,** bei Kant eine der Kategorien der Quantität: A. ist »die Vielheit, als Einheit betrachtet«. FPB

**Allmacht Gottes,** kann in einem dreifachen Sinn ausgesagt werden: als das Vermögen Gottes, alles zu können, was er will; als seine die Welt erhaltende und ordnende Wirksamkeit; im Sinne seiner alleinigen Ursächlichkeit als Schöpfer. Zugeordnete Begriffe sind Allwissenheit und Allgegenwart Gottes. Als problematisch gilt, ob Gott aufgrund seiner A. in sich Widersprüchliches wollen oder apriorisch Unmögliches bewirken kann und wie menschliche Freiheit angesichts der A. G. gedacht werden kann. Die Allwissenheit Gottes besagt, daß seine Erkenntnis unendlich ist und alles Erkennbare umfaßt. Gottes Erkennen ist unabhängig von äußeren Objekten, da er selbst Ursprung alles Erkennbaren ist. Seine Erkenntnistätigkeit wird daher auch als reines Selbstbewußtsein begriffen, in dem die Trennung von Subjekt und Objekt aufgehoben ist. FPB

**Allmenge,** drückt zwei Arten von Allheit oder Allgemeinheit aus: (1) »Alle« kann eine bestimmte endliche Menge in ihrer Gesamtheit bedeuten, d.h eine bestimmte Anzahl, deren Elemente einzeln aufgezählt werden können (z. B. alle Bewohner Berlins). (2) »Alle« kann eine Klasse bedeuten, die nur durch bestimmte Merkmale (Eigenschaften oder Beziehungen) definiert wird und deshalb eine unbestimmte, nicht abgeschlossene, sondern offene Menge darstellt, deren Elemente darum nicht vollständig aufzählbar sind. Es handelt sich um eine unbeschränkte Allgemeinheit, wie sie in den Naturgesetzen zur Geltung kommt. – Wittgenstein, Schlick, Ramsey haben nur Allaussagen der ersten Form als echte Sätze der Erkenntnis gelten lassen, weil sie annahmen, daß sich diese endgültig verifizieren lassen. Naturgesetze wären dann als molekulare Sätze zu verstehen. Das hätte zur Folge, daß solche Gesetze nur bekannte Festsetzungen enthalten, aber keine Voraussagen für neue Fälle zuließen. PP

**Allokation,** Zuwendung von Ressourcen wie finanziellen Mitteln und anderen Gütern. Dabei kann man zwischen verschiedenen Ebenen unterscheiden, auf denen Allokationsentscheidungen getroffen werden müssen. Makroallokationsentscheidungen legen fest, wieviele Mittel für bestimmte gesellschaftliche Bereiche aufgewendet werden, welche Arten von Gütern in der Gesellschaft zur Verfügung stehen und wie diese zu verteilen sind (z. B. Gesundheitsausgaben insgesamt relativ zu anderen Ausgabenbereichen; Aufteilung des Gesundheitsbudgets auf verschiedene Bereiche). Mikroallokationsentscheidungen legen fest, wer die zur Verfügung stehenden Ressourcen erhält (z. B. Einteilung von Patienten-Gruppen nach verschiedenen möglichen Kriterien; Aufwendungen für einzelne Patienten). In normativer Hinsicht sind A.-Entscheidungen unter den Bedingungen der Knappheit und der Konkurrenz nach den Prinzipien der austeilenden oder distributiven ↗Gerechtigkeit zu treffen. JA

**Alltagssprache,** in Abgrenzung zu wissenschaftlichen Fachsprachen und der formalisierten Symbolsprache die in Alltagssituationen verwendete Umgangssprache. PP

**Alltagsverständnis,** umfaßt die Begriffe, die im sozialen Kontext eine Rolle spielen, d. h. die sich auf Menschen, Gesellschaft und das Handeln beziehen. Sie ermöglichen gleichermaßen die Kommunikation und geben die Grundlage für soziale Normen und Erwartungen ab. Die Begriffe des A. bilden einen Zusammenhang, der eine Verständigung trotz verschiedener Auffassungen bezüglich bestimmter Sachverhalte oder Einschätzungen ermöglicht. Dieser Sinnzusammenhang unterscheidet sich grundlegend von einer Theorie in einem strengen Sinn. PP

**Alphabet,** eine bestimmte Menge an konventionell festgelegten Zeichen, die insofern das Inventar an Grundzeichen darstellt, als mit ihrer Hilfe alle elementaren menschlichen Gedanken ausdrückbar sind. Alle komplexeren Zeichen müssen sich durch Kombination dieser Grundzeichen ergeben. PP

**Als-ob.** Der Ausdruck wird bei Kant verwendet, um den theoretisch nicht beweisbaren Ideen (Gott, Freiheit, Unsterblichkeit) praktische Relevanz in moralischer Hinsicht zu geben. Wir können ihre Existenz zwar nicht beweisen, müßten aber so handeln, als ob wir wüßten, daß sie wirklich wären. H. Vaihinger baut im Anschluß daran ein »System der theoretischen, praktischen und religiösen Fiktionen« auf. Der Wert solcher Fiktionen liegt in ihrer praktischen Zweckmäßigkeit: wir müssen so handeln, als ob sie erwiesen wären. Sie erhalten so subjektive Gültigkeit, während ihre objektive Gültigkeit verneint wird. **Lit.:** H. Vaihinger: Die Philosophie des Als Ob. Berlin 1911. FPB

**Alter Ego.** Als Korrespondenz-Begriff zu ↗Ego spielt A. eine Rolle in den philosophischen Konzeptionen, welche die wechselseitige Bestimmung von Ich und Anderem (Hegel: *Phänom.* Kap. IV) bzw. die Intersubjektivität von Ego und A. E. thematisieren. Husserl geht der Frage nach, wie das Ich ein Verständnis von einem anderen Ich gewinnen könne, d. h. wie die Vorstellung, daß ein anderes Subjekt gegeben sein könnte, sich ausweisen müsse. Dazu zeichnet er die Situation nach, daß ein Ich einen äußerlich gegebenen Körper wahrnimmt, der durch seine Ähnlichkeit mit dem Körper des Ich (d.i. mit meinem Körper) es nahelegt, diesen anderen Körper als ein anderes Ich (A. E.) aufzufassen. Von zentraler Bedeutung sind die Begriffe A. E. und Ego für die Theorien des sozialen Verstehens, wie sie von Schütz und Mead ausgearbeitet wurden. Grundlegend dafür ist der systematische Bezug auf das Ego, von dem aus die andere Person als ein anderes Ego mit denselben Fähigkeiten konstituiert bzw. verstanden wird. Damit wird eine strukturelle Entsprechung hinsichtlich ihrer Fähigkeiten zwischen den Subjekten behauptet, die es ermöglicht, die Handlung des anderen Ich analog meinen eigenen Handlungsorientierungen und -entwürfen zu verstehen. Die Theorie der Perspektivenübernahme nimmt als grundlegenden Prozeß an, daß ein Subjekt (ego) innerhalb einer gegebenen Situation bzw. eines Bezugssystems, in dem es mit einem anderen Subjekt (A. E.) steht, sich virtuell in die Position des anderen versetzt und dessen Perspektive von der (gemeinsamen) Situation rekonstruiert. ↗Intersubjektivität, ↗Perspektivenübernahme. **Lit.:** D. Geulen: Perspektivenübernahme und soziales Handeln. Frankfurt 1982. S. 24 ff. – E. Husserl: Zur Phänomenologie der Intersubjektivität. 1. Teil. Den Haag 1973. S. 268 f. – G. H. Mead: Geist, Identität und Gesellschaft. Frankfurt 1973. – A. Schütz: Der sinnhafte Aufbau der sozialen Welt. Frankfurt 1974. – M. Theunissen: Der Andere. Berlin/New York 1977. PP

**Alternation,** (1) eine in der Urteilslehre der traditionellen Logik gebräuchliche Bezeichnung für den Fall, daß ein Urteil bzw. eine Aussage durch eine andere ersetzt werden kann, ohne daß sich der Sinn derselben verändert (z. B. Odysseus ist der Sohn des Laertes – Laertes ist der Vater des Odysseus). (2) In der formalen Logik ist A. synonym mit ↗Adjunktion, d. h. der Verbindung zweier Aussagen durch das nicht-ausschließende »oder«. ↗Disjunktion. PP

**Alternative.** In bezug auf Handlungen bedeutet die A., daß zu jeder Handlungsmöglichkeit oder tatsächlich ausgeführten Handlung noch mindestens eine andere Handlungsmöglichkeit bestanden hätte. Dabei bezieht sich die A. (a) auf den freien Willen, eine Handlung auszuführen oder zu unterlassen, (b) auf das Mittel für ein angestrebtes Ziel, d.h unterschiedliche Handlungsmöglichkeiten zur Realisierung einer Absicht, (c) auf die situativen Umstände, die den Bereich der Handlungsmöglichkeiten einschränken oder erweitern, (d) auf das Ziel, wenn verschiedene Handlungsziele in Frage kommen können. – In bezug auf die Frage der Willensfreiheit und der Handlungsfreiheit gilt die Existenz einer A. als Kriterium für Nichtdeterminiertheit: (1) Der Satz »die Person A hätte anders handeln können« zeigt das Vermögen an, zum einen eine Handlung wählen zu können oder auch nicht, zum andern anders entscheiden zu können, als man tatsächlich entscheidet. Das kann als Beleg für die Willensfreiheit angesehen werden. (2) G. E. Moore argumentiert gegen die Annahme der Willensfreiheit und für die Handlungsfreiheit: Der Satz (a) »A hätte anders handeln können« ist sinngleich dem Satz (b) »A hätte anders gehandelt, wenn A anders entschieden hätte«; (b) scheint mit dem Determinismus verträglich, und da er auch mit (a) äquivalent sein soll, sind Determinismus und Verantwortung miteinander verträglich (*Ethics*, London 1912). ↗Handlungsfreiheit, ↗Wille. PP

**Altruismus,** ethische Einstellung, die, von Selbstlosigkeit und Uneigennützigkeit geleitet, auf das Wohl anderer, in letzter Konsequenz auf das allgemeine Wohl der Menschheit ausgerichtet ist. Als ethische Lehre existiert sie in verschiedenen Gestalten: Für Comte basiert der A. auf den natürlichen Tendenzen des Menschen zur Vergemeinschaftung, wodurch sich das Gefühl und das Handeln der Menschen über die egoistischen Tendenzen hinweg zu einer umfassenden Gemeinschaft ausrichten. Die englische Moralphilosophie der Aufklärung geht von der Annahme aus, daß es gleichbedeutend neben den Neigungen, die auf das eigene Wohl ausgerichtet sind, auch altruistische oder soziale Neigungen gibt, die das Wohl anderer in Rechnung stellen. Aufgrund der Annahme der Harmonie der Neigungen gibt es dieser Auffassung nach keinen unüberwindlichen Motivkonflikt zwischen A. und Egoismus. Die Befriedigung der altruistischen Neigungen geschieht durchaus in Übereinstimmung mit dem Interesse an der Selbsterhaltung, denn niemand schadet sich selbst, wenn er anderen wohl will (Butler). Daraus läßt sich der A. als gemäßigter ↗Utilitarismus ableiten: Die Einstellung, zur Wohlfahrt aller anderen einer Gemeinschaft beizutragen, entspricht auch dem eigenen Selbstinteresse. **Lit.:** Th. Nagel: Die Möglichkeit des Altruismus. Mainz 1998. PP

**Ambiguität** (Zweideutigkeit), bezeichnet zunächst einen (referentiellen, semantischen oder auch syntaktisch bedingten) Mangel an sprachlicher Eindeutigkeit. Syntaktische A. ist dann gegeben, wenn eine Aussage durch fehlerhafte Konstruktion des Satzes zweierlei Interpretationen besitzen kann: die Aussage »ich kannte Sie schon als Kind« läßt zweierlei Deutungen zu, da das Prädikat »Kind-sein« sich entweder auf den Sprecher oder auf die angesprochene Person bezieht. Abgesehen von dieser Bedeutung, erhält der Begriff der A. einen bestimmten philosophischen Sinn nach Kierkegaard unter Hinweis auf eine ontologische »Doppelnatur« bzw. auf eine »un-natürliche« »konstitutionelle Zweideutigkeit« des Menschen. – Angeregt von K. Goldstein und von gestaltpsychologischen Untersuchungen phänomenaler A. versteht Merleau-Ponty A. als »Wesensbestimmung menschlicher Existenz« und geschichtlichen Handelns, das sich allenfalls retrograd danach beurteilen läßt, inwiefern es Chancen und Risiken oder auch gute und schlechte Konsequenzen in sich barg. Die A. soll im Wesen der Wahrnehmung bzw. des Handelns und nicht in einer schwankenden Begrifflichkeit liegen. Eine nur konzeptionelle A. liegt vor, wenn etwa der Leib als weder rein dingliche noch auch rein »geistige« Realität oder als einerseits subjektiv, andererseits objektiv Gegebenes beschrieben wird. **Lit.:** S. de Beauvoir: Pour une morale de l'ambiguité. Paris 1961. – M. Merleau-Ponty: Die Abenteuer der Dialektik. Frankfurt 1974. S. 25, 50. – Ders.: Phänomenologie der Wahrnehmung. Berlin 1966. S. 383. – P. Ricoeur: Geschichte und Wahrheit. München 1974. S. 96 ff. – W. Ullrich: Grundrisse einer philosophischen Begriffsgeschichte von Ambiguität. In: Archiv für Begriffsgeschichte Bd. XXXII (1989). S. 121-169. – A. de Waelhens: Une Philosophie de l'ambiguité. Louvain 1967. BL

**Ambivalenz** (Doppelwertigkeit, Bipolarität), in der wissenschaftlichen Verwendung Begriff der Psychiatrie zur Erklärung psychopathologischer Phänomene. Der Schweizer Psychiater E. Bleuler hatte den A.-Begriff zur Deutung von frühkindlichen Geisteskrankheiten eingeführt. Er nahm an, daß ambivalente Gefühlsregungen gegenüber ein- und derselben Person, Sachen und Ereignissen (insbesondere sexueller Art, z. B. Haßliebe) zur Entstehung der Schizophrenie führen kann. Freud nimmt den Begriff (wo er gelegentlich auch als »Wunschgegensatz« bezeichnet ist) in seine Neurosenlehre auf: Der Neurotiker hat ein ambivalentes Verhältnis etwa zu seinen Trieben oder Triebobjekten. Anders als der Normale, der sich entscheidet oder distanziert, kann er diesen Konflikt nicht lösen, es kommt zu schweren Störungen der Psyche. In jüngerer Zeit hat die double-bind-Theorie von G. Bateson dem Phänomen der A. einen vielbeachteten Aspekt hinzugefügt: Nach Bateson kann ambivalentes Elternverhalten gegenüber dem Kind (z. B. zweideutige Gestik) für die Entstehung schizophrener Krankheitsbilder verantwortlich sein. **Lit.:** G. Bateson: Die Ökologie des Geistes. Frankfurt 1981. – E. Bleuler: Vortrag über Ambivalenz in Bern 1910. In: Zentralblatt für Psychiatrie I, S. 266. – Ders.: Dementia Praecox oder Gruppen der Schizophrenie. In: Aschaffenburgs Handbuch der Psychiatrie (1911). – S. Freud: Bemerkungen über einen Fall von Zwangsneurose. In: Ges. Werke VII. – Ders.: Die Dynamik der Übertragung. In: Ges. Werke VIII. MFM

**Amor fati** (lat. Liebe zum Schicksal), von Nietzsche als seine »Formel für die Größe des Menschen« aufgefaßt, die den »höchsten Zustand« bezeichnet, »den ein Philosoph erreichen kann«. Nietzsche bringt die Formel in einen engen Zusammenhang mit seinem Begriff des Dionysischen und seiner Vorstellung von der ewigen Wiederkehr des Gleichen. Sie meint daher – trotz einer vordergründigen Nähe zu den Schicksalsvorstellungen der Stoa – eher das Gegenteil von einer stoischen Hinnahme schicksalshafter Fremdbestimmung: Als »dionysisches Ja-sagen zur Welt« ist A. f. Ausdruck einer sich selbst steigernden, künstlerischen Selbsterschaffung des Menschen, der im Augenblick ihrer Erfüllung die ewige Wiederkehr des Gleichen nicht nur akzeptiert, sondern ausdrücklich will. Die »dionysische Welt des Ewig-sich-selber-Schaffens« und des »Ewig-sich-selber-Zerstörens« hebt den Nihilismus einer unendlichen Repetition auf, indem sie im erfüllten Augenblick den sinnlosen Leerlauf durch das »Glück des Kreises« ersetzt. **Lit.:** N. Kiyoshi: Nietzsches Amor fati: der Versuch einer Überwindung des europäischen Nihilismus. Frankfurt 1993. – R. Okôchi: Nietzsches amor fati im Lichte von Karma des Buddhismus. In: Nietzsche-Studien. Bd. 1. Berlin/New York 1972. FG

**Amoralismus,** eine gegenüber den faktisch geltenden Moralvorstellungen und Normen ablehnende Haltung, die entweder auf deren Ersetzung durch andere Werte zielt oder die Gültigkeit sittlicher Kriterien überhaupt oder für bestimmte Bereiche (z. B. in der Politik, ↗Machiavellismus) leugnet. Als amoralisch können auch solche Phänomene und Bereiche bezeichnet werden, die nicht sinnvoll einer sittlichen Beurteilung unterzogen werden können, wie z. B. Schönheit oder irgendwelche Begabungen. FPB/PP

**Amour de soi/amour propre.** A. de soi nennt Rousseau das auf physische Selbsterhaltung zielende natürliche Gefühl der Selbstliebe, das nur die wahren elementaren Lebensbedürfnisse befriedigt wissen will und zu einem in sich ruhenden Selbstgefühl führt. Von der im Naturzustand herrschenden Selbstliebe ist der moralisch verwerfliche A. propre, die aus der Vergesellschaftung entstandene Selbstsucht, zu unterscheiden. Letztere zielt auf die Zurückgewinnung der materiellen und psychischen Unabhängigkeit durch die Macht über Mitmenschen. Das die Gesellschaft zerstörende grenzenlose Streben nach Macht und Anerkennung soll durch die Tugenden Mitleid und Patriotismus überwunden werden. **Lit.:** R. Brandt: Rousseaus Philosophie der Gesellschaft. Stuttgart 1973. – M. Rang: Rousseaus Lehre vom Menschen. Göttingen 1959. JP

**Amphibolie** (griech. amphibolos: Wurf von zwei Seiten), in der Logik und Sprachphilosophie Terminus für die aus syntaktischen oder semantischen Gründen bestehende Mehrdeutigkeit (»Zweideutigkeit«, »Doppelsinn«) von Begriffen oder Sätzen (↗Ambiguität, ↗Ambivalenz). Kant kritisiert bei Leibniz eine »A. der Reflexionsbegriffe« (*KrV* A 260/B 316ff.). Die Leibnizsche Ontologie (↗Monade, Monadologie) gründet nach Kant auf einer von Leibniz selbst nicht bemerkten Verwechslung zweier Bedeutungen bestimmter Grundbegriffe, sog. »Reflexionsbegriffe«. Diese bezeichnen bei Leibniz zum einen den empirischen Bereich der Erscheinungen der Sinnlichkeit, zum anderen den transzendentalen Bereich reiner Begriffe des Verstandes (A 269/B 325). GMO

**Ampliatio** (lat. Erweiterung), im MA. eine der logischen Eigenschaften der Begriffe (proprietates terminorum), die eine Erweiterung eines Terminus in bezug auf die Individuen, denen er zukommt, oder in bezug auf die Zeit ermöglicht. Der Gegenbegriff ist restrictio (↗Restriktion). FPB

**An sich/Für sich/An und Für sich.** Bereits in der Antike und im MA. wurden diese Begriffe gebraucht. Kant spricht von einem Ding a. s., das im Gegensatz zur Erscheinung steht, wobei Erkenntnis nur im Bereich der Erfahrung erzielt werden kann. Für Hegel ist diese Trennung nicht mehr gültig. In der *Phänomenologie* zeigt er, wie die Wissenschaft zunächst ohne Wirklichkeit nur a. s. ist und sich zu äußern hat, so daß sie f. s. selbst wird. (*GW* 9, 23) Diese Entäußerung geschieht, indem der Gegenstand a. s. mit dem f. s. in der dialektischen Bewegung, die sich als Negation vollzieht, vermittelt wird, so daß sich am Ende im absoluten Wissen beide Seiten a. u. f. s. entsprechen. Das A. u. F. s. ist in der *Logik* im Begriff erreicht. In der *Einleitung in die Geschichte der Philosophie* unterscheidet Hegel das A. s. (↗Dynamis, Möglichkeit) von dem F. s. (↗Energeia, Wirklichkeit ). AS

**Anagoge** (griech. Hinaufführung), in der platonischen und neuplatonischen Philosophie der Aufstieg zur höheren Erkenntnis (der Ideen, des Guten, Göttlichen). Bei Aristoteles ein Verfahren innerhalb der Syllogistik, bei dem die Gültigkeit eines unvollkommenen ↗Syllogismus durch Rückführung auf einen vollkommenen (Axiome) erwiesen wird. FPB

**Analogia entis,** als Formel für das Gott-Welt-Verhältnis schon in der Neuscholastik gebräuchlich, aber erst von E. Przywara als umfassendes Prinzip ausgelotet und als Begriff bekannt gemacht. Er bestimmt Analogie zunächst (nach Aristoteles) als ein Mittleres zwischen dynamis und entelecheia, zwischen herakliteischem reinem Wechsel und parmenidischer reiner Dauer. Für das Gott-Welt-Verhältnis deutet er unter A.e. eine Reihe verschiedener Entwürfe, v. a. den Augustinischen, für den Gott *in* und zugleich *über* den Geschöpfen ist und den Thomasischen, für den die Schöpfungsordnung gleichzeitig zu Gott strebt und dessen perfectio spiegelt. Die Geschöpfe sind nur *in* Gott, aber ihm *gegenüber* nichts. Jede Ähnlichkeit zwischen beiden schließt immer größere Unähnlichkeit in sich, alle Verbindung unendliche Distanz. Przywara: Das innergeschöpfliche »ist« ist so sehr im Wesen des Werdens ein »ist im nicht«, daß es zwischengott-geschöpflich sich als »Nichts« zum »Schöpfer aus dem Nichts« verhält. **Lit.:** E. Przywara: Analogia entis. I.Teil: Ur-Struktur; II. Teil: All-Rhythmus (beides in Schriften Bd. III. Einsiedeln 1962). PK

**Analogie, Analogieschluß.** Bei der A. handelt es sich um einen mehrstelligen Prädikator, der die Ähnlichkeit, d. h. die Übereinstimmung zweier oder mehrerer Sachverhalte hinsichtlich gewisser Merkmale bezeichnet. Unter A.schluß versteht man das logische Verfahren, das zur Entdeckung von Unbekanntem durch Bekanntes dient, indem – im Gegensatz zur Deduktion (dem Schluß von der allgemeinen Regel auf den Einzelfall) und zur Induktion (dem Schluß vom Einzelfall auf die Regel) – von einem Einzelfall auf einen anderen geschlossen wird, und zwar nicht aufgrund einer allgemeinen Regel (weshalb der Schluß auch nur Wahrscheinlichkeit beanspruchen kann), sondern aufgrund eben einer Ähnlichkeit zwischen den Einzelfällen: Aus der Übereinstimmung zweier oder mehrerer Sachverhalte hinsichtlich bestimmter Merkmale wird auf ihre Übereinstimmung auch in anderen, weiteren Merkmalen geschlossen. – Je nach der Art der Übereinstimmung lassen sich verschiedene Formen von A. (und darauf basierenden Schlüssen) unterscheiden, wobei die Verhältnis-A., die auf formaler Übereinstimmung beruht, bisher die meiste Beachtung fand. Hierbei handelt es sich um den Schluß von einem Sachverhalt auf einen anderen aufgrund der totalen Übereinstimmung (Gleichheit) gewisser Relationen (Verhältnisse, Beziehungen, Zusammenhänge, Verbindungen etc.) in den ansonst unterschiedlichen Sachverhalten: (1) Unter struktureller A. versteht man eine völlige oder zumindest teilweise Übereinstimmung der Struktur(en) zweier Sachverhalte (der Beziehungen zwischen ihren Komponenten), wobei von der konkreten Materialität der Sachverhalte abgesehen wird. Falls die strukturelle A. reichhaltig genug ist, kann man den einen Sachverhalt als Abbild bzw. Modell des anderen auffassen. Solche A.n haben sich für die Gewinnung neuer Erkenntnisse in Wissenschaft und Technik heuristisch fruchtbar machen lassen, so z. B. die A. von Sonnensystem und Bohrschem Atommodell. (2) Als funktionale A. kennzeichnet man die Übereinstimmung zweier Sachverhalte nur im Hinblick auf die Funktion, die sie erfüllen können (ihre Leistungsfähigkeit), obwohl sie sich im strukturellen Aufbau und der Art ihrer Elemente unterscheiden können. Anwendung finden funktionale A.n vor allem in der Informatik und Kybernetik; ihre Funktionsweise ist aber auch eng verwandt mit der der Metapher, des Symbols oder der Allegorie (bspw. der Vergleich des Staatslenkers mit einem Steuermann.) – In der modernen Sprachwissenschaft gilt die A. als das erklärende Prinzip des Sprachwandels (der Um- bzw. Neubildung von Wörtern und Wortformen), da sie abhängig von ähnlichen sprachlichen Formen dort, wo durch Lautwandel Formenvielfalt entstanden ist, Regelmäßigkeit herstellt, vor allem in der Morphologie (der Flexion und Wortbildung), aber auch in der Semantik. Die sprachwissenschaftliche A. läßt sich daher als eine Regelverletzung beschreiben, die sich als neue Norm durchsetzt, oder als Verallgemeinerung einer Regel über ihren bisherigen Anwendungsbereich hinaus. **Lit.:** H. Höffding: Der Begriff der Analogie. Leipzig 1924. – H. J. Sandkühler: Analogie. In: Europäische Enzyklopädie zu Philosophie und Wissenschaften Bd. 1. Hamburg 1990. S. 101–108. – H. Schwarz: Analogie. In: HWPh Bd 1. Sp. 214–229. JV

**Analyse,** ein methodisches Verfahren, in dem ein Ganzes in seine Teilinhalte zergliedert bzw. ein Gegebenes auf seine Bestandteile zurückgeführt wird. In der Philosophie hat sie sich zu verschiedenen A.-Formen entwickelt: (1) Als beweisendes Analysieren (Aristoteles) gilt sie in mehrfacher Form: (a) indem die verschiedenen logischen Schlüsse auf die sie begründende logische Schlußform zurückgeführt und dadurch ihre Gültigkeit ausgewiesen wird; (b) indem ein noch wissenschaftlich zu beurteilender Satz auf die ihn begründenden oder beweisenden Prämissen zurückgeführt wird. Ein begründungsbedürftiger Satz, dessen Wahrheit (und Beweisbarkeit) zunächst nur angenommen wird, wird durch Angabe der wahren und notwendigen Prämissen, aus denen er sich logisch folgern läßt, ausgewiesen. Die grundlegenden Prämissen können Wissenschaftsprinzipien oder Axiome darstellen; (c) bei einer Begriffsanalyse wird aus verschiedenen Artbegriffen ein allgemeinerer Gattungsbegriff erschlossen (z. B. Tier, Mensch: das Lebewesen). – (2) A./Synthese: Als Methode der Reduktion zum Einfachen (d.i. letzten Elementen) und der darauffolgenden vom Einfachen ausgehenden Deduktion zum Komplexeren (Synthese), d. h. in Gestalt von A. und Synthese als korrespondierende methodische Schritte, findet sie Eingang in den Kanon wissenschaftlicher Argumentation (Descartes). Hobbes' Begründung des Staates als Vertragszustand beruht auf einer solchen Argumentation (↗resolutiv-kompositive Methode, ↗mos geometricus). – (3) Kants als transzendentale Methode bezeichnetes Analyseverfahren geht von der Existenz synthetischer Urteile aus, um nach den Prinzipien ihrer Möglichkeit zu fragen und von da aus die Bedingungen ihres Gebrauchs, deren Umfang und Grenzen zu bestimmen. – (4) Die logische A., wie sie u. a. von Wittgenstein und Carnap geprägt wurde, zielt darauf ab, die der Grammatik der Alltagssprache zugrundeliegenden logischen Formen sprachlicher Ausdrücke und Sätze herauszustellen und auf der Grundlage dieser logischen Formen den Aufbau einer exakten Wissenschaftssprache zu leisten. In den *Philosophischen Untersuchungen* praktiziert Wittgenstein eine andere Form der A.: Die Bedeutung eines sprachlichen Ausdrucks wird als Funktion des Gebrauchs bestimmt. **Lit.:** A. J. Ayer: Sprache, Wahrheit und Logik. Stuttgart 1978. – R. Carnap: Überwindung der Metaphysik durch logische Analyse der Sprache. In: Logischer Empirismus. Der Wiener Kreis. Hg. H. Schleichert. München 1975. S. 149–171. – R. Descartes: Von der Methode des richtigen Vernunftgebrauchs und der wissenschaftlichen Forschung. – Th. Hobbes: Leviathan. – I. Kant: Kritik der reinen Vernunft. A 703, B 731. – Ders.: Prolegomena. § 5. – L. Oeing-Hanhoff: Analyse/Synthese. In: HWPh. Bd. 1. Sp. 232–248. – F.

Waismann: Was ist logische Analyse. Hg. G.H. Reitzig. Frankfurt 1973. S. 42–66. PP

**Analytik,** stellt als Bereich der Logik eine Untersuchung der Prinzipien aller logischen Beurteilung der Erkenntnis dar. Sie überprüft die Form der Erkenntnis in ihren allgemeinen und notwendigen Regeln des Verstandes. **Lit.:** I. Kant: Kritik der reinen Vernunft. B 83–86. PP

**Analytisch.** Mit diesem Ausdruck werden in vielfacher Weise entweder ein Satz oder ein Urteil oder eine Aussage qualifiziert: (1) Ein Satz heißt a. genau dann, wenn sich seine Wahrheit allein aus den semantischen Regeln der Sprache ergibt, so daß jeder, der die Sprache versteht, diesen Satz als wahr ansehen muß (↗Philosophie der normalen Sprache). (2) A.e Sätze werden als Bedeutungswahrheiten (im Ggs. zu Tatsachenwahrheiten) bezeichnet, d.h. sie sind aufgrund definitorischer und logischer Vereinbarungen wahr. Als formales Kriterium gilt, daß ein Urteil dann a. wahr ist, wenn es ausschließlich mit Hilfe der Gesetze der Logik und den Definitionen der Sprache bewiesen oder widerlegt werden kann (Frege). (3) Ein Urteil ist a. dann, wenn das Urteilsprädikat im Urteilssubjekt bereits enthalten ist und durch Zergliederung des Subjektbegriffs sich das Prädikat als Teilbegriff ergibt (Kant – Bsp.: alle Körper haben eine räumliche Ausdehnung; ↗Erläuterungsurteil) – dies kann nur für Urteile in der Subjekt-Prädikat-Form gelten. Das Kriterium für a. ist, daß dem Subjektbegriff nicht widerspruchsfrei der Prädikatsbegriff abgesprochen werden kann (Bsp.: alle Junggesellen sind unverheiratet). (4) A.e Aussagen können von synthetischen hinsichtlich ihres Sachbereichs unterschieden werden: a.e Aussagen beziehen sich auf rein formale Gesetze, synthetische auf materiale Wesensgesetze, d.h. sie sagen etwas über allgemeine Strukturen materialer Zusammenhänge aus (Husserl, *Logische Untersuchungen* Bd. II). (5) A. dient auch zur Bezeichnung der Berechtigung von Urteilen: die a.e Wahrheit ergibt sich durch Bezug auf Wahrheiten allgemein logischer Natur. (6) Eine Aussage wird als a. bezeichnet, wenn sie in allen möglichen Welten wahr ist, bzw. wenn sie für jede Zustandsbeschreibung wahr ist. (7) A. ist ein Synonym für »logisch wahr« und gilt auch für Aussagen, die durch Einsetzen von Synonymen in logisch wahre Sätze umgewandelt werden. – Von Quine wird die Unterscheidung in a.e und synthetische Urteile in Frage gestellt, indem er zunächst davon ausgeht, daß ein a.er Satz entweder logisch wahr ist oder durch Ersetzung mittels synonymer Ausdrücke zu einem a. wahren Satz wird. In seiner Kritik verweist er darauf, daß zur Definition zweier Ausdrücke aber bereits auf ein Verständnis von a. wahren Sätzen zurückgegriffen werden muß. D.h. daß Synonymität und »a. wahr« nicht zirkelfrei bestimmt werden können. Als Antwort auf diese Kritik schlägt Carnap vor, daß man durch Bedeutungspostulate (↗Analytizitätspostulat) die Beziehungen der Bedeutungen festlegt (z.B. die Unverträglichkeit der Prädikate »Junggeselle« und »verheiratet«). Nach einer bestimmten Anzahl von Postulaten kann man definieren: A. sind diejenigen Sätze, die aus der Gesamtheit der Bedeutungspostulate folgen. Damit wird die Definition von a. auf ausdrücklich getroffene sprachliche Regulationen bezogen. **Lit.:** R. Carnap: Bedeutungspostulate. In: Ders.: Bedeutung und Notwendigkeit. Wien/New York 1972. S. 278ff. – H. Delius: analytisch/synthetisch. In: HWPh. – G. Frege: Die Grundlagen der Arithmetik. Darmstadt 1961. – I. Kant: Prolegomena. § 2a. – Ders.: Kritik der reinen Vernunft. B 10f. – W.V.O. Quine: Zwei Dogmen des Empirismus. In: Ders.: Von einem logischen Standpunkt. Frankfurt/Berlin/Wien 1979. S. 27ff. PP

**Analytisch/synthetisch.** Diese Dichotomie wurde von Kant zur Unterscheidung zweier Urteilsformen eingeführt: in a.en Urteilen wird nur expliziert, was im Subjektbegriff enthalten ist, z.B. im Urteil »alle Körper sind ausgedehnt« ist das Prädikat »ausgedehnt« bereits im Subjektbegriff »Körper« enthalten. Solche Urteile haben nur begriffsauflösenden Charakter, ohne unsere Erkenntnis zu erweitern. Ihre Wahrheit kann nach dem Satz des Widerspruchs bestimmt werden: Da das Prädikat eines bejahenden Urteils schon im Begriff des Subjekts enthalten ist, kann es von ihm nicht ohne Widerspruch verneint werden. S.e Urteile sind dagegen begriffs- und erkenntniserweiternd, da sie dem Subjektbegriff ein neues Prädikat hinzufügen (aufgrund von empirischer Erfahrung) – deren Wahrheitswert hängt von empirischen Tatsachen ab. PP

**Analytisch determiniert.** Als a. d. werden Aussagen bezeichnet, deren Wahrheitsbegriff aufgrund einer bloßen Bedeutungsanalyse ermittelt werden kann: (a) die formal-logischen Wahrheiten und formal-logischen Falschheiten, d.h. die Wahrheit oder Falschheit ist durch die Bedeutung der logischen Zeichen (Junktoren, Quantoren) festgelegt; (b) die analytischen Wahrheiten und die analytischen Falschheiten, d.i. die logischen Folgerungen solcher Aussagen, in denen die Bedeutungsrelationen deskriptiver Ausdrücke festgehalten werden (sog. Bedeutungs- oder ↗Analytizitätspostulate) sowie deren Negationen. Zu den *nicht* a. d.en Aussagen zählen diejenigen Sätze, deren Wahrheitswert nur durch Bezug auf Erfahrung (d.i. empirische Wahrheit oder Falschheit) ermittelt werden kann. **Lit.:** W. Stegmüller: Theorie und Erfahrung. Berlin/Heidelberg/New York 1970. S. 181. PP

**Analytizitätspostulat.** Die Regeln, welche Bedeutungszusammenhänge zwischen deskriptiven Zeichen in einem Sprachsystem S festlegen, nennt Carnap Bedeutungspostulate oder A.e. Mit Hilfe solcher Postulate will er dem Umstand Rechnung tragen, daß neben jenen analytischen Sätzen, die allein aufgrund der logischen Verbindungszeichen als logisch wahr gelten, noch analytische Sätze auffindbar sind, die nicht aufgrund der logischen Verknüpfungszeichen, sondern aufgrund der Bedeutungszusammenhänge logisch notwendig sind. Z.B. ist der Satz »Karl Friesen war ein Eishockey-Torwart oder er war kein Eishockey-Torwart« analytisch, da wir seine logische Wahrheit ohne

Bezug auf außersprachliche Fakten verstehen. Der Satz »Karl Friesen war ein Eishockey-Torwart« dagegen ist nicht analytisch, da er etwas über die Wirklichkeit aussagt und erst aufgrund einer empirischen Überprüfung als wahr ausgewiesen werden kann. Andererseits ist der Satz »Wenn Karl Friesen ein Junggeselle ist, dann ist er unverheiratet« wahr, ohne auf einem empirischen Faktum zu beruhen und nicht aufgrund der logischen Verbindungszeichen. Die Wahrheit basiert auf der Bedeutungsbeziehung, die zwischen den beiden Begriffen »Junggeselle« und »unverheiratet« besteht und ohne Kenntnis außersprachlicher Fakten, allein durch die ↗Intension beider Begriffe feststeht. Eingedenk des Einwands von Quine, daß zwischen analytischen und synthetischen Sätzen keine scharfe Grenzlinie gezogen werden kann, schlägt Carnap vor, unter die semantischen Regeln eines Sprachsystems Bestimmungen aufzunehmen, die die Bedeutungszusammenhänge zwischen den deskriptiven Zeichen des Sprachsystems festlegen, so z.B. die Äquivalenz der Begriffe »Junggeselle« und »unverheirateter Mann«. Die Analytizität aufgrund von Bedeutungszusammenhängen bezeichnet er als A-Wahrheit eines Satzes. Infolge dieser Festlegung dürfen in logisch analytischen Sätzen auch nur a-wahre Sätze Eingang finden. **Lit.:** R. Carnap: Bedeutungspostulate. In: Bedeutung und Notwendigkeit. Wien/New York 1972. S. 278 ff. PP

**Anamnesis** (griech. Wiedererinnerung), bezeichnet in der Erkenntnismetaphysik Platons den Vorgang der Wiedererinnerung an das Wissen von den ↗Ideen (↗Eidos). Die Ideen als die ewigen Formen und Urbilder des Seienden sind die apriorischen Erkenntnisinhalte der Seele. Da nach Platon das Wissen um den unwandelbaren und vollkommenen Urgrund nicht aus der Sinneswahrnehmung stammen kann, muß die Erkenntnis der Ideen erfahrungstranszendent sein. In teils mythischer Beschreibung bezieht sich Platon daher auf eine Präexistenz der Seele, in der sie das Wissen um die Ideen in rein geistiger Schau erworben hat. Auf diese Vorstellung dürften orphische und pythagoreische Quellen Einfluß genommen haben. Die Aufgabe der Philosophie besteht darin, die Seele im stufenweisen Fortschreiten (↗Liniengleichnis, ↗Höhlengleichnis) von der Verhaftung an die Sinnlichkeit zu lösen und zur reinen Schau (Wiedererinnerung) der Ideen zu führen. Der Vorgang des Lernens wird somit von Platon ebenfalls nicht als ein Übermitteln von Fakten verstanden, sondern als Wiedererinnerung an apriorische Erkenntnisinhalte, wozu der Lehrer nur helfend den Anstoß geben kann. In der Vorstellung des Lernens als A. (*Menon*) verbinden sich so die sokratische ↗Mäeutik mit der platonischen Ideen- und Seelenlehre. **Lit.:** Platon: Menon, Phaidon, Phaidros. – C.E. Huber: Anamnesis bei Plato. München 1964 FPB

**Ananke** (griech. Schicksal, Notwendigkeit), kosmologische Vorstellung eines inneren, notwendigen Zusammenhangs der Welt. In dem Begriff verbinden sich mythische Elemente einer kosmischen, das Schicksal der Welt bestimmenden Gottheit mit naturphilosophischen Gedanken eines kausalen Naturgesetzes. **Lit.:** H. Schreckenberg: Ananke. München 1964. FPB

**Anarchie** (griech. anarchia: Herrschaftslosigkeit), Gesetzlosigkeit, in politischem Sinn ein Zustand gesellschaftlicher Organisation ohne staatliche Herrschaft, frei von Autorität und Hierarchien jeder Art. Die Verwirklichung einer auf freier Übereinkunft, freier Föderation beruhenden Gesellschaft autonomer Individuen – für die als erster der französische Sozialrevolutionär Proudhon den Begriff Anarchismus verwendet hat – ist das Ziel verschiedener anarchistischer Theorien und Bewegungen seit dem 19. Jh. Während der von Stirner propagierte radikale Individualismus den unbeschränkten, offen egoistischen Genuß des einzelnen zum einzig legitimen Ziel erklärte und von daher jegliche gesellschaftliche Autorität als Beschränkung von Selbstverwirklichung und -genuß ablehnte, betonen Proudhon und nach ihm Bakunin und Kropotkin die grundsätzliche Sozialität des Menschen, die sich nach der Zerschlagung staatlicher Gewalt in gegenseitiger Hilfe der Kleinproduzenten (bei Proudhon), im freiwilligen Zusammenschluß zu Arbeiterassoziationen und Kommunen (bei Bakunin) und in natürlicher Solidarität (bei Kropotkin) realisiert. Auch wenn die ökonomischen Entwürfe sich zunehmend von einer rückwärtsgewandten, vorindustriellen Utopie lösen und kommunistischen Positionen annähern, bestimmt der Streit zwischen Marxisten und Anarchisten die 1. Internationale Arbeiter-Assoziation – bis zum von Marx betriebenen Ausschluß der »Bakunisten« 1872. In der marxistischen Theorie hat sich A. auch als Terminus für die ungeregelten Produktionsverhältnisse im Kapitalismus eingebürgert, die zu zyklischen ökonomischen Krisen führen. Zu einer Verschmelzung anarchistischer und kommunistischer Elemente und auch zu einer Verlagerung der sozialen Basis von Kleinbauern und -bürgern zu Industriearbeitern kam es vor allem im ↗Syndikalismus der französischen und spanischen Gewerkschaftsbewegungen seit der Mitte des 19. Jh. In scharfem Gegensatz zum Marxismus, der zur Vollendung der sozialen Revolution eine Funktionalisierung der staatlichen Institutionen in der Diktatur des Proletariats anstrebte, beharrte der Anarchosyndikalismus auf der sofortigen Auflösung jeglicher Form staatlicher Gewalt und lehnte daher auch eine Organisation der Arbeiterbewegung in politischen Parteien ab. Statt dessen setzte er auf »direkte« Aktionsformen (action directe). Ob und in welchem Maß dazu auch terroristische Gewalt zählt, ist eine der Fragen, die die anarchistische Bewegung immer wieder gespalten hat. – Seinen größten Einfluß entfaltete der Anarchismus in Spanien, wo die 1910 gegründete anarchosyndikalistische Gewerkschaft CNT (Confederación Nacional del Trabajo) in den 30er Jahren bis zu 700.000 Mitglieder zählte und Anarchosyndikalisten während des Bürgerkrieges in einigen Regionen die Vormacht besaßen. **Lit.:** P. Chr. Ludz u.a.: Anarchie, Anarchismus, Anarchist. In: Geschichtliche Grundbegriffe. Hg. v. O. Brunner/W. Conze/R. Koselleck. Bd. 1. Stuttgart 1972.

– F. Neumann: Anarchismus. In: Ders. (Hg.): Handbuch Politischer Theorien und Ideologien. Reinbek 1989. – A. Paz: Durutti. Hamburg 1994. WST

**Anarchismus** ↗Anarchie

**Andere, das,** dient in unterschiedlichen Kontexten als Bezeichnung für das Verschiedene oder für das Unterschiedene, wobei die Differenz auf der Grundlage eines bereits gegebenen oder gesetzten Etwas bestimmt wird. Z.B. (a) bei Plato bildet das Eine die grundlegende Einheit der Wirklichkeit in Differenz zu den mannigfaltigen Erscheinungen, d.i. dem A.n; (b) als Ausdruck für eine unbestimmte Zweiheit (Plotin); (c) in Hegels dialektischen Bestimmungen bildet alles, was ist, immer auch ein Etwas im Verhältnis zu einem anderen (als diesem ersten Etwas). Durch dieses andere erfährt das Etwas seine Bestimmtheit – insofern kann das A. als das Negative dieses (ersten) Etwas bezeichnet werden. Die Terminologie »das eine« und »das andere« dient Hegel zu seiner dialektischen Begriffsentwicklung und -bestimmung. Seiner Auffassung nach lassen sich die notwendigen Strukturen der Wirklichkeit nur erkennen und explizieren, indem deren Begriffe in den für sie bedeutsamen Zusammenhängen und Differenzen bestimmt werden. Die Begriffsbestimmung i. S. der spekulativen Dialektik Hegels geht so vor, daß sie ein Etwas in seiner unhintergehbaren und notwendigen Bezogenheit auf ein A.s betrachtet und durch den ideellen Übergang auf eine je andere Bestimmtheit erst qualitativ fixiert. ↗Dialektik. PP

**Andere, der.** In Hegels *Phänomenologie des Geistes* kommt dem A.n im Werden des Selbstbewußtseins eine besondere Rolle zu, da das Selbstbewußtsein sich im Akt des komplementären Anerkennens herstellt. Bei Husserl wird der Begriff sowohl für die Bezeichnung des Mit-Menschen wie für die Bezeichnung des anderen Ego verwendet. Bei Sartre nimmt der A. die Stellung des Fremden ein. In der Dialogphilosophie von Buber wird das Verhältnis von Ich und Du als gegenseitiges Konstitutionsverhältnis von Ich und A.m thematisiert. PP

**Androzentrismus.** Als »androzentrisch« oder »androzentristisch« werden im Kern falsche Universalisierungen von Mann zu Mensch in Begriffen, Theoremen oder ganzen Theorien bezeichnet. Grundlage dafür ist ein asymmetrischer Begriff von ↗Geschlecht, der nicht beide Geschlechter, sondern ausschließlich oder v.a. das »Weibliche« als Besonderes gegenüber einem Allgemein-Menschlichen konstruiert. Die Kritik am A. läßt sich auf alle Abstrakta übertragen, die Wahrnehmungen und Erfahrungen von Frauen und deren Interpretation ausblenden und/oder implizit entwerten. So wurde etwa der sozialwissenschaftliche Arbeitsbegriff als androzentrisch kritisiert, weil er auf Erwerbsarbeit beschränkt ist und Formen unsichtbarer Arbeit wie Hausarbeit und Kindererziehung unberücksichtigt läßt. – A. ist strikt von Sexismus zu unterscheiden, von Diskriminierungen aufgrund des Geschlechts. HL

**Anerkennung.** (1) In der Urteilstheorie der traditionellen Logik bedeutet A. die Bejahung einer Aussage. Für die moderne Logik macht Frege geltend, daß die A. immer ein Urteil darstellt: man urteilt, indem man einen Gedanken als wahr anerkennt.

(2) In der praktischen Philosophie spielt der Begriff der A. in doppelter Hinsicht eine Rolle: (a) in bezug auf das interpersonale Verhältnis von Individuen und (b) in bezug auf den Geltungsanspruch von Normen. – (a) Als Begriff der praktischen Philosophie beinhaltet er das Verhältnis der Individuen in einer doppelten Hinsicht: einerseits die Bildung eines gemeinsamen Bewußtseins verschiedener Subjekte und andererseits die Individualisierung der einander Anerkennenden. Diese Thematik wird in besonderer Weise von Fichte und Hegel behandelt. Beide gehen von zwei Annahmen aus: (1) Selbstbewußtsein bedeutet Unabhängigkeit des Ich von jedem Nicht-Ich, und zwar als tätige Negation jeden Andersseins; (2) jedes Selbstbewußtsein kann sich andererseits nur in einem von ihm Unterschiedenen (d.i. anderen Selbst) erfassen. Dazu ist es auf das Anderssein angewiesen, das es zum Zweck der Unabhängigkeit negieren muß. Die Theorie der A. ist von Hegel und Fichte als Lösung dieses Problems konzipiert. Bei Fichte kann jeder nur dadurch zum Bewußtsein seiner Freiheit kommen, indem ihn ein anderer zu einer freien Handlung auffordert. Der Handlungsauffordernde muß dazu einen Handlungsspielraum freigeben, indem er seine eigene Willkürfreiheit beschränkt. Wenn der Andere diese Aufforderung zur Selbstbestimmung in seinem Handeln realisiert, beschränkt er seinerseits seine Willkür und gibt dem Anderen die Möglichkeit zur Selbstbestimmung. Erkennen der eigenen Freiheit ist demgemäß nur durch Anerkennen der Freiheit des Anderen möglich. Jeder kann am Anderen die Möglichkeit der Selbstbestimmung erfahren, indem er seine schrankenlose Willkür (d.i. sein »eigenes Anderssein«) negiert (Siep). Für Hegel besteht die Freiheit des Selbst nicht im ausschließenden Negieren des Anderen, sondern in der Einsicht, eine gemeinsame Identität mit ihm zu haben, nämlich ein freies Subjekt zu sein. Diese Einsicht ist das Resultat eines dialektischen Prozesses, den er als Kampf um A. darstellt: (1) Die Beziehung auf sich selbst stellt eine Beziehung auf den Anderen dar: eine Negation bzw. Vernichtung des Anderen; (2) durch die Beziehung auf den Anderen schaut er sich selbst im Anderen an (Beziehung auf sich selbst); (3) beide sind selbst die ganze Beziehung, denn jedes Subjekt ist für sich Beziehung auf sich selbst und auf sein Anderes (Siep). In der Rechtsphilosophie benennt Hegel drei Formen der A.: Dem affektiven Anerkennungsverhältnis der Familie entspricht das menschliche Individuum als konkretes Bedürfniswesen. Die Liebe stellt ein Verhältnis wechselseitiger A. dar, in dem die natürliche Individualität der Subjekte Bestätigung findet. Dem kognitiv-formellen Anerkennungsverhältnis des Rechts entspricht die abstrakte Rechtsperson, dem des Staates entspricht das Individuum als konkretes Allge-

meines, d.h. das in seiner Einzigartigkeit vergesellschaftete Subjekt.
(b) In bezug auf die Rechtfertigung praktischer Sätze wird der A. ein grundlegender Status zugewiesen (Ilting): Für eine Theorie des Handelns ist es eine entscheidende Frage, welche Bedingungen gegeben sein müssen, damit eine Aufforderung (zur Handlung oder zur Unterlassung) wirksam werden kann. Der Auffordernde muß seine Forderung mit einem Angebot an den Aufgeforderten für den Fall verbinden, daß dieser die Aufforderung annimmt und die geforderte Leistung erbringt. Das Angebot muß den Vorschlag beinhalten, daß eine wechselseitige Aufforderung und ein wechselseitiges Annehmen einer Aufforderung sich gegenseitig bedingen. Zwischen den Beteiligten muß Übereinstimmung darüber hergestellt werden, daß diese Bedingung ihr beiderseitiges Verhalten regeln soll – die Übereinstimmung stiftet eine Gemeinsamkeit zwischen den Individuen. Diese vertragsähnliche Übereinstimmung stellt die A. eines Sollensatzes dar, zu dem sich jeder im vorhinein als Bedingung seines Handelns zu verpflichten hat. Diese A. soll als ein Akt des Willens angesehen werden, der auch weiterhin gegen jeden geltend gemacht werden kann. Nur wer diese Grundnorm anerkannt hat, ist überhaupt erst eine »Person«, mit der man sinnvoll eine Übereinkunft über weitere gemeinsame Normen treffen kann. Mit der A. der Grundnorm ist unmittelbar die Anerkennung anderer Personen verbunden.
(c) Eine besondere Rolle spielt die A. für jene Formen der Ethik, die auf dem Beratungsprinzip (Schwemmer) oder auf den ↗Geltungsansprüchen des praktischen Diskurses (Apel, Habermas) aufbauen. Das Beratungsprinzip setzt die universelle A. des Grundsatzes der Verständigung (über moralische Konflikte) voraus. In dem Modell einer konstruktiven Ethik wird in den einzelnen Schritten aufgezeigt, inwiefern die A. als Herstellung einer intersubjektiven Gemeinsamkeit verstanden werden kann: Die Intersubjektivität stellt sich her (1) über die Klärung eines intersubjektiv verbindlichen Sprachgebrauchs, (2) über die Wechselseitigkeit der sprachhandlungsimmanenten Verpflichtungen, (3) über die Verallgemeinerung der partikularen Vorschläge zu intersubjektiv geltenden Normen, und schließlich (4) über die Universalisierung von Handlungsnormen. Das Modell der Herstellung kann auch als Rekonstruktion einer fiktiven Herstellung intersubjektiver Gemeinsamkeit verstanden werden, die die notwendig unterstellte A. explizit macht. In der kommunikativen Ethik (↗Diskursethik, ↗Transzendentalpragmatik) gründet die universelle A. des Grundsatzes der Verständigung und der anderen Personen als gleichberechtigte und freie Partner in den notwendigen Bedingungen der Sprechhandlungen. Diese Bedingungen muß jedes Mitglied einer Sprachgemeinschaft zumindest implizit anerkannt haben, da sie die Voraussetzungen für das Gelingen von Sprechhandlungen darstellen. Die Idee der diskursiven Einlösung von den Geltungsansprüchen der Wahrheit und Richtigkeit oder die Idee der argumentativen Begründung (Kambartel) setzt weiterhin die A. derjenigen Bedingungen voraus, die für einen argumentativen Konsens konstitutiv sind, nämlich gleichberechtigte Teilnahme am Diskurs und uneingeschränktes und zwangsfreies Rederecht. **Lit.:** K.-O. Apel: Das Apriori der Kommunikationsgemeinschaft und die Grundlagen der Ethik. In: Transformation der Philosophie. Bd. II. Frankfurt 1973. S. 358ff. – J.G. Fichte: Grundlage des Naturrechts. Hamburg 1979. §§ 3 u. 4. – Ders.: System der Sittenlehre. Hamburg 1963. § 18. – J. Habermas: Diskursethik – Notizen zu einem Begründungsprogramm. In: Moralbewußtsein und kommunikatives Handeln. Frankfurt 1983. S. 53ff. – G.W.F. Hegel: Realphilosophie von 1803/04 (Ges. Werke Bd. 6). – Ders.: Realphilosophie von 1805/06 (Ges. Werke Bd. 8). – Ders.: Phänomenologie des Geistes. – Ders.: Grundlinien der Philosophie des Rechts. – K.-H. Ilting: Anerkennung. Zur Rechtfertigung praktischer Sätze. In: P. Becchi/H. Hoppe (Hg.): Grundfragen der praktischen Philosophie. Frankfurt 1994. S. 13ff. – F. Kambartel: Moralisches Argumentieren. Methodische Analysen zur Ethik. In: Ders. (Hg.): Praktische Philosophie und konstruktive Wissenschaftstheorie. Frankfurt 1974. S. 54ff. – P. Lorenzen/O. Schwemmer: Konstruktive Logik, Ethik und Wissenschaftstheorie. Mannheim/Wien/Zürich 1973. S. 107ff. – L. Siep: Zur Dialektik der Anerkennung. In: Praktische Philosophie im Deutschen Idealismus. Frankfurt 1992. S. 172ff. PP

**Anfangsbedingung,** auch Ausgangsbedingung. (1) In der wissenschaftlichen Erklärung bilden die logischen Prämissen (eine allgemeine Aussage und eine Aussage über die spezifischen Umstände) die A.en, aus denen dann der Schluß gezogen wird. (2) In einer Kausalanalyse entsprechen bei einer adäquaten Erklärung die A.en den Ursachen des Dinges. PP

**Angemessenheit,** als rhetorischer Fachbegriff von Aristoteles eingeführt (griech. prepon) und von der römischen Rhetorik übernommen, bei Cicero übersetzt als lat. decorum, bei Quintilian mit lat. aptum wiedergegeben. Zunächst bezeichnet A. das neben grammatikalischer und lexikalischer Richtigkeit (puritas), Deutlichkeit (perspicuitas) und stilistischer Kunstfertigkeit (ornatus) wichtigste Prinzip sprachlichen Ausdrucks, das aber auf das Reden und Auftreten des Redners insgesamt und zuletzt auf menschliches Handeln überhaupt angewendet werden und damit geradezu als anthropologische Kategorie gefaßt werden kann. Bereits im rhetorischen Kontext hat A. nicht nur (1) technische, sondern auch (2) intellektuelle und (3) kommunikative Bedeutung, denn sie bezieht sich auf das Verhältnis (1) der Elemente einer Rede untereinander und zum Ganzen der Rede, (2) der Worte zum Gegenstand der Rede sowie der Rede (3.1) zum Charakter des Redners und (3.2) zu Intelligenz und Emotion, Interesse und Status des Publikums; so findet A. in die Philosophie Eingang sowohl als ästhetisches Prinzip (z.B. in der Forderung nach künstlerischer Harmonie), wie als noetisches Prinzip (z.B. in der Definition von Wahrheit über die Entsprechung von Sätzen und Sachverhalten), wie auch als ethisches und politisches Prinzip (z. B. in der Tugend der Mäßigkeit oder den Überlegungen zur Gerechtigkeit). Worin die situativ bedingte A. jeweils besteht, entscheidet der Geschmack, das Urteilsvermögen oder das Taktgefühl (alles lat. iudicium), da A. sich nicht in allgemein verbindliche Anweisungen fassen läßt. Ein bewußter Verstoß gegen die A. kann je nach Kontext revolutionär oder einfach komisch wirken. **Lit.:** L. Fischer: Gebundene Rede. Tübingen 1968. S. 184–252. – M. Pohlenz: To prepon. In: Ders.: Kl. Schriften. Bd. 1. Hildesheim 1965. S. 100–139. – V. Sinemus: Poetik und Rhetorik. Göttingen 1978. S. 53–206. BKO

**Angenehm** ↗ Lust

**Angst,** als psychophysisches Phänomen das Auftreten beklemmender, nicht objektspezifischer seelischer und körperlicher Zustände. Im philosophischen Kontext gewinnt der Begriff vor allem im existentiellen Denken als eine Grundbefindlichkeit menschlichen Seins zentrale Bedeutung. Bei Kierkegaard ist A. (wie ↗ Verzweiflung) eine Weise des Selbstverhältnisses des Geistes. Ausgehend vom christlichen Begriff der Erbsünde begreift Kierkegaard den Zustand der Unschuld als unmittelbare Einheit von Leib und Seele, in der der Geist nur »träumend« anwesend ist. Die Befindlichkeit des träumenden Geistes ist A., denn er plant seine eigene Wirklichkeit als Möglichkeit der Freiheit, die aber solange nichts ist, als der Geist sich nicht selbst gesetzt hat. Dieses Nichts ist der Gegenstand der A., wozu sich der Geist im Zwiespalt »antipathetischer Sympathie und sympathetischer Antipathie« verhält. Mit der Selbstsetzung des Geistes (Freiheit) bricht der Gegensatz von Leib und Seele auf und die A. beruht nun auf der Möglichkeit der Verstrickung in immer größere Schuld. – In der Daseinsanalytik Heideggers stellt A. eine Grundbefindlichkeit dar, die das Dasein vor sich selbst und seine eigenen Möglichkeiten bringt. »Die Angst offenbart im Dasein das Sein zum eigensten Seinkönnen, das heißt Freisein für die Freiheit des Sich-selbst-wählens und -ergreifens« (*Sein und Zeit*, § 40). Das Wovor der A. ist das In-der-Welt-sein als solches. In ihr wird der Mensch radikal auf sich selbst zurückgeworfen und aus der Verfallenheit an das »Man« befreit. Sie eröffnet ihm seine Endlichkeit und offenbart sein Sein als ein »Sein zum Tode«. Das »Vorlaufen« in diese äußerste Möglichkeit bringt das Dasein dahin, sich in seiner Ganzheit zu begreifen. – Für Sartre ist die A. das Bewußtsein der Freiheit des Menschen, der für seine Entscheidungen selbst verantwortlich ist, ohne Rückhalt an transzendenten Sinnvorgaben. Im existenzphilosophischen Sprachgebrauch wird zwischen A. und Furcht unterschieden, wobei letztere ein konkretes innerweltliches Objekt hat, an dem sie sich entzündet, während A. eine Weise des Selbstverhältnisses des Menschen in Hinsicht auf sein In-der-Welt-Sein darstellt.

Innerhalb der psychoanalytischen Theorie Freuds wird die Bedeutung der A. besonders im Zusammenhang der Genese neurotischer Störungen behandelt. Freud unterscheidet zwischen Realangst vor Bedrohungen der Außenwelt, die der Aktivierung von Abwehrreaktionen dient, der Gewissensangst, die aus Konflikten zwischen Handlung und Über-Ich-Normen entsteht und Triebangst vor der wahrgenommenen Triebstärke, die deren Unterdrückung bewirken soll. Die Formen der Angstabwehr können ihrerseits in spezifische Neurosen münden. **Lit.:** H. v. Ditfurth (Hg.): Aspekte der Angst. Stuttgart 1965. – M. Heidegger: Sein und Zeit (Gesamtausgabe Bd. 2). Frankfurt 1977. § 40. – S. Freud: Studienausgabe Bd. VI. Frankfurt 1971. – S. Kierkegaard: Der Begriff Angst (Gesammelte Werke, Abt. 11/12). – H.W. Krohne: Theorien zur Angst. Stuttgart u. a. 1976. – A. Künzli: Die Angst als abendländische Krankheit. Zürich 1948. FPB

**Anima,** zentraler Begriff in der analytischen Psychologie, mit dem C. G. Jung das unbewußte »Seelenbild« der Frau in der Psyche des Mannes bezeichnet (Komplementärbegriff zum Animus der Frau). Dieses hat sich als Niederschlag all der Erfahrungen gebildet, die der Mann im Laufe der Menschheitsentwicklung mit dem weiblichen Geschlecht gemacht hat. Es ist ein von Urzeiten herkommender Typus von Erfahrungen (↗ Archetyp), der im kollektiven ↗ Unbewußten gespeichert ist. Erfahrbar wird die A. in der Projektion auf bestimmte Frauenfiguren, die sie bzw. Aspekte von ihr personifizieren. Vielfältige Erscheinungsformen von Animafiguren finden sich in Märchen, Mythen, in der Literatur und in den Religionen (z. B. die Heilige, die Hexe, die Hure, die Mutter-Göttin etc.). Das jeweilige Objekt der Animaprojektion übt auf den Mann eine emotionale Faszination aus, die Jung als Aufruf versteht, die nicht integrierten weiblichen Seelenanteile zu erkennen, die sich in der Projektion symbolisieren. Die Integration der A. bezeichnet Jung als wesentliche Aufgabe der Persönlichkeitsentwicklung des Mannes. Aufgrund ihres, den Mann zu seiner Ganzheit (Selbst) befreienden Potentials nennt Jung die A. auch den Archetypus des Lebens. **Lit.:** J. Jacobi: Die Psychologie C. G. Jungs. Frankfurt 1978. – C. G. Jung: Die Archetypen und das kollektive Unbewußte (Ges. Werke IX/1). Olten 1966. SP

**Animatismus** ↗ Prä-Animismus

**Animismus,** bezeichnet den bei bestimmten Naturvölkern herrschenden Glauben, daß allen Naturerscheinungen eine persönliche Seele innewohnt. Nach E. B. Tylor, der den A. zuerst systematisch beschrieben hat, könnte diese Anschauung entstanden sein aus Traumerfahrungen, in denen der Mensch sich selbst unkörperlich erlebt, indem er sich z. B. an einem weit entfernten Ort sieht, und in denen bereits Verstorbene auftreten können. In Verbindung mit der Erfahrung des eigenen belebten im Unterschied zum toten Körper bildet sich so der Glaube an eine eigenständige Lebenskraft heraus, die analog auf andere Lebewesen und sogar Gegenstände übertragen wird. Animistische Vorstellungen sieht Tylor auch in verschiedenen philosophischen Theorien (z. B. Leib-Seele-Problem) wirksam. – A. kann weiterhin die ebenfalls von Tylor vertretene religionswissenschaftliche Theorie bezeichnen, derzufolge diese Anschauung die früheste nachweisbare Religionsform bezeichnet. Sie steht in Widerstreit zu Vertretern eines ↗Prä-Animismus, die ebenfalls von einem evolutionistischen Ansatz ausgehend eine noch ursprünglichere religiöse Erfahrung annehmen, so der ↗Dynamismus (Erfahrung einer unpersönlichen Macht) und der Animatismus, nach dem der Mensch zunächst die Natur allgemein für belebt hält, ohne Einzelseelen anzunehmen, sowie der von W. Schmidt behauptete Urmonotheismus, der den auf einer »Uroffenbarung« beruhenden Glauben an ein höchstes Wesen als älteste Religion annimmt. Religionsevolutionistische Versuche, eine »Urform« religiösen Bewußtseins aufzufinden, gelten heute als nicht haltbar. **Lit.:** Ad. E. Jensen: Mythos und Kult bei Naturvölkern. Wiesbaden 1951. – N. Soederblom: Der Animismus (1916). In: C. A. Schmitz (Hg.): Religionsethnologie. Frankfurt 1964. S. 9–29. – E. B. Tylor: Primitive Culture. London 1871 (dt. Die Anfänge der Cultur. Leipzig 1873). FPB

**Animismus** (psychologisch). Piaget beschreibt mit diesem Begriff eine Stufe des Weltverständnisses, deren charakteristisches Merkmal darin besteht, alle Körper als belebte und aus Einsicht tätige Entitäten vorzustellen. Er unterscheidet zwischen dem »diffusen A.«, also der generellen Tendenz des Kindes, die Dinge als bewußt agierende Lebewesen aufzufassen, und dem »systematischen A.«, der die expliziten animistischen Überzeugungen des Individuums umfaßt. Die Ursache für das Auftreten des A. sieht Piaget in dem Faktum der Nichtdifferenzierung zwischen Ich und Welt, die das Kind zu dem Glauben an ein universales Lebenskontinuum veranlaßt, das alle Entitäten einschließt, deren Bewegungen zudem als auf das Wohl der Menschen bezogen vorgestellt werden (frühkindlicher Egozentrismus). **Lit.:** J. Piaget: Das Weltbild des Kindes. München 1988. CZ

**Annahme,** eine Aussage über einen Sachverhalt, die nicht gleichzeitig dessen Wahrheit oder Falschheit behauptet; d. h. ein nicht-behaupteter Aussagesatz mit wahrheits-indifferentem Aussageinhalt. In wissenschaftlichen Theorien werden solche A.n als Hypothesen bezeichnet. Bei einer kontrafaktischen oder tatsachenwidrigen A. wird davon ausgegangen, daß sie bekanntermaßen falsch ist. In indirekten Beweisen (reductio ad absurdum) wird von solchen kontrafaktischen A.n her argumentiert. PP

**Anomie,** von E. Durkheim geprägter soziologischer Grundbegriff, der einen gesellschaftlichen Zustand der Regellosigkeit bezeichnet. Ein anomischer Zustand liegt dann vor, wenn menschliche Bedürfnisse und Ziele (Aspirationen) nicht durch gültige soziale Normen und Regeln limitiert sind und somit grenzenlos werden. **Lit.:** E. Durkheim: Über die Teilung der sozialen Arbeit. Frankfurt 1977. AN

**Anpassung.** Im Zusammenhang der moralphilosophischen Diskussion über Freiheit und Selbstbestimmung des Menschen spielt die A. eine Rolle, wie sie in den von Skinner (*Jenseits von Freiheit und Würde*) behavioristisch geprägten sozialwissenschaftlichen Methoden unterstellt wird. Da die Verhaltensbeobachtung die grundlegende methodische Herangehensweise darstellt, ist es nicht mehr sinnvoll, von dem Menschen als autonom handelndem Wesen auszugehen, vielmehr ist sein Verhalten in Reaktion auf Umweltreize und -einflüsse zu betrachten. Damit wird die A. an einen gesellschaftlichen Zusammenhang und Konformität im Verhalten als grundlegende Struktur des Menschen behauptet. Eine fehlende Entsprechung zwischen Individuum und Umwelt wird als Abweichung bezeichnet und ist durch entsprechende Mechanismen (Belohnung und Bestrafung) zu beheben. **Lit.:** B. F. Skinner: Jenseits von Freiheit und Würde. Reinbek 1973. PP

**Anschauung,** der Akt, in dem ein einzelner Sachverhalt unmittelbar und als ganzer erfaßt wird, oder den Inhalt eines Anschauungsaktes, das »Angeschaute«. Vor Kant war A. gleichbedeutend mit ↗Intuition und bezog sich auf das unmittelbare Erfassen einfacher Wissensinhalte und erster Vernunftwahrheiten. Kant ordnet A. der Sinnlichkeit als dem rezeptiven Teil des menschlichen Erkenntnisvermögens zu. Raum und Zeit bilden die beiden transzendentalen Formen der A. Sinnliche A., die als rezeptiv aufgefaßt wird, bezieht sich auf das Erfassen von Gegenständen innerhalb der Sinnlichkeit, also durch Gesichtssinn, Gehör, Geruch usw. Als intellektuale A. wird dagegen eine solche bezeichnet, die im Akt des nichtsinnlichen Anschauens zugleich ihren Gegenstand hervorbringt. Intellektuale A. wird zur zentralen Kategorie bei Fichte und Schelling, wo sie für den Akt steht, in dem das Ich im Anschauen seiner selbst entsteht. – A. ist zentrales methodisches Prinzip und Sinnkriterium innerhalb der Phänomenologie Husserls. Als erfüllende A. gilt dort der Akt, in welchem den verschiedenen Bedeutungskomponenten eines Urteils die ihnen entsprechenden A.en zuwachsen. Husserl unterscheidet dabei zwischen stofflichen, d. h. auf Gegenstände und ihre Attribute referierenden und formalen Bedeutungsmomenten, wie Sein, das Ein und das Das usw. Erstere finden ihre Erfüllung in einer sinnlichen A. Für den Akt der Erfüllung der nichtstofflichen, formalen Bedeutungsmomente entwickelt Husserl den Begriff der kategorialen A. **Lit.:** J. G. Fichte: Zweite Einleitung in die Wissenschaftslehre (1797). – W. Flach: Zur Prinzipienlehre der Anschauung. Bd. 1. Hamburg 1963. – E. Husserl: Logische Untersuchungen. 2. Bd., II. Teil. 1901/13. – I. Kant: Kritik der reinen Vernunft (1781/87). – H.-J. Pieper: »Anschauung« als operativer Begriff: eine Untersuchung zur Grundlegung der transzendentalen Phänomenologie E. Husserls. Hamburg 1993. – F. W. J. Schelling: System des transzendentalen Idealismus (1800). TBL

**Anschauung, ästhetische,** nach Schelling der Anblick des Kunstwerkes als einer Versinnlichung der absoluten Identität; sie ist der Sinn, der die Kunst als »Organon … und Dokument« der Philosophie, sogar als eine »notwendige, aus dem Absoluten unmittelbar ausfließende Erscheinung« auffaßt (*Sämtl. Werke* III, S. 627; V, S. 345). Der Begriff der ä. A. wurzelt in Kants Bestimmung der ästhetischen Idee als einer keinem bestimmten Begriff adäquaten Vorstellung der Einbildungskraft sowie in Schillers Konzeption der Vorstellungsart des ↗Schönen, das aufgefaßt wird, ohne es den Regeln des Verstandes zu unterwerfen, d. h. als ob es durch sich selbst bestimmt wäre, als eine Erscheinung der Freiheit. Schon Fichte kennt eine ä. A., die sich auf die wohlgefallende Form eines schönen Gegenstandes als eine »durch absolute Selbsttätigkeit, zufolge einer gewißen Norm des Strebungsvermögens«, hervorgebrachte, d. h. nicht bloß gegebene Form bezieht, die das ursprüngliche Streben zur Darstellung bringt (*Ges. Ausg.* II 3, S. 207). Die ä. A. Schellings entspricht jedoch ausdrücklich systematisch der nur innerlich reflektierbaren intellektuellen Anschauung, der unmittelbaren Einsicht in die Selbstkonstitution des Ich, von der die Philosophie ausgeht, und stellt deren objektiv bzw. äußerlich fixierte Form dar, in der sich die Geschichte des Selbstbewußtseins vollendet: Im Kunstwerk wird das »absolut Identische, was selbst im Ich schon sich getrennt hat, ... zurückgestrahlt« (*Sämtl. Werke* III, S. 625). Die ä. A. bezieht sich auf die Schönheit, die das Ideenhafte gegenbildlich symbolisiert, wie die intellektuelle Anschauung auf die das Ideenhafte urbildlich darstellende Wahrheit; denn beides geschieht durch die Ineinsbildung des Idealen und Realen. Das Kunstwerk, in dem Ideales und Reales auf konkrete Weise in einer anschaubaren Gestalt vereinigt werden, ist insofern nicht nur das Objekt, sondern auch das Produkt der ä. A.: Sie besteht in einem produktiven Akt nicht der Vernunft, sondern der ↗Einbildungskraft; als die »höchste Potenz der Selbstanschauung« im Sinne des Urwissens wird sie in ihrer Zufälligkeit durch die Idee des ↗Genies bezeichnet (*Sämtl. Werke* III, S. 634). Auch nach F. Schlegel besteht die ä. A. in der unmittelbaren Wahrnehmung der Schönheit, d. h. der »göttlichen« bzw. unendlichen Bedeutung eines Gegenstandes (*Krit. Ausg.* XII, S. 355 ff.).

Ein solcher absoluter Inhalt wird der ä. A. nach dem Ausgang des Deutschen Idealismus nicht mehr zugeschrieben, vielmehr wird sie zunehmend psychologisiert. Somit gilt für H. Siebeck: Die ä. A. ist die einheitliche, zusammenfassende, produktive Perzeption des Sinnlichen »in der allgemeinen Form des Ausdrucks der erscheinenden Persönlichkeit«, einer unmittelbar vor Augen liegenden individuellen Gesetzmäßigkeit: Die schöne Gestalt ist das sinnliche Analogon eines Geistigen, sogar das unmittelbare Ineinander von Geistigem und Sinnlichem, das keinen Zweck außer sich selbst hat (*Das Wesen der ästhetischen Anschauung*, S. 69 ff.). K. Groos zufolge wird das besondere Vergnügen der ä. A. durch den Begriff des Spiels erfaßt: Die ä. A. ist die »innere Nachahmung des äußerlich Gegebenen«, ein gefühlvolles Miterleben bzw. Anteilnehmen an einem Gegenstand, dessen Gefühlswirkung als solche genossen wird; das Bewußtsein hat eine von realen Zwecken losgelöste Freude, indem es ein inneres Bild des Gegenstandes erzeugt, in dessen Erzeugung es spielend verweilt (*Der ästhetische Genuß*, S. 196 ff.). Schließlich zeichnet sich die ä. A. nach J. Volkelt nicht nur durch »geschärfte Aufmerksamkeit, sinnliche Frische und hingebendes Verlangen« aus, sie erfaßt zudem das gesamte Leben der Person – das Vorstellen, das Erkennen, das Wollen – unter der Herrschaft des Gefühls; in der ä. A. als einer die Bedeutungsvorstellung mit dem Anschauen verschmelzenden »Einfühlung« ist das Geschaute die sinnliche »Objektivation« des innerlich Gefühlten, das Gefühlte selbst der »Ausdruck« des erscheinenden Gegenstandes (*System der Ästhetik I*, S. 298 ff.). **Lit.:** B. Barth: Schellings Philosophie der Kunst. Freiburg/München 1991. – S. J. Senderovic: Die ästhetische Anschauung bei Schelling. In: S. Dietzsch (Hg.): Natur – Kunst – Mythos. Beiträge zur Philosophie Schellings. Berlin 1978. OFS

**Anschauungsform.** A.en oder Formen der Anschauung gehen nach Kant jeder sinnlich-empirischen Anschauung, jeder Erfahrung voraus. Im Unterschied zu den sinnlichen Anschauungen sind sie »rein« und bilden somit die Voraussetzung für apriorische Erkenntnisse wie sie z. B. in der Mathematik gewonnen werden. Raum und Zeit als Formen der äußeren bzw. inneren Anschauung sagen nichts über die Wirklichkeit an sich aus, denn sie sind »bloß subjektive Bedingungen aller unsrer Anschauung« (*KrV*, B 66). Obwohl die A.en also lediglich subjektive Gültigkeit besitzen, darf diese »Transzendentale Idealität« der A.en nicht mit der Zufälligkeit von »subjektiven Modifikationen des Sinnes« verwechselt werden. Als unwandelbare und apriorische Strukturen des erkennenden Subjekts haben sie exklusive und absolute Gültigkeit für alle mögliche Erfahrung. Da sie zusammen mit den Funktionen des Verstandes notwendige Bedingungen jeder menschlichen Erkenntnis darstellen, besitzen die A.en somit »empirische Realität« in Ansehung aller möglichen Erfahrung. **Lit.:** I. Kant: Kritik der reinen Vernunft. JQ

**Antagonismus.** (1) Als Begriff der Sozialphilosophie bringt er die Gegensätzlichkeit vorhandener Bestrebungen zum Ausdruck. Paradigmatisch dafür ist Kants Charakterisierung der ungeselligen Geselligkeit des Menschen aufgrund der gegensätzlichen Bestrebungen, einerseits sich zu einem sozialen Ganzen zu vereinigen und andererseits sich (egoistisch) zu vereinzeln. In seinen gesellschaftstheoretischen Analysen behauptet K. Marx die antagonistische Form des Produktionsprozesses in einer kapitalistischen Ökonomie, deren Konsequenz der A. der Klassen, nämlich Proletariat und Bourgeoisie, ist. (2) Innerhalb der philosophischen Anthropologie wird teilweise von einem A. der Strebenskräfte (der Seele) gesprochen: die naturhafte Seite der sinnlichen Triebe einerseits, die vernunfthafte Seite andererseits, der es obliegt, das bloß Naturhafte zu strukturieren und in höhere Formen zu lenken (vgl. M. Scheler: *Die Stellung des Menschen im Kosmos*). (3) In bezug auf die Ethik kann von einem A. der Prinzipien gesprochen werden: Autonomie bzw. Selbstbestimmung vs. Fremdbestimmung (z.B. durch Triebhaftigkeit und Neigungen), ↗Freiheit vs. ↗Determination. PP

**Antecedens, Antecedentien,** bezeichnet in einem hypothetischen Urteil die Annahme(n), d.i. den Ausgangspunkt: wenn A, dann B. In der deduktiv-nomologischen Erklärung werden als Antecedensbedingungen eine allgemeine Gesetzesaussage und mindestens ein singulärer Satz, der die begleitenden Umstände der zu erklärenden Tatsache angibt, gefordert. ↗Erklärung. PP

**Anteilnahme, Prinzip der.** In Abgrenzung zum Prinzip der formalen Gerechtigkeit wurde von Gilligan ein ethisches Prinzip formuliert, das aus einem Verständnis der wechselseitigen Verbundenheit eine ethische Perspektive entwickelt, in der Fürsorglichkeit (care), Zuwendung und A. die Kategorien zur Beurteilung moralischer Konflikte darstellen. D.h. solche Konflikte werden nicht danach beurteilt, ob abstrakte Rechtsprinzipien verletzt werden, sondern nach einem Verständnis von Verantwortung, das die Folgen einer Handlung für das Erleben anderer und im Hinblick auf die Verletzbarkeit anderer abschätzt. Empathie und Mitgefühl entwickeln sich auf der Grundlage sozialer Beziehungen und Interaktionen. A. wird zum selbstgewählten Prinzip einer Auffassung, die in ihrer Rücksichtnahme auf Beziehungen und Reaktionen psychologisch bleibt, die aber in der Verurteilung von Ausbeutung und Verletzung als universeller Maßstab fungiert. Als ethisches Prinzip stellt sie eine Kritik an den formalen Moral- und Rechtsprinzipien dar, insofern diesen die Annahme der Beziehungslosigkeit der Personen zugrundeliegt. – Diese ethische Konzeption wurde als Gegenmodell aus der Sichtweise weiblichen Denkens entwickelt. Kohlbergs Stufenmodell der ↗Moralurteile wird in seiner Allgemeingültigkeit angezweifelt. Ihm wird ein dreistufiges Modell der Entwicklung entgegengestellt, nach dem sich ein adäquates Verständnis der A. erst dann entwickelt, wenn die Einstellungen der Selbstaufopferung und der Selbstbehauptung in ihrer Einseitigkeit aufgehoben und ein neues Verständnis der Verbundenheit zwischen dem Selbst und den anderen entwickelt wurde. **Lit.:** C. Gilligan: Die andere Stimme. Lebenskonflikte und Moral der Frau. München 1984. PP

**Anteprädikamente,** Bezeichnung (1) für die Bücher 1–3 der Kategorienschrift von Aristoteles, (2) für die in diesen Büchern der Kategorienschrift behandelten Themen der Synonomie, Homonomie, Paronymie, Einfachheit und Komplexität sprachlicher Ausdrücke. PP

**Anthropismus,** bei E. Haeckel abwertende Bezeichnung für alle Lehren, die dem Menschen eine Sonderstellung in der Natur zuweisen, ihn als Endziel der Schöpfung und gottähnlich betrachten. Dem entgegen steht die kosmische Sichtweise, unter der der Mensch nur als winziger Teil des Ganzen erscheint. **Lit.:** E. Haeckel: Welträthsel. Bonn 1899. FPB

**Anthropologie, philosophische.** In der Geschichte der Philosophie läßt sich durch die unterschiedlichen Positionen hindurch, denen es um die Klärung der Seinsstruktur der Welt, der Bestimmung von Erkenntnis, der Begründung von Ethik, den Grundlagen der Sozietät geht, immer auch ein Kern anthropologischer Annahmen ausmachen. Deshalb empfiehlt sich die Differenzierung in implizite und explizite A. Die explizite A. zeichnet sich dadurch aus, daß die Selbstthematisierung auf methodische Weise vollzogen wird. Ein implizites Selbstverständnis läßt sich schon in der Naturphilosophie der Vorsokratiker ausmachen: sie findet in der Ordnung des Alls den Menschen als Mikrokosmos wieder (Empedokles, Demokrit). Eine deutlichere Stellungnahme zum Menschen zeigt sich dann, wenn dessen Sonderrolle im Vergleich zu anderen Lebewesen näher bestimmt wird, z.B. dadurch, daß er allein denkt, während die anderen Lebewesen auf ihre Sinneswahrnehmung beschränkt sind. Den Ursprung der A. aus der Kulturphilosophie markiert die Prometheus-Sage. Der Raub des Feuers kann als Metapher für die Selbsteinschätzung des Menschen als Kulturwesen gelesen werden (Blumenberg). Eine solche Selbsteinschätzung, er alleine schaffe sich seine Kultur selbst, findet ihren Niederschlag auch in der These des Protagoras, der Mensch sei das Maß aller Dinge. Die Erkenntnis habe demgemäß kein höheres Kriterium, an dem sie gemessen werden könnte, als den Menschen selbst. Aristoteles gibt solchen Bemühungen der Selbsteinschätzung eine deutliche Struktur, die sich in den A.en der Neuzeit wiederfindet: Die Natur als ganze bildet ein Stufenreich; ausgehend von der Stufe des Anorganischen, über das Organische (Pflanzen und Tiere) stellt schließlich der Mensch als vollkommenes Wesen die oberste Stufe dar. Aber trotz dieser Höherstufung wird er als ein Wesen beschrieben, das noch der organischen Natur verhaftet bleibt: Seine leibliche und seine seelische Seite sind aufeinander bezogen.

Die anthropologischen Aussagen erhalten einen anderen Stellenwert, wenn die Einbindung in die Natur der kosmologischen Ordnung entfällt, und der Mensch (der Neuzeit) sich vor die Aufgabe gestellt sieht, sich einen eigenen Ordnungsrahmen zu schaffen. Selbsterhaltung und Streben nach Glück bestimmen dann die Perspektive der Fragestellung, Das Erfordernis, seine Welt nach selbstgegebenen Zwecken zu ordnen, mündet in den Anspruch einer rationalen Ordnung. Der Mensch vergewissert sich der Grundlagen der Erkenntnis, des Handelns und des Zusammenlebens. Anthropologische Annahmen werden zu Argumenten: Hobbes charakterisiert im *Leviathan* die natürlichen Leidenschaften eines vor-sozialen Menschen als Machtstreben, um daraus rationale Motive für den Gesellschaftsvertrag abzuleiten. Auch Kant argumentiert mit der anthropologischen Bestimmung der ungeselligen Geselligkeit und des Fehlens einer natürlichen

Orientierung aufgrund des Instinktmangels, weshalb der Mensch eines ordnungsstiftenden Prinzips bedürfe. Ein solches schafft er sich, indem er seine Freiheit unter Gesetze der Einheit bringe.

Zu einer eigenständigen Disziplin der Philosophie entwickelt sich die A. in Abgrenzung zu den Reflexionen der Transzendentalphilosophie und des Deutschen Idealismus. Der kritische Punkt der Abgrenzung war die Reduktion der Erfahrung auf das Bewußtsein und der damit einhergehende Gegensatz von Geist und Natur, von Seele und Körper. In einer Art Gegenposition wird durch die A. der Frage nach den Bewußtseinsbedingungen der Erkenntnis als systematische Frage entgegengestellt: Welches sind die in der Natur liegenden Bedingungen für die Ausbildung eines menschlichen Bewußtseins? Scheler, Plessner und Gehlen geht es in gleicher Weise darum, die Sonderstellung des Menschen von diesem Gesichtspunkt her zu bestimmen. Scheler zeigt die Verschränkung menschlichen Trieblebens mit seiner geistigen Sphäre auf: Die triebhafte Zuwendung des menschlichen Lebensdranges (seine Vitalsphäre) ist eine unumgängliche Bedingung für sein Empfinden und Wahrnehmen. Andererseits obliegt es dem Geist, diese Triebhaftigkeit zu hemmen, um dem Trieb wertangemessene Vorstellungen vorzusetzen und die Triebe so zu koordinieren, daß sie das von dem Geist gesetzte Willensprojekt ausführen. In der Vorhaltung des Wertes besteht die Lenkungsfunktion des Geistes. Die Wesensbestimmung des Menschen ist so auf ein ethisches Sollen hin angelegt, seinen Weg über die Werte zu finden. – Gehlen thematisiert den Menschen hinsichtlich seiner anthropo-biologischen Struktur. Wie jedes Lebewesen ist er im Hinblick auf die Bedürfnisbefriedigung auf seine Umwelt ausgerichtet. Im Gegensatz zu den anderen Lebewesen entbehrt er jener Instinktausstattung, die dem Tier eine eindeutige Entsprechung zwischen Bedürfnis und Umweltreizen garantiert. Seine Instinktarmut führt zu einer ↗«Weltoffenheit«, die ihm die Möglichkeit zu einer unmittelbaren Bedürfnisbefriedigung versagt. Er ist genötigt, einerseits seine eigene Umwelt zweckmäßig und in gleicher Weise seine eigenen diffusen Bedürfnisse zu strukturieren. Die Antriebshemmung ist einerseits naturhaft bedingt, andererseits wird sie ihm zeitlebens zur Aufgabe. Denn seine vorrangige Aufgabe besteht darin, Sachinteressen auszubilden, die ihm den Bezug zur Naturbearbeitung eröffnen. Die Begriffe der »Selbstzucht« und der »Führung« benennen die Leistungen, die er gegen sich selbst zu erbringen hat. Die Moral (der eingeschränkten Bedürfnisbefriedigung) erfährt von daher eine naturhafte Begründung. Aufgrund des Mensch-Tier-Vergleichs hinsichtlich der fehlenden Instinktsicherheit ergibt sich als zweite Notwendigkeit für den Menschen, daß er sich eine Ersatz-Sicherheit in Gestalt von ↗Institutionen schafft. Einen Sicherheitsersatz stellen diese nur dann dar, wenn ihre fraglose Gültigkeit gar nicht erst zum Thema von Begründungsfragen gemacht wird. D.h. sie können nur dann als Instinktersatz fungieren, wenn sie weder Resultat noch Gegenstand vernünftiger Überlegung sind. – Im Gegensatz zu Gehlen stellt Plessner gerade die Fähigkeit des Menschen, zu sich selbst und zu seiner Natur Stellung nehmen zu können, heraus. Die dem Menschen eigentümliche »exzentrische ↗Positionalität« ermöglicht es ihm, sich selbst zum Thema zu machen und nötigt ihn, zu sich selbst Stellung zu nehmen, zu eigener Verantwortung und ethischer Selbstreflexion. Während Scheler und Gehlen aus den Bedingungen der menschlichen Natur eine ihm spezifische Ausbildung seines Willens und seiner Intelligenz ableiten, gilt Plessner das Vermögen der Reflexion als Bestimmung des Humanum. – Eine solche Argumentation mit Naturannahmen blieb nicht unwidersprochen. Die Kritik an Scheler und Gehlen, die sich an deren Modell der menschlichen Natur als einer unabänderlichen Größe entzündete, führte gleichzeitig zu einer Veränderung der systematischen Fragestellung. Eine A., deren Argumentationsgrundlage das scheinbar rein biologische ist, abstrahiert davon, daß der Mensch immer schon in einen kulturellen, sprachlichen und kommunikativen Kontext eingebunden ist. Die biologistischen Verkürzungen führen zu Postulaten, die das einfordern, was ohnehin zur anthropologischen Struktur des Menschen gehört. Die Konsequenz der Kritik führt zu einer Sichtweise, die den Menschen als kulturelles und geschichtliches Wesen begreift. Die scheinbaren Naturkonstanten verlieren den Status der Unabänderlichkeit. Auch die biologische Seite des Menschen unterliegt geschichtlichen Veränderungen, entsprechend kann sich die Bedürfnisstruktur zu produktiven oder destruktiven Tendenzen entwickeln. Der veränderte Zugang erschließt die anthropologischen Bestimmungen aus dem Verstehen der Beziehungen des Menschen zur Welt, zu anderen Individuen, zur Natur und sich selbst. Daraus ergeben sich andere anthropologische Kategorien: Identität, Integrität, Kreativität und Produktivität (in einem nicht auf das Ökonomische reduzierten Sinne). Eingedenk der geschichtlichen und gesellschaftlichen Veränderbarkeit leitet sich daraus die Frage nach den Bedingungen für die Bildung eines Selbstbewußtseins, für das Gefühl der Achtung und Unverletzlichkeit der Person, für seine Fähigkeit zur Gestaltung und produktiven Veränderung ab. Mead betrachtet die Individuierung des Menschen als einen Prozeß, in dem der Einzelne in dem Maße zu einer praktischen Identität gelangt, in dem er sich der Anerkennung seiner selbst durch einen Kreis von Interaktions- und Kommunikationspartnern zu vergewissern vermag. Sprach- und handlungsfähige Subjekte werden als Individuen allein dadurch konstituiert, daß sie sich aus der Perspektive zustimmender anderer auf sich selbst als Wesen zu beziehen lernen. In diesem Angewiesensein auf Intersubjektivität und Anerkennung durch andere liegen die Möglichkeiten, aber auch die Gefährdungen des Menschen. A. übernimmt eine kritische Funktion, wenn sie dieses Verhältnis auf seine positiven wie negativen Möglichkeiten hin in der realen Situation thematisiert. Ein anderes kritisches Potential liegt in der Reflexion auf die Frage nach dem Menschen selbst. Zu sich selbst Stellung nehmen – i.S. Plessners – bedeutet auch, die Frage nach dem Menschen auf ihre Adäquatheit hin zu überprüfen und deren Verkürzungen aufzuzeigen: nämlich die biologistische Reduktion auf die biologischen Anforderungen des Lebens, die soziologische Reduktion der Interaktion auf Internalisierung von Rollen und Normen, die psychologische Verkürzung seines Erlebens auf das Reiz-Reaktions- bzw. Belohnungs-Bestrafungsmodell. Die Frage nach dem Menschen zu stellen, bedeutet so gesehen, einen kritischen Standpunkt der Auseinandersetzung einzunehmen.

Die anthropologische Reflexion macht die Möglichkeit eines Selbstbezugs offenkundig, der nicht in der Frage »Was ist der Mensch?«, sondern in der Frage »Wer sind wir?« seinen adäquaten Ausdruck findet. Demzufolge muß jeder anthropologische Entwurf defizitär bleiben, der seine Aussagen in Termini einer Objektsprache formuliert. Ebensowenig beantworten die empirischen Wissenschaften vom Menschen die Frage des eigenen Selbstverständnisses. Sie geben bestenfalls Informationen über Teilaspekte, wobei häufig übersehen wird, daß in die Art der wissenschaftlichen Fragestellung selbst schon bestimmte Vorstellungen vom Menschen – wenn auch unausgewiesen – Eingang gefunden haben. Die Kenntnis solcher Teilaspekte mögen unser Bild vom Menschen verändern, können aber nicht den letzten Bezugspunkt der Selbstinterpretation darstellen. Eine solche Interpretation ist keine künstliche Konstruktion der philosophischen A., sie bringt diese nur zur Sprache. Die Reflexion auf unser Handeln und Verhalten macht offenkundig, wie sehr dieses an (mehr oder weniger ausdrücklichen) Leitvorstellungen, an Überzeugungen ausgerichtet ist und wie sehr die Betrachtung der menschlichen Wirklichkeit mit dem Gedanken der Verwirklichung von sich praktisch bewährenden Leitvorstellungen verbunden ist (Schwemmer). Der Mensch ist als ein zu sich Stellung nehmendes Wesen niemals ohne eine Vorstellung seiner eigenen Identität, die wir in allem, was wir denken, erkennen und tun, auch zugrundelegen (Schnädelbach). Dieses Selbstbild kritisch zu prüfen, bleibt eine ständige Aufgabe der A. **Lit.:** Th. W. Adorno: Soziologische Schriften I. Frankfurt 1979. – O. Bollnow: Das Wesen der Stimmungen. Frankfurt $^{4}$1968. – Ders.: Die philosophische Anthropologie und ihre methodischen Prinzipien. In: R. Rocek/O. Schatz (Hg.): Philosophische Anthropologie heute. München $^{2}$1974. – D. Claessens: Instinkt, Psyche, Geltung. Köln/Opladen $^{2}$1970. – E. Fromm: Der moderne Mensch und seine Zukunft. Frankfurt $^{5}$1971. – Ders.: Anatomie der menschlichen Destruktivität. Stuttgart 1974. – A. Gehlen: Der Mensch. Wiesbaden $^{11}$1976. – M. Horkheimer: Bemerkungen zur philosophischen Anthropologie. In: Kritische Theorie. Bd. I. Frankfurt 1968. – W. Kamlah: Von der Sprache zur Vernunft. Mannheim 1975. – K. Lorenz: Einführung in die philosophische Anthropologie. Darmstadt 1990. – H. Plessner: Die Stufen des Organischen und der Mensch. Berlin 1975. – P. Prechtl: Bedürfnisstruktur und Gesellschaft. Würzburg 1983. – M. Scheler: Die Stellung des Menschen im Kosmos. In: Späte Schriften. Hg. v. M. S. Frings. Bern/München 1976. – H. Schnädelbach: Die Philosophie und die Wissenschaften vom Menschen. In: Zur Rehabilitierung des animal rationale. Frankfurt 1992. S. 116 ff. – Ders.: Zur Rehabilitierung des animal rationale. In: a.a.O. S. 13 ff. – A. Schöpf: Die Verkürzungen der Frage nach dem Menschen. In: Salzburger Jb. für Philosophie 23/24 (1978/79). S. 138 ff. – O. Schwemmer: Zur Bildung der Vernunft aus der Erfahrung. Zu den anthropologischen Grundlagen der Ethik. In: Ethische Untersuchungen. Frankfurt 1986. S. 33 ff. PP

**Anthropomorphismus** (griech. anthropos: Mensch; morphe: Gestalt), methodisches Verfahren, menschliche Eigenschaften und Verhaltensweisen auf außermenschliche Gegenstände und Verhältnisse zu übertragen. A. spielt eine besondere Rolle in der Beschreibung von Naturerscheinungen, der Anschauung vom Handeln der Götter (in der Antike), in Mythen vom göttlichen Wirken analog dem menschlichen Verhalten. In der Form von feststellendem Behaupten führt der A. zu außerempirischen Begriffsbildungen, in symbolischer Form verweist er auf die ↗ Analogie von Verhältnissen zwischen unterschiedlichen Gegenständen. In der Linguistik findet sich A. bezüglich sprachlicher Gegebenheiten z. B. in Organismusmodellen. PP

**Anthropozentrisch,** bezeichnet eine Position, die den Menschen (griech. anthropos) an »zentraler« Stelle sieht. Der Terminus fixiert seinen Platz in ganz verschiedenen Weltordnungen oder -anschauungen: z. B. kann der Mensch Mittelpunkt und Endzweck der Welt sein, als Erkennender zum Maßstab des Erkennbaren werden; seine gottgegebene Stellung als Mitte und Gestalter der Welt bezeichnet seine höchste Würde (Pico della Mirandola); er kann dort aber auch maßloser Selbstüberschätzung verfallen (Ernst Haeckels Kritik an der a.en Position). KHG

**Anthropozentrismus.** In der gegenwärtigen Debatte zu Problemen der angewandten Ethik besagt die Position des A., daß entweder alle oder nur Menschen (d.i. humanistischer A.) oder alle und nur rationale menschliche Personen (d.i. personalistischer A.) moralische Objekte sein können. ↗ Naturethik. **Lit.:** Ph. Balzer/K. P. Rippe/P. Schaber: Menschenwürde vs. Würde der Kreatur. Freiburg/München 1998. PP

**Antike.** Der Begriff wird in unterschiedlichen Bedeutungen verwendet.

(1) Als Name für die griech.-römische Geschichte verdankt die A. ihr besonderes Interesse dem Versuch der Wiedergeburt (rinascita) einer als ein Ideal empfundenen Denk- und Lebensweise durch die Humanisten. Während Petrarca das Studium der »Alten« als ein »studium humanitatis« begreift, erhofft sich Machiavelli in der Erneuerung der A. die Rettung Italiens: »Unser Vaterland scheint berufen, das Altertum zu neuem Leben zu erwecken, das haben unsere Dichter, Bildhauer und Maler bewiesen« (*Kriegskunst* VII, 17).

Beide verstehen unter A. hauptsächlich röm. Geschichte.
(2) A. als Epochenbegriff wurde von dem dt. Philologen und Historiker Cellarius (1634-1707) eingeführt. In seiner Neugliederung der Geschichte unterschied er die »historia antiqua«, die mit Kaiser Konstantins Alleinherrschaft und der Erhebung des Christentums zur Staatsreligion endete, von der Epoche des »medii aevi«, die bis zum letzten Kaiser Konstantinopels reichte, und der sich daran anschließenden »historia nova« oder »moderna«. Das Schema »Altertum/A. – MA. – Neuzeit« setzte sich durch, wobei seit dem 19. Jh. die A. als Teil eines umfassenderen, universalgeschichtlich gedachten Altertums aufgefaßt wurde. Der Streit über seine zeitlichen Zäsuren und seine räumliche Begrenzung führte nicht nur zu neuen Periodisierungsvorschlägen, sondern darüberhinaus zur Frage nach dem Sinn von Periodisierungen (Croce, Jaspers, Collingwood, Toynbee).
(3) Im 18. Jh. wurde A. zu einem kunstgeschichtlich zu deutenden Stilbegriff. Ausgehend von Winckelmann, der unter »Antiquen« »alte aus dem Altertum stammende Statuen« verstand, wurde im Zeichen des Neuhumanismus bei Goethe, W. v. Humboldt, F. Schlegel u. a. die A. zu einem ästhetischen Ideal der persönlichen Bildung.
(4) Für die Philosophiehistorie ist die A. die Epoche des Ursprungs und der Verbreitung der Philosophie innerhalb der griech.-römischen Kultur. Weitgehend übereinstimmend wird sie in drei Abschnitte gegliedert: (a) Vorsokratiker (Milesier, Pythagoreer, Eleaten, Heraklit, Atomisten) und Sophistik (8. bis 5. Jh. v. Chr.), (b) die klassische, attische Philosophie (Sokrates, Platon, Aristoteles; 5. bis 4. Jh. v. Chr.) und (c) die hellinistisch-römische Periode (Stoa, Epikureismus, Akademie, Skeptizismus und Neuplatonismus bis Plotin; 3. Jh. v. Chr. bis 3. Jh. n. Chr.). Mit der christlichen Patristik bilden sich in dieser Zeit und in enger Auseinandersetzung mit der griech.-römischen Philosophie bereits die Grundlagen der ma. Philosophie heraus.
**Lit.:** E. Friedell: Kulturgeschichte der Neuzeit. München 1969. S. 786–840. – F. G. Maier: Periodisierung, Allgemein; Periodisierung, Altertum. In: W. Besson (Hg.): Geschichte. Fischer-Lexikon 24. Frankfurt 1961. – W. Müri: Die Antike. Untersuchungen über den Ursprung und die Entwicklung einer geschichtlichen Epoche. In: Jb. Antike und Abendland 7 (1958). S. 7–45. – W. Rüegg/A. Reckermann/A. Müller: Antike. In: HWPh. Bd. 1. Darmstadt 1971. Sp. 385–392. – M. Wegner: Altertumskunde. Orbis Academicus. Bd. 2. Freiburg/München 1961. WP

**Antilogie,** (1) in der antiken Philosophie Bezeichnung für ein Verfahren, das den (positiv behauptenden) Argumenten für eine These die dazu im Widerspruch stehenden Argumente gegenüberstellt. Mit diesem Verfahren sollte ein Gleichgewicht der Argumente aufgezeigt werden, um die Urteilsenthaltung als wahre philosophische Einstellung nahezulegen (↗Pyrrhonismus, ↗Isosthenie). (2) In der klassischen Logik bedeutet A. eine Aussagefunktion, die unabhängig vom Wahrheitswert der Argumente stets zu dem Wahrheitswert »falsch« führt. PP

**Antinomie** (griech. anti: gegen; nomos: Gesetz), Widerspruch, ernsthafte logische Schwierigkeit, die darin besteht, daß zwei Sätze einander widersprechen, obwohl für jeden von ihnen gleich gute Gründe zu sprechen scheinen; in der modernen Logik Widersprüche, die in den Grundlagen des Systems wurzeln. Man teilt sie gewöhnlich in syntaktische und semantische A.n ein. Ihr Auftreten hat die Grundlagen der ↗Mathematik erschüttert. Als besonders anfällig für A.n erwies sich die Mengenlehre. ↗Grelling'sche A. ↗Russellsche A. ↗Lügner. VP
A. als philosophischer Fachbegriff wurde durch Kants *Kritik der reinen Vernunft* etabliert. In der Transzententalen Dialektik (A 407), definiert Kant A. als »Antithetik« bzw. als »Widerstreit der Gesetze«, deren jedes jeweils schlüssig begründet werden könne. Kant nennt vier A.n, wobei er den ersten Teil jeweils als (idealistische) Thesis, den zweiten als (empirische) Antithesis bezeichnet: (1) Die Welt hat einen räumlich/zeitlichen Anfang – Die Welt ist unendlich. (2) Jede einzelne Substanz besteht aus einfachen Teilen – Kein Ding besteht aus einfachen Teilen (unendliche Teilbarkeit). (3) Es gibt Kausalität aus Freiheit – Alles ist von Naturursachen determiniert. (4) Es gibt ein »schlechthin notwendiges Wesen« – Es gibt ein solches Wesen weder als Teil noch als Ursache des Ganzen. MFM
**Lit.:** H. Heimsoeth: Transzendentale Dialektik. Bd. II. Berlin 1969. S. 215–258. – N. Hinske: Kants Begriff der Antinomie und die Etappen seiner Ausarbeitung. In: Kantstudien 56 (1966). – F. v. Kutschera: Die Antinomien der Logik. Freiburg/München 1964. – K. Nitzschke: Der Antinomie-Gedanke bei Kant und seine Entwicklung in den vorkritischen Schriften. Diss. Borna-Leipzig 1932. MFM/VP

**Antinomismus.** In erkenntnistheoretischer Hinsicht wird von A. gesprochen, wenn die These vertreten wird, daß eine grundsätzliche Unangemessenheit zwischen erkennendem Subjekt und dem zu erkennenden Objekt besteht. PP

**Antiperistasis** (griech. wechselseitige räumliche Umstellung), v. a. bei Aristoteles und Theophrast in unterschiedlichen Zusammenhängen verwendet. (1) Im Kontext medizinisch-physiologischer Untersuchungen dient A. als Erklärungsprinzip der Wärmelehre, wobei sie die verdrängende Wechselwirkung zwischen warmen und kalten, trockenen und feuchten Schichten beschreibt (Aristoteles: *Problemata physica* II, 16.867 b 32 u.ö.; *De somno* 457 a 33 ff.; Theophrast: *De sudore* 40). In gleicher Weise werden Phänomene des Wetterwechsels in der Meteorologie durch A. erklärt (Aristoteles: *Meteorologica* 5.347 b 6. 348 b 6. 382 b 10). (2) Entsprechend der lateinischen Übersetzung durch »contrarius status« wird A. allgemein für eine wechselseitige Umstellung verwendet (Aristoteles: *an. post.* II 15.98 a 25), wie bspw. im Kontext der Bewegung fliegender Körper. Hier kann das Bewegunggebende selbst als eine Aufeinanderfolge aneinandergrenzender Teilstücke im Raum verstanden werden, und »die A. macht, daß alles (in dieser Reihe) gleichzeitig in Bewegung ist und Bewegung weitergibt« (Aristoteles: *Physik* VIII 10.267 a 18–19. Vgl. IV 8.215 a 14 ff; Platon: *Timaios* 59 a). Simplicios (In: Aristoteles: *Physik* 1350.31) liefert in diesem Sinne eine Definition: A. liegt dort vor, wo ein Körper, indem er von einem anderen Körper verdrängt wird, mit diesem den Platz tauscht. CL

**Antithese,** die einer Behauptung (These) entgegengesetzte Behauptung. Kant gebraucht den Begriff Antithetik für »den Widerstreit der dem Scheine nach dogmatischen Erkenntnisse«, ohne daß man einer von diesen den Vorzug gibt (*KrV* B 448). Die Anthitetik behandelt das Bestehen und die Ursachen des Widerstreits allgemeiner Erkenntnisse. ↗Dialektik. FPB

**Antizipation** (lat. anticipatio: Vorwegnahme, ↗Prolepsis), bezeichnet in der neuzeitlichen Erkenntnistheorie den Vorgriff, der Erfahrungswissen überhaupt erst ermöglicht und auf den die Theorie- bzw. Begriffsbildung rekurriert. Kant bestimmt A. allgemein als »alle Erkenntnis, wodurch ich dasjenige, was zur empirischen Erkenntnis gehört, a priori erkennen und bestimmen kann« (*KrV* B 208). A.en der Wahrnehmung sind bei Kant Aussagen über Empfindungen, die von jeder Empfindung überhaupt vorwegnehmend getroffen werden können. Das Prinzip dieser A.en ist: »In allen Erscheinungen hat das Reale, was ein Gegenstand der Empfindung ist, intensive Größe, d.i. einen Grad« (*KrV* B 208). – Bei Apel und Habermas meint A. den reflektierten Entwurf von gesellschaftlichen Verhältnissen, der gegenüber der faktischen Situation als Maßstab der Kritik dient. FPB

**Antonym** (griech.-neulat. Neubildung zu griech. antonomazein: anders benennen), sprachwissenschaftlicher terminus technicus: das Gegenwort, präziser: ein Wort, das einem anderen in bezug auf seine Bedeutung entgegengesetzt ist. Dementsprechend bezeichnet Antonymie eine semantische Opposition zwischen Wörtern. Lyons unterscheidet drei Grundformen der semantischen Opposition: Komplementarität, Antonymie, Konversion. (1) Komplementarität: »männlich-weiblich«, »verheiratet-ledig«, »natürlich-künstlich«, usw. Charakteristisch für solche lexikalischen Paare ist es, daß normalerweise die Verneinung des einen Ausdrucks die Behauptung des anderen impliziert und umgekehrt. (2) Antonymie: »groß-klein«, »gut-schlecht«, »arm-reich«, usw. Hier gilt, daß normalerweise die Verneinung des einen Ausdrucks die Behauptung des anderen nicht impliziert, obwohl die Behauptung des einen Ausdrucks die Verneinung des anderen impliziert. A.e sind in der Regel explizit oder implizit gradiert, das heißt: Sätze, die solche Ausdrücke enthalten, sind, semantisch gesehen, explizite oder implizite Komparativsätze. »Unser Haus ist groß« bedeutet in der Regel: »Unser Haus ist größer als ein normales Haus«. Diese Eigenschaften von A.en erlauben die sinnvolle Äußerung von Sätzen wie: »Unser Haus ist weder groß noch klein«. (3) Konversion: »kaufen-verkaufen«, »geben-nehmen«, usw. Wenn Olga von Paul ein Haus kauft, dann gilt semantisch ebenso: Paul verkauft Olga ein Haus. Die Substitution konverser Ausdrücke geht mit einer syntaktischen Permutation der Nominalphrasen »Olga« und »Paul« einher. In dieser Hinsicht besteht eine Parallele zu Sätzen, die explizit gradierte A.e enthalten. Die große Anzahl von semantischen Oppositionen in unserer Sprache deutet Lyons zufolge auf die allgemeine menschliche Tendenz hin, Erfahrungen zu polarisieren. **Lit.:** J. Lyons: Introduction to Theoretical Linguistics. Cambridge/Engl. [10]1987. S. 460–470. BBR

**Antrieb,** allgemeine Bezeichnung für motivationale Faktoren des Handelns und Wollens. Dabei wird nicht hinreichend und durchgehend unterschieden, was die Grundlage des A.s bildet: die triebhafte Seite des Menschen ist ebenso dazu zu rechnen wie das bewußte Streben aufgrund bestimmter Zielvorstellungen. PP

**Antriebsüberschuß.** In der philosophischen Anthropologie von Scheler und Gehlen wird davon ausgegangen, daß dem Menschen aufgrund seiner unspezifizierten Bedürfnisstruktur eine unmittelbare Triebbefriedigung nicht möglich ist. A. bedeutet zunächst, daß die diffuse Antriebsenergie erst durch den Menschen selbst strukturiert und geformt werden muß, damit sie in den geeigneten Befriedigungsmustern abfließen kann. Diese Selbststrukturierung wird aufgrund der fehlenden Instinktausstattung des Menschen erforderlich. Die fehlende naturhafte Entsprechung zwischen Antriebsenergie und Befriedigungsmustern hat in dem anthropologischen Modell Gehlens zur Konsequenz, daß für den Menschen ein Überhang an Antriebsenergie konstitutiv ist. Sie ist in den einfachen Befriedigungsformen der animalischen Bedürfnisse wie Hunger, Durst und Sexualität nicht unterzubringen. Aus diesem Umstand leitet er als anthropologische Bestimmung ab, daß dem Menschen ein über jede augenblickliche Befriedigungssituation hinaustreibender A. eigen ist, der ihn befähigt und nötigt, seiner Weltoffenheit durch die Formung von Motiven bzw. Bedürfnissen zu sachhaltigen Interessen und von Handlungen zu Handlungsmustern (einschließlich sozialer Institutionen) zu begegnen. **Lit.:** A. Gehlen: Der Mensch. Seine Natur und seine Stellung in der Welt. Wiesbaden [11]1976. – M. Scheler: Die Stellung des Menschen im Kosmos. Bonn [12]1991. PP

**Anzeichen.** Husserl unterscheidet in der ersten *Logischen Untersuchung* (1901/13) zwischen A. und Ausdrücken. Im Gegensatz zu sprachlichen Ausdrücken bedeuten A. nicht einen Gegenstand oder Sachverhalt, sondern zeigen den Bestand anderer Gegenstände oder Sachverhalte lediglich an. So ist Rauch ein A. für Feuer, und der Knoten im Taschentuch fungiert als A. für das zu erinnernde Vorhaben. – Geht man von der Peirceschen Zeichenklassifikation (↗Zeichen) aus, die zwischen Index, Ikon und Symbol unterscheidet, so entspricht dem A. der Index und dem sprachlichen Ausdruck das Symbol. Beim Index besteht zwischen

Bezeichnetem und Bezeichnendem (↗Signifikat/Signifikant) eine natürliche Kontiguitätsbeziehung, während das Symbol durch eine künstliche, d.h. durch Konvention zustandegekommene, Kontiguitätsbeziehung zwischen Bezeichnetem und Bezeichnendem bestimmt ist (↗Arbiträr). Sowohl in der Husserlschen, als auch in der Peirceschen Konzeption schließen sich Ausdruck und A. bzw. Symbol und Index nicht gegenseitig aus. Husserl z.B. zeigt auf, daß die Ausdrücke in der kommunikativen Rede auch als A. fungieren. Als solche zeigen sie dem Hörer die psychischen Erlebnisse des Sprechers an. Diese Funktion sprachlicher Ausdrücke nennt Husserl die kundgebende Funktion. – Beim ↗Organonmodell von K. Bühler spielen A. im Zusammenhang mit der Ausdrucksfunktion der Sprache eine Rolle. Indem ein Sprecher sinnvolle Sätze äußert, verweist dies auf Sprachkompetenz und den Vollzug von Denkakten. Aber auch rein körperliche Erscheinungen können als A. fungieren, z.B. das Zufallen der Augen für Müdigkeit. **Lit.:** K. Bühler: Sprachtheorie. Die Darstellungsfunktion der Sprache. Stuttgart [2]1965. – E. Husserl: Logische Untersuchungen. Zweiter Band. Den Haag 1984. – C.S. Peirce: Phänomen und Logik der Zeichen. Frankfurt [2]1993. TF

**Anzeige, formale,** von Heidegger in den zwanziger Jahren entwickelte Methode, die den Gehalt eines philosophischen Begriffs nur anzeigen und nicht vollständig erfassen kann. Die A. geschieht dabei im konkreten Vollzug der Philosophie. Diese Methode soll nicht mit vorgefaßten Mitteln einen Gehalt angeben, sondern sie ist mit dem Gehalt gleichursprünglich. Dabei stellt sich aber die Problematik des Vorgriffs, der von dem Gegenstand selbst, der als Existenz oder auch als faktisches Leben bestimmt wird, abhängt. Im Vortrag über *Phänomenologie und Theologie* (1927) spricht Heidegger von Direktion (Herleitung) und meint damit, daß das Geglaubte nicht einem philosophischen Begriff unterstellt werden kann, sondern der Ursprung des christlichen Gehaltes des Begriffes kann nur der Glaube selbst sein, wohingegen die Ontologie Korrektion (Mitleitung) ist, die formal anzeigend die »Freigabe und Anweisung auf die spezifische, d.h. glaubensmäßige Ursprungsenthüllung der theologischen Begriffe« ermöglicht. Später wird die f. A., die das vollziehende Verhalten zu Seiendem als Seiendem thematisierte, in der Bestimmung der Als-Struktur weiterentwickelt. **Lit.:** G. Imdahl: »Formale Anzeige« bei Heidegger. In: Archiv für Begriffsgeschichte. Bd. XXXVII. Bonn 1994. 306–332. – O. Pöggeler: Heidegger und die hermeneutische Philosophie. Freiburg/München 1983. AS

**Apagogischer Beweis** (lat. demonstratio apagogica), indirekter Beweis eines Satzes durch die Widerlegung seines kontradiktorischen Gegenteils. Nach dem Prinzip vom ausgeschlossenen Dritten (↗Bivalenz) ist ein Satz p genau dann wahr, wenn sein kontradiktorisches Gegenteil non-p falsch ist. Unter dieser Voraussetzung kann die Wahrheit von p durch den Aufweis der Falschheit von non-p indirekt bewiesen werden. GMO

**Apathie** (griech. apatheia: Leidenschaftslosigkeit), allgemein das Freisein der Seele von Affekten, Leidenschaften oder Gemütsbewegungen aller Art. Die A. wird von den Kynikern und in der Stoa als eine Voraussetzung der Erlangung der ↗Eudaimonie angesehen. Dabei gelten der Stoa aber nicht alle Gemütsbewegungen als schädlich, sondern vor allem die, die die vernunftgemäße Betätigung der Seele behindern (z.B. Furcht, Begierde). Positive Gemütszustände (Eupathie, z.B. Freude) können in Einklang mit der Vernunft stehen. FPB

**Apeiron** (griech. das Unbegrenzte, Unendliche), wurde zuerst von Anaximander als »Anfang und Prinzip (arche) alles Seienden« (VS 12 B 1) in die Philosophie eingeführt, um die Unerschöpflichkeit des konkreten Werdens zu erklären. Als Anfang von allem muß das A. selbst ungeworden und unvergänglich sein. Es ist nicht etwas Formelhaftes, sondern mengenmäßig unbegrenzte, nicht zu identifizierende Materie, aus der alles entsteht und in die alles zurückkehrt (VS 12 B 1). Der Gedanke des Unbegrenzten wirkte im späteren griech. Denken weiter. Es begegnet uns als kosmologisches Prinzip bei Pythagoras und Platon, bei Demokrit und Epikur. **Lit.:** H.B. Gottschalk: Anaximander's Apeiron. In: Phronesis 10 (1965). S. 37-53. KDZ

**Aphasie** (griech.-nlat. aphasia: Sprachlosigkeit, Neubildung zu griech. aphatos: unsagbar), terminus technicus der Linguistik, besonders der Patholinguistik bzw. der Neuropsychologie der Sprache. Er bezeichnet die Unfähigkeit oder eine mehr oder minder starke Störung der Fähigkeit, sprachliche Operationen auszuführen. A.n treten bei gesunder Muskulatur des Sprechapparates und unverminderter Wahrnehmungsfähigkeit als Folge von Erkrankungen oder Läsionen der in der linken (dominanten) Großhirnhemisphäre gelegenen Areale für die Sprachproduktion und -rezeption (Broca- bzw. Wernicke-Zentrum) auf. – Für die genaue Diagnose einer aphatischen Störung werden in der Literatur verschiedene Klassifikationsschemata benutzt. Herkömmlicherweise unterscheidet man motorische A. (Broca-A.) von sensorischer A. (Wernicke-A.) sowie amnestische A. (Wortfindungsstörungen), Leitungs-A. (zwischen Sprachproduktions- und Sprachrezeptionsareal) und globale A. Motorische A.n betreffen die Unfähigkeit zur sprachlich korrekten Koordinierung und Artikulation einzelner Laute oder Lautsequenzen oder zur Produktion grammatisch wohlgeordneter Strukturen (Telegrammstil), ohne daß das Sprachverständnis oder die Fähigkeit zu lesen beeinträchtigt sein müssen. Sensorische A.n betreffen Störungen des Sprachverständnisses mit Bezug auf einzelne Wörter oder ganze Äußerungen ohne ernsthafte Beeinträchtigung der lautlichen Artikulationsfähigkeit. – Eine Schwierigkeit der Klassifikation von A.n liegt darin begründet, daß die betroffenen Personen zumeist Mischformen aufweisen und nur zu einem geringen Teil sich einer der vorgeschlagenen Kategorien eindeutig zuordnen lassen. Da Erkrankungen oder Läsionen der entsprechenden Großhirnareale häufig nicht nur Störungen des Sprachvermögens, sondern auch intellektuelle Leistungsminderungen in anderen Bereichen zur Folge haben, stellen A.n in der Regel relativ komplexe Krankheitsbilder dar. **Lit.:** G. Peuser: Aphasie. Eine Einführung in die Patholinguistik. München 1978. – K. Poeck: Klinische Neuropsychologie. Stuttgart 1989. BBR

**Apodiktisch,** dient der näheren Charakterisierung von Formen des Urteils und der Einsicht: (1) Jede a.e Aussage drückt aus, daß etwas mit Notwendigkeit der Fall ist: es ist notwendig wahr (oder falsch), daß p (Bsp. alle Menschen sind notwendigerweise Lebewesen). Die Charakterisierung geschieht in bezug auf den Begriff der Wahrheit, deshalb wird a. neben »assertorisch« (es ist wirklich wahr, daß p) und »problematisch« (es ist möglicherweise wahr, daß p) als alethische Modalität bezeichnet (↗de re/de dicto, ↗Modalität). (2) Husserl spricht im Zusammenhang von direkter Einsicht in notwendige Wahrheiten (wie z.B. mathematische Wahrheiten) von a.er Evidenz. PP

**Apokatastasis** (griech. Wiederherstellung), mit der Vorstellung zyklischer Weltperioden besonders bei den Stoikern verbundener Gedanke einer unendlichen Wiederherstellung (Wiederholung) der Zustände und Ereignisse der untergegangenen Welten in den jeweils neuen Weltzeiten. FPB

**Apollinisch/Dionysisch,** Begriffspaar, das die Eigenschaften der griech. Götter Apollon und Dionysos einander gegenüberstellt. Apollon ist der Gott der klaren Geistigkeit und der Form und Ordnung. Er vertritt das aufklärerische Prinzip der Kontrollierbarkeit der Welt und der Welterkenntnis durch rationales Bewußtsein. Dagegen steht Dionysos, der Gott des Weines, für das sinnliche, irrationale Erleben der Welt. Im Namen Apollons wird analytisch Trennendes bewußt gemacht, während Dionysos das Vereinheitlichende sucht. – Schlegel nennt das Dionysische »göttliche Trunkenheit«, das Apollinische »leise Besonnenheit« (*Über das Studium der griechischen Poesie*, 1797). Wie hier schon anklingt, werden das A.e und D.e als gegensätzliche Pole metaphorischer Beschreibung für Arten der Weltanschauung oder des Lebensgefühls gebraucht. In ihrer Vereinbarung liegt nach Schelling das Geheimnis der wahren Poesie. Jedoch gilt bis Schelling das A.e als höherer Wert. – Nietzsche sieht in der Verabsolutierung des A.en seit Sokrates die Ursache des europäischen nihilistischen Kulturverfalls (↗Nihilismus). Er fordert das Ausleben dionysischer Kräfte in Form von Hingabe an das Rauschhafte, die Ekstase, den Wechsel von Lust und Schmerz und an den Sog der Daseinslust. Das läßt den Menschen seine psychischen Begrenzungen durch die apollinisch-theoretische Kultur transzendieren, wie es in Wagners Musikdramen bzw. bereits in der attischen Tragödie möglich war. **Lit.:** F. Nietzsche: Die Geburt der Tragödie aus dem Geiste der Musik (1872). KS

**Apologie** (griech. apologia: Verteidigung), Rechtfertigungs- oder Verteidigungsrede, -lehre, oder -schrift. Sowohl Platon als auch Xenophon behandelten unter diesem Titel die Verteidigungsrede des Sokrates. – Die Apologeten sind christliche Philosophen und Schriftsteller um das 2. Jh. n. Chr., wie z.B. Justinus, Athenagoras, und Tertullian, die das höhere Alter, die sittliche Überlegenheit und die größere Wahrheit der christlichen Lehre nachweisen wollten, wobei sie auch auf Argumente der antiken Mythenkritik zurückgriffen. Allgemein kann als Apologet jemand bezeichnet werden, der eine bestimmte Anschauung oder Lehre mit Nachdruck verteidigt. RD

**Apophansis, apophantisch,** (1) bei Aristoteles eine Bezeichnung für die prädizierende Aussage, d.i. für die Zuerkennung oder Negierung einer Prädikation. (2) Bei Husserl wird die Theorie des prädikativen Urteils noch danach unterschieden, (a) ob sie die Möglichkeit von Urteilen als Urteilen untersucht (als formale Grammatik), (b) ob sie die apriorischen Bedingungen untersucht, unter denen Urteile der rein analytischen Forderung der Widerspruchslosigkeit (oder Deutlichkeit) genügen. **Lit.:** E. Husserl: Formale und transzendentale Logik. Hua XVII. S. 44 u. 56. PP

**Aporem** (griech. aporia: Ausweglosigkeit), nach Aristoteles (*Topik* 145b) jene sprachliche Situation, in der durch ein Gleichgewicht (der Pro- und Contra-Argumente) keine Problemlösung in Sicht scheint. In der platonischen Frühphilosophie (vgl. *Protagoras* 321c/324d) gehört es wesentlich zur sokratischen Methode der Gesprächsführung, den Gesprächspartner in ein A. – oft als Schwierigkeit, Ratlosigkeit oder Zweifel übersetzt – zu führen, um ihm so die eigene Unwissenheit zu demonstrieren. Der eigentliche Sinn des A.s ist es, den Menschen zum Staunen und mithin zur Philosophie anzuleiten, denn nach Platon (*Theaitetos* 155d) ist das Staunen der Anfang der Philosophie. Der lat. Ausdruck dubius (Zweifel) wiederholt im Kern den metaphorischen Grundgehalt von A. Nicht zufällig gilt der von Descartes in seinen *Meditationes* ausgesprochene Zweifel als Beginn der philosophischen Neuzeit. ↗Aporie. MFM

**Aporie** (griech. Ausweglosigkeit), bezeichnet allgemein die Unlösbarkeit eines anstehenden Problems, aufgrund der Gleichheit widersprüchlicher Argumente oder unzureichenden Wissens. Bei Sokrates dient die A. als methodischer Ausgangspunkt, um den Gesprächspartner zur Einsicht in seine Unwissenheit zu führen und damit den Weg frei zu machen für die Suche nach begründetem Wissen. Bei Aristoteles findet der Aufweis überlieferter A.n Verwendung, um eigene Problemlösungen vorzubereiten. In der Skepsis dagegen ist das Aufzeigen des »gleichstarken Widerstreites« (↗Isosthenie) argumentatives Endziel. Die daraus folgende Urteilsenthaltung (↗Epoché) ermöglicht die Seelenruhe. **Lit.:** B. Waldenfels: Das sokratische Fragen. Meisenheim 1961. FPB

**Aposème.** Saussure vertritt in seiner Semiologie die These, daß ein Sprachzeichen nur in dem Maße Bedeutung hat, als es von dem signifikativen Bewußtsein der Sprecher als bedeutsames Sprachzeichen erst konstituiert wird. Unabhängig von einem solchen Bewußtsein kommt einem Zeichen keine Bedeutung zu. Mit Hilfe des Terminus A. kennzeichnet er ein solches »für sich sinnleeres Zeichen«. PP

**Aposteriori,** bezeichnet allgemein die Abfolge einer Vorgehensweise, bei der man von einem zeitlich oder logisch »späteren« zu einem »früheren« Element übergeht. In der Erkenntnistheorie seit Kant wird mit a./apriori die Differenz in der Geltungsgrundlage von Begriffen angesprochen: A. bedeutet, daß ein Begriff in seiner logischen Gültigkeit von der Erfahrung abhängt, d.h durch Berufung auf Erfahrung gewonnen oder begründet wird. **Lit.:** I. Kant: Kritik der reinen Vernunft. B 2. PP

**Appellatio** (lat. Benennung), eine der Terminuseigenschaften (proprietates terminorum), die von den ma. Logikern im späten 12. und im 13. Jh. analysiert wurden. Petrus Hispanus und Wilhelm von Sherwood zufolge hat ein kategorematischer Term wie »Peter« oder »Baum« genau dann eine A., wenn er zur Bezugnahme auf aktuell existierende Entitäten verwendet wird. Im Gegensatz dazu hat ein Term eine bloße Bezeichnung (significatio), wenn er – wie im Fall von »Caesar« oder »Chimäre« – zur Bezugnahme auf nicht aktuell Existierendes oder auf Nicht-Existierendes verwendet wird. – Im 14. Jh. gewann die A. im Rahmen der Theorie von den intentionalen Verben eine neue Bedeutung. Solche Verben haben eine A. rationis, denn sie benennen den Aspekt (ratio), unter dem ein Objekt erfaßt wird. So benennt das Verb in »Er erkennt den Kommenden« den Aspekt des Kommens; es drückt aus, daß ein bestimmter Mensch nur als Kommender und als nichts anderes erkannt wird. **Lit.:** A. de Libera: The Oxford and Paris Traditions in Logic. In: The Cambridge History of Later Medieval Philosophy. Cambridge 1982. S.174–187. – J. Pinborg: Logik und Semantik im Mittelalter. Ein Überblick. Stuttgart-Bad Cannstatt 1972. – L. M. de Rijk: Logica Modernorum. Assen 1962–1967. DP

**Appellativ,** grammatische Bezeichnung für solche Nomina, die als Prädikatoren (d.i. als Namen für Beschaffenheiten) oder zur Kennzeichnung von Eigenschaften verwendet werden, z. B. »die Personen des Widerstands (gegen den Diktator) waren mutig«, oder »diese Personen waren Helden« – »mutig« und »Held« werden a. gebraucht. PP

**Apperzeption,** als philosophischer Begriff von Leibniz eingeführt. Er versteht darunter die reflexive Erkenntnis der ↗Perzeptionen einer Substanz bzw. ↗Monade. Während alle Monaden in den Perzeptionen auf jeweils eigene Weise das ganze Universum ausdrükken, kommt die Fähigkeit zur A. nach Leibniz nur jenen Wesen zu, die sich ihrer eigenen Perzeptionen auch bewußt sind. Bei diesen gewährleistet die A. auch die personale Identität. Auch Kant verwendet den Begriff der A., um die Eigenart des menschlichen Erkenntnisvermögens zu charakterisieren. Dazu genügt aber nach Kant nicht der Hinweis auf die A. als Vermögen, jede Vorstellung mit Bewußtsein zu begleiten. Vielmehr liegt dieser »empirischen A.« die »transzendentale« bzw. »reine A.« zugrunde. Während die empirische A. »an sich zerstreut und ohne Beziehung auf die Identität des erkennenden Subjekts« ist (*KrV*, B 133), stellt die transzendentale A. durch das Bewußtsein des »ich denke« den Bezug aller Vorstellungen auf ein sie umfassendes, sich stets gleichbleibendes Bewußtsein her. In dieser Funktion bildet die transzendentale A. das oberste Prinzip jedes Verstandesgebrauchs. Insofern in der transzendentalen A. der nichtsinnliche Bezug des Bewußtseins auf sich selbst zum Ausdruck kommt, bildet dieser Begriff den Ausgangspunkt für Fichtes Lehre von der »intellektuellen Anschauung, der absoluten Selbsttätigkeit des Ich«. – In Husserls Analysen des intentionalen Bewußtseins bedeutet A., daß die Empfindungskomplexionen immer einem gegenständlichen Auffassungssinn unterliegen, d. h. das Empfundene in der Weise apperzipiert wird, daß sich in ihm Gegenständliches darstellt. In jeder einzelnen A. ist der Gegenstand immer nur bestimmten Perspektiven (»Abschattungen«) gegeben. **Lit.:** E. Husserl: Logische Untersuchungen II. Hua XIX/1. § 14. – I. Kant: Kritik der reinen Vernunft. – G.W. Leibniz: Principes de la nature et de la grace, fondés en raison. JQ

**Appetition** (lat. appetitio: Verlangen nach etwas, Neigung, Strebung), der Sache nach auf den aristotelischen Terminus orexis zurückgehend. In diesem Strebevermögen sieht Aristoteles den Ursprung aller Bewegung von beseelten, d. h. lebendigen Wesen (*De Motu Animalium* VI). Der (an anderen Stellen differenzierter gebrauchte) Ausdruck wird in der *Nikomachischen Ethik* (VI, 2, 1139 bzw. III, 5, 1113) in geistige (dianoetische) und körperliche (boulemische) Strebevermögen unterschieden. Ausschließlich diesen letzteren Sinn erhält der Begriff in der stoischen Ethik Ciceros, wo er Begierden und Neigungen bezeichnet, die der Vernunft untergeordnet werden sollten (*De officio* II. 18). Die Scholastik, etwa bei Thomas von Aquin, nimmt demgegenüber die vielfältigen aristotelischen Differenzen wieder auf und fügt dem Terminus der A. als einem durch die Liebe Gottes bedingten allgemeinen Prinzip eine quasi-ontologische Bestimmung hinzu (*S.th.* I.20).

In Leibniz' *Monadologie* kommt der appétition die Rolle eines die Beziehung der einfachen Substanz zu ihren vielfältigen Beschaffenheiten explizierenden Schlüsselbegriffes zu. A. erscheint hier (§ 15) als »Aktivität des inneren Prinzips (der Monade), das die Veränderung oder den Übergang von einer Perception zu einer anderen bewirkt«, also als eigentliche Kraft der den ↗Monaden innewohnenden Spontaneität, dem ausschließlichen Prinzip ihrer immanenten Bewegung von einem Zustand zum nächsten und mithin als jenes prozessuale Prinzip, welches die Einheit der unendlichen Vielheit zugleich garantiert und strukturiert. MFM

**Appetitus naturalis, sensitivus, intellectualis,** auch appetitives Vermögen. Der von Thomas von Aquin in seiner Lehre von den Seelenpotenzen verwendete Terminus klassifiziert in Anlehnung an Aristoteles die verschiedenen Formen des Strebens in Bezug zu verschiedenen Seinsformen. Je höher die Seinsform, desto mehr lenkt sie sich aus sich selbst: (a) Der unbelebten Natur entspricht der *a. naturalis*. Deren Zielgerichtetheit, die sich der Einrichtung Gottes verdankt, entspricht dem Prinzip sinnvollen und naturnotwendigen Strebens auf ein natürlich gegebenes Ziel hin, in dem es seine Vervollkommnung erfährt. (b) Die beseelten Wesen, die Wahrnehmung (apprehensio) besitzen, sind durch den *a. sensitivus*, d.i. das sinnliche Begehren bestimmt. Es richtet sich auf das natürlicherweise angemessene Gut in Form eines wahrgenommenen Dinges, wobei die adäquate Wahrnehmung durch die besondere Fähigkeit, dem *instinctus*, sichergestellt ist. In Verbindung mit diesem a. sensitivus stehen zwei Kräfte des Strebens: die *vis concubiscibilis*, d.i. die Fähigkeit, das Nützliche zu erstreben, und die *vis irascibilis*, d.i. die Fähigkeit, Schwierigkeiten gegenüber standzuhalten. (c) Die dem Menschen eigentümliche Form des *a. intellectualis* (oder rationalis) verdankt sich dem Umstand, daß zur Wahrnehmung durch die Sinne noch die Erkenntnis hinzutritt; es ist daher für sie nicht notwendig, der Neigung zu folgen. **Lit.:** J. Auer: Die menschliche Willensfreiheit im Lehrsystem des Thomas von Aquin und Johannes Duns Scotus. München 1938. – G. Feldner: Die Lehre des heiligen Thomas von Aquin über die Willensfreiheit der vernünftigen Wesen. Graz 1890. – Thomas von Aquin: De Veritate, q 22 a 1 c, q 23 a 1 c u. a 4 c. – Ders.: Summa Theologica, I q 60 a 1 c, q 80 a 1 c, q 83 a 1 c. PP

**Applikation** (Hinzu- oder Beifügung, Anlehnung), in der römischen Antike ein noch sehr unspezifisch in allen Varianten des praktischen Sprachgebrauchs verwendetes Wort. Als philosophischen Begriff benutzt ihn Thomas von Aquin (*S.th.* I 14.16.) mit ausdrücklichem Bezug auf die aristotelische Ursachenlehre: »operabile enim est aliquid per applicationem formae ad materiam«: Das praktische Wissen des Technikers kommt nur durch die »Anbindung« der Form an die Materie zustande. Das formende Wesen von Kunst ist mithin wesentlich als A., als künstlerische Beifügung der Form an die Materie gefaßt. – In einem hiervon völlig verschiedenen Sinn ist der Terminus A. in der Hermeneutik angesiedelt: So unterschieden die Pietisten von der der ma. Textauslegung bekannten Methodik der subtilitas intelligendi (verstehen) und der subtilitas explicandi (erklären) die subtilitas applicandi (Beifügung im Sinne von praktischer Anwendung). Dieser Modus sei in der hermeneutischen Tradition lange wenig reflektiert worden, indes ist gerade dieses aktive Moment der Interpretation für Gadamer konstitutiv: »Verstehen erwies sich als Geschehen.« In Anlehnung an E. Betti betont Gadamer die Bedeutung der A. für die juristische Hermeneutik: Die Aufgabe der praktischen Gesetzesauslegung (Konkretisierung des Gesetzes) ist Aufgabe der A. **Lit.:** E. Betti: Allgemeine Auslegungslehre als Methodik der Geisteswissenschaften. Tübingen 1967. S. 603–677. – H.G. Gadamer: Wahrheit und Methode. Tübingen 1960. S. 290–323. MFM

**Apprädikator,** eine von P. Lorenzen eingeführte Bezeichnung für solche Prädikatoren, die Zusatzprädikatoren zu anderen Prädikatoren darstellen, z.B. dieses Blatt ist grün (ist ein grünes Ding). PP

**Appräsentation,** ein von Husserl verwendeter Terminus zur Kennzeichnung der Wahrnehmungsstruktur: A. bedeutet, daß mit jeder Wahrnehmung horizonthafte Verweisungen über das gegenwärtig Präsente hinaus einhergehen. Sie bezeichnet das Mitbewußtsein von noematischen Momenten, die nicht aktuell wahrgenommen werden. In besonderer Weise gilt das für die Fremderfahrung, wenn in der Wahrnehmung eines anderen Körpers diesem ein (eigenes) Leib-Bewußtsein appräsentiert wird. PP

**Apprehension** (lat. apprehendere: ergreifen, erfassen), die Erfassung eines Vorstellungsinhaltes. Das MA. versteht unter A. in einem weiteren Sinne die Ergreifung eines Inhaltes mittels eines Erkenntnisvermögens. Diese Erkenntnisvermögen differenzierend, unterscheidet Thomas von Aquin apprehensio absoluta, apprehensio actuales, apprehensio sensualis und apprehensio intellectus. Nicht als passive Abbildung, sondern als Tätigkeit (actus apprehensivus) begreift Wilhelm von Ockham A. Für Kant ist A. gleichbedeutend mit der Aufnahme von Sinneseindrücken, er definiert in der *Kritik der reinen Vernunft* (B160f.) »die Zusammensetzung des Mannigfaltigen in einer empirischen Anschauung« als Synthesis der A. Es ist die Leistung dieser Synthesis, die aus mannigfaltigen A.en zusammengesetzte Einheit der Wahrnehmung überhaupt erst zu konstitutieren. Im Gegensatz zur Synthesis der ↗Apperzeption ist die Synthesis der A. für Kant ein rein empirischer Vorgang. MFM

**Apraxie** (griech. apraxia: Untätigkeit), allgemein die Unfähigkeit, trotz erhaltener Funktionstüchtigkeit des Wahrnehmungs- und Bewegungsapparates mit der Mund- und/oder Gesichtsmuskulatur oder den Gliedmaßen sinnvolle und zweckmäßige Bewegungen auszuführen. A.n (ebenso wie die funktional unabhängigen ↗Aphasien) sind in der Regel auf Funktionsstörungen oder Läsionen von Arealen der linken (dominanten) Großhirnhemisphäre zurückzuführen. Sie stellen ein klassisches Syndrom der menschlichen Neuropsychologie dar. – Man unterscheidet für gewöhnlich *ideomotorische* von *ideatorischen* A.n. *Ideomotorische* A.n betreffen die Unfähigkeit, die richtige Bewegungsabfolge zu einem normalen vorgegebenen Handlungsziel auszuführen. Es besteht eine Störung zwischen Bewegungsentwurf und motorischem Zentrum. Die Störung tritt jedoch nur zutage, wenn die Ausführung der Bewegung außerhalb des natürlichen Handlungskontextes abgerufen wird (z.B. bei einer medizinischen Untersuchung). *Ideatorische* A.n betreffen die Unfähigkeit, eine Folge von Handlungen so auszuführen, daß verschiedene Gegenstände in der richtigen Weise und Reihenfolge benutzt werden, um ein gegebenes Handlungsziel zu erreichen. Es besteht eine Störung des Bewegungsentwurfs. Die ideatorische A. manifestiert sich im natürlichen Kontext alltäglicher Lebensvollzüge. Sie ist selten und tritt nur im Zusammenhang mit aphatischen Syndromen auf. **Lit.:** K. Poeck: Klinische Neuropsychologie. Stuttgart 1989. – Ders.: Apraxia. In: R. Gregory (Hg.): The Oxford Companion to the Mind. Oxford 1987. S. 34–36. BBR

**A priori/a posteriori.** Zur näheren Kennzeichnung der Erkenntnis werden innerhalb der Begriffsgeschichte von a.p. und a post. verschiedene Unterscheidungen getroffen: (a) Als a.p. gilt die Erkenntnis, wenn sie von dem Früheren (den Ursachen) zu den Wirkungen übergeht, als a post., wenn sie vom Späteren (den Wirkungen) zu den Ursachen übergeht. (b) Zu zentralen Begriffen der Erkenntnistheorie führt die Differenzierung hinsichtlich des Ursprungs der Erkenntnis: Als a.p. wird die Erkenntnis aus Vernunft, als a post. die Erkenntnis aufgrund von Erfahrung bezeichnet. Zentral ist die Kantische Bestimmung (*KrV*) der a.schen Erkenntnis, die von aller wirklichen Wahrnehmung und schlechterdings von aller Erfahrung unabhängig ist. Die Klärung der Möglichkeit solcher Erkenntnis a.p. stellt ein vorrangiges Thema seiner *Kritik der reinen Vernunft* dar: Die Frage nach der Möglichkeit synthetischer Urteile a. entspricht der Suche nach den vorempirischen Bedingungen objektiver Erkenntnis. Kant teilt mit Hume die Auffassung, daß aus der Erfahrung und den Erfahrungsurteilen keine unbedingte Notwendigkeit abgeleitet werden kann. Aber anders als Hume ist er der Meinung, daß die zur objektiven Erkenntnis gehörende Notwendigkeit und Allgemeinheit im erkennenden Subjekt begründet liegen müsse. Die Möglichkeit einer Erkenntnis a.p. durch allgemeine Begriffe des Verstandes sichert nach Kant den Bezug der Erkenntnis auf wirkliche Gegenstände bzw. tatsächlich zutreffende Sachverhalte. PP

**Apriorismus,** (1) Bezeichnung für eine Position der Erkenntnistheorie, derzufolge Gründe und Prinzipien des Erkennens unabhängig von Erfahrung gelten (↗Neukantianismus); (2) allgemeine Bezeichnung für Theorien, die ein erfahrungsunabhängiges Konstituens für Erkennen, Handeln, Wahrnehmen behaupten: z.B. für das Erkennen die Verstandesbegriffe, für den kommunikativen und argumentativen Gebrauch der Sprache die Prinzipien der Sinnhaftigkeit, Wahrheit, Wahrhaftigkeit, für das Wahrnehmen den Leib als Sinnkonstituens. PP

**Äquilibration,** von Piaget aus der Biologie übernommener Begriff, der die Aufhebung eines internen Spannungszustandes des Organismus durch diesen selbst bezeichnet. Über das Moment der Selbstregulierung hinaus impliziert die Ä. für Piaget aber noch das Element der gerichteten Dynamik, da die Entwicklung des Organismus durch dessen spontan aktualisierte Tendenz zur Herstellung eines Gleichgewichtszustandes bestimmt wird. Die mit dem Begriff angesprochene Tendenz zur Gleichgewichtsherstellung schließt so ein Element der Aktivität ein, dessen Aktualisierung durch externe Faktoren zwar veranlaßt, aber nicht verursacht werden kann. **Lit.:** J. Piaget: Die Äquilibration der kognitiven Strukturen. Stuttgart 1976. – H.M. Trautner: Lehrbuch der Entwicklungspsychologie. Bd. 2. Göttingen 1991. CZ

**Äquipollent, Äquipollenz** (Gleichmächtigkeit). (1) In der traditionellen Begriffslogik heißen Begriffe ä., wenn sie umfangsgleich sind. Urteile werden als ä. bezeichnet, wenn Gleichheit des Wahrheitswerts vorliegt. Das sog. ↗Leibnizsche Gesetz der Identität verallgemeinernd, versteht Leibniz unter Ä. die wechselseitige Ersetzbarkeit von Begriffen und Urteilen unbeschadet des Wahrheitswerts. – (2) In der Mengentheorie werden gelegentlich Mengen M, N als ä. bezeichnet, wenn es eine eineindeutige Abbildung von M nach N gibt. Da Ä. in diesem Sinn eine Äquivalenzrelation ist, ist neben dem Ausdruck »Gleichmächtigkeit« die Bezeichnung »↗Äquivalenz« gebräuchlicher. UM

**Äquivalentor,** Bezeichnung für den Funktor der ↗Äquivalenz. PP

**Äquivalenz** (Gleichwertigkeit). In der Logik unterscheidet man insbesondere (1) *deduktive* oder *logische* Ä., die die wechselseitige Ableitbarkeit von Aussagen bedeutet, (2) *materiale* Ä., die bei Gleichheit des Wahrheitswertes vorliegt und (3) *strikte* Ä., die in der notwendigen Gleichheit des Wahrheitswertes besteht. Häufig wird die materiale Ä. mit der als Bikonditional bezeichneten Wahrheitsfunktion bzw. mit dem aussagenlogischen Junktor, der diese Wahrheitsfunktion bezeichnet, gleichgesetzt. Genaugenommen ist die materiale Ä. jedoch eine Relation zwischen Aussagen und kann somit als die metasprachliche Entsprechung des Bikonditionals verstanden werden. Die von C.I. Lewis eingeführte strikte Ä. war intendiert als die objektsprachliche Umsetzung der deduktiven Ä., die, wie Lewis erkannte, durch die materiale Ä. nicht angemessen wiedergegeben werden kann. Jede der genannten Ä.en läßt sich verstehen als eine entsprechende wechselseitige ↗Implikation. – In der Modelltheorie werden Modelle oder Strukturen als *elementar äquivalent* bezeichnet, wenn sie die gleiche Menge von Aussagen erfüllen, also nicht anhand der in ihnen wahren oder falschen Aussagen unterscheidbar sind. – In der Mengentheorie werden Mengen als äquivalent bezeichnet, wenn sie sich eineindeutig aufeinander abbilden lassen. Von Bedeutung sind ferner *Äquivalenzrelationen*, die definiert werden als reflexive, symmetrische und transitive ↗Relationen. Die Menge der zu einem x in Äquivalenzrelation stehenden y wird als die *Äquivalenzklasse* von x bezeichnet. Jede Äquivalenzrelation auf einer Menge M bestimmt eindeutig eine Zerlegung dieser Menge in paarweise disjunkte Teilmengen von M. **Lit.:** I. Copi: Introduction to Logic. New York $^{6}$1982. UM

**Äquivalenzformel,** auch Äquivalenzschema. Die philosophischen Wahrheitstheorien gehen von folgender Ä. aus: »Es ist wahr, daß p genau dann, wenn p«. D.h. wenn man von einer beliebigen Aussage behauptet, sie sei wahr, dann ist die auf diese Weise gebildete Aussage unter denselben Umständen wahr oder falsch wie die Ausgangsaussage selbst. Diese Äquivalenz wird in der aristotelischen Wahrheitsdefinition ausgedrückt:

»Denn zu behaupten, das Seiende sei nicht oder das Nichtseiende sei, ist falsch. Aber zu behaupten, daß das Seiende sei und das Nichtseiende nicht sei, ist wahr« (*Met.* 1011 b 26 ff.). ↗Wahrheit. PP

**Äquivok/univok.** Begriffe von gleicher Lautgestalt, aber unterschiedlicher Bedeutung bezeichnet man als ä., d. h. derselbe Terminus hat unterschiedliche Bedeutungen; dagegen zeichnen sich u.e Begriffe durch eine Bedeutungseinheit aus, die Gegenstände von unterschiedlichem ontologischen Status umfassen kann. Ä.e Begriffe führen in logischen Syllogismen zu logischen Fehlschlüssen, da dadurch die zulässige Anzahl von drei Termen implizit um einen vierten erweitert wird (Quaternio terminorum). ↗Syllogismus. PP

**Äquivokation, äquivok.** Als ä. werden Wörter mit mehrfacher Bedeutung bezeichnet wie z. B. »Bank« (i.S. von Sitzbank und von Kreditinstitut). Eine Ä. liegt dann vor, wenn in einer Aussage ein Ausdruck doppeldeutig verwendbar ist wie z. B. in »Lars ist einsilbig«: (a) entweder ist die Person namens Lars gemeint, der eine Charaktereigenschaft zugeschrieben wird, (b) oder das Namenswort »Lars« selbst, das nur aus einer Silbe besteht, d. h. (a) stellt eine formale, (b) eine materiale ↗Supposition dar. Zu einer Ä. als einer Form logischer Fehlschlüsse kommt es dann, wenn ein Ausdruck in unterschiedlichen Bedeutungen gebraucht wird wie z. B. in folgendem Schluß: 1. Vorstellungen existieren nur in bewußten Wesen, 2. Die Außenwelt ist eine Vorstellung, also (Konklusion): die Außenwelt existiert nur in bewußten Wesen. Der Fehlschluß kommt dadurch zustande, daß das Wort »Vorstellung« zuerst i.S. eines Gegenstandsbewußtseins, in der zweiten Prämisse i.S. eines Gegenstandes für ein solches Gegenstandsbewußtsein verwendet wird. ↗Quaternio terminorum. PP

**Arbeit.** In neuerer Zeit, vornehmlich im 18. und 19. Jh., hat sich die terminologische Ausschärfung des Arbeitsbegriffes aus zwei unterschiedlichen Traditionslinien gespeist: Während für die bürgerliche Nationalökonomie A. als Quelle des Reichtums immer interessanter wurde, wandte sich die zeitgenössische Philosophie mehr der persönlichkeits- und geschichtsbildenden Rolle der A. zu. Menschliche A. kann zunächst einmal begriffen werden als zielgerichteter Stoffwechselprozeß zwischen Mensch und Natur, als Einwirken eines Subjektes (Mensch) auf ein Objekt (gegenständliche Welt) unter Verwendung selbstgeschaffener Werkzeuge. Im Prozeß der A. verwirklicht der Mensch seine Zwecke, sie ist bewußte Lebenstätigkeit, deshalb hat Hegel z. B. von der A. als dem Sich-zum-Dinge-Machen des Bewußtseins gesprochen. Historisch betrachtet, setzt sich eine immer differenzierter werdende, zunächst gesellschaftliche, dann auch innerbetriebliche Teilung der A. durch, wobei die Teilung von geistiger und körperlicher A. sicherlich die relevanteste ist. – Alle diese Überlegungen liefern ausschließlich einen abstrakten Begriff von A., mit dem, wie Marx sagt, keine wirkliche Epoche der menschlichen Geschichte zureichend begriffen werden kann. Konkrete A. tritt demgegenüber immer nur in historisch-gesellschaftlicher Formbestimmtheit und Determination auf. Wie eine Analyse der ↗Marxschen Theorie zeigt, hat Marx seinen Arbeitsbegriff nicht allein auf dem Wege der Rezeption der ihm vorliegenden nationalökonomischen Literatur, sondern ebensosehr in Auseinandersetzung mit der philosophischen Tradition gewonnen und ihn ins Zentrum seiner eigenen materialistischen Geschichtsphilosophie gestellt. Menschliche A. wird hier als »lebendige« A., als Produktion, begriffen, die sich zum einen durch den Arbeitsprozeß im Arbeitsprodukt vergegenständlicht und damit zur »toten«, eben vergegenständlichten A. wird. Hierin liegt die Möglichkeit einer ↗Entfremdung der A. begründet, weil ja im für den Kapitalismus typischen Fall der privaten Aneignung der Arbeitsprodukte die in den Produktionsmitteln vergegenständlichte A. der lebendigen A. (den Arbeitern) als fremde, sie beherrschende Macht (als Kapital) gegenübertreten kann. Zum anderen ist wesentlich, daß die lebendige A. sich nicht nur in Gebrauchswerten vergegenständlicht, sondern immer auch die historisch-gesellschaftlichen Verhältnisse, unter denen sie vonstatten geht, unbeabsichtigt mitproduziert und reproduziert und damit diese Verhältnisse perpetuiert, zumindest solange, wie dieser Prozeß naturwüchsig abläuft. Ganz besonders in dieser Tatsache spiegelt sich die ihr zu Recht zugewiesene geschichtsbildende Kraft. Deutlich wird in diesem Zusammenhang ferner, daß menschliche A. von Anfang an gesellschaftliche A. ist, was nicht nur bedeutet, daß jeder einzelne Arbeitsprozeß Bestandteil der gesellschaftlichen Gesamtarbeit ist und zu ihr beiträgt, sondern vor allem, daß er bereits immer schon von seinen Umständen und Voraussetzungen (↗Produktionsverhältnissen) her Resultat historisch konkreter Formbestimmung ist. – Schließlich ist auf eine doppelte dialektische Implikation des Begriffes menschlicher A. hinzuweisen, nämlich einmal insofern, als sie in ihrer Gestalt als lebendige A. auch der sie möglicherweise (als Kapital) beherrschenden vergegenständlichten A. gegenüber das übergreifende, aktive Subjekt des Arbeitsprozesses bleibt und zum anderen insoweit, als sie als menschliche A. spezifische Formbestimmtheit des sie seinerseits übergreifenden Naturprozesses ist, da die Natur als Ganzes erst die Ermöglichungsbedingung und Substanz der sich ihr umgestaltend zuwendenden A. ist. ER

**Arbeitsteilung, Prinzip der sprachlichen.** In der sprachanalytischen Diskussion über die Theorie der ↗Referenz bzw. Theorie der ↗Kennzeichnung hat Putnam neben Prinzipien des Vertrauensvorschusses und der vernünftigen Unwissenheit ein Prinzip der A. formuliert, das besagt, daß die Referenz eines Ausdrucks nicht allein durch das Wissen eines einzelnen Sprechers bestimmt wird. Man gesteht bestimmten »Experten« aus der Sprachgemeinschaft eine Autorität zu und läßt sie entscheiden, was etwa als Elektron oder als Gold zählen soll. Der »Experte«, dessen Gebrauch bestimmt, worauf viele andere Personen referieren, wenn sie einen Terminus verwenden, könnte (aber müßte nicht) die Person sein, die den Terminus ursprünglich eingeführt hat. Z. B. muß ich kein Botaniker sein, um mit dem Wort »Ulme« auf den entsprechenden Baum referieren zu können. Vielmehr geschieht mein Bezugnehmen ohne genaue Kenntnis der Kriterien: Worauf ich mit dem Wort »Ulme« referiere, ist das, worauf diejenigen Personen referieren, die Ulmen von anderen Bäumen unterscheiden können. ↗Vertrauensvorschuß, Prinzip des, ↗Unwissenheit, Prinzip der vernünftigen, ↗Referenz. **Lit.:** H. Putnam: Sprache und Wirklichkeit. In: Von einem realistischen Standpunkt. Reinbek 1993. S. 55. PP

**Arbiträr** (lat. arbitrium: Beliebigkeit). Nach F. de Saussure sind sprachliche ↗Zeichen dadurch bestimmt, daß bei ihnen die Beziehung zwischen Vorstellung und Lautbild (↗Signifikat/Signifikant) beliebig, das heißt unmotiviert, ist. Es gibt keine natürliche Beziehung zwischen der Vorstellung »Baum« und der Lautfolge B A U M, sie kommt durch Konvention zustande, d. h. die Lautfolge könnte prinzipiell auch eine andere sein. Dies zeigt sich z. B. daran, daß in anderen Sprachen andere Wörter die Vorstellung »Baum« ausdrücken. Bei Zeichen, die primär als Index (↗Anzeichen) oder Ikon fungieren, ist die Beziehung zwischen Bezeichnendem und Bezeichnetem nicht durch prinzipielle Arbitrarität gekennzeichnet. **Lit.:** F. de Saussure: Grundfragen der allgemeinen Sprachwissenschaft. Berlin ²1967. TF

**Arbor porphyriana** (porphyrischer Baum), benannt nach einer schematischen Darstellung der Ableitung von Artbegriffen aus obersten Gattungsbegriffen, die Porphyrius von Tyros (3. Jh. n.Chr.) in seiner *Einleitung in die Kategorien des Aristoteles* (*Isagoge* II, 2 a 5 ff.) gibt. Vermutlich von Boethius eingeführt und in der arabischen Logik bei Avicenna verwendet, wird die Bezeichnung a. p. seit der Scholastik gebräuchlich für die (graphische) Darstellung der Über- und Unterordnungsbeziehungen von allgemeineren und besonderen Begriffen, von Gattungen und Arten in einer pyramidenförmigen Struktur aufeinander aufbauender Abstraktionsstufen. An der Spitze steht der allgemeinste Begriff, auf der untersten Ebene stehen Individualbegriffe. Die a. p. bildet die scholastische Definitionslehre ab, wonach ein Begriff durch Angabe des genus proximum (der nächsthöheren Gattung) und der differentia specifica (des spezifischen Unterschieds zu anderen unter dieselbe Gattung fallenden Arten) definiert wird. ↗Definition **Lit.:** Porphyrius: Isagoge. – Avicenna: Logica fol., 8r a. – I. M. Bochenski: Formale Logik. München 1956. – Boethius: In Porph. Comm. III. PL 64, c. 103 c/d – Commentaria in Aristotelem Graeca Bd. IV/I. Hg. v. A. Busse. Berlin 1887. S. 4, II. 21–25. – W. u. M. Kneale: The Development of Logic. Oxford 1962. – C. Prantl: Geschichte der Logik im Abendlande Bd. I. 1855 (Nachdr. Darmstadt 1955). GMO

**Archäologie.** Mit Levinas kann man sagen, daß jegliche Vernunftphilosophie auf eine A. hinausläuft, insofern sie auf die Entdeckung eines absoluten Anfangs, eines Ursprungs (etwa in Form des Fichteschen Ichs, das sich setzt) hinauswill. Abgesehen vom weit verbreiteten, unspezifischen Gebrauch des Begriffs - von einer Bachelard zugeschriebenen »archèologie des images« über eine A. der Gegenwart bis hin zu einer archäologischen Wissenschaftsgeschichte - wird der Begriff A. v. a. im Rahmen einer phänomenologisch-hermeneutischen A. (1) und im Rahmen der Foucaultschen A. des Wissens (2) terminologisch gebraucht. (1) Anspielend auf die Arbeit einer naturgeschichtlichen A., deren Aufgaben bereits Kant umrissen hat (*KU*, § 82), skizziert Husserl das Programm einer phänomenologischen A., die von der »fertig vorgegebenen Erfahrungswelt« in transzendentaler Perspektive auf die ihr zugrundeliegenden »Archai« der Erfahrung zurückgeht, aus denen umgekehrt die konstituierte Erfahrungswelt »sinngenetisch« verständlich werden soll (A. Diemer: *E. Husserl.* Meisenheim ²1965. S. 11). Die phänomenologisch-archäologische Rückfrage nach der konstituierten Erfahrung inhärenten Präsuppositionen wird ergänzt durch eine invers gedachte Teleologie, die der Erfahrung innewohnen soll, insofern sie auf präsumierten Sinn abzielt. In Anlehnung an eine psychoanalytisch-lebengeschichtliche A. konzipiert Ricoeur eine analoge Arbeitsteilung zwischen einer regressiven A. des Wunsches in der Dimension inkarnierter Existenz einerseits und einer Teleologie des Strebens nach bewußter Wiederaneignung der Existenz im Rahmen einer progressiven Gliederung der Gestalten der Erfahrung anderseits, in der sich der Sinn jeder einzelnen durch die späteren Gestalten erhellt. (2) Von einem ebenfalls ursprünglich psychoanalytisch inspirierten Wortgebrauch bewußt abweichend entwirft Foucault eine wissensgeschichtliche A., die sich auf die historischen Bedingungen der Ermöglichung neuartiger Wissensformen im Sinne eines historischen Apriori bezieht. Werden diese Formen zunächst auch als »fundamental« im Sinne eines »kulturellen Unbewußten« bezeichnet, so nimmt Foucaults A. schließlich doch Abschied von jeglicher archäologischen Metaphorik der Tiefe und bezieht die Idee einer A. auf Modi und Räume des Wissens (episteme) und ihre innere Intelligibilität, die keinem Telos oder Ursprung mehr verpflichtet scheint. **Lit.:** M. Foucault: Die Ordnung der Dinge. Frankfurt 1974. S. 22–26. – Ders.: Archäologie des Wissens. Frankfurt 1973. – P. Ricoeur: Die Interpretation. Frankfurt 1974. – Ders.: Philosophie et langage. In: R. Klibansky (Hg.): Contemporary Philosophy. Firenze 1969. S. 283. – A. Vergote: La psychoanalyse. In: Savoir, faire, espérer. T. 2. Bruxelles 1976. S.479-504. BL

**Arche** (griech. (1) Anfang, (2) Herrschaft, (3) Ursache, Prinzip, Grund). Die Vorsokratiker verwenden den Terminus im Sinn von Anfang, häufig mit zeitlicher und/oder stofflicher Komponente, auch verstanden als determinierender Ursprung. Platon verwendet den Terminus A. hauptsächlich in der Bedeutung »Herrschaft«, aber auch als Anfang etwa eines Beweises oder im zeitlichen Sinne. Die erste explizite Darstellung des Terminus stammt von Aristoteles: »Allgemeines Merkmal von Prinzip (A.) in allen Bedeutungen ist, daß es ein Erstes ist, wovon her etwas ist, wird, oder erkannt wird« (*Met.* 1013a, 17 ff.). Er unterscheidet zwischen Erkenntnis- und Realprinzipien: Erkenntnisprinzipien sind die allgemeinen Annahmen, von denen man beim Beweisen ausgeht. Diese gliedert Aristoteles wiederum in die ersten allgemeinen Denkgrundsätze einerseits und die Grundbegriffe der einzelnen Wissenschaften andererseits. Realprinzipien sind bei Aristoteles gleichbedeutend mit ↗Ursachen (aitia). Hier unterscheidet er zwischen vier Faktoren, die das Sein und Werden der Einzelsubstanz determinieren: Materie (Stoffursache, causa materialis), aus der die Dinge entstehen; Form (Formursache, causa formalis), die das Wesen der Einzelsubstanz bestimmt; Bewirkendes (Prinzip der Bewegung, der Veränderung und Entstehung, causa efficiens); Ziel (telos, causa finalis). Auch die Natur, die Elemente, die Seele, der Wille und das Wesen gehören zu den Realprinzipien. **Lit.:** A. Lumpe: Der Terminus Arche von den Vorsokratikern bis auf Aristoteles. In: Archiv für Begriffsgeschichte 1 (1955). RD

**Archetyp.** A.en sind nach C.G. Jung kollektiv-unbewußte Strukturen (↗Unbewußte), die sich als Niederschlag von Erfahrungen gebildet haben, die der Mensch im Laufe seiner Gattungsgeschichte in gleichbleibender Form wiederholt gemacht hat. Anschaulich ausgedrückt finden sich archetypische Motive (z.B. Kampf mit dem Bösen, Suche nach Erlösung, Beziehung zu Vater/Mutter etc.) in den Mythen und Märchen der Weltliteratur, in den Religionen, aber auch in individuellen Träumen, Phantasien oder Wahnbildungen. In der Psychologie Jungs hat die Auseinandersetzung mit dem eigenen kollektiv-archetypischen Erbe eine zentrale Bedeutung für die Persönlichkeitsentwicklung des Menschen (Individuation). **Lit.:** J. Jacobi: Die Psychologie C.G. Jungs. Frankfurt 1978. – C.G. Jung: Die Archetypen und das kollektive Unbewußte (Ges. Werke IX/1). Olten 1976. SP

**Archimedisches Axiom,** gehört zur Gruppe der Stetigkeitsaxiome der Euklidischen Geometrie. In seiner modernen Formulierung geht es auf D. Hilbert zurück. Informell kann man es folgendermaßen ausdrücken: Sind AB und CD irgendwelche Strecken, so gibt es eine natürliche Zahl n derart, daß die n-fache Aneinanderfügung von CD an sich selbst länger ist als AB. Das in Wahrheit auf Eudoxos zurückgehende Axiom kommt in den *Elementen* Euklids zwar nicht als Axiom vor, erscheint aber in der Definition kommensurabler Größen. Danach haben zwei Größen genau dann ein Verhältnis zu einander, wenn sie vervielfältigt einander übertreffen können (Buch 5, Def. 4). Verallgemeinerungen des a.A.s spielen in der Gruppentheorie und anderen mathematischen Theorien eine Rolle. **Lit.:** O. Becker: Mathematische Existenz. Tübingen 1973. – T.L. Heath (Hg.): The Thirteen Books of Euclid's Elements. Dover 1956. – D. Hilbert: Grundlagen der Geometrie. Stuttgart $^{12}$1977. TM

**Architektonik,** nach Aristoteles die Kunstfertigkeit, aus gegebenem Material einen Gegenstand herstellen zu können, der in Hinblick auf eine bestimmte Funktion brauchbar ist (*Physik* 194b 2–7). Vermittelt durch die Vorstellung Gottes als großem Architekten der Welt bei Leibniz (*Nouveaux Essais* IV, 3, § 27) wird die A. in der deutschen Schulphilosophie als die Wissenschaft vom Aufbau der Welt verstanden und mit Ontologie, Metaphysik und philosophia prima gleichgesetzt (z.B. A.G. Baumgarten). Schon Lambert gibt diesem Begriff eine erkenntnistheoretische Wendung: Er meint mit A. die Lehre von den Grundbegriffen menschlicher Erkenntnis. Kant versteht die A. als die systematische Einheit aller Erkenntnisse unter einem a priori gegebenen, obersten Zweck. A. ist damit Gegenbegriff zu Aggregat, einer bloßen Anhäufung von Erkenntnissen (*KrV* A 832/B 860- A 851/B 879, bes. A 832–35/B 860–63). In dieser Bedeutung wird der Begriff der A. im Kantianismus aufgenommen (z.B. G.B. Jäschke). **Lit.:** A.G. Baumgarten: Metaphysica. Halle 1779. § 4. – J.F. Fries: System der Logik. Heidelberg $^{3}$1837. § 111. – G.B. Jäschke: Einleitung zu einer Architektonik der Wissenschaften. Dorpat 1816. § 1. – J.H. Lambert: Anlage zur Architektonik, oder Theorie des Einfachen und des Ersten (Philosophische Schriften. Hg. H.-W. Arndt. Bd. 3). Hildesheim 1965. Vorrede, bes. S. XXVIII-XXIX. ME

**Arete** (griech. Vortrefflichkeit, Tugend). Allgemein kann der Terminus A. das Optimum an Leistung eines bestimmten Vermögens bedeuten. In diesem Sinne findet er Anwendung auf Tiere oder Gegenstände, so kann z.B. die Schärfe des Messers als A. bezeichnet werden. In bezug auf den Menschen meint er die größtmögliche Entfaltung der Fähigkeiten, das Wahre und das Richtige zu erkennen und richtig zu handeln. Platon nennt vier Kardinaltugenden: Weisheit, Tapferkeit, Besonnenheit und Gerechtigkeit. Aristoteles unterscheidet zwischen ethischen Tugenden und ↗dianoethischen Tugenden. Die ethischen Tugenden, zu denen als wichtigste Tapferkeit, Besonnenheit und Gerechtigkeit gehören, definiert Aristoteles als Mitte (↗mesotes) in bezug auf den Umgang mit Emotionen. Die dianoethischen Tugenden oder Verstandestugenden sind zum Teil auf die Erkenntnis des notwendig Seienden (↗Weisheit/sophia, Wissenschaft/↗Episteme, ↗Geist/nous), zum Teil auf die des kontingent Seienden gerichtet (Können/↗techne, ↗Klugheit/phronesis). A. ist eine Haltung (hexis), die durch Erziehung und Ausbildung des jeweils zugrundeliegenden Vermögens sowie durch kontinuierliche Betätigung desselben erworben wird. Insofern ist die A. an die ↗Polis zurückgebunden und kommt dieser zugute. RD

**Argument,** (1) Bezeichnung für eine Aussage, die im Hinblick auf eine Behauptung begründende Funktion beansprucht, bzw. deren Begründungswert hinsichtlich der Behauptung anerkannt wird. Die A.e besitzen eine allgemeine Struktur: Ein A. setzt sich zusammen aus der problematischen Äußerung, für die ein bestimmter Geltungsanspruch erhoben wird, und aus dem grundlegenden Prinzip oder Regel, mit der dieser Anspruch etabliert werden soll. In einer Argumentation stellen ein A. oder eine Reihe von A.en Schritte zur Begründung einer Aussage dar. Von einer Argumentationskette wird gesprochen, wenn jedem A. ein anderes vorausgeht und jedes A. vom Ergebnis des vorhergehenden Gebrauch macht. Eine schlüssige Argumentation, in der in einer Reihe von Argumentschritten jedem einzelnen zugestimmt wurde, gilt als Begründung bzw. als Beweis einer Aussage. Das Kriterium der Schlüssigkeit besteht darin, daß niemand, der den Ausgangssätzen einer Argumentation zugestimmt hat, einem A. widersprechen kann, ohne nicht einem von ihm bereits akzeptierten früheren A. zu widersprechen. – In der lat. Rhetorik und Logik werden verschiedene Arten des Begründens hinsichtlich des Beweisverfahrens und der Berufungsinstanz unterschieden: Unter den Beweisverfahren spielen eine besondere Rolle (a) der Beweis a fortiori: die zu beweisende Behauptung folgt aus einer schon bewiesenen, (b) der Beweis e concesso: die zu beweisende Aussage folgt aus einer bereits als wahr anerkannten, (c) der Beweis e contrario: das ↗kontradiktorische Urteil ist unwahr. Hinsichtlich der Berufungsinstanzen sind von Bedeutung: (a) das A. ad rem, in dem die angeführten Aussagen sachlich geprüft werden, (b) das A. ad hominem, in dem auf solche vom Dialogpartner als wahr angenommenen Aussagen Bezug genommen wird, (c) das A. ad veritatem, das nur überprüfbare Aussagen heranzieht, (d) das A. ad iudicium, in das die vom sog. gesunden Menschenverstand als gültig anerkannten Meinungen Eingang finden, (e) das A. ad verecundiam, das in der Autorität der Tradition die begründende Instanz sucht, (f) das A. e concessu gentium, in dem eine kultur- und zeitunabhängige Wahrheitsgeltung einer Aussage unterstellt wird. – (2) In der formalen Logik ist das A. eine Bezeichnung für den Bestandteil eines Ausdrucks, der näher bestimmt werden soll durch einen anderen Ausdruck. Z.B. stellt in dem komplexen Ausdruck »der reaktionsschnelle Eishokkey-keeper« der Eishockey-keeper das Argument dar, das durch das Prädikat näher bestimmt wird. Der bestimmende Ausdruck wird als ↗Funktor bezeichnet. Die A.e können zu verschiedenen Bedeutungskategorien gehören: zu Aussagen, Individuen, d.i. Einzelgegenständen, zu Klassen (Mengen oder Universalien), zu Klassen von Paaren usw. – (3) In der formalen Logik werden diejenigen Objekte, deren Namen in die Leerstellen eines die Funktion darstellenden Terms eingesetzt werden können, als A.e einer Funktion bezeichnet (Frege). **Lit.:** G. Frege: Begriffsschrift. Hg. I. Angelelli. Darmstadt 1964. – P. Lorenzen/O. Schwemmer: Konstruktive Logik, Ethik und Wissenschaftstheorie. Mannheim u.a. 1975. – O. Schwemmer: argumentum. In: Enzyklopädie Philosophie und Wissenschaftstheorie. – St. Toulmin: Der Gebrauch von Argumenten. Kronberg 1975. PP

**Argumentationstheorie,** Theorie der Voraussetzungen, Funktionen, Formen und Strukturen von Argumentation. Die in der abendländischen Philosophie vorherrschende theoria-Tradition, die Erkennen nach dem Muster des Sehens und ↗Vernunft primär als ein Vernehmen (noein) geistiger Gehalte auffaßte, hat zu einem vorwiegend an der Logik orientierten Verständnis von Argumentation geführt. Lange Zeit, insbesondere in der Scholastik, war die aristotelische Syllogistik Vorbild der A. Die damit einhergehende Ausgrenzung von Rhetorik und Topik aus der A. setzte sich bis ins 20. Jh. fort. Der ↗logische Empirismus Carnaps konzentriert sich ebenso wie der ↗Kritische Rationalismus auf die formallogische Struktur von Argumentationen.

Diese Fixierung auf die syntaktisch-semantische Dimension von Argumentation wird zunehmend von einer gegenläufigen, den rhetorisch-pragmatischen Teil der Rede stärker gewichtenden Tendenz überlagert, die W. v. Humboldt zu Beginn des 19. Jh. durch die Hervorhebung der Sprachlichkeit der Vernunft einleitete. Für die pragmatische Umgestaltung der A. sind dann vor allem der Pragmatismus von Peirce, die empirische Pragmatik von Morris, die Sprachspielpragmatik des späten Wittgenstein, die daran anschließende Ordinary Language Philosophy (↗Philosophie der normalen Sprache) und die ↗Sprechakttheorien Austins und Searles einflußreich gewesen. Toulmins A. setzt die Redepraxis in ihr Recht, indem sie zeigt, daß lediglich »analytisches« Argumentieren, das keinen Informationsgewinn erbringt, im strengen Sinn auf deduktives Schlußfolgern zurückzuführen ist; während sich »substantielles« Argumentieren auf materiale Konventionen, den übereinstimmend akzeptierten und faktisch unbezweifelten Gebrauch von Regeln innerhalb einer Sprachgemeinschaft, stützen müßte, um den Übergang von den Gründen zu den Konklusionen zu sichern. Die im gleichen Zeitraum (1958) entstandene »Neue Rhetorik« Perelmans knüpft explizit an die verschütteten Traditionen von Rhetorik und Topik an. Sie vertritt die These, daß der Erfolg von Argumenten von der Zustimmung eines Auditoriums abhängig gemacht werden müsse. In der rhetorischen A. geht es um den Aufweis der sprachlichen Mittel, die notwendig sind, um das Argumentationsziel der Überzeugung zu erreichen. Hierbei soll ernsthaftes Argumentieren von bloßem Überreden dadurch unterschieden werden können, daß der Erfolg von Argumentationen an die Zustimmungswürdigkeit durch ein »universelles« Auditorium gebunden wird. – In der Diskurspragmatik (Apel, Böhler, Kuhlmann) und der ↗Diskurstheorie (Habermas, Alexy) wird A. schließlich zum Äquivalent für Rationalitätstheorie. Die Doppelstruktur der Rede, die Rückbezüglichkeit des propositionalen Aussageteils auf den intersubjektive Gegenseitigkeit konstituierenden performativen Redeteil impliziert, daß wir Sprechhandlungen nur verstehen können, »wenn wir die Art von Gründen kennen, die ein Sprecher anführen könnte, um einen Hörer davon zu überzeugen, daß er unter den gegebenen Umständen dazu berechtigt ist, Gültigkeit für seine Äußerung zu beanspruchen.« Daher verweist kommunikatives Handeln immer schon auf Argumentation bzw. Diskurs als seine Reflexionsform. Regulatives Ziel jeder ernsthaften Argumentation ist der ideale Konsens, der sich unter unbegrenzten Verständigungsbedingungen ergeben würde. Diese Argumentationsvoraussetzung, wie auch das Wissen von den ↗Geltungsansprüchen auf Verständlichkeit, Wahrheit, Richtigkeit und Wahrhaftigkeit, die Anerkennung der realen Kommunikationsgemeinschaft als Sinninstanz und der idealen Argumentationsgemeinschaft als Geltungsinstanz jeder Argumentation, rekonstruiert die Diskurspragmatik im strikt argumentationsreflexiven ↗Diskurs. Von ihm sind die konkreten, gegenstandsorientierten Diskurse zu unterscheiden, die zum Thema einer Diskurstypologie gemacht werden. Gegenwärtig wird zwischen theoretischen, praktischen, expressiven, ästhetischen und explikativen Diskursen differenziert. **Lit.:** R. Alexy: Theorie der juristischen Argumentation. Frankfurt 1991. – K.-O. Apel: Diskurs und Verantwortung. Frankfurt 1988. – D. Böhler/H. Gronke: Art. Diskurs. In: G. Ueding (Hg.): Historisches Wörterbuch der Rhetorik. Bd. 2. Tübingen 1994. Sp. 764–819. – J. Habermas: Wahrheitstheorien. In: H. Fahrenbach (Hg.): Wirklichkeit und Reflexion. Pfullingen 1973. S. 211–266. – Ders.: Exkurs zur Argumentationstheorie. In: Ders.: Theorie des kommunikativen Handelns. Bd. 1. Frankfurt 1981. S. 44–71. – W. Kuhlmann: Reflexive Letztbegründung. Freiburg/München 1985. – Ch. Perelman/L. Olbrechts-Tyteca: La nouvelle rhétorique. Paris 1958. – S. Toulmin: The Uses of Argument. Cambridge 1958 (dt. Der Gebrauch von Argumenten. Kronberg 1975). HGR

**Arianismus,** die nach dem alexandrinischen Presbyter Arius (260–336) benannte christologische und trinitätstheologische Position: Der Sohn ist dem Vater nach- und untergeordnet (Subordinatianismus). Nur der Vater allein ist ursprungslos, der Sohn ist (wenn auch vor aller Zeit) geschaffen. Damit leugnet der A., der Sohn sei mit dem Vater eines Wesens (homousios). Genau dies formuliert das Konzil von Nizäa, und v. a. Athanasius verteidigt diese Formel gegen Varianten des A., die dem Sohn z. B. Ähnlichkeit (homoios) zuschrieben oder Wesensgleichheit (homoiousios). **Lit.:** H. G. Opitz: Athanasius Werke. 3,1. 1934. – K.-H. Ohlig: Christologie I (Texte zur Theologie) Graz/Wien/Köln 1989. – F. Ricken: Das Homousios von Nikaia als Krisis des altchristlichen Platonismus. In: B. Welte (Hg.): Zur Frühgeschichte der Christologie. Freiburg 1970. PK

**Aristokratie** (griech. aristoi: die Besten; kratein: herrschen), bezeichnet in der antiken Lehre der ↗Herrschaftsformen die Herrschaft einiger weniger und steht damit systematisch zwischen Monarchie und Demokratie, der Herrschaft eines einzelnen bzw. aller. Zugleich ist der Begriff normativ besetzt: für Aristoteles etwa bedeutet A. die Herrschaft der Besten, die ausgewogen, maßvoll und traditionsbewußt zum Wohle aller regieren, und gilt damit als ideale Herrschaftsform. Jedoch sieht er die Gefahr, daß die herrschende Gruppe zunehmend die eigenen Interessen in den Vordergrund rückt und die A. in die egoistische Herrschaft einer Minderheit (↗Oligarchie) umzuschlagen droht. Eine Sonderform der A. ist die ↗Timokratie. – Historisch stellt die A. eine Frühform staatlicher Herrschaft dar, die sich beispielsweise in den griechischen Stadtstaaten aus dem Verfall der Monarchien seit dem 8. Jh. v. Chr. entwickelt und erst am Ende des 6. Jh. durch die Demokratie teilweise verdrängt wird. Auch die italienischen Stadtrepubliken und die deutschen Reichsstädte in der frühen Neuzeit sind aristokratisch organisiert; stark ausgeprägte aristokratische Elemente finden sich etwa in der römischen Republik, deren Verfassung politische Privilegien für das Patriziat sichert, und in den ma. Feudalstaaten, die alle wichtigen Ämter dem Adel vorbehalten. In all diesen Fällen bilden sich fest umrissene soziale Gruppen (Adel, Nobilität, Patriziat), deren Zugehörigkeit in der Regel nur aufgrund von Geburt und Vererbung erworben werden kann und deren nicht nur politische, sondern vor allem auch ökonomische Privilegien gesetzlich verankert und institutionell abgesichert sind. Ihren Sonderstatus behauptet die A. – in der Neuzeit etabliert sich der Terminus als allgemeine Bezeichnung für den Adel, steht also nicht mehr nur für die spezifische Herrschaftsform – in den meisten (west-)europäischen Staaten über die Phase des absoluten Königtums hinaus bis in die konstitutionellen Monarchien des 19. Jh. Grundsätzlich in Frage gestellt wird die Legitimation ererbter Vorrechte jedoch in der französischen Revolution und in den radikaldemokratischen Theorien des 19. Jh. **Lit.:** W. Conze u. a.: Adel, Aristokratie. In: Geschichtliche Grundbegriffe. Hg. v. O. Brunner/W. Conze/R. Koselleck. Bd. 1. Stuttgart 1972. WST

**Aristotelismus,** Sammelbezeichnung für die sich auf Aristoteles berufenden philosophischen Traditionen. In der Antike gehören dazu die Mitglieder des von Aristoteles gegründeten ↗Peripatos. Unter ihnen sind besonders zu nennen: Andronikus von Rhodos, der sich um die Sammlung und Neuherausgabe der aristotelischen Schriften verdient gemacht hat, sowie Alexander von Aphrodisias als bedeutender Kommentator. In der Spätzeit verbindet sich der A. mit dem ↗Neuplatonismus. Die so entstehenden Kommentare versuchen zum Teil eine Harmonisierung der Philosophie Platons und Aristoteles' zu erreichen. In dieser Verbindung gelangt der A. durch christlich-syrische Ärzte auch in den arabischen Kulturraum, wo er bedeutenden Einfluß auf die Entwicklung der Philosophie, Naturwissenschaft und Medizin nimmt. Zu nennen sind hier Al-Kindi, Al-Farabi, Avicenna und Averroës, für den die philosophische Leistung des Aristoteles durch nichts mehr zu überbieten ist. Er verfaßt drei Kommentarwerke, die für das Aristoteles-Studium des lat. MA. zu einer unschätzbaren Quelle werden. In der christlichen Philosophie des MA. wird zunächst die aristotelische Logik zur Grundlage bis im Laufe des 13. Jh. das gesamte Werk die Lehre an den Universitäten bestimmt.

Die Unvereinbarkeit einiger seiner Lehren mit christlichen Glaubenswahrheiten führt zu verschiedenen Verboten. Den endgültigen Durchbruch erlangt der A. durch Albertus Magnus und Thomas von Aquin. Thomas schafft mit seiner Hilfe ein umfassendes System, das für die christliche Philosophie in der Folge maßgebend wird. In der frühen Neuzeit wird der A. in Richtung einer Methodologie der Wissenschaften weiterentwickelt (Paduaner A., u. a. G. Zabarella). Die Schulphilosophie des Protestantismus baut seit Melanchthon auf Aristoteles auf. Im 19./20. Jh. findet eine Erneuerung der Aristotelesforschung statt, die auch in bedeutenden Editionen ihren Niederschlag findet. Maßgebend von Aristoteles beeinflußt sind Trendelenburg und F. Brentano. Innerhalb der katholischen Theologie wirkt der A. in der ↗Neuscholastik und im ↗Neuthomismus fort. **Lit.:** I. Düring: Von Aristoteles bis Leibniz. Einige Hauptlinien in der Geschichte des Aristotelismus. In: Antike und Abendland Bd. 4 (1954). – H. Gätje: Studien zur Überlieferung der aristotelischen Psychologie im Islam. Heidelberg 1971. – P. Moraux: Der Aristotelismus bei den Griechen von Andronikos bis Alexander von Aphrodisias I. Berlin/New York 1973. – P. Petersen: Geschichte der aristotelischen Philosophie im protestantischen Deutschland. Leipzig 1921. – F. van Steenberghen: La philosophie au XIIIe siècle. Louvain 1966 (dt. Die Philosophie im 13. Jh. München u. a. 1977). – J. L. Stocks: Aristotelianism. New York 1976. FPB

**Ars combinatoria** (lat. Kombinatorik), die seit R. Lull bekannte synthetisch-kombinatorische Logik, die, so in der *Ars generalis* formuliert, auf neun Prinzipien beruht und lediglich Zweiergruppen für Urteile zuläßt. Die allgemeinen Gesetze der A.c. sind Permutation, Substitution, Wiederholung und Elimination und beziehen sich auf metaphysische oder ontologische Aussagen. Mit Vieta finden sich zunehmend häufiger mathematische Probleme und weniger aussagenlogische, die die A.c. bestimmen. Leibniz betont in der Folge besonders den Zahlenbegriff und fordert eine universale Kombinatorik im Sinn einer ↗Mathesis universalis (*De Arte Combinatoria*, 1666), die zu einer mathematisch-theoretischen Logik führt. **Lit.:** G. Martin: Arithmetik und Kombinatorik bei Kant. Berlin/New York 1972. – E. W. Platzeck: Raimund Lull. 2 Bde. Düsseldorf 1962/1964. – Ders.: Forschungen der letzten 15 Jahre zum Leben und zur Deutung der Lehren R. Lulls. In: Antonianum (Rom) 45 (1970). JM

**Ars coniecturalis** (lat. die Kunst der Mutmaßung), Form der Erkenntnis des dem Wesen nach Unbekannten; so bei Cusanus (*De docta ignorantia*, 1488; *De coniecturis*, 1488). Die A.c. beruht auf einer Hierarchie der verschiedenen Erkenntnisweisen, den Sinnen, dem Verstand (ratio) und der Vernunft (intellectus, intelligentia), und ist die Erkenntnis aufgrund der Teilhabe an Einheit, Seiendheit (entitas) und der lichthaften Formkraft des Ursprungs. Gemäß der erkenntnistheoretischen Prämisse, daß alle Erkenntnis von Gegenständen vermittelt und abbildhaft ist, nutzt die A.c. Symbole, Figuren und Allgemeinbegriffe zur mutmaßenden Annäherung an die Realität. **Lit.:** J. Koch: Die Ars conjecturalis des Nikolaus von Kues. In: Arbeitsgemeinschaft für Forschungen des Landes Nordrhein-Westfalen 16 (1956). JM

**Art,** als logischer Begriff der durch Angabe eines spezifischen Unterschiedes (differentia specifica) aus der nächsthöheren ↗Gattung (genus proximum) gewonnene Gegenstandsbereich; z. B. Mensch aus: vernünftiges (= artbildender Unterschied) Lebewesen (= nächsthöhere Gattung). – Der biologische Artbegriff dient ebenfalls der Gliederung und Klassifikation des Gesamtbereichs des Organischen. Dabei wurde das alte, statische Verständnis unveränderlicher A.en aufgrund der ↗Evolutionstheorie von der Vorstellung sich allmählich verändernder A.en ersetzt. A. wird nunmehr bestimmt als Gruppe sich untereinander fortpflanzender Populationen, die reproduktiv von anderen isoliert ist (der Genpool behält seine Eigenart). FPB

**Artefakt** (lat. arte factum: durch Fertigkeit entstanden), Produkt menschlichen Tuns, etwas künstlich Gewordenes, im Ggs. zum natürlich Entstandenen. ↗Kultur, ↗Kunst, ↗Technik. RD

**Artikulation,** in der zeitgenössischen Forschung fast ausschließlich als linguistischer, d. h. phonetischer Terminus gebraucht. (1) In der Phonetik bezeichnet die A. die intentional koordinierte Steuerung der Sprechorgane zur Erzeugung möglichst deutlich gegliederter Sprachlaute (lat. articulare). (2) In der Philosophie findet der Begriff der A. seltener Verwendung. Kant gebraucht den Ausdruck articulatio (*KrV* B 861) zur Ausweisung wirklicher Erkenntnis. Diese muß für Kant systematisch sein, also Unterordnung des Mannigfaltigen unter die Einheit einer Idee. Das Ganze der Erkenntnis erweist sich somit als gegliedert. – Versuche, phonetische und kognitive Aspekte des A.-Begriffs miteinander zu verbinden, finden sich bei Herder und vor allem bei W. v. Humboldt. Herder spricht von der A. als dem Abbild der inneren, geistigen Bilder der Welt. Für Humboldt formt jedes Ausgesprochene das Unausgesprochene. Die A. beruhe auf der Gewalt des Geistes über die Sprechwerkzeuge und gieße so die Materie der Erscheinungswelt in die Form der Gedanken. In der modernen Sprachphilosophie konnte Humboldts Anregung keine Wirkung hinterlassen. Anstelle der phonetischen Sprachstrukturen interessiert sich die zeitgenössische Philosophie vor allem für semantische oder syntaktische Gliederungsaspekte. **Lit.:** J. G. Herder: Verstand und Erfahrung. Eine Metakritik zur Kritik der reinen Vernunft. In: Sämtl. Werke. Bd. 21. Berlin 1881. – W. v. Humboldt: Ueber die Verschiedenheit des menschlichen Sprachbaues. In: Akad.-Ausg. Bd. 6. Berlin 1907. S. 111–303. – Ph. Mansell/H. G. Tillmann: Phonetik. Lautsprachliche Zeichen, Sprachsignale und lautsprachlicher Kommunikationsprozeß. Stuttgart 1980. AG

**Artikulator,** metasprachlicher Ausdruck, der in Anlehnung an R. Carnaps Terminologie (↗Prädikator, Individuator etc.) gebildet wurde. In der Sprachtheorie wurde der Begriff eingeführt, um eine sprachlich-kognitive Größe benennen zu können, die Prädikatoren oder ↗Nominatoren vorausgeht. Dementsprechend bezeichnet hier der Ausdruck A. zumeist Lautschemata, die auch komplexere Handlungen oder Sachverhalte repräsentieren. Erst in der eigentlichen Sprachhandlung wird der A. zu einem Prädikator oder Nominator. Demnach ist es Aufgabe der historischen Sprachforschung und der Psycholinguistik, die Genese der A.en und der durch sie repräsentierten Schemata zu rekonstruieren. Hierdurch könnten wertvolle Einblicke in die Repräsentation sprachlicher Ausdrücke und die menschliche Kognition gewonnen werden, insbesondere in die Funktion genereller und singulärer Termini. AG

**Ascensus/descensus.** (1) Innerhalb der ↗Suppositionslehre spricht man von einem logischen a., wenn man von (minder allgemeinen) Termen zu allgemeineren aufsteigt, von d., wenn man von allgemeinen zu weniger allgemeinen absteigt. PP

**Aseität** (lat. aseitas: Von- bzw. Durch-sich-selber-Sein), als Terminus vermutlich erst seit dem späten 17. Jh. (Burmann, 1678), besagt zunächst die seinsmäßige Selbständigkeit bzw. Unabhängigkeit und Genugsamkeit (sufficientia) Gottes (ens a se) im Gegensatz zur seinsmäßigen Abhängigkeit der Geschöpfe (ens ab alio). Der Sache nach findet sich der Begriff bereits in der griech. Philosophie, wo das göttliche Von- bzw. Aus-sich-sein als autusie bezeichnet wird. Im Begriff der A. liegt die absolute Ursachlosigkeit Gottes beschlossen, damit aber auch der Gedanke, daß Gott aus seinem Wesen heraus notwendig existiert. Darüberhinaus verweist der Begriff, gerade auch mit seinem Korrelat des ens ab alio, auf den biblischen Gedanken von Gott als ungeschaffenem Schöpfer von allem. **Lit.:** Anselm v. Canterbury: Monologion. Kap. V u. VI. – Artikel »Aseität«. In: HWPh. I. Sp. 537–538. – H. Beck: Der Gott der Weisen und Denker. Aschaffenburg [2]1964. S. 90 ff. – Burmann: Synopsis Theologiae et speciatim Oeconomiae foederum Dei... Tomus prior. Genevae [2]1678. Loc. II, cap. 15. RTH

**Askese** ↗Tapas

**Assertorisch,** dient der näheren Charakterisierung von Formen des Urteils: Jede a.e Aussage drückt aus, daß etwas wirklich (aber nicht notwendig) der Fall ist: es ist wirklich wahr (oder falsch), daß p. Die Charakterisierung geschieht in bezug auf den Begriff der Wahrheit, deshalb wird a. neben »apodiktisch« (es ist notwendig wahr, daß p) und »problematisch« (es ist möglicherweise wahr, daß p) als alethische Modalität bezeichnet. ↗Modalität. PP

**Assimilation** ↗Akkommodation/Assimilation

**Assoziation, Assoziationstheorie,** der Begriff taucht zuerst im Empirismus bei Locke auf, als Beziehung der Vorstellungen durch Gewöhnung. Hume gibt dazu die Faktoren Ähnlichkeit, Nachbarschaft und Ursache-Wirkungs-Beziehungen in Anlehnung an Aristoteles als Grund der A. an. – In der A.-Theorie wird A. als Verbindung von einfachen Vorstellungen zu komplexen Vorstellungen beschrieben. Die Wahrnehmung, die A. und deren Motivation werden dazu getrennt betrachtet. Da es jedoch ein »reines Registrieren« ebensowenig gibt, wie die Trennung der Motivation von der A., ist die A. nach J. Piaget nur als Teilaspekt der Assimilation zu sehen (↗Äquilibration). So können z. B. die bedingten Reflexe nur durch ständige Bestätigung aufrechterhalten werden. – Die A.-Psychologie (auch Assoziationismus) versucht A.en im Sinne einer Verknüpfung seelischer Inhalte zu erklären, wobei alle geistigen Phänomene auf A.en zurückführbar sein sollen. Besonderes Gewicht wird hier auf die Erklärung des Zustandekommens von A.en gelegt. In der Psychoanalyse wird die Methode der »freien A.« angewendet, um unbewußte psychische Zusammenhänge therapeutisch greifbar zu machen. **Lit.:** R. L. Fetz: Struktur und Genese. Bern/Stuttgart 1988. S. 56–60. JSC

**Ästhetik** (griech. aisthesis: Wahrnehmung, Empfindung), wörtlich die Lehre vom sinnlich Erscheinenden oder von der Wahrnehmung. Als Bezeichnung für eine philosophische Disziplin seit Baumgarten und Kant: Lehre vom Schönen und der Erfahrung des Schönen, im engeren Sinne Lehre vom Kunstschönen und dessen Erfahrung. Im Bereich der Ä. im engeren und im weiteren Sinne sind mehrere wissenschaftliche Disziplinen tätig. Neben der hier thematischen philosophischen Ä. z. B. die psychologische Ä. und die Kunstsoziologie (z. B. als Soziologie der Geschmacksbildung). Das Aufgabengebiet der philosophischen Ä. läßt sich auf verschiedenen Ebenen gliedern: Neben der Ä. der Kunst steht die der Natur; innerhalb der Kunstästhetik sind zu unterscheiden: Produktions-, Werk- und Rezeptionsästhetik. Kant unterscheidet in der »Kritik der (ästhetischen) Urteilskraft« eine Genielehre von einer Geschmackslehre. Während die Geschmackslehre die Beurteilung des Schönen zum Thema hat, geht es bei der Lehre vom Genie um die Prinzipien der Hervorbringung des Schönen. Zum Geschmack gehört die Fähigkeit, an schönen Gegenständen ein »interesseloses Wohlgefallen« zu entwickeln; zum Genie dagegen gehört »Geist« als die Fähigkeit, das »Gemüt« durch ästhetische Ideen zu beleben. Für Hegel hat es die philosophische Ä. nur mit dem Kunstschönen zu tun, und zwar insbesondere mit dessen Beziehung zum Absoluten. Das Schöne wird daher bei Hegel thematisch als das »sinnliche Scheinen der Idee«. Das für die philosophische Ä. relevanteste Problem ist traditionell die Frage nach der Beziehung zwischen dem Schönen und der Wahrheit. Kants Lehre von der Autonomie des Schönen und von der ästhetischen Idee als Pendant zur Vernunftidee trennt das Erleben des Schönen systematisch von dem an wissenschaftliche Strenge gebundenen Erkennen. Für das idealistische Denken Hegels ist dagegen charakteristisch, daß ihm das Schöne gerade nur insoweit bedeutsam erscheint, als in ihm das Wahre in sinnlicher Gestalt zugänglich wird. In der Kunstphilosophie des von Hegel beeinflußten Th. W. Adorno wird der Kunst ebenfalls ein besonderer Bezug zur Wahrheit zugesprochen: Kunst ist für Adorno ihrem Grundzuge nach Gesellschaftskritik, und ihre Wahrheit ist die Wahrheit der Utopie. Die schöpferische Kraft der künstlerischen Phantasie ist daher gebunden. Sie verwirklicht sich im Entwurf von Alternativen zur gesellschaftlichen Wirklichkeit. In der Ä. der Moderne und Postmoderne hat die Wahrheitsfrage im allgemeinen jedoch schrittweise an Bedeutung verloren. An ihre Stelle ist mit der wachsenden Dominanz des Historismus und Relativismus im wesentlichen die Vorstellung getreten, im schönen Kunstgegenstand drücke ein Individuum sich selber, seine spezifische Sicht der Welt, seine besonderen, an seine eigene Existenz gebundenen Werte aus. Der hierfür geltende Wahrheitsbegriff ist der einer streng subjektiv zu verstehenden Wahrheit: Kunst gilt in diesem Sinne im Gegensatz zur Wissenschaft als persönlich. Sie ist eher Ausdruck individueller Erfahrungen und Zustände, Hoffnungen und Wünsche als Darstellung überindividueller Wirklichkeit. **Lit.:** Th. W. Adorno: Ästhetische Theorie. Frankfurt 1970. – A. G. Baumgarten: Aesthetica (1750–1758, Reprint Hildesheim 1961). – A. Gethmann-Siefert: Einführung in die Ästhetik. München 1995. – G. W. F. Hegel: Vorlesungen über die Ästhetik (1835). – I. Kant: Kritik der Urteilskraft (1790). – F. Koppe: Grundbegriffe der Ästhetik. Frankfurt 1983. – F. v. Kutschera: Ästhetik. Berlin 1988. – W. Tatarkiewicz: Geschichte der Ästhetik. Basel 1979 ff. RL

**Ataraxie** (griech. Unerschütterlichkeit, Seelenruhe), gilt Demokrit als ein Wesensmerkmal der Eudämonie (VS 68 A 167), die – als »heitere Seelenruhe« (euthymia) definiert – »durch Mäßigung des Genusses und durch ein rechtes Maß im Leben« (*VS* 68 B 191) verwirklicht wird. Zu einem philosophischen Zentralbegriff wurde die A. aber erst bei Epikur. Sie wird erreicht, wenn sich der Mensch durch philosophische Einsicht von überflüssigen Begierden sowie durch das Studium der Natur und ihrer Gesetzlichkeit von Götter- und Todesfurcht befreit hat. Dieses Freisein von Furcht (= die A.) ist für Epikur zugleich höchste, d. h. katastematische (zuständliche) Lust. Ihr entspricht eine solche des Körpers, die er als Freisein von körperlichem Schmerz (aponia) bestimmt. Beide zusammen, Aponia und A., bewirken jenen lustvollen Gesamtzustand, der für den Epikureer das höchste Glück bedeutet (*Epist.* 3, 131; Ausg. Usener). In der skeptischen Schule ist die A. das Ergebnis einer praktizierten Urteilsenthaltung (epoché) in Dingen, die im Bereich der Meinung (doxa) liegen, und sie ist eng zu verknüpfen mit einem maßvollen Empfinden (metriopatheia) in aufgezwungenen Dingen, d. h. in Dingen, die Lust und Schmerz verursachen (Sextus Empiricus: *Pyrrh. hyp.* 1, 8 u. 1, 25–30). KDZ

**Atavismus** (lat. atavus: Ahnherr, Vorfahr), Begriff aus der Vererbungslehre, bezeichnet das Wiedererscheinen bestimmter körperlicher oder geistiger Merkmale, wobei einige Generationen übersprungen werden. In allen Theorien mit evolutionärem Ansatz (z. B. in Biologie, Soziologie, Kulturgeschichte) bezeichnet A. einen partiellen »Rückschlag« in eine frühere Entwicklungsstufe. In bezug auf die ↗Ontogenese wird eine solche Reaktivierung älterer Verhaltensmuster Regression genannt. RD

**Athanasianismus** (nach dem Kirchenlehrer Athanasius, um 295–373), bildet die orthodoxe Gegenposition zum ↗Arianismus bzw. zu den trinitätstheologischen Kompromissformeln und Häresien des 4. Jh. A. betont die Gottheit des Sohnes (und des Geistes), was die Vergöttlichung des Menschen erst ermöglicht. **Lit.:** Apologia contra Arianos (PG 25). – H. G. Opitz: Athanasius Werke. 3,1. 1934. PK

**Atheismus,** in einem weiten Sinne die Verneinung der Existenz transzendenter, der Sinneserfahrung oder Vernunfteinsicht nicht zugänglicher Mächte sowie die Ablehnung von Weltanschauungen, die diese zugrundelegen. In einem engeren Sinn die Leugnung eines persönlichen Gottes, so daß auch bestimmte Natur- oder Hochreligionen als atheistisch gelten können (z. B. Buddhismus). – Der A. kann erkenntnistheoretisch begründet sein mit dem Aufweis der Unmöglichkeit oder Sinnlosigkeit von Aussagen über die Existenz eines absoluten Wesens. Er kann die Entstehung von Gottesvorstellungen auf psychologische, soziologische oder kulturgeschichtliche Bedingungen zurückführen und diese so als jeweilig motiviertes menschliches Produkt zu entlarven suchen. Er kann moralisch argumentieren und in der Religion einen Ausdruck von Unmündigkeit und Unwissenheit sehen, der der Fortentwicklung des Menschen hinderlich ist.

Erste Ansätze eines A. zeigen sich bereits bei den Vorsokratikern und Sophisten. Kritias sieht in den Göttern eine Erfindung zur Aufrechterhaltung der moralischen und staatlichen Ordnung. Prodikos erblickt in ihnen eine Projektion menschlicher Wünsche. – Die im Zeitalter der Aufklärung theoretisch fundierte Religionskritik bildet die Grundlage für den neuzeitlichen A. Der frz. Materialismus (La Mettrie, d'Holbach) will mit wissenschaftlich begründeter Erkenntnis gegen den religiösen Irrationalismus angehen und sieht in der Religion die Ursache für gesellschaftliche Mißstände. Für L. Feuerbach ist der Gottesbegriff die Projektion der Wesenseigenschaften des Menschen auf ein anderes vorgestelltes Wesen: »Das Bewußtsein Gottes ist das Selbstbewußtsein des Menschen, die Erkenntnis Gottes die Selbsterkenntnis des Menschen« (*Das Wesen des Christentums*, 2. Kap.). Im Anschluß an Feuerbach konstatiert Marx , daß die Kritik der Religion in die der gesellschaftlichen Verhältnisse übergehen müsse, um eine Veränderung der auf der Ausübung der Religion beruhenden Gesellschaftsstrukturen zu erreichen. Im atheistischen Existentialismus Sartres ist die Nichtexistenz Gottes Voraussetzung dafür, daß der Mensch, frei von vorgängigen Sinnbestimmungen, sein eigenes Sein erst selbst entwirft und gestaltet. **Lit.:** L. Feuerbach: Das Wesen des Christentums. Leipzig 1841. – P. Th. d'Holbach: Système de la nature. London 1770 (dt. System der Natur. Frankfurt 1978). – H. Ley: Geschichte der Aufklärung und des Atheismus 1–5. Berlin 1966–1986. – K. Marx: Kritik der Hegelschen Rechtsphilosophie (MEW 1). Berlin 1956. – F. Mauthner: Der Atheismus und seine Geschichte im Abendlande I-IV. Stuttgart/Berlin 1920–23. FPB

**Ātman** (sanskrit, Selbst). Das Begriffspaar Ā./↗Brahman hat im Westen schon früh über Schopenhauer und über die theosophischen und anthroposophischen Spekulationen eine breite Rezeption erfahren. In den vedischen Texten vor den Upaniṣaden bezeichnet Ā. im philosophischen Bereich den individuellen Lebenshauch. In den ↗Upaniṣaden verlagert sich das Gewicht der Spekulationen in die Sphäre des menschlichen Seins, und man beginnt sich zu fragen, was die individuelle Persönlichkeit ausmacht (*Aitareya-U.* 1.3.11.). Die Antwort darauf ist die Konzeption des Ā., der als wahrnehmendes Subjekt (*Bṛhadāraṇyaka-U.* 3.4.2., 1.4.7.) der Sinnesempfindungen aufgefaßt wird; er ist ewig und ungeboren, somit auch unvergänglich (*Kaṭha-U.* 2.18.), er ist sowohl winzig klein als auch riesig groß (*Chāndogya-U.* 3.14.3.). Der individuelle Ā. wird mit dem Kosmos und dem Wahren oder Realen gleichgesetzt (Uddālaka Āruṇi in *Chāndogya-U.* 6.8.7.) und von hier aus liegt dann auch der Schluß nahe, daß Ā. und Brahman eine Einheit seien (Yājñavalkya in *Bṛhadāraṇyaka-U.* 3.5.1.). Die Erkenntnis des eigenen Selbst und seiner Identität mit der Allseele bedeutet die Aufhebung des Gegensatzes zwischen Subjekt und Objekt (*Bṛhadāraṇyaka-U.* 4.4.2.) und eine Unabhängigkeit vom Mechanismus des ↗Karma (*Bṛhadāraṇyaka-U.* 4.4.22.). Während in den älteren Upaniṣaden Geist und Materie noch nicht klar getrennt erscheinen, zeigt sich in den mittleren Upaniṣaden ein Dualismus von Materiellem und Geistigem, wobei das Geistige sich im Einzelwesen als Ā. manifestiert und das Einzelwesen durch Verblendung nicht realisiert, daß Allgeist (↗Puruṣa, Brahman) und Einzelseele eigentlich identisch sind. Dies ist dann die Grundlehre des ↗Vedānta, der des weiteren als System versucht, das genaue Verhältnis von Ā. zu Brahman und zur Welt der materiellen Erscheinungen zu bestimmen. Eine Reaktion auf diese Seelenlehre stellt die Behauptung der Materialisten (↗Lokāyata) dar, die Seele, bzw. das Geistige, sei mit dem Leib, der aus den vier Elementen bestehe, also mit der Materie, identisch. Eine andere Reaktion war die des ↗Buddhismus, der ebenfalls die Haltung vertrat, es gebe keine Seele (anātman, Pāli: anatta), jedoch im Unterschied zu den Materialisten innerhalb der pluralistischen ↗Dharma-Lehre geistigpsychische Dharmas annimmt und auch eine transzendente Entität zuläßt, das ↗Nirvāṇa. Der Buddha selbst weist eine Stellungnahme zur Frage der Existenz der Seele zurück (vgl. etwa Saṃyutta-Nikāya 44,10), wenn aber die Daseinsfaktoren, aus denen alles Seiende besteht, als ohne Selbst (anātmaka, Pāli: anattā), leidvoll (duḥkha, Pāli: dukkha) und unbeständig (anitya, Pāli: anicca) bezeichnet werden, dann ist klar, daß das scheinbare Individuum, das aus diesen Faktoren besteht, kein beständiges Selbst besitzen kann. **Lit.:** P. Deussen: Allgemeine Geschichte der Philosophie. Bd. I.1.: Allgemeine Einleitung und Philosophie des Veda bis auf die Upanishad's. Leipzig [5]1922. S. 282 ff. u. Bd. I.2.: Die Philosophie der Upanishaden. Leipzig [5]1922. S. 231 ff. – H. G. Narahari: Atman. Adyar 1944. MD

**Atomismus,** (1) Bezeichnung für naturphilosophische Positionen in der Antike, die von den Grundannahmen ausgehen, (a) daß die Materie aus Atomen zusammengesetzt sei, (b) daß das Naturgeschehen aus den Eigenschaften der Atome erklärbar sei. Ausgehend von Leukipps Lehre, daß sich unendlich viele unveränderliche Atome im leeren Raum bewegen, entwickelte dessen Schüler Demokrit die These, daß die Verschiedenheit und Veränderlichkeit der Dinge in den verschiedenen Konfigurationen und Bewegungsmöglichkeiten der Atome, die unterschiedliche Gestalt und Größe besitzen, begründet sind.

(2) Als logischen A. hat Russell seine Art philosophischer Analyse bezeichnet. Dabei geht er von der Überzeugung aus, daß es viele einzelne Dinge gibt und daß die augenscheinliche Mannigfaltigkeit in der Welt nicht nur aus scheinbaren Bestandteilen einer einzigen unteilbaren Realität besteht. Diese Überzeugung bezeichnet er als atomistische Logik und die zugehörige Theorie logischen A., weil die Atome, zu denen er als den letzten unzerlegbaren Bestandteilen bei der Analyse kommt, nicht physikalische, sondern logische Atome sind. Diese Atome oder letzten Elemente sind zum einen die Dinge, die er Individuen nennt, und zum anderen die Prädikate und Relationen (verschiedener Ordnung). Als letzte Elemente, aus denen die Welt besteht, behauptet Russell noch eine andere Art von Objekten, die uns in der Welt begegnen, nämlich die Tatsachen. Die Tatsachen sind die Dinge, die mit Hilfe von Aussagen behauptet oder verneint werden. Die Außenwelt, nach deren Erkenntnis wir streben, kann also nicht durch die Aufzählung von Individuen vollständig beschrieben werden, vielmehr muß man auch die Tatsachen in Betracht ziehen. Wenn wir von einem bestimmten Ding sagen, daß es eine bestimmte Eigenschaft hat oder in einer bestimmten Relation zu einem anderen steht, drücken wir eine Tatsache aus. Unter einer Tatsache versteht Russell diejenigen Dinge, die eine Aussage entweder wahr oder falsch machen. Z. B. ist die Aussage »es regnet« bei einem bestimmten Zustand des Wetters wahr und bei einem anderen Zustand falsch. Der Zustand des Wetters, der die Aussage wahr oder falsch macht, ist das, was er als Tatsache bezeichnet. Er unterscheidet folgende Arten von Tatsachen: (a) singuläre (z. B. »dies ist weiß«) von generellen (z. B. »alle Menschen sind sterblich«), (b) positive (»Sokrates lebte«) von negativen (»S. lebte nicht«), (c) Tatsachen, die einzelne Dinge oder Qualitäten betreffen, von vollkommen generellen, wie sie uns in der Logik begegnen, (d) Tatsachen über Eigenschaften von Einzeldingen und solche von Relationen zwischen zwei oder mehreren Dingen. Die singuläre Aussage »dies ist weiß« stellt die einfachste Art einer Tatsache dar,

die Relation zwischen zwei Individuen die nächsteinfache. Aufgrund dieser Einfachheit bezeichnet sie Russell als atomare Tatsachen. Jede Tatsache wird durch einen Satz bzw. eine Aussage ausgedrückt. Den atomaren Tatsachen entspricht die atomare Aussage. Diese enthält die Eigennamen, die für Individuen stehen, und ein Prädikat, wenn eine einstellige Relation oder Qualität bezeichnet wird, oder ein Verb, wenn eine Relation höherer Ordnung bezeichnet wird. Ein Eigenname im logischen Sinn, dessen Bedeutung ein Individuum ist, kann nur auf ein Individuum angewendet werden, mit dem der Sprecher bekannt ist. Die molekularen Aussagen, die Russell noch anführt, stellen Verknüpfungen von atomaren Aussagen dar, die mit Hilfe der Satzoperatoren »und«, »oder«, »wenn« vollzogen werden. Jeder sinnvolle Satz läßt sich mittels vollständiger logischer Analyse in eine ↗Wahrheitsfunktion von nicht weiter analysierbaren Elementarsätzen umwandeln. In der weiteren Analyse verweist Russell noch auf die notwendige Differenzierung zwischen einer Aussage und Aussagefunktion und die Differenzierung zwischen Individuen und Klassen. Eine Aussage kann entweder wahr oder falsch sein, dagegen können die Modalitäten »notwendig«, »möglich« und »unmöglich« nicht auf Aussagen, sondern nur auf Aussagefunktionen angewendet werden. Eine Aussagefunktion ist ein Ausdruck, der einen oder mehrere indeterminierte Bestandteile enthält (z. B. »wenn x ein Mensch ist, ist x sterblich«) und zu einer Aussage wird, sobald diese indeterminierten Bestandteile determiniert sind. Die Differenzierung zwischen Individuen und Klassen ist notwendig, um logische Antinomien zu vermeiden. Eine Klasse kann nicht denselben Status wie ein Ding haben, vielmehr sind Klassen logische Fiktionen, die hierarchisch anzuordnen sind, beginnend mit den Klassen (des ersten Typs), deren Elemente Individuen sind, dann den Klassen (zweiten Typs), deren Elemente die Klassen ersten Typs sind usw. Es ist unmöglich, daß eine Klasse eines Typs mit einer Klasse eines anderen Typs identisch sein kann. ↗Typentheorie. **Lit.:** B. Russell: Die Philosophie des Logischen Atomismus. München 1976. S. 178 ff. PP

**Atomsatz,** atomarer Satz, auch Elementarsatz, Bezeichnung für (a) eine einfache Aussage, die nicht selbst einen Satz als Bestandteil enthält und wieder aus anderen Aussagen zusammengesetzt ist, und die nicht die Begriffe »einige« oder »alle« (d.i. Quantoren) enthält; (b) eine Aussage, in der wie in jedem singulären Urteil nur Individuen als Argumente auftreten, z. B. »dieser Tisch ist rund«, »dieser Mann ist ein Lehrer«. PP

**Attraktion/Repulsion,** in naturphilosophischen Theorien Bezeichnung für ein als notwendig angenommenes gegensätzliches Paar von Grundkräften: Anziehungs- und Abstoßungskräfte. Jedes materielle Sein dürfte demnach nur aus der spezifischen Differenz dieser Kräfte erklärbar sein (Schelling: *Ideen zu einer Philosophie der Natur*). PP

**Attribut,** (a) Bezeichnung für eine wesentliche Eigenschaft, die einem Gegenstand mit Notwendigkeit zukommt und ohne die er nicht denkbar wäre (im Unterschied zur ↗Akzidenz); (b) in der formalen Logik Bezeichnung für Eigenschaften (einstellige Prädikatoren) und Relationen (mehrstellige Prädikatoren). PP

**Attributionsurteil.** In der traditionellen Urteilslehre werden solche Urteile als A.e bezeichnet, in denen einem Subjektgegenstand eine Bestimmtheit zugeschrieben wird, bspw. »Schwefel ist gelb«. Sie geben eine Antwort auf die Frage »wie ist das?«. Anders als bei den ↗Bestimmungsurteilen wird damit nicht behauptet, daß diese Bestimmtheit zum Wesen des Subjektgegenstandes gehören würde. **Lit.:** A. Pfänder: Logik. Tübingen $^{3}$1963. S. 47. PP

**Aufhebung, dialektische,** Begriff der spekulativen Philosophie Hegels, welcher drei der aus dem gewöhnlichen Sprachgebrauch stammenden Bedeutungen von »aufheben« vereint: (1) in die Höhe heben (elevare), (2) bewahren (conservare) sowie (3) wegnehmen, abschaffen (tollere) – wobei letztere Bedeutung bei Hegel im Begriff der Negation enthalten ist. Bei der d.n A. wird z. B. eine ↗Kategorie durch Bezug auf ihr Gegenteil (ihre Negation) in ihrer universalen Gültigkeit negiert. Dadurch ergibt sich nach Hegel eine neue Kategorie, die den Gehalt der ursprünglichen Kategorie bewahrt und mit dem ihrer Opponentin vereint, so daß die neue Kategorie die ursprünglichen Kategorien auf ein höheres und komplexeres (in Hegels Sprachgebrauch »konkreteres«) Niveau erhebt, da deren Einseitigkeit und Ausschließlichkeit »aufgehoben« ist. Der in der ↗Negation der Negation enthaltene Widerspruch ist bei der d.n A. als ein produktives Prinzip gedacht, da hier – anders als bei der doppelten Verneinung in der formalen Logik – das Resultat eine andere als die ursprüngliche Kategorie ist. MQ

**Aufklärung.** A. verkörpert in ihrem Kerngedanken den Anspruch auf Mündigkeit des Individuums. Sie fordert geistige wie politische Selbstbestimmung und Selbstgesetzgebung durch die menschliche Vernunft und die Befreiung von allen subjektiv nicht nachvollziehbaren Autoritäten. Die A. kann als Epochenbegriff, als Erkenntnisbegriff und als politisch-ideologiekritischer Begriff gefaßt werden.

(1) Als Zeitalter der A. gilt das 18. Jh., in Frankreich auch als »Le siècle philosophique« oder »L'âge de la raison« bezeichnet. Es erstreckt sich ereignisgeschichtlich von der »Glorious Revolution« in England (1688/89) über die amerikanische Unabhängigkeitserklärung und die Verkündung der Menschenrechte 1776 bis zur frz. Revolution im Jahr 1789. Gesellschaftspolitisch eng verwoben mit der A. ist das aufstrebende Bürgertum, die schrittweise Durchsetzung des Handelskapitals, des Manufakturwesens sowie der Marktbeziehungen. Das kulturelle Klima der A. ist geprägt von einer entstehenden literarischen Öffentlichkeit in Salons und Diskussionszirkeln, der zunehmenden Verbreitung von Zeitschriften und moralischer Erbauungsliteratur, der Dominanz von Literaturgattun-

gen wie Roman, Novelle, Lehrfabel und im Theater der Entwicklung des bürgerlichen Trauerspiels. Getragen werden diese publizistischen Aktivitäten von dem Glauben an die Perfektionierung des Menschengeschlechts durch Erziehung im Sinne der Vernunft. Mit der A. einher gehen optimistische Erwartungen an eine lineare Fortschrittsgeschichte in wissenschaftlicher wie sozialer Hinsicht. Vernunft wird in Abkehr von der Tradition des ↗Rationalismus nicht mehr als ein aus festen Prinzipien ableitbares, geschlossenes System betrachtet. Als methodisches Vorbild gilt der analytische Geist der Naturwissenschaften auf experimenteller Basis, wie ihn die Newtonsche Physik begründet hatte. Die immer wieder aufgenommene Lichtmetapher seitens der A. (frz. les lumières) demonstriert die Absage an das bisherige Weltverständnis. War es selbst noch bei Descartes die erleuchtende Kraft Gottes, die der Vernunft zu Wahrheit und Welterkenntnis verhalf, so beginnt sich in der A. die Auffassung durchzusetzen, daß es der vernunftbegabte Mensch ist, der der rationalen Ordnung der Dinge auf den Grund zu gehen vermag, indem er die Welt methodisch durchleuchtet. Die Philosophie der A. beinhaltet eine radikale Absage an sämtliche traditionellen Formen des Dogmatismus. In ihrem Zentrum steht der Begriff der Kritik. Paradebeispiel für das Bildungs- und Wissenschaftsverständnis ist die von d'Alembert und Diderot herausgegebene, vierbändige *Encyclopédie ou dictionaire raisonné des sciences, des arts et des métiers* von 1751/52, an der an die 200 Autoren vom Handwerker bis zum Literaten gearbeitet haben. Intention des Vorhabens war, eine möglichst globale und systematische Darstellung des zeitgenössischen Standes von Technik und Wissenschaft zu bieten, ohne dabei die Vielfalt der Sichtweisen gewaltsam zu harmonisieren. Das vielschichtige Werk umfaßt Artikel zu philosophischen Problemen ebenso wie zu ästhetischen und naturwissenschaftlichen Fragen oder zur Naturgeschichte. Auch der politischen Ökonomie wird (von Rousseau) ein eigenständiges Kapitel gewidmet. Am stärksten gewirkt hat die A. im 18. Jh. in England, Frankreich und Deutschland. Ihre Protagonisten sind in England Locke, Berkeley, Hume, Shaftesbury und die Vertreter der schottischen Moralphilosophie (A. Smith); in Frankreich Diderot, d'Alembert, Montesquieu, Voltaire, Buffon, Condillac, d'Holbach, Helvetius und Rousseau; in Deutschland Chr. Wolff, Lessing, Wieland, M. Mendelssohn und nicht zuletzt Kant.

(2) Auf erkenntnistheoretischem Gebiet wird die A. durch die Revolutionen in den Naturwissenschaften, insbesondere durch Newtons Innovationen in der physikalischen Mechanik geprägt. In Anlehnung an den naiven Glauben des Briten, auf Hypothesen generell verzichten zu können und die Gesetze der Mechanik aus der reinen Analyse der Erscheinungswelt zu rekonstruieren, entwickelt sich in der A. eine sensualistische Erkenntnistheorie. Ideen sind demnach nicht mehr a priori gegeben, sondern rühren aus der Erfahrungswelt. Unterscheidet der von cartesianischer Tradition noch geprägte Locke gemäß res cogitans und res extensa zwischen äußerer (sensation) und innerer Erfahrung (reflection), um der Frage nach dem Ursprung der Ideen nachzugehen, so wird bei Berkeley Wahrgenommenes und Seiendes von vornherein in eins gesetzt (esse est percipi). Condillac versucht allein aus der Logik der ins Bewußtsein aufgenommenen Impressionen den Aufbau der Seele zu rekonstruieren. Bei Hume schließlich werden die Verstandesleistungen des Bewußtseins darauf reduziert, den durch die Sinne erworbenen Stoff zu ordnen. Selbst Kategorien wie die ↗Kausalität sind demnach der Erfahrung entnommen. Wesentliches Merkmal dieser erkenntnistheoretischen Position des ↗Sensualismus, die bei Denkern wie d'Holbach und Helvetius zu einem materialistisch-atheistischen Weltverständnis weitergetrieben werden, ist eine Umkehrung des Erkenntnisweges von der ↗Deduktion aus dogmatischen Glaubenssätzen oder rationalistischen Prinzipien hin zur ↗Induktion aus vermeintlich unmittelbarer Erfahrung. Die Analyse der Mannigfaltigkeit der Gegenstände der Welt, die Zerlegung ihrer Phänomene soll nach dem Vorbild der Naturwissenschaft zur Erkenntnis ihres systematischen Aufbaus führen. Da die Ordnungsprinzipien des Seins aus der Erfahrung gewonnen werden, erhalten sie keinen absoluten Stellenwert mehr, sondern unterliegen der zeitlichen Relativität. Der neuzeitliche Fortschrittsglaube erhofft sich ein schrittweise immer umfangreicheres und detaillierteres Wissen über die Realität. Als Schöpfer der Welt wird Gott nicht notwendig abgesetzt, seine Rolle reduziert sich jedoch vom Herrscher über das Dasein auf die eines »Uhrmachergottes«, einem Wesen, das die Welt nach rationalen Prinzipien gleich einer Maschine erschaffen hat. Ihre Funktionsweise zu durchschauen bietet die Voraussetzung für Manipulation durch technische Eingriffe in ihr Räderwerk. Die A. ist auf erkenntnistheoretischem Gebiet somit die theoretische Konsequenz der Entdekkungen der Naturwissenschaften seit der Renaissance und der damit beginnenden Geschichte der modernen Naturbeherrschung und Naturzerstörung. Aus dieser Perspektive ist die A. immer wieder Objekt einer nachkantischen Vernunftkritik gewesen – in jüngster Zeit vor allem seitens postmoderner Theorieansätze. Die berühmteste Kritik an der A. stammt aus den 40er Jahren dieses Jh. Horkheimer und Adorno operieren in der *Dialektik der Aufklärung* jedoch mit einem weiten Aufklärungsbegriff, der sich auf jegliches instrumentelle Verhältnis zur Natur bezieht. Die Entzauberung der Welt und die Befreiung von metaphysischen Weltbildern führt, so die Quintessenz ihres Essays, nicht zur Emanzipation des Menschen, sondern zur Hypostasierung der Technik und zur Verdinglichung von Natur wie der sozialen Verhältnisse (»Aufklärung schlägt in Mythologie zurück«, Horkheimer).

(3) Wie die Natur, so wird in der politischen Philosophie der A. auch die Gesellschaft in ihre unhintergehbaren Bestandteile zerlegt. Der Staat als Repräsentant des Gesamtwillens setzt sich aus den Einzelwillen sei-

ner Mitglieder zusammen. Zumeist aus dem Naturrecht werden vertragstheoretische Entwürfe entwikkelt, in denen die Einzelinteressen der Bürger die staatliche Instanz konstituieren. Ausgehend von Hobbes entstehen Gesellschaftsmodelle, die jedoch nicht mehr, wie im *Leviathan*, allein dazu dienen, den allgemeinen Bürgerkrieg abzuwenden, sondern gerade den Mißbrauch staatlicher Gewalt gegen die Untertanen einzudämmen. Die Kritik am zeitgenössischen Absolutismus ist unvermeidlich. Montesquieus *Lettres persannes* beschreiben aus simulierter Außenperspektive die gesellschaftspolitischen Mißstände, im *Esprit des lois* wird eine Teilung staatlicher Gewalt entworfen. Die republikanischen Vertragsmodelle reichen von Lockes Konzeption einer konstitutionellen Monarchie (Voltaire plädiert sogar für einen aufgeklärten Absolutismus im Sinne Friedrichs des Großen) bis zu Rousseaus Idee einer radikalen Basisdemokratie, die, wie er jedoch kulturpessimistisch einschränkt, nur für »ein Volk von Göttern«, nicht aber für Menschen geeignet sei. Zentral für Rousseaus romantisches Gesellschaftsmodell, das ohne naturrechtliche Absicherung auskommt, ist der Begriff der Tugend, über den die Vermittlung des Allgemeinen (volonté générale) mit dem Besonderen (volonté des tous) ermöglicht werden soll. Tugendhafte Menschen setzt seine Konzeption voraus, entsprechen dem Erziehungsideal der A. (vgl. Rousseaus *Emile*), eine substantialistische Auffassung, die in der frz. Revolution während der Herrschaft Robbespierres verhängnisvolle Folgen haben wird.

Doch die gesellschaftstheoretischen Annahmen der A. transportieren gleichzeitig ein liberales Menschenbild. Der Humanismus der A. erfordert neben individueller Selbstbestimmung die Toleranz gegen Andersdenkende und Andersgläubige (vgl. Voltaires *Traîté sur la tolerance* oder Lessings *Nathan der Weise*). Ihren materiellen Niederschlag finden diese Ideen in der amerikanischen Menschenrechtserklärung. Entscheidend ist das neue Verständnis von individueller Freiheit und persönlicher Verantwortung. Mit Voltaire kommt der erste moderne Intellektuelle ins Spiel, der, wie in der »Affaire Calas«, durch öffentliche Kritik für die Rechte anderer eintritt. Kant definiert A. als den »Ausgang des Menschen aus seiner selbstverschuldeten Unmündigkeit« und fordert den Mut, sich seines »eigenen Verstandes zu bedienen«. Die Autonomie des Individuums bleibt bis zum heutigen Tag die Kernforderung der A. Bei Marx wird sie noch als bürgerliche Ideologie der kapitalistischen Konkurrenzgesellschaft kritisiert, die erst nach deren Aufhebung im Sozialismus ihre wahre Erfüllung finden wird. Habermas sieht im Erbe der A. die Forderung, die in der Moderne ausdifferenzierten Bereiche der objektivierenden Wissenschaften, der universalistischen Grundlagen von Moral und Recht sowie der autonom gewordenen Kunst an die Lebenswelt heranzuführen, ohne sie in ihrem Eigenrecht zu beeinträchtigen. Für Foucault verkörpert die A. eine Haltung: der Wille, sich von keinem Macht-Wissen-Komplex unhinterfragt regieren zu lassen. **Lit.:** E. Cassirer: Die Philosophie der Aufklärung. Tübingen 1932. – M. Foucault: Qu' est-ce que les Lumières? In: Ders.: Dits et écrits. Thome IV. Paris 1994. S. 562–578 (dt.: Was ist Aufklärung? In.: E. Erdmann u. a. (Hg.): Ethos der Moderne. Frankfurt/New York 1990. S. 35–54). – J. Habermas: Die Moderne – ein unvollendetes Projekt. In: Ders.: Kleine Politische Schriften (I-IV). Frankfurt 1981. S. 444–464. – M. Horkheimer/Th. W. Adorno: Dialektik der Aufklärung. In: Horkheimer: Ges. Schriften. Bd. 5. Frankfurt 1987. – I. Kant: Beantwortung der Frage: Was ist Aufklärung? (1784). – Neuzeit. In: E. Braun u. a.: Politische Philosophie. Reinbek 1984. S. 107–245. – K. Vorländer: Philosophie der Neuzeit. Die Aufklärung (Geschichte der Philosophie V). Hamburg 1955. MR

**Aufmerksamkeit,** konzentriertes Gerichtetsein auf Objekte (Gegenstände, Ideen, Vorgänge), die dadurch aus der Fülle der möglichen Wahrnehmungen herausgehoben werden. Der Begriff der A. kann folgende Aspekte haben, die in der Philosophiegeschichte unterschiedlich betont wurden: In der A. werden unter mehreren möglichen Wahrnehmungen einzelne ausgewählt. Leitvorstellungen beinflussen das Gerichtetsein der A. auf entsprechende Eindrücke. Mehrere Eindrücke werden mit unterschiedlicher Klarheit aufgenommen. A. wird als Willensakt aufgefaßt. Sie ist das Vermögen, einen Eindruck über eine Zeitspanne hinweg festzuhalten. Die Beziehung zwischen A. und Bewußtsein wird unterschiedlich gesehen: Nach den Strukturalisten (W. Wundt, E. B. Titchener) bringt A. eine graduell unterschiedliche Bewußtseinsklarheit der Bewußtseinselemente hervor und ist somit innerhalb des Bewußtseins anzusetzen. Funktionalisten (W. James) dagegen nehmen die A. als Selektionsprozeß vor dem Bewußtsein an. DL

**Augenblick,** bezeichnet bei Kierkegaard die Einheit von Zeit und Ewigkeit. Zugrunde liegt der christliche Glaubensinhalt, daß Gott zu einem bestimmten historischen Zeitpunkt Mensch geworden ist, somit das in die Zeit eingebrochene Ewige den beliebigen Jetztpunkt zum einmalig erfüllten A. verwandelt. Existentiell bedeutet dies, daß der Mensch sich in der Zeit für sein ewiges Selbst entscheiden muß. Bei Jaspers ist der A. ein Aspekt der ↗ Geschichtlichkeit der Existenz, ebenfalls als Einheit von Zeit und Ewigkeit begriffen. Existenz ist für ihn das Zusichkommen des Selbst als ein Gegenwärtigwerden von Zeitlosem in der Zeit. **Lit.:** S. Kierkegaard: Der Begriff Angst (Gesammelte Werke 11. Abtlg.). III. Kap. – K. Jaspers: Philosophie. Bd. 2. Berlin ³1973. S. 126 f. – R.-W. Sauer: Die Ansätze zu einer Bestimmung der Geschichtlichkeit im Denken Kierkegaards. Freiburg 1953. FPB

**Augustinismus,** Fortwirken der sich um eine Synthese von Philosophie und Theologie bemühenden Denkweise von Aurelius Augustinus (354–430) in MA. und Neuzeit. Der philosophische A. versucht, die Glaubensgehalte der christlichen Offenbarungsreligion mit Hilfe der v. a. (neu-)platonisch geprägten Philosophie zu erhellen und einsichtig zu machen. Insofern kommt der existentiellen (Glaubens-)Entscheidung ein Vorrang vor dem intellektuellen Erkennen zu (Anselm: *Proslogion* 1: »credo ut intelligam«). Dieser Primat des Glaubens vor dem Einsehen wird im MA. als Vorrang der Theologie vor der Philosophie gedeutet (Petrus Damiani: Opusculum 36,5: Philosophie als »Magd«). Zentral für die Erkenntnistheorie des A. ist die Lehre von der ↗Illumination, die aber von einzelnen Denkern (z. B. auf Grund aristotelischer Einflüsse) erweitert und modifiziert wird. Ähnliches gilt für metaphysische Grundannahmen: Augustins Lehre von den »samenhaft« wirkenden Formprinzipien (rationes seminales) wird mit einer arabisch-jüdische Theorien aufgreifenden Ontologie der aktuellen, körperlichen bzw. geistigen Materie kombiniert. Der ma. A. fand besonders im Franziskanerorden bedeutende Vertreter (Bonaventura, Johannes Peckham) und sah sich zunehmend als Gegenbewegung zum wiederentdeckten ↗Aristotelismus (Albertus Magnus, Thomas v. Aquin). Die Auseinandersetzungen gipfelten 1277 in der Verurteilung aristotelischer Lehren durch den Bischof von Paris, was einer Stärkung augustinischer Positionen entsprach. In der Neuzeit begegnen zwar weniger ganze Systementwürfe aus dem Geist des A., doch finden sich immer wieder augustinische Denkmotive von Descartes (Augustins »Wenn ich mich täusche, bin ich«, *De civitate Dei* XI, 26, nimmt das cartesische »cogito ergo sum« gleichsam vorweg) über Pascal, Kierkegaard, Scheler bis G. Marcel. **Lit.:** C. P. Mayer/ W. Eckermann (Hg.): Scientia Augustiniana. Würzburg 1975. JS

**Aura** (griech./lat. »Hauch«), für die Kabbalisten umgab jeden Menschen seine A., in der seine Taten bis zum jüngsten Gericht aufbewahrt wurden. W. Benjamin definierte die A. als »einmalige Erscheinung einer Ferne, so nah sie sein mag«. Jedes auratische Kunstwerk (wie die Mona Lisa z. B.) gibt es nur einmal; es läßt die Ahnung einer nicht-rationalen, mystisch-geheimnisvollen Welt sowie die Sehnsucht nach Dauer aufblitzen und ist eingebettet in einen übergeordneten Sinn- und Traditionszusammenhang, der ihm (Kult-) Wert verleiht. Für Benjamin gilt jedoch auch, daß die A. des Kunstwerks im »Zeitalter der technischen Reproduzierbarkeit« (gemeint ist die Zeit seit Baudelaire) »verkümmert«, weil die Kunst durch Film und Fotographie unendlich vervielfältigt, verkommerzialisiert und letztlich zur Massenware degradiert wird. **Lit.:** W. Benjamin: Das Kunstwerk im Zeitalter seiner technischen Reproduzierbarkeit. Frankfurt 1963/1977. S. 13, 15. MRM

**Ausdehnung.** Seit Aristoteles (*Physik* III, 5, 204b 20) wird die A. als identifizierende Eigenschaft physikalischer Entitäten, die im dreidimensionalen Raum situiert sind, betrachtet. Descartes verwendet sie als Kriterium für die Unterscheidung zwischen Geist und Materie. Bei Berkeley wird die Ausdehnung als subjektives Phänomen betrachtet, das nur in der Wahrnehmung existiert. Für Kant bildet die A. eine Bedingung a priori der Vorstellung eines Körpers. Die Aussage »alle Körper sind ausgedehnt« ist seiner Meinung nach analytisch und a priori (*KrV* B11/A7). Auch in der Romantik wird die A. subjektiv, allerdings nicht durch die Wahrnehmung, sondern durch die Vernunft begründet. Gegen die idealistische Position vertritt Stumpf die Ansicht, daß die A. in der Wahrnehmung gegeben ist, allerdings nicht getrennt von Qualität und Intensität. In der gegenwärtigen philosophischen Diskussion wird die A. gewöhnlich in Zusammenhang mit dem Begriff ↗Raum behandelt. Eine besondere Rolle spielt die A. in der Untersuchung der Raumwahrnehmung. **Lit.:** N. Eilan/B. Brewer/R. McCarthy: Spatial Representation: Problems in Philosophy and Psychology. Oxford 1993. GSO

**Ausdruck.** In Husserls *1. Logischer Untersuchung* (1900) findet sich eine für die Diskussion im 20. Jh. wirkungsmächtige Bestimmung des Ausdrucksbegriffs, nach der A. »jede Rede und jeder Redeteil, sowie jedes wesentlich gleichartige Zeichen« ist. A. wird hierbei allerdings reduziert auf sprachlich-diskursive Formen, die intentional auf eine situationsunabhängige Bedeutung verweisen und eine kommunikative Funktion besitzen. Dieser Ausdrucksbegriff eignet sich zur Widerlegung des Psychologismusvorwurf. Wesentlich weiter wird das Ausdrucksphänomen von Dilthey im *Aufbau der geschichtlichen Welt in den Geisteswissenschaften* (1910) eingeführt, der neben sprachlich-diskursiven Formen auch Handlungen und Erlebnisausdrücke berücksichtigt. Letztere reichen von körpergebundenen (mimischen und gestischen) Ausdrucksformen emotionaler Zustände bis hin zu künstlerisch gestaltetem A. Letztlich ist alles, dem der Mensch »wirkend sein Gepräge aufgedrückt hat«, d. h. alle historischen und kulturellen Objektivationen des menschlichen Geistes als A. aufzufassen. Im A. formt und artikuliert sich ein fließendes und unscharfes »inneres« Erlebnis und gewinnt eine »äußere«, materielle Gestalt, die von anderen erfaßt und verstanden werden kann. Hermeneutik fußt so auf dem Zusammenhang von Erleben, A. und Verstehen. Bei Plessner, der an Dilthey anschließt, wird A. bzw. »Expressivität« in den *Stufen des Organischen und der Mensch* (1928) zu einem Grundbegriff der Philosophischen Anthropologie. Der Mensch ist von seiner natürlichen Konstitution her ein Wesen, daß sich notwendig ausdrücken muß. Darin liegt letztlich der Grund für seine historische Existenzweise. Auch in Cassirers *Philosophie der symbolischen Formen* (1923–29) besitzt der Ausdrucksbegriff eine grundlegende Bedeutung. Insbesondere die Welt des Mythos wird von Cassirer als eine Ausdruckswelt skizziert, in der weniger Gegenstandskomplexe, sondern Ausdruckscharaktere (z. B. das Düstere oder Heitere, das Furchteinflößende oder Beruhigende) den Sinn der Erfahrung bestimmen. Dies gilt auch für die frühkindliche Erfahrung. Insgesamt schreibt Cassirer dem A. eine konstitutive Funktion in allen symbolischen Formen (u. a. Sprache, Wissenschaft) zu. Das Verstehen von A. und darauf aufbauend die Erfahrung des »Du«

bzw. generell lebendiger Dinge ist früher als das Wissen von Gegenständen. Daraus ergibt sich die Bedeutung der Ausdruckswahrnehmung für die Problematik der Intersubjektiviät und des Fremdverstehens. Dieser Gedanke findet sich bereits in Schelers Analysen über *Wesen und Formen der Sympathie* (1913/23). Über die Ausdruckswahrnehmung haben wir demnach einen direkten Zugang zur Sphäre eines anderen Ichs. – Parallel zur Philosophie findet sich auch in der Psychologie, ausgehend von der älteren Physiognomik und von Darwins funktional-evolutionstheoretischer Ausdrucksbestimmung (*The expression of emotions in man and animals*, 1872) eine kontinuierliche Beschäftigung mit dem A. Grundannahme ist hier, daß alle sozialen Bindungen des Menschen ihre Grundlage in Emotionen haben, die in erster Linie mit Hilfe von körpergebundenen Ausdrucksformen kommuniziert werden. Eine Reihe von Ausdruckspsychologen gehen davon aus, daß es für bestimmte Grundemotionen (u. a. Furcht, Freude, Überraschung, Ekel, Scham, Zorn) transkulturelle, universal verständliche mimische Ausdrucksformen gibt. **Lit.:** E. Cassirer: Philosophie der symbolischen Formen. Bd. 3. Darmstadt 1990. S. 53–121. – Ders.: Dingwahrnehmung und Ausdruckswahrnehmung. In: Ders.: Zur Logik der Kulturwissenschaften. Darmstadt 1994. S. 34–55. – W. Dilthey: Der Aufbau der geschichtlichen Welt in den Geisteswissenschaften (GS VII). Stuttgart/Göttingen 1992. – E. Husserl: Logische Untersuchungen. 2. Bd. Hamburg 1992. S. 30–110. – C.E. Izard: Die Emotionen des Menschen. Einheim/Basel 1994. – H. Plessner: Die Stufen des Organischen und der Mensch (GS IV). Frankfurt 1981. – K.R. Scherer (Hg.): Psychologie der Emotion. Enzyklopädie der Psychologie Bd. C-IV-3. Göttingen/Toronto/Zürich 1990. – M. Scheler: Wesen und Formen der Sympathie (GW 7). Bern/München 1973. NM

**Ausdruck, unvollständiger.** Wenn in Aussagesätzen auf einen Sprecher, auf bestimmte Orts- und Zeitumstände Bezug genommen wird (bspw. »ich habe auf dem Berggipfel gefroren«), kann ohne Kenntnisse des Sprechers (d.i. desjenigen, der die Äußerung gemacht hat) und der Umstände der Äußerung nicht über den Wahrheitsgehalt entschieden werden. In einem solchen Fall finden okkasionelle Elemente Einzug in den Ausdruck des Gedanken. Aus diesem Grund bezeichnet Frege solche Sätze als unvollständige Ausdrücke eines Gedankens. PP

**Ausgeschlossener Widerspruch,** Satz vom a.n W. ↗Widerspruch

**Ausgeschlossenes Drittes,** Satz vom a.n D.n, auch tertium non datur, zählt neben dem Satz von der Identität, dem Satz vom ausgeschlossenen Widerspruch und dem Satz der Kontravalenz zu den elementaren Gesetzen der Logik. Er besagt, daß wenigstens einer von zwei gegensätzlichen Sachverhalten besteht – in der logischen Symbolsprache: A v non-A. Der Wahrheitswerttabelle entsprechend ergibt sich für A v non-A, daß dieser Satz immer wahr ist, unabhängig davon, welchen Wahrheitswert A hat, d. h. »A v non-A« ist aussagenlogisch wahr. PP

**Ausnahme** (auch Ausnahmefall). In bezug auf eine Regelhaftigkeit von Ereignissen kann ein Einzelfall dann eine A. darstellen, wenn aufgrund besonderer Umstände z. B. zusätzlicher äußerer Einflüsse die sonst üblicherweise zu erwartenden Folgen nicht eingetreten sind. In bezug auf eine Handlungsregel (in der Situation S immer nach einem bestimmten Prinzip zu handeln) kann als A. geltend gemacht werden, daß ich entweder aufgrund besonderer Umstände nicht in der Lage bin, so zu handeln oder daß in bezug auf eine konkrete Situation noch zusätzliche Faktoren in Rechnung zu stellen sind. Z. B. könnte ich meiner Handlungsregel, das Leben anderer Personen, die ohne eigenes Verschulden in eine lebensbedrohliche Situation geraten sind, zu retten, dann nicht nachkommen, wenn es meine Fähigkeiten übersteigen würde oder ich bei einem Rettungsversuch offensichtlich mein eigenes Leben gefährden würde. Ebensogut könnte ich von meiner Handlungsregel, niemals zu lügen, dann eine A. machen, wenn ich durch eine Lüge das Leben unschuldig Verfolgter retten kann. PP

Als juristischer Terminus bezeichnet eine A. einen Rechtssatz, der unter Berücksichtigung von besonderen zusätzlichen Tatbestandsvoraussetzungen von der gewöhnlich eintretenden Rechtsfolge dispensiert oder die allgemeine durch eine besondere Rechtsfolge ersetzt. Indem dadurch, daß ein Rechtssatz als A. bezeichnet wird, eine Aussage gegenteiligen Inhalts als Regel anerkannt wird, »bestätigt die A. die Regel«. Bezogen auf den Staat, bezeichnet ein Ausnahmezustand diejenige Lage, in welcher ein Staat einer Gefährdung – sei es von außen durch einen feindlichen Angriff, sei es von innen durch verfassungsfeindliche Kräfte oder durch Naturkatastrophen – mit den normalen verfassungsgemäßen Mitteln nicht Herr werden kann. In dieser besonderen Situation sind auch besondere Mittel ausnahmsweise zugelassen, z. B. die Durchbrechung des Gewaltenteilungsprinzips zugunsten der Exekutive (Notverordnungsrecht) oder die Übertragung von Machtbefugnissen an das Militär. Ausschließlicher Zweck dieser A. ist die Wiederherstellung der verfassungsmäßigen Ordnung. Aufgrund der Erfahrungen mit der Weimarer Reichsverfassung, in der das Notverordnungsrecht des Reichspräsidenten eine faktische Funktionsunfähigkeit des Reichtages zumindest mitverursachte, sieht das Grundgesetz der Bundesrepublik Deutschland von einer Regelung des Ausnahmezustandes ab. JHI

**Aussage,** (a) ein sprachliches Gebilde, das einen bestimmten Sachverhalt intendiert und dadurch den Charakter erhält, wahr oder falsch zu sein. Bei A.n über empirische Sachverhalte sollen Orts- und Zeitangaben enthalten sein. Empirische A.n können verifiziert bzw. falsifiziert werden. Dagegen gilt die Wahrheit oder Falschheit einer formallogischen A. als zeitlos, d. h. unabhängig davon, ob ihre Richtigkeit empirisch festgestellt ist oder festgestellt werden kann. (b) ein sinnvoller Satz einer Sprache über einen Sachverhalt, d.h. es wird von einem Gegenstand behauptet, er sei genau in der Weise beschaffen, wie es durch den ausgedrückten Sinn der A. beschrieben wird. PP

**Aussageform.** Wenn eine Aussage eine Variable enthält (z.B. x ist ein Mensch), wird sie nicht mehr als Satz (i.S. der logischen Semantik), sondern als A. bezeichnet. Dieser kann kein bestimmter Wahrheitswert zugesprochen werden, solange die Variable x nicht durch einen Eigennamen ersetzt wird. PP

**Aussagefunktion,** Ausdruck, der eine oder mehrere indeterminierte Bestandteile enthält (z.B. »wenn x ein Mensch ist, ist x sterblich«) und zu einer Aussage wird, sobald diese indeterminierten Bestandteile determiniert sind, d.h. durch Konstanten ersetzt werden. PP

**Aussagenfunktor.** In der formalen Logik werden diejenigen Funktoren (auch Operatoren oder Junktoren), mit deren Hilfe Aussagen miteinander zu einer komplexeren Aussage verbunden werden können, als A.en bezeichnet, so der ↗Konjunktor, der Disjunktor oder Adjunktor (↗Disjunktion), der Implikator (↗Implikation), der Replikator (↗Replikation), der Exklusor (↗Exklusion), der Äquivalentor (↗Äquivalenz). ↗Operator. PP

**Aussagenlogik,** Teil der formalen Logik, die sich mit Aussagen und Satzkonstruktionen befaßt. Dabei ist unter einer Aussage ein Satz zu verstehen, von dem man sinnvoll sagen kann, er sei entweder wahr oder falsch, und unter einer Satzkonstruktion die logische Folgerung zwischen Aussagen im Hinblick auf ihre Zusammensetzung. Es werden diejenigen sprachlichen Ausdrücke untersucht, mit denen sich aus gegebenen Sätzen neue komplexere Sätze erzeugen lassen. Grundlegend für die A. ist das Postulat der Wahrheitsdefinitheit, wonach jeder Aussagesatz, der keine Indikatoren (ich, du, jetzt, heute, hier usw.; Deixis) enthält, entweder wahr oder falsch ist. Die zur Verknüpfung verwendeten sprachlichen Ausdrücke (Satzoperatoren) sind: Negation, ↗Konjunktion (»und«), ↗Adjunktion bzw. nicht-ausschließende ↗Disjunktion (nicht-ausschließendes »oder«), ↗Implikation (»wenn, so«), ↗Äquivalenz (»genau dann, wenn«). Die Beurteilung der Wahrheitswertverteilung der komplexen Aussageschemata, die durch die Verknüpfung von Teilaussagen mittels Satzoperatoren entstanden sind, geschieht mit Hilfe der ↗Wahrheitswerttafel: Der Wahrheitswert »wahr« ist bei der Konjunktion nur gegeben, wenn beide Teilsätze wahr sind (sonst immer »falsch«), bei der Adjunktion erhält der komplexe Satz nur dann den Wahrheitswert »falsch«, wenn beide Teilsätze falsch sind (sonst immer »wahr«), bei der Implikation nur dann den Wahrheitswert »falsch«, wenn der Vordersatz wahr und der Hintersatz falsch ist (sonst immer »wahr«), bei der ↗Äquivalenz den Wahrheitswert »wahr«, wenn beide Teilsätze denselben Wahrheitswert haben (sonst immer »falsch«). – Ein Satz heißt aussagenlogisch »wahr«, wenn er immer wahr ist, unabhängig davon, welche Wahrheitswerte seine einfachen Teilsätze haben. ↗Bewertung, ↗Belegung. **Lit.:** Th. Bucher: Einführung in die angewandte Logik. Berlin/New York 1987. – F. v. Kutschera/A. Breitkopf: Einführung in die moderne Logik. Freiburg/München 1974. – A. Menne: Einführung in die formale Logik. Darmstadt [2]1991. PP

**Aussagenvariable,** in der formalen Logik Bezeichnung für ein formales Symbol, mit dessen Hilfe die logische Einfachheit einer Aussage gekennzeichnet wird. So läßt sich z.B. die Aussage »Der Hahn kräht am frühen Morgen« durch einen einzigen Buchstaben »H« kennzeichnen. PP

**Aussageschema,** in der formalen Logik die Bezeichnung für die Weise der logischen Zusammensetzung einer komplexen Aussage aus einfachen Teilaussagen. PP

**Außenwelt,** allgemeine Bezeichnung für die raumzeitliche, allen Menschen über die sinnlichen Organe bzw. die Wahrnehmung zugängliche Welt. PP

**Außenweltproblem.** Als skeptisches Problem (↗Skeptizismus) stellt sich das A. im Anschluß an den Gedankengang in Descartes' ersten beiden Meditationen, wonach mir meine Existenz als denkendes Wesen und meine innere Erfahrung unmittelbar und evidentermaßen gegeben ist, bezüglich meines Glaubens an äußere Dinge jedoch die unabweisbare Möglichkeit umfassender Täuschung besteht (↗Genius malignus). Mit Kant oft als »Skandal der Philosophie und allgemeinen Menschenvernunft« begriffen, hat das A. vielerlei Lösungsversuche provoziert. Am meisten diskutiert sind Kants »Widerlegung des Idealismus« und G.E. Moores »Proof of an External World«. Kant versucht das A. durch ein transzendentales Argument zu lösen, demzufolge die Erfahrung von Dingen der Außenwelt Bedingung der Möglichkeit innerer Erfahrung ist, womit das (von Descartes zugestandene) Faktum meines empirisch bestimmten Daseins zugleich die Realität der Außenwelt verbürgte. Als Widerlegung des cartesischen Skeptizismus ist Kants Argument jedoch deshalb unbrauchbar, weil die Außenwelt, deren Realität es beweist, eingestandenermaßen bloße »Erscheinung« ist und somit prinzipiell Produkt eines Genius malignus sein könnte. – Den Kontrast zu Kants subtilem Vorschlag bildet Moores handgreifliche Lösung des A.: Moore zufolge beweist z.B. das Hochhalten einer Hand unmittelbar die Existenz eines äußeren Dinges. Daß mit dem Heben einer Hand Probleme zu lösen seien, mag man nicht leugnen, als Lösung des skeptischen A.s geht die Geste jedoch offensichtlich fehl. Mit Th. Clarkes Unterscheidung gesprochen, beantwortet Moores »Beweis« nur das A. im »schlichten« Sinn, in dem es Fragen wie der entspricht, ob im Nebenzimmer ein Stuhl steht – derartige Fragen verlangen, diesseits argumentativer Subtilitäten, schlichte Antworten. In seinem »philosophischen« Sinn hingegen entspricht das A. der Frage, ob es überhaupt Dinge wie Stühle und Zimmer gibt, oder ob es nicht ebensogut möglich ist, daß wir dergleichen nur fälschlicherweise meinen. Auf diese Frage gibt es anscheinend keine Antwort, weil wir den ›externen‹ Standpunkt, von dem aus eine Antwort möglich wäre, prinzipiell nicht einnehmen können. Das A. damit als sinnlos oder als Scheinproblem abzuweisen, wäre indessen unbefriedigend. Denn selbst wenn es sie nicht skandalisiert, stellt das A. der Philosophie die Aufgabe, die Motive zu untersuchen, die uns diese Frage stellen und eine Antwort auf sie wünschen lassen. **Lit.:** Th. Clarke: The Legacy of Skepticism. In: Journal of Philosophy 69 (1972). S. 754–769. – R. Descartes: Meditationen über die Grundlagen der Philosophie. Übers. v. A. Buchenau. Hamburg 1972. – I. Kant: Kritik der reinen Vernunft. – G.E. Moore: Proof of the External World. In: Ders.: Philosophical Papers. London 1959. S. 127–150. – B. Stroud: The Significance of Philosophical Scepticism. Oxford 1984. AE

**Austausch,** Form der Interaktion bzw. des sozialen Handelns. Eine Theorie sozialen Handelns, die den A. als grundlegendes Modell des Handelns annimmt, verbindet Annahmen der behavioristischen Lernpsychologie mit ökonomischen Begriffen. In lernpsychologischer Perspektive wird angenommen, daß die Häufigkeit einer bestimmten Verhaltensweise bedingt ist durch die vorangegangenen Belohnungen (d.i. Bekräftigungen) in ähnlichen Situationen. Übertragen auf die Interaktion zwischen zwei (oder mehr) Personen bedeutet das, daß eine Interaktion im Prinzip nur stattfindet, wenn und solange das Verhalten des jeweils anderen eine Bekräftigung darstellt. Ein Individuum stellt vor einer Handlung die früher erfahrenen Bekräftigungen (als Erwartungshaltung) ebenso in Rechnung wie die entgangenen positiven Bekräftigungen anderer Verhaltensalternativen. In einem Kosten-Nutzen-Kalkül verrechnet es die negativen Verstärker (d.i. Strafen) mit den zu erwartenden positiven Bekräftigungen zu einem Gewinn; dieser Gewinn und seine gerechte Verteilung auf die beiden Interaktionspartner werden dann als die Bedingungen für die Aufrechterhaltung einer Interaktion angesehen. **Lit.:** G.C. Homans: Social Behavior. Its Elementary Forms. New York 1961. PP

**Austromarxismus,** österreichische sozialdemokratische Spielart des ↗Marxismus, die sich zu Anfang des 20. Jh. insbesondere durch die seit 1904 herausgegebene Zeitschrift *Marxstudien* konstituiert hat. Die Hauptvertreter dieser Bewegung waren Max Adler (1873–1937), Otto Bauer (1882–1938), Karl Renner (1870–1950) und Rudolf Hilferding (1877–1943). Als Theoretiker unternahm der vom Neukantianismus stark beeinflußte Adler den Versuch, den von Marx behaupteten materiellen Charakter der Produktionssphäre als geistig dominierten Prozeß zu deuten. Für Adler bestimmte nicht das Sein das Bewußtsein, sondern das Bewußtsein das Sein. Praktisch engagierten sich die Austromarxisten als Sozialdemokraten gegen den Ersten Weltkrieg und im Vielvölkerstaat Österreich gegen einen überhöhten Nationalismus, sie gaben Reformkurs und Demokratie den Vorzug vor Räterepublik, Bolschewismus und Revolution, weshalb sie von leninistischer Seite als Revisionisten attackiert wurden. **Lit.:** P. Vranicki: Geschichte des Marxismus. Bd.I. Frankfurt 1972. S. 352–384. MFM

**Autarkie,** (a) in der Ethik Bezeichnung für Selbstgenügsamkeit als Grundprinzip der Lebenshaltung; besonders Demokrit, die Kyniker und die Stoiker sahen in ihr eine erstrebenswerte Lebenshaltung, die in der Unabhängigkeit des Menschen von äußeren Dingen und sinnlichen Eindrücken den Weg zu einem glücklichen Leben ebnet. (b) In Politik und Ökonomie bedeutet A. die wirtschaftliche Unabhängigkeit eines Landes, was die Versorgung der Bevölkerung mit Nahrungs- und Bedarfsmitteln anbetrifft. PP

**Authentizität,** dem Wortsinn nach Echtheit, Zuverlässigkeit oder Glaubwürdigkeit. Der Begriff der A. spielt zum einen in der Ästhetik eine Rolle: Die Einmaligkeit und Echtheit des Kunstwerks macht seinen ästhetischen (»auratischen«) Charakter aus (W. Benjamin). Darüber hinaus bezeichnet A. in den Subjektivitätstheorien der Romantik, der Ethik der A. (Sartre) und zeitgenössischen Versuchen (Ch. Taylor) ein zu erstrebendes Ideal der Lebensführung. Eine Entscheidung gilt dann als authentisch, wenn sie aus dem jeweiligen selbstentworfenen und individuellen Selbstbild heraus begründet ist und zu der Individualität des Subjekts paßt. Authentisch sind diejenigen Wertvorstellungen, Ansichten und Handlungsmaximen, die von dem Subjekt selbstbestimmt gewählt worden sind. Der Aufbau eines unverwechselbaren, authentischen Selbstbildes oder Entwurfs gilt dabei zugleich als Ausdruck einer originären Individualität (Expression) wie als Produkt eines freien und kreativen Selbstbestimmungsprozesses: dem Entwurf einer eigenen Persönlichkeit. **Lit.:** W. Benjamin: Das Kunstwerk im Zeitalter seiner technischen Reproduzierbarkeit. In: Ders.: Gesammelte Schriften. Band I,2. Frankfurt 1980. S. 431–508. – J. Christman (Hg.): The Inner Citadel. Essays on Individual Autonomy. Oxford 1989. Teil I. – G.N. Izenberg: Impossible Individuality. Romanticism, Revolution, and the Origins of Modern Selfhood, 1787–1802. Princeton 1992. – J.-P. Sartre: Das Sein und das Nichts. Hamburg 1952. – J.-P. Sartre: Ist der Existentialismus ein Humanismus?. In: Ders.: Drei Essays. Frankfurt/Berlin 1969 u.ö. S. 7–51. – Ch. Taylor: Sources of the Self. The Making of the Modern Identity. Cambridge 1990. – Ders.: The Ethics of Authenticity. Cambridge 1991. MQ

**Autokratie** (griech. autos: selbst; kratein: herrschen), im Staatsrecht die unumschränkte Machtkompetenz von Amtspersonen (analog zu lat. »Imperator«); weiterhin bezeichnet A. die Ausübung von Herrschaft ohne Mitwirkung, Zustimmung und Kontrolle der Beherrschten (↗Diktatur; absolute ↗Monarchie); als Autokraten bezeichneten sich z.B. die byzantinischen Kaiser und die russischen Zaren. Rechtfertigungen autokratischer Regimes in der Neuzeit gehen häufig von einer z.B. in Hobbes' *Leviathan* zu findenden Argumentation aus: nur ein machtvoller, unbeschränkter und einheitlicher Wille an der Spitze des Staates könne dessen Zerstörung durch den Egoismus von Individuen und Interessengruppen verhindern. – In der Ethik bezeichnet A. auch die Freiheit der praktischen Vernunft bzw. die Herrschaft des Moralgesetzes, z.B. bei Kant in der »Tugendlehre« der *Metaphysik der Sitten* das Vermögen des Menschen, »über seine dem Gesetz widerspenstigen Neigungen Meister zu werden« (Akad.-Ausg., Bd. 6, S. 383). Kant verwendet den Begriff jedoch auch in der Staatsrechtslehre: A. erscheint als die einzig legitime ↗Herrschaftsform, denn nur sie sichere das einmal in einem abstrakten staatsvertraglichen Akt inthronisierte Regime gegenüber dem Einfluß der Bürger und garantiere so die Unverletzlichkeit der höchsten, der gesetzgebenden Autorität. Auch gegenüber einem schlechten Regime ist daher, wie Kant ausdrücklich betont, Kritik und Widerstand grundsätzlich nicht nur illegal, sondern auch illegitim. Demgegenüber leiten demokratische Rechtsstaaten ihre Legitimität daraus ab, daß alle Herrschaftsämter gesetzlicher Kontrolle unterworfen sind und die Verfahren der Gesetzgebung selbst der Kontrolle durch Institutionen unterliegen, deren Repräsentationsanspruch in regelmäßigen Wahlen durch das Volk bestätigt wird. WST

**Automatentheorie,** behandelt abstrakte Automaten, gedankliche Konzepte von Maschinen zur Informationsverarbeitung. Die A. diente ursprünglich vor allem dazu, den Begriffen der Berechenbarkeit und des ↗Algorithmus eine strenge und doch anschauliche Fassung zu geben, heute bereits dazu, feinere Unterscheidungen in der Leistungsfähigkeit verschiedener Automatentypen zu treffen. Wichtig ist dabei meist zu zeigen, welche Art von Aufgaben mit welchem Automatentyp nicht bewältigt werden kann. **Lit.:** G. Hotz/H. Walter: Automatentheorie und formale Sprachen. Bd. I. Mannheim/Zürich 1968. VP

**Automatismus** (von griech. automatos: sich von selbst bewegend), Bewegungsvorgänge, die ohne Beteiligung des Willens oder des wachen Bewußtseins geschehen. Im Sinne des A. definierte Descartes Tiere als Maschinen ohne Seele bzw. Lamettrie den *l'homme machine*. Seit Hartley wird zwischen endogenem A. und sekundärem A. differenziert: ersterer ist angeboren, letzterer wird durch Übung und Wiederholung erlernt. In Psychologie, Psychiatrie bzw. Ethnologie werden folgende A.en unterschieden: (1) notorische endogene (Reflexe, Ausdrucksbewegungen) bzw. erworbene (Gehen, sportliche Bewegung), (2) psychische, d.h. vorwiegend sekundäre und mechanische Denkprozesse (Rechnen, Lesen), (3) psychomotorische endogene (Instinkte) bzw. erworbene komplexe A.en (Schreiben, symbolische oder kulturelle Handlungen). Die Bildung von A.en (engl. habit formation) gilt als wichtigste Grundlage von Lernprozessen. **Lit.:** H. Bender: Psychische Automatismen. Leipzig 1936. – H. Driesch: Die Maschine und der Organismus. Leipzig 1935. JM

**Autonomie.** (1) Als politische Kategorie bedeutet A. die Selbständigkeit eines Staatengebildes, die sich in der Möglichkeit zeigt, über die eigenen Angelegenheiten unabhängig von einer anderen Macht bestimmen und eigene Gesetze erlassen zu können. (2) Als philosophische Kategorie verdankt sie der Kantischen Philosophie ihre Relevanz, die mit dem aufklärerischen Anspruch auftritt, der Mensch müsse sich seiner eigenen Vernunft bedienen, statt sich von fremden Autoritäten und von Tradition bestimmen zu lassen. Für die theoretische Vernunft bedeutet das, eigene Prinzipien der Erkenntnis zu erstellen und deren Reichweite und Grenzen zu bestimmen. Die Affizierung durch die Sinnenwelt, die einer Fremdbestimmung des Bewußtseins gleichkomme, wird zu einem Teilmoment der Verstandesleistung. Der Vernunft obliegt es, die Verbindung empirischer Vorstellungen der Erscheinung gemäß zu leisten. Von größerer philosophischer Wirkung war die Interpretation der A. (im Rahmen der Moralphilosophie) als Selbstbestimmung des Menschen. Dazu gelangt der Mensch nur, wenn er sich von den unmittelbaren Einflüssen sinnlicher Antriebe, Begierden, Leidenschaften und Interessen distanziert. Die A. des Willens ist für den Menschen dann gegeben, wenn er von einer derartigen Fremdbestimmung (↗Heteronomie) übergeht zu einer Form der Selbstbestimmung, in der sich der Wille ein eigenes Gesetz gibt. Ein solches Gesetz muß unabhängig von aller Beschaffenheit der Gegenstände des Willens formuliert werden, da sonst wieder ein Naturgesetz in Gestalt von Neigungen und Leidenschaften wirksam wird. Deshalb erscheint es Kant als zwingend, daß sich der Wille nur in bezug auf die Form des Wollens in Gestalt eines allgemeinen Gesetzes selbst bestimmen könne. Als Prinzip der A. resultiert daraus der kategorische Imperativ, nicht anders zu wählen als so, daß die Maxime seiner Wahl zugleich als allgemeines Gesetz mitbegriffen sei (*Grundlegung zur Metaphysik der Sitten*). Die widerspruchsfreie Verallgemeinerbarkeit subjektiver Handlungsregeln wird so zum Maßstab dafür, daß der Mensch sich seines Willens autonom bedient. A. realisiert sich in Gestalt des vernünftigen Willens, d.h. in vernünftiger Selbstbestimmung. (3) Die Kantische Bestimmung erhält zahlreiche Umformulierungen. Im deutschen Idealismus machen vor allem Fichte und Schelling über Kant hinausweisende Vorschläge: Für Fichte ist die absolute Existenz und A. des Ich der erste und unbestimmte Grundsatz, in dem die allem Bewußtsein zugrunde liegende Tathandlung zum Ausdruck kommt. Sie bedeutet (a) eine ununterbrochene Gesetzgebung des vernünftigen Wesens an sich selbst; (b) absolute Unbestimmbarkeit durch irgendetwas außer dem Ich; (c) absolute Reflexion auf sich selbst. Alle Bestimmungen gründen in der A. der Vernunft. Schelling bezeichnet das innere Prinzip allen Vorstellens und Konstruierens als ursprüngliches Handeln des Geistes in bezug auf sich selbst, wodurch die ursprüngliche A. zur Geltung kommt. (4) Adorno überträgt den Begriff der A. in den gesellschaftstheoretischen Bereich: Der Mensch bedarf zu seiner A. der Freiheit von ihn fremdbestimmenden gesellschaftlichen Kräften. **Lit.:** Th. W. Adorno: Negative Dialektik. Frankfurt 1966. – R. Bittner: Moralisches Gebot oder Autonomie. Freiburg/München 1983. – J.G. Fichte: Das System der Sittenlehre nach den Prinzipien der Wissenschaftslehre. Hamburg 1963. – O. Höffe: Freiheit. In: Ders. (Hg.): Lexikon der Ethik. München $^{3}$1986. S. 62 ff. – I. Kant: Grundlegung zur Metaphysik der Sitten. – A. Pieper: Einführung in die Ethik. Tübingen $^{2}$1991. S. 138 ff. – R. Pohlmann: Autonomie. In: HWPh. – F.W.J. Schelling: System des transzendentalen Idealismus. Hamburg 1962. PP

**Autonym,** dient in Logik und Semiotik zur Charakterisierung der Verwendung eines Zeichens: Wenn ein Zeichen oder Symbol so verwendet wird, daß es einen Eigennamen von sich selbst darstellt – z.B.: die a.e Verwendung von »p« und »q« in dem Satz: »p und q bezeichnen Aussagenvariablen«. PP

**Autopoiesis** (gr. autos: selbst; poiein: machen), von dem chilenischen Biologen H. Maturana geprägter Begriff zur Bezeichnung der operativen Geschlossenheit und »Selbsterzeugung« lebender Systeme. Eine Zelle etwa bildet ein autopoietisches System, das auf molekularer Ebene ständig die Bestandteile erzeugt, die es zur Aufrechterhaltung seiner internen Organisation benötigt. Die molekularen Bestandteile sind in einem Netzwerk interagierender Komponenten so eingelassen, daß sie durch ihre Operationen ständig dieses Netzwerk hervorbringen und aufrechterhalten, durch das sie umgekehrt selbst hervorgebracht werden. Autopoietische Systeme haben durch ihre operative Geschlossenheit keinen unmittelbaren Kontakt zu ihrer Umwelt, sondern reagieren stets nur auf Eigenzustände. Diese »Zustandsdeterminiertheit« läßt sich auch am menschlichen Gehirn beobachten. Die Sinnesorgane transformieren Reize in neuronale Aktivitäten, ohne daß sich eindeutige Korrelationen zwischen Außen und Innen aufweisen lassen. Die Transformation verläuft reizunspezifisch: Im Gehirn lassen sich ausschließlich bioelektrische Aktivitätszustände nachweisen, die die äußere Welt nicht abbilden, sondern allein selbstreferentiell konstruieren. – Aus der A.-Theorie ergeben sich erhebliche erkenntnistheoretische Konsequenzen, die etwa im sog. ↗radikalen Konstruktivismus aufgenommen wurden. Danach wird auch das menschliche Bewußtsein als autopoietisches System konzipiert, das allein auf Eigenzustände reagiert und sich seine Welt selbst schafft, weil es unhintergehbar an die eigenen Operationen gebunden ist. Das A.-Konzept strebt damit eine empirisch-naturalistische Rekonstruktion transzendental- und subjektphilosophischer Motive an. – In der Soziologie ist das A.-Konzept v.a. durch N. Luhmann aufgenommen worden, der soziale Systeme als autopoietische Zusammenhänge von Kommunikationen versteht. **Lit.:** E. v. Glasersfeld: Wissen, Sprache und Wirklichkeit. Braunschweig/Wiesbaden 1987. – N. Luhmann: Soziale Systeme. Frankfurt 1984. – H. Maturana: Erkennen. Braunschweig/Wiesbaden 1982. AN

**Autoritärer Charakter.** Der Typ des »a. Ch.s« ist geneigt, sich widerstandslos irrationaler und ideologischer Macht zu beugen. Vorstellungen und Verhaltensmuster können ihre objektive, d.h. materielle Berechtigung verloren haben und dennoch erhalten bleiben, weil sich die Menschen subjektiv und emotional an sie gebunden fühlen. In der modernen Gesellschaft verliert die Familie zunehmend die gesellschaftliche Einflüsse aussparenden Funktionen. Die Einzelnen werden somit viel direkter von anderen Institutionen in der Gesellschaft sozialisiert. Bezogen auf den Familienvater bedeutet dies, daß in dem Maße, in dem seine objektiv gesellschaftliche Macht, als Oberhaupt seines Haushaltes, im Spätkapitalismus schwindet, seine Autorität zunehmend ideologisch und irrational wird. Dies führt zur Ausbildung des a. Ch.s. **Lit.:** M. Horkheimer: Studien über Autorität und Familie. Paris 1936. DHB

**Autorität** (lat. auctoritas: Ansehen, Einfluß, Geltung, Machtvollkommenheit, Vorbild, Würde), Ansehen oder Geltung von Personen oder überpersönlichen und unpersönlichen Wertträgern (Gruppen, Bräuchen, Institutionen etc.) in den Augen anderer Personen oder Gruppen. Die Geltung liegt begründet im hohen sozialen Rang oder in einer starken und wirksamen Wertüberlegenheit, die sozialen Einfluß auf die Gruppenmitglieder gewinnt. – Nach Adorno ist die autoritäre Einstellung charakteristisch für Personen, deren Wesen dem »autoritären Syndrom« entspricht. Diese Menschen sind zur Übernahme totalitärer (faschistischer) Ideologien prädestiniert und neigen zu Anti-Minoritäts-Haltungen. In den *Studien über Autorität und Familie* konstatieren Horkheimer, Fromm und Marcuse die wachsende Irrationalität der bestehenden Gesellschaftsordnung und den damit einhergehenden Niedergang rationaler A., welche als einzig legitime angesehen wird. ↗Autoritärer Charakter **Lit.:** M. Horkheimer: Studien über Autorität und Familie. Paris 1936. – Th. W. Adorno: The Authoritarian Personality (zus. mit E. Frenkel-Brunswik, D.J. Levinson u. N. Sanford). New York 1950 (dt. Studien zum autoritären Charakter. Frankfurt 1973). DHB

**Autosemantisch/synsemantisch.** Als a. wird diejenige Art der sprachlichen Ausdrücke bezeichnet, deren Bedeutung unabhängig vom sprachlichen Kontext feststeht, wie z.B. bei allen Eigennamen oder Verben; dagegen bedürfen die s.en Ausdrücke zu ihrem Verständnis des sprachlichen Kontextes, z.B. die logischen Partikel »und«, »oder«, »wenn«. PP

**Autotelie** (griech. autos: selbst; telos: Ziel), das in einer Person oder Sache selbst liegende Ziel bzw. deren immanenter Zweck. Während der Ausdruck in der klassischen Antike (außer in abgewandelten Formen bei Aristoteles wegen der wichtigen analogen Termini Autarkie und Autonomie) kaum vorkommt, verwenden ihn spätantike Denker wie Plutarch, Proklos oder Jamblichus ausschließlich in dem Sinne von perfekt, vollständig und in sich selbst ruhend. Die Bedeutung von A. als Selbstzwecklichkeit kommt dem Begriff erst in der Moderne, in der personalistisch psychologistischen Philosophie W. Sterns zu. In seinem Hauptwerk *Person und Sache* bezeichnet Stern A. als den einer Person immanenten Zweck im Gegensatz zu Heterotelie, dem Inbegriff aller fremden und von außen an eine Person herangetragenen Zwecke. **Lit.:** W. Stern: Person und Sache. Bd. II. Leipzig 1919. S. 40–69.

MFM

**Averroismus,** philosophische Schultradition des lateinischen Mittelalters und der Renaissance, die die Schriften des Aristoteles in der Weise der *Commentaria magna* des Averroes (arab. Mohammed ibn Ruschd, 1126–1198) interpretiert. Obgleich es keine einheitliche Definition des A. gibt (Renan orientiert sich streng an den ins Lat. übersetzten Kommentaren des Averroes; Mandonnet schränkt A. auf die Ideen des Siger von Brabant ein; Van Steenberghen kennzeichnet A. als historisch nicht nachweisbares Bild eines heterodoxen Aristotelismus im 13. Jh.), kann man A. aufgrund der aristotelischen Kommentare in averroistischer Tradition näher fassen. Hierzu gehören Aristoteliker über vier Jahrhunderte, beginnend mit Siger von Brabant, Johannes von Jandun, Walter Burleigh, Paulus Venetus, Cajetan von Thiene bis hin zu Alexander Achillini, Augustinus Niphus, Andreas Caesalpinus und Jakobus Zabarella im 16. Jh. In Auseinandersetzung mit Philosophien in Augustinischer Tradition steht A. häufig für eine »Übersteigerung des Rationalismus« gegen Offenbarungstheologie, für die Diskussion des Materiebegriffs und der Sterblichkeit der Seele. **Lit.:** M. Grabmann: Der lateinische Averroismus des 13. Jh. München 1931. – P. Mandonnet: Siger de Brabant et l'Averroisme lat. au XIIIe siècle. Louvain 1911. – E. Renan: Averroès et l'Averroisme (Paris 1882). ND Hildesheim/Zürich/New York 1986. – F. Van Steenberghen: Die Philosophie im 13. Jh. München 1977.

JM

**Avidyā** (sanskrit, Nicht-Wissen). Wissen (vidyā) ist in der indischen Geistesgeschichte schon früh ein Mittel, Macht und Heil zu erlangen. Eine der ständig wiederkehrenden Formeln der Brāhmaṇas (↗Veden) und der sich diesen anschließenden Literatur nach der Darlegung eines Sachverhalts lautet: »Wer dieses weiß, geht ein in die Himmelswelt, erreicht die Unsterblichkeit« usw. Unsterblichkeit erreicht man entweder durch entsprechende Werke (↗Karma) oder durch Wissen (*Śatapatha-Brāhmaṇa* 10.4.3.9.). Umgekehrt führt Nicht-Wissen zu unheilvollen Zuständen (*Aitareya-Brāhmaṇa* 8.27. 1.; *Chāndogya-U.* 1.10.11.). Die in den ↗Upaniṣaden aufkommenden Lehren von der Wiedergeburt (↗Saṃsāra), vom Karma und die daran anknüpfende Erlösungslehre (↗Mokṣa) binden auch die magische Auffassung von Wissen und Unwissen in ihr System ein. Nicht-Wissen (A.) kettet an das Karma (*Muṇḍaka-U.* 1.2.8.f.) und somit an den Kreislauf der Geburten. Im ↗Vedānta ist es das dem Einzelwesen angeborene Nicht-Wissen, das durch die ↗Māyā die Vielheit der Objektwelt verursacht und verhindert, daß die Einzelseele (↗Ātman) eins wird mit der Allseele (↗Brahman). Nicht ohne Grund steht im ↗Buddhismus A. (Pāli: avijjā) an der Spitze des Kausalnexus des Geburtenkreislaufes (pratītyasamutpāda, Pāli: paticcasamuppāda). Nicht-Wissen ist als Synonym für Verblendung (moha) – ähnlich wie Māyā – der Grund, daß man die Existenz als unvergänglich, glücklich, seelenhaft und rein betrachtet. Sie ist eine der Wurzeln (mūla) des Begehrens, des Hasses, des Übels und des Leidens, die es zu vernichten gilt, um Erlösung zu erlangen.

MD

**Axiom, Axiomensystem.** Für Aristoteles sind A.e allgemeine Sätze, die aus sich selbst einsichtig, d. h. eines Beweises weder bedürftig noch fähig sind. In einer wissenschaftlichen Theorie stellen die A.e die methodisch ersten Sätze dar, die innerhalb dieser Wissenschaft nicht bewiesen werden können, aus denen sich aber in einer deduktiv aufgebauten Wissenschaft weitere Sätze ableiten lassen. In der modernen formalen Logik gelten die nicht abgeleiteten Sätze als Grund-Sätze oder A.e, bei der Auswahl der Grund-Zeichen und Grund-Sätze des Systems herrscht eine gewisse Freiheit. Für die Auswahl gilt der pragmatische Gesichtspunkt der relativ guten Arbeitsmöglichkeit, die ein Axiomensystem für bestimmte Vorhaben bietet. Die Wahlfreiheit wird durch vier Forderungen an ein Axiomensystem begrenzt, wobei die ersten drei Forderungen strikt erfüllt sein müssen, die vierte je nach dem verfolgten Zweck in bestimmter Richtung möglichst weit erfüllt sein soll: (1) Die einzelnen A.e eines Systems müssen voneinander unabhängig sein, d. h. kein A. darf sich mittels einer Ableitungsregel des Systems aus den anderen A.en herleiten lassen. (2) Das Axiomensystem muß widerspruchsfrei sein, d. h. es darf aus den A.en des Systems mittels der Ableitungsregel des Systems nicht gleichzeitig eine Aussage und deren Negation herleitbar sein und es darf nicht jede beliebige Aussage herleitbar sein. (3) Es muß vollständig sein, d. h. vollständig im weiteren Sinn ist es, wenn sich alle wahren Aussagen des betreffenden Bereichs darin herleiten lassen, vollständig im strengen Sinn ist es, wenn jede Aussage, die kein Gesetz ist, zusammen mit den A.en einen Widerspruch herzuleiten gestattet (Ein Gesetz des Systems ist gegeben, wenn sich eine Aussage mittels der Ableitungsregel des Systems aus den A.en herleiten läßt). (4) Das Axiomensystem soll möglichst einfach sein, d. h. es soll möglichst wenige Grundzeichen und A.e (und möglichst kurze) enthalten und die A.e sollen charakteristische Eigenschaften der darin jeweils auftretenden Funktoren angeben, so daß durch Weglassung bestimmter A.e sich bestimmte Teilsysteme bilden lassen. – Der ursprünglich mit dem Grundlegungscharakter verbundene Anspruch der unmittelbaren Evidenz wurde seit dem axiomatischen System des Mathematikers D. Hilbert (1899) durch die Forderung der Konsistenz und Widerspruchsfreiheit des Axiomensystems ersetzt. **Lit.:** A. Menne: Einführung in die formale Logik. Darmstadt $^{2}$1991. S. 50 ff.

PP

**Ayurveda,** Name der traditionellen Lebens- und Heilkunde Indiens, die mit »Wissen vom Leben« (sanskrit: āyus: Leben; veda: Wissen, insbesondere heiliges Wissen) übersetzt werden kann. Die Ursprünge der großen klassischen Lehrbücher gehen bis auf das 1. Jt. v.Chr. zurück. Insbesondere in der ältesten uns heute überlieferten Schrift, der *Caraka-Saṃhitā*, ist eine intensive Auseinandersetzung zwischen Therapie und den Schulen der indischen Philosophie festzustellen. Durch die Aufnahme logischer Kategorien (↗Nyāya-, ↗Vaiśeṣika-, ↗Sāṃkhya-Schulen) wurde die Medizin auf eine rationale Grundlage gestellt. Die Integration von Konzeptionen der spirituellen Weisheitsphilosophien (Sāṃkhya-, ↗Yoga-, ↗Vedānta-Schulen) führte zu einer Erweiterung des Verständnisses von Gesundheit und Krankheit sowie einer ganzheitlichen Fundierung von Psychosomatik und Psychotherapie. **Lit.:** E. Wolz-Gottwald: Heilung aus der Ganzheit. Ayurveda als Philosophie in der Praxis. Gladenbach 1991. EWG

**Bà Dào** (Machtstaatsprinzip bzw. Herrschaftssicherung durch Gewalt, Tyrannei). Es handelt sich um das in der Legistenschule vertretene Herrschaftsprinzip, das harte Gesetzesexekution und insbesondere drakonische Strafmaßnahmen forderte. Die Konfuzianer und insbesondere Meng Zi (372–289) setzten ihm ihr Wang Dao-Prinzip (Menschlichkeitsherrschaft) entgegen und betonen: »Wang Dao De Tian Xia, Ba Dao Jiang Yi Guo«: »Das Menschlichkeitsprinzip gewinnt die ganze Welt, das Machtstaatsprinzip macht nur einen Staat stark.« Lu Xun (1881–1936) bemerkte dazu: »Was das Wang Dao in China betrifft, so scheint es zwar im Gegensatz zu Ba Dao zu stehen, in Wirklichkeit ist es aber dessen Zwilling, denn früher oder später kommt gewiß Ba Dao!« (*Miszellen aus dem Pavillon des Qie Jie:* Über einige chinesische Angelegenheiten). **Lit.:** L. Geldsetzer/H.-d. Hong: Chinesisch-deutsches Lexikon der chinesischen Philosophie. Aalen 1986. Artikel: Machtstaatsprinzip (Bà Dào). LG/HDH

**Basis-Satz.** Diejenigen Aussagen, in denen beobachtbare Vorgänge und die Ergebnisse von Experimenten festgehalten werden, bezeichnet man als B.e. Sie stellen keine Aussagen über tatsächlich Erlebtes und auch keine bereits anerkannten Sätze dar, sondern denkbare Tatsachenfeststellungen, die aus Hypothesen folgen. Die denkbaren, logisch möglichen B.e geben das Material zur Prüfung einer Hypothese. Wenn entschieden ist, ob ihnen Tatsachen entsprechen (oder nicht), geben sie die Grundlage für die Bestätigung oder Widerlegung der Hypothesen ab. Die Gesamtheit der Aussagen, welche für eine derartige Überprüfung benützt werden, können als die Basis der wissenschaftlichen Erkenntnis bezeichnet werden. Die Diskussion über das Basisproblem hat sich auf zwei Punkte konzentriert: (1) Gibt es absolut sichere, also unbezweifelbare B.e? (2) Handelt es sich bei den B.en um objektive Behauptungen oder um Festsetzungen? (↗Protokollsatz) B.e sind nicht als absolut sichere oder unkorrigierbare Sätze anzusehen. Sie werden nur deshalb als gesichert eingestuft, weil über ihre Anerkennung am leichtesten eine intersubjektive Einigung erzielt werden kann, d.h. weil sie am leichtesten nachprüfbar sind, da sie sich auf intersubjektiv Beobachtbares beziehen. Singuläre Existenzbehauptungen, die über beobachtbare und damit nachprüfbare Eigenschaften und Vorgänge sprechen, stellen die Basis für die Beurteilung allgemeiner Hypothesen dar. **Lit.:** K. Popper: Logik der Forschung. Tübingen [7]1982. S. 3 ff., S. 60 ff. PP

**Basis-Überbau-Theorem.** Im Zentrum dessen, was sich im traditionellen Verständnis des ↗Marxismus hinter der Chiffre dieses Theorems verbirgt, steht der ebenso berühmte wie vom Marxismus mißverstandene Satz aus dem Vorwort zur *Kritik der Politischen Ökonomie* von Marx, wonach es »nicht das Bewußtsein der Menschen (ist), das ihr Sein, sondern umgekehrt ihr gesellschaftliches Sein, das ihr Bewußtsein bestimmt« (MEW 13, S. 9). Diese Aussage wird nur dann im Marxschen Sinne zureichend interpretiert, wenn man sie in den ihr zugehörenden Kontext einer Abgrenzung gegenüber der zeitgenössischen idealistischen Philosophie stellt (»Die deutschen philosophischen Kritiker behaupten sämtlich, … daß die wirkliche Welt ein Produkt der ideellen Welt ist« [MEW 3, S. 14]), dergegenüber Marx und Engels eine materialistische Perspektive reklamieren, die »die wirklichen Individuen … und ihre materiellen Lebensbedingungen« (MEW 3, S. 20) zum Ausgangspunkt nimmt und nach dem dialektischen »Zusammenhang der deutschen Philosophie und der deutschen Wirklichkeit« fragt. Für sich und isoliert genommen unterschlägt die Aussage, daß das gesellschaftliche Sein das Bewußtsein bestimme, gerade das dialektische Verhältnis von gesellschaftlicher Basis (↗Produktivkräfte und ↗ Produktionsverhältnisse) und geistigem und kulturellem Überbau, um dessen Exposition es Marx durchgängig zu tun gewesen ist. **Lit.:** MEW. Berlin 1956 f. ER

**Basishandlung,** diejenige Handlung einer Person X, die nicht durch eine andere Handlung von X verursacht (Danto) oder vollzogen (Goldman) wird. (1) Wenn X eine Handlung B (»ein Tor erzielen«) dadurch verursacht, daß er eine Handlung A (»den Ball schießen«) vollzieht, dann ist das durch B beschriebene Ereignis b keine B. (die durch A und B beschriebenen Ereignisse a und b sind zwei verschiedene Ereignisse). (2) Wenn X eine Handlung D (»grüßen«) dadurch vollzieht, daß er eine Handlung C (»den Arm bewegen«) ausführt, dann wird das Ereignis unter der Beschreibung D nicht als B. beschrieben (wobei C und D Beschreibungen eines einzigen Ereignisses sind). Während durch (1) aus der Menge aller Handlungsereignisse die Teilmenge der B.en gebildet wird, kann durch (2) diejenige Beschreibung ermittelt werden, die das fragliche Ereignis als B. kennzeichnet. B.en sind dann alle Handlungen, für die weder (1) noch (2) gilt. MQ

**Basistheorem,** stellt neben dem ↗Sinnkriterium eine grundlegende Annahme des ↗Logischen Empirismus dar und besagt, daß die Basis eines wissenschaftlichen Systems so gewählt werden muß, daß sich die undefinierten Grundbegriffe auf unmittelbar Aufweisbares, d.h. auf erlebnismäßig Gegebenes beziehen. Carnaps Werk *Der logische Aufbau der Welt* (1928) stellt einen Realisierungsversuch dieses B.s dar: Die Festlegung der Basis umfaßt die Wahl der Grundelemente und der Grundrelationen: Als Grundelemente werden ↗Elementarerlebnisse, d. h. eine unzerteilte Gesamtheit des im Augenblick Erlebten, gewählt, als Grundrelation des Systems die Relation der Ähnlichkeitserinnerung, d. h. die Ähnlichkeitsbeziehung zwischen einem Elementarerlebnis und einem anderen (einer bestimmten Stelle im ↗Erlebnisstrom). Als Grundbegriff wird nur diese Grundrelation eingeführt und die Klasse der Elementarerlebnisse als der Bereich dieser Relation definiert. Carnap nennt sein System ein ↗Konstitutionssystem der empirischen Begriffe, insofern alle Realbegriffe aus den Grundbegriffen konstitutiert werden. **Lit.:** R. Carnap: Der logische Aufbau der Welt. Frankfurt/Berlin/Wien 1979. PP

**Bayesianismus,** wissenschaftstheoretische Position, die sich unter Zuhilfenahme wahrscheinlichkeitstheoretischer Methoden insbesondere um eine Klärung des Begriffs der wissenschaftlichen Bestätigung bemüht. Von zentraler Bedeutung ist dabei ein auf T. Bayes (1702–1761) zurückgehendes, wenngleich von diesem nie in seiner modernen Form aufgestelltes Theorem über die (bedingte) Wahrscheinlichkeit $p(H|E)$ einer Hypothese H in Abhängigkeit von einer Beobachtung E, demzufolge $p(H|E) = p(H) \times p(E|H)/p(E)$. Formal betrachtet handelt es sich dabei um eine einfache Folgerung aus der Definition bedingter Wahrscheinlichkeiten, wonach $p(A|B) := p(A \& B)/p(B)$ (für $p(B) \neq 0$). Anschaulich gedeutet gibt das Bayes'sche Theorem darüber Auskunft, zu welchem Grad (gemessen in subjektiven Glaubenswahrscheinlichkeiten) die Hypothese H durch die Beobachtung E bestätigt wird, wenn dabei die sog. apriori Wahrscheinlichkeiten für H, E und für E unter der Voraussetzung, daß die Hypothese H zutrifft, angenommen werden. Wird dabei die Beobachtung E als empirische Erkenntnis aufgefaßt, dann fordert der B. eine entsprechende Anpassung der Wahrscheinlichkeitseinschätzung beliebiger Ereignisse in Übereinstimmung mit dem Bayes'schen Theorem gemäß der sog. Konditionalisierungsregel anhand der Formel $p_{neu}(A) = p_{alt}(A|E)$. Die Konditionalisierung kann daher gesehen werden als eine Theorie induktiven Lernens für rationale Individuen. – Obwohl der B. eine leistungsfähige Konzeption der wissenschaftlichen Bestätigung durch probabilistisch aufbereitete Daten darstellt, gelten Kritikern die mit ihm verbundenen wahrscheinlichkeitstheoretischen Annahmen als anschaulich wenig überzeugende Rationalitätsforderungen. Insbesondere die These, daß rationale Akteure jeweils über eine eindeutige (und abzählbar additive) Wahrscheinlichkeitsfunktion zur probabilistischen Bewertung beliebiger Ereignisse verfügen, wird trotz der zu ihrer Verteidigung vorgebrachten formalen Argumente häufig abgelehnt oder entscheidend abgeschwächt. – Im Rahmen der ↗Entscheidungstheorie versteht man unter B. das für Entscheidungen unter Risiko formulierte Prinzip, aus einer Menge von Handlungsalternativen diejenige Handlung auszuwählen, für die der zu erwartenden Nutzen, d. h. der Nutzen der, relativ zu den möglicherweise vorliegenden Situationen, durch die jeweilige Handlung bewirkten Konsequenzen (gewichtet um die jeweilige Wahrscheinlichkeit ihres Eintretens), der größtmögliche ist. Mit dem B. als wissenschaftstheoretische Position teilt die bayesianische Entscheidungstheorie die Überzeugung, daß rationale Individuen mögliche Ereignisse mit einer eindeutigen Wahrscheinlichkeitsfunktion bewerten. **Lit.:** J. Earman: Bayes or Bust. Cambridge (Mass.) 1992. – C. Howson/P. Urbach: Scientific Reasoning. A Bayesian Approach. Chicago [2]1993. – I. Levi: The Enterprise of Knowledge. Cambridge (Mass.) 1980. – P. Maher: Betting on Theories. Cambridge 1993. UM

**Bedeuten, natürliches/nicht-natürliches.** Grundlegend für den Versuch einer handlungstheoretischen Semantik ist die von Grice eingeführte Unterscheidung zwischen natürlichem und nicht-natürlichem B. Die Aussage über einen Sachverhalt »das dreimalige Klingeln bedeutet: ›der Bus ist voll‹« bringt zum Ausdruck, daß ein Signal in dem Sinne eine Bedeutung hat, als es eine Anzeige-Funktion hat. Diese Anzeige-Funktion gilt unabhängig davon, ob – im obigen Bsp. – der Bus tatsächlich voll ist. In diesem Fall spricht Grice von einem natürlichen B. (gekennzeichnet durch »$\text{bedeuten}_n$«). Die Bezeichnung »nicht-natürliche Bedeutung« (oder »Sprecher-Bedeutung«) wendet er auf den Fall an, daß jemand mit einer *Äußerung* oder einer *Bemerkung* etwas meint: »die Bemerkung des Arztes bedeutete eine eindringliche Warnung vor weiteren gesundheitlichen Schäden«, d. h. der Arzt wollte mit seiner Bemerkung eine eindringliche Warnung zum Ausdruck bringen. Das letzte Beispiel läßt sich allgemein so formulieren: Ein Sprecher (d.i. der Arzt) beabsichtigte, daß die Bemerkung (die Äußerung) bei dem Adressaten eine Wirkung hervorruft, aufgrund der Erkenntnis des Adressaten, daß der Sprecher damit eine Warnung zum Ausdruck bringen wollte. Die Frage nach der Bedeutung der Äußerung ist demnach gleichzusetzen mit der Frage nach der intendierten Wirkung. Das Erkennen der Intention ist für den Adressaten ein Grund für ein (anderes) Handeln oder eine (neue) Überzeugung. Diese Unterscheidung bildet die Ausgangsbasis für die Grundidee einer handlungstheoretischen Semantik: Ein Sprecher meint mit einer (bestimmten) Äußerung nur dann etwas, wenn er mit Hilfe dieser Äußerung bei einem bestimmten Adressaten eine (bestimmte) komplexe Wirkung hervorzubringen beabsichtigt. **Lit.:** H. P. Grice: Intendieren, Meinen, Bedeuten. In: G. Meggle (Hg.): Handlung, Kommunikation, Bedeutung. Frankfurt 1979. S. 2ff. – Ders.: Sprecher-Bedeutung und Intentionen. In: a.a.O. S. 16ff. – Ders.: Sprecher-Bedeutung, Satz-Bedeutung, Wort-Bedeutung. In: a.a.O. S. 85. PP

**Bedeutung.** Man muß zwischen natürlicher und nicht-natürlicher B. unterscheiden. Ein Fall von natürlicher B. liegt vor, wenn sich ein Zeichen allein aufgrund einer kausalen Korrelation auf einen Gegenstand bezieht (Bsp. »Rauch bedeutet Feuer«). Bei nicht-natürlicher B. dagegen wird der Bezug zu einem Gegenstand mittels Konventionen oder Sprecherintentionen (Bsp. »Es brennt« bedeutet, daß es brennt) hergestellt. Letztere Art der Verbindung zu analysieren ist zentrales Anliegen der Bedeutungstheorie. Wenn im folgenden von »B.« ohne Zusatz die Rede ist, soll immer nicht-natürliche B. gemeint sein. – »B.« ist ein Grundbegriff der ↗Semantik, da man darunter zumeist die B. sprachlicher Zeichen versteht. Allerdings ist B. nicht nur ein Problem der Sprachwissenschaft, sondern spielt auch in der Philosophie, der Psychologie, der Biologie, der Theologie, der Geschichtswissenschaft oder der Soziologie eine wesentliche Rolle. Dieser Umstand trägt dazu bei, daß es eine terminologische Vieldeutigkeit des Begriffs sowie eine Vielzahl unterschiedlicher Theorien gibt, die das Phänomen der B. erklären wollen. Zum einen werden in den verschiedenen Wissenschaften unterschiedliche, wenn auch miteinander zusammenhängende Phänomene durch den Bedeutungsbegriff erfaßt, zum anderen benutzen konkurrierende Semantiktheorien unterschiedliche Grundlagen anderer Wissenschaften als Ausgangspunkte.

Es gibt eine Familie nur teilweise synonymer Begriffe – content, meaning, reference, sense (engl.), signification, désignation (frz.) –, die in der Geschichte der Sprachphilosophie und Semantik wechselseitig Einfluß aufeinander genommen haben. So findet sich z. B. in der Sprachphilosophie Freges die Unterscheidung von »Sinn« und »B.«, wobei letztere den Gegenstand eines sprachlichen Zeichens (Wortes, Satzes) meint. Der Fregesche Terminus »B.« entspricht also heute dem Begriff der ↗«Referenz«, bzw. des Referenzgegenstandes. Im Gegensatz dazu wird der Fregesche Terminus »Sinn« mit »B.« übersetzt.

Fragt man nach dem Wesen der B., so ist es sinnvoll, die Frage nicht auf die B. sprachlicher Zeichen zu beschränken, sondern das Phänomen umfassend zu untersuchen. Ziel einer Bedeutungstheorie muß es sein, diejenigen grundlegenden Entitäten zu untersuchen, die dann als ein Anwendungsfall auch die B. sprachlicher ↗Zeichen konstituieren. Während die Semantik die Art der Zuordnung dieser grundlegenden Entitäten zu sprachlichen Zeichen zu klären versucht, muß eine allgemeine Theorie der B. darüber hinaus klären, welche Art von Entitäten z. B. einem sprachlichen Zeichen zugeordnet werden. Außerdem hat eine Bedeutungstheorie die Aufgabe, die Verstehensleistungen eines Sprechers zu explizieren (Dummett). – Es werden im folgenden vier grundlegende Ansätze vorgestellt, das Wesen von B. generell zu bestimmen. Die B. der Zeichen einer natürlichen oder künstlichen Sprache gilt allgemein als der wichtigste spezielle Bedeutungsbegriff, der in der Semantik untersucht wird. Es lassen sich vier Hauptarten von Theorien unterscheiden, die das Wesen von B. klären wollen. Es handelt sich dabei um Idealtypen, so daß einzelne Theorien durchaus Elemente daraus kombinieren können. Die nun folgende Klassifikation ist daher – mit Ausnahme der vierten Variante – nicht exklusiv.

(1) B.en als besondere Gegenstände: Ausgehend von der klassischen Auffassung des Funktionierens von Eigennamen gibt es Versuche, die B. als eine besondere Art von Gegenstand zu interpretieren, vermittels dessen ein Zeichen auf ein Referenzobjekt bezogen wird (einige Vertreter der kausalistischen ↗Namentheorie, z. B. Kripke oder Putnam, identifizieren dabei sogar die B. eines Namens mit seinem Referenzobjekt). – Der klassischen Vorstellung Lockes zufolge ist die B. eines Zeichens die Vorstellung (idea), die ein Sprecher mit der Äußerung des Zeichens assoziiert. Da Vorstellungen als psychische Zustände aber nicht intersubjektiv allgemein sein können, hat diese Theorie den Mangel, intersubjektive Invarianz nicht erklären zu können. Genau solch eine Invarianz gegenüber Zeitpunkten und Sprechern scheint aber bei Kommunikation vorzuliegen. Frege identifiziert in seiner Theorie die B. eines sprachlichen Zeichens (Freges »Sinn«) mit einem abstrakten Gegenstand (↗Universalien). Dabei entspricht einem ganzen Satz ein Gedanke (Sachverhalt, ↗propositionaler Gehalt). Sprachliche Äußerungen beziehen sich also auf Objekte mittels besonderer Entitäten, nämlich B.en. Eine natürliche Sprache ist dann ein System konventioneller Zuordnungen von Zeichenfolgen zu solchen B.en.

(2) B.en als besondere Intentionen: Der auf Grice zurückgehende und von Bennett ausgearbeitete Theorie, B.en mit einer bestimmten Sorte von Intentionen zu identifizieren, zufolge sind B.en Intentionen innerhalb konkreter Kommunikationsversuche. Eine kommunikative Handlung ist dabei definiert als der Versuch eines Sprechers, durch sein Sprecherverhalten bei einem Hörer eine bestimmte Überzeugung hervorzurufen, wobei eine notwendige Bedingung für den Erfolg in den Augen des Sprechers ist, daß der Hörer genau diese Absicht auch erkennt. Die kommunikative Absicht des Sprechers (S) gegenüber dem Hörer (H) hat dabei folgende Form: S will, daß H glaubt, daß p der Fall ist, dadurch daß H erkennt, daß S genau dies mit seinem Kommunikationsverhalten erreichen will. – Dieses Vorgehen kann als Bedeutungsnominalismus bezeichnet werden, weil B.en mit Intentionen bei konkretem Verhalten identifiziert werden (das Problem der Invarianz stellt sich also auch hier, da es sich um jeweils konkrete Intentionen eines Sprechers zu einem bestimmten Zeitpunkt handelt). Bennett versucht daher zu zeigen, daß man von solchen temporären, nicht konventionell festgelegten Intentionen als B.en ausgehend konventionelle, in einer Sprechergemeinschaft festgelegte B.en herleiten kann. Für diesen Übergang nutzt er den Konventionsbegriff von Lewis, der auf spieltheoretischer Grundlage durch die Unterscheidung von impliziten und expliziten Konventionen einen solchen Übergang von nicht-konventionellen zu konventionellen B.en ermöglicht. Die in einer Sprechergemeinschaft feststellbaren Verwendungen können dabei auch von Sprecher zu Sprecher variieren. Um diesem Phänomen gerecht zu werden, führt Putnam in die Bedeutungstheorie das Prinzip der sprach-

lichen ↗Arbeitsteilung ein, wonach je nach Kenntnisstand des einzelnen Sprechers reichhaltigere oder ärmere Verwendungen vorliegen können. So verwendet z. B. ein Elektriker das Wort Elektromagnet auf andere Weise als ein Laie, da dem Fachmann eine Reihe von Informationen bekannt sind, von denen der Laie nichts weiß. Dennoch benutzen beide das gleiche Wort. Die von allen Sprechern geteilte, einfachste B. ist dabei das Stereotyp. Diese B. muß jeder kompetente Sprecher kennen, während die Abweichung durch unterschiedlichen Kenntnisstand bezüglich der Gegenstände erklärt werden kann. Gelingende Kommunikation setzt diesem Ansatz zufolge keine vollständige Gleichheit der B. voraus. – Trotz der damit erreichten Verallgemeinerung von B.en auf eine Sprachpraxis und eine Sprechergemeinschaft sind B.en nach diesem Ansatz keine abstrakten Gegenstände, so daß es dieser Bedeutungstheorie zufolge keine Invarianz, d. h. keine strikte Identität der Überzeugungen zwischen Sprecher und Hörer gibt.
(3) B.en als Sonderfall von Information: Nicht-natürliche, auf Konventionen beruhende B. ist nach diesen Theorien als Sonderfall der natürlichen B. zu analysieren. Die Welt ist aufgrund ihrer kausalen Ordnung mit Information beladen. Diese besteht darin, daß auf Situationen einer bestimmten Art nicht alle beliebigen, sondern nur Situationen bestimmter anderer Arten folgen können. Da Lebewesen in ihrer jeweiligen Umwelt überleben wollen, ist es für sie wichtig, vorliegende Informationen aus aktuellen Situationen zu entnehmen, um daraus Erwartungen für die Zukunft abzuleiten (z. B. das Verhalten der Beute bzw. des Angreifers). Dafür ist es notwendig, daß solche Organismen die in der Welt enthaltene Information intern repräsentieren, d. h. Überzeugungen bezüglich der Welt haben. In einem weiteren Schritt entwickeln sich evolutionär innerhalb dieser Organismen interne Repräsentationssysteme, die dazu dienen, die Informationen herauszufiltern, die für den Organismus besondere Relevanz haben. Ein solches internes Repräsentationssystem kodiert also die Fülle der erhältlichen Informationen nach einem vorgegeben Muster. Sprache (als System von Begriffen verstanden) läßt sich nun als solch ein internes Ordnungssystem verstehen, das dazu dient, aus der Fülle der in der Welt enthaltenen Informationen die für das jeweilige Lebewesen relevante zu repräsentieren (Dretske). Während die in einer Situation enthaltenen Informationen alle gleichberechtigt sind, da sie alle in die kausale Ordnung der Welt eingehen, wird bei der internen Repräsentation durch Begriffe eine Auswahl getroffen, um die für den jeweiligen Organismus relevante Information herauszufiltern. Tauschen nun solche Organismen (im Regelfall Menschen) diese intern repräsentierten Informationen aus, so ist der Schritt zur nicht-natürlichen B. gemacht: bei solchen Kommunikationsversuchen kommen, aufbauend auf evolutionstheoretisch erklärbaren Ähnlichkeiten zwischen Individuen einer biologischen Spezies, letzlich konventionell geregelte Repräsentationssysteme ins Spiel – natürliche Sprachen mit intersubjektiv festgelegten B.en (Barwise & Perry).
(4) Die skeptische Haltung: Während die drei bisherigen Ansätze zur Erklärung von Sprachverhalten B.en, wenn auch in unterschiedlicher Form, als eigenständige Elemente eingeführt haben, verzichtet der Bedeutungsskeptiker gänzlich auf diesen Bestandteil. »Meaning, or use, yes, meanings, no« – so lautet der Slogan Quines, des prominentesten Vertreters dieser Haltung. Ausgehend von einer behavioristischen Theorie läßt sich Sprachverhalten Quine zufolge als wechselseitige Beeinflussung verstehen, ohne daß B.en bei der Erklärung des Vorgangs der Kommunikation und Informationsweitergabe angeführt werden müssen. Kommunizierende Wesen stimmen diesem Ansatz zufolge letztlich durch wechselseitige Beeinflussung ihr Verhalten aufeinander ab. Der Versuch, Sprachverhalten ohne B.en zu analysieren, ist bei Quine durch Annahmen motiviert, die nicht aus der Bedeutungstheorie stammen, sondern einer behavioristischen Auffassung des Mentalen und einem wissenschaftstheoretischen Naturalismus entspringen. – Während die skeptische Haltung bei Quine zu einer Elimination der Bedeutungstheorie führt, entwickelt Davidson eine solche, wobei er die skeptische Ausgangsposition Quines weitgehend teilt. Davidson entwickelt eine Theorie der B. als eine Interpretationstheorie, bei der der Interpret das Sprachverhalten eines Sprechers zu verstehen versucht, indem er es auf seine eigenen Überzeugungen bezieht. Vorausgesetzt ist dabei, daß Sprachverhalten und Umwelt in einer Relation zueinander stehen, die eine sinnvolle Interpretation ermöglicht. Die erreichbare Interpretation ist aber immer relativ zu den Vorgaben des Interpreten und setzt auch voraus, daß der Interpret selbst bereits ein kompetenter Sprachverwender ist.
Insgesamt schließen sich diese vier Strategien nicht gegenseitig aus. So läßt sich die zweite Position sowohl mit dem skeptischen Ansatz wie mit einer realistischen Bedeutungstheorie verbinden, da man sich hinsichtlich des ontologischen Status von Intentionen noch zwischen einer realistischen und einer reduktionistischen Auffassung entscheiden kann. Und auch den dritten Weg in der Bedeutungstheorie kann man noch unter der Fragestellung behandeln, welcher Art denn die in der Welt auffindbaren Regelmäßigkeiten sind und wie sie mit dem internen Repräsentationssystem zusammenhängen. – Unserer alltäglichen Auffassung nach setzt gelingende Kommunikation nämlich die strikte Identität des Verstandenen voraus. Wir gehen davon aus, daß ein Sprecher und ein Hörer identische B.en verstehen, wenn sie miteinander kommunizieren. Neben dieser intersubjektiven Invarianz gehen wir auch davon aus, daß ein Sprecher zu zwei verschiedenen Zeitpunkten eine identische B. denken oder kommunizieren kann (intertemporale Invarianz). Und schließlich sind wir auch davon überzeugt, daß es normalerweise möglich ist, Sätze einer natürlichen Sprache in die einer anderen natürlichen Sprache zu übersetzen (interlinguale Invarianz). All dies setzt aber vor-

aus, daß B.en letztlich abstrakte Gegenstände sind. Theorien der B., die dem gegenüber einem Nominalismus verpflichtet sind, werden zum einen diese alltägliche Auffassung bestreiten müssen. Zum anderen aber müssen sie auch Erklärungen dafür liefern, wie Kommunikation zustande kommt. Sie werden erklären müssen, wie es partiell identische B.en zwischen Sprecher und Hörer geben kann. Die Konventionstheorie von Lewis und die Theorie der sprachlichen Arbeitsteilung von Putnam sind Versuche, hier Erklärungen zu liefern. Umgekehrt haben Bedeutungstheorien, die eine Art platonischer Universalien annehmen, zu erklären, wie biologische Entitäten als Sprecher solche B.en erfassen und kommunizieren können. Außerdem müssen diese Theorien erklären, weshalb Sprecher und Hörer mit Worten nicht immer vollständig identische B.en verknüpfen. Platonische Bedeutungstheoretiker müssen erklären, auf welche Weise die Unbestimmtheiten, Vagheiten und Unschärfen in die B.en einer natürlichen Sprache gelangen, die jeder Sprecher, der mit anderen kommuniziert, aus eigener Erfahrung kennt. **Lit.:** Allgemein: W.P. Alston: Philosophy of Language. Englewood Cliffs 1964. – C.K. Ogden: Die Bedeutung der Bedeutung. Frankfurt 1974. – H. Putnam: The Meaning of »Meaning«. In: Ders.: Mind, Language and Reality. Philosophical Papers. Vol. 2. Cambridge 1975. S. 215–271. – Zu den vier Theorietypen: (1) G. Frege: Funktion, Begriff, Bedeutung. Fünf logische Studien. Hg. v. G. Patzig. Göttingen 1962. – G. Frege: Logische Untersuchungen. Hg. v. G. Patzig. Göttingen 1966. – J. Locke: An Essay concerning Human Understanding. Ed. by P.H. Nidditch. Oxford 1975. Book III (dt. Versuch über den menschlichen Verstand. 2 Bde. Hamburg 1981/1988). – (2) J. Bennett: Linguistic Behaviour. Cambridge 1976. – H.P. Grice: Studies in the Way of Words. Cambridge 1989. – D. Lewis: Convention: A Philosophical Study. Cambridge 1979. – G. Meggle (Hg.): Handlung – Kommunikation – Bedeutung. Frankfurt 1979. – G. Meggle: Grundbegriffe der Kommunikation. Berlin 1981. – (3) J. Barwise/J. Perry: Situations and Attitudes. Bradford 1983. – F.I. Dretske: Knowledge and the Flow of Information. Cambridge 1981. – (4) D. Davidson: Truth & Interpretation. Oxford 1984. – W.V.O. Quine: Word and Object. Cambridge 1960. MQ

**Bedeutungspostulat** ↗Analytizitätspostulat

**Bedeutungsregel.** Innerhalb der sprachanalytischen Philosophie wird geltend gemacht, daß eine beschreibende Sprache im Gegensatz zu einer bloß formalen Sprache nicht zureichend durch ↗Bildungs- und Umbildungsregeln gekennzeichnet ist. Die Bildungsregeln schreiben nämlich nur vor, welche Zeichenverbindungen richtige Sätze der Sprache konstituieren sollen, und die Umbildungs- oder ↗Übersetzungsregeln geben nur an, welche Sätze auseinander ableitbar sind. Um eine Sprache in ihrer Beschreibungsfunktion gebrauchen zu können, werden nach Ansicht von Ayer Regeln benötigt, die gewisse Zeichen der Sprache mit realen Situationen verbinden. Diese Regeln bezeichnet Ayer als B.n. Bspw. ist eine Bildungsregel der deutschen Sprache, daß jemand, der etwas Grünes betrachtet, dies dann richtig beschreibt, wenn er sagt: dies ist grün. Die Bedeutungen, die durch Zeigen erlernt werden, sind konstitutiv für den richtigen Gebrauch der Sprache. Den Gebrauch eines Wortes zu verstehen, heißt zu wissen, in welchen Situationen es anzuwenden ist. **Lit.:** A.J. Ayer: Basissätze. In: R. Bubner (Hg.): Sprache und Analysis. Göttingen 1968. S. 182ff. PP

**Bedingtheit,** (1) in einem logischen Sinne die Folge in einer wenn-dann-Beziehung; (2) im Hinblick auf Realverhältnisse die Wirkung einer Ursache. Im weiteren Sinne bedeutet B., daß jede Erscheinung hinsichtlich ihrer Entstehung wie ihrer Existenz in einem unabtrennbaren Bedingungszusammenhang mit den anderen sie umgebenden empirischen Gegebenheiten steht. Von notwendiger B. spricht man, wenn bestimmte Umstände oder Gegebenheiten vorliegen müssen, damit eine empirische Erscheinung gegeben sein kann; von zufälliger, i.S. nicht-notwendiger B. ist die Rede, wenn bestimmte Umstände gegeben sein müssen, damit überhaupt sich etwas vollziehen oder ereignen kann, ohne daß diese Ereignisse durch die Umstände notwendig determiniert wären. Z.B. ist jede Handlung insofern bedingt, als sie von bestimmten Umständen, situativen Gegebenheiten, Realisierungsmöglichkeiten u.a.m. auszugehen hat (d.i. notwendige konkrete Voraussetzungen), ohne daß damit die spezifische Handlung eindeutig und notwendig festgelegt wäre. PP

**Bedingung.** (1) In der formalen Logik wird (a) das hypothetische oder konditionale Urteil als Bedingungssatz bezeichnet, z.B.: für alle x gilt: wenn x die Eigenschaft F hat, dann hat x auch die Eigenschaft G; oder wird (b) der erste Teilsatz einer Subjunktion oder materialen Implikation: »wenn p, dann q« als B. bezeichnet. (2) In einer Folgerung stellen die Prämissen die ↗Antecedensbedingungen für die gefolgerte Konklusion dar. (3) In empirisch-wissenschaftlicher Hinsicht sind mit B. entweder die ein Geschehen oder Ereignis erklärenden Ursachen (i.S. des Ursache-Wirkungs-Verhältnisses) gemeint oder die Randbedingungen als notwendige, jedoch nicht verursachenden Voraussetzungen für ein Ereignis. Zur näheren Charakterisierung des Bedingungsverhältnisses bietet sich die Differenzierung in (a) notwendige, (b) hinreichende und (c) notwendige und hinreichende B.en an: (a) ohne ein Ereignis A tritt ein Ereignis B nicht ein, d.h. das Ereignis A ist notwendige Voraussetzung von B – das bedeutet nicht gleichzeitig, daß bei gegebenem Ereignis A auch das Ereignis B eintreten muß. (b) Ein Ereignis A stellt dann eine hinreichende B. dar, wenn bei ihrem Gegebensein mit Notwendigkeit auch das Ereignis B eintritt. (c) Die Suche nach der Erkenntnis gesetzesmäßiger Zusammenhänge entspricht der Frage nach den notwendigen und hinreichenden B.en: Die Kenntnis einer hinreichenden B. beantwortet nicht die Frage, ob nicht auch noch andere als hinreichende

B.en gelten können. Die Kenntnis einer notwendigen B. zeigt nur an, wann ein Ereignis B nicht eintritt (nämlich bei Fehlen des Ereignisses A). (4) In transzendentalphilosophischer Hinsicht wird von Kant die Frage nach den »Bedingungen der Möglichkeit der Erfahrung überhaupt« gestellt. Die Angabe der Verstandesleistungen des Subjekts der Erfahrung, nach denen dabei gefragt wird, benennt zugleich die B.en der Möglichkeit der Gegenstände der Erfahrung. **Lit.:** F. Kambartel: Bedingung. In: HWPh. Bd. 1. Sp. 762–765. PP

**Bedürfnis.** Der Begriff wird in philosophischen Zusammenhängen nicht in einheitlicher Bedeutung verwendet. In einer allgemeinen Definition wird das B. durch den Mangelzustand eines biologischen Organismus bestimmt. In erster Linie dient B. zur Bezeichnung der naturhaften Struktur des Menschen, wobei unterschiedliche anthropologische Annahmen gemacht werden, um die natürlichen B.se im einzelnen zu bestimmen. Die anthropologischen Annahmen variieren je nach Menschenbild, so daß in der einen Position die triebhaften B.se wie Hunger, Durst und Sexualität die Natur des Menschen ausmachen, für eine andere Position das Selbsterhaltungs- und Machtstreben (Hobbes: *Leviathan*) zu den grundlegenden B.sen des Menschen zu zählen sind. Zur Bestimmung der naturhaften Seite wird meist ein willkürliches methodisches Verfahren praktiziert: Beliebig ausgewählte empirische Beobachtungen werden zu allgemeinen Naturkonstanten des Menschen uminterpretiert. – Im ethischen Kontext wird der Gegensatz zwischen höheren und niederen B.sen (z. B. Mill, ↗Utilitarismus) thematisiert, wobei der Gegensatz zwischen sinnlicher Lust und geistigem Interesse und die Form der unmittelbaren Befriedigung das Unterscheidungsmerkmal abgibt. – Mit Hegel (*Rechtsphilosophie*, §§ 189–208) kommt eine sozialphilosophische Perspektive ins Spiel. Er weist darauf hin, daß der Mensch sich erst durch die Bearbeitung der Natur die Mittel zur Bedürfnisbefriedigung verschaffen muß. Die Bearbeitung der Natur geschieht in der Form der Arbeitsteilung. Spezifisch für die bürgerliche Gesellschaft ist das System gegenseitiger Abhängigkeit, d.i. ein System der B.se: Da jeder über sein B. hinaus Güter produziert, arbeitet jeder für die B.se der anderen. Hegel bezeichnet diese B.se, die erst in der Gesellschaft über den Austausch der Produkte befriedigt werden können, als gesellschaftliche B.se. In der bürgerlichen Gesellschaft bildet sich auf der Grundlage des gesellschaftlichen B.ses eine Form der Allgemeinheit, da die Individuen zueinander in Beziehung treten, sich gegenseitig anerkennen und damit auch die Allgemeinheit, deren Bestandteil sie sind, anerkennen. In diesen Beziehungen macht sich jede Person geltend und befriedigt sich vermittels der anderen (§ 182). – Im Anschluß an Hegel kritisiert Marx die Reduktion des gesellschaftlichen B.ses, in dem der andere Mensch immer nur als Mittel der eigenen persönlichen Befriedigung erscheint. Indem er den Menschen nicht aus der Perspektive der Konsumption, sondern der Produktion und der Arbeit bestimmt, führt er als Gattungsbestimmung des Menschen das B., sich mitzuteilen und zu vergesellschaften, an. Von dieser Bestimmung her beurteilt er die gegenseitige Instrumentalisierung der Menschen als Entfremdungsverhältnis. Über diese Kritik hinaus gewinnt Marx der Notwendigkeit der Naturbearbeitung eine weitere anthropologische Bestimmung ab: Da der Mensch den unmittelbaren Genuß der Natur in einem gesellschaftlich vermittelten Austausch überwindet, hat er die Ebene des tierischen Bereichs verlassen. Durch die Produktion von Gütern befriedigt er nicht nur seine B.se, sondern produziert auch neue B.se und damit seine eigene »zweite« Natur. Da die B.se immer gesellschaftlich produziert und in kulturellen Prozessen geformt sind, erweist sich von daher die naturalistische Annahme von rein biologischen B.sen als unzulässige Verkürzung. – Die weiterführenden Diskussionen zum Begriff des B.ses führen zu unterschiedlichen Differenzierungen. Marcuse verbindet die Emanzipation des Menschen mit der Unterscheidung zwischen wahren und falschen B.en und dem Recht des Menschen zu entscheiden, welche B.se entwickelt und befriedigt werden sollen. In der philosophischen Anthropologie werden den biologischen B.sen spezifisch menschliche zur Seite gestellt, bei Gehlen das sachliche Interesse an der Ausbildung von Handlungsmöglichkeiten, bei Fromm die psychischen B.se der emotionalen Bezogenheit und Verbundenheit. **Lit.:** H. Fleischer: Marx und Engels. Freiburg/München 1970. – E. Fromm: Der moderne Mensch und seine Zukunft. Frankfurt [5]1971. – A. Gehlen: Der Mensch. Frankfurt [11]1976. – G. W. F. Hegel: Grundlinien der Philosophie des Rechts. §§ 189–208. – H. Marcuse: Der eindimensionale Mensch. Neuwied/Berlin 1970. – K. Marx: Ökonomisch-philosophische Manuskripte aus dem Jahre 1844. In: MEW Bd. 1. S. 467 ff. – Ders.: Die Deutsche Ideologie. In: MEW Bd. 3. S. 20 ff. – P. Prechtl: Bedürfnisstruktur und Gesellschaft. Würzburg 1983. PP

**Befindlichkeit,** bei Heidegger die Weise, in der sich dem Dasein Welt, Mitdasein und Existenz ursprünglich erschließt. B. ist ontologisch der Titel für das, was ontisch als Stimmung oder Gestimmtsein erfahren wird. Die Wesenscharaktere der B. zeigen sich im Erschließen der Geworfenheit des Daseins, des In-der-Welt-seins als Ganzes und der Angewiesenheit auf Welt. **Lit.:** M. Heidegger: Sein und Zeit (Gesamtausgabe Bd. 2) Frankfurt 1977. § 29. FPB

**Begehren,** (1) Bezeichnung für triebhaftes Verlangen bzw. allgemein für das gesamte Antriebsgeschehen des Menschen. In verschiedenen Kontexten werden folgende Differenzierungen vorgenommen: (a) B. unterscheidet sich von dem bloß Triebhaften dadurch, daß es im Bewußtsein repräsentiert wird und kein blindes Verlangen ist; (b) im Unterschied zum Drang ist das B. mit einer bewußten Zielvorstellung verbunden; (c) während das Wollen von der Vernunft bestimmt oder geleitet wird, fehlt dem B. eine derartige Lenkung. (2) Wenn das B. nicht mehr bloß triebhaft, sondern bereits

i. S. eines ersten Kommunikationsbezugs zwischen Säugling und Bezugsperson verstanden wird, richtet sich das B. nicht mehr auf einfache Befriedigung. Dabei werden zum einen Nahrungserwerb und Liebesverlangen als ein einheitliches Verlangen des Säuglings behauptet, zum anderen soll die Zuwendung der Bezugsperson im Akt der Bedürfnisstillung des Säuglings ihrerseits bereits einen Wunsch dieser Bezugsperson verkörpern. Der Wunsch des Säuglings wäre dann als eine Antwort auf den Wunsch des Erwachsenen zu verstehen. Das hat zur Konsequenz, daß das B. des Säuglings stets darauf gerichtet ist, Inhalt des B.s des anderen zu sein. **Lit.:** J. Lacan: Schriften I. Frankfurt 1975. S. 108. – A. Schöpf: Wie kann man von seinen Bedürfnissen und Wünschen wissen? In: Ders. (Hg.): Bedürfnis, Wunsch, Begehren. Probleme einer philosophischen Sozialanthropologie. Würzburg 1978. S. 111 ff. PP

**Begehrungsvermögen,** (1) bei Platon und Aristoteles Bezeichnung für ein allgemeines Strebevermögen (das die anderen Seelenteile antreibt). Der begehrende Teil der menschlichen Seele kann insofern Anteil an der Vernunft haben, als er auf sie hören kann. (2) In der weiteren Entwicklung wird das B. unterschieden nach einem vernünftigen Strebevermögen und einem sinnlichen (Liebe – Haß, Freude – Trauer, Verlangen – Abscheu). (3) Kant trifft die Unterscheidung in ein unteres B., das durch ein vorausgesetztes Objekt bzw. eine Vorstellung von einem solchen Objekt bestimmt ist, und einem oberen B., das seinen Bestimmungsgrund in der bloßen Form des Gesetzes, d. h. dem vernünftigen Willen hat. PP

**Begierde.** Teilweise gleichbedeutend mit »Begehren« und mit »Leidenschaft« verwendet, umfaßt der Begriff das menschliche Antriebsleben. Eine unterschiedliche Akzentsetzung erfährt der Begriff nach zwei Seiten: (a) Er benennt die naturhaften Anlagen des Menschen, (b) er kennzeichnet die Art, wie diese Anlagen den Menschen zur Aktivität antreiben. Bei Augustinus stellt die B. zunächst nur eine der vier Hauptleidenschaften: Schmerz – Freude, Angst – B. dar. Thomas von Aquin differenziert in seiner Lehre von den Affekten das sinnliche Strebevermögen (appetitus sensitivus) von dem vernunftbestimmten Wollen (appetitus intellectivus). Bei Hobbes und Rousseau erfährt B. eine inhaltliche Interpretation als Selbsterhaltungstrieb. – Die Unterscheidung hinsichtlich der Antriebsart, wie sie bereits in der *Nikomachischen Ethik* von Aristoteles in der Forderung des Ausgleichs zwischen strebender Vernunft und vernünftigem Streben angesprochen und von Thomas von Aquin als Unterscheidung zwischen dem sinnlichen Strebevermögen und vernunftbestimmten Wollen weitergeführt wird, prägt das Verständnis von B. in der Ethik: Der durch seine B.n bestimmte Mensch ist nicht Herr seines Wollens und Handelns, da er durch diese Fremdbestimmung jeglicher Selbstbestimmung verlustig geht. PP

**Begriff.** (1) In erkenntnistheoretischer Hinsicht werden B.e als Allgemeinvorstellungen, unter die konkrete Anschauungen oder Einzelvorstellungen subsumiert sind, verstanden. In Abgrenzung zur konkreten Anschauung werden sie als Abstrakta aufgefaßt, deren Status im ↗Universalienstreit umstritten war: Ihr Allgemeinheitscharakter macht sie zu Universalien, die man entweder als reale Gegenstände (i.S. allgemeiner Wesenheiten) verstanden hat oder nur als mentale (oder psychische) Gegenstände oder nur als eine besondere Sorte von Zeichen. Während Platon diese noch als reale Wesenheiten begreift, gelten die B.e für Descartes wie für Locke als mentale Operationen, die aus der Mannigfaltigkeit des anschaulich Gegebenen abstraktiv einen allgemeinen B. (i. S. eines mentalen Gegenstandes) gewinnen. Bei Kant (*KrV*) gelten B.e als allgemeine Vorstellungen (im Gegensatz zu den singulären Anschauungen), wobei er zwischen empirischen B.en und reinen Verstandesbegriffen unterscheidet: Die Erfahrungsbegriffe entspringen der sinnlichen Anschauung bzw. sind Resultat eines kontinuierlichen Zusammenfügens (Synthesis) von Wahrnehmungen und Wahrnehmungsurteilen, die Verstandesbegriffe dagegen stellen B.e dar, die nicht aus der Erfahrung gewonnen sind, sondern diese erst ermöglichen sollen. Durch B.e wird ein rezeptiv gewonnenes Anschauungsmaterial zu einer Einheit und d. h. zu einem Objekt geformt. Diese Formung geschieht nach Regeln der Synthesis, die nicht ihrerseits aus den Empfindungen und Sinneseindrücken stammen. Die Verstandesbegriffe, d.i. die ↗Kategorien, entspringen rein aus dem Verstand und ermöglichen es, die in der Anschauung gegebene Mannigfaltigkeit von Sinneseindrücken in eine objektive, allgemeine und notwendige Einheit zu bringen. Hegels spekulativer B. (*Phänomenologie des Geistes*; *Logik* II) verweist auf eine Totalität des Wissens bzw. auf den B. als Inbegriff des Wissens. Darunter versteht er zum einen die Methode und zum anderen die Bewegung des Reflektierens. Die Methode besteht in der Konstruktion der Vermittlungen, in der der B. als Einheit von Bestimmungen in Beziehung zu anderen aufgezeigt wird. Die Bewegung des Reflektierens erbringt als Resultat den B.: Das begreifende Denken entwirft in seinem Fortschreiten von der Sache einen allgemeinen B., mit dem die Sache selbst in Übereinstimmung zu bringen ist.

(2) Im logischen Sinne werden als B. diejenigen Ausdrücke bezeichnet, die anders als die Eigennamen sich nicht auf einen eindeutig bestimmten Gegenstand beziehen, sondern sich in der Weise auf mehrere Gegenstände beziehen, daß sie Eigenschaften benennen, die solchen Gegenständen zugeschrieben werden. Diese in der modernen formalen Logik übliche Auffassung nimmt Bezug auf die elementare Aussage, in der ein Nominator einen Gegenstand und der Prädikator eine Eigenschaft vertritt. Alles, was von dem durch den Nominator vertetenen Gegenstand ausgesagt wird, ist sein B., z. B. sagt die Aussage »n P« aus, daß dem Gegenstand n die Eigenschaft P zukommt bzw. daß n unter den B. P fällt. Enthält der B. mehrere Eigenschaften, spricht man davon, daß die Merkmale des B.es P

als dessen Teilbegriffe seinen Inhalt ausmachen. **Lit.:** G. Frege: Funktion, Begriff, Bedeutung. Göttingen [6]1986. – S. J. Schmidt: Bedeutung und Begriff. Braunschweig 1969. – Ch. Thiel: Begriff. In: Handlexikon zur Wissenschaftstheorie. Hg. H. Seiffert/G. Radnitzky. München 1989. S. 9 ff. PP

**Begriffsanalyse.** Bei einer B. hat das zu analysierende Prädikat (das Analysandum) bereits eine wohlbestimmte Bedeutung, von der in der Definition ausgesagt wird, daß sie mit der Bedeutung des analysierenden Prädikats (Analysans) zusammenfällt. Bei einer linguistischen B. wird die Bedeutung durch den Sprachgebrauch begründet, z. B. das Wort »Junggeselle« wird in der deutschen Sprache i. S. von »unverheirateter Mann« verwendet. Eine empirische B. versucht durch empirische Beobachtung oder durch Ableitungen in einer empirischen Theorie die Gültigkeit der definitorischen Festlegung eines Begriffs festzustellen. – Die B. ist zu unterscheiden von der Begriffsexplikation (↗ Explikation), in der ein umgangssprachliches Prädikat für seine Verwendung in einer exakten Theorie in seiner Bedeutung genauer bestimmt wird. **Lit.:** F. v. Kutschera/A. Breitkopf: Einführung in die moderne Logik. Freiburg/München 1971. S. 144 f. PP

**Begriffserläuterung,** dient der Unterscheidung der verschiedenen Bedeutungen eines Begriffs. Sie wird am einfachsten durch die Angabe von Beispielen der Verwendungsweisen dieses Begriffs gegeben. Z. B. kann das Prädikat »wahr« durch die Wendungen »wahrer Freund«, »wahre Liebe«, »wahres Glück«, »wahrer Gewinner«, »wahre Aussage«, »wahre Behauptung«, »wahrer Bericht«, »wahres Versprechen« u. a. m. erläutert werden. Die B. geht jeder ↗ Explikation eines Begriffs voraus, da dadurch die Verwendungsweisen des Begriffs herausgestellt werden, deren Explikation geleistet werden soll. Z. B. wird ein Logiker oder Erkenntnistheoretiker auf die Wendungen »wahre Aussage«, »wahre Behauptung« abzielen und diese Verwendungsweisen von »wahr« von den anderen vor Beginn der Explikation abgrenzen. In der ↗ Philosophie der normalen Sprache wird die B. durch Bezug auf die Verwendungsweisen der Alltags- oder Umgangssprache vorgenommen, um so die philosophischen Begriffe auf ihren rechtmäßigen Gebrauch hin und die daraus resultierenden Fragestellungen auf ihre Sinnhaftigkeit hin abzuklären. PP

**Begriffsformen.** Begriffe können in drei Formen auftreten: als klassifikatorische, als komparative und als quantitative oder metrische Begriffe. Die klassifikatorischen Begriffe dienen zur Einteilung von Dingen in zwei oder mehr Klassen, die komparativen (auch Ordnungsbegriffe oder topologische Begriffe) formulieren Vergleichsfeststellungen (häufig in Komparativform: härter als, größer als), die quantitativen oder metrischen Begriffe charakterisieren Eigenschaften oder Beziehungen mit Hilfe von Zahlenwerten (in der Naturwissenschaft bspw. Länge, Temperatur, in den Sozialwissenschaften bspw. als Arbeitslosenstatistik, Preisindex, Geburten- und Sterberaten). Diese B. spielen vor allem in Carnaps Theorie der Induktion eine bedeutsame Rolle. **Lit.:** R. Carnap/W. Stegmüller: Induktive Logik und Wahrscheinlichkeit. Wien 1959. PP

**Begriffsinhalt.** Seit der Logik von Port-Royal wird ausdrücklich der Inhalt und der Umfang des Begriffes unterschieden. Nach einem traditionellen Verständnis wird der B. durch alle einem (konkret vorliegenden) Begriff übergeordneten Begriffe bestimmt, der Begriffsumfang durch alle einem vorliegenden Begriff untergeordneten Begriffe. Die Über- und Unterordnung bemißt sich an der aristotelischen Unterscheidung von genus (Gattungsbegriff; übergeordneter oder allgemeinerer Begriff), species (Artbegriff, untergeordneter oder speziellerer Begriff), proprium (Eigentümlichkeit einer Sache), differentia (Unterschied), accidens (zufällige Beschaffenheit). Aus der Grundlage dieses Verständnisses wurde das Reziprozitätsgesetz formuliert: Vermehrung des Inhalts eines Begriffs bewirkt Verminderung des Umfangs und umgekehrt. Dieses Gesetz gilt nicht, wenn man unter dem B. die Gesamtheit der Bestandteile, aus denen der Begriff besteht, versteht. – In Anlehnung an die moderne Mengenlehre versteht man heute unter dem Inhalt des Begriffes das Prädikat, das in der Aussageform enthalten ist, mit deren Hilfe die dem Begriff entsprechende Menge definiert wird: Die Menge M wird definiert als der Bereich aller derjenigen x, für die gilt, daß das Prädikat F auf x zutrifft. Bspw. wird die Menge aller roten Gegenstände durch das Prädikat »rot« bestimmt. PP

**Begriffsrelativismus.** J. G. Herder und W. v. Humboldt vertreten einen B. in gemäßigter Form. Herder (*Über den Ursprung der Sprache*, 1770) sieht in der Sprache die Selbsttätigkeit und Spontaneität des Geistes, durch die die Vorstellungselemente erst geschaffen werden. Humboldt kommt einem B. nahe, wenn er das Verhältnis von Sprache und Welt so versteht, daß jede Sprache eine eigene innere Form besitzt, die eine bestimmte Weltanschauung enthält. Indem der Mensch in eine bestimmte Sprachgemeinschaft hineinwächst, wird er auch in ein bestimmtes Verhältnis zur Welt eingeführt. Sprache ist nicht zu verstehen als ein feststehender Bedeutungsvorrat, sondern als ein Prozeß, aus dem die geistige Bedeutung selbst erst hervorgeht. Dadurch kommt der Sprache zentrale Bedeutung für den Aufbau der subjektiven und objektiven Wirklichkeit zu. Verschiedene Sprachen bedingen entsprechend verschiedene Weltansichten. Strawson interpretiert den B. derart, daß es möglich wäre, sich Arten von Welten vorzustellen, die von der Welt, wie wir sie kennen, ganz verschieden sind. Die Vorstellung solcher möglicher nicht-wirklicher Welten beinhaltet, daß diese sich durch den Gebrauch unserer jetzigen Sprache beschreiben ließen, indem man die Wahrheitswerte in verschiedenen systematischen Weisen anders auf die Sätze verteilt, als in unserer Welt. In einer radikaleren Form vertreten Whorf (im Anschluß an Sapir), Quine, Kuhn und Feyerabend einen B.: Nach Whorfs Verständnis klassifiziert und gliedert Sprache den Strom von Sinneserfahrungen, woraus eine gewisse Weltordnung resultiert. Daraus ergibt sich ein Relativitätsprinzip, das besagt, daß nicht alle Beobachter durch dieselben physikalischen Belege zum selben Weltbild geführt werden. Quine behauptet die wechselseitige Unübersetzbarkeit der Begriffsschemata: Die Ausdrucksmittel einer anderen Sprechweise sind von den unseren radikal verschieden, was bedeutet, daß die Übersetzung der Begriffschemata nicht reibungslos gelingen kann. Feyerabend und Kuhn vertreten für die Wissenschaftssprachen die These der ↗Inkommensurabilität: Beim Übergang von einer Theorie zu einer nächsten ändern Wörter ihre Bedeutung oder Anwendungsbedingungen. **Lit.:** D. Davidson: Was ist eigentlich ein Begriffsschema. In: Wahrheit und Interpretation. Frankfurt 1986. S. 261 ff. – P. K. Feyerabend: Erklärung, Reduktion und Empirismus. In: Probleme des Empirismus. Braunschweig 1981. S. 73 ff. – W. v. Humboldt: Über das vergleichende Sprachstudium in Beziehung auf die verschiedenen Epochen der Sprachentwicklung. In: Schriften zur Sprachphilosophie. Darmstadt [6]1988. S. 1 ff. – Ders.: Über die Verschiedenheit des menschlichen Sprachbaues und ihren Einfluß auf die geistige Entwicklung des Menschengeschlechts. In: a.a.O. S. 368 ff. – Th. S. Kuhn: Die Struktur wissenschaftlicher Revolutionen. Frankfurt 1973. – W. V. O. Quine: Zwei Dogmen des Empirismus. In: Von einem logischen Standpunkt. Frankfurt/Berlin/Wien 1979. S. 27 ff. – B. L. Whorf: Sprache, Denken, Wirklichkeit. Reinbek 1963. S. 46 ff., S. 102 ff. PP

**Begriffsschema.** In der sprachanalytischen Philosophie wird das B. zum einen dadurch bestimmt, daß es ein Mittel zur Gliederung der Erfahrung ist (sprachliche Beschreibungsmittel wie bspw. Kategoriensysteme, die den Daten der Empfindung Gestalt verleihen), zum anderen dienen B.ta als Standpunkte, die für Individuen, Kulturen oder Zeitalter einen spezifischen Zusammenhang bilden, indem sie die einzelnen Erfahrungen einordnen. Mit dem zweiten Aspekt wird die These des ↗Begriffsrelativismus und der Unübersetzbarkeit verschiedener B.ta verbunden. Mit jedem B., das gleichzusetzen ist mit der Sprache einer Sprachgemeinschaft, ist ein Ordnungsschema verbunden, das die Vorstellung von Realität – relativ zur jeweiligen Sprachgemeinschaft – prägt. Eine vollständige Unübersetzbarkeit läge vor, wenn sich kein nennenswerter Bereich von Sätzen der einen Sprache in die der anderen übersetzen ließe; eine teilweise Unübersetzbarkeit bestünde dann, wenn ein Bereich übersetzt werden könnte, ein anderer dagegen nicht. **Lit.:** D. Davidson: Was ist eigentlich ein Begriffsschema. In: Wahrheit und Interpretation. Frankfurt 1986. S. 261 ff. PP

**Begriffsumfang.** Seit der Logik von Port-Royal wird ausdrücklich der Inhalt und der Umfang des Begriffes unterschieden. Nach einem traditionellen Verständnis wird der B. durch alle einem konkret vorliegenden Begriff untergeordneten Begriffe (nach der aristotelischen Unterscheidung von Gattungs- und Artbegriff) bestimmt (↗ Begriffsinhalt). – In Anlehnung an die moderne Mengenlehre versteht man heute unter dem B. die Menge der unter ihn fallenden Gegenstände, d. h. jedes Element, das zu der entsprechenden Menge gehört (d.i. das Designat des Begriffs). Für die moderne Logik seit Frege gilt die Klasse oder Menge als B., d. h. die Extension eines monadischen Prädikators (↗Intension/Extension). Ein Begriff ist für Frege eine Funktion, die bei ihrer Sättigung einen Wahrheitswert ergibt. PP

**Begründung.** Die Formen der B. müssen nach den Gebieten, in denen B.en erforderlich sind, unterschieden werden: In bezug auf Aussagen über die Realität bzw. empirische Sachverhalte bedeutet B., daß der Nachweis für die Richtigkeit der Aussage erbracht wird; in bezug auf Normen und soziale Regeln hat die B. den Nachweis der Berechtigung solcher normativer Forderungen zu erbringen; in bezug auf Handlungen kann B. entweder bedeuten, daß die Handlung oder Handlungsziele rechtmäßig sind, d. h. den gesellschaftlichen Erwartungen oder normativen Standards entsprechen, oder daß eine Handlung das geeignete Mittel zur Realisierung subjektiver Absichten oder vorgegebener Zwecke darstellt. – Im Hinblick auf diese gebietsspezifischen B.formen ist zu unterscheiden zwischen subjektiven und objektiven B.en. In den subjektiven B.en wird zum Ausdruck gebracht, welche Überzeugungen einer Person die Grundlage für seine Meinung bilden, daß eine Aussage wahr ist, warum eine Norm richtig ist, warum eine Handlung berechtigt oder zweckrational ist. Mit einer subjektiven B. verbindet sich der Glaube, daß eine Überzeugung korrekt erworben wurde. Eine objektive B. zielt darauf ab, eine andere Person auf rationale Weise, d. h. durch Argumentation oder durch Beweise, zur Übernahme einer Überzeugung zu bewegen. – Der Sinn von B. ändert sich je nach der Form einer Aussage und den darin verflochtenen Geltungsansprüchen. ↗Geltungsanspruch bedeutet, daß mit einer Aussage implizit immer auch die unausgesprochene Behauptung verknüpft ist, daß die Bedingungen für die Gültigkeit der betreffenden Aussage erfüllt sind. Im Anschluß an die ↗Sprechakttheorie wurden der Geltungsanspruch der (grammatikalischen) Verständlichkeit, der Wahrheit (des Aussageinhalts), der Wahrhaftigkeit (der Sprecherintention) und der normativen Richtigkeit (der Handlung) herausgestellt (↗Universalpragmatik). Die für den Begriff der B. relevanten Geltungsansprüche der Wahrheit und normativen Richtigkeit werden durch den Nachweis der Existenz von Sachverhalten, die in der Aussage behauptet wurden, oder durch den Nachweis der Akzeptabilität von Handlungen in bezug auf den als legitim anerkannten normativen Kontext ausgewiesen. Wenn dieser Nachweis nicht die allgemeine Anerkennung erhält, ist eine zweite Ebene der B. erforderlich, d.i. ein theoretischer oder praktischer ↗Diskurs, um einen neuen Konsens bezüglich der Anerkennung herzustellen. Diese zweite Ebene der B. ergibt sich daraus, daß nicht mehr die Regelgerechtheit eines Prozesses des Erkennens oder einer Handlung zu beurteilen ist, sondern die Frage zu beantworten ist, ob die vorgeschlagenen Regeln übernommen werden sollten oder nicht. Dies gilt für den Wissenschaftsprozeß (in bezug auf Gesetzesaussagen und Hypothesenbildung) und für den Kontext sozialer Handlungsregeln gleichermaßen.

In bezug auf diese zweite Ebene der B. unterscheiden sich die philosophischen Positionen; die gegenwärtige Diskussion wird von zwei gegensätzlichen Standpunkten beherrscht. Im Umkreis des ↗Logischen Empirismus wird die These vertreten, daß der mit dem Begriff der B. vertretene Rationalitätsanspruch nur sinnvoll in bezug auf empirisch überprüfbare Aussagen vertreten werden kann. Aus diesem Grunde können B.en von normativen Aussagen nur den Status von subjektiven Überzeugungen haben. Der Begriff von B. wird auf die Deduktion von Sätzen aus anderen Sätzen gemäß angebbaren Verfahrensregeln eingeschränkt. Dementsprechend sind zwei Verfahren der B. denkbar: (1) Der logisch-mathematische Beweis wird vollzogen durch die Deduktion von Sätzen aus anderen Sätzen (d.i. Theoremen oder ersten Sätzen i.S. der Axiome) gemäß den angegebenen Verfahrensregeln. Bei solchen Ableitungen werden die ersten Sätze (Axiome) nicht ihrerseits wieder begründet. Für Aristoteles galten diese ersten Grundsätze als nicht beweisbar, ihren Status als oberste Grundsätze erhielten sie vielmehr aufgrund einer unmittelbaren Einsicht (wie z.B. der Satz vom zu vermeidenden Widerspruch als sicherstes Prinzip allen Beweisens). (2) Im hypothetisch-deduktiven Verfahren sollen sich die allgemeinen Aussagen durch die Konklusionen, die man aus ihnen zieht, empirisch bewahrheiten. In bezug auf die normativen Aussagen schlägt der ↗Kritische Rationalismus eine durch den ↗Fallibilismusvorbehalt abgeschwächte B. vor. D.h. B.en gelten nur unter dem Vorbehalt, daß bis zum Zeitpunkt der B. keine Widerlegungen bekannt und nur solange keine bekannt sind.

Die andere Position wird durch die ↗Transzendentalpragmatik von Apel, die ↗Theorie des kommunikativen Handelns von Habermas und den ↗Konstruktivismus von Kamlah, Lorenzen, Schwemmer u.a vertreten. Als allgemeiner Nenner dieser Ansätze gilt die Auffassung, daß eine theoretische Aussage oder eine normative Forderung dann als begründet gilt, wenn sie von allen vernünftig argumentierenden Gesprächspartnern zustimmend beurteilt wird. Die B. ist dadurch an Kriterien einer vernünftigen Argumentation rückgebunden: der Unvoreingenommenheit bezüglich der Inhalte und Standpunkte, der Freiheit von äußeren Zwängen oder Beeinträchtigungen, der Vermeidung von rhetorischer Manipulation. Das konstruktive Verfahren rekonstruiert die für die Bildung praktischen Wissens und für die B. einer Handlung konstitutiven zustimmungsfähigen Begründungsschritte, die (1) in der Angabe des Zwecks, wofür die Handlung das geeignete Mittel darstellt, besteht, (2) in der normativen Angabe, daß dieser Zweck in einer gegebenen Situation universell geboten ist, und (3) in dem Aufweis, daß diese Norm aus einer der miteinander verträglichen Ober-Normen ableitbar ist. Die Transzendental- und die Universalpragmatik rekurrieren auf die mit jeder Aussage verbundenen Geltungsansprüche, die von jedem Sprecher notwendigerweise zumindest implizit anerkannt sein müssen. Aus diesen Geltungsansprüchen resultiert die rationale Verständigung (d.h. der Zwang des besseren Arguments) als allgemeine Norm. Bei Apel wird dies mit dem Letztbegründungsargument ausgewiesen. Das besagt, daß bei allen möglichen Zweifeln, die argumentativ vorgetragen werden müssen, der sinnvoll Argumentierende diejenigen Argumentationsregeln, die er für seine (Zweifel-)Argumentation unterstellen und anerkennen muß, selbst nicht bezweifeln kann.

In der philosophischen Tradition wird die Frage nach der B. von Erkenntnis als Frage nach dem Erkenntnisgrund gestellt. Der erkenntnistheoretische B.anspruch geht dahin, eine gesicherte Instanz für die Erkenntnis anzugeben: Descartes (*Meditationes de prima philosophia*) versucht durch den methodischen Zweifel einen für das Denken nicht mehr hintergehbaren Grundsatz (d.i. ein oberstes Prinzip) zu gewinnen: Ich denke, also bin ich (cogito ergo sum). D.h. daß jeder, der Gedanken über sich selbst hat, zumindest ein Wissen vom Dasein eines Wesens (nämlich seiner selbst als denkendem Wesen) hat, mag auch alles Wissen darüberhinaus unsicher und unwahr sein. – Die Kantischen Überlegungen bestimmen bis in die Gegenwart die vielfältigen Diskussionen über die Möglichkeit von B. der Erkenntnis. Er versucht in seiner transzendentalen Logik (*KrV*) die B. der Erkenntnis nicht in bezug auf das Dasein eines selbstbewußten Denkers zu erbringen, sondern in bezug auf die Erkenntnisweisen die Bedingung der Möglichkeit objektiv gültiger Erkenntnis zu bestimmen. Es bedarf eines Prinzips, in Beziehung auf das die Rechtfertigung oder die Abweisung einer Erkenntnis begründet und gesichert werden kann. Ein solches Prinzip hat zwei Bedingungen zu genügen: Es muß für sich selbst eine Erkenntnis einschließen, die gegen allen Zweifel gesichert ist, und es muß dazu geeignet sein, den Ursprung anderer Erkenntnisweisen auszuweisen, d.h. auch die Rechtmäßigkeit des Anspruchs dieser Erkenntnisweisen, wirkliches Wissen (und nicht nur subjektive Meinung) zu sein. Kant gewinnt die transzendentale Rechtfertigung für Erkenntnis aus einer Eigenschaft, welche das Selbstbewußtsein (d.i. dem Gedanken des Denkers von sich selbst) in Beziehung auf alle Gedanken hat: dem Bewußtsein »ich denke«. Aus diesem Bewußtsein ist die Abfolge von drei Implikationen herzuleiten: Es ist ein Prinzip der Identität; diese Identität schließt die Beziehung vieler Fälle des Denken von einem identischen Selbst ein; diese Beziehung ist als der Übergang von jedem einzelnen »Ich-denke«-Fall zu jedem anderen in einem Selbstbewußtsein zu denken (Henrich). In jedem Selbstbewußtsein besteht nach Kant auch ein Wissen von den allgemeinen Bedingungen, d.h. von den Regeln, nach denen die Übergänge von dem einen

Fall zum anderen erfolgen. Ein solches Regelwissen stellt eine grundlegende Voraussetzung dar und schließt einen Inbegriff von Regeln ein, unter denen das denkende Subjekt seine Welt mit Notwendigkeit denken muß: eine Regel, die einzelne Inhalte für Gedanken festlegt, eine zweite, die einsinnige Abhängigkeiten von Inhalt zu Inhalt bestimmt, und eine dritte, nach der jeder Inhalt mit jedem anderen in einer Gemeinschaft möglichen Übergehenkönnens besteht (d.i. die drei Grundbegriffe der Relation in Kants Theorie der Kategorien). – Husserl versucht durch eine letztbegründende Erkenntnis aufzuzeigen, daß und in welchem Sinne die Realität bzw. alles objektive Sein auf die Sinnbildungen und Seinsgeltungen der erkennenden Subjektivität zurückgeht. Husserls ↗Phänomenologie stellt die Methode der Analyse der konstituierenden Leistungen der transzendentalen Subjektivität dar. Insofern sie in der Analyse der intentionalen Bewußtseinsstruktur die Leistungen des sinnstiftenden Subjekts zu Bewußtsein bringt, behandelt sie zugleich die Welt als dessen intentionales Korrelat. **Lit.:** H. Albert: Traktat über kritische Vernunft. Tübingen [3]1975. – K.-O. Apel: Das Apriori der Transzendentalpragmatik und die Grundlagen der Ethik. In: Transformation der Philosophie. Frankfurt 1973. S. 358 ff. – R. Descartes: Meditationen über die Grundlagen der Philosophie. Hamburg 1993. – J. Habermas: Theorie des kommunikativen Handelns. Frankfurt 1981. – D. Henrich: Kant und Hegel. In: Selbstverhältnisse. Stuttgart 1982. S. 173 ff. – E. Husserl: Ideen zu einer reinen Phänomenologie und phänomenologischen Philosophie. Hua III/1. – F. Kambartel (Hg.): Praktische Philosophie und konstruktive Wissenschaftstheorie. Frankfurt 1974. – W. Kamlah/P. Lorenzen: Logische Propädeutik. Mannheim [2]1973. – I. Kant: Kritik der reinen Vernunft. – P. Lorenzen/O. Schwemmer: Konstruktive Logik, Ethik und Wissenschaftstheorie. Mannheim 1973. – Ch. Lumer: Praktische Argumentationstheorie. Braunschweig 1990. – H. F. Spinner: Kritik und Rationalität. Braunschweig 1977. PP

**Begründungsprädikat,** Ausdruck, durch den man eine soziale Norm ergänzt, um eine wahrheitsfähige Aussage zu erhalten. Dabei hat das B. die Gründe dafür zu erbringen, daß man sich freiwillig einem sanktionierten Normensystem unterwirft, wenn sich diesem auch die anderen unterwerfen (wechselseitige Forderung), und damit die Gründe dafür, daß man eine Einschränkung der eigenen Handlungsweise akzeptiert. Denkbare B.e wären: »heilig«, »gut für die Gemeinschaft«, »gleichermaßen gut für alle«. B.e bringen jeweils eine bestimmte moralische Grundkonzeption zu Ausdruck. Begründungsprinzipien verweisen (a) entweder auf höhere Wahrheiten (z. B. religiöser Art) und evidente Gegebenheit (traditionale Moral) oder (b) auf das Eigeninteresse an Kooperation: Die Individuen überzeugen sich, daß jeder Grund hat, sich einer Kooperationsregel zu unterwerfen, wenn auch die anderen das tun (reziproker Begründungsprozeß der Aufklärungsmoral). **Lit.:** E. Tugendhat: Drei Vorlesungen über Probleme der Ethik. In: Ders.: Probleme der Ethik. Stuttgart 1984. PP

**Behaviorismus,** ein methodologisches Prinzip der Erklärung. (1) Innerhalb der Psychologie wird der Forschungsgegenstand auf das empirisch beobachtbare Verhalten des Menschen, auf das Feststellen von Reiz-Reaktionsmechanismen eingeschränkt (Reiz-Reaktions-Modell). Andere Methoden der Psychologie wie Selbstbeobachtung, Prozesse des Sinnverstehens werden als unwissenschaftlich ausgegrenzt, da solche Bewußtseinsphänomene prinzipiell nicht beobachtbar sind. Der funktionale Zusammenhang von Reiz (input) und Reaktion (output) wird in manchen Lerntheorien als Konditionierung zur Anwendung gebracht.
(2) Das methodologische Prinzip führt innerhalb der Sprachwissenschaft (L. Bloomfield) dazu, die Sprache als eine besondere Form des menschlichen Verhaltens und damit als Zusammenhang von Reiz (Stimulus) und Reaktion (Response) zu erklären. Nicht mentalistische Elemente und Sprachbedeutung werden untersucht, sondern die konkrete Sprechhandlung und die zugehörige Reaktion eines Hörers.
(3) Der Logische B. (Quine) wendet sich gegen die Bedeutungstheorie des ↗Mentalismus, der die Bedeutung eines Wortes als eine Vorstellung, eine Idee faßt, auf die wir das Wort in den geistigen Akten des Meinens und Verstehens beziehen. Die behavioristische Semantik geht von der Sprache als einer sozialen Kunstfertigkeit aus, die wir allein auf der Grundlage des beobachtbaren Verhaltens anderer Menschen unter öffentlich identifizierbaren Umständen erwerben. Bedeutungen sind Verhaltensdispositionen, Bedeutungsunterschiede werden auf Unterschiede in den Dispositionen zum öffentlich beobachtbaren Verhalten reduziert. Die Existenz von Sprachbedeutungen wäre nur dann anzunehmen, wenn eindeutige Übersetzungen von der Sprache A in die Sprache B gelängen. Aus der Tatsache, daß – nach Quine – bestenfalls einfache Ereignissätze mit eindeutigen Reizbedeutungen, die zu aktuellen Reizen in einer festen Beziehung stehen, in eine andere Sprache übersetzbar sind, nicht aber Sätze, die weiter von einer unmittelbaren Erfahrungssphäre entfernt sind, z. B. sog. Dauersätze, schließt er auf die These von der Unbestimmtheit der Übersetzung, die er als Beleg für die Unhaltbarkeit der Annahme mentaler Objekte wie »Bedeutungen« anführt. Ebensowenig kann nach Kriterien des B. ein eindeutiger Gegenstandsbezug eines Wortes bestimmt werden. **Lit.:** L. Bloomfield: Language. London 1953 (dt. Wort und Gegenstand. Stuttgart 1987). – W. V. O. Quine: Word and Object. Cambridge/Mass. 1960. – Ders.: Ontological Relativity. New York 1969. – B. F. Skinner: Verbal Behavior. New York 1957. PP

**Belegung.** In der Aussagenlogik wird eine Vorschrift, die jedem Satz einer Sprache A genau einen Wahrheitswert zuordnet, als B. der Sätze von A bezeichnet. In symbolischer Schreibweise: $V(A) = w$, d. h. die Belegung V ordnet dem Satz A den Wert »wahr« (oder »falsch«) zu. PP

**Belief revision** (auch: theory change), aus Theorien des nicht-monotonen Schließens, der Konditionallogik und der Entscheidungstheorie entwickelter Zweig der Erkenntnistheorie, der eine formale Darstellung rational geleiteter Veränderungen von Überzeugungs- oder Wissenszuständen versucht. Ohne Anspruch auf deskriptive Adäquatheit werden dabei vor allem drei Arten der Überzeugungsveränderung angenommen: Expansion, bei der ein epistemischer Zustand *i* um eine mit diesem Zustand konsistente Proposition A erweitert wird; Kontraktion, bei der ein epistemischer Zustand *i* um eine Proposition verringert wird; und Revision, bei der ein Überzeugungszustand so verändert wird, daß er eine vorher mit diesem Zustand nicht konsistente Proposition A enthält, ohne dabei inkonsistent zu werden. Dabei werden epistemische Zustände idealisierend durch Mengen von Propositionen bzw. Aussagen modelliert, für die, im Sinne einer minimalen Rationalitätsforderung, Konsistenz und deduktive Abgeschlossenheit angenommen werden. Die zentrale Beobachtung der b.r. ist dabei, daß zwar eine funktional eindeutige Charakterisierung der Expansion für einen Überzeugungszustand *i* und eine Proposition A möglich ist, indem über einen kompakten und monotonen Folgerungsoperator Cn der deduktive Abschluß $Cn(i \cup \{A\})$ von *i* erweitert um A gebildet wird, jedoch keine eindeutige Charakterisierung der Kontraktion bzw. Revision von Überzeugungszuständen möglich ist, wenn diese über eine Reihe von anschaulich naheliegenden Bedingungen beschrieben werden. Die Charakterisierung von Kontraktionen und Revisionen durch sogenannte *partial meet contraction* bzw. *partial meet revision* Funktionen verläßt eine rein logische Darstellungsform, indem sie sich auf eine entscheidungstheoretisch beschriebene Auswahl aus logisch vertretbaren Überzeugungszuständen stützt, die durch eine epistemische Präferenzrelation geordnet sind. – Trotz ihrer stark formalen Ausgestaltung stellt die b.r. einen interessanten Baustein in einer umfassenden pragmatistischen Erkenntnistheorie dar, die traditionell stärker an dynamischen, im Gegensatz zu statischen Aspekten der Erkenntnis orientiert ist, und die Erkenntnistheorie zu einer »kognitiven Entscheidungstheorie« umdeutet. Augenfällig wird dies z.B., wenn die Frage nach der Wahrheit von Theorien bzw. Überzeugungszuständen in der b.r. ausgeklammert bleibt. Kritisch eingewendet wird gegen die b.r. in diesem Zusammenhang allerdings, daß sie zwar beschreibt, wie rationale Überzeugungsveränderungen gestaltet werden müssen, es jedoch völlig ungeklärt bleibt, unter welchen Bedingungen derartige Veränderungen überhaupt vollzogen werden sollen, und sie insofern nicht den Anspruch erheben kann, eine umfassende »kognitive« Entscheidungstheorie darzustellen. **Lit.:** C.E. Alchourrón/P. Gärdenfors/D. Makinson: On the logic of theory change: Partial meet functions for contraction and revision. In: Journal of Symbolic Logic 50 (1985). S. 510–530. – A. Fuhrmann: An Essay on Contraction. Stanford 1997. – P. Gärdenfors: Knowledge in Flux. Cambridge (Mass.) 1988. – P. Gärdenfors (Hg.): Belief Revision. Cambridge 1992. – I. Levi: The Fixation of Belief and its Undoing. Cambridge 1991. UM

**Bellum omnium contra omnes** (lat. Krieg aller gegen alle), Naturzustand der Gesellschaft im Rahmen einer radikal negativen, individualistischen Anthropologie, die Hobbes in der Staats- und Naturrechtstheorie seines *Leviathan*, entstanden 1651 unter dem Eindruck der langen Phase europäischer Religionskriege, entwickelt. Zwar tritt neben den alle menschlichen Individuen beherrschenden und in ihren Handlungen bestimmenden Machttrieb, der den allgemeinen Bürgerkrieg auslöst, ein gleichermaßen fundamentaler Wunsch nach Frieden, hervorgehend aus der Furcht vor einem gewaltsamen Tod. Aber dieser Wunsch allein kann den Krieg nicht beenden, ja er verschärft ihn sogar, da er sich zu verschiedenen, einander widersprechenden Vorstellungen verfestigt, wie der Frieden aussehen soll und wie er zu erreichen sei – eine Konsequenz, die Hobbes aus der Relativierung religöser Wahrheit in der Aufsplitterung der Kirche angelegt sieht. Abgeleitet wird daraus die Notwendigkeit einer politischen Herrschaft, die dem Zugriff der einzelnen Bürger, ihren individualistischen Zielen ebenso wie ihrer individualistischen Moral, entzogen ist – eine Bedingung, die nach Hobbes allein die absolute Monarchie erfüllt (↗Autokratie). **Lit.:** H. Arendt: Elemente und Ursprünge totaler Herrschaft. Frankfurt 1955. – R. Koselleck: Kritik und Krise. Frankfurt 1973. WST

**Beobachter.** In der Diskussion über die Methodologie der sozialwissenschaftlichen Theorien wird der Status des B.s eingehend problematisert. Dabei wird zwischen dem *uninteressierten* und dem *teilnehmend einbezogenen* B. unterschieden: (a) Der uninteressierte B. nimmt in einer theoretischen Einstellung keinerlei Bezug auf die Sinngehalte sowohl der eigenen Lebenswelt und Alltagspraxis als auch derjenigen der betrachteten gesellschaftlichen Realität. Die zur Hypothesenbildung verwendeten Begriffe resultieren aus einem konstruierten Modell menschlichen Handelns und entsprechenden Typisierungen von Handlungsstrukturen und -inhalten. (b) Der teilnehmend einbezogene B. (z.B. der Feldforscher) baut eine Beziehung zur untersuchten Gruppe als Mensch unter Mitmenschen auf. Er ist um einen sinnverstehenden Zugang zu seinem Objektbereich bemüht und versucht durch Teilnahme an Prozessen der Interaktion und der Verständigung wissenschaftlich verwertbare Erfahrung zu machen. Dabei dienen ihm die eigenen Sinngehalte bestenfalls als heuristische Interpretationsschemata. ↗Ethnomethodologie. **Lit.:** H. Garfinkel: Studies in Ethnomethodology. New York 1967. – A. Schütz: Gesammelte Aufsätze. Den Haag 1971. S. 49f. PP

**Beobachtung.** Der empiristischen Auffassung zufolge stellt die B. die Grundlage jeder Erfahrung bzw. jeden Erfahrungswissens dar. Nach einem naiven Verständnis handelt es sich bei der B. um das Wahrnehmen objektiver Gegebenheiten und Ereignisse, d.h.

um das Beobachtete. Dem liegt die Vorstellung zugrunde, daß die Welt als eine Ansammlung fertiger Gegenstände aufzufassen sei. Wird dagegen unter B. ein Verhältnis zwischen Beobachtetem und der Tätigkeit des Beobachtens verstanden, rückt die Rolle der subjektiven Leistung des Subjekts in den Vordergrund: Das Erfahrungswissen gründet auf verschiedenen Formen des Beobachtens: (a) B. der Regelmäßigkeit (von natürlichen Ereignissen), (b) eine quantifizierende B., d. h. aufgrund bestimmter Meßverfahren (mittels dafür konstruierter Geräte), (c) B. unter künstlichen Bedingungen, d. h. unter experimenteller Anordnung. Für die wissenschaftliche B. ist zu berücksichtigen: (1) Die Annahme einer theoriefreien B. ist nicht haltbar, vielmehr ruht jede Beobachtungssprache auf vorgängigen theoretischen Begriffen und Definitionen auf. Der Begriff des Gegebenen als eines Faktums vor jeder theoretischen Interpretation ist ein leerer Begriff (Stegmüller). (2) In den Sozialwissenschaften spielt der Beobachter als intentional Handelnder eine Rolle: Um Handlungsvollzüge und Situationsdefinitionen verstehen zu können, muß er die Perspektive des äußeren Beobachters verlassen und sich als Teilnehmer solcher Interaktionen verstehen. (3) In den naturwissenschaftlichen B.en sind die quantifizierenden Grundbegriffe (wie Zeit, Länge usw.) relativ zur physikalisch beschreibbaren Situation des Beobachters. **Lit.:** R. Carnap: Beobachtungssprache und theoretische Sprache. In: Dialectica 12 (1958). S. 236–248. – Ders.: Einführung in die Philosophie der Naturwissenschaften. Frankfurt/Berlin 1986. S. 223 f. – W. Stegmüller: Theorie und Erfahrung. Probleme und Resultate der Wissenschaftstheorie und Analytischen Philosophie. Bd. II. Berlin/Heidelberg/New York 1970. – P. Winch: Die Idee der Sozialwissenschaften und ihr Verhältnis zur Philosophie. Frankfurt 1974. PP

**Beobachtungssprache,** Bezeichnung für eine empiristische Sprache, in der die undefinierten Grundprädikate sich ausschließlich auf Beobachtbares beziehen. Alle übrigen Prädikate müssen auf diese Grundprädikate zurückgeführt werden. Eine solche Sprache kann beliebig komplexe Aussagen enthalten, d.i. Aussagen, die mittels logischer Zeichen verknüpft sind und Aussagen mit generellen Existenz- und Allbehauptungen. Carnap hat diese Bezeichnung in der wissenschaftstheoretischen Diskussion in Verbindung mit dem empiristischen ↗Sinnkriterium eingebracht, mit dessen Hilfe sinnlose von sinnvollen Begriffen und Sätzen unterschieden werden sollen. Dabei hat er offen gelassen, ob als Grundlage der Beobachtung eine physikalistische oder phänomenalistische Basis (oder eine Kombination aus beiden) zu wählen sei. Schlick bezeichnet eine Aussage, die einen sinnlich wahrnehmbaren Sachverhalt (mit Hilfe von Indikatoren wie »jetzt« und »hier«) darstellt, als Beobachtungssatz. Für Neurath stellen die ↗Protokollsätze die für jede empirische Wissenschaft grundlegende Form der B. dar. – Entsprechend Carnaps ↗Zweistufentheorie der Sprache läßt sich die B. mit Hilfe von ↗Korrespondenz- oder ↗Zuordnungsregeln mit einer Theoriesprache verbinden. **Lit.:** R. Carnap: Beobachtungssprache und theoretische Sprache. In: Dialectica 12 (1958). S. 236–248. – Ders.: Einführung in die Philosophie der Naturwissenschaften. Frankfurt/Berlin 1986. S. 223 ff. – O. Neurath: Protokollsätze. In: Erkenntnis 3 (1932/33). S. 204–214. – M. Schlick: Über das Fundament der Erkenntnis. In: Gesammelte Aufsätze. Hildesheim 1969. S. 290–310. PP

**Beratung, praktische.** Lorenzen und Schwemmer haben im Rahmen ihrer konstruktiven Methode beim Aufbau einer Ethik die B. als ein Primat der praktischen Vernunft dargestellt. Die Aufgabe der konstruktiven Methode ist es, die Termini einzuführen, mit denen solche B.en beschrieben werden können, die der Konfliktbeseitigung dienen, und die die Beratenden in der beredenden Vorbereitung ihres Handelns zu gebrauchen gelernt haben. Die Termini beschreiben die sinnvollen B.en kompetenter Beratender. – Als B.en werden die Reden bezeichnet, die zur Beschlußfassung über die Ausführung von Handlungen bzw. die Verfolgung von Zwecken benutzt werden. Ausgangspunkt einer solchen B. ist eine durch wechselseitige Unverträglichkeit von Handlungen oder Zwecken gekennzeichnete Konfliktsituation. Die B. beinhaltet das Bereden der verschiedenen, miteinander unverträglichen Vorschläge in der gemeinsamen Absicht, zu einer allgemeinen Annahme eines Vorschlages oder mehrerer miteinander verträglicher Vorschläge zu gelangen. – Das Prinzip der p.n B. beruht zunächst auf zwei Stufen des Beschlusses: (1) Der Beschluß über die Ausführung einer Handlung wird unter Angabe des Zwekkes, zu dem diese Handlung ein geeignetes Mittel ist, gefaßt (Begründung erster Stufe: die fragliche Handlung als geeignetes Mittel für einen angenommenen Zweck). (2) Der Beschluß über eine Zwecksetzung wird unter Angabe einer Norm, aus der sich die Aufforderung zur Setzung dieses Zweckes (gemäß den modallogischen Schlußregeln) ableiten läßt, gefaßt (die Begründung zweiter Stufe besteht in der Ableitung aus einer angegebenen Norm). Die gemeinsame Annahme einer Norm soll dabei so verstanden werden: Wenn jemand eine Norm angibt, um mit ihr eine Zwecksetzung zu begründen, dann hat er diese Norm dann angenommen, wenn er sie als einen Grund (zweiter Stufe) auch für alle weiteren Beschlüsse über Zwecksetzungen (auch seine eigenen) zuläßt. In der Forderung, eine jede solche Norm auch für alle weiteren Zwecksetzungen als einen Grund zuzulassen, besteht das Prinzip der p.n B. Als praktisches Vernunftprinzip tritt die B. mit dem Postulat auf, die jeweils bloß subjektiven Meinungen und Zwecksetzungen zu transzendieren (Prinzip der Transsubjektivität). Wie die Transsubjektivität zu erreichen ist, regelt ein Moralprinzip (als Ergänzung zum Vernunftprinzip) durch die Forderung: Stelle in einer Konfliktsituation die miteinander verträglichen übergeordneten Normen (»Supernormen« oder Oberzwecke) zu den Normen (»Subnormen«) fest, die als Gründe für die miteinander unverträglichen Zwecke benützt werden, und stelle zu diesen übergeordneten Normen Subnormen auf, die miteinander verträglich sind. Diese neu aufgestellten Subnormen sollen dann als begründet (dritte Stufe) angesehen werden. Die Begründung dritter Stufe wird als »Rechtfertigung« bezeichnet. – Moralprinzip und Vernunftprinzip können ihrerseits nicht nochmals begründet werden. Denn da das Moralprinzip zusammen mit dem Vernunftprinzip erst festlegt, wie allgemeine Sätze für eine Begründung von Handlungen, Zwecken und Normen benutzt werden sollen, stehen nicht schon vor diesen Prinzipien allgemeine Sätze zur Verfügung, auf die wir uns beziehen könnten. Wir können nur dadurch jemanden zur Befolgung dieser beiden Prinzipien bewegen, daß wir sie zusammen mit ihm zu befolgen versuchen. In der Befolgung der Prinzipien zeigen sich Stufen der Gemeinsamkeit: die Gemeinsamkeit des Handelns (als eine Gemeinsamkeit der Mittel) ist der Gemeinsamkeit der Zwecke unterzuordnen. Die Prinzipien werden nur in ihrer Ausübung einsichtig. **Lit.:** P. Lorenzen/O. Schwemmer: Konstruktive Logik, Ethik und Wissenschaftstheorie. Mannheim 1973. S. 113 ff. PP

**Bereichsethik,** bezeichnet den Teil der philosophischen Ethik, in dem solche ethischen Konflikte behandelt werden, die in einem spezifischen Handlungskontext entstehen oder entstehen können. Diese Festlegung auf einen spezifischen Handlungskontext, einen Bereich, unterscheidet sie von Metaethik und normativer Ethik. In der Literatur findet sich auch der Begriff der »angewandten Ethik« oder »Bindestrich-Ethiken«, die sich u. a. als Medizin-, Ökologie-, Technik-, Wirtschafts- und Wissenschaftsethik etabliert haben. B.en zeichnen sich durch den konkreten Anwendungsbezug und die Orientierung an zumeist empirischen Problemen aus; dadurch unterscheiden sie sich methodologisch von philosophischen Teilgebieten wie z. B. der politischen Philosophie oder Rechtsphilosophie. Jenseits dieser konstituierenden methodologischen Übereinstimmung lassen sich zwei Grundpositionen unterscheiden. Zum einen wird die B. als Kasuistik aufgefaßt, d. h. eine bestehende normative ethische Theorie wird auf Fallbeispiele angewandt. Zum anderen gibt es die Auffassung, daß die B. aufgrund ihrer Interdisziplinarität und empirischen Orientierung einen Beitrag zur Erneuerung der philosophischen Ethik leisten könne, indem sich verschiedene ethische Positionen in der Praxis als kompatibel und funktional erwiesen. Die Diskussionen über den methodologischen Status, die neben die problem-orientierten Anwendungsfragen getreten sind, führen zunehmend zu einer Ausdifferenzierung und Verselbständigung der B.en als Disziplinen zwischen der Philosophie und der je anderen Fachwissenschaft. **Lit.:** K. Bayertz: Praktische Philosophie und angewandte Ethik. Reinbek 1991. – D. Birnbacher: Ökologie und Ethik. Stuttgart 1986. – B. A. Brody: Moral Theory and Moral Judgements in Medical Ethics. Dordrecht 1988. – H. Lenk/G. Ropohl: Technik und Ethik. Stuttgart 1987. KRL

**Bertrandsche Paradoxie,** eine ↗Paradoxie der Wahrscheinlichkeitsrechnung (nach J. Bertrand). Eine Gerade schneidet einen Kreis. Gefragt wird nach der Wahrscheinlichkeit dafür, daß das vom Kreis aus der Geraden ausgeschnittene Sehnenstück länger ist, als die Seite eines dem Kreis einbeschriebenen gleichseitigen Dreiecks. Man kann von verschiedenen gleich plausiblen Annahmen ausgehen und so verschiedene Werte für die gesuchte Wahrscheinlichkeit erhalten. Der Grund für diese Paradoxie liegt darin, daß die Aufgabe unterbestimmt ist, weil nicht festliegt, welche Wahrscheinlichkeitsverteilung zu Grunde gelegt werden soll. VP

**Beschreibung,** (1) bezeichnet die systematische, geordnete Darstellung von materiellen oder ideellen Sachverhalten mit gedanklich-sprachlichen Mitteln. Die B. eines Sachverhalts bzw. von Daten der sinnlichen Wahrnehmung, des Experiments, der Beobachtung usw. bildet in der Regel den Ausgangspunkt der wissenschaftlich fundierten Erkenntnistätigkeit. Sie bedient sich stets bestimmter sprachlicher Symbole, z. B. der natürlichen Sprache, spezieller Zeichensysteme, Ziffern und Grafiken. Als wissenschaftliches Erkenntnisverfahren liefert sie ein relativ genaues Abbild des betreffenden Sachverhalts, kann jedoch nur angeben, wie ein Sachverhalt beschaffen ist, und nicht, warum er so und nicht anders ist. Die B. bezieht sich daher im wesentlichen nur auf die Erscheinung des beschriebenen Sachverhalts und dringt nicht zu dessen Wesen und den Ursachen sowie Gründen seines Bestehens vor. Insofern stellt sie die erste, elementare Stufe der wissenschaftlichen Erkenntnis dar, die zur Erkenntnis des Wesens, zur Erklärung und zu Theorienkonstruktionen fortgeführt werden muß. – Die vom ↗Positivismus zur einzigen Aufgabe der Wissenschaft erklärte vollständige B. von Fakten faßt das Hauptanliegen der Wissenschaften daher zu eng. Die von ihm geforderte vollständige B. einer Erscheinung ist zum einen unmöglich, weil diese in der unendlichen Vielfalt ihrer Eigenschaften und Relationen zu anderen Erscheinungen eine unendliche Zahl von B.en erfordern würde. Zum anderen ist ein derartiges Unternehmen nicht nötig, da es für die wissenschaftliche Erkenntnis und die praktische Tätigkeit nicht auf eine gleichermaßen detaillierte B. der wesentlichen und unwesentlichen, der notwendigen und zufälligen, der allgemeinen und individuellen Eigenschaften und Relationen der Erscheinung ankommt, sondern auf die Erkenntnis des Wesens, des Allgemeinen im Einzelnen, des Notwendigen und Gesetzmäßigen im Zufälligen. Die B. kann deshalb ihrer Funktion im Rahmen der Erkenntnis nur dann genügen, wenn sie nicht verabsolutiert und von den anderen wissenschaftlichen Erkenntnisverfahren und -mitteln, wie ↗Erklärung, Hypothese, Prognose u. a., losgelöst, sondern in der Einheit mit ihnen gesehen und praktiziert wird. RS

(2) Definite B. – Russell geht von der Behauptung aus, daß unsere Kenntnis physikalischer Objekte und anderer Personen gleichermaßen eine Kenntnis aufgrund

von B. sei. Seine Theorie der B. soll zeigen, daß eine Aussage auch ohne die Annahme ad-hoc postulierter Gegenstände für die in einer Aussage verwendeten scheinbaren Gegenstandsbezeichnungen verstanden werden kann. Mit Hilfe der Unterscheidung zwischen Eigennamen und definiter B. versucht er das zu begründen: Als definite B. können Ausdrücke verstanden werden wie »der So-und-so«, z. B. »die letzte Person, die den Raum verlassen hat«, »der Dichter der Ilias«. Im Gegensatz zu den Eigennamen, die sich durch einen eindeutigen Gegenstandsbezug auszeichnen, treffen die definiten B.en entweder auf kein Individuum zu oder auf mehr als nur ein Individuum. Eine definite B. hat außerhalb des Aussagesatzes keine Bedeutung, andererseits verstehen wir die Bedeutung von Aussagesätzen, ohne ihren Gegenstandsbezug zu kennen, wie z. B. in »der gegenwärtige König von Frankreich ist kahlköpfig« – eine Aussage, für die gegenwärtig kein Gegenstandsbezug behauptet werden kann. Die wichtige These seiner Theorie der definiten B. ist, daß Aussagen über Gegenstände, die definite B.en enthalten, nicht als Aussagen über Gegenstände, sondern als Aussagen über Aussagefunktionen zu analysieren sind (Aussagefunktion ist ein Ausdruck, der einen oder mehrere indeterminierte Bestandteile enthält). Als Bsp. einer solchen Analyse: Die Aussagefunktion »x ist ein männliches Lebewesen, x ist der gegenwärtige König von Frankreich und x ist kahlköpfig« ist für einen und nur einen Wert wahr. Wenn ein solcher König gegenwärtig nicht existiert, zeigt die Analyse, daß die Aussage falsch, wenn auch nicht sinnlos ist. PP

**Lit.:** E. Cassirer: Das Erkenntnisproblem in der Philosophie und Wissenschaft der neueren Zeit. Berlin [3]1922. Bd. 1/2. Nachdr. Hildesheim 1974. – A. Hochstetter-Preyer: Das Beschreiben. Halle 1916. – F. Kaulbach: Philosophie der Beschreibung. Köln/Graz 1968. – B. Russell: Human Knowledge. London 1948. – Ders.: On Denoting. In: Mind 14 (1905). S. 479–493. PP/RS

**Beschreibung, dichte/dünne.** Durch die Distanzierung von positivistisch-empiristischen Paradigmen der Kulturrepräsentation führt C. Geertz (*Interpretation of Culture,* 1973) den Begriff der »dichten Beschreibung« (thick description) in den anthropologischen Diskurs ein, womit er eine analytische Beschreibung meint, in der Theorie und Feldforschungdaten nicht getrennt werden, sondern die Theorie zur Grundlage des datengenerierenden Prozesses wird. Obwohl synonym zum früheren Begriff von Ethnographie gebraucht, bedeutet »dichte Beschreibung« im Paradigma der symbolischen Anthropologie viel mehr. Es geht nicht nur um das Beschreiben des Beobachtbaren und seine Zurückführung auf soziale Prozesse innerhalb der Gesellschaft oder interkulturellen Vergleich, sondern um Bedeutungen. Diese ergeben sich aber wesentlich aus dem, was nicht beobachtbar ist, dem was die Mitglieder bestimmter Kulturen über ihren Glauben und ihr Handeln berichten, wie sie sich selbst verstehen und deuten (»die Perspektive des Eingeborenen«), also aus einer partikularen und mikroskopisch orientierten Forschung. Ausgehend von der These, daß jedes soziale Handeln schon in sich eine Interpretation ist, bedeutet etwas »dicht« zu beschreiben, eine Interpretation der Interpretation des anderen zu gestalten. Sie sollte das beinhalten, was zum symbolischen System der erforschten Gruppe gehört (Religion, Kunst, Kosmologie, Mythen, Rituale). – Im Gegensatz dazu wird in einer »dünnen Beschreibung« (thin description) die Bedeutungsmehrschichtigkeit nicht in Betracht gezogen, was Geertz mit dem von G. Ryle (von dem der Begriff der dichten Beschreibung stammt) übernommenen Beispiel illustriert: die dünne Beschreibung »schnell das rechte Augenlid bewegen« läßt uns völlig darüber im Unklaren, ob es sich um ein unwillkürliches Zukken, ein informierendes Zwinkern oder eine Parodie handelt, mit der jemand einen anderen nachahmt. **Lit.:** C. Geertz: Dichte Beschreibung. Frankfurt [4]1995. – J. Rudolph: Was ist »dichte Beschreibung«? In: Kea, Zeitschrift für Kulturwissenschaft 4 (1992). S. 39–62. – S. Wolff: Die Anatomie der Dichten Beschreibung. In: J. Matthes (Hg.): Zwischen den Kulturen? Göttingen 1992. S. 339–361. SZ

**Beschreibungsdualismus,** Bezeichnung für die Auffassung, daß bestimmte physische Ereignisse auch eine irreduzibel mentalistische Beschreibung zulassen (Davidson, Dennett). ↗Leib-Seele-Problem. PP

**Besonnenheit.** Die Bedeutung schließt sich weitgehend der antiken Begriffsbestimmung von ↗sophrosyne an. B. ist die Fähigkeit, in seinem Urteil von momentanen Gefühlsregungen unabhängig zu sein und somit das Handeln von vernünftiger Überlegung bestimmen zu lassen. Bei Herder tritt B. auch in einer spezifischen Bedeutung auf, als die Fähigkeit zur reflexiven Distanz gegenüber der Welt, die wiederum die Grundlage für Sprache ist. FPB

**Bestätigung.** In bezug auf eine empirische Aussage wird dann von B. gesprochen, wenn sie mit den Beobachtungen übereinstimmt. Da eine solche Übereinstimmung immer nur unter dem Vorbehalt weiterer Beobachtungen feststellbar ist, kann eine Aussage aufgrund ihrer B. nur als wahrscheinlich bezeichnet werden (↗ Bewährung). – Der Begriff der induktiven B. wird entsprechend der Unterscheidung in klassifikatorische, komparative und quantitative Begriffe expliziert: Ein klassifikatorischer Begriff der B. liegt dann vor, wenn die Bedingungen angegeben sind, unter denen eine Hypothese durch Erfahrungsdaten als bestätigt anzusehen ist. Ein komparativer Begriff der B. zieht die Vergleichsmöglichkeit zwischen B.en verschiedener Hypothesen in Betracht, bspw. wenn eine Hypothese (h) durch die Erfahrungsdaten besser bestätigt wird als eine andere Hypothese (h'). Der quantitative Begriff der B. bestimmt den Bestätigungsgrad, mit dem eine Hypothese aufgrund der Erfahrungsdaten bestätigt wird, durch einen numerischen Wert zwischen 0 und 1. **Lit.:** R. Carnap/W. Stegmüller: Induktive Logik und Wahrscheinlichkeit. Wien 1959. PP

**Bestimmtheitsaxiom,** Forderung in der Mengenlehre, daß eine Menge durch ihre Elemente vollständig bestimmt sein soll. PP

**Bestimmung,** (1) Be- und Abgrenzung, Hinzufügung eines Attributs zu einem Begriff. Für Platon ist die Idee das Bestimmte und Begrenzte (peras). Bei Spinoza erhält die B. den Charakter der Negation, jede B. ist zugleich Verneinung. Für Kant ist jeder Begriff in gewissem Maße unbestimmt, aber bestimmbar. Durchgängig bestimmt ist nur das konkrete existierende Einzelding, dem von jedem möglichen Paar einander kontradiktorisch entgegengesetzter Prädikate jeweils eins zukommen muß. Die durchgängige B. eines Einzeldings kann daher niemals in einer wirklichen Erkenntnis eingeholt werden (*KrV* B 599ff). Dem folgt Hegel, wenn er Bestimmtheit mit »Besonderheit« und »Einzelnheit« (*Sämtl. Werke* I,12,35) gleichsetzt. Der oberste Grundsatz der Philosophie ist nach Fichte unbestimmt. B.en erhält er durch Limitation, die mit der Kategorie der B. identisch ist (*Ges. Ausg.* I, 2, 282). – (2) Zweckorientierte B. Die B. des Menschen bezieht sich auf anthropologische oder geschichtsphilosophische Fragestellungen. Nach Kant ist der Mensch dazu bestimmt, seine eigene Vernünftigkeit und Menschheit in sich zu entwickeln, was nur in der Gesellschaft möglich ist. Nach Fichte ist die irdische B. des Menschen die Realisierung des Vernunftstaates, die überirdische die Realisierung der intelligiblen Welt, d. h. der Sittlichkeit. CHA

**Bestimmungsurteil.** In der traditionellen Urteilslehre versteht man unter B.en solche Urteile, in dem einem Subjektgegenstand eine Bestimmtheit in der Weise zugeschreiben wird, daß sie als zu seinem Wesen gehörig behauptet wird, bspw. »der Mensch ist ein Vernunftwesen«. Das B. gibt auf die Frage »was ist das?« eine Antwort, indem es die Bestimmtheit als im Subjektgegenstand liegend, als eigentümliche Einheit mit ihm oder als das Wesen (essentia) des Gegenstandes behauptet. PP

**Bevölkerungsethik.** Die B. als Teilbereich der ↗Bioethik befaßt sich mit der Kritik und Begründung moralischer Werte, Prinzipien und Normen hinsichtlich der bevölkerungspolitischen, sozialpolitischen und entwicklungspolitischen Probleme, die sich aus dem Anwachsen der Weltbevölkerung sowohl in den westlichen Industrieländern als v. a. auch in den Ländern der Dritten Welt ergeben. Moralische Probleme entstehen, außer durch die unmittelbaren Folgen des Bevölkerungswachstums, in den sog. »Entwicklungsländern« (Unterernährung, Krankheit, hohe Sterblichkeit) selbst, z. B. im Hinblick auf Maßnahmen der sog. Geburtenkontrolle und deren Folgen v. a. für das Selbstbestimmungsrecht der betroffenen Frauen. Eine normative Auseinandersetzung mit den Problemen des Bevölkerungswachstums im Hinblick auf internationale Verteilungsprobleme (Weltwirtschaftssystem) gibt es erst in Ansätzen. **Lit.:** M. Bayels (Hg.): Ethics and Population. Cambridge (MA) 1976. JA

**Bewährung.** In bezug auf eine Aussage über einen empirischen Sachverhalt stellt die B. das Ergebnis einer Überprüfung auf der Grundlage von Beobachtungen dar. Popper hat in bezug auf die Überprüfung wissenschaftlicher Theorien vorgeschlagen, die positive B. einer empirischen Theorie darin zu sehen, daß diese alle bisherigen Falsifikationsversuche überstanden hat. B. i.S. »empirisch gut bestätigt« besagt dann, daß alle bisherigen Versuche, die Theorie zum Scheitern zu bringen, nicht von Erfolg waren. Die B. schließt ein, daß ein Satz nur in bezug auf ein bestimmtes, bis zu einem bestimmten Zeitpunkt anerkanntes System von Basissätzen als bewährt gelten kann. Über den Grad der B. entscheidet nicht so sehr die Anzahl der bewährenden Fälle, als vielmehr die Strenge der Prüfung, der der betreffende Satz unterworfen ist. Diese hängt u. a. auch von der Einfachheit des Satzes ab: Der einfachere Satz ist der in höherem Grad falsifizierbare. – In der Phänomenologie Husserls spielt die B. in bezug auf die Bewußtseinsstruktur eine besondere Rolle. In der Analyse des intentionalen Bewußtseins zeigt er auf, daß ein solches Bewußtsein fortwährend Seinssetzungen vollzieht. Zum teleologischen Charakter des Bewußtsein gehört die Tendenz, diese zunächst nur vermeinten Seinssetzungen auch durch eine originäre Anschauung zu bestätigen. Husserl differenziert zwischen den bloß signitiven (anschauungs-)leeren Bewußtseinsakten, in denen etwas in einer bestimmten Hinsicht vermeint wird, ohne daß dafür die anschauliche Gegebenheit aufzuweisen wäre, und den diese leeren Vormeinungen bestätigenden Akten der anschaulichen Erfüllung, in denen der vermeinte Gegenstand seine Entsprechung findet. Von B. ist bei Husserl nicht nur im Fall einer vollständigen Entsprechung die Rede, sondern auch in den Fällen, wo nur eine partielle Entsprechung (bspw. im Hinblick auf einen Teil der Eigenschaften) gegeben ist. Durch die Überführung unserer unbestimmten Vormeinungen in die originäre Gegebenheitsweise der Anschauung gelangen wir nicht nur zu B.en bzw. Erfüllungen, sondern ebensogut auch zu Enttäuschungen (»Entwährungen«, »Durchstreichungen«). D.h. solche gegenständlichen Vermeinungen können dadurch enttäuscht werden, daß der vermeinte Gegenstand überhaupt nicht oder nicht in der vermeinten Beschaffenheit existiert. **Lit.:** E. Husserl: Ideen zu einer reinen Phänomenologie und phänomenologischen Philosophie. Hua III/1. § 140. – K. Popper: Logik der Forschung. Tübingen [7]1982. S. 198 ff. PP

**Beweger, unbewegter.** In seiner *Metaphysik* behauptet Aristoteles die Notwendigkeit eines ersten, selbst unbewegten Bewegenden. Alles Seiende ist in der auf ein Ziel hin gerichteten Bewegung von Möglichem zu Wirklichem begriffen. Auch die als ewig betrachtete Bewegung des Seienden in seiner Gesamtheit muß ein solches Ziel haben. Dieses erste als Zielursache Bewegende darf nicht selbst ein Bewegtes sein, da es sonst wieder eine Zielursache außerhalb seiner hätte (ohne Selbstbewegung bewegt es anderes so wie das

Begehrte das Begehrende). Mit dieser Argumentation zeigt Aristoteles die Annahme eines Gottes im Sinne eines u.n B.s als denknotwendig auf. Diesem Gott kommen die Eigenschaften der reinen Aktualität (er hat nichts unverwirklichtes Mögliches außer sich) und der reinen Form zu. Aristoteles Gedankengang findet sich bei Thomas von Aquin in den Gottesbeweisen wieder. FPB

**Beweggrund,** allgemeine Bezeichnung für die das Handeln und das Wollen beeinflussenden Faktoren wie Gefühle, Neigungen, Triebe, Vorstellungen, Absichten. Er wird unterschieden hinsichtlich seiner Wirkfaktoren: (a) die kausal bestimmenden Faktoren (Wirkursache, causa realis) wie Triebe, Dispositionen, (b) die final bestimmenden Faktoren: eine Absicht oder Zielursache (causa finalis), die dem Handeln Richtung und Sinn verleihen. – Hinsichtlich der moralischen Beurteilung von Wille und Handeln läßt sich der B. danach unterscheiden, ob er durch äußere Umstände und Anreize hervorgerufen wurde oder ob er unabhängig davon auf einer eigenen Wertsetzung beruht. PP

**Bewegung,** zentraler philosophischer wie auch physikalischer Begriff. Aristoteles wendet die Kategorie der B. – neben der Beschreibung von Ortsveränderung – auf Vorgänge des Werdens, des Wachstums und der Veränderung an. Während Vorsokratiker wie Parmenides, aber auch Heraklit, mit B. einen Zustand minderer Seinsstärke umschreiben, verbindet Aristoteles das Sein überhaupt mit der Bewegung: ein Körper, dem keine B. zukommt, habe auch kein Sein. In der Scholastik verengt sich der Begriff der B. auf die Ortsveränderung und mündet ein in die von Johannes Buridan begründete Impetustheorie, nach der ein Körper seine Bewegungsgröße in sich trägt, die abhängig von seiner Materiemenge ist. Von dieser Lehre werden die Überlegungen Galileis zum Trägheitsprinzip beeinflußt. Im ↗deutschen Idealismus wird B. hauptsächlich verstanden als B. des ↗Begriffs (Hegel). Damit ist gesagt, daß das Denken Momente durchläuft, in denen es seine Inhalte selber hervorbringt. **Lit.:** F. Kaulbach: Der philosophische Begriff der Bewegung. Köln/Graz 1965. – J. Sarnowski: Die aristotelisch-scholastische Theorie der Bewegung. Münster 1989. – W. Wieland: Die Physik des Aristoteles. Göttingen 1962. KJG

**Beweis,** allgemein ein Verfahren, die Wahrheit eines Satzes, einer Hypothese oder einer Theorie sicherzustellen, meist durch Rückführung des zu Beweisenden auf bereits als wahr Anerkanntes. – *Strenger oder progressiver B.* (aus den Gründen auf die Folgen): Die Behauptung wird aus als wahr anerkannten Sätzen (Beweisgründe, Argumente, Prämissen) korrekt erschlossen. Sonderform des strengen B.es ist der *indirekte B.* (durch Widerlegung des Gegenteils), auch reductio ad absurdum (lat. Zurückführung auf den Widersinn): Aus dem kontradiktorischen Gegenteil nicht-A des zu beweisenden Satzes A wird in korrekter Weise ein als falsch anerkannter Satz gefolgert, daher kann nicht-A nicht wahr sein, also muß A gelten (↗Tertium non datur). – In der mathematischen Logik wird als (deduktiver) B. oft eine Ableitung aus rein logischen Prämissen bezeichnet (im Gegensatz zu Ableitungen auch aus nicht-logischen Prämissen). – Zu den weniger strengen Beweisverfahren gehören vor allem der *B. durch Analogie* und der *regressive B.* (aus den Folgen auf den Grund): Aus dem zu beweisenden Satz A werden möglichst viele als wahr anerkannte Sätze gefolgert, so daß man guten Grund hat, auch A als wahr anzunehmen. Sonderform davon ist der *induktive B.*, der aus einem bereits bekannten Teil einer Grundgesamtheit auf die Beschaffenheit aller Elemente dieser Grundgesamtheit schließt (nach dem Muster: die bisher beobachteten Raben sind schwarz, also sind alle Raben schwarz). VP

**Beweisfehler,** Verstoß gegen die Beweisregeln, der den Beweis (wenn auch nicht immer das zu Beweisende) ungültig macht. Dazu gehören: *Circulus vitiosus* (lat. fehlerhafter Zirkel): Beim Beweis der Argumente wird bereits implizit die Wahrheit des zu Beweisenden benutzt. – *Error fundamentalis* (lat. Fehler der Grundlage): Der Beweis geht von falschen Argumenten aus. – *Ignoratio elenchi* (lat. Unkenntnis des Beweises (zweier Behauptungen)): Statt des zu Beweisenden wird etwas anderes bewiesen. – *Hysteron-proteron* (griech. das Spätere (wird) das Frühere): Verkehrung der korrekten Beweisordnung, Scheinbeweis von A mit Hilfe von B, obwohl B mit Hilfe von A bewiesen werden müßte. – *Petitio principii* (lat. Forderung des Beweisgrundes): Voraussetzung eines noch unbewiesenen Satzes als Argument im Beweis. – *Proton pseudos* (griech. erste Lüge): grundlegender Irrtum zu Anfang des Beweises. – *Quaternio terminorum* (lat. Vierheit von Termini): Begriffsverwirrung, die darauf beruht, daß ein Wort in zwei Bedeutungen verwendet wird (in einem korrekten Schluß der traditionellen Syllogistik treten drei Termini auf, der Mittelterm kommt in den Prämissen zweimal vor; wird er dabei in zwei Bedeutungen verwendet, so gibt es vier statt drei Begriffen, und der Schluß wird ungültig). VP

**Beweistheorie** ↗Metamathematik

**Bewertung.** In der Aussagenlogik heißt eine ↗Belegung V (d.i. Wahrheitswertzuordnung) der Sätze der Sprache A eine B., wenn gilt: 1. V (non-A) = w genau dann, wenn V (A) = f (lies: die Belegung »verneinte Aussage (A) ist wahr« gilt genau dann, wenn die Belegung »(bejahte) Aussage (A) ist falsch«); 2. V (a ⊃ B) = w genau dann, wenn V (A) = f oder V (B) = w (lies: die Belegung »A impliziert B ist wahr« gilt genau dann, wenn die bejahte Aussage (A) falsch ist oder die bejahte Aussage (B) wahr ist). Die beiden Bedingungen treffen für die Wahrheitswerte der Sätze »non-A« und »A ⊃ B« dieselben Festlegungen wie die Wahrheitswerttabellen für Negation und Implikation. D.h. eine B. ordnet dem komplexen Satz einer Sprache denselben Wahrheitswert zu, wie er diesem nach der Wahrheitswerttabelle für diese Verteilung zuzuordnen wäre. Die Bewertungsregeln entsprechen den syntaktischen Bildungsregeln für komplexe Sätze. Deshalb ist eine B. für alle Sätze einer Sprache A definiert, wenn sie für ihre einfachen Sätze definiert ist. – Mit Hilfe des Begriffs der B. werden die Begriffe der aussagenlogischen Wahrheit und der aussagenlogischen Gültigkeit präzisiert: Eine B. V erfüllt einen Satz A, wenn gilt V (A) = w. Ein Satz ist aussagenlogisch wahr genau dann, wenn alle B.en einen Satz A erfüllen. **Lit.:** F. v. Kutschera/A. Breitkopf: Einführung in die moderne Logik. Freiburg/München 1971. S. 52 f. PP

**Bewußtsein.** Als philosophischer Terminus wird B. erstmals von Chr. Wolff als das Vorstellen von Gegenständen erläutert. Für die bis in die Gegenwart reichende Diskussion des Begriffs sind Descartes' Ausführungen bestimmend geworden: Das B. fungiert als Oberbegriff für verschiedene Formen von Bewußtseinsweisen wie Verstehen, Einbilden, Wollen, Fühlen, Zweifeln. Unter diesen Oberbegriff lassen sich alle Formen der Aufmerksamkeit und des Erlebens subsumieren. Mit diesen Formen des B. geht gleichzeitig eine Form reflexiven Wissens einher, d. h. bei jedem einzelnen Vollzug solcher Bewußtseinsweisen habe ich (als vollziehendes Subjekt) das begleitende B., daß ich es bin, der denkt. In seinem methodischen Zweifel macht Descartes dieses Wissen explizit: Bei allem Zweifel an der Existenz der äußeren Welt kann ich mein Zweifeln selbst nicht in Frage stellen. Diese Selbstgewißheit, daß ich denke, bildet die Grundlage der gesicherten Erkenntnis. Bei Leibniz werden beide Aspekte des B. terminologisch bestimmt: Die ↗Perzeption gilt als der innere Zustand einer ↗Monade, durch den äußere Dinge repräsentiert werden, die ↗Apperzeption stellt die reflexive Kenntnis dieses inneren Zustandes dar. – In der philosophischen Theorie des B. nimmt Kant eine herausragende Stellung ein. Er stellt dessen besondere Leistung als einheitsstiftende Instanz für jede Erfahrung heraus. Kant unterscheidet dabei das empirische von dem transzendentalen B. Die Einheit des B. ist der Grund aller Gegenstandskonstitution. Ohne Bezug auf ein empirisches B. gäbe es die Vorstellungen nicht. Andererseits hat alles empirische B. einen notwendigen Bezug auf ein transzendentales B. Es stellt den obersten einheitsstiftenden Bezugspunkt allen empirischen B.s dar. Die Notwendigkeit eines solchen Einheitspunktes begründet Kant mit dem Hinweis, daß alles Erkennen in der Verbindung einer Vielfalt von Vorstellungen zu einer Einheit bestehe. Diese einheitsstiftende Verbindung kann nicht dem Objekt entstammen, sondern muß einem von der rezeptiven Sinnlichkeit verschiedenen Vermögen, nämlich der Spontaneität der Verstandeshandlung, zugeschrieben werden. Unter dem gesuchten obersten Prinzip aller Verbindung (Synthesis) versteht Kant jene Verstandeshandlung, die allen Formen der Synthesis zugrundeliegt. Die Quelle aller Synthesis liegt in einem einheitsstiftenden Verbinden (d.i. einer ursprünglichen Synthesis), die vor aller empirisch oder kategorial bestimmten Verbindung liegt (ohne selbst wiederum von einer noch höheren Verbindung abhängig zu sein). – In der Phänomenologie Husserls wird der Begriff des B. als Grundlage aller Sinnkonstitutionen der Wirklichkeit ausgewiesen. Ausgangspunkt seiner Philosophie ist die Annahme der Korrelation von B. und Welt. Der grundlegende Begriff der Intentionalität des B. zeigt an, daß B. immer B. von etwas ist. So ist alles raum-zeitliche Sein der Wirklichkeit nur insofern, als es auf ein erfahrendes, wahrnehmendes, denkendes, sich erinnerndes B. bezogen ist. Die Welt ist das Korrelat von Bewußtseinsleistungen. Die Sinnstiftungen des B. ermöglichen erst das Verstehen der Welt in Bedeutungsdimensionen und hinsichtlich ihres Geltungscharakters als etwas Existierendes. Die Phänomenologie als Erkenntniskritik macht es sich zur Aufgabe, diese konstituierenden Leistungen des B. in ihrer allgemeinen Struktur auszuweisen. Dabei wird die intentionale Struktur des B. als Cogitatio dargestellt, die sich nach Vollzug (Noesis) und gemeintem Inhalt (Noema) gliedern läßt. Insofern die transzendentale Phänomenologie auf die erkennende Subjektivität als Urstätte aller objektiven Sinnbildungen und Seinsgeltungen zurückgeht, behandelt sie zugleich deren intentionales Korrelat »Welt«. PP

Die Termini »bewußt« und »B.« decken im alltäglichen Sprachgebrauch eine Vielzahl von Phänomenen ab, die alle zum Bereich des Mentalen gehören. Sie erschöpfen diesen aber nicht vollständig, da es auch unbewußte mentale Zustände bzw. Vorgänge gibt. Gegen Descartes' und Lockes Identifizierung des Bereichs bewußter Zustände mit dem Bereich des Mentalen spricht, daß sie die Existenz unbewußter mentaler Zustände schon aus begrifflichen Gründen ausschließt. – Neben der Psychologie, den Kognitionswissenschaften, der Neurophysiologie und der Biologie (Verhaltensforschung) beschäftigt sich die Philosophie des Geistes (↗philosophy of mind) mit einer Analyse des B.s. Drei Ausgangspunkte einer solchen philosophischen Analyse lassen sich unterscheiden. (1) In der substantivischen Redeweise mit bestimmtem Artikel wird »das B.« gedeutet als eine Substanz (Ich, Seele), die Träger oder Subjekt bestimmter Eigenschaften und Zustände ist. Diese vor allem auf Descartes zurückgehende Konzeption einer res cogitans analysiert das Phänomen B. in engem Zusammenhang mit dem Phänomen ↗Selbstbewußtsein und konzentriert sich auf die epistemischen Besonderheiten der Relation zwischen einem Subjekt und seinen bewußten Zuständen. (2) In einer vermögenspsychologischen Konzeption heißt, B. zu haben, über gewisse kognitive Fähigkeiten zu verfügen (Außenweltwissen, reflexives Wissen von sich selbst). (3) Eine dritte Zugangsweise befaßt sich mit den besonderen Eigenschaften und Merkmalen bewußter Zustände und Erlebnisse (subjektiver Charakter, Unmittelbarkeit, privilegierter Zugang). – Zwischen diesen drei Ansatzpunkten können Zusammenhänge gesehen werden. So schließt Descartes von den besonderen Eigenschaften bewußter Zustände (3) auf die Existenz einer besonderen Substanz (res cogitans) (1), die wesentlich dadurch definiert ist, daß sie das Subjekt solcher bewußten Zustände ist. Auch in der vermögenspsychologischen Analyse des B.s (2) spielen die spezifischen Merkmale bewußter Zustände (3) eine entscheidende Rolle, da über sie das B. als Vermögen bestimmt wird. Nicht nur die Klasse aller mentalen Zustände, sondern auch die Klasse bewußter Zustände bildet noch ein umfangreiches und inhomogenes Feld. Angesichts der unterschiedlichen Merkmale, die zur Analyse bewußter Zustände angeführt werden, ist die Redeweise von dem B. jedenfalls zu vage.

Im Rahmen unseres alltäglichen mentalen Idioms (↗folk psychology) sprechen wir davon, daß ein Lebewesen, auch ein Tier, B. hat, wenn es wach ist, aufmerksam seine Umwelt wahrnimmt und angemessen (koordiniert und kohärent) auf sie reagiert. Von bewußten Zuständen sprechen wir bei einem breiten Spektrum mentaler Zustände, vom Hunger oder Schmerz, den ein Tier verspürt, bis zu intellektuell gesteuerten Vorgängen des Nachdenkens und der methodischen Problemlösung bei Menschen. Die Alltagssprache greift damit zur Bestimmung von B. ein allgemeines Merkmal heraus. Im Rahmen einer philosophischen Klassifikation jedoch ist es sinnvoll, drei Bereiche bewußter Zustände zu unterscheiden. (a) Intentionale Zustände, wie glauben oder fürchten, daß dieses oder jenes geschehen wird, werden durch die Angabe eines ↗propositionalen Gehalts in sprachlich strukturierter Form (»daß p«) wiedergegeben. (b) Für Erlebnisse ist charakteristisch, daß in ihnen eine Person ihre eigenen psychischen und/oder leiblichen Zustände (Schmerzempfinden) oder aber äußere, raumzeitliche Gegenstände (den Gelb-Eindruck bei einer Farbwahrnehmung) phänomenal erlebt. Der Erlebnischarakter, der auch für Gefühle (Angst) und Stimmungen (Traurigkeit) wesentlich ist, hat keinen sprachlich strukturierten repräsentationalen Gehalt und ist daher kein intentionaler Zustand. (c) Wahrnehmungen (von Farben, Tönen, Gestalten, Bewegungen etc.) sind ein dritter Bereich bewußter Zustände. Sie weisen neben einem phänomenalen Aspekt auch das Merkmal der ↗Intentionalität auf; sie haben einen repräsentationalen Gehalt. Identifiziert man den Gehalt von Wahrnehmungen mit intentionalen Einstellungen, so sind Wahrnehmungen auf (a) und/oder (b) reduzierbar. Andernfalls bilden sie einen eigenständigen Bereich. Unabhängig davon, ob man Wahrnehmungen als einen eigenständigen Bereich ansieht, werden in der gegenwärtigen Philosophie des Geistes zwei Aspekte von B. unterschieden: das phänomenale B. und das Access-B. Das phänomenale B. bezeichnet die Besonderheit von Wahrnehmungs- und Erlebniszuständen, den intrinsisch subjektiven Charakter, eine Erlebnisqualität zu haben (↗Qualia). Es ist für das Subjekt irgendwie, in diesem Zustand zu sein (Th. Nagel). Dies ist vor allem ein Merkmal von Erlebniszuständen, bildet aber auch einen Aspekt von Wahrnehmungen. Unter Access-B. hingegen versteht man die Besonderheit intentionaler Zustände, daß ein Subjekt einen Zugang zu dem repräsentationalen Gehalt dieser Zustände hat. An das Access-B. werden in der Philosophie des Geistes unterschiedlich starke Forderungen hinsichtlich der Beschaffenheit dieses Zugangs gestellt. (a) Die strikte Variante macht es zur Bedingung für das Vorliegen von B., daß das Subjekt einen sprachlichen Bericht über den repräsentationalen Gehalt und darüber, daß es in dem-und-dem intentionalen Zustand ist, geben kann. (b) Mittlere Positionen fordern lediglich, daß der repräsentationale Gehalt dem Subjekt im Denken zugänglich sein muß. (c) Schwache Positionen beschränken sich auf die Forderung, daß der repräsentationale Gehalt eines Zustands in einem informationsverarbeitenden System in rational erfaßbaren Zusammenhängen steht und z. B. Handlungsabläufe koordinieren hilft oder andere Zustände hervorruft, deren repräsentationaler Gehalt ihrerseits mit dem ursprünglichen Zustand in einem sinnvollen Zusammenhang steht. Akzeptiert man die schwache Position (c), so gelten auch solche Zustände als Fälle von Access-B., die zwar das Verhalten eines intelligenten Systems steuern, deren repräsentationaler Gehalt aber dem System nicht in Form eines intentionalen Zustands gegeben ist. Gerade für den Bereich von Wahrnehmungen, die das Verhalten steuern, gewinnt diese Analyse an Plausibilität, z. B. wenn ein Subjekt einem Hindernis ausweicht, dessen Herannahen es wahrnimmt. Die in der Wahrnehmung enthaltene Information (der repräsentationale Gehalt) steuert das Verhalten, ohne daß das Subjekt sich diese Information in einem intentionalen Zustand verdeutlicht haben müßte. Im Rahmen von (c) ist auch ein Begriff von repräsentationalem Gehalt konsistent, der sich nicht als Gehalt eines sprachlich strukturierten intentionalen Zustands wiedergeben läßt (subdoxastische Zustände). Unter dieser Voraussetzung kann die These vertreten werden, daß eine Teilmenge von Wahrnehmungen als subdoxastische Zustände aufzufassen sind und als solche eine echte Unterklasse bewußter Zustände und nicht etwa nur einen Sonderfall intentionaler Zustände bilden.

Unterscheidung und Zuordnung von B. und Selbstbewußtsein (als diejenigen Zustände, bei denen ein Subjekt sich seiner selbst bewußt ist) sind aus drei Gründen schwierig: (1) In beiden Bereichen müssen jeweils interne Unterscheidungen getroffen werden; weder die bewußten noch die selbstbewußten Zustände bilden einen homogenen Bereich. (2) Je nach Klassifikationskriterium und Definition gelten Teile des B.s per se als Selbstbewußtsein. So werden gelegentlich Erlebnisse der jeweils eigenen bewußten Zustände als nichtpropositionales Selbstbewußtsein gedeutet. Außerdem wird häufig angenommen, dafür, daß sich ein Subjekt im intentionalen Zustand, zu glauben, daß p, befindet, sei es eine notwendige Bedingung, daß das Subjekt berichten kann, daß es in diesem Zustand ist. Trifft diese Annahme zu, so setzen intentionale bewußte Zustände generell intentionale selbstbewußte Zustände voraus. (3) Einigen Theorien zufolge ist B. nicht ohne Selbstbewußtsein möglich, anderen Ansätzen zufolge läßt sich Selbstbewußtsein als Sonderfall intentionaler Zustände deuten.

Angesichts dieser Vielfalt begrifflicher Unterscheidungen und theoretischer Alternativen ist es nicht weiter verwunderlich, daß in der Philosophie des Geistes keine Einigkeit über das Wesen des B.s, das Verhältnis von B. zu Selbstbewußtsein, die epistemische oder ontologische Besonderheit von B. oder Selbstbewußtsein zu erzielen ist und daß dementsprechend auch die Chancen einer Naturalisierung dieser Phänomene sowie der Entwicklung bewußter Maschinen (↗Künstliche Intelligenz) sehr unterschiedlich eingeschätzt werden. Für die These, daß B. durch ein physikalistisches Weltbild nicht erfaßbar sei, wird vor allem auf den phänomenalen Charakter von Erlebnissen verwiesen (Th. Nagel, C. McGinn). Gegen Versuche der Identifikation intentionaler mit physikalischen Zuständen wird eingewandt, daß die Rationalität propositionaler Gehalte einen normativen Aspekt impliziere (D. Dennett). Die Eigenschaft der Rationalität des Gehalts von intentionalen Zuständen ist Thema der Diskussion über das Leib-Seele-Problem und das Problem der mentalen ↗Verursachung. Auch die Besonderheit des unmittelbaren introspektiven Zugangs, über den ein Subjekt bezüglich seiner eigenen Erlebnisse und intentionalen Zustände verfügt, dient seit Descartes immer wieder als Argument für die prinzipielle Andersartigkeit bewußter (und selbstbewußter) Zustände gegenüber physischen Zuständen und Ereignissen. Im Rahmen der Entwicklung von Systemen künstlicher Intelligenz geht der Streit darum, ob das Access-B. vom phänomenalen B. abhängig ist oder nicht. – In einem sachlich anders gelagerten Kontext ist B. auch eine sozialphilosophische Kategorie. So ist bei Marx und in den an ihn anknüpfenden neomarxistischen, kritischen Gesellschaftstheorien von »Klassenbewußtsein«, »historischem B.« und in einem ideologiekritischen Sinne von »falschem B.« die Rede. Mit »B.« sind hier die Überzeugungen, der Wissensstand und das Analysevermögen sozialer Gruppen gemeint, soweit sie für deren historisch-politische Situation und deren Stabilisierung oder Veränderung relevant sind. **Lit.:** P. Bieri (Hg.): Analytische Philosophie des Geistes. Frankfurt 1981. – C. Blakemore/S. Greenfield (Hg.): Mindwaves. Oxford 1987. – M. Davies/G. W. Humphreys (Hg.): Consciousness. Oxford 1993. – D. Dennett: Consciousness Explained. Boston 1991. – R. Descartes: Meditationes de prima philosophia (1641). – J. G. Fichte: Grundlage der gesamten Wissenschaftslehre (1794). – E. Husserl: Logische Untersuchungen. Hua XIX. – Ders.: Ideen zu einer reinen Phänomenologie und phänomenologischen Philosophie. Hua III/1. – I. Kant: Kritik der reinen Vernunft (1781/1787). – G. W. Leibniz: Philosophische Schriften. Hg. C. I. Gerhardt. Berlin 1875–90. Bd. 4. S. 600. – J. Locke: Essay Concerning Human Understanding (1690). – C. MacDonald/G. MacDonald (Hg.): Philosophy of Psychology. Oxford 1995. – C. McGinn: The Problem of Consciousness. Oxford 1991. – A. J. Marcel/E. Bisiach (Hg.): Consciousness in Contemporary Science. Oxford 1988. – Th. Nagel: Mortal Questions. Cambridge 1979. – Chr. Wolff: Vernünftige Gedanken von Gott, der Welt und der Seele der Menschen, auch von allen Dingen überhaupt, den Liebhabern der Wahrheit mitgetheilet. Frankfurt/Leipzig [7]1738. GMO/MQ

**Bewußtseinsphilosophie,** Bezeichnung für die neuzeitliche Form des philosophischen Denkens. B. löst das metaphysisch-ontologische Modell des Philosophierens ab. Die Fraglichkeit der Erkennbarkeit des Seins nötigt die neuzeitliche Philosophie, die für wahre Erkenntnis als konstitutiv angenommene Übereinstimmung von Gegenstand und erkennendem Bewußtsein im Ausgang von den Leistungen des Bewußtseins zu rekonstruieren.

Die für die B. charakteristische Verinnerlichungstendenz tritt schon bei Augustinus zutage: Indem der Zweifelnde auf sich selbst reflektiere, werde er sich der Existenz seines Bewußtseins als Voraussetzung des Zweifelns gewiß. Bei Descartes erhält das »cogito ergo sum«-Argument systematischen Stellenwert für den Aufbau einer wissenschaftlichen Erkenntnis. Durch methodisches Herausreflektieren aus der öffentlichen Welt der Vorurteile könne im eigenen Bewußtsein ein absolut sicheres Erkenntnisfundament aufgefunden werden. In der Orientierung an einer evidenten Basis der Welterkenntnis im Bewußtsein kommen die beiden klassischen Strömungen der B. überein. Während der ↗Rationalismus auf vermeintlich angeborene Ideen rekurriert, führt die Introspektion nach Ansicht des ↗Empirismus auf Sinnesdaten als Grundmaterial für Erkenntnis. Zu einer »Aufhebung« von Rationalismus und Empirismus kommt es in der ↗Transzendentalphilosophie Kants. Von der Frage ausgehend, wie Metaphysik möglich ist, zeigt Kant in der *Kritik der reinen Vernunft*, daß synthetische Urteile a priori nur im Bereich möglicher Erfahrung sinnvoll sind. Gültige Erfahrungserkenntnis werde konstituiert durch ↗Kategorien (z. B. Kausalität) eines transzendentalen (Selbst-) Bewußtseins. Die transzendentale B. wird in der Folgezeit auf vielfache Weise fortgebildet (Fichte, Schelling, Hegel). Husserl bietet insofern eine Lösung für das bewußtseinsphilosophische Problem der ↗Subjekt-Objekt-Spaltung an, als er auf die Intentionalitätsstruktur des Bewußtseins hinweist: Bewußtsein ist immer schon Bewußtsein von etwas. In Husserls transzendentaler ↗Phänomenologie wird auch das die B. kennzeichnende Solipsismusproblem thematisch. Die B. glaubt den Anspruch auf autonome Erkenntnis dadurch sichern zu können, daß sie mittels Einklammerung aller faktischen Geltungen (↗epoché) auf ein vermeintlich völlig einsames, autarkes Bewußtsein (solus ipse) zurückreflektiert und Vernunfterkenntnis aus den von öffentlicher Kommunikation und gesellschaftlicher Interaktion unabhängigen Leistungen eines egologischen Bewußtseins bestimmt.

Die Grenze der B. wird am Problem der ↗Intersubjektivität bzw. ↗Fremderfahrung deutlich. Der Ausgang vom einsamen Bewußtsein beraubt die B. der Möglichkeit, intersubjektiven Sinn und intersubjektive Geltung verständlich zu machen. Darin liegt ein wesentlicher Grund für die von Heidegger und Wittgenstein eingeleitete hermeneutische und pragmatisch-linguistische Wende in der Philosophie. **Lit.:** D. Böhler: Rekonstruktive Pragmatik. Von der Bewußtseinsphilosophie zur Kommunikationsreflexion. Frankfurt 1985. – H. Hastedt: Bewußtsein. In: E. Martens/H. Schnädelbach (Hg.): Philosophie. Ein Grundkurs. Bd. 2. Reinbek bei Hamburg 1991. S. 642–683. – E. Husserl: Cartesianische Meditationen und Pariser Vorträge. Hua. I. Den Haag 1950. – G. Ryle: Der Begriff des Geistes. Stuttgart 1969. HGR

**Bezeichnung.** (1) Die sprachphilosophische Verwendung des Terminus ist nicht einheitlich: Teilweise wird B. gleichbedeutend mit Benennung verwendet. Zu unterscheiden ist die Benennung (↗Eigenname, ↗Kennzeichnung) von der B. dadurch, daß durch den Eigennamen ein Bezug auf einen Gegenstand ausgedrückt wird, während durch die B. eine terminologische Einteilung mit Hilfe von ↗Prädikatoren vorgenommen wird. (2) Die traditionelle Theorie sprachlicher Zeichen (Semiotik) geht davon aus, daß eine bloß subjektive Vorstellung vermittels ihrer B. durch ein vereinbartes Zeichen begriffliche Objektivität erhält. Die Funktion der Sprache besteht nach diesem Verständnis in der nachträglichen Repräsentation eines Gedankeninhalts. Die Sprachphilosophie W. v. Humboldts und im Anschluß an ihn Cassirers *Philosophie der symbolischen Formen* und Saussures Semiologie insistieren darauf, daß das sprachliche Zeichen durch seinen bildenden Charakter zu bestimmen sei und sich nicht durch diese Repräsentationsfunktion erklären lasse. D.h. der Akt der Gedankenerzeugung ist als sprachzeichenvermittelter Prozeß aufzufassen: Indem Sprache bezeichnet, gibt sie dem unbestimmten Denken eine inhaltliche Struktur, d.h. der artikulierte Sprachlaut gliedert das Denken. Die Annahme einer vorgängigen Vorstellung ist von daher unhaltbar, vielmehr sind Vorstellung und B. als gleichursprünglich anzusehen. **Lit.:** W. v. Humboldt: Über den Nationalcharakter der Sprachen. In: Schriften zur Sprachphilosophie. Bd. III. Hg. A. Flitner/K. Giel. Darmstadt [6]1988. S. 73. – Ders.: Über das vergleichende Sprachstudium in Beziehung auf die verschiedenen Epochen der Sprachentwicklung. In: a.a.O. S. 16 ff. – F. de Saussure: Grundfragen der allgemeinen Sprachwissenschaft. Berlin [2]1967. PP

**Beziehung.** In der Logik ist B. als ↗Relation eine der ↗Kategorien. B. bezeichnet allgemein einen mehrstelligen Begriff, wobei zwischen verschiedenen Formen der B. unterschieden werden kann, z.B. einer solchen der Ordnung, der Abhängigkeit oder der Intention. Eine für die antike Philosophie bedeutende Form der B. ist die mathematische Proportion. Platon gibt dem proportionalen Aufbau der Welt und der Erkenntnis im ↗Liniengleichnis exemplarischen Ausdruck (*Politeia* 509 c ff.). Die proportionale Einheit der ↗Analogie ist weiterhin der Endpunkt einer vierstufigen Reihe unterschiedlicher Intensitätsgrade von Einheit: der Zahl, der Art, der Gattung und der Analogie nach (Aristoteles: *Met.* 1016 b 1 ff.). In der aristotelischen *Ethik* ist die Proportion ein Bestimmungselement der distributiven ↗Gerechtigkeit (*Eth. Nic.* 1131 a 29 ff.). Nach Leibniz sind die B.en im Begriff eines Dinges mit enthalten. Wittgenstein unterscheidet deshalb zwischen internen und externen B.en, wobei eine interne B. gegeben ist, wenn es »undenkbar [ist], daß diese beiden Gegenstände nicht in dieser Relation stünden« (*Tract.* 4.123). – In der Soziologie ist der Begriff der B. eine grundlegende Kategorie. M. Weber definiert die soziale B. als »ein seinem Sinngehalt nach aufeinander gegenseitig eingestelltes und dadurch orientiertes Sichverhalten mehrerer... Die soziale B. besteht also durchaus und ganz ausschließlich: in der Chance, daß in einer (sinnhaft) angebbaren Art sozial gehandelt wird, einerlei zunächst: worauf diese Chance beruht« (*Wirtschaft und Gesellschaft*, S. 13). In bezug auf Handlungen spricht man von Interaktion. Die Beziehungssoziologie geht auf G. Simmels Begriff der »Wechselwirkung« zurück und ist eine bedeutende Richtung der deutschen Soziologie zu Beginn des 20. Jh. **Lit.:** Aristoteles: Die Nikomachische Ethik. – T. Parsons/R. Bales: Family, Socialization and Interaction Process. New York [10]1975. – J. Plenge: Zur Ontologie der Beziehung. Münster 1930. – G. Simmel: Soziologie. Berlin [5]1968. S. 460 ff. – A. Vierkandt: Die Beziehung als Grundkategorie des soziologischen Denkens. In: Archiv für Rechts- und Wirtschaftsphilosophie 9 (1915/16). S. 83 ff. – M. Weber: Wirtschaft und Gesellschaft. Tübingen [5]1980. – L. v. Wiese: Allgemeine Soziologie. München 1924. – L. Wittgenstein: Tractatus logico-philosophicus. CLK

**Bhakti** (sanskrit, Hingebung). Nach traditioneller hinduistischer Lehre ist die liebende Hingabe an einen Gott einer der Wege (bhaktimārga), die zur Erlösung führen – neben richtigem Handeln (karmamārga) und Erkenntnis (jñānamārga). Bh. ist verbunden mit der Vorstellung eines Hochgottes. Sie ist voll ausgebildet zu finden in der *Bhagavad-Gītā*, wo sie sich an den Gott Viṣṇu in seiner Verkörperung (avatāra) als Kṛṣṇa richtet. Für den Heilsweg bedeutet Bh. sowohl eine Erleichterung für den Einzelnen als auch eine Verschiebung der Instanzen: Nicht Selbsterlösung, sondern Erlösung durch Gott wird vor allem durch die Sekten (Viṣṇuiten und Śivaiten) vertreten. Diese Art der Heilssuche griff auch auf den ↗Mahāyāna-Buddhismus über, der zwar nicht den Begriff, jedoch die Erscheinung der Bh. in der Form von Verehrung der ↗Bodhisattvas kennt, von der sich die Masse die Wiedergeburt in einer besseren Existenz, im Paradies verspricht. **Lit.:** W. Eidlitz: Die indische Gottesliebe. Olten 1955. – J. Gonda: Aspects of Early Viṣṇuism. Utrecht 1954. – U. Schneider: Einführung in den Buddhismus. Darmstadt 1989. S. 159 ff. MD

**Bikonditional,** in der formalen Logik Bezeichnung für die Verbindung zweier Aussagen mit dem Operator »dann und nur dann, wenn«. ↗Bisubjunktion, ↗Äquivalenz. PP

**Bild, Bildtheorie.** Umgangssprachlich wird der Ausdruck »B.« sowohl im engeren Sinne zur Bezeichnung von abstrakten wie gegenständlichen Darstellungen

(Gemälden, Fotografien etc.) verwendet, als auch in dem sehr weiten Sinne, in dem von natürlichen Bildern (Spiegelbilder, Schatten etc.), mentalen Bildern (Vorstellungen, Traumbilder etc.), sprachlichen Bildern (z. B. Metaphern) oder auch von Menschenbildern, Weltbildern oder Idealbildern die Rede ist. Dieser Unbestimmtheit entsprechend besitzt der Bildbegriff philosophiehistorisch gleichermaßen in ästhetischen und zeichentheoretischen wie in bewußtseins- und erkenntnistheoretischen oder in metaphysischen und selbst ethischen Zusammenhängen Bedeutung. In seiner engen Fassung bezeichnet B. einen Gegenstand, der innerhalb einer kommunikativen Handlung im Unterschied zur sprachlichen Darstellung nicht als Beschreibung, sondern als visuelle Veranschaulichung eines (fiktiven oder realen) Sachverhalts aufgefaßt wird. – Frühe schriftliche Überlegungen zum Ursprung und zur Funktion des B.s finden sich in Plinius' *Naturalis Historiae.* Die Anekdote vom Wettstreit zwischen den Malern Zeuxis und Parrhasios gilt als Illustration einer illusionistischen Auffassung des B.s, die sich, in Form der Mimesislehre und mit dem Ideal der Ähnlichkeit verbunden, der gesamten antiken Kunsttheorie mitgeteilt hat. Die platonische Philosophie, die das B. weitgehend als Abbild versteht, steht zwar in dieser Tradition, wendet sich aber kritisch gegen ihre Ansprüche. In prominenter Weise tut sie das innerhalb der Metaphysik in Form der ↗Ideenlehre, in der das sinnliche Einzelding als Abbild des Urbildes oder der Idee (eidos) gilt, zu dem es in einem Verhältnis der Teilhabe steht. Ausgehend vom Phänomen der natürlichen Bilder verknüpft Platon hier eine Verursachungs- mit einer Ähnlichkeits- bzw. Teilhabebeziehung. Gegenüber diesen als Abbilder klassifizierten sinnlichen Einzeldingen schreibt er den B.ern der Malerei (griech. eikon) in seiner Kunstkritik (*Politea* 598a ff.) einen noch minderen Status als »bloßen« Schein zu. Der platonische Bildbegriff beeinflußte über die im ↗Neuplatonismus durchgeführte Identifikation von Urbild und Göttlichem die gesamte ma. Bildtheorie (lat. imago).

Gemäß der bewußtseins- und erkenntnistheoretischen Umformung des Bildbegriffs in der neuzeitlichen Philosophie konnten geistige Prozesse adäquat als Verarbeitung bestimmter Repräsentationen, nämlich der Abbilder der ursprünglichen Sinnesdaten, beschrieben werden. Diese Auffassung erlebte ihren Höhepunkt im englischen ↗Empirismus, dem die mentalen B.er nicht nur als die elementaren Einheiten der kognitiven Prozesse galten, sondern zugleich als Bezugspunkte zur Rechtfertigung der Erkenntnisansprüche dienten. Mit der sprachanalytischen Wendung der Philosophie kommt es durch Wittgenstein zu einer grundsätzlichen Neueinschätzung dieser Auffassung. Einerseits faßt er den Begriff des sprachlichen B.s gegenüber traditionellen Metapherntheorien als abstrakte Abbildung im Sinne einer Isomorphiebeziehung, andererseits forciert er eine prinzipielle Kritik sowohl des Begriffs des mentalen B.s als auch der Annahme, daß die Bedeutung sprachlicher Ausdrücke durch mentale B.er bestimmt werde. Die Theorie mentaler B.er erfährt zur Zeit innerhalb der ↗Kognitionswissenschaft eine erneute Aufwertung. Gegenüber den Deskriptionalisten, die kognitive Prozesse sprachanalog beschreiben, unterstützen die Piktorialisten die Ansicht, daß es im Bereich des Mentalen neben der propositionalen auch eine piktoriale Form der Repräsentation gibt. – Die derzeitigen Bemühungen um eine allgemeine, zunächst vom Phänomen des B.s im engen Sinne ausgehende B.theorie sind vor allem beeinflußt durch die Arbeiten zur Kunstwissenschaft von Ernst Gombrich und zur philosophischen Ästhetik von Nelson Goodman. Gombrich und Goodman verkörpern innerhalb der Bilddiskussion paradigmatisch zwei Hauptstränge: B.er werden entweder mit Blick auf perzeptuelle Theorien sehr eng an spezifische Wahrnehmungsphänomene gebunden oder aber mit Blick auf die Sprachwissenschaft primär als besonderer Zeichentyp verstanden. Die perzeptuellen B.theorien betonen entsprechend besondere Bildeffekte und lassen sich nach dem besonderen Aspekt unterscheiden, der hier für wesentlich gehalten wird. Bildrezeption wird als illusionistische Erfahrung, als das Erfassen von Ähnlichkeit, als das Sehen von etwas in etwas oder auch von etwas als etwas beschrieben. Die zeichentheoretischen Ansätze bemühen sich dagegen um eine Übertragung der sprachwissenschaftlichen Termini und beschreiben Bilder daher als ein Zeichensystem, das einer Sprache mehr oder weniger entspricht. Beide Standpunkte lassen sich sicherlich vereinbaren; da bisher eine solche übergreifende Theorie aber noch aussteht, ist mitunter der Eindruck eines schroffen Gegensatzes entstanden.

**Lit.:** N. Block (Hg.): Imagery. Cambridge (Mass) 1981. – G. Boehm (Hg.): Was ist ein Bild? München 1994. – E. H. Gombrich: Bild und Auge. Neue Studien zur Psychologie der bildlichen Darstellung. Stuttgart 1984. – N. Goodman: Languages of Art. An Approach to a Theory of Symbols. Indianapolis 1976 (dt. Frankfurt 1995). – D. Lopes: Understanding Pictures. Oxford 1996. – K. Sachs-Hombach/K. Rehkämper (Hg.): Bild, Bildwahrnehmung, Bildverarbeitung. Wiesbaden 1998. – O. R. Scholz: Bild, Darstellung, Zeichen. Philosophische Theorien bildhafter Darstellung. Freiburg/München 1991. – J. Steinbrenner/U. Winko (Hg.): Bilder in der Philosophie & in anderen Künsten & Wissenschaften. Paderborn 1997. – L. Wiesing: Die Sichtbarkeit des Bildes. Geschichte und Perspektiven der formalen Ästhetik. Reinbek 1997. – R. Wolheim: Art and its Objects. Cambridge [2]1980. KSH

**Bildung,** im weitesten Sinn die Entfaltung der intellektuellen, sittlichen, körperlichen und praktischen Anlagen des Menschen zu einer individuellen Ganzheit. Anthropologisch ist der Mensch nicht nur der B. fähig, sondern auch bedürftig. Im Unterschied zum Tier nicht durch instinktive Verhaltensmuster auf die Umwelt bezogen, sondern »weltoffen«, muß der Mensch erst eine Fülle von Verhaltensweisen lernen, sich die Welt verstehend aneignen und in eine bereits vorgegebene ↗Kultur hineinwachsen. Dabei steht ihm aufgrund seiner Reflexivität ein breiter Spielraum von Entwicklungsmöglichkeiten offen, in deren Verwirklichung er sein individuelles Selbst formt. B. und ↗Erziehung bezeichnen unterschiedliche Momente in diesem Prozeß. Während Erziehung stärker die Aspekte der Fremdbestimmung, Abhängigkeit vom Wissens- und Könnensvorsprung des Lehrers und Zweckgerichtetheit pädagogischen Handelns beinhaltet, meint B. im traditionellen Verständnis autonome Selbsttätigkeit und zweckfreie Entfaltung der geistig-seelischen Anlagen. Sie setzt damit ein gewisses Maß an erreichter Reife, im Sinne von Selbstbewußtsein und Selbstbestimmtheit voraus. – B. beinhaltet den Gedanken der Emanzipation und kritischen Distanz zu überlieferten religiösen, politischen und sozialen Gegebenheiten und Normvorstellungen. Somit steht B. auch immer in Bezug zu ↗Aufklärung. Bereits in der Antike zielt das sophistische Bildungsprogramm auf eine kritische Hinterfragung des überkommenen Ethos und beinhaltet das Bild des mündigen Bürgers, der in der Polis seine politische Rolle wahrzunehmen vermag. In Platons Kritik an der Sophistik treten die politisch emanzipatorischen Interessen zurück und der Gedanke der zweckfreien, auf die vollendete Formung der geistigen Anlagen bezogenen B. rückt in den Vordergrund. Im ↗Höhlengleichnis zeigt Platon die B. als einen schmerzhaften, weil mit gewohnten Scheingewißheiten brechenden, Aufstieg zur Schau der Ideen, bei dem die Umwendung des ganzen Menschen verlangt ist. – In der Renaissance wird der Mensch als ein Mikrokosmos betrachtet, in dem die ganze Welt (von der stofflichen bis zur rein geistigen) konvergiert und der damit an allem Seienden teilhat. Mit schöpferischer Kraft begabt, ist er dazu fähig und aufgerufen, nicht nur sich selbst frei zu gestalten, sondern in seinem erkennenden Geist die Welt gleichsam neu zu schaffen, als ein »zweiter Gott«. – In der Literatur der deutschen Klassik (»Bildungsroman«) wird B. als die organisch harmonische Entfaltung (Reifung) des inneren Menschen verstanden. Vorbildhaft wirkten hier u. a. Rousseaus *Émile* und Goethes Metamorphosenlehre. – Im 19. Jh. tritt der Bildungsgedanke vor allem durch Humboldt ins Zentrum der Pädagogik. B. ist Zweck in sich des Menschen, die innere, und durch äußere Veranstaltung nicht zu erzwingende, Formung des Menschen zur Einheit seines sittlich-geistigen Wesens (Humanität). – Im 20. Jh. wird der Bildungsbegriff zunehmend problematisch. Zum einen wegen seiner soziologischen Implikation, die B. als das Privileg einer Elite, die sich zweckfreie Muße erlauben kann, erscheinen läßt. Zum anderen, weil die Funktion einer allgemeinen (auch formalen) B. in einer zunehmend Fachwissen und Spezialfertigkeiten erfordernden Gesellschaft in Frage gestellt werden kann. Andererseits kann B. ein Gegengewicht zur gesellschaftlichen Vereinnahmung des Individuums und zu geistigen Nivellierungstendenzen sein. **Lit.:** T. Ballauff: Die Grundstruktur der Bildung. Weinheim 1953 – G. Böhme: Die philosophischen Grundlagen des Bildungsbegriffs. Kastellaun 1976. – W. Jaeger: Paideia. Berlin/New York [5]1973. – H. Röhrs (Hg.): Bildungsphilosophie. 2 Bde. Frankfurt 1967/68. – E. Weber (Hg.): Der Erziehungs- und Bildungsbegriff im 20. Jh. Bad Heilbrunn [3]1976. FPB

**Bildungsregel.** In der formalen Logik zeigt die B. eines Systems S an, wie aus einem atomaren Zeichen ein aus atomaren Zeichen zusammengesetztes molekulares Zeichen gebildet werden kann. Die Definitionsregeln stellen z. B. solche B.n dar. PP

**Bildungswissen,** in Schelers Wissenssoziologie eine der drei Grundformen des Wissens (↗Leistungswissen, ↗Erlösungswissen). Die drei Formen bestehen je eigenen Rechts und sind untereinander nicht ersetzbar. Die Herleitung der einen aus der anderen, etwa nach dem Schema zeitlicher Entwicklung (wie in Comtes Dreistadiengesetz) oder z. B. die Deutung der Religion als »Volksmetaphysik« legt »sekundäre Vermischungserscheinungen« ungültig als Gesetzmäßigkeit aus. Scheler erfaßt alles Wissen als zweckdienlich für ein Werden. B. wird dabei dem Werden der Person, genauer der freien Selbstentfaltung aller Geisteskräfte der Person zugeordnet. Dem Rang nach steht sie damit zwischen den beiden anderen Wissensformen: Ihm dient die Naturbeherrschung, seinerseits ist es da für die umfassendere Erfassung des Kosmos im Erlösungswissen. **Lit.:** M. Scheler: Probleme einer Soziologie des Wissens; ders.: Erkenntnis und Arbeit. Beides in: Die Wissensformen und die Gesellschaft (Gesammelte Werke. Bd. 8. Hg. v. Maria Scheler). Bern 1960. PK

**Billigkeit** ↗Epikie

**Binär,** auch dyadisch, zweistellig, zweiwertig, in der Logik und Mathematik Bezeichnung für zweistellige Operationen. PP

**Binarität,** Darstellungsweise von Objekten in einem Dualsystem, wenn das System aus zwei Sorten von Elementen konstituiert ist. In der ↗Informationstheorie bedeutet B. die Annahme von nur genau zwei verschiedenen Zuständen. Die B. der zweiwertigen ↗Logik zeigt sich in der Grundannahme nur zweier ↗Wahrheitswerte: wahr – falsch. PP

**Bioethik.** Die B. als Teil der Praktischen oder Angewandten Ethik ist der Versuch, generelle moralische Werte, Prinzipien oder Normen in einem besonderen Themenfeld anzuwenden und zur Geltung zu bringen. Ihr Thema ist die begründete Stellungnahme zu und moralische Bewertung von Eingriffen aller Art in menschliches, tierliches und pflanzliches Leben. Zur B. zählen neben der ↗medizinischen Ethik die ↗Tierethik, wesentliche Teile der ökologischen oder ↗Umweltethik, die ↗Bevölkerungsethik sowie eine auf diese Bereiche bezogene Forschungsethik. **Lit.:** J. S. Ach/A. Gaidt (Hg.): Herausforderung der Bioethik. Stuttgart-Bad Cannstatt 1993. JA

**Biolinguistik,** Disziplin, die auf Arbeiten von Chomsky, Lenneberg, Holenstein, Fodor u. a. zurückgeht. Sie ist ein Projekt, das in der Anwendung biologischer Erkenntnisse auf die (menschliche) Sprache besteht. Im Rahmen dieses Projekts werden viele philosophisch relevante Aspekte thematisiert. Z. B. wird erörtert, ob verschiedene Kulturen über dieselben Grundbegriffe (semantische Universalien) verfügen und wie die Wechselwirkung von Sprache und Denken beschaffen ist. Im Falle der semantischen Universalien plädiert z. B. Holenstein für deren Existenz, was einen Sprachrelativismus als unwahrscheinlich erscheinen läßt. Zudem bieten derartige Universalien eine gute Erklärung für das Gelingen intersubjektiver und interkultureller Kommunikation. Deshalb könnten umfassende Theorien der Kommunikation und des Verstehens auf die B. zurückgreifen. Im Falle des Verhältnisses von Sprache und Denken legt die B. einen Primat des Denkens (der »Intentionalität«) nahe, was z. B. dazu zwingt, gegenteilige Thesen Apels, Wittgensteins u. a. zu überdenken. **Lit.:** E. Holenstein: Sprachliche Universalien. Bochum 1985. – E. H. Lenneberg: Biologische Grundlagen der Sprache. Frankfurt 1977. BG

**Biologie,** Naturwissenschaft der Lebenserscheinungen und ihrer Gesetzmäßigkeiten. Der Begriff B. löst gegen Ende des 18. Jh. die alte Bezeichnung »Naturgeschichte« ab. Von Lamarck und Burdach unabhängig voneinander um 1800 eingeführt, wird der Begriff B. zunächst im Sinne von Physiologie der Tiere verwendet. Erst seit Mitte des 19. Jh. bezeichnet B. sowohl zoologische als auch botanische Wissenschaften. Mitte des 20. Jh. erfolgt durch Haeckel eine klare Trennung zwischen den Begriffen Ökologie und B.

Die heutige B. unterteilt sich in eine Vielzahl von Einzeldisziplinen wie Biophysik, Biochemie, Molekularbiologie, Physiologie, Genetik, Anatomie, Histologie (Gewebelehre), Zytologie (Zellenlehre), ↗Morphologie (Lehre von den Erscheinungsformen), Taxonomie (Systematik), ↗Phylogenie (Stammesentwicklung), ↗Ontogenie, ↗Ökologie und Ethologie (Verhaltensforschung) etc. – Diese »Allgemeine B.« integriert sowohl die beiden klassischen großen Teilwissenschaften Botanik und Zoologie und deren Teilbereiche, als auch neuentstehende Disziplinen. So haben etwa Molekular- und Mikrobiologie sowie die moderne Genetik starke Berührungspunkte zur anorganischen und organischen Chemie, zur Physik, sowie zu Human- und Veterinärmedizin und Pharmazie. – Im Gegensatz zur allgemeinen B. befaßt sich die »spezielle B.« mit bestimmten systematischen Gruppen von ↗Organismen, z. B. mit den Insekten (Entomologie), den Fischen (Ichthyologie), den Vögeln (Ornithologie), den Säugetieren (Mammologie), den Pilzen (Mykologie). – Die »angewandte B.« beschäftigt sich z. B. mit Problemen der Land- und Forstwirtschaft, der Schädlingsbekämpfung, des Natur- und Umweltschutzes, der Landschaftspflege, des Gesundheitswesens etc. In diesem Sinne ist z. B. auch die Gentechnik im Rahmen der Biotechnologien der B. zuzuordnen. **Lit.:** I. Jahn/ R. Löther/K. Senglaub (Hg.): Geschichte der Biologie. Jena 1982. MK

**Biologismus,** die Anwendung biologischer Prinzipien und Begriffe in der Beschreibung und Erklärung von Phänomenen außerhalb des Organischen; insbesondere die Übertragung biologischer Prinzipien auf gesellschaftliche und kulturelle Zusammenhänge. Im Extremfall erklärt der B. als Weltanschauung stark reduktionistisch die gesamte reale Welt nach dem Modell der Organismen. – Eine Form des B. stellt z. B. der ↗Sozialdarwinismus dar, der die Methapher Darwins vom »Kampf ums Dasein« und dem »Überleben des Tüchtigsten« auf das Zusammenleben der Menschen in der Gesellschaft überträgt. ↗Soziobiologie, ↗Reduktionismus **Lit.:** R. Lewontin: Die Gene sind es nicht ... München/Weinheim 1988. MK

**Bios,** Begriff aus der antiken Ethik, der im Gegensatz zu zoe, dem Leben an sich, die Art und Weise des Lebens und der Lebensführung bezeichnet. Aristoteles unterscheidet in diesem Sinne zwischen drei Lebensformen, dem b. apolaustikos (dem Genußleben), dem b. politikos und dem b. theoretikos, wobei letzterer, also das betrachtende Leben, für ihn die höchste Form der Lebensführung darstellt, da sie zur größten Glückseligkeit (eudaimonia) verhelfen kann. Die Stoa stimmt mit Aristoteles in der Ablehnung des lustbestimmten Lebens überein. Mit dem b. logikos führt sie jedoch eine Kategorie ein, die in der Forderung eines dem logos entsprechenden naturgemäßen Lebens eine Verbindung zwischen aktivem und kontemplativem Leben erstrebt. Das römische Denken hält an der aristotelischen Einteilung fest, gibt aber dem praktischen, öffentlichen Leben den Vorrang, während im Christentum die vita mista als Verbindung von vita activa und vita contemplativa den höchsten Stellenwert genießt. **Lit.:** Aristoteles: Nikomachische Ethik. – Cicero: Somnium scipionis. In: Ders.: De ve publica. – H. Arendt: Vita activa oder Vom tätigen Leben. München [3]1981. EE

**Biozentrismus.** In der Debatte zu Problemen der angewandten Ethik vertritt der B. die Auffassung, daß alle und nur Lebewesen als moralische Objekte anzusehen sind, also auch Pflanzen und sog. nicht-empfindungsfähige Organismen. Der B. geht damit noch über die Auffassung des ↗Pathozentrismus hinaus. ↗Anthropozentrismus, ↗Naturethik. **Lit.:** A. Schweitzer: Die Lehre von der Ehrfurcht vor dem Leben. München 1988. – P. W. Taylor: Respect for Nature. A Theory of Environmental Ethics. Princeton 1986. PP

**Bisubjunktion,** eine logische Verbindung zweier Aussagen mit dem Operator »genau dann, wenn«. Eine Satzverbindung der B. ist wahr, wenn beide Teilsätze denselben Wahrheitswert haben (entweder beide wahr oder beide falsch). ↗Äquivalenz. PP

**Bivalenz, Bivalenzprinzip,** für die klassische Logik grundlegendes Prinzip, wonach für jede Aussage gilt, daß sie entweder wahr oder falsch ist, aber nicht beides. Das schon bei Aristoteles diskutierte Bivalenzprinzip wird in der Aussagenlogik formal umgesetzt durch sogenannte Bewertungen, die Abbildungen der Aussagenvariablen in die zweielementige Boolesche Algebra sind. Es wird für nicht-klassische Logiken, wie etwa mehrwertige und partielle Logiken, ausdrücklich zurückgewiesen oder zumindest modifiziert.

Auch die ↗intuitionistische Logik, deren Kritik sich v. a. gegen die uneingeschränkte Gültigkeit des tertium non datur $A \vee \neg A$ richtet, verzichtet auf das Bivalenzprinzip. UM

**Bodhisattva** (sanskrit, der das Wesen der Erleuchtung hat). Als B. (Pāli: bodhisatto) wird im Buddhismus ein auf dem Heilsweg Fortgeschrittener bezeichnet, der aus Mitleid (karuṇā) mit den Lebewesen auf die endgültige Buddhaschaft – das Eingehen in das ↗Nirvāṇa – verzichtet, bis er auch ihnen Erlösung verschafft hat. Im Pāli-Kanon (↗Hīnayāna) wird der historische Buddha relativ selten als bodhisatto bezeichnet. In den Jātakas, den populären »Geburtsgeschichten« der früheren Existenzen des Buddha, die v.a. sein aufopferndes oder moralisch korrektes Verhalten oder das anderer Wesen schildern, wird der Buddha dann ausschließlich bodhisatto genannt. Die Konzeption des Bodhisattva wurde dann typisch für das ↗Mahāyāna und löst das Hīnayāna-Ideal des nur sich selbst erlösenden Arhats, des buddhistischen Heiligen, ab: solange einer nur allein nach der Erlösung strebt, ist er noch nicht frei von Ich-Bezogenheit. Im Volksglauben wurden die B.s Gegenstand großer Verehrung (↗Bhakti). **Lit.:** A. Bareau: Die Religionen Indiens III. Stuttgart 1964. S. 120 ff. – E. Conze: Der Buddhismus. Stuttgart [8]1986. S. 118 ff. – H. W. Schumann: Mahāyāna-Buddhismus. München 1990. S. 167 ff. MD

**Bonum.** Der Begriff des B. wird von der Philosophie und Theologie des MA. aus der Tradition des ↗Neuplatonismus übernommen und durch die biblische Aussage »Gott allein ist gut« (Lk 18, 19) christianisiert. Unter dem B. oder dem »summum bonum« wird der metaphysische Grund alles ↗Guten verstanden, der die Gutheit jedes geschaffenen Seins vermittelt und gewährleistet; das Böse und Schlechte wird mit der Absenz des Guten erklärt (privatio boni). Unter der Überschrift »De bono« werden philosophische oder theologische Gesamtentwürfe versucht (Philipp d. Kanzler, Ulrich v. Straßburg), die Trinität (Peter Abaelard) oder die Ethik (Augustin, Albert d. Große) behandelt. Aber auch die sich an der aristotelischen Kritik eines im platonischen Sinne summum bonum (*Eth. Nic.* I 4) orientierenden Philosophen (bes. Boethius v. Dacien) versuchen unter diesem Titel eine Ethik aus der Annahme eines spezifisch menschlichen Guten zu entwickeln, das alle theologischen Vorgaben fernhält. Die ↗Transzendentalientheorie (bes. Thomas v. Aquin) verknüpft das B. mit den anderen ersten Begriffen (ens, unum, verum, aliquid) zu einer Ontologie und Erkenntnistheorie. Im Zuge der sich immer weiter ausdifferenzierenden Begrifflichkeit werden im ausgehenden MA. nach dem allgemeinen B. verschiedenste einzelne »bona« unterschieden. **Lit.:** J. A. Aertsen: Medieval Philosophy and the Transcendentals. The Case of Thomas Aquinas. Leiden/New York/Köln 1996. FBS

**Böse, das.** Der Begriff ist nur im Gegensatz zum Begriff des ↗Guten verständlich und wird traditionell als »privatio debiti boni« (Raub des geschuldeten Guten) definiert. Der Begriffsbildung liegt die Erfahrung von Lebensverhinderung, von Beeinträchtigung von Glück und Heil zugrunde. Die Frage nach dem B.n, differenzierbar als »malum physicum« (Schmerz und Leid), »malum morale« (Übel und Schuld) und »malum metaphysicum« (Unvollkommenheit der Schöpfung, das B. als Mangel an Sein), wirft die Frage nach dem Woher und Wozu des B.n auf und ist aufs Engste mit der Frage nach dem Sinn menschlichen Lebens und nach der Ordnung der Welt verknüpft.

(1) In der Theologie wird die Frage nach dem B.n auf dem Hintergrund des Theodizeeproblems (↗Theodizee) diskutiert: Wie läßt sich die Rede von einem »guten Gott« angesichts des B.n in der Welt rechtfertigen? Das Buch Hiob gilt als der klassische Ort dieser Auseinandersetzung. Man spricht in diesem Zusammenhang vom »Geheimnis des Bösen«. Diesem Geheimnis trägt die von Augustinus systematisch entwickelte Erbsündenlehre Rechnung, die an das paulinische Wort vom »Gesetz der Sünde« (Röm 7:23) anschließt und das Phänomen des B.n mit dem Begriff der (Willens)Freiheit des Menschen verknüpft, der aus eigenem Antrieb das B. tut. Das Projekt einer »Theologie nach Auschwitz« wirft neue Legitimationsprobleme auf und führt die Rede von der »Allmacht Gottes« angesichts der Manifestation des B.n in Auschwitz ad absurdum (D. Sölle, H. Jonas).

(2) Religionspsychologisch wurden wiederholt dualistische Lösungsvorschläge unterbreitet, die neben einem Prinzip des Guten (»Gott«) ein, mehr oder weniger gleichwertiges, Prinzip des B.n (»Teufel«) annahmen. In der modernen theologischen Diskussion ist dieses Konstrukt umstritten: »Abschied vom Teufel«? (H. Haag). Auf der anderen Seite hat sich ein spezifischer »Kult des B.n« (Satanismus) entwickelt.

(3) Biologische (K. Lorenz: *Das sogenannte Böse*) und psychologische (S. Freuds Ansatz vom »Thanatos«, C. G. Jungs Theorie vom »Schatten«) Annäherungen an das Phänomen des B.n verweisen auf die Triebstruktur des Menschen und verlagern das B. in die Natur des Menschen. Diese Antwort auf die Frage nach dem Woher des B.n hat bereits I. Kant (*Die Religion innerhalb der Grenzen der bloßen Vernunft*) vorgeschlagen. Die Philosophie behandelt das Phänomen nicht nur unter der Rücksicht der Theodizeefrage (Beispiel: Leibniz' *Essais de theodicée*), sondern auch im Bereich der Phänomenologie (Ricœur). CSE

(4) Ethisch läßt sich von einem bösen Willen sprechen, wenn die dem sittlich Guten zuwiderlaufenden und zerstörerischen Ziele geradezu als solche angestrebt werden, im Unterschied zu einem Handeln aus falscher Einsicht oder Schwäche. – Dagegen hält Kant einen »schlechthin bösen Willen«, bei dem der Widerstreit gegen das Sittengesetz selbst zur Triebfeder wird, also das B. um des B.n willen getan wird, für »teuflisch« und auf den Menschen nicht anwendbar. Bei ihm bezeichnet das »radikal Böse« die Umkehrung der Triebfedern im Menschen, wenn nämlich die Selbstliebe zur Bedingung der Befolgung des morali-

schen Gesetzes gemacht wird, mit anderen Worten, wenn ich das Gute nur tue unter der Bedingung, daß es mir nicht schadet oder unangenehm ist (*Die Religion innerhalb der Grenzen der bloßen Vernunft*, B 31ff). [FPB] **Lit.:** K. Lorenz: Das sogenannte Böse. Wien [32]1973. – P. Ricœur: Symbolik des Bösen. Freiburg 1971. – L. Szondi: Kain. Gestalten des Bösen. Wien 1969. – B. Welte: Über das Böse. Eine thomistische Untersuchung. Basel 1959. CSE/FPB

**Boulomaisch,** Kennzeichnung für Modalitäten, die sich auf das Wünschen und Begehren beziehen: es wird erhofft, daß p; es wird befürchtet, daß p; es wird bedauert, daß p. ↗Modalität PP

**Bourgeois/citoyen,** ursprünglich politische Rechtstitel für freie privilegierte Stadtbürger. Bodin trennt erstmals den C. als politisches Subjekt vom B., der, seines politischen Gehaltes enthoben, zum Untertan eines ihn versorgenden Souveräns wird. Rousseau greift diese Unterscheidung auf und gibt dem B. als Produkt der Vergesellschaftung seine bis heute maßgebliche pejorative Wendung. Damit wird der C. zum freien und gleichen Glied des souveränen Staates aufgewertet (↗Bürger) JP

**Brahman** (sanskrit). Schon im Ṛgveda (↗Veden) tritt das Neutrum brahman auf, das etwa soviel wie »(magische) Formel« bedeutet. Eine konzeptionelle Erweiterung ins Kosmische erfährt der Begriff in den Brāhmaṇas, wo B. am Anfang der Schöpfung steht (*Śatapatha-Brāhmaṇa* 11.2.3.1.) oder mit dem Schöpfergott Prajāpati und dem All identifiziert wird (*Aitareya-Brāhmaṇa* 6.15.). Von diesem Standpunkt aus kommt es in den ↗Upaniṣaden zu einer metaphysischen Ausdeutung. Dadurch wird B. zum »ens realissimum« (*Taittirīya-U.* 1.1.) überhöht (*Maitrāyaṇa-U.* 6.17.). Schließlich ist B. die Voraussetzung für alles Belebte: es ist Nahrung (anna), Leben (prāṇa), Geist (manas), Erkenntnis (vijñāna) und Wonne (ānanda) (*Taittirīya-U.* 3.3.) und identisch mit dem innersten individuellen Wesen (↗Ātman, *Bṛhadāraṇyaka-U.* 3.5.1.). Im ↗Vedānta wird das B. z.B. von Śaṅkara (↗Advaita) konsequent als letzter Urgrund des Seienden, als reines Erkennen, Wonne, als frei von Übel und kausalitäts- und leidlos beschrieben. **Lit.:** S. P. Basu: The Concept of Brahman, its Origin and Development. Delhi 1986. MD

**Brahmanismus,** religionsgeschichtlicher Überbegriff, mit dem man die Entwicklungsphase indischer Religion (und Philosophie) zwischen vedischer Periode (↗Veda) und Hinduismus (ca. 2. Hälfte des 1. Jh. v. Chr. bis 1. Hälfte des 2. Jh. n.Chr.) und die daran anknüpfende Tradition bezeichnet, wobei die Grenzen durchaus fließend sind. Der Begriff leitet sich her von der sozialen Schicht, die den B. trug: der der Brahmanen. Im B. wird der ↗Veda als autoritär anerkannt (śruti »Gehörte«), an den sich dann weitere Literatur und Tradition, als überliefert (smṛti »Erinnerte«) bezeichnet, anschließt. Im B. verschmilzt Vedisches mit anderen Strömungen der indischen Geistesgeschichte. Für die indische Philosophie wichtig ist, daß trotz erheblicher Unterschiede die sechs indischen philosophischen ↗Systeme zum B. gezählt werden. Als Ausgangspunkte für die Philosophie des B. kann man etwa die Philosophien der Epen ansehen. Der bekannteste solcher Texte, die v.a. in das Mahābhārata eingeschaltet sind, ist die *Bhagavad-Gītā* (Mahābhārata VI, 25–42); wichtige und alte Partien finden sich aber auch im 12. Abschnitt des Epos, im Mokṣadharma (»Gesetz der Erlösung«). Wichtige Grundkonzepte, die man schon in den ↗Upaniṣaden findet (↗Karma, ↗Ātman, ↗Brahman, ↗Bhakti, ↗Saṃsāra und ↗Mokṣa), werden systematisiert. Die Texte zeigen Einflüsse des ↗Sāṃkhya und des ↗Yoga. Die »klassische« Kosmologie mit ihrer Lehre vom Entstehen und Vergehen des Kosmos, von den vier Weltzeitaltern (yugāni) wird erörtert, und es werden – für den späteren ↗Vedānta wichtig – dualistische und monistische Ansätze sowohl in der Kosmologie als auch in der Seelenlehre vorgebracht. Für die Seelenlehre ist wichtig, daß sich die Vorstellung von selbständigen Einzelseelen festigt, und daß die Erlösungslehre systematisiert wird, indem für die Bindung der Seele in den Geburtenkreislauf die Verbindung der Sinnesorgane mit den Sinnesobjekten verantwortlich gemacht wird, v.a. das Denkorgan manas, an das sich die Werke (↗Karma) anheften. Allmählich gewinnen im B. monotheistische Gedanken an Boden (*Bhagavad-Gītā*). In den Texten der Purāṇas ist das philosophische Hauptthema dann die zur Erlösung führende Hingabe (↗Bhakti) an die beiden Hochgötter (Īśvara) Viṣṇu(-Kṛṣṇa) und Śiva. **Lit.:** E. Frauwallner: Geschichte der indischen Philosophie. Bd. I. Salzburg 1953. S. 97ff. – J. Gonda: Die Religionen Indiens I. Stuttgart [2]1978. S. 214ff. MD

**Brains in Vat** ↗Gehirne im Tank

**Brückenprinzip,** stellt die Voraussetzungen her, Werturteile und moralische Wertüberzeugungen einer rationalen Kritik zu unterziehen. Denkbare B.ien wären z.B. das Realisierbarkeitspostulat: Die Wertungen sind auf die Möglichkeit ihrer Umsetzung (unter den gegebenen Bedingungen) zu überprüfen, oder das Kongruenzpostulat: Setzen geäußerte normative Behauptungen irgendwelche Faktoren voraus, die sich jeder Erkenntnis entziehen (wie z.B. kosmische Weltdeutungen oder mystische Offenbarungen)? Jedes B. hat nur eine kritische Funktion. Für eine kritische Moralphilosophie wird explizit als Aufgabe formuliert, sich derartige B.ien zu überlegen, die eine Ausnutzung der Erkenntnis für die Kritik an normativen Auffassungen möglich machen. Die kritische Verwendung von B.ien ist ein Mittel dazu, um festzustellen, ob sich bestimmte Werturteile im Lichte einer revidierten sachlichen Überzeugung als unvereinbar mit bisherigen Wertüberzeugungen erweisen. Das B. soll eine Möglichkeit einer rationalen Kritik im Bereich der Ethik oder der Werturteile bieten, ohne einen ↗naturalistischen Fehlschluß zu begehen, d.h. aus Aussagen über das Sein irgendwelche Aussagen über das Sollen abzuleiten, und ohne die Autonomie der Ethik zu negieren, indem man etwa ethische Aussagen auf die Beschreibung oder Erklärung moralischen Verhaltens reduziert. Das B. bietet die Möglichkeit einer Begründungsleistung für moralische Direktiven. Dem B. sind als Annahmen unterstellt, (a) daß die Ethik nie gänzlich von der Erkenntnis abgeschnitten ist, da Wertüberzeugungen immer schon mit sachlichen Überzeugungen verwoben sind, und (b) daß wir nie über unser Wertesystem zu einem bestimmten Zeitpunkt als Ganzes zu entscheiden haben. **Lit.:** H. Albert: Traktat über die kritische Vernunft. Tübingen [2]1968. Kap. 12. PP

**Brüderlichkeit,** kennzeichnet im weiteren Sinn außerfamiliare, ideelle und soziale Gemeinschaften in Analogie zu familialen Strukturen. B. verweist jedoch etwa im Gegensatz zum Begriff des ↗Patriarchats auf ein Beziehungsverhältnis von Gleichen. Die Brüder vereint ein gemeinsamer Werthorizont, gemeinsame Interessen und Ziele. B. impliziert eine gelungene Komposition von individueller Freiheit, sozialer Gleichheit und besonderer Konfliktregulierung. Sie dient deshalb bis heute kleineren religiösen, sozialen, politischen Gemeinschaften als Basis für die Legitimation ihrer Interessen und Ziele. Die in der partikularen Gemeinschaft praktizierte B. soll universale Geltung bekommen: »Alle Menschen werden Brüder« (F. Schiller). Nachdem die Semantik der B. in der frz. Revolution einen Höhepunkt erlebt, wird im 19. Jh. B. als Entwurf einer politischen Gleichheitsutopie weitgehend durch den Begriff der ↗Solidarität ersetzt. TN

**Buch der Natur,** seit Augustinus und dann vor allem im MA. gebräuchliche Metapher, die besagt, daß Gott sich nicht nur in der Heiligen Schrift, sondern auch im B. d. N. geoffenbart habe. Die Natur wird somit zu einer zweiten Quelle der Erkenntnis Gottes. Berühmt wurde Galileis Aussage, das B. d. N. sei in mathematischen Zeichen geschrieben. **Lit.:** E. Rothacker: Das »Buch der Natur«. Bonn 1979. FPB

**Buddhismus**, die indische Geistesströmung, die auch außerhalb Indiens den größten Einfluß ausgeübt hat. Während der ↗Jainismus auf den indischen Subkontinent beschränkt blieb und der Hinduismus nur begrenzt in Südostasien zu wirken vermochte, hat der B. Kultur und Denken fast ganz Asiens beeinflußt und geprägt. Der B. ist, wie der Jainismus, eine Gründerreligion, die auf einen historischen Stifter, Gautama Siddhārtha (ca. 560–480 v.Chr.), einen Prinz aus dem nordindischen Adelsklan der Śākya (Śākyamuni »der Weise aus dem Ś.-Geschlecht«), zurückgeführt werden kann. Der B. ist innerhalb der indischen Geistesgeschichte kein plötzlich auftauchendes Phänomen, sondern steht einerseits mit Elementen seiner Grundlehre in der Tradition des Hinduismus (↗Brahmanismus mit Wiedergeburt, Erlösungslehre und ↗Karma-Lehre), andererseits, entsprechend der geistigen Strömungen des 6. Jh. in Nordindien (Entwicklung urbaner Kultur und erste Ansätze von Großreichen, geistige Emanzipation der Adelskaste, der Kṣatriyas, und der Kaufleute gegenüber den Brahmanen), brach er mit althergebrachten Traditionen und Vorstellungen (↗Veden, Kastenwesen, Annahme einer individuellen und beständigen Seele, ↗Ātman). Für die Verbreitung in Indien war die Protektion von Herrschern, v.a. des Maurya-Kaisers Aśoka (274–233 v. Chr.), maßgeblich. Schon früh begann der B. jedoch über die Grenzen Indiens zu wirken (Innerasien, Südostasien, Tibet, Mongolei, China, von dort nach Korea, Japan) und sich zu entwickeln. Die indische buddhistische Literatur ist v.a. in Sanskrit und Pāli, einer mittelindischen Sprache, in der der Kanon der Sthaviravādin (Pāli: Theravādin) (↗Hīnayāna) überliefert ist, war aber auch in anderen nordindischen Sprachen abgefaßt. Konstituierende Elemente des B. als religiöse Gemeinschaft sind die »drei Juwelen« (triratna): der Buddha, die Lehre (↗Dharma) und die (Mönchs-) Gemeinde (Saṃgha). Der B. bietet eine Erlösungslehre: das Ziel ist das Ausscheiden aus dem Kreis der Wiedergeburten (↗Saṃsāra), wobei wichtig ist, daß die Existenz eines dauerhaften Elements, eines Individuums (Seele, ↗Ātman), strikt geleugnet wird (anātman, Pāli: anattā). Alles Existierende besteht aus ↗Dharmas, den »Atomen« des B., die in kausaler Abhängigkeit von einander entstehen und vergehen. Das Einzelwesen (pudgala) ist gebildet durch fünf Gruppen von Dharma-Kombinationen (skandha, Pāli: khanda): körperliche (rūpa), Gefühle (vedanā), Unterscheidungsvermögen (saṃjñā), Triebkräfte (saṃskāra) und Bewußtsein (vijñāna). Der Buddha hat seine Lehre nach seiner Erleuchtung unter dem Bodhibaum in Uruvelā in der berühmten Predigt von Benares in folgenden Punkten zusammengefaßt: Vermeiden der beiden Extreme von Sinneslust und von übermäßiger Askese, der »Edle achtfache Pfad« (āryāṣṭāngamārga, Pāli: ariyo aṭṭhaṅgiko maggo), der zum ↗Nirvāna führt: rechte Ansicht (samyagdṛṣṭi, Pāli: sammādiṭṭhi), rechter Entschluß (samyaksaṃkalpa, Pāli: sammāsaṃkappa), rechte Rede (samyakvāc, Pāli: sammāvācā), rechtes Verhalten (samyakkarmānta, Pāli: sammākammanta), rechtes Leben (samyagājīva, Pāli: sammā-ājīva), rechte Anstrengung (samyagvyāyāma, Pāli: sammāvāyāma), rechtes Bewußtsein (samyaksmṛti, Pāli: sammāsati), rechte Sammlung (samyaksamādhi, Pāli: sammāsamādhi). Die vier »Edlen Wahrheiten« (āryasatya, Pāli: ariyasacca) geben die Grundeinsicht in das Wesen der Welt und der Erlösung daraus wider: die Wahrheit vom Leiden (duḥkha, Pāli: dukkha), von der Entstehung des Leidens (duḥkhasamudaya, Pāli: dukkhasamudaya), von der Vernichtung des Leidens (duḥkhanirodha, Pāli: dukkhanirodha) und von dem Weg zur Vernichtung des Leidens (duḥkhanirodhagāminī pratipad, Pāli: dukkhanirodhagāminī paṭipadā). Die Frage, wie es zu einer Verstrickung in den Geburtenkreislauf kommen kann, ist im »Kausalnexus« (pratītyasamutpāda, Pāli: paṭiccasamuppādo), der sich über drei Existenzen hinweg erstreckt, beantwortet: (1. Existenz) Nichtwissen (avidyā, Pāli: avijjā) führt zu karmischen Kräften (saṃskāra, Pāli: saṅkhāra), die (2. Existenz) ein neues, den kontinuierlichen Übergang von einer Existenz zur nächsten gewährleistendes Bewußtsein (vijñāna, Pāli: viññāna) bilden, das die physischen und psychischen Konstituenten eines Individuums (nāmarūpa) ermöglicht; das Individuum verfügt über sechs (Sinnes-) Bereiche (ṣaḍāyatana: Sehen, Hören, Riechen, Schmekken, Fühlen, Denken), die die Berührung (sparśa, Pāli: phassa) mit der Außenwelt ermöglichen; diese ruft Empfindung (vedanā) und entsprechend Gier (tṛṣṇā, Pāli: taṅhā) hervor; die Folge ist Ergreifen (upādāna) oder Hang zum Leben, wodurch wiederum Werden (bhāva) von neuem Karma, die Voraussetzung für eine neue Existenz, entsteht; (3. Existenz) die abermalige Geburt (jāti) hat zwangsläufig Altern und Sterben (jarāmaraṇa) zur Folge. Um die Glieder dieser verhängnisvollen Kette voneinander abhängiger Faktoren und Geburten aufzulösen, muß man das Nichtwissen vernichten und zur Erkenntnis oder zum Wissen (↗Vidyā) gelangen. Schon früh spaltete sich die Gemeinde, und ab dem 1. Jh. v. Chr. stehen sich mit unterschiedlichen Auffassungen über Lehre und Weg zur Erlösung ↗Hīnayāna und ↗Mahāyāna gegenüber. Eine dritte Richtung stellt die des Tantrayāna (ab 2. Jh. n. Chr.) dar, die jedoch zur eigentlichen Philosophie des B. nicht viel Neues beiträgt, sondern Geheimlehren beinhaltet, die mit Hilfe von meditativen Praktiken, magischen Silben: den Mantras, Gesten: den Mudrās, magischen Diagrammen: den Maṇḍalas, den Weg zur Erlösung zu meistern versuchen. **Lit.:** Bibliographie bouddhique. Paris 1930ff. – S. Hanayama: Bibliography of Buddhism. Tokyo 1961. – C. Regamey: Buddhistische Philosophie. Bern 1960. – A. Bareau: Die Religionen Indiens. Bd. III. Stuttgart 1964. – E. Conze: Eine kurze Geschichte des Buddhismus. Frankfurt 1984. – Ders.: Der Buddhismus. Stuttgart $^{8}$1986. – Ders.: Buddhistisches Denken. Frankfurt 1990. – E. Frauwallner: Geschichte der indischen Philosophie. Bd. I. Salzburg 1953. – Ders.: Die Philosophie des Buddhismus. Berlin $^{3}$1969. – H.-J. Klimkeit: Der Buddha. Leben und Lehre. Stuttgart 1990. – H. Nakamura: Indian Buddhism. Delhi 1989. – H. Oldenberg: Buddha. Stuttgart/Berlin $^{7}$1920. – D. Schlingloff: Die Religion des Buddhismus. 2 Bde. Berlin 1962/63. – U. Schneider: Einführung in den Buddhismus. Darmstadt $^{2}$1987. – H. W. Schumann: Mahāyāna-Buddhismus. München 1990. – J. Takakusu: The Essentials of Buddhist Philosophy. Honolulu $^{2}$1949. – M. Walleser: Die buddhistische Philosophie in ihrer geschichtlichen Entwicklung. 4 Bde. Heidelberg 1904–27. MD

**Bündeltheorie.** Im Zusammenhang der Diskussion innerhalb der analytischen Sprachphilosophie über Namen und Kennzeichnungen wird von Wittgenstein und Searle vorgeschlagen, die Bedeutung eines Eigennamens bestehe nicht in einer einzigen Kennzeichnung, sondern in einem Bündel von Kennzeichnungen. Damit der Name eine Anwendung hat, müssen zwar nicht alle, aber hinreichend viele Beschreibungen aus diesem Bündel auf genau einen Gegenstand zutreffen. ↗Kennzeichnung, ↗Namentheorie, ↗Referenz **Lit.:** J. Searle: Sprechakte. Frankfurt 1971. Teil I,4 u. Teil II,7. – L. Wittgenstein: Philosophische Untersuchungen. § 79. In: L. Wittgenstein: Schriften 1. Frankfurt 1960. – U. Wolf (Hg.): Eigennamen. Dokumentation einer Kontroverse. Frankfurt 1985. PP

**Bürger,** ursprünglich von Burg oder Burgus, dem in der Vorburg gelegenen Wohnsitz der Kaufleute, bezeichnet heute den vollberechtigten Einwohner einer Gemeinde als politisches Subjekt. Die meisten europäischen Nationalsprachen unterscheiden das Mitglied des öffentlich politischen Bereiches, den polites, civis, citizen, citoyen, von dem Angehörigen der häuslich-privaten oder ökonomischen Sphäre, dem bourgeois. Der deutsche B.-Begriff kennt diese Trennung nicht und umfaßt in historischer Tradition neben der politischen auch eine ökonomische, soziale und kulturelle Bedeutungsebene.

(1) In politischer Perspektive ist B. der Rechtstitel für ein freies, privilegiertes politisches Subjekt. In der Antike galt der B. als Gleicher unter Gleichen, der durch die Teilhabe an politischen Rechten und Pflichten abwechselnd sowohl regierte als auch regiert wurde (Aristoteles). Der Kreis der B. war zunächst klein und beschränkt, dehnte sich aber während des römischen Imperiums auf immer größere Teile der Einwohner aus und verlor zugleich an politischer Bedeutung. In der Spätantike erhielt der Begriff eine für das MA. bestimmende eschatologische Wendung zur Gottesbürgerschaft (Augustinus), wodurch die Qualifikation zum B. durch den Bezug auf »wahre Gerechtigkeit« dem Bereich des Weltlichen entzogen wurde. Die spätmittelalterliche Trennung von B.- und Kirchenrecht und die Rückbesinnung auf römisch-republikanische Werte führten zunehmend zu Rechtsfähigkeit und politischem Einfluß der B., jedoch ohne ihnen politische Mitbestimmung zu bringen. Die Auswirkungen der konfessionellen B.-Kriege der Neuzeit führten über die absolutistische Staatstheorie zur Unterwerfung der B. unter die souveräne Obrigkeit. Der so entstandene einheitliche Untertanenverband leitete die Entstehung des modernen Bürgertums ein, differenzierte aber noch ungenügend zwischen dem B. als Staatsuntertan, Einwohner oder Mitglied des dritten Standes. Hier setzte die Kritik der Aufklärung an und führte zur Trennung von ↗bourgeois und ↗citoyen sowie zur Verknüpfung von B.- und Menschenrechten, die dann in der Französischen Revolution die Bestimmung der Nation als Zusammenschluß aller freien und gleichen Staats-B.(citoyen) ermöglichte. Zwar wurde die passive Rechtsgleichheit aller B. als Untertanen durch die aktive politische Mitwirkungsmöglichkeit ersetzt, doch blieb die Kontroverse um die Trennung von Staat und bürgerlicher Gesellschaft bis heute bestehen. – (2) Die ökonomische Bedeutung des B.-Begriffs wurzelt in der antiken Bedingung der Möglichkeit politischer Mündigkeit durch Autarkie (Fähigkeit zur Selbsterhaltung), wobei die strikte Trennung von Polis (Staat) und Oikos (Hauswirtschaft) den B. nur im öffentlich-politischen Raum ansiedelte. Im MA. entwickelte der Zusammenschluß genossenschaftlich organisierter Verbände freier Männer eine neue Species der B., die als Kaufleute oder Handwerker den adeligen Grundherren

entgegentrat und neben den Bauern den dritten Stand bildeten. Das unternehmerische Bürgertum machte die Rationalität zum Prinzip der ökonomischen Planung, sprengte dadurch den begrenzten Lebensraum der Stadtgemeinden und gewann im Rahmen seiner ökonomischen Ressourcen politischen Einfluß. Die Entwicklung der absolutistischen Staats- und Gesellschaftsordnung stärkte durch eine zentral gelenkte Wirtschaft (Merkantilismus) und die Schaffung eines einheitlichen Marktes die Position des Bürgertums, dessen Mitglieder den Adel zunehmend aus der ökonomischen und politischen Führungsrolle verdrängten und sich als Eigentümer von den besitzlosen Proletariern abgrenzten. – Dies führt (3) zur sozialen Bedeutung des B.-Begriffs. Das Bürgertum war nie eine homogene Gruppe oder Klasse, sondern bestimmte sich negativ: in der Antike gegen die Unfreien und Sklaven, im Mittelalter und in der frühen Neuzeit gegen Adel, Klerus und Bauern und schließlich gegen die besitzlosen Proletarier. Seit der Aufklärung treten die B. als soziale Gruppe eines gemeinschaftlichen Emanzipationsprozesses und gleichen Bildungshorizonts auf. Sowohl der Adel als auch später das Proletariat sehen im B. einen negativen Wertbegriff. – (4) Kulturell trat das Bildungsbürgertum und die mäzenatische Funktion der Besitz-B. neben die aristokratisch-klerikale Kultur, indem sich Freiheit und Toleranz als universaler Anspruch des neuzeitlichen Humanismus durchsetzten. Die moderne arbeitsteilige Dienstleistungsgesellschaft läßt die kulturelle, ökonomische und soziale Dimension des B.-Begriffs zugunsten einer Rehabilitierung des politischen Aspekts zurücktreten (Sternberger).

**Lit.:** W. Meschke: Das Wort Bürger. Geschichte seiner Wandlung in Bedeutungs- und Wortgehalt. Greifswald 1952. – M. Riedel: »Bürger«. In: HWPh. Bd. 1. Basel/Stuttgart 1970. S. 962 ff. – Ders.: »Bürger, Staatsbürger, Bürgertum«. In: Geschichtliche Grundbegriffe. Bd. 1. Stuttgart 1978. S. 672 ff. – D. Sternberger: Ich wünschte ein Bürger zu sein. Frankfurt 1967. – P.-L. Weinacht: »Staatsbürger«. Zur Geschichte und Kritik eines politischen Begriffs. In: Der Staat 8 (1969). S. 41 ff.

JP

**Cambridger Schule,** englische philosophische Richtung in der 2. Hälfte des 17. und zu Anfang des 18. Jh., von B. Whichcote (1609–1683) begründet. Die C. Sch. übte vom Standpunkt eines christlich getönten ↗Platonismus aus und unter Einfluß des ↗Rationalismus R. Descartes' Kritik am ↗Empirismus, insbesondere an F. Bacon und Th. Hobbes. Hauptvertreter: R. Cudworth (1617–1688), R. Cumberland (1631–1718), H. More (1614–1687), J. Smith (1618–1652). **Lit.:** E. Cassirer: Die Platonische Renaissance in England und die Schule von Cambridge. London 1932. – C. A. Patrides (Hg.): The Cambridge Platonists. Cambridge Mass. 1970. – F. J. Powicke: The Cambridge Platonists. London/Toronto 1926 (ND Hildesheim/New York 1970).

TH

**Cartesianismus,** Bezeichnung für die philosophische Richtung, die von Descartes ausgeht. Sachlich sind vier zentrale Aspekte zu unterscheiden: (1) der Versuch, die Philosophie von einem sicheren Fundament aus aufzubauen, das im Denkenden selbst liegt; dieses Fundament wird durch Reflexion auf die eigene Bewußtseinstätigkeit gewonnen; auch jeder Zweifel ist ein Fall von dieser Bewußtseinstätigkeit (cogito ergo sum, *Discours* 4, Oeuvres VI, 31–33; *Meditationes* II, 3; *Principia* I, 7). Diese Begründung von Philosophie ist wegweisend für die neuzeitliche Subjektphilosophie. Sie ist ein transzendentales Argument; (2) die rationalistische Methode von Descartes, Prinzipien durch Intuition zu erfassen und von diesen aus dann deduktiv die jeweilige Theorie aufzubauen (*Regulae* 3). Diese Methode ist auch unter dem Schlagwort »Philosophie nach Art der Geometrie« bekannt. Sie wurde von Hobbes ebenfalls aufgenommen und erreicht ihren Höhepunkt in Spinozas Ethik. C. steht darüber hinaus generell für methodisch geleitetes, rationales Denken; (3) die Theorie, daß Körperliches und Geistiges zwei verschiedene Arten von Substanz sind (↗Cartesischer Dualismus); (4) die Naturphilosophie, nach der allein Ausdehnung und Bewegung die Kennzeichen des Körperlichen sind (*Principia* I, 53; II, 4.). Die jeweilige Raumgestalt des Körperlichen ist durch Bewegung (= Ortswechsel) von anderem Körperlichen kausal-mechanisch determiniert. Jede Veränderung eines Körpers ist eine Bewegung von Teilen von ihm (*Principia* II, 23–25). Alle physikalischen Eigenschaften und Ereignisse können somit mathematisch beschrieben und berechnet werden. Nach Descartes sind auch belebte Körper vollständig in dieser mechanistischen Weise beschreibbar (*Discours* 5, Oeuvres VI, 55–56; *Meditationes* II, 5; VI, 17.). Während Descartes' Physik von Newton überholt wird, ist naturphilosophisch weiterhin seine Raumtheorie von Bedeutung. **Lit.:** D. Garber: Descartes' Metaphysical Physics. Chicago 1992. – W. Röd: Descartes: Die Genese des Cartesianischen Rationalismus. München [2]1982. – B. Williams: Descartes: The Project of Pure Enquiry. Hassocks 1978.

ME

**Cartesischer Dualismus,** Bezeichnung für Descartes' Theorie des Geistes, nach der Körperliches und Geistiges zwei verschiedene Arten von Substanz (res) sind. Zwischen der körperlichen und der geistigen Substanz besteht in jeder Person eine kausale Wechselwirkung, die durch die Zirbeldrüse vermittelt ist (*Meditationes* VI, 20; *Passions de l'âme* I, 31–32). Das Körperliche ist allein durch räumliche und zeitliche Ausdehnung sowie Bewegung charakterisiert (res extensa) (*Principia* I, 53; II, 4); für das Geistige ist Denken im Sinne des Perzipierens von Ideen charakteristisch (res cogitans) (*Meditationes* II, 6). Während Descartes dazu neigt, das Körperliche insgesamt als genau eine Substanz einzuschätzen (*Synopsis meditat.*, Oeuvres VII, 13–14), bleibt offen, ob jeder Person eine eigene res cogitans zukommt oder ob es ebenfalls nur genau eine res cogitans gibt. In der Nachfolge Descartes' wird seine Theorie des Geistes zum Parallelismus weiterentwickelt. **Lit.:** A. Beckermann: Descartes' metaphysischer Beweis für den Dualismus. Freiburg/München 1986. ME

**Causa** (lat. ↗Ursache). Nach Aristoteles besitzt derjenige ein höheres Wissen, der nicht nur weiß, *daß* etwas so ist, sondern auch, *warum* es so ist. Philosophie als höchste Form des Wissens ist daher Wissenschaft von den ersten Ursachen. Die Ursachen-Frage kann jedoch in einem vierfachen Sinne beantwortet werden: durch den Verweis auf das zugrundeliegende Material (hyle), auf die Wesensform (idea, eidos) bzw. das Ur-/Vorbild (paradeigma), auf das, was die Entstehung bewirkt (arche tes kineseos), sowie auf den Zweck (telos). Die Vorsokratiker stellten meist das Material (die Elemente, Atome etc.), Platon die Idee im Sinne eines artlichen Urbildes (*c. exemplaris*) als Ursache dar. Aristoteles betont den Zusammenhang der vier Ursachen-Arten: Von jedem Seienden ist zu klären, woraus es besteht (*c. materialis*), was es ist (*c. formalis*), durch was es bewirkt wird (*c. efficiens*) und auf was es ausgerichtet ist (*c. finalis*); z. B. wird aus Erz (Material-Ursache) eine Statue (Form-Ursache), bewirkt durch den Künstler, zum Zweck der kultischen Verehrung. ↗Form und Materie werden auch innere, Wirk- und Ziel-Ursache äußere Ursachen genannt. Diese Vierzahl der Ursachenklassen ist erschöpfend; weitere Ursachen-Arten (Schicksal, Zufall etc.) begreift Aristoteles als defiziente Formen der vier Ursachen. Der Form-Ursache kommt ein Vorrang zu gegenüber der Material-Ursache, der Ziel-Ursache gegenüber der Wirk-Ursache und den inneren Ursachen gegenüber den äußeren: Bei Artefakten bearbeitet der Handelnde das Material im Blick auf die beabsichtigte Form, und er setzt im Blick auf das Ziel die geeigneten Wirk-Ursachen in Gang. Bei Lebewesen ist das Werden auf die Verwirklichung eines Wesens von gleicher Art ausgerichtet. Da der Prozeß durch innewohnende Bewegungsprinzipien bewirkt und geleitet wird, tritt hier die spezifische Wesensform selbst als materiebestimmende, als Ziel- sowie als Wirk-Ursache auf. – Die philosophische Frage nach den ersten Ursachen stellt sich also als Frage nach der ersten Materie, nach dem ersten Wesen, nach der ersten Wirk-Ursache und nach dem letzten Ziel. Dem *Liber De Causis* folgend unterscheidet man im MA. zwischen der Erst-Ursache (*c. prima*) und den Zweit-Ursachen (*c. secundae*). Gott ist Erst-Ursache aller Formen, aller Materie, allen Wirkens und letzte Ziel-Ursache. allen Strebens. Dabei verleiht er den Geschöpfen nicht nur das Sein, sondern auch das Ursache-Sein. So ist er nicht einfach das erste Glied jeder Ursachen-Reihe, sondern steht als Urheber der Kausalität selbst allen Ursachen-Reihen als Erst-Ursache noch einmal gegenüber; zugleich sind die Zweit-Ursachen wirklich Ursachen, auch wenn sie nur in der Kraft der Erst-Ursache wirken. Z. B. ist Gott Erst-Ursache der Natur des Menschen, der Mensch wiederum kraft seiner Vernunftnatur Ursache seines eigenen Denkens und Wollens; das göttliche Licht der Wahrheit ist urbildliche Ursache (*c. exemplaris*) des menschlichen Verstandeslichts, durch das der Mensch eigenwirksam denkt und frei handelt. Eine Haupt-Ursache (*c. principalis*) verhält sich zu einer bloß mitwirkenden Ursache (*c. instrumentalis*) wie die Hand, die den Stock führt, zum Stock, der dann den Stein trifft. Man unterscheidet ferner zwischen selbstvollendender (*c. perfecta*) und bloß mithelfender Ursache (*c. adiuvans*); der Arzt ist nur mithelfende Ursache bei der Genesung. Der Begriff der Selbst-Ursache (*c. sui*) im strengen Sinne gilt im MA. als selbstwidersprüchlich, da eine solche Ursache als Verursachende schon sein müßte, als Verursachte zugleich aber noch nicht sein dürfte. Selbstursächlich nennt man jedoch solche Seiende, die nicht nur durch Anstoß von außen Veränderungen erleiden, sondern aufgrund ihrer Wesensform sich selbst bewegen. Verstand und Wille sind in besonderem Maße selbstbewegend, da sie ihre Akte selbst bestimmen können. Die höchste Form der Selbstbewegung, die sich keinerlei Äußerem mehr verdankt, kommt Gott zu. – Mit dem Ende des MA. wird Ursache zunehmend als Ur-Sache verstanden, d. h. als ein Seiendes, von dem ein anderes in einer genau angebbaren Weise abhängig ist. So schränkt sich die Bedeutung auf die äußeren, dann allein auf die Wirk-Ursachen ein. **Lit.:** Aristoteles: Physik I; II 4 f. – Metaphysik I 1 f; V 2; VII 7 f. – Thomas v. Aquin: De Veritate q. 11 a. 1; S.th. q. 9 a. 4. – J. de Vries: Grundbegriffe der Scholastik. Darmstadt 1980. CS

**Certismus,** Terminus des ↗Kritischen Rationalismus für eine Philosophie, die begründungsorientiert ist, d. h. die nur »Gesichertes« zuläßt, um die Theorie möglichst frei von »Unsicherem« zu halten. H. Albert kritisiert den C. als »auf Erkenntnisfragen angewandtes Rechtsdenken«. **Lit.:** H. Albert: Traktat über kritische Vernunft. Tübingen 1975. JSC

**Ceteris-paribus-Klausel,** (1) eine methodische Regel bei sozialwissenschaftlichen Untersuchungsverfahren. Damit wird angezeigt, daß von einer bestimmten Menge von Bedingungen nur eine zum Zweck der Untersuchung verändert wird, während die anderen unverändert bleiben sollen. Auf diese Weise sollen die Abhängigkeitsgrade und Bedingungsfaktoren näher bestimmt werden. (2) In der Ethik beschreibt sie die schwache Gültigkeit einer Norm: Solange nicht entschieden ist, ob nicht auch noch anderslautende Normen für eine bestimmte Situation bestehen, kann dieser ein Verbindlichkeitscharakter zugesprochen werden. PP

**Chaos** (philosophiegeschichtlich). Ch. (griechisch) bezeichnete bei Hesiod den gähnenden Abgrund des Weltbeginns. Bei Aristoteles wurde das Ch. begrifflich zum leeren Raum, dem abstrakten, ungeformten Urstoff des Kosmos. Die Stoiker charakterisierten das Ch. als formlos und ungeordnet, aber auch als sprühend und im Fluß befindlich. Im MA. verband sich der antike Begriff des Ch. mit dem biblischen »Tohuwabohu« und es entstand die auch heute noch volkstümliche Sichtweise des Ch. als wüstem Durcheinander der Dinge. In der Neuzeit ist der Begriff des Ch. gekennzeichnet durch sich gegenüberstehende, unvereinbare Charakterisierungen, zum einen als kreative Kraft (z. B. Schellings »metaphysische Einheit geistiger Potenzen«), zum anderen als negativ beladenes Konzept in der Gleichsetzung von Ch. und Anarchie in den politischen Theorien des 17. bis 19. Jh. Die neueste Begriffsvariante liegt in der naturwissenschaftlichen ↗Chaostheorie vor. **Lit.:** »Chaos«. In: HWPh, Bd. 1. – Th. Kratzert: Die Entdeckung des Raums. Vom hesiodischen »χάος« [chaos] zur platonischen »χώρα« [chora]. Bochumer Studien zur Philosophie. Amsterdam/Philadelphia 1998. RH

**Chaostheorie** (naturwissenschaftlich). Die Ch. befaßt sich mit dem komplexen Verhalten einfacher, deterministischer Systeme. Dies können zum einen in der Mathematik Differentialgleichungssysteme oder Iterationsschemata mit wenigen Variablen sein, zum anderen Phänomene in den empirischen Wissenschaften, die sich durch diese einfachen Modelle beschreiben lassen. Im Kern handelt es sich bei der Ch. um eine Strukturmodelltheorie, die allgemeine Aussagen über die Eigenschaften spezifischer Systemklassen macht. Die Voraussetzung für chaotisches Verhalten im Sinne der Ch. stellen Nichtlinearitäten (z. B. in Form von Rückkopplungen) in der Dynamik dar. Wichtigstes Kennzeichen dieses Verhaltens ist die sensitive Abhängigkeit der Dynamik von minimalen Variationen der Anfangsbedingungen, d. h. aus anfänglich kleinen Abweichungen resultieren große Störungen. Dies tritt in ganz verschiedenen Bereichen der Natur auf und wird nach E. N. Lorenz' Entdeckung von 1962 anschaulich als »Schmetterlingseffekt« bezeichnet: Der Flügelschlag eines Schmetterlings in Brasilien ist (aufgrund der chaotischen Dynamik des Wettergeschehens) prinzipiell in der Lage, einen Tornado in den USA auszulösen. Folge chaotischen Verhaltens ist die Unvorhersagbarkeit der zukünftigen Entwicklung. Dies macht auch bei deterministischen Systemen einen schwachen Kausalitätsbegriff notwendig. Damit erfolgt eine (zweite) Relativierung des deterministischen Weltbildes (nach der durch die ↗Quantenmechanik ausgelösten). – Die Anfänge der Ch. gehen auf den frz. Mathematiker H. Poincaré zurück, der die Instabilität der Dynamik des Dreikörperproblems um 1890 entdeckte und wichtige methodische Verfahren zur qualitativen Systembeschreibung beisteuerte. Entscheidende Beiträge zur Chaosforschung stammen aus der mathematischen »Theorie dynamischer Systeme«. Seit 1975 ist die Ch. ein aufblühendes interdisziplinäres Forschungsgebiet, welches sich heute im Zustand umfassender Popularisierung befindet. **Lit.:** Geo-Wissen »Chaos und Kreativität«. Hamburg 1990. – W. Gerok (Hg.): Ordnung und Chaos. Stuttgart 1990. – J. Gleick: Chaos. München 1988. RH

**Characteristica universalis,** auch »lingua universalis«, Idee einer universalen Zeichensprache des Denkens, die im Rationalismus diskutiert wurde. Entwürfe von Wilkins, Jungius und Comenius regten Leibniz zur Entwicklung verschiedener Varianten einer solchen Zeichensprache an, die jedoch alle fragmentarisch geblieben sind. Die Ch. u. sollte nach dem Vorbild der Mathematik gebildet sein und auf einem Alphabet von Grundbegriffen beruhen; als Charaktere waren aber nicht nur Ziffern, sondern auch Buchstaben, Figuren oder Bilder zugelassen. Gegenüber der Vagheit und Mehrdeutigkeit natürlicher Sprachen sollte die Ch. u. ein-eindeutige Beziehungen zwischen Zeichen und Bezeichnetem und kalkülartige Ableitungsmechanismen besitzen. Von der Zeichensprache erwartete man sich eine Förderung der wissenschaftlichen Forschung, die Möglichkeit eines unmittelbaren und unverfälschten Gedankenausdrucks und damit auch positive Auswirkungen auf Ethik, Metaphysik und Theologie. Mit dem Projekt der Ch. u. ist auch die Suche nach einer Universalsprache der Menschheit und die Wiederentdeckung der adamitischen Ursprache (der »Sprache Adams«) verknüpft. Die Idee der C. u., nach einer Überschrift zu einem Leibniztext manchmal auch »characterica universalis«, wurde im späten 19. Jh. von Frege aufgegriffen und über Couturat auch von Russell weiterverfolgt (↗Logizismus). **Lit.:** H. Cohen: On the Project of a Universal Character. In: Mind 1954. S. 49–63. – Couturat: La logique de Leibniz après documents inédits. Paris 1901. – G. W. Leibniz: Philosophische Schriften Bd. VII. Hg. C. J. Gerhardt. Berlin 1880. – J. Mittelstraß: Neuzeit und Aufklärung. Berlin/New York 1970. § 12. VM

**Charakter,** in der griech. Antike im Sinne von moralisch bewertbarer Eigenschaft verwendet (Theophrast). Bei den christlichen Schriftstellern (z. B. Augustin) bis zu Kant wird Ch. v. a. im Sinne von (Schrift-) Zeichen, Symbol, bes. in der Bedeutung eines Kennzeichens, bzw. Gekennzeichnetseins (z. B. durch Taufe, Sakramente) des Christen verwendet. Bei Kant bedeutet Ch. Merkmal, »Unterscheidungsgründe«, wobei er zwischen intelligiblem und empirischem Charakter unterscheidet. Ersterer ist unwandelbar entsprechend der übernaturhaften Sittlichkeit des Menschen, letzterer geprägt durch die Umwelt und damit wandelbar. Wird heute umgangssprachlich einer Person Charakter zugesprochen, so sind damit bestimmte, positiv gewertete Eigenschaften wie Willensstärke, Konsequenz, Standhaftigkeit, Aufrichtigkeit gemeint. Im psychologischen Sinne bezeichnet Ch. die spezifischen, relativ überdauernden Eigenschaften im Erleben und Verhalten eines Menschen oder einer Gruppe (Volkscharakter). Ch. ist kein einzelnes Element im Wesen eines Menschen, sondern eine aus unterschiedlichen Eigenschaften konstituierte Ganzheit. In der heutigen Psychologie wurde er zu Gunsten des Persönlichkeitsbegriffes nahezu aufgegeben. Außerhalb der Psychologie kann diese Begriffsbestimmung auch auf Gegenstände und Tiere ausgedehnt werden (Landschaftscharakter). **Lit.:** L. Klages: Grundlagen der Charakterkunde. [13]1966. DL

**Charisma.** Dem Wort nach von den Chariten der Mythologie Hesiods herstammend, war der Begriff indes in der antiken Philosophie ohne Bedeutung. Erst seit M. Webers in *Wirtschaft und Gesellschaft* vorgelegter gesellschaftlicher Herrschaftslehre hat der Begriff den

Status einer zentralen soziologischen Kategorie erlangt. Charismatische Herrschaft gilt Weber als ein (historisch überwundener) Typus von Herrschaft. Unter Ch. versteht Weber eine besondere Gabe, kraft derer bestimmte Herrscher (etwa Magier, Priester, Helden) gesellschaftliche Autorität ausüben. Im Gegensatz zur modernen bürokratischen Herrschaft zeichnet sich jene auf Ch. beruhende durch hohe Labilität aus, insbesondere weil die charismatische Herrschaft das Problem ihrer Nachfolge (und mithin die systematische Kontinuität einer solchen Herrschaftsform) auf Dauer nicht gewährleisten kann. **Lit.:** M. Weber: Wirtschaft und Gesellschaft. München 1922. S. 761 ff. MFM

**Charity, Principle of Charity** ↗Nachsichtigkeitsprinzip

**Chartres, Schule von,** von Bischof Fulbert von Chartres ca. 990 gegründete philosophische und theologische Schule, die im 13. Jh. durch ihre platonische und neuplatonische Naturphilosophie und ihre Logik zu besonderer Bedeutung gelangte. Stärker als bis dahin üblich wurden Platons *Timaios* und das *Organon* des Aristoteles herangezogen, um die sieben freien Künste zu lehren. Frühhumanistische Tendenzen verbinden sich mit einem extremen Universalienrealismus. Die kosmologischen und naturphilosophischen Spekulationen nehmen neupythagoreische und demokritische Elemente auf. Hauptvertreter sind: Bernhard (gest. ca. 1130) und Thierry (gest. ca. 1155) von Chartres, Wilhelm von Conches (1080–1145), Johannes von Salisbury (1110–1180), Gilbertus Porretanus (1076–1154) und Clarenbald von Arras (gest. ca. 1160). Es ist in neuerer Zeit fraglich geworden, ob die Genannten, die auch an anderen Schulen lehrten, wirklich eine Schule im Sinne einer festumrissenen Lehrtradition ausgemacht haben. **Lit.:** A. Clerval: Les Ecoles de Chartres au Moyen Age. Chartres 1895. – M. Grabmann: Die Geschichte der scholastischen Methode. Bd. II. Freiburg 1911. – R. W. Southern: Medieval Humanism. Oxford 1970. – W. Wetherbee: Platonism and Poetry in the Twelfth Century. Princeton 1972. GME

**Chéng** (Echtheit, Wahrhaftigkeit), ontologische und anthropologische Wahrheitskategorie und als solche eine Bedingung der Gesetzmäßigkeit des Kosmos wie ihrer Erkenntnis durch den Menschen. Im Buch »Mitte und Maß« aus dem *Buch der Sitten* heißt es darüber: »Cheng ist Himmelsdao, daß es Cheng gibt, ist auch menschliches Dao.« Meng Zi (372–289) interpretiert: »Cheng ist Himmelsdao, Cheng-Erkenntnis ist menschliches Dao.« Für den ethischen Intellektualismus der Konfuzianer gründet sich daher auf die Wahrheit der Dinge und ihre wahre Erkenntnis die Wahrhaftigkeit des tugendhaften Menschen, der insofern selber echter und »wahrer« Mensch ist. Wie in der scholastischen Transzendentalienlehre konvergieren im Begriff Cheng ontologisches Sein, erkenntnistheoretische Wahrheit und werthaftes Gutes. **Lit.:** Fu-en Pan: Artikel: Chéng. In: Große Chinesische Enzyklopädie. Philosophie I. Beijing 1987. S. 97–98. LG/HDH

**Chiasma, Chiasmus,** im Spätwerk Merleau-Pontys der ontologische Zentralbegriff, der die Struktur einer »reversiblen« Erschlossenheit von Berührendem und Berührtem, Sehendem und Gesehenem, von Sichtbarem und Unsichtbarem bezeichnet. Im Rahmen einer phänomenologischen Ontologie wird diese Struktur ausgehend vom Versuch einer ontologischen Rehabilitierung der Sinnesempfindung ästhesiologisch entwikkelt und im Anschluß daran sozialontologisch ausgeweitet. Empfindung impliziert die Erfahrung der »Umkehrbarkeit« (»Reversibilität«), in der das Berührte zur empfundenen Kehrseite des Berührenden wird. Der »Geist« wird geradezu durch diese Erfahrung definiert, in der er »aus sich herausgeht und mitten unter die Dinge, die Anderen, die Welt versetzt wird«. **Lit.:** M. Merleau-Ponty: Das Auge und der Geist. Hamburg 1984. S. 54, 123. – Ders.: Das Sichtbare und das Unsichtbare. München 1986. BL

**Chiffre** (ursprgl. Null, dann Zahlzeichen, Geheimzeichen). Die philosophische Bedeutung ergibt sich aus dem Verständnis der Natur als einer zweiten Offenbarung Gottes (↗ Buch der Natur). Gott spricht zu uns in der Natur und der Geschichte in Ch.n, die der menschlichen Auslegung bedürfen. In diesem Sinn erlangt der Begriff vor allem im 18. Jh. Bedeutung (so bei Kant, Hamann, Herder und Schiller). Bei Jaspers sind Ch.n die nur der Existenz gegenwärtige Sprache der Transzendenz in der Immanenz. FPB

**Chorismos** (griech. Trennung), Begriff der platonischen Philosophie, bezeichnet kritisch das Verhältnis der Ideen zu den Einzeldingen. Demnach bestehe zwischen Einzelding und Idee eine ontologisch scharfe Trennung, die auch durch die Konzeption der Teilhabe (↗methexis) nicht überwunden werden kann. Er bezieht sich auf Aristoteles' Kritik an Platon, dieser habe das Allgemeine als Idee zu einer von den Sinnendingen abgesonderten Welt gemacht, was die Unerkennbarkeit der letzteren zur Folge habe. FPB

**Circulus vitiosus** (lat. fehlerhafter Kreislauf), bezeichnet in der Logik (1) einen Zirkelschluß (circulus in probando) und (2) eine Zirkeldefinition (circulus in definiendo). Ein Zirkelschluß ist ein Beweis, in dem das zu Beweisende bereits vorausgesetzt wird. Bei einer Zirkeldefinition kommt der zu definierende Begriff bereits im Definiens seiner eigenen Definition vor. TF

**Citoyen.** Der Begriff hat seinen Ursprung bei Bodin, eine präzisere Definition legt indes erst Rousseaus *Contrat Social* vor: Hier (I.Buch, Kap. VI) wird der C. als Staatsbürger definiert, der als einzelnes Mitglied (im Unterschied zum Volk als Gesamtheit) des Staates an der Souveränität desselben teilhat. Die Rousseausche Definition ist nicht nur als philosophische Begriffsbestimmung zu verstehen, sie hat vor allem den Charakter einer politischen Forderung, indem sie den C. mit dem bloßen Untertanen kontrastiert, der an dieser Souveränität (der Staatsgewalt) eben nicht teilhat. Ausdrücklich weist Rousseau darauf hin, daß der emanzipative Aspekt des Gebrauchs von C. in Europa allein dem französischen Freiheitsdenken entspreche. Der C. avanciert aus diesem Grunde auch zu einer das Ideal des freien Bürgers symbolisierenden Losung der frz. Revolution: Die Jakobiner benutzen das Wort als Anredeform, die Marseillaise nimmt es auf, und Hugo, Rimbaud und Flaubert verwenden es im genannten Sinne. MFM

**Clare et distincte** (lat. klar und deutlich), ist bei Descartes ein normatives Wahrheitskriterium für Erkenntnisse. Danach ist eine Erkenntnis klar, wenn sie dem Bewußtsein offenbar gegeben ist. Eine klare Erkenntnis ist deutlich, wenn sie von allen anderen Erkenntnissen unterschieden ist und aus Bestandteilen besteht, die voneinander unterschieden und selbst klar sind. Somit ist Deutlichkeit eine vollkommenere Art der Klarheit. Leibniz bestimmt Klarheit als »Wiedererkennbarkeit« und setzt der Deutlichkeit die Verworrenheit entgegen. Sprachphilosophisch wird ein ↗Prädikator klar verwendet, wenn man ihn richtig zu- oder absprechen kann. Er ist deutlich, wenn es für ihn eine Definition gibt. **Lit.:** W. Röd: Descartes. München 1964. S. 90-95. JSC

**Codierung** (Verschlüsselung), Begriff der soziologischen Systemtheorie N. Luhmanns. C. ist für Luhmann (*Soziale Systeme*, S. 197f.) eine der Bedingungen der Möglichkeit von Kommunikation: »Die Zusammenfassung von Information, Mitteilung und Erfolgserwartung setzt Codierung voraus... Codierte Ereignisse wirken im Kommunikationsprozeß als Information, nichtcodierte als Störung.« Die C. müsse im Kommunikationsablauf von Ego und Alter Ego »gleichsinnig gehandhabt« werden, dies wiederum setze eine »dafür ausreichende Standardisierung« voraus. Die potentielle Reflexion auf diese C. bedinge es, daß Kommunikation »nur als selbstreferentieller Prozeß möglich« sei. Als Beispiele für C.-Standards nennt Luhmann (*Soziale Systeme*, S. 602) die Sprache, deren wesentliches Moment in der »Dopplung aller Aussagemöglichkeiten durch eine Ja/Nein-Differenz« bestehe. **Lit.:** N. Luhmann: Soziale Systeme. Frankfurt 1987. MFM

**Cogito (ergo) sum** (lat. ich denke, also bin ich), in der cartesischen Erkenntnistheorie eine klare und deutliche Gewißheit als Ergebnis einer methodischen ↗Skepsis, die durch Aussondern unsicherer Erkenntnisse auf den alleinigen sicheren Grund aller Erkenntnisse zurückgeht, um so als Grundlage für den Aufbau der Wissenschaften zu dienen. Diese Gewißheit ist nur durch ihren Vollzug möglich, d.h. nur wenn ich bin, kann ich denken. **Lit.:** W. Röd: Descartes. München 1964. JSC

**Cognitive science** (engl. Erkenntniswissenschaft), ↗Kognitionswissenschaft. Die engl. Bezeichnung ist v.a. im informationswissenschaftlichen Gebiet üblich, das vorwiegend die Modellierung und Formalisierbarkeit kognitiver Prozesse zum Gegenstand hat. EJ

**Coincidentia oppositorum,** zentraler Begriff im Denken des Nikolaus von Kues: Im unendlichen Einen fallen die in der Welt ausgefalteten Gegensätze übergegensätzlich zusammen. Gott und Welt verhalten sich wie Einfaltung und Ausfaltung. Alles Entfaltete ist in Gott Gott selbst und in der Welt es selbst als Zusammenziehung (Kontraktion) der unendlichen Einheit in ein bestimmtes Seiendes. Weil der menschliche Verstand auf die gegensätzliche Welt mit ihren vielfachen Unterschieden ausgerichtet ist, strandet er an der Mauer der C. o. Die Vernunft vermag aber zu erkennen, daß es die C. o. geben muß, ohne sie begrifflich fassen zu können. Daher hängen C. o. und die belehrte Unwissenheit (↗docta ignorantia) aufs engste zusammen. Allerdings hat der Cusaner versucht, auf diese überbegriffliche Einheit mit metaphysischen Namen hinzuweisen, z.B. ↗possest (Könnenist), posse ipsum (Könnenselbst) oder non aliud (das Nicht-Andere). Der Gedanke der C. o. wurzelt in der neuplatonischen Einheitsmetaphysik, findet sich der Sache nach aber auch bei Thomas von Aquin. – Bei Hegel findet sich C. o. im Verhältnis der absoluten Idee zur Welt mit Natur und Geschichte – ohne Abhängigkeit von Nikolaus von Kues – erneut vor. **Lit.:** N. de Cusa: De docta ignorantia. Lat.-dt. Buch I-III. Hg. von H.G. Senger. Hamburg 1970 u. 1977. – E. Metzke: Coincidentia oppositorum. Hg. von K. Gründer. Witten-Ruhr 1961. – J. Stallmach: In Einsfall der Gegensätze und Weisheit des Nichtwissens. Grundzüge der Philosophie des Nikolaus von Kues. Münster 1989. GS

**Common sense** (lat. sensus communis: Gemeinsinn, gemeiner oder gesunder (Menschen-)Verstand), bezeichnet (1) eine Quelle und ein Vermögen primärer Einsichten, welche Wahrheitserkenntnis ermöglichen, ohne dabei auf explizite Verstandesargumente zurückzugreifen. (2) In gesellschaftlich-ethischer Funktion ist er eine Erkenntnisquelle für das dem Gemeinwesen Nützliche und eine Ursache des geselligen Sozialverhaltens von Menschen. (3) Die psychologisch-erkenntnistheoretische Bedeutung von c.s. kennzeichnet das allgemeine Wahrnehmungsvermögen, das durch Vereinheitlichung der äußeren Sinne den Vergleich der Gegenstände mehrerer Sinne ermöglicht. DGR

**Complementum possibilitatis** (lat. Ergänzung, Erfüllung der Möglichkeit), bei Ch. Wolff die Existenz (↗existentia, actualitas): »Existentiam definio per complementum possibilitatis« (*Phil. prima* § 174). Bereits Leibniz spricht vom »complément de la possibilité« (*Système nouveau de la nature et de la communication des Substances*). Der Gedanke des ↗Daseins als etwas zum Seienden Hinzukommendem läßt sich bis ins MA. (Avicenna, Maimonides usw.) zurückverfolgen. Für ein angemessenes Verständnis des Begriffs des C.p. muß auf den Begriff des Möglichen zurückgegriffen werden, der für Wolffs Verständnis der Philosophie grundlegend ist: Die Philosophie ist die Wissenschaft der möglichen Dinge, insofern sie möglich sind. Das Mögliche ist in erster Annäherung das Nicht-Widersprüchliche, sodann dasjenige, dem das Existieren nicht widerstreitet, von Wolff auch »possibilitas intrinseca existendi« genannt. In dieser Auffassung liegt beschlossen, daß zum Seinsbegriff nicht die Existenz gehört, sondern lediglich die Möglichkeit zu existieren (man spricht diesbezüglich auch von ↗Essentialismus). Der Gedanke des C.p. besagt demzufolge, daß die Existenz ihren zureichenden Grund nicht in der Möglichkeit bzw. im Wesen eines Dinges hat, sondern eben zu diesem hinzukommt. Beim endlichen Seienden erfolgt dies durch effiziente Ursachen, die in einem Kausalzusammenhang stehen, letztlich durch Gott. **Lit.:** H. W. Arndt: Zu Christian Wolffs Theorie möglicher Welten. In: Il cannocchiale 2/3 (1989). S. 175–191. – J. Ecole: La métaphysique de Christian Wolff. Hildesheim 1990. S. 155–165. – A. Michaelis: Der ontologische Sinn des Complementum Possibilitatis bei Christian Wolff. Berlin 1937. RTH

**Complexe significabile** (lat. komplex Bezeichenbares), ein Fachausdruck der ma. Sprachphilosophie, der im 14. Jh. im Kontext der Satzlogik geprägt wurde. Gemäß Adam Wodeham und Gregor von Rimini bezeichnet ein vollständiger Aussagesatz weder einen einzelnen Gegenstand noch die mentale Vorstellung von einem Gegenstand, sondern etwas Komplexes, was nicht weiter reduziert werden kann. So bezeichnet »Sokrates ist weiß« weder den Menschen Sokrates noch eine Vorstellung von Sokrates, sondern den Sachverhalt, daß Sokrates weiß ist. Diese Feststellung warf die vom 14. bis zum 16. Jh. rege diskutierte Frage auf, welchen ontologischen Status ein Sachverhalt hat. Gregor von Rimini vertrat die These, ein Sachverhalt sei eine besondere Entität, die keiner der zehn aristotelischen Kategorien zugeordnet werden kann. Das Bestehen eines Sachverhaltes sei genau das, was einen Aussagesatz wahr macht. **Lit.:** G. Nuchelmans: Theories of the Proposition: Ancient and Medieval Conceptions of the Bearers of Truth and Falsity. Amsterdam/London 1973. – D. Perler (Hg.): Satztheorien. Texte zur Sprachphilosophie und Wissenschaftstheorie im 14. Jh. Darmstadt 1990. – Ders.: Late Medieval Ontologies of Facts. In: The Monist 77 (1994). S.149–169. DP

**Complicatio/explicatio** (lat. Einfaltung/Entfaltung), metaphorisches Begriffspaar im späten Neuplatonismus zur Erklärung des Göttlichen als formgebender Form aller Formen und im Zusammenhang des Problems von (Ideen-) Einheit und Vielheit. So entfaltet die göttliche Form alle anderen Formen und mithin auch alle Möglichkeiten des Seins. Auch im MA. wird gelegentlich in dieser Vorstellung das entfaltete Göttliche als formgebendes Prinzip dargelegt. In den Schriften des Nikolaus von Kues (*Idiota de Mente*, cap. 4) ist vom göttlichen Ursprung als »einfaltendem Ursprung« und dem Prinzip der »Vielheit des Entfalteten« die Rede. Alles Seiende ist im Ursprung (Gott) eingefaltet, und alles, was geschaffen wird, wird von ihm entfaltet. Mit dieser Vorstellung geht in erkenntnistheoretischer Hinsicht auch eine Stufung des Wissens einher: Das Höhere (Allgemeine) faltet das Niedrige (Besondere) in sich ein. MFM

**Conatus** (lat. Übersetzung von griech. horme: Trieb, Streben), zentraler Begriff in der Philosophie von Th. Hobbes: Er definiert C. als eine Bewegung durch einen beliebig kleinen Raum in einer beliebig kleinen Zeit. Der Begriff des C. dient Hobbes als Verbindung zwischen Physischem und Mentalem: Sowohl körperliche Bewegungen als auch Vorstellungen und der Ursprung von Handlungen sind C. In dieser Hinsicht wird der Begriff sowohl von dem jungen Leibniz als auch von Spinoza aufgenommen. Spinoza geht so weit, jedem Ding einen C. nach Selbsterhaltung zuzusprechen und diesen als die Essenz des Dinges anzusehen. Sofern der C. allein auf den Geist bezogen wird, nennt Spinoza ihn »Willen«, sofern er auf Geist und Körper bezogen wird, »Trieb« (appetitus). **Lit.:** Th. Hobbes: De corpore 15, 2. u. 25, 2; Leviathan. Kap. 6. – K. Moll: Die erste Monadenkonzeption von Leibniz und ihr Ausgangspunkt in Conatus-Begriff und Perzeptionstheorie von Th. Hobbes. In: Leibniz. Tradition und Aktualität. Hannover 1988. S. 574–81. – B. Spinoza: Ethik III, prop. 7 u. prop. 9 schol. ME

**Conceptus communis** (lat. allgemeiner Begriff), seit Aristoteles (*An. post.* 76a) ein Terminus der Wissenschafts- und Beweistheorie. Der Ausdruck bezeichnet eine allgemeine und gemeinsame Vorstellung, der jeder vernünftig Denkende unter normalen Umständen zustimmen wird. Der Beweisgrundsatz, daß es gemeinsame (konai) Prinzipien, auf die sich jeder verständigen kann, als allgemeine Axiome einer jeden Wissenschaft geben muß, ist eine Grundfeste der auch in der Metaphysik vorgetragenen Beweistheorie; er folgt der von Aristoteles vorgetragenen Maxime, daß ein jeder Beweis irgendwo anfangen müsse, da es ansonsten von nichts einen Beweis geben könne. Dieser Grundsatz ist über Boethius in latinisierter Form bis in die scholastische Philosophie des Thomas von Aquin gelangt. Thomas wiederholt im Kern die aristotelische Sichtweise, wenn er (etwa in *De veritate* 10.12. oder *S. Th.* I.2.1.) Gemeinvorstellungen als axiomatisches Prinzip anführt, welches zu leugnen schlechterdings unmöglich sei. MFM

**Conclusio** (lat. Schlußfolgerung, Schluß), Grundbegriff der Logik. Als C. wird diejenige Aussage eines Schlusses bezeichnet, die man aus einer oder mehreren Aussagen, nämlich den Prämissen oder Voraussetzungen, gewonnen hat. Zwischen den Prämissen und der C. besteht ein bestimmter Zusammenhang, d. h. die C. muß aus den Prämissen nach festgelegten Regeln, den Schlußregeln, abgeleitet werden. **Lit.:** G. Patzig: Die aristotelische Syllogistik. Göttingen 1969. – W. Segeth: Elementare Logik. Berlin 1973. – A. Tarski: Über den Begriff der logischen Folgerung. Paris 1936. RS

**Conditio sine qua non,** Bezeichnung für eine (notwendige) Bedingung, ohne die ein bestimmtes Ereignis nicht eingetreten oder eine bestimmte Handlung nicht erfolgt wäre. PP

**Contemplatio** (lat. Betrachtung, Schau), Grundwort der lat. ↗Mystik, das auf den griech. Begriff der »theoria« zurückgeht, aber auch Wurzeln in der jüdisch-christlichen Tradition aufweist. Die C. meint »Schau des Absoluten«, wobei sich hier Schauender und Geschautes nicht gegenständlich gegenüberstehen, sondern ihrer grundlegenden Einheit bewußt werden. Bis ins 16. Jh. bildete die C. das eigentliche Ziel des mystischen Weges. Der Begriff verlor dann jedoch rasch an Bedeutung. **Lit.:** U. v. Mangoldt: Meditation und Kontemplation in der christlichen Tradition. Weilheim 1966. EWG

**Contradictio in adjecto,** bezeichnet einen begrifflichen Widerspruch, der durch die Verbindung zweier konträrer Termini entsteht (z. B.: rundes Viereck, demokratische Diktatur). PP

**Contrat social,** nach Rousseau der Gesellschaftsvertrag, der nach dem Verfall eines ursprünglich friedlichen und sittlichen Zusammenlebens der ↗hommes naturels im Naturzustand durch das Entstehen von Arbeitsteilung und Eigentum notwendig wird. Der vom amour propre (↗amour de soi/amour propre) bestimmte homme civil gibt durch den meist stillschweigend geschlossenen C.s. seine vorstaatlichen Ansprüche vollständig auf und erhält dafür die Bürgerrechte. Die unter den Menschen entstandene Ungleichheit wird durch die auf das Gemeinwohl zielende ↗volonté générale beseitigt. Der C.s. regelt nicht die Koexistenz isolierter ↗bourgeois, sondern er gründet die Republik als Lebensform, in der jeder einzelne als citoyen untrennbar mit dem Ganzen verbunden ist. **Lit.:** R. Brandt: Rousseaus Philosophie der Gesellschaft. Stuttgart 1973. – I. Fetscher: Rousseaus politische Philosophie. Frankfurt [3]1980. – M. Forschner: Rousseau. Freiburg/München 1977. – M. Rang: Rousseaus Lehre vom Menschen. Göttingen 1959. – J. Starobinski: Rousseau. Eine Welt von Widerständen. München/Wien 1988. JP

**Creatio ex nihilo** (lat. Schöpfung aus dem Nichts), enthält einen präzisierenden Zusatz zum christlichen Dogma von der ↗Schöpfung: Gegen platonisierende und gnostische (↗Gnosis) Vorstellungen hält er fest, daß Gott auch die Materie erschaffen hat. Dies bedeutet, daß (1) die Materie nicht gleichewig mit Gott ist, (2) sie nicht Träger des Bösen in einer dualistisch gedachten Welt sein kann und sichert (3) die volle Souveränität Gottes bei der Schöpfung. PK

**Dà Tóng** (Große Gemeinschaftlichkeit, »Kommunismus«), konfuzianisches Staats- und Gesellschaftsideal aus dem Buch der Sitten. Es besagt: »Man soll die Alten betreuen, die Kräftigen arbeiten lassen, die Jungen erziehen, die Witwer und Witwen sowie die Kranken umsorgen, Verschwendung verabscheuen, aber auch nichts für sich horten; sich nicht anzustrengen gelte als verabscheuenswert, aber man soll sich keineswegs nur für eigenen Vorteil anstrengen. Das heißt Dà Tóng« *(Li Ji, Li Yun).* Seit dem 19. Jh. wird es von Gesellschaftsreformern wie Hong Xiu-quan (1819–1864), Kang You-wei (1858–1927), Tan Si-tong (1865–1927) und Sun Zhong-shan (Sun Yatsen 1866–1925) wieder propagiert, womit auch dem Eindringen des westlichen Kommunismus und Marxismus der Boden bereitet worden ist. **Lit.:** W. Bauer: China und die Hoffnung auf Glück. Paradiese, Utopien, Idealvorstellungen in der Geistesgeschichte Chinas. München 1974. – L. Geldsetzer/H.-d. Hong: Chinesisch-deutsches Lexikon der Klassiker und Schulen der chinesischen Philosophie. Aalen 1991. Artikel: Kang You-wei, Tan Si-tong, Sun Zhong-shan. LG/HDH

**Daimonion.** Als D. bezeichnet Sokrates in der Überlieferung von Platon und Xenophon seine innere göttliche Stimme, die ihn davon abhält, etwas Unrechtes zu tun (*Apologie* 31 d, 40 a-c). FPB

**Dammbruchargument** ↗Slippery slope-Argument

**Dämonische, das.** Für Goethe, dem es um das Konkrete geht und nicht um eine begriffliche Bestimmung des Wesens des D.n, ist es zum einen eine böse Widermacht, zum anderen eine positive Kraft des genialen Menschen. Damit ist klar: Das D. ist weder das Göttliche noch das Innerste oder Höchste im Menschen selbst, es ist eine kosmische Macht. Demgegenüber deutet Kierkegaard das D. als extremes Verhältnis des Ich zu sich selbst; es ist für ihn das Vereinzelte, das aus der Gemeinschaft Ausgeschlossene. Die d. Existenz hat kein Verhältnis mehr zu Gott; sie ist der religiösen Existenz geradezu entgegengesetzt. – Tillich, der diesen Begriff neuerlich in die philosophisch-theologische Diskussion eingeführt hat, versteht das D. als metaphysische Perversion, nicht als ethischen Mangel. »Das D. widerstrebt nicht der Selbst-Transzendierung, wie es das Profane tut, sondern verfälscht die Selbst-Transzendierung, indem es einen bestimmten Träger der Heiligkeit mit dem Heiligen selbst identifiziert« (*Systematische Theologie*, Stuttgart 1955 ff. III 125). **Lit.:** H. Krings: Fragen und Aufgaben der Ontologie. Tübingen 1954. S. 186–253. – V. R. Mallow: The Demonic. Washington 1983. WS

**Dào** (Prinzip, Arché, Ursprüngliches, Gesetzlichkeit). Etymologisch und noch jetzt alltagssprachlich heißt Dao im Chinesischen Weg. Aber wie das griechische hodos (Weg) zum Methodenbegriff führte, so das chinesische Dao über das wegweisend Methodische hinaus noch weiter zum metaphysischen Ursprung. Lao Zi (nach chines. Konvention 580–500 v. Chr.) bezeichnet mit Dao den Ursprung bzw. das Hervorbringende aller Dinge: »Es gibt eine unbestimmte Sache, schon vor Himmel und Erde bestehend,... welche die Mutter aller Dinge genannt werden kann. Ich kenne ihren Namen nicht, aber ich nenne sie Dao« (*Dao De Jing*). Der philosophische und religiöse Daoismus setzt es mit dem göttlichen Schöpfer aller Dinge gleich. Auf diesem Hintergrund wird Dao vielfach auch als Übersetzung für das biblische »Gott« benutzt. Die Bestimmung dieses nach Lao Zi an sich Unbestimmten erfolgt regressiv vom Hervorgebrachten, dem konkreten Ding (Qi) bzw. von der Wirkung (↗De: Wirkung, Tugend, Kraft, daher der Buchtitel *Dao De Jing*) her und gibt zu metaphysischen Streitigkeiten über das jeweilige Verhältnis (Dao Qi, Dao De) Anlaß. Während die »Idealisten« der Dao-Schule immer die Priorität des Dao – als göttlicher Ursprung, Geistiges, Idee – gegenüber den materiellen Dingen (Qi) behauptet haben, verblaßt es bei den »Realisten« bzw. »Materialisten« zu einer gesetzhaften Form- oder Strukturbestimmung an den primär existierenden Dingen selbst. Han Fei (280–233 v. Chr.) interpretiert Lao Zi: »Was heißt Dao? Es ist das notwendige Gesetz aller Dinge« (Han Fei Zi), und Wang Fu-zhi (1619–1692) stellt am Ende bündig fest: »Wo kein Qi, da kein Dao«. Parallel dazu wird der Dao-Begriff zu einer formalen Kategorie für das jeweilige metaphysische Prinzip der Schulen und Strömungen. Jede Schule kann das von ihr vertretene Prinzip Dao nennen. Die Reihe der Klassiker, die dasselbe Prinzip vertreten, wird dann – besonders von Konfuzianern – ein Dao Tong (Dao-Tradition) genannt. **Lit.:** L. Geldsetzer/H.-d. Hong: Chinesisch-deutsches Lexikon der chinesischen Philosophie. Aalen 1986. Artikel: Abstraktes Prinzip und Konkretes (Dào Qì), Dào als Urprinzip (Dào), Dào-Wirkung (Dào Dé), Himmelsweg (Tiān Dào), Klassikergenealogie (Dào Tǒng). LG/HDH

**Daoismus,** chinesische Philosophenschule, benannt nach dem zentralen Begriff dieser Schule, dem ↗Dao. Dao ist das namenlose, dynamische Urprinzip, dessen Abbild die Natur ist. In dessen Harmonie soll sich der Mensch einlassen. Man kann zwischen einem philosophischen (Dao Jia) und religiösen D. (Dao Jiao) unterscheiden, wobei die Grenzen zwischen beiden fließend sind und in den verschiedenen Epochen unterschiedlich gezogen werden müssen. – (1) Klassischer D. (6.–3. Jh. v. Chr.): Als Ahnherr des D. gilt der in seiner Historizität umstrittene Lao Zi. Das ihm zugeschriebene Werk *Dao De Jing* ist zwischen dem 5. und 3. Jh. v. Chr. entstanden. Das in Versform verfaßte, apokryphe Werk hat sowohl für den philosophischen, als auch für den religiösen D. eine entscheidende Rolle gespielt. Neben den Abschnitten über »metaphysische« Konzepte wie Dao, ↗De, ↗Wu (Nichts) oder You (Sein) enthält das Werk gesellschaftliche Vorstellungen, die von Naturnähe und Zivilisationskritik geprägt sind. Zhuang Zi (ca. 369–286 v. Chr.), der zweite Hauptvertreter des frühen D., gilt als Autor der inneren Kapitel des stilistisch komplexen Buches *Zhuang Zi*. Die »metaphysische« Argumentation hat in der Auseinandersetzung mit der Schule der Logiker (Ming Jia) an logischer und argumentativer Schärfe im Vergleich zum *Dao De Jing* gewonnen, nutzt aber zunehmend auch eine gleichnishafte Bildersprache. Zhuang Zis philosophisches Interesse gilt insbesondere der Frage nach dem Verhältnis der dynamischen Einheit (Dao) und der relationalen Differenz der Dinge. – (2) Der Huang-Lao D. (4./3. Jh. v. Chr. – 1. Jh. n. Chr.) beruft sich auf den mythischen Gelben Kaiser (Huang Di) und auf Lao Zi. Diese Schule hatte ihren Höhepunkt im 2. Jh. v. Chr. Kosmologische Spekulationen in der Tradition der ↗Yin-Yang-Lehre und des Yi Jing vermischen sich mit »metaphysischen« Vorstellungen des klassischen D. Legistische und konfuzianische Einflüsse kennzeichnen den Huang-Lao D. als der sozialen Zivilisation positiv gegenüberstehend. Als Hauptwerk gilt das Mitte des 1. Jh. v. Chr. kompilierte *Huai Nan Zi*. Der für spätere Schulen charakteristische Synkretismus tritt hier erstmals auf. – (3) Religiöser D. der Westl. Han-Zeit (1. Jh.–2. Jh.): Aus einer Vermischung des klassischen D., kosmologischer Vorstellungen und schamanistischer wie magischer Traditionen entwikkelte sich eine Volksreligion, die in verschiedenen, häufig subversiven Sekten organisiert war. Die Person Lao Zis erfährt eine Vergöttlichung; die Unsterblichkeit wird mit magischen, diätischen, sexuellen und meditativen Praktiken angestrebt. Die philosophischen Vorstellungen des religiösen D. kommen am ehesten im Werk von Ge Hong (ca. 280–340) zum Ausdruck. – (4) Neodaoismus (3. Jh.–4. Jh., chin. Xuan Xue, spekulative Lehre vom Unergründlichen): Wiederbelebung des philosophischen D. Wang Bi (226–249) und Guo Xiang (gest. 312) verfassen Kommentare zum *Dao De Jing*, zum *Yi Jing*, bzw. zum *Zhuang Zi*. Diese Interpretationen, die eine metaphysische Auslegung mit einem weltzugewandten, prokonfuzianischen Verständnis verbindet, wurde entscheidend für die Rezeptionsgeschichte der Texte. Wang Bi betont insbesondere das Nichts (↗Wu), Guo Xiang den Gedanken des Zi Ran (Selbsterweis). Der Neod. gilt als entscheidender Anknüpfungspunkt für die Akkulturation des ↗Buddhismus in China. – (5) D. als Religion (5. Jh.–12. Jh.): Unter dem Eindruck der buddhistischen Kirche konstituiert sich auch der D. als Kirche, mit Tempel- und Klosterwesen. Die Shanqing-Sekte konnte sich seit dem Ende des 4. Jh. als erste Richtung des religiösen D. auf einen festen Kanon und ein liturgisches Ritual stützen. Stärker unter buddhistischem Einfluß entstand im 5. Jh. die Lingbao-Sekte, die sich in eine Reihe von Schulen spaltete. In beiden vermischen sich alchemistische und magische Praktiken und der frühe D. zu einer Religion mit regional ausdifferenzierten Auslegungen und Zeremonien. Im 10. Jh. entwickelte sich die, auf meditativen Techniken der Erleuchtung begründete Neidan-Schule. Ihr spekulatives Denken und die Adaption des Zen-Buddhismus rückt sie in die Nähe der philosophischen Tradition des D. Diese Schule übte erheblichen Einfluß auf den ↗Neokonfuzianismus aus. In der Auseinandersetzung mit der westlichen Philosophie spielt der philosophische D. eine bedeutende Rolle. **Lit.:** Wing-tsit Chan: A Source Book in Chinese Philosophy. Princeton 1963. – A. Forke: Geschichte der alten chinesischen Philosophie. Hamburg ²1964. – Fung Yu-lan (D. Bodde, übers.): History of Chinese Philosophy. 2 Bde. Princeton 1952, 1953. – I. Robinet: Geschichte des Taoismus. München 1995. MLE

**Darstellung, Darstellungssystem,** bezeichnen in der ↗Semiotik den Vorgang bzw. das Resultat der Zeichenverwendung, d. h. der Bezugnahme auf diejenigen Personen, Dinge, Ereignisse und Sachverhalte, die man mittels bestimmter (sprachlicher oder nichtsprachlicher) Mittel bezeichnet. Zumeist ist mit der Rede von der D. die semiotische Handlungsweise, mit der Rede vom D.s. demgegenüber die Form gemeint, in der diese Handlungsweise zum Ausdruck gebracht wird. K. Bühler unterscheidet die drei Sprachfunktionen Ausdruck, Appell und D., denen jeweils die Funktionen der sprachlichen Zeichen als Symptom, Signal und Symbol entsprechen. Als D. bezeichnet er die Zuordnung von sprachlichen Zeichen zu Gegenständen und Sachverhalten. In der Wissenschaftstheorie unterscheidet man zwischen den wissenschaftlichen Tätigkeiten der D. einerseits und der Forschung andererseits (K. Marx, M. Weber). Als logischer Begriff bezeichnet D. die Grundbeziehung der Abstraktionstheorie. **Lit.:** K. Bühler: Sprachtheorie. Stuttgart u. a. 1982. – P. Lorenzen: Gleichheit und Abstraktion. In: Ders.: Konstruktive Wissenschaftstheorie. Frankfurt 1974. S. 190–198. – Ch.W. Morris: Signs, Language and Behavior. New York 1964. JH

**Darwinismus,** im engeren Sinne die auf Ch. Darwin zurückgehende ↗Evolutionstheorie (Selektionstheorie), welche die ↗Evolution im wesentlichen durch den Faktor der natürlichen Auslese im Sinne der Milieuselektion erklärt und im 20. Jh. zum Neodarwinismus und zur Synthetischen Theorie erweitert wurde, im weiteren Wortgebrauch jede weltanschauliche Bewegung, die die Theorie Darwins auf gesellschaftliche und kulturelle Zusammenhänge überträgt. ↗Sozialdarwinismus **Lit.:** G. Heberer: Die Evolution der Organismen. Stuttgart 1967–74. MK

**Dasein,** in der dt. Aufklärungsphilosophie die Übersetzung für lat. ↗existentia. D. bezeichnet die Wirklichkeit eines Seienden in Abgrenzung zu seiner Möglichkeit. Im Unterschied zu den Wesensmerkmalen eines Gegenstandes verdankt dieser sein D. ihm äußerlichen, zufälligen Ursachen. D. gilt daher dem Rationalismus nicht als Gegenstand der philosophischen Wissenschaft, weil diese sich auf die zeitlos bestimmbaren, wesensmäßigen Möglichkeiten eines Seienden bezieht. Durch sein D. werden dem Begriff eines Gegenstandes keine neuen Bestimmungen hinzugefügt, in ihm zeigt sich lediglich ein unvorhersehbarer Zusammenhang von Einzelbestimmungen, durch den die Gesamtheit der wesentlichen Möglichkeiten akzidentiell begrenzt ist. So sind z. B. für den Wesensbegriff des Menschen die historischen, soziologischen, individuellen Umstände seines Lebens irrelevant. – Gegen dieses Verständnis des D.s wendet sich der *existenzphilosophische* Ansatz. Kierkegaards Idealismuskritik macht geltend, daß über dem Denken der Denkende vergessen wurde, dessen konkretes D. die Grundlage von allem Denken bildet. Das erste und unmittelbar gegebene für den Menschen ist sein je bestimmtes D. und es muß deshalb die Aufgabe für das Denken sein, sich in diesem D. zu verstehen. – Heidegger bestimmt daher den Menschen selbst als D., in dem die Erschlossenheit des Seins überhaupt begründet liegt. Das Verstehen seiner eigenen Seinsmöglichkeiten muß beim In-der-Welt-sein des D.s ansetzen und kann nicht aus einem vorgängigen Wesensbegriff abgeleitet werden. Dasjenige Sein, das ich als D. selbst bin und zu dem sich das D. als zu seinem eigenen verhält, nennt Heidegger ↗Existenz. – Bei Jaspers bezeichnet D. das je meinige Leben in seiner Welt. Es ist der Erlebnisraum des Menschen, in den alles eintreten muß, was für ihn wirklich sein soll. D. wird bei ihm unterschieden von Existenz, die die im D. zur Erscheinung kommende Wirklichkeit meines eigentlichen Seinkönnens ist. – Sartre hat die Vorrangigkeit des D.s in die Formel gefaßt, daß beim Menschen die Existenz seiner Essenz vorausgeht, er somit das ist, wozu er sich macht. **Lit.:** M. Heidegger: Sein und Zeit (Gesamtausgabe Bd. 2). Frankfurt 1977. – K. Jaspers: Von der Wahrheit. München 1947. – J.-P. Sartre: Das Sein und das Nichts. Hamburg 1962. FPB

**Dé** (Tugend, Fähigkeit, Kraft, auch Kraftwirkung), Grundbegriff der chinesischen daoistischen Ontologie und zugleich der konfuzianischen Ethik und Gesellschaftslehre. Im Lao Zi-Klassikerwerk *Dao De Jing* – oft als »Tao und seine Tugend bzw. Kraft« übersetzt – wird der Hervorgang von Himmel und Erde sowie aller Dinge aus dem ↗Dao angenommen. Die Welt entfaltet sich als De von Dao, Dao findet im De der Dinge erscheinungshafte Gestalt. Eine Parallelisierung mit dem aristotelischen Begriff der Potenz, Kraft und dem späteren Energiebegriff liegt nahe. Und wie der aristotelische Kraftbegriff auch in die anthropologischen Vorstellungen von psychischen Vermögen, Anlagen, Dispositionen, habituellen Fähigkeiten eingegangen ist, so wird auch im klassischen chinesischen Denken das Verhältnis von Dao und De auf die menschliche Natur und ihre kulturelle Stilisierung übertragen. Im *Zuo Zhuan* (Kommentar des Zuo zu den Frühlings- und Herbstannalen) heißt es: »Loyalität ist die Substanz von De; Vertrauen schafft ihm Festigkeit; Bescheidenheit ist seine Grundlage«. Im Konfuzianismus wird De zum Oberbegriff der fünf Kardinaltugenden ↗Ren (Menschlichkeit), Yi (Rechtlichkeit), ↗Li (Sittlichkeit), Zhi (Weisheit), die als eingewurzelte Himmelsideen (Tian Li) im Menschen gegen seine Triebe (Ren Yu) zur Herrschaft und Geltung gebracht werden müssen (vgl. *Buch der Sitten*, Über Musik, sowie *Meng Zi,* Li Lou). Darauf gründet auch die konfuzianische Staats- und Erziehungslehre, welche Tugendherrschaft (De Zhi) gegenüber der von den Legalisten empfohlenen Gesetzesherrschaft (Fa Zhi) propagiert: »Wenn man Politik macht und sie mittels Strafen durchsetzt, dann wird das Volk aus Furcht keine Verbrechen begehen. Wenn man auf De setzt und dies durch die Sitte (Li) instrumentiert, dann wird es sich schämen, Verbrechen zu begehen« (Kong Zi: *Gespräche*). – Es ist ein Zeichen besonderer Hochschätzungen, daß die Chinesen das Zeichen »De« zur Übersetzung von »Deutsch« verwenden. **Lit.:** L. Geldsetzer/ H.-d. Hong: Chinesisch-deutsches Lexikon der chinesischen Philosophie. Aalen 1986. Artikel: Dào-Wirkung (Dào Dé). LG/HDH

**De re/de dicto/de se.** (1) De re und de dicto ist ein Begriffspaar, mit dem man seit der Scholastik zwei Arten von Modalaussagen unterscheidet. Inhaltlich findet sich die Unterscheidung bereits bei Aristoteles (*Erste Analytik* I, 9). In einer de-dicto-Konstruktion wird eine modale Eigenschaft, wie z. B. eine der sog. alethischen Modalitäten Möglichkeit und Notwendigkeit, von einem vollständigen Diktum ausgesagt; in einer de-re-

Konstruktion bezieht sich die Modalität dagegen auf einen Gegenstand. Eine klassische Anwendung der Unterscheidung ist z. B. Thomas von Aquins Versuch, menschliche Freiheit mit göttlicher Allwissenheit zu versöhnen: Wenn Gott weiß, daß Sokrates sitzt, ist es dann nicht notwendig, daß dieser sitzt, womit er nicht frei wäre, (zu jenem Zeitpunkt) nicht zu sitzen? Wahr, so die Antwort, ist dieser Notwendigkeitssatz nur de dicto interpretiert, d. h. verstanden im Sinne von »Notwendigerweise gilt: Wenn Gott weiß, daß Sokrates sitzt, sitzt Sokrates«. Falsch jedoch wäre es nach Thomas, Sokrates (z. B. aufgrund göttlicher Allwissenheit) de re die Eigenschaft zuzuschreiben, zu jenem Zeitpunkt notwendigerweise zu sitzen; die Behauptung der de-re-Notwendigkeit in bezug auf Sokrates »Wenn Gott weiß, daß Sokrates sitzt, sitzt Sokrates notwendigerweise«, wäre falsch (vgl. *Summa contra gentiles* I, 67; *S.th.* I, qu. 14, art. 13). Ob es de-re-Modalitäten überhaupt gibt, ist kontrovers. (2) Die de-re/de-dicto-Unterscheidung betrifft nicht nur Sätze mit alethischen Modalitäten, sondern auch strukturell ähnliche Konstruktionen wie z. B. Zuschreibungen ↗propositionaler Einstellungen. De dicto verstanden besagt ein Satz der Form »*a* glaubt, daß *b* die Eigenschaft *F* hat«, daß *a* etwas glaubt, was durch das gesamte, dem Glaubensoperator folgende Diktum »*b* hat die Eigenschaft *F*« spezifiziert wird. Der Glaubensoperator fungiert dann als Satzoperator. De re verstanden besagt der Satz hingegen nur, daß *a von* dem Gegenstand *b* glaubt, dieser habe die Eigenschaft *F*. Wie *a* sich dabei auf *b* bezieht, bleibt dann offen: Der Glaubensoperator fungiert in diesem Fall logisch als Prädikatenoperator, der *b* die komplexe Eigenschaft zuschreibt, von *a* für etwas gehalten zu werden, das die Eigenschaft *F* hat. In diesem Sinne deuten wir etwa den Satz »Kolumbus glaubte, daß Castros Insel China sei« de re, denn Kuba konnte Kolumbus noch nicht als Castros Insel geläufig sein. Oft geht nur aus dem Redehintergrund hervor, ob die Zuschreibung einer propositionalen Einstellung de re oder de dicto zu deuten ist. Eine übliche Charakterisierung lautet, daß eine Glaubenszuschreibung der Form »*a* glaubt, daß *p*« de dicto zu deuten ist, wenn *a* einer Äußerung von *p* bzw. der Äußerung einer Übersetzung von *p* in *a's* Sprache zustimmen würde; andernfalls ist die Konstruktion de re zu deuten. (3) Umstritten ist die Frage, wann eine propositionale Einstellung selbst als de re oder de dicto zu klassifizieren ist. Generell wird für eine de-re-Einstellung einen engerer »epistemischer Kontakt« zu dem betreffenden Gegenstand gefordert. Paradigmatische de-re-Einstellungen sind Überzeugungen über einen Gegenstand, die auf dessen gegenwärtiger Wahrnehmung basieren. Paradigmatische de-dicto-Einstellungen sind solche, bei denen das Subjekt nicht einen bestimmten, ihm bekannten Gegenstand im Sinn hat, sondern unter einer Beschreibung (wie etwa »der älteste Mensch der Erde«) – was auch immer diese erfüllen möge – an etwas denkt. (4) Im Anschluß insbes. an Überlegungen H.-N. Castañedas wird vielfach vertreten, daß Einstellungen eines Subjekts zu sich selbst, die es in der Ersten Person Singular formulieren würde, weder als de-re- noch als de-dicto-Einstellungen zu analysieren sind, sondern daß es sich um eine dritte Art von Beziehung, um sog. Einstellungen de se handelt. Lewis (1979) und, unabhängig von ihm, Chisholm (1981) haben vorgeschlagen, diese nicht als ↗propositionale Einstellungen, sondern als Selbstzuschreibungen von ↗Eigenschaften zu modellieren. Für eine de-re-Analyse auch in diesem Fall plädieren dagegen Boër u. Lycan (1980) u. (1986).

**Lit.:** St. Boër/W. Lycan: Who, Me? Phil. Rev. 89 (1980). S. 427–466. – Ders.: Knowing Who. Cambr., Mass. 1986. – R. Chisholm: The First Person. Minneapolis 1981. – D. Kaplan: Quantifying In: Synthese 19 (1969). S. 178–214. – W. Kneale: Modality De Dicto and De re. In: E. Nagel u. a. (Hg.): Logic, Methodology, and Philosophy of Science. Stanford 1962. S. 622–633. – D. Lewis: Attitudes De Dicto and De Se. Phil. Rev. 88 (1979). S. 513–543. – A. Plantinga: The Nature of Necessity. Kap. I-III. Oxford 1974. – W. V. O. Quine: Quantifiers and Propositional Attitudes. In: Ders.: The Ways of Paradox and other Essays. Cambr./ Mass. 1976. S. 185–202.

CJ

**Deduktion.** (1) Bei einer D. wird nach Regeln des logischen Schließens eine ↗Aussage (Konklusion) aus anderen Aussagen (Prämissen) abgeleitet. Für die wissenschaftliche Erklärung spielt das deduktiv-nomologische Schema eine bedeutsame Rolle: Darin wird das zu Erklärende logisch notwendig deduziert aus den Antecedensbedingungen (↗Antecedens), d. h. der allgemeinen Gesetzesaussage und mindestens einem singulären Satz, der die begleitenden Umstände des zu erklärenden Ereignisses darstellt. Als einfaches Beispiel: allgemeine Aussage: »wenn es regnet, ist die Straße naß«, singuläre Aussage: »es regnet«, zu erklärendes Ereignis und Konklusion: »die Straße ist naß«. Die Gültigkeit einer D. beruht auf der logischen Beziehung zwischen Prämissen und Konklusion. Als Prüfungskriterium für ihre Gültigkeit gilt, daß nicht ohne Selbstwiderspruch die Prämissen behauptet und die Konklusion verneint werden können, die tatsächliche Wahrheit der Prämissen und der Konklusion spielt dabei keine Rolle. D.h. (a) wenn die Prämissen wahr sind, dann ist die Konklusion wahr, (b) wenn die Konklusion falsch ist, dann ist mindestens eine Prämisse falsch. Mit Hilfe der D. kann man die Wahrheit der Prämissen (von denen wir bei Tatsachenerklärungen ausgehen) auf die Konklusion überführen. Ebensogut dient die D. als Methode der Falsifikation, da aus der Falschheit der Konklusion auf die Falschheit mindestens einer Prämisse zu schließen ist.

(2) Als transzendentale D., hat sie durch Kant und Fichte Eingang in die philosophische Diskussion gefunden. Kant verbindet mit ihr die Frage der Rechtfertigung derjenigen Verstandesbegriffe, mit denen der Anspruch auf die Erfassung von Objektivität verbunden ist. Dabei liefert die Erklärung der Art, wie sich Begriffe apriori auf Gegenstände beziehen können, gleichzeitig den Nachweis, daß solche Begriffe die Be-

dingung der Möglichkeit für objektive Erfahrung sind. Die transzendentale D. beschränkt sich notwendigermaßen auf die Begründung derjenigen Verstandesbegriffe, die für den Bereich der Gegenstände möglicher Erfahrung gelten. Kant setzt davon ab den Begriff einer empirischen D.: In ihr werden die Begriffe durch Abstraktion aus der Erfahrung gewonnen. (*KrV* A 84–130, B 116–169). Bei Fichte bedeutet transzendentale D. nicht nur die Reflexion auf die (zunächst) vorbewußten Handlungsweisen und die Bedingungen des Selbstbewußtseins, sondern schließt den Nachweis von Reflexionsschritten seitens des analysierten Bewußtseins ein, durch die dieses Bewußtsein für sich selber bestimmte Niveaus des Denkens und Handelns erreicht. **Lit.:** G. Andersson: Deduktion. In: Handlexikon zur Wissenschaftstheorie. Hg. H. Seiffert/G. Radnitzky. München 1989. S. 24 f. – C. F. Gethmann: Logische Deduktion und transzendentale Konstitution. In: W. Czapiewski (Hg.): Verlust des Subjekts. Kevelaer 1975. – D. Henrich: Identität und Objektivität. Eine Untersuchung über Kants transzendentale Deduktion. Heidelberg 1976. – M. Hossenfelder: Kants Konstitutionstheorie und die transzendentale Deduktion. Berlin/New York 1978. – W. Stegmüller: Probleme und Resultate der Wissenschaftstheorie und Analytischen Philosophie. Bd. 1. Berlin/Heidelberg/New York ND 1974. S. 86 ff. PP

**Deduktivismus.** Aufbauend auf der logischen Deduktion formuliert Popper als Kennzeichen einer wissenschaftlichen Methodologie des D., daß sie (a) aus allgemeinen Hypothesen (den Prämissen) ein zu erklärendes Ereignis (Konklusion) logisch deduziert, (b) entsprechend aus allgemeinen Hypothesen Prognosen (d.i. Aussagen über zu erwartende Ereignisse auf der Grundlage der Hypothesen) logisch deduziert. Durch die Ableitung der Prognosen eröffnet sich die Möglichkeit, (a) diese Prognosen dem Bewährungsverfahren der Falsifikationsversuche zu unterziehen, (b) aus der Bewährung der Prognosen auf die Haltbarkeit der Hypothesen rückzuschließen. **Lit.:** K. Popper: Logik der Forschung. Tübingen [6]1976. S. 5–8. PP

**Deduktiv-nomologisch** ↗Hempel-Oppenheim-Modell

**Definiendum – Definiens,** das mit einer ↗Definition zu Definierende bzw. das in einer Definition Definierende. UM

**Definierbar, Definierbarkeit.** (1) Ein Prädikatausdruck P heißt d. in einer Theorie T der Sprache S, wenn es in S eine Menge K von nicht-logischen Konstanten und eine Formel A gibt derart, daß alle in A vorkommenden nicht-logischen Konstanten Elemente von K sind und $P(x_1 \ldots x_n) \leftrightarrow A$ in T beweisbar ist (wobei $x_1 \ldots, x_n$ voneinander verschiedene Variablen sind). Die Theorie T wird dabei verstanden als eine unter logischer Folgerung abgeschlossene Satzmenge. Nach Beths Definierbarkeitstheorem, das eine Beobachtung von Padoa verallgemeinert, ist P in T durch K d. genau dann, wenn zwei beliebige Modelle für T mit gleichem Individuenbereich, die bezüglich der Interpretation aller Konstanten in K übereinstimmen, auch bezüglich der Interpretation von P übereinstimmen. Die Übereinstimmung beliebiger Modelle für T mit vorgegebenem Individuenbereich ist somit ein *Kriterium* für die explizite D. von P. Die D. von Funktionsausdrücken wird analog verstanden. (2) Die Charakterisierbarkeit einer Modellklasse M durch eine Theorie T derart, daß die Elemente von M gerade die Modelle sind, welche T erfüllen, wird ebenfalls als D. bezeichnet. Ein wichtiges Ergebnis der Modelltheorie besagt, daß M durch eine Theorie erster Stufe d. ist genau dann, wenn sowohl M als auch das Komplement von M unter Isomorphie- und Ultraproduktbildung abgeschlossen ist. (3) Von beweistheoretischer Bedeutung ist die D. von Mengen. Eine Menge M ist d. durch einen Prädikatausdruck P in einer Theorie T genau dann, wenn M die Menge aller Objekte x ist, für die P(x) in T beweisbar ist. Zu den zahlreichen Ergebnissen über arithmetische D. zählt das sog. Undefinierbarkeitstheorem arithmetischer Wahrheit von Tarski, welches besagt, daß die Menge der wahren Aussagen der elementaren Arithmetik nicht arithmetisch, d. h. in der Arithmetik d. ist. **Lit.:** J. Shoenfield: Mathematical Logic. Reading, Mass. 1967. UM

**Definit.** Der Terminus geht auf Untersuchungen der mathematischen Grundlagentheorie durch E. Zermelo zurück. Als d. wird eine Aussage bezeichnet, über deren Gültigkeit innerhalb eines Bereichs nach allgemeinen logischen Gesetzen oder ↗Axiomen entschieden werden kann. Als d. werden jene Aussagen bezeichnet, die innerhalb eines formalen mengentheoretischen Systems syntaktisch korrekt gebildet sind. – In der formalen Logik heißt ein Prädikat d. genau dann, wenn im Bereich seiner sinnvollen Anwendbarkeit für jeden Fall durch ein endliches Verfahren festgestellt werden kann, ob das Prädikat zutrifft. PP

**Definition,** Bestimmung eines Begriffs bzw. Festlegung oder Festsetzung der Bedeutung eines sprachlichen Ausdrucks. Dabei wird der zu definierende Ausdruck als *Definiendum*, der definierende als *Definiens* bezeichnet. D.en sind ein unverzichtbarer Bestandteil wissenschaftlicher Methode mit dem Ziel, sprachliche Ausdrücke für Forschungszwecke hinreichend genau zu charakterisieren. Wird die bereits akzeptierte Bedeutung eines sprachlichen Ausdrucks angegeben, spricht man von einer feststellenden oder deskriptiven D. (»Wasser ist $H_2O$«), soll dagegen eine Vereinbarung zur Verwendungsweise eines Ausdrucks getroffen werden, handelt sich um eine festsetzende oder stipulative D. (»eine Sekunde ist das 9192631770fache der Periodendauer der dem Übergang zwischen den beiden Hyperfeinstrukturniveaus des Grundzustandes von Atomen des Nuklids $^{133}Cs$ (Cäsium) entsprechenden Strahlung«). Nur deskriptive D.en können wahr oder falsch sein, stipulative D.en können jedoch nach ihrer Angemessenheit beurteilt werden (Adäquatheitsbedingung). Näher unterscheidet man bei D.en (1) explizite D.en, bei denen ein Gegenstandsausdruck durch Identität (»$\emptyset := \{x: x \neq x\}$«) und ein Prädikatausdruck durch eine materiale Äquivalenz (»Eine Person hat Fieber genau dann, wenn ihre Körpertemperatur 38 °C oder mehr beträgt«) eingeführt wird und die v. a. von impliziten D.en abgegrenzt werden. Für die Korrektheit expliziter D.en müssen mehrere Bedingungen erfüllt sein, die sich zusammenfassen lassen unter dem Gebot der Eliminierbarkeit, wonach, grob formuliert, das Definiendum jederzeit durch das Definiens ohne Bedeutungsverlust ersetzbar ist, und dem Gebot der Nichtkreativität, das, semantisch ausgedrückt, die Beweisbarkeit neuer Wahrheiten auf der Grundlage der D. verbietet. Zu den impliziten D.en zählen (2) D.en durch Postulate, bei denen sprachliche Ausdrücke oder Begriffe implizit durch die Angabe von Axiomen oder Postulaten bestimmt werden (»Eine Halbgruppe ist eine nichtleere Menge G zusammen mit einer zweistelligen Operation # auf G, so daß a#(b#c) = (a#b)#c für alle a,b,c aus G«), sowie (3) Kontextdefinitionen, die kein Synonym für das Definiendum liefern, aber die bedeutungserhaltende Ersetzung von Aussagen, die das Definiendum enthalten, durch solche, die es nicht enthalten, ermöglichen. Ein bekanntes Beispiel dafür ist Russells Kennzeichnungstheorie, die die Paraphrasierung von Kennzeichnungstermen durch gleichzeitig all- und existenzquantifizierte Aussagen erlaubt. Für formale Zwecke besonders bedeutsam sind ferner (4) induktive D.en, die Mengen oder Bereiche durch einen induktiven, also schrittweisen Prozeß bestimmen, der von Anfangselementen ausgehend den gesamten Bereich durch die (endlich) iterierte Anwendung vorbestimmter Operationen erzeugt. Induktiv definiert ist z. B. die Menge der Formeln einer formalen Sprache, wobei die sog. Atomformeln die Anfangselemente bilden und sich die Menge der Formeln aus den Verknüpfungen bereits definierter Formeln durch die logischen Konstanten ergibt. Eng verwandt mit induktiven D.en sind (5) rekursive D.en, die sich von ersteren allerdings dadurch unterscheiden, daß sie einen Begriff oder Ausdruck über einem seinerseits induktiven Bereich bestimmen. Ein bekanntes Beispiel ist die D. der Addition auf der induktiv definierten Menge der natürlichen Zahlen (»x+0=x; x+Nachfolger(y) = Nachfolger(x+y)«). Von wissenschaftstheoretischem Interesse sind (6) bedingte D.en, bei denen die D. nur unter einer bestimmten Bedingung anwendbar ist. Sie finden z. B. Anwendung bei der D. von sog. Dispositionsprädikaten (»zerbrechlich«). Weitere bekannte Arten von D.en sind (7) partielle D.en, bei denen keine notwendigen und hinreichenden Bedingungen für die Ersetzbarkeit des Definiendums angegeben werden (»wenn ein Lebewesen ein Vogel ist, dann hat es Flügel«) und zu denen auch D.en durch Beispiele zählen (»Farben sind z. B. Rot, Blau, Grün, Gelb..«), ferner (8) die von P. Bridgman eingeführten operationalen D.en, denen zufolge die Bedeutung eines wissenschaftlichen Begriffs in den Methoden und Verfahren seiner Untersuchung besteht. So ergibt sich z. B. nach Bridgman die Bedeutung des Längenbegriffs operational aus den für Längenmessung verwendeten Verfahren. Diese, in den zwanziger Jahren entstandene Auffassung konnte sich allerdings nicht durchsetzen. Von philosophischem Interesse sind weiterhin die von C. L. Stevenson beschriebenen (9) persuasiven D.en, die eine begriffliche Bestimmung mit dem Ziel der Beeinflussung unter bewußter Verwendung emotionaler Aspekte vornehmen (»Abtreibung ist die grausame Ermordung wehrlosen ungeborenen Lebens«).

Mit diesen Unterscheidungen wird im wesentlichen die traditionelle Unterteilung der D.en in Real- und Nominaldefinitionen abgelöst. Realdefinitionen werden verstanden als Wesenserklärungen. Dies geschieht einer durch Aristoteles begründeten Auffassung zufolge für einen Begriff durch Angabe der nächsthöheren Gattung sowie der spezifischen Differenz zu anderen Arten (»der Mensch ist ein vernünftiges Lebewesen«). Nominaldefinitionen setzen dagegen lediglich Wortbedeutungen fest. Dies wird von Leibniz dahingehend verstanden, daß nur Realdefinitionen auch über die Möglichkeit eines Begriffs Aufschluß geben, während Nominaldefinitionen nur Identifikationsmerkmale liefern und offenlassen, ob das Definierte in den Bereich des Möglichen fällt. **Lit.:** I. Copi: Introduction to Logic. New York [6]1982. – R. Kleinknecht: Grundlagen der modernen Definitionstheorie. Königstein 1979. – E. v. Savigny: Grundkurs im wissenschaftlichen Definieren. München 1970. – P. Suppes: Introduction to Logic. Princeton 1957. UM

**Definitionslehre,** Zweig der allgemeinen Methodologie und Wissenschaftstheorie, der sich mit den Formen von und Kriterien für Definitionen beschäftigt. Wird die D. in formalisierter Form zu einem Zweig der formalen Logik, spricht man auch von Definitionstheorie. UM

**Definitionsschema,** Aussagenform zur Bildung formal korrekter Definitionen durch Einsetzung geeigneter sprachlicher Ausdrücke. Das D. hat bei expliziten Definitionen die Form einer Identitätsaussage (für Gegenstands- und Funktionsausdrücke) oder einer materialen Äquivalenz (für Prädikatausdrücke). UM

**Deiktisch** ↗ Indexikalität

**Deismus,** in der Aufklärungsphilosophie (z. B. H. v. Cherbury, Voltaire) verbreitete Form der philosophischen Gotteslehre: Gott hat die Welt zwar (perfekt) erschaffen, greift aber danach nicht mehr in Natur oder Geschichte ein. Damit weist der D. Wunder und Offenbarung zurück, was beides ein Wirken Gottes über die Gesetzmäßigkeiten der Natur hinaus bedeutet, die (nebst der Moral) als einzige Grundlage vernünftiger Religion gelten können. PK

**Dekonstruktion,** spezifische Art, Texte zu lesen, die verdeutlicht, daß es einen grundsätzlichen Widerstreit gibt zwischen dem, was ein Autor mit einem Text meint, und dem, was der Text selbst kundgibt. Entwickelt und dargelegt hat diesen Gedanken, in Anlehnung an Heideggers Programm einer Destruktion der Metaphysik, Jacques Derrida. D. bezieht sich, wie bei Heideggers »Destruktion«, auf Metaphysik, wobei Derrida Metaphysik mit Präsenzdenken gleichsetzt. Die D. leistet Derrida vor allem an Texten, die selbst den Anspruch haben, mit alten metaphysischen Traditionen zu brechen. Er arbeitet sich z.B. in Texte von Austin, Hegel, Husserl, Rousseau und Saussure ein, und zeigt dann jeweils auf, wie sie gegen die Metaphysik vorgehen und an welchen Stellen sie doch nicht mit diesen Traditionen brechen können. Aber Derrida geht es nicht nur um das Herausarbeiten metaphysischer Implikationen in vorhandenen Theorien, sondern um ein Infragestellen des üblichen Modells von Wissenschaft überhaupt. Jede wissenschaftliche Theorie muß ihren Gegenstand bestimmen. Der Geltungsbereich der getroffenen Aussagen muß festgelegt werden. Derrida behauptet, daß diese Bedingung für Wissenschaftlichkeit, nämlich die Ausgrenzung, der Ort ist, wo sich metaphysische Traditionen, die man eigentlich ablegen wollte, wieder einnisten. Saussure und Rousseau schlossen z.B. die Schrift, als abgeleitete Form der Sprache, aus ihren Theorien aus. Bei Austin sind es die sogenannten parasitären Sprechakte. An den Stellen der Ausgrenzung, d.h. an den »Rändern« der jeweiligen Theorien entstehen so Oppositionen, die typisch sind für die metaphysische Tradition. Diesen Dichotomien (bei Saussure z.B.: gesprochene Sprache – Schriftsprache) und den theorie-immanenten Oppositionen (bei Saussure z.B.: ↗Signifikat – Signifikant, ↗langue – parole) liegt laut Derrida eine gemeinsame »Struktur« zugrunde, die nicht mehr bestimmt ist durch Einheiten, im Sinne von Zeichen, deren Wert sich negativ differentiell bestimmt, wie bei Saussure. Derrida faßt Differenz nicht mehr präsenzphilosophisch, sondern verzeitlicht sie und bezeichnet sie mit dem Neologismus »differance«. So hält er nicht mehr an einem Identischen fest, das in der Präsenzphilosophie angenommen werden muß, um zwei Zeichen voneinander unterscheiden zu können. Diese Philosophie des Nicht-Identischen hat Ähnlichkeit zur Philosophie Adornos. – Ein anderer Zugang zur Philosophie der D. geht über die traditionelle Bestimmung von Schrift. Und zwar funktioniert Schrift laut Derrida: (1) in Abwesenheit des Empfängers, (2) in Abwesenheit des Senders und (3) in Abwesenheit eines Wissens über den Kontext der Herstellung der Schrift. Derrida will deutlich machen, daß diese drei Formen der Abwesenheit, die traditionell den Begriff der Schrift bestimmen, für alle Zeichensysteme gelten. Diese drei Punkte laufen darauf hinaus, daß als Grundstruktur von Schrift, und damit als Grundstruktur aller Zeichensysteme, die Wiederholbarkeit (Iterabilität) von Zeichen übrigbleibt. Da aber die dritte Form der Abwesenheit die Möglichkeit der Schrift, sich von Bedeutungen zu lösen, ist, kann sich Iterabilität nicht mehr auf Zeichen im Sinne von Saussure beziehen. Und in der Tat geht es Derrida nicht um ↗Zeichen, verstanden als Einheit von Signifikat und Signifikant, sondern um »Zeichen« im Sinne von Markierung oder Spur. Er nennt sie »marques« und bewegt sich so im Feld des Vorpräsenten. – Über die D. philosophischer Texte hinaus hat Derridas Denken heute vor allem Einfluß auf die Literatur- und Architekturtheorie. **Lit.:** J. Culler: Dekonstruktion. Reinbek 1988. – J. Derrida: Grammatologie. Frankfurt 1974. – Ders.: Die Schrift und die Differenz. Frankfurt 1976. – Ders.: Randgänge der Philosophie. Wien 1988. – Ders.: Die Stimme und das Phänomen. Frankfurt 1979. TF

**Demiurg** (griech. Handwerker, Weltbaumeister). Der Begriff hat seine philosophiegeschichtliche Bedeutung erst im Welterschaffungsmythos des Platonischen *Timaios* erhalten. Der D. ist kein Schöpfer wie der christliche Gott, der die Welt aus dem Nichts erschaffen hat, sondern nur ein Baumeister, der schon Materie vorgefunden hat und durch seine Güte veranlaßt wurde, sie aus dem Chaos in die schönste Ordnung zu bringen (*Timaios* 30a). In der Erwägung, das Vernunftbegabte sei schöner als das Vernunftlose, schuf er nach dem Muster der Idee des alle intelligiblen Wesen umfassenden Lebewesens diese Welt als ein beseeltes, mit Vernunft begabtes Lebewesen (30 b-d). KDZ

**Demokratie,** politische Ordnung, in der öffentliche Herrschaft an die Souveränität des Volkes gebunden wird. Abraham Lincoln kleidet dies 1863 in seiner wirkungsmächtigen Gettysburg-Adresse in die Formel »government of the people, by the people, for the people«. Als Bezeichnung der Herrschaft »des« Volkes über sich selbst geht der Begriff D. auf die politische Organisation der griechischen Polis zurück: demos (Volk), kratein (herrschen). Dabei ist allerdings in der aristotelischen Staatsformenlehre D. als Entartung zur »Pöbelherrschaft« negativ konnotiert. Nach dem Untergang der Polis entfaltet D. ihre politische Dynamik in der bürgerlichen Kritik an den absolutistischen Regimes. In den englischen Revolutionen des 17. Jh. legitimiert sich das »Commonwealth« Oliver Cromwells als Herrschaft durch das Volk, wobei die Bestimmung der Volkszugehörigkeit an bestimmte sozioökonomische Kriterien gebunden ist. Historisch-genealogisch findet seit dem Ausgang des 18. Jh. eine Ausweitung der am demokratischen Partizipationsprozeß beteiligten Volksschichten statt. So wird im 19. Jh. die Arbeiterschaft in das demokratische System inkorporiert, danach wird in den liberal-parlamentarischen Formationen das Frauenstimmrecht durchgesetzt. Von der Idee der Volkssouveränität geht insbesondere nach der Frz. Revolution eine solche Anziehungskraft aus, daß auf die Behauptung der demokratischen Legitimation von keinem Regime verzichtet werden kann. Auch die totalitären Bewegungen des 20. Jh. verweisen auf die Identität von Herrschern und Herrschaftsunterworfenen. Sie reklamieren sogar besondere Volksnähe. Folgerichtig beschreiben sich die diktatorischen Systeme des »realen Sozialismus« als authentische D.en, tautologisch als Volksdemokratien. Damit knüpfen sie an Konzeptionen unmittelbarer D. an, die in Rousseaus Entwurf eines Contrat Social als Wirken eines »allgemeinen Willens« (volonté générale) beschrieben werden. Die Souveränität des Volkes setzt hier seine ethnische, ideologische, soziale Homogenität voraus, die sich in einer apriorischen Gemeinwohlorientierung des Volkswillens manifestiert. Demgegenüber steht ein vor allem in England und Nordamerika entwickelter D.-Begriff (J. Locke, Th. Paine, Th. Jefferson, J. St. Mill), in dem das souveräne Volk als aus Individuen mit unterschiedlichen Interessen, Werthaltungen, Glaubensinhalten bestehend begriffen wird. D. soll diese individuellen Orientierungen zu ihrem Recht kommen lassen. An dieser Argumentation knüpfen schließlich Theorien einer pluralistischen Interessenregulierung an. Die Organisierung und Institutionalisierung demokratischer Entscheidungsfindung kann verschiedene Ausdrücke annehmen. So manifestiert sich das Prinzip der Volkssouveränität u. a. in Formen direkter Versammlungs-D., plebiszitärer D., repräsentativer D. – Der Begriff D. bezieht sich auf eine spezifische Staatsform. Gleichwohl deutet er auch auf gesellschaftliche Verhältnisse, weil D. an bestimmte materiale, soziale Voraussetzungen gebunden ist. So kann ohne allgemeine Bildung, Rechtsssicherheit, Meinungsfreiheit, soziale Sicherung usw., die die individuellen Partizipationsansprüche erst möglich machen, kaum von D. gesprochen werden. Diese sozialen Unterfütterungen sind Gegenstand der politischen Auseinandersetzung und der politikwissenschaftlichen D.-Theorie, in welcher deskriptive, analytische und normative Aspekte verwoben sind. Aufgrund dieser starken Normativität des Redens über D. gibt es auch keine unangefochtene, abschließende Definition der D. Während empirisch ausgerichtete, system-funktionale D.-Theorien normative Leerstellen lassen (wollen), stehen normative D.-Theorien vor prinzipiellen Begründungsproblemen und sehen sich mit dem Vorwurf der Realitätsferne konfrontiert. TN

**Demonstratio propter quid,** Bezeichnung für eine Begründung, die darauf ausgerichtet ist zu zeigen, *warum* etwas so ist, wie es ist, bzw. wie dessen Sein behauptet wurde. PP

**Demonstratio quia,** Bezeichnung für eine Begründung, die darauf ausgerichtet ist zu zeigen, *daß* etwas so ist, wie es behauptet wurde. PP

**Demonstrativausdruck (engl. demonstrative)** ↗Indexikalität

**Demut,** Haltung einem Anderen gegenüber, die sich freiwillig, ohne würdelos zu werden, unterordnet, indem sie das Eigene zurücknimmt, um dem Anderen mehr Raum zu lassen. Weder die römische, noch die griechische Antike kennen die D. als Tugend. In der christlichen Tradition ist der Begriff v. a. von Augustin geprägt worden. Die D. ist die Grundlage aller Tugenden und wird mit der Erkenntnis der eigenen Sündhaftigkeit verbunden. Sie geht aber noch darüber hinaus, da sie auch noch in Angesicht des eigenen Wertes die eigene Person für gering achtet. Sie zeigt sich im absoluten Gehorsam Gott und in der Dienstbereitschaft dem Nächsten gegenüber. Christus gilt als Vorbild, da er freiwillig auf die ihm zustehende Würde als Gottessohn verzichtete und »Knechtsgestalt« annahm. Vor allem in der monastischen Tradition wird D. als Selbsterniedrigung und Herabwürdigung der eigenen Person aufgefaßt und äußert sich in Bußbereitschaft und Askese. Für viele Autoren nach der Aufklärung ist D. freiwillige Selbstbescheidung, aber mit Achtung vor der eigenen Person. DL

**Denken,** Verbindung eines Mannigfaltigen von gegebenen Vorstellungen zu einer Einheit. Das unanschauliche D. unterscheidet sich vom Gegenstand und bezieht sich auf diesen als Prinzipieninbegriff als Identischsetzen, Unterscheiden und Verknüpfen. Durch diese logischen Fundamentalprinzipien ist das D. ursprünglich bestimmt und in dieser Ursprünglichkeit der irreduzible Grund des Seienden, insofern es dieses zur Einheit des Gegenstandes bringt. Es ist der Grund des Seienden, insofern es diesem formale Bestimmtheit überhaupt gibt, die eine konkrete Bestimmung des Seienden im Erkennen ermöglicht. So ist das D. als Prinzip bestimmt, als das es die Bedingung der Möglichkeit für den Erfahrungsbezug des Erkennens ist, also die Bedingung der Möglichkeit der Erfahrung. D. ist nicht Reproduktion des Wirklichen, sondern deren Produktion. – Das D. ist nicht nur der Grund des Objekts, sondern auch des Subjekts. Als Grund des Subjekts, dem sinnstiftenden Erkenntnisvollzug, bedingt das D. dessen geltungsdifferente Gegenstandsbezogenheit. Der Erkenntnisvollzug, der wahr oder falsch sein kann, wird durch das D. als Prinzip normiert. – Zu den obersten formalen Denkprinzipien (unerläßliche Bedingungen der Wahrheit, nicht deren zureichender Grund) gehören neben den oben genannten drei Momenten auch die formalen Urteilsprinzipien des (verbotenen) Widerspruchs und des ausgeschlossenen Dritten, aber auch die Regeln der Richtigkeit (formale ↗Logik) der Urteile, Begriffe und Schlüsse. Traditionell werden diese auch Denkgesetze genannt, ebenso wie die psychologischen Gesetze des Ablaufs von Vorstellungen. Als Denkformen bezeichnete man auch die logischen Zugangsarten zu verschiedenen Wirklichkeitsbereichen in Verbindung mit Lebensformen. **Lit.:** W. Flach: Grundzüge der Erkenntnislehre. Erkenntniskritik, Logik, Methodologie. Würzburg 1994. – M. Heidegger: Was heißt Denken? Tübingen [3]1971. – H. Leisegang: Denkformen. Berlin 1928. – T. Litt: Denken und Sein. Stuttgart 1948. AR

**Denkform.** In einem allgemeinen Sinne kann jeder Akt der gedanklichen Aneignung der Wirklichkeit als D. bezeichnet werden. In einem spezifischeren Sinne können die elementaren rationalen Tätigkeiten: Begriff, Urteil, Schluß, wie sie die traditionelle Logik bestimmen, als D.en bezeichnet werden. Im Umkreis der erkenntnistheoretischen Bemühungen von Kant und Fichte wird mit D. das Verhältnis von Gedankenformen und Anschauungsformen bezeichnet. Fichte führt noch zusätzlich eine »absolute D.« an, die er als den Grund allen Verstehens und als die absolut verstehende, intellektuelle Anschauung und Evidenz angibt. PP

**Denkgesetz.** In der Tradition des Empirismus wurde im 19. Jh. u. a. von Mill, James, Wundt und C. Sigwart die Theorie vertreten, daß die logischen Gesetze als Naturgesetze des Denkens aufzufassen sind. Frege und Husserl (*Logische Untersuchungen I*) haben in ihrer

Kritik am ↗Psychologismus (der Logik) auf die notwendige Unterscheidung zwischen Denkinhalt und der empirischen Verlaufsform von Denkprozessen und auf den unterschiedlichen Status von empirischen Gesetzen und logischen Gesetzen hingewiesen. – In der Psychologie werden als D.e Regelhaftigkeiten des Denkprozesses bezeichnet, z. B. wenn ein Schema oder ein Komplexstück zur Reproduktion des ganzen Komplexes kognitiv motiviert. PP

**Denkökonomie.** Die Aufstellung des Prinzips der D. wird E. Mach zugeschrieben. Ihm zufolge ist es die charakteristische Funktion der wissenschaftlichen Forschung, Tatsachen möglichst ökonomisch zu beschreiben (»Ökonomische Natur der Forschung«). D. kann als eine methodologische Regel zur Auswahl wissenschaftlicher Hypothesen verstanden werden. Danach erscheint diejenige Hypothese als die überlegene, die ein umfassenderes Gebiet in einfacherer und übersichtlicherer Weise als andere Hypothesen zu beschreiben erlaubt. Bei Duhem findet sich das Prinzip der D. in seiner Konzeption einer physikalischen Theorie als naturgemäßer Klassifikation. Danach ist eine Theorie nichts anderes als eine systematisierende und ökonomische Darstellung der experimentellen Gesetze eines Bereiches. **Lit.:** P. Duhem: Ziel und Struktur der physikalischen Theorien. Hamburg 1978. – E. Husserl: Logische Untersuchungen I. Tübingen [5]1968. – E. Mach: Die Mechanik, historisch-kritisch dargestellt. Darmstadt [9]1963. TM

**Denominativ.** Für die semantische Theorie der Namen (als Ausdrücken zur Bezeichnung eines Objekts) erwägt Mill eine Unterscheidung zwischen konnotativen (d.i. mit-bezeichnenden) und nicht-konnotativen Namen. Ein mit-bezeichnender Ausdruck ist seiner Auffassung nach ein solcher, der ein Subjekt bezeichnet und ein Attribut in sich schließt. D.h. daß der Name die Subjekte direkt, die Attribute indirekt bedeutet: Er bezeichnet die Subjekte und setzt voraus oder schließt in sich ein oder zeigt an, welche Attribute mitbezeichnet sind. Z. B. zeigt der Name »Mensch« all die Attribute mit an, die man unter dem Wort »Menschentum« versteht. Solche mitbezeichnende Namen nennt er auch d.e, weil das Subjekt, das sie bezeichnen, von dem Attribut, das sie mitbezeichnen, benannt wird bzw. den Namen erhält. Im Gegensatz dazu sind Eigennamen nicht d., da man ein Individuum ohne irgendwelche Attribute damit benennt. **Lit.:** J. St. Mill: A System of Logic. Buch I, Kap. II, § 5. PP

**Denotation.** In der semantischen Theorie der Namen wird der Terminus D. gleichbedeutend mit »extensionaler Bedeutung« gebraucht. Unter der D. versteht man das Verhältnis eines Begriffes zu der Entität, worauf dieser Ausdruck referiert. Bei prädikativen Ausdrücken besteht die D. aus den einzelnen Gegenständen, denen der Ausdruck zukommt. PP

**Deontik** ↗Logik, deontische

**Deontologisch,** dient zur Kennzeichnung einer Ethik, der als Beurteilungskriterium der Pflichtgedanke zugrundeliegt. D.h. die moralische Qualität einer Handlung bemißt sich danach, ob der Handelnde aus einem Verständnis einer normativen Verpflichtung heraus sich zur Handlung entschieden hat. Nach der Auffassung einer d.en Ethik kann ein Handeln nicht durch die Zweckmäßigkeit der Handlung in bezug auf ein (als gut anerkanntes) Ziel moralisch gerechtfertigt werden, vielmehr resultiert die Verbindlichkeit und Qualität sittlicher Handlungen und Urteile aus der Verpflichtung zu bestimmten Verhaltensweisen. Darin unterscheidet sie sich von einer konsequentialistischen Ethik, für die die die Folgen der Handlung die Grundlage für die Beurteilung und Begründung sittlicher Gebote abgibt. PP

**Desiderium naturale** (lat. natürliches Verlangen), bezeichnet die Offenheit des menschlichen Geistes nach dem Unendlichen. Durch das D. n. ist nach theologischem Verständnis dem Menschen von Natur aus ein Begriff Gottes eingegeben. Somit bedarf es nicht der Offenbarung, um von Gott überhaupt zu wissen, sondern nur noch, um vom christlichen Gott Kunde zu erhalten. Die geistbegabte Natur sei demnach überhaupt zu Gott berufen. Thomas von Aquin sieht im D. n. die Zielbezogenheit des geschaffenen Geistes auf die Anschauung Gottes. **Lit.:** P. Bastable: Desire for God. London 1947. KJG

**Designat,** allgemein das, worauf sich eine Bezeichnung bezieht (das Bezeichnete). Eine Differenzierung des D.s wird in der Zeichentheorie von Morris vorgenommen: Ein Zeichen referiert auf einen Gegenstand – das bedeutet nun nicht, daß alle auf diesen Gegenstand referierenden Zeichen dieselben D.e haben. Morris erklärt diesen Umstand mit Hilfe des Interpreten, d.i. Zeichenbenutzers: Das Zeichen kann den Interpreten entweder auf einen (Gesamt-)Gegenstand oder auf einzelne Merkmale (oder jedes einzelne Merkmal) aufmerksam machen. D.h. es wird ein potentielles Zeichenkontinuum unterstellt, so daß das D. auf ein Merkmal oder einen Sachverhalt Bezug nehmen kann. Morris weist zudem auf folgende Differenz hin: Jedes Zeichen hat zwar ein D., was nicht bedeutet, daß es damit auf einen real existierenden Gegenstand referiert. Vielmehr ist das D. eines Zeichens die Gegenstandsart, auf die das Zeichen anwendbar ist, d. h. die Gesamtheit der Objekte, die die Eigenschaften haben, von denen der Interpret durch die Gegenwart des Zeichenträgers Notiz nimmt bzw. nehmen kann, ohne daß es diese Gegenstände oder Sachverhalte real gibt bzw. geben muß. Für das tatsächlich existierende Referenzobjekt führt Morris die Bezeichnung »Denotat« ein. Das D. ist demgemäß nicht als ein Ding, sondern eine Gegenstandsart bzw. eine Klasse von Objekten (entweder mit einem oder mehreren oder auch keinem Element) zu verstehen, die Denotate sind als Elemente dieser Klasse aufzufassen. ↗Designieren. **Lit.:** Ch. W. Morris: Grundlagen der Zeichentheorie. München 1972. S. 20 ff. PP

**Designieren, Designator, Designat,** Termini, die von Carnap (↗Wiener Kreis) für die logische Semantik eingeführt werden. Nach seiner Auffassung hat sich die Semantik (als Teil der Sprachphilosophie) mit den Beziehungen zwischen sprachlichen Ausdrücken zu beschäftigen, den Bezeichnungen: Designatoren und dem durch sie Bezeichneten: dem Designat. Ein Designator hat zwei Dimensionen: (1) einen objektiven Sinn (Intension), der zunächst ohne Bezug auf etwas Außersprachliches, allein durch Betrachtungen der sprachlichen Zeichen innerhalb der semantischen Regeln eines Systems S hervorgeht, (2) einen Anwendungsbereich (Extension), also eine außersprachliche Gegebenheit, auf die sich das Sprachzeichen bezieht und zu dessen Bestimmung außer der Kenntnis seines Sinnes empirische Untersuchungen erforderlich sind. ↗Kennzeichnung, ↗Namentheorie, ↗Bezeichnung **Lit.:** R. Carnap: Bedeutung und Notwendigkeit. Eine Studie zur Semantik und modalen Logik. Wien/New York 1972. – L. Krauth: Die Philosophie Carnaps. Wien/New York 1970. PP

**Deskription, deskriptive Methode,** analytisches Verfahren, um komplexe Gegenstände in ihre natürlichen Einzelkomponenten, aus denen sie sich zusammensetzen, zu zerlegen, um die Komposition eines Ganzen aus seinen Elementen zu begreifen und zu beschreiben. Die d. M. kann daher als ein umgekehrt gestaltpsychologisches Verfahren betrachtet werden. – Die Herausbildung der d.n M. und ihrer Varianten, sowie ihrer Gegenstands- und Anwendungsgebiete hat eine lange Geschichte. Hinsichtlich der zu beschreibenden Gegenstände kann man von einer älteren, kosmologisch-ontologisch ausgerichteten und einer sich daraus entwickelnden mathematisch-naturwissenschaftlich orientierten D. sprechen. Bei Aristoteles findet sich eine ontologisch-kategoriale (sachliche) und eine logische (dialektische, sprachliche) Begriffsbestimmung (Definition) des Seienden und der Seinsweisen. Die erste beschreibt die Kategorien als reelle, höchste Gattungen der Dinge (onta) und die differenten Weisen, wie den Kategorien ihr sie bestimmendes Wesen (ousia) »innewohnt«; die andere faßt die Kategorien als differente, doch analoge Aussageweisen (Prädikamente) über Seiendes. Sie sucht von einer Substanz, einem Wesen, eine Definition (horos) zu geben durch Angabe des nächsthöheren Genus und dessen innerspezifischer Differenz (den sog. sekundären Substanzen) und des Inklusionsverhältnisses der spezifischen Differenz im Genus. Diese logische Bestimmung wird zwar auch nach dem Teil-Ganzes-Verhältnis, wie der Syllogismus, durchgeführt, ist jedoch keine Schlußfolgerung. Aristoteles' Bestimmung der Definition scheint das Muster abgegeben zu haben für weitere Versuche definitorischer Beschreibungen. Die Logik der Beschreibung entwickelt sich aus der Festlegung der mannigfachen Bedeutungen des logos auf die Definition, ein begründendes Definiens (to ti en einai) von etwas mit dem Anspruch, Erklärung und Beschreibung somit (gegen W. Dilthey) in einem zu leisten. Die d. M. ist in der weiteren Aristotelischen Tradition eine analysierende (resolutive, dialektische), möglichst definite Binnenbeschreibung eines natürlichen Ganzen durch seine logischen Momente oder Teile und deren ordnende und verbindende Klassifikation. Sie wird in den Naturwissenschaften (paradigmatisch etwa in der Erdbeschreibung und in der Chemie) wie in den Geisteswissenschaften (speziell in der Psychologie und Philosophie des Geistes) gleichermaßen, in empiristischer Einstellung, unter Angabe des jeweiligen Bezugsystems (C. Stumpf), angewendet. Das Ziel der d.n M. ist nicht mehr die Beschreibung eines der Erfahrung nicht zugänglichen Wesens, sondern der beobachteten realen Erscheinungsweisen, Phänomene und Ereignisse, sowie ihrer Eigenschaften. Das aufrechterhaltene Postulat der Exaktheit und Vollständigkeit erfordert nun die genaue Beobachtung der Beschreibungsgegenstände und -mittel; einerseits durch kontrollierte experimentelle Untersuchungen und durch Genauigkeit der Meßinstrumente, der technischen Hilfsmittel und der protokollierten Aufzeichnungen (K. Bühler), andererseits des andern Instrumentariums der d.n M., der Sprache der Beschreibung. Sprachanalyse und kontextuelle Theorie der Beschreibung (G. Frege, B. Russell, L. Wittgenstein) muß selbst integraler Bestandteil der d.n M. werden, um das Verhältnis von Beschreibung und ihren deskriptiven Begriffen (E. Husserl) und um »Probleme der deskriptiven Bedeutungslehre (Semasiologie)« (A. Marty) zu lösen. Mit der deskriptiven Erhellung der Gesetze der Sprache als System semantischer Kategorien und grammatischer Zeichen (A. Marty) bzw. des Motivzusammenhangs der Sprache (M. Merleau-Ponty) aus der Bedeutung ihrer Momente soll dem Vorurteil, die auf empirische Daten zurückgreifende d. M. sei bloß oberflächliche Konstatierung vereinzelter konkreter Tatsachen, mithin keine wissenschaftliche Methode, abgeholfen werden. **Lit.:** Aristoteles: Kategorien, 2a 15–18; Analytica posteriora 91b 35–92a 5. – F. Brentano: Deskriptive Psychologie. Hamburg 1982. – K. Bühler: Tatsachen und Probleme zu einer Psychologie der Denkvorgänge. In: Arch. für die gesamte Psychologie 9 (1907). S. 297–365 u. ebd. 12 (1908). S. 1–92. – W. Dilthey: Ideen über eine beschreibende und zergliedernde Psychologie (Ges. Schriften. 5). Stuttgart/Göttingen 1982. S. 139ff. – G. Frege: Über Sinn und Bedeutung. In: Zs. für Philosophie und philosophische Kritik 200 (1892). S. 25–50. – K. Hedwig: Deskription. In: Brentano Studien I (1988). S. 31–45. – E. Husserl: Ideen zu einer reinen Phänomenologie und phänomenologischen Philosophie 1. Hua III. Den Haag 1976. §§ 73 u. 74. – A. Marty: Untersuchungen zur Grundlegung der allgemeinen Grammatik und Sprachphilosophie. Halle 1908. Hildesheim [2]1976. §§ 19 u. 22. – B. Russell: On Denoting (1905). In: Logic and Knowledge. London 1956. S. 39–56. – Ders.: Knowledge by Acquaintance and Knowledge by Description. In: Mind 22 (1913). – C. Stumpf: Erkenntnislehre. 2. Bd. Leipzig 1940. S. 685ff. u. 853ff. – L. Wittgenstein: Tractatus (1921). Frankfurt 1960. WB

**Deskriptiv,** kennzeichnet entweder eine Darstellungsform oder die Bedeutung eines sprachlichen Ausdrucks oder eine Äußerung: (a) eine Darstellungsform, die sich auf Beschreibung beobachtbarer Phänomene oder Merkmale beschränkt; (b) einen sprachlichen Ausdruck, der natürliche Merkmale bzw. empirisch aufweisbare Merkmale eines Gegenstandes bezeichnet – ihm wird d.e Bedeutung zugesprochen, d.h. die d.e Bedeutungsregel legt fest, unter welchen Bedingungen ein Ausdruck auf einen Sachverhalt zutrifft, (c) eine sprachliche Äußerung, die nur behauptenden Charakter (↗konstativ) hat, in Abgrenzung zu ↗präskriptiven Äußerungen, die einen Aufforderungs- oder Empfehlungscharakter haben. PP

**Deskriptive Zeichen.** In einer formalen Sprache (d.i. einer ↗Modellsprache) stehen die d.n Z. bei einer ↗Interpretation der Sprache für Entitäten. Zum Grundbestand an d.n Z. gehören die Gegenstandsausdrücke, Eigenschaftsausdrücke und die Relationsausdrücke. Die Gegenstandsausdrücke (Objekt- und Individuenausdrücke) stehen für die Dinge des Bereichs, über den man spricht, die Eigenschaftsausdrücke für die Eigenschaften dieser Dinge (für die Klasse oder die Gesamtheit dieser Dinge), die Relationsausdrücke für die Beziehung zwischen diesen Dingen bzw. für die Gesamtheit von geordneten Paaren von Dingen, die derartige Beziehungen ausdrücken. PP

**Deskriptiver Fehlschluß** ↗Fehlschluß, deskriptiver

**Despotie** (griech. despotes: Hausherr, Herr über seine Sklaven), Willkür- und Gewaltherrschaft eines einzelnen oder einer kleinen Gruppe (↗Oligarchie). M. Weber beschreibt die D. als politische Herrschaft, die wie die privatrechtliche Verfügungsgewalt über Sachen gehandhabt wird, die demnach gemäß seiner Terminologie eigentlich kein Herrschaftsverhältnis – dem zumindest ein Minimum an Zustimmung durch die ihr Unterworfenen zugrunde liegen muß – mehr ist, sondern ein Gewaltregime, das sich weder um Zustimmung bemüht noch an Gesetzen oder Traditionen orientiert ist. In der Regel stützt sie sich auf (Söldner-)Armeen und auf Profiteure, denen hohe Vergünstigungen zukommen (»Günstlingswirtschaft«). Die moderne Verwendung des Begriffs geht zurück auf den seit dem 8. Jh. von den byzantinischen Kaisern getragenen Titel »Despot«. In der Systematik der ↗Herrschaftsformen durch Aristoteles entspricht ihm der Begriff der Tyrannis, einer Entartungsform der ↗Monarchie, bei der ein einzelner die Gemeinschaft der freien Bürger im Staat (polis) beherrscht als handele es sich um die Herrschaft über Sklaven, also um die legitime Despotie im Haushalt (oikos). **Lit.:** H. Arendt: Elemente und Ursprünge totaler Herrschaft. Frankfurt 1955. WST

**Destruktion,** üblicherweise auch im philosophischen Sprachgebrauch im Sinne von Zerstörung, Unterwerfung, Widerlegung verwendet. Besondere Bedeutung erhält der Begriff innerhalb der Triebtheorie Freuds: Die D. kennzeichnet die dem ↗Eros entgegengesetzten Aggressionstriebe. – Abweichend zum normalsprachlichen Gebrauch ist bei Heidegger die phänomenologische D. als »kritischer Abbau der überkommenen und zunächst notwendig zu verwendenden Begriffe auf die Quellen, aus denen sie geschöpft sind« definiert (M. Heidegger: *Die Grundprobleme der Phänomenologie*. Gesamtausgabe Bd. 24. Frankfurt 1975. S. 31.); im Kontext der Fragestellung von *Sein und Zeit* ist die Geschichte der abendländischen ↗Ontologie einer kritischen Prüfung im Sinne der D. zu unterziehen. **Lit.:** M. Heidegger: Sein und Zeit. Tübingen [12]1972. DKÖ

**Determination** ↗Determinismus

**Determinismus/Indeterminismus.** Nach der klassischen Denkweise waren die Fundamentalgesetze der Physik ausnahmslos deterministische Gesetze: Das Universum wurde als ein deterministisches System konzipiert. Mit der Entstehung der Quantenphysik setzte sich die Auffassung durch, daß die physikalischen Gesetze (nur) einen statistischen Wert tragen. Der Wert der uns interessierendenden Zustandsgrößen ist nur bis auf Wahrscheinlichkeiten bestimmt. Die Einsicht in den indeterministischen Charakter der Physik hängt mit Heisenbergs Unschärfe- und Unbestimmtheitsrelation zusammen. Danach ist es prinzipiell unmöglich, eine gleichzeitige Messung miteinander verbundener (d.i. konjugierter) Größen vorzunehmen (z.B. eine genaue Messung von Ort und Impuls eines Elementarteilchens). Die entscheidende Veränderung gegenüber der klassischen Physik liegt darin, daß nicht mehr von dem (klassischen) mechanischen Zustandsbegriff ausgegangen wird. Dieser hatte die Annahme zur Grundlage, daß das System abgeschlossen ist und aus einer endlichen Anzahl von Partikeln besteht. Auf diesen Annahmen basiert die weitere Annahme, daß der mechanische Zustand des Systems (zur Zeit t) vollkommen bestimmt ist. – In der modernen Physik kann sich die Bezeichnung »deterministisch« entweder auf Gesetze oder auf Systeme oder auf Theorien beziehen. Den deterministischen Gesetzen stehen die statistischen gegenüber. Für deterministische Systeme gilt als Voraussetzung, daß es möglich ist, für die fraglichen Systeme den Begriff des Zustands genau zu definieren. Da es unmöglich ist, die Zustände eines Systems in allen denkbaren Hinsichten zu beschreiben, muß man die Beschränkung auf eine Klasse von Eigenschaften (bzw. quantitativen Zustandsgrößen) vornehmen. So ist bspw. die klassische Mechanik (nur) deterministisch in bezug auf die mechanischen Merkmale von Systemen. Mit einem solchen mechanischen D. ist durchaus die Auffassung verträglich, daß die Systeme in bezug auf ihre nichtmechanischen Eigenschaften nicht deterministisch sind. In einer deterministischen Theorie ist immer nur in bezug auf eine erwähnte Klasse von Eigenschaften oder Zustandsgrößen von einem deterministischen System die Rede.

(2) Im Kontext der Ethik wird der Gegensatz von D. und Freiheit unter dem Aspekt der Verantwortlichkeit einer Person für ihre Handlungen diskutiert. Es wird dabei vorausgesetzt, daß Freiheit die notwendige Bedingung dafür ist, daß eine Person für ihre Handlung gelobt oder zur Rechenschaft gezogen werden kann. In bezug auf eine Theorie des Handelns können zwei Ver-

sionen von D. unterschieden werden: (1) Die These eines physiologischen D. ist, daß alle Handlungen von Personen durch vorausliegende körperliche Umstände nach physikalischen Gesetzen determiniert sind. (2) Die These des psychologischen D. ist, daß alle Handlungen von Personen oder mindestens einige ihrer Charakteristika durch vorausliegende psychische Umstände nach psychologischen Gesetzen determiniert sind. Geht man davon aus, daß die Menschen durch Naturgesetze bestimmt sind, dann wird dem Menschen damit die Möglichkeit zu einer freien Entscheidung abgesprochen. Behauptet man dagegen die Verantwortlichkeit, dann muß man unterstellen, entweder daß der Mensch keinerlei mechanischen Gesetzen unterliegt oder daß es neben den mechanischen Gesetzen noch die Möglichkeit zur Selbstbestimmung gibt. – In der Diskussion wird die Position des D. nochmals unterschieden in einen »harten Determinismus« und einen »weichen Determinismus«. Der harte D. schließt neben der Möglichkeit einer freien Entscheidung auch die Verantwortlichkeit des Menschen für seine Handlung aus. Repräsentativ dafür steht das metaphysische Kausalprinzip von d'Holbach, das eine apriorische Aussage über die Notwendigkeit, mit welcher alle Ereignisse der Welt eintreffen, darstellt. Losgelöst von einer solchen metaphysischen Deutung wird der D. als hypothetischer Satz formuliert: Wenn alle menschlichen Handlungen aus vorausliegenden Umständen nach Gesetzen hervorgehen, dann ist zu bezweifeln, daß Personen für ihre Handlungen moralisch verantwortlich sind. Der Wenn-Teilsatz wird dabei als gegenwärtig noch unbestätigt, aber im Prinzip als bestätigbar angesehen. Unter die Bezeichnung »weicher Determinismus« werden jene Auffassungen subsumiert, die einerseits behaupten, daß das Handeln des Menschen determiniert ist, andererseits aber die Möglichkeit einräumen, daß der Mensch bei Abwesenheit von äußerem und innerem Zwang in einem Sinne frei ist, der ausreicht, um Verantwortlichkeit zu begründen und Belohnung oder Bestrafung zu rechtfertigen. Diese Auffassung wird auch als »These der Vereinbarkeit« bezeichnet. Eine solche Position ist in der Stoa und bei Hobbes vorgezeichnet, wird aber meistens in bezug auf Humes Unterscheidung zwischen Freiheit des Willens und Freiheit des Handelns und mit Bezug auf seine Deutung des Gesetzesbegriffs vertreten. Die Freiheit des Willens i.S. des Freiseins von allen Bedingungen würde nach Hume dazu führen, daß keinerlei Motive, Wünsche oder Charakterzüge die Entscheidungen begründen könnten. Eine derartige Bedingungslosigkeit der Entscheidung hätte zur Konsequenz, daß keine Verbindung zwischen dem Charakter einer Person und ihren Handlungen hergestellt werden könnte, so daß diese Handlung der Person auch nicht zugerechnet werden könnte. Freiheit der Handlung heißt, daß eine Person ohne Beeinträchtigung durch äußere Umstände eine Handlung ausführen kann. Humes Begriff der Determination beinhaltet nicht, daß eine Person so handeln muß, weil das Handeln aus vorausliegenden Umständen nach Gesetzen hervorgeht. Sein Gesetzesbegriff drückt nur eine beobachtbare (und durch weitere Beobachtungen bestätigbare) Regelhaftigkeit aus. D. ist demnach so zu verstehen, daß jedermanns Handlungen so beschrieben werden können, daß ein regelhafter Zusammenhang mit vorausliegenden Umständen sichtbar wird. Die grundlegende These der Vereinbarkeitstheorie ist, daß eine Person dann für ihre Handlung verantwortlich ist, wenn sie durch soziale Sanktionen (Lob oder Strafe) im Hinblick auf zukünftiges Verhalten beeinflußt werden kann. In der analytischen Sprachphilosophie wurde die Diskussion von Moores Erörterung der für die Annahme der Verantwortlichkeit relevanten Sätze »A hätte anders handeln könnnen« und »A hätte anders gehandelt, wenn A anders entschieden hätte« angestoßen. Moore vertritt die These, daß der erste Satz sinngleich ist mit dem zweiten und dieser mit dem D. verträglich ist. Die weiterführende Diskussion wurde durch Austins Kritik an Moore und durch Strawsons Vorschlag, die Handlungen im Kontext eines Bezugsrahmens zu erörtern, bestimmt.

Mit der Auffassung, daß der Mensch frei von deterministischen Zusammenhängen entscheiden könne, werden meist zusätzliche Annahmen angeführt. Sie unterstellen eine Instanz, die die Handlungen ins Werk setzt, ohne daß sie ihrerseits nach empirischen Gesetzen durch einen vorausliegenden Zustand oder die persönliche Psyche determiniert ist. Kant bestimmt Willensfreiheit als das Vermögen, einen Zustand von selbst anzufangen. Sie besteht darin, daß der Wille sich letztlich nicht von Antrieben der Sinnlichkeit bestimmen läßt. Der freie Wille ist aber nicht als ein empirischer Wille zu verstehen, sondern transzendental als ein Reflexionsverhältnis zu denken. Chisholm geht davon aus, daß für die Annahme der Verantwortlichkeit die Annahme der Willensfreiheit und für diese wiederum die Annahme der immanenten Verursachung gemacht werden müsse. Durch die Annahme einer immanenten Verursachung will er dem Argument entgegentreten, eine willensfreie Handlung sei indeterminiert und eine indeterminierte dem Handelnden nicht zurechenbar.

**Lit.:** A. Beckermann: Handeln und Handlungserklärungen. In: Analytische Handlungstheorie 2. Frankfurt 1985. S. 7 ff. – D. Hume: Eine Untersuchung über den menschlichen Verstand. Hamburg 1965. – Ders.: Ein Traktat über die menschliche Natur. Bd. II. Hamburg 1978. S. 136 ff. – I. Kant: Kritik der praktischen Vernunft. – U. Pothast: Die Unzulänglichkeit der Freiheitsbeweise. Frankfurt 1987. – Ders.: Einleitung. In: Seminar: Freies Handeln und Determinismus. Hg. U. Pothast. Frankfurt 1978. S. 7 ff. – W. Stegmüller: Probleme und Resultate der Wissenschaftstheorie und Analytischen Philosophie. Bd. I. New York/Heidelberg/Berlin 2. verb. A. 1983. S. 559–582. PP

**Deus absconditus** (lat. der verborgene Gott). Bezeichnung für den Gott Israels nach Jesaja 45, 15, dann überhaupt für den trotz ↗Offenbarung letztlich unerkennbaren Gott. TH

**Deus ex machina,** im antiken Theater überraschender, mittels einer Hebemaschine (lat. machina) inszenierter Auftritt eines Gottes, der kraft seiner Macht einen an sich unlösbaren Konflikt, eine dramatische ↗Aporie, löst. Der Ausdruck bezeichnet allgemein eine künstlich bewirkte und unerwartete Lösung von Problemen und Notsituationen. TH

**Deus sive natura,** Schlagwort für Spinozas Gleichsetzung von Gott mit der Natur. Nach Spinoza ist alles, was es gibt, Existenzweise genau einer Substanz, die er mit Gott und der Natur identifiziert. Natur ist dabei verstanden als ↗natura naturans (im Ggs. zu natura naturata): Das ist die frei aus sich selbst tätige, in sich selbst seiende und durch sich selbst zu begreifende Natur (*Ethik* I, prop. 29 schol.). Von dieser Natur sind die Attribute »Ausdehnung« und »Denken« bekannt. ME

**Deutscher Idealismus,** Periode innerhalb der Problem- und Theoriengeschichte der klassischen Philosophie zwischen Kant und Hegel. Er umfaßt einen Zeitraum, der von 1790, der Tübinger Studienzeit der Begründer des D.n I., Hegel, Hölderlin und Schelling, bis zum Tode von Hegel 1831 reicht. Der späte Schelling der Münchner und Berliner Zeit gehört mit seinen mythologie- und offenbarungsphilosophischen Schriften in einem kategorischen Sinne nicht mehr zur Geschichte des D.n I.

Der D. I. knüpft an die Ergebnisse des von Kant seit der *Kritik der reinen Vernunft* (1781) entworfenen Kritischen Idealismus an, der die philosophische Erkenntniskompetenz, die der traditionellen Metaphysik abhanden gekommen war, wieder restituierte. Der Kantische Kritische Idealismus unterzog erst einmal die Erkenntnisvorgänge, so wie sie sich im erkennenden Subjekt vollziehen, einer gründlichen Revision, d.h., er ließ die philosophierende Vernunft nicht in uns unbekannte »Räume« jenseits unserer Sinnenwelt schweifen, sondern er konzentrierte ihre Aufmerksamkeit auf den dunklen Raum unseres Verstandes. Er wandte sich den Funktionen der reinen Verstandesbegriffe (Kategorien) zu, der Anschauung, der Erscheinung und der Verknüpfung von Sinn und Verstand; er bestimmte das, was Erkenntnis fortan rechtens heißen wollte, mittels strikter Erfahrungsgebundenheit. Damit sensibilisierte Kant die Philosophie wieder mit einem kritischen Bewußtsein von den Grenzen unseres menschlichen Verstandes und unserer erfahrbaren Welt.

Hatte sich die Philosophie dadurch zwar vielerorts als ungeahnt umstürzende Kritik ausgewiesen, so blieben doch am Kantischen Idealismus zwei zentrale Problemlagen defizitär; zum einen schien durch die Kantische Bestimmung der »Dinge-an-sich-selbst-betrachtet« als prinzipiell unerkennbar die »Reichweite« der Vernunft unzulässig eingeschränkt und dadurch, zum zweiten, der Status der Vernunft selber hoch insuffizient. Hier nun setzt der D. I. ein mit seinem Projekt einer »Vernunfttheorie nach der Vernunftkritik«. Es wurde ursprünglich entworfen im Tübinger Stift (zwischen 1790 und 1793), in den Diskussionen zwischen Schelling, Hegel, Hölderlin und ihrem Repetenten C. I. Diez, sowie in den Begegnungen Hölderlins und seiner Freunde J. Zwilling und I. v. Sinclair mit J. G. Fichte an der Universität Jena (1794–1796). Die Tübinger jungen Idealisten wurden dabei inspiriert von F. H. Jacobi, der bereits 1787 (in: *David Hume über den Glauben oder Idealismus und Realismus*) eine scharfsinnige Kritik des »Ding-an-sich«-Problems vorlegte und der auch in seiner Schrift *Über die Lehre des Spinoza in Briefen an den Herrn Moses Mendelssohn* die Vernunft-Denkform entschieden problematisierte. Jacobi nämlich machte anhand von Spinoza deutlich, daß es Dimensionen und Verhältnisse gäbe – exemplarisch das Substanzproblem –, die sich nicht in der Begriffsform behandeln lassen. Die Vernunft brauche aber, so Jacobi, wegen jener Grenzen der Begriffsform »nicht in Verzweiflung zu geraten«. Folgende Überlegung wurde nun in Tübingen bzw. Jena aus dieser Einsicht gezogen: Offensichtlich ist unser Ich, das Subjekt als reflektierendes Selbstverhältnis, doch etwas, was nicht wie ein endlicher Gegenstand zu behandeln ist, das also nicht mit der herkömmlichen Subjekt-Objekt-Form gegenständlicher Erkenntnis begrifflich erfaßt werden kann. Wäre das Subjekt etwa ähnlich jener spinozistischen Substanz erfaßt? Zur unmittelbaren Vorgeschichte des D.n I. ist auch der Begründer des Jenenser Kantianismus, C. L. Reinhold, zu zählen, der zwischen 1787 und 1794 a.o. Professor für Philosophie in Jena war und dessen Nachfolger Fichte wurde. Reinhold sah sich durch den Methodenpluralismus der Metaphysik religionsphilosophisch einem Vernunft-Paradoxon gegenüber, demzufolge die Erkenntnis Gottes genau nur durch Vernunft möglich sei bzw. ganz unmöglich sei; und natürlich mußte dieser antinomische Zustand aufgelöst werden. Das geschah durch eine neue Beantwortung der Frage: »Was vermag die Vernunft?« – So wurde von verschiedenen Seiten her das Problem einer notwendigen Neubestimmung der Vernunft dringlich. Die Lösung des D.n I.: durch Transfer der spinozistischen Substanz ins Subjekt, der es zum Unbedingten aufwertet, jenen Begriff des Absoluten, des absoluten Ich, zu gewinnen, mit dem ein wirklich universales, einheitliches, identitätsstiftendes Prinzip für alle Wirklichkeit des Denkens und der Natur zu begründen wäre. Eine erste – freilich bis 1917 unveröffentlicht gebliebene – Systemskizze dieser neuen Philosophie bildet das sog. »Älteste Systemprogramm« des D.n I.; es ist dies ein von Hegels Hand überliefertes Manuskript aus dem Jahre 1796/97. Hier wird gleich anfangs postuliert: »Die erste Idee ist natürlich die Vorstellung von mir selbst, als einem absolut freien Wesen. Mit dem freien, selbstbewußten Wesen tritt zugleich eine ganze Welt – aus dem Nichts hervor.« Der oder die Verfasser dieses Textes sind ganz offensichtlich mit der Bewußtseinslage bei der Programmstellung zu diesem neuen Denken bestens vertraut.

Diese neue Philosophie des Absoluten wird dann namentlich von Fichte (*Wissenschaftslehre*, 1794 ff.), Schelling (*Vom Ich als Princip der Philosophie*, 1795; *System des trancendentalen Idealismus*, 1800) und

Hegel (*Differenz des Fichteschen und Schellingschen Systems der Philosophie*, 1801) sowie vor allem dann in dem von Schelling und Hegel in Jena 1802/03 gemeinsam herausgegebenen *Kritischen Journal der Philosophie* entwickelt. Eine zentrale Ausprägung erfährt der D. I. in der Naturphilosophie, die entwickelt wurde von Schelling (*Ideen zu einer Philosophie der Natur*, 1797; *Von der Weltseele*, 1798), J. W. Ritter (*Beweis, daß ein ständiger Galvanismus den Lebensproceß in dem Thierreich begleite*, 1798; *Fragmente aus dem Nachlasse eines jungen Physikers*, 1810), H. Steffens (*Beyträge zur innern Naturgeschichte der Erde*, 1801; *Grundzüge der philos. Naturwissenschaft*, 1806), J. J. Wagner (*Von der Natur der Dinge*, 1803), G. H. Schubert (*Ahndungen einer allgemeinen Geschichte des Lebens*, 1806) oder F. v. Baader (*Beiträge zur dinamischen Philosophie im Gegensaze der mechanischen*, 1809).

Ihr übergreifendes Problem war es, den grundlegenden Wirklichkeitszusammenhang, den zwischen Natur und Freiheit, als vom Subjekt produzierten begreifbar zu machen. Indem jetzt, mit durchaus entwickelter transzendentalphilosophischer Methodik, nach den Bedingungen der Möglichkeit der Natur als Tätigkeit gefragt wird, ergibt sich die Möglichkeit, die Differenz, den Zwiespalt, das Getrennt-Sein von Subjekt und Objekt zu überwinden und im Genetischen, im Werden des Einen für den Anderen, ein dynamisch verfaßtes Identisches neu zu bestimmen. Die äußere Welt, so die naturphilosophische Überzeugung des D.n I., ist von uns zu entfalten, um die Genesis unseres Geistes in ihr wiederzufinden. Weil es dem D.n I. auch in der Naturphilosophie immer um die Natur und uns Menschen als Wirklichkeitszusammenhang geht, vermochte er vor reduktionistischen Engführungen in der Philosophie wie in den Naturwissenschaften frühzeitig zu warnen; hier liegen auch die heuristischen Werte für die Begegnung mit dem D.n I. in der Gegenwart.

In seiner entwickeltsten Form hat dann der spekulative Philosophiebegriff des D.n I. – bei Hegel – das Ganze als das Wahre wieder in einer Wissensform, als absolutes Wissen, begreifen wollen. Hier wird – in gewisser Weise als systematischer »Schlußstein« der Geschichte des D.n I. – ein spekulativer Monismus präsentiert, der einer der absoluten Idee, d. h. der wissenden Vernunft ist, in der alle Zeitformen aufgehoben sind. Nur so kann sie erreichen, was Kunst und Religion immer nur anstrebten, nämlich Gott zu erkennen.

**Lit.:** R. Bubner: Innovationen des Idealismus. Göttingen 1995. – St. Dietzsch: Dimensionen der Transzendentalphilosophie 1780–1810. Berlin 1990. – N. Hartmann: Die Philosophie des deutschen Idealismus. 2 Bde. Berlin 1923/1929. – D. Henrich: Konstellationen. Probleme und Debatten am Ursprung der idealistischen Philosophie (1789–1795). Stuttgart 1991. – R.-P. Horstmann: Die Grenzen der Vernunft. Eine Untersuchung zu Zielen und Motiven des Deutschen Idealismus. Frankfurt 1991. – J. Kopper: Das transzendentale Denken des Deutschen Idealismus. Darmstadt 1989. – M. Kronenberg: Geschichte des deutschen Idealismus. 2 Bde. München 1909/1912. – S. Žižek: Psychoanalyse und die Philosophie des deutschen Idealismus. Wien 1994.

SD

**Dezision, Dezisionismus,** bezeichnet Entscheidungen oder Entscheidungsverfahren, für die charakteristisch ist, daß sie nicht durch Bezug auf allgemeine Rationalitätsstandards begründet werden oder begründbar sind. Dies gilt für situative Kontexte, in denen bspw. aufgrund begrenzter Information oder begrenzter Zeit die für eine Entscheidung relevanten Gründe oder Zweck-Mittel-Relationen nicht hinreichend abgeklärt werden können. – Im Anschluß an das empiristische ↗Sinnkriterium des ↗Logischen Empirismus wird die These vertreten, daß es eine Begründung im strengen Sinne nur im Bereich wahrheitsfähiger Aussagen, die sich auf empirische Tatsachen beziehen, geben könne. Die metaethische Position des ↗Emotivismus zieht daraus die Konsequenz, wenn sie die These vertritt, daß moralische Äußerungen nur subjektive Einstellungen und Gefühle ausdrücken, die selbst nicht weiter begründbar sind. In den Ausführungen zur ↗Wertfreiheit der Wissenschaften bezieht M. Weber in der Frage der Begründbarkeit von Wertsätzen die Position, daß Wertungen nicht Gegenstand wissenschaftlicher Erkenntnis sein können. Normen und Werturteile unterliegen einer anderen Logik der Begründung als empirische Aussagen. Daraus wurde die – von der Weberschen Argumentation nicht abgedeckte – These abgeleitet, daß letzte Wertungen eine Angelegenheit der persönlichen Entscheidung sind. Die von H. Albert vorgetragene Position des ↗Kritischen Rationalismus verweist darauf, daß eine letztgültige Begründung von Normen oder moralischen Sätzen nicht möglich ist, da jede Forderung nach Letztbegründung entweder zu einem infiniten Regreß oder zu einem logischen Zirkel oder zum Abbruch des Begründungsverfahrens durch Berufung auf ein Dogma (↗Münchhausentrilemma) führen muß. Der Anspruch rationaler Begründung kann demnach nur sinnvoll vertreten werden in bezug auf die Überprüfung der Konsequenzen von moralischen Sätzen, in bezug auf deren Realisierbarkeit und Widerspruchsfreiheit. Moralischen Grundsätzen kann nur der Status von hypothetisch angenommenen Normen zugesprochen werden, da die Revidierbarkeit dieser Normen nicht grundsätzlich ausgeschlossen werden kann. Der Vorbehalt des D. führt bei Albert zur Position einer eingeschränkten praktischen Rationalität. Wenn Rechtfertigung mit Deduktion gleichgesetzt wird und Rationalität auf die wissenschaftliche Methode von Vermutung und Widerlegung (durch Bezug auf Tatsachen) eingeschränkt wird, dann ist es auch nicht möglich, diese kritische Einstellung selbst zu rechtfertigen. Es bleibt als einzige Möglichkeit die subjektive Wahl zwischen konkurrierenden Erkenntnis- und Handlungsmodellen, die weder deduktiv gerechtfertigt noch wissenschaftlich bestätigt werden können. – Im Bereich der juristischen Argumentation wurde von C.

Schmidt gegen den Anspruch der Lückenlosigkeit der Rechtsordnung (seitens des Rechtspositivismus) der Vorbehalt vorgebracht, daß man mit den juristischen Erkenntnismitteln nicht jede notwendige Rechtsentscheidung aus dem Rechtsstoff ableiten könne. Vielmehr verbleibe immer ein Entscheidungsmoment, das nicht weiter ableitbar ist. Ebenso beinhaltet der Ausnahmefall – wenn mittels souveräner Entscheidung erst die Situation geschaffen muß, in der (neue) Rechtssätze gelten können – ein solches voluntatives Entscheidungsmoment. **Lit.:** H. Albert: Theorie und Praxis. Max Weber und das Problem der Wertfreiheit und der Rationalität. In: Ders./E. Topitsch (Hg.): Werturteilsstreit. Darmstadt [2]1979. S. 200 ff. – C. F. Gethmann/R. Hegselmann: Das Problem der Letztbegründung zwischen Dezisionismus und Fundamentalismus. In: Zeitschrift für allgemeine Wissenschaftstheorie 7 (1977). S. 342 ff. – H. Hofmann: Dezision, Dezisionismus. In: HWPh. – M. Weber: Die »Objektivität« sozialwissenschaftlicher und sozialpolitischer Erkenntnis. In: Gesammelte Aufsätze. Tübingen [6]1985. S. 146 ff. PP

**Df:**, in der formalen Logik Kennzeichnung für »Definition:«, d. h. der nachfolgende Ausdruck wird definiert. Eine andere Schreibform dafür ist das Zeichen »:=«, z. B. »A:=B« bedeutet, daß A durch B definiert wird. PP

**Dharma** (sanskrit, das Feststehende). Dh. ist zunächst einmal Gesetz, Regel im moralischen, religiösen und juristischen Sinn. Für die traditionelle hinduistische Auffassung ist der »ewige Dh.« (sanātana dharma) ein kosmisches, »das religiöse, das ethische und das praktische Handeln der Menschen normativ bestimmendes Prinzip« (H. Küng/H. v. Stietencron), das den so zahlreichen religiösen Strömungen des Hinduismus eine gemeinsame, wenn auch weit interpretierbare Grundlage gibt. Dh. knüpft an ältere Konzepte und Begriffe von Weltordnung (ṛta im ↗Veda) an. Dh. ist für den Einzelnen neben artha (Erfolg im praktischen Leben), kāma (Liebe, Lust) und ↗Mokṣa (Erlösung) eines der traditionellen Lebensziele im Hinduismus. Diese Auffassung von Dh. macht die hinduistischen Dh.sūtras oder -śāstras zu mehr als reinen Gesetzbüchern: Sie weisen dem Menschen seinen durch die Geburt geregelten Platz im Kastensystem mit allen damit verbundenen ethischen und religiösen Pflichten an. – Im Buddhismus hat Dh. (Pāli: dhamma) zwei Grundbedeutungen. Zum einen bezeichnet es die Lehre des Buddha und ist einer der drei Edelsteine (triratna) des Buddhismus – Buddha, Saṃgha »die buddhistische Gemeinde«, Dh., auf den sich auch dessen Bekenner in der Zufluchtsformel berufen. Zum anderen zerlegt die pluralistische Weltauffassung des Buddhismus die Welt und ihre Erscheinungsformen in einzelne Dh.s. – Im ↗Jainismus dagegen bedeutet Dh. das Prinzip der »Bewegung« im Gegensatz zur »Ruhe« (adharma). **Lit.:** J. Gonda: Die Religionen Indiens. Bd. I. Stuttgart [2]1978. S. 288 ff. – Th. Stcherbatsky: The Central Conception of Buddhismus and the Meaning of the Word Dharma. London 1923. – R. C. Zaehner: Der Hinduismus. München 1979. S. 107 ff. MD

**Diachronie/Synchronie** (griech. dia: durch, hindurch; syn: zusammen, zugleich; chronos: Zeit). Das Begriffspaar erscheint erstmals bei F. de Saussure in dem 1916 postum erschienenen Buch *Cours de linguistique générale*. Seitdem spielt es eine zentrale Rolle im ↗Strukturalismus. Saussure unterscheidet zwischen ↗langue (Sprache) und parole (Sprechen). Beide zusammen ergeben die langage (menschliche Rede). Gegenstand der Sprachwissenschaft ist die langue, das heißt, das System sprachlicher Zeichen. Nach der Unterscheidung zwischen langue und parole führt Saussure als zweite die Unterscheidung zwischen D. und S. ein. Der Gegenstand der Sprachwissenschaft, die langue, kann nämlich auf zwei Weisen thematisiert werden. Einmal können einzelne Glieder eines Sprachsystems in Hinblick auf Veränderungen, die sie im Laufe der Zeit erfahren haben, untersucht werden. So gingen z. B. dem heutige Plural von »Gast« die Formen »gasti« und »gesti« voraus. Die heutige Form »Gäste« hat damit die vorangegangene Form »gesti«, und diese die althochdeutsche Form »gasti« ersetzt. Diese Art der Sprachwissenschaft, die einzelne Glieder in ihrem zeitlichen Nacheinander untersucht, nennt Saussure diachronische oder evolutive Sprachwissenschaft. Andererseits kann bei einer Untersuchung der Sprache der Akzent auf die Verhältnisse gleichzeitig vorhandener Glieder, die untereinander ein System bilden, gelegt werden. Diese Weise der Sprachwissenschaft, bei der es vor allem um sprachliche Werte geht, nennt Saussure synchronische oder statische Sprachwissenschaft. Z. B. ist der sprachliche Wert eines Pluralwortes in einem Sprachsystem, das nur die Formen Singular und Plural kennt, ein anderer als in einem Sprachsystem, das zusätzlich die Form des Duals kennt. Die Unterscheidung zwischen D. und S. wird mittlerweile erfolgreich auch auf außersprachliche Zeichensysteme angewandt, z. B. von C. Lévi-Strauss in der Ethnologie. **Lit.:** F. de Saussure: Grundfragen der allgemeinen Sprachwissenschaft. Berlin [2]1967. TF

**Diagramm**, allgemein bildlich-schematische Darstellung struktureller Sachverhalte. In der Logik dienen D.e der Überprüfung logischer Schlüsse bzw. dem Nachweis von Tautologien. Eine erfolgreiche Anwendung war bereits in der traditionellen Begriffslogik für die Syllogistik möglich. So finden sich bei Leibniz Liniendiagramme zur Darstellung der kategorischen Urteilsformen, wobei die Verhältnisse der Linien zueinander (völlige, teilweise oder keine Überlagerung) die Verhältnisse der repräsentierten Begriffe wiedergeben und die Gültigkeit oder Ungültigkeit entsprechender Schlüsse erkennen lassen. Ein topologisches Modell syllogistischer Verhältnisse liefern die sog. Euler-D.e, die ebenfalls von Leibniz entwickelt wurden, jedoch erst durch Euler eine weitere Verbreitung fanden. Die dabei verwendeten Flächen der Zeichenebene (etwa Kreise) repräsentieren jeweils Begriffsumfänge, somit also Mengen. Da syllogistisches Schließen auf Verhältnissen zwischen Begriffen beruht, wird dadurch die Darstellung syllogistischer Schlüsse möglich. Allerdings gestatten Euler-D.e keine eindeutige Umsetzung begrifflicher Verhältnisse bzw. der sie ausdrükkenden kategorischen Urteilsformen, da einige Urteilsformen durch mehrere D.e wiedergegeben werden können. Eine verbesserte Darstellung der Syllogistik wird durch Venn-D.e möglich, welche ebenfalls Begriffsumfänge durch Kreise repräsentieren, aber in den Kombinationen von Prämissen die erforderliche Eindeutigkeit durch zusätzliche Auszeichnung bestimmter Flächen erreichen. Venn-D.e illustrieren Boolesche Gesetzmäßigkeiten und damit auch den algebraischen Teil der Mengenlehre.

Euler- und Venn-D.e werden als logische D.e bezeichnet. Von semantischen D.en spricht man demgegenüber gelegentlich bei schematisch besonders aufbereiteten Versionen des von Beth entwickelten Tableaukalküls. So führen Hughes und Cresswell semantische D.e als ein für praktische Zwecke bequemes Beweis- und Entscheidungsverfahren in die ↗Modallogik ein. Da es sich bei semantischen D.en um aus den Tableauxkalkülen bekannte Baumstrukturen handelt, sind diese entsprechend dem Fall der klassischen Logik für entscheidbare Modallogiken stets endlich. **Lit.:** M. Gardner: Logic Machines and Diagrams. New York 1958. – G. Hughes/M. Cresswell: An Introduction to Modal Logic. London ²1972. – J. Venn: Symbolic Logic. London ²1894. UM

**Diakritisch** (griech. diakritikos: trennend, zur (weiteren) Unterscheidung dienlich). D.e Zeichen sind Zeichen wie Akzente, Akut, Spiritus usw., die bestimmte andere Zeichen (wie Vokale usw.) weiter differenzieren. (a) Platon spricht im *Timaios* 67 e von der weißen Farbe als d.: Hier bedeutet d. soviel wie »durchdringend« (im Ggs. zu synkritisch (synkritikos), »zusammenpressend«); darauf nimmt Aristoteles *Met.* 1057 b 8 Bezug. Goethe nimmt in seiner Farbenlehre diesen Begriff aus dem *Timaios* wieder auf. (b) Im *Politikos* 282 b 1 ff. unterscheidet Platon zwei Künste, die synkritische und die d.e, die verbindende und die trennende. Im dort gewählten Beispiel der Wollzubereitung gehört »das Kämmen und die eine Hälfte der Bearbeitung auf dem Webstuhl und was sonst das Vereinigte trennt« zur d.en, trennenden Kunst. MSU

**Dialektik.** Unter D. wurde in der Geschichte der abendländischen Philosophie Verschiedenes verstanden, so daß man nicht von einer einheitlichen Bedeutung des Begriffs der D. ausgehen kann. Obwohl die einzelnen Traditionslinien nicht bezuglos nebeneinanderstehen, muß man unterscheiden zwischen folgenden Hauptformen: (1) das Verständnis der D. in der Antike – bei Platon und Aristoteles – als Kunst des Argumentierens und Beweisens; (2) die Auffassung der D. in den transzendentalphilosophisch-idealistischen Philosophien Kants und Fichtes; (3) die Stellung der D. als Grundstruktur und Methode im objektiven Idealismus Hegels; (4) die Transformation dieser D. zur Methode der Gesellschaftskritik und dem Entwicklungsprinzip der Geschichte (Marx) sowie der Natur (Engels); schließlich (5) die Rekonstruktions- oder Rechtfertigungsversuche der D. in der Gegenwart.

(1) In der Philosophie Platons ist D. eine Theorie des Wissens, die sich aus der Diskussion sich widersprechender Meinungen ergibt. D. hat dabei als Methode in erster Linie die Aufgabe, die verwendeten Begriffe zu analysieren und den Widerstreit durch begriffliche Synthesen beizulegen. Das Ziel der D. ist dabei, das empirisch Seiende zu erkennen, um dadurch die Ideen begreifen zu können. In Auseinandersetzung mit den Sophisten unterscheidet Platon zwischen der Eristik als der bloßen Kunst, durch Widersprüche andere Meinungen zu widerlegen, und der D., der es um Erkenntnisfortschritt in der Sache geht. Gegenüber der Eristik als einer bloßen Wortkunst mit ausschließlich negativem Ziel gewinnt D. in der Philosophie Platons auch eine politisch-ethische Dimension, da D. auf die Erkenntnis der Ideen ausgerichtet ist und zur Errichtung einer vernünftigen Polis einen unerläßlichen Beitrag leistet. – Bei Aristoteles wird das Wesen und die Funktion der D. in den Schriften des Organon bestimmt. Ausgehend von der Auffassung der D. als Kunst der Gesprächsführung unterscheidet Aristoteles zwischen Gesprächen, die dem Verfahren der Analytik und solchen, die dem Verfahren der Topik folgen. Erstere deduzieren aus wahren Prämissen mittels logischer Verfahren stringente Beweisketten, während letztere solche Themen behandeln, über die geteilte Meinung herrscht. In der Analytik kommen daher nur allgemeingültig wahre Sätze vor, die durch die Logik verbunden sind, während die Topik von solchen Sätzen handelt, die man sowohl für wahr wie auch für falsch halten kann. Das Verhältnis der D. zu Analytik und Topik ist in der Philosophie des Aristoteles einem Wandel unterworfen, der den Begriff der D. mit einer Zweideutigkeit belegt, die sich durch die gesamte Rezeptionsgeschichte hindurchzieht. Da Aristoteles erst im Laufe seiner philosophischen Entwicklung die Analytik zu einem System rein formaler Schlüsse ausbaut und von der Topik abtrennt, behandelt er zu Beginn D. als Methode für das gesamte Organon, wobei aber D. bereits die Beweisführung meint, die von bloß wahrscheinlichen oder hinreichend glaubwürdigen Ansichten ausgeht. Zur Diskussion dieser Ansichten zieht die D. Grundmuster des rationalen Denkens (Topoi) hinzu, um bezüglich der in Frage stehenden Meinungen zu entscheiden. In dieser Verwendung wird D. mit Logik gleichgesetzt. Nach der Ausdifferenzierung des Organon in die formal logische Analytik und die Topik wird die D. als Methode auf letztere beschränkt. D. als Methode der Topik steht damit nun der Logik als Methode der Analytik gegenüber. Da sie Sätze mit strittigem Wahrheitswert behandelt, wird D. auch besonders zur philosophischen Diskussion lebensweltlicher Probleme gebraucht, die von der alltäglichen Meinung (Doxa) ausgeht, um Entscheidungen z. B. für die politische Praxis zu fällen. Gegenüber den formal schlüssigen Beweisen der Analytik erlauben dialektische

Schlüsse der Topik also, durch Rückgriff auf vorgefundene, gut begründete Meinungen (Topoi) zu Begründungen zu kommen, die nicht formal zwingend, dafür aber der Lebenspraxis nahe sind. Wie auch Platon versucht Aristoteles, die dialektische Topik von der Eristik der Sophisten abzugrenzen. Er geht dabei so vor, daß er bezüglich des beiden gemeinsamen Ausgangspunktes bei bloß wahrscheinlichen Sätzen eine Unterscheidung trifft zwischen den wohlbegründeten, im Alltag gewöhnlich vorfindbaren Meinungen (Topoi) und solchen Meinungen, die von den Sophisten lediglich angeführt werden, um Schlußfolgerungen ihrer Diskussionspartner zu widerlegen. In diesem Sinne kann man sagen, daß die D. der Teilbereich der Rhetorik als Kunst der Gesprächsführung ist, der das Selbstverständnis einer konkreten Lebenspraxis (deren Topoi) heranzieht, um theoretisch begründete Entscheidungen bezüglich strittiger Aussagen und Probleme zu fällen.

(2) In der Philosophie Kants lebt die von Aristoteles herstammende Bedeutung des Begriffs D. fort, gewinnt aber zusätzlich eine vollkommen neue Bedeutung. So ist die Unterteilung der *Kritik der reinen Vernunft* in Analytik und D. die Übernahme der tradierten Aufteilung. Im Unterschied zu Aristoteles rechnet Kant die Topik der Logik zu, während die D. als eine Logik des Scheins aufgefaßt wird und damit in die Nähe der Eristik rückt. Anders aber als die sophistische Eristik hat die transzendentale D. Sätze zum Gegenstand, deren Widersprüche aus dem Wesen der Vernunft selbst hervorgehen. Diese Widersprüchlichkeit entspringt dem Bestreben der Vernunft, ihre Begriffe über den Bereich der Erfahrungsgegenstände hinaus anzuwenden. Anders als die logische D., die nach Kant lediglich Schlüsse mit falscher logischer Form untersucht, führt die transzendentale D. auf erfahrungsüberschreitende, transzendente Urteile. Die Überschreitung der Erfahrung kommt dabei stets so zustande, daß die Vernunft zu einem gegebenen Bedingten das Unbedingte aufzufinden versucht. Da es die transzendentale D. mit den Widersprüchen zu tun hat, die aus der Natur der Vernunft selbst stammen, ist ihre Funktion nicht allein negativ. Zwar kann die transzendentale D. nicht zu einer positiven Disziplin spekulativer Vernunft ausgebaut werden. In ihrer Rolle aber, die Illusionen transzendenter Urteile aufzudecken und zu zerstören, kommt ihr die zentrale Rolle zu, die erkenntnistheoretische Selbstbeschränkung der Vernunft in dem Programm einer Kritik der Vernunft zu unterstützen. – Fichte verwendet den Begriff D. in seiner Philosophie in der Tradition von Aristoteles und Kant als kritische Methode der Aufdeckung sophistischer Argumentationen und bloß scheinbarer, transzendenter Erkenntnisse. Für seine eigene Methode in der Wissenschaftslehre verwendet Fichte erst ab 1812 die Bezeichnung »wahre D.« und grenzt sie gegen die obige negative D. ab. Das dialektische Verfahren der *Wissenschaftslehre* von 1794/95 zeichnet sich durch einen Dreischritt von Thesis, Antithesis und Synthesis aus. Dabei wird in einem analytischen Verfahren in einer gegebenen Thesis ein Gegensatz aufgezeigt, der zu einer Antithesis ausformuliert wird. Anschließend wird in einem synthetisierenden Verfahren mittels einer »limitierenden« D. die Opposition von Thesis und Antithesis aufgehoben, indem deren jeweiliger Geltungsbereich eingeschränkt wird. Die dabei entstehende Synthesis enthält nach Fichte aber als Thesis automatisch wieder eine Antithesis, so daß die analytisch-dialektische Methode erneut Anwendung findet. Auf diese Weise werden die auftretenden Widersprüche in jeweils neuen Synthesisleistungen aufgelöst, ohne daß dieser Prozeß abschließbar wäre. Grundlage dieses Verfahrens ist für Fichte die vorausgesetzte Einheit des transzendentalen Selbstbewußtseins mit seinen synthetischen Leistungen, dessen Vorgaben in einer philosophisch genetischen Erklärung für das empirische Selbstbewußtsein nachgezeichnet werden. Die Wissenschaftslehre bestimmt dabei die in jeder Synthesisleistung enthaltenen Gegensätze von Thesis und Antithesis, die unter der Bedingung der Reflexion vom empirischen Selbstbewußtsein nur durch Limitierung zu einer neuen Synthese vereint werden können. Die Aufdeckung der transzendentalen Einheit ist daher für das empirische Selbstbewußtsein eine unendliche Aufgabe, deren Unabschließbarkeit bei Fichte im Verhältnis von Sollen und Schranke ausgedrückt ist.

(3) Auch bezüglich der Hegelschen Philosophie in ihrer entwickelten Form ab 1812 gilt, daß D. kein einheitlicher Begriff ist. So versteht Hegel unter D. zum einen in ontologischer Sicht die Aktivität der absoluten Subjektivität selbst, die sich in der Bewegung der ↗ Negation der Negation selbst differenziert und bestimmt. In dieser Bewegung wird vorausgesetzt, daß die interne Verfaßtheit dieses Absoluten nur spekulativ gefaßt werden kann als Einheit von Widersprüchen, deren dialektische ↗ Aufhebung die Produktivität der Negationsbewegung voraussetzt. D. als Prinzip der Sache selbst ist damit die ontologische Interpretation der D. als einer Vermittlung sich widersprechender Bestimmungen. Die dialektische Darstellung dieses Prozesses in der *Wissenschaft der Logik* ist die philosophische Explikation der Selbstdifferenzierung des Absoluten, so daß die Einheit von Methode und Sache vorausgesetzt wird. Andererseits wird diese Einheit nach Hegel durch diese begriffliche Entwicklung selbst auch in ihrer Wahrheit erwiesen. Neben dieser Bedeutung von D. als dem Wesen der spekulativen Philosophie findet sich bei Hegel auch noch ein speziellerer Begriff von D. Dieser bezeichnet nur ein Moment der spekulativen Methode, nämlich die dialektische Auflösung von Widersprüchen, die der Verstand durch die Isolierung von Bestimmungen erzeugt. In dieser Verwendung, die an die Tradition Platons und Aristoteles anschließt, bedeutet D. die negativ-vernünftige Seite der Spekulation als Verstandeskritik. Im Gegensatz zur »limitierenden« D. der Fichteschen Philosophie geht Hegel aber von der Möglichkeit der vollständigen Aufhebung des Widerspruchs durch spekulatives Erken-

nen aus. Die Grundfigur dieser spekulativ-dialektischen Bewegung ist die Aufhebung von ↗Allgemeinheit und Besonderheit in die Bestimmung der Einzelheit. Anders als für Fichte ist nach Hegel das philosophisch-spekulative Erkennen in der Lage, den Selbstbestimmungsprozeß der absoluten Subjektivität als produktive Synthesisleistung vollständig zu erfassen. (4) Die Bedeutung der D. bei Marx ergibt sich als Resultat seiner Adaption und Kritik der Hegelschen D. Auch bezüglich der Marxschen Philosophie muß unterschieden werden zwischen verschiedenen Verwendungen des Begriffs D. So gibt es zum einen D. als Darstellungsmethode des *Kapitals* zum Zwecke der Kritik der politischen Ökonomie. Dabei wird Hegels Methode in der *Wissenschaft der Logik* verwendet, um den Kapitalismus als ein sich selbst organisierendes System darzustellen, in dem das Kapital die Rolle des absoluten Subjekts innehat und die Entfremdung der Menschen verursacht. Diese Verwendung der Hegelschen D. durch Marx stellt eine neue Bedeutung des Begriffs der D. als adäquater Methode der Gesellschaftskritik dar. Neben dieser von Marx selbst herausgestellten D. läßt sich aber – vor allem in seinen Schriften zwischen 1843 und 1846 – eine weitere D. nachweisen, die sich vor allem an Hegels *Phänomenologie des Geistes* und dem Verfahren der Negation der Negation orientiert. In dieser Verwendung bezeichnet D. das Entwicklungsgesetz der menschlichen Geschichte als einer Abfolge von Entfremdungsstufen des Gattungswesens. Dieses Gattungswesen entwikkelt sich darin zu Gesellschaftsformen weiter, bis es einen nicht-entfremdeten Zustand der Gesellschaft erreicht. Die unterschiedlichen Gesellschaftsformationen lösen sich dabei durch Revolutionen als Negationen ab. Marx betont hier im Hegelschen Verfahren der Negation der Negation und der dialektischen Aufhebung das Moment der ersten Negation, die er als Vernichtung interpretiert. D. wird damit zum Bewegungsgesetz der Geschichte und bildet die Grundlage des historischen Materialismus. Marx selbst hat für die Charakterisierung der Gesetzmäßigkeit dieser Gesellschaftsentwicklung den Begriff der D. nicht benutzt. – Engels hat dann auch für die Naturwissenschaft eine D. der Natur zu begründen versucht, der zufolge die Naturprozesse selbst dialektischer Art sind. Damit war auf materialistischer Grundlage der universale Anspruch der Hegelschen idealistischen D. in der Weltanschauung des dialektischen Materialismus reformuliert.

(5) Charakteristisch für die Einschätzung der D. in der Philosophie der Gegenwart ist, daß sich nicht nur Transformations- und Rekonstruktionsversuche, sondern auch Angriffe wie Verteidigungen auf verschiedene Traditionslinien beziehen. – Neben den Versuchen, die Methode der D. in den Systemen von Fichte und Hegel zu rekonstruieren, gibt es Ansätze, D. als eine Methode der Argumentation (Toulmin, Rescher) oder als eine Wissenschaftslogik (Popper, Rescher) präzise zu fassen, die an die Tradition von Aristoteles anknüpfen. Dagegen steht die Kritische Theorie der Frankfurter Schule (Horkheimer, Adorno) in der Tradition von Hegel und Marx. Sie schränkt dabei den Geltungsbereich der D. auf den Bereich Gesellschaftskritik ein und gibt die These einer notwendigen geschichtlichen Entwicklung auf. In der »Negativen D.« Adornos wird außerdem ein zentrales Moment der Hegelschen D. – der Einheit von Allgemeinem und Besonderem – zugunsten einer unaufhebbaren Differenz aufgegeben. Neben der Frankfurter Schule gibt es Versuche, die gesellschaftstheoretischen Einsichten der Hegelschen und Marxschen D. mit Hilfe handlungs- und spieltheoretischer Methoden zu rekonstruieren und für die Soziologie nutzbar zu machen (Elster).

**Lit.:** Th. W. Adorno: Negative Dialektik. Frankfurt 1966. – W. Becker: Hegels Begriff der Dialektik und das Prinzip des Idealismus. Stuttgart 1969. – Ders.: Idealistische und materialistische Dialektik. Stuttgart 1970. – K. Hartmann: Die Marxsche Theorie. Berlin 1970. – R. Heiß: Wesen und Formen der Dialektik. Köln/Berlin 1959. – M. Horkheimer/Th. W. Adorno: Dialektik der Aufklärung. Frankfurt 1969. – W. Janke: Historische Dialektik. Berlin/New York 1977. – M. Merleau-Ponty: Die Abenteuer der Dialektik. Frankfurt 1968. – W. Röd: Dialektische Philosophie der Neuzeit. 2 Bde. München 1974.

MQ

**Diallele,** Bezeichnung für einen ↗Zirkelschluß oder eine Zirkeldefinition, bei der die gleichen Ausdrücke sowohl im Definiens wie im ↗Definiendum vorkommen.

PP

**Dialog.** Seit Sokrates und Platon ist dialogos die Entwicklung einer Meinung zur Wahrheit. Bei den Begründern des D.s geschieht das nach der folgenden zugrundeliegenden Zielbestimmung: Was in der Realität vorgefunden wurde, eröffnete sich allererst dem einzelnen Betrachter. Er konnte allerdings nie sicher sein, ob seine auf das Wahrgenommene bezogene Äußerung lediglich eine bloße Meinung oder eine wahre Aussage war. Die Überprüfung hatte daher im D. zu geschehen. Der Proponent machte eine Aussage. Der Opponent konnte diese Aussage anzweifeln, indem er Einwände formulierte. Dieser argumentative Prozeß mußte so lange weitergeführt werden, bis keine Einwände mehr vorgebracht wurden. Niemals allerdings konnte man sicher sein, ob nicht später jemand weitere Einwände formulieren würde. – Neben der sachlich-explikativen Klärung eines Begriffs hatte der sokratisch-platonische D. ein weiteres Ziel. Während die Sophisten ihre eigene Meinung durchzusetzen strebten, indem sie geschickt redeten und somit über-redeten, kam es Sokrates auf die Bildung einer moralischen Haltung im theoretischen D. an. Die Menschen sollten fähig werden, mit anderen zu kommunizieren und ihre eigene Meinung zu korrigieren. Dialogprinzip ist also die Anerkennung der Gleichwertigkeit und das Ernstnehmen aller Gesprächspartner. – Platon bemängelt an der Schriftform vor allem das darin fehlende Zusammenfallen von praktischem und theoretischem Wissen, das die Teilnahme am D. herbeiführen könne. Die Erfindung der Schriftform »wird bei den Seelen der Lernenden ... Vergessenheit einflößen aus Vernachlässigung der Erinnerung, weil sie im Vertrauen auf die Schrift sich nur von außen vermittels fremder Zeichen, nicht aber innerlich sich selbst und unmittelbar erinnern werden« (*Phaidon* 274 a). Eine weitere Schwäche sei die Inflexibilität der Schriftform gegenüber einer anderen Stärke der dialogischen Wahrheitssuche, denn zur Wahrheitssuche gehöre das »Durchgehen nach allen Richtungen und ohne dieses Hin und Her [ist es] unmöglich..., auf das Wahre zu kommen und Einsicht zu erwerben« (*Parmenides* 136 e). Dieses Durchgehen sei ein »verweilendes Durchgehen« (*Der siebte Brief* 343 e), das der Gelassenheit und Muße und der immer wieder neu ansetzenden Überlegungen bedürfe. Dies könne nicht mit schriftlich festgelegten Formulierungen erzielt werden. Bei der Schriftform fehle auch die Möglichkeit der »wohlmeinenden Widerlegungsversuche ... im Fragen und Antworten« (ebd. 344 b) einer Meinung oder eines gemeinsam gefundenen Ergebnisses. Aus den genannten Kritikpunkten folgert Platon, daß die Schriftform die unangemessene Form sei, wenn es um »ernstzunehmende Dinge« gehe (ebd. 344 c). Vielleicht hat Platon gerade wegen seiner Kritik an der Schriftform die Dialogform für seine schriftliche Darstellung gewählt. Aber auch die sogenannten »Aussparungsstellen«, an denen Platon seinen Lesern sagt, daß weitere Untersuchungen unerläßlich seien, hier und jetzt aber nicht durchgeführt werden könnten, weisen darauf hin, daß Platon so die Mängel seiner schriftlichen Darstellung abmildern wollte. – Dieses argumentative Gespräch war für Wilhelm von Humboldt Grundlage des menschlichen Denkens überhaupt. »Der Mensch spricht sogar in Gedanken, nur mit einem Andren, oder mit sich, wie mit einem Andren« (Ges. Schriften in 17 Bden. Berlin 1903–1936. Bd. VI. S. 25). Wir können nach Humboldt also gar nicht anders als in sprachlich-argumentativer Weise denken. Und: »Zwischen Denkkraft und Denkkraft ... giebt es keine andere Vermittlerin, als die Sprache« (ebd. S. 26). Sprache ist nun einmal ein Verhältnis zwischen mindestens zwei Menschen: »Die Sprache muss nothwendig ... zweien angehören« (ebd. S. 180) oder »die Sprache richtet ferner den in Worte gefassten Gedanken immer an einen Andren, äusserlich wirklich vorhandnen oder im Geiste gedachten« (ebd. S. 346). Der Mensch führt also auch in Gedanken stets einen D. Schnädelbach schließt daran an, wenn er meint, daß philosophisches Denken als Reflexion immer dialogisch ist. »In der Reflexion, d. h. dem Denken des Denkens, dem Nachdenken über das Gedachte, der Thematisierung unserer Thematisierungsweisen usf., übernimmt man stets abwechselnd die Rolle von Proponent und Opponent; man macht sich selbst Einwände, um sie nach Möglichkeit zu entkräften oder seine Überzeugungen mit Gründen zu ändern« (1989, S. 24). – Die Diskursphilosophie von Apel und Habermas schließt in der Gegenwart an diese Einsichten von Sokrates, Platon und von Humboldt an. Im Diskurs soll der Wahrheitsanspruch einer Aussage über etwas in der objektiven Welt oder der Richtigkeitsanspruch einer Aussage über etwas in der sozialen Welt dialogisch eingelöst werden. Die Voraussetzung für eine dialogische Überprüfung von Geltungsansprüchen ist etwas, was man immer schon unbewußt anerkennt. Es handelt sich dabei um eine ganze Reihe von Unterstellungen, ohne die eine dialogische Handlung sinnlos wäre, z. B. daß das in einer Aussage Enthaltene wahr oder richtig ist, daß man also mit jeder Aussage auch einen Geltungsanspruch erhebt. Man geht weiterhin wie selbstverständlich davon aus, daß man jemanden überzeugen und sich jemandem verständlich machen will. Wenn man also überhaupt in einen solchen D. eintritt, dann anerkennt man den anderen als gleichberechtigten, wahrheits- und zurechnungsfähigen Argumentationspartner. Die Letztbegründung für so zu findende und gefundene wahre oder richtige Aussagen ist die wechselseitige Anerkennung von Menschen als gleichberechtigte Diskussionspartner. Dialogprinzipien sind hier, wie auch schon in der Antike, Gleichheit und Solidarität. Allerdings unterscheidet sich der D. im linguistischen Paradigma von dem im metaphysisch-ontologischen von Sokrates und Platon: »Im metaphysischen Diskurs wird die Sicherung der Intersubjektivität im Gegenstandsbezug gesucht, während der kritische Diskurs den Gegenstandsbezug durch Thematisierung der Intersubjektivität zu garantieren versucht; für den Metaphysiker gründet der diskursive Konsens in der Objektivität, für den kritischen Philosophen gründet die Objektivität im Konsens« (Schnädelbach 1989, S. 25). – M. Buber hat in seinem Hauptwerk *Ich und Du* (Leipzig 1923) eine Konzeption vorgeschlagen, die den D. über das Sprachliche hinaus erweitert. Er ist der Auffassung, daß menschliche Zwiesprache ohne das sprachliche Zeichen geführt werden könne. Er nennt drei Möglichkeiten: Beobachtung, Betrachtung und Innewerdung. Voraussetzung dafür ist die gegenseitige Hinwendung nicht nur zum vom Gesprächspartner Geäußerten, sondern dazu müsse man den Partner als Menschen annehmen und gegenseitiges Vertrauen haben. So könne auch ein schweigender D. geführt werden. Man solle seinem Mitmenschen danken, »selbst wenn er nichts Besonderes für einen getan hat. Wofür denn? Dafür, daß er mir, wenn er mir begegnete, wirklich begegnet ist; daß er die Augen auftat und mich mit keinem anderen verwechselte: daß er die Ohren auftat und zuverlässig vernahm, was ich ihm zu sagen hatte; ja, daß er das auftat, was ich recht eigentlich anredete, das wohlverschlossene Herz« (*Nachlese*. Heidelberg 1965. S. 254). Buber verstand seine Dialogphilosophie als Vermittlung zwischen der Aporie von Individuum und Gemeinschaft. Sie sollte vermitteln zwischen Individualität und Verantwortung für die Gemeinschaft. In ausdrücklicher Abgrenzung zum Deutschen Idealismus sah er nicht Einheit, sondern Beziehung als Weltgesetz. **Lit.:** K.-O. Apel: Das Apriori der Kommunikationsgemeinschaft und die Grundlagen der Ethik. In: Ders.: Transformation der

Philosophie. Bd. 2. Frankfurt 1973. S. 358–435. – D. Horster: Jürgen Habermas. Stuttgart 1991. S. 53–79. – W. von Humboldt: Schriften zur Sprache. Stuttgart 1973. – C. Schildknecht: Platon oder die dialogische Form der Philosophie. In: Dies.: Philosophische Masken. Stuttgart 1990. S. 22–53. – H. Schnädelbach: Reflexion und Diskurs. Frankfurt 1977. – Ders.: Zum Verhältnis von Diskurswandel und Paradigmenwechsel in der Geschichte der Philosophie. In: D. Krohn u. a.: Das Sokratische Gespräch. Hamburg 1989. S. 21–31. – T. A. Szlezák: Gespräche unter Ungleichen. Zur Struktur und Zielsetzung der platonischen Dialoge. In: G. Gabriel/C. Schildknecht (Hg.): Literarische Formen der Philosophie. Stuttgart 1990. S. 40–61. – S. Wolf: Martin Buber zur Einführung. Hamburg 1992. S. 147–163. DH

**Dialogphilosophie** ↗Dialog

**Diametral** (griech. diametrein: etwas durchmessen), bezeichnet, meistens adjektivisch, das Gegensatzverhältnis zweier Begriffe, die sich als entgegengesetzte Enden einer Skala begreifen lassen (z. B. hoch und tief, hell und dunkel, laut und leise). Ursprünglich stammt der Ausdruck aus der antiken Rhetoriktheorie; bei Aristoteles (*Verfassung der Athener* 67,3) wie auch bei Demokrit und Demosthenes ist mit dem Terminus die zeitliche Messung von Gerichtsreden durch die Wasseruhr (Klepshydra) gemeint. MFM

**Dianoetisch** (griech. dianoetikos: rational). Im *Timaios* 89 a3 spricht Platon von einer »d.en« Bewegung, der »Bewegung des Denkens«, die stetig und gleichmäßig sei. Für Platon ist die dianoia, das Nach-Denken im strengen Sinne, zwischen der Meinung, der doxa, und der Vernunft, dem nous, angesiedelt. Es ist die Denkform der Mathematiker, die aus bestimmten vorausgesetzten Hypothesen Schlußfolgerungen ziehen (*Staat* 511 c ff.). Zu einem terminus technicus macht erst Aristoteles diesen Begriff: er unterscheidet in der Ethik zwischen ethischen und d.en Tugenden (*Eth. Nic.* 1103 a 3 ff.). Die d.en Tugenden, die Vorzüge des Verstandes, »gewinnen Ursprung und Wachstum vorwiegend durch Lehre, weshalb sie Erfahrung und Zeit brauchen«; die ethischen Tugenden dagegen, die Vorzüge des Charakters, sind das »Ergebnis von Gewöhnung.« D.e Tugenden sind etwa Weisheit (sophia), Intelligenz (synesis), sittliche Einsicht (phronesis). Das Buch VI der *Nikomachischen Ethik* ist den d.en Tugenden gewidmet. MSU

**Dianoia.** Schon bei den Vorsokratikern begegnet die Unterscheidung der D. vom ↗nous, wie sich einem Verweis Iamblichs auf die Schrift *Peri nou kai dianoias* eines gewissen Brotinos entnehmen läßt (VS 17A5). Ferner unterscheidet Demokrit generell zwischen der Klarheit des Denkens als D. und der undeutlichen Wahrnehmung (VS 68B11). Der mittlere Platon übernimmt insofern beide Unterscheidungen, als er einerseits die sichtbare Welt von der des Denkens trennt, andererseits in dieser Welt des Denkens die dianoetische Erkenntnisweise der mathematischen Wissenschaften von der noetisch bestimmten Dialektik der Philosophen absetzt (*Politeia* 511d). Im Spätwerk kritisiert Platon dann genau diese nicht diskursive Form der Ideenerkenntnis, indem er zunächst das Denken als Gespräch der Seele mit sich selbst bestimmt (*Theaitetos* 189 e4-190 a7), um dann die sich unterredende Seele als Idee zu fassen, die die Vielheit ihrer Sätze zur ganzheitlichen Einheit ihres Dialoges zu verbinden vermag (*Sophistes* 259d9-e6) und deshalb Ideenerkenntnis immer auch als Selbsterkenntnis vollzieht. Bei Aristoteles begegnet dann neben den Unterscheidungen seiner Vorgänger auch jene zwischen den sog. ethischen und dianoetischen Tugenden, wobei letztere die Vorzüge des Verstandes meinen (*Eth. Nic.* 1103a3 ff.). Die Stoiker schließlich verstehen unter D. den die Seele leitenden Teil, das hegemonikon (SVF II, 459). **Lit.:** B. Mojsisch: »Dialektik« und »Dialog«: Politeia, Theaitetos, Sophistes. In: T. Kobusch/B. Mojsisch (Hg.): Platon: seine Dialoge in der Sicht neuer Forschungen. Darmstadt 1996. S. 167–180. AM

**Dichotomie,** Lehre von der Einteilung, gehört zur Methodologie einer Wissenschaft. Die Sacheinteilung kann dabei nach Einteilungsgliedern vollzogen werden. Eine D. ergibt sich bei zwei Einteilungsgliedern, indem man ein Einteilungsmerkmal bestimmt, das für alle Teile der einen Teilmenge zutrifft und für die Teile der anderen Teilmenge nicht, z. B. die Einteilung eines Begriffsumfangs in zwei Glieder durch Angabe eines artbildenden Merkmals und seines Gegenteils (↗Kontradiktion), z. B. gerade und ungerade Zahlen, Schwimmer und Nicht-Schwimmer. Für eine strenge D. gilt, daß beide Teilmengen die Gesamtheit (des Einteilungsganzen) ergeben. **Lit.:** A. Menne: Einführung in die Methodologie. Darmstadt [2]1984. S. 86 ff. PP

**Dictum de omni et nullo** (lat. von allem und keinem gesagt). Was von allen Gliedern einer Gattung gesagt (dictum de omni) oder verneint (dictum de nullo) werden kann, kann auch von allen (unter diese Gattung fallenden) Arten und von jedem einzelnen Glied (dieser Gattung) gesagt bzw. verneint werden. Was z. B. von allen Vögeln gesagt oder verneint werden kann, kann auch von allen Hühnern, Gänsen, Schwänen usw., aber auch von jedem bestimmten Vogel gesagt bzw. verneint werden. – Bei manchen Autoren auch die gültigen Modi der ersten Figur in der traditionellen Syllogistik oder deren Prinzip. VP

**Differentia specifica, accidentalis, numerica,** verschiedene Typen von Unterschieden zwischen Gegenständen oder Begriffen, die insbesondere bei Aristoteles und in der Scholastik eine Rolle gespielt haben. Die *D.s.* ist der artbildende Unterschied; sie ist das wesentliche Merkmal, durch das sich die Exemplare einer Art von allen anderen Exemplaren der nächsthöheren Gattung (genus proximum) unterscheiden. Eine D.s. können nur Dinge aufweisen, die ihrem Wesen nach zu einer gemeinsamen Gattung gehören. In einer aristotelischen Realdefinition wird eine Art durch genus proximum und D.s. definiert. Bsp.: Der Mensch ist ein rationales Lebewesen. – Die *D.a.* dagegen ist ein nicht-wesentlicher Unterschied. Zwar sind Menschen laut Thomas v. Aquin vor allen anderen Lebewesen auch dadurch ausgezeichnet, daß sie zweibeinig sind, aber diese D.a. ist dem Menschen nicht wesentlich, auch wenn sie aus der D.s. Rationalität »entspringen« mag. – Die *D.n.* ist ein Unterschied oder die Gesamtheit aller Unterschiede zwischen Individuen derselben Art. Einzelne Menschen unterscheiden sich z. B. durch ihre Hautfarbe und ihre Gestalt; aber auch diese Differenzen gehören nicht zu ihrem Wesen als Menschen. **Lit.:** Aristoteles: Metaphysik V. – Thomas v. Aquin: S. th. I, qu. 47, 50, 62. – Summa contra gentiles II, 83. MSI

**Differenz,** wird in der Philosophie des Deutschen Idealismus vornehmlich mit den Begriffen Nicht-Identität, Unterschied, Verschiedenheit und Gegensatz dem Begriff der Identität entgegengesetzt. Kant stellt im Kontext der transzendentalen Reflexion die Verschiedenheit der Einerleiheit gegenüber. Im Akt der transzendentalen Reflexion dient die Verschiedenheit als Reflexionskategorie dazu, Vorstellungen empirischer Gegenstände objektiv vergleichen zu können. Nach Kants Beispiel sind zwei Tropfen Wasser numerisch verschieden aufgrund ihrer Erscheinung zur gleichen Zeit an zwei verschiedenen Orten (*KrV*). Schelling entwickelt den Begriff des Gegensatzes in seiner Identitätsphilosophie. Er geht aus von einem höchsten Prinzip, der absoluten Indifferenz, die als die Einheit der Einheit und des Gegensatzes gedacht wird. Gegensätze wie endlich-unendlich, Möglichkeit-Wirklichkeit und auch der Gegensatz Einheit-Gegensatz selbst, sind für Schelling konstitutiv für das endliche Denken. Charakteristisch ist hier, daß der Gegensatz zwischen der Einheit und dem Gegensatz in der absoluten Indifferenz als aufgehoben gilt und anstelle dessen als Einheit begriffen wird. Die Indifferenz ist ohne jeden Gegensatz, ist jedoch zugleich auch Prinzip des Gegensatzes als solchem (*Bruno*). Hegel geht in der Bestimmung des Verhältnisses zwischen der Identität und dem Unterschied einen Schritt weiter, indem er den Charakter dieses Verhältnisses als Grund dialektisch denkt. Der Grund ist einerseits die Einheit der Identität und des Unterschiedes. Als Grund ist die Einheit jedoch keine bloße Identität mit sich, sondern sie ist immer Grund von einem Anderen. Deshalb ist der Grund auch der Unterschied der Identität und des Unterschiedes (*Encyclopädie*). Als Reflexionsbestimmung des Wesens hat der Unterschied bei Hegel drei Formen: Als bloße Verschiedenheit verhalten sich Identität und Unterschied gleichgültig nebeneinander und sind reflexiv nur jeweils auf sich selbst bezogen. Als Gegensatz gewinnen Identität und Unterschied überhaupt erst ihre je eigene Bestimmung durch ihre gegenseitige Beziehung aufeinander als ihr Anderes. Diese beiden Momente des Unterschiedes zusammen sind der gesetzte Widerspruch sowohl an sich als auch für sich, der sich in der Einheit des Grundes auflöst (*Wissenschaft der Logik*). Auch auf der Satzebene thematisiert Hegel den Unterschied als die wesentliche Beziehung zwischen Subjekt und Prädikat, der jedoch im spekulativen Satz in der Identität von Subjekt und Prädikat als Formunterschied aufgehoben ist (*Phänomenologie*). **Lit.:** Werner Beierwaltes: Identität und Differenz. Frankfurt 1980. KG

**Differenz, ontologische,** bezeichnet bei Heidegger den Unterschied zwischen Sein und Seiendem. Das scheinbar nächste, das Seiende, verstellt den Blick auf das es ermöglichende Sein, das nicht selbst ein Seiendes ist. Daher gilt es für Heidegger, die Frage nach dem Sein des Seienden neu zu stellen. Dies ist möglich, weil der Mensch vom Sein selbst in die Wahrheit des Seins gestellt ist. FPB

**Differenz, theologische,** besteht nach einer experimentellen Formulierung Heideggers im Unterschied des Gottes vom Seienden, von der Seiendheit und vom Sein; sie bezeichnet die »transzendente« Differenz des ↗Ganz Anderen. Diese unterscheidet sich sowohl von der »transzendentalen« Differenz der Seiendheit vom Seienden als auch von der »transzendenzhaften« (ontologischen) ↗Differenz des Seins von der Seiendheit und dem Seienden. Die th. D. begegnet zuerst der Sache nach in der existentialen Bestimmung der Theologie als der von der Philosophie absolut verschiedenen Wissenschaft des Glaubens, danach in der seinsgeschichtlichen Konzeption des »letzten« Gottes, der einen anderen Anfang des Denkens im Sinne der Besinnung auf die Wahrheit des Seins als solche herbeiführt. Um nicht dem Vorwurf einer ↗Ontotheologie ausgesetzt zu sein, lehnte Heidegger jedoch diese Auffassung der Andersheit Gottes nachträglich ab. **Lit.:** O.F. Summerell: The Otherness of the Thinking of Being. In: Ders. (Hg.): The Otherness of God. Charlottesville/London 1998. S. 111–134. OFS

**Dihairesis** (griech. Zerlegung), von Platon angewandte Methode zur Begriffseinteilung (z. B. *Sophistes*, *Politikos*). Sie besteht darin, die Unterschiede (bevorzugt durch Zweiteilung) anzugeben, durch die sich Begriffe über- oder unterordnend in einen möglichst vollständigen Zusammenhang eingliedern und somit bestimmen lassen. FPB

**Dike** (griech.), mythologisch die Tochter des Zeus und der Themis. Beisitzerin des rechtsprechenden Zeus, verachtet und straft sie unrechtes Handeln. Begrifflich bezeichnet D. das einem jeden seinsgemäß Zukommende als kosmische und soziale Gerechtigkeit. FPB

**Diktatur,** die uneingeschränkte Herrschaft einer Person (↗Autokratie) oder Gruppe (↗Oligarchie) im Staat. Die Verfassung der antiken römischen Republik kannte das Amt des Diktators (lat. dictator: Sprecher) als ein zeitlich befristetes Ausnahmeregime zur Überwindung innerer und äußerer Krisen. Die Umwandlung dieses Verfassungsamtes in eine verfassungswidrige, zeitlich, rechtlich und institutionell unbeschränkt ausgeübte Form der Herrschaft in der römischen Kaiserzeit gab auch dem Begriff seine heutige Bedeutung. Eine D. im modernen Sinn ist ein zentralistisch regierter Staat, der durch Militär, Polizei und Bürokratie eine weitgehende Kontrolle über die Gesellschaft ausübt, ohne selbst der Kontrolle durch die Bürger zu unterliegen, der politische Willensbildung, etwa im Rahmen einer unabhängigen publizistischen Öffentlichkeit, und Partizipation, z. B. über pluralistische Parteien und Wahlen, unterbindet. Nach dem Grad, in dem legale Legitimationen (z. B. über Notstandsgesetzgebungen), eine relative Rechtssicherheit und eine von staatlichen Eingriffen freie individuelle Lebenssphäre erhalten bleiben, werden autoritäre von totalitären D.en unterschieden. Die marxistische Theorie geht davon aus, daß die revolutionäre Umwandlung der kapitalistischen in eine kommunistische Gesellschaft nur über das Zwischenstadium einer »D. des Proletariats«, bei der sich die gesamte Staatsgewalt in den Händen der Arbeiterklasse befindet, »auf rationellste und humanste Weise« (MEW 17, S. 545) vollzogen werden kann. **Lit.:** F. Neumann: Demokratischer und autoritärer Staat. Frankfurt/Wien 1967. WST

**Dilemma.** (1) In der formalen Logik besagt ein D., daß ein Satz B dann gilt, wenn er nicht nur unter einer bestimmten Bedingung A gilt, sondern auch unter der gegenteiligen Bedingung non-A: aus den Sätzen 1. wenn A, dann B ($A \supset B$), und 2. wenn non-A, dann B ($\neg A \supset B$), ist der Satz B in jedem Falle ableitbar. Als klassisches D. gilt: Man beweist einen Satz »B« für den Fall (d. h. unter der Bedingung) »A« und zeigt dann, daß der Satz »B« auch für den Fall (unter der Bedingung) »nicht-A« gilt. (2) In den moralphilosophischen Diskussionen, die im Gefolge des strukturgenetischen Ansatzes von Piaget die Entwicklungsstufen moralischer Urteilsfähigkeit untersuchen, werden verschiedene Situationsbeschreibungen verwendet, in denen die moralische Konfliktsituation eines oder mehrerer Handelnder dargestellt wird. Sie dienen zur Aufforderung einer eigenen Stellungnahme und Beurteilung. Die Art der Beurteilung und Begründung soll anzeigen, auf welchem Niveau moralischer Urteilsfähigkeit sich der Proband befindet. Ein hypothetisches moralisches D. dient zur Erfassung kognitiver Strukturen und zur Beurteilung der Entwicklung des moralischen Urteilens. Z. B. geht es im »Heinz-Dilemma« darum, ob man das Diebstahlsverbot verletzen darf, um menschliches Leben zu retten, im »Euthanasie-Dilemma« um den Konflikt zwischen den Pflichten, das menschliche Leben zu schützen auf der einen Seite und menschliches Leiden zu mildern auf der anderen, im »Korea-Dilemma« um die Rechte und Pflichten eines Offiziers, um den Konflikt zwischen der Gehorsamspflicht des Soldaten und dem Wert des menschlichen Lebens. **Lit.:** W. K. Essler/R. F. M. Cruzado: Grundzüge der Logik I. Das logische Schließen. Frankfurt [4]1991. S. 119 ff. u. 122 ff. – L. Kohlberg: Essays on Moral Development. Bd. II. San Francisco 1984. – W. M. Kurtines/J. L. Gewirtz (Hg.): Morality, Moral Behavior, and Moral Development. New York 1984. PP

**Ding** (griech. pragma, lat. ↗res), in der aristotelischen Tradition meistens eine kategoriale Entität, also eine ↗Substanz oder ein ↗Akzidens. Der in der Neuzeit vorherrschende Begriff des D.s als einer zeitlich kontinuierlichen bzw. beharrenden und räumlich begrenzten Entität wird in dieser Tradition durch den Begriff des Zugrundeliegenden (griech. ↗hypokeimenon, lat. substantia, substratum, subiectum) abgedeckt: Ein D. ist der beharrende Träger von wechselnden Qualitäten, welcher aber dem Wesen nach schon bestimmt, d. h. aus ↗Materie und ↗Form zusammengesetzt sein muß. Aufgrund der sinnlichen Unerkennbarkeit dieses Trägers von Qualitäten und seiner vermeintlichen metaphysischen Unbestimmtheit wurde im neuzeitlichen Empirismus ein D. meist nicht als Träger, sondern als bloßes Bündel von Qualitäten mit relativer Beständigkeit aufgefaßt (Berkeley, Hume, Mach, Russell). In der abendländischen Kultur gilt die D.-Ontologie und -Sprache als die natürlichste, v. a. in der neueren Philosophie werden aber oft alternative (z. B. Sinnesdaten-, Sachverhalts-, Ereignis- oder Prozeß-) Ontologien bevorzugt. **Lit.:** P. F. Strawson: Individuals. London 1959 (dt. Stuttgart 1972). – E. Tegtmeier: Grundzüge einer kategorialen Ontologie. Freiburg/München 1992. – E. M. Zemach: Four Ontologies. In: The Journal of Philosophy 47 (1970). S. 231–247. HB

**Ding an sich**, seit Kants *Kritik der reinen Vernunft* (1781) der Begriff für die von der menschlichen Erkenntnis unabhängige Wirklichkeit. Das D.a.s. ist für uns unerkennbar, weil es im Gegensatz zu der ↗Erscheinung die Bedingungen unserer Erkenntnis – anschauliche Gegebenheit in Raum und Zeit sowie Kategorialität – transzendiert. Bei Kant lassen sich zwei Bedeutungen des Begriffes »D.a.s.« unterscheiden. (1) Als »Noumenon im negativen Verstande« (*KrV*, B 307) ist das D.a.s. ein »Grenzbegriff« (B 310) des transzendentalen Idealismus. Da wir uns durch Abstraktion von unserer Art der Anschauung intelligible Dinge als möglich denken können, die unsere Erkenntnisbedingungen transzendieren, dürfen wir nicht ausschließen, daß es solche Dinge tatsächlich gibt, auch wenn sie für uns nicht erkennbar sind. Deshalb müssen wir den Geltungsumfang unserer Erkenntnisbedingungen auf die für uns erkennbaren Dinge einschränken, »ohne doch etwas Positives außer dem Umfange derselben setzen zu können« (B 311). – (2) Seiner zweiten Bedeutung nach wird das D.a.s. als ontologisch unabhängiger Seinsgrund bzw. als »Ursache der Erscheinung« (B 344, 522) aufgefaßt, die sich zwar unserem erkennenden Zugriff entzieht, deren Existenz jedoch feststeht (Akad.-Ausg. 4, S. 289). In diesem Zusammenhang spricht man auch von einer Zwei-Welten-Lehre Kants, weil er neben dem Bereich der phänomenalen Vorstellungen eine vom Subjekt unabhängige und es affizierende intelligible Wirklichkeit annimmt.

Insbesondere die zweite Auffassung des D.a.s. ist von Kants Zeitgenossen und unmittelbaren Nachfolgern (Jacobi, Aenisidemus-Schulze, dt. Idealismus), aber auch vom ↗Neukantianismus kritisiert worden. Kants Behauptung, die D.e a. s. seien unerkennbar, ist nämlich mit seiner Annahme, daß sie existieren, einen intelligiblen Charakter haben und sogar kausal wirksam sind, nur schwer vereinbar. Diese Unverträglichkeit läßt sich auch dadurch nicht ausräumen, daß man auf die systematische Bedeutung der Position für die Auflösung der Vernunft-Antinomien hinweist oder sie als Ausdruck von Kants ontologischem Realismus versteht. – In den neueren Kantinterpretationen von Prauss und Allison wird deshalb versucht, D.a.s. und Erscheinung nicht mehr als verschiedene Gegenstände, sondern als verschiedene Aspekte eines Gegenstandes aufzufassen. **Lit.:** H. Allison: Transcendental Idealism. New Haven/London 1983. – M. Hossenfelder: Kants Konstitutionstheorie und die transzendentale Deduktion. Berlin/New York 1978. S. 47–56. – G. Prauss: Kant und das Problem der Dinge an sich. Bonn 1974. – F. Rogerson: Kantian Ontology. In: Kant-Studien 84 (1993). S. 3–24. – P. F. Strawson: The Bounds of Sense. London 1966. TG

**Dionysisch** ↗Apollinisch/Dionysisch

**Disjunktion,** auch Adjunktion, die Verknüpfung zweier Aussagen durch den Operator »entweder-oder«. Die inklusive D. arbeitet mit dem nicht-ausschließenden »oder«, die exklusive mit dem ausschließenden »oder« (entweder nur das eine oder das andere); die inklusive D. hat nur dann den Wahrheitswert »falsch«, wenn beide Aussage falsch sind (sonst immer wahr). Der Operator, der die D. bildet, heißt Disjunktor. ↗Exklusion, ↗Inklusion. PP

**Diskurs,** Bezeichnung für einen auf der Grundlage von Argumenten vollzogenen Dialog. Über diese allgemeine Bestimmung hinaus hat der Begriff »D.« durch Habermas eine Spezifizierung erfahren: Er stellt eine Form der Kommunikation dar, in der die Kommunikation selbst noch einmal zum Thema gemacht wird, nämlich die in jeder Kommunikation implizit oder explizit erhobenen ↗Geltungsansprüche. Mit einer jeden Äußerung geht der Geltungsanspruch der Wahrheit (des Aussageinhalts) und der normativen Richtigkeit (d. h. der normativen Angemessenheit der Äußerung als einer Handlung in einem konkreten Handlungskontext) einher. Da mit jeder Kommunikation der Anspruch auf Verständigung verbunden ist, kommt es darauf an, daß diese Geltungsansprüche als begründet akzeptiert (oder als unbegründet zurückgewiesen) werden. Einen solchen Geltungsanspruch zu verstehen, besagt, daß man die Gründe kennt, die für ihn angeführt werden könnten und ihn akzeptabel machten. Durch diese Selbstthematisierung der Kommunikation stellt der D. eine reflexive Form der Metakommunikation dar. In D.en suchen wir ein problematisiertes Einverständnis, das im kommunikativen Handeln bestanden hat, durch Begründung wiederherzustellen (diskursive Verständigung).

Eine Logik des D.es muß Auskunft geben über die in D.en erhobenen Geltungsansprüche und die Bedingungen, unter denen sie akzeptabel sind. Bei solchen diskursiven Geltungsansprüchen muß unterschieden werden zwischen externen und internen Geltungsansprüchen (Schnädelbach). Um externe handelt es sich, wenn andere normative Standards als die der kommunikativen Verständigung verwendet werden, um das Resultat des D.es zu charakterisieren. Z. B. wird im Kontext der Einzelwissenschaften die Explikation eines Begriffes deshalb akzeptiert, weil sie dessen Praktikabilität erhöht. Die internen Geltungsansprüche bemessen sich am Ziel der kommunikativen Verständigung. Dabei sind die universellen Geltungsansprüche, die für alle Diskurstypen erhoben werden, zu unterscheiden von den spezifischen, nur für einzelne Diskurstypen geltenden. Zu den universellen Geltungsansprüchen gehört (a) der Anspruch auf Verständlichkeit (i. S. der Verwendung angemessener Ausdrücke); (b) der Anspruch des Nicht-Persuasiven (d. h., nicht manipulativ zu beeinflussen); (c) der Anspruch der semantischen und pragmatischen Konsistenz (d. h. keine widersprüchlichen Prädikationen bezüglich eines Gegenstandes und keine Widersprüchlichkeit zwischen der Intention einer Äußerung und dem Aussageinhalt). Zu den speziellen Diskurstypen zählen: (a) der theoretische D.: Er stellt eine Form der Argumentation dar, in der kontroverse Wahrheitsansprüche zum Thema gemacht werden; (b) der sprachanalytische, deskriptive D.: Er trägt der kognitiven Absicht Rechnung, d. h. dem Anspruch auf Wahrheitsdefinitheit und auf Synthetizität; (c) der explikative D.: In ihm werden die Verständlichkeit, Wohlgeformtheit oder Regelrichtigkeit von symbolischen Ausdrücken kontrovers zum Thema gemacht; (d) der praktische oder normative D.: In ihm werden die Ansprüche auf normative Richtigkeit behandelt, z. B. von Handlungsnormen, die mit dem Anspruch auftreten, im Hinblick auf eine regelungsbedürftige Materie ein allen Betroffenen gemeinsames Interesse auszudrücken und deshalb allgemeine Anerkennung zu verdienen. **Lit.:** C. F. Gethmann: Protologik. Untersuchungen zur formalen Pragmatik von Begründungsdiskursen. Frankfurt 1979. – J. Habermas: Theorie des kommunikativen Handelns. Bd. I. Frankfurt 1981. S. 34 ff. – H. Schnädelbach: Reflexion und Diskurs. Fragen einer Logik der Philosophie. Frankfurt 1977. S. 135 ff. PP

**Diskursivität, diskursiv,** Bezeichnung (a) für ein methodisch strukturiertes und begriffliches Denken; (b) für einen argumentativen Dialog bzw. eine rein argumentativ aufgebaute Begründungsweise; (c) für eine Form der Verständigung, in der ein problematisiertes Einverständnis, das im kommunikativen Handeln bestanden hat, durch Begründung wiederhergestellt wird. PP

**Diskurstheorie, Diskursethik.** Die D.th. basiert auf der Annahme, daß auf der Grundlage von Verfahrensregeln auf eine rationale Weise über die ↗Geltungsansprüche der Wahrheit (von Aussagen) und der Richtigkeit (von Handlungsregeln) befunden werden kann. Als Verfahrensregeln werden Regeln einer rationalen Argumentation bzw. Diskursregeln angeführt. Ihren besonderen Stellenwert erhält die D.th. aufgrund ihres Anspruchs, eine Möglichkeit rationaler Begründung für normative Gehalte bzw. die Möglichkeit einer rationalen und konsensuellen Lösung für strittige Fragen der moralischen Beurteilung darzustellen. Von D.ethik ist in dem Sinne die Rede, als moralische Urteile diskurstheoretisch begründet werden. Als Begründungsebene wird die formale Rationalität einer Argumentationsprozedur angegeben. Die Beschränkung auf eine formale Rationalität resultiert aus der Einsicht, daß im Zuge der gesellschaftlichen Entwicklung der verbindliche Kontext einer sozialkulturellen Lebenswelt seine fraglose Gültigkeit verloren hat, so daß ein Konfliktfall nicht mehr durch Verweis auf überlieferte Traditionen oder übergeordnete Autoritäten als begründender Instanz für Normen gelöst werden kann. Angesichts der Vielfalt der inhaltlichen Vorstellungen von richtiger oder falscher Lebensweise in einer pluralistischen Gesellschaft haben solche Vorstellungen immer den Charakter partikulärer Interessen. Formale Rationalität besagt, daß in einem ↗Diskurs über die Geltung oder Akzeptanz von Normen die Bedingungen rationalen Argumentierens erfüllt sind. Solche Bedingungen lassen sich in einem System von Diskursregeln zusammenfassen, die zum Teil allgemeine Rationalitätsanforderungen wie Widerspruchsfreiheit, Konsistenz im Gebrauch von Prädikaten, sprachliche Verständlichkeit, zum anderen Teil Regeln der Unparteilichkeit des Diskurses darstellen: (1) Jeder darf an Diskursen teilnehmen, (2) jeder darf jede Behauptung in Frage stellen bzw. in den Diskurs einbringen, seine Einstellungen, Bedürfnisse und Wünsche äußern, (3) kein Sprecher darf durch innerhalb oder außerhalb des Diskurses herrschenden Zwang daran gehindert werden, die genannten Rechte wahrzunehmen. Diese Verfahrensregeln stellen zum einen die unabdingbare Voraussetzung dafür dar, daß aufgrund der gleichen Anerkennung aller einzig das bessere Argument die Grundlage der Einigung abgeben kann, zum anderen artikulieren sie mit den Eingangsbedingungen für einen rationalen Diskurs gleichzeitig die normativen Voraussetzungen dafür, daß die Übernahme des erzielten Einigungsergebnisses auch aus der Sichtweise eines jeden Teilnehmers als rational gelten kann. In den Verfahrensregeln sind die Postulate der Freiheit und Gleichheit, der Autonomie und Universalität enthalten. Aus der Forderung für die Argumentationsprozedur, daß jeder Teilnehmer auf der Grundlage von Argumenten frei und gleich über die Akzeptanz von Normen entscheiden können muß, ergibt sich ein Begründungskriterium der allgemeinen Zustimmung. Der Maßstab der prozeduralen Rationalität ergibt sich aus der notwendigen Beziehung, die zwischen der universalen Zustimmung unter idealen Bedingungen (der freien und gleichen Argumentationsrechte), den Begriffen der Richtigkeit und der moralischen Geltung besteht. D.h. als richtig und damit gültig sind genau die Normen anzusehen, die in einem idealen Diskurs von jedem als richtig beurteilt werden können.

Für Habermas knüpft die D.ethik an der lebensweltlichen Erfahrung an. Denn die moralisch strittigen Fragen treten in deren Rahmen auf und werden nicht erst durch die philosophische Reflexion hervorgerufen. Im Alltag verbinden wir mit normativen Aussagen einerseits den Anspruch, richtige Gebote und Normen von falschen unterscheiden zu können, und andererseits den Anspruch, diese gegen Kritik verteidigen zu können. Die grundlegende Struktur stellt die Interaktionsform des ↗kommunikativen Handelns dar, in dem die Handelnden ihre Handlungspläne einvernehmlich koordinieren. Das gegenseitige Einverständnis bemißt sich an der intersubjektiven Anerkennung von Geltungsansprüchen, die in jeder Sprechhandlung und jedem Prozeß der Verständigung enthalten sind. Jeder Akt der Verständigung beinhaltet, (1) daß der Sprecher eine wahre Aussage (über reale Sachverhalte) machen will, (2) daß die Intention seiner Aussage auch so gemeint ist, wie er es dem Hörer zu verstehen gibt (Wahrhaftigkeit), und (3) daß die Verständigung über die anerkannten Formen interpersonaler Beziehung vollzogen wird (normative Richtigkeit). Aufgrund dieser Geltungsansprüche wird im kommunikativen Handeln der andere zu einer Anschlußhandlung rational motiviert. In den Geltungsansprüchen sieht Habermas die Gewähr für eine Koordination, da der Sprecher darin eine Bereitschaft artikuliert, die Ansprüche auf eine Aufforderung hin auch einzulösen: den Anspruch der Wahrhaftigkeit dadurch, daß er sich im weiteren Verlauf entsprechend seiner Äußerung verhält, die Ansprüche der Wahrheit und der normativen Richtigkeit durch Benennung der Erfahrungsquelle bzw. der Gründe. Aus dem Anspruch der normativen Richtigkeit entwickelt sich die Aufgabe der D.ethik. Wenn Normen fragwürdig geworden sind, besteht das Erfordernis, ihre Gültigkeit durch Angabe von Gründen auszuweisen, denn nur solche Normen sind anerkennungswürdig, deren Geltungsanspruch mit Gründen eingelöst werden kann. Indem die Beteiligten in einen moralischen Diskurs eintreten, setzen sie das kommunikative Handeln mit dem Ziel fort, den gestörten Konsens wieder herzustellen. Die moralische Argumentation dient der konsensuellen Beilegung von Handlungskonflikten. Unterstellt wird dabei, daß trotz des zunächst gestörten Einverständnisses der gemeinsame Wille zur konsensuellen Lösung weiterbesteht. Charakteristisch für die D.ethik ist zum einen die Forderung, daß die Konsenssuche als reale Argumentation der Betroffenen durchzuführen ist und zum anderen, daß sich der Diskurs an den Maßstäben einer rationalen Argumentation zu orientieren hat. Diese Kriterien werden in den allgemeinen Diskursregeln genannt, die Habermas nach drei Gesichtspunkten unterteilt: Die logische Ebene der Regel betrifft die Widerspruchsfreiheit und Konsistenz hinsichtlich der Beurteilung von Situationen. Die prozedurale Ebene betrifft die Voraussetzungen für Verständigungsverhältnisse, nämlich die Anerkennung der Zurechnungsfähigkeit und der Wahrhaftigkeit der Teilnehmer. Die Prozeßebene betrifft den Kommunikationsvorgang, nämlich freie Teilnahme und freie Meinungsäußerung für alle. Diese Kriterien stellen unausweichliche Annahmen für jede Argumentation dar, so daß auch derjenige, der die Geltung von Normen in Zweifel zieht, diese Annahmen (für seinen begründeten Zweifel) anerkannt haben muß. Aus den Diskursregeln kann der allgemeine diskursethische Grundsatz abgeleitet werden, daß nur die Normen Geltung beanspruchen können, die die Zustimmung aller Betroffenen als Teilnehmer eines praktischen Diskurses finden (könnten). Die Verfahrensregeln sind nur insofern normativ gehaltvoll, als in ihnen der Grundsatz der Verallgemeinerung enthalten ist. Diesem Grundsatz entspricht das Moralprinzip, daß eine strittige Norm nur dann die Zustimmung finden kann, wenn die Folgen und Nebenwirkungen, die sich aus der allgemeinen Befolgung der strittigen Norm für die Befriedigung der Interessen eines jeden Einzelnen voraussichtlich ergeben, von allen zwanglos akzeptiert werden können. **Lit.:** R. Alexy: Theorie der juristischen Argumentation. Frankfurt 1978. S. 51 ff. – Ders.: Recht, Vernunft, Diskurs. Frankfurt 1995. S. 109 ff. – J. Habermas: Diskursethik – Notizen zu einem Begründungsprogramm. In: Moralbewußtsein und kommunikatives Handeln. Frankfurt 1983. S. 53 ff. PP

**Disposition,** Eigenschaft eines Gegenstandes oder Fähigkeit oder Neigung einer Person, unter geeigneten Umständen in bestimmter Weise zu reagieren (z. B.: Zucker ist löslich in Wasser). PP

**Disputatio** (lat. nach allen Seiten hin abwägen), an den ma. Schulen und Universitäten geübte Methode des Argumentierens. Die D. beinhaltet Darlegung, Angriff und Verteidigung einer These durch einen Proponenten und einen Opponenten unter Anwendung der aristotelischen Syllogistik. FPB

**Disquotationstheorie** (engl. quotation: Zitat), auch Zitattilgungstheorie, bestreitet die philosophische Relevanz des Wahrheitsbegriffs, da »wahr« nur ein sprachliches Mittel darstellt, um auf einer metasprachlichen Ebene dasselbe auszudrücken wie auf der objektsprachlichen Ebene. ↗Wahrheit. **Lit.:** A. J. Ayer: Sprache, Wahrheit und Logik. Stuttgart 1970. S. 16. PP

**Distinctio** (lat. Unterschied), scholastischer Fachterminus, der zur Kennzeichnung verschiedener Arten von Unterschieden eingeführt wurde und vor allem im Scotismus große Bedeutung gewann. (1) Ein sachlicher Unterschied (D. realis) besteht zwischen zwei außergeistigen Entitäten, die voneinander getrennt sind oder getrennt werden können. (2) Ein gedanklicher Unterschied (D. rationis) besteht zwischen zwei Begriffen, die für ein und dieselbe Entität gebildet werden und reine Verstandesprodukte sind. (3) Ein formaler Unterschied (D. formalis) besteht zwischen zwei Begriffen, die jedoch nicht reine Verstandesprodukte sind. Ihnen entsprechen außergeistige Aspekte von Entitäten (sog. formalitates). Die Begriffe können voneinander getrennt werden, nicht aber die außergeistigen Aspekte. So weist die menschliche Seele gemäß dem aristotelischen Modell bestimmte Aspekte oder Vermögen (vegetatives, sensitives usw.) auf, die nicht getrennt vorkommen und auch nicht getrennt werden können. Wohl aber können die Begriffe, die auf diese Seelenvermögen Bezug nehmen, voneinander getrennt werden. **Lit.:** L. Honnefelder: Ens inquantum ens. Der Begriff des Seienden als solchen als Gegenstand der Metaphysik nach der Lehre des Johannes Duns Scotus. Münster 1975. – A. B. Wolter: The Philosophical Theology of John Duns Scotus. Ithaca/London 1990. DP

**Distributiv** (lat. distribuere, verteilen). Eine zweistellige Funktion $f$ heißt distributiv über einer zweistelligen Funktion g genau dann, wenn gilt:

$$f(g(x,y),z) = g(f(x,z),f(y,z))$$

So ist die Multiplikation d. über der Addition, da $(x+y)z = xz+yz$. Ist die Funktion $f$ nicht kommutativ, muß zwischen links-d. und rechts-d. unterschieden werden. – Mit d.er Gerechtigkeit bezeichnet man Verteilungsgerechtigkeit im Unterschied zu ausgleichender Gerechtigkeit. UM

**Distributivgesetze,** zueinander duale, für distributive Verbände charakteristische Gesetze über das Verhältnis von größter unterer $(x \cap y)$ und kleinster oberer Schranke $(x \cup y)$, die in einem Verband für je zwei Elemente x, y existieren. Sie lauten formalisiert:

$$(x \cap y) \cup z = (x \cup z) \cap (y \cup z)$$

bzw.

$$(x \cup y) \cap z = (x \cap z) \cup (y \cap z).$$

Da sowohl Aussagenlogik wie Mengenalgebra distributive Verbandsstruktur aufweisen, gelten die D. sowohl für den Zusammenhang von Konjunktion und Adjunktion wie Durchschnitts- und Vereinigungsoperation. UM

**Disziplinargesellschaft.** Der Begriff geht auf M. Foucault zurück, der der Frage nachging, wie sich die Forderung der Aufklärung nach Vernunft in Strafpraktiken und Disziplinarmechanismen niederschlägt. Seine zentrale These lautet, daß Bestrafung nicht mehr durch Folter und Marter, sondern durch »humane« Reglementierungen vollzogen wird. Die institutionellen Einrichtungen, in denen diese körperlichen Dressurmaßnahmen ihren Ausdruck finden, sind das Gefängnis, die Kaserne, die Schule und die Fabrik. In all diesen Institutionen herrscht ein System von Bestrafung und Belohnung: Macht wird nunmehr diskursiv ausgeübt, d. h. es werden ständig Beichte, Bekenntnisse, Offenbarungen, Selbst-Erklärungen gefordert. Jeder ist somit nicht nur Objekt, sondern auch Subjekt von Macht. In allen diesen Macht-Institutionen wird permanente bürokratische Überwachungsdisziplin geübt. Foucault nennt dies den »panoptischen Blick«. Die Gesellschaft wandelt sich zum modernen Gefängnis und die »Vernunft« (die Erkenntnisse der empirischen Wissenschaften) zur »Folter«. Foucaults Verdienst liegt sicherlich darin, die unscheinbaren Disziplinarmechanismen einer aufgeklärten Staatsmacht analysiert und gezeigt zu haben, wie sich die Macht-Diskursivierung in den verschiedenen gesellschaftlichen Lebensbereichen fortsetzt (»Mikrophysik der Macht«). Wo die Gesellschaft aber als totale Disziplinargesellschaft charakterisiert wird, verfährt er allzu simplifizierend und übersieht Freiheitspotentiale aufgeklärter Gesellschaften. **Lit.:** S. Breuer: Foucaults Theorie der Disziplinargesellschaft. In: Leviathan 15 (1987). S.

319–337. – M. Foucault: Überwachen und Strafen. Die Geburt des Gefängnisses. Frankfurt 1976. – R. Martinsen: Freiheit und System. Vom Verschwinden des Subjekts bei Michel Foucault. In: Zeitschrift für Politik 38, 3 (1991). S.294–306. RP

**Divination** (lat. divinatio: Sehergabe), das Vermögen der Weissagung. R. Otto hat dem Begriff eine religionsphilosophische Färbung gegeben, wenn er unter D. das Vermögen versteht, »das Heilige in der Erscheinung *echt* zu erkennen und anzuerkennen« (*Das Heilige*. München 1971. S. 173). Echte D. fragt nicht nach dem Zustandekommen eines Vorkommnisses, sei es eines Ereignisses, einer Person oder einer Sache, sondern nach seiner Bedeutung. D. faßt in und am Zeitlichen ein durchschauendes Ewiges, in und am Empirischen einen überempirischen Grund und Sinn der Dinge auf. Dieses Wiedererkennen geschieht durch Intuitionen, nicht durch Reflexion. Voraussetzung dieses Wiedererkennens des Heiligen in der Erscheinung ist allerdings »die im Geiste angelegte Kategorie des Heiligen selbst als dunkle Erkenntnis a priori« (ebd. S. 188). WS

**Docta ignorantia** (lat. belehrte Unwissenheit), bezeichnet bei Nikolaus von Kues die von der Vernunft selbst gewonnene Einsicht, daß ihre Erkenntnisfähigkeit Gott nicht zu erfassen vermag. Die menschliche Vernunft kann die Erkenntnis endlicher Dinge vorantreiben, indem sie zu immer schärferen Begriffsunterscheidungen gelangt. Im göttlichen Unendlichen jedoch fallen die Gegensätze zusammen (↗coincidentia oppositorum) und die Prinzipien der Vernunfterkenntnis verlieren ihre Gültigkeit. Wenn die Vernunft, über ihre eigene Unwissenheit belehrt, von allen Wissensansprüchen abläßt, kann der Mensch sich einer gnadenhaften Gotteserkenntnis öffnen. **Lit.:** Nikolaus von Kues: De docta ignorantia (Lat./dt. Die belehrte Unwissenheit. Hamburg 1977/1979). – J. Ritter: Docta ignorantia. Leipzig 1927. – K.H. Volkmann-Schluck: Nicolaus Cusanus. Frankfurt $^{3}$1984. FPB

**Dogmatismus** (griech. dogma: Glaube, Meinung, Lehrsatz), bezeichnet in einem meist polemischen Sinne ein System vom Lehrsätzen, welches seine Legitimität aus Tradition und Autorität zieht und, indem es sich selbst verabsolutiert, sich gegen jede rationale Kritik abschirmt. Nicht zufällig tritt der Ausdruck D. zuerst in der frz. Aufklärung (Pascal, Montaigne) in Erscheinung, wobei die starre theologische Antiposition (die kirchliche Dogmengeschichte) den sprachlichen Anlaß gab. Bei Kant (*KrV* B XXX) bedeutet der »D. der Metaphysik, das Vorurteil, in ihr ohne Kritik fortzukommen«. Besonders häufig wird der Terminus in der Marxismus-Diskussion verwandt: Obwohl gerade die Marxisten ihr System gegen einen religiösen, ideologischen D. zu etablieren suchten, wird der Marxismus von Gegnern oft selbst als D. bezeichnet. MFM

**Doppelte Wahrheit,** als Ausdruck vermutlich erst seit dem 19. Jh., bezeichnet in zweideutiger Weise eine wissenschaftstheoretische Problemlage, die sich im Rahmen der Aristotelesrezeption im Abendland (↗Aristotelismus) ergeben hat, deren Wurzeln sich jedoch, wenngleich unter anderen Vorzeichen, bis zu Averroes (↗Averroismus) zurückverfolgen lassen. Die Kernaussage, die den gemeinten Sachverhalt, wenn auch nicht dessen historische Komplexität, auf den Punkt bringt, besagt in der Verurteilungsschrift von Bischof Tempier (1277), Mitglieder der sog. Artistenfakultät in Paris verträten Auffassungen, von denen sie behaupten, sie seien wahr im Sinne der Philosophie, nicht aber im Sinne des christlichen Glaubens, »so als gebe es zwei gegensätzliche Wahrheiten, und als stehe gegen die Wahrheit der Hl. Schrift die Wahrheit der gottverworfenen Heiden«. Gemeint sind insbesondere Ansichten aus den Bereichen der Naturphilosophie, der Psychologie, Ethik, aber auch der Gotteslehre, die im Widerspruch zu Auffassungen der christlichen Lehre stehen. Die Pariser Magister haben indes diesen Standpunkt einer d. W. nie in dieser Form vertreten. Das in diesem Thema zum Ausdruck kommende Problem betrifft die Einheit des Wissens bzw. die Verhältnisbestimmung zwischen Glauben und Wissen in einem kruzialen Augenblick (etwa ab 1255), in dem sich das philosophische Denken, unter der Form der aristotelischen Philosophie, als autonome Disziplin zu konstituieren beginnt. Bereits von Thomas v. Aquin u.a. kritisiert, wird diese Auffassung, die in der Renaissance erneut auftaucht, auf dem 5. Laterankonzil (1513) verurteilt. **Lit.:** W. Betzendörfer: Die Lehre von der zweifachen Wahrheit. Tübingen 1924. – A. Hufnagel: Zur Lehre von der doppelten Wahrheit. In: Theol. Quartalschrift 136 (1956). S. 284–295. – A. Maier: Metaphysische Hintergründe der spätscholastischen Naturphilosophie. Rom 1955. I. Abh. – F. Van Steenberghen: Une légende tenace: la théorie de la double vérité. In: Ders.: Introduction à l'étude de la philosophie médiévale. Louvain-Paris 1974. S. 555–570. RTH

**Dorfbarbier,** scherzhafte Form der ↗Russellschen Antinomie. Der D. soll der Mann im Dorf sein, der alle jene Männer im Dorf rasiert, die sich nicht selbst rasieren, und nur diese. Die Frage, ob der D. sich selbst rasiert oder nicht, verwickelt uns in Widersprüche. Rasiert er sich selbst, so widerspricht dies seiner Eigenschaft als D., der ja nur jene rasiert, die sich nicht selbst rasieren. Rasiert er sich nicht selbst, so gehört er zu jenen, die er als D. rasieren muß, rasiert sich also selbst. Im Gegensatz zur ernsthaften Form der Russellschen Antinomie ist der D. nicht wirklich antinomisch (da man das Auftreten des Widerspruchs als Anzeichen dafür werten kann, daß es keinen solchen D. geben kann). VP

**Doxa,** griech. Schein, im Ggs. zu Realität; Meinung, im Ggs. zu Wissen. Schon im Lehrgedicht des Parmenides steht die Meinung, D., als unzulängliches Wissen, dem noema, dem Denken gegenüber (Frg. 8.50f.) Denn mit der Unterscheidung von zwei Gestalten, dem Licht und der Nacht – die jeweils das andere nicht sind – haben die Menschen eine Zweiheit und damit ein Nicht-Sein an die Stelle der wahren Einheit des Seienden gesetzt: In dieser Welt des Scheins bewegen sich ihre Meinungen. Bei Platon richtet sich die Unterscheidung zwischen Wissen und Meinung nach den jeweiligen Objekten: Im *Staat* entwickelt Platon eine ausführliche Theorie der D. Danach sind Erkennen oder Wissen (episteme) und D. zwei verschiedene Vermögen (dynameis) des obersten Seelenteils, des logistikon, die sich auf zwei verschiedene Seinsbereiche beziehen: Das Wissen erkennt das Seiende, die Ideen; die Meinung richtet sich, da sie ja etwas meint und das Nichtseiende weder gewußt noch gemeint werden kann, auf etwas, was dazwischen liegt, etwas, was sich zwischen Sein und Nicht-Sein »umherwälzt« (479 d 4). Insofern erscheint die Meinung als zwar dunkler als das Wissen, aber heller als das Nichtwissen (agnoia). Man erhält also eine Skala folgender Art:

| *Objekt* | *Vorgang im Subjekt* | *Ergebnis* | *Träger* |
|---|---|---|---|
| das Sein | Erkennen | Wissen | Philosoph |
| Zwischen Sein und Nichtsein | Meinen | Meinung | Schaulustiger |
| das Nicht-Sein | Nicht-Erkennen | Unwissen | – |

Gemeint ist damit folgender Unterschied: Der Schaulustige hält die sichtbaren Dinge für die wahren Dinge, obwohl sie in ständiger Veränderung sind, also mal schön sind, mal nicht schön sind, mal groß sind, mal nicht groß sind usw., d.h. sich in ständiger Zwischenstellung zwischen Sein und Nichtsein befinden, sei es, weil sie sich verändern (werden), sei es, weil sie in verschiedenen Beziehungen stehen. Dagegen sind die Gegenstände des Wissens durch die Identität mit sich charakterisiert: sie sind immer und nur das, was sie sind, sie sind mit sich identische Seiende. Ausführlich geht Platon darauf im ↗Linien- und ↗Höhlengleichnis ein. Die Linie, die die verschiedenen Seins- und die ihnen entsprechenden Erkenntnisformen darstellt, zerfällt in die beiden großen Teile der doxasta, der gemeinten Gegenstände, und der noeta, der gedachten Gegenstände, und die gemeinten Gegenstände wiederum zerfallen in die, die Gegenstand der Vermutung sind, und die, die Gegenstand des Fürwahrhaltens sind. Dem entsprechen die verschiedenen Erkenntnisformen: den doxasta sind das Vermuten und das eigentliche Meinen zugeordnet, den gnosta das Nachdenken und das Wissen.

Aristoteles widmet dem Meinen ein ganzes Kapitel in den *An. post.* (89 a 2 ff.): Wissen unterscheidet sich von der Meinung darin, daß Wissen allgemein ist und durch notwendige, d.h. nicht-kontingente Prämissen erreicht wird. Es gibt Dinge, die wahr, aber kontingent sind. Unser Bewußtseinszustand im Verhältnis zu ihnen ist (1) nicht Wissen; denn dann wäre notwendig, was kontingent ist; auch nicht (2) Anschauung (der Ausgangspunkt des Wissens) oder unbewiesenes Wissen (das Erfassen einer umittelbaren Proposition). Nun sind aber die Zustände des Geistes, die der Wahrheit fähig sind, Anschauung, Wissen und Meinung. So muß es also die Meinung sein, die mit dem befaßt ist, was wahr oder falsch, aber kontingent ist. Meinung ist das Urteilen einer unvermittelten und nicht notwendigen Proposition. Dies stimmt auch mit den Tatsachen überein; denn sowohl die Meinung wie das Kontingente sind unsicher. Eine Meinung hat man, wenn man denkt, daß sich eine Tatsache auch anders verhalten könnte. Meinung und Wissen haben also verschiedene Objekte. **Lit.:** T. Ebert: Meinung und Wissen in der Philosophie Platons. Berlin/New York 1974. – E. Tielsch: Die platonischen Versionen der griechischen Doxa-Lehre. Meisenheim 1970. MSU

**Drang,** Bezeichnung in der philosophischen Anthropologie für eine spezifische Form des Fühlens und Motiviert- bzw. Angetriebenseins. Als charakteristisch für den D. gilt, daß sich mit ihm keine konkrete Vorstellung (im Gegensatz zum Wunsch) und keine eindeutige Befriedigungssituation verbindet. Aufgrund seiner spezifischen Antriebsform wird der D. der untersten Stufe im Aufbau der Person zugeordnet (Scheler, Rothacker). Bei Schopenhauer (*Die Welt als Wille und Vorstellung*) wird der D. als die niedrigste Form des Willens bezeichnet. PP

**Dreistadiengesetz,** nach A. Comte Entwicklung des menschlichen Geistes in drei historisch aufeinanderfolgenden Stadien: Im theologischen oder fiktiven Zustand werden die Erscheinungen der Welt als Entäußerungen übernatürlicher Wesen und göttlichen Willens angesehen; der metaphysische oder abstrakte Zustand gewinnt die Erklärung der Welt aus abstrakten Ursachen und Prinzipien. Erst im wissenschaftlichen oder positiven Stadium des menschlichen Wissens lassen sich die »wahren« Zusammenhänge und Gesetzmäßigkeiten per Experiment und wissenschaftlicher Beobachtung erkennen. Den Stadien des menschlichen Geistes entspricht eine parallel verlaufende soziokulturelle Entwicklung, die von der Priesterherrschaft über die Herrschaft der Philosophen schließlich zu einer Herrschaft der positivistischen Wissenschaften als rationaler Grundlage des gesellschaftlichen Lebens führt. Dem D. eignet in seinem antimetaphysischen und rationalistischen Gestus eine normative Komponente, aus der Comte eine Fortschrittskonzeption gewinnt. AN

**Dritter Mensch,** bezeichnet ein von Aristoteles (z.B. *an. post.* 83a32–33), aber auch von Platon selbst (*Parmenides* 132a1-b2, vgl. 132c12-e1) kritisch gegen die platonische Ideenlehre gewendetes Argument, das die Annahme von ↗Ideen durch Aufweisung eines infiniten Regresses ad absurdum führen soll. Der Regreß entsteht durch die Annahme der sog. Selbstprädikativität der Ideen, derzufolge die Idee des Menschen, an der viele Menschen teilhaben, selber unter die Idee Mensch fällt. Eine weitere Idee wird dann nötig, an der diese Idee partizipiert, etc. Das Problem entsteht jedoch nur, wenn die Ideen Substanzen sind, d.h. wenn im Satz »Sokrates ist ein Mensch« die Gattung »Mensch« als abgetrennt existierend, also nicht primär als Substanz jedes der Dinge betrachtet wird, das unter die Gattung fällt. **Lit.:** C. Meinwald: Good-bye to the Third Man. In: R. Kraut (Hg.): The Cambridge Companion to Plato. Cambridge 1992. S. 365–396. – G. Vlastos: The Third Man Argument in the »Parmenides«. In: Philosophical Review 63 (1954). S. 319–349. WH

**Du.** Die zweite Person des Personalpronomens wird in der philosophischen Sprache universalisiert. Systematisch hat Fichte auf das Du reflektiert (»Der Begriff des Du entsteht aus der Vereinigung des Es und des Ich«), das die Kommunikationsfähigkeit des Menschen, sich kommunikativ auf »den Anderen« hin zu transzendieren, ausdrückt. Der Begriff wird entscheidend für Humboldts Sprachphilosophie (das Du als der angeredete Andere) und erscheint als systembildend in der »Dialogphilosophie« Martin Bubers und Ferdinand Ebners: »Es gibt kein Ich an sich, sondern nur das Ich des Grundworts Ich-Du und das Ich des Grundworts Ich-Es« (M. Buber). Die Dialogphilosophie kann das Du auch religiös deuten: »In jedem Du reden wir das Ewige an« (Buber). Vor allem in der protestantischen Theologie (Barth, Brunner, Bultmann, Gogarthen, Tillich) wurde die heute kaum mehr einflußreiche Du-Philosophie weitergepflegt. ↗Dialog. **Lit.:** M. Buber: Die Schriften über das dialogische Prinzip. Heidelberg 1954. CSE

**Dualismus,** im Gegensatz zum ↗Monismus stehende Auffassung, nach der das Seiende auf zwei nicht voneinander ableitbare bzw. sich ausschließende Prinzipien oder Substanzen (z. B. Geist und Materie, Seele und Körper, Gut und Böse) zurückführbar ist. Der Platonische D. unterscheidet zwischen Ideenwelt (Bereich des ewigen und vollkommenen Seins) und Welt der sinnlichen Erfahrung, die kraft ihrer Teilhabe an jener existiere. Die irrtumsbehaftete Ebene der sinnlichen Wahrnehmung wird von jener der wahren Erkenntnis der Ideen abgegrenzt. Der Platonische D. hat im Christentum nachgewirkt. Bei Augustinus stellt er sich als Kampf zwischen zwei entgegengesetzten Reichen, dem Gottes- und dem Weltreich, dar. Descartes' Substanzendualismus stellt dem materiellen, ausgedehnten Sein (res extensa) ein immaterielles, nicht ausgedehntes, bewußtes Sein (res cogitans) gegenüber. Hieraus geht der psychophysische Leib-Seele-D. Descartes' hervor, nach dem die Seele den menschlichen Körper steuert wie ein »Geist in der Maschine«. In der 3-Welten-Theorie Poppers hat der cartesianische Leib-Seele-D. eine erkenntnistheoretisch fundierte Erneuerung erfahren. Nach Popper muß eine Welt 2 der psychischen Vorgänge angenommen werden, damit eine Vermittlung zwischen Welt 3 der logischen Gehalte und Theorien einerseits und Welt 1 der physischen Vorgänge andererseits möglich ist. – Kant hat einen ethischen D. begründet. Er unterscheidet Pflicht und Neigung ebenso wie Autonomie als vernünftige Selbstbestimmung des Menschen im intelligiblen Reich der Zwecke und Heteronomie als kausale Determiniertheit des Erfahrungssubjekts. Jüngst hat die Diskursethik versucht, den ethischen D. Kants in eine Dialektik von realer und idealer Kommunikationsgemeinschaft aufzuheben. **Lit.:** J. Eccles/K. Popper: Das Ich und sein Gehirn. München 1982. – S. Pétrement: Le dualisme chez Platon, les gnostique et les manichéens. 1947. – K. Popper: Objektive Erkenntnis. Hamburg 1973. – G. Ryle: The conept of mind. London 1949 (dt. Der Begriff des Geistes. Stuttgart 1969). HGR/BR

**Durchschnitt.** Der D. zweier Mengen M und N, in Zeichen: $M \cap N$, ist definiert als diejenige Menge, die genau die Elemente enthält, die sowohl in M als auch in N enthalten sind. In einem Mengenverband ist der D. die größte untere Schranke zweier Mengen. Bei algebraischer Betrachtung wird er auch als Boolesches Produkt bezeichnet. Verallgemeinernd läßt sich der D. von nicht-leeren Mengenfamilien betrachten. UM

**Dynamik,** die Lehre von den Kräften der Bewegung. Als eigenständiger Begriff zuerst bei Leibniz; das Verständnis einer Bewegungsänderung aufgrund einer zugrundeliegenden Wirkkraft ist älter und geht auf Platon und Aristoteles zurück. D. (↗dynamis) ist bei Aristoteles die Möglichkeit einer Kraft zu wirken im Unterschied zu der tatsächlich wirkenden Kraft qua ↗Entelechie oder Energie. Die Scholastik übernimmt diesen Gedanken in der lateinischen Übersetzung als potentia. Mit Beginn der Neuzeit und in Anlehnung an die Bestimmung ungleichmäßig beschleunigter Bewegung von Planeten und sublunaren Körpern durch Kepler und Galilei bestimmt Newton die Gravitation als das zugrundeliegende, dynamische Prinzip aller Bewegungsänderung. Gegen Ende des 18. Jh. wird die D. neben der Statik zu einem eigenständigen Gebiet der Mechanik. Der frz. Mathematiker und Physiker Lagrange definiert D. nun wie folgt: »La science des forces accélératrices ou retardatrices et des mouvements variés qu'elles doivent produire« (*Mécanique analytique*). Als Ausdruck von Veränderung oder Potentialität wird der ursprünglich physikalisch-mechanische Begriff D. – häufig gemeinsam mit seinem Gegenbegriff Statik – in der Soziologie wie etwa bei Comte und auch in anderen Wissenschaften benutzt. **Lit.:** H. M. Nobis: Über die immaterielle Dynamik als Innen der materiellen Körpersubstanz. München 1956. – J. Reinke: Das dynamische Weltbild. Leipzig 1926. – A. Szabó: Der mathematische Begriff DYNAMIS und das sog. geometrische Mittel. In: Maja NS 13 (1963). S. 241 ff. JM

**Dynamis** (griech. Kraft, Macht, Fähigkeit, Möglichkeit, Vermögen, Potentialität). D. gehört zu dynasthai, fähig sein, können, und ist sowohl die Fähigkeit, etwas zu tun, wie die, etwas zu erleiden. Platon verwendet den Ausdruck häufig und in wichtigen Zusammenhängen, ohne daß er bei ihm zu einem eigentlichen terminus technicus wird. Im *Sophistes* (247 e 4 ff.) sagt der Fremde: »Ich sage also, was nur irgendein Vermögen (dynamis) besitzt, es sei nun, ein anderes zu irgendetwas zu machen oder, wenn auch nur das mindeste von dem allergeringsten zu leiden, und wäre es auch nur einmal, das alles sei wirklich. Ich setze nämlich als Erklärung fest, um das Seiende zu bestimmen, daß es nichts anderes ist als Vermögen, Kraft (dynamis).« Die Bestimmung des Seinsbegriffs durch den Begriff der

D. läßt sich auf Vorstellungen zurückverfolgen, die tief in der primitiven Alltagserfahrung verwurzelt sind: daß wir die eigentliche Natur der Dinge durch die Wirkungen erfahren, die sie auf uns ausüben. Die Wärme in meiner Hand ist die Kraft, auf einen Stein einzuwirken und ihn warm zu machen; sie ist aber auch fähig, die Einwirkungen von Kälte zu erleiden und kalt zu werden. Der Begriff der D. hat deshalb vor allem in der Medizin frühzeitig eine technische Bedeutung erlangt. Es ist Aufgabe des Arztes, Stoffe zu finden, die unseren physischen Zustand ändern. Ein Arzt untersucht demgemäß alle Stoffe auf ihre heilenden oder verändernden Kräfte hin: Für ihn sind das Bittere, das Salzige, das Süße nicht einfach Eigenschaften, sondern sie üben eine Wirkung auf den Körper des Patienten aus. Wenn Platon Sokrates fragen läßt (*Protagoras* 349 b): »ob Weisheit und Besonnenheit und Tapferkeit und Gerechtigkeit und Frömmigkeit… nur fünf verschiedene Namen für eine Sache sind oder ob jedem dieser Namen auch eine eigene Wesenheit unterliegt und eine eigene Sache, die jede ihre besondere Verrichtung (dynamis) hat?«, so hat das seine Parallele in der Medizin: Wie sich Substanzen in ihren Eigenschaften und die Eigenschaften in ihren Wirkungen äußern, so äußert sich die Natur oder Form der Gerechtigkeit usw. durch ihre D. So kann bei Platon die D. definiert werden als die Eigenschaft oder Qualität, die die Natur eines Dinges offenbart (vgl. *Staat* 507 c). Sie zeigt sich entweder als eine Aktivität oder Prinzip des Wirkens, der Bewegung, oder als ein Zustand oder ein Prinzip der Passivität, des Widerstands. Durch jeden der beiden Aspekte enthüllt sie die innerste und verborgene Natur der Dinge; noch mehr, sie unterscheidet deren Wesen. Die D. macht es möglich, jedem Ding einen Namen zu geben, der seiner eigentümlichen Verfassung entspricht, und Dinge in verschiedene Gruppen einzuordnen. Mit einem Wort, sie ist sowohl ein Prinzip des Wissens und ein Prinzip der Unterscheidung (vgl. *Phaidros* 270 b ff. und *Theaitetos* 156 a ff.).

Für Aristoteles wird D. zu einem festen Terminus. In *Met.* 5, 12 erklärt er als Hauptbedeutung von D.: (1) Prinzip der Bewegung oder Veränderung in einem andern (Beispiel: die Bau- oder die Heilkunst), (2) das Prinzip, das ein Ding befähigt, von einem anderen verändert zu werden. In *Met.* 9.6 arbeitet er den Begriff der Potentialität heraus, die Fähigkeit, in einen neuen Zustand überzugehen. ↗actus/potentia, ↗Akt/Potenz, ↗Energeia. **Lit.:** J. Stallmach: Dynamis und Energeia. Meisenheim 1959. MSU

**Dynamismus,** bezeichnet in der Religionswissenschaft den Glauben an außergewöhnliche Kräfte und Mächte. Spezifische Begriffe für diese Macht sind etwa »mana« im Melanesischen oder ↗»tabu« im Polynesischen. Obwohl die wirksame Kraft an sich unpersönlich gedacht ist, erscheint sie zumeist in einer Person verkörpert. Mit D. wird auch die evolutionistisch geprägte religionswissenschaftliche Theorie bezeichnet, nach der, im Unterschied zum ↗Animismus, das Erlebnis dieser übernatürlichen Macht die ursprüngliche religiöse Erfahrung ist. **Lit.:** The Encyclopedia of Religion. Bd. 4. New York 1987. S. 527–532. FPB

**E.** In der formalisierten Schreibweise werden die universal verneinenden Urteilsarten (negatio universaliter) mit dem Buchstaben e gekennzeichnet: Kein S ist P (Abk.: SeP). ↗Quadrat, logisches, ↗Syllogismus. PP

**Ego,** allgemeine Bezeichnung für das Subjekt (des Erkennens oder Handelns), wenn besonders der Ich-Charakter oder Ich-Bezug (von Erkennen und Handeln) hervorgehoben werden soll. Im Zusammenhang von personalen Bezügen wird das E. meist in Wechselbeziehung zu Alter-E. thematisiert. Seine sachliche Grundlage hat der Terminus in Descartes' Anspruch der Selbstgewißheit des E., von dem aus die erkenntnistheoretische Frage nach der Existenz der Außenwelt gestellt wird. Die methodische Fiktion des selbstgewissen E. als Geltungsgrund für Erkennen wird in modifizierter Form auch für die ethische und soziale Perspektive in Anspruch genommen: Nur insofern die andere Person als anderes E. aufgefaßt wird, ist sie dem eigenen E. gleichgestellt. – In der Phänomenologie Husserls wird als transzendentales E. das Ich bezeichnet, das jedem einzelnen Bewußtseinsakt zugrundeliegt. In den intentionalen Erlebnissen ist es auf Gegenstände in der Welt gerichtet, ohne daß es selbst in einem gegenständlichen Sinne aufgefaßt werden kann. Aufgrund seiner Nicht-Gegenständlichkeit bezeichnet es Husserl auch als »reines« oder »nicht-mundanes« Ich. PP

**Egoismus,** Kennzeichnung einer ethischen Einstellung, die nur auf die Verfolgung eigener Zwecke bedacht ist. Als psychologischer E. stellt er eine Aussage über die Natur des Menschen, nach Freude und Lust zu streben, Schmerz und Unlust zu vermeiden, dar. In der ↗moral-sense-Theorie wird von einem Gleichgewicht zwischen den auf das Selbst bezogenen (egoistischen) und den auf die Sozialität bezogenen Affekten ausgegangen. – In sozialphilosophischer Hinsicht bedeutet E. das Fehlen einer intersubjektiven Verbindlichkeit. Daraus ergibt sich die sozialphilosophische Problemstellung, wie unter der Annahme von nur egoistischen Interessen noch eine gesellschaftliche Kooperation denkbar ist. Repräsentativ für eine solche sozialphilosophische Diskussion stehen Hobbes und Rousseau. Hobbes rekonstruiert ein rationales Entscheidungsmodell in bezug auf den ungeselligen Einzelnen. Der E. ist im Streben des Einzelnen nach Selbsterhaltung begründet. Diese Selbsterhaltungsbestrebungen beinhalten in einem (fiktiven) vorgesellschaftlichen Zustand unbeschränkte Freiheit und Recht auf alles. Unter dieser Bedingung wird das Aufeinandertreffen mehrerer Individuen zu einem lebensbedrohlichen Risiko. Daraus läßt sich eine rationale Begründung für eine gegenseitige Selbstbeschränkung der absoluten Freiheit in einem Vertragszustand ableiten. Rousseau geht von zwei gleichursprünglichen Tendenzen des Menschen aus: der Eigenliebe (amour de soi) und dem Mitleid (pitié), das extremen Ausformungen der Eigenliebe entgegenwirkt. Erst unter gesellschaftlich-zivilisatorischen Bedingungen entwickelt sich die Eigenliebe zu dem extremen E. der Selbstsucht (amour propre). Bei Comte, der ebenfalls von der Gleichursprünglichkeit selbstischer und sozialer Neigungen ausgeht, wird dieser Gegensatz durch die Annahme relativiert, daß es in der Natur des Menschen liegen müsse, daß Gattungsinteresse und Eigeninteresse keine gegensätzlichen Komponenten darstellen. Ähnlich wird bei d'Holbach die Selbstliebe durch das Prinzip des Gesamtinteresses modifiziert, so daß ein Zustand sozialer Harmonie entstehen kann. Kant charakterisiert den Gegensatz als die ungesellige Geselligkeit des Menschen aufgrund der gegensätzlichen Bestrebungen, einerseits sich zu einem sozialen Ganzen zu vereinigen, andererseits sich egoistisch zu vereinzeln. PP

**Egozentrismus.** Piaget thematisiert den Begriff des E. im Rahmen der allgemeinen kognitiven Entwicklung eines Individuums, der gleichzeitig für das Erkennen dinghafter räumlicher Strukturen wie für das soziale (kognitive) Verhalten Relevanz besitzt. In seiner Entwicklungspsychologie wird jener Zustand als E. bezeichnet, in dem das Kind Situationen nicht unabhängig vom eigenen Standpunkt wahrnehmen und beurteilen kann, d. h. es denkt und handelt aus der leibgebundenen Perspektive. Das gilt sowohl im Hinblick auf die Fähigkeit des perspektivischen Sehens wie im Hinblick auf die moralische Urteilsfähigkeit. Die Fähigkeit zum perspektivischen Sehen wurde von Piaget mit Hilfe des Drei-Berge-Modells getestet, bei dem das Kind ein Landschaftsmodell mit drei unterschiedlich gestalteten Bergen aus unterschiedlichen Perspektiven beschreiben sollte, ohne den eigenen Standpunkt zu verändern. Das setzt die Fähigkeit voraus, fiktiv eine andere Wahrnehmungsperspektive rekonstruieren zu können. Das moralische Urteil erfordert das Vermögen, einen Konfliktfall bzw. eine Handlungssituation auch aus der Perspektive einer anderen an der Interaktion beteiligten Person beurteilen zu können. Piaget bezeichnet in bezug auf die moralische Urteilsfähigkeit die Stufe des E. als »moralischen Realismus«. Der E. als Mangel an Differenzierung zwischen Ich und Außenwelt und der E. als Mangel an Zusammenarbeit bilden seiner Ansicht nach ein und dieselbe Erscheinung. **Lit.:** J. Piaget/B Inhelder: Die Entwicklung des räumlichen Denkens beim Kinde. Stuttgart 1971. S. 249–254. – J. Piaget: Das moralische Urteil beim Kinde. München [2]1990. PP

**Ehre,** (1) äußere Wertschätzung einer Person, v. a. als Ansehen, Reputation; (2) Selbstachtung v. a. in Kontexten des Verhinderns von möglichen Beschämungen oder des Nicht-Hinnehmens von Beleidigungen. Daß diese innere von äußerer E. unterschieden wird, ist Ausdruck davon, daß die Bedeutung von E. als einem empfindlichen Gut, das öffentlich geschätzt und verteidigt werden muß, in den westlich orientierten Kulturen abnimmt. Angriffe auf die E. werden heute weniger als solche wahrgenommen und interpretiert. Ob allerdings die Moral als Normensystem »reiner Innerlichkeit« (Simmel) die E. vollständig abgelöst hat, ist zu bezweifeln. In der Rechtsprechung gehen zwar Ehrenprozesse deutlich zurück, und auch informelle Ehrenkodices, an denen sich das Verhalten der Einzelnen verbindlich ausrichtet, sind heute nicht mehr für alle gesellschaftlichen Gruppen zu rekonstruieren. Dennoch spielt die E. als »Furcht vor der Meinung der anderen« (Schopenhauer) auch dann noch eine Rolle, wenn es nur wenige eindeutig identifizierbare Gruppennormen gibt. – Angesichts der historisch-kulturell ausdifferenzierten verschiedenen Standes- und Berufs-E.n ist die relative Uniformität geschlechtergebundener Ehrencodes über Epochen- und Kulturgrenzen hinweg auffällig und erklärungsbedürftig. **Lit.:** U. Frevert: Weibliche Ehre, männliche Ehre. In: Dies.: Mann und Weib, und Weib und Mann. München 1995. S. 166–222. – H. Reiner: Die Ehre. Darmstadt 1956. HL

**Eidetische Variation** (griech. eidos: Gestalt, Urbild, Idee). In der Phänomenologie Husserls stellt die e. V. ein methodisches Verfahren zur Bestimmung der Wesensstruktur eines Phänomens dar. Anhand eines realen oder auch nur phantasiehaft erdachten Beispiels läßt sich über verschiedene Veränderungen hinweg beobachten, was sich an gleichbleibenden Bestimmungen an diesem Phänomen bzw. als allgemeine Struktur (d.i. Wesensgesetz) durchhält. Die e.V. findet zu der Wesensstruktur, indem sie von den Zufälligkeiten und individuellen Besonderheiten realer Denkakte abstrahiert. Da die durch die Variation festgestellten Wesensgesetze nicht nur die allgemeine Struktur der Denkinhalte, sondern auch die idealiter denkbaren Möglichkeiten von Denkakten desselben Gegenstandsbezugs umfassen, kann für das Resultat der Wesensbestimmung unbedingte Allgemeinheit beansprucht werden. PP

**Eidologie** (griech. eidolon: Bild), wörtlich die Lehre vom Bild. Der ursprüngliche Wortsinn von »eidolon« meint bei Homer das Bild im Sinne des Abbildes von einem Toten. Diese über das bloße Bild hinausgehende Bedeutung hat sich über die Orphik bis hin in die platonische Philosophie erhalten, wenn Platon im *Theaitetos* (191d) vom eidolon als Abdruck (eines Siegelringes) spricht, welches die Wahrnehmung im als leere Wachstafel vorgestellten Bewußtsein hinterlasse. E. wird bei J. F. Herbart, der den Ausdruck nach eigenen Angaben der physikalischen Sinnenlehre des 17. Jh. entlehnt, zu einer eigenen metaphysischen Disziplin neben Methologie, Ontologie und Synechologie. Als wesentlicher Bestandteil der E. faßt Herbart das »Problem des Ich« auf. Die E. sei jener zu den »Erscheinungen hingewendete Teil« der Metaphysik, er mag als »Transcendentalphilosophie, als vollständiger Idealismus, als … Anthropologie und empirische Psychologie auftreten«, könne indes niemals an die Stelle einer eigenen metaphysischen Methodologie treten. **Lit.:** J. F. Herbart: Werke. Bd. 3. Leipzig 1851. §§ 126–129 bzw. § 140. MFM

**Eidolon,** bei Homer ein Traumbild, besonders jedoch das in der Unterwelt fortexistierende, identifizierbare Schattenbild eines Toten, seine Seele, die für kurze

Zeit wieder mit Bewußtsein erfüllt werden kann. Dieser Mythos wirkt mit einer weittragenden Abstraktion auf die antike Philosophie ein: Dem E. geht immer eine qualitativ höhere Wirklichkeit voraus, als Nachbild ist es sekundär. Eidola bringen in der atomistischen Naturphilosophie (Demokrit, Epikur, Lukrez) Wahrnehmungen hervor, indem feinste Häutchen sich von Körpern ablösen, durch die Luft fliegen, auf das Auge treffen und in den Verstand eindringen, wo das Wahrgenommene Vorstellungen hervorbringt. Einzelne Eidola (Lukrez: simulacra rerum) können sich bei ihrem Flug mit anderen verbinden und als monströse Konglomerate auch im Traum erscheinen. Die Kenntnis ihrer natürlichen Entstehung läßt bei den Menschen Furcht und Aberglauben nicht aufkommen. Bei Platon kann E. das Abbild, Spiegelbild, auch Trugbild, bedeuten, auf das sich die bloße Meinung im Unterschied zum auf die Ideen (Urbild) gerichteten Wissen bezieht. Im Wahrnehmungsprozeß wird mit E. auch der Abdruck des Wahrgenommenen im Bewußtsein bezeichnet (*Theaitetos*), der Wiedererinnerung an die Dinge und die Erkenntnis der zugehörigen Idee ermöglicht. Bei den lateinischen Kirchenvätern steht *idolum* für Götzenbild. Diese Bedeutung legt F. Bacon seiner Lehre von den ↗Idolen zugrunde: Trugbilder, die an der Naturerkenntnis hindern. Idole werden in der Aufklärungsphilosophie zu Objekten von Aberglauben und Vorurteil. KHG

**Eidos** (griech. Urbild, Gestalt, Idee). In Platons Philosophie sind es die ↗Ideen, die, hinter den Erscheinungen verborgen, die ewigen Urbilder der Dinge bezeichnen. Bei Kant sind Ideen regulative Leitgedanken unseres Erkenntnisstrebens (Welt, Seele, Gott) ohne objektive Gültigkeit. Sie bilden die Grundlage für den Aufbau eines homogenen Weltbildes. Husserl führt den Terminus synonym mit ↗Wesen, Sosein im Unterschied vom ↗Dasein ein. JSC

**Eigenname,** sprachlicher Ausdruck, der in einer direkten Beziehung zu einem Gegenstand steht. Diese einfache Zuordnung von Name und Gegenstand diente in der Philosophie als Grundmodell für die Funktion sprachlicher Ausdrücke überhaupt. Mill (*A System of Logic*) unterscheidet zwischen allgemeinen Namen oder »Gemeinnamen« (i.S. von generellen Termini), die sich auf jedes aus einer Vielzahl von Dingen beziehen, und individuellen Namen oder »Einzelnamen« (i.S. von singulären Termini), die sich auf einen einzigen Gegenstand beziehen. Daneben unterscheidet er konkrete E.n, die einen Gegenstand bedeuten, von abstrakten, die das Attribut (z. B. die Röte) eines Gegenstandes bedeuten. Die E.n stehen für oder bezeichnen (denote) einen Gegenstand. Im Unterschied dazu bezeichnen die Kennzeichnungen einen Gegenstand so, daß sie zugleich eine seiner Eigenschaften mitbezeichnen (connote). Für Mill ist der E. der Vorstellung des Gegenstandes, die in unserem Bewußtsein gespeichert ist und die wir dann jeweils assoziieren können, wenn wir dem E. begegnen, zugeordnet. – Daraus ergibt sich folgendes Problem: Die Vorstellung einerseits ist immer konkret, wie dieser Gegenstand uns zu einem bestimmten Zeitpunkt und aus einer bestimmten Perspektive gegeben ist. Der Eigenname andererseits bezeichnet den Gegenstand zu jedem Zeitpunkt seiner Existenz und in verschiedenen Gegebenheitsweisen. Innerhalb der sprachanalytischen Philosophie wird die Frage nach der Art der Beziehung zwischen Name und Gegenstand neu aufgenommen. ↗Namentheorie, ↗Kennzeichnung. **Lit.:** J. St. Mill: A System of Logic. London 1843. Buch I, Kap. 2, §§ 1–5. – U. Wolf (Hg.): Eigennamen. Dokumentation einer Kontroverse. Frankfurt 1985. PP

**Eigenpsychisch.** Carnap hat diesen Terminus zur Charakterisierung solcher Gegenstände eingeführt, die nur *einem* Subjekt zugehören. Er ist nicht psychologisch zu verstehen, sondern beinhaltet eine methodische Beschränkung auf das tatsächlich Erlebte. ↗Solipsismus. **Lit.:** R. Carnap: Der logische Aufbau der Welt. Hamburg [2]1961. PP

**Eigenschaft,** allgemein dasjenige, was Personen, Gegenständen oder auch Begriffen zu eigen ist; eine Beschaffenheit oder ein Merkmal. Bei E. wird zwischen wesentlichen und unwesentlichen unterschieden. Als wesentliche oder substanzielle E.en gelten in der philosophischen Tradition solche, ohne die ein Gegenstand etc. nicht zu bestehen vermag bzw. nicht das ist, was er ist (↗Substanz, ↗Wesen,), unwesentliche, zufällige oder akzidentielle E.en sind solche, ohne die ein Gegenstand weiter bestehen kann. Zudem geht diese Einteilung mit der in primäre und sekundäre ↗Qualitäten einher. E.en können Gemeinsamkeiten, aber auch Unterschiede von Gegenständen etc. aufzeigen. Entsprechend lassen sie sich zur Klasseneinteilung verwenden. In der einfachen ↗Prädikatenlogik geben Prädikate E.en bzw. ↗Intensionen an, mit deren Hilfe dann Gegenstände usw. weiter in Klassen zusammengefaßt werden können. **Lit.:** Aristoteles: Metaphysik. – R. Carnap: Meaning and Necessity. Chicago [2]1956 (dt. Bedeutung und Notwendigkeit. Wien/New York 1972). – W. Stegmüller: Probleme und Resultate der Wissenschaftstheorie und Analytischen Philosophie II/1. Berlin 1969. – Thomas v. Aquin: De ente et essentia. WK

**Eigenschaftsausdruck,** auch einstelliger Relationsausdruck. In der formallogischen Schreibweise (einer Modellsprache) stehen E.e, für Entitäten, die einem Ding (bzw. Klassen oder einer Gesamtheit von solchen Dingen) zugesprochen werden, z. B. »ein Logiker« in der Aussage »Wilhelm ist ein Logiker«, »kritisch« in der Aussage »Thomas ist kritisch«. Der E. gehört neben dem Gegenstandsausdruck und dem Relationsausdruck zum Grundbestand einer ↗Modellsprache. PP

**Eigentlichkeit/Uneigentlichkeit,** bei Heidegger Seinsmodi des Daseins. Weil das menschliche Dasein *je seine* Möglichkeit ist, kann es sich in seinem Sein selbst wählen oder verlieren. Verlieren kann es sich nur, insofern es seinem Wesen nach sich zueigen, d. h. eigentlich ist. Das Dasein steht somit durch die Freiheit des Sich-selbst-wählen-Könnens in der Differenz von E. und U. **Lit.:** M. Heidegger: Sein und Zeit (Gesamtausgabe Bd.2). Frankfurt 1977. FPB

**Eikon,** neben ↗ *eidolon* das griechische Wort für Bild, meist homonym, bei Platon indes gegenüber dem eidolon gelegentlich (*Sophistes* 240 a) als übergeordneter Begriff gebraucht. Zu unterscheiden sind verschiedene Bedeutungsebenen: (1) E. als inneres Abbild oder Seelenbild im psychologischen Sinne (etwa in Platons *Philebos* 39a). (2) E. als Bild im physisch-materiellen Sinne, diese Bedeutung hat sich seit Aristoteles in der abendländischen, insbesondere der byzantinisch-orthodoxen Kunstgeschichte (Ikone) durchgesetzt. (3) E. als Ausdruck für bildhafte sprachlich-rhetorische Figuren, so nennt etwa Platon in der *Politeia* (515a) sein Höhlengleichnis ein Bild (eikon); bei Aristoteles (*Rhetorik* 1413a) meint der Terminus die bildhaft analogische Verwendung von Metaphern in Gleichnissen wie: »Der Schild ist eine Trinkschale des Ares.« MFM

**Einbildung,** als Erkenntnisvermögen auch *Einbildungskraft*, leitet sich der Sache nach von griech. phantasia ab. Der Terminus nimmt seit Aristoteles (*De anima* 427 a ff.) bis in die neuzeitliche Erkenntnistheorie eine Zwischenstellung zwischen Wahrnehmung und Denken ein, so daß durch die E. in Abwesenheit des eingebildeten Gegenstandes dieser noch vorbegrifflich vorgestellt wird. Für Aristoteles ist der Gedanke bedeutsam, daß der Mensch, anders als die meisten Tiere, die E. in seiner »Gewalt« hat, weswegen hier schon (und nicht erst wie bei Platon im begrifflichen Urteil) durch fehlerhafte Verknüpfung die wahren und falschen Urteile entstünden. Für Kant ist der Terminus zentral, weil die E. als Vermittlungsinstanz zwischen Sinn und reinem Verstand fungiert und somit eine Bedingung für die Synthesis der ↗ Apperzeption zu einem einzigen Bewußtseinsinhalt darstellt. **Lit.:** E: Husserl: Phantasie, Bildbewußtsein, Erinnerung. Hua Bd. XXIII. Den Haag 1980. – J. Mainzer: Die Lehre von der Einbildungskraft in Humes und Kants theoretischer Philosophie. Diss. Heidelberg 1881. MFM

**Einbildungskraft** ist das Vermögen, einen Gegenstand auch in dessen Abwesenheit anzuschauen. Aristoteles entwirft die richtungweisende Theorie, der gemäß die E. (phantasia) ein Mittelglied zwischen Wahrnehmung (aisthesis) und Denken (dianoia) ist: Sie geht von der Sinnesaffektion aus und geschieht nicht ohne diese, hängt jedoch vom unmittelbaren Zugegensein des Wahrnehmungsgegenstands nicht ab; denn sie entwirft ein Vorstellungsbild (phantasma), eine innere Anschauung, die Sinnliches und Intelligibles vermittelt, da sie dem Wahrgenommenen (aisthema) ähnelt, jedoch immateriell ist (*De an.* III 3, 428a1 ff.; 8, 432a7 ff.). Nach Thomas v. Aquin bildet die E. (imaginatio) eine Art Speicher (thesaurus) der durch die Sinne empfangenen Formen, deren sich der Intellekt bedient, um die wahrnehmbare Gestalt zu durchleuchten und damit deren Was-Sein erkennbar zu machen (S.th. I, 78, 4; 84, 7). Für Descartes deutet die E. sogar über die Gewißheit des reinen Erkennens hinaus auf das Dasein materieller Gegenstände (*Oeuvres* VII, 71 f.). – Epochemachend bekräftigt dann Kant: »Die E. … ist entweder *productiv*, d.i. ein Vermögen der ursprünglichen Darstellung des [Gegenstandes] (exhibitio originaria), welche also vor der Erfahrung vorhergeht; oder *reproductiv*, der abgeleiteten (exhibitio derivativa), welche eine vorher gehabte empirische Anschauung ins Gemüt zurückbringt« (*Akad.-Ausg.* VII, 167). Die »verborgene Kunst« der produktiven E., »einem Begriff sein Bild zu verschaffen«, ermöglicht die Anwendung der Verstandeskategorien auf die Erfahrungsgegenstände; denn deren Versinnlichung der Begriffe und Verallgemeinerung der Anschauungen synthetisiert im Erkenntnisvollzug Rezeptivität und Spontaneität, sogar Empirie und Ich (*KrV* A 118 ff., A 140/B 179 f.). Andererseits vermag der Geist – das »belebende Prinzip« im Gemüt – mittels der vom Zwang des Verstandes befreiten E. ästhetische Ideen darzustellen: Eine solche Vorstellung veranlaßt, einem bestimmten Begriff viel Unbestimmtes hinzuzufügen, das diesen unbegrenzt erweitert (*KU* § 49). Kants Konzeption der produktiven sowie ästhetischen E. provoziert die idealistische Behauptung der wesentlichen Einheit der Erkenntnis mitsamt der Behauptung ihres absoluten Gehalts. Sodann gilt Fichte die E. als ein »Wechsel des Ich in und mit sich selbst«, indem es »zwischen Bestimmung, und Nicht-Bestimmung, zwischen Endlichem, und Unendlichem in der Mitte schwebt« (*Ges. Ausg.* I 2, 359 f., 368). Erst aus der Fixierung der E. durch die ihr übergeordnete, sich selbst setzende Vernunft entsteht die grundsätzlich auf ein Gegenüber bezogene Anschauung, die ihrerseits Sinn und Verstand bedingt (S. 373 f.). Schließlich betrachtet Schelling die E. als die »Kraft der *Ineinsbildung*, … wodurch ein Ideales zugleich auch ein Reales … ist, die Kraft der Individuation, welche die eigentlich schöpferische ist« (*Sämtl. Werke* V, 386). Als das »innere Wesen des Absoluten« (S. 267) ist die E. nicht einfach Imagination, sondern eher Einprägung, und zwar nicht nur als Zusammenfügung, sondern vielmehr als die ursprüngliche Tätigkeit der Vereinheitlichung des Gegensätzlichen: Sie ist die primäre Ermöglichung der Dinge und deren Erkenntnis als jeweils einer Einheit von Allgemeinem und Besonderem, die alles bestimmende Macht, die jeder Identität zugrunde liegt. Für Schelling sind E. und Vernunft ein und dasselbe Vermögen, nur diese im Idealen, jene im Realen: Sie sind zwei gleichzusetzende Vergegenwärtigungen des schlechthin Einen; die E. stellt jedoch die Schönheit als das ästhetisch angeschaute Absolute dar (ebd. IV, 423). **Lit.:** B. Barth: Schellings Philosophie der Kunst. Freiburg/München 1991. – E. P. Mahoney: Sense, intellect, and imagination in Albert, Thomas, and Siger. In: N. Kretzmann/A. Kenny/J. Pinborg (Hg.): The Cambridge History of Later Medieval Philosophy. Cambridge 1982. S. 602–622. – W. Metz: Kategoriendeduktion und produktive Einbildungskraft in der theoretischen Philosophie Kants und Fichtes. Stuttgart-Bad Cannstadt 1991. – D. K. W. Modrak: Aristotle. The Power of Perception. Chicago/London 1987. OFS

**Eindeutigkeit/Mehrdeutigkeit.** Für die Beziehung zwischen Zeichen und Bezeichnetem, zwischen Wort und Bedeutung ist es relevant, welcher Art die Zuordnung ist. Folgende Unterscheidungen lassen sich zeigen: (a) In einer *voreindeutigen* (oder *einmehrdeutigen*) Relation R kann es zu einem bestimmten Hinterglied z von R jeweils nur genau ein Vorderglied x geben, so daß xRz besteht (z. B. »leibliche Mutter von«); (b) in einer *nacheindeutigen* Relation kann es zu einem bestimmten Vorderglied x jeweils nur genau ein Hinterglied y geben, so daß xRy besteht (bspw »ist Bundesminister für«); (c) in einer *eineindeutigen* Relation kann es zu jedem Vorderglied x der Relation R nur einen Nachfolger y von R geben, so daß xRy gilt und umgekehrt (z. B. »ist verheiratet mit«). – Diese relationalen Bestimmungen lassen sich übertragen auf die Zuordnung von Wort und Bedeutung, um E. oder M. erkennbar werden zu lassen: (a) bei einer eineindeutigen Beziehung zwischen Wort und Bezeichnetem nennt man das Zeichen *univok*, (b) bei einer nicht eineindeutigen Beziehung *äquivok*, (c) bei einer nacheindeutigen Beziehung *synonym* (z. B. »Schlips« und »Krawatte«, d. h. zwei oder mehr Worte meinen jeweils den gleichen Bedeutungsgehalt) – wenn xRy besteht und xRz, dann sind y und z identisch, (d) bei einer voreindeutigen Beziehung *homonym* (z. B. »Bank« oder »Ball«, d. h. ein Wort hat zwei Bedeutungsgehalte) – wenn xRz besteht und yRz, dann ist x identisch mit y. **Lit.:** A. Menne: Einführung in die Methodologie. Darmstadt [2]1984. S. 51 ff. PP

**Eindruck,** leitet sich der Sache nach von griech. pathema ab und bezeichnet durch alle Tradition das passiv sinnliche Pendant zu den Verstandesgrößen Begriff, Idee und Vorstellung. Wenn Platon im Wachsgleichnis des *Theaitetos* (191d) vom eidolon als Abdruck spricht, welches die Wahrnehmung in dem als leere Wachstafel vorgestellten Bewußtsein hinterlasse, ist damit nichts anderes gemeint als der E. In Humes *Untersuchungen über den menschlichen Verstand* umfaßt der Begriff E. (impression) in einem ähnlich weiten Sinn wie in der Antike Affektuelles wie Wahrnehmungen, Liebe, Haß, Triebe und Wille. Eine differenziertere Bedeutung erhält der Terminus in W. Wundts Psychologie, wo E. als Unterbegriff der Empfindungen (die Wundt als physiologisch-materielle Sinnesreize begreift) verstanden wird. Von diesem engeren Sinn scheidet Wundt die alltagssprachliche Verwendung »der Eindrücke von einem Menschen«. **Lit.:** W. Wundt: Grundzüge der physiologischen Psychologie. Leipzig 1874. S. 28 ff. MFM

**Eineindeutig.** (1) Eine Relation ist dann e., wenn es zu jedem Vorgänger x der Relation nur einen Nachfolger y der Relation geben kann (Abk.: xRy), so daß xRy gilt und umgekehrt yRx. Z. B.: die Relation »...ist Fingerabdruck von...« ist (aufgrund empirischer Forschung) e., da eine gegebene Person stets die gleiche Struktur des Fingerabdrucks hat und umgekehrt eine bestimmte Struktur des Fingerabdrucks stets derselben Person zugehört. (2) Bei Mengen heißt eine Zuordnung dann e., wenn jedem Element der einen Menge ein Element der anderen Menge zugeordnet werden kann und umgekehrt. In der Mathematik heißen zwei Mengen gleichzahlig, wenn sich ihre Elemente e. zuordnen lassen. (3) Ist die Beziehung zwischen Zeichen, d.i. dem Wort, und Bezeichnetem e., dann nennt man das Wort univok. PP

**Eine, das,** tritt bei Plotin in Anlehnung an die pythagoreisch-platonische Zahlenlehre als Erstes schlechthin im Sinne des mit sich beziehungslos Identischen an die Stelle des ursprünglichen Wirklichkeitsgrundes und geht den aus ihm heraustretenden zweiten und dritten ↗Hypostasen, dem Geist und der Seele, voraus. Das jegliche Vielheit transzendierende E. ist »von Allem verschieden« und somit »Nichts«, dennoch »Prinzip« jedes Einzelnen und damit der Vielheit selbst (*Enneaden* III 8,9). Demgemäß erweist sich die absolute Differenz des E.n als seine konstitutive Immanenz in Allem. Über jedes Denken und Sein erhaben, besteht das E. in der reinen Freiheit als ↗causa sui, da es autark ist (*Enneaden* VI 8,14). Die prinzipielle Unaussagbarkeit des E.n als solchen, das seine Vollkommenheit durch seine Bestimmung als Etwas verlöre, ist grundlegend für die Negative Theologie, ebenfalls für die durch Aphairesis erstrebte ↗Ekstase. – Während Thomas von Aquin das E. als Ungeteiltes zu den ↗Transzendentalien zählt (*De veritate* 1, 1), begreift Eckhart unter diesem exklusiv die Gottheit als ↗Negation der Negation (*Deutsche Werke* I, 363). Diesen Begriff präzisiert Cusanus als die ↗coincidentia oppositorum, ferner als reine Negation und letztlich als das Nicht-Andere, das dem Nicht-Einen sowohl entgegengesetzt als auch nicht entgegengesetzt ist (*De docta ignorantia* I, 2; *De coniecturis* I, 8; *De non aliud* IV). **Lit.:** W. Beierwaltes: Denken des Einen. Frankfurt 1985. OFS

**Einfachheitskriterium,** das E. wird in unterschiedlichen Zusammenhängen geltend gemacht: (a) in der griech. Philosophie als ontologisches Kriterium zur Bestimmung des wahren Seins; (b) in der Erkenntnistheorie als Postulat, zu den letzten einfachen Bausteinen der Erfahrung zurückzugehen. In der Naturphilosophie des ↗Atomismus ist es die aus Atomen zusammengesetzte Materie, bei Locke sind es die »einfachen Vorstellungen« (simple ideas), in der sensualistisch-positivistischen Theorie von Mach die Sinnesdaten bzw. Sinneseindrücke; (c) für die Wissenschaften fordert d'Alembert neben der Allgemeinheit und Fruchtbarkeit die Einfachheit physikalischer Gesetze. Mach deutet das E. als ökonomische Forderung an die mathematischen und experimentellen Mittel zur eindeutigen Beschreibung der Natur. **Lit.:** K. Mainzer: Einfachheitskriterium. In: Enzyklopädie Philosophie und Wissenschaftstheorie. Bd. 1. S. 527 f. PP

**Einfall,** das scheinbar unvermittelt, plötzlich und intuitiv, also nicht auf dem Wege logisch-diskursiver Erörterung oder Schlußfolgerung gewonnene Ankommen eines neuen Gedankens. In dieser Unvermitteltheit ähnelt der E. der gelegentlich als »anschauliches Erlebnis« (Dilthey) gewürdigten ↗Intuition. Gegenüber diesem älteren lat. Terminus fehlt dem E. indes das bei der Intuition oft mitgedachte theologische Moment der übersinnlichen Eingebung. Der Wert des E.s für die Wissenschaft wird sehr unterschiedlich beurteilt: Kant spricht in seiner Vorrede zur zweiten Auflage der *Kritik der reinen Vernunft* davon, daß die Mathematik ihre Wendung vom »bloßen Herumtappen« (in Ägypten) zu einer wissenschaftlichen Disziplin einem »glücklichen E.« des Thales zu verdanken habe. Auch der Aufbruch der Physik zu einer echten Wissenschaft sei einem ebenso glücklichen E., nämlich der Experimentierfreude des Galilei, geschuldet. Hegel lehnt demgegenüber in seinen *Vorlesungen zur Aesthetik* das bloß Willkürliche des E.s als Ursache des wahrhaft künstlerischen Schaffens als »schlechte Partikularität« ab. In der Gestaltpsychologie K. Bühlers wird der E. als »Aha-Erlebnis« bezeichnet und sein Ertrag für Erkenntnis und Kreativität noch über den der (begrifflich-logischen) Einsicht gestellt. MFM

**Einführungsregel.** In einem Kalkül des natürlichen Schließens legt die E. fest, wie ausgehend von Teilformeln zu einer als Hauptzeichen gekennzeichneten Formel überzugehen ist. PP

**Einheit.** Die numerische E. ist nach Frege bedeutungsgleich einer Anzahl oder Vielzahl von Gegenständen, die gegen andere Gegenstände bestimmt abgegrenzt sind im Gegensatz zur Zahl Eins, die, niemals im Plural stehend, Eigenschaft eines Begriffs ist. E. bedeutet auch das Einzelne, das dann Eines ist im Gegensatz zum Vielen. – Die ontologische E. bezeichnet die globale E. des Seienden als seine Tiefenstruktur, aus der die Vielheit der Seienden als Erscheinung oder gar Schein hervorgeht, so im ↗Neuplatonismus oder in der ↗Vedāntalehre. Im Sinne der die aristotelischen Kategorien transzendierenden Bestimmtheit jedes Seienden ist die ontologische E. die wichtigste ↗Transzendentalie. Es ist das ideale Ziel der Naturwissenschaften, die ontologische E. der Natur durch die Vereinheitlichung der Grundkräfte zu erreichen, wobei »Vielheit« dann »Komplexität« bedeutet. – Die erkenntnistheoretische E. bezieht sich auf die Gegenstandskonstitution, die in der Transzendentalphilosophie Funktion der E. des Bewußtseins ist; auf der Ebene der Wissenschaftstheorie gibt es das Ziel, die E. des Wissens durch E. der Wissenschaften in einer einheitlichen Sprache oder Theorie zu realisieren. – Die physische E. eines Gegenstandes besteht in seiner räumlichen Abgrenzung und zeitlichen Identität, die funktionale E. eines Systems in seiner einheitlichen Wirkungsweise. **Lit.:** W. Beierwaltes: Denken des Einen. Frankfurt 1985. – G. Frege: Die Grundlagen der Arithmetik. Hamburg 1988. – K. Gloy/E. Rudolph (Hg.): Einheit als Grundfrage der Philosophie. Darmstadt 1985. – Proclus: The Elements of Theology. Oxford [2]1977. – W. Saltzer (Hg.): Zur Einheit der Naturwissenschaften in Geschichte und Gegenwart. Darmstadt 1990. – D. Wiggins: Sameness and Substance. Cambridge, Mass. 1980. – M. Zahn: Einheit. In: Handbuch philosophischer Grundbegriffe. Bd. 2. München 1973. PE

**Einheitswissenschaft,** auch Einheit der Wissenschaft, ein von Vertretern des ↗Wiener Kreises erhobenes Postulat, das zum einen die Zielvorstellung beinhaltet, für die unterschiedlichen Wissenschaftsgebiete und Einzelwissenschaften gemeinsame Grundbegriffe und Gesetze zu erreichen, zum anderen die Forderung nach einer einheitlichen Wissenschaftssprache. Diese müßte zwei Forderungen genügen: (1) Die sprachlichen Zeichen müßten für alle dieselbe Bedeutung besitzen (intersubjektive Gültigkeit); (2) in ihr müßte jeder beliebige Sachverhalt ausdrückbar sein (universaler Charakter). Diesen Forderungen genügt entweder die physikalische Sprache, in deren Aussagen nur metrische Begriffe (quantitative Sprache) verwendet werden, oder eine Dingsprache (bzw. Körperweltsprache), die neben quantitativen auch qualitative Begriffe enthalten dürfe, aber unter der Voraussetzung, daß sie sich auf beobachtbare Eigenschaften von Dingen und beobachtbare Relationen zwischen Dingen bezieht. Beide Möglichkeiten können als Positionen des ↗Physikalismus bezeichnet werden. PP

**Einsicht.** Einsichtig zu sein bedeutet, theoretische oder praktische Handlungszusammenhänge erfaßt zu haben. Das Adjektiv wird (anders als das Nomen) fast immer nur auf praktische Handlungszusammmenhänge angewandt und hat sich in diesem Sinne als juristischer Fachterminus etabliert. So wird etwa die Schuldfähigkeit im Strafrecht an die Einsichtsfähigkeit geknüpft. Bereits bei Aristoteles (*Eth. Nic.* 1140a 26 ff.) wird die »sittliche Einsicht« (phronesis) als Fähigkeit gedeutet, Mittel und Wege zu einem guten und glückseligen Leben zu finden. Mit Nachdruck wird E. hier auch vom beweisbaren Wissen unterschieden, da E. auch in Dinge gefordert sei, die sich »so und anders verhalten können« (↗Evidenz). **Lit.:** H. N. Pröbsting: Überredung zur Einsicht. Frankfurt 1987. MFM

**Einsquantor,** auch Manchquantor. »es ist«/»es existiert«, symbolisiert durch »V« oder »∃«, dient in der formalen Logik zur Symbolisierung von Existenzaussagen, in denen behauptet wird, daß es mindestens einen Gegenstand gibt, dem ein bestimmtes, ausdrücklich benanntes Kennzeichen zugeschrieben werden kann, bzw. der unter einen ausdrücklich benannten Prädikator fällt. PP

**Einteilung.** Die Lehre von der Einteilung gehört zur Methodologie der Wissenschaften. Die E. des Inhaltes eines Begriffes in seine Bestandteile wird durch die Definition geleistet, die E. des Umfanges eines Begriffes (d.i. Extension) nennt man Klassifikation. Als Einteilungsgrund (ratio divisionis) bezeichnet man den oder die Gesichtspunkte, nach denen die E. erfolgt. Nach der Anzahl der Einteilungsglieder ergeben sich folgende Arten von E.en: bei zwei Einteilungsgliedern die ↗Dichotomie, bei drei die Trichotomie, bei vier die Tetratomie, bei fünf die Pentatomie, bei sechs die Hexatomie (usw. entsprechend den altgriechischen Zahlwörtern). Alle Einteilungen mit mehr als zwei Gliedern heißen Polytomien. **Lit.:** A. Menne: Einführung in die Methodologie. Darmstadt [2]1984. S. 84 ff. PP

**Einzelne, der,** in spezifischer Bedeutung bei Kierkegaard, dessen »Kategorie des E.n« sich gegen das philosophische und gesellschaftliche Verschwinden des konkreten Individuums im System des reinen Denkens (Hegel) und in der Vorherrschaft der Masse richtet. Dem setzt Kierkegaard die Selbstverantwortlichkeit des E.n entgegen, der für sich selbst und sein Handeln ethisch einzustehen hat. Den Hintergrund bildet sein Verständnis von Christentum. Vor Gott muß sich der E. als E.r rechtfertigen, nicht als Masse. Auch die Entscheidung für den Glauben kann nicht allgemein verordnet werden (Staatskirche), sondern muß von jedem selbst getroffen werden, in leidenschaftlicher Aneignung oder Verwerfung. Bei Jaspers steht der E. ebenfalls im Gegensatz zur Masse, durch die er in seinem Selbstsein bedroht ist. Der E. befindet sich in einem spannungsvollen Verhältnis zur Gemeinschaft, weil der Mensch als soziales Wesen auf diese hin angelegt ist, zugleich aber in ihr er selbst bleiben soll. **Lit.:** M. Buber: Die Frage an den Einzelnen. In: Werke 1. München/Heidelberg 1962. S. 215–265. – S. Kierkegaard: Die Schriften über sich selbst (Ges. Werke 33. Abtlg.). Düsseldorf/Köln 1951. FPB

**Ekel** (frz. la nausée), bei Sartre die Erfahrung des puren, nicht in einem Sinnhorizont stehenden Seins. Es handelt sich dabei um ein existenziales Phänomen, in dem das Sein in seiner bloßen Faktizität erscheint. Hervorgerufen wird es z. B. durch die Aufdringlichkeit bestimmter Sinneserfahrungen. **Lit.:** J.-P. Sartre: La Nausée. Paris 1938 (dt. Der Ekel. Reinbek 1982). FPB

**Eklektizismus** (griech. eklegein: auswählen). E. ist die Verfahrensweise, aus unterschiedlichen philosophischen Systemen einzelne Elemente und Thesen herauszunehmen und sie zu einem »neuen« System zusammenzufügen. Auch in der bildenden Kunst und in der Literatur spricht man von E. Als philosophische Eklektiker für die antike Epoche gelten z. B. Karneades und Cicero. Einige Vertreter der Aufklärungsphilosophie des 18. Jh. werden ebenfalls als Eklektiker bezeichnet. TF

**Ekstase** (nach griech. ekstasis: Außer-sich-Sein), im philosophischen Sinn das »Aus-sich-Hinaustreten« des Menschen als ein Heraussteigen aus den gewohnten diskursiven Denkbezügen, um für die Erfahrung einer höheren und eigentlicheren Realität offen zu werden. In dieser Weise handelt es sich bei der E. nicht um Bewußtlosigkeit, sondern um höchste Bewußtheit und Gewißheit. Das Außer-sich-Sein ist identisch mit einem Zu-sich-selbst-Kommen. Das Phänomen geht bis auf Platon zurück, erlangt v. a. im Neuplatonismus und der christlichen ↗Mystik Bedeutung und weist bis zur Philosophie der »Ek-sistenz« bei Heidegger. **Lit.:** M. Düe: Konzentration und Entrückung. Heidelberg 1993. – Th. Spoerri (Hg.): Beiträge zur Ekstase. Basel/New York 1968. EWG

**Élan vital,** in der vitalistischen philosophischen Biologie Bergsons die allgemeine, nicht teleologisch bestimmte Quelle freier Variationen des Lebendigen, die, indem sie in einem mechanischen oder finalisierten Prozeß nicht denkbare genetische Möglichkeitsspielräume eröffnet, als Ausdruck des Schöpferischen der Lebensaktivität selbst gelten soll. Der É.v. soll so die Genese des Neuen »erklären«, wobei die Möglichkeit des Neuen nicht der Genese selbst vorausliegend gedacht, sondern als Spiegelbild einer bereits ermöglichten Wirklichkeit in einer nachträglich durch sie in den Blick gekommenen Vergangenheit verstanden werden soll. **Lit.:** H. Bergson: Évolution créatrice. Paris 1907 (dt. Schöpferische Entwicklung. Jena 1912). – M. Capek: Bergson and Modern Physics. Dordrecht 1971. – V. Jankélévitch: Bergsonisme et biologie. In: Revue de Metaphysique et de Morale 36 (1929). S.253-265. BL

**Eleatismus.** In der Stadt Elea (Velia, griech. Gründung südlich von Paestum) lebten Xenophanes, Parmenides, Zenon (der Lehrer des Leukipp). Über die Organisation einer Philosophenschule in Elea gibt es keine genaue Kenntnis. Als E. gelten Fortschritte, die über erste Lösungsversuche naturphilosophischer Probleme und über die tradierte anthropomorphe Götterlehre hinausführen (Xenophanes); neue Disziplinen werden entwickelt: Ontologie (Parmenides behauptet ein unveränderliches Sein hinter den werdenden und vergehenden Dingen, von denen die Sinne getäuscht werden), Logik und Dialektik (Zenons Lehre zur methodischen Stützung der Parmenideischen Thesen, mit bedeutenden wissenschaftstheoretischen Folgen). KHG

**Element,** Bezeichnung für einen Grundbestandteil materieller oder ideeller (d.i. geistiger) Natur. In der Mengenlehre wird der Begriff E. (neben dem Begriff »Menge«) als Grundbegriff eingeführt. Die E.e, die zu einem Ganzen (d.i. einer Menge) zusammengefügt werden, können Objekte unserer Anschauung oder unseres Denkens sein, wichtig ist dabei, daß die Objekte bestimmt und wohlunterschieden sind. Das Postulat der Bestimmtheit und Wohlunterschiedenheit besagt, es muß genau abgrenzbar sein, was zu einem E. gehört (vgl. Cantors Definition einer Menge). D.h. ein Objekt ist ein E. nur relativ zu einer Gesamtheit, dessen E. es ist. Die zweistellige E.-Beziehung zwischen einem Gegenstand und einer Klasse, der dieser Gegenstand angehört, ist die Grundrelation der Mengenlehre. – In einem Klassenkalkül wird zunächst die Klasse definiert als der Bereich aller derjenigen Konstanten, die in die Aussageform f(x) für x eingesetzt werden können, so daß dann eine wahre Aussage entstehen würde. Die Einsetzung »a ist Element von K (d.i. Klasse)« besagt, daß das Individuum a eine der zulässigen Einsetzungen in die zugehörige Aussageform f(x) ist, die die Klasse ergeben. PP

**Elementaraussage,** in der formalen Logik Bezeichnung für die logisch einfachen Aussagen, in denen einem oder mehreren Gegenständen ein Prädikator zu- oder abgesprochen wird. PP

**Elementarerlebnis.** Nach Carnap (↗Wiener Kreis) sollen E.se die Grundbausteine beim Aufbau eines Systems sein. Ein E. ist der Gesamtinhalt dessen, was dem Bewußtsein in einem Augenblick der erlebten

Zeit gegeben ist, nämlich die gesamten Eindrücke sämtlicher Sinne, die Erinnerungen, Gefühle usw. Sie stellen insofern die Basis des Erkennens dar, als sie die Möglichkeit der Konstruktion einer Erfahrungssprache bieten. Carnap möchte zeigen, daß das gesamte Vokabular empirischer Aussagen aufgebaut werden kann durch (a) Aussagen über Eigenpsychisches: Wahrnehmung, Empfindung, Gefühle, (b) Aussagen über die Körperwelt, (c) Aussagen über Fremdpsychisches wie das Bewußtsein anderer Personen, (d) Aussagen über geistig-kulturelle Gegenstände. Für die E.se ist davon auszugehen, daß sie in bestimmten Gleichheits- oder Ähnlichkeitsbeziehungen stehen. Die Ähnlichkeitserinnerung stellt dabei die Grundrelation dar, die zwischen zwei E.sen dann besteht, wenn sie sich in der Erinnerung als einander ähnlich darstellen, und dient so der Definition von E.sen als dasjenige, zwischen dem Ähnlichkeitserinnerungen bestehen – z. B. kann man aus einer Beziehung »x ist farbgleich mit y« eine Farbe definieren als eine größte Menge von farbigen Karten, die miteinander farbgleich sind. – Die Bezeichnung »E.« ist auf die Auffassung der Schule der Berliner Gestaltpsychologie zurückzuführen, wonach die Erlebnisse Ganzheiten sind, die erst durch Abstraktion in Bestandteile zerlegt werden können. **Lit.:** R. Carnap: Der logische Aufbau der Welt. Hamburg [2]1961. – W. Köhler: Gestaltprobleme und Anfänge einer Gestalttheorie. In: Jahresbericht über die ges. Physiologie III (1925). S. 512–539. – E. v. Savigny: Analytische Philosophie. Freiburg/München 1970. PP

**Elementarlehre.** In seiner *Vorlesung zur Logik* bezeichnet Kant die Erörterung von Begriff, Urteil und Verstandes- und Vernunftschlüssen als allgemeine E. PP

**Elementarlehre, transzendentale.** Kant bezeichnet sein in der *Kritik der reinen Vernunft* praktiziertes methodisches Vorgehen als t. E., die unsere Erkenntnis in ihre Elemente auflöst, um deutlich werden zu lassen, was in solchen Erkenntnissen durch das denkende Subjekt den Objekten hinzugefügt wird. Er gewinnt seine Methode in Anlehnung an das mathematische Verfahren, eine Annahme durch Aufweis der sie begründenden Bedingungen als gültig zu belegen. Kants Aufgabenstellung richtet sich auf die Frage, wie synthetische, aber reine Vernunfterkenntnis möglich sei, um nach dem Grund einer solchen Erkenntnis zu suchen, d. h. um aus den Prinzipien ihrer Möglichkeit die Bedingungen ihres Gebrauchs, den Umfang und die Grenzen einer solchen Erkenntnis zu beurteilen. **Lit.:** I. Kant: Kritik der reinen Vernunft. A 703, B 731, B XXII f. – Ders.: Prolegomena zu einer jeden künftigen Metaphysik die als Wissenschaft wird auftreten können. § 5: Allgemeine Frage, Wie ist Erkenntnis aus reiner Vernunft möglich? PP

**Elementarsatz,** ein Terminus Wittgensteins (*Tractatus*), der dem ↗Atomsatz entspricht. Durch zwei Aspekte ist die Beschaffenheit des E.es gekennzeichnet: (1) E.e beschreiben die Phänomene (die Erlebnisse) und den Inhalt unserer Erfahrung (z. B. »hier ist rot«, »hier ist grün«), (2) seiner logischen Form nach besteht der E. nicht aus einer Reihe von Namen für Gegenstände, die durch eine zusätzliche logische Verknüpfung oder eine Kopula miteinander verbunden sind (wie z. B. in einem umgangssprachlichen Satz »der Tisch steht links vom Fenster«), sondern er besteht aus einer Reihe von Namen für Gegenstände, die verschiedenen, aber zusammenpassenden logischen Typen angehören. Bei diesen Gegenständen kann es sich z. B. um eine Eigenschaft und ein Einzelding, um eine zweistellige Relation und zwei Einzeldinge usw. handeln. Sie dürfen also keine logischen Partikel enthalten und ihre Bestandteile dürfen keine Komplexität aufweisen. **Lit.:** J. Schulte: Wittgenstein. Stuttgart 1989. S. 70. – F. Waismann: Logik, Sprache, Philosophie. Stuttgart 1976. S. 406 ff. – L. Wittgenstein: Tractatus logico-philosophicus (Schriften 1). Frankfurt 1967. S. 9–83. PP

**Elenktik** (griech. elenchos: Fragen, Prüfen, Widerlegen), methodisches Verfahren, das von Sokrates im Gespräch angewandt wird, um den Wissensanspruch seines Dialogpartners zu prüfen. Platon bezeichnet den Elenchos als ein Verfahren zur Reinigung der Seele in der Auflösung von Scheinwissen durch prüfendes Fragen (vgl. *Sophistes* 230 d). Das sokratische Vorgehen läßt sich schematisiert so wiedergeben: Am Beginn steht zumeist eine Frage von Sokrates als Herausforderung an seinen Dialogpartner, der seine Wissensansprüche rechtfertigen soll. Nach Aufstellung einer These folgt die Prüfung und Widerlegung durch Sokrates, und aus der Einsicht in das Nichtwissen ein erneuter Ansatz. Dieser Prozeß kann sich mehrmals wiederholen, aber am Ende des Dialogs steht zumeist das Eingeständnis, das gesuchte Wissen nicht erlangt zu haben. Sokrates gelingt es, die geistige Erstarrung seines Gesprächspartners aufzulösen und in einen Prozeß gemeinsamen Suchens und Prüfens überzuführen, indem er dessen vermeintlich gesicherten Wissensbesitz als brüchig erweist. Dies wird auch deutlich, wenn man den Verlauf nach Wissensstufen und dem zu Tage tretenden Selbstbewußtsein gliedert. Sokrates Gegenüber erhebt einen festen Wissensanspruch, er befindet sich auf der Stufe eines naiven Selbstbewußtseins, bis durch die sokratische Prüfung das Wissen als Scheinwissen entlarvt wird und das Selbstbewußtsein sich in Unsicherheit und Verlegenheit wandelt (↗Aporie) bis hin zur zunächst zögernden Einsicht in das eigene Nichtwissen. Ist dieser Punkt erreicht, so ist der Weg offen für die Suche nach wirklichem Wissen und die Bereitschaft zu lernen. **Lit.:** F.-P. Burkard: Die menschliche Weisheit. Gedanken zu Sokrates. In: W. Baumgartner (Hg.): Gewißheit und Gewissen. Würzburg 1987. S. 63–78. – M. Landmann: Elenktik und Maieutik. Bonn 1950. – B. Waldenfels: Das sokratische Fragen. Meisenheim 1961. FPB

**Eleutheronomie** (griech. eleutheros: frei; nomos: Gesetz), bei Kant das »Freiheitsprinzip der inneren Gesetzgebung« (*Metaphysik der Sitten*, Tugendlehre A IX). E. wird dem Prinzip der ↗Eudaimonie (Glückseligkeitslehre) gegenübergestellt, welches niemals allgemeingültig oder notwendig sein kann, da es am je subjektiven Bestimmungsgrund von Glückseligkeit orientiert bleibt. Eudaimonie sieht sich der Kausalität der Erscheinungen (Naturkausalität) verpflichtet, während E. Freiheit als von jeglicher Erfahrung unabhängigen allgemeinen Grundsatz benennt. Die Unterscheidung von Naturordnung als kausal bestimmter einerseits und sittlicher Ordnung aus moralischem Beweggrunde andererseits dient so auch der Orientierung ihrer jeweiligen Freiheitsgesetze (*Akad.-Ausg.* VI, 378). Ihre Differenz folgt aus dem Kategorischen ↗Imperativ. Einen Teil der E. findet Kant in der Rechtslehre: Nach dem Prinzip der E. bspw. wird ein Volk »keinen subalternen äußeren Gesetzgeber statuieren; weil es sich hiebey als selbst gesetzgebend und diesen Gesetzen zugleich unterthan betrachtet und die Praxis sich dabei (in Sachen der reinen Vernunft) schlechterdings nach der Theorie richten muß« (*Akad.-Ausg.* VI). **Lit.:** W. Bartuschat: Praktische Philosophie und Rechtsphlosophie bei Kant. In : Philos. Jahrb. 94 (1987) I. S. 24–41. – R. Eisler: Art. »Pflicht« in: Ders.: Kant-Lexikon. Berlin 1930. Nd. Hildesheim u.a. [10]1989. – O. Schwemmer: Art. »Pflicht« in: Enzyklopädie Philosophie und Wissenschaftstheorie, Bd. 3. Stuttgart/Weimar 1995. CL

**Elimination,** bezeichnet das Ergebnis oder den Vorgang eines theoretischen Wandels, der darin besteht, daß eine Theorie eine Entität oder Entitäten aus ihrem Erklärungsbereich verbannt, die von einer konkurrierenden Theorie mit demselben Erklärungsbereich postuliert werden. E. bezeichnet also wesentlich eine Beziehung zwischen Theorien. Eine Theorie ist nicht eliminativ schlechthin, sondern nur bezüglich einer anderen Theorie. Im Gegensatz zur Reduktion, bei der ebenfalls eine Beziehung zwischen konkurrierenden Theorien vorliegt, liegt im Falle einer E. eine Verringerung ontologischer Annahmen vor. Das Standardbeispiel in philosophischen Diskussionen um den Eliminationsbegriff ist die E. von Phlogiston in der Theorie der Verbrennung am Ende des 18. Jh. ↗Materialismus (in der Philosophie des Geistes). MBI

**Eliminationsregel,** auch Beseitigungsregel. In einem Kalkül des natürlichen Schließens legt die E. fest, wie aus einer als Hauptzeichen gekennzeichneten Formel zu Teilformeln (dieser Formel) überzugehen ist und dieses Hauptzeichen beseitigt werden darf. PP

**Eliminativer Materialismus** ↗Materialismus, ↗Leib-Seele-Problem

**Emanation,** bildhafte Vorstellung des Verhältnisses von Einheit und Vielheit, wobei »das Eine« zugleich als Bedingung und Ursprung der Vielheit fungiert. »Das Eine« kann, wie bei den Neuplatonikern, als transzendentes Subjekt (Gott) gefaßt sein. In der Kosmologie der Neuplatoniker ist der Kosmos eine E., d.h. zeitlose Ausstrahlung eines höchsten Prinzips. Alles, was ist, geht aus dem jeweils Höheren hervor. So geht etwa für Plotin aus dem Höchsten das Noetische, aus diesem das Psychische, und aus letzterem der Stoff hervor. Entsprechend ist der Kosmos in ontischen Qualitätsstufen auf das Zentrum bzw. die »Quelle« der E. hingeordnet. – Empedokles, Demokrit und Platon verwenden den Begriff der E., um den Wahrnehmungsvorgang zu erklären. RD

**Emanzipation,** Befreiung aus Unfreiheit und Abhängigkeit. Im römischen Recht als Passivkonstruktion des Entlassens eines Herrschaftsunterworfenen aus seiner Unfreiheit benutzt (Entlassung des Sohnes aus väterlicher Gewalt), erweitert sich der E.-Begriff zu einer rechtlichen, politischen und moralischen Kategorie. So führt das Bürgertum seine Kämpfe um gesellschaftliche und politische ↗Partizipation gegen feudalistische Strukturen als E.-Kampf. Diese hier entfaltete Bedeutung einer Befreiung aus illegitimen Herrschaftsverhältnissen prägt den Begriff bis heute. Dabei haben sich zwei Argumentationsfiguren herausgeschält. Zum einen fordern unterschiedliche Gruppen, Schichten etc. ihre E. mit dem Hinweis auf allgemeine Rechtsnormen (E. der Katholiken in England des 19. Jh., E. der Juden, Befreiung der Negersklaven, Frauen-E.), während zum anderen E. als Aufgabe der Menschheit gilt, etwa im aufklärerischen Sinn einer sittlichen Vervollkommnung jedes Individuums. Durch die Introjektion von Perfektibilitätsvorstellungen in den E.-Begriff dynamisiert er sich. E. wird damit zum Synonym von Geschichte und Fortschritt. In der Interpretation von Marx steigt schließlich das ↗Proletariat zu jener Klasse auf, deren spezifische E. die E. der Menschheit überhaupt realisiert. In der modernen Dynamik von »Säkularisierung und Selbstbehauptung« (H. Blumenberg) kommt einem Verständnis von E. als menschlicher Fähigkeit zur Wirklichkeitsbeherrschung durch Vernunftentfaltung große Bedeutung zu. E. setzt danach Entwicklung und Gebrauch von kritischen Fähigkeiten voraus. In diesem Verständnis ist E. Teil und Ziel vielfältiger Lernerfahrungen. TN

**Emergenz, emergent.** Die etymologische Wurzel von E. ist das überraschende »Auftauchen« neuer Qualitäten in den Stufen der Evolution der Natur. Populär wurde der Begriff E. in den 20er Jahren als Gegenbewegung zum Mechanizismus (Morgan). E. ist durch Neuheit und Unableitbarkeit aus tieferen Schichten der Realität gekennzeichnet. Gegenwärtig spielt E. vor allem bei der Erklärung komplexer Systeme eine Rolle (Nagel). – Die Bedeutungsspielarten von E. sind vielfältig. Oft heißen solche Systemeigenschaften und Gesetze e., die man nicht aus den Gesetzen der isolierten Komponenten und ihrer Anordnung vorhersehen und ableiten kann. Bezeichnet man aber Eigenschaften als e., die nur dem Ganzen, nicht aber seinen Teilen zugesprochen werden, kann E. sogar mit dem ↗Reduktionismus vereinbar sein. Das Auftreten e.er Phänomene ist heute z. T. durch Theorien der ↗Selbstorganisation erklärbar (Krohn/Küppers). **Lit.:** A. Beckermann u.a. (Hg.): Emergence or Reduction? Berlin 1992. – W. Krohn/G. Küppers (Hg.): Emergenz. Frankfurt 1992. – C.L. Morgan: Emergent Evolution. London 1923. – E. Nagel: The Structure of Science.

London/New York 1961. Kap. 11–12. – M. Stöckler: Emergenz. In: Conceptus Jg. 24, Nr. 63 (1990). S. 7–24. MS

**Emergenter Materialismus** ↗Supervenienz

**Emisch/etisch.** Diese Begriffe bildete erstmals K. L. Pike in seinem Buch *Language in Relation to a Unified Theory of the Structure of Human Behavior* (1954) als Derivative der linguistischen Begriffe *phonemisch* und *phonetisch.* Durch ihre Übertragung in die Kulturanthropologie erhielten sie eine epistemologische Bedeutung. Sie beschreiben alternative, aber zugleich komplementäre Perspektiven in der Erforschung kultureller Phänomene, die sich in ihrer *emischen* Form auf indigene kulturspezifische Modelle mit ihren intrinsischen Kategorien und ihrem Deutungsmuster der Wirklichkeit beziehen. Das erworbene Wissen ist geprägt durch die von den Mitgliedern der Kultur dargestellten subjektiven Bedeutungen (insider's perspective). Die *etische* Perspektive gründet auf einem universalen Modell, das theoretische, analytische und formale Kategorien beinhaltet, die innerhalb eines wissenschaftlichen Diskurses funktionieren (outsider's perspective). Damit entsteht die Möglichkeit eines synthetischen Verstehens von spezifischen und universalen Aspekten der Kultur. – Kritiker (M. Harris, W. H. Goodenough) bezweifeln jedoch die Gültigkeit der *emischen* Perspektive, weil der indigene Informant auch die Rolle des Beobachters und Analytikers einnehmen muß, um sein emisches Modell zu artikulieren, womit es dann zu einem etischen wird. Außerdem läßt sich die Frage stellen, aufgrund welcher Kriterien wir den zweifellosen Schluß ziehen, daß das wissenschaftlich anizipierte etische Modell, das eine interkulturelle Komparation intendiert, nicht seinerseits ein emisches Modell des Wissenschaftlers darstellt. **Lit.:** C. Geertz: Interpretation of Cultures. Selected Essays. New York 1973. – W. H. Goodenough: Componential Analysis and the Study of Meaning. In: Language 32 (1956). S. 195–216. – M. Harris: History and Significance of the Emic-Etic Distinction. In: Annual Review of Anthropology 5 (1976). S. 329–350. – Th.N. Headland/K. L. Pike/M. Harris (Hg.): Emics and Etics. The Insider/Outsider Debate. Newbury Park 1990. SZ

**Emotiv.** Einem sprachlichen Ausdruck, der keinen empirischen Gehalt hat bzw. kein empirisch aufweisbares Merkmal eines Gegenstandes bezeichnet (deskriptive oder konstative Bedeutung), sondern zur Artikulation von affektiven Einstellungen, gefühlshaften Wertungen dient, wird e.e Bedeutung zugesprochen – in Abgrenzung zu ↗kognitiven Ausdrücken, die sich durch einen empirischen Gehalt auszeichnen, so daß Sätze mit kognitiven Ausdrücken nach »wahr« oder »falsch« beurteilbar sind. PP

**Emotivismus,** Position der Metaethik, die mit dem ↗Logischen Empirismus die Annahme teilt, daß nur solche Sätze und Ausdrücke sinnvoll sind, die entweder empirisch überprüft werden können oder wie die Sätze der Logik tautologisch sind. Die moralischen Sätze haben zwar die gleiche grammatische Form wie deskriptive Sätze, unterscheiden sich aber von ihnen dadurch, daß man ihre Bedeutung nicht mit Hilfe einer empirischen Methode auf ihre Wahrheit hin überprüfen kann. Aus diesem Grund stellen moralische Sätze keine sinnvollen Sätze dar. Nach der Auffassung des E. sind die moralischen Ausdrücke wie »gut« und »richtig« als wertende Ausdrücke aufzufassen, die keine empirisch aufweisbaren Merkmale eines Gegenstandes bezeichnen und denen deshalb auch keine deskriptive Bedeutung zukommt. Die Ausdrücke haben vielmehr nur emotive Bedeutung, d. h. in wertenden Äußerungen werden emotionale Gefühle oder individuelle emotionale Einstellungen des Urteilenden zum Ausdruck gebracht. Die Bedeutung moralischer Ausdrücke besteht darin, (a) eigene Gefühle oder Einstellungen auszudrücken, und (b) die Gefühle und Einstellungen anderer so zu beeinflussen, daß sie bestimmte Handlungen vollziehen. Emotionale Einstellungen sind nicht kognitiv (↗Kognitivismus). Stevenson, neben Ayer einer der Hauptvertreter des E., behauptet daher, daß die Veränderung von emotionalen Einstellungen mit Hilfe rhetorischer Mittel bewerkstelligt wird und daß ein moralischer Diskurs nicht durch rationale Argumente entschieden werden kann. **Lit.:** A. J. Ayer: Language, Truth, and Logic (dt. Sprache, Wahrheit und Logik. Stuttgart 1970. S. 135 ff.) – G. Grewendorf/G. Meggle (Hg.): Die Struktur des metaethischen Diskurses. In: Seminar: Sprache und Ethik. Frankfurt 1974. S. 7 ff. – C. L. Stevenson: Ethics and Language. Yale University Press 1944. – Ders.: Facts and Values. Studies in Ethical Analysis. Yale Universitiy Press 1963. PP

**Empeiria** (griech. Erfahrung, Kenntnis), wird von Platon, ähnlich wie bei den Vorsokratikern, als die Kenntnis von Tatsachen ohne Wissen um deren Gründe und Ursachen definiert und unterscheidet sich damit einerseits von Kunst (techne) und andererseits von Vernunft (*Gorgias*, *Phaidros*). Auf E. beruhen demnach Disziplinen wie die ↗Rhetorik, während die eigentlichen Wissenschaften und Künste wie die Philosophie auf Sinneswahrnehmung verzichten können und lediglich dem spekulativen Denken entspringen. Aristoteles beschreibt den Unterschied noch genauer: Während E. nur nach dem Was fragt, geben die Wissenschaften und Künste Aufschluß über das Warum (*Met.*, *An. post.*). Erkenntniswert kommt der E. lediglich zu, wenn gleiche Erinnerungen aus einer Sinneswahrnehmung entstehen, so definiert im Stoizismus und bei Galenus. Im Kontext des erkenntnistheoretischen ↗Empirismus bei Bacon und Locke und im 19. Jh. bei Mill und Dingler wird E. zum methodologischen Prinzip wissenschaftlicher Kenntnis. **Lit.:** K. Deichgräber: Die griech. Empirikerschule (1930). Nachdr. Berlin 1965. – F. Kambartel: Erfahrung und Struktur. Bausteine zu einer Kritik des Empirismus und Formalismus. Frankfurt 1968. – L. Krüger: Der Begriff des Empirismus. Berlin/New York 1973. JM

**Empfindung.** Im erkenntnistheoretischen Kontext werden mit E. entweder die Sinnesdaten, Sinneseindrücke bezeichnet oder die sinnliche Rezeption. Die erkenntnistheoretischen Positionen unterscheiden sich hinsichtlich der Einschätzung der E.: Im ↗ Sensualismus bzw. frühen ↗ Positivismus (Mach) wird das Aufnehmen von Sinneseindrücken gleichgesetzt mit Wahrnehmung. Descartes unterscheidet zwischen der Innenwelt der E.en und der Außenwelt der realen Gegenstände. Die E.en sind die Bewußtseinsinhalte, aus denen die Existenz der äußeren Realität erschlossen wird. Kant unterscheidet zwischen den E.en als subjektiven Erscheinungen oder Anschauungen und den Verstandesbegriffen. Indem sich die Verstandesbegriffe auf die Anschauung beziehen, entsteht eine gegenständliche Auffassung. PP

**Empiriokritizismus,** erkenntnistheoretische Position, nach der die Untersuchungen von Empfindungen als eigentliche Realitätskonstituante im Zentrum der Wissensproduktion zu stehen hat. R. Avenarius und E. Mach entwickelten und benannten den E. Der E. betont, daß es eine »Realität« außerhalb des Bewußtseins und seiner Manifestationen nicht gibt. Damit wird auch der Abbildcharakter von Erkenntnis geleugnet. So gelangt er zu einer radikalen konstruktivistischen Position: »Die Empfindungen ... sind keine ›Symbole (d. h. Abbilder) der Dinge‹. Vielmehr ist das ›Ding‹ ein Gedankensymbol für einen Empfindungskomplex von relativer Stabilität. Nicht die Dinge (Körper), sondern Farben, Töne, Drucke, Räume, Zeiten (was wir gewöhnlich Empfindungen nennen) sind eigentliche Elemente der Welt« (Mach. S. 297). Die Annahme einer objektiven, von Empfindungen, Wahrnehmung und Bewußtsein unabhängigen Wirklichkeit gilt dem E. als metaphysisch. Der Erfahrungsbegriff des E. setzt dabei an der individuell-psychologischen Empfindung an. Erkenntnistheorie geht in Psychologie, d. h. in der Frage nach der innerpsychischen Entstehung und Verkettung von Empfindungen auf (R. Musil). Diese Psychologisierung der Erfahrung ist u. a. von Husserl kritisiert worden. Daneben ist die marxistisch-leninistische Kritik wirkungsmächtig gewesen, die in der Subjektorientierung des E. eine Herausforderung ihres geschichtsphilosophischen Objektivismus sieht und »subjektiv-idealistische, relativistische« Positionen entsprechend vehement angreift. Die neuere Sozialwissenschaft hat v. a. im sog. »Positivismusstreit« die Debatte über den E. aufgegriffen. **Lit.:** R. Avenarius: Kritik der reinen Erfahrung. 2 Bde. 1888–1890. – W. I. Lenin: Materialismus und Empiriokritizismus. 1908. – E. Mach: Analyse der Empfindungen. Wien [2]1900. TN

**Empirismus** (griech. empeiria, lat. experientia), bezeichnet die erkenntnistheoretische Lehre, derzufolge alles Wissen seinen Ursprung allein in der Erfahrung hat, d. h. nicht im Verstand oder der Vernunft, wie der ↗ Rationalismus es annehmen würde. In diesem Sinne kann man die Aussage, nihil est in intellectu quid non fuerit in sensu (nichts ist im Verstand, das nicht vorher durch die Sinne erfaßt worden wäre), als Grundlage des E. bezeichnen. Kant charakterisiert den E. als die Lehre, die auch die von Kant selbst als nichtempirisch betrachteten Vernunftbegriffe aus der Erfahrung abzuleiten versucht (vgl. *KrV* B 882). Der E. verband sich in der Geschichte v. a. mit anti-metaphysischen, nominalistischen (↗ Nominalismus) sowie stark auf induktive Methoden fixierten Lehren. E., verstanden als ↗ logischer E., ist die Doktrin des für die Wissenschaftstheorie dieses Jahrhunderts außerordentlich bedeutungsvollen, stark von Mach beeinflußten ↗ Wiener Kreises. Dieser forderte, daß sich alle Terme einer präzisen Wissenschaftssprache, außer den logischen, letztendlich auf das direkte Erfassen von Sinnesdaten zurückführen lassen müssen bzw. durch ostensive Definition zu erklären sind: Ein vorheriges Verstehen seiner Bedeutung sollte hier nicht vorausgesetzt sein und die Wahrnehmung von Sinnesdaten als unkorrigierbar gelten.

Von zentraler Bedeutung für den Gebrauch des Erfahrungsbegriffes im E. ist die Idee, daß das Erkenntnissubjekt dem Objekt passiv gegenübersteht. Erfahrung in diesem Sinne kann sich dann näher bestimmen als die Gesamtheit des noch unstrukturiert Gegebenen, das sich erst im Erkennen durch Begriffe und Erinnerung zu einer stabilen und erkennbaren Wirklichkeit formt. In einem engeren Sinne impliziert der Begriff »Erfahrung« das konkrete sinnliche Empfinden eines Einzelsubjekts, das im E. als Grundlage aller Wissensbildung gedeutet werden kann. Die Grenzen dessen, was als Erfahrung gelten darf, sind damit freilich nicht klar abgesteckt. So verwickelte sich Russell in das Problem, was effektiv als ein Name eines Sinnesdatums, d.i. eines rein Erfahrungsgegebenen, gelten dürfe. Das Merkmal eines solchen sog. logischen Eigennamens wäre, daß er sich direkt und ohne jede begriffliche Vermittlung auf ein Objekt bezieht. Insbesondere darf kein Schluß von unmittelbar Gegebenem auf eine »hinter« den Erscheinungen befindliche Realität vorliegen (vielleicht sind »jetzt«, »dies« oder »rot« solche Eigennamen). Diese Sicht kann zur ontologisch-reduktionistischen Position des ↗ Phänomenalismus führen, der alle Erfahrung von physischen Objekten aus der Erfahrung von Sinnesdaten rekonstruieren zu können behauptet. Die damit einhergehende epistemologische Sicht bestreitet jede Form von Notwendigkeit für Erfahrungssätze und führt alle Notwendigkeit von Sätzen auf Konventionen oder Bedeutungspostulate zurück, so daß uns notwendige Sätze nichts über die Wirklichkeit mitzuteilen vermögen.

Die Suche des logischen Positivismus nach einem archimedischen Punkt des Wissens hat in diesem Jahrhundert schnell zu heftiger Kritik geführt. Zum einen ist nicht klar, wie eine solche reduktionistische Analyse von Aussagen über physikalische Körper faktisch durchführbar sein kann. Zum anderen erscheinen uns auch Aussagen als bedeutungsvoll, die sich prinzipiell nach empiristischen Kriterien nicht verifizieren lassen können. Schließlich ist die Idee eines Sinnesdatums mit Schwierigkeiten überhäuft, die insbesondere durch Wittgensteins Kritik der Möglichkeit einer Privatsprache an den Tag getreten sind. Auch die Schule Poppers bestreitet, daß Beobachtungsdaten theorieunabhängig sind. Es scheint auch heute schwieriger als je, eine klare Trennung zwischen den Daten unmittelbarer Erfahrung auf der einen Seite und denjenigen begrifflich vermittelter auf der anderen Seite festzuschreiben. Das nimmt dem E. aber die Möglichkeit, dem Skeptiker durch den Vorweis eines unbezweifelbaren Wissensgrundes Widerstand zu leisten. Besondere Schwierigkeiten tun sich für den E. insbesondere auch in der Philosophie der Mathematik durch die Schwierigkeit auf, Sätze über mathematische Objekte durch Erfahrung zu rechtfertigen. Auch hier aber gibt es Versuche, die dem E. verpflichtet sind (vgl. Kitcher).

*Geschichte:* Ursprünge des E. werden häufig in Aristoteles' Kritik der platonischen Ideen gesehen, reichen aber weiter in die Vorsokratik zurück. Aristoteles' Metaphysik erlaubt sicherlich die Möglichkeit, daß es Erkenntnis von Wahrheiten mit Notwendigkeitsgeltung gibt, die uns etwas über die Welt mitteilen. Ähnliches gilt für die Erkenntnislehre des Thomas von Aquin, der den Inhalt jeden Wissens zwar in der Erfahrung sieht, aber unter Verwendung der aristotelischen Unterscheidung eines passiven und eines aktiven Intellekts den Mechanismus der Urteilsfindung so beschreibt, daß die Gewinnung von begrifflichen Abstraktionen aus Vorstellungen ihren Ursprung im aktiven Intellekt hat. Epikur ist ein geeigneterer Kandidat für einen E. in der griechischen Philosophie. Weitere empiristisch orientierte griechische Philosophen waren Demokrit, Protagoras sowie die Stoiker. Epikur zufolge muß sich jedes Urteil letztlich vor der Sinneserfahrung verantworten. Eine empirische Welt von Erscheinungen entsteht durch eine Art von Kontakt zwischen der Seele und Konglomeraten von Atomen, die die Natur ausmachen. Bildet die Seele Begriffe, um sie den Erscheinungen aufzuprägen, ergibt sich eine Irrtumsmöglichkeit, wohingegen die ursprüngliche Sinneserfahrung irrtumsimmun ist. Wie häufig im E., ist schon bei Epikur festzustellen, daß sich auch die skizzierte Erkenntnistheorie apriorischen und metaphysischen Annahmen verdankt, die sich innerhalb der Theorie nicht wieder rechtfertigen lassen. Das zeigt eine mögliche Inkohärenz in der empiristischen Argumentation im allgemeinen an.

Eine Blüte des E. liegt im *englischen E.* Lockes, Berkeleys, Humes und Mills. Locke wandte sich gegen die Annahme eingeborener Ideen, d.h. solcher Ideen, die der Seele von Anbeginn angehören und nicht der Erfahrung entstammen (vgl. das erste Buch des *Essay Concerning Human Understanding*). Vorstellungen (ideas) haben ihre Quelle allein im Empfinden oder in einer Reflexion auf dieses. Die Irrtumsmöglichkeit wird erklärt durch einen gewissen Grad von Freiheit, der der Seele bei der Formung komplexerer aus einfachen Vorstellungen zugesprochen wird. Lockes E. erlaubt eine Apriorität bzgl. den beiden Wissensgraden des intuitiven Wissens sowie des demonstrativen Wissens; eine dritte von Locke unterschiedene Wissensform verdankt sich nicht allein dem Verhältnis von Ideen untereinander, sondern bezieht sich auf sinnliche Objekte. Inwieweit sich unsere Klassifizierungen wirklich auf das Wesen der Dinge beziehen, oder inwieweit wir Gewißheit von der Wirklichkeit der Erscheinungen erlangen können, muß nach Locke prinzipiell offen bleiben. Locke unterschied jedoch, anders als später Berkeley, sog. primäre Qualitäten wie Bewegung und Gestalt von sog. sekundären wie Farbe: letztere können einem Objekt auch abgehen, ohne daß sich damit das Objekt selbst aufhöbe, erstere nicht. – Wie bei Locke ist auch Berkeleys E. kompatibel mit einer als demonstrierbar angenommenen Gottesidee. Bei Berkeley ist Gott der direkte Grund unserer Wahrnehmungen. Die Objekte der Außenwelt haben ihr Sein im Wahrgenommenwerden, so daß ihnen kein ontologischer Status als Substanz unabhängig von der Seele zukommt. Die Vorstellungen von Gott und uns selbst sollen sich keiner Sinneserfahrung verdanken. Berkeley folgerte aus seinen ontologischen Annahmen, daß dem menschlichen Erkennen prinzipiell keine Grenzen gezogen sein können. – Eine weitere Verschärfung des E. kann man in Humes Werk beobachten. Er unterschied zwischen Eindrücken (impressions) und Vorstellungen (ideas); letztere müssen sich auf erstere zurückführen lassen, und insbesondere gibt es, ähnlich wie bei Berkeley, keinerlei Realität hinter der Welt bloßer Eindrücke. Anders als bei Berkeley sah sich Hume in die Skepsis geführt und bestritt, daß es ein Wissen um die Existenz der äußeren Welt oder auch der Seele geben könne. Alles ist lediglich ein Bündel von Eindrücken, alle Konstanz und Gesetzmäßigkeit in der äußeren Welt basiert auf Vorstellungsassoziationen, die allenfalls eine kausale psychologische Untersuchung aufklären kann. Hume leugnete ebenfalls, daß es eine gesetzliche oder irgendwie essentielle Beziehung zwischen Ursache und Wirkung gebe; was für ihn zu erklären ist, ist der psychologische Eindruck von Notwendigkeit, den eine ursächliche Beziehung evoziert. – Hume fand einen Kritiker in Kant, der in seiner ↗Transzendentalphilosophie die Notwendigkeitsgeltung des Kausalgesetzes zu reetablieren suchte. Kant schlug eine Versöhnung von Rationalismus und E. in der Annahme vor, daß es zwar apriorische Erkenntnis der Realität gebe, diese aber nur für die Welt der Erscheinungen gelte. Das 19. Jh. hat einen Hauptvertreter des E. in Mill. Er verfolgte Humes psychologistische Denkweise und machte Vorstöße, seinen E. auch auf die Wahrheiten der Mathematik auszudehnen: auch diese sind nur Verallgemeinerungen von Erfahrung. In neuester Zeit muß der E. in dieser seiner radikalsten Form wohl als gescheitert gelten. Mehr Erfolg zu versprechen scheinen Positionen, die eine Theorie von im Subjekt bereits angelegten apriorischen Strukturen mit einem empiristischen Begriff von Sinneserfahrung zu kombinieren vermögen. **Lit.:** A.J. Ayer/R. Winch (Hg.): British Empirical Philosophers. London 1952. – W. Balzer: Empiristische Theorien. Braunschweig 1982. – G. Bergmann: The Metaphysics of

Logical Empirism. Madison ²1967. – K. Deichgräber: Die griechische Empirikerschule. Berlin 1965. – P. Feyerabend: Problems of Empirism. Cambridge 1981. – A.H. Goldmann: Empirical Knowledge. Berkeley 1988. – I. Kant: Kritik der reinen Vernunft. – Ph. Kitcher: The Nature of Mathematical Knowledge. New York 1984. – E. Mach: Die Mechanik in ihrer Entwicklung historisch-kritisch dargestellt. Leipzig 1883. – J.S. Mill: System of Logic. London 1974 (dt.: System der deduktiven und induktiven Logik. Braunschweig 1877. – K.R. Popper: Conjectures and Refutations. London 1969. – B. Russell: Inquiry into Meaning and Truth. London 1940. WH

**Empiristischer Fehlschluß** ↗Fehlschluß, empiristischer

**Endlich/Unendlich.** Die griech. Naturphilosophie ist auf das Endliche und Begrenzte, Formgebende und in geordneten Zahlenverhältnissen (Pythagoreer) Faßbare gerichtet. Dagegen gilt das Unendliche als das noch Ungeformte und Unvollkommene, das sich der Erkennbarkeit entzieht. Zenon versucht mit Hilfe von Paradoxien die Widersprüchlichkeit des Unendlichkeitsbegriffs aufzuzeigen. Bei Aristoteles (*Met.* IX, 6) findet sich eine begriffliche Präzisierung durch die Unterscheidung einer – unvorstellbaren – *aktual* unendlichen Menge, die in ihrer Totalität zugleich gegeben sein müßte, und einer *potentiell* unendlichen Menge, die durch Hinzufügen weiterer Elemente unbeschränkt vermehrt werden kann. Bei Plotin erfolgt eine Neubewertung des Verhältnisses von E.em und U.em, insofern die Unendlichkeit gerade der Ausdruck der Vollkommenheit des höchsten Einen ist, während die Endlichkeit den niedrigeren, unvollkommenen Seinsstufen zukommt. In ähnlicher Weise begreift auch die christliche Philosophie des MA. Endlichkeit als Eigenschaft der von Gott geschaffenen Welt, während dem Schöpfer selbst die gegensätzliche Bestimmung der Unendlichkeit zukommen muß. – Kant spricht dem Menschen nur eine e.e Erkenntnis zu, weil die Selbsttätigkeit (Spontaneität) des Verstandes an seine Rezeptivität und damit an das Sinnesmaterial gebunden bleibt. Schelling dagegen beruft sich auf die Möglichkeit einer rein anschauenden Erkenntnis, die jede Bestimmung durch Begriffe u. übertrifft. In der Indifferenz der Einheit des Absoluten sind bei ihm die Gegensätze von E.em und U.em überwunden. Hegel betont die Zusammengehörigkeit beider, lehnt aber eine indifferente Einheit ab. Vielmehr bringt der Geist sich begrenzend das E.e hervor, um es wieder in sich aufzunehmen und aufzuheben. – Für Kierkegaard ist der Mensch eine in seiner konkreten Existenz zu leistende Synthese von Unendlichkeit und Endlichkeit. Das E.e ist das faktisch Begrenzende, das U.e die das Gegebene transzendierenden Möglichkeiten seines Seinsentwurfes. Die Doppelbewegung des Selbstwerdens schwingt zwischen dem Überschreiten des Begrenzten (Vorgegebenen) und der Rückkehr zum Begrenzenden. Endlichkeit als Inhalt der Selbsterfahrung gewinnt in der Existenzphilosophie ein positives Moment, weil in ↗Grenzsituationen (Jaspers) wie Leiden und Bewußtsein des Todes der Einzelne radikal auf sich selbst zurückgeworfen und vor die Aufgabe gestellt wird, in der Begrenztheit seines Lebens das ihm Wesentliche zu verwirklichen. FPB

**Endzweck,** Bezeichnung für einen Zweck, der seinerseits nicht mehr Mittel für einen weiteren Zweck ist. Eine Reihe von Zwecken, in der jeder wiederum Mittel eines anderen Zwecks werden kann, führt zu einem E. (finis ultimus). In der Tradition der Philosophie wird dies in solchen Formulierungen zum Ausdruck gebracht wie: »der erste Zweck, dem alle Zwecke untergeordnet sind«, »der Zweck, in dem die Reihe der Mittel und Zwecke absolut vollendet ist«, »der Zweck, der die unumgängliche und zugleich zureichende Bedingung aller übrigen Zwecke enthält«. In diesen Formulierungen wird der Begriff »Zweck« teilweise i.S. von »Absicht« gebraucht, so daß unterschieden werden muß zwischen einem subjektiven und einem objektiven Zweck: der subjektive kommt in Vorstellungen der Glückseligkeit oder des guten Lebens zum Tragen, der objektive in der Vorstellung, daß die Elemente eines Ganzen (bspw. der Mensch als Element einer übergreifenden Ordnung) in einem E. ihre Vollendung oder Erfüllung finden. So stellt z.B. der Standpunkt der Moralität bei Kant oder die höchste sittliche Vollkommenheit bei Fichte einen E. dar, in dem die Bestimmung des Menschen begründet ist. In geschichtsphilosophischen Konzeptionen wird als E. ein Zielpunkt der Entwicklung der Weltgeschichte vorgestellt, bei Hegel das Bewußtsein des Geistes von seiner Freiheit und dessen Verwirklichung, bei Marx die Stufe der klassenlosen Gesellschaft. **Lit.:** A. Graeser: Aristoteles' »Über die Philosophie« und die zweifache Bedeutung der »causa finalis«. Mus. Helv. 29, 1972, S. 44–61 – A. Maier: Finalkausalität und Naturgesetz. In: Stud. zur Naturphilosophie der Spätschol. IV, 1955, S. 273–335. – J. Santeler: Der Endzweck des Menschen nach Thomas von Aquin. Z. Kath. Th. 87, 1965, S. 1–60. PP

**Energeia** (griech. Wirklichkeit, Tätigkeit, im Unterschied zu dynamis, hyle). In *Met.* 1050 a 22 sagt Aristoteles: »Daher ist der Name Wirklichkeit (energeia) von Werk (ergon) abgeleitet und zielt hin auf Vollendung (entelecheia).« Genaugenommen bedeutet also E. Tätigkeit oder Verwirklichung, während entelecheia die resultierende Wirklichkeit oder die Vollendung meint. Gleichwohl gebraucht Aristoteles die beiden Ausdrücke meistens synonym. Ein Beispiel (*Physik* 255 a 33 – b 31): Ein Lehrer verändert die Fähigkeit, dynamis, des Schülers, wenn er ihm etwas beibringt, was er vorher nicht wußte. Solange der Schüler dieses Wissen nur hat, aber nicht ausübt, ist er nur der Möglichkeit nach ein Wissender, freilich auf andere Weise als er es war, bevor er dieses Wissen erworben hatte. Wenn er dieses Wissen nun wirklich betätigt, ist diese Aktivität die E. Eine ausführliche Darstellung gibt *Met.* 9, Kap. 6ff.: »Unter E. (Wirklichkeit) versteht man, daß die Sache existiere, nicht in dem Sinne, wie man sagt, sie sei dem Vermögen nach (nämlich dem Vermögen nach sagen wir z. B., es sei im Holz ein Hermes und in der ganzen Linie ihre Hälfte, weil sie von ihr genommen werden könnte, und einen Denker dem Vermögen nach nennen wir auch den, der eben nicht in Betrachtung begriffen ist, sondern der nur fähig ist, dieselbe anzustellen), sondern der wirklichen Tätigkeit nach… Wie sich nämlich das Bauende verhält zum Baukünstler, so verhält sich auch das Wachende zum Schlafenden, das Sehende zu dem, was die Augen verschließt, aber doch den Gesichtssinn hat, das aus dem Stoff Ausgeschiedene zum Stoff, das Bearbeitete zum Unbearbeiteten. In diesem Gegensatz soll durch das erste Glied die Wirklichkeit, durch das andere das Vermögen bezeichnet werden.« Wirklichkeit und Möglichkeit sind also nicht eigentlich definierbare Terme, sondern nur durch Analogie zu erkennen. ↗actus/potentia, ↗Akt/Potenz, ↗Dynamis. **Lit.:** J. Stallmach: Dynamis und Energeia. Meisenheim 1959. MSU

**Energeia/Ergon.** In der Sprachphilosophie von Humboldt wird die Sprache im Anschluß an die Aristotelische Tradition als E., als eine wirkende und sich verändernde Kraft, bestimmt. Der spezifische Charakter der E. zeigt sich (a) in ihrem fortwährenden Wandel – ein Anzeichen dafür, daß sie kein fertiges Gebilde, kein Ergon, darstellt, (b) in der Erscheinungsform der Sprache als menschliche Rede, (c) in der Tätigkeit des menschlichen Geistes, den artikulierten Laut zum Ausdruck eines Gedankens zu machen. PP

**Engagement,** vom frz. Existentialismus geprägter Begriff, der moralische Phänomene wie Verbindlichkeit, Verpflichtung, Entschlossenheit, Treue und Wagnis umfaßt. E. beschreibt das Sich-Einsetzen des Menschen in frei gewählter existentieller Bindung. Das sittliche E. steht im Gegensatz zum natürlichen Egoismus des Selbstinteresses und beruht auf einer Übernahme von Verantwortung um der Sache selbst willen. JP

**Enkulturation,** Begriff der Ethnologie und Anthropologie, der den spezifischen Prozeß bezeichnet, in dem der Mensch bzw. die einzelne Person mit dem individuellen Charakter seiner Kultur vertraut wird. In diesem Prägungsprozeß erlernt der Mensch mehr oder weniger bewußt die Bedeutungen von Handlungen und sozial institutionalisierten Handlungsweisen (wie z. B. ein Versprechen abgeben), Symbolen, Gegenständen und praktischen Fertigkeiten. In Abgrenzung dazu wird mit Sozialisation der Prozeß insgesamt bezeichnet, in dem der Mensch lernt, sich in die gesellschaftlichen Rollen und Normen einzufügen. **Lit.:** M. Mead: Socialisation and Enculturation. In: Current Anthropology 4 (1963). S. 184–188. PP

**Ens** (lat. seiend, das Seiende), in der ma. Scholastik der Begriff, dem der logisch größtmögliche Umfang zukommt, da er allem, was ist, rein unter dem Gesichtspunkt seines Seins, unter Absehung sonstiger Bestimmungen, zugesprochen wird. Grundlegende Unterscheidungen werden getroffen zwischen Seiendem, das Ursache seiner selbst (*E. a se*) oder von anderem verursacht ist (*E. ab alio*). Weiterhin zwischen *E. reale*, dem unabhängig vom Denken Sein zukommt, und *E. rationis*, als das nur im Denken Vorkommende (z. B. mathematische Größen). FPB

**Entäußerung,** eine der grundlegenden Kategorien der Marxschen Entfremdungstheorie, deren Herkunft aus der Hegelschen Dialektik v. a. in den sog. Frühschriften von Marx deutlich zutage tritt. Systematischen Stellenwert hat der Begriff der E. bei Hegel wie bei Marx hinsichtlich der dialektischen Vermittlung von Subjekt (Geist, Mensch) und Objekt (gegenständliche Wirklichkeit). Bei Hegel bezeichnet E. die (erste) Negation des zunächst nur an sich seienden Geistes in die Gegenständlichkeit bestimmter Objekte. So ist etwa die Natur der entäußerte oder »sich entfremdete Geist« (*Enzyklopädie*, § 247). Marx übernimmt diese dialektische Grundfigur und begreift in diesem »Sich-zum-Dinge-Machen des Bewußtseins« (Hegel) das Wesen der menschlichen Arbeit. Unter der gesellschaftlichen Formbestimmung kapitalistischer ↗Produktionsverhältnisse nimmt diese E. im Arbeitsprozeß zugleich die Form der ↗Entfremdung an (MEW E1, S. 510ff; *Grundrisse*, S. 715f). ER

**Entelechie** (griech. die Vollendung in sich habend). Bei Aristoteles (oft synonym mit ↗energeia) die aktuelle Verwirklichung der in einem Seienden angelegten Vermögen und Möglichkeiten. Im engeren Sinne ist E. bei Aristoteles die Form, die zur Verwirklichung im Stoff drängt (↗Form/Materie). So ist die Seele z. B. die E. des Leibes. Die Scholastik führt dies weiter in der Lehre von ↗actus und potentia. Bei Cicero ist »E.« im biologischen Sinn die Fortdauer eines Lebewesens. – Im ↗Vitalismus wird E. ein Schlüsselbegriff als ein Faktor ohne physische und psychische Realität, der die Entwicklung des Organismus zu seiner Endgestalt leitet. – J. Piaget kritisiert den E.-Begriff, indem er ihn genetisch und strukturalistisch umdeutet: »… die organischen Formen schließen als notwendige Resultante die kognitiven Formen mit ein«. **Lit.:** U. Arnold: Entelechie. München 1952. – H. Driesch: Philosophie des Organischen. Leipzig $^{2}$1921. – A. Mittasch: Die Entelechie. München 1965. JSC

**Entfremdung,** zentraler Begriff der ↗Marxschen Theorie, dessen Wurzeln sich allerdings bis in die ma. Theologie zurückverfolgen lassen. Bei Hegel ist die E. der absoluten Idee in Gestalt ihrer ↗Entäußerung bzw. Vergegenständlichung in Natur und Geschichte notwendiges Durchgangsstadium auf dem Wege der Selbstverwirklichung des Geistes. Feuerbachs statische Geschichtsauffassung legt den Schwerpunkt der Argumentation auf die religiöse E. Marx, der die »Aufhebung und Verwirklichung« der (Hegelschen) Philosophie fordert (MEW 1, S. 384), setzt an die Stelle der Arbeit des Geistes als dem bewegenden Moment der Geschichte die gesellschaftliche ↗Arbeit und überträgt das dynamische Prinzip der Hegelschen Dialektik von E. und Aufhebung der E. auf diese, so daß seine materialistische Geschichtsphilosophie drei systematische Entwicklungsstufen der menschlichen

Gattungsgeschichte voneinander unterscheiden kann: auf dem Fundament völlig unentwickelter gesellschaftlicher ↗Produktivkräfte in der Frühzeit der menschlichen Geschichte setzt naturwüchsig der Prozeß der E. der Arbeit ein, wird aber erst mit der permanenten Revolutionierung der Produktivkräfte im Kapitalismus zu einem gesellschaftlichen Problem ersten Ranges. Die E. der Arbeit spitzt sich dramatisch zu (die immer weiter voranschreitende Teilung der Arbeit führt dazu, daß »die eigne Tat des Menschen ihm zu einer fremden, gegenüberstehenden Macht wird, die ihn unterjocht, statt daß er sie beherrscht« [MEW 3, S. 33]) und erheischt die Aufhebung der E. (Negation der Negation) durch den revolutionären Akt des Proletariats. – Lange vor dem tatsächlichen Scheitern der »historischen Alternative« des »Realen Sozialismus« ist die grundsätzliche Möglichkeit genau dieser »bestimmten« Negation der E. v.a. von Vertretern der Frankfurter Schule in Zweifel gezogen worden. Adorno hat Marx gegenüber auf einer »Negativen Dialektik« bestanden, die sich die Hoffnung auf die Realisierbarkeit eines positiven Endzustandes der Geschichte versagt. ER

**Enthymem,** verkürztes, verallgemeinertes, aber darin den praktischen Kommunikationsbedürfnissen der Alltagsrede angepaßtes Argumentationsverfahren. In der E.-Argumentation soll mittels eines Arguments eine strittige Aussage glaubhaft, d.h. plausibel gemacht werden, um diese in eine Konklusion überführen zu können. Dabei wird deduktiv vom Argument mit Hilfe bestimmter Schlußverfahren (Schlußregel) auf die Konklusion geschlossen. Dieser Dreischritt aus Argument, Schlußfolgerung und Konklusion gilt seit Aristoteles als das bedeutendste sachliche Überzeugungsmittel in der Rhetorik neben der Beispielargumentation (paradeigma, exemplum) und dem Indizienbeweis (semeion, signum). Von einem »echten« ↗Syllogismus unterscheidet sich das E. in dreierlei Hinsicht: Zum einen wird es nicht in allen seinen Schritten explizit gemacht, sondern auf charakteristische Weise »verkürzt«, d.h. einer oder sogar zwei der insgesamt drei Teilschritte bleiben unausgesprochen und müssen vom Zuhörer entsprechend ergänzt werden. Diese pragmatische Verkürzung berührt auch die logische Struktur des E.s, das mit einem Plausibilitätsschluß anstelle eines logisch vollkommenen Schlusses operiert und sich darin ebenfalls vom Syllogismus unterscheidet. Allerdings ist der enthymemische Wahrscheinlichkeitsschluß (protaseis) nicht mit dem bewußten Trugschluß (eristischer Syllogismus) zu verwechseln. Ein dritter Unterschied besteht hinsichtlich des Anwendungsbereiches: Während der Syllogismus zeitlose Geltung beansprucht, ist die enthymemische Argumentation auf die momentane, unmittelbar überzeugende Wirkung der Rede ausgerichtet und hat deshalb nicht nur die Sache selbst, sondern immer auch die Personen im Auge, auf die die Argumentation gerichtet ist. CO

**Entität** (lat. ens: seiend), Grundbegriff der Ontologie. Als E. bezeichnet man ein einzelnes, individuell seiendes, unteilbares (substantielles) Etwas und zugleich sein Wesen. Das Wort ist durch die Scholastik, insbesondere des Thomas von Aquin, geprägt, wobei Thomas (vgl. *S. th.* I.16.6.) mit dem Begriff den Aspekt des existentiellen und wirklichen Daseins einer Sache akzentuiert. Der dem Terminus E. zugrundeliegende aristotelische Begriff des Wesens (Substanz, ousia) ist (nicht zuletzt deshalb, weil Aristoteles – in *Met.* G bzw. Z – von ousia in verschiedenen Bedeutungen spricht) in der Forschung höchst umstritten, und dieser Streit steht im Zentrum der Kontroverse um die aristotelische Metaphysik. Nach traditionellem Verständnis wird als E. das aus Stoff und Form zusammengesetzte einzelne Seiende verstanden; diese Deutung hat allerdings den Nachteil, daß das Akzidentelle und Unbestimmte der Materie ebenfalls als Seiendes vorgestellt wird. Die idealistische Deutung sieht demgegenüber in der bloßen Form den Kern der aristotelischen ousia. E. ist dann die (unvergängliche und ideale) Form. Diese Deutung hat den Nachteil, daß das mit größter Evidenz Seiende, nämlich das Materiell-Sinnliche, aus dem Bereich des Seienden herausfällt. Ebenfalls umstritten ist die Frage, wovon es überhaupt Wesen gibt, ob nur von lebenden Individuen oder auch von Artefakten. MFM

In der formalen Logik und der logischen Semantik ist »E.« eine allgemeine Bezeichnung für ein sprachliches bzw. gedankliches Objekt oder für ein außersprachliches Bezugsobjekt. Dabei bleibt der ontologische Charakter (d.h. Wirklichkeit oder nur Vorstellung) ebenso unbestimmt wie die Art des Objekts (d.h. Gegenstände, Ereignisse oder Personen). E. stellt die gemeinsame Bezeichnung für Eigenschaften, Propositionen, Klassen, Gegenstände dar, ohne Berücksichtigung der Unterscheidung von abstrakten und konkreten E.en. [PP] **Lit.:** E. Hartmann: Substance, Body and Soul. Princeton 1977. – W. Leszl: Aristotle's Conception of Ontology. Padua 1975. S. 282ff. – M. Th. Liske: Aristoteles und der aristotelische Essentialismus. München 1985. – H. Schmitz: Die Ideenlehre des Aristoteles. Bonn 1985. – W. Viertel: Der Begriff der Substanz bei Aristoteles. Königstein 1982. MFM

**Entlastung,** zentraler Terminus der philosophischen Anthropologie von Gehlen, der das Problem benennt, vor dem der Mensch aufgrund seiner Instinktreduktion und der ihr korrespondierenden ↗Weltoffenheit steht. Die fehlende biologische Instinktausstattung des Menschen hat eine Überflutung von Reiz- und Wahrnehmungseindrücken zur Folge. Während bei Tieren durch die Entsprechung von Instinkten und Umweltsignalen die Umwelt einen unmittelbaren Erfüllungswert hat, ist der Mensch genötigt, die Belastung der Weltoffenheit zu bewältigen. Diese Bewältigung geschieht durch konkrete körperliche Erfahrung mit den Gegenständen, die im weiteren Verlauf zur praktischen Verfügbarkeit (d.i. einem technisch-instrumentellen Verständnis) führt. Daraus resultieren Gebrauchs- und Umgangswerte, die ein Potential von Handlungsmöglichkeiten darstellen. Die Fülle der Eindrücke erfährt dadurch eine Reduktion, d.h. die Wahrnehmungseindrücke werden zu Andeutungen von möglicher Verfügbarkeit. Dieser Pozeß ist eine Entlastungsleistung des Menschen, die einerseits eine Reduzierung des unmittelbaren Kontakts mit der Welt (i.S. der Reizüberflutung) bedeutet und andererseits eine Strukturierung der Welt, indem die Reize zu Erfahrungsandeutungen, die uns die Beschaffenheit und Verwendbarkeit der Gegenstände symbolisieren, verändert werden. Gehlens Entlastungsprinzip besagt: Der Mensch macht selbsttätig aus seinen elementaren Belastungen Chancen der Lebensfristung, indem seine motorischen, sensorischen und intellektuellen Leistungen sich höher entwickeln, um schließlich eine umsichtige Handlungsführung zu ermöglichen. Dieses Prinzip zeigt sich in der symbolischen Wahrnehmung des Menschen: Eine Entlastungsfunktion ist zum einen dadurch gegeben, daß ein beschränktes Spektrum von sinnlichen Reizen genügt, damit das Bewußtsein diese als Andeutungen oder Perspektiven eines Gegenstandes aufzufassen vermag, und zum anderen dadurch, daß mit den Gegenständen immer schon eine Perspektive des praktischen Zugriffs (i.S. von Handlungsmöglichkeiten, Dingreaktionen, Erfolgserwartung, Erreichbarkeit) gegeben sind. Eine besondere Rolle spielt dabei die Sprache, durch die eine selbsttätig aufgebaute Symbolik der Dinge, eine Andeutungswelt möglicher Verfügbarkeit entsteht und gleichzeitig die Möglichkeit einer gedanklichen Verfügbarkeit unabhängig vom wirklichen Vorhandensein gegeben ist. Ebenso muß sich das Handeln zu Gewohnheiten stabilisieren. Dies geschieht in rituell-darstellendem Verhalten, in dem der Mensch das ihm unverfügbar Begegnende im eigenen Verhalten darstellend wiederholt (bspw. im Ritus) und das als gruppenhaftes Darstellen eine Form des sozialen Miteinanders bewirkt. In letzter Konsequenz sieht Gehlen die Entlastungsfunktion der ↗Institutionen darin, daß diese dem Einzelnen als unbedingte Verpflichtung gegenübertreten und nicht erst vor dem Individuum zweckrational begründet werden müssen. **Lit.:** A. Gehlen: Der Mensch. Wiesbaden [8]1976. – P. Prechtl: Bedürfnisstruktur und Gesellschaft. Würzburg 1983. – J. Weiß: Weltverlust und Subjektivität. Freiburg 1971. PP

**Entmythologisierung,** bezieht sich auf das Programm von R. Bultmann, eine Interpretation des NT durchzuführen, die das ↗Kerygma von den mythischen Elementen entblößt, um die Adressaten der Heilsbotschaft zur existentiellen Entscheidung zu bringen. Von der dialektischen Theologie und der Existenzphilosophie beeinflußt, betont Bultmann die ontologische Differenz zwischen der physikalischen Welt der Vorhandenheit und dem geschichtlichen Dasein der Existenz. Eben darum muß die entmythologisierende Auslegung des NT die weltlichen, objektivierenden und mythischen Verdeckungen fallen lassen, um die nicht weltliche, unverfügbare, nicht weltimmanente Verkündigung ans Licht zu bringen. Indem in den Texten das Selbstverständnis des Aussagenden hervorgehoben wird, erschafft der Hörer sein eigenes Selbstverständnis. Darüber hinaus hat die E. nicht nur innerhalb der Theologie, sondern auch in der Philosophie eine umfangreiche Debatte über das Verhältnis zwischen Mythos und Rationalität eingeleitet. **Lit.:** H.-W. Bartsch: Kerygma und Mythos. Bd. 1–6. 1948 ff. – R. Bultmann: Glauben und Verstehen. Bd. 1–4. Tübingen [7]1972. – R. Bultmann/K. Jaspers: Die Frage der Entmythologisierung. München 1981. MBO

**Entropie,** fundamentaler Begriff der Thermodynamik (Clausius 1854). Nach Boltzmann ist die E. eines physikalischen Systems durch die Zahl der unterscheidbaren möglichen Mikrozustände des Systems gegeben, die dem makroskopisch spezifizierten Systemzustand entsprechen. Zugleich ist die E. ein Maß für die Wahrscheinlichkeit des Zustandes. Der zweite Hauptsatz der Thermodynamik besagt, daß jedes abgeschlossene System einem Zustand maximaler E. zustrebt. In der philosophischen Interpretation der E. ist umstritten, ob die E. eine objektive Systemgröße oder ein Maß unserer Unkenntnis über den genauen mikroskopischen Zustand eines Systems darstellt (subjektive Deutung). **Lit.:** K. G. Denbigh/J. S. Denbigh: Entropy in Relation to Incomplete Knowledge. Cambridge 1985. – B. H. Weber/D. J. Depew/J. D. Smith: Entropy, Information, and Evolution. Cambridge Mass. 1988. AB

**Entscheidung.** Entscheiden heißt, sich angesichts alternativer Möglichkeiten auf eine bestimmte Handlungsweise (oder ein Unterlassen) festzulegen. Handlungstheoretisch lassen sich zwei Stufen unterscheiden: Auf einer ersten Stufe geht es um einen Handlungsentschluß, d. h. um die E. darüber, ob eine Handlung überhaupt vollzogen bzw. unterlassen wird, und auf einer zweiten Stufe werden die alternativen Möglichkeiten erwogen, diejenige Handlung, zu der man sich entschlossen hat, auszuführen. Die ↗Entscheidungstheorie untersucht die Regeln, denen E.en unterliegen. – In Verbindung mit den Begriffen ↗Existenz und Wahl spielt der Begriff der E. in der ↗Existenzphilosophie eine zentrale Rolle. Kierkegaard versteht die E. als eine für die Subjektivität konstitutive Kategorie. Sich für eine bestimmte Lebensweise entscheiden zu müssen, ist ihm zufolge ein Charakteristikum der menschlichen Existenz. Kierkegaard unterscheidet drei Stufen: Auf einer »ästhetischen« Stufe gibt man sich dem unmittelbaren Lebensgenuß hin, doch hat man dann noch kein aktiv-produktives Verhältnis zu sich selbst entwickelt, weshalb das Verharren in dieser Einstellung letztlich zu Langeweile, Überdruß und ↗Verzweiflung führe. Die ästhetische Existenz bleibt passiv und in sich verschlossen. Zu einem Selbstverhältnis und mithin zu ethisch verantwortlichem, freiem Handeln gelange man erst durch eine Distanzierung von der ästhetischen Existenz. Ihre Überwindung geschieht nach Kierkegaard in einem Akt autonomer, »unbedingter« Wahl. Die grundsätzliche E. ist dabei diejenige zwischen Gut und Böse, durch welche sich erst die ethische Lebensform eröffnet. Ist der ästhetisch bestimmte Mensch unfrei und in dieser Hinsicht noch jenseits von Gut und Böse, so bindet sich der freie, seiner selbst bewußte Mensch aus Freiheit an die ethischen Kategorien Gut und Böse. Mit dem Bewußtsein der Individualität und der Freiheit geht allerdings auch eine Unsicherheit, Ungewißheit und letztlich ↗Angst einher. Die Daseinsangst kann der einzelne nach Kierkegaard durch den Übergang auf eine »religiöse« Stufe überwinden, in der er in ein Verhältnis zum Ewigen tritt. Auch dieser Übergang vollzieht sich in einer E., nämlich durch den »Sprung« in den Glauben. **Lit.:** F.-P. Burkard: Selbstwahl. Zum Selbstverhältnis des Menschen bei S. Kierkegaard. In: G. Müller (Hg.): Struktur und Freiheit. Würzburg 1990. S. 38–59. – R.C. Jeffrey: Logik der Entscheidungen. Wien u.a. 1983. – S. Kierkegaard: Entweder-Oder. – H. Lübbe: Zur Theorie der Entscheidung. In: Collegium Philosophicum. Basel u.a. 1965. S. 118–140. JH

**Entscheidungstheorie.** E. als philosophische Disziplin sucht Regeln für rationales Handeln von Individuen (Individual-E.) und Gruppen (soziale oder Gruppen-E.) in Entscheidungssituationen und ist als präskriptive Disziplin von der deskriptiven (psychologischen, soziologischen etc.) E. zu unterscheiden. Ihre Wurzeln liegen in der Ökonomie und Politologie. Grundgedanke der E. ist, daß rationales Entscheiden in der Maximierung des subjektiven Erwartungswertes relativ zu verfügbaren Informationen und zur (subjektiven) Präferenzordnung besteht. Nach dem Informationsstand über Umweltfaktoren unterscheidet man Entscheidung unter Gewißheit, unter Risiko und unter völliger Ungewißheit (ignorance). Entscheidungen unter Risiko setzen neben der subjektiven Präferenzordnung eine subjektive Wahrscheinlichkeitsverteilung bezüglich möglicher Handlungsumstände und damit -ergebnisse voraus; bekannteste Regel hier ist die Bayessche Regel: Wähle die Handlung, bei der die Summe der Produkte (Wahrscheinlichkeit x Wert des möglichen Ergebnisses) maximal wird. Regeln für Entscheidungen unter Ungewißheit sind z.B. die (pessimistische) Maximin-Regel (Wähle die Handlung, die unter ungünstigsten Umständen noch das beste Ergebnis bringt), die optimistische Maximax-Regel (Wähle die Handlung, die unter günstigsten Umständen das beste Ergebnis bringt), die Minimax-regret-Regel (Handle so, daß die größtmögliche Fehlentscheidung minimal wird), u.a. Die ↗Spieltheorie als Sonderbereich der Individual-E. sucht Verhaltensregeln für mehrere interagierende Individuen mit teilweise konkurrierenden Interessen. – Die soziale E. (social choice theory) sucht Regeln für die Überführung (Aggregation) individueller Präferenzen und Entscheidungen in Gruppenpräferenzen und -entscheidungen. – Wieviel die E. zur Explikation des Begriffs der praktischen Rationalität beiträgt, ist strittig. Alle genannten Regeln führen mitunter zu kontraintuitiven Handlungsempfehlungen. Philosophisch relevant ist eine Reihe weiterer negativer Ergebnisse der E.: so gibt es keine soziale Aggregationsfunktion, die einen Katalog schwacher, intuitiv plausibler Mindestbedingungen erfüllt (Arrows Unmöglichkeitstheorem); Paradoxa der Spieltheorie zeigen, daß rationale Individualentscheidungen mitunter sozial suboptimale Ergebnisse erzeugen. **Lit.:** R.C. Jeffrey: The Logic of Decision. Chicago/London [2]1983 (dt. Logik der Entscheidungen. Wien 1967). – L. Kern/J. Nida-Rümelin: Logik kollektiver Entscheidungen. München/Wien 1994. – M.D. Resnik: Choices. Minneapolis 1987. – W. Stegmüller: Probleme und Resultate der Wissenschaftstheorie und Analytischen Philosophie. Berlin u.a. 1969 ff. Bd. I, S. 385–395; Bd. IV/1, S. 285–385. WL

**Entschlossenheit,** bezeugt nach Heidegger das eigentliche Ganzseinkönnen des ↗Daseins, dessen Grundstruktur durch die ↗Sorge als ein »Sich-vorweg-schon-sein-in (der Welt) als Sein-bei (innerweltlich) begegnendem Seienden« (*Sein und Zeit*, § 50) zusammengefaßt wird. Als äußerste und unüberholbare Seinsmöglichkeit – nicht als einfache empirische Tatsache – fordert der ↗Tod das Dasein heraus, sich selbst als solches zu gewinnen oder zu verlieren. Die Möglichkeit des Eigentlichseins – die Freiheit zum Tode – bestätigt sich durch das Phänomen des Gewissens: Dieses ruft das Dasein aus der Anonymität des ↗Man mitsamt dessen Ausweichen vor dem Tode und Verfallen ans nicht-daseinsmäßige Seiende zur Übernahme des eigenen Schuldigseins bzw. der eigenen Nichtigkeit; denn das Dasein hat sich selbst nicht hervorgebracht, sondern befindet sich als ein Geworfenes in seiner Welt und hat sich diese ↗Geworfenheit zu eigen zu machen: Das entschlossene Dasein versteht sich selbst als ganzes aufgrund seiner wesentlichen Endlichkeit. Noch in den späteren Beiträgen zur Philosophie bedeutet E. für Heidegger einen ausgezeichneten Modus der ↗Erschlossenheit des Daseins, nun aber im Sinne eines entscheidenden Sprungs in die anfängliche Öffnung des Seins (*Gesamtausgabe* Bd. 65, S. 87). **Lit.:** T. Rentsch: Martin Heidegger. Das Sein und der Tod. München 1989. JOP

**Entwicklung,** Prozeß der Veränderung von Seiendem in der Aufeinanderfolge von verschiedenen Formen und Stadien. Der Begriff findet Anwendung in verschiedensten Bereichen: der Naturgeschichte, der Phylogenese und Ontogenese von Organismen, in der Kultur- und Sozialgeschichte, der Psychologie und Philosophie. – Auf die Naturgeschichte bezogen findet sich der Entwicklungsgedanke bereits bei den Vorsokratikern. Ab dem 18. Jh. wird er zunehmend durch empirische Forschung und Theorienbildung fundiert (u.a. G. Cuvier, E.G. de St. Hilaire, Goethe, J.B. Lamarck) und mündet seit Darwin schließlich in die moderne ↗Evolutionstheorie. – H. Spencer sieht im Kosmos wie in der menschlichen Gesellschaft eine E. vom Einfachen zum Komplexeren stattfinden, bestimmt durch die Prinzipien der Integration und Differentiation. Für Bergson zeichnet sich das Leben, getragen vom ↗élan vital, durch eine fortwährende schöpferische E. (évolution créatrice) aus, in deren Verlauf es immer neue Formen hervorbringt und wieder auflöst. – In den Geschichts- und Sozialwissenschaften fungiert der Entwicklungsgedanke als hermeneutisches Prinzip, mit dessen Hilfe der jeweilige Stand der Verhältnisse durch Kenntnis seiner Vorformen und Veränderungsgesetzlichkeiten besser verstanden werden soll bzw. künftige E.en besser abgeschätzt werden können. Der im 19. Jh. vorherrschende Evolutionismus in der Ethnologie und Religionswissenschaft suchte nach religiösen Ursprungsformen (z. B. Animismus), aus denen sich alle späteren Religionen entwickelt hätten. – In der engeren philosophischen Tradition meint der Begriff als Übersetzung für lat. explicatio (und evolutio) zunächst im Anschluß an die neuplatonische Tradition und des Begriffspaars ↗complicatio/explicatio bei Cusanus die Ausfaltung des in der Einheit des göttlichen Grundes Eingefalteten. Allgemein bedeutet so E. das Zur-Erscheinung-Kommen und Ausdifferenzieren eines bereits in einer ununterschiedenen Einheit enthaltenen. Kant unterscheidet, in Abgrenzung zum organischen Verständnis der Menschheitsentwicklung bei Herder, die geschichtliche E. der menschlichen Gattung von einer naturgeschichtlichen. Die E. des Menschen setzt seine eigene freie und zwecksetzende Tätigkeit voraus. – Hegel spricht von der dialektischen E. des Geistes, dessen Bestimmung es ist, aus seinem »An-sich-sein« herauszutreten und sich in das ihm fremde »Anders-sein« zu entlassen, um so in der Auseinandersetzung mit sich zum Bewußtsein seiner selbst, zum »An-und-für-sich-sein« zu gelangen. FPB

**Entwurf,** Ausdruck für die existenziale Verfassung des Menschen als eines Seinkönnens. Da der Mensch im Bewußtsein seiner Möglichkeiten immer schon mehr ist, als er faktisch verwirklicht hat, kennzeichnet sich sein Sein als Entworfenheit auf seine Möglichkeiten hin. Bei Heidegger bedeutet E. die im Verstehen sich vollziehende Erschlossenheit des Daseins als In-der-Welt-Seins. »Der Entwurf ist die existenziale Seinsverfassung des Spielraums des faktischen Seinkönnens. ... Dasein versteht sich immer schon und immer noch, solange es ist, aus Möglichkeiten. ... Das Verstehen ist, als Entwerfen, die Seinsart des Daseins, in der es seine Möglichkeiten als Möglichkeiten *ist*« (*Sein und Zeit*, § 31). FPB

**Entzweiung,** bezeichnet am Ende des 18. Jh. und besonders in der Philosophie des deutschen Idealismus die Dissoziation einer ursprünglichen Einheit als deren Verlust bzw. Entäußerung. In dem Maße, wie – beginnend mit Fichte – eine unmittelbare, nichtrelationale, absolute Identität zum Grund der Philosophie gemacht wurde, wurde E. zum Charakteristikum des Endlichen und mit Entgegensetzung und Reflexion konnotiert. Der Begriff der E. variiert entsprechend der Auffassung der vorausgesetzten Einheit. In der romantischen Philosophie und beim späten Schelling ist die E. für uns nicht zu überwinden, während Hegel sie im begreifenden Erkennen mit dem Absoluten als dessen Entäußerung versöhnen will. Im Rahmen rousseauistischer Geschichtskonzeptionen, wie sie, von der Romantik vorbereitet, vor allem im Junghegelianismus zum Tragen kamen, wird E. tendenziell mit Entfremdung gleichgesetzt und bezeichnet den Verlust einer auf höherer Stufe wiederzugewinnenden Einheit. **Lit.:** A. Arndt: Dialektik und Reflexion. Hamburg 1994. – D. Henrich: Hegel im Kontext. Frankfurt 1967. – K. Löwith: Von Hegel zu Nietzsche. Stuttgart 1953. – H. u. I. Pepperle (Hg.): Die Hegelsche Linke. Leipzig 1985. AA

**Epagoge** (griech. Heranführung). Mit E. bezeichnet Aristoteles jene Art des Denkens, das vom Besonderen zum Allgemeinen fortschreitet bzw. bei dem von Einzelbeobachtungen auf einen allgemein gültigen Sachverhalt geschlossen wird. Im Gegensatz zum deduktiven Verfahren basiert die E. also auf einer induktiven Schlußfolgerung, die in der dialektischen bzw. rhetorischen Argumentation meist mit Hilfe ähnlich gelagerter Beispiele durchgeführt wird. Aus den angeführten Beispielen wird eine Gesetzmäßigkeit bzw. Schlußregel abgeleitet, aus der dann in einem weiteren Schritt das Besondere deduktiv abgeleitet wird. – Die Schwäche dieser zwar plausiblen, im streng logischen Sinne aber wenig stringenten Argumentation hat Aristoteles in seiner *Rhetorik* und *Topik* deutlich herausgestellt und die Wirksamkeit der E. der des deduktiven ↗Enthymems nachgeordnet. Beim epagogischen Schluß, so Aristoteles, zeigt sich die Wahrheit eines Satzes nur an seinen Folgen. CO

**Epicheirem,** ein aus der antiken Rhetorik bekanntes Argumentationsverfahren, das vermutlich von Theophrast entwickelt wurde. Bekannt ist es uns seit Ciceros Frühwerk *De inventione* unter der Bezeichnung ratiocinatio. Im Gegensatz zum verkürzten, dreiteiligen ↗Enthymem besteht das E. aus fünf Argumentationsschritten, die allerdings nur eine ausführlichere Variante des Enthymems darstellen. Neben dem Argument (assumptio), der Schlußregel (propositio) und der Konklusion nennt Cicero noch eine stützende Begründung des Arguments (assumptionis approbatio) und eine weitere Begründung der angewandten Schlußregel (propositionis approbatio). Neben dem Enthymem ist das E. ein durch die gesamte Rhetorikgeschichte hindurch tradiertes Argumentationsschema. Erst jüngst ist es von Stephen Toulmin in seinem für die New Rhetoric bedeutsamen Werk *The Use of Argument* (1958) wiederaufgegriffen und modifiziert worden. Auch Toulmin basiert grundlegend auf dem enthymemischen Dreischritt, er nennt die Elemente grounds, warrant und claim. Wie Cicero hält auch er die Schlußregel für stützungsbedürftig (backing), doch bei ihm bedarf es keiner Begründung des Arguments. Dagegen schiebt Toulmin zwischen Schlußregel und Konklusion, also zwischen warrant und claim, zwei neue Elemente ein: Zum einen zeigt ein Indikator (modality) die Stringenz der Schlußfolgerung an, zum anderen werden Ausnahmebedingungen (rebuttal) formuliert, die eventuell den Schluß von den grounds auf die Konklusion verhindern können. CO

**Epikie** (griech. epieikeia: Billigkeit), in der weiteren Bedeutung eine allgemeine Würde, die man einem Menschen zuschreiben kann. Im Anschluß an Platons Kritik des geschriebenen Gesetzes verwendet Aristoteles den Begriff der E. im engeren Sinn zur Bezeichnung der Fähigkeit, die Allgemeinheit fixierter Normen und Gesetze angesichts von Einzelfällen zu korrigieren. E. bedeutet »eine Berichtigung des Gesetzes, wo es aufgrund seiner Allgemeinheit mangelhaft ist« (Aristoteles: *Eth. Nic.* 1137 b 26). Da Gesetze immer nur allgemein formuliert werden können (und müssen), gleichzeitig aber die Grundlage der Beurteilung von Einzelfällen abgeben, bedarf es einer besonderen Instanz zur Lösung der Anwendungsproblematik. E. ist die Fähigkeit, die eine Person haben muß, um auf der Grundlage allgemeiner Gesetze richtig über einzelne Fällen zu urteilen. Aristoteles versteht E. vor allem als Korrektur eines strikten Legalismus, da der billig Urteilende nicht nach dem fixierten Wortlaut des Gesetzes allein entscheiden wird, sondern den Einzelfall mit dem Sinn des Gesetzes in Verbindung zu bringen versucht. Im Sinne einer gerechten (billigen) Beurteilung von Einzelfällen kommt dem Begriff der E. bis heute eine zentrale Stellung in der rechtstheoretischen und philosophischen Debatte zu. **Lit.:** Aristoteles: Nikomachische Ethik, 1137a31–1138a3. – E. Michelakis: Platons Lehre von der Anwendung des Gesetzes und der Begriff der Billigkeit bei Aristoteles. München 1953. – N. Sherman: The Fabric of Character. In: Aristotles Theory of Virtue. Oxford 1989. S. 13–28. – G. Virt: Epikie – verantwortlicher Umgang mit Normen. Mainz 1983. ML

**Epikureismus,** bezeichnet eine Lebenshaltung, die sich an der Philosophie Epikurs (341–270) orientiert. Ausgehend vom ↗Hedonismus Aristipps bestimmt Epikur in seiner Lehre aber nicht die einzelne ↗Lust (hedone) als höchstes Gut, sondern das lustvolle Leben als Ganzes, die Glückseligkeit (Eudaimonia). Sie entsteht aus der ↗Ataraxia (Seelenruhe, Gleichmut), der vernunftgeleiteten Einsicht in das Weltganze und einer konsequenten Ausrichtung am Prinzip der Lust, demzufolge alles zu vermeiden ist, was bei vernünftigem Abwägen langfristig mehr Leid als Lust erzeugt. Um dieses Glück zu erlangen, empfiehlt Epikur ein zurückgezogenes Leben. E. impliziert also nicht bloß Sinneslust, Genuß und Vergnügen. Diese pejorative Konnotation beruht vielmehr auf einer falschen Interpretation der Ethik Epikurs, mit der insbesondere Libertins im 17. und 18. Jh. ihre ausschweifende Lebensweise gerechtfertigt und den E. in Verruf gebracht haben (Vulgärepikureismus). Zu dieser Zeit impliziert E. auch den Vorwurf des Atheismus, der aus Epikurs Kosmologie, seinem ↗Atomismus und ↗Materialismus abgeleitet wird. Naturerkenntnis ist für Epikur kein Selbstzweck, sondern dient der Ethik als Prinzipienlehre für die Lebenspraxis: sie befreit die Menschen von den Schrekken des Aberglaubens, der Religion sowie der Todesfurcht und ist damit Voraussetzung für Glückseligkeit. Bedeutendster Anhänger Epikurs ist Lukrez, auch Diderot und Nietzsche setzen sich für ihn ein. DGR

**Epimenides** ↗Lügner

**Epiphänomen,** bezeichnet ein Phänomen, einen Bestandteil der Realität, das zwar verursacht ist, selber aber nichts verursacht, d. h. keine Wirkung hat. Es lassen sich eine starke und eine schwache Deutung des Epiphänomenalismus unterscheiden. Nach der schwachen Deutung ist etwas ein E., wenn es zwar Wirkungen hat, aber nur solche, die im gerade interessierenden Erklärungszusammenhang nicht von Interesse sind. So hat der Rauch des Kohlefeuers einer Dampflokomotive zwar Wirkungen. Diese sind aber für die Erklärung ihrer Bewegung völlig unerheblich und somit bezüglich dieses Erklärungsinteresses epiphänomenal. Die stärkere Deutung, die den meisten philosophischen Verwendungen von »E.« zugrunde liegt, bezeichnet nur das als E., was zwar verursacht ist, selber aber überhaupt keine Wirkungen hat. Ob sich eine solche Deutung für irgendein Phänomen sinnvoll behaupten läßt, wird kontrovers diskutiert. Denn es stellt sich die Frage, wie wir Kenntnis von etwas erlangen sollen, das keinerlei (zumindest keinerlei empirisch) nachweisbaren kausalen Wirkungen hat. ↗Leib-Seele-Problem. MBI

**Episteme** (griech. Wissen, Wissenschaft). Eine systematische Untersuchung über die E. findet sich vor allem in Platons *Staat* und im *Theaitet*. Im *Staat* (477 b 5 ff.) werden die E., die doxa und die agnoia (die Unwissenheit) als dynameis, Fähigkeiten, bezeichnet, die verschiedenen Seienden, Gegenständen, zugeordnet sind. Dabei ist die E. dem Seienden derart zugeordnet, daß es das wahrhaft Seiende erkennt: denn nur das wahrhaft Seiende ist wahrhaft erkennbar (gnoston, 477 a 3); im Unterschied zum Nichtwissen, das dem Nichtseienden zugeordnet ist, und der doxa, die inmitten steht und das erkennt, was zwischen Sein und Nichtsein in der Mitte steht, sich dazwischen »herumwälzt«. Diese Einteilung wird im ↗Sonnen-, ↗Linien- und ↗Höhlengleichnis wiederaufgenommen. So wie die Sonne die Ursache für das Werden und das Gesehenwerden der sinnlich wahrnehmbaren Dinge ist, ist die Idee des Guten die Ursache für das Sein, die Wahrheit, und das Wissen, der mit dem Denken erfaßten Dinge, der Formen. Im Liniengleichnis werden die Teile der Linie (509 d 6 ff.) mit den Begriffen E., dianoia, pistis und eikasia benannt, also Wissen (gnosis), Nachdenken, Fürwahrhalten und Vermutung. Der höchste repräsentiert die unwandelbaren Seienden oder Ideen. Hier fällt die E. ganz mit der Wissenschaft der Dialektik zusammen, der Fähigkeit, sich in der Welt der Ideen bis zum höchsten Grund, dem ersten Prinzip, zu erheben. Die E. ist also im wesentlichen bestimmt durch ihre Objekte. (Über das Zustandekommen der E. aus der Wiedererinnerung (↗Anamnesis) und das Befestigen der E. vgl. *Menon*.)

Aristoteles teilt die E. in *Met.* 1025 b 22 ff. in die drei großen Arten des praktischen, poietischen und theoretischen Wissens ein, wobei die theoretische E. wiederum, je nach Gegenstand, in mathematisches, physisches und theologisches Wissen zerfällt. Was wir heute Wissenschaften nennen, fällt bei Aristoteles unter die theoretische E.; poietisches Wissen ist dagegen ein Können, ein Wissen-wie-man-etwas-macht, ein Sich-

Verstehen-auf, praktisches Wissen die Fähigkeit, vernünftige Entscheidungen zu verwirklichen, richtig zu handeln. Aristoteles hat von Platon und Sokrates die Vorstellung übernommen, daß Wissen in der Sphäre des Handelns und Hervorbringens untrennbar mit der Fähigkeit zu tun und zu machen verbunden ist. Genau wie sich das Wissen vom Steuern eines Schiffes oder die Kunst der Schuhmacherei nur im intelligenten Steuern des Schiffes oder dem Machen der Schuhe zeigt, so manifestiert sich Wissen vom menschlichen Leben – von gut und schlecht, richtig und falsch – in der intelligenten Verwirklichung des richtigen Ideals, des »richtigen Strebens«. Praktische und poietische E. sind bei ihm deshalb nicht Zweige der theoretischen Wissenschaft, sondern Weisen des Könnens, des Wissens-wie. Seine Klassifikation deckt also die gesamte Sphäre der intelligenten Tätigkeit des Menschen ab: Er unterscheidet die verschiedenen Weisen ihrer Ausübung und die verschiedenen Abteilungen der Erfahrung, die sie in sich enthält. Der Mensch unterscheidet sich von anderen Lebewesen dadurch, daß er denkt, durch seine Intelligenz, er ist ein rationales Lebewesen, er ist durch Rede charakterisiert, durch Denken (dianoia), durch einen anschauenden Intellekt (nous). Jeder Bereich der menschlichen Aktivität – Handeln, Hervorbringen, Nachdenken (Theorie) – kann eine E. genannt werden. Der Handelnde z.B., der in seinen Handlungen bewußt das rechte Ideal verwirklicht, das er intelligent geplant hat, ist epistemon, im Unterschied zum Menschen, der draufloslebt, nach der Leidenschaft des Augenblicks oder ohne Lebensplan. Der Handwerker, dessen Arbeit das Ergebnis einer geübten Geschicklichkeit ist, die im Dienst des wirklich begriffenen Ideals geschieht, der Künstler, der weiß, was und wie er zu produzieren hat, ist ein Wissender im Gegensatz zu dem, der nur zufällig erfolgreich ist oder nur eine irrationale Erfahrung (empeiria) besitzt (vgl. *Gorgias* 462 d 3). MSU

In der Stoa wird das gesicherte Wissen (episteme) als von keinem Vernunftgrund mehr umzustoßende Erfassung (katalepsis) definiert. Dieses ist das Ergebnis eines Erkenntnisvorganges, der seine Grundlage in der Sinneswahrnehmung hat, aus deren Eindrücken die Seele Vorstellungen schafft, die vom logos geprüft werden und nach dessen Zustimmung die unerschütterliche Erfassung ermöglichen. – Bei Epikur liegt das Wahrheitskriterium in der Evidenz der Sinneswahrnehmungen selbst. Vernunfturteile gelten als wahr, wenn sie durch die Wahrnehmung bestätigt werden oder (sofern sie sich auf Nicht-Wahrnehmbares beziehen) wenn ihnen nichts in der Wahrnehmung widerspricht. FPB

**Epistemisch** (griech. episteme: Wissen, Kenntnis, Wissenschaft), (1) kennzeichnet in der vorsokratischen Philosophie das spekulative Denken, das nicht auf Sinneswahrnehmung beruht. Nur die auf Vernunft gegründete Überlegung (logos), so Parmenides, erkennt das eine, unbewegliche und mit sich identische Sein. Bei Platon wird differenziert zwischen dem Denken qua Ideenerkenntnis (nous bzw. episteme) und dem qua mathematischem Verstand (dianoia). Auch bei Aristoteles findet sich noch die Trennung von epistemischer Erkenntnis und der auf Sinneswahrnehmung beruhenden (aisthesis), allerdings repräsentieren die beiden Erkenntnisformen nicht mehr zwei getrennte Seinsbereiche. Unter der Voraussetzung, daß nach Aristoteles ohne die Wahrnehmung durch die Sinne grundsätzlich keine Erkenntnis möglich ist, ist ein epistemisches Verfahren ein solches, das vom Allgemeinsten ausgehend das Besondere abzuleiten versucht. Unter dem Einfluß des Epikureismus und Skeptizismus verändern sich die Kriterien für wahre oder falsche Erkenntnis. – Im heutigen Sprachgebrauch wird e. häufig synonym mit »wissenschaftlich« verwendet. – (2) Bezeichnung zur Charakterisierung des Erkenntnisstatus einer Aussage; e.e Modalitäten sind: es wird angenommen, vermutet, geglaubt, es ist wahrscheinlich. **Lit.:** F.M. Cornford: Plato's Theory of Knowledge. London 1967. – R. Schaerer: EPISTEME et TECHNE. Etudes sur les notions de connaissance et d'art d'Homère à Platon. Lausanne 1930. – B. Snell: Die Ausdrücke für den Begriff des Wissens in der vorplatonischen Philosophie. Hildesheim 1992. JM

**Epistemologie** (griech. episteme: Wissen, Kenntnis, Wissenschaft; logos: Vernunft, Lehre), (1) geht dem Begriff nach auf die frz. bzw. engl. Bezeichnung für Erkenntnis- oder Wissenschaftslehre (»épistémologie« bzw. »epistemology«) zurück. Im engeren Sinn bezeichnet E. aber eine Wissenschaftstheorie, die die Entwicklungen der Wissenschaften unter Berücksichtigung ihrer Geschichte zu systematisieren sucht. J.F. Ferrier prägte in seinen *Institutes of Metaphysics* (1854) E. als Gegenbegriff zu ↗Ontologie. In der Verbindung von ↗Wissenschaftstheorie, Wissenschaftssoziologie und Wissenschaftsgeschichte wird E. durch Bachelard und Canguilhem zum Programm der Betrachtung und Erforschung der Wissenschaften vom Leben (»sciences de la vie«, d.i. Physiologie, Medizin, Biologie u.a.). Der hier bereits formulierte Gedanke einer an historischen oder systematischen Brüchen orientierten Wissenschaftsgeschichte wird von Th. Kuhn in *The Structure of Scientific Revolutions* weiterentwickelt und auf die Disziplinen Physik, Mathematik und Astronomie ausgedehnt. JM

(2) E. thematisiert die logische Struktur des Wissens und des Glaubens, indem sie das Wissen einer Person nach drei Bedingungen bestimmt: (a) Die als Wissen formulierte Aussage muß wahr sein; (b) die Person muß von der Wahrheit überzeugt sein; (c) sie muß für diese Überzeugung ausreichende und zwingende Gründe haben. Die traditionelle ↗Erkenntnistheorie hat diese Fragen im Hinblick auf die Grundlage der Erkenntnis beantwortet: (a) Der empiristisch orientierte Standpunkt gibt dazu die Sinneserfahrung als Instanz an, (b) die Position des Apriorismus gibt als Grundlage die Vernunft- und Verstandesprinzipien an, die den Bezug auf die Sinneserfahrung erst durch die begriffliche Formung zu einer Erkenntnis machen. – Eine nament-

liche Differenzierung zwischen E. und Erkenntnistheorie ist dann sinnvoll, wenn man die Aufgabe der E. dadurch bestimmt, die Erkenntnis ausschließlich hinsichtlich der Systeme von Propositionen und Regeln, nach denen empirisch gehaltvolle Aussagen gebildet und überprüft werden können, zu thematisieren. Das erkennende Subjekt kommt nicht hinsichtlich seiner objektkonstituierenden Leistung in den Blick, sondern nur im Hinblick auf die epistemischen Modalitäten des »Glaubens« und »Wissens«, auf die Fragen der unmittelbaren und mittelbaren Evidenz, auf die Bestimmung von Wahrheit und die Erörterung von Aussagen und Sätzen als Träger von Wahrheit. – Die begriffliche Unterscheidung zwischen Erkenntnistheorie und E. wird zwar nicht einheitlich vollzogen, aber meist zeigt sie die spezifische Auffassung hinsichtlich der Problemstellung an. [PP] **Lit.:** S. Bachelard: Épistémologie et Histoire des Sciences. In: XIIe Congrès international d'histoire des sciences. Paris 1968. – G. Canguilhem: Wissenschaftsgeschichte und Epistemologie. Frankfurt 1979. – R. M. Chisholm: Erkenntnistheorie. München 1979. – F. v. Kutschera: Grundfragen der Erkenntnistheorie. Berlin/New York 1982. – A. Virieux-Reymond: Les grandes étapes de l'épistémologie jusqu'à Kant. Genf 1983. JM/PP

**Episyllogismus.** Wenn zwei Syllogismen so miteinander verkettet werden, daß der Schlußsatz des einen zugleich der Vordersatz des anderen ist, so wird der zweite als E. bezeichnet, der erste als Prosyllogismus. PP

**Epoche,** bezeichnet ursprünglich (in Anlehnung an astrologische Terminologie) einen signifikanten Punkt innerhalb eines Prozesses, durch den zwei Zeitabschnitte voneinander unterschieden werden können. Der heutige Sprachgebrauch meint mit E. allgemein einen historischen Abschnitt, dessen komplexe Einheitlichkeit durch bestimmte durchgängige Merkmale charakterisiert ist (Ära). Aus der bewußten Bezugnahme auf das Altertum in der Frühen Neuzeit und der Klassifizierung der dazwischen befindlichen E. als Zwischenphase leitet sich das gängige (europaspezifische) Epochenschema ↗Antike – ↗MA. – ↗Neuzeit her. Ferner können unter Bezugnahme auf historische (z. B. politische Stabilisierung in der Karolingischen Renaissance, Franz. Revolution) oder ästhetische (z. B. Epochenstile in Architektur, Literatur, Malerei) Kriterien untereinander konkurrierende Epocheneinteilungen vorgenommen werden, die sich nicht zur Deckung bringen lassen. Allgemein kann in E.n gegliederte ↗Geschichte durch eine gleitende Abfolge von Stabilisierungs- und Umbruchsphasen, den Epochenschwellen (Blumenberg), beschrieben werden. Die Einheit einer E. ist weniger Konstrukt der Rezeption; vielmehr wird in der historischen Entwicklung Epochenbewußtsein bei Zeitgenossen dadurch hervorgerufen, daß Neues nicht mehr in einen als konstant empfundenen Bezugsrahmen eingeordnet werden kann. Dieser Konflikt führt zu einem Kontinuitätsbruch, aus dem miteinander konkurrierende Neukonzeptionen hervorgehen, und schließlich zur Ersetzung des etablierten Rahmens. Dieser Vorgang kann wissenschaftshistorisch als ein Wechsel des wiss. ↗Paradigmas (Kuhn) verstanden werden. E.n lassen sich nur dann ausmachen, wenn dieser Übergang nicht zu einer Modifikation, sondern zu einer Substitution des vorhandenen Paradigmas führt. **Lit.:** H. Blumenberg: Aspekte der Epochenschwelle: Cusaner und Nolaner. Frankfurt [3]1985. – R. Herzog/R. Koselleck (Hg.): Epochenschwelle und Epochenbewußtsein. München 1987. – W. Neuser: Natur und Begriff. Stuttgart/Weimar 1995. MSP

**Epoché, phänomenologische.** Mit diesem Terminus bezeichnet Husserl einen methodischen Schritt der phänomenologischen Reflexion: E. bedeutet, daß die mit dem Alltagsbewußtsein (d.i. »natürliche Einstellung«) verbundene Annahme der fraglosen Gültigkeit dessen, was wir für die Wirklichkeit halten, zunächst außer Kraft gesetzt wird. Mit der Aufhebung ihrer Seinsgeltung werden auch die auf die gegenständliche Welt bezogenen Seinssetzungen, d.i. alle materialen Bestimmungen (und theoretischen Vermeinungen) eingeklammert. Geht man mit Husserl von dem Korrelationsapriori von Bewußtsein und (als etwas vermeintem) Gegenstand aus, dann hat die Einklammerung der E. zur Konsequenz, daß sich der Blick auf das verbleibende Korrelat, nämlich das reine Bewußtsein, richtet und zum Thema der Reflexion macht. Damit ist nach Husserl die phänomenologische Einstellung erreicht. Durch diesen methodischen Schritt wird zudem erreicht, daß für die Thematisierung des Bewußtseins keinerlei vorgängiges empirisches Wissen verwendet wird, dessen Geltung durch die phänomenologische Reflexion erst ausgewiesen werden soll. **Lit.:** E. Husserl: Ideen zu einer reinen Phänomenologie und phänomenologischen Philosophie. Hua III/1. §§ 31 f. – E. Ströker: Das Problem der Epoché in der Philosophie Edmund Husserls. Dordrecht 1970. PP

**Epoché, skeptische** (abgeleitet von griech. epechein: innehalten, sich (einer Sache oder Tätigkeit) enthalten), als philosophischer Begriff vermutlich geprägt durch Pyrrhon von Elis (ca. 360–270 v.Chr.), geläufig geworden in seiner Verwendung durch die neuere platonische Akademie. E., deutsch zumeist mit »Urteilsenthaltung« (engl. suspension of judgment) wiedergegeben, bezeichnet nach Sextus Empiricus' Definition »ein Stillstehen des Verstandes, durch das wir weder etwas aufheben noch setzen«. Die E. wurde in der Antike als das Charakteristikum des ↗Skeptizismus betrachtet, so daß man dessen Vertreter »sich des Urteils über alles Enthaltende« nannte. Auch in späterer Zeit ist E. als zentraler skeptischer Begriff behandelt worden, etwa bei Montaigne und Kierkegaard, im Rahmen aktueller Verteidigungen des Skeptizismus z. B. bei A. Naess. – Die E. wird jedoch auf zwei sachlich prinzipiell verschiedene Weisen gedeutet: zum einen als (unwillkürliche) Erfahrung, zum anderen als Entscheidung. Wird E., wie vor allem im Skeptizismus der platonischen Akademie und bei Kierkegaard, als Entscheidung begriffen, so müssen Gründe für sie aufgeboten werden. Eine Begründung der E. in bezug auf p kann z. B. folgendermaßen lauten (nach Ciceros *Academica*): ›Sowohl für als auch gegen p spricht etwas. Da sich nun wahre Vorstellungen nicht von falschen unterscheiden lassen und es geboten ist, Irrtümer zu vermeiden, ist es folglich geboten, sich des Urteils über p zu enthalten.‹ Insofern derartige Begründungen ihrerseits Urteile enthalten, läßt sich, wird E. als Entscheidung begriffen, umfassende E. nicht erreichen. Anders liegt der Fall im antiken ↗Pyrrhonismus. Dort wird E. als etwas aufgefaßt, das dem Einzelnen bei einem bestimmten Stand der Argumentation – nämlich dem »Gleichgewicht« von Pro und Contra in einer Frage (↗Isosthenie) – widerfährt, als Erfahrung bzw. Erlebnis (pathos). Die argumentative Anstrengung ist im Pyrrhonismus darauf gerichtet, dies Erlebnis bezüglich jeder Sachfrage herbeizuführen, was nicht in theoretisch-destruktiver, sondern in praktischer Absicht geschieht, da die Pyrrhoneer erfahren haben, daß sich als »Schatten« der E. Glückseligkeit einstellt. **Lit.:** Cicero: De Natura Deorum. Academica. Lat.-Engl. Transl. by H. Rackham. London 1956. – S. Kierkegaard: Philosophische Brocken. Frankfurt 1988. – A. Naess: Scepticism. London/New York 1968. – Sextus Empiricus: Grundriß der pyrrhonischen Skepsis. Frankfurt 1985. AE

**Ereignis,** raumzeitlich bestimmter Vorgang, der in Kausalrelationen zu anderen E.sen steht. (1) In der Physik ein Raum-Zeit-Punkt im Minkowski-Raum; in der Statistik und Wahrscheinlichkeitsrechnung Bezeichnung für eine Teilmenge aller möglichen Ausfälle eines Zufallsexperiments. (2) In der analytischen Handlungstheorie und Philosophie des Geistes wird E. im Zusammenhang mit der Dichotomie von physikalischen und mentalen E.sen diskutiert (↗Leib-Seele-Problem). Das Unterscheidungskriterium liegt auf der semantischen Ebene: Physikalische E.se sind physikalisch beschreibbar, mentale E.se werden als intentional beschriebene Akte im Sinne Brentanos aufgefaßt und stehen in der mittelalterlichen Tradition der Intentio als Geistesakt (Ockham). Auf ontologischer Ebene argumentieren die meisten Autoren der analytischen Philosophie für einen ↗Physikalismus, demzufolge alle E.se physikalisch sind (↗Monismus). E.se werden abgegrenzt von materiellen Gegenständen und Personen. Als spezifische Identitätsbedingungen für E.se werden genannt: kausale Ereignisindividuation, d. h. Identität von E.sen mit identischen Ursachen und Wirkungen (Davidson); raumzeitliche Ereignisindividuation (Quine, Stoecker, später: Davidson); E. als Sachverhalte (Chisholm); E. als Eigenschaftsexemplifikationen (Kim). (3) Den genannten Bedeutungen diametral entgegengesetzt, bezeichnet E. als Grundbegriff der Spätphilosophie Heideggers das nicht lokalisierbare, nicht objektivierbare Wesen des Seins. ARE

E. ist ein Leitmotiv der späten Philosophie Heideggers: Insofern der von ihm immer wieder thematisierte Seinsbegriff in einer metaphysischen Konstruktion der ›Seiendheit‹ verfangen zu bleiben droht, die die zeitbedingte ↗ontologische Differenz verkehren würde, versucht er, das Sein vom E. her neu zu denken. Dabei beruft sich Heidegger nicht nur auf dessen Herkunft aus dem mittelhochdeutschen ›eräugnen‹ bzw. ›vor Augen stellen‹ und somit auf die Bedeutung von ›sich zeigen‹, er greift vielmehr zurück auf die etymologisch verfehlte, jedoch für ihn sachlich treffende Anlehnung des Wortes an ›eignen‹, um das »Einfache« herauszustellen, das Denken und Sein miteinander ursprünglich vermittelt: Heidegger konzipiert das Geschehnis der »Er-eignung« als die elementare Zusammensetzung der Welt durch die anfängliche und d. h. wesenhafte Beziehung von Sein und ↗Dasein; diese gehören zusammen, insofern die Erschlossenheit des Daseins einerseits der Unverborgenheit des Seins »übereignet« ist, während das Sein andererseits der Eröffnung dieser Erschlossenheit »zugeeignet« ist – sie stehen in einem Entsprechungsverhältnis (Identität und Differenz, 24 ff.). Die Stätte der geschichtlichen Zusammengehörigkeit von Sein und Dasein ist dann für Heidegger die Sprache; denn die wesentlichen Worte der Dichter und Denker geben das E. in seiner jeweiligen epochalen Bestimmtheit kund. **Lit.:** R. Casati/A. C. Varzi (Hg.): Events. Dartmouth 1996. – D. Davidson: Essays on actions and events. Oxford 1980. – M. Heidegger: Beiträge zur Philosophie (Vom Ereignis). GA Bd. 65. Frankfurt 1989. – F.-W.v. Herrmann: Wege ins Ereignis. Zu Heideggers »Beiträge zur Philosophie«. Frankfurt 1994. – O. Pöggeler: Neue Wege mit Heidegger. Freiburg/München 1992. – J. O. Prudhomme: God and Being. Heidegger's Relation to Theology 1997. – R. Stoecker: Was sind Ereignisse? Berlin 1992. – J. A. Wheeler: Gravitation und Raumzeit: die vierdimensionale Ereigniswelt der Relativitätstheorie. Heidelberg 1991. ARE/JOP

**Erfahrung.** Der Begriff der E. stellt in einer doppelten Hinsicht ein Grundphänomen des menschlichen Lebens dar, insofern als E. sowohl die Grundlage für die Erkenntnis abgibt, als auch in gleicher Weise die Grundlage menschlichen Lebens. Die umgangssprachliche Bedeutung von E. umfaßt noch den lebenspraktischen Bezug i.S. des Sichauskennens mit etwas oder i.S. der pragmatischen Fähigkeit, mit etwas umgehen zu können, aber auch den sozialen Bezug i.S. des Mitanderen-umgehen-Könnens oder i.S. der Fähigkeit, andere Menschen einschätzen zu können. – Den lebensweltlichen Bezug der wissenschaftlichen Erkenntnis hat Husserl in seiner Krisis-Schrift geltend gemacht, indem er darauf hinwies, daß die Fragen der wissenschaftlichen Forschung in den Sinnfragen des pragmatischen Handelns in der Lebenswelt ihren Ursprung haben und daß die E.en der Lebenswelt den im wissenschaftlichen Prozeß vollzogenen Idealisierungen von Erfahrungsgehalten vorausliegen. Husserl zeigt auf, wie in den lebensweltlichen Einstellungen bereits Idealisierungen vorgenommen werden, nämlich die Erwartung (des »und so weiter«), daß die Vorkommnisse in der Wirklichkeit eine gewisse Konstanz aufweisen und so eine weitere Idealität ermöglichen, nämlich die Annahme, bestimmte Handlungen wiederholt ausführen zu können. Die Weltstruktur stellt das Korrelat solcher Sinnstrukturen dar. Gadamer knüpft an Husserl an, um den Begriff der E. um die geschichtliche Dimension zu erweitern. E. läßt sich nicht auf fertiges Wissen beschränken, vielmehr ist ihr die Offenheit für weitere E.en eigen. Nur über mannigfache Enttäuschungen von Erwartungen erwirbt der Mensch E.

Die Frage, inwiefern die E. die Grundlage der Erkenntnis abgeben könne, wird im Kontext erkenntnistheoretischer Problemstellungen unterschiedlich eingeschätzt. Bereits Aristoteles interpretiert E. als ein Vermögen, die Dinge richtig zu erkennen und zu beurteilen. Dieses Vermögen beruht auf vielen einzelnen Wahrnehmungen, die im Gedächtnis haften bleiben. In der E. vollzieht sich die spezifisch menschliche Leistung, von einzelnen Wahrnehmungen zu ersten allgemeinen Begriffen zu gelangen. Bacon begründet mit seiner Forderung, daß die E. methodisch gelenkt sein müsse, das Verständnis experimentellen Forschens als Basis wissenschaftlicher Erkenntnis. Von Locke wird die erkenntnistheoretische Frage, was die ursprüngliche Quelle unseres Wissens ist, durch die Annahme beantwortet, daß E. mit Wahrnehmung gleichzusetzen sei. Die Wahrnehmung bietet seiner Ansicht nach in dem Sinne einen unmittelbaren Bezug zu Wirklichkeit, als die in der Sinneswahrnehmung und der inneren Wahrnehmung erscheinenden Vorstellungen von der E. passiv aufgenommen werden. Diese These bildet die Ausgangsbasis für den Empirismus. Bei Kant wird E. meist mit empirischer Kenntnis gleichgesetzt (*KrV* B 147, 218) und nicht mehr auf die Empfindungen in der Sinneswahrnehmung gegründet. Vielmehr weist er darauf hin, daß die Sinnlichkeit zwar das Material, der Verstand aber die für jede gegenständliche Erkenntnis notwendige Begrifflichkeit bietet. Erst der Bezug von Sinnlichkeit und Verstand schafft empirische Erkenntnis. Im wissenschaftstheoretischen Kontext findet diese Annahme Kants ihre Entsprechung in der Auffassung, daß wissenschaftlich empirische E. nicht ohne ein System theoretischer Begriffe gewonnen werden kann. **Lit.:** Aristoteles: Metaphysik I. 1. – Ders.: Zweite Analytiken II. 19. – F. Bacon: Neues Organon der Wissenschaften. 1830. ND Darmstadt 1971. – H.-G. Gadamer: Wahrheit und Methode. Tübingen [4]1975. S. 329 ff.- E. Husserl: Die Krisis der europäischen Wissenschaften und die transzendentale Phänomenologie. Hua VI. – F. Kambartel: Erfahrung und Struktur. Frankfurt 1968. – J. Locke: Versuch über den menschlichen Verstand. Hamburg [4]1981. – L. Schäfer: Erfahrung und Konvention. Stuttgart-Bad Cannstatt 1974. PP

**Erfahrung, ästhetische,** weitgehend synonym mit »ästhetischer Einstellung«, »ästhetischem Erleben« oder »ästhetischer Anschauung«. Es wird diskutiert, ob ä.E. sich durch eine spezielle (1) Einstellung zu ihren Gegenständen, (2) Fähigkeit oder (3) Funktion von anderen Erfahrungstypen unterscheidet. (1) Oft wird die Einstellung in der ä.E. als nicht-zweckorientiertes »interessenloses Wohlgefallen« bzw. als »psychische Distanz« gegenüber ihrem Gegenstand beschrieben. Nach H.R. Jauß kann ä.E. den Menschen »in ein Gegenüber zur Rolle bringen, das ihn vom Zwang und der Routine alltäglicher Rollen spielerisch freisetzt. Dieser innere Abstand entspringt der ästhetischen Einstellung des Spiels, freiwillig tun zu können, was man sonst im Ernst tun muß.« (2) Für F. Hutcheson (und Shaftesbury) gibt es einen speziellen (inneren) Schönheitssinn für ä.E. Für den Rationalismus ist ä.E. (bzw. »sinnliche Erkenntnis«) die spezielle Leistung des unteren Erkenntnisvermögens. Für E. Burke findet ä.E. als Zusammenspiel der gewöhnlichen sinnlichen Vermögen statt. Nach B. Croce besteht ä.E. in einer aktiven Bedeutungsschöpfung, an der alle menschlichen Fähigkeiten beteiligt sind. (3) Nach F. v. Kutschera ist ä.E. »eine Form äußeren Erlebens, in die die Aufmerksamkeit sich auf die sinnliche Erscheinungsweise des Gegenstandes richtet«. Für Schelling hat das Kunstwerk über seine sinnliche Dimension hinausweisende Erkenntnisfunktion, weil es »instinktmäßig … eine Unendlichkeit [darstellt] … welche ganz zu entwickeln kein Verstand fähig ist«. Somit ist das Kunstwerk »das einzig wahre und ewige Organon … der Philosophie« und die »ästhetische Anschauung nur die objektiv gewordene transzendentale«. Für J. Dewey (vgl. auch Schiller, Aristoteles, die Marxistische Ästhetik) hat ä.E. eine pädagogisch-soziale Funktion als »a manifestation, a record and celebration of the life of a civilization, a means of promoting its development, and … the ultimate judgement upon the quality of a civilization.« **Lit.:** *Zu (1):* H.R. Jauß: Ästhetische Erfahrung und literarische Hermeneutik. Frankfurt [2]1984. – I. Kant: Kritik der Urteilskraft. – J. Stolnitz: Aesthetics and Philosophy of Art Criticism. Boston 1960. – *Zu (2):* A.G. Baumgarten: Aesthetica. Frankfurt 1750–1758. In: Ders.: Theoretische Ästhetik. Die grundlegenden Abschnitte der Aesthetica. Hg. v. H.R. Schweizer. Hamburg 1988. – E. Burke: Philosophische Untersuchungen über den Ursprung unserer Ideen vom Erhabenen und Schönen. Hamburg 1980. – B. Croce: Estetica com scienza dell' espressione e linguistica generale. Mailand/Palermo/Neapel [2]1903 (dt. Ästhetik als Wissenschaft des Ausdrucks und Allgemeine Linguistik. Theorie und Geschichte. Übers. von K. Federn. Leipzig 1905). – F. Hutcheson: Inquiry into the Origin of Our Ideas of Beauty and Virtue. [5]1735. In: Collected Works of F.Hutcheson. Bd. 1. Hg. v. B. Fabian. Hildesheim 1971. – *Zu (3):* J. Dewey: Art as Experience. New York 1934. In: Ders.: The Later Works. Bd. 10. Hg. v. J.A. Boydston. Carbondale/Edwardsville 1987. S. 329. – F.v. Kutschera: Ästhetik. Berlin/New York 1989. S. 74. – F.W.J. Schelling: System des transzendentalen Idealismus. 1800. In: Ders.: Ausgewählte Schriften. Bd. 1. Hg. v. M. Frank. Frankfurt 1985. S. 687 f., 695. MRM

**Erfahrung, innere/äußere.** Im Unterschied zur »äußeren Erfahrung« (Erfassen der Außenwelt, Erfahrung physischer Phänomene durch die menschlichen Sinnesorgane in der Sensation) bezieht sich die innere E. auf das nicht den Sinnen, sondern dem geistigen Vermögen der reflection (J. Locke) zugängliche »innere Leben« des Menschen. Allerdings gibt es auch Theorien, die analog zum sensus exterior einen sensus interior lehren. Innere und äußere Erfahrung werden geschieden nach Gegenstand, Art und Richtung der Erfassung. Der äußeren E. wird im allgemeinen lediglich der Rang von Annehmen oder Glauben, nicht aber sicheren Wissens zuerkannt, während der i.n E. die evidente, unbezweifelbare Wahrnehmung seiner selbst (unter normalen Umständen) nicht abgesprochen wird. I. E. gilt als das criterium inconcussum gegen skeptische Einwände. Trotz der Geschiedenheit von i.r E. und äußerer E. darf der Aufbau der i.n E. (»sekundäre Wahrnehmung« im Sinne Brentanos) auf Daten der äußeren E. (»primäre Wahrnehmung«) nicht übersehen werden. I. E. schöpft nicht rein aus sich selbst (F. Bacon) und schafft sich keine Gegenstände, sondern bearbeitet das von äußerer E. gelieferte Material. I. E. ist in dieser Hinsicht abhängig von äußerer; umgekehrt ist äußere E. insofern abhängig von innerer, als durch sie aus der »rohen« Erfahrung eine »gelehrte Erfahrung« (F. Bacon) werden kann. I. E. ist gekennzeichnet durch einen zweifachen intentionalen Bezug: Sie ist Bewußtsein von äußerer E. und »nebenher« (Aristoteles) von sich selbst. Sie ist damit zugleich auf Bewußtseinstranszendentes und Bewußtseinsimmanentes gerichtet. Indem sie die Gegenstände der äußeren E. als »immanente Gegenstände«, ohne deren Materie (Hyle) – deshalb auch »reine« E. genannt –, in sich aufnimmt, kann sie deren Struktur und Eigenschaften (Qualitäten) beurteilen. Zudem weiß sie als Bewußtsein ihrer selbst auch über ihre verschiedenen Beziehungsweisen, die sie zu den immanenten Gegenständen und den Erfahrungsinhalten einnimmt. Darauf beruht die Beschreibbarkeit der Innenwelt der Außenwelt. I. E. kann mithin betrachtet werden als substantieller, determinierender Bestandteil der äußeren E. Das Verhältnis von innerer zur äußeren E. stellt sich nun als asymmetrisch dar, als gewisse einseitige Abhängigkeit der äußeren von der i.n E. Dementsprechend wird i. E. auch als eigentliche, als objektive E. bezeichnet, da sie sich selbst und ihre Gegenstände, so wie sie eigentlich sind, d. h. wie sie sich im Erleben präsentieren, erfassen kann. – Die philosophische Psychologie und Phänomenologie, auch die dadurch beeinflußte »Würzburger Schule der Denkpsychologie« greifen deswegen vornehmlich auf die i. E. als Wahrnehmungsquelle zurück, während die neuere empirische Psychologie eher Fragen der äußeren E. nachgeht. **Lit.:** F. Bacon: Novum Organum. In: The Works of F. Bacon. Vol 1. London 1858 (Nachdr. Stuttgart-Bad Cannstatt 1963). – F. Brentano: Psychologie vom empirischen Standpunkt. 3 Bde. Hamburg ³1973. – E. Husserl: Erfahrung und Urteil. Hamburg ⁴1972. – J. Locke: An Essay Concerning Human Understanding. London 1690 (dt. Über den menschlichen Verstand. 2 Bde. Hamburg 1968). WB

**Erfahrungsbegriff.** Als elementare E.e werden solche Begriffe bezeichnet, die sich auf Empfindungen, Impressionen, Wahrnehmungen, Erinnerungserlebnisse logisch zurückführen lassen. Im Logischen Positivismus wird den elementaren E.en die Rolle zugesprochen, die einzig wissenschaftlichen Begriffe darzustellen. PP

**Erfolgsethik,** auch Erfolgsmoral. Für die E. läßt sich der Wert einer Handlung nur an den tatsächlich eingetretenen Folgen bemessen. Der ↗Utilitarismus stellt ein Beispiel einer E. dar, da er die Konsequenzen einer Handlung nach ihrer Nützlichkeit für die Erfüllung menschlicher Bedürfnisse beurteilt. PP

**Erfüllbar.** In der formalen Logik gilt ein Satz A genau dann als e., wenn es eine ↗Interpretation über einen Bereich von Dingen (ein Universum) gibt, bei dem er wahr ist. Eine Menge M von Sätzen ist genau dann simultan erfüllbar, wenn es eine Interpretation ihrer Sätze über einen Bereich gibt, bei dem jeder ihrer Sätze wahr ist. PP

**Erhaben,** Begriff aus dem Bereich der ästhetischen Wertung, oft als Komplementärbegriff zu »schön« verwendet. Er bezeichnet Gegenstände und Ereignisse, die uns durch (geistige oder physische) Größe und Kraft beeindrucken. Insofern findet er eher im Bereich des Naturschönen als in dem des Kunstschönen Anwendung. Ein typischer und klassischer Gegenstand des Gefühls des E.en ist »der gestirnte Himmel über uns« (Kant). Weitere typische Gegenstände dieser Art sind gigantische Berggipfel und gewaltige Meere. Zum Erlebnis des E.en gehört das Gefühl der Unerschöpflichkeit des Erfahrenen: Das E.e ist zumindest tendenziell nicht vollständig erfaßbar; es überschreitet entweder die Grenzen unserer Sinnlichkeit oder die unseres Verstandes. **Lit.:** M. I. Pena Aguado: Ästhetik des Erhabenen: Burke, Kant, Adorno, Lyotard. Wien 1994. – E. Burke: A Philosophical Enquiry into the Origin of our Ideas of the Sublime and the Beautiful (1757; dt. Philosophische Untersuchung über den Ursprung unserer Ideen vom Erhabenen und Schönen. Hamburg ²1989). – J.-F. Lyotard: Die Ästhetik des Erhabenen. München 1994. – F. Schiller: Über das Erhabene (1801). – M. Seel: Eine Ästhetik der Natur. Frankfurt 1991. RL

**Erhaltungssätze,** physikalische Gesetze, nach denen der Wert bestimmter physikalischer Größen in abgeschlossenen Systemen in der Zeit gleich bleibt. Die E. von Energie (und damit auch der Masse), Impuls (auch Schwerpunkt) und Drehimpuls gelten neben weiteren E.n auch in der modernen Physik. Die E. haben philosophisch Bedeutung für den Begriff der ↗Substanz. **Lit.:** F. Hund: Geschichte der physikalischen Begriffe. Teil 1. Mannheim 1978. JSC

**Eristik** (griech. eristike techne, Streitkunst), bei Platon und Aristoteles abwertend verwendete Bezeichnung für die um des bloßen Rechthabenwillens geführten Streitgespräche, vor allem bei den Sophisten. FPB

**Erkenntnis.** Die Bedeutung des Begriffs kann man über die Analyse des Begriffs »erkennen« ermitteln.

»Erkennen« wird in der Regel als Erwerb von Wissen aufgefaßt. Immer wenn wir über ein Wissen verfügen, haben wir auch eine E. gleichen Inhalts. Deshalb wird der Erkenntnisbegriff durch eine Analyse des Wissensbegriffs verdeutlicht. Damit man davon sprechen kann, daß eine Person A etwas weiß, müssen die folgenden Bedingungen erfüllt sein: (1) Wenn A sagt, sie wisse, daß ihr Name Müller sei, dann kann es nicht der Fall sein, daß sie dies wirklich weiß und daß sie Meier heißt. Wenn eine Überzeugung ein Wissen ist, muß die Überzeugung wahr sein, sonst wäre sie kein Wissen, sondern ein Irrtum. (2) Wenn A eine Meinung p äußert, die zwar wahr ist, von der A selbst aber nicht glaubt, daß sie wahr ist, kann man nicht von Wissen sprechen. A äußert zwar einen wahren Satz, aber daß A selbst p weiß, wird man A absprechen. A muß meinen, daß p, d. h. Wissen ist nach (1) und (2) eine wahre Meinung. (3) A könnte allerdings nur zufällig geraten haben, daß p wahr ist. In diesem Falle würde man A wiederum kein Wissen von p zuschreiben. Es muß zusätzlich auch noch Gründe geben, um zu meinen, daß p. Wissen ist demnach eine wahre begründete Meinung (so auch Platon im *Theaitetos*). (4) Daß es derartige Gründe gibt, reicht aber immer noch nicht hin, um von Wissen zu sprechen. Es könnte sein, daß p begründet ist, aber A die relevanten Gründe gar nicht kennt. In diesem Fall wird man A immer noch kein Wissen von p zusprechen. A muß die Gründe für p selbst haben, also kennen (Dieser Punkt wird z. B. vom »epistemischen Externalismus« bestritten). (5) E. Gettier hat darauf hingewiesen, daß zudem angenommen werden muß, daß A nicht nur irgendwelche, sondern die richtigen Gründe für p haben muß, um p zu wissen. Richtige Gründe sind dabei die, aus denen p sich objektiv logisch ableiten läßt. Weitere semantische Spezifizierungen sind möglich, jedoch ist festzuhalten, daß wir erkennen, daß p, wenn uns ein Wissen von p aufgrund von Bestimmungen der aufgeführten Art zugeschrieben werden kann. Die angeführte Semantik von E. beinhaltet mindestens zwei Probleme: (a) Selbst im philosophischen Sprachgebrauch gibt es die Redewendung von falscher E. usw., die zur »Contradictio in adjecto« wird, wenn wir den skizzierten Erkenntnisbegriff (zu streng) benutzen; (b) Die Bedingungen (1) – (5) können in einen Regreß führen. Gründe für Meinungen sind selbst nur begründet, wenn sie aus anderen Gründen abgeleitet werden können usw. Falls eine Meinung nur dann eine E. sein soll, wenn die fundierenden Gründe selbst fundiert sind, endet man in einem Regreß. Das zeigt, daß obige Überlegungen nur einen problematisierenden Einstieg in die semantische Debatte geben.

Traditionell wird E. oft als eine adäquate »Widerspiegelung« der Objektwelt im Subjekt verstanden. Das weist darauf hin, daß Erkennen auf Erkenntnisgegenstände ausgerichtet ist, d. h. es hat intentionalen Charakter. Durch die Gegenstände (die nicht notwendig realistisch interpretiert werden müssen) erhält das Subjekt bestimmte Daten. Das Erkennen läßt sich häufig als das Erstellen einer richtigen Ordnung dieser Daten bzw. Informationen beschreiben. Diese richtige Ordnung wird durch zwei elementare Erkenntnisfähigkeiten ermöglicht. Erstens besteht die Möglichkeit, sinnliche Daten voneinander zu unterscheiden, es kann eine sensorische Diskriminierung stattfinden. Diese erlaubt es z. B., Gestalten zu identifizieren. Im (manchmal unbewußten) Diskriminierungsvorgang wird ein Datum aus dem Kontinuum von Daten, in dem es in Erscheinung tritt, separiert und in neue Zusammenhänge (z. B. erlernte Schemata von Gestalten) eingeordnet. Zweitens können die auf diese Weise geordneten sinnlichen Daten klassifiziert, d. h. unter allgemeine Begriffe gebracht werden. Einzelne Daten werden dabei in eine Klasse integriert und als unter eine die Klasse konstituierende Eigenschaft fallend erkannt. Das einzelne Datum wird in ein (im Idealfall) kohärentes Ganzes eingeordnet, wobei dieser Vorgang dadurch ermöglicht wird, daß man die bereits bekannte begriffskonstitutive Eigenschaft im singulären Datum wiedererkennt. Insofern ist Erkennen auf dieser Ebene immer schon ein Wiedererkennen. Erkennen ist als ein Separieren und ein darauf folgendes Synthetisieren, als ein Zerstören einer natürlichen und als gleichzeitiges Errichten einer z. B. semantischen Ordnung zu charakterisieren. Sonderfälle sind: (1) Wenn man z. B. E. über das Bankwesen gewinnt, entfällt die sinnliche Komponente, und das Erkennen wird allein zum Erstellen einer logisch-semantischen Ordnung. (2) Viele Tiere hingegen verfügen nicht über Begriffe, d. h. sie erstellen lediglich eine Ordnung von Wahrnehmungen. Ob hier noch von E. gesprochen werden darf, ist umstritten. (3) Es gibt auch eine E. subjektinterner Zustände. – Die benannten zwei Erkenntnisfähigkeiten weisen auf zwei mögliche Quellen der E. hin. Geht man davon aus, daß alle E. aus Sinneserfahrung ableitbar ist, vertritt man einen ↗Empirismus bzw. Sensualismus. Nimmt man hingegen an, alle E. stamme aus dem Verstand, d. h. aus Begriffen und aus den aus ihnen gebildeten Urteilen, so vertritt man einen ↗Rationalismus. Kant versuchte, beide Ansätze zu vereinen; in ihrer »Reinform« werden sie kaum noch vertreten. Die Philosophie läßt sich als ein Prozeß des stetigen Erkenntniszuwachses beschreiben. Ihre Aufgabe ist es, E.se von Irrtümern zu unterscheiden. Diese Aufgabe wird in erster Linie durch die ↗Erkenntnistheorie ermöglicht. Diese Disziplin ist darum bemüht, durch eine Problematisierung der Begründungen von Aussagen, Mittel bereitzustellen, um wahre von falschen Aussagen zu trennen. Allerdings besteht ihre Aufgabe auch darin, den Ursprung von E. zu verdeutlichen. Nur so können wir unsere E.se und ihre Geltung auch verstehen und müssen sie nicht als Zufall betrachten. **Lit.:** P. Bieri (Hg.): Analytische Philosophie der Erkenntnis. Frankfurt 1987. – F. v. Kutschera: Grundfragen der Erkenntnistheorie. Berlin/New York 1981. BG

**Erkenntnisanthropologie,** ein Terminus von Apel, der seinen die traditionelle Erkenntnistheorie erweiternden Ansatz charakterisiert: Darin soll die kantische Fragestellung nach den Bedingungen der Möglichkeit der Erkenntnis in dem Sinne erweitert werden, daß nicht nur die Bedingungen einer objektiv gültigen, einheitlichen Weltvorstellung für ein »Bewußtsein überhaupt« angegeben werden, sondern alle Bedingungen, welche eine wissenschaftliche Frage als sinnvolle Frage möglich machen. Solche grundlegenden Bedingungen sieht er zum einen in dem »Leib-Apriori der Erkenntnis« bzw. dem »Leib-Engagement des erkennenden Bewußtseins« gegeben, zum anderen in den Zeichen der Sprache als Bedingung der Möglichkeit jeder Sinnintention. Das leibhafte Weltengagement zeigt sich schon in der vorwissenschaftlichen Erfahrung als Sich-Messen des Menschen mit der Natur, d.i. als das leibhafte Weltengagement durch die Sinnesorgane (wie z.B. das Wärme- oder Kälteempfinden). Auf dieser vorwissenschaftlichen Erfahrung ruht das technische Erkenntnisinteresse der Naturwissenschaften auf und damit auch das spezifische Sinnverständnis der wissenschaftlich Forschenden von Natur. Die Sprache stellt insofern eine Bedingung dar, als sie in einem doppelten Sinne die Voraussetzung für jede Sinnintention darstellt: Zum einen, damit Objekte der Erkenntnis sich konstituieren können, zum anderen, damit gültige Sinnintentionen über die intersubjektive Vermittlung sich entwickeln können. In den »Bedeutungen« der Sprache ist immer schon eine Bedingung der Möglichkeit, sich über (empirische) Erfahrungsdaten intersubjektiv zu verständigen und zu einigen, angelegt. **Lit.:** K.-O. Apel: Szientistik, Hermeneutik, Ideologiekritik. In: Ders.: Transformation der Philosophie. Bd. 2. Frankfurt 1973. S. 96 ff. PP

**Erkenntnisinteresse.** Im Anschluß an die ↗Kritische Theorie macht Habermas die Idee der Erkenntniskritik dadurch neu geltend, daß er die Wurzeln aller wissenschaftlichen Erkenntnisbemühungen in den lebensweltlichen, praktischen Interessen ausmacht. Mit Horkheimer und Adorno teilt er die Ansicht, daß im ↗Logischen Positivismus sich die Tendenz einer Verkürzung des Vernunftanspruchs einstellt: Einerseits der naive Glaube an eine Welt fertiger Gegenstände bzw. von Tatsachen, die unabhängig vom Erkennenden sind, andererseits die Annahme der scheinbaren Selbständigkeit des wissenschaftlichen Forschungsprozesses. Gegen beide Aspekte lassen sich Einwände anführen, denn auch der wissenschaftliche Forschungsprozeß verdankt sich einem ursprünglichen praktischen Interesse des Menschen und ebenso läßt sich zeigen, daß der Mensch sich seine Welt entsprechend seinen grundlegenden Interessen schafft. Ausgangspunkt seiner Überlegungen ist die These, daß die spezifischen Gesichtspunkte, unter denen wir Realität auffassen, ihre Basis in der Naturgeschichte der Menschengattung haben. Diese Gesichtspunkte gründen in den Bedingungen des Überlebens innerhalb einer gesellschaftlichen, soziokulturellen Lebensform. Drei solcher Bedingungen lassen sich als notwendig für die Reproduktion des menschlichen Lebens namhaft machen: (1) die Bearbeitung der Natur, die sich im Zuge der Entwicklung über das handwerkliche Können zu einem technischen Interesse hin entwickelt hat. In der Form der gegenwärtigen Wissenschaft artikuliert sich das als Interesse an Voraussage und Kontrolle der Ereignisse der natürlichen Welt. (2) Für die Reproduktion des menschlichen Lebens ist es unerläßlich, daß der Einzelne in der umgangssprachlichen Kommunikation eine Grundlage zuverlässiger Intersubjektivität findet. Kommunikationsstörungen in Form von Nicht-Übereinstimmung gegenseitiger Erwartungen sind für das gesellschaftliche Leben und den Einzelnen ebenso bedrohlich, wie das Scheitern in der Bearbeitung der Natur es wäre. Das anthropologisch begründete praktische Interesse besteht in der Sicherung und Erweiterung von Möglichkeiten des gegenseitigen Verstehens und der Selbstverständigung in der Lebenspraxis. Das lebensbedrohliche Moment bestünde in der Unmöglichkeit einer zwang- und gewaltlosen Einigung. (3) Ein weiteres grundlegendes Interesse ist mit der geschichtlichen Entwicklung verbunden. Im Laufe der Entwicklung kann eine Diskrepanz entstehen zwischen denkbaren Erweiterungen der Handlungs- und Entfaltungsmöglichkeiten auf der einen Seite und dem, was davon tatsächlich in die gesellschaftliche Praxis Eingang findet auf der anderen Seite. Die Diskrepanz schlägt sich in systematischen Kommunikationsverzerrungen nieder, die die Einrichtung menschlicher Verhältnisse auf der Basis uneingeschränkter Subjektivität verhindern. Eine kritische Stellung gegenüber den eigenen geschichtlichen Prozessen artikuliert sich als emanzipatorisches Interesse. Es gründet in dem Bestreben, sich von naturwüchsigen Zwängen, deren indirekte Gewalt in der Nicht-Durchschaubarkeit liegt, zu befreien.

In den genannten E.n kommen die spezifischen Gesichtspunkte zur Sprache, unter denen Wirklichkeit erfaßt wird. Sie entspringen dem Interessenszusammenhang einer Gattung, die an bestimmte Medien der Vergesellschaftung, nämlich Arbeit, Kommunikation und Herrschaft gebunden ist. Die E.n stellen die Grundlage für unterschiedliche Forschungsprozesse dar: (1) das technische E. erfordert die Erzeugung eines gesetzesartigen Wissens (zur Beherrschbarkeit der Naturprozesse), wie es die empirisch-analytischen Wissenschaften leisten. (2) Das praktische E. realisiert sich in den historisch-hermeneutischen Wissenschaften (Geistes-, Geschichts- und Sozialwissenschaften), denen es um ein interpretatives Verstehen sinnvoller Konfigurationen zu tun ist. (3) Dem emanzipatorischen E. wird in den kritisch orientierten Wissenschaften wie der Psychoanalyse, der Ideologiekritik, der kritischen Gesellschaftstheorie und der Philosophie entsprochen. Die E.n stellen allgemeine Orientierungen bzw. allgemeine kognitive Strategien dar, die die verschiedenen Forschungsmodi leiten. Mit dem Positivismus wurde nach Ansicht von Habermas die Vernunft einseitig auf das technische Vernunftinteresse reduziert. Wird dagegen die Vernunft rückgebunden an die gattungsgeschichtlichen Lernprozesse, dann geben die genannten

E.n das Spektrum des Vernunftinteresses an. **Lit.:** D. Böhler: Zum Problem des emanzipatorischen Interesses und seiner gesellschaftlichen Wahrnehmung. In: W. Dallmayer (Hg.): Materialien zu Habermas' »Erkenntnis und Interesse«. Frankfurt 1975. S. 351 ff. – J. Habermas: Erkenntnis und Interesse. Frankfurt [4]1973. – Ders.: Theorie des kommunikativen Handelns Bd. 1. Frankfurt 1981. S. 25 ff. – Th. McCarthy: Kritik der Verständigungsverhältnisse. Frankfurt 1980. S. 69 ff. PP

**Erkenntnismetaphysik,** von N. Hartmann geprägter neuer Name für ↗ Erkenntnistheorie. Es geht hierbei nicht um eine neue ↗ Metaphysik, deren Grundlage Erkenntnis wäre, sondern um eine Erkenntnistheorie, deren Grundlage metaphysisch ist. Hartmann vertritt die These, daß das Erkenntnisproblem weder ein psychologisches noch ein logisches, sondern im Grunde ein metaphysisches Problem sei (so z. B. noch bei Leibniz). Im Gegenzug zu Kant will er zeigen, daß die Erkenntnistheorie oder Erkenntniskritik nicht die Grundlage aller Philosophie abgibt, sondern daß das Erkenntnisproblem als solches immer schon einen metaphysischen Einschlag hat. Die Erkenntnisphänomene haben zwar immer auch eine logische und psychologische Seite, doch geht ihr Wesen hierin nicht auf. Der Kantischen These: »Keine Metaphysik ohne Kritik« stellt er so ihre »natürliche Antithese« gegenüber: »Keine Kritik ohne Metaphysik.« Erkenntnistheorie und Metaphysik bedingen also einander. – Es ist heute in diesem Zusammenhang auch zuweilen von einer »Ontologie der Erkenntnis« die Rede. **Lit.:** N. Hartmann: Grundzüge einer Metaphysik der Erkenntnis. Berlin 1921 ([5]1965). WS

**Erkenntnisprozeß, approximativer,** Form des Erkenntnisvollzugs nach der Auffassung der transzendentalphilosophischen Erkenntnistheorie insbesondere neukantianischer und phänomenologischer Provenienz. In eigentümlicher Verknüpfung der Kantischen Lehren vom ↗ Ding an sich und von den regulativen Ideen – das Ding an sich bezeichnet keinen Gegenstand, sondern die »Aufgabe«, einen der Anschauung zugrundeliegenden Gegenstand zu denken (Kant: *KrV* B 344; *Proleg.* A 107 f.); die Idee beschreibt die »Aufgabe«, zu einem gegebenen Bedingten ein Unbedingtes (als Gegenstand einer ins Unendliche erweiterten Erfahrung) zu suchen (*KrV* B 340) – wird Erkenntnis generell als unendliche Aufgabe objektivierender Bestimmung des unbestimmt Gegebenen verstanden. Die Erkenntnis nähert sich dabei auf dem Wege intentionaler Sinnunterstellung (Hypothesis, Idee) – Bewährung/Enttäuschung – neuer Unterstellung usw. in einem approximativen Prozeß der vermeinten Totalität des Gegenstandes. **Lit.:** P. Natorp: Die Philosophie. Ihr Problem und ihre Probleme. Göttingen 1911. KHL

**Erkenntnistheorie.** Die Problemstellung der E. ergibt sich aus der Differenz zweier Bewußtseinseinstellungen, die für das Alltagsverständnis nicht selbstverständlich sind. Denn für das Bewußtsein der natürlichen Einstellung stellt die Welt der Objekte einen vorgegebenen Bereich fragloser Gültigkeit dar. Erst wenn die Frage aufkommt, wie eine solche Objektivität begründet ist bzw. in welcher Weise sich das Bewußtsein auf diese Wirklichkeit bezieht, wird der Rahmen des Selbstverständlichen verlassen und der Horizont für erkenntnistheoretische Problemstellungen eröffnet. Der E. geht es darum, das angemessene Verhältnis von Mensch und Welt und die verschiedenen Formen des Erkennens zu bestimmen. Dabei kristallisiert sich als konkrete Aufgabe die Erforschung der Bedingungen von Erkenntnis, deren Möglichkeiten und Grenzen heraus, die sich in die Fragen nach dem Verhältnis von erkennendem Subjekt und erkanntem Objekt, nach der »Natur« des Erkenntnissubjekts und der »Natur« des Objekts fassen lassen. Gegenwärtige Formen der E., die die Beantwortbarkeit solcher grundlegenden Fragen bezweifeln bzw. ein bestimmtes Verhältnis des Mensch-Welt-Bezugs als nicht weiter thematisierungsbedürftig unterstellen, schränken die Fragestellung der E. ein. Repräsentativ dafür mag Poppers Formulierung stehen, die E. müsse ein strenges und allgemein verwendbares Kriterium aufstellen, das gestattet, Sätze der empirischen Wissenschaften von metaphysischen Behauptungen zu unterscheiden (↗ Abgrenzungskriterium). Sie müsse zudem klären, ob Wirklichkeitsaussagen, die sich auf Erfahrung gründen, allgemeingültig sein können (↗ Induktionsproblem). Popper teilt mit der traditionellen E. die Fragestellung der Begründung und Rechtfertigung von Erkenntnis, er konkretisiert aber die Aufgabenstellung der E. unter der empiristischen Sichtweise des Mensch-Welt-Bezugs. Daraus erklärt sich sein Verständnis von E. als einer Methodenlehre der empirischen Wissenschaft.

Kritiker der philosophischen E. vertreten die Meinung, man solle diese zum Restbestand überholter Sichtweisen gehörigen Fragen entweder auf sich beruhen lassen oder besser noch den empirischen Wissenschaften zur Klärung übergeben. Eine solche Einschätzung verkennt die eigentliche Problemstellung der E., wenn sie von der Annahme ausgeht, daß eine vom menschlichen Bewußtsein unabhängige Wirklichkeit existiert und unsere Wahrnehmung danach zu beurteilen wäre, wie genau diese den objektiven Gegebenheiten entspricht. Die Frage, ob eine solche Annahme haltbar ist, kann von den empirischen Ansätzen bspw. einer Denkpsychologie oder Biologie nicht mehr beantwortet werden, da Fragen der Gültigkeit von Voraussetzungen und der Zuverlässigkeit von Methoden außerhalb des eigenen Horizonts liegen. Denn eine Erklärung der Gültigkeit der Methode mit eben denselben Mitteln der zu erklärenden Methode muß zu einer zirkulären Argumentation führen. Es ist methodisch nicht korrekt, Aussagen über menschliches Erkennen insgesamt machen zu wollen, ohne die eigenen Verfahren und Methoden miteinzubeziehen. Man kann also nicht die Meinung vertreten, der Standpunkt der Wissenschaft würde eine von den Bedingungen menschlichen Erkennens freie und von erkenntnistheoretischen Problemen unbelastete Perspektive ermöglichen. Der besondere Charakter der E. zeigt sich darin, daß sie sich nicht von »außen« (gleichsam einem höheren Standpunkt) betreiben läßt, sondern nur als eine immanente Selbstkritik des Erkenntnisvermögens vollzogen werden kann. Aussagen über menschliche Erkenntnis müssen selbstanwendbar sein (Kutschera). Die E. ist demnach nicht als empirische Wissenschaft durchführbar. Denn ihre Fragen zielen nicht auf irgendwelche Ereignisabfolgen oder Verlaufsformen psychischer oder mentaler Prozesse, d. h. sind keine denkpsychologischen Tatsachenfragen, sondern müssen als Begründungs- und Geltungsfragen verstanden werden (Kant, Popper).

Die angeführte grundlegende Fragestellung nach dem Verhältnis von erkennendem Subjekt und erkanntem Objekt läßt sich nach zwei Hinsichten thematisieren: (1) Worin besteht der Ursprung oder die Quelle der Erkenntnis? (2) Ist die Welt als unabhängig von einem erkennenden Subjekt vorzustellen oder erst in bezug auf die Denkleistungen eines Subjekts? Die Verschiedenheit der Positionen in der E. resultieren aus den unterschiedlichen Antworten darauf. Die systematisierende Einteilung der Positionen nach ↗Rationalismus, ↗Empirismus und ↗Kritizismus bezieht sich auf die Frage nach dem Erkenntnisursprung, die Einteilung in ↗Realismus und ↗Idealismus bezieht sich auf die Frage nach dem »Status« der Wirklichkeit.

Descartes hat mit Hilfe seines methodischen Zweifels den Weg des *Rationalismus* vorgezeichnet. Der Zweifel richtet sich primär gegen die Annahme, die Wahrnehmung stelle die Grundlage (d.i. ein Prinzip) des Erkennens dar. Als Resultat bietet er die Selbstgewißheit des Denkens, das sich nicht weiter bezweifeln läßt. Von dieser Selbstgewißheit aus ergibt sich der Begründungsbedarf bezüglich der Realität der Außenwelt. Descartes' Antwort besteht in der Zweiteilung in res cogitans und res extensa. Im Zusammenhang mit dieser Zweiteilung führt seine Aussage, daß das Wissen in der sicheren und klaren Erkenntnis bestehe, zu einer Vorrangstellung von Mathematik und Geometrie. Die Gegenstände der Außenwelt, die er als ausgedehnte Materie charakterisiert, werden durch den messenden Verstand erkannt. Der Wahrheit von Urteilen, die eine Beziehung von Begriffen betreffen, steht die Wahrheit von Existentialurteilen über die Außenwelt gegenüber. Für die Bestimmung der Wahrheit als Übereinstimmung von Urteil und beurteilter Wirklichkeit wird das allgemeine Problem der E. virulent, wie diese Übereinstimmung festgestellt werden kann. Descartes gibt darauf keine befriedigende Antwort, sondern verweist auf den Bereich der rational einsichtigen Zusammenhänge. Leibniz verleiht dieser Aufteilung besonderen Nachdruck, indem er auf die Erfahrungsunabhängigkeit der Mathematik und Geometrie und auf die notwendige Unterscheidung zwischen Genese eines Erkenntnisinhalts und der Geltung als Erkenntnis verweist. Er trägt dem durch die Unterscheidung zwischen Vernunftwahrheiten und Tatsachenwahrheiten Rechnung. Die ersteren sind notwendig und ihr Gegenteil kann nicht ohne Widerspruch gedacht werden. Deren Wahrheit kann man durch Analyse finden, indem man sie in einfachere Ideen und Wahrheiten auflöst. Die Tatsachenwahrheiten sind zufällig und ihr Gegenteil kann ohne Widerspruch gedacht werden. In bezug auf sie leitet das Prinzip des zureichenden Grundes die Vernunft an: Keine Tatsache kann als wahr oder existierend, keine Aussage als wahrhaftig befunden werden, ohne daß ein zureichender Grund (in der Version des Kausalprinzips »nichts geschieht ohne Ursache«) angegeben werden kann. – Repräsentativ für die *empiristische* These, daß alles Wissen über die Außenwelt auf Erfahrung beruhe, stehen Locke und Hume. Die physische Realität der Außenwelt wird im Bewußtsein (mind) durch verschiedene Arten von Ideen repräsentiert. Sämtliche Ideen sind entweder auf die Sinneswahrnehmung (Hume: ideas of sensation) oder auf Selbstwahrnehmung (Hume: ideas of reflection) zurückzuführen. Locke vergleicht das menschliche Bewußtsein vor dem ersten Sinneseindruck mit einem unbeschriebenen Blatt Papier (tabula rasa). Als Quellen der Erkenntnis fungieren demnach die äußere und die innere Wahrnehmung. Diese Überlegungen lassen sich in der empiristischen Grundthese zusammenfassen: Alle Vorstellungen (Ideen) sind auf Eindrücke zurückzuführen, denn sie geben die Grundlage unseres Erfahrungswissens ab. Die als *Kritizismus* bezeichnete Position wird durch die erkenntniskritischen Überlegungen Kants begründet. Er grenzt sich von der empiristischen Erkenntnisbegründung durch Erfahrung ebenso ab wie von der rationalistischen Begriffskonzeption. Seine Sichtweise der Stellung des Subjekts zum Objekt drückt sich in der Aussage aus: Die Erkenntnis soll sich nicht länger nach dem Gegenstand, sondern der Gegenstand nach unserer Erkenntnis richten (*KrV* B XVI). Die zur objektiven Erkenntnis gehörende Notwendigkeit und Allgemeinheit der Aussagen und Begriffe stammen nicht aus den Gegenständen, sondern gehen der Erfahrung in einem logischen Sinne voraus. Kants Untersuchungen führen zu der Feststellung der erfahrungsunabhängigen Bedingungen objektiver Erkenntnis, die den »Rechtsgrund« für objektive Erkenntnis abgeben. Seine erkenntnistheoretische These ist, daß das bloße Rezipieren des durch die Erfahrung Gegebenen noch keine Erkenntnis ausmache, da in der Erkenntnis nicht einfach Empfindungen abgebildet werden, sondern mit Hilfe von Verstandesbegriffen (d. h. den ↗Kategorien) nach Regeln zusammengefaßt und in eine Einheit gebracht werden.

Der Gegensatz von Rationalismus und Empirismus findet in der gegenwärtigen Diskussion eine Entsprechung im Gegensatz zwischen ↗Deduktivismus und ↗Induktivismus. Dabei wird nicht mehr im Hinblick auf das Subjekt oder Objekt der Erkenntnis nach dem Geltungsgrund gefragt, sondern die Art der Aussagen und die Weise der Überprüfung ihrer Geltung thematisiert. Der Rationalismus vertritt dabei die Auffassung, daß die Wahrheit von Sätzen, die Aussagen über die

Wirklichkeit machen, aus Vernunftgründen entschieden werden kann. Er stellt die obersten Grundsätze des Systems unabhängig von der Erfahrung auf und begründet einen wissenschaftlichen Satz durch logische Ableitung (Deduktion) seiner Sätze. Für den Empirismus mit seiner These, daß Wahrheit auf Erfahrung beruhe, ist die Induktion grundlegend, d. h. die Ableitung allgemeiner Sätze aus Erfahrungssätzen, die unmittelbar durch Erfahrung überprüft werden können. Poppers Position des ↗Kritischen Rationalismus verbindet beide Ansätze: Rationalistisch ist seine Annahme, daß die allgemeinen Gesetze ohne empirische Rechtfertigung, aber auch ohne Wahrheitsanspruch aufgestellt werden. Diese stellen zunächst vorläufige Annahmen dar, deren Bewährung nur empirisch überprüft werden kann, indem aus der Gesetzeshypothese und der Angabe von empirischen Umständen (Anfangsbedingungen) eine Prognose über das Eintreten eines Ereignisses abgeleitet wird. Aus der Bestätigung der Prognose kann man auf die Tragfähigkeit der Gesetzeshypothese schließen.

Die klassische E. richtet das Hauptaugenmerk auf die Welt materieller Objekte. Wenn aber E. als Untersuchung der Realitätserkenntnis in einem umfassenderen Sinne verstanden wird, dann stellen sich ähnliche Fragen in bezug auf die menschliche Gesellschaft oder die zwischenmenschlichen Beziehungen und Interaktionsformen als Wirklichkeitsbereiche. Winch hat im Anschluß an Wittgenstein in bezug auf die Erklärung der sozialen Handlungswelt den Begriff »einer Regel folgen« eingeführt und damit jenes Thema für die E. reklamiert, das Dilthey mit dem Gegensatz von Erklären und Verstehen und dem Gegensatz zwischen Natur- und Geisteswissenschaft aufgeworfen hat (↗Erklären-Verstehen-Kontroverse).

Die zweite Fragehinsicht der E. nach der Realität bzw. Bewußtseinsunabhängigkeit der Außenwelt führt zu den gegensätzlichen Standpunkten des *Realismus und Idealismus* (und ihren »Mischformen«). Beide Positionen lassen sich repräsentativ an Locke und Berkeley verdeutlichen. Locke vertritt die Auffassung, daß es eine unabhängig vom erkennenden Bewußtsein existierende Außenwelt gibt. Die »primären Qualitäten«, die einerseits Qualitäten dieser Dinge sind und andererseits von den Sinnen des Menschen wahrgenommen werden, vermitteln ein Abbild von der materiellen Beschaffenheit dieser Außenwelt. Wenn unsere Sinne tatsächlich unserem Verstand eine Vorstellung zuführen, so dürfen wir überzeugt sein, daß in diesem Augenblick ein Ding außer uns existiert. Die Sinneswahrnehmung vermittelt die Überzeugung, daß es ausgedehnte Substanzen gibt, die dann als Gegenstände der Außenwelt identifiziert werden. Für Berkeley beruht die Annahme einer unabhängig vom erkennenden Subjekt existierenden materiellen Außenwelt auf einer falschen Vorstellung des Erkenntnisprozesses bei Locke. Locke übertrage eine mechanistische Auffassung auf den Erkenntnisprozeß, indem er von der Wahrnehmung als Reizung der Sinnesorgane ausgeht und am Ende einer solchen Ursache-Wirkungs-Kette eines Wahrnehmungsprozesses die Wahrnehmung als Idee im menschlichen Bewußtsein behauptet. Bestritten wird von Berkeley die Annahme der Außenwelt als materieller Substanz, nicht im Sinne einer phänomenalen, d. h. in Erscheinungsweisen des Bewußtseins gegebenen Außenwelt. In den transzendentalen Ansätzen von Kant und dem ↗Neukantianismus einerseits und in Husserls ↗Phänomenologie andererseits werden die das Objekt konstituierenden Verstandes- bzw. Bewußtseinsleistungen des Subjekts thematisiert. Der Begriff Konstitution ist nicht in einem materiellen Sinne zu verstehen, sondern bezieht sich dabei einzig auf die Erkennbarkeit bzw. Sinnkonstitution des Objekts.

Die Frage nach dem »Status« der Außenwelt ist schon bei Locke und Berkeley erweitert worden auf die Frage, aufgrund welcher Begriffe wir ein korrektes Bild der Welt erhalten. Als empiristisch bezeichnet man alle philosophischen Richtungen, die in der Erfahrung den einzigen Ursprungs- und Rechtfertigungsgrund aller empirischen Erkenntnis sehen. Der Ansicht von Locke, die Allgemeinbegriffe entstünden durch Abstraktion aus den Vorstellungen von Einzeldingen, ist Berkeley durch den Hinweis auf den wesentlichen Unterschied von Vorstellung (die immer konkret auf ein Einzelding bezogen ist) und abstrakten Begriffen entgegengetreten. In der gegenwärtigen Diskussion der E. stehen diese Fragen, die sich in bezug auf die Begriffe stellen, im Vordergrund. Der Stellenwert der Allgemeinbegriffe wird dabei nicht mehr als ontologisches Problem (↗Universalienstreit), sondern als semantisches Problem behandelt, nämlich ob allgemeinen Ausdrücken allgemeine Bedeutungen entsprechen. Lockes These, alle empirischen Begriffe seien aus der Erfahrung abgeleitet, wird übersetzt in die These: Alle empirischen Terme lassen sich durch Beobachtungsterme definieren (↗Signifikanz). Die Frage, was als Erkenntnis gelten kann, wird in bezug auf die Urteile als Wahrheitsproblem in den unterschiedlichen Konzeptionen der ↗Korrespondenztheorie, der ↗Kohärenztheorie, der intuitionistischen und der pragmatistischen Wahrheitskonzeption (↗Wahrheit) thematisiert.

**Lit.:** P. Baumanns: Kants Philosophie der Erkenntnis. Würzburg 1997. – G. Berkeley: Eine Abhandlung über die Prinzipien der menschlichen Erkenntnis. Hamburg 1957. – Descartes: Die Prinzipien der Philosophie. Hamburg 1965. – Ders.: Discours de la Méthode. Hamburg 1969. – Ders.: Meditationen über die Grundlagen der Philosophie. Hamburg 1959. – G. Gabriel: Grundprobleme der Erkenntnistheorie. Paderborn 1993. – D. Hume: Untersuchungen über den menschlichen Verstand. Hamburg 1961. – Ders.: Ein Traktat über die menschliche Natur Bd. 1. Hamburg 1989. – I. Kant: Kritik der reinen Vernunft. – G. W. Leibniz: Monadologie. Stuttgart 1963. – Ders.: Neue Abhandlungen über den menschlichen Verstand. 2 Bde. Darmstadt 1985. – J. Locke: Untersuchungen über den menschlichen Verstand. 2 Bde. Hamburg 1981. – F. v. Kutschera: Grundfragen der Erkenntnistheorie. Berlin/

New York 1982. – K. Popper: Die beiden Grundprobleme der Erkenntnistheorie. Tübingen 1979. – G. Prauss: Einführung in die Erkenntnistheorie. Darmstadt 1980. – P. Winch: Die Idee der Sozialwissenschaft und ihr Verhältnis zur Philosophie. Frankfurt 1974. PP

**Erkenntnistheorie, evolutionäre,** beansprucht, eine wissenschaftliche Theorie des Erkennens mit philosophischer Bedeutsamkeit zu sein. Sie tritt in drei Grundvarianten auf: (1) orientiert am ↗Kritischen Rationalismus (Vollmer), (2) ausgerichtet am Induktionsschema (Riedl) und (3) als Selbstorganisation oder Autopoiesiskonzeption (Maturana, Varela; ↗Autopoiesis). Erkenntnis ist nach Vollmer eine adäquate Rekonstruktion und Identifikation äußerer Strukturen im Subjekt, die »Passung« und eine gewisse Art von »Abbildung« voraussetzen. Dabei wird Erkenntnis als Anpassungsleistung des Organismus an seine ökologische Nische und damit zumindest indirekt durch das Überleben definiert. Gemäß der e.n E. sind die Anschauungsformen und die Kategorien der Erfahrung, die Qualitäten der Wahrnehmung und die Grundelemente des Schließens, der Klassifikation und Abstraktion angeboren und für mesokosmische Erkenntnis konstitutiv, nicht aber für wissenschaftliche Theorien. E. E. geht von der naturalistischen These aus, daß Erkennen eine Gehirnfunktion, Funktion einer biochemischen Maschine und als solche zugleich ein Ergebnis der biologischen Evolution ist. Während Vollmer den Prozeß der Erkenntnisgewinnung durch Versuch und Irrtum charakterisiert, beschreibt Riedl Erkenntnis als Leistung des ↗ratiomorphen Apparates als zunehmende Abstraktion. Für ihn gehört die Hypothese vom anscheinend Wahren zu den Grundbedingungen einer assoziativen Orientierung in dieser Welt. Vollmer vertritt einen hypothetischen, Riedl einen pragmatischen ↗Realismus. Die dritte Position – auch ↗Radikaler Konstruktivismus genannt – verläßt diese realistische Basis und wertet die aktive Rolle, den Leistungscharakter des Erkennens sowie Erkennen als Interpretation und Konstruktion auf. Der erkennende Organismus konstituiert im Erkennen erst die zu erkennende Welt als operationale Einheit. Dieses Modell stellt eine Übersetzung idealistischer Positionen in das Schema eines evolutionären Materialismus oder der ↗Systemtheorie dar. **Lit.:** E.-M. Engels: Erkenntnis als Anpassung? Frankfurt 1989. – B. Irrgang: Lehrbuch der Evolutionären Erkenntnistheorie. München/Basel 1993. – G. Vollmer: Evolutionäre Erkenntnistheorie. Stuttgart $^{3}$1983. BI

**Erkenntnistheorie, naturalisierte.** Repräsentativ für eine n.E. formuliert Quine die Forderung, daß die Fragen der E. innerhalb der empirischen Wissenschaften zu beantworten sind. Dabei geht er zunächst davon aus, daß die begriffliche Bestimmung des (materiellen) Körpers von der Sinneserfahrung her zu erbringen und daß die Geltung unseres Wissens über die Natur von der Sinneserfahrung her zu rechtfertigen ist. Die E. erhält nach Quine ihren (neuen) Stellenwert innerhalb der Psychologie: Sie beobachtet dabei ein physisches menschliches Subjekt, dem ein bestimmter, experimentell kontrollierter Input gewährt wird, und das als Output eine Beschreibung der dreidimensionalen Außenwelt und ihres Verlaufs liefert. Dabei wird untersucht, wie das menschliche Subjekt Körper postuliert und seine Physik aus seinen Daten projiziert. Quine stellt besonders die veränderte Konzeption gegenüber der herkömmlichen E. heraus: Es wird nicht mehr von dem Bewußtsein ausgegangen, um von da aus zu einer rationalen Rekonstruktion des Wissens (von der Außenwelt) zu gelangen. Was in der n.E. als Beobachtung gelten soll, kann mittels der Reizung der Sinnesrezeptoren geklärt werden. Ein Beobachtungssatz ist dann ein Satz, über den alle Sprecher einer Sprache in derselben Weise urteilen, wenn sie denselben begleitenden Reizungen ausgesetzt sind. **Lit.:** W. V. O. Quine: Naturalisierte Erkenntnistheorie. In: Ders.: Ontologische Relativität und andere Schriften. Stuttgart 1975. S. 97–126. PP

**Erklären, Erklärung.** In der wissenschaftstheoretischen Diskussion werden unterschiedliche E.typen behandelt: die kausale E., die intentionale, die genetische, die dispositionelle, ebenso die Unterscheidung von effektiver E., Erklärungsskizze und Erklärungsbehauptung. – Eine herausragende Stellung nimmt die kausale E. ein, insofern sie von Hempel, Popper u. a. als die wissenschaftliche Erklärung schlechthin dargestellt wird. Die kausale E. wird in der Form der deduktiv-nomologischen und der induktiv-statistischen behandelt. Zu beiden E.arten existiert eine ausführliche Diskussion im Hinblick auf die ↗Adäquatheitsbedingungen und auf die Abgrenzung zu Pseudoerklärungen. Eine vollständige E. ist nach Hempel, Oppenheim, Popper entweder ein deduktives oder ein induktives Argument, dessen Prämissen das ↗Explanans bilden. In einer deduktiv-nomologischen E. bestehen die Prämissen aus (mindestens) einem singulären Satz, der die Anfangsbedingungen beschreibt, und einer Gesetzesaussage, mit Hilfe derer der Zusammenhang zwischen Anfangsbedingungen und dem zu erklärenden Ereignis hergestellt wird. Aus diesen beiden Prämissen läßt sich mit logischer Notwendigkeit das Explanandum folgern. Hempel und Oppenheim haben folgende Bedingungen festgelegt, denen eine adäquate E. genügen muß: (1) Das Argument, welches vom Explanans zum Explanandum führt, muß korrekt sein, d. h. das Explanandum muß logisch aus dem Explanans folgen; (2) das Explanans muß mindestens ein allgemeines Gesetz enthalten (oder einen Satz, aus dem ein allgemeines Gesetz logisch folgt); (3) das Explanans muß empirischen Gehalt besitzen; (4) die Sätze, aus denen das Explanans besteht, müssen wahr sein. In einer induktiv-statistischen E. kann auf der Grundlage eines singulären Satzes und einem statistischen Gesetz die Aussage getroffen werden, daß ein Ereignis der Art G mit sehr hoher Wahrscheinlichkeit eintreten wird, wenn zuvor ein Ereignis der Art F stattgefunden hat. Die Adäquatheitsbedingungen legen fest, daß die Aussagen des Explanans dem Explanandum eine hohe induktive Wahrscheinlichkeit verleihen müssen, und daß das Explanans mindestens ein statistisches Gesetz enthalten muß. – Die Adäquatheitsbedingungen beinhalten einige Probleme: Bspw. gibt es kein eindeutiges Kriterium zur Unterscheidung von Gesetzen und Nicht-Gesetzen (d.h. kontingenten Generalisierungen zufälliger Regularitäten). Für das Postulat des empirischen Gehalts ermangelt es einer hinreichend genauen Definitionsmöglichkeit einer empirischen Sprache. – Der Begriff der wissenschaftlichen E. bildet ein ideales Modell. Die Abweichungen von diesem Modell, wie sie im Alltag und auch in der Wissenschaft vorkommen, werden als »unvollkommene E.en« bezeichnet. Dazu zählt bspw. die »rudimentäre (oder elliptische) E.«, die die sprachliche Gestalt von Weil-Sätzen oder Ursache-Wirkungs-Aussage hat (z.B. »das Auto verunglückte, weil der Reifen bei hoher Geschwindigkeit platzte«). Deren Unvollkommenheit besteht in der unvollständigen Wiedergabe der relevanten Daten und in dem Unerwähntlassen der benötigten Gesetze. Eine andere Art unvollkommener E. stellt die partielle E. dar, deren Explanans nicht hinreichend ist, um das Explanandum in all den beschriebenen Hinsichten zu erklären, sondern nur einige Aspekte betrifft. Die Unvollkommenheit der Erklärungsskizze besteht darin, daß das Explanans unvollständig und ungenau formuliert wird. Es enthält nur mehr oder weniger vage Hinweise darauf, wie Antecendensdaten und Gesetze ergänzt werden könnten, damit daraus eine befriedigende rationale E. entsteht. Dies trifft für jene Fälle zu, wo zum gegenwärtigen Zeitpunkt keine geeigneten, empirisch fundierten Gesetzmäßigkeiten angegeben werden können. – Für eine befriedigende E. werden zwei Vollständigkeitsprinzipien formuliert: (1) Das zu erklärende Phänomen oder Ereignis muß in allen seinen Einzelheiten erklärt werden. (2) Die E. darf nichts unerklärt lassen, d.h. keinerlei Ausnahmen machen, die ihrerseits einer E. bedürftig sind. Bei der Erfüllung der ersten Bedingung ist eine totale E. gegeben, bei der Erfüllung der zweiten eine abgeschlossene. Beide Vollständigkeitsprinzipien sind anzweifelbar: Eine totale E. ist deshalb ausgeschlossen, da die dazu erforderliche vollständige Beschreibung nicht möglich ist. Die abgeschlossene E. ist unmöglich, weil der Versuch einer vollständigen E. aller Antecedensdaten in einen unendlichen Regreß führen müßte oder bei Annahme eines einzigen fundamentalen Gesetzes dieses selbst nicht mehr erklärbar wäre.

Eine genetische E. liegt vor, wenn man eine bestimmte Tatsache nicht einfach aus den Antecedensbedingungen (↗Antecedens) und Gesetzmäßigkeiten erschließt, sondern wenn gezeigt wird, daß diese Tatsache das Endglied einer längeren Entwicklungsreihe bildet, deren einzelne Stufen man genauer verfolgen kann.

Eine dispositionelle E. liegt dann vor, wenn das Verhalten von Gegenständen mit Hilfe von Dispositionen erklärt wird, die diesen Gegenständen zukommen. Dazu gehören solche Fälle, in denen die Tätigkeit handelnder Personen mit Hilfe von Charakteranlagen, Überzeugungen, Zwecksetzungen erklärt werden soll. – Bspw. hat die dispositionelle Eigenschaft der Brüchigkeit (einer Scheibe) gesetzesartige Konsequenzen (wenn sie von einem Stein getroffen wurde), aber im Unterschied zu echten Gesetzen wird in der Dispositionsaussage ein bestimmtes Objekt (d.i. diese konkrete Scheibe) erwähnt. Ryle nennt daher Dispositionssätze »gesetzesartige Aussagen«.

Für den Bereich der Handlungserklärung entwickelt v. Wright das Modell einer intentionalen oder teleologischen E. anhand des Schemas eines praktischen Schlusses: 1. Eine Person A beabsichtigt p herbeizuführen, 2. A glaubt, daß er p nur herbeiführen kann, wenn er eine konkrete Tätigkeit a ausführt. 3. Folglich macht sich A daran, a zu tun. Anhand dieses Schlusses wird ersichtlich, daß in einer intentionalen E. die in der Konklusio genannte Handlung durch Bezug auf die (in der ersten Prämisse angeführten) Absicht beantwortet wird. Während für die kausale E. charakteristisch ist, daß die Wirkung in keinem logischen Zusammenhang mit der Ursache steht, ist es für die intentionale E. wesentlich, daß die in der Konklusion genannte Handlung in einem logisch notwendigen Zusammenhang mit den Prämissen steht. Die Verknüpfung zwischen Wille und Verhalten ist eine logische und damit nicht eine im Humeschen Sinne kausale Relation. Die Prämissen des Schlusses stellen eine teleologische E. des Handelns dar. In einer teleologischen E. werden unterschiedliche Verhaltensweisen nicht unter Gesetze, sondern unter ein Ziel subsumiert, auf das das Verhalten ausgerichtet ist. V. Wright weist in einer ausführlichen Erörterung darauf hin, daß die Schlußfolgerung aus den Prämissen nur dann eine logische Folgerung darstellt, wenn einige Modifikationen des Schluß-Schemas vorgenommen werden: Es muß (a) eine Aussage das Wissen einer Person enthalten, um den Ausdruck »beabsichtigen« zu präzisieren, (b) ein Zeitindex eingeführt werden, um die Zukünftigkeit des Handlungsereignisses und der konkreten Handlung zu kennzeichnen, (c) eine Aussage eingefügt werden, daß die Person ihr Wissen nicht vergessen hat und von der Realisierung der Intention nicht abgehalten wurde. **Lit.:** K.-O. Apel: Neue Versuche über Erklären und Verstehen. Frankfurt 1978. – G. Ryle: Der Begriff des Geistes. Stuttgart 1969. S. 153ff. – W. Stegmüller: Probleme und Resultate der Wissenschaftstheorie und analytischen Philosophie. Bd.I. Berlin/Heidelberg/New York 2., verb. A. 1983. Kap. I. u. XI.6. – G.H. v. Wright: Erklären und Verstehen. Frankfurt 1974. – Ders.: Probleme des Erklärens und Verstehens von Handlungen. In: Conceptus 19(1985). Nr. 47. S. 3–19. PP

**Erklären-Verstehen-Kontroverse.** Den Ausgangspunkt der Auseinandersetzung bildet die von Droysen und Dilthey getroffene methodologische Unterscheidung zwischen Geisteswissenschaften und Naturwissenschaften. Die terminologische Unterscheidung zwischen Erklären und Verstehen wird durch den unterschiedlichen Phänomenbereich und die unterschiedliche Zugangsweise dazu begründet. Schleiermachers philosophisch begründete Hermeneutik gibt die Grundlage für derartige Überlegungen ab. Diltheys Entwurf einer »verstehenden Psychologie« stellt eine Entgegensetzung zu Mills getroffener Festlegung, der Erklärungsbegriff der »moral sciences« sei in den induktiven Wissenschaften begründet, dar. Er stellt dem Erklären aus kausalen Gesetzen das Verstehen als methodologisches Verfahren der Geistes- und Humanwissenschaften gegenüber.

Die E.-V.-K. entzündete sich neu, als im Anschluß an die Überlegungen des ↗Logischen Empirismus zum Status wissenschaftlicher Begriffe und Probleme die wissenschaftliche Erklärung zum zentralen Thema der Wissenschaftstheorie wurde. Hempel, Oppenheim und Popper beanspruchten für das Modell der Kausalerklärung (↗Erklärung) den Status der einzig akzeptablen Form von wissenschaftlicher Erklärung und gestanden dem »Verstehen« bestenfalls im Kontext des Auffindens von Hypothesen zu Kausalerklärungen menschlichen Handelns eine methodische Relevanz zu. Ihren besonderen Stellenwert erhält die Kontroverse zum einen im Hinblick auf die Frage nach den methodologischen und epistemischen Grundlagen der Sozial- und Humanwissenschaften, zum anderen im Hinblick auf den Stellenwert dieser Wissenschaften in bezug auf den philosophischen Anspruch praktischer Vernunft. Im Rahmen einer von Apel, Habermas, Wellmer u. a. vertretenen kritischen Gesellschaftstheorie führt das zu der entscheidenden Frage, ob die Erkenntnisse der Sozialwissenschaften als ein Mittel für den Menschen zu begreifen sind, um zu gesellschaftlichen Prozessen Stellung zu nehmen und nach eigenen Rationalitätskriterien verändernd und gestaltend in sie einzugreifen, oder nur in einem sozialtechnologischen Sinne fungieren, so daß der Mensch gleichermaßen zum Objekt der Wissenschaften wie irgendwelcher gesellschaftlicher Regelungen wird. Gegen die Reduzierung des Menschen auf ein technisch verfügbares Objekt werden die lebenspraktischen Interessen, die in jeden Forschungsprozeß eingehen und das Vorverständnis des Forschers bestimmen, ins Feld geführt. Dieses Vorverständnis enthält Vorstellungen über die künftige Lebensgestaltung und damit auch über die gesellschaftliche und soziale Entwicklung. Dem Anspruch der praktischen Vernunft wäre entsprochen, wenn sich die Sozialwissenschaften aus dem Kontext solcher lebenspraktischer Interessen verstehen würden und der wissenschaftliche Fortschritt aus der Perspektive der Emanzipation (der Menschheit) von (bisher) nicht durchschauten Zwangszusammenhängen bestimmt würde. Der wissenschaftstheoretische Aspekt der Debatte läßt sich in die methodologische und die epistemische Teilfrage aufspalten. Unter methodologischem Aspekt wird die Frage relevant, welcher Art die empirischen Daten sind und welche Zugangsweisen zu diesen Daten den Sozialwissenschaften möglich sind. Der epistemische Aspekt wird in dem Gegensatz von kausaler und teleologischer Handlungserklärung thematisiert. Obwohl sich beide Fragen aufgrund ihres systematischen Zusammenhanges nicht säuberlich trennen lassen, führen sie doch zu unterschiedlichen Diskussionssträngen. – Dem methodologischen Postulat der empirischen Datenerhebung und der Überprüfbarkeit der Aussagen auf der Grundlage von Beobachtungsdaten wird seitens der Verstehensposition Webers Unterscheidung von Sinn- und Kausaladäquanz entgegengehalten. Dessen Unterscheidung weist darauf hin, daß soziales Handeln als ein menschliches Verhalten anzusehen ist, bei dem der Handelnde mit seiner Tätigkeit einen subjektiven Sinn verbindet. Das bedeutet für die empirische Datenerhebung, daß sie nur auf solche Phänomene Bezug nehmen kann, deren Sinngehalt der Beobachter verstanden hat (Bspw. lassen sich soziale Rituale oder Institutionen wie Taufe und Eheschließung nicht aufgrund äußerer Daten bestimmen). In diesem Zusammenhang erweist sich als klärungsbedürftig, welcher Art der als »Verstehen« bezeichnete Prozeß ist. Die von Hempel u. a. vertretene Auffassung wird in dem klassisch gewordenen Aufsatz von Abel »The Operation called ›Verstehen‹« erörtert: Die als »Verstehen« bezeichnete Operation ist ein Prozeß, der auf der Übertragung persönlicher Erfahrung auf beobachtbares Verhalten anderer Personen beruht. Wir verstehen einen beobachteten oder angenommenen Zusammenhang dann, wenn wir in der Lage sind, ihn mit etwas in Beziehung zu bringen, das wir aus eigener Erfahrung bzw. aufgrund von Selbstbeobachtung kennen. Das Problem wird von Abel so formuliert, als ob es um das Verständnis von individuellem Handeln im Sinne seiner Motive ginge: Der Sozialwissenschaftler beobachtet eine Verhaltenssequenz und schreibt dem Akteur bestimmte psychologische Zustände (Motive, Werte, Emotionen) zu, die für das Handeln ausschlaggebend sein können. Die Operation beruht auf der Introspektionsfähigkeit bzw. Einfühlung des Betrachters in den Akteur. Er geht von dem beobachteten Verhalten aus und versucht dazu aus eigener Erfahrung eine Verhaltensmaxime als Bezug zwischen Ausgangsbedingungen und Verhaltensreaktion zu rekonstruieren. Ausgehend von diesem auf das Motivverstehen reduzierten Verstehenbegriff kommen Hempel, Abel u. a. zu der These, daß das Verstehen nur heuristischen Wert habe im Prozeß der Entdeckung von wissenschaftlichen Hypothesen über menschliches Verhalten, aber für den Prozeß der Erklärung keine Bedeutung besitze. Die Kritiker dieser These ziehen in Zweifel, daß Abels Explikation von »Verstehen« hinsichtlich der Sinndimension des Handelns als adäquat angesehen werden kann. Denn soziales Handeln ist an Sinngehalte der Kultur, der gesellschaftlichen Normen und Verhaltenserwartungen orientiert. Der zu erfassende Sinn des Handelns hat den Status von Tatsachen, der Zugang dazu kann aber nicht allein durch Beobachtung äußerer Daten oder Ereignisse gelingen, da eine solche Beobachtung bereits das Verstehen dieser Sinnzusammenhänge voraussetzt. D.h. im Hinblick auf die Erfahrungsbasis der Sozialwissenschaften bedarf es einer Methodologie, die Verstehen und Beobachtung verbindet. Diese hat in Rechnung zu stellen, daß das beobachtbare Verhalten in der Gesellschaft durch die Interpretationsschemata der Akteure selbst vermittelt ist. Deshalb ist der Versuch, gesellschaftliche Wirklichkeit unabhängig von der Situationsdefinition der Beteiligten zu erfassen und die Begriffs- und Theoriebildung unter Abstraktion von der Sinnkategorie zu gestalten, dem Phänomenbereich der Sozialwissenschaften nicht adäquat. Nur durch den Rekurs auf das Vorverständnis der Alltagswelt erreicht der Sozialwissenschaftler ein Verständnis dessen, worauf sich seine Meßoperationen beziehen sollen. Das erfordert eine Reflexion auf die Eigenart und die Bedingungen der sozialen Erfahrung, die als Erfahrung von Subjekten in interaktiven, kommunikativen Bezügen zu begreifen ist. Die Analyse der für den Aufbau sozialer Lebenswelten konstitutiven Regeln stellt die Grundlage der Begriffs- und Theoriebildung in den Sozialwissenschaften dar. Entsprechende methodologische Überlegungen wurden in Anknüpfung an die Phänomenologie Husserls durch Schütz, Luckmann und die ↗ Ethnomethodologie von Garfinkel und Cicourel angestellt. Die theoretischen Begriffe werden aus einer Rekonstruktion jener Prozesse, durch welche die sinnhaft strukturierte Wirklichkeit produziert wird, gewonnen. Winch setzt im Anschluß an Wittgensteins *Philosophische Untersuchungen* den Begriff »einer Regel folgen« als zentral an. Gadamers These vom Universalitätsanspruch der Hermeneutik verweist darauf, daß das Verstehen die Vollzugsform menschlichen Soziallebens ist. Dadurch wird die geschichtliche Dimension allen Sinns und Sinnverstehens, in der sich Akteure und Interpreten gleichermaßen befinden, herausgestellt.

Die epistemische Teilfrage wurde durch die wissenschaftstheoretischen Überlegungen zum Begriff der Erklärung in den Geschichtswissenschaften in den Vordergrund gerückt. Als repräsentativ dafür sind die Überlegungen von Gardiner, Dray und Danto anzusehen. Diese kulminieren in der Feststellung, daß der umfassende Anspruch des Gesetzesschemas der wissenschaftlichen Erklärung, wie er von Hempel, Oppenheim und Popper vertreten wurde, den Erklärungswert geschichtswissenschaftlicher Aussagen erheblich beschränken würde. Denn der Historiker hat keine Naturereignisse zum Gegenstand, sondern soll menschliches Handeln erklären, d.h. ein historisches Ereignis in Termini von Absichten und Plänen beschreiben. Das Problem der historischen Erklärung führt zu dem zentralen Problembereich, welcher Erklärungsbegriff in bezug auf menschliches Handeln Geltung haben könne. Dazu entwickelte v. Wright anhand des praktischen Schlusses das Schema einer intentionalen Erklärung. Deren logische Struktur läßt sich am angemessensten mit der logischen Form des praktischen Schlusses, wie er in Grundzügen bei Aristoteles (*Nikomachische Ethik*, 6. u. 7. Buch) zu finden ist, erklären. Dieser Schluß hat, an einem Beispiel demonstriert, folgende Form: 1. Eine Person P beabsichtigt, in ein Haus einzudringen (Handlung a), 2. P glaubt, daß er dies nur dann erreicht, wenn er eine Fensterscheibe beseitigt (Handlung b), 3. also vollzieht P die Handlung b (Conclusio). In den Prämissen wird eine bestimmte Absicht und eine Meinung über das für den Zweck geeignete Mittel ausgedrückt, so daß die Prämissen eine Erklärung der in der Conclusio genannten Handlung darstellen. Die Prämissen implizieren eine Aussage über eine intentionale Handlung ohne Rekurs auf kausale oder gesetzesartige Aussagen, d.h. sie erklären die Handlung nicht kausal, sondern teleologisch, weil diese Prämissen die Bedingungen wiedergeben, mit Hilfe derer die betreffende Handlung zu verstehen ist. Damit wird der Begriff der Handlung zu einem nicht weiter reduzierbaren Grundbegriff. Nach Ansicht v. Wrights liefert der praktische Schluß den Sozial- und Humanwissenschaften ein Erklärungsschema, das eine Alternative zum subsumtionstheoretischen Gesetzesschema der Erklärung darstellt. **Lit.:** Th. Abel: The Operation called »Verstehen«. In: H. Feigl/M. Brodbeck (Hg.): Readings in the Philosophy of Science. New York 1953. – K. Acham: Analytische Geschichtsphilosophie. Freiburg/München 1974. – K.-O. Apel: Die Erklären-Verstehen-Kontroverse in transzendentalpragmatischer Sicht. Frankfurt 1979. – Ders. (Hg.): Neue Versuche über Erklären und Verstehen. Frankfurt 1978. – A.C. Danto: Analytische Philosophie der Geschichte. Frankfurt 1980. – W. Dilthey: Einleitung in die Geisteswissenschaften (Gesammelte Schriften Bd. 1). Stuttgart $^{7}$1973. – Ders.: Ideen über eine beschreibende und zergliedernde Psychologie (Gesammelte Schriften Bd. 6). Stuttgart $^{6}$1974. – W. Dray: Laws and Explanation in History. London 1957. – J.G. Droysen: Historik. Vorlesungen über Enzyklopädie und Methodologie der Geschichte. München $^{6}$1971. – R. Gardiner: The Nature of Historical Explanation. London 1952. – J. Habermas: Zur Logik der Sozialwissenschaften. Frankfurt 1967. – Th. Haussmann: Erklären und Verstehen. Zur Theorie und Pragmatik der Geschichtswissenschaft. Frankfurt 1991. – C.G. Hempel: The Function of General Laws in History. In: Aspects of Scientific Explanation and other Essays in the Philosophy of Science. New York/London 1965. S. 321 ff. – A. Kenny: Action, Emotion and Will. London 1965. – J. St. Mill: System der deduktiven und induktiven Logik (Gesammelte Werke Bd. 2–4). Leipzig 1873. – E. Nagel: The Logic of Historical Analysis. In: The Scientific Monthly 74 (1952). – K.R. Popper: Logik der Forschung. Tübingen $^{7}$1982. – M. Riedel: Verstehen oder Erklären: Zur Theorie und Geschichte der hermeneutischen Wissenschaften. Stuttgart 1978. – O. Schwemmer: Theorie der rationalen Erklärung. München 1976. – Ch. Taylor: Erklärung und Interpretation in der Wissenschaft vom Menschen. Frankfurt 1975. – St. Toulmin: Voraussicht und Verstehen. Frankfurt 1968. – A. Wellmer: Kritische Gesellschaftstheorie und Positivismus. Frankfurt 1971. – P. Winch: Die Idee der Sozialwissenschaft und ihr Verhältnis zur Philosophie. Frankfurt 1966. – H. v. Wright: Erklären und Verstehen. Frankfurt 1974. – Ders.: Handlung, Norm und Intention. Berlin/New York 1977. PP

**Erläuterungsurteil,** nach Kant lediglich eine andere Bezeichnung für analytisches Urteil. E.e. sind alle Urteile, die eine Subjekt-Prädikat-Form aufweisen und keine ↗Erweiterungsurteile sind. Kant nennt analytische Urteile deshalb E.e, weil sie »durch das Prädikat nichts zum Begriff des Subjekts hinzutun, sondern diesen nur durch Zergliederung in seine Teilbegriffe zerfällen, die in selbigen schon (obgleich verworren) gedacht waren« (*KrV*, B 11). E.e. sind notwendig wahr, da »kein Zeugnis der Erfahrung« nötig ist, um das Urteil abzufassen. Nach Quine gibt es keine analytischen Wahrheiten, die auf Bedeutungen beruhen und unabhängig von Tatsachen sind. E.e können demnach nicht mehr als sinnvoll angenommen werden. **Lit.:** Kant: Kritik der reinen Vernunft. – W. V. O. Quine: Zwei Dogmen des Empirismus. In: Ders.: Von einem logischen Standpunkt. Frankfurt 1979. S. 27–50. JQ

**Erleben,** direktes gegenwärtiges inneres Erfassen einer Erscheinung. Dieses Erfassen hat E. mit innerer ↗Erfahrung gemein. E. ist zu unterscheiden von seinem Inhalt, dem Erlebten als solchem und vom Gegenstand des E.s. Ein gehabtes Erlebnis koinzidiert nicht mit dem momentanen E., demgegenüber es zeitlich abgehoben ist; ein Erlebnis kann bezeichnet werden als ein ehemaliges, modifiziertes E. Insofern Erlebnisse jedoch je präsent sind in zeitlich voneinander abstehenden und in zeitlich zusammenhängenden Modi des Erinnerten, erhält die erweiternde Rede vom einheitsstiftenden und beständigen »Strom« des E.s Sinn und Berechtigung. – Der Gegenstand des E.s differiert vom E. selbst; er kann, muß aber nicht bestehen, wie z. B. ein bloß geträumter Gegenstand. Gleichwohl bilden Erlebensakt, sein Inhalt und sein Bezugsobjekt einen sinnstiftenden Zusammenhang, der selbst »im E. gegeben« ist (W. Dilthey). In expliziter aktueller Zuwendung zu einem der Momente sind die andern »mit da«, wobei dem E. selbst die Fundierung seiner Bezugskorrelate, Inhalt und Gegenstand, zuzuschreiben ist. E. zeigt sich selbst als Komplex mehrerer Eigenschaften, die es in sich vereinigt (F. Brentano). E. ist zunächst ein persönliches, inneres E., das einem nicht genommen werden kann, dessen man sich sicher und bewußt ist. Von einem nicht bewußten E. als modifiziertem E. wird hier abgesehen. Ein bewußtes E. ist immer auch ein intentionales E. Als solches weist es eine zweifache Beziehung auf; es ist einerseits transzendent gerichtet auf etwas Anderes als es selbst, andererseits ist es bezogen auf sich selbst. Zur vollständigen Beschreibung des intentionalen »Wesens« von E. (E. Husserl) gehören die verschiedenen Modi seiner Intentionen, wie auch die verschiedenen Gegebenheitsweisen seiner Korrelate. **Lit.:** F. Brentano: Deskriptive Psychologie. Hamburg 1982. – W. Dilthey: Ideen über eine beschreibende und zergliedernde Psychologie (1894). Ges. Schriften V. Stuttgart/Tübingen 1982. – E. Husserl: 5. Logische Untersuchung. Hua XIX. Den Haag 1975. WB

**Erlebnis,** allgemein sowohl ein Geschehnis oder Ereignis, durch das jemand stark und nachhaltig beeindruckt wurde, eine bedeutungsvolle, emotional stark gefärbte Erfahrung als auch jedes von jemandem (mit-)erlebte Geschehen. »Erleben« bedeutet daher: von etwas betroffen oder beeindruckt werden, etwas auf sich wirken lassen, etwas durchmachen, durchleben oder erfahren. In der *Psychologie* bezeichnet »E.« entweder den Inhalt des Erlebens, das, was erlebt wird, oder das »Innewerden« von Inhalten des Bewußtseins. Dem Begriff des E.ses werden zum mindesten die folgenden Merkmale zugesprochen: (1) die Bestimmtheit des einzelnen E.ses durch seinen Inhalt; (2) die Unmittelbarkeit des Erlebens, d. h. das Erleben ist nicht begrifflich vermittelt ; (3) das Gebundensein des E.ses an die Perspektive des erlebenden Subjekts, d. h. das Erlebte ist immer Selbsterlebtes; (4) die Bedeutsamkeit des einzelnen E.ses für das Ganze des Lebenszusammenhanges eines Subjekts. Davon abzugrenzen sind das Zumutesein als einer bestimmte Lebensäußerungen begleitenden Gemütsverfassung einerseits, und die Erfahrung von Außenwelt, insofern als sie eine begrifflich vermittelte Erkenntnisleistung darstellt, andererseits. Zu einem Grundbegriff der *Philosophie* und Psychologie des 19. und frühen 20. Jh. avancierte der Begriff des E.ses vermöge der durch ihn zur Sprache kommenden Unmittelbarkeit, in der sich einem Subjekt sein Leben erschließt (↗Introspektion). Sie wurde in polemischer Funktion sowohl gegen den Absolutheitsanspruch der Hegelschen Spekulation als auch gegen den Wahrheitsanspruch der naturwissenschaftlich-materialistischen Interpretationen menschlicher Lebensäußerungen ins Feld geführt. Die Diskussion des Begriffs im ↗Neukantianismus (Natorp), in der ↗Phänomenologie Husserls (↗Intentionalität) sowie in der ↗Lebensphilosophie und ↗Hermeneutik (Dilthey) hat zu seiner Klärung als eines Grundbegriffs, mit dem Psychisches als Psychisches ausgezeichnet werden soll, insofern etwas beigetragen, als sie die Aporien freigelegt hat, die in dem Begriff enthalten sind, wenn man ihn im Zusammenhang mit der Frage nach dem ↗Selbstbewußtsein erörtert: Wie kann das erlebende Subjekt von seinem Erleben wissen? In der *analytische Philosophie des Geistes* wird der Begriff des E.ses bzw. des Erlebens, nachdem ihm lange kaum Beachtung geschenkt wurde, gegenwärtig in engem Zusammenhang mit dem Thema ↗Bewußtsein diskutiert. Seine Rolle wird hier durch die Auseinandersetzung mit der Frage bestimmt, ob und, wenn ja, wie mentale Phänomene im allgemeinen und das Phänomen Bewußtsein im besonderen im Rahmen einer naturalistischen Konzeption der Welt vollständig beschrieben und erklärt werden können (↗Physikalismus). Gegen eine solche Konzeption wird eingewandt, daß das Erleben ein wesentliches Merkmal mentaler Phänomene sei und aufgrund seiner charakteristischen Eigenschaften: Gebundensein an die Perspektive des erlebenden Subjekts, Unmittelbarkeit und Nicht-vollständige-Mitteilbarkeit, sich notwendig einer objektiven und daher auch jedweder naturalistischen Beschreibung entziehe (↗Qualia). Demgegenüber hat bereits Farrell geltend gemacht, daß das so charakterisierte Phänomen nichts sei, über das sich sinnvoll sagen ließe, es könne oder könne nicht vollständig beschrieben oder erklärt werden. **Lit.:** K. Cramer: Art. Erleben, Erlebnis. In: HWPh II, Sp. 702–711. – Ders.: Erlebnis. In: Hegel-Studien, Beiheft 11 (1971). Bonn 1971. S. 537–603. – D. C. Dennett: Consciousness. In: R. Gregory (Hg.): The Oxford Companion to the Mind. Oxford 1987. S. 160–164. – B. A. Farrell: Experience. In: Mind (1950). S. 170–198. – Th. Nagel: What is it like to be a Bat? In: Philosophical Review 83 (1974). S. 435–450. BBR

**Erlebnisgesellschaft.** In der modernen E. wird die Lebensgestaltung immer weniger von materiellen Notwendigkeiten, sondern zunehmend von subjektiver Lebenssinnsuche formiert. Die Bildung von Sozialmilieus erfolgt nicht mehr automatisch durch Klassenlage und Schichtzugehörigkeit, sondern durch gemeinsame Erlebnisorientierungen. In der modernen Industriegesellschaft lassen sich idealtypisch fünf große Sozialmilieus feststellen. (1) Niveaumilieu: das sich aus dem traditionellen Bildungsbürgertum rekrutiert und nach kulturellem Rang strebt. (2) Integrationsmilieu: bestimmt durch Konformitätserwartungen und Angepaßtheit. (3) Harmoniemilieu: Die Menschen erleben die soziale Wirklichkeit als Existenzbedrohung und reagieren darauf mit der Suche nach Geborgenheit. (4) Selbstverwirklichungsmilieu: bestimmt durch innere Selbstfindung und Persönlichkeitsentfaltung. (5) Unterhaltungsmilieu: bestimmt durch Hedonismus und das Streben nach ständigen »Simulationen«. Die E. erscheint als ein zerstückeltes Gefüge von Sozialmilieus, wo die Mitgliedschaft weniger sozialstrukturell als lebenskulturell bestimmt wird. **Lit.:** G. Schulze: Die Erlebnisgesellschaft. Kultursoziologie der Gegenwart. Frankfurt/New York 1992. RP

**Erlebnisstrom,** in der Phänomenologie Husserls der Gesamtzusammenhang der Erlebnisse des transzendentalen Ich. In der phänomenologischen ↗Reduktion oder ↗Epoché werden zunächst alle Existenzannahmen über die wahrgenommenen oder gedachten Gegenstände »eingeklammert«. Zurück bleibt ein reiner Strom von Erlebnissen, der nicht nur unmittelbar im Jetzt Wahrgenommenes und Erlebtes, sondern auch sog. Retentionen und Protentionen von Eindrücken enthält. So wird nicht nur in einem gegeben Augenblick eine Farbe wahrgenommen, sondern der E. enthält auch das immanente Bewußtsein, daß die vorherige Wahrnehmung ebenfalls die einer Farbe war, und die Erwartung »Farbe« für die unmittelbar folgende Wahrnehmung. Ähnliches gilt für alle »cogitationes«, so daß der E. einen vielschichtigen Verband von Rückschau und Vorwegnahme darstellt. Der E. bildet auf diese Weise eine zeitlich fortlaufende einheitliche Erfahrung, die notwendig auf ein Ich bezogen ist. Der Begriff des E.s ist ein Gegenentwurf zur skeptisch-sensualistischen These etwa im englischen ↗Empirismus, daß der Erkenntnis nur unmittelbare Sinnesdaten oder deren erinnerte Abbilder gegeben seien, so daß ein einheitliches Ich philosophisch nicht begründet werden könne. – R. Carnap legt einen E. im Sinne Husserls seinem erkenntnistheoretischen ↗Konstitutionssytem zugrunde. **Lit.:** E. Husserl: Ideen zu einer reinen Phänomenologie I. Hua Bd. III. S. 166 ff. – W. Marx: Die Phänomenologie Edmund Husserls. München 1987. Kap. 3. VM

**Erleuchtung,** das plötzliche Aufleuchten oder Erwachen des Menschen zu einer höheren Einsicht. Die E. bedeutet einen radikalen Wandel, der meist in der Lösung von existientieller Gebundenheit verstanden wird. Sie übersteigt die Funktionen des Intellekts oder Willens und ist somit vom Menschen nicht herstellbar. Eine geeignete Vorbereitung (philosophischer Diskurs, meditative Übungspraxis) wird jedoch in unterschiedlicher Gewichtung beschrieben. Das Phänomen spielt insbesondere im Buddhismus (bodhi, satori) eine wesentliche Rolle, ist jedoch auch in der abendländischen Philosophie seit Platon aufzuweisen. **Lit.:** J. White (Hg.): Was ist Erleuchtung. Freiburg 1988. EWG

**Erlösung,** in der Religion die Befreiung des Menschen aus dem Unheil der bestehenden Wirklichkeit. Hinduismus (↗mokṣa), Buddhismus (↗nirvāṇa) und Christentum unterscheiden sich erheblich in den Voraussetzungen einer E.: Als Grund des Unheils wird im Christentum eine Urschuld (Erbsünde) angenommen, in den indischen Religionen eine leidbringende Verhaftung an eine Scheinrealität und ein Kreislauf von Wiedergeburten (↗saṃsāra). Im Christentum ist E. nur möglich wegen des gnadenhaften Eingreifens des personalen Gottes zugunsten des Menschen durch Inkarnation, Tod und Auferstehung Christi, im indischen Denken kann der Mensch von sich aus durch rechte Läuterung seines Bewußtseins zur E. kommen. Gemeinsam ist der Ausschluß einer innerweltlichen Möglichkeit der E., d. h. es bedarf eines entscheidenden Wandels, der nicht auf einer stetigen immanenten Verbesserung der Zustände von Mensch und Welt basiert. **Lit.:** J. Hick: An Interpretation of Religion. London 1989. PK

**Erlösungswissen.** E. heißt bei Scheler nicht so sehr die Sorge um das individuelle Heil, das er dem ↗Bildungswissen zuordnet, sondern das (metaphysische) Wissen um Wesen und Wert des letzten Realen, die »Selbsterfassung des Urwirklichen im Menschen«, d. h. die »Seinswerdung des Makrokosmos im Mikrokosmos«. **Lit.:** M. Scheler: Erkenntnis und Arbeit. In: Die Wissensformen und die Gesellschaft (Gesammelte Werke. Bd. 8. Hg. v. Maria Scheler). Bern 1960. PK

**Ernst,** allgemein die Haltung, die dem Seienden in der ihm gemäßen Weise entgegentritt. In diesem Sinne bedeutet E. bei Kierkegaard das Verhältnis zur Wirklichkeit, das der Mensch im Bewußtsein seines (ewigen) Selbst einnehmen muß. **Lit.:** M. Theunissen: Der Begriff Ernst bei Sören Kierkegaard. Freiburg/München 1958. FPB

**Eros** (griech. Liebesgott), bei Platon das Streben nach dem Schönen und der Schau der Ideen. E. ist die die Erkenntnissuche des Philosophen antreibende Kraft, der zwischen den ganz Unwissenden (die auch nicht suchen) und den Wissenden (die nicht mehr zu suchen brauchen) steht. Der »pädagogische Eros« zeigt sich darin, den Lernenden zu fördern und auf den Weg der Erkenntnis zu bringen. Platons ↗Höhlengleichnis versinnbildlicht diese Doppelbewegung des vom E. getriebenen Aufwärtssteigens zu den Ideen und der Rückkehr, die sich anderen zuwendet, um sie auf den Weg zu bringen. **Lit.:** Platon: Symposion; Politeia, VII. Buch. FPB

**Error fundamentalis** ↗Beweisfehler

**Erscheinung** (griech. phainomenon), in der griech. Philosophie dasjenige, was uns erkenntnismäßig zuerst gegeben ist. Nach Parmenides ist dasjenige, was uns erscheint, veränderlich und somit letztlich Illusion. Demgegenüber schränkt Protagoras die Wirklichkeit auf das Wahrgenommene bzw. auf die E. ein. Platon, der den Relativismus der Sophisten ablehnt, unterscheidet zwischen der E. als dem nur uneigentlich Seienden und der Wirklichkeit bzw. Wahrheit. Ausgehend von der E. beginnt der Aufstieg zu den ↗Ideen. Auch die Philosophie der Neuzeit versteht unter E. das der sinnlichen Erfahrung unmittelbar Gegebene. Allerdings wird E. nicht mehr als das uneigentlich Seiende oder als bloßer ↗Schein verstanden. Nach Leibniz kann nur in bezug auf die sog. »phenomena imaginaria« als von etwas Scheinbarem gesprochen werden, da diese E.en ihren Ursprung ausschließlich im Inneren des wahrnehmenden Subjekts haben. Demgegenüber gründen die »phenomena realia« oder »bene fundata« auf den realen Zuständen der wahrgenommenen Substanzen bzw. Monaden. Auch für Kant hat die E. zwar nicht die absolute Realität des ↗Ding an sich, doch ist sie das einzige, was uns als objektiv bestimmbare Realität gegeben werden kann. Die E. ist deshalb scharf vom bloßen Schein zu unterscheiden (*KrV*, B 69). Während es für Kant keine E. geben kann ohne etwas, was erscheint, lehnt Husserl in seiner ↗Phänomenologie jeden Bezug auf eine hinter den E.en stehende Wirklichkeit an sich ab. Die E.en oder Phänomene bilden für Husserl als unmittelbar gegebene reine Bewußtseinsinhalte den eigentlichen Gegenstand jeder philosophischen Untersuchung. In der Ablehnung einer den E.en zugrundeliegenden Wirklichkeit geht Sartre noch über Husserl hinaus. Mit der von ihm geforderten Gleichsetzung von Sein und Erscheinen (l'être est apparaître) erhält die E. jenen ontologischen Status, welcher zuvor der hinter der E. angenommenen Wirklichkeit an sich zukam. **Lit.:** E. Husserl: Ideen zu einer reinen Phänomenologie und phänomenologischen Philosophie. Hua. III/1. ND Hamburg 1992. – G.W. Leibniz: De modo distinguendi phaenomena realia ab imaginariis. – I. Kant: Kritik der reinen Vernunft. – Platon: Der Staat. 509c ff. – J.-P. Sartre: L'être et le néant. Paris 1943 (dt. Das Sein und das Nichts. Reinbek 1962). JQ

**Erschlossenheit.** Innerhalb seiner Analyse des menschlichen ↗Daseins (*Sein und Zeit*) fragt Heidegger nach dem ontologischen Fundament des klassischen Wahrheitsbegriffs (↗Adäquationstheorie). Von diesem Ansatz aus zeigt sich die E. des Daseins als die ursprünglichste Bestimmung von Wahrheit: Welt und Selbst sind dem Dasein grundlegend erschlossen, worin das Dasein auch immer schon die »Dinge« seiner Umwelt entdeckt hat. Das bedeutet nicht, daß es keine Täuschung geben kann, sondern daß das Dasein grundsätzlich auf Offenheit gegenüber der Welt und seinem ↗In-der-Welt-sein hin »angelegt« ist. Zunächst und zumeist ist das Dasein vielmehr in der Unwahrheit, indem es sich an das öffentliche Gerede hält. Die E. ist durch ↗Stimmung, ↗Verstehen und Rede konstituiert. In der Stimmung ist dem Dasein vor allem seine ↗Geworfenheit erschlossen; im Verstehen zeigen sich ihm Möglichkeiten seines Seins. Rede meint, daß das für das Dasein Erschlossene immer schon in Bedeutungsbezüge gegliedert ist. **Lit.:** G. Figal: Martin Heidegger. Phänomenologie der Freiheit. Frankfurt 1988. – F.-W. von Herrmann: Subjekt und Dasein. Interpretationen zu »Sein und Zeit«. Frankfurt 1974. BA

**Ersetzbarkeit** ↗Substitutionsprinzip

**Ersetzungsregel.** In der formalen Logik geben Regeln Anweisungen über zulässige Veränderungen von Formeln. Die E. gibt an, daß in einer Formel eine Aussagenvariable (bzw. eine Gruppe von Variablen wie z.B. $p \rightarrow q \wedge r$) an einer Stelle ihres Auftretens durch einen ihr äquivalenten Ausdruck oder einen definitorisch gleichen Ausdruck ersetzt werden, ohne daß das auch an anderen Stellen geschieht. **Lit.:** A. Menne: Einführung in die formale Logik. Darmstadt [2]1991. S. 42. PP

**Erste Philosophie,** anderer Ausdruck für die von Aristoteles begründete ↗Metaphysik. Diese Wissenschaft soll die ersten Prinzipien des Seienden als solchem und des Seins behandeln. Sie ist vor allen anderen Wissenschaften ausgezeichnet, auch, weil sie es mit der Erforschung der Wahrheit und mit dem Allgemeinen im Gegensatz zu den Einzeldingen und einzelnen Wissenschaften zu tun hat. Während die Bezeichnung Metaphysik auf Andronikos von Rhodos zurückgeht, der möglicherweise nur eine Reihenfolge der Schriften des Aristoteles damit kennzeichnete, hat Aristoteles die oberste philosophische Wissenschaft E. Ph. (prote philosophia) genannt. Diese E. Ph. ist nach Aristoteles die Weisheit als Wissen der ersten und allgemeinsten Ursachen und Gründe. Das wahrhaft Seiende ist verstanden, wenn die Wesensursache erkannt ist, nicht bloß die stoffliche Grundlage eines empirischen Gegenstandes. Durch diesen Rückgang in das gemeinsame Wesen aller Dinge ist das Mannigfaltige zugleich in seiner Einheit dargestellt und das Problem einer jeden Metaphysik ausgewiesen. Die Möglichkeit einer solchen E. Ph. ist mit der Abkehr von der Metaphysik seit dem Ende des ↗Dt. Idealismus zweifelhaft geworden; eine Wende zum »nachmetaphysischen Denken«, wie sie von J. Habermas vertreten wird, ordnet E. Ph.

einem längst überholten Paradigma philosophischen Denkens zu. **Lit.:** Aristoteles: Metaphysik. – H. Reiner: Entstehung und ursprüngliche Bedeutung des Namens Metaphysik. In: Zs. für philosophische Forschung 7 (1954). KJG

**Erweiterungsurteil.** Nach Kant sind alle Urteile, in denen das Verhältnis eines Subjekts zum Prädikat gedacht wird, entweder E.e. oder ↗Erläuterungsurteile. Kant nennt alle synthetischen Urteile auch E.e., da sie »zum Begriff des Subjekts ein Prädikat hinzutun, welches in jenem gar nicht gedacht war, und durch keine Zergliederung desselben hätte können herausgezogen werden« (*KrV*, B 11). E.e sind entweder Erfahrungsurteile oder synthetische Urteile a priori. Während E.e., die sich auf Erfahrung stützen, keiner eigenen erkenntnistheoretischen Begründung bedürfen, stellt die Frage nach den Bedingungen der Möglichkeit jener E.e, die apriorische Gültigkeit beanspruchen, den Ausgangspunkt und die eigentliche Fragestellung von Kants ↗Transzendentalphilosophie dar. **Lit.:** I. Kant: Kritik der reinen Vernunft. JQ

**Erziehung,** zielgerichtetes Handeln gegenüber Heranwachsenden, durch das sie befähigt werden sollen, ihre seelischen und körperlichen Anlagen zu entfalten, Wissen und Fähigkeiten zu erwerben, Inhalte und Normen einer Kultur zu verstehen und sich mit ihnen auseinanderzusetzen. Die Notwendigkeit der E. ist in anthropologischen Eigenheiten begründet. Der Mensch kommt unfertig zur Welt und muß die meisten lebensdienlichen Verhaltensweisen erst erlernen. Er lebt in einer kulturell geprägten Welt, durch deren verstehende Aneignung er erst überhaupt zur Entfaltung seiner geistig-seelischen Fähigkeiten heranwächst. Im Unterschied zu ↗Bildung ist E. stärker instrumentalisiert und an vorgegebenen Zielen orientiert. Dennoch muß sie die Individualität des Heranwachsenden wahren, sich in seine Besonderheit einfühlen und sie zur Geltung bringen. Das letzte Ziel der E. muß es daher sein, den Menschen zur freien Selbstbestimmung zu führen. – Methoden und Inhalte der E. sind stark von Zeit und Kultur abhängig. Unterschiedliche Ansichten bestehen auch über die Rolle der Teilnehmer an diesem interaktiven Prozeß. Autoritäre Standpunkte heben die Unmündigkeit des Kindes hervor und die Notwendigkeit eindeutiger inhaltlicher Vorgaben durch den Erzieher. Dagegen sieht die »Pädagogik vom Kinde aus« (Montessori) im Kind ein aktives, angeborenes Lernverhalten wirksam, das somit zur Selbsterziehung fähig ist und durch den Erzieher nur begleitende, partnerschaftliche Hilfe erfahren soll. In einer modernen, von pluralistischen Wertvorstellungen geprägten Gesellschaft wird die normative Aufgabe der E. zunehmend problematisch. Andererseits wird E. ihrer Aufgabe nicht gerecht, wenn sie dem Heranwachsenden keine Handlungs- und Sinnorientierungen anbietet und ihn nicht mit den Erfordernissen sozialen Zusammenlebens vertraut macht. E. bewegt sich daher immer im Zusammenspiel normativer und kritisch-emanzipatorischer Elemente. **Lit.:** W. Brezinka: Erziehung als Lebenshilfe. Stuttgart [2]1961. – K. Mollenhauer: Theorien zum Erziehungsprozeß. [4]1982. – E. Weber (Hg.): Der Erziehungs- und Bildungsbegriff im 20. Jh. Bad Heilbrunn [3]1976. FPB

**Es.** Freud entfaltet diesen Begriff 1923 in seiner metapsychologischen Schrift *Das Ich und das Es*. Er erweitert damit die erste Topik, die das System Bewußt vom System Unbewußt unterscheidet, durch eine zweite Topik, einer stärker schematisierenden Theorie des psychischen Apparates. Dabei differenziert er drei Instanzen: das Es, das Ich und das Über-Ich. Genetisch gesehen erwachsen das Ich und das Über-Ich aus dem Es, insofern haben sie keinen autonomen Status: »Das Ich ist vom Es nicht scharf getrennt, es fließt nach unten hin mit ihm zusammen« (Studienausgabe Bd. 3, S. 292). Auch das Über-Ich »taucht tief ins Es ein, ist dafür entfernter vom Bewußtsein als das Ich« (ebd., S. 315). Das Es, auch »Reservoir der Libido« genannt, bildet das triebhafte Element in der psychischen Struktur. In seiner Funktionsweise folgt es dem Lustprinzip, das der Ich-Rationalität, mithin dem Realitätsprinzip, entgegengesetzt ist. Die Inhalte des Es sind zur Gänze unbewußt, es kennt keine Negation, keine Widersprüche und keine Zeit. In Anlehnung an G. Groddeck, von dem Freud den Begriff des Es übernommen hat, formuliert er, »daß das, was wir unser Ich heißen, sich im Leben wesentlich passiv verhält, daß wir nach seinem Ausdruck ›gelebt‹ werden von unbekannten, unbeherrschbaren Mächten« (ebd., S. 292). **Lit.:** S. Freud: Das Ich und das Es (Studienausgabe Bd. 3. Frankfurt 1969–75). – G. Groddeck: Das Buch vom Es. Wien 1923. EF

**Eschatologie,** seit dem 17. Jh. in der christlichen Theologie die sog. »Lehre von den letzten Dingen«, d.h. Ziel und Ende der »Heilsgeschichte«. E. umfaßt sowohl das Sein des einzelnen Menschen nach seinem Tod (Individualeschatologie), als auch das Ende der gesamten Menschheit und Welt (Universal-/Kollektiveschatologie). Neben diesen auf die – persönliche oder gesamtmenschheitliche – Zukunft ausgerichtete E.n gibt es auch eine präsentische oder realisierte E. Hier wird die Teilhabe am Reich Gottes in die Gegenwart verlegt. Innerhalb des Christentums ist E. die Lehre von einem einmaligen Ende der Geschichte, im außerchristlichen Bereich kann sie auch, als relative E., die Lehre vom Ende eines Zyklus sein. Davon ist begrifflich die Apokalyptik zu unterscheiden, ein Geheimwissen, das die Gegenwart als Endzeit auffaßt in Erwartung des kurz bevorstehenden Weltendes. DL

**Eselsbrücke** (lat. pons asinorum). E. nannten die Scholastiker des MA. das Diagramm, das die aristotelische Lehre zur Auffindung des Mittelbegriffs zum Beweis der verschiedenen Schlußsätze im ↗Syllogismus veranschaulichen sollte. Von da aus wurde der Ausdruck »E.« auf die als Gedächtnisstütze dienenden Anhaltspunkte übertragen, die die Funktion einer Lernhilfe zum Behalten von Lehrsätzen u.a. ausüben. **Lit.:** C. Prantl: Geschichte der Logik im Abendlande. Bd. 3. München 1866. Nachdr. Darmstadt 1955. RS

**Esoterisch/exoterisch.** Auf die griech. Begriffe esoterikos (nach innen gerichtet, der allgemeinen Öffentlichkeit nicht zugänglich) und exoterikos (auswärtig, für Laien verständlich) zurückgehend, sind mit esot. zunächst Gemeinschaften bezeichnet, in welchen durch Initiation dem Eingeweihten Rituale und Lehren über höhere Wahrheiten offenbart werden, die im Gegensatz zu dem exot. und allgemein zugänglichen Bereich geheimzuhalten sind (Arkandisziplin). Solche Gemeinschaften gab es von den griech. Mysterienkulten über die Gnosis der Antike, der mittelalterlichen Katharerbewegung und der Kabbala bis zu den Rosenkreuzern der Gegenwart. – Heute ist in veränderter Bedeutung eine Vulgär- und Populäresoterik bekannt, die vom Okkultismus bis zur Orakeltechnik vor allem durch spektakuläre Effekte fasziniert. – Ein dritter philosophischer Sinn meint mit esot. jedoch eine von ursprünglicher Erfahrung getragene lebendige und authentische Philosophie im Gegensatz zu einem äußerlichen, nur auf allgemeine Verstehbarkeit ausgerichteten exot. Denken. **Lit.:** H.-D. Leuenberger: Das ist Esoterik. Freiburg 1985. – E. Runggaldier: Philosophie der Esoterik. Stuttgart u. a. 1996. EWG

**Esse** ↗Sein

**Esse commune** (oft auch esse universale, allgemeines Sein), zentraler Begriff der scholastischen Ontologie des Thomas von Aquin. Der Terminus bezeichnet in bewußter Opposition zu dem Sein des einzelnen Seienden jenes Allgemeine, welches jedem einzelnen Seienden (den Entitäten) gemein ist und ihm im eigentlichen Prinzip (esse proprium) innewohnt. Ein solches allgemeines Prinzip ist für Thomas (vgl. *S.th.* I.3.4) vor allem die Seinsweise Gottes. Ein weiteres Merkmal des e.c. ist seine Einfachheit (simplicitas). In der neueren Thomasinterpretation ist allerdings strittig, ob dieses allgemeine Sein jedem einzelnen Seienden ontologisch voraus geht, da diese Annahme ein platonistisches Primat der Form impliziert, was der bei Thomas durchgehend verfochtenen aristotelischen Akt- und Potenzlehre zuwiderliefe. MFM

**Esse est percipi** (lat. Sein ist Wahrgenommenwerden), Prinzip aus der Erkenntnismetaphysik von G. Berkeley, das folgendermaßen begründet und hergeleitet wird: Wenn »wahrgenommenes Ding« nichts anderes als »Komplex von Ideen im Geist des Wahrnehmenden« bedeutet, dann besteht das Sein der Dinge in ihrem Wahrgenommenwerden, d. h. ihr esse ist ihr percipi, oder anders ausgedrückt: Das Sein der Dinge besteht in ihrer Wahrnehmbarkeit. Nach Ansicht Berkeleys kann dies von jedem intuitiv erkannt werden, der darauf achtet, was unter »Existieren« bei dessen Anwendung auf sinnliche Dinge zu verstehen ist. Die Existenz eines Vorstellbaren ist die Vorstellung oder Wahrnehmung. Alle Dinge sind Wahrnehmungsgegenstände, d. h. sie haben ihr Sein im Bewußtsein. – Zur Beantwortung der Frage, woher es kommt, daß die Dinge in mehreren wahrnehmenden Subjekten in der Weise entstehen, daß sie sich in einer gemeinsamen Erfahrungswelt begegnen, sich über die Dinge verständigen und ihre Handlungen koordinieren können, rekurriert Berkeley auf Gott. Dieser bewirkt das Vorhandensein von Ideenkomplexen (Dingen) in verschiedenen Subjekten so, als wären sie denkunabhängige Dinge. **Lit.:** G. Berkeley: A Treatise concerning the Principles of Human Knowledge. Three Dialogues between Hylas and Philonous. In: The Works (hg. A. A. Luce). Vol. 2. London 1949 (dt.: Eine Abhandlung über die Prinzipien der menschlichen Erkenntnis. Hamburg 1957. Drei Dialoge zwischen Hylas und Philonous. Berlin 1955). – H. M. Bracken: Berkeley. London 1974. – C. B. Martin/D. M. Armstrong (Hg.): Locke and Berkeley. London/Melbourne 1968. RS

**Esse subsistens** (wörtlich: selbständiges Sein), wichtiger Terminus der scholastischen Ontologie des Thomas von Aquin. Der Ausdruck bezeichnet in der Lehre des Thomas die für sich seiende, von jedem einzelnen Sein unabhängige, Seinsweise Gottes. Dieses göttliche Sein ist für Thomas die höchste Seinsweise überhaupt. Während alle anderen Dinge vom allgemeinen Sein (↗esse commune) abhängen, und dieses wiederum von Gott, ist das göttliche Sein absolut und von nichts außer sich selbst abhängig. Weil dieses e.s. eben von nichts anderem abhängt, kann ihm auch keine weitere Bestimmtheit hinzugefügt werden (esse qui non fit additio). MFM

**Essentia** (lat. ↗Wesen, Übersetzung für griech. ↗ousia), bezeichnet nach Thomas von Aquin zum einen die durch Definition bestimmten Eigenschaften der zu einer Art gehörenden Dinge, zum anderen »das wodurch etwas ist, was es ist«, die Form oder Natur einer Sache. E. ist die innere Ermöglichung eines Seienden, die dieses notwendig zu dem macht, was es ist, das in allen Veränderungen Bleibende, aufgrund dessen dieses Seiende als es selbst erkannt werden kann. **Lit.:** Thomas von Aquin: De ente et essentia (Lat./dt. Über das Sein und das Wesen. Darmstadt 1976). FPB

**Essentialismus** (auch Essenz-, Essential-, essentialistische oder Wesensphilosophie), zuerst bei P. Duhem im 20. Jh. auftretender Ausdruck für die realistische Position im ma. Universalienstreit. E. Przywara betrachtet die Essenzphilosophie im Zusammenhang mit ihrem Gegenstück, der ↗Existenzphilosophie. Er unterscheidet beide in je zwei Formen: vom Erkenntnisobjekt her, d. h. noematisch (Wesen oder Existenz), und vom Erkenntnisakt her, d. h. noetisch. – Am bekanntesten ist der Begriff durch E. Gilson, der darunter den Primat der Essenz vor der Existenz, die Reduktion des Seienden auf die Wesenheit unter Vernachlässigung der Existenz, versteht. Für Popper bildet der E. den Gegenbegriff zum ↗Nominalismus im ↗Universalienstreit und bedeutet soviel wie Realismus; d. h. die wirkliche Existenz des Allgemeinbegriffs wird angenommen. Der E. hält die Beschreibung der Wesenheiten für die Hauptaufgabe der Wissenschaft. Popper lehnt ihn ab. **Lit.:** E. Gilson: L'être et l'essence. Paris 1948. – K. R. Popper: Die offene Gesellschaft und ihre Feinde. Bern 1957/58. – E. Przywara: Essenz- und Existenzphilosophie. In: Schriften. Bd. 3. Einsiedeln

1963. S. 213–246. – Ders.: Ringen der Gegenwart: Ges. Aufsätze. 1922–27. Augsburg 1929. RS

**Essentialismus-Debatte** (in der feministischen Philosophie). Die zeitgenössische philosophische Essentialismuskritik beruht auf einer Abkehr von ontologischen Ansätzen, wie sie einerseits die analytische Philosophie und andererseits dekonstruktivistische Ansätze initiierten. In der feministischen Philosophie entzündete sie sich an der Frage, wie die ↗ Geschlechterdifferenz zu verstehen sei. Sie wird vor allem als eine Diskussion um die Bewertung der Unterscheidung von ↗ sex/gender geführt. Butlers Kritik am Geschlecteressentialismus hebt hervor, daß nicht nur das soziale Geschlecht, sondern auch die biologische Differenz kulturell gedeutet wird. Sie richtet sich vor allem gegen französische und italienische Ansätze, die dem Differenzfeminismus zugerechnet werden. Doch auch antiessentialistische Positionen sind keineswegs unproblematisch. Sie werfen Fragen nach Naturverhältnis, prädiskursiven Voraussetzungen und nach der feministischen politischen Handlungsfähigkeit auf. **Lit.:** J. Butler: Das Unbehagen der Geschlechter. Frankfurt 1991. – H. Landweer: Herausforderung Foucault. In: Die Philosophin 7 (1993). S. 8–18. – H. Nagl-Docekal: Untiefen der Essentialismus-Kritik. In: Deutsche Zeitschrift für Philosophie 1 (1997). S. 20–22. – N. Schor: Dieser Essentialismus, der keiner ist – Irigaray begreifen. In: B. Vinken (Hg.): Dekonstruktiver Feminismus. Frankfurt 1992. S. 219–246. BES

**Essentifikation,** auf Schelling zurückgehender Begriff, der in seiner *Philosophie der Offenbarung* (Sämtl. Werke XIV., S. 207 f.) den ↗ Tod nicht als eine Scheidung, sondern als eine »Essentification« versteht, »worin nur Zufälliges untergeht, aber das *Wesen*, das was eigentlich der Mensch *ist*, bewahrt wird«. In diesem »Essentificirten« ist auch das Physische bewahrt. Es geht also um den »*ganzen* Menschen«, der »vergeistigt« oder »essentificirt« ist. – Tillich greift in seiner *Systematischen Theologie* (Stuttgart 1955 ff. III 453) zwar auf diesen Schellingschen Begriff zurück, versteht ihn aber weniger als Rückkehr zu dem Zustand reiner Wesentlichkeit und als Ausscheidung alles dessen, was unter den Bedingungen der Existenz wirklich ist, sondern vielmehr als »Anreicherung« des göttlichen Lebens selbst durch den geschichtlichen Prozeß, wodurch jeder Entscheidung und jeder Schöpfung in Raum und Zeit ein unendliches Gewicht verliehen wird. **Lit.:** I. C. Henel: Paul Tillichs Begriff der Essentifikation und seine Bedeutung für die Ethik. In: Neue Zeitschrift für systematische Theologie und Religionsphilosophie 10 (1968). S.1–17. WS

**Etatismus,** die föderalistischen Organisationsprinzipien entgegengesetzte Tendenz der Stärkung der Zentralgewalt zu Lasten lokaler, regionaler Kompetenzen. Daneben verweist E. auf die Ausdehnung staatlicher Regulierungsfunktionen auf Kosten individueller (insbesondere wirtschaftlicher) Entscheidungsräume. E.-Positionen werden von konservativer Seite in der Auseinandersetzung mit pluralistischen Theorien entwickelt. Danach bietet allein die Stärkung staatlicher Zentralgewalt Gewähr für die Überwindung eines anarchischen Gegeneinanders partikularer Interessen. Der staatsappellative Charakter der Arbeiterbewegung hat dieser den Vorwurf des unreflektierten E. eingebracht. Auch in neueren Debatten über die sozialpolitischen und ökonomischen Grenzen staatlicher Politik wird mit dem E.-Begriff operiert. TN

**Ethik.** Die terminologische Verwendung des Begriffs ist nicht einheitlich: »E.« wird z.T. gleichbedeutend mit Moralphilosophie gebraucht, z.T. in Differenz dazu, wenn man die Unterscheidung trifft, daß E. sich mit dem Maßstäben des richtigen Handelns ganz allgemein beschäftige (Brentano, Husserl) oder daß E. sich mit Fragen des guten Lebens beschäftige, während Moralphilosophie die Begründungsmöglichkeit von Normen, den Begründungsformen und deren Gültigkeit thematisiere (Habermas). Eine diese Differenzierungen übergreifende Bestimmung von E. kann so getroffen werden: Gegenstand der E. ist das menschliche Handeln, sofern es einem praktischen Sollen genügt und zugleich eine allgemeine Verbindlichkeit zum Ausdruck bringt. Es ist auch die Aufgabe der E., das Streben nach der Seite des Guten – der moralischen Werte und Normen – hin als sinnvoll zu begründen und zu zeigen, was das sich in moralischen Normen und Werten artikulierende Gute ist (Pieper). Die Ethik hat somit gleichermaßen die Moral und die Moralität zu ihrem Gegenstand. Ihre Fragen unterscheiden sich von denen der Moral dadurch, daß sie sich nicht unmittelbar auf singuläre Handlungen und konkrete Handlungssituationen bezieht, sondern auf einer Metaebene moralisches Handeln grundsätzlich thematisiert, indem sie nach dessen Maßstäben, nach dem Moralprinzip oder nach einem Kriterium der Beurteilung von Handlungen fragt und indem sie die Bedingungen untersucht, unter denen moralische Normen und Werte allgemein verbindlich sind (Pieper). – Ethisches Argumentieren beginnt mit der doppelten Erfahrung, daß der Mensch inmitten von Leid, Unrecht und Furcht lebt, daß er schon immer um das Übel verfehlten Lebens weiß, aber über keine gesicherte Erkenntnis bezüglich der Bedingungen gelingender Lebensführung verfügt. Sie gründet also einerseits in der lebensweltlichen Erfahrung von Ungerechtigkeit, Verletzung personaler Integrität, und andererseits in den normativen Ansprüchen bzw. Forderungen an die Handlungsweisen oder Einstellungen der Personen. Sie unterscheidet sich von der Moral als einem faktischen System von naturwüchsig oder konventionell entstandenen Normen, da sie es nicht bei der Beschreibung solcher Normen beläßt, sondern die deren Verbindlichkeit thematisiert. Vom Recht unterscheidet die E. sich dadurch, daß sie die Verbindlichkeit verbürgende Instanz nicht in der Sanktionsgewalt des Staates sucht, sondern nach einem subjektiven Verständnis einer solchen Verbindlichkeit fragt. Eine weitere Form ethischer Reflexion beschäftigt sich mit der Frage der Bedeutung moralischer Begriffe. Die sprachanalytisch inspirierte Metaethik erörtert die Bedeutung moralischer Ausdrücke wie »gut«, »richtig«, »sollte« unter dem Vorbehalt der Neutralität bezüglich normativer Gehalte. Derartige Analysen haben ihre Relevanz in der Frage, ob solche Wörter rein subjektiv als Ausdruck einer emotionalen Gefühlseinstellung zu interpretieren sind, oder ob sie insoweit kognitiven Gehalt haben, daß über ihren Geltungsbereich auf rationale Weise diskutiert und entschieden werden kann. Solche Sprachanalysen lassen die Fragen, wie die Begründung der Moral zu erreichen ist, unbeantwortet.

Insofern die E. darauf abzielt, Gründe für die Anerkennung (oder Verwerfung) von Normen und Werten benennen zu können, stellt sie eine Reflexion über sozial geltende und traditional vermittelte normative Gehalte dar. Das Interesse an der Frage, wie wir handeln sollen, führt zu dem Anspruch einer normativen E., die Normativität überhaupt zu begründen und damit einen Maßstab zu entwickeln, an dem sich geltende Normen überprüfen lassen, ob ihr Anspruch auf unbedingte Gültigkeit berechtigt ist. Ein anderer Problembereich der E. befaßt sich mit den notwendigen Voraussetzungen, die wir immer schon machen, wenn wir die Handlung einer Person beurteilen. Er betrifft die Fragen, ob wir die Freiheit der Entscheidung für eine Handlung bzw. für oder gegen eine Handlungsmöglichkeit haben (↗Determination). Die ethische Bewertung einer Handlung setzt ↗Zurechnungsfähigkeit voraus. Das bedeutet nach der objektiven Seite hin, daß die als Handlung gedeutete Tätigkeit kein naturhaftes Ereignis sein darf, das in Ursache-Wirkungs-Kategorien zu beschreiben wäre; in diesen Zusammenhang gehört die Diskussion über die Freiheit des Menschen, die Differenzierung zwischen ↗Handlungs- und Willensfreiheit. Nach der subjektiven Seite hin setzt die Zurechnungsfähigkeit voraus, daß die Handlung freiwillig und mit Absicht vollzogen wurde. Um das Spektrum der ethischen Problemstellungen hinreichend umgrenzen zu können, ist eine genaue Charakterisierung der Handlungstypen erforderlich: Der Typus der produktiven Handlung umfaßt den Aspekt der durch die Handlung bewirkten Veränderungen und Folgen (für andere Personen), die präventive Handlung den Aspekt der vorbeugenden oder verhindernden Aktivität, die intermissive Handlung den Aspekt der Unterlassung (in bezug auf einen Handlungskontext) (Riedel).

Das ethische Problem macht sich zunächst dadurch bemerkbar, daß der Einzelne selbst unter der Bedingung einer vorgegebenen Ordnung sich der Richtigkeit seiner Handlung vergewissern muß. Die Reichweite dieser Vergewisserung und damit auch der Begründungsanspruch richtet sich danach, in welchem Ausmaß die vorgegebene Ordnung noch eine allgemeine Begründungsebene darstellt. Weder bei Platon noch bei Aristoteles ist die Idee des Guten, die das Handeln bestimmt, losgelöst von der kosmologischen Auffassung einer geordneten Welt zu denken. Der Einzelne kann sich nur in Entsprechung zu ihr adäquat realisieren. Erst wenn dieser allgemeine Ordnungsrahmen seiner absoluten Verbindlichkeit verlustig geht, eröffnet sich das ethische Problem in seinem vollen Umfang. Denn nun wird die Frage nach einem begründenden Prinzip, das an die Stelle der Ordnung zu treten hat, virulent. Eine Möglichkeit der Antwort darauf besteht darin, das natürliche Streben nach Glück in Gestalt der Befriedigung der natürlichen Bedürfnisse als allgemeinen Maßstab des Sittlichen anzugeben. Der Utilitätsgedanke verbindet dabei die naturhafte Seite des Menschen, das Angenehme zu suchen und das Unangenehme zu meiden, mit dem Universalisierungsgedanken in Gestalt des »größten Glücks der größten Zahl« (Bentham). Der Ansatz des ↗Utilitarismus basiert auf Voraussetzungen, die nicht ohne weiteres als eingelöst unterstellt werden können. Das aufgeklärte Selbstinteresse ist ebensowenig sichergestellt wie die Möglichkeit, die unterschiedlichen Bedürfnisse gegeneinander abzuschätzen und aufzurechnen. Die Formel der »größten Zahl« läßt den Kreis der Betroffenen unbestimmt und läßt ohne ein zusätzliches Prinzip der Gerechtigkeit ethisch nicht legitimierbare Benachteiligungen einer Minderheit zu.

Eine andere mögliche Antwort auf die Frage nach der Grundlage, von der aus der normative Anspruch erhoben werden kann, bietet Kant. Auf dem Standpunkt der Moralität verlangt der Einzelne sich selbst eine unbedingte Verpflichtung ab. Diese Art der Verpflichtung steht in Verbindung mit dem Anspruch auf Selbstbestimmung, der auf adäquate Weise nur dadurch eingelöst werden kann, wenn der Mensch sich nicht von den Einflüssen der Triebe, Begierden und Neigungen leiten läßt. Damit setzt Kant an die Stelle der Naturbestimmung des Menschen die Autonomie des Willens, der sich ein Gesetz gibt und damit auf jede Willkürhandlung verzichtet. Der Begriff der Moralität wird an den unbedingten Anspruch der Freiheit um der Freiheit willen zurückgebunden. Damit ist eine moralische Kompetenz erreicht, die den Einzelnen in den Stand setzt, Rechenschaft über die Gründe seines Handelns abzugeben. Der einzig denkbare Maßstab ist das Freiheitsprinzip i.S. der Autonomie, die sich um der Freiheit aller willen an Normen und Werte bindet, durch die der größtmögliche Freiheitsspielraum für alle ermöglicht wird (Pieper). – Die Hegelsche Kritik an Kant klagt eine aristotelische Vorstellung ein, nämlich das Praktischwerden der verallgemeinerbaren Maximen in den gesellschaftlichen Strukturen, Interaktionsformen und Institutionen. Der kantische Moralitätsstandpunkt kann nicht mehr ohne Verlust der Selbstbestimmung aufgegeben werden, kritisiert wird aber eine normative E., die das Gute über die Haltung der Moralität des vernünftigen Individuums gemäß dem kategorischen ↗Imperativ zur Geltung bringt. Hegel drängt darauf, subjektive Moralität zur sittlichen Lebensform werden zu lassen. D.h. die Moralität sollte konkrete Gestalt gewinnen in den die Selbstverwirklichung des Menschen ermöglichenden gesellschaftlichen Institutionen. – Marx geht einen Schritt weiter, wenn er die Moral als Erfordernis einer unsittlichen Gesellschaft bezeichnet und dadurch diskreditiert. Wären die gesellschaftlichen Verhältnisse nicht von Klassengegensätzen geprägt, bedürfte es keiner E. Eine solche Auffassung verfängt sich in idealistischen Annahmen. – Der Sache nach wird die Hegelsche Forderung in den ethischen Positionen der konstruktiven E. und der Diskursethik aufgenommen. In beiden Positionen soll das moralische Urteil erklären, wie auf der Grundlage eines rational motivierten Einverständnisses Handlungskonflikte beigelegt werden können. Die konstruktive E. stellt ein Argumentationsmodell zur Lösung moralischer Konflikte zur Verfügung. Die Probleme, aber auch die Absicht, diese auf verträgliche Art zu lösen, ergeben sich aus dem lebensweltlichen Handlungskontext. Vor jedem Versuch einer Konfliktbeilegung gehen die Opponenten die Selbstverpflichtung ein, sich um eine terminologische Festlegung eines jeden für die Argumentation verwendeten Ausdrucks zu bemühen und ausdrücklich die Typen von Problemen zu benennen, zu deren Lösung die Argumentation beitragen soll. Der Anspruch auf Universalität wird durch gemeinsame Festlegung der Ausdrücke und der allgemeinen Lehrbarkeit von moralischem Argumentieren eingelöst. Durch die Benennung der Typen von Problemen wird die Argumentation darauf beschränkt und in dieser Beschränkung als lösbar erachtet. Die ↗Diskursethik geht denselben Weg einer moralischen Argumentation, für die der Grundsatz gilt, daß nur diejenigen Normen Geltung beanspruchen können, die die Zustimmung aller Betroffenen als Teilnehmer eines praktischen Diskurses finden können. Als zweiter Grundsatz gilt das Universalisierungspostulat, daß bei gültigen Normen die Ergebnisse und Nebenfolgen, die sich aus einer allgemeinen Befolgung für die Befriedigung der Interessen eines jeden ergeben, von allen akzeptiert werden müssen. Das Verfahren einer rationalen Argumentation soll die allgemeine Anerkennung gewährleisten. **Lit.:** J. Habermas: Diskursethik – Notizen zu einem Begründungsprogramm. In: Moralbewußtsein und kommunikatives Handeln. Frankfurt 1983. S. 53 ff. – P. Lorenzen/O. Schwemmer: Konstruktive Logik, Ethik und Wissenschaftstheorie. Mannheim 1973. S. 107 ff. – G. Patzig: Tatsachen, Normen, Sätze. Stuttgart 1988. – Ders.: Ethik ohne Metaphysik. Göttingen 1971. – A. Pieper: Pragmatische und ethische Normenbegründung. Freiburg/München 1979. S. 12 ff. – Dies.: Ethik und Moral. München 1985. – M. Riedel: Norm und Werturteil. Stuttgart 1979. PP

**Ethik, angewandte,** die angewandte oder praktische E. will dazu beitragen, die praktischen Fragen, die sich einzelnen Menschen oder Gruppen (Organisationen, Institutionen) in alltäglichen Entscheidungssituationen stellen, zu präzisieren und die unseren faktischen Entscheidungen zugrundeliegenden moralischen Annahmen zu explizieren, um, davon ausgehend, eine rationale Diskussion dieser Probleme zu ermöglichen und eigene spezifische Lösungsvorschläge zu entwickeln. Die Diskussion von metaethischen Problemen und Begründungsfragen tritt dabei hinter die problemorientierte moralische Reflexion zurück. Die Fragestellungen der a.n E. sind vielfältig und betreffen beinahe alle Lebensbereiche, bevorzugt solche, in denen öffentliche Institutionen und politische Handlungsoptionen eine Rolle spielen. Zur a.n E. gehören z. B. die ↗Bioethik, ↗Wirtschaftsethik, Computer und Medienethik, Friedensethik, ↗Gen-Ethik u. a.m. **Lit.:** K. Bayertz (Hg.): Praktische Philosophie. Grundorientierungen angewandter Ethik. Reinbek bei Hamburg 1991. – P. Singer (Hg.): Applied Ethics. Oxford 1986. JA

**Ethik, evolutionäre,** zielt darauf ab, unsere angeborenen Verhaltens- und Handlungsstrukturen, kooperatives Verhalten und Altruismus eingeschlossen, als darwinistische Anpassungen an unsere evolutionäre Vergangenheit zu erklären. Das soziobiologische Konzept (↗Soziobiologie) der Gesamtfitness und der Sippenselektion spielen hierbei eine entscheidende Rolle. Die friedfertige altruistische Moral der Kleingruppe bleibt auf Sippe und Stamm begrenzt. Um aber dem ↗naturalistischen Fehlschluß zu entgehen, muß eine E. auch in evolutionärer Perspektive vier grundsätzliche Untersuchungsebenen unterscheiden und die Bedeutsamkeit der Biologie hierfür jeweils unterschiedlich veranschlagen. Auf der Ebene (1) geht es um die Herkunft von Normen und Werten. Im Aufweis der Evolution menschlichen Sozialverhaltens und institutioneller Tatsachen wie gemeinsamer Jagd, Arbeitsteilung, Geschlechtsrollen oder Brutpflege kann sie hier zeigen, daß bestimmte sittliche Werte naturale Vorbedingungen aufweisen. Die Analyse der Artentstehung und der Besetzung von ökologischen Nischen öffnet zudem die Augen für den Zusammenhang von Umwelt und Verhalten. Davon zu unterscheiden ist (2) die Ebene der argumentativen Begründung und Rechtfertigung von Sollensansprüchen, die bei einer nicht bloß formalen E. von einem Menschenbild abhängig ist. Zur Erhellung der anthropologischen Bedingungen der Moral kann die e.E. in begrenztem Maße beitragen. In einer (3) Hinsicht sind Strukturen von Handlungen und Entscheidungen zu analysieren. Wichtig sind hier ihre Hinweise auf das Emotionale und Instinkthafte bei der Entstehung von Werten und Entscheidungen. Auf der Ebene (4) als Reflexion auf Einlösungschancen von Sollensansprüchen leisten soziobiologische Analysen institutioneller Tatsachen gute Dienste. Aus biologischen Gründen sei unsere Befähigung zu moralischem Verhalten begrenzt. **Lit.:** B. Irrgang/M. Lutz-Bachmann (Hg.): Begründung von Ethik. Würzburg 1990. S. 7–68. – B. Irrgang: Lehrbuch der Evolutionären Erkenntnistheorie. München/Basel 1993. – H. Mohr: Natur und Moral. Darmstadt 1987. – H. Mohr: Evolutionäre Ethik. In: Information Philosophie 4/1986. S. 4–16. BI

**Ethik, feministische.** Das Spektrum der f.E. reicht von der Kritik patriarchalisch geprägter praktischer Philosophie, die auf Ergänzung und Erweiterung der alten Ansätze zielt einerseits, und der Entwicklung neuer ethischer Vorstellungen, die herkömmliche Ansätze in grundsätzlicher Weise hinter sich lassen andererseits, bis hin zum paradoxen Gedanken einer Outlaw-Ethik (Oliver, Kristeva). Die Diagnose des ↗Androzentrismus traditioneller philosophischer Theorie führte zu einer Kritik insbesondere an der praktischen Philosophie. Gerade für ethische und moralphilosophische Positionen ist der ihnen zugrundeliegende einseitige Bezug auf ein männliches Subjekt als Selbstwiderspruch zu bewerten. Die Diskussion um f.E. hat verschiedene Impulse erfahren. Gilligans These von einer »anderen Stimme« und der aus ihr folgenden Ethik der ↗Anteilnahme liegen empirische Untersuchungen innerhalb der Kognitionspsychologie zugrunde, die insbesondere auf einen anderen lebensgeschichtlichen Hintergrund von Frauen und einen entsprechenden anderen Zugang zu moralischen Fragen abheben. Dies ist auch für eine Theorie der Moral und der Moralentwicklung fruchtbar zu machen, die bislang an der männlichen Biographie orientiert war und entsprechende Normen entwickelte. Gilligan will diese Einseitigkeit nicht nur aufdecken, sondern auch beheben. Ebenso arbeiten Ansätze, die in grundsätzlicherer Weise einem Denken der Geschlechterdifferenz verpflichtet sind, an einer geschlechterdifferenzierenden Ethik, die etwa Irigaray als eine Ethik des Paares vorstellt. **Lit.:** C. Gilligan: Die andere Stimme. Lebenskonflikte und Moral der Frau. München 1984. – L. Irigaray: Die Ethik der sexuellen Differenz. Frankfurt 1991. – H. Nagl-Docekal/H. Pauer-Studer (Hg.): Jenseits der Geschlechtermoral. Beiträge zur feministischen Ethik. Frankfurt 1993. – K. Oliver: Conclusion: Outlaw Ethics. In: Reading Kristeva. Unraveling the Double-bind. Bloomington/Indianapolis 1993. S. 181–189. – H. Pauer-Studer: Das Andere der Gerechtigkeit. Moraltheorie im Kontext der Geschlechterdifferenz. Berlin 1996. BES

**Ethikfolgenabschätzung,** Projekt der Selbstreflexion und -aufklärung einer sich als reflexiv verstehenden Ethik. Die Notwendigkeit der E. ergibt sich aufgrund der Professionalisierung und Institutionalisierung der Ethik, die durch verstärkte Beteiligung an Entscheidungen innerhalb der Wissenschaft und Politikberatung einem Funktionswandel unterliegt. Die E. übernimmt angesichts dieser erweiterten praktischen Relevanz der Ethik deren besondere Verantwortung, als eine handlungsleitende theoretische Disziplin die theoretischen Grundlagen und die Folgen des moralischen Nachdenkens zu reflektieren. Der Begriff der E. ist angelehnt an den der ↗Technikfolgenabschätzung; er verweist auf die Notwendigkeit, die Folgen zu reflektieren, die die ethische Thematisierung und Problematisierung von Problemen, die z.B. durch biomedizinische und biotechnische Entwicklungen entstehen, für moralisches Nachdenken selbst, für die ethischen Diskurse über solche Probleme und für das Handeln hat. Die E. untersucht zum einen die Rolle der Ethik in institutionellen Zusammenhängen wie z.B. Ethikkommissionen und die von ihr in diesen Zusammenhängen bevorzugten Denk- und Argumentationsweisen. Zum anderen fragt die E. nach den Auswirkungen ethischer Reflexionen für den wissenschaftlichen und gesellschaftlichen Diskurs über ethische Probleme, den darin jeweils vorherrschenden Denk- und Argumentationstypen und -strategien. Hinterfragt wird z.B., ob die ethische Thematisierung zu Diskursverschiebungen oder einer neuen Diskursrationalität, zur Erosion grundlegender Werte und Prinzipien oder zur Unterbewertung moralischer Institutionen führt. **Lit.:** K. Bayertz: Ethik, Tod und Technik. In: J.S. Ach/M. Quante (Hg.): Hirntod und Organverpflanzung. Stuttgart-Bad Cannstatt 1997. S. 75–99. – J.S. Ach/Chr. Runtenberg: Kritik der Kritik an der Bioethik: Prolegomena zu einer Ethikfolgenabschätzung. In: H.J. Sandkühler (Hg.): Naturverständnisse, Moral und Recht in den Wissenschaften. Bern 1999. CHR

**Ethik-Kommissionen.** Die überwiegende Mehrheit der E.-K. in Deutschland sind Fachkommissionen mit der Aufgabe der Beratung und präventiven Prüfung von biomedizinischen Forschungsvorhaben am Menschen in wissenschaftlicher, rechtlicher und ethischer Hinsicht auf der Basis v.a. der Helsinki-Deklaration des Weltärztebundes und rechtlicher Regelungen. Ihre Einrichtung in regionalen Ärztekammern und medizinischen Fakultäten ist durch die Berufsordnung der Ärztekammern vorgeschrieben. E.-K., die sich, wie z.B. in den USA, mit problematischen Einzelfallentscheidungen, Allokationsentscheidungen (↗Allokation) u.ä.m. befassen, gibt es in Deutschland bisher kaum. **Lit.:** R. Toellner (Hg.): Die Ethik-Kommission in der Medizin. Problemgeschichte, Aufgabenstellung, Arbeitsweise, Rechtsstellung und Organisationsformen Medizinischer Ethik-Kommissionen. Stuttgart/New York 1990. JA

**Ethnologie.** Der E. werden in verschiedenen Ländern unterschiedliche Bestimmungen zugeschrieben. In Osteuropa wird sie als eine aufgrund empirischer Daten beschreibende Darstellungsart der Ethnographie gleichgesetzt, im westeuropäischen Kulturkreis gilt sie als analytische und vergleichende Wissenschaft, in der angelsächsischen Welt als soziale Anthropologie und in den USA als Kulturanthropologie. E. als Völkerkunde bezieht sich auf Erkenntnisse über Gesellschaften und Kulturen fremder Völker, die aufgrund ihrer geographischen Lage, der gemeinsamen Sprache, des sozialen Lebens und der traditionellen Überlieferungen der Sitten und Bräuche eine gemeinsame kulturelle Welt teilen und dadurch eine Einheit bilden. – In der Triade von Ethnographie, E. und Anthropologie stellt die E. einen wissenschaftlichen Diskurs dar, in dem man ein möglichst umfangreiches Datenmaterial, das nicht nur von Ethnographen, sondern auch von Reisenden und Missionaren stammt, systematisiert und theoretisch integriert. Die Polaritäten dieser Systematisierung sind dreifach: die biologische von Natur und Kultur, die soziale von Individuum und Gesellschaft und die epistemologische von natur- und geisteswissenschaftlichen Methoden. Als Grundlage je-

der ethnologischen Theoriebildung, Verallgemeinerung und interkultureller Vergleiche dient die Ethnographie. Der Begriff E. bezieht sich sowohl auf den Prozeß der Feldforschung, in dem man durch teilnehmende Beobachtung die Daten sammelt, als auch auf die Ergebnisse, die den Ethnologen in der schriftlichen Form der Monographie zugänglich sind.
Die ersten Versuche ethnologischer Theorien stammen von Autoren (z.B. E.B. Tylor, J. Frazer), die selber nicht Ethnographen waren und dadurch auch ihre Ansätze mehr spekulativ als empirisch begründeten. Nach F. Boas' Forderungen nach soliden Forschungen mit längerem Aufenthalt im Feld wurde mit B. Malinowski die Methode der »teilnehmenden Beobachtung« maßgebend, die verlangt, sich längere Zeit bei der fremden Kultur aufzuhalten, aktiv an ihrem Leben teilzunehmen und die einheimische Sprache gründlich zu lernen. Nicht nur die Rekonstruktion des Vergangenen war wichtig, sondern auch das Bewahren der authentischen Tradition, die durch die Begegnung mit anderen Kulturen in Vergessenheit zu geraten drohte. Das so gewonnene Bild war ahistorisch, und es entstanden ontologische ethnographische Texte, deren Rhetorik durch die Anwendung des ethnographischen Präsens und der Anonymität von Informanten und Ethnographen leicht erkennbar ist. – Den Anspruch auf Objektivität versucht die »Ethnoscience« methodisch dadurch zu fundieren, daß mit Hilfe der analytischen Kategorien der Einheimischen selbst eine treue Abbildung der indigenen kulturellen Welt gestaltet wird. – Mit der hermeneutischen Wende in der E. trat die Konstruiertheit von Ethnographien in den Blickpunkt. Kultur als Bedeutungssystem kann nur interpretativ erfaßt werden und nimmt daher Gestalt an in den Interpretationen sowohl einheimischer Informanten als auch des Ethnologen. ↗Beschreibung, dichte/dünne, ↗Ethnomethodologie, ↗Writing Culture. **Lit.:** Mukerji Chandra/ M. Schudson (Hg.): Contemporary Perspectives in Cultural Studies. Berkeley 1991. – K.-H. Kohl: Ethnologie. Die Wissenschaft vom kulturell Fremden. München 1993. – R.H. Lowie: The History of Ethnological Theory. New York 1937. – G.E. Marcus/M.J. Fischer: Anthropology as Cultural Critique. Chicago 1986. – R. Redfield: The Little Community and Peasant Society and Culture. Chicago 1960. SZ/FPB

**Ethnomethodologie,** von Garfinkel und Cicourel entwickelte sozialwissenschaftliche Forschungsmethode, deren Ziel nicht kausale Erklärungen von beobachtbar regulären, geordneten und sich wiederholenden Handlungen von Mitgliedern einer Gesellschaft sind; vielmehr versucht sie die Prozesse und Strukturen der Sinnerzeugung im Alltagswissen einer Gesellschaft zu beschreiben. Ihr Interesse richtet sich darauf, wie die Mitglieder einer Gesellschaft einerseits mittels der natürlichen Sprache das interpersonale Verstehen und Handeln bewerkstelligen und wie sie andererseits die Bedingungen dieses Verstehens selbst schaffen, indem sie die nicht-sprachlichen Eigenschaften von Interaktionsformen und -strukturen erkennen und produktiv einsetzen. Z.B. ist das Verstehen einer Begrüßungsszene nicht primär an die damit verbundenen Äußerungen gebunden, vielmehr resultiert deren Sinn aus den ausgetauschten Gesten und aus anderen spezifischen Situationsmerkmalen. Nicht *warum* die Menschen bestimmte Handlungen durchführen, sondern *wie* sie diese durchführen, ist für die E. von besonderem Interesse. Die Annahme, daß die Erforschung sozialer Phänomene nur aus den Interaktionssituationen heraus sinnvoll betrieben werden könne, führt zu der methodologischen Forderung, daß der Forscher die Perspektive des Teilnehmers (an solchen Interaktionen) einnehmen muß. Die E. basiert auf drei zentralen Begriffen: Indexikalität, Darstellung und Reflexivität. Der Terminus *Indexikalität* verweist auf eine spezifische Interpretation als methodologische Grundregel: Die Interpretation zielt darauf ab, die den einzelnen Handlungen zugrundeliegenden Muster freizulegen. Die Beziehung zwischen den einzelnen Erscheinungen und den zugrundeliegenden allgemeinen Mustern bezeichnet Garfinkel als Phänomen der Indexikalität. Die indexikalischen Ausdrücke beziehen sich in einer Weise auf Personen, Orte, Objekte und Ereignisse, die sie in der spezifischen Einzigartigkeit ihrer jeweiligen konkreten Manifestation darstellt. Solche Ausdrücke sind für die Festlegung ihres Sinnes von dem Kontext abhängig. Indexikalität beschreibt den Sachverhalt, daß die Erscheinungen Zeichen für dahinter liegende Strukturmuster sind, die von dem Mitglied der Gesellschaft wie dem Soziologen gleichermaßen zu enkodieren sind. Die *Darstellung* umfaßt jene Mittel, deren sich die Mitglieder bedienen, um für sich Alltagswissen verfügbar zu machen. Der Ethnomethodologe erkennt eine Identität zwischen jenen Handlungen, mittels derer wir unsere Alltagssituationen herstellen, und jenen Praktiken, die uns zur Verfügung stehen, um solche Situationen darstellbar zu machen.
Aus den Implikationen des Begriffs »Darstellung« bestimmt die E. ihr thematisches Forschungsgebiet: (1) Wenn die Mitglieder Darstellungen tatsächlicher Situationen geben, werden sie Begriffe verwenden, welche die Wirksamkeit solcher Faktoren betonen, von denen sie und andere typischerweise erwarten, daß sie in bezug auf die Situationen, die sie erklären, kontingent sind; oder sie werden die Wirksamkeit solcher Faktoren unentschieden sein lassen, um die Möglichkeit alternativer Erklärungen nicht auszuschließen. (2) Die Darstellungen werden für die Mitglieder deshalb sinnvoll sein, weil es ein Kontextwissen gibt, von dem sie annehmen, daß alle es teilen. Dieses Wissen wird ein stillschweigendes Merkmal ihrer Interaktion sein. (3) Die Darstellung hat eine »Warten-wir-es-ab-Qualität«, weil nicht alles Wissen, was in ihnen enthalten ist, um den darzustellenden Handlungen Sinn zu verleihen, gleichzeitig mit den erklärten Daten verfügbar sein wird. Während des Prozesses des Darstellens werden Teile der Darstellung nicht den vollständigen Sinn erkennbar machen, bis die Darstellung insgesamt fertiggestellt ist. (4) Die Darstellungen sind systematisch

und in der Form von Sequenzen konstruiert. (5) Das Material oder die Teile einer Darstellung hängen hinsichtlich ihres Sinnes vom Kontext (z. B. der Biographie des Mitglieds oder der dargestellten Situation) ab. – Diese Darstellungen haben insofern den Charakter der *Reflexion*, als die Mitglieder diese verwenden, um eine vertraute Alltagshandlung *als* vertraute Handlung erkennbar zu machen. Die Eigenschaft der Reflexivität der eigenen Handlung versetzt die Mitglieder in die Lage, die Vernünftigkeit ihrer eigenen Handlungen für andere erkennbar zu machen. **Lit.:** A. V. Cicourel: Method and Measurement in Sociology (dt. Methode und Messung in der Soziologie. Frankfurt 1970). – Ders.: Interpretive Procedures and Normative Rules in the Negotation of Status and Role (dt. Basisregeln und normative Regeln im Prozeß des Aushandelns von Status und Rolle. In: Alltagswissen, Interaktion und gesellschaftliche Wirklichkeit. Reinbek 1973. S. 147–188). – P. Filmer: On H. Garfinkel's Ethnomethodology. In: P. Filmer u. a. (Hg.): New Directions in Sociological Theory. London 1972. S. 203–233. – H. Garfinkel: Studies in Ethnomethodology. New York 1967. – Ders./H. Sacks: Über formale Strukturen praktischer Handlungen. In: E. Weingarten/F. Sack/J. Schenkein (Hg.): Ethnomethodologie. Beiträge zu einer Soziologie des Alltagshandelns. Frankfurt 1976. S. 130–176. – E. Weingarten/F. Sack: Ethnomethodologie. Die methodische Konstruktion der Realität. In: a.a.O. S. 7–27. PP

**Ethnozentrismus,** von W. G. Sumner 1906 als Bezeichnung für die Idealisierung und Höherbewertung der Eigengruppe gegenüber Fremdgruppen eingeführt. In der Sozialpsychologie bezeichnet E. die Tendenz zur Abwertung und Verurteilung von unkonventionellen Lebensformen. In der Ethnologie erhält der Begriff des E. eine erkenntnistheoretische Akzentuierung; kulturelle Phänomene müßten in ihrem eigenen Kontext gedeutet und bewertet werden und nicht aus der Perspektive des Forschers. In einem modifizierten Sinne wird der E. in der Ethik relevant. Er bezeichnet dann die unreflektierte Verabsolutierung der Werte und Normen eines Kulturkreises, die z. B. als Eurozentrismus bzw. Kulturimperialismus bezeichnet wird und die besonders in der Diskussion um ↗Menschenrechte Probleme aufwirft. In der ↗Feministischen Philosophie wird die Hypostasierung des »Männlichen« zum Menschlichen als ↗Androzentrismus kritisiert. **Lit.:** Th. W. Adorno u. a.: The Authoritarian Personality. New York u. a. 1950. S. 102 ff. – W. Kerber (Hg.): Menschenrechte und kulturelle Identität. München 1991. – J. Stagl: Kulturanthropologie und Eurozentrismus. In: W. Schmied-Kowarzik (Hg.): Objektivationen des Geistigen. Berlin 1985. S. 145–170. – W. G. Sumner: Folkways. Boston 1906. S. 12 ff. GM

**Ethos.** Der Begriff hat zwei Bedeutungen, die im Griechischen noch durch unterschiedliche Schreibweisen festgehalten sind: (a) Ethos (mit Epsilon) bedeutet Gewohnheit, Sitte, Brauch, d. h. wer durch Erziehung die Gewohnheit erworben hat, sein Handeln an den sittlichen Maßstäben des Stadtstaates (polis) auszurichten, handelt ethisch. (b) Ethos (mit Eta) bedeutet Grundhaltung der Tugend, Charakter, d. h. daß ein solches Handeln nicht einfach den allgemeinen Wertmaßstäben folgt, sondern es sich zur Gewohnheit macht, aus eigener Einsicht und Überlegung das geforderte Gute zu tun. Das E. ist gleichzusetzen mit einer konkreten Lebensform, die die Grundlage und den Rahmen dafür abgibt, in dem der Mensch sich handelnd verwirklichen kann. Insofern ist unter E. ein Gesamt von normativen Handlungsmustern zu verstehen, die dem Verständnis der sozialen Wirklichkeit entspricht und die in institutionellen Regeln (Herrschaftsformen, Eigentums- und Rechtsstrukturen, sozialen Formen wie bspw. Familie) ihren Niederschlag finden. **Lit.:** Aristoteles: Nikomachische Ethik 11, 1–2; 1103 a 23-b 28. – A. Pieper: Herkunft und Bedeutung des Wortes »Ethik«. In: Dies.: Einführung in die Ethik. Tübingen [2]1991. S. 24 ff. – W. Weischedel: Skeptische Ethik. Frankfurt 1997. PP

**Etre brut, être sauvage,** im Spätwerk Merleau-Pontys ontologisch das Milieu der »originären Begegnung mit Anderem«, als deren archetypische und paradigmatische Form die Wahrnehmung gilt. Diese Begegnung unterläuft den ontologischen Gegensatz zwischen An-sich-Sein und Für-sich-Sein. In der Begegnung mit Anderem erschließt sich eine »Leibhaftigkeit der Welt selbst«, und die Intentionalität rückt in das »Innere des Seins« selbst ein. Als »wild« gilt dieses Sein u. a., weil es polymorphe sinnhafte Ausgestaltungen zeitigt, die weder aus einer realen Ordnung noch aus einer Leistung subjektiver Konstitution sich ableiten lassen und die in keiner sie »rationalisierenden« Form aufgehen. Strukturell wird das »rohe« bzw. »wilde« Sein näher bestimmt durch den Begriff ↗Chiasmus. **Lit.:** M. Merleau-Ponty: Le visible et l'invisible. Paris 1964 (dt. Das Sichtbare und das Unsichtbare. München 1986). BL

**Etwas,** bezeichnet »Wirklichkeit überhaupt«, d. h. es stellt eine ontologische Ur-Kategorie dar. Von welcher Seinsweise ein Seiendes auch immer gedacht werden mag, es muß zumindest als »e.« gedacht werden. Daß E. also von Seiendem in allen Wirklichkeitsdimensionen ausgesagt werden kann, ist nur möglich, weil die Kategorie »E.« als Idee zugrundegelegt ist. Die Frage: »Was ist etwas?« richtet sich auf Mannigfaltiges, auf jedes E. Sie fragt nach dem Wesen von einem bestimmten E. und setzt dabei die allgemeine Kategorie »E.« als »Wirklichkeit überhaupt« voraus. **Lit.:** R. Berlinger: Die Weltnatur des Menschen. Morphopoietische Metaphysik. Amsterdam 1988. S. 98 ff. PP

**Etymologie,** Lehre vom Ursprung und der Entwicklung der Wörter und ihrer Bedeutungen. Die E. sammelt schriftlich belegte sprachliche Formen und Bedeutungen von Wörtern aus allen Epochen verschiedenster Sprachen und rekonstruiert daraus früheste Sprachstufen und ihre semantische Motiviertheit. – In Platons Dialog *Kratylos* diskutieren zwei Sprachforscher mit Sokrates über die Entstehung von Namen und Benennungen. Ihr Blick richtet sich auf die Urformen der Wörter, deren Grundbedeutung als ihr »Wesen« erfaßt werden soll. Dies wird zum anerkannten Prinzip der E., bis F. Schlegel 1808 eine neue Zielsetzung formuliert: Es soll die innere Struktur der Sprachen verglichen werden, um mögliche Verwandtschaften aufzuzeigen. Er legt Wert auf die historisch strenge Nachweisbarkeit der Untersuchungen und wirkt damit der sog. Volksetymologie entgegen. Diese versucht, aufgrund bloßer lautlicher Analogien die vermeintlich gemeinsame Herkunft von Wörtern in laienhafter Weise zu erschließen. – Der Däne R. Rask begründet erstmalig eine Lautlehre, die »Regeln für Buchstabenübergänge«, in seiner Untersuchung über den *Ursprung der altnordischen oder isländischen Sprache* (1818) und nimmt damit die Entdeckung der »ersten Lautverschiebung« durch J. Grimm vorweg. Sie wird von F. Bopp in einer Formenlehre systematisiert (*Über das Conjugationssystem der Sanskritsprache in der Vergleichung mit jenem der griechischen, lateinischen, persischen und germanischen Sprache*, 1816). Der Vergleich von Konjugationsformen dient darin zum Nachweis von Sprachverwandtschaften. Mit der *Deutschen Grammatik* (1819) von J. Grimm und den Untersuchungen durch R. Rask und F. Bopp entsteht neben der E. eine diachrone nicht-normative Nachbardisziplin, die historisch-vergleichende Sprachwissenschaft. Daß Sprache ein dynamisches System ist, das sich unter historischen und sozio-kulturellen Einflüssen ihrer Sprecher ständig wandelt, deutet A. F. Pott an. Er gilt als der Begründer der modernen wissenschaftlichen E. durch seine Publikation *Etymologische Forschungen auf dem Gebiete der Indo-Germanischen Sprachen* (1833-1836). Der Lautwandel wird von den sog. Junggrammatikern, die dem Positivismus nahestehen (z. B. A. Leskien), als gesetzmäßig angenommen. Seit der Erkenntnis des Bedeutungswandels ist das platonische Prinzip der Erschließung von Urbedeutungen außer Kraft gesetzt. Trotzdem erliegen noch immer Philosophen wie Heidegger der Versuchung, dieser Urbedeutung spekulativ nachzuspüren. – A. Schleicher etabliert das noch heute übliche Verfahren der Rekonstruktion von indogermanischen Wörtern oder Wurzeln aus belegten Wörtern anderer Sprachen. **Lit.:** E. Seebold: Etymologie. Eine Einführung am Beispiel der deutschen Sprache. München 1981. KS

**Eubulides** ↗Lügner

**Eubulie** (griech. euboulia: Wohlberatenheit). Platon übernimmt den schon in der Dichtung verwendeten Ausdruck im *Staat* (428 b 3, d 6, 428 b 6; vgl. *Protagoras* 318 e): »Weise scheint mir in der Tat unser geschilderter Staat zu sein, weil er wohlberaten ist… und gerade dies, die Wohlberatenheit, ist doch irgendein Wissen.« Dieses Wissen ist das Wissen der Wächter, die nicht über einen kleinen Teil, sondern über die Stadt als ganze beraten. Genau darauf bezieht sich dann Aristoteles in der *Eth. Nic.* (1142 b 6 ff.), wo er fragt, ob die E. ein Wissen oder eine Meinung oder ein glückliches Erraten oder etwas anderes sei. Da nun jedes Ratsuchen voraussetzt, daß man eben kein Wissen besitzt, kommt er zu dem Schluß, E. als »Richtigkeit der Denkbewegung« aufzufassen, und zwar »in Hinsicht auf das, was zu dem Ziele führt, welches von der sittlichen Einsicht zutreffend erfaßt ist.« MSU

**Eudaimonie** (griech. eudaimonia), ↗Glück, Zustand des Menschen, in dem ihm die Gottheit (daimon) wohlgesinnt ist (nach Euripides: *Orestes* 667). In der *Rhetorik* I, 5–6 gibt Aristoteles einen Überblick über die Vorstellungen, die sich seine Zeitgenossen von der E. machten: Alle stimmen darin überein, daß die E. »[a] Wohlergehen mit Tüchtigkeit oder [b] Autarkie des Lebens oder [c] genußvolles Leben mit Sicherheit oder [d] das Gedeihen des Besitzes und Körpers mit der Fähigkeit, sie zu bewahren und zu gebrauchen« sei. Im Folgenden gibt er eine nähere Ausführung der »Teile« des Glücks, die sich an der Unterteilung der Güter in äußere und innere orientiert. Äußere Güter sind z. B. Wohlgeborenheit, Freunde, Geld, Ehre; die inneren Güter unterteilen sich nach denen des Körpers (etwa Gesundheit, Schönheit, Körperkraft) und der Seele (Gerechtigkeit, Tapferkeit, Besonnenheit, Großherzigkeit usw.): wem diese Güter zuteil geworden sind, der führt ein autarkes Leben. – Aristoteles begnügt sich freilich nicht mit der Nebeneinanderstellung von vier Lebensformen (bioi), die durch die Wahl dessen charakterisiert sind, was für sie jeweils das höchste Gut ausmacht, Lust, Reichtum, Ehre, menschliche Tüchtigkeit und Kontemplation. Er fragt (*Eth. Nic.* I. Buch), welche Art von Leben dem Menschen die höchste Befriedigung gewährt; und dies besteht für ihn in dem Leben, in dem der Mensch die ihm eigentümliche Fähigkeit der Vernunft (to logon echon) ausübt. Die E. ist das höchste Ziel des Strebens, das Gut, das um seiner selbst willen und um dessen willen alles andere erstrebt wird. In ihr vollendet sich die spezifisch menschliche Praxis, die gemäß der ihr eigenen Vernunftbestimmtheit in den ethischen und dianoethischen Tugenden ihren Ausdruck findet. So ist der glücklich, der gemäß der Tugenden tätig ist, über äußere Güter verfügt und dies über die Zeit seines Lebens. Als soziales Wesen bedarf der Mensch dazu des Rahmens, den ihm die polis als freiem Bürger gibt, sowie der Freunde. Die vollendetste E. bestünde in der andauernden, ungestörten philosophischen Beschäftigung mit den höchsten Erkenntnisgegenständen. Aber dies ist ein Leben, wie Aristoteles zugibt, das wohl nur den Göttern, nicht den Menschen möglich ist. – Für die Stoa wie für Epikur ist – wohl auch aufgrund der Zeitumstände, die zu einem Rückgang der politischen Freiheit der polis führen – eine Haltung in bezug auf die E. kennzeichnend, die man als »Abwertung des Unverfügbaren« bezeichnen könnte. Die äußeren Güter, über deren Verfügbarkeit man nie sicher sein kann, spielen für das Glück keine Rolle mehr, vielmehr nur die eigene innere Haltung. Für die Stoiker liegt das Glück in der Tugend, die als richtige Einsicht bestimmt wird. Wert hat nur die wahre Erkenntnis, die der Teilhabe an der göttlichen Weltvernunft entspringt. Die äußeren Güter tragen dazu nichts bei, da sie ethisch gleichgültig sind. Der Erkenntnis hinderlich sind die Affekte, die aufgrund falscher Urteile entstehen (die dem Trieb falsche Ziele setzen) und die wiederum die Tätigkeit der Vernunft behindern. Daher zeichnet sich der Weise durch die Freiheit von Leidenschaften aus (Apathie). – Für Epikur liegt die E. in der leidenschaftslosen Ruhe der Seele. Dieser Zustand wird positiv als Lust, negativ als Freisein von Schmerz und Furcht bestimmt. Dieses Ziel ist erreichbar durch richtige Einschätzung der verfügbaren Güter (wenn die elementaren Bedürfnisse gestillt sind, erfordert alles darüber hinausgehende aufwendige Mühen, daher ist Genügsamkeit eine wesentliche Tugend) und die wahre Einsicht in das Wesen der Natur und der Götter, die von der Furcht vor Übeln befreit. ↗Eudaimonismus. **Lit.:** M. Forschner: Über das Glück des Menschen. Aristoteles, Epikur, Stoa, Thomas, Kant. Darmstadt 1993. – W. Pesendorfer: Zum Begriff der Eudämonie bei Aristoteles. Wien 1971. – H.-D. Voigtländer: Die Lust und das Gute bei Platon. Würzburg 1960. FPB/MSU

**Eudaimonismus,** in einem weiteren Sinne die Theorie, daß das Ziel allen menschlichen Handelns in der ↗Eudaimonie, dem Glück, liege. In einem engeren Sinne heißen nur die Moraltheorien eudämonistisch, die das Ziel des moralischen Handelns in der Eudaimonie sehen. Diese Doppeldeutigkeit ist schon bei Aristoteles in der *Eth. Nic.* angelegt, wo die eudaimonia einerseits als das Ziel der Staatskunst (politike techne) als der höchsten aller Künste angesehen wird (1095 a 14 ff.), andererseits als das Ergebnis spezifisch moralischen Handelns erscheint: Die spezifischen Lebensformen werden daraufhin untersucht, worin für sie jeweils das höchste Gut besteht, ob in dem Wohlergehen mit Tüchtigkeit oder der Autarkie oder der Lust oder dem Reichtum, der Ehre usw. Wenn aber Glück das höchste menschliche Gut ist, um dessentwillen alles übrige, was der Mensch als ein Gut begehrt, erstrebt wird und Glück »ethische Vollkommenheit und ein Vollmaß des Lebens« voraussetzt (1100 a 4), dann kann dieses Glück nur indirekt verwirklicht werden, indem der Mensch sich bei allem, was er tut, um moralische Vervollkommnung bemüht und dabei hofft, auf günstige äußere Bedingungen zu treffen, die ihm ein gutes Leben ermöglichen (vgl. 1101 a). Man kann die eudaimonistischen Moraltheorien danach einteilen, worin sie die eudaimonia sehen, sei es in einem gemeinsamen Glück (sozialer E.) oder in einem individuellen (individueller E.). Die antike Moraltheorie ist fast durchgängig eudämonistisch, ob sie nun das Glück in die Lust (hedone), wie Aristipp, oder in die Tugend, wie die Stoa, legt. Auch das Christentum ist nicht ohne eudämonistische Züge, denn für sein eigenes Seelenheil zu sorgen ist ein eudämonistisches Ziel. Die Neuzeit kennt einen ausgeprägten sozialen E. im ↗Utilitarismus Benthams: nicht mehr das Glück des einzelnen, sondern das größtmögliche Glück der größtmöglichen Zahl ist das Ziel des moralischen Handelns. J. S. Mill bestimmte das Glück der utilitaristischen Theorie als Lust (pleasure) und Freisein von Unlust. Welche Art des Glücks als ranghöher zu bewerten ist, darüber müsse ein Mehrheitsvotum entscheiden. – Gegen den E. hat Kant (*Metaphysik der Sitten*, Vorrede) eingewendet: »Wenn Eudämonie (das Glückseligkeitsprinzip) statt der Eleutheronomie (des Freiheitsprinzips der inneren Gesetzgebung) zum Grundsatze aufgestellt wird, so ist die Folge davon Euthanasie (der sanfte Tod) aller Moral.« MSU

**Euler-Diagramm,** auch Eulersche Kreise genannt, nach dem Mathematiker Leonhard Euler (1707–1783) benanntes, jedoch schon auf Leibniz sowie Ansätze bei Aristoteles, Theophrast, Raimundus Lullus und Logiker des 16. Jh. (J. Pacius, N. R. Ursus) zurückgehendes graphisches Darstellungsverfahren für Verhältnisse von Begriffsumfängen und Mengen. Im 19. und 20. Jh. wurden die Euler-Diagramme von J. Venn, Lewis Carroll (recte C. L. Dodgson) und C. I. Lewis weiterentwickelt. Für eingeschränkte Bereiche der Prädikatenlogik (Argumentformen mit wenigen einstelligen Prädikaten, wie sie etwa in der klassischen Syllogistik behandelt wurden) sind Euler- bzw. Venn-Diagramme als einfaches Entscheidungsverfahren brauchbar. **Lit.:** C. K. Davenport: The Role of Graphical Methods in the History of Logic. In: W. Krampf (Hg.): Gedenkbuch H. Dingler. München 1956. S. 49–70. – L. Euler: Briefe an eine deutsche Prinzessin über verschiedene Gegenstände aus der Physik und Philosophie. Leipzig 1769 ff. (Nachdr. Braunschweig 1986). – M. Gardner: Logic Machines, Diagrams and Boolean Algebra. New York 1968. – W. Lenzen: Das System der Leibnizschen Logik. Berlin/New York 1990. – W. Risse: Die Logik der Neuzeit. Stuttgart 1964/70. – W. V. O. Quine: Grundzüge der Logik. Frankfurt [8]1993. – P. Stekeler-Weithofer: Grundprobleme der Logik. Berlin/New York 1986. WL

**Euthanasie.** E.-Handlungen sind Tötungshandlungen, die zugunsten bzw. im Interesse desjenigen ausgeführt werden, der sterben soll. Die moralische Rechtfertigung der E. muß sich ausschließlich an der Binnenperspektive der Betroffenen orientieren. Gegenüber dem Begriff der Sterbehilfe ist der Begriff der E. insofern weiter, als er sich nicht nur auf die Hilfe beim Sterben solcher Patienten bezieht, die im Sterben liegen. Zu unterscheiden sind v. a. freiwillige E. (Tötung des Betroffenen auf sein Verlangen hin) und nicht-freiwillige E. (Tötung eines Wesens, das die Fähigkeit, das Entscheidungsproblem zu verstehen, noch nicht, nicht mehr oder überhaupt nicht besitzt). Ob es einen moralisch bedeutsamen Unterschied zwischen aktiver und passiver E. (Töten vs. Sterbenlassen) gibt, und wie dieser zu begründen wäre, ist in der gegenwärtigen moralphilosophischen Diskussion ebenso umstritten wie die Unterscheidung zwischen direkter und indirekter E. (Tod des Patienten als beabsichtigte vs. bloß »in Kauf genommene« Handlungsfolge). JA

**Evaluativ,** Kennzeichnung der Modalitäten, die sich auf eine Wertschätzung beziehen: es ist gut, daß p; es ist schön, daß p; es ist schlecht, daß p. ↗Modalität. PP

**Evidenz,** Einsichtigkeit von etwas, das aus der Sache heraus einleuchtet und sich uns entweder unmittelbar, schlagartig, intuitiv und als gewiß in seiner Gegebenheit zeigt (F. Brentano; E. Husserl), von uns in seiner Wesenheit ganzheitlich erschaut bzw. vernommen wird (M. Scheler, H.-E. Hengstenberg), oder mittelbar durch Ableitung aus einem per se Einsichtigen gewiß wird. E. weist somit einen objektiven, sachlichen (Sachverhaltsevidenz) und einen subjektiven, persönlich einsichtigen Pol (Intuitionsevidenz) auf. Beide Momente sind aufeinander verwiesen. Nur wenn beide zusammen gegeben sind, formen sie E. Diese ist somit ontologisch nicht unabhängig vom einsichtsfähigen Menschen und von etwas, das eingesehen werden kann. Dieses intentionale Moment der E. wurde insbesondere für die phänomenologische Bewegung und die zeitgenössische analytische Philosophie des Geistes von besonderer Relevanz.

Die erkenntnistheoretische Bedeutung von E. besteht darin, daß E. ein nicht bezweifelbares und eindeutiges Grunddatum menschlicher Erkenntnis ist (Descartes), das rationaler Erkenntnis vorausliegt, nicht hinterfragbar ist, weder eines Beweises fähig noch bedürftig ist und als solches zur Fundierung sicheren Wissens und zur Zurückweisung skeptischer Einwände herangezogen werden kann. Es scheint daher in der Sache nicht angebracht, vielmehr kontraproduktiv, von »Evidenzgraden« und von »Vermutungs-E.« (A. Meinong) zu sprechen. E. schließt durch ihre Gewißheit (bloße) Vermutung gerade aus; E. als einheitliches Grundelement läßt per definitionem keine Grade und kein tertium comparationis zu. Etwas ist entweder in sich evident oder nicht. Selbstevidentes durch raisonnements in seiner E. erst sichern zu wollen, ist ein absurdes Unternehmen (Brentano). – Von ontologischem Belang ist E., da sie auch Einsicht in Sachverhalte bzw. in Sätze (Propositionen) über Sachverhalte (states of affairs) sein kann. Ein Satz ist einsichtig dann, wenn entweder seine Elemente, aus denen er sich zusammensetzt, und die Weise der Zusammensetzung in ihrem Zusammenhang (ihrer »Wesenheit«) positiv in innerer Wahrnehmung einleuchtend sind, oder wenn eine gegensätzliche Behauptung als evident widersprüchlich eingesehen wird. In diesem Sinne kann konstatiert werden, daß E. die Bedingung (»Wahrmacher«) von Wahrheit bzw. wahrer Sätze (»Wahrheitsträger«) ist. Es zeigt sich eine einseitige Abhängigkeit der Wahrheit von ihrer E., d. h. E. ist nicht als separate Bedingung von Wahrheit aufzufassen, sondern als deren inhärentes und fundierendes Moment im Sinne eines Teil-Ganzes-Verhältnisses. **Lit.:** F. Brentano: Wahrheit und Evidenz. Hamburg [4]1974. – R. Descartes: Meditationes. – E. Husserl: 1. Logische Untersuchung. Hua XVIII. Den Haag 1975. – A. Meinong: Abhandlungen zur Erkenntnistheorie und Gegenstandstheorie (Gesamtausgabe II). Graz 1971. – M. Scheler: Die Lehre von den drei Tatsachen (Gesammelte Werke 10). Bern [2]1957. – H.-E. Hengstenberg: Was ist Evidenz? In: Theologisches 18, H. 9 (1988). WB

**Evolution,** im weiteren Sinne Entwicklung, Umwandlung, auch Höherentwicklung, im engeren Sinne Entwicklung der Organismen (biologisch-organismische E.) und Entwicklung des Kosmos (kosmische E.), der auf der Erde die Entwicklung spezifischer molekularer Strukturen nachgeordnet ist (Chemo-E.); auch die Entwicklung psychischer bzw. geistiger Strukturen wird teilweise in die E. eingeordnet (Psycho-E.; evolutionäre ↗Erkenntnistheorie. – Kosmische E. und biologische E. sind jedoch prinzipiell verschiedene Prozesse, denen nur gemeinsam ist, daß sie eine Folge von Ereignissen beschreiben, die eine Richtungskomponente aufzuweisen scheinen. Kosmische E. ist, wie andere physikalische und chemische Vorgänge, durch Naturgesetze gesteuert, welche im naturwissenschaftlichen Erkenntnismodell dafür verantwortlich sind, daß die angenommenen Zielzustände erreicht werden. – Im Unterschied dazu kommt es bei der biologischen E. zur Bildung eines genetischen Programms, der genetischen Information, die die in der Keimesentwicklung (↗Ontogenese) von Organismen ablaufenden Prozesse auf ihr »Ziel«, den fertigen, an die Umwelt anpassungsfähigen Organismus ausrichtet (↗Teleonomie). – Die Entstehung dieses genetischen Programms wird, im Anschluß an Darwins ↗Evolutionstheorie, durch natürliche Auslese (Selektion) eines durch Mutation und Rekombination zufällig entstandenen Materials genetischer Variabilität erklärt. Dabei bezeichnet »Infraspezifische E.« die E. im Bereich der Art (Rassen- und Artbildung, auch Mikroevolution genannt) und »Transspezifische E.« die E. über dem Artniveau (auch Makroevolution genannt), d. h. die E. der Gattungen, Familien und Ordnungen. MK

**Evolutionismus,** am (Neo-)Darwinismus orientierte Lehre von der Entwicklung nicht nur biologischer, sondern u. a. psychologischer, soziologischer und ethnologischer Verhältnisse aus einfachen Anfängen zu immer komplexeren Formen (↗Darwinismus, ↗Evolutionstheorie). – So wurde z. B. in der Religionswissenschaft, unter dem Einfluß der positivistischen Religionskritik A. Comtes, der Versuch unternommen, eine »Entwicklung« von Religion aus primitiven Vorstufen zu höheren Glaubensformen aufzuweisen. Die dafür konstitutive Annahme, aus der Religion neuzeitlicher Primitivvölker sei eine »Urreligion der Menschheit« zu rekonstruieren, konnte jedoch nicht plausibel gemacht werden. MK

**Evolutionstheorie** (Deszendenztheorie, Abstammungslehre, Selektionstheorie), Theorie über die Herkunft der zahlreichen unterschiedlichen Pflanzen und Tierarten einschließlich des Menschen, nach der die heute vorhandenen Formen im Verlauf der erdgeschichtlichen Entwicklung aus einfacher organisierten Vorfahren entstanden sind. – Damit steht die E. im Gegensatz zu Vorstellungen von der Unveränderlichkeit bzw. Konstanz der Arten, die von einem göttlichen Schöpfungsakt (oder mehreren) ausgehen (Kreationismus). Nach der E. vollzog sich über lange Zeiträume ein Artenwandel.

Die Vorstellung einer kontinuierlichen Entwicklung der Organismen hat bereits in der griech. Naturphilosophie erste Wurzeln (Empedokles, Demokrit, Anaximander v. Milet). Als eigentlicher Begründer der E. gilt J.-B. de Lamarck (↗Lamarckismus). Wissenschaftlich untermauert wurde die E. von Ch. Darwin mit der von ihm formulierten Selektionstheorie (↗Darwinismus). Die E. versucht, neben der Sammlung empirischer Belege für die Evolution und der Rekonstruktion der Stammesgeschichte, vor allem die Triebkräfte bzw. Faktoren des Evolutionsgeschehens zu ergründen. Nach der E. ist die biologische bzw. organismische Evolution durch zwei gekoppelte Prozesse gekennzeichnet, die Transformation und die Diversifikation. Transformation ist die »vertikale Komponente« der Evolution, die Veränderung der Anpassungen und das Entstehen neuer Organisationsformen in der Zeit, d. h. durch Umwandlung. Diversifikation dagegen bedeutet Vermannigfaltigung, verbunden mit unterschiedlicher Nutzung des Umweltangebots. Triebfeder für das Entstehen dieser Vielfalt ist die Konkurrenz sowohl innerhalb der Art, als auch zwischen den Arten. Haupttriebkraft der Evolution ist nach Ch. Darwin die Selektion. Evolution wird dadurch »gerichtet«, daß aus der Fülle genetischer Varianten diejenigen bevorzugt werden, die an die jeweiligen Bedingungen besser angepaßt sind (»survival of the fittest«). Natürliche Auslese (Selektion) wird somit neben Mutation und Isolation zur basalen Triebfeder der Evolution.

In den vierziger Jahren des 20. Jh. wurde auf der Theorie Darwins aufbauend die »synthetische Theorie« begründet. Diese soll als eine »Synthese« zu einem entsprechenden Bild vom evolutiven Wandel der Organismen führen. Ergebnisse aus praktisch allen für die Evolutionsforschung relevanten Disziplinen finden hier ihren Niederschlag. Damit geht diese Theorie über ↗Darwinismus und Neodarwinismus hinaus und kombiniert neben Selektion und Mutation eine Vielzahl von Faktoren, z. B. auch aus Molekulargenetik und Populationsbiologie, zu einem Erklärungsgefüge.

**Lit.:** F. M. Wuketits: Evolutionstheorien. Darmstadt 1988. MK

**Ewigkeit,** kann in einem dreifachen Sinn verstanden werden: (1) als unendliche Zeitdauer. Hierher gehört die Frage nach der E. der Welt. Dabei zeigen sich als Alternativen: (a) Der Kosmos hat keinen Anfang und kein Ende in der Zeit. Vergehen und Entstehen gibt es nur für die bestimmten Einzeldinge, nicht für den Kosmos als Ganzen. (b) Der Kosmos ist zu einem bestimmten Zeitpunkt entstanden. Unter der Voraussetzung jedoch, daß aus Nichts nichts entsteht, wird zumindest ein ewiger Urstoff angenommen. So läßt Platon im *Timaios* die Welt von einem Demiurgen erschaffen, der sich aber der ewigen Materie und der ewigen Formen (Ideen) bedient. (c) Der ewige Gott schafft die Welt aus dem Nichts. – Kant hat in der *KrV* die beiden Behauptungen eines Weltanfangs und der E. der Welt als Antinomien betrachtet und das Problem als »transzendentalen Schein« aufgezeigt. (2) E. wird verstanden als Zeitlosigkeit. Dies impliziert, daß Bestimmungen wie Dauer, Veränderlichkeit, Anfang und Ende keine Anwendung finden. Zeitlos können gedacht werden Gott, das Sein, die Ideen, der Geist. (3) als Fülle des Seins. Das Ewige ist dasjenige, in dem alles, was sein kann, zugleich ist, in dem also nichts Neues entsteht und nichts vergeht. FPB

**Exemplifikation,** die Erläuterung eines Sachverhalts, eines Begriffs oder einer ganzen Lehre durch ein Beispiel. Das Wesen des Beispiels (paradeigma) ist es für Platon, »etwas Größeres recht deutlich zu machen« (*Politikos* 277d). Zugleich hat Platon in *Menon* und *Theaitetos* dargelegt, daß ein bloßes Beispiel oder die Aufzählung von Beispielen zur Definition eines fraglichen Begriffs methodisch nicht ausreiche. Gegen diese Auffassung hat sich Wittgenstein in seiner *Philosophischen Grammatik* (74 ff.) ausdrücklich ausgesprochen. Er argumentiert dort, daß Beispiele durchaus genügen könnten, um Bedeutung und logischen Ort eines Wortes zu klären. Der Begriff E. ist nicht zu verwechseln mit dem philosophischen Exemplarismus, der neuplatonischen Lehre, wonach Gott als Ur- und Vorbild alles anderen Seins fungiert. MFM

**Existentia** (lat. ↗Dasein, ↗Existenz). Die Verwendung des Begriffs ist zunächst uneinheitlich. Erst nach Thomas von Aquin festigt sich die Bedeutung im Sinne des Faktums des bloßen Vorhandenseins eines Seienden als Wirkung einer äußeren Ursache. E. ist dann das pure »daß« etwas ist, im Unterschied zu dem »was« etwas ist (seinem Wesen, ↗essentia). Im neuzeitlichen Rationalismus wird die E. einer Sache, als – für die Erkenntnis irrelevantes – bloßes Wirklichwerden ihres begrifflich erfaßbaren Wesens, zunehmend philosophisch unbedeutend. In einer kritischen Wendung macht die ↗Existenzphilosophie dagegen die Existenz des Menschen zum Ausgangspunkt des menschlichen Selbstverständnisses, weil das Wesentliche seines Seins gerade darin besteht, sich im konkreten »Wie« seines Sich-zu-sich-selbst-Verhaltens selbst zu dem zu bestimmen, was er ist. FPB

**Existentialismus** ↗Existenzphilosophie

**Existenz** (zu lat. ↗existentia: ↗Dasein). (1) Der Begriff gewinnt zentrale Bedeutung innerhalb der ↗Existenzphilosophie und dient dort zur Charakterisierung der spezifisch menschlichen Seinsweise. Er richtet sich gegen eine philosophische Denktradition, derzufolge das bloße Faktum des Da-seins (Wirklichseins) eines Seienden philosophisch unbedeutend ist im Unterschied zu dem Was-sein (Wesen), das die notwendigen, bleibenden Eigenschaften ausspricht. Demgegenüber geht das Anliegen der Existenzphilosophie dahin, den Menschen als ein offenes Wesen zu verstehen, der sich aus seinem Lebensvollzug heraus verstehen muß und erst im konkreten Verhalten zu sich selbst zu dem bestimmt, was er ist. Kierkegaards Idealismuskritik zielt darauf zu zeigen, daß die Philosophie über dem Denken den Denkenden vergessen hat. Daher will er das Denken zurücklenken zum konkreten Subjekt, zur »Not des Existierenden«. Der Mensch kann sich selbst nicht als bloßes Exemplar eines allgemeinen Wesensbegriffs verstehen, denn das Wesentliche je seines Seins eröffnet sich ihm nur, wenn er sich zu den konkreten Möglichkeiten seines eigenen Selbstseinkönnens verhält. Maßgebend für Kierkegaards Betonung der E. ist sein religiöses Verständnis, nach dem der Einzelne als unvertretbar Einzelner in ein Verhältnis zu Gott kommen muß, ohne auf allgemeine und objektive Sicherheiten wie Kirche oder Dogma zurückgreifen zu können. Deshalb muß er sich zunächst klar darüber werden, wer er selbst ist, d.h. sich in seiner geschichtlichen Einmaligkeit begreifen, um im so gewonnenen Selbstverhältnis vor Gott zu stehen. – Jaspers verwendet den Begriff E. synonym mit Selbstsein. Er bezeichnet bei ihm die einmalige Seinsmöglichkeit eines Menschen, über die sich dieser in seinem Lebensvollzug und besonders in entscheidenden ↗Grenzsituationen bewußt werden muß. Was der Mensch in seiner E. ist, läßt sich nicht objektivierend aussagen, weil wissenschaftliche Erkenntnis sich auf das Allgemeine des Menschseins überhaupt, nicht auf das geschichtlich Einmalige je meines Seins richtet. – Sartre faßt den existentialistischen Standpunkt – das Begriffspaar existentia/essentia aufgreifend – in die Formel, daß beim Menschen die E. der Essenz vorausgeht. D.h. es gibt keinen vorgängigen Wesensbegriff des Menschen, sondern er ist das, wozu er sich macht; er findet sich zuerst in der Welt vor, begegnet sich und anderen, entwirft sich in die Zukunft und bestimmt sich danach. – Bei Heidegger ist E. das jemeinige Sein, zu dem ich mich als Dasein verhalte: »Dasjenige Sein selbst, zu dem als seinem eigenen das Dasein sich so oder so verhalten kann und immer irgendwie verhält, nennen wir Existenz« (*Sein und Zeit*, § 4). Später bezeichnet Heidegger mit Ek-sistenz die Offenheit des Menschen für die Wahrheit des Seins: »Der Mensch ist vielmehr vom Sein selbst in die Wahrheit des Seins ›geworfen‹, daß er, dergestalt ek-sistierend, die Wahrheit des Seins hüte, damit im Lichte des Seins das Seiende als das Seiende, das es ist, erscheine« (*Brief über den Humanismus*, Gesamtausgabe Bd. 9, S. 330). (2) In der formalen Logik bedeutet E., daß es einen Gegenstand gibt, auf den bestimmte (vorher genannte) Kennzeichnungen zutreffen, oder daß es (mindestens) einen Gegenstand gibt, der unter (vorher genannte) Prädikatoren fällt. »E.« ist ein Prädikator zweiter Stufe. ↗Einsquantor, ↗Existenzquantor. **Lit.:** F.-P. Burkard: Ethische Existenz bei K. Jaspers. Würzburg 1982. – M. Heidegger: Sein und Zeit (Gesamtausgabe Bd. 2). Frankfurt 1977. – K. Jaspers: Philosophie. Bd. 2: Existenzerhellung. Berlin u.a. [4]1973. – J.-P. Sartre: L'Existencialisme est un Humanisme (dt.: Ist der Existentialismus ein Humanismus? In: Drei Essays. Frankfurt 1962 u.ö.). – H. Vetter: Stadien der Existenz. Wien u.a. 1979. FPB

**Existenzaussage,** Aussage, in der behauptet wird, daß es mindestens ein Individuum (oder mindestens eine Klasse) mit einer bestimmten Eigenschaft gibt, bzw. daß mindestens ein Individuum (bzw. eine Klasse) in einer bestimmten Relation steht. Im Unterschied zu einer Allaussage wird diese Eigenschaft (bzw. Relation) nicht von allen Individuen (bzw. Klassen) eines bestimmten Bereichs ausgesagt. In der formalen Logik werden E.n mit Hilfe des Existenzoperators dargestellt: $(\exists x)\ A\ (x)$ – zu lesen als »Es gibt mindestens ein x, für das gilt: x besitzt die Eigenschaft A.« MQ

**Existenzerhellung,** bei Jaspers die dem existentiellen Denken eigentümliche Form, die sich aus der besonderen Seinsweise der ↗Existenz ergibt. Da Existenz weder allgemein bestimmbar noch objektiv gegeben ist, verbleiben philosophische Aussagen über Existenz immer in der Zweideutigkeit, im allgemeinen Medium (Sprache) das nicht Allgemeine und in objektiven Begriffen das nicht Objektivierbare ausdrücken zu müssen. E. erfordert daher eine Änderung der Bewußtseinshaltung: Begriffe werden zu »signa« (Zeiger), die nur auf das Gemeinte verweisen. Ein nachvollziehendes Verstehen gelingt nur in dem Maße, wie im Denken die eigene mögliche Existenz zum Durchbruch kommt. E. versteht sich daher als Appell an den Einzelnen, die Wirklichkeit seiner existentiellen Freiheit denkend und handelnd zu erwirken. **Lit.:** K. Jaspers: Philosophie. Bd. 2. Berlin u.a. [4]1973. – K. Salamun: Karl Jaspers. München 1985. S. 32–45. FPB

**Existenzialien,** bei Heidegger die Seinsbestimmungen des menschlichen ↗Daseins im Unterschied zu den ↗Kategorien, die das nicht-daseinsmäßige Sein betreffen. Die E. eröffnen das Sein vom verstehenden In-der-Welt-Sein des Menschen her, der sich als Dasein durch die Weise seines Seinsverhältnisses bestimmt. Das Adjektiv »existenzial« meint somit ›die Seinsbestimmungen des Daseins als solches betreffend‹, während »existenziell« sich auf die aufgrund dieser existenzialen Verfaßtheit möglichen konkreten Erfahrungen und das jeweilige Sich-zu-sich-selbst-Verhalten eines einzelnen Individuums bezieht. **Lit.:** M. Heidegger: Sein und Zeit (Gesamtausgabe Bd. 2) Frankfurt 1977. § 9. FPB

**Existenzphilosophie,** philosophische Strömung des 19. und 20. Jh. In kritischer Abgrenzung zu traditionellen Systemen essentialistischer Prägung betont die E. den Ausgangspunkt philosophischen Denkens bei der konkreten Welt- und Selbsterfahrung des Subjekts. Ihren Ausgang nimmt die E. mit Kierkegaard auf dem Hintergrund der Idealismuskritik des 19. Jh. Kierkegaard kritisiert das Verschwinden der Wirklichkeit des Subjekts im System des reinen Denkens der idealistischen Spekulation. »Was ist abstraktes Denken? Es ist das Denken, bei dem es keinen Denkenden gibt. Es sieht ab von allem anderen als dem Gedanken, und nur der Gedanke ist in seinem eigenen Medium. ... Was ist konkretes Denken? Es ist das Denken, bei dem es einen Denkenden gibt, und ein bestimmtes Etwas, das gedacht wird; bei dem die Existenz dem existierenden Denker den Gedanken, Zeit und Raum gibt« (Samlede Værker. 1. Aufl. VII 287). Kierkegaard will die notwendige Abstraktion des Denkens wieder an ihre Basis in der konkreten Selbsterfahrung des Subjekts zurückbinden. Grundlegend ist das Verständnis des Menschen als eines Verhältnisses, das sich zu sich selbst verhält und daher frei zur eigenen Selbstbestimmung ist. Er ist eine von ihm selbst zu leistende Synthese von Idealität und Realität, Endlichkeit und Unendlichkeit, Notwendigkeit und Möglichkeit. Als ein Seinkönnen muß der Mensch über die Wirklichkeit seiner Möglichkeiten noch selbst entscheiden. Dabei unterscheidet Kierkegaard zwischen aufsteigenden Realisationsstufen dieses Selbstverhältnisses, dem ästhetischen, ethischen und religiösen Existenzstadium. Das Bewußtwerden des eigenen einmaligen Selbst vollzieht sich dabei in existentiell bedeutsamen Selbsterfahrungen wie Verzweiflung, Angst, Schuld. Dabei ist für Kierkegaards Denken der religiöse Hintergrund entscheidend. Der Mensch kann nur er selbst werden, wenn er sich als von Gott gesetzt und auf diesen hin bestimmt erkennt, schließlich sich selbst losläßt und vorbehaltlos in Gott gründet.

Für die E. des 20. Jh. wurden neben Kierkegaard zahlreiche Impulse namhaft gemacht, die von der ↗Lebensphilosophie, Nietzsche, der Diskussion um die ↗Geschichtlichkeit des Menschen und allgemein der politisch-sozialen Situation des Jh. ausgehen. Jedoch ist die Strömung zu heterogen, um sie auf eine bestimmte Linie festzulegen. Die christliche Ausrichtung Kierkegaards wird von den späteren Existenzphilosophen zumeist aufgegeben, bzw. es wird ein dezidiert atheistischer Standpunkt, wie bei Sartre, eingenommen. – Jaspers dürfte sich noch am engsten an Kierkegaard anlehnen. Er versteht E. nicht als eine neue Philosophie, sondern als die der Zeit gemäße Erscheinungsform der philosophia perennis. Bereits in seiner Schrift *Die geistige Situation der Zeit* (1931) verweist er auf das dem einzelnen mögliche Selbstsein, das sich aus dem Grund einer substanziellen geistigen Tradition speist, als Gegenpol gegen die nivellierenden Tendenzen einer aufkommenden Massendaseinsordnung. Er bestimmt dort E. als »das alle Sachkunde nutzende, aber überschreitende Denken, durch das der Mensch er selbst werden möchte.« (Kap. IV, 2) In seiner *Philosophie* (1932) zeigt Jaspers, daß mit den Methoden der wissenschaftlichen »Weltorientierung« nur ein jeweils bestimmtes, nämlich verobjektivierbares Sein in den Blickpunkt tritt, der einzelne Mensch in den geschichtlichen Möglichkeiten seines Seinkönnens aber nicht erfaßbar ist. Im Gegensatz zum empirischen, und somit wissenschaftlich erforschbaren, Dasein bezeichnet Existenz bei Jaspers das Selbst, das sich zu seinem Seinkönnen verhält, dergestalt, daß es im Denken, Entscheiden und Handeln Ursprung seines Wesens wird. Aufgabe der Existenzerhellung ist daher, dem einzelnen sein mögliches Selbstsein bewußt zu machen und an dessen Verwirklichung zu appellieren. Von entscheidender Bedeutung ist die Erfahrung von ↗Grenzsituationen (wie Tod, Leiden, Schuld), an denen der scheinbare Halt in der äußerlichen Daseinsgeborgenheit zerbricht und der Mensch auf sich selbst zurückgeworfen wird. Anders als aber bei Sartre steht die auf sich gestellte Existenz in bezug auf eine die Welt und sie selbst übergreifende Transzendenz, die sich in vielgestaltigen ↗Chiffren manifestieren kann. Später (*Von der Wahrheit*, 1947) entwickelt Jaspers seine Lehre vom ↗Umgreifenden, die sein Denken in eine umfassendere Systematik bringt.

In *Sein und Zeit* (1927) will Heidegger die Frage nach dem Sinn von Sein neu stellen. Sein Ansatzpunkt versteht sich als Fundamentalontologie, die den Menschen als ein seinsverstehendes Wesen zum Ausgangspunkt nimmt. Aufgrund seines Seinsverständnisses eröffnet sich dem Menschen als Dasein sein eigenes Seinkönnen (Existenz), wie auch der Bewandtniszusammenhang der Welt. Der Mensch nimmt nicht erst eine nachträgliche, reflexive Erkenntnishaltung zur Welt ein, sondern sein »In-der-Welt-sein« zeichnet sich immer schon durch ein ursprüngliches »Vertrautsein« im Umgang mit der Welt aus. So liegt im Dasein eine primäre Erschlossenheit des Seins, die durch eine Analytik der Vollzugsweisen von Dasein aufgedeckt wird. Diese Seinscharaktere des Daseins sind als Existenzialien von den ↗Kategorien als Seinsbestimmungen von nicht daseinsmäßigem Sein zu unterscheiden. Den ontologischen Ansatz Heideggers kennzeichnet auch seine Unterscheidung von existenzial (die Seinscharaktere des Daseins betreffend) und existenziell (eine konkrete Einstellung des Menschen aufgrund seiner existenzialen Verfassung betreffend). Nach Heidegger ist Kierkegaard bei der existenziellen Analytik stehen geblieben, während Jaspers wiederum an Heidegger die ontologische Fixierung auf Existenzialien kritisiert. – In Heideggers späterem Denken tritt dann der Primat des Seins verstärkt hervor. Es ist nun das Sein selbst, das Seinsverständnis ermöglicht, in der Weise, in der es sich entbirgt. »Der Mensch ist vielmehr vom Sein selbst in die Wahrheit des Seins ›geworfen‹, daß er, dergestalt ek-sistierend, die Wahrheit des Seins hüte, damit im Lichte des Seins das Seiende als das Seiende, das es ist, erscheine« (*Brief über den Humanismus*, Gesamtausgabe Bd. 9, S. 330).

In Frankreich, wo der Existentialismus nicht nur auf die Philosophie beschränkt ist, sondern auch in der Literatur und Kunst gegenwärtig, hat Sartre eine Richtung eingeschlagen, die sich auch als eine phänomenologische Ontologie verstehen läßt (*L'être et le néant*, 1943). Die menschliche Existenz trägt in sich eine Negation: Der Mensch ist ein Sein, »das ist, was es nicht ist, und das nicht ist, was es ist.« D.h. der Mensch entwirft sich über das Gegebene hinaus auf die Zukunft hin, er ist wesentlich durch seine Möglichkeit bestimmt. Durch seinen Entwurf ist er immer schon über sich hinaus, er ist, was er *noch* nicht ist, aber sein kann. Er ist auch nicht *nur* das, was er faktisch schon ist, weil er durch seine unabsehbaren Möglichkeiten mitbestimmt ist. Die Seinsverfassung des Menschen ist daher Freiheit, denn das, was er ist, muß er erst aus sich machen. Da es für Sartre keinen Gott gibt, der dem Menschen sein Wesen vorgibt, bestimmt er sich durch seine Existenz selbst: »Was bedeutet hier, daß die Existenz der Essenz

vorausgeht? Es bedeutet, daß der Mensch zuerst existiert, sich begegnet, in der Welt auftaucht und sich danach definiert« (*Ist der Existentialismus ein Humanismus?* In: Drei Essays. Frankfurt 1962 u.ö.).
Camus macht in seinem *Le Mythe de Sisyphe* (1942) die existentielle Erfahrung des Absurden zum Ausgangspunkt seiner Überlegungen. Das Absurde besteht in der Kluft zwischen dem Menschen, der nach Sinn fragt, und der Welt, die schweigt. Der Verzicht auf einen jenseitigen, metaphysischen Sinn wirft den Menschen radikal auf sich selbst zurück und verlangt, sich innerhalb einer Welt des menschlichen Maßes einzurichten, nichts Jenseitiges zu erhoffen, sondern das Gegebene auszuschöpfen. Um seiner eigenen Identität willen muß der Mensch aber an seinem Anspruch auf Sinnerfüllung festhalten, auch wenn er weiß, daß dieser nicht einzulösen ist. Daher ist seine grundlegende Haltung die der Auflehnung gegen das Absurde, in der er sich mit anderen solidarisch erfährt. Die Revolte ist der geschichtliche Ausdruck der Auflehnung des Menschen gegen die Bedingungen seines Daseins (*L'homme révolté*, 1951). Ohne Solidarität verrät die Auflehnung ihren eigenen Ursprung und wird zur Revolution. Revolte ist der Übergang von der verneinten Wirklichkeit zur Idee, die Revolution die Anpassung der Wirklichkeit an die Idee. Letztere unterwirft so den Menschen ihrer Ideologie und wird zum Terror. Dem setzt Camus den Gedanken des Maßes, der »penseé de midi« entgegen. Maßlosigkeit, als Überschreiten der Grenzen, ist der Verstoß des Menschen gegen das Innewerden seines Wesens, in dem er die Würde seines Seins in der Solidarität mit allem Seienden erfährt.
Als weitere Vertreter der E. können N. Abbagnano, G. Marcel und P. Wust gelten. Einflüsse der E. finden sich in der Psychologie und Psychopathologie (so z. B. bei L. Binswanger) und der protestantischen (K. Barth, R. Bultmann) und katholischen (K. Rahner) Theologie. **Lit.:** F.-P. Burkard: K. Jaspers. Würzburg 1985. – H. Deuser: Kierkegaard. Darmstadt 1985. – J. Hengelbrock: J.-P. Sartre. Freiburg 1989. – W. Janke: Existenzphilosophie. Berlin/New York 1982. – A. Pieper: A. Camus. München 1984. – O. Pöggeler: Der Denkweg M. Heideggers. Pfullingen 1963. – K. Salamun: K. Jaspers. München 1985. – J. Speck (Hg.): Grundprobleme der großen Philosophen. Philosophie der Gegenwart V. Göttingen 1982. – F. Zimmermann: Einführung in die Existenzphilosophie. Darmstadt [3]1992. FPB

**Existenzpräsupposition** ↗Präsupposition

**Existenzquantor,** in der formalen Logik die Aussage »es gibt/es existiert«, wodurch behauptet wird, daß es mindestens einen Gegenstand gibt, dem eine bestimmte ausdrücklich genannte Kennzeichnung zukommt bzw. der unter einen ausdrücklich genannten Prädikator fällt. Statt der Bezeichnung »E.« kann auch die Bezeichnung ↗«Einsquantor« verwendet werden. ↗Existenz ↗Existenzaussage, ↗Quantor. PP

**Existenzverallgemeinerung.** In der formalen Logik und logischen Semantik gilt, daß eine wahre Proposition einen Bezugsgegenstand in der nicht-sprachlichen Wirklichkeit haben muß (bzw. hypothetisch haben können muß). Wenn eine Proposition wahr ist, dann setzt sie voraus, daß es etwas gibt, von dem sie Wahres aussagt. Das Gesetz der E. besagt: Aus der Wahrheit einer Proposition wird der allgemeine Schluß gezogen, daß es etwas gibt, worauf die Proposition zutrifft. PP

**Exklusion.** In der formalen Logik (Aussagenlogik) wird der gegenseitige Ausschluß zweier Aussagen als E. bezeichnet: die Annahme der einen schließt die Geltung der anderen aus. Die Aussagen stehen in einem konträren Gegensatz zueinander (↗Disjunktion). Der Wahrheitswert der Gesamtaussage ist nur dann falsch, wenn beide Teilsätze wahr sind, ansonsten immer wahr. Der Operator, der die E. bildet, heißt Exklusor; in der klassischen Logik wird die E. als »konträrer Gegensatz« bezeichnet. PP

**Experiment** (lat. experiri: versuchen), planvolle und mit Hilfe von Instrumenten gewonnene Erfahrung einer Naturerscheinung. Bereits für die Antike sind qualitative E.e in Alchemie und Medizin nachweisbar, aber erst in Zusammenhang mit neuen Untersuchungsmethoden und -objekten in den Naturwissenschaften verfeinern sich die Meß- und Experimentierverfahren und ihre Beschreibung (R. Bacons *Scientia ponderum* und Nicolaus Cusanus' *De staticis experimentis dialogus*). Fr. Bacon und Galilei bestimmen methodisch geordnete E.e als Voraussetzung jeder systematischen Naturerforschung (*Novum Organum*). Wolff – wie später auch Kant – definiert das E. als eine Erfahrungsweise, die der methodischen Einflußnahme des Menschen bedarf, anders als die »observatio«, die eine passive Beobachtung eines Naturgeschehens meint. Der engl. Empirist J. St. Mill bestimmt in Anlehnung an Bacon »vier Methoden der experimentellen Übereinstimmung«, die Aussagen aufgrund induktiver Schlüsse erlauben. Mit Einsetzen der Kritik an induktiven Verfahren in den Naturwissenschaften durch Duhem und Dingler wird zunehmend in Frage gestellt, ob E.e zu einer wissenschaftlichen Theorie führen. **Lit.:** H. Dingler: Über die Geschichte und das Wesen des Experiments. München 1952. – R. A. Fisher: The Design of Experiments. Edinburgh 1966. – W. Strolz: Experiment und Erfahrung in Wissenschaft und Kunst. Freiburg/München 1963. JM

**Experimentalphilosophie,** wurde insbesondere im 17. und 18. Jh. in England von Anhängern der »Royal Society« wie Sydenham, Boyle, Newton und Locke vertreten. Unter dem Einfluß der Atomtheorie von Gassendi, die die prinzipielle Begrenztheit des menschlichen Wissens begründet, und der Experimentaltheorie von F. Bacon, nach welcher Experimente und Beobachtung der Erfahrung die einzig verläßliche Quelle unserer Erkenntnis darstellen, ging die E. davon aus, daß dem Wissen eine Wesenserkenntnis oder Einsicht in die letzten Ursachen versagt bleibt, so daß die philosophia experimentalis, apparentialis oder historica lediglich die einzelnen Phänomene beschreiben und klassifizieren kann. Dem Erfahrungswissen fehlt somit der Charakter der Notwendigkeit und Allgemeinheit: Empirische Verallgemeinerung durch Induktion bleibt ungewiß. So führt Newton z. B. die Naturerscheinungen auf die Schwerkraft zurück – was jedoch die Kraft selbst bedeutet, was ihre letzte Ursache ist, kann nicht erklärt werden und metaphysische Hypothesen werden von Newton abgelehnt. Locke und Hume übertragen die exprimentelle Methode der Beweisführung auf die Untersuchung des menschlichen Verstandes bzw. der menschlichen Natur. **Lit.:** R. Specht: Erfahrungen und Hypothesen. In: Philosophisches Jb. 88 (1981). S. 20–49. HPS

**Experimentum crucis** (lat. Experiment des Kreuzes), auf F. Bacon zurückgehende Bezeichnung für ein Überprüfungskriterium, das über die Richtigkeit einer wissenschaftlichen Theorie oder zwischen zwei alternativen Theorien wesentlich entscheidet. Im weiteren Sinne entscheidet das E. c. darüber, ob Theorien überhaupt falsifiziert werden können. Nach der »Duhem-Quine-These« ist aber die Bestimmung einzelner Sätze als E. c. für eine Theorie nicht möglich. **Lit.:** W. V. O. Quine: From a Logical Point of View. Cambridge, Mass. 1961. JSC

**Explanans/Explanandum,** das Erklärende/das zu Erklärende. In einer wissenschaftlichen ↗Erklärung gilt ein Einzelereignis als Erklärungsfall, d. h. als zu Erklärendes, und die diesen Einzelfall erklärenden Aussagen als Explanans. Für eine hinreichende Erklärung wird zur Voraussetzung gemacht, daß das Explanans mindestens zwei Aussagen enthält: eine allgemeine Aussage, in der eine Gesetzeshypothese formuliert ist, und eine Aussage, die die singulären Anfangs- oder Randbedingungen (für einen Einzelfall) benennt. ↗Erklärung. PP

**Explikation.** Die E. eines Begriffs dient dazu, einen vagen oder mehrdeutigen Ausdruck der Alltagssprache zu präzisieren. Der zu präzisierende Ausdruck wird Explicandum/Explikandum, der ihn ersetzende Explikat genannt. In der Regel geht der eigentlichen E. eine Begriffserläuterung voran, in der mit Hilfe von Beispielen aus einer Anzahl von Verwendungsweisen des Begriffs diejenigen Wendungen abgrenzend herausgestellt werden, deren Klärung vorgenommen werden soll. Z. B. wird ein Erkenntnistheoretiker oder Logiker für sein Interesse am Prädikat »wahr« die Wendungen »wahre Aussage«, »wahre Behauptung«, »wahrer Bericht« von solchen wie »wahrer Freund«, »wahre Liebe«, »wahres Glück«, »wahrer Gewinner« abgrenzen. Die E. besteht darin, daß der betreffende Begriff in ein ganzes System von exakten wissenschaftlichen Begriffen eingeordnet wird, so daß seine korrekte Anwendung durch präzise Regeln gewährleistet ist. Eine E. kann mehr oder weniger adäquat sein. Carnap hat vier Kriterien zur Beurteilung der Adäquatheit einer Begriffsexplikation aufgestellt: (1) Das Explikat muß dem Explikandum ähnlich sein, da man sonst nicht von einer E. dieses Explikandums sprechen könnte. (2) Das Explikat muß die Forderung der Exaktheit erfüllen. Da es nicht möglich ist, einen einzigen Begriff für sich allein als exakten zu konstruieren, gilt diese Forderung für das ganze Begriffssystem, in den dieser einzelne Begriff eingeordnet ist. (3) Die Forderung der Fruchtbarkeit: Sie besagt, daß der fragliche Begriff die Aufstellung möglichst vieler Gesetze gestatten soll. (4) die Forderung der Einfachheit: diese bezieht sich sowohl auf die Definition des Begriffs wie auf die mit diesem Begriff gebildeten Gesetze. Die explizierten Begriffe können in drei Formen auftreten: (1) Der klassifikatorische Begriff dient zur Einteilung von Dingen in zwei oder mehrere Klassen; (2) der komparative (auch Ordnungs- oder topologischer) Begriff dient genaueren Vergleichsfeststellungen; (3) der quantitative (oder metrische) Begriff dient der genauen Charakterisierung von Eigenschaften oder Beziehungen mit Hilfe von Zahlenwerten, z. B. Länge, Temperatur, oder Preisindex, Geburtenrate. – Wunderlich ergänzt die Forderungen von Carnap: (1) Die E. erfolgt gemäß den Forderungen 2–4 von Carnap im Hinblick auf Theorien. Entweder werden zentrale Begriffe derart expliziert, daß ihnen ganze Theorien als Explikat entsprechen, oder es werden verschiedene Begriffe im Zusammenhang expliziert. (2) Wir explizieren stets im Hinblick auf die klaren Fälle, um bei ihnen unsere Intuitionen durch exaktere Argumente ersetzen zu können. Die Theorie kann aber auch Antworten auf die Grenzfälle geben bzw. den Grenzfall klar bestimmen. (3) Die Explikationssprache ist von derselben Stufe wie die Explikandumsprache (z. B. die Umgangssprache), d. h. keine Metasprache. – Neben der Bedeutungsexplikation von Ausdrücken gibt es die E. natürlicher Phänomene, z. B. einer Handlung, einer Geste, eines Kunstwerks u. a. m. Im Hinblick auf solche Phänomene sind zwei Stufen der Bedeutungsexplikation zu unterscheiden: (a) eine auf die inhaltssemantische Sinnrelation gerichtete, die um das Verstehen der Bedeutung solcher Phänomene bemüht ist. Wenn ein solches Inhaltsverstehen Schwierigkeiten (des Verständnisses) nicht beseitigen kann, nimmt man Bezug auf eine zweite Stufe: (b) auf eine Bedeutungsexplikation i. S. des rekonstruktiven Verstehens, das sich auf das Verständnis der Regeln richtet, nach denen das betrachtete Phänomen hervorgebracht worden ist. In bezug auf die Sprache z. B. richtet sich das Inhaltsverstehen auf beliebige Äußerungen, das rekonstruktive Verstehen auf das Regelbewußtsein des kompetenten Sprechers, das die Grammatikalität von Sätzen beurteilt. **Lit.:** R. Carnap: Bedeutung und Notwendigkeit. Wien/New York 1972. S. 9 ff. – R. Carnap/W. Stegmüller: Induktive Logik und Wahrscheinlichkeit. Wien 1959. S. 15. – J. Habermas: Was heißt Universalpragmatik. In: K.-O. Apel (Hg.): Sprachpragmatik und Philosophie. Frankfurt 1976. S. 186 ff. – W. Stegmüller: Hauptströmungen der Gegenwartsphilosophie. Stuttgart [4]1969. S. 374 ff. – D. Wunderlich: Grundlagen der Linguistik. Hamburg 1974. S. 209. PP

**Exportationsgesetz,** Gesetz der klassischen wie intuitionistischen Aussagenlogik über die Verbindung von Konjunktion und Konditional, formal:
wenn $(A \wedge B) \rightarrow C$, dann $A \rightarrow (B \rightarrow C)$ UM

**Expropriation** (lat. Enteignung), einer der zentralen polemischen Begriffe der Marxschen Mehrwert- und Revolutionstheorie. Im Prozeß der »ursprünglichen Akkumulation« (MEW 23, S. 741ff) wird zunächst die »große Volksmasse« von Grund und Boden sowie von Lebensmitteln und Arbeitsinstrumenten expropriiert. Dieser Prozeß kennzeichnet die »Vorgeschichte des Kapitals«. Innerhalb der kapitalistischen Produktionsweise geht die E. der selbständigen Produzenten in Ausbeutung der Lohnarbeiter durch die Kapitalisten über. Zugleich sorgt die immanente Gesetzmäßigkeit der kapitalistischen Produktion für einen fortwährenden Konzentrationsprozeß des Kapitals, die zunächst konkurrenzfähigeren Einzelkapitale enteignen die weniger konkurrenzfähigen. So sammelt sich immer mehr Kapital und damit ökonomische Macht in immer weniger Händen, gleichzeitig wächst aber auch die Masse des Elends und damit einhergehend die Empörung gegen diese Zustände. Die Arbeiterklasse organisiert sich und enteignet die letzten wenigen Monopolkapitalisten und bringt somit die Produktionsmittel unter eine gesellschaftliche Kontrolle: »Die Expropriateurs werden expropriiert.« ER

**Extension** ↗Intension/Extension

**Extensionalitätsthese,** die explizit v.a. von Carnap vertretene Auffassung, wonach es zu jeder intensionalen Sprache eine rein extensionale Sprache gibt, in die sich die Aussagen der intensionalen Sprache ohne Bedeutungsverlust übersetzen lassen. Intensionales Vokabular gilt somit, zumindest für wissenschaftliche Zwecke, als prinzipiell eliminierbar. Für eine rein extensionale Sprache sah Carnap logische wie semantische Vorteile gegenüber intensionalen, da in ihr z.B. das ↗Leibnizsche Gesetz der Identität erhalten bleibt. Die E. blieb allerdings nicht unwidersprochen und wurde in späteren Jahren von Carnap selbst nicht mehr uneingeschränkt vertreten. **Lit.:** R. Carnap. Die Logische Syntax der Sprache, Wien/New York [2]1968. UM

**Extensionsfunktion,** Bezeichnung für eine Funktion, die in jedem Kontext der Verwendung eine Extension bestimmt. Z.B. bezieht sich das Wort »ich« bei verschiedenen Gelegenheiten auf verschiedene Personen. Aufgrund der Verschiedenheit der Personen kann nicht von einer Extension dieses Ausdrucks, d.h. der Menge der Dinge, auf die dieser Ausdruck zutrifft, gesprochen werden. PP

**Exteriorität,** bezeichnet das Äußere oder die Außenseite einer Sache. Der Terminus ist aus dem heutigen Sprachgebrauch fast vollkommen entschwunden. Im MA. bedeutet die E. einer Sache gelegentlich ihre Zugehörigkeit zu den Gegenständen der »äußeren Welt«, in bewußtem Gegensatz zu den Gegenständen der Seele. So heißt es z.B. bei Avicenna (*Liber de philosophia prima sive scientia divina*: »potest res habere in intellectu, et non in exterioribus.« MFM

**Extern/intern.** Mit Hilfe dieser Termini versucht Carnap das Verhältnis von Sprache und Realität zu klären. Seinem Vorschlag entsprechend soll man bezüglich eines semantischen Systems S zwei grundsätzlich verschiedene Arten von Fragen unterscheiden: (1) Fragen nach dem Vorkommen einzelner Entitäten im System S selbst und die Stellung dieser Entitäten (bzw. deren Eigenschaften) innerhalb der Systemstruktur. Solche Fragen sind als interne anzusehen, da sie zum einen mit den Eigenbegriffen von S innerhalb des Systems formuliert werden, zum anderen aufgrund der Regeln und Eigenaxiome von S mit logischen und empirischen Methoden beantwortet werden. Die internen Fragen verwenden den Realitätsbegriff der empirischen Wissenschaften. Die Sprechweise »real« und »Realität« wird dann in der Bedeutung verwendet »nicht-fiktiv«, »nicht-imaginär«. (2) Betrifft die Frage nach der Realität dagegen ein semantisches System S als Ganzes und insofern auch die Gesamtheit der im jeweiligen System vorkommenden Entitäten, dann handelt es sich um externe Fragen, da diese nicht mehr mit den Begriffen von S und mit Hilfe der Axiome und Regeln von S beantwortet werden können. Eine solche e.e Frage ist die philosophische Problematisierung des Realitätsbegriffs: (a) ob in der menschlichen Erkenntnis an sich etwas erkannt wird, das unabhängig vom erkennenden Bewußtsein real existiert, (b) wie solche Erkenntnis erfolgen kann, (c) was das Erkannte hinsichtlich seines ontologischen Status ist. Entsprechend dem empiristischen Sinnkriterium ist für Carnap nur der Realitätsbegriff der internen Fragen wissenschaftlich sinnvoll, während externe Fragen Pseudo-Probleme darstellen und somit dem Verdikt der Sinnlosigkeit anheimfallen. **Lit.:** R. Carnap: Empirismus, Semantik und Ontologie. In: Bedeutung und Notwendigkeit. Wien/New York 1972. S. 257ff. – L. Krauth: Die Philosophie Carnaps. Wien/New York 1970. S. 195ff. PP

**Externalismus/Internalismus,** Begriffspaar, das in der Erkenntnistheorie, der Semantik und der Philosophie des Geistes eine Rolle spielt. In der Erkenntnistheorie findet es vor allem in der Theorie der Rechtfertigung Verwendung. Dabei behauptet der I., daß die Gründe und Verfahren, die zur Rechtfertigung einer Meinung dienen können, dem Subjekt zumindest prinzipiell kognitiv zugänglich sein müssen. Demgegenüber behauptet der epistemische E., daß eine Meinung unter anderem durch eine kausale oder nomologische Relation zwischen Welt und Subjekt gerechtfertigt werden kann oder muß. Von dieser Relation oder ihrer genauen Natur muß das Subjekt dabei keine Kenntnis haben, damit sein Glaube als gerechtfertigt gilt. – Der semantische I. besagt, daß die wahre Beschaffenheit der (nichtmentalen) Welt an der Bedeutungsfestlegung eines Wortes nicht beteiligt ist, während der semantische E. gerade dieses behauptet. – In der Philosophie des Geistes bezeichnen »E.« und »I.« zwei gegensätzliche Positionen bezüglich der Individuierung mentaler Zustände. Hierbei greifen Vertreter beider Lager häufig auf Argumente aus der Diskussion um den semantischen E. oder I. zurück, während Vertreter beider Lager in der Erkenntnistheorie auf die Argumente aus der Philosophie des Geistes zurückgreifen. Die Internalisten vertreten die Position, daß die psychologischen Zustände eines Individuums in einer Supervenienzbeziehung (↗Supervenienz) zu seinem Körper stehen, d. h. daß sie ohne Bezug auf die Umwelt des Subjekts zu individuieren sind. Sie gehen entsprechend davon aus, daß der methodologische Solipsimus die den Kognitionswissenschaften angemessene Forschungsstrategie ist. Die Externalisten bestreiten diese These. Ihnen zufolge geht die Beschaffenheit der Umwelt des Individuums notwendig in die Individuierung mentaler Zustände ein. So könnten sich ein Individuum und seine physikalisch identische »Kopie« in verschiedenen mentalen Zuständen befinden, falls sie sich in verschiedenen Umgebungen aufhalten. **Lit.:** Zur Verwendung in der Bedeutungstheorie und Philosophie des Geistes: T. Burge: Individualism and the Mental. In: Midwest Studies in Philosophy 4 (1979). S. 73–121. – S. Edwards: Externalism in the Philosophy of Mind. Brookfield 1994. – H. Putnam: The Meaning of ›Meaning‹. In: Ders.: Mind, Language and Reality. Philosophical Papers. Bd. 2. Cambridge 1975. S. 215–271. – Zur Verwendung in der Erkenntnistheorie: W. P. Alston: Epistemic Justification. Ithaka 1989. – A. I. Goldman: Epistemology and Cognition. Cambridge 1986. MBI

**Extramundan.** »Außerweltlich« ist für den ↗Deismus des 16. und 17. Jh. Gott (J. Toland, Herbert Cherbury, Diderot, d'Alembert, Reimarus u. a.), weil er nach dem Schöpfungsakt die Welt ihrer Eigengesetzlichkeit überlassen hat. Als ihr erster Anfang und Begründer ihrer Ordnung ist er Gegenstand der Vernunft. Eine göttliche Offenbarung und Wunder werden als überflüssig angesehen. Wo die Theologie unter den Einfluß des Gedankens vom e.en Gott kommt, faßt sie Wunder als von außen kommende Eingriffe Gottes auf. Die Vorstellung eines weltlosen Gottes zieht die einer gottlosen Welt nach sich und muß daher als wichtiges Moment neuzeitlichen Säkularisierungsgedankens angesehen werden. E. darf nicht mit der ↗Transzendenz Gottes verwechselt werden. Diese ist in seiner Unendlichkeit begründet und schließt die Immanenz ein. Anderenfalls würde Gott wie ein selber endliches Seiendes der Welt gegenübergesetzt, die Unendlichkeit seines Seins also aufgehoben. **Lit.:** G. Scherer: Welt – Natur oder Schöpfung? Darmstadt 1990. – B. Weissmahr: Philosophische Gotteslehre (Grundkurs Philosophie 5). Stuttgart u. a. 1983. GS

**Extrapolation/Interpolation,** der Schluß von Funktionswerten innerhalb eines mathematischen Bereichs auf solche außerhalb dieses Bereichs. Dieses Verfahren wird insbesondere dann angewandt, wenn durch eine Funktion exakte Aussagen nur über bestimmte empirische Meßwerte abgedeckt werden können, man aber zu Aussagen über analoge (etwa in der Zukunft oder in weiteren räumlichen Entfernungen liegende) Sachverhalte kommen will. Die durch E. gewonnenen Aussagen sind mithin niemals exakt wahr, sondern stets nur wahrscheinlich. Der Grad der Wahrscheinlichkeit bemißt sich an dem Grad der Überschreitung des exakt festgelegten Funktionsbereichs. Demgegenüber spricht man von einer Interpolation, wenn zwischen empirisch belegten funktionalen Zuordnungen Werte, die nicht empirisch belegt sind, (etwa auf dem Wege des arithmetischen Mittels) ermittelt werden. Im philosophischen Sprachgebrauch ist mit dem Terminus der E. gelegentlich der Schluß von einem feststehenden und exakten empirischen Bereich auf das analog Wahrscheinliche gemeint. MFM

**Extremalprinzipien,** physikalische Gesetze, die bestimmten Größen extreme Attribute (Maximal- oder Minimaleigenschaften) zuschreiben. Als E. bezeichnet man z. B. das Gaußsche Prinzip des kleinsten Zwanges, das Hertzsche Prinzip der geradesten Bahn, das Fermatsche Gesetz des kürzesten Weges bzw. der schnellsten Ankunft. Das philosophisch bedeutendste der E. ist das auf Leibniz zurückgehende Prinzip der kleinsten Wirkung, demzufolge jede Veränderung in der Natur nur die kleinstmögliche »Aktion« benötigt. In der funktionalen Analysis korrespondieren die E. mit den Extremwerten, jenen Werten einer mathematischen Funktion, in deren Umgebung alle benachbarten Funktionswerte entweder kleiner (Maximum) oder größer (Minimum) sind. MFM

**F-wahr/F-falsch,** bei Carnap Bezeichnung jener Sätze, deren Wahrheitswert von einem empirisch zu ermittelnden kontingenten Faktum abhängt. Diese Sätze sind den synthetischen Sätzen aposteriori gleichzusetzen. Im Gegensatz dazu werden die L-wahren/L-falschen Sätze allein aufgrund ihrer logischen Form und ohne empirischen Bezug beurteilt. PP

**Fă** (Rechtsgesetz, Rechtsordnung, auch Übersetzungsterminus für sanskrit ↗dharma; im chinesischen Buddhismus: Erscheinung), chinesischer staats- und rechtsphilosophischer Grundbegriff. Er wird in der Zeit der Streitenden Reiche (475–221 v. Chr.) zum Leitbegriff der Fa-Schule bzw. Rechtsphilosophen. Sein Bedeutungsprofil erhält er aus dem Gegensatz zum konfuzianischen Begriff der Sitte (↗Lĭ), der im alten China eine dem stoischen »Naturrecht« entsprechende Bedeutung der »naturgemäßen« Staats- und Gesellschaftsordnung hat. Fa bedeutet demgegenüber gerade die willkürlich durch Eingriff in das Überkommene hergestellte Ordnung, insbesondere die positive Gesetzgebung selber. In der älteren Fa-Schule betont Shen Dao (395–315) dabei Shi Zhi, das Machtregime, Shang Yang (390–338) Fa Zhi, die Gesetzgebung, Shen Bu-hai (385–337) Shu Zhi, die Rechtspolitik. Der Hauptklassiker ist Han Fei (ca. 280–233), der diese Ansätze zu einer Lehre von Fa Shu Shi, etwa machtinstrumentierte Gesetzesherrschaft, konsolidiert. Sein Menschenbild unterstellt allen Menschen Zi Wei Xin, Egoismus, als grundlegenden Trieb zum Verfolg des eigenen Vorteils und der Vermeidung von Nachteilen. Entsprechend betont er die Belohnungs- und Straffunktion der Gesetze, die Notwendigkeit ihrer öffentlichen Bekanntheit und härteste Exekution ohne Ansehen der Person: »Ein Herrscher befaßt sich nicht mit der Tugend (De), sondern mit dem Recht (Fa). Gutes muß reichlich belohnt werden und Vertrauen finden, Böses muß schwer und mit Zwangsläufigkeit bestraft werden« (*Han Fei Zi: Ding Fa, Über Gesetzgebung*). Fa dient auch zur Bezeichnung des Französischen. **Lit.:** L. Geldsetzer/H.-d. Hong: Chinesisch-deutsches Lexikon der chinesischen Philosophie. Aalen 1986. Artikel: Gesetz (Fǎ), Gesetzliche Ordnung (Fǎ Zhì), Gesetz, Politik und Macht (Fǎ Shù Shì). – Yu-ning Li (Hg.): Shang Yang's Reforms and State Control in China. White Plains 1977. – Han Fei Tzu: The complete Works. A Classic in Chinese Legalism. Übers. von W. K. Liao. 2 Bde. London 1939, ND. 1959. – Shang Yang: The Book of Lord Shang, a Classic of the Chinese School of Law. Übers. v. J. J. L. Duyvendak. London 1928, ND. 1963. LG/HDH

**Fallibilismusvorbehalt,** drückt in bezug auf die Geltung einer Aussage die Einschränkung aus, daß sie eingedenk der prinzipiellen Fehlbarkeit menschlicher Erkenntnis sich auch als falsch herausstellen könnte. Das beinhaltet nicht, daß schon Gründe für deren Nicht-Geltung vorgebracht werden könnten. PP

**Faktizität.** Mit der Rede von F. ist in einem weiten Sinne der Umstand gemeint, daß bestimmte empirische Sachverhalte in dem einfachen Sinne tatsächlich bestehen, in dem man auch davon spricht, daß etwas wirklich der Fall ist oder gegeben ist, und zwar im Unterschied dazu, daß etwas notwendigerweise der Fall ist. In der Existenzialontologie bedeutet F. die besondere Art und Weise der menschlichen Existenz. So bezeichnet Heidegger die dem menschlichen Dasein (als »In-der-Welt-Sein«) eigentümliche ontologische Existenzweise als F., der er die bloße Vorhandenheit im Sinne der Existenz empirischer Dinge gegenüber stellt. ↗Geworfenheit. **Lit.:** M. Heidegger: Sein und Zeit. Tübingen 1949. – J. P. Sartre: Das Sein und das Nichts. Reinbek 1993. JH

**Falsifikation,** stellt ein Überprüfungsverfahren für unbeschränkte Allaussagen dar, mit deren Hilfe diese Sätze als bestätigt ausgewiesen werden können. Popper hat dazu auf die Korrelation zwischen Allaussagen und Existentialaussagen hingewiesen: (1) Einer positiven Allaussage entspricht eine verneinte Existenzaussage, z. B. entspricht der Allaussage »alle katzenartigen Raubtiere haben einziehbare Krallen« die Existenzaussage »es gibt kein katzenartiges Tier mit feststehenden Krallen«; (2) einer verneinten Allaussage entspricht eine positive Existenzaussage, z. B. »nicht alle Schwäne sind weiß« entspricht »es gibt Schwäne, die nicht weiß sind«. Da in einer singulären Existenzaussage eine Tatsache festgestellt wird, ist sie in ihrer logischen Korrelation zu einer Allaussage zu deren Überprüfung geeignet. Allgemeine Aussagen werden dadurch vollständig widerlegbar, d. h. falsifizierbar: Durch eine positive Existenzaussage wird die positive Allaussage, der die verneinte Existenzaussage entspricht, widerlegt. Die Bedingungen der ↗Falsifizierbarkeit werden durch die logische Beziehung eines Basis-Satzes festgelegt: (1) Der falsifizierende Satz darf nicht aus dem zu prüfenden Allsatz ableitbar sein; (2) die Negation des Basissatzes muß aus dem zu prüfenden Allsatz ableitbar sein – nur so ist eine Widerspruchsmöglichkeit gegeben; (3) ein falsifizierender Satz muß eine Aussage über einen beobachtbaren Vorgang sein. Der Grad der Falsifizierbarkeit variiert dabei: je mehr Möglichkeiten der Falsifikation gegeben sind, umso stärker ist der Geltungsgrad einer Theorie im Falle der Bewährung. **Lit.:** K. Popper: Logik der Forschung. Tübingen [7]1982. S. 31 ff. – M. Schmid: Falsifizierbarkeit oder Falsifikation. In: Zs. für allgemeine Wissenschaftstheorie 3 (1972). S. 85–87. PP

**Falsifikationismus.** Innerhalb der Wissenschaftstheorie stellt der F. eine dem Induktivismus entgegengesetzte Position dar, die für die Geltung empirischer Aussagen das Kriterium des (bisher) Nicht-Falsifiziertseins angibt: Aus versuchsweise aufgestellten Hypothesen werden Sätze abgeleitet, die mit späteren Beobachtungssätzen verglichen werden. Wenn beide Sätze dasselbe aussagen, gelten die Hypothesen solange als bestätigt, bis Beobachtungsaussagen auftreten, die zu den aus den Hypothesen abgeleiteten Sätzen im Widerspruch stehen. Der Grundgedanke des F. besteht darin, daß sich allgemeine Hypothesen oder Naturgesetze nicht durch Tatsachenaussagen verifizieren lassen, da die Reihe dieser Tatsachenaussagen weder abschließbar ist, noch ein Kriterium dafür vorliegt, wann diese Reihe als abgeschlossen betrachtet werden könnte. Deshalb wird eine andere Strategie verfolgt, nämlich jede Theorie (bzw. allgemeine Hypothesen) möglichst strengen Prüfungen zu unterwerfen. Jede Theorie muß wiederholten Versuchen der Falsifikation unterworfen werden, denn nur dadurch entsteht für den Forschungsprozeß die Notwendigkeit, bei gelungener Falsifikation nach verbessertem Ersatz zu suchen. Alle empirische Erkenntnis kommt dadurch zustande, daß wir Hypothesen bilden, die über das wahrnehmbar Gegebene hinausgehen. Eine Hypothese erhält ihre Geltung nicht ein für allemal durch die ihr vorausgehenden Beobachtungen, vielmehr muß sie sich über wiederholte Falsifikationsversuche hinweg immer wieder bestätigen. Ihre nachträgliche Verifikation hängt von der Übereinstimmung mit intersubjektiv anerkannten Beobachtungen (bzw. Erlebnisaussagen) ab. Infolge der stets erneuerten Nachprüfbarkeit gibt es bei den empirischen Aussagen keine endgültige Geltung, sondern immer nur eine vorläufige und widerrufliche (↗Fallibilismusvorbehalt). **Lit.:** G. Andersson: Kritik und Wissenschaftsgeschichte. Tübingen 1988. – I. Lakatos/A. Musgrave: Kritik und Erkenntnisfortschritt. Braunschweig 1974. – K. Popper: Logik der Forschung. Tübingen [7]1982. – G. Radnitzky/G. Andersson: Voraussetzungen und Grenzen der Wissenschaft. Tübingen 1981. PP

**Falsifizierbarkeit.** Die empirische Widerlegbarkeit von allgemeinen Hypothesen setzt voraus, daß mit Hilfe von Beobachtungssätzen (Basissätzen) die Wahrheit von Theorien oder allgemeinen Hypothesen widerlegt, d. h. als falsch nachgewiesen werden kann. Wenn eine Falsifikationsmöglichkeit wirklich eintritt und damit ein Beobachtungssatz wahr ist, der mit einer gewissen Theorie unvereinbar ist, oder wenn sich ein von den Theorien ausgeschlossener Vorgang ereignet, dann ist die Theorie falsifiziert oder als falsch widerlegt. Popper unterscheidet zwischen der Möglichkeit und der Unmöglichkeit einer endgültigen ↗Falsifikation durch Beobachtungen. F. besagt, daß es prinzipiell möglich ist, gewisse universelle Theorien durch einen beobachtbaren (aber von bestimmten Theorien als ausgeschlossen angenommenen) Vorgang zu widerlegen, d. h. daß eine Theorie (nur) dann falsifizierbar ist, wenn es wenigstens einen Basissatz gibt, der mit ihr in logischem Widerspruch steht. Damit ist die logische Struktur der Falsifikationsmöglichkeit bezeichnet, nicht aber die Forderung erhoben, daß der fragliche Basissatz wahr ist. In diesem Sinne ist F. ein rein logischer Begriff, der auf einer logischen Relation zwischen der fraglichen Theorie und der Klasse der Basissätze beruht. Von der logischen Struktur unberührt ist die Frage, ob eine vorgeschlagene experimentelle Falsifikation als solche anerkannt wird oder nicht. Die Angabe der logischen Möglichkeit beinhaltet nicht die Behauptung, daß empirisch-wissenschaftliche Theorien in einem endgültigen Sinne als falsch erwiesen werden können, d. h. es gibt keinen endgültigen praktischen experimentellen Nachweis der Falschheit. Theoretische Systeme können auf verschiedenen Wegen (z. B. durch ad-hoc-Hilfshypothesen) vor einer empirischen Falsifikation geschützt werden. **Lit.:** K. Popper: Logik der Forschung. Tübingen [7]1982. S. 31 ff. – Ders.: Zwei Bedeutungen von Falsifizierbarkeit. In: Handlexikon zur Wissenschaftstheorie. Hg. H. Seiffert/G. Radnitzky. München 1989. S. 82 ff. – M. Schmid: Falsifizierbarkeit oder Falsifikation. In: Zs. für allgemeine Wissenschaftstheorie 3 (1972). S. 85–87. PP

**Familienähnlichkeit,** eine Folge oder ein Netz von überlappenden Übereinstimmungen zwischen verschiedenen Gegenständen, die zwar unter einen gemeinsamen Begriff fallen, aber nicht unbedingt ein gemeinsames Merkmal aufweisen. So scheint es z. B. keine besondere Eigenart aller Dinge zu geben, die unter den Begriff »Spiel« fallen. Dennoch weisen die Spiele F. auf: Brettspiele teilen sich gewisse Eigenschaften mit Kartenspielen, die wiederum andere mit Ballspielen usw. – Das Konzept der F. taucht schon bei Mill, Whewell, Nietzsche und James auf; Bedeutung hat es aber erst durch Wittgenstein erlangt. Er führte es als Alternative zur Mooreschen Begriffsanalyse ein, die für die Fixierung eines Begriffs eine Definition mit notwendigen und hinreichenden Bedingungen fordert. Gegen Frege ist Wittgenstein der Meinung, daß Begriffe in sich unscharf sein können. Wer sie beherrscht oder erklärt, der muß sie nicht analysieren können; er kann auch paradigmatische Anwendungsfälle angeben. **Lit.:** G. Baker/P. Hacker: Understanding and Meaning. An Analytical Commentary on the Philosophical Investigations I. Oxford 1980. S. 320–343. – L. Wittgenstein: Philosophische Untersuchungen, §§ 65–88. MSI

**Fangfrage,** Terminus der ↗Rhetorik zur Bezeichnung solcher Fragen, bei der für die jeweilige Frage bestimmte Annahmen unterstellt werden, so daß der Befragte bei seiner Antwort irgendwelche von ihm nicht vertretenen, aber in den Annahmen enthaltenen Behauptungen implizit bestätigt. PP

**Fangschlüsse,** auch Sophismata, Bezeichnung für Schlußfolgerungen, die nur scheinbar folgerichtig sind. PP

**Fatalismus,** Erfahrung des Ausgeliefertseins an das Fatum, d. h. an eine unpersönliche, geistige, die Welt des Menschen umfassende und bestimmende Macht. Es wird keine Selbstbestimmung wahrgenommen, das Fatum bzw. Schicksal ist unbeeinflußbar. F. sieht keinen Sinnzusammenhang im Walten des Schicksals, der Geborgenheit und Zuversicht vermitteln könnte, und läßt nur Resignation zu. Somit kann weder im Islam, noch von der Karmalehre im Hinduismus und Buddhismus von F. gesprochen werden. Der Begriff ist erstens abzusetzen von dem Begriff ↗Prädestination, der sich vor allem auf das Leben nach dem Tod bezieht, und zweitens von ↗Determination. Beide letztgenannten Begriffe gehen nicht notwendig von einer unpersönlichen Macht und Resignation vor einem sinnlosen Schicksal aus. Wichtig für die Herausbildung des Begriffs waren Spinoza, Leibniz und F. H. Jacobi. Für Kant ist F. die Lehre »so wohl einer blinden Naturnotwendigkeit in dem Zusammenhange der Natur selbst, ohne erstes Prinzip, als auch in der Kausalität dieses Prinzips selbst«, von der sich die Vernunft freimacht durch den Begriff einer Ursache durch Freiheit (*Prolegomena* § 60). Im 20. Jh. bestimmt Scheler den Begriff nach phänomenologischen und soziologischen Gesichtspunkten. F. ist für ihn ein innerhalb der Geschichte ablaufender, unbeeinflußbarer Prozeß der gesellschaftlichen Realfaktoren. DL

**Fehlschluß.** Ein deduktiver F. ist ein Argument, das nicht wahrheitserhaltend ist, bei dem also der Fall eintreten kann, daß die Prämissen wahr sind, die Konklusion jedoch falsch ist. Z. B. ist folgender Schluß nicht gültig: 1. Prämisse: wenn A, dann B; 2. Prämisse: B; Konklusion: also A. Alltagssprachliches Bsp.: 1. wenn Johannes Malaria hat, dann hat er Fieber; 2. Johannes hat Fieber; 3. also hat er Malaria; die Wenn-dann-Aussage der ersten Prämisse ist gültig, ebenso (möglicherweise) die Feststellung der 2. Prämisse, ohne daß die Konklusion richtig sein muß, denn Johannes könnte ebensogut eine Lungenentzündung haben, die das Fieber hervorruft. Der F. kommt dadurch zustande, daß das Rechtfertigungsverhältnis mißachtet wird. In dem gültigen Schluß des modus ponens (1. wenn A, dann B, 2. A, 3. also B) ist die Rechtfertigung des Schlusses aus der Zusatzprämisse auf die Konklusion in der ersten Prämisse begründet: Die Implikation berechtigt, aus dem Wenn-Satz den Dann-Satz zu deduzieren. In dem genannten F. wird die Implikation mißachtet und von dem Dann-Satz auf den Wenn-Satz geschlossen (was durch die Implikation nicht gerechtfertigt ist). Ein F. der Form »1. wenn A, dann B, 2. nicht A, 3. also

nicht B« wird zwar analog dem modus tollens (1. wenn A, dann B, 2. nicht B, 3. also nicht A) formuliert, dabei wird die Rechtfertigung der Implikation »überinterpretiert« zu einer Äquivalenz: A *genau* dann, wenn B (was den Schluß von »nicht A« auf »nicht B« zuließe). Alltagssprachliches Beispiel: Es gilt zwar: »wenn Johannes Malaria hat, dann hat er Fieber«, woraus sich aber nicht ableiten läßt, daß man bei Fieber immer Malaria hat. – Das Argument des F.es wird in unterschiedlichen Kontexten angewandt, um zu zeigen bzw. behaupten zu können, daß bestimmte Annahmen in keinem korrekten Verhältnis zu der Schlußfolgerung stehen bzw. bestimmten Definitionsversuchen falsche Folgerungen unterlegt werden (↗abstractive fallacy, ↗naturalistischer Fehlschluß).
In der klassischen Logik werden im Hinblick auf die gültigen Syllogismen folgende Grundsätze formuliert, deren Verletzung die Schlußformen ungültig machen: 1. Im Schlußsatz (d.i. einer Konklusion aus zwei Prämissen) darf nie ein Term auftreten, der in keiner der Prämissen enthalten war. 2. Im Schlußsatz darf kein Term mit einer Quantität (alle, einige) vorkommen, die größer wäre als seine Quantifizierung in der Prämisse. Eine Verletzung dieses Grundsatzes führt zum F. des latius hos. 3. Der Ausdruck für den ↗Mittelbegriff darf nicht in zwei verschiedenen Bedeutungen im Ober- und Untersatz gebraucht werden. Das hätte zur Folge, daß vier Termini die wesentlichen Bestandteile der Prämissen bilden. Dies stellt den F. des Quaternio terminorum dar. **Lit.:** W.K. Essler/R.F. M Cruzado: Grundzüge der Logik I. Das logische Schließen. Frankfurt [4]1991. S. 43 ff. – A. Pfänder: Logik. Tübingen [3]1963. S. 328 ff. PP

**Fehlschluß, deskriptiver.** Im Rahmen der Sprachphilosophie erhebt Austin, der Wegbereiter der Philosophie der Normalsprache, den Vorwurf des d. F.es in bezug auf die traditionelle Behauptung, daß Wissen Wahrheit impliziert. Die Auffassung, daß es sich bei der Äußerung »ich weiß, daß p« um eine deskriptive Aussage handelt, die einen geistigen Zustand oder mentalen Vorgang des Sprechers beschreibt, ist nach Austin falsch. Denn bei einer solchen Äußerung beschreibt man nicht eine Handlung, die man vollzieht, sondern man führt eine bestimmte Handlung aus, indem man von sich behauptet, etwas zu wissen. Bei der Interpretation als deskriptive Aussage handelt es sich um einen d. F. – In der metaethischen Diskussion wird die Behauptung der Bedeutungsgleichheit von einem Moral-Ausdruck »gut« und einem Ausdruck, der natürliche Eigenschaften bezeichnet, d. F. genannt. Nach Ansicht von Hare kommt den Moral-Ausdrücken und den »Wert-Wörtern« immer auch eine präskriptive Komponente zu. Die Wert-Wörter haben die spezielle sprachliche Funktion, Dinge zu empfehlen oder Handlungen anzuraten. Aus diesem Grund kann ein ethischer Ausdruck nicht auf den deskriptiven Charakter beschränkt werden. **Lit.:** J. L. Austin: Gesammelte philosophische Aufsätze. Stuttgart 1986. S. 136. – R.M. Hare: Freiheit und Vernunft. Frankfurt 1983. – Ders.: Sprache und Moral. Frankfurt 1983. PP

**Fehlschluß, empiristischer,** in der ethischen Diskussion denkbare Argumentation, die aus der Tatsache, daß die Menschen nach einem bestimmten Gut streben, ableitet, daß dieses Gut erstrebenswert ist. Eine solche Argumentation beinhaltet keine Begründung dafür, warum das, wonach (möglicherweise) eine Mehrheit strebt, tatsächlich auch ein erstrebenswertes Gut darstellen soll, so daß es auch für diejenigen einsichtig wäre, die bisher nicht danach gestrebt haben. Moore (*Principia Ethica*) macht der utilitaristischen Ethik von Mill den Vorwurf, diese Differenz zwischen »erstrebt« bzw. »erstrebbar« und »erstrebenswert« nicht hinreichend berücksichtig zu haben. ↗Fehlschluß. PP

**Fehlschluß, naturalistischer** (auch naturalistic fallacy), von G.E. Moore in *Principia Ethica* entwickeltes Argument, das die Möglichkeit der Definition des ethischen Terminus »gut« bestreitet. Der n. F. wird begangen, wenn »gut« mit Hilfe eines anderen nicht-ethischen, eines natürlichen oder übernatürlichen Begriffs identifiziert wird. Da »gut« weder eine natürliche noch eine metaphysische Eigenschaft darstellt, kann es auch keinen natürlichen Gegenstand oder irgendwelche übernatürliche Eigenschaften geben, die mit »gut« identisch wären. Vielmehr stellt »gut« einen eigenen Wert an sich dar. Was gut ist (oder die Gutheit), wird durch eine eigene Anschauung erkannt bzw. unserer Intuition gegeben. Das Attribut »naturalistisch« kommt daher, daß Moore dem ethischen Naturalismus ein solches Definitionsverfahren unterstellt hat. Von Moore selbst wurde der ↗Fehlschluß nur behauptet, aber nicht hinreichend aufgezeigt. Nach einem Vorschlag von Frankena wäre die Bezeichnung »Definitionsfehlschluß« angemessener. Intuitionismus. **Lit.:** W.K. Frankena: The Naturalistic Fallacy. In: Mind 48 (1939). S 464 ff. – G.E. Moore: Principia Ethica. Stuttgart 1970. – M. Riedinger: Das Wort »gut« in der angelsächsischen Metaethik. Freiburg/München 1984. – L.K. Sosoe: Naturalismuskritik und Autonomie der Ethik. Freiburg/München 1988. PP

**Fertigkeit,** fachliches Können, über welches ein Praktiker aufgrund von Übung, Gebrauch oder dem Wege des Erlernens verfügt. In der Antike ist F. ein zentraler Begriff der pädagogischen und epistemologischen Diskussion. Als erlernbares Wissen (mathesis) galt die F. als Grundbedingung der Kunst (techne). Es stellte sich die Frage, ob auch die Tugend eine F. sei, die man, wie jede andere Technik auch, erlernen könne, weshalb die Jugend – wie vor allem die Sophistik betonte, dann auch besondere Tugendlehrer bräuchte. Auf der Überlegung, daß die Tugend eine durch Einübung praktizierte Fertigkeit (hexis) ist, ist die aristotelische Ethik gegründet. In der epistemologischen Diskussion der platonischen Dialoge spielt die F. eine bedeutende Rolle, weil die mathesis begriffsgeschichtlich die Vorstufe der episteme, des bei Platon zentralen Begriffs des Wissens ausmacht. Die zur techne nötige mathesis stellte ein praktisches Wissen (know how) dar, welches sich von dem theoretisch propositionalen Verstehen eines Sachverhaltes (to know that) unterscheidet. **Lit.:** J. Kube: Technik und Arete. Berlin 1969. – B. Snell: Die Ausdrücke für den Begriff des Wissens in der vorplatonischen Philosophie. Berlin 1924. MFM

**Feudalismus,** eine auf persönlichen Treueverhältnissen fußende gesellschaftliche und politische Herrschaftsstruktur, in der Grundeigentümer durch Vergabe von Bodenanteilen (Lehen) an »Vasallen« deren Gefolgschaft gewinnen. In unterschiedlicher Ausprägung wurde diese Art des Personenverbandsstaates zum dominanten ma. Herrschaftstypus. Eine Folge des F. bestand in der Aufsplitterung der Bodenressourcen und einer Schwächung der zentralen Grundeigentümergewalt durch erfolgreich operierende lokale Vasallen, welche wiederum gegenüber den Land bearbeitenden Bauern in ein Treueverhältnis traten. Der Lehensherr bot den Bauern Schutz, erhielt von diesen Naturalabgaben und Frondienste. Quelle der lehnsherrlichen Aneignung des erwirtschafteten naturalen Mehrprodukts ist letztlich physische Gewalt. Im F. gelingt es den Bauern nur selten, »Interaktionsnetze« (M. Mann) gegen die feudalherrliche Aneignungsmacht zu installieren. Nach Marx benennt F. ein Stadium in der Menschheitsentwicklung zwischen »Urgesellschaft« bzw. »Sklavenhaltergesellschaft« und »Kapitalismus«. **Lit.:** M. Mann: Geschichte der Macht. 2 Bde. Frankfurt/New York 1991 TN

**Fideismus,** in zwei verschiedenen Strömungen des 19. Jh. angewandter Begriff: (a) im reformatorischen Raum eine an Kant und seinen Nachfolgern orientierte Theologie, der religiöse Symbole und Begriffe nur als Ausdruck subjektiven Glaubens gelten. (b) Der F. im katholischen Sinne teilt mit dieser bestenfalls die Ablehnung der Rationalität in der religiösen und sittlichen Wahrheit: Einzige Quelle ist demnach die ↗Offenbarung und deren authentische Weitergabe durch die Tradition (daher die gängigere Bezeichnung Traditionalismus). PK

**»Fido«-Fido-Prinzip,** eine Bezeichnung für die Auffassung (wie sie z. B. von Carnap vertreten wurde), daß jeder Ausdruck einer semantischen Sprache eine reale Entität bezeichne. Wie dem Ausdruck »Fido« der real existierende Hund Fido entspricht, so hätten auch Ausdrücken wie »Rot« oder »Fünf« real existierende Entitäten zu entsprechen. PP

**Figur.** (1) In der klassischen Logik werden die vier Schlußformen F.en genannt. Sie unterscheiden sich durch die Stellung des Mittelbegriffs in den beiden Prämissen des Syllogismus und werden auch mit den mnemotechnischen Kürzeln ›Barbara‹, ›Celaront‹, ›Darii‹ und ›Ferio‹ bezeichnet. In der ersten Figur ist der Mittelbegriff Subjekt im Obersatz und Prädikat im Untersatz; in der zweiten Figur Prädikat in beiden Prämissen; in der dritten Figur Subjekt in beiden Prämissen; in der vierten Figur Prädikat im Obersatz und Subjekt im Untersatz. – (2) In der ↗Gestalttheorie wird F. oft als Unterklasse der ↗Gestalt verwendet, v. a. als die sich gegen einen Hintergrund abhebende und nur vor diesem bestimmte geometrische Gestalt. Von Bedeutung ist die F./Grund-Unterscheidung v. a. bei den sog. Gestaltwechselphänomenen. **Lit.:** (1) I. M. Bochenski: Formale Logik. Freiburg/München 1956. § 32. – A. Menne: Einführung in die Logik. Tübingen/Basel 1986. Kap. 4. – (2) W. Köhler: Gestaltprobleme und Anfänge einer Gestalttheorie (1925); Reprint in: Gestalt Theory Vol. 5. VM

**Finalität** (lat. Zweckgerichtetheit), Kriterium für die Bestimmung eines Geschehens nicht durch Grund-Folge-Beziehungen (↗Kausalität), sondern durch Zwecke (↗Teleologie). So erklärt die Deszendenztheorie von Darwin die Entwicklung der Arten final, durch den Zweck des Überlebens. Bei Kant ist F. eine Kausalverbindung, in der ein Ding »den Namen einer Ursache desjenigen Dinges verdient, wovon es die Wirkung ist«. N. Hartmann kritisiert die von Aristoteles und dem ↗Vitalismus vorgenommene Anwendung des Finalnexus auf Naturprozesse. **Lit.:** N. Hartmann: Teleologisches Denken. Berlin 1966. JSC

**Finit** (endlich). Eine Menge wird als f. bezeichnet, wenn die Anzahl ihrer Elemente endlich ist. – Hilbert versteht unter f.en mathematischen Methoden, in Abgrenzung zu transfiniten, solche, die sich auf den Umgang mit den endlichen Zeichenfolgen einer formalisierten mathematischen Sprache beschränken (↗Finitismus). UM

**Finitismus,** (1) Bezeichnung für eine Position, die für die Erkenntnis unbeschränkte All-Aussagen mit der Begründung ausschließt, daß sich solche Sätze nicht als Wahrheitsfunktion singulärer Sätze fassen lassen. Die Wahrheitsbedingung einer allgemeinen Aussage ist als eine Funktion der Wahrheit aller einzelnen Aussagen, die unter diese allgemeine Aussage fallen und die durch eine direkte Wahrheitsbedingung bestimmt werden, anzusehen. Eine allgemeine Aussage muß deshalb als Konjunktion von einfachen Aussagen formuliert werden können. Dies ist für unbeschränkte All-Aussagen nicht gegeben, d. h. sie können nicht durch eine endliche Konjunktion von singulären Sätzen ersetzt werden, weil man ihre einzelnen Fälle nicht kennt und darum nicht einzeln aufzählen und prüfen kann. Zu den philosophischen Vertretern des F. zählen Wittgenstein, Ramsey, Schlick und Kaufmann. PP

(2) Betonung des Endlichen bei gleichzeitiger Ablehnung oder Nachordnung des Unendlichen, meist in Verbindung mit konstruktivistischen Auffassungen. Namhafte Vertreter des F. waren Gauß und L. Kronekker. Seit Hilbert verbindet sich die Bezeichnung F. v. a. mit dem von diesem als Reaktion auf die Grundlagenkrise der Mathematik vertretenen Formalismus. Die gesamte Mathematik sollte dabei ihre Begründung aus ›finiten‹ Methoden erfahren, worunter solche verstanden wurden, die sich aus Manipulationen endlicher Zeichenreihen ergaben. Voraussetzung für die erfolgreiche Beschränkung auf finite Methoden ist somit eine strenge ↗Formalisierung der Mathematik, verbunden etwa mit einer rein axiomatischen Darstellung ma-

thematischer Theorien, wie sie von Hilbert selbst für die Geometrie gegeben wurde. Die Undurchführbarkeit des Hilbertschen Programms in seiner ursprünglichen Strenge wurde mit der Arbeit Gödels über die sog. Unvollständigkeit der Arithmetik (1931) deutlich. – Der von L. Brouwer vorgeschlagene Intuitionismus kann ebenfalls als finitistische Position verstanden werden. **Lit.:** D. Hilbert: Über das Unendliche. In: Math. Annalen 95 (1925). S.161–190. UM

**Fließgleichgewicht,** stationäres Gleichgewicht in Systemen, die mit ihrer Umgebung Materie und/oder Energie austauschen (offene Systeme). Der Zufluß an Materie und/oder Energie in einem System im F. entspricht im Laufe größerer Zeiträume ungefähr dem Abfluß. Lebewesen sind solche Systeme im F. (Stoffwechsel und Energieaustausch). VP

**Folgebeziehung, logische.** Eine l. F. ist gegeben, wenn aus mehreren vorangehenden Aussagen, den ↗Prämissen, durch einen logischen Schluß eine weitere Aussage, die ↗Konklusion, gewonnen wird. Die l. F. hat zwei formale Merkmale: (1) Der Gehalt der Konklusion führt nicht über den Gehalt der Prämissen hinaus, d.h. solche logischen Schlüsse sind nicht gehalt-erweiternd. (2) Die Wahrheit überträgt sich von den Prämissen, sofern diese wahr sind, auf die Konklusion, d.h. eine solche Folgebeziehung ist wahrheitskonservierend. PP

**Folgerung.** Der Satz A ist eine F. aus der Prämissenmenge Γ, wenn sich A als Konklusion mit einem korrekten logischen Schluß aus den Prämissen Γ ergibt. Der Folgerungsbegriff ist somit immer abhängig von einem bestimmten logischen System und den darin definierten logischen Schlußregeln. In der formalen Logik liegt für die meisten logischen Systeme der Folgerungsbegriff sowohl in einer semantischen wie in einer syntaktischen Version vor, die man als übereinstimmend zu erweisen bemüht ist. Der semantische Folgerungsbegriff der klassischen Logik wurde maßgeblich von Tarski ausgearbeitet. Er besagt grob, daß A aus Γ folgt, wenn A immer dann wahr ist, wenn alle Sätze in Γ wahr sind. Der syntaktische Folgerungsbegriff wird zur deutlicheren Unterscheidung häufig als Ableitung oder Deduktion bezeichnet und durch logische ↗Kalküle charakterisiert. Eine abstrakte Möglichkeit der Charakterisierung unterschiedlicher Folgerungsbegriffe bietet sich durch Folgerungsrelationen, die sich aus einer semantischen wie syntaktischen Darstellung ergeben. So charakterisieren die sog. strukturellen Regeln eines Sequenzenkalküls in unmittelbarer Weise grundlegende Eigenschaften der durch ein logisches System festgelegten Folgerungsrelation. Für den Folgerungsbegriff der klassischen Logik gilt demnach sowohl bei syntaktischer wie semantischer Formulierung (1) Monotonie: wenn A aus Γ folgt – $\Gamma \vdash A$ – und $\Gamma \subseteq D$, dann $D \vdash A$; (2) Kontraktion: wenn $\Gamma, A, A \vdash B$, dann $\Gamma, A \vdash B$; (3) Permutation: wenn $\Gamma, A, B \vdash C$, dann $\Gamma, B, A \vdash C$; sowie (4) Reflexivität: $A \vdash A$. Diese Eigenschaften gelten nicht in jedem Fall für Systeme nicht-klassischer Logik. **Lit.:** G. Gentzen: Untersuchungen über das logische Schließen I, II. In: Math. Zeitschrift 39 (1934/35). S. 176–210, S. 405–431. – A.Tarski: Über den Begriff der logischen Folgerung. In: Actes du Congrès International de Philosophie Scientifique. Paris 1935. Bd. VII, ASI 394, Paris 1936. S. 1–11. UM

**Folk psychology,** seit Ende der 70er Jahre in der analytischen Philosophie des Geistes gängiger Begriff. Alternativ findet auch »commonsense psychology« Verwendung. Zu übersetzen sind beide Ausdrücke mit »Alltagspsychologie«, womit zunächst die Vorstellungen über die Natur des Geistes bezeichnet werden, die dem alltäglichen Sprachgebrauch zugrunde liegen. Der Begriff wurde in seiner Anwendung allerdings wesentlich erweitert und dient oftmals zur Kennzeichnung jedweder Theorie des Geistes, die genuin mentale Entitäten postuliert. »F. p.« bezeichnet also in diesen Fällen letztlich jede nicht-eliminative Theorie (↗Elimination) des Geistes in der Philosophiegeschichte. Insbesondere der Terminus »F. p.« wird hierbei von den Vertretern einer eliminativen Position in Analogie zu »folk physics« mit eindeutig pejorativer Tendenz verwendet. Er soll in diesem Sinne eine Theorie bezeichnen, die in ähnlicher Weise im Laufe des wissenschaftlichen Fortschritts obsolet wird wie die »Alltagsphysik« vergangener Jahrhunderte. **Lit.:** R.J. Bogdan (Hg.): Mind and Common Sense. Philosophical Essays on Commonsense Psychology. Cambridge 1991. – J.D. Greenwood (Hg.): The Future of Folk Psychology. Intentionality and Cognitive Science. Cambridge 1991. MBI

**Form, logische.** In Wittgensteins *Tractatus logico-philosophicus* (6.1231, 5.634) wird die l. F. der Sprache thematisiert. Er geht von der Annahme aus, daß eine sprachliche Beschreibung ein Bild der Wirklichkeit ist, so daß die Wirklichkeit die l. F. der Sprache besitzt, und daß diese gemeinsame Form die l. F. der Abbildung ist. Die Bestimmung der l.n F. eines Dinges geschieht nach der Unterscheidung in: individualer Gegenstand, Eigenschaft, Beziehung (d.i. einstellige oder mehrstellige Relation). **Lit.:** M.B. Hintikka/J. Hintikka: Untersuchungen zu Wittgenstein. Frankfurt 1990. S. 112ff. PP

**Form/Materie,** ontologische Begriffe, die seit Aristoteles (eidos, morphe/hyle) zur Analyse des Seins und Werdens von Einzelseiendem herangezogen werden. An einer Steinkugel etwa lassen sich äußere F. (Kugel) und Material (Stein) unterscheiden. F. und M. kommen in der Natur je für sich nicht vor, sondern jedes Material tritt stets unter einer F. (sei es nur ein Klumpen) und jede F. an einem Material auf. So konstituieren erst F. und M. gemeinsam ein konkret Seiendes. Eine Steinkugel entsteht, indem z.B. ein Bildhauer einem Steinblock die F. einer Kugel verleiht; er macht aus der Nichtkugel (Privation) eine Kugel (F.), während der Stein (M.) diesem Werdeprozeß zugrundeliegt. Analog zu diesen Beobachtungen an Artefakten unterscheidet man auch bei den natürlichen körperlichen Dingen die Wesensform (eidos), die bestimmt, was bzw. von welcher Art (↗species) etwas ist (Pferd, Mensch etc.), von einer M., welche dieser Wesensform zugrundeliegt. Auch hier gilt, daß die F. erst in der Verbindung mit der M. ein konkretes Seiendes konstituiert (↗causa). Die Entstehung eines artlich bestimmten Naturdinges wird so gedacht, daß an einer der F. gegenüber offenen M. ein Übergang vom F.-Mangel zur F. stattfindet. Wie bei der Steinkugel weder die F. (Kugel) noch die M. (Stein) entsteht, so entsteht auch beim Werden eines Lebewesens weder die F. als solche noch die M., sondern die in den Eltern verwirklichte F. teilt sich einer weiteren M. mit. Die F. ist hierbei das ↗Prinzip, das das artspezifische Werden, Sein und Wirken bestimmt, die M. aber das Prinzip, das selbst artlich unbestimmt, aber für eine artliche Bestimmung offen ist. Da die M. durch die Aufnahme der F. diese zu einem Einzelding dieser Art konkret werden läßt, ist die M. auch Prinzip der raumzeitlichen Bestimmtheit und der Individuation (materia quantitate signata). So sind zwei Menschen der allgemeinen F. nach gleich (Mensch), der M. nach (dieser hier, jener dort) aber verschieden. – Die frühe ma. Verwendung des Begriffspaars steht unter dem Einfluß des neuplatonischen Emanationsgedankens und des platonischen Dialogs *Timaios*. Bei Plotin erscheint die M. als letzte und schwächste ↗Emanation; als an sich völlig unbestimmt und nahezu nichtseiend ist sie Prinzip des Schlechten. Nach Augustins Auslegung des biblischen Schöpfungsberichts schafft Gott durch sein Wort aus nichts primär die ungeformte M., die nun als geschaffene gut ist, zugleich aber die F.en, die mit der M. zusammen die Gestirne, die vier Grundstoffe (Elemente) und die in allem samenhaft wirksamen Vernunftkräfte (rationes seminales) begründen. Gott schafft geistige und körperliche M. (»Himmel und Erde«). Gottes Wort ist die selbst ungeformte F. aller F.en. Mit wachsendem Einfluß des Aristotelismus werden F. und M. begrifflich genauer bestimmt, aber auch erweitert. M. wird als Möglichkeit und Vermögen, etwas zu sein (possibilitas, potentia), die F. als Akt (↗actus) bestimmt. Man unterscheidet zwischen substantiellen und akzidentellen F.en sowie zwischen der ersten M., die als völlig unbestimmt gedacht wird, und einer zweiten M., die schon bestimmt, aber für weitere Bestimmungen offen ist. Wie die Substanz bleibendes Subjekt einer akzidentellen Veränderung ist, bei der sich unbeschadet des Wesens Eigenschaften wandeln, so ist die erste M. Subjekt einer substantiellen Veränderung, bei der etwas dem Namen und Begriff nach anderes entsteht. Die erste M. wird als reine Möglichkeit ohne jede F., hingegen Gott als reiner Akt ohne jede M. gedacht. Kontrovers wird diskutiert, ob nur körperliche oder auch unkörperliche Substanzen (Seelen, Engelwesen) durch F. und M. konstituiert werden, ferner, ob es in ein und demselben Seienden nur eine oder aber mehrere substantielle F.en zugleich geben könne. Thomas v. Aquin bestimmt die menschliche Geistseele als die einzige substantielle F. des Körpers (anima unica forma corporis), welche zwar (als Subjekt geistiger Akte) in sich subsistent und materielos, zugleich aber (als F. des Körpers) in M. ist und selbst im getrennten Zustand wesentlich auf den Körper bezogen bleibt. – Die Lehre von F. und M. wird seit dem 19. Jh. als ↗Hylemorphismus bezeichnet.

**Lit.:** C. v. Bormann u. a.: Form und Materie. In: HWPh. II, 977–1030. – Thomas v. Aquin: De ente et essentia 2. – De Trinitate q. 5 a. 4. – S.th. I q. 3 a. 5; q. 5 a. 5; q. 75 f.; q. 85 a. 1; q. 105 a. 1. – J. de Vries: Grundbegriffe der Scholastik. Darmstadt 1980. CS

**Formal.** Allgemein wird eine Darstellungs- oder Argumentationsweise als f. bezeichnet, wenn die Inhalte dabei unberücksichtigt bleiben und nur auf die Form abgehoben wird. Für die f.e Logik ist es charakteristisch, daß die Geltung von Aussagen allein auf Grund der Form ihrer Zusammensetzung mit den logischen Partikeln beurteilt wird. PP

**Formalisierung,** Wiedergabe oder Darstellung mit formalen Mitteln, insbesondere durch eine formale Sprache. F. ist ein wichtiges Hilfsmittel der Metamathematik, z. B. zum Nachweis der Widerspruchsfreiheit mathematischer Theorien oder für Entscheidbarkeitsfragen. Für diese Zwecke muß mit der F. auch eine explizite Darstellung der in einer Theorie verwendeten logischen Schlußregeln erfolgen. In naheliegender Weise kann dies durch die Darstellung der Theorie auf der Grundlage eines logischen ↗Kalküls geschehen. – Im Rahmen der logischen Sprachanalyse gestattet die F. eine Untersuchung der logischen und semantischen Verhältnisse einer natürlichen Sprache. Allerdings muß sich die F. dabei nach einem intuitiven Sprachempfinden richten, da ihre Adäquatheit nicht selbst formalen Kriterien unterliegt. – Pragmatische Gründe für eine F. ergeben sich aus dem Wunsch nach Übersichtlichkeit bzw. Vermeidung von Mehrdeutigkeiten. UM

**Formalismus,** (1) auch Hilbert-Programm. Reaktion auf das Auftreten von ↗Antinomien in der ↗Mathematik. Dabei wird der Versuch unternommen, der Mathematik eine sichere Grundlage zu geben, indem man die einzelnen mathematischen Disziplinen in formale Systeme faßt und dann mit einfachsten Mitteln der finitistischen ↗Metamathematik zeigt, daß diese formalen Systeme widerspruchsfrei sind. Der F. ist vielfach angefochten worden, weil mathematische Wahrheit gleichsam mit Widerspruchsfreiheit identifiziert wird. Der ebenfalls geäußerte Vorwurf, daß im F. Mathematik als sinnleeres Zeichenspiel aufgefaßt würde, besteht aber nicht zu Recht. Letztlich ist der F. gescheitert am ↗Unvollständigkeitssatz von Gödel, aus dem sich zweierlei ergibt: (a) Keine der größeren mathematischen Disziplinen läßt sich adäquat in einem formalen System erfassen, (b) kein einigermaßen umfangreiches formales System kann mit einfachen Mitteln als widerspruchsfrei erwiesen werden. VP

(2) Bezeichnung für eine axiomatische Theorie wie z. B. die Logikkalküle, deren Aussagen durch einen Kalkül der Ausdrucksbestimmungen gewonnen werden. Die Sätze oder wahren Aussagen der Theorie werden durch ein Kalkül der Satzbestimmungen, den

Ableitungsregeln, erzeugt. – (3) Als kritischer Begriff wird er von Scheler gegen bestimmte Formen der Ethik, hauptsächlich gegen die Kantische Ethik, vorgebracht. Die sog. formalen Ethiken versuchen ohne inhaltliche Bezüglichkeit auf die Güter- und Dingwelt und ohne materiale Bestimmtheit irgendwelcher Glücksvorstellungen auszukommen, um so zu den formalen Bestimmungen der Allgemeinheit und Gesetzmäßigkeit von ethischen Normen oder Maximen zu gelangen. Die Pointe des F.-Vorwurfs liegt nicht allein in dem Verweis auf die fehlende Motivationskraft solcher Ethiken, da ihnen jeder Bezug zu einer sittlichen Welt fehlt, sondern eben auch in dem Aufzeigen, daß damit der grundlegende intentionale Charakter der sittlichen Akte nicht adäquat berücksichtigt werde. In phänomenologischer Bestimmung der wertenden und praktischen intentionalen Akte, wie sie von Brentano und Husserl beschrieben werden, resultieren Werte aus den Akten des Strebens und Wollens, Fühlens, des Vorziehens, des Liebens und Hassens. PP

**Lit.:** zu (1): D. Hilbert: Grundlagen der Geometrie. Leipzig und Berlin $^{7}$1930. – D. Hilbert/P. Bernays: Grundlagen der Mathematik. 2 Bde. Berlin 1934 und 1939. – zu (3): F. Brentano: Vom Ursprung sittlicher Erkenntnis. Hamburg 1969. S. 14 ff. – E. Husserl: Die Gefühlsgrundlage der Moral. In: Vorlesungen über Ethik und Wertlehre (Hua Bd. 28). Dordrecht 1988. S. 384 ff. – Ders.: Kritik der Kantischen Ethik. In: a.a.O. S. 402 ff. – P. Prechtl: Husserls Gedanken zur praktischen Vernunft in Auseinandersetzung mit Kant. In: Perspektiven der Philosophie. Neues Jb. 17 (1991). S. 29 ff. PP/VP

**Formaliter/materialiter.** (1) In der Suppositionslehre (↗Supposition) wird die Erwähnung eines Wortes von dem Gebrauch eines Wortes durch die Differenzierung in material und formal unterschieden: Wird über ein Wort (das zur Kennzeichnung der Erwähnung korrekt in Anführungszeichen zu setzen ist) gesprochen, z. B. »das Wort ›Mensch‹ ist einsilbig«, dann handelt es sich um eine materiale Supposition. Dagegen liegt eine formale Supposition vor im einfachen Wortgebrauch wie z. B. in »der Mensch ist ein vernunftbegabtes Lebewesen«. – (2) Die Unterscheidung f./m. in der Scholastik nimmt Bezug auf die Aristotelische Differenzierung zwischen causa formalis und causa materialis: f. besagt dann, daß etwas in seiner Wesensbestimmung gefaßt wird, m. heißt, daß ein Sachverhalt nach seinen Voraussetzungen bzw. konstituierenden Momenten thematisiert wird. PP

**Formationsregel, Transformationsregel.** In einer syntaktischen Betrachtung der Sprache gilt für die Bestimmung einer Menge von Zeichen *als* Sprache die Forderung, daß die Beziehungen der Zeichen zueinander durch Regeln festgelegt sind. Zwei Arten von Regeln werden dazu angeführt: (1) Die F.n legen fest, welche Zeichenzusammenstellung als selbständige Kombinationen zulässig sind (solche Kombinationen sind »Sätze«), und (2) die T.n legen fest, welche Sätze aus gegebenen Sätzen abgeleitet werden können. Die beiden Klassen von Regeln werden als »syntaktische Regeln« bezeichnet. **Lit.:** Ch. W. Morris: Grundlagen der Zeichentheorie. München 1972. S. 32 ff. PP

**Formel.** Unter einer F. versteht man eine Zeichenfolge einer formalen Sprache, die dort die Funktion eines Satzes oder einer Aussage übernimmt und somit semantisch mit einem Wahrheitswert belegt werden kann. Die F.n einer formalen Sprache gehorchen eindeutigen Bildungsregeln, die im allgemeinen einen induktiven Aufbau der Formelmenge ergeben. Die Basis bilden dabei die logisch einfachen Atomformeln, die nicht das Ergebnis der Anwendung logischer Konstanten auf andere F.n sind. In der Aussagenlogik bleiben Atomformeln unanalysiert, während sie in der Prädikatenlogik als aus Prädikaten und Termen zusammengesetzt verstanden werden. Die sich durch endlichmalige Anwendung der logischen Konstanten aus den Atomformeln ergebenden F.n werden als wohlgeformt bezeichnet. Sie bilden somit die kleinste Menge, die sämtliche Atomformeln enthält und unter Anwendung der logischen Konstanten abgeschlossen ist. Sog. geschlossene F.n sind solche, die keine freien ↗Variablen enthalten, in denen also alle vorkommenden Variablen durch einen Quantor oder einen anderen variablenbindenden Operator gebunden sind. In ähnlicher Weise wird eine F. einer modallogischen Sprache als vollständig modalisiert bezeichnet, wenn jede in ihr vorkommende Atomformel im Bereich eines Modaloperators steht. UM

**Formelemente,** jene kognitiven Strukturierungsmuster, die entsprechend der erkenntnistheoretischen Annahme die Wahrnehmungsinhalte bzw. das rezeptivsinnlich Wahrgenommene überformen. Auf welche Weise sie die Grundlage des Erkennens abgeben, wird in den einzelnen erkenntnistheoretischen Positionen unterschiedlich abgehandelt. Bei Aristoteles sind sie die obersten Genera aller Begriffe, bei Kant die Verstandesbegriffe (Kategorien), die jeder Erfahrung vorausliegen, bei N. Hartmann historisch gewordene Denkschemata, im Logischen Empirismus bzw. in der Wissenschaftstheorie nach Zweckmäßigkeitserwägungen oder kraft Konvention eingeführte Termini. – Zur Beobachtung müssen neben dem Inhalt solche formalen Elemente gehören, diese sollen dem Gegenstand angemessen sein, wobei die Angemessenheit nach der Art des zu Beobachtenden und der betreffenden Einzelwissenschaft zu bestimmen ist. PP

**Formelsprache,** Abbildung einer Sprache in ein formales Zeichensystem (Formalisierung), um (a) Zweideutigkeiten und Vagheiten der Alltagssprache zu vermeiden (Präzision), (b) die gültigen Aussagen einer Theorie nach einer formalen Regel angeben zu können (↗Axiom), (c) den universellen Charakter sicherzustellen, d. h. verschiedene Interpretationen sind entsprechend dem Bedeutungsgehalt der verwendeten Symbole zugelassen (↗Semantik), (d) durch eine Abgrenzung der ↗Objektsprache und ↗Metasprache logische Antinomien zu vermeiden. Die F. wird durch ein ↗Alphabet der verwendeten Zeichen und ein System von Ausdrucksregeln festgelegt. Das Alphabet benennt eine endliche Anzahl von Grundzeichen für Objekte, Prädikate, Relationen, Variablen, logische Verknüpfungszeichen und Hilfszeichen. Die Ausdrucksregeln zeigen an, wie sich aus den Grundzeichen des Alphabets die formalisierten Aussagen der F. zusammensetzen lassen. PP

**Forschung,** allgemein die von einzelnen oder mehreren Personen betriebene planmäßige und zielgerichtete Suche nach neuen Erkenntnissen. Im neuzeitlichen Wissenschaftsverständnis wird F. zum Synonym für wissenschaftliche Tätigkeit. War diese bislang vor allem durch Tradierung und Perfektionierung des alten Wissens bestimmt, wird sie nun explizit als Produktion neuen, besseren Wissens verstanden, wobei dessen Wahrheit mittels gelingender Manipulation der Gegenstände im Experiment, das zugleich der Erweiterung des Wissens dient, nachgewiesen wird. Der Fortschrittsgedanke wird so konstitutiv für Wissenschaft (↗Kritischer Rationalismus). In der Wissenschaftstheorie wird versucht, anhand der Unterscheidung von Wissenschaft als F., die auf den Erwerb materialer Kenntnisse der Gegenstände zielt, und Wissenschaft als Darstellung, die die Geltung der Erkenntnisse zu sichern sucht, zwischen analytischer und konstruktiver Wissenschaftstheorie zu vermitteln. **Lit.:** G. Böhme: Das Ende des Baconschen Zeitalters. Frankfurt 1993. S. 9ff. – H. Wohlrapp: Analytischer vs. konstruktiver Wissenschaftsbegriff. In: K. Lorenz (Hg.): Konstruktionen vs. Positionen. Beiträge zur Diskussion um die konstruktive Wissenschaftstheorie. Dordrecht 1979. Bd. 2. S. 348–377. GM

**Fortschritt,** durch menschliches Handeln bewirkte Veränderung vom Unvollkommenen zum Vollkommeneren. F. ist seit der Aufklärung ein Grundbegriff der Geschichtsphilosophie. Im wissenschaftlich-technischen Sinn meint F. die Zunahme von Wissen und technischer Beherrschung der Natur; im moralisch-politischen Sinn die Vervollkommnung der sittlichen Anlagen des Menschen und die Erlangung seiner politischen Freiheit in einer neuen Gesellschaftsordnung. – Für F. Bacon liegt in der auf den empirischen Naturwissenschaften basierenden Zunahme des Wissens die Grundlage für Wohlstand und Freiheit. Condorcet stellt in seinem *Esquisse d'un tableau historique des progrès de l'esprit humain* (1795) die Menschheitsgeschichte als einen stufenweisen F. des Wissens und seiner Verbreitung dar. Der für ihn mit der Aufklärung vorläufig erreichte Höhepunkt wird in eine zukünftige Vervollkommnung der geistigen und moralischen Kräfte des Menschen und zu einer Beseitigung aller Ungleichheiten führen. Comte sieht in seinem ↗Drei-Stadien-Gesetz einen F. der Menschheit von einem theologisch-fiktiven über einen metaphysischen zu einem wissenschaftlichen oder positiven Stadium, in dem nicht nur der menschliche Intellekt, sondern auch die Gesellschaft die höchste Stufe erreicht hat. – Für Marx wird der F. zur klassenlosen Gesellschaft vorangetrieben von den konkreten gesellschaftlichen Antagonismen und getragen von der revolutionären Arbeiterklasse. – Der Fortschrittsgedanke der Neuzeit – im Unterschied zu zyklischen Geschichtsbildern und Verfallstheorien – wird getragen von der Vorstellung einer unbegrenzten Möglichkeit der Erweiterung des Wissens und der praktischen Beherrschung der Natur und der politisch-sozialen Verhältnisse. Die Fortschrittsgläubigkeit ist im 20. Jh. sowohl aufgrund der politischen Erfahrungen als auch durch die Einsicht in die Grenzen der Vorhersehbarkeit von Folgen technischen Handelns und der Rückwirkungen auf die Sozialstruktur einer notwendig kritischeren Haltung gewichen. – In der modernen Wissenschaftstheorie stellt sich das Problem, auf welche Weise sich ein Erkenntnisfortschritt objektivieren läßt. Dabei steht die Behauptung objektiver Kriterien, etwa Poppers Grad an Bewährung, gegen Positionen wie die P. Feyerabends oder T.S. Kuhns These von der Unvergleichbarkeit von ↗Paradigmen. – Als ein anderes Kriterium für F. kann auch das Maß an Befriedigung menschlicher Bedürfnisse fungieren (Habermas). **Lit.:** H. Blumenberg: Die Legitimität der Neuzeit. Frankfurt 1966. – H. Kuhn/F. Wiedmann (Hg.): Die Philosophie und die Frage nach dem Fortschritt. München 1962. – R.W. Meyer (Hg.): Das Problem des Fortschritts heute. Darmstadt 1969. – F. Rapp: Fortschritt. Entwicklung und Sinngehalt einer philosophischen Idee. Darmstadt 1992. FPB

**Frage,** die ursprüngliche, diskursive Artikulation des Staunens. Im sokratischen Denken sind die F. und die Antwort die zwei Elemente des dialogischen Denkens. Der erste Schritt der F. ist die Destruktion des menschlichen Meinens, der alltagsüblichen Antworten, die Aufdeckung der ↗Aporie. Weil in der F. schon eine bestimmte Richtungsweise mitenthalten ist, wird ihr bei Platon eine propädeutische Rolle zugesprochen (↗Mäeutik). Aristoteles bestimmt in der Topik verschiedene Arten und Weisen der F., bettet sie vor allem aber in die Logik der Aussage ein. Erst in der modernen Logik erhält die F. einen eigenständigen Wert gegenüber dem Urteil und wird weiterhin im Kontext der Sprache (↗Problem), in der Sprachanalyse und in der Pragmatik neu definiert. Das Fragen wird anthropologisch als Grundeinstellung des Menschen, bzw. als das Spezifische der Existenz überhaupt betrachtet. Im dynamisch transzendierenden Charakter der F., die über das faktisch Vorgegebene hinaus tendiert, ist das weltoffene Wesen des Menschen verankert worden (M. Scheler). Das Fragen ist für Heidegger der Ausgangspunkt der existenzialen Analytik des Daseins in *Sein und Zeit*. Das Dasein wird »aufgrund der Erfahrung der F. zu einem für die Seinsfrage exemplarischen Seienden« (J. Derrida: *Vom Geist*. Frankfurt 1992. S. 25). Weil das Dasein fragen kann, ist es nicht nur fähig, nach einzelnem zu fragen, sondern auch nach dem Sein überhaupt und nach dem Sinn des Seins. In *Unterwegs zur Sprache* spielt die F. bei Heidegger eine andere Rolle. Ursprünglicher als das Fragen ist in der Sprache die Zusage; sie übersteigt die F., die doch als

»Frömmigkeit des Denkens« weiterhin Leitfaden des Denkens bleibt. Eine zentrale Stelle hat die F. in der hermeneutischen Situation, in der sie richtig oder falsch sein kann, je nachdem, ob sie wirklich in eine noch offene Schwebe führt und eine Antwort bzw. Entscheidung fordert oder nicht (Gadamer: *Wahrheit und Methode*. Tübingen $^{3}$1972. S. 346 f.). **Lit.:** E. Coreth: Frage. In: Hdb. philosophischer Grundbegriffe. Hg. v. H. Krings u. a. München 1973. – H. Rombach: Über Ursprung und Wesen der Frage. Freiburg/München $^{2}$1988. – K. Zillober: Frage. In: HWPh. MBO

**Frankfurter Schule** ↗Kritische Theorie

**Freiheit.** In der Tradition der Philosophie erfährt der Begriff der F. unterschiedliche Deutungen, und dies bereits in der griechischen Antike: Für die Sophisten ist frei derjenige, der in seinem Handeln nicht durch ein willkürliches Gesetz, sondern durch die Natur bestimmt ist. Sokrates dagegen bestimmt F. rein vom Menschen her: Der Mensch muß zwischen den Möglichkeiten seines Handelns so wählen, daß er nach Maßgabe seiner Vernunft das Beste wählt. Der freie und gute Mensch ist derjenige, der sich nicht auf ein beliebiges Gut, sondern auf das Gute an sich richtet. So wird auch bei Platon der Mensch, der im Gebrauch seiner Vernunft an dem Guten an sich selbst teilnimmt, seinerseits selbstgenügsam und frei. Aristoteles dagegen faßt die F. als konkretes Wählenkönnen auf. Durch seine Fähigkeit zu vernünftiger Entscheidung unterscheidet sich der Mensch von anderen Lebewesen. – Im MA. erfährt der Begriff der F. eine theologische Deutung: Bei Thomas von Aquin wird der freie Wille überwiegend von seinem Ziel her, dem Guten bestimmt. Zur Verwirklichung des freien Tuns muß allerdings die Gnade helfend eingreifen. Die F. des Willens (↗Willensfreiheit) erstreckt sich aber nicht auf das höchste Ziel, denn das ist dem Menschen vorgegeben, sofern er auf Gott ausgerichtet ist. Frei ist der Mensch nur in der Wahl der Mittel zu diesem Ziel. Zu Beginn der Neuzeit stellt Descartes die F. hinsichtlich ihrer graduellen Entfaltung dar: Die F. wächst mit der Zunahme der geistigen Klarheit über die Willensziele. Ähnlich erörtert Spinoza, daß frei einzig das ist, was allein aus der Notwendigkeit seines Wesens heraus existiert und allein durch sich selbst zum Handeln bestimmt ist. Der Mensch wird frei nur in der Loslösung von der Bestimmung durch die Affekte. Gemeinsam ist diesen Konzeptionen, daß die F. als die dem Menschen wesenhaft zukommende Selbstbestimmung aufgefaßt wird.

F. bedeutet in negativer Bestimmung das Freisein von äußeren Zwängen bzw. das freie, von äußeren Hindernissen ungehinderte Sich-bewegen-Können; in einer positiven Bestimmung impliziert es die Möglichkeit der Selbstbestimmung, der freien Entscheidung und Wahl. – Beide Aspekte der Bestimmung haben ihren Niederschlag in den unterschiedlichen Konzeptionen der Handlungsfreiheit und der Willensfreiheit gefunden. Die Theorie der politischen F. bleibt insofern mit dem philosophischen Begriff der F. verbunden, als sich die Behandlung des philosophischen Problems der Verantwortlichkeit mit den Fragen der politischen Freiheit berühren. Ein Individuum beansprucht das Recht, in eigener Selbstbestimmung und nach eigenen Fähigkeiten handeln zu können. Dieser neuzeitlichen Perspektive korrespondiert die ethische Fragestellung, in welchem Sinn der Mensch als frei bezeichnet werden kann. Zwei miteinander zusammenhängende Differenzierungen bestimmen die Diskussion über die F.: die Unterscheidung zwischen Willensfreiheit und Handlungsfreiheit und die zwischen positiver und negativer F.

Die Unterscheidung zwischen Willens- und Handlungsfreiheit wird durch Kant und Hume repräsentiert. Der Kernpunkt ihres Gegensatzes ist durch die Frage begründet, in welchem Sinne der Mensch frei ist von ↗Determination und Fremdbestimmung. In seinem *Traktat über die menschliche Natur* versucht Hume eine Antwort darauf zu geben, in welchem Sinne von Wollen die Rede ist, indem er ausführlich die Handlungsfreiheit in Abgrenzung zur Willensfreiheit begründet: Die F. des Willens i. S. des Freiseins von allen Bedingungen würde seiner Ansicht nach dazu führen, daß keinerlei Motive, Wünsche oder Charakterzüge die Entscheidungen begründen könnten. Eine derartige Bedingungslosigkeit der Entscheidung hätte zur Konsequenz, daß keine Verbindung zwischen dem Charakter einer Person und ihren Handlungen hergestellt werden könnte, so daß diese Handlung der Person auch nicht zugerechnet werden könnte. F. der Handlung heißt, daß eine Person ohne Beeinträchtigung durch äußere Umstände eine Handlung ausführen kann. In einer allgemeineren Bestimmung bedeutet Handlungsfreiheit die Fähigkeit und das Vermögen zum bewußten und freiwilligen Tun – entsprechend den eigenen Fähigkeiten und Möglichkeiten und im Hinblick auf die gegebenen Umstände. In gesellschaftlich-politischer Hinsicht bedeutet Handlungsfreiheit die Möglichkeit und das Recht, ohne äußere Beeinträchtigung nach eigenem Wollen und eigener Überzeugung zu handeln. Im Gegensatz dazu wird von Kant die Willensfreiheit als ein Vermögen bestimmt, einen Zustand von selbst anzufangen (*KrV* B 472–479, B 560–586). Das bedeutet, daß der Wille sich nicht von sinnlichen Antrieben und äußeren Zwängen bestimmen läßt, sondern selbst Ursprung seines Wollens ist. Der Mensch kann sich in ein Verhältnis zu seinen Neigungen, Wünschen und Glücksvorstellungen setzen und ihnen nach eigener Beurteilung nachgehen oder sie verwerfen. Bei Kant wird eine solche Einstellung als praktische Vernunft bezeichnet. In der *Kritik der reinen Vernunft* wird die Unabhängigkeit von aller Kausalität und das Vermögen, einen Zustand von selbst anzufangen, als transzendentale F. bestimmt, in der *Kritik der praktischen Vernunft* (§ 8) wird die praktische F. negativ als Unabhängigkeit der Willkür von der Nötigung durch Antriebe der Sinnlichkeit, positiv als Vermögen der reinen Vernunft, für sich selbst praktisch zu sein, d. h. als Selbstbestimmung i. S. der eigenen Gesetzgebung, charakterisiert.

Von Fichte wird der Gedanke der F. auf eine vollständige Absolutheit des Ich hin radikalisiert. Diese unbedingte Freiheit versteht er als ein Faktum des Selbstbewußtseins. Darin sieht er das Wesen der kritischen Philosophie, daß ein absolutes Ich als schlechthin unbedingt und durch nichts Höheres bestimmbar aufgestellt werde. F. ist das einzig wahre Sein. Demgegenüber verliert die Außenwelt den Anschein von Wirklichkeit, den sie im alltäglichen Bewußtsein besitzt. Entsprechend sieht Fichte auch die Problematik der Ethik. Aus dem absolut verstandenen Ich erwächst die sittliche Verpflichtung des Menschen. Die Gesetzgebung des vernünftigen Wesens richtet sich an sich als empirisches Ich. Das absolute Ich artikuliert sich als Stimme des Gewissens. Bei Hegel wird der Begriff der F. (wie der Begriff der Vernunft) nicht in einem subjektiven Sinn, sondern in einem objektiven Sinn verwendet, nämlich als substantielle F.. Im Staat kommt die F. zu ihrem höchsten Recht, er stellt die Wirklichkeit der konkreten F. dar (*Rechtsphilosophie* § 57, § 258 f.). Der Mensch findet seine wahre F. nur in der Einordnung in den Staat. Der Staat repräsentiert insofern die substantielle F., als er keinen Zweck mehr außer sich hat (d. h. nicht um eines anderen Zweckes willen da ist), sondern die absolute Unabhängigkeit darstellt. Sofern nun die Idee der F. die Sittlichkeit ist, kann Hegel den Staat als die Wirklichkeit der sittlichen Idee bezeichnen.

Rousseau setzt die Willensfreiheit als anthropologische Grundbestimmung des Menschen an, in der sich die Geistnatur der Seele zeige. So bedeutet zunächst F. das Fehlen einer instinkthaften und damit naturhaften Determination des Menschen. Aus dieser natürlichen F. ergibt sich für den Menschen die Notwendigkeit, sich selbst eine Grenze in Gestalt der moralischen F. zu schaffen. Indem er sich selbst ein Gesetz gibt, verleiht er seiner Selbstbestimmung einen adäquaten Ausdruck. Die äußere Voraussetzung für eine Selbstgesetzgebung wird durch die volonté général geschaffen, indem alle durch einen vertraglichen Verzicht auf F. der begrenzten »bürgerlichen F.« zustimmen. – Die Auseinandersetzung zwischen negativer und positiver F. berührt die Frage, was unter Selbstbestimmung zu verstehen sei. Taylor kritisiert an dem negativen Begriff von F., wie er z. B. von Hobbes formuliert wurde als F. von äußeren Hindernissen, daß ein solches Freiheitsverständnis nur auf einem Möglichkeitskonzept beruhe. Der Begriff der positiven F. dagegen, wie er ihn versteht, bezieht die Vorstellung darüber mit ein, wie wir über uns selbst und die Form unseres Lebens bestimmen – der Freiheitsbegriff ist hier ein Verwirklichungsbegriff.

Im Rahmen der Philosophie des ↗ Deutschen Idealismus wird dem Begriff der F. eine zentrale Stellung im Rahmen der Konstitution von Gegenständen und Welt eingeräumt. Bei Fichte wird die spontane Selbsthervorbringung des Ich als ursprüngliche Tathandlung als F. gedeutet. Hegel differenziert zwischen einer abstrakten F., die als Nichtabhängigsein von einem anderen und reines Sich-auf-sich-selbst-Beziehen zu verstehen ist, und einer konkreten F., in welcher die Einsicht in die Notwendigkeit (des anderen seiner selbst) zum Ausdruck kommt. – In der ↗ Existenzphilosophie wird F. zu einer ontologischen Grundbestimmung des Menschen. Bei Heidegger wird sie interpretiert als Überstieg zur Welt, als Grund des Grundes, welcher das Dasein in endliche Wahlmöglichkeiten stellt, und später als Ermöglichung von Wahrheit als Entbergung des Seienden. **Lit.:** G. W. F. Hegel: Grundlinien der Philosophie des Rechts. – M. Heidegger: Vom Wesen des Grundes. Pfullingen 1957. – D. Hume: Ein Traktat über die menschliche Natur. Buch II. Hamburg 1978. 3. Teil. S. 136 ff. – I. Kant: Kritik der praktischen Vernunft. – A. Pieper: Ethik als Philosophie der Freiheit. In: Pragmatische und ethische Normenbegründung. Freiburg/München 1979. S. 201 ff. – J.-J. Rousseau: Abhandlung über den Ursprung und die Grundlagen der Ungleichheit unter den Menschen. In: Schriften zur Kulturkritik. Hg. v. K. Weigand. Hamburg 1983. S. 77 ff. – Ders.: Der Gesellschaftsvertrag. Hg. v. H. Weinstock. Stuttgart 1971. – R. Spaemann: Freiheit. In: HWPh. – U. Steinvorth: Freiheitstheorien in der Philosophie der Neuzeit. Darmstadt 1987. – Ch. Taylor: Negative Freiheit. Frankfurt 1992. – W. Weischedel: Skeptische Ethik. Frankfurt/M. 1997. PP

**Fremd/Fremdheit,** den Unterschied zum Eigenen charakterisierende Bezeichnung für die Andersartigkeit des Selbst- und Weltverständnisses eines Individuums oder einer Gemeinschaft. F. wird heute zumeist kulturanthropologisch bestimmt. Die Abhängigkeit menschlicher Welterschließung von den jeweiligen, kulturell und geschichtlich differenten Lebensformen habe zur Folge, das das Verstehen anderer Kulturen die Problematik der theoretisch unüberwindbaren, partiellen Unverständlichkeit bzw. F. anderer Verhaltensweisen und Institutionen zu berücksichtigen habe; andernfalls es zu einer verfälschenden »Gegenbildkonstruktion« kommen könne, die das Unterscheidungswissen der eigenen Kultur unreflektiert universalisiere. Im Existentialismus erhielt das Phänomen der F. eine allgemein anthropologische Grundlage. Camus geht von der Erfahrung eines Individuums aus, das der Sinnlosigkeit der Welt gewahr wird und sich ihr gegenüber als Fremder empfindet. **Lit.:** A. Camus: Der Fremde. Reinbek 1961. – W. v. Humboldt: Über die Verschiedenheit des menschlichen Sprachbaues. Hildesheim 1974. – P. Matusche (Hg.): Wie verstehen wir Fremdes? München 1989. – J. Rehbein (Hg.): Interkulturelle Kommunikation. Tübingen 1985. HGR

**Fremderfahrung, Fremdich.** Das Problem der F. wurde in zweifacher Hinsicht virulent. Zum einen stellte sich der philosophischen Hermeneutik mit dem Aufkommen der Geisteswissenschaften als eines von den erklärenden Naturwissenschaften unterschiedenen, eigenständigen Wissenschaftsbereichs die Frage nach der richtigen Methode, um fremden Sinn zu verstehen. Andererseits rückte innerhalb der Wissenschaftstheorie die Thematik der »inter«-subjektiven

Überprüfbarkeit von Objektivität beanspruchenden Aussagen ins Zentrum der Diskussion. – Beide Problemstellungen setzen schon die Möglichkeit intersubjektiv geteilten Sinns und intersubjektiver Geltung voraus. Diese, etwa von Kant in seiner Konzeption eines »Bewußtseins überhaupt« noch naiv unterstellte, Möglichkeit machte Husserl zum Gegenstand einer phänomenologischen Theorie der F. Von einem auf die Sphäre ureigener Sinnstiftung reduzierten, »primordialen« Bewußtsein ausgehend, versucht Husserl in mehreren Konstitutionsschritten den Sinn eines intersubjektiven Weltbewußtseins aufzubauen. Hierbei geht es nicht nur darum, die Möglichkeit eines anderen Bewußtseins (alter ego), sondern auch dessen Andersartigkeit bzw. Fremdheit als eines Fremdich aufzuweisen. Nach Meinung der meisten Interpreten scheitert Husserl an dieser Aufgabe, weil sich seine Annahme einer »analogisierenden Apperzeption« als inkonsistent erweist und zudem nicht eine Symmetrie der Weltperspektiven gewährleisten kann. Das Fehlschlagen der phänomenologischen Fremderfahrungstheorie ist letztlich auf das bewußtseinsphilosophische Subjekt-Objekt-Schema der Erkenntnis zurückzuführen, das ein Bewußtsein von sich und anderen als »Subjekthaftem« verhindert. – In Husserls später Phänomenologie der Lebenswelt einsetzende Umgestaltungen der phänomenologischen Reduktion bereiten hermeneutische und linguistische Transformationen der Theorie der F. vor, die einerseits von Heideggers sozialontologischen Analysen des Mitseins, andererseits von Wittgensteins Kritik der subjektphilosophischen Vorstellung einer ↗Privatsprache ausgehen. Sie stützen sich zumeist auf das Argument eines präreflexiv immer schon geteilten lebensweltlichen Wissens. Einflußreich ist u. a. Merleau-Pontys Theorie der F. geworden, die intersubjektiven Sinn im Ausgang von der interpersonalen Leibbeziehung rekonstruiert. – An Peirce's Entdeckung, daß jede Erkenntnis als zeichenvermittelte auf eine unbegrenzte Interpretationsgemeinschaft verweist, knüpft die ↗Universal- und ↗Transzendentalpragmatik (Apel, Habermas) an. In der Reflexion auf die Bedingungen der Möglichkeit von Kommunikation und Argumentation zeige sich, daß sinnvolles Reden voraussetzt, daß wir alle potentiellen Kommunikationspartner als gleichberechtigte Andere anerkennen. Jedes Denken beziehe sich notwendigerweise auf die reale Kommunikationsgemeinschaft als Instanz für seinen verständlichen Sinn und auf die ideale Argumentationsgemeinschaft als Instanz für seine Gültigkeit. **Lit.:** K.-O. Apel: Transformation der Philosophie. Frankfurt 1973. – J. Habermas: Theorie des kommunikativen Handelns. 2 Bde. Frankfurt 1981. – M. Heidegger: Sein und Zeit. Tübingen 1986. – E. Husserl: Cartesianische Meditationen und Pariser Vorträge. Hua I. Den Haag 1950. – Ders.: Phänomenologie der Intersubjektivität. 3 Bde. Hua XIII-XV. Den Haag 1973. – M. Merleau-Ponty: Phänomenologie der Wahrnehmung. Berlin 1966. – Ch. S. Peirce: Schriften zum Pragmatismus und Pragmatizismus. Frankfurt 1991. – J.-P. Sartre: Das Sein und das Nichts. Reinbek 1991. – M. Theunissen: Der Andere. Berlin/New York 1977. – B. Waldenfels: Topographie des Fremden. Frankfurt 1997. – Ders.: Sinnesschwellen. Frankfurt 1999. HGR

**Freundschaft.** In der Kosmologie des Empedokles heißt die Kraft, die Elemente verbindet und zum Einen und Schönen wirkt, philia, die durch die Liebesgöttin personifiziert ist. Platon trennt (im Dialog *Lysis*) Liebe und F., diese wird zu einem Prinzip der Lebensphilosophie und prägt weithin die griechische Gesellschaft. Bei Aristoteles ist F. etwas Lebensnotwendiges und Schönes, sie führt über Lust und Nutzen hinaus zur »Bestheit« (arete), die sich in der Gemeinschaft der Guten verwirklicht (»eine Seele in zwei Körpern«). Für Epikur und seine Schule gehört F. auch in der Politikferne und unter dem Aspekt von Nutzen und Sicherheit zu den beglückendsten Gütern. – Der Begriff lebt mit antiken Reminiszenzen in den Freundeskreisen der Humanisten wieder auf. Während in der Aufklärungsphilosophie F. vernünftig und moralisch betrachtet wird und sich dem allgemein Menschlichen annähert, wird sie in der »schönen Literatur« sowohl emotionalisiert als auch trivialisiert, so daß Kant vor den Romanschreibern warnen muß, denn F. ist eine »durch gleiche wechselseitige Liebe und Achtung« bestimmte Pflicht; auch gegenüber der Gefühlsintensität im Pietismus und in der Romantik muß F. immer wieder ethisch-rational begründet werden und sich an aktualisierten Wertvorstellungen messen lassen. Im Organisationsgeflecht moderner Gesellschaften will F. auch die Zusammengehörigkeit innerhalb verschiedener Gruppen (Schule, Beruf, Politik, Sport) verstärken. Sie bleibt dabei zumeist auf einzelne Lebensbereiche beschränkt. **Lit.:** Aristoteles: Nikomachische Ethik. Bücher VIII und IX. – Cicero: Laelius oder Über die Freundschaft. – I. Kant: Metaphysik der Sitten. Tugendlehre § 46 f. – M. de Montaigne: Essais I, 27. KHG

**Frieden,** bezeichnet seit der Antike sowohl den kosmischen Ordnungszustand vollkommener Ruhe mit eschatologischer und moralischer Zielrichtung (geistlicher F.), als auch den vertraglich gesicherten, unvollkommenen weltlichen Rechtszustand, der zumindest die Abwesenheit von Gewalt voraussetzt (politischer F.). Wurde in der griech. Antike der F. als von den Göttern gewährte Pause im ewigen ↗Krieg verstanden, herrschte im römischen Denken der juristische Aspekt vor. F. galt als sozialer Zustand, der die Qualität der gesellschaftlichen Verbundenheit und den Zustand der bloßen Gewaltlosigkeit umfaßte. Die Übereinstimmung von F. und Recht ist seit Augustinus die Grundkategorie der ma., an der Eschatologie orientierten Weltordnung gewesen. Echter, wahrer F. ist nur im Verband mit Gerechtigkeit möglich, die durch Offenbarung erfahren wird. Davon ist der falsche, zeitlich begrenzte politische F., die schlechte Ordnung und der Gewalt-F. zu unterscheiden. Im Spätmittelalter wurde dem politischen F. des weltlichen Regiments zunehmend in der Theorie vorbereitende Funktion für den religiösen F. beigemessen (Thomas von Aquin, Dante), bis schließlich die politische Ordnung von der eschatologischen Bestimmung abgekoppelt wurde (Marsilius von Padua, Luther). Der politische F. ist als äußerer F. theologisch indifferent und damit vom inneren F. gelöst. Die Religionsspaltung hob die bestehende Bindung von Recht und F. auf, da gerade das durch die Offenbarung vermittelte Wissen um die wahren Güter umstritten war. Damit zerfiel jene die Willkür begrenzende Rechtsordnung, und die entfesselte Grausamkeit der konfessionellen Bürgerkriege begann. Ihre Beendigung und Verhinderung machten die Lösung der strittigen Glaubens- und Rechtsvorstellungen vom F. nötig, der nun als bürgerliche Sicherheit zum absoluten Staatszweck wurde (Hobbes). Der auf rationalem ↗Naturrecht beruhende Staats-F. war ausschließlich auf ↗Legalität ausgerichtet und berücksichtigte die Gesinnung der Handelnden nicht. Die Dichotomie von innerem und äußerem F. bezeichnet nun den innerstaatlichen und den zwischenstaatlichen Zustand. Letzterer entwickelt sich zum vorrangigen Bedeutungsfeld, da er auf labilen Verträgen beruht, deren Einhaltung nicht durch eine Gerichtsbarkeit sanktioniert, sondern durch Krieg reguliert wird. In der Aufklärung wurde wieder an der Verbindung von Recht und F. angeknüpft und der Staats-F. als despotischer Gewalt-F. abgelehnt. Durch die vernunftrechtliche innere Ordnung sollte der zwischenstaatliche F. erreicht werden, was bis zur Forderung nach einem letzten Weltbürgerkrieg gegen den Despotismus zur Erlangung des ewigen F., i.S. eines allgemeinen Menschheits-F., führte. Heute wird der negative, in bloßer Abwesenheit vom Krieg bestehende F. unterschieden vom positiven F. als gewaltfreier Konfliktregulation zur möglichst umfassenden Verwirklichung von Sicherheit, Freiheit, Gleichheit, Gerechtigkeit und Selbstverwirklichung. Hier knüpft der Versuch an, Alternativen zum weitgehend auf nuklearer Abschreckung beruhenden F. zu schaffen, etwa durch Erziehung zu sozialer Kompetenz, bei der F. durch rational zu rechtfertigende sittliche Entscheidungen verwirklicht wird. **Lit.:** W. Janssen: »Frieden«. In: Geschichtliche Grundbegriffe. Stuttgart 1978. S. 543 ff. – C. v. Krockow: Gewalt für den Frieden? München 1983. – K. v. Raumer: Ewiger Frieden. München/Freiburg 1953. – D. Sternberger: Die Politik und der Frieden. Frankfurt 1986. JP

**Fulguration.** Leibniz verwendet den Begriff in seiner Monadologie, um die Schöpfung und Erhaltung der Substanzen durch Gott zu charakterisieren: Da es keine Wechselwirkung zwischen den einzelnen Substanzen bzw. ↗Monaden gibt, kann nur eine immerwährende Schöpfung durch Gott (creatio continua) das Fortbestehen der Individuen gewährleisten. Diese dauernde Schöpfung hat als Handlung Gottes nicht wie die Fortdauer der Substanzen eine zeitliche Ausdehnung, sondern ist vielmehr als momentaner, blitzartiger Schöpfungsakt – als F. – zu verstehen. Während Fichte und Schelling mit F. ebenfalls die endlichen Manifestationen des unendlichen und absoluten Gottes charakterisieren, erhält der Begriff bei K. Lorenz eine völlig andere Bedeutung. Er dient dort zur Kennzeichnung schlagartiger qualitativer Veränderungen im kontinuierlichen Verlauf der evolutionären Entwicklung. Unter F. ist demnach das plötzliche Auftreten von vorher nicht dagewesenen Eigenschaften und Leistungen »durch Zusammenschluß von präexistenten Untersystemen« zu verstehen (*Die Rückseite des Spiegels*, S. 223). **Lit.:** G. W. Leibniz: Monadologie. § 47. – K. Lorenz: Die Rückseite des Spiegels. Versuch einer Naturgeschichte menschlichen Erkennens. München 1973. JQ

**Fundamentalansatz, Fundamentalphilosophie.** Mit dem eher seltenen Terminus wird an die architektonische Metapher der Grundlegung angeschlossen. Dabei wird der Begriff sowohl in der metaphysischen, wie in der transzendentalphilosophischen Tradition gebraucht. Der Sache nach ist damit jede philosophische Theorie bezeichnet, die eine Letztbegründung und Systembildung beansprucht. Aus transzendentalphilosophischer Sicht kann ein solcher Anspruch nur in der synthetischen Vermittlung von privater Subjektivität und objekt-ermöglichenden Grundsätzen in der Reflexion auf das, was in der Erkenntnis immer schon in Anspruch genommen wird, realisiert werden, nicht aber als Analyse und Anwendung einer gesetzten und als faktisch geltend behaupteten Wirklichkeitscharakteristik (*KrV* B 23/4). Konkurrierende Fundamentalphilosophien bestreiten die Bedeutung der Unterscheidung analytisch/synthetisch (Quine, Strawson) und beziehen sich vor allem auf die Sprache (↗analytische Sprachphilosophie), die Kommunikation (Systemtheorie, ↗Pragmatismus) oder die Interaktion (Genealogie) als unhintergehbare Paradigmen des Wirklichkeitsverständnisses, die auch vom Standpunkt der ↗Bewußtseinsphilosophie aus nicht sinnvoll hinterfragt werden können, da sich kein Bewußtsein von der solchermaßen bestimmten Wirklichkeit ablösen könne. Jeder Teil der Wirklichkeit wird dabei als Fall des Paradigmas beschrieben, während der Sprecher der Theorie als selbstexplikativer Fall ausgezeichnet ist. Fundamentalphilosophien müssen sich mit der Skepsis auseinandersetzen. Dabei betreffen die skeptischen Einwände sowohl den Status der Grundlagen (↗Münchhausen-Trilemma) als auch die Möglichkeit, auf diesen ein Realitätsverständnis aufzubauen. Während transzendentalphilosophische Theorien seit Descartes selbst skeptische Strategien hervorbringen und damit den Rückgang auf das thetisch gesetzte ↗Selbstbewußtsein und die Notwendigkeit einer synthetischen Vermittlung zur Welthaftigkeit des Bewußtseins begründen, verweisen analytische Ansätze auf ihr jeweiliges Paradigma, das gewissermaßen als »Flußbettgewißheit« (Wittgenstein) akzeptiert werden müßte. Dabei wird weniger gegen die skeptische Position argumentiert, sondern diese wird auf dem Boden des jeweils als unhintergehbar gesetzten Paradigmas rekonstruiert. TK

**Fundamentalismus,** als Begriff in sehr unterschiedlichen Differenzierungen verwendet. In einem engeren Sinn werden damit religiöse Protestbewegungen gegen die Moderne im Sinne der Aufklärung bezeichnet, die auf voraufklärerische Traditionen zurückgreifen und für diese normative Verbindlichkeit beanspruchen. Die Gegenwart wird als Krise erlebt und als Abfall von der göttlichen Ordnung interpretiert, die Lösung wird in der Rückkehr zu ihr propagiert. Dieser F. bedarf der bewußten Unhinterfragbarkeit und Radikalisierung seiner Traditionen, bzw. Fundamente, um sein Weltbild gegen eine von ihm empfundene Gefährdung von außen abzusichern. Typisch sind Enge und Kompromißlosigkeit in bezug auf das Verhalten des Einzelnen, eine Ablehnung des Pluralismus der westlichen Moderne, hierarchische, bis hin zu diktatorischen Strukturen und ein aggressives Auftreten nach Außen. Wird der Begriff weiter gefaßt, sind die Kriterien der Aggressivität einer Gruppe und ein radikales, geschlossenes Weltbild mit unreflektiertem Feindbild maßgebend. **Lit.:** M. Riesebrodt: Fundamentalismus als patriarchalische Protestbewegung. Tübingen 1990. DL

**Fundamentalontologie.** Alles Seinsverständnis gründet nach Heidegger in der wesensmäßigen Seinserschlossenheit des menschlichen Daseins. Daher müssen alle Ontologien, die nicht daseinsmäßiges Seiendes zum Gegenstand haben, in der Analytik des Daseins gründen, die somit F. ist. FPB

**Fundierung, fundiert.** Ein Definitionsschema für eine Relation heißt dann f., wenn für die Herstellung einer als gültig nachzuweisenden Relationsaussage nicht eine unendliche Kette von Regelanwendungen erforderlich ist. Innerhalb einer axiomatischen Mengenlehre heißt eine Menge M dann f., wenn sie keine unendliche Vorgängerkette hat. Diese Begrenztheit wird durch Fundierungsaxiome sichergestellt. PP

**Fünf-Feuer-Lehre** (sanskrit: pañcāgnividyā). Die F., in der der Pañcāla-König Pravāhana in *Chāndogya-U.* 5.3.ff. und *Bṛhadāraṇyaka-U.* 6.2. den Brahmanen Gautama Āruṇi unterweist, ist zusammen mit der an gleicher Stelle vorgetragenen Zwei-Wege-Lehre das älteste und ausführlichste Zeugnis für die Seelenwanderungslehre (↗Saṃsāra) in den frühen ↗Upaniṣaden. Beide Lehren wollen auf die Fragen antworten: »Wohin kommen die Wesen nach dem Tode, welchen Weg nehmen sie?« und »Warum wird das Jenseits nicht voll?«. Die Antwort auf die erste Frage ist die Wiedergeburt. Über die spekulative Deutung und Identifikation der fünf Opferfeuer als Zwischenstadien: Glaube (śraddhā), Soma = Mond, Regen (vṛṣthi), Nahrung (anna), Same (retas) und Embryo (garbha) entsteht der Zyklus von Werden und Vergehen. Dieses zyklische Konzept knüpft an eine ältere Wasser-Kreislauf-Lehre an. Über die Zwei-Wege-Lehre wird die ↗Karma-Lehre eingebunden: diejenigen, die Glauben haben, der mit Askese (↗Tapas) identifiziert wird, gelangen über den Götterweg (devayāna) zum ↗Brahman, die anderen gelangen über den Väterweg (pitṛyāna) in die Väterwelt und nach einer gewissen Zeit über den Mond, dessen Zu- und Abnehmen das Kommen und Gehen der Wesen symbolisiert, und über den Regen wieder auf die Welt und über die restlichen Zwischenstadien der F. entsprechend ihres Karmas zur Wiederverkörperung. Es sind wesentliche Bestandteile der späteren Saṃsāra-Konzeption vorhanden: Erlösung und Askese, Wiedergeburt und Karma. **Lit.:** P. Deussen: Allgemeine Geschichte der Philosophie. Leipzig $^5$1922. S. 295 ff. u. Bd. I. 3., Das System des Vedānta. Leipzig $^3$1920, S. 390 ff. – E. Frauwallner: Geschichte der indischen Philosophie. Bd. I. Salzburg 1953. S. 50 ff. MD

**Funktion,** Ausdruck in der formalen Logik und Mathematik für die Zuordnung (oder ↗Abbildung), durch die jedem Element einer Menge A genau ein Element einer Menge B zugewiesen wird. Die Menge A wird als Argumentbereich oder Definitionsbereich dieser Zuordnung bezeichnet, die Menge B als Wertbereich oder Bildmenge. PP

**Funktional,** Bestimmung einer finalen Abhängigkeit eines Seienden von einem anderen. Dies entspricht einer Funktion höherer Stufe in Logik und Mathematik. Ihre Werte und Argumente sind also selbst wieder nur als Ausdruck einer Funktion zu verstehen. D.h. da sie im Dienste einer Funktion stehen, sind sie potentiell immer durch andere Alternativen ersetzbar. Ich betrachte einen Vorgang f., wenn ich ihn als Teil eines anderen Vorgangs setze. So ist in einem Regelkreis jedes Untersystem f. für das gesamte System, das System selbst wiederum auch für jedes Untersystem. **Lit.:** G. Frege: Funktion, Begriff, Bedeutung. Göttingen 1966. JSC

**Funktionalanalyse,** eine Form wissenschaftlicher Erklärung, in der die Eigenschaft eines Systems (wie z. B. eines Organismus oder eines sozialen oder wirtschaftlichen Gebildes) als ein notwendiges Funktionselement für das Funktionieren dieses Systems beschrieben wird. Z. B. wird das Vorhandensein von Leukozyten im menschlichen Blut dadurch erklärt, daß man auf ihre Funktion für den menschlichen Organismus, nämlich diesen Organismus gegen eindringende Mikroorganismen zu schützen, verweist. Das System ist in diesem Beispiel der menschliche Gesamtorganismus, die Leukozyten die Systemteile, die zu erfüllende Aufgabe ist das gesunde Weiterbestehen des Gesamtorganismus. – Solche Erklärungsweisen finden sich vorwiegend in anthropologischen, soziologischen, psychologischen und (zum Teil noch) biologischen Theorien. Aus wissenschaftstheoretischer Perspektive wird Skepsis gegenüber dem wissenschaftlichen Erklärungsanspruch der F. geäußert. Eine Analyse der logischen Struktur wurde im Gefolge von Hempel durch Stegmüller entwickelt. Prämissen: (a) das System S funktioniert zur Zeit t in der Situation von der Art Z adäquat (Normalitätsstandard des Systems); (b) für einen beliebigen Zeitpunkt gilt: das System S funktioniert zu diesem Zeitpunkt nur dann adäquat (normal), wenn eine bestimmte notwendige Bedingung N (i.S. der Funktion) erfüllt ist; (c) die Bedingung N ist am

System S zur Zeit t genau dann erfüllt, wenn in S zur Zeit t eines der Merkmale aus einer Klasse von möglichen hinreichenden Bedingungen realisiert ist; Konklusio: Eines der Merkmale aus der Klasse der möglichen hinreichenden Bedingungen ist in S zur Zeit t verwirklicht. Die bedeutsame Veränderung der entwickelten logischen Struktur liegt darin, daß nicht mehr von einer Eigenschaft als notwendigem Merkmal i.S. der funktionellen Unersetzlichkeit gesprochen wird, sondern von funktionellen Alternativen (Äquivalenten oder funktionellen Substituten), die in einer Klasse hinreichender Bedingungen repräsentiert sind. Durch diese Rekonstruktion einer logischen Struktur der F. wird die Aussage wesentlich abgeschwächt. Denn dadurch wird nicht mehr eine bestimmte Eigenschaft funktional erklärt, sondern nur noch behauptet, daß irgendeine aus der Klasse der notwendigen und hinreichenden Bedingungen erfüllt ist. Für psychologische und soziologische Phänomene geht durch die veränderte Funktionalerklärung möglicherweise der ursprünglich intendierte Erklärungswert verloren. – Einer anderen Umformulierung zufolge würde die funktional erklärte Eigenschaft nicht mehr als notwendige Bedingung, sondern als optimale Eigenschaft für das normale Funktionieren des Systems begründet. **Lit.:** W.K. Essler: Wissenschaftstheorie. Bd. IV: Erklärung und Kausalität. Freiburg/München 1979. S. 180–193. – W. Stegmüller: Die Logik der Funktionalanalyse. In: Probleme und Resultate der Wissenschaftstheorie und Analytischen Philosophie. Bd. 1: Erklärung, Begründung, Kausalität. New York/Heidelberg/Berlin [2]1983. S. 676–705. PP

**Funktionalistische Theorien des Geistes,** in der analytischen Philosophie seit Beginn der 60er Jahre zunehmend verbreitet, heute weitgehend die Orthodoxie in diesem Bereich darstellend. Die meisten Theoretiker orientieren sich stark am Computermodell des Geistes und somit an den ↗Kognitionswissenschaften und den Forschungen im Bereich ↗künstlicher Intelligenz. Der Funktionalismus identifiziert die kausale Rolle eines Zustands zwischen Input und Output mit seiner mentalen Natur. Entstanden ist er aufgrund eines Problems mit der bis dahin vorherrschenden materialistischen Theorie des Geistes, der Identitätstheorie in der Deutung als Theorie über Typen mentaler Zustände. Identifiziert man nämlich einen mentalen Zustandstyp mit einem körperlichen, so hat dies zur Folge, daß jedes Wesen, das sich im selben mentalen Zustandstyp befindet wie ein anderes (z.B.: Es glaubt, daß es regnet), sich auch in exakt demselben körperlichen Zustand befinden muß. Dies würde auch für denkende Maschinen oder Außerirdische gelten müssen, so daß alle Wesen mit mentalen Zuständen die gleiche Physis haben müßten. Dagegen würde eine funktionalistische Theorie, die sich am Computermodell orientiert, jedem Wesen, das sich im selben Programmzustand befindet wie ein Mensch in einem bestimmten mentalen Zustand, diesen mentalen Zustand auch dem Fremden zuschreiben. Andere funktionalistische Theorien gehen davon aus, daß sich die kausalen Rollen, die wir mentalen Zuständen in unserer Alltagspsychologie zuschreiben, ohne Umweg über die Computermetapher auf andere Wesen übertragen lassen. **Lit.:** J.A. Fodor: The Language of Thought. Hassocks 1976. – H. Putnam: Psychological Predicates. In: W.H. Capitan/D.D. Merrill (Hg.): Art, Mind and Religion. Pittsburgh 1967 (als »The Nature of Mental States« häufig wieder abgedruckt, z.B. in: W.G. Lycan (Hg.): Mind and Cognition. A Reader. Cambridge 1990). MBI

**Funktionskreis,** Begriff der frühen Systemtheorie, der das Verhältnis eines Systems zu seiner Umwelt beschreibt. In der Biologie Jacob von Uexkülls wird die Interaktion von Tieren nach dem Schema eines F.es vorgestellt: Ein bestimmter Rezeptor der Außenwelt (etwa: Beute) dringt in die subjektive Merkwelt eines Tieres ein, reizt ein Merkorgan, dieses steuert ein Wirkorgan (Beißorgane), dieses wiederum fungiert als Merkorgan (durch das taktile Aufspüren der Beute). Der Aktionsablauf wiederholt sich dann gemäß der Maxime: »Das Wirkmal löscht das Merkmal aus«, bis die Aktion und mithin der F. abgeschlossen ist. In der Interaktion von zwei lebenden Systemen greifen die F.e ineinander. Dieser Sachverhalt impliziert den wichtigen systemtheoretischen Grundsatz, daß die Umwelt des einen Systems A Systeme enthält, in deren Umwelt dieses System A als Umwelt vorkommt. **Lit.:** J. v. Uexküll: Umwelt und Innenwelt der Tiere. Berlin 1909. S. 218ff. – J. v. Uexküll/G. Kriszat: Streifzüge durch die Umwelt von Menschen und Tieren. Frankfurt 1970. MFM

**Funktor,** Ausdruck in der formalen Logik, der einen anderen Ausdruck (sein ↗Argument) näher bestimmt, oder mehrere andere Ausdrücke in Beziehung zueinander setzt, z.B. aussagenbestimmte, klassenbestimmte, individuenbestimmte F.en. Bspw. wird in dem zusammengesetzten Ausdruck »der treffsichere Eishokkeyspieler« das Argument (der »Eishockeyspieler«) durch den Funktor »treffsicher« näher bestimmt. Die F.en werden unterschieden (a) nach der Anzahl der Argumente, die ein F. jeweils bestimmt, (b) nach der ihm zugehörigen Bedeutungskategorie, (c) nach der Bedeutungskategorie, die die Anwendung des F.s auf sein Argument ergibt. Entsprechend unterscheidet man: (a) einstellige oder monadische, zweistellige oder dyadische, dreistellige oder triadische usw. F.en, (b) aussagenbestimmte F.en (»wenn-so«), individuenbestimmte (»treffsicher«), klassenbestimmende (bspw. »einige sind«: Professoren, Mathematiker), paarklassen- oder relationbestimmende (»alle sind«: Großeltern, Verwandte), tripelklassenbestimmende (»ist eingeschlossen in«: Versprechen, Verpflichtung – Wenn Person a der Person b das c verspricht, so ist a dem b gegenüber verpflichtet zu), (c) aussagenerzeugende F.en (»kein… ist…«: Säugetier, gefiedert), individuenerzeugende (Kölner - Dom – in Abgrenzung zu anderen Domen), klassenerzeugende (Nicht - Schwimmer), paarklassenerzeugende, tripelklassenerzeugende usw. – Ein F., der seinem Argument einen Wert aus einem vorgegebenen

Wertbereich zuordnet, heißt Valenzfunktor. Ein aussagebestimmender Valenzfunktor, dessen Wertbereich genau zwei Werte umfaßt, heißt Wahrheitswertfunktor (das sind die Junktoren: nicht, und, oder, wenn-dann, dann und nur dann wenn). **Lit.:** A. Menne: Einführung in die formale Logik. Darmstadt [2]1991. S. 19f. PP

**Furcht.** Im existenzphilosophischen Sprachgebrauch ist der Gegenstand der F. ein bestimmtes, innerweltlich Vorkommendes, während sich die ↗Angst auf das Ganze des In-der-Welt-Seins bezieht und das Verhältnis des Subjekts zu den unabsehbaren Möglichkeiten seiner Freiheit darstellt. FPB

**Futuribilien** (vereinzelt auch: Futurabilien), zukünftige, von Bedingungen abhängige Handlungen und Ereignisse. In Anschluß an Aristoteles (*De interpretatione* 9) wurde seit der Antike das allgemeine semantische Problem diskutiert, ob Aussagen über kontingente zukünftige Gegebenheiten (futura contingentia) einen Wahrheitswert haben; dies hat u.a. im 20. Jh. zur Entwicklung von Logiksystemen mit drei und mehr Wahrheitswerten (z.B. wahr, falsch, unbestimmt) geführt. Der Terminus F. wurde im 16. Jh. im Kontext des sog. »Gnadenstreits« um die Weise der Vereinbarkeit der menschlichen Freiheit mit Gottes Allwissenheit und Mitwirkung an den menschlichen freien Akten geprägt. Die meisten der sog. Molinisten (nach L. de Molina, 1535–1600) vertraten die scientia media Gottes sowohl um die futuribilia pura (zukünftige freie Handlungen, die unter gewissen Bedingungen zwar gesetzt würden, es aber nie werden), als auch um die futuribilia non pura (zukünftige und später tatsächlich gesetzte Handlungen), während die sog. Bañezianer (nach D. Bañez, 1528–1604) die Theorie der ↗praedeterminatio physica vertraten. **Lit.:** W. Brugger: Summe einer philosophischen Gotteslehre. München 1979. – W. Kneale/M. Kneale: The Development of Logic. Oxford 1962. WL

**Ganz Anderes,** R. Otto zufolge das allem Weltlichen Entgegengesetzte, als das sich das religiös Mysteriöse in seinem faszinierenden und majestätischen Charakter auszeichnet; es gibt sich zu erkennen etwa im Brahman der Kena-Upaniṣad (1, 3), das »durchaus anders« (anyad eva) als alles Wißbare und Nichtwißbare ist, und im göttlichen Lichte bei Augustin (*Confessiones,* VII 10), das »völlig anders« (aliud valde) als das irdische ist. Der Grundzug der Unheimlichkeit, in dem die Wurzel der ↗Negativen Theologie liegt, hebt die Religion vom Anthropomorphismus und der Moral einerseits sowie von jeder Form theistischer Spekulation andererseits entschieden ab. – Im Gegensatz zu Hegels Theorie der absoluten Subjektivität wird Gott nach Kierkegaard als das »Absolut-Verschiedene« erfahren, und zwar durch das von Gott selbst hervorgerufene Sündenbewußtsein; deshalb kann der Wille Gottes nach absoluter Gleichheit nur als Paradox begriffen werden. Während für K. Barth – im Ausgang sowohl von Kierkegaard als auch von Otto – das G.A. der biblisch attestierte, heilbringende »Herr der Welt« ist, der die Idole der Kultur in die Krise stürzt, betrachtet Heidegger den G .A.n als den »letzten« Gott, der den anderen Anfang einer nichtmetaphysischen ↗Seinsgeschichte herbeiführt. Nach Lévinas dagegen begegnet das G.A. (l'absolument Autre) im Antlitz des nicht assimilierbaren Fremden; die nicht-totalisierbare Beziehung zu ihm ist »Religion«. **Lit.:** R. Otto: Das Gefühl des Überweltlichen. München 1932. – O.F. Summerell (Hg.): The Otherness of God. Charlottesville/London 1998. OFS

**Gattung,** durch Verallgemeinerung entstandene, übergeordnete Zusammenfassung von ↗Arten (so z.B. Tier als Verallgemeinerung von Hund, Katze, Fisch etc.). Dabei ist die Bezeichnung, sofern sie nicht innerhalb einer abgeschlossenen wissenschaftlichen Systematik fungiert, insofern relativ, da G.en im Zuge einer weiteren Verallgemeinerung als Arten einer übergeordneten G. fungieren können. FPB

**Gattungswesen,** zentraler Begriff im Rahmen der philosophischen Grundlegung der ↗Marxschen Theorie. Er besagt, daß der Mensch niemals als Einzelwesen adäquat bestimmt werden kann, denn sowohl hinsichtlich seiner natürlichen wie seiner sozialen Wesensbestimmung kann er sich immer nur in und aus den lebenspraktischen Bezügen der Gattung behaupten und verwirklichen. Im Gegensatz zu allen Tieren zeichnet den Menschen »die freie bewußte Lebenstätigkeit« aus, sie ist »der Gattungscharakter des Menschen«. Dieser ermöglicht es ihm, »seine Lebenstätigkeit selbst zum Gegenstand seines Wollens und seines Bewußtseins« zu machen. Zentraler Ort für die Verwirklichung dieses G.s des Menschen ist die »Bearbeitung der gegenständlichen Welt, ... (die) Produktion ist sein werktätiges Gattungsleben.« Die entfremdete Arbeit entfremdet dem Menschen die Gattung, indem sie ihm »das Gattungsleben zum Mittel des individuellen Lebens« macht, ihn also aufs Überleben reduziert, indem sie ihm die wesensmäßig angelegten Möglichkeiten zu einer bewußten, praktischen und solidarischen Selbstverwirklichung nimmt (MEW E1, S. 516f.). ER

**Gé Wù Zhì Zhī** (Erkenntnisgewinnung durch Umgang mit den Dingen), erkenntnistheoretischer Topos aus der *»Großen Lehre«* im *Buch der Sitten* der chinesischen Antike: »Das Erreichen der Erkenntnis besteht im Umgang mit den Dingen (Ge Wu). Zuerst müssen die Dinge berührt werden, erst dann kommt man zur Erkenntnis«. *(Li Ji, Da Xue).* Eine entsprechende Vorstellung liegt in der Etymologie des lat. concipere (umfassen) oder des deutschen begreifen (vgl. auch Heideggers »Zuhandenheit des Zeugs« als Grundlage der Erkenntnis). Der Topos wird von den verschiedensten Schulen bis in die Moderne aufgenommen und im jeweiligen Sinne interpretiert. Dabei gibt er zu dauernden Auseinandersetzungen zwischen den Schulen über Einheit und Verschiedenheit, Vorrang und Nachrangigkeit von Theorie und Praxis Anlaß. Es geht dabei immer um die Sachhaltigkeit der Erkenntnis. Zheng Xuan (127–200) bezieht Wissen (Zhi) auf Ende und Anfang bzw. Wirkung und Ursache der Dinge, Umfang bzw. Berührung (Ge) auf seine »Herkunft« (Lai, vgl. dt.: Erfahrung): »Wenn die Erkenntnis vollkommen gut ist, dann kommt sie von einer guten Sache her. Wenn die Erkenntnis vollkommen schlecht ist, dann kommt sie von einer schlechten Sache«. Für Idealisten wie Cheng Yi (1033–1107), Zhu Xi (1130–1200) oder Wang Shou-ren (1472–1529) verflüchtigt sich Ge Wu immer mehr zu einem beliebigen Anlaß zur Bewußtwerdung über die im Bewußtsein eingewurzelten Ideen, die dadurch intentional werden (vgl. ↗Zhì Liáng Zhī): »In der Welt gibt es eigentlich keine Dinge, an die man herankommen könnte, vielmehr ist die Übung des sog. Ge Wu nur eine Tätigkeit in unserem Bewußtsein« (Wang Shou-ren), daher ist auch Erkennen und Handeln dasselbe. In realistisch-pragmatischer Wendung kritisiert das Yan Yuan (1635–1702) als Ausfluß steriler Büchergelehrsamkeit, die zum tatkräftigen Handeln untauglich mache: »Nur wenn man eine Sache mit der Hand macht, dann erst erhält man Erkenntnis«. Die von ihm und seinem Schüler Li Gong begründete Yuan Li-Schule betont denn auch das Handeln-Lernen (Xi Xong) und das Schaffen-Lernen (Xi Dong) in den Hochschulen und bereitet so die spätere Rezeption pragmatistischer westlicher Lehren in China vor. **Lit.:** L. Geldsetzer/H.-d. Hong: Chinesisch-deutsches Lexikon der chinesischen Philosophie. Aalen 1986. Artikel: Erkenntnis aus der Beschäftigung mit den Dingen (Gé Wù Zhì Zhī). – Li-wen Zhang: Art. Gewu zhizhi. In: Große Chinesische Enzyklopädie. Philosophie I. Beijing 1987. S. 244–245. LG/HDH

**Gebärde.** Zu einem philosophisch bedeutsamen Thema wird die G. im Zusammenhang mit einer Gefühlslehre und der Entstehung von Sprache. In Darwins *Expressions of the Emotions in Man and Animals* findet sich die These, daß G.n zum einen als Überreste erfolgreicher Handlungen eines vorangehenden Entwicklungsniveaus anzusehen sind, zum anderen die Funktion haben, Emotionen zum Ausdruck zu bringen. Wundts *Völkerpsychologie* stellt diese These in einen Zusammenhang mit der Entwicklung der Sprache: G.n gelten ihm als Affektäußerung. Sie stellen Ausdrucksbewegungen dar, aus denen sich dadurch allmählich eine Gebärdensprache entwickelt, daß die G. zwischen zwei Personen zu einer Beziehung zwischen Gefühlsausdruck und Antwortbewegung führt. Die G. ermöglicht eine Wiedererzeugung von Affekten bei der »angesprochenen« Person und damit eine Kundgabe von »Vorstellungsinhalten«, die zu einer Antwortbewegung führt. Auf dieser Basis kann sich nach Wundt als nächstes die Lautgebärde entwickeln. In der Theorie des symbolischen Interaktionismus von G. H. Mead wird die G. der menschlichen Bewußtseinsebene vorausliegend angesiedelt: Gebärdenreize können eine Bedeutung tragen, ohne daß diese in der Kommunikation bewußt werden muß, und dennoch wechselseitige Anpassung bewirken. Als Beispiele solcher tierischer sozialer Verhaltensweisen wären das Liebeswerben, die Brutpflege, Drohgebärde (und Unterwerfungsgeste) anzusehen. Die Bedeutung liegt dann in der anpassenden Reaktion des anderen Organismus. Der soziale Prozeß der Gebärdenkommunikation bildet die Grundlage der durch Sprache vermittelten wechselseitigen Anpassung der menschlichen Individuen. **Lit.:** Ch. Darwin: Expressions of the Emotions in Man and Animals. London 1872. – G. H. Mead: Geist, Identität und Gesellschaft. Frankfurt 1973. S. 81 ff. – W. Wundt: Völkerpsychologie. Leipzig 1900–1920. Bd. 1. PP

**Gebrauch,** (1) im Unterschied zu »Erwähnen« (engl. use/mention): In der logischen Semantik wird unterschieden, ob man die Ausdrücke einer Sprache verwendet oder sie erwähnt: Man verwendet oder gebraucht sie, um mit ihnen etwas zu bezeichnen oder (bei Sätzen) mit ihnen etwas auszusagen. D.h. man bezieht sich mittels der Sprache auf außersprachliche Gegenstände (↗Objektsprache). Werden die sprachlichen Ausdrücke (oder Sätze) erwähnt, dann bedeutet das, daß man genau über diese Ausdrücke (oder Sätze) selbst eine Aussage macht. Diese Sprachebene wird als Metasprache bezeichnet, da in der Sprache über die vorgegebene Sprache gesprochen wird. Die erwähnten sprachlichen Ausdrücke oder Sätze werden deshalb durch Anführungsstriche (») gesondert gekennzeichnet. Z. B. kann die Aussage »Ruth ist einsilbig« eine Feststellung für ein Mädchen namens Ruth darstellen, dann wird »Ruth« gebraucht zur Bezeichnung einer Person, oder die Aussage bedeutet, daß das Wort »Ruth« nur eine Silbe hat, dann wird der Ausdruck »Ruth« erwähnt. (2) In der formalen Logik werden Gegenstandsvariablen und -konstanten nach ihrem deskriptiven oder logischen G. unterschieden: (a) Variablen werden in Urteilen deskriptiv gebraucht, wenn sie in ihnen frei vorkommen, und sie werden (b) in Sätzen logisch gebraucht, wenn sie in diesen (durch einen Existenz- oder Allquantor) gebunden vorkommen. Eine deskriptiv gebrauchte Gegenstandsvariable steht bei der (semantischen) ↗Interpretation einer Sprache für ein Ding, wobei durch die Interpretation vorgegeben wird, für welches Ding sie zu stehen hat. Eine logisch gebrauchte Gegenstandsvariable steht bei der Interpretation einer Sprache nicht für irgendwelche Gegenstände, sondern zeigt an, auf welche Stellen im darauffolgenden Satz sich der Quantor bezieht, d. h. welche Stellen in diesem Satz quantifiziert werden. Für die Konstanten gilt, daß außerlogische Konstanten stets deskriptiv gebraucht werden, d. h. bei einer Interpretation der Sprache stets für eine Entität stehen. Die logischen Zeichen als logische Konstanten werden stets logisch gebraucht. **Lit.:** W. K. Essler: Analytische Philosophie I. Stuttgart 1972. S. 45 f. PP

**Gedächtnis,** bezeichnet die grundsätzliche Fähigkeit, vergangene Bewußtseinsinhalte (Wahrnehmungen oder Gedanken) wieder in mehr oder weniger veränderter Form zu reproduzieren. Das G. umfaßt die Funktionen des Aufnehmens (Enkodierung), des Behaltens (Retention) und des Abrufens (Ekphorie); bereits seit Aristoteles wird dafür die Assoziation und Organisation der G.-Inhalte als wesentlicher Faktor angesehen. Rhetorik und Philosophie haben auf dieser Grundlage seit der Antike an der Entwicklung einer G.-Kunst (Mnemonik) gearbeitet. Neben dem individuellen G. gibt es auch ein kollektives G.; wie beim Individuum kann auch hier zwischen einem Kurzzeit-G. (»kommunikatives G.«) und einem Langzeit-G. (»kulturelles G.«) unterschieden werden, das medial gesichert und vermittelt ist (z. B. durch Monumente oder Texte). Sowohl für das Individuum wie für die Gemeinschaft hat das G. kontinuitäts- und damit identitätsstiftende Bedeutung. **Lit.:** D. Harth (Hg.): Die Erfindung des Gedächtnisses. Frankfurt 1991. – S. J. Schmidt (Hg.): Gedächtnis. Frankfurt 1991. – J. Assmann: Das kulturelle Gedächtnis. München 1992. BKO

**Gedanke.** Unter G. kann man sowohl den Inhalt, das Ergebnis, als auch das Korrelat eines Denkvorganges verstehen. (1) Faßt man einen G.n als Inhalt des Denkens auf, dann begreift man ihn entweder als internen Bestandteil, als dasjenige, was das Denken sozusagen »erfüllt«, mithin als relativ selbständigen Teil des Denkens, ohne den das Denken »leer« wäre. Als selbständig wird der G. auch insofern betrachtet, als man ihn beim »Fassen« nicht schafft, sondern zu ihm, als vorherbestehendem, in Beziehung tritt. Man begreift einen G.n aber auch als denkabhängig, d. h. daß er nur im Denken des Wesens, das den G.n denkt, als bloßes cogitatum, als ens rationis, als Denkkorrelat vorkommt und betont damit seine Unselbständigkeit. In beiden Fällen ist noch nicht über Wahrheit oder Falschheit des G.ns befunden. Ein G. oder auch ein aus einzelnen G.n aufgebautes »Gedankengefüge« kann sich als logisch wahr oder falsch herausstellen. Da der G. immer auch (intentionaler) G. von oder an etwas ist, kann er auch von dort her verifiziert oder falsifiziert werden. – (2) Faßt man einen G.n (im Unterschied zu einer konkreten Vorstellung) als nichtsinnliches, unanschauliches Ergebnis eines Denkprozesses (Bühler), so betont man seine Abgeschlossenheit, in der man ihn als Sinneinheit »fassen« und z. B. in einem (vollständigen) Satz zum Ausdruck bringen kann. So besehen ist der G. der »Sinn eines Satzes« oder »Satzgefüges« (Frege), über dessen Wahrheit oder Falschheit wiederum erst im davon gesonderten Urteil befunden wird (Bolzano). Ein G. macht noch keinen Satz aus, sondern ist in ihm eingeschlossen; ein G. macht auch noch kein Urteil aus, sondern ist als Satzinhalt im Urteil beschlossen; und das Urteil, sein Satz und dessen Inhalt, der G., sind im Denken als davon je verschiedene Bestandteile beschlossen. **Lit.:** B. Bolzano: Wissenschaftslehre I. Sulzbach 1837. §§ 17 u. 19. – K. Bühler: Tatsachen und Probleme zu einer Psychologie der Denkvorgänge. I. Über Gedanken. In: Arch. für die gesamte Psychologie 9 (1907). S. 297–365. – G. Frege: Der Gedanke. Eine logische Untersuchung. In: Beiträge zur Philosophie des dt. Idealismus 1, Heft 2 (1918). S. 58–77. – Ders.: Logische Untersuchungen. Dritter Teil: Gedankengefüge. In: Beiträge zur Philosophie des dt. Idealismus 3, Heft 1 (1923). S. 36–51. WB

**Gedankenexperiment,** der Versuch, unter Voraussetzung einer gegebenen Prämissenmenge (Theorie) aus lediglich hypothetischen, kontrafaktischen Situationen Schlußfolgerungen abzuleiten. In den Naturwissenschaften werden G.e eingesetzt, wenn die imaginierten Situationen aus kontingenten (z. B. technischen oder Kostengründen), moralischen (Experimente an Lebendem) oder prinzipiellen Gründen nicht realisierbar sind. Sie dienen der Entwicklung neuer Hypothesen im Rahmen gegebener Theorien, der hypothetischen Prognose und Diagnose bei gegebener Theorie und nicht realisierbaren Randbedingungen, aber auch der Aufdeckung von Inkonsistenzen einer Theorie. – In der Philosophie tritt neben die Verwendung des Nachweises der möglichen Inkonsistenz konkurrierender Positionen das Ziel, neue Hypothesen oder neue Konzepte zentraler Begriffe zu etablieren (z. B. »Recht«, »Moral«, »Wissen« oder »Identität«). – Die Verwendung von G.en zur Aufstellung neuer oder zur Falsifikation alternativer Theorien bedarf einer kontrollierbaren Methodik: Die kontrafaktisch unterstellten Situationen müssen im Rahmen der Philosophie logisch konsistent und im Falle der Naturwissenschaften zusätzlich mit den bekannten Naturgesetzmäßigkeiten vereinbar sein. Ob die Aussagekraft von G.en in der Philosophie ebenfalls die zweite Bedingung erfordert, ist umstritten und hängt vom Gegenstandsbereich und dem Beweisziel des G.s ab. MQ

**Gefangenendilemma,** Situationsbeschreibung, die für die ↗Spieltheorie, rational choice theory und Ethik relevant ist, da sie zeigt, daß es Situationen gibt, in denen der Egoismus bzw. das direkte Nutzenmaximieren ohne die Berücksichtigung der Interessen anderer zu nicht-optimalen Resultaten führt: Nach der gängigsten Version werden nach einem Raubüberfall zwei Tatverdächtige festgenommen und getrennt voneinander verhört. Jedem der beiden wird eine Kronzeugenregelung angeboten. So ergeben sich vier möglichen Konsequenzen. 1. Beide streiten die Tat ab und werden (wegen unerlaubtem Waffenbesitz) zu einem Jahr Gefängnis verurteilt. 2. Beide gestehen (den ohne Geständnis nicht nachweisbaren Überfall) und erhalten je 5 Jahre Haft. 3. bzw. 4. Nur einer von beiden gesteht; der Geständige kommt als Kronzeuge frei, der andere erhält 8 Jahre Haft. Sind beide direkte Nutzenmaximierer (oder rationale Egoisten), sind sie geständig, um entweder als Kronzeuge frei zu sein oder 5 Jahre Gefängnis zu erhalten (statt der 8 Jahre, wenn der andere allein gesteht). Optimal wäre für beide insgesamt, wenn sie beide die Tat abstritten. Aber ein Abstreiten wäre nicht rational im Sinne der Spieltheorie oder eines direkten Nutzenmaximierens – und dies macht das Dilemma aus – weil es u. U. die schlechteste Konsequenz nach sich zieht (wenn der andere gesteht) bzw. vermeidbare Gefängnisjahre (also Nachteile) bedeutet (wenn er selbst Kronzeuge werden könnte, weil der andere nicht geständig ist). – Da eine dem Gefangenendilemma entsprechende Situation für ökonomisches Handeln und für rationale Egoisten (häufig) eintrifft, zeigt sie eine Grenze des rationalen Egoismus bzw. des direkten Nutzenmaximierens auf. **Lit.:** K. Baier: The Rational and the Moral Order. Chicago/La Salle 1995. S. 162–174. – Ders.: Rationality and Morality. In: Erkenntnis 11 (1977). S. 197–213. – D. Gauthier: Morals by Agreement. Oxford 1986. S. 79–82. – Ders.: The Incompleat Egoist. In: Ders.: Moral Dealing. Ithaca/London 1990. S. 234–273. – D. Parfit: Prudence, Morality, and the Prisoner's Dilemma. In: Proceedings of the British Academy 65 (1979). S. 539–564. WK

**Gefühl.** Der Begriff wird bis heute sehr uneinheitlich und häufig unspezifisch verwendet. Geht man von einem weitgefaßten Bedeutungsumfang aus, so fallen darunter sowohl seelische, als auch körperliche Empfindungen. G.e sind weder kognitive noch willentliche Reaktionen eines Individuums auf die Inhalte seines Erlebens. Sie sind immer subjektiv, d.h. nie wahr/falsch, im Gegensatz zu Inhalten der Wahrnehmung, sondern höchstens angemessen/unangemessen. Wird der Begriff enger gefaßt, so werden im psychologischen Sprachgebrauch G.e als Ich-Zustände verstanden, die häufig über folgende drei Qualitäten bestimmt werden: Lust – Unlust, Erregung – Beruhigung (Intensität), Spannung – Lösung. Es lassen sich allerdings nicht alle G.e in diesen Dimensionen fassen. G.e sind universal, d.h. nicht an bestimmte Sinnesorgane gebunden. Sie können sich nur im Körper ausdrücken und unterscheiden sich nach diesem engeren Verständnis hierin von körperlichen Empfindungen. Wichtige Definitionen und Abgrenzungen zu Begriffen wie ↗Empfindung und ↗Trieb stammen von Wundt, Lipps und Krueger. Unter G. kann in der Ästhetik auch das ästhetische Bewußtsein, die subjektive Empfindung des Schönen verstanden werden. G. bedeutet dann die fühlende Weltvergegenwärtigung und ihm wird sinnliche Erkenntnis zugesprochen. Dem gefühlsbedingten Geschmacksurteil kommen die Kriterien der Undeutlichkeit und Subjektivität zu. ↗Moral sense. DL

**Gegebenes** (lat. datum), Bezeichnung für kognitive Bewußtseinsgehalte wie Sinnesdaten oder Anschauungen, die so gedacht werden, daß sie ohne eigene Aktivität des Bewußtseins im Bewußtsein auftreten. G. ist damit Rezipiertes im Gegensatz zu Hervorgebrachtem (Gemachtem, Gesetztem, Konstruiertem). Nach Kant bedarf es eines Gegebenen, eines Mannigfaltigen, das die spontane Aktivität des Bewußtseins auslöst (*KrV* A 19–20/B 33–34). Dieses Konzept eines G.n wird von Fichte zurückgewiesen; nach ihm ist das, was als G. angesehen wird, vom Bewußtsein Gesetztes. Gemäß dem ↗Logischen Empirismus bzw. Positivismus des ↗Wiener Kreises soll das G., gefaßt in ↗Protokollsätzen, ein sicheres Fundament für die Wissenschaft darstellen. Das empiristische Konzept des G.n wird von Sellars als »Mythos des G.n« kritisiert; nach Sellars gibt es kein G., sondern alle kognitiven Bewußtseinsgehalte sind sprach- und kontextabhängig (↗Holismus, semantischer und epistemischer). **Lit.:** P. Bieri: Nominalismus und innere Erfahrung. In: Zs. für philos. Forschung 36 (1982). S. 3–24. – J.G. Fichte: Erste Einleitung in die Wissenschaftslehre. Kap. 6–7. – W. Sellars: Science, Perception and Reality. London 1963. Kap. 5: Empiricism and the Philosophy of Mind. ME

**Gegenbild,** in Schellings identitätsphilosophischer Kunsttheorie das schöne Einzelding, das das schlechthin Eine gegenständlich wiederzuerkennen gibt. Es ist keine begrenzte, sondern eine andere Instanz seines Urbildes, der ↗Idee, damit keine Nachahmung, sondern ein ↗Symbol; denn in ihm werden Ideales und Reales, Unendliches und Endliches, sogar Freiheit und Notwendigkeit konkret ineinsgebildet: Die an sich intelligible Wahrheit wird im Kunstwerk als Schönheit auf sinnliche Weise zurückgestrahlt. Somit ist das G. im wesentlichen das, was Kant als ästhetische Idee begreift. Während die Philosophie die intellektuell einsichtige absolute Identität »vorbildlich« noch ungetrennt zum Ausdruck bringt, stellt die Kunst dieselbe »gegenbildlich« als vollkommene Indifferenz nach der Trennung ihrer Momente in ästhetischer ↗Anschauung objektiv dar (Sämtl. Werke V, 384). **Lit.:** B. Barth: Schellings Philosophie der Kunst. Freiburg/München 1991. – R.A. Makkreel: Einbildungskraft und Interpretation. Paderborn u.a. 1997. OFS

**Gegensatz.** In der Tradition der Philosophie hat der G. den Stellenwert eines Seinsprinzips. Bei Pythagoras findet sich der Grundgegensatz des Unbegrenzten und des Begrenzten, der in Anwendung auf die Zahlenlehre zur Unterscheidung von geraden und ungeraden Zahlen führt. Für Heraklit gilt neben der Annahme der Entgegensetzung alles Seienden auch die Annahme, daß das Gegensätzliche im Logos eine sinnvolle Einheit findet. Platon führt den G. zwischen Sein und Nicht-Sein als relativen oder komplementären G. an. Selbigkeit – Andersheit, Ständigkeit – Bewegung werden zu Grundbegriffen der Reflexion, um die Identität in der Differenz und die Einheit des Differenten zu begründen. Im spätplatonischen Philosophieren werden die gegensätzlichen Bestimmungen Einheit-Vielheit, Identität-Differenz in ihrer Relationalität thematisiert. Die von Aristoteles vorgenommene logische und semantische Klärung des G.es führt zu den G.en innerhalb derselben Gattung und zu dem ontologisch-logischen Bezugssystem von Substanz-Akzidenz, Allgemeinem-Besonderem, Materie-Form, Möglichkeit-Wirklichkeit. Bei Plotin wird Gegensätzlichkeit und das Eine selbst zu einem G. Dem Einen wird jede Gegensätzlichkeit abgesprochen. Als die alles umfassende Einheit, d.h., als universeller Grund wird schließlich Gott gedacht. – Eine herausragende Bedeutung hat G. in der Philosophie des ↗Dt. Idealismus in verschiedenen, miteinander zusammenhängenden Problemperspektiven eingenommen. Als G. zwischen Einheit des Denkens und Mannigfaltigkeit der sinnlichen Wahrnehmung wird bei Kant ein Problem thematisiert, dessen Lösung die transzendentale Synthesis der Apperzeption in Gestalt des »ich denke, das alle meine Vorstellungen begleiten können muß« darstellt. Für Fichte bildet die Identität des A = A eine logische Gewißheit der Identität des Vernunftsubjekts. Der logische Grundsatz gründet in dem transzendentalen »Ich bin Ich«. Eine intellektuelle Anschauung führt zu der Erkenntnis, daß das Ich die Identität von Denken und Sein, von Subjekt und Objekt ist. Eine derartige Selbstkonstitution des Bewußtseins bleibt solange eine unbestimmte Identität, als nicht das Ich durch eine Tathandlung in sich die G.e von Sein und Nicht-Sein, von Realität und Negation, von Ich und Nicht-Ich in Beziehung setzt. Schelling thematisiert den G. von absolutem und endlichem Ich. In Schellings Denken steht das Bemühen um die Bestimmung des Absoluten im Vordergrund: Das Ich begreift im Begreifen seiner selbst das Absolute, wobei dieses als absolute Identität, als Einheit der G.e von endlich und unendlich, von Form und Wesen, von Denken und Sein, von Subjekt und Objekt, von Indifferenz und Differenz zu fassen ist. Die Einheit der G.e im Absoluten wird durch die Reflexion geleistet. Im Sich-selbst-Denken affirmiert Gott als das absolute All. Hegels Logik zeigt durch eine ganze Reihe von Gegensatzpaaren hindurch: Sein-Nichts, Identität-Differenz, Ganzes-Teil, Freiheit-Notwendigkeit, Denken-Sein, Idee-Natur den Prozeß des Logischen als dialektische Bewegung des Seins. Im Durchgang durch diese gegensätzlichen Bestimmungen erreicht die Vernunft den Punkt der absoluten Identität als reines Sich-selbst-Denken, in dem alles im Prozeß erscheinende Gegensätzliche in sich aufgehoben ist. Der Prozeß des Logischen wird mit Hilfe des G.es als einer Reflexionsbestimmung expliziert. Jede der in den G.en genannten Bestimmungen vollzieht eine Reflexion auf sich selbst, durch die sich aus der abstrakten Entgegensetzung ein konkreter G. entwickelt. Der Reflexionsprozeß vollzieht sich jeweils in drei Schritten: (1) Die Bestimmung der Identität ist zunächst eine Reflexion auf sich selbst, indem es sich von dem anderen (bspw. das Sein von dem Nichts, das Endliche von dem Unendlichen) abgrenzt. Es bestimmt sich selbst, insofern es negativ auf seinen G., d.i. das Andere, bezogen ist. (2) Aus der Sichtweise des Anderen gedacht, erscheint es selbst als ein anderes, ein Negatives zu diesem Anderen und für dieses Andere. Es erkennt, daß jedem das positive und das negierende Moment eigen ist. (3) Aus dieser Erkenntnis heraus heben sich das Positive und das Negative als an sich selbständig Seiende bzw. als selbständig gewordene Seiten des G.es auf. In dieser Art der Selbständigkeit lösen sich die Bestimmungen auf (»gehen zugrunde«). Aus dem G. von Identität und Unterschied wird die Einheit von Identität und Verschiedenheit, d.h. die Identität beider, die darin gegeben ist, daß jeder sich selbst bestimmt, indem er auf das Andere seiner selbst bezogen ist. – Wenn zwei Aussagen sich gegenseitig ausschließen, d.h. wenn mindestens eine der beiden Aussagen falsch ist, spricht man in der klassischen Logik von einem konträren G., in der Aussagenlogik von Exklusion. **Lit.:** J.G. Fichte: Die Wissenschaftslehre. Hamburg 1975. – M. Fulda: Hegels Dialektik als Begriffsbewegung und Darstellungsweise. In: R.-P. Horstmann: Seminar: Dialektik in der Philosophie Hegels. Frankfurt 1978. S. 124 ff. – G.W.F. Hegel: Wissenschaft der Logik. Bd. 1. Kap. »Das Dasein«. – D. Henrich: Formen der Negation in Hegels Logik. In: Hegel-Jb. Bonn 1974. – D. Pätzold: Gegensatz. In: Europäische Enzyklopädie Philosophie und Wissenschaften. Hamburg 1992. PP

**Gegenstand.** (1) Entsprechend der Alltagssprache wird G. als Sammelbegriff verwendet, um das zu kennzeichnen, worauf sich das Interesse oder die Beobachtung richtet oder worüber berichtet und diskutiert werden kann. Der G. ist dabei nicht weiter qualifiziert. Zur Abgrenzung dazu kann der empirisch wahrnehmbare G. durch zusätzliche Attribute wie physikalisch, räumlich-dinglich, körperhaft u.ä. gekennzeichnet werden. – (2) Im Rahmen der Erkenntnistheorie wird »G.« meist in Relation zum erkennenden Bewußtsein als erkanntes Objekt gebraucht. Dadurch wird die Frage aktuell, inwiefern und in welcher Weise der G. durch das erkennende Subjekt konstituiert ist bzw. wird. Locke unterscheidet zwischen dem sinnlichen G., also den Objekten der sinnlichen Wahrnehmung (»sensations«), und dem G. des Denkens, einem durch Reflexion erzeugten mentalen Objekt. Im Kantischen Begriff des G.es ist die sinnlich-rezeptive Anschauung mit der verstandesmäßigen, begrifflichen Komponente vereinigt (*KrV* B 137). Der objektiv-idealistische Gegenstandsbegriff Hegels (*Logik* II) beinhaltet das Postulat, daß der G. seinem Begriff entsprechen müsse. Dabei geht Hegel zunächst davon aus, daß die Welt (für ein Subjekt) als G. des Wissens nur begrifflich gegeben ist. Was Objekte in Wahrheit sind, ist ihr Begriff, wobei unter »Begriff« eine bestimmte Konstellation von Denkbestimmungen zu verstehen ist. Seiner Ansicht nach kann man es nicht bei diesem Gegensatz zwischen dem begrifflichen Denken als subjektivem Vermögen und äußerer Wirklichkeit belassen, sondern muß in Rechnung stellen, daß die Formen des Denkens selbst eine innere Entwicklung aufgrund ihrer inneren Widersprüche mitmachen, bis sie die Strukturen der G.e richtig reflektieren. Für Hegel ist es ein ontologischer Sachverhalt, der in unserem Erkenntnisvermögen reflektiert wird: Die innere Wahrheit der Dinge bzw. der G.e besteht darin, daß sie aus dem Gedanken entstehen, daß sie von vernünftiger Notwendigkeit strukturiert sind. In der ↗Phänomenologie Husserls ist der G. durch einen intentionalen Akt konstituiert. – (3) In der formalen Logik und Semantik wird all das als G. bezeichnet, (a) wofür ein Eigenname eingesetzt werden kann, oder (b) ein konkreter (singulärer) G., d.i. ein Individuum, oder ein abstrakter G., d.i. Klassen oder Relationen von G.en oder die Eigenschaften oder Beziehungen von G.en, oder (c) eine Aussage, über die eine Meta-Aussage getroffen wird. PP

**Gegenstandsausdruck.** In einer Modellsprache bzw. in formallogischer Schreibweise steht der G. für die Dinge des Bereichs, über den man spricht. PP

**Gegenstandstheorie,** nach A. Meinong die allgemeine »Wissenschaft vom reinen Gegenstand«, vom »Gegenstand als solchem«. Den Begriff Gegenstand

zu definieren ist nicht möglich, denn Gegenstand ist alles – Wirkliches, Unwirkliches, Unmögliches –, was »erfaßt werden kann«, worauf sich irgendein intentionaler Akt richten kann. Dem Vorurteil zugunsten der Wirklichkeit entgegentretend, grenzt Meinong die G. von der Metaphysik ab. Sie ist aber auch von der Logik sowie von der Erkenntnistheorie und der Psychologie unterschieden, denn der Gegenstand eines intentionalen ↗Aktes ist diesem Akt vorgegeben und von ihm unabhängig.
Gegenstände lassen sich unterteilen in seiende und nicht-seiende. (1) Die seienden weisen zwei Seinsweisen auf: (räumlich/zeitliche) Existenz oder (zeitlosen) Bestand. Existenz schließt Bestand ein, nicht aber umgekehrt. Existierend sind die wirklichen, wahrnehmbaren Gegenstände (Tische, Bäume, etc.). Bestehend sind alle idealen Gegenstände (z.B. mathematische Gegenstände) und die sog. Gegenstände höherer Ordnung, d.h. solche, die – wie Relationen und Komplexionen – auf Gegenständen niederer Ordnung aufbauen. – (2) Die nicht-seienden (außerseienden) Gegenstände sind solche, die weder existieren noch bestehen: Gegenstände, die, obwohl sie keinen Widerspruch in sich enthalten, faktisch nicht sind (z.B. der goldene Berg), und Gegenstände, die unmöglich sind, entweder weil sie widersprüchlich (z.B. das runde Viereck) oder in gewisser Hinsicht »unvollständig« sind, d.h., gewisse Bestimmungen weder haben noch entbehren (z.B. Begriffsgegenstände oder poetische Fiktionen wie Schneewittchen, das nur die Bestimmungen hat, die ihm die Erzählung zuspricht). Da also die Existenz kein Kriterium für die Bestimmung des Gegenstandes darstellt – der Gegenstand als solcher ist »jenseits von Sein und Nicht-Sein« –, nennt Meinong die G. »daseinsfreie Wissenschaft«.
Dem Grundgedanken der ↗Intentionalität folgend stellt Meinong den vier Klassen psychischer Grundgebilde des Vorstellens, Denkens, Fühlens und Begehrens die vier Gegenstandsklassen der Objekte, Objektive, Desiderative und Dignitative gegenüber. Für alle »Gegenstände höherer Ordnung« gilt das »Prinzip der obligatorischen Infima«: Jedes Superius fußt auf einem Gegenstand niederer Ordnung, der es fundiert. Z.B. baut das Objektiv *Ein Baum existiert* auf dem Vorstellungsobjekt *Baum* auf. Nur Objekte können existieren. Gegenstände höherer Ordnung können bestenfalls bestehen. Die Schichtung ist nach oben beliebig erweiterbar, nach unten dagegen durch die Infima geschlossen. – Objektive sind die Gegenstände des Denkens, das sich in Urteilen und Annahmen artikuliert. Objektive unterteilen sich in Daseinsobjektive (von der Form *A ist*) und Soseinsobjektive (*A ist B*). Beide Arten können unabhängig voneinander einem Objekt zugeschrieben werden. Selbst von unmöglichen Gegenständen kann ein Soseinsobjektiv ausgesagt werden, z.B. das Rundsein vom runden Quadrat (Prinzip der Unabhängigkeit des ↗Soseins vom ↗Dasein). Den Objektiven analog sind Dignitative und Desiderative zu deuten. Zu den ersteren zählt Meinong das Wahre, das Schöne und das Gute; zu den letzteren Sollen und Zweck.
Durch die positive Würdigung, aber zugleich scharfe Kritik von B. Russell wurde die G. besonders in der angelsächsischen Philosophie rezipiert. In der analytischen Diskussion sind Meinongs »heimatlose Gegenstände« Ausgangspunkt für die Entwicklung der heutigen formalen Semantik und freien Logik. **Lit.:** J.N. Findlay: Meinong's Theory of Objects and Values. Oxford [2]1962. – A. Meinong: Über Gegenstände höherer Ordnung und deren Verhältnis zur inneren Wahrnehmung (1899), Gesamtausgabe (= GA) II. Hg. v. R. Haller/R. Kindinger/R.M. Chisholm. Graz 1968–78. S. 481–536; Über Annahmen (1902, [2]1910), GA IV; Über Gegenstandstheorie (1904), GA II. S. 481–536; Über die Stellung der Gegenstandstheorie im System der Wissenschaften (1907), GA V. S. 197–365. – M. Stock/W. Stock: Psychologie und Philosophie der Grazer Schule (Internationale Bibliographie zur Österreichischen Philosophie). 2 Bde. Amsterdam 1990. MA

**Gegenwart,** gehört mit Zukunft und Vergangenheit zu den Dimensionen der ↗Zeit. Die verbreitete Vorstellung, G. sei eine Art Jetztpunkt von urzeitlich meßbarer Dauer, ist irrig. Denn G. erscheint als Übergang von Zukunft in Vergangenheit, also von Nichtsein in Nichtsein. Allerdings können wir durch das Jetzt die verschiedenen Zeitabschnitte unterscheiden und zugleich aufeinander beziehen (Aristoteles). Dies hängt damit zusammen, daß G. der Zeitraum ist, den wir aktuell im Sein in der Welt mit anderen Seienden durchleben. G. ist immer G. im Sinne von Anwesenheit bei etwas (G. Marcel). In solchem Vergegenwärtigen gewinnen auch Zukunft und Vergangenheit G. (Augustinus). G. wird so zu einem Horizont, in dem uns Wirklichkeit erscheint und wir uns betrachtend, wertend, handelnd auf sie einlassen (Heidegger). Reine G. ist Ewigkeit. In ihr ist die aktuelle ungeteilte Fülle unendlichen Seins in einem Zugleich ohne Anfang und ohne Ende anwesend (Boethius). In der Philosophie-, Religions- und Literaturgeschichte werden wir immer wieder daran erinnert, der Mensch könne im erfüllten ↗Augenblick einen Schnittpunkt solcher Gegenwart mit der Zeit erfahren. **Lit.:** K. Flasch: Was ist Zeit? Frankfurt 1993. – H. Girndt (Hg.): Zeit und Mystik. Der Augenblick im Denken Europas und Asiens. St. Augustin 1992. – M. Heidegger: Sein und Zeit (Gesamtausgabe Bd. 2). Frankfurt 1977. – E. Husserl: Vorlesungen zur Phänomenologie des inneren Zeitbewußtseins. Hg. v. M. Heidegger. Tübingen [2]1980. – G. Scherer: Sinnerfahrung und Unsterblichkeit. Darmstadt 1985. GS

**Gehalt.** (I) Man bezieht sich auf den G., um mindestens drei Eigenschaften zu bestimmen, die sowohl auf mentale Zustände wie auf sprachliche Ausdrücke zutreffen: (1) Mentale Zustände und Sätze sind wahr oder falsch aufgrund ihres G.s; (2) der G. bestimmt die Weise, wie sich ein mentaler Zustand oder ein Ausdruck auf einen Gegenstand bezieht; (3) bei psychologischen Erklärungen beziehen wir uns auf den G. eines mentalen Zustandes oder eines vom Subjekt akzeptierten Satzes. Diese drei Eigenschaften bestimmen unterschiedliche Kriterien für die Differenzierung von G.en. Zwei mentale Zustände haben einen unterschiedlichen G., (1) wenn sie in unterschiedlichen möglichen ↗Welten wahr sind; (2) wenn unterschiedliche Faktoren für die Tatsache verantwortlich sind, daß sie sich auf denselben Gegenstand beziehen; (3) wenn sich ein rationales Subjekt aufgrund der beiden Zustände unterschiedlich verhält. Ähnliche Kriterien lassen sich für den G. sprachlicher Ausdrücke festlegen. Oft wird argumentiert, daß es keinen einheitlichen Begriff von G. gibt. So haben beispielsweise die beiden Aussagen (1) »ich bin in Berlin« und (2) »du bist in Berlin«, wobei sich »ich« und »du« auf dieselbe Person beziehen, nach dem ersten Kriterium denselben, nach dem zweiten und dem dritten hingegen einen unterschiedlichen Gehalt. Mit (1) und (2) beziehen sich zwei Menschen in unterschiedlicher Weise auf dieselbe Person, und ein rationales Subjekt, das (1) akzeptiert, wird sich unter normalen Umständen anders verhalten, als wenn es (2) akzeptiert. GSO

(II) Im Hinblick auf die Frage, in welchem Sinn von der Bewährung einer empirisch-wissenschaftlichen Theorie gesprochen werden kann, macht Popper den Vorschlag, die Bewährung einer Theorie von ihrer ↗Falsifizierbarkeit abhängig zu machen, d. h., daß eine Theorie empirischen G. haben muß. Der empirische G. ist definiert als die Klasse der Falsifikationsmöglichkeiten der Theorie. Dabei schlägt Popper vor, eine Theorie mit größerem empirischen G. derjenigen mit geringerem empirischen G. vorzuziehen, da erstere mehr über die Wirklichkeit aussagt und vielseitiger getestet werden kann (was ihre Falsifikationsmöglichkeit erhöht). Die Klasse aller nicht mit einer Theorie zu vereinbarenden Sätze bezeichnet Popper als den Informationsgehalt dieser Theorie, als logischen G. die Klasse aller nicht-tautologischen Konsequenzen einer Theorie. Ein Gehaltvergleich bietet sich dann an, wenn zwei konkurrierende Theorien dasselbe Problem zu lösen versuchen. Mehr G. hat diejenige Theorie, die zum einen alle Fragen mit derselben Genauigkeit beantworten kann, welche auch die ihr konkurrierende Theorie beantwortet, und zum anderen darüberhinaus noch weitere Fragen löst. Der Gehaltvergleich hat zum Ziel, die gehaltvollste und überprüfungswürdigste Theorie zu ermitteln. [PP] **Lit.:** C. McGinn: Mental Content. Oxford 1989. – C. Peacocke: Sense and Content. Oxford 1983. – Zu: empirischer Gehalt: K. Pähler: Qualitätsmerkmale wissenschaftlicher Theorien. Tübingen 1986. – Ders.: Bewährung, Gehalt, Verisimilitude. In: Handlexikon zur Wissenschaftstheorie. Hg. v. H. Seiffert/G. Radnitzky. München 1989. S. 20 ff. – K. Popper: Logik der Forschung. Tübingen $^{8}$1984. – Ders.: Objektive Erkenntnis. Hamburg $^{4}$1984. GSO/PP

**Gehirn im Tank** (brain in a vat), Putnams moderne und säkulare Version der skeptischen Betrügergott-Hypothese von Descartes (↗genius malignus). Danach ist es physikalisch möglich, daß unsere Gehirne in einem Behälter mit Nährflüssigkeit schwimmen und an einen Computer angeschlossen sind, der durch elektrische Reize die Realität für uns simuliert, ohne daß wir es bemerken können. Prinzip der Hypothese ist, wie bei Descartes, die Möglichkeit eines globalen Irrtums über die Kausalursachen der eigenen Bewußtseinszustände. Im Unterschied zu Descartes beruht die G.i.T.-Hypothese jedoch auf einem semantischen Externalismus, wonach die Referenz eines Gedankens durch seine Kausalursache bestimmt wird. Deshalb zeigt sie nicht (wie bei Descartes), daß wir nicht wissen, ob unsere Meinungen über die Außenwelt wahr sind, sondern nur, daß wir nicht wissen, ob sich unsere wahren Meinungen auf die Außenwelt oder auf Computerimpulse beziehen. Putnam führt die G.i.T.-Hypothese zum Zwecke ihrer reductio ad absurdum ein. **Lit.:** P. Bieri: Scepticism and Intentionality. In: E. Schaper/W. Vossenkuhl (Hg.): Reading Kant. Oxford 1989. S. 77–113. – A. Brueckner: Brains in a Vat. In: Journal of Philosophy 83 (1986). S. 148–167. – H. Putnam: Reason, Truth and History. Cambridge 1981. Kap. 1 (dt.: Vernunft, Wahrheit und Geschichte. Frankfurt 1982). TG

**Geist,** gilt allgemein als immaterielles Lebensprinzip und speziell als Denkkraft; beides trifft zu, da die ihm etymologisch zugrundeliegende »Erregung« und damit das »Außersichsein« jegliche Innerlichkeit und jedweden Selbstbezug ermöglicht.

(1) Anaxagoras versteht unter G. (griech. nous) das »dünnste« und »reinste«, dennoch alles durchdringende und sogar erkennende Element, das sich durch Unbeschränktheit sowie Autokratie auszeichnet und die Weltordnung so begründet, daß seine Selbstbewegung die kosmische Kreisbewegung und daraufhin die Aussonderung der trägen Elemente verursacht (VS Fr. B 12). In Anlehnung daran definiert Aristoteles den G. als die höchste Vollkommenheit der Seele, deren Denk- oder Erkenntnisvollzug. Während der G. als mögliche Vernunft (nous pathetikos), einer unbeschriebenen Tafel gleich, alles durch Aufnehmen der Formen werden kann, bewirkt der G. als *tätige* Vernunft (nous poietikos) alles durch Erhellen derselben, wie das Licht die Farben verwirklicht. Letzterer ist »unvermischt«, »leidensunfähig« bezüglich seines Objekts und vom Körper »getrennt«, als wesentlich tätige Wirklichkeit sogar »unsterblich« und »immerwährend«. Nach Plotin geht der G. aus der Vollkommenheit des ↗Einen als sein »Bild« durch reflexives Erblicken seiner selbst hervor; er beinhaltet die Zweiheit von Erkennen und Erkanntem und damit die Vielheit selbst, insbesondere die Gattungen »Sein«, »Ruhe«, »Bewegung«, »Selbigkeit« und »Andersheit« (*Enneaden* V 1, 7; 4). In der für ihn konstitutiven Hinwendung zum Einen denkt der G. mit diesem sich selbst als Einheit von Denken und Sein; dieser »zweite Gott« *ist* sogar alles, da er alles in sich enthält (*Enneaden* V 9, 5; V 5, 3). Für Augustin entdeckt der G. (lat. mens) als »Prinzip des Menschen, d. h. Haupt der menschlichen

Substanz« in sich die Gewißheit seiner selbst; der G. bestimmt sich als »Gedächtnis, Intelligenz und Wille« (*De trinitate* VI 9; X 10f.). Nur mögliches Bild Gottes ist aber der G. in seinem immer aktiven, jeder diskursiven Tätigkeit vorausgesetzten »Versteck«, da er allein durch die Erkenntnis seiner selbst als Geschöpf vervollkommnet wird. Gegenüber Thomas von Aquin, der den G. als höchste Potenz der Seele versteht (*S. th.* I 77, 6 ad 2), setzt Dietrich von Freiberg den ↗intellectus agens mit dem abditum mentis Augustins identisch und begreift den G. so als Effizienzgrund der Seele. Dieser erkennt drei Inhalte: seinen göttlichen Ursprung, aus dem er durch Erkennen hervorgeht, sein ihm eigentümliches Wesen und die Gesamtheit des Seienden, jedoch in einem einzigen Akt; somit erkennt er alles in Gott auf göttliche Weise (*De intellectu* II 37ff.). Cusanus definiert den G. als das, »aus dem Grenze und Maß aller Dinge stammt« (*Idiota de mente* I). Nach seiner radikalsten Theorie besteht der alles umgreifende, alles erleuchtende und erfassende G. aus vier Einheiten, nämlich Gott (reine Negation), der Intelligenz (Konkordanz von Affirmation und Negation), der Seele (Unvereinbarkeit von Affirmation und Negation) und dem Körper (reine Affirmation) (*De coniecturis* I, 4–8).

(2) Aufgrund seiner wörtlichen Bedeutung von Atem bzw. Wind begreifen Anaximenes und dann die Stoiker unter »G.« (griech. pneuma; lat. spiritus) einen lebendigen Grundstoff, sogar die ↗Weltseele. Anschließend behält »G.« die Bedeutungen »Gemüt« und »Lebenskraft« bei, obwohl er bisweilen mit der mens, etwa bei Augustin, identifiziert wird; Thomas von Aquin definiert den G. als »immaterielle Erkenntniskraft« (*S. th.* I 97, 3). – Dieselbe Etymologie liegt dem »G.« (heb. ruah ) im AT zugrunde; der G. Jahwes ist seine überwältigende schöpferisch-zerstörerische Macht, die auch die Propheten und die Führer seines Volkes inspiriert. Darüber hinaus bedeutet »G.« im NT die in Jesu geoffenbarte und im Glauben an ihn erfahrene Gottesgabe des neuen Lebens. Im Christentum wird die dritte Person der göttlichen Trinität, die laut Basileios (*Spir.* 9, 23) sogar das »Gott-Werden« des Menschen und nach Augustin (*De trinitate* XV 26f.) die gegenseitige Liebe von Vater und Sohn vermittelt, »Heiliger G.« genannt.

(3) In seiner *Phänomenologie des Geistes* stellt Hegel die Entstehung des selbst denkenden Denkens aus dem endlichen, seinem Gegenstand entgegengesetzten, Wissen dar. Der G. besteht in Selbstunterscheidung und Zurückführung dieser Unterschiede zur Einheit. Als die Vernunft, die »sich ihrer selbst als ihrer Welt, und der Welt als ihrer selbst bewußt ist«, erscheint der G. in Sittlichkeit, Bildung und Moralität, dann in Religion und absolutem Wissen (*Ges. Werke* 9, S. 238). Gemäß Hegels enzyklopädischem System entwickelt sich der subjektive G. im individuellen Erkennen als Seele, Bewußtsein und Vernunft, die sich theoretisch als Anschauung, Vorstellen und Denken, praktisch als Gefühl, Trieb und Glückseligkeit, frei und damit einheitlich als vernünftiger Wille gestaltet. Im Anschluß an diesen entfaltet sich der objektive G. im kollektiven Handeln als Recht, Moralität und Sittlichkeit. Der absolute G. bestimmt sich durch Kunst, Religion und Philosophie, also durch angeschautes, vorgestelltes und begriffenes Denken des Denkens.

(4) Ryle verwirft jegliche dualistische Theorie vom G., die in ihm die privaten Ursachen beobachtbaren menschlichen Verhaltens ansiedeln will, als ↗Kategorienfehler: Die Intelligenz befindet sich in der Praxis selbst. ↗Vernunft. **Lit.:** H. J. Krämer: Der Ursprung der Geistmetaphysik. Amsterdam [2]1967. – B. Mojsisch: Die Theorie des Intellekts bei Dietrich von Freiberg. Hamburg 1977. – A. Peperzak: Selbsterkenntnis des Absoluten. Stuttgart-Bad Cannstatt 1987. – O. Pöggeler: Hegels Idee einer Phänomenologie des Geistes. Freiburg/München [2]1993. OFS

**Geisteswissenschaft**, Sammelbezeichnung für eine Gruppe inhaltlich und methodisch durchaus unterschiedener Wissenschaften, die allerdings allesamt der Erforschung der verschiedenen Aspekte der menschlichen Realität dienen. Diese im deutschen Begriff verschleierte Gemeinsamkeit wird in dem englischen Pendant »humanities« (Wissenschaften vom Menschen) deutlicher. Der Begriff G. ist eine Prägung des 19. Jh. und erhielt vor allem durch seine systematische Verwendung bei Dilthey als Gegenbegriff zu »Naturwissenschaft« eine große Bedeutung. Gelegentlich wurde versucht, diesem inhaltlichen Gegensatzpaar auch eine methodologische Entsprechung beizugesellen. So prägte W. Windelband den Gegensatz von idiographischen (historischen) G.en und nomothetischen (gesetzesorientierten) Naturwissenschaften. Doch ist diese methodologische Variante der Entgegensetzung fragwürdig, weil es auch gesetzesorientierte G.en (z.B. bestimmte Formen der Psychologie und Soziologie) gibt; ferner auch deswegen, weil sich kein streng systematischer Gegensatz zwischen historischer Forschung und Gesetzesorientierung konstruieren läßt. Auch eine historische Erklärung impliziert in aller Regel die Bezugnahme auf Gesetzmäßigkeiten und Regelhaftes (etwa psychologische Gesetze und anthropologische Konstanten). Historische Forschung ist deshalb nur in dem Sinne den nomothetischen Wissenschaften entgegenzusetzen, daß ihr Erkenntnisziel nicht die Formulierung einiger weniger möglichst einfacher und möglichst allgemeiner Gesetze ist, mit deren Hilfe die ganze menschliche Realität zu erklären und zu prognostizieren wäre. Der historischen Forschung käme es in diesem Sinne vielmehr darauf an, singuläre Ereignisse als solche – etwa durch das Erzählen einer Geschichte – zu verstehen, statt sie als (entindividualisierte) »Fälle« allgemeiner Gesetzmäßigkeiten zu erklären. In diesem moderaten Sinne sind innerhalb der G.en historische und nicht-historische G.en (etwa »systematische«) zu unterscheiden. Zu den ersteren gehören alle Formen der historischen Forschung einschließlich der Kunst- und Literaturgeschichtsschreibung, zu den letzteren dagegen die mit den statistischen Methoden der nomothetischen Wissenschaften arbeitenden Disziplinen der Psychologie und der Soziologie. Allerdings gibt es auch Formen der Soziologie und Psychologie, die eher historisch arbeiten und sich deshalb als hermeneutische (»verstehende« – im Gegensatz zu »erklärenden«) Wissenschaften verstehen. Die historischen G.en werden gelegentlich auch unter der Sammelbezeichnung »Geistesgeschichte« erfaßt. Dieser Terminus umfaßt alle geisteswissenschaftlichen Tätigkeiten, deren Aufgabe die Erfassung des intellektuellen Erbes einer Kultur ist. Normalerweise werden diese nicht in einer eigenständigen Disziplin ausgeübt, sondern realisieren sich als das Gesamt der historischen Bemühungen um die Tradierung von Ideen, Ideensystemen, Argumentationen und Problemen. Im angelsächsischen Sprachbereich wird Geistesgeschichte daher auch treffend – wenngleich zu eng – als »history of ideas« bezeichnet. **Lit.:** Th. Bodammer: Philosophie der Geisteswissenschaften. Freiburg 1987. – A. Bühler: Bedeutung, Gegenstandsbezug, Skepsis: Sprachphilosophische Argumente zum Erkenntnisanspruch der Geistes- und Sozialwissenschaften. Tübingen 1987. – W. Dilthey: Einleitung in die Geisteswissenschaften (1883). In: Ges. Schriften Bd. 1. Göttingen $^{8}$1979. – H.-G. Gadamer: Wahrheit und Methode. Tübingen 1960. – A.O. Lovejoy: The Great Chain of Being. A Study of the History of an Idea. Cambridge/Mass. 1936. – J. Mittelstraß: Die Wahrheit des Irrtums: Über das schwierige Verhältnis der Geisteswissenschaften zur Wahrheit und über ihren eigentümlichen Umgang mit dem Irrtum. Konstanz 1989. – W. Windelband: Geschichte und Naturwissenschaften. In: Präludien Bd. 2. Tübingen 1921. RL

**Geistseele** (griech. psyches nous), nach Aristoteles der denkende Teil der Seele (dianoetike psyches), mit welchem die Seele »überlegt und Annahmen macht« (*De anima* 429a 20). Die G. ist der seelische »Ort der Formen«, sie ist nicht mit dem Körper vermischt und hat unabhängig von diesem Anteil am Geistigen. Ihr ist überdies das Vermögen gegeben, sich selbst zu denken. Der Geist (nous) ist nach Aristoteles »eigenschaftslos« und – im Gegensatz zu den Sinnesorganen – vom Körperlichen abgetrennt, er ist ferner »die Form der Formen« (*De anima* 431b31), d.h. durch ihn gelangen die Formen der Dinge als Gedanken in die Seele. MFM

**Gelassenheit,** auf die dt. Mystiker (Eckhart, Seuse, Tauler) zurückgehender, von der Reformation an das Barock und die Aufklärung bzw. den Pietismus vermittelter Ausdruck, der ursprünglich den Abstand zu den weltlichen Dingen und die Ruhe in Gott meint. Pietismus und Aufklärung bringen eine weitere Verinnerlichung dieser Tugend, die nun das »Sich-Überlassen« bezeichnet, um zum innerweltlichen Zustand des Friedens, der Ruhe und Stille zu gelangen. Häufig wird dabei die Nähe zu stoischen Idealen (Ataraxie) beschworen; der Aufklärer C.F. Gellert bezeichnet in seinen Schriften, in seinem literarischen Werk wie in seinen *Moralischen Vorlesungen*, die G. als Kardinaltugend, aufgrund derer man allererst – selbst noch im Unglück – im Leben bestehen kann. Von hier reicht über Schopenhauer und Nietzsche eine Linie bis zu existenzphilosophischen Deutungen, die, wie etwa Heidegger, davon sprechen, daß die G. dann erwacht, »wenn unser Wesen zugelassen ist, sich auf das einzulassen, was nicht ein Wollen ist«. **Lit.:** Art. Gelassenheit. In: Deutsches Wörterbuch. Hg. v. J. u. W. Grimm. München 1984. Bd. 5. Sp. 2869f. – U. Dierse: Gelassenheit. In: HWPh. III (1974). Sp. 219–224. – M. Heidegger: Gelassenheit. Pfullingen $^{6}$1979. – F. Kambartel: Gelassenheit. In: Enzyklopädie Philosophie und Wissenschaftstheorie. I (1980). S. 728f. – A. Schöpf: Gelassenheit. In: Lexikon der Ethik. Hg. v. O. Höffe. München $^{4}$1992. S. 81f. WJ

**Geltungsanspruch,** bedeutet, daß mit einer Aussage implizit immer auch die unausgesprochene Behauptung verknüpft ist, daß die Bedingungen für die Gültigkeit der betreffenden Aussage erfüllt sind. In der Theorie des kommunikativen Handelns von Habermas werden vier universale G.e namhaft gemacht, die jeder kommunikativ Handelnde im Vollzug einer beliebigen Sprechhandlung erheben (und ihre Einlösbarkeit unterstellen) muß, damit eine Verständigung gelingen kann: (1) Der Sprecher muß einen verständlichen Ausdruck wählen, damit Sprecher und Hörer einander verstehen können – G. der Verständlichkeit; (2) er muß die Absicht haben, eine wahre Aussage zu machen (d.i. einen wahren propositionalen Gehalt mitzuteilen), damit der Hörer das Wissen des Sprechers teilen kann – G. der Wahrheit; (3) er muß seine Intentionen wahrhaftig äußern wollen, damit der Hörer begründet davon ausgehen kann, daß er als Sprecher an ihn als Hörer tatsächlich eine Äußerung richten will und damit er ihm vertrauen kann – G. der Wahrhaftigkeit; (4) er muß sein Verhalten auf einen als legitim anerkannten normativen Kontext abstellen – G. der normativen Richtigkeit. – Der Handelnde muß diese G.e im Bedarfsfalle einlösen, indem er Gründe für ihre Geltung anführt. Der Sinn der Begründung richtet sich nach jeweiligen G.en: Die Begründung der Wahrheit deskriptiver Aussagen bedeutet den Nachweis der Existenz von empirischen Sachverhalten, die Begründung der normativen Richtigkeit erfordert den Nachweis der Akzeptabilität von Handlungen bzw. Handlungsnormen in bezug auf die gemeinsam anerkannten Normen. Die Wahrhaftigkeit kann nicht begründet werden, sie kann sich nur in der Konsistenz zwischen Aussage und weiterem Verhalten des Sprechers zeigen. Der Anspruch der Verständlichkeit wird durch den Nachweis, daß die sprachlichen Ausdrücke regelrecht erzeugt worden sind, eingelöst. **Lit.:** J. Habermas: Theorie des kommunikativen Handelns. Frankfurt 1981. S. 25ff. PP

**Gemeinschaft,** das Miteinanderleben von Mitgliedern einer Gruppe, wobei hinsichtlich ihrer Werte, Normen oder Ziele eine wesentliche Übereinstimmung oder Einheit besteht, um gemeinsam oder füreinander handlungsfähig zu sein. In Abhängigkeit vom

Kontext beschreibt der G.-Begriff (1) eine durch Sprechen oder Handeln bewirkte personale Verbundenheit einer Gruppe, (2) den Zustand des politischen Verbundenseins zu Institutionen, (3) juristisch das Verbandsverhältnis von Personen auf der Grundlage eines gemeinsamen Verhältnisses zu Sachen, oder (4) sozialphilosophisch zu allen sach- und zweckfreien Weisen menschlichen Zusammenlebens und (5) den Bereich von einer theologisch-metaphorischen Erweiterung einer G. mit Gott bis zur engsten Beschränkung einer rein personalen Bedeutung als Liebes-, Genossenschafts- und Freundschaftsbeziehung (Riedel). – Der Begriff der G. wird, wie der des ↗Gemeinwesens, terminologisch von dem des ↗Staates getrennt. In diesem Sinn prägt Tönnies durch seine Unterscheidung von G. und ↗Gesellschaft die zwei Grundtypen menschlicher Soziabilität: Die G. als naturhaft gewachsener, wertbetonter Verband wird dem rationalen Zweckverbund gegenübergestellt. Diese z.T. ideologisch mißbrauchte Dichotomie ist von der modernen Sozialphilosophie zugunsten einer differenzierten Betrachtung der Verbindung und Mischung beider Bereiche aufgegeben worden. – Neben der moralisch-politischen Bedeutung des Begriffs der G. läßt sich noch eine logisch-metaphysische Bestimmung ausmachen, die sich auf das Theorem der Ideen-G. (Platon), die ursprüngliche Zusammengehörigkeit der Teile eines Ganzen (Aristoteles), das prästabilierte System (Leibniz) oder die G. als Relationskategorie (Kant) beziehen läßt. **Lit.:** R. Dahrendorf: Gemeinschaft und Gesellschaft. In: Ders.: Gesellschaft und Demokratie in Deutschland. München $^{5}$1977. S. 136 ff. – M. Riedel: »Gemeinschaft«. In: HWPh. Basel/Stuttgart 1971. – F. Tönnies: Gemeinschaft und Gesellschaft. Leipzig 1887, Nachdr. Darmstadt $^{3}$1991. JP

**Gemeinwesen** (lat. res publica), als Leben in der Gemeinde organisierter Gesellschaftsverband. Schon Wolff trennt den vertraglich konstruierten Bereich des Staates von der bürgerlichen Lebensform des G.s. Der Republik als Bezeichnung für den verfassungsmäßigen Freistaat wird von Kant das G. als Zustand der bürgerlichen ↗Gesellschaft beigeordnet. In der Folgezeit tritt der Begriff des G.s zunehmend hinter den der ↗Gemeinschaft zurück. Heute umfaßt er, losgelöst von den staatsrechtlichen Definitionen, die Gesamtheit der Teilbereiche Staat, Gesellschaft und Wirtschaft, deren Zusammenwirken wesentlich das Politische ausmacht. **Lit.:** C. Böhret (Hg.): Innenpolitik und politische Theorie. Opladen 1979. – I. Kant: Über den Gemeinspruch. – Akad.-Ausg. Bd. 8. – Chr. Wolff: Grundsätze des Natur- und Völkerrechts. 1754. JP

**Gemeinwohl** (lat. bonum commune, engl. commonwealth), gesellschaftlicher Zustand, in dem das allgemeine und gemeinsame Wohl einer menschlichen ↗Gemeinschaft als soziales Grundprinzip und sittliches Kriterium gilt. Ziel des am G. orientierten staatlichen Handelns ist es, das rechtliche und politische Gleichgewicht zwischen Individual- und Kollektivinteressen durch eine gerechte Verteilung von erstrebenswerten Gütern und zu tragenden Lasten herzustellen. Das G. ist kein inhaltlich definiertes, allgemeingültig festgelegtes und einklagbares Ziel, sondern ein Kompromißverhältnis zwischen einer Minimierung sozialer Konflikte und maximaler individueller Selbstverwirklichung. **Lit.:** W. Hennis: Politik und praktische Philosophie. Neuwied 1963. – O. Höffe: Politische Gerechtigkeit. Frankfurt 1987. – Ders.: Strategien der Humanität. Frankfurt $^{2}$1985. – J. Messer: Das Gemeinwohl. Osnabrück $^{2}$1968. JP

**Gemüt**, ursprünglich, worauf die Brüder Grimm hinweisen, »unser inneres überhaupt im unterschied vom körper oder leib«. Diese Bedeutung geht auf die Mystik, namentlich auf Meister Eckhart, zurück, für den Denken und Empfinden, Vernunft und Seele noch eins sind. In der Popularphilosophie der Aufklärung (Wolff, Meier, Gottsched, Adelung) herrscht die Bedeutung vor, wonach das G. der »Inbegriff unserer Begehrungsvermögen« (M. Mendelssohn) ist. Kant dagegen gebraucht häufiger den Gemütsbegriff, um damit das »Bewußtsein überhaupt« zu bezeichnen. Im Anschluß an die Frühromantik (Fr. Schlegel, Novalis, Tieck) setzt dann ein Verständnis ein, das das G. ganz in die Sphäre des Empfindens und der Gefühle unter Abgrenzung von allem rationalen Vermögen verlegt und schließlich jene Nebenbedeutung hervorbringt, die unter den Schlagwörtern Empfindelei und Zärtelei negativ besetzt ist. Auf jeden Fall muß – insbesondere nach der Schopenhauerschen Definition – heute von einer Entgegensetzung von Geist und Verstand auf der einen, Gemüt auf der anderen Seite ausgegangen werden. **Lit.:** H. Albrecht: Über das Gemüt. Stuttgart 1961. – H. Emmel/P. Lasslap: Gemüt. In: HWPh. III (1974). Sp. 258–264. – H. Friedemann: Das Gemüt. München 1956. – Art. Gemüt. In: Deutsches Wörterbuch. Hg. v. J. u. W. Grimm. München 1984. Bd. 5. Sp. 3293–3327. WJ

**Gen-Ethik,** der Teilbereich der angewandten Ethik, der sich mit der Kritik und Begründung von moralischen Werten, Prinzipien und Normen in bezug auf die Probleme befaßt, die sich aus der Anwendung gentechnischer Verfahren am Menschen und an der nichtmenschlichen Natur und insbesondere aus den technischen Möglichkeiten des gezielten Eingreifens und Veränderns des menschlichen, tierlichen und pflanzlichen Genoms ergeben. In der Humangenetik finden gentechnische Verfahren sowohl bei der Diagnose und Prophylaxe (»Gendiagnostik«) als auch bei der Therapie (Arzneimittelproduktion, somatische Gentherapie, Keimbahntherapie) Anwendung. Moralische Probleme ergeben sich vor allem (a) hinsichtlich der durch gentechnische Eingriffe am Menschen induzierten Risiken, ihrer Bewertung sowie der Zumutbarkeit von Risiken, (b) aus der Diskrepanz zwischen diagnostischen und therapeutischen Möglichkeiten (die z.B. zu einer Forderung nach einem »Recht auf Nicht-Wissen« geführt hat) und (c) daraus, daß diese Verfahren (insbesondere gentechnische Eingriffe in menschliche Keimbahnzellen) neben der Therapie von Krankheiten auch die Möglichkeit der »Qualitätskontrolle« der menschlichen Erbausstattung eröffnen. Über diese unmittelbar durch die Anwendung gentechnischer Verfahren am Menschen induzierten Probleme hinaus fragt die G. allgemeiner auch nach möglichen gesellschaftspolitischen Folgen (z. B. mögliche »Privatisierung von Krankheitsrisiken« im Hinblick auf Versicherungssysteme und Arbeitnehmer-Schutz) und den Folgen für wichtige medizinische, philosophische und ethische Begriffe (Krankheit/Gesundheit, Behinderung, Natürlichkeit etc.) sowie das menschliche Selbstverständnis (Identität und Integrität menschlicher Personen etc.). – Mitunter wird der Begriff der G. auch allgemeiner für die moralische Auseinandersetzung mit den sog. neuen Gen- und Reproduktionstechnologien verwendet (pränatale Diagnose, In-virto-Fertilisation etc.). Die Anwendung gentechnischer Verfahren in der Tier- und Pflanzenzucht (↗Tierethik, ↗Umweltethik) führt insbesondere zu ethischen Fragen der Risikobewertung und der Akzeptabilität von Risiken (z. B. bei sog. Freisetzungsexperimenten mit genmanipulierten Pflanzen oder Mikroorganismen), der Erhaltung der Artenvielfalt und des Umwelt- und Naturschutzes. Ob man gezielte Eingriffe in das Genom von Tieren bzw. Pflanzen generell für moralisch bedenklich hält oder nicht, hängt darüber hinaus von den axiologischen Annahmen darüber ab, welchen Arten von Naturwesen über ihren Wert für andere hinaus ein eigener, intrinsischer ↗moralischer Status zukommt. **Lit.:** K. Bayertz: GenEthik. Probleme der Technisierung menschlicher Fortpflanzung. Reinbek bei Hamburg: Rowohlt 1987. JA

**Genealogie** (griech. genalogia: Hersagung der Geburt), der Abstammung nach geordnete Abfolge von Ahnen, Familien und Geschlechtern. G.n sind Kernelemente mythischer oder religiöser Systeme, sie gehören meist (eine Ausnahme bildet die alttestamentarische Genesis) zu den literarisch ältesten, weil durch mündliche Riten eingeübten, Schichten der Mythologie. Philosophisch bedeutsam ist vor allem die G. der Götter in der *Theogonie* Hesiods, da sie auf die Kosmologie der Vorsokratiker bis in die platonische Philosophie wie auch auf die klassische Tragödie nachhaltigen Einfluß ausübte. Mit dem in der Renaissance beginnenden Angriff auf das religiöse Weltverständnis setzt auch die Kritik an den G.n ein, ein berühmtes Beispiel der Literaturgeschichte ist die Verspottung der biblischen Genesis durch Rabelais in *Gargantua und Pantagruel*. Nietzsche ironisiert 1887 mit dem Titel seiner Abhandlung *Zur Genealogie der Moral* den (ethischen) Historismus. **Lit.:** P. Philippson: Genealogie als mythische Form. In: E. Heitsch (Hg.): Hesiod. Darmstadt 1966. S. 651–687. MFM

**Generalisierung.** In der formalen Logik bedeutet die G., daß bei jeder Einsetzung einer Individuenkonstante für eine Variable in eine Aussageform eine wahre Aussage entsteht, symbolsprachlich: $\forall x\ f(x)$. Der dazu verwendete Funktor heißt »Generalisator« oder All-Quantor. PP

**Generalthesis,** Terminus der Phänomenologie Husserls. Den Ausgangspunkt für das Vorhaben, die Geltungsgrundlage unserer Realitätsauffassungen und -annahmen als begründet auszuweisen, bildet die im Alltagsverständnis unproblematisierte Auffassung, daß die Welt in ihrem Bestand so existiert, wie wir sie vermeinen. Diese Auffassung nennt Husserl die »natürliche Einstellung« oder den »natürlichen Weltglauben« oder die »Bewußthabe einer realen Welt«. Die G. der natürlichen Einstellung ist die Bezeichnung für den mit dieser Auffassung einhergehenden Glauben der fraglosen Gültigkeit (dieser Realität). – Das Bestreben der Phänomenologie ist es, diese fraglose Gültigkeit der Welt zunächst zu problematisieren, um im Anschluß daran die Geltungsgrundlage unserer Realitätsannahme als begründet auszuweisen. Den ersten Schritt dazu stellt die phänomenologische ↗Reduktion oder phänomenologische ↗Epoché dar: durch sie wird diese G. bzw. der naive Seinsglaube »eingeklammert«, d. h. für den Vollzug der phänomenologischen Analysen enthält man sich zunächst solcher Annahmen bezüglich der Seinssetzung – was nicht gleichzusetzen ist mit dem radikalen skeptischen Zweifel bezüglich der Existenz der Wirklichkeit überhaupt. **Lit.:** E. Husserl: Ideen zu einer reinen Phänomenologie und phänomenologischen Philosophie. Hua III, 1. § 30. – P. Prechtl: Edmund Husserl. Hamburg 1991. PP

**Generisch,** Ausdrücke, die Gattungsnamen oder Typenbezeichnungen darstellen. PP

**Genetische Epistemologie,** von J. Piaget begründete Theorie des wissenschaftlichen Erkennens mit der Absicht, Erkenntnis- und Wissenschaftstheorie als Wissenschaft ohne Philosophie zu betreiben. Die Methode der g.n E. ist die Untersuchung der Entwicklung der Erkenntnisstrukturen in der Ontogenese durch entwicklungspsychologische Experimente, wobei für Piaget der Übergang von organischen zu Erkenntnisstrukturen fließend ist. Für die Erklärung der Veränderungen in den kognitiven Strukturen benutzt die g.E. Termini wie ↗Äquilibration und ↗Selbstorganisation, die evolutionistisch, regulativ geprägt sind. Kennzeichnend für die g.E. ist der genetische Strukturalismus: Eine Struktur wird durch Konfrontation mit der Außenwelt an diese akkomodiert, assimiliert diese aber auch gleichzeitig in sich, woraus neue Strukturen entstehen, die jedoch nicht vollkommen neu sind, sondern die Rahmenstrukturen von ihren Vorgängern übernehmen. Ausgehend von der organischen Konstitution gelangt das Individuum über die sensomotorische Intelligenz, das präoperatorische Denken und die konkreten Operationen zu den logisch-mathematischen Strukturen, die als geschlossene Endstrukturen in den formalen Operationen durch ihre Reversibilität Notwendigkeit erreicht haben. Dabei ist zu beachten, daß Intelligenz in der g.n E. kein absoluter Begriff ist, sondern immer nur auf die jeweilige Entwicklungsstufe bezogen betrachtet werden darf. Erkenntnis ist in der g.n E. eine Handlung, verwandt mit der Aktivität des Organismus. – Mit dieser Entwicklung beansprucht die g.n E., den als statisch bezeichneten Apriorismus Kants durch eine Entwicklung der reinen Verstandesbegriffe zu ersetzen. Hier läuft das Apriori-Verständnis der g.n E. aber an Kant vorbei. Vielmehr handelt es sich um eine Strukturgenese, bei der die reinen Verstandesbegriffe immer als Rahmenstrukturen die höheren Strukturen bedingen. **Lit.:** J. Piaget: Abriß der genetischen Epistemologie. Olten 1974. JSC

**Genie,** ursprünglich ein Begriff der Rhetorik, der in seiner modernen Ausprägung im 17. und 18. Jh. in Frankreich (z. B. bei Diderot) und England (z. B. bei Shaftesbury) wichtig wurde. In seiner weiteren Entwicklung im 18. und 19. Jh. erhielt der Begriff zunehmend auch philosophische Relevanz. Im Rahmen der klassischen deutschen Ästhetik bezeichnete er den Künstler bzw. die Gesamtheit der ihn auszeichnenden Fähigkeiten. In einigen Philosophien der Kunst dient der Begriff G. als entscheidender Zugang zum Wesen der subjektiven künstlerischen Schöpfung. In diesem Sinne ist der G.-Begriff besonders bedeutsam in der Genieästhetik und im Geniekult des »Sturm und Drang« (Mendelssohn, Lessing, Herder, der junge Goethe): Das künstlerische G. stellt sich gegen die tradierten Regeln, überwindet sie und stellt selbst neue Regeln für das künstlerische Schaffen auf. In diesem Sinne ist das G. im wesentlichen originell (»Originalgenie«). Seit Hegel wird die Bedeutung des G.s insofern relativiert, als die Notwendigkeit einer Verbindung von Talent und Arbeit (»G.« und »Studium«) betont wird. In der zeitgenössischen Ästhetik ist der Genieanspruch durch die nüchterne Vorstellung ersetzt worden, daß große Kunst eine innovative Leistung enthalten müsse. Auch außerhalb der Kunsttheorie findet der Begriff G. gelegentlich Verwendung und bedeutet dann meist eine ungewöhnliche Begabung (Talent) – im Gegensatz zum erlernten Können – für spezifische Tätigkeiten (Wissenschaft, Politik etc.). **Lit.:** F. Brentano: Das Genie. Leipzig 1892. – J. Schmidt: Die Geschichte des Genie-Gedankens in der deutschen Literatur, Philosophie und Politik 1750–1945. Darmstadt [2]1988. – E. Zilsel: Die Entstehung des Geniebegriffs. Tübingen 1926. RL

**Genius malignus.** Am Ende der ersten seiner *Meditationen* überläßt sich Descartes der Annahme, irgendein böser Geist bringe ihn dazu zu glauben, er hätte einen Körper und Sinnesorgane, mittels derer er materielle Außendinge wahrnehme, während in Wirklichkeit nichts dergleichen der Fall sei. Eine verbreitete moderne Version von Descartes' Idee hat den G.m. konkretisiert zu einem Gehirne in Laborbehältern manipulierenden bösen Wissenschaftler: Die Möglichkeit besteht, daß ich kein körperliches, von Dingen und Menschen umgebenes Wesen bin, sondern lediglich ein ↗Gehirn in einem Tank (brain in a vat), das von einem an meiner umfassenden Täuschung Vergnügen findenden Wissenschaftler stimuliert wird, zu meinen, es sei ein körperliches, von Dingen und Menschen umgebenes Wesen. (Zuerst formuliert wurde die brain-in-a-vat-Idee anscheinend, ohne skeptische Absicht, von D. M. Armstrong und J. J. C. Smart; als skeptische Hypothese wohl zuerst bei G. Harman; eine Variante mit bösen Außerirdischen (Googols) bei K. Lehrer). – Wenn wir die Möglichkeit einer derartigen Täuschung nicht ausschließen können, folgt (jedenfalls gemäß der Standardkonzeption von Wissen) aus der G.m.-Idee ein umfassender Skeptizismus in bezug auf unser Wissen von der Außenwelt (↗Skeptizismus; ↗Außenweltproblem). Wissen wir nämlich nicht, daß uns kein G.m. täuscht, so wissen wir z. B. auch nicht, daß wir einen Körper haben oder daß es Steine gibt. Denn wenn wir das wüßten, wüßten wir auch, daß uns kein G.m. täuscht – jenes Wissen impliziert logisch dieses. – Ein schlechthin universeller Skeptizismus ergäbe sich aus der G.m.-Idee dann, wenn die Täuschungsmöglichkeit konsistenterweise derart erweitert werden könnte, daß wir nicht nur hinsichtlich der Außenwelt getäuscht werden mögen, sondern ebenfalls über innere Zustände, schließlich sogar darüber, daß wir *denken* und daß *wir* denken. Wer weiß, ob ich nicht, wie R. Nozick erwogen hat, nur eine Romanfigur bin oder bloß geträumt werde? – Auf direktem Wege scheint sich die Idee eines uns umfassend täuschenden G.m. nicht ausschließen zu lassen: Jede Einschätzung unserer Meinungen bzw. jede Behauptung über das Verhältnis unserer Meinungen zu den wirklichen Dingen ist ihrerseits eine Meinung und somit möglicherweise Produkt des G.m. Ein indirekter Weg, sie auszuschließen, wäre, ihre Prämisse zu attackieren, indem man zeigte, daß wir, wenn alle Dinge anders wären, als wir glauben, daß sie sind, nicht genau die Meinungen haben könnten, die wir haben (H. Putnam). Freilich wäre wohl auch dieser Nachweis nichts anderes als eine Meinung, und es könnte das abartige Vergnügen eines G.m. noch steigern, uns gerade sie einzugeben. **Lit.:** R. Descartes: Meditationen über die Grundlagen der Philosophie. Übers. v. A. Buchenau. Hamburg 1972. – G. Harman: Thought. Princeton 1973. – K. Lehrer: Why not Skepticism? In: Philosophical Forum 2 (1971). S. 283–298. – R. Nozick: Philosophical Explanations. Cambridge/Mass. 1981. – H. Putnam: Vernunft, Wahrheit und Geschichte. Frankfurt 1982. – J. J. C. Smart: Materialism. In: Journ. of Philosophy 60 (1963). S. 651–662. AE

**Genotyp,** Gesamtheit der Erbanlagen (Gene) eines Organismus in Unterscheidung zum Phänotyp als die Gesamtheit der Merkmale (Erscheinungsbild). Der Phänotyp wird aufgrund des G.s und unter dem Einfluß der Umweltbedingungen ausgebildet, was die phänotypische Variabilität bei gleichem G. bedingt. FPB

**Genus proximum/differentia specifica,** Grundbegriffe der traditionellen Definitionslehre. Ein Begriff wird demnach durch Angabe des nächsthöheren, allgemeineren Oberbegriffs und eines spezifischen Unterscheidungsmerkmals bestimmt (z. B. animal rationale). FPB

**Gerechtigkeit,** Grundbegriff der Ethik und der Sozialphilosophie, der als Prinzip zur Beurteilung von

Handlungsnormen und als Idee zur vernünftigen Gestaltung des Zusammenlebens dienen soll. In ethischer Hinsicht spielen G.fragen auf drei Ebenen eine Rolle: (a) Wenn zwischen Handlungen oder Ansprüchen Gegensätze auftreten und die Beteiligten nach einer Lösung suchen, die i.S. einer gerechten Regelung allen Betroffenen Rechnung trägt. Ein solches Verhalten beruht auf einer gerechten Einstellung, nach der alle gleichermaßen als achtens- und berücksichtigenswert gelten. (b) Die Suche nach einer gerechten Lösung bedarf im Hinblick auf solche Regelungen oder Normen eines Qualifizierungskriteriums für ›gerecht‹, das in Gestalt des Begründungsprädikats ›gleichermaßen gut für alle‹ geliefert wird. (c) Angesichts schon bestehender Normen und Regelungen bedeutet gerechtes Handeln, daß jeder sich den Normen entsprechend verhält und keiner für sich eine Ausnahmeregelung schafft, um sich dadurch Vorteile zu verschaffen. – In den Überlegungen zur G. in der griechischen Antike fungiert G. als ein soziale Tugend. Platon ordnet sie neben den Tugenden der Klugheit, Tapferkeit und Mäßigkeit ein. In der *Politeia* gilt sie als die richtige Ordnung der drei Seelenvermögen: der Vernunft (logistikon), dem Mut (thymos) und dem Begehren (epithymetikon). Diese Ordnung besteht darin, daß jedes dieser Vermögen das Seine tut, wobei es der Vernunft zukommt, über die anderen zu herrschen. Wenn sie verwirklicht ist, dann kommt ihr als ganzer die Tugend der G. zu. Bei Aristoteles wird diese Auffassung Platons bereits modifiziert. Im 5. Buch der *Nikomachischen Ethik* werden zwei G.-Begriffe analysiert: Als ungerecht gilt der Gesetzeswidrige, der Unersättliche (pleonektes) und Ungleiche (anisos). Die eine Grundform des gerechten Verhaltens ist das dem Gesetz gemäße Handeln, die andere ist die auf Gleichheit bedachte Haltung, die darauf verzichtet, nur den eigenen Vorteil zu suchen. Mit der ersten Grundform lehnt sich Aristoteles an Platon an, denn sie ist die vollkommene Tugend, die alle besonderen Tugenden und die andere Grundform der G. umfaßt. Die auf Gleichheit bedachte Haltung stellt demgegenüber die partikulare G. dar, die sich in zwei Formen äußert: Als verteilende (distributive) G. betrifft sie die Zuteilung von Ehre, Geld und anderen Dingen. Die andere Form nimmt Bezug auf die Verträge: die G. der freiwilligen Verträge (kommutative G.) und die der unfreiwilligen Verträge (korrektive G.). Aristoteles weist darauf hin, daß das Gerechte eine Gleichheit der Verhältnisse (proportionale G.) und eine Gleichheit vor dem Gesetz bedeute. Die aristotelische Unterscheidung zwischen der distributiven oder austeilenden G., bei der es um die Verteilung von Rechten und Pflichten geht, und der kommutativen G., die sowohl den Tausch wie die Wiedergutmachung von Schaden umfaßt, haben ihre Gültigkeit bis in die Gegenwart behalten. – Für Hobbes hat der Begriff der G. erst dort seinen Sinn, wo es eine allgemeine Gewalt und ein allgemeines Gesetz gibt. Unter den Bedingungen des Vertragszustandes bedeutet G. das Einhalten von Verträgen und entspricht der Regel der Vernunft. Im Gegensatz zur antiken Bestimmung der Idee der G. stehen die von Hume und Mill vorgetragenen Vorstellungen, die den Wert der G. nach dem Nutzen für die Individuen einer Gesellschaft beurteilen. Humes These ist, daß der einzige Rechtfertigungsgrund der G. in ihrer Nützlichkeit für die menschliche Gesellschaft bestehe, da sie gegen drei Übelstände Abhilfe schaffe: (a) die Schwäche des einzelnen, sofern er auf eigene Faust überleben will, (b) die Beschaffung der notwendigen Lebensgüter, die für den einzelnen zuviel Aufwand an Energie bedeuten würde, (c) die Bedrohung des Besitzes des einzelnen, der in einem Naturzustand immer gefährdet wäre. Die G. fällt für ihn zusammen mit einer positiven Rechtsordnung, in der eine Arbeitsteilung möglich und die Rechtssicherheit gewährleistet ist. Mill geht einen Schritt über Hume hinaus, indem er die geltenden Gesetze einer Beurteilung unterzieht. Seine liberale Idee der G. fordert, daß bei der Zuweisung der persönlichen und politischen Rechte alle mündigen Individuen der Gesellschaft als gleichberechtigt betrachtet werden sollen. Der Nutzen der G. bezieht sich auf den Schutz der persönlichen Freiheit. Die Ungerechtigkeit kann nach vier Gesichtspunkten benannt werden: (1) Wenn die verbürgten Rechte einer Person mißachtet werden, (2) wenn ein Gesetz die moralischen Rechte einer Person verletzt, (3) wenn eine Person nicht den ihm zustehenden Verdienst (d.i. Lohn oder Strafe) bekommt, (4) wenn einer seine eingegangenen Verpflichtungen nicht einhält (z.B. Wortbruch), (5) wenn einer (z.B. ein Richter) eine Person gegenüber einer anderen begünstigt. – Die leitende Idee der G. besteht in der Überzeugung, daß bei der Zuordnung von Rechten und Pflichten und bei der Verteilung der Erzeugnisse der gesellschaftlichen Zusammenarbeit keine willkürlichen Unterschiede gemacht werden dürfen. – Für einen Begriff der G., der eine Richtschnur dafür abgeben soll, nach welcher die konkurrierenden Ansprüche der Menschen ausgeglichen werden sollen, ergeben sich unterschiedliche Bestimmungen: (1) jedem gemäß dem ihm durch das Gesetz Zugeteilte – diese Position des Rechtspositivismus läßt keine Beurteilung über eine Gesetzesordnung zu, sondern beschränkt sich auf die formale Gleichheit. (2) Jedem das Gleiche – in bezug auf grundlegende Rechte ist diese Forderung unstrittig, die Differenzen ergeben sich im Hinblick auf die distributive G., ob damit arithmetische oder proportionale G. gemeint ist. Die proportionale Zuteilung bedeutet, daß jeweils nur in bezug auf eine bestimmte Kategorie von Personen Gleichheit gefordert ist. (3) Jedem gemäß seinen Verdiensten – beinhaltet eine ungleiche Verteilung, läßt aber unbeantwortet, was als Verdienst zu werten ist. (4) Jedem gemäß seinem Bedürfnis – ein solches Prinzip kämpft mit der Schwierigkeit, berechtigte oder wesentliche nicht von unberechtigten oder unwesentlichen Bedürfnissen unterscheiden zu können. In negativer Formulierung bedeutet es, die Leiden der am meisten Benachteiligten zu mindern. – Eine Möglichkeit, diese inhaltlichen Probleme der G. zu umgehen, bieten die formalen G.prinzipien. In der gegenwärtigen Diskussion steht die Verfahrensgerechtigkeit im Vordergrund. Die G.theorie von Rawls demonstriert exemplarisch, wie ein solches Verfahren vorstellbar ist: Die Frage nach den Grundprinzipien einer Gesellschaft ist unter der Bedingung der Unparteilichkeit zu stellen. Jede Person müßte die Frage unter der fiktiven Voraussetzung, nichts über ihre realen sozialen und persönlichen Voraussetzungen zu wissen (»Schleier des Nichtwissens«), beantworten. Diese Bedingungen repräsentieren ein Verfahren, das frei ist von unzulässiger Parteilichkeit. Die Konstruktion der »original position« stellt Rawls Versuch dar, die Forderung allgemeiner Rechtfertigung mit Hilfe vernünftiger Annahmen in eine Form zu bringen, die die Herleitung substantieller G.grundsätze erlaubt. Der »Schleier des Nichtwissens« führt zu einem gemeinsamen Interesse aller, daß (a) jeder Mensch seine Talente und Lebenspläne verwirklichen kann und (b) dies unter Bedingungen sozialer G. geschieht, die verhindern, daß Ungleichheiten im Hinblick auf die Realisierungsmöglichkeiten der persönlichen Fähigkeiten entstehen. Zwei Grundsätze der G. ergeben sich aus der Entscheidung unter den skizzierten Bedingungen: (1) Jedermann hat das gleiche Recht auf das umfangreichste Gesamtsystem gleicher Grundfreiheiten, das für alle möglich ist. (2) Soziale und wirtschaftliche Ungleichheiten sind nur unter zwei Bedingungen akzeptabel: Sie müssen unter Einschränkung des gerechten Spargrundsatzes den am wenigsten Begünstigten den größtmöglichen Vorteil bringen, und sie dürfen die Chancengleichheit in bezug auf Ämter und Positionen nicht beeinträchtigen. **Lit.:** B. Brülisauer: Die Idee der Gerechtigkeit. In: Studia Philosophica 38 (1979). S. 207 ff. – R. Forst: Kontexte der Gerechtigkeit. Frankfurt 1994. – Th. Hobbes: Leviathan. – D. Hume: Ein Traktat über die menschliche Natur. Hamburg 1978. 3. Buch. Teil 2. – Ders.: Eine Untersuchung über die Prinzipien der Moral. Hamburg 1972. III. Abschnitt. – L. Kern/H.-P. Müller: Gerechtigkeit, Diskurs oder Markt?. Opladen 1986. – J. St. Mill: Der Utilitarismus. Stuttgart 1976. 5. Kap. – O. O'Neill: Tugend und Gerechtigkeit. Eine rekonstruktive Darstellung des praktischen Denkens. Berlin 1996. – J. Rawls: Eine Theorie der Gerechtigkeit. Frankfurt 1975. – U. Steinvorth: Gerechtigkeit. In: E. Martens/H. Schnädelbach (Hg.): Philosophie. Reinbek 1991. S. 306 ff. PP

**Gesamtdatum.** Für die Anwendung induktiver Schlüsse hat Carnap die Forderung des G.s aufgestellt. Diese Forderung besagt, daß für die korrekte Anwendung einer induktiven Überlegung auf gegebene Wissenssituationen als Prämissen nicht bloß isolierte Daten und Gesetze verwendet werden dürfen, sondern daß man das gesamte verfügbare Erfahrungswissen benützen muß und daraus nur solches Wissen vernachlässigen darf, das für die anstehende Beurteilung irrelevant ist. **Lit.:** W. Stegmüller: Hauptströmungen der Gegenwartsphilosophie. Stuttgart 41969. S. 454 f. PP

**Geschichte,** sowohl das Geschehene (res gestae) wie dessen literarische Darstellung (historia rerum gestarum). Bereits in der Antike entwickelt sich neben dem weiten Verständnis von G., wonach jede Form empirischer Erkenntnis historia genannt werden kann, ein spezifischer Geschichtsbegriff, der die historische Analyse sozialer, politischer und kultureller Kontexte menschlichen Handelns umfaßt. So charakterisiert Herodot sein Geschichtswerk als die »Darlegung von Forschungen, die den Zweck haben, daß mit der verstreichenden Zeit nicht in Vergessenheit gerät, was unter Menschen einst geschehen ist«. Seit dem 8. Jh. tritt im Dt. zum lat. Lehnwort »historie« das aus ahd. »giskehan« (geschehen, sich ereignen) abgeleitete »Gisciht«. Als Übersetzung von lat. »casus« steht »Gisciht« zunächst nur für singuläre Ereignisse und erst später für Ereignisabfolgen; in der Bedeutung von »Erzählung«, »Bericht über Geschehenes« wird es dann auch als Synonym für »Historie« gebräuchlich. Mit der im 18. Jh. programmatisch vollzogenen Ablösung der bis dahin üblichen Pluralbildungen »G.n« oder »Historien« durch den Kollektivsingular »die G.«, der die systematische Einheit der G. als eines »universalen Wirkungszusammenhangs in seiner jeweiligen Einmaligkeit« (Koselleck) akzentuiert, verliert das auf den Bericht exemplarischer Ereignisse eingeschränkte »Historie« zunehmend an Gewicht.

Der Äquivokation des Ausdrucks »G.« entsprechend besitzt ↗Geschichtsphilosophie den zweifachen Sinn einer Reflexion auf die allgemeinen Faktoren, Strukturen oder Ziele historischer Prozesse und der Theorie über Methode und Funktion der Geschichtsschreibung. In der antiken Philosophie bleibt die Interpretation historischer Prozesse weithin an zyklischen Modellen orientiert, die die Kontingenz geschichtlicher Ereignisse durch Integration in allgemeine Gesetzmäßigkeiten überwinden sollen und damit G. erst zum Gegenstand rationaler Erkenntnis machen. Unter der Prämisse dieses Kontrasts zwischen Kontingenz und Gesetzmäßigkeit ordnet Aristoteles die Dichtung der G. vor, weil sie stärker als diese das Allgemeine und Typische menschlichen Handelns betone. Heilsgeschichtliche und eschatologische Motive der jüdisch-christlichen Religion bedeuten demgegenüber eine fundamentale Aufwertung der G. Sie verbinden sich von Beginn an mit apologetischen Intentionen, durch die es zur Ausbildung universalgeschichtlicher, Profan- und Heilsgeschichte vermittelnder Konzepte kommt (Euseb). Augustin begreift die G. ausdrücklich als pädagogisches Interim zwischen Weltschöpfung und Gericht, in dem der Dualismus von irdischem und göttlichem Reich letztlich im Dienste der »eruditio recta« des Menschengeschlechts stehe.

Augustins Kritik der antiken Kreislauftheorien, seine Betonung der Teleologie und der Erziehungsgedanke finden über die Säkularisierung Eingang in das neuzeitliche Geschichtsdenken, das sich trotz gegenläufiger Tendenzen (Vico, Leibniz) zunehmend von theologischen Prämissen emanzipiert. Bei Voltaire wird die

Absage an die Autorität der Kirche zum ersten Mal im Namen einer unparteiischen, ausschließlich auf natürliche Ursachen rekurrierenden »Philosophie der G.« formuliert. Charakteristisch für das Geschichtsverständnis der Aufklärung ist dabei nicht nur der Glaube an die Perfektibilität der menschlichen Gattung, der seinen Ausdruck in den Fortschrittstheorien der Enzyklopädisten (Condorcet) findet, sondern ebensosehr die Interpretation der G. in rechtlichen Kategorien. Kant, der die Frz. Revolution als ein nachdrückliches »Geschichtszeichen« für ein »Fortschreiten des menschlichen Geschlechts zum Besseren« gewertet wissen will, definiert in diesem Sinne die Etablierung einer »vollkommenen Staatsverfassung« als Ziel der »allgemeinen Weltgeschichte«. Die schon bei Kant unterschwellig wirksame Rehabilitierung theodizistischer Motive der G. als »Rechtfertigung der Vorsehung« verdichtet sich in Hegels Geschichtsphilosophie zur »Aussöhnung« mit der »Masse des konkreten Übels« der G. durch die »Erkenntnis des Affirmativen« in ihr: Die Weltgeschichte ist zugleich das Weltgericht, das die Partikularität von Einzelinteressen am Prinzip einer übergeordneten Vernunft mißt, die den geschichtlichen Progreß als »Fortschritt im Bewußtsein der Freiheit« verstehen läßt. Gegen den von Hegel als bereits realisiert unterstellten ↗Endzweck der G. relativieren Marx und Engels »alle bisherige G.« als eine »G. von Klassenkämpfen« zur »Vor-G.« des »Reichs der Freiheit«, in dem durch die proletarische Revolution allererst der Antagonismus der Klassen überwunden sein wird. Unberührt von der antiidealistischen Wende zur materialistischen Theorie der G. bleibt aber auch im Marxismus der exponierte Rang der G.: »Wir kennen nur eine einzige Wissenschaft, die Wissenschaft von der G.«

Dieser Auszeichnung der G. opponiert vehement der Kulturpessimismus des ausgehenden 19. Jh. Der wissenschaftliche Status der G. wird in dem Maße prekär, in dem die Fokussierung auf die Irrationalität historischer Prozesse die G. nurmehr als »Sinngebung des Sinnlosen« (Th. Lessing) erscheinen läßt. Die mit dem Legitimitätsverlust teleologischer Geschichtskonzeptionen zusammenhängende Konjunktur von ↗Anthropologie und ↗Lebensphilosophie kulminiert bei Nietzsche im Primat des Lebens vor der Historie, deren »pathologischer« Objektivitätsanspruch die ursprünglich wertschöpferische Potenz des Lebens neutralisiere und den »Willen zur Macht« als das eigentliche »Urfaktum aller G.« verdecke. Im Kontrast zu Nietzsches »Depotenzierung der geschichtlichen Vernunft« (Marquard) vollzieht sich in der Hermeneutik (Dilthey) und im Neukantianismus (Windelband, Rickert) eine Rückbesinnung auf die Bedingungen der Möglichkeit von G. als Wissenschaft. Nachdem die dabei in Anspruch genommene methodische Differenz zwischen Kultur- und Naturwissenschaften durch neuere Entwicklungen der Wissenschaftstheorie (Popper) und der analytischen Philosophie (v.Wright) weitestgehend relativiert erscheint, dominieren in der zeitgenössischen Diskussion unterschiedlich gelagerte Versuche, durch Begriffe des »Verstricktseins« in G.n (Schapp), der Horizontverschmelzung (Gadamer) oder der Erzählung (Danto) die Bedeutsamkeit von G. jenseits methodologisch fixierbarer Kriterien aufzuzeigen. **Lit.:** H. Blumenberg: Die Legitimität der Neuzeit. Frankfurt [2]1974. – R. Bubner: Geschichtsprozesse und Handlungsnormen. Untersuchungen zur praktischen Philosophie. Frankfurt 1984. – A.C. Danto: Analytische Philosophie der Geschichte. Frankfurt 1974. – P. Gardiner (Hg.): Theories of History. New York [9]1969. – R. Koselleck: Vergangene Zukunft. Zur Semantik geschichtlicher Zeiten. Frankfurt [2]1992. – R. Koselleck/ W. D. Stempel (Hg.): Geschichte – Ereignis und Erzählung. München 1973. – K. Löwith: Weltgeschichte und Heilsgeschehen. Die theologischen Voraussetzungen der Geschichtsphilosophie. Stuttgart u.a. [6]1973. – O. Marquard: Schwierigkeiten mit der Geschichtsphilosophie. Frankfurt 1973. – M. Meyer: Ende der Geschichte? München 1993. DK

**Geschichtlichkeit,** bezeichnet ursprünglich die Historizität einer Person oder eines Ereignisses im Sinne von »historisch beglaubigt«. Davon unabhängig ist die philosophische, auf Dilthey und Yorck von Wartenburg zurückgehende Verwendung des Ausdrucks, in der »G.« für den Grundzug menschlicher Existenz im Unterschied zum bloß »ontischen« – gegenständlichen – Sein der Natur steht.

In einem philosophisch ambitionierten Kontext findet sich »G.« erstmals bei Hegel, der den Ursprung der Philosophie bei den Griechen auf deren »freie, schöne G., daß, was sie sind, auch als Mnemosyne bei ihnen ist«, zurückführt; an anderer Stelle bedeutet G. die konkrete Form der Explikation des Geistes in der historischen Wirklichkeit. Abgesehen von solch isolierten Vorkommnissen erfährt der Begriff G. seine terminologische Prägung v.a. mit dem Briefwechsel zwischen Dilthey und Yorck in den Jahren 1877–1899. G. als »Lebendigkeit« und »Innerlichkeit« ist für beide charakterisiert durch den Gegensatz zum äußerlichen Sein der Natur. »Daß die gesamte psychophysische Gegebenheit nicht nur *ist*, sondern lebt, ist der Keimpunkt der G. Und eine Selbstbesinnung, welche nicht auf ein abstraktes Ich, sondern auf die Fülle meines Selbstes gerichtet ist, wird mich historisch bestimmt finden, wie die Physik mich kosmisch bestimmt findet. Gerade so wie Natur bin ich Geschichte.« Yorcks Bestimmung von G., nach der der Mensch selbst »Geschichte ist« übernimmt Heidegger einerseits, wenn er G. als die »Seinsverfassung des ›Geschehens‹ des Daseins« definiert, »auf dessen Grunde« erst »so etwas wie ›Weltgeschichte‹ möglich« sei. Gleichzeitig radikalisiert Heideggers Existenzialanalytik des Daseins den Gedanken der G., indem sie ihn aus dem Kontrast zwischen Natur und Leben herauslöst, der die »ontologische Problematik in einer grundsätzlichen Verengung« festhalte. Dieser Erweiterung des Begriffs folgen nicht nur so unterschiedliche Autoren wie Marcuse und Jaspers. Nach einer Phase inflationären und z.T. undifferenzierten Gebrauchs, in der »G.« zum Modewort avanciert, greift die philosophische Hermeneutik Gadamers wieder auf den ursprünglichen Diskussionszusammenhang Diltheys und Yorcks zurück, um die »G. des Verstehens« in eine an Heidegger orientierte »ontologische Wendung der Hermeneutik« zu integrieren. **Lit.:** G. Bauer: ›Geschichtlichkeit‹. Wege und Irrwege eines Begriffs. Berlin 1963. – H.G. Gadamer: Artikel »Geschichtlichkeit«. In: Die Religion in Geschichte und Gegenwart ($^3$1957). – L. v. Renthe-Fink: Geschichtlichkeit. Ihr terminologischer Ursprung bei Hegel, Haym, Dilthey und Yorck. Göttingen $^2$1968. DK

**Geschichtsphilosophie,** die philosophische Deutung der ↗Geschichte auf ihren Sinn oder ihr Ziel hin, ihre Erklärung durch allgemeine Gesetze, sowie die wissenschaftstheoretische Erörterung der Methoden der Geschichtsschreibung. – Als Vorläufer der G. kann die christliche Geschichtstheologie betrachtet werden. Augustinus (*De civitate Dei*) sieht in der Geschichte den Kampf zweier Reiche am Werk: des Gottesstaates und des Erdenstaates. Dem entsprechen zwar Kirche und Staat als äußere Erscheinungsformen, jedoch finden sich in beiden auch Vertreter der anderen geistigen Ordnung. In der realen Geschichte besteht daher immer ein Ineinander beider Reiche, bis sie am Ende der Zeiten getrennt werden und der Gottesstaat als Sieger hervorgeht. Joachim von Fiore deutet die Geschichte als Abfolge dreier, der christlichen Trinität entsprechenden, Epochen: das Reich des Vaters (im AT durch das Gesetz repräsentiert), das des Sohnes (bestehend durch die Kirche) und das des Heiligen Geistes, das noch aussteht. – Während die ma. Geschichtstheologie geprägt ist durch die Heilserwartung und dem durch die Vorsehung Gottes bestimmten Ablauf der Geschichte, sieht die neuzeitliche G. Geschichte als Werk des Menschen. Für Vico ist die Geschichte daher vor der Natur bevorzugter Gegenstand der menschlichen Erkenntnis, da der Mensch sie aus den Prinzipien seines eigenen Geistes begreifen kann, insofern er sie selbst hervorgebracht hat. Vico will die ideale Geschichte der ewigen Gesetze erforschen, nach denen sich Entstehen, Fortschritt und Niedergang der Völker vollzieht. Dabei unterscheidet er drei Stadien des Aufstiegs vom Zeitalter der Götter über das der Heroen hin zu dem der Menschen. Schließlich bewirkt Luxus und Sittenlosigkeit den Abstieg und Verfall einer Kultur. Die Aufklärung betrachtet Geschichte allgemein als einen Fortschritt der Vernunft hin zur Entfaltung der Freiheit. Kant (*Idee zu einer allgemeinen Geschichte in weltbürgerlicher Absicht*, 1784) sieht im Antagonismus der ungeselligen Geselligkeit des Menschen die treibende Kraft, sich seiner Vernunft und Freiheit zu bedienen, um die vollkommene bürgerliche Gesellschaft zu errichten. Während Kant die Geschichte allein aus den menschlichen Handlungen heraus begriffen sehen will, betont Herder (*Ideen zur Philosophie der Geschichte der Menschheit*, 1784–91) die Einbettung der geschichtlichen Entwicklung in die natürlichen Faktoren eines organischen Geschehens, in dem die Menschheit sich hin zur Humanität entwickelt. Die G. muß dabei jede Epoche und jedes Volk aus sich selbst heraus begreifen und nicht den selbstgerechten Maßstab der eigenen Aufgeklärtheit ansetzen. Hegels G. (*Vorlesungen über die Philosophie der Geschichte*, hg. 1837) liegt der Gedanke zugrunde, »daß die Vernunft die Welt beherrscht, daß es also auch in der Weltgeschichte vernünftig zugegangen ist.« Das Ziel der Geschichte ist, daß der Geist zum Wissen seiner selbst gelangt, indem er sich selbst verobjektiviert und als Wirklichkeit in der Welt hervorbringt. Die Weltgeschichte ist der Fortschritt im Bewußtsein der Freiheit, und diesem Ziel werden einzelne Individuen zum Opfer gebracht. Die Staatsmänner und welthistorisch bedeutenden Persönlichkeiten wähnen nur, ihre eigenen Zwecke zu verfolgen, in Wirklichkeit bedient sich die »List der Vernunft« ihrer, um das Ziel der Weltgeschichte zu verwirklichen. Gegen den Fortschritt des Geistes, dessen bloßes Werkzeug der Mensch ist, betont Marx den Menschen als »Produzenten« seines Lebens, d.h. seiner eigenen Geschichte. Anstelle einer spekulativen Geschichtsmetaphysik soll sich G. auf die Wirklichkeit der konkreten historischen Lebensbedingungen und sozialen Verhältnisse gründen. – Die wesensmäßige ↗Geschichtlichkeit des Menschen ist für Dilthey der Grund, weshalb der Mensch sich nur in dem erkennen kann, was er selbst hervorgebracht hat. Was der Mensch ist, sagt ihm seine Geschichte, da sie die Verwirklichung dessen ist, was an bloßen Möglichkeiten in ihm liegt. – Universalhistorische Entwürfe finden sich im 20. Jh. erneut wieder bei O. Spengler, A.J. Toynbee und Jaspers. Letzterer (*Vom Ursprung und Ziel der Geschichte*, 1949) versucht die Einseitigkeit christlich-abendländischer Geschichtskonzeptionen durch eine universal gültige Betrachtung zu ersetzen, indem er in der ↗»Achsenzeit« den entscheidenden weltgeschichtlichen Umbruch sieht, der von 800–200 v. Chr. gleichzeitig in China, Indien, Iran, Palästina und Griechenland stattfindet. Die dort in Gang gekommene Entwicklung bildet die geistige und materiale Grundlage für eine gemeinsame Menschheitsgeschichte, die aufgrund der technischen Entwicklung im 20. Jh. faktisch möglich geworden ist. – Th. Lessing vertritt in seiner Schrift *Geschichte als Sinngebung des Sinnlosen* (1919) einen pessimistischen Standpunkt. Jede Geschichtsschreibung bietet nur eine im Nachhinein vollzogene Umdeutung der an sich völlig willkürlichen Fakten in Form eines idealen Vernunftkonstrukts. – Die Methodologie der Geschichtsschreibung wird im ↗Neukantianismus zum Thema. Gegenüber den Naturwissenschaften kommt der Geschichtsschreibung (wie den Geisteswissenschaften überhaupt) Eigenständigkeit zu, insofern sie nicht nomothetisch (Gesetze aufstellend), sondern idiographisch ist, d.h. sie bezieht sich auf das individuelle, einmalig Vorkommende. – Die analytische G. kritisiert, daß die traditionellen G.en methodisch ungeprüft sind und mehr von der Intuition des Autors abhängen.

Dagegen ist erst einmal zu klären, wie historische Erkenntnis durch überprüfbare Theorien gesichert werden kann. **Lit.:** K. Acham: Analytische Geschichtsphilosophie. Freiburg/München 1974. – E. Angehrn: Geschichtsphilosophie. Stuttgart 1991. – K. Löwith: Weltgeschichte und Heilsgeschehen. Stuttgart 1953 u.ö. – R. Schaeffler: Einführung in die Geschichtsphilosophie. Darmstadt 1973. FPB

**Geschick,** benennt im Denken Heideggers die innerste Bewegung der Geschichte. Sie meint keinen notwendigen historischen Ablauf, sondern die Weise, wie sich Sein dem Menschen »zuschickt«, um ↗Unverborgenheit des Seienden allererst zu gewähren. Diese Weise ist die Zwiefalt von Entzug und Gewähren, da das Sein im Gewähren der Unverborgenheit sich selbst entzieht. Der Mensch versucht das Sein zur Sprache zu bringen und es damit zu entbergen. Nimmt er dabei an, über die Erkennbarkeit des Seins verfügen zu können, so ist sowohl G. wie Entzug des Seins vergessen. Dies ist nach Heidegger gerade die Grundannahme der bisherigen Philosophie. In der Vollendung der daraus erwachsenden ↗Seinsgeschichte meint der Mensch zuletzt, ohne die Entbergung des Seins auskommen zu können. Dagegen besagt G., daß das Seinsverständnis des Menschen das Resultat des Seins selbst ist, dieses Verständnis also nicht zur Verfügung des Menschen steht. Jedoch ist er der vom Sein Gebrauchte, weil das Sein nur dann in sein wahres Wesen gelangen kann, wenn der Mensch sich dem G. öffnet. Fatalistische Mißdeutungen entstehen nur, wenn Sein und Mensch getrennt gedacht werden. **Lit.:** M. Heidegger. Die Technik und die Kehre. Pfullingen 1962. BA

**Geschlecht,** (1) biologisch: Zugehörigkeit zum männlichen oder weiblichen G.; (2) fundamentale soziale Unterscheidung in allen historischen und gegenwärtigen Gesellschaften in höchst unterschiedlichen Formen und Funktionen. Mit der Geschlechtszugehörigkeit werden nicht nur soziale Rollenzuweisungen und ungleiche Zugangsmöglichkeiten zu gesellschaftlichen Ressourcen legitimiert, sondern auch bestimmte individuelle Eigenschaften Männern und Frauen als geschlechtsspezifische zugeschrieben. Damit wird G. zum normativen Modell, dem Personen gemäß ihrer physischen Ausstattung psychisch und sozial entsprechen sollen (↗Sex/Gender). (3) G. spielt in den allermeisten philosophischen Entwürfen bis ins 20. Jh. hinein eine systematische, bisher noch unzureichend untersuchte Rolle. Dabei ist der Geschlechtsbegriff insofern asymmetrisch konstruiert, als er häufiger auf Frauen als auf Männer bezogen wird (↗Androzentrismus). Geschlechtliche Metaphern organisieren oft nicht nur in der praktischen, sondern auch in der theoretischen Philosophie die jeweiligen Entwürfe. Sie dienen zumeist der Veranschaulichung hierarchischer und komplementärer Verhältnisse. (4) Die soziale, symbolische und mythische Bedeutung von G. ist heute unbestritten. Die Analysen differieren jedoch darin, ob ontologisch und anthropologisch von der Egalität oder der Differenz der G.er auszugehen ist, und welche Konsequenzen für Alternativen zu den bisherigen Geschlechterideologien aus der oft gerade implizit wirksamen Geschlechterdifferenz im philosophischen Denken zu ziehen sind (↗Philosophie, feministische). **Lit.:** Feministische Studien. 11. Jg. Nr. 2/1993. – U. Frevert: Geschlecht – männlich/weiblich. In: Dies.: Mann und Weib, und Weib und Mann. München 1995. HL

**Geschlechterdifferenz,** auch sexuelle Differenz, ein zentraler Begriff der feministischen ↗Philosophie. Für Fragen nach der G. sind zwei grundlegende Gesichtspunkte zu unterscheiden: (1) der Zusammenhang von Geschlecht und Identität sowie die Bedeutung des kulturellen oder sozialen Geschlechts (↗sex/gender). (2) der Stellenwert der Unterscheidung von männlich/weiblich. »Die sexuelle Differenz stellt eine der Fragen oder die Frage dar, die unsere Epoche zu denken hat« (Irigaray). Zugrunde liegt die Beobachtung, daß die Tatsache, daß der Mensch in der Regel entweder Frau oder Mann ist, auf traditionelle philosophische Ansätze keine nennenswerten Auswirkungen hatte. Dem soll ein Denken entgegengesetzt werden, das die Geschlechtlichkeit als ein ebenso wichtiges Merkmal des Menschlichen versteht wie Sprachbegabtheit und Sterblichkeit. Dabei ist es durchaus strittig, wie auf Geschlecht und G. zu referieren ist. Ansätze, die mit einer Unterscheidung von männlich/weiblich arbeiten, sehen sich dem Verdacht ausgesetzt, herkömmliche Klischees über die G. bloß zu reproduzieren. Gibt es einen natürlichen Rest dessen, was Geschlecht bestimmt, oder verdankt sich unser Wissen über G. insgesamt ausschließlich kultureller Vermittlung? Ist die G. eine zu entdeckende oder eine zu produzierende Differenz, stellt die italienische Philosophinnengruppe Diotima zur Debatte. Dieser Frage geht die feministische ↗Essentialismusdebatte weiter nach. Am radikalsten stellt Butler die Trennung von sex/gender infrage und entwickelt damit die Unterscheidung weiter, die zu dem Zweck getroffen wurde, die Beschränkung der Frau auf ihr natürliches Geschlecht zu kritisieren. Gegnerinnen dieser Position monieren, daß in ihr der Bezug auf den körperlichen Aspekt der G. zu kurz komme. **Lit.:** J. Butler: Das Unbehagen der Geschlechter. Frankfurt 1991. – Diotima, Philosophinnengruppe aus Verona: Der Mensch ist zwei. Denken im Spannungsfeld der sexuellen Differenz. Wien 1989. – C. Honegger: Die Ordnung der Geschlechter. Die Wissenschaften vom Menschen und das Weib. Frankfurt/New York 1991. – L. Irigaray: Die Ethik der sexuellen Differenz. Frankfurt 1991. – A. Maihofer: Geschlecht als Existenzweise. Macht, Moral, Recht und Geschlechterdifferenz. Königstein 1995. BES

**Geschmack** läßt sich formal definieren als ein besonderer Sinn für die angemessene Beurteilung des ästhetisch Schönen/Häßlichen. Urteile dieses Sinns sind keine Erkenntnisurteile; sie sind jedoch auch nicht bloß Expressionen subjektiver Stimmungen. Vielmehr sind Geschmacksurteile als ästhetische Werturteile aufzufassen und daher in Analogie zu moralischen

Werturteilen zu verstehen. Insofern läßt sich der G. selber als »ästhetisches Gewissen« definieren. Wie das moralische Gewissen kann auch das ästhetische besonders kultiviert oder auch gänzlich vernachlässigt werden. Formal hat in beiden Fällen entsprechend das Urteil des kultivierten Gewissens eine größere Autorität als dasjenige des unkultivierten Gewissens. Umstritten ist jedoch (insbesondere unter den kulturellen Bedingungen der pluralistischen postmodernen Gesellschaft) die Frage nach dem Kriterium ästhetischer Kultivierung. Dieser Streit wird traditionell in der Formel ausgedrückt, über G. könne man nicht mit Gründen streiten (de gustibus non est disputandum). Es ist jedoch unstrittig, daß die öffentliche und private Gestaltung unserer Kultur im wesentlichen auf Geschmacksurteile gegründet ist. Daraus ergibt sich für die kulturelle Bedeutung des G.s in der gegenwärtigen Gesellschaft die paradoxe Lage, daß Geschmacksurteile einerseits unsere Kultur tragen, ihnen andererseits aber keine große Autorität zugesprochen wird. Insgesamt ist jedoch H.-G. Gadamer zuzustimmen, der in *Wahrheit und Methode* G. gemeinsam mit Bildung, sensus communis (Gemeinsinn) und Urteilskraft als einen von vier »humanistischen Leitbegriffen« begreift und dabei den Unterschied zwischen einem kultivierten G. und einem Sinn für das jeweils Modische herausstellt. Gegenüber dem bloß Modischen wird das Geschmackvolle dabei als geschichtlich stabiler verstanden: Es hat den Bewährungstest des modischen Wandels überlebt. Zudem wird angenommen, daß eine entsprechend kultivierte Gemeinschaft keine grundsätzlichen Differenzen in Geschmacksfragen aufweisen würde. Diese Konzeption von G. beschreibt jedoch eher das Ideal einer in Geschmacksfragen völlig kultivierten Gesellschaft als die kulturelle Wirklichkeit der Gegenwart. Hier herrscht eine Geschmacksvielfalt, in welcher Geschmacksunterschiede die im Prinzip gleichberechtigten verschiedenen sozialen Milieus definieren (G. Schulze). **Lit.:** H.-G. Gadamer: Wahrheit und Methode. Tübingen 1960. – D. Hume: The Standard of Taste (1757). – I. Kant: Kritik der Urteilskraft (1790). – K. Lüdeking: Analytische Philosophie der Kunst. Frankfurt 1988. – G. Schulze: Die Erlebnisgesellschaft. Frankfurt 1993, [7]1997. – L. Wittgenstein: Vorlesungen und Gespräche über Ästhetik, Psychologie und Religion. Göttingen 1971. RL

**Gesellschaft,** vieldeutiger sozialphilosophischer Begriff, der dem Umfang nach vom bloß räumlichen Beisammensein zweier Personen bis zur Gesamtheit aller zwischenmenschlichen Beziehungen der Menschheit schlechthin reichen kann. – Aus soziobiologischer Sicht entsteht die G. aus dem Streben nach Arterhaltung und Sicherung des eigenen Genpools. Erweitert wird dieser, auf grundlegende Kulturleistungen wie die Sprache keine Rücksicht nehmende, Ansatz durch eine sozialanthropologische Theorie. Diese betrachtet den Menschen als von Natur aus soziales Wesen, das zu seiner Entfaltung notwendig die G. braucht. Dabei geht es weniger um die Frage, ob der Mensch in einer G. leben will, sondern welche Form die G. haben soll. Demgegenüber behauptet die ↗Vertragstheorie ein monadisches Wesen des Menschen. Ausgehend von einem fiktiven Naturzustand wird die Entstehung der G. zwar nicht erklärt, wohl aber ihre Gründung gerechtfertigt. Das Individuum tritt zugleich als Staatsbürger und Privatperson in Erscheinung und konstituiert die (bürgerliche) G. als staatsfreie Sphäre neben dem ↗Staat. Zweckrationalität und Antagonismus sind die treibenden Kräfte dieser G.konzeption. Hieraus leiten ökonomische Erklärungsversuche die Notwendigkeit der ordnenden Lenkung ab. Danach folgt die G. der Entwicklung der Produktionsverhältnisse und ist ein konkretes historisches Phänomen gesetzmäßig verbundener, primär ökonomischer Beziehungen. Dieser ökonomische Determinismus reduziert monokausal die menschlichen Bedürfnisse auf materiell-ökonomische Ansprüche. Die auf Pluralismus abzielenden funktionalistischen Theorien erklären die G. als verwickeltes System von Institutionen und Interaktionen: G. ist keine statische Größe oder Substanz, sondern ein dynamisches, dauernd tätiges Kräftespiel. Hinsichtlich des moralischen Charakters der G. sind deren Normen und Konventionen grundlegend. Freiheit, Leben und Eigentum werden als objektive Zwecke der G. geltend gemacht und verknüpfen als Grundwerte individuelle Bedürfnisse mit den Rollenerwartungen des ↗Gemeinwesens. ↗Gesellschaftstheorie. JP

**Gesellschaftstheorie,** bezweckt die systematische Erfassung der Zusammenhänge und Entwicklungsprozesse in der Gesellschaft, d. h. des praktischen gesellschaftlichen Lebensprozesses der Menschen einschließlich der gesellschaftlichen Vermittlung der Beziehungen der Menschen zur Natur. Neben dieser Entwicklungslinie, in der G. immer auch als normative Disziplin einer »Ordnung« verstanden wird, entwikkelte sich eine an den Naturwissenschaften orientierte G. Damit stehen sich zwei Traditionslinien der G. gegenüber, die von unvereinbaren Auffassungen ausgehen. Zugrunde liegt dabei die Frage, ob G. eine rein deskriptive Theorie sein kann, oder ob sie immer normativen Charakter hat (↗Werturteilsstreit, ↗Positivismusstreit).

*Mittelalterliche Sozialphilosophie*: Die Gesellschaft, meist mit dem Staat identifiziert, wird angesehen als vorgegebene, von den Individuen und ihrem Wirken unabhängige, ständisch-hierarchisch gegliederte Wirklichkeit, deren Endzweck durch Gott festgelegt ist (Thomas von Aquin, J. de Maistre. L.de Bonald). – *Neuzeitliche Konzeptionen im 17. und 18. Jh.:* Der Charakter einer Gesellschaft, ebenfalls nicht vom Staat unterschieden, ist der Durchschnitt der als Naturanlagen vorgestellten Einzelcharaktere der Individuen, die gesellschaftliche Psyche die Zusammenfassung der Individualpsychen. Diese Gesellschaftskonzeption hat einmal abstrakte Individuen mit ihren naturbedingten Anlagen und Neigungen zum Ausgangspunkt, ob diese nun als egoistische Wesen (Hobbes, Mandeville) oder als von Natur gesellig veranlagt (Shaftesbury,

Hume) angesehen werden. Den anderen Ausgangspunkt dieser Konzeption bildet die Art der Zusammenfügung der abstrakten Individuen zur Gesellschaft (zum Staat). Eine der wichtigsten Vorstellungen ist die ↗Vertragstheorie (Hobbes, Rousseau). – *Historischer ↗Materialismus*: Es handelt sich um die als deskriptiv verstandene G. in der Marxschen Philosophie. Seine zentrale These besagt, daß die Produktionsweise des materiellen Lebens den sozialen, politischen und geistigen Lebensprozeß überhaupt bedingt. Der »Staat« wird als bloßes Entfremdungsphänomen (»Überbau«) angesehen. Der historische Materialismus basiert auf einer geschichtsphilosophischen Theorie, die im wesentlichen auf Rousseau, Hegel und Saint-Simon zurückgeht. – *↗Kritische Theorie*: In dem von Marx stammenden Begriffsapparat, in Kategorien wie Klasse, Ausbeutung, Mehrwert, Profit, Verelendung und Krise ist Kritik implizit enthalten. Mit Marx geht die Kritische Theorie bei der Analyse der Gesellschaft von abstrakten Kategorien aus, diese jedoch »sind Momente eines begrifflichen Ganzen, dessen Sinn nicht in der Reproduktion der gegenwärtigen Gesellschaft, sondern in ihrer Veränderung zum Richtigen zu suchen ist« (A. Schmidt). Die wesentliche Differenz zu »traditionellen« G.n erläutert Horkheimer mit folgenden Auffassungen: Bisher ging man in der Sozialforschung davon aus, daß diese Forschung sich der üblichen Induktionsregeln zu bedienen und verallgemeinerte Begriffe und Gesetze anzustreben habe, die sich, wenn möglich, quantitativ ausdrücken lassen, oder man nahm mit den Phänomenologen an, daß es möglich sei, gewisse von empirischen Feststellungen unabhängige »Wesens«-Gesetze zu entdecken. In beiden Fällen wurde der untersuchte Sachverhalt und das Wissen über ihn genauso voneinander getrennt wie in den Naturwissenschaften. Man glaubte auch, daß die Entwicklung der Wissenschaft von einer ihr immanenten Logik bestimmt werde und daß, wenn gewisse Theorien zugunsten anderer aufgegeben werden, das deshalb geschehe, weil die ersteren in logische Schwierigkeiten gerieten oder sich als unvereinbar mit neuen Erfahrungstatsachen erwiesen. In Wirklichkeit sind jedoch gesellschaftliche Veränderungen der stärkste Motor von theoretischen Änderungen, und da die Wissenschaft ein Teil des gesellschaftlichen Produktionsprozesses ist, ändert sie sich mit dem Ganzen. Den falschen Glauben an die Autonomie der Wissenschaft drückte die bürgerliche Philosophie in verschiedenen transzendentalistischen Lehren aus, die es den Menschen nicht erlaubten, sich der gesellschaftlichen Genese und der gesellschaftlichen Funktionen der Erkenntnis bewußt zu werden, und außerdem verfestigten diese Lehren die Vorstellungen, daß die Wissenschaft die bestehende Welt zu beschreiben habe, aber nicht über sie hinausgehen oder sie kritisieren könne, da es dazu wertender Urteile bedürfe, welche die Wissenschaft nicht liefern könne. Die Welt der Wissenschaft ist eine Welt der Tatsachen, die der Forscher fertig vorfindet und die er ordnen möchte, so, als stehe ihre Wahrnehmung in keinem Zusammenhang mit den gesellschaftlichen Bedingungen der Forschung. Für die Kritische Theorie gibt es jedoch keine Tatsachen in diesem Sinne. Die Tatsachen, die der Forscher vorfindet, werden durch die kollektive Praxis der Menschen konstituiert, aus der die begrifflichen Instrumente hervorgehen, die an der Wahrnehmung der Tatsachen beteiligt sind. Gegenstand der Kritischen Theorie ist eine historisch bestimmte Gesellschaft: die kapitalistische Welt in ihrer gegenwärtigen Form, die die Entwicklung des Menschen hemmt. Die Kritische Theorie antizipiert eine andere Gesellschaft, in der die Menschen selbst über ihr Schicksal entscheiden und nicht einer äußeren Notwendigkeit unterworfen sein werden. Die Theorie dient der Emanzipation des Menschen und wünscht eine Welt, die den Möglichkeiten und Bedürfnissen der Menschen angemessen ist, sie wünscht das Glück aller Menschen und behauptet, daß der Mensch noch andere Möglichkeiten habe als jene, welche die bestehende Welt erkennen läßt. **Lit.:** A. Schmidt: Die kritische Theorie der Geschichtsphilosophie. München/Wien 1976. – R. Steinvorth: Stationen der politischen Theorie. Stuttgart 1981. – A. Wellmer: Praktische Philosophie und Theorie der Gesellschaft. Konstanz 1979. DHB

**Gesellschaftsvertrag.** Seiner Idee nach ist der G. ein Mittel zur Bestimmung rationaler oder legitimer Herrschaft. Auf der Basis des ↗Naturrechts und der Annahme atomistischer Individuen soll durch eine freie Willensübereinstimmung freier und gleicher Individuen ein gesellschaftlicher Zusammenschluß erfolgen und eine Herrschaftsordnung begründet werden. Die Vertragstheorie soll den früheren Autoritätsglauben dadurch ersetzen, daß sie ein Modell des Vertrages offeriert, nach dem Individuen aufgrund ihrer natürlichen Interessen zu einer Vereinbarung über eine legitime gesellschaftliche oder staatliche Ordnung gelangen. Die grundlegende Idee des G.s ist, daß durch einen solchen vertraglichen Zusammenschluß eine Selbstverpflichtung für jeden einzelnen und gleichzeitig eine wechselseitige Verbindlichkeit entsteht, die als Grundlage einer Herrschaftsordnung die Zustimmung aller Vertragspartner finden kann. Die Argumentationsstruktur der ↗Vertragstheorie beinhaltet drei Elemente: (1) Den ↗Natur- oder Urzustand als fiktive Annahme, von der die rationale Überlegung auszugehen hat, (2) den Vertragsschluß als Resultat einer rationalen Überlegung und dessen Bedingungen; (3) die Benennung der Aufgaben der Herrschaftsordnung und deren Sicherstellung.

Losgelöst von den konkreten historischen Entwürfen des G.s lassen sich folgende allgemeine Merkmale benennen: Der G. enthält zwei Formen des Vertragsschlusses. Der G. im engeren Sinne stellt einen Vereinigungsvertrag (pactum societatis/unionis) dar, durch den sich die zunächst isolierten Individuen zu einer bürgerlichen Gesellschaft zusammenschließen. Diesem konstitutiven Akt schließt sich ein Herrschaftsvertrag an, in dem diese Gesellschaft eine Herrschaftsordnung begründet und die Bereitschaft ihrer Anerkennung als staatliche Autorität erklärt. Der Herrschaftsvertrag kann seinerseits näher bestimmt werden als Unterwerfungsvertrag oder als Begünstigungsvertrag. Letzterer besagt, daß die Mitglieder eines politischen Körpers zugunsten eines absoluten Souveräns jeden Anspruch auf eigene Machtausübung abtreten. – Bei Hobbes dient der Vertrag der Etablierung von Staatlichkeit und der Begründung von Herrschaft. Er beinhaltet den Rechtsverzicht, die Begünstigung und die Autorisierung. Rechtsverzicht bedeutet wechselseitiger Verzicht auf unbeschränkte Freiheit zugunsten einer obersten Zwangsgewalt. Im Begünstigungsvertrag (als Komponente des G.s) bestimmen die Vertragsschließenden einen Souverän und übertragen ihm das Gewaltmonopol. Die Autorisierung beinhaltet den Souveränitätsverzicht des einzelnen und Verzicht auf das Recht auf Selbstregierung. Bei Hobbes ist der G. ein Herrschaftsbegründungsvertrag, der keinerlei Recht auf Regierung auf seiten der Vertragspartner zurückbehält. Bei Locke hat der »original compact« zugleich eine herrschaftsbegrenzende Funktion. Die Aufgabe des Staates ist es, die Unsicherheit des Naturzustandes zu beseitigen, indem er die Respektierung der natürlichen Rechte sicherstellt. Bei Rousseau ist der Naturzustand in der Gefährdung der Selbsterhaltung, denen sich der einzelne ausgesetzt sieht, begründet. Die rationale Motivation zu einem Vertragsschluß liegt in der Nützlichkeitserwägung im Hinblick auf die Verbesserung der Lebensbedingungen. Der G. ist ein Entäußerungsvertrag, in dem sich die Individuen einander versprechen, sich rückhaltlos einer absoluten Herrschaft zu unterwerfen und keine Rechte zurückzubehalten. Die Besonderheit des Rousseauschen Vertrages liegt darin, daß die Vertragsschließenden die Position des Souveräns einnehmen. Die Herrschaftsordnung muß mit der Selbstbestimmungsfreiheit der Individuen im Einklang stehen, deshalb ist nur ein demokratisches Herrschaftssubjekt denkbar mit eigener gesetzgeberischer Willensbildung. Da die Souveränität beim Volk bleibt, bedarf es eines einheitlichen Willens, der das Gemeinwohl repräsentiert. Die volonté générale stellt sein Verfahrensprinzip dar: Alle sind an der Willensbildung beteiligt, und über eine einmütige Entscheidung stellt sich notwendigerweise als Resultat das Allgemeinwohl ein. Ihm hat sich jeder zu unterwerfen. Kant begründet den Eintritt in den Vertragszustand vernunftrechtlich. Im vorvertraglichen Zustand zeigt sich die Unzulänglichkeit des reinen Privatrechts. Der Übertritt in den Vertragszustand liegt in einer praktischen Vernunftidee begründet. Nach Vernunftbegriffen betrachtet, ist der Vertrag als einvernehmlicher Zusammenschluß aller der einzig rechtmäßige Weg, der Vergesellschaftungspflicht zu entsprechen und dem unbedingten Rechts- und Freiheitszweck zu genügen. Die äußere Freiheit ordnet die praktische Vernunft durch das Rechtsprinzip: »Eine jede Handlung ist recht, die oder nach deren Maxime die Freiheit der Willkür eines jeden mit jedermanns Freiheit nach einem allgemeinen Gesetz zusammenbestehen kann« (*Metaphysik der Sitten* A 33). – Im Rahmen der vertragstheoretischen Diskussionen der Naturrechtstheoretiker wird ein Vertragsnetz von vier Verträgen ausgearbeitet: Als erstes der G. (d.i. der bürgerliche Vereinigungsvertrag), der Herrschafts- und Unterwerfungsvertrag, der Verfassungsvertrag und schließlich der Verpflichtungsvertrag im Hinblick auf die nachfolgenden Generationen. – Die in der gegenwärtigen Diskussion vorherrschende Position der »Gerechtigkeit als Fairness« von Rawls überträgt dem Vertrag die Grundlegung von Prinzipien sozialer und politischer Gerechtigkeit. Der Ausgangspunkt der Argumentation ist die arbeitsteilig organisierte gesellschaftliche Kooperation. Die Grundidee ist, daß gerechtfertigte und objektiv verbindliche Prinzipien so bestimmt werden müßten, als wären sie aufgrund einer Entscheidung von freien und rationalen, nur ihren eigenen Interessen verpflichteten Personen entstanden. Diese Entscheidung müßte aber unter der Bedingung getroffen werden, daß die Personen alles Wissen über ihre reale Situation ausschalten (der »Schleier des Nichtwissens« als »original position«). Dadurch wäre die Unparteilichkeit und die Interessensidentität sichergestellt. **Lit.:** W. Euchner: Naturrecht und Politik bei John Locke. Frankfurt 1969 – I. Fetscher: Rousseaus politische Philosophie. Frankfurt 1975. – Th. Hobbes: Leviathan. Frankfurt 1984. – I. Kant: Metaphysik der Sitten. – W. Kersting: Die politische Philosophie des Gesellschaftsvertrages. Darmstadt 1994. – Ders.: Die Logik des kontraktualistischen Arguments. In: V. Gerhardt (Hg.): Der Begriff der Politik. Stuttgart 1990. S. 216 ff. – J. Locke: Zwei Abhandlungen über die Regierung. Frankfurt 1977. – J. Rawls: Eine Theorie der Gerechtigkeit. Frankfurt 1975. – J.-J. Rousseau: Der Gesellschaftsvertrag. Stuttgart 1971. – Ders.: Abhandlung über den Ursprung und die Grundlagen der Ungleichheit. In: Schriften zur Kulturkritik. Hamburg 1983. S. 77 ff. – B. Willms: Die Antwort des Leviathan. Neuwied/Berlin 1970. PP

**Gesetz.** In der juristischen Terminologie sind zwei Bedeutungen von G. zu unterscheiden: G. im materiellen Sinne ist jede rechtliche Norm, die für eine unbestimmte Vielzahl von Personen verbindliche Regelungen enthält. G.e im formellen Sinne sind Beschlüsse der für die Gesetzgebung zuständigen Organe, die in dem jeweiligen verfassungsmäßig vorgegebenen förmlichen Gesetzgebungsverfahren ergehen und ordnungsgemäß ausgefertigt und verkündet werden. Als rechtliche Normen sind G.e in materieller und formaler Hinsicht stets Teil eines komplexen Rechtssystems. In der ↗Rechtsphilosophie werden G.e vor allem im Rahmen der Diskussion des Rechtspositivismus (auch als Gesetzespositivismus bezeichnet) thematisiert. Dabei geht es um das Verhältnis von rechtlichen und moralischen Normen. In der neueren Rechtsphilosophie lassen sich vereinfacht – als Eckpunkte eines argumentativen Spektrums – zwei gegensätzliche Auffassungen unterscheiden: Nach der sog. Trennungsthese, in deren Akzeptanz die positivistischen Rechtstheorien übereinstimmen, besteht kein begrifflich notwendiger, allenfalls ein normativer Zusammenhang zwischen Recht und Moral, d.h. zwischen dem positiven Recht als einem System geltender Normen und darüber hinaus gehenden moralischen Kriterien. Für die Definition von Recht sind demnach die Merkmale der ordnungsgemäßen Gesetztheit und der sozialen Wirksamkeit hinreichend. Explizit moralische, überpositive Kriterien müssen aus der Definition von Recht ausgeschlossen werden. Ein Gesetz ist so verstanden eine ordnungsgemäß gesetzte und während der Dauer ihrer Geltung sozial wirksame Norm. Auf eine inhaltliche Richtigkeit eines G. kommt es dem zufolge für den Rechtscharakter des G. nicht an. Kelsen hat diese Auffassung auf prägnante Weise mit den Worten zum Ausdruck gebracht, daß »jeder beliebige Inhalt Recht sein [kann]« (S. 201). Hingegen besagt die von nichtpositivistischen Rechtstheoretikern verfochtene Verbindungsthese, daß ein begrifflich notwendiger Zusammenhang zwischen Recht und Moral besteht, d.h. daß die Definition des Rechts auch moralische Elemente einschließt. Einige Vertreter dieser Auffassung machen darüber hinaus normative Zusammenhänge zwischen Recht und Moral geltend, welche die argumentative Kraft und Reichtweite des begrifflichen Arguments zugunsten der Verbindungsthese verstärken. So argumentiert Alexy für die Auffassung, »daß es erstens einen begrifflich notwendigen Zusammenhang zwischen Recht und Moral gibt und daß zweitens normative Gründe für einen Einschluß moralischer Elemente in den Rechtsbegriff sprechen« (S. 43 f.). Nach Alexy schließt eine Definition des Rechts auch das Merkmal der inhaltlichen Richtigkeit ein, das notwendigerweise moralische Kriterien impliziere. **Lit.:** R. Alexy: Begriff und Geltung des Rechts. Freiburg u.a. 1992. – A. Kaufmann/W. Hassemer (Hg.): Einführung in Rechtsphilosophie und Rechtstheorie der Gegenwart. Heidelberg u.a. 1977. – M. Kaufmann: Rechtsphilosophie. Freiburg/München 1996. – H. Kelsen: Reine Rechtslehre. Wien 1960. JH

**Gesetz, moralisches.** Der Begriff des m.n G.es ist zunächst theologisch bestimmt; die dadurch ausgedrückte Verpflichtung zum moralischen Handeln wird auf eine göttliche Gesetzgebung zurückgeführt. Kant sucht den Grund für die Notwendigkeit in der formalen Beschaffenheit des G.es Die Allgemeingültigkeit eines solchen G.es sieht er nur dann gesichert, wenn keine Momente mit eingehen, die den subjektiven Bedürfnissen des Menschen entspringen. Praktische G.e sind für Kant Grundsätze, die als objektiv für den Willen eines jeden vernünftigen Wesens gültig anerkannt werden. Dies ist nur dann gegeben, wenn der subjektive Wille nicht durch Prinzipien bestimmt wird, die ein materiales Objekt des Begehrungsvermögens voraussetzen. Nur ein von materialen Bestimmungsgründen unabhängiger Wille ist ein freier Wille. Das m. G. muß von der Vernunft gegeben werden und darf nur die bloße Form einer möglichen allgemeinen Gesetzgebung enthalten. **Lit.:** I. Kant: Kritik der praktischen Vernunft. PP

**Gesetzesartigkeit.** Dem Problem der G. wird in der gegenwärtigen Diskussion der Wissenschaftstheorie grundlegende Bedeutung beigemessen, da die Klärung der G. auch ein Beitrag zur Klärung des wissenschaftlichen Erfahrungsbegriffs und der induktiven Bestätigung darstellen würde. Ausgehend von der Festlegung, daß jede Gesetzesaussage die syntaktische Form einer All-Aussage hat (oder mit einer solchen äquivalent sein muß), ergibt sich die Notwendigkeit, aus dem Kreis der Gesetzesaussagen solche kontingenten All-Aussagen wie z.B. »Alle Äpfel in diesem Korb sind rot« auszuscheiden. Goodman schlägt dazu den metatheoretischen Begriff der G. vor, um damit alle Aussagen zu bezeichnen, die alle Merkmale eines Gesetzes außer dem der Wahrheit besitzen. Eine solche Differenzierung bietet sich aus zwei Gründen an: (1) Es gibt zahlreiche Aussagen, die wahr, aber keine Gesetze sind – d.h. Wahrheit ist keine hinreichende Bedingung für G. (2) Es gibt in der Geschichte der Wissenschaften zahlreiche Aussagen, die ursprünglich für wahr gehalten und schließlich falsifiziert wurden, obwohl ihnen G. zugesprochen werden muß – d.h. Wahrheit ist keine notwendige Bedingung für G. Goodmans Vorschlag geht dahin, das Gesetz als eine Aussage zu definieren, die gesetzesartig und wahr ist. Dadurch wird nicht allen gesetzesartigen Aussagen der Status von Gesetzen zugesprochen. Um die kontingenten All-Aussagen auszuschließen, bedarf es noch einer weiteren Differenzierung: Für kontingente All-Aussagen ist es charakteristisch, daß sie sich auf Gegenstände beziehen, die nach Ort und Zeit bestimmt sind. Andererseits sind auch die Keplerschen Gesetze an örtlich und zeitlich bestimmte Objekte (d.i. die Planeten unseres Sonnensystems) gebunden. Um beiden Umständen Rechnung zu tragen, schlägt Carnap vor, zwischen fundamentalen und abgeleiteten gesetzesartigen Aussagen zu unterscheiden und für die fundamentalen die Forderung aufzustellen, von Ort- und Zeitangaben frei zu sein. Poppers Forderung, daß eine gesetzesartige Aussage eine streng und nicht nur numerisch universelle (d.h. durch Aufzählung determinierbare) Aussage sein müsse, weist auf einen anderen zu berücksichtigenden Aspekt hin. Als allgemeinen Lösungsvorschlag für die genannten Probleme formuliert Stegmüller: Eine Aussage ist genau dann gesetzesartig, wenn sie vor Überprüfung aller ihrer Einzelfälle annehmbar ist und wenn außerdem ihre Annahme nicht von der Überprüfung von vorneherein bestimmter Einzelfälle abhängt. **Lit.:** R. Carnap: Einführung in die Philosophie der Naturwissenschaften. Frankfurt/Berlin 1986. – N. Goodman: Tatsache, Fiktion, Voraussage. Frankfurt 1975. – K. Popper: Note on Natural Laws and Contrary-to-fact Conditionals. In: Mind 58 (1948). – W. Stegmüller: Probleme und Resultate der Wissenschaftstheorie und Analytischen Philosophie. Bd. 1. Berlin/Heidelberg/New York 1969. S. 283 ff. PP

**Gesetzesbindung** bezeichnet den Grundsatz, daß die gesamte Staatsgewalt gesetzmäßig zu handeln hat. Im freiheitlichen Verfassungsstaat findet die G. ihren Ausgangspunkt in der unmittelbaren Bindung der Gewalten (Legislative, Exekutive, Judikative) an die ↗Grundrechte (Art. 1 Abs. 3 GG). Von hier wirkt sie über die Grundsätze des »Vorrangs der ↗Verfassung« und des »Vorbehalts des Gesetzes« kontrollierend auf jeden hoheitlichen Einzelakt, sei er nun freiheitsbeschränkend oder leistungsgewährend. Für die Rechtsprechung bilden die Herstellung und Wahrung der Gesetzmäßigkeit geradezu den Kern ihrer Aufgabe; sie ist zudem in ihrer Entscheidungsgewalt den Prozeßgrundrechten verpflichtet, deren Wahrung jenseits des Instanzenzuges durch die Verfassungsgerichtsbarkeit kontrolliert wird. Von der Exekutive verlangt der Grundsatz der »Gesetzmäßigkeit der Verwaltung«, daß in die Rechtssphäre der Bürger (persönliche Integrität, Freiheit, Eigentum) nur aufgrund formellgesetzlicher Ermächtigung eingegriffen wird (Gesetzesvorbehalt), nur in der vom Gesetz vorgesehenen Art und Weise (Gesetzesvorrang), in wesentlichen Fragen konkretisiert durch das Parlamentsgesetz selbst (Wesentlichkeitsprinzip) und nur in den Grenzen des Angemessenen und Zumutbaren (Verhältnismäßigkeitsprinzip). Für den einfachen Gesetzgeber richtet sich die G. auf verfassungsrechtliche Vorgaben; für den verfassungsändernden Gesetzgeber immerhin noch auf die unabänderlichen Verfassungsgehalte (Ewigkeitsgarantie, Art. 79 Abs. 3 GG). Lediglich die verfassunggebende Gewalt (volonté constituant) bleibt bei der Verabschiedung einer neuen Verfassung ungebunden; ihr Handeln liegt jedem Gesetz systematisch voraus. **Lit.:** W. Clement: Der Vorbehalt des Gesetzes. Tübingen 1987. - F. E. Schnapp: Die Grundrechtsbindung der Staatsgewalt. In: JuS 1989, S. 1 ff. AT

**Gesetzlichkeitsprinzip** ↗Gesetzesbindung

**Gestalt,** v. a. in der ↗Gestalttheorie verwendeter Begriff zunächst für die äußere Form visuell wahrnehmbarer Gegenstände, dann übertragen für den strukturellen Zusammenhang anderer sinnlicher, psychischer oder geistiger Gebilde. Als G.en werden nicht nur visuelle Dinge, sondern auch Melodien, Erlebnisverläufe, Charaktertypen oder soziale Institutionen bezeichnet. Der österreichische Philosoph Chr. v. Ehrenfels entdeckte zwei, nach ihm »Ehrenfels-Kriterien« genannte, Merkmale von G.en: zum einen Übersummativität, d. h. G.en sind nicht hinreichend durch die Angabe ihrer Teile charakterisierbar; zum anderen Transponierbarkeit, d. h. G.en bleiben bei gewissen simultanen Tranformationen, etwa räumlichen Verschiebungen, ihrer Teile erhalten. Mit dem Begriff der G. sind zwei philosophische Fragen verknüpft: (1) Wie ist die ontologische Beziehung zwischen G. und Element? (2) Auf welche Weise werden G.en wahrgenommen und erkannt? In der neueren ↗Informationstheorie, insbesondere im ↗Konnektionismus, spielt der Begriff der G. zunehmend wieder eine Rolle. **Lit.:** Chr. von Ehrenfels: Gestalthaftes Sehen. Darmstadt 1960. S. 12–64. – K. Grelling/P. Oppenheim: Der Gestaltbegriff im Lichte der neuen Logik. In: Erkenntnis 7 (1937/38). S. 211–224. – M. Schlick: Gestaltpsychologie. In: Conceptus XXI (1987). S. 127–142. VM

**Gestalttheorie,** durch Chr. v. Ehrenfels mit dem Artikel »Über Gestaltqualitäten« (1889) begründete Schule der Psychologie, die auch auf die Philosophie befruchtend wirkte. Die G. entstand als Gegenbewegung zur Assoziationspsychologie, die in der Tradition des britischen Empirismus komplexe Wahrnehmungen als Summe von einzelnen Sinnesdaten zu erklären versuchte. V. Ehrenfels setzte dem die Beobachtung entgegen, daß ↗Gestalten sich wie eigenständige Qualitäten von Elementgruppen verhalten. In der Folge mußte die Funktion von Gestalten in der Kognition erklärt werden. Die Grazer Schule der G., darunter Meinong, Höfler, Witasek und Benussi, entwickelte die sog. Produktionstheorie, wonach Gestalten auf der Basis der elementaren Empfindungen produziert werden müssen. Als experimentelle Bestätigung können die z. B. von Benussi untersuchten Gestaltwechselphänomene, wie etwa der Necker-Kubus gelten. Die Berliner Schule der G. mit ihren Hauptvertretern Wertheimer, Köhler und Koffka vertrat die Auffassung, daß Gestalten unmittelbar mit den Elementen wahrgenommen werden, bzw. diesen sogar primär sind. Als Bestätigung dafür diente u. a. das von Wertheimer nachgewiesene stroboskopische »Phi-Phänomen«: die Wahrnehmung einer Linienbewegung auf der Grundlage von zwei kurz aufeinander folgenden Lichtreizen. Die Weiterentwicklung der G. in verschiedenen, teils konkurrierenden, teils kooperierenden Schulen führte u. a. zur Entdeckung der sog. Gestaltgesetze der Wahrnehmung, die bestimmte universelle Organisationsprinzipien formulieren und heute fester Bestandteil der wissenschaftlichen Psychologie sind. **Lit.:** Chr. v. Ehrenfels: Über Gestaltqualitäten. In: Ders.: Gestalthaftes Sehen. Darmstadt 1960. S. 11–43. – B. Smith: Foundations of Gestalt Theory. München/Wien 1988 (mit Bibliographie). VM

**Gestell.** So bezeichnet Heidegger in seinem Vortrag *Die Frage nach der Technik* das Wesen der Technik, das selbst nichts Technisches ist, sondern eine Weise des Entbergens des Seins. G. heißt das Versammelnde aller Weisen des Stellens oder Herausforderns von Beständen (»Herstellen«, »Angestellter«). Das so »Gestellte« steht bereit zur Verwendung für das unabsehbare Walten der Technik. Die Gefahr besteht darin, daß der Mensch alles Seiende nur noch in der Weise des G.s begreift und dabei andere Weisen des Entbergens, z. B. in der Kunst, vergißt. FPB

**Geviert,** stellt einen durch die Auseinandersetzung mit der Hölderlinschen Dichtung beeinflußten Versuch Heideggers dar, das Sein vom ↗Ereignis her als das »Welten von Welt« zu denken (*Vorträge und Aufsätze*, S. 173). Weitgehend heißen die zwischen dichterischem Sagen und philosophischer Begriffsbildung liegenden Elemente des G.s »Menschen und Götter, Himmel und Erde«; sie bilden die verschiedenen Dimensionen am Horizont der Seinsgeschichte, die niemals allein für sich vorkommen, sondern, »von sich her zueinander einig, aus der Einfalt des einigen G.s« zusammengehören (ebd., S. 172): Während der Himmel die Öffnung bezeichnet, in der Unverborgenes aufgehen kann, die Erde wiederum den bergenden Grund dieses Aufgehens, erscheint das Göttliche als das ↗Ganz Andere gegenüber den Sterblichen, die ihrerseits die dem Anspruch des Göttlichen entsprechende ↗Erschlossenheit des Seins artikulieren. **Lit.:** O. Pöggeler: Der Denkweg Martin Heideggers. Pfullingen [3]1990. JOP

**Gewalt** ist die von Menschen gegenüber Personen oder Sachen eingesetzte Kraft, ohne Rücksicht auf die Eigenart des Gegenübers. Sie ist jene Form der ↗Macht, die den Willen des anderen nötigt oder bricht. Im Einsatz gegen Sachen führt sie zu Beschädigung oder Zerstörung. In dieser Bedeutung entspricht G. dem lateinischen »violentia«, das auch »Gewalttätigkeit« und »Ungestüm« bezeichnet. – Der deutsche Ausdruck schließt aber auch an die Tradition der »potestas« an, die alle Formen der Herrschafts- und Befehlsgewalt umfaßt. Sie kennzeichnet insbesondere die Vollmachten, die mit staatlichen Ämtern und Funktionen verbunden sind. G. meint hier die legitime Machtausübung überhaupt und kommt mit dem Begriff der ↗Herrschaft zur Deckung, wenn allgemein von »Staatsgewalt« oder von »Gewaltenteilung« die Rede ist. Im Begriff des »Gewaltmonopols« spielen »potestas« und »violentia« ineinander: Gerade in der Befugnis des Staates, den Willen einzelner notfalls mit physischer Kraft – und damit gewaltsam im Sinne der violentia – zu brechen, kommt seine herrschaftliche G. – im Sinne der potestas – zum Ausdruck. – In der Sprache der politischen Theorie wird bis ins 20. Jh. hinein nicht eindeutig zwischen Macht, Herrschaft und G. unterschieden. Auch philosophische Autoren bemühen sich oft nicht um eine terminologische Abgrenzung. Nietzsche, der immerhin den Begriff des »Willens zur Macht« ins Zentrum seiner späten Lehre rückt, ist an einer begrifflichen Trennung nicht interessiert, so daß es unter den Interpreten strittig ist, ob er wirklich »Macht« oder nicht vielmehr »G.« oder »Herrschaft« gemeint habe. Dabei bestätigt sich der von Soziologie und Politologie terminologisch abgesicherte Befund, daß die Macht das allgemeinere Phänomen darstellt, das sich als Herrschaft, als G. oder auch anders ausprägen kann. G. ist damit nur eine Form der Machtausübung, die im modernen Sprachgebrauch zunehmend im Sinn der violentia verstanden wird, während Herrschaft nunmehr deutlicher in die Tradition der potestas rückt. – Hinter der Bedeutungsverengung des Gewaltbegriffs im 20. Jh. steht die größere Aufmerksamkeit gegenüber der Relation von Zwecken und Mitteln im politischen Handeln. Angesichts der von den Staaten zunehmend beanspruchten, in Verfassungen verbrieften, von Justiz und Polizei kontrollierten Rechtsstaatlichkeit wird die G. zunehmend als das den gegebenen Rahmen sprengende politische Mittel ausgegrenzt. Folglich wird es von den geltenden Gesetzen negativ sanktioniert. Die bürgerliche Staatstheorie – entsprechend auch die Theorie der heute etablierten sozialistischen Staaten – kennt die G. nur als ultima ratio, die allein dort zulässig ist, wo alle anderen rechtlich-politischen Mittel versagen; nur den Staatsorganen selbst ist der Einsatz dieses Mittels unter bestimmten eingeschränkten Bedingungen erlaubt, während es den Bürgern prinzipiell untersagt ist, zur G. zu greifen.

Im Gegenzug zu dieser Lehre wird die G. von jenen, die in fundamentaler Opposition zur herrschenden Ordnung stehen, als das ihnen einzig verbleibende Instrument verteidigt – vor allem von kommunistischen und anarchistischen (vgl. Fanon) Theoretikern, die gewaltsames Handeln als revolutionäres Mittel für unausweichlich halten. Während sich die Revolutionstheorien des 19. Jh. terminologisch noch nicht festlegen, gilt seit George Sorels *Reflexions sur la violence* (1908) die G. als das entscheidende revolutionäre Mittel, das von der Erpressung durch Streik und Drohung über den bewaffneten Kampf bis zum Terror gegen einzelne Personen alles einschließen kann. In diesem Sinn ist die G. auch von anderen politischen Bewegungen im Kampf um politische Anerkennung und religiösen Befreiungsbewegungen sowohl theoretisch gerechtfertigt wie auch praktisch eingesetzt worden.

In der Rechtfertigung revolutionärer G. wird i.d.R. auf die Prinzipien zurückgegriffen, die auch für den modernen Konstitutionalismus fundamental sind, nämlich auf Freiheit, Gleichheit und Selbständigkeit der Menschen. Folglich erheben politische G.-Theoretiker durchweg den Anspruch, die wahren Interessen der Humanität zu vertreten, deren Realisierung sie nur ernster nehmen als alle anderen. Dabei berufen sie sich einerseits auf geschichtliche Erfahrungen, die in der Tat belegen, daß die G. auch bei positiven historischen Entwicklungen eine Rolle gespielt hat; andererseits appellieren sie an die Hoffnung, daß nach der Verwirklichung von Freiheit, Gleichheit und Selbständigkeit die G. als historisches Medium überflüssig werde. Aus der G. wird somit eine ultima ratio der Geschichte; man traut ihr zu, sich nach Art eines letzten Gefechts selbst abzuschaffen. – Darin liegt ein geschichtsphilosophisches Paradox, das nur durch den Nachweis aufzuheben wäre, daß die Zukunft prinzipiell anders verläuft als die Vergangenheit. Doch diese theoretische Beweislast erscheint den Theoretikern der G. angesichts der konkreten Emanzipationserwartungen – und der nicht selten verzweifelten Ausgangslage – als ziemlich abstrakt. Überdies werden die begrifflichen Anforderungen immer wieder durch eine Heroisierung der G. überspielt: Denn die G. stellt große Taten, einmalige Ereignisse und öffentliche Aufmerksamkeit in Aussicht. Infolgedessen braucht das Mittel der G. nicht erst durch letzte Zwecke geheiligt werden, sondern erscheint als in sich selbst gerechtfertigt. – Die geschichtsphilosophische Legitimation der revolutionären G. hat zu einer weiteren Bedeutung des Begriffs geführt, die Elemente der potestas in sich aufnimmt, aber ohne eine bestimmte (Herrschafts- oder Staats-) Funktion und vor allem ohne tätiges Subjekt auskommt: G. in diesem Sinn bezeichnet alles, wogegen revolutionäre G. aufgeboten werden kann, nämlich die Totalität der bestehenden Machtverhältnisse. Schon Marx hatte die bürgerliche Gesellschaft als einen Komplex »sachlicher Macht« gekennzeichet, in dem sich nicht mehr der einzelne Wille eines Herrschers, sondern nur die Gesetzmäßigkeit eines ökonomischen Geschehens manifestiert. Hinter dieser Gesetzlichkeit steht aber nicht mehr die objektive Notwendigkeit der Geschichte; in ihr äußert sich nur noch die abstrakte Macht eines Kapitalverhältnisses, das der Entfaltung der wirklichen Interessen der Menschen entgegensteht. – In diesem Sinn spricht man heute von der G. ökonomischer, sozialer und politischer Bedingungen. Damit soll zum einen der Zwangscharakter (»Repressivität«) der politischen Verhältnisse gekennzeichnet, zum andern aber deren Willkürlichkeit bewußt gemacht werden. Die »strukturelle G.«, wie es mit J. Galtung (im Rückgriff auf Lenin) heißt, die bloße »G. des Bestehenden«, wie H. Marcuse sagt, unterdrücke die wahren Bedürfnisse der Menschen auch ohne den direkten Einsatz physischer Gewaltsamkeit. Der Willkürcharakter der G. werde hier dem einzelnen gar nicht bewußt; die Unterdrückung sei als Sachgesetzlichkeit getarnt und werde durch die sogenannte Manipulation des öffentlichen und privaten Bewußtseins als solche nicht mehr wahrgenommen. Somit liegt die eigentliche Gefahr der »strukturellen G.« darin, daß sie als G. gar nicht mehr erfahren wird. Der Begriff der »strukturellen G.« führt an die Grenze eines sinnvollen Wortgebrauchs. Er ebnet nicht nur den Unterschied zwischen G., Macht und Herrschaft ein, sondern überantwortet auch die Kriterien seiner Anwendung der Willkür jener, die glauben, über wirkliche Interessen und wahre Bedürfnisse der Menschen befinden zu können; denn das Kriterium der tatsächlichen Interessenäußerung des Menschen, das es als einziges erlaubt, von »wirklichen« Bedürfnissen zu sprechen, wird durch den Manipulationsverdacht ausgeschaltet. Eine Grenzfunktion des Gewaltbegriffs wird auch insofern berührt, als das Subjekt der Gewaltausübung entfällt. Hier gibt es Berührungspunkte mit systemtheoretischen und semantischen Bestimmungen von Macht und G. Auf dieser Linie liegen die Bemühungen von P. Bourdieu und J.-C. Passeron, die Grundlagen einer »Theorie der symbolischen G.« zu entwickeln. Unter symbolischer G. (violence symbolique) wird dabei ganz allgemein die Kraft verstanden, mit der in kulturellen Zusammenhängen Bedeutungen von Wörtern und Zeichen durchgesetzt werden. Vornehmlich für den Bereich der Erziehung nehmen sie an, daß unter den herrschenden gesellschaftlichen Bedingungen zum sachlichen Gehalt eines Symbols stets noch eine willkürliche Macht hinzukommen muß, um ihm Geltung zu verschaffen. Diese effektive Willkür, die nicht an einzelne Handlungssubjekte, sondern an autoritäre Funktionen gebunden ist, wird G. genannt. – Dem Subjektbegriff verpflichtet bleibt dagegen Hannah Arendts Bestimmung der G. als eines bloßen Instruments im Kampf um politische Vorteile. Während sie die Macht zu einer Wesensbestimmung politischer Gemeinschaften macht, die weder an bestimmte Zwecke noch an vorgegebene Mittel gebunden ist, restringiert sie die G. auf einen bloß technischen Gebrauch, der dem politischen Geschehen äußerlich bleibt. Macht und G. werden auf diese Weise gänzlich voneinander getrennt. Während die Macht keiner Rechtfertigung bedarf, weil sie in allen menschlichen Gemeinschaften von selbst entsteht, ist die G. auf rechtfertigende Gründe angewiesen, die ihren Einsatz im Einzelfall erklären, ihr aber nie Legitimität verschaffen können. Die Trennungslinie zwischen Politik und Technik verläuft damit direkt zwischen Macht und G.

Damit wird deutlich, daß die G. nicht zu den genuin politischen Mitteln gehört, vorausgesetzt, Politik ist wesentlich auf Verständigung und Interessenausgleich bezogen. Fraglich ist allerdings, wie sich dieser Politikbegriff zu Hobbes' Einsicht verhält, daß Verträge ohne Schwerter bloße Worte sind. Fraglich ist überdies, ob dem genuin menschlichen Phänomen Macht, von dem die G. nicht zu trennen ist, Rechnung getragen ist. Der Mensch würde sich in selbstgefälliger und gefährlicher Weise verharmlosen, würde er die Gewalt, zu der er fähig ist, verleugnen. **Lit.:** H. Arendt: Macht und Gewalt, München 1970. – P. Bourdieu/J.-C. Passeron: Grundlagen einer Theorie der symbolischen Gewalt. Frankfurt 1973. – M. Dabag (Hg.): Strukturen kollektiver Gewalt im 20. Jahrhundert. Opladen 1998. – K.-G. Faber/Chr. Meier/K. H. Ilting: Art. ›Macht/Gewalt‹. In: Geschichtliche Grundbegriffe. Bd. 3. 1982. – F. Fanon: Die Verdammten dieser Erde. Frankfurt 1966. – J. Galtung: Gewalt, Frieden und Friedensforschung. In: D. Senghaas (Hg.), Kritische Friedensforschung. Frankfurt 1971. – R. Girard: Das Heilige und die Gewalt. Frankfurt 1992. – Th. Lindenberger: Physische Gewalt. Studien zur Geschichte der Neuzeit. Frankfurt 1995. – N. Luhmann: Rechtssoziologie. 2 Bde. Reinbek 1972. – U. Matz/G. Schmidtchen: Gewalt und Legitimität. Opladen 1983. – U. Matz: Art. ›Gewalt‹. In: Staatslexikon. 7. Aufl. 1987. – H. Münkler: Gewalt und Ordnung. Das Bild des Krieges im politischen Denken. Frankfurt 1991. – O. Rammstedt (Hg.): Gewaltverhältnisse und die Ohnmacht der Kritik. Frankfurt 1974. – W. Seppmann: Dialektik der Entzivilisierung. Krise, Irrationalismus und Gewalt. Köln 1995. – W. Sofsky: Traktat über die Gewalt. Frankfurt 1996. – G. Sorel: Über die Gewalt. Frankfurt 1981. – P. Waldmann: Strategien politischer Gewalt. Stuttgart 1977.

VG

**Gewaltenteilung,** kennzeichnet die Trennung der drei Herrschaftsfunktionen des Staates in Exekutive, Legislative und Judikative, verbunden mit der Zuweisung an jeweils voneinander unabhängige Staatsorgane. Die Intention hierbei zielt auf die strukturelle Verhinderung eines Machtmißbrauchs durch Amtsträger und dient somit einer Sicherung der bürgerlichen Freiheiten durch den Rechtsstaat. Theoreme dieses Verfassungsprinzips finden sich bereits bei Herodot, Platon, Aristoteles, Polybios und Cicero. In der Mischverfassungstheorie (status mixtus) werden Mechanismen der drei klassischen Herrschaftssysteme von Monarchie, Aristokratie und Demokratie miteinander verbunden. Als grundlegendes Strukturprinzip für moderne Verfassungstypen findet sich G. erstmals bei John Locke formuliert, durch Montesquieu im Sinne der heutigen Definition präzisiert. Im Kontext des amerikanischen Unabhängigkeitskriegs (1776–87) ist G. schließlich Verfassungswirklichkeit geworden und in der *Déclaration des droits de l'homme et du citoyen* (Art. 16) der Französischen Revolution (1789) mit grundgesetzlichem Charakter fixiert. G. ist seitdem ein substantielles Kriterium für jede demokratische Ordnung. **Lit.:** D. Merten (Hg.): Gewaltentrennung im Rechtsstaat. Berlin 1989. – Charles de Montesquieu: Vom Geist der Gesetze. Stuttgart 1994. PN

**Gewinnstrategie,** in einem Spiel ein Verfahren, das bei allen Spielzügen der Gegner zum Gewinn führt. In manchen Spielen gibt es keine determinierte G., aber eine optimale gemischte Strategie, bei der man seine Spielzüge mit bestimmten Wahrscheinlichkeiten zu wählen hat. In P. Lorenzens (zur Begründung der Logik eingeführten) Dialogspielen bestimmt die Existenz einer G. für eine Formel, ob sie allgemeingültig, allgemein ungültig, erfüllbar oder widerlegbar ist. VP

**Gewissen,** bezeichnet ein das eigene Urteilen und Handeln moralisch wertendes (Mit-)Wissen. Im G. nimmt der einzelne Distanz zu sich ein, um zu prüfen, auf welche Weise moralisch relevante Entscheidungen und Handlungen zustandegekommen sind. Je nachdem, ob diese Prüfung nach den zugrundegelegten Kriterien positiv oder negativ ausfällt, empfindet der einzelne ein »schlechtes« oder »gutes« G. Wie die Wortbildung mit dem Präfix »Ge-» schon anzeigt, handelt es sich beim G. um die Vorstellung eines zusammenfassenden, versammelnden Wissens, das sowohl die persönlichen Motivationen, die bestehenden moralischen Maßstäbe bzw. Normen und die Gegebenheiten der konkreten Situation abwägend umgreift. Es bezieht sich dabei auf die Integrität der eigenen Haltung. – Das griech. syneidesis bezeichnet das auf das eigene Verhalten bezogene Wissen, auch bereits in der Bedeutung ›moralisch wertendes Bewußtsein‹. Neben dem lat. conscientia gelangte in der ma. Tradition der Begriff »Synteresis« (durch einen Abschreibfehler anstelle von syneidesis) in die Diskussion um die Rolle des G.s. So unterscheidet etwa Thomas v. Aquin die Synteresis als praktische Vernunft, d. h. das Wissen von den Prinzipien, von der conscientia als deren Anwendung auf die Einzelfälle. – In der neuzeitlichen Diskussion ist der Gewissensbegriff umstritten. Kant sieht die Aufgabe des G.s nicht im Beurteilen der Moralität einer Handlung, sondern der Sorgfältigkeit der Prüfung. Unterschiedliche Ansichten bestehen darüber, ob das G. nur formal urteilt oder Inhalte hervorbringt, ob es rational oder intuitiv vorgeht, ob es irren kann oder unfehlbar ist. Kritisch wird das G. dort beurteilt, wo es vor allem als Sprachrohr gesellschaftlicher Konventionen gilt, als verinnerlichte Instanz sozialer Zwänge, die den einzelnen von unerwünschtem Verhalten abbringen soll. So sieht Nietzsche im G. eine Krankheit, die eine Zurückwendung des Aggressionstriebes auf das eigene Ich darstellt. Für Freud zeigt sich das G. als eine ins Unbewußte verlagerte Funktion des Über-Ichs, durch die das Ich überwacht wird. – Die psychologische Sicht des G.s macht deutlich, daß es wohl berechtigt ist, zwischen einem »autoritären« G., das die Einhaltung sozialer Normen überwacht, und einem »autonomen« G. zu unterscheiden. Insofern geltende Normen geschichtlich-kulturell bedingt sind, kommt dem G. als individueller moralischer Instanz soziale und rechtliche Bedeutung zu, wo das ethische Bewußtsein des einzelnen nicht mit den allgemein bestehenden Normenvorstellungen übereinstimmt (Glaubens- und Gewissensfreiheit, Verweigerung aus Gewissensgründen) oder wo es einen Normenkonflikt gibt, der nicht aufgrund allgemeinverbindlicher Maßstäbe aufgelöst werden kann, sondern eine personen- und situationsbezogene Lösung erfordert. **Lit.:** J. Blühdorn (Hg.): Das Gewissen in der Diskussion. Darmstadt 1976. – H. Chadwick: Betrachtungen über das Gewissen in der griechischen, jüdischen und christlichen Tradition. Opladen 1974. – J. Fuchs (Hg.): Das Gewissen. Vorgegebene Norm verantwortlichen Handelns oder Produkt gesellschaftlicher Zwänge? Düsseldorf 1979. – N. Petrilowitsch (Hg.): Das Gewissen als Problem. Darmstadt 1966. – J. Stelzenberger: Syneidesis, Conscientia, Gewissen. Paderborn 1963. – H. G. Stoker: Das Gewissen. Bonn 1925. FPB

**Gewißheit,** bedeutet im *subjektiven* Sinn den epistemischen Zustand des unerschütterten, vom ↗Zweifel freien Überzeugtseins von einem Erkenntnisinhalt. Im *objektiven* Sinn bedeutet die von einem Erkenntnisinhalt ausgesagte G. seine Auszeichnung als berechtigt. G. im objektiven Sinne wird durch die Verfügbarkeit einer einwandfreien ↗Begründung (etwa durch unmittelbare Aufweisbarkeit, ↗Beweis o.a.) gekennzeichnet. G. im objektiven Sinne ist damit eines der Merkmale von ↗Wissen. In beiden Verwendungsweisen ist *absolute* G. (d. h. die Freiheit von jedem denkmöglichen Zweifel, der Ausschluß jedes möglichen Irrtums) eine Idealisierung, die in praxi kaum jemals für einen Erkenntnisinhalt erreicht werden kann. Für das Handeln und die verantwortbare Praxis ist jedoch *bedingte* bzw. *moralische* bzw. *praktische* Gewißheit (d. h. die Freiheit von begründeten Zweifeln, der Ausschluß der Gefahr eines Irrtums) ausreichend. Handlungsleitende (subjektive) G. muß nicht durch Überlegung gewonnen sein (sog. *reflexe* G.), sondern wird in vielen Fällen *spontane*, unhinterfragte G. sein; erst durch Erfahrungen von Zweifel, Widerspruch, Irrtum, Mißerfolg etc. wird der Prozeß der Vergewisserung, d. h. der prüfenden Überführung spontaner in reflexe G. motiviert.

Von der G. zu unterscheiden ist außerdem die ↗Evidenz, das unmittelbare Einleuchten, das eine Begleiterscheinung mancher (nicht aller!) objektiv und subjektiv gewisser Erkenntnisgehalte darstellt.

Descartes stellte mit seiner Frage nach der Reichweite menschlicher Erkenntnis und nach der Erreichbarkeit absoluter G. das Ausgangsproblem neuzeitlicher Erkenntnistheorie; er erhob Unbezweifelbarkeit bei Klarheit und Distinktheit des Erkenntnisinhalts zum Kriterium objektiver Gewißheit (↗clare et distincte). Wichtigstes Beispiel eines solchen unbezweifelbaren Gehalts ist die Selbstgewißheit der eigenen Existenz als Denkender. Diesem (für den ↗Rationalismus prägenden) Geltungsideal der Unbezweifelbarkeit, Eindeutigkeit und damit absoluten Gewißheit wurde bereits seit dem ↗Empirismus widersprochen. Dennoch wirkt dieses Ideal bis in die Gegenwart nach. Die insbesondere im Hinblick auf das Handeln überzogene Position, für sämtliche berechtigte Überzeugungen absolute G. zu fordern, wird mitunter als ↗Certismus bezeichnet. Erkenntnistheoretische Positionen, denen zufolge es im System unserer Überzeugungen eine Teilmenge besonders irrtumsresistenter Überzeugungen gäbe (etwa: Überzeugungen aus unmittelbarer äußerer und innerer Wahrnehmung, aus begrifflichen Zusammenhängen etc.), auf die sich die sonstigen, abgeleiteten Überzeugungen stützen, nennt man ↗Fundationalismus (engl. foundationalism, sollte zur Vermeidung religiös-politischer Konnotationen nicht als »Fundamentalismus« übersetzt werden). ↗Fallibilismus, ↗Letztbegründung. **Lit.:** J. de Vries: Grundfragen der Erkenntnis. München 1980. – F.v.Kutschera: Grundfragen der Erkenntnistheorie. Berlin 1982. – F. Wiedmann: Das Problem der Gewißheit. München/Salzburg 1966. – N. Malcolm: Knowledge and Certainty. Englewood Cliffs 1963. WL

**Geworfenheit,** bezeichnet für Heidegger die Faktizität des ↗Daseins, die Bestimmung: »Daß es ist und zu sein hat« (*Sein und Zeit*, § 29); sie gilt zusammen mit dem Verstehen und der Rede als ein gleichursprünglicher Modus der ↗Erschlossenheit: Das Dasein ist in der Welt als ein geworfener Entwurf, der sich artikuliert. Weil sich diese existenzialen Grundstrukturen von den Kategorien des nicht-daseinsmäßigen Seienden prinzipiell unterscheiden, ist die G. kein Attribut eines Vorhandenen, sondern eine Grundmöglichkeit der eigenen ↗Existenz. Sie stellt eine Auslegung der affectio im Sinne Augustins sowie eine Erweiterung der Sinnlichkeit im Sinne Kants dar; denn das Dasein befindet sich in seiner G. nicht als Grund seines Seins, sondern als immer schon gestimmt, von gewisser Herkunft und im Umgang mit den Dingen und mit anderen, die es angehen, und zwar zunächst in der Weise der Unselbständigkeit und Uneigentlichkeit. Durch die G. werden bestimmte Möglichkeiten der Existenz dem jeweiligen Dasein verschlossen bzw. freigelegt. Im Hinblick auf die ↗Zeitlichkeit erklärt Heidegger, daß die in der G. begründete ↗Befindlichkeit das Dasein zurück auf seine Gewesenheit führt. **Lit.:** F.-W. von Herrmann: Hermeneutische Phänomenologie des Daseins. Frankfurt 1987. JOP

**Glaube,** begegnet in der Sprache der alltäglichen Lebenswelt in der Bedeutung von Vermutung oder Annahme ohne sicheres Wissen. Auf dieser Ebene ist G. mit Meinung verwandt, in der etwas subjektiv ohne verallgemeinerungsfähige Begründung für wahr gehalten wird. Von G. sprechen wir auch, wenn wir etwas aufgrund der Aussagen anderer für wahr halten, ohne selbst hinreichende Einsicht in den Sachverhalt zu besitzen. So sind wir z.B. nicht in der Lage, alle heute zur Verfügung stehenden Wissensdaten zu überprüfen. Wir halten viele von ihnen dennoch für wahr, weil sie uns durch andere, oft über mehrere Vermittlungsstufen hinweg, bekannt geworden sind. Ebenso steht es im Bereich der Informationen durch die Medien, Auskünfte über alltägliche Angelegenheiten oder Berichte hinsichtlich des Verhaltens anderer Menschen. Das meiste davon können wir selber nicht nachprüfen, sondern nur durch G. an ihm teilhaben. Er erweist sich somit als ein soziales Phänomen von großer Tragweite, als Vollzugsform von Interpersonalität, also dem, was zwischen Menschen geschieht. – G. bezieht sich in diesen Fällen nicht nur auf das, was wir für wahr halten, sondern auch auf die Person, welcher wir glauben, weil wir sie wegen ihres Wissens, ihrer moralischen Integrität oder auch ihres persönlichen positiven Verhältnisses zu uns für vertrauenswürdig halten. Dem Für-wahr-Halten liegt eine Erkenntnis der anderen Person zugrunde. Je tiefer und zutreffender sie ist, umso unerschütterlicher ist unser G. an die betreffende Person und die durch sie vermittelten Einsichten. Umso größer wird freilich auch unsere Enttäuschung sein, wenn wir uns in diesem G.n getäuscht haben oder getäuscht worden sind. Das alles ist wichtig für das in der Philosophie- und Theologiegeschichte häufig diskutierte Problem des Verhältnisses von G. und ↗Wissen. Es zeigt sich, daß beide einander nicht fremd gegenüberstehen. Denn jeder verantwortbare Akt des G.ns muß ein Moment der Erkenntnis einer anderen Person enthalten. Sie stellt ein Wissen dar, wenn wir Wissen nicht auf das wissenschaftlich-methodisch gewonnene Wissen begrifflich einschränken.

Diese anthropologisch-sozialphilosophischen Voraussetzungen müssen bei der Diskussion des theologischen Verständnisses von G. beachtet werden. Denn G. im biblischen Sinne muß als Vertrauensverhältnis zu dem als vertrauenswürdig und in diesem Sinne treuen Gott und seinen Zeugen (Mose, die Propheten, Jesus Christus) verstanden werden. Der G. als vertrauendes Verhältnis zu dem, was der Mensch von sich aus nicht sieht und doch für wahr hält, richtet sich vor allem auf die in der Zukunft noch einzulösenden Verheißungen Gottes. Bei den zentral auf Christus als die Offenbarung Gottes bezogenen Aussagen des G.ns werden die Glaubensgehalte mit der sich mitteilenden Person identisch, so daß G. als interpersonale Beziehung besonders deutlich hervortritt. – Philosophischer G. bezeichnet bei Jaspers das Sich-Verwurzeln des Menschen in der durch kein gegenständliches Wissen festzumachenden Transzendenz des schlechthin umgreifenden Seins. Zu ihm gelangt der G. angesichts von ↗Grenzsituationen wie Kampf, Schuld, Leiden und Tod. Um die dem Verstand unzugänglichen metaphysischen und theologischen Gegenstände geht es auch in F. H. Jacobis Glaubensphilosophie. Hier werden allerdings G. und Gefühl als Zugang zum Göttlichen so identifiziert, daß die Glaubensphilosophie auch Gefühlsphilosophie genannt wird. **Lit.:** A. Brunner: Glaube und Erkenntnis. München 1951. – K. Jaspers: Der philosophische Glaube angesichts der Offenbarung. München [2]1963. – W. Lohff: Glaube. In: HWPh Bd. 3. Sp. 627–646. GS

**Gleichheit,** setzt im Unterschied zur mathematisch-naturwissenschaftlichen Identitätsaussage einen Vergleich von Verschiedenem voraus. Als wertendes Abstrahieren von Ungleichem bestimmt sie das moralische, politische, rechtliche oder religiöse Verhältnis zwischen Individuen oder Gruppen. (1) Normativ bestimmte G. bezieht sich auf die Gleichwertigkeit aller Menschen und wird auf deren wesenhafte oder natürliche G. zurückgeführt. Die auf naturrechtlichen Grundsätzen basierende angeborene G. ist substantiell und damit unveräußerlich. (2) Formale G. besteht hinsichtlich der Verfahrensgerechtigkeit. (3) Materiale G. berücksichtigt die Verschiedenheit der Menschen und fordert als Chancen-G. den gleichen Zugang zu Möglichkeiten. (4) Proportionale G. richtet sich auf die Gerechtigkeit der Verhältnisse. Während sie geometrisch je nach Tugenden oder Fähigkeiten zuteilt, knüpft sie arithmetisch an der normativen G. an, indem sie durch Ausgleich versucht, das ethische Postulat der wesenhaften G. zu erfüllen. Das Prinzip der G. steht in einem Spannungsverhältnis von individueller Freiheit und solidarischer Gemeinschaft und enthält normative, materiale und proportionale Elemente. **Lit.:** J. Rawls: Eine Theorie der Gerechtigkeit. Frankfurt 1975. – D. E. Zimmer: Der Mythos der Gleichheit. München 1980. JP

**Gleichung,** Gleichsetzung zweier Ausdrücke, damit zugleich die Behauptung, daß diese sich auf das gleiche Objekt beziehen. In drei verschiedenen Bedeutungen verwendet. – (1) G. von Werten, z. B. $2+2 = 4$; die beiden (konstanten) Ausdrücke beziehen sich auf die gleiche Zahl (wenn auch in verschiedener Weise). – (2) G. als Identität, z. B. $(a+b)^2 = a^2 + 2ab + b^2$; die beiden Ausdrücke beziehen sich bei allen möglichen Einsetzungen für a und b auf dieselben Werte. – (3) G. als Aufgabe, z. B. $x^2 - 5x = 6$; man hat jene Einsetzungen für die Unbekannte x zu suchen, die daraus Werte-Gleichungen machen (die Wurzeln der G.). VP

**Gleichursprünglich, Gleichursprung,** innerhalb der phänomenologischen Philosophie, insbesondere im Anschluß an Heidegger, die unaufhebbare Verknüpfung von Phänomenen sowie der diesen korrespondierenden Begriffe. Sofern ein G. vorliegt, gewinnt ein einzelnes Phänomen seine spezifische Bedeutung erst im Kontext der anderen g.en Phänomene; diese sind weder der Zeit noch dem ontologischen Begründungszusammenhang nach in eine Rangfolge zu bringen. So ist in Heideggers ↗Fundamentalontologie bspw. das menschliche ↗Dasein g. mit dem ↗In-der-Welt-sein, Dasein bedeutet immer schon In-der-Welt-sein. **Lit.:** M. Heidegger: Sein und Zeit. Tübingen [12]1972. DKÖ

**Glück.** Seit der Antike hat man immer wieder das G. als das höchste Gut oder das höchste Ziel des menschlichen Lebens verstanden. Anders als dem weit verbreiteten alltäglichen Verständnis zufolge, ist mit dem philosophischen Begriff allerdings weder der günstige Zufall noch eine momentan angenehme Gemütsverfassung gemeint, die aus der Erfüllung von Wünschen resultiert. Generell beschreibt der Begriff des G.s in der Philosophie eine Art von Zufriedenheit, die aus der menschlichen Tätigkeit selbst erwächst und über längere Zeit anhält.

G. oder Glückseligkeit (eudaimonia) ist bei Aristoteles das höchste Ziel des menschlichen Lebens. Er versteht darunter die vernunftgemäße Tätigkeit der Seele nach den Maßstäben der Tugenden (*Eth. Nic.* 1098a14–16). Dieses G. besteht in der Tätigkeit des menschlichen Geistes bei der Betrachtung rein geistiger Gegenstände. Gleichwohl findet man Äußerungen in seinen ethischen Schriften, die besagen, daß die Glückseligkeit auch tugendhafte Handlungen einschließt. Es bleibt eine der umstrittensten Fragen der Aristotelesforschung heute, was Aristoteles über die allgemeine Bestimmung hinaus unter Glückseligkeit verstanden hat. In der antiken Diskussion bleibt umstritten, welchen Anteil die äußeren Güter (wie Macht, Reichtum, Gesundheit) an der Erlangung des G.s haben oder ob nur innere Güter (wie Erkenntnis, Seelenruhe) dazu beitragen. Ebenso wie das G. des einzelnen mit dem allgemeinen G. zusammenhängt und ob das G. der einzige Zweck aller menschlichen Handlungen sein soll. Die einfachste Form einer Ethik auf der Grundlage des G.s bestimmt G. ganz unmittelbar als Maximierung von Lust (Hedonismus). Fraglich bleibt jedoch, ob die Erfüllung der Begierden das G. nach sich zieht, oder ob das G. nicht vielmehr dann eintritt, wenn sich der Mensch von allen Begierden und Leidenschaften frei gemacht hat. – In den verschiedenen Schulen der hellenistischen Philosophie bestand zwar Einigkeit darüber, daß die Ruhe der Seele (Ataraxie) Bedingung des G.s sei; Uneinigkeit herrschte jedoch über den Weg, auf dem die Ataraxie zu erlangen sei. Während die Epikuräer die Freude und den Genuß an den einfach erreichbaren Gütern sowie das Freisein von Schmerz zum Ziel gemacht hatten, war es das Ziel der Stoa, sich von den eigenen Wünschen zu lösen und den äußeren Gütern keinen Wert mehr beizumessen. Die antike Skepsis hingegen verortete die Glückserfahrung in der Beschränkungen der eigenen Erkenntnisansprüche.

Für die Antike war die Frage nach dem G. und nach dem guten Leben mit der nach dem gerechten und sittlich richtigen Leben verbunden. Kant bricht radikal mit dieser Tradition. Für ihn ist der Begriff des G.s zu unbestimmt, um Fragen der Ethik zu beantworten.

Denn alle Elemente, die zum Begriff des G.s oder der Glückseligkeit gehören, sind empirisch. Zugleich soll der Begriff der Glückseligkeit alle gegenwärtigen und zukünftigen Zustände umfassen. Er ist daher ungeeignet, weil er etwas Unmögliches verlangen würde: wir müßten gewissermaßen vorher wissen, welche Gegenstände unsere Wünsche erfüllen würden. Statt uns an der Glückseligkeit zu orientieren, muß das Sittengesetz alleiniger Bestimmungsgrund des Willens sein. Da für den Menschen als Sinnenwesen Glückseligkeit zum vollständigen Gut dazugehört, ist der Zusammenhang nur so zu denken, daß der Mensch, wenn er sich dem moralischen Gesetz gemäß verhält, auch Ursache hat zu hoffen, der Glückseligkeit würdig zu sein – ein Zusammenhang, der Gott als Postulat voraussetzt.

In Gegensatz zu Kant hat in der Moderne der klassische ↗Utilitarismus das G. noch einmal zum Prinzip des moralischen Handelns gemacht. J. Bentham hat das Grundprinzip seiner Ethik, sein Nutzenprinzip (principal of utility), wie folgt formuliert: Das höchste Gut ist das größte G. der größten Zahl der Menschen. G. wird als die Maximierung des Genusses verstanden. Demnach ist eine Handlung gut, die das größte G. der größten Zahl der Menschen zur Folge hat (*Introduction to the Principles of Morals and Legislation*, 1780). Mit dieser Form des Utilitarismus ergibt sich das Problem, daß es immer besser ist, ein zufriedener Narr als ein unzufriedener Sokrates zu sein. Deswegen hat J. St. Mill den Utilitarismus neu formuliert und eine Unterscheidung zwischen höheren und niedrigeren Genüssen eingeführt (*Utilitarianism*, 1863). Bentham und Mill, die Klassiker des Utilitarismus, gehen von der Idee aus, daß man jedes Mal, wenn man sich für eine Handlung entscheidet, neu überlegen soll, ob diese Handlung das größte G. der größten Zahl hervorbringt. Aber diese Idee scheint weder praktikabel noch realistisch. Sie ist nicht pratikabel, weil man dann in jeder Situation neu fragen müßte, ob diese Handlung das größte G. der größten Zahl hervorbringt. Demzufolge könnte man nicht spontan handeln. Sie ist unrealistisch, weil wir faktisch kaum nach dem G. aller Menschen entscheiden können. Wir entscheiden tatsächlich nach unserem eigenen oder dem G. nahestehender Personen, d.h. der Familie, der Freunde, oder der Gemeinde. – Der moderne Utilitarismus versucht den Grundgedanken des klassischen festzuhalten und zugleich dessen Schwierigkeiten zu beseitigen, indem er ein Zwei-Stufen-Modell einführt. Hier baut man erstens ein Regel-System von Handlungen auf, welches das größte G. der größten Zahl der Betroffenen garantieren soll. Wenn man sich für eine Handlung entscheidet, überprüft man nur, ob die einzelne Handlung unter einige Regeln fällt. Während dieser Regel-Utilitarismus einige Probleme des klassischen Utilitarimus ausgeräumt hat, bleibt bis heute unklar, wie sich Genuß und – utilitaristisch verstanden – auch Glück genau definieren lassen und welche Wesen innerhalb der Überlegung berücksichtigt werden sollen.

In den letzten Jahren ist eine neue Diskussion über die Frage nach dem guten Leben entbrannt. Dabei wird häufig der Ausdruck »geglücktes Leben« verwendet. Im alltäglichen Sinn versteht man ein Leben als geglückt, wenn es von Entspannung, Übereinstimmung und Gleichgewicht gekennzeichnet ist. In einem ähnlichen Sinn redet man auch von einem gelungenen Leben, d.h. einem Leben, worin die Person genau das Lebensziel erreicht, was sie erreichen wollte. In der Philosophie geht es mitunter nur um eine formale Bestimmung des geglückten Lebens. Hier wird versucht, die Bedingungen und Voraussetzungen des geglückten Lebens oder des guten Lebens herauszuarbeiten. Dieses Unternehmen ist nicht nur wegen der Wiederentdekkung einer der ersten Fragen der Philosophie von Interesse, sondern auch wegen der Schwierigkeit, das Thema des guten Lebens unter den Prämissen des modernen Freiheitsbegriffs zu behandeln. ↗Eudaimonie.

**Lit.:** G. Bien (Hg.): Die Frage nach dem Glück. Stuttgart-Bad Cannstatt 1978. – M. Forschner: Über das Glück des Menschen. Aristoteles, Epikur, Stoa, Thomas von Aquin, Kant. Darmstadt 1993. – A. Honneth: Kampf um Anerkennung. Frankfurt 1992. S. 274–287. – A. Kenny: Happiness. In: Moral Concepts. Oxford 1969. S. 43–53. – H. Krämer: Integrative Ethik. Frankfurt 1993. – D. Lyons: Forms and Limits of Utilitarism. Oxford 1965. – J. Mackie: Inventing Right and Wrong. London 1977. S. 125–149. – M. Seel: Glück. In: H. Hasted/E. Martens (Hg.): Ethik. Ein Grundkurs. Reinbek bei Hamburg 1994. S. 145–163. – R. Spaemann: Glück und Wohlwollen. Versuch über Ethik. Stuttgart 1989. – E. Tugendhat: Antike und moderne Ethik. In: Probleme der Ethik. Stuttgart 1984. S. 33–57. ML

**Glückseligkeit** ↗Eudaimonie ↗Glück

**Gnosis,** Bezeichnung für eine weitverbreitete Bewegung innerhalb vieler Religionen seit der Zeitenwende, die u.a. in Teile des frühen Christentums eindrang (so z.B. Basilides und Valentinus; greifbar u.a. in den Texten von Nag Hammadi), aber auch heftig bekämpft wurde. Ihr Ursprung ist immer noch umstritten: Ägypten, Iran, Indien oder das Christentum selbst werden als Quelle genannt. Die Themen und Motive der G. erweisen sich in der Religions- und Theologiegeschichte als langlebig und häufig wiederkehrend (z.B. Albigenser, 12. Jh.; in einigen heutigen religiösen Gruppen treten gnostische Momente wieder auf). Sie ist eine »von Anfang an bekämpfte, mehrfach ausgerottete und später ebenso gründlich wie vergeblich totgesagte Wiedergängerin der Ideen- und Religionsgeschichte« (Sloterdijk/Macho, S. 486). Die gleichzeitige Verwendung von G. und Gnostizismus kann dann der Unterscheidung von spätantiker Religiosität einerseits und Weiterwirkung und Renaissancen ihrer Vorstellungswelt andererseits dienen (ansonsten ist Gnostizismus die ältere Fachbezeichnung, vgl. Rudolph, 1975, S. IX). Klemens von Alexandrien zitiert die Gnostiker: »[Es ist] die G. [wahre Erkenntnis], die befreit: Wer waren wir, was sind wir geworden? Wo waren wir, wohinein sind wir geworfen? Wohin eilen wir, wovon werden wir erlöst? Was ist Geburt, was Wiedergeburt?« Kennzeichnend für die G. ist ein metaphysischer und anthropologischer Dualismus zwischen dem Geistigen und Leiblichen bzw. der Materie überhaupt. Die materielle Welt ist Folge eines kosmischen »Absturzes« oder das Werk eines bösen Demiurgen. »Die Welt ist alles, was im Fall ist« (Sloterdijk/Macho, S. 39), oft durch eine Fülle von Zwischenreichen hindurch. Den kosmischen Spalt zwischen dem Irdischen und dem Göttlichen füllt oft eine Reihe von Zwischenwesen. Als »Hereingefallene des Kosmos« (ebd, S. 47), die in ihre leiblichen Hüllen eingesperrt sind und die sich in einer (metaphysisch) bösen Welt finden, bewahren die Seelen der Menschen einen lichtvollen Kern ihres Ursprungs. Erlösung aus der irdischen »Entfremdung« und Rückkehr zur Lichtheimat in der Sphäre des Geistigen ist nur durch spekulativ-mystische Erkenntnis erreichbar. Häufig tritt eine Mittlergestalt in Erscheinung, die die Geheimnisse dieses höheren Wissens kundtut. – Als Beispiel der Naassenerpsalm, der Jesus in den Mund legt: »Von Übeln gesucht irrt auf der Erde, was von deinem [Gottes] Odem gekommen. … ich will hinabsteigen, alle Äonen will ich durchwandern, alle Mysterien will ich erschließen … und die Geheimnisse des heiligen Weges, Gnosis nenn' ich's, will ich kundtun«. **Lit.:** H. Jonas: Gnosis und spätantiker Geist. I-II. Göttingen [3]1964. – P. Koslowski (Hg.): Gnosis und Mystik in der Geschichte der Philosophie. Zürich/München 1988. – K. Rudolph (Hg.): Gnosis und Gnostizismus. Darmstadt 1975. – K. Rudolph: Die Gnosis. Göttingen [3]1990. – P. Sloterdijk/Th. Macho: Weltrevolution der Seele. 2 Bde. Zürich 1991. PK

**Gödelsches Theorem,** von Gödel 1931 bewiesenes, für die mathematische Grundlagenforschung bedeutsames metamathematisches Theorem, das auch als Unvollständigkeitssatz bezeichnet wird. Es besagt, daß jedes für die Darstellung der elementaren Zahlentheorie ausreichende und zugleich widerspruchsfreie formale System notwendigerweise unvollständig ist und seine Widerspruchsfreiheit nicht mit den in ihm formalisierten Mitteln bewiesen werden kann. Das Theorem besteht aus zwei sog. Unvollständigkeitssätzen: Mit dem ersten hat Gödel gezeigt, daß jedes formale System der Arithmetik, das ausschließlich wahre Sätze erzeugt, in dem Sinne unvollständig ist, daß es notwendigerweise einige wahre Sätze auslassen muß. Nach dem zweiten Unvollständigkeitssatz gehören zu den notwendigerweise ausgelassenen Sätzen auch metamathematische Sätze, vor allem solche über die Widerspruchsfreiheit von arithmetischen Vollformalismen. Aus dem ersten Unvollständigkeitssatz folgt, daß die Stufenlogik sich auf korrekte Weise nur unvollständig formalisieren läßt. Gödel hat dabei ein Verfahren der Arithmetisierung entwickelt, in dem den korrekt gebildeten Termen und Formeln einer formalen Theorie jeweils eindeutig natürliche Zahlen zugeordnet werden. Mit dem Verfahren, das seitdem auch als Gödelisierung bezeichnet wird und zu den Standardverfahren der Metamathematik und Beweistheorie gehört, können formale Systeme innerhalb der Zahlentheorie dargestellt werden. Die Anwendung der Gödelisierung hat in der Folgezeit zu einer Vielzahl weiterer Unmöglichkeitsbeweise geführt. Über die mathematische Grundlagenforschung hinaus besteht die wissenschaftstheoretische Bedeutung der Gödelschen Unvollständigkeitstheoreme vor allem darin, daß sie die Grenzen axiomatisch-deduktiver Systeme zeigen. Denn Wahrheit und vollständige Ableitbarkeit scheinen nach dem ersten Unvollständigkeitssatz unvereinbar zu sein, jedenfalls in den formalen Systemen, die sich durch arithmetische Beziehungen darstellen lassen. **Lit.:** W. Stegmüller: Unvollständigkeit und Unentscheidbarkeit. Die metamathematischen Resultate von Gödel. Wien u. a. 1973. JH

**Good reasons approach** (Position der guten Gründe), moralphilosophische Position, die zum einen an der rationalen Begründbarkeit von moralischen Urteilen festhält (gegen den Non-Kognitivismus) und zum anderen versucht aufzuzeigen, daß ein praktisch-moralischer Anspruch für jeden pragmatischen Kontext unabdingbar ist. **Lit.:** K. Baier: Der Standpunkt der Moral. Düsseldorf 1974. – Ders.: Moral Reasons and Reasons to Be Moral. In: A. I. Goldman/J. Kim (Hg.): Values and Morals. Dordrecht/Boston/London 1978. S.231–256. – M. G. Singer: Verallgemeinerung in der Ethik. Frankfurt 1975. – S. E. Toulmin: An Examination of the Place of Reason in Ethics. Cambridge 1960. PP

**Gott,** Zentralbegriff in vielen Religionen (und deren ↗Theologie), der Religionswissenschaft wie auch in der abendländischen Metaphysik. In beiden wird der Begriff in einer Vielfalt von Bezügen verwendet. In den Religionen z. B. werden viele Götter verehrt (Polytheismus), oder ein Hauptgott (Henotheismus) oder nur ein G. (Monotheismus); G. oder Götter bezeichnet dort mal ein absolutes Wesen, mal eine hilfreiche Kraft, mal dämonenartige Wesen oder sogar einen Teil der schlechten Schöpfermacht (so die Devs im Mazdaismus). – Grundsätzlich sind der Gottesfrage gegenüber folgende Haltungen möglich: die Leugnung seiner Existenz (↗Atheismus), die Verneinung der Erkennbarkeit (↗Agnostizismus) und die Behauptung beider (↗Theismus).

Die abendländische Verwendung des Wortes schöpft aus zwei Quellen: Die griech. Philosophie bezeichnet G. ontologisch als »in jeder Hinsicht vollkommen« (Platon: *Politeia* 381b) oder als »das erste und eigentlichste Prinzip« (Aristoteles: *Met.* 1064a 37). Die biblischen Schriften stellen G. als Person, als weltüberlegenen, transzendenten Schöpfer vor, dessen Wille in die Geschichte eingreift, nach christlichem Bekenntnis einmalig inkarniert in Jesus. Seit der ↗Patristik gehen beiderlei Herkunft in Philosophie und Theologie wechselnde Verbindungen ein. Durch Gottesbestimmungen v. a. platonischer Herkunft wird von Beginn christlicher Reflexion an eine Verschränkung erleichtert, etwa durch seine Benennung als das höchste Gut, die mittel- und neuplatonisch betonte göttliche Transzendenz, die schöpfungstheologische Umdeutung der

Ideenlehre oder die Deutung der Heilsgeschichte im (neuplatonischen) Schema von proodos und epistrophe (Fortgang und Umkehr).
Spät-MA. und Reformation akzentuieren besonders stark den Willen G.es. Schriftprinzip, Christozentrik und Mißtrauen gegenüber natürlich-vernünftiger Gotteserkenntnis führen z. B. Luther dazu, »im gekreuzigten Christus die wahre Theologie und Gotteserkenntnis« zu sehen. Die katholische Theologie hat mit Verweis auf Paulus (*Römerbrief* 1,20) stets an der Möglichkeit natürlicher Gotteserkenntnis festgehalten. Die Diskrepanz zwischen dem »G. Abrahams, Isaaks und Jakobs und dem G. der Philosophen« (Pascals *Memorial*; vgl. Weischedel, S. XVII) tritt in der Neuzeit deutlicher hervor. Als extreme Standpunkte könnten auf der einen Seite Spinozas »amor dei intellectualis« gelten, auf der anderen K. Barths dialektische Theologie: Setzt Spinoza G. mit der einen Substanz gleich, von deren Modi uns nur Denken und Ausdehnung zugänglich sind (sein G. ist also nicht mit dem biblischen vergleichbar), ist für Barth G. nur durch die Offenbarung zu erreichen. Alles andere ist »trunkene Verwischung der Distanzen« (vgl. Zahrnt, S. 35).
G. wird in der abendländischen philosophischen Theologie bestimmt als höchstes Sein, ein »Prinzip, dessen Wesen Verwirklichung« ist (Aristoteles: *Met.* 1071b 20). V.a. in neuplatonischer Perspektive wird ihm damit auch die größtmögliche Einheit zugesprochen. Das Erste und Eine ist gleichzeitg aber auch wesentlich gut (Platon: *Politeia* 379). Weitere Attribute G.es sind Einzigkeit (im islamischen Bekenntnis an erster Stelle), Unwandelbarkeit, Ewigkeit, Allmacht und Allwissenheit (vgl. Boethius: *Consolatio* IV und V). Aus letzteren ergeben sich beständige »Interferenzprobleme« mit der menschlichen Freiheit: Wie frei kann menschliche Wahl noch genannt werden, wenn G. ihr Ergebnis schon im voraus kennt? Ähnliche Fragen stellen sich auch durch die von Augustinus inaugurierte Gnadenlehre: Wie gründet die Freiheit des Menschen zum Guten in der allmächtigen Güte G.es? Daß G. unkörperlich sei, ist vorrangiger, aber nicht einheitlicher Befund in der abendländischen Tradition: Die Gotteslehre der Stoiker z. B. schreibt ihm materiellen Bestand (z. B. Feuer) zu und noch Tertullian nennt G. »corporalis«.
Dazu kommen kosmologische »Funktionen«: G., bei Aristoteles (*Met.* 1072 b) »ein lebendes, ewiges und bestes Wesen«, ist auch der erste unbewegte Beweger: er ist »das, was als Erstes von allem alles bewegt« (ebd. 1070 b 34f), und zwar »wie etwas, das geliebt wird« (1072 b 3), denn Begehrtes und Gedachtes bewegt, ohne bewegt zu sein. Thomas von Aquin nimmt die kosmologischen Argumente in den »quinque viae« (*S.Th.* I,2,3 c; ↗Gottesbeweis) auf. Danach folgen für das, »was alle Gott nennen«, neben dem unbewegten Beweger, G. als erste Ursache und als das, was von sich aus notwendig ist. Hinzukommen noch die Bestimmungen G.es als dem, was höchst gut, höchst wahr und höchst seiend ist und die Gradualität innerhalb des Seienden ermöglicht und der oberste Lenker, der alle natürlichen Dinge auf ihr Ziel zuordnet.
Neben dem ontologisch-kosmologischen eröffnet v. a. Augustinus einen weiteren Weg: Die Selbsterforschung erschließt dem Menschen die Erkenntnis G.es. Augustinus' Formulierung: »Du aber [G.] warst mir noch innerer als mein Innerstes und höher als mein Höchstes« (*Confessiones* III 6;11). Locus classicus ist das X. Buch der *Confessiones* mit seiner Wegbeschreibung durch die Stufen des Gedächtnisses (memoria). Dieser G.es-Gedanke entfaltet sich im wechselseitigen Verhältnis von G.es- und Selbstbewußtsein: Bei Descartes begründet die Gottesidee, die einen täuschenden G. ausschließt, die Möglichkeit sicherer Erkenntnis; bei Hegel deckt sich das Sich-selbst-Wissen des Menschen und G.es: Der Mensch weiß nur von G., insofern G. im Menschen von sich selber weiß.
Für das Verhältnis G.-Welt sind folgende Modelle paradigmatisch: (1) Ineinssetzung: Die Welt in ihrer Gesamtheit gilt als göttlich (↗Pantheismus). (2) Emanation: Die Welt ist Ausfluß des Göttlichen (besonders im neuplatonischen Denken ist der stufenweise Hervorgang aus dem göttlichen Einen ausgestaltet). (3) Radikale Verschiedenheit: Die »negative Theologie« lebt aus der Unangemessenheit weltlicher Kategorien für das schlechthin Transzendente. Alle Bezeichnungen, Prädikate und Metaphern können nicht auf das Göttliche selbst zutreffen. In diesem Sinne nennt z. B. Dionysios Areopagita G. »überwesentlich, überseiend«. (4) Teilhabe: Die Welt ist nur in Teilhabe am göttlichen Sein; sprachlich korrespondiert die Redeweise der Analogie: das G.-Welt-Verhältnis ist als ähnlich nur bei gleichzeitiger Unähnlichkeit auszusprechen. (5) Indifferenz: »Wie die Welt ist, ist für das Höhere vollkommen gleichgültig« (Wittgenstein). Am deutlichsten vertritt der ↗Deismus das Prinzip, daß G. nicht (mehr) in die Welt eingreift. **Lit.:** Art. »Gott«. In: HWPh. – S. Moser/E. Pilick (Hg.): Gottesbilder heute. Königstein/Ts. 1979. – O. Muck: Philosophische Gotteslehre. Düsseldorf 1983. – H. Rössner (Hrsg.): Der nahe und der ferne Gott. Berlin 1981. – H.-J. Schultz (Hg.): Wer ist das eigentlich – Gott? München 1969. – W. Weischedel: Der Gott der Philosophen. 2 Bde. München ²1985. PK

**Gottes Geburt** (G.). Der Prozeß der G. birgt 3 verschiedene Dimensionen. (1) Grundlegend ist die historische Ebene, die im Neuen Testament verankert ist, d. h. die Menschwerdung Jesu Christi: Gott der Vater bringt den Sohn und sich selbst in dem Sohn hervor, dem er dasselbe Sein verleiht. (2) Darauf stützen sich metaphysische Überlegungen, deren Wiege der Prolog des Johannesevangeliums ist, wo der Sohn Gottes mit dem Wort bzw. der Weisheit identifiziert wird. Dies ermöglicht die Auslegung des platonischen bzw. neuplatonischen Gedankengutes im Sinne der christlichen Tradition. Im Abendland schlägt sich diese Tradition in zwei Richtungen nieder, deren Hauptanliegen einerseits in der Beziehung Gott-Seele (Mensch) besteht, andererseits in der Möglichkeit einer Erkenntnis Gottes, sogar einer ↗ unio mystica, die eben G. durch das Wort in unsere Seele zusichert. Für die mystische Richtung ist vor allem die Frauenmystik wichtig. Anders entwickelt Meister Eckhart diese Überlegungen in einer erkenntnistheorethischen, vom Neuplatonismus tief geprägten Richtung: Gott bringt sich ununterbrochen in der Seele hervor. Der Mensch ist ebenso Gottes Sohn und ist nicht vereint, sondern eins mit Gott, ohne Unterschied. Ontologisch bedeutet es eine Rückkehr zum Einen, d. h. unserem Ursprung und der wahren Essenz, erkenntnistheorethisch die Gleichstellung der Erkenntnis Gottes mit der Selbsterkenntnis sowie die metaphysische Notwendigkeit jener. (3) Einen ganz anderen Weg schlägt der Theosoph Jakob Böhme ein, der das Erbe der jüdisch-christlichen Kabbala mit der Alchemie des 16. und 17. Jh. vermengt. Gott bzw. die Gottheit ist dem ↗ Ungrund gleichgesetzt, der sich nach dem Grund sehnt, und »gebiert« sich durch einen siebenfachen dialektischen Prozeß. Seine Verwirklichung vollzieht sich in der 7. Etappe oder Qualität als der idealen Welt, die Gott einem Leib ist. Sein Nachfolger F. C. Ötinger zieht im 19. Jh. die Konsequenzen der böhmeschen Lehre, indem er das Ende der Werke Gottes in der Leiblichkeit sieht. **Lit.:** J. Böhme: Werke. Frankfurt 1997. – Meister Eckhart: Lat. Werke V. Berlin 1988. – F. C. Ötinger: Biblisches und Emblematisches Wörterbuch. Hildesheim 1969. – K. Ruh (Hg.): Abendländische Mystik im Mittelalter. Stuttgart 1986. VR

**Gottesbeweis.** G.e beziehen sich auf das Sein Gottes, wie es ihm nach den Aussagen in der Bibel zugesprochen wird. Dabei ist immer zu berücksichtigen, daß Gott nicht in derselben Weise in der Welt existiert wie die Dinge der physischen Welt. Aus diesem Grund haben die G.e immer einen metaphysischen Charakter. G.e treten verstärkt dort auf, wo in den Religionen ein rationales Element hervortritt. Dabei wird der Glaube mittels G.en durch die Vernunft vorbereitet und untermauert. Diese sollen nicht den eigentlichen Glauben erzeugen. – Im wesentlichen sind der ontologische, der kosmologische, der physiko-theologische oder teleologische sowie der historische und der moralische G. bekannt. Der zumeist auf Anselm v. Canterbury zurückgeführte ontologische G. versucht von der Denkbarkeit eines höchsten vollkommensten Wesens auf seine Existenz zu schließen. In der Antike schon hat man sich des kosmologischen G.es bedient, der die Zufälligkeit und Bedingtheit des Universums auf einen vollkommenen Schöpfer und unbedingten Anfang zurückführt. Der physiko-theologische oder teleologische G. vermutet hinter der Zielgerichtetheit und Ordnung der Natur einen planvollen, weisen Schöpfer. All diese G.e hat schließlich Kant verworfen und an dessen Stelle den moralischen G. gesetzt. Dieser sei ein notwendiges moralisches Postulat, um der Verbindlichkeit moralischer Forderungen Allgemeingültigkeit verleihen zu können. Von einem historischen G. spricht man dort, wo aus der zu allen Zeiten und bei allen Völkern vorhandenen Gottesidee auf die Wirklichkeit Gottes geschlossen wird. KJG

In der Kritik am ontologischen G. geht es vor allem um die Fragen, ob die überlieferten Beweise logisch korrekt sind und in welchem Sinne »existieren« als ein Prädikat fungieren kann. G. Frege kritisiert den ontologischen G. im Rahmen seiner Analyse des Existenzprädikats. Nach Frege ist Existenz in erster Linie eine Eigenschaft von Begriffen und nicht von Gegenständen. So wird in dem Satz »Pferde existieren« nicht die Existenz von Pferden, sondern vielmehr die Existenz vom Begriff des Pferdes prädiziert, nämlich die Eigenschaft, daß der Begriff »Pferd« nicht leer ist, d. h. daß es Gegenstände gibt, die unter ihn fallen. In Entsprechung zur Unterscheidung zwischen Begriffen erster ↗ Stufe, die sich auf Gegenstände beziehen, und Begriffen zweiter Stufe, unter die Begriffe erster Stufe fallen, unterscheidet Frege Eigenschaften erster Stufe von solchen zweiter Stufe, die Begriffen erster Stufe zukommen. Dem Cartesianischen ontologischen G. wirft Frege nun vor, diesen Unterschied mißachtet und Existenz als einen Begriff erster Stufe aufgefaßt zu haben, insofern in dem G. die Existenz des Gegenstands Gott ausgesagt werde. Nach Frege sind aber nur solche Existenzbehauptungen sinnvoll, an deren Subjektstelle Eigennamen von Begriffen und nicht etwa von Gegenständen stehen, und zwar deshalb, weil ihm zufolge »Existenz« nichts anderes darstellt als das Fallen eines Begriffs unter den höheren Begriff (zweiter Stufe) des Erfüllt-seins. Freges Analyse ist allerdings umstritten (Barnes). Unabhängig davon, ob es sich bei dem Existenzprädikat nun um einen Begriff erster Stufe oder zweiter Stufe handelt, so scheint sich Freges Auffassung, singuläre Existenzsätze seien sinnlos, nicht halten zu lassen. Somit ist auch der Satz »Gott existiert« jedenfalls ein sinnvoller Satz, was freilich noch nichts darüber besagt, ob mit dem Eigennamen »Gott« tatsächlich etwas bezeichnet wird. Im Unterschied zur Cartesianischen scheint es sich bei der von Anselm von Canterbury formulierten Version des G.es um ein reductio-Argument zu handeln, mit dem er zu zeigen versucht, daß die Behauptung, der zufolge Gott zwar denkbar sei, aber nicht existiere, widersprüchlich sei. JH

**Lit:** R. M. Adams: The Logical Structure of Anselm's Arguments. In: Philosophical Review 80 (1971). S. 28–54. – Th. v. Aquin: Die Gottesbeweise in der »Summe gegen die Heiden« und der »Summe der Theologie«. Lat.-dt. hg. H. Seidel. Hamburg 1986. – J. Barnes: The Ontological Argument. London 1972. – G. Frege: Über Begriff und Gegenstand. In: G. Patzig (Hg.): G. Frege. Funktion, Begriff, Bedeutung. Göttingen 1966. S. 66–80. – W. L. Gombocz: Über E!. Zur Semantik des Existenzprädikats und des ontologischen Argumentes für Gottes Existenz von Anselm von Canterbury. Wien 1974. – F. v. Ricken: Klassische Gottesbeweise in der Sicht der gegenwärtigen Logik und Wissenschaftstheorie. Stuttgart [2]1998. – W. Weischedel: Der Gott der Philosophen. Darmstadt [2]1972. KJG/JH

**Gottesstaat.** Augustins Begriff G. übte auf das ganze MA. im Wechselspiel von geistlicher und weltlicher

Macht erheblichen Einfluß aus. Der G. (civitas Dei) steht einem irdischen Gemeinwesen gegenüber, deren Anhänger von der Selbst- statt von der Gottesliebe bewegt sind. Bis zu ihrer Scheidung im Endgericht sind beide Formen aber noch vermischt, so daß sich in der Kirche Anhänger des Erdenstaates ebenso finden können wie Anhänger des G.es in der irdischen Civitas. **Lit.:** Augustinus: De civitate Dei. – K. Flasch: Augustin. Stuttgart 1980. PK

**Grammatiktheorie,** Bezeichnung für ein von Chomsky ausgeführtes Rekonstruktionsverfahren: Das intuitive Regelbewußtsein, das allen kompetenten Sprechern gemeinsam ist, ist so zu rekonstruieren, daß dasjenige Regelsystem zur Darstellung kommt, das allen potentiellen Sprechern erlaubt, in einer Sprache die Kompetenz zu erwerben, beliebige, als grammatisch korrekt geltende Sätze dieser Sprache hervorzubringen und zu verstehen und die wohlgeformten Sätze von ungrammatischen unterscheiden zu können. Eine solche Rekonstruktion hat diejenigen Regeln herauszustellen, die im Bereich dieser Sprache wirksam sind. Sie bezieht sich auf ein vortheoretisches Wissen kompetenter Sprecher, das sich einerseits in der Produktion von Sätzen einer natürlichen Sprache und andererseits in der Bewertung der Grammatikalität sprachlicher Ausdrücke äußert. Dabei untersucht sie den Erzeugungsprozeß derjenigen Sätze, die von kompetenten Sprechern jeweils zur Menge der grammatischen Sätze gerechnet werden. Das vortheoretische (d.i. implizite) Wissen muß dabei durch eine Befragungsmethode bewußt gemacht werden, die durch die Wahl geeigneter Beispiele und Gegenbeispiele, durch Kontrast- und Ähnlichkeitsrelationen, durch Übersetzungen und Paraphrasen die (vortheoretischen) Intuitionen der Sprecher ermittelt. **Lit.:** N. Chomsky: Aspekte der Syntaxtheorie. Frankfurt 1979. PP

**Graphem,** kleinstes bedeutungsunterscheidendes graphisches Symbol. Das G. ist die Darstellung eines oder mehrerer Phoneme. Die Graphemik (auch: Graphematik) ist die Wissenschaft von den Gesetzmäßigkeiten der Phonemdarstellung durch das graphische System einer Sprache. TF

**Grellingsche Antinomie,** semantische ↗Antinomie. Ein Eigenschaftswort heiße autolog, wenn ihm die Eigenschaft zukommt, die es bezeichnet, ansonsten heiße es heterolog. In diesem Sinne ist ›deutsch‹ autolog, da es ein deutsches Wort ist, ›französisch‹ ist aber heterolog. Fragen wir uns, ob das Wort ›heterolog‹ autolog oder heterolog ist, so verstricken wir uns in Widersprüche. Nehmen wir an, ›heterolog‹ sei heterolog. Dann hat es die Eigenschaft, die es bezeichnet, also ist es autolog. Nehmen wir an, ›heterolog‹ sei autolog. Dann kommt ihm die Eigenschaft zu, die es bezeichnet, also ist ›heterolog‹ heterolog. Grelling hatte diese Antinomie für eine bloße Spielart der ↗Russellschen Antinomie gehalten, doch ist sie im Gegensatz zu jener eine semantische Antinomie, weil die Beziehung zwischen Zeichen und Bezeichnetem dabei eine Rolle spielt. VP

**Grenze/Schranke.** G. (griech. peras) steht in der Antike in Zusammenhang mit Begrenztem und Unbegrenztem (↗Apeiron) und hat nach Aristoteles (*Met.*, V, 17, 1022a 4 ff.) die folgenden Bedeutungen: (1) der letzte Punkt eines Dinges, jenseits dessen es kein Teil des Dinges gibt, diesseits dessen alle Teile des Dinges sind; (2) die Form einer Größe; (3) das Entstehen und Vergehen eines Dinges; (4) die Substanz als G. bzw. Bedingung der Erkenntnis des Dinges. Bei Platon verschafft die G. dem Unbegrenzten gegenüber Schönheit, Gesetz und Ordnung (*Timaios* 52 d2). – Innerhalb der Dynamik von Leibniz erklärt Sch. mit ihrer Verschiebung die Veränderung eines endlichen Dinges. Leibniz unterscheidet zwischen einerseits Sch., als bloßer Negation, Mangel, bzw. privativer Negation, und andererseits G., womit die Negation das Begrenzte in seiner Vollendung festsetzt. G. in dieser letzten Bedeutung, im Unterschied zum regulativen Grenzbegriff, wird das Ziel der Ich-Philosophie Fichtes als vollendetes Sichbegreifen. Hegel, der eine differenzierte Metaphysik der Sch. und der G. entwickelt, versteht die letztere als innere Bestimmtheit des Etwas, das sich damit von seinem Anderen abscheidet und sich zugleich mit ihm zusammenschließt (*Logik*, Ges. Werke 11, S. 66 ff.). Daß das Endliche an seine G. stößt, hat für Hegel eine positive Bedeutung, weil es das Sollen eines Ansichseins ist. Durch die Dialektik werden Sch. und G. im Vergehen des Endlichen ins Unendliche aufgehoben. MBO

**Grenznutzen.** Der G. eines Gutes ist definiert als der Nutzen, den eine Erhöhung der verfügbaren Menge dieses Gutes um genau eine Einheit (unter sonst gleichen Umständen) stiftet. Dabei ist wie in der allgemeinen Nutzentheorie der Begriff »Nutzen« nur formal bestimmt. In der ökonomischen Theorie geht man davon aus, daß der G. eines Gutes immer positiv ist, aber in Abhängigkeit von der bereits bestehenden Menge dieses Gutes abnimmt (Gossensches Gesetz vom abnehmenden G.). In der konsequentialistischen Ethik und der ökonomischen Wohlfahrtstheorie ist der Begriff des G.s ein zentraler Theoriebestandteil, weil über dieses Konzept die Auswirkungen von Handlungen interpersonell verglichen werden können. Im Vergleich zweier Handlungsalternativen werden nicht die aus einer Handlung resultierenden aggregierten Gesamtnutzenwerte (über alle Personen) verglichen, sondern die aggregierten Grenznutzenwerte. Diese sind unabhängig von der je persönlichen relativen Nutzenbewertung alternativer Handlungsmöglichkeiten, so daß interpersonelle (Grenz)Nutzenvergleiche auch dann möglich sind, wenn man aus methodischen Gründen nur ordinal skalierte Präferenzordnungen (und daraus abgeleitete Nutzenfunktionen) unterstellt. – Das Konzept von G. resp. Grenzschaden wird in der Philosophie auch als Argument gegen den Handlungsutilitarismus diskutiert. Gegeben sei eine Situation, in der mit der zeitlich letzten Handlung einer Menge ansonsten identischer Handlungen ein definierter Grenzwert überschritten wird, so daß ein Schaden auftritt. Es sei, so das Argument gegen den Handlungsutilitarismus, weder plausibel noch aus epistemischen Gründen praktikabel, eine ansonsten gleiche Handlung nur deswegen zu verbieten, weil sie zeitlich zuletzt vollzogen wird und mit ihr die Schadensschwelle überschritten wird. **Lit.:** W. Frankena: Analytische Ethik. München [5]1994. – A. Lowe: Politische Ökonomik – On Economic Knowledge. Königstein 1984. – A. Page (Hg.): Utility Theory – A Book of Readings. New York 1968. – L. Savage/P. Ehrlich (Hg.): A Brief Introduction to Measurement Theory. New Jersey 1992. KRL

**Grenzsituation,** bezeichnet bei Jaspers Situationen, die mit dem Menschsein als solchem unvermeidbar gegeben sind und auf die sinnvoll nicht durch Planen oder Ausweichen reagiert werden kann, sondern durch das Werden unseres möglichen ↗Selbstseins. Solche Situationen sind: Geschichtliche Bestimmtheit des Daseins, Zufall, Tod, Leiden, Kampf und Schuld. Sie zeigen, daß das Dasein in sich widersprüchlich ist und keinen festen Halt zu geben vermag. Wenn der Mensch im Dasein so an den G.en scheitert, wird er auf sich zurückgeworfen und seiner allein aus dem Selbstsein entspringenden Freiheit gewahr. **Lit.:** G. Díaz Díaz: Begriff und Problem der Situation. Freiburg 1961. – K. Jaspers: Psychologie der Weltanschauungen. Berlin 1919. – Ders.: Philosophie. Bd. 2. Berlin 1932, [4]1973. FPB

**Grund.** Aufgrund des Bedeutungsspektrums ist der Sache nach zu unterscheiden zwischen Erkenntnis-G. als logischer Voraussetzung eines Urteils, einer Überzeugung oder eines Arguments; Handlungs-G. als Motiv, Beweggrund einer Handlung und Kausal-G. als physikalischer Ursache eines Ereignisses. Nach Maßgabe des heutigen wissenschaftlichen Sprachgebrauchs fällt G. daher in seiner Bedeutung als Kausal-G. in die Begriffsfelder ↗Erklärung, ↗Kausalität; als logischer G., Beweis-G. in die Begriffsfelder ↗Begründung, ↗Argumentation und schließlich als Motiv in das Feld ↗Handlung. – Unter Kausalgründen im Sinne von Ursachen von Ereignissen können diejenigen Tatsachen verstanden werden, die in den singulären Antezedensbedingungen der Kausalerklärung von Ereignissen angegeben werden. In der Verwendung als Kausal-G. dominiert die objektiv-deskriptive Komponente. Bei Argumentationen und insbesondere bei Handlungs-G. tritt, zumal im ethischen Sprachgebrauch, eine normative Komponente hinzu (↗Legitimation). – Sprachgeschichtlich verweist G. auf die Vorstellungen Tiefe, Ursprung, inneres Wesen. Dieser metaphorische Gehalt prägt auch seine Verwendung in der dt. Mystik des 14. und 15. Jh., wo G. z.T. synonym zu Geist, Seele gebraucht wird und zugleich Gott bezeichnet. Meister Eckhart verbindet beide Aspekte in seiner neuplatonisch geprägten Konzeption des Seelen-G.es und kennzeichnet damit die Gottähnlichkeit des Menschen. – Im »vorkritischen« dt. Rationalismus liegt im Satz vom G. (↗principium rationis sufficientis) der Hauptakzent auf der kausalen Bedeutung. Der Satz vom G. hat jedoch einen logisch-ontologischen Doppelcharakter: Er enthält die Präsupposition einer durchgängigen objektiven Ereigniskausalität und kennzeichnet ebenso das logisch-argumentative Prinzip der universalen Begründbarkeit von Urteilen. So erscheint der Satz vom G. etwa bei Wolff und Leibniz als logisches und zugleich metaphysisches Erklärungsprinzip. Kant hingegen weist in seiner Kritik der traditionellen Metaphysik den metaphysischen Geltungsanspruch zurück und setzt den Satz vom G. als universales logisches Prinzip der Gegenstandserkenntnis voraus. Kant zufolge ist er »der G. möglicher Erfahrung, nämlich der objektiven Erkenntnis der Erscheinungen, in Ansehung des Verhältnisses derselben in Reihenfolge der Zeit« (*KrV* A 201/B246). Er gilt »ohne Ausnahme von allen Dingen als Erscheinungen im Raume und Zeit, aber keineswegs von Dingen an sich selbst« (Akad.-Ausg. 8, 213). Schopenhauer unterscheidet klar vier Bereiche: den physischen, mathematischen, logischen und ethischen G., deren jeder einer Klasse von Objekten entspricht. Als gemeinsame Grundlage aller apriorischen Formen ist der Satz vom G. für Schopenhauer das zentrale Konstituens der Vernunft und deshalb ebenfalls die »Grundlage aller Wissenschaft«. **Lit.:** D. Follesdal u. a.: Rationale Argumentation. Berlin u. a. 1986. – Forum für Philosophie Bad Homburg (Hg.): Philosophie und Begründung. Frankfurt 1987. – A. Schopenhauer: Über die vierfache Wurzel des Satzes vom zureichenden Grund (Sämtl. Werke 7). Wiesbaden 1950. – W. Stegmüller: Probleme und Resultate der Wissenschaftstheorie und Analytischen Philosophie. Bd 1: Wissenschaftliche Erklärung und Begründung. Berlin u. a. 1974. – M. Wolff: Der Satz vom Grund, oder: Was ist philosophische Argumentation. In: Argumentation in der Philosophie, Neue Hefte für Philosophie 26 (1986). S.89–114. JH

**Grundrechte.** G. formulieren die auf normativer Begründung basierenden Bedingungen persönlicher Freiheit, menschlicher Würde und legitimer staatlicher Ordnung. – Freiheit, Würde und Leben haben als Grundnormen absoluten Wert und fließen als ethisch legitimierende Geltungskriterien in alle G. ein. Ihr normativer Charakter ist selbst Kriterium seiner eigenen Gültigkeit und nicht weiter begründbar. So kann das Postulat, den Menschen als »Zweck an sich selbst« zu betrachten (Kant), als hinreichende normative Begründung für den Verpflichtungscharakter von G.n nicht auf andere Grundsätze zurückgeführt werden. Auch naturrechtliche Begründungsversuche bieten nur naturalistische Rechtfertigungsgründe, aber keine ethischen Grundlegungen. Die in den G.n enthaltenen pragmatischen Entscheidungsnormen, wie Gleichheit, Eigentum oder einige Freiheitsrechte, finden in den Grundnormen ihren absoluten ethischen Rechtsgrund. Die G. umfassen und verbinden individuelle Ansprüche begründende subjektive Rechte ebenso wie objektive Prinzipien der gesamten Rechts- und Verfassungsordnung. – Die subjektiven G. umfassen den Bereich der ↗Menschenrechte und sollen (1) als Abwehrrechte den Schutz der individuellen Lebenssphäre sichern; (2) als Mitwirkungsrechte die positive Bedeutung der Freiheitsrechte aktualisieren; (3) als Teilhaberechte und soziale G. die ausdrückliche Gewährleistung der individuellen Existenz garantieren. Während Abwehr und Mitwirkungsrechte allein durch Respektierung in Kraft gesetzt werden, bedürfen Teilhaberechte konkreter staatlicher Handlungen. Da die unmittelbare Herleitung konkreter Leistungsverpflichtungen des Staates aus G.n Politik durch gesetzlich kontrollierten Verfassungsvollzug ersetzen würde, sind soziale G. umstritten. – G. als objektive Prinzipien eines politischen Gemeinwesens benennen die Bürgerrechte. Sie bezeichnen durch negative Kompetenzvorschriften die Grenzen des Staates, bestimmen die staatsbürgerlichen Rechte und sind die Grundbestandteile der politischen, juristischen und föderalen Ordnung des Staates. – G. beziehen sich als Menschenrechte auf alle Menschen, als Bürgerrechte nur auf einen ausgewählten Personenkreis. Durch G. kann nur der Staat und seine Organe verpflichtet werden. Die »Drittwirkung«, z.B. auf nichtstaatliche Inhaber gesellschaftlicher Macht, ist auszuschließen, da die Betroffenen sich, anders als der Staat, ihrerseits wieder auf G. berufen können. Ungeachtet dessen bleibt der Verpflichtungscharakter der G. im ethischen Sinne bestehen. **Lit.:** K.A. Bettermann (Hg.): Die Grundrechte. Hdb. der Theorie und Praxis der Grundrechte. Berlin 1954/67. – O. Höffe: Sittlich-politische Diskurse. Frankfurt 1981. – N. Luhmann: Grundrechte als Institution. Berlin 1965. JP

**Grundsatz.** Durch Chr. Wolffs Übersetzung des griechischen »Axiom« mit G. (*Mathem. Lex.* 1716) ist der Ausdruck als Terminus der Wissenschaftssprache etabliert worden. Eine philosophiegeschichtlich prägnante Bedeutung bekommt er als Bestandteil der Kantischen Rede von praktischen Grundsätzen. Darunter versteht Kant solche »Sätze, welche eine allgemeine Bestimmung des Willens enthalten, die mehrere praktische Regeln unter sich hat« (Akad.-Ausg. 5,19). In diesen Sätzen werden Normen formuliert, in denen jeweils ein bestimmter Zweck vorgegeben ist, der durch mehrere Handlungen realisiert werden kann. Kant unterscheidet subjektive praktische G.e, d.h. Regeln, denen man de facto im Handeln folgt, die er als *Maximen* bezeichnet, und objektive praktische G.e, die als für alle verpflichtende ethische G.e den Menschen mit der praktischen Vernunft gegeben sind und die er als praktische Gesetze oder kategorische ↗Imperative bezeichnet. ↗Postulat. **Lit.:** O. Schwemmer: Philosophie der Praxis. Versuch zur Grundlegung einer Lehre vom moralischen Argumentieren in Verbindung mit einer Interpretation der praktischen Philosophie Kants. Frankfurt 1971. JH

**Gruppe,** einer der Fundamentalbegriffe der modernen Mathematik und Physik. Eine Menge H ist eine G. genau dann, wenn es für je zwei Elemente g,h, von H ein Produkt gh aus H gibt, das die folgenden Bedingungen erfüllt: (1) für alle g,h,k aus H gilt (gh)k = g(hk)(Assoziativgesetz); (2) es gibt ein neutrales Element e aus H, so daß für alle g aus H gilt: ge = g; (3) für alle g aus H gibt es ein inverses $g^{-1}$ aus H, so daß gilt $gg^{-1} = e$. Einfache Beispiele für G.n sind die reellen Zahlen und die Transformationsgruppen in der Geometrie. – In der Soziologie versteht man unter einer G. eine Anzahl von Individuen, die in geregelter und wiederholter Weise interagieren und so ein Zusammengehörigkeitsgefühl entwickeln. Je nach dem Grad dieses Gefühls unterscheidet man primäre und sekundäre G.n. **Lit.:** A. Giddens: Sociology. Cambridge 1989. – S. Mac Lane: Mathematics, Form and Function. New York 1986. – H. Wussing: Die Genesis des abstrakten Gruppenbegriffs. Berlin 1969. TM

**Gültig.** (1) In der formalen Logik wird in verschiedener Hinsicht von g. gesprochen: (a) in bezug auf ein Schlußverfahren: Ein Schluß mit den Prämissen $A_1 \ldots A_n$ und der Konklusion B heißt g., wenn die Konklusion B wahr ist, und unter der Voraussetzung, daß die Prämissen wahr sind; (b) als logisch oder formal g. wird ein solcher Schluß bezeichnet, wenn er g. ist unabhängig von dem Bestehen oder Nicht-Bestehen der Sachverhalte, auf die sich Prämissen und Konklusionen beziehen; (c) aussagenlogisch g. ist ein Schluß dann, wenn er g. ist bei jeder möglichen Verteilung der Wahrheitswerte auf die einfachen Sätze, die in Prämissen und Konklusion vorkommen, d.h. er ist g. allein aufgrund der Festlegung über die Satzoperatoren, die in den Prämissen und der Konklusion enthalten sind; (d) prädikatenlogisch g. ist ein Schluß von den Prämissen $A_1 \ldots A_n$ auf die Konklusion B, wenn jede ↗Interpretation (d.i. Zuordnungsregel von Gegenstandskonstante zu einem Objekt und Prädikatkonstante zu einem Begriffsumfang), die alle Prämissen $A_1 \ldots A_n$ erfüllt, auch die Konklusion B erfüllt.

(2) Im Bereich der Ethik bedeutet g.: (a) Eine Norm ist g., wenn sie innerhalb eines Normensystems sanktioniert ist; (b) für eine Norm wird ein Gültigkeitsanspruch erhoben, wenn nicht nur relativ zu einem bestimmten Normensystem Aussagen über den Maßstab von gutem und schlechtem Handeln getroffen werden, sondern wenn mit diesen Aussagen ein Objektivitätsanspruch und damit der Anspruch, allgemein begründet zu sein, verbunden ist.

(3) Für den handlungs- und kommunikationstheoretischen Bereich bedeutet g., daß für die Geltungsansprüche von Wahrheit oder normativer Richtigkeit eine Anerkennungswürdigkeit besteht. D.h. die Anerkennung hängt von der Sicherheit ab, daß unter geeigneten Umständen eine intersubjektive Übereinstimmung herbeigeführt werden kann. **Lit.:** J. Habermas: Was heißt Universalpragmatik. In: K.-O. Apel (Hg.): Sprachpragmatik und Philosophie. Frankfurt 1976. S. 178. – F. v. Kutschera/A. Breitkopf: Einführung in die moderne Logik. Freiburg/München 1971. S. 10f., 40ff., 90. – E. Tugendhat: Vorlesungen über Ethik. Frankfurt 1973. S. 19. PP

**Guṇa** (sanskrit, Eigenschaft), Terminus der ↗Sāṃkhya-Philosophie, der schon in der mittleren ↗Upaniṣaden-Zeit auftritt (*Śvetāśvatara-U.* 1.3., 4.5.,

5.5., 5.7.). Schon ab der frühen Zeit gibt es drei G.s, und auch im klassischen Sāṃkhya sind es drei, durch deren Vermischung sich die Urmaterie (↗Prakṛti) bildet. Den G.s werden bestimmte Eigenschaften zugeschrieben, die nach der Entfaltung der Prakṛti gemäß ihres Mischungsverhältnisses den materiellen Objekten ihre Qualitäten verleiht: sattva (Wahrheit) ist licht, leicht, freudig; rajas (Staub) ist beweglich, anregend, leidenschaftlich und tamas (Dunkelheit) ist dunkel, schwer, hemmend. MD

**Gut, das Gute.** Der Begriff des G.n stellt einen allgemeinen Wertbegriff dar. Für die Philosophie der Neuzeit ist Hobbes' relationale Bestimmung des G.n bezeichnend: G. ist bezogen auf denjenigen, der nach etwas strebt. Es erscheint von daher sinnlos, nach einem G.n an sich fragen zu wollen. Dabei ist aber zu unterscheiden, ob das Prädikat »g.« dazu gebraucht wird, eine funktionale Eigenschaft von einem Ding zu beschreiben oder dazu, eine menschliche Handlung zu qualifizieren. Die empirisch aufweisbare Qualität von Objekten läßt sich nach Funktionalitätskriterien beurteilen; in bezug auf die menschlichen Handlungen beinhaltet »g.« dagegen eine normative Forderung, die zu einem bestimmten Verhalten auffordert. In der Ethik lassen sich zwei mögliche Theorien des G.n unterscheiden: die teleologische und die deontologische. (1) Im teleologischen Ansatz existiert das, was als G. erstrebt wird, als ein nicht-ethisches und von dem menschlichen Willen unabhängiges G. Die Richtigkeit des Handelns wird danach beurteilt, ob durch das Handeln ein Zustand herbeigeführt wird, der unabhängig von diesem konkreten Handeln und ohne Rekurs auf moralische Pflichten als erstrebenswert gilt und gerechtfertigt ist. Der Utilitarismus beurteilt die Folgen einer Handlung danach, welchen Wert sie für die Bedürfnisbefriedigung möglichst vieler darstellen. Die ↗Wertephilosophie vertritt die These, daß es vom menschlichen Wollen unabhängige Werte gibt, auf die sich das Wertfühlen richten kann. (2) Die deontologische Theorie des G.n vertritt die These, daß G. sich nach dem bemißt, was für den Menschen Pflicht ist, unabhängig davon, welche Ziele die vollzogene Handlung erreicht und welche Folgen sie zeitigt. Pflicht ist dabei der Name für eine Willensbestimmung. Der gute Wille zeigt sich für Kant als vernünftige Selbstbestimmung, in der der Wille sich selbst eine Norm setzt. – Die sprachanalytische Metaethik geht auf verschiedene Weise der Frage nach, wie das Wort »g.« gebraucht wird. Moore weist darauf hin, daß das Prädikat »gut« nicht durch Angabe natürlicher Eigenschaften definiert werden könne (↗naturalistischer Fehlschluß). Hare stellt den empfehlenden Charakter von »gut« heraus. ↗Agathon. **Lit.:** R.M. Hare: Die Sprache der Moral. Frankfurt 1983. – G.E. Moore: Principia Ethica. Stuttgart 1970. – A. Pieper: Das Gute. In: E. Martens/H. Schnädelbach (Hg.): Philosophie. Reinbek 1985. S. 262 ff. PP

**Güterlehre,** der Sache nach auf die klassische Antike, dem Wort nach auf Schleiermachers Ethik zurückgehend. In einem weiteren Sinne meint der Begriff die Wissenschaft von der Hierarchie der Werte bzw. der im Handeln erstrebsamen Güter. Bereits Platon stellt in den Dialogen *Protagoras* und *Gorgias* die Frage, ob alles Gute lustvoll sei. Gemeint ist die Frage (*Protagoras* 353c ff.), ob es gute und schlechte Lüste gebe, wobei sich als Kriterium für die Güte einer Lust erweist, was sich langfristig als Gutes durchsetzt. Aristoteles definiert in der *Nikomachischen Ethik* die Glückseligkeit (↗eudaimonia) als höchstes Gut. Schleiermacher, der die aristotelische Ethik übersetzt, verfaßt im Jahre 1789 eine Frühschrift mit dem Titel *Über das höchste Gut*, welche als Entwurf seines 1803 niedergelegten, aber bis zu seinem Tode immer wieder abgeänderten Textes *Grundlinien einer Kritik der bisherigen Sittenlehre* zu deuten ist. In dieser – antike mit kantischer Ethik verbindender – Sittenlehre weist Schleiermacher der G. neben Pflichten- und Tugendlehre die Rolle einer elementaren ethischen Formenlehre zu. Sie zeigt die Güter auf, die sich zum einen ergeben aus der Aufgabe, individuelle und gemeinschaftliche Zwecke zu vermitteln, zum anderen aus der organisierenden und symbolisierenden Gestaltung der Natur. – Außerhalb der Philosophie ist die G. im Kontext der strafrechtlichen Rechtsgüterabwägung (etwa beim Notwehrparagraphen) und der Wirtschaftswissenschaft, wo die Ware als knappes Gut definiert ist, relevant. **Lit.:** W.H. Pleger: Schleiermachers Philosophie. Berlin 1988. S. 12–25. MFM

**Gutwilligkeit.** In der Konsenstheorie der Wahrheit werden für den Prozeß der Konsensbildung die Zusatzannahmen der Vernünftigkeit, Sprachkundigkeit, Normalsinnigkeit und der G. aufgestellt. Die Annahme der G. bedeutet, daß zwischen den Konsenssuchenden nicht die Absicht der Täuschung und des Betrugs bestehen darf. ↗Konsenstheorie. PP

**Haben,** eine der sprachlich-logischen Kategorien in der aristotelischen Kategorienlehre: Aristoteles unterscheidet das H. als Habitus, Disposition, »sonst eine Beschaffenheit« oder quantitativ. Der Psychoanalytiker E. Fromm nennt jenes für das Überleben wichtige Haben eine »Funktion des existentiellen Habens«. G. Marcel sieht in *Sein und Haben* zwei grundsätzliche existentielle Einstellungen. Im »H.« äußert sich die verobjektivierende und besitzergreifende Haltung zur Welt, dem anderen und mir selbst. Dagegen bedeutet »Sein« In-Anspruch-genommen-sein, engagierte Teilhabe am Sein des anderen. **Lit.:** E. Fromm: Haben oder Sein. Stuttgart 1976. – G. Marcel: Etre et avoir (dt. Sein und Haben. Paderborn [2]1968). MFM

**Habitus,** aristotelisch-scholastisch: erworbene Verhaltensdisposition bzw. Gewohnheit, die ein bestimmtes Verhalten leicht und mit Genuß vollziehen läßt und somit zur »zweiten Natur« des Menschen wird. Ein H. wird erworben durch mehrfache Setzung des entsprechenden Verhaltens und kann langfristig durch konträres Verhalten geschwächt werden. Im Gegensatz zu Affekten und Fähigkeiten sind H. – da vom Träger beeinflußbar – Gegenstände moralischer Beurteilung:

Tugenden und Laster sind H. Der tugendhafte Mensch vollzieht moralisch richtige Handlungen mit Leichtigkeit und Freude. WL
Bourdieu prägt den Begriff des H. in Verbindung mit den Begriffen Lebensstil und Struktur als Schlüsselbegriff seiner Kulturtheorie. Unter H. versteht er einen Zusammenhang von Dispositionen, die dem sozialen Handeln eine einheitliche Struktur geben. In den verschiedenen sozialen und kulturellen Strukturen reproduzieren sich nach Bourdieu ökonomische Verhältnisse. Die für einen spezifischen Typus von Umgebung konstitutiven Strukturen (etwa die eine Klasse charakterisierenden materiellen Existenzbedingungen) erzeugen H.formen, d. h. Systeme dauerhafter Dispositionen (S. 164 f.). Das kulturelle Handeln betrachtet Bourdieu als das historische Produkt und den Ausdruck bestimmter Lebensstile, die jeweils einem bestimmten sozialen und ökonomischen Status entsprechen. Der H. bildet nun diejenige subjektive Struktur, in der die objektiven sozialen und ökonomischen Verhältnisse sich gleichsam verfestigen und so das individuelle Handeln prägen. Die Individuen tragen ihre gegenwärtige wie vergangene Position innerhalb der Sozialstruktur überall und allezeit in Gestalt der H.formen mit sich herum, die erst die soziale Person mit allen ihren Dispositionen ergeben (S. 181). Als Instrument der sozial- und kulturwissenschaftlichen Analyse versteht Bourdieu den H., in Anlehnung an Saussures Strukturbegriff, als eine gegenüber dem individuellen Verhalten objektive, selbständige Struktur von Handlungsweisen und kulturellen Praktiken, durch welche die interpersonalen Beziehungen vermittelt sind. JH
**Lit.:** Aristoteles: Eth. Nic. II 4. – P. Bourdieu: Entwurf einer Theorie der Praxis auf der ethnologischen Grundlage der kabylischen Gesellschaft. Frankfurt 1976. – Thomas v. A.: S.th. I/II 49–54. – O. H. Pesch, Thomas v. Aquin. Mainz 1988.

**Haecceitas.** Mit dieser Neuprägung bezeichnen Duns Scotus und die skotistische Schule manchmal das Individuum, meistens aber das Individuationsprinzip: H. ist »jene Form, durch die das Kompositum dieses bestimmte Seiende ist«. Im Unterschied zu Thomas von Aquin, der das Individuationsprinzip in einer materiellen Bestimmung sieht (materia signata quantitate), findet es Scotus in jener formalen (d. h. ontischen, nicht logischen) Bestimmung, die als »letzte Realität des Seienden« die der Individualität und Universalität gegenüber indifferente natura communis zur Einzelheit kontrahiert (z. B. bei Sokrates die Socrateitas). MA

**Halluzination,** Sinnestäuschung, die häufig schizophrene und psychotische Episoden begleitet. Der Inhalt der H. steht meist in einer innigen Beziehung zum traumatisch erlebten Komplex, der den Wahnsinn hervorgerufen hat, zugleich aber verleugnet werden muß. Die H. substituiert in der Psychose die Realität, womit eine Verarmung der Ich-Funktionen einhergeht. – Freud untersuchte das Phänomen nicht nur in destruktiv-pathologischer Hinsicht; er sah denselben psychischen Mechanismus in seiner progressiven Funktion beim frühen Autoerotismus, in der Genese des (Trieb-)Wunsches und bei der Traumarbeit am Werk: Das Ich zieht die Besetzungen von der Außenwelt zurück, gibt damit die Realitätsprüfung auf, nützt aber die (traum-)bildende Kraft für die Verwandlung des Gedankens in ein sinnlich-halluzinatorisches Erleben. Mittels dieser Fähigkeit, die sich der regredienten Funktionsweise des psychischen Apparates verdankt, ist dem Subjekt eine gewisse schöpferische Unabhängigkeit vom bedürfnisbefriedigenden Objekt gegeben.
**Lit.:** S. Freud: Die Traumdeutung (Studienausgabe Bd. 2. Frankfurt 1969–75). Kap. VII. – Ders.: Formulierungen über die zwei Prinzipien des psychischen Geschehens (Studienausgabe Bd. 3). – Ders.: Neurose und Psychose (Studienausgabe Bd. 3). – Ders.: Die Verneinung (Studienausgabe Bd. 3). EF

**Handeln, moralisches.** M. H. läßt sich durch drei Merkmale in allgemeiner Weise charakterisieren: (1) Es ist intentional (oder zielgerichtet), (2) der intentionale Aspekt der Erfahrung steht in Verbindung mit einer Verpflichtung, (3) die Verpflichtung ergibt sich entweder (scheinbar) objektiv aus vorgegebenen Idealen oder Geboten (in traditionellen Moralvorschriften) oder subjektiv aus der Forderung eines als objektiv begriffenen Ideals an den Handelnden (bzw. an das Selbst). Als direkter Bestimmungsgrund des moralischen H.s ist das Gefühl der ↗Verpflichtung anzusehen. Der kognitive Gehalt des m.n H.s ist einerseits durch die Intentionalität als Befolgung einer Verpflichtung begründet und andererseits darin, daß diese Verpflichtung für den Handelnden als objektiv begründet erscheint. Die Intentionalität zeigt die Verknüpfung mit Vorstellungen und Begriffen des Guten, des Rechten, der Pflicht usw. an, der objektive Begründungsanspruch verweist darauf, daß Handlungen auf Gründe angewiesen sind, mittels derer Verpflichtungen gerechtfertigt werden (können). **Lit.:** A. Blasi: Psychologische und philosophische Definition der Moral. In: Zur Bestimmung der Moral. Hg. W. Edelstein, G. Nunner-Winkler, Frankfurt 1986, S. 55 ff. PP

**Handeln, soziales,** nach M. Weber ein Grundbegriff erfahrungswissenschaftlicher Soziologie. Menschliches Handeln ist nur durch einen subjektiven Sinn adäquat bestimmbar, d. h. durch denjenigen Sinn, den der Handelnde mit seinem Handeln verbindet. S. H. ist dadurch definiert, daß es seinem gemeinten Sinn nach auf das Verhalten anderer Menschen bezogen wird und daran in seinem Ablauf orientiert ist. – Schütz erörtert den Begriff des s. H.s in bezug auf den Kontext der sozialen Lebenswelt. Diese stellt einen intersubjektiven Sinnzusammenhang dar, der die Möglichkeit sinnvollen Verhaltens und H.s erst begründet. Dadurch werden Handlungen und Ausdrucksbewegungen anderer Pesonen immer schon als sinnvoll erlebt. Handlungen verweisen auf Sinn, der von dem Einzelnen ausgelegt wird und ausgelegt werden muß, wenn er sich in seiner Lebenswelt zurechtfinden will. Die Sinndeutung ist das Grundprinzip der natürlichen Einstellung mit Bezug auf den Mitmenschen. Die Grundstruktur der lebensweltlichen Wirklichkeit ist allen gemeinsam: Es ist jeder Person selbstverständlich, daß sie bis zu einem gewissen Grad von den Erlebnissen der Mitmenschen und den Motiven ihres H.s Kenntnis erlangen kann. – In der weiteren Entwicklung der Theorie des s. H.s werden für das s.H. zwei grundlegende, nicht aufeinander reduzierbare Strukturmomente angegeben: einerseits das H. als intentionale und tätige Verwirklichung von Zielen durch Einsetzen von Mitteln in einer wahrgenommenen Situation, andererseits die Wahrnehmung der anderen als Handlungssubjekte. Durch die Orientierung an anderen Handlungssubjekten sind die konsensuelle Situationsdefinition und die Kommunikation wesentliche Komponenten des s.H.s. **Lit.:** D. Geulen: Perspektivenübernahme und soziales Handeln. Frankfurt 1982. S. 24ff. – A. Schütz: Der sinnhafte Aufbau der sozialen Welt. Frankfurt 1974. – M. Weber: Soziologische Grundbegriffe. In: Methodologische Schriften. Frankfurt 1968. S. 279. PP

**Handelsstaat,** um 1800 aufkommende Bezeichnung für einen Staat, dessen Wohlstand sich vor allem dem auswärtigen Handel verdankt (so Herder und Jean Paul). Fichte dagegen vertritt das Konzept eines geschlossenen H.es, der sich (v. a. durch die Einführung einer reinen Binnenwährung) vom auswärtigen Handel abkoppelt und weitgehend autark ist. Die Außenbeziehungen beschränken sich auf einen unumgänglichen Naturalientausch sowie wissenschaftliche und künstlerische Kontakte. Die Bevölkerung gliedert sich in die Hauptstände der Naturprodukte gewinnenden Produzenten, der diese Produkte weiterverarbeitenden »Künstler« sowie der Kaufleute; jeder Stand ist zahlenmäßig zu beschränken und den Bürgern ein Anteil am Gesamtprodukt entsprechend der Arbeitsleistung zu garantieren. Im geschlossenen H. verwirklicht sich das Eigentumsrecht nicht im ausschließenden Besitz einer Sache, sondern im ausschließenden Recht auf eine bestimmte, freie Tätigkeit, wodurch die gesellschaftliche Lenkung der Individuen gerechtfertigt wird. Die Schließung des H.es ist für Fichte Übergang zum Vernunftstaat, in dem Freiheit und Gleichheit auch ökonomisch realisiert und die Ursachen von Revolutionen und Kriegen beseitigt sind. **Lit.:** J.G. Fichte: Der geschloßene Handelsstaat. Ein philosophischer Entwurf als Anhang zur Rechtslehre und Probe einer künftig zu liefernden Politik. Tübingen 1800 (Hg. H. Hirsch. Hamburg 1979). – A. Verzar: Das autonome Subjekt und der Vernunftstaat. Eine systematisch-historische Untersuchung zu Fichtes »Geschloßnen Handelsstaat« von 1800. Bonn 1979. – B. Willms: Die totale Freiheit. Fichtes politische Philosophie. Köln/Opladen 1966. AA

**Handlung.** Der grundlegende philosophische Begriff der H. wurde von Aristoteles in der *Nikomachischen Ethik* entwickelt. Ausgehend von der Bestimmung, daß alles sinnvolle Tun zielgerichtet ist, unternimmt er eine entscheidende Differenzierung im Hinblick auf die Art der Zielgerichtetheit. In dem einen Fall einer H., die er als ↗poiesis bezeichnet, sind die Ziele Werke (ergon) oder Produkte jenseits des Tuns, im anderen Fall realisiert sich das Ziel in der Tätigkeit selber (energeia). Kennzeichnend für die als ↗praxis bezeichnete H. ist, daß ihr Ziel im Vollzug selbst liegt, d. h. das praktische Ziel fällt mit dem Handlungsvollzug zusammen. Als Beispiele solcher H.en lassen sich das Sehen oder Betrachten, das Nachdenken, das Leben oder die sinnvolle Lebensgestaltung anführen. Das Ziel einer solchen H. kann nicht im Sinne eines Ergebnisses des Handlungsvollzuges bestimmt werden. Bspw. geschieht das Überlegen im Vollzug des Nachdenkens. Das für die Ethik relevante Beispiel des Aristoteles ist der Lebensvollzug, dessen Aktualisierung Ziel in sich ist. Das Ziel eines solchen Handelns ist das geglückte Leben (↗Eudaimonie). Es läßt sich nicht nach irgendwelchen materiellen Glücksvorstellungen bestimmen, sondern erweist sich als gelungenes Handeln. Eine inhaltliche Bestimmung des Handlungszieles, die von der Handlungsstruktur und der Handlungsfolge in der Einheit des Lebenszusammenhanges absieht, erscheint von daher nicht möglich.

Ausgehend von diesen Unterscheidungen des Aristoteles lassen sich eine Reihe von Elementen des Handelns benennen: (1) Dem Handeln ist eine intentionale Struktur, d. h. eine Zielgerichtetheit eigen. Eine (funktionalistische) Deutung der H. als Mittel zur Realisierung eines Zweckes verfehlt die spezifische Struktur der H. als Vollzug. Denn ein jedes Handeln vollzieht sich in einem situativen Kontext. (2) Ein solcher Kontext stellt in gleicher Weise die Grenzen und die Ermöglichungsbedingungen dar. Im Vollzug der H. antworten wir auf die ständigen Veränderungen in der Situation. H. und H.kontext bilden ein Ganzes, das sich erst mit unseren Situationswahrnehmungen und H.en zugleich herausbildet, und zwar über einen vielfachen Wechsel von Versuchen der Situationsdefinition und H.gestaltung (Schwemmer). (3) Der vorliegende Kontext ist nicht nur in einem gegenständlichen Sinne zu verstehen, sondern als interpersonaler Zusammenhang. (4) Für die H. in einem situativen Kontext lassen sich formale Situationsmerkmale benennen: Die Zeitlichkeit des Handelns bedeutet Unwiderruflichkeit und Unmöglichkeit des Ungeschehenmachens. Jede H. schafft auch neue Situationen, die nur bedingt rückgängig zu machen sind, indem neues Handeln die Folgesituationen wieder umgestaltet. Ebenso könnte natürlich das Handeln unterbleiben. Da dies aber innerhalb eines H.raumes stattfindet, hat auch der Entschluß zur Nicht-H. einen H.charakter. (5) Die Zeitlichkeit der H. bedeutet nicht eine lineare Abfolge von Einzelhandlungen. Vielmehr handeln wir in einem verzweigten und vielfältigen Netz von Absichten und H.zusammenhängen. Aus diesem Grund ist die H. nicht i.S. eines feststehenden Schemas zu deuten, sondern jede H. ist Teil einer Sinnstruktur, die den Zusammenhang zu anderen H.en und Situationen bildet. (6) Die H. des einzelnen trägt trotz seiner Verbindung zum H.kontext das Merkmal der Partikularität. Darin artikuliert sich, was aus dem H.kontext aufgegriffen und in eine H.in-

tention überführt wird. (7) Durch jede H. werden Bedingungen für nachfolgendes Handeln geschaffen, die ihrerseits wieder H.en als Antworten ermöglichen und hervorrufen. (8) Die genannten Sinnstrukturen entwickeln sich selbst erst mit ihrer jeweiligen Verwirklichung. Die Regel, nach der in ihnen unsere Einzelhandlungen in einen Zusammenhang gebracht werden, existiert nicht als eine Erzeugungsregel schon vor und unabhängig von unserem Handeln, sondern entsteht mit diesem Handeln selbst (Schwemmer).
Eine Theorie des zweckrationalen Handelns hat zum einen einen allgemeinen Begriff von Handeln als intentionale und tätige Verwirklichung von Zielen und zum anderen einen angemessenen Begriff von Subjektivität zu explizieren: Dem Handeln ist in dem Sinne eine H.orientierung eigen, daß es auf die Erreichung bzw. Verwirklichung eines Zieles ausgerichtet ist. Unter einem Ziel ist ein gewünschter Zustand der Realität i.w.S. zu verstehen, der gegenwärtig noch nicht erreicht, aber prinzipiell durch eine bestimmte (geeignete) Tätigkeit seitens des Handelnden oder im Vollzug des Handelns selber erreichbar scheint und so von dem Subjekt antizipiert wird. Für das Erreichen des Zieles sind die in realen Sachzusammenhängen begründeteten Bedingungen zu berücksichtigen, die durch entsprechende Tätigkeiten zuerst hergestellt werden müssen, damit das Ziel erreicht wird. Für das Ziel-Mittel-Verhältnis sind mehrere Momente zu berücksichtigen: (1) die Zielorientierung impliziert in der Regel, daß das Ziel erst in mehreren Schritten erreichbar ist, d. h. es erfordert das Realisieren von mehreren Zwischenzielen und eine Abfolge der Erfüllung von mehreren Bedingungen – sequentielle Struktur des Handelns. (2) Häufig müssen mehrere Bedingungen simultan erfüllt bzw. hergestellt sein, d. h. es gilt, mehrere Handlungsketten nebeneinander zu koordinieren und zu planen. (3) Häufig ergeben sich alternative Bedingungsketten, die sich in relevanten Merkmalen wie Aufwand, Effektivität, Zeitdauer, Wahrscheinlichkeit des erwarteten Ablaufs oder in den Nebenfolgen unterscheiden. **Lit.:** R. Bubner: Handlung, Sprache und Vernunft. Frankfurt 1976. S. 74 ff. – D. Geulen: Perspektivenübernahme und soziales Handeln. Frankfurt 1982. S. 24 ff. – F. Kaulbach: Einführung in die Philosophie des Handelns. Darmstadt 1982. – O. Schwemmer: Handlung und Struktur. Frankfurt 1987. S. 42 ff. – W. Wieland: Praxis und Urteilskraft. Zeitschrift f. philos. Forschung 28. 1984. S. 32 ff. PP

**Handlungserklärung.** In bezug auf die Erklärung von Handlungen lassen sich die kausale und die intentionale H. als gegensätzliche Positionen benennen. Die kausale H. gibt als notwendige und hinreichende Bedingung dafür, daß eine Person eine intentionale Handlung vollzieht, folgende Momente an: (1) Das Verhalten einer betreffenden Person ergibt das Resultat des Aktes (d. h. das Resultat wird erst durch das Verhalten bewirkt). (2) Es gibt ein Ziel, das die betreffende Person erreichen will, und von dem sie glaubt, daß es durch ihr Verhalten herbeigeführt wird. (3) Das Wollen der Person und die Annahmen bezüglich des Verhaltens als geeignetem Mittel verursachen das Verhalten der Person. Eine kausale H. zielt darauf ab, den Begriff der intentionalen Handlung in seine grundlegenden logischen Bestandteile zu zerlegen. Als Grundbegriffe gelten das »Verhalten«, das »Glauben«, das »Wünschen« und der Begriff der Kausalität. Die kausale H. zerlegt die Beschreibung eines intentionalen Aktes in drei Teile: eine Beschreibung des bloßen Verhaltens, d. h. der Körperbewegung, die ein Ergebnis ergibt; eine mentale Beschreibung der Annahmen und Wünsche; eine Feststellung des Inhalts, daß die Körperbewegung durch das mental Beschriebene (d.i. die Wünsche) verursacht wird. Dadurch wird zur Erklärung des Ereignisses »Körperbewegung« ein weiteres Ereignis, das sich gleichsam im Inneren des Handelnden zuträgt, festgestellt. – Eine komplexere kausale Theorie der H. wird von Davidson vorgetragen: H.en erfüllen das Kausalschema infolge einer singulären kausalen Prämisse, nach welcher das Verhalten der betreffenden Person durch eine gegebene positive Einstellung (gegenüber einem Handlungstypus) und durch die Annahme, daß eine konkrete Handlung von diesem Handlungstyp ist, verursacht worden ist. Diese kausale Prämisse impliziert, daß es eine gesetzesartige Erklärung dafür gibt, warum die gegebene Einstellung und die gegebene Annahme unter den vorliegenden Umständen das Verhalten des Betreffenden tatsächlich verursachte. Damit eine positive Einstellung eine Handlung kausal erklärt, ist es nach Davidson nur erforderlich, daß es im Prinzip ein allgemeines Gesetz gibt, das Ereignisse von der Art der betreffenden positiven Einstellung mit Ereignissen einer anderen Art (d.i. der konkreten Handlung) verknüpft. – Für die Position der intentionalen H., wie sie v. Wright vertritt, ist »Intentionalität« ein nicht weiter reduzierbarer Begriff. Die intentionale oder teleologische H. basiert auf zwei Annahmen: (1) ein Wissen, daß mit einem bestimmten Verhalten (einer Tätigkeit) ein Ergebnis erreicht werden kann; (2) der Absicht einer Person, mittels dieser Tätigkeit das intendierte Ergebnis zu erreichen. V. Wright erläutert die intentionale H. durch die Form des praktischen Schlusses: 1. Prämisse: die Person A beabsichtigt, ein Ereignis p herbeizuführen; 2. Prämisse: A glaubt, daß sie p nur herbeiführen kann, wenn sie eine Tätigkeit a ausführt; 3. Konklusion: Folglich macht sich A daran, a zu tun. Anhand dieses praktischen Schlusses demonstriert er, daß die H. keine kausale Erklärung sein kann, da die Konklusion aus den Prämissen logisch gefolgert werden kann. Für eine kausale Ursache (i.S. Humes) ist es dagegen charakteristisch, daß Ursache und Wirkung logisch voneinander unabhängig sind und daß sie nur zu einer Aussage über eine empirische Notwendigkeit führt. Der praktische Schluß zeigt auf, daß Intention und Handlung miteinander logisch verknüpft sind (was nicht heißt, daß die Prämissen notwendig die Handlung zur Folge haben müssen). Wenn der praktische Schluß als Konklusion eine wahre Behauptung darüber ergibt, was die betreffende intentionale Handlung ist, dann stellen die Prämissen dieses Schlusses auch eine teleologische Erklärung dieser Handlung dar. In einer solchen H. werden unterschiedliche Verhaltensweisen nicht unter Gesetze subsumiert, die das jeweilige Verhalten gesetzesmäßig mit Antecedensbedingungen verknüpfen, sondern unter ein Ziel, auf das das Verhalten gerichtet ist. Die Prämissen des praktischen Schlusses implizieren eine Aussage über einen intentionalen Akt ohne Rekurs auf irgendeine kausale oder gesetzesartige Aussage und erklären somit diesen Akt teleologisch, weil die Prämissen die Bedingungen niederlegen, mit Hilfe derer das betreffende Verhalten zu verstehen ist. **Lit.:** K.-O. Apel: Die Erklären-Verstehen-Kontroverse in transzendentalpragmatischer Sicht. Frankfurt 1979. – D. Davidson: Handlung, Gründe und Ursachen. In: Handlung und Ereignis. Frankfurt 1985. S. 19 ff. – Th. Hausmann: Erklären und Verstehen. Frankfurt 1991. S. 189 ff. – H. Lenk (Hg.): Handlungstheorien – interdisziplinär. Bd. 2.1. München 1978. – F. Stoutland: Die kausale Theorie der Handlung. In: K.-O. Apel (Hg.): Neue Versuche über Erklären und Verstehen. Frankfurt 1978. S. 105 ff. – H. v. Wright: Erklären und Verstehen. Frankfurt 1974. – Ders.: Probleme des Erklärens und Verstehens von Handlungen. In: Conceptus 19 (1985). Nr. 47. S. 3–19. PP

**Handlungsfreiheit.** In einem allgemeinen Verständnis bedeutet H. die Fähigkeit und das Vermögen zum bewußten und freiwilligen Tun; in gesellschaftlich-politischer Hinsicht bedeutet H. die Möglichkeit und das Recht, ohne äußeren Zwang nach eigenem Wollen und eigener Überzeugung zu handeln. – Repräsentativ für eine Theorie der H. stehen Hobbes und Hume. Bei Hobbes ist Freiheit nur als Handlungsmöglichkeit in Abwesenheit äußerer Hindernisse zu verstehen (*Leviathan* Kap. 14). Hume argumentiert auf der Grundlage seiner Annahme, daß die Kausalität im psychischen und physischen Bereich auf den gleichen Prinzipien beruht. Denn in beiden Fällen entspringt die Schlußfolgerung einer natürlichen Wirkung der Gewohnheit auf die Einbildungskraft. Nach wiederholter Beobachtung einer stetigen Verbindung entsteht in uns die Vorstellung einer zwangsläufigen Beziehung. Daraus zieht er sein entscheidendes Argument gegen die Annahme der ↗Willensfreiheit, indem er einwendet, daß die Annahme der Freiheit als des Gegenteils von Notwendigkeit den festgestellten beständigen Zusammenhang zwischen einer Handlung und ihrem Motiv zerstören müßte und deshalb der Erfahrung widerspricht. Auch wenn unsere Taten in affektiven Beweggründen ihren Ursprung haben, bleibt dem Menschen die Freiheit der Spontaneität: Darunter versteht Hume die Möglichkeit, sich gegen äußere Gewalt zur Wehr setzen zu können. **Lit.:** O. Höffe: Autonomie und Verallgemeinerung als Moralprinzipien. In: Transformation und Entwicklung. Hg. v. F. Oser, R. Fatke, O. Höffe. Frankfurt 1986, S. 56 ff. – D. Hume: Ein Traktat über die menschliche Natur. Buch II, 3. Teil. Hamburg 1978. S. 133 ff. PP

**Handlungslogik,** durch von Wright begründete Teildisziplin der Logik, die als Grundlage der Normenlogik dient und Teil einer allgemeinen logischen Theorie der Veränderung anzusehen ist. Sie dient der Analyse der logischen Besonderheiten, die den Aussagen über Ausführung und Unterlassung von Handlungen zukommen. Dabei werden die der H. eigenen logischen Gesetze bestimmt, die zu den Gesetzen der Aussagenlogik hinzukommen. Aufgaben und zentrale Probleme der H. sind die Analyse des praktischen Schließens sowie die Klärung und Präzisierung zentraler handlungsbeschreibender Begriffe (z. B. »Hervorbringen«, »Zulassen« oder »Unterlassen«). **Lit.:** H. Lenk (Hg.): Handlungstheorien – interdisziplinär. Bd. 1. München 1980. MQ

**Handlungstheorie, analytische** (philosophy of action), Teildisziplin der analytischen Philosophie, die die begrifflichen Grundlagen der empirischen H.n (z. B. Soziologie), der normativen H.n (z. B. Ethik) und der rationalen H.n (z. B. Entscheidungstheorie) untersucht. – In der analytischen H. werden Fragen nach dem Status von ↗Handlungserklärungen, dem Wesen von ↗Handlungsursachen und dem kausalen Zusammenhang zwischen Person und Handlung (in der personalistischen ↗H.) bearbeitet. In diesem Zusammenhang berührt die analytische H. Themenstellungen, die aus der Philosophie des Geistes stammen. Die Frage nach der kausalen Rolle von Gründen betrifft das Körper-Geist-Problem. Außerdem geht es um die Bestimmung des Verhältnisses von Handlungs- und Willensfreiheit zueinander. – Da Handlungsereignisse auf vielfältige Art beschreibbar sind, muß die analytische H. das Verhältnis des Ereignisses zu den Beschreibungen klären. Dies ist auch für Fragen der Bewertbarkeit von Handlungen von zentraler Bedeutung. In diesem Kontext wird auch die Unterscheidung von Handlungen und ↗Basishandlungen wichtig. Die Klärung des Begriffs der Absichtlichkeit (↗Absicht) ist ein weiteres zentrales Anliegen der analytischen H. – Insgesamt betrifft die analytische H. zentrale Problemstellungen anderer Forschungsgebiete und liefert Grundlagen für andere Bereiche der Philosophie und andere Wissenschaftsdisziplinen. Umgekehrt aber ist natürlich auch die analytische H. teilweise abhängig von Erkenntnissen, die in anderen philosophischen und nicht-philosophischen Disziplinen gewonnen werden. **Lit.:** M. Brand/D. Walton (Hg.): Action Theory. Dordrecht 1976. – L. H. Davis: Theory of Action. Englewood Cliffs, New Jersey 1979. – A. Flew/G. Vesey: Agency & Necessity. Oxford 1987. – H. Lenk: Handlungstheorien – interdisziplinär. 4 Bde. (in 6). München 1977 ff. – G. Meggle/A. Beckermann (Hg.): Analytische Handlungstheorie. 2 Bde. Frankfurt 1977. – C. J. Moya: The Philosophy of Action. An Introduction. Oxford 1990. MQ

**Handlungstheorie, personalistische,** Position in der analytischen H. (Chisholm, R. Taylor), derzufolge die Vorstellung menschlicher Verantwortung weder mit einer deterministischen noch mit einer im herkömmlichen Sinne indeterministischen Grundauffassung des Handelns vereinbar ist. Eine Handlung muß dieser Position zufolge als durch die handelnde Person und nicht als durch Ereignisse oder Dispositionen verursacht angesehen werden. Chisholm führt daher eine Handlungskausalität (= immanente Verursachung) ein, die nicht auf Kausalrelationen zwischen Ereignissen (= transeunte Verursachung) zurückführbar ist. Der Handelnde verursacht dabei immanent bestimmte Ereignisse im Gehirn, die dann Körperbewegungen transeunt verursachen. MQ

**Handlungstheorie, Typen von.** Die in der Philosophie diskutierten H.n lassen sich nach vier Typen unterscheiden: (1) Die deskriptiven H.n entwickeln Modelle zur Beschreibung tatsächlicher Handlungen, empirisch aufweisbarer Handlungszusammenhänge, Handlungsbedingungen und Handlungsresultate (z. B. in der Soziologie, Psychologie, Verhaltensforschung, Ökonomie). (2) Die normativen H.n treffen Aussagen darüber, wie Menschen handeln sollen. Sie untersuchen Normen richtigen Handelns und deren Verknüpfung untereinander und stellen Bezüge zu den Handlungsbedingungen und -resultaten als intendierten oder nicht-intendierten Folgen her. Darin besteht deren Relevanz für die Ethik. (3) Die rationalen H.n formulieren Kriterien dafür, wann eine Handlung als rational gelten kann. In diesem Zusammenhang spielt die Abschätzung von Handlungsmöglichkeiten in bezug auf die Wahrscheinlichkeit des Auftretens ihrer Bedingungen sowie die Bewertung des Nutzens der Handlungsresultate eine besondere Rolle (z. B. die Entscheidungs- und Spieltheorie). (4) Die analytische Handlungstheorie stellt eine Metatheorie dar, da sie die Frage »Was ist eine Handlung?« über die sprachanalytische Frage »Wie sprechen wir über Handlungen?« behandelt. **Lit.:** H. Poser: Einleitung: Probleme einer Philosophie der Handlung. In: Ders. (Hg.): Philosophische Probleme der Handlungstheorie. Freiburg/München 1982. S. 11 ff. PP

**Handlungsursache,** Zustände und Ereignisse, die das Stattfinden einer Handlung (Körperbewegung) kausal erklären. Umstritten ist in der analytischen Handlungstheorie, ob Gründe für Handlungen ebenfalls kausale Ursachen sind. Den Kausalisten zufolge lassen sich Überzeugungen, Motive und Intentionen als Dispositionen des Handelnden bzw. als Ereignisse im Gehirn auffassen, die eine kausale Rolle für das Stattfinden einer Handlung (eines Handlungsereignisses) spielen. Intentionalisten dagegen bestreiten, daß die Gründe, die in Handlungserklärungen angeführt werden, als Ursachen analysiert werden können, da Gründe nicht die für eine kausale Funktion erforderlichen Kriterien erfüllen. Vertreter der personalistischen Handlungstheorie behaupten dagegen, daß der Handelnde selbst Ursache der Handlung ist. Sie postulieren eine immanente Kausalität, die zwischen einem Handelnden und seinen Handlungen besteht (Chisholm) und sich von der gewöhnlichen transeunten Kausalbeziehung zwischen Ereignissen unterscheidet. **Lit.:** A. Beckermann (Hg.): Handlungserklärungen. Analytische Handlungstheorie. Band 2. Frankfurt 1977. – H. Lenk (Hg.): Handlungstheorie – interdisziplinär. Band II, 2. München 1979. MQ

**Harmonie,** seit ihrer ersten theoretischen Fundierung bei Platon mit einem Bedeutungsfeld von Schönheit, Wahrheit und Ordnung assoziiert, das in den Schriften *Politeia* und *Nomoi* (793b–804b; 811c–817e) zur Begründung des Staates dient. Im *Timaios* (35a–36d) erhält H. eine kosmologische Einbettung: aufgrund der Verbindung von Geometrie, Astronomie, Mathematik und Musik durch Zahlenproportionen erscheint sie als Weltdeutungsprinzip und Erziehungsziel. Der Ableitung von H. aus nicht wahrnehmbaren Zahlenverhältnissen steht seit Aristoteles (*Eth. Nic.* 1098a11) ein empirisches Prinzip gegenüber, das H. an eine ausgeglichene Mischung von Kunstübung, -betrachtung und Philosophie bindet. Im Zeichen des ma. ordo-Begriffs dominiert jedoch bis ins 14. Jh. die platonische Variante als Modell eines geschlossenen Weltbildes. Leibniz prästabilierte H. ist ein Reflex dieser Einheitsidee, die im späten 18. Jh. von Winckelmann im Rückgriff auf die griech. Antike nochmals zu retten versucht wird. Seitdem hat H. keinen eigenen philosophischen Status mehr; dagegen ist sie als zivilisationskritisches Gegenmodell zu den Entfremdungserfahrungen der Moderne, etwa bei Sedlmayr, und in ganzheitlichen Lebensentwürfen wie der Anthroposophie sowie aktuell in der Rezeption fernöstlicher Spiritualität nach wie vor präsent. **Lit.:** J.-E. Berend: Nada Brahma. Die Welt ist Klang. Reinbek 1993. – J. Handschin: Die Sphärenharmonie in der Geistesgeschichte. In: H. Oesch (Hg.): Gedenkschrift J. H. Stuttgart 1929/1957. – H. Krings: »Ordo«. Philosophisch-historische Grundlegung einer abendländischen Idee. Halle 1941. – E. A. Lippman: Musical Thought in ancient Greece. New York 1964. – J. Lohmann: Musike und Logos. Stuttgart 1970. – H. Pfrogner: Zeitwende der Musik. München/Wien 1986. – H. Sedlmayr: Verlust der Mitte. Salzburg 1956. CA

**Häßliche, das.** Das griechische »aischros« bezeichnet das, was sittlich oder ontologisch minderwertig ist und deshalb abstößt (Platon: *Parmenides*; *Symposion*). – Das Kunst-H. galt als Ausdruck des Schmerzes (Nietzsche), der Sünde (Thomas v. Aquin) oder der Dekadenz (Lifschitz) und wurde daher in der Kunstphilosophie lange ignoriert oder galt sogar als verboten. – Lessing entwickelte im *Laokoon* (1766) als erster eine Klassifizierung des Kunst-H. Für die Hegelianer Chr. H. Weiße (*System der Ästhetik*, 1830) und K. Rosenkranz (*Ästhetik des Häßlichen*, 1853) ist das H. ein Stadium, in dem das Schöne negativ erkannt wird. – Heute gilt das Kunst-H. als wichtiges Ausdrucksmittel, entweder als kontrastierender Reiz gegen die durch Überästhetisierung entstandene Abgestumpftheit unserer Wahrnehmungs- und Empfindungsfähigkeiten (Welsch, Dewey) oder als Ideologiekritik gegen eine Heuchelei des Schönen (Adorno). **Lit.:** Th. W. Adorno: Ästhetische Theorie. Frankfurt 1970. – J. Dewey: Art as Experience. Carbondale 1987. – H. Funk: Ästhetik des Häßlichen. Berlin 1983. – M. Lifschitz: Krise des Häßlichen. Dresden 1971 – W. Jung: Schöner Schein der Häßlichkeit oder Häßlichkeit des schönen Scheins. Frankfurt 1987. – F. Nietzsche: Götzendämmerung. 1889. – Thomas v. Aquin: Summa Theologica. – W. Welsch: Ästhetisches Denken. Stuttgart 1990. MRM

**Hedonismus** (griech. hedone: Lust), Bezeichnung für eine ethische Haltung, die zum einen das Erreichen des Glücks als oberstes Ziel menschlichen Handelns und Strebens lehrt (darin deckt sie sich mit dem ↗Eudaimonismus) und andererseits das Wesen des Glücks in der Erreichung der Lust sieht. Das ethische Verhalten wird von einem objektiven Gut her bestimmt, das ein Höchstmaß an menschlichem Wohlbefinden bietet. Hinsichtlich der inhaltlichen Angabe, was unter Wohlbefinden zu verstehen sei, beschränkt sich der H. darauf, Glück negativ zu bestimmen als Vermeiden von Unlust, positiv als möglichst großen Lustgewinn. – Die Tradition des H. reicht in die Antike zurück: Die ↗Kyrenaiker betrachteten die Lust (bzw. Schmerzlosigkeit) als ein unbedingtes Gut, das um seiner selbst willen zu erstreben sei. Für die Epikureer gilt der Leitsatz, daß die Lust das Prinzip des glücklichen Lebens darstelle. Dieses Verständnis müsse mit einer kritischen Überlegung darüber, was als wirkliche Lust bezeichnet werden könne, einhergehen. Dazu bedarf es der richtigen Abschätzung der Lust und ihrer Folgen. Das bedeutet eine Absage an die Hingabe an unreflektierten Lustgenuß. – Der H. beinhaltet eine psychologische und eine ethische Komponente: (a) Die These, Lust sei das einzige vorrangige Ziel, wonach die Menschen streben, stellt eine deskriptive Aussage dar – sie entspricht einem psychologischen H.; (b) die These, daß Lust das einzige und höchste Gut ist (wie sie Bentham vertreten hat) entspricht einem ethischen H. Bentham formuliert dazu ein hedonistisches Kalkül, wonach sich der individuelle Gratifikationswert einer Handlungsfolge an folgenden Kriterien bemessen wird: (1) an der Intensität des aus der Handlung zu erwartenden Lustgewinns, (2) an der Dauer und dem Grad der Wahrscheinlichkeit, mit der der Lustgewinn zu erwarten ist, (3) an der zeitlichen und räumlichen Nähe des Eintreffens solcher Folgen, (4) an der Frage, ob mit diesen Handlungsfolgen weitere (sekundäre) positive oder negative Folgen verbunden sind. **Lit.:** J. Bentham: An Introduction to the Principles of Morals and Legislation. London 1789 (dt.: Eine Einführung in die Prinzipien der Moral und der Gesetzgebung. In: O. Höffe (Hg.): Einführung in die utilitaristische Ethik. München 1975. S. 35 ff. – H.-H. Schrey: Einführung in die Ethik. Darmstadt 1972. S. 50 f. PP

**Hegelianismus,** Sammelbegriff für jene philosophischen Strömungen, die sich an G. W. F. Hegels Philosophie und seiner Methode orientieren, insbesondere die bereits zu Hegels Lebzeiten einsetzende Schulbildung. In den Berliner Jahren (1818–1831) waren es vor allem die großen Vorlesungszyklen zur Philosophie der Geschichte, Ästhetik, Philosophie der Religion und Geschichte der Philosophie, mit denen Hegel die Jüngeren gewann. Der »Verein von Freunden des Verewigten« (P. K. Marheineke, S. Schulze, E. Gans, L.v. Henning, H. G. Hotho, K. L. Michelet, F. Förster) legt nach Hegels Tod binnen weniger Jahre (1832–1845) eine Vollständige Ausgabe der Hegelschen Werke vor, die – auf der Grundlage von Vorlesungsnachschriften erstellt – auch jene Systemteile enthält, die Hegel selbst nicht mehr schriftlich ausgearbeitet hatte. Mit dieser Ausgabe sichern die Schüler das Fortwirken der Hegelschen Lehre im 19. und 20. Jh. Gegen die Angriffe auf Hegels System konnte die Konservierung allein nicht genügen; die zunehmende Kritik forderte eine Weiterbildung der Lehre. In seiner Logik (*Die Wissenschaft der logischen Idee*. 1858/59) versucht Rosenkranz eine Entwicklung der Hegelschen Logik unter Berücksichtigung der Trendelenburgschen Kritik (*Logische Untersuchung*, 1840); Gans' liberale Auslegung der Hegelschen Rechtsphilosophie führt zur Preisgabe des Hegelschen Repräsentationsmodells (Gans: *Naturrecht und Universalgeschichte*. Hg. v. M. Riedel. Stuttgart 1981). Erdmann, Haym und K. Fischer führen Hegels geschichtliche Deutung der Philosophie fort. Sie sind die maßgeblichen Wegbereiter der Philosophiegeschichtsschreibung des 19. Jh. Die Hegelsche Religionsphilosophie wird von den Schülern in neuen Fragestellungen fortgeführt, so etwa in W. Vatkes historisch-kritischer Analyse des Alten Testaments (*Historisch-kritische Einleitung ins AT.* 1886). Im Streit um eine angemessene Auslegung der Hegelschen Religionsphilosophie steht eine theistisch orientierte »Rechte« bzw. gemäßigte »Mitte« (Gabler, Göschel, Hinrichs, Vatke, Daub, Rosenkranz, Schaller, Schasler) einer pantheistischen oder naturalistischen Deutung der »Linken«, den sog. ↗Junghegelianern, gegenüber. Die von D. F. Strauß eingeführte Unterscheidung zwischen »Rechts-», »Mitte-» und »Linkshegelianern« orientiert sich an der parlamentarischen Sitzordnung (*Streitschrift zur Verteidigung meiner Schrift über das Leben Jesu und zur Charakteristik der gegenwärtigen Theologie*. 1837, [2]1841); ihre Unzulänglichkeit wird von den Zeitgenossen kritisiert; Rosenkranz verspottet sie gar in einer Komödie (*Das Zentrum der Spekulation*. 1840). Auch Michelet (*Geschichte der letzten Systeme der Philosophie in Deutschland von Kant bis Hegel*. 1838) und J. E. Erdmann (*Die Deutsche Philosophie seit Hegels Tod*. [4]1896) verwerfen die grobe Schematisierung: weder ließen sich mit diesem Raster alle Anhänger Hegels noch die Vielfalt der Positionen erfassen. Die ursprünglich an rein theologischen Streitfragen getroffene Unterscheidung mußte in dem Maße an Präzision verlieren, wie politische bzw. politisch-philosophische Fragen die ursprüngliche Kontroverse überlagerten. Die politische Radikalisierung der vierziger Jahre verschärft und fixiert letztlich diese Spaltung. Publikationsorgan der »Rechten« waren die von Hegel selbst begründeten *Jahrbücher für wissenschaftliche Kritik*, die »Linken« veröffentlichten seit 1838 in den von

Ruge und Echtermeyer herausgegebenen *Hallischen Jahrbüchern*. Im 20. Jh. bringt der ↗Neuhegelianismus eine erneute Aufnahme der Hegelschen Philosophie. **Lit.:** Bibliographie der Hegelschen Schule. Bearb. v. K. Rosenkranz. In: Der Gedanke 1 (1861). S. 77 ff., 183 ff., 256 ff. – Ch. Jamme (Hg.): Die »Jahrbücher für wissenschaftliche Kritik«. Stuttgart-Bad Cannstatt 1994. – K. Löwith (Hg.): Die Hegelsche Linke. Stuttgart-Bad Cannstatt 1962. – H. Lübbe (Hg.): Die Hegelsche Rechte. Stuttgart-Bad Cannstatt 1962. – W. Moog: Hegel und die Hegelsche Schule. München 1930. – H. Ottmann: Individuum und Gesellschaft I (Hegel im Spiegel der Interpretationen). Berlin/New York 1977. EWL

**Hegemonikon** (griech. das Leitende, Führende), bei den Stoikern der zentrale Teil der Seele, der die anderen Seelenvermögen beherrscht. Der Sache nach findet sich bereits bei Platon und bei Aristoteles die Lehre von einem hierarchischen Aufbau der menschlichen Seele mit einem beherrschenden (vernünftigen) Seelenteil. FPB

**Heilige, das.** Heilig gehört zu den Grundbegriffen der ↗Religion. »Religion ist überall da, wo zwischen Heiligem und Profanem unterschieden wird« (Baetke, in Colpe, S. 337). Eliade zeigt, in welcher Vielfalt Teile der Wirklichkeit (Elemente, Gestirne, Plätze, Vegetation und Fruchtbarkeit) zu Orten der Erscheinung des H.n werden und damit dem Profanen entzogen und entgegengesetzt sind. Als heilig kann alles bezeichnet werden, was den Menschen in Verbindung mit der übergeordneten Wirklichkeit bringt, auf die seine Religion baut. Damit verbunden sind Vorstellungen von Reinheit und Tabu, um das H. nicht zu entweihen. – Im biblischen Denken gründet sich die Auszeichnung nur auf eine Erwählung durch Gott, den »Quell aller Heiligkeit«. – In seinem Klassiker stellt R. Otto »Das Heilige« als *eigene* apriorische Kategorie (z. B. gegen Vermischung mit dem Sittlichen) heraus und gibt ihr den Doppelaspekt (mißverständlich) von »rational« und »irrational« (besser wäre emotional). Das H. zeigt sich im Doppelgesicht von Faszination und Schrecken, das sich zunächst durch »Gefühlsgesellung« (Assoziation) an Gegenständen, Orten etc. festmacht, die diese Eigenschaften natürlich besitzen. Die rationale Durchdringung (»Schematisierung«) verbindet die Aspekte des »Numen« (des H.n) mit der theologischen Aussage, das Abschreckende z. B. mit dem Zorn Gottes, das unwiderstehlich Anziehende mit seiner Gnade. Die Fähigkeit, die in sich kontrastierende Idee auf die Erscheinung zu beziehen, heißt bei ihm Divination. **Lit.:** C. Colpe (Hg.): Die Diskussion um das Heilige. Darmstadt 1977. – M. Eliade: Das Heilige und das Profane. Frankfurt ³1987. – Ders.: Die Religionen und das Heilige. Frankfurt 1986. – F. Heiler: Erscheinungsformen und Wesen der Religion. Stuttgart 1961. – R. Otto: Das Heilige. Nachdruck München 1988. PK

**Heimarmene** (griech. Schicksal), bei den Stoikern die gesetzmäßige Notwendigkeit, durch die alles kosmische Geschehen kausal verknüpft ist. FPB

**Hellenismus.** Unter »H.« wird seit Droysen im Unterschied zur antiken Verwendung des Ausdrucks (hellenismos: der gute Gebrauch der Schriftsprache) die durch Alexander d. Gr. eingeleitete Epoche der Ausbreitung der griechischen Kultur bis zur römischen Kaiserzeit verstanden. Charakteristisch für den H. ist neben der von Droysen besonders betonten Assimilation griechischer und orientalischer Elemente (manifest v. a. im Synkretismus der Religionen) die von einem System weiträumiger Handels- und Finanzorganisationen sowie entsprechender administrativer Strukturen getragene politische und ökonomische Vereinheitlichung der Alten Welt. – Die oft zu Unrecht als »Verfallserscheinung« bewertete hellenistische Philosophie ist geprägt von einer Reihe einflußreicher Schulbildungen: dem ↗Epikureismus, der ↗Stoa und der ↗Skepsis. Gemeinsam ist ihnen der Primat der Ethik, in dessen Sinne die Philosophie Handlungsorientierung leistet und der Realisierung eines am Vorbild des Weisen ausgerichteten Ideals rationalen Lebens dient. Nicht zuletzt dank ihres unmittelbaren Praxisbezugs ist es der Philosophie in der Epoche des H. gelungen, »zu einer Bildungsmacht zu werden und eine Breitenwirkung auszuüben, die in der Geschichte der europäischen Philosophie einzigartig ist« (Wieland). **Lit.:** A. A. Long: Hellenestic Philosophy. Stoics, Epicureans, Sceptics. New York ²1986. – M. Rostovtzeff: Gesellschafts- und Wirtschaftsgeschichte der hellenistischen Welt. Darmstadt 1955 f. – W. Wieland: Geschichte der Philosophie in Text und Darstellung. Bd. 1: Antike. Stuttgart 1978. DK

**Hempel-Oppenheim-Modell,** auch HO-Modell bzw. -Schema oder covering-law-model, von C. G. Hempel und P. Oppenheim 1948 veröffentlichtes Modell der Erklärung, das deduktiv-nomologisch ist: Ein Phänomen ist genau dann erklärt, wenn die Aussage, die es beschreibt (das Explanandum), aus Gesetzesaussagen und Aussagen über Rand- bzw. Anfangsbedingungen deduziert ist. Diese beiden Arten von Aussagen bilden zusammen das Explanans. Die Gesetzesaussagen müssen relevant für den jeweiligen Fall, allgemein und bestätigt sein. Gesetzesaussagen sind ihrerseits genau dann erklärt, wenn sie aus umfassenderen Gesetzesaussagen deduziert werden. Hempel und Oppenheim sehen den Anwendungsbereich dieses Modells nicht nur in den Natur-, sondern auch in den Sozialwissenschaften. Problematisch an diesem Modell ist, abzugrenzen, was in seinem Sinne relevante, allgemeine und bestätigte Gesetzesaussagen mit empirischem Gehalt sind. Ferner ist es fraglich, ob der Zusammenhang aller Gesetzesaussagen untereinander ebenfalls deduktiv-nomologisch gedacht werden kann. **Lit.:** C. G. Hempel: Aspects of Scientific Explanation and other Essays in the Philosophy of Science. New York/London 1965. Kap. 10: Studies in the Logic of Explanation (dt. Aspekte wissenschaftlicher Erklärung. Berlin/New York 1977). ME

**Hempelsche Paradoxie** ↗Rabenparadoxie

**Hen kai pan** ↗Holismus

**Hermeneutik,** Kunst der Interpretation von Texten, im weiteren Sinn des Verstehens von Sinngebilden aller Art, sowie die theoretische Reflexion auf die Methoden und Bedingungen des ↗Verstehens. Als Vorläufer der H. kann die in der antiken Philosophie, besonders bei den Stoikern, angewandte allegorische Deutung von Texten (vor allem Homers und Hesiods) betrachtet werden. Zur eigenen Disziplin wird sie in der Patristik bei der Auslegung der Bibel. Origenes unterscheidet einen somatischen (buchstäblichen), psychischen (moralischen) und pneumatischen (geistlichen) Sinn der Schrift. In *De doctrina christiana* erörtert Augustinus das Problem, mit welchen Mitteln die »dunklen« Stellen der Heiligen Schrift aufgehellt werden können. Grundlegende Voraussetzung ist die innere Haltung des Interpreten, denn er muß mit Glaube und Liebe an die Schrift herangehen und so das hinter den Worten Liegende aufnehmen, die äußere Zeichen einer inneren Vernunft sind. Daneben gibt es aber einige Regeln, die hilfreich sind: der Vergleich unterschiedlicher Interpretationen und Übersetzungen, die Aufhellung unklarer Stellen durch betreffende klarere, die Berücksichtigung des historischen Kontextes. Eine Quelle von Fehlinterpretationen liegt in der Verwechslung von eigentlichem und übertragenem (metaphorischem) Sinn. – Während des MA. bleibt das Auslegungskriterium gebunden an die Tradition der christlichen Dogmatik. Dies ändert sich mit der Reformation. Luthers Schriftprinzip, wonach sich die Bibel selbst auslegt, und die philologischen Bemühungen des Humanismus führen zu einer von der Richtschnur der Dogmatik unabhängigeren und auch profane Texte einschließenden kritischen H. Wichtige Theoretiker in dieser Entwicklung sind M. Flacius, J. A. Ernesti und J. S. Semler.

Mit Schleiermacher wird die H. als eine universale Theorie des Verstehens begründet. H. gilt ihm als eine Kunstlehre des Verstehens, die auf die Bedingungen reflektiert, unter denen das Nachvollziehen von Lebensäußerungen möglich ist. Da jedes Zeugnis zugleich individuelle Leistung ist und einem allgemeinen Sprachsystem angehört, ergeben sich zunächst zwei Weisen der Auslegung: Die objektive versteht einen Text aus der Gesamtheit der Sprache, die subjektive aus der Individualität des Autors, der sich durch den Schaffensprozeß einbringt. Hinzu kommt die Unterscheidung zwischen einem komparativen Verfahren, das Aussagen in ihrem sprachlichen und historischen Kontext vergleichend erschließt, und einem divinatorischen, das den Sinn intuitiv zu erfassen versucht. In der Auslegung wirken alle Formen ergänzend zusammen. – Unter der Problemstellung des ↗Historismus wird die Schleiermachersche H. im 19. Jh. von A. Boeckh und J. G. Droysen aufgegriffen. Boeckh versteht die Aufgabe der Philologie als »Erkennen des Erkannten«. Diese Art des Verstehens rekonstruiert den (schriftlichen) Niederschlag eines Erkannten möglichst exakt, ohne dabei selbst produktiv zu sein. Aufgrund der Tatsache aber, daß ein Autor zumeist nur einen Teil seiner Erkenntnisse in seinem Werk zum Ausdruck bringt und darüberhinaus immer mehr enthalten ist, als ihm selbst bewußt ist, wird der Interpret über den vorliegenden Niederschlag hinaus durch reflexive Vertiefung weitergehende Gehalte freilegen. Für Droysen kann die Historik nur in den Stand einer Wissenschaft gelangen, wenn sie sich ihrer eigenen Methodik klar bewußt wird. Diese liegt in einem forschenden Verstehen, dessen Gegenstand aber nicht eine objektiv zugrundeliegende Tatsache ist, sondern bereits eine verstehende Auffassung eines wiederum Verstandenen. So liefert uns die Historie nicht das Bild eines Geschehenen an sich, sondern unserer zunehmend vertieften geistigen Auffassung davon. Der Leitfaden dieses Verstehens ist für Droysen die Vorstellung der Geschichte als einer fortschreitenden Entwicklung sittlicher Mächte (Religion, Moral, Recht). – Auch bei Dilthey, bei dem die H. im 19. Jh. ihren Höhepunkt erreicht, wird das Verstehen zur Grundlage der Geisteswissenschaft überhaupt. Im Unterschied zu den Naturwissenschaften befassen sich die Geisteswissenschaften mit den Produkten, die der menschliche Geist selbst hervorgebracht hat. Deshalb ist Verstehen durch ein nachvollziehendes Erleben (↗Nacherleben) möglich, da die Objektivationen des Geistes Ausdruck eines solchen ursprünglichen Erlebens sind. Während sich das Verstehen auf alle Äußerungen des Seelenlebens richtet, wird der Begriff H. bei Dilthey für die »Kunstlehre des Verstehens schriftlicher Lebensäußerungen« verwendet.

Mit Heidegger gewinnt die H. eine neue Dimension. Verstehen ist für ihn nicht nur eine Erkenntnisweise oder Methode der Geisteswissenschaft, sondern eine Seinsbestimmung des Menschen. Das menschliche Dasein hat als solches den Charakter des »Verstehendseins«, wodurch ihm bereits ursprünglich eine vorwissenschaftliche Erschlossenheit von Welt zukommt. Daher ist die primäre Aufgabe die einer Analytik der Seinserschlossenheit des Daseins, als einer »H. der Faktizität«, wie Heidegger sie in *Sein und Zeit* durchgeführt hat. – Am wirkungsreichsten für die H. des 20. Jh. wurde Gadamers *Wahrheit und Methode*. Gadamer grenzt das Verstehen von dem Begriff einer in Regeln fixierbaren Methode ab und arbeitet den eigenständigen Erkenntnischarakter des Verstehens heraus, das im Unterschied zu naturwissenschaftlicher Erkenntnis nicht das Verhalten des Subjekts zu einem unabhängigen Gegenstand ist, sondern zum Sein dessen gehört, was verstanden wird. Er betont das jedem Verstehen inhärente Vorverständnis (»Vorurteil«). Der Interpret befindet sich immer schon in einem lebensweltlichen Zusammenhang, der von Überlieferung, Sprache und Situation geprägt ist. Verstehen ist das »Einrücken in ein Überlieferungsgeschehen, in dem sich Vergangenheit und Gegenwart beständig vermitteln«. Im Verstehensprozeß muß das jeweilige Vorverständnis gegenwärtig sein und einer kritischen Korrektur zugänglich. Bei jeder Interpretation tritt der normative Aspekt zum rein historischen hinzu. Der Interpret wird mit einem

Wahrheitsanspruch konfrontiert, zu dem er Stellung nehmen muß, der seine eigene Gegenwart mitverändern kann und umgekehrt wächst einem Werk im Laufe der Wirkungsgeschichte ein neuer Sinn zu, weshalb man »anders versteht, wenn man überhaupt versteht.« – In kritischer Aufnahme Gadamers hat Habermas für die Sozialwissenschaften gezeigt, daß sie sich einer hermeneutischen Vermittlung der Situation, in der sie mit ihrem Gegenstand stehen, unterziehen müssen. Gegen den von ihm bei Gadamer gesehenen Vorrang des sprachlichen Überlieferungsgeschehens macht er geltend, daß Sprache auch ein Medium von Herrschaft und Macht ist, so daß sich die sprachlichen Interpretationen auch aufgrund der faktischen Verhältnisse wandeln. »Der objektive Zusammenhang, aus dem soziale Handlungen allein begriffen werden können, konstituiert sich aus Sprache, Arbeit und Herrschaft zumal« (*Zur Logik der Sozialwissenschaften*). Die Aneignung der Tradition muß für ihn somit ideologiekritisch sein. – P. Ricœur setzt die H. sowohl zum Strukturalismus als auch zur Psychoanalyse in Beziehung und untersucht das über Sprache, Symbole und Institutionen vermittelte Selbstverständnis des Menschen. Das Besondere seines Ansatzes liegt in einer Theorie des Verstehens nicht-sprachlicher Intentionalität (Handlungen) nach dem Modell der Interpretation von Texten (↗Narrativität). **Lit.:** W. Dilthey: Einleitung in die Geisteswissenschaften (Ges. Schriften. Bd. 1.) Stuttgart 1959. – Ders.: Der Aufbau der geschichtlichen Welt in den Geisteswissenschaften (Ges. Schriften. Bd. 7). Stuttgart 1958. – H. G. Gadamer: Wahrheit und Methode. Tübingen 1960 u.ö. – H. G. Gadamer/G. Boehm (Hg.): Seminar: Philosophische Hermeneutik. Frankfurt [3]1982. – J. Grondin: Einführung in die philosophische Hermeneutik. Darmstadt 1991. – M. Heidegger: Sein und Zeit (Gesamtausgabe Bd. 2) Tübingen 1977. – Hermeneutik und Ideologiekritik. Frankfurt 1971. – H. Ineichen: Philosophische Hermeneutik. Freiburg/München 1991. – H. Lenk: Philosophie und Interpretation. Frankfurt 1993. – P. Ricœur: Zeit und Erzählung. 3 Bde. München 1988–1991. – F. D. E. Schleiermacher: Hermeneutik. Hg. v. H. Kimmerle. Heidelberg [2]1974. – H. Seiffert: Einführung in die Hermeneutik. Tübingen 1992. FPB

**Hermeneutische Logik.** H. L. ist nicht eine Teildisziplin der Logik, die mit hermeneutischen Methoden arbeitet, sondern sie ist eine Theorie der Logik und zugleich eine Theorie der Selbstauslegung des menschlichen Lebens. Sie ist eine hermeneutische Philosophie, die das Logische in seiner ganzen Weite zum Thema hat und in enger Verbindung zur Sprachphilosophie sieht. H. L. hat sich um die Wende vom 19. zum 20. Jh. auf dem Boden der Philosophien Diltheys, P. Yorck von Wartenburgs und Heideggers entwickelt. Der Begriff h.L. ist u. a. verbunden mit den Namen G. Misch, H. Lipps sowie J. König und O. F. Bollnow. H. L. ist Kritik an der traditionellen logischen Formenlehre und unternimmt den Versuch, die logischen Elemente, Begriff, Urteil, Schluß, sowie die Denkgesetze an deren Ursprung im menschlichen Verstehen, Ausdrucks- und Sprachverhalten zurückzubinden. Sie will den Primat der reinen Theorie in der Logik brechen, indem sie die Genese logischer Phänomene lebensweltlich und umgangssprachlich aufzeigt und deutlich macht, daß das Logische etwas ist, was wir schon immer, vor aller Wissenschaft, handhaben. Neben einer lebens- oder existenzphilosophisch-phänomenologischen Neufundierung der Logik will h.L. das Logische nicht auf das Denken im engeren Sinne, Denken = Urteilen, begrenzt wissen, sondern sie strebt eine Erweiterung des Bereichs der Logik um vor- und überdiskursive Formen der Sinnartikulation an; d. h., daß z. B. das dichterische, metaphorische, symbolische Sprechen Eingang in die Logik finden soll. Insofern h.L. alle Arten von Wissen, die zugehörigen unterschiedlichen Erkenntniswege sowie die verschiedenen Modi von Wahrheit thematisiert, versteht sie sich als Theorie des Wissens, die auch den Gegensatz von Natur- und Geisteswissenschaften in sich aufhebt. Als erster hat vermutlich 1916/18 der russische Philosoph G. Spet den Begriff h.L. verwendet (*Die Geschichte als Problem der Logik* und *Die Hermeneutik und ihre Probleme*), die er bisweilen auch als semasiologische Logik bezeichnet. G. Misch gebraucht neben dem Begriff h.L. die Ausdrücke Lebenslogik, Ausdruckslogik und lebensphilosophische Logik. Er charakterisiert sie als eine transzendentale Logik, ebenso wie H. Lipps. **Lit.:** O. F. Bollnow: Zum Begriff der hermeneutischen Logik. In: H. Delius, G. Patzig (Hg.): Festschrift für Josef König. Göttingen 1964. S. 20–42. – G. Kühne-Bertram: Logik als Philosophie des Logos. In: Archiv für Begriffsgeschichte 36 (1993). S. 260–293. – H. Lipps: Untersuchungen zu einer hermeneutischen Logik (1938). Werke. Bd. 2. Frankfurt [4]1976. – G. Misch: Der Aufbau der Logik auf dem Boden der Philosophie des Lebens. Hg. v. G. Kühne-Bertram, F. Rodi. Freiburg/München 1994. – F. Rodi: Hermeneutische Logik im Umfeld der Phänomenologie: Georg Misch, Hans Lipps, Gustav Spet. In: Ders.: Erkenntnis des Erkannten. Zur Hermeneutik des 19. und 20. Jahrhunderts. Frankfurt 1990. S. 147–167. GKB

**Hermeneutischer Zirkel,** entsteht aus der textexegetischen Lehre und ihrer zirkulären Methode. Um einen Text zu verstehen, muß der Interpret auf das Ganze hinschauen, andererseits darf er zum Ganzen nur durch das Verstehen des einzelnen gelangen. Zirkelhafte Struktur hatte auch die auf der Psychologie des Autors beruhende Interpretation, denn jedes Gedankengebilde sei in einen Lebenszusammenhang eingebettet. Später wird bei Heidegger der h. Z. als wesentlich für das ↗Verstehen betrachtet und darüber hinaus ontologisch in der Analytik des Daseins geortet. Für das Dasein, das als Verstehen ›ist‹ und sich in der Auslegung dem Sinn des Seins öffnet, gilt »ursprünglich und ganz in diesen ›Kreis‹ zu springen« (*Sein und Zeit* § 63). In der Hermeneutik Gadamers wird wiederum der methodologische Einwand gegen den h. Z. bestritten, wobei die existentiellen Motive zugunsten eines durch die Rehabilitierung von Tradition und Autorität erlangten geistesgeschichtlichen Wahrheitsbegriffes ausgeblendet werden. **Lit.:** H. G. Gadamer: Wahrheit und Methode. Tübingen [3]1972. – M. Heidegger: Sein und Zeit. Tübingen [17]1993. MBO

**Herr und Knecht,** bezeichnet als Reflexionsfigur das Verhältnis zweier Subjekte zueinander sowie die Formen und Austauschprozesse, die es vermitteln und befestigen. An der zunehmenden Aufmerksamkeit für diesen Vermittlungsprozeß läßt sich die Wendung von der idealistischen zur materialistischen und handlungsorientierten Philosophie ablesen. Sie findet ihr Pendant in einer starken literarischen Verarbeitung von Diderot über Beaumarchais bis zu Brecht und Beckett, die in enger Wechselwirkung zur philosophischen Theorie steht. – Rubrizierte Leibniz 1678 in *De iure et iustitia* H.u.K. noch unter den »natürlichen Gemeinschaften«, bei denen der Verstand des Herrn mit der Kraft des Knechts in ein für beide nützliches Verhältnis tritt, so hebt Hegel die Bedeutung der praktischen Aneignung der Realität durch den Knecht hervor: »Die Wahrheit des selbständigen Bewußtseins ist demnach das knechtische Bewußtsein« (Ges. Werke, Bd. 3, S. 152). Der Herr dagegen bezieht sich nur »mittelbar durch den Knecht auf das Ding« (5.151). Hegels Dialektik der Bewußtseinsformen erhält seit der Mitte des 19. Jh. bei Feuerbach und Marx politisch-revolutionäre Akzente. Im 20. Jh. greifen Bloch und Lukács, vor allem aber Marcuse die Verdinglichung als zentrales Motiv im Verhältnis von H.u.K. und als Motor emanzipatorischer Praxis auf. Dagegen werden seine resignativen und autoritären Züge zum Objekt der Ideologiekritik. **Lit.:** E. Bloch: Subjekt – Objekt. Frankfurt 1962. – H. H. Holz: Herr und Knecht bei Leibniz und Hegel. Neuwied 1968. – G. Lukács: Der junge Hegel. Neuwied 1967. – H. Marcuse: Vernunft und Revolution. Neuwied 1962. – H. Mayer: Herrschaft und Knechtschaft. In: Jahrbuch der deutschen Schillergesellschaft 15 (1971). S. 251–279. CA

**Herrenmoral/Sklavenmoral,** gegensätzliche Ausprägungen von Wertesystemen bei Nietzsche. H. entsteht, indem der Starke, Vornehme, Mächtige in selbstherrlicher Art sich und seinesgleichen als »gut« bewertet, die sozial Unterdrückten als »schlecht«. Die S. deutet den in der H. »Guten« zum »Bösen« um, weil seine soziale Macht und körperliche Überlegenheit Anlaß für ein Gefühl des ↗Ressentiments ist. Um sich vom Mächtigen zu distanzieren, bewertet sich folglich der Schwache als »gut«. Seine Eigenschaften (z. B. Angst, Feigheit) werden zu christlichen Tugenden der Askese, des Demuts und Mitleids uminterpretiert und damit zu höchsten Werten der S. Diesen moralischen Paradigmenwechsel, den historisch die jüdisch-christliche Tradition geleistet habe, nennt Nietzsche den »Sklavenaufstand in der Moral«. Da der ↗Wille zur Macht auch in der christlichen Liebe waltet, aber sublimiert wird, kommt es zu lebensfeindlichem und selbstzerstörerischem Verhalten. Das äußert sich in ↗Nihilismus, Opportunismus und trägem Sich-treiben-Lassen. Dagegen ist der nach der H. Handelnde ein mutiger, selbstdisziplinierter, aber auch grausamer Mensch, voll von »Verachtung gegen Sicherheit, Leib, Leben, Behagen« und »entsetzlicher Heiterkeit« (*Zur Genealogie der Moral*, Erste Abh., Aph. 11). **Lit.:** G. Schweppenhäuser: Nietzsches Überwindung der Moral. Würzburg 1988. KS

**Herrschaft,** die durch Sanktionsmöglichkeiten (z. B. Gewalt) gedeckte Chance, Freiheitsgrade einzuschränken und zu regeln. Dabei handelt es sich bei H. in der Regel um einen relationalen Begriff: A herrscht über B, d. h. A verfügt über Möglichkeiten, B in seinen Entscheidungen und Handlungen zu beeinflussen, wenn nicht zu steuern. – Gerade in der Antike wurde die Rolle des Herrschers häufig mit der Funktion des Steuermanns verglichen, Schiff und Mannschaft sicher durch schwieriges Gewässer zu führen. Dieses Verständnis von H. als Steuerung hat u. a. auch in der politischen Kybernetik (K. W. Deutsch) Eingang gefunden. – H. bezeichnet überdies eine mehr oder weniger feste Einrichtung, deren Regeln bekannt sind und deren Bestehen nicht grundsätzlich in Frage gestellt wird. Denn H. wird – anders als Macht – zumeist durch den Glauben an ihre Legitimität gestützt. M. Weber hat hierzu zwischen (1) legaler, (2) traditionaler und (3) charismatischer H. unterschieden, deren Legitimität entweder auf (ad 1) formal korrekter Anwendung, (ad 2) Gewohnheit oder (ad 3) persönlichen Eigenschaften des Herrschers beruhen. Im Unterschied zur Antike, die v. a. noch die Parallele zwischen Selbst- und Fremdbeherrschung thematisierte – nur ausreichende Selbstbeherrschung befähigt auch zur H. über andere und gilt somit als Befähigungsnachweis –, wird die Personalisierung von H. in der modernen Gesellschaft jedoch immer stärker von legaler, wenn nicht technokratischer H. zurückgedrängt, in der unpersönliche, durch Sachzwänge diktierte H.s-Techniken überwiegen. **Lit.:** Aristoteles: Politik. – P. Bachrach: Die Theorie demokratischer Elitenherrschaft. Frankfurt 1967. – K. W. Deutsch: Politische Kybernetik. Modelle und Perspektiven. Freiburg 1969. – M. Foucault: Der Staub und die Wolke. Bielefeld 1982. – R. M. MacIver: Regierung im Kräftefeld der Gesellschaft. Frankfurt 1952. – H. Popitz: Phänomene der Macht. Autorität-Herrschaft-Gewalt-Technik. Tübingen 1986. – M. Weber: Wirtschaft und Gesellschaft. Grundriß der verstehenden Soziologie. Tübingen 1922. KH

**Herrschaftsformen.** Herrschaft ist der grundlegenden Definition M. Webers zufolge die »Chance, für einen Befehl bestimmten Inhalts bei angebbaren Personen Gehorsam zu finden« (*Wirtschaft und Gesellschaft*. Tübingen [5]1972. S. 28). Im Unterschied zum allgemeineren Begriff der Macht (»jede Chance, innerhalb einer sozialen Beziehung den eigenen Willen auch gegen Widerstreben durchzusetzen, gleichviel, worauf diese Chance beruht«) ist Herrschaft ausdrücklich auf die Zustimmung der ihr Unterworfenen angewiesen. Damit wird die Frage, wie diese Zustimmung zustandekommt, wie sich Herrschaft legitimiert, zu einem grundlegenden Kriterium der Klassifikation von H., die wiederum in der europäischen politischen Theorie seit der Antike zur Charakterisierung von Staatsformen dienen. H. beschreiben die Institutionalisierungen von Herrschaftsverhältnissen innerhalb sozialer Verbände, d.h. nicht allein auf der Ebene von Staaten, sondern beispielsweise auch innerhalb von Familien, Vereinen oder Unternehmen. Systematisch ausformuliert worden sind sie aber in erster Linie im Blick auf staatlich organisierte Herrschaft, auf die Staatsverfassung. Bereits Aristoteles, für den Herrschaft eine Grundkategorie zwischenmenschlicher Beziehungen darstellt, unterscheidet die Herrschaft des Hausherrn über den Haushalt (oikos), d.h. über Sklaven, über die er privatrechtlich, wie über einen Besitz, verfügen kann, aber auch über seine Frau und seine Kinder, von den Herrschaftsverhältnissen innerhalb der politischen Organisation des Staates (polis). Im ersten Fall erscheint die hierarchische Relation von Herrschenden und Beherrschten (»Herr und Knecht«) als das Ergebnis einer vermeintlich natürlichen Ungleichheit – Sklaven, Frauen und Kinder wären demnach nicht in der Lage, ihren eigenen Unterhalt zu sichern bzw. ihr Leben vernunftgemäß zu gestalten – und wird daher selbst als natürliches, unwandelbares Verhältnis wechselseitiger Rechte und Pflichten gedacht. Im MA. und in der frühen Neuzeit wird dieses Modell auf die Beschreibung staatlicher H. übertragen, die sich als persönliches Rechtsverhältnis in der Äquivalenz von Schutz und Gehorsam realisiert. Für die antike Staatstheorie stellt eine solche Übertragung jedoch nur eine Extremform dar (↗Despotie, Tyrannis), die wie ihr Gegenstück, die völlige Herrschaftslosigkeit (↗Ochlokratie), nicht dem organisierten Zusammenleben prinzipiell gleichrangiger und freier Bürger – der Gemeinschaft der Hausherren – angemessen ist. Um die Möglichkeiten politischer Herrschaft in der Polis systematisch zu erfassen, stellt Aristoteles einen Katalog der H. auf, in dem neben das rein quantitative Kriterium, ob die Herrschaft von einem einzelnen, von einer kleinen Gruppe oder von vielen bzw. allen (freien) Bürgern ausgeübt wird, die qualitative Frage tritt, ob die Macht zum Wohl der Allgemeinheit oder zum Nutzen der jeweils Herrschenden ausgeübt wird. So werden den »guten« H. ↗Monarchie, ↗Aristokratie und Politie (bzw. ↗Demokratie) ihre jeweiligen Verfallsformen Despotie bzw. Tyrannis, ↗Oligarchie bzw. Plutokratie und Ochlokratie (bzw. Demokratie; hier verstanden als die interessengebundene Herrschaft der Armen, im Gegensatz zur Oligarchie/Plutokratie, der Herrschaft der Reichen) gegenübergestellt. In der Neuzeit wird diese Theorie in zwei Richtungen erweitert und modifiziert: Zum einen wird Herrschaft als relationaler Begriff gefaßt, d.h. es wird nicht mehr nur gefragt, ob die Herrscher gut oder schlecht handeln, sondern aufgrund welcher Prinzipien sie sich jeweils die Zustimmung der Beherrschten sichern. So ersetzt z.B. Montesquieu das qualitative Kriterium durch spezifische Werte: Monarchie beruht auf dem Prinzip der Ehre, Aristokratie auf Mäßigung und Selbstzucht und Demokratie auf Tugend, während die Despotie nur aufgrund von Furcht und Schrecken bestehen kann. Zum anderen werden formale Kriterien für die Unterscheidung »guter« und »schlechter«, republikanischer und despotischer (Kant) H. angegeben; bedeutsam sind hier das Prinzip der Gewaltenteilung, also der Trennung von Legislative, Exekutive und Jurisdiktion, das Prinzip der Repräsentation, Verfahren der Kontrolle und der politischen Partizipation und die Sicherung von bürgerlichen Grundrechten (↗Demokratie, ↗Rechtsstaat). M. Weber greift beide Stränge auf, wenn er drei idealtypische H. unterscheidet: charismatische Herrschaft beruht auf dem rational nicht begründbaren, »affektuellen« Glauben an außergewöhnliche, übernatürliche Fähigkeiten des Herrschers, traditionale Herrschaft auf der Wertschätzung überkommener Ordnungen und legale Herrschaft auf der Beachtung formal korrekter Satzungen und ihrer Umsetzung in Bürokratien. Nicht ausreichend berücksichtigt scheinen jedoch in der von Weber getroffenen Unterscheidung von Herrschaft als legitimer, d.h. auf Zustimmung beruhender Relation und der illegitimen Anwendung von Macht Momente struktureller Gewalt, mit denen in allen drei Typen legitimer Herrschaft gerechnet werden muß. So beruht Zustimmung in der Regel auf einer systematischen Unterbindung oder Verzerrung willensbildender Prozesse; institutionalisierte Regierungssysteme verhalten sich nicht neutral gegenüber gesellschaftlichen Machtverhältnissen. Wesentliche Impulse für eine Theorie der H. im 20. Jh. gehen daher aus von einer Untersuchung von Herrschaftsstrukturen auf der Ebene ökonomischer und gesellschaftlicher Teilsysteme, d.h. etwa innerhalb von Verbänden und Parteien, im Rechtssystem, in Schule und Familie, im Verhältnis ethnischer Gruppen oder der Geschlechter; zunehmende Bedeutung hat auch die Analyse interkultureller Relationen (Postkolonialismus). **Lit.:** H. Arendt: Elemente und Ursprünge totaler Herrschaft. Frankfurt 1955. – H. Günther: Freiheit, Herrschaft und Geschichte. Frankfurt 1979. – J. Habermas: Faktizität und Geltung. Frankfurt 1992. – R. Koselleck u.a.: Herrschaft. In: Geschichtliche Grundbegriffe. Hg. v. O. Brunner/W. Conze/R. Koselleck. Bd. 3. Stuttgart 1982. – F. Neumann (Hg.): Handbuch politischer Theorien und Ideologien. Reinbek 1989. – T. Parsons: Structure and Process in Modern Societies. Glencoe, Ill. 1960. – E. Said: Culture and Imperialism. 1993. – M. Weber: Wirtschaft und Gesellschaft. Tübingen [5]1972. WST

**Heterogonie der Zwecke.** H.d.Z. nennt Wundt die Rückwirkung nicht intendierter Neben- und Folgewirkungen von Handlungen auf sekundäre »Willensmotive« bzw. Zwecke, die diese Wirkungen in sich aufnehmen. H.d.Z. liegt also vor, wenn erwartungswidrige, insofern kontingente Ereignisse selbst in die nachträglich sich unter ihrem Einfluß umstrukturierende Teleologie des Handelns einfließen. Die Wundtsche Denkfigur spielt implizit häufig dort eine Rolle, wo Handlungskontingenz im Sinne einer prinzipiellen Inadäquatheit geschichtlichen Bewußtseins reflektiert wird. **Lit.:** H. Lübbe: Was aus Handlungen Geschichten macht. In: J. Mittelstraß/M. Riedel (Hg.): Vernünftiges Denken. Berlin 1978. S. 237–250. – W. Wundt: Ethik. Stuttgart 1892. S.266. BL

**Heteronomie,** in der philosophischen Ethik bedeutet H. die Fremdbestimmung des Willens. In seinen Überlegungen zur menschlichen Freiheit hat Kant den Gegensatz von ↗Autonomie und H. herausgestellt und betont, daß jeder durch Triebe, Begierden, Leidenschaften und irgendwelche Glücksvorstellungen beeinflußte Wille einer Fremdbestimmung unterliegt. **Lit.:** I. Kant: Grundlegung zur Metaphysik der Sitten. Hamburg 1963. S. 433, S. 441 ff. PP

**Heuristik** (Erfindungskunst; griech. heuriskein: finden, auffinden), Lehre bzw. Theorie der Verfahren zum Finden von Neuem und Problemlösen. Heuristische Verfahren ziehen nicht direkte, formalisierbare Schlüsse, sondern sind zur Lösung führende Hilfsmittel für Fragestellungen, zu deren Beantwortung eindeutige Verfahren fehlen oder unvertretbar aufwendig erscheinen. Sie dienen nur dem Auffinden, nicht dem Beweisen oder Begründen neuer Erkenntnisse, und arbeiten u. a. mit Analogien, Assoziationen, Vermutungen, Wahrscheinlichkeiten und Generalisierungen. – In der H. werden zwei grundsätzlich verschiedene Richtungen vertreten. (1) Die kombinatorische oder lullistische H. sieht Neues als in der Neukombination grundsätzlich bereits vorhandener Elemente entstehend an und sucht dementsprechend eine weitgehend methodische Beschreibung innovativer Prozesse zu geben. Dies liegt bereits dem von Raimund Lull 1275 dargelegten Verfahren zur Generierung aller Wahrheiten aus einem endlichen Kanon von Prädikationen, Prinzipien und Problemen zugrunde und wird von Leibniz in seiner Erfindungslehre 1676 wieder aufgenommen. Der kombinatorischen H. wesentlich ist, daß mit der Beschreibung des zugrundegelegten Wissens die möglichen Lösungen – als im sog. »morphologischen Kasten« entstehende Kombinationen – bereits bestimmt sind. Insbesondere die in der Informatik entwickelten heuristischen Verfahren zur mathematischen Beweisfindung, zur Reduktion von Suchstrategien und zum Umgang mit vagem Wissen sind hier einzuordnen. (2) Die intentionale oder topische H. versteht hingegen Neues als Schöpfung neuer Elemente bzw. Stiften neuer Beziehungen und Prädikationen. Daher kann sie keine systematische Anleitung zur Problemlösung bieten, sondern nur eine Theorie innovativer Prozesse und ihrer Voraussetzungen, und ist ursprünglich der ↗Topik zuzurechnen. Wie Aristoteles in der Beurteilung neuer Sachverhalte im Hinblick auf analoge Musterfälle ein nicht formalisierbares, aber lehrbares Verfahren sah, »auf der Grundlage der herrschenden Meinungen über jede vorgelegte Zweifelsfrage zu einem Urteil zu kommen« (*Topik* 100a), sollen nach Kant heuristische Begriffe nicht zeigen, wie ein Gegenstand bereits bestimmt ist, sondern als »regulative Prinzipien des systematischen Verstandesgebrauchs im Felde der Erfahrung« (*KrV* B 799) allererst die Leitlinien der Bestimmung der Gegenstände der Erfahrung und damit die Möglichkeit kreativer Zuschreibungen bieten. Topisch-heuristische Prozesse sind somit durch die Absicht der Problemlösung intentional geleitete Erörterungen neuer Sachverhalte und Vorstellungen. Die jeweiligen Topoi der Betrachtung werden in ihrer Problemrelevanz erst in der aktuellen Problematik gesetzt und sind daher in ihrer Bezugnahme auf den Gegenstandsbereich nicht formalisierbar. Dies H.-Verständnis findet sich insbesondere in der Jurisprudenz. – In wissenschaftstheoretischer Absicht definiert Lakatos negative heuristische Regeln für die Erstellung wissenschaftlicher Theorien und der Beurteilung ihres innovativen Gehalts. **Lit.:** L. Bornscheuer: Topik. Frankfurt 1976. – C. Burrichter/R. Inhetveen (Hg.): Technische Rationalität und rationale Heuristik. Paderborn u. a. 1986. – I. Lakatos: Die Methodologie der wissenschaftlichen Forschungsprogramme. Braunschweig/Wiesbaden 1982. – Th. Vieweg: Topik und Jurisprudenz. München 1974. – F. Zwicky: Entdecken, Erfinden, Forschen im morphologischen Weltbild. München/Zürich 1971. EJ

**Hierarchie.** Ein komplexes Ganzes ist hierarchisch differenziert, wenn im Verhältnis seiner Teile eine zugleich lineare und transitive Ordnung unterstellt werden kann, die an der Spitze der H. kulminiert. Wie man an der Geschichte des Gesellschaftsbegriffs ebenso wie des Weltbegriffs ablesen kann, zeichnet sich ein Verlust der alteuropäischen Gleichsetzung von H. mit Ordnung schlechthin erst mit der modernen Gesellschaft ab. Angesichts erster Erfahrungen mit einer durch das Geldmedium integrierten Wirtschaft mußte man gegen den politischen Gesellschaftsbegriff der Tradition zwischen einem hierarchisch geordneten Staat und einer nach völlig anderen Gesichtspunkten strukturierten Gesellschaft unterscheiden. Erst seither kann die H. mit anderen, zum Beispiel funktional differenzierenden oder heterarchischen Formen von Ordnung verglichen und letztlich nur noch durch Resultate eines solchen Vergleichs legitimiert werden. – Neuere systemtheoretische Untersuchungen sprechen von H. immer dann, wenn die Komplexität eines Systems in unabhängige oder nahezu unabhängige Teilgesamtheiten dekomponiert werden kann. Empirische Forschungen zeigen jedoch, daß diese Bedingung schon in der vergleichsweise kleinen Welt der Organisationen nur selten erfüllt werden kann. Andere Hierarchiebegriffe betonen daher, daß jede hierarchische Ebene eigene Funktionen erfüllt, so daß Informationsverluste und qualitative Brüche im Übergang von der einen zur anderen Ebene unvermeidlich sind. Oder sie betonen das Erfordernis, neben der ersten und formal verbindlichen Asymmetrie, die von oben nach unten verläuft, auch noch eine zweite und informale Asymmetrie einzurichten, die einen Einflußkreislauf in umgekehrter Richtung bewegt. **Lit.:** N. Luhmann: Politische Theorie im Wohlfahrtstaat. München 1981. – H.H. Pattee

(Hg.): Hierarchy Theory: The Challenge of Complex Systems. New York 1973. – H. A. Simon: The Science of the Artificial. Cambridge Mass. 1969. – O. E. Williamson: Markets and Hierachies. New York 1975. AK

**Hilbert-Programm** ↗Formalismus ↗Metamathematik

**Hīnayāna** (»Kleines Fahrzeug«), diskriminierende Bezeichnung von Seiten des ↗Mahāyāna, die schon auf ein wesentliches Kennzeichen weist: Das religiöse Ideal im H. ist der arhat, der buddhistische Heilige, der die zum ↗Nirvāṇa führende Erkenntnis aus eigener Kraft erlangt hat und sich damit begnügt (in diesem Fahrzeug zur Erlösung haben nur wenige Platz), während das Ideal des Mahāyāna das eines ↗Bodhisattva ist, der vielen Wesen zur Erlösung verhilft. Die einzige heute noch existierende Schule des H. ist die der Theravādin (sanskrit: Sthaviravādin »die der Lehre der Älteren anhängen«) v.a. auf Ceylon, in Burma und Thailand, deren sog. Pāli-Kanon oder Tipiṭaka (»Dreikorb«) der vollständigste erhaltene indische ist. Daneben gab es jedoch andere einflußreiche Schulen des H.: die Vātsīputrīya oder Pudgalavādin, die eine von den fünf skandhas (Daseinsgruppen) verschiedene Person (pudgala) lehrten und somit die buddhistische Schwierigkeiten der Annahme einer Wiedergeburt ohne ein beständiges Persönlichkeitselement zu überwinden versuchten; die Sarvāstivādin, die lehren, daß alle ↗Dharmas nicht vergänglich sind, sondern immer existieren und in einem bestimmten Moment wirksam werden; die Sautrāntikas, die nur den Sūtrenteil des Kanons gelten ließen, die Vergänglichkeit der Dharmas postulierten und eine hinter diesen wirksame Bewußtseinsbasis (āśraya) annahmen, mit der sie die Verbindung von einer Existenz zur nächsten zu erklären versuchten. **Lit.:** A. Bareau: Les sectes bouddhiques du petit véhicule. Saigon 1955. – E. Frauwallner: Die Entstehung der buddhistischen Systeme. Göttingen 1971. – H.-W. Schumann: Buddhismus, Stifter, Schulen und Systeme. Freiburg 1976. S. 107 ff. – M. Walleser: Die Sekten des alten Buddhismus. Heidelberg 1927. – A. K. Warder: Indian Buddhism. Delhi [2]1991. S. 288 ff. MD

**Hinduismus,** Sammelbezeichnung für die Vielzahl der an die spätvedische Zeit (↗Brahmanismus) anschließenden bodenständigen Religionen Indiens, mit Ausnahme des die vedische Autorität nicht anerkennenden ↗Buddhismus und ↗Jainismus. Zu den hinduistischen Religionen zählen u. a. Viṣṇuismus, Śivaismus und Saktismus. Gemeinsamkeiten der meisten Religionen ist die Lehre vom zyklischen Entstehen und Vergehen der Welt, des Kreislaufs der Wiedergeburten (↗Saṃsāra) und des Wirkungszusammenhangs (↗Karma). ↗Systeme, indische. FPB

**Hintergrundkonsens.** In der Theorie des kommunikativen Handelns von Habermas wird für die auf Verständigung abzielenden Sprechhandlungen ein gemeinsamer H. angenommen, der die gemeinsame Anerkennung wechselseitig erhobener Geltungsansprüche beinhaltet: (1) Sprecher und Hörer wissen implizit, daß jeder von ihnen die grundlegenden vier ↗Geltungsansprüche der Verständlichkeit, der Wahrheit, der Wahrhaftigkeit und der normativen Richtigkeit erheben muß, wenn eine verständigungsorientierte Kommunikation zustandekommen soll; (2) beide unterstellen gegenseitig, daß sie diese Kommunikationsvoraussetzungen erfüllen, d. h. daß die Geltungsansprüche entweder bereits eingelöst sind oder eingelöst werden können. **Lit.:** J. Habermas: Was heißt Universalpragmatik. In: K.-O. Apel (Hg.): Sprachpragmatik und Philosophie. Frankfurt 1976. S. 177 f. PP

**Hintergrundwissen.** Der Terminus spielt im Rahmen der Überlegungen zur Bewährung einer Theorie eine Rolle. Er bezeichnet das zu einem bestimmten Zeitpunkt und im Hinblick auf einen bestimmten Phänomenbereich oder eine bestimmte Fragestellung bekannte Wissen. Das H. stellt die Basis für die Überprüfung von Tests dar. Die Erläuterung des H.s. führt zu drei denkbaren Deutungen dessen, was das H. darstellen soll: (a) sämtliche zum Testzeitpunkt bekannten und für unproblematisch gehaltenen Tatsachen und Theorien (Popper); (b) die beste verfügbare Konkurrenztheorie einschließlich ihrer noch ungeprüften Konsequenzen (Lakatos, Musgrave); (c) nur die zur Konstruktion einer Theorie benutzten Tatsachen (Pähler). **Lit.:** K. Pähler: Qualitätsmerkmale wissenschaftlicher Theorien. Tübingen 1986. – Ders.: Teststrenge und empirische Bewährung in der Popperianischen Wissenschaftstheorie. In: Zs. für allgemeine Wissenschaftstheorie 12 (1981). PP

**Historik.** Folgt man begriffsgeschichtlichen Analysen, gibt es »die mit ›H.‹ gemeinte Sache, eine Wissenschaftstheorie der Historie, bis in die Gegenwart nicht, weder unter diesem noch einem anderen Titel; Definitionsversuchen fehlt daher der Orientierungspunkt« (Hedinger). Assoziert ist der Begriff H. üblicherweise mit Droysen, dessen zwischen 1857 und 1883 gehaltenen Vorlesungen zur »Enzyklopädie und Methodologie der Geschichte« postum 1937 unter dem Titel »H.« publiziert werden. »H.« bedeutet für Droysen, der den Ausdruck wohl unmittelbar von seinem Lehrer A. Boeckh übernimmt, eine geschichtswissenschaftliche Methodenlehre, die sich ebensosehr von spekulativer Geschichtsphilosophie wie naivem Positivismus freihält. Zentral in Droysens Entwurf eines »Organon des historischen Denkens und Forschens« ist vielmehr die unüberbrückbare Differenz zwischen der Tatsächlichkeit des Vergangenen und seiner Rekonstruktion durch den Historiker. Aus der Einsicht in die Subjektivität der historischen Rekonstruktion, die zudem auf eine prinzipiell fragmentarische Überlieferung angewiesen bleibt, hat Droysen allerdings keine relativistischen Konsequenzen gezogen, sondern das Verstehen als Mittel historischer Erkenntnis unterstrichen, das im Nachvollzug der »Äußerungen und Gestaltungen«, die als historisches Material vorliegen, eine »wesentliche Gleichartigkeit und Gegenseitigkeit« von Historiker und Historie herstelle. Während Droysens H. in diesem Zusammenhang v. a. für die philosophische Hermeneutik eine gewichtige Rolle spielt, ist »H.« außerhalb spezifisch philosophischer Kontexte weiterhin als programmatischer Titel für verschiedene Ansätze zu einer Theorie der Geschichtswissenschaft gebräuchlich. **Lit.:** H. M. Baumgartner/J. Rüsen (Hg.): Seminar: Geschichte und Theorie. Umrisse einer Historik. Frankfurt 1976. – J. Rüsen: Begriffene Geschichte. Genesis und Begründung der Geschichtstheorie J. G. Droysens. Paderborn 1969. DK

**Historismus.** Das seit Mitte des 19. Jh. gebräuchliche »H.« bezeichnet zunächst einen negativ besetzten Begriff, der sich polemisch gegen den Totalitätsanspruch der Geschichtswissenschaften und einen daraus resultierenden Relativismus des historischen Denkens richtet. Inspiriert ist die Kritik am H. wesentlich durch Nietzsche, der die Bezeichnung »Historizismus« zwar selbst in einer anderen, damals ebenfalls üblichen Bedeutung für die spekulative Geschichtstheorie Hegels verwendet, mit seinem Verdikt über die »historische Krankheit«, das »betäubende und gewaltsame Historisieren«, aber genau die Symptome benennt, die das Mißtrauen in die historische Bildung evozierten. Durch Troeltsch (*Der Historismus und seine Probleme*) und vor allem durch Meineckes richtungsweisende Studie zur »Entstehung des Historismus« verliert der Ausdruck H. in der ersten Hälfte dieses Jh. seine ausschließlich negativen Konnotationen, ohne sich jedoch vollständig von ihnen befreien zu können. Nach Maßgabe eines Ideals strenger Wissenschaftlichkeit der Philosophie erneuert die Phänomenologie Husserls die Absage an den »Historizismus« als einer »erkenntnistheoretischen Verirrung«, ohne damit den »ungeheuren Wert der Geschichte im weitesten Sinne für den Philosophen« zu leugnen. Wie Troeltsch, der ausdrücklich unter dem Programm angetreten war, das Wort »H.« von »seinem schlechten Nebensinn völlig zu lösen«, versteht dagegen auch Meinecke den H. als einen Epochenbegriff für den seit der Aufklärung mit der Ablösung des naturrechtlichen Denkens einsetzenden Prozeß der Herausbildung des historischen Bewußtseins. Zentral sind dabei nach Meinecke die paradigmatisch in der Geschichtsphilosophie Herders formulierten Kategorien der Individualität und der Entwicklung, die, zusammengenommen, die Menschheitsgeschichte als die universelle Realisierung der Humanität verstehen lassen, in der dennoch jede Stufe eine unverwechselbare Selbständigkeit besitzt. – Unabhängig sowohl von der Destruktion des H. als eines bloßen Relativismus wie von seiner Rehabilitierung ist der ideologiekritische Gebrauch des Ausdrucks »H.«, dessen Bandbreite sich exemplarisch an den konträren Positionen Benjamins und Poppers festmachen läßt. Während Benjamin dem H. als einer »Geschichtsschreibung der Sieger« den historischen Materialismus gegenüberstellt, sieht Popper gerade im Anspruch des Marxismus, Geschichte prognostizieren zu können, das »Elend des Historizismus«. **Lit.:** H. G. Gadamer: Artikel »Historismus«. In: Die Religion in Geschichte und Gegenwart ([3]1957). – K. Heussi: Die Krisis des Historismus. Tübingen 1932. – H. Lübbe: Geschichtsbegriff und Geschichtsinteresse. Analytik und Pragmatik der Historie. Basel/Stuttgart 1977. – H. Schnädelbach: Geschichtsphilosophie nach Hegel. Die Probleme des Historismus. Freiburg/München 1974. – L. Strauss: Naturrecht und Geschichte. Stuttgart 1956. DK

**Hoffnung.** Während die griech. Antike noch einen schwankenden Begriff von H. hatte, der zwischen Skepsis in bezug auf Zukunftserwartungen und Vertrauen auf positive zukünftige Möglichkeiten oszillierte (vgl. die verschiedenen Deutungsvarianten der Pandorasage: Hesiod und Babrios), kennt das Alte Testament einen Hoffnungsbegriff, der grundsätzlich eine gute Zukunft erwartet – das Reich Gottes –, wodurch schließlich auch die Annahme jeder gegenwärtigen Wirklichkeit in ihren Widersprüchen gerechtfertigt ist. Augustinus und Thomas v. Aquin greifen beide den Hoffnungsgedanken wieder auf, um in Verbindung mit stoischen bzw. aristotelischen Überlegungen die H. als Affekt zu begreifen, der den einzelnen auf die Glückseligkeit in Gott einstimmt. Daneben bilden sich auch apokryphe Traditionen des Hoffnungsgedankens aus, die auf apokalyptisch-chiliastische Aspekte der Verkündigung des Reichs Gottes zielen (Joachim von Fiore). – Im Bereich der neuzeitlichen Philosophie gibt es kaum Platz für die H., der seit Descartes' Orientierung auf die Erkenntnis der Boden entzogen ist. Von zentraler Bedeutung ist auch Spinozas Verdikt über die H., die für ihn bloß »unbeständige Lust, entsprungen aus der Vorstellung eines zukünftigen oder vergangenen Gegenstandes, über dessen Ausgang wir in gewisser Hinsicht in Zweifel sind« (*Ethica*, pars III, Affectum Definitiones XII), ist. Das 19. Jh. beschäftigt sich – mit der Ausnahme Kierkegaards – kaum mit der H. Erst die Existenzphilosophie widmet sich erneut dem Hoffnungsgedanken, reduziert diesen freilich wie Heidegger auf die existentielle Befindlichkeit des einzelnen, der zwischen den Affekten Furcht und H. schwankt. Von zentraler Bedeutung ist dagegen die H. in Blochs Philosophie, seiner »Ontologie des Noch-Nicht-Seins«, worin unter Rückgriff auf jüdische Traditionen, chiliastische Ideen und die verschiedenen »Nebenströme« der Geistesgeschichte die Utopie einer befreiten Menschheit anvisiert wird: eine »Gesellschaft ohne Herr und Knecht«, die »Solidarität aller«, »Freiheit und menschliche Würde«, Natur als »Heimat«. **Lit.:** E. Bloch: Das Prinzip Hoffnung. Frankfurt 1959. – H.-G. Link: Hoffnung. In: HWPh. III (1974). Sp. 1157–1166. – O. Schwemmer: Hoffnung. In: Enzyklopädie Philosophie und Wissenschaftstheorie II (1984). S. 118 f. – W. Vossenkuhl: Hoffnung. In: Lexikon der Ethik. Hg. v. O. Höffe. München [4]1992. S. 122 f. WJ

**Höhlengleichnis,** das dritte Gleichnis, nach dem ↗Sonnen- und ↗Liniengleichnis, mit dem Platon im *Staat* (514a-517a) seine Ideenlehre zu veranschaulichen sucht. Das H. beschreibt die Situation von Menschen, die in einer Höhle angekettet sind und nur die Schatten von künstlichen Gegenständen sehen können, die von einem Feuer an die Höhlenwand geworfen werden. Diese werden von ihnen für die erkennbare Wirklichkeit gehalten. Die Befreiung des Menschen von diesem Scheinwissen und den Aufstieg zur Seinserkenntnis beschreibt Platon als den Weg aus der Höhle hinaus über die Stufen des Erkennbarwerdens der künstlichen Gegenstände, des Feuers, der Spiegelungen natürlicher Dinge außerhalb der Höhle, der natürlichen Dinge selbst und schließlich der Sonne. Diese Stufenbereiche fassen das Sonnen- und Liniengleichnis zusammen, indem sie Erkenntnisgegenstände und -grund in einem Bild vereinigen und um eine Gleichnisebene transponieren. So entsprechen Schatten und künstliche Gegenstände in der Höhle den ontologischen und epistemischen Bereichen der Spiegelungen und empirischen Gegenständen aus dem Liniengleichnis, die Spiegelungen und realen Dinge außerhalb der Höhle entsprechen den mathematischen Gegenständen und den Ideen. Das Feuer nimmt den Platz der Sonne, die Sonne den der Idee des Guten aus dem Sonnengleichnis ein. Platon beschreibt den stufenweisen Aufstieg der Erkenntnis als einen mühevollen Vorgang, der eine Umwendung der gesamten Erkenntnishaltung und eine Formung des ganzen Menschen erfordert. Das H. wurde vor allem auch in seiner Bedeutung für den Bildungsgedanken interpretiert, der von einem aktiven Prozeß des Lernenden selber ausgeht, gleichwohl aber die Notwendigkeit des Anstosses durch den Lehrer betont (↗Mäeutik). **Lit.:** Th. Ballauff: Die Idee der Paideia. Meisenheim 1952. – W. Jaeger: Paideia III. Berlin [3]1959. FPB

**Holismus** (griech. holos: ganz), philosophische Tendenz, etwas als ein Ganzes anzusehen, das nicht aus Teilen zusammengesetzt ist, die unabhängig vom Ganzen existieren. Je nachdem, was als Ganzheit eingeschätzt wird, werden verschiedene philosophische Positionen als H. bezeichnet. Die wichtigsten Formen von H. sind: (1) Semantischer H.: Jede Sprache ist ein Ganzes. Ein Begriff oder eine Aussage hat nicht isoliert Bedeutung und propositionalen Gehalt, sondern nur im Kontext eines ganzen Bündels von Aussagen, das schließlich eine gesamte Sprache umfaßt. Wichtiger Vertreter des semantischen H. ist Davidson, wichtige Kritik stammt von Fodor/Lepore. (2) Epistemologischer H.: Einzelne Sätze einer Theorie können nicht isoliert bestätigt oder entkräftet werden. Es wird immer eine Theorie insgesamt und schließlich das gesamte System unseres Wissens mit Erfahrung konfrontiert. Es gibt kein ↗experimentum crucis. Werden Prognosen einer Theorie durch Experimente nicht bestätigt, gibt es immer mehrere Möglichkeiten der Korrektur der Theorie bis hin zur Abänderung logischer Gesetze. Der epistemologische H. geht auf Duhem zurück. Er wird von Quine auf unser Wissen insgesamt bezogen und ist bekannt als Duhem-Quine-These. (3) Begründungstheoretischer H. (↗Kohärenztheorie des Wissens): Die Aussagen einer Theorie werden dadurch begründet, daß sie sich innerhalb der Theorie als ganzer wechselseitig stützen. Die Theorie wird durch ihre interne Kohärenz gerechtfertigt. Wichtige Vertreter dieser Position sind Neurath, Lehrer und Bonjour. (4) Sozialer H.: Eine Person kann nicht isoliert ein denkendes, rationales Wesen sein. Denken und Rationalität sind von einer Gemeinschaft abhängig. (5) Methodischer H.: Die Erklärung von etwas kann nicht reduziert werden auf die Beschreibung des Verhaltens von Teilen von ihm. Insbesondere wird auch die Ordnung verschiedener Theorien bzw. Wissenschaften nicht so gedacht, daß diese auf eine fundamentale Theorie bzw. Wissenschaft reduziert werden können. (6) Ontologischer H.: Die Welt ist ein Ganzes, das nicht aus Teilen besteht, die eine eigene Existenz haben. Hierzu ist in der Antike die Theorie der All-Einheit (hen kai pan) zu zählen, die zuerst von Parmenides vertreten wird. Hegel nimmt das antike Konzept der All-Einheit auf und denkt alles, was es gibt, als Moment der dialektischen Entwicklung eines Geistes, der mit der Welt identisch ist. Ein ontologischer H. ist auch Spinozas Substanz-Monismus. (7) Quantentheoretischer H.: In einigen Interpretationen der Quantentheorie wird vertreten, daß die Natur auf der grundlegenden Ebene physikalischer Elementarsysteme ein Ganzes ist. Denn gemäß der Quantentheorie ist zu erwarten, daß der Zustand jedes physikalischen Elementarsystems mit den Zuständen vieler anderer solcher Elementarsysteme verschränkt ist. **Lit.:** *Zu (1):* D. Davidson: Wahrheit und Interpretation. Frankfurt 1990. – J. Fodor/E. Lepore: Holism. Oxford 1992. – *Zu (2):* P. Duhem: Ziel und Struktur der physikalischen Theorie. Hamburg 1978. – W. v. O. Quine: Von einem logischen Standpunkt. Frankfurt 1979. Kap. 2: Zwei Dogmen des Empirismus. – *Zu (3):* L. Bonjour: The Structure of Empirical Knowledge. Cambridge (Mass.) 1985. – K. Lehrer: Theory of Knowledge. London 1990. – O. Neurath: Soziologie im Physikalismus. In: Erkenntnis 2 (1931). S. 393-431. – *Zu (4):* P. Pettit: The Common Mind. New York 1993. – *Zu (5):* K. M. Meyer-Abich: Wissenschaft für die Zukunft. München 1988. – J. C. Smuts: Holism and Evolution. London 1926. – *Zu (6):* V. Hösle: Hegels System. Hamburg 1988. – *Zu (7):* P. Teller: Relational Holism and Quantum Mechanics. In: British Journal for the Philosophy of Science 37 (1986). S. 71-81. ME

**Hominisation,** in der Evolutionstheorie der Prozeß der Menschwerdung des Affen, insbesondere während der subhumanen Phase im sog. Tier-Mensch-Übergangsfeld. Der Prozeß der H. gilt mit der Erscheinung des homo sapiens und dem Aussterben des Neandertalers als abgeschlossen. Die Phase der H. umfaßt den Zeitraum von vor ca. zwei Millionen Jahren bis vor ca. 100.000 Jahren. Als evolutionäre Zwischenstufen gelten der homo habilis, dessen spätere Abformung der australopithecinen (bis vor ca. einer Million Jahren; mit aufrechtem Gang, Benutzung von Steinwerkzeugen und sozialer Arbeitsteilung) ist und dem der homo erectus oder pithecanthropus (Fundstätten in Java, Südostasien, Afrika, sog. Oldoway-Kultur; mit vermehrtem Werkzeuggebrauch, beginnender Ausbildung des Sprachzentrums) nachfolgt. Der Terminus homo sapiens wurde 1760 von Carl Linné als Gattungsbegriff (noch ohne die Annahme einer Evolution) eingeführt. Für die Erforschung der H. waren insbesondere die Arbeiten von Ch. Darwin (*The Descent of Man*, 1863), Th. Huxley (*Evidence as to Mans Place in Nature*, 1863) und E. Haeckel (*Generelle Morphologie der Organismen*, 1866) bahnbrechend. Lange strittig war, ob sich eine Stufe der H. nach der anderen entwickelt hat oder ob die H. parallel vor sich gegangen ist. Neuere, auf Gencodierung basierende Rekonstruktionen, scheinen die Wahrheit der ersteren Hypothese zu belegen. MFM

**Homme naturel/homme civil,** 1755 von Rousseau als Begriffspaar geprägt, dem seine Vorstellung vom Menschen zugrundeliegt. Die metaphysische und moralische Konstitution des Menschen basiert demnach auf zwei der Vernunft vorhergehenden Prinzipien: Selbsterhaltung und Mitleid. Letzteres mildert seinen ↗amour de soi (Selbstliebe), der als natürliches Gefühl zur Erhaltung des Individuums und der Art beiträgt, er zeitigt Tugend und Menschlichkeit. Gegenüber dem Tier zeichnet sich der körperlich unterlegene Mensch (↗Anthropologie) durch seinen eigenen Willen, Freiheit und die Fähigkeit zur Perfektibilität und Vernunft aus. Durch Abstraktion vom depravierten bürgerlichen und zivilisierten Menschen (h.c.) gelangt Rousseau zur hypothetischen Konstruktion des natürlichen Menschen (h.n.). Hinsichtlich der physischen Natur unterscheiden sich beide kaum voneinander, doch ist der h.n. durch die zur Selbsterhaltung notwendige Benutzung seines Körpers gewandter und stärker. Im Gegensatz zum h.c. kann der h.n. seine wenigen natürlichen Bedürfnisse allein befriedigen; er ist autark und lebt solitär in Einheit mit sich und der Natur. Hinsichtlich der metaphysischen und moralischen Konstitution unterscheiden sich h.n. und h.c. Charakteristisch für den h.c. ist der in der Gesellschaft entstandene amour propre (Selbstsucht), aus dem der Vergleich mit anderen Menschen, übertriebene Wertschätzung seiner selbst und Ehrgeiz resultieren (komparative Existenz). In der Gesellschaft lebt er abhängig von der Meinung anderer und von ihrer Hilfe bei seiner Bedürfnisbefriedigung. Er verfügt über Sprache und Vernunft sowie über moralische Freiheit. Die Einheit mit der Natur kann er nur durch Reflexion wiederholen, nicht aber zum Naturzustand zurückkehren. DGR

**Homo creator.** Der Begriff gehört zu einer Reihe von Bezeichnungen, mit denen das spezifische des Menschseins näher charakterisiert werden soll. (a) H. c. kennzeichnet die Fähigkeit des Menschen, aufgrund seiner Weltoffenheit und Reflexivität sich selbst und seine Welt (↗Kultur) neu gestalten zu können. – (b) Mit *Homo faber* wird die technisch-praktische Intelligenz des Menschen hervorgehoben. Der Mensch ist durch die Freistellung der Hand und das Zusammenspiel von Hand und Auge zu Werkzeuggebrauch und zur Herstellung von differenzierten Artefakten befähigt. Für Bergson ist der Intellekt des Menschen (im Unterschied zur Intuition) in erster Linie auf das Materielle und die technische Bewältigung der Welt ausgerichtet. – (c) Als *Homo ludens* sieht J. Huizinga den Menschen. Das Spiel ist für ihn Ursprung und Grundlage der Kultur. – (d) *Homo pictor* trifft für H. Jonas das Spezifikum des Menschen, bewußt Abbilder der Wirklichkeit schaffen zu können. Im symbolisierenden Schaffen eines Bildes vereinigt sich die Erkenntnisfähigkeit des homo sapiens mit der gestalterischen Kraft des homo faber. – (e) *Homo sapiens* ist die klassische Definition des Menschen. Als differentia specifica unterscheidet ihn die Vernunft von den anderen Lebewesen. Die Reflexivität seiner psychischen Akte ermöglicht ihm die Ausbildung eines Selbstbewußtseins, die Unabhängigkeit von instinktgebundenen Verhaltensmustern, die symbolische Repräsentation der Welt in der Sprache und somit Situationsentbundenheit und schöpferischen Handlungsspielraum. – Mit (f) *Homo viator* will Marcel den Menschen in seinem Streben zu Gott kennzeichnen, in dem die Unvollendetheit und Ergänzungsbedürftigkeit des Menschen zum Ausdruck kommt. **Lit.:** J. Huizinga: Homo ludens (1938). Reinbek 1956 u.ö. – H. Jonas: Homo pictor und die Differentia des Menschen. In: Zeitschrift für philosophische Forschung 15 (1961). S. 161–176. – G. Marcel: Homo viator. Paris 1944 (dt. Düsseldorf 1949). FPB

**Homo-mensura-Satz** (Mensch-Maß-Satz). »Der Mensch ist das Maß aller Dinge, der seienden, daß sie sind, der nicht-seienden, daß sie nicht sind.« Der Satz wird dem Sophisten Protagoras zugeschrieben. Die für die Überlieferung wichtigsten Quellen bilden Platons *Theaitet* (152 a ff.) und Sextus Empiricus' *Pyrrhonische Grundrisse* (I 216). Wenn der für die Philosophiegeschichte sehr bedeutsame Satz auch in unterschiedlicher Weise rezipiert und interpretiert wurde, so muß er als Ausdruck der grundlegenden Problematik des Verhältnisses von erkennendem Subjekt und Erkenntnisobjekt verstanden werden. Die nachstehende Erläuterung: »Wie alles einzelne mir erscheint, so ist es für mich, wie dir, so ist es wieder für dich« enthält vornehmlich drei Rücksichten: die subjektivistische, sensualistische und relativistische. Der je einzelne Mensch wird als Maß aller sinnfälligen Dinge bestimmt. Die Konsequenz wäre eine subjektivistische Erkenntnis im Sinne eines nicht objektivierbaren Wissens, also eine relativistische, gleichgültige Erkenntnis, die auf der Gleichsetzung von Sein mit »jemandem scheinen« fußt. Das Maß des Protagoras ist beliebig und steht damit dem heraklitischen ↗Logos entgegen. **Lit.:** A. Neumann: Die Problematik des Homo-mensura-Satzes. In: Class. Philol. 33 (1938) 368–79. DG

**Homogen** (griech. aus dem Gleichen stammend), bezeichnet heute Gleichartiges in einer eher logischen Bedeutung. Philosophiegeschichtlich war der ontologisch-biologische Wortsinn für die rein logische Bedeutung konstitutiv. In der klassischen Antike fallen logische und ontologische Bedeutung noch weitestgehend zusammen: Der platonische (und von Aristoteles singgemäß oft wiederholte) Satz »Aus einem Löwen entsteht immer ein Löwe, aus einem Pferd immer ein

Pferd, aus einem Menschen immer ein Mensch« (*Kratylos* 387b) zeigt an, daß Gattung hier primär als biologischer Terminus verstanden wird. H. ist mithin geradezu das Strukturgerüst der natürlichen Ordnung, der dann die logische, auf den Begriff der Gattung gegründete, Ordnung folgt. H. gilt denn auch bei Aristoteles als Kriterium für die Definition von Natur: Während die planende Vernunft (etwa des Baumeisters) vieles (Häuser, Stühle, etc.) hervorbringt, reproduziert sich die Natur stets homogen. Die Scholastik hat diesen Grundsatz der Univozität in der Formel »Natura est ad unum, ratio ad oppositio« aufgegriffen. Erst in der Neuzeit und insbesondere seit Kants ↗Homogenitätsprinzip ist von dieser natürlichen Homogenität zu einer durchgehend formal-logischen abstrahiert: Der Begriff schlägt von seinem ontologischen Ursprung in einen nominalistischen Sinn um: Gleichartig ist, was durch seine Definition in die Menge eines ebenso definierten fällt. MFM

**Homogenitätsprinzip,** nach Kant (*KrV* A 559) ein (logisches) Prinzip, demzufolge das gleichartige Mannigfaltige unter ein und dieselbe höhere Gattung subsumiert wird. Wenn Kant im Zusammenhang mit dieser Definition als Beispiel die Subsumtion von verschiedenartigen Salzen unter den einen Oberbegriff »Salz« anführt, belegt dies die Abstraktion von dem ursprünglich biologischen Wortsinn der Homogenität auf einen rein logisch-formalen. Kant nennt mithin die Tatsache, daß wir uns bei der Ordnung der Welt des H.s bedienen, »einen ökonomischen Handgriff der Vernunft«. Das so gefaßte H. bereitet den abstrakt-formalen Begriff der logischen Klasse vor, die durch die definitorische Homogenität ihrer Elemente bestimmt ist. MFM

**Homologie,** Übereinstimmung, Typenähnlichkeit oder Analogie. Mehrere grundsätzliche Bedeutungsebenen sind zu unterscheiden: (1) In der pythagoreischen Naturphilosophie heißt H. die Übereinstimmung von Vernunft und Leben mit der Natur bis hin zur Gottähnlichkeit (bei Empedokles). – (2) Bei Platon (*Symposion* 187b) wird H. mit (innerseelischer) Harmonie identifiziert. – (3) Die Stoiker nannten die Übereinstimmung der Vernunft mit sich selbst und des von ihr mitbestimmten Lebens H. – (4) In Evolutionstheorie, Anatomie und Morphologie ist die H. ein Methodenbegriff, der die Formverwandtschaft (a) der Lage nach (Homotopie; z.B. Vogelflügel – Vorderextremitäten von Säugern), (b) der Kontinuität nach (etwa für Organe, die dieselbe Zwischenform durchlaufen haben; z.B. Kiemen – Lunge), (c) der spezifischen Qualität nach, (d) der genetischen Struktur (etwa von Makromolekülen) nach oder (e) der in der Verhaltensforschung analoge Verhaltenstypen (z.B. Kußverhalten bei Menschen und Tieren) spezifiziert. – (5) Ein von J. Trier 1939 zur Beschreibung von analogen Metaphern (wie Schenkel eines Winkels) in die Sprachwissenschaft eingeführter Terminus. MFM

**Homonym** (griech. homonymos: gleichnamig), bezeichnet ein Wort, das mit einem anderen Wort gleichlautend ist, d.h. den gleichen Wortkörper hat, jedoch von diesem in der Bedeutung und der Herkunft verschieden ist. Die Bedeutung eines Wortes ergibt sich normalerweise aus dem jeweiligen Zusammenhang. So besitzt z.B. das Wort »Masse« in der Physik und in der Soziologie ganz unterschiedliche Bedeutungen, ohne daß es in der Regel zu Verwechslungen kommt. **Lit.:** W.C. Salmon: Logik. Stuttgart 1983. RS

**Horizontbewußtsein, Horizontintentionalität.** In der Phänomenologie von Husserl wird mit Horizont zunächst der Spielraum möglicher Erfahrung benannt. Das Hb. beinhaltet die Vertrautheit mit dem geregelten Verweisungszusammenhang, innerhalb dessen sich die konkrete Erfahrung eines Bewußtseins fortsetzen kann. Hb. und Hi. gewinnen ihren Sinn erst auf der Grundlage der intentionalen Struktur des Bewußteins. Am Beispiel der Wahrnehmung verdeutlicht Husserl diese Struktur: Bei jeder gegenständlichen Wahrnehmung ist uns ein Wahrnehmungsding immer nur in einer bestimmten Gegebenheitsweise (Abschattung) präsent, die anderen nicht wirklich anschaulich gegebenen Seiten des Dinges sind nur als Möglichkeiten (»Vermöglichkeiten«) bewußt, die der Wahrnehmende in wirkliche Anschauung überführen könnte. Der Verweisungszusammenhang ist durch den Sinngehalt des Gegenstandes gegeben (z.B. verweist die Frontseite eines Hauses auf die Rückseite und die Seitenwände). Husserl unterscheidet dabei zwischen Innenhorizont, womit die weiteren Bestimmungen des thematischen Dinges gemeint sind, und dem Außenhorizont, der den Zusammenhang mit anderen, ihn umgebenden Gegenständen bezeichnet. Die Horizonthaftigkeit wird durch die Analyse des Bewußtseinserlebnisses ausgewiesen. Diese Analyse läßt sich durch folgende Schritte wiedergeben: Auszugehen ist von den reellen Momenten des Bewußtseinserlebnisses, den Empfindungskomplexionen und der Apperzeption, in der die Mannigfaltigkeit des Empfindungsinhalts vergegenständlicht wird. Der durch die Apperzeption gegebene Gegenstand ist nur in bestimmten Perspektiven präsent, gleichzeitig sind dem Bewußtsein andere Perspektiven mitgegenwärtig. Diese Mitgegenwärtigkeit wird von Husserl als Appräsentation bezeichnet. Durch solche Appräsentationen ergeben sich für das Bewußtsein Horizonte. Das Gegenstandsbewußtsein ist insofern Hb., da mit jeder Apperzeption solche Appräsentationen einhergehen. D.h. für das Bewußtsein ergibt sich immer ein Sinnüberschuß über die aktuelle Gegebenheitsweise hinaus. **Lit.:** E. Husserl: Ideen zu einer reinen Phänomenologie und phänomenologischen Philosophie. Hua III/1. Abschnitt 15. PP

**Horizontverschmelzung,** zentraler Terminus der philosophischen Hermeneutik H.-G. Gadamers. Im Zuge der Untersuchung der Bedingungen geisteswissenschaftlichen Verstehens, das aufgrund seiner historischen und perspektivischen Komponente methodisch vom naturwissenschaftlichen Erkenntnisgewinn zu unterscheiden ist, erweisen sich der Entwurf eines historischen Horizontes und die Entwicklung eines wirkungsgeschichtlichen Bewußtseins als wichtige Momente des Verstehensvollzuges insbesondere in der Auslegung von Texten. Der Vorgang des Verstehens läßt sich Gadamer zufolge beschreiben als Versuch, mit dem auszulegenden Text ›ins Gespräch zu kommen‹, d.h. den eigenen in steter Bildung und Erprobung befindlichen Verstehenshorizont, die eigenen Maßstäbe und Vorurteile, mit dem historischen Horizont des Textes zu verbinden. Sich dergestalt in historische Horizonte zu versetzen bedeutet nicht »eine Entrückung in fremde Welten, die nichts mit unserer eigenen verbindet, sondern sie insgesamt bilden den einen großen, von innen her beweglichen Horizont, der über die Grenzen des Gegenwärtigen hinaus die Geschichtstiefe unseres Selbstbewußtseins umfaßt« (S. 309). Verstehen wird somit gefaßt als Vorgang der Verschmelzung wechselseitig sich überlappender und beeinflussender Horizonte in der nicht-distanzierbaren hermeneutischen Situation. »Im Vollzug des Verstehens geschieht eine wirkliche Horizontverschmelzung, die mit dem Entwurf des historischen Horizontes zugleich dessen Aufhebung vollbringt« (S. 383). **Lit.:** H.-G. Gadamer: Wahrheit und Methode. Grundzüge einer philosophischen Hermeneutik. Tübingen 1960, [6]1990. AW

**Horror vacui,** wörtlich der Schrecken vor der Leere. In der ma. Philosophie das Zurückschrecken der Natur vor der Leere: natura (ab)horret vacuum. Der Grundsatz des H. v. diente den Scholastikern zur Begründung ihres Naturverständnisses von einer durchgehend geordneten und jeder Diskontinuität abholden Natur. Die Leere ist, wie Roger Bacon im *Liber primus communium naturalium* formuliert, nicht Bestandteil der Natur, sie kann ferner auch nicht Ursache für irgend etwas in der Natur sein. Die übertragene Redeweise von der vor der Leere zurückweichenden Natur gründet sich auf die Anschauung der antiken Wasseruhr (Klepshydra), deren Wasser erst aus der unteren Behälteröffnung ausläuft, wenn ein Pfropfen aus dem oberen Loch entfernt wird. Da die Griechen bis ins 5. Jh. v. Chr. annahmen, in der ausgelaufenen Klepshydra sei eben nichts (und also keine Luft), verfestigte sich (auch gegen das später bessere Wissen) die Rede, daß sich die Natur (in Gestalt des Wassers) vor der Leere verflüchtige. MFM

**Humanismus,** (1) Bezeichnung für die von Petrarca und Boccaccio begründete, vorwiegend literarisch ausgerichtete Geistesbewegung, die sich vom Italien des 14. Jh. aus über ganz Europa ausbreitet. Sie entzündet sich an der Abneigung gegen die erstarrte Tradition der Scholastik. Dagegen wird eine Wiedergeburt des Menschen aus dem antiken Geist heraus gefordert. Ins Zentrum des humanistischen Denkens rückt der Mensch selbst, das Studium der Geschichte und der Sprache. Aus den »Bemühungen um das Menschsein« (studia humanitatis) unter Bezug auf die lat. Begriffe humanitas, humanus leitet sich die Bezeichnung für die Bewegung ab. Dabei meint studia humanitatis besonders die umfassende geistige und künstlerische Bildung, wie sie im Leitbild des »uomo universale« zum Ausdruck kommt, dessen Grad an Bildung zugleich Maßstab für seine moralische Integrität ist. Weitere Vertreter des H. sind C. Salutati, L.B. Alberti, L. Valla, Erasmus von Rotterdam, Th. Morus, Michel de Montaigne, C. Celtis, Ulrich von Hutten und P. Melanchthon. – Unter Neuhumanismus versteht man das im 18./19. Jh. z.B. bei Winckelmann, Fr. Schlegel, Goethe, Schiller und Humboldt bestimmende Menschenbild, das die umfassende geistige und sittliche Bildung des Individuums zum höchsten Maß seiner Vollkommenheit und Freiheit zum Inhalt hat. Herder sieht in der Entwicklung zur Humanität das Hauptgesetz der Natur. – Der sog. Dritte H. (W. Jäger) fordert zu Beginn des 20. Jh. die Wiederbelebung der klassischen Studien an den Schulen, weil die antike Kultur die bleibend gültigen Ideen des Menschseins hervorgebracht habe. – (2) Systematisch bezeichnet H. eine Denkrichtung, die auf eine dem Menschen angemessene Gestaltung des Lebens hinzielt. Seit dem jungen Marx ist die Tendenz eines so verstandenen neuen H. kritisch gegen die Voraussetzungen des klassischen H. gerichtet. Der H. soll auf ein neues anthropologisches Fundament gestellt werden und – in Überwindung seines klassisch individualistischen Charakters – auf seine politisch-soziale Wirksamkeit hin bedacht werden. So kann sich der Sozialismus als ein H. begreifen, der auf die Emanzipation des Menschen aus allen ihn erniedrigenden Verhältnissen zielt. Sartre sieht im Existentialismus einen H., weil er den Menschen daran erinnert, daß er sein eigener Gesetzgeber ist, der sein eigenes »humanes Wesen« verwirklicht, indem er sich selbst auf Ziele hin entwirft und sich so als das, was er sein kann, hervorbringt. Das Thema der politischen Relevanz des H. wirft auch die u.a. bei Merleau-Ponty (*Humanisme et terreur*, 1972) und Camus behandelte Frage nach der Humanität der Mittel auf, die zur Erlangung politischer und sozialer Ziele eingesetzt werden dürfen. **Lit.:** A. Abusch: Tradition und Gegenwart des sozialistischen Humanismus. Berlin 1971. – K. Delikostantis: Der moderne Humanitarismus. Mainz 1982. – S. Dresden: Humanismus und Renaissance. München 1968. – E. Garin: Der italienische Humanismus. Bern 1947. – E. Grassi: Humanismus und Marxismus. Reinbek 1973. – P.O. Kristeller: Humanismus und Renaissance. 2 Bde. München 1974/1976. – W. Köhnel: Aspekte des Humanismus. Münster 1981. – H. Oppermann (Hg.): Humanismus. Darmstadt 1970. – H. Rüdiger: Wesen und Wandlung des Humanismus. Hildesheim 1966. – R. Schwarz: Humanismus und Humanität in der modernen Welt. Stuttgart 1965. FPB

**Humanitarismus,** erstmals von Max Scheler gebraucht als Bezeichnung für eine im wesentlichen gefühlsgeleitete Ideologie der allgemeinen Menschenliebe, die nur ein defizienter Modus der dem Menschen eigentlich angemessenen Personenliebe sei. »H.« ist kein fest eingebürgerter Terminus geworden, wird z.T. auch als polemisch-abwertende Bezeichnung für Verzerrungen oder Verflachungen eines vom jeweiligen Autor als gegeben angenommenen (meist: anti-egalitaristischen) Ideals der Humanität benützt. **Lit.:** E. Haffner: Der »Humanitarismus« und die Versuche seiner Überwindung bei Nietzsche, Scheler und Gehlen. Würzburg 1988. – K. Delikonstantis: Der moderne Humanitarismus. Mainz 1982. – M. Scheler: Das Ressentiment im Aufbau der Moralen. In: GW Bd. 3. Bern [5]1972. WL

**Humanität** (lat. humanitas: Menschlichkeit). Der Begriff bezeichnet dem Menschen innewohnende Möglichkeiten, deren Entfaltung einer Idealvorstellung des Menschseins entsprechen. Besonders angesprochen sind damit seine geistig-seelische Entwicklung durch Bildung und die Ausprägung einer sittlichen Haltung. H. bzw. human wird auch im Sinne von menschenwürdig verwendet (z. B. humanes Verhalten, humane Zustände). Anthropologisch bringt der Topos »Homo humanus« zum Ausdruck, daß der Mensch nicht festgelegt ist, sondern auf das hin bestimmt, was er an offenen Möglichkeiten noch in sich trägt. Das »humanus« zeigt sich als ein Woraufhin seiner Selbstgestaltung, als Offenheit des Menschen bezüglich seines Seinsentwurfes. Die anthropologische Offenheit verbindet sich mit seiner Bestimmung als eines sittlichen Wesens, so daß die Vorstellungen von H. normativ geprägt und inhaltlich geschichtlich-kulturell bedingt sind. ↗Humanismus. **Lit.:** F. Beckmann: Humanitas. Ursprung und Idee. Münster 1952. – O. F. Bollnow: Die Forderung der Menschlichkeit. Tübingen 1961. – H. Hoffmann: Die Humanitätsidee in der Geschichte des Abendlandes. Bern 1951. – R. Newald: Humanitas, Humanismus, Humanität. Essen 1947. – R. Rieks: Homo, Humanus, Humanitas. München 1967. – W. Schadewaldt: Der Gott von Delphi und die Humanitätsidee. Pfullingen 1965. FPB

**Hybris** (griech. Hochmut, Frevel, Anmaßung), vermessener Übergriff eines einzelnen oder eines ganzen Staates gegen gottgesetzte oder staatliche Normen oder Gesetze. Von den Gerichtsrednern wird H. für die Verletzung der körperlichen Immunität einer Person verwendet. Zentral ist der Begriff in den Tragödien des Aischylos: Der Mensch verletzt durch sein anmaßendes Wesen die ihm von den Göttern gesetzten Normen (z. B. Xerxes in den *Persern*) und kommt erst nach schwerem Leid zur Einsicht in sein Fehlverhalten. Die Konzeption von Vergehen und Strafe, die die Tragödie aufweist, bestimmt auch das Geschichtswerk des Herodot. Als Auflehnung gegen das Gesetz findet sich H. auch in Platons *Staat* und *Gesetzen*. Aristoteles verwendet in der *Politik* den Begriff, um sowohl individuelles Fehlverhalten als auch die Depravation eines Staates zu bezeichnen. **Lit.:** J. Latacz: Einführung in die griechische Tragödie. Göttingen 1993. – B. Zimmermann: Die griechische Tragödie. München/Zürich [2]1992. BZ

**Hyle** (griech., urspr. Holz, (Schiffs-)Bauholz, später Stoff, Material; vgl. lat. materies = Bauholz). Erst Aristoteles gibt diesem Wort seinen philosophischen Sinn als Stoff(prinzip). Daß der Begriff der Sache nach schon vor ihm da war, zeigt er in seinem Rückblick auf seine Vorgänger in *Met.* I, 3: Die meisten Philosophen vor Sokrates kannten von den vier Ursachen, um deren Erkenntnis sich die Philosophie bemüht, überhaupt nur die Stoffursache, so, wenn Thales sagt, alles entstehe aus dem Wasser. Platon kennt z. B. das Holz als das, »worin« die Form, also etwa ein Weberschiffchen, vom Handwerker verwirklicht wird, als das, was die Form aufnimmt (*Kratylos* 390 b 2); ähnlich erscheint im *Timaios* das »Aufnehmende« als das zugrundeliegende Material. Für Aristoteles ist die H. eine der vier Ursachen alles Seienden. Alles Werdende wird (nach *Met.* 1032 a 12) entweder durch Natur oder durch Kunst oder von ungefähr. Alles Werdende aber wird durch etwas und aus etwas und zu etwas, d. h. es hat eine Ursache des Werdens, ein Material und ein Ziel der Entwicklung: Das natürliche Werden ist nun dasjenige, welches »aus der Natur« hervorgeht; dasjenige, woraus etwas wird, ist der Stoff (H.), das, wodurch es wird, ist etwas von Natur Seiendes, zu was es wird, ist ein Mensch, eine Pflanze »oder sonst etwas von dem, was wir im strengsten Sinne als Wesenheiten bezeichnen. Alles aber, was wird, sei es durch Natur, sei es durch Kunst, hat einen Stoff«. Im strengen Sinne ist H. etwas Unerkennbares: Die sinnliche Wahrnehmung erkennt Form im Stoff, die Vernunft überhaupt nur Form; es ist also nicht zu erwarten, daß Aristoteles einen klaren Begiff davon geben kann, was H. ist. Was die Neuzeit unter Materie versteht, also die Atome oder Kräfte oder Felder usw., wären nach griech.er Terminologie Formen, Strukturen, und nicht Materie oder Stoff. Materie ist deshalb für Aristoteles nur negativ bestimmbar, sie ist »das, was an sich weder als etwas noch als ein irgendwie großes noch durch irgendein anderes Prädikat bezeichnet wird, durch welches das Seiende bestimmt ist« (*Met.* 1029 a20). Der Begriff der H. findet seine Erweiterung in der H. noete (*Met.* 1036 a 10, 1037 a 4, 1045 a 34 f.). In ihrem weitesten Sinne ist die denkbare Materie das generische Element, das sowohl in Spezies wie in Individuen vorhanden ist, und von dem diese die Spezifikationen und Individualisierungen darstellen. **Lit.:** H. Happ: Hyle. Berlin 1971. MSU

**Hylemorphismus,** neuere, eher im engl. Sprachraum verbreitete Bezeichnung für die zentrale Lehre der aristotelischen Philosophie, daß das Einzelding, die Substanz, aus zwei verschiedenen Prinzipien besteht, dem Material (hyle) und der Form (morphe) (*Met.* VII, 3, 7–8). Bei der Analyse des Werdens stößt man nach Aristoteles immer auf drei Elemente: Alles Werdende wird durch etwas und aus etwas und zu etwas. Dasjenige, woraus etwas wird, ist nach der aristotelischen Terminologie der Stoff (hyle), das, wodurch es wird, ist etwas von Natur Seiendes, also eine gleichartige natürliche Substanz (ein Mensch zeugt einen Menschen); dasjenige, zu was es wird, ist z. B. ein Mensch, eine Pflanze oder sonst eine Substanz. Alles, was wird, sei es durch Natur, sei es durch Kunst (techne), hat einen

Stoff; denn jedes Werdende hat die Möglichkeit, sowohl zu sein als auch nicht zu sein und das ist in einem jedem der Stoff. Im Beispiel der Bildsäule, die durch Kunst entsteht, ist das Erz der Stoff, in dem der Hermes potentiell enthalten ist. Der Bildhauer schafft ihn nach seiner Vorstellung, sodaß die vollendete Bildsäule eine konkrete Einheit aus Stoff und Form ist. In der *Physik* I, 4–9 wird diese Lehre näher ausgeführt: Man spricht von Veränderung oder Werden in zweierlei Weise, entweder »ein Mensch wird gebildet« oder »das nicht-Gebildete wird gebildet«; im ersten Fall bleibt Mensch erhalten, wenn ein Mensch gebildet wird, »nicht-gebildet« dagegen beharrt beim Werden nicht. Aber ob wir nun sagen »a wird b« oder »nicht-b wird b«, immer wird a-nicht-b zu a-b. Das Produkt enthält zwei Elemente, ein Zugrundeliegendes und eine Form; aber ein drittes Element wird von dem Werden vorausgesetzt, das Fehlen einer Bestimmtheit (steresis). Das Zugrundeliegende war vor dem Werden numerisch eins, schloß aber zwei unterscheidbare Elemente ein – das, was während der Veränderung bleiben sollte und das, was durch sein Gegenteil ersetzt wurde. Auf diese Weise erhalten wir drei Prinzipien des Werdens – Stoff, Form, Fehlen der Bestimmtheit. MSU

**Hylozoismus** (griech. hyle: Stoff/Materie; zoe: Leben), bezeichnet seit der Prägung dieses Ausdrucks im 17. Jh. die philosophische Lehre, die die durchgängige Belebtheit und Beseeltheit der stofflichen Natur bzw. aller einzelnen Dinge annimmt. Gemäß dem H. bildet die Seele (als Lebensprinzip) eine Bestimmung der Materie; daher ist sie nicht etwas Immaterielles, das im Gegensatz zum trägen Stoff steht. Hylozoisten sind z. B. die ionischen Naturphilosophen; Anklänge finden sich u. a. bei der Stoa, später bei G. Bruno und Diderot. **Lit.:** H. Diels/W. Kranz (Hg.): Die Fragmente der Vorsokratiker Bd. 1. Berlin 1951. – W. Röd.: Die Philosophie der Antike 1. Von Thales bis Demokrit. München [2]1988. RS

**Hypokeimenon** (griech. Zugrundeliegendes), erstmals aus der Naturphilosophie der Vorsokratiker Anaximander (VS 12A9.16), Anaximenes (VS 13A5) u. a. als Grundlage von Welterklärung überliefert. Demokrit spricht von einem H. in der Sprache (VS 68A135), und Platon verwendet H. hier für erste Wörter, denen keine anderen zugrundeliegen (*Kratylos* 422d11), sowie bei der Frage nach dem Verhältnis von Namen und dem ihnen zugrundeliegenden Seinsbereich (*Protagoras* 349b4). In anderem Zusammenhang tragen bei Platon auch die drei Arten der Lust, die jeden Menschentypus auszeichnen (weisheitsliebender, streitlustiger, eigennütziger), den Begriff des H. (*Staat* IX 581c7). – An zentraler Stelle steht H. bei Aristoteles: (1) Im Kontext von Veränderungsprozessen spielt der Begriff des H. für das Woher und das Wohin von Werden und Bewegung eine wesentliche Rolle (*Physik* V1, 225a1 ff., *Met.* M11, 1067b15 ff.). (2) Im Rahmen einer Identifizierung mit ↗ousia (Wesen, Substanz) ist H. dasjenige, was jeder weiteren Bestimmung zugrundeliegt, oder das, »von dem das übrige ausgesagt wird, während es selbst von keinem anderen ausgesagt wird« (*Met.* Z3, 1028b 36–37). Damit ist, so Aristoteles an dieser Stelle weiter, das H. einerseits ↗Hyle (Stoff oder Materie), sofern diese einer formhaften Gestalt zugrundeliegt oder eine solche aufnimmt (vgl. *Met.* Δ3 1024b9), andererseits ↗Morphe (Gestalt) selbst (*Met.* Z3, 1029a 2–3, vgl. 1042a 28–29), und schließlich das aus diesen Zusammengesetzte als Grundlage weiterer Formung und Bestimmung. (3) Darüberhinaus ist H., der späteren lateinischen Übersetzung »sub-iectum« entsprechend, logisches Subjekt einer Aussage, das dem von ihm Ausgesagten zugrundeliegt oder diesem vorausgeht (*Physik* I.6, 189a30): »Wenn etwas von etwas als seinem Subjekt ausgesagt wird, so muß alles, was von dem Ausgesagten gilt, auch von dem Subjekt gelten.« (*Kategorien* 3,1b12; vgl. *an. pr.* I.1. 24b29). **Lit.:** R. Boehm: Das Grundlegende und das Wesentliche. Den Haag 1965. – M. Frede/G. Patzig: Aristoteles ›Metaphysik Z‹. 2 Bde. München 1988. – W. Viertel: Der Begriff der Substanz bei Aristoteles. Meisenheim 1982. CL

**Hypolepsis.** Aristoteles gebraucht den Ausdruck H. zur Bezeichnung von theoretischen Auffassungen sowie praktischen Einstellungen, die in einer inhaltlich noch nicht genau bestimmten Weise auf etwas Allgemeines bezogen sind. H. bedeutet in diesem Zusammenhang soviel wie Annahme, Meinung, Vorstellung oder Vermutung sowie in bezug auf Handlungen auch soviel wie vorläufige Entscheidung. In den *Magna Moralia* (I, 34, 1197a30–32) charakterisiert er die H. als etwas, wodurch wir bei allen Dingen nach zwei Seiten im unklaren bleiben, nämlich in Hinsicht darauf, ob bestimmte Dinge so beschaffen oder nicht so beschaffen sind. In einem weiteren Sinne verwendet Aristoteles den Ausdruck auch für die Auffassungen und Theorien, mit denen er sich auseinandersetzt. So spricht er z. B. von der platonischen Annahme von Ideen (hypolepsis peri tas ideas – *Met.* I, 8, 990b23). Im engeren, epistemischen Sinne bezeichnet der Begriff zumeist Vermutungen über einen Sachverhalt, die als noch vorläufige Meinungen im Prozeß des Wissenserwerbs eine grundlegende Stufe darstellen und insofern vom begründeten Wissen zu unterscheiden sind. Diese grundsätzliche Fähigkeit, sich ungefähre Vorstellungen von etwas Allgemeinem bilden zu können, kommt nach Aristoteles allein den Menschen zu; Tiere verfügen hingegen nur über Vorstellungen von Einzeldingen (*Eth. Nik.* VII, 5, 1147 b 4). JH

**Hypostase** (griech. hypostasis: Unterlage), bezeichnet in der mittleren Stoa, z. B. bei Poseidonios, das Ursein (ousia), soweit es sich verwirklicht und in den Einzeldingen in Erscheinung tritt. Daher steht »H.« zwischen dem Substrat (↗ousia oder ↗hypokeimenon) und den Eigentümlichkeiten des Einzelwesens. Eine entscheidendere Rolle erhielt der Begriff im Neuplatonismus. So verwendet Plotin ihn im Sinne von »ausstrahlender Verwirklichung« und beschränkt diese auf das Eine, den Geist und die Seele. In der Neuzeit bedeutet »H.« nicht mehr »geistige Wesenheit«, sondern bezeichnet einen Gedanken, dem gegenständliche Realität untergeschoben wird. Kant sieht in »H.« ein »bloßes Blendwerk«, das entsteht, wenn man »das, was bloß in Gedanken existiert, ... in eben derselben Qualität, als einen wirklichen Gegenstand außerhalb dem denkenden Subjecte annimmt« (*KrV* A 384). Doch nicht nur Gedanken, sondern auch Erscheinungen äußerer Dinge können hypostasiert, d. h. verdinglicht werden. Unter dem Einfluß Kants geht der Terminus in den philosophischen Sprachgebrauch ein. **Lit.:** I. Kant: Kritik der reinen Vernunft. – Plotin: Seele – Geist – Eines. Hamburg 1990. – Poseidonios: Die Fragmente. Berlin/New York 1981. RS

**Hypothesis** (griech.: Grundlage, Voraussetzung). Im Gegensatz zum modernen Verständnis des Begriffs Hypothese als der empirischer Verifikation bedürfenden Vermutung stellt die H. einen allgemeinen, widersprüchliche Informationen miteinander vereinenden, sicheren Grundsatz zur Erschließung inhaltlicher Bestimmungen dar. Qualifiziert durch ein Verfahren dialektisch-dialogischer Überprüfung, d. h. der Konfrontation einander widersprechender Sätze miteinander, zum Aufweis der impliziten Konsequenzen und Voraussetzungen bis zu einem letzten, hinreichenden Grund (hikanon, *Phaidon* 101e1), erweist sie sich als ›stärkster logos‹ und liefert so eine feste Verstehensbasis (asphalous tes hypotheseos, ebd. 101d2) für ein thematisiertes Problem. Durch die Etablierung des logos im Sinne des dialektisch-dialogischen Denkens, das als wichtigste Gattung notwendig auch mit der Bewegung verbunden ist (*Sophistes* 259e-260b1), begründet Platon jenseits des Rekurses auf vorgegebene ideale Inhalte die beständige Neuformulierbarkeit stärkster Sätze im Sinne der H. **Lit.:** H. Holzhey: Platon im Neukantianismus. In: Th. Kobusch/B. Mojsisch (Hg.): Platon in der abendländischen Geistesgeschichte. Darmstadt 1997. S. 226–240. – B. Mojsisch: Platons Sprachphilosophie im *Sophistes*. In: Ders. (Hg.): Sprachphilosophie in Antike und Mittelalter. Amsterdam 1986. – R. Rehn: Der logos der Seele. Hamburg 1979. MDB

**Hypotypose** (griech. hypotyposis: Entwurf, umrißhafte Darstellung). H. bezeichnet in der rhetorischen Figurenlehre die Vergegenwärtigung eines Sachverhaltes durch seine anschauliche sprachliche Gestaltung. Cicero definiert H. als »subiectio sub adspektum«, »Vor-Augen-Stellen« (*De oratore* III, 202). Diese Definition greift Kant bei seiner philosophischen Verwendung des Begriffes auf: Mit H. meint er »Versinnlichung« (*KU* B 255) der reinen Verstandesbegriffe (Kategorien) in Schemata und der reinen Vernunftbegriffe (Ideen) in Symbolen durch die Urteilskraft. Schemata sind direkte Darstellungen der Kategorien durch entsprechende Anschauungen, Symbole dagegen bloß indirekte, nur analogische Darstellungen der Ideen, denen keine Anschauung ganz angemessen sein kann; so stellt das Symbol einen Begriff nicht durch den Inhalt einer Anschauung dar, sondern allein durch eine Entsprechung in der Form der Reflexion über sie. In der Sprache findet Kant zahlreiche Beispiele für solche indirekten Darstellungen (wie das Wort »Grund«); das vorzüglichste Beispiel für die Darstellung eines Vernunftbegriffes sieht Kant im Schönen als dem »Symbol des Sittlichguten« (*KU* B 259). **Lit.:** R. Gasché: Überlegungen zum Begriff der Hypotypose bei Kant. In: Ch. L. Hart Nibbrig (Hg.): Was heißt »Darstellen«? Frankfurt 1994. S. 152–174. BKO

**Hysteron-proteron** (griech. das Spätere früher), Bezeichnung für einen logischen Beweisfehler, bei dem das »Frühere« (antecedens) durch das »Spätere« (consequens) bewiesen werden soll, d. h. bei dem das zu Beweisende oder eine seiner Voraussetzungen im Beweisgang als Argument verwendet werden. Aristoteles führt die Wendung »dia ton hysteron to proteron« in *Analytica priora* II, 16, 64 b 28–33 ein. Das H. hat wie die ↗petitio principii und der circulus in probando zur Folge, daß der intendierte Beweis nicht erbracht ist.

GMO

**I.** In der formalisierten Schreibweise werden die partikular bejahenden Urteilsarten mit dem Buchstaben »i« gekennzeichnet: Einige S sind P (Abk.: SiP). ↗Quadrat, logisches, ↗Syllogismus. PP

**Ich.** In der antiken und ma. Philosophie wird dem Begriff des I. kein nur ihm eigentümlicher Bedeutungsgehalt zugeordnet. Ein philosophisch bedeutsamer Begriff des I. entwickelt sich erst im Zuge der Entstehung der neuzeitlichen Erkenntnistheorie und Metaphysik. – Bei Descartes bezeichnet das Pronomen »i.« eine in ontologischer Hinsicht von der Welt materieller Objekte (»res extensa«) grundsätzlich verschiedene, denkende immaterielle Ego-Substanz, die alleiniger Träger von Bewußtseinszuständen ist (»res cogitans«). In epistemischer Hinsicht zeichnet sich diese Ich-Substanz dadurch aus, daß sie zwar an den Inhalten ihres Wissens zweifeln kann, nicht jedoch daran, daß sie selbst es ist, die zweifelt. Im Denken des Zweifelns ist das I. unmittelbar seiner Existenz gewiß. – Bei Locke bezeichnet der Ich-Begriff das »bewußt denkende Wesen, gleichviel aus welcher Substanz es besteht (ob aus geistiger oder materieller, einfacher oder zusammengesetzter)« (*Versuch über den menschlichen Verstand* II, 27, 17). Locke fragt also nicht nach dem ontologischen Status des I.; statt dessen führt er den Begriff des I. als das in Zeit und Raum fortdauernde Identitätsbewußtsein der Person ein, ohne das deren Verantwortbarkeit für ihre Handlungen nicht zu denken ist. Für diese Identität ist weder der Begriff des Menschen als individuelle Substanz hinreichend noch der Begriff einer immateriellen Seelensubstanz notwendig. – Leibniz definiert den Ich-Begriff durch das Merkmal der Selbstreflexion (als Nachdenken über sich selbst), das das I. von allem anderen Beseelten unterscheidet. Die Selbstreflexion befähigt die vernünftige Seele zur theoretischen Einsicht. – Hume wendet sich gegen die Auffassung, daß das I. eine vom Körper abtrennbare selbstbewußte Seelensubstanz sei, die als exklusiver Träger von Bewußtseinszuständen in Frage kommt. Auf der Basis seines Empirismus macht die Rede von einem solchen I. keinen Sinn, da eine solche Seelensubstanz nicht Gegenstand der Erfahrung sein kann. Das I. ist nach Hume nichts als eine Summe von assoziativ zusammengefaßten Gedankeninhalten. – Diese Kritik am Begriff einer immateriellen Ego-Substanz wird von Kant mit seiner Unterscheidung von empirischem und transzendentalem I. aufgegriffen und differenziert. Das empirische I. ist Gegenstand der Erfahrung nur, insofern es Objekt des inneren Sinnes ist. Dabei wird keine immaterielle Seelensubstanz erkannt, sondern nur eine Abfolge von Bewußtseinszuständen. Das empirische I. ist dadurch ebenso Erscheinung wie andere Gegenstände der Erfahrung. Wie das empirische I. ist auch das transzendentale I. keine Seelensubstanz. Ebensowenig ist es aber eine Erscheinung und kann daher nicht erfahren werden. Mit dem Begriff des transzendentalen I. als dem »Ich denke«, das alle meine Vorstellungen begleiten können muß (*KrV*, B 132), drückt Kant die formale Bedingung der Einheitlichkeit aus, die für alle Erfahrung notwendig vorauszusetzen ist, und wodurch sie kategorial strukturiert und synthetisiert wird. Insofern das I. sich auf seine inneren Zustände erkennend bezieht, ist es Teil der Erscheinungswelt und deren Gesetzen unterworfen; insofern es sich jedoch als praktisches frei zum Handeln bestimmt, ist es intelligibel. – Fichte greift sowohl die kantische Vorstellung des Ich als die Einheitsbedingung des Denkens, als auch die seit Descartes bestehende Forderung, daß das Wissen eine unbezweifelbare Basis haben müsse, auf: Das I. der »Wissenschaftslehre« wird zum absoluten Prinzip des Wissens. Dieses I. ist weder eine Seelensubstanz noch ein individuelles I., sondern eine sich in allem Wissen ausdrückende spontane Aktivität, die sich im »Sich selbst Setzen« und im »Setzen« des Nicht-I. durch eine »Thathandlung« ihre eigene Wirklichkeit als Wissen von sich selbst und von ihren »Gegenständen« gibt. »Absolut« ist dieses Prinzip »I.«, weil es aus keinem höherem abgeleitet werden kann und weil es sich im Wissen gleichsam selbst organisiert. Das absolute I. ist nicht zu verwechseln mit dem Begriff des I. als empirisches, individuelles Selbstbewußtsein, der bei Fichte dem Begriff der Person entspricht.

Auch Husserl unterscheidet mehrere Ich-Begriffe: Zwar kommt jedem empirischen I. ein transzendentales zu; dennoch ist das reine I. nicht mit dem »I. als der realen Person, mit dem realen Subjekt des realen Menschen« (*Ideen*, Hua. Bd.IV, S. 104) zu verwechseln. Das reine I. stellt als die Bedingung der Möglichkeit von Bewußtseinsakten das diese Akte vollziehende identische Subjekt dar. Es steht mit der Welt in einer antithetischen Beziehung, bei der die Thesis des I. eine »notwendige« ist, insofern der Gedanke des Nichtseins der »leibhaft gegebenen Erlebnisse« des I. in sich widersprüchlich ist, während die Thesis der Welt eine »zufällige« ist, weil das »leibhaft gegebene Dingliche« (*Ideen*, Hua Bd.III.1, S. 98) sein oder nicht sein kann. In dieser antithetischen Beziehung zeigt sich das Wesensmerkmal der Gerichtetheit des I. auf Gegenständlichkeit, die sich in jedem Bewußtseinsakt ausdrückt: jedes cogito fordert ein cogitatum, Bewußtsein ist immer Bewußtsein von etwas. Neben der Intentionalität des I. ist die »Möglichkeit einer originären Selbsterfassung« (*Ideen*, Hua Bd.IV, S. 101) ein weiteres Wesensmerkmal des I.

Die sprachanalytische Philosophie (↗Sprachphilosophie, analytische) untersucht die mit dem Gebrauch des Pronomens »i.« einhergehende Funktion der Selbstreferenz des Sprechers sowie die damit verbundenen epistemischen Einstellungen, um u. a. auf diese Weise Anhaltspunkte für eine Klärung des Sachverhalts »Selbstbewußtsein« zu gewinnen. Nach Strawson ist nicht eine körperlose Ego-Substanz das ausgezeichnete Referenzobjekt des Ausdrucks »I.«, sondern der Sprecher, der mittels dieses Pronomens auf sich verweist. Folgt man Strawson, so ist die Idee einer reinen Ego-Substanz das Ergebnis einer Fehlinterpretation des Sachverhalts, daß die Selbstzuschreibung von Bewußtseinszuständen weder auf Beobachtung beruht noch hinsichtlich der »Identifikation« des Referenzobjektes fehlgehen kann. Diese beiden Besonderheiten im Gebrauch des Ausdrucks »i.« bei der Selbstzuschreibung mentaler Zustände berechtigen nicht dazu, auf eine distinkte Ego-Substanz zu schließen. Mit dem Pronomen »i.« wird also nicht identifiziert (wie etwa äußere Gegenstände identifiziert werden), sondern eine identifizierbare Person gemeint. – Shoemaker knüpft seine Überlegungen an die beiden genannten Besonderheiten des Gebrauchs von »i.« bei der Selbstzuschreibung mentaler Zustände an. Demnach ist die Verwendung des Pronomens »i.« bei dieser Art Selbstzuschreibung fundamentaler als bei seiner Verwendung in der Selbstzuschreibung von Prädikaten, die physische Sachverhalte ausdrücken, insofern diese auf der Möglichkeit nicht-perzeptiver Selbstreferenz beruht. Beide Verwendungsweisen sind spezifische Merkmale seines Gebrauchs als Referenzausdruck. – Castañeda schließt aus der epistemischen und referentiellen Besonderheit im Gebrauch von »i.« gegenüber anderen Indikatoren auf eine ontologische Priorität: Weder bei der Identifikation der Entität noch bei der Bestimmung der Klasse von Entitäten kann sein richtiger Gebrauch fehlschlagen. – Chisholm expliziert die Besonderheiten von »i.« nicht als Merkmale der Sprachverwendung, sondern als Merkmale von Referenz und Intentionalität. Demnach ist jeder intentionale Fremdbezug eines Subjekts als Relation Gegenstand einer propositionalen indirekten Attribution, während sich das Subjekt dieses »In-Beziehung-Stehen mit anderem« selbst direkt als Eigenschaft zuschreibt. **Lit.:** P. Bieri (Hg.): Analytische Philosophie des Geistes. Königstein/Ts. 1981. – H.-N. Castañeda: Sprache und Erfahrung. Frankfurt 1982. – R. M. Chisholm: The First Person. Brighton (Suss.) 1981. – P. F. Strawson: Einzelding und logisches Subjekt. Stuttgart 1972. RK

**Ideal** (griech. vollkommenes Urbild, Vorbild, Wesen). Der Begriff entfaltet seine eigentliche philosophische

Bedeutung in der kritischen Philosophie Kants. In seiner *Kritik der reinen Vernunft* verwendet er das I. als Idee, die nicht bloß der systematischen Einheit wegen, wie das von Vernunft-Ideen dort gilt, postuliert werden kann, sondern vielmehr einem konkreten Einzelding entsprechen soll. So ist der »Stoiker« ein I., weil er einerseits einen Typus nach einem vollkommenen Beispiel beschreibt, der so nicht existiert, andererseits aber keine Idee, die eine bloße Regel vorgäbe (*KrV*, B 597/A 569). Der »Stoiker« ist ein idealer Mensch, der so auch existieren könnte, jedoch ist das I. von ihm nicht durch den empirischen Begriff zustandegekommen. Auch ist das ↗Ding an sich ein transzendentales I., weil es weder Idee sein kann – Idee und Ding schließen nach Kant einander wechselseitig aus – noch auch ein bestimmtes Ding, das existierte (*KrV*, B 603/A 575). KJG

**Ideal-Language-Philosophy** ↗Philosophie der idealen Sprache

**Ideale Sprache,** auch Idealsprache. Die philosophische Sprachkritik seit Frege, Wittgenstein, Russell und Carnap fordert für eine korrekte Beschreibung der Wirklichkeit den Aufbau einer i.n S. Da die Umgangssprache weder dem wissenschaftlichen Exaktheitsideal entspricht, noch hinsichtlich der Bedeutungen präzise und exakt bestimmt ist, wurde von den Vertretern der ↗Philosophie der i.n S. gefordert, eine Idealsprache anzugeben, die ein getreues Bild der Wirklichkeit ist, indem sie einfache Terme für einfache Dinge benützt und ihren logischen Satzbau so konstruiert, daß er den Aufbau der abgebildeten Tatsachen (↗Abbildung), die sich aus einfachen Dingen (Objekten und Attributen) zusammensetzen, wiedergibt. Dem Ideal der exakten Sprache zufolge müssen drei Grundforderungen erfüllt sein: (1) Alle nicht zu den undefinierbaren Grundzeichen gehörenden Wörter müssen explizit definiert sein; (2) jedes Wort muß exakten Regeln folgen, d.h. für jeden in allen Einzelheiten bekannten Fall muß festliegen, ob das Wort auf ihn zutrifft; (3) die Regeln müssen endgültig festliegen, damit man diese Sprache benützen kann und dabei ein Verständnis von Richtigkeit hat. PP

**Idealisierung.** Wissenschaftliche Theorien beziehen sich nicht direkt auf die Wirklichkeit, sondern auf Modelle der Realität. Das heißt, sie machen Gebrauch von I.en. Das gilt für die Naturwissenschaften und die Geisteswissenschaften. Paradigmatische Beispiele für I.en sind ausdehnungslose Massenpunkte, ideale Gase, abgeschlossene Ökonomien oder kompetente Sprecher einer natürlichen Sprache. Die meisten wissenschaftlichen Gesetze beruhen auf I. in dem Sinne, daß sie nur unter idealisierten Bedingungen und für idealisierte Systeme gelten. I. ist eine notwendige Voraussetzung für Mathematisierung. Hinweise zur Rolle der I. in den Wissenschaften finden sich bei Husserl, Cassirer und, die Soziologie betreffend, bei M. Weber (»Idealtypen«). Eine umfassende Theorie der I. ist von Nowak und seinen Mitarbeitern entwickelt worden. **Lit.:** E. Cassirer: Substanzbegriff und Funktionsbegriff. Darmstadt [5]1980. – L. Nowak: The Structure of Idealization. Dordrecht 1980. – M. Weber: Gesammelte Aufsätze zur Wissenschaftslehre. Tübingen [3]1968. TM

**Idealismus,** erkenntnistheoretische Grundhaltung, die einer geistigen Seinsart, dem Denken oder ↗Ideen, den Vorrang einräumt gegenüber der materiellen oder sinnlich erfahrbaren Beschaffenheit der Wirklichkeit. Der I. tritt erstmals ausgeprägt mit der Ideenlehre Platons auf und gilt als die maßgebliche Denkhaltung (metaphysischer I.) in den neuplatonistischen Philosophien des MA. von Augustin bis ins 12. Jh. Mit dem ↗Nominalismus formiert sich dann eine Gegenbewegung, die die Realität der Gattungsbegriffe (z.B. Menschheit) bestreitet und dem Einzelding (z.B. Mensch) den Vorrang einräumt. Wichtigster Vertreter des neuzeitlichen I. (erkenntnistheoretischer I.) ist Descartes. Seine Überzeugung, daß die geistige Seinsweise leichter zu erkennen sei (»cogito ergo sum«, »ich denke, also bin ich«) als die körperliche, wirkt entscheidend auf die Subjektphilosophie des ↗Deutschen I. Das denkende Ich, das zugleich der Sitz der Vernunft ist, wird zum ersten Prinzip der Philosophie erklärt, alles andere sinkt zur bloßen Funktion des Ich, zum »Nicht-Ich« (Fichte) herab. Dieses Prinzip erstreckt sich auf den gesamten Seinsbereich, und die äußere Welt erscheint nur deshalb erkennbar, weil auch sie vernunftförmig ist. Während aber bei Kant und seinen Nachfolgern der I. vorwiegend dadurch gerechtfertigt ist (mit Ausnahme von Hegels objektivem I.), daß die Eigenleistung des Denkens beim Zustandekommen einer jeden Erkenntnis im Vordergrund steht, geht der I. Berkeleys davon aus, daß es überhaupt keine bewußtseinsunabhängige Materie gibt. Stärkste Gegenbewegung zum I. ist der ↗Materialismus, besonders seit Marx. Das erkenntnistheoretische Grundproblem des I. besteht darin, daß er ausgehend vom Denken, vom Ich oder von der Vernunft eine zweite Seinsart erklären muß, die dieser untergeordnet bleibe. Andernfalls schlägt der Idealismus um in ↗Solipsismus, der außer den Bewußtseinsinhalten keine andere Seinsart mehr gelten läßt. **Lit.:** D. Henrich: Fichtes ursprüngliche Einsicht. Frankfurt 1967. – K. Löwith: Von Hegel zu Nietzsche. Hamburg 1981. KJG

**Idealismus, methodischer,** v.a. in der ↗Marburger Schule des ↗Neukantianismus vertretene philosophische Grundhaltung. Zwei Bedeutungen sind zu unterscheiden. Einmal handelt es sich um eine modifizierte Form des von Kant so bezeichneten »kritischen Idealismus« (vgl. *Proleg.* A 70f.). Philosophie als m.I. hinterfragt nicht das Sein der Dinge, sondern das Vermögen der (Ding-)Erkenntnis. Der m.I. ist deshalb eine nur *methodische* Einstellung, weil er mit der kritischen Frage nach den Bedingungen der Gegenstands-Konstitution nicht eo ipso die objektive Realität in Zweifel zieht. Die zweite Bedeutung von m.m I. betrifft das Wesen des in der Erkenntnis erkannten Seins. Insofern es als Ergebnis der Spontaneität des Denkens erscheint, ist es wesentlich »Erzeugnis« einer methodischen »Bewegung des Denkens« (Natorp). Das gegenstandserzeugende Denken operiert mit hypothetischen Relationsbegriffen (»Ideen«), mit deren Hilfe sich im Erfahrungsurteil eine mittelfristig stabile Einheit konstituiert, die jedoch permanent revisionsbedürftig bleibt. Und wie das Denken selbst, ist schließlich auch die Philosophie nur eine Methode, weil sie dessen seinserzeugender Bewegung folgt. **Lit.:** P. Natorp: Die Philosophie. Ihr Problem und ihre Probleme. Göttingen 1911. – Ders.: Kant und die Marburger Schule. In: Kant-Studien 17 (1912). S. 193–221. KHL

**Idealrealismus.** Der Begriff »I.« behauptet einen sich in je verschiedener Weise realisierenden Zusammenhang von Idealem und Realem, von Gedanke und Wirklichkeit. (1) Das Reale ist identisch mit dem Idealen bzw. beide implizieren einander wechselseitig. – J. G. Fichte nennt den transzendentalen Idealismus seiner Wissenschaftslehre auch einen »I.«, der nicht nur die Vereinbarkeit der Prinzipien von Idealismus und Realismus, sondern deren wechselseitige Bedingtheit behauptet, insofern »der endliche Geist nothwendig etwas absolutes außer sich setzen muß (ein Ding an sich) und dennoch von der anderen Seite anerkennen muß, daß dasselbe nur *für ihn* da sey (ein nothwendiges Noumen sey)« (*Wissenschaftslehre* 1794. Ges. Ausg. I.2. S. 412). – Eine ebenfalls idealistische Auflösung des Zusammenhangs von Realem und Idealem als eine Identität von beidem findet sich bei Schelling und Hegel. – (2) Als Theorien stehen Idealismus und Realismus in einem komplementären Verhältnis. – Eine solche komplementäre Auffassung vertritt Kant: Seinem transzendentalen Idealismus entspricht ein empirischer Realismus, insofern die Wirklichkeit der Gegenstände unterschieden werden muß von der begrifflichen Struktur der Erscheinungen als Gegenstände der Erkenntnis. – (3) Es wird eine bloß relative – keine absolute – Vorrangstellung des einen vor dem anderen behauptet, so daß die Rolle des jeweils anderen in der Theorie angemessen berücksichtigt wird. ↗Idealismus, ↗Realismus. RK

**Idealtypus,** von Max Weber eingeführter Begriff zur Charakterisierung eines zentralen Mittels der Erkenntnis historischer Phänomene. I.en sind gedankliche Konstrukte (Weber nennt als Beispiele »mittelalterliche Stadtwirtschaft«, »Idee des Handwerks«, »kapitalistische Kultur«), die in ihrer gedanklichen Idealform nirgendwo realisiert sein müssen. Gleichwohl haben sie wichtige Funktionen bei der Formulierung von wissenschaftlichen Hypothesen und der Darstellungen von Phänomenen. Historische Erkenntnis kommt ohne allgemeine Begriffe nicht aus. Aber die in wissenschaftlichen Darstellungen verwendeten Begriffe werden meist »nur anschaulich empfunden, nicht klar gedacht«. I.en sind Explikationen und gedankliche Klärungen der in diesen Begriffen gemeinten Konstellationen. Ihr Zweck ist es, nicht gattungsmäßige Gleichförmigkeiten, sondern die typische Eigenart von kulturellen Erscheinungen »scharf zum Bewußtsein zu bringen«. I.en sind daher nicht bloßer Durchschnitt aller tatsächlich vorkommenden Einzelfälle, sondern werden durch die einseitige gedankliche Steigerung bestimmter Aspekte als »rein ideale Grenzbegriffe« gebildet. Durch ihre Voraussetzung können empirische Phänomene verglichen und hinsichtlich ihrer Abweichung charakterisiert werden. Weil sie nicht Behauptungen über die tatsächlichen Verhältnisse sind, sondern lediglich heuristisch produktive Idealverhältnisse zum Ausdruck bringen, werden sie durch abweichende Fälle nicht falsifiziert. I.en können auch die aus bestimmten Konstellationen resultierenden Tendenzen und Konsequenzen verständlich machen. Sie sind dann »genetische Begriffe«. Es können beliebig verschiedene I.en gebildet werden. Einziges Kriterium ist ihre wissenschaftliche Fruchtbarkeit. I.en sind daher keine Ideale in einem moralischen Sinne. Gleichwohl können auch die in einer Epoche wirkungsmächtigen Ideen und moralischen Ideale zum Zweck einer begrifflich klaren Erfassung der wesentlichen Momente idealtypisch bestimmt werden. **Lit.:** T. Burger: Max Weber's Theory of Concept Formation. History, Laws, and Ideal Types. Durham 1976. – M. Schmied: Idealisierung und Idealtyp. Zur Logik der Typenbildung bei Max Weber. In: G. Wagner/H. Zipprian (Hg.): Max Webers Wissenschaftslehre. Interpretation und Kritik. Frankfurt 1994. S. 415–444. – M. Weber: Die ›Objektivität‹ sozialwissenschaftlicher und sozialpolitischer Erkenntnis. In: Ders.: Gesammelte Aufsätze zur Wissenschaftslehre. Tübingen $^{7}$1988. S. 146–214. RLA

**Idee,** Grundbegriff der Philosophie Platons, hat von hier aus die Geschichte der abendländischen Metaphysik in mannigfachen Abwandlungen begleitet. Bedeutet I. (griech. idea bzw. eidos) zunächst nicht mehr als »Aussehen«, »Anblick« oder auch »Form«, so wird diese Charakteristik des Seienden bei Platon zum Ausdruck für dessen eigentliches Sein, das es zu erkennen gilt, weil das im Handeln angestrebte Gute als ein wahrhaft Gutes gewußt werden muß. Demnach kann es wirkliches Wissen nur geben, wenn es neben dem veränderlichen Seienden, das durch die trügerischen Sinne wahrgenommen wird, auch unveränderliches Sein gibt, das allein durch vernünftiges Denken erfaßbar ist. Eben dieses eigentlich, weil unveränderlich Seiende, und aus demselben Grund auch eigentlich Erkennbare, ist nach Platon die I. Alles andere gilt ihm dagegen nur insofern als Seiendes, als es an seiner I. teilhat bzw. sie abbildet, und kann entsprechend auch nur eingeschränkt erkannt werden. – Nach der einflußreichen Ideenkritik des Aristoteles ist die Annahme von selbständigen I.n nur eine unsinnige Verdopplung des Seienden, weil sowohl die unterstellte Teilhabe wie die Urbild-Abbild-Relation als bloße Metaphern im Grunde nichts erklären. Wie die Unterscheidung verschiedener akzidenteller ↗Kategorien von der Kategorie der ↗Substanz belegen soll, sei die I. recht verstanden nichts anderes als eine Eigenschaft, die bloß deshalb als ein Seiendes betrachtet werden könne, weil sie als etwas Allgemeines letztlich immer von einem einzelnen Ding ausgesagt werde.

Im MA. war die Auffassung der I., wie v. a. der ↗Universalienstreit belegt, weitgehend durch die Spannung zwischen Platon und Aristoteles bestimmt. Richtungsweisend wurde allerdings, daß die I.n, vermittelt durch den Neuplatonismus, bereits bei Augustinus als Urbilder der Dinge gedacht werden, die in der Vernunft selbst enthalten sind. Denn daraus konnte sich im spätma. ↗Nominalismus ein für die Neuzeit weithin prägendes Repräsentationsmodell der I. entwickeln, nach dem sie eine bewußtseinsimmanente Vorstellung sein soll. – So geht etwa Descartes davon aus, daß I.n Gedanken seien, die gleichsam als Bilder der äußeren Dinge aufgefaßt werden müßten. Dabei unterscheidet er nach dem Grad der Deutlichkeit dunkle I.n, klare, aber verworrene I.n und distinkte I.n, die als solche immer auch klar sein sollen, und nach ihrem Ursprung erworbene, selbst gebildete und angeborene I.n. Zwar ist besonders seine Annahme angeborener I.n bereits von Locke vehement kritisiert worden. Dies gilt aber nicht für das zugrundeliegende Repräsentationsmodell, das für den Empirismus vielmehr ebenso bestimmend blieb wie für den Rationalismus.

Eine deutliche Verschiebung zeigt sich erst bei Kant, der objektive Erkenntnis nur für möglich hält, wenn aus der Mannigfaltigkeit von Sinnesdaten durch Anschauungsformen und Verstandeskategorien Erfahrungsgegenstände allererst konstituiert werden. Im Ausgang davon versteht er unter I.n Vernunftbegriffe, denen für die Erkenntnis eine notwendige, aber gleichwohl nur regulative Funktion zukommt, sofern sie auf das Ganze der Erfahrung abzielen, das in einer Anschauung niemals gegeben sein kann. Daraus folgt, daß ihre Wirklichkeit durch theoretische Vernunft nicht einzusehen ist. Als wirklich greifbar sind sie nach Kant deshalb allein durch die Postulate der praktischen Vernunft. Werde diese Grenze mißachtet, so produzierten die I.n einen dialektischen Schein, der für die Widersprüche der bisherigen Metaphysik verantwortlich sei. Daneben spricht Kant auch von ästhetischen I.n der Einbildungskraft, deren Ausdruck Schönheit sei. – Auf der Grundlage der kantischen Transzendentalphilosophie nähert sich der ↗Deutsche Idealismus noch mehr der antiken Auffassung der I., weil die Unterstellung von Dingen an sich, über die nach Kant nichts zu wissen ist, obwohl sie der Erkenntnis ihr unabdingbares Anschauungsmaterial zu liefern haben, für inkonsequent gehalten wird. So gilt etwa Hegel die I. als sich selbst begreifender Begriff, dessen dialektische Entwicklung er als Grundstruktur alles Seins darzustellen versucht.

Während im Neukantianismus die I. noch einmal als Erkenntnisregulativ für wissenschaftlichen Fortschritt zur Geltung gebracht wird und von Husserl gegen den Psychologismus des 19. Jh. als ein allgemeiner Gegenstand verteidigt wird, der in den intentionalen Akten des Bewußtseins immer mitgemeint sein muß, wenn etwas individuell Reales überhaupt intendierbar sein soll, dient sie im metaphysikkritisch geprägten 20. Jh. weitgehend nur noch als prominentester Titel für das Metaphysische, das man überwunden zu haben glaubt.

**Lit.:** Aristoteles: Metaphysik, A 9, Z 13–16, M 4–5. – E. Cassirer: Das Erkenntnisproblem in der Philosophie und Wissenschaft der neueren Zeit. Berlin 1906. – R. Descartes: Meditationen. Hamburg 1977. Bes. Meditat. 3. – Ders.: Principia philosophiae. Hamburg 1965. 1. Teil. – G. W. F. Hegel: Wissenschaft der Logik (Ges. Werke. Bd. 12). 3. Abschnitt. – E. Husserl: Ideen I. Hua III. Den Haag 1950ff. I, 1. – I. Kant: Kritik der reinen Vernunft. (Transzendentale Dialektik). – J. Locke: Versuch über den menschlichen Verstand. Hamburg 1981. 2. Buch. – P. Natorp: Platons Ideenlehre. Leipzig 1903. – E. Panofsky: Idea. Hamburg 1924. – E. Tugendhat: TI KATA TINOS. Freiburg 1958. – W. Wieland: Platon und die Formen des Wissens. Göttingen 1982.

WAM

**Ideen, angeborene** (lat. ideae innatae). Die begriffstheoretischen Untersuchungen von Descartes führten zu der Unterscheidung dreier Klassen von einfachen Begriffen: (a) die nicht durch Rekurs auf Erfahrung gewonnenen Begriffe (ideae innatae), (b) die durch Erfahrung erworbenen Begriffe (lat. ideae adventitiae), (c) die künstlichen Begriffe (lat. ideae a me ipso factae). Von angeboren spricht Descartes nicht in bezug auf aktuale Erkenntnisse, sondern in dem Sinne, daß der Intellekt imstande sein soll, sie prinzipiell unabhängig von der Erfahrung hervorzubringen. Die Verknüpfung dieser Einteilung mit der Frage nach dem Ursprung des menschlichen Wissens führt zu zwei möglichen Positionen: (a) Zur Annahme, daß bereits das Kind über derartige a.I. verfüge – die genetische Erklärung, (b) zu der Behauptung, daß für die Erkenntnisleistungen des Subjekts von einem besonderen begrifflichen Vermögen des Verstandes auszugehen ist – die methodologische Erklärung (I. Kant). Die genetische Erklärung ist von Chomsky zur mentalistischen Erklärung der Sprache herangezogen worden. ↗Mentalismus. **Lit.:** R. Descartes: Regulae ad directionem ingenii (dt. Regeln zur Ausrichtung der Erkenntniskraft. Hamburg 1973). – Ders.: Meditationes de prima philosophia (dt. Meditationen über die Grundlagen der Philosophie. Hamburg 1977).

PP

**Ideen, regulative** ↗Konstitutiv/regulativ

**Ideenlehre,** zentrales Lehrstück der Philosophie Platons und des ↗Platonismus, das in der Annahme der Existenz besonderer, nicht-empirischer Gegenstände besteht. Da die Theorie von Platon nie in expliziter Form formuliert wurde, ist ihre Interpretation bis heute umstritten. Bei Platon selbst besitzt sie nur hypothetischen Charakter, was sich schon daran zeigt, daß die Lehre und die mit ihr verbundenen Lehrstücke durchgehend in mythisch-metaphorischer Einkleidung präsentiert werden. Um dem Grundanliegen seiner Philosophie, der Gewährleistung sicheren Orientierungswissens in theoretischer und praktischer Hinsicht, gerecht werden zu können, wurde die I. von Platon in Form einer Synthese der dynamischen Flußlehre der Herakliteer und der statischen Seinslehre der Eleaten entwickelt, indem er die Existenz besonderer (stets gleichbleibender, unveränderlicher, ewiger) noumenaler Gegenstände postulierte: der ↗Ideen, die er der (veränderlichen) Welt der Erscheinungen gegenüber- und voranstellte. Nur den Ideen, die den unvollkommenen Gegenständen der Erscheinungswelt als unwandelbare Vorbilder und Ursachen dienen, wird wahre Realität zugesprochen: Während man im Bereich der sinnlichen Wahrnehmungen, der Abbilder, höchstens zu wahrer Meinung gelangen kann, gibt es im Bereich der Ideen, die hierarchisch, mit der Idee des Guten an der Spitze geordnet sind, sicheres, allgemeingültiges Wissen. Da die Vorstellung zweier strikt voneinander getrennter Seinsbereiche dadurch, wenn nicht impliziert, dann doch zumindest nahegelegt wird (↗Chorismos), mußte sich Platon mit zwei systematischen Problemen auseinandersetzen: (1) Um die Möglichkeit einer Verbindung der sinnlichen Welt mit den als raum- und zeitunabhängig gesetzten Ideen erklären zu können, führte er die Lehre der Teilhabe (↗Methexis) an: Zwar kommt (im Gegensatz zu den Einzelgegenständen) nur den Ideen wahre Realität zu, und sie sind auch nicht in den Einzelgegenständen, aber diese haben als Abbilder der Ideen doch eine Art von Teilhabe am wahren Sein der Ideen. (2) Um die Möglichkeit einer Erkenntnis der raum- und zeitunabhängigen Ideen zu erklären, postuliert Platon die Unsterblichkeit der Seele: Der Mensch kann die Ideen erkennen, weil seine unsterbliche Seele vor ihrer Verkörperung unbehindert durch einen materiellen Körper die Ideen selbst »schauen« konnte; durch die Einkörperung hat sie dieses Wissen zwar verloren, aber sie kann sich wiedererinnern. Zu dieser Wiedererinnerung (↗Anamnesis) soll die eigens dafür von Platon entwickelte Methode der Dialektik anleiten, einer geregelten Form der dialogischen Gesprächsführung in Frage und Antwort, die den Gesprächspartner durch Begriffsklärungen von den Erscheinungen der Sinnenwelt zur Wahrheit der Ideen führen soll. Den letzten Schritt der Ideen-Erkenntnis scheint sich Platon allerdings zeichen-unvermittelt vorgestellt zu haben als eine argumentativ nicht einholbare und daher »plötzlich« einsetzende Ideen*schau*. – Schon in der antiken Rezeption wurde der hypothetische Charakter der Theorie meistens vernachläßigt und die Existenz transzendenter Gegenstände als gesichert vorausgesetzt. So interpretierte bereits der Mittelplatonismus anknüpfend an den *Timaios*, in dem ein göttlicher ↗Demiurg die Gegenstände der Welt nach dem Vorbild der ewigen und vollkommenen Ideen bildet, diese als die Gedanken Gottes, wodurch die I. in die christliche Theologie integrierbar wurde (Augustinus). Die Deutung von Begriffen als transzendente Ideen führte im mittelalterlichen ↗Universalienstreit zu einer heftigen Kontroverse über die ↗Referenz von Prädikatoren. JV

**Identifizierung.** Innerhalb der sprachanalytischen Diskussion über die Bezugnahme von Eigennamen, singulären Termini und Kennzeichnungen auf Einzelgegenstände bedeutet I., daß man mittels gewisser Ausdrücke auf Gegenstände Bezug nehmen kann. Bei der demonstrativen I. zeigt man unter Verwendung eines deiktischen Ausdrucks (»dieses hier«) auf den gemeinten Gegenstand. Da der Ausdruck »dies« allein nicht deutlich macht, was es ist, das gemeint ist, muß der deiktische Ausdruck mit einem sortalen Prädikat verbunden werden, das die räumliche Konfiguration von Gegenständen einer bestimmten Art angibt und dadurch Identitäts- und Zählbarkeitskriterien für Gegenstände dieser Art bestimmt. Die I. eines Gegenstandes durch Eigennamen gelingt nur dann, wenn man in der Lage ist, den Namen durch Beschreibungen abzustützen. Da die Beschreibungen im wesentlichen allgemein sind, gelingt eine I. im eigentlichen Sinn erst dann, wenn die Kennzeichnung durch eine solche Kennzeichnung abgestützt wird, die die raum-zeitliche Entfernung zwischen dem gemeinten Gegenstand und einem demonstrativ identifizierbaren Gegenstand angibt. Die Auffassung, daß ein sprachlicher Ausdruck insofern Bedeutung hat, als er sich auf einen ganz bestimmten Gegenstand bezieht, wird von Strawson und Tugendhat in der Weise rekonstruiert, daß der Bezug auf einen Gegenstand gekoppelt wird mit der Funktion des Ausdrucks, diesen Gegenstand aus anderen herauszugreifen, d.h. ihn zu identifizieren (bzw. zu spezifizieren). Die Funktion des ↗singulären Terms in einer prädikativen Behauptung besteht genau in dieser Funktion, nämlich anzugeben, welcher Gegenstand gemeint ist bzw. von welchem Gegenstand der Sprecher etwas prädiziert. Die von Strawson und Tugendhat weiterführende Frage ist, wie leistet der Ausdruck eine solche I.? Die ↗Referenz wird nicht als eine vorgegebene Relation zwischen sprachlichen Ausdrücken und Gegenständen der Welt aufgefaßt, sondern als ein Sich-beziehen eines Sprechers, als Tätigkeit des deskriptiven Sprechens. Eine I. geschieht dadurch, daß mit Hilfe bestimmter Ausdrücke »Einheiten« von der Umgebung abgesondert und voneinander unterschieden werden können. Solche Ausdrücke werden im Gefolge Strawsons als sortale Ausdrücke bezeichnet. D.h. die grundlegende demonstrative I., die dadurch geschieht, daß ein Gegenstand in der unmittelbaren Umgebung der Gesprächspartner herausgegriffen wird, sind durch die sortalen Ausdrücke zu ergänzen. Mit ihnen sind die Kriterien des Identifizierens und Unterscheidens gekoppelt, gleichermaßen sind sie für die Konstituierung der Gegenstände ausschlaggebend. Die sortalen Ausdrücke, die für die individualisierende (und damit identifizierende) Funktion verwendet werden, lassen sich dadurch charakterisieren, daß sie (a) in der Subjektposition (d.i. substantivische Verwendung) vorkommen, (b) eine Art und Sorte von Dingen kennzeichnen (z.B. wird durch den sortalen Ausdruck »Kuh« vorgezeichnet, was alles zu einem so bezeichneten Gegenstand gehört), (c) die Möglichkeit der Pluralbildung (verweist auf die Zählbarkeit als notwendige und hinreichende Bedingung dafür, daß man sinnvoll von einzelnen Dingen einer Sorte sprechen kann). Hat jemand den Sinn eines sortalen Ausdrucks verstanden, so hat er das Prinzip erfaßt, das es ihm erlaubt, die Dinge, auf die er sich bezieht, zu identifizieren, d. h. voneinander zu unterscheiden und zu zählen. Die sortalen Ausdrücke geben – nach Strawson und Tugendhat – die Kriterien der I. an. **Lit.:** W. Carl: Existenz und Prädikation. München 1974. – E. Runggaldier: Zeichen und Bezeichnetes. Berlin/New York 1985. S. 95 ff. – P. Strawson: Einzelding und logisches Subjekt. Stuttgart 1972. S. 17–74. – E. Tugendhat: Vorlesungen zur Einführung in die sprachanalytische Philosophie. Frankfurt 1976. 20.-27. Vorlesung. S. 341–496 – U. Wolf (Hg.): Eigennamen. Dokumentation einer Kontroverse. Frankfurt 1985. S. 9–41. PP

**Identität.** (1) In Aussagen über die Wirklichkeit erscheint eine Form des Identitätsprinzips, die die ontologische These beinhaltet, daß alles Seiende eine gewisse Konstanz des Seins hat. Eine gewisse Konstanz der Dinge, die wir unserer Erfahrung entnehmen, ist die Voraussetzung für jegliches Wissen, das bei einer völlig regellosen, chaotischen und dauernden Veränderung nicht möglich wäre.

(2) Terminus zur Bezeichnung einer vollständigen oder absoluten Gleichheit. In der formalen Logik ist von I. die Rede, wenn in einer Aussageform mit Gegenstandsvariablen für diese Variablen Eigennamen oder Kennzeichnungen eingesetzt werden, die denselben Gegenstand benennen, z. B. der Morgenstern ist derselbe Planet (Venus) wie der Abendstern. Ein Satz $a = b$ besagt, daß das durch die Gegenstandskonstante a bezeichnete Objekt mit dem durch die Gegenstandskonstante b bezeichneten Objekt identisch ist, daß also a und b dasselbe Objekt bezeichnen. Reflexivität, Symmetrie, Transitivität und das Substitutionsprinzip sind diejenigen Eigenschaften, die dem Gebrauch des Gleichheitszeichens in der Logik zugrundeliegen: Reflexivität besagt, daß die I. eine zweistellige Relation ist, in der jeder Gegenstand in Relation zu sich selbst steht; symbolsprachlich: $\forall x(x = x)$. Symmetrie der I. besagt, daß für sie die symmetrische Relation gilt, d. h. daß sie einem geordneten Paar von Gegenständen und auch dem umgekehrt geordneten, aber aus denselben Gegenständen bestehenden Paar zukommt; symbolsprachlich: $\forall xy\ (x = y \supset y = x)$. Transitivität der I. besagt, daß für sie die transitive Relation gilt, d. h. daß die zwei Gegenstände, die mit einem dritten in der Relation R stehen, auch unter sich in der Relation R stehen; symbolsprachlich: $\forall xyz\ (x = y \wedge y = z \supset x = z)$. Das Substitutionsprinzip der I. besagt: Gilt $a = b$, so kann man a und b überall durcheinander ersetzen, ohne daß sich der Wahrheitswert der Sätze ändert. Zur Unterscheidung zwischen I. und ↗Gleichheit ließe sich anführen, daß wir es bei I. nur mit einem Gegenstand zu tun haben (auf den sich zwei Namen beziehen), bei Gleichheit dagegen mit zwei Gegenständen. – Der Satz von der I. zählt neben dem Satz vom ausgeschlossenen Widerspruch, dem Satz vom ausgeschlossenen Dritten und dem Satz der Kontravalenz zu den elementaren Gesetzen der Logik. Er besagt in inhaltlicher Sprechweise, daß ein jeder Sachverhalt sich selbst zur (hinreichenden) Bedingung hat, daß er also besteht, falls er besteht. Es wird Vorausgesetztes und Erschlossenes identifiziert.

(3) Die anthropologische Bestimmung der I. nimmt auf verschiedene Theorien Bezug. Das psychoanalytische Persönlichkeitskonzept von Erikson bestimmt I. dadurch, daß sich ein Ich einer Gruppe zugehörig fühlt und gleichzeitig ein Bewußtsein von sich als selbständigem Individuum hat. Im Symbolischen Interaktionismus von Mead wird mit »I.« die Fähigkeit eines Subjekts bezeichnet, sich zu sich selbst wie zu einem anderen Subjekt zu verhalten, indem die interagierenden Subjekte die Einstellung des jeweils anderen Interaktionspartners antizipieren und sich aus dessen Perspektive wahrnehmen. Die I. beinhaltet zum einen die Summe der Erwartungen seitens der anderen (bei Mead als »me« bezeichnet) und das Moment der Spontaneität seitens des Ich in der Gestaltung der Reaktion auf diese Erwartungen (d.i. das »I«). Goffman erläutert den Begriff der personalen I. im Sinne der Unverwechselbarkeit des Individuums, die sich aufgrund seiner organischen Einmaligkeit und seiner spezifischen lebensgeschichtlichen Daten ergibt. Bei Habermas stellt die Ich-I. eine Balance zwischen persönlicher und sozialer I. dar. Die persönliche äußert sich in der Einheit einer unverwechselbaren Lebensgeschichte, die soziale resultiert aus der Zugehörigkeit eines Individuums zu verschiedenen Bezugsgruppen. **Lit.:** H. Dubiel: Identität, Ich-Identität. In: HWPh. – E. Erikson: Identität und Lebenszyklus. Frankfurt 1970. – E. Goffman: Stigma. Frankfurt 1967. – J. Habermas: Der Universalitätsanspruch der Hermeneutik. In: Hermeneutik und Ideologiekritik. Frankfurt 1971. S. 120 ff. – G. H. Mead: Geist, Identität und Gesellschaft. Frankfurt 1973. S. 177 ff. – A. Menne: Einführung in die Methodologie. Darmstadt $^{2}$1984, S. 69 ff. – F. v. Kutschera/A. Breitkopf: Einführung in die moderne Logik. Freiburg/München 1971. S. 129 ff. PP

**Identität, personale.** Die Frage nach der p.n I. zielt auf eine Analyse der Bedingungen, in denen diachrone (zeitübergreifende) Identität besteht. Es lassen sich zwei grundlegende Ansätze unterscheiden, p. I. auf andere Relationen zurückzuführen. Nach dem Körperkriterium besteht die Identität einer Person zu zwei verschiedenen Zeitpunkten in der Kontinuität des Körpers während dieses Zeitraums (nach modifizierter Auffassung in der Kontinuität des Gehirns als ausgezeichnetem Teil des Körpers). Dem psychischen Kriterium zufolge läßt sich p. I. analysieren als Kontinuität zwischen den psychischen Zuständen zu verschiedenen Zeitpunkten, vor allem von Erinnerungen an vergangene Erlebnisse. In Opposition zu den reduktiven Ansätzen behaupten Anhänger einer nichtreduktiven Theorie, daß personale Identität ein nicht weiter reduzierbares Faktum darstellt. Während sich die diachrone Identität materieller Dinge, die keine Personen sind, in reduktiver Weise angeben lasse, bestehe p.I. in einem besonderen ontologischen Faktum (einem Ich, einer Seele), das weder auf die Kontinuität eines Körpers noch auf die psychischer Zustände zurückführbar ist. ↗Identität. **Lit.:** J. Baillie: Problems in Personal Identity. New York 1993. – H. Noonan: Personal Identity. London/New York 1989. – L. Siep (Hg.): Identität der Person. Basel/Stuttgart 1983. MQ

In der gegenwärtigen Diskussion werden u.a. von MacIntyre und Taylor die Konzeption der pn. I. von John Locke und die Diskussionen seitens der analytischen Philosophie dazu einer eingehenden Kritik unterzogen. Sie wenden ein, daß dabei die I. in gegenständlicher bzw. naturalistischer Perspektive begriffen wird. Dabei bleibt das eigene Selbstverständnis von seinem Selbst, das für jede Person wesentlich ist, unberücksichtigt. Unsere I. ist das, wodurch wir zu bestimmen vermögen, was für uns und für unsere Lebensführung wichtig ist. Was die I. einer einzelnen Person ausmacht, ist wesentlich durch die Art und Weise definiert, in der ihr die Dinge bedeutsam erscheinen. Konstitutiv für p. I. ist ein eigenes Selbstverständnis (bzw. eine Selbstdeutung). Die Selbstdefinition einer individuellen Person (als Antwort auf die Frage »wer bin ich?«) erhält ihren ursprünglichen Sinn erst im Austausch mit anderen. Es ist nie möglich, ein Selbst zu beschreiben, ohne auf diejenigen Bezug zu nehmen, die die Umwelt dieses Selbst bilden. Ebenso notwendig ist, das für die p.I. grundlegende Selbstverständnis mit einem biographischen Werdensprozeß zu verbinden. Daraus wird ersichtlich, daß zur p. I. notwendigerweise narrative Elemente gehören. – Eine ähnlich Kritik trägt P. Ricoeur vor, der an Locke und den analytischen Konzeptionen eine unzulässige Form reduktionistischer Philosophie bemängelt. Er macht geltend, daß eine adäquate Erörterung von p. I. zwei Aspekte auseinanderzuhalten hat: die Selbstheit (ipse) und die Selbigkeit (idem). Die kritisierten Konzeptionen thematisieren die p. I. aus der Perspektive der Selbigkeit (d.i. der gegenständlichen Identität), ohne den subjektiven Charakter (d.i. das subjektive Bewußtsein von sich als einem Selbst) hinreichend in den Blick zu bekommen. Aus Ricoeurs Sicht kann nur die Person selbst mitteilen, welche I. sie selbst hat, äußere Kriterien erweisen sich für eine solche Bestimmung als unzureichend. Auch Ricoeur postuliert eine »narrative Einheit des Lebens« zur Bestimmung dessen, was eine p. I. ausmacht. In die Tendenz dieser Kritik stimmen, wenn auch zum Teil mit anderer Akzentsetzung, A.O. Rorty und S. Benhabib ein. **Lit.:** S. Benhabib: Selbst im Kontext. Frankfurt 1995. – R. Lachmann: Ethik und Identität. Freiburg/München 1994. – A. MacIntyre: Der Verlust der Tugend. Frankfurt 1987. – N. Meuter: Narrative Identität. Stuttgart 1995. – P. Ricoeur: Das Selbst als ein Anderer. München 1996. – A.O. Rorty: Ein literarisches Postscriptum: Charaktere, Personen, Selbste, Individuen. In: L. Siep (Hg.): Identität der Person. Basel/Stuttgart 1983. – Ch. Taylor: Quellen des Selbst. Frankfurt 1996 PP

**Identitätstheorie,** bei der zentralen Frage des ↗Leib-Seele-Problems, ob mentalen Phänomenen ein eigener ontologischer Status zuzubilligen ist oder ob sie in Wirklichkeit physischer Natur sind, vertritt die I. die Auffassung, daß sich Aussagen über psychische Ereignisse und Aussagen über physische (d.h. über Hirnprozesse) faktisch auf den gleichen Gegenstand beziehen. Eine (referentielle) Identität ist insofern gegeben, als das phänomenale Datum stets auf zweierlei Weisen (d.i. in Doppelaspekt) zugänglich ist: in introspektiven Beschreibungen unserer Erlebnisse und in neurophysiologischer Terminologie. Im ersten Fall kommen in mentalistischer Ausdrucksweise subjektive Erlebnisgegebenheiten zur Sprache, im zweiten Fall beziehen wir uns mittels physikalischer Sprache auf die zentralen Ursachen der peripheren körperlichen Veränderungen. Der Grundgedanke der I. erfährt in verschiedenen Weiterentwicklungen eine andere Akzentsetzung: in der Doppelaspekt-Theorie von Feigl, in dem Topic-Neutral-Approach von J. Smart und D. Armstrong, in Nagels Theorie der abhängigen Zuschreibbarkeit von Merkmalen, in Sellars mikrotheoretischem Physikalismus. Smart/Armstrong weisen darauf hin, daß mentalistische Beschreibungen keinerlei Aussagen über den ontologischen Status mentaler Eigenschaften machen. Nagel erläutert, daß wir Empfindungen und Nervenstimulation dann für identisch halten, wenn wir festgestellt haben, daß sich beide in kausaler und konditionaler Hinsicht nicht voneinander unterscheiden. Sellars verweist auf die zukünftige Möglichkeit, daß in einer künftigen physiologischen Sprache unser gesamtes psychologisches Vokabular ohne Bedeutungsverlust ersetzt werden könnte. ↗Materialismus. **Lit.:** D.M. Armstrong: A Materialist Theory of the Mind. London/New York 1968. – M. Carrier/J. Mittelstraß: Geist, Gehirn, Verhalten. Das Leib-Seele-Problem und die Philosophie der Psychologie. Berlin/New York 1989. – H. Feigl: The ›Mental‹ and the ›Physical‹. In: H. Feigl/ M. Scriven/G. Maxwell (Hg.): Concepts, Theories, and the Mind-Body Problem. Minneapolis 1958. S. 370–497. – Th. Nagel: Wie ist es, eine Fledermaus zu sein. In: P. Bieri (Hg.): Analytische Philosophie des Geistes. Königstein 1981. S. 261–275. – W. Sellars: The Identity Approach to the Mind-Body Problem. In: Ders.: Philosophical Perspectives. Springfield 1959. S. 370–388. – J.J.C. Smart: Sensations and Brain Process. In: Philos. Review 68 (1959) . S. 141–156. PP

**Ideologie,** nach Destutt De Tracy (*Éléments d'idéologie*. 5 Bde. 1801–1815) eine wissenschaftliche Lehre, in der allein Ideen als erfaßbare, quasi physiologische Erkenntniselemente ein sicherer Ausgangspunkt für Erkenntnisgewinnung sein können. I. ist danach eine strenge Wissenschaft mit Grammatik und Logik als Hauptteilen. In der besonders von Napoleon I. geübten Kritik an Destutt De Tracy erhält I. seine pejorative Konnotation des Wirklichkeitsfremden, Abstrakten, Praxisfernen, Elitären etc. Marx knüpft an dieser Begriffsbestimmung an. Danach ist I. notwendig »falsches« Bewußtsein. Alle vor-sozialistischen Gesellschaften müßten sich aufgrund der unentwickelten materiellen Verhältnisse ein zwangsläufig falsches Bild von sich machen. Dabei werden insbesondere die Partikularinteressen der ökonomisch und politisch herrschenden Klasse zu Allgemeininteressen erklärt. In der bürgerlichen Gesellschaft stellt die Verdinglichung aller sozialen Beziehungen und Bewußtseinsinhalte zu Warenformen die herrschende I. (Warenfetischismus) dar. Von älteren Theorien des falschen Bewußtseins (Priestertrugstheorie) unterscheidet sich das marxistische I.-Verständnis durch den Hinweis, daß auch die Herrschenden selbst nicht in der Lage sind, ihre trügerische Usurpation des Allgemeinen zu erkennen. Die wirklichen »Bewegungsgesetze« enthüllten sich erst dem zur Klasse für sich findenden ↗Proletariat, dessen Bewußtwerdung seiner realen Existenzbedingungen den Schleier politischer und gesellschaftlicher Mystifikation durchstößt. Allerdings verweisen auch Partikularinteressen mit falschen Allgemeinheitsansprüchen auf Wahrheitspartikel. Danach gibt etwa die bürgerliche Gesellschaft mit ihrer Forderung nach Freiheit, Gleichheit, ↗Brüderlichkeit politische Ziele vor, die erst in der sozialistischen ↗Revolution wirklich allgemein werden könnten. Jede I. schießt also in diesem Denken im Versprechen besserer Verhältnisse über sich hinaus. An dieser utopischen Qualität setzt die I.-Kritik an, die daraus eine normative Grundlage für sich konstruiert. Das geschichtsphilosophische Subjekt der I.-Kritik ist von verschieden Autoren unterschiedlich bestimmt worden. Gehen Marx/Engels von einer Symbiose zwischen dt. Philosophie und Proletariat aus, so sehen andere eher in gesellschaftlichen Randgruppen (H. Marcuse) oder Frauen (S. Firestone) Träger der I.-Kritik. Die leninistische Interpretation rückt von der Synonymisierung von I. und falschem Bewußtsein ab. Nach ihr besitzt auch die Arbeiterklasse eine I., die sich nur in ihrer historischen Fortschrittlichkeit von anderen I.n unterscheidet. Trägerin dieser I. ist »die« kommunistische Partei. Einen anderen Weg beschreiten Horkheimer/Adorno (↗Kritische Theorie). Für sie existiert ein gesellschaftliches Subjekt der I.-Kritik nicht: »Mit der Gesellschaft ist die Ideologie derart fortgeschritten, daß sie nicht mehr zum gesellschaftlich notwendigen Schein und damit zur wie immer brüchigen Selbständigkeit sich ausbildet, sondern nur noch als Kitt: falsche Identität von Subjekt und Objekt« (Th. Adorno: *Negative Dialektik*. Frankfurt 1969. S. 339). Der ideologische »Verblendungszusammenhang« konstituiert gesellschaftliche Beziehungen und wird hier nicht mehr als potentiell von fortgeschrittenen Produktionsverhältnissen zu dementierendes Überbauphänomen angesehen. Im Gegensatz zu diesen I.-Begriffen konstituiert sich im Kontext wissenssoziologischer Ansätze ein I.-Begriff, der Inhalte, Struktur und Funktion jeder systematischen Welt- und Sinnproduktion (A. Seidel) umfaßt. Die Überprüfung von I. ist danach die Aufgabe einer selbstkritischen, wissenschaftlich-hygienischen »freischwebenden Intelligenz« (K. Mannheim). In der ↗Systemtheorie N. Luhmanns ist schließlich »ein Denken … ideologisch, wenn es in seiner Funktion, das Handeln zu orientieren und zu rechtfertigen, ersetzbar ist« (N. Luhmann: *Soziologische Aufklärung*. Frankfurt 1970. S. 57). **Lit.:** U. Lorenz: Das Projekt der Ideologie. Stuttgart-Bad Cannstatt 1994. – H. J. Lieber (Hg.): Ideologie – Wissenschaft – Gesellschaft. Darmstadt 1986. – K. Mannheim: Ideologie und Utopie. Frankfurt [3]1952. TN

**Idiographisch/nomothetisch,** Methodenbegriffe, denen verschiedene Wissenschaftstypen zugeordnet werden. Die Unterscheidung stammt von W. Windelband (1848–1915), der sie 1894 im Zusammenhang mit einer Differenzierung erfahrungswissenschaftlicher Interessen geprägt hat: Die Naturwissenschaft sucht das (Natur-)Gesetz und arbeitet deshalb gesetzmäßig-generalisierend (n.); die Geschichtswissenschaft orientiert sich an der individuell bestimmten Gestalt und verfährt daher individuierend-beschreibend (i.). **Lit.:** H. Rickert: Kulturwissenschaft und Naturwissenschaft. Tübingen [6]1924. – W. Windelband: Geschichtswissenschaft und Naturwissenschaft. In: Präludien II. Tübingen [9]1924. S. 136–160. KHL

**Idiosynkrasie** (griech. idios: besonders; synkrasis: Mischung). Der Begriff stammt aus dem Bereich der Medizin und wurde dort um 1900 vom Begriff der Allergie abgelöst. Er bezeichnet die jeweils eigentümliche Konstitution eines Individuums und die entsprechend spezifische Empfindlichkeit gegenüber bestimmten Stoffen. Umgangssprachlich meint »I.« eine heftige, nicht allgemein begründbare intellektuelle oder körperliche Abneigung gegen Dinge oder Personen. RD

**Idol** (griech. eidolon; lat. idolum: Bild, Trugbild), in der Patristik, z. B. bei Tertullian, ein Ausdruck für Trug- oder Götzenbilder oder -tempel. Daher nennt er die Verehrung der heidnischen Götter Idolatrie. Das I. bildet den Inbegriff allen sündhaften Verhaltens. Cusanus sieht in »I.« die Isolierung der Produkte der Schöpfung von ihrem Schöpfer, d. h. die Quelle des Götzendienstes. In diesem Sinne verwenden noch B. Pascal und J. H. Newman den Begriff. Der Patristik ist die erkenntnistheoretische Bedeutung des eidolon-Begriffs bei Platon und Aristoteles, an den die Stoa anknüpft (I.: das Bild in der Seele; die Vorstellung), unbekannt. Erst die Aristotelesrezeption in der Hochscholastik führt hier zu einem neuen Verständnis. So begreift u. a. Albertus Magnus I. als die wahrnehmbare Form, durch die der Gegenstand gesehen wird. – Diese Sichtweise verliert in der Neuzeit ihre Relevanz, weil die ↗Idolenlehre F. Bacons jede positive Wertung des Begriffs ausgeschlossen hat. Dessen Gebrauch von »I.« im Sinne von Vorurteil bricht radikal mit der antiken Philosophie. Während der Aufklärung wird die Unvernünftigkeit von I.en kritisiert; Kant bezeichnet das am Kult fixierte »Pfaffentum« als I., Später steht der Begriff u. a. bei M. Proust für die leidenschaftliche Verehrung geschichtlicher Größen. Mit Schelers Ausdehnung der Kritik auf die Sphäre der Selbstwahrnehmung erreicht »I.« eine neue Dimension. **Lit.:** F. Bacon: Neues Organon. Bd. 1. Hamburg 1990. – N. de Cusa: De docta ignorantia. In: Phil.-theol. Schriften (lat.-dt.). Bd. 1. Wien 1964. – I. Kant: Die Religion innerhalb der Grenzen der bloßen Vernunft. In: Akad.-Ausg. Bd. 6. Berlin 1907. – M. Scheler: Vom Umsturz der Werte. In: Ges. Werke. Bd. 3.

Bern [4]1955. – Q. S. F. Tertullian: Apologetica. München 1974. RS

**Idolenlehre,** bezeichnet in der Erkenntnistheorie F. Bacons die Analyse und Erklärung aller die Erkenntnis verfälschenden Fehlerquellen, d. h. der geistigen Trugbilder (idola mentis). Er unterscheidet vier Arten von Idolen: (1) Idole des Stammes (idola tribus), (2) Idole der Höhle (idola specus), (3) Idole des Marktes (idola fori) und (4) Idole des Theaters (idola theatri). Zu (1): Idole des Stammes sind in der menschlichen Natur bzw. Gattung liegende Fehlerquellen. Wir erliegen der Verführung durch ein Trugbild der Gattung, wenn wir anthropomorphe Vorstellungen für objektiv gültig halten und damit die Wirklichkeit »nach dem Maß der Natur des Menschen, nicht nach dem des Universums,« deuten (*Novum Organon* I. 41). Zu (2): Idole der Höhle haben ihren Grund v. a. in den individuellen Einstellungen, der Erziehung, dem Milieu und der Abhängigkeit von Autoritäten. So gibt es u. a. mehr die Differenzen oder mehr die Gemeinsamkeiten betrachtende Menschen. Zu (3): Unter Idolen des Marktes versteht Bacon die durch soziale Beziehungen bedingten Fehlerquellen. Die Formen der sprachlichen Kommunikation zwingen den Verstand in bestimmte Bahnen und verursachen zahlreiche Täuschungen, sofern das Denken nicht sachlichen Zusammenhängen, sondern verbalen Assoziationen folgt. Zu (4): Idole des Theaters sind durch die Abhängigkeit des Denkens von weltanschaulich fundierten philosophischen Systemen erworbene Fehlerquellen. Sie bilden Konstruktionen von Weltbildern, die nicht ausschließlich mit Hilfe empirischer Methoden gewonnen, sondern »aus Fabeln der Theorien und den verkehrten Gesetzen der Beweisführungen dem Verstand beigebracht«, werden (*Novum Organon* I. 61). – Nach Bacon ist wahre Erkenntnis abhängig von der Fähigkeit, traditionelle Trugbilder zu überwinden. Das einzige Hilfsmittel gegen die Vorherrschaft der Idole sieht er in der induktiven Methode. **Lit.:** F. Bacon. Neues Organon (lat.-dt.). Bd. 1. Hamburg 1990. – R. Brandt: Über die vielfältige Bedeutung der Baconschen Idolenlehre. In: Philosophisches Jahrbuch 83 (1976). S. 42–70. – B. Farrington: The Philosophy of Francis Bacon. Liverpool 1964. – K. Salamun: Bacons Idolen-Lehre aus der Sicht der neueren Ideologiekritik. In: Archiv für Rechts- und Sozialphilosophie 61 (1975). S. 529–556. RS

**Ignoratio elenchi,** Verfehlen des Fragepunktes, Bezeichnung für eine Form eines Beweisfehlers, der dann gegeben ist, wenn bei einer Auseinandersetzung der genaue Fragepunkt verfehlt und ein Satz bewiesen wird, der mit dem nachzuweisenden Satz nicht identisch ist und in keiner Folgebeziehung zu dem beweisenden Satz steht. PP

**Illokutionär.** In der ↗Sprechakttheorie von Austin und Searle wird die Unterscheidung zwischen der illokutionären Rolle und dem ↗propositionalen Gehalt einer Aussage getroffen. Die i.e Rolle zeigt an, wie der Aussageinhalt (d.i. der propositionale Gehalt) aufzufassen ist bzw. läßt erkennen, mit welcher Intention der Sprecher die betreffende Aussage macht. Bspw. kann der propositionale Gehalt »der Hund ist bissig« als Behauptung, als Warnung oder als Versprechen gemeint sein. PP

**Illumination,** »Erleuchtung« des menschlichen Denkens durch die »Einstrahlung« (Irradiation) ewiger, göttlicher Wahrheit. Die Illuminationslehre Augustins steht einerseits in der Tradition antiker ↗Lichtmetaphysik, andererseits im biblisch-christlichen Horizont: Die Wahrheit selbst wird identifiziert mit Gott (genauer: mit Christus als zweiter Person der Trinität), sie ist Licht für den menschlichen Geist (lux mentis – De vera religione 97,271; *Confessiones* VII,10), der durch diese Erleuchtung Wahres erkennt (*De civitate Dei* XI,27). Die Rede von der I. dient Augustin nicht nur zur Charakterisierung des erkenntnistheoretischen Vorgangs, sondern auch der ontologischen Beziehung (Teilhabe) des Endlichen zum Absoluten (↗methexis). – Die Illuminationslehre spielt eine bedeutende Rolle in der Erkenntnistheorie des ↗Augustinismus, aber auch (modifiziert) bei Thomas von Aquin (*S.th.* I/II,93,2). Als Lehre vom »natürlichen Licht der Vernunft«, das des »übernatürlichen Lichtes« zur vollkommenen Erfassung der (Glaubens-)Wahrheit bedarf, wirkte sie bis weit in die Neuzeit. **Lit.:** U. Wienbruch: Erleuchtete Einsicht. Bonn 1989. JS

**Illusion,** eine I. findet statt, wenn etwas anders erscheint, als es ist. Die I. unterscheidet sich demnach von der ↗Halluzination, die überhaupt keinen Bezugsgegenstand hat. Findet die I. in der Wahrnehmung statt, so spricht man auch von einer ↗Sinnestäuschung. Kennzeichnend für die I. ist, daß sie sich durch die Tatsache, daß sie als solche erkannt wird, nicht beheben läßt. Die Möglichkeit der I. wird in der Erkenntnistheorie verwendet, um die Unterscheidung zwischen ↗Erscheinung und Realität zu begründen. Darauf stützt sich das Argument, wonach uns nicht die Sachen selbst, sondern nur Erscheinungen davon gegeben sind. In der Ästhetik geht der Begriff auf Platons Behauptung zurück, daß die Betrachtung eines Kunstwerkes eine I. erzeugt. Die ästhetische I. wird allerdings der schlichten Sinnestäuschung entgegengesetzt, da die ästhetische Erfahrung gerade im Wissen um die Irrealität des Dargestellten entsteht. **Lit.:** E. H. Gombrich: Kunst und Illusion. Köln 1967. – P. M. S. Hakker: Appearance and Reality. Oxford 1987. GSO

**Imaginäre, das.** Der Begriff des I.n hat vor allem in der Philosophie des 20. Jh. Bedeutung erlangt. Voraussetzung zur Konzeption des I.n ist ein psychologisch gewendetes Verständnis von Bewußtseinsleistungen, das die kreativen Möglichkeiten der ↗Phantasie in den Vordergrund stellt. Philosoph/innen, die den Begriff verwenden, beziehen sich meist auf die Freudsche ↗Psychoanalyse. Am wenigsten ausgeprägt ist dieser Bezug bei Sartre, der eher gegen als mit Freud eine »existentielle Psychoanalyse« entwirft. Sartres Orientierung am Bild-Begriff (image) ist vor allem älteren, der Ästhetik zuzurechnenden Vorstellungen imaginärer Leistungen verpflichtet. Für Sartre ist das I. das noematische Korrelat der großen irrealisierenden Fähigkeit des Bewußtseins, die er Imagination nennt. Das I. wird zu einer festen Größe innerhalb einer existentialistisch-phänomenologischen Ästhetik. Im Gegensatz zu Sartre rückt bei Lacan und Castoriadis die realitätsstiftende Funktion des I.n in den Vordergrund. In Lacans frühem Text über das Spiegelstadium ist bereits ein erster Entwurf des I.n zu finden, das dort durch einen narzißtisch gefärbten Selbstentwurf charakterisiert wird. Es lassen sich eine intrasubjektive und eine intersubjektive Bedeutung des I.n unterscheiden. Für den späten Lacan ist das I. ein Aspekt der symbolischen Dreierstruktur, bestehend aus Realem, I.m und Symbolischem. Während das Symbolische intersubjektive Gültigkeit besitzt und das Reale sich unserem Wissen immer entzieht, nimmt das I. eine Mittelstellung ein, in der die kreativen Leistungen, die jedoch noch nicht symbolisch abgesichert sind, im Vordergrund stehen. Lacans Ansatz ist psychoanalytisch und strukturalistisch-sprachtheoretisch zu verstehen. Castoriadis entwirft das I. zwar im Anschluß an Lacan; bei ihm steht jedoch der gesellschaftliche Aspekt des I. im Vordergrund, den er in einer Verbindung von ↗ Marxismus und Psychoanalyse zu fassen versucht. Auch Castoriadis setzt das I. vom Symbolischen und seinen Institutionen ab; an die Stelle des Realen tritt bei ihm jedoch eine Untersuchung der materialen, ökonomischen Strukturen der Gesellschaft. Er unterscheidet zwischen einem radikalen und einem aktualen bzw. zwischen einem zentralen und einem sekundärem I.n. Um wirksam zu werden, sei das I. auf das Symbolische angewiesen. Es kennzeichne die subjektiven Wurzeln des revolutionären Entwurfs. Castoriadis' politischer Akzentsetzung für das I. geht es um »das Denken der sich selbst schöpfenden Gesellschaft« (S. 609). Auch feministische Autorinnen greifen auf die schöpferische Kraft des I.n zurück. So postuliert Irigaray mit kritischem Bezug auf Lacan ein weibliches I.s, das der Entwicklung weiblicher Subjektivität zugrundegelegt werden müsse. Der Begriff wird auch dazu verwendet, die in philosophischen Ansätzen verwendeten bildlichen Vorstellungen und Phantasien zu bezeichnen (Le Doeuff). **Lit.:** C. Castoriadis: Gesellschaft als imaginäre Institution. Frankfurt 1984. – L. Irigaray: Speculum. Spiegel des anderen Geschlechts. Frankfurt 1980. S. 169 ff. – J. Lacan: Das Spiegelstadium als Bildner der Ich-Funktion wie sie uns in der psychoanalytischen Erfahrung erscheint. In: Schriften I. Olten-Freiburg 1973. S. 61–70. – Ders.: Die vier Grundbegriffe der Psychoanalyse. Weinheim-Berlin 1978. – M. Le Doeuff: The Philosophical Imaginary. Stanford 1989. – J. P. Sartre: Das Imaginäre. Phänomenologische Psychologie der Einbildungskraft. Reinbek 1971. BES

**Immanenzpositivismus,** Bezeichnung für die Position des älteren ↗ Positivismus, vertreten von Mach und Avenarius, die als zentrale Forderung vertrat, daß sich die Wissenschaft auf eine möglichst exakte und ökonomische Beschreibung des unmittelbar Gegebenen zu beschränken habe. Zum Bereich des unmittelbar Gegebenen wurden die sinnlichen Empfindungen, d. h. solche qualitativen Elemente wie Farben, Töne, Gerüche usw. gerechnet. Das hat zur Folge, daß auch solche Begriffe wie Körper, Leib und das eigene Ich zu ersetzen sind durch Beschreibung von Empfindungs-, Vorstellungs-, Erinnerungs- und Gefühlselementen. So kann der Aufgabe der Wissenschaft entsprochen werden, die einfachste Beschreibung der Abhängigkeit dieser Elemente und Elementenkomplexe untereinander zu liefern. Der Begriff »Körper« kann in der Physik durch die Beschreibung der Abhängigkeiten zwischen jenen Elementen, die zu den als »Körper« bezeichneten Komplexen gehören, ersetzt werden. Die Psychologie kann jene Elemente beschreiben, die dem Komplex »Ich« angehören. Dem Postulat entsprechend gibt es nur die Elemente und die Abhängigkeiten zwischen diesen – die Aufgabe der Wissenschaften reduziert sich auf deren Beschreibung. Dadurch erübrigen sich alle erkenntnistheoretischen Fragen wie z. B. die nach der Realität der Außenwelt. **Lit.:** R. Avenarius: Philosophie als Denken der Welt gemäß dem Prinzip des kleinsten Kraftmaßes. Berlin [3]1917. – E. Mach: Erkenntnis und Irrtum. Leipzig [5]1926. – Ders.: Analyse und Empfindungen. Leipzig [3]1917. – H. Schnädelbach: Erfahrung, Begründung und Reflexion. Versuch über den Positivismus. Frankfurt 1971. S. 13 ff. PP

**Immaterialismus** (empirischer Idealismus; von lat./frz. nicht materiell, nicht stofflich, unkörperlich). I. nennt G. Berkeley seine philosophische Grundposition, derzufolge eine räumliche Außenwelt nicht existiert und es widersinnig ist, materielle Dinge als bewußtseinsunabhängige Korrelate entsprechender Vorstellungsinhalte anzunehmen. Ihr Sein besteht im Wahrgenommenwerden (↗ Esse est percipi). Daher sind die wahrgenommenen Dinge Vorstellungen, die nur im Bewußtsein existieren. Die Konzeption des I. bietet eine neue Erklärung der Erfahrung, d. h. der Auslegung dessen, was unter der Existenz der Dinge zu verstehen ist. Der Grundsatz »Esse est percipi« gilt nach Berkeley nicht für alles Wirkliche. Es muß außer dem vorgestellten Objekt, d. h. den Ideen, noch ein Subjekt des Vorstellens geben, d. h. etwas, das die Ideen erkennt und verschiedene Tätigkeiten (Wollen, Erinnern u. a.) auf sie ausübt. Die Existenz eines vorstellenden Subjekts (Geist, Seele, Selbst) ist evident, insofern es Vorstellungsinhalte gibt. Zum Prinzip »Esse est percipi«, das Erfahrungsgegenstände betrifft, muß folglich das komplementäre Prinzip »Esse est percipere« (Sein ist Wahrnehmen) hinzukommen, das für Subjekte gilt. Demnach wird das Sein grundsätzlich in Ideen und in Geister unterschieden. Der I. richtet sich primär gegen die Annahme einer bewußtseinsunabhängigen materiellen Außenwelt und gründet in theologischen Motiven: Die These von der autarken Materie würde etwas völlig Selbständiges neben Gott zulassen und damit der Lehre von der universalen Abhängigkeit der Schöpfung vom Schöpfer widersprechen. Die Auffassung der erfahrbaren Welt der Dinge als Inbegriff der Ideen bildet den ersten Abschnitt einer umfassenderen Argumentation, deren Ergebnis der Nachweis sein soll, daß Erfahrungsgegenstände nur deshalb existieren, weil Gott (der unendliche Geist) als ihre Ursache existiert: Die Ideen können nur als überindividuelle Hervorbringungen des unendlichen Geistes im endlichen Geist geschaut werden. Da Gott der Schöpfer der Ideen ist, besteht eine Einheit aller Geister und ihrer Ideen in Gott. **Lit.:** G. Berkeley: A Treatise concerning the Principles of Human Knowledge. Three Dialogues between Hylas and Philonous. In: The Works (ed. A. A. Luce). Vol. 2. London 1949 (dt.: Eine Abhandlung über die Prinzipien der menschlichen Erkenntnis. Hamburg 1957. Drei Dialoge zwischen Hylas und Philonous. Berlin 1955). – H. M. Bracken: The Early Reception of Berkeley's Immaterialism 1710–1733. Den Haag 1965. – A. A. Luce: Berkeley's Immaterialism London 1950. – J. C. Tipton: Berkeley. London 1974. RS

**Imperativ.** In der praktischen Philosophie wird damit eine Aufforderung an einen Adressaten, eine bestimmte Handlung auszuführen oder bestimmte Handlungsziele zu setzen, bezeichnet. Der I. wird hinsichtlich seines Aufforderungscharakters unterschieden in bedingt und unbedingt: Ein unbedingter I. soll in allen möglichen realen Situationen gelten, der bedingte kann an bestimmte Situationstypen gebunden sein. In der Kantischen Moralphilosophie ist die Unterscheidung kategorisch – hypothetisch bedeutsam. Ein *hypothetischer I.* wird in einer Wenn-dann-Aussage formuliert: Wenn du ein Ziel x erreichen willst, mußt du das dafür geeignete Mittel y wollen. Die geforderte Handlung ist nur unter der Bedingung einer Handlungsabsicht notwendig. Kant führt in bezug auf den hypothetischen I. noch eine weitere Unterscheidung, zwischen problematisch und assertorisch, an: Wird die im Wenn-Teilsatz ausgedrückte Absicht nur in Erwägung gezogen (z. B. wenn du gesund leben willst, dann ...) ohne den expliziten Vorsatz der unmittelbaren Realisierung, dann handelt es sich um einen problematischen hypothetischen I.; wird dagegen die Handlungsweise zu einem wirklichen Zweck gefordert, nennt Kant diesen I. assertorisch. Der *kategorische I.* setzt dagegen ein unbedingtes Sollen: »Du sollst nicht töten«, das ohne Beziehung auf eine vorgängige subjektive Zielsetzung praktisch notwendig ist. Der besondere Stellenwert innerhalb seiner Moralphilosophie ergibt sich aus seiner Funktion als Maßstab für die Beurteilung von subjektiven Grundsätzen. In dieser Funktion stellt er das oberste Prinzip der praktischen Überlegung dar. Seine Bedeutung wird erst hinreichend verständlich vor dem Hintergrund der Kantischen Problemstellung: Auszugehen ist von den subjektiven Grundsätzen, den Maximen, die Ausdruck unserer subjektiven Neigungen oder Entscheidungen sind. Aufgrund der Vielfalt solcher subjektiver Zwecksetzungen ist es unmöglich, einen bestimmten materialen Zweck als allgemein verbindlich oder moralisch gut auszugeben. Ein objektiver Grundsatz ist demnach nur in Absehung von allen materialen Bestimmungen denkbar. Die Objektivität kann nicht in der Materie, sondern nur in der Form des Grundsatzes gefunden werden (*KpV* § 4). Der kategorische I. entspricht diesem Anspruch, da er nur auf das Wollen gerichtet ist: Derjenige handelt vernünftig, für den die Form der Allgemeinheit der Bestimmungsgrund des Willens ist. In dieser Gestalt stellt der kategorische I. das schlechthin höchste Sollen dar, das allein in der Autonomie des Willens gründet und das als formales Grundgesetz der reinen praktischen Vernunft ohne jede Einschränkung (durch bestimmte Zwecksetzungen oder subjektive Absichten) unbedingt, objektiv, allgemein und notwendig gültig ist. Als rein formale Regel wird der kategorische I. zum obersten Beurteilungskriterium für die Moralität des Wollens: Die subjektiven Handlungs- und Lebensgrundsätze sind nur dann als moralisch gut zu bewerten, wenn sie widerspruchsfrei gewollt und gedacht werden können. In der *Grundlegung zur Metaphysik der Sitten* formuliert Kant neben der Grundformel des kategorischen I.s: »Handle nur nach derjenigen Maxime, durch die du zugleich wollen kannst, daß sie ein allgemeines Gesetz werde« (*GMS* A 52) noch Unterformeln, in denen er bestimmte Aspekte des praktischen Gesetzes herausstellt. Die »Naturgesetzformel« lautet: »Handle so, als ob die Maxime deiner Handlung durch deinen Willen zum allgemeinen Naturgesetze werden sollte«, die »Selbstzweckformel« heißt: »Handle so, daß du die Menschheit, sowohl in deiner Person, als in der Person eines jeden anderen, jederzeit zugleich als Zweck, niemals bloß als Mittel brauchest« (A 66). **Lit.:** O. Höffe: Kants kategorischer Imperativ. In: Ethik und Politik. Frankfurt 1979. S. 84 ff. – H. J. Paton: Der kategorische Imperativ. Berlin 1962. – F. Ricken: Allgemeine Ethik. Stuttgart, Berlin, Köln. $^{2}$1989. S. 91 ff. – R. Wimmer: Universalisierung in der Ethik. Frankfurt 1980. PP

**Impetustheorie.** Mit der I. werden im MA. erstmals Vorstellungen von einer Kraftwirkung zur Erklärung des Zustandekommens und Fortwirkens einer Wurfbewegung (gewaltsame Bewegung) herangezogen. Aristoteles hatte in seiner Physik an jeden Bewegungszustand die Forderung gestellt, daß er von außen verursacht werden müsse. Er kann daher die Bewegung eines geworfenen Steines oder eines abgeschossenen Pfeiles nur aus dem Vorhandensein des äußeren Mediums (Luft) erklären, welches durch Einwirkung von außen auf den Wurfgegenstand den Bewegungszustand erzeuge und für eine Weile aufrecht erhalte (Berührungskausalität). Nach dieser Auffassung ist einerseits eine Bewegung im Vakuum unmöglich und andererseits das Vakuum selbst undenkbar, weil Aristoteles Bewegung als ein grundsätzliches Merkmal des Seins betrachtet. Wo keine Bewegung ist, ist auch kein Sein. – Die Aporien der aristotelischen Bewegungslehre, namentlich denen der gewaltsamen Bewegung (Wurfbewegung), haben zuerst Johannes Philoponos (495–575) auf eine alternative Theorie der Ursache von gewaltsamer Bewegung geführt. Dieser Gelehrte der Spätantike verzichtet auf die Forderung, daß Bewegung immer von außen verursacht werden müsse und erfindet den Begriff einer eingedrückten Kraft (kinetiken entheinai dynamin). Somit ist die Ursache der Bewegung und das Prinzip ihrer Fortwirkung ins innere des bewegten Körpers selbst verlagert (Übertragungskausalität). Neuerfunden und systematisch weiterentwickelt hat Johannes Buridan (1292–1363) die I.; auch geht auf seine einschlägigen Arbeiten zu diesem Thema der Name »Impetus« zurück. Der Impetus ist ihm zufolge eine »gewisse Bewegungskraft«, die ein Beweger dem bewegten Gegenstand einprägt und welche »in diejenige Richtung wirkt, in die der Beweger den Körper anstößt« und auch nach dem Abreißen des Kontakts mit dem Beweger noch eine Weile im Gegenstand als bewegendes Prinzip enthalten bleibt, bis sie sich abschwächt und wieder verlorengeht. Andere Autoren der Spätscholastik bedienen sich der I., um verschiedene Vorgänge der Übertragung einer Wirkung zu beschreiben. – Weil mit der I. erstmals eine Vorstellung einer bewegenden Kraft formuliert ist, haben sie Historiker seit Duhem zumeist in die Vorläuferschaft zur mechanistischen Denkweise Galileis und Newtons eingeordnet. Es läßt sich jedoch auch zeigen, daß die I. jene Merkmale aufweist, die für die pantheistische Naturphilosophie der Goethe-Zeit maßgeblich sind und sich als Gegenentwurf zur Newtonschen Mechanik verstehen. **Lit.:** P. Duhem: Le systeme du monde. Paris 1958. – K.-J. Grün: Vom Unbewegten Beweger zur bewegenden Kraft. Der pantheistische Charakter der Impetustheorie in der Naturphilosophie des Mittelalters. Paderborn 1999. – Joh. Buridanus: Quaestiones Super octo physicorum libros Aristotelis, Paris 1509. Nd. Frankfurt 1964. – Joh. Philoponos: De opificio mundi; dt. Über die Erschaffung der Welt. Griech.-dt. übers. und eingel. von Clemens Scholten. 3 Bde. Freiburg u. a. 1997. – M. Wolff: Geschichte der Impetustheorie. Untersuchung zum Ursprung der klassischen Mechanik. Frankfurt 1978. KJG

**Implikans, Implikat** ↗Implikation

**Implikation,** Sammelbezeichnung für logische ›wenn, dann‹-Beziehungen. Man unterscheidet insbesondere (1) die logische I.: ein Satz A impliziert logisch Satz B, wenn B aus A logisch folgt (↗Folgerung); (2) die materiale I. Sie ist eine häufig als Konditional oder Subjunktion bezeichnete zweistellige Wahrheitsfunktion, in Zeichen ›$A \rightarrow B$‹, charakterisiert dadurch, daß sie den Wert falsch nur ergibt, wenn A der Wert ›wahr‹ und B der Wert ›falsch‹ ist. Unter der materialen I. wird auch ein Satz verstanden, dessen Wahrheitsbedingungen sich in der angegebenen Art wahrheitsfunktional verhalten; (3) die strikte I., die als eine notwendige materiale I. verstanden werden kann. Sie wurde von C. I. Lewis eingeführt in der Absicht, die logische Folgerungsbeziehung zwischen Aussagen durch eine objektsprachliche Aussagenverknüpfung wiederzugeben, wozu die materiale I. wegen ihres charakteristischen Wahrheitswertverlaufs nicht in der Lage ist. Historisch stellt Lewis' Untersuchung der strikten I. den Beginn der modernen ↗Modallogik dar. **Lit.:** I. Copi: Introduction to Logic. New York [6]1982. UM

**Implizit** ↗Definition

**Importationsgesetz,** Gesetz der klassischen wie intuitionistischen Aussagenlogik über die Verbindung von Konjunktion und Konditional, formal:
wenn $A \rightarrow (B \rightarrow C)$, dann $(A \wedge B) \rightarrow C$ UM

**Impositio.** Unter I. verstehen die ma. Logiker die konventionale Namensgebung, die einem Laut eine Bedeutung verleiht. Der I. steht die intentio oder der Begriff gegenüber, dessen Beziehung zum Bezeichneten nicht durch Konvention, sondern von Natur aus gegeben ist. Wie die intentiones in erste (Begriffe von realen Gegenständen) und zweite (Begriffe von Begriffen) zerfallen, so auch die I.nes: Die prima I. betrifft außersprachliche Gegenstände (Dinge und Begriffe, im allgemeinen sowohl erster, als auch zweiter Intention; z. B. Mensch, weiß), die secunda I. dagegen Wörter (nomina nominum; z. B. Verb, Plural). MA

**In-der-Welt-sein.** Der Ausdruck kennzeichnet bei Heidegger (*Sein und Zeit*, 1927) die grundlegende Seinsverfassung des menschlichen Daseins. Er betont damit die unauflösbare Einheit von Subjekt und Welt, das sich immer schon durch ein verstehendes Vertrautsein mit der Welt auszeichnet. FPB

**Indeterminiertheit der Übersetzung** ↗Übersetzungsunbestimmtheit

**Indexikalische Ausdrücke (indexical expressions)** ↗Indexikalität

**Indexikalität,** ist (1) eine Eigenschaft, die ein sprachlicher Ausdruck genau dann hat, wenn sein Bezug systematisch von Parametern des Äußerungskontexts abhängt. Typische Beispiele singulärer indexikalischer – oder, wie man auch sagt, demonstrativer oder deiktischer – Ausdrücke sind im Deutschen etwa die Pronomen »ich«, »du«, »er«, »sie«, »dies« und Adverbien wie »jetzt« und »hier«. Solche Ausdrücke heißen auch »Indikatoren«. V.a. D. Kaplan hat ausführlich dargelegt (vgl. Kaplan 1989), inwiefern Indikatoren (zumindest in ihrer häufigsten Verwendungsweise) sich »direkt«, d. h. nicht-deskriptiv auf Gegenstände beziehen und daher zu den sog. starren Designatoren gehören, d. h., vereinfacht gesagt, zu Ausdrücken, die sich bei der Auswertung einer gegebenen Aussage hinsichtlich kontrafaktischer Umstände auf kein anderes Objekt beziehen als auf das tatsächlich bezeichnete. Sagt jemand: »Ich hätte eine Minute später geboren werden können«, so werden kontrafaktische Umstände oder, wie man auch sagt, andere mögliche Welten betrachtet, in denen der Sprecher des Kontexts (und nicht etwa eine Person, die hinsichtlich jener Welten durch bestimmte ↗Eigenschaften festgelegt wird) etwas später geboren wurde als es tatsächlich der Fall ist. Die Auswertung eines indexikalischen Satzes ist grundsätzlich eine zweistufige Prozedur: Erst in einem Kontext erhält man eine *Aussage*, d. h. etwas, dem man eine ↗Proposition (oder eine ↗Intension) zuordnen kann, der dann in einem zweiten Schritt relativ zu einer möglichen Welt ein Wahrheitswert zuzuordnen ist. Putnam (1975) hat auch auf die »versteckte Indexikalität« von Substanzwörtern wie »Wasser« hingewiesen. Für die weitverzweigten semantischen Details in diesem Zusammenhang vgl. etwa den Überblick bei Zimmermann (1991) sowie die Weiterentwicklung der Theorie bei Haas-Spohn (1995). (2) Insbsondere H.-N. Castañeda und J. Perry haben in den sechziger bzw. siebziger Jahren mit großer Resonanz dafür argumentiert, daß indexikalische Ausdrücke insofern zu *wesentlichen* Bestandteilen unserer Sprache gehören, als sie zur Kundgabe ↗propositionaler Einstellungen dienen können, die irreduzibel indexikalisch sind. So ist es beispielsweise stets denkbar, daß ein Subjekt *a* etwas glaubt, was es auf eine Nachfrage hin mit einem Satz der Form »Ich habe die Eigenschaft *F*« kundgeben würde, ohne daß es glaubt: »*a* hat die Eigenschaft *F*«, wenn *a* für einen Namen oder eine Beschreibung dieses Subjekts steht. Kontrovers ist hingegen, ob man aufgrund dieses Phänomens auch indexikalische Propositionen oder Gedanken als Inhalte solcher propositionaler Einstellungen fordern sollte. Im Rahmen der Kaplanschen Theorie der direkten Referenz von Indikatoren z. B. ergibt sich diese Konsequenz nicht. **Lit.:** H.-N. Castañeda: Indicators: The Semiotics of Experience. In: K. Jacobi/H. Pape (Hg.): Thinking and the Structure of the World; dt. Das Denken und die Struktur der Welt. Berlin/New York 1990. S. 57–93. – U. Haas-Spohn: Versteckte Indexikalität und subjektive Bedeutung. Berlin 1995. – D. Kaplan: Demonstratives. In: J. Almog u. a. (Hg.): Themes from Kaplan. Oxford/New York 1989. S. 481–563. – J. Perry: The Problem of the Essential Indexical. Nous 13 (1979). S. 3–21. – H. Putnam: The Meaning of Meaning. In: Ders.: Philosophical Papers. Vol. 2: Mind, Language and Reality. Cambridge/Mass. 1975. – R. Stalnaker: Indexical Belief. Synthese 49 (1981). – E. Zimmermann: Kontexttheorie. In: A. v. Stechow/D. Wunderlich (Hg.): Semantik. Berlin 1991. – P. Yourgrau (Hg.): Demonstratives. Oxford 1990. CJ

**Indifferenz,** (1) Ununterschiedenheit. Der Begriff der I. ersetzt in argumentativer Hinsicht den Begriff der Einheit. Meister Eckharts Philosophie zeigt durch den Begriff des radikal Ununterschiedenen, daß die absolute Einheit selbst durch radikale Unterschiedenheit nicht destruiert werden kann. Daran anschließend entwickelt Nikolaus von Kues mit dem verwandten Begriff des Nicht-Anderen eine sich selbst definierende Definition, denn das Nicht-Andere ist nichts anderes als das Nicht-Andere. Für Schelling ist die Vernunft die I. des Subjektiven und Objektiven. Diese bloß formale Erklärung findet seine positive Transformation in der Aussage, daß die absolute Identität alles und alles, was ist, in der absoluten Identität sei. – (2) Gleichgültigkeit. Unter moralischer I. versteht man das Fehlen eines moralischen Entscheidungskriteriums oder eine unentschiedene emotionale Situation. CHA

**Indikator** ↗Indexikalität

**Indiscernibilien,** ununterscheidbare Dinge, die absolut gleich sind. Der Begriff geht auf Leibniz zurück, der das Principium identitatis indiscernibilium (Prinzip der Identität des Ununterscheidbaren) so formuliert hat: »Es gibt in der Natur niemals zwei Wesen, von welchen das eine vollkommen so ist wie das andere, und wo es nicht möglich wäre, einen inneren oder einen auf eine innere Bestimmung gegründeten Unterschied aufzufinden« (*Monadologie*, § 9). Hiernach kann es nicht zwei Dinge geben, die nicht irgendeine Unähnlichkeit aufweisen. Aufgrund dieses Prinzips lehnt Leibniz u. a. die Lehre von der ↗tabula rasa und den Atomen ab. Dieses Prinzip begründet auch, warum Gott keinen zweiten Gott schaffen konnte, sondern immer nur etwas, das weniger ist als er; was gleichzeitig auch den Grund des malum metaphysicum darstellt. **Lit.:** M. Otte: Kontinuitätsprinzip und Prinzip der Identität des Ununterscheidbaren. In: Studia Leibnitiana 25 (1993). S. 70–89. – H. Radermacher: Das principium identitatis indiscernibilium des Leibniz. In: Perspektiven der Philosophie 3 (1978). S. 225–250. WS

**Individualontologie.** Als Grundsatz des ↗Nominalismus bedeutet eine radikale I., daß nur singulare Entitäten angenommen werden (sollen). Die Ablehnung unnötiger abstrakter Entitäten bedeutet eine Vereinfachung der Ontologie: nämlich einerseits Beschränkung auf die wahrnehmbaren singulären Gegenstände, andererseits die Annahme einer Vielzahl individueller Entitäten. ↗Haecceitas, ↗Ökonomieprinzip. PP

**Individuation,** Verfahren, mit dessen Hilfe etwas in einem Gegenstandsbereich als Individuum konstituiert oder aufgefaßt wird. Das Individuationsprinzip hat anzugeben, mit welchen Mitteln eine Gliederung eines Gegenstandsbereich in einzelne identifizierbare Einheiten möglich ist. In der Tradition der Philosophie finden sich dazu unterschiedliche Auffassungen: In Demokrits Lehre vom Atomismus ist das kleinste, sinnlich nicht wahrnehmbare Element gemeint; Aristoteles begründet seine Feststellung, daß das Individuelle ontologische Priorität habe vor dem Allgemeinen, mit dem Hinweis, daß das konkrete Einzelwesen durch bestimmte Form und Stoff konstituiert und insofern ein Selbständiges (tode ti) sei. Plotin vertritt demgegenüber die These, daß das Allgemeine (d.i. die Gattung und Art) dem Individuellen (das letztlich nicht erkennbar ist) ontologisch vorgeordnet ist. Für das MA. kann die von Albertus Magnus und Thomas von Aquin vertretene Auffassung als repräsentativ angeführt werden, wonach die Materie das Prinzip der I. darstellt. Denn die materia prima gilt als Ursache für die Vervielfachung einer Form (bspw. des Menschen in viele Einzelmenschen). In der Konsequenz dieser Auffassung liegt die Annahme, daß Individuen nur durch die hinweisende Geste (Deixis) aufgezeigt werden können, ohne damit begrifflich hinreichend bestimmt werden zu können. Die für den Nominalismus repräsentative Annahme, daß jeder Gegenstandsbereich in Individuen gegliedert sei, wird von Ockham vertreten. Der einfache Eigenname (d.i. singuläre Ausdruck) stellt die dazu geeignete sprachliche Kennzeichnung der Individuen dar. Im Zuge des Empirismus werden räumliche und zeitliche Bestimmung als die wesentlichen Momente der I. angesehen. In der gegenwärtigen sprachanalytischen Diskussion führt Strawson die ↗sortalen Ausdrücke an, die die Kriterien des Identifizierens und Unterscheidens an die Hand geben. PP

**Individuenname, -konstante, -variable, -bereich.** In der formalen Logik wird unter einem Individuum ein Einzelgegenstand verstanden, also ein ganz bestimmtes Ding, das zwar seinerseits zusammengesetzt sein kann aus Teilen, die aber nicht thematisch sind, z.B. bilden solche Ausdrücke wie »die Stadt Berlin«, »der Kölner Dom«, »der Kaiser von China« In.n. Eine Ik. stellt ein Zeichen für einen ganz bestimmten Gegenstand dar, das in dem jeweiligen Zusammenhang diese Bedeutung (d.i. diesen Gegenstandsbezug) beibehält; Ik.n werden in folgender Schreibweise ausgedrückt: a,b,c,d,.., $a_1$, $a_2$, $\ldots a_n$. Eine Iv. ist in einer Aussageform eine angedeutete Leerstelle, die durch eine entsprechende Ik. ausgefüllt werden kann (wodurch die ↗Aussageform zu einer Aussage wird). Durch eine Formel mit einer Leerstelle wird ausgedrückt, daß diese nicht nur für einen bestimmten Gegenstand (d.i. Individuum) gelten soll, sondern noch für andere der gleichen Bedeutungskategorie. Die Iv. zeigt an, daß an ihrer Stelle eine Ik. eingesetzt werden kann. Iv.n werden in folgender Schreibweise ausgedrückt: x,y,z, $x_1$,$x_2$, $\ldots x_n$. PP

**Individuum, Individualität.** Die Bedeutung des Begriffs läßt sich nach vier möglichen Gebrauchskontexten bestimmen: (1) in bezug auf ontologische Bestimmung, (2) in bezug auf die Logik, (3) in bezug auf die Definitionslehre und die Klassifikation, (4) in bezug auf die konkrete Person und ihr Verständnis von sich selbst. In der formalen Logik stellt das I. ein Objekt der Grundstufe dar, das entweder durch eine Individuenkonstante oder Individuenvariable ausgedrückt wird. Bei Klassifikationen oder in Definitionen bedeutet I. das Einzelexemplar einer Gattung. In ontologischer Hinsicht wird I. dadurch bestimmt, daß es ein unteilbares Ganzes darstellt. Aus der aristotelischen Bestimmung des I.s als einer ersten Substanz bzw. eines einzelnen als eines Ganzen (durch Form und Materie gebildet), entwickeln sich im Verlauf der weiteren Diskussion zwei grundlegende Komponenten des I.-Begriffs: (a) das I. als sinnlich-anschaulich Unmittelbares und (b) die rein begrifflich bestimmte unterste Art (i.S. des Individualbegriffs) oder das ontologisch Fundamentale. Leibniz nimmt diesen Gedanken von Aristoteles auf und versucht zu zeigen, daß wir durch zahlreiche Spezifikationen von Allgemeinbegriffen (z.B. von Lebewesen zu Mensch zu Frau zu Philosophin usw.) schließlich zu einem I. gelangen. Kant wendet gegen ein solches Verfahren ein, daß wir dazu sämtliche Eigenschaften kennen müßten, die einem möglichen Gegenstand in jeder möglichen Welt in allen möglichen Relationen zukommen. In bezug auf die konkrete Person bezeichnet der Begriff in subjektiver Hinsicht ein Bewußtsein von seiner Eigenheit oder Einmaligkeit, sich als I. wissen, in objektiver Hinsicht die erkennbare Besonderheit, d.h. etwas als I. (in Abgrenzung zu anderen) zu erkennen. – In der Tradition der Philosophie lassen sich verschiedene Positionen ausmachen, die die It. in besonderer Weise betonen. Schleiermacher betrachtet das I. im Hinblick auf die individuelle Gestaltung eines Allgemeinen. Das Allgemeine (wie z.B. die Sprache) ist der Grund für jede It. Humboldt betont in bezug auf das I. das Moment der Eigentümlichkeit, die Voraussetzung ist für die Mannigfaltigkeit der Weisen, wie sich die Menschheit in den verschiedenen It.en spiegelt. Jedes I. bringt eine neue eigentümliche Gestalt hervor, durch die es den Begriff der Menschheit bereichert. Die emphatische Stellungnahme Nietzsches für das I. führt ihn zu der Forderung, das I. solle die Bande, die es mit einem Allgemeinen verbindet, abschütteln. **Lit.:** Aristoteles: Kategorien. – T. Borsche: Individuum, Individualität. In: HWPh. – W. v. Humboldt: Über die Verschiedenheit des menschlichen Sprachbaues und ihren Einfluß auf die geistige Entwicklung des Menschengeschlechts. In: Schriften zur Sprachphilosophie. Werke Bd. III. Darmstadt [6]1988. – F. Nietzsche: Der Wille zur Macht. München 1926. ↗Haecceitas, ↗Identifizierung. PP

**Induktion,** stellt eine Methode dar, die es erlaubt, von beobachteten Einzelfällen zu allgemeinen Gesetzen aufzusteigen, d.h. ein Freilegen des Allgemeinen im Besonderen (Aristoteles). In der modernen Wissenschaftstheorie stellt I. eine Form von Schlüssen dar, in der aus einer Anzahl singulärer Aussagen über einen Gegenstandsbereich (↗Prämissen) eine allgemeine Aussage desselben Gegenstandsbereichs (↗Konklusion) abgeleitet wird, ohne daß die Folgerung sich logisch notwendig ergäbe (wie es bei der ↗Deduktion der Fall ist). (1) Von einer unvollständigen I. spricht man, wenn die induktiv gewonnene Konklusion über die Prämissen hinausgeht: (a) Wenn für alle Elemente einer Teilmenge eine bestimmte Eigenschaft als zutreffend festgestellt wird, dann wird daraus geschlossen, daß diese Eigenschaft für alle Elemente der Gesamtmenge ebenfalls zutrifft (induktive Verallgemeinerung); (b) wenn sämtliche beobachteten Phänomene einer gegebenen Art eine bestimmte Eigenschaft haben, dann wird daraus geschlossen, daß alle, d.h. auch die noch nicht beobachteten Phänomene dieser Art, diese Eigenschaft haben (voraussagende I.), z.B. aus den bisherigen Beobachtungen von Schwänen wird geschlossen, daß über den Kreis der beobachteten hinaus alle Schwäne weiß sind. (2)Die eliminative I., die sich an Mills Methode der Übereinstimmung und des Unterschieds anlehnt, legt das Augenmerk darauf, welche Eigenschaften in den Prämissen genannt werden, in der Konklusion aber nicht mehr. Dies ermöglicht das Ausscheiden unhaltbarer Prämissen bzw. den Nachweis der wahrscheinlichen Gültigkeit einer Prämisse (z.B. die Faktoren, die bei Körpermißbildungen von Neugeborenen immer genannt werden können, im Gegensatz zu anderen bloß zufälligen Faktoren, die bestenfalls nur für den Einzelfall von Belang sind). Die eliminative I. dient eher einer systematischen Ermittlung der richtigen Prämissen für die Allaussagen. – Die I. wird als eine Methode, um wissenschaftliche Hypothesen zu entdecken oder Hypothesen zu überprüfen, verstanden (↗Induktivismus). Als Entdeckungsmethode ist sie nicht unumstritten, da theoretische Sätze auch nichtbeobachtbare Aussagenelemente enthalten. Die Rechtfertigung der Geltung von induktiven Schlüssen führt zu Schwierigkeiten, die als ↗Induktionsproblem thematisiert werden. **Lit.:** W. K. Essler: Induktive Logik. Freiburg/München 1970. – J. St. Mill: System der deduktiven und induktiven Logik I-III. In: Gesammelte Werke. Aalen 1968. – N. Rescher: Induktion. Zur Rechtfertigung des induktiven Schließens. München/Wien 1987. – W. Stegmüller: Das Problem der Induktion. In: H. Lenk (Hg.): Neue Aspekte der Wissenschaftstheorie. Braunschweig 1971. S. 13–74. PP

**Induktionsproblem.** Der ↗Induktivismus als wissenschaftstheoretische Position geht von der Erfahrung als Grundlage jeder Erkenntnis aus. Dabei stellt der induktive Schluß eine Verallgemeinerung von Beobachtungsaussagen über den Bereich des Beobachteten hinaus auf die Gesamtmenge dieses empirischen Phänomens dar. Infrage steht dabei, ob und wann induktive Schlüsse berechtigt sind, d. h. wann von besonderen, durch Beobachtungen gestützten Sätzen auf allgemeine Sätze geschlossen werden kann. Das Rechtfertigungsproblem bezieht sich auf die Frage, von welcher Art die Argumente sind, die vom Beobachteten zum Nichtbeobachteten führen. Diese Frage stellt sich, da erstens der Gehalt der Aussagen, in denen wir unser angebliches Wissen über Nichtbeobachtetes mitteilen, nicht im Gehalt unseres Beobachtungswissens eingeschlossen ist, und da zweitens die Argumente nicht aus einer logischen Folgebeziehung gewonnen werden können; denn in einer logischen Folgerungsbeziehung darf der Gehalt der Konklusion nicht über den der Prämissen hinausgehen (d. h. kein ↗Erweiterungsurteil). Dadurch stellt sich als Problem, auf welche Weise für den induktiven Schluß (als Erweiterungsschluß) der wahrheitskonservierende Charakter (wie er für die logische Folgebeziehung gilt) sichergestellt und begründet werden kann. Das I. entsteht dadurch, daß die Zuverlässigkeit und Geltung des Induktionsprinzips nicht seinerseits wieder durch Erfahrung (d.i. induktiv aus einzelnen Beobachtungssätzen) begründet werden kann. Popper hat nachgewiesen, daß jeder derartige Begründungsversuch zirkulär ist, da in der Begründung die Geltung des zu begründenden Induktionsprinzips bereits vorausgesetzt ist. **Lit.:** ↗Induktivismus. PP

**Induktionsschluß.** Ein I. liegt vor, wenn aus einer Anzahl singulärer Aussagen über beobachtete Einzelfälle eine allgemeine Aussage über denselben Gegenstandsbereich abgeleitet wird. Spezifisch für den I. ist, (a) daß der Gehalt der Konklusion über den Gehalt der Prämissen (d.i. der beobachteten Einzelfälle) hinausgeht, und (b) daß die Konklusion nicht mit derselben Sicherheit behauptet werden kann, mit der die Prämissen gelten. Carnap (*Induktive Logik und Wahrscheinlichkeit*) faßt die I.e nach fünf Haupttypen zusammen: (1) der direkte Schluß: von einer Grundgesamtheit auf eine Stichprobe (d.i. einer endlichen Klasse von Einzelfällen) dieser Gesamtheit, (2) der Voraussageschluß: von einem Fall auf einen (in der Zukunft liegenden) anderen Fall, (3) der Analogieschluß: von einem Individuum auf ein anderes aufgrund einer bekannten Ähnlichkeit zwischen beiden, (4) der inverse Schluß: von einer Stichprobe auf die Gesamtheit, (5) der Allschluß: von einer Stichprobe auf eine Hypothese vom Charakter eines Allsatzes. ↗Induktion, ↗Wahrscheinlichkeit. **Lit.:** R. Carnap: Logical Foundation of Probability. Chicago [2]1962. – Ders.: Einführung in die Philosophie der Naturwissenschaften. Frankfurt/Berlin 1986. S. 28 ff. – R. Carnap/W. Stegmüller: Induktive Logik und Wahrscheinlichkeit. Wien 1959. – W. Stegmüller: Hauptströmungen der Gegenwartsphilosophie. Stuttgart [4]1969. S. 467 ff. PP

**Induktivismus,** wissenschaftstheoretische Position, nach deren Auffassung Beobachtungsaussagen die Grundlage jeder Erkenntnis darstellen. Beobachtungsaussagen (bzw. Erlebnisaussagen) stehen am Anfang eines jeden Erkenntnisprozesses, durch einen Induktionsschluß werden aus diesen Einzelaussagen allgemeine Sätze oder Hypothesen gewonnen. Die induktive Verallgemeinerung ist ein Schluß von einer Teilmenge auf eine Gesamtmenge. Dabei sagen die Prämissen (d. h. die Sätze über beobachtete Fälle) aus, daß für alle Elemente einer Teilmenge eine gewisse Eigenschaft zutrifft, und die Konklusion, daß diese Eigenschaft für alle Elemente in der Gesamtmenge zutrifft. Die Konklusion ist eine allgemeine Hypothese über unendlich viele Elemente einer Gesamtmenge. Dem I. liegt als Annahme die Gleichförmigkeit der Natur zugrunde. Diese Gleichförmigkeit läßt die Erwartung zu, daß beobachtete Phänomene sich auch zukünftig so ereignen werden wie bisher. Problematisch wird diese Position dadurch, daß die Zuverlässigkeit und Geltung des Induktionsprinzips nicht seinerseits durch Erfahrung (d.i. induktiv) begründet werden kann. Eine derartige Begründung ist zirkulär, da jeder induktive Begründungsversuch des Induktionsprinzips bereits von dessen Geltung ausgeht. Hume und Popper bezweifeln die Möglichkeit, durch induktive Verallgemeinerung die Wahrheit wissenschaftlicher Hypothesen begründen zu können. **Lit.:** W. K. Essler: Induktive Logik. Freiburg/München 1970. – J. St. Mill: System der deduktiven und induktiven Logik I-III. In: Gesammelte Werke. Aalen 1968. – K. Popper: Logik der Forschung. Tübingen [7]1982. – Ders.: Die beiden Grundprobleme der Erkenntnistheorie. Tübingen 1979. – N. Rescher: Induktion. Zur Rechtfertigung des induktiven Schließens. München/Wien 1987. – W. Stegmüller: Das Problem der Induktion. In: H. Lenk (Hg.): Neue Aspekte der Wissenschaftstheorie. Braunschweig 1971. S. 13–74. PP

**Inferenz(theorie),** Bezeichnung für die Übertragung von Merkmalen einer Teilmenge auf die unbekannte Gesamtmenge. Eine Theorie des induktiven Schließens auf der Grundlage empirischer Beobachtung durch einen Schluß (Konfidenzschluß) von Stichprobeinformationen auf einen unbekannten Parameter der Grundgesamtheit mit Hilfe von Konfidenzintervallen. PP

**Information,** in der ↗Informationstheorie der Wert, der dem Zustand eines Mechanismus zukommt, wenn er unter anderen möglichen Zuständen eintritt. Die I. wird hiermit als mathematische Größe bestimmt. Als solche darf sie nicht mit dem semantischen Begriff der I. als ↗Gehalt eines Zustandes verwechselt werden. Der semantische Begriff von I. wurde zuerst von Carnap und Bar-Hillel als die Klasse aller Aussagen, die von einer Aussage logisch impliziert werden, definiert. Anders wurde die I. von Dretske definiert: Ein Zustand *e* trägt die I., *s* ist *F*, wenn die bedingte Wahrscheinlichkeit, daß *s F* ist, gegeben *e*, gleich 1 ist. Hier werden *F* als Zustand des Senders *s* und *e* als Zustand eines beliebigen Empfängers betrachtet. Ist die oben genannte Bedingung erfüllt, so repräsentiert *e* die Tatsache, daß *s F* ist. **Lit.:** Y. Bar-Hillel: Language and Information. Reading (MA) 1964. – R. Cummins: Meaning and Mental Representation. Cambridge (MA) 1989. – F. Dretske: Knowledge and the Flow of Information. Cambridge (MA) 1981. GSO

**Informationstheorie,** zuerst von Shannon und Weaver als mathematische Theorie der Kommunikation in geschlossener Form dargestellt. Sie dient zur quantitativen Berechnung der Information, die von einem Zustand oder Ereignis getragen wird. Es ist notwendig, zwischen erzeugter und übertragener Information zu unterscheiden. Tritt in einem System einer von *n* gleich wahrscheinlichen Zuständen ein, so ist der Wert der Information, die vom eingetretenen Zustand *s* erzeugt wird, durch die Formel $I(s)=\log_2(n)$ bestimmt. Gibt es beispielsweise 8 mögliche gleich wahrscheinliche Zustände, so hat die von *s* erzeugte Information den Wert 3. Bei unterschiedlichen Wahrscheinlichkeiten erhält der unwahrscheinlichste Zustand den größten Wert. Zur Veranschaulichung kann man sich einen achtseitigen Würfel vorstellen. Der Zustand des Würfels nach einem regulären Wurf erzeugt eine Information mit Wert 3. Die Anwendung der genannten Formel läßt sich durch die Tatsache rechtfertigen, daß die 8 möglichen Zustände dreimal in zwei Gruppen gegliedert werden müssen, bevor man den Endzustand erreicht. Es handelt sich also um 3 Binärentscheidungen. Aus diesem Grund wird die Information in *bits* berechnet (*bit* = Abkürzung des eng. *binary digit*, binäre Zahl). – Wird die von *s* erzeugte Information auf einen Zustand *e* übertragen, so gilt bei optimaler Übertragung: $I(e)=I(s)$. Geht hingegen bei der Übertragung Information verloren, so gilt: $I(e)<I(s)$. Ein solcher Informationsverlust findet statt, wenn bei der Übertragung eine Störung stattfindet, oder wenn der empfangende Mechanismus über weniger mögliche Zustände verfügt als der Sender. – Die I. gilt als theoretische Grundlage der ↗Kybernetik. **Lit.:** C.E. Shannon/W. Weaver: The Mathematical Theory of Communication. Urbana 1949. GSO

**Ingenium** (lat. natürliches Talent, Charakter), im allgemeinen die Begabung und die Naturanlage des einzelnen. Im Rahmen der antiken Rhetorik steht das I. als Grundvoraussetzung der Rednerausbildung neben der Kunstfertigkeit (ars), dem Fleiß (studium), der Übung (exercitatio) und Nachahmung (imitatio), wird aber als die wichtigste Voraussetzung betrachtet, weil es nicht nachträglich erworben werden kann. Aufgabe des I. ist die originelle, scharfsinnige Auffindung (inventio) von Stoff und Form im Gegensatz zur Beurteilung (iudicium) des Angemessenen (aptum). Ein Überwiegen des I. führt zum Problem des Manierismus, ein Überwiegen des iudicium zum Klassizismus. In der Poetik- und Ästhetikgeschichte wird das I. mit »Ingenio«, »Esprit«, »Genie« oder »Witz« übersetzt und wird auf diese Weise zum Zentralbegriff der Genieästhetik. Die verbreitete Verbindung des I. mit dem Affekt der Melancholie geht auf die pseudo-aristotelischen *Problemata* zurück. **Lit.:** J. Engels: Art. Ingenium. In: Historisches Wörterbuch der Rhetorik. Bd. 4. – W. Hempel: Zur Geschichte von spiritus, mens und ingenium in den romanischen Sprachen. In: Romanistisches Jb. 16 (1965). S. 21–33. – J. Schmidt: Die Geschichte des Geniegedankens in der deutschen Literatur, Philosophie und Politik 1750–1945. 2 Bde. Darmstadt [2]1988. GN

**Inhärenz, inhärent** (lat. inhaerere, an etw. haften), bezeichnet in der Logik des MA. (bei P. Abaelard, J. Duns Scotus) die Beziehung zwischen ↗Akzidens und ↗Substanz in einer wahren elementaren Aussage. So wird z.B. in dem Satz »Sokrates ist weise« durch die Beziehung der I. die Eigenschaft der Weisheit als ein Bestandteil des Menschen Sokrates zum Ausdruck gebracht. Die konverse Beziehung ist diejenige der ↗Subsistenz. **Lit.:** J. Pinborg: Logik und Semantik im Mittelalter. Stuttgart-Bad Cannstatt 1972. JH

**Inkarnierter Sinn,** betrifft im Gegensatz zur Idealität von Gedachtem die originäre, vorprädikative Entstehung einer Intelligibilität in leibhaftiger Erfahrung. In der Phänomenologie Merleau-Pontys wird dieser Sinn auf eine Selbstorganisation der Erfahrung (durch »structures effectives« der Wahrnehmung und des Verhaltens) zurückgeführt, die weder einer sich als »signification idéelle« artikulierenden intellektuellen Leistung des Bedeutens noch einer realen Strukturierung zuzuschreiben sein soll. **Lit.:** X. Tilliette/A. Métraux: Merleau-Ponty: Das Problem des Sinnes. In: J. Speck (Hg.): Grundprobleme der großen Philosophen. Philosophie der Gegenwart Bd. II. Göttingen 1973. S. 181–229. BL

**Inklination** (lat. inclinatio, sprachverwandt mit griech. klima), im Wortsinne »Neigung«, sowohl das Sich-Neigen als auch die Krümmung selbst bezeichnend, im besonderen die »Neigung« der Erdkugel vom Äquator zu den Polen hin (woraus die Einteilung in

Klimazonen abgeleitet ist). Auf den Menschen bezogen ist I. Hinwendung zu etwas; sie kann als von den Gestirnen oder von Gott ausgelöste I. spezifiziert werden, kann aber auch freie Zuwendung bedeuten, die zwischen bewußter Willensentscheidung und irrationaler Leidenschaft liegt. KHG

**Inklusion,** Bezeichnung für die Beziehung des Enthaltenseins einer Menge A in einer Menge B, z. B.: Bussarde sind Greifvögel. PP

**Inkommensurabilität.** In bezug auf den wissenschaftlichen Fortschritt bzw. die Entwicklung wissenschaftlicher Theorien treten Kuhn und Feyerabend mit ihrer These der I. der Vorstellung entgegen, daß eine solche Entwicklung als kumulativer Prozeß zu verstehen sei. Vielmehr vollzieht sich eine solche Entwicklung durch den Wechsel von Paradigmen, die miteinander unvergleichbar, also inkommensurabel sind. Dies wird nur dadurch verschleiert, daß die neue Theorie die gleichen Ausdrücke hat wie die verdrängte, so bedeuten z. B. die Begriffe des Raumes, der Zeit, der Masse, der Energie in der Newtonschen Mechanik etwas anderes als in der relativistischen Mechanik. Die These, daß es sich bei der verdrängten Theorie um einen Grenzfall der neuen handeln würde, ist dann nicht mehr haltbar. Die Verdrängung einer Theorie durch eine mit ihr inkommensurable neue Theorie ist das Wesensmerkmal einer wissenschaftlichen Revolution. **Lit.:** P. K. Feyerabend: Der wissenschaftliche Realismus und der philosophische Realismus. In: Ders.: Probleme des Empirismus. Braunschweig 1981. S. 28 ff. – Th. S. Kuhn: Die Struktur wissenschaftlicher Revolutionen. Frankfurt 1973. – W. Stegmüller: Theoriendynamik und logisches Verständnis. In: Ders.: Neue Wege der Wissenschaftsphilosophie. Berlin/Heidelberg/New York 1980. S. 27 ff. PP

**Innerlichkeit,** allgemein alle dem Subjekt innewohnenden Bewußtseinsvorgänge und Emotionen im Unterschied zu dem außer ihm Bestehenden. Für Augustinus führt der Weg zur Gewißheit nach Innen: »Gehe nicht nach draußen, kehre in dich selbst ein; im inneren Menschen wohnt die Wahrheit« (*De vera religione*). Die nach Innen führende Wahrheitssuche stellt zugleich einen Aufstieg zu Gott dar: von der sinnlichen Außenwelt (foris) zur Innenwelt des menschlichen Geistes (intus) und schließlich zum Innersten (intimus), zu Gott als dem Urgrund der Wahrheit. – In der dt. Mystik meint I. das Gesammeltsein in sich, in dem sich der Mensch von den Äußerlichkeiten löst und Gott öffnet. Der »Rückzug in die Innerlichkeit« bedeutet zumeist die Ablehnung äußerer Autoritäten, religiös die reformatorische Ablehnung der Mittlerfunktion der Kirche und die Betonung des persönlich verantwortlichen Verhältnisses zu Gott, politisch die Bewahrung der inneren Freiheit (des Denkens, Glaubens, Gewissens) bei verwehrten Rechten oder politischen Mitsprachemöglichkeiten. Hegel sieht die Aufgabe in der Vermittlung von Innerem und Äußerem, von Subjektivität und Allgemeinem, ohne die die I. bloße selbstgenießerische Sentimentalität oder ein »Verhausen« der Subjektivität in sich ist. Dagegen betont Kierkegaard, daß die Wahrheit des Christentums nur in leidenschaftlicher I. angeeignet werden kann. Die Bemühungen, das Christentum objektiv als wahr zu erweisen – mit Hilfe der historischen Forschung und Bibelkritik oder innerhalb der spekulativen Philosophie – weist Kierkegaard als für den Glaubenden belanglos zurück. Das christliche Paradox, daß Gott Mensch geworden ist, das vom Verstand nicht eingeholt werden kann, verweist gerade darauf, daß die Wahrheit nur durch die subjektive Vertiefung in die I., bei Festhalten der objektiven Ungewißheit, erfahren werden kann. Zeichen für das Religiöse ist das Leiden, weil im Fortschreiten der I. die Unmittelbarkeit im Verhältnis zur äußeren Wirklichkeit abstirbt, an deren Endlichkeit der Mensch doch gebunden bleibt. – I. kann auch als Eigenschaft von Kunstwerken verstanden werden, insofern in ihnen die Subjektivität vorherrschend ist. **Lit.:** U. Christoffel: Deutsche Innerlichkeit. München 1940. – W. Kohlschmidt: Form und Innerlichkeit. Bern 1955. FPB

**Innovation,** allgemein Neuerung, spezieller die Einführung von Erfundenem. Während der Ausdruck im Frz. bereits seit dem MA., im Engl. seit Shakespeare und im Dt. Ende des 18. Jh. in den allgemeinen Sprachgebrauch übergeht, wird der Terminus erst mit der Ausprägung der Sozialwissenschaften eher fachspezifisch gebraucht. Als Philosoph hat Francis Bacon zuerst eine kleine Schrift über die I. verfaßt. In der Encyclopédie von d'Alembert und Diderot ist der I. zwar ein eigenes Stichwort gewidmet, aber ohne einen spezifisch philosophischen Sinn. In den modernen sozial- und wirtschaftswissenschaftlichen Untersuchungen wird die I. meist als volkswirtschaftliche Größe etwa im Sinne eines zusätzlichen Produktionsfaktors abgehandelt. MFM

**Inspiration,** bezeichnet eine übernatürliche Eingebung, oft in Verbindung mit emotionaler Erregung bis hin zur Ekstase. In mythischem oder religösem Verständnis handelt es sich bei der I. um eine Mitteilung göttlichen Wissens sowohl über spekulative Tatsachen wie über vergangene oder bevorstehende historische Ereignisse; mit dieser Offenbarung kann auch eine Steigerung der Ausdruckskraft des Inspirierten einhergehen. Während in der Vorstellung einer Real-I. bloß ein sachlicher Gehalt als vermittelt gedacht wird, sieht die Auffassung von der Verbal-I. sogar den genauen Wortlaut vorgegeben. Da I. ein sonst unzugängliches Wissen zu erschließen scheint, das auch noch als in besonderer Weise beglaubigt gilt, ist sie immer wieder Gegenstand der Stimulation oder der Inszenierung gewesen. Daneben kann I. aber auch Metapher unwillkürlicher, insbesondere künstlerischer Einfälle sein, die ganz verschiedenen erklärt werden: eine linguistische Auffassung führt das Erlebnis der I. auf den Einfluß der Sprache zurück, die durch ihre strukturellen Vorgaben den Sprecher inhaltlich lenkt. **Lit.:** E. Barmeyer: Die Musen. München 1968. – G. Heintz: Sprachliche Struktur und dichterische Einbildungskraft. München 1978. – K. Rahner: Über die Schriftinspiration. Freiburg 1958. BKO

**Instinkt,** bezeichnet phänotypisches Verhalten mit einem festen erblichen Rahmen, dessen Verwirklichung von der Assimilation von Umweltelementen abhängig ist. Durch bestimmte Impulse werden arterhaltende Bewegungen ausgelöst. Bei I.en spielen die kognitiven Fähigkeiten eine untergeordnete Rolle, jedoch ist gegen die Meinung der philosophischen Anthropologie kein Gegensatz zu den Vernunftstrukturen vorhanden. Vielmehr beinhalten die I.e als »Logik der Organe« (J. Piaget) die Grundstrukturen der operatorischen Logik, welche z.T. durch Rekonstruktion aus den I.-Strukturen entstehen, weshalb es hier funktionelle Analogien gibt. Entgegen der Auffassung von K. Lorenz passen sich I.-Schemata durch Erfahrung und Umwandlung in höhere Strukturen der Umwelt an. I.e werden durch Schlüsselreize und angeborene Auslösemechanismen in Aktion gerufen, wobei mehrere zu einer I.-Kette verknüpft sein können. Nach A. Gehlen verliert der Mensch durch seine »Instinktreduktion« die natürliche Angepaßtheit und Sicherheit und gewinnt differenzierende Distanz zur Umwelt in Form von Kultur. **Lit.:** A. Gehlen: Der Mensch. Berlin 1940. – J. Piaget: Biologie und Erkenntnis. Frankfurt 1992. S. 229–250. JSC

**Institution,** (1) vielschichtiger sozialwissenschaftlicher Begriff, mit dem alle auf Dauer gestellten, der direkten Disposition durch einzelne entzogenen Organisationsformen einer Gesellschaft bezeichnet werden. I.en geben Verhaltens-, Handlungs- und Denkmuster vor, die auf die Individuen einen rechtlich, moralisch oder religiös sanktionierten Druck ausüben. Malinowski erklärt die Entstehung von I.en aus der durch sie ermöglichten und dauerhaft gesicherten Bedürfnisbefriedigung. Da befriedigten Bedürfnissen stets neue nachwachsen, wandeln und differenzieren sich I.en im Laufe der Kulturentwicklung. Gehlen bestimmt I.en als auf Dauer gestellte, gemeinsame Reaktionen von Seiten aller Mitglieder einer Gemeinschaft auf eine bestimmte Situation. Konkret umfaßt der Begriff im Grunde das ganze Feld menschlicher Leistungen, die im Zusammenspiel von instrumentellem und ideenschaffendem Verhalten hervorgebracht werden: vom Werkzeuggebrauch über gesellschaftlich-politische Gebilde bis zu Ausdrucksformen in der Kunst und Sprache. Wesentlich ist den I.en ihre stabilisierende und entlastende Funktion, da sie dem einzelnen sowohl Sinngebungsmuster, als auch den Rahmen von Handlungsmöglichkeiten vorgeben. Gehlen ist der Ansicht, daß eine Gesellschaft chaotisch wäre, »in der die konstitutionelle Plastizität der menschlichen Antriebe, die Variabilität der Handlungen und die Unerschöpflichkeit der Dinganscichten zur Geltung kämen« (*Urmensch und Spätkultur*, S. 21). I.en müssen daher eine übersubjektive Eigenständigkeit haben, an der der einzelne teilhat, sie stellen gleichsam den Kristallisationspunkt eines gemeinsamen Selbstbewußtseins dar. Ihre Funktion erfordert eine räumlich-zeitliche Konstanz und ein verstehendes und lernendes Einfügen des Individuums in ihre übergreifende Existenz. FPB

(2) In einem handlungstheoretischen Sinne gründet sich jede I. auf ein von vielen Menschen praktiziertes, ziemlich regelmäßiges Verhalten. Die durch zwischenmenschliche Beziehungen vermittelten Verhaltensmuster stellen ein System von Handlungsprinzipien oder -regeln dar. In Gestalt solcher Handlungsregeln fungieren sie als I.en, die den Rahmen von Handlungsweisen abstecken, zur Richtschnur eigenen Handelns werden können und deren Übertretung verurteilt wird. Am Bsp. der I. des Verspechens wird deutlich, daß sich die I. zum einen aufgrund der gewöhnlich herrschenden Lebensverhältnisse bildet, zum andern einen allgemeinen gesellschaftlichen Erwartungshorizont derart darstellt, daß die Einhaltung und Erfüllung des Versprechens gefordert, dessen Nichteinhaltung mißbilligt wird. Grundlegend für solche I.en sind nicht in erster Linie abstrakte normative Regeln und Verhaltensvorschriften, sondern eine Vielfalt von Einstellungen im Denken, Handeln und Fühlen: Das Verflochtensein in eine I. bedeutet, daß man die für sie charakteristischen Begriffe verwendet, ihre Regeln gutheißt oder sich auf sie beruft und in jener spezifischen Weise denkt, die dazu beiträgt, die I. aufrechtzuerhalten. [PP] **Lit.:** A. Gehlen: Urmensch und Spätkultur. Frankfurt/Bonn 1956. – B. Malinowski: Eine wissenschaftliche Theorie der Kultur. Frankfurt [3]1988. – W. Lipp: Institution und Veranstaltung. Berlin 1968. – J.L. Mackie: Ethik. Stuttgart 1983. S. 101ff. – H. Schelsky (Hg.): Zur Theorie der Institution. Düsseldorf 1970. FPB/PP

**Intellectus** (Verstand/Vernunft), bezeichnet im MA. allgemein das geistige im Unterschied zu den sinnlichen Erkenntnisvermögen. Je nach Zusammenhang meint I. auch das Erkennen selbst oder den Inhalt eines Denkaktes (Begriff). Im Bemühen darum, griech. Unterscheidungen (nous, noesis, dianoia etc.) im Lat. wiederzugeben, wird der Ausdruck I. uneinheitlich auch in engeren Bedeutungen gebraucht und sinnverwandten Begriffen (z.B. ratio, intelligentia etc.) entgegengesetzt. Die Begriffe i. agens, i. possibilis etc. sind den entsprechenden Ausdrücke des Aristoteles in *De anima* III, 4f. nachgebildet, jedoch v.a. im Streit um den arabisch geprägten Aristotelismus (↗Monopsychismus) in ihrer Bedeutung heftig umstritten. – Die ma. I.-Lehre findet ihre klassische Gestalt bei Thomas v. Aquin. Er spricht von zwei Tätigkeiten (operationes) des I.: Der I. erfaßt, was etwas ist, im Begriff, und er verbindet oder trennt Begriffe im Urteil. So bedeutet Einsehen (intelligere) zum einen für Thomas soviel wie Herauslesen dessen, durch was etwas innerlich bestimmt ist (quasi intus legere), zum anderen aber Einsicht in die Wahrheit eines Urteils, welche auch die Zustimmung zu einer Aussage begründet; diese Einsicht im zweiten Sinne erfolgt entweder unmittelbar aufgrund der Bedeutung der Begriffe oder dadurch, daß man schlußfolgernd auf erste evidente Urteile rekurriert. Die Wesensformen (↗Form) der Dinge liegen allerdings für den Verstand nicht offen zutage wie die sinnlichen Qualitäten für die Sinne, so daß für die Wesenserkenntnis eine aktive Leistung des I. erforderlich ist, und insofern wird der I. tätiger Verstand (i. agens) genannt: Wie erst das Licht die Farben, die im Dunklen nur potentiell farbig sind, aktuell farbig werden läßt, so macht erst der tätige Verstand das nur potentiell Erkennbare zu einem wirklich Erkannten (↗actus/potentia). Dies geschieht so, daß der I. aufgrund einer ihm immer schon innewohnenden Aktualität (er »denkt immer«) sich den Vorstellungen zuwendet und mit Hilfe von begrifflichen Unterscheidungen aus der zunächst nur dem sinnlichen Eindruck nach vorliegende Wesensart (↗species sensibilis) die eigentliche, nur geistig erkennbare Wesensart (species intelligibilis) explizit zum Ausdruck bringt. Der I. wird möglicher Verstand (i. possibilis) genannt, insofern er offen für eine bestimmte Erkenntnis ist; als solcher ist er insofern ein leidendes Vermögen, als er jeweils einen Übergang vom Vermögen zu erkennen zum wirklichen Erkenntnisakt erfährt. **Lit.:** Thomas v. Aquin: De Veritate q. 10 a. 8; q. 14 a. 1. – S.th. I q. 79 a. 2f; q. 84 a. 6f. CS

**Intellekt** (lat. intellectus), zuweilen mit ↗Verstand, zuweilen mit ↗Vernunft übersetzt, im Gegensatz zur ↗ratio, der dann die jeweils andere Übersetzung zukommt, das höhere Erkenntnisvermögen. Wenn aber Cusanus zuweilen ratio sagt und intellectus meint, und auch Leibniz Verstand mit Vernunft gleichsetzen kann, aber nicht umgekehrt, dann ist die Verwirrung komplett. Festzuhalten ist aber, daß der I. das dem schlußfolgernden oder diskursiven Denken (ratio) übergeordnete Vermögen darstellt, weshalb ersteres – im Gegensatz zum letzteren – auch Gott zugesprochen wird. So bezeichnet Meister Eckhart in seinen *Quaestiones parisienses* Gott sogar ausdrücklich als intellectus und intelligere und nicht als esse. Bei Leibniz ist der göttliche I. Sitz der ewigen Wahrheiten. Und auch noch Kant spricht Gott einen intellectus archetypus zu, also einen urbildlichen Verstand, der – im Unterschied zum intellectus ectypus des Menschen – ein anschauendes und nicht ein diskursives Denken darstellt (*KU* § 77). – Was die inhaltliche Bestimmung angeht, so ist der menschliche I. gemeinhin dadurch ausgezeichnet, daß er – im Unterschied zur ratio – von der Sinneserfahrung unabhängig ist; wobei diese Unabhängigkeit aber nicht absolut ist, denn der I. bedarf der Sinne als Anstoß oder Gelegenheitsursache. Die Erkenntnis des I.s ist also eine apriorische Erkenntnis im Sinne eingeborener Ideen, Prinzipien und Wahrheiten, wobei Leibniz innerhalb seiner ↗Monadologie sogar einen absoluten ↗Apriorismus vertritt. Sein berühmtes Wort vom Intellectus ipse (*Nouveaux Essais*, II 1, § 2) will dagegen nur einen gemäßigten Apriorismus zum Ausdruck bringen. Bei Cusanus wird der I. sogar noch durch eine weitere Erkenntnisstufe überhöht: die sogenannte intellectibilitas (einsichtiges Geistigsein) (*De mente*, cap. 5). **Lit.:** K. Kremer: Vernunft im abendländischen Denken: Wandel und Konstanz (Platon-Plotin-Boethius-Cusanus-Leibniz). In: M. Buhr (Hg.): Das geistige Erbe Europas. Neapel 1994. S. 291–299. – W. Schüßler: Leibniz' Auffassung des menschlichen Verstandes (intellectus). Berlin 1992. WS

**Intelligibel** (lat. verständlich, begreiflich, denkbar). Voraussetzung für die Frage nach der Intelligibilität ist das Bewußtwerden einer Differenz. Wie die im Rahmen der abendländischen Philosophie erste klare Formulierung der Frage nach der i.en Beschaffenheit des Seins bei Parmenides zeigt, bedurfte es dazu der deutlichen Unterscheidung zwischen dem Sein des Seienden und dem darauf zwar bezogenen, jedoch ganz andersgearteten Denken. – Auf Parmenides' im Zentrum des vielzitierten Schritts »vom Mythos zum Logos« stehende »ontologische« Antwort, daß auch das Denken »ist«, folgt Platons Auffassung vom Sein als ↗Idee. Deren intelligible Struktur gründet vornehmlich in ihrem metaphysisch »lichten« Vorbildcharakter. Durch die doppelte »Teilhabe« des Seienden wie des Denkens an der Idee gibt es für Platon nichts, das der Intelligibilität prinzipiell entzogen wäre. – Bei Kant steht die Sinnenwelt (mundus sensibilis) der Welt der Gedankendinge (mundus intelligibilis) gegenüber. Letztere umschreibt insbesondere »dasjenige an einem Gegenstande der Sinne, was selbst nicht Erscheinung ist.« (*KrV*, B 566). **Lit.:** Parmenides: Über die Natur. – Platon: Der Staat. – I. Kant: Kritik der reinen Vernunft. 1781/[2]1787. – W. Teichner: Die intelligible Welt. Meisenheim 1967. DIK

**Intension/Extension.** Beide Begriffe haben ihren Stellenwert in einer Theorie der Bedeutung. Die I. ist der Sinn oder die Bedeutung eines sprachlichen Ausdrucks bzw. eines Terms. Innerhalb der sprachanalytischen Philosophie haben vor allem Frege, Carnap und (im Anschluß an Frege) Dummett auf die grundlegende Funktion der I. hingewiesen. Die I. eines Terms gibt wieder, in welchem Sinn uns ein Gegenstand gegeben ist und zeigt gleichzeitig die Möglichkeit bzw. den Weg an, auf dem man zu dem Bezugsgegenstand (Referenzobjekt) gelangen kann. D.h. wer die I. eines Terms erfaßt hat, ist zumindest prinzipiell in der Lage, ausfindig zu machen, welche Gegenstände damit gemeint sind oder welche Gegenstände unter den Term fallen und welche nicht. Denn mit der I. hat man die Art und Weise des Gegebenseins eines Gegenstandes und damit auch die Möglichkeit seines Gegebenseins erfaßt. Frege bringt dafür, daß man sich immer in einem bestimmten Sinn auf einen Gegenstand bezieht, das Beispiel von »Abendstern« und »Morgenstern«. Beide drücken einen je spezifischen Sinn aus: entweder der Stern, der am Abend als erster, oder der Stern, der am Morgen am längsten hell zu sehen ist. Beide Namen stellen einen unterschiedlichen Sinn dar, haben aber dasselbe Referenzobjekt, nämlich den Planeten Venus. In der Phänomenologie Husserls (*Logische Untersuchungen* II) findet das seine Entsprechung in der Formulierung »der Gegenstand im Wie seiner Gegebenheit«. Von Husserl wird das in bezug auf die historische Gestalt Napoleon illustriert, der in dem Sinn »der Sieger von Jena« und in dem Sinn »der Verlierer von Waterloo« aufgefaßt werden kann. An beiden Beispielen wird deutlich, daß die I. gleichzeitig die Identifizierungsmöglichkeit eines Gegenstandes bietet. Eine solche Identifizierungsmöglichkeit ist Voraussetzung für jeden referentiellen Akt, da es kein unmittelbares Wissen darüber gibt, was die Referenzobjekte der Terme (durch die referiert wird) sind. Die Kenntnis der Referenzobjekte wird erst durch den jeweiligen Sinn vermittelt, d.h. sie setzen ein mit der I. eines Terms verbundenes Wissen voraus. Dieses Wissen kann von Kultur zu Kultur, von Lebenswelt zu Lebenswelt variieren. Die I. eines Terms für natürliche Arten wird durch explizite Vorstellung über ein »standardisiertes« Exemplar dieser Gattung (bspw. Tisch, Stuhl oder Pferd) bestimmt. Man eignet sich die I. durch Beschreibung oder durch Hinweis auf normale Exemplare der jeweiligen Art oder durch konkreten Umgang in der Lebenswelt an. – Die E. ist gleichbedeutend mit Begriffsumfang. In der sprachanalytischen Philosophie wurde vor allem von Carnap jene Bedeutungstheorie favorisiert, die die Bedeutung eines Terms durch den Begriffsumfang bestimmt. D.h. die Gegenstände, die aufgrund der Term-Gegenstand-Zuordnung unter einen Begriff fallen, sind die E. des Terms. Dabei ist zu präzisieren, was unter »Gegenstand« zu verstehen ist: Ist der Term ein Prädikatsausdruck, dann wird durch ihn eine Klasse von Objekten festgelegt, ist er ein Individuenname, dann einzelne Gegenstände. Die Bedeutungsbestimmung der E. entspricht dem Begriff der ↗Interpretation von Formeln der Prädikatenlogik anhand eines zugrundeliegenden Individuumsbereichs: Die Bedeutung des singulären Terms besteht in der Zuordnung eines einzigen Individuums, die eines einstelligen Prädikats in der Zuordnung einer Menge von Individuen. Von besonderer Relevanz ist für diese Bedeutungstheorie die Bestimmung der Extensionsgleichheit: zwei Sätze haben diesselbe E., wenn sie im ↗Wahrheitswert übereinstimmen, zwei Prädikate, wenn sie dieselbe Klasse von Objekten festlegen, zwei Individuennamen, wenn sie denselben Gegenstand bezeichnen (wie bspw. »Morgenstern« und »Abendstern«). **Lit.:** R. Carnap: Bedeutung und Notwendigkeit. Wien/New York 1972. – M. Devitt/K. Sterelny: Language and Reality. Oxford 1987. Kap. 5. – M. Dummett: Was ist eine Bedeutungstheorie. In: Wahrheit. Stuttgart 1982. S. 94ff. – Ders.: Frege. Philosophy of Language. London 1973. Kap 5–8. – G. Frege: Über Sinn und Bedeutung. In: Funktion, Begriff, Bedeutung. Göttingen 1969. S. 40ff. – E. Runggaldier: Zeichen und Bezeichnetes: Berlin/New York 1985. – Ders.: Analytische Sprachphilosophie. Stuttgart/Berlin/Köln 1990. S. 84ff. PP

**Intensionale Semantik,** (1) Teil der intensionalen ↗Logik, der verschiedene Systeme der intensionalen Logik semantisch charakterisiert; (2) allgemein Zweig der formalen Semantik, der sich mit den semantischen Strukturen ↗intensionaler Kontexte befaßt und davon ausgehend versucht, eine natürlichen Sprachen angemessene formale Bedeutungstheorie zu entwickeln. Verstanden in diesem Sinne finden sich erste Ansätze zu einer i.n S. in den sprachphilosophischen Schriften Freges. Frege unterschied zwischen dem ›Sinn‹ und der ›Bedeutung‹ eines sprachlichen Ausdrucks. Dabei folgte er im wesentlichen der traditionellen Unterscheidung zwischen ↗Intension und Extension, übertrug diese jedoch auf alle Arten von sprachlichen Ausdrücken, also neben Prädikaten auch auf Namen und sogar auf Sätze (dabei wird der ›Sinn‹ eines Satzes von Frege als der durch ihn ausgedrückte ›Gedanke‹, seine ›Bedeutung‹ aber als sein Wahrheitswert festgelegt). Frege bemerkte, daß unter bestimmten Umständen, wenn eine ›ungerade Rede‹, modern: ein intensionaler Kontext, vorliegt, Ausdrücke nicht mehr für ihre normale Bedeutung, sondern für ihren Fregeschen Sinn stehen. Allerdings hat Frege, dessen Interessen v.a. der Grundlagenproblematik der Mathematik galten, diese Beobachtung nicht zu einer Theorie und damit zu einer i.n S. im eigentlichen Sinn ausgearbeitet. – Eine Fortsetzung fanden Freges Ansätze jedoch in einigen Arbeiten A. Churchs, der eine i. S. auf der Basis der Synonymierelation zwischen sprachlichen Ausdrücken konstruierte.

Für die weitere Entwicklung der i.n S. bestimmender war die von Carnap vorgeschlagene semantische Methode der Intension und Extension, die im Ansatz der Fregeschen Unterscheidung zwischen Sinn und Bedeutung entspricht. Ein darüber jedoch hinausführender Gedanke ist, die Bedeutung eines Satzes, häufig als Proposition bezeichnet, mit den Bedingungen seines Wahrseins gleichzusetzen, da die Bedeutung eines Satzes zu kennen soviel heißt wie zu wissen, unter welchen möglichen Umständen er wahr ist. Dies führte in Gestalt der Mögliche-Welten-Semantik zu der derzeit vorherrschenden Version der i.n S. Die Festlegung des Wahrheitswertes eines Satzes, von Carnap als seine Extension angesehen, erfolgt dabei ebenso wie die Bestimmung der Extension sprachlicher Ausdrücke anderer Kategorie jeweils relativ zu einer möglichen Welt. Intensionen, im Sinne von sprachlichen Bedeutungen, können deshalb vereinheitlichend als Funktionen von möglichen Welten in Extensionen verstanden werden. So sind z.B. Eigenschaften als Intensionen von Prädikaten Funktionen, die einer möglichen Welt jeweils die Menge der Individuen oder Objekte zuordnen, auf die in dieser Welt das jeweilige Prädikat zutrifft. Die möglichen Welten selbst treten bei Carnap, der sich dabei auf Gedanken Wittgensteins beruft, noch in Form sog. Zustandsbeschreibungen auf, bei denen es sich im wesentlichen um maximal-konsistente Satzmengen handelt. In der maßgeblich von S. Kripke geprägten weiteren Entwicklung der i.n S. wurde jedoch auf eine inhaltliche Bestimmung möglicher Welten zunehmend verzichtet. Formal übernehmen sie dann die Rolle eines Parameters in der semantischen Interpretationsfunktion. Äußerer Anlaß dieser Entwicklung war der Versuch einer semantischen Darstellung der ↗Modallogik. Die damit verbundene Bedeutungserläuterung des Notwendigkeitsbegriffs greift zurück auf die von Leibniz verschiedentlich gegebene

Bestimmung von Notwendigkeit als Wahrheit in allen möglichen Welten. Für Intensionen in Carnaps Sinn kann daraus ein Identitätskriterium abgeleitet werden durch die Bestimmung von Intensionsgleichheit als notwendiger Extensionsgleichheit. Für die modale Aussagenlogik bestehen sog. Kripke-Modelle M = <W, V> aus einer nicht-leeren Menge von möglichen Welten und einer Bewertungsfunktion V, die jeder Atomformel p für jede Welt w einen der beiden Wahrheitswerte wahr oder falsch zuordnet. Der Wahrheitswert komplexer Formeln ermittelt sich rekursiv aus dem Wahrheitswertverlauf der aussagenlogischen Wahrheitsfunktionen, mit der weiteren Bestimmung, daß Notwendig(A) in der Welt w wahr ist (in dem Modell M) – $M \models_{w} \Box A$ – genau dann, wenn A in allen Welten w' aus W wahr ist – für alle w': $M \models_{w'} A$. Zu beachten ist hierbei, daß der intensionale Notwendigkeitsbegriff hierdurch in einem rein extensionalen Rahmen erklärt wird. Diese Darstellung gewinnt an Vielseitigkeit, wenn für jede mögliche Welt w die von w erreichbaren oder zugänglichen Welten eigens ausgewiesen werden. So läßt sich z. B. physikalische Notwendigkeit verstehen als Wahrheit in allen möglichen Welten, in denen die gleichen physikalischen Gesetze gelten und die insofern physikalisch ›zugänglich‹ sind. Formal führt dies zu der sog. relationalen Kripke-Semantik, deren Modelle M = <W, R, V> zusätzlich eine Zugänglichkeitsrelation auf der Menge der möglichen Welten aufweisen. Bei einer zweistelligen Relation auf W lautet die Wahrheitsbedingung für Sätze unter dem Notwendigkeitsoperator: A ist notwendigerweise wahr in w (in dem Modell M) – $M \models_{w} \Box A$ – genau dann, wenn A in allen von w erreichbaren Welten w' wahr ist (in M) – für alle w' mit wRw': $M \models_{w'} A$ –. Die relationale Kripke-Semantik erlaubt die semantische Formulierung der üblichen ↗intensionalen Logiken. Dies erklärt den Zusammenhang zu (1). Z. B. werden in der deontischen Logik der Sollenssätze durch die Zugänglichkeitsrelation die relativ zu einer Welt moralisch vollkommenen Welten erreicht. Aufgrund der inhaltlichen Unbestimmtheit der möglichen Welten bietet sich für diese auch die Deutung als Zeitpunkte an, wodurch sich eine Semantik der temporalen Logik ergibt. Ein naheliegender Schritt ist dann die Kombination z. B. einer modalen und temporalen oder einer modalen und deontischen Logik. – Im Unterschied zu der philosophisch weitgehend unkontroversen, aber formal vielseitigen aussagenlogischen i.n S. ist die prädikatenlogische i. S. durch unterschiedliche philosophische Auffassungen geprägt. Diese ergeben sich in Verbindung mit den für die Prädikatenlogik zusätzlich zu den möglichen Welten vorauszusetzenden möglichen Individuen. Der Auffassung, für jede mögliche Welt den gleichen Individuenbereich festzusetzen, steht die Möglichkeit weltspezifischer Individuenbereiche gegenüber, die v. a. durch D. Lewis in der sog. counterpart-Theorie ausgearbeitet wurde. Die damit verbundenen identitätslogischen Fragen, wie etwa die sog. Quer-Welten-Identität, sind weiter Gegenstand philosophischer Diskussion. Einen vorläufigen Höhepunkt erreichte die i. S. in den Arbeiten R. Montagues, der eine modale und temporale höherstufige Prädikatenlogik für die logisch-semantische Analyse eines nichttrivialen Fragments der englischen Sprache entwikkelte. Da sich die relationale Kripke-Semantik zu einer sog. Umgebungssemantik verallgemeinern läßt, sind die theoretischen Grenzen der i.n S. in der herrschenden Form der Semantik möglicher Welten bislang nicht klar erkennbar. Neuerdings werden mögliche Anwendungen in der theoretischen Informatik, etwa zu Zwecken der Programmverifikation, versucht. **Lit.:** J. van Benthem: A Manual of Intensional Logic. Stanford [2]1988. – R. Carnap: Bedeutung und Notwendigkeit. Wien/New York 1972. – S. Kripke: Name und Notwendigkeit. Frankfurt 1981. – R. Montague: Formal Philosophy. New Haven 1974. UM

**Intensionaler Kontext.** Ein i. K. entsteht durch einen sprachlichen Ausdruck, der verhindert, daß die Wahrheitsbedingungen eines ihn enthaltenden Satzes allein durch Bezugnahme auf die Extension der in diesem Satz vorkommenden Ausdrücke angegeben werden kann. Für die Bedeutungsanalyse innerhalb eines i.n K.es ist also die Berücksichtigung der sprachlichen oder begrifflichen Darstellung des Bezeichneten wesentlich. Klassische Beispiele für sprachliche Wendungen, die i.K.e erzeugen, sind: »Es ist notwendig/möglich, daß_«, »Person P glaubt/weiß, daß_«, aber auch »…, während _«. In i.n K.en sind bedeutungsverschiedene Ausdrücke, auch wenn sie Gleiches bezeichnen, nicht mehr in jedem Fall füreinander unbeschadet des Wahrheitswertes der Gesamtaussage ersetzbar. UM

**Intensionalität.** Unter I. versteht man allgemein das Ergebnis der Einwirkung intensionaler Phänomene. Diese liegen dort vor, wo eine semantische Interpretation Bezug nimmt auf sprachliche Bedeutungen oder begriffliche Gegebenheitsweisen und eine extensionale Deutung unangemessen oder unvollständig scheint. Dies ist z. B. in ↗intensionalen Kontexten der Fall. Sprachphilosophisch herrscht weitgehend Einigkeit, daß I. ein prägendes Merkmal natürlicher Sprachen ist. Abweichende Meinungen bestehen allerdings zu der Frage, ob die formale Behandlung von I. eine eigenständige ↗intensionale Semantik erfordert oder die prinzipielle Möglichkeit extensionaler Umschreibungen im Sinne der Extensionalitätsthese besteht. – In jüngster Zeit wird auch für die Mathematik, die bisher fast durchweg extensional verstanden wurde, I. diskutiert. Dies steht im Zusammenhang mit dem Bemühen, eine konstruktivistische Begründung der Mathematik zu vertiefen. **Lit.:** R. Carnap: Bedeutung und Notwendigkeit. Wien/New York 1972. – S. Feferman: Intensionality in Mathematics. In: Journal of Philosophical Logic 14 (1985). S. 41–55. UM

**Intention.** (1) Für die logische Semantik gilt, daß die I. einer Aussage zusammengesetzt ist aus dem Gegenstand der Aussage und einer bestimmten, am Gegenstand mitgesetzten Beschaffenheit oder Beziehung.

Als I. einer Aussage oder eines Gedankens ist das zu verstehen, was (als Gegenstand) in seinem So-Sein behauptet wird: Z.B. wird in der Aussage »5 ist eine Primzahl« über den Gegenstand »5« behauptet, daß ihm die Eigenschaft einer Primzahl zuschreibbar ist. – (2) In einem phänomenologischen Sinne (Brentano, Husserl) wird I. mit ↗Intentionalität gleichgesetzt: damit ist gemeint, daß jedes Bewußtsein immer ein Bewußtsein von etwas ist, d.h. daß jeder Bewußtseinsakt bzw. das Psychische allgemein die spezifische Eigenheit hat, auf einen Inhalt gerichtet zu sein. Die I. macht das Wesensmerkmal des Mentalen gegenüber dem Physischen aus. – (3) In der Handlungstheorie wird I. im Sinne von Zielgerichtetheit einer Handlung verwendet. Dabei wird I. in einem doppelten Sinne gebraucht: (a) als Intendieren i.S. der Absicht (»die Person a hat die Absicht, die Handlung p auszuführen«), (b) als intendierter Inhalt (»einen Beitrag für eine gerechte Welt zu leisten, war seine grundlegende I.«). PP

**Intentionalität.** In einem allgemeinen Verständnis bezeichnet I. die Zielgerichtetheit des Handelns oder der Gefühle. Als philosophischer Terminus wurde er von Brentano zur Charakterisierung der psychischen Phänomene eingeführt. In seiner *Psychologie vom empirischen Standpunkt* zeigt Brentano auf, daß den psychischen Phänomenen wie Denken, Lieben und Hassen eine intentionale Struktur eigen ist. Zur näheren Charakterisierung führt er den Begriff der »mentalen Inexistenz« an. Er erläutert dies als eine Beziehung auf einen Inhalt, ein Gerichtetsein auf ein Objekt oder auch als immanente Gegenständlichkeit. Brentano verweist in diesem Zusammenhang darauf, daß das »Etwas-als-etwas-Vorstellen« der Eindeutigkeit des Begriffs entsprechen müsse, indem das Etwas als Reales i.S. eines obersten Gattungsbegriffs für Dingliches aufzufassen sei. – Husserl macht sich den Begriff der I. zunutze, um die intentionale Struktur des Bewußtseins als Korrelationsapriori zu beschreiben: Akte des Vermeinens stehen in einem Bezug zu dem vermeinten Gegenstand. Der methodische Schritt der phänomenologischen ↗Reduktion ermöglicht ihm die Analyse der intentionalen Bewußtseinsstruktur: Er unterscheidet zwischen reellen und intentionalen Gehalten. Als reelle Gehalte bestimmt er die Empfindungskomplexionen und den Auffassungssinn (Apperzeption) – die Empfindungskomplexionen unterliegen immer schon dem Auffassungssinn. In den *Ideen* bezeichnet er diese Akte des Vermeinens als Noesis. Als irreeller Gehalt des Bewußtsein wird der intentionale Gegenstand (das Vermeinte als solches), d.h das Noema, bezeichnet. In der Korrelation von Noesis und Noema zeigt sich die I. Der vermeinte Gegenstand (d.i. das Noema) kann das Resultat einer vielstufigen Synthesis sein, in der mannigfaltige Noesen zur Einheit eines Gegenstandsbewußtseins zusammengefaßt sind. Husserl führt zudem als spezifische Eigenheit die intentionale Struktur des ↗Horizontbewußtseins an. D.h. den jeweils vermeinten Horizont umgibt ein Horizont von unthematisch Mitgemeintem. – Searle erörtert I. im Rahmen der These, daß Sprache sich von I. herleite. Er beschreibt wie Brentano und Husserl die I. als diejenige Eigenschaft vieler geistiger Zustände oder Ereignisse, durch die sie auf Gegenstände oder Sachverhalte in der Welt gerichtet sind oder von ihnen handeln. Solche intentionalen Zustände haben einen Repräsentationsgehalt (ausgedrückt durch eine Proposition wie »daß sie den Raum verlassen werden«) und einen psychischen Modus (z.B. Überzeugung, Befürchtung, Hoffnung u.a.m.), in dem dieser Repräsentationsgehalt aufgefaßt ist. Der Modus legt dabei eine spezifische Form der Geist-auf-Welt-Ausrichtung fest, der propositionale Gehalt legt eine Menge von Erfüllungsbedingungen fest. – Chisholm knüpft an Brentanos Unterscheidung zwischen physischen und psychischen Phänomenen an, indem er zeigt, daß zur Beschreibung physischer Phänomene keine intentionalen Sätze benötigt werden, zur Beschreibung der psychischen jedoch verwendet werden. Zur Charakterisierung intentionaler Sätze versucht er eindeutige Kriterien zu benennen.

In der gegenwärtigen Diskussion wird die Annahme der I. einer eingehenden Kritik unterzogen. Als Ausgangspunkt der Debatte kann man den naturwissenschaftlich inspirierten Standpunkt betrachten, der die Annahme, bei der I. handle es sich um eine spezifische Eigenschaft psychischer Vorkommnisse, in Frage stellt. Auch wenn es ein unmittelbares Bewußtsein der eigenen intentionalen Erlebnisse geben mag, so könne doch die innere ↗Wahrnehmung nicht der Maßstab für eine korrekte wissenschaftliche Beschreibung sein. Vom Standpunkt der ↗Einheitswissenschaft aus muß sich das Phänomen der I. aus der Beobachterperspektive (d.i. die Perspektive der »dritten Person«) beschreiben und erklären lassen. Es wäre also erst noch auszuweisen, daß bei der Verwendung des intentionalen Vokabulars etwas Reales beschrieben wird. In der Reaktion auf diese kritische Perspektive haben sich zwei grundlegende Positionen herausgebildet: die nonfaktualistischen Theorie der I. und der intentionale Realismus. Repräsentativ für die non-faktualistische Position von I. vertritt Dennett die Auffassung, daß intentionale Aussagen nicht als Tatsachenbeschreibungen gewertet werden dürfen, vielmehr ermöglichen sie, durch die Zuschreibung von Wünschen und Überzeugungen das Verhalten von Individuen rational verständlich zu machen. Aus solchen Zuschreibungen können keine kausalen Gesetzmäßigkeiten des Verhaltens geschlossen werden. Repräsentativ für den intentionalen Realismus macht Dretske geltend, daß I. aus natürlichen Indikatoren entsteht. Man müsse davon ausgehen, daß es so etwas wie eine natürliche Repräsentation unabhängig von menschlichen Absichten gibt. Bspw. zeigen Geruchsspuren in der Tierwelt die Bewegungsrichtung eines Tieres an und dienen gleichzeitig anderen Tieren zur Orientierung. Aus solchen natürlichen Indikatoren können nach Auffassung von Dretske anspruchsvollere Formen von I. entstehen. – Searle geht davon aus, daß I. die Eigenschaft vieler geistiger Zustände und Ereignisse ist, durch die sie auf

Gegenstände oder Sachverhalte in der Welt gerichtet sind. So müssen Überzeugungen und Wünsche immer von etwas handeln (und insofern sind sie auf etwas gerichtet). Er macht geltend, daß intentionale Zustände Gegenstände und Sachverhalte in demselben Sinne repräsentieren, in dem Sprechakte diese repräsentieren. Er vertritt die These, daß sich Sprache von I. herleitet und nicht umgekehrt. **Lit.:** W. Bechtel: Philosophy of Mind. New Jersey 1988. – P. Bieri (Hg.): Analytische Philosophie des Geistes. Bodenheim 2. verb. A. 1993. – Ders.: Intentionale Systeme. In: J. Brandstätter (Hg.): Struktur und Erfahrung in der psychologischen Forschung. Berlin 1987. S. 208–252. – J. L. Brandl: Das Problem der Intentionalität in der zeitgenössischen Philosophie des Geistes. In: Information Philosophie 1998, Heft 3. – F. Brentano: Psychologie von einem empirischen Standpunkt. 2 Bde. Hamburg 1973/1971. – R. M. Chisholm: Die erste Person. Frankfurt 1992. – Ders.: Sätze über Glauben. In: P. Bieri (Hg.): Analytische Philosophie des Geistes. – Ders./W. Sellars: Intentionality and the Mental. In: H. Feigl u. a. (Hg.): Minnesota Studies in Philosophy of Science II. Minneapolis 1958. – U. Claesges: Intentionalität. In: HWPh. – D. C. Dennett: The Intentional Stance. Cambridge/Mass. 1987. – F. Dretske: If you Can't Make One, You Don't Know How it Works. In: P. A. French u. a. (Hg.): Philosophical Naturalism. Univ. of Notre Dame Press 1994. – H. Field: Mental Representation. In: St.P. Stich/T. A. Warfield (Hg.): Mental Representation. Oxford 1984. – J. Fodor: Propositional Attitudes. In: Ders.: Representations. Cambridge 1981. S. 177–203. – E. Husserl: Ideen zu einer reinen Phänomenologie und phänomenologischen Philosophie. Hua III/1. – P. Prechtl: Die Struktur der Intentionalität bei Brentano und Husserl. In: Brentano Studien 2 (1989). S. 117–130. – J. Searle: Intentionalität. Frankfurt 1987. – R. Stalnaker: Inquiry. Cambridge/Mass. 1987. PP

**Interaktion.** Der aus der Soziologie und Sozialpsychologie stammende Begriff bezeichnet den wechselseitigen Bezug von Verhalten und Handeln von Personen. Eine soziale I. besteht in dem wechselseitigen Austausch, in dessen Verlauf Personen ihre Handlungen intentional koordinieren, dabei miteinander in Kommunikation treten und eine gemeinsame Beziehung aufrechterhalten. Die Reziprozität erlaubt eine Synchronisierung von wechselseitigen Handlungen und Handlungsweisen und die Erfahrung einer gemeinsamen Beziehung. PP

**Interaktionistischer Dualismus** ↗Leib-Seele-Problem

**Intergenerationelle Gerechtigkeit.** Die Ethik der i.n G. als Teilbereich der Angewandten Ethik befaßt sich mit der Kritik und Begründung moralischer Werte, Prinzipien und Normen hinsichtlich eines moralisch verantwortlichen Umgangs der Angehörigen verschiedener Generationen miteinander. Thema der Ethik der i.n G. sind die Verantwortungsbeziehungen und Gerechtigkeitspflichten zwischen den Angehörigen zeitgleich lebender Generationen (Verantwortung für die Kinder- und Enkelgeneration; Verantwortung für die Eltern- und Großelterngeneration) ebenso wie die angesichts der ökologischen Krise besonders dringlich gewordene Zukunftsverantwortung für die Angehörigen noch nicht existierender zukünftiger Generationen. **Lit.:** D. Birnbacher: Verantwortung für zukünftige Generationen. Stuttgart 1988. – A. Leist: Intergenerationelle Gerechtigkeit. In: K. Bayertz (Hg.): Praktische Philosophie. Grundorientierungen angewandter Ethik. Reinbek bei Hamburg 1991. S. 322–360. JA

**Intermundien** (lat. Übersetzung von griech. ta metakosmia), leere Räume zwischen den Welten. Epikur prägt den griech. Terminus zur Bezeichnung der leeren Räume, in denen unendlich viele Atomzusammenballungen als Welten entstehen und vergehen (die Wiedergabe mit »Zwischenwelten« ist daher mißverständlich). In Epikurs Philosophie sind die I. auch der Ort für die unsterblichen Götter, wo sie ohne Anteil an der Gestaltung und Regierung der Welt selig und sorglos leben, ohne daß Menschen sie erreichen oder beeinflussen können. KHG

**Intern/extern.** Im Rahmen der traditionellen Erkenntnistheorie wird auf unterschiedliche Weise die Frage beantwortet, wie eine Erkenntnis über die außerhalb des Bewußtseins liegende Realität zu erreichen sei und wie man den ontologischen Status des Erkannten einzuschätzen habe. Carnap versucht solche Fragestellungen dadurch zu umgehen, daß er Fragen nach dem Vorkommen einzelner Entitäten nur innerhalb eines semantischen Systems für zulässig erklärt. Vorgängig ist also die Konstruktion eines semantischen Systems S, dann können die Fragen nach der Existenz von Entitäten (nur) mittels der Begriffe von S und nur innerhalb des Systems formuliert werden. Solche Fragen bezeichnet Carnap als i.e Fragen. Einer Entität kommt insofern Realitätsgehalt zu, als sie Element eines Systems S ist. Davon abzugrenzen sind jene Überlegungen, die gleichsam außerhalb von S die Frage nach dem Status von Entitäten dieses Sprachsystems stellen. Dadurch wird der Blick auf die Eigenaxiome und die Regeln von S gelenkt, durch welche die Eigenbegriffe von S erst eingeführt werden. Eine Antwort kann nicht wieder mit Hilfe der Axiome und Regeln von S gegeben werden, wenn man sich nicht in eine zirkuläre Argumentation verwickeln will. Carnap spricht diesbezüglich von e.en Fragen, die er als sinnlos bzw. als Scheinprobleme verwirft. **Lit.:** R. Carnap: Bedeutung und Notwendigkeit. Wien/New York 1972. S. 257 ff. PP

**Interpolation** (lat. interpolatio: Einschaltung, Fälschung), in der Philologie: in Texte eingeschobene Wörter, Sätze oder Textpassagen. Manche I.en dienen der Textfälschung. Eine philosophische I. ist ein Gedankengebilde, das Erkenntnislücken durch Analogiebildung oder Vereinheitlichung mit Ergebnissen benachbarter Erkenntnisgebiete ausfüllt. Mathematisch bedeutet I. eine Bestimmung von unbekannten Funktionswerten aus bekannten vermittels vereinfachter Hilfsfunktionen. Der Argumentwert des unbekannten

Funktionswerts liegt dabei zwischen denen, deren Funktionswerte zur I. verwendet werden. UB

**Interpret.** In der Zeichentheorie oder Semiotik heißt der Akteur, der ein sinnliches Material (Signal, Geste, Wort) als in seinem Verweisungscharakter auf etwas anderes (z. B. einen Sachverhalt wie »Gefahr im Verzug«, Drohgebärde oder Bezeichnung eines Gegenstandes), d. h. als Zeichen, deutet und versteht, der I. Von der Deutung des I.en ist es abhängig, ob etwas als Zeichen fungiert. ↗Semiose, ↗Zeichen. PP

**Interpretation,** (1) logisch-semantisch: Eine I. sprachlicher Ausdrücke über einen Bereich von Dingen (ein Universum) ist eine auf der Ebene der Metasprache zu beschreibende zweistellige Relation, die auf eine eindeutige Art Gegenstandsausdrücke den Elementen des Universums, oder Eigenschaftsausdrücke den Klassen von solchen Elementen oder Beziehungsausdrücke den Relationen zwischen Elementen zuordnet; sie bildet die deskriptiven (auch: kognitiven) Ausdrücke im Sinne dieser Zuordnung auf Entitäten der genannten Art ab. – (2) Als Begriff der Prädikatenlogik: Einer I. der Prädikatenlogik müssen wir einen Bereich von Gegenständen, der mindestens ein Objekt enthalten soll, zugrundelegen. Die Gegenstandskonstanten werden dann als Namen für Objekte dieses Gegenstandsbereichs und die Prädikatenkonstanten als Umfänge von Begriffen, die sich auf diese Objekte beziehen, gedeutet. Eine Interpretation V der Prädikatenlogik über einen Gegenstandsbereich G ist eine Vorschrift, die jeder Gegenstandskonstante a ein Objekt V(a) aus dem Gegenstandsbereich G, jeder Prädikatenkonstanten F den Umfang V(F) eines Begriffs und jedem Satz einen Wahrheitswert zuweist. Mit Hilfe des Begriffs der I. können wir die Begriffe der prädikatenlogischen Wahrheit von Sätzen und der prädikatenlogischen Gültigkeit von Schlüssen definieren: Eine I. V erfüllt einen Satz A genau dann, wenn V(A) = wahr gilt. Ein Satz ist prädikatenlogisch wahr genau dann, wenn alle I.en den Satz A erfüllen. – (3) Als Begriff der Wissenschaftstheorie bedeutet I. die pragmatische Zuordnung von soziokulturellen Inhalten zu einer semantisch bereits gedeuteten Sprache (d. h. die semantische Zuordnung von Bedeutung zu syntaktischen Zeichen). Dieses Zuordnungsverfahren wird nach unterschiedlichen Gesichtspunkten thematisiert: (a) Die hermeneutische Richtung beschäftigt sich mit den subjektiven und intersubjektiven Bedingungen der I., den individuellen und den gesellschaftlich-geschichtlich begründeten Vormeinungen als Grundlage eines jeden Verstehens und Verstehensprozesses. Zum großen Teil wird die I. als methodische Durchführung des ↗Verstehens an einem Text behandelt. (b) Die analytische Richtung erörtert das Verfahren der I.: Als methodologische Analyse befaßt sie sich mit der Festlegung methodologischer Regeln, den Prozessen der Hypothesenbildung, -systematisierung und -prüfung. Dazu formuliert sie folgende Regeln: (1) Als grundlegende Annahme gilt, daß jeder zu interpretierende Text einen Sinnzusammenhang (welcher Art auch immer) besitzt; (2) der Interpret geht von einer Haupthypothese aus und systematisiert sämtliche Unterhypothesen, indem er diese nach ihren logischen Abhängigkeitsverhältnissen anordnet; (3) ausgehend von allen singulären Detailhypothesen ist zu analysieren, wie weit der Interpret diese durch unabhängige methodische Verfahren prüft und damit seinen übergeordneten Hypothesen evtl. Geltung verschafft. I. wird deshalb definiert als methodisch überprüfte hypothetische Entschlüsselung eines methodologisch vorausgesetzten Sinnzusammenhanges. Die dafür bereitstehenden Prüfungsverfahren bestehen entweder in (umgangssprachlichen) Handlungsanweisungen wie Herstellen kritischer Lesarten, Aufzeigen und Vergleich von Parallelstellen des Textes, Belegtextverfahren oder in technischen Verfahren, die als linguistische und mathematisch-statistische oder als experimentell-psychologische Untersuchungen vorgenommen werden können. **Lit.:** W. K. Essler/R. F. M. Cruzado: Grundzüge der Logik I. Das Logische Schließen. Frankfurt [4]1991. S. 284. – H. Güttner: Logik der Interpretation. München 1973. – F. v. Kutschera/A. Breitkopf: Einführung in die moderne Logik. Freiburg/München 1971. S. 86 ff. PP

**Interpretationismus, methodologischer.** Der von Lenk entwickelte Ansatz des m.n I. umfaßt eine erkenntnistheoretische und eine transzendentalphilosophische Perspektive. Ausgangspunkt ist die Ansicht, daß wir keinen von der Anwendung von Schematisierungen und Schemata, also von Interpretationen und Interpretationskonstrukten unabhängigen Zugang zur Welt haben – weder in der Erkenntnis noch im Handeln. Welt ist in Weltversionen nur erfaßbar, insoweit sie von unseren menschengemachten, z. B. theoretischen, oder angeborenen bzw. interaktiv, in handelnder Auseinandersetzung mit der Umwelt, entwickelten Interpretationsschemata und stabilisierten Strukturen der Anwendung von solchen (Interpretationskonstrukten) strukturiert und geformt ist. Der Grundsatz der (Schema-)Interpretationsimprägniertheit besagt: Alles Erkennen und Handeln, alles, was wir erfassen können, ist entweder interpretationsgeprägt in dem Sinne, daß es von Schemainterpretationen unmittelbar oder mittelbar erzeugt wird, oder – unter Beteiligung von »Weltentitäten« – eben imprägniert ist. Der methodologische und transzendentale I. (Interpretationskonstruktionismus) ist also eine pragmatische, erkenntnistheoretische, methodologische bzw. – weitergehend – transzendentale Gesamtphilosophie des »Erfassens« (Denken, Erkennen und Handeln, Beeinflussen sowie Repräsentieren jeglicher Art), die mit einem pragmatischen und empirischen Realismus vereinbar ist und in moderner Weise den Aktivismus der Erkenntnistheorie Kants aufnimmt und weiterführt, aber auf eine Fixierung auf absolute, einzigartige und für jedes vernünftige Wesen gleich verbindliche Kategorien verzichtet, die Schemata und Schematismen (Kant: *KrV* B 179 ff.) flexibilisiert, liberalisiert und auf Alltagserkenntnis sowie wissenschaftliche Erkenntnis zu beziehen gestattet. Auf abstrakter methodologischer Ebene überbrückt der m. I. die Kluft zwischen Geistes-, Natur- und Sozialwissenschaften sowie den durchaus auch schemagebundenen Weisen der Alltagserfassungen. (Schema-)Interpretationen sind abhängig von Interaktion und Intervention sowie der Einbettung in bildhafte pragmatische Handlungsbezüge: »Schemainterpretationen ohne Interaktionen und Interventionen sind leer, und Interaktionen und Interventionen ohne Schemadeutung sind blind.« – Der Ansatz schließt ersichtlich modifizierend und liberalisierend an Kants Erkenntnistheorie an, aber auch an Nietzsches Interpretationsphilosophie (wie G. Abel zuerst deutlich gemacht hat). Abels Variation der Interpretationsphilosophie, die nach der Lenkschen, aber zunächst unabhängig und später in ständiger Diskussion mit dessen m.m I. entworfen wurde, ist zunächst weniger pragmatisch-realistisch gewesen und stärker von Nietzsches Interpretationsabsolutismus geprägt, meint aber ebenfalls, daß die traditionellen ontologischen und erkenntnistheoretischen Unterscheidungen erst sekundär, in der methodologischen bzw. liberalisiert-transzendentalen Interpretationsperspektive auftreten. – Auch W. Röds problematizistisch-hypothetischer transzendentalphilosophischer Ansatz ist mit dem I. verwandt, wie auch Peirces semiotische und Cassirers symbolistische Erkenntnistheorie der »symbolischen Formen«.

Die Unterscheidung von Interpretationsperspektiven und -schichten ergibt ein Kontinuum von schematisierend-interpretatorischen Aktivitäten (Lenk), die von der Gegenstandskonstitution, Neuronenensemble-Stabilisierung, von der Welt mitbedingter Imprägnationen bis zur bewußten Konstruktion und Rekonstruktion (z. B. von abstrakten Begriffskonstruktionen) reichen. Hermeneutische Interpretationen im Sinne der traditionellen Sprachhermeneutik und der Universalhermeneutik sind Spezialfälle der umfassenderen Schemainterpretation für den Fall, daß ein »Gegebenes« in Form eines Textes oder eines zu deutenden »Etwas« bereits vorliegt. Insofern ist das Interpretieren im Sinne der Interpretationskonstrukte und der Schemainterpretationen viel allgemeiner. Verallgemeinert wird auch Wittgensteins Sprachspielmodell auf das »Modell von Schemaspielen«. Lenk versucht die Ausbildung, Etablierung und Stabilisierung von Schemata der Repräsentation, z. B. der Wahrnehmung, mit der Aktivierung und stabilisierenden Reaktivierung von Neuronenensembles i. S. der heutigen Neurowissenschaft zu korrelieren, wodurch eine erkenntnistheoretische »Wie ist möglich?«-Erklärung umrissen wird.

Um die verschiedenen Schichten des Schemainterpretierens der Interpretationskonstrukte und -prozesse zu unterscheiden, differenziert Lenk sechs Ebenen oder Stufen der Interpretation (Lenk 1993, S. 56; 1995 a, S. 103): $IS_1$: praktisch und biologisch unveränderliche produktive Urinterpretationen (primäre Konstitutionen bzw. Schematisierungen), $IS_2$: Musterinterpretationen, Schemahabitualisierung und vorsprachliche Begriffsbildung, $IS_3$: sozial etablierte, kulturell tradierte konventionelle Begriffsbildungen (entweder vorsprachlich normiert oder repräsentierend sprachlich), $IS_4$: bewußte Einordnungsinterpretationen, Klassifikation, Subsumierung, Beschreibung usw. (gezielte Bildung von Artbegriffen), $IS_5$: begründende Rechtfertigungsinterpretationen (entweder theoretisch bzw. »verstehend« oder normativ) und $IS_6$: erkenntnistheoretische (methodologische) Metainterpretationen (z. B. in der Interpretationskonstruktmethode selbst).

Abel unterscheidet drei Ebenen: die »ursprünglich-produktiven und sich in den kategorealisierenden Zeichenfunktionen selbst manifestierenden konstruktbildenden Komponenten« (»Interpretationen$_1$«), denen die gewohnheitsmäßig »verankerten und habituell gewordenen Gleichförmigkeitsmuster« (»Interpretationen$_2$«) und die »aneignenden Deutungen« (»Interpretationen$_3$«) gegenüberstehen (Abel 1993, S. 14 f.).

Viele traditionelle philosophische Grundprobleme wie z. B. das Wahrheitsproblem (s. z. B. Abel 1989), das Referenzproblem (s. Dürr/Lenk 1995), das von Realismus und Idealismus stellen sich neu, weil es Probleme der unterschiedlichen Bezugnahme bzw. der Beziehung zwischen unterschiedlichen Interpretationsperspektiven der genannten Schichten sind. Sie sind somit in diesem methodologischen und liberalisiert-transzendentalen pragmatischen Ansatz neu zu fassen bzw. einer relativierten und differenzierten Lösung zuzuführen. Der m. I. ist in diesem Sinne ein umfassender erkenntnistheoretisch-philosophischer Neuansatz, der manchen anderen neueren Strömungen, wie z. B. dem internen Realismus Putnams, verwandt ist (vgl. hierzu Abel 1993), aber sich in mancherlei Hinsicht von diesen wiederum kennzeichnend unterscheidet und ein eigenes Gepräge besitzt. **Lit.:** G. Abel: Interpretationswelten. Frankfurt 1993. – R. Dürr/H. Lenk: »Referenz und Bedeutung als Interpretationskonstrukte«. In: J. Trabant (Hg.): Philosophie der Sprache. Frankfurt 1995. – H. Lenk: Philosophie und Interpretation. Frankfurt 1993. – Ders.: Interpretationskonstrukte. Frankfurt 1993. – Ders.: Von Deutungen zu Wertungen. Frankfurt 1994. – Ders.: Interpretation und Realität. Frankfurt 1995. – Ders.: Schemaspiele. Frankfurt 1995 (a). – W. Röd: Erfahrung und Reflexion. München 1991. RDÜ/MM

**Interrogativ,** als Substantiv Frage, als Adjektiv fragend. Der Unterschied zwischen ↗Frage- und Aussagesatz ist zuerst in der klassischen Antike bewußt geworden. Bei Diogenes Laertius (IX 54.) heißt es von dem Sophisten Protagoras, »er habe zuerst die vier Formen der Rede (logos), Bitte, Frage, Antwort und Vorschrift unterschieden«. Wie Protagoras scheinen die Sophisten solche grammatischen Kategorien vor allem deshalb unterschieden zu haben, um sie hernach als rhetorische Mittel instrumentalisieren zu können. Daß die Frage ein Werkzeug war, um im eristischen Gespräch die dominante Gesprächsrolle zu übernehmen, belegt neben Platons *Euthydemos* auch der Dialog *Protagoras*, wo zwischen Sokrates und dem Sophisten ein methodischer Streit darüber ausgefochten wird, wer wen fragen dürfe. In der römischen Justizsprache hat der Terminus »interrogatio« die Bedeutung von »Verhör«. In der modernen Logik wird die Interrogativlogik von der Aussagelogik unterschieden. Erstere behandelt Fragen, bei denen implizite Aussagen mitenthalten sind bzw. vorhergehende Fragen vorausgesetzt sind, was insbesondere für die Automatisierung von Frage-Antwortvorgängen von hoher praktischer Relevanz ist. MFM

**Intersubjektivität.** Als philosophisches Problem wurde die I. vor allem von Husserl in den Vordergrund gerückt, indem er die Frage aufwarf, wie sich I. im intentionalen Bewußtsein konstituiert. Die phänomenologische Reflexion richtet sich auf das transzendentale Ego und die ↗Primordialsphäre des Ich. Die Primordialsphäre stellt eine Eigenheitssphäre dar und alles, was diese überschreitet, etwas Ich-Fremdes. Die Primordialsphäre ist geprägt durch das Bewußtsein vom eigenen Leib. Von hier aus versucht Husserl in mehreren Schritten, den Bezug zu dem Ich-Fremden herzustellen: Ich nehme einen anderen Körper wahr, der wahrgenommene Körper gleicht meinem eigenen, was mich zu einer »Paarungsassoziation« motiviert. Aufgrund dieser Ähnlichkeit appräsentiere ich diesem Körper auch ein Leibbewußtsein, wie ich selbst es habe. Damit unterschiebe ich diesem anderen Körper auch ein eigenständiges transzendentales Ego. In der Anerkennung des anderen als ebenfalls weltkonstituierendes Subjekt ist die Grundlage der I. gewonnen, d.h. neben mir gibt es noch andere Subjekte und meiner Wahrnehmung von Welt steht gleichberechtigt die der anderen Subjekte zur Seite. – In der analytischen Sprachphilosophie und der Wissenschaftstheorie erscheint I. als Postulat, auf gleiche Weise die Ausdrücke zu gebrauchen und das Bestehen von Sachverhalten zu untersuchen. Zu diesem Zweck wurde innerhalb des ↗Wiener Kreises der Vorschlag einer exakten Sprache eingebracht. Als Modell diente die Sprache der Physik, weshalb die Ansicht vertreten wurde, die Sprache der Wissenschaft müsse auf die Sprache physikalischer Beobachtungen eingeschränkt werden. In bezug auf den wissenschaftlichen Prozeß wird von Popper die Forderung nach intersubjektiver Nachprüfbarkeit durch Beobachtungen erhoben. **Lit.:** E. Husserl: Cartesianische Meditationen. Hua I. 5. Meditation. – Ders.: Zur Phänomenologie der Intersubjektivität. Hg. v. I. Kern. Hua XIII-XV. – K. Popper: Logik der Forschung. Tübingen [7]1982. PP

**Introspektion** (lat. introspicere: hineinblicken, -schauen), abgeleiteter Kunstausdruck, der die (gegebenenfalls kontrollierte) Selbstbeobachtung, d.h. die unmittelbare subjektive Beobachtung der eigenen im Bewußtsein gegebenen mentalen Zustände oder Erlebnisse bezeichnen soll. Im Unterschied zur intersubjektiv ausweisbaren und irrtumsanfälligen Beobachtung von Gegenständen der Außenwelt geht mit dem affirmativen Gebrauch von I. der Anspruch einher, über einen in verschiedenerlei Hinsicht privilegierten Zugang zu unserem »Innenleben« zu verfügen. Der in der Philosophie und der aufkommenden experimentellen Psychologie des ausgehenden 19. Jh. verwendete Begriff ist der Sache nach als erkenntnistheoretischer Angelpunkt schon bei Augustinus und Descartes und vor allem bei den englischen Empiristen (Locke, Berkeley, Hume) vorhanden: »consciousness«, »internal sense«. – Die »klassische« Auffassung von der I. (Wundt; James) wurde innerhalb der sich entwickelnden psychologischen Forschung als unwissenschaftlich, weil intersubjektiv nicht ausweisbar, bald abgelehnt. Jedoch spielen Erlebnisberichte (»verbal reports«) von Versuchspersonen und Patienten auf verschiedenen Gebieten der empirischen Psychologie weiterhin eine methodisch wichtige Rolle. – In der Philosophie haben im Anschluß an Ryle begriffsanalytische Erwägungen die I. obsolet werden lassen. Trotz eines in neuerer Zeit unternommenen Versuchs, I.en mit Rücksicht auf wissenschaftliche Vorgehensweisen philosophisch zu rehabilitieren (Holenstein), lassen empirische Untersuchungen in der Kognitionspsychologie Zweifel nicht nur an der Verläßlichkeit und daher der Brauchbarkeit dieser Methode aufkommen, sondern auch an der Existenz des Phänomens. **Lit.:** W. Alston: Varieties of Privileged Access. In: American Philosophical Quarterly 8 (1971). S. 223–241. – E.G. Boring: A History of Introspection. In: Psychological Bulletin 50 (1953). S. 169–189. – E. Holenstein: Introspektion. In: Ders.: Von der Hintergehbarkeit der Sprache. Frankfurt 1981. S. 84–155. – Nisbett/DeCamp Wilson: Telling More Than We Can Know: Verbal Reports on Mental Processes. In: Psychological Review 84 (1977). S. 231–259. – G. Ryle: Der Begriff des Geistes. Stuttgart 1969. S. 219–225. BBR

**Intuition** (lat. intueri: anschauen, betrachten), (1) unmittelbares Erkennen, Erfassen, Schauen der Ganzheit oder des Wesens eines Dinges oder Sachverhaltes. Die vermittels der I. gewonnenen Erkenntnisse sind nicht weiter begründbar. Platon führt die Erkenntnis der Idee auf I. zurück, ma. Philosophen berufen sich bei der Gotteserkenntnis auf sie. Überhaupt gelten alle für unbeweisbar gehaltenen Sätze und Axiome für intuitiv erkannt. Das Gottesargument von Anselm von Canterbury beruht auf der I., daß das vollkommen gedachte Wesen (Gott) auch existieren müsse und eine weitere rationale Rechtfertigung dieser Identität von Wesen und Existenz nicht möglich sei. In der Lehre Spinozas wird I. zur höchsten von drei Erkenntnisarten überhaupt erklärt. Dort gibt die *scientia intuitiva* (intuitives Wissen) unmittelbar und auf gleiche Weise die Dinge wieder, wie sie in Gott sind. Seine breiteste Entfaltung erreicht diese Lehre in der Spätaufklärung bei Herder, Goethe und Schelling, wodurch Kunst und Wissenschaft gleichermaßen sich auf unvermittelte Schau ursprünglicher Wahrheiten berufen können. Besonders Schelling entwickelt aus der I., die bei ihm »intellektuelle Anschauung« genannt wird, große Teile seiner Philosophie. Kant bestreitet die Möglichkeit eines intuitiven Verstandes, der Erkenntnis auf andere Weise gewinnt als das diskursiv gewonnene Wissen. Von einer Wesensschau geht auch die Phänomenologie Husserls aus. Dem Gedanken der I. widersprechen all diejenigen Philosophen, die Philosophie als rationale Wissenschaft verstehen, in welcher die Erkenntnis immer eine vermittelte, niemals eine unmittelbare sei. Berühmt ist Hegels Abwehr der intellektuellen Anschauung Schellings als die »Nacht..., in der alle Kühe schwarz sind«. Als »erste Erscheinungsform des Irrationalismus« gar, und damit als Mitbegründung des »vorfaschistischen Irrationalismus«, denunziert G. Lukács Schellings intellektuelle Anschauung in seiner Schrift *Die Zerstörung der Vernunft*. – (2) Unter einer moralischen I. ist zu verstehen, was der einzelne oder mehrere Menschen de facto für moralisch richtig oder falsch halten. Moralische I.en können zur Überprüfung anthropologischer Beschreibungen verwendet werden, in denen Aussagen darüber gemacht werden, was in bestimmten Gruppen oder Gesellschaften für moralisch richtig gehalten wird, d.h. Aussagen über die faktische Geltung von Normen. [PP] **Lit.:** Anselm von Canterbury: Proslogion. Lat.-dt. Stuttgart-Bad Cannstatt 1962. – J.W. Goethe: Anschauende Urteilskraft. In: Hamburger Ausgabe. Bd. 13. – I. Kant: Kritik der reinen Vernunft. – F.W.J. Schelling: System des transzendentalen Idealismus. Hamburg 1992. – B. Spinoza: Die Ethik. Hamburg 1990. KJG

**Intuitionismus.** In der Debatte über die Grundlagen der Mathematik setzt sich der ursprünglich von L.E.J. Brouwer ausgearbeitete I. hauptsächlich dem ↗Logizismus und dem ↗Formalismus entgegen. Dem mathematischen I. liegt die These zugrunde, daß das Verstehen einer mathematischen Aussage aufgrund der mentalen Konstruktionen zu erklären ist, die zu einem Beweis führen. Der Beweis einer mathematischen Aussage, womit die Existenz eines Gegenstandes behauptet wird, muß demnach ein Verfahren liefern, um den Gegenstand zu konstruieren. Haben wir einen Beweis für eine Aussage *p* gegeben, so ist *p* behauptbar. Haben wir keinen Beweis, so folgt daraus nicht, daß *p* falsch ist. Diese Auffassung beinhaltet eine Ablehnung des Prinzips, wonach jede Aussage entweder wahr oder falsch ist. Bei Aussagen über unendliche Bereiche ist nicht davon auszugehen, daß wir immer über einen Beweis verfügen. Die Aussage gilt dann als weder wahr noch falsch. **Lit.:** L.E.J. Brouwer: Zur Begründung der intuitionistischen Mathematik, I-III. In: Mathematische Annalen 93 (1925), S. 244–257; 95 (1926), S. 453–472; 96 (1927), S. 451–488. – M. Dummett: Elements of Intuitionism. Oxford 1977. – A. Heyting: Intuitionism. Amsterdam 1956. – A.S. Troelstra: Principles of Intuitionism. Berlin 1969. GSO

**Intuitionismus, ethischer,** Bezeichnung für diejenigen Ethikkonzeptionen, nach denen an der Grundlage ethischen Wissens unmittelbare Einsichten (Intuitionen) liegen. Eingeschlossen ist dabei die These, moralische Grundbegriffe wie »gut«, »richtig« oder »Pflicht« usw. könnten nicht, wie vom metaethischen ↗Naturalismus behauptet, durch außermoralische Begriffe erklärt werden. Entsprechend werden dem e.I. zufolge moralische Urteile in letzter Instanz durch unmittelbare evidente Einsichten oder Gefühle bzw. eine Wertschau des einzelnen Subjekts fundiert. Zu den englischsprachigen Hauptvertretern gehören G.E. Moore (der mit dem e.I. eine Variante des ↗Utilitarismus zu verbinden sucht), H.A. Prichard (der einzelne Handlungen aufgrund des e.I. als moralisch richtig oder falsch auszuzeichnen versucht, also einen handlungsdeontologischen e.I. vertritt) und W.D. Ross (der für einen Regeldeontologismus auf der Basis des e.I. eintritt, nach dem ↗prima-facie Pflichten intuitiv eingesehen werden könnten). Die wichtigsten deutschsprachigen Vertreter eines e.I. sind M. Scheler und N. Hartmann, die den e.I. als einen Bestandteil in ihre ↗Wertethik aufnehmen. – Als schwerwiegender Einwand gegen den e.I. wird oft der Hinweis angesehen, daß verschiedene Personen Verschiedenes, u.U. moralisch Unverträgliches als evident ansehen, ohne daß eine immanente Rechtfertigung oder Überprüfung ihrer Ansichten möglich wäre (da eine Berufung auf die unterschiedlichen Intuitionen nicht weiter führe). **Lit.:** N. Hartmann: Ethik. Berlin 1926. – G.E. Moore: Principia Mathematica. Cambridge 1903 (dt. Stuttgart 1970). – H.A. Prichard: Does Philosophy Rest on a Mistake? In: Mind 21 (1912) (dt. in: G. Grewendorf/G. Meggle (Hg.): Seminar: Sprache und Ethik. Frankfurt 1974). – W.D. Ross: The Right and the Good. Oxford 1930. – Ders.: Foundations of Ethics. Oxford 1939. – M. Scheler: Der Formalismus in der Ethik und die materiale Wertethik. Halle, 1913/16; Bern/München 1954. WK

**Inus-Bedingung** (engl. insufficient, but non-redundant part of an unnecessary but sufficient condition), Bezeichnung für einen unerläßlichen, aber für sich nicht hinreichenden Teil einer hinreichenden, aber nicht notwendigen Bedingung. Diese I. spielt im Zusammenhang der Diskussion, wie der Begriff »Kausalität« zu explizieren sei, eine besondere Rolle. Mackie's Vorschlag der kontrafaktischen Definition von »Ursache« (d.h. die Frage: wenn x nicht gewesen wäre, wäre dann y trotzdem eingetreten?) wird ergänzt durch die Annahme eines kausalen Feldes, in dem sich das verursachte Ereignis befindet. Nicht alles in diesem kausalen Feld ist als Ursache in Erwägung zu ziehen: allerdings ist ein Ereignis dieses Kausalfeldes eine hinreichende Bedingung, wenn es zusammen mit anderen Teilen ein anderes Ereignis bewirkt, wobei auch die anderen Teile für sich genommen nicht hinreichend gewesen wären, um dieses Ereignis zu bewirken. Das Ereignis hätte auch durch andere Bedingungen bewirkt werden können, so daß das erstgenannte Ereignis nicht als notwendige Bedingung anzusehen ist. **Lit.:** J.-L. Mackie: The Cement of the Universe. A Study of Causation. Oxford 1974. PP

**Inversion,** geht zurück auf das lat. inversio (Umkehrung; auch lat. perversio), mit dem in der rhetorischen Theorie das griech. anastrophe wiedergegeben wird, das eine Vertauschung zweier benachbarter Elemente in ihrer üblichen oder vorgeschriebenen Abfolge bezeichnet, meist der Worte eines Satzes, seltener der Teile einer Rede. Neben der dispositionellen Umstellung oder der syntaktischen Vertauschung bis hin zum Wechsel der syntaktischen Beziehung (Hypallage), die formal dem Rhythmus oder dem Reim, inhaltlich der emphatischen Hervorhebung dient, kann I. auch eine semantische Verkehrung bedeuten, etwa beim ↗Hysteron proteron, in dem eine logische oder chronologische Abfolge umgekehrt wird, oder bei der Ironie, durch die ein Wortsinn in sein Gegenteil verändert wird; vergleichbar besteht in der Logik die I. in der jeweiligen Verneinung von Vorder- und Hinterglied einer Aussage: z.B. wird aus ›p oder q‹ durch I. ›nicht p oder nicht q‹. **Lit.:** H. Henze: Die I. in der Poetik und Dichtersprache. Diss. Göttingen 1965. BKO

**Ironie** (griech. eironeia: Verstellung), im allgemeinen Sinne eine rhetorische Figur, bei der in offensichtlicher Weise die wirkliche Meinung eines Sprechers über das Besprochene nicht mit seiner geäußerten Ansicht über dieses übereinstimmt. Insoweit eine Form der Distanzierung von der eigenen Äußerung, die dazu dienen kann, Kritik und Ablehnung in der angenehmeren Gestalt scheinbarer Zustimmung und heftige positive Gefühle in der unproblematischeren Form formaler Distanz zu präsentieren.

Innerhalb der philosophischen Tradition tritt I. in dieser Bedeutung als rhetorisches Mittel in der argumentativen Auseinandersetzung auf. Daneben haben sich jedoch drei verschiedene Formen spezifisch philosophischer I. herausgebildet:

(1) die sokratische I.: Sie besteht darin, daß der Wissende im vollen Bewußtsein seiner Überlegenheit sich in die Rolle des Unwissenden begibt, um das vermeintliche Wissen der unwissenden Gesprächspartner durch seine naiv anmutenden Fragen als haltlos bloßzustellen. Die I. hat hier die didaktische Funktion, die Unwissenden durch Selbstverharmlosung des Gesprächspartners zur Selbstoffenbarung zu verleiten. Typisch für die ironische Situation ist auch die kommunikative Überlegenheit des Sprechers, die hier nicht nur in der Verschleierung seiner wirklichen Meinung, sondern mehr noch in der Verdeckung seiner wahren Rolle (als Lehrer) gründet. (2) die romantische I.: Sie ist fundiert im bewußten Annehmen des Auseinanderfallens von Ideal und Wirklichkeit. Im philosophischen Streben nach Formulierung oder gar Realisierung von Idealen ist im Sinne der romantischen I. insofern eine Selbstdistanzierung eingeschlossen, als das Ideal als »bloßes« Ideal der so weit entfernten Wirklichkeit gewissermaßen in spielerischer Absicht entgegengesetzt wird. I. ist hier demnach eine Methode, die Realitätsferne des Vollkommenen zu akzeptieren, ohne zugleich auch auf die Idee des Vollkommenen zu verzichten (F. Schlegel). (3) die existentielle I.: Diese von Kierkegaard entwickelte Form der I. stiftet eine Distanz zwischen verschiedenen Formen der Existenz des Individuums. Sie ist insofern eine Methode der Selbstüberwindung, als eine angenehme (etwa die ästhetische) Lebensform absolut negiert wird durch einen »Sprung« in die ethische Lebensform. In dieser Form der I. fehlt völlig das ansonsten typische spielerische Element.

Innerhalb der Poetik ist noch eine weitere Form der I. bekannt: die dramatische I. Sie gründet im Wissensdefizit der in einem Drama handelnden Personen gegenüber den wissenden Zuschauern. Das Ziel dieser Form der I. ist die Herstellung einer Überlegenheit des Zuschauers gegenüber den handelnden Personen. Diese wird als komisch erlebt und insofern gehört die I. typischerweise in die Komödie (etwa die Verwechslungskomödie) oder die Boulevardkomödie. – Einige zeitgenössische Dramatiker (so z.B. Harold Pinter) haben gelegentlich eine Umkehrung der dramatischen I. versucht, indem der Verlauf des Geschehens beim Zuschauer den Eindruck hinterläßt, die handelnden Personen wüßten Entscheidendes, was ihm selber verborgen bleibt. **Lit.:** R. Jancke: Das Wesen der Ironie. Leipzig 1929. – U. Japp: Theorie der Ironie. Frankfurt 1983. – S. Kierkegaard: Über den Begriff der Ironie mit ständiger Rücksicht auf Sokrates (Gesammelte Werke. 31. Abtlg.) Düsseldorf 1961. – W. Lange-Eidesaum: Genie, Irrsinn und Ruhm. München 1986. – F. Schlegel: Philosophische Vorlesungen (1856–1862). – H. Sommer: Genie. Zur Bedeutungsgeschichte des Wortes von der Renaissance zur Aufklärung. Frankfurt 1998. RL

**Irrational, Irrationalismus,** bezeichnet sowohl nichtrationale Erkenntnisformen (↗Intuition, ↗Gefühl) als auch die der Verstandeserkenntnis nicht zugänglichen Gegenstandsbereiche. Die Bestimmung dessen, was als i. betrachtet wird, variiert innerhalb eines Begriffsystems in Abhängigkeit vom jeweiligen Rationalitätskonzept. So bedeutet i. etwa bei Hegel und Fichte etwas dem Verstand, nicht aber der Vernunft Entgegengesetztes. I. werden ferner Argumentationsweisen genannt, die auf Begründung, intersubjektive Nachvollziehbarkeit oder wissenschaftliche Nachprüfbarkeit verzichten. – Die Bezeichnung »Irrationalismus« für eine philosophische Richtung hat meist polemischen Charakter. Als Charakterisierung sinnvoll mag sie dort sein, wo innerhalb eines metaphysischen Konzeptes ein vom Verstand nicht erkennbarer oder selbst nicht vernünftiger Urgrund des Seins angenommen wird (z.B. Schopenhauer, Bergson). Insgesamt kommt es den zuweilen als irrationalistisch bezeichneten Richtungen (Lebensphilosophie, Existenzphilosophie) mehr darauf an, gegenüber positivistischen Totalitätsansprüchen zu zeigen, daß das Gesamt der Wirklichkeit, einschließlich dessen, was für den Lebensvollzug des einzelnen wesentlich ist, mehr umfaßt als den durch wissenschaftlich-rationale Verfahren ausweisbaren Bereich. FPB

**Irreversibilität** ↗Reversibilität/Irreversibilität

**Isomorph,** gleichförmig. (1) Als i. bezeichnet man in der Mathematik zwei Gebilde bzw. Gruppen, wenn jedes Element der einen Gruppe und seine Zuordnung innerhalb derselben der eines anderen und dessen Zuordnung in einer andern Gruppe entspricht. – (2) In der

Chemie nennt man Kristalle i., deren molekulare Strukturen identisch sind. – (3) In der Psychophysiologie spricht man von Isomorphie, wenn ein bestimmter Zustand des Bewußtseins einem physischen Prozeß entspricht, der diesen Bewußtseinszustand materiell bedingt. Der Begriff ist 1929 in W. Köhlers *Gestalt Psychologie* eingeführt worden, geht indes der Sache nach auf frühere Untersuchungen desselben Autors und die psychophysiologischen Abhandlungen von G. Th. Fechner, G. E. Müller und E. Mach zurück. MFM

**Isonomie** (griech. ison: gleich; nemein: teilen), um 500 v. Chr. in Griechenland auftretender Begriff, der für eine bestimmte, der Tyrannis immanent gegensätzliche Staatsordnung steht. I. bedeutet Gleichheit aller Bürger vor und durch das Gesetz, d. h. politische Gleichheit, und gilt als Frühform der Demokratie. Nach der Idee der I. hat jeder der Polis angehörende Bürger das Recht, an der politischen Willensbildung in gleicher Weise teilzunehmen. **Lit.:** T. Mau/E. G. Schmidt (Hg.): Isonomia. Berlin 1964. – Chr. Meier: Entstehung des Begriffs »Demokratie«. Frankfurt 1970. RS

**Isosthenie** (»gleichwertiger Widerstreit«), Schlüsselbegriff im ↗Pyrrhonismus. Der Pyrrhonismus ist ein ethisch motivierter ↗Skeptizismus, der umfassende Enthaltung des Urteils (↗Epoché, skeptische) erstrebt um der Glückseligkeit willen. Zur Urteilsenthaltung entschließt man sich dabei nicht, vielmehr ist Epoché ein unwillkürlicher Zustand, der infolge der I. von Behauptungen und Argumenten eintritt. Daher wird im Pyrrhonismus bezüglich aller Sachfragen mithilfe ausgefeilter Argumentationstechniken (↗Tropen, skeptische) I. angestrebt. Ob der zwischen zwei Behauptungen bestehende Widerstreit wirklich »gleichwertig« ist, ist keine Frage objektiv-logischer, sondern subjektiv-psychologischer Einschätzung: wenn jemand zwei Behauptungen samt dem jeweiligen Pro und Contra als gleichwertig empfindet, muß das nicht heißen, daß beide in einem objektiven Sinne gleichwertig sind. Dem Pyrrhoneer reicht es, sich selbst in jeder Sachfrage an den Punkt zu bringen, an dem er die widerstreitenden Antworten als gleichwertig (gleich plausibel, gleich glaubwürdig) erlebt. – Insofern die I. subjektiv zu einer wechselseitigen »Neutralisierung« widerstreitender Meinungen und Meinungssysteme führt, kann sie, wie O. Marquard im Rahmen seiner Wiederaufnahme des Pyrrhonismus betont hat, als Mittel zur »Entlastung« des Einzelnen begriffen werden. **Lit.:** O. Marquard: Abschied vom Prinzipiellen. Stuttgart 1981. – Sextus Empiricus: Grundriß der pyrrhonischen Skepsis. Übers. v. M. Hossenfelder. Frankfurt 1985. AE

**Jainismus**, neben Hinduismus und Buddhismus die drittgrößte Religion des indischen Subkontinents, im Westen relativ unbekannt. Der historische Gründer der Lehre, Mahāvīra oder auch Jina, »der Sieger«, genannt (beides Ehrentitel nach der Erleuchtung), der ungefähr zeitgleich mit dem historischen Buddha lebte, führt mehrere Vorgänger an, von denen der letzte, Pārśva, vielleicht ebenfalls historisch war. Der J. ist wie der ↗Buddhismus eine Heilslehre, die versucht, dem Menschen einen Weg aus dem unendlichen Kreislauf der Wiedergeburten aufzuzeigen (vgl. den Titel Tīrthāṅkara »Weg- oder Furtbereiter« für Mahāvīra und seine Vorgänger). Komplette philosophische Systeme sind in den Werken von Kundakunda und Umāsvāti dargestellt. Im Unterschied zum Buddhismus, der die Existenz einer Seele ganz leugnet, kennt der J. unendlich vielen Seelen (↗Jīva), die ewig sind und denen von Natur aus Erkenntnis und Vollkommenheit eigen ist. Diesen steht das Unbelebte (ajīva) gegenüber. Eigenartig ist die ↗Karma-Lehre: werden die Seelen (geistig) tätig, so strömt Karma in sie ein. Dieses Karma bindet (bandha) die Seelen an den Geburtenkreislauf (↗Saṃsāra). Nach jainistischer Erlösungslehre muß man also bedacht sein, das Einströmen (āśrava) von neuem Karma zu verhindern (saṃvara) und das alte zu tilgen (nirjarā); ersteres erreicht man durch die Beachtung der sittlichen Vorschriften, letzteres durch asketische Übungen (↗Tapas). Ist eine Seele erlöst (↗Mokṣa), so steigt sie vollkommen (kevala) zum höchsten Punkt der Welt und verharrt dort in ewiger Seligkeit. Die sieben Grundwahrheiten des J. (tattvāni) sind bei Umāsvāti: Jīva, ajīva, āśrava, bandha, saṃvāra, nirjarā, ↗Mokṣa. Die Vielheit der Seelen, die mit unterschiedlichen Eigenschaften und auf unterschiedlichen Stufen in den Grundgegebenheiten Raum (ākāśa), Materie (pudgala), Bewegung und Ruhe (↗dharma, adharma) und der Zeit (kāla) tätig sind, führte zu einer Analyse und Bestimmung der Verhältnisse all dieser zueinander. Da die Dinge mannigfaltige Relationen beinhalten, ist jede Beschreibung und Betrachtung relativ. Diese »Relativitätstheorie« des J. (syādvāda) war eine scharfe Waffe in der Auseinandersetzung mit seinen Gegnern, da jede absolute Behauptung damit widerlegt werden konnte. **Lit.:** E. Frauwallner: Geschichte der indischen Philosophie. Bd. I. Salzburg 1953. S. 247 ff. und Bd. II. Salzburg 1956. S. 251 ff. – H. v. Glasenapp. Der Jainismus. Berlin 1925. – W. Schubring: Die Lehre der Jainas. Berlin 1935. – Ders.: In: Die Religionen Indiens. Bd. III. Stuttgart 1964. S. 217 ff. MD

**Jansenismus**, vom Namen eines seiner Hauptvertreter, C. Jansenius, abgeleitete Bezeichnung für bestimmte religiöse und kirchenpolitische Strömungen, die u. a. in den Niederlanden und Frankreich im 17. und 18. Jh. auftraten. Seine Wurzeln reichen in die Diskussion um die kath. Gnadenlehre des ausgehenden MA. zurück. Später gewinnt die Auseinandersetzung um Nationalstaatlichkeit und Kirchenansprüche an Bedeutung. Jansenius wendet sich gegen die offizielle Lehre von der Entscheidungsfreiheit und setzt die Linie des als häretisch verurteilten augustinischen, zum Calvinismus tendierenden, Konzepts fort. Seiner Ansicht nach ist durch die Erbsünde der Naturzustand als paradiesischer Stand verlorengegangen; daher gibt es nur die Wahl zwischen der Akzeptanz der göttlichen Gnade und dem Verderben, jedoch keine Freiheit. –

Das frz. Zentrum des J. befand sich im Kloster Port-Royal. Für A. Arnauld verweist die Sicherheit der Logik auf die Allmacht Gottes, da in einer kontingenten Welt alles Wissen Gnade ist. Pascal betont die tragische Spannung zwischen gleichzeitiger Offenbarung und Verborgenheit Gottes. Gott begnadet nur die Auserwählten. Die Macht der Erbsünde ist so groß, daß eine fortschrittliche Veränderung der Welt unmöglich wird. Mit seiner Frömmigkeit, der Herzensmystik und dem moralischen Rigorismus entsprach der J. der historischen Situation nach dem Zerbrechen des traditionellen Weltbilds infolge des kopernikanischen Schocks. **Lit.:** L. Goldmann: Der verborgene Gott. Darmstadt 1973. – P. Honigsheim: Die Staats- und Soziallehren der frz. Jansenisten im 17. Jh. Heidelberg 1914. Nachdr. Darmstadt 1969. – C. Jansenius: Augustinus. Löwen 1640. – B. Pascal: Les pensées sur la religion et sur quelques autres sujets. Paris 1982 (dt.: Gedanken. Wiesbaden 1947). RS

**Jemeinigkeit,** definiert für Heidegger das grundlegende Charakteristikum des menschlichen ↗Daseins, insofern dieses eine bevorzugte Rolle in der Ausarbeitung der Seinsfrage übernimmt. Weil das Fragen selbst eine Möglichkeit des Daseins ist, kehrt die fundamentalontologische Frage nach dem Sinn von Sein zurück auf das Seiende, das diese Frage stellt; denn dieses Seiende ist in seinem Fragen immer »da«, und zwar als jeweils meines: Somit rekapituliert die J. das »cogito sum« Descartes'. Das Wesen des Daseins wird jedoch nicht durch ein vorgegebenes abstraktes Was-sein bestimmt, sondern dadurch, daß das Dasein »je sein Sein als seiniges zu sein hat« (*Sein und Zeit*, § 4). Dementsprechend bedeutet die J., daß das Dasein sich selbst gewinnen oder verlieren kann: In der Uneigentlichkeit des ↗Man kann das Dasein von der Einzigkeit des eigenen Zuseins abweichen, in der Eigentlichkeit der ↗Entschlossenheit kann es sich selbst holen aus dem Verfallen an die Anonymität einer generalisierten Subjektivität. **Lit.:** A. Luckner: Martin Heidegger: »Sein und Zeit«. Paderborn u.a. 1997. JOP

**Jetzt.** Bereits der Antike war die doppelte Bedeutung der Zeit als momentaner Jetztpunkt, als Umschlag von Vergangenheit in Zukunft, und als Teil eines Kontinuums geläufig – eine Unterscheidung, die sich über Augustinus und Boethius vom MA. bis in die Neuzeit erhält. Gadamer hat die Verlegenheit, vor der sich das Bewußtsein angesichts des J. der Zeit gestellt sieht, pointiert dahin zusammengefaßt, »daß Zeit im J. der Gegenwärtigkeit ihr einziges Sein zu haben scheint, und doch ist ebenso klar, daß gerade in dem J. der Gegenwärtigkeit Zeit als solche nicht gegenwärtig ist.« Während Hegel im J. neben dem Hier die sinnliche Gewißheit begriff, Schopenhauer sodann die empirisch gefaßte Gegenwart von einem metaphysisch gedeuteten »Nunc stans« unterschied, ist für die Phänomenologie Husserls das J. der Ausgangspunkt aller »Urimpressionen«. Heidegger hat in *Sein und Zeit* ein vulgäres, an die gegebene Jetztzeit gebundenes und gleichsam inauthentisches Zeitverständnis (die Welt des Man) von einem authentischen, dabei den ekstatischen Augenblick erschließenden Zeitverständnis unterschieden. **Lit.:** H. Pröbsting: Jetzt. In: HWPh. IV (1976). Sp. 646 ff. – R. Wendorff: Zeit und Kultur. Geschichte des Zeitbewußtseins in Europa. Opladen ³1985. – W. Ch. Zimmerli/M. Sandbothe (Hg.): Klassiker der modernen Zeitphilosophie. Darmstadt 1993. WJ

**Jīva** (sanskrit, Leben, Seele). In der frühesten Zeit bezeichnet J. »das Lebende, Lebendige« im Gegensatz zum Toten (mṛta) (z.B. RV. 1.164. 30., 10.18.3.). J. kann so leicht die den Tod überdauernde Substanz eines Wesens, die Seele, werden (*Mahābhārata* XII.183–187). Im ↗Jainismus ist dieser Dualismus noch erhalten, wenn die ewigen Einzelseelen (J.) dem Unbelebten (ajīva) gegenübergestellt werden. In den ↗Upaniṣaden wird J. als Attribut des ↗Ātman (*Chāndogya-U.* 6.3.2. u. 6.11.1., *Kaṭha-U.* 4.5.) verwendet. In den jüngeren Upaniṣaden bezeichnet J. die vielen Einzelseelen im Unterschied zu der Allseele (*Māṇḍūkya-U.* 3. 11. u. 3.13., *Nṛsiṃhottama-U.* 9). Diese Vorstellung ist dann auch im ↗Vedānta des Śaṅkara zu finden (paramātman: höchster ātman, J.-ātman). Nach der späteren ↗Advaita-Schule manifestiert sich im Einzelwesen (J.) das Unwissen (↗Avidyā), das die Erkenntnis der Identität mit dem Brahman verhindert. In den śivaitischen und viṣṇuitischen Systemen steht dem einen Gott (Īśvara: Śiva oder Viṣṇu) die Vielzahl der Einzelseelen (J.) gegenüber. Im Buddhismus hat sich der Begriff Ātman für das abgelehnte Konzept der Seele (anātman, Pāli: anatta) durchgesetzt. MD

**Junghegelianer.** Unter den Anhängern der Hegelschen Philosophie kommt es bald nach Hegels Tod über die Auslegung der Religionsphilosophie zu einem Streit, der zur Spaltung der Schule führt. Die Althegelianer suchen zwischen der christlichen Orthodoxie und Hegels Lehre einen Ausgleich zu schaffen. Die J. optieren für eine historische Prüfung und Kritik der Lehre Jesu (D.F. Strauß) und verfolgen einen atheistischen (L. Feuerbach) bzw. pantheistischen (B. Bauer) Gottesbegriff. In den Jahren nach 1840 gewinnt diese Spaltung zunehmend politische Bedeutung. Die Althegelianer votieren überwiegend für die Verfassungskonzeption der *Grundlinien der Philosophie des Rechts*, d.h. die konstitutionelle Monarchie, während die J. demokratisch-liberale bis sozialistische Positionen einfordern und für eine »Verwirklichung« der von Hegel nur postulierten Versöhnung eintreten (B. Bauer, M. Stirner, A. Ruge, K. Marx). Diese Politisierung befördert die Unterscheidung in Rechts- bzw. Linkshegelianismus (Strauß: *Streitschrift zur Vertheidigung meiner Schrift über das Leben Jesus und zur Charakteristik der gegenwärtigen Theologie*. Tübingen ²1841. S. 95–126). Das Publikationsorgan der J. sind die *Hallischen Jahrbücher für deutsche Wissenschaft und Kunst* (1838–1841) bzw. die *Deutschen Jahrbücher für Wissenschaft und Kunst* (1841–1843). ↗Hegelianismus. **Lit.:** H. Struke: Philosophie der Tat. Studien zur ›Verwirklichung der Philosophie‹

bei den Junghegelianern und den wahren Sozialisten. Stuttgart 1963. EWL

**Junktor** ↗ Logische Partikel

**Junktorenlogik** ↗ Aussagenlogik

**Kabbala** (»Tradition«; von hebr. kbl: gegenüberstehen, entgegennehmen), bezeichnet die besonders aus der jüdischen Gnosis und der Merkabah-Mystik hervorgegangene mystisch-esoterische Hauptströmung des Judentums, die als religionsgeschichtliche Erscheinung in Südfrankreich und Nordspanien im 13. Jh. begann (A. Abulafia, J. Gikatila, M. de Leon u. a.), und deren Lehren sich später über den Messianismus von I. Luria (16. Jh.), S. Zewi (17. Jh.), J. Frank (18. Jh.) und den Chassidismus (seit dem 18. Jh.) bis heute fortsetzen. Die K. versucht auf der Basis eines neuplatonischen Weltbildes, aber mit traditionellen Mitteln (Bibel, Talmud, Midrasch), die Beziehung zwischen der absoluten transzendenten Gottheit (En-sof) und der Schöpfung zu bestimmen. Dabei herrscht die aus der mystischen Tradition übernommene Vorstellung vor, daß Gott selbst (als das Über-Sein) das Nichts sei. Die Schöpfung aus dem Nichts besteht im Hervorgehen der »Weisheit«, d. h. der Zweiten Sephirah, aus der ersten der zehn ↗ Sephiroth, welche die verborgene Wirklichkeit Gottes, das Ur-Nichts, ist. Die göttliche »Weisheit« enthält die Urbilder alles geschöpflichen Seins in Gott; in ihr ist Sein zuerst angelegt. – Für die praktische Seite der K. ist primär die Interpretation der Weltgeschichte mit Hilfe der beiden Grundbegriffe »Exil« (Verbannung, Sünde, Bruch, dämonische Verstrickung) und »Tikkun« (Wiederherstellung, Erlösung) relevant. Gott und das jüdische Volk sind im rituellen, spirituellen und ethischen Zusammenklang Subjekt wie auch Objekt des Tikkun. Die zehn Sephiroth stellen das metaphysische Raster für das Ziel einer messianischen Zeit als göttlich-israelitisch-geschöpflicher Endeinheit dar, die eine essentielle Bereicherung der ursprünglich von Gott gewollten Schöpfungsabsichten sein wird. Von diesem Denken her sind der akute Messianismus mit seiner Erwartung des Endes der Geschichte (1300, 1503, 1666 u. a.) und die Vorstellungen vom Hinabstieg in den Bereich des Bösen, um den Tikkun dort zu beginnen (Übertritt des Pseudo-Messias S. Zewi zum Islam und J. Franks zum Katholizismus), zu verstehen. **Lit.:** A. C. Herrera: Das Buch Zohar hašamajim. Frankfurt 1974. – A. Safran: Die Kabbala. Bern/München 1966. – G. Scholem: Über einige Grundbegriffe des Judentums. Frankfurt 1970. – Ders.: Ursprung und Anfänge der Kabbala. Berlin 1962. – Ders.: Zur Kabbala und ihrer Symbolik. Zürich 1989. RS

**Kairos** (griech.), der ausgezeichnete Moment in Raum und Zeit, an dem menschliches Handeln, insbesondere in der Kunst, plötzlich und überraschend zur Erfüllung gelangt. Entscheidend ist, welche Ursachen für dieses plötzliche Gelingen angenommen werden. – (1a) Der christlichen Religionsphilosophie zufolge offenbart Gott im K. seine Gnade, Liebe, Vollkommenheit und schenkt dadurch der endlichen Existenz Sinn. (1b) Der Genieästhetik zufolge kommt im K. das geheimnisvolle, unverhoffte Geschenk der genialen Inspiration zur Wirkung. (2) Nach Aristoteles, für den der K. »das Gute in der Zeit« ist, der günstige Moment, in dem die Zufälle der Gegenwart die Pläne der Vergangenheit im Hinblick auf eine beabsichtigte Zukunft stützen, sowie für Hegel und für den amerikanischen Pragmatismus (Dewey), muß zwischen der Erlebnisqualität des K. und seiner Genese unterschieden werden: Mag sich der Erfolg eines Bemühens (z. B. in der Kunst) auch plötzlich einstellen, so ist er doch das Produkt ganz normaler Arbeit, von vorangegangenen Mühen und viel Geduld. **Lit.:** Aristoteles: Nikomachische Ethik 1096 a 26, 1110 a 13, 1104 a 8, 1174 b 3–13. – J. Dewey: Art as Experience. Carbondale 1987. S. 97, 246, 143. – H. G. Gadamer: Die Aktualität des Schönen. Stuttgart 1977. S. 44–47. – G. W. F. Hegel: Vorlesungen über die Ästhetik. In: Werke. Hg. v. E. Moldenhauer/K. M. Michel. Bd. 13. S. 46. – R. Musil: Der Mann ohne Eigenschaften. Kap. 13, 14, 28. – J. Schmidt: Die Geschichte des Genie-Gedankens. Darmstadt 1988. MRM

**Kalifornische Semantik,** vermutlich von H. Putnam eingeführte Bezeichnung für die von Tarski beeinflußte und von Carnap maßgeblich geprägte ↗ intensionale Semantik, die die Bedeutung eines Satzes mit seinen Wahrheitsbedingungen gleichsetzt. Die K. S. ist eine den Zwecken der logischen Sprachanalyse angepaßte Mögliche-Welten-Semantik, die ihre Leistungsfähigkeit am nachhaltigsten in Arbeiten R. Montagues entfaltete (›Montague-Grammatik‹). UM

**Kalkül,** in der Logik ein System von syntaktischen Umformungsregeln zur Erzeugung von Zeichenreihen, die als Theoreme bezeichnet werden. Eine Folge von Regelanwendungen wird als Ableitung oder Deduktion bezeichnet. Eine Ableitung für das Theorem A ist eine Ableitung, die mit A endet. K.e dienen der Präzisierung und Formalisierung des mathematischen Beweisbegriffs. Obwohl für korrektes logisches Schließen bereits in der aristotelischen Syllogistik Regeln formuliert wurden, die einen quasi-syntaktischen Charakter hatten und insbesondere bei Leibniz dem modernen Kalkülbegriff nahe kommen, gelingt eine den Bedürfnissen der Mathematik angemessene Kalkülisierung der Logik erst durch den Prädikatenkalkül, wie er erstmals 1879 von Frege vorgelegt wurde. Mit dem gelegentlich auch als Funktionenkalkül bezeichneten Prädikatenkalkül ist im Gegensatz zur traditionellen Syllogistik auch eine logische Behandlung relationaler Aussagen möglich. Die Intensivierung logischer Forschungsaktivitäten durch die sog. Grundlagenkrise der Mathematik hat zu einer Vielzahl von K.en geführt, die zum Teil sehr verschiedene Forschungsinteressen widerspiegeln. – Die wichtigsten Arten von K.en sind (a) die axiomatischen, sog. Hilberttypkalküle, die auf einer Menge von Axiomen, für die eine heuristische Motivation nicht unbedingt erforderlich ist, mit einer geringen Zahl von Schlußregeln v. a. eine handliche Charakterisierung der relativ zu einer Semantik oder

Interpretation gültigen Aussagen leisten; (b) die sog. Gentzenkalküle, zu denen der K. des Natürlichen Schließens gehört, der axiomenfrei sog. Einführungs- und Beseitigungsregeln für logische Konstanten und Annahmen formuliert, die weitgehend den intuitiven (›natürlichen‹) mathematischen Beweisbegriff umsetzen, sowie der sog. Sequenzenkalkül, der im wesentlichen eine für beweistheoretische Zwecke geeignetere Adaption des K.s des Natürlichen Schließens ist; (c) der semantiknahe Tableau- oder Baum-K., der, unabhängig von Beth, Hintikka und Schütte formuliert, statt eines direkten Beweisverfahrens ein Widerlegungsverfahren systematisiert und als zum Sequenzenkalkül dual verstanden werden kann. – Die verschiedenen K.e wurden auch auf nicht-klassische Logiken übertragen. Ein wichtiges Kriterium für K.e ist die ↗ Adäquatheitsbedingung. Von Algorithmen im engeren Sinn werden K.e durch die Nichteindeutigkeit der Regelabfolge unterschieden. **Lit.:** M. Richter: Logikkalküle. Stuttgart 1978. UM

**Kalokagathia** (griech. Schön- und Gutheit, Vortrefflichkeit), faßt die beiden Adjektive kalos und agathos zusammen und drückt damit den doppelten Aspekt des Ästhetischen und Ethischen aus, unter dem die Griechen die menschliche Trefflichkeit zu betrachten pflegen. Kalokagathos ist der Typ des durch körperliche Übung schönen und zugleich geistig-sittlich gebildeten Mannes. Im 5. Jh. verengt sich der Begriff zu einem sozialethischen Terminus und dient schließlich zur politischen Standesbezeichnung der Aristokraten, wo wir einen Ansatzpunkt sehen dürfen für die Fragen des Sokrates nach dem Guten und Schönen. Im 4. Jh. wird die K. zu einer Wertbezeichnung umgedeutet, die eine ethisch-philosophische Persönlichkeit umschreibt. In der Ethik des Aristoteles stellt die K. den Inbegriff der Tugend dar. Die Faszination dieses sprachlichen Ausdrucks zeigt sich im Weiterleben des Begriffes in der europäischen Geistesgeschichte (Shaftesbury, Wieland, Herder). **Lit.:** H. Wankel: Kalos kai agathos. Würzburg 1961. KDZ

**Kanon** (griech. Werkzeug, Richtschnur), allgemein Maßstab, Regel oder Norm für die Unterscheidung des Wahren vom Falschen und für das Erkennen des Guten. Für Aristoteles stellt der K. das Kennzeichen des Tugendhaften dar, der »in jedem Ding das Wahre sieht und gleichsam die Richtschnur und das Maß ist« (*Eth. Nic.* 1113 a 33). Kant versteht unter K. den »Inbegriff der Grundsätze a priori des richtigen Gebrauchs gewisser Erkenntnisvermögen überhaupt« (*KrV* B 824). So bildet der analytische Teil der allgemeinen Logik einen K., d. h. ein Prinzip der Beurteilung, für den Verstand und die Vernunft, aber nur in formaler und nicht in inhaltlicher Hinsicht. Die transzendentale Analytik ist der K. des reinen Verstandes. Der K. der reinen Vernunft betrifft nicht den spekulativen, sondern den praktischen Vernunftgebrauch. Kants »K. der moralischen Beurteilung« lautet: »Man muß wollen können, daß eine Maxime unserer Handlung ein allgemeines Gesetz werde« (*GMS* A 57). – Ein K. dient allein zur Prüfung, nicht, wie ein ↗ Organon, zur Hervorbringung und Erweiterung von Erkenntnissen. **Lit.:** Aristoteles: Nikomachische Ethik. – I. Kant: Kritik der reinen Vernunft, Grundlegung zur Metaphysik der Sitten, Logik. RS

**Kanonik** (griech. kanon: Richtschnur, Meßstab, Regel), gilt als Inbegriff der logischen Regeln Epikurs. Nach Angaben des Diogenes Laertius (X 30.) zerfallen die Lehren des Epikur in drei Teile: die kanonischen, physischen und ethischen: Die (ein Buch umfassende) K. gebe »die Mittel und Wege zur wissenschaftlichen Behandlung der Gegenstände« an. Als Kriterien der Wahrheit nehme Epikur die Wahrnehmungen (die immer wahr seien), (vorbestimmende) Begriffe und Affekte (Lust und Schmerz) an. Erkenntnis- bzw. sprachtheoretisch sei die Wahrnehmung (aisthesis) für Epikur zwar das erste, »wir könnten indes nichts bezeichnen, was nicht vorher seinem Typus nach begrifflich (kata prolepsin) erlernt worden sei.« MFM

**Kardinaltugenden**, die vier bei Platon erstmals aufgeführten Haupttugenden: Besonnenheit, Tapferkeit, Weisheit und Gerechtigkeit. Sie werden als K. bezeichnet (lat. cardo: Türangel, Angelpunkt), weil in ihnen alle anderen Tugenden verankert sind. Thomas von Aquin verbindet in seiner Tugendlehre die antiken K. mit den christlichen Tugenden Glaube, Liebe, Hoffnung. FPB

**Karikatur** (ital. caricare: beladen, überladen, übertreiben), Zerrbild, das durch Überbetonung einzelner Charakterzüge, die aber zugleich unmittelbar das Verzerrte erkennbar bleiben lassen, komisch oder satirisch wirkt. Die K. dient durch die Verzerrung oft dem Spott oder der Kritik und Entlarvung, aber auch der bloßen Erheiterung vermittels einer ungewöhnlichen, überraschenden Weise der Darstellung. Sie kann dementsprechend entweder primär unter dem Aspekt des dargestellten Inhaltes als Instrument der Kritik bzw. als Zeitzeugnis, oder aber unter dem Aspekt der Form als Dokument der Virtuosität und pointierten Charakterisierungskunst betrachtet werden. Neben der zumeist mit der K. identifizierten bildkünstlerischen K. steht die literarische K. Von hier aus kann insbesondere seit der 2. Hälfte des 18. Jh. der Karikaturbegriff auch auf jegliche Weise der Übertreibung und Verzerrung übertragen werden. **Lit.:** W. Hofmann: Die Karikatur von Leonardo bis Picasso. Wien 1956. – E. Lucie-Smith: Die Kunst der Karikatur. Weingarten 1981. – M. Melot: Die Karikatur. Das Komische in der Kunst. Stuttgart 1975. – I. u. G. Oesterle: Art. »Karikatur«. In: HWPh. Bd. 4. – G. Piltz: Geschichte der europäischen Karikatur. 1976. – L. Refort: La caricature littéraire. Paris 1932. BC

**Karma(n)** (sanskrit, Tat). Schon ab frühester Zeit, v.a. aber ab der Periode der Brāhmaṇas (↗ Veden) mit ihrer mechanistischen Weltordnung, glaubt man in Indien daran, daß man mit gut verrichtetem Opfer (K.) Heil erlangen könne und ein schlecht oder gar nicht durchgeführtes Opfer zum Unheil gereiche. In der ↗ Upaniṣaden-Zeit erlangt diese Vorstellung und mit ihr der Begriff des K. durch die Verbindung mit der Seelenwanderungslehre (↗Saṃsāra) eine Individualisierung und eine Ethisierung: es entsteht der Glaube, daß die Taten des einzelnen als feinmaterielle Tatsubstanz die neue Existenz nach dem Tode bestimmt (*Bṛhadāraṇyaka-U.* 3.2.13.). Die Erlösung (↗Mokṣa) kann man konsequenterweise durch Anhäufen guten K.s nicht erlangen, da noch vorhandenes K. eine Wiedergeburt zur Folge hat. Erlöst wird man, wenn kein K. mehr vorhanden ist, oder – in theistischen Systemen –, wenn man durch die Gnade der Gottheit erlöst wird. Die K.-Lehre zieht eine weitere Vorstellung nach sich, die des unaufhörlichen Weltprozesses, des zyklischen Weltbildes. Denn wenn die Wesen aufgrund ihres K. immer wieder geboren werden, dann muß dieser Prozeß von Ewigkeit her existieren und impliziert sowohl Aufstieg und Fall von Individuen als auch makrokosmisch des gesamten Alls. Alle indischen Geistesströmungen, die die Wiedergeburt annehmen (↗Hinduismus, ↗Buddhismus, ↗Jainismus), erkennen dieses Konzept an und bauen darauf ihre Ethik und Morallehre auf. Während im Jainismus K. problemlos als Feinsubstanz in die Seele (↗Jīva) einströmen und sich auf diese erlösungshemmend auswirken kann, wird im Buddhismus das Problem der Wiedergeburt ohne Seele, das auch die K.-Lehre in Frage stellen könnte, relativiert durch die Theorie der Kausalität und des immerwährenden Entstehens und Vergehens der Daseinsfaktoren (↗Dharma, Pāli: dhamma). **Lit.:** W. D. O'Flaherty (Hg.): Karma and Rebirth in Classical Indian Tradition. Berkeley 1980. – J. Gonda: Die Religionen Indiens. Bd. I. Stuttgart [2]1978. S. 206 ff. u. 279 ff. – H. Oldenberg: Die Lehre der Upaniṣaden und die Lehre des Buddhismus. Göttingen 1915. S. 105 ff. MD

**Kasuistik,** zunächst die Anwendung einer moralischen oder rechtlichen Norm, Vorschrift oder eines Gesetzes auf einen konkreten Einzelfall. Für die katholische Moraltheologie war es über lange Perioden Aufgabe, das (ethisch und rechtlich verstandene) Gesetz auf den Einzelfall hin immer differenzierter auszulegen; dies versteht sich auch als Schulung der Urteilskraft. Aus der Tendenz, dabei besonders den möglichst komplizierten, aber unwahrscheinlichen Grenzfall zu durchdenken, erhielt K. den pejorativen Beigeschmack von spitzfindiger Spielerei mit Eventualitäten. In Rechtsordnungen, die eine Ausgestaltung durch Rechtssprechung kennen, kommt der Bewertung des Einzelfalls umgekehrt natürlich große Bedeutung zu. PK

**Kataklysmos** (griech. sintflutartige Überschwemmung). Der Gedanke, daß Kulturen durch zyklisch auftretende K.en (oder durch andere Katastrophen) zerstört und die Menschen wieder auf ihre elementaren Anfänge zurückgeworfen werden, ist fester Bestandteil platonischer Weltvorstellung und findet sich u. a. in *Timaios* 22c ff. und *Gesetze* 677a ff. Mit ihm gewinnt Platon einen Ausgangspunkt für die Entwicklung der menschlichen Kultur und zugleich eine Antwort auf die Frage, weshalb der Mensch noch immer zu neuen Entdeckungen gelangen kann. KDZ

**Katalepsis** (griech. Erfassen, Begreifen). In der stoischen Erkenntnistheorie bezeichnet Chrysipp die durch die Vernunft geprüfte und Zustimmung erfordernde Vorstellung eines Gegenstandes als kataleptische (begriffsbildende) Vorstellung (phantasia kataleptike). FPB

**Katastrophentheorie,** ein Erklärungsmodell für Vorgänge, in denen nach einer Phase kontinuierlicher Entwicklung einschneidende Veränderungen auftreten, die die Entstehung neuer Formen zur Folge haben. Die K. findet Anwendung in bezug auf Phänomene der Physik, Biologie, Linguistik und Sozialwissenschaften. PP

**Kategorema, Kategorematisch,** auch ↗autosemantisch, eine auf scholastische Unterscheidungen zurückgehende Bezeichnung für diejenige Art der sprachlichen Ausdrücke, die für sich allein als Subjekt oder Prädikat auftreten können und deren Bedeutung unabhängig vom sprachlichen Kontext feststeht, wie z. B. bei allen Eigennamen und Verben. Im Gegensatz dazu gibt es Wörter, die nicht selbständig, sondern nur in Verbindung mit Eigennamen (als Bezeichnung von Gegenständen und Prädikaten) auftreten können – diese werden als synkategorematisch bezeichnet. So erfordern z. B. die logischen Partikel »und«, »oder«, »wenn« für das Verständnis ihrer Bedeutung einen sprachlichen Zusammenhang. PP

**Kategorialanalyse,** Terminus bei N. Hartmann zur Bezeichnung seiner Kategorienforschung unter ständiger Berücksichtigung der Geschichte der Kategorienlehren. Die K. ist in Abgrenzung zur Philosophie des »logischen Idealismus« des Marburger Neukantianismus (↗Marburger Schule) entwickelt gegen dessen Auffassung vom Sein als Gesetztsein durch das Denken. Hartmann hat nicht mehr die Apriorität der Kategorien vertreten, sondern die kategorialen Gesetze von einer Untersuchung der Phänomene ausgehend in intentio recta behandelt und damit das Ansichsein der Gegenstände thematisiert. Er hielt die Gegenstände für indifferent gegenüber ihrem Erkanntwerden. Kategorialer Wandel betrifft daher nur die Erkenntniskategorien, nicht aber die Seinskategorien. In dem dreigliedrigen Erkenntnisverhältnis von Subjekt-Erkenntnisgebilde-Gegenstand fügt sich das Erkenntnisverhältnis, das selbst ein Verhältnis von realem Erkennendem und Erkanntem ist, in das Seinsverhältnis ein. Vorwissenschaftliche und wissenschaftliche Kategorien sind in der ihnen gemeinsamen intentio recta vermittelt. – Die Kategorie ist in dieser realistischen Konzeption das determinierende Prinzip von Konkreta in Seinsschichten, die durch die Fundamental- und Gebietskategorien zur Bestimmung von Geist und Natur gedacht werden. Dabei sind nicht die höheren Kategorien in den unteren enthalten, wie Hartmann an Hegel kritisierte, sondern umgekehrt ruhen die höheren auf den niederen so auf und formen sie, daß sie die unteren Kategorien in Schichtungs- und Dependenzgesetzen einschließen.

Als Prinzip der Kategorienerkenntnis nennt Hartmann die Analysis und den Rückschluß vom Konkretum. **Lit.:** N. Hartmann: Der Aufbau der realen Welt. Grundriß der allgemeinen Kategorienlehre. Berlin 1964. – Ders.: Die Erkenntnis im Lichte der Ontologie. Hamburg 1992. – K. Kanthack: N. Hartmann und das Ende der Ontologie. Berlin 1962. AR

**Kategorie, semantische.** Alle diejenigen Ausdrücke einer Sprache, die füreinander in einem sinnvollen Ausdruck einer Sprache eingesetzt werden können, so daß wiederum ein sinnvoller Ausdruck dieser Sprache entsteht, bilden eine s. K. Elementare s. K.n sind solche, die als ↗Argument auftreten können: Individuen, Universalien, Annahmen, Aussagen, Imperative, Fragen, Performative. **Lit.:** A. Menne: Einführung in die Methodologie. Darmstadt [2]1984. S. 81. PP

**Kategorien.** Ontologische K. sind Klassen, denen Entitäten aufgrund allgemeinster Einteilungsprinzipien zugehören. Aristoteles kennt zehn K., die logisch als Prädikatstypen, ontologisch als die allgemeinsten Seinsbereiche verstanden werden: Substanz, Qualität, Quantität, Relation, Ort, Zeit, Lage, Haben, Tätigkeit und Leiden. Dabei nehmen ↗Substanzen gegenüber ↗Akzidentien eine besondere Stellung ein. Substanzen inhärieren nicht. Sie können sich ändern, ohne aufzuhören, dieselben zu bleiben. – Bei Kant sind K. reine Verstandesbegriffe. Sie sind die apriorischen Formen möglicher Erkenntnis und zugleich gegenstandsbestimmend. Ihre Ableitung erfolgt aus den möglichen Arten von Urteilen. So gelangt Kant zu zwölf K., die zu vier Gruppen gehören: (1) zur Quantität: Einheit, Vielheit, Allheit; (2) zur Qualität: Realität, Negation, Limitation; (3) zur Relation: Substanz, Ursache, Gemeinschaft; (4) zur Modalität: Möglichkeit, Dasein, Notwendigkeit. – Bei Heidegger tritt die Frage nach K. zurück hinter jene nach ↗Existenzialien, die allein Seinscharaktere des Daseins bezeichnen. – Eine zentrale Frage der zeitgenössischen Diskussion ist die Adäquatheit ein-kategorialer Ontologien. Der ↗Naturalismus nach Quine kennt letztlich nur prozeßhafte »physical objects«; die Bündeltheorie nur ↗Qualia, entweder als partikuläre Tropen (Campbell) oder als ↗Universalien (Russell) gedeutet. Gegner ein-kategorialer Ontologien verteidigen v.a. die Irreduzibilität von Dingen (»Substanzen«) auf Prozesse bzw. auf Bündel von Qualia. **Lit.:** Aristoteles: Kategorienschrift, 1a-15b. – K. Campbell: Abstract Particulars. Oxford 1990. – M. Heidegger: Sein und Zeit. Tübingen [10]1963. – I. Kant: KrV. – W. V. O. Quine: Word and Object. Cambridge (Mass.) 1960. – E. Runggaldier: Grundfragen der Analytischen Ontologie. Paderborn 1998. – G. Ryle: Concept of Mind (dt. Begriff des Geistes. Stuttgart 1982). CK

**Kategorienfehler.** K. bestehen darin, daß an Leerstellen einer Aussageform, die nur durch Ausdrücke eines bestimmten Typs sinnvoll gefüllt werden können, Ausdrücke eines anderen semantischen Typs eingesetzt werden, so daß ein sinnloser Satz entsteht. Setzt man z.B. in die Aussageform »Acht ist ______ « in die Leerstelle »eine Primzahl« ein, so entsteht ein falscher Satz (kein K.), während die Einsetzung »nachdenklich« einen sinnlosen Satz ergibt. Ontologisch interpretiert besteht ein K. darin, einem bestimmten Ding (z.B. der Acht) eine Eigenschaft (im Bsp. nachdenklich sein) zuzusprechen, die Dingen von dieser Art generell nicht zukommt. Semantisch interpretiert wird bei einem K. dem ↗singulären Term ein Prädikat zugeordnet, durch das er nicht näher bestimmt werden kann. Es ist umstritten, ob die ontologische Erklärung von K.n eine weiterreichende Bedeutung hat als die semantische oder ob ontologische Aussagen ausschließlich durch Aussagen über den Sprachgebrauch zu klären sind. Umstritten ist auch die Unterscheidung zwischen syntaktisch fehlerhaften, ungrammatischen (Bsp. »Anja kariert doppelt.«) und semantisch sinnlosen Zusammensetzungen. Auch metaphorische Verwendungen (Bsp. »Christians Klavierspiel ist feurig.«) werfen bezüglich der Abgrenzung zu K.n bisher ungelöste Probleme auf. MQ

**Kategorienlehre** (Peirce). Die Entwicklung der K. von Peirce gründet in der Annahme, daß die Verbindung von Subjekt und Prädikat, ebenso die Verbindung von Prämissen zur Konklusion ihrer Natur nach Zeichenbeziehungen sind. Diese sind als fundamentaler anzusehen als die Formen der Urteile und des Schließens. Peirce grenzt sich von Kants Überlegung ab, aus den Formen der Urteile die die Erfahrung erst ermöglichenden reinen Verstandesbegriffe abzuleiten. Er wählt statt dessen die Relationslogik als Ausgangspunkt und unterscheidet die Relationen nach der Anzahl der in ihnen enthaltenen Korrelate. Dadurch kommt er zu drei Grundmustern: Die monadische Relation (mit einem einstelligen Prädikat wie z.B.: »- ist gelb«), die dyadische (mit einem zweistelligen Prädikat wie: »– ist Lehrer von –«) und die triadische (mit dem dreistelligen Prädikat wie: »– leiht –« z.B. »x leiht y etwas«). Komplementär zu dieser formalen Einteilung entwickelt er materiale Aspekte, um die Klassifikationen der Relationen als Einteilungsschema der Kategorien verwenden zu können: Der monadischen Relation entspricht die Kategorie der Erstheit (firstness); sie bezeichnet eine Befindlichkeit vor jeder Differenzierung. Sie ist eine Form der Gegenwärtigkeit (presentness), wie sie in den Empfindungsqualitäten gegeben sind, in denen Seiendes ohne Unterscheidungen und Zeitbestimmungen begegnet. Der dyadischen Relation entspricht die Kategorie der Zweitheit (secondness); sie bezeichnet die Erfahrung der Widerständigkeit der Dinge und damit ein Gegenüber von Subjekt und Objekt. In ihr drückt sich die Auseinandersetzung mit der Welt aus: Das Subjekt bearbeitet das Objekt, und in dieser Bearbeitung erfährt das Subjekt den Widerstand der Realität. Erst die Kategorie der Drittheit (thirdness) ermöglicht kognitive Prozesse, denn in ihr wird die Bezugnahme des Subjekts auf das Objekt reflektiert, d.h wird sich das Subjekt seiner Bezugnahme auf ein Objekt erst bewußt. – Diese Einteilung der Kategorien wird erst dann hinreichend verständlich, wenn man mit Peirce die Kategorien in ihrer Funktion, uns die Welt zu erschließen, versteht. Die Kategorien sind keine Verstandesbegriffe, mit deren Hilfe Gegenstandsbereiche konstituiert werden, sondern beschreiben die allgemeinste Struktur der Realität so, daß man ihnen als Handlungsregeln folgen muß, damit sich die durch sie jeweils dargestellten Seinsbereiche von sich her zeigen können. Kategorien machen die Realität im Prozeß des Denkens und Handelns erst zugänglich. **Lit.:** K. Oehler: Charles Sanders Peirce. München 1993. S. 41 ff. – Ch. S. Peirce: Eine neue Liste der Kategorien. In: Semiotische Schriften Bd. 1. Hg. v. Ch. Kloesel/H. Pape. Frankfurt 1986. S. 147 ff. – Ders.: Dritte Vorlesung über den Pragmatismus: Die Verteidigung der Kategorien. In: ebd. S. 431 ff. PP

**Kategorisch,** Sätze: Als k.e Sätze sind in der Aristotelischen Logik nur einfache Sätze der Form: Subjekt, Kopula, Prädikat zugelassen. Sie lassen sich auf die vier Formen: universal bejahend (alle S sind P), partikular bejahend (einige S sind P), universal verneinend (kein S ist P) und partikular verneinend (einige S sind nicht P) zurückführen. Für diese Urteilsarten gelten folgende Beziehungen (↗Quadrat, logisches): (a) der Kontradiktion zwischen »alle S sind P« und »einige S sind nicht P« und zwischen »kein S ist P« und »einige S sind P«, d. h. für beide Paare gilt, daß nicht beide Aussagen zugleich wahr und zugleich falsch sein können. Vielmehr kann aus der Wahrheit der einen auf die Falschheit der anderen geschlossen werden und umgekehrt. (b) »alle S sind P« und »kein S ist P« sind konträre Sätze, d. h. sie können nicht zugleich wahr, allerdings zugleich falsch sein. (c) »einige S sind P« und »einige S sind nicht P« sind subkonträre Sätze, d. h. sie können zugleich wahr, nicht aber zugleich falsch sein. (d) »alle S sind P« und »einige S sind P« stehen in einem Verhältnis der Subalternation zueinander, ebenso wie »kein S ist P« und »einige S sind nicht P«, d. h. es darf von dem universal bejahenden Satz auf den partikular bejahenden, von dem universal verneinenden auf den partikular verneinenden geschlossen werden, aber nicht umgekehrt. (e) Die Beziehung der ↗Konversion. PP

**Kategorischer Imperativ** ↗Imperativ

**Katharsis** (griech.: Reinigung, Läuterung), poetologischer Begriff, der ursprünglich aus der *Poetik* des Aristoteles stammt. Er dient zur Bezeichnung des erwünschten Effektes bei der künstlerischen Präsentation von Tragödien. Die genaue Bedeutung des Reinigungsgedankens ist umstritten. Diskutiert werden vor allem eine moralisierende und eine psychologisierende Interpretation des Aristotelischen Gedankens. In beiden Deutungen aber ist die Grundidee dieselbe: Furcht und Mitleid (eigentlich »Jammer«: eleos und »Schaudern«: phobos) wirken auf den Zuschauer so erschütternd, daß sich sein psychischer Zustand in bemerkenswerter Weise und in spürbarem Maße verändert. Die bis ins 18. Jh. vorherrschende moralisierende Interpretation versteht diese Veränderung als Vorbereitung für eine moralische Besserung. Die moderne psychologisierende Deutung gibt der Veränderung eher den Sinn eines Abbaus psychischer Spannungen. **Lit.:** Aristoteles: Poetik. – G. E. Lessing: Hamburgische Dramaturgie (1768/69). – M. Luserke (Hg.): Die aristotelische Katharsis: Dokumente ihrer Deutung im 19. und 20. Jahrhundert. Hildesheim 1991. – F. Schiller: Über den Grund des Vergnügens an tragischen Gegenständen (1792). – M. Thiele: Die Negation der Katharsis: Zur Theorie des aristotelischen Begriffs als ästhetisches Phänomen. Düsseldorf 1982. – J. Volkelt: Ästhetik des Tragischen. München 1917. RL

**Kathedersozialismus,** ein Spottname gegen Ende des 19. Jh. für die reformpolitischen Absichten einer Sektion von linksliberalen Universitätsprofessoren. Das Wort entstammt der polemischen Feder des liberalen Abgeordneten H. B. Oppenheim in der Berliner *Nationalzeitung* vom 17. 12. 1871 und meint eine Gruppe von Professoren (meist der Politischen Ökonomie) um G. Schmoller, L. Brentano, A. Wagner, A. Schäffle, G. Schönberg und H. Herkner. Die Angegriffenen wiesen, weil sie am Privateigentum (z.T. wie Schmoller sogar an der Monarchie) festhielten und sich somit nicht der revolutionären Arbeiterbewegung zurechnen lassen wollten, den Ausdruck K. zurück, verwarfen aber gleichwohl den sog. Manchester-Liberalismus, der jede staatliche Einflußnahme auf die Wirtschaft ablehnt. Die sog. Kathedersozialisten gründeten am 13. 10. 1872 den Verein für Sozialpolitik und traten mit den Forderungen nach Koalitionsfreiheit, Schaffung von Arbeitsämtern, Reformierung der Fabrikgesetzgebung, Arbeitsversicherung u. ä. für einen Ausgleich zwischen Kapital und Arbeit ein. **Lit.:** F. Mehring: Die Hetze gegen den Kathedersozialismus. In: Neue Zeit 34 (Berlin 1887). – H. B. Oppenheim: Der Katheder-Sozialismus. Berlin 1872. – F. Völkering: Der deutsche Kathedersozialismus. Berlin 1959. MFM

**Kathekon** (griech. das Zukommende, Angemessene). Der Begriff geht zurück auf Zenon von Kition, den Begründer der ↗Stoa, und bezeichnet in der stoischen Ethik allgemein die Klasse der sittlich gebotenen bzw. relevanten Handlungen. – Zenon kennt drei Arten sittlich qualifizierten Handelns: (1) das auf die ↗Apathie als höchstes Gut gerichtete, vernunftgemäße Handeln (↗Katorthoma) gemäß der Einsicht in die Gleichgültigkeit der sittlich indifferenten Güter (↗Adiaphora); (2) die Kathekonta als auf die Adiaphora bezogenen Handlungen. Sie haben zwar keinen sittlichen Eigenwert, wohl aber eine relative sittliche Bedeutung insofern, als sie der naturgemäßen Selbsterhaltung dienen und die Ausbildung der dem sittlichen Handeln abträglichen Affekte verhindern. Im Bereich des K. ist daher zwischen den zu bevorzugenden, weil naturgemäßen, und den abzulehnenden, naturwidrigen Objekten zu unterscheiden; (3) das sittliche Fehlverhalten. – Seit Chrysipp werden in der späteren Stoa die Handlungen aus (1) (teleion k.) und (2) (meson k.) unter dem Obergriff K. zusammengefaßt. **Lit.:** T. Engberg-Pederson: Discovering the Good: Oikeiosis and Kathekonta in

Stoic Ethics. In: M. Schofield/G. Striker (Hg.): The Norms of Nature. Cambridge 1986. S. 135–184. – M. Forschner: Die stoische Ethik. Stuttgart 1981. – G. Nebel: Der Begriff des kathekon in der alten Stoa. In: Hermes 70 (1935). S. 439–460. – D. Tsekourakis: Studies in the Terminology of early Stoic Ethics. Wiesbaden 1974. BK

**Katorthoma,** (griech. richtige Handlung, vollkommene Pflicht). Der von Zenon von Kition, dem Begründer der ↗Stoa, terminologisch eingeführte Begriff bezeichnet in der älteren stoischen Ethik die vollkommene sittliche Einstellung. Sie beruht auf der vernunft- und naturgemäßen Einsicht in die sittliche Gleichgültigkeit aller Güter. Jede Handlung, die dieser Einsicht folgt, ist schon vermöge ihres Beweggrundes und nicht erst kraft ihrer Durchführung sittlich gut und darf als K. angesprochen werden (SVF III 504). Das K. entspricht somit der im Ideal des Weisen verkörperten stoischen Tugend, die in der vernunftgeleiteten Ausschaltung der Affekte besteht und mit dem als ↗Apathie gefaßten Glück sachlich identisch ist. Wer im Sinne des K. handelt, ist demnach auch glücklich. – Vom K. als sittlich vollkommener Einstellung und Handlung unterschieden sind die sog. mittleren Handlungen (↗kathekon), die sich auf sittlich indifferente Objekte beziehen. In der mittleren und späten Stoa treten diese Handlungen gegenüber der vollkommenen Tugend in den Vordergrund. Epiktet schließlich läßt das K. ganz im allgemeineren sittlichen Begriff des kathekon aufgehen. **Lit.:** M. Forschner: Die stoische Ethik. Stuttgart 1981. – M. Hossenfelder: Die Philosophie der Antike 3. München 1985. BK

**Kausalanalyse,** auch Erklärungsanalyse. Der von Hempel eingeführten Unterscheidung zwischen Erklärung-heischenden Warum-Fragen und epistemischen Warum-Fragen entsprechen zwei unterschiedliche Formen der Analyse. Die von der K. gestellte Frage »warum kommt dieses Phänomen, dieses Ereignis vor?« wird im Hinblick auf die wissenschaftliche Erklärung umformuliert in die Frage: Aufgrund von welchen Antecedensdaten und gemäß welchen Gesetzen kommt das zu erklärende Phänomen vor? Die epistemische Erklärung verzichtet auf den Begriff von Ursachen und stellt die Frage, warum man glauben solle, daß ein Ereignis zum Zeitpunkt t stattfand. Die Verschiebung von der K. zur epistemischen Analyse wird auch als pragmatisch-epistemische Wende charakterisiert, da diese nur auf einen informativen Erklärungsbegriff abzielt, in dem Fragen der Kausalität keine Rolle mehr spielen. An die Stelle der Wahr-falsch-Unterscheidung tritt die komparative Abstufung von Erklärungen nach Gütegraden. Für beide Aussageformen besteht das Ziel im Auffinden von strikten oder deterministischen Gesetzen bzw. statistischen oder probabilistischen Gesetzesannahmen. Bei strikten Gesetzen läßt sich in Verbindung mit den Antecedensbedingungen das zu erklärende Ereignis aus beiden Prämissen logisch ableiten, bei probabilistischen Gesetzesannahmen kann der Schluß auf das zu erklärende Ereignis nur mit einer gewissen Wahrscheinlichkeit (aber nicht logisch notwendig) erfolgen. Die Unterscheidung zwischen K. und epistemischer Erklärung wird aus der pragmatisch-epistemischen Sichtweise reduziert auf die Differenz zwischen Erklärungs- und Begründungsfall. Bei der K. ist davon auszugehen, daß man ein Wissen von dem Eintreten des Explanandum-Ereignisses bereits haben muß, so daß sie als eine real spätere Wissenssituation zur epistemischen Begründung hinzutritt. **Lit.:** C. G. Hempel: Aspekte wissenschaftlicher Erklärung. Berlin/New York 1977. – W. Stegmüller: Probleme und Resultate der Wissenschaftstheorie und Analytischen Philosophie. Bd. 1. Berlin/New York 1984. PP

**Kausalgesetz.** Allgemein bezeichnet K. ein Gesetz, das einen Zusammenhang von Ursache und Wirkung behauptet. Das K. wird gelegentlich spezieller gefaßt: Gleiche Ursachen haben gleiche Wirkung. Damit formuliert es eine Regelmäßigkeit in der Abfolge von Ereignissen. Auf diesem Hintergrund wird durch ein K. ein generelles Kausalurteil gebildet, z. B. ein physikalisches Gesetz. In der Neuzeit wird die primär ontologische Betrachtungsweise der ↗Kausalität abgelöst durch eine epistemologische Fragerichtung. Das K. als Beschreibung der Ursache-Wirkung-Relationen zwischen Substanzen und deren Akzidentien wird ersetzt durch den Aufweis einer funktionalen Abhängigkeit. Für den ↗Empirismus, etwa bei Hume, gründet das K. in der Erfahrung. Damit wird das K. auf einen wirkursächlichen Zusammenhang restringiert (keine Finalität oder Teleologie). Die Kenntnis des K. entspringt aus der Erfahrung. Deshalb kann seine Gültigkeit nicht theoretisch erwiesen werden, sondern nur durch Gewohnheit instinktmäßig anerkannt werden. Die Gültigkeit des K. ist daher subjektiv begründet, was für die kritische Philosophie Kants große Bedeutung erlangt. Für Kant entspringt nämlich der Begriff der Kausalität a priori aus dem Verstand, hat aber Gültigkeit nur für die Erfahrung. K.e haben deshalb nach Kant allgemeine objektive Gültigkeit, obwohl sie ihre Gültigkeit einem spontanen, jedoch notwendigem subjektiven Akt verdanken. In den neueren Naturwissenschaften werden Naturgesetze nur noch gelegentlich als klassisches K. formuliert. An dessen Stelle treten probabilistische, statistische oder wahrscheinlichkeitstheoretische Erklärungen von Zuständen und deren funktionale Abhängigkeiten in geschlossenen Systemen. **Lit.:** W. Stegmüller: Wissenschaftliche Erklärung und Begründung. Berlin/Heidelberg/New York ²1974. S. 452–466. CHA

**Kausalität** (Ursächlichkeit). Der Begriff bezeichnet allgemein das Verhältnis der Verursachung, die Relation von ↗Ursache und ↗Wirkung. K. ist unterschieden vom bloß logischen Zusammenhang von ↗Grund und Folge. Spezieller sind zu unterscheiden (1) die Wirksamkeit, das Verursachen, (2) das Bewirkende, (3) der Zusammenhang von Ursache und Wirkung. Nach der aristotelischen Unterscheidung der Ursachen lassen sich formale, materiale, effiziente und finale Kausalrelationen unterscheiden. Seit der Neuzeit ist für die Naturwissenschaften allein das Konzept der Wirkursächlichkeit von zentraler Bedeutung. Für Kant ist K. eine die Erfahrung ermöglichende Verstandeskategorie mit apriorischer Gültigkeit. K. begegnet nach Kant nicht in der Natur und ist nicht aus der Erfahrung abstrahiert durch Assoziation und Gewohnheit (wie bei Hume), sondern ist eine spontane, synthetische Ordnung des Gegebenen durch die nur dem Denken zugehörige Relation von Ursache und Wirkung. Die Vernunft gibt sich jedoch auch die Idee einer K. aus Freiheit in der intelligiblen, nicht-empirischen Welt. Heute ist der Begriff K. nicht mehr einheitlich zu fassen. Sprachanalytische, logische, wahrscheinlichkeitstheoretische Konzepte treten neben eine Regularitätstheorie der K. Moderne physikalische Theorien, insbesondere die Quantenphysik, sagen kausal indeterminierte, gleichwohl aufeinander bezogene Ereignisse voraus, was schließlich experimentell nachgewiesen wurde. ↗Kausalgesetz, ↗Kausalprinzip. CHA

Aus dem Handlungserleben heraus verstanden ist K. das Hervorbringen einer Wirkung. Die Übertragung des Begriffs der K. in den Bereich von Prozessen und Vorgängen, die keine Handlungen sind, führt dazu, logische und beobachtbare Charakteristika der Relation zwischen Ursachen und Wirkungen zu bestimmen. Üblicherweise unterscheidet man bei der Analyse der K. folgende Ebenen: die Kausalrelation und Kausalgesetze. Hinzu kommt noch das sogenannte Kausalprinzip, dem zufolge jedes Ereignis eine Ursache hat. – Der Standardauffassung von K. zufolge stehen Ereignisse (»e1 verursacht e2«) in der Kausalrelation, wobei die Wirkung nicht zeitlich vor der Ursache existieren darf (Sukzessionsbedingung). Darüber hinaus sind nur solche beobachtbaren Ereignisabfolgen Kausalrelationen, bei denen die Wirkung regelmäßig und mit Notwendigkeit auf die Ursache folgt. Die Notwendigkeitsbedingung zeigt an, daß Kausalrelationen unter Kausalgesetze fallen müssen (Ereignisse vom Typ E1 verursachen Ereignisse vom Typ E2 unter der Voraussetzung bestimmter Rahmenbedingungen). Die Einschränkung auf theoretisch bestimmbare Rahmenbedingungen ist erforderlich, um die beobachtbaren Unregelmäßigkeiten und »Störfälle« berücksichtigen zu können. Die Notwendigkeitsbedingung wird in dieser Analyse mittels der Allquantifikation über Zeitpunkte und der Generalisierung auf Ereignistypen ausgedrückt (»für alle Ereignisse eines bestimmten Typs und zu allen Zeitpunkten«). – Alternativ zu der mit Sukzessionsgesetzen operierenden Kausalitätskonzeption ist eine modale Analyse der Notwendigkeitsbedingungen entwickelt worden. K. wird dabei im Rahmen der ↗Mögliche-Welten-Semantik unter Rückgriff auf kontrafaktische Aussagen analysiert. MQ

**Lit.:** E. Koenig: Die Entwickelung des Causalproblems von Cartesius bis Kant. Leipzig 1888. – Ders.: Die Entwickelung des Causalproblems in der Philosophie seit Kant. Leipzig 1890. – J.L. Mackie: The Cement of the Universe. Oxford 1974. – E. Scheibe: Ursache und Erklärung. In: L. Krüger (Hg.): Erkenntnisprobleme der Naturwissenschaften. Köln 1979. S. 253–275. – E. Sosa/M. Tooley (Hg.): Causation. Oxford 1993. – G.H. von Wright. Explanation and Understanding. Ithaca/New York 1971 (dt. Erklären und Verstehen. Frankfurt 1974) – Ders.: Causality and Determinism. New York/London 1974. CHA/MQ

**Kausalprinzip.** Die klassische Formulierung des allgemeinen K.s lautet: Keine Ursache ohne Wirkung (Satz vom zureichenden Grund). Der Sache nach findet es sich bereits bei den Vorsokratikern. Der Rationalismus des 17. und 18. Jh. erkennt die ontologische, erkenntnistheoretische und logische Relevanz des K.; so etwa Leibniz, der formuliert: Nichts geschehe ohne Ursache oder zureichenden Grund. Es gebe stets eine Ursache oder einen Grund, warum etwas existiere und nicht vielmehr nicht existiere. Das K. kann ontologisch-substantiell oder logisch-funktional interpretiert werden. In beiden Fällen behauptet das allgemeine K. einen durchgängigen Kausalnexus, einen strengen Determinismus, für alle Naturereignisse. Der Indeterminismus der Quantentheorie hat die klassische Fassung des K. unterminiert. Das K. wird heute vielfach als heuristische Forschungsmaxime formuliert, daß alle Ereignisse angemessen wissenschaftlich zu erklären seien. CHA

**Kennzeichnung,** von B. Russell eingeführte Bezeichnung für Ausdrücke der Form »der (die, das) Soundso« – wobei »Soundso« ein genereller Term ist. K.en sind zusammengesetzt aus dem bestimmten Artikel im Singular und einem Substantiv, das attributiv erweitert sein kann (z.B. »Die größte Frau des Seminars«). Auch solche Ausdrücke, die sich auf diese Form bringen lassen, werden zu den K.en gerechnet (z.B. »Marcus' Krawatte« als »die Krawatte von Marcus«). Ausdrücke mit dem bestimmten Artikel im Plural gehören nicht zu den K.en, aber auch der bestimmte Artikel im Singular kommt in Ausdrücken vor, die keine K.en sind. So ist »Der Mensch ist ein Lebewesen« im Normalfall logisch zu analysieren als »Alle Menschen sind Lebewesen« und daher in dieser Verwendung keine K. Auch die Ausdrücke, in denen »der (die, das)« als Demonstrativpronomen fungiert, zählen nicht zu den K.en, da für letztere situationsunabhängige Verwendbarkeit gefordert ist. Bei adäquater Verwendung einer K. ist die Einzigkeitsbedingung erfüllt, d.h. es gibt genau ein Individuum, auf das die K. zutrifft. K.en, die die Einzigkeitsbedingung nicht erfüllen, werden in konkurrierenden Theorien unterschiedlich analysiert. Nach J. St. Mill gehört die Einzigkeitsbedingung zur Bedeutung jeder K. hinzu, während sie für G. Frege zu den pragmatischen Voraussetzungen gerechnet werden muß. Wichtig bei der Behandlung der K.en ist es, ob sie als Bestandteil der Wissenschaftssprache oder in ihrem Gebrauch in der Alltagssprache betrachtet werden. MQ

**Kerygma,** in der Patristik allgemein als religiöse Verkündigung bzw. Proklamation verstanden. Von J.M. Semler als Verkündigung von Lehre, Tod und Auferstehung Jesu Christi definiert, sollte das K. als faßlichere und einfachere Form der Dogmengeschichte und der christlichen Lehre gelten, allgemeinverständlich werden und das Zentrum des Christentums ausmachen. In der dialektischen und kerygmatischen Theologie von R. Bultmann wird das K. durch die formgeschichtliche Interpretation des NT freigelegt und bringt damit den Hörer zum Glauben als existentiale Entscheidung (↗Entmythologisierung). In diesem letzten Sinne bedeutet K. soviel wie Anspruch, Aufforderung, die in der Imperativform von der Verkündigung des präsenten Heilsgeschehens zum Ausdruck kommt. **Lit.:** R. Bultmann: Theologie des NT. Tübingen [8]1980. – H. Ott: Kerygma. In: Religion in Geschichte und Gegenwart. Bd. 3. Tübingen 1959. Sp. 1251 ff.

MBO

**Kettenschluß,** auch ↗Sorites, bei einer Folge von mehreren syllogistischen Einzelschlüssen werden die einzelnen Schlüsse zu einem einzigen Schluß so zusammengezogen, daß nur die abschließende Konklusion ausdrücklich gezogen wird. PP

**Kinästhese** (Bewegungsempfindung; griech. kinesis: Bewegung; aisthesis: Wahrnehmung). Der Begriff der K. spielt eine zentrale Rolle in der Leibphänomenologie und Wahrnehmungstheorie Husserls. Im Zusammenhang mit der Ding- und Raumkonstitution bestimmt Husserl den Leib dreifach: (1) als Mittel aller Wahrnehmung, (2) als freibewegtes Ganzes der Sinnesorgane und (3) als Orientierungszentrum. Als freibewegtes Ganzes drückt sich durch den Leib die Funktion der Spontaneität, das »ich kann« aus. Neben dieser Funktion der Spontaneität gehören zur Konstitution von Raumdinglichkeit notwendig zwei korrelierende Arten von Empfindungen (Rezeptivität): (1) die Empfindungen, die Merkmale des Dinges konstituieren, z. B. Farbempfindungen, Rauhigkeitsempfindungen, und (2) die kinästhetischen Empfindungen, d. h. die Leibesempfindungen der verschiedenen Organe, z. B. die Augenbewegungsempfindungen beim Sehen oder Armbewegungsempfindung bei Berührung. Wahrnehmung ist also eine Einheit von Spontaneität und Rezeptivität, wobei letztere in Merkmalsempfindungen und kinästhetischen Empfindungen verdoppelt auftritt. **Lit.:** E. Husserl: Ideen zu einer reinen Phänomenologie und phänomenologischen Philosophie. 2. Buch. Den Haag 1952. TF

**Klasse.** (1) Geht man in der formalen Logik von den Individuen aus, auf die ein Prädikat zutrifft (extensionale Betrachtungsweise), und faßt diese Individuen, auf welche dieses Prädikat zutrifft, zusammen, erhält man eine K., z. B. »die Einwohner Kölns« oder »die Eishockeyfans«, »die Pfeifenraucher«. Die K. ist die Extension eines Allgemeinbegriffs oder eine Universale. Alles, was als Eigenschaft in einem einstelligen Prädikator auftreten kann, kann auch eine K. bilden (z. B. die K. der Großnasigen). Die Ausdrücke »Eigenschaft« und »K.« können in der formalen Logik als gleichwertig angesehen werden, da in ihnen nicht die Frage der Intension dieser Wörter eine Rolle spielt, sondern deren Anwendungsbereich; z. B. können die Eigenschaften »Lebewesen mit Herz« und »Lebewesen mit Nieren« insofern als identisch angesehen werden, da unsere faktische Interpretation der Sprache beiden Ausdrücken die gleiche K. von Dingen zuordnet. – Die Individuen, die unter das der K. entsprechende Prädikat fallen, sind die Elemente der K. Als Komplementklasse (von einer K. K) bezeichnet man diejenige K., die all die Gegenstände umfaßt, die keine Elemente der K. K sind (z. B. K. der Schwimmer, Komplementklasse der Nichtschwimmer). Als Vereinigung (oder Logische Summe) zweier K.n wird die aus den K.n K und L entstandene neue K. bezeichnet. Z. B. bilden die volljährigen Studenten und die minderjährigen, nicht-studierenden Jugendlichen die logische Summe aus den K.n der Studenten und der Jugendlichen (die z. B. ermäßigten Eintritt erhalten sollen). Als Logisches Produkt wird der Durchschnitt aus zwei K.n K und L bezeichnet, z. B. die Automechaniker als K-Klasse und die Handwerkermeister als L-Klasse ergibt die K. der Kfz-Meister. Die Klassendifferenz zweier K.n K und L ist so zu verstehen, daß aus einer größeren K. eine Teilklasse L ausgegliedert wird, woraus sich eine Restklasse ergibt, wie z. B. die K. der vierrädrigen Kraftfahrzeuge ohne die Teilklasse der Lastfahrzeuge die Restklasse der Personenfahrzeuge ergibt. Als wichtigste Klassenaussagen sind zu nennen: die Gleichheit, die Subsumtion, die (strikte) Inklusion, die Umschließung, die Überschneidung, die Gemeinsamkeit, die Fremdheit. Die Gleichheit zweier K.en wäre gegeben, wenn z. B. K die Mitglieder eines Sportvereins sind und L die Mitglieder eines Gesangsvereins sind und *alle* Mitglieder des Sportvereins auch Mitglieder des Gesangsvereins sind und ebenso umgekehrt, so daß beide Vereine dieselben Mitglieder umfassen, dann gilt die Gleichheit K = L; bei der Subsumtion (auch als Inklusion bezeichnet – K sub L) wäre K in L enthalten, wobei in L auch Mitglieder enthalten sein könnten, die nicht zu K gehören, dagegen liegt bei der strikten Inklusion (K in L) fest, daß in L tatsächlich auch noch andere Mitglieder als nur die K enthalten sind. Die Umschließung (als Umkehrung der Inklusion – K um L) ist eine Aussage aus zwei K.n: Wenn z. B. K alle Mitglieder des Sportvereins sind und L die passiven, d. h. diejenigen, die nicht mehr aktiv an Sportwettkämpfen teilnehmen, dann heißt das: K umfaßt L. Überschneidung (K über L) heißt eine Aussage, wenn ein Teil der Mitglieder von K auch Mitglieder von L sind, und ein Teil der Mitglieder von L auch zu K gehören. Gemeinsamkeit (K gemeinsam L) als Klassenaussage bedeutet, daß die beiden K.n K und L wenigstens ein Element gemeinsam haben, während die Fremdheit (K fremd L) als Gegenstück dazu bedeutet, daß sie kein Element gemeinsam haben.

(2) Soziologisch*:* In den politisch-ökonomischen Analysen von Marx spielt der Begriff der K. eine zentrale Rolle. Ausgehend von dem Gegensatz von Kapital und Arbeit rekonstruiert er die ungleiche Verteilung des Reichtums, der in gesellschaftlicher Arbeit erwirt-

schaftet wird. Die Eigentümer der Produktionsstätten erhalten den Gewinn, während die eigentlich Produzierenden ihre Arbeitskraft zum Zwecke der Existenzsicherung gegen Entgelt verkaufen müssen. Mit dieser Ungleichheit geht eine zweite einher: Die ökonomisch herrschende Schicht stellt auch die politisch bestimmende K. dar. Dem Gegensatz von Kapital und Arbeit entspricht auf der Ebene des Bewußtseins der Gegensatz von Bourgeoisie und Proletariat. Aufgrund der Entwicklung der Produktivkräfte unterstellt Marx der K. der Arbeiter eine Bewußtseinsentwicklung, die den Gegensatz zwischen ihrer ökonomischen Lage und ihrer Leistung bei der Schaffung des gesellschaftlichen Reichtums zum Anlaß nimmt, um diesen Gegensatz in einem revolutionären Akt zu beseitigen und damit gleichzeitig jedem Klassengegensatz ein Ende zu bereiten. **Lit.:** zu (1): A. Menne: Einführung in die Logik. Tübingen [4]1986. S. 75 ff. – zu (2): H. Fleischer: Marx und Engels. Freiburg/München 1970. – K. Hartmann: Die Marxsche Theorie. Berlin 1970. – G. Lukács: Geschichte und Klassenbewußtsein. Darmstadt/Neuwied 1968. – K. Marx: Das Manifest der kommunistischen Partei. In: MEW 4. S. 459–493. – Ders.: Das Kapital (MEW 23). PP

**Klassenbewußtsein,** nach G. Lukács der »bewußt gewordene Sinn der geschichtlichen Lage der Klasse«. Dem K. des ↗Proletariats (Arbeiterklasse) kommt dabei eine besondere Bedeutung zu, denn in ihm drängt die »objektive« Lage der Individuen im System der gesellschaftlichen Produktion zur »subjektiven« Selbstbeschreibung. Seine Besonderheit drückt so nicht nur das Allgemeine kapitalistischer Herrschaft aus, sondern die Vernunft der Geschichte überhaupt. Klasse und K. manifestieren damit nicht allein ein bestimmtes sozial-ökonomisches Sein: »Die rein abstrakte Negativität im Dasein des Arbeiters ist … subjektiv der Punkt, wo diese Struktur ins Bewußtsein gehoben und auf diese Weise praktisch durchbrochen werden kann« (G. Lukács: *Geschichte und Klassenbewußtsein*. Berlin 1923). Im Klassenkampf findet das K. seinen eigentlichen Ausdruck. Erst in der ↗Revolution wird das K. von einem dumpfen Instinkt des »an sich« zu einem wirklichen Bewußtsein des »für sich«. Gehen dabei noch Marx/Engels von einer unvermeidlichen Empörung aus, muß nach Lenin das K. durch die revolutionäre Partei in die Arbeiterklasse hineingetragen werden. TN

**Klassizismus,** (1) allg. Stilbegriff zur Bezeichnung jener wiederkehrenden Kunstströmungen in Architektur, Malerei und Literatur, die sich bewußt auf antike, meist griech. Vorbilder beziehen. Der K. unterscheidet sich durch das vorwiegend rezeptive Verhältnis gegenüber einem nachgeahmten Vorbild von der Klassik, die ihrerseits als vorbildhaft betrachtet wird. (2) Bestimmte Stilepoche der europäischen antikisierenden Strömung mit Kernzeit zwischen ca. 1770 und 1830. Der K. ist geprägt vom Geist der europäischen Aufklärungsbewegung und begleitet die Ablösung der feudalen durch die bürgerliche Gesellschaftsordnung. Humanitätsideal und rationale Klarheit treten an die Stelle der christlichen Orthodoxie sowie der Gefühlsbetontheit und der überbordenden Fülle, die den Barock geprägt hatten. Der Sprachgebrauch für K. ist in Europa nicht einheitlich: Da in den romanischen und angelsächsischen Ländern die Kunst etwa seit der Mitte des 17. Jh. als K. bezeichnet wird, heißt die in Deutschland als K. bezeichnete Epoche dort Neo-K. **Lit.:** H. Beck u. a. (Hg.): Ideal und Wirklichkeit in der bildenden Kunst im späten 18. Jahrhundert. Berlin 1984. – S. Giedion: Spätbarocker und romantischer Klassizismus. München 1923. – H. Honour: Neo-Classicism. Harmondsworth 1968. – K. Lankheit: Revolution und Restauration. Baden-Baden 1965, überarb. Nachdr. 1980. – R. Wellek: Das Wort und der Begriff Klassizismus in der Literaturgeschichte. In: Schweizer Monatshefte 45 (1965). – R. Zeitler: Klassizismus und Utopia. Stockholm 1954. BC

**Klugheit,** die Fähigkeit, gesetzte Zwecke durch die realitätsgerechte Wahl angemessener Mittel zu realisieren. Obwohl K. immer schon in Form nützlicher Ratschläge gelehrt wurde, hat Aristoteles ihr als erster einen systematischen Platz in der Ethik angewiesen. Er begreift K. (↗phronesis) als eine Verstandestugend, die als Grundhaltung dazu befähigt, »Mittel und Wege zum guten und glücklichen Leben« aufgrund richtiger Überlegung zu wählen. Die K. schreibt die Mittel zur Verwirklichung von Zielen vor, die der treffliche Charakter zuvor bestimmt hat. K. und sittliche Trefflichkeit sind daher eng miteinander verwoben. Weil K. im Unterschied zur Gerissenheit oder Verschlagenheit definitionsgemäß auf sittliche Ziele bezogen ist, kann sie nicht ethisch indifferent sein. Als eine Art praktischer ↗Vernunft zielt K. nicht auf das Allgemeine und Unveränderliche – wie die wissenschaftliche Erkenntnis oder die philosophische Weisheit –, sondern auf das je Besondere einer Situation, sie zielt auf das, was handelnd veränderbar ist und was es zweckgerichtet handelnd zu verändern gilt. Insofern erfordert K. vor allem praktische Erfahrung, die mit dem Einzelnen vertraut macht und sich schließlich in unterschiedlichen Praxisfeldern bewähren muß: Der K. bedarf es sowohl bei der Sorge um das eigene wie bei der Sorge um das gemeine Wohl. Daher ist K. ausdrücklich mit Politik verknüpft. – Thomas von Aquin beschreibt K. (prudentia) als »genetrix virtutum«: indem sie die Mittel für die Verwirklichung sittlicher Ziele auffindet und umsetzt, ist sie die notwendige Realisierungsbedingung aller anderen ↗Tugenden. So kann der Gerechte nur gerecht sein, wenn er zugleich klug ist. K. ist insofern in allen anderen Tugenden unterstützend wirksam. In einem dreifachen Akt von überlegen (»consiliari«), urteilen (»judicare«) und gebieten (»praecipere«) erreicht sie die Vermittlung von Allgemeinem, den Grundsätzen der Vernunft bzw. den normativen Anforderungen der Sittlichkeit, und dem Besonderen der jeweiligen Gegebenheiten.

Nach der Erosion der traditionalen Ordnung des MA. gewannen K. und K.lehre erneut an Attraktivität. Man versprach sich von ihr Anleitung und Hilfe bei der rationalen und effizienten Gestaltung von z.T. ganz neuen Handlungsbereichen. Dabei ist eine Auflösung der ohnehin stets prekär gebliebenen Beziehung zwischen ↗Moral und K. zu beobachten. So legte Machiavelli mit *Il principe* (1532) eine jenseits religiöser und ethischer Bindungen angesiedelte K.-Lehre fürstlichen bzw. staatlichen Handelns vor, und Baltasar Gracián publizierte mit dem *Oráculo manual y arte de prudencia* (1647), ebenfalls ohne die Berücksichtigung ethischer oder religiöser Normen, eine auf die Belange des einzelnen zugeschnittene Privatklugheit. – Die an Praxis orientierte deutsche Aufklärungsphilosophie baute die Unterscheidung zwischen Staatsklugheit (Politik) und Privatklugheit weiter aus, mochte die Bindung der K. an Moral jedoch nicht ohne weiteres preisgeben. Allerdings kommt es bereits bei Chr. Thomasius zu einer deutlichen Veräußerlichung der K., indem er zwar einerseits die Zusammengehörigkeit von Weisheit (Ethik) und K. betont, ihnen andererseits aber unterschiedliche Zuständigkeitsbereiche zuweist: Mit der Weisheit sollen die »innerlichen Hindernisse der Glückseligkeit« (Affekte und Leidenschaften) bekämpft und mithilfe der K. sollen ihre »äußerlichen Hindernisse« beseitigt werden. Die damit angestrebte »äußerliche Glückseligkeit« umfaßt bei Heumann ausdrücklich die angemessene Versorgung mit materiellen Gütern (»mittelmäßiger Reichthum«), gesellschaftliche Anerkennung (»mittelmäßige Ehre«) sowie »mittelmäßige Ergetzlichkeiten«. Die durch K. zu realisierenden Zwecke brauchten schließlich auch nicht im eigentlichen Sinne ethisch wertvoll zu sein; es reichte, wenn sie »rechtschaffen« (Walch) oder »rechtmäßig« (Musig) waren, wenn wenigstens »unsträfliche Absichten« (Gottsched) vorlagen oder sie niemanden beeinträchtigten (v.Rohr). – Kant bestätigte zwar, daß »die Geschicklichkeit in der Wahl der Mittel zu seinem eigenen größten Wohlsein« K. genannt werden kann, doch ist ↗Glückseligkeit für Kant kein Prinzip der Sittlichkeit mehr. Die Ratschläge der K. sind nur noch »pragmatische ↗Imperative«, die nicht wie die moralischen Gebote der Sittlichkeit als kategorische Imperative unbedingte und objektive Gültigkeit beanspruchen können, sondern davon abhängig sind, was vom einzelnen je subjektiv zufällig zur eigenen Glückseligkeit gerechnet wird. Mit dieser prinzipiellen Trennung von K. und Moral geht die ethische Disqualifizierung der K. einher; der rein technische Teil ihrer ursprünglichen Leistung ist später in M. Webers Begriff der ↗Zweckrationalität übergegangen.

Neuere Bemühungen orientieren sich weitgehend an antiken bzw. scholastischen Vorbildern (Pieper, Den Uyl) oder versuchen die K. innerhalb eines utilitaristischen Moralkonzepts fruchtbar zu machen (Hare). Im »praktischen Rationalismus« Th. Nagels kommt der K. eine entscheidende Funktion für eine anvisierte »Metaphysik der Person« zu: K. ist in erster Linie durch Voraussicht gekennzeichnet, die auf die Zukunft reflektiert und so auf die Motive gegenwärtigen Handelns einwirkt. K. drückt damit die Fähigkeit des einzelnen aus, sich über Vergangenheit und Zukunft als identische Person wahrzunehmen. **Lit.:** Aristoteles: Eth. Nic. Buch VI. – R. M. Hare: Moralisches Denken. Frankfurt 1992. – C. A. Heumann: Der Politische Philosophus. Frankfurt/Leipzig 1714. – I. Kant: Grundlegung zur Metaphysik der Sitten. – T. Nagel: The Possibility of Altruism. Oxford 1970. – J. Pieper: Traktat über die Klugheit. München [7]1965. – Thomas von Aquin: S.th. II-II, 47–56. – Chr. Thomasius: Kurtzer Entwurf der Politischen Klugheit. Frankfurt/Leipzig 1710. – D. J. Den Uyl: The Virtue of Prudence. New York 1991. FG

**Kodifikation,** allgemein die Zusammenfassung von verschiedenen Texten in einem Codex. In der Rechtstheorie heißt die Zusammenfassung von mehreren Rechtsgebieten zu einem Gesetzbuch K. Als Codex bezeichneten die Römer der Spätantike jene die Buchrolle ablösende Buchform aus zusammengebundenen wachsüberzogenen Holztäfelchen. Bis zum MA. bürgerte sich der Name Codex dann für verschiedene Sammlungen von Handschriften (z. B. der gotischen, in Silber gebundenen Bibelübersetzung als *Codex Argenteus*) und Gesetzestexten ein. Mit der Erfindung des Buchdrucks erfuhr das Wort Codex eine Bedeutungsverengung auf die juristische Zusammenfassung von Rechtsgebieten, wie sie sich etwa im napoleonischen Recht als *Code civil* und *Code penal* niederschlägt. Als Beispiel einer deutschen K. gilt das aus dem komplizierten *Preussischen Allgemeinen Landrecht*, dem linksrheinischen *Code Civil*, dem sächsischen *BGB* und Teilen des römischen Rechts zusammengewachsene, im Jahre 1900 in Kraft getretene Bürgerliche Gesetzbuch, wobei hier für den Begriff der K. insbesondere die allgemeine territoriale Geltung des *BGB* für alle vorher zersplitterten Reichsgebiete maßgeblich ist. MFM

**Kognition** (lat. cognitio, Erkenntnis), das Erkennen, Wahrnehmen; kognitiv: die Erkenntnis betreffend. Allgemein für Prozesse eigenständiger Weltwahrnehmung und -verarbeitung (Erkennen, Denken, Vorstellen, Lernen, Erinnern) in Abgrenzung zu passivem Erleben (affektiv), Wollen (voluntativ) und Fühlen (emotional). Im engeren Sinn werden darunter heute vorwiegend regelgeleitete, rationale Prozesse der begrifflichen bzw. symbolischen Strukturierung von Sinnesdaten und Wissensaneignung gefaßt und in Abgrenzung zu der moralischen Fähigkeit autonomen Werturteilens als objektivierbar angesehen. Kognitive Aussagen haben demgemäß, anders als moralische und ästhetische, grundsätzlich falsifizierbaren Inhalt. – In der konstruktivistischen Erkenntnistheorie und Sprachphilosophie ist der Begriff geprägt von entwicklungspsychologischen Ansätzen, v. a. von Piaget, der K. als sich wechselseitig bedingende Strukturierung kontingenter Sinnesdaten und Herausbildung von Begriffssystemen im Handeln versteht. – In jüngster Zeit wurde K. zum Schlüsselbegriff der neuen, zwischen Philosophie, Informatik, Psychologie und Biologie angesiedelten ↗Kognitionswissenschaft. EJ

**Kognition, soziale.** Bei der Bestimmung der s.n K. ist davon auszugehen, daß das Wissen über physikalisch-dingliche Zusammenhänge mit Hilfe anderer Kategorien bzw. Prinzipien strukturiert wird als das Wissen über soziale Zusammenhänge. Als spezifisch für die s. K. erweist sich die Fähigkeit der Person, ihre Handlungen, Gedanken und Perspektiven intentional zu koordinieren. D.h. Personen reagieren nicht bloß aufeinander, sondern sie handeln dabei bewußt, mit einer zielgerichteten und wechselseitigen Intention. Diese intentionale Koordination ermöglicht reziproken Austausch und Kommunikationsformen, wie sie für den Bezug mit der unbelebten Natur nicht zu unterstellen sind. Die Wechselseitigkeit von Verhalten und Kommunikation unterscheidet soziale von rein physischen Vorgängen und produziert eine spezielle Art von sozialem Verständnis, das sich in sozial-relationalen (z.B. Freundschaft, Rivalität), sozial-regulativen (z.B. Gerechtigkeit, Konvention) und extra-personalen (z.B. andere Personen, Institutionen) Verstehenskonzepten realisiert. Dabei entwickelt sich ein Verständnis für unterschiedliche Interaktionstypen wie Transaktion, Regulation und Kommunikation. Das Verständnis sozialer Beziehungen und Regulierungen bedingt ein Erkennen und Anerkennen der sozialen Reziprozität: In diesem Rahmen bezieht sich soziale Interaktion auf den Austausch, in dessen Verlauf Personen ihre Handlungen intentional koordinieren, dabei miteinander in Kommunikation treten und eine gemeinsame Beziehung aufrechterhalten. Die Reziprozität erlaubt eine Synchronisierung von Interaktionen und die Erfahrung einer gemeinsamen Beziehung. Dementsprechend beinhaltet die s. K. (a) einen konzeptuellen oder organisierenden Aspekt des sozialen Wissens, der den Menschen befähigt, die soziale Realität zu kategorisieren, zu interpretieren und zu ordnen, und (b) einen kommunikativen Aspekt, der den Mechanismus für das gemeinsame Erleben von Vorstellungen und Perspektiven zwischen Personen abgibt. Die s. K. befähigt das Individuum dazu, einerseits soziale Information zu empfangen und zu erzeugen und andererseits an sozialen Erfahrungen teilzunehmen. **Lit.:** W. Damon: Zur Entwicklung der sozialen Kognition des Kindes. In: W. Edelstein/M. Keller (Hg.): Perspektivität und Interpretation. Frankfurt 1982. S. 110 ff. – W. Edelstein/M. Keller: Perspektivität und Interpretation. Zur Entwicklung sozialen Verstehens. Frankfurt 1982. S. 9 ff. – D. Geulen: Soziales Handeln und Perspektivenübernahme. In: Ders.: Perspektivenübernahme und soziales Handeln. Frankfurt 1982. S. 24 ff. PP

**Kognitionswissenschaft** (engl. cognitive science; lat. cognitio: Erkenntnis), jüngere, zwischen Philosophie, Informatik, Linguistik, Psychologie und Neurobiologie angesiedelte Wissenschaft über Erwerb, Verarbeitung, Übermittlung und Speicherung von Wissen. Das Spektrum der Wissensbestimmung reicht von kausalerklärbarer, simulierbarer, elektronisch implementierbarer Repräsentation von Objektivität über eine wechselseitige Bedingtheit von Wahrnehmungsorganen und Wahrgenommenem bis zu autonom gesetzter, intentionaler Interpretation individueller und gesellschaftlicher Weltwahrnehmung. – Den Kern der K. bildet die um 1960 entstandene ↗Künstliche-Intelligenz-Forschung der Computerwissenschaften, die im Bemühen um Sprachimplementierung und Algorithmisierung intelligenter Denkleistungen verstärkt auf linguistische Sprachforschung und denkpsychologische Theorien zurückgriff. Zur Aufnahme philosophischer, v.a. sprachanalytischer, erkenntnis- und wissenschaftstheoretischer Ansätze kam es, nachdem sich die situativ bedingte Selektivität von Wahrnehmung und die wertende Intentionalität von Wissensverarbeitung als zentrales Problem der Simulation menschlichen Denkens erwies. Wichtigstes Paradigma der K. ist der konstruktivistische Ansatz der dialektischen Entwicklung von Denk-/Begriffs- und Weltstrukturen im Handeln (↗Konstruktivismus). Dies führte zur Einbeziehung der psychologischen ↗Genetischen Epistemologie und der ursprünglich biologischen Evolutionären ↗Erkenntnistheorie. Mit der elektronischen Simulation neuronaler Netze gewannen neurobiologische Theorien der Signalverarbeitung und der ↗Selbstorganisation und in Folge die philosophische Diskussion um ↗Leib-Seele-Dualität und ↗Intentionalität große Bedeutung. **Lit.:** E. u. W. Baumgartner u.a. (Hg.): Phenomenology and Cognitive Science. Dettelbach 1996. – E. Engels: Erkenntnis als Anpassung? Frankfurt 1989. – J. Piaget: Einführung in die genetische Erkenntnistheorie. Frankfurt 1990. – J. Searle: Geist, Hirn und Wissenschaft. Frankfurt 1986. – P. Smolensky: Connectionist AI, Symbolic AI, And the Brain. In: AI Review 1 (1987). S.95–109. – G. Strube (Hg.): Wörterbuch der Kognitionswissenschaft. Stuttgart 1996. – F. Varela, Kognitionswissenschaft, Kognitionstechnik. Frankfurt 1990. EJ

**Kognitiv.** (1) Die Dreigliederung der psychischen Phänomene in Denken, Fühlen und Wollen, wie sie in der Psychologie vollzogen wird, findet in den Begriffen kognitiv, emotiv und konativ ihre Entsprechung. Die Bezeichnung k.e Psychologie wird in allgemeiner Weise auf jene Forschungen angewandt, die sich mit den Lernprozessen des Menschen befassen, in spezifischer Weise auf jene psychologischen Ansätze wie Piaget's genetische Psychologie, in denen das geistige Wachstum und die k.en Entwicklungsstufen des Menschen zum Gegenstand der Untersuchung gemacht werden. (2) In der logischen Semantik und der Erkenntnistheorie wird auf der Grundlage des Signifikanzkriteriums des ↗Logischen Empirismus geltend gemacht, daß einem sprachlichen Ausdruck nur dann k.e Signifikanz zugesprochen werden kann, wenn man über seine berechtigte Anwendung in jedem konkreten Fall mit Hilfe von Beobachtungen entscheiden kann. Das hätte zur Folge, daß die Sprache auf ihre deskriptive Funktion beschränkt würde und jeder Rationalitätsanspruch für nicht-deskriptive (wie bspw. die ethischen) Begriffe bestritten würde. Diese Beschränkung läßt sich nicht aufrechterhalten, wie seitens des ↗Konstruktivismus von Lorenzen, Kambartel, Schwemmer u. a. und seitens der ↗Transzendentalpragmatik von Apel und der ↗Universalpragmatik von Habermas hinreichend gezeigt wird. Auch für den Bereich der Ethik gilt, daß innerhalb bestehender Präferenzsysteme eine rationale Normenkritik geübt und eine rationale Begründung geleistet werden kann (↗Kognitivismus). PP

**Kognitivismus/Non-Kognitivismus.** (1) In erkenntnistheoretischer Hinsicht tritt der K. in zwei gegensätzlichen Positionen auf: Der ↗Logische Empirismus legt ein empirisches ↗Signifikanzkriterium zugrunde, wonach all diejenigen Begriffe als sinnlos zu gelten haben, über deren berechtigte Anwendung nicht in jedem konkreten Fall mit Hilfe von Beobachtungen entschieden werden kann. Die als »critical cognitivism« bezeichnete Position von Chisholm vertritt dagegen die Ansicht, daß es Sachverhalte in der inneren oder äußeren Erfahrung gibt, die Kriterien für die Geltung von Sätzen über die Außenwelt, die mentalen Vorgänge in anderen Menschen, vergangene Ereignisse und ethische Sachverhalte darstellen. Eine weitere Variante des K. vertreten Apel und Habermas im Anschluß an Peirce und Austin. Der pragmatischen Bedeutungstheorie von Peirce liegt die Unterscheidung zwischen der handlungsbezogenen Organisation der Erfahrung und dem argumentativen Prozeß der Klärung von Geltungsansprüchen (des Wahren und Richtigen) zugrunde. Austin und Searle behaupten im Gegensatz zu jenen semantischen Wahrheitstheorien, für die einzig Sätze als wahr oder falsch beurteilbar sind, daß Behauptungen und Aussagen und die darin implizierten Geltungsansprüche die Grundlage der Wahr-falsch-Beurteilung darstellen. Piagets Untersuchungen zur kognitiven Entwicklung bestätigen jene Beziehungen zwischen kognitiven Schemata und Handlungssystemen: Das Kind lernt die denotativen Ausdrücke im praktischen Bezug zu physikalischen Gegenständen und nicht unmittelbar mit grammatischen Funktionen. Habermas vertritt dementsprechend die Thesen, daß Wahrheit in einem pragmatischen Zusammenhang als Geltungsanspruch, den wir in Aussagen behaupten, betrachtet werden muß, und daß es zwischen den Wahrheitskriterien und den Kriterien zur argumentativen Klärung von Wahrheitsansprüchen keine Trennung geben kann. (2) Der moralphilosophische K. vertritt die These, daß der mit moralischen Urteilen verbundene Anspruch als Objektivitätsanspruch zu verstehen sei. Demgegenüber behauptet der Non-K., daß moralischen Urteilen kein Erkenntnischarakter zugesprochen werden kann. Hinsichtlich der Bestimmung, worin die Eigenart der moralischen Sachverhalte bestehe, bieten sich dem K. mehrere Möglichkeiten an: (a) Es sind empirische Sachverhalte, die in den moralischen Urteilen zum Ausdruck gebracht werden, dementsprechend sind moralische Urteile als empirische Urteile zu verstehen. Spezifische Begriffe der moralischen Urteile wie »gut« und Ausdrücke wie »sollte« sind als einfache oder definierbare empirische Begriffe zu verstehen. Diese Auffassung vertritt der moralphilosophische Naturalismus. (b) Moralische Urteile bringen Sachverhalte einer völlig eigenständigen Art zum Ausdruck. Deren charakteristische Begriffe wie »gut« und »sollte« sind auf keinen Fall auf empirische Begriffe rückführbar. Diese Auffassung wird als Intuitionismus (Moore, Ross) bezeichnet. Eine andere Form des K. beläßt es nicht bei Versuchen der Bestimmung moralischer Sachverhalte, sondern vertritt gegen den ↗Dezisionismus und ↗Emotivismus die Auffassung, daß für die praktischen Grundsätze auf argumentative Weise Begründungen erbracht werden können (Lorenzen, Kambartel, Schwemmer, Apel, Habermas). Habermas beansprucht auch für Fragen der normativen Richtigkeit die Möglichkeit rationaler Entscheidung. So wie die Wahrheitskriterien auf Kriterien zur argumentativen Klärung von Wahrheitsansprüchen zurückgeführt werden, kann auch für die Richtigkeit von Normen ein argumentativ einlösbarer Geltungsanspruch erhoben werden.

Die Position des Non-K. verdankt sich in hohem Maße den Grundannahmen des Logischen Empirismus (d.i. Sinntheorem und Basistheorem), aufgrund derer all jene Aussagen und Begriffe ohne deskriptiven Gehalt als kognitiv sinnlos anzusehen sind. Der Forderung, über die Anwendung der Begriffe müsse in jedem konkreten Fall mit Hilfe von Beobachtungen entschieden werden können, kann die Ethik für ihre spezifischen Ausdrücke nicht entsprechen. Von mehreren Autoren wurde daraus die bedeutungstheoretische Konsequenz gezogen, die moralischen Urteile als Imperative zu deuten, denen der instrumentelle Sinn zukommt, andere Personen zu einem bestimmten Verhalten zu bewegen. Ayer und Stevenson gestalten den Non-K. zur Position des Emotivismus aus: Die emotive Bedeutung moralischer Ausdrücke zeigt sich in der mit ihnen verbundenen Tendenz, mit ihrer Äußerung bestimmte Einstellungen und affektive Reaktionen auf seiten des Hörers hervorzurufen. **Lit.:** A. J. Ayer: Sprache, Wahrheit und Logik. Stuttgart 1970. S. 135 ff. – K. Baier: Der Standpunkt der Moral. Düsseldorf 1974. – R. Chisholm: Erkenntnistheorie. München 1979. S. 178–180. – J. Habermas: Wahrheitstheorien. In: Vorstudien und Ergänzungen zur Theorie des kommunikativen Handelns. Frankfurt 1984. S. 127 ff. – F. Kambartel: Moralisches Argumentieren – Methodische Analysen zur Ethik. In: Ders. (Hg.): Praktische Philosophie und konstruktive Wissenschaftstheorie. Frankfurt 1974. S. 54 ff. – P. Lorenzen: Szientismus versus Dialektik. In: F. Kambartel (Hg.): Praktische Philosophie und konstruktive Wissenschaftstheorie. Frankfurt 1974. S. 34 ff. – G. E. Moore: Principia Ethica. Stuttgart 1970. – O. Schwemmer: Grundlagen einer normativen Ethik: In: F. Kambartel (Hg.): Praktische Philosophie und konstruktive Wissenschaftstheorie. Frankfurt 1974. S. 73 ff. – L. Stevenson: Ethics and Language. New Haven 1944. – S.E. Toulmin: An Examination of the Place of Reason in Ethics. Cambridge 1960. – R. Wimmer: Kognitivismus. In: Enzyklopädie Philosophie und Wissenschaftstheorie. Bd. 2. Mannheim/Wien/Zürich 1984. PP

**Kohärenz, kohärent,** bezeichnet entweder die Widerspruchsfreiheit und Vereinbarkeit mehrerer Aussagen, Handlungsziele oder Lebenspläne, oder den vernünftigen Zusammenhang eines Argumentationsganges. PP

**Kohärenztheorie,** als theoretische Position zur Bestimmung des Wahrheitsbegriffs vertritt die K. die Auffassung, daß eine wahre Aussage dadurch bestimmbar sei, daß sie mit bestimmten anderen wahren Aussagen übereinstimmt. Im Hinblick auf die Bestimmung der Wahrheit einer Aussage gehen Ansätze der K. davon aus, daß die Wahrheit einer Aussage durch gewisse Systemeigenschaften der Theorie, z. B. ihre logische Widerspruchsfreiheit, festgelegt ist, zu deren Folgerungsmenge die Aussage gehört. Der kohärenztheoretische Ansatz kann in besonderer Weise dafür fruchtbar gemacht werden, Kriterien der Verträglichkeit von Aussagen mit gegebenen wahren Aussagen zu entwickeln, um daraus z. B. Strategien für Problemlösungen zu entwickeln. Ein solches kriteriologisches Konzept der K. hat Rescher vorgelegt: Bestandteile der K. sind Umfassung (comprehensiveness), Zusammengefügtheit (cohesiveness) und Konsistenz. Sie ist eine Relation zwischen einer wahrheitsfähigen empirischen Aussage A und einer nicht-leeren Aussage-Menge M, die bereits als kohärent wahr ausgewiesen gelten. Die Relation besteht genau dann, wenn (1) die um die Aussage A erweiterte Aussage-Menge M logisch widerspruchsfrei ist, (2) es eine Teilmenge M' von der Aussagen-Menge M gibt, die alle (und nur die) Aussagen enthält, aus denen sich die Aussage A ableiten läßt, (3) jede Teilmenge von M erweitert um die Aussage A aus kontextual zusammengehörigen Aussagen besteht. Rescher nennt dazu drei kohärenztheoretische Bedingungen: (a) Die Wahrheit des kohärenztheoretischen Kriteriums kann nicht mit Hilfe eben dieser Kriterien festgestellt werden. (b) Das Kriterium legitimiert sich über seinen Erfolg (was zu weiteren Präzisierungen führen könnte). (c) Das Kohärenzkriterium ist hinsichtlich der Wahrheitstheorie ein partielles Kriterium, das seinerseits die korrespondenztheoretische Wahrheitsauffassung voraussetzt. Die Anwendung des Kohärenzkriteriums dient zur Beurteilung dafür, ob neue Aussagen als verträglich mit dem bisherigen Wissen zu gelten haben. ↗Wahrheit, ↗Korrespondenztheorie. **Lit.:** N. Rescher: The Coherence Theory of Truth. Oxford 1973. PP

**Koinzidenzsatz, Koinzidenztheorem,** in der Prädikatenlogik wird mit Hilfe des Begriffs der ↗Interpretation die prädikatenlogische Wahrheit von Sätzen definiert: Ein Satz ist prädikatenlogisch wahr genau dann, wenn alle Interpretationen eines Satzes A die Aussage A erfüllen. Für den Umgang mit dem Interpretationsbegriff sind zwei semantische Theoreme wichtig: das ↗Überführungstheorem und das K.th. Intuitiv besagt das K.th., daß die Deutung eines Satzes abhängt von der Deutung der Konstanten, die im Satz vorkommen, und dem Objektbereich, über dem der Satz interpretiert wird. Der K. besagt: Wenn sich eine Interpretation I von einer Interpretation J einer Aussage A höchstens bezüglich der Variablen $x_1, \ldots x_n$ unterscheidet, die jedoch in A nicht frei vorkommen, dann ist die Aussage A bei einer Interpretation J über dem Objektbereich U genau dann wahr, wenn die Aussage A bei der Interpretation I über dem Objektbereich U wahr ist. Dasselbe gilt für den Fall, daß die Interpretation I Individuenkonstanten enthält, die in der Aussage A nicht vorkommen. Dann ist es für die Wahrheit der Aussage A unerheblich, welches Element die Interpretation I dieser in der Aussage A nicht vorkommenden Individuenkonstante zuordnet. **Lit.:** W. K. Essler/R. F. M. Cruzado: Grundzüge der Logik I: Das logische Schließen. Frankfurt [4]1991. S. 325 f. – F. v. Kutschera/A. Breitkopf: Einführung in die moderne Logik. Freiburg/München 1971. S. 91 f. PP

**Kollektivbegriff, Kollektivum,** neben den ↗Eigennamen und ↗Gattungsnamen stellt der K. eine eigene Art der Bezeichnung dar, die sich auf Gegenstandsbereiche oder Klassen von Gegenständen bezieht, z. B. »Herde«, »Wald«, »Gepäck«, »Reiterei«, »Bildmaterial«. Entsprechend der Suppositionslehre (↗Supposition) steht der K. für eine einheitliche Gruppe von Dingen, ohne dabei die dazugehörigen einzelnen Individuen zu benennen. – In der logischen Semantik findet sich keine einheitliche Stellungnahme dazu, ob sich der K. auf Gesamtheiten von Individuen, Aggregate oder Ganzheiten diskreter (oder unbestimmter) Teile bezieht und ob der K. durch individuelle oder generelle Terme ausgedrückt wird. **Lit.:** R. Haller: Kollektivbegriff. In: HWPh. – K. Lorenz: Kollektivum. In: Enzyklopädie Philosophie und Wissenschaftstheorie. PP

**Kollektivbewußtsein.** Der Begriff des K. (»conscience collective«) wurde von E. Durkheim geprägt und stellt einen Schlüsselbegriff seines soziologischen Ansatzes dar. Damit soll die Objektivität des sozialen Geschehens gegenüber der individuellen Motivation betont werden. Der Begriff besagt jene geistige Einheit eines sozialen Systems – wie Gesellschaft, Gruppe oder Kollektiv –, die das System identitätsstiftend zusammenhält/konstituiert und sich in Sprache und Schrift, Moral und Recht, Brauch und Gewohnheit, Tradition und Institution, Wissen und Gewissen, aber auch kollektiven Handlungsweisen wie Riten und Zeremonien manifestiert und objektiviert. Es handelt sich um die »Gesamtheit der Anschauungen und Gefühle, die der Durchschnitt der Mitglieder derselben Gesellschaft hegt« (Durkheim). Damit wird ausdrücklich keine ontologische Größe geschaffen. Verhaltensweisen, die das K. bedrohen bzw. dem K. nicht entsprechen, werden gesellschaftlich sanktioniert. **Lit.:** E. Durkheim: Die Regeln der soziologischen Methode. Frankfurt 1984. CSE

**Kollektivismus.** Der Begriff wurde 1869 auf dem Basler Kongreß der Internationalen als Substitut für »Kommunismus« von Bakunin eingeführt. Der Begriff des K. ist der Gegenbegriff zu »Individualismus« und thematisiert das Verhältnis der Gesellschaft zum

Einzelmenschen. Er drückt den Vorrang des Interesses des gesellschaftlichen Ganzen vor Individualinteressen aus. Der einzelne Bürger verdankt nach kollektivistischer Überzeugung sein Wesen – seine Identität, sein Sein – dem Kollektiv, dem er angehört. Daher knüpfen sich an den K. nachhaltige politische Forderungen. **Lit.:** J.-P. Dupuy: Introduction aux sciences sociales. Paris 1992. CSE

**Kollektivum,** Verband von Einzelmenschen. In einem gruppensoziologischen Ansatz versteht man unter K. eine Vereinigung von Personen, die durch geteilte Interessen, übereinstimmende Zielvorstellungen und gleichgerichtete Verhaltensweisen in einem gemeinsamen Handlungskontext, d.h. zu einem gemeinsamen Werk, verbunden sind. In diesem Sinn spricht man von »Kollektivverträgen« oder »kollektiver Sicherheit«. In kommunistischer Terminologie sind Kollektiva soziale Einheiten, in denen die Gesellschaft organisiert ist. CSE

**Kollektivvorstellung.** Bei der Analyse sozialer Zusammenhänge stößt man auf stabile, gemeinsame psychische Grundgegebenheiten, die das Handeln des einzelnen und das Zusammenleben von Individuen prägen. Eine derartige Grundeinheit nennt E. Durkheim K. (»représentation collective«), die in der sozio-kulturellen Welt, in Riten und Gebräuchen, Mythen und Institutionen objektiviert und konkretisiert werden. Als Fundament des Zusammenlebens kann daher jedes soziale Handeln auf K.en zurückgeführt werden. Der Mensch, der an der Gesellschaft partizipiert, überschreitet damit sich selbst, indem er an einer »höheren psychischen Realität« teilhat. C.G. Jung hat diesen Begriff in seiner Lehre vom »kollektiven Unbewußten« weiterentwickelt. **Lit.:** E. Durkheim: Die Regeln der soziologischen Methode. Frankfurt 1984. CSE

**Komisch** (griech. komos: fröhlicher Umzug, Gelage), kunsttheoretischer Begriff, der als Pendant zu ↗»tragisch« die heitere Seite des Erlebens von künstlerischen Darstellungen bezeichnet. So bezeichnen etwa die Begriffe »Komödie« und »Tragödie« Dramen mit positivem bzw. negativem Ausgang. Im engeren Sinne ist das K.e das zum Lachen Anregende in der Kunst und im Leben. Dabei ist grundsätzlich zu unterscheiden zwischen dem gewollt K.en (dem Witzigen) und dem unfreiwillig K.en (dem Lächerlichen). Allgemein dient die Verwendung des K.en, insbesondere der k.en Gestalten und Figuren in der Literatur, der Erzeugung von Heiterkeit. **Lit.:** H. Bergson: Le rire. Essai sur la signification du comique. Paris 1900 (dt. Das Lachen. Zürich 1972). – W. Hirsch: Das Wesen des Komischen. Amsterdam 1960. – Th. Lipps: Komik und Humor. Hamburg [2]1922. – G. Müller: Theorie des Komischen. Würzburg 1964. RL

**Kommunikationsgemeinschaft.** Im Rahmen seiner ↗Transzendentalpragmatik behauptet Apel das Apriori der K. als einen nicht zu hintergehenden, quasi-kartesischen Ansatzpunkt. Im Anschluß an die Semiotik von Peirce überträgt er die erkenntnistheoretischen Fragestellungen nach Objektivität und Wahrheit der Erkenntnis auf eine Gemeinschaft von Argumentierenden. Diese stellt einen intersubjektiven Prozeß der Interpretation qua Sinnverständnis und qua Wahrheitskonsens her. Alle Ansprüche von Objektivität, Wahrheit, aber auch normativer Richtigkeit können nur innerhalb einer Argumentations- bzw. K. begründet werden. Die Einlösung der erhobenen Geltungsansprüche ist nicht anders denn im Konsens mündiger und verständiger, auf zwangsfreie Argumentation bedachter Individuen zu leisten. Insofern stellt die K. die Grundlage für den wissenschaftlichen Diskurs über Objektivität und Objektivitätskriterien der Wissenschaft wie für den Diskurs über die Richtigkeit von gesellschaftlichen Normen dar. **Lit.:** K.-O. Apel: Das Apriori der Kommunikationsgemeinschaft und die Grundlagen der Ethik. In: Transformation der Philosophie. Bd. II. Frankfurt 1973. S. 358ff. PP

**Kommunikationsintention.** Für das Programm der von Grice entwickelten handlungstheoretischen Begründung der Sprach- und Bedeutungstheorie stellt der Begriff der K. eine Absage an die formalsprachlichen Versuche, eine adäquate Darstellung des Begriffs der Bedeutung über ein System semantischer und syntaktischer Regeln zu geben, dar. Der Begriff der Bedeutung kann vielmehr nur durch Bezug auf die hörergerichteten Intentionen eines Sprechers erörtert werden. Auch wenn die einzelnen Bedeutungen von Wörtern und Sätzen größtenteils eine Sache von Regeln und Konventionen darstellen, so kann man doch die allgemeine Natur solcher Regeln und Konventionen nur mit Hilfe der K. verstehen. Dazu ist eine zweistufige Bedeutungstheorie erforderlich: Zunächst muß der Begriff der Kommunikation oder K. so erläutert werden, daß der Begriff sprachlicher Bedeutung nicht vorausgesetzt ist. In einem zweiten Schritt muß gezeigt werden, daß der Begriff der Bedeutung durch den der K. erklärt werden kann (und muß). Diese zweistufige Erörterung geschieht durch Bezug auf den Umstand, daß ein Sprecher im allgemeinen mit einer hörergerichteten Äußerung etwas meint. Was ein Sprecher mit seiner Äußerung meint, ist durch die Analyse der komplexen Intention, mit der er die Äußerung vorbringt, zu klären: Der Sprecher hat bei der Ausführung seiner Äußerung die Absicht, (a) seinen Hörer davon zu überzeugen, daß er eine bestimmte Aussage (z.B. »daß p«) glaubt, (b) für alle offenkundig zu machen, daß er die Intention hat, den Hörer von seinem Glauben dieser Aussage zu überzeugen, (c) daß vom Hörer seine Absicht deutlich als solche erkannt wird. **Lit.:** H.P. Grice: Intendieren, Meinen, Bedeuten. In: G. Meggle (Hg.): Handlung, Kommunikation, Bedeutung. Frankfurt 1979. S. 2ff. – Ders.: Sprecher-Bedeutung und Intentionen. In: a.a.O. S. 16ff. – Ders.: Sprecher-Bedeutung, Satz-Bedeutung, Wort-Bedeutung. In: a.a.O., S. 85ff. – Ders.: Logik und Konversationen. In: a.a.O. S. 243ff. PP

**Kommunikationstheorie,** beschäftigt sich mit dem Austausch von Botschaften zwischen einem Sender und einem Empfänger. Voraussetzung dafür ist, daß

Sender und Empfänger einen gemeinsamen Code benutzen. Die Mitteilung von Botschaften geht über einen Kanal, der nur im Idealfall geräuschfrei ist. Unter »Rauschen« versteht man jede Störung, die bei der Verständigung auftreten kann. Das Rauschen kann vermindert werden durch sogenannte Redundanzen. Diese liefern einer Nachricht zwar keine zusätzlichen Informationen, dienen aber dazu, die Grundinformation zu stützen und abzusichern. Die Wahrscheinlichkeit des Mißverstehens einer Botschaft wird dadurch verringert. Die einfachste Form der Redundanz ist die Wiederholung. Während die Informationstheorie sich vor allem mit der technischen Seite der Nachrichtenübermittlung beschäftigt, geht es in der K. vorwiegend um zwischenmenschliche Verstehensprozesse. Erst auf dieser Ebene hat man es mit den Begriffen Sinn, Verstehen, Denotation und ↗Konnotation zu tun. Watzlawick und andere behaupten für jede menschliche Kommunikation einen Inhaltsaspekt und einen Beziehungsaspekt. Während ersterer die »Daten« liefert, gibt der Beziehungsaspekt an, wie diese aufzufassen sind. So kann z. B. eine Person den Satz »ich gehe einkaufen« einer anderen durch bestimmte Betonung so mitteilen, daß klar ist, daß sie dies sehr ungern tut, oder so, daß sie dies gern macht. Die Semiotik geht von der Grundannahme aus, daß sich alle Kulturphänomene als Kommunikationsphänomene beschreiben lassen. **Lit.:** C. Cherry: Kommunikationsforschung. Eine neue Wissenschaft. Frankfurt 1963. – C. E. Shannon/W. Weaver: The Mathematical Theory of Communication. Urbana (Ill.) 1949. – P. Watzlawick/J. H. Beavin/D. D. Jackson: Menschliche Kommunikation. Formen, Störungen, Paradoxien. Bern/Stuttgart/Wien [4]1974. TF

**Kommunikatives Handeln, Theorie des k. H.s.** Die von Habermas entwickelte Th. k. H.s behandelt den traditionellen philosophischen Begriff der Vernunft aus einer anderen Perspektive. Mit der Tradition teilt sie den philosophischen Standpunkt, daß Vernunft dem Erkennen, Sprechen und Handeln entspringt. Die neue Perspektive drückt eine Distanz zu jenen philosophischen Positionen aus, die das Ganze der Welt, der Natur, der Geschichte im Sinne eines totalisierenden Wissens zu begreifen versuchten. Sein Standpunkt ist andererseits auch nicht gleichzusetzen mit den in Teilen der gegenwärtigen Philosophie, z. B. in der Wissenschaftstheorie, der analytischen Sprachphilosophie, der Ethik und Handlungstheorie, vorherrschenden Tendenzen, die philosophische Fragestellung auf die formalen Bedingungen der Rationalität des Erkennens, der sprachlichen Verständigung und des Handelns zu beschränken. In seinem Bemühen, einen unverkürzten Begriff von Rationalität für eine Theorie der Gesellschaft fruchtbar zu machen, weiß sich Habermas den Intentionen der ↗Kritischen Theorie verpflichtet.

Die Th. k.n H.s geht von zwei Annahmen aus: (1) Die Verständigung stellt die grundlegende Form der Interaktion dar. Verständigung ist als ein Prozeß der Einigung unter sprach- und handlungsfähigen Subjekten zu verstehen. Einigung bedeutet nicht Gleichgestimmtheit, sondern meint ein rational begründetes Einverständnis. Verständigung wird dabei nicht in Gestalt eines idealistischen Postulats eingeführt, sondern als ein der menschlichen Sprache innewohnendes Telos ausgewiesen. (2) Rationalität ist als Disposition sprach- und handlungsfähiger Subjekte anzusehen. Sprachfähigkeit und Rationalität stehen dabei in einem systematischen Zusammenhang. Die Sprache ist für die Th. k.n H.s nach drei Gesichtspunkten grundlegend: (1) In den Sprechhandlungen werden Realitätsbezüge hergestellt (a) zur äußeren Welt als der Gesamtheit aller Entitäten, über die wahre Aussagen möglich sind, (b) zur sozialen Welt als der Gesamtheit aller legitim geregelten interpersonalen Beziehungen und (c) zur subjektiven Welt als der Gesamtheit nur subjektiv zugänglicher Erlebnisse und Intentionen des Sprechers. Diese Weltbezüge stellen den gemeinsamen Interpretationsrahmen dar, innerhalb dessen Verständigung gesucht und erzielt wird. (2) Die in den Sprechhandlungen vollzogenen Weltbezüge sind mit Geltungsansprüchen versehen, die akzeptiert oder bestritten werden können. Geltungsanspruch bedeutet, daß mit einer Aussage implizit immer auch die unausgesprochene Behauptung verknüpft ist, daß die Bedingungen für die Gültigkeit der betreffenden Aussage erfüllt sind. Von Habermas werden vier universale Geltungsansprüche namhaft gemacht, die jeder kommunikativ Handelnde im Vollzug einer beliebigen Sprechhandlung erheben (und ihre Einlösbarkeit unterstellen) muß, damit eine Verständigung gelingen kann: (a) Der Sprecher muß einen verständlichen Ausdruck wählen, damit Sprecher und Hörer einander verstehen können – Geltungsanspruch der Verständlichkeit; (b) er muß die Absicht haben, eine wahre Aussage zu machen (d. h. einen wahren propositionalen Gehalt mitzuteilen), damit der Hörer das Wissen des Sprechers teilen kann – Geltungsanspruch der Wahrheit; (c) er muß seine Intentionen wahrhaftig äußern wollen, damit der Hörer begründet davon ausgehen kann, daß er als Sprecher an ihn als Hörer tatsächlich eine Äußerung richten will und damit er ihm vertrauen kann – Geltungsanspruch der Wahrhaftigkeit; (d) er muß sein Verhalten auf einen als legitim anerkannten normativen Kontext abstellen – Geltungsanspruch der normativen Richtigkeit. – Der Handelnde muß diese Geltungsansprüche im Bedarfsfalle einlösen, indem er Gründe für ihre Geltung anführt. Der Sinn der Begründung richtet sich nach dem jeweiligen Geltungsanspruch: Die Begründung der Wahrheit deskriptiver Aussagen bedeutet den Nachweis der Existenz von empirischen Sachverhalten, die Begründung der normativen Richtigkeit erfordert den Nachweis der Akzeptabilität von Handlungen bzw. Handlungsnormen in bezug auf die gemeinsam anerkannten Normen. Die Wahrhaftigkeit kann nicht begründet werden, sie kann sich nur in der Konsistenz zwischen Aussage und weiterem Verhalten des Sprechers zeigen. Der Anspruch

der Verständlichkeit wird durch den Nachweis, daß die sprachlichen Ausdrücke regelrecht erzeugt worden sind, eingelöst. Durch die ↗performative Form der Aussagen, die sich in der Formulierung »ich behaupte dir gegenüber, daß…« zeigt, bleibt den Sprechern ein Bewußtsein von der Revidierbarkeit ihrer Aussagen erhalten. (3) Der Begriff des k.n H.s setzt Sprache als Medium von Verständigungsprozessen auf der Grundlage von Geltungsansprüchen voraus.
Auf der Grundlage dieser Sprechaktanalysen unternimmt es die Habermas'sche Theorie, den Begriff des k.n H.s zu explizieren und als grundlegend auszuweisen. Der Begriff des k.n H.s bezieht sich auf die Interaktion von mindestens zwei sprach- und handlungsfähigen Subjekten, die eine interpersonale Beziehung eingehen. Die Akteure suchen eine Verständigung über die Handlungssituation, um ihre Handlungspläne und ihre Handlungen einvernehmlich zu gestalten. Diese Form der Koordination ist insofern grundlegend für Erfahrung, als nicht von einer ontologischen Voraussetzung einer vorgegebenen Welt ausgegangen werden kann. Objektivität gewinnt die Welt erst dadurch, daß sie für eine Gemeinschaft sprach- und handlungsfähiger Subjekte in einem einstimmigen Sinne gilt. In der kommunikativen Praxis vergewissern sie sich ihres gemeinsamen Lebenszusammenhanges, der intersubjektiv geteilten Lebenswelt. Diese wird durch die Gesamtheit der Interpretationen begrenzt, die von ihnen als gemeinsames ↗Hintergrundwissen vorausgesetzt wird. Für diesen lebensweltlichen Hintergrund stellt jeder Dissens eine Herausforderung dar. Jeder Verständigungsprozeß findet vor dem Hintergrund eines kulturell eingespielten Vorverständnisses statt. Im Falle eines Dissenses wird das Hintergrundwissen nicht als Ganzes thematisiert, sondern jeweils nur der Teil des Wissensvorrates, der problematisch geworden ist. Im Rahmen solcher Verständigungen steht jeweils ein thematischer Ausschnitt der gemeinsamen Lebenswelt zur Disposition. Da jeder der Beteiligten sich (aufgrund der performativen Einstellung) der Relativität der eigenen Auffassung bewußt ist, kann keiner dogmatisch den Anspruch auf Wahrheit oder Richtigkeit erheben. In dieser Situation kommt der Koordinationseffekt der Geltungsansprüche zum Tragen. Ein Sprecher kann einen Hörer zur Annahme seiner Meinung rational motivieren, weil er aufgrund des internen Zusammenhangs zwischen Gültigkeit, Geltungsanspruch und Einlösung des Geltungsanspruchs die Gewähr dafür übernimmt, erforderlichenfalls überzeugende Gründe anzugeben, die einer Kritik des Hörers an den Geltungsansprüchen standhalten. Dieses implizite Angebot stellt einerseits die Grundlage für die Kooperation bzw. die gemeinsame Konsenssuche dar, andererseits zeigt sich in ihm die Rationalität des k.n H.s. Als rational wird derjenige bezeichnet, der sein Handeln an intersubjektiv anerkannten Geltungsansprüchen orientiert. Da sich ein kommunikativ erzieltes Einverständnis auf Gründe stützen muß, bemißt sich die Rationalität der einzelnen daran, ob sie ihre Äußerungen unter geeigneten Umständen begründen könnten. Diese Rationalität verweist damit auf die Argumentationspraxis als Berufungsinstanz, die es ermöglicht, k. H. mit anderen Mitteln fortzusetzen.
Der Begriff der kommunikativen Rationalität wird von Habermas durch eine Theorie der Argumentation expliziert. Als Argumentation wird ein Typus von Rede bezeichnet, in dem die Teilnehmer strittige Geltungsansprüche mit Argumenten einlösen oder kritisieren. Der theoretische ↗Diskurs stellt die Form der Argumentation dar, in der kontroverse Wahrheitsansprüche zum Thema gemacht werden, der praktische Diskurs eine Form, in der Ansprüche auf normative Richtigkeit zum Thema gemacht werden. Verständigung funktioniert als handlungskoordinierender Mechanismus in der Weise, daß sich die Interaktionsteilnehmer über die beanspruchte Gültigkeit ihrer Äußerungen einigen und daß die Geltungsansprüche intersubjektive Anerkennung finden. Nur auf dem Weg der Argumentation kann ein rational motiviertes Einverständnis erreicht werden. Wenn nur mit Gründen geprüft werden soll und einzig der Zwang des besseren Arguments gelten soll, erfordert das eine »ideale ↗Sprechsituation«. Habermas bezeichnet mit dem Terminus »ideale Sprechsituation« die Bedingungen, unter denen ein vernünftiger Konsens möglich ist. Sie ist dadurch gekennzeichnet, daß eine unbegrenzte Diskussion sichergestellt ist, die frei ist von verzerrenden Einflüssen, die auf offene Herrschaft, auf strategisches Handeln oder subtilere Kommunikationshindernisse zurückzuführen sind. Die Freiheit von inneren und äußeren Zwängen wird durch die Forderung unterstützt, daß für alle Beteiligten an einem praktischen Diskurs gleiche Chancen bei der Wahl und der Ausführung von Sprechakten gegeben sein müssen. Die ideale Sprechsituation stellt ein Ideal dar, dem man sich in der Wirklichkeit annähern kann und das als Orientierung für die Institutionalisierung von Diskursen und als kritischer Maßstab dienen kann, an dem sich jeder faktisch erreichte Konsens messen läßt. **Lit.:** J. Habermas: Theorie des kommunikativen Handelns. Frankfurt 1981. PP

**Kommunismus,** ↗Utopie einer klassenlosen Gesellschaft, die nach Abschaffung des Privateigentums jedem Individuum eine selbstbestimmte Entwicklung ermöglicht. Nach Marx ist K. jedoch nicht nur das Ziel der geschichtlichen Entwicklung, sondern die Bewegung der Geschichte selbst, die in den Handlungen des ↗Proletariats ihren eigentlichen Ausdruck erhält. Aus dieser an Hegel orientierten Anthropologisierung des sich selbst bewußt werdenden »Geistes« leitet der junge Marx die Theorie seines »kritischen K.« ab. Allerdings differenziert er in der Folge seiner weiteren Überlegungen nicht zwischen K. und ↗Sozialismus. Mit Lenins Umwidmung der russischen sozialdemokratischen Partei in die Kommunistische Partei (1918) erhält der K.-Begriff eine Erweiterung. So verweist K. auf die Selbstbeschreibung des sowjetischen Gesellschaftsmodells und seiner Zukunftserwartungen. K.

beinhaltet danach immer eine Bejahung der Innen- und Außenpolitik der UdSSR. Dieses Definitionsmonopol der KPdSU ist zwar immer wieder in Frage gestellt worden (Maoismus, Reform-K., Euro.-K.), hat aber bis zum Zusammenbruch der UdSSR seine Hegemonie behaupten können. TN

**Kommunitarismus.** Mit K. wird eine politische und soziale Philosophie bezeichnet, die sich in einer Wendung gegen liberalistische Positionen, v.a. in kritischer Auseinandersetzung mit Rawls' *Theorie der Gerechtigkeit* formiert hat. Unter K. wie auch unter ↗Liberalismus finden sich unterschiedliche Strömungen versammelt. Es können mehrere Phasen der Auseinandersetzung unterschieden werden. Die Diskussion entzündete sich am Personenbegriff des Liberalismus, der als ahistorisch und individualistisch kritisiert wurde (Sandel). Auf diese Kritik hat Rawls bereits mit Korrekturen reagiert, so daß die Thematik nicht mehr als zentraler Schauplatz der Debatte gelten darf. Der K. setzt einem Gerechtigkeitsbegriff, der auf individuelle Rechte abhebt, gemeinschaftlich orientierte Konzeptionen des Guten entgegen. Die Struktur moderner Gesellschaften, in denen der Mensch als Handelnder im Mittelpunkt steht, arbeitet insbesondere Etzioni heraus. Bei McIntyre rückt anstelle der Orientierung an abstrakten Normen unter Verweis auf Aristoteles der Begriff der Tugend in den Vordergrund, und mit ihm das Handeln und die Motivation der einzelnen. Insgesamt orientieren sich Vertreter des K. an aristotelischer und hegelianischer politischer Philosophie. Taylor stellt mit Bezug auf Hegel die Frage nach kollektiven Wertüberlegungen. Fragen der politischen Integration und Legitimation werden diskutiert. Einer universalistischen Gerechtigkeitstheorie steht eine kontextualistisch orientierte Güterethik auf Seiten des K. gegenüber. Die Debatte reicht über die bloße K.-Liberalismus-Kontroverse hinaus. Auch die ↗Diskursethik erarbeitet eine formal-prozedurale Gerechtigkeitstheorie. Ebenso ist die feministische Kritik involviert, die freilich keinem Diskussionslager eindeutig zuzuordnen ist. Von feministischer wie von kommunitaristischer Seite wird der liberalistische Akzent auf der Trennung zwischen öffentlicher und privater Sphäre infragegestellt. Es wird darauf hingewiesen, daß gerechtigkeitsorientierte Neutralität umschlagen kann in Blindheit für konkrete Anerkennungsforderungen, was sich gerade am Geschlechterverhältnis zeigen lasse. Aus feministischer Sicht kann auch das zentrale Dilemma kommunitaristischer Ansätze formuliert werden, die zwar die Bedeutung traditioneller Gesellschaftsformen hervorheben, jedoch diese nicht gegen bloße Anpassung abzugrenzen vermögen. Es gelinge »Kommunitaristen oft nicht, zwischen der konstitutiven Bedeutung von Gemeinschaften für die Ausbildung der Ich-Identität und einer konventionellen oder rollenkonformen, einer unkritischen Anerkennung ›meines Platzes in der Welt und der Pflichten, die damit verbunden sind‹« (Benhabib, S. 83) zu trennen. **Lit.:** S. Benhabib: Selbst im Kontext. Frankfurt 1995. – A. Etzioni: Die aktive Gesellschaft. Eine Theorie gesellschaftlicher und politischer Prozesse. Opladen 1975. – A. Honneth (Hg.): Kommunitarismus. Eine Debatte über die moralischen Grundlagen moderner Gesellschaften. Frankfurt/New York 1993. – A. MacIntyre: Der Verlust der Tugend. Frankfurt 1987. – J. Rawls: Eine Theorie der Gerechtigkeit. Frankfurt 1975. – M. Sandel: Liberalism and the Limits of Justice. Cambridge 1982. – Ch. Taylor: Quellen des Selbst. Frankfurt 1994. – I.M. Young: The Ideal of Community and the Politics of Difference. In: L. Nicholson (Hg.): Feminism and Postmodernism. New York 1990. S. 300–323. BES

**Kommutativ.** Eine Funktion f heißt allgemein k., wenn $f(a_1,\dots,a_n) = f(a_{i1},\dots,a_{in})$ für jede Permutation $i_1,\dots,i_n$ von $1,\dots,n$. Beispielsweise ist die Addition auf der Menge der natürlichen Zahlen k., da $a+b = b+a$. Nicht k. ist die Addition auf der Menge der Ordinalzahlen, da z.B. $\omega+1 \neq 1+\omega$. UM

**Kommutativgesetz,** Gesetz der Aussagenlogik und der Mengenlehre, wonach Konjunktion und Adjunktion bzw. Durchschnitts- und Vereinigungsoperation ↗kommutativ sind. Nicht kommutativ ist in der Aussagenlogik das Konditional. UM

**Komparativ,** Begriff der Sprachwissenschaft: Steigerung von Adjektiven oder Adverbien beim Vergleich sprachlicher Referenten mit gleichen Merkmalen. Der Terminus liegt in doppelter Bedeutung vor: (1) Er bezeichnet alle vier Sprachstufen der Komparation: (a) die Grundstufe (etwa: hoch), (b) den eigentlichen sog. K. als die erste Vergleichsstufe (höher), (c) den Superlativ (das höchste) und (d) den Elativ als Sonderform des Superlativs (allerhöchst). (2) K. meint nur die grammatische Kategorie der 1. Vergleichsstufe. Die semantische Funktion des K. liegt in der zeitlichen oder dinglichen Graduierung von Eigenschaften. Gelegentlich wird der Terminus auch adjektivisch gebraucht, etwa bei Kant, demgemäß Erfahrung und Induktion nur k.e Allgemeinheit zukommt. **Lit.:** D. Cherubim: Grammatische Kategorien. Berlin 1976. MFM

**Kompatibilismus,** Bezeichnung für die These der Vereinbarkeit von Willensfreiheit und Determinismus. ↗Determination, Determinismus. PP

**Kompetenz.** Chomsky hat in der Linguistik das Begriffspaar »K.« und ↗»Performanz« eingeführt, um damit zwei wesentliche Aspekte der Sprache differenziert benennen zu können: Der aktuellen Sprachverwendung, d.i. den konkreten Sprachhandlungen (Performanz) liegt ein allgemeines Sprachvermögen zugrunde, das Chomsky als immanente Sprach-K. des »idealen Sprecher-Hörers« bezeichnet. Die generative Grammatik ist in dem Sinne eine Beschreibung der K., als darunter ein Regelsystem zu verstehen ist, das auf explizite und wohldefinierte Weise Sätzen eine Strukturbeschreibung zuordnet. In der linguistischen Grammatik wird das expliziert, was an intuitiver Sprachkenntnis bei jedem einzelnen Sprecher angelegt ist. **Lit.:** N. Chomsky: Aspekte der Syntax-Theorie. Frankfurt 1970. PP

**Kompetenz, kommunikative,** beschreibt das fundamentale Regelsystem, das ein Sprecher beherrschen muß, um Sätze in den verschiedenen Äußerungssituationen verwenden zu können. Wie die Linguistik die Sätze als Einheiten der Sprache und Sprachkompetenz als Fähigkeit des Sprechers zur Erzeugung von Sätzen nach Regeln der Grammatik beschreibt, versucht Habermas die Äußerung als elementare Einheit und die k.K. als Fähigkeit zur Äußerung von Sätzen nach pragmatischen Regeln zu bestimmen. Um einen grammatischen Satz hervorzubringen, braucht ein kompetenter Sprecher einzig dem Anspruch auf Verständlichkeit zu genügen. Für die k.K. stellt die Beherrschung des grammatischen Regelsystems nur ein Moment der Kommunikationsfähigkeit dar. Diese umfaßt die Fähigkeit eines verständigungsbereiten Sprechers, einen wohlgeformten Satz in Realitätsbezüge einzubetten. Der Sprecher muß dazu (1) seinen Aussageinhalt so wählen, daß er eine Erfahrung oder Tatsache wiedergibt, (2) seine Intention so äußern, daß der sprachliche Ausdruck seine tatsächliche Intention wiedergibt, (3) die Sprechhandlung so ausführen, daß sie die anerkannten Normen erfüllt bzw. den allgemein akzeptierten Formen der Interaktion entspricht. Die k.K. erstreckt sich damit auf die Fähigkeit, die Äußerung in ein Netz von Beziehungen zu verschiedenen Realitätsordnungen einzufügen: (1) in den Bezug zur äußeren Realität, d.h. der Welt des Erfahr- und Wahrnehmbaren, (2) in den Bezug zur inneren Realität dessen, was ein Sprecher als seine Intention ausdrücken möchte, (3) in den Bezug zur normativen Wirklichkeit, d.h. dem kulturell und gesellschaftlich Anerkannten. Mit dieser Einbettung in Realitätsbezüge gehen bestimmte ↗Geltungsansprüche einher: Wie mit der Grammatikalität der Anspruch auf Verständlichkeit verbunden ist, so muß eine gelingende Äußerung für die Beteiligten (1) als wahr gelten, was den Aussageinhalt betrifft, so daß der Hörer das Wissen teilen oder übernehmen kann, (2) als wahrhaftig gelten, was die Absicht der Äußerung betrifft, so daß der Hörer dem Sprecher vertrauen kann, (3) als richtig gelten, soweit sie auf gesellschaftlich anerkannte Erwartungen trifft, so daß der Hörer mit dem Sprecher in diesen Werten übereinstimmen kann. Die k.K. hat der Doppelstruktur der Kommunikation Rechnung zu tragen, die darin besteht, daß Sprecher und Hörer bei jedem Verständigungsversuch auf zwei Ebenen gleichzeitig kommunizieren: Mit jeder Äußerung wird eine personale Beziehung zwischen Sprecher und Hörer hergestellt, die sich sprachlich in (↗performativen) Formen wie »ich behaupte dir gegenüber, daß...«, »ich verspreche dir gegenüber, daß...« und in den implizit erhobenen Geltungsansprüchen der Wahrheit, Wahrhaftigkeit und Richtigkeit aufzeigen läßt. Die zweite Ebene stellt der Aussageinhalt dar, d.h. die Erfahrungen und Sachverhalte, über die eine Verständigung gesucht wird. Diese Unterscheidung der Ebenen entnimmt Habermas der ↗Sprechakttheorie von Austin und Searle und beruht auf deren Unterscheidung zwischen dem illokutionären und dem propositionalen Akt. **Lit.:** J. Habermas: Was heißt Universalpragmatik. In: Vorstudien und Ergänzungen zur Theorie des kommunikativen Handelns. Frankfurt 1984. S. 353ff. PP

**Komplementär, Komplementarität.** (1) Verschiedene, sich gegenseitig ausschließende Erklärungen desselben Objekts stehen im Verhältnis der K. zueinander, wenn sie als sich ergänzende Aussagen angesehen und akzeptiert werden. (2) Bezugspunkt für die philosophische Diskussion ist der Begriff der K., wie er von Bohr zur Interpretation der Quantentheorie (↗Quantenmechanik) eingeführt wurde: Ort und Impuls z.B. sind k.e Größen, weil einem mikrophysikalischen System wie einem Elektron nicht zugleich ein beliebig genauer Ortswert und ein beliebig genauer Impulswert zugeschrieben werden kann (↗Unschärferelation). Notwendig für die K. zweier Merkmale ist, daß diese Merkmale sich auf denselben Gegenstand beziehen und daß sie inkompatibel sind: Beide Merkmale können nicht zugleich in bezug auf denselben Gegenstand in beliebig genauer Weise bestimmt werden. Zuerst Merkmal A und dann Merkmal B an dem Gegenstand zu bestimmen, führt zu einem anderen Resultat, als zuerst Merkmal B und dann Merkmal A an dem Gegenstand zu bestimmen. Um K. von bloßer Inkompatibilität zu unterscheiden, ist es sinnvoll, für K. folgende zusätzliche Bedingung zu fordern: Geht man von der Bestimmung des einen zu der Bestimmung des anderen von zwei inkompatiblen Merkmalen über, so ist das Ergebnis nicht exakt prognostizierbar; es kann höchstens eine Übergangswahrscheinlichkeit angegeben werden. Innerhalb derselben Theorie kann diese Wahrscheinlichkeit nicht in Hinblick auf eine exakte Prognose präzisiert werden. Bohrs Programm, der K. über die Physik hinaus Bedeutung zu verschaffen, ist Gegenstand der philosophischen Diskussion. **Lit.:** N. Bohr: Atomtheorie und Naturbeschreibung. Berlin 1931. – Ders.: Atomphysik und menschliche Erkenntnis I u. II. Braunschweig 1958/1966. – M.E. Carvallo (Hg.): Nature, Cognition and System 2: On Complementarity and Beyond. Dordrecht 1992. – J. Faye/H.J. Folse (Hg.): N. Bohr and Contemporary Philosophy. Dordrecht 1994. ME

**Komplexität,** streng beschreibungsrelativer Grad der Mannigfaltigkeit oder Variabilität eines Systems im allgemeinen. – Physikalische K. ist das Maß für die Anzahl und die Art der Elemente eines Systems sowie der Wechselwirkungsverknüpfungen zwischen ihnen, wobei der maximale Verknüpfungsgrad von n Elementen proportional zu $n^2$ ist. – Die systemtheoretische K. bezieht sich auf den Organisiertheitsgrad als Selektionszwang eines Systems bezogen auf eine immer komplexere Umwelt. Das System muß intern Verknüpfungen auswählen, um sich zu begrenzen und zu erhalten: »Als komplex wollen wir eine zusammenhängende Menge von Elementen bezeichnen, wenn auf Grund immanenter Beschränkungen der Verknüpfungskapazität der Elemente nicht mehr jedes Element jederzeit mit jedem anderen verknüpft sein kann«

(Luhmann: *Soziale Systeme*, S. 46). K. ist also immer kontingent reduzierte K., die sich durch verschiedene Levels der K. auf sich selbst bezieht, so daß diese Selbstreferenz in einzelnen Systemen internalisiert wird. – Die algorithmische K. einer Ziffernfolge im Binärsystem ist die Länge des kürzesten Programms eines universellen Computers, das diese Sequenz erzeugt. Sie ist komprimierte Information. – Kompliziertheit bezieht sich wesentlich auf heterogene Elemente statt wie K. auf homogene. **Lit.:** W. R. Ashby: Einführung in die Kybernetik. Frankfurt 1974. – M. Gell-Mann: Das Quark und der Jaguar. München/Zürich 1994. – R. Hedrich: Komplexe und fundamentale Strukturen. Mannheim 1990. – B.-O. Küppers: Der Ursprung biologischer Information. München/Zürich 1986. – N. Luhmann: Komplexität. In: N. Luhmann: Soziologische Aufklärung 2. Opladen 1975. – Ders.: Soziale Systeme. Frankfurt [3]1988. – H. Willke: Systemtheorie. Stuttgart 1982. PE

**Kompositionalitätsprinzip,** die von Frege als semantisches Prinzip formulierte Festlegung, daß die Bedeutung eines Satzes als eine Funktion von den Einheiten, aus denen er zusammengesetzt ist, anzusehen ist. D.h., daß die Bedeutung eines Satzes von der Bedeutung seiner Bestandteile abhängig ist. Ein komplexer Ausdruck hat demzufolge nur dann eine Bedeutung, wenn all seine Teilausdrücke Bedeutung haben. PP

**Kompossibilität, kompossibel** (lat. Verträglichkeit), aus der Begriffslehre von Leibniz. Darin ordnet Leibniz jedem Eigennamen einen vollständigen individuellen Begriff zu, der so beschaffen ist, daß er durch ein Individuum verwirklicht werden könnte. Ein vollständiger individueller Begriff ist also eine Menge von einfachen (d.i. nicht weiter analysierbaren) Attributen, die zusammen genau von einem Individuum erfüllt werden können. Individuelle Begriffe werden dann als k. bezeichnet, wenn sie gemeinsam verwirklicht werden können. K. wird so zu einem Kriterium für die Aufteilung einer möglichen Welt: Zwei Begriffe sind nur dann k., wenn sie zu derselben möglichen Welt gehören. **Lit.:** G. W. Leibniz: Die Philosophischen Schriften. Hg. C. I. Gerhardt. Hildesheim 1965. Bd. VII, S. 195. PP

**Konation, konativ** (lat. conatus: Bemühung, Trieb). In der Psychologie wird das zielstrebige Verhalten als k. bezeichnet. Entsprechend der Dreigliederung der psychischen Phänomene in Denken, Fühlen und Wollen spricht man von kognitiven, emotiven und k.en Aspekten der Bewußtseinslage. PP

**Kondeszendenz** (lat. condescensio: herabsteigen), das Herabsteigen der Götter bzw. des christlichen Gottes zu den Menschen. Der Sache nach geht der Ausdruck auf das griech. synkatabasis zurück, das zuerst auf das Herabkommen der Götter, in einem metaphorischen Nebensinn auch auf die Anpassung des Rhetors an das Auditorium, gemünzt war. Die griechischen Kirchenväter prägten das Bild von dem auf die Erde niedergekommenen, in Christus leibhaftig gewordenen Gott. Bei Luther wird der Begriff zum Symbol der göttlichen Gnade und noch in Hegels *Phänomenologie des Geistes* ist das Dogma von der K. als philosophisches Kernstück der christlichen Offenbarungslehre aufgefaßt. Eine Theorie der K. hat der protestantische Theologe H. v. Bezzels entworfen. MFM

**Konditional, konditional** (bedingend). Häufig wird unter dem K. die zweistellige Wahrheitsfunktion, die nur für das Argumentepaar (wahr, falsch) den Wert ›falsch‹ ergibt, bzw. der aussagenlogische Junktor, der diese Wahrheitsfunktion bezeichnet, verstanden (↗Implikation). – In der Konditionallogik werden ›wenn, dann‹-Beziehungen logisch untersucht. Sie zählt zu den intensionalen ↗Logiken. UM

**Konditionalismus,** Name für eine theoretische Auffassung, die im Gegensatz zur Annahme von wirkenden Ursachen bei kausalen Prozessen oder Ursache-Wirkungs-Zusammenhängen in naturhaften Geschehen davon ausgeht, daß nur Bedingungen für das Eintreten von Ereignissen oder Zuständen namhaft gemacht werden können. **Lit.:** M. Verworn: Kausale und konditionale Weltanschauung. Jena 1921. PP

**Konditionalsatz** (Bedingungssatz). Häufig wird unter einem K. ein Satz verstanden, der eine logische oder materiale Implikation ausdrückt. Als K. wird aber auch ein irrealer oder kontrafaktischer Bedingungssatz bezeichnet (»wenn Lise Meitner ein Mann gewesen wäre, hätte sie den Nobelpreis erhalten«). K.sätze sind im modernen Sprachgebrauch weitgehend an die Stelle sog. hypothetischer Urteile getreten. UM

**Konfiguration.** Unter K. versteht Wittgenstein das Eingebundensein der unteilbaren Gegenstände in einen ↗Sachverhalt (*Tract.*, 2.0272). Der K. der Gegenstände entspricht die K. der einfachen Zeichen (↗Namentheorie) in Sätzen (*Tract.*, 3.21). Welche K.en durch die Gegenstände realisiert werden bzw. welche K.en in Sätzen behauptet werden können und welche nicht, wird durch die logische Form des Gegenstandes bzw. durch die Bedeutung des Namens bestimmt. Die Gesamtheit der ausgehend von den unteilbaren Gegenständen realisierbaren K.en wird von Wittgenstein auch »Substanz der Welt« genannt (*Tract.*, 2.021 u. 2.0231). **Lit.:** L. Wittgenstein: Tractatus logico-philosophicus. JQ

**Konfirmierbar,** der von Carnap eingeführte Begriff bedeutet, daß für eine empirische Aussage die logische Möglichkeit der Bestätigung (durch Rückführung auf beobachtbare Prädikate) gegeben ist. Eine Aussage erweist sich durch die Feststellung der Übereinstimmung mit den entsprechenden Beobachtungen als k., d. h. bestätigungsfähig. Von Popper wurde der Begriff dahingehend modifiziert, daß eine Aussage auch durch eine nicht-empirische Aussage ihre Bestätigung erhalten kann. **Lit.:** R. Carnap: Testability and Meaning. In: H. Feigl/M. Brodbeck (Hg.): Readings in the Philosophy of Science. New York 1953. S. 47–92. – K. Popper: Degree of Confirmation. In: British Journal of Philosophy of Science 5 (1955). PP

**Konflikt.** Häufig wird der K. als eine mehr oder weniger unerfreuliche Negation der sozialen Ordnung bewertet. Schon die dialektische Philosophie hatte jedoch für den privativen Negationsbegriff, der dieser Einschätzung zugrundeliegt, einen Begriff der bestimmenden Negation substituiert mit der Folge, daß dann auch der K. als ein positives Moment im historischen Prozeß der Bestimmung des Unbestimmten begriffen werden konnte. Für die Soziologie, die als Wissenschaft ohnehin einen wertfreien Begriff von sozialer Ordnung bevorzugt, fällt auch der K. unter diesen Begriff. Als soziales System des Streithandelns ist der K. denn auch eher durch ein Übermaß an Ordnung bestimmt. Das Prinzip der Gegnerschaft, das ihn integriert, faßt sehr verschiedene Themen, auch wenn sie sachlich gar nicht zusammenhängen, und sehr verschiedene Beobachter, auch wenn sie zunächst einmal unbeteiligt sind, hinter einheitlichen Fronten zusammen. Gegen die Konfliktfreudigkeit mancher dialektischer Theorien kann man daher bezweifeln, daß jeder K. zugleich auch gesellschaftliche Probleme löst. Ob das der Fall ist oder nicht, hängt nicht zuletzt davon ab, in welchen Formen die Gesellschaft über die Reproduktionschancen eines schon begonnenen K.es entscheidet. In entwickelten Gesellschaften kommt dabei dem Gerichtsverfahren, das den K. durch unabhängige Dritte entscheidbar macht, eine Schlüsselstellung zu. **Lit.:** L.A. Coser: The Funktions of Social Conflict. Glencoe Ill. 1956. – N. Luhmann: Soziale Systeme. Frankfurt 1984. S. 488–550. AK

**Konformismus,** Handlungsoption, mit der sich Individuen in den Zustand sozialer Gleichförmigkeit versetzen. K. betont dabei die Orientierung an wahrgenommenen Erwartungsstrukturen, die Ausrichtung des individuellen Verhaltens an der Bejahung durch andere und die Internalisierung dieser Normen. Der K.-Begriff verweist so auf gesellschaftlichen Zwang. H. Spencer (*Principles of Sociology.* London 1896) geht von der gesellschaftlichen Unumgänglichkeit konformistischer Orientierungen aus. Nach G. Tarde (*Les lois d'imitation.* Paris 1890) entsteht K. durch die auf mimetisches Verhalten angelegte »Natur« des Menschen. In der neueren soziologischen Theorie wird K. als Resultat eines Konfliktes zwischen Autonomie des Individuums und seiner Anpassung durch »Außensteuerung« (D. Riesman) interpretiert. T. Parsons nennt »zwanghafte(n) K.« ein Verhalten von »Ego«, der trotz negativer Beziehung zu »Alter« diesen nicht verlieren will und deshalb sein Verhalten an den vermuteten Erwartungen »Alters« ausrichtet (Ggs.: »zwanghafte Entfremdung«). Politisch wirksam ist der K.-Begriff besonders als Teil umfassender Gesellschafts- und Kulturkritik, wobei sowohl konservativ argumentierende Autoren (Ortega Y Gasset: *La rebelion de las massas.* 1930) als auch neo-marxistische Autoren (H. Marcuse: *One dimensional Man.* 1964) die »Uniformität« moderner, industrieller Gesellschaften diagnostizieren. **Lit.:** W. Lipp (Hg.): Konformismus/Non-Konformismus. Frankfurt 1975. – H. Marcuse: Der eindimensionale Mensch. Neuwied/Berlin 1971. TN

**Konformität/Non-Konformität.** Von K. wird in bezug auf eine Instanz oder ein Systemganzes gesprochen, z. B. wenn ein Verhalten oder eine Einstellung im Einklang mit der Schöpfungsordnung Gottes, der Naturordnung oder der gesellschaftlichen Ordnung steht. Die K. drückt eine Entsprechung zwischen einzelnen Aktionen, Handlungen oder Maßnahmen und dem zugehörigen Systemganzen aus. Wenn dem Systemganzen eine eigene rationale Ordnungsstruktur unterstellt ist, bedeutet K. ein Verhalten entsprechend diesen Rationalitätsstandards (z. B. Verfassungs-, Markt-, Wettbewerbskonformität). In der Ethik kann K. zweierlei bedeutet: (a) jene Art moralischen Urteilens und Verhaltens, das sich an der Übernahme richtiger sozialer Rollen bzw. an den Vorstellungen des Mehrheitsverhaltens orientiert – dem entspricht die Orientierung an der konventionellen Ordnung; (b) eine moralische Wertung, die auf der K. des Ich mit den gemeinsamen Normen und Pflichten beruht, orientiert sich an gemeinsam getroffenen Vereinbarungen oder an allgemeinen Prinzipien. – In der Soziologie wird K. zum einen unter dem Aspekt der Integration und Desintegration diskutiert. Die Gesellschaft als ein in sich gegliedertes Gebilde setzt ein bestimmtes Maß an Normenkonformität voraus. Zum anderen kann sich Non-K. entwickeln aufgrund von gesellschaftlich bedingten Diskrepanzen zwischen den allgemein verbindlichen kulturellen Zielen und den legitimen, aber nur beschränkt zur Verfügung stehenden, institutionalisierten Mitteln zu deren Realisierung. Eine sozialpsychologische Sichtweise differenziert nach kulturspezifischen und geschichtlichen Konformitätstypen: der »innengeleitete« Typ zeigt sich in traditionsgebundenem Verhalten, der der »Außenleitung« unterliegt dem Verhaltensdruck von Rollenzumutungen, Machtlagen, Moden u. a.m. In der ↗Kritischen Theorie wurden Erziehungsstil und die Formen sozialer Interaktion daraufhin untersucht, welche Art von Konformitätstyp dadurch erzeugt wird. In Fortführung dieser Studien über den »autoritären Charakter« hat Fromm die negative Auswirkung einer K. im Sinne einer automatischen Anpassung (z. B. die Marktorientierung) auf die Struktur des Menschen thematisiert und kritisch auf die weiterführenden, autoritär-repressiven Rückwirkungen auf die Gesellschaft hingewiesen. **Lit.:** E. Durkheim: Le suicide. Paris 1897 (dt. Der Selbstmord. Neuwied/Berlin 1973). – E. Fromm/M. Horkheimer/H. Marcuse u. a.: Autorität und Familie. Paris 1936. – E. Fromm: Die Furcht vor der Freiheit. Zürich 1945. – Ders.: Psychoanalyse und Ethik. Zürich 1954. – W. Lipp: Konformismus. In: HWPh. Bd. 4. Sp. 955 ff. – L. Kohlberg: Stufe und Sequenz: Sozialisation unter dem Aspekt der kognitiven Entwicklung. In: Zur kognitiven Entwicklung des Kindes. Frankfurt 1974. PP

**Konfuzianismus,** in China einflußreichste Philosophenschule (chin. Ru Jia), die sich auf Kong Zi (Konfuzius, 551–479 v.Chr.) beruft. Zentrales Anliegen des K. ist die Realisation einer umfassenden Ordnung der Welt, speziell der sozialen Welt. Der K. ist als eine philosophische Anthropologie (Tu Wei-ming) bezeichnet worden, die durch den ↗Neokonfuzianismus eine ontologische Fundierung erhielt. Mehrere historische Richtungen lassen sich unterscheiden. – (1) Im *klassischen K.* (5.-3.Jh.v.Chr.) bestimmen Kong Zi, Meng Zi (Mencius ca. 371–289 v.Chr.) und Xun Zi (ca. 298–238 v.Chr.) in ihrem Denken, das in den Schriften *Lunyu* (*Gespräche des Konfuzius*), dem *Buch Mencius* und dem *Buch Xunzi* von den jeweiligen Schülern aufgezeichnet wurde, die Begrifflichkeit der Lehre. Zentrale Begriffe sind Sittlichkeit, bzw. Ritualität (↗Li), die eine Haltung einer sozial verbindlichen hierarchischen Struktur (Fünf Beziehungen: Herrscher-Untertan, Vater-Sohn, Brüder, Mann-Frau, Freunde) definiert; Mitmenschlichkeit (Ren), die für das Denken von Konfuzius grundlegende innerliche Befähigung zur Sozialität; Weisheit (Zhi); Angemessenheit (Yi) und Vertrauen (Xin). Die qualitative Bestimmung des von Mencius eingeführten immanenten Wesens (↗Xing) des Menschen sollte zu einem der Hauptstreitpunkte der chinesischen Philosophie werden. – (2) In der *Han-Zeit* (206 v.Chr.-220 n.Chr.) wird der K. zur staatstragenden Theorie. Werke des frühen K. werden kanonisiert, und zu den Klassikern entsteht eine reiche Kommentarliteratur. Dong Zhongshu (179–104 v.Chr.) bindet in die ethische Lehre eine umfassende Kosmologie und Numerologie ein, die ein imperiales Staatsgebilde legitimiert. Gegen die kosmologischen Spekulationen der sogenannten Neutextschule wandten sich die Vertreter der Alttextschule, v.a. Wang Chong (27-ca.100). – (3) Vom 3. Jh. bis ins 10. Jh. verliert der K. den Rang der intellektuell bestimmenden Philosophie an den Neodaoismus und den ↗Buddhismus. In der Auseinandersetzung mit dem Buddhismus und dem religiösen ↗Daoismus treten kulturelle und religiöse Fragestellungen in den Vordergrund. Die klassischen Werke werden im staatlichen Auftrag neu ediert und kommentiert. Mit Han Yu (768–824) und Li Ao (gest. 798) leitet sich die Erneuerung des K. ein. – (4) Mit dem *Neokonfuzianismus* (11.–16. Jh.) wird der K. wieder zur beherrschenden philosophischen Schule in China. Die Wiederentdeckung der Klassiker unter epistemologischen und kosmogenetischen Gesichtspunkten erhält ihre entscheidende Ausprägung in der Synthese von Zhu Xis (1130–1200) Philosophie. Von 1313 bis 1905 hatte diese Auslegung des K. den Charakter einer staatlichen Orthodoxie. Wang Yangming (1472–1529), der den ethischen Charakter menschlicher Erkenntnistätigkeit betont, begründet die zweite bedeutende Schulrichtung des Neok. – (5) Als Gegenströmung zum Neok. entsteht ab dem ausgehenden 17. Jh. die *textkritische Schule* (*Kao Zheng*), die eine philologische Methodologie zur Verifizierung der klassischen Schriften entwickelt. – (6) In der zweiten Hälfte des 19. Jh. ist, unter dem Eindruck der europäischen Expansion, die Integration westlichen und konfuzianischen Denkens ein bestimmendes Moment der gesamten philosophischen Entwicklung in China. Daraus entwickelt sich im 20. Jh. der *Neukonfuzianismus*. In Ländern des von China beeinflußten Kulturraumes, wie Korea, Japan oder Vietnam entstanden ebenfalls konfuzianische Schulen. **Lit.:** Wing-tsit Chan: A Source Book in Chinese Philosophy. Princeton 1963. – A. Forke: Geschichte der chinesischen Philosophie. Hamburg ²1964. – D. Hall/R. Ames: Thinking through Confucius. Albany 1987. – J. Legge: The Chinese Classics. Hong Kong 1960. – R. Moritz: Die Philosophie im alten China. Berlin 1990. MLE

**Konjunktion,** in der Aussagenlogik die Verknüpfung zweier Teilsätze zu einem komplexen Satz mit Hilfe des Satzoperators (Konjunktors) ›und‹. Der Konjunktor ist ein zweistelliger Wahrheitswertfunktor: Er besitzt zwei Argumente. Der komplexen Aussage kommt der Wahrheitswert ›wahr‹ nur dann zu, wenn beide Teilsätze wahr sind. ↗Aussagenlogik. PP

**Konklusion** ↗Conclusio

**Konkurrenz,** Form des Wettbewerbs zwischen Individuen und Gruppen. Nach der von Ch. Darwin entwickelten biologischen Theorie ist K. in Form eines »struggle for life« Triebfeder des selektiven Evolutionsprozesses der Arten. L. v. Wiese charakterisiert K. soziologisch als »Erscheinung des organischen Lebens schlechtweg«. K. im ökonomischen Sinn ist die spezifische Art der Interaktion der Marktteilnehmer um etwas, was nicht alle gemeinsam haben können. Die klassische Wirtschaftstheorie bestimmt die freie K. am Modell als langfristig günstige Güterversorgung für die Konsumenten (A. Smith), als optimale Allokation der Ressourcen (D. Ricardo), und strukturelles Ordnungsprinzip der Wirtschaft und Gesellschaft (Malthus). A. Smith führte als erster programmatisch die ethische Fundierung der K. in freier Marktwirtschaft ein: die persönliche Freiheit des einzelnen und die freie Entfaltung im ökonomischen Bereich führe zu allgemeinem Wohlstand, sofern sich der Staat nur auf die institutionelle Sicherung des grundsätzlich freien Wettbewerbs beschränkt. Smith unterschied zwischen Handlungsmotiven (Eigeninteressen, die im Markt verfolgt werden) und Handlungsfolgen (Gemeinwohl) und spricht von einer »Regelwidrigkeit der Gefühle«, insofern die allseitige Verfolgung der Eigeninteressen im freien Markt die moralisch erwünschte Wohlstandsförderung aller bewirkt. – Das Paradigma der K. bestimmt auch die neueren dynamischen Theorieentwürfe. Schumpeter betont den Prozeßcharakter des Wettbewerbs, weist auf die K. zwischen Innovationsbetrieben und allen übrigen Betrieben hin; der Konkurrenzprozeß wird zu einem Prozeß der »schöpferischen Zerstörung«. Die soziale Marktwirtschaft rekurriert auf die Theorieentwürfe einer »echten Wettbewerbswirtschaft« (Roepke), die wohlstandsfördernde Wirkungen dynamischer freier K. in den Dienst des allgemeinen Fortschritts stellt. TB

**Konnektionismus,** auch Konnektivismus, relativ neuer Ansatz in den Bereichen der ↗Künstliche-Intelligenz-Forschung, ↗Kognitionswissenschaften und Philosophie des Geistes (↗Philosophy of Mind). Im Gegensatz zu herkömmlichen digitalen, an propositionalen Prozessen orientierten Modellen des Geistes arbeitet der K. mit stärker auf Strukturen des Gehirns bezogenen parallelen Prozessen. Das Grundmodell des K. kann man sich folgendermaßen vorstellen: Es besteht aus mehreren Lagen von Einheiten/Knotenpunkten in einem neuronalen oder elektronischen Netzwerk. Zwischen der Ebene der Input-Einheiten und Output-Einheiten befinden sich eine oder mehrere Lagen sogenannter »versteckter« Einheiten. Die Einheiten einer Lage und direkt benachbarter Lagen sind alle miteinander verbunden. Diese Verbindungen sind variabel und unterliegen Veränderungen nach Maßgabe eines »Lern-Algorithmus«. Nach entsprechendem »Training« ist ein konnektionistisches System z.B. in der Lage, gesprochene in geschriebene Sprache zu übersetzen. – Die Interpretation dieser Leistungen ist sehr umstritten. Interessant ist an diesen Systemen v.a., daß sich keine einzelne Einheit oder Verbindung als bestimmte Repräsentation deuten läßt, und daß sie in der Lage sind, ohne eine Spezifizierung notwendiger und hinreichender Bedingungen zu arbeiten. Weiter ist die Nähe konnektionistischer Modelle zu neuronalen Prozessen interessant, wie diese beim jetzigen Stand der Neurowissenschaften erklärt werden, wenn auch alle diese Systeme bislang auf herkömmlichen digitalen Computern simuliert werden. Konnektionistische Systeme haben gegenüber herkömmlichen Modellen v.a. in Bereichen der Mustererkennung besondere Vorteile, während digitale Systeme besser zur Erforschung argumentativer Prozesse geeignet sind. ↗Leib-Seele-Problem. **Lit.:** A: Abrahamsen/W. Bechtel: Connectionism and the Mind. An Introduction to Parallel Processing in Networks. Cambridge 1991. – W. Ramsey/S.P. Stich/D.E. Rummelhart (Hg.): Philosophy and Connectionist Theory. Hillsdale 1991. MBI

**Konnotation, konnotativ.** In bezug auf die semantische Theorie der Namen macht Mill die Unterscheidung zwischen k.en (d.i. mit-bezeichnenden) und nicht-k.en Namen geltend. Ein k.er Ausdruck ist ein solcher, der ein Subjekt bezeichnet und ein Attribut in sich schließt. Z.B. sind Ausdrücke wie »weiß«, »lang«, »tugendhaft« mit-bezeichnend, da das Wort »weiß« alle weißen Dinge wie Schnee, Papier, Meerschaum u.a.m. bezeichnet und in sich das Attribut »Weiße« einschließt, ebenso ist der Name »Mensch« k., da er alle Attribute miteinschließt, die man unter dem Wort »Menschentum« versteht. Das Mit-bezeichnete (in unseren Beispielen: die Weiße, das Menschentum) nennt er in Anlehnung an die Scholastik das Konnotat. **Lit.:** J.St. Mill: A System of Logic. Buch I, Kap. II, § 5. PP

**Konsenstheorie,** als theoretische Position zur Bestimmung des Wahrheitsbegriffs vertritt die K. die Auffassung, daß sich Wahrheit als Übereinstimmung von Meinungen definieren lasse. Anders als die ↗Kohärenztheorie bedeutet der Rekurs auf Meinungen nicht nur eine Übereinstimmung der Aussagen mit früher akzeptierten Aussagen, sondern die von den Wissenschaftlern allgemein akzeptierte Auffassung bezüglich eines Sachverhalts. Als wesentliche Zusatzannahme gilt dabei, daß der Konsens prozeßhaft zu denken ist, d.h. als Meinung, die sich über einen längeren (Forschungs-)Zeitraum als allgemein akzeptiert herausgebildet hat. Das führt dazu, daß Wahrheit als approximative Annäherung eines langfristigen Konsenses zu verstehen ist. Daraus wird als regulative Idee, daß Wahrheit sich in der Kommunikation der Wissenschaftler als langfristiger Konsens ergibt und daß dieser Konsens als Annäherung an die absolute Wahrheit zu verstehen ist, wobei nur unterstellt werden kann, daß es eine solche letzte absolute Wahrheit gibt, da die K. weder dafür Kriterien benennen kann noch für das Moment der Annäherung. Da der langfristige Konsens an einen Kreis von wissenschaftlich Forschenden gebunden ist und nicht dem sog. gesunden Menschenverstand anheimgestellt ist, ergeben sich folgende Zusatzannahmen: (1) Gutwilligkeit: Zwischen den Konsensträgern darf nicht die Absicht der Täuschung bestehen; (2) Vernünftigkeit: Der Forschungsprozeß darf nicht durch emotionale Einstellungen, traditionale Denkmuster oder unreflektierte Denkgewohnheiten bestimmt sein; (3) Sprachkundigkeit: Die Konsensträger müssen in bezug auf den Forschungsgegenstand dieselbe Sprache sprechen (z.B. eine gemeinsame physikalische oder mathematische Sprache); (4) Normalsinnigkeit: Die Konsensträger dürfen in ihrer Wahrnehmungsfähigkeit und Urteilsfähigkeit nicht beeinträchtigt sein – nur so kann unterstellt werden, daß jeder zur Nachprüfung der in Frage stehenden Aussagen imstande ist; (5) Sachkundigkeit: Die Konsensträger müssen die zur Beurteilung vorausgesetzten notwendigen Kenntnisse und Fertigkeiten (der experimentellen Überprüfung z.B.) besitzen. – Kritische Einwände gegen die K. als intersubjektive Wahrheitstheorie bringen die Fragen vor, (a) wie weiß man, daß die angeführten Kriterien die Vernünftigkeit hinreichend bestimmen, und b) wie kann man wissen, daß die vernünftigen Gesprächspartner unter den angegebenen Bedingungen zur Einigkeit gelangen werden. Die erreichte Einigung wäre nur dann ein Kriterium der Wahrheit, wenn die Argumentation unter idealen Bedingungen stattgefunden hat. Dies führt zu der Vorstellung einer idealen Argumentationsgemeinschaft, was soviel bedeuten würde wie eine Diskussionsgemeinschaft, deren ständiges Bemühen auf die Elimination von Fehlerquellen und die Suche nach neuen möglichen Fehlern ausgerichtet ist.
Durch die ↗Transzendentalpragmatik von Apel und die ↗Universalpragmatik von Habermas wurde die K. als Intersubjektivitätstheorie von Wahrheit (als Geltungsanspruch für deskriptive Sätze) einerseits und als Begründungstheorie für die Geltung handlungsanleitender Normen andererseits in die philosophische Diskussion eingebracht. Apels Theorie geht dabei von der Voraussetzung aus, daß bei der Äußerung von Behauptungen der Sprecher die behauptete Aussage für wahr hält und für sich in Anspruch nimmt, für die Wahrheit seiner Behauptung argumentieren zu können. Für die Argumentation ist zu unterstellen, daß nur Argumente

zählen und daß sich die Dialogpartner als gleichberechtigt anerkennen. Diese Annahme für die Argumentation stellt eine unabdingbare Voraussetzung für die Möglichkeit (d.i. die transzendentale Bedingung) eines Konsenses i.S. einer vernünftigen Intersubjektivität dar. Auf der Grundlage dieser als »ideale Argumentationsgemeinschaft« oder »ideale, unbegrenzte Kommunikationsgemeinschaft« bezeichnete Annahme einer Dialogsituation kann dann eine Übereinstimmung der Gültigkeit von Wahrheits- und Normativitätsansprüchen gleichermaßen angestrebt und erzielt werden. Die diskursive K. von Habermas verweist auf vier universale Geltungsansprüche: Verständlichkeit, Wahrheit, Richtigkeit und Wahrhaftigkeit, die notwendig als Grundlage für einen berechtigten Konsens unterstellt werden müssen. Im Rahmen seiner Universalpragmatik wird seine K. der Wahrheit mit einer rekonstruktiven Kommunikationstheorie verbunden. ↗Kommunikationsgemeinschaft, ↗Wahrheit. **Lit.:** K.-O. Apel: Das Apriori der Kommunikationsgemeinschaft und die Grundlagen der Ethik. In: Ders.: Transformation der Philosophie. Bd. II. Frankfurt 1973. S. 358 ff. – J. Habermas: Was heißt Universalpragmatik? In: K.-O. Apel (Hg.): Sprachpragmatik und Philosophie. Frankfurt 1976. S. 174 ff. – W. Kamlah/P. Lorenzen: Logische Propädeutik. Mannheim 1973. S. 211 ff. – D. Mans: Intersubjektivitätstheorien der Wahrheit. Frankfurt 1974. PP

**Konsequentialismus,** Unterscheidungskriterium alternativer Theorien in der normativen Ethik. Eine Theorie normativer Ethik ist konsequentialistisch genau dann, wenn sie ein Ordnungskriterium für alternative Weltzustände angibt und über alle Akteure unter allen Umständen gilt: Es ist geboten, die Handlung auszuführen, die den besten erreichbaren Weltzustand bewirkt. Die Unterscheidung zwischen konsequentialistischen und nicht-konsequentialistischen ethischen Theorien ist also nicht äquivalent zu der Unterscheidung zwischen teleologischen und deontologischen Theorien. Während der K. auf einem spezifischen (bayesianischen) Rationalitätsmodell basiert und keine Aussage über die Beziehung zwischen dem Rechten und dem Guten präjudiziert, unterscheiden sich teleologische und deontologische Ethiken in bezug auf das Entscheidungskriterium zwischen alternativen Weltzuständen. Teleologische Theorien definieren das Rechte als Maximierung eines außermoralischen Guten. Daraus folgt, daß alle teleologischen Theorien, also z. B. der Handlungsutilitarismus, konsequentialistisch sind. Der klassische Handlungsutilitarismus wurde kritisiert, weil er zum einen kein adäquates Modell der (Verteilungs)Gerechtigkeit einschließt, zum anderen in seiner strikten Form keine personen-relativen Abweichungen von der Maximierungsregel zuläßt und so mit den moralischen Intuitionen über die Integrität der Person nicht vereinbar ist. Alternative konsequentialistische Theorien enthalten ein Ordnungskriterium, das Gerechtigkeitsaspekte einschließt und also das Gerechte in Abhängigkeit von einem verpflichtenden Konzept des Guten definiert (deontologischer K.). Andere Versuche schwächen den strikten K. ab, indem personen-relative Bewertungsfunktionen zugelassen werden (abgeschwächter K.). Letzteres impliziert, daß keine eindeutige und für alle Personen verbindliche Rangordnung der Weltzustände aufgestellt werden kann. **Lit.:** J. Nida-Rümelin: Kritik am Konsequentialismus. München 1993. – S. Scheffler (Hg.): Consequentialism and its Critics. Oxford 1988. – S. Scheffler: The Rejection of Consequentialism. Oxford 1982. KRL

**Konsequenzen.** K. einer Handlung sind von den Folgen einer Handlung terminologisch zu unterscheiden; der Begriff der Folge wird in einem weiteren Sinne verwendet. K. bezeichnen technisch subjektiv bewertete Ereignisse, die durch eine Handlung hervorgebracht werden, so daß sich K. als Zustände von Personen beschreiben lassen. Dabei kann die Beziehung zwischen Handlung und Ereignis kausal oder konventionell sein. Bei der Berechnung der erwarteten K. einer Handlung, wie sie in der Entscheidungstheorie vorgenommen wird, muß die Person zum einen die erwarteten Ereignisse bewerten, zum anderen diese Bewertung mit einer angenommenen Wahrscheinlichkeit über die möglichen Ereignisse gewichten. Die Wahrscheinlichkeit für das Eintreten eines Ereignisses ist abhängig von den Weltzuständen. Die K. einer Handlung sind also abhängig von der subjektiven Wertfunktion der Individuen und der objektiven oder subjektiv zu schätzenden Wahrscheinlichkeit des Eintretens eines Weltzustandes, also von der Meinung einer Person über die Welt. **Lit.:** A. C. Danto: Basic Actions; C. G. Hempel: Rational Action. Beide in: G. Meggle (Hg.): Analytische Handlungstheorie. Frankfurt 1985. – J. Nida-Rümelin: Kritik am Konsequentialismus. München 1993. KRL

**Konservatismus,** wirkungsmächtige ↗Ideologie moderner, industrieller Gesellschaften. Die Etikettierung als konservativ verweist also auf politische und soziale Interaktionsräume, wobei allerdings die Fundierung des K. in Grundannahmen einer anthropologischen Abneigung gegen Veränderungen bestehen kann. Eine Systematisierung von konservativen Inhalten ist nur schwer möglich, weil sich der Begriff des K. seit seinem ersten semantischen Auftreten zu Beginn des 19. Jh. nicht nur verändert, sondern in vielfältige Untervokabularien ausdifferenziert hat (wie ↗Sozialismus und ↗Liberalismus). Weiter reicht die Betrachtung der historisch-semantischen Kontexte konservativer Artikulationen. So verweist die Rede vom K. auf soziale und politische Dynamisierungsphasen (Krisenwahrnehmung) und auf ein Beharrungsvermögen von Institutionen und Eliten, neuen Fragen mit alten Antworten begegnen zu wollen. In diesem Verständnis wäre K. die Legitimation gegebener Herrschaftsverhältnisse und Teil jeder gesellschaftlichen und politischen Bewegung, Partei, Idee (also auch revolutionärer, systemtranszendierender Anstrengungen). In konservativen Selbstbeschreibungen dominieren Verlustartikulationen, wobei sich die beklagten Verluste auf überkommene Gesellschaftsstrukturen (Hierarchien), Einbußen an sozialer Ungleichheit (Kampfansage von Teilen des K. an Sozialismus und Liberalismus) und politischer Steuerung (Führung), Untergang von Eliten, Aufgabe bestimmter Normen beziehen. Gerade an der Bewahrung von Werten oder Strukturen macht sich in der neueren Auseinandersetzung über K. die Unterscheidung von Wert.-K. und Struktur.-K. fest. Dabei wird einem technokratischen K., der sich selbst als v.a. technologisch orientierte Fortschrittsbewegung versteht, der Vorwurf gemacht, zur ökologischen, lebensweltlichen Bewahrung bestehender Ordnungen gar nicht mehr in der Lage zu sein. Der technokratische K. wiederum weist darauf hin, daß in der Entfaltung moderner technischer Sachnotwendigkeiten eine stabile, unstreitige Ordnung gegeben sei. Eine wissenschaftliche Theorie des K. steht noch aus. **Lit.:** M. Greiffenhagen: Das Dilemma des Konservatismus in Deutschland. Frankfurt $^3$1983. – H.G. Schumann: Konservatismus. Gütersloh 1974. TN

**Konservativismus,** ein Postulat für die Theorieentwicklung, das als Bedingung für die Übernahme neuer Theorien fordert, keine Theorie zu akzeptieren, die die Preisgabe vieler zuvor akzeptierter Überzeugungen verlangt, sofern eine Theorie zur Verfügung steht, die jene Überzeugungen beibehält und mit den Beobachtungen übereinstimmt. PP

**Konsistenz, konsistent.** In einem semantischen Sinne bedeutet k., daß in einer Satzmenge alle Sätze zugleich wahr sind, in einem syntaktischen Sinne, daß sich in einer Reihe von Sätzen kein kontradiktorischer Gegensatz ergibt. PP

**Konstativ,** in der analytischen Sprachphilosophie (substantivisch oder adjektivisch) ein feststellender oder behauptender Satz. Constatives sind nach Austin feststellende Sätze bzw. Aussagen (statements). Gemeint sind nach traditionellem Verständnis alle Sätze, die entweder wahr oder falsch sind. Die K.a gehören in der ↗Sprechakttheorie von J. Searle zu den illokutionären Akten und unterscheiden sich etwa von Auffordern, Fragen, Raten, Warnen, Grüßen und Beglückwünschen. Der propositionale Gehalt eines K.s ist nach Searle jede Proposition p. **Lit.:** J.L. Austin: How to do Things with Words. Cambridge 1962. S.3 ff. – J. Searle: Sprechakte – Ein philosophischer Essay. Frankfurt 1974. S. 108. MFM

**Konstellation,** ursprünglich die Anordnung der Gestirne am Firmament, Grundbegriff in der Philosophie Adornos. Mit der erkenntnistheoretischen Konzeption der K. versucht Adorno seine Grundintention einzulösen, mit Begriffen das Begriffslose aufzutun, ohne dieses den Begriffen gleich zu machen. Dies vermögen die Begriffe, indem sie in K. um die Sache treten. Mit seiner Konstellationstheorie wendet sich Adorno nicht nur gegen einen Idealismus, der das Begriffslose im Begriff auflöst, sondern ebensowohl gegen die anti-idealistische Alternative, den Begriff zugunsten des Begriffslosen zu verabschieden. – Orientiert ist der Begriff an W. Benjamins Begriff der Konfiguration der Ideen, an M. Webers Idealtypenbildung und dem Schönbergschen Verfahren der musikalischen Komposition. Die K. wird dadurch zur Alternative des identifizierenden Begriffs, daß sie die Sprache zum Modell nimmt, wobei der Begriff des Textes zentral ist. Die Erkenntnis einer Sache in ihrer K. ist zugleich gleichbedeutend mit dem Wissen um die in ihr sedimentierte Historizität. Ontologisch ist die K. in einer Theorie vom Einzelding fundiert, in der ein neues Verhältnis von Innen und Außen, von Besonderem und Allgemeinem etc. konzipiert wird. Dies ist verknüpft mit der Idee universaler Kommunikation. CI

**Konstitutionalismus,** Forderung und Durchsetzung von Regeln der politischen Souveränitätsproduktion. Der K. entwickelt sich in Auseinandersetzung mit Souveränitätsansprüchen absolutistischer Herrscher, denen er einen Mitwirkungsanspruch sozialer Oberschichten (Teile der Aristokratie, Teile des Bürgertums) und/oder des Volkes entgegensetzt. Dabei betont der K. die Notwendigkeit der Repräsentation gesellschaftlicher Interessen und ihrer Berücksichtigung bei der Herrschaftsausübung. K. fordert die Festlegung von Regeln der politischen Entscheidungsfindung und mündet schließlich im System von Parlamentarismus und Gewaltenteilung. Hier wird ideengeschichtlich die enge Verbindung von K. und ↗Liberalismus deutlich. Die absolutistische Herrschaft verändert sich zur konstitutionellen Monarchie oder wird durch republikanische Formen ersetzt. Ein politisches Modell der konstitutionellen Souveränitätsverlagerung vom Monarchen auf das im Parlament repräsentierte »Volk« und die Etablierung einer konstitutionellen Monarchie liefert die englische Geschichte seit 1689 (Glorious Revolution). In Deutschland können sich im 19. Jh. nur wenige konstitutionelle Monarchien etablieren (v.a. in Süddeutschland) und der konstitutionelle Selbstfindungsprozeß findet erst mit der Weimarer Reichsverfassung (hier noch starke Stellung des Reichspräsidenten) bzw. dem Grundgesetz der Bundesrepublik seinen Abschluß. TN

**Konstitutionssystem,** der systematische Zusammenhang von Aussagen und Begriffen, der dadurch hergestellt wird, daß alle Begriffe (einer Wissenschaft) auf einige wenige Grundbegriffe zurückgeführt werden. Es stellt ein Ordnungssystem dar, in dem die Gegenstände bzw. Begriffe der jeweils höheren Stufe aus den Gegenständen bzw. Begriffen der jeweils niederen konstituiert werden können. In einem K. soll jeder Begriff einen bestimmten Platz erhalten und aus gewissen Grundbegriffen alle übrigen Begriffe abgeleitet werden können. Eine allgemeine ↗Übersetzungsregel (d.i. konstitutionale Definition) gibt an, welche Begriffe (bzw. Aussagen, die diese Begriffe enthalten) zu ersetzen sind durch grundlegendere, d.h. nicht weiter definierbare Begriffe. – Carnap unternahm in seinem Werk *Der logische Aufbau der Welt* erstmals den Versuch, sämtliche empirischen Begriffe in einen systematischen Ableitungszusammenhang zu bringen. Gemäß dem Grundprinzip des ↗Logischen Empirismus wird die Basis des K. so gewählt, daß sich die undefinierten Grundbegriffe auf unmittelbar Aufweisbares, also auf erlebnismäßig Gegebenes beziehen. Eine solche Basis sieht Carnap im ↗eigenpsychischen Erleben eines Subjekts (↗Solipsismus), d. h. das tatsächlich Erlebte bildet die Grundlage. Neben den Elementarerlebnissen als Grundelementen wird als Grundrelation des K. die Relation der Ähnlichkeitserinnerung angegeben, d. h. die Ähnlichkeitsbeziehung zwischen mehreren ↗Elementarerlebnissen. Im systematischen Aufbau wird nur diese Grundrelation als Grundbegriff eingeführt, da die Klasse der Elementarerlebnisse als Bereich dieser Relationen definiert werden kann. Auf diese Weise lassen sich Ähnlichkeitskreise von Elementarerlebnissen bilden. Sämtliche empirischen Begriffe sollen auf diesen Begriff der Ähnlichkeitserinnerung zurückgeführt werden. Das K. ist eine rationale Nachkonstruktion des gesamten, in der Erkenntnis vorwiegend intuitiv vollzogenen Aufbaus der Wirklichkeit. Carnap sieht mehrere Stufen der Konstitution, die auf dem Eigenpsychischen aufruhen, vor: (1) die Wahrnehmungswelt (der objektive physische Raum der wahrnehmbaren Dinge, die objektive Zeit, der eigene Leib als Tast- und Seh-Ding); (2) die physikalische Welt; (3) die Welt des fremden Bewußtseins (der Leib des anderen und die Ausdrucksbeziehungen, die Welt des Mitmenschen); (4) die Welt der geistigen und kulturellen Gegenstände (Gesellschaft, Wirtschaft, Recht, Werterlebnisse). **Lit.:** R. Carnap: Der logische Aufbau der Welt. Frankfurt/Berlin/Wien Nachdr. 1979. – R. Haller: Neopositivismus. Darmstadt 1993. S. 179 ff. – V. Kraft: Der Wiener Kreis. Der Ursprung des Neopositivismus. Wien 1950. S. 77 ff. – W. Stegmüller: Hauptströmungen der Gegenwartsphilosophie. Stuttgart [4]1969. S. 387 ff. PP

**Konstitutionstypus** (lat. constitutio: Beschaffenheit, Zustand; typus: Gepräge, Schlag), vielfältiger Begriff aus Chemie, Recht, Kirchenrecht und bes. aus der medizinisch-biologisch-psychologischen Typenlehre: Der K. bezeichnet die körperlich-seelisch-geistige Grundstruktur des Menschen. Im K. werden bestimmte Verhaltensweisen, Persönlichkeitsmerkmale (Charakter, Temperament), Krankheitsneigungen, Organfunktionen und Reaktionen als mit bestimmten somatischen Merkmalen (Körperbau) verbunden gedacht. Anthropologische Typologien gehen bis auf frühantike Vorbilder zurück (Vier-Säfte-Lehre; Temperamentenlehre). Für die Typenlehren sind Annahmen über das ↗Leib-Seele-Problem konstitutiv. ↗Psychologie, differentielle **Lit.:** R. Klibansky/E. Panofsky/F. Saxl: Saturn und Melancholie. Frankfurt 1992. – E. Kretschmer: Körperbau und Charakter. Berlin [26]1977. – D. v. Zerssen: Konstitutionstypologische Forschung. In: Die Psychologie des 20. Jahrhunderts. Bd. V. Zürich 1977. S. 545–616. MKL

**Konstitutiv/regulativ.** Eine Regel wird dann als k.e Regel bezeichnet, wenn durch sie ein Handlungszusammenhang in der Art definiert wird, daß ohne die Befolgung dieser Regel auch dieser Handlungszusammenhang nicht existiert, bspw. ist das Schachspiel nicht ohne die dafür k.en Regeln denkbar. Anders als die konventionellen Regeln bestimmen sie also nicht die Art und Weise der Ausführung von Handlungen. Für r.e Regeln ist chrakteristisch, daß sie bereits bestehende und unabhängig von ihnen existierende Verhaltensformen regeln (Searle: *Sprechakte*. Frankfurt 1973. S. 54 ff.). – Eine besondere Rolle spielt die Unterscheidung von k. und r. bei Kant in bezug auf die Erkenntnis: Er spricht von k.en Prinzipien als Grundsätzen des Verstandes, wo es ihm darum geht, die reinen Denkformen als notwendige Bausteine aller Gegenständlichkeit auszuweisen. Die transzendentale Deduktion der ↗Kategorien erbringt nach Kant den Nachweis, daß ohne die Kategorien keine Konstitution objektiver Gegenstände, folglich keine Erfahrung und keine Erkenntnis möglich ist (*KrV*, B 116 f.). Als r. werden die Ideen bezeichnet, die zwar außerhalb der Grenzen möglicher Erfahrung liegen, aber in bezug auf die Erfahrung bestimmte, für den Prozeß der Erkenntnis notwendige Annahmen formulieren. So führen zwar die kategorial gefaßten Einzelerkenntnisse zu einem objektiven Wissen, können aber nicht den für jede Wissenschaft notwendigen systematischen Zusammenhang erbringen. Diesen gewinnen wir aus den r.en Ideen. Der Ausdruck »r.« charakterisiert die Orientierungsfunktion im Hinblick auf die Einheit eines nach notwendigen Gesetzen zusammenhängenden Ganzen. Zur Erkenntnis selbst tragen solche r.en Ideen nichts bei. PP

**Konstruktivismus,** im engeren und ursprünglichen Sinne eine Reihe von Ansätzen, die die Anfang des 20. Jh. ausgelöste mathematische Grundlagenkrise durch eine Neubegründung der Logik, Informatik und Mathematik zu überwinden versuchten. Heutzutage wird der Terminus jedoch wesentlich breiter verwendet; er meint allgemein diejenigen erkenntnis- und wissenschaftstheoretischen Richtungen, die die konstituierenden Leistungen des Beobachters im Erkenntnisprozeß betonen bzw. die einen darauf bezogenen konstruktiven Begründungsbegriff zugrundelegen. Die z.T. sehr unterschiedlichen konstruktivistischen Strömungen sind sich einig in der Kritik realistischer, ontologischer sowie korrespondenztheoretischer Auffassungen von Wahrheit und Wissen. Die traditionelle epistemologische Frage nach dem *Was* der Erkenntnis ersetzt der K. durch die Frage nach dem *Wie* des Erkenntnisvorgangs; jede Form der Kognition, Wahrnehmung und Erkenntnis wird somit als eigenständige aktive Konstruktion eines Beobachters und nicht als passive Abbildung aufgefaßt. Gegenwärtig spricht man von K. vor allem in bezug auf die Erlanger Schule sowie dem ↗Radikalen Konstruktivismus. Mit Erlanger Schule ist ein Neuansatz methodischen und dialogischen Philosophierens gemeint, der in den sechziger Jahren von W. Kamlah und P. Lorenzen entwickelt und später dann vor allem von F. Kambartel, K. Lorenz und J. Mittelstraß fortgeführt worden ist. Das Hauptinteresse der Vertreter der Erlanger Schule, die sich in ihren

Arbeiten neben Themen der Wissenschaftstheorie und Wissenschaftsgeschichte mit Fragen der Logik, Sprachphilosophie und Ethik auseinandergesetzt haben, gilt der Formulierung einer Theorie der konstruktiven Begründung. Ausgehend von elementaren, unstrittigen Verhältnissen der alltäglichen Lebenswelt sollen in methodisch kontrollierter Weise komplexere Formen menschlichen Handelns und Sprechens, insbesondere die wissenschaftliche, technische und politische Praxis, schrittweise mit Hilfe konstruktiver Sprachkritik, Zweck-Mittel-Diskussion usw. rekonstruiert werden. Die konstruktivistische Konzeption verlangt eine lückenlose und zirkelfreie Begründung; bei jedem Rechtfertigungsschritt darf somit nur auf solche Hilfsmittel zurückgegriffen werden, die entweder bereits zuvor konstruiert wurden oder die aus der lebensweltlichen Praxis zur Verfügung stehen. Dieses methodische Prinzip wird ergänzt durch ein dialogisches Prinzip, demzufolge alle Anfangskonventionen und Argumentationsschritte von einem möglichen Opponenten bezweifelt werden können. Eine Letztbegründung – wie etwa von Seiten des ↗Kritischen Rationalismus unterstellt worden ist – wird jedoch nicht angestrebt; Philosophie beginnt nach dem Selbstverständnis der Erlanger Schule weder voraussetzungslos noch willkürlich. **Lit.:** P. Lorenzen/O. Schwemmer: Konstruktive Logik, Ethik und Wissenschaftstheorie. Mannheim 1977. GK

**Kontemplation,** sinnliche, geistige und religiöse Schau, ein unmittelbares, ganzheitliches Erfassen und konzentriertes Sich-Versenken. Der Begriff kommt ursprünglich von der Himmelsbetrachtung der Augurn. Cicero verwendet »contemplari« als Übersetzung für das griech. theorein. Bei Aristoteles ist die theoria die höchste anzustrebende Lebensform, in der sich die Tätigkeit des ↗nous vollendet. Im MA. bedeutet K. die Schau Gottes, die durch Gnade und eigenes Bemühen erlangt wird. Cogitatio und ↗meditatio können als Vorstufen der K. betrachtet werden. ↗contemplatio. FPB

**Kontext** (lat. contextus: Zusammenhang, Verbindung), bezeichnet gewöhnlich den Zusammenhang zwischen den Teilen eines Textes. In der pragmatischen Sprachphilosophie und Linguistik steht K. für die zumeist außersprachliche, lebenspraktische Umgebung, in die Äußerungen eingebettet sind. Vom K. als dem situativen und thematischen Verwendungszusammenhang hängen Bedeutung und Verstehbarkeit einer Äußerung ab. **Lit.:** J. Habermas: Handlungen, Sprechakte, sprachlich vermittelte Interaktionen und Lebenswelt. In: Ders.: Nachmetaphysisches Denken. Frankfurt 1988. S. 63–104. – K. Lorenz: Kontext. In: J. Mittelstraß (Hg.): Enzyklopädie Philosophie und Wissenschaftstheorie. Bd. 2. Mannheim. Sp. 434 f. – K. Stierle: Zur Begriffsgeschichte von »Kontext«. In: Archiv für Begriffsgeschichte 18 (1974). S. 144–149. HGR

**Kontextprinzip.** In der gegenwärtigen Sprachphilosophie wird die Behauptung Freges: »Nur im Zusammenhang eines Satzes bedeuten die Wörter etwas« als K. in der These vom semantischen Primat des Satzes über die Wörter vertreten. **Lit.:** G. Frege: Grundlagen der Arithmetik. ↗Kompositionalitätsprinzip Darmstadt 1961. S. 62. PP

**Kontextualismus,** im Gegensatz zum ↗Universalismus stehende, auf die sog. pragmatisch-hermeneutische Wende in der ersten Hälfte des 20. Jh. zurückgehende relativistische Auffassung, nach der Sätze und Normen ihrem Sinn und ihrer Geltung nach von den jeweiligen kulturellen und geschichtlichen ↗Kontexten abhängen, innerhalb derer sie auftreten. Da das Regelwissen, das der Verwendung und dem Verständnis von Äußerungen und Handlungsweisen zugrunde liegt, nur relativ zu einer eingespielten Lebenspraxis zu bestimmen sei, dürfe für nichts transkontextuelle, universelle Gültigkeit beansprucht werden. Der radikale K. (Rorty) mißt Geltungsansprüche an der zufälligen faktischen Konsensbasis einer besonderen Sprachgemeinschaft bzw. »Lebensform«. Der gemäßigte K. versucht, eine universalistische Orientierung festzuhalten, indem er die Möglichkeit faktischer universaler »Minimalcharakterisierungen« des Vernünftigen unterstellt. Für beide Spielarten des K. stellt sich das Problem, daß sie nicht in einen Geltungsstreit mit dem Universalismus treten können, ohne implizit kontexttranszendierende, regulative Gültigkeitsideen (Wahrheit, Richtigkeit, idealer Konsens) vorauszusetzen und sich damit selbst zu widersprechen. **Lit.:** K.-O. Apel: Zurück zur Normalität? In: Forum für Philosophie Bad Homburg (Hg.): Zerstörung des moralischen Selbstbewußtseins. Frankfurt 1988. S. 91–142. – D. Böhler (Hg.): Die pragmatische Wende. Frankfurt 1986. – R. Rorty: Ironie, Kontingenz und Solidarität. Frankfurt 1989. – H. Schnädelbach: Über Rationalität und Begründung. In: Forum für Philosophie Bad Homburg (Hg.): Philosophie und Begründung. Frankfurt 1987. S. 67–83. – A. Wellmer: Endspiele. Frankfurt 1993. HGR

**Kontiguität,** bedeutet das unmittelbare Nebeneinander zweier Gegenstände oder Ereignisse in Raum und Zeit, ohne daß ein Prinzip (z. B. ein kausales) der Verbindung angenommen wird. PP

**Kontingenz,** Nichtnotwendigkeit, Zufälligkeit. Meist wird K. mit Möglichkeit gleichgesetzt, doch wird verschiedentlich zwischen diesen Begriffen unterschieden. So wird in der aristotelischen Tradition K. als weder notwendig, noch unmöglich in einem engeren Sinn als Möglichkeit verstanden. Seit Kant ist die traditionelle Unterscheidung notwendig-möglich-kontingent-unmöglich durch die Dreiteilung notwendig-möglich-unmöglich ersetzt und K. mit Zufälligkeit gleichgesetzt. UM

**Kontinuativum,** eine Art der Bezeichnung, die sich auf Gegenstandsbereiche oder Klassen von Gegenständen bezieht, wobei die Elemente der Gegenstandsklassen selbst die Einheit bilden, z. B. »Stück Vieh« oder eine »Ladung Obst«. Die Bestimmung der Einheiten geschieht durch den Zusatz eigener Zähleinheitswörter (z. B. »Stück«, »Ladung«). **Lit.:** K. Lorenz: Kollektivum. In: Enzyklopädie Philosophie und Wissenschaftstheorie. PP

**Kontinuität, Kontinuitätsgesetz,** ununterbrochener Zusammenhang, dessen potentielle Teile ebenfalls immer kontinuierlich sein müssen. Bei Parmenides ist das Seiende dicht zusammenhängend; Aristoteles spricht von dem, dessen potentielle Grenzen zusammenfallen statt sich nur zu berühren. Die K. ist hier nie aus Diskretem aktual zusammengesetzt, beides nie ineinander überführbar. Bei Leibniz kann Grenze und Begrenztes, z. B. Punkt und Strecke, kontinuierlich ineinander transformiert werden; beide stehen in einer artähnlichen, nicht aber artgleichen, z. B. Teil-Ganzes, Relation. Sein K.gesetz besagt allgemein, daß dem übergeordneten Fall scheinbar entgegengesetzte Fälle als Grenzfälle, die lückenlos in einem kontinuierlichen Spektrum des Gegenstandsbereichs eingefügt sein sollen, doch Eigentümlichkeiten des Hauptfalles besitzen, obwohl sie streng nicht eingeschlossen sind. Die Regeln des Endlichen gelten im Unendlichen und umgekehrt. Ruhe ist unendlich kleine Bewegung, eine unendlich kleine Figur endlich. Das K.gesetz bezieht sich auf stetige Funktionen: Stetige Änderung der unabhängigen Größe bedeutet stetige Änderung der abhängigen. Metaphysisch sind die Monaden und ihre Perzeptionen kontinuierlich geordnet, während die Natur nur ideal kontinuierlich ist. – Nachwirkungen bei Kant, Peirce, J. V. Poncelet und D. Laugwitz in der Nichtstandardanalysis. **Lit.:** D. Laugwitz: Zahlen und Kontinuum. Darmstadt 1986. – G. W. Leibniz: Schriften zur Logik und philosophischen Grundlegung von Mathematik und Naturwissenschaft. Darmstadt 1992. – M. Otte: Kontinuitätsprinzip und das Prinzip der Identität des Ununterscheidbaren. In: Studia Leibnitiana 25 (1993). – Ch. S. Peirce: Naturordnung und Zeichenprozeß. Frankfurt 1991. – B. Russell: A Critical Exposition of the Philosophy of Leibniz. London $^{5}$1958. – G. Wanke: Das Stetigkeitsgesetz bei Leibniz. Kiel 1892. PE

**Kontinuum,** in der Philosophie dient der Terminus zur Kennzeichnung eines Ganzen, das sich über seine Teile hinweg als Einheit erhält, oder eines Ganzen ohne räumliche und zeitliche Begrenzung. PP

**Kontradiktion, kontradiktorisch.** In der Syllogistik gelten zwei Aussagen dann als k., wenn beide nicht zugleich wahr oder zugleich falsch sein können, wenn vielmehr aus der Wahrheit der einen die Falschheit des anderen geschlossen werden kann und umgekehrt aus der Falschheit der einen die Wahrheit der anderen. In der formalen Logik sind zwei Aussagen zueinander k., wenn die eine mit der Negation der anderen ↗äquivalent ist. PP

**Kontradiktionsprinzip,** auch Satz vom Widerspruch. Das K. verbietet es, für ein und denselben Gegenstand (für denselben Zeitpunkt) Existenz und Nicht-Existenz zu behaupten, oder ihm eine Eigenschaft zuzuschreiben und zu bestreiten. Das K. verbietet außerdem, ein allgemeines Urteil zugleich als wahr und als falsch zu behaupten. PP

**Kontrafaktisch,** Annahme oder Aussage eines Sachverhalts, die in dem Bewußtsein getroffen wird, daß der genannte Sachverhalt unter den gegenwärtigen Bedingungen nicht besteht. Sprachliche Formulierungen dafür sind z. B. die irrealen bzw. k.en ↗Konditionalsätze: Wenn p der Fall gewesen wäre, dann wäre (auch) q der Fall gewesen. Ein Handeln unter k.en Bedingungen bedeutet, daß Bedingungen zwar idealiter unterstellt werden (z. B. ideale Sprechsituation), wenn auch nicht angenommen werden kann, daß diese Bedingungen tatsächlich (immer) in der idealen Weise gegeben sind. PP

**Kontraktualismus** ↗Vertragstheorie

**Kontraposition** (lat. contra: gegenüber; positio: Stellung). Die K. der Implikation »Wenn A, dann B« ist die dazu logisch gleichwertige Aussage »Wenn nicht B, dann nicht A«. VP

**Konträr.** In der formalen Logik wird eine Beziehung zweier Sätze dann als k. bezeichnet, wenn sie nicht zugleich wahr, jedoch zugleich falsch sein können. Bsp.: die universal bejahenden Urteile: alle S sind P und die universell verneinenden Urteile: kein S ist P. PP

**Kontrast,** spannungsvolles Entgegenstehen, Gegensatz; das Sichabheben, Abstechen des Hellen vom Dunkeln, des Guten vom Bösen usw. – Kontrasterscheinungen können im Bereich der Wahrnehmung (Ästhetik) oder im Bereich der Gefühle (Psychologie) beobachtet werden. – (1) Seit den frz. Malereitraktaten des 17. Jh. werden in der bildenden Kunst mit dem Begriff K. Unterschiede zwischen Farb-, Helligkeits- oder Formwerten bezeichnet. Diese Unterschiede können entweder als eine gegenseitige Steigerung der kontrastierenden Elemente durch wechselseitige Störung (de Piles, Perrault) oder als die Aufhebung der kontrastierenden Elemente zu einem übergegensätzlichen Simultankontrast (Komplementärfarben) verstanden werden (Delaunay, Mondrian). – (2) In der Psychologie bedeutet K. (Dissimilation) eine Wechselwirkung zwischen Gemütszuständen, welche den wahrgenommenen Abstand zwischen denselben verstärkt. Umgekehrt bezeichnet die Angleichung (Assimilation) zweier Bewußtseinsinhalte die Verringerung dieses Abstandes. Mit den gegensätzlichen Vorgängen Assimilation/Dissimilation wird versucht, den psychischen Grundlagen des Erinnerns (Reproduktion und Assoziation) sowie bestimmter Konstanzphänomene innerhalb der Wahrnehmung Rechnung zu tragen. **Lit.:** M. Imdahl: Farbe. Kunsttheoretische Reflexionen in Frankreich. München 1987. AC

**Kontravalenz,** Bezeichnung für ein disjunktives Urteil, bei dem ein ausschließendes »entweder-oder« gemeint ist, so daß entweder nur die Aussage A oder nur die Aussage B, nicht aber beide wahr sein können. Der ↗Wahrheitswert »wahr« einer Aussage ergibt sich bei der K. nur dann, wenn eine der beiden Teilaussagen falsch und gleichzeitig die andere wahr ist. – Der Satz der K. zählt neben dem Satz der Identität, dem Satz vom ausgeschlossenen Widerspruch und dem Satz vom ausgeschlossenen Dritten zu den elementaren Gesetzen der Logik. Er besagt, daß von zwei gegensätzlichen Sachverhalten genau einer besteht. PP

**Konvention.** (1) Bezogen auf soziale Phänomene wird die K. in einem zweifachen Sinn verstanden: (a) durch Gewohnheit oder Eingelebtheit geregeltes soziales Verhalten, (b) willkürliche und explizite Setzung bzw. Vereinbarung von sozialen Regeln. Die Geltung der Regeln wird in dem einen Fall durch historisch-soziale Genese begründet, im anderen Fall durch den Vereinbarungscharakter. Die K. kann als die soziale Dimension der Regelhaftigkeit menschlichen Handelns aufgefaßt werden. (2) In bezug auf die Frage nach Ursprung und Geltung der Sprache werden beide Aspekte von K. im Hinblick auf die Funktion der richtigen Benennung der Dinge thematisiert: die Richtigkeit der die Dinge benennenden Namen beruht entweder (a) auf naturhafter Entsprechung (physei) von Wort und Ding, oder (b) auf Setzung i.S. einer Übereinkunft (thesei). (3) Im Rahmen der von Grice entwickelten handlungstheoretischen Semantik versucht Lewis zu zeigen, wie sich Bedeutungsbegriffe mit Hilfe eines eingeführten allgemeinen Kommunikationsbegriffs (und damit handlungstheoretisch) bestimmen lassen: Für jede in einem konkreten Kommunikationsakt realisierte Handlungsweise bestehen einschlägige K.en. Sie stellen nach Lewis Verhaltensweisen dar, für die die folgenden Merkmale als charakteristisch anzusehen sind: (1) Sie stellen Verhaltensregularitäten von Angehörigen einer bestimmten Gruppe P dar. (2) Sie sind freie, zielgerichtete Handlungsweisen, die in Situationen eines bestimmten Typs vollzogen werden. (3) Der in ihnen verfolgte Zweck ließe sich prinzipiell auch anders erreichen. (4) Der Erfolg der Handlungsweise hängt für jedes Mitglied von P davon ab, daß auch die anderen so handeln. Die in Kommunikationskonventionen in einer Gruppe konventionalisierten Handlungsweisen stellen Strategien dar, die beinhalten, wie sich Mitglieder einer Gruppe P verhalten, wenn sie die Sprecher- und Hörerrolle einnehmen. Davon ausgehend lassen sich dann bestimmen, (a) was es heißt, daß ein Sprecher (erfolgreich) auf konventionelle Weise zu kommunizieren versucht und der Hörer dies als Kommunikationsversuch versteht, (b) die Sprachkonventionen, durch die sprachlichen Ausdrükken als Produkten von Handlungsweisen Bedeutungen zugeordnet werden. **Lit.:** G. Meggle: Handlung, Kommunikation, Bedeutung. Frankfurt 1979. S. VII ff. – D. Lewis: Konventionen. Eine sprachphilosophische Abhandlung. Berlin/New York 1975. PP

**Konventionalismus,** verweist allgemein auf die prägende Kraft von mehr oder minder bewußten Verhaltensregeln (gesellschaftlich v.a. als Sitte, Zeremonie, Etikette, politisch etwa als zwischenstaatliche Übereinkunft). Der Begriff K. bezeichnet im engeren Sinne eine erkenntnistheoretische Position, nach der wissenschaftliche Erkenntnis durch konventionelle Festsetzung von Paradigmata, Vokabularien, Meßwerten durch die Wissenschaftlergemeinschaft erfolgt. Wissenschaftliche Begriffsbildungen bilden danach keine Realität ab, sondern Begriffe und Kategorien bestimmen Erkenntnisräume. Es geht also nur in dem Sinne um »Wahrheit«, in dem die scientific community einen K. produziert, der feststellt, was als »Wahrheit« zu gelten hat und wie diese zu messen ist. Der K. betont die Notwendigkeit der Kommunikation innerhalb der Wissenschaftlergemeinschaft. Vor diesem Interaktionsnetz müssen begriffliche Konstruktionen sich bewähren. TN

**Konventionell/postkonventionell.** Hinsichtlich der Arten von Moralbegründung wird zwischen einer k.en und einer p.en unterschieden: Der Übergang zu einer p.en Moral vollzieht sich dadurch, daß die besondere Ordnung einer bestimmten Gesellschaft transzendiert wird, indem die Mitglieder dieser Gesellschaft auftretende moralische Konflikte nicht durch Bezug auf vorgegebene Muster oder Normen zu lösen versuchen, sondern jenseits solcher traditionellen Vorgaben in bezug auf veränderte Handlungsgewohnheiten eine Übereinstimmung bei der Neuformulierung von Wertvorstellungen zu erzielen versuchen. Der Anspruch einer rationalen Lösung solcher Konflikte macht eine Umgestaltung sowohl der Gewohnheiten wie der Werte erforderlich: Alle Bedingungen des Verhaltens und alle Werte, die zu einem Konflikt beitragen, müssen gerade unter Abstraktion ihrer Geltung einer kritischen Überprüfung unterzogen werden (können). **Lit.:** G.E. Mead: Die Philanthropie unter dem Gesichtspunkt der Ethik. In: Gesammelte Aufsätze Bd.1. Hg. v. H. Joas. Frankfurt 1987. S. 413 f. PP

**Konvergenz,** bezeichnet die Tatsache, daß sich bei unterschiedlichen Systemen oder Organismen aufgrund gleicher Funktionen eine Anpassungsähnlichkeit der Strukturen ergibt. PP

**Konvergenzschluß,** ein argumentatives Verfahren, bei dem aus verschiedenen Gründen auf einen Tatbestand geschlossen wird. Dabei ist keiner der Gründe für sich allein hinreichend. Eine solche Argumentation zeigt sich z. B., wenn in bezug auf unterschiedliche Systeme oder Organisationsformen behauptet wird, daß die Entwicklung beider aufgrund gleichartiger Rahmenbedingungen und gleichsinniger Organisationsanforderungen auf die Gleichheit der Funktionen und Strukturen hin tendiert. PP

**Konversationsimplikatur,** auch konversationelle Implikaturen. Im Rahmen der Entwicklung einer handlungstheoretischen Semantik benennt Grice die allgemeinen Bedingungen, die auf Konversation zutreffen und an die sich normalerweise Sprecher und Hörer halten: K.en. Ausgangspunkt seiner Überlegungen ist, daß sprachliche Zeichen (wenigstens bis zu einem gewissen Maß) durch eine kooperative Bemühung gekennzeichnet sind, da die Gesprächsteilnehmer einen gemeinsamen Zweck verfolgen. Daraus leitet er das Kooperationsprinzip ab, das das Postulat beinhaltet, den eigenen Gesprächsbeitrag so zu gestalten, wie der gemeinsam akzeptierte Zweck des Gesprächs es erfordert. Mit diesem allgemeinen Prinzip lassen sich speziellere Konversationsmaximen (oder -postulate) verbinden, die Grice in Anlehnung an Kant aus den Kategorien der Quantität, der Qualität, der Relation und der Modalität ableitet. Die Kategorie der Quantität, die sich auf die Information bezieht, führt zu der Maxime: Mache deinen Beitrag so informativ wie für die gegebenen Zwecke nötig (und nicht informativer als so). Die Kategorie der Qualität führt zu der Maxime: Versuche deinen Beitrag so zu machen, daß er nur wahre Aussagen enthält und nur solche Aussagen, wofür angemessene Begründungen erbracht werden können. Die Kategorie der Relation führt zu der Maxime, nur solche Aussagen zu machen, denen Relevanz zukommt (d.h. die in einer bestimmten Hinsicht nötig sind). Die Kategorie der Modalität bezieht sich auf die Art der Ausdrucksweise und führt zu der Maxime, im Ausdruck Mehrdeutigkeiten, Dunkelheiten, Weitschweifigkeiten zu vermeiden und die korrekte Reihenfolge einzuhalten. Auf der Grundlage des Kooperationsprinzips und der Konversationsmaximen kann nun die Theorie der K. charakterisiert werden. Die K.en beinhalten diejenigen Annahmen, die Sprecher und Hörer gleichermaßen bei einer Äußerung unterstellen: die Annahme, (1) daß der Sprecher das Kooperationsprinzip und die Konversationsmaximen beachtet, (2) daß der Sprecher der bewußten Überzeugung hinsichtlich seines Aussageinhalts ist, (3) daß er glaubt, daß der Hörer in der Lage ist zu erfassen, daß die Annahme der bewußten Überzeugung nötig ist. ↗Semantik, handlungstheoretische. **Lit.:** H.P. Grice: Logik und Konversation. In: G. Meggle (Hg.): Handlung, Kommunikation, Bedeutung. Frankfurt 1979. S. 243 ff. – H. Schnelle: Sprachphilosophie und Linguistik. Hamburg 1973. PP

**Konversion** (Umkehrung), in der Syllogistik die Vertauschung der Reihenfolge der Terme in einem kategorischen Urteil. Als mit einer Prämisse formulierte Schlußregel ist die K. gültig für universal negative (kein A ist B ⇒ kein B ist A) und partikular affirmative Aussagen (ein A ist B ⇒ ein B ist A), nicht gültig für partikular negative (Ein A ist nicht B) und eingeschränkt gültig für universal affirmative Aussagen (alle A sind B ⇒ einige B sind A). – In der relationalen Algebra der Übergang zu der zu R konversen ↗Relation $\breve{R}$, so daß, mengentheoretisch formuliert $<x,y> \in \breve{R}$ genau dann, wenn $<y,x> \in R$. UM

**Konzept, funktionales.** In Anlehnung an die Terminologie Kants wird die Methode der transzendentalen Gegenstandskonstitution von P. Natorp (1854–1924) generell als f.K. interpretiert (↗Idealismus, methodischer). Natorps Erkenntnistheorie zufolge entspricht das Verhältnis des Denkens zum Sein einer funktionalen Beziehung: Das Sein, insofern es mittels der apriorischen Formen der Synthesis (der »Grundfunktionen des Denkens«) konstituiert wird, ist insgesamt selbst eine Funktion (eine »Leistung« oder »Setzung«) des Denkens. **Lit.:** P. Natorp: Die Philosophie. Ihr Problem und ihre Probleme. Göttingen 1911. KHL

**Konzeptualismus** (lat. conceptus, Begriff), bezeichnet eine als gemilderte Form des ↗Nominalismus geltende Zwischenposition unter den Lösungsversuchen im ma. ↗Universalienstreit, nach der die Allgemeinbegriffe (Universalien) kein allgemeines reales Korrelat haben. Daher existiert das Allgemeine als solches nicht außerhalb des Geistes in den Sachen (in re), sondern ist primär begrifflicher Natur. Gegen die Auffassung einer bloß sprachlichen Existenz des Allgemeinen (Vokalismus) grenzt sich der K. durch die Unterscheidung von natürlicher, gleichbleibender und willkürlicher, veränderlicher Bezeichnungsweise ab. Wäre das Allgemeine nur ein konventionelles Sprachzeichen, dann wäre nichts seinem Wesen oder seiner Natur nach allgemein. – In der von William von Ockham begründeten Tradition des K. gelten die konventionellen Sprachzeichen als den (vor- und außersprachlichen) natürlichen geistigen Zeichen für die Weltdinge untergeordnet; mithin liegt hier ein Primat des Geistigen vor. Die Allgemeinbegriffe werden ohne Mitwirkung von Intellekt und Willen auf natürliche Weise durch die von den äußeren Gegenständen bewirkten intuitiven Einzelerkenntnissen verursacht und drücken das substantielle Wesen der Einzeldinge aus. Der Allgemeinbegriff ist in der Weise ein natürliches Zeichen, wie etwa der Rauch ein Zeichen des Feuers ist. Sein Inhalt ist nicht identisch in der Sache verwirklicht, sondern ihr nur ähnlich. Er tritt aber im Denken für die Sache ein. – In der modernen, von Quine eröffneten und von W. Stegmüller fortgesetzten Diskussion dient der Begriff v.a. zur Kennzeichnung der Voraussetzung von bestimmten Systemen der typentheoretischen Mengenlehre, die für das Vorhandensein von Mengentermen und deren Aussageformen charakteristisch ist. Dabei besteht diese Voraussetzung in der Existenz von Objekten höherer Stufe (Mengen, Mengen von Mengen usw.). **Lit.:** W. v. Ockham: Summa logicae. In: Opera phil. Bd. 2.1. New York 1974 (dt.: Summe der Logik. Eine Auswahl. Hamburg 1984). – R. Paque: Das Pariser Nominalistenstatut. Berlin 1970. – W. V. O. Quine: Von einem logischen Standpunkt. Frankfurt 1979. – W. Stegmüller: Das Universalienproblem einst und jetzt. Darmstadt 1978. RS

**Kooperation,** meist in soziologischen Kontexten, das Zusammenwirken mehrerer Personen auf ein Ziel hin. Während in A. Smith's *Wealth of Nations* (1776) das durch die Arbeitsteilung vermehrte ökonomische Gemeinwohl als co-operation bezeichnet wird, sich der Terminus also auf das Produkt der Arbeitsteilung bezieht, meint der Ausdruck bei J. St. Mill »das gemeinsame Handeln einer Anzahl«, also den Handlungsprozeß selbst. Auch Marx sieht die K. im unmittelbaren Zusammenhang mit der Differenzierung der Arbeitsprozesse: »Die Form der Arbeit vieler, die in demselben Produktionsprozeß oder in verschiedenen, aber zusammenhängenden Produktionsprozessen planmäßig neben- und miteinander arbeiten, heißt K.« **Lit.:** H.F. Infield: The Sociological Study of Co-Operation. Oxford 1956. MFM

**Kooperationsprinzip** ↗Konversationsimplikatur

**Kopenhagener Deutung,** von N. Bohr und W. Heisenberg ab 1927 entwickelte Interpretation der ↗Quantenmechanik. Die Quantenmechanik selbst macht keine Aussagen darüber, in welcher Relation ihre theoretischen Terme zur physikalischen Realität stehen. Ein ganzes Spektrum von Deutungsansätzen ist die Folge: Eine instrumentalistische Minimalinterpretation beschränkt sich darauf, die Ergebnisse der Quantenmechanik mit Meßgrößen zu vergleichen, läßt aber erkenntnistheoretische Fragen unberührt. Eine statistische Interpretation bezieht die theoretischen Terme auf das Verhalten eines Ensembles von Mikrosystemen. Eine individuell und ontisch interpretierte Quantenmechanik bezieht sich auf einzelne, reale Mikrosysteme und deren Verhalten. – Bei der K. D. handelt es sich um eine viel schwächere, epistemische Deutung: Die Terme des Formalismus beziehen sich der K. D. zufolge nicht auf Mikrosysteme oder Ensembles von Mikrosystemen, sondern auf unsere intersubjektive, objektivierbare Kenntnissituation über deren Zustand. Der Grund für diese Beschränkung ist nach Bohr die gleichzeitige Unverzichtbarkeit und Unangemessenheit der klassischen Begriffe bei der Beschreibung der Mikrowelt, vor allem die notwendige Bezugnahme auf klassische Meßgeräte. Die K. macht keine ontischen Aussagen über das Mikrosystem selbst. Dadurch werden die »unklassischen« Charakterzüge der Quantenmechanik (Komplementarität von Welle und Teilchen, Heisenbergsche ↗Unschärferelation, etc.) zu keinem Problem für das Verständnis der Mikrowelt, sie beziehen sich ausschließlich auf die Grenzen unseres Zugangs zur Mikrowelt. Über das Mikrosystem selbst und seine Eigenschaften können nach der K. D. keine direkten Aussagen gemacht werden. **Lit.:** N. Bohr: Atomphysik und menschliche Erkenntnis. Braunschweig 1958. – W. Heisenberg: Physik und Philosophie. Stuttgart 1959. – E. Scheibe: Die Kopenhagener Schule. In: G. Böhme (Hg.): Klassiker der Naturphilosophie. München 1989. RH

**Kopernikanische Wende,** eine im Anschluß an die Wende des Kopernikus von der geozentrischen zur heliozentrischen Weltauffassung gewählte Bezeichnung für die fundamentale Neuorientierung eines Forschers. So versteht Kant darunter seine transzendentale Umbegründung des menschlichen Weltverhältnisses: Nicht die Natur setzt die Zeichen für den Menschen, sondern dessen Bewußtsein schreibt dem empirisch Gegebenen seine begrifflich-kategoriale Einordnung, Formen und Gesetze vor. **Lit.:** H. Blumenberg: Die kopernikanische Wende. Frankfurt 1965. – I. Kant: Kritik der reinen Vernunft. RS

**Kopula.** In der traditionellen Logik bezeichnet man als K. jene sprachlichen Partikel, mittels derer ein Subjekt mit einem Prädikat verbunden und so zu einem Urteil wird (bspw. »Sokrates ist sterblich«). In der Sprechweise der modernen Logik wird ein Prädikator einem Gegenstand zu- oder abgesprochen. Als K. bezeichnet man die sprachliche Darstellung der logischen Handlung der ↗Prädikation mittels der finiten Formen des Verbs »sein« und deren Synonyme. **Lit.:** J. W. M. Verhaar (Hg): The Verb ›be‹ and its Synonyms. Philosophical and Grammatical Studies, I-VI. Dordrecht u. a. 1967–1973. JH

**Körper.** Im Spätma. von lat. corpus entlehntes Wort, das ursprünglich wie das von ihm verdrängte »lich« (Leiche) den ↗Leib unter Absehung von seiner Lebendigkeit bezeichnet; in diesem Sinne sind Teilbarkeit und Zusammensetzung unterscheidende Merkmale des K.s. Nach Aristoteles ist der K. verwirklichende Form der Materie, im Hinblick auf die Lebendigkeit aber nur mögliche Materie (↗Form/Materie). Die an ihn anschließende arabische und scholastische Philosophie bestimmte die durch Dreidimensionalität gekennzeichnete forma corporeitatis als Durchgangsstufe in der Verwirklichung aller irdischen Formen. Ohne diesen metaphysischen Zusammenhang ist die Dreidimensionalität Grundbestimmung des physikalischen K.s., zu der Schwere, Trägheit, Undurchdringlichkeit und Bewegung hinzutreten können. Die Bedeutung »Gesamtheit«, die das lat. corpus auch beinhaltet, hat sich im mathematischen Begriff des K.s (19. Jh.) niedergeschlagen. **Lit.:** D. Kamper/V. Rittner (Hg.): Zur Geschichte des Körpers. München/Wien 1976 – R. zur Lippe: Vom Leib zum Körper. Reinbek 1988. MKO

**Korpuskeltheorie** (auch: Korpuskulartheorie). Die K. geht von wechselnden Kombinationen einer begrenzten Anzahl von Elementarstrukturen aus, woraus die Vielfalt der sichtbaren Erscheinungen zu erklären sei. Im 19. Jh. wird die K. als Atomismus der Biologie vertreten. Danach bilden Fasern oder Körner die Elementarstrukturen der Lebewesen. Nach Bichat sind es 21 verschiedene Gewebe. Um die Mitte des 19. Jh. erkannten M. J. Schleiden und T. Schwann die Zelle als das strukturelle Grundelement der Lebewesen und somit als Elementarstruktur ihrer K. KJG

**Korrekt.** Ein Logikkalkül ist für eine vorgegebene Objektsprache genau dann k. oder semantisch widerspruchsfrei, wenn er nur logische Folgerungen ableitet und damit nur logische Wahrheiten beweist, d. h. seine Regeln also nicht von Wahrem zu Falschem führen können. PP

**Korrelationalität,** notwendige Wechselbeziehung. Bei Meister Eckhart findet sich eine Theorie univoker K. Gott selbst sowie die göttlichen Personen, das Seelenfünklein (das Etwas-in-der-Seele) und die transcendentia befinden sich in einem Prozeß wechselseitigen Hervorbringens. Die einfache Relation Schöpfer-Geschöpf wird durch eine symmetrische K. transzendiert, die Eckhart als wechselseitiges Gebären charakterisiert. Für Fichte (*Wissenschaftslehre* 1794) ist die Wechselbestimmung von Tun und Leiden ein entscheidender Schritt in der Vermittlung von Ich und Nicht-Ich, d. h. für die transzendentale Erklärung der Vorstellung. Später ist für Fichte jede Vermittlung durch eine fünffache K. bestimmt. Zunächst sind die Momente getrennt (2), dann ist jedes auf das andere wechselseitig bezogen (2), schließlich sind beide immanent eins (1). Hegel erklärt die Wechselwirkung als absoluten Begriff der Kausalität, da die Ursache in der Wirkung mit sich selbst in Beziehung stehe. **Lit.:** Ch. Asmuth: Fichtes Lehre vom Bild. In: Ders. (Hg.): Sein – Reflexion – Freiheit. Amsterdam 1997. S. 269–299. – B. Mojsisch: Meister Eckhart. Analogie, Univozität und Einheit. Hamburg 1983. CHA

**Korrespondenzregel** (auch Zuordnungsregel). Da die wissenschaftlichen Theorien zu einem größeren Teil aus der theoretischen Sprache und zu einem anderen Teil aus der Beobachtungssprache (d.i. Aussagen über empirische Sachverhalte) bestehen, ist es erforderlich, beide Teilsprachen durch spezielle Regeln miteinander zu verknüpfen: den K.n oder Zuordnungsregeln. Durch diese werden Beobachtungsterme und theoretische Terme einander zugeordnet. – Die ursprüngliche Festlegung des ↗Logischen Empirismus, daß einzig die Beobachtungssätze die Klasse empirisch sinnvoller Aussagen darstellen, erwies sich angesichts der Existenz theoretischer Gesetze in den Wissenschaften als revisionsbedürftig. Für den Aufbau einer wissenschaftlichen Theorie ist es zulässig, nicht nur solche Begriffe zu verwenden, die mit dem Begriffsapparat definierbar sind, welcher dem Beobachter zur Verfügung steht. Mit Hilfe der K.n soll der empiristische Anspruch, daß sämtliche Aussagen empirisch bestätigungsfähig sein sollen, modifiziert werden: Ein theoretischer Begriff, der weder durch eine Definition noch durch eine K. ganz oder teilweise auf Beobachtbares zurückführbar ist, muß eine Voraussagerelevanz oder prognostische Relevanz besitzen, um als empirisch zulässig bezeichnet werden zu können. Das bedeutet, daß es wenigstens eine Aussage der theoretischen Sprache, die diesen theoretischen Begriff enthält, geben muß, mit deren Hilfe Voraussagen beobachtbarer künftiger Ereignisse abgeleitet werden können, die sich ohne diese Aussagen nicht gewinnen lassen. **Lit.:** W. Stegmüller: Hauptströmungen der Gegenwartsphilosophie, Stuttgart [4]1969. S. 461 ff. PP

**Korrespondenztheorie,** vertritt die Auffassung bezüglich der Wahrheit, daß Wahrheit in der Übereinstimmung zwischen einer Vorstellung oder einem Urteil und der Wirklichkeit (bzw. deren vorgestelltem Teil) besteht. Das entspricht der intuitiven Vorstellung, daß eine wahre Aussage dadurch charakterisiert sei, daß sie mit den Fakten übereinstimmt. In der scholastischen Formel »veritas est adaequatio rei et intellectus« wird dies explizit zum Ausdruck gebracht. Dabei erweist sich allerdings als klärungsbedürftig, wie und wodurch die Übereinstimmung und der Begriff der Wirklichkeit zu bestimmen seien. ↗Adäquationstheorie, ↗Wahrheit. PP

**Kosmogonie** (griech. Weltentstehung), die mythisch-religiöse Lehre (↗Mythos) von der Weltentstehung und Weltentwicklung, wie sie bei nahezu allen Völkern auftritt. Die kosmogonischen Dichtungen der Antike, insbes. Hesiods, die in personifizierender und mythologischer Form (Theogonie: Entstehung der Götterwelt) einen ersten Versuch einer sinnvoll-logischen Erklärung der Weltentstehung darstellen, sowie orphische Lehren (↗Orphik), gingen den philosophisch-wissenschaftlichen K.en voraus, die bereits den Übergang zur ↗Kosmologie bilden und eine auf natürliche Weise erklärbare Entstehung und Entwicklung der Welt lehrten. Wichtige philosophische K.en finden sich bei den ionischen Philosophen, bei Platon, J. S. Eriugena, R. Grosseteste. Im 20. Jh. wurde die K. des Universums, also der gesamten physikalischen Materie, zum Hauptproblem der physikalischen Kosmologie. **Lit.:** H. Blumenberg: Die Genesis der Kopernikanischen Welt. Frankfurt 1975. – G. S. Kirk/J. E. Raven/M. Schofield: Die vorsokratischen Philosophen. Stuttgart 1994. – A. Koyre: Von der geschlossenen Welt zum unendlichen Universum. Frankfurt 1969. – C. F. v. Weizsäcker. Die Tragweite der Wissenschaft. Stuttgart 1964. TH

**Kosmologie,** Lehre vom materiellen Aufbau der Welt als ganzer und ihrer raumzeitlichen Struktur. – Als älteste philosophische Disziplin (unter dem Begriff K. seit Ch. Wolff) gehört sie in der traditionellen Gliederung der Philosophie zur Speziellen Metaphysik. Ihre inhaltlichen Wurzeln reichen zurück bis in frühgeschichtliche Mythen und zu den ↗Vorsokratikern. Mit ihrem Ziel, den physischen Zustand der Welt rational zu erklären, ist die K. Teilgebiet der ↗Naturphilosophie und der Physik. Wegen der Unzugänglichkeit ihres Gegenstandes enthält sie neben empirischen auch spekulativ-hypothetische (theoretische) Elemente. Die Aufgabe der K. besteht darin, aus lokal bestätigten Theorien (heute vor allem aus der Allgemeinen Relativitätstheorie, den Modellen der Kern- und Elementarteilchenphysik und der Thermodynamik) unter Zuhilfenahme von philosophischen und – heute selten – theologischen Überzeugungen ein Modell des Universums, seines Ursprungs und seiner zeitlichen Entwicklung (Kosmogonie) zu konstruieren. Daraus abgeleitete prüfbare Aussagen werden auf ihre Übereinstimmung mit experimentellen Daten (Astronomie) untersucht. Der Prozeß der Modellbildung ist eng mit der Entwicklung eines Weltbildes verzahnt, das eine Antwort auf die Frage des Menschen nach seiner Stellung im ↗Kosmos liefert. – Bis ins 16. Jh. war die K. durch die Aristotelische Physik geprägt, gemäß der der Kosmos in eine sublunare und eine supralunare Welt zerfällt. Demnach unterscheidet die ptolemäische K. zwischen einer kinematischen (Beschreibung der Bewegung der Himmelskörper nach mathematischen Gesetzen) und einer physikalischen Astronomie (Bestimmung des Wesens der Himmelskörper). Diese Dichotomie wird obsolet durch die Arbeiten von T. Brahe (Entdeckung der Supernova von 1572 in der unveränderlich geglaubten supralunaren Welt) und J. Kepler (Planetenbahnen sind bestimmt durch Zentralkraft der Sonne). Ende des 17. Jh. gelingt es I. Newton, sowohl die Bewegungen am Himmel als auch eine Vielzahl terrestrischer Phänomene durch eine einzige Gravitationstheorie zu erklären. Aufgrund ihrer Eigenschaften kommt der Gravitation von allen vier bekannten Wechselwirkungen einzigartige Bedeutung bei der Beschreibung kosmischer Vorgänge zu. Sich aus der Newtonschen K. ergebende Schwierigkeiten im 18. und 19. Jh. (E. Halley, H. W. M. Olbers, H. von Seeliger) werden gelöst durch A. Einstein, der 1917 mit der Anwendung seiner Gravitationstheorie (Allgemeine ↗Relativitätstheorie) auf den Kosmos die moderne K. begründet. Während A. Einstein eine eindeutige kosmische Lösung der Feldgleichungen der Gravitation annimmt, das Zylinderuniversum (unbegrenzt, endliches Volumen), ziehen andere Physiker weitere kosmologische Modelle in Betracht. Besondere Bedeutung erlangen die Arbeiten von A. Friedman 1922 und 1924, in denen eine Expansion des Kosmos als Lösung vorgeschlagen wird. Unter der Randbedingung, daß Materieverteilung und Raumzeit großräumig homogen und isotrop sind, ergeben sich die Einstein-Friedman-Lemaitre-Gleichungen, die die zeitliche Entwicklung des Weltradius R(t) bestimmen. Dieses heute favorisierte Modell wird gestützt durch die beobachtete Flucht der Galaxien (E. Hubble 1929) und die Messung der nahezu uniformen kosmischen Mikrowellenhintergrundstrahlung (A. A. Penzias, R. W. Wilson 1965). Diese Beobachtungen führen zum sog. »Urknall«-Modell: Demnach war der Kosmos vor (je nach Modell) 13–30 Mrd. Jahren unendlich dicht und unendlich heiß in einem Punkt vereinigt. Die Expansionsbewegung bewirkt einen Evolutionsprozeß, der als Zusammenspiel der physikalischen Wechselwirkungen die bekannten komplexen Strukturen bis hin zum Menschen entstehen läßt. – Neben der einflußreichen physikalischen K. kommt die spekulative Tradition der K. mit dem Ziel einer allumfassenden Beschreibung der Welt vor allem in der Philosophie A. N. Whiteheads und seiner Schule zum Tragen. **Lit.:** E. Harrison: Kosmologie. Darmstadt 1984. – B. Kanitscheider: Kosmologie. Stuttgart [2]1992. – A. Koyre: Von der geschlossenen Welt zum unendlichen Universum. Frankfurt 1969. – S. Weinberg: Gravitation and Cosmology. New York 1972. – A. N. Whitehead: Prozeß und Realität. Frankfurt 1979. BS

**Kosmos,** (griech. (Welt-)Ordnung, Weltall), die Welt als ganze, sofern ihre Ordnung rational erfaßt und in Naturgesetzen beschrieben wird. – Von der Antike bis ins 6. Jh. ist »K.« ein zentraler Terminus der Philosophie. Ausgehend von der ursprünglichen Bedeutung »Anordnung als Ergebnis einer Anweisung« bezeichnet »K.« im Gegensatz zum ↗Chaos u. a. die von Zeus bewirkte (Rechts-)Ordnung für Götter und Welt (Hesiod) und die Staatsverfassung (Herodot). Bei ihren Versuchen, das Weltgeschehen gesetzesmäßig aus Urgründen und Prinzipien zu verstehen, benutzen die Vorsokratiker »K.«, um die (harmonische) Ordnung der Welt darzustellen. Die Gleichsetzung von K. mit dem Weltganzen vollziehen Platon (*Timaius*) und Aristoteles: Durch den Demiurgen bzw. unbewegten Beweger kommt eine vernunftgemäße, einheitliche, teleologische Ordnungsstruktur in den K., der einzig, unvergänglich, göttlich und als vollkommenes Lebewesen vorgestellt wird. Die Stoa interpretiert den K. pantheistisch, (spät-)antike Strömungen verehren ihn religiös. – In der Neuzeit hat »K.« geringere Bedeutung. I. Newton sieht den K. als ewigen, unendlich großen dreidimensionalen ↗Raum, in dem jedes physikalische Geschehen in einer absoluten ↗Zeit abläuft. Dementsprechend wird der K. weder göttlich noch lebendig, sondern mechanistisch, als Uhrwerk, aufgefaßt. Die mit A. Einstein beginnende moderne ↗Kosmologie beschreibt den K. als vierdimensionale Raum-Zeit-Mannigfaltigkeit, wobei Raum und Zeit ihren absoluten Status verlieren und von der Materieverteilung im K. abhängen. Der K. ist 13–30 Mrd. Jahre alt und räumlich betrachtet ein gekrümmter dreidimensionaler Raum, ohne Mittelpunkt und Grenze, der je nach Weltmodell ewig expandiert oder nach endlicher Zeit kontrahiert. **Lit.:** Vgl. Artikel »Kosmologie« und »Kosmos« in: HWPh. Bd. 4. Darmstadt 1976. BS

**Kotext,** Bezeichnung für die außersprachliche Umgebung, in die eine sprachliche Äußerung eingebunden ist – zu unterscheiden von der innersprachlichen Umgebung (↗Kontext). PP

**Kreativität.** Vorläufer des Begriffes K. ist der Begriff des schöpferischen Geistes, Genies. Als psychologischer Terminus, verbunden mit praxisbezogenen Kreativitätsforschungen, fand K. ab den fünfziger Jahren, von den USA ausgehend, breite Verwendung. K. ist ein Phänomen, welches sich u. a. aus folgenden Komponenten zusammensetzt: Phantasie, Intuition, Improvisation, Originalität, Flexibilität, Inspiration, divergentes Denken. K. bringt schöpferische Leistungen, neue, originelle Problemlösungen (in Kunst, Wissenschaft, Technik und Gesellschaft usw.) hervor. Teilweise wird K. im Hinblick auf den Nutzen für den sozio-kulturellen Bezugsrahmen verstanden, im Gegensatz zu dem dann mehr individualistisch aufgefaßten Begriff des Schöpferischen. Kreatives Schaffen ist spielerisch, nicht auf bestimmte Ziele oder Ergebnisse hin festgelegt, sondern flexibel, eher ziellos, ohne daß kreative Lösungen Zufallsprodukte wären, da sie aus einem gelenkten Prozeß hervorgehen. Sowohl Personen, als auch Prozesse und deren Ergebnisse können als kreativ bezeichnet werden. DL

**Kreatur,** bezeichnet das einzelne Geschöpf oder auch die Schöpfung insgesamt als in freier Tat vom Schöpfer gesetzt. Die K. ist weder Ausfluß aus Gott noch mit ihm substantiell identisch und keine Erscheinungsform Gottes, sondern in eigene Selbständigkeit entlassen. Ihrer gesamten Wirklichkeit nach verdankt sich die K. der Seinsmitteilung durch den Schöpfer und ist von sich aus nichts. In diesem Punkt unterscheidet sich der im Anschluß an die Bibel entwickelte Schöpfungsgedanke von den meisten übrigen Schöpfungsmythen, denen gemäß der Schöpfer eine zu formende Materie, ein Urchaos oder eine Urflut voraussetzt. Gott erkennt sich als Urbild unendlich vieler möglicher K.en, gelangt so zu den Ideen und verwirklicht sie, indem er ihnen Sein mitteilt, so lange sie existieren. Daher ist der Schöpfer »tief und innerlich« (Thomas v. Aquin: S. th. I, 8, 1) in jeder K. gegenwärtig. Er erhebt sie auch zu einer gewissen Ähnlichkeit mit sich selbst, weil sie auf die verschiedenste Weise das göttliche Sein nachahmt. So ist die K., gegenüber verbreiteten Mißverständnissen, obwohl ein schöpferisch Neues, zugleich in Gott und er in ihr. Als Motiv zur Schöpfung gilt die Selbsterkenntnis und -bejahung Gottes sowie seine Freude an der Gutheit und Schönheit eines Seins, das sich im Sein der K. widerspiegelt. Von daher geschieht die Schöpfung selbstlos und ohne Eigeninteresse. **Lit.:** H.-E. Hengstenberg: Das Band zwischen Gott und Schöpfung. Frankfurt u. a. 3 1991. – G. Scherer: Welt – Natur oder Schöpfung? Darmstadt 1990. GS

**Kreter** ↗Lügner

**Krieg,** bezeichnete ursprünglich jeden Rechtsstreit, später, in verengender Gleichsetzung mit bellum, den gewaltsam ausgetragenen Rechtsstreit innerhalb einer von den Gegnern anerkannten Rechtsordnung. Das Christentum machte eine Rechtfertigungstheorie nötig, die K. nur anerkannte, wenn entweder eine Störung der Rechtsordnung (Augustinus) oder eine Bindung an einen gerechten Herrscher vorlag (Thomas von Aquin). Diese auf der klassischen Naturrechtslehre beruhende Begrenzung des K.es wurde durch die rücksichtslose Gewaltentfesselung der konfessionellen Bürgerkriege und die aus ihnen resultierende moderne Naturrechtslehre (Hobbes) erschüttert. In diesem neuen Typ des K.es zerfiel die gemeinsame Rechtsgrundlage, so daß der Feind verachtet und vernichtet werden konnte. Dieser entfesselte K. sollte durch das Machtmonopol des Staates als Garanten des inneren ↗Friedens beseitigt werden und die gewaltsamen Auseinandersetzungen auf den zwischenstaatlichen Bereich beschränken. Die souveränen Staaten sahen infolgedessen ihre Aufgabe nicht mehr in der Rechtfertigung, sondern in der Regulierung des K.es. Gegen diese Konzeption wendet sich die Kritik der Aufklärung, die gerade im absolutistischen Staat die Ursache des K.es sieht und den Zusammenhang von innerem Frieden und zwischenstaatlichem K. ablehnt. Mit dem nicht nur legitimen, sondern nun auch pflichtgemäßen revolutionären Bürgerkrieg sollte die despotische Unterdrückung und damit die Ursache des K.es ausgeschaltet werden. Diese neue Form erreicht alle Bevölkerungsteile und Lebensbereiche und wird zum nationalen Ereignis. Hieran schließen sich sowohl der Nationalkrieg als auch der Klassenkampf als K. gegen politische und soziale Unterdrückung an. Die Nationalkriege entwickeln sich quantitativ zum Weltkrieg und qualitativ zum totalen K. Durch die nuklearen Vernichtungswaffen, die einen K. zur Ausrottung des Lebens eskalieren lassen, entsteht ein Traditionsbruch, da weder eine sinnvolle Regulierung noch Begründung möglich ist. **Lit.:** H. Delbrück: Die Geschichte der Kriegskunst im Rahmen der politischen Geschichte. Bd. 1–4. Berlin 1908–1920. – C. Schmitt: Der Momos der Erde im Völkerrecht des Jus Publicum Europaeum. Berlin 1950, 3 1988. – J. L. Wallach: Kriegstheorien. Ihre Entwicklung im 19. und 20. Jahrhundert. Frankfurt 1972. JP

**Kriterium,** Mittel um festzustellen, ob ein bestimmter Begriff auf eine Sachlage etc. anwendbar ist. Z. B. entscheidet man mit einem Wahrheitskriterium, ob ein bestimmter Wahrheitsbegriff auf eine zu prüfende Aussage zutrifft. Dabei sind Begriff und K. zwar unterscheidbar, aber nicht trennbar. Z. B. kann »moralisch gut« u. a. auch »Universalisierbarkeit« bedeuten, und genau deshalb ist die Universalisierbarkeit einer Maxime ein notwendiger Test um festzustellen, ob sie tatsächlich moralisch ist. Semantik und Kriteriologie stehen in einem Abhängigkeitsverhältnis. K.en können entweder garantieren, daß etwas der Fall ist (absolutes K.), oder sie können uns dazu autorisieren, vom Zutreffen eines Begriffs auszugehen (relatives K.). Die Begründung von K.en ist immer ein Problem, denn es besteht die Gefahr eines infiniten Regresses. Wenn x ein K. sein soll, braucht man ein Metakriterium für die Wahrheit der Aussage, daß x ein K. ist usw. Derartige Regresse (oder Zirkel oder dogmatische Begründungsabbrüche) bestehen jedoch bei allen Begründungen, und trotzdem wird man wohl nicht das Begründen, sondern eher das Ziel absoluter Erkenntnis (und absoluter K.en) aufgeben. **Lit.:** N. Rescher: The Coherence Theory of Truth. Oxford 1973. BG

**Kritik** (griech. kritike (techne): Kunst der Beurteilung), stellt in der Philosophie eine Methode dar, Wahrheitsansprüche mittels ↗Vernunft auf ihre Berechtigung hin zu überprüfen. Ziel der K. ist hierbei die Destruktion unbegründeter und Konstruktion begründeter Orientierungen des Denkens und Handelns. Als Grundbegriff einer an den Ideen des methodischen Denkens und der ↗Aufklärung orientierten Philosophie wurde K. als Terminus aus der ramistischen und cartesianischen Logik (↗Cartesianismus) im 17. Jh. in die europäischen Nationalsprachen übernommen. Schon bei Platon und Aristoteles bezeichnet K. die Urteilskraft und das Unterscheidungsvermögen, das den umfassend Gebildeten charakterisiert. Als historisch früheste Form einer philosophischen K. ist die sokratische ↗Mäeutik anzusehen, die Platon als Kunst beschreibt, Wahres von Falschem zu unterscheiden (diakritike techne). Bayles *Dictionnaire historique et critique* (Ende 17. Jh.) repräsentierte den enzyklopädischen Versuch eines systematischen kritischen Neuaufbaus des Wissens der damaligen Zeit, der prägend war für das Kritikverständnis bis zum Neuansatz Kants. Letzterer verstand unter K. kein System, keine Doktrin sondern deren ↗Propädeutik durch Analyse der Leistungsfähigkeit und Grenzen des Vernunftvermögens. Die meisten modernen philosophischen und wissenschaftstheoretischen Kritikbegriffe (z. B. der ↗Kritischen Theorie, des ↗Kritischen Rationalismus, der konstruktiven ↗Wissenschaftstheorie (↗Konstruktivismus) der Erlanger Schule) schließen an Kants Konzeption einer philosophischen K. an, obwohl sie in grundlegenden Methodenfragen kontroverse, auch von Kant abweichende Standpunkte einnehmen. **Lit.:** H. Albert: Traktat über kritische Vernunft. Tübingen 1968. – K. v. Bormann: Kritik. In: Handbuch philosophischer Grundbegriffe. Bd. 3. München 1973. – M. Horkheimer: Traditionelle und kritische Theorie (1937). In: Kritische Theorie. Bd. II. Frankfurt 1968. –

J. Mittelstraß: Art. »Kritik«. In: Enzyklopädie Philosophie und Wissenschaftstheorie. Bd. 2. – R. Koselleck: Kritik und Krise. Freiburg 1959. – K. Röttgers: Kritik und Praxis. Berlin/New York 1975. TH

Unterschwellig leitend für die modernen Debatten zum Kritikbegriff ist die Unterscheidung von kritisch-reflexiver zu theoretisch-gegenstandsorientierter Einstellung. Wie Hegel in seiner K. an Kants transzendentaler Erkenntniskritik deutlich gemacht hat, bleibt eine Selbstkritik der Vernunft letztlich unkritisch – nämlich ↗Theorie –, wenn sie die Voraussetzungen der eigenen Vernunftkritik unthematisiert läßt. Was im unthematischen Hintergrund der Erkenntniskritik liegt und die Praxis der K. trägt – etwa der »objektive Geist« (Hegel), die geschichtlich-kulturellen Rahmenbedingungen, das lebensweltlich eingespielte Vorverständnis (↗Lebenswelt), die sozio-ökonomischen Verhältnisse, die ↗Lebensformen und ↗Sprachspiele –, wird im 19. und 20. Jh. zum Gegenstand der (marxistischen) Ideologiekritik (↗Ideologie), der geschichts- bzw. seinshermeneutischen Kritik (Heidegger, Gadamer), der Wissenschaftskritik (Kuhn, Feyerabend), insbesondere verschiedener Formen der sprachphilosophischen Sinnkritik. Mit dem Übergang von der ↗Bewußtseinsphilosophie zur ↗Sprachphilosophie (↗Sprachphilosophie, analytische) verlagert sich das Gewicht der philosophischen Kritik von der Erkenntniskritik auf die K. von Sinn und Bedeutung sprachlicher Ausdrucksformen. Die zunächst an der Klärung von Syntax und Semantik der Wissenschaftssprache orientierte Sprachkritik (Frege, Russell, Wittgenstein, ↗Logischer Empirismus) versucht die Sätze der Metaphysik als sinnlose Scheinsätze zu entlarven, indem sie diese mit ↗Sinnkriterien konfrontiert. Das positive Ziel dieser sinnkritischen Methode, der Aufbau einer allgemeinverbindlichen Wissenschaftssprache, wird in der ↗Philosophie der normalen Sprache selbst einer Sinnkritik unterzogen. Ihre Einsicht in die Kontextabhängigkeit (↗Kontext, ↗Kontextualismus) sprachlicher Bedeutungen führt zu einer sprachpragmatischen K. (↗Pragmatik) der Theoriesprache durch deren Zurückführung auf umgangssprachliche Verwendungszusammenhänge. Exemplarisch hierfür steht – neben Wittgensteins *Philosophischen Untersuchungen* – G. Ryle's Sinnkritik der mentalistischen Theoriesprache durch den Nachweis von ↗Kategorienfehlern. Im Zusammenhang der sprachanalytischen Debatte um ↗transzendentale Argumente ist vor allem Strawsons sinnkritische Erneuerung der Kantischen Erkenntniskritik einflußreich geworden. Strawsons transzendentale Sinnkritik steht im Kontrast zu den relativistisch-vernunftskeptischen Tendenzen der nach-wittgensteinianischen Sprachspielpragmatik. Gegen den epistemischen Skeptizismus wird eingewandt, daß er notwendige Sinngrenzen einer für uns überhaupt verständlichen Erfahrung verletzt. Noch fundamentaler setzt die transzendentale bzw. rekonstruktive Sinnkritik der ↗Transzendentalpragmatik und der Universalpragmatik (J. Habermas) an. Mittels des Sinnkriteriums der pragmatischen Konsistenz konfrontiert sie Relativisten und Skeptiker ebenso wie Metaphysiker mit den Sinngrenzen einer für uns überhaupt verständlichen Konzeption von Argumentation. Hier schlägt die theoretische Einstellung vollständig in die reflexiv-kritische Einstellung um. Vernunftkritik (z.B.K. der instrumentellen Vernunft), Gesellschaftskritik, Ideologiekritik, geschichtshermeneutische K., Sprachkritik müssen nicht in Aporetik enden, sondern können die Sinn- und Geltungsbasis ihrer Argumentation freilegen, indem sie sich reflexiv der Bedingungen der Möglichkeit argumentativer K. vergewissern. **Lit.:** M. Baum: Kritik. In: Theologische Realenzyklopädie. Bd. XX. Berlin/New York 1990. S. 65–77. – D. Böhler: Metakritik der Marxschen Ideologiekritik. Frankfurt 1972 – J. Habermas: Zwischen Philosophie und Wissenschaft: Marxismus als Kritik. In: Ders.: Theorie und Praxis. Frankfurt 1978. S. 228–289. – W. Kuhlmann: Reflexion und kommunikative Erfahrung. Frankfurt 1975. – M. Niquet: Transzendentale Argumente. Kant, Strawson und die sinnkritische Aporetik der Detranszendentalisierung. Frankfurt 1991. – G. Ryle: The Concept of Mind. London 1949 (dt. 1969). – P.F. Strawson: The Bounds of Sense. London 1966 (dt. 1992). HGR/JPB

**Kritische Theorie.** Ihrem eigenen Selbstverständnis nach, das Horkheimer in dem Aufsatz *Traditionelle und kritische Theorie* formulierte, begreift sich die k. Th. als eine praktische Philosophie, der es um gesellschaftliche Veränderung in Richtung einer zunehmenden Selbstbestimmung des Menschen zu tun ist. Die Zukunft der Humanität hängt ihrer Ansicht nach davon ab, daß die Menschheit sich als bewußtes, d.h. selbstbestimmendes Subjekt konstituiert und die eigenen Lebensformen bestimmt. Einem solchen Anspruch steht die reale Praxis entgegen, in der die Menschen die Welt als objektive, scheinbar unveränderliche Gegebenheit annehmen. Andererseits ist offenkundig, daß diese scheinbar objektive Welt von den Menschen selbst erst konstituiert wird. Die gesellschaftliche Produktion verändert nicht nur die Welt, sondern auch unsere Sichtweisen und Erfahrungsweisen von Natur und Realität. Die Trennung Descartes' in res extensa und res cogitans verdeckt diesen Zusammenhang, daß die Welt in gegenständlicher und begrifflicher Hinsicht von den Menschen produziert wird. Darin zeigt sich der eingeschränkte Sinn von Vernunft. Zur Entwicklung der Gesellschaft in Richtung einer bewußten Praxis, wie es der Idee der Selbstbestimmung entspricht, gehört aber das bewußt kritische Verhalten, das den Menschen befähigt, die bisherigen Vorstellungen von objektiver Wirklichkeit als falsche Einstellung zu durchschauen. Erst dadurch wird der Schritt zu bewußten Entscheidungen für sinnvolle Lebensformen möglich. Die k. Th. selbst beansprucht nicht, dem Menschen ein idealisiertes Gegenmodell der Realität zu entwerfen. Ihre Leistung besteht vielmehr in ihrem Beitrag zur Aufklärung. Kritisch verfährt diese philosophische Position (a) insofern, als sie den Objektivitätsglauben der Menschen als Selbstmißverständnis aufdeckt, (b) insofern sie die Grundbegriffe der Gesellschaft wie »gerechter Tausch« und »Harmonie der Interessen« aufnimmt und zum Maßstab der Beurteilung macht, ob in für die Gegenwart angemessenen Verhältnissen produziert wird, und (c) insofern sie den Wissenschaften gegenüber wieder das ihnen zugrundeliegende, in menschlichen Lebensformen begründete Erkenntnisinteresse in die Erinnerung zurückruft. Auf diese Weise leistet sie theoretische wie praktische Kritik. Durch ihren Verzicht auf utopische Gegenentwürfe einer vernünftigen Gesellschaft überantwortet sie den Subjekten den Schritt zur Selbstbestimmung. Darin vertraut sie noch auf den Hegelschen Vernunftbegriff, der Wahrheit bzw. richtige Erkenntnis und richtiges Leben zu verbinden wußte. **Lit.:** J. Habermas: Technik und Wissenschaft als Ideologie. Frankfurt 1968. S. 146ff. – M. Horkheimer: Kritische Theorie. Frankfurt 1968. – H. Marcuse: Philosophie und kritische Theorie. In: Kultur und Gesellschaft I. Frankfurt 1965. S. 102ff. – A. Schmidt: Kritische Theorie als Geschichtsphilosophie. München 1976. – A. Wellmer: Kritische Gesellschaftstheorie und Positivismus. Frankfurt 1969. PP

**Kritischer Rationalismus**, von K. Popper entwickelt. Weitere Vertreter sind z.B. H. Albert, G. Andersson und A. Musgrave. Popper konzipierte den K.R. als eine Forschungsmethode, die er insbesondere für die Naturwissenschaften empfehlen wollte. Schon bald wurde der Ansatz auf viele andere Wissenschaften, auf die Politik, auf diverse Ideologien und Religionen angewendet. Es stellte sich somit heraus, daß der K.R. als Grundeinstellung gegenüber allen Disziplinen und Institutionen verstanden werden muß, die mit Wissenserwerb und Wahrheitsansprüchen in Zusammenhang stehen. Diese Grundeinstellung könnte man als Kernstück einer liberalen Weltanschauung auffassen. Als Forschungsmethode besagt der K.R., daß wissenschaftliche Theorien durch Widerlegungsversuche getestet, statt durch Belegexperimente abgesichert werden sollten (methodischer Falsifikationismus). Diese These läßt sich aus Poppers Lösung des Induktionsproblems herleiten. Dieses von Hume aufgeworfene Problem besteht in folgendem: Theorien machen in »Allsätzen« Behauptungen über alle Ereignisse einer Art. Es gibt z.B. kein Naturgesetz, demzufolge einige Äpfel unter gleichen Umständen anders fallen als andere. Wenn man empirische Theorien nun auf ihre Wahrheit hin prüfen will, bereiten diese Allsätze ein Problem. Zur Prüfung empirischer Theorien stehen nämlich immer nur einzelne Beobachtungen, d.h. singuläre Beobachtungssätze zur Verfügung. Aus Aussagen über Einzelfälle kann man aber aus logischen Gründen keine Allaussagen ableiten. Die Beobachtung liefert endlich viele Belege (viele singuläre Sätze). Ein Allsatz behauptet jedoch etwas über alle Ereignisse (auch die zukünftigen). D.h., es gibt eine Differenz der von der Beobachtung berücksichtigten und der von der Theorie behaupteten Ereignisse. In dieser Differenz können beliebig viele der Theorie widersprechende Gegenbeispiele angesiedelt sein, wobei ein Gegenbeispiel ausreicht, um einen Allsatz zu widerlegen. Daraus folgt, daß empirische Theorien durch Beobachtung nicht zu beweisen sind, denn die Existenz eines Gegenbeispiels kann nie ausgeschlossen werden (↗Induktionsproblem). Allerdings zeigt dieser Befund auch, daß man Theorien sehr wohl durch Beobachtungen widerlegen kann, denn ein einziges Gegenbeispiel reicht dazu aus. Diesen Sachverhalt nennt Popper die »logische Asymmetrie« von Verifikation und Falsifikation. Keine empirische Theorie ist induktiv beweisbar, weshalb alles empirische Wissen nur »Vermutungswissen« ist (Fallibilismus). Allerdings sind empirische Theorien widerlegbar, und auf diese Eigenschaft kann man eine neue »kritische« Forschungsmethode aufbauen. Diese Methode ist bemüht, Theorien zu falsifizieren, um so zwei Ziele zu erreichen: (1) Mit jeder gelungenen Widerlegung kommt man der Wahrheit näher, denn aus den Fehlern einer Theorie kann man etwas über die wahren Verhältnisse lernen. (2) Jede mißlungene Widerlegung zeigt, daß die getestete Theorie bewährt, also vielleicht wahr ist. Über Widerlegungsversuche erhält man Erkenntnisse über die »Wahrheitsnähe« der bewährten Theorien. Der den K.R. ausmachende Versuch, Bestehendes zu widerlegen, macht ihn zu einem »natürlichen Gegner« aller totalitären oder dogmatischen Ideologien. So wurde der K.R. zu einer umfassenden Religionskritik ausgebaut. Popper hat sowohl die »absoluten Systeme« des Deutschen Idealismus wie auch deren Fortentwicklung durch den Marxismus kritisiert. Diese Modelle arbeiten mit absoluten Wissensansprüchen, z.B. was den Verlauf der Geschichte angeht. Derartige Ansprüche sind jedoch nicht mit der These verträglich, daß alles Wissen Vermutungswissen ist. Popper hat die auf totalitären Ideologien basierenden Staatssysteme als »geschlossene Gesellschaften« bezeichnet. Demgegenüber fordert er »offene Gesellschaften«, die sich der kritischen Selbstanalyse öffnen. Nach Popper gibt es ein notwendiges, aus dem Falsifikationismus herleitbares Kriterium einer »offenen« Gesellschaftsordnung: Immer wenn die Machthabenden eines Staates durch das Volk absetzbar sind, ist eine elementare Bedingung einer offenen Gesellschaft erfüllt. Der K.R. ist als Forschungsmethode von Kuhn, Lakatos u.a. kritisiert worden. Letztlich geht es dabei um die Frage, ob es sinnvoll ist, der oft unkritisch vorgehenden Wissenschaft eine kritische Methode als Norm vorzuschreiben. Daß die Wissenschaft oft dogmatischen Gesetzen folgt, hat T. Kuhn überzeugend dargelegt. Ist eine normative Wissenschaftstheorie nicht ein unstatthafter Idealismus? Wenn man jedoch die Parallele zur praktischen Philosophie bedenkt, lautet die umgeformte Frage: Ist das Ziel, totalitäre Systeme zu offenen Gesellschaften umzubauen, nicht eine idealistische, unzulässige Fiktion? Die Tatsache, daß man der zweiten Frage wohl kaum zustimmen wird, sollte eine Zustimmung zur ersten Frage jedenfalls als bedenklich erscheinen lassen. **Lit.:** H. Albert: Traktat über kritische Vernunft. Tübingen 1980. – K. R. Popper: Objektive Erkenntnis. Hamburg 1984. BG

**Kritizismus,** ursprünglich auf Kant zurückgehende Form philosophischer Reflexion. Kant verwendet den Begriff K. nur sporadisch zur Standortbestimmung seiner Metaphysik-kritischen Philosophie jenseits von ↗Dogmatismus und ↗Skeptizismus. Bevor Metaphysik nicht auf ihre Möglichkeitsbedingung im Erkenntnisvermögen kritisch geprüft worden ist, ist jedem ihrer Sätze zu mißtrauen (vgl. z. B. Akad.-Ausg. XX, 342; VIII, 226 f.). In der Kant-Rezeption des ↗Deutschen Idealismus wird K. zumeist pauschal mit Kantianismus identifiziert. Erst der Neukantianismus differenziert zwischen der Kantischen Philosophie im engeren (»urkundlichen«) Sinne und dem K., indem er dessen Konzept erweitert. K. umschreibt jetzt generell eine auf transzendentale (nicht psychologische) Erkenntnisbegründung abzielende methodische Einstellung (A. Riehl). Sein Verfahren kritischer Prüfung betrifft nicht nur das Problem synthetischer Urteile apriori (Kant), sondern *alle* Voraussetzungen des Erkenntnisvermögens. – Heute meint K. nur noch eine allgemein prüfende Einstellung gegenüber vermeintlich selbstverständlichen Wissensbeständen in allen Bereichen menschlicher Erfahrung (»Kritischer Rationalismus«: K. R. Popper, H. Albert). **Lit.:** H. Albert: Traktat über kritische Vernunft. Tübingen 1968. – G. Lehmann: Geschichte der nachkantischen Philosophie. Berlin 1931. – A. Riehl: Der philosophische Kritizismus. Leipzig 1876. KHL

**Kultur** (lat. cultura, von colere: bebauen, pflegen), im weitesten Sinn alles, was der Mensch selbst gestaltend hervorbringt, im Unterschied zu der von ihm nicht geschaffenen und nicht veränderten ↗Natur. Kulturleistungen können in der formenden Umgestaltung eines gegebenen Materials am Maßstab einer leitenden Idee bestehen, so in der ↗Technik oder auch bildenden ↗Kunst, oder in ideellen Formungen wie ↗Moral, ↗Recht, ↗Religion, Wissenschaft, die sinngebend und gemeinschaftsorganisierend sind. Schließlich bedeutet K. in bezug auf das Individuum die Einflußnahme auf die Entwicklung seiner geistigen und körperlichen Fähigkeiten. – K. bezieht sich so zum einen auf die Fähigkeit des Menschen, formend die Welt und sich selbst verändern und ideelle Sinn- und Handlungsmuster entwerfen zu können, als auch auf die Gesamtheit der Gestalt gewordenen Kulturleistungen, z. B. eines Volkes. Im ersteren Sinn bestimmt Kant K. als »die Tauglichkeit und Geschicklichkeit zu allerlei Zwekken« (*KU* § 83) sowie die Fähigkeit des Menschen, sich selbst Zwecke zu setzen und so eine unter der Idee der Moralität stehende menschliche Gemeinschaft hervorzubringen. Herder spricht von K. vor allem im Sinn der in der Geschichte organisch herangewachsenen Lebensform eines Volkes, die sich in Richtung wachsender Humanität entwickelt.

Die organischen Voraussetzungen der menschlichen Kulturleistungen sind gegeben mit der Unspezialisiertheit der Hand, die somit in der Lage ist, in offener und vielfältiger Weise differenziert mit Materialien umzugehen (Werkzeuggebrauch). Dies setzt wiederum die Freisetzung der Hand durch den aufrechten Gang und das aufeinander abgestimmte Zusammenspiel von Auge und Hand im Gesichtsfeld voraus. Damit einher geht die Vergrößerung des Gehirns, das zu einer komplexeren Informationsverarbeitung und -speicherung fähig ist. Die dem Menschen eigene Selbstbezüglichkeit seiner psychischen Akte setzen ihn in ein reflexives Verhältnis zu sich, von dem aus ihm sowohl seine eigene Innenwelt, als auch die Welt der äußeren Objekte als prinzipiell veränderbar und durch ihn beeinflußbar erscheint. Damit eröffnet sich ihm die entscheidende Kategorie des Möglichen. Aufgrund der symbolischen Repräsentation der Welt in der Sprache lassen sich die Verhältnisse nicht nur in ihrem faktischen Sosein, sondern auch in ihrem möglichen Anderssseinkönnen vorwegnehmen und gleichsam experimentell neu zusammenstellen und durchspielen. Dies ermöglicht die Konstitution einer von konkreten materialen Bedingungen unabhängigen, ideellen Wirklichkeitssphäre, die mit anderen Individuen geteilt werden kann. Das Verhältnis des Menschen zu sich und seiner Umwelt besteht daher nicht in der eindeutigen, linearen Beziehung zu einem so und so Gegebenen, sondern ist dynamisch und offener Gestaltung fähig.

Für Plessner erfüllt die K. die Funktion, dem Menschen ein Gleichgewicht zu verschaffen, das ihm aufgrund seiner »exzentrischen« Organisationsform verwehrt ist (↗Positionalität, exzentrische). Die Kulturleistungen erfüllen dies, indem sie gegenüber dem Menschen eine objektive Eigenständigkeit gewinnen, die sinngebend ist und Selbstverständnis ermöglicht. In dem, was der Mensch selbst hervorgebracht hat, versteht er sich selbst, d. h. er tritt in ein Verhältnis zu sich. K. ist Ausdruck der geschichtlichen Weise seines Sich-selbst-Verstehens im Hervorbringen. Gegenstand des Verstehens sind die Ausdrucksformen, in denen sich geistiges Leben mitteilt, vom konkreten menschlichen Verhalten bis hin zu den kulturell-geschichtlichen Objektivationen. Für den einzelnen bedeutet K. als vorgefundene Wirklichkeit, daß er nicht je neu anfangen muß, sondern bereits auf einem tragenden und weiterführenden Grund steht. – Auch für Gehlen ist der Mensch von Natur aus auf K. angelegt, er muß eine K. als seine »zweite Natur« hervorbringen, um leben zu können. Von seiner biologischen Konstitution her fehlt dem Menschen im Unterschied zum Tier eine durchgängige Instinktsteuerung. Er muß daher die meisten für sein Leben notwendigen Fertigkeiten erst erwerben, weil sein Umweltbezug nicht von vorgegebenen Reiz-Reaktions-Schemata bestimmt ist. Diese Unspezialisiertheit ermöglicht ihm eine Vielzahl nicht festgelegter Verhaltensweisen im Umgang mit der Welt, erfordert aber, daß der Mensch sich die Bedingungen seines Lebens und Überlebens selbst schaffen muß. Aufgrund seiner Unspezialisiertheit und Weltoffenheit steht er einer Überfülle von Eindrücken, Handlungs- und Erklärungsmöglichkeiten gegenüber, die ihn verunsichern und überlasten würden, könnte er seine »erste Natur« nicht mit Hilfe einer von ihm gestalteten »zweiten Natur«, seiner K., bewältigen. In dieser handelnden Umgestaltung seiner Lebensbedingungen entwickelt sich der Mensch zugleich weiter, weil die so geschaffenen Kulturleistungen eine wiederum neue Welt und damit neue Aufgaben darstellen, an denen er sich bewähren kann. So entsteht nach und nach eine Hierarchie von Leistungen, die vom instrumentellen Umgang mit den Dingen bis zu den situationsentbundenen geistigen Schöpfungen reichen.

Durch seine K. tritt der Mensch in ein Verhältnis zu sich, in dem er das Ich seines Selbstbewußtseins selbst durch die Verkörperung in einem anderen zu einem Erkenntnisgegenstand macht. Dieser Verkörperungsvorgang bringt eine Dynamik gegensätzlicher Momente hervor: Zum einen bedeutet K. für den einzelnen eine Entlastung im Umgang mit der Welt, weil sie bestimmte erprobte Sinngebungs- und Handlungsmodelle bereitstellt. Zum anderen bedeutet K. eine Belastung, da ihre Eigendynamik, mit der sie komplexere und sich wandelnde Gebilde hervorbringt, erneute Anforderungen an das Sinnverstehen und den handelnden Umgang mit ihr stellt. Beide Momente zusammen bedingen die Entwicklungsmöglichkeit der K.: durch die Entlastung werden Handlungspotentiale, die nun nicht mehr der unmittelbaren Lebensbewältigung dienen müssen, frei für beliebige schöpferische Leistungen. Durch das bereits vorhandene Kulturniveau muß der einzelne nicht von neuem anfangen, sondern kann auf dem Erreichten aufbauen.

Die Dynamik der Kulturentwicklung, die mit einer zunehmenden Komplexität verbunden ist, führt dazu, daß die Lebenswelt des Menschen zunehmend von ihm selbst hervorgebracht ist, er also überall mit den Produkten seiner eigenen Tätigkeit befaßt ist. Cassirer bezeichnet K. als das symbolische Universum des Menschen, in dem er seine eigenen Werke vorfindet und über dessen symbolische Vermittlung allein er auch Zugang zur natürlichen Welt hat. »Der Mensch lebt in einem symbolischen und nicht mehr in einem bloß natürlichen Universum. ... Statt mit den Dingen selbst umzugehen, unterhält sich der Mensch in gewissem Sinne dauernd mit sich selbst. Er lebt so sehr in sprachlichen Formen, in Kunstwerken, in mythischen Symbolen oder religiösen Riten, daß er nichts erfahren oder erblicken kann, außer durch Zwischenschaltung dieser künstlichen Medien« (*Was ist der Mensch?* Stuttgart 1960. S. 39).

Da K. eine überindividuelle Objektivität darstellt, die wie alle komplexen Systeme eine Eigendynamik entwickelt, ist der Mensch nicht nur Schöpfer seiner K., sondern zugleich ihr Geschöpf (M. Landmann), insofern sie ihrerseits auf seine Lebensweise formend einwirkt. Dies zeigt sich z. B. an den Folgen moderner Technik und Industrialisierung. Während einfache technische Hilfsmittel noch auf die Unterstützung menschlicher Tätigkeiten ausgerichtet waren und diesen somit angepaßt, verlangen bereits halbautomatische Maschinen (z. B. Fließband) umgekehrt die Anpassung der Menschen an ihren Produktionsablauf, d. h. sie integrieren ihn in ihre Struktur. Daraus ergeben sich Folgen für das Verhältnis des Menschen zu seiner Arbeit, für sein Selbstverständnis in bezug auf sein Werk. Insgesamt folgt der Industrialisierung ein tiefgreifender Wandel in den sozialen Verhältnissen, eine Zerstörung alter und die Hervorbringung von neuen sozialen Strukturen. Indem der Mensch etwas von sich in die vorhandene Wirklichkeit einträgt, und somit neue und eigenständige Tatbestände schafft, erfährt er in deren Wirksamkeit etwas Neues über sich selbst, er betrachtet sich im Spiegel seiner Schöpfungen. Wenn so die Eigendynamik der Kulturleistungen fruchtbar werden kann, weil sie den Menschen weiterträgt auf etwas hin, das er selbst gar nicht planend hätte hervorbringen können, so zeigt sich die Kehrseite darin, daß die Entwicklung ihm entgleiten kann und seinen ursprünglichen Intentionen zuwider läuft. Ein weiteres Phänomen ist das der Sinnentfremdung, die entsteht, wenn K. so komplex, unüberschaubar und schnell wandelbar geworden ist, daß sie keine sinnvolle Lebensorientierung mehr ermöglicht. **Lit.:** H. Brackert/F. Wefelmeyer (Hg.): Naturplan und Verfallskritik. Zu Begriff und Geschichte der Kultur. Frankfurt 1984. – E. Cassirer: An Essay on Man. New Haven 1944 (dt. Versuch über den Menschen. Frankfurt 1990). – J. G. Herder: Ideen zur Philosophie der Geschichte der Menschheit. Riga/Leipzig 1784–1791 (Sämtl. Werke. Bd. XIII u. XIV, 1887 u. 1909. Reprint 1967). – A. Gehlen: Urmensch und Spätkultur. Bonn 1956 u.ö. – C.-F. Geyer: Einführung in die Philosophie der Kultur. Darmstadt 1994. – M. Landmann: Der Mensch als Schöpfer und Geschöpf der Kultur. München/Basel 1961. – B. Malinowski: Eine wissenschaftliche Theorie der Kultur. Frankfurt [3]1988. – H. Plessner: Die Stufen des Organischen und der Mensch. Berlin 1928 (Gesammelte Schriften. Bd. 4. Frankfurt 1981). – F. Steinbacher: Kultur. Begriff, Theorie, Funktion. Stuttgart 1976. FPB

**Kulturanthropologie.** Zur K. können die wissenschaftlichen Ansätze gezählt werden, die sich zum einen mit den anthropologischen Grundlagen der ↗Kultur beschäftigen und zum anderen aus den vielfältigen Kulturleistungen des Menschen Rückschlüsse auf allgemeinmenschliche Konstanten zu ziehen versuchen. E. Rothacker will in seiner K. die a priori einsichtigen Gesetze herausarbeiten, die das durch seine Kultur bestimmte Verhältnis des Menschen zur Welt prägen. Auch die »strukturale Anthropologie« Lévi-Strauss' kann hierzu gezählt werden, insofern er in den unterschiedlichen Kulturerscheinungen Strukturen aufzeigt, die aus der Gemeinsamkeit menschlicher Verstandestätigkeit überhaupt entspringen sollen. – Die amerikanische »Cultural Anthropology« ist das Äquivalent zur europäischen Ethnologie, versteht sich aber, über den Anspruch der Ethnologie im engeren Sinne hinausgehend, als die Integrativwissenschaft für die Wissenschaften vom Menschen. Sie versucht die Ergebnisse der Ethnologie, Philosophie, Soziologie, Linguistik und Biologie zu einer Gesamtsicht des Menschen zu verbinden. **Lit.:** C. Lévi-Strauss: Anthropologie structurale. Paris 1958 (dt. Strukturale Anthropologie. Frankfurt 1991). – W. Marschall (Hg.): Klassiker der Kulturanthropologie. München 1990. – W. E. Mühlmann/E. W. Müller: Kulturanthropologie. Köln/Berlin 1966. – E. Rothacker: Probleme der Kulturanthropologie. Bonn [2]1965. – F. R. Vivelo: Handbuch der Kulturanthropologie. Stuttgart 1981. FPB

**Kulturphilosophie.** Der Begriff der K. ist nicht fest umgrenzt (Cassirer 1993, S. 231), zumal es auch an einer befriedigenden Verständigung über den Problembereich der K. fehlt. An zwei Problembereichen läßt sich die spezifische Fragestellung der K. darstellen: einerseits die Vorstellung einer Entwicklung des Menschen bzw. die Kultivierung seiner gesellschaftlichen Praxis, andererseits die erkenntnisstiftenden Leistungen des Menschen. – Mit der philos. ↗Anthropologie hat die K. ihren Ursprung in der Prometheus-Sage gemeinsam: Der Raub des Feuers kann als Metapher für die Selbsteinschätzung des Menschen als Kulturwesen gelesen werden. Eine solche Selbsteinschätzung, er alleine schaffe sich seine ↗Kultur selbst, findet ihren Niederschlag auch in der These des Protagoras, der Mensch sei das Maß aller Dinge. Die Erkenntnis habe demgemäß kein höheres Kriterium, an dem sie gemessen werden könnte, als den Menschen selbst.

Deutliche Gestalt nimmt die K. in der Romantik an, der in Schellings Schrift *Darstellung meines Systems der Philosophie* (1801) der Weg bereitet wurde. Nach Auffassung der romantischen K. sollen alle Erscheinungen des Bewußtseins (im Mythischen, in Sage und Dichtung, in den Bekundungen des Denkens, in Sprache, Wissenschaft und Philosophie) aus einem einzigen Prinzip erklärt werden. Geschichte und Kultur werden dabei ganz in dem Gesamtzusammenhang des organischen Lebens verankert. Während in der romantischen K. die Einheit von Natur und Kultur durch eine Spiritualisierung der Natur hergestellt werden soll, erfährt sie in der (französischen) K., die durch Sainte-Beuve und seinen Schüler Hippolyte Taine vertreten wird, eine entgegengesetzte Interpretation in Gestalt einer Materialisierung der Kultur. Die Annahme eines universellen Determinismus und das Weltbild von Darwin und Spencer führten zu der Anschauung, daß Natur und Kultur einem gemeinsamen materialistischen Grundgesetz der Entwicklung unterworfen sind. Mit diesen unterschiedlichen Anschauungen sind einerseits verschiedene Erklärungsmuster kultureller Phänomene verbunden, andererseits eine jeweils spezifische Vorstellung bezüglich der Entwicklung des Menschen bzw. der Menschheit. Der materialistische Determinismus geht davon aus, daß alles Geschehen in der Menschenwelt allgemeinen Naturgesetzen und Naturbedingungen (d.i. physische Anlage des Menschen, Klima, Gesetze der Vererbung, soziale Nachahmung) unterliegt. Dieser physikalistischen Begründung steht eine psychologistische gegenüber: Die Kultur ist Ausdruck bestimmten Seelentums, das nicht kausal erklärbar, sondern als ursprüngliche Gegebenheit hinzunehmen ist (Spengler). Diesen beiden Begründungsformen menschlicher Entwicklung steht jene von Hegel geprägte metaphysische gegenüber, derzufolge der Fortschritt im Bewußtsein der Freiheit zu sehen ist. Eine deutlich andere Akzentsetzung erfährt die K., wenn eine spezifische Form der Produktivität als der den Menschen auszeichnende Charakter herausgestellt wird: das Vermögen zur Form zeigt sich am Wesen der Sprache (Herder, Humboldt), am Wesen des Spiels und der Kunst (Schiller), an der Struktur der theoretischen Erkenntnis (Kant). Die Idee der »humanitas« wird nicht an ein spezifisches Sein, sondern an eine spezifische Leistung geknüpft. Mit diesem Gedanken verbindet sich – in Abgrenzung zu einem deterministischen Entwicklungsbegriff – die Vorstellung, daß das Fortschreiten der Kultur den formbildenden Kräften anheim gestellt ist, und das Bewußtsein, daß das Ziel der subjektiven Verantwortung des Menschen untersteht.

Daß dieser Prozeß geistigen Schaffens innerhalb der K. nochmals einer eigenen Reflexion unterzogen werden kann, zeigen die Überlegungen Simmels. Der Mensch kultiviert sich, indem er in ethischen, intellektuellen, sozialen, ästhetischen, religiösen und technischen Formen Objekte schafft. In diesen Gebilden ist zwar einerseits seine Subjektivität enthalten, andererseits treten diese dem Einzelnen (im Prozeß seiner kulturellen Prägung) als fertiges Produkt entgegen. In diesem Wechselverhältnis macht Simmel die »Tragödie der Kultur« und gleichzeitig Unkultiviertheit des Menschen aus, wenn diese Gebilde nicht zum Bestandteil einer Eigenentwicklung des »seelischen Zentrums« werden. Er unterstellt dabei eine metaphysische Form des Subjekts: Der Kulturwert hat das »Gesamt-Ich eine Stufe näher an seine Vollendungseinheit« heranzuführen. Diese Problemstellung wirkt fort, auch wenn die darin enthaltenen metaphysischen Annahmen keine allgemeine Zustimmung erwarten können (Cassirer 1980, S. 103 ff.). Im Rahmen der ↗Kritischen Theorie haben u. a. Adorno und Marcuse das im Begriff der Kultur enthaltene kritische Potential zur gesellschaftlichen Praxis in Beziehung gesetzt. Einen »affirmativen Charakter« (Marcuse) erhält die Kultur dann, wenn die Ideale der Humanität und Individualität nur noch als abstrakte innere Allgemeinheit im Bewußtsein der Menschen aufbewahrt ist: Als Personen, in ihrer seelischen Freiheit und Würde, haben alle Menschen den gleichen Wert. Dieser »idealistische Kult der Innerlichkeit« unterbindet den Schritt zur gesellschaftlichen Veränderung im Sinne dieser Ideale. Ähnlich argumentiert Adorno, wenn er den Verlust des Wahrheitsgehalts von Kultur beklagt: Sobald Kultur zu verdinglichten Sachgehalten wird, verliert sie jeden Bezug zu den lebendigen Subjekten. Dann kann der Geist nicht mehr kritisch erfahren und seinerseits zu einem kritischen Element der Erfahrung werden. Der sich in diesen zitierten Ausführungen artikulierende Problemgehalt rückt K. und Kulturkritik in einen engen Kontext. Neben das Begriffspaar Kultur-Natur treten andere: Kultur-Zivilisation und Kultur-Leben, durch die sich die Grundlinien klassischer Kulturkritik kennzeichnen lassen. Während in dem einen Fall die Natur gleichsam als externer Gesichtspunkt zur Beurteilung herangezogen wird (bspw. bei Rousseau, Darwin), in dem anderen Fall das Leben gleichsam als umfassende Totalität im Hintergrund wirkt (Nietzsche, Dilthey), zeigt das Verhältnis von Kultur-Zivilisation den Versuch an, gleichsam immanent aus der Kultur heraus zu Kriterien zu finden. Bezogen auf dieses Problemfeld ergibt sich daraus für die K. die Aufgabe, die Möglichkeit vernünftiger Praxis in einer Welt zu sichern, die immer mehr zur Domäne naturwissenschaftlicher Thematisierungsweisen wird. Eine kritische K. hat sich um die Explikation eines wissenschaftlich fruchtbaren und zugleich für ethisch-politische Erwägungen anschlußfähigen Begriffs von Kultur zu bemühen. Dies erreicht sie nur dann, wenn sie sich als Element des kritischen Selbstbewußtseins der Kultur begreift (Schnädelbach S. 324f.).

Mit der philosophischen Anthropologie gemeinsam hat die K. ebenfalls die Reflexion auf die spezifischen Leistungen des Menschen bei der Schaffung von Wirklichkeit. Philosophische Anthropologie fragt noch hinter die tranzendentalphilosophischen Formen der Erkenntnisbegründung zurück: Welches sind die in der Natur liegenden Bedingungen für die Ausbildung des menschlichen Bewußtseins? Die K. geht der Frage nach den einzelnen symbolischen Formen (der Sprache, dem Mythos, der Erkenntnis) als Momenten des Aufbaus der geistigen Wirklichkeit nach. Jede dieser Formen stellt für uns ein selbständiges Prinzip dar, d.h. ein ideelles Gefüge. In erkenntniskritischer Einstellung weist sie darauf hin, daß die Annahme eines unmittelbaren Erlebens (bzw. die einer rein passiven Rezeption durch die Sinnesorgane), an der die verschiedenen formgebenden Kräfte (bspw. die Kategorien) ihre spezifische Leistung vollziehen, nicht haltbar ist. Der Prozeß der »symbolischen Formung« ist nicht zu verstehen als Umgestaltung einer gegebenen Empfindungswelt oder einer fertig vorhandenen Wahrnehmungswelt. Vielmehr sind die symbolischen Formen als gestaltende Kräfte schon in der einfachen Wahrnehmung am Werk. Die geistigen Leistungen sind weder als reine Bewußtseinsprozesse, noch als rein gedankliche oder logische Operationen, sondern als symbolisch und damit kulturell vermittelte Funktionen zu begreifen. Die kulturellen Symbolismen prägen unser geistiges Leben ebenso wie unser Selbstbewußtsein und unsere Subjektivität (Schwemmer). **Lit.:**
Th.W. Adorno: Kultur und Verwaltung. In: GS Bd. 8. S. 122–147. – Ders.: Theorie der Halbbildung. In: GS Bd. 8. S. 93–121. – E. Cassirer: Versuch über den Menschen. Einführung in eine Philosophie der Kultur. Frankfurt 1990. – Ders.: Zur Logik der Kulturwissenschaften. Darmstadt [4]1980. – Ders.: Zur Metaphysik der symbolischen Formen. Hg. J.M. Krois u.a.: Nachgelassene Manuskripte. Bd. 1. Hamburg 1995. S. 3–109. – R. Konersmann (Hg.): Kulturphilosophie. Leipzig 1996. – Ders.: Kultur als Metapher. In: Ders. (Hg.): Kulturphilosophie. S. 327–354. – Th. Litt: Individuum und Gesellschaft. Grundlegung der Kulturphilosophie. Leipzig/Berlin [3]1926. – H. Marcuse: : Über den affirmativen Charakter der Kultur. In: Ders.: Kultur und Gesellschaft. Frankfurt 1970. S. 56–101. – W. Perpeet: Kulturphilosophie. Anfänge und Probleme. Bonn 1997. – H. Schnädelbach: Plädoyer für eine kritische Kulturphilosophie. In: R. Konersmann (Hg.): Kulturphilosophie. Leipzig 1996. S. 307–326. – O. Schwemmer: Die Philosophie und die Wissenschaften. Frankfurt 1990. – Ders.: Die kulturelle Existenz des Menschen. Berlin 1997. – G. Simmel: Philosophische Kultur. Leipzig 1911. – D. Sobrella: Der Ursprung des Kulturbegriffs, der Kulturphilosophie und der Kulturkritik. Tübingen 1971.

PP

**Kunst,** Kulturbereich, in dem das Schaffen und Erleben von Kunstwerken stattfindet. Gelegentlich verwendet man das Wort K. auch abkürzend für Kunstwerke. Philosophisch relevant ist K. als spezifischer Ausdruck menschlicher Kulturtätigkeit. Diese ist entweder schöpferisch oder rezeptiv, d.h. sie besteht entweder im Vollzug künstlerischen Schaffens (etwa im Schreiben eines Gedichts) oder in der spezifischen erlebnismäßigen Reaktion auf ein wahrgenommenes Kunstobjekt (z.B. in der Betrachtung eines Gemäldes). Sowohl die schöpferische als auch die rezeptive kunstbezogene Tätigkeit als auch schließlich die Welt der Kunstobjekte sind vielgestaltig. Das Schaffen von K. ist unterschieden nach verschiedenen Medien und nach voneinander abweichenden Graden von Dauerhaftigkeit der in diesem Schaffen entstehenden Werke. Medien des Kunstschaffens sind z.B. Sprache, Geräusche, formbare Materialien. Nach dem unterschiedlichen Grad der Dauerhaftigkeit dagegen wären etwa zu unterscheiden: relativ flüchtige und relativ dauerhafte Objekte, z.B. ein aufgeführter Gesang bzw. eine Kathedrale. Zu unterscheiden sind ferner verschiedene Formen von Abhängigkeiten zwischen zusammenhängenden künstlerischen Tätigkeiten, z.B. zwischen der Komposition einer Symphonie und deren verschiedenen Realisierungen in orchestraler Interpretation oder dem Verfassen eines Dramas und dessen verschiedenen Realisationen in unterschiedlichen dramatischen Aufführungen oder in Verfilmungen. Allen Formen von künstlerischem Schaffen und »Nachschaffen« eignet eine je spezifische Form von Kreativität. Die Rezeption eines Kunstwerks erfordert ihrerseits die Aktivierung unterschiedlicher Kompetenzen beim Hörer, Leser oder Betrachter. In gewissem Sinne sind die meisten Kunstwerke nicht fertig (»geschlossen«), sondern bedürfen einer aktiven Mitarbeit beim Wiederentstehen im Bewußtsein des Rezipienten. In diesem Sinne sind sie dann »offen« zu nennen. Zu den dominanten Entwicklungstendenzen der modernen und der postmodernen K. gehört die Zunahme der »Offenheit«

(in diesem Sinne) von Kunstwerken (U. Eco). Sowohl Kunstproduktion als auch Kunstrezeption erfordern besondere Geisteshaltungen. Diese gründen im wesentlichen in einer Unabhängigkeit vom Druck pragmatischer Lebensbewältigung oder vom Zwang zur Wirklichkeitsreproduktion (Herrschaft des Realitätsprinzips: Adorno). Zum Kulturbereich K. gehört insofern wesentlich eine spezifische Art von künstlerischer Freiheit oder Autonomie. Diese Freiheit zeigt sich auch als Anspruch der K., ihre Normen und Konventionen aus ihrer eigenen Entwicklung heraus und ohne bestimmenden Einfluß aus den anderen Kulturbereichen (z.B. Recht, Religion, Politik) zu entwickeln und zu verändern. Sie zeigt sich aber auch im spezifisch künstlerischen Umgang mit der außerkünstlerischen Wirklichkeit. Weit davon entfernt, diese einfach zu reproduzieren, geht der Ehrgeiz der K. vielmehr dahin, alternative Welten und besondere Erlebniszusammenhänge zu schaffen. Im Heraustreten aus der Alltagswelt und dem »Eintauchen« in die alternativen Welten der K. entsteht für den Kunstschaffenden ebenso wie für den Kunstrezipienten die Gefahr des »Realitätsverlusts«. In der sich dann vollziehenden Weltflucht wird K. zum Kitsch und verliert die Kraft, den Blick auf die Wirklichkeit zu schärfen und deren Verständnis zu vertiefen. K. dient jedoch ihrem genuinen kulturellen Sinn gemäß nicht der Weltflucht, sondern dem Weltverständnis und der Erweiterung des Bereichs möglicher Erfahrung. Insofern kann sogar von spezifisch künstlerischen Erkenntnisformen gesprochen werden, die sich auf je spezifische Weise von den Erkenntnisformen der Alltagspraxis ebenso unterscheiden wie von denen der Wissenschaft. **Lit.:** Th. W. Adorno: Ästhetische Theorie. Frankfurt 1970. – A.C. Danto: The Transfiguration of the Commonplace. A Philosophy of Art. Cambridge/Mass. 1981 (dt. Die Verklärung des Gewöhnlichen. Frankfurt 1991). – U. Eco: Das offene Kunstwerk. Frankfurt $^{5}$1990. – A. Esser: Kunst als Symbol: Die Struktur ästhetischer Reflexion in Kants Theorie des Schönen. München 1997. – H. Kuhn: Die Kulturfunktion der Kunst. 2 Bde. Berlin 1931. – J. Meier-Graefe: Entwicklungsgeschichte der modernen Kunst. München $^{2}$1914. RL

**Kunst, Ende der,** bedeutet bei Hegel, daß es ab einem bestimmten historischen Zeitpunkt (seit der griech. Antike) zwar noch Kunst gibt, daß jedoch »die Kunst nicht mehr als die höchste Weise [gilt], in welcher die Wahrheit sich Existenz verschafft«, weil sie in dieser Funktion von Religion und Philosophie abgelöst wurde. »Der Gedanke und die Reflexion hat die schöne Kunst überflügelt. … [Sie gewährt] nicht mehr diejenige Befriedigung der geistigen Bedürfnisse …, welche frühere Zeiten … gefunden haben … die schönen Tage der griechischen Kunst … sind vorüber.« – Zu Beginn des 20. Jh. wurde von Künstlern diskutiert, ob sich die Variations- und Erneuerungsmöglichkeiten der künstlerischen Techniken erschöpft hätten. W. Benjamin prophezeit ein Ende der auratischen Kunst (↗ Aura) durch technische Reproduzierbarkeit und Verkommerzialisierung. Nach Adorno wird Kunst unmöglich in einer (faschistischen) Gesellschaft ohne ein »Refugium der Freiheit«, denn »vollendete Unfreiheit läßt sich erkennen, nicht darstellen«. In Deweys utopisch-ästhetischer Lebenswelt wird Kunst überflüssig. Nach Marcuse jedoch wird Kunst immer ihre Eigenständigkeit gegenüber gesellschaftlichen Verhältnissen behalten. **Lit.:** Th. W. Adorno: Minima Moralia. Reflexionen aus dem beschädigten Leben. Frankfurt 1951. S. 190. – W. Benjamin: Das Kunstwerk im Zeitalter seiner technischen Reproduzierbarkeit. Frankfurt 1963/1977. – A. Berg: Wozzeck-Vortrag von 1929. In: H.F. Redlich: A. Berg. Versuch einer Würdigung. Wien/Zürich/London 1957. S. 311–327. – J. Dewey: Art as Experience. New York 1934. – G.W.F. Hegel: Vorlesungen über die Ästhetik (Werke. Hg. v. E. Moldenhauer/K.M. Michel. Bd. 13–15. Frankfurt $^{2}$1986. Bd. 13. S. 141 f., 24). – H. Marcuse: Die Permanenz der Kunst. Wider eine bestimmte marxistische Ästhetik. München/Wien 1977. MRM

**Kunstgeschichte,** Bezeichnung für die geschichtliche Entwicklung der bildenden Kunst (Architektur, Plastik, Malerei, Graphik, Ornamentik, Kunsthandwerk, in jüngerer Zeit auch neuer Kunstformen wie Objektkunst, Collage und Fotografie), die zugleich Gegenstand der K. als Universitätsdisziplin (seit 1813) ist. Als letztere widmet sich die K. ausschließlich der bildenden Kunst, die in Europa bzw. unter europäischem Einfluß entstanden ist; die bildende Kunst außereuropäischer Kulturen und die Kunst der Naturvölker ist dagegen anderen Wissenschaftssparten zugeordnet. Anders als z.B. in Frankreich und Amerika wird in Deutschland der Gegenstand der K. zusätzlich zeitlich eingegrenzt, indem Vor- und Frühgeschichte sowie Archäologie von ihr abgesetzt werden. Das Verhältnis von K. und Kunstwissenschaft kann, je nach dem gewählten Blickwinkel, unterschiedlich bestimmt werden: Beide können als synonym oder jeweils als der anderen unter- bzw. beigeordnete Wissenschaft betrachtet werden. **Lit.:** K. Badt: Eine Wissenschaftslehre der Kunstgeschichte. Köln 1971. – H. Bauer: Kunsthistorik. München $^{2}$1979. – H. Belting u.a. (Hg.): Kunstgeschichte. Berlin $^{3}$1988. – H. Dilly: Kunstgeschichte als Institution. Frankfurt 1979. – L. Dittmann: Stil, Symbol, Struktur. München 1967. – L.D. Ettlinger: Kunst als Geschichte, Jb. der Hamburger Kunstsammlungen 16 (1971). – U. Kultermann: Geschichte der Kunstgeschichte. Düsseldorf 1966. – H. Lützeler: Kunsterfahrung und Kunstwissenschaft. 3 Bde. München 1976. – J.A. Schmoll, gen. Eisenwerth: Kunstgeschichte. Darmstadt 1974. – M. Warnke (Hg.): Das Kunstwerk zwischen Wissenschaft und Weltanschauung. Gütersloh 1970. – Th. Zaunschirm: Systeme der Kunstgeschichte. Wien 1975. BC

**Künstliche Intelligenz (KI).** Als »Geburtsort« der KI-Forschung gilt die Konferenz des »Darthmouth Summer Research Project of Artificial Intelligence« im Darthmouth College in Hanover, New Hampshire (1956). Die Teilnehmer waren der Auffassung, daß

Denken auch außerhalb des menschlichen Körpers möglich sein müsse, daß Denken mit wissenschaftlichen Methoden formalisiert werden könne, und das beste Werkzeug hierfür digitale Rechner seien. Die Konferenz erbrachte zwei erstaunliche Resultate: (1) A. Newell und H. Simon vom Carnegie Institute of Technology in Pittsburgh brachten das erste funktionstüchtige »intelligente« Programm mit (»Logic Theorist«). Es war in der Lage, Grundgleichungen der Logik zu finden, wie sie B. Russell und A. N. Whitehead in den *Principia Mathematica* definiert hatten. (2) J. McCarthy führte den Begriff »Artificial Intelligence« ein. Inzwischen gibt es viele Definitionen von KI: KI ist (1) der Versuch, Computermodelle von kognitiven Prozessen zu bauen, (2) die Untersuchung von Ideen, die es Computern ermöglicht, intelligent zu sein, (3) der Zweig der Computerwissenschaften, der sich damit befaßt, Computer so zu programmieren, daß sie Aufgaben ausführen können, die, wenn sie von einem Menschen ausgeführt würden, Intelligenz erfordern, (4) ein Verfahren, das flexible, nichtnumerische Problemlösungen zur Verfügung stellt. Letztlich gebiert KI eine Technologie, die es einem Computer in komplexen Situationen ermöglicht, zumindest ansatzweise Phänomene der realen Welt zu verstehen. Generell kann KI-Forschung als der Versuch angesehen werden, spezifische menschliche Fähigkeiten, insbesondere dessen Intelligenz, maschinell nachzuahmen bzw. von einer »intelligenten« Maschine unter Umständen in »perfektionierterer« Form ausführen zu lassen. Dabei wird versucht, nicht nur die rein rationalen Fähigkeiten des Menschen, sondern auch die mit ihm verbundenen leiblichen Funktionen des Wahrnehmens, Empfindens, Erkennens und Handelns mit Computerhilfe zu simulieren. KI hat es daher immer mit nichtnumerischen symbolischen Prozessen zu tun, die komplex, ungenau, mehrdeutig sind und für die es keine allgemein bekannten algorithmischen Lösungen gibt. KI-Programmierung stützt sich folglich auf Wissen, das für ihren jeweiligen Anwendungszweck von Interesse ist, benutzt spezielle Methoden, um mit diesem Wissen umzugehen, beinhaltet Steuerstrukturen, um diese passenden Methoden zu finden und verwendet Heuristiken zur Lösungsfindung. Die nachstehenden Hauptgebiete der KI-Forschung verdeutlichen ihre Komplexität: (1) natürlichsprachliche Systeme, (2) Expertensysteme, (3) Deduktionssysteme, (4) Robotersteuerung, (5) Bildverstehen, (6) intelligente Recherche.

So werden die Fundamentalangriffe insbesondere von J. R. Searle und den Gebrüdern Dreyfus auf die KI verständlich, denn: das »Proprium« des Menschen, wie es Platon formuliert (*Theaitetos* 150 b 6), die Fähigkeit des Zweifelns, des Prüfens und Unterscheidens und die Hilfestellung, Fehlgeburten (des Denkens) von Vollkommenem trennen zu können, scheint in ernstlicher Gefahr zu sein. Sicher gestehen die Gebrüder Dreyfus dem Computer zu, daß er besonnener und präziser ist als auch weniger zu Erschöpfung neigt wie ein Mensch. Dennoch können sich Computer mit menschlichen Experten nicht messen, denn nicht Präzision ist die wesentliche Eigenschaft menschlicher Intelligenz, sondern Intuition. So entstand eine bis heute andauernde Art von Humanismus-Streit um KI, um die Frage nach der Verantwortbarkeit von KI-Forschung und nach den Grenzen eines verantwortbaren Einsatzes künstlich intelligenter Computer. Indes teilen die meisten KI-Forscher die Ansicht: Der Mensch als denkendes Subjekt ist nicht allein durch eine abstrakt von ihm selbst definierte Fähigkeit namens Intelligenz bestimmt, sondern durch das »In-der-Welt-Sein« dieser Fähigkeit. Als geistige Person ist er mehr als die Summe seiner körperlichen und intellektuellen Erfahrungen. **Lit.:** B. Becker: Künstliche Intelligenz. Konzepte, Systeme, Verheissungen. Frankfurt/New York 1992. – H. L. Dreyfus: Die Grenzen künstlicher Intelligenz. Was Computer nicht können. Königstein, Ts. 1985. – H. L. Dreyfus/St. E. Dreyfus: Von den Grenzen der Denkmaschine. Reinbek bei Hamburg 1987. – W. B. Gevarter: Intelligente Maschinen. Einführung in die Künstliche Intelligenz und Robotik. Weinheim/New York 1987. – B. Irrgang/J. Klawitter (Hg.): Künstliche Intelligenz. Stuttgart 1990. – R. C. Schank: Die Zukunft der Künstlichen Intelligenz. Chancen und Risiken. Köln 1986. – J. Weizenbaum: Die Macht der Computer und die Ohnmacht der Vernunft. Frankfurt 1978. – P. H. Winston: Künstliche Intelligenz. Reading, Mass. 1987. JK

**Künstliche Sprache,** auch formale Sprache oder Modellsprache. Die Ersetzung einer natürlichen Sprache durch eine k.S. (eine symbolisierte Kunstsprache), wie sie u. a. in der ↗Philosophie der idealen Sprache gefordert wird, geschieht zu dem Zweck, die Vagheit und Mehrdeutigkeit der Umgangssprache zu beseitigen. Deshalb werden beim Aufbau einer k.n S. das Vokabular und die Grammatik eindeutig festgelegt, alle Aussagen in Symbolen formuliert, die sämtlich beim Aufbau eindeutig erklärt sind. Die k.S. wird dabei i.S. einer ↗Begriffsschrift aufgebaut (lingua rationalis; Leibniz), in der die syntaktische Struktur einer Aussage die begriffliche Struktur des Aussageinhalts abbildet (↗Abbildungstheorie). Die sinnvollen Operationen der Sätze geschehen nach rein syntaktischen Regeln ohne Bezug auf den Inhalt. PP

**Kybernetik,** von N. Wiener geprägter Begriff für die formale, in erster Linie mathematische Wissenschaft von der Struktur komplexer Systeme. Die K. abstrahiert von den besonderen Eigenschaften untersuchter realer Systeme, um allgemeine Modelle vor allem der Informationsverarbeitung zu bilden. Anstoß für eine solche allgemeine Theorie war die Beobachtung von Analogien zwischen organischen und technischen Systemen. So wird die K. z. B. herangezogen, um zu klären, ob Eigenschaften lebender Organismen durch technische Simulationsmodelle gesetzmäßig erklärbar sind. Grundbegriffe der K. sind System, Information und Steuerung. Die K. ist eng verbunden mit der ↗Automaten-, ↗Informations-, Steuerungs-, Algorithmen- und ↗Spieltheorie sowie mit Problemen der ↗Künstlichen Intelligenz. **Lit.:** W. R. Ashby: Einführung in die Kybernetik. Frankfurt 1974. – H. J. Flechtner: Grundbegriffe der Kybernetik. Stuttgart 1984. – H. G. Frank: Kybernetik und Philosophie. Berlin [2]1969. FPB

**Kyniker,** antike Philosophenschule, die auf den Sokratesschüler Antisthenes und auf dessen Schüler Diogenes von Sinope zurückgeht. Die K. kritisieren die Werte und Zielvorstellungen der Gesellschaft und Religion, was sie in einer dementsprechenden provozierenden Lebensweise zum Ausdruck brachten. Glück beruht auf innerer Unabhängigkeit und Autarkie. Dieser Freiheit stehen vor allem drei Hindernisse im Weg: Angst (z. B. vor Schicksalsschlägen), Begierde nach äußeren Gütern und Unwissenheit. Bedürfnislosigkeit sowie körperliche und geistige Askese sind die Wege zur Erlangung der inneren Freiheit. FPB

**Kyôto-Schule,** zu Beginn des 20. Jh. in Kyôto, Japan, entstandene philosophische Schule. Überwiegend aus buddhistischen Grunderfahrungen schöpfend, entwickelte sie in kritischer Auseinandersetzung mit der westlichen Geistestradition eine eigenständige asiatisch-japanische Philosophie, die die Frage nach Mensch und Welt neu stellt. – Kitarô Nishida (1870–1945), der Gründer der Schule, versuchte in seinem Erstlingswerk *Über das Gute* (1911) ausgehend von der ↗»Reinen Erfahrung« die Philosophie neu aufzubauen. Im weiteren entwickelte er die sog. ↗»Ortlogik« und den Gedanken des ↗»absoluten Nichts«. Sein Denken will in fundamentaler Weise das Substanz- und Subjektdenken der westlichen Tradition unterlaufen und stellt damit die Philosophie als Ganzes auf einen neuen Boden. Sein Schüler und Kritiker Hajime Tanabe (1885–1962) entwickelte eine mehr spekulativ sozialphilosophisch ausgerichtete ↗»Logik der Spezies«. In der zweiten Generation der Schule ragen vor allem Shin-ichi Hisamatsu (1889–1980) und Keiji Nishitani (1900–1990) heraus. Der Zen-Meister Hisamatsu ist bekannt für seine Interpretationen buddhistischer Grundwerke und für die philosophische Ausarbeitung einer ↗Zen-Ästhetik. Nishitani hat mit seinem Gedanken der ↗»Leere« das Erbe seines Lehrers Nishida wesentlich weiterentwikkelt. Zum Kreis der Schule werden noch gezählt: Iwao Kôyama (geb. 1905), Masaaki Kôsaka (1900–1969), Toratarô Shimomura (geb. 1900), Shigetaka Suzuki (1907–1988), Yoshinori Takeuchi (geb. 1913), Kôichi Tsujimura (geb. 1922). Shizuteru Ueda (geb.1926). **Lit.:** Die Philosophie der Kyôto Schule. Hg. v. R. Ohashi. Freiburg/München 1990 (mit umfangreicher Bibliographie). – L. Brüll: Die japanische Philosophie. Darmstadt 1989. RE

**Kyrenaiker,** Anhänger des Aristipp von Kyrene, der im Ergreifen der ↗Lust den für den Menschen möglichen Weg zum Glück sieht. Dabei ist Lust die dem Schmerz entgegengesetzte, ruhige Bewegung der Seele. Durch Selbstdisziplin und Beherrschung der Lebensumstände kann der Mensch ein Maximum an Lusterfüllung erreichen. FPB

**L-Semantik, L-Ausdruck.** In den Bemühungen einer rationalen Rekonstruktion einer Wissenschaftssprache, die im Umkreis des ↗Logischen Empirismus und vor allem von Carnap angestellt wurden, spielen die Begriffe L-S., L-Begriffe, L-Ausdrücke, L-Wahrheit usw. eine tragende Rolle. Carnap unternimmt den Versuch, in der logischen Semantik (oder reinen Semantik im Ggs. zur empirischen Semantik der Sprachwissenschaft) das Gebiet des rein Logischen vom Nichtlogischen scharf zu trennen. Sein Grundgedanke ist dabei, die vage Redewendung »aus rein logischen Gründen« durch eine präzisere Bestimmung zu ersetzen, nämlich durch »aufgrund der semantischen Regeln allein«. Um zu kennzeichnen, wenn ein semantischer Begriff aus rein logischen Gründen auf etwas anwendbar ist, stellt Carnap diesem das Präfix »L« voran. Zu dem Zweck der Bestimmung der rein logischen Anwendbarkeit werden von Carnap die L-Ausdrücke als Explicata üblicher, aber nicht exakter Begriffe eingeführt. Dies geschieht mit Hilfe der Begriffe der Zustandsbeschreibung und des Spielraums. Dabei soll ein Sprachsystem $S_1$ ↗Atomsätze für alle atomaren ↗Propositionen (d. h. für etwas, was der Fall sein kann oder auch nicht) enthalten. Eine Klasse von Sätzen in $S_1$, die für jeden Atomsatz entweder diesen oder seine Negation, aber nicht beide zugleich und auch keine anderen enthält, wird eine Zustandsbeschreibung in $S_1$ genannt, weil sie offensichtlich eine vollständige Beschreibung eines möglichen Zustands des Universums von Individuen gibt im Hinblick auf alle Eigenschaften und Beziehungen, die durch die Prädikate des Systems ausgedrückt werden (Diese Zustandsbeschreibungen stellen die möglichen ↗Welten von Leibniz oder die möglichen ↗Sachverhalte von Wittgenstein dar). Es ist dann möglich, semantische Regeln festzulegen, die für jeden Satz in $S_1$ bestimmen, ob er in einer gegebenen Zustandsbeschreibung gilt oder nicht: Er gilt dann, wenn er wahr sein würde, wenn die Zustandsbeschreibungen (d. h. alle zu ihr gehörigen Sätze) wahr wären. Folgende Regeln gelten: (1) Ein Atomsatz gilt in einer gegebenen Zustandsbeschreibung, wenn und nur wenn er zu ihr gehört. (2) Die Negation eines Satzes $S_i$ gilt in einer gegebenen Zustandsbeschreibung, wenn und nur wenn der nicht-negierte Satz nicht in ihr gilt. (3) Die ↗Adjunktion (nicht ausschließendes entweder-oder) der Sätze $S_i$ oder $S_j$ ($S_i$ v $S_j$) gilt in der Zustandsbeschreibung, wenn und nur wenn entweder $S_i$ in ihr gilt oder $S_j$ oder beide. (4) $S_i$ ist äquivalent $S_j$ ($S_i \equiv S_j$): gilt in einer Zustandsbeschreibung, wenn entweder beide Sätze in ihr gelten oder keiner von beiden. 5. Ein ↗All-Satz gilt in einer Zustandsbeschreibung, wenn und nur wenn alle Einsetzungsfälle in seinem Bereich in ihr gelten. Die Klasse aller Zustandsbeschreibungen, in denen ein gegebener Satz $S_i$ gilt, nennt Carnap den Spielraum von $S_i$. Die genannten Regeln bestimmen den Spielraum des gegebenen Satzes (»Spielraumregeln«). Durch Bestimmen des Spielraumes geben sie zusammen mit den Designationsregeln für Individuenbezeichnungen und Prädikatszeichen eine ↗Interpretation für alle Sätze in $S_1$, da die Bedeutung eines Satzes zu kennen heißt zu wissen, in welchen der möglichen

Fälle er wahr sein würde und in welchen nicht. Der Zusammenhang zwischen den L-Ausdrücken und dem der Wahrheit wird von Carnap so erklärt: Es gibt eine und nur eine Zustandsbeschreibung, die den wirklichen Zustand des Universums beschreibt. Es ist die, welche alle wahren Atomsätze und die Verneinung der falschen enthält. Daher enthält sie nur wahre Sätze und daher wird sie die wahre Zustandsbeschreibung genannt. Ein Satz von irgendeiner Form ist wahr, wenn und nur wenn er in der wahren Zustandsbeschreibung gilt. **Lit.:** R. Carnap: Bedeutung und Notwendigkeit. Wien/New York 1972. S. 10ff. PP

**L-wahr/L-falsch,** diese Terminologie verwendet Carnap, um jene Sätze zu kennzeichnen, die allein aufgrund ihrer logischen Form und ihres Sinnes und ohne Bezug zu empirischen Beobachtungen als wahr oder falsch beurteilbar sind. Ein solcher Satz ist immer analytisch oder kontradiktorisch und gilt in einem Sprachsystem S als absolut und notwendig, ungeachtet eines möglichen Wirklichkeitsbezugs. ↗Analytizitätspostulat, ↗F-wahr. PP

**Lachen/Weinen,** bei Plessner Erscheinungsweisen der Expressivität des Leibes, in denen die Zusammengehörigkeit von Körper und Geist deutlich wird. Der Körper übernimmt eine sinnvolle Antwort auf eine ansonsten nicht beantwortbare Situation, in der dem Menschen die Beherrschung über sich entgleitet, er sich aber dennoch nicht verliert, sondern als Mensch im Ganzen ausdrückt. Der Körper reagiert durch Automatismen auf »Situationen, denen gegenüber keine wie immer geartete sinnvolle Antwort durch Gebärde, Geste, Sprache und Handlung noch möglich ist« (*Lachen und Weinen*, S. 275). In L. und W. äußert sich der »Verlust der Beherrschung im Ganzen«, eine »Desorganisation des Verhältnisses zwischen dem Menschen und seiner physischen Existenz« (ebenda, S. 274). Indem der Mensch sich aber seinem Körper überläßt, findet er den sinnvollen Ausdruck für das Ganze seiner Situation. – Phänomenal aufschlußreich ist für Plessner auch die Ausdrucksform des *Lächelns*, die sich von L. und W. unterscheidet. Sie ist weder vom inneren noch vom äußeren Anlaß, noch von einer Zweckmäßigkeit eindeutig geprägt, sondern der eigentliche Ausdruck für die exzentrische Distanz des Menschen von sich, weil sie im Ausdruck vom Ausdruck Abstand wahrt. Das Lächeln ist vieldeutig und bewahrt die Unergründlichkeit des Menschen, der darin bei aller Offenheit gegenüber der Welt zugleich immer bei sich ist. Im Lächeln wird das Körper-Geist Zusammenspiel offensichtlich, insofern es sich unbewußt einstellen kann, um dann mühelos vom Geist übernommen und zum bewußten Ausdruck werden kann. – Dem L. kann eine selbstironische oder verspottende Intention zugrundeliegen, es kann sich als befreiender Ausbruch eines inneren Konfliktes einstellen, vor allem erscheint es als Reaktion auf das ↗Komische. Dessen Wesen wird allgemein in einer Diskrepanz zwischen Vollkommenem und Unvollkommenem, Schein und Wirklichkeit, Anspruch und Realisation gesehen. Für Freud dient das Komische dem Lustgewinn durch Entlastung von Verdrängungsaufwand. – K. Lorenz sieht das L. ursprünglich als zum Drohverhalten (»Zähnezeigen«) gehörig, während das Lächeln eine beschwichtigende, kontaktaufnehmende Gebärde ist. **Lit.:** H. Bergson: Le rire. Paris 1900 (dt. Das Lachen. Zürich 1972). – S. Freud: Der Witz und seine Beziehung zum Unbewußten (GW Bd. 6). London 1940. – H. Plessner: Lachen und Weinen. In: Gesammelte Schriften Bd. VII. Frankfurt 1982. S. 201–387. – Ders.: Das Lächeln. In: Gesammelte Schriften Bd. VII. Frankfurt 1982. S. 419–434. – A. Stern: Philosophie des Lachens und Weinens. Wien/München 1980. FPB

**Lamarckismus,** die 1809 von J.-B. Lamarck entwikkelte Evolutionstheorie. Der L. geht davon aus, daß sich Merkmale von Lebewesen durch Umwelteinflüße und einen dem Lebewesen innewohnenden »Willen« verändern und daß diese erworbenen Eigenschaften auf Nachkommen vererbt werden. Veränderungen kommen nach Lamarcks Hypothese konkret dadurch zustande, daß stark beanspruchte Organe kräftiger und leistungsfähiger, nicht gebrauchte Organe dagegen schwächer werden und schließlich verkümmern. So erklärt Lamarck z. B. den langen Hals der Giraffe durch ständiges Hochstrecken des Kopfes bei der Nahrungsaufnahme (direkte Anpassung). Evolution erscheint damit für den L. als relativ geradliniger Prozeß des Fortschritts. – Ausgehend von der Selektionstheorie Darwins haben Ergebnisse der Molekulargenetik den L. widerlegt und die Vorstellung einer natürlichen Selektion bei primär ungerichteter Veränderung durch Mutation nahegelegt. Der L. wird jedoch als wichtigster Vorläufer der Evolutionstheorie Darwins angesehen (↗Evolution, ↗Evolutionstheorie, ↗Darwinismus). MK

**Langue/Parole.** Die Unterscheidung zwischen L. und P. geht auf den Genfer Sprachwissenschaftler F. de Saussure zurück und begründet letztlich die moderne Sprachwissenschaft und Linguistik. Veröffentlicht wird sie erstmals in dem postum 1916 erschienen Buch *Cours de linguistique générale*, das Saussures Vorlesungen, die er zwischen 1906 und 1911 über allgemeine Sprachwissenschaft hielt, zusammenfaßt. Die zentrale Frage, um die es Saussure geht, lautet: Was ist der Gegenstand einer autonomen Sprachwissenschaft? Die menschliche Rede (langage) ist so vielförmig und ungleichartig, daß sie keinen einheitlichen Gegenstand abgibt. Zu dieser Uneinheitlichkeit kommt es laut Saussure, weil in der langage nicht unterschieden wird zwischen der Sprache (langue) und dem Sprechen (parole). Die L. ist der soziale Teil der langage und damit unabhängig vom Willen und der Intelligenz eines sprechenden Individuums. Sie bildet gleichsam das Repertoire aller Wortbilder und Verknüpfungsregeln, das vollständig nur in der Masse der Individuen einer Sprachgemeinschaft existiert. Ein Individuum kann die L. weder schaffen noch sie umgestalten. Sie ist ein soziales Produkt. Die L. bildet ein System von ↗Zeichen, deren Werte negativ, differentiell durch die umliegenden Zeichen bestimmt sind. Sie ist dort zu finden wo sich im Gehirn Vorstellung (signifié, ↗Signifikat) und Lautbild (signifiant, Signifikant) assoziieren. Diese Verknüpfung ist psychologisch und unabhängig von der lautlichen Realisierung, sie schafft keine Substanz, sondern eine Form. Ein Individuum, das seine Sprechfähigkeit verloren hat, ist trotzdem noch im Besitz der L., solange es das Gehörte versteht. Im Gegensatz zur L. bildet die P. den individuellen Teil der langage. Sie ist der vom Willen des Individuums abhängige Sprachvollzug einschließlich der Lautgebung. L. und P. bedingen sich gegenseitig, das Sprechen ist nur mittels Sprache möglich und umgekehrt. Jede Veränderung der Sprache erfolgt durch das Sprechen. Entsprechend der Unterscheidung zwischen L. und P. nennt Saussure zwei Arten, die menschliche Rede zu untersuchen. Die eine hat die L. als Gegenstand. Sie ist die autonome Sprachwissenschaft schlechthin, denn nur sie kommt ohne Hilfswissenschaft aus. Erst in zweiter Linie gibt es auch eine Wissenschaft des Sprechens, die, weil sie die Lautgebung mitbehandeln muß, die Hilfswissenschaft der Physiologie braucht. Die L. selbst kann nach Saussure auf zwei Weisen thematisiert werden, entweder synchronisch oder diachronisch (↗Diachronie/Synchronie). – In modifizierter Form erscheint die Differenzierung zwischen L. und P. bei L. Hjelmslev als Dichotomie von Sprachbau (schéma) und Sprachgebrauch (usage), bei N. Chomsky als Unterscheidung zwischen ↗Kompetenz und Performanz und in der ↗Kommunikationstheorie als Begriffspaar Kode/Mitteilung. In der allgemeinen Form Struktur/Ereignis wurde sie erfolgreich von C. Lévi-Strauss und R. Barthes auch auf außersprachliche Systeme angewandt. **Lit.:** R. Barthes: Elemente der Semiologie. Frankfurt 1983. – F. de Saussure: Grundfragen der allgemeinen Sprachwissenschaft. Berlin $^{2}$1967. TF

**Laster,** allg. Fehler, Übel, Mangel jeder Art, aber auch Lästerung, entspricht der griech. kakia oder poneria, die in der Antike und in der Bibel Untauglichkeit, Mangelhaftigkeit, Fehler, Plage, Übel sowie Krankheit für den Leib und Plage jeden Tages bezeichnen und, als Gegensatz zur Tugend, Bosheit und das Prinzip des Schlechten ausdrücken. Auch lat. vitium bedeutet Fehler, Mangel, Gebrechen bis hin zu Schuld und Laster und wird differenziert in Verfehlungen gegen die Natur und Verfehlungen gegen die göttliche Ordnung. Sittliche Verworfenheit und schuldhaftes Handeln dominieren im dt. Wort L.; nur in der Aufklärung und in der frz. Moralistik wird das L. wegen seiner pädagogischen Funktion im sozialen Leben positiv bewertet. DGR

**Leben.** Der biologische Lebensbegriff verzichtet auf eine problematische Definition und beschreibt stattdessen Eigenschaften des Lebendigen. Als notwendig gelten das Vorhandensein von Stoffwechsel, die Fähigkeit zur Reproduktion und ↗Mutation. Lebewesen sind durch die ihnen zugehörige körperliche Grenze individualisiert und von ihrer Umwelt abgesetzt, mit der sie aber als offenes System im Austausch stehen. Naturwissenschaftlich zeigt sich keine prinzipielle Grenze zwischen Lebendigem und Unbelebtem, wie etwa das Vorhandensein von Übergangsformen (Viren) und die Theorie der Entstehung des Lebendigen aus anorganischen Strukturen (Millerscher Versuch) entsprechend M. Eigens »Hyperzyklus« zeigt. Die Entwicklung des L.s von seinen einfachen Anfängen zu vielfältigen Formen und steigender Komplexität ist Gegenstand der ↗Evolutionstheorie. Eine physikalische Besonderheit des L.s ist die Eigenschaft, seine eigene Ordnung durch beständige Energieaufnahme aufrechtzuerhalten unter Erhöhung der ↗Entropie seiner Umgebung.

Die antike philosophische Tradition identifiziert L. mit der Fähigkeit zur Selbstbewegung. Als Prinzip des L.s gilt die Seele, so daß sich die Bestimmungen von ↗Seele mit denen von L. überschneiden. Die Seele ist die sich im Körper verwirklichende und so das individuelle Selbstsein eines Belebten hervorbringende Form. Innerhalb des Lebendigen setzt Aristoteles als hierarchisches Ordnungsschema die Merkmale von vegetativem (Pflanzen), sensitivem (Tiere) und geistigem (Menschen) Seelenvermögen an. Der Gedanke von Aufbaustufen des Lebendigen mit jeweils neuen Eigenschaften, aus dem sich eine ontologische Trennung der jeweiligen Lebensformen ergibt, findet sich bis in die Neuzeit und ist etwa in N. Hartmanns Schichtenlehre ausgeprägt. Für den Begriff des L.s lassen sich so zum einen die eingangs genannten Minimaleigenschaften alles Lebendigen angeben, zum anderen jeweils bestimmte Eigenschaften, die dem jeweiligen höheren Organisationsgrad von Organismen entsprechen. – Für die neuzeitliche Tradition ist der Widerstreit von mechanistischen und vitalistischen Positionen kennzeichnend. Nach mechanistischer Anschauung ist L. aus den materiellen Prozessen immanenten Gesetzlichkeiten vollständig erklärbar. Demgegenüber behauptet der ↗Vitalismus eine dem Anorganischen gegenüber unabhängige Teleologie des Lebendigen. – Innerhalb der ↗Lebensphilosophie fungiert L. als metaphysisches Prinzip, aus dessen Dynamik die unterschiedlichen Seinsformen entstehen (Bergson) oder auch als hermeneutischer Bezugspunkt des Verstehens der aus dem geistigen L. hervorgegangenen Kulturleistungen (Dilthey).

Dem objektiven Zugang zum Begriff des L.s steht die innere Selbsterfahrung des Lebendigen gegenüber. Zumindest für den Menschen ist L. sich selbst bewußt und legt sich von dieser Erfahrung her aus. Alles, was der Mensch so an sich selbst im Fühlen, Denken und Handeln erfährt, sind Eigenschaften seines L.s. Bestimmungen, die das jeweilige spezifische Selbstverständnis des Menschen betreffen, gehören daher eher zum Begriffsfeld von Mensch (↗Anthropologie).

Die Unantastbarkeit und ↗Würde menschlichen L.s sind grundlegende normative Kriterien und schlagen sich in der Festlegung der ↗Menschenrechte nieder. L. wird als Zweck in sich betrachtet und ist daher der beliebigen Verfügungsgewalt entzogen. Als normbestimmend werden auch grundlegende Entfaltungsbedingungen menschlichen L.s, wie Freiheit, Bildung, Sinnerfüllung, begriffen. Die Achtung des L.s bezieht sich in der Ethik traditionellerweise auf den Menschen, während die Ehrfurcht vor dem L. überhaupt erst in Ansätzen in die ethische Theoriebildung und tatsächliche Praxis eingedrungen ist (↗Bioethik, ↗Tierethik). Das hierarchische Verständnis des L.s schlägt sich so auch in der Ethik nieder, mit der Vorrangstellung der menschlichen Interessenverwirklichung. – Eine definitorische Klärung von Anfang und Ende menschlichen L.s, mit der damit verbundenen Bestimmung seiner wesentlichen Eigenschaften, bilden ein grundlegendes Problem der ↗medizinischen Ethik. **Lit.:** Aristoteles: De anima. – T. Ballauff: Die Wissenschaft vom Leben. Bd. 1. Freiburg/München 1954. – H. Driesch: Philosophie des Organischen. Leipzig [4]1928. – N. Hartmann: Philosophie der Natur. Berlin [2]1980. – F. Jacob: Die Logik des Lebendigen. Frankfurt 1972. – H. Jonas: Organismus und Freiheit. Göttingen 1973. – E. Mayr: Evolution und die Vielfalt des Lebens. Berlin 1979. – H. Plessner: Die Stufen des Organischen und der Mensch (Gesammelte Schriften. Bd. IV) Frankfurt 1981. – A. Portmann: Vom Lebendigen. Frankfurt 1973. – J. v. Uexküll: Das allmächtige Leben. Hamburg 1950. – E. Ungerer: Die Wissenschaft vom Leben. Bd. 3. Freiburg/München 1966. FPB

**Lebensform,** in der umgangssprachlichen Rede ein Ausdruck, der eine der Bedeutungen von »Leben« wiedergibt, wie z.B. in den Wendungen: »ein einfaches/geregeltes/bewegtes Leben führen«, »das Leben auf dem Lande/in der Stadt«, »das Leben eines Einsiedlers/Bohémien«. In diesem Sinn ist »L.« bedeutungsgleich mit den häufiger anzutreffenden Ausdrükken »Lebensweise«, »Lebensart«, »Lebensstil«.

Seit den *Philosophischen Untersuchungen* (1953) von Wittgenstein avancierte der Ausdruck zu einem vielgebrauchten und vieldiskutierten Terminus in der Philosophie der zweiten Hälfte dieses Jh. Obwohl als ein nichttechnischer Ausdruck gebraucht, gehört »L.« in den *Philosophischen Untersuchungen* zu jenen wenigen methodisch signifikanten Termen wie »Sprachspiel«, »Familienähnlichkeit«, »Kriterium«, »Regel« und »Grammatik« (»grammatischer Satz«, »Oberflächen-» und »Tiefengrammatik«), die in den Untersuchungen Wittgensteins eine erläuternde Funktion in bezug auf Sachverhalte erfüllen, die unseren Sprachgebrauch betreffen. – »L.« bezeichnet einen nicht-systematischen, in seiner Entwicklung offenen Zusammenhang von menschlichen Praktiken, denen konventionell geprägte Muster individueller Verhaltensweisen und Reaktionen auf diese Verhaltensweisen, verbaler wie nonverbaler Art, zugrundeliegen. Diese Muster insgesamt geben den unterschiedlichen Lebensäußerungen gleichsam eine Form. L.en stellen die nicht weiter gerechtfertigte und nicht weiter rechtfertigbare Grundlage dar, auf der die einzelnen ↗Sprachspiele ihre Bedeutung erhalten. So können z.B. »Fragen stellen« und »Forschungen anstellen«, »Zweifel hegen« und »Gewißheiten äußern«, »Befehle geben« oder »Schenkungen vornehmen« nur in einem Rahmen von Gepflogenheiten stattfinden, die ihrerseits fraglos anerkannt sind. Wo genau Wittgenstein den Ausdruck entlehnt hat, ist ungewiß. Sowohl in der für Wittgenstein prägenden Wiener Kultur der K.u.k.-Monarchie als auch im Deutschland der Jahrhundertwende gehörte der Ausdruck »Lebensform(en)« in unterschiedlichen Verwendungsweisen (z.B. bei Wundt, Spranger, Simmel) zum Repertoire der geläufigen Begriffe. Die Geschichte dieses Begriffs läßt sich wenigstens bis Schleiermacher zurückverfolgen. **Lit.:** N. Gier: Wittgenstein and Forms of Life. In: Philosophy of the Social Sciences 10 (1980). S. 241–252. – A. Janik/S. Toulmin: Wittgensteins Wien. München 1984. Bes. S. 307–311. – G. Mittelstädt: Art. Lebensformen. In: HWPh V. S. 118–119. – L. Wittgenstein: Philosophische Untersuchungen (Werkausgabe Bd. 1). Frankfurt 1989. Bes. Teil I: §§ 19, 23, 241; Teil II: S. 485, 572. BBR

**Lebensphilosophie.** (1) Der Begriff steht im 18./19. Jh. vor allem im Gegensatz zu »theoretischer Philosophie« und bezeichnet zum einen eine Philosophie für das praktische Leben, zum anderen eine antirationalistische Haltung, die der Verstandeserkenntnis das unmittelbarere und umfassendere Erleben, Fühlen und den Glauben (J.G. Hamann, F.H. Jacobi) gegenüberstellt. (2) Eine philosophische Richtung Ende des 19. und Anfang des 20. Jh., die sich auf das Leben als umfassendes Grundprinzip beruft. Charakteristisch ist die Betonung einer intuitiven Erkenntnismöglichkeit, die die partielle Verstandeserkenntnis übersteigt, des Werdens vor dem statischen Sein, einer ganzheitlichen Sicht des Menschen gegen eine reduktionistische technisch-wissenschaftliche Perspektive. Für Bergson ist das Leben ein dauernder schöpferischer Prozeß, getragen vom ↗»élan vital« (Lebensimpuls), der sich in immer neue Formen ausdifferenziert, in diesen aber auch begrenzt und festlegt. So stehen die Objektivationen des Lebens in Gegensatz zum unbegrenzten, alle festen Formen wieder auflösenden und weitertragenden Fluß des élan vital. Die Teilnahme an ihm ist durch eine Vertiefung des Bewußtseins in der Intuition möglich, die dem instrumentalen, auf praktische Lebensbewältigung ausgerichteten Intellekt gegenübersteht. Für Dilthey besteht die geisteswissenschaftliche Möglichkeit des Erkennens im (Nach-)Erleben des vom Menschen gelebten Lebens. Die geschichtlich-kulturelle Welt ist Objektivation dieses Lebens. Um sie zu verstehen, bedarf es eines Hineinversetzens in den geistigen Lebensvollzug, aus dem sie entstanden ist. G. Simmel knüpft in späterer Zeit an die L. an. Leben strebt für ihn nach Erweiterung und Steigerung, wobei es in aktiver Auseinandersetzung mit seiner Umwelt steht. Dabei bringt es sozial-kulturelle Formen hervor, die sich von dem Schaffensprozeß des Lebens ablösen und ihre eigene Gesetzlichkeit und Dynamik entfalten. So steht der Mensch als Schöpfer seiner Welt zugleich in dauerndem Konflikt zu der von ihm nicht mehr beherrschten Eigendynamik der Kultur. Die L. beinhaltet häufig eine kulturkritische Haltung (L. Klages, O. Spengler). **Lit.:**

K. Albert: Lebensphilosophie. Freiburg/München 1995. – O. F. Bollnow: Die Lebensphilosophie. Berlin/Göttingen/Heidelberg 1958. – H.-J. Lieber: Kulturkritik und Lebensphilosophie. Darmstadt 1974. FPB

**Lebensqualität.** Das ursprünglich aus der Wohlfahrtsökonomie stammende und dort gegen ein einseitiges Wachstumsdenken gerichtete Konzept der L. bezeichnet die materiellen und normativen Voraussetzungen, die zu einem »guten« menschlichen Leben gehören. L. umfaßt neben ökonomischen v. a. sozialpolitische (»Humanisierung der Arbeitswelt«, Zugang zu öffentlichen Gütern), ökologische (»saubere Umwelt«), sozialpsychologische und moralisch-praktische Aspekte. In der Medizin und der ↗Medizinischen Ethik übernimmt das Konzept der L. die Funktion eines an der Perspektive des Patienten orientierten, operationalisierbaren Bewertungsinstrumentes, das v. a. (z. B. in Form sog. quality adjusted life years, QUALYs) Allokationsentscheidungen (↗Allokation) unterstützen soll. JA

**Lebenswelt.** Husserl zeigt in seiner Krisis-Schrift auf, daß die wissenschaftlichen Fragestellungen bereits in den gegenständlichen Erfahrungskorrelaten des alltäglichen pragmatischen Kontextes begründet sind. Es gehört zur Wesensstruktur der L., daß sie als physisch naturale Umgebung um ein leiblich-kinästhetisches Ich zentriert ist. Dieses Ich ist wahrnehmend-erfahrend auf seine dingliche Umwelt gerichtet. Aufgrund der intentionalen Struktur des Bewußtseins (↗Intentionalität) ist diese Umwelt als ein offen-endloser Horizont (↗Horizontbewußtsein) von Erfahrungen und deren kontinuierliche Weiterbestimmung zu begreifen. Die Welt läßt sich aus dieser Perspektive nicht als eine Ansammlung fertiger Gegenstände auffassen, vielmehr ist sie das Korrelat eines Gesamthorizonts sinnstiftender Subjekte. Sie ist in allen ihren Inhaltsbeständen relativ zu einem einstimmigen-offenen Erfahrungszusammenhangs der Personen. Die L. hat nach Husserl einen geschichtlichen Charakter. Sie ist eine von Menschen gestaltete, praktische Umwelt. – In der Theorie des kommunikativen Handelns von Habermas wird der Begriff der L. als Korrelat zum Prozeß der Verständigung eingeführt. Die L. stellt dabei die gemeinsamen Hintergrundüberzeugungen dafür dar, was als gemeinsame Welt objektiver Tatsachen anzusehen ist und was an normativ geregelten interpersonalen Beziehungen und Handlungsregeln fraglos gültig ist. Erst wo dieses kulturell tradierte Einverständnis partiell von den Individuen in Frage gestellt wird, ergibt sich die Notwendigkeit einer Verständigung darüber, was als existierender Sachverhalt und welche normativen Regelungen Geltung beanspruchen können. Das neu zu gewinnende Einverständnis kann nicht durch den Verweis auf die Tradition eingeholt werden, sondern nur über eine kommunikativ erzielte Verständigung bezüglich der Geltungsfragen. In dem rational motivierten Einverständnis tritt an die Stelle der fraglosen Gültigkeit ein explizites Wissen um die Gründe, weshalb bestimmte Aussagen oder normative Regelungen anerkennungswürdig sind. Jeder Verständigungsvorgang findet vor dem Hintergrund eines kulturell eingespielten Vorverständnisses statt. Das Hintergrundwissen wird nicht als ganzes zum Problem, sondern nur der Teil des Wissensvorrates, den die Interaktionsteilnehmer für ihre Feststellungen jeweils benützen und thematisieren, wird problematisiert. In dem Maße, wie die Situationsdefinitionen von den Teilnehmern einer Kommunikation selber ausgehandelt werden, steht mit der Verhandlung jeder neuen Situationsdefinition auch dieser thematische Ausschnitt aus der Lebenswelt zur Diskussion (und zur Disposition). **Lit.:** J. Habermas: Theorie des kommunikativen Handelns. Frankfurt 1981. Bd. 1. S. 107 ff., S. 149 f. – E. Husserl: Die Krisis der europäischen Wissenschaften und die transzendentale Phänomenologie. Hua VI. PP

**Leere,** für die Begründer des antiken Atomismus, Leukipp und Demokrit, das dem harten und vollen Seienden entgegengesetzte Nicht-Seiende. In dieser unbegrenzten L. treffen unendlich viele Atome aufeinander und bilden so die Gegenstände in der Welt. Diese L., obwohl nichtseiend, soll doch existent sein. – L. dient auch als Metapher für den unendlichen Ursprung aller Wirklichkeit in seiner Verschiedenheit von allem Seienden in der Welt. Wird er in diesem Sinne als jenseits von Sein und Nichts stehend angesehen, z. B. im Neuplatonismus bei Meister Eckhart, Nikolaus von Kues und Nagarjuna, so kann er in ähnlicher Bedeutung auch die L. genannt werden. Dabei zeichnet L. paradoxerweise gerade die »überseiende« Fülle. Vor allem Lao-tse gebraucht L. im Tao Té King in diesem Sinn. In der Mystik, sowohl Asiens wie Europas, wird auch dem menschlichen Geist eine Fähigkeit zur L. zugeschrieben. Sie wird als Freiwerden von Begierden, falschen Bindungen des Ich an Gegenstände und so als Leerwerden für Gott oder die Alleinheit angesehen. – Heidegger hat das Wesen des Kruges als eines Dings von der »fassenden L.« her bestimmt und ihn von daher dem »Geviert« von Erde und Himmel, Göttlichem und Sterblichem zugeordnet. **Lit.:** M. Heidegger: Vorträge und Aufsätze. Pfullingen 1954. – Laotse: Tao te king. Übers. u. komm. v. R. Wilhelm. Köln 1978. – G. S. Kirk/J. E. Raven/M. Schofild: Die vorsokratischen Philosophen. Einführung, Texte und Kommentare. Stuttgart/Weimar 1994. – H. Waldenfels: Absolutes Nichts. Freiburg 1976. GS

**Leere** (sanskrit: sunyata, jap. kû). Im radikalen Durchdenken des Nihilismus entwickelt Keiji Nishitani (↗Kyôto-Schule) im Anschluß an das Denken Kitarô Nishidas eine »Philosophie der L.«. Als Hintergrund für seinen Ansatz ist der zentrale Satz aus dem Herz-Sutra: »Das Reale/die Erscheinung ist zugleich Leere, die Leere ist zugleich das Reale/die Erscheinung« von entscheidender Bedeutung. Da alle Dinge in der Welt in gegenseitiger Abhängigkeit auseinander hervorgehen (sanskrit: pratītya samutpāda: entstehen in Abhängigkeit; Grundkonzept des ↗Buddhismus), hat das Wesen des einzelnen keine feste Substanz, sondern ist »L.«. So besteht alles Seiende in wechselseitiger

Durchdringung, konstituiert durch das »Feld der L.«, das in jedem Einzelseienden ganz erscheint. Dieser Welt-Zusammenhang manifestiert sich in jedem Augenblick und an jedem Ort. Jeder Punkt und jeder Augenblick ist Zentrum des Ganzen. Die Geschichte als eine kontinuierliche Entwicklung gründet im Ort des Augenblicks, der je alles neu aus sich hervorgehen läßt. Der Nihilismus wird so im Gedanken der abgründigen L. vertieft und durchbrochen, wodurch Geschichte einen neuen, schöpferischen Sinn erhält. **Lit.:** K. Nishitani: Was ist Religion. Frankfurt $^{2}$1986. RE

**Legalität,** bezeichnet die Übereinstimmung des Handelns staatlicher Organe oder einzelner Personen mit dem gesetzten Recht. In bezug auf die staatlichen Organe bedeutet die L. die Regelhaftigkeit staatlichen Handelns und ein Mindestmaß an Gleichbehandlung gegenüber dem einzelnen. Das Legalitätsprinzip beinhaltet zwei regulative Funktionen: (1) Die machtbegrenzende Funktion bindet die Gesetzgebung an die verfassungsmäßige Ordnung und die vollziehende Gewalt und die Rechtsprechung an das Gesetz. Es repräsentiert den beschränkenden Rahmen für staatliches Handeln, für Verwaltung und Rechtsprechung. (2) Die Rechtsordnung garantierende Funktion sichert dem einzelnen im Rahmen der Gesetze bestimmte Rechtsansprüche gegenüber dem Staat zu (wie bspw. den Anspruch auf Justizgewährung) und bedeutet andererseits, daß eine angedrohte Strafe bei Verletzung eines Gesetzes auch angewandt wird. – Die begriffliche Beschränkung von L. auf das bloß gesetzeskonforme bzw. gesetzesmäßige Verhalten entspricht nicht dem Bedeutungsumfang, den »L.« im Laufe seiner geschichtlichen Genese hatte. Für das ma. Rechtsbewußtsein galt eine unauflösliche Verbindung von gesetzesmäßigem Verhalten, Gerechtigkeit und Sittlichkeit. Ein solches Verständnis beruhte in der Auffassung, daß Gesetze »gute« Verhaltensregeln darstellen, die in langer Tradition erprobt sich bewährt haben und so in das allgemeine Bewußtsein eingegangen sind. Die durch legalitas abgedeckte Rechtsgemeinschaft beinhaltet neben Gesetzesmäßigkeit auch die Rechtschaffenheit des Handelns.

Die Übereinstimmung des einzelnen mit dem Gesetz wird in der Moral- und Rechtsphilosophie eingehender thematisiert. L. bedeutet Übereinstimmung mit den juridischen Gesetzen der Freiheit. Für Kant ergibt sich daraus die nur eingeschränkte Beurteilungsmöglichkeit des beobachtbaren Handelns auf seine Gesetzesmäßigkeit hin. Der Standpunkt der Moralität dagegen beschränkt sich seiner subjektiven Absicht nach nicht auf eine solche Übereinstimmung, sondern schließt den expliziten Willen mit ein, sich selbst nach der Idee des Gesetzes i.S. einer allgemeinen Verbindlichkeit zu bestimmen. Bei Fichte bedeutet L. die Notwendigkeit des Gesetzesrahmens, der die Reichweite und Einschränkungen der individuellen Freiheiten hinsichtlich ihrer Vereinbarkeit regelt. Die Einhaltung einer solchen Rechtsordnung kann – im Unterschied zur Moralität – von jedem erzwungen werden. **Lit.:** J. G. Fichte: Grundlage des Naturrechts nach Prinzipien der Wissenschaftslehre. Hamburg 1979. – H. Hofmann: Legitimität und Rechtsgeltung. Berlin 1977. – I. Kant: Metaphysik der Sitten. Kap.: Einleitung in die Rechtslehre. – C. Schmitt: Legalität und Legitimität. München/Leipzig 1932. – Th. Würtenberger: Die Legalität. Versuch einer Deutung des rechtsphilosophischen Sinngehalts. In: D. Constantopoulos/H. Wehberg (Hg.): Gegenwartsprobleme des internationalen Rechts und der Rechtsphilosophie. Hamburg 1953. S. 607 ff. PP

**Legismus,** chinesische Philosophenschule, die die umfassendste Rechts- und Staatsphilosophie der frühen chinesischen ↗Philosophie entwickelt hat und ihre Blütezeit im 4. und 3. Jh. v. Chr. hatte. Die chinesische Bezeichnung Fa Jia (↗Fa) findet erst seit dem 2. Jh. v. Chr. Verwendung und wird in der westlichen Literatur häufig auch mit »Legalismus« wiedergegeben. Zu den Begründern des L. wurden die Minister Guan Zhong, Li Kui und Zi Chan gezählt. Li Kui hatte den ersten chinesischen Gesetzeskodex verfaßt, und Zi Chan hatte 536 v. Chr. zum ersten Mal eine Strafgesetzgebung durchgesetzt. Im 4. Jh. v. Chr. werden Shen Dao, Shang Yang und Shen Buhai dem L. zugerechnet. Shen Dao betonte den Aspekt der staatlichen Macht, Shang Yang die Gesetzgebung und Shen Bu Hai rechtspolitische Machttechniken. Die philosophisch bedeutendste Schrift stammt von Han Fei (Zi) (ca. 280–233). Als Schüler des Xun Zi integrierte er Konzepte des ↗Konfuzianismus, v. a. aber des ↗Daoismus. Als ›metaphysischen‹ Überbau übernimmt er das Konzept des ↗Dao. Bereits das *Guan Zi*, ein dem Guan Zhong zugeschriebenes heterogenes Werk, das zwischen dem 5. und 3. Jh. v. Chr. entstanden ist, hatte geschrieben: »Gesetz (Fa) ist das vollkommene Dao der Welt, das der berufene (↗Sheng Ren) Herrscher in die Praxis umsetzt« (*Guanzi*: Ren Fa). Han Fei (Zi) schreibt in seinen ›Erläuterung zu Lao Zi‹: »Wenn man Angelegenheiten auf der Grundlage von Dao und dessen (sichtbarer) Struktur (↗Li, Logos) betreibt, so werden sie notwendig gelingen.« Gesetze spiegeln demnach das namenlose und dynamische, überall herrschende Urprinzip (Dao) wieder. Sie setzen das Dao gesellschaftlich um, wobei die Position des Herrschers die des unbewegt Bewegenden ist. Dazu wird ein Beamtenapparat benötigt, der die Machtmittel besitzt, die Rechtsnormen ohne Ansicht der Person durchzusetzen. Im Gegensatz zum Konfuzianismus idealisiert der L. die Vergangenheit nicht, sondern sucht die Umsetzung der staatlichen Ordnung in einer aktiven Gestaltung der Gesellschaft. Die Errichtung des ersten chinesischen Zentralstaates (Qin-Dynastie: 221–207 v. Chr.) war wesentlich ein Verdienst des L. Textgeschichtlich bedeutsam war die im Rahmen der Normierung der Gesellschaft erfolgte Verbrennung nicht-legistischer Schriften. Das Scheitern der Qin-Dynastie und deren negative Beurteilung durch konfuzianische Historiker hat den L. zum in China vielzitierten Beispiel moralisch verwerflicher Philosophie gemacht. Dennoch sind viele administrativen und rechtlichen Vorstellungen des L. im Staatskonfuzianismus der Han-Zeit (206–220) aufgegangen. Versuche der Wiederbelebung des L. sollten nur Episoden bleiben. Akademisches Interesse für den L. hat sich erst wieder im ausgehenden 19. Jh. geregt. **Lit.:** A. Forke: Geschichte der alten chinesischen Philosophie. Hamburg [2]1964. – R. Moritz: Die Philosophie im alten China. Berlin 1990. – H. P. Wang/L. S. Chang: The Philosophical Foundations of Han Fei's Political Theory. Hawaii 1986. MLE

**Legitimation** (von lat. legitimus, durch Gesetz (lex) bestimmt), Berechtigung, bzw. Nachweis einer Berechtigung zu einer Handlung; zielt auf die Begründung, ob dieses Handeln geboten, verboten oder erlaubt ist. L. setzt nicht nur eine anerkannte Normenbegründung voraus, sondern ist zugleich auch eine Normenrechtfertigung, weshalb sie über die bloße ↗Legalität, die formale äußere Verhaltenskonformität mit den (positiven) Gesetzen, unter die mechanisch subsumiert wird, hinausgeht. Die L. knüpft vielmehr an einer Legitimität an, die in einer materialen inneren Übereinstimmung von Verhaltensweisen und Verhaltensnormen mit überpositiven Bezugssystemen, wie z. B. dem ↗Naturrecht oder dem ↗Sittengesetz, besteht. Damit kommt die L. der sittlich bestimmten inneren Motivation der Moralität näher als die auf äußere Rechtmäßigkeit beschränkte Legalität. L.en können auf dogmatischer Verkündung, autoritativer oder willkürlicher Setzung beruhen oder durch rationale Argumentation und Vereinbarung gefunden werden. In jedem dieser Fälle soll das Kriterium zur Entscheidung zwischen konkurrierenden (Handlungs-)Zwecken zu einer konsensfähigen Rechtfertigung für einen bestimmten Zweck führen. Ist dieser Konsens nicht mehr vorhanden, spricht man mit Habermas von einer Legitimationskrise. Die in der modernen Philosophie auf rationaler Normenbegründung aufgebaute ethische L. soll die Sittlichkeit der Handlungsmaximen ausweisen und deren Anwendung in konkreten Situationen prüfen. Die meisten juristischen, sozialen, ökonomischen oder politischen ↗L.-Theorien setzen das Vorhandensein ethischer Grundnormen voraus. Der radikale Skeptizismus lehnt jede Form der L. als willkürliche Festlegung ab. **Lit.:** H. Blumenberg: Legitimität der Neuzeit. Frankfurt 1974. – W. Fach/U. Degen (Hg.): Politische Legitimität. Frankfurt 1978. – J. Habermas: Legitimitätsprobleme im Spätkapitalismus. Frankfurt 1973. – V. Heins: Strategien der Legitimation: das Legitimations-Paradigma in der politischen Theorie. Münster 1990. JP

**Legitimationstheorie, politische,** der umfassende Versuch, eine ↗Legitimation für den Bereich des Politischen, insbesondere eine materiale Rechtfertigung der Ordnungsmodelle Staat, Macht, Herrschaft, politisches System und politische Kultur zu geben. Die politische L. strebt öffentliche Normenbegründungen für die Ziele, Zwecke und Werte der Politik und die Formen ihrer Verwirklichung an, um Entscheidungskriterien zur Konfliktlösung zwischen konkurrierenden Zweckverbänden auf der Grundlage von konsensfähigen Rechtfertigungen hervorbringen zu können. Dies ist die Bedingung der Möglichkeit von friedlicher Konfliktregulation und damit die Voraussetzung für ein soziales Zusammenleben. Stand zunächst die Staatslehre im Mittelpunkt der politischen L., so tritt seit der Moderne eine globale Theorie des politischen Systems in den Vordergrund, die neben einer künstlerischen Revolte gegen den Rationalismus der Wissenschaft (sog. »Postmodernes« Denken) zu einer Theorie der ↗Selbstorganisation von Systemen geführt hat. Die unterschiedlichen Legitimationsquellen wie Gott, Freiheit, Gleichheit, Sicherheit, Frieden, Besitz, Tradition, die Natur des Menschen usw. führen zu verschiedenen Ordnungsmodellen und Ansätzen politischer L.n. Ihre materiale Rechtfertigung kann auf verschiedene Weise begründet werden: theologisch-dogmatisch (Augustinus, C. Schmitt), anthropologisch (Aristoteles, Gehlen), ökonomisch-sozialpolitisch (Marx), institutionell (Montesquieu), naturrechtlich (Locke), vertragstheoretisch (Hobbes), sozialpsychologisch (M. Weber), machttheoretisch (Foucault), systemtheoretisch (Luhmann), gesellschaftstheoretisch (Habermas), ökologisch (Jonas) usw. Eine Ablehnung der politischen L. findet sich sowohl im Anarchismus als auch in der auf Unübersichtlichkeit der komplexen Realität des Politischen rekurrierenden Chaostheorie. **Lit.:** K. v. Beyme: Theorie der Politik im 20. Jahrhundert. Frankfurt 1991. – O. Höffe (Hg.): Der Mensch – ein politisches Tier? Stuttgart 1992. – A. Honneth: Kritik der Macht. Frankfurt 1985. – D. Sternberger: Herrschaft und Vereinbarung. Frankfurt 1980. – Ders.: Staatsfreundschaft. Frankfurt 1980. JP

**Leib, Leiblichkeit.** Etymologisch mit »leben« zusammenhängend, wird der tierische und menschliche L. als lebendiger vom ↗Körper unterschieden. Von der sinnlichen Erfahrung dieses Unterschieds im Übergang des Sterbens aus dürfte sich die Vorstellung einer im Tod sich vom L. lösenden ↗Seele entwickelt haben, so daß die geläufige Bestimmung des L.es als beseelter Körper nicht im Sinne einer Zusammensetzung zu verstehen ist. Diesem Umstand versuchen die aristotelischen und ma.en Konzeptionen von Materie und Form (↗Form/Materie) gerecht zu werden. Während die Begriffe L. und Seele ihre gleichzeitige unauflösbare Verknüpfung beinhalten, stehen Körper und Geist für voneinander unabhängige Bereiche. Da die sprachliche Differenzierung zwischen L. und Körper dem Deutschen eigentümlich ist, werden diese Verhältnisse in anderen Sprachen nur durch die Zuordnung von Seele bzw. Geist deutlich. Mit der Trennung zwischen ausgedehnter und denkender Substanz bei Descartes, bei der die Lebensfunktionen vollständig der ersteren zugeordnet sind, werden L./Körper und Seele/Geist zu Synonymen; der L. wird als »Automat« betrachtet und durch die Gesetzmäßigkeiten der Körperwelt erklärt. Dadurch erhält das ↗Leib-Seele-Problem erst seine eigentliche Schärfe. Andererseits wird in der Folgezeit mit dem bewußtseins-philosophischen Ansatz auch die ältere Frage nach der Bedingtheit des menschlichen Erkennens durch den L. wieder aktuell und damit die Zuordnung des L.es zur bloß materiellen Welt fragwürdig. Unter dem Aspekt der Selbsterfahrung ist der L. als »mein L.« Ausgangspunkt der Welterfahrung, hinter den nicht zurückgegangen werden kann. Als solcher wird der L. bei Schopenhauer und Nietzsche zu einem zentralen philosophischen Begriff. Diese Stellung behält er in der ↗Anthropologie des 20. Jh. bei, wobei er unter dem Einfluß der Evolutionstheorie zunächst vom L. der Tiere her verstanden wird; von hier aus zeigt sich dann das Spezifische des Menschen in der Zwiespältigkeit, L. zu sein, wie er sich unmittelbar in seiner Existenz erfährt, und zugleich einen L. als Medium seines Verhaltens zur Welt zu haben. Wird der grundlegende Zusammenhang von L.-sein und L.-haben vernachlässigt, so kommt es zu einer Instrumentalisierung, die in Abgrenzung vom angemessenen Verständnis durch den Begriff Körper angezeigt wird. MKO

Merleau-Ponty hat in seiner phänomenologischen Erörterung dem L. einen spezifischen Stellenwert bei der Konstitution von Sinn eingeräumt. Der Sinn zeigt sich schon in der Art, wie das Sinnliche sich unserem L. darbietet. Merleau-Ponty führt den L. als »eigenen L.« (corps propre) ein, der als fungierender und lebendiger L. Erfahrungen zustandebringt und dabei in der Erfahrung selbst mitgegenwärtig ist. In dieser Weise ist er einerseits ein allgemeines Medium zur Welt und zugleich ein Situiertsein in der Welt. Dies kommt prägnant in der mit dem L. gegebenen Bewegungsintentionalität zum Ausdruck. Mit dem L. ist nicht nur ein Körperschema und damit auch eine eigene Räumlichkeit verbunden, sondern ebenso ein sensomotorisches Erfahrungsfeld, wobei Gesichtsfeld und Handlungsfeld miteinander verschränkt sind. Sinnstrukturen ergeben sich auf der Grundlage von Bewegungen und Bewegungserfahrungen, ohne daß diese bewußt gesteuert sein müßten. Auf der Basis dieser Leibkomponente allen Sinns wendet sich Merleau-Ponty der Sinnhaftigkeit des phänomenalen Feldes zu, für das er geltend macht, daß es als die sachlich-dingliche, belebte, geschichtliche und soziale Lebenswelt verstanden werden soll. Der Ausdruck »Feld« soll anzeigen, daß das Bewußtsein die Welt als sein Korrelat nicht von außen betrachtet, vielmehr soll es gleichsam in einem solchen Feld situiert sein. Wie dieser mittlere Bereich aussehen kann, macht Merleau-Ponty am Beispiel des Wahrnehmungsbewußtseins deutlich: Dieses soll nicht als reine Innerlichkeit, also nicht als Selbstgegenwart, sondern als ein leibhaftes Bewußtsein begriffen werden. Dadurch spricht er dem phänomenalen L. den Status zu, das eigentliche Subjekt der Wahrnehmung zu sein. In der Dimension der L.lichkeit ist ein dritter Bereich zu sehen, in dem die Unterscheidung zwischen bloß Objektivem (sprich: gegenständlicher Welt) und bloß Subjektivem (sprich: Denken) unterlaufen wird. Diese dritte Dimension der L.lichkeit macht Merleau-Ponty an einem Beispiel deutlich: Anhand der Berührung der einen Hand meines L.es durch die andere zeigt sich die Verschränkung von Subjekt des Empfindens (d.i. die berührende Hand) und Objekt der Empfindung (d.i. die berührte Hand). Von diesem Beispiel ausgehend, gelangt man zu der allgemeinen Aussage, daß der L. mit der Empfindung der Sache gleichzeitig sich selbst in der Sache empfindet. Insofern kann man davon sprechen, daß die Sache in derselben intentionalen Struktur befangen ist wie der L. Das Ding hat einen Sinn, der nicht von den Empfindungen trennbar ist, in denen er »inkarniert« ist. Die Organisation der Wahrnehmung läßt sich nicht von der Organisation des L.es trennen. Darin liegt der sachliche Grund für die Kritik an der tradierten Vorstellung, daß ein sinnliches Material erst durch die intellektuelle Formung Bedeutung erhält. Der unmittelbare Sinn der Gegenstände ist kein intellektueller Sinn (durch Sinngebung), sondern entspringt der Vertrautheit meines L.es mit ihnen. – Merleau-Pontys Annahme, daß die Wahrnehmung ein leibliches Geschehen ist, in die das Ich mit seiner personalen Existenz verwoben ist, hat auch Auswirkungen auf die Frage, wie man sich Intersubjektivität vorzustellen habe. Während Husserls diesbezügliche Überlegungen von dem transzendentalen Subjekt ausgehen, zeigt sich bei Merleau-Ponty die L.lichkeit als verbindende Stelle zwischen mir und dem anderen. Auf der einen Seite ist die L.lichkeit meine Weise, in der Welt anwesend zu sein, auf der anderen wird auch der andere unter dem Aspekt der L.lichkeit wahrgenommen. Die L.lichkeit wird so zu einer verbindenden Stelle zwischen Ich und Du. In der L.lichkeit beider zeigt sich eine gemeinsame Zugehörigkeit zur Welt. Beide sind Bestandteil einer Totalität, d.i. einer einzigen »intercorporéité«. PP

**Lit.:** K.O. Apel: Das Leibapriori der Erkenntnis. In: Archiv für Philosophie 12 (1963). S. 152–172. – S. Grätzel: Die philosophische Entdeckung des Leibes. Wiesbaden 1989. – H.-E. Hengstenberg: Der Leib und die letzten Dinge. Dettelsbach ³1996. – M. Merleau-Ponty: Phänomenologie der Wahrnehmung. Berlin 1966. – P. Prechtl: Husserl. Hamburg 1998, S. 147–152. – B. Waldenfels: Phänomen und Struktur bei Merleau-Ponty. In: Ders.: In den Netzen der Lebenswelt. Frankfurt 1985.

**Leib-Seele-Problem** (auch »Körper-Geist-Problem«). Das Leib-Seele-Problem ergibt sich aus der Frage nach dem Zusammenhang zwischen Körper und Geist des Menschen (und anderer höherer Lebewesen). Zum eigentlichen Problem wird diese Frage erst in ihrer neuzeitlichen Zuspitzung durch Descartes. Danach gehören zum geistigen (mentalen) Bereich alle Vorgänge im Bewußtsein (wie Gefühle oder Vorstellungen) und intentionale Einstellungen (z.B. Absichten, Überzeugungen). Ihnen steht auf der körperlichen Seite eine kausal geschlossene, in der Sprache der Physik vollständig beschreibbare Welt raumzeitlich ausgedehnter Gegenstände gegenüber. Da die geistigen Vorgänge Descartes zufolge nicht materiell sind, aber (den Erhaltungssätzen der Physik zufolge) nur Physisches (Materielles) auf anderes Physisches kau-

sal einwirken kann, ergibt sich insbesondere das Problem, wie geistige Vorgänge eine kausale Rolle in körperlichen Vorgängen spielen können. – Man kann in ontologischer Hinsicht zwischen dualistischen und monistischen Lösungsversuchen des Leib-Seele-Problems unterscheiden, die sich weiter in interaktionistischen und nicht-interaktionistischen Dualismus einerseits und Idealismus, Materialismus und Zwei-Perspektiven-Theorien andererseits einteilen lassen:
Descartes selbst vertrat einen interaktionistischen Dualismus, indem er geistige und körperliche Eigenschaften zwei unterschiedlichen Substanzen (»res cogitans« und »res extensa«) zuordnete, die über ein besonderes Organ im Gehirn (»Zirbeldrüse«) und im Einklang mit den Gesetzen der Physik aufeinander kausal Einfluß nehmen sollten. Aufgrund der Inkonsistenz dieses Vorschlags wurden bald andere, nicht-interaktionistische Dualismen entwickelt: Der psychophysische Parallelismus besagt, daß Gott, entweder durch eine prästabilierte Harmonie (Leibniz) oder durch immer neue Eingriffe in die Natur (Malebranche), dafür sorgt, daß die körperlichen Vorgänge und unser geistiges Erleben auch ohne kausale Interaktion übereinstimmen. – Der Epiphänomenalismus ist dagegen der Auffassung, daß geistige von körperlichen Vorgängen kausal abhängen, aber nicht umgekehrt. – Den verschiedenen Emergenztheorien des Geistes zufolge sind geistige gegenüber körperlichen Eigenschaften »emergent«: sie beruhen auf ihnen, ohne auf sie reduzierbar zu sein. – Dagegen ist die These des Panpsychismus, daß alle Teile der Wirklichkeit sowohl körperliche als auch geistige Eigenschaften haben. Die drei letztgenannten Formen des Dualismus behaupten nicht, daß es zwei grundsätzliche Arten von Dingen oder Substanzen gibt, sondern unterscheiden zwei Arten von Eigenschaften oder Vorgängen.
Während die Probleme des Dualismus darin liegen, den Zusammenhang zwischen Körper und Geist zu erklären, ergeben sich die Schwierigkeiten für den Monismus vor allem aus der Notwendigkeit, die Existenz entweder von Körper oder Geist leugnen zu müssen. Unter Idealismus versteht man in diesem Zusammenhang die (in unterschiedlicher Form z. B. von Berkeley und Hegel vertretene) These, daß nur Geistiges wirklich existiert, während es Körper nur als Inhalt geistiger Vorgänge »gibt«. – Dagegen bestreitet der heute weit verbreitete ↗Materialismus die Existenz des Geistigen. Allerdings gelten die materialistischen Versuche, Aussagen über mentale Vorgänge auf solche über beobachtbares Verhalten zu reduzieren (logischer Behaviorismus) oder Typen mentaler mit Typen neuronaler Vorgänge zu identifizieren (Identitätstheorie), heute als gescheitert. Diskutiert werden dagegen der eliminative Materialismus, dem zufolge alle mentalistischen Aussagen auf einer falschen »alltagspsychologischen« Theorie beruhen, sowie verschiedene materialistische Versionen des Beschreibungsdualismus, dem zufolge bestimmte physische Ereignisse auch eine irreduzibel mentalistische Beschreibung zulassen (Davidson, Dennett). – Der z. Z. wohl am weitesten verbreitete Ansatz ist der Funktionalismus. Danach sind geistige Phänomene wie die Programmschritte eines Computers vollständig durch ihre funktionale Rolle (ihre Ursachen und Wirkungen) charakterisiert, so daß Wesen mit unterschiedlicher materieller Konstitution dennoch dieselben geistigen Eigenschaften haben können. Der Funktionalismus impliziert keine materialistische Position, legt sie aber nahe. – In Weiterentwicklung der Computeranalogie deutet der ↗Konnektionismus geistige Eigenschaften nach dem Vorbild »parallel« verarbeitender Computer als Zustände neuronaler Netzwerke. – Schließlich gibt es verschiedene Theorien, denen zufolge die Wirklichkeit selbst gegenüber der Unterscheidung »geistig/körperlich« neutral ist, sich jedoch (vollständig oder in Teilen) sowohl als geistig als auch als körperlich beschreiben läßt (neutraler Monismus, »Dual-Aspect«-Theorien).
Im Anschluß an Ryle und Wittgenstein ist häufig die Auffassung vertreten worden, das gesamte Leib-Seele-Problem beruhe lediglich auf einem Mißbrauch der Sprache. Andererseits aber haben neuere Ansätze in Psychologie, Neurowissenschaften, Informatik und Philosophie und deren Bündelung zur ↗cognitive science gerade in jüngster Zeit zu neuen Lösungsvorschlägen für dieses alte philosophische Problem geführt. **Lit.:** P. Bieri: Analytische Philosophie des Geistes. Königstein 1981. – H. Hastedt: Das Leib-Seele-Problem. Frankfurt 1988. – W. Lycan (Hg.): Mind and Cognition. Oxford 1990. MW
In der phänomenologischen Philosophie (Husserl, Scheler, Sartre, Plessner, Merleau-Ponty) wird der dualistischen Auffassung Descartes' die These entgegengestellt, daß der Leib nicht bloß materielle Substanz ist. Während der Dualismus von der Alternative ausgeht, alles Seiende sei entweder Materie (d.i. physisch) oder Geist (d.i. psychisch), vertritt der phänomenologische Standpunkt die Auffassung, daß der ↗Leib vom Körper (als rein materiellem Seiendem) zu unterscheiden ist. Der menschliche Leib wird von innen erlebt. Er ist als integraler Bestandteil des Bewußtseins zu verstehen. Wir nehmen den Leib nicht wie ein Objekt im Sinne eines Dinges wahr, sondern der Leib spielt als erlebter Leib selbst eine zentrale Rolle bei allen Sinneswahrnehmungen. Bei Husserl fungiert er als Orientierungspunkt der Wahrnehmung, bei Scheler und Husserl spielt er eine besondere Rolle bei der Konstitution der menschlichen Umwelt. Die von Merleau-Ponty eingeklagte Leibkomponente allen Sinns ist darin begründet, daß der eigene Leib als fungierender und lebendiger Leib Erfahrungen zustandebringt und dabei in der Erfahrung selbst gegenwärtig ist. Er ist einerseits allgemeines Medium zur Welt und zugleich ein Situiertsein in der Welt. Dies kommt prägnant in der mit dem Leib gegebenen Bewegungsintentionalität zum Ausdruck. Mit dem Leib ist ein Körperschema (und damit eine eigene Räumlichkeit) und ein eigenes sensomotorisches Erfahrungsfeld (in der Verschränkung von Gesichtsfeld und Handlungsfeld)

verbunden. Das Phänomen der erlebten Leibes wird auch von Nagel und Whitehead geltend gemacht. **Lit.:** M. Merleau-Ponty: Phänomenologie der Wahrnehmung. Berlin 1966. – Th. Nagel: Was bedeutet das alles. Stuttgart 1990. – Ders.: Die Grenzen der Objektivität. Stuttgart 1991. – H. Plessner: Die Stufen des Organischen und der Mensch. Berlin $^{2}$1965. – H. Plügge: Der Mensch und sein Leib. Tübingen 1967. – J. Seifert: Das Leib-Seele-Problem in der gegenwärtigen philosophischen Diskussion. Darmstadt 1979. PP

**Leibnizsches Gesetz,** ein an verschiedenen Stellen von Leibniz aufgestelltes identitätslogisches Gesetz, wonach Identisches unbeschadet der Wahrheit füreinander substituiert werden darf; formal

(i) wenn a = b, dann f(a) = f(b)
(für einen beliebigen Funktionsausdruck f) und
(ii) wenn a = b, dann A(a) ↔ A(b)
(für eine beliebige Formel A(x))

Das L. G. dient der identitätslogischen Charakterisierung der Gleichheitsrelation und unterscheidet sie von anderen Äquivalenzrelationen. Seine Umkehrung ist als das ebenfalls von Leibniz formulierte Prinzip der Identität des Ununterscheidbaren bekannt. UM

**Leiden,** quälendes subjektives Empfinden in der Erfahrung des körperlichen (dauerhafter Schmerz, Krankheit) oder seelischen Ausgeliefertseins (Gewalt, Versagung von Bedürfnissen und Wünschen). Menschliches L. ist stark vom Bewußtsein der Einschränkung oder des gänzlichen Scheiterns von Lebenserwartungen und Zielvorstellungen geprägt. Von daher läßt sich auch von einer Art »metaphysischen L.s« am Sein sprechen, das das endliche menschliche Leben insgesamt als leidvoll betrachtet, wie es etwa in den buddhistischen »vier edlen Wahrheiten« ausgesprochen ist (↗Buddhismus). Angesichts der Unausweichlichkeit des L.s stellte sich der christlichen Theologie die Frage nach der Rechtfertigung Gottes als Schöpfer der Welt (↗Theodizee). Die solidarische Erfahrung von L. bildet einen Antrieb zur Beherrschung der Natur (Technik, Medizin) und der Herstellung gerechter sozialer und politischer Lebensverhältnisse. – Bei Jaspers ist L. eine der ↗Grenzsituationen, die den Menschen aus der vordergründigen Geborgenheit im Dasein werfen und ihn vor sein Selbstseinkönnen stellen. – In der Ethik kann das Maß der Leidensfähigkeit an Stelle von spezifisch auf den Menschen bezogenen Kriterien (z. B. Selbstbewußtsein) als handlungsnormierendes Prinzip herangezogen werden, das universal auf Lebewesen (↗Tierethik) anwendbar ist. **Lit.:** M. S. Dawkins: Leiden und Wohlbefinden bei Tieren. Stuttgart 1982. – S. Freud: Das Unbehagen in der Kultur. In: GW Bd. 14. Frankfurt 1948 u. ö. – K. Jaspers: Psychologie der Weltanschauungen. Berlin 1919, München 1985. – Ders.: Philosophie. Bd. 2. Berlin 1932, $^{4}$1973. – A. Schopenhauer: Die Welt als Wille und Vorstellung. Leipzig 1819/1844 (Sämtl. Werke. Hg. A. Hübscher. Bd. II u. III. Wiesbaden $^{3}$1972). FPB

**Leistungswissen.** L. heißt bei Scheler das Wissen (vgl. ↗Bildungswissen), dessen Zweck die Gestaltung der Welt für menschliche Ziele ist. Die damit eingeschlossene Beherrschung der Welt begründet das Synonym »Herrschaftswissen«. Scheler sieht eine abendländische Akzentverschiebung auf das L., dessen philosophischer Reflex v. a. der Pragmatismus darstellt. PK

**Lekton** (Ausgesagtes), zentraler Begriff der stoischen Logik und Sprachphilosophie. Die Stoiker unterscheiden in ihrer Bedeutungstheorie zwischen Zeichen oder Bezeichnendem, Bezeichnetem und Objekt oder Ereignis. Das L. entspricht dem Bezeichneten, d. h. der Bedeutung sprachlicher Zeichen, die »nach einer gedachten Vorstellung besteht«. Das L. ist im Unterschied zum lautlichen oder schriftlichen Zeichen und zum Objekt, die beide materiell bzw. körperlich sind (somata), ideeller bzw. unkörperlicher Natur (asomaton). Ein L. ist nur in propositionaler Form vollständig. Subjekt und Prädikat sind unvollständige Lekta und als solche keine Träger von Wahrheit bzw. Falschheit. MA

**Lernen.** Der Begriff bezieht sich zum einen auf jede Form von Leistungssteigerung, die durch gezielte Anstrengung erreicht wurde. Die Psychologie dagegen faßt den Bedeutungsgehalt weiter, indem sie jede Verhaltensänderung, die sich auf Erfahrung, Übung oder Beobachtung zurückführen läßt, als »gelernt« interpretiert. Die Annahme des allerdings nie direkt beobachtbaren Lernprozesses impliziert darüberhinaus die Idee einer interaktionistischen Beziehung zwischen Organismus und Umwelt. Diese Verwiesenheit auf exogene Faktoren weist den Lernbegriff als Gegenbegriff zur »Reifung« aus, die als Resultat von endogenen Faktoren vorgestellt wird. Die Lerntheorien lassen sich grob in zwei Kategorien klassifizieren:
(1) Die sog. S-R-Theorien versuchen den Lernprozeß als Produkt der vollständigen Umweltdeterminierung des Verhaltens darzustellen: Man unterscheidet dabei das »klassische« vom »operanten« Konditionierungslernen. Im ersten von Pawlow beobachteten Lerntyp wird ein neutraler Umweltreiz durch raum-zeitliche Nachbarschaft mit einem ungelernten Reiz zu einem konditionierten Stimulus, indem er die mit dem ungelernten Reiz gekoppelte Verhaltensweise auslöst. L. ist also die Erweiterung der die Realisierung eines reflexartigen Verhaltens auslösenden Umweltfaktoren. Die Vertreter des Modells des operanten Konditionierens (v. a. Skinner) gehen dagegen nicht von bereits bestehenden Reiz-Reaktions-Verbindungen aus, sondern versuchen, dieses bereits als Ergebnis eines Lernprozesses nachzuweisen. Demnach werden spontane (operante) Reaktionen des Organismus durch Umweltkonsequenzen positiv oder aversiv »verstärkt« und so hinsichtlich ihrer Auftretenshäufigkeit beeinflußt. Das gemeinsame Merkmal der Modelle des Konditionierungslernens ist der aus methodischen Gründen erfolgende Verzicht, Repräsentationsmechanismen als Erklärungsgrund für das Auftreten von Verhaltensände-

rungen zu postulieren. Der Mangel dieser Ansätze führte in den sechziger Jahren zur sog. »kognitiven Wende« in der Psychologie. A. Banduras Modell des Beobachtungslernens ist repräsentativ für diesen Sachverhalt, da der Lernprozeß sich auf der Ebene der kognitiv gesteuerten Beobachtung des Verhaltens eines Modells vollzieht. Das Grundprinzip des operanten Konditionierens, die »Verstärkung« durch die Umwelt, ist nun lediglich für die Realisierung des intern repräsentierten Verhaltens und nicht mehr für den Lernprozeß selbst konstitutiv.
(2) Kognitive Lerntheorien: Im Unterschied zu den o.g. Ansätzen gehen diese Konzeptionen von der irreduziblen Eigendynamik des Organismus bei der Verarbeitung von Umweltreizen aus. L. vollzieht sich für diese Theorien also nicht durch den Aufbau assoziativ generierter Verhaltensgewohnheiten, sondern durch den nur qualitativ erfaßbaren Ausbau kognitiver Verarbeitungsstrategien, deren Resultat eine konstruktive Repräsentation der Wirklichkeit für den Organismus darstellt. Für Piaget besteht so der Lernprozeß in der spontanen Aktualisierung von Verhaltensstrukturen, deren Ausbildung durch ein Ungleichgewicht in der interaktionistischen Beziehung zwischen dem Organismus und der Umwelt veranlaßt wurde. Der feldtheoretische Ansatz K. Lewins dagegen geht nicht von einem kognitiven Ungleichgewicht aus, sondern definiert L. als kontinuierliche Ausdifferenzierung eines zunächst nur ungegliedert gegebenen »Lebensraumes«, d.h. der kognitiven Repräsentation der jeweiligen Umgebung des Organismus durch dessen konstruktive Interpretationsleistung. Darüber hinaus bezieht Lewin nicht nur kognitive Sachverhalte, z.B. Problemlösestrategien, in seine Lerntheorie ein, sondern berücksichtigt auch die motivationale Dimension des L.s, die er als »Veränderungen der Valenzen«, also der Wert- und Zielsetzungen der Person, auffaßt. Ähnlich wie Lewin definieren auch die Vertreter der sog. ↗»Gestalttheorie« ihren eigenen Ansatz in Abgrenzung von einem auf assoziationspsychologischer Grundlage beruhenden ↗Behaviorismus: Das visuelle Feld des Organismus setzt sich nicht aus elementaren Erfahrungsbestandteilen zusammen, sondern wird durch die intuitive Erfassung von Gesamtkomplexen konstituiert, die sich nicht als Summe ihrer Teile auffassen lassen. Diese wahrnehmungspsychologische Ausrichtung beeinflußte auch die gestaltpsychologische Lerntheorie, indem diese die unmittelbare Erfassung bzw. Umstrukturierung einer Problemsituation als konstitutiv für den Lernprozeß ansah. Auch das psychodynamische Modell Freuds läßt lerntheoretische Schlußfolgerungen, besonders im Bereich der Persönlichkeitsentwicklung, zu. So ist die Ablösung der Tendenz auf unmittelbare Spannungsreduktion (»Lustprinzip«) durch die indirekte und situationsorientierte Befriedigung von Triebansprüchen (»Realitätsprinzip«) als Resultat eines Lernprozesses interpretierbar. **Lit.:** B.R. Hergenhahn: An Introduction to Theories of Learning. New Jersey 1976. – K. Lewin: Feldtheorie und Lernen. In: Ges. Werke Bd. 4. Stuttgart 1982. S. 157–187. – H.M. Trautner: Lehrbuch der Entwicklungspsychologie. Bd. 1/2. Göttingen 1991. CZ

**Lexem** (griech. lexis, Wort). Als L.e bezeichnet man in der Sprachwissenschaft die kleinsten bedeutungstragenden Einheiten eines Sprachsystems. L.e entsprechen, vereinfacht ausgedrückt, denjenigen sprachlichen Größen, die in den traditionellen Grammatiken als Wörter bezeichnet werden. Das Wort wird in der neueren strukturalistischen Sprachwissenschaft in lexikalische, d.h. bedeutungstragende, und grammatikalische Morpheme zergliedert. L.e sind freie Morpheme, d.h. solche Einheiten, die ohne Verknüpfung mit anderen Morphemen als Wörter fungieren können, im Unterschied zu gebundenen Morphemen. Sie bilden eine semantische Einheit, die kontextunabhängig auf Gegenstände und Sachverhalte der außersprachlichen Wirklichkeit referieren. JH

**Lĭ** (Sitte, Sittlichkeit), Grundbedeutung des chinesischen Begriffs, wie im Deutschen: »die herrschenden Verkehrsformen« eines Volkes oder einer geschichtlichen Epoche. So berichten die alten Historiker über »Li« der vorangegangenen Dynastien. Klassikerwerke sind das Buch *Über die Sitten der Zhou* (*Zhou Li,* betreffend die Zhou-Dynastie 1100–711 v. Chr.) sowie das *Buch der Sitten (Li Ji).* Im *Zuo Zhuan* (*Kommentar des Zuo* zur alten Geschichte Chinas) heißt es entsprechend: »Li organisiert die Staaten, festigt die Gesellschaften, ordnet die Völker und bringt den späteren Generationen Nutzen«. Durch Kong Zi (551–479) und den Konfuzianismus wird der »Mos maiorum« (»Sitte der Väter«) zum überzeitlichen ethischen Ideal stilisiert, womit freilich der Sittenkodex der alten Feudalgesellschaft – wie die »Höflichkeit« und »Courtoisie« in Europa – verallgemeinert wird. Die Konfuzianer fordern eine Staats- und Gesellschaftsordnung durch Sittenherrschaft (Li Zhi), dies im Gegensatz zur Philosophie der Legisten (Fa-Schule), die alles durch Gesetzgebung regeln und verändern wollen. Sie besteht wesentlich in der Ordnung der fünf Beziehungen (Wu Lun bzw. Wu Chang) zwischen Fürst und Untertan, Ehemann und Ehefrau, Vater und Kindern, älteren und jüngeren Geschwistern, Freund und Freund gemäß den »Kardinaltugenden« Ren Yi Li Zhi. Meng Zi (372–289) definiert: »Das Wesen von Ren (Menschlichkeit) ist der Respekt vor den Voreltern; das Wesen von Yi (Rechtlichkeit) ist es, älteren Brüdern zu folgen; das Wesen von Zhi (Weisheit) ist es zu wissen, daß dies beides nie wegzulassen ist; das Wesen von Li (Sittlichkeit i.e.S.) ist es, beides mit Bescheidenheit und Takt zu praktizieren« *(Meng Zi: Li Lou).* Kong Zi selbst stellt in den Mittelpunkt Zhong Shu, d.h. Loyalität und Bescheidenheit, und erläutert: »Wenn einer wünscht eigenständig zu sein, soll er auch anderen Menschen zur Eigenständigkeit verhelfen; und was er zu erhalten wünscht, das soll er anderen Menschen auch einräumen« *(Lun Yu, Yong Ye).* Wie für den ethischen Intellektualismus des Sokrates oder die Naturrechtslehre der Stoa ist die wahre Sittlichkeit in der Natur des

Menschen und der Sachen begründet, so daß der Wissenserwerb darüber in Sachforschung, Studium und Lehre im Konfuzianismus immer auch die höchstrangige sittliche Institution war. Die *Große Lehre (Da Xue)* aus dem *Buch der Sitten* formuliert es so: »Ehe die Alten der ganzen Welt ihre klare Tugendordnung erläutern wollten, brachten sie erst einmal ihren Staat in Ordnung. Ehe sie ihren Staat in Ordnung bringen wollten, bestellten sie ihr Hauswesen. Ehe sie ihr Haus bestellen wollten, bildeten sie sich selbst aus. Ehe sie sich ausbilden wollten, reinigten sie ihre Herzen. Ehe sie ihre Herzen reinigen wollten, legten sie sich Rechenschaft über ihre Absichten ab. Ehe sie sich Rechenschaft über ihre Absichten ablegten, verschafften sie sich Erkenntnisse. Erkenntnisgewinnung aber liegt in der Beschäftigung mit den Dingen« *(Li Ji, Da Xue)*. Vgl. auch ↗Gé Wù Zhì Zhī. **Lit.:** L.Geldsetzer/H.-d. Hong: Chinesisch-deutsches Lexikon der chinesischen Philosophie. Aalen 1986. Art.: Selbstbeschränkung und Rückkehr zur Sitte (Kè Jǐ Fù Lǐ), Sitte (Lǐ), Sittliche Ordnung (Lǐ Zhì). – R. May: Law and Society East and West. Dharma, Lǐ, and Nomos, their contribution to thought and to life, Heidelberg 1985. LG/HDH

**Lǐ** (Idee, auch Wesen (Logos)). Der chinesische Ideenbegriff hat – wie der abendländische – erkenntnistheoretische und ontologische, aber auch ethische und metaphysische Bedeutungsdimensionen. Im *Buch der Sitten* ist von der Himmels-Idee (Tian Li) die Rede, einer Art moralischem Kompaß als Himmelsgabe im Menschen, die den Trieben und Leidenschaften des Menschen (Ren Yu) entgegengesetzt und durch diese ggf. zerstört werden kann *(Li Ji, Yue Ji, Über Musik)*. Meng Zi (372–289) sagt darüber: »Was ist die gemeinsame Natur aller Herzen (d.h. des moralischen Bewußtseins)? Es ist Li oder Yi (Gerechtigkeit)«, (*Meng Zi: Gao Zi*, Anfang). Daran knüpft die konfuzianische Lehre von den »eingewurzelten« (himmlischen) fünf Tugendbegriffen ↗Ren Yi ↗Li Zhi Xin (Menschlichkeit, Gerechtigkeit, Sittlichkeit, Weisheit, Vertrauen) an. Han Fei (280–233) gibt dem Begriff in der Auslegung der Dao-Lehre des Lao Zi die ontologische Wendung: »Alle Dinge haben ihre verschiedenen Li … aber gemeinsam enthalten sie Dao« (Han Fei Zi: *Erklärungen zu Lao*). Li wird hier zur Wesensstruktur der einzelnen Dinge. Die Hua Yan-Schule des Buddhismus arbeitet dann die erkenntnistheoretische Seite heraus: Li wird als einheitliche Vernunft gefaßt und den vielfältigen Erscheinungen (Shi) bzw. der Scheinwelt gegenübergestellt. Daran knüpft in der Song- und Ming-Zeit die (objektiv-idealistische) Ideen-Schule (Li Xue) der Brüder Cheng Hao (1032–1085), Cheng Yi (1033–1107) und Zhu Xis (1130–1100) an, die Li als metaphysisches Ursprungsprinzip behaupten: »Vor der Entstehung von Himmel und Erde konnte es nur Li geben« (*Gespräche von Zhu Xi*): »Im ganzen Kosmos gibt es nur ein Li. Es drückt sich in den drei Rangstellungen (San Gang d.h. Verhältnis von Herrscher und Untertan, Vater und Sohn, Ehemann und Ehefrau) aus und konzentriert sich in den fünf Normen (Wu Chang, s.o. Ren Yi Li Zhi Xin). Es faßt alles einzelne unter sich. Es gibt nichts, was nicht darin enthalten ist« (Zhu Xi, *Wen-gong*). Das Verhältnis von Idee und Erscheinungen bzw. Einzeldingen wird in der Theorie vom Li Yi Fen Shu (Einheit der Idee und Vielfalt der Ausprägungen) formuliert (Cheng Yi, *Xi Ming, Westliche Inschriften*). Wang Shu-ren (=Wang Yang-ming 1472–1529) entwickelt daraus unter Rückgriff auf Meng Zi die Lehre vom »Nach-außen-Wenden des eingewurzelten Wissens« (↗Zhi Liang Zhi) bzw. von der Ideenintentionalität: »Nur wenn die himmlische Idee, die in unser Herz eingewurzelt ist, zu den Dingen und Sachen hingewendet wird, haben die Dinge und Sachen ihre Idee« *(Antwortbrief an Gu Dong-qiao)*. Dieser Idealismus wird von realistisch-materialistischen Gegnern heftig bekämpft. Der Streit geht dabei um den ontologischen Vorrang von Li (Idee) oder ↗Qi (Materie, wörtlich Luft, vgl. das stoische Pneuma). Insbesondere wird er auch auf anthropologischem Gebiet über den Vorrang von Li als Geistigem oder Qi als körperlich Materiellem im Menschen ausgetragen. Hauptvertreter sind Zhang Zai (1020–1077) und Wang Fu-zhi (1619–1692). Letzterer betont, daß man die Ideen – als Strukturgesetzlichkeit des Materiellen – nur an ihren materiellen Wirkungen und »Tendenzen« erkennen kann: »Wenn etwas schon Li enthält, dann zeigt es natürlicherweise eine Tendenz (Shi, auch Kraftwirkung, Potenz), und Li kann man nur an dieser notwendigen Tendenz erkennen« (*Kommentar zur Lektüre der vier Klassiker*, Bd. 9.). Diesen Gedanken wendet er auch für eine evolutionäre Geschichtserkenntnis an, die in manchen Zügen an den »Evolutionismus der Kraft-Ideen« Alfred Fouillées (*L'évolutionisme des Idées-forces*, Paris 1890) und die deutsche »historische Ideenlehre« Jakob Wegelins und W. v. Humboldts gemahnt. In der modernen philosophischen Terminologie bezeichnen Li und seine Komposita das (gedachte) Rationale, z.B. in Li Lun: Theorie, Li Nian: Idee, Vorstellung, Gedanke. **Lit.:** L.Geldsetzer/H.-d. Hong: Chinesisch-deutsches Lexikon der chinesischen Philosophie. Aalen 1986. Art. Himmlische Idee (Tiān Lǐ), Idee (Lǐ), Idee und Sache (Lǐ Shì), Ideen-Einheit und Ausprägungsvielfalt (Lǐ Yī Fèn Shū), Ideen-Intentionalität (Zhì Liáng Zhī), Ideen-Potenz (Lǐ Shì). LG/HDH

**Lì** (Vorteil, Nutzen, auch Eigennutz, Interesse). Der chinesische Terminus erhält in einer langen Auseinandersetzung über das Verhältnis von Gerechtigkeit und Nutzen (Yi Li Zhi Bian) sein Bedeutungsprofil. Im *Buch der Wandlungen* heißt es noch: »Nutzen (Li) ist das Ganze der Gerechtigkeit (Yi)«; und auch das Mo Zi-Klassikerwerk betont: »Gerechtigkeit (Yi) ist Nutzen (Li)«. Das dürfte etwa dem Verhältnis von Gemeinwohl und Gerechtigkeit bei Platon und Aristoteles entsprechen. Aber schon Kong Zi (551–479) stellt in den *»Gesprächen«* fest: »Herrschaften sprechen nur von Gerechtigkeit (Yi): kleine Leute sprechen nur vom Vorteil (Li)« (*Lun Yu,* Li Ren), und er warnt: »Wenn man sich nur nach seinem Vorteil richtet, wird man

Haß und Feindseligkeit ernten« (ebd.). Es scheint, daß zu jener Zeit Yang Zhu, dessen Schriften sämtlich verloren sind, eine »egoistische« Philosophie des Eigennutzes vertreten hat – wohl manchen sophistischen Gegnern Platons vergleichbar. Meng Zi (372–289) wirft ihm den Standpunkt des »Wei Wo« (»Nur für mich selbst!«) vor und behauptet von ihm: »Er riß sich nicht einmal ein Haar aus für irgendetwas in der Welt«. Jedenfalls bringt Meng Zi wohl als Antwort darauf Li und Yi in einen grundsätzlichen Gegensatz und setzt sich für den Vorrang von Menschlichkeit und Gerechtigkeit (Ren Yi) ein. Andere Konfuzianer wie Dong Zhong-shu (179–104) behalten dies als Argumentationslinie bei: »Man soll sein Yi hervorheben und nicht sein Li suchen: man soll seine Prinzipien klären und nicht seinen Nutzen berechnen!« Dagegen richtet sich die Kritik der Legisten der Fa-Schule, die – in utilitaristischer Manier – die gerechte Gesetzgebung aus Nutzenserwägungen begründen. Nach deren Zurückdrängung kommt man wieder auf die klassische Ausgangsposition zurück. Cheng Yi (1033–1107) diagnostiziert trocken: »Meistens ist es so: Geht man von Yi aus, kommt man bei Li an; geht man von Li aus, kommt man bei Yi an«. Der Neo-Konfuzianer Yan Yuan (1635–1704) korrigiert Dong Zhong-shus Formel: »Man soll sein Yi hervorheben und sein Li berechnen; man soll seine Prinzipien klären und seinen Nutzen berechnen!« **Lit.:** L. Geldsetzer/H.-d. Hong: Chinesisch-deutsches Lexikon der chinesischen Philosophie. Aalen 1986. Art.: Gerechtigkeits- und Vorteilsstreit (Yì Lì Zhī Biàn). LG/HDH

**Liáng Zhī** (Apriori, eingewurzeltes Wissen). Liang bedeutet im Chinesischen eine ausgezeichnete Qualität, Zhi heißt Wissen. Die Verknüpfung zu einem philosophischen Terminus geht auf den Konfuzianer Meng Zi (372–289) zurück. Er bezeichnet damit »ein dem Menschen vom Himmel verliehenes« moralisches Bewußtsein der Ideen von ↗Ren (Menschlichkeit) Yi (Gerechtigkeit), ↗Li (Sittlichkeit) und Zhi (Weisheit), d.h. der konfuzianischen Kardinaltugenden. Er sagt darüber: »Diejenigen Fähigkeiten, die der Mensch nicht zu lernen braucht, heißen eingewurzelte Vermögen (Liang Neng). Dasjenige Wissen, über das er nicht nachzudenken braucht, heißt sein Liang Zhi« *(Meng Zi, Jin Xin, Über Bewußtsein).* Der »Realismus« der konfuzianischen Ontologie und die Abzweckung auf eine Begründung der ethischen Ideen im Bewußtsein legt eine Parallele zur stoischen Lehre von den »logoi spermatikoi«, den »Samenkräften der Vernunft«, die sich als Vernunftanlage für gemeinsame bzw. allgemeine ethische und Naturrechtsbegriffe in den Lebewesen »einwurzeln« sollen, nahe. Wang Shou-ren (=Wang Yang-ming 1472–1529) knüpft in der Ming-Zeit an Meng Zi an und interpretiert ihn auf der »idealistischen« Grundlage des Prinzips »Unter dem Himmel gibt es keine Dinge außer dem Bewußtsein (Xin)« (*Chuan Xi Lu, Das Buch vom Lehren und Lernen*). Er definiert: »Liáng Zhī heißt Substanz des Bewußtseins« *(Antwortbrief an Gu Dong-qiao).* Da es für seinen Bewußtseinsimmanentismus keine »Außenwelt« gibt, erklärt er die Sachhaltigkeit des Wissens durch ein »Nach-außen-Wenden von Liang Zhi«. Die idealistische Fassung von Liang Zhi dürfte sich mit der platonischen und cartesianischen Lehre von den »eingeborenen Ideen« vergleichen lassen. Wie Kant die stoische und cartesianische Traditionslinie zur Lehre vom Apriori weiterführt, so bereitete auch die Lehre des Wang Shou-ren den Boden für die Rezeption Kants im modernen China vor. **Lit.:** L. Geldsetzer/H.-d. Hong: Chinesisch-deutsches Lexikon der chinesischen Philosophie. Aalen 1986. Art. Apriorizität (Liáng Zhī). – Dies.: Chinesisch deutsches Lexikon der Klassiker und Schulen der chinesischen Philosophie. Aalen 1991. Art. Wang Shou-ren. LG/HDH

**Liberalismus,** gehört mit ↗Konservatismus und ↗Sozialismus zu den wirkungsmächtigen politischen Theoriegebäuden moderner, industrieller Gesellschaften. Als Begriff der politischen Ideengeschichte verweist L. auf Formen, Inhalte und Funktionen einer Kritik an absolutistischen Herrschaftsstrukturen, wobei die politische Auseinandersetzung mit ↗Feudalismus und Aristokratie in engem Bedingungsverhältnis mit der Entwicklung neuzeitlicher wissenschaftlicher Rationalität stand. Die Legitimation gesellschaftlicher und staatlicher Ordnung durch vertragstheoretische Überlegungen, die Pflege eines naturrechtlichen Vokabulars, das vom Individuum als eigentlicher Bezugsgröße sozialer Interaktion ausgeht, gehört zu den Grundbausteinen des L. Einhegung staatlicher Macht gegenüber dem Individuum, Gewaltenteilung zwischen Legislative, Exekutive und Judikative, Kodifizierung individueller Freiheitsrechte gehören zu liberalen Politikentwürfen. In seinen normativen Begründungen der Toleranz, des ↗Pluralismus, des allgemeinen Räsonnements im Raum der ↗Öffentlichkeit und der Unantastbarkeit individueller Freiheitsrechte durch den Staat macht der L. den Kern der Selbstbeschreibung westlicher, liberal-demokratischer Systeme aus. Zum L. als Philosophie- und Systembegriff gehört eine ökonomische Bedeutungsebene, die den Begriff der individuellen Freiheit an individuelles Eigentum bindet. Danach entfaltet sich ökonomisch eine Gesellschaft am besten, wenn dem individuellen Besitzstreben möglichst wenig staatliche Schranken gesetzt werden. Diese ökonomischen Aspekte des L. können mit seinen anderen politischen Setzungen in Konflikt geraten. Darüberhinaus hat die ökonomische Entwicklung mit ihrer Dementierung »reiner« einzelwirtschaftlicher Konkurrenzverhältnisse und vielfältiger staatlicher Eingriffe in die Ökonomie zu einem Bedeutungsverlust des klassischen liberalen Mix von wirtschaftlichen und politischen Aspekten geführt. Als Parteibegriff hat der L. im 20. Jh. an Anziehungskraft verloren. Allerdings hängt dieser Verlust auch damit zusammen, daß der L. vielen gesellschaftlichen und politischen Gruppen seine Normen aufgeprägt hat. Daneben versuchen unterschiedliche liberale Strömungen das Verhältnis von sozialer, individueller, ökonomischer Freiheit neu zu bestimmen (Sozial.-L., Neo-L.). TN

**Libertär,** besondere Form anarchistischer Politikentwürfe, in der die Selbstbestimmung des Individuums im Zentrum der Überlegungen steht. Max Stirner (eigentlich Johan Kaspar Schmidt) legt in *Der Einzige und sein Eigentum* (1845) die begriffliche Grundlage für eine radikale Situierung des Individuums als schlechthin einziger Instanz der Bestimmung von Freiheit. Organisationen, Institutionen und Ideologien werden als Überwältigung der authentischen Selbstbestimmung interpretiert. Das Individuum hat sich nur selbst zu folgen; das schließt Verstöße gegen die gegebenen Normen und Regeln ein: »Ich bin aber durch mich berechtigt zu morden, wenn Ich Mir's selbst nicht verbiete, wenn Ich selbst Mich nicht vorm Morde als vor einem ›Unrecht‹ fürchte.« (Stirner). Gesellschaftlicher Zusammenhang stellt sich zwischen diesen authentischen einzelnen allein durch »freie Assoziation« her. Die Staatsverdammung Stirners teilt Michail Bakunin, dessen Kritik an den ↗etatistischen Entwürfen des ↗Kommunismus den libertären Sozialismus begründet. Das Reich der Freiheit konstituiert sich in der anarchistischen Ordnung lokaler, regionaler Kollektive und Kooperationen, in denen die »Masse« spontan ihre Einheit findet. Der libertäre Sozialismus wurde in den antiautoritären Teilen der Jugendprotestbewegung der sechziger Jahre rezipiert, aufgegriffen und weiterentwickelt. TN

**Liberum arbitrium,** »freie Wahlentscheidung«, »freier Wille«. Spätantike lat. Begriffsbildung, in die verschiedene griechische und christlich-theologische Vorgängerideen eingingen. ↗Freiheit (libertas, eleuthería) war zunächst ein politisch-rechtlicher Terminus (der die Vollbürgerschaft sowie das Eingebundensein in die Gesetze der Polis bedeutete) und wurde erst in hellenistischer Zeit auch im Sinne von innerer Freiheit des einzelnen bzw. Willensfreiheit verstanden. Aristoteles' Abhandlung der allgemeinen Kennzeichen ethisch relevanter Handlungen (*Eth. Nic.* III, 1–7) benützt als Zentralbegriffe Willentliches bzw. Unwillentliches (hekousion/akousion), insbesondere aber überlegtes Entscheiden/Vorziehen (prohairesis) nach dem Mit-sich-zu-Rate-gehen (bouleuesthai), setzt also der Sache nach einen Begriff der Willensfreiheit als Bedingung sittlichen Handelns voraus. Die stoische Freiheitsauffassung als innere Freiheit von Affekten, Triebregungen und Zwängen durch Lebensumstände, durch die der Mensch zum Leben im Einklang mit dem logos-durchwalteten Kosmos und zur Entfaltung seiner eigentlichen Menschennatur gelangt, beruht ebenfalls auf der Fähigkeit der prohairesis. Aus den Ideen der Freiheit des einzelnen, der Wahlfreiheit und wohl auch christlicher Sündenbegriffe entsteht im 1.-3. Jh. n.Chr. die Idee einer nicht kausal bestimmten Willensentscheidung. Die Wortprägung »L.a.« taucht – zunächst untechnisch und oft im rechtlichen Sinne – im römischen juristischen und eklektizistischen Schrifttum der ersten Jh. auf; als anthropologischer Terminus faßbar wird sie bei Tertullian (*De anima* 21; um 210), Laktanz (*Institutiones* II 9; um 310), Hieronymus (*Adversus Pelagianos* III 7; um 415) und insbesondere Augustinus (*De libero arbitrio*; 388–95). Gegen die ↗Gnosis und den antiken ↗Fatalismus betonen Augustinus u.a. Kirchenväter die Willensfreiheit als Ausdruck der geistigen Natur und Gottebenbildlichkeit des Menschen und die freie Entscheidung zum Guten als Entfaltung des Heilswillens Gottes in der Geschichte. Das damit gegebene systematische Problem der Erklärung des Bösen (↗Theodizee) löst Augustinus durch die Unterscheidung zwischen Wille (voluntas) als Grundvermögen des Menschen und L.a. als Vollzug dieses Vermögens im einzelnen Entscheidungsakt. Das Böse hat seinen Ursprung nicht in Mängeln der voluntas an sich (die eine Gabe Gottes ist) und auch nicht in einem bösen Gegenprinzip, sondern in defizienter Betätigung des L.a., der Entscheidung gegen das seinsmäßig Höhere und den göttlichen Schöpferwillen. Das L.a., dessen augustinische Konzeption bis zur Frühscholastik häufig eng als Fähigkeit zu sündigen interpretiert wurde, wurde durch Anselm v. Canterbury neu von seinem Ziel her definiert als »Entscheidung, die die Rechtheit des Willens um dieser Rechtheit selbst willen zu bewahren vermag«, die allerdings immer auch gnadengewirkt ist. Die wesentliche Rolle der Vernunft (die die Rechtheit des Zieles erfaßt), führt zu den scholastischen Debatten nach dem Primat von Wille oder Vernunft, sowie nach der metaphysischen Einordnung des L.a. als ↗Potenz (Thomas v. Aquin u.a.) oder ↗Habitus (Bonaventura u.a.). Spätscholastik und Humanismus werfen die Frage nach der Leistungsfähigkeit des L.a. im Hinblick auf das Verhältnis Gott-Mensch auf. Luthers These vom »unfreien Willen« (servum arbitrium) ist nicht philosophisch-anthropologisch, sondern (gnaden-) theologisch gemeint und besagt die Unfähigkeit des menschlichen Willens, aus eigener Kraft das Heil zu wirken; sie ist eine Reaktion auf die Position humanistischer Theologen wie Erasmus v. Rotterdam, der Mensch könne im L.a. aus eigener Kraft Akte reiner Gottesliebe setzen und damit Rechtfertigung erlangen. Neuzeitliche Nachfolgerprobleme des L.a. sind u.a. die Frage nach ↗Willensfreiheit (↗Wille) oder ↗Determinismus sowie nach der Existenz von Willensakten als eigene Entität. **Lit.:** Aristoteles: Eth. Nic. – Augustinus: De libero arbitrio. – Anselm v. Canterbury: De libertate arbitrii. – Thomas v. A.: S.th. I, q. 83. – W. Warnach/O.H. Pesch: Freiheit (I-III). In: HWPh Bd. 2, Sp. 1064–1088. WL

**Libido,** zentraler Begriff der Freudschen ↗Trieblehre, mit dem dieser die psychische Energie der Sexualtriebe bezeichnet. Es handelt sich dabei um eine quantitative veränderliche Kraft, die auf verschiedene Objekte oder Ziele gerichtet (libidinöse Besetzung) oder von diesen wieder abgezogen werden kann. Die L. stellt das energetische Substrat des Sexualtriebes in seinen verschiedenen Äußerungsformen dar. C.G. Jung übernimmt diesen Begriff von Freud, bezieht ihn jedoch nicht ausschließlich auf sexuelle Energien, sondern auf jede Form psychischer Energie. L. ist bei Jung gleichbedeutend mit Lebensenergie, die er final, auf die Verwirklichung des (wahren) Selbst gerichtet versteht. In diesem Streben kann sie jedoch abgelenkt, verschoben oder blockiert werden, was in den unterschiedlichen Formen psychischer Krankheit zum Ausdruck kommt. **Lit.:** S. Freud: Psychoanalyse und Libidotheorie (Ges. Werke X); Vorlesungen zur Einführung in die Psychoanalyse, Kap. XXVI (Ges. Werke XI). – C. G. Jung: Symbole der Wandlung (Ges. Werke Bd. 5). Olten 1973. SP

**Lichtmetaphysik,** metaphysische Betrachtung des Ursprungs als lichten Grund des Seins, wobei die der sinnlichen Welt entlehnte Licht-Metapher das mit ihr bezeichnete Übersinnliche deshalb angemessen charakterisieren kann, weil der transzendente Grund selbst seinem Wesen nach »lichthaft« ist (Beierwaltes). Im Sonnengleichnis (*Politeia* 507d-509b) vergleicht Platon die Idee des Guten, den Grund von Wahrheit und Wissen, mit der Sonne. Plotin (*Enneade* V,5,8) und der ↗Neuplatonismus entfalten diesen Gedanken, indem sie das sinnliche Licht als niedere Emanation des ursprünglichen, geistigen Lichtes auffassen, welches Urgrund von allem ist. Die L. Philons (*De opif. mundi*) speist sich neben dieser griechisch-platonischen Quelle auch noch aus alttestamentlich-jüdischen Schöpfungsvorstellungen, ebenso wie die in verschiedenen gnostischen Systemen entwickelte L. Beherrschenden Einfluß auf das MA. gewinnt Augustinus, der biblisch-christliche und philosophische (v. a. neuplatonische) Gedanken in einem eigenen Neuansatz vereinigt: Gott als geistiges Licht (lux intelligibilis) »in dem und von dem und durch den« alles leuchtet und erleuchtet wird (*Soliloquia* I,3) (↗Illumination). Die neuzeitliche L. greift zum Teil wieder auf gnostische Gedanken zurück (Böhme, Schelling). **Lit.:** W. Beierwaltes: Lux intelligibilis. München 1957. – H. Blumenberg: Licht als Metapher der Wahrheit. In: Studium Generale 10 (1957). S. 432–447. JS

**Lichtung,** nach Heidegger das Ungedachte und gleichwohl Grundlegende der bisherigen Philosophie. L. stellt deshalb die Aufgabe für ein künftiges Denken dar. L. ist eng verknüpft mit Heideggers Grundfrage, der Frage nach dem Sinn von Sein, also nach dem, was Sein ermöglicht. L. bezeichnet dieses Ermöglichende in seiner Einheit und Ganzheit. Entsprechend dem Denkweg Heideggers lassen sich für die Bestimmung der L. drei Phasen unterscheiden; die Bestimmung der jeweils späteren Phase will Heidegger dabei als fundierend für die der vorhergehenden verstanden wissen: (1) In *Sein und Zeit* (1927) ist L. die ursprüngliche ↗Erschlossenheit des menschlichen Daseins. L. ist so der Inbegriff dafür, daß dem Dasein sein eigenes Sein erschlossen ist. (2) In der sogenannten Kehre des Heideggerschen Denkens wird L. dann zum Grundcharakter des Seins selbst. Sein als L. ist die ↗Unverborgenheit des Seienden, also der Spielraum, in dem allein Seiendes erscheinen oder sich verbergen kann und innerhalb dessen die Erschlossenheit des Daseins allererst möglich ist. (3) Zuletzt bestimmt Heidegger L. als das Offene oder »das Element, in dem es Sein sowohl wie Denken und ihre Zusammengehörigkeit erst gibt« (*Zur Sache des Denkens*, S. 76). – Die Frage, woher und wie es L. gibt, verweist letztlich in eine Dimension, die allem begründenden Denken und Vorstellen verborgen bleibt, in die Dimension des ↗Ereignisses; L. erweist sich als das Ergebnis des Ereignisses. Sie gibt es damit nur, insofern zur L. wesentlich Verborgenheit gehört. **Lit.:** M. Heidegger. Sein und Zeit. Tübingen [16]1986. – Ders.: Der Ursprung des Kunstwerkes. In: Ders.: Holzwege. Frankfurt [6]1980. – Ders.: Zur Sache des Denkens. Tübingen [3]1988. – E. Kettering: NÄHE. Das Denken Martin Heideggers. Pfullingen 1987. BA

**Liebe,** erschließt als geistsinnlicher Totalakt des Menschen Personen, auch die eigene, und nichtpersonales Seiendes als wert und würdig, um seiner selbst willen da zu sein. So treffen sich in der L. Erkenntnis und Anerkenntnis. Aus ihnen als Akten der Erkenntnis und des Willens wachsen die verschiedenen Weisen des Engagements, der Solidarität und Kreativität der L. Scheler vertritt die These, die der L. eigentümliche Kreativität beginne schon im Blick, mit welchem sie vor allem dem anderen Menschen begegnet. Sie läßt nämlich an ihm bisher nicht vorhandene Wertqualitäten hervortreten. Darin zeigt sich: L. will dem, was sie liebt, Zukunft eröffnen. Daher kann in ihr, wie G. Marcel betont hat, eine Hoffnung für das Geliebte frei werden, die über den Tod hinausgeht: Lieben heißt sagen, du sollst leben und nicht untergehen. L. sucht in einigen ihrer Formen das Verweilen beim Geliebten und die Vereinigung mit ihm. Damit ist nicht nur die sexuelle Vereinigung gemeint, sondern eine gemeinsame Lebensform. Sie kann nur verwirklicht werden, wenn in der Beziehung von Ich und Du etwas von Person zu Person mitgeteilt wird, an dem beide miteinander teilhaben können. Menschen, welche in einer nicht den anderen wie eine Sache besitzenden L. für einander offen sind, erfahren nach Marcel eine zweifache Präsenz: Die des anderen Menschen und in ihr die des die Menschen übersteigenden und zugleich umgreifenden Seins selbst. In ähnlichem Sinn spricht M. Buber von der »ontischen Partizipation« der »wesentlichen Beziehung«. In ihr wird im Miteinander Unbegrenztes und Unbedingtes erfahren. L. darf also nicht mit einem bloßen Gefühl verwechselt werden, wenn auch starke Gefühlsbewegungen wie Sympathie, leidenschaftliche Zuneigung, Wohlgefallen, Bewunderung, Freude usw. mit ihr verbunden sein können. In diesen Gestimmtheiten wird uns die Übereinstimmung mit dem, was wir lieben, zur in uns selbst erfahrbaren Befindlichkeit.

L. vollzieht sich immer als Lieben eines Geliebten. Darin geht der Mensch über sich hinaus. Zugleich bejaht und sucht er sich aber auch darin. Und doch meint L. das Wollen des Guten für einen anderen um seiner selbst willen. Die Spannung von Selbstliebe und selbstloser Zuwendung zum anderen findet sich bereits in der aristotelischen Lehre von der Freundschaft. Auf dem Hintergrund des biblischen Doppelgebotes der Gottes- und Nächstenliebe trat sie auch im philosophischen Denken noch schärfer hervor. Die L. als ↗Agape bedeutet für den christlichen Glauben das absolute Sein Gottes selbst und wird von daher auch im Trinitätsglauben wirksam. Wo er philosophisch reflektiert wird, erscheint die Einheit Gottes nicht nur als die des Einen gegenüber den Vielen, sondern als die im Band der L. vollzogene innergöttliche Kommunikation (Thomas von Aquin) oder als die Einheit, in der Entgegengesetztes ohne differenzloses Verfließen zur Einheit findet (Hegel). – Vorher trat L. in den Horizont philosophischen Denkens bereits bei Empedokles als Prinzip der Vereinigung ein. Durch sie finden die getrennten Elemente in den Gestalten der Welt zusammen im Gegenzug zum auflösenden Streit. So wird L. zur kosmischen Macht. Dieses Gewicht behält sie auch in Platons *Symposion*, einem Höhepunkt philosophischen Denkens über L. Der Eros, die L., wirkt Zeugung und Geburt im Schönen. Für Platon ist es das »Vollendetste und schlechthin Selige«: Auf es als das Urschöne, durch das alles andere schön ist, richtet sich der Eros. Dieser gilt Platon als Dämon, d.h. als ein Mittleres und als Vermittler zwischen Göttern und Menschen. – Platons Auffassung von L. wurde – unter verschiedenen Abwandlungen – eine große Wirkungsgeschichte bis in die Goethezeit zuteil. **Lit.:** G. Gebhardt/Ph. Seiff (Hg.): Was heißt Liebe? Frankfurt 1982. – G. Krüger: Einsicht und Leidenschaft. Frankfurt ³1963. – A. Kuhn: Liebe. Geschichte eines Begriffs. München 1972. – G. Marcel: Das ontologische Geheimnis. Stuttgart 1961. – J. Pieper: Über die Liebe. München 1972. – M. Scheler: Ges. Werke, Bd. 5 u. 7. Bern 1954 u. 1972. GS

**Linguistik** ↗Sprachwissenschaft

**Liniengleichnis,** eines der drei Gleichnisse (↗Sonnen-, ↗Höhlengleichnis), mit denen Platon im *Staat* (509d-511e) seine Ideenlehre erläutert. Anhand einer ungleich geteilten Linie verdeutlicht Platon die ontologische und erkenntnistheoretische Gliederung der Wirklichkeit. Beginnend mit dem Bereich, der der sinnlichen Wahrnehmung zugänglich ist, stehen zuunterst die Abbilder (Spiegelungen, Schatten) von empirischen Gegenständen, dann die empirischen Gegenstände selbst. Die darauf bezogenen Erkenntnisformen sind Vermuten (eikasia) und Fürwahrhalten (pistis), die nur eine Meinung (doxa), kein Wissen hervorbringen können. Dem übergeordnet ist der Bereich der nur der Vernunft zugänglichen Ideen, die untergliedert sind in mathematische Gegenstände und den eigentlich voraussetzungslosen Ideen. Ihnen entsprechen die Erkenntnisformen des Denkens (dianoia) und der Einsicht (noesis), die zu einem gesicherten Wissen (episteme) führen. Die Zwischenstellung der Mathematik beruht darauf, daß sie zwar mit idealen Konstruktionen arbeitet, diesen aber noch eine empirische Anschauung zugrundelegt. FPB

**Logik,** benennt die Grundlagen gedanklicher Ordnung. Als formale L. thematisiert sie die logischen Beziehungen innerhalb eines symbolischen Darstellungssystems. Um auszudrücken, daß sie nur Gesetze innerhalb der Symbolik aufstellt und keinerlei Aussagen über Grundgesetze des Seins, über tatsächliche Beziehungen innerhalb der Wirklichkeit macht oder Gesetze der Erfahrungswelt formuliert, spricht man von reiner L. Als Vernunftlehre tritt die L. in zweifacher Hinsicht auf: Zum einen thematisiert sie die subjektive Fähigkeit des Denkens, die normativen Denkregeln und Denkgesetze, zum anderen die objektiven Verstandesgebilde, die allgemein verbindlichen Bedeutungsbeziehungen. Beide Aspekte werden in unterschiedlicher Gewichtung zum Forschungsthema der L.: (1) In der Antike (Platon und Aristoteles) befaßt sich die L. unter dem Namen »Dialektik« mit der Analyse und Synthese von Begriffen und mit den zur Argumentationskunst zählenden Formen und Regeln gültiger Schlußfolgerungen (↗Syllogismus, ↗Logik, formale). – (2) Mit Leibniz wird das Verständnis der L. auf jede Art formgerechten Beweisgangs, auf jede Vernunftüberlegung, die kraft ihrer Form Schlüsse zieht und bei der man kein Beweisstück zu ergänzen braucht, ausgeweitet. – (3) Die Logik von Port-Royal differenziert in Elementarlehre: Lehre vom Begriff, vom Urteil, vom Schließen, und in Methodenlehre: Methoden begründeter Erkenntnis, d.h. die kunstgerechte Behandlung der Elementarlehre zur Erzeugung einer systematischen Wissenschaft. Die Wissenschaftslehre behandelt den Inbegriff derjenigen Regeln, nach denen wir in den Einzelwissenschaften vorzugehen haben. – (4) Die in entwickelter Form von Frege inaugurierte moderne L. trägt dem Umstand Rechnung, daß das für die traditionelle L. vorherrschende Urteilsschema (einem Subjekt wird ein Prädikat zugesprochen) zwar für Eigenschaften und für Klassen geeignet ist, aber nicht eine angemessene Darstellung von Beziehungen, die in der Verknüpfung von zwei oder mehreren Gliedern bestehen, ermöglicht. Durch die Einführung einer Symbolik wird eine Form der Darstellung geschaffen, durch welche Begriffe und Aussagen und die Regeln ihrer Verknüpfung präzise festgelegt werden: (a) Frege zeigte, daß eine logische Kunstsprache (↗künstliche Sprache) möglich ist, in der alle logisch relevanten Formen von Sätzen eindeutig ausgedrückt werden können. Dabei beschränkte er sich auf die Grundsymbole der Negation (eines Satzes), das Wenn-dann-Verhältnis (↗Implikation) zweier Aussagen sowie auf ein Zeichen für Allgemeingültigkeit eines Ausdrucks der Form ›x ist ein F‹, wobei x eine Variable für Gegenstände und F eine Variable für Prädikate ist. (b) Er leistete eine Klärung der logischen Zusammenhänge im Bereich der elementaren Prädikation, indem er zum einen auf die grundlegenden Unterschiede zwischen Merkmalen und Eigenschaften hinwies: die Merkmale von Begriffen sind Eigenschaften von Gegenständen, die Eigenschaften Merkmale möglicher Begriffe, und indem er zum anderen zwischen Begriffen erster und zweiter

Stufe differenzierte: dem Fallen eines Gegenstandes unter einen Begriff, die Unterordnung von Begriffen unter andere Begriffe, die Einordnung eines Begriffs unter einen Begriff zweiter Stufe. (c) Ihm ist die Grundlegung einer philosophischen ↗Semantik zuzuschreiben: Neben dem Zeichen (dem sprachlichen Ausdruck) und der gemeinten Sache (dem Gegenstand) führt er als notwendigen dritten Bestandteil den Sinn eines solchen Ausdrucks ein. Den Sinn definiert er als die Gegebenheitsweise des Gegenstandes, die Bedeutung als den Bezugsgegenstand (↗Referenz). Die Bestimmung der Bedeutung und des Sinnes von ganzen Sätzen führt zur Bestimmung von ↗Wahrheitswerten. Die Bedeutung eines Satzes muß nach Frege dasjenige sein, das sich nicht verändert, wenn wir beliebige Teilausdrücke ersetzen. Es läßt sich zeigen, daß bei solchen Veränderungen der Wahrheitswert erhalten bleibt. Die damit verbundene Analyse des Begriffs weist diesen als eine ↗Funktion aus, deren Wert für jedes ↗Argument ein Wahrheitswert ist. Begriffe sind Funktionen besonderen Typs, folglich keine selbständigen Gegenstände, sondern ungesättigte Entitäten, die ihre natürliche Erfüllung erfahren, wenn sie von Gegenständen prädiziert werden. (d) In dem Logikkalkül werden die logischen Folgerungen, wie sie von der traditionellen formalen L. untersucht wurden, auf rein formale Weise, d. h. ohne Rückgriff auf die Bedeutung der sprachlichen Ausdrücke, durch schematische Regeln aus einfachen logischen Folgerungen der Reihe nach hergestellt. Die von ihm geleistete vollständige Kalkülisierung lieferte eine L. in Gestalt eines Satzkalküls, weil logisch wahre Aussageschemata aus gewissen einfachen, logisch wahren Aussageschemata erzeugt werden. Ihren Niederschlag findet diese Form der L. in der ↗Aussagenlogik und ↗Prädikatenlogik. Im Anschluß an und aus der Kritik an Frege entwickelte Russell seine ↗Typenlogik. – (5) Die von Kant in Abgrenzung zur formalen L. eingeführte transzendentale L. zielt darauf ab, die Begriffe von »Gegenständen überhaupt« als Bedingungen möglicher Erkenntnis auszuweisen, wobei diese Begriffe nicht auf empirischem Wege gewonnen werden können, da sie immer schon für jede Erfahrung in Anschlag zu bringen sind. – (6) Hinsichtlich der Darstellungsformen, Begründungsweisen und spezifischen Teilbereiche entwickelt sich die moderne L. in eine Vielzahl unterschiedlicher Positionen: (a) Neben der axiomatischen Darstellung Freges besteht in der dialogischen L. ein von P. Lorenzen erarbeitetes Begründungsverfahren, das anstelle der dem semantischen Aufbau der L. zugrundeliegenden Charakterisierung nach »wahr-falsch« und anstelle des syntaktischen Aufbaus mit Hilfe von Logikkalkülen einen pragmatischen Aufbau vorsieht, nämlich die Charakterisierung der Aussagen durch ein endliches, in entscheidbaren Schritten verlaufendes Argumentationsverfahren. (b) Bezüglich der logischen Gesetze bringt die intuitionistische L. bzw. die konstruktive L. eine Kritik an der Zweiwertigkeit »wahr-falsch« und an der Allgemeingültigkeit des »tertium-non-datur«-Prinzips an. Dem setzt sie den Grundgedanken entgegen, der Beweis sollte grundsätzlich durch gedankliche Konstruktionen erbracht werden. (c) Hinsichtlich der Ausdrucksmittel werden spezifische L.en entwickelt: die Einbeziehung der Modalitäten führt zu einer ↗Modallogik, die Einbeziehung zeitlicher Indikatoren zu einer temporalen L., in der die Wahrheitswerte von Propositionen in ihrer Abhängigkeit von Zeiten behandelt werden, die Einbeziehung der Sollensoperatoren zur ↗deontischen L., die Einführung von Gebrauchskontexten zur topologischen L., die die Wahrheitswerte von Sätzen in Abhängigkeit von Gebrauchskontexten bestimmt. (d) Hinsichtlich der epistemischen Kontexte unterzieht die epistemische L. die Begriffe des Wissens und Glaubens einer logischen Analyse. (e) In bezug auf die induktiven Schlüsse (↗Induktion) und den Bewährungsgrad von Hypothesen widmet die induktive L. dem Problem ihre Aufmerksamkeit, daß bei induktiven Argumenten der Inhalt der Konklusion nicht vollständig in dem der Prämisse enthalten ist, sondern unser Wissen vom Einzelfall aus auf eine generelle Hypothese hin erweitert wird. Carnap (↗Wiener Kreis) erörtert dazu Bestätigungsmethoden und Adäquatheitskriterien. **Lit.:** G. Frege: Logische Untersuchungen. Göttingen 1966. – Ders.: Funktion, Begriff, Bedeutung. Göttingen [3]1969. – F. v. Kutschera: Elementare Logik. Wien 1967. – G. Patzig: Die Aristotelische Syllogistik. Göttingen [2]1969. – W. V. O. Quine: Grundzüge der Logik. Frankfurt 1974. PP

**Logik der Spezies** (jap.: shû no ronri), von H. Tanabe (↗Kyôto-Schule) ab 1932 entwickelt, betont im Gegensatz zur traditionellen Logik das Besondere (Spezies, Volk) als Substrat, welches das Allgemeine (Welt, Menschheit) und das Einzelne (Ding, Individuum) in der geschichtlichen Welt vermittelt. Praktisch gesehen geschieht die Vermittlung durch das Volk als die Spezies, logisch gesehen ist die Vermittlung »absolute Vermittlung«, da keines der drei Momente unmittelbar absolut gesetzt ist. **Lit.:** J. Laube: Dialektik der absoluten Vermittlung. Freiburg 1984. RE

**Logik, deontische,** auch Logik des Normativen, Anwendung der formalen ↗Logik auf das Gebiet des Normativen. In Anlehnung an die ↗Modallogik und deren ↗Operatoren (notwendig, möglich, nicht-möglich, kontingent) werden als deontische Operatoren »ist erlaubt«, »ist verboten«, »ist indifferent« eingeführt. Der propositionale Teil einer Normaussage beinhaltet keinen Sachverhalt, sondern ist als Bezeichnung für Handlungstypen zu verstehen. Der Grundbegriff der Deontik ist »p soll sein« (oder »p ist geboten«), der mittels eines logischen Satzoperators »O« (für »obligatorisch«) durch »Op« wiedergegeben werden kann. Der Operator »O« wird formal wie ein Modaloperator behandelt. Er kann definitorisch zurückgeführt werden auf den Operator »P«: Op kann als Abkürzung für »non-p non P« (nicht-p ist nicht erlaubt) verstanden werden. V. Wright wählt als Grundoperator den Operator »P« (für »permissio«) für »erlaubt sein« und führt zwei grundlegende Axiome ein: das Prinzip der Erlaubtheit und das Prinzip der deontischen Distribution. Das Prinzip der Erlaubtheit besagt, daß eine Handlung oder ihr Gegenteil erlaubt ist (Abk.: Pp oder non-Pp); das Prinzip der deontischen Distribution besagt, daß zwei Handlungen p oder q nur dann erlaubt sind, wenn entweder p oder q oder beide erlaubt sind (Abk.: »P(p oder q)« dann und nur dann, wenn »Pp oder Pq«). Als deontische Regel gilt: Wenn »p« und »q« logisch äquivalent sind, so sind auch »Pp« und »Pq« logisch äquivalent. Diese Ersetzungsregel gestattet es, elementare deontische Aussagen, die mit dem Operator »P« beginnen, wechselseitig füreinander einzusetzen, wenn die fraglichen Handlungen durch logisch äquivalente Aussagen beschrieben werden. – Die d. L. dient der Analyse normativer Aussagen, um die Argumentationsstruktur von Handlungsbegründungen und die Rationalität von zielgerichtetem Handeln aufzuzeigen. Im Vordergrund steht die Analyse des formalen Problems, wie normative Aussagen untereinander und mit anderen Aussagen so verknüpft werden können, daß diese Verknüpfung Anspruch auf allgemeine Verbindlichkeit erheben kann. Die d. L. wird in diesem Verständnis als eine Logik präskriptiver Sätze aufgefaßt, d.h. die Ausdrücke »es ist geboten, daß...«, »es ist verboten, daß...« werden in einem normativen Sinne verstanden. In einem anderen Verständnis wird die d.L. als deskriptive d. L. aufgefaßt, d.h. deontische Aussagen sind als elliptische Feststellungen zu verstehen, in denen vom Gebotensein, Erlaubtsein, Verbotensein seitens irgendwelcher Institutionen oder personaler Autoritäten die Rede ist. Dazu müßten die normsetzenden Mächte (Normquelle) und die Normadressaten mitaufgeführt werden. **Lit.:** F. v. Kutschera: Einführung in die Logik der Normen, Werte und Entscheidungen. Freiburg/München 1973. – W. Stegmüller: Hauptströmungen der Gegenwartsphilosophie. Bd. II. Stuttgart 1975. S. 156ff. – H. v. Wright: Handlung, Norm und Intention. Untersuchungen zur deontischen Logik. Berlin u.a. 1977. PP

**Logik, elementare Gesetze der.** Dazu zählen der Satz von der ↗Identität, der Satz vom ausgeschlossenen ↗Widerspruch, der Satz vom ↗ausgeschlossenen Dritten und der Satz der ↗Kontravalenz. PP

**Logik, formale,** Theorie der logischen Verbindung und logischen Folgerung von Aussagen. (I) Die traditionelle f. L. stellt die in der Syllogistik behandelten speziellen Aussageverknüpfungen in den Vordergrund. Ein ↗Syllogismus ist ein Schluß von zwei Prädikataussagen auf eine dritte: (1) Alle M sind G, (2) alle K sind M, (3) Konklusion: Also sind alle K auch G. Die Prämissen und der Schlußsatz enthalten insgesamt drei Prädikate: der Term, der im Schlußsatz das Prädikat darstellt (G), wird als ›maior‹ und der ihn einführende Satz als ›Obersatz‹ bezeichnet, der Term, der im Schlußsatz das Subjekt darstellt, wird als ›minor‹, und der ihn einführende Satz als ›Untersatz‹ bezeichnet. Zur Gültigkeit der Schlußformen werden fünf Regeln angeführt: (1) Es dürfen nur drei verschiedene Terme vorkommen, wobei der Mittelterm nicht in der Konklusion auftreten darf; (2) der vermittelnde Term muß in beiden Prämissen denselben Inhalt haben und mindestens in einer Prämisse universell (bejahend oder verneinend) sein; (3) zwei affirmative Prämissen können keinen negativen Schluß ergeben; (4) wenn eine Prämisse negativ ist, dann auch der Schlußsatz; (5) aus zwei negativen Prämissen ergibt sich kein gültiger Schluß.

(II) Diese inhaltlich verstandenen Schlußregeln der Logik wurden beginnend mit Leibniz und in entwickelter Form bei Frege nach Art der Rechenregeln der Arithmetik formalisiert und in Logikkalküle gefaßt. Die moderne f. L. reduziert die inhaltlichen Aussagen auf Aussageschemata, also nur auf den schematischen Aufbau ohne Bezug auf die Bedeutung der Aussage. Damit geht die Symbolisierung der Aussageschemata und der als logischen Partikel verwendeten Zeichen einher. In der ↗Aussagenlogik werden mit Hilfe von Wahrheitstafeln (↗Wahrheitswert) die Aussageschemata und deren junktorenlogische Verknüpfung nach »wahr« und »falsch« bestimmt, so daß auch das zusammengesetzte Aussageschema wieder wahrheitsdefinit ist. Als logische Partikel gelten dabei die Negation, die Adjunktion, die Konjunktion und die Implikation. In der ↗Prädikaten- oder Quantorenlogik werden die nach dem Subjekt-Prädikat-Schema zerlegten Aussagen mit einem Allquantor oder Existenzquantor (↗Quantor) versehen, um deren Status als ↗Allaussage oder ↗Existenzaussage zu kennzeichnen. PP

**Logik, intensionale,** Zweig der formalen Logik, der die in Verbindung mit intensionalen Phänomenen oder bei nicht ausschließlich extensionaler Deutung entstehenden logischen Gesetzmäßigkeiten untersucht. Der vermutlich erste systematische Versuch einer i.n L. stammt von Leibniz, der zwar eine extensionale, auf Begriffsumfängen beruhende Deutung der Logik kannte, jedoch die intensionale, begriffsinhaltliche Deutung in Übereinstimmung mit der philosophischen Tradition bevorzugte. Die moderne i.L. nimmt ihren Ausgang in der Beobachtung, daß die wahrheitsfunktionale Deutung logischer Konstanten nicht zur Darstellung aller intuitiv-logischen Zusammenhänge ausreicht. So entwickelte C.I. Lewis die moderne ↗Modallogik aus dem Bestreben, den inhaltlichen Begriff logischer Folgerung, der nicht durch die materiale ↗Implikation wiedergegeben werden kann, durch eine *notwendige* materiale Implikation darzustellen. – Die sprachlogischen Interessen der analytischen Philosophie führten, auch in Verbindung mit wissenschaftstheoretischen Problemen, zu einer eingehenden Beschäftigung mit solchen sprachlichen Partikeln, die den Wahrheitswert einer Aussage in Abhängigkeit zu einer sprachlichen oder begrifflichen, also inhaltlichen, Darstellungsweise setzen, im Unterschied zu einer rein extensionalen, nur das jeweils Bezeichnete berücksichtigenden Funktionalität. Solche Partikel sind etwa die Formulierungen »es ist notwendig/möglich, daß_«, »Person P glaubt, daß_«, aber auch nicht-wahrheitsfunktionale Aussagenverknüpfungen wie »während« oder »weil«. Demgemäß fallen unter die i.L. u. a. Modallogik, epistemische Logik, temporale Logik, deontische Logik, Konditionallogik, aber auch Relevanzlogik. Häufig werden als i.L. nur solche logischen Systeme bezeichnet, für die sich die grundlegenden Techniken in der Modallogik finden und die in der Praxis dadurch charakterisiert sind, daß sie zusätzlich zu den klassisch logischen Konstanten Aussageoperatoren oder Junktoren einführen, die nicht im Rahmen der klassischen Logik definierbar sind. Sofern man nicht auf einer grundsätzlichen, etwa mit der ↗Extensionalitätsthese verbundenen Ablehnung der i.n L. besteht, kann sie deshalb prinzipiell als der Versuch einer Erweiterung der klassischen Logik verstanden werden. Dabei bleiben solche Systeme weitgehend unerfaßt, die sich wie die ↗intuitionistische Logik oder die Relevanzlogik als Alternative zur klassischen Logik verstehen und eine abweichende Deutung der in der klassischen Logik verwendeten logischen Konstanten vorschlagen. – Die semantische Darstellung einer i.n L. erfolgt aufgrund der vorherrschenden Verwendung mengentheoretischer oder algebraischer Mittel meist in einem extensionalen Rahmen. Verschiedentlich wird deshalb die Ansicht vertreten, die i. L. sei im wesentlichen eine höherstufige Prädikatenlogik (intensionale ↗Semantik). **Lit.:** J. van Benthem: A Manual of Intensional Logic. Stanford [2]1988. UM

**Logik, intuitionistische,** die im Rahmen des Intuitionismus entwickelte formale Logik. Der Intuitionismus ist eine, vornehmlich von Brouwer begründete, konstruktivistische Position in der Philosophie der Mathematik, die Anfang des 20. Jh. als Reaktion auf die durch die logischen Antinomien ausgelöste Grundlagenkrise der Mathematik entstand. Er ist gekennzeichnet durch die Auffassung von Mathematik als schöpferischer, geistiger Tätigkeit, die auf einer ›Ur-Intuition‹ beruht, der etwa die natürlichen Zahlen entspringen, und durch die mathematische Objekte und Sachverhalte erst konstruiert werden. Diese bestehen also nicht unabhängig vom menschlichen Denken und Erkennen. Daraus ergibt sich eine Ablehnung des Aktual-Unendlichen. Unendlichkeit besteht in unbegrenzter Fortsetzbarkeit und ist damit potentielle Unendlichkeit. Diesen finitistischen Standpunkt teilt der Intuitionismus mit dem Formalismus der Hilbertschen Schule, als dessen Gegenposition er sich verstand. Im Unterschied zu letzterem sieht der Intuitionismus das Wesen der Mathematik nicht im kalkülmäßigen Operieren mit ansonsten bedeutungslosen Zeichenfolgen. Für die i. L. bedeutet die Kritik am Aktual-Unendlichen eine Änderung des Wahrheits- wie des Existenzbegriffs gegenüber der klassischen Logik. Intuitionistisch wird Wahrheit als Beweisbarkeit und Existenz als effektive Konstruierbarkeit verstanden. Dies führt zu der, für die i. L. charakteristischen, Preisgabe des tertium non datur, $A \vee \neg A$. Damit ist die klassische Tautologie $\neg\neg A \rightarrow A$ intuitionistisch ebenfalls nicht beweisbar. Umgekehrt ergibt sich die klassische Logik aus der intuitionistischen durch Hinzunahme des tertium non datur. Ebenso werden indirekte Existenzbeweise, wie etwa die Ableitung eines Widerspruchs aus der Annahme der Nichtexistenz, intuitionistisch nicht anerkannt. Die i. L. ist somit (echt) enthalten in der klassischen Logik, d. h. jede intuitionistisch beweisbare Formel ist auch klassisch beweisbar, aber nicht umgekehrt. Allerdings gilt, daß, wenn A klassisch beweisbar ist, dann $\neg\neg A$ in der i.n L. beweisbar ist.

Die erste vollständige Formalisierung der i.n L. stammt von Heyting (1930). Eine nur geringfügig schwächere Axiomatisierung wurde jedoch bereits 1925 von Kolmogorow vorgeschlagen. Nach diesen Darstellungen in Form axiomatischer Hilberttypkalküle gelang Gentzen 1934 eine Formalisierung der i.n L. durch einen Sequenzenkalkül und einen Kalkül des Natürlichen Schließens, die dem epistemischen Charakter der i.n L. angemessener erscheinen. Bemerkenswert ist die Tatsache, daß der intuitionistische Sequenzenkalkül aus dem klassischen gewonnen werden kann, indem nur Sequenzen zugelassen werden, die im hinteren Teil, dem Sukzedens, aus höchstens einer Formel bestehen.

Der semantische Aufbau der i.n L. gestaltete sich schwieriger. Einem Ergebnis von Gödel zufolge (1932) ist es nicht möglich, die i. Aussagen-L. durch Bewertungen mit endlich vielen Wahrheitswerten zu charakterisieren. Zudem sind (nach einem Resultat von McKinsey, 1939) die Junktoren der i.n L. voneinander unabhängig, also nicht wechselseitig auseinander definierbar. Die in den dreißiger Jahren entwickelte algebraische Semantik der i.n L. legte jedoch eine topologische Interpretation für die i.L. nahe. Formal ergibt sich diese aus dem Umstand, daß die offenen Punkte eines topologischen Raumes das klassische Beispiel sog. Heytingalgebren sind, mit denen die algebraische Struktur der i.n L. dargestellt wird. Da gewisse modallogische Systeme ebenfalls eine topologische Deutung erlauben, ergibt sich daraus die interessante Möglichkeit der Übersetzung der i.n L. in die ↗Modallogik. Die naheliegendste Übertragung gelingt hierbei in das modallogische System S4, für dessen Modalitäten dadurch gleichzeitig eine Beweisbarkeitsinterpretation gegeben wird (Notwendigkeit wird dann verstanden als »beweisbar mit korrekten logischen Mitteln«). Eine solche Übertragung wurde 1932 von Gödel formuliert und 1948 von McKinsey und Tarski streng bewiesen. Indirekt resultiert aus dem Zusammenhang von i.r L. und Modallogik auch ein semantischer Aufbau der i.n L. Die durch Kripke Mitte der sechziger Jahre entwickelte Semantik für die i.L. ist im wesentlichen eine Semantik der möglichen Welten, wie sie, ebenfalls v. a. von Kripke, zuerst für die Modallogik vorgeschlagen wurde. Formal weitgehend ähnliche Ansätze wurden einige Jahre zuvor von Beth und, etwa zeitgleich mit Kripke, von Grzegorczyk vorgeschlagen. Grundsätzlich soll dabei, wie Grzegorczyk meint, die i.L. als die Logik wissenschaftlicher Forschung betrachtet werden, die klassische Logik dagegen als die Logik eines ontologischen Standpunktes. Inwieweit die Kripke-Semantik der epistemischen Motivation der i.n L. allerdings gerecht wird, ist eine noch offene Frage. Anschaulich wird der klassische Wahrheitsbegriff dabei ersetzt durch die ›Wissenszustände‹ oder ›Informationsstadien‹ eines idealen Forschers, der sich weder mit dem Erwerb neuen Wissens irrt, noch früheres Wissen vergißt (und damit eine gewisse Monotonie-Eigenschaft besitzt). Dies führt formal (für den aussagenlogischen Fall) zu sog. Kripke-Modellen $M = \langle W, \leq, V\rangle$, bestehend aus einer nicht-leeren Menge W (anschaulich die genannten Informationsstadien), einer Halbordnung ≤ auf W und einer Funktion V, die jedem Element w von W eine Menge der in w ›gewußten‹ oder ›ermittelten‹ Elementaraussagen (also Atomformeln) zuordnet derart, daß für $w \leq w'$ V(w) eine Teilmenge von V(w') ist. Die semantische Grundrelation $M \models_w A$ – lies: w erzwingt A (in M) –, die die klassische Erfüllungsrelation ersetzt, wird induktiv definiert durch:

(1) für eine Atomformel p: $M \models_w p$ genau dann, wenn $p \in V(w)$
(2) $M \models_w A \wedge B$ gdw $M \models_w A$ und $M \models_w B$
(3) $M \models_w A \vee B$ gdw $M \models_w A$ oder $M \models_w B$
(4) $M \models_w A \rightarrow B$ gdw für alle w' mit $w \leq w'$: wenn $M \models_{w'} A$, dann $M \models_{w'} B$
(5) $M \models_w \neg A$ gdw für kein w' mit $w \leq w'$: $M \models_{w'} A$.

Für die Prädikatenlogik müssen zusätzliche Regeln für die in dem durch die Informationsstadien dargestellten Forschungsprozeß ›konstruierten‹ Objekte formuliert werden, die garantieren, daß einmal konstruierte Objekte auch auf allen späteren Stufen zur Verfügung stehen.

Relativ zu der skizzierten Semantik läßt sich die Vollständigkeit ebenso wie Korrektheit der i.n L. beweisen. Dabei ist allerdings zu bemerken, daß die Vollständigkeitsbeweise für die i. Prädikaten-L. ursprünglich selbst nicht konstruktiv bzw. intuitionistisch formuliert waren. Dies liegt an der generell nicht konstruktiven Natur von Vollständigkeitsbeweisen, die zeigen, daß es für jede semantisch gültige Formel einen Beweis gibt, ohne eine solchen auch tatsächlich immer zu konstruieren, wie es für den intuitionistischen Existenzbegriff erforderlich wäre. Erst 1974 gelang durch Veldman ein intuitionistisch annehmbarer Vollständigkeitsbeweis für die i.L. mit Hilfe einer modifizierten Kripke-Semantik. – Die i. Aussagen-L. ist ebenso wie die klassische entscheidbar. Anders als im klassischen Fall ist allerdings bereits die monadische i. Prädikaten-L. nicht mehr entscheidbar.

Neben ihrer ausgeprägten epistemischen Motivation ist die i. L. philosophisch auch deshalb von Bedeutung, weil sie einen naheliegenden Ausgangspunkt für die Untersuchung der verschiedenen strukturellen Eigenschaften logischer Systeme darstellt. So liegen etwa zwischen der intuitionistischen und der klassischen Aussagenlogik überabzählbar viele sog. intermediäre Logiken, die als distributiver Verband angeordnet werden können. – Die i.L. ihrerseits ist eine echte Erweiterung des sog. Minimalkalküls von Johansson, aus dem sich die i. L. durch Hinzunahme des Axioms $\neg p \rightarrow (p \rightarrow q)$ ergibt. In jüngster Zeit wird ein wachsendes Interesse der theoretischen Informatik an der i.n L. sichtbar, die sich, entsprechend ihrer epistemischen Motivation, als eine Logik der Informationsstrukturen verstehen läßt. So versteht sich die in den letzten Jahren von J. Girard vorgeschlagene lineare Logik als eine das konstruktivistische Element der i.n L. noch verstärkende Logik. – Auf der Grundlage der i.n L. wurde eine formale Darstellung der intuitionistischen Mathematik bis hin zur Analysis gegeben. Diese sieht sich allerdings der Schwierigkeit gegenüber, zahlreiche, für die klassische Mathematik konstitutive Begriffe wegen ihres nicht-konstruktivistischen Charakters nicht benützen zu können. Hierzu zählt u. a. der übliche Mengenbegriff, der faktisch eine Etablierung des Aktual-Unendlichen bewirkt. **Lit.:** M. Dummett: Elements of Intuitionism. Oxford 1977. – M. Fitting: Intuitionistic Logic, Model Theory and Forcing. Amsterdam 1969. – A. Troelstra/D. van Dalen: Constructivism in Mathematics. Amsterdam 1988. UM

**Logik, mehrwertige** (many-valued logic). Der Begriff umfaßt Theorien der Logik, und zwar insbesondere der dreiwertigen Logik, denen die Auffassung gemeinsam ist, daß atomare Aussagen, einen von mehr als zwei ↗Wahrheitswerten haben können. Nach der klassischen, zweiwertigen Logik sind Aussagen entweder wahr oder falsch, d. h. daß jede Aussage genau einen dieser beiden Wahrheitswerte haben muß. Man bezeichnet dieses Prinzip als Zweiwertigkeitsprinzip oder auch, nach J. Lukasiewizc, als Bivalenzprinzip oder Zweiwertigkeitssatz. Im Unterschied zur klassischen Logik geht man in der dreiwertigen Logik, die von Lukasiewizc (1920) und E. L. Post (1921), unabhängig voneinander, begründet worden ist, davon aus, daß man atomaren Aussagen neben den Wahrheitswerten »wahr« und »falsch« einen dritten Wahrheitswert »unbestimmt« zusprechen kann. Den entscheidenden Anknüpfungspunkt bildet für Lukasiewizc das von Aristoteles im 9. Kap. seiner Schrift *De interpretatione* erörterte Problem des Wahrheitswertes von Aussagen über kontingent-zukünftige Ereignisse. Aristoteles setzt sich dort mit der Frage auseinander, ob Aussagen über Ereignisse, die in der Zukunft sowohl eintreten als auch ausbleiben können, bereits in der Gegenwart einen Wahrheitswert haben, auf die er nach der sog. traditionellen Deutung eine verneinende Antwort gibt. Lukasiewizc hat sich nun durch die Aristotelischen Überlegungen zur Entwicklung eines dreiwertigen aussagenlogischen Systems inspirieren lassen. In der Sprachanalyse lassen es die Vagheit der umgangssprachlichen Begriffe und ebenso das Problem der leeren Kennzeichnungen sinnvoll erscheinen, einen dritten Wahrheitswert anzunehmen (U. Blau). Zu den weiteren Problemen, die zur Entwicklung einer m.L. Anlaß gegeben haben, gehören in erster Linie in der Mathematik solche Aussagen, für die es kein Entscheidungsverfahren gibt (S. C. Kleene), das Problem der unbestimmten Aussagen in der Quantentheorie und das Problem des Verhältnisses zwischen Wahrheit und Wahrscheinlichkeit. In der mathematischen Theorie mehrwertiger Logiken spielt der Begriff der logischen Matrix eine zentrale Rolle, der es erlaubt, mehrwertige junktorenlogische Systeme in großer Allgemeinheit auf mathematisch-algebraische Weise zu behandeln. So lassen sich auch für m.L.en Begriffe wie Tautologie, Folgerung etc. definieren. Die Funktion, die der Wahrheitswert wahr in der klassischen Logik erfüllt, wird in der m.L. von den sog. »ausgezeichneten« Wahrheitswerten übernommen. **Lit.:** U. Blau: Die dreiwertige Logik der Sprache. Ihre Syntax, Semantik und Anwendung in der Sprachanalyse. Berlin u. a. 1978. – N. Öffenberger: Zur Vorgeschichte der mehrwertigen Logik in der Antike. Hildesheim 1990. – N. Rescher: Many-Valued Logic. New York 1969. – P. Rutz: Zweiwertige und mehrwertige Logik. Ein Beitrag zur Geschichte und Einheit der Logik. München 1973. JH

**Logik, modale** ↗ Modallogik

**Logische Analyse,** bezieht sich auf Begriffe, Sätze, Beweise, Hypothesen, Theorien der Wissenschaft und die wissenschaftliche Erkenntnis. (1) Die l. A. der Erkenntnis untersucht, wie Begriffe und Aussagen untereinander logisch zusammenhängen, wie Begriffe in anderen eingeschlossen sind, wie Aussagen sich auseinander ableiten lassen. Sie enthält Fragen der Art: Haben zwei verschieden definierte Begriffe $B_1$ und $B_2$ dieselbe Bedeutung? Haben die beiden verschieden lautenden Sätze $S_1$ und $S_2$ denselben Sinn? Folgt der Satz $S_2$ aus dem Satz $S_1$ rein logisch oder aufgrund eines Naturgesetzes? Ist die Theorie $T_1$ mit der Theorie $T_2$ verträglich oder nicht? (2) Da die wissenschaftliche Erkenntnis nur in sprachlicher Form, in Begriffen und Sätzen, gegeben ist, bedarf es auch einer l. A. der Sprache: wie die Tatsachen durch Begriffe und Aussagen in der Sprache dargestellt werden. Insofern stellt die l. A. der Sprache das Aufgabengebiet der Wissenschaftslogik dar. Dabei wird die Sprache nur hinsichtlich ihrer Darstellungsfunktion thematisiert: Sprache ist in diesem Sinn Darstellung eines Sachgebietes durch ein System von Zeichen. Zeichen haben eine Bedeutung und beziehen sich auf Begriffs- und Aussagegehalte. Die l. A. der Sprache ist durch die Annahme begründet, daß sich in der Struktur der Sprache die Struktur der Gedanken zeigt. Sprache als Zeichensystem läßt sich unter zwei Gesichtspunkten betrachten: (1) daraufhin, daß sie etwas darstellt und was sie darstellt, d. h. auf den Bedeutungsgehalt des Zeichens, die semantische Funktion hin, (2) daraufhin, auf welche Weise sie etwas darstellt, d. h. auf die Art der Kombination der Zeichen, die syntaktischen Regeln hin. **Lit.:** V. Kraft: Der Wiener Kreis. Der Ursprung des Neopositivismus. Wien 1950. S. 21 ff. – F. Waismann: Was ist logische Analyse? In: Erkenntnis 8 (1939/40). S. 265 f. PP

**Logische Konstante** ↗ Logische Partikel

**Logische Partikel,** auch logische Konstanten, umfassen die Junktoren der formalen Logik: Negation, Konjunktion, ↗ Disjunktion oder Adjunktion (nicht-ausschließendes »oder«), Subjunktion oder materiale ↗ Implikation (wenn-so), konverse Subjunktion (»nur, wenn«), Subtraktion (»aber nicht«), Äquivalenz (»genau dann, wenn«), die ausschließende Disjunktion oder ↗ Kontravalenz und die Quantoren: Allquantor und den Einsquantor oder Existenzquantor. ↗ Allaussage, ↗ Existenzaussage. PP

**Logische Syntax,** handelt von Begriffen und Beziehungen, die sich allein mittels der Art und Anordnung der in den ↗ Formeln vorkommenden Zeichen einführen lassen, z. B. die formalen Regeln des Schließens und der mit ihrer Hilfe definierbare Begriff der Ableitung. PP

**Logischer Empirismus** (↗ Wiener Kreis), eine philosophische Position, die aus ihrer Orientierung an den Naturwissenschaften heraus den Anspruch an Rationalität in der Philosophie sicherzustellen sucht durch Eingrenzung derjenigen Begriffe und Sätze, die als sinnvoll bzw. intersubjektiv verständlich anzusehen sind. Dies ist nur für solche Begriffe gegeben, über deren Anwendbarkeit man – abgesehen von den formalen Begriffen der Logik und Mathematik – in jedem konkreten Fall allein mit Hilfe von Beobachtungen entscheiden kann, und nur für solche Sätze gegeben, die nach wahr oder falsch beurteilbar sind: Beschreibende Aussagen werden durch Beobachtung und Wahrnehmung als wahr oder falsch ausgewiesen, Aussagen der Logik und Mathematik als analytische, d. h. sich allein aus dem Sinn der verwendeten Ausdrücke ergebende Wahrheit oder Falschheit. Entsprechend formulieren das Sinntheorem und das ↗ Basistheorem die Grundannahmen für alle philosophischen Aussagen: Das Sinntheorem besagt, daß nur deskriptive, tautologische und kontradiktorische Sätze (↗ Deskription, ↗ Tautologie, ↗ Kontradiktion) als sinnvolle sprachliche Zeichenfolgen gelten können und alle anderen als sinnlos anzusehen sind. Das Basistheorem besagt, daß alle empirischen Aussagen oder Ausdrücke auf die Beobachtungsbasis reduziert werden müssen bzw. daß die Basis eines wissenschaftlichen Systems durch den Bezug der undefinierten Grundbegriffe auf unmittelbar Aufweisbares sicherzustellen ist. Die Wissenschaftlichkeit der Philosophie soll dadurch gewährleistet werden, daß auch für die philosophischen Aussagen genaue Überprüfungskriterien aufgestellt werden. Wo eine Benennung solcher Kriterien nicht möglich ist, sind die betreffenden Fragen aus der Klasse der sinnvollen Fragen als Scheinprobleme auszusondern. Die Eingrenzung der wissenschaftlich akzeptierten Aussagen auf entweder rein logisch begründbare oder auf solche zumindest im Prinzip empirisch überprüfbare Aussagen soll intersubjektiven Gültigkeitskriterien Genüge leisten. In der Konsequenz dieser Theoreme liegt einerseits die Abgrenzung zu anderen philosophischen Positionen, indem die (nichtempirischen) Sätze der Metaphysik als Scheinsätze abqualifiziert werden, und andererseits die Ausrichtung der Philosophie auf die Wissenschaftslogik und die programmatische Forderung einer ↗ Einheitswissenschaft. Die Kritik an der Metaphysik beinhaltet eine Absage an Versuche mancher Philosophien, durch begriffliche Konstruktionen und ohne empirische Überprüfung Aufschluß über die Beschaffenheit und die Gesetze der wirklichen Welt zu gewinnen. – Von dem von Mill und Spencer vertretenen Empirismus unterscheidet sich der l. E. darin, daß er nicht dessen Ansicht teilt, alle Erkenntnis und Wissenschaft, auch die Gesetze der Logik und Mathematik, seien aus der Erfahrung abzuleiten und zu begründen. Für die Sätze der Logik und Mathematik beansprucht er vielmehr analytische Geltung, d. h. diese sind bereits auf Grund der Definitionen der Begriffe, aus denen sie bestehen, bzw. auf Grund ihrer logischen Form als wahr oder falsch erkennbar. – Das Gelingen des l.n E. als erkenntnistheoretische Position hängt von der befriedigenden Klärung der kognitiven Sinnhaftigkeit (↗ Signifikanz), der Beobachtungsbasis, der ↗ Basissätze und des Verhältnisses von Beobachtungs- und Theoriesprache ab. **Lit.:** R. Carnap/H. Hahn/O. Neurath: Wissenschaftliche Weltauffassung – der Wiener Kreis. Wien 1929. – R. Haller: Neopositivismus. Eine historische Einführung in die Philosophie des Wiener Kreises. Darmstadt 1993. – V. Kraft: Der Wiener Kreis – Der Ursprung des Neopositivismus. Wien 1968. – M. Schlick: Die Wende der Philosophie. In: Gesammelte Aufsätze. Hildesheim 1969. S. 31–39. – W. Stegmüller: Hauptströmungen der Gegenwartsphilosophie. Stuttgart [4]1969. S. 346–428. PP

**Logistik** (Leibniz), ein seit L. Couturat gebräuchlicher Ausdruck zur Bezeichnung des von Leibniz entworfenen Projekts einer rein rechnenden Einheitswissenschaft, der mathesis universalis. Leibniz verstand darunter grob einen umfassenden Kalkül zur Beurteilung und Entdeckung von Wahrheiten aus allen Bereichen menschlicher Tätigkeit. Die Ausführungen zu einer, auf der Grundlage einer syntaktischen Universalsprache (›characteristica universalis‹) arbeitenden ›ars iudicandi‹ als algorithmischem Entscheidungsverfahren und einer ›ars inveniendi‹ als kalkülartigem Beweisverfahren blieben bei Leibniz, der dabei von der ›ars magna‹ des R. Lullus inspiriert wurde, aber weitgehend programmatisch. Das Projekt als solches kann jedoch als eng mit einer rationalistischen Philosophie verbunden gelten, die, ihrerseits wissenschaftshistorisch verbunden mit der Entwicklung der klassischen Mechanik, von der mathematischen Beschreibbarkeit der Natur ausging. Aufgrund der zahlreichen limitativen Resultate der Metamathematik wird die Möglichkeit eines solchen Projekts heute weitgehend skeptisch beurteilt. Im Gegensatz dazu finden Leibniz' ebenfalls weitgehend fragmentarischen Entwürfe zur Logik selbst heute sehr wohl Anerkennung als eine frühe Form der Algebraisierung der Logik. UM

**Logizismus,** in der Philosophie des späten 19. Jh. eingeführter Begriff. (1) L. bezeichnet in der mathematischen Grundlagenforschung die Auffassung, daß die Mathematik eine höher entwickelte Logik sei. Insbesondere sollen die mathematischen Termini durch logische definierbar und alle mathematischen Sätze aus logischen Axiomen deduzierbar sein. Das bereits von Leibniz vorgeschlagene Programm, das im Rahmen der ↗ characteristica universalis steht, wurde von Frege systematisch entwickelt und durchzuführen versucht. Eine von Russell im Fregeschen System entdeckte Antinomie führte zum Zusammenbruch des Fregeschen Entwurfs und als Lösungsversuch zur Entwicklung der Typentheorie durch Russell und Whitehead. Trotz fehlendem Nachweis der Widerspruchsfreiheit wurde der L. von Carnap und mit Einschränkungen von Quine weiter vertreten. (2) In der Erkenntnistheorie wurde der Begriff L. von Wundt als Gegenbegriff zum sog. ↗ Psychologismus verwendet. Während der Psychologismus alles Wissen auf unmittelbare Erfahrung zu reduzieren versucht, betont der L. den durch Reflektion erkennbaren logischen Zusammenhang der Erscheinungen. Als Befürworter des L. gelten Brentano, Frege und Husserl, als Psychologisten vor allem Wundt und Mill. Kennzeichen des L.' Freges ist insbesondere die Anerkennung selbständiger logischer Gegenstände und eines »dritten Reichs« der Gedanken. Diesen Aspekt teilt Frege mit dem ↗ Neukantianismus etwa bei Rickert und Bauch. **Lit.:** zu (1): G. Frege: Die Grundlagen der Arithmetik. Breslau 1884. – Ders.: Grundgesetze der Arithmetik I und II. Jena 1893/1903. – W. V. O. Quine: Ontological Reduction and the World of Numbers. In: The Ways of Paradox and Other Essays. Cambridge Mass./London 1976. S. 212–220. – zu (2): H. Sluga: Gottlob Frege. London/Boston 1980. S. 8–64. VM

**Logoi spermatikoi,** bei den Stoikern die sowohl im Kosmos als auch in jedem Lebewesen vorhandenen materiellen Keimkräfte oder Samen, die alles durchdringen und die Entwicklung sicherstellen. Gleich dem göttlichen Logos sind sie eine Art Hauch, d. h. pneumatische Kraft, und vom Beginn des Weltgeschehens an anwesend. Die Entwicklung beschränkt sich deshalb darauf, diese Samen zur Entfaltung zu bringen. Nach stoischer Sicht trägt die Gottheit als weltimmanentes Prinzip die Keime aller Wesen und Geschehnisse in sich; sie ist Schicksal und Vorsehung. **Lit.:** J. von Arnim (Hg.): Stoicorum veterum fragmenta. Bd. 1. Leipzig 1903. – P. Barth: Die Stoa. Stuttgart [6]1946. – M. Pohlenz (Hg.): Stoa und die Stoiker. Zürich [2]1964. RS

**Logos** (griech. logos von legein: sammeln, (auf)lesen, (auf)zählen). Der Begriff hat ein weites Bedeutungsspektrum: 1. Wort, 2. Rede, 3. (Aussage-)Satz, Urteil, Definition, 4. Erzählung, Sage, Darlegung, Rechtfertigung, 5. (Welt-)Vernunft. In diesen seinen unterschiedlichen Bedeutungen bezeichnet L. immer die Einheit von Denken und Sprache sowie dem Gegenstand, von dem die Rede und auf den das Denken gerichtet ist. So ist der L. als vernehmbarer und artikulierbarer Sinn das Medium, das den Menschen mit den Mitmenschen und der natürlichen und gegenständlichen Welt verbindet. Als logos apophantikos (aufweisender L.) läßt er die Dinge im Licht der Sprache sehen, als logos semantikos (bezeichnender L.) zeigt er ihre Bedeutung auf und als orthos logos (rechter L.) meint er ein vernunftgemäßes, ethisch richtiges Handeln. – Eine zentrale Stellung hat der Begriff L. in der Lehre Heraklits. L. bezeichnet hier ein kosmisches Prinzip, von dem sowohl alles Geschehen als auch das menschliche Denken getragen und bestimmt ist. In Einheit mit dem Begriff des pyr phronimon (besonnenes Feuer) bedeutet L. für Heraklit das Wissen um die Sinnhaftigkeit des Lebens und der Welt, die in dieser selbst liegt und die im Umgang mit Menschen und Dingen erfahren wird, aber niemals absolut bestimmt und ausgesprochen werden kann. – Während so in Heraklits Begriff des L. Rationales und Nicht-Rationales dialektisch verknüpft sind, wird der Begriff im Laufe seiner Geschichte, besonders seit Aristoteles, immer häufiger auf den Bereich der rein theoretischen Erkenntnis und damit auch auf die eindeutige Bestimmung von Gegenständen eingeengt: logos syllogistikos, ↗Syllogismus. Damit vollzieht sich eine allmähliche Abgrenzung des Begriffs L. von dem des mythos (↗Mythos), der ↗doxa und der ↗aisthesis. Dieser einseitige rationale L.-Begriff liegt der Logik (logike) als der Lehre vom richtigen Denken und Schließen zugrunde. – Mit Beginn des 20. Jh. wird die in der Geschichte der Logik tradierte einseitige Auslegung des Logos-Begriffs durch die ↗Lebensphilosophie und die ↗Phänomenologie relativiert und teilweise aufgehoben (Heidegger, Misch, Stenzel). **Lit.:** A. Aall: Der Logos. Geschichte seiner Entwickelung in der griechischen Philosophie und der christlichen Litteratur. 2 Bde. (Leipzig 1896/99). Frankfurt 1968. – H. Boeder: Der frühgriechische Wortgebrauch von Logos und Aletheia. In: Archiv für Begriffsgeschichte 4 (1959). S. 82–112. – G. Kühne-Bertram: Logik als Philosophie des Logos. Zu Geschichte und Begriff der hermeneutischen Logik. In: Archiv für Begriffsgeschichte 36 (1993). S. 260–293. – H. Schmalenbach: Die Idee der Logik als Philosophie vom Logos. In: Jahrbuch der Schweizerischen Gesellschaft 3 (1943). S. 1–18. – G. Verbeke: Art. *Logos*. In: HWPh 5 (1980), Sp. 491–499. GKB

**Lohn,** (1) Äquivalenz für sittliches Handeln. Im Spätjudentum und apostolischen Christentum wird vielfach die Entsprechung himmlischer Belohnung für irdische Taten gelehrt (Vergeltungsdogma). Im NT weist Jesus allerdings den (pharisäischen) Gedanken göttlichen L.s für sittliches Verdienst ab. L. ist nach Jesus Gnadenlohn, den der gütige Vater aus Liebe schenkt. Auch im AT kann der Mensch vor Gott keine Ansprüche erheben, sondern nur auf dessen Gnade hoffen. Im Tridentinischen Konzil (1545–63) wird das Verdienst zuerst als Gnade Gottes und der L. für gute Werke als Konsequenz der Gnade nachrangig gesetzt. Neuzeitliches Denken spricht von »Lohnmoral« im abwertenden Sinne und hebt die Autonomie sittlichen Handelns hervor, das um seiner selbst willen erfolgt, ohne Rücksicht auf L. oder Strafe. (2) L. im rein ökonomischen Sinne ist die materielle Vergütung des »Produktionsfaktors Arbeit«. Aus der Sicht des seine Arbeitskraft anbietenden, unselbständigen Arbeiters ist L. Einkommen, aus der Sicht des nachfragenden kapitalistischen Unternehmers ist L. Kostenfaktor. Die unter ethischen Gesichtspunkten erhobene Forderung der »Lohngerechtigkeit« hat unterschiedliche Interpretationen erfahren: »Jedem nach seiner Leistung!« (Liberalismus), »Jedem nach seinem Verdienst!« (Meritokratismus), »Jedem nach seinen Bedürfnissen!« (Marxismus), »Jedem das Gleiche!« (Egalitarismus). TB

**Lokāyata** (sanskrit, (Lehre), die ihren Bereich in der Welt hat). Ab der Zeit des Jina Mahāvīra, des Gründers des ↗Jainismus, und des Buddha ist die Existenz indischer Materialisten überliefert. Ihre gemeinsame Auffassung bestehen in einem Leugnen (deshalb als nāstika »Nicht-ist(-Sager)« bezeichnet) des Komplexes Wiedergeburt-Karma-Lehre und der daraus entstehenden moralischen Konsequenzen. Gefördert wurden solche Gedanken in den Kreisen von Herrschern und Realpolitikern, die einem radikalen ↗Machiavellismus frönten. Das L. ist das einzige voll ausgebildete materialistische System, von dessen schriftlichen Quellen man allerdings nur indirekt, über Zitate in anderen Texten, Kunde hat und dessen Gründer Cārvaka gewesen sein soll. Die Kernlehren sind, daß keine Seele existiert, somit auch kein Weiterleben nach dem Tode, bei dem die Wesen lediglich wieder in die vier Elemente zerfallen, aus denen sie bestehen. Dies und das Fehlen einer Kausalität im Weltgeschehen führt zu einer Leugnung von Moral und Ethik. Im Bereich der Erkenntnislehre ist das L. rein empirisch und erkennt nur die sinnliche Wahrnehmung als Mittel der Erkenntnis an. **Lit.:** D. Chattopadhyaya: Lokāyata. Delhi 1959. – E. Frauwallner: Geschichte der indischen Philosophie. Bd. II. Salzburg 1956. S. 295 ff. – H. v. Glasenapp: Die Philosophie der Inder. Stuttgart [3]1974. S. 125 ff. MD

**Lüge,** eine Aussage, die durch drei Eigenschaften gekennzeichnet ist: (1) Sie widerspricht den Tatsachen, (2) sie steht in einem beabsichtigten Widerspruch zur Überzeugung des Sprechers, (3) sie bewirkt gezielt falsche Vorstellungen beim Hörer. Ethisch relevant sind dabei vor allem die letzten beiden Aspekte, während die objektive Falschheit auch dem Irrtum zukommt und daher weder eine hinreichende noch auch eine notwendige Bedingung der L. ist. Während Aristoteles und Augustinus zwar verschiedene Kategorien der L. kennen, aber doch die L. grundsätzlich verurteilen, werden in der neuzeitlichen Ethik manche Formen der L. für zulässig (z. B. in Scherz und Höflichkeit) oder sogar für geboten erklärt (z. B. Hilfs- und Notlügen) und von einer L. unterschieden, durch die absichtlich ein Schaden zugefügt wird. Erst Kant verwirft wieder die L. schlechthin und sieht die Wahrhaftigkeit als ethische Pflicht des Menschen gegen sich selbst. Kant wendet sich damit auch gegen die neuzeitliche Vorstellung eines stillschweigenden Vertrages aller Sprechenden, einander die Wahrheit zu sagen (denn sonst würde die Sprache als Institution sinnlos), die Nietzsche später in einen grundsätzlichen Zweifel an der Unterscheidung von Wahrheit und L. wendet, die bloß auf Konvention beruhe. **Lit.:** A. Baruzzi: Philosophie der Lüge. Darmstadt 1996. BKO

**Lügner,** semantische ↗Antinomie, auch bekannt als Kreter, Epimenides, Eubulides (der diese Antinomie erfunden haben soll). Epimenides, der Kreter, sagt: »Alle Kreter lügen.« Wenn Epimenides die Wahrheit sagt, so lügt er, denn er ist ein Kreter, und alle Kreter lügen. In dieser Form nicht antinomisch, denn wenn Epimenides lügt, entsteht keine logische Schwierigkeit. Echt antinomisch ist jedoch die Variante: »Ich lüge jetzt«, denn wenn ich damit die Wahrheit sage, trifft zu, was ich sage, also lüge ich dann. Sage ich aber nicht die Wahrheit, dann lüge ich, also trifft zu, was ich sage, also sage ich die Wahrheit. Es gibt zahlreiche raffiniertere Varianten des L.s, bei denen der Selbstbezug nicht so direkt oder nicht so offensichtlich ist, auch solche, die sich in formalen Systemen nachbilden lassen. Im Beweis des ↗Unvollständigkeitssatzes macht Gödel Gebrauch von einer Nachbildung des L.s. **Lit.:** H. Rüdiger: Sokrates ist nicht Sokrates. Zürich/München [2]1978. VP

**Lumen naturale,** versinnbildlicht das Medium des unmittelbaren Erkennens eines Gegenstandes als an sich selbst evident. Mit der Benennung eines tätigen Vernunftvermögens, das, wie das Licht die Farben sichtbar, die intelligiblen Formen erkennbar werden lasse, hatte Aristoteles den begrifflichen Rahmen gegeben; der Terminus findet sich jedoch erst bei Cicero. Er nennt den intrinsischen Ermöglichungsgrund des Sittlichen »naturae lumen« (*Tusculanae disputationes*, III, 2, 1), d.h. Teil des im Geist keimhaft angelegten apriorischen Wissens (↗notio; vgl. *De finibus bonorum et malorum*, V, 21, 59). Zum einen brachte die sukzessive Überhöhung der Metaphorik zur ↗Lichtmetaphysik seit Alexander v. Aphrodisias eine ↗monopsychistische Interpretation des ↗intellectus agens mit sich, andererseits wurde die ↗Illuminationslehre Augustins im MA. zur vorherrschenden Erkenntnismetaphysik (↗Augustinismus), der zufolge jegliche Erkenntnis der göttlichen Erleuchtung bedarf. Bedingt durch die Rezeption des Aristoteles sowie seiner arabischen Kommentatoren im 13. Jh. hielt Albert d. Gr. zwar noch an einer bloß prozessualen Angleichung von intellectus agens und intellectus possibilis fest, die ersten Axiome jedoch faßte er als der Seele von Natur aus inhärierend auf (vgl. *De anima* III, tr. 3, c. 11). Erst Thomas von Aquin versteht den intellectus agens als »lumen intellectus agentis« im Sinne eines eingeborenen, apriorisch-konstitutiven Erkenntnisprinzips, das jedoch originaliter von Gott abstammt, als »aliquid animae« aber nur ein Akzidens der Seele ist (*De veritate* 18, 1, 10; S. th. I, q. 79, a.4, resp.). Innerhalb der thomistischen Abstraktionstheorie kommt dem l.n. eine apriorische Erkenntnis des »ens commune« zu, wodurch die Abstraktion der ↗species intelligibilis durch den Intellekt überhaupt erst grundgelegt wird. Jedoch bleibt das l.n. auch bei Thomas dem lumen fidei, durch das die von Gott in einem Akt der Gnade geoffenbarten übernatürlichen Wahrheiten erkannt werden, komplementär. – Neben der Wiederaufnahme der Ciceronischen Konzeption in der Reformation durch Melanchthon (*Corpus Reformatorum* XIII, 647–47) erfährt das l.n. insbesondere bei Descartes eine neue Wendung: Gerade in der Beschränkung auf das l.n. als dem einzig gültigen Erkenntniskriterium darüber, was vermöge der Intuition ↗clare et distincte erfaßt werden kann (*Oeuvre* X, 368; 440; VII, 59–60), liegt eine Aufwertung der Selbsttätigkeit der menschlichen Vernunft. **Lit.:** H. Blumenberg: Licht als Metapher der Wahrheit. In: Studium Generale 10 (1957). S. 432–447. – L. Oeing-Hanhoff: Wesen und Formen der Abstraktion nach Thomas von Aquin. In: Philos. Jb. 71 (1963/64). S. 14–37. OB

**Lust,** das mit der Befriedigung eines Bedürfnisses einhergehende oder angenehme Gefühle und Stimmungen begleitende Empfinden. In der philosophischen Tradition wird zumeist zwischen niederen und höheren Formen der L. unterschieden. So stellt Platon im *Philebos* klar, daß ein Leben ohne L. für niemanden erstrebenswert ist und ↗Eudaimonie daher nur in einem aus Vernunft und L. gemischten Leben erreichbar ist, läßt für diese Mischung aber nur die reinen, der Erkenntnis entspringenden Lustformen zu. In seinen Überlegungen zur Erziehung (*Staat, Gesetze*) stellt er L. und Unlust als grundlegende Empfindungen heraus, die das noch vorrationale Verhalten des Kindes prägen, so daß die Erziehung darauf zu achten hat, daß das Kind von früh auf am Guten Freude und am Schlechten Schmerz empfindet. Aristoteles sieht in der L. die Vollendung jeder Tätigkeit, weshalb alle Lebewesen nach ihr streben. Die L. kann unterschieden werden nach dem aktiven Seelenvermögen (sinnliches oder geistiges), wobei auch hier die höheren Formen der L. dem Geistigen entspringen. Für Epikur liegt L. im Freisein von körperlichem Schmerz und seelischer Unruhe (Furcht). Der Weg dazu besteht im Ausräumen falscher Meinungen (z.B. über die Götter: sie brauchen nicht gefürchtet zu werden, weil sie sich in den Weltlauf nicht einmischen), im Rückzug aus den politischen Geschäften und in der rechten Einschätzung des Zuträglichen (etwa daß übermäßigem Genuß zumeist noch größerer Schmerz folgt). Eine Taxonomie der L. beruht daher auf Vernunfteinsicht, weshalb auch nur die Lüste als höherwertig gelten, die der Vernünftige und sittlich Gereifte so beurteilt. – Die Tatsache, daß Lebewesen nach L. streben und Unlust (Schmerz) zu vermeiden suchen, sowie daß der Mensch L. als Erfüllung seiner Antriebe, Bedürfnisse und seines Zielstrebens als zu einem sinnerfüllten Leben dazugehörig begreift, lassen die L. als einen für die Ethik, Psychologie und Kulturtheorie wesentlich zu berücksichtigenden Faktor erscheinen. In der hedonistisch ausgerichteten Ethik Benthams fungiert L. als anzustrebender Wert in sich. Die Bewertung einer Handlung im Sinne eines Optimums an erzielbarer L. erfolgt durch ein differenziertes Kalkül, das Faktoren wie Dauer, Intensität, Wahrscheinlichkeit, Anzahl der Betroffenen zu berücksichtigen hat. – Freud sieht das fundamentale Lustprinzip (Streben nach L., Vermeiden von Unlust) im Menschen mit dem Realitätsprinzip konfrontiert, das die Einschränkungen der Lusterfüllung unter den Bedingungen der (gesellschaftlichen) Realität repräsentiert. Marcuse hat demgegenüber die Utopie einer Gesellschaft geltend gemacht, in der das Lustprinzip zur Erfüllung kommen könnte, wenn die soziale Organisation auf einer abgesicherten ökonomischen Basis neu gestaltet würde. **Lit.:** Aristoteles: Nikomachische Ethik. – Epikur: Brief an Menoikeus. – M. Foucault: Histoire de la sexualité. 3 Bde. Paris 1976–1984 (dt. Sexualität und Wahrheit. 3 Bde. Frankfurt 1983, 1989). – S. Freud: Jenseits des Lustprinzips. In: GW Bd. 13. London 1940. – H. Marcuse: Triebstruktur und Gesellschaft. Frankfurt 1979. – Platon: Philebos. FPB

**Luxus** (griech. tryphe, lat. luxus, luxuria), bedeutet üppige Fruchtbarkeit, verschwenderischer Aufwand, Schlemmerei, Ausschweifung und Überschreiten der allg. anerkannten Norm. Der ideengeschichtliche Hintergrund einer Vielzahl von Luxuskonzeptionen umfaßt moralische, religiöse, soziale, ökonomische und politische Vorstellungen in einer vagen, oft widersprüchlichen Mischung. Wegen seiner inhaltlichen Relativität in Abhängigkeit vom historischen und kulturell-geographischen Kontext entzieht sich der Luxusbegriff exakten Definitionen. – In der Antike und im MA. herrscht die negative moralische Bewertung des L. vor: Im Alten Testament gilt L. als sündhafter Ungehorsam gegen Gott. Für Platon, Aristoteles, die Kyniker und die Stoiker stellt er die wichtigste Verletzung der Natur und der Vernunft dar und widerspricht dem Ideal des einfachen Lebens. Die römischen Historiker sehen im L. den ersten Faktor zur Auflösung der Republik, der Verweichlichung und Sittenlosigkeit des Volkes. Die Kirchenväter betrachten L. als Sünde und nutzlose Liebe zu einer verdorbenen Welt. In ethischen Systemen gilt L. als Index für menschliche Sündigkeit und moralische oder intellektuelle Unzulänglichkeit, die innere Regeneration oder Selbstaufgabe erfordern, in sozialen Systemen als Chaos und Irrationalität in den Abläufen der öffentlichen Angelegenheiten. Daraus entspringt die Forderung nach Ordnung, Disziplin, Autorität und Hierarchie, nach individueller Selbstaufopferung. Als fundamentales generisches Laster erscheint L. als Ansteckung, welche die Korruption weiter verbreitet. L. erklärt auch Unglück und Katastrophen, die durch Erregung göttlichen Zornes entstehen, und er enthüllt die Geschichte einer Spaltung der Menschen in tugendhafte und luxuriöse. Im 17. Jh. divergieren die Bewertungen des L. aus moralischer und ökonomischer Perspektive; zunehmend wird er akzeptiert wegen der positiven Auswirkungen auf gesellschaftliche Probleme wie Armut und Arbeitslosigkeit. Verteidiger des L. ist neben Bayle vor allem Mandeville, dem der L. zur Erläuterung der These dient, daß private Laster zu öffentlichen Vorteilen führen können. Dem L.-Begriff kommt nach Mandeville eine Relativität hinsichtlich der Extension zu: Entweder ist alles L., was das für die Subsistenz Notwendige übersteigt, oder es gibt keinen L. bzw. der Begriff ist leer, da sich unzählbare Bedürfnisse auf verschiedenste Arten befriedigen lassen und somit alles zu rechtfertigen ist. Die Aufklärung betont die Herrschaft der Vernunft auch über den L. und die Verknüpfung von Kulturentwicklung mit seinen zivilisierten Formen. Kant differenziert später zwischen Üppigkeit (luxus) als »Übermaß des gesellschaftlichen Wohllebens *mit Geschmack* in einem gemeinen Wesen« und Schwelgerei (luxuries) als demselben »Übermaß, aber *ohne Geschmack*«. Im 19. Jh. bleibt es strittig, ob L. ökonomisch vorteilhaft oder nutzlose Vergeudung sei. J. B. Says ökonomisch definierter L.-Begriff verläßt den Kreislauf von Produktion und Konsumtion und hängt nicht mehr von Bedürfnissen und ihren Befriedigungsmöglichkeiten ab, sondern von subjektiver Wertschätzung. Im 20. Jh. stellt Sombart L. und sparsame Güterakkumulation als Alternativen im Umgang mit Sinnlichkeit dar. L. erscheint wieder als Ausschweifung in der Befriedigung sinnlicher Bedürfnisse. DGR

**Machiavellismus**, in Anschluß an Machiavellis *Il principe* geprägte Bezeichnung für eine Lehre, die, von einem pessimistischen Menschenbild ausgehend, unter Absehung von moralischen Kriterien Regeln für die Machterhaltung der Regierenden und für die zur Aufrechterhaltung der staatlichen Ordnung zu ergreifenden Maßnahmen aufstellt. Die für die Selbsterhaltung und Machtsteigerung des Staates geeigneten Maßnahmen unterliegen nicht sittlicher Bewertung, wenngleich es im Interesse der Machterhaltung nützlich sein kann, gut zu erscheinen. Die seit der Antike übliche Zusammengehörigkeit von Politik und Ethik ist im M. aufgebrochen und weicht einer instrumentellen Sichtweise politischen Handelns. **Lit.:** E. Cassirer: Der Mythus des Staates. Zürich/Stuttgart 1978. – E. Faul: Der moderne Machiavellismus. Köln 1961. – G. Ritter: Die Dämonie der Macht. München [6]1948. FPB

**Macht**, in alltäglichen, politischen und sozialen Zusammenhängen gebrauchter Begriff für die Möglichkeit, Wirkungen hervorzubringen. Etymologisch verweist der Begriff auf die einem tätigen Subjekt zugeschriebene Möglichkeit (indogerm. magh = mögen, vermögen). Der große Bedeutungsumfang des Wortes macht die weite Verbreitung des bezeichneten Phänomens bewußt; M. ist – wie Max Weber gesagt hat – »amorph«, d. h. sie liegt allen konkreten Gestaltungen der Wirklichkeit voraus.

*(1) Antike Wurzeln in Ethik und Metaphysik.* In dieser Allgemeinheit ist M. einer der tragenden Begriffe des metaphysischen Denkens. So versteht Platon unter »dynamis« nicht nur die Wirkungskraft des Menschen, sondern die Eigenschaft des Seienden schlechthin, Seiendes hervorzubringen. Und da sich Seiendes nur bestimmen läßt, sofern es überhaupt etwas bewirkt, kommt Platon zu der Feststellung, Seiendes als solches sei nichts anderes als »dynamis« (*Soph.* 247 e). Aristoteles nimmt den Begriff in diesem Sinn auf und macht ihn, indem er ihn als dasjenige präzisiert, was Bewe-

gung und Veränderung ermöglicht, neben Wirklichkeit (energeia) und innerer Bestimmtheit (entelecheia) zum dritten Elementarbegriff seiner Metaphysik. In dieser Funktion wird der Machtbegriff zu einem festen Bestandteil der metaphysischen Tradition. – Dabei wird die Beziehung des metaphysischen Begriffs zu den menschlichen Handlungsmöglichkeiten nicht aufgekündigt. So bezeichnet Platon auch die Tugenden als die M. (dynamis), die in der Lage ist, politische Ordnung aufzubauen und zu bewahren (*Pol.* 477c/d). Aristoteles grenzt die Tugend als Habitus (hexis) ausdrücklich von den noch nicht festgelegten Vermögen (dynameis) ab, betont aber gerade damit die Beziehung der M. zur leibseelischen Grundausstattung des Menschen (*Eth. Nik.* 1105 b 20/1106 a 6). In diesem Sinn fordert die antike Ethik die Abstimmung des individuellen Strebens auf die jeweils gegebenen Handlungsmöglichkeiten. Dieses Zusammenspiel individual-ethischer und politischer Momente hat ein metaphysisches Fundament in der Beziehung von M. und Wirkung überhaupt. Es ist zugleich an die Erfahrung von Freiheit geknüpft. Wenn die Erfahrung von M. mit der von Handlungsmöglichkeiten identisch ist, dann gehört die Freiheit notwendigerweise hinzu.

*(2) Theologische Anstöße und metaphysische Folgen.* Wichtige Impulse bekommt die auf den Machtbegriff abstellende Seins- und Bewegungslehre mit der Erschließung des Alten und des Neuen Testaments durch die christliche Theologie. In beiden Büchern ist es die überlegene Allmacht, die das Wesen Gottes ausmacht. Nur wird dieses Wesen nicht als rein begriffliches Prinzip, sondern als Charakter des persönlichen, lebendigen Gottes aufgefaßt. Dies erlaubt, auch die Ermächtigung der Geschöpfe durch den Schöpfer sowie seine Vollmacht für seinen Sohn nach dem Vorbild der Natur zu verstehen. Es ist Augustinus, der diese sowohl auf Gott wie auf den Menschen bezogene Konzeption der M. philosophisch präzisiert: Er zeigt, daß wirkliche M. (potentia) nicht nur Stärke im physischen Sinn, sondern auch geistige Kraft einschließt und somit nur in Verbindung mit einem entsprechenden Wissen zu denken ist. Da dies ein Wissen von der Angemessenheit der Machtanwendung sein muß, steht die M. auch in Beziehung zur Gerechtigkeit. Sie ist überdies nicht ohne einen mit ihr verbundenen Willen zu denken, zu dem wiederum Freiheit gehört. Mit Blick auf die göttliche M. stellt Augustinus somit eine begriffliche Beziehung zwischen M., Wille, Freiheit und Vernunft heraus, die den Maßstab für die Beurteilung menschlicher M. abgibt und eine klare Grenzziehung gegenüber dem bloßen Einsatz physischer Kraft, der Gewalt (violentia), erlaubt. – Die scholastische Philosophie sucht insbesondere die Beziehung zwischen M. und Vernunft in einem nicht personal gefaßten Seinsprinzip zu begreifen, um dies, im Anschluß an Aristoteles, auf alles Seiende übertragen zu können. M. wird damit vornehmlich auf die Bedeutung einer realen Möglichkeit, einer Seinsmächtigkeit (potentia), reduziert, und es ist nötig, sie von der bloßen (*logischen*) Möglichkeit (possibilitas) abzugrenzen. Mit dieser ontologischen Konnotation geht der Machtbegriff auch in die philosophischen Systeme der Neuzeit ein. Dabei wird stets die Beziehung der M. zu der Begriffstrias von Vernunft, Freiheit und Wille zum Problem, nicht zuletzt durch die von der spätscholastischen Theologie betriebenen Exposition der Einheit von Wille und M., die auch von Luther, mit Rückgriff auf Augustinus, hervorgehoben wird. Spinoza versucht diese Verbindung in seiner auf der Gleichung von Substanz und M. basierenden Lehre zwar zu leugnen, rückt aber gerade durch die notwendige Verknüpfung von M. und Affekt das, was man mit dem Begriff des Willens faßt, ins Zentrum des Machtbegriffs. Leibniz legt die begriffliche Verknüpfung von M. (puissance), Erkenntnis (connoissance) und Wille (volonté) seiner Monadologie ausdrücklich zugrunde; Konzeptionen, die nur auf die »nackte Macht« (potentia nuda) der bloßen Möglichkeit bauen, hält er für unzureichend. Einen wirklichen Grund kann nur eine Substanz enthalten, die eine »aktive Kraft« (vis activa) einschließt. Diese Kraft ist für Leibniz ein »Mittleres zwischen dem Vermögen zu handeln und der Handlung selbst«. Damit ist das Paradigma, dem – mehr oder weniger deutlich – alle metaphysischen Machtkonzeptionen folgen, genannt: es ist das Modell der menschlichen Handlung. Der Begriff der M. bezeichnet somit die Handlungsdisposition einer Substanz, die sich nur nach Art eines menschlichen Individuums begreifen läßt. Die Konzeption metaphysischer M. erweist sich damit als eine ins Große gerechnete Handlungsmacht des Menschen. Sie bezeichnet alles das, was durch Handlungen möglich scheint. – In diesem Sinn ist der metaphysische Machtbegriff sowohl bei Locke wie auch bei Kant und Hegel konzipiert. Sogar Schelling bleibt ihm in seiner Lehre von den allgegenwärtigen »Potenzen« nahe. Und Nietzsche, der mit seiner Fragment gebliebenen Lehre vom »Willen zur M.« die größten Anstrengungen unternimmt, sowohl vom tradierten Begriff des Willens wie auch von einer nach Art eines Vermögens gedeuteten M. loszukommen, muß schließlich eingestehen, daß er über einen Anthropomorphismus nicht hinauskommt. In dem Bemühen, den Positivismus seines Jahrhunderts zu überwinden, sucht Nietzsche nach der »inneren Qualität« der von den Physikern nur äußerlich vermessenen Kraft. Der »Wille zur M.« soll das kennzeichnen, was die physikalische Kraft »von innen her« ausmacht. Damit ist der wohl einzige Weg benannt, auf dem Machterfahrung überhaupt möglich ist. Diesen Weg zu beschreiben heißt (mit Nietzsches Worten): »sich der Analogie des Menschen zu Ende bedienen«.

*(3) Macht als politischer und sozialer Begriff.* So bleibt der metaphysische Machtbegriff auch in seiner extremsten Fassung dem Ausgangspunkt bei Platon verbunden. Zugleich wird erkennbar, wie nahe er dem vorherrschenden sozialen und politischen Verständnis des Phänomens bleibt. M., so lautet die berühmte Definition Max Webers, ist »jede Chance, innerhalb einer

sozialen Beziehung den eigenen Willen auch gegen Widerstreben durchzusetzen, gleichviel worauf diese Chance beruht«. Die M. wird hier nicht nur in ihrem Ursprung mit Wille und Freiheit (*Chance*) verknüpft, sondern ist auch in ihren Wirkungen auf das Feld menschlichen Handelns beschränkt. Darin ist sie dann aber die sui generis bewegende Kraft, nämlich die dem Modus menschlichen Handelns entsprechende »soziale Energie« (B. Russell). C.F. von Weizsäcker sieht in ihr ein »Humanum« und zwar die spezifisch politisch-soziale Ausprägung dessen, was im Bereich der Physik »Masse« und »Energie« genannt wird. Sie ist die Kraft, als die sich der Mensch im Verhältnis zu seinesgleichen begreift. So verstanden kann auf sie in gesellschaftlichen Zusammenhängen schlechterdings nicht verzichtet werden. Wenn die Politik jener Bereich ist, in dem Menschen allein durch ihren bewußten Zusammenschluß etwas erreichen, dann muß die M. zu den elementaren Kategorien einer jeden Politik gehören. – Dies war selbst für die großen Repräsentanten des politischen Denkens so offenkundig, daß sie der M. als Grundbedingung alles politischen Handelns wenig Aufmerksamkeit geschenkt haben. Zwar schildert bereits Thukydides die Vielfalt der Formen der M., und er läßt auch keinen Zweifel an ihrer grundlegenden Bedeutung, aber erst der Thukydides-Übersetzer Thomas Hobbes legt die fundierende Gleichung zwischen Mensch und M. frei. Im *Leviathan* sucht er zu zeigen, wie aus der vereinigten M. (power) einzelner Individuen ein Staat entstehen kann. Alle Antriebe des Menschen lassen sich nach Hobbes auf das »Verlangen nach M.« zurückführen, ein Verlangen, das unersättlich fortschreiten kann, wie bereits die zirkuläre Definition der M. als »Übergewicht der M. des einen über einen anderen« erkennen läßt. Nur im Staat kann das ruhelose Machtstreben des Menschen begrenzt werden: Unter der schlechthin überlegenen M. des Souveräns finden die einzelnen Machtkalküle keineswegs bloß in ein äußeres Gleichgewicht zueinander: der innerstaatliche Machtausgleich kommt ursprünglich nur durch den (inneren) Anspruch auf Selbsterhaltung und Machtsicherung eines jeden Einzelnen zustande.

In diesem Punkt stimmen alle politischen Vertragslehren mit dem Modell des Leviathan überein: Die M. des Staats entsteht aus der Akkumulation der Handlungsmacht einzelner Subjekte. Folglich weisen beide die gleichen Strukturelemente auf: Sie müssen einen Willen unterstellen, beanspruchen Freiheit und kommen, wenn sie sich als M. durchhalten wollen, ohne einsichtige Regeln – d.h. ohne Berufung auf Vernunft – nicht aus. Wenn die politische Theorie des 20. Jh. die Politik als einen Prozeß der »Machtbildung und Machtverteilung« (H.D. Laswell; R.A. Dahl) definiert oder wenn die M. zum »Wesen aller staatlichen Gemeinschaften« (H. Arendt) erklärt wird, dann sind diese Strukturmerkmale explizit und implizit vorausgesetzt. – Diesen »klassischen« Begriff der M. zieht die soziologische Systemtheorie in Zweifel. Sie stellt das zugrundeliegende Verursachungsmodell infrage und möchte die damit verknüpfte Annahme eines wirkenden Subjekts verabschieden. In diesem Sinn wird M. von N. Luhmann als »codegesteuerte Kommunikation« bezeichnet, auf deren »katalytische Funktion« in Gesellschaften gar nicht verzichtet werden kann. Denn die M. ist – durch »Generalisierung von Symbolen« – ein elementares Verständigungsmedium, das es, ebenso wie Geld und Liebe, erlaubt, Kontingenz zu reduzieren. Damit ist gesagt, daß M. die Berechenbarkeit sozialer Prozesse erhöht und – auf ganze Systeme bezogen – Zeit spart. Entsprechende Leistungen werden der M. auch von Autoren zugeschrieben, die mit semiotischen und strukturalistischen Verfahren arbeiten. M. Foucault z.B. sieht in ihr eine bloße Beziehungsgröße, die weniger die Funktion hat, Verbindungen zu schaffen als Distanz herzustellen. Mit Blick auf die Tradition des Begriffs aber ist bemerkenswert, daß weder Foucault noch Luhmann ohne Bezug zum handelnden Subjekt auskommen: Beide konzipieren die M. als eine Größe, die das Ich bzw. den Willen hervorbringt; insofern heben beide den klassischen Begriff nicht auf, sondern legen ihn nur anders aus.

*Macht und ihre Kritik.* Im öffentlichen Bewußtsein und in der literarischen Kritik wird die M. weitgehend negativ bewertet. Sie gilt als »dämonisch« (G. Ritter) oder gar als »an sich böse« (J. Burckhardt). In diesen Urteilen spiegeln sich historische Erfahrungen mit jeweils bestimmten politischen, ökonomischen und sozialen M.n, die sich gegen Recht und besseres Wissen brutal behaupten. Aus solchen Erfahrungen wird nicht selten ein Urteil gegen die politische Welt als ganze abgeleitet; die M. erscheint dann als Repräsentant einer von Grund auf verderbten Realität, der man die Utopie einer von M. und Herrschaft freien Zukunft entgegenhält. Die negativen historischen Erfahrungen führen i.d.R. aber zu einer anderen Konsequenz: daß nämlich korrupten, rechtswidrigen M.n mit Kritik und Widerstand begegnet werden muß. Eine solche Konsequenz ist allerdings mit einer prinzipiellen Ablehnung der M. nicht mehr vereinbar, denn sie beansprucht selbst M., um sich gegen den Widersacher zu behaupten. In diesem Fall wird nicht die M. als solche abgelehnt, sondern nur ihr Mißbrauch durch bestimmte M.haber. Nicht wenige der negativen Urteile über die M. beruhen freilich auf der Schwierigkeit, Gewalt und Herrschaft von der M. zu unterscheiden. M. äußert sich in beidem: In der ↗Gewalt jedoch in einer amorphen, meist physisch destruktiven Form; in der ↗Herrschaft hierarchisch geordnet und in der Regel unter (tatsächlich bestehender oder angenommener) Zustimmung der Betroffenen. – In der M. selbst steckt allerdings insofern eine Gefahr, als sie zur Verselbständigung tendiert und die Menschen mit einer gewissen Zwangsläufigkeit verführt, sich über alle Widerstände hinwegzusetzen. Vor allem in großer Machtfülle liegt der Reiz zu ihrem rücksichtslosen Gebrauch. Deshalb aber auf M. insgesamt zu verzichten, bedeutete die Freigabe gesellschaftlichen Handelns überhaupt. Da diese Konsequenz weder praktisch möglich noch wirklich erwünscht ist, bleiben nur die zwar stets unvollkommenen, aber immer noch verbesserungsfähigen traditionellen Mittel gegen die Gefahren der M., nämlich institutionelle Kontrolle und persönliche Verantwortung. Die Grenzen der M. werden also durch Recht und Moral bestimmt, die freilich, um wirksam zu sein, selbst der M. bedürfen. So gesehen kann M. nur durch M. begrenzt werden. Die M. ist daher ebensowenig absolut wie ihre Kritik. **Lit.:** H. Arendt: Macht und Gewalt. München 1970. – W. Blockmanns: Geschichte der Macht in Europa. Völker – Staaten – Märkte. Frankfurt 1998. – P. Bourdieu: Die Intellektuellen und die Macht. Hamburg 1991. – Ders.: Die verborgenen Mechanismen der Macht. Hamburg 1992 – W. Detel: Macht. Moral, Wissen. Foucault und die klassische Antike. Frankfurt 1998. – R. A. Dahl: Die politische Analyse. München 1973. – K. G. Faber/Chr. Meier/ K. H. Ilting: Art. ›Macht/Gewalt‹. In: Geschichtliche Grundbegriffe. Bd. 3. Stuttgart 1982. – M. Foucault: Mikrophysik der Macht. Berlin 1976. – V. Gerhardt: Vom Willen zur Macht. Berlin/New York 1992. – Ders.: Macht und Metaphysik. In: Nietzsche-Studien 10/11. 1981/82. – A. Honneth: Kritik der Macht. Reflexionsstufen einer kritischen Gesellschaftstheorie. Frankfurt 1989. – P. Imbusch (Hg.): Macht und Herrschaft. Sozialwissenschaftliche Konzeptionen und Theorien. Opladen 1998. – A. Kenny: Will, Freedom and Power. Oxford 1975 – P. Kondylis: Macht und Entscheidung. Die Herausbildung der Weltbilder und die Wertfrage. Stuttgart 1984 – H. D. Lasswell: Power and Society. Yale V. P. 1950. – M. Michael: Geschichte der Macht. 3 Bde. 1994/1998. – M. Weber: Methodologische Schriften. (Hg.) J. Winckelmann. Frankfurt 1968. S. 336. VG

**Mādhyamika** (sanskrit, die Mittlere (Lehre)), auch Śūnyatāvāda (»Lehre von der Leerheit«). Philosophische Schule des ↗Mahāyāna, deren Lehre komprimiert im »Lehrwerk der Mittleren (Lehre)« (*Madhyamakaśāstra*, MŚ.) des Nāgārjuna (2. Jh. n.Chr.) dargestellt ist. Grundkonzepte des M. sind auch im Sūtra »Lotos des wahren Gesetzes« (Saddharmapuṇḍarīka) und in den Prajñāpāramitā-Sūtren zu finden (v.a. śūnya-śūnyatā »leer -Leerheit«). Eine »mittlere« ist diese Lehre insofern, als sie zwischen den beiden Extremansichten »es ist« (asti) und »es ist nicht(s)« (nāsti) steht (*MŚ.* 15,10); sie anerkennt zwei Wahrheiten, eine relative der Empirie, Sprache und Logik für das alltägliche Leben (*MŚ.* 24,8: lokasaṃvṛtisatyaṃ ca satyaṃ ca satyaṃ paramārthataḥ »verhüllte Wahrheit für die Welt und Wahrheit durch den höchsten Sinn«), und eine, die jenseits empirischer und rationaler Bereiche liegt. Alles ist leer, selbst die Entitäten, die andere buddhistische Schulen als absolut anerkennen: alle ↗Dharmas (*MŚ.* 24,19), und der Kausalnexus (*MŚ.* 24,18; ↗Buddhismus). Nirvāṇa und ↗Saṃsāra sind für den richtig Erkennenden letztlich identisch (*MŚ.* 15,19f). Richtige Erkenntnis der Śūnyatā kann aber nicht durch rationale oder empirische Betrachtung (dṛṣṭi) erlangt werden (*MŚ.* 13,8), sondern durch das Erkennen der »Dasheit« (tattva), die frei von Ich und Mein und Erwägung ist. In der konsequenten Reduktion auf Śūnyatā kann der M. als monistisch bezeichnet werden. Nāgārjuna sucht mit Logik die Logik zu untergraben und ihre Gültigkeit für eine letzte Erkenntnis mit einer reductio ad absurdum zu widerlegen: *MŚ.* 1,1 »Nicht aus sich selbst, nicht aus einem anderen, nicht aus beidem, nicht grundlos sind irgendwelche Dinge irgendwo (und) irgendwann entstanden«. Die Schule des M. hatte großen Einfluß auf den tibetischen und den ostasiatischen Buddhismus (chin. sanlun, jap. sanron »[Lehre, die sich auf] Drei-Śāstra [stützt]«). **Lit.:** E. Conze: Buddhistisches Denken. Frankfurt 1990. S. 343 ff. – C. W. Huntington/ G. N. Hangche: The Emptiness of Emptiness. Delhi 1992. – J. Mehlig: Weisheit des alten Indiens. Bd. 2. München 1987. S. 450 ff. (Übersetzung). – D. S. Ruegg: The Literature of the Mādhyamaka School of Buddhism. Wiesbaden 1981. – H.-W. Schumann: Buddhismus. Stifter, Schulen u. Systeme. Freiburg 1978. S. 177 ff. – Ders.: Mahāyāna-Buddhismus. München 1990. S. 29 ff. – F. J. Streng: Emptiness. Nashville 1967. MD

**Mäeutik** (griech. Hebammenkunst). Im sokratisch-platonischen Verständnis ist Erziehung M., weil der Lernende das Wissen bereits in sich trägt und der Lehrer nur dabei hilft, es zu Tage zu fördern. Die Aufgabe des Lehrers besteht demnach nicht darin, dem Schüler bereits fertige Kenntnisse zu übermitteln, sondern ihn durch geeignete Fragen auf den Weg der eigenen Erkenntnis zu bringen. Dies entspricht dem sokratischen Selbstverständnis (*Theaitetos* 150b-151d), selbst keinen Wissensbesitz zu beanspruchen und seinem elenktischen Verfahren (↗Elenktik) der Wissensprüfung. Die platonische Erkenntnismetaphysik liefert das theoretische Fundament durch die Behauptung der Präexistenz der Seele, in der sie die Wesensformen alles Seienden geschaut hat. Dieses potentiell vorhandene Wissen kann daher in der Wiedererinnerung (↗Anamnesis) aktualisiert werden. Das bekannteste Beispiel für das mäeutische Verfahren enthält der Dialog *Menon*. **Lit.:** M. Landmann: Elenktik und Maieutik. Bonn 1950. – P. Rabbow: Paidagogia. Göttingen 1960. – B. Waldenfels: Das sokratische Fragen. Meisenheim 1961. FPB

**Magie,** ursprünglich Bezeichnung für die Kunst der Magier, einer aus dem persischen Kulturbereich stammenden Priesterkaste. Vor allem seit der Spätantike ist M. ein – teils pejorativer – unpräziser Sammelbegriff für Praktiken, durch die der Mensch mit Hilfe von auf Dämonen zurückgehenden (magia daemoniaca oder »schwarze M.«) bzw. »okkulten«, also der Natur immanenten Kräften (magia naturalis oder »weiße M.«) Einfluß auf menschliche oder natürliche Vorgänge nehmen kann. M. gründet sich auf die Vorstellung von hierarchisch geordneten, ontologischen Stufen, innerhalb derer zwischen dem Mikrokosmos Mensch und dem ↗Makrokosmos mediale Beziehungen herstellbar sind (↗Sympathie). Unter diesen Voraussetzungen konnten magische Vorstellungen in der Antike v. a. für das neuplatonische Konzept eines durch Emanation aus einem obersten Prinzip entstandenen Stufenkosmos fruchtbar gemacht werden. – Während im MA. (Augustinus: *De civitate dei*, Thomas von Aquin) in kritischer Abgrenzung zum M.-Begriff eine christliche Dämonologie erarbeitet wurde, unternahm das Denken der Renaissance (Pico della Mirandola, Agrippa, Bruno, Bacon) meist unter Heranziehung von Zahlen- und Buchstabenmystik eine Neubestimmung der Natur-M. Diese rückte nun in die Nähe des neuzeitlich-naturwissenschaftlichen Begriffs ↗Technik: M. und Technik bezeichnen Handlungsweisen, durch die Kräfte, deren Existenz und Gesetzlichkeit man im Kosmos annimmt, dem eigenen Einfluß unterworfen werden können. Kann die Kausalität auch je unterschiedlich bestimmt werden, so beruht sie doch letztlich auf einer vom Menschen nicht erfaßbaren Bedingtheit des Ursache-Wirkung-Verhältnisses. **Lit.:** C. Daxelmüller: Zauberpraktiken. Eine Ideengeschichte der Magie. Zürich 1993 – R. Kieckhefer: Magie im Mittelalter. München 1992 – G. Luck: Magie und andere Geheimlehren in der Antike. Stuttgart 1990. – L. Thorndike: A History of Magic and Experimental Science. 8 Bde. London 1923–58. MSP

**Mahāyāna** (sanskrit, Großes Fahrzeug). Der Name M. ist eine Eigenbezeichnung, die das neue Erlösungsideal dieser Richtung des ↗Buddhismus hervorhebt: im Gegensatz zum ↗Hīnayāna, der den nur für sich selbst Erlösung anstrebenden Arhat (Pāli: arahant), der nur ein Mönch sein konnte, ins Zentrum stellte, wurden im M. die Laien insofern direkt mit in die Heillehre aufgenommen, als sie auf dem Weg zur Erlösung einerseits Hilfe von dem neuen Ideal des ↗Bodhisattva erwarten konnten, andererseits auch selbst Erleuchtung, also die Buddhaschaft erringen konnten: so bot der M. mehr Individuen (großes Fahrzeug) die Möglichkeit, Heil oder Erlösung zu erlangen. Für den einfachen Laien bot der M. die Möglichkeit, über die Verehrung (↗Bhakti) der zahlreichen Buddhas und Bodhisattvas, die einen regelrechten Pantheon bildeten, zwar nicht die Erlösung, aber doch bessere Wiedergeburtsstadien, z. B. im »glückseligen« Lande Sukhāvatī des Buddha Amitābha (»Buddha des unermeßlichen Glanzes«, chin. Amitofo, jap. Amidabutsu), zu erlangen. Die neuen Lehren schlagen sich in Sūtras jüngeren Datums (ab Chr. Geb.) als die des Hīnayāna und unterschiedlichen Inhalts nieder (*Saddharmapuṇḍarīka-S.* »S. vom Lotos des wahren Gesetzes«, *Prajñāpāramitā-S.s* »S.s von der Vollkommenheit der Erkenntnis«, *Avataṃsaka-S.* »Diadem-S.«, usw.). Wichtige philosophische Konzepte sind einmal die Lehre von der Leere (śūnyatā ↗Mādhyamika): alles, selbst das ↗Nirvāṇa, ist leer (śūnya). Durch die erfahrene Erkenntnis dieser Wahrheit (prajñā, vijñāna) kann man die Erleuchtung, positiv als »Glück« (sukha) gefaßt, erlangen. Eine weitere Erweiterung erfuhr der Buddhismus im M. durch die Drei-Leiber-Lehre (trikāya): nicht der historische Buddha (nirmāṇa-kāya »manifester Leib«) gilt als die höchste Stufe der Buddhaschaft, sondern ihm übergeordnet sind die transzendenten Buddhas (saṃbhoga-kāya) über denen als Absolutes der Dharma-kāya (»Dharma-Leib«) steht. Die wichtigsten Schulen des M. sind die der ↗Mādhyamika und die der Yogācārin (»die der Lehre der Yogaübung anhängen«) oder Vijñānavādin (»die der Lehre der Erkenntnis anhängen«, chin. faxiang, jap. hossō). Die bekanntesten Vertreter der letzteren sind Vasubandhu und Asaṅga (4. Jh. n.Chr.). Vijñānavāda vertritt einen ↗Idealismus, indem er annimmt, daß alle Erscheinungen der Außenwelt »nur Geist« (cittamātra) sind. Geist erscheint in zwei Arten von Bewußtsein: das Denkbewußtsein (manovijñāna), das das vermeintliche individuelle Bewußtsein konstituiert, und das überindividuelle »Speicherbewußtsein« (ālayavijñāna), in dem Eindrücke und ↗Karma gespeichert werden, die letztlich die Herausbildung eines illusionären individuellen Denkorgans (manas) = Individuums verursachen. Mit dem Speicherbewußtsein wird versucht, z.T. das buddhistische Paradoxon einer Wiederverkörperung ohne Seele, Individuum (anātman) aufzulösen. Der Erlösungsvorgang besteht hier in einer Erkenntnis ohne Objekt, die durch meditative Übungen (yoga) erreicht werden kann. In Ostasien ist – neben dem Tantra (chin. mijiao, jap. mikkyō »Geheim-, esoterische Lehre«) und den Entwicklungsformen der chinesischen Schulen (chin. Tiantai, jap. Tendai; chin. Huayan, jap. Kegon, usw.) – besonders eine Richtung des M. zu erwähnen: die des (chin.) Chan oder (jap.) Zen, für die Meditation (sanskrit: dhyāna) und eine dadurch mögliche Erleuchtung (chin. wu, jap. satori) im Mittelpunkt steht und sich philosophisch auf Mādhyamika und Vijñānavāda zurückführen läßt. **Lit.:** E. Conze: Buddhistisches Denken. Frankfurt 1990. S. 277 ff. – H. Dumoulin: Zen-Buddhismus. 2 Bde. Bern 1985. – U. Schneider: Einführung in den Buddhismus. Darmstadt [2]1987. S. 177 ff. – H.-W. Schumann: Buddhismus. Stifter, Schulen u. Systeme. Freiburg 1978. – Ders.: Mahayana-Buddhismus. München 1990. – Th. Stcherbatsky: Buddhist Logic. 2 Bde. Leningrad 1930–32. MD

**Maior/minor/medius terminus** ↗Syllogismus

**Makrokosmos/Mikrokosmos** (griech. große Welt, kleine Welt), Vorstellung einer Beziehung zwischen der Welt als Ganzheit und ihren Teilen; so bereits in der ionischen Naturphilosophie. Hingegen ist das Begriffspaar Ma./Mi. jünger und erst bei Aristoteles nachweisbar. Die stoische Idee des Menschen als Mi., der an den psychistischen Strukturen des Universums qua Ma. teilhat, zeigt sich bereits bei den Pythagoreern und wird von den Philosophen der Vorscholastik (Johannes Damascenus, Gregor dem Großen, Isidor von Sevilla, Joh. Scottus Eriugena u. a.) adaptiert. Bei Albertus Magnus und Thomas von Aquin ist der Mi. »Mensch« der Mittelpunkt der göttlichen Schöpfung. Im späten Neuplatonismus und mit der Hervorhebung der Seelenkräfte als weltleitende Prinzipien stehen Ma./Mi. synonym für eine mystische Kosmologie. In der Neuzeit setzt sich die Ma./Mi.-Vorstellung u. a. bei

Nicolaus Cusanus, G. Pico della Mirandola und Paracelsus sowie in der deutschen ↗Mystik mit J. Boehme fort. Zur Wahrung eines inneren und leitenden Prinzips der Natur und des Menschen wird das Begriffspaar bei Herder und Goethe und in der romantischen Naturphilosophie (u.a. Fr. Schlegel und Novalis) verwendet. **Lit.:** G.P. Conger: Theories of Macrocosm and Microcosm in the History of Philosophy. New York 1922. – B. Kanitschneider: Philosophisch-historische Grundlagen der physikalischen Kosmologie. Stuttgart/Berlin/Köln/Mainz 1974. – A. Meyer: Wesen und Geschichte der Theorie von Mikrokosmos und Makrokosmos. In: Berner Studien zur Philosophie und ihrer Geschichte 25 (1900). S. 1–122. – W. Windelband: Lehrbuch der Geschichte der Philosophie. Tübingen 1993. Bes. § 29. JM

**Man,** bezeichnet bei Heidegger eine existenziale Verfassung des ↗In-der-Welt-seins des menschlichen Daseins. Zunächst und zumeist bin ich nicht im Sinne des eigenen Selbst, sondern in der Weise des M., d.h. des Alltäglichen und Durchschnittlichen. Im M. steht das Selbst unter der »Botmäßigkeit« der Anderen, die ihm das Sein abgenommen haben. »Das Man, mit dem sich die Frage nach dem Wer des alltäglichen Daseins beantwortet, ist das Niemand, dem alles Dasein im Untereinandersein sich je schon ausgeliefert hat« (*Sein und Zeit*, § 27). Das M. ist eine existenziale Grundstruktur des Daseins, die mit dem Miteinandersein des In-der-Welt-seins gegeben ist, und daher beruht das eigentliche Selbstsein nicht auf einem vom M. abgelösten Ausnahmezustand, sondern in dessen existenzieller Modifikation. **Lit.:** M. Heidegger: Sein und Zeit (Gesamtausgabe Bd. 2). Frankfurt 1977. §§ 25–27. FPB

**Manichäismus.** Nach dem Selbstverständnis seines Gründers, der Persers Mani (um 216–276), ist der M. die universale Vollendung der vorhergehenden Religionen, die abschließende Offenbarung, deren erste Künder Zarathustra, Buddha und Jesus waren. Die synkretistische Lehre gilt als bedeutende Ausformung der Gnosis: Ein strenger Dualismus zwischen Gott und Welt, Licht und Finsternis vorausgesetzt, kennzeichnet die unheilvolle Lage der Menschen die Vermischung der beiden Prinzipien. Mani ist der letzte, wichtigste »Er-leuchter«, dessen kosmische Mission es ist, die verstreuten Seelen wieder ins Lichtreich zu führen. Dazu bedarf es neben asketischer Lebensführung der Auserwählten auch der Selbsterkenntnis der Seele als von göttlicher Natur. Sind alle Seelen wieder ins Lichtreich eingegangen, ist nach einem apokalyptischen letzten Kampf die ursprüngliche Trennung der Prinzipien wiederhergestellt. – Der M. breitet sich bis ins 4. Jh. u.a. im Römischen Reich rasch aus (Augustin war zunächst Manichäer), und war bis ins MA. in Asien zu finden. **Lit.:** G. Widengreen: Mani und der Manichäismus. Stuttgart 1961. PK

**Mannigfaltigkeit,** (1) Verschiedenheit, ↗Vielheit, Vereinzeltheit. M., ein Gegenbegriff zu ↗Einheit, ist ein in der Erkenntnistheorie seit dem 17./18. Jh. gebräuchlicher Begriff für die Vielheit und Verschiedenheit vor allem des sinnlich Gegebenen. Für Locke und Hume ist die sinnlich gegebene M. als »sensations« oder »impressions« Ausgangspunkt der Erkenntnis und verbürgt die Gewißheit des Erkannten. Die M. der Sinneseindrücke ist der Quell aller Vorstellungen. Der Verstand prozediert im Nachhinein. Für Kant ist die Synthesis (Verbindung) des Mannigfaltigen zu einer Erfahrungserkenntnis eine spontane Leistung des Verstandes. Die M. ist in den reinen Formen der Anschauung, Raum und Zeit, gegeben und wird durch die Begriffe des Verstandes (↗Kategorien) aktiv zu einer Vorstellung verbunden. Die transzendentale Apperzeption (das Ich-denke, das alle meine Vorstellungen begleiten können muß) verbindet alles Mannigfaltige der gegebenen Vorstellungen in einem Bewußtsein. Die spätere Wissenschaftslehre Fichtes bezeichnet es als das Wesen der Philosophie, alles Mannigfaltige zurückzuführen auf absolute Einheit. – (2) In der Mengenlehre wurde der Begriff der Menge zunächst auch mit dem Begriff der M. belegt (G. Cantor). M. ist ein mathematischer Begriff, der in der Theorie mehrdimensionaler Geometrien Verwendung findet. CHA

**Marburger Schule,** eine der Hauptrichtungen des sog. ↗Neukantianismus. Ihr Begründer war H. Cohen (1842–1918), der seit 1876 als Nachfolger F.A. Langes (1828–1875) an der Philipps-Universität zu Marburg lehrte. Neben Cohen zählten sein jüngerer Kollege in Marburg, P. Natorp (1854–1924), sowie deren Schüler A. Görland (1869–1952), E. Cassirer (1874–1945) und der junge N. Hartmann (1882–1950) zu den bedeutendsten Vertretern der M.Sch.

Die Marburger Schuldoktrin rekurrierte auf die kritische Philosophie Kants, wobei sie in erster Linie die transzendentale Ästhetik und Analytik als idealistische Theorie der Erfahrung neu zu interpretieren suchte (Cohen: *Kants Theorie der Erfahrung*. 1871). Diese umstrittene Phase der Kant-Kommentierung wurde jedoch bald durch eigenständige systematische Produktion abgelöst. Grundlage aller folgenden Arbeiten war ein methodischer ↗Idealismus, der den Erkenntnisgegenstand vollständig in den Funktionen des erkennenden Subjekts auflöste. Dieses Konzept wurde für die Begründung sowohl der Logik, der Ethik und der Ästhetik, als auch der Einzelwissenschaften fruchtbar gemacht (Cohen: *Logik der reinen Erkenntnis*. 1902. – *Ethik des reinen Willens*. 1904. – *Ästhetik des reinen Gefühls* 1912. – Natorp: *Die logischen Grundlagen der exakten Wissenschaften*. 1910). Insbesondere der Wissenschaftsbezug ist charakteristisch für die M. Sch. Erkenntnistheorie wird nahezu bedeutungsgleich mit Wissenschaftstheorie, insofern die Wissenschaften als Paradigmen objektiver Erkenntnisleistungen den Gegenstand der transzendentalen Analyse darstellen. Der idealistische Ansatz wurde darüber hinaus als Leitfaden philosophiehistorischer Reflexion genutzt (Natorp: *Platos Ideenlehre*. 1903). In seiner späten »Systematik« (postum 1958) neigte Natorp zu einer mystischen Überhöhung des Verhältnisses von Denken und Sein. Für die Gegenwartsphilosophie ist insbesondere die kulturphilosophische Ausweitung der transzendentalen Methode auf vorwissenschaftliche Erfahrungsgegenstände durch E. Cassirer bedeutsam geworden (Cassirer: *Philosophie der symbolischen Formen.* 1924–1929). **Lit.:** H. Holzhey: Cohen und Natorp. Basel/Stuttgart 1986. – W. Kinkel: H. Cohen. Stuttgart 1924. – P. Natorp: Kant und die Marburger Schule. In: Kant-Studien 17 (1912). S. 193–221. – H.-L. Ollig: Der Neukantianismus. Stuttgart 1979. KHL

**Marxismus.** Die Quellen, aus denen sich das Marxsche Denken speist, sind in erster Linie die klassische deutsche Philosophie und hier insbesondere die Hegelsche Dialektik wie der Feuerbachsche Materialismus, daneben sind auf der einen Seite die englische Nationalökonomie und auf der anderen der utopische (frz. und engl.) Sozialismus bzw. Kommunismus zu nennen. Die Fortentwicklung des M. im Anschluß an die ↗Marxsche Theorie geschah spätestens seit der russischen Oktoberrevolution von 1917 vor dem Hintergrund einer konkurrierenden realen Systementwicklung von (westlichem) Kapitalismus und (östlichem) Kommunismus, so daß auch ihre Betrachtung und Bewertung unhintergehbar eine Frage der Perspektive ist. – So war aus der Sicht des »Realen Sozialismus« bereits die Begriffsbildung und -definition selbst Element des Klassenkampfes gegen den westlichen Kapitalismus und Imperialismus. »Der M.-Leninismus ist die theoretische Grundlage der praktischen Tätigkeit der revolutionären Partei der Arbeiterklasse und dient als Anleitung zum Handeln im Klassenkampf, in der sozialistischen Revolution und beim sozialistischen und kommunistischen Aufbau«, heißt es im *Philosophischen Wörterbuch* der DDR (Leipzig 1974, S. 738). Durchgängig ist hier die Rede von den »Klassikern« des M. (Marx, Engels, Lenin), dieser selbst gründet auf »objektiven Gesetzmäßigkeiten« des Geschichtsprozesses und »beweist« die »historische Notwendigkeit« des Überganges zum Kommunismus. Die »Theorie von der Diktatur des Proletariats« wird als »Kernstück des M.« bezeichnet (ebd. S. 741). Alle diejenigen Positionen des Gedankenstromes des M., die von dieser orthodoxen und dogmatischen Auffassung abweichen, insbesondere also alle westlichen Fortführungen des Marxschen Gedankengutes, wurden als »bürgerlich« bzw. »revisionistisch« abqualifiziert. Umgekehrt wurde aus westlicher Sicht immer wieder kritisch vermerkt, daß im Anschluß an die russische Oktoberrevolution nach einigen anfänglichen Richtungskämpfen sich eine einseitige orthodoxe Richtung des M. durchsetzte und fortan zur Herrschaftslegitimation der »Partei neuen Typs« (Lenin) funktionalisiert wurde. Diese Indienstnahme des M. als »Integrationsideologie der Arbeiterbewegung« (Fetscher) bewirkte insbesondere in den 30er Jahren unter Stalin einen Rückfall auf ein mechanistisches Verständnis von ökonomischer Basis und diese widerspiegelndem politischen und kulturellen Überbau. Diese Traditionslinie, die ihre Wurzeln bereits im Vulgärmaterialismus des 18. Jh. hatte, wurde in den 1890er Jahren durch Plechanows (*Zur Frage der Entwicklung der monistischen Geschichtsauffassung*, 1895) mechanistische und schematisierende Objektivierung des Geschichtsprozesses geprägt und durch Bucharins *Theorie des historischen Materialismus* (1921) – dem ideologischen Standardwerk des sowjetischen M. – und einen evolutionistischen Positivismus ergänzt, dem es darum zu tun war, die historischen und politischen Tatsachen nach dem methodischen Vorbild der Naturwissenschaften zu beschreiben und zu klassifizieren. Den Höhepunkt dieser ebenso vulgärmaterialistischen wie dogmatischen Geschichtsauffassung bildete Stalins 1938 erschienene Schrift *Über dialektischen und historischen Materialismus.* So war es wenig verwunderlich, daß sich bereits ab den 20er Jahren eine Gegenbewegung herausbildete, der es – unbelastet durch jede Indienstnahme des Marxschen Erbes für ideologische Belange – um eine kritische und undogmatische Aneignung und Fortentwicklung des M. zu tun war und die aus heutiger Perspektive als ↗Neomarxismus anzusprechen wäre. **Lit.:** I. Fetscher: Der Marxismus. München 1983. ER

**Marxsche Theorie.** Es sprechen gute Gründe dafür, auf begrifflicher Ebene zwischen der M.n T. selber und dem ↗Marxismus als ihrer Rezeptionsgeschichte zu unterscheiden. Entgegen einem verbreiteten Mißverständnis ist es höchst problematisch, hinsichtlich der M.n T. ein »philosophisches« Frühwerk (etwa bis 1848 datiert) von einem »ökonomischen« Spätwerk zu unterscheiden. Im Gegensatz dazu soll an dieser Stelle verdeutlicht werden, daß es sich bei der M.n T. im Kern um ein systematisches Ganzes handelt. Wenn bzgl. dieser Theorie von einer »materialistischen Geschichtsphilosophie in praktischer Absicht« gesprochen wird, so ist damit eine dreifache Perspektive benannt: materialistisch ist diese Geschichtsphilosophie in dezidierter Abgrenzung von ihren idealistischen Vorgängern, gleichwohl bleibt sie Geschichtsphilosophie und beerbt damit genau diese Vorgeschichte in noch näher zu bestimmender Weise, wenngleich sie sich mit ihrem praktischen Impetus kritisch wiederum von diesem Erbe distanziert und den wirklichen geschichtlichen Verhältnissen zuwendet. Alle drei Perspektiven spiegeln sich in Marxens frühem Diktum von der »Aufhebung und Verwirklichung der Philosophie« (MEW 1, S. 384). – Neben der Beerbung des philosophischen Überlieferungszusammenhanges, hier vor allem des ↗Deutschen Idealismus und des materialistischen Neuansatzes von Feuerbach, ist für die M. T. die Rezeption der zeitgenössischen Nationalökonomie von ausschlaggebender Bedeutung. Aber es bleibt zu bedenken, daß auch die *Kritik der politischen Ökonomie*, insbesondere *Das Kapital*, den kritisierten Verhältnissen im Kapitalismus keineswegs in abstrakter Negation gegenübertritt, sondern daß diese Kritik als bestimmte Negation einer durchgeführten philosophischen Dialektik an diese realen Verhältnisse herangetragen wird. – Daß die Philosophie Hegels von Anfang an der bestimmende Kontext der theoretischen

Entwürfe von Marx gewesen ist, zeigt bereits seine Dissertation von 1841, in der er sich Rechenschaft ablegt von deren alle philosophischen Neuansätze der 1830er Jahre bestimmenden Monumentalität wie von ihrer hermetischen Gestalt. In seiner sog. radikaldemokratischen Phase wendet er sich der Kritik der Hegelschen Rechtsphilosophie zu. In diesem Stadium erhofft sich Marx eine Besserung der Verhältnisse von einer radikalen Durchsetzung des Demokratieprinzips, also noch durch eine Veränderung auf politischer Ebene. Erst danach dechiffriert er die Sphäre der Ökonomie als den zentralen Ort gesellschaftlicher Determination und findet im Begriff der gesellschaftlichen ↗Arbeit die zentrale Kategorie seines eigenen geschichtsphilosophischen Konzeptes. Dieser Stand der Theoriebildung tritt in den *Pariser Manuskripten* zutage, in denen er zugleich Hegel dafür lobt, daß er – wenn auch in idealistischer, entfremdeter Gestalt – »das Wesen der Arbeit« erfaßt und den Menschen als das »Resultat seiner eignen Arbeit« (MEW E1, S. 574) begriffen habe. Während aber bei Hegel die »Arbeit des Geistes« das dynamische Moment des dialektischen Prozesses bildet, wenn sich dieser, ausgehend von seinem reinen Ansichsein, in Natur und Geschichte hinein entfremdet und aus dieser Entfremdung durch die Konstitution seines Selbstbewußtseins im absoluten Wissen wieder heraustritt, überträgt Marx diese dialektische Dynamik und Struktur auf die reale Geschichte und lokalisiert ihr Movens in der gesellschaftlichen Arbeit, mittels derer sich der Mensch als ihr leibhaftiger Träger im historischen Prozeß seiner Gattungsgeschichte sozusagen naturwüchsig in den Zustand der ↗Entfremdung hineinbegeben hat und nun, nach hinreichender Entfaltung der ↗Produktivkräfte im Kapitalismus, der zugleich die Entfremdung der Arbeit radikalisiert und auf die Spitze treibt, von der M.n T. dazu aufgerufen wird, diese Entfremdung in einem bewußten, revolutionär-emanzipatorischen Akt wieder aufzuheben. An dieser Stelle wird zweierlei deutlich: erstens erhellt sie, in welchem Maße eben auch die im einzelnen aus der Analyse und Kritik der politischen Ökonomie hervorgegangene Marxsche Revolutionstheorie philosophisch fundamentiert ist und zweitens, wie sehr auch noch Marxens »materialistische Geschichtsphilosophie in praktischer Absicht« Geschichtsphilosophie ist, will sagen, der Fortschrittseuphorie des bürgerlichen Zeitalters anhängt und die Gattungsgeschichte des Menschen als Weltgeschichte auf aufsteigender Stufenleiter und mit der Zielvorgabe der »klassenlosen« kommunistischen Gesellschaft strukturiert. Gerade in diesem letzten Bezug wäre der Bogen der Argumentation zurückzuspannen zu der Frage nach den in der Theorie selber liegenden Verantwortlichkeiten für das Scheitern der »sozialistischen Alternative«. Bereits in diesem Sinne hatte Adorno das wiederum hermetische Geschichtsverständnis der der Aufhebung der Entfremdung zugrundeliegenden Struktur einer im konkret Positiven endenden Negation der Negation kritisiert und statt dessen auf eine »Negative Dialektik« bestanden, die den Systemzwang über die Subjekte als deren Anwalt immer wieder kritisch zerbricht und so zumindest der Gefahr einer Überforderung der Subjekte nicht erliegt. **Lit.:** W. Schmied-Kowarzik: Die Dialektik der gesellschaftlichen Praxis. Freiburg/München 1981. ER

**Maschine.** Im Verständnis der Antike werden M.n erfunden, um die Natur (das, was von selbst geschieht) zu »überlisten«. Im späten MA. wird mit dem Vergleich von Universum und Uhr die Vorstellung einer nach mechanischen Prinzipien funktionierenden Welt-M. vorbereitet. Im Mechanizismus wird die Natur verstehbar, weil sie einer M. gleicht. Der Gegensatz von lebendigem Organismus und M. wird heute durch die ↗Kybernetik entschärft. Die M. war Metapher schon bevor sie in Technik und Industrie die Arbeitswelt und den Alltag grundlegend veränderte. **Lit.:** W. Schmidt-Biggemann: Art. »Maschine«. In: HWPh. Bd. 5. MS

**Maschinentheorie,** beinhaltet den Vergleich von lebendigen Organismen mit Maschinen oder Automaten. Erste Ansätze einer M. sind bereits bei Descartes, der die Tiere für seelenlose Automaten hielt, bei La Mettrie, der auch den Menschen als Maschine beschreibt, und bei Chr. Wolff, der das Weltganze mit einer Maschine verglich, zu beobachten. Explizit als *Maschinentheorie des Lebens* betitelte J. Schultz seine 1909 veröffentlichte Abhandlung, worin die Lebewesen mechanisch und wie Maschinen aufgefaßt werden. Die Organismen der Lebewesen gleichen nach Schultz sowohl von ihrer Struktur her wie auch in den evolutionären Selektionsmechanismen bis ins Detail technischen Maschinen. Die Schultz'sche M. wurde von H. Dingler 1931 in dem Buch *Die Weltmaschine* mit Entschiedenheit abgelehnt. Einen weiteren Versuch, Lebendiges mit Maschinellem zu analogisieren, unternimmt 1935 die Arbeit des Haeckel-Schülers H. Driesch *Die Maschine und der Organismus.* ↗Mensch/Maschine. MFM

**Maß,** ethischer und ästhetischer Ordnungsbegriff. Eine zentrale Rolle spielt das M. (metron) in der antiken Ethik. Dies zeigt schon der mit dem »Erkenne dich selbst« in Verbindung stehende delphische Spruch »Nichts im Übermaß«. Beide sollen anzeigen, was dem Menschen im Verhältnis zu den Göttern not tut. Der Gedanke des Maßes verweist auf die kosmische Ordnung, innerhalb derer jedem Seienden die ihm gemäße Stelle und Aufgabe zukommt. Für den Menschen gilt es, das rechte M. seines Handelns selbst zu finden, Unmäßigkeit (hybris) ist ein Vergehen gegenüber den Göttern und der kosmischen Harmonie. Bei Platon ist die das rechte M. einhaltende Besonnenheit (↗sophrosyne) eine der Kardinaltugenden. Der M.-Gedanke zeigt sich bei Aristoteles in der Bestimmung der ethischen Tugend als rechter Mitte (mesotes) zwischen zwei Extremen, die bezogen ist auf die Person und die Situation. Mit dem Ausgang des MA. verliert der M.-Begriff für die Ethik zunehmend seine Bedeutung. Unter Bezug auf das antike Denken vertritt Camus eine Ethik des Maßes, die dem Gedanken der Solidarität und der Ablehnung jedes totalitären Absolutheitsanspruchs verpflichtet ist. **Lit.:** A. Camus: Der Mensch in der Revolte. Reinbek 1969 u.ö. (Kap. »Das mittelmeerische Denken«). – H. North: Sophrosyne. Ithaca, N.Y. 1966. FBP

**Masse.** (1) Der physikalische M.-Begriff geht zurück auf die neuplatonische Opposition Kraft vs. M., die auf der Vorstellung eines Gegensatzes von aktivem Geist und inaktiver Materie beruht. Im Anschluß an Galilei und Kepler prägt Newton M. als spezifisch physikalischen Begriff. Konstitutiv für den M.-Begriff ist die Annahme eines Trägheitsprinzips der Körper. Neben Länge L und Zeit T ist der Begriff M. eine der drei Grundgrößen der klassischen Physik. Nach der speziellen ↗Relativitätstheorie sind weder M. noch L und T invariante Größen, sondern die M. einer physikalischen Entität, etwa eines Teilchens, ist abhängig vom Bewegungszustand innerhalb des Bezugssystems. Die Relativitätstheorie postuliert die Äquivalenz von Masse und Energie. Die allgemeine Relativitätstheorie thematisiert den M.-Begriff im Hinblick auf den doppelten Aspekt von M. als träge M. sowie als schwere M. Die träge Masse wird bestimmt als der Koeffizient der Reaktion auf eine jeweilige Kraft. (2) Als politisch-soziologischer Begriff tritt M. als »masse du peuple« in der Frz. Revolution auf und wird von Beginn an in gesellschaftskritischer Bedeutung gebraucht. In der Folgezeit kennzeichnet M. die politische und ökonomische Schwäche großer Bevölkerungsteile und ist daher, besonders bei Marx und Engels, stets mit der Vorstellung sozialer Desintegration verbunden. Als Begründer der Massen-Psychologie gilt G. Le Bon (*Psychologie des foules*, Paris 1895). Im Rückgriff auf L.B. und W. MacDougall (*The Group Mind*, Cambridge 1920) erscheint M., sozialpolitisch neutral verwandt, im dt. Sprachraum erstmals bei Freud als spezifisch sozialpsychologischer Terminus (*Massenpsychologie und Ich-Analyse*, 1921). **Lit.:** zu (1) M. Jammer: Der Begriff der Masse in der Physik. Darmstadt 1964. – P. Janich: Ist Masse ein »theoretischer Begriff«? in: Zs. für allgemeine Wissenschaftstheorie 8 (1977). S.302–314. – J. Pfarr (Hg.): Protophysik und Relativitätstheorie. Mannheim u.a. 1981. – zu (2) J. Habermas: Strukturwandel der Öffentlichkeit. Frankfurt 1962. JH

**Materia prima** (lat. erste Materie), der Urstoff, aus dem alles beschaffen sei. In der aristotelischen Kosmologie das fünfte (↗Quintessenz) neben den vier irdischen Elementen Erde, Wasser, Luft und Feuer. Für Aristoteles das edelste aller Elemente, weil es der Stoff ist, aus dem die Himmelskörper bestehen, also von derjenigen Beschaffenheit, die der direkt vom Ersten Beweger bewirkten unaufhörlichen Kreisbewegung zukomme. In der Alchimie die reine, ungeformte Materie, die jedem besonderen Stoff beigemischt ist. Ziel der Alchimie des späten MA. war es, diese M. p. als Urstoff zu isolieren oder Metalle in diesen Urstoff zurückzuverwandeln, damit das Metall in ein anderes (möglichst in Gold) verwandelt werden könne. **Lit.:** Aristoteles: Physik. – M. Retschlag: Von der Urmaterie zur Urkraft Elixier. Leipzig 1926. KJG

**Materialismus,** diejenige philosophische Anschauung, die – in Entgegensetzung zum ↗Idealismus – die Materie gegenüber dem Geist bzw. der Idee als das Primäre und Bestimmende behauptet. Seit ihren Anfängen hat sich die Philosophie dieser Grundfrage stellen müssen, ob die Materie gegenüber dem Geist oder ob nicht dieser gegenüber der Materie das Substantiellere ist, und seither haben Philosophen immer wieder der einen oder anderen Richtung den Vorzug gegeben. Dabei können solche Entwürfe wenig überzeugen, die eines der beiden Momente linear auf das andere zu reduzieren versuchen oder hilflos bei einem Dualismus beider stehenbleiben und einzig eine Art von Wechselwirkung zwischen beiden nachzuweisen versuchen. Angemessener sind diejenigen Konzeptionen, die sich um die Explikation eines dialektischen Verhältnisses zwischen beiden Momenten bemüht haben, wobei jeweils der Vorrang von einem von beiden gegenüber dem anderen auszuweisen ist, oder, anders formuliert, ausgehend von dem jeder unmittelbaren Erfahrung gegebenen Dualismus von Materiellem und Geistigem kristallisiert sich als zentrale Frage bei der Lösung dieses Problems heraus, wie das jeweils als primär Erachtete das Andere als sein Anderes bestimmt. Exemplarisch sei hier vorab auf jene Bewältigung der Problematik hingewiesen, die am Ende des 18. Jh. im Kontext des ↗Deutschen Idealismus versucht wurde und die ihren Abschluß im objektiven Idealismus Hegels und in Reaktion darauf im dialektischen M. von Marx und Engels gefunden hat.

(1) Die auf Kants kopernikanische Wendung in der Erkenntnistheorie – derzufolge die Erkenntnisobjekte sich den erkenntniskonstitutiven Bedingungen des erkennenden Subjekts zu fügen haben und nicht umgekehrt – zurückgehende und von ihm selbst in differenziertester Gestalt formulierte ↗Transzendentalphilosophie sieht sich vor die Aufgabe gestellt, die für jeden Erkenntnisakt zunächst konstitutive Kluft zwischen Subjekt und Objekt zu überbrücken, also eine Antwort zu geben darauf, wie das Subjekt (Geist, Bewußtsein) sich seines Objektes (materieller Gegenstand) vergewissert. Von diesem Bemühen setzt sich in der Folge der junge Schelling ab und exponiert in seiner Naturphilosophie als komplementäre Fragestellung, wie sich die Materie über die verschiedenen Stufen des Naturprozesses zum Geist (und damit zur Möglichkeit der Selbsterkenntnis) hinaufpotenziert, wenn man so will also, wie das Objekt zu seinem Subjekt gelangt. Während Kant letzten Endes, zumindest hinsichtlich seiner theoretischen Philosophie, im Dualismus stekken bleibt, läßt sich Schellings Unternehmung später als bedeutsamer Schritt im Rahmen eines dialektischen Materialismus dechiffrieren. In Absetzung von beiden komplementären Ansätzen gelingt schließlich Hegel eine nach Maßgabe der Aufgabenstellung befriedigende und nach dem Grad systematischer Stringenz auch im folgenden unüberbotene Lösung des

Problems. Wissend, daß ein Ansetzen bei der gegebenen Subjekt-Objekt-Spaltung diese Kluft allenfalls hinwegeskamotieren, nie aber auf zufriedenstellende Weise überwinden kann, konstruiert Hegel von vornherein ein identisches Subjekt-Objekt als Subjekt jenes dialektischen Prozesses, in dessen Verlauf die zunächst allein ansichseiende absolute Idee sich in Natur und Geschichte hinein entfremdet, um sodann im die Entfremdung wieder aufhebenden Prozeß der Konstitution des Selbstbewußtseins in den Formen des absoluten Geistes zu der Erkenntnis zu gelangen, daß sie selbst, in den wechselnden Gestalten von Logik, Natur und Geschichte es gewesen ist, die diesen Weg durchlaufen hat und sich nun im Prozeß der Reflexion als dieses identische Subjekt-Objekt erkennt. Im System eines solchen dialektischen Idealismus konnte Hegel die Grundfrage der Philosophie auf überzeugende Weise zugunsten eines Primates des Geistes gegenüber dem Materiellen beantworten (»so daß alles, was Materie heißt, so sehr es der Vorstellung Selbständigkeit vorspiegelt, als ein gegen den Geist Unselbständiges erkannt wird« [*Enzyklopädie* § 389, Zusatz]) und zugleich den Maßstab setzen für eine materialistische Lösung des Problems, die sich in ihrer nunmehr ebenfalls angezeigten dialektischen Ausgestaltung sowohl von ihrer eigenen undialektischen Vorgeschichte wie von der – ihrer Ansicht nach – idealistischen Verdrehung des Verhältnisses von Materie und Geist zu emanzipieren und abzusetzen hatte.

(2) Was nun diese »Vorgeschichte« des dialektischen M. oder, aus anderer Perspektive, die Geschichte des M. angeht, so ist dieselbe oft in die zwei Hauptgruppen eines »metaphysischen« und eines »klassischen« M. unterteilt worden, wobei der metaphysische im wesentlichen dem Altertum zugehört und der klassische seinen zentralen Ort in der französischen Aufklärung des 18. Jh.s hat, aber bereits in der Nachfolge der cartesischen Philosophie seinen Anfang nimmt und v. a. im 19. Jh. zum sog. »naturwissenschaftlichen« M. mutiert. Indessen bleibt fragwürdig, ob der metaphysische M., der insbesondere die vorsokratische, ionische Naturphilosophie subsumieren soll, in diesem Bezug überhaupt schon als M. im eigentlichen Sinn anzusprechen ist, obwohl doch gerade die Atomtheorie Demokrits ein Musterbeispiel der Rückführung der vorgefundenen Erscheinungsvielfalt auf eine einheitliche materielle Substanz zu sein scheint. Zu bedenken ist aber, daß weder die vier Urelemente noch die Atome Demokrits und auch nicht das »Unbestimmte« des Anaximander rein Materielles, von allen geistigen Elementen Geschiedenes bezeichnen sollen, wie anders auch das eher Immaterielle, wie das »Sein« des Parmenides, Heraklits »Logos« oder der »Nous« des Anaxagoras noch nicht als reiner Geist mißverstanden werden dürfen. Die damit angesprochene, noch weitgehende Undifferenziertheit in rein Materielles und rein Geistiges tritt deutlich hervor, wenn man – nicht ohne zuvor noch auf Aristoteles zu verweisen, bei dem Materie ebenfalls nicht als reine Materie, sondern immer schon als geformte, der Form unterworfene Materie gedacht wird – sie in den Horizont des klassischen M. stellt, der seinen Materiebegriff der die gesamte Epoche der Neuzeit bestimmenden cartesischen Entmischung der Weltsubstanz in res extensa und res cogitans verdankt. Erst diese fundamentale Subjekt-Objekt-Spaltung, mit der sich Descartes als reiner Dualist erweist und dem Geist-Materie-Problem für lange Zeit eine dialektische Aufarbeitung versperrt, spricht das Erfolgsgeheimnis der im Descartesschen 17. Jh. geschichtsmächtig werdenden neuzeitlichen Naturwissenschaft aus, indem sie das Objekt, die Natur von allen geistigen, auch geheimnisvollen Potenzen reinigt und auf die Eigenschaften der Ausgedehntheit und Bewegung reduziert. Damit wird die Natur reine, atomisierte Materie, die sich ohne Rest dem geistigen, insbesondere mathematischen Zugriff des Subjekts fügt und seinem Beherrschungsanspruch unterwerfen muß. Obwohl Descartes nicht zu den Materialisten zählt (zum Kernbestand des klassischen M. gehören nach Vorarbeiten von Gassendi und Hobbes v. a. die Franzosen Diderot, Lamettrie und d'Holbach), hat er ihnen doch den Boden bereitet und das Fundament gelegt für den nachfolgenden mechanistischen M., der sich anheischig macht, nicht nur die unbelebte Natur, sondern auch die organische, ja sogar den Menschen und den Staat nach dem Modell der Räderuhr zu erklären, wobei eine Abstufung allein im Grad der Kompliziertheit bestehen soll. Berühmtheit erlangt hat in diesem Zusammenhang der sog. Laplacesche Dämon, von dem sein Urheber meinte, daß alle Zukunft vor ihm offen liege, sofern ihm nur – dereinst – die entsprechende Rechenkapazität zur Verfügung stehe, um Energie und Impuls der bewegten Atome, auf die die Welt hier zurückgeführt erscheint, dem entsprechenden Kalkül zu unterwerfen.

(3) Das hier auf die Spitze getriebene mechanistische Weltbild hat den gewachsenen theoretischen Anforderungen im Fortgang der wissenschaftlichen Forschung sowohl in der Physik (thermodynamische Statistik, Elektrodynamik) wie auch insbesondere in der Biologie nicht standgehalten, stellte sich doch die Rückführung komplizierter organismischer oder gar bewußtseinsgesteuerter Lebensprozesse auf ein nach mechanischen Gesetzen ablaufendes Zusammenwirken materieller Korpuskeln als allzu defizient heraus. Dieser Hintergrund ist es nicht zuletzt, der – neben den weiteren Determinanten der sozialökonomischen Verhältnisse wie dem Erbe des klassischen Deutschen Idealismus – der Ausdifferenzierung des dialektischen M. in der 2. Hälfte des 19. Jh. durch Marx (↗Marxsche Theorie, ↗Arbeit, ↗Entfremdung) und insbesondere dann durch Engels seinen besonderen Stellenwert zuweist. Das wesentliche Novum, das in diesem Zusammenhang hervorzuheben ist, besteht in der Übertragung auch auf die gesellschaftlichen Verhältnisse, wohingegen der klassische M. – allen weitergehenden Versprechungen zum Trotz – seine Erfolge und damit seine Berechtigung nur in bezug auf die Natur rekla-

mieren konnte. In dezidierter Gegenposition zu den idealistischen »Verirrungen« ihrer Zeit im allgemeinen und zur Hegelschen idealistischen Dialektik im besonderen sowie in kritischer Beerbung von Feuerbachs anthropologischem M. propagieren Marx und Engels eine Geschichtsauffassung, die darauf beruht, »den wirklichen Produktionsprozeß, und zwar von der materiellen Produktion des unmittelbaren Lebens ausgehend, zu entwickeln und die mit dieser Produktionsweise zusammenhängende und von ihr erzeugte Verkehrsform ... in ihren verschiednen Stufen als Grundlage der ganzen Geschichte aufzufassen und ... die sämtlichen verschiedenen theoretischen Erzeugnisse und Formen des Bewußtseins, Religion, Philosophie, Moral, etc. aus ihr zu erklären und ihren Entstehungsprozeß aus ihnen zu verfolgen, wo dann natürlich auch die Sache in ihrer Totalität und ... Wechselwirkung ... dargestellt werden kann« (MEW 3, S. 37f.). Bemerkenswert an dieser Textstelle ist, daß das Verhältnis von (materiellem) Sein und Bewußtsein nicht als einseitige Abhängigkeit des Bewußtseins vom Sein dargestellt wird (diese einseitige Darstellung ist immer auf den Kontext einer Bekämpfung der idealistischen Perspektive zu beziehen), sondern als dialektisches Verhältnis, in dem zwar dem materiellen Sein der Primat gegenüber dem Bewußtsein zukommt, wo aber andererseits zugestanden wird, daß das Bewußtsein umgestaltend rückwirken kann auf die materiellen Lebensverhältnisse, sei dies nun im Wissen um diese Vermitteltheit oder aber in entfremdeter Form, in der sich das Bewußtsein autonom dünkt. Die materiellen Lebensverhältnisse werden fortentwickelt und vorangetrieben durch die gesellschaftliche Arbeit, deren Begriff Marx der von Hegel übernommenen dialektischen Struktur und Dynamik unterworfen hat. Über Marx hinaus ist dann Engels daran gegangen (*Dialektik der Natur*), dieses dialektische Schema als universale Gesetzmäßigkeit auszuweisen, und zwar dergestalt, daß nicht mehr länger die Zentralkategorie der Geschichte, also die gesellschaftliche Arbeit, dialektisch zu konzipieren, sondern diese selber, und darüber hinaus, ihr vorausliegend und sie erst ermöglichend, auch bereits der Naturprozeß als solcher einem dialektischen Fortgang unterworfen sei. Auch wenn man Engels die lobenswerte Absicht unterstellt, damit an den liegengebliebenen Strang des klassischen M. wieder anzuknüpfen, um ihn aus den überzogenen Ambitionen des Mechanismus zu befreien, so muß doch vom Ergebnis her diese Unternehmung insofern als höchst problematisch beurteilt werden, da er, anstatt den Fallstricken des mechanistischen Denkens zu entgehen, seiner Universalisierung Vorschub geleistet hat. Auch von daher bereits ist es nicht allzu verwunderlich, daß im kanonisierten, orthodoxen ↗Marxismus aus dieser Grundlegung eine Universalideologie gemacht worden ist, die nicht nur Legitimationsfunktionen zu übernehmen hatte, sondern nach der auch Wissenschaft und Forschung im »Realen Sozialismus« organisiert wurden. – Völlig entgegengesetzt zu dieser orthodoxen Version des dialektischen M. ist das Projekt einer undogmatischen Rekonstruktion der materialistischen Dialektik, die es sich zur Aufgabe gestellt hat, die dialektische Kernstruktur der Marxschen Theorie im Horizont ihrer philosophischen Vorgeschichte aus dem Marxschen Gesamtwerk herauszupräparieren, wobei gerade die von Engels eingeleitete, »vulgärmarxistische« Mechanisierung der Dialektik vermieden werden soll. Im Mittelpunkt steht dabei die Erkenntnis, daß die von Marx ins Zentrum seiner geschichtsmaterialistischen Perspektive gestellte gesellschaftliche Arbeit bzw. Praxis der Menschen zum einen ihrerseits vom bezüglich dieser Praxis noch fundamentaleren Naturprozeß übergriffen wird, beide also in einem dialektischen Vermittlungsverhältnis stehen, zum anderen aber die Erkenntnis und theoretische Exposition nicht nur dieses Verhältnisses in Gestalt einer dialektisch-materialistischen Theorie ihrerseits als geistige Arbeit in dieser gesellschaftlichen Praxis fundiert ist und sich als dialektisches Moment dieser Praxis begreift, von der sie selbst wiederum übergriffen wird. **Lit.:** E. Bloch: Das Materialismusproblem, seine Geschichte und Substanz. Frankfurt 1972. – W. Schmied-Kowarzik: Zur Rekonstruktion der materialistischen Dialektik. In: Gesellschaft. Beiträge zur Marxschen Theorie 11. Frankfurt 1978. ER

**Materialismus** (in der Philosophie des Geistes), stellt eine Variante des ↗Monismus dar, deren Widerpart der Idealismus bildet. Der M. geht davon aus, daß die Materie die einzige die Wirklichkeit konstituierende Substanz ist. Er bestreitet die Existenz einer speziellen geistigen Substanz oder unreduzierbarer geistiger Eigenschaften. Innerhalb des M. lassen sich drei Varianten unterscheiden. – Der (1) eliminative M. behauptet, die Entitäten, über die der mentalistische Diskurs spricht, existierten gar nicht. Diese Entitäten seien lediglich Konstrukte ohne reale Entsprechung. Eine wissenschaftliche Psychologie bzw. die Kognitionswissenschaften sollten dementsprechend nicht mehr von mentalen Entitäten und Eigenschaften sprechen, sondern ihre Erklärungen in rein materialistischem Vokabular liefern. Hierbei sei nicht an die Erklärung derselben Phänomene lediglich in anderer Sprache zu denken, sondern an den Wegfall, die Elimination eines kompletten Gegenstandsbereichs. Motiviert ist diese Theorie stets durch einen wissenschaftlichen Realismus, der einzig die Theorien der Naturwissenschaften, zumeist nur der Physik, ontologisch ernst nimmt. Einige Philosophen gehen in ihren eliminativen Forderungen so weit, ein Verschwinden der mentalistischen Redeweise auch für das alltägliche Leben zu forden oder zu prognostizieren. Allgemein erwarten diese Denker einen enormen Zuwachs an Wissenschaftlichkeit, Erklärungs- und Prognoseerfolgen, wenn diesen Prämissen entsprechend gehandelt wird. – (2) Der reduktive M. geht davon aus, daß sich das mentalistische Vokabular größtenteils auf reale Entitäten und Eigenschaften der Welt bezieht, daß diese aber, um wissenschaftlich respektabel zu sein, als Bestandteile der

Welt ausgewiesen werden müssen, die auch in den Naturwissenschaften auftauchen und in den entsprechenden Theorien erklärt werden können, d. h. »naturalisierbar« sind. Auch die Vertreter dieser Position gehen damit zumeist von einem wissenschaftlichen Realismus aus. Häufig analysieren sie die Beziehung von mentalen zu physikalischen Eigenschaften und Entitäten als Verhältnis von Oberflächenstruktur zu Tiefenstruktur. – (3) Dem nichtreduktiven M. liegt fast immer eine Ablehnung des wissenschaftlichen Realismus zugrunde. Er ist stattdessen meist in einer pragmatistischen Grundhaltung verankert. Auch er teilt zwar die monistische Prämisse der beiden anderen Varianten des M., geht aber davon aus, daß uns auch andere als die naturwissenschaftlichen Begriffssysteme eine erfolgreiche Bewältigung der Welt gestatten. Verschiedenen Begriffssystemen wird die gleiche Daseinsberechtigung zugestanden. MBI

**Lit.:** D. M: Armstrong: The Natur of Mind. In: V. C. Borst (Hg): The Mind/Brain Identity Theory. London 1970. S. 67–78. – Der.: A Materialist Theory of the Mind. London 1968. – M. Bunge: Das Leib-Seele-Problem. Tübingen 1984. – H. Feigl: The „Mental" and the „Physical". Minneapolis 1967. – P. Feyerabend: Mentale Ergeignisse und das Gehirn. In: P. Bieri (Hg): Analytische Philosophie des Geistes. Königstein 1989. S. 121 ff. – J. Kim: Psychophysical Supervenience. Philos. Studies 41. 1982 S. 51–70. – J. Margolis: Persons and Minds. Dordrecht 1978. – W. V. O. Quine: On Mental Entities. In: Ders.: The Ways of Paradox. New York. 1966. S. 208–214. – R. Rorty: Mind-Body Identity, Privacy and Categories. In: Revue of Metaphysics 19. (1965). S. 24–54. – J. J. C. Smart: Sensations and Brain Process. In: V.C. Borst (Hg.): The Mind/Brain Identity Theory. London 1970. S. 52–66. – W. Sellars: The Identity Approach to the Mind-Body Problem. In: Ders.: Philosophical Perspectives. Springfield 1959. S. 370–388.

**Materie,** universale Substanz, die als Träger aller Eigenschaften angesehen wird und im Raum mehr oder weniger gleichmäßig mit verschiedener Dichte verteilt ist; Inbegriff der Körperlichkeit und Undurchdringlichkeit, in der neueren Physik jedoch auch bloßer Name für Punkte eines Feldes. Ursprünglich (bei Demokrit und Lukrez) identisch mit den Atomen, die das unzerstörbare Prinzip aller Dinge seien (↗Atomismus). Das philosophische Problem hinsichtlich der M. besteht darin, daß zu erklären ist, wie die M. in Bewegung versetzt, besonders, wie sie lebendig werde. Lukrez sah in der Vielfalt und spezifischen Zusammensetzung der Atome die Funktionen des Lebens begründet. Die französischen Aufklärer Diderot und d'Alembert sprechen später der M. ursprüngliche Empfindungsfähigkeit zu und streiten gemeinsam mit den antiken Atomisten jede weitere neben oder auf der M. existierende Seinsart (Seele) ab. Vereinzelt ist von Naturphilosophen (Boscovich, Schelling, de Broglie) der Gedanke einer dynamischen M. aufgeworfen worden. Hierbei genügen Kraftzentren und deren physikalische Beschaffenheit, um all die Eigenschaften zu erklären, die allgemein der M. zugeschrieben werden. **Lit.:** K.-J. Grün: Das Erwachen der Materie. Hildesheim 1993. – T. Lucrez: Welt aus Atomen. Lat.-dt. Stuttgart 1986. KJG

**Materie/Form des Urteils.** Die Unterscheidung von M. und F.d.U. ist in der Geschichte der Logik nicht einheitlich getroffen worden. Terminologisch fixiert in der Scholastik, verstand man zumeist unter M.d.U. Subjekt und Prädikat, wogegen die Kopula bzw. die Synkategoremata zur F.d.U. gerechnet wurden. Prägend wurde im 18. Jh. die Distinktion Kants, derzufolge die gegebenen Vorstellungen, die im Urteil verbunden werden, dessen M. oder Inhalt ausmachen; die F.d.U., mit der es die Logik allein zu tun habe, wird differenziert in ↗Quantität, ↗Qualität, ↗Relation und ↗Modalität (*KrV* § 9; *Logik*, Hg. Jäsche, § 18ff). Erkenntnistheoretische Grundbedeutung haben die F.en d.U. in der *Kritik der reinen Vernunft*, da sie als Leitfaden zur Auffindung der ↗Kategorien fungieren. – Bereits in der Logik des 19. Jh., z. B. bei Bolzano, wird die Unterscheidung von M. und F.d.U. und die damit verbundene Klassifizierung einer kritischen Revision unterzogen. In der modernen Logik werden die formalen Bestimmtheiten in Aussage-Formen repräsentiert. RW

**Mathematik** (griech. mathematike (techne)). Die vorgriech. M. (Sumer, Babylon, Ägypten) ist weitgehend eine Art von Rezeptsammlung. Die Griechen legen das Hauptgewicht auf den ↗Beweis und begründen damit die M. als eine Wissenschaft mit folgendem Ideal: Einige wenige Definitionen und evidente Postulate und Axiome werden an die Spitze gestellt, und der Rest des Lehrgutes wird in Form von ↗Theoremen daraus durch Definition, Konstruktion und logische Folgerung gewonnen. Dieses Ideal ist in früher und erstaunlich hoher Perfektion verwirklicht in Euklids *Elementen* und kann sich fast unverändert bis in unsere Zeit halten. Arithmetik und Geometrie gelten lange als die beiden konstitutiven Disziplinen der M., so daß Kants Philosophie der M. nur sie berücksichtigt und als die Wissenschaften von den reinen Anschauungen des inneren Sinnes (= Bewußtsein) und der äußeren Sinne charakterisiert. Die erst im 16. Jh. aufblühende Algebra kann zunächst noch als Teil der Arithmetik aufgefaßt werden, da sie sich vorwiegend mit der Lösung von ↗Gleichungen und mit der Umformung arithmetischer Ausdrücke befaßt. Die Kombination von Arithmetik und Geometrie in der analytischen Geometrie (Descartes) führt zur Infinitesimalrechnung (Newton, Leibniz), die in enger Wechselwirkung mit der Physik einen enormen Aufschwung nimmt. Die Algebra entwickelt sich zur Theorie von Verknüpfungsstrukturen (v. a. Gruppen und Körpern), wie sich die moderne M. überhaupt zu einer Theorie von abstrakten Mannigfaltigkeiten und Strukturen entwickelt. Traditionelle mathematische Disziplinen (Arithmetik, Geometrie) stellen sich nunmehr dar als spezifische Kombinationen und Verflechtungen bestimmter Mengen, Verknüpfungen, Funktionen, Ordnungen und Nachbarschaftsbeziehungen. Algebra,

Mengenlehre und Topologie sind heute die Grunddisziplinen der M., auf denen die anderen aufbauen. Hatte schon die stürmische Entwicklung der Infinitesimalrechnung zu begrifflichen Schwierigkeiten v. a. mit dem unendlich Kleinen geführt, die aber bewältigt werden konnten (Cauchy, Weierstraß), so hat die Mengenlehre zu den ↗ Antinomien und zur daraus resultierenden, immer noch nicht befriedigend gelösten Grundlagenproblematik geführt (↗ Formalismus, ↗ Logizismus, ↗ Intuitionismus). **Lit.:** O. Becker: Grundlagen der Mathematik. Freiburg/München 1954. – E. W. Beth: The Foundations of Mathematics. Amsterdam 1968. – R. Courant/H. Robbins: Was ist Mathematik?. Berlin/Heidelberg/New York ³1973. – H. Dingler: Philosophie der Logik und Arithmetik. München 1931. – Ders.: Die Grundlagen der Geometrie. Stuttgart 1933. – D. Hilbert: Grundlagen der Geometrie. Leipzig und Berlin ⁷1930. – D. Hilbert/P. Bernays: Grundlagen der Mathematik. 2 Bde. Berlin 1934, 1939. – E. Husserl: Philosophie der Arithmetik. Den Haag ²1970. – St. Körner: Philosophie der Mathematik. München 1968. – A. Speiser: Die mathematische Denkweise. Basel ³1952. – Chr. Thiel (Hg.): Erkenntnistheoretische Grundlagen der Mathematik. Hildesheim 1982. – Ders.: Philosophie und M. Darmstadt 1995. – F. Waismann: Einführung in das mathematische Denken. München ³1970. VP

**Mathematisierbarkeit,** bezieht sich auf die Entwicklung der Mathematik und ihrer Methoden, bedeutet im engeren Sinne aber die seit der Neuzeit bekannte Verwendung mathematischer Verfahren in den technisch-physikalischen Wissenschaften. – Mathematisch-geometrische Einzelmethoden waren in der Neuzeit von besonderem Interesse aufgrund ihrer Kompatibilität mit den analytisch-synthetischen Verfahren in aristotelischer Tradition. Aufgrund verbesserter Textgrundlagen besonders der Schriften Euklids, Archimedes, Apollonios von Perge, Proclus Diadochus und Pappos von Alexandrien und durch die Diversifizierung von Arithmetik und Algebra wird bis Mitte des 16. Jh. die Mathematik zum Oberbegriff für die unterschiedlichen Wissenschaften und Künste und M. zur Methode schlechthin. M. wird damit zum zentralen Kriterium in Geographie, Astronomie und den übrigen quantitativen Wissenschaften, und sie verändert zugleich die gesamte Wissenschaftssystematik, wie etwa in d'Alemberts *Discours préliminaire* von 1751, in der die mathematisierte Naturphilosophie als »les mathématiques« charakterisiert wird. M. steht seitdem stellvertretend für eine objektiv-quantifizierbare, mathematisch darzustellende Realität. **Lit.:** K. Balic: Bemerkungen zur Verwendung mathematischer Beweise und zu den Theoremata bei den scholastischen Schriftstellern. In: Wissenschaft und Weisheit 3 (1936). S. 191 ff. – P. L. Rose: The Italian Renaissance of Mathematics. Studies on Humanists and Mathematicians from Petrarch to Galileo. Genf 1975. – H. G. Zeuthen: Die Mathematik im Altertum und im Mittelalter (Berlin 1912). ND New York 1966. JM

**Mathesis universalis** (griech.-lat.: universale Wissenschaft). Ausgehend von den verschiedenen mathematischen Disziplinen und Fächern im 16. Jh. entwickelte sich die Idee einer einheitlichen formalen Universalwissenschaft, die alle abstrakten und konkreten Quantitäten umfassen und die logische und mathematische Grundlage aller anderen Wissenschaften und Disziplinen sein sollte. Bereits A. Piccolomini und Ramus sprechen von einer »scientia communis« bzw. »communis mathematica«, doch taucht der Begriff M.u. erstmalig bei Adrianus Romanus (*Apologia pro Archimede*, 1597) auf. Sie stellt eine reine, intelligible Mathematik dar und wird deshalb auch »prima mathematica« oder »prima mathesis« genannt. Der Enzyklopädist Alsted bezeichnet die M.u. zutreffenderweise als Wissenschaft der Quantität im allgemeinen und auch Descartes versteht sie als allgemeine Mathematik der Relationen und Proportionen. Bei Leibniz werden M.u. und »logica mathematicorum« zum Teil synonym verwendet. Als metawissenschaftliche Lehre bzw. mathematisch-philosophische Wissenschaft findet sie sich in methodischen Systemen in der gesamten Philosophiegeschichte u. a. bei Wolff und Husserl. **Lit.:** H. W. Arndt: Methodo scientifica pertractatum. Mos geometricus und Kalkülbegriff in der philosophischen Theorienbildung des 17. und 18. Jh. Berlin 1971. – G. Crapulli: Mathesis universalis. Genesi di un'idea nel XVI secolo. In: Lessico intelletuale europeo 2 (1969). – J. Mittelstraß: Die Idee einer Mathesis universalis bei Descartes. In: Perspektiven der Philosophie. Neues Jb. 4 (1978). – H. Scholz: Mathesis universalis. Abhandlungen zur Philosophie als strenger Wissenschaft. Darmstadt 1961. JM

**Matriarchat.** Der ältere Begriff Mutterrecht wurde von J. J. Bachofen durch seine gleichlautende Veröffentlichung 1861 geprägt. Seine Theorien lösten Diskussionen und Forschungen in verschiedenen Disziplinen aus. Sie sind inzwischen allerdings weitgehend überholt. Heute wird Mutterrecht meist als Synonym für den Begriff M. verwendet. Das ist problematisch, da durch den Begriff Mutterrecht nur einzelne – rechtliche – Bereiche des Phänomens M. abgedeckt werden. Wird M. als politisches M. definiert, und zwar nach den Kriterien einer patriarchalen Gesellschaft, ist die Existenz von M.en fraglich (H. Zinser, U. Wesel). Sinnvoller ist eine Definition, die von den Strukturen von Gentilgesellschaften, bzw. Gesellschaften, in denen Frauen eine kulturbestimmende Rolle haben, ausgeht. Bei der Bestimmung von einer Gesellschaft als M. ist es entscheidend, welche Bedeutung der betreffende Autor den unterschiedlichen politischen, religiösen und familiären Bereichen und ihren Rollen, sowie direkter Macht und indirekter Einflußnahme beimißt. Dabei werden häufig die Bewertungen der eigenen, patriarchal geprägten Kultur auf die fremde Kultur übertragen. Ein weiteres Problem besteht darin, die Veränderungen durch Einflüsse des patriarchal geprägten Umfeldes von den ursprünglichen Strukturen zu unterscheiden. Auf matriarchale Strukturen weisen folgende Phänomene hin: Matrilinearität, d. h. die Kinder gehören zur mütterlichen Sippe , die (jüngste) Tochter beerbt die Mutter als Sippenoberhaupt. Matri- oder Uxorilokalität, d. h. der Wohnsitz richtet sich nach der Mutter bzw. nach der Ehefrau. Das Sippenoberhaupt ist weiblich, ihr Bruder steht ihr als Delegierter bei, oder weiblich/männliche Doppelregentschaften in Königtümern. Männer haben die Rolle von administrativen Delegierten, bzw. sind ihren Müttern, Tanten oder Schwestern als Sippenoberhäuptern oder Hohen Priesterinnen Rechenschaft schuldig. Weibliche Priester/Schamanen oder männliche, die in ihren rituellen Handlungen von Frauen abhängig sind. Ein Wiedergeburtsglaube, in dem die Frauen die verstorbenen Ahnen der Sippe wiedergebären. Die wichtigsten Götter sind weiblich, einschließlich des Kosmos und der Urahnin, die als erste Göttin gilt. **Lit.:** J. J. Bachofen: Das Mutterrecht. Hg: H. J. Heinrichs. Frankfurt 1975. – S. Distler: Mütter, Amazonen & Dreifältige Göttinnen. Wien 1989. – H. Göttner-Abendroth: Das Matriarchat. Bde 1 und 2,1. Stuttgart 1988 u. 1991. – B. Wagner-Hasel (Hg.): Matriarchatstheorien der Altertumswissenschaft. Darmstadt 1992. – U. Wesel: Der Mythos vom Matriarchat. Frankfurt 1980. DL

**Matrix** (lat. Mutter, Erzeugerin, Gebärmutter), weites Bedeutungsfeld, dessen gemeinsamer Bedeutungskern in seiner ästhetischen Spielart nach J. Maritain (*Creative intuition in art and poetry.* New York 1955) deutlich ist: eine geistige M. als komplexe Einheit enthält implizit das zur Existenz und Wirklichkeit zu bringende Bild. In der Kosmologie des Paracelsus ist der Mensch als Mikrokosmos die M. des Makrokosmos, daneben bezeichnet M. bei ihm auch den dynamischen Entstehungsort jedes natürlichen Körpers. In den kosmogonischen Spekulationen von Böhme (*De tribus principiis*) wird M. als das weibliche Gegenstück und Komplement göttlichen Schöpfungswillens gefaßt. Astronomisch bedeutet M. bei dem Renaissance-Platoniker Fludd das Kraftursprungsfeld der Planetenbewegung. Die medizinische Bedeutung von M. verengt sich im 17. Jh. auf den weiblichen Uterus und geht in die Erklärung von organischen Afterbildungen wie Krebsgeschwülsten der romantischen Pathologie ein. In der Technik bezeichnet M. eine Hohlform, in die eine erhabene Form paßt, oder ein Schema, innerhalb dessen etwas ausgeführt werden kann. In der Mathematik heißen rechteckige Anordnungen von Zahlen, Funktionen etc. in zeilen- und spaltenweiser Gliederung M. Die Quantenmechanik beschreibt in Form quadratischer M.ces beobachtbare physikalische Größen. UB

**Maxime,** handlungsorientierender Entwurf der praktischen Vernunft. M.n regeln die Praxis nach einer Vorstellung von richtigem Handeln. Eine solche M. wird zwar von einem Subjekt erstellt, ist aber nicht als Ausdruck nur individueller Vernünftigkeit zu verstehen, sondern im Blick auf konkrete Praxis als Angabe der richtigen Vollzugsweise eines bestimmten Handlungstyps, der anderen Subjekten ebenfalls vertraut ist und die Interaktion mit anderen Subjekten ermöglicht. – Bei Kant sind M.n subjektive Grundsätze des Handelns, die eine allgemeine Bestimmung des Willens enthalten. Sie stellen Grundhaltungen dar, die einer Vielzahl konkreter Absichten und Handlungen eine bestimmte Richtung vorgeben. Der Charakter der Subjektivität zeigt sich darin, daß jedes Individuum seine eigenen Grundsätze haben kann; das Moment der Willensbestimmung bedeutet, daß der Handelnde diese Grundsätze als seine eigenen anerkennt; ihr Grundsatzcharakter wird dadurch deutlich, daß sie sich auf bestimmte Grundaspekte der Lebensführung und des Zusammenlebens beziehen. Für ihre Umsetzung in konkreten Situationen bedarf es der praktischen Urteilskraft, die den Besonderheiten der jeweiligen Situation und dem eigenen Handlungsvermögen Rechnung trägt und dadurch dem Handlungsgrundsatz eine konkrete Anwendungsinterpretation zur Seite stellt. ↗Pragmatische Maxime. **Lit.:** R. Bittner: Maximen. In: Akten des 4. Internationalen Kant-Kongresses 1974. Hg. v. G. Funke. Berlin/New York 1974. S. 485–498. – R. Bubner: Handlung, Sprache und Vernunft. Frankfurt 1976. S. 185 ff. – Ders.: Geschichtsprozesse und Handlungsnormen. Frankfurt 1984. S. 223 ff. – O. Höffe: Kants kategorischer Imperativ als Kriterium des Sittlichen. In: Ethik und Politik. Frankfurt 1979. S. 84 ff. – I. Kant: Grundlegung zur Metaphysik der Sitten. Akad.-Ausg. S. 400 f. u. 435 ff. PP

**Maximenethik.** Die hauptsächlich auf die Kantische Moralphilosophie gemünzte Bezeichnung soll die charakteristische Grundlage dieser Form der Ethik zum Ausdruck bringen und sie dadurch von einer Regel- oder Normenethik abgrenzen. In der Kantischen Form fordert sie, daß das menschliche Handeln von subjektiven Grundsätzen des Handelns (d.i. den Maximen), die eine allgemeine Bestimmung des Willens enthalten, auszugehen hat. Solche Grundsätze sind auf ihre Verallgemeinerbarkeit zu überprüfen und der einzelne soll nur nach solchen streng allgemeinen Grundsätzen handeln und sein Leben gestalten (Kategorische ↗Imperativ). Die Kantischen Maximen fungieren als allgemeine Willensgrundsätze, d. h. sie stellen normative Grundmuster dar, unabhängig von den wechselnden Umständen, Situationsfaktoren und individuellen Umständen des Handelnden. Als allgemeine Lebensgrundsätze bzw. normative Leitprinzipien schaffen die Maximen über die unterschiedlichen Situationen hinweg einheitliche Sinnzusammenhänge für den Handelnden. Die moralische Beurteilung des einzelnen erfolgt aufgrund seiner Maximen. **Lit.:** O. Höffe: Autonomie und Verallgemeinerung als Moralprinzipien. In: F. Oser/R. Fatke/O. Höffe (Hg.): Transformation und Entwicklung. Frankfurt 1986. S. 56 ff. PP

**Māyā** (sanskrit, Zauberkraft). Als M. wird in der Zeit bis zu den mittleren ↗Upaniṣaden die Zauberkraft der Götter oder deren Widersacher, v.a. des strafenden Varuṇa, verstanden. In *Śvetāśvatara-U.* 4.9.f. wird der entscheidende Schritt zur späteren Bedeutung »Kraft der Illusion« im ↗Vedānta getan, wenn M. mit der durch den höchsten Gott hervorgebrachten ↗Prakṛti, der dem absoluten geistigen Prinzip gegenüberstehenden Materie, gleichgesetzt wird, von der es sich zu befreien gilt (1.10. ff.), um erlöst zu werden. In der *Bhagavad-Gītā* ist M. die ureigenste Fähigkeit (ātmamāyā) des höchsten Gottes, durch die er die Prakṛti emaniert (4.6.) und die Wesen agieren läßt (18.61.). In der Folge rückt die negative Wertung des Begriffes M. als erkenntnishemmende Verblendung in den Vordergrund. Eine wichtige Stellung nimmt M. in der ↗Advaita-Philosophie ein, die gar als māyāvāda (M.-Lehre) bezeichnet wird. M. ist auch hier die Potenz, mittels derer der höchste Gott (Īśvara) den Weltprozeß hervorbringt. Sie äußert sich für die Seele (↗Jīva) im Nichtwissen (↗Avidyā), durch das diese wie im Tiefschlaf an den Kreislauf der Geburten (↗Saṃsāra) gekettet ist. Eine letzte Realität kommt nur dem höchsten Gott zu, die M. bringt die Vielheit hervor. Das Wissen, daß die Vielheit, zu der auch die erkennende Seele gehört, identisch ist mit dem Absoluten, führt zur Erlösung (↗Mokṣa). Für den Vedānta ist die M. die Zeugungskraft (bījaśakti) des höchsten Gottes, aber genau wie die Erscheinungen, die durch sie hervorkommen, ohne Realität (tattva), nur Schein (vivarta). Diese Unterordnung des »Materiellen« unter das »Geistige« unterscheidet sie von der ↗Prakṛti des ↗Sāṃkhya. **Lit.:** P. Hacker: Eigentümlichkeiten der Lehre und Terminologie Śankaras. In: Zs. der Morgenländischen Gesellschaft 100 (1950). S. 246 ff. – Ders.: Vivarta. Wiesbaden 1953. – M. Hiriyanna: Vom Wesen der indischen Philosophie. München 1990. S. 226 ff. MD

**Mechanistisch,** Bezeichnung für kausal- und wirkursächliche Erklärung von Gegebenheiten und Geschehnissen durch physikalisch-chemische und materialistisch-energetische Gesetzmäßigkeiten über letzte, in sich unveränderliche Teilchen. Sie kann sich auf Weltgeschehen überhaupt (↗Atomismus, ↗Materialismus) oder bewußtes Leben (↗Dualismus) beziehen. Als alleinige Erklärung ist sie ↗deterministisch und dem Vorwurf des ↗Reduktionismus ausgesetzt; als Erklärungsweise neben ↗Teleologie und Begründung hat sie Modellcharakter (↗Modell). **Lit.:** E. J. Dijksterhuis: Die Mechanisierung des Weltbildes. Berlin/Heidelberg/New York 1983. EJ

**Meditatio** (lat. Nachdenken, Übung), die Auslegung, das Nachdenken oder auch die ständige Wiederholung (ruminatio) von Worten der Bibel oder von Texten, Legenden und Bildern der christlichen Tradition. Die M. bildete seit dem frühchristlichen Mönchtum die Weiterführung der Schriftlesung (lectio) und sollte in spontanes Gebet (oratio) oder die mystische Erfahrung der Schau Gottes (↗contemplatio) münden. Im 12. Jh. wurde diese spirituelle Übungspraxis insbesondere durch Bernhard v. Clairvaux sowie Hugo u. Richard v. St. Viktor systematisiert und philosophisch begründet. **Lit.:** U. v. Mangold: Meditation und Kontemplation in christlicher Tradition. Weilheim 1966. EWG

**Meditation** (Abendland), seit dem 16. Jh aus lat. ↗meditatio, im christlichen Kontext die Auslegung und das Nachdenken über Inhalte des christlichen Glaubens. Als primäres Ziel der M. wird eine völlige Umwendung des Bewußtseins gesehen, durch die der Übende über den Buchstabenglauben hinaus den Geist der Texte zu erfahren sucht. – In der neuzeitlichen Philosophie fand der Begriff insbesondere bei Descartes und in seinem Gefolge bei Husserl Verwendung. Der auch hier intendierte Wandlungsprozeß ist jedoch in erster Linie diskursiv verstanden. Vor allem durch die Auseinandersetzung mit fernöstlicher M. wird dann von H. Rombach ein die spirituelle und philosophische Dimension integrierendes Meditationsverständnis entwickelt. – Die in der Gegenwart sich abzeichnende breite Renaissance der M. in der westlichen Welt spielt sich jedoch in erster Linie in den Bereichen der Psychologie und Therapie ab, wobei vor allem die ungegenständliche M. östlicher Provenienz Anwendung findet. **Lit.:** L. M. Boden: Meditation und pädagogische Praxis. München 1978. – K. Engel: Meditation. Frankfurt u. a. 1995. – H. Rombach: Strukturanthropologie. Freiburg/München 1987. S. 418–420. EWG

**Meditation** (Indien). M. als praktische Übung der Konzentration des Geistes (manas) spielt im indischen Geistesleben ab der Zeit der ↗Upaniṣaden eine wesentliche Rolle auch im Bereich der philosophischen Erkenntnistheorie. Sie ist über archäologische Funde schon für die Zeit vor der arischen Einwanderung wahrscheinlich: auf Siegeln der Indus-Kultur (Mohenjo Daro, Harappa) sind Abbildungen von Gottheiten in typischer Meditationshaltung mit gekreuzten Beinen zu sehen. Die durch die M. zu erreichende Erkenntnis (sanskrit: vijñāna) ist nicht als eine analytisch-diskursive zu verstehen, sondern eher als die intuitiv verwirklichte höchste Erkenntnis, die zur Erlösung führt. Ist auch der Inhalt der Erkenntnis, den man in der M. realisieren soll, in den verschiedenen Systemen und Schulen unterschiedlich, so sind sich doch die Praktiken sehr ähnlich, und die Hauptpunkte können – mutatis mutandis – anhand der letzten sechs der acht Glieder des Yoga (yogāṅga) dargestellt werden: bestimmte Sitzhaltungen (āsana), Kontrolle des Atems (prāṇāyāma), Zurücknahme (pratyāhāra) der Sinnesorgane von den Sinnesobjekten, das Festsetzen (dhāraṇā) des Denkens auf ein Objekt, eine Intensivierung der dhāraṇā, die eigentliche M. (dhyāna), in der ausschließlich das Objekt das ganze Denken erfüllt, völlige Versenkung (samādhi), unterteilt in zwei Arten: samādhi mit Objektbewußtsein (saṃprajñāta) und samādhi ohne Objektbewußtsein (asaṃprajñāta), die letztlich zur Absolutheit, zur Erlösung führt. Im ↗Buddhismus ist die Wertschätzung der M. als Mittel zur Erlangung der Erleuchtung, der höchsten Erkenntnis, die die Voraussetzung zur Erlösung (↗Nirvāṇa) ist, gleichermaßen hoch, hatte doch der Buddha selbst die Erleuchtung erst nach längerer M. erfahren. Im alten Buddhismus werden die verschiedenen Möglichkeiten und Stufen der M., die die Erleuchtung vorbereiten sollen, dargestellt. Versenkung in M., charakterisiert als »Denken, das [nur] eine Spitze [ein Objekt] hat« (Pāli: cittekāggatā), ist das vorletzte der »Glieder [Stufen] der Erleuchtung« (Pāli: bhojjaṅga) und die letzte Stufe des edlen achtfachen Pfades. Aus dem ↗Mahāyāna geht dann eine Schule hervor, die ihr Hauptaugenmerk gerade auf die M. (dhyāna) legt und v.a. in Ostasien (China, Korea, Japan) als chin. Chan- oder jap. Zen-Buddhismus blühte. Auch im ↗Jainismus spielt die M. eine große Rolle auf dem Erkenntnis- und Heilsweg. **Lit.:** M. Eliade: Yoga. Frankfurt 1985. S. 55 ff. – E. Frauwallner: Geschichte der indischen Philosophie. Bd. I. Salzburg 1953. S. 258 ff. u. S. 430 ff. – Nyanatiloka: Buddhistisches Wörterbuch. Konstanz [2]1976, siehe jhāna, und samādhi. MD

**Medizinische Ethik,** beschäftigt sich bevorzugt mit den Grenzfällen des menschlichen Lebens insbesondere am Anfang und am Ende. Als ihr oberster Grundsatz gilt das Prinzip der informierten Zustimmung bzw. der Entscheidung der betroffenen Patienten. Er ist jedoch nicht überall anwendbar (Notfallmedizin, Psychiatrie, Pränatale Diagnostik). Daher arbeitet die m.E. heute an einem Set ethischer Faustregeln für eine differenziertere Betrachtung des Verhältnisses von Arzt und Patient in ihrem gesellschaftlichen Kontext. Deren erste Grundregel verpflichtet zur weitmöglichen Respektierung der Patientenautonomie (1). Der Haupt-Betroffene soll über die Art der Behandlung entscheiden. Da aber normalerweise bei schwerwiegenderen und darum strittigen Eingriffen nicht nur der Patient die Folgen trägt, sondern auch sein Umfeld, sind weitere Faustregeln zu entwickeln. Die zweite Grundregel verpflichtet, weitmöglich niemandem zu schaden (2). Sie stammt aus der skeptischen Ethik und erwartet sorgfältige Schadensvermeidung bei der Therapie sowie bei Nebeneffekten. Sie gilt für Ärzte, das Pflegepersonal, Verwandte, aber auch für den Patienten selbst. Die dritte Regel fordert nach Möglichkeit Wohltun, Nutzen, Heilen und Retten (3). Sie entstammt der utilitaristischen Ethik, aber auch dem paternalistischen hippokratischen Standesethos der Mediziner. Gerechtigkeit ist Regel (4) und verpflichtet zur Folgenabschätzung und zur Berücksichtigung möglichst aller Betroffener bis hin zur Gesellschaft. Sie fordert Gleichbehandlung in vergleichbaren Umständen, Fairneß gegenüber Schwächeren (Schutz der Kranken oder Schutz vor Kranken) und Berücksichtigung der Betroffenen nach Gesichtspunkten formaler Gerechtigkeit (nach der Art der Beteiligung, nach Bedürfnissen, nach Leistung, nach Verdienst, nach Konventionen). Gemäß der m.E. verpflichten diese Faustregeln mit abnehmender Dringlichkeit. Die Patientenautonomie genießt z. B. hohe Präferenz, ist aber gerade in Grenzfällen nicht der einzige Bewertungsgrundsatz. Bei medizinethischen Konfliktfällen ist in der Regel zu fragen, wer in welchen Situationen für andere, aktuell nicht kompetente Patienten entscheidungsbefugt ist. Entscheidungen anstelle von anderen sind mit besonderer Sorgfalt gemäß oben genannten Regeln zu treffen und begründungspflichtig. In Notfallsituationen wird dies in der Regel der Arzt sein, weil hier in kurzer Zeit lebensrettende Maßnahmen ergriffen werden müssen. In Endphasen chronischer Erkrankungen jedoch sind Patienten berechtigt, dem Arzt eine Reanimation zu untersagen. Krankheitsbedingte mangelnde Krankheitseinsicht und (momenthafte) Aufhebung von Freiheit und Entscheidungskompetenz infolge psychischer Erkrankungen erfordern die Berufung eines Vormundes, der in der Regel ein naher Angehöriger sein sollte. Inkompetenzunterstellungen sollten sehr vorsichtig gehandhabt werden.

Eine patientenzentrierte m.E. betont die Prävention und psychosomatische Seite der Betreuung, insbesondere in der Endphase chronischer Erkrankungen. Eine professionelle Sterbebegleitung inklusive der Betreuung der Angehörigen, der Dialog aller Beteiligten ist wichtiger als die exzessive Nutzung der Apparatemedizin. Intensivmedizin sollte Notfallmedizin sein. Hier ist das alte biomedizinische Krankheitsverständnis berechtigt. Im Sinne der Patientenautonomie sind unter bestimmten Umständen auch Formen der passiven ↗Euthanasie (Unterlassung der Weiterbehandlung der Krankheit in der Sterbephase) ethisch zu rechtfertigen. Als problematisch gilt nach wie vor die Tötung auf Verlangen.

Die Verrechtlichung der Medizin und Defensivmedizin stellt ein Problem dar, insofern sie die Apparatemedizin stärkt und die Behandlungskosten erhöht. Prävention senkt sie, allerdings führt die Forderung nach intensiverer psychologischer Betreuung von Patienten und Personal zu höheren Kosten. Die gerechte Verteilung von Ressourcen, die nur begrenzt vorhanden sind, z. B. Betten auf der Intensivstation, oder Organe für die Transplantation, stellen ein weiteres Problemfeld der m.E. dar (↗Allokation). – Viele medizinethische Fragen lassen sich nur unter Bezug auf anthropologische Klärungen beantworten, so steht z. B. die zum Zweck der Organentnahme getroffene, pragmatische Hirntod-Definition auf anthropologisch nicht hinreichend geklärtem Boden. **Lit.:** E. Amelung (Hg.): Ethisches Denken in der Medizin. Berlin u. a. 1992. – T. Beauchamp/J. F. Childress: Principles of biomedical Ethics. Oxford 1989. – L. Honnefelder/G. Rager (Hg.): Ärztliches Urteilen und Handeln. Frankfurt 1994. – B. Irrgang: Grundriß der medizinischen Ethik. München/Basel 1995. BI

**Meinung,** wird in der neuzeitlichen Philosophie zusammen mit dem ↗Glauben und dem ↗Wissen als ein Akt der Wahrheitsfindung bestimmt (zum antiken Begriff ↗doxa). Der M. oder dem Meinen werden die Eigenschaften des rein Subjektiven, Unbestimmten und Veränderlichen, sowie das Verhaftetsein an die sinnliche Wahrnehmung zugeschrieben. Damit ist die M. gegenüber dem Wissen ein defizienter Modus der Erkenntnistätigkeit. Descartes betont, daß das bloße Meinen immer gebunden sei an ein vorstellungsgebundenes Denken und deshalb keine Erkenntnis über Gott oder die Seele ermögliche (*Discours de la méthode*). In Kants Stufenmodell des Fürwahrhaltens steht das Meinen an unterster Stelle, da es sowohl subjektiv als auch objektiv unzureichend sei. Darin unterscheidet es sich vom Glauben, dessen Geltungsanspruch rein subjektiv bleibt und dem Wissen, das ein subjektiv wie objektiv zureichendes Führwahrhalten ist (*KrV*). Die M. kann auch den Status der Vernunfthypothese haben, wenn sie aus subjektiven Gründen für ein Fürwahrhalten zureichend ist. M.en kann es nur in Urteilen über empirische Gegenstände geben, nicht im Bereich des Intelligiblen. Vernunfturteile sind daher keine M.en, da die Vernunft entweder a priori oder gar nicht erkennt. Dies gilt ebenso für alle ethischen Grundsätze. Fichte verortet die M. in der Welt des Veränderlichen, die gegenüber dem Sein ein bloßer Schein oder das reine Nichts sei (*Darstellung der Wissenschaftslehre 1801*). Das Meinen wird dem durch die Selbständigkeit des Geistes charakterisierten Denken gegenübergestellt (*Anweisung zum seeligen Leben*). Während für das Denken das Sein eins und mit sich identisch ist, also auch nur eine Möglichkeit, Wirklichkeit und Notwendigkeit besitzt, geht das Meinen von mehreren Möglichkeiten aus und wählt – motiviert durch die subjektive Neigung – eine dieser Möglichkeiten aus. Damit ist jede M. einseitig und parteiisch und ihre Dauer ist der persönlichen Neigung unterworfen. Konkret bestimmt Fichte sein gegenwärtiges Zeitalter als historische Manifestation einer Beflissenheit um wissenschaftliche M.en und deren publizistische Verbreitung. Fichte belegt diese Entwicklung mit dem Terminus der Gelehrten-Republik (*Grundzüge des gegenwärtigen Zeitalters*). Hegel dagegen schließt von vornherein den Begriff der M. aus der Philosophiegeschichte aus, da die Philosophie objektive Wissenschaft der Wahrheit sei durch ein begreifendes Erkennen, nicht durch ein Meinen. Die M. ist auch hier bloß eine subjektive Vorstellung, die sich durch Beliebigkeit auszeichnet und deren Inhalt keine Allgemeinheit besitzt. Die M. ist kein an und für sich seiender Gedanke (*Vorlesungen über die Geschichte der Philosophie*). Nach Hegel kann die M. den notwendigen Zusammenhang zwischen der Wirklichkeit des Geistes und dessen sinnlichem Dasein nicht erfassen, da sie das sinnliche Dasein als bloße Zufälligkeit betrachtet (*Phänomenologie*). Im Gegensatz zum Wissen richtet sich die M. unmittelbar auf das sinnliche Dasein als ein einzelnes und individuelles. Diese Unmittelbarkeit des Meinens wird der sinnlichen Gewißheit gegenübergestellt, deren Wahrheit das Allgemeine ist. Anschaulich wird das Meinen in der Physiognomik oder der Handschriftenkunde, deren Fokus sich unmittelbar auf das sinnliche Dasein, die Handschrift oder die Form des Kopfes, richtet und auf dieser Grundlage eine M. über die Persönlichkeit eines Menschen faßt (*Phänomenologie*). KG

**Meisterargument.** Als sog. M. ist ein von Diodoros Kronos entwickeltes Argument überliefert, mit dem er seine Möglichkeitsauffassung zu begründen suchte, derzufolge nur das möglich ist, was wirklich ist oder wirklich sein wird. Nach dem Bericht des Stoikers Epiktet liegen dem M. die folgenden drei Thesen zugrunde: (1) Alles Wahre in der Vergangenheit ist notwendig. (2) Aus etwas Möglichem folgt nichts Unmögliches. (3) Es gibt etwas Mögliches, das weder wahr ist noch sein wird. Nach Epiktet hat Diodoros die ersten beiden Thesen für wahr gehalten und zu zeigen versucht, daß die dritte These mit den ersten beiden unvereinbar ist und daher falsch sein muß. Das M. ist in der Antike für die Frage nach der Willensfreiheit von großer Bedeutung gewesen, da es selbst von Diodors Gegnern als ein logisch korrektes Argument zugunsten des Determinismus aufgefaßt wurde. Wer die Möglichkeitsauffassung Diodors also für falsch hielt, sah sich offenbar gezwungen, die Wahrheit einer der beiden Prämissen zu bestreiten. Die These, die Diodor mit dem M. zu begründen versucht, läßt sich auch auf folgende Weise formulieren: Möglich ist etwas nur dann, wenn es bereits der Fall ist oder in Zukunft der Fall sein wird. Alexander von Aphrodisias erläutert diese These mit dem Beispiel, daß man nur dann die Möglichkeit hat, in Korinth zu sein, wenn man bereits dort war oder irgendwann einmal dorthin kommen wird. Der Kern des M. besteht nach Sedley (S. 97 f.) darin, daß nach Diodor jede zukunftsbezogene Aussage etwas Unmögliches besagt, wenn sie eine falsche Aussage impliziert, die sich auf die Vergangenheit bezieht. Das M. setzt dabei einen Wahrheitsbegriff voraus, demzufolge eine zukunftsbezogene Aussage zu einem gegenwärtigen Zeitpunkt nur dann wahr ist, wenn das Eintreffen des vorhergesagten Ereignisses bereits in der Gegenwart unausweichlich ist. **Lit.:** K. Döring: Die Megariker. Kommentierte Sammlung der Testimonien. Amsterdam 1972. S. 39 ff. – A. N. Prior: Past, Present and Future. Oxford 1967. – D. Sedley: Diodorus Cronus and Hellenistic Philosophy. In: Proceed. of the Cambridge Philological Soc. 203. S. 74–120. – H. Weidemann: Zeit und Wahrheit bei Diodor. In: K. Döring/Th. Ebert (Hg.): Dialektiker und Stoiker. Zur Logik der Stoa und ihrer Vorläufer. Stuttgart 1993. S. 319–329. JH

**Melancholie,** bezeichnet einen durch Schwermut und Tiefsinn, dem Verlust an Selbstvertrauen und dem Mangel an Tatkraft geprägten seelischen Zustand. Der Begriff der M. ist abgeleitet von griech. melancholía (Schwarzgalligkeit), mit dem die antike Medizin seit dem 5. Jh. v. Chr. einen physiologischen Zustand beschreibt, der durch ein Übermaß an »schwarzer Galle« gekennzeichnet sei. Diese Diagnose gehört in den Zusammenhang der hippokratischen Humoralpathologie, die als Ursache von Krankheiten ein falsches Verhältnis der vier Säfte des menschlichen Körpers (lat. humores) ansieht, zu denen neben schwarzer Galle (griech. melaina chole), die gelbe Galle (griech. chole), Blut (griech. haima, lat. sanguis) und Schleim (griech. phlegma) gehören. Von dem griechischen Arzt Galen wird diese Auffassung im 2. Jh. in Zusammenhang mit der Lehre von den vier Temperamenten gebracht, die nicht mehr bloß Krisen, sondern grundsätzliche Konstitutionen beschreiben: der lebhafte Sanguiniker, der aufbrausende Choleriker, der schwerfällige Phlegmatiker und der trübsinnige Melancholiker; die Spätantike ordnet der M. als Lebensalter die Reife, als Jahreszeit den Herbst, als Element die Erde, als Qualitäten Kälte und Trockenheit sowie (seit dem MA.) als Planet den Saturn zu. Die M. erfährt aber auch bereits bei Theophrast (im 3. Jh. v. Chr.) eine nachhaltige Aufwertung, wenn er behauptet, alle genialen Politiker, Poeten oder Philosophen seien Melancholiker gewesen; M. habe als Manie (Enthusiasmus) oder Depression einerseits und als Voraussetzung außergewöhnlicher kreativer oder intellektueller Leistungen andererseits eine ambivalente Erscheinung. Diese Einschätzung der M. ist auch in der Neuzeit wirksam geblieben, während das christliche MA. die M. moralisch verwirft und den morbus melancholicus zur Todsünde der Trägheit (lat. acedia) erklärt; später wird die M. allenfalls noch mit Hypochondrie in Verbindung gebracht. Die bekannteste Darstellung der M. ist Dürers *Melencolia I* (1514), zum bedeutendsten Werk der neuzeitlichen M.-Reflexion wird Robert Burtons *Anatomy of Melancholy* (1621). Kant betrachtet M. als eine besondere Empfänglichkeit für das Erhabene, angesichts dessen das Subjekt in »negativer Lust« seiner realen Ohnmacht innewird. Freud definiert M. im Unterschied zur Trauer als »einen dem Bewußtsein entzogenen Objektverlust«, durch den nicht die Welt, sondern das Ich als entleert empfunden werde. **Lit.:** R. Klibansky/E. Panofsky/F. Saxl: Saturn und Melancholie. Frankfurt 1990. – R. Lamprecht: Der Geist der Melancholie. München 1996. – H. Tellenbach: Melancholie. Berlin 1961. BKO

**Memoria** (lat. Gedächtnis, Erinnerung, Eingedenksein). In Abhebung zu einer biologistischen oder psychologistischen Betrachtungsweise der M., in deren Mittelpunkt das Gedächtnis als Funktionssystem bzw. seine physiologisch-psychologischen Abläufe stehen, zielt ein philosophischer Begriff auf ihre wesenseigentümliche, grundlegende Bedeutung für den Menschen überhaupt. Augustinus gab ihr in der sogenannten M.-Lehre (*Confessiones* X 6–25) die spezifische Prägung. Dabei unterscheidet er zwei Rücksichten: Die erste Bestimmung betrifft den Akt der Erinnerung (ein bewußter Akt des Innewerdens von etwas bereits Bekanntem), und das Gedächtnis (den Ort, an dem das Vergangene aufbewahrt und angetroffen werden kann). Die zweite Bestimmung richtet sich auf die prinzipiierte Grundgelegtheit der M.: Sie wird als die Möglichkeit, sich durch sich selbst gegenwärtig sein zu können, bestimmt: nämlich, daß der Mensch sich sich selbst entgegensetzen kann und so zum Thema seines Nachdenkens zu werden vermag. Voraussetzung dafür ist eine sich durchtragende Identität, die seine Selbstgegenwärtigkeit in Zeit verbürgt. War die erste Rücksicht für die Entwicklung der Psychologie entscheidend, so kommt der zweiten Bestimmung für einen philosophischen M.-Begriff im Hinblick auf die Personalität des Menschen grundlegende Bedeutung zu. **Lit.:** G. Söhngen: Der Aufbau der augustinischen Gedächtnislehre. In: Einheit in der Theologie. München 1952. S. 63–100. DG

**Menge,** in axiomatischen Darstellungen undefinierter Grundbegriff der Mengentheorie, die Ende des 19. Jh. maßgeblich von G. Cantor begründet wurde. Dieser gab folgende, anschauliche Erläuterung, die auch heute noch leitend ist: »Eine M. ist eine Zusammenfassung bestimmter, wohlunterschiedener Objekte unserer Anschauung oder unseres Denkens – welche die Elemente der M. genannt werden – zu einem Ganzen.« – Die für M.n charakteristischen Eigenschaften ergeben sich aus der durch Axiome festgelegten Elementschaftsbeziehung. So ist generell eine M. eindeutig durch ihre Elemente bestimmt, unabhängig von ihrer Beschreibung oder der Beschreibung ihrer Elemente. Daher gibt es im Rahmen der Mengentheorie auch genau eine leere Menge, welche keine Elemente enthält und Teilmenge jeder M. ist. – Das Bestreben, M.n für bestimmte Zwecke mit einer inneren Anordnung zu versehen, führt zu sog. Tupeln. Dabei gilt, daß für n-Tupel $M = \langle m_1,\ldots,m_n \rangle$ und $N = \langle n_1,\ldots,n_n \rangle$ $M = N$ genau dann, wenn für $1 \leq i \leq n$ $m_i = n_i$. Tupel sind von grundlegender Bedeutung für ↗Relationen. M.n, deren Elemente durch eine Ordnungsrelation angeordnet werden, bezeichnet man als geordnete M.n. – Bekannte axiomatische Darstellungen der Mengentheorie sind das Zermelo-Fraenkelsche System sowie das von Neumann-Bernays-Gödelsche System. In letzterem werden neben M.n auch Klassen betrachtet, die sich von M.n dadurch unterscheiden, daß sie selbst keine Elemente anderer M.n oder Klassen sind. **Lit.:** D. Klaua: Mengenlehre. Berlin/New York 1979. – W. Quine: Mengenlehre und ihre Logik. Braunschweig 1973. UM

**Mengenabstraktion,** der Übergang von einem Prädikat P (oder einer durch das Prädikat ausgedrückten Eigenschaft) zu der Menge aller Objekte, auf die P zutrifft – $\{x: P(x)\}$. – Die sog. Russellsche Antinomie, die sich aus der Betrachtung der Menge aller Mengen, die sich nicht selbst als Element enthalten, ergibt, zeigt, daß nicht jedes Prädikat eine Menge bestimmt. UM

**Mens,** steht in der Philosophie Augustins für den emporragenden Seelenteil, der vermöge seiner Selbsterkenntnis den Selbstbezug des ↗Geistes setzt. Der ternarischen Struktur seiner Vermögen: mens, notitia, amor entsprechen die Tätigkeitsmodi: memoria, intellegentia, voluntas. Aus der memoria geht alles Wissen als Prinzipiiertes hervor, indem es als cogitatio in seinem Erkanntsein dem ↗abditum mentis entrückt wird. Die durch das Wissen um den Zweifel aufgewiesene Selbstgewißheit des Geistes als *eine* sich aus diesen *drei* Momenten konstituierende Substanz im Sinne einer ↗Subsistenz (*De trinitate* IX, 4, 4; X, 10, 14;16) konzipiert Augustin in Analogie zur göttlichen Trinität; im Wissen um das Woher seines Geschaffenseins weiß der Geist sich als Bild seines Prinzips, weiß sich als weise durch Partizipation am höchsten Licht göttlicher Weisheit (*De trinitate* XIV, 12, 15). So, wissend um sein Begründetsein, wendet er sich auf sich selbst hin. Unter dem Begriff der acies mentis (Spitze des Geistes) versteht Anselm von Canterbury dasjenige

Vermögen des Geistes, wodurch er innerlich – d. h. in Absehung jeglicher sinnlich-konkreter Bestimmungen – die Dinge selbst eigentlich und ursprünglich erkennt (*Monologion,* c. 10). Richtet sich der Geist auf sich selbst, kann er zur Gotteserkenntnis aufsteigen, da er durch seine Vermögen memoria, intelligentia, amor sich als gottähnlich erweist (*Monologion,* 66–67). Der Problematik der Abgetrenntheit des ↗intellectus agens begegnet Dietrich von Freiberg, indem er diesen als das abditum mentis Augustins versteht und das zweite Glied des Ternars mit dem intellectus possibilis gleichsetzt (*De visione beatifica,* prooemium). Nach Nikolaus von Kues ist die M. substantielle Tätigkeit, die, indem sie anderes mißt (mensurando alia), zur Kenntnis ihres Vermögens und somit zur Selbsterkenntnis gelangt (*Idiota de mente* IX). Messen meint hier die konzipierende Tätigkeit der Assimilation von Ding und Begriff als notio. In seiner ternarischen Struktur: posse assimilari, posse assimilare, nexus stellt der Geist ein Abbild des göttlichen Geistes dar (*Idiota de mente* XI).

**Lit.:** K. Flasch: Nikolaus von Kues. Frankfurt 1998. S. 270–317. – B. Mojsisch: Augustins Theorie der mens bei Thomas von Aquin und Dietrich von Freiberg. In: Traditio Augustiana. Hg. v. A. Zumkeller/A. Krümmel. Würzburg 1994. S. 193–202. OB

**Mensch** ↗Anthropologie

**Mensch/Maschine,** Topos der Maschinentheorie des Lebens, die ihre Wurzeln in den Schriften Descartes' und der französischen Materialisten der Aufklärung hat. Descartes vertrat die These, daß Tiere Maschinen sind. Der Mensch unterscheide sich vom Tier durch seine Denk- und Empfindungsfähigkeit. Diesen Unterschied sah Descartes durch die Seele des Menschen (res cogitans) bewirkt. La Mettrie griff den mechanistischen Gedanken auf und dehnte ihn in seinem Werk *L'Homme Machine* auf Tiere und Menschen gleichermaßen aus. Für ihn waren sowohl Gedanken als auch Empfindungen mechanistisch zu erklären. Die Kontroverse um eine mechanistische vs. eine vitalistische Deutung des Lebens zog sich bis ins 20. Jh. hinein und spielt heute etwa in den Forschungen zur ↗künstlichen Intelligenz und der ↗funktionalistischen Theorie des Geistes eine Rolle. MBI

**Menschenrechte.** (1) Begriffliche und historische Bestimmung: M. sind universelle und egalitäre Rechte, die jedem Menschen als Individuum unabhängig von bestimmten Erwerbshandlungen zustehen und die alle Menschen in der gleichen Weise beanspruchen können. Mit den M.n korrespondieren (negative und positive) Verpflichtungen, die sich an alle einzelnen oder an alle gemeinsam oder an bestimmte Gruppen adressieren. Gegenstand der M. sind der Schutz und die Sicherung von Leben, basalen Freiheiten und Interessen des einzelnen. Als Rechte sind sie mit Klagebefugnis und Durchsetzungschancen verbunden. Der überwiegenden Auffassung nach sind M. vorstaatliche, moralisch begründete Rechte, die dann als externer Maßstab der Legitimität eines Staates fungieren, für andere sind sie juridische Rechte, die als legitimes staatliches Recht moralischen Ansprüchen genügen müssen. Historisch sind die M. als subjektive Rechte im Rahmen der revolutionären politischen Verfassungen zuerst in Amerika (1776) und in Frankreich (1789) deklariert worden. Ihre gegenwärtige politische Geltung beruht auf der »Allgemeinen Erklärung der M.« der UNO (1949), für die BRD ferner auf den Grundrechten des Grundgesetzes von 1949. Ideengeschichtlich gehen die M. auf die in der europäischen Kultur entstandenen Vorstellungen der Gleichheit aller Menschen (z. B. Stoa; christliche Lehre von der Gottesebenbildlichkeit des Menschen), ihrer individuellen Freiheit und der Idee subjektiver Rechte zurück. Für die neuere Zeit bestimmend waren die naturrechtliche Auffassung Lockes und die vernunftrechtliche Kants.

(2) Drei inhaltliche Gruppen: Unterschieden werden (a) die negativen Freiheitsrechte, die vornehmlich Abwehrrechte gegen Gewalteinwirkungen durch den Staat und durch einzelne umfassen, (b) die positiven Teilnahmerechte, die die politische und gesellschaftliche Meinungs- und Willensbildung betreffen, (c) die sozialen Teilhaberechte, die die Gewährung von gleichen und angemessenen Lebensbedingungen sichern. Die klassisch liberalen Positionen sahen darin nur den Schutz einer negativen Freiheit. Dies muß durch einen positiven Freiheitsbegriff ergänzt werden, der auch die Gelegenheiten und Fähigkeiten, so zu handeln, wie man will, unter den Schutz der M. stellt. Schutzwürdig sind auch die Situationen Hilfsbedürftiger, so daß einem umfassenden Verständnis der M. die (negativen) Pflichten der Nichtbeeinträchtigung und die (positiven) Pflichten des Schutzes und der Hilfe in Not korrespondieren (H. Shue, E. Tugendhat).

(3) Begründbarkeit: Das Auffassungsspektrum reicht von der Leugnung ihrer Begründbarkeit und damit ihrer Existenz (Bentham) bis zur Überzeugung ihrer absoluten Begründetheit. Absolute Begründungen operieren naturrechtlich oder theologisch mit dem Begriff der Menschenwürde (↗Würde) als eines absoluten Wertes (Vlastos, Spaemann); transzendentale Argumentationen versuchen den M.n eine nichtrelative, objektive Begründung zu geben (Höffe). Objektivität beanspruchen auch Versuche, die die M. relativ zu moralischen Verpflichtungen, z. B. der universellen und gleichen ↗Achtung aller (Tugendhat), als legitime grundrechtliche Freiheitsrechte (Alexy) oder mit Bezug auf schutzwürdige, anthropologisch allgemeine Grundbedürfnisse begründen. Habermas begründet die M. als legitime Grundrechte durch den Nachweis einer wechselseitigen Bedingtheit von M.n und Volkssouveränität. Schließlich gibt es kulturrelative Auffassungen, die die M. als Produkte der liberalen Tradition des Westens sehen, was positiv gewertet werden kann (z. B. Rorty), aber auch negativ zum Vorwurf des Eurozentrismus geführt hat. Völkerrechtliche Auffassungen begründen die M. nur relativ zum rationalen Eigeninteresse wohlgeordneter Staaten (Rawls).

(4) Verhältnis zur Demokratie: Hier ist die Spannung zwischen universellen M.n und partikularen Bürger-

rechten bestimmend. Das Asylrecht ist beispielhaft ein M., das innerhalb eines Staates ein juridisches Recht allen anderen zubilligt. Strittig ist, ob nicht schon ein formaler Rechtsstaat oder ob erst ein demokratischer Verfassungsstaat hinreichende Bedingungen für die Positivierung der M. ist (Böckenförde, Alexy). Der universelle Anspruch der M. treibt zur Entwicklung eines Weltbürgerrechts, das nur durch die Verbesserung des Völkerrechts, internationaler (UNO) und globaler, nichtstaatlicher Organisationen (z. B. amnesty international), nicht aber im Rahmen eines Weltstaates (so schon Kant), sinnvoll eingerichtet und geschützt werden kann.

(5) Geschlechtsspezifische und kulturrelative Einwände: Sie beziehen sich wesentlich auf Anwendungsprobleme. In vielen Kulturen, z. B. chinesisch, japanisch oder islamisch geprägten, ist das überlieferte individuelle Selbstverständnis vom Vorrang des Verpflichtetseins durch eine Gemeinschaft gegenüber dem Anspruch subjektiver Rechte geprägt. Hier stoßen westlich und nicht-westlich geprägte kulturelle Selbstverständnisse aufeinander, und es ist offen, ob in »cross-cultural perspectives« eine Kulturen übergreifende Verständigung erreicht werden kann. Ebenso wie feministische Einwände, die die bisherige männlich orientierte Auslegung der M. kritisieren, schärfen diese Probleme die Fragen nach den formalen Voraussetzungen der M. und führen zu einem differenzierteren Verständnis ihrer Universalität. **Lit.:** R. Alexy: Theorie der Grundrechte. Frankfurt 1986. – E.-W. Böckenförde/R. Spaemann (Hg.): Menschenrecht und Menschenwürde. Stuttgart 1987. – St. Gosepath/G. Lohmann (Hg.): Philosophie der Menschenrechte. Frankfurt 1998. – J. Habermas: Faktizität und Geltung. Frankfurt 1992. – W. Heidelmeyer (Hg.): Die Menschenrechte. Paderborn ³1982. – L. Kühnhardt: Die Universalität der Menschenrechte. München 1987. – J. Schwartländer (Hg.): Menschenrechte. Tübingen 1978. – H. Shue: Basic Rights. Princeton 1980. – St. Shute/S. Hurley (Hg.): On Human Rights. New York 1993. – E. Tugendhat: Vorlesungen über Ethik. Frankfurt 1993. GL

**Menschenwürde** ↗Würde

**Menschheit.** Philosophische Relevanz und »Karriere« des Begriffs M. gehen einher mit der Etablierung der philosophischen ↗Anthropologie sowie der anthropologischen Geschichtsphilosophie seit der zweiten Hälfte des 18. Jh. M. wird zunächst nicht allein als Kollektiv- oder Gattungsbegriff verstanden, sondern umfaßt, als Inbegriff aller menschlichen Handlungen, die Gesamtheit menschlicher Möglichkeiten. Hervorgehoben werden der zukunftsoffene Charakter der M. und die ethisch-praktische Autonomie. M. verweist damit zugleich auf den Gedanken der ↗Humanität. Kant trennt M. als Kollektivbegriff von der »Idee der M.« und unterscheidet so zwischen »homo phainomenon« als dem »Menschen als Gegenstand der Erfahrung« und »homo noumenon« als »Idee der M.«; dem »intelligible[n] Charakter«, durch welchen die M., als ↗Person, ein autonomes, »mit praktischem Vernunftvermögen und Bewußtsein der Freiheit seiner Willkür ausgestattetes Wesen« ist (Kant, Akad.-Ausg. Bd. 7, S. 58; 324). Die Kantische Rede von »M. überhaupt« findet sich auch bei W. v. Humboldt, der ebenso die Autonomie der Subjektivität akzentuiert: »Der Begriff M. ist aber nichts anderes als die lebendige Kraft des Geistes, der sie beseelt [und] sich in ihr thätig und wirksam erweist« (Humboldt, Werke 1, S. 515). Die Darstellung der »Einheit der M.« ist – als gleichsam »regulative Idee« – für Humboldt das gemeinsame Ziel aller Wissenschaft (vgl. Ges. Werke 6, S. 6). Schiller betont die ästhetische Dimension, in der die Vermögen Sinnlichkeit und Vernunft konvergieren. Schönheit erweise sich »als eine notwendige Bedingung der M.« (Schiller, Werke 5, S. 807). **Lit.:** T. Borsche: Wilhelm v. Humboldt. München 1990. – N. Hinske: Kants Idee der Anthropologie. In: H. Rombach (Hg.): Die Frage nach dem Menschen. Freiburg u. a. 1966. – P. Schmitter: Multum – non multa? Studien zur »Einheit der Reflexion« im Werk W. v. Humboldts. Münster 1991. JH

**Mental,** adjektivisch: mentales/-er Phänomen/Ereignis/Zustand, wie substantivisch: das Mentale, verwendeter terminus technicus der analytischen Philosophie des Geistes. Funktion: Als gegenüber den Adjektiven »geistig«, »seelisch« oder »psychisch« am wenigsten festgelegter Ausdruck soll »m.« die vertraute Unterscheidung zwischen Gedanken, Meinungen, Wünschen, Erwartungen, Absichten, Erinnerungen, Gefühlen, Stimmungen und Empfindungen einerseits, und physischen oder körperlichen Phänomenen wie Herztätigkeit, Stoffwechselvorgängen oder Aktionspotentialen von Nervenzellen andererseits, terminologisch markieren. Merkmale: Den als »m.« charakterisierten Phänomenen werden in der Regel folgende (epistemische) Merkmale zugeordnet: Innerlichkeit, Subjektivität, Privatheit und (einer Teilmenge von ihnen wie z. B. Gedanken, Meinungen, Wünschen oder Absichten, denen jeweils ein propositionaler Gehalt zugesprochen werden kann) ↗Intentionalität. Aus der Spannung zu den als äußerlich, objektiv, öffentlich und nicht-intentional zu charakterisierenden physischen Phänomenen entsteht *eine* Art von ↗Leib-Seele Problemen. Die *andere*, traditionelle Art ist mit dem Stichwort »m.e Verursachung« verknüpft: »Wie können m.e Phänomene (z. B. Absichten) als nicht-physische Phänomene im Bereich physischer Phänomene (z. B. Verhaltensäußerungen) kausal wirksam sein?«. **Lit.:** P. Bieri (Hg.): Analytische Philosophie des Geistes. Königstein/Ts. 1981. – T. R. Miles: The »Mental«-»Physical« Dichotomy. In: Proceedings of the Aristotelian Society Vol. 64 (1963/64). S. 71–84. BBR

**Mentalismus,** hauptsächlich für philosophische Ansätze, die eine Reduktion der Materie auf den Geist oder auf Eigenschaften des Geistes befürworten. Dem M. setzt sich in diesem Sinn der ↗Materialismus entgegen. Als mentalistisch wird auch die Auffassung bezeichnet, wonach Verhalten durch Bezugnahme auf mentale Zustände erklärt werden kann, die nicht öffentlich zugänglich sind. Als eine Form von M. gilt schließlich die Position, wonach die Bedeutung sprachlicher Ausdrücke durch Introspektion feststellbar ist. Einer solchen Auffassung hat sich besonders der späte Wittgenstein entgegengesetzt. **Lit.:** D. Armstrong: A Materialist Theory of the Mind. London 1968. – L. Wittgenstein: Philosophische Untersuchungen. Frankfurt 1977. GSO

**Mereologie,** von griech. meros (Teil), die Lehre vom ↗Teil und Ganzen. Obgleich Untersuchungen der Teil-Ganzes-Beziehungen die gesamte Philosophiegeschichte begleiten, ist deren formallogische Behandlung, die M., neu. Um 1916 entwickelte der polnische Logiker S. Lesniewski unter dem Titel »M.« einen alternativen Kalkül zur klassischen Mengenlehre, der von einem kollektiven, nicht distributiven Klassenbegriff ausgeht, damit keiner Mengenhierarchie bedarf und so das Auftauchen von Antinomien vermeidet. In den 40er Jahren entwickelten H. Nelson und N. Goodman unter dem Titel »Individuenkalkül« ein auf der klassischen Prädikatenlogik aufgebautes, der »M.« äquivalentes System. MA

**Merkantilismus,** Wirtschaftspolitik absolutistischer Regime im 17. und 18. Jh. Dabei entwickelte die staatliche Zentralgewalt ein Instrumentarium zur Lenkung der ökonomischen Aktivitäten. Dazu gehörte die Einführung von Staatshaushalten (Budgets), die eine genauere Schätzung von Einnahmen und Ausgaben der Zentralgewalt möglich machte. Insbesondere Ausgaben im Bereich der Verwaltung und die Kosten für stehende Heere führten schließlich dazu, daß die Zentrale sich des volkswirtschaftlichen Wachstums annahm und versuchte, durch aktive Bevölkerungspolitik, Reduzierung von Binnenzöllen, Vereinheitlichung von Maßen und Gewichten, Einfuhrbeschränkungen, Schutzzölle, Eroberung von überseeischen Kolonien die ökonomische Entwicklung zu stärken. Ziel war eine positive Handelsbilanz. Zum M. gehört die Entstehung von Vorformen industrieller, arbeitsteiliger Produktion (Manufaktur). In der kritischen Auseinandersetzung mit dem dirigistischen M. entsteht die ökonomische Theorie des frühen ↗Liberalismus. TN

**Merkmal.** Die traditionelle Lehre vom Begriff unterscheidet zwischen einem Seienden, von dem der Begriff aussagbar ist (d.i. dem Materialobjekt), und dem Inhalt (Formalobjekt), der in diesem Begriff erfaßt ist. Als Inhalt gelten das M. oder die Gesamtheit der in dem Begriff gedachten M.e. Dabei bezieht sich die Bezeichnung »M.« sowohl auf die an einem Gegenstand selbst unterscheidbaren unselbständigen Teilinhalte wie auch auf die Teilinhalte des Begriffs. Dadurch fungiert das M. zum einen i.S. von »Eigenschaft eines Gegenstandes«, zum anderen i.S. von »Kennzeichen« (differentia specifica), das es ermöglicht, ein Einzelding von anderen zu unterscheiden. – Frege hat eine Unterscheidung von »Eigenschaft« und »M.« eingeführt. Danach sind die Begriffe, unter die ein Gegenstand fällt, als Eigenschaften des Gegenstandes zu verstehen, d.h. als Klasse von Eigenschaften, unter die ein konkreter Gegenstand fällt. Dagegen ist das M. eine Eigenschaft, die sich auf den Begriff und nicht auf den Gegenstand selbst bezieht, z.B. beziehen sich die Merkmale »vernünftig« und »Lebewesen« auf den Begriff »Mensch«, während ein konkreter Mensch wie I. Kant unter die Begriffe »vernünftig« und »Lebewesen« fällt. PP

**Mesotes** (griech. Mitte, das Mittlere). Der M.-Gedanke geht aus der älteren griech. Lehre vom Maß (metron) hervor. Demokrit faßt das Mittlere als Mitte zwischen Übermaß und Mangel. Platon macht die Mitte-Konzeption zu einem Grundprinzip der Ethik, Politik, Ontologie und Kosmologie und unterscheidet zwischen mathematisch-theoretischer und ethisch-praktischer Mitte. Bei Aristoteles wird diese Konzeption, verbunden mit seinem teleologischen (↗Telos) Ansatz, zu einem zentralen Gedanken aller philosophischen Disziplinen, vor allem aber der Ethik. Die Mitte ist das Optimum und daher das angestrebte oder anzustrebende Ziel. Sein Katalog der ethischen Tugenden (↗arete) ist, der Definition derselben folgend, triadisch organisiert: Der Tugend als Mitte werden zwei Extreme, also Untugenden zur Seite gestellt. So z.B. der Tapferkeit als Übermaß die Tollheit und als Mangel die Feigheit. Diese Mitte läßt sich weder mathematisch exakt errechnen, noch ein für allemal festlegen. »Das Mittlere in bezug auf uns« ist jeweils unter Berücksichtigung personaler und situationaler Besonderheiten zu bestimmen. RD

**Metabasis,** durch die unzulässige Übertragung auf einen anderen Gegenstandsbereich entstehender fehlerhafter Beweis. Bei Aristoteles anhand der Übertragung arithmetischer Beweise auf geometrische Gegenstände aufgezeigt. FPB

**Metaethik.** Im Zuge der analytischen Philosophie hat sich die M. als eine spezifische Reflexion über das ethische Argumentieren und Sprechen entwickelt, die nicht nach Kriterien von gut oder schlecht fragt, auch nicht danach, was wir tun sollen bzw. welche Handlungsweise geboten, verboten oder erlaubt ist. Vielmehr untersucht sie (a) die Bedeutung der moralischen Wörter und der moralischen Äußerungen und formuliert die für die Verwendung von moralischen Äußerungen gültigen Regeln, (b) welche Rolle diesen Regeln beim moralischen Argumentieren zukommt, d.h. sie umfaßt neben einer Theorie der Bedeutung auch eine Theorie der Begründung von Moralurteilen. Der metaethische Standpunkt als Theorie der Bedeutung zeigt sich in verschiedenen Positionen: (a) Als ↗Naturalismus vertritt sie die These, »gut« oder »richtig« bedeute: »bringt den größtmöglichen Lustgewinn«; (b) als Intuitionismus (G.E. Moore: *Principia Ethica*) behauptet sie, das Wort »gut« stehe für eine nicht-empirische, einfache Eigenschaft; (c) als ↗Emotivismus (Ayer, Stevenson) sieht sie die Bedeutung moralischer Ausdrücke darin, die Gefühle eines Sprechers zum Ausdruck zu bringen und/oder bei einem Hörer bestimmte Gefühle hervorzurufen. Als Theorie der Begründung fragt sie nach solchen moralischen Grundsätzen, die jeder auch dann noch zu akzeptieren bereit ist, wenn er deren logische Konsequenzen eingesehen hat (Hare, Toulmin). – Eine metaethische Position läßt sich durch folgende Kriterien kennzeichnen: Sie muß (1) normativ neutral sein, d.h. sich auf keine inhaltlichen Angaben über »gut« und »schlecht« festlegen, (2) den Bezug der Moralurteile zum Handeln berücksichtigen, d.h. die Zustimmung zu einem Moralurteil verlangt auch bestimmte Konsequenzen im Verhalten, (3) die zwischen den Moralurteilen bestehenden Beziehungen adäquat thematisieren, d.h. eine adäquate Theorie des moralischen Begründens bedarf eindeutiger Kriterien für die Gültigkeit moralischer Argumentationen. **Lit.:** G. Grewendorf/G. Meggle (Hg.): Seminar: Sprache und Ethik. Frankfurt 1974. S. 7ff. – A. Pieper: Sprachanalytische Ethik und praktische Freiheit. Stuttgart 1973. S. 55ff. PP

**Metamathematik,** auch Beweistheorie. Inhaltlich-mathematische Theorie der formalen mathematischen Systeme, die mit einfachsten arithmetischen und kombinatorischen Mitteln Zusammenhänge zwischen formalen Systemen und Eigenschaften formaler Systeme, vor allem deren Widerspruchsfreiheit, feststellen soll (finitistische M.). Nach der Einsicht des ↗Unvollständigkeitssatzes von Gödel plädierte man für eine Erweiterung des Methodenrahmens der M., da die ursprünglichen Ziele des Hilbert-Programmes (↗Formalismus) ohnehin nicht verwirklicht werden können (nicht-finitistische M.). Heute ist M. daher meist einfach die inhaltliche mathematische Theorie formaler Systeme der Mathematik. **Lit.:** D. Hilbert: Grundlagen der Geometrie. Leipzig und Berlin $^{7}$1930. – D. Hilbert/P. Bernays: Grundlagen der Mathematik. 2 Bde. Berlin 1934 und 1939. – St. C. Kleene: Introduction to Metamathematics. Amsterdam 1952. – P. Lorenzen: Metamathematik. Mannheim 1962. – H. Rasiowa/R. Sikorski: The Mathematics of Metamathematics. Warszawa $^{2}$1968. VP

**Metapher** (griech.: Übertragung), wird seit Aristoteles v.a. als rhetorisch-poetische Redewendung betrachtet, bei der ein Ausdruck aus seinem üblichen Gebrauchsbereich unter einem bestimmten Hinblick in einen fremden Bereich übertragen wird. Dabei wird entweder auf eine bereits bestehende Ähnlichkeit zwischen den beiden Bereichen zurückgegriffen (Epiphor) oder eine neue Ähnlichkeit hergestellt (Diaphor). Die ↗Metaphorologie unterscheidet deshalb zwischen der innovativen M., die ganz neue Bedeutungen erzeugt, und der konventionellen, aber lebendigen M. mit je situativer Bedeutung, sowie der toten M., die zum Begriff mit eindeutiger Bedeutung (Katachrese) erstarrt ist. – In der rhetorischen Tradition gilt die M. als »uneigentliche« Redeweise, die zwar ornamentale und persuasive Funktionen erfüllt, aber stets durch einen »eigentlichen« Ausdruck ersetzbar ist. Hier wird die M. meist als verkürzter, bildhafter Vergleich zwischen gemeinsamen Eigenschaften aufgefaßt: so beruht die M. des »Lebensabends« auf einer Proportionsanalogie (Alter zu Leben wie Abend zu Tag). Dieser sog. Substitutionstheorie der M. stehen v.a. in der Gegenwart Auffassungen gegenüber, die von der Unersetzbarkeit der M. und einer grundsätzlichen Metaphorizität der Umgangssprache ausgehen. Ihnen zufolge wird bei einer M. nicht lediglich ein Ausdruck gegen einen anderen ausgetauscht, vielmehr werden bei ihr zwei unterschiedliche Sinnbezirke miteinander verknüpft, wodurch es zur wechselseitigen Konstitution von neuer Bedeutung kommt. Diese sog. Interaktionstheorien betrachten die M.n als schöpferisches Erkenntnismittel und als Denkmodell: Durch »metaphorische Neubeschreibungen« können im ästhetischen, praktischen und wissenschaftlichen Bereich neue Weltsichten gewonnen werden. Allerdings kann konkretistischer und euphemistischer M.gebrauch auch zum erkenntnisbehindernden Denkzwang werden. **Lit.:** A. Haverkamp (Hg.): Theorie der Metapher. Darmstadt 1983. – A. Ortony (Hg.): Metaphor and Thought. Cambridge 1979. – P. Ricœur: La métaphore vive. Paris 1975 (Die lebendige Metapher. München 1988). BD

**Metaphorologie,** untersucht Funktion, Struktur und Bedeutung der ↗Metapher für Denken, Erkennen und Handeln in systematischer und geschichtlicher Hinsicht. Im Zentrum der M. steht die philosophisch-hermeneutische, linguistisch-semiotische und historisch-etymologische Analyse metaphorischer Prozesse und Strukturen. Dabei werden v.a. kognitive, emotive, kreative, kommunikative, ästhetische und mythische Funktionen und Leistungen der Metapher unterschieden. Da die Interpretation von Metaphern vor dem Assoziationshorizont tradierter Bildfelder entfaltet wird, beschäftigt sich die M. besonders mit der synchronen und diachronen Strukturanalyse von Metaphernfeldern, -kontexten und -isotopien. Meist sind solche Funktions- und Strukturbestimmungen die Grundlage für die Entwicklung von Metapherntypologien. – Als Teil einer philosophischen Begriffsgeschichte rekonstruiert die M. darüberhinaus grundlegende Metapherntraditionen, um die prägende Funktion von epochaler Hintergrundmetaphorik zu zeigen: Die Wahrnehmungs- und Denkgewohnheiten einer Epoche werden nämlich von sog. absoluten Metaphern vorbestimmt. Diese fungieren in der Wissenschaft als ↗Paradigmata, im normativ-praktischen Bereich dienen sie als sog. Daseinsmetaphern der welterschließenden Wert- und Handlungsorientierung. So erfüllen seit der Antike die Lichtmetaphorik in der Philosophie und die Theater- und Schiffahrtsmetaphorik in der Daseinsinterpretation eine paradigmatische Funktion. Strittig ist dabei seit Nietzsche, ob epochale Hintergrundmetaphorik – gleichsam als Basis jeder Metaphysik – a priori unhintergehbar ist oder ob sie hermeneutisch-kritisch transzendiert und somit historisch relativiert werden kann. **Lit.:** M. Black: Models and Metaphors. Ithaca 1962. – H. Blumenberg: Paradigmen zu einer Metaphorologie. In: Archiv für Begriffsgesch. Bd. 6 (1960). – G. Lakoff/M. Johnson: Metaphors we live by. Chicago 1980. – F. Nietzsche: Über Lüge und Wahrheit im außermoralischen Sinn (Werke Bd. III. Hg. K.

Schlechta). München 1956. – H. Weinrich: Sprache in Texten. Stuttgart 1976. ↗Metapher. BD

**Metaphysik** (griech. ta meta physika: dasjenige nach der Physik), die philosophische Disziplin, die sich mit den über alle einzelnen Naturerscheinungen hinausgehenden Fragen des Seins beschäftigt. Sie fragt nach den ersten Gründen und letzten Zwecken alles Geschehens und ist somit höchste Disziplin der Philosophie.

(1) Herkunft und Bedeutung des Begriffs: Seit dem 1. vorchristlichen Jh. ist M. als Titel jener Buchrollen nachweisbar, in denen Aristoteles die »erste Philosophie« behandelt. Er bezeichnet sie auch als die »gesuchte Wissenschaft«, als »Weisheit« oder »Theologie« und bringt sie sachlich bereits mit vorsokratischen und platonischen Theorien in Verbindung (*Met.* 983a-992a). Bis heute ist herrschende Meinung, der Titel »M.« sei nur durch einen bibliothekstechnischen Zufall entstanden: Andronikus von Rhodos (1. Jh. v. Chr.) soll die Bücher des Aristoteles, die sich mit keinem bestimmten Naturbereich befassen, hinter (meta) den Büchern über die Physik eingeordnet haben, also: »meta ta physika« (Seidl, 1982, S. XLVI). Es gibt aber Gründe, die für einen sachlichen Ursprung der Bezeichnung und sogar dafür sprechen, daß der Begriff bereits im Schulzusammenhang des Aristoteles geprägt worden ist (Reiner, 1954); allgemein gebräuchlich ist der Titel erst seit dem um 200 n. Chr. geschriebenen Kommentar des Alexander von Aphrodisias. Bis heute ist es ein Problem der Aristoteles-Interpretation, ob M. primär die Wissenschaft vom Seienden als solchem oder aber eine Lehre von der höchsten, alles andere umfassenden Seinssphäre bedeutet. Im ersten Fall wäre sie eine allgemeine Seinslehre (↗Ontologie bzw. metaphysica generalis), aus der sich dann die Befassung mit dem »ersten Beweger«, also Gott als dem höchsten Seienden entwickelt. Nach der zweiten Auffassung ist die erste Philosophie von vornherein auf das Gottesproblem ausgerichtet und insofern im wesentlichen Theologie (metaphysica specialis). Die neuplatonische und scholastische Rezeption des Metaphysikbegriffs hat diese Differenz zwischen ontologischem und theologischem Metaphysikverständnis vielfach variiert. Sie blieb über die Schulphilosophie des 18. Jh. und Kants kritische Philosophie hinaus im Bewußtsein und spielt auch heute bei der Aufgabenbestimmung der M. eine Rolle.

(2) Stellung in Antike und Mittelalter: Metaphysische Spekulationen finden sich bereits in den ältesten literarischen Zeugnissen der Kulturen; deutlich ausgeprägt sind sie z. B. in den Lehren des Lao Zi, in den indischen Veden und Upaniṣaden, den griechischen Kosmogonien (Orphiker, Hesiod) sowie in der ionischen Naturphilosophie. Platons Fragen nach dem originalen Wesen (eidos) der Erscheinungen, seine Suche nach einer allen anderen Hypothesen zugrundeliegenden Hypothese sowie seine späte theologische und kosmologische Dialektik entfaltet sowohl der Sache wie der Methode nach eine M. (Wagner, 1966; Kaulbach, 1972). Die stoische Philosophie entwickelt, ebenso wie die epikureische Naturlehre, eine Art metaphysischen Monismus. Darüber hinaus stellt die Stoa durch ihre einflußreiche Einteilung der Philosophie in Physik, Ethik und Logik, zu denen bei den frühchristlichen Denkern gelegentlich die »Mystik« (Ambrosius, Origines) hinzukommt, die Weichen für den disziplinären Rang der M. Gleichzeitig mit den epikureischen und stoischen Lehren treten mit der nachsokratischen Skepsis aber auch erstmals Ansätze zu einer radikalen Metaphysikkritik in Erscheinung. Kritik begleitet dann auch die systematische Entwicklung der M. im spätantiken und ma. Denken, ehe sie in der Neuzeit zum integralen Moment der metaphysischen Fragestellung wird. – Die Scholastik, in der die M. zur höchsten, »königlichen« Wissenschaft wird, nimmt ihren Ausgang sowohl von den frühen Aristoteles-Kommentaren wie auch von neuplatonischen Lehren; neben den Anregungen durch die arabische Aristoteles-Rezeption bleibt auch der Einfluß des Augustinus erkennbar, der zwar den Begriff M. noch nicht verwendet, der aber die Bedeutung der Weisheit im Sinne einer metaphysischen Gottes-, Welt- und Selbsterkenntnis nachhaltig betont. In Verbindung mit der in ganzer Breite wieder aufgenommenen ontologischen Fragestellung wird daraus in den scholastischen Systemen die Konzeption einer »Theologie der Philosophen« (Alexander von Hales), einer »transphysischen Wissenschaft« (Albertus Magnus) oder einer »philosophischen Theologie« (Thomas von Aquin; dazu: Flasch, 1986). Der Vorrang der M. als Universalwissenschaft wird aber bereits durch die nominalistische Kritik William von Ockhams bestritten, der davon ausgeht, daß man im strengen szientifischen Sinn nicht von Dingen, sondern nur von Sätzen handeln könne. Auf den ersten Platz der Wissenschaften hätte damit die Logik zu rücken – ein Vorschlag, den im 20. Jh. vor allem Wittgenstein wieder erneuert. Kennzeichnend für die M. aber ist, daß schon im engen Anschluß an Ockham von Johannes Buridan die M. rehabilitiert wird, u. a. mit dem Hinweis, daß jeder in seinem eigenen Geist immer schon eine eigene M. besitze.

(3) M. und Metaphysikkritik in der Neuzeit: An der Schwelle zum neuzeitlichen Denken steht die originelle Lehre von der ↗coincidentia oppositorum, mit der Nikolaus von Kues auf die wieder stärker an die sokratisch-platonische Weisheits-Tradition anschließenden Denker der Renaissance (Marsilius Ficinus; Pico della Mirandola) Einfluß nimmt. Darauf folgt die humanistische Metaphysikkritik, die mit ihrem Spott auf das »phantastische und rohe speculieren« der herrschenden scholastischen Philosophie weite Verbreitung findet. Dennoch treten die großen Manifestationen neuzeitlichen Denkens nicht nur bei Descartes, Spinoza und Leibniz, sondern auch bei Bacon und Hobbes in der Form metaphysischer Systeme hervor (Dangelmayr, 1974). Auch die zweite große Phase neuzeitlicher Metaphysikkritik, die von den Empiristen und Skeptikern des 17. Jh. vorgetragen wird, führt, wie die Beispiele Voltaires, d'Alemberts und vor

allem Kants zeigen, nicht zu einer grundsätzlichen Abkehr. – Kant, der in seinem vorkritischen Denken auf immer größere Distanz zur M. geht, stellt sein kritisches Werk schließlich unter die Frage: »Wie ist Metaphysik als Wissenschaft möglich?« *Daß* sie möglich und jederzeit wirklich ist, wird dabei unterstellt. Überdies geht Kant nunmehr davon aus, daß der Mensch den metaphysischen Problemen gar nicht ausweichen kann, solange er noch Begründungserwartungen hat. Und sofern man das Verfahren der Kritik zur Wissenschaft rechnet, ist es auch möglich, den unausweichlichen Problemen mit wissenschaftlichen Problemen zu begegnen. Dabei ergeben sich zwei Typen wissenschaftlicher M.: Der erste entsteht durch die Klärung der Grundlagen des Erkennens und Handelns; ihn nennt Kant ↗«Transzendentalphilosophie«. Im Bereich der Erkenntnis wird damit sachlich der Problembestand der »Ontologie« (metaphysica generalis) übernommen. Im Rahmen einer kritisch gesicherten Grundlegung hält Kant dann auch »dogmatische« M. für möglich, wie er sie z.B. in seiner *Metaphysik der Sitten*, deren erster Teil die »Rechtslehre« enthält, durchführt. Auch hier wird »Grundlegung« z.B. für die Jurisprudenz betrieben. Der zweite Typus ist auf die »letzten Zwecke« des menschlichen Denkens, auf Gott, Welt und Seele, bezogen; hier werden die Fragen der metaphysica specialis aufgenommen, auf die es aber keine abschließenden Antworten gibt. M. verbleibt hier im Medium bloßer Kritik (Gerhardt, 1987). – Kants kritische Konzeption der M. ist bis heute von bestimmendem Einfluß (Kaulbach, 1972; Walsh, 1975; Macann, 1981). Sie hat jedoch die Theoretiker des 19. und frühen 20. Jh. selten überzeugt. Die einen (Fichte, Schelling, Hegel) nehmen Anstoß an den skeptischen Einschränkungen und versuchen sich erneut in absoluten Konstruktionen; der Titel »M.« wird dabei gern durch »Philosophie« oder »Logik« ersetzt (Schulz, 1959). Die anderen (Comte, Feuerbach, Marx) halten dagegen das kritische Programm für nicht kritisch genug, weil es sich noch auf die Notwendigkeit von Begriffen stützt, die doch ihrerseits nur aus vorbegrifflichen Gegebenheiten der Sprache, der Geschichte, der Gesellschaft oder des Lebens entstanden sein können (Löwith, 1939). Kants Kritik erscheint somit wiederum dogmatisch. Nach Nietzsche und Dilthey steckt der Dogmatismus der kritischen M. in ihrem Vertrauen auf die Vernunft; mit dem von ihnen diagnostizierten Ende der Vernunftherrschaft halten sie die M. für endgültig gescheitert. Ein »vernünftiger moralischer Weltgrund« ist nach Dilthey, »die ganze Unterlage der metaphysischen Methode«; er sei »eine unbeweisbare Voraussetzung und kann rein szientifisch nicht gerechtfertigt werden.« (Dilthey 1981, S. 20; dazu: Riedel, 1968/69; Schnädelbach, 1983). Daß aber auch Dilthey, der, neben Nietzsche, wohl scharfsinnigste und konsequenteste Metaphysikkritiker des 19. Jh., den Begriff der M. durchaus auch positiv auf seinen Ansatz beziehen kann, hat er schon in einer frühen Aufzeichnung unter dem Titel »Meine Metaphysik« bekannt: »Mein Theorem von der völligen Positivität der Welt. Das Weltall als ganz positiver Inbegriff von Qualitäten... Das Geheimnis der Welt, positiv ausgedrückt, ist Individualität.« Die Möglichkeit des Singularen ist hier als »das methodische Hauptproblem von Psychologie und Metaphysik« erfaßt (Ges. Schriften V, S. XCVII). Damit müßte es die M. ebenso lange geben wie es Probleme gibt.

(4) Zur gegenwärtigen Lage: Den Übergang ins 20. Jh. kennzeichnet sowohl eine Wiederbelebung ontologischer Fragestellungen – z.T. im Anschluß an Sprachanalyse und Logik (Russell, 1914; Ders., 1921; Wittgenstein, 1921; Peirce, 1935) – wie auch eine gelehrte, theologisch, lebensphilosophisch und dann bald auch existenzphilosophisch inspirierte Erinnerung an die »großen Themen« der M. (Heimsoeth, 1922). Daneben werden von einzelnen Erfahrungsbereichen her, aus Geschichte, Gesellschaft und Natur, metaphysische Konzeptionen entwickelt (z.B. Simmel, 1892; 1900; Whitehead, 1929; Croce, 1938). Die Existenzphilosophie in ihren verschiedenen Schattierungen setzt vielfältige metaphysische Impulse frei (Wust, 1920; Blondel, 1934), versucht sich aber auch, gelegentlich mit großer Geste, von historischen Vorläufern abzugrenzen (Heidegger, 1930; Ders., 1954; Jaspers, 1932). Entsprechendes gilt, wenn auch weniger auffällig, von den naturalistischen, sprachanalytischen und strukturalistischen Richtungen, die seit der Mitte des Jahrhunderts zu Einfluß gekommen sind (Hamlyn, 1984). Im Schatten Heideggers entstehen im deutschen Sprachraum auch eigenständige systematische Versuche, z.T. im Anschluß an Kant (Kaulbach, 1978; Henrich, 1982; Ders., 1986), gelegentlich auch in Abkehr von allgemeinen Prinzipien der Vernunft (Müller, 1972). Metaphysikgeschichtlich bedeutsam dürfte sein, daß die Philosophen des ↗»Wiener Kreises«, insbesondere R. Carnap, in einem beispielhaften Prozeß fortschreitender Selbstkorrektur die Undurchführbarkeit einer metaphysikfreien Philosophie demonstriert haben. In dem dezidiert antimetaphysischen Bemühen, den »Scheinproblemen« der M. endgültig ein Ende zu bereiten, scheiterten sie schon daran, ein eindeutiges Kriterium zur Abgrenzung der »wirklichen« von den nur »scheinbaren« Problemen anzugeben. Dadurch wurden nicht nur die metaphysischen Optionen der empirischen Wissenschaften offenkundig, sondern es war darüber hinaus klar, daß Grundlagendiskussionen, in welcher Disziplin auch immer, nicht metaphysikfrei geführt werden können. »Metaphysik«, so lautet die aus der Selbstkritik Carnaps gezogene Konsequenz, »kann man nur mit anderer Metaphysik bekämpfen« (Stegmüller, 1969). Diese mit logischen Mitteln gesicherte Konsequenz entspricht der über zweitausendjährigen Geschichte der M. Unter den strengeren methodologischen Ansprüchen des ausgehenden 20. Jh. ist freilich die Erwartung an die Reichweite metaphysischer Einsichten bescheidener geworden. Eine doktrinale »M. der Abschlüsse« (Henrich, 1982) wird kaum noch für möglich gehalten; und die nach wie vor

unverzichtbare »M. der Begründungen« wird auf wenige große Themen beschränkt, die ihre Bedeutung nur noch im Rahmen einer Orientierung des menschlichen Handelns erweisen können: »Was nun den orientierenden Teil der Metaphysik betrifft, so macht es Erstaunen, wie leicht wir heutzutage auf das verzichten, ohne das Kant und seine Zeitgenossen nicht glaubten leben zu können: die Existenz Gottes und die Fortexistenz der Seele. Also bleibt nur das Postulat der Freiheit als metaphysische Annahme übrig, von der her wir uns als handlungs- und verantwortungsfähige Wesen a priori interpretieren… Die Perspektive der Endlichkeit und das Postulat der Freiheit das ist nicht viel, aber doch Metaphysik« (Schnädelbach, 1993, S. 221). **Lit.:** K.-O. Apel: Wittgenstein und Heidegger. Die Frage nach dem Sinn von Sein und der Sinnlosigkeitsverdacht gegen alle Metaphysik. In: Philosophisches Jb. 75 (1967/68). S. 56–94. – A. Ayer: Metaphysik und Common Sense. In: G. Janoska/F. Kauz (Hg.): Metaphysik. Darmstadt 1977. S. 378-403. – M. Blondel: La pensée. 2 Bde. Paris 1934. – K. Brinkmann: Aristoteles' allgemeine und spezielle Metaphysik. Berlin/New York 1979. – E. Bubser: Sprache und Metaphysik in Whiteheads Philosophie. In: Archiv für Philosophie 10 (1960). S. 79-106. – B. Croce: La storia come pensiero e come azione. Bari 1938 (dt. Geschichte als Gedanke und Tat. Hamburg 1944). – S. Dangelmayr: Methode und System. Wissenschaftsklassifikation bei Bacon, Hobbes und Locke. Meisenheim 1974. – W. Dilthey: System der Ethik (Ges. Werke X) [4]1981. – K Flasch: Das philosophische Denken im Mittelalter. Stuttgart 1986. – V. Gerhardt: Macht und Metaphysik. In: Nietzsche-Studien 10/11 (1981/82). S. 193–221. – Ders.: Kants kopernikanische Wende. In: Kant-Studien 78 (1987). S. 205–232. – D.W. Hamlyn: Metaphysik. Cambridge 1984. – M. Heidegger: Was ist Metaphysik? Bonn 1929. – Ders.: Überwindung der Metaphysik. In: Vorträge und Aufsätze. Pfullingen 1954. S. 67–96. – I. Heidemann: Nietzsches Kritik der Metaphysik. In: Kant-Studien 53 (1961/62). S. 507–543. – H. Heimsoeth: Die sechs großen Themen der Metaphysik. Darmstadt [8]1987, Berlin 1922. – D. Henrich: Fluchtlinien. Frankfurt 1982. – Ders.: Konzepte. Frankfurt 1976. – G. Janoska/F. Kauz (Hg.): Metaphysik. Darmstadt 1977. – K. Jaspers: Philosophie. 3 Bde. Berlin 1932. – F. Kaulbach: Einführung in die Metaphysik. Darmstadt 1972. – Ders.: Das Prinzip Handlung in der Philosophie Kants. Berlin/New York 1978. – K. Löwith: Von Hegel zu Nietzsche. Zürich 1941. – Ch. E. Macann: Kant and the Foundations of Metaphysik. Heidelberg 1981. – S. Moser: Metaphysik einst und jetzt. Berlin 1958. – M. Müller: Ende der Metaphysik? In: Philosophisches Jb. 72 (1964/65). S. 1–48. – Ders.: Descartes' neue Begründung der Metaphysik. In: J. Speck (Hg.): Grundprobleme der großen Philosophen. Philosophie der Neuzeit. Bd. 1. Paderborn 1979. S. 35–73. – G. Patzig: Theologie und Ontologie in der »Metaphysik« des Aristoteles. In: Kant-Studien 52 (1960/61). S. 185–205. – Ch. S. Peirce: Scientific Metaphysik (Collected Papers. Hg. v. Ch. Hartshome/P. Weiss. Bd. VI.) Cambridge, Mass. 1935. – H. Reiner: Die Entstehung und ursprüngliche Bedeutung des Namens Metaphysik. In: Zs. für Philosophische Forschung 8 (1954). S. 210–237. – M. Riedel: Wilhelm Dilthey und das Problem der Metaphysik. In: Philosophisches Jb. 76 (1968/69). S. 332–348. – B. Russell: Our Knowledge of the External World. London 1914. – Ders.: The Analysis of Mind. London 1921. – H. Seidel: Einleitung und Kommentar zu Aristoteles' Metaphysik. Hamburg [2]1982. – G. Simmel: Die Probleme der Geschichtsphilosophie. Leipzig 1892. – Ders.: Philosophie des Geldes. Leipzig 1900. – W. Sparn: Wiederkehr der Metaphysik. Stuttgart 1976. – H. Schnädelbach: Philosophie in Deutschland 1931–1933, Frankfurt 1983. – W. Schulz: Hegel und das Problem der Aufhebung der Metaphysik. In: G. Neske (Hg.): FS Heidegger. Pfullingen 1959. S. 67–92. – W. Stegmüller: Metaphysik, Skepsis, Wissenschaft. Berlin/Heidelberg/New York [2]1969. – H. Wagner: Platons Phaidon und der Beginn der Metaphysik als Wissenschaft. In: Kritik und Metaphysik, H. Heimsoeth zum 80. Geburtstag. Berlin 1966. S. 363–382. – W.H. Walsh: Kants Criticism of Metaphysics. Edinburgh 1975. – W. Weischedel: Metaphysik heute? In: Philosophisches Jb. 64 (1956). S. 60–76. – A.N. Whitehead: Process and Reality. Cambridge 1929. – L. Wittgenstein: Tractatus logico-philosophicus. – M. Wundt: Deutsche Schul-Metaphysik des 17. Jahrhunderts. Tübingen 1939. – P. Wust: Die Auferstehung der Metaphysik. Leipzig 1920.
VG

**Metasprache.** A. Tarski konnte zeigen, daß eine formale Sprache, in der über die Wahrheit ihrer eigenen Sätze gesprochen werden kann, zwangsläufig auf Widersprüche führt. Daher hat man zumindest zwei Sprachschichten zu unterscheiden: Die Sprache, über die gesprochen wird, ist die Objektsprache, sie dient dazu, über den Objektbereich zu sprechen. Die Sprache, in der über die Objektsprache gesprochen wird, ist die M. Die M. muß ausdrucksreicher sein als die Objektsprache, weil man in ihr über die Objektsprache und ihre Beziehungen zu ihrem Objektbereich sprechen können muß. Metavariablen (auch Mitteilungsvariablen) sind Variablen der M., deren Wertebereiche Ausdrücke der Objektsprache sind. Objektvariablen sind Variablen der Objektsprache, die daher für einen Wertebereich im Objektbereich stehen. **Lit.:** A. Tarski: Der Wahrheitsbegriff in den formalen Sprachen. In: Studia Philosophica 1 (1936). S. 261–405.
VP

**Methexis,** Teilhabe (der immanenten Seienden am transzendenten Sein). Platon (*Phaidon* 100c-d) spricht von einer »Gemeinschaft« (koinonia) zwischen dem Einzelding und seiner getrennt von ihm existierenden ↗Idee. Dabei unterscheidet er zwei Aspekte: Aus Sicht der Einzeldinge stellt sich die Gemeinschaft als »Teilhabe« (methexis) an der Idee dar, aus Sicht der Idee als »Anwesenheit« (parousia) im einzelnen. Die Konzeption wirft das Problem auf, auf welche Weise das Bedingte, Endliche, Einzelne mit dem Unbedingten, Unendlichen, Allgemeinen verbunden werden kann, da beide verschiedenen ontologischen Bereichen angehören (Chorismos-Problematik). Diese bereits Platon (*Parmenides* 130a-135c) bewußte Schwierigkeit führte in der Geschichte des Platonismus zu immer neuen Auseinandersetzungen; dabei erwies sich die Kritik und Neukonzeption (Unterscheidung von Stoff/Form, Möglichkeit/Wirklichkeit) des Aristoteles (*Met.* 1045a 14 ff.) als besonders wirkmächtig. **Lit.:** W. Weier: Sinn und Teilhabe. Salzburg/München 1970. JS

**Methodologie** (griech. methodos: Weg), Lehre von der Methode, der richtigen Vorgehensweise. Als Bestandteil der wissenschaftlichen Logik gehört die M. zur ↗Wissenschaftstheorie. Spezielle M.n haben konstitutive Bedeutung für die Einzelwissenschaften. Zu unterscheiden sind (1) M.n, die die Entdeckung, Erarbeitung, Gewinnung sowie Darstellung und Vermittlung wissenschaftlicher Resultate zum Ziel haben, und (2) M.n, die sich auf die Sicherung, Valenz und Geltung der Resultate beziehen. Terminologisch begegnet M. vermutlich zuerst bei M. Eifler (1643), gewinnt in der Philosophie seine herausragende Rolle aber erst mit Kant. Dieser unterscheidet in der *Logik* die Elementarlehre, die sich auf die Elemente und Bedingungen der Vollkommenheit einer Erkenntnis bezieht, von der Methodenlehre, die von der Form einer Wissenschaft überhaupt oder von der Art und Weise handelt, das Mannigfaltige der Erkenntnis zu einer Wissenschaft zu verknüpfen (*Logik* A 215). Die transzendentale Methodenlehre leistet »die Bestimmung der formalen Bedingungen eines vollständigen Systems der reinen Vernunft« (*KrV* B 735f). In der *Kritik der reinen Vernunft* enthält die Methodenlehre die Disziplin, den Kanon, die Architektonik sowie die Geschichte der reinen Vernunft. Fichte und Schelling erhoben die methodologische Forderung, Inhalt und Form der Wissenschaft müßten in der Philosophie identisch werden, während für Hegel gerade die Ausbreitung der Form das wirkliche Wissen und den Reichtum seiner Gehalte verbürgt. Die M. beschäftigt sich heute mit synthetischen und analytischen, deduktiven und induktiven, axiomatischen und konstruktiven, hermeneutischen, phänomenologischen sowie transzendentalen Methoden. Dazu gehört auch der in der Philosophie des 19. Jh. unternommene Versuch, den Unterschied von Geistes- und Naturwissenschaften durch eine Differenz der Methoden zu bestimmen, nämlich durch »Erklären« und »Verstehen«. Heute werden sowohl Probleme der Generierung von Methoden, als auch die Fragen nach ihrer Valenz und Kompatibilität untereinander (Methodenpluralismus) diskutiert und kontrovers verfochten. CHA

Wenn sie als streng formale praktiziert wird, behandelt die M. allgemein wissenschaftliche Methoden, die für alle Wissenschaften von Bedeutung sind (↗Wissenschaftstheorie). Im Sinne einer pragmatischen M. befaßt sie sich mit der Wissenschaft als einer Form menschlichen Handelns. Sie formuliert Handlungsanweisungen, wie das Erkenntnisstreben zu ordnen ist, welche Hilfsmittel eingesetzt, oder welche Verfahrensweisen praktiziert werden sollen, um wissenschaftliche Erkenntnis gewinnen zu können. Entsprechend thematisiert sie die Erklärungsarten und -möglichkeiten im Hinblick auf den zu erklärenden Phänomenbereich (z. B. die Differenzierung zwischen Naturwissenschaften, Human- und Sozialwissenschaften, Geisteswissenschaften). **Lit.:** K. Acham (Hg.): Methodologische Probleme der Sozialwissenschaften. Darmstadt 1978. – H. Albert: Traktat über kritische Vernunft. Tübingen $^{2}$1969. – K.-O. Apel: Die Erklären-Verstehen-Kontroverse in transzendentalpragmatischer Sicht. Frankfurt 1979. – R. Carnap: Einführung in die Philosophie der Naturwissenschaften. München 1969. – L. Geldsetzer: Art. Methodologie. In: HWPh. Bd. V. – A. Menne: Einführung in die Methodologie. Darmstadt $^{2}$1984. – K. Popper: Logik der Forschung. Tübingen $^{7}$1982. – M. Riedel: Erklären oder Verstehen. Stuttgart 1978. – E. Topitsch (Hg.): Logik der Sozialwissenschaften. Köln 1972. – A. Wellmer: Methodologie als Erkenntnistheorie. Frankfurt 1972. PP

**Mīmāṃsā** (sanskrit, Erwägung, Prüfung). Die M. (auch Pūrva-M. »früherer M.« oder Karmamīmāṃsā »Werk-M.«, im Gegensatz zum Uttara-M. »Höherer M.« oder Brahma-M. = ↗Vedānta) ist der älteste Versuch, den Veda innerhalb einer Systematik auszulegen (Sūtra des Jaimini, ca. 300–200 v.Chr.). Die M. erkennt somit nicht nur – wie die anderen ↗Systeme auch – den ↗Veda als absolute Autorität und Offenbarung an, sondern ihr Hauptinteresse ist dessen Exegese. Wichtig für die indische Philosophie insgesamt ist die Methodik der Textinterpretation, die Hermeneutik, die die M. entwickelt hat: Konstatierung der Aussage oder des Gegenstandes (viṣaya) einer Textstelle, eventuelle Einwände oder Zweifel (saṃśaya), gegnerische Argumente (pūrvapakṣa), Untermauerung der eigenen Interpretation (uttarapakṣa oder siddhānta) und Verbinden der Ergebnisse mit anderen Textstellen (saṃgati). Da für die M. der Veda absolut und ewig ist, ist das Wort oder der Ton (śabda) ebenfalls ewig und wird bei einer Äußerung nur aus einem latenten Zustand in einen aktiven versetzt. Die M. lehrt einen Pluralismus der seelischen und materiellen Elemente. Wichtig für die Erlösung ist zwar die korrekte Durchführung der rituellen Gebote, jedoch ohne egoistische Ziele (kāmyakarma). **Lit.:** E. Frauwallner: Materialien zur ältesten Erkenntnislehre der Karmamīmāṃsā. Wien 1968 – H. v. Glasenapp: Die Philosophie der Inder. Stuttgart 1974. S. 142 ff. – M. Hiriyanna: Vom Wesen der indischen Philosophie. München 1990. S. 183 ff. – G. Jha: Pūrvamīmāṃsā in its Sources. Benares 1942. – A. B. Keith: The Karma-Mīmāṃsa. London 1921. MD

**Mimesis** (griech.: Darstellung, Nachahmung), kunstphilosophischer, insbesondere literaturtheoretischer Begriff, der das grundlegende Verhältnis der Inhalte von Kunstwerken zur dargestellten außerkünstlerischen Wirklichkeit erfassen soll. Für Aristoteles ist dieses Verhältnis als Nachahmung von Zuständen, Ereignissen und Handlungen (etwa in der dramatischen

Dichtung) bestimmt. Dabei gilt Nachahmung jedoch nicht als Gegensatz zu Schöpfung (poiesis), sondern schließt die Vorstellung von kreativer Gestaltung und Veränderung der vorgegebenen Wirklichkeitsausschnitte in den jeweiligen Kunstwerken ein. ↗Narrativität. **Lit.:** Aristoteles: Poetik. – E. Auerbach: Mimesis. Dargestellte Wirklichkeit in der abendländischen Literatur. Bern/München $^{5}$1971. – H. R. Jauss (Hg.): Nachahmung und Illusion. München $^{2}$1983. – A. Melberg: Theories of Mimesis. Cambridge/Mass. 1995. – W. J. Verdenius: Mimesis. Leiden 1972. RL

**Míng** (Name, Bezeichnung, auch Begriff im logischen Sinne). Chinesisches Denken über die Sprache geht weit mehr als das westliche vom geschriebenen einzelnen Wort aus. Das liegt bei einer etwa dreitausendjährigen Konstanz der Schriftzeichen nahe, der gegenüber die monosyllabischen Lautwerte der Wörter starken dialektalen und geschichtlichen Veränderungen unterworfen waren. Der ikonische Charakter der etwa zweihundert Radikalzeichen, aus denen auch die komplexeren Zeichen durchweg aufgebaut sind, hat seit den ältesten Zeiten zu »etymologischen« Forschungen und Spekulationen über die ursprüngliche oder »eigentliche« Bedeutung dieser Zeichen und damit der Wörter angeregt. Sprachregulierung und Festsetzung der zulässigen Schriftzeichen war schon in ältester Zeit staatliche Angelegenheit und niemals individueller Erfindungsgabe und Neuerungssucht überlassen. Auch neue Ideen mußten sich mit traditionellen Schriftzeichen artikulieren lassen, d. h. sie wurden in der Regel als Neuinterpretation altehrwürdiger Zeichen formuliert, im Zeichen des dominierenden Konfuzianismus allerdings zumeist mit der Prätention, damit auf die alte und »wahre« Interpretation zurückzukommen. Diese Lage ist selbst die Folge eines schon in der Vor-Qin-Zeit (vor 200 v. Chr.) geführten »Namens-Streites« (Ming Bian) über das Verhältnis von Begriff und Wirklichkeit. Kong Zi (551–479) bringt das Thema auf, indem er angesichts des von ihm diagnostizierten Sittenverfalls seiner Zeit aufruft, die »Namen zu berichtigen« (Zheng Ming). »Wenn die Namen nicht stimmen, dann ist die Rede nicht in Ordnung; wenn die Rede nicht in Ordnung ist, dann werden die Sachen nicht vollbracht« (Kong Zi: *Lun Yu*). Seine Lehre und deren Wirkungsgeschichte zeigen, daß es ihm darum ging, den Bedeutungswandel der Wörter – ebenso wie die Sittenverwilderung – durch Rückgang auf die alten Bedeutungen – und die sittlichen Prinzipien und Institutionen der Vorzeit – aufzuhalten bzw. rückgängig zu machen: »Der Fürst sei Fürst, der Untertan sei Untertan, der Vater sei Vater, der Sohn sei Sohn!« Die konfuzianische Forderung des Zheng Ming beruht auf der rationalistischen Einsicht, daß die Namen bzw. Begriffe die Vorurteile leiten. Zheng Ming wird daher zur Sprachpolitik der Herstellung »richtiger« Vorurteile und Antizipationen. Die gegenteilige, nämlich empiristische Ansicht vertreten Mo Zi (468–376) und die Mo-Schule: »Man soll nicht von den Namen, sondern von den Tatsachen ausgehen!« (Mo Zi: *Gui Yi, Wert der Rechtsordnung*). Damit rückt das Thema des Verhältnisses von Namen und Tatsachen bzw. von Begriff und Wirklichkeit (Ming Shi) ins Zentrum des Namensstreites. Die Forderung: »Anpassung der Namen an die Wirklichkeit« führt in der Mo-Schule zu ersten Ansätzen logischer Forschung mit dem Programm: »Den Unterschied von Positiv und Negativ klären; Prüfung der Prinzipien von Ordnung und Unordnung; Klärung der Stellung von Identität und Unterschied; Untersuchung der Begriffe von Namen und Wirklichkeit; Erwägung von Vorteil und Nachteil und Entscheidung von Problemlagen« (Mo Zi: *Xiao Qu*). In Verfolgung solcher Forschungen bildet sich eine eigene Namens-Schule (Ming Jia, »Logiker«, »Sophisten«), die aus der Problematik sogleich extreme paradoxale Folgerungen zieht. Hui Shi (370–310) behauptet, daß namentliche bzw. begriffliche Unterscheidungen keinen Unterschied in der Sache begründen können, denn es gibt nur eine Sache: »Der Himmel ist wie die Erde niedrig, der Berg ist wie der See eben« usw. Dagegen setzt Gong-sun Long (325–250) die These, daß jedem Namen bzw. Begriff oder ihren Spezifikationen eine besondere und bestimmte Sache entspreche: Ein weißes Pferd ist etwas anderes als ein Pferd. Deshalb ist ein »weißes Pferd nicht Pferd!« (Bai Ma Fei Ma!). Zwischen ihnen vermittelt Yin Wen (unbekannte Lebenszeit) aus der Ming-Schule mit der Maxime: »Der Anfang der Erkenntnis aller Dinge ist die Beseitigung der Vorurteile« (Bie You!) und der These: »Ming ist die Bezeichnung eines Körpers; Körper (Xing) ist ein durch Ming Bezeichnetes … Darum ist es unmöglich, daß Körper und Name sich nicht richtig (zueinander) verhalten« (Yin Wen Zi: *Da Dao, Vom großen Dao).* Die Fa-Schule (Rechtsphilosophen) wendet die Denkfigur dann auf Gesetzgebung und Befehl an: Wenn ein Herr sich vor treulosen Bediensteten schützen will, so muß er Xing Ming überprüfen. Xing Ming ist Wort und Tat. Als Bediensteter redet einer Worte und der Herr gibt ihm mit Worten Aufträge, aber nur nach seiner Arbeit bewertet er seine Leistung« (*Han Fei Zi, Er Bing*). Bei diesen Rechtsphilosophen interessiert in erster Linie die Präzision und »Griffigkeit« der Gesetzes- und insbesondere der Strafbegriffe. Da Xing (mit gleicher Aussprache und sehr ähnlichem Schriftzeichen) auch »Strafe« bedeutet, wird das Problem in der Fa-Schule auch »Strafe und Namen« (Xing Ming) genannt. Im Hintergrund des ganzen Streites um die Namen und ihn vielleicht wesentlich auslösend steht die These des Lao (nach chines. Konvention 580–500) von der Namenlosigkeit bzw. Unbenennbarkeit (Wu Ming) des Ursprungs der Dinge. Er sagt darüber: »In der Sprache kenne ich seinen Namen (Ming) nicht. Mit einem Schriftzeichen (Zi) nenne ich es Weg (Dao). Zu einer Benennung (Ming) gedrängt, nenne ich es das Große (Da)« (Lao Zi: *Dao De Jing*, 25). Damit macht er zugleich auf die Grenzen der Sprache und die Prekarität der Benennungen in den philosophisch-metaphysischen Grenzfragen aufmerksam. Den berühmten Anfang des *Dao De Jing* sollte man daher lesen: »Dao als

Dao (gefaßt) ist schon nicht mehr Dao. Der Name (Ming) als Name (genommen) ist schon nicht mehr Name. Nichts (Wu) ist der Name (Ming) für den Ursprung von Himmel und Erde. Sein (You) ist der Name (Ming) für die Mutter aller Dinge«. Eine abendländische Entsprechung dürfte in der arche-Benennung des Anaximander als »apeiron« (Infinites, Grenzloses, »Un-Definierbares«) sowie in den Gottesbenennungen der »negativen Theologie« der Partristiker liegen. – Offensichtlich sind sämtliche Positionen des Namensstreites in der modernen chinesischen Sprachphilosophie noch ebenso bestimmend wie im Abendland diejenigen Platons, Aristoteles' und der Stoa. **Lit.:** L. Geldsetzer/H.-d. Hong: Chinesisch-deutsches Lexikon der chinesischen Philosophie. Aalen 1986. Art. Name und Tatsache (Míng Shí), Namensfestlegung (Zhēng Míng), Namensstreit (Míng Biàn), Kategorienunterschied von ›weiß‹ und ›Pferd‹ (Bái Mă Fēi Mă). LG/HDH

**Ming** (Schicksal, Notwendigkeit, Geschick, Zu-Fall). Die Grundbedeutung des chinesischen Terminus ist Befehl, Auftrag. Schon in den ältesten chinesischen Schriftdokumenten (Schildkrötenpanzer- und Bronzeinschriften) wird überliefert, daß die Herrscher der Vorzeit ein himmlisches Mandat (Tian Ming) für ihre Regierung erhalten hätten. In der klassischen Zeit wird es einerseits auf die ganzen Dynastien bezogen, so daß Tian Ming zu einer geschichtsphilosophischen Kategorie vom »geschichtlichen Auftrag« einer dynastischen Epoche werden konnte und die Rede vom »Wechsel des himmlischen Mandats« (Ge Ming) den Umschwung zu einer neuen Dynastie bezeichnet. Dieser Hintergrund ist auch im modernen chinesischen Revolutionsbegriff (Ge Ming) noch präsent. Anderseits wird Tian Ming auch auf jedes Individuum bezogen: als sein Geschick (das deutsche Wort Geschick bzw. Geschicklichkeit als »Veranlagung zu etwas« verdankt sich ähnlichen Vorstellungen) oder – lutherisch gesprochen – als seine Berufung (vgl. auch Heideggers »Ruf des Daseins«). Das Problem ist, ob und wie man es erkennen kann. Kong Zi (551–479) spricht von der »Furcht vor Tian Ming« und behauptet von sich: »Mit fünfzig Jahren erkannte ich Tian Ming«; »Tod und Leben beruht auf Ming, Reichtum und Rang sind abhängig vom Himmel«; »Wenn einer sein Ming nicht erkennt, kann er nicht Jun Zi (Herrscher, Edler, aber auch: tugendstarker Mensch) sein« (Kong Zi: *Lun Yü, Gespräche).* Auch Zhuang Zi (369–286) betont: »Sein unabwendbares Ming zu erkennen und sich darein zu ergeben, das heißt vollkommene Tugend erlangen« (Zhuang Zi: *Ren Jian Shi, Die Welt des Menschen*). Mo Zi (468–376) hält die Lehre des Kong Zi vom Tian Ming für »den größten Schaden für die Welt« und betont: »An Ming zu glauben ist unmenschlich« (Mo Zi: *Fei Ming, Gegen das himmlische Mandat*). Er selbst spricht zwar noch vom Himmelswillen (Tian Zhi), hält ihn aber nicht für erkennbar. Xun Zi (313–238) rettet die konfuzianische Tian Ming-Lehre, indem er sie des Anthropomorphismus entkleidet und Tian Ming mit der Naturgesetzlichkeit identifiziert: »Die Himmelsbewegung ist immerwährend, sie existiert nicht für (den guten Kaiser) Yao und hört auch nicht wegen (des schlechten Kaisers) Jie auf«. Soweit man sie erkennt, kann man sogar »Tian Ming kontrollieren und Gebrauch davon machen« (Zhi Tian Ming Er Yong Zhi; Xun Zi: *Tian Lun, Über den Himmel* bzw. *die Natur*). Darin sehen manche Interpreten den – abortiv gebliebenen – Ansatz zu einem naturwissenschaftlich begründeten Technikprogramm. Sofern man die Naturgesetzlichkeit nicht erkennt, obwohl sie doch wirkt, kann auch gesagt werden: »Das sogenannte zufällige Geschehen ist Ming« (Xun Zi: *Zheng Ming, Berichtigung der Namen*). – Ming läßt sich am ehesten dem stoischen Begriff des Fatums vergleichen, auf den die abendländischen Vorstellungen vom Schicksal und universaldeterministischer Notwendigkeit zurückgehen. Das mit darin liegende Moment der Teleologie (»Vorsehung«) entspricht dem ursprünglichen Sinn von Ming als Befehl; das »kausale« Moment i.e.S. Xun Zis Interpretation als Naturgesetz. Dagegen ist die Kritik in China niemals so grundsätzlich vom Freiheitsstandpunkt (Indeterminismus) aus entwickelt worden wie von den Epikureern. **Lit.:** L. Geldsetzer/H.-d. Hong: Chinesisch-deutsches Lexikon der chinesischen Philosophie. Aalen 1986. Art.: Himmlisches Mandat (Tiān Mìng), Schicksal (Mìng). LG/HDH

**Misanthropie/Philanthropie** (Menschenfeindschaft/Menschenfreundschaft). Der in der Komödie des Eupolis verspottete athenische Schuster Timon galt der Antike als Prototyp des Misanthropen. Platon läßt den sterbenden Sokrates im *Phaidon* (89 d, e) sagen, daß die Redefeindschaft (misologia) auch zur Menschenfeindschaft führe. Mit Shakespeares Drama *Timon of Athens* und mit der 1666 in Paris uraufgeführten Komödie Molières *Le Misanthrope* wurde das im MA. weitgehend vernachlässigte Thema wieder aufgegriffen. Kant unterscheidet (*Metaphysik der Sitten*, A 39) die »separatistische« von der »ästhetischen« und »praktischen« M., jede Art von M. sei »jederzeit häßlich«. Die Ph. ist ein Kernbegriff der Pädagogik J.B. Basedows, der – beeinflußt durch die Rousseausche Lehre von einer natur- und vernunftgemäßen Erziehung – seine Erziehungsanstalt, das Philanthropinum, 1774 in Dessau gründete. MFM

**Mitleid,** ein auf den Mitmenschen gerichtetes Gefühl, das von dessen ↗Leiden inspiriert ist mit dem Ziel zu helfen; Zentralbegriff der Ethik, der ebenso in der indischen Philosophie und Religion auftaucht wie in der griech. Antike anhaltend diskutiert wird. Dabei verwendet Aristoteles das M. (eleos) an verschiedenen Stellen seiner Ethik und in der Poetik, wo es auch zum Grundbegriff der tragischen Wirkung erklärt wird und dann bis ins 18. Jh. (Mendelssohn, Lessing) eine unablässige Diskussion im Bereich der Poetik in Gang gesetzt hat (↗Katharsis). Im Christentum, vor allem bei Augustinus und Thomas, gehört das M. zur Tugend der Barmherzigkeit und zum Bestandteil der Nächstenliebe; die Aufklärungsphilosophie (Wolff) greift diesen Gedanken erneut auf, kritisiert zugleich aber auch, so Kant, die Ambivalenz eines Affekts, der nicht zum Bestimmungsgrund wirklichen moralischen Handelns tauge. Schopenhauer rückt das M. wieder in den Vordergrund und erklärt es zum Prinzip und Fundament der Ethik, was die harsche Kritik Nietzsches, der darin nur ein Zeichen der Dekadenz bzw. »Degenerescenz« der Gattung zu erkennen glaubte, herausgefordert hat. Im 20. Jh. erfährt die Mitleidskategorie bei Scheler, Adorno und G. Anders (Steigerung des Mitleidsempfindens als kategorischer Imperativ) sowie in den Überlegungen von W. Marx im Anschluß an Heidegger und von H. Jonas zu einer neuen ökologischen Ethik eine ausführliche Behandlung. **Lit.:** G. Anders: Die Antiquiertheit des Menschen. 2 Bde. München 1956/1980. – H. Jonas: Das Prinzip Verantwortung. Frankfurt 1979. – W. Marx: Ethos und Lebenswelt. Mitleidenkönnen als Maß. Hamburg 1986. – L. Samson: Mitleid. In: HWPh. V (1980). Sp. 1409–1416. – A. Schöpf: Wohlwollen. In: Lexikon der Ethik. Hg. v. O. Höffe. München [4]1992. S. 314f. WJ

**Mitsein,** bei Heidegger (*Sein und Zeit*) ein konstitutives Moment des ↗In-der-Welt-seins. Das Sein des Menschen ist dadurch ausgezeichnet, daß ihm andere Menschen in einer konkreten Welt begegnen können. M. meint damit nicht das faktische Miteinander bestimmter Menschen, sondern die Bedingung innerhalb der menschlichen ↗Existenz, durch die ein solches Miteinander allererst möglich ist. Erst auf dieser Grundlage kann dem Menschen der Andere als Mitdasein begegnen. Ebenso ist dadurch die Welt immer schon Mitwelt. Heidegger betont, daß der Mensch nicht primär isoliertes Subjekt ist und erst auf dieser Grundlage andere Menschen vorfindet, sondern daß ihm die Anderen a priori erschlossen sind. Zunächst und zumeist begegnen ihm die Anderen im Rahmen seines Umgangs mit den »Dingen« in seiner Umwelt. Ein *eigentliches* Miteinander, das den Anderen in seiner Existenz betrifft, gilt es also immer erst zu schaffen. **Lit.:** L. Binswanger: Grundformen und Erkenntnis menschlichen Daseins. München [3]1962. – G. Figal: Martin Heidegger. Phänomenologie der Freiheit. Frankfurt 1988. BA

**Mitte.** Die M. ist mit gleichem Abstand zwischen zwei oder mehr Extremen positioniert. (1) Mathematisch: M. ist entweder die Summe zweier oder mehrerer Zahlen dividiert durch deren Anzahl (arithmetisches Mittel) oder die Quadratwurzel aus dem Produkt der Zahlen (geometrisches Mittel) oder der umgekehrte Wert des arithmetischen Mittels aus den umgekehrten Werten der Zahlen (harmonisches Mittel: antike Proportionenlehre). – (2) Kosmologisch. Das All des Seienden erstreckt sich bei Parmenides gleichermaßen von der M. in alle Richtungen kugelförmig aus. Bei Platon (*Timaios* 32b) finden sich gemäß der antiken Proportionenlehre zwischen dem Einfachen und dem Kubischen zwei Mittelglieder. Ähnlich Nikolaus von Kues in seiner Mentalphilosophie: Zwischen die sinnliche Wahrnehmung und die göttliche Einheit treten als zwei Mittelglieder Verstand und Vernunft. Bei Pascal hat der Mensch wie auch alles Endliche eine Mittelstellung inne zwischen dem All und dem Nichts. (3) Ethisch: Aristoteles bestimmt die Tugend als Mitte zweier Übel; Maß und M. sind miteinander verknüpft. Dagegen wendet sich kritisch Nietzsches Begriff der »Mittelmäßigkeit«. (4) Transzendentalphilosophisch: Für Fichte schwebt die Einbildungskraft in der M. zwischen unvereinbaren Extremen und ermöglicht so die Tätigkeit des Verstandes. CHA

**Mittel/Zweck.** Die Kategorien M. und Z. stammen aus dem Bereich menschlichen Handelns und beziehen sich auf einen bestimmten Handlungstyp: auf zweckrationales oder teleologisches Handeln, das unsere neuzeitliche Zivilisation geprägt hat. Dabei geht es um Relationsbegriffe: Wer Z. sagt, muß auch von den M.n reden. Innerhalb dieser Relation sind drei Stellen zu unterscheiden: (1) der vorgestellte Z., (2) das M., (3) der realisierte Z. Während der Z. in der geistigen Antizipation des menschlichen Willens besteht, repräsentiert das M. die wirklichen Bedingungen des Handelns wie soziale Zwänge oder Naturgesetze. Hier ist noch einmal zu unterscheiden zwischen der Handlung als M. und den gegenständlichen M.n des Handelns (Werkzeuge, Maschinen, Instrumente). Bleibt der Einfluß solcher Bedingungen unberücksichtigt und existiert daher kein inhaltlicher Unterschied zwischen vorgestelltem und realisiertem Z., scheinen sich die M. in der bloßen Verwirklichung des Z.s zu erschöpfen. Wird hingegen den M.n eine modifizierende Wirkung zuerkannt, zeigt sich die zweckbestimmende Potenz technischer und ökonomischer M. Dies kann sowohl in einem bloß einschränkenden Sinn so verstanden werden, daß Pläne an den Umständen scheitern, als auch in einem erweiternden Sinn: Demzufolge offenbart das M. bei seinem Gebrauch jeweils mehr Möglichkeiten, als bei seiner Herstellung ursprünglich antizipiert wurden. Diese zweckbestimmende Potenz technischer und ökonomischer M. wird häufig auch als Verselbständigung der M. ausgelegt, denen damit eine Eigendynamik zugeschrieben wird (Technokratie-These). Betrachtet man M. und Z. in Handlungszusammenhängen, können die Positionen je nach Blickwinkel wechseln: Was in einem Handlungssystem Z. ist, kann in einem anderen System als M. fungieren. Die Begriffe stellen also keine Wesensbestimmungen von bestimmten Handlungen oder Dingen dar, sondern sind an bestimmte Funktionen gebunden. Im Rahmen der Systemtheorie erfüllt der Zweckbegriff eine Strategiefunktion sozialer Systeme. Die M. sind demnach nichts anderes als Teilzwecke innerhalb einer Zweckhierarchie oder eines komplexen Zielsystems. Gleichwohl müssen die Kategorien M. und Z. nicht pauschal verabschiedet werden, sondern können der Orientierung in konkreten Zusammenhängen menschlicher Praxis dienen. ↗Zweckrationalität, ↗Vernunft, instrumentelle. **Lit.:** J. Dewey: Theory of Valuation. Chicago 1939. – T. Ebert: Zweck und Mittel. Zur Klärung einiger Grundbegriffe der Handlungstheorie. In: Allgemeine Zeitschrift für Philosophie 2 (1977). S. 26 ff. – R. Eisler: Der Zweck. Seine Bedeutung für Natur und Geist. Berlin 1914. – N. Hartmann: Teleogisches Denken. Berlin 1952. – N. Luhmann: Zweckbegriff und Systemrationalität. Über die Funktion von Zwecken in sozialen Systemen. Frankfurt 1973. JRO

**Mittelalter.** Ab wann von einer ma. Philosophie gesprochen werden kann, ist umstritten. Rechnet man bereits das Denken der Kirchenväter zum MA., betrachtet man die ma. Philosophie einseitig als Blütezeit einer christlichen Philosophie. Das MA. umfaßt aber auch den philosophischen Höhepunkt im Bereich des Islam und eine Reihe von bedeutenden jüdischen Denkern. Manche lassen das MA. mit der Schließung der platonischen Akademie und der Gründung des Klosters Monte Cassino durch Benedikt von Nursia 529 beginnen. Am sinnvollsten erscheint es, die nach der Völkerwanderung eingetretene politische Stabilisierung durch die Kaiserkrönung Karls des Großen 800 als Beginn des MA. zu wählen. Seine Philosophie beginnt dann mit der Karolingischen Renaissance und endet mit der Renaissance. – Inhaltlich ist die ma. Philosophie durch die Spannung von Glaube und Vernunft in Christentum, Islam und bei den Juden bestimmt, wobei das Verlangen nach einer Synthese und die Kritik an der Philosophie sich mehrfach gegenseitig in Frage stellen. Es kommt zu bedeutenden Leistungen auf den Gebieten der Metaphysik, Ethik, Sozialphilosophie und der Sprachlogik. Lange hat man im 13. Jh. mit Albertus Magnus und besonders Thomas von Aquin den Höhepunkt der Entwicklung der ma. Philosophie gesehen. Heute beachtet man stärker die Vielfalt sowohl der philosophischen Interessen als auch der Standpunkte und Personen. ↗Scholastik. **Lit.:** K. Flasch: Das philosophische Denken im Mittelalter. Stuttgart 1986. – R. Heinzmann: Philosophie des Mittelalters. Stuttgart 1992. – G. Scherer: Philosophie des Mittelalters. Stuttgart 1993. – L. Sturlese: Die deutsche Philosophie im Mittelalter. Von Bonifatius bis zu Albert dem Großen. München 1993. GS

**Mittelbegriff,** auch mittlerer Term. In der klassischen Logik werden die in einem ↗Syllogismus verwendeten drei Termini unterschiedlich benannt: Oberbegriff oder terminus maior, Unterbegriff oder terminus minor und M. Dem M. kommt dabei die Funktion zu, die beiden Prämissen miteinander zu vermitteln und dadurch den Schluß zu ermöglichen, z. B. in dem Syllogismus: 1. Alle leiblichen Lebewesen sind nahrungsbedürftig, 2. Alle Menschen sind leibliche Lebewesen, 3. (Schluß) Alle Menschen sind nahrungsbedürftig. Da die dritte Aussage aus den beiden ersten folgen soll, müssen sie so beschaffen sein, daß sie einerseits verschieden sind und trotz ihrer Verschiedenheit einen gemeinsamen Bestandteil haben. Dieser gemeinsame Bestandteil wird durch den M. sichergestellt, der den Subjektbegriff der ersten Aussage und den Prädikatbegriff der zweiten Aussage darstellt (»leibliche Wesen«), in keinem Fall aber in dem Schlußsatz erscheint, sondern diesen nur ermöglicht. PP

**Modalanalyse,** bei N. Hartmann die im Rahmen seiner Philosophie grundlegende Untersuchung der Seinsmodi. Sie erlangt zentrale Bedeutung durch die Ontologie Hartmanns, der von einer in Seinsschichten aufgebauten Erscheinungswelt ausgeht und dabei neben einem realen Sein eine Sphäre des idealen Seins anerkennt, in der neben logisch-mathematischen Gegenständen auch die für die Ethik und Ästhetik verbindlichen Werte existieren. **Lit.:** N. Hartmann: Möglichkeit und Wirklichkeit. Berlin $^3$1966. UM

**Modalität.** Allgemein versteht man unter einer M. die nähere Bestimmung eines Sachverhalts hinsichtlich der Art und Weise (des ›Modus‹) seines Bestehens. Bei Kant treten neben die M.en als Kategorien reiner, d. h. nicht-empirischer Verstandesbegriffe, die M.en der Urteile. Diese Doppelfunktion der M.en führt neben der Unterscheidung von Notwendigkeit, Dasein und Möglichkeit in der Kategorie der M.en zu der parallelen Einteilung in apodiktische, assertorische und problematische Urteile (Kant: *KrV* A 70 ff.). – In einer eher aristotelischen Tradition werden in der modernen ↗Modallogik als sog. alethische M.en Notwendigkeit und Möglichkeit betrachtet. Diese werden aufgefaßt als wechselseitig definierbare, nicht-wahrheitsfunktionale Aussageoperatoren (»es ist notwendig der Fall, daß A« – $\Box A$ –; »es ist möglicherweise der Fall, daß A« – $\Diamond A$ –). In der Regel können die zahlreichen Ausdrucksweisen für diese M.en in natürlichen Sprachen mit Hilfe der entsprechenden Aussageoperatoren umschrieben werden. So kann der Satz »es könnte regnen« als synonym mit »es ist möglicherweise der Fall, daß es regnet« gelten. Auch sog. Dispositionsprädikate (»beschreibbar«, »brennbar«) gestatten die Umschreibung durch modale Aussagen. Aufgrund des induktiven Formelaufbaus treten in der Modallogik auch sog. iterierte M.en auf, z. B. »es ist notwendig, daß es möglich ist, daß A«. Verallgemeinernd wird deshalb in der Modallogik eine M. definiert als endliche (möglicherweise leere) Folge $<a_1,\ldots,a_n>$, so daß $a_i$ für $1 \leq i \leq n$ entweder der Negationsoperator $\neg$ oder einer der Modaloperatoren $\Diamond$, $\Box$ ist. Eine M. heißt affirmativ, wenn sie eine gerade Anzahl von Negationsoperatoren enthält, andernfalls wird sie als negativ bezeichnet. Für die Modallogik bedeutsam ist die Auffindung der in einem modallogischen System $\Sigma$ äquivalenten M.en. Zwei M.en $m_1,m_2$ heißen äquivalent in $\Sigma$, wenn für eine beliebige Aussage A $m_1A \leftrightarrow m_2A$ in $\Sigma$ beweisbar ist. Zwei M.en werden als verschieden bezeichnet (in $\Sigma$), wenn sie nicht äquivalent sind in $\Sigma$. Die Anzahl der in einem modallogischen System $\Sigma$ verschiedenen M.en wird als die Zahl der M.en von $\Sigma$ bezeichnet. Z. B. beträgt die Zahl der M.en in dem Lewisschen System S5 sechs, da alle affirmativen M.en jeweils ihrer innersten äquivalent sind.

Neben den alethischen, auf Wahrheit bezogenen M.en werden u. a. auch temporale, d. h. zeitbezogene M.en, epistemische, auf Wissen und Erkennen bezogene M.en sowie deontische, auf Geboten-, Verboten- und Erlaubtsein gerichtete M.en betrachtet. Einfache temporale M.en sind »es ist immer der Fall, daß A«, »es ist manchmal der Fall, daß A«. Unter Beachtung der zeitlichen Ordnung lassen sich anspruchsvollere temporale M.en wie »es war der Fall, daß A«, »es wird der Fall sein, daß A« definieren. Den alethischen M.en der Notwendigkeit und Möglichkeit entsprechen die deontischen M.en »es ist geboten, daß A« sowie »es ist erlaubt, daß A«. Die formale Darstellung dieser M.en entspricht weitgehend der der alethischen M.en.

In der modalen Prädikatenlogik entsteht die philosophisch wichtige Unterscheidung zwischen ↗de re und de dicto M.en. Während de dicto Notwendigkeit die notwendige Wahrheit einer Aussage behauptet (»es ist notwendig, daß A«), wird mit de re Notwendigkeit einem Gegenstand eine notwendige Eigenschaft zugeschrieben (»x ist derart, daß es notwendigerweise F ist«). Formal ergeben sich de re M.en durch Quantifikation in offene Formeln, die einen Modaloperator enthalten. Sie führten zu einer Wiederbelebung der Essentialismusdebatte um die Frage nach notwendigen Eigenschaften. UM

**Modallogik,** Teilgebiet der formalen Logik zur logischen Untersuchung der ↗Modalitäten wie Möglichkeit und Notwendigkeit. Verallgemeinernd läßt sich die M. auch als die logische Theorie der ↗Modaloperatoren auffassen.

Historisch nimmt die M. ihren Anfang bei Aristoteles, wo sie in der *peri hermeneias* und bes. der *an. pr.* entwickelt wird. Eine Fortführung und Vereinfachung der modalen Syllogistik im Anschluß an Aristoteles geschieht durch dessen Schüler Theophrastus. Alternative Ansätze der antiken M. finden sich in der Logik der teilweise in eleatischer Tradition stehenden megarischen Schule sowie der daraus hervorgegangenen stoischen Logik, die wegen ihres quasipropositionalen Charakters Ähnlichkeit mit der modernen aussagenlogischen M. aufweist. Beiträge zur M. finden sich auch in der scholastischen Logik etwa bei Abälard, Wilhelm von Shyreswood und Albertus Magnus und bilden in den folgenden Epochen bis Leibniz einen festen Bestandteil logischer Untersuchungen.

Mit der Entstehung der modernen Logik im 19. Jh. ist zuerst keine M. verbunden. Als Beginn der modernen M. gelten die Untersuchungen C. I. Lewis über die sog. strikte ↗Implikation. Diese waren von der Absicht geleitet, die wahrheitsfunktionale, materiale Implikation durch eine Aussageverknüpfung zu ersetzen, die anders als die materiale Implikation eine inhaltliche Folgerungsbeziehung ausdrückt. Die von Lewis für diese Zwecke vorgeschlagene strikte Implikation kann, wie Lewis selbst betonte, als eine notwendige materiale Implikation verstanden werden. Lewis entwickelte in Anlehnung an die axiomatische Darstellung der Logik in den *Principia Mathematica* von Whitehead und Russell fünf Systeme der strikten Implikation S1–S5 von aufsteigender Stärke, bei denen es sich bereits im wesentlichen um Modalkalküle handelt. In der Folge wurde die strikte Implikation durch die dualen Modaloperatoren für Notwendigkeit $\Box$ und Möglichkeit $\Diamond$ ersetzt. Dies führte insbesondere durch die Arbeiten von G. H. v. Wright zu der noch heute üblichen axiomatischen Darstellung der M. Ein modallogisches System $\Sigma$ ist dabei durch eine Menge von modallogischen Axiomen und Schlußregeln auf einer nicht-modalen, häufig klassisch-logischen Basis charakterisiert. Für die Zwecke der M. selbst, ohne Anwendungsabsichten genügt in der Regel eine Beschränkung auf die Aussagenlogik. Einige bekannte Axiome lauten schematisch:

K: $\Box(A \rightarrow B) \rightarrow (\Box A \rightarrow \Box B)$
(wenn notwendigerweise: wenn A, dann B, dann, wenn notwendigerweise A, dann notwendigerweise B)

T: $\Box A \rightarrow A$
(wenn notwendigerweise A, dann A)

B: $A \rightarrow \Box\Diamond A$
(wenn A, dann ist es notwendigerweise möglich, daß A)

4: $\Box A \rightarrow \Box\Box A$
(wenn notwendigerweise A, dann ist es notwendig, daß notwendigerweise A)

5: $\Diamond A \rightarrow \Box\Diamond A$
(wenn möglicherweise A, dann ist es notwendigerweise möglich, daß A)

W: $\Box(\Box A \rightarrow A) \rightarrow \Box A$
(wenn notwendigerweise, daß, wenn notwendigerweise A, dann A, dann notwendigerweise A)

An modalen Schlußregeln gebräuchlich ist v. a. die sog. Notwendigkeitsregel RN: $A/\Box A$. Weitere Regeln sind RM: $A \rightarrow B/\Box A \rightarrow \Box B$ oder RE: $A \leftrightarrow B/\Box A \leftrightarrow \Box B$.

Vornehmlich aufgrund semantischer Betrachtungen stehen solche modallogischen Systeme im Mittelpunkt des Interesses, die auf der Basis der klassischen Logik durch Hinzunahme der Axiome des Schemas K (sowie eventuell weiterer modaler Axiome) und der Notwendigkeitsregel entstehen. Diese werden als normale ↗Modalsysteme bezeichnet. In einer auf E. J. Lemmon zurückgehenden Nomenklatur können solche Systeme durch Angabe ihrer charakteristischen Axiome bezeichnet werden (z. B. ist KTB dasjenige normale System, das durch die Axiome K, T und B charakterisiert ist). Das Lewissche System S5 erweist sich bei dieser Darstellung als äquivalent zu KT5, das wiederum identisch ist mit KTB4. Das schwächere System S4 von Lewis entspricht dem System KT4. Neuerdings von Interesse ist das System KW, das eine modallogische Darstellung der für die Gödelschen Unvollständigkeitsresultate zentralen Begriffe ermöglicht. Das anschaulich undurchsichtige Schema W stellt dabei die modallogische Version eines aus der Beweistheorie bekannten Theorems von M. Löb dar. KW verdeutlicht, daß die M. in ihren Einsichten nicht an die Vorgaben eines intuitiven Verständnisses der Modalitäten gebunden bleibt.

Eine dem syntaktischen Zugang entsprechende semantische Darstellung der M. gelang anfänglich nur für bestimmte modallogische Systeme mit algebraischen Methoden. Wichtige Ergebnisse aus dieser Richtung stammen insbesondere von J. C. C. McKinsey und A. Tarski (teilweise in Zusammenarbeit mit weiteren Autoren) und sind in Verbindung mit modallogischen Entscheidbarkeitsfragen zu sehen. Die dabei entstandenen sog. modalen Algebren sind formal Boolesche Algebren mit einer zusätzlichen Operation zur Interpretation des Notwendigkeitoperators (bzw. Möglichkeitsoperators), die etwa im Falle von Erweiterungen von S4 topologische Strukturen bestimmen. Die Bedeutung modaler Algebren ergibt sich aus einer 1951 von Tarski und B. Jónsson aufgestellten Verallgemeinerung des Darstellungssatzes für Boolesche Algebren von M. Stone auf Algebren mit Operatoren. Dies führte in den letzten Jahren zu aufschlußreichen Anwendungen algebraischer Methoden in der modelltheoretischen Semantik der M. Mit der Entwicklung der modelltheoretischen Semantik trat die algebraische Semantik jedoch vorerst in den Hintergrund. Eine erste Darstellung dieser Art gelang durch R. Carnap 1947 für das System S5 mit der Einführung sog. Zustandsbeschreibungen (↗intensionale Semantik). Im Rahmen der Aussagenlogik können diese als aussagenlogische Bewertungen verstanden werden. Dies führt zu der Darstellung von Notwendigkeit als Wahrheit unter allen Bewertungen (relativ zu einer Klasse von Zustandsbeschreibungen) und sichert die Gültigkeit der S5-Theoreme. Inhaltlich greift Carnap damit eine Formulierung von Leibniz auf, wonach Notwendigkeit Wahrheit in allen möglichen Welten bedeutet. Die Verallgemeinerung dieses Vorschlags für weitere modallogische Systeme gelang durch S. Kripke Anfang der sechziger Jahre. Ähnliche Überlegungen wurden unabhängig davon und etwa zeitgleich durch S. Kanger und J. Hintikka veröffentlicht. Der wesentliche Aspekt dieser Verallgemeinerung ist die Einführung einer zweistelligen Relation R, der sog. Zugänglichkeitsrelation, zwischen möglichen Welten, die ihrerseits die Carnapschen Zustandsbeschreibungen verallgemeinern. Durch die Zugänglichkeitsrelation R wird jeder möglichen Welt w die Menge der von w ›erreichbaren‹ oder ›einsehbaren‹ Welten zugeordnet. Eine Aussage A ist notwendig wahr in einer Welt w dann und nur dann, wenn A wahr ist in allen von w erreichbaren Welten w'. Für die formale Ausarbeitung dieses Gedankens werden sog. relationale Kripke-Modelle M = <W,R,V> definiert als Tripel, bestehend aus einer nicht-leeren Menge W von möglichen Welten, einer zweistelligen Relation R auf der Menge der möglichen Welten und einer Bewertungsfunktion V, die jeder Aussagenvariable p aus der betrachteten Sprache für jede Welt w einen Wahrheitswert V(w,p) zuordnet. Die semantische Grundrelation »A ist wahr in der Welt w (in dem Modell M)« – $M \vDash_w A$ – kann auf der Grundlage der Bewertungsfunktion V wie folgt definiert werden:

(i) für Aussagenvariablen p: $M \vDash_w p$ gdw $V(w,p) = W$
(ii) für $A = \neg B$: $M \vDash_w \neg B$ gdw nicht $M \vDash_w B$
(iii) für $A = B \wedge C$: $M \vDash_w B \wedge C$ gdw $M \vDash_w B$ und $M \vDash_w C$ und analog für $\vee$, $\rightarrow$, $\leftrightarrow$,
(iv) für $A = \Box B$: $M \vDash_w \Box B$ gdw für alle w' mit wRw': $M \vDash_{w'} B$.

Weitere semantische Begriffe wie Gültigkeit oder Folgerung lassen sich im Anschluß daran in der üblichen Weise definieren. Da z. B. im Rahmen sog. Vollständigkeitsbetrachtungen, die zeigen, daß jede in einer Klasse K von Kripke-Modellen gültige Formel in einem bestimmten normalen System Σ ableitbar ist, die Bewertungsfunktion beliebig gewählt werden kann, ist es zweckmäßig, sog. modale Rahmen (engl. frames) <W,R> zu betrachten, die unter Verzicht auf die Bewertungsfunktion V die relationale Struktur der Kripke-Modelle festlegen. Für die Entwicklung der M. bedeutsam war die Frage, welche Relationsbedingungen welchen modalen Axiomen entsprechen. Bekannte Resultate diesbezüglich sind z. B.

- T: $\Box A \rightarrow A$ ist gültig in einem modalen Rahmen <W,R> gdw R reflexiv ist
- 4: $\Box A \rightarrow \Box\Box A$ ist gültig in einem modalen Rahmen <W,R> gdw R transitiv ist
- B: $A \rightarrow \Box\Diamond A$ ist gültig in einem modalen Rahmen <W,R> gdw R symmetrisch ist.

Inzwischen sind jedoch Beispiele modaler Formeln bekannt, die keinen relationalen Bedingungen entsprechen. Da diese relationalen Bedingungen in einer quantorenlogischen Sprache erster Stufe definierbar sind, wurde daraus der Schluß gezogen, daß die M. im Kern eine Logik zweiter Stufe ist. Überraschend war weiterhin die Entdeckung modaler Systeme, die durch keine Klasse modaler Rahmen charakterisierbar sind. Diese werden als unvollständige Modalsysteme bezeichnet. Die Untersuchungen sowohl über die Korrespondenz von modalen Formeln und relationalen Bedingungen als auch über die Charakterisierbarkeit modaler Systeme durch Klassen von Modellen oder Rahmen haben aufgrund der dabei verwendeten modelltheoretischen Methoden zu einer Wiederbelebung der algebraischen Tradition geführt.

Relationale Kripke-Modelle erlauben Verallgemeinerungen, die auch die semantische Darstellung nichtnormaler Modalsysteme ermöglichen. So lassen sich in die Menge der möglichen Welten auch sog. nichtnormale Welten einführen, in denen die Gesetze der Logik nicht mehr als notwendig wahr gelten. Von R. Montague und D. Scott wurden zudem sog. umgebungssemantische Modelle vorgeschlagen, die grob formuliert die Zugänglichkeitsrelation zwischen Welten ersetzen durch eine Zugänglichkeitsrelation R zwischen möglichen Welten und Mengen von möglichen Welten. Eine Aussage ist dabei notwendig in einer Welt w dann und nur dann, wenn w in der Relation R steht zu der Menge aller möglichen Welten, in denen A wahr ist.

Prinzipiell können die in der Aussagenlogik beschriebenen modallogischen Begriffe und Techniken auf die Prädikatenlogik übertragen werden. Besondere Bedeutung kommt in der modalen Prädikatenlogik der sog. Barcan-Formel (nach R.Barcan)

$$\forall x\Box A \rightarrow \Box\forall xA$$

zu. Anschaulich beschrieben legt die Barcan-Formel einen einheitlichen Individuenbereich für alle möglichen Welten fest (im Unterschied zu weltabhängigen Individuenbereichen). Resultate normaler aussagenlogischer Modalsysteme können unmittelbar auf solche prädikatenlogische Erweiterungen übertragen werden, die die Barcan-Formel enthalten.

Philosophisch ist die M. aus mehreren Gründen bedeutsam. In ihrer semantischen Ausprägung lieferte sie den Kernbereich der intensionalen Semantik und damit einen wichtigen Beitrag zur logischen Sprachanalyse. Gleichzeitig trug die modale Prädikatenlogik mit den anschaulichen Schwierigkeiten möglicher Individuen zu einer Wiederbelebung metaphysischer Themen im Rahmen der analytischen Philosophie bei. Darüberhinaus verdient die M. aber v.a. deshalb Beachtung, weil sie mit der Behandlung nicht-wahrheitsfunktionaler logischer Konstanten eine Erweiterung der klassischen Logik und der durch diese ausgewiesenen logischen Zusammenhänge versucht. So betrachtet fügt sich die M. in die historische Entwicklung der Logik, in der es immer wieder zu Erweiterungen des Logikbegriffs kam. Auch innerhalb der M. ist eine derartige Entwicklung erkennbar, wo inzwischen auch sog. polymodale Logiken, mit weiteren Modaloperatoren, und mehrdimensionale M.en, bei denen die möglichen Welten durch Folgen von möglichen Welten ersetzt werden, Gegenstand der Forschung sind. **Lit.:** J. van Benthem: Classical and Modal Logic. Napoli 1985. – G. Boolos: The Unprovability of Consistency. Cambridge 1979. – B. Chellas: Modal Logic. An Introduction. Cambridge 1980. – D. Gabbay/F. Guenthner (Hg.): Handbook of Philosophical Logic. Vol. II. Dordrecht 1984. – G. Hughes/M. Cresswell: An Introduction to Modal Logic. London ²1972. – G. Hughes/M. Cresswell: A Companion to Modal Logic. London 1984. – Diess.: A New Introduction to Modal Logic. London 1996. – W. Rautenberg: Klassische und Nichtklassische Aussagenlogik. Braunschweig 1979. UM

**Modaloperator,** in der Regel nicht-wahrheitsfunktionaler Operator der Modallogik, der in einer modallogischen Sprache aus Formeln Formeln bildet. Gebräuchlich sind die Zeichen ›□‹ für den einstelligen Notwendigkeitsoperator und ›◇‹ für den einstelligen Möglichkeitsoperator, sowie ›⥽‹ für die zweistellige strikte Implikation. Diese werden im allgemeinen als wechselseitig definierbar verstanden, etwa:

$$(A \dashv B) :\leftrightarrow \Box(A \rightarrow B);$$
$$\Box A \quad :\leftrightarrow \neg\Diamond\neg A$$
$$\Diamond A \quad :\leftrightarrow \neg((B \vee \neg B) \dashv \neg A)$$

Die Bedeutung eines M.s wird durch eine ↗intensionale Semantik festgelegt. Partiell ergibt sie sich aus dem jeweiligen ↗Modalsystem, in dem sie Verwendung finden. UM

**Modalsystem.** Unter einem M. versteht man in der ↗Modallogik eine Menge von Formeln einer modallogischen Sprache, in einem engeren Sinne auch eine Menge von Formeln einer modallogischen Sprache, die unter aussagenlogischer Folgerung abgeschlossen ist. Von besonderem Interesse sind solche M.e, die (endlich) axiomatisierbar sind. – Nach einer auf E. Lemmon zurückgehenden Unterteilung heißen solche M.e, in denen die Definierbarkeit des Möglichkeitsoperators $\Diamond A \leftrightarrow \neg\Box\neg A$ beweisbar ist, klassisch, wenn sie unter der Schlußregel $A \leftrightarrow B/\Box A \leftrightarrow \Box B$ abgeschlossen sind; regulär, wenn sie unter der Regel

$$(A \wedge B) \rightarrow C/(\Box A \wedge \Box B) \rightarrow \Box C$$

abgeschlossen sind und normal, wenn sie unter der allgemeineren Regel

$$(A_1 \wedge \ldots \wedge A_n) \rightarrow B/(\Box A_1 \wedge \ldots \wedge \Box A_n) \rightarrow \Box B$$

abgeschlossen sind. UM

**Modalverben,** grammatische Bezeichnung für Verben wie »können«, »müssen«, »dürfen«. PP

**Modell.** Der Terminus spielt in unterschiedlichen Kontexten eine Rolle: (1) als Bezeichnung für eine darstellende Annäherung an die Wirklichkeit, in dem nur gewisse Aspekte, d.h. die als wesentlich erachteten Phänomene, dieser abgebildeten Wirklichkeit berücksichtigt werden; (2) als bildliche Darstellung: entweder um irgendwelche anschaulich nicht zugänglichen Phänomene zu veranschaulichen oder als sichtbarer Ausdruck einer gedanklichen Konstruktion und zugleich als Anweisung für die Erklärung von Gegenständen. Die theoretischen Beschreibungsmodelle (z.B. als mathematische, physikalische, mechanische M.e) fungieren als Regel für die Beschreibung oder Erklärung von in Frage stehenden Tatsachen, z.B. die Abbildung eines physikalischen Sachverhalts in einer mathematischen Darstellung. (3) Das M. als heuristische Hypothese beschreibt die Verhältnisse in einem Bereich in Analogie zu Verhältnissen eines anderen wohlbekannten Bereichs. (4) In der formalen Logik und logischen Semantik: Als M. wird ein System aus Bereichen und Begriffen bezeichnet, insofern es die Axiome einer passend formulierten Theorie erfüllt (Tarski). Die Sprache dieser Theorie muß dafür die mit Bereichen und Begriffen zu interpretierenden Grundsymbole enthalten, die durch die ↗Interpretation zu sogenannten Grundbegriffen werden: Eine Interpretation I eines Ausdrucks A einer formalen Sprache wird genau dann als »Modell von A« bezeichnet, wenn der Ausdruck A bei dieser Interpretation ein wahrer Satz wird. (5) Die ↗Modelltheorie behandelt die Beziehung zwischen (mehreren) Strukturen, die (im allgemeinen) durch gleiche Grundbegriffe und Axiome zusammengehören. (6) Das M. einer ↗modallogischen Sprache umfaßt drei Komponenten: (a) eine Klasse von ↗möglichen Welten, (b) die Zugänglichkeitsrelation zwischen möglichen Welten, (c) eine Bewertungsfunktion, die jedem Paar aus einer atomaren Aussage und einer möglichen Welt einen ↗Wahrheitswert zuweist, d.h.

bestimmt, ob die betreffende Aussage in dieser möglichen Welt wahr oder falsch ist. – Für die Linguistik bietet diese Begriffsbildung die Möglichkeit, den nicht unmittelbar auf die wirkliche Welt bezogenen Gebrauch der Sprache, also fiktionale und ↗kontrafaktische Sätze, die nicht in der wirklichen Welt wahr sind, zu erklären. **Lit.:** G. Hasenjaeger: Modell, Modelltheorie. In: HWPh. Bd.6. Sp. 50 ff. – F. Kaulbach: Modell. In: HWPh. Bd. 6. Sp. 45 ff. PP

**Modellmenge.** M.n sind ein wichtiges Mittel der Metamathematik zur Charakterisierung formaler Theorien. Da M.n selbst selten als Elemente verstanden werden, spricht man häufiger von Modellklassen. Als M. bezeichnet Hintikka spezielle Formelmengen, die die algebraische Eigenschaft eines (eigentlichen) Filters haben. UM

**Modellsprache,** auch formale Sprache. Das Vokabular der M. besteht aus Hilfszeichen (d.i. Klammern, Punkte, Kommata), aus deskriptiven Zeichen und aus logischen Zeichen. Die deskriptiven Zeichen stehen bei einer Interpretation der Sprache für Entitäten: Gegenstandsausdrücke (Objekt- und Individuenausdrücke) stehen für die Dinge des Bereichs, über den man spricht, die Eigenschaftsausdrücke für die Eigenschaften dieser Dinge, die Relationsausdrücke für Beziehungen zwischen den Dingen bzw. für die Gesamtheit von geordneten Paaren von Dingen, die derartige Beziehungen ausdrücken. Die deskriptiven Ausdrücke werden in Konstanten und Variablen unterschieden, je nachdem, ob sie für konstante Interpretationen oder für wechselnde Interpretationen vorgesehen sind. – Der Aufbau einer M. ist durch folgende Schritte eindeutig festgelegt: (1) Angabe einer Liste von Ausdrükken, die das Vokabular dieser Sprache darstellen; (2) Angabe von Regeln, mittels denen aus den Elementen des Vokabulars (den Ausdrücken) Sätze gebildet werden können; (3) die Regeln zum Gebrauch der Ausdrücke sind als Urteile formulierbar, wenn die zu charakterisierende Sprache genügend ausdrucksreich ist; (4) Angabe einer vollständigen (oder zumindest partiellen) Interpretation der Ausdrücke: Zuordnung gewisser Ausdrücke (a) zu Gegenständen eines vorgegebenen Bereichs von Dingen, (b) zu Eigenschaften dieser Dinge bzw. Klassen solcher Dinge, (c) zu Beziehungen zwischen solchen Dingen; (5) die zu entwikkelnde Modellsprache soll informativen Zwecken dienen, d. h. es sollen nur deskriptive Zeichen verwendet werden (Diese Forderung gilt nicht für den Aufbau und die Analyse einer Sprache mit normativen Ausdrücken). **Lit.:** W. K. Essler: Analytische Philosophie I. Stuttgart 1972. S. 33 ff. PP

**Modellstruktur.** M.en werden von S. Kripke für die semantische Darstellung der ↗Modallogik definiert als Tripel <W,G,R>, bestehend aus einer nicht-leeren Menge von möglichen Welten W, einer in W ausgezeichneten Welt G (etwa der aktualen Welt) und einer zweistelligen Relation R auf W, der sog. Zugänglichkeitsrelation. Modallogische Modelle entstehen aus M.en durch Hinzunahme einer Bewertungsfunktion, die Formeln einen weltabhängigen Wahrheitswert zuordnet. Statt des Ausdrucks »M.« hat sich inzwischen, bei gleichzeitigem Verzicht auf das ausgezeichnete Element G, die Bezeichnung »modaler Rahmen« (engl. modal frame) durchgesetzt. UM

**Modellsystem.** M.e werden von J. Hintikka zur semantischen Darstellung der Modallogik eingeführt und entsprechen in etwa den von Kripke benützten ↗Modellstrukturen bzw. den heute weiter verbreiteten modalen Rahmen. Sie bestehen aus einer Menge von ↗Modellmengen zusammen mit einer zweistelligen Relation auf dieser Menge, die der üblichen modallogischen Zugänglichkeitsrelation entspricht. UM

**Modelltheorie,** Bereich der Metamathematik und mathematischen Logik, der sich mit der Beziehung von Aussagen bzw. Aussagemengen einer formalen Sprache und diese interpretierenden Objektbereichen befaßt. Aufgrund ihrer engen Verbindung mit weiteren mathematischen Teilgebieten, bes. der axiomatischen Mengentheorie und der Algebra, ist die M. ein wichtiger Fall einer auf mengentheoretischer Grundlage entwickelten formalen Semantik.

Als eigenständiges Forschungsgebiet ist die M. Anfang der fünfziger Jahre v. a. aus verschiedenen Arbeiten A. Tarskis hervorgegangen. Wichtige Beiträge stammen ferner u. a. von L. Henkin, A. Robinson sowie R. Vaught, später auch von S. Kochen, P. Lindström und P. Cohen. Grundlegende Ideen der M. lassen sich allerdings bis in die dreißiger Jahre zu Arbeiten von Tarski, Gödel und Skolem zurückverfolgen. Als erstes modelltheoretisches Resultat der modernen Logik überhaupt gilt das in seiner ursprünglichen Form bereits 1915 bewiesene Löwenheim-Skolem-Theorem.

Den Schwerpunkt der M. bilden Untersuchungen von formalen Theorien erster Stufe (die in Sprachen mit ausschließlicher Quantifikation über Individuenvariablen formuliert sind) und diesen entsprechenden Strukturen bzw. Modellen. Für eine einfache prädikatenlogische Sprache £ erster Stufe, deren nicht-logische Konstanten durch die Familie $<P_i>_{i \in I}$ von Prädikatkonstanten gegeben sind, wobei für $i \in I$ $m_i \in \mathbb{N}$ die Stellenzahl von $P_i$ ist, besteht eine £-Struktur $\mathfrak{C} = <A, <R_i>_{i \in I}>$ aus einer nicht-leeren Menge $A$, dem Individuenbereich (engl. universe of discourse), und einer Familie $<R_i>_{i \in I}$, so daß (für $i \in I$) $R_i$ eine $m_i$-stellige Relation auf $A$ ist. Eine Variablenbelegung $\beta$ ist eine Funktion auf der Menge der Individuenvariablen, so daß für jede Individuenvariable v von £ $\beta(v) \in A$.

Die semantisch grundlegende Erfüllungsrelation: die £-Struktur $\mathfrak{C} = <A, <R_i>_{i \in I}>$ erfüllt die Formel A von £ unter der Variablenbelegung $\beta$ – $\mathfrak{C}, \beta \Vdash A$ –, wird rekursiv wie folgt definiert:

(i) $\mathfrak{C}, \beta \Vdash P_i(v_1, \ldots, v_n)$ gdw $<\beta(v_1), \ldots, \beta(v_n)> \in R_i$
(ii) $\mathfrak{C}, \beta \Vdash \neg B$ gdw nicht $\mathfrak{C}, \beta \Vdash B$
(iii) $\mathfrak{C}, \beta \Vdash B \wedge C$ gdw $\mathfrak{C}, \beta \Vdash B$ und $\mathfrak{C}, \beta \Vdash C$
(iv) $\mathfrak{C}, \beta \Vdash \forall v_i(B)$ gdw $\mathfrak{C}, \beta' \Vdash B$ für alle Variablenbelegungen $\beta'$, die sich von $\beta$ höchstens in dem

Wert $\beta'(v_i)$ unterscheiden (die Erfülllung von B ist somit unabhängig von dem speziellen Wert für $v_i$ und gilt deshalb für alle $x \in A$).

Die Formel A ist wahr in der Struktur $\mathfrak{C}$, wenn $\mathfrak{C}$ unter beliebiger Belegung $\beta$ A erfüllt. Insbesondere ist die Erfüllung geschlossener Formeln, also solcher ohne freie Variablen, unabhängig von speziellen Belegungen. Ist A wahr in $\mathfrak{C}$, so heißt $\mathfrak{C}$ Modell für A. $\mathfrak{C}$ ist ein Modell für eine Formelmenge $\Sigma$, wenn $\mathfrak{C}$ Modell ist für jedes $A \in \Sigma$. Ferner heißt eine Formel logisch gültig, wenn jede Struktur $\mathfrak{C}$ ein Modell für A ist. – Durch Berücksichtigung von weiteren nicht-logischen Konstanten für Individuen oder Funktionen lassen sich diese Bestimmungen auch auf reichhaltigere prädikatenlogische Sprachen übertragen. Dabei ist gegebenenfalls der induktive Termaufbau zu berücksichtigen. Alternativ können Strukturen dargestellt werden als geordnete Paare $<A, I>$, bestehend aus der (nicht-leeren) Menge *A* und einer Interpretationsfunktion I, die den nicht-logischen Konstanten von £ eine typgerechte Extension zuordnet (z. B. durch die Forderung, daß für $P_i$: $I(P_i) = R_i$). – Gegenstand der M. ist dann die Frage, welche Modellklasse (d. h. Menge von (nicht-isomorphen) Modellen) durch eine gegebene Menge von Aussagen einer Sprache £ bestimmt wird bzw. umgekehrt, durch welche Aussagen ein Modell oder eine Modellklasse charakterisiert wird (↗Definierbarkeit). Ein wichtiger Begriff für erstere Fragestellung, der eine Art Vollständigkeit ausdrückt, ist Kategorizität. Eine Menge $\Sigma$ von Formeln von £ heißt kategorisch, wenn je zwei Modelle für $\Sigma$ isomorph sind.

Grundlegende Ergebnisse der M. im Rahmen dieser Fragestellungen für Sprachen erster Stufe sind das Löwenheim-Skolem-Theorem, wonach eine Theorie, die ein Modell mit unendlichem Individuenbereich besitzt, ein abzählbar unendliches Modell besitzt, sowie das Theorem von Morley, wonach eine (abzählbare) Theorie, die kategorisch bezüglich der Modelle mit einem Individuenbereich von einer überabzählbaren Kardinalität $\alpha$ ist, kategorisch bezüglich der Modelle von beliebiger überabzählbarer Kardinalität ist. – Von Bedeutung ist ferner das sog. *Kompaktheitstheorem*, das besagt, daß eine (abzählbare) Theorie $\Sigma$ ein Modell besitzt genau dann, wenn jede endliche Teilmenge von õ ein Modell besitzt. Eine modelltheoretische Charakterisierung der Logik erster Stufe wird durch ein Ergebnis von Lindström erbracht, wonach in einem abstrakten Sinn die Logik erster Stufe vollständig durch das Löwenheim-Skolem-Theorem und den Kompaktheitssatz charakterisiert ist. Diese und weitere Ergebnisse beruhen wesentlich auf der Konstruktion von Modellen, bei der insbesondere Methoden der universellen Algebra (z. B. algebraische Produkte) Anwendung finden.

Die M. leistet auch für die semantische Darstellung nicht-klassischer Logiken einen wichtigen Beitrag, so etwa für die ↗Modallogik in Gestalt der Mögliche-Welten-Semantik (↗intensionale Semantik). Darüber hinaus fanden grundlegende Ideen der M. in der Philosophie wegen der mit ihnen verbundenen formalen Darstellung des Wahrheitsbegriffs Beachtung. Für die Realismus-Antirealismusdebatte in der analytischen Philosophie erwiesen sich ferner modelltheoretische Ununterscheidbarkeitsresultate wie das Löwenheim-Skolem-Theorem als bedeutsam. **Lit.:** J. Addison/L. Henkin/A. Tarski (eds.): The Theory of Models. Amsterdam 1965. – J. Barwise/S. Feferman (eds.): Model-Theoretic Logics. Berlin/New York 1985. – J. Bell/A. Slomson: Models and Ultraproducts. Amsterdam [2]1974. – C. Chang/H. Keisler: Model Theory. Amsterdam [3]1990. – W. Hodges: A Shorter Model Theory. Cambridge 1997. – W. Schwabhäuser: Modelltheorie I, II. Mannheim 1971. UM

**Moderne.** Die Vielfalt des häufig gebrauchten, aber selten definierten Epochenbegriffs der M. spiegelt das Spektrum der Deutungsmuster, die seit dem 19. Jh. zum Verständnis und d. h. hier Selbstverständnis des je neuesten Denkens bzw. der aktuellen ästhetischen und gesellschaftlichen Entwicklungen im Horizont der ↗Neuzeit artikuliert wurden. – Begriffsgeschichtlich auf das Adjektiv modern als rein temporaler Kategorie (»neu«) bis hin ins frühe MA. zurückreichend, bekommt das Wort seine relevante Bedeutung für die erst im 19. Jh. geprägte Substantivierung M. im späten 17. Jh., in der französischen »querelle des anciens et des modernes«, in der die Frage nach der (un)überbietbaren Vorbildlichkeit der Antike diskutiert wurde, die dann im späten 18. Jh. von Schlegel, Schiller u. a. erneut verhandelt wurde. Erst mit Stendhal und Baudelaire löst sich der Epochenbegriff M. endgültig von der Opposition zur Antike, es »kann sich jetzt ein Bewußtsein von Modernität ausbilden, das sich am Ende nur noch von sich selbst abhebt.« (Jauß, S. 51)

Während die Begriffsgeschichte vorrangig im Feld der Theorie künstlerisch-ästhetischer Entwicklung fündig wird, haben sich im 20. Jh. insbesondere die Soziologie und Philosophie des M.-Begriffs bedient: u. a. empirisch für die Epoche der Neuzeit, normativ für die Entwicklung aufklärerischer Subjektphilosophie seit Descartes, gesellschaftsgeschichtlich für technisch-soziale Modernisierungsprozesse, kritisch-ästhetisch für den gesellschaftlich-künstlerischen (Bewußtseins-)Stand des Spätkapitalismus. Zuletzt ist mit dem Begriff der Postmoderne als Nachmoderne im Gegenzug zur oder als Implikation der M. auch der Begriff der M. und die Frage ihrer Geschichtlichkeit erneut diskutiert worden: als letzte Epoche großer leitender Ideen oder Diskurse (z. B. Fortschritt oder Emanzipation). Es stellt sich dann die Frage, ob die M. durch eine plurale und relativistische Postmoderne schon überholt sei (Lyotard) oder ob die normativen Vernunftgehalte der M. als noch unvollendetes Projekt gegen alle widerstreitenden Entwicklungen zu verteidigen und einzulösen seien (Habermas). **Lit.:** J. Habermas: Der philosophische Diskurs der Moderne. Frankfurt [2]1988. – H. R. Jauß: Literarische Tradition und gegenwärtiges Bewußtsein der Modernität. In: Ders.: Literaturgeschichte als Provokation. Frankfurt 1974. S. 11–66. – St. E. Toulmin: Kosmopolis. Frankfurt [2]1994. PCL

**Modisten,** Name einer Gruppe von Gelehrten des späten MA., die innerhalb der Grammatiktheorie Überlegungen bezüglich der grammatikalisch bedingten Bedeutungskomponenten der Wortklassen anstellten. Die modistische Grammatiktheorie beginnt um 1270 mit den Werken von Martin von Dacien und Boethius von Dacien, erreichte ihre Entfaltung in den *Quaestiones super Priscianum Minorem* des Radulphus Brito (um 1300) und in der *Grammatica Speculativa* (um 1300) des Thomas von Erfurt. In der Lehre von den ↗Modi significandi versuchen sie zu klären, wodurch die grammatikalischen Bedeutungsmodifikatoren (die modi significandi) begründet sind und worin die Grundlage für die (vor allen Einzelsprachen liegenden) invarianten sprachlichen Phänomene zu sehen ist. Die Universitäten in Erfurt, Bologna und allen voran Paris waren die Wirkstätten der M. PP

**Modus,** benennt die Art und Weise, wie ein Gegenstand bestimmt ist: (a) physische Modi i.S. von Seinsbestimmungen, z.B. Bestimmungen der Substanz oder Akzidenz. Locke unterscheidet z.B. die attributive Verwendung der (komplexen) Ideen von den substantiell oder relational verwendeten; (b) logische Modi, die sich auf Denken und Sprechen beziehen – sie lassen sich unterscheiden in alethische Modi: kennzeichnen die spezifische Art, in der Aussagen wahr oder falsch sind, wie »notwendig wahr«, »möglicherweise wahr« oder »zufällig wahr« (↗Modalität); epistemische Modi: kennzeichnen Formen des Wissens, wie Begriffe des Verifizierten (das, wovon man weiß, daß es wahr ist), des Unentschiedenen und des Falsifizierten (das, wovon man weiß, daß es falsch ist); deontische Modi: kennzeichnen Formen des Sollens, wie Begriffe des Gebotenen (das, was wir tun sollen), des Erlaubten (das, was wir tun dürfen) und des Verbotenen (das, was wir nicht tun dürfen); existentielle Modi: kennzeichnen Formen der Existenz, wie der Begriff der Allheit, der Existenz(behauptung) und der Leere (von Klassen); (c) die gültigen Formen des Schließens, die Modi der Syllogistik (↗Syllogismus). – In der ma. Sprachphilosophie (↗Modisten) richtet sich die Frage nach dem Zusammenhang von Sprache und Welt auf das Verhältnis zwischen den Dingen, deren mentalen Repräsentationen und den Wörtern, die diese Repräsentationen bezeichnen. In der Lehre von den ↗modi significandi werden diese Beziehungen erörtert. Mit Hilfe der Grammatik kann der Satzmodus differenziert werden, ob er indikativischen (»er geht«) oder konditionalen (»wenn er geht«) oder imperativischen (»geh«) Charakter hat. Mit Hilfe der grammatischen Unterscheidung kann der in einer Sprechhandlung geäußerte Satz eindeutig nach seinen kommunikativen Absichten bestimmt werden, z.B. ob die Aussage nur als Feststellung oder als Bedingung oder als Aufforderung zu verstehen ist. PP

**Modus ponens/modus tollens,** Bezeichnungen für Regeln von Schlußfolgerungen, bei denen aus zwei Aussagen eine dritte gültig abgeleitet werden kann. Die gültigen Modi von hypothetischen Syllogismen werden danach unterschieden, welche Aussageschemata miteinander verknüpft werden (dürfen): (a) modus ponendo ponens (bejahende Schlußfolgerung aufgrund der bejahenden Setzung (ponendo) des Mittelsatzes): Wenn von den zwei Aussageschemata (1) »wenn A, dann B« und (2) der positiven Setzung von »A« ausgegangen wird, dann kann bei Bejahung von »A« auf die Gültigkeit von »B« geschlossen werden (Bsp.: (1) wenn es regnet (A), dann ist die Straße naß (B), (2) es regnet (A) – folglich: die Straße ist naß (B)); (b) modus tollendo ponens (bejahende Schlußfolgerung durch »aufhebende Setzung« (tollendo), d.i. Verneinung des Mittelsatzes): Aus (1) dem Aussageschema »entweder A oder B« und (2) der Verneinung von »A«, kann »B« gefolgert werden; (c) modus tollendo tollens (verneinende Schlußfolgerung aufgrund der Verneinung des Mittelsatzes): Aus (1) dem Aussageschema »wenn A, dann B« und (2) der Verneinung von »B« kann die Verneinung von »A« gefolgert werden; (d) modus ponendo tollens (verneinende Schlußfolgerung aufgrund der positiven Setzung (»ponendo«) des Mittelsatzes): Aus (1) dem Aussageschema »entweder A oder B« und (2) der Bejahung von »A« kann die Verneinung von »B« gefolgert werden. PP

**Modus significandi,** die ma. Lehre von den grammatikalischen Bedeutungsmodifikatoren, die als Lehre der ↗Modisten in die Geschichte der Sprachphilosophie eingeht. Deren Überlegungen richten sich auf die Erforschung von invarianten sprachlichen Phänomenen, die für die Sprache als Sprache charakteristisch sind. Ihre Analysen beginnen mit der Ebene der einzelnen Wörter, um zu zeigen, wie die als Formative verstandenen modi s. sich zu größeren sinnvollen sprachlichen Einheiten zusammenfügen lassen. Die Significatio beinhaltet zum einen die Bedeutung eines Zeichens und zum anderen den Verweisungscharakter des Zeichens auf etwas anderes, für das es steht. Die Sprachtheorie der Modisten geht von drei Ebenen aus: (a) der Ebene der Dinge, (b) der ihrer mentalen Repräsentation, (c) der der Wörter, die diese mentalen Repräsentationen bezeichnen. Entsprechend kommt sie zu folgender Dreiteilung: (a) Jedes Ding besitzt allgemeine Eigenschaften (modi essendi – die kategorialen Seinsweisen), die als Grundformen seiner Existenz (z.B. Substanz, Allgemeinheit) anzusehen sind; (b) dessen Erkenntnis durch den menschlichen Geist ist durch die strukturellen Eigenschaften des Begriffs (modi intelligendi – die Auffassungsweisen des Intellekts) gewährleistet, die den modi essendi entsprechen; (c) der Begriff mit den strukturellen Eigenschaften wird durch die der Namensgebung zugehörige Bedeutungsform belegt. Die Bedeutung setzt sich dabei zusammen aus einer inhaltsspezifischen Bedeutung und einigen den strukturellen Eigenschaften entsprechenden Bezeichnungsweisen. Die Bezeichnungsfunktion der Sprache wird sichergestellt (a) durch das gesprochene Wort, das einen Gedanken bezeichnet, und (b) durch die Ähnlichkeit des Begriffs mit dem Ding, auf das er verweist. Das bedeutet, daß die grammatikalischen Bedeutungsmodifikatoren ihre Grundlage in den modi essendi haben. Die Sprachtheorie der Modisten kommt so zu dem Resultat, daß die Struktur der Sprache von der Struktur der Wirklichkeit abhängig ist. Da man nur von einer Wirklichkeit ausgehen kann, ist auch die Frage nach den invarianten sprachlichen Phänomenen beantwortbar: Entsprechend der einen Wirklichkeit gibt es eine allen Einzelsprachen vorausliegende, universelle Grammatik, die die Struktur dieser einen Wirklichkeit sprachlich ausdrückt. Die von den modi essendi abgeleiteten modi s. brauchen nicht immer der bezeichneten Sache genau zu entsprechen. Vielmehr besteht die Möglichkeit, daß (a) eine bezeichnete Sache in verschiedener Weise betrachtet wird, (b) derselben Bedeutung mehrere modi s. beigelegt werden können, (c) auch nicht-existierende Objekte beschrieben werden können. **Lit.:** J. Pinborg: Logik und Semantik im Mittelalter. Stuttgart 1972. – Ders.: Modus significandi. In: HWPh. – G. Wolters: Die Lehre der Modisten. In: M. Dascal/D. Gerhardus/K. Lorenz/G. Meggle (Hg.): Sprachphilosophie. Berlin/New York 1992. S. 596ff. PP

**Mohismus,** chinesische Philosophenschule 5. Jh. v. Chr.–3. Jh. v. Chr., benannt nach Mo Di (ca. 468–376). Mo Zi lebte mit seinen Schülern in einer nach strengen Regeln organisierten Gemeinschaft. Der M. war neben dem ↗Konfuzianismus die einflußreichste Philosophenschule vor dem 3. Jh. v. Chr. Wie im Konfuzianismus ist das zentrale Anliegen des M. die Ordnung der sozialen Welt. Allerdings kritisierte er die Betonung ritueller und hierarchischer Normen (↗Li, Sittlichkeit) des Konfuzianismus als Verschwendung sozialer Ressourcen. Zentrales Konzept des M. ist die »allgemeine Menschenliebe« (Jian Ai). Im Gegensatz zur konfuzianischen Mitmenschlichkeit (↗Ren) verneint sie die Notwendigkeit der Unterscheidung sozialer Hierarchien. Nur eine egalitäre Menschenliebe vermeidet Partikularismus und Egoismus und nützt der Gesellschaft und dem Staat insgesamt. Er wendet sich dementsprechend auch gegen jeglichen Angriffskrieg. Der Motivation der Perfektionierung des Verteidigungskrieges verdanken wir die Behandlung von Themen, die in der philosophischen Literatur Chinas ansonsten kaum vorkommen, wie Mechanik, Optik oder Geometrie im Buch *Mo Zi*. Mo Zi verneint eine fatalistische Auslegung von ↗Ming, negiert aber nicht prinzipiell einen Willen des Himmels (↗Tian). Er verteidigt auch den Glauben an die Kraft von Geistern. Das Buch *Mo Zi* spiegelt in den wahrscheinlich drei Textebenen verschiedene Epochen des M. wieder. Von Bedeutung für die Entwicklung der chinesischen Philosophie war die Verwendung einer strengen Satzlogik. Nach Mo Zis Tod soll sich seine Schule in drei Richtungen gespalten haben. Nach deren Untergang im 3. Jh. v. Chr. erlebte der M. erst Ende des 19. Jh. eine Neubewertung. **Lit.:** A. Forke: Geschichte der alten chinesischen Philosophie. Hamburg [2]1964. – Ders.: Me Ti des Sozialethikers und seiner Schüler philosophische Werke. Berlin 1922. – R. Moritz: Die Philosophie im alten China. Berlin 1990. – H. Schmidt-Glintzer (Übers., Hg.): Mo Ti. Von der Liebe des Himmels zu den Menschen. München 1992. MLE

**Mokṣa** (sanskrit, Erlösung). Das Aufkommen der Seelenwanderungslehre (↗Saṃsāra) und der Vorstellung, daß Wiedergeburt Leiden ist, zieht die Vorstellung der Erlösung vom Kreislauf der Wiedergeburten (saṃsāra-mokṣa, *Śvetāśvatara-U.* 6.16.) unabwendbar nach sich. Die Grundmotivation für das Streben nach Erlösung ist das Entrinnen aus dem Prozeß des Wandels und der Vergänglichkeit. Erlösung wird in allen indischen Systemen als die »ultima ratio« betrachtet: im ↗Jainismus ist M. eine der sieben Realitäten (tattva), im ↗Buddhismus ist hierfür der Begriff ↗Nirvāṇa eingetreten. So wie das Gekettetsein an den Geburtenkreislauf abhängig ist vom ↗Karma und vom Nichtwissen (↗Avidyā) der absoluten Realität, so ist Aufhören der karmatischen Substanz und Wissen (vidyā) oder Erkenntnis (vijñāna) die Voraussetzung für die Erlösung. Erlösung kann auf diese Art und Weise schon in dieser Existenz erlangt werden (Jīvanmukta, »Lebenderlöster« im Hinduismus, Arhat, »Heiliger« im Buddhismus). **Lit.:** S. Dasgupta: A History of Indian Philosophy. Vol.I. Oxford 1922. S. 74f. – P. Deussen: Allgemeine Geschichte der Philosophie. Bd. I.2. Leipzig 1922. S. 305ff. – H. v. Glasenapp: Die Philosophie der Inder. Stuttgart [3]1974. S. 409ff. MD

**Molekularer Satz,** singulärer Satz, der aus zwei oder mehreren atomaren Sätzen besteht. Solche Sätze haben die Form der Negation, Konjunktion, Disjunktion oder Implikation. PP

**Molekularsprache,** Bezeichnung für eine Menge von Sätzen, in der ausschließlich junktorenlogische Verknüpfungen von atomaren Aussagen zugelassen sind, hingegen keine unbeschränkten All- und Existenzsätze. PP

**Molinismus,** nach Luis de Molina (gest. 1600) benannte Position, v. a. der Jesuiten, in der Gnadenlehre, die unter dem Verdacht des ↗Pelagianismus stand, da der M. die Spontaneität des menschlichen Willens betonte. Um dies mit dem göttlichen Vorherwissen zu vereinbaren, nahm der M. eine scientia media, ein mittleres Wissen an: Da Gott die Entscheidungen der Menschen nicht dekretiert (und so von ihnen wissen kann), muß er ein Wissen über das bedingt Zukünftige (futuribilia) haben, d. h. ein Wissen, wie der Mensch sich unter verschiedenen Bedingungen verhalten würde. Die scientia media umfaßt damit den Raum möglicher Welten, zwischen (daher media) dem rein Möglichen und dem Zukünftigen. **Lit.:** L. de Molina: Concordia liberi arbitrii cum gratiae donis. – F. Stegmüller: Art. Molinismus. In: LThK Bd.7. 527–530. PK

**Moment,** bei Husserl unselbständiger Teil eines Einzeldings. Im Ggs. zum Attribut, das ein Universal ist, ist das M. individuell. Zwei voneinander getrennte Gegenstände können dasselbe Attribut haben, aber nicht dasselbe M. Man sagt, daß das Attribut in den M.en realisiert oder instantiiert wird. Husserl nannte M.e abstrakt, womit er sie den konkreten selbständigen Gegenständen entgegensetzte. In der angelsächsischen Literatur wird auch von einer individuellen Eigenschaft oder von einem »trope« gesprochen. Der Begriff M. geht der Sache nach auf Aristoteles' Bestimmung dessen zurück, was »in etwas als einem Zugrundeliegenden ist«, im Ggs. zu dem, was »von etwas als einem Zugrundeliegenden ausgesagt wird« (*Kategorien* 1a, 20). **Lit.:** K. Campbell: Abstract Particulars. Oxford 1990. – E. Husserl: III. Logische Untersuchung. Zur Lehre von den Ganzen und Teile. Tübingen [2]1913. – W. Künne: Abstrakte Gegenstände. Frankfurt 1981. – K. Mulligan/B. Smith (Hg.): Parts and Moments. München 1982. GSO

**Monade, Monadologie** (griech. monas: Einheit), das zur Lösung metaphysischer Probleme dienende Kernstück der Leibnizschen Philosophie. Der Begriff »M.« steht für die letzten Elemente der Wirklichkeit; die Monadologie ist die Lehre von den M.n oder einfachen Substanzen. Deren notwendiges Vorhandensein begründet Leibniz mit der Existenz zusammengesetzter, d. h. aus Teilen bestehender Dinge, die nur eine Aggregation oder Häufung von M.n sind. Das Kriterium einer Substanz ist ihre Wirkung, d. h. Kraft; daher muß die Einheit der Substanz als dynamische Einheit einer ursprünglichen Kraft begriffen werden, die das Wesen der Substanz als Einheit in der Mannigfaltigkeit konstituiert. Die M. bildet den Grund des materiellen Dinges und ihre Annahme als letzte Einheit ist notwendig, weil sich die Prinzipien der Dinge nicht in den Dingen selbst finden lassen.

I. Grundlegende Merkmale der M.n: (1) Sie haben weder Ausdehnung noch Gestalt, denn dies würde Teilbarkeit implizieren. (2) Sie können als Substanzen allein durch Gott geschaffen oder vernichtet werden, »während das Zusammengesetzte aus Teilen entsteht und in Teile vergeht« (*Monadologie* 6.). (3) Sie sind individuell: Keine M. ist mit der anderen identisch, denn »es gibt in der Natur niemals zwei Wesen, von welchen das eine vollkommen so ist wie das andere« (*Monadologie* 9.). (4) Als selbständige (autarke) Wesen haben sie »keine Fenster, durch die etwas hinein- oder heraustreten kann« (*Monadologie* 7.). (5) Da die M.n keinerlei reale Wirkung aufeinander ausüben und in ihrer Gesamtheit die Wirklichkeit bilden, muß ihr Zusammenhang gewährleistet sein; dies geschieht durch die Theorie der ↗prästabilierten Harmonie, die die Übereinstimmung und Entsprechung der einzelnen M.n aufgrund der göttlichen Vorsehung erklärt. (6) Da jede M. ein sich selbst genügender, nur aus sich selbst schöpfender Mikrokosmos ist und daher in ihrer Individualität Vollkommenheit aufweist, bildet sie etwas, das sein Ziel in sich selbst hat, d. h. eine Entelechie. (7) Die M.n repräsentieren das gesamte Universum gemäß ihren verschiedenen Stand- und Blickpunkten. Sie stellen jede für sich einen »Spiegel des Universums« dar; Leibniz betrachtet sie als je einzelne Perspektiven des göttlichen Schauens der Welt.

II. Perzeption (Vorstellen) und Appetition (Wollen): Das Wesen der M. besteht im gesetzmäßigen Durchlaufen verschiedener Perzeptionszustände. In dem ihnen immanenten Streben, von Perzeptions- zu Perzeptionszustand fortzuschreiten, erweisen sich die M.n als wesenhaft tätig. Substantialität kommt den M.n deshalb zu, weil sie im Sinne von Tätigkeit Kraftzentren sind. Das Besitzen von Kraft bedeutet unablässiges Tätigsein, das aufgrund der Abstufungen der Perzeptionen bis in den Bereich des Unbewußten gewährleistet ist. In und durch die Perzeption wird das Mannigfaltige in eine Einheit gebracht. Die Tätigkeit der M. besteht in einem Streben (appetitus), das auf die Erlangung der Vollkommenheit ausgerichtet ist; nur so kann aus der realen Welt, die ja die beste der möglichen ist, eine gute Welt werden. Da Leibniz Gott als das vollkommene Wesen denkt, heißt Streben nach Vollkommenheit auch Streben nach Gott, Teilhabe an seiner intellektuellen Klarheit und moralischen Vollkommenheit.

III. Die Monadenhierarchie: Das Reich der M.n umfaßt alle M.n von Gott (monas monadum) bis zu den schlafenden M.n. Das Kriterium der Unterscheidung ist die Art der jeweiligen Perzeption, die den M.n zukommt. Gottes Perzeptionen sind klar und deutlich, die der schlafenden M.n unklar und undeutlich. M.n, die der ↗Apperzeption (Bewußtheit der Vorstellung) fähig sind, die also »Ich« sagen können, nennt Leibniz vernünftige Seelen oder Geister. Auf der nächsttieferen Stufe folgen die distinkten Perzeptionen, die von Erinnerung begleitet sind. – Diese Hierarchie ermöglicht die Erklärung der gesamten Wirklichkeit als Monaden-Kontinuum, d. h. in der Natur geschieht alles gradweise, ohne Sprünge. Zudem gibt es zwischen der höchsten und der niedrigsten M. eine Analogie; daher unterscheiden diese sich nur graduell, nicht prinzipiell. **Lit.:** E. Dillmann: Eine neue Darstellung der Leibnizschen Monadenlehre auf Grund der Quellen. Leipzig 1891. Nachdr. Hildesheim 1974. – G. W. Leibniz: Metaphysische Abhandlung. Hamburg 1958. – Ders.: Monadologie (frz.-dt.). Frankfurt 1962. – O. Ruf: Die Eins und die Einheit bei Leibniz. Meisenheim 1973. – H. Schepers (Hg.): G. W. Leibniz. Die Monadologie. Olms 1971. RS

**Monarchie** (griech. monos: allein; archein: herrschen), politische Herrschaftsform, bei der die Regierung durch einen auf Lebenszeit bestellten Alleinherrscher (griech. monarchos) ausgeübt wird. Historisch realisiert sind sowohl Erb-M.n, in denen die Herrschaft innerhalb einer Dynastie nach Regeln der Erbfolge übertragen wird, als auch Wahl-M.n, wo in der Regel die ↗Aristokratie den Nachfolger eines verstorbenen Monarchen aus ihren Reihen bestimmt. In beiden Fällen verbindet sich die monarchische Macht jedoch mit einer Aura, die sich sowohl aus traditionalen als auch charismatischen Elementen (vgl. ↗Herrschaftsformen) speist und die sich z. B. in den Krönungszeremonien und den Insignien (Krone, Zepter) manifestiert. Am entschiedensten ausgeprägt ist sie in den Theokratien, in denen der Monarch zugleich als Gott erscheint, und im Gottesgnadentum der west- und mitteleuropäischen absoluten M.n des 16. und 17. Jh., wo die M. den höchsten Grad an politischer Macht entfaltet. Eingeschränkt wird diese Macht in der Ständemonarchie etwa in den Feudalstaaten des europäischen MA. zugunsten aristokratischer Macht einerseits, in konstitutionellen M.n durch die verfassungsmäßig garantierten Rechte eines Parlaments, dem häufig Gesetzgebung und Finanzpolitik unterstehen, andererseits. In parlamentarischen M.n schließlich bleiben dem Monarchen nurmehr repräsentative Funktionen. – Rechtfertigungen der M., die bereits bei Aristoteles zu den »guten«, legitimen Herrschaftsformen zählt, setzen in der Regel daran an, daß sie in der Ausübung rechtmäßig erworbener – und nicht wie im Fall der ↗Despotie oder Tyrannis widerrechtlich usurpierter – Macht bestehe. So argumentieren beispielsweise politische Theoretiker der Romantik, nur eine ererbte Herrschaft sei über die egoistischen Einzelinteressen, die den politischen Machtkampf bestimmen, erhaben, nur wer niemals in einem Wahlverfahren um die Gunst der Parteien habe buhlen müssen, könne die ganze Nation repräsentieren und beherrschen. Tatsächlich jedoch hat sich gerade das Zufällen ausgesetzte Erbverfahren als ein entscheidendes Manko dynastischer Herrschaft erwiesen. **Lit.:** W. Conze u. a.: Monarchie. In: Geschichtliche Grundbegriffe. Hg. v. O. Brunner/W. Conze/R. Koselleck. Bd. 4. Stuttgart 1978. WST

**Monismus** (griech. monos: eins, einzig), (1) philosophische Lehre, die im Gegensatz zum ↗Dualismus und ↗Pluralismus eine letzte Wesens-Einheit alles Seienden annimmt, welche seelisch-geistiger Art (spiritualistischer M.) oder materieller Art (materialistischer M.) sein kann. Da sich nach monistischer Betrachtungsweise alles Seiende aus einer letzten Einheit entwickelt oder entwickeln läßt, kann es auch wieder auf diese zurückgeführt werden. Je nach der jeweiligen Konzeption des M. wird die Einheit mehr statisch oder mehr dynamisch, mehr nach dem Vorbild mathematisch-mechanischer Ordnung oder mehr als organisches Leben gesehen. – Monistisches Denken findet sich z. B. in der Alleinheitslehre der Vorsokratiker, der neuplatonischen Emanationslehre, der dt. Mystik, in G. Brunos Ineinssetzung von Gott und Universum, Herders Begriff von Gott als Urkraft aller Kräfte, Schellings Identitätsphilosophie und Hegels Begriff des absoluten Geistes. E. Haeckel nennt seine aus dem Darwinismus hervorgegangene Weltanschauung ausdrücklich M. Sein naturalistischer M. erhebt die physische Substanz zum Inbegriff des Ganzen und verneint die Selbständigkeit und Eigengesetzlichkeit jedes nichtphysischen Seins. Das Seelische ist nach Haeckel den materiellen Grundbestandteilen mitgegeben und funktioniert nach mechanischen Gesetzen. Eine leichte Abwandlung dieser Ansicht bildet der energetische M. von W. Ostwald, der das gesamte geistige Leben als Transformation der Energie ansieht. Der neutrale M. angelsächsischer Philosophen (J. Dewey, W. James, B. Russell) weicht nur geringfügig vom naturalistischen M. ab. Er nimmt einen der Materie und dem Geist zugrundeliegenden bzw. sie überschneidenden Weltstoff an, der in einer bestimmten Anordnung als geistig, in einer anderen als materiell bezeichnet wird. **Lit.:** R. Eisler: Geschichte des Monismus. Leipzig 1910. – E. Haeckel: Der Monismus als Band zwischen Religion und Wissenschaft. Leipzig [16]1919. – Ders.: Die Welträtsel. Bonn 1899. – F. Klimke: Der Monismus und seine philosophischen Grundlagen. Freiburg 1911. RS

(2) Ontologischer M. – Ausgangspunkt sind die Fragestellungen, ob es verschiedene Seinsweisen gibt, ob es außer Einzeldingen auch noch andere Arten von Gegenständen gibt, ob es ontologisch selbständige Entitäten gibt. Hinsichtlich dieser Fragen lassen sich zwei ontologische Modelle unterscheiden: Als monistische Ontologie bezeichnet man jene Position, die nur eine einzige Entität oder eine einzige Art von Entitäten als selbständig existierend annimmt, als pluralistische Ontologie jene Auffassung, die mehr als eine einzige Entität zuläßt (bspw. James: Pragmatism and other Essays). Die monistischen Positionen innerhalb der Ontologie lassen sich wiederum untereinander unterscheiden nach der Art von Entität, die sie jeweils als den einzig realen, d. h. im ontologischen Sinne wirklichen Sachverhalt anerkennen. Repräsentativ für einen substanzontologischen M. steht Spinoza, der einzig die Substanz als realen Sachverhalt identifiziert. Demgegenüber postuliert Hegels begriffsontologischer (oder subjektivitätsontologischer) M., daß die zentrale ontologische Aufgabe nur im Rahmen einer Theorie des Begriffs zu leisten ist. Die durch die Theorie des Begriffs geforderten Bestimmungen zeigen an, was »in Wahrheit« ist. PP

(3) Anomaler M. – Diese auf D. Davidson zurückgehende Theorie besteht aus zwei Thesen: (1) Mentale Entitäten (partikuläre raum-zeitliche Objekte und Ereignisse) sind mit physikalischen Entitäten (partikulären raum-zeitlichen Objekten und Ereignissen) identisch; (2) mentale Begriffe (Eigenschaften, Prädikate) sind weder über Naturgesetze noch mittels Definition auf physikalische Begriffe (Eigenschaften, Prädikate) reduzierbar. Davidsons Position ist eine monistische Theorie, da ihr zufolge alle Entitäten physikalische Eigenschaften aufweisen, und daher im ontologischen Sinne reduktiv sind. Anomal ist dieser M., weil zwischen dem Mentalen und dem Physikalischen keine gesetzmäßigen Zusammenhänge bestehen. Davidson hat seinen anomalen M. aus drei Prämissen abgeleitet: (a) Es gibt mentale ↗Verursachung; (b) singuläre Kausalrelationen unterliegen strikten physikalischen Kausalgesetzen; (c) es gibt keine strikten psycho-physischen Gesetze. Nach Davidson, einem der Hauptvertreter der kausalen Handlungstheorie, ist die Annahme der mentalen Verursachung evident. Prämisse (b) ist Bestandteil der Standardauffassung von ↗Kausalität und im Kontext der sprachanalytischen Philosophie des Geistes weitgehend akzeptiert. Die dritte Prämisse, aufgrund derer der anomale M. ein nicht-reduktiver

Physikalismus ist, wird von Davidson damit begründet, daß mentale Entitäten (Eigenschaften, Prädikate) irreduzibel normativ sind und daher nicht in mathematisierbaren, strikten Gesetzesaussagen vorkommen können. Eine vierte, von Davidson nicht explizit benannte Prämisse ist seine These, (d) daß Ereignisse irreduzible Einzeldinge sind. – In der Auseinandersetzung um den anomalen M. ist vor allem strittig, ob die These der mentalen Verursachung mit dem Anspruch der begrifflichen und gesetzesmäßigen Nichtreduzierbarkeit vereinbar ist. Außerdem wird Davidsons Ereignisontologie kritisiert. **Lit.:** D. Davidson: Geistige Ereignisse. In: Ders.: Handlung und Ereignis. Frankfurt 1985. S. 291–320. Ders.: Thinking Causes. In: J. Heil/ A. Mele (Hg.): Mental Causation. Oxford 1993. S. 3–17. MQ

(4) Neutraler M. – B. Russell (*The Analysis of Mind*) benennt so seine erkenntnistheoretische Auffassung, wonach unsere Wahrnehmungen durch physikalische Ereignisse verursacht sind. Diese Auffassung soll keine weitergehende Behauptung über die ontologische Struktur der Wirklichkeit oder der physikalischen Ereignisse beinhalten. Über diese läßt sich nur ganz allgemein die Aussage machen, daß sie eine raumzeitliche Struktur haben müssen, die der unserer Wahrnehmung entspricht. Von irgendwelchen Qualitäten der physikalischen Ereignisse können wir keine Aussage machen. PP

**Monophysitismus,** in der Frage nach dem Verhältnis von göttlicher und menschlicher Natur in Christus der Standpunkt, die einzige (die göttliche) Natur (physis) habe die menschliche in Christus ganz aufgesogen »wie einen ins Meer fallenden Honigtropfen«. Die v.a. von Eutyches (geb. ca. 378) vertretene Lehre wurde auf dem Konzil von Chalkedon (451) mit der Formel »zwei Naturen, unvermischt und ungetrennt« als häretisch verurteilt, blieb aber Bekenntnis in manchen Kirchen des Ostens. **Lit.:** C. Andresen: Handbuch der Dogmen- und Theologiegeschichte. Bd.1. 1982. PK

**Monopsychismus,** bezeichnet die 1270 in Paris verurteilte Lehre, daß der Verstand aller Menschen der Zahl nach ein und derselbe sei, bzw. damit verbundene oder vergleichbare Lehren. Die Einzigkeit und Überindividualität des ↗intellectus agens als der eigentlichen Ursache (↗causa) der Erkenntnis wird schon in neuplatonischen Deutungen, die numerische Einheit des intellectus materialis/possibilis von Averroes, in Paris v.a. durch Siger von Brabant vertreten. Nur der je einzelne intellectus passivus/passibilis, der in dieser Konzeption der eigentlichen Vernunft nur Sinnenbilder darbietet und von dieser Einwirkungen erfährt, ist organgebunden, damit aber auch sterblich. **Lit.:** F. van Steenberghen: Die Philosophie im 13. Jh. München 1977. Kap. 8–9. CS

**Monotheismus** ↗Theismus

**Moral,** bezeichnet den Inbegriff moralischer Normen, Werturteile und Institutionen. M. beschreibt ein vorhandenes Verhalten in einer Gemeinschaft und umfaßt alle Ordnungs- und Sinngebilde, die durch Tradition oder Konvention vermittelt werden. In Form eines Katalogs materialer Norm- und Wertvorstellungen regelt sie die Bedürfnisbefriedigung einer menschlichen Gemeinschaft und bestimmt deren Pflichten. M.en differieren in bezug auf den Inhalt ihrer Normen von Kultur zu Kultur. Sie unterliegen geschichtlichen Veränderungsprozessen und wandeln sich entsprechend den veränderten menschlichen Selbstverständnissen. Der Sollensanspruch der M. ist unabhängig von dem veränderlichen Inhalt der Normen und Gebote. D.h. für jede M. ist ein Anspruch auf allgemeine Verbindlichkeit konstitutiv. Ohne einen solchen Geltungsanspruch würde sie ihre Ordnungsfunktion für eine menschliche Gemeinschaft verlieren. Neben der Auffassung von M., die sich auf die Probleme der Gerechtigkeit, der Achtung vor dem Leben, dem Wohlergehen und der Würde der anderen Menschen beziehen, macht Taylor geltend, daß auch solche Fragen einbezogen werden müssen, die das Empfinden der eigenen Würde und Fragen, wodurch unser Leben einen Sinn erhält oder Erfüllung findet, betreffen. Damit werden Fragen der eigenen Lebensführung und die Frage, welche Art von Leben (für mich) lebenswert ist, in das Selbstverständnis von M. mit einbezogen. **Lit.:** G. Patzig: Ethik ohne Metaphysik. Göttingen 1971. S. 3. – A. Pieper: Ethik und Moral. München 1985. S. 31 f. – Ch. Taylor: Quellen des Selbst. Frankfurt 1996. PP

**Moral, offene/geschlossene,** in seinem Spätwerk *Les deux sources de la morale et de la religion* (1932) unterscheidet Bergson eine geschlossene Moral und Gesellschaft von einer offenen. Die geschlossene Moral gründet darin, daß der Mensch von seiner natürlichen Veranlagung her auf Sozialität angelegt ist. Beim kraft seines Intellektes frei handelnden Menschen ordnen und ermöglichen die moralischen Regeln das Zusammenleben, eine Funktion, die etwa bei staatenbildenden Insekten der Instinkt gewährleistet. Dabei gilt als natürliche Notwendigkeit nur das Vorhandensein von Regeln als solchen und ihres Verpflichtungscharakters, während die Inhalte von kulturellen Einflüssen abhängig sind. Der Sinn der Regeln liegt in der Sicherung des Zusammenhalts und damit des Fortbestands der jeweiligen Gemeinschaft. Sie ist daher geschlossen, weil sie sich in der Abgrenzung zu anderen Gemeinschaften konstituiert. Die Leistung rationaler ethischer Prinzipien liegt für Bergson lediglich darin, logischen Zusammenhang in ein Verhalten zu bringen, das bereits den sozialen Forderungen unterworfen ist. Auch ihren obligatorischen Charakter erhalten sittliche Imperative durch Aneignung der bereits wirkenden Verpflichtung als solcher.

Dem gegenüber steht die offene Moral, die sich nicht auf den Raum einer Gesellschaft bezieht, sondern auf die gesamte Menschheit. Beide sind nicht aufeinander zurückführbar. Zwischen der Gesellschaft, in der wir leben, und der ganzen Menschheit besteht ein qualitativer Sprung. Im Fall der geschlossenen Moral stellt die Verpflichtung den Druck dar, den die Elemente der Gesellschaft aufeinander ausüben, um die Form des

Ganzen aufrecht zu erhalten. Dieser ist durch die Natur fundiert und hat sich in der Stammesgeschichte entwickelt. Die offene Moral dagegen wird repräsentiert durch das Streben und Vorbild einzelner Persönlichkeiten, deren Wirken andere nachfolgen, und enthält die Idee der Liebe zur ganzen Menschheit. Innerhalb einer Gesellschaft existieren gewöhnlich beide Moralquellen nebeneinander, und, da sie zu durchaus unvereinbaren Inhalten gelangen können, im Konflikt miteinander. Beide sind jedoch für den moralischen Fortschritt erforderlich, weil die offene den engen Rahmen der geschlossenen erweitert und diese den Verpflichtungscharakter als solchen vermittelt. Den Fortschritt innerhalb von Moralvorstellungen erklärt Bergson durch die vorwärtstreibenden Ideen, die in außergewöhnlichen Persönlichkeiten zum Ausdruck kommen, und die die jeweils erstarrten Formen, in denen sich das sozio-kulturelle Leben festlegt und begrenzt, überwinden können. **Lit.:** H. Bergson: Les deux sources de la morale et de la religion. Paris 1932 (dt. Die beiden Quellen der Moral und der Religion. Frankfurt 1992). – G. Bretonneau: Création et valeurs éthiques chez Bergson. Paris 1975. FPB

**Moral point of view** (Standpunkt der Moral), (1) allgemeine Bezeichnung für denjenigen Standpunkt, von dem aus moralische Fragen unparteilich beurteilt werden können. Ein solcher Standpunkt kann auf verschiedene Weise rekonstruiert werden: (a) Durch die Annahme, daß alle Beteiligten einander als rational entscheidende, gleichberechtigte Vertragspartner (unter Absehung ihres tatsächlichen gesellschaftlichen Status) gegenübertreten, wird gewährleistet, daß die in ihm erzielten Grundvereinbarungen fair sind (Rawls); (b) durch die Annahme einer idealen Rollenübernahme, die verlangt, daß sich das moralisch urteilende Subjekt in die Lage derer versetzt, die von der Ausführung einer problematischen Handlung oder von der Inkraftsetzung einer fraglichen Norm betroffen wären (Mead); (c) durch die Annahme eines praktischen ↗Diskurses, der auf der Grundlage einer argumentativen Willensbildung vollzogen wird. Für eine solche Argumentation gelten die als notwendig unterstellten Kommunikationsvoraussetzungen, daß die Teilnehmer als freie und gleiche anerkannt werden und daß nur der Zwang des besseren Arguments gelten darf. Diese Annahmen bieten die Gewähr für die Richtigkeit jedes (unter diesen Bedingungen) möglichen normativen Einverständnisses. – (2) Eine Position der Ethik, für die folgende Annahmen grundlegend sind: (a) Die Kenntnis der Tatsache, daß eine bestimmte Handlungsweise moralisch richtig oder falsch ist, ist für eine moralische Person handlungsanleitend. Dabei versteht man unter einer moralischen Person jemanden, der bereits entschlossen ist, das zu tun, was moralisch richtig ist, und das zu unterlassen, was moralisch falsch ist. (b) Der Grund für die Bereitschaft zu moralischem Handeln ist die Einsicht, daß ein allgemein anerkanntes System von nur eigennützigen Gründen zu Lebensbedingungen führen würde, die einsam, roh und von kurzer Dauer wären. Daraus resultiert als zweite Einsicht, daß ein System des Begründens allgemein zu akzeptieren ist, innerhalb dessen Gründe des Eigeninteresses vernachlässigt werden, wenn ihre Befolgung dazu führen würde, daß andere Schaden leiden. Moralische Gründe sind inhaltlich durch ihren Bezug auf die zu vermeidenden Lebensumstände der reinen Eigennützigkeit und deren zu vermeidenden Folgen bestimmt. (c) Eine bestimmte Handlungsweise wird danach als recht oder unrecht beurteilt, ob sie das Gewicht moralischer Gründe für oder gegen sich hat. **Lit.:** K. Baier: Der Standpunkt der Moral. Düsseldorf 1974. – W. K. Frankena: Moral Point of View-Theories. In: Bowie, N. E. (Hg.): Ethical Theory. Atascadero, Cal. 1983, S. 39–79. – J. Habermas: Moralbewußtsein und kommunikatives Handeln. Frankfurt 1983. S. 127 ff. – G. H. Mead: Geist, Identität und Gesellschaft. Frankfurt 1968. S. 429 ff. – J. Rawls: Eine Theorie der Gerechtigkeit. Frankfurt 1975. S. 341. PP

**Moral sense,** Schlüsselbegriff der Ethik im 18. Jh., der zum Ausdruck bringt, daß moralische Wertungen einem Vermögen der Seele entspringen, die Harmonie oder Disharmonie ihres Zustandes zu empfinden und dabei in Form der sittlichen Entscheidung Stellung zu nehmen (Shaftesbury). Beim »moralischen Sinn« handelt sich um ein Prinzip der menschlichen Natur, das nicht auf einfachere Erlebnisweisen und auch nicht auf Vernunft zurückgeführt werden kann. Hutcheson formte diese Auffassung zu einer Ethik: Der moralische Sinn veranlaßt den Menschen zur Billigung altruistischer Motive bzw. Dispositionen und zur Mißbilligung menschenfeindlicher Neigungen. Er führt zu einer Form des Altruismus i.S. einer wohlwollenden Einstellung des Menschen, die sich auf das größtmögliche Glück bzw. die größtmögliche Vervollkommnung eines sozialen Ganzen richtet. Die damit einhergehende moralische Billigung vollzieht sich unabhängig von Nützlichkeitsgesichtspunkten und Trieberfüllungen. Die gleichzeitige Annahme eines Ideals der Harmonie von Neigungen erlaubt es, auch den egoistischen Trieben eine positive Bedeutung beizumessen, sofern sie nur die innere Harmonie der Persönlichkeit nicht beeinträchtigen. **Lit.:** F. Hutcheson: Erläuterungen zum moralischen Sinn. Stuttgart 1984. – W. Schrader: Ethik und Anthropologie in der englischen Aufklärung. Hamburg 1984. PP

**Moralischer Status.** Der Begriff des m.n S. zielt auf die axiologischen Annahmen darüber ab, in Ansehung welcher (Arten von) Wesen es warum angemessen ist zu fragen, ob sie moralisch richtig oder falsch behandelt werden. In der gegenwärtigen moralphilosophischen Debatte besonders umstritten sind der m.S. von Embryonen und Föten (v. a. im Hinblick auf eine moralische Beurteilung von Abtreibung und Embryonenforschung), von Tieren und von (menschlichen) Leichnamen. Extrinsischen oder abgeleiteten m.n S. haben solche Entitäten, bezüglich derer wir aufgrund der Ansprüche oder Interessen Dritter moralische Pflichten haben, intrinsischen m.n S. solche, denen gegenüber wir »um ihrer selbst« zu moralischer Rücksichtnahme verpflichtet sind. Im Sinne eines Einschlußkriteriums bezieht sich der Begriff des m.n S. damit auf bestimmte Eigenschaften oder Fähigkeiten, die ein Wesen haben muß, um Mitglied der moralischen Gemeinschaft zu sein. Ethikkonzeptionen lassen sich entsprechend in bezug darauf unterscheiden, welche Eigenschaften oder Fähigkeiten sie für moralisch bedeutsam halten bzw. welchen (Arten von) Entitäten sie einen intrinsischen m.n S. zuschreiben. Anthropozentrische Ethikmodelle schreiben nur (und allen) Menschen, pathozentrische oder sentientistische dem schmerzempfindungsfähigen bzw. dem empfindungsfähigen Teil der Natur, biozentrische der ganzen belebten Natur und holistische Modelle über diese hinaus auch der unbelebten Natur einen intrinsischen m.n S. zu. Mitunter spricht man auch vom m.n S. von Handlungen oder Handlungstypen. JA

**Moralismus,** (1) im alltäglichen Sprachgebrauch: (a) die Neigung, Mißstände primär als Folge moralischen Versagens zu interpretieren bzw. sie durch moralische Appelle beheben zu wollen; und/oder (b) die Neigung, übermäßig viele Handlungen als moralisch positiv oder negativ zu bewerten, d. h. kaum moralisch indifferente Handlungen anzunehmen; und/oder (c) die ausnahmslose, nicht situationsbezogene, keine ↗Ceteris-paribus-Klauseln zulassende Anwendung moralischer Regeln (in diesem Wortsinne Nähe zum ↗Rigorismus). – (2) Als philosophiegeschichtlicher Terminus: »französische Moralisten« (frz.M.en), Sammelbezeichnung für eine Reihe teils frühaufklärerischer, teils aber auch aufklärungskritischer, jedenfalls aber metaphysik-, scholastik- und rationalismuskritischer französischer Philosophen des 17. bis frühen 19. Jh. Bekannteste Vertreter: Pascal, La Rochefoucauld, La Bruyère, Vauvenargues, Montesquieu. Beeinflußt vom humanistischen Rückgriff auf die Antike und vom Moralskeptizismus Montaignes, ist das Ziel der frz.M.en die Hinführung der Menschen zum Glück durch Selbsterkenntnis und Weltweisheit. Inhaltlich wird dieses Anliegen u. a. verfolgt durch psychologisierend-pädagogische Lehren von den menschlichen Affekten sowie unparteiische oder auch wertende Gesellschaftsanalysen in soziologischer, politischer, ökonomischer, sittlicher und religiöser Hinsicht. Die Kritik der frz.M.en an systembildenden Philosophien zeigt sich auch äußerlich an der Bevorzugung »unsystematischer« literarischer Gattungen: Essays, Aphorismen und Sentenzen, Maximen, Briefe und Dialoge, Fabeln, Anekdoten u. a. Ideen- und stilgeschichtliche Einflüsse u. a. auf Lichtenberg, Schopenhauer und Nietzsche. – Die zuweilen für die britische Moralphilosophie des 17.-19. Jh. (Hobbes, Locke, Cudworth, Shaftesbury, Butler, Hume, Bentham u. a.) in globo benutzte Bezeichnung »English/British Moralists« insinuiert keine derartigen inhaltlichen oder stilistischen Gemeinsamkeiten. **Lit.:** F. Schalk (Hg.): Die französischen Moralisten. Bd. 1/2. Bremen $^{3}$1962/1963. ND 1973 (mit Einl. und weiterführender Lit. im Anmerkungsapparat). – B. Donnelan: Nietzsche and the French Moralists. Bonn 1982. WL

**Moralphilosophie** ↗Ethik

**Moralurteil.** (1) In verschiedenen ethischen bzw. metaethischen Positionen besteht keine Einigkeit darüber, ob M.e rational diskutierbar und ob sie begründbar sind. Die Einschätzung bezüglich der Rationalität und Begründbarkeit hängt wiederum davon ab, ob M.e als subjektiv oder als objektiv eingestuft werden. Im Zuge der metaethischen Diskussion zeigte sich, daß auch diese subjektiv-objektiv-Unterscheidung in unterschiedlichen Bedeutungen verwendet wird: (a) Geht man davon aus, daß M.e Feststellungen sind, dann ist mit Objektivität der M.e gemeint, daß sie bestimmte Feststellungen über die beurteilten Objekte sind, während Subjektivität bedeutet, daß sie Feststellungen eines moralisch urteilenden Subjekts sind, d. h. daß die Werteigenschaften von den Einstellungen des Subjekts gegenüber den Werteigenschaften abhängig sind. (b) Im Hinblick auf die Frage, ob M.e Feststellungen sind, gelten diejenigen, die einen objektiven oder subjektiven Feststellungscharakter annehmen, als Objektivisten, während die Subjektivisten (z. B. die Emotivisten) bestreiten würden, daß M.e als Feststellungen aufzufassen sind. (c) Im Hinblick auf den Anspruch der rationalen Begründbarkeit von M.en unterscheiden sich die Subjektivisten, die diesen Anspruch in Zweifel ziehen, von den Objektivisten, in deren Auffassung eine rationale Argumentation der Begründung möglich ist. (2) Die Untersuchungen Kohlbergs haben zu folgenden Entwicklungsniveaus und -stufen des moralischen Urteilens geführt: Auf dem Niveau 1 werden moralische Wertungen durch Bezug auf vermeintlich physische Geschehnisse oder vermeintlich physische Bedürfnisse vollzogen. Für jedes Niveau gilt es zudem zu unterscheiden, was die Grundlage des Urteils abgibt: die Orientierung an Bestrafung und Gehorsam oder der Respekt vor überlegener Macht und Prestigestellung der Autoritätspersonen (entspricht der Stufe 1), der naiv egoistischen Einstellung (Stufe 2) gilt das Handeln als richtig, das die Bedürfnisse des Ich und gelegentlich auch die der anderen instrumentell befriedigt. Die eigenen Bedürfnisse werden mit der Perspektive aller Beteiligten in Verbindung gebracht. Neben der Orientierung an Austausch und Reziprozität zeigt sich ein naiver Egalitarismus. Auf dem Niveau 2 beruhen moralische Wertungen auf der Übernahme guter und richtiger Rollen, der Einhaltung der konventionellen Ordnung und den Erwartungen anderer. Dies zeigt sich auf der Stufe 3 als Orientierung am Ideal des »guten Jungen/Mädchens« und in der Konformität mit dem Mehrheitsverhalten. Bei der Beurteilung von Handlungen werden die Handlungsabsichten berücksichtigt. Auf der Stufe 4 zeigt sich eine Akzentverschiebung zugunsten einer Orientierung an der Aufrechterhaltung von Autorität und sozialer Ordnung. Die Rücksicht auf die Erwartung anderer ist begleitet von dem Bestreben, die soziale Ordnung um ihrer selbst willen einzuhalten und Respekt vor der Autorität zu zeigen. Das Niveau 3 zeichnet sich als die entwickeltste Form dadurch aus, daß die moralische Wertung auf der Grundlage der Konformität des Ich mit (potentiell) gemeinsamen Normen, Rechten und Pflichten vollzogen wird. Auf der Stufe 5 zeigt sich das noch als legalistische Vertrags-Orientierung. Die Regeln werden als vertragsähnliche gemeinsame Abmachung angesehen. Der zugehörige Pflichtbegriff wird definiert als Vertrag, die Absichten und Rechte anderer nicht zu verletzen sowie den Willen und das Wohl der Mehrheit zu respektieren. Die höchste Stufe 6 zeichnet sich durch Orientierung am Gewissen bzw. an Prinzipien aus, die an logische Universalität und Konsistenz rückgebunden sind. Die Grundlage bildet die Orientierung am Prinzip und am gegenseitigen Respekt. **Lit.:** G. Grewendorf/G. Meggle (Hg.): Seminar: Sprache und Ethik. Frankfurt 1974. S. 7 ff. – L. Kohlberg: Stufen und Sequenz: Sozialisation unter dem Aspekt der kognitiven Entwicklung. In: Zur kognitiven Entwicklung des Kindes. Frankfurt 1974. S. 60 ff. – A. Pieper: Sprachanalytische Ethik und praktische Freiheit. Stuttgart 1973. S. 69 ff. PP

**Morphe** (griech. Gestalt, Form). Bei Hippokrates (peri aeron hydaton topon) heißt M. einfach die Gestalt des Körpers. Platon benutzt den Begriff gelegentlich etwa im Sinne von Idee (*Phaidon* 104 d 7), aber zu einem terminus technicus wird M. erst bei Aristoteles, der m. und eidos (to ti en einai) in der Regel als synonym behandelt (*Met.* 1017 b 25, 1029 a 3). Primär bedeutet es freilich auch bei ihm sinnliche Gestalt oder Form (*Met.* 1033 b 6). Die Rolle, die M. bei Aristoteles spielt, ergibt sich im Rahmen der Frage, was eigentlich Substanz sei (*Met.* Z. 1). Zunächst erheben vier Kandidaten den Anspruch darauf, Substanz zu sein (*Met.* Z. 3): »Wesenheit (usia) wird, wenn nicht in mehr, doch in vier Hauptbedeutungen gebraucht. Denn das Wesenswas (to ti en einai) und das Allgemeine (katholou) und das Geschlecht (genos) wird für die Wesenheit eines jeden gehalten und dazu viertens das Substrat (hypokeimenon).« D.h. auf die Frage, was unter Substanz zu verstehen sei, wird entweder mit der Angabe der Wesensbestimmung oder des Allgemeinen oder der Gattung oder des Zugrundeliegenden, des Substrats geantwortet. »Substrat aber ist dasjenige, von dem das übrige ausgesagt wird, ohne daß es selbst wieder ausgesagt wird«, d.h. ein konkretes Ding. »Darum müssen wir zuerst über dieses Bestimmungen treffen, da das erste Substrat am meisten Wesenheit zu sein scheint. Als Substrat nun wird in gewisser Weise die Materie bezeichnet (↗hyle), in anderer Weise die Form (m.) und drittens das aus beiden Hervorgehende. Ich verstehe aber unter Materie z.B. das Erz, unter Form (m.) die Gestalt (schema) seines Bildes (idea), unter dem aus beiden Hervorgehenden die Bildsäule als konkretes Ganzes. Wenn nun die Form (eidos) früher und mehr seiend ist als die Materie, so muß sie aus demselben Grunde früher sein als das aus beiden Hervorgehende.« Auch in der langen Erörterung der Prinzipien des Werdens in der *Physik* 190 b 20 ff. verwendet Aristoteles den Ausdruck M. für Form. MSU

**Morphem,** kleinste bedeutungstragende Einheit der Sprache. Es wird zwischen freien und gebundenen M.en unterschieden. Während freie M.e isoliert auftreten können, ist dies bei gebundenen M.en nicht der Fall. So besteht z.B. das Wort »Uhren« aus dem freien M. »Uhr« und dem gebundenen M. »en«. TF

**Morphologie** (griech. morphe: Gestalt). Der Terminus M. bezeichnet allgemein die Lehre von den Gestalten und Formen. Er ist vor allem in der Sprachwissenschaft und in den Naturwissenschaften gebräuchlich. In der Sprachwissenschaft bezeichnet er die Wissenschaft von der internen grammatischen Struktur von Wortformen. Im Unterschied zur Syntax, die sich mit der Distribution von Wortformen auseinandersetzt, geht es in der M. vor allem um Flexionsformen (Deklinationen und Konjugationen) von Wörtern. Weiterhin werden die Derivationsformen untersucht. Die behandelten Basiseinheiten der M. sind die ↗Morpheme. – In die Naturwissenschaft wurde der Begriff M. von Goethe eingeführt und bezeichnet seitdem die Wissenschaft von der Klassifikation und dem Bau von Lebewesen nach Gestaltkriterien. TF

**Mos geometricus** (lat. geometrische Weise), wissenschaftliche Begründungsmethode, auch axiomatische oder deduktive Methode genannt. Aus unbedingt gültigen Sätzen werden Konsequenzen abgeleitet, die bei fehlerloser Ableitung genauso sicher sind wie die Ausgangssätze. Die bekannteste Anwendung ist die Geometrie Euklids. Nach ihrem methodischen Vorbild wurden auch über das Gebiet der Mathematik hinaus Theorien ausgearbeitet, z.B. Spinozas Ethik (mit dem Untertitel: Ethica Ordine Geometrico Demonstrata: Ethik, auf geometrische Weise bewiesen). RD

**Münchhausentrilemma,** von H. Albert stammender Begriff, der die logisch-epistemologische Ausweglosigkeit des Prinzips der zureichenden Begründung bezeichnet. Wenn das Prinzip ernst genommen wird, muß auch die begründende Auffassung bzw. Aussage wieder begründet werden. Das führt zu einer Situation mit drei Alternativen, die Albert das M. nennt: Man gerät entweder in einen infiniten Regreß, in einen logischen Zirkel, oder aber man bricht das Verfahren ab und dogmatisiert damit letzte Gründe. Zur Vermeidung des M. entwickelt Albert, insbesondere im Rekurs auf K. Popper, das Prinzip der kritischen Prüfung als Grundkonzept des ↗Kritischen Rationalismus. **Lit.:** H. Albert: Traktat über kritische Vernunft, Tübingen [4]1980. AN

**Mundan.** In der Phänomenologie von Husserl bezeichnet der Begriff die natürliche Einstellung des Menschen, d.h. seine gegenständliche Orientierung und seine lebensweltlich begründeten pragmatischen Interessen. In Abgrenzung dazu bezeichnet die transzendentale Einstellung eine Rückwendung von der gegenständlichen Orientierung hin zu einer Reflexion auf das eigene Bewußtsein bzw. die Bewußtseinsleistungen. **Lit.:** E. Husserl: Die Krisis der europäischen

Wissenschaften und die transzendentale Phänomenologie. Hua IV. Den Haag [2]1962. S. 259. PP

**Mündigkeit,** eigentlich ein dt. Rechtsbegriff, der die Stellung des germanischen Hausherrn gegenüber seiner Frau, seinen Kindern und Gesinde meint. Im geschichtsphilosophischen Kontext wird M. in der Aufklärungsphilosophie des 18. Jh. intensiv diskutiert, wobei die Kantsche Definition aus seinem Aufsatz: »Beantwortung der Frage: Was ist Aufklärung?« von 1784 für besondere Furore gesorgt hat. Aufklärung sei, so Kant, »der Ausgang des Menschen aus seiner selbstverschuldeten Unmündigkeit. Unmündigkeit ist das Unvermögen, sich seines Verstandes ohne Leitung eines anderen zu bedienen.« An diesen Kernsatz der Aufklärung haben sich in der Folge geschichtsphilosophische Diskurse, die an einer evolutionären Veränderung der bürgerlichen Gesellschaft interessiert waren, angeschlossen – wobei der Prozeß der Veränderung seine Zielgerichtetheit durch Selbstreflexion des Subjekts erhalten sollte. Daneben hat sich dann freilich ein revolutionärer Diskurs, das Praktisch-werden der Philosophie im Sinne von Marx' 11. Feuerbachthese, etabliert, der M. zugunsten von Emanzipation preisgibt, wobei dann theoretisch vom Individuum auf die Klasse und vom Selbstbewußtsein aufs Klassenbewußtsein umgestellt wird. Habermas versucht, M. und Emanzipation – die Geschichtsphilosophie der Aufklärung mit Einsichten des Historischen Materialismus – zu verknüpfen und prägt den Begriff des »emanzipatorischen ↗Erkenntnisinteresses«, das die emanzipierte Gesellschaft mit mündig gewordenen Bürgern antizipatorisch erschließt. In mehr oder minder deutlicher Abhängigkeit von solchen Überlegungen spielt der Begriff der M. auch in der neueren Pädagogik (Stichwort: emanzipatorische Erziehungswissenschaft) sowie in der protestantischen Theologie (D. Bonhoeffer, K. Barth) eine Rolle, wenn z.B. gerade die M. des Christen in einer säkularisierten Gesellschaft bemüht wird, um in freier Entscheidung zu Gott zu kommen. **Lit.:** M. Sommer: Mündigkeit. In: HWPh. VI (1984). Sp. 225–235. – W. Vossenkuhl: Mündigkeit. In: Lexikon der Ethik. Hg. v. O. Höffe. München [4]1992. S. 49 f. WJ

**Muße,** in der Antike die von privaten und öffentlichen Geschäften freie Zeit (lat. otium). M. ist die Voraussetzung für Philosophie und Wissenschaft, in ihr kann sich der Mensch der theoria, der Schau der höchsten Erkenntnisgegenstände, widmen und so zu einem glücklichen Leben gelangen. Während in der Antike M. das Privileg derjenigen ist, die durch Besitz und Sklaven, im Unterschied zu den »Banausen«, von Lohndiensten entlastet sind, tritt in der Neuzeit der Begriff der ↗Arbeit in den Vordergrund. Der Mensch wird begriffen als Produkt seiner Arbeit (Marx) und bindet sein Selbstverständnis an die durch ihn erbrachte zweckgebundene Leistung. Als komplementärer Begriff erscheint nun die Freizeit, wobei diese wiederum in der modernen Gesellschaft zu einer instrumentalisierten und organisierten Veranstaltung wird. Demgegenüber erscheint eine Neubesinnung auf die Bedeutung der M. notwendig, als eines zweckfreien Raums, in dem der einzelne sich aus der gesellschaftlichen Vereinnahmung herausnehmen und auf sich selbst besinnen kann. **Lit.:** J. Pieper: Muße und Kult. [8]1989. FPB

**Mutation,** plötzlich auftretende und dann konstant weitergegebene, also erbliche Veränderung in der Erbsubstanz. Eine M. kann spontan (ohne erkennbare Ursache) auftreten (Spontan-M.) oder durch Einwirkung von Mutagenen, z.B. Strahlung, verursacht werden (induzierte M.). Je nach Ort und Umfang einer M. lassen sich verschiedene M.-Typen unterscheiden. Genom-M.en verändern die Anzahl einzelner Chromosomen oder ganzer Chromosomensätze. Chromosomen-M.en bewirken Umbauten im Chromosom. Gen-M.en betreffen einzelne Gene. Punkt-M.en führen zur Modifikation der chemischen Struktur der DNS. MK

**Mutter.** Im Gegensatz zur Orientierung der patriarchalischen Kultur an der Position des Vaters soll in Ansätzen feministischer Philosophie der Bezug auf die M. in den Vordergrund rücken. Durch eine Akzentsetzung auf der M.-Tochter-Beziehung wird eine Femininisierung der Gesellschaft intendiert. Auf die M. wird auf unterschiedliche Weise Bezug genommen. Badinter kritisiert aus psychoanalytisch-historischer Sicht die scheinbare Naturgegebenheit des Gefühls der Mutterliebe. Ruddick versucht ein Denken zu entwickeln und für die Philosophie fruchtbar zu machen, das auf mütterlichen Erfahrungen und Fähigkeiten basiert, die – unausgesprochen – schon immer das Funktionieren des gesellschaftlichen Zusammenschlusses ermöglicht haben, jedoch theoretisch noch nicht gewürdigt wurden. Im Rahmen des Ansatzes der italienischen Philosophinnen sollen Muraros Arbeiten die symbolische Ordnung der M. als eine neue politische Praxis etablieren, die geprägt ist durch Frauen und insbesondere durch einen Bezug auf die Autorität der M. Kristeva skizziert den Weg von einem ungesagten und privaten Körper-an-Körper mit der M. zu einem Von-Angesicht-zu-Angesicht mit der Tochter, das den Beziehungen von Frauen öffentlichen Wert zuspricht. **Lit.:** E. Badinter: Die Mutterliebe. Geschichte eines Gefühls vom 17. Jhd. bis heute. München 1981. – A. Günter: Weibliche Autorität, Freiheit und Geschlechterdifferenz. Bausteine einer feministischen politischen Theorie. Königstein 1996. – J. Kristeva: Stabat Mater. In: Geschichten von der Liebe. Frankfurt 1989. S. 226–255. – L. Muraro: Die symbolische Ordnung der Mutter. Frankfurt/New York 1993. – S. Ruddick: Mütterliches Denken. Für eine Politik der Gewaltlosigkeit. Frankfurt/New York 1993. BES

**Mutterrecht** ↗Matriarchat

**Mystik.** M. im philosophischen Sinn stützt sich auf eine Form von Leben und Denken, wie sie der alltäglichen Erfahrung zunächst und zumeist verborgen bleibt (↗Esoterisch/exoterisch). Sie erhebt jedoch den Anspruch, keine nur zusätzliche Erkenntnis aufzuzeigen, sondern die Erfahrung der grundlegenden und absoluten Realität zu thematisieren. So erscheint nur für das allgemeine Erfahren und Denken M. als das Verborgene. Der Mystiker selbst erfährt M. als das eigentlich Klare und Gewisse. M. gibt sich somit einerseits als etwas rationaler Logik grundsätzlich Entgegengesetztes und sie Übersteigendes (Transzendentes), andererseits aber auch als Grund jeglichen Erkennens. Die Begründung von M. kann somit durch rationalen Diskurs allein nie geleistet werden, sondern verlangt einen existentiellen Wandel, eine totale Umwandlung des Bewußtseins (↗Ekstase, ↗Erleuchtung). So wird über die denkende Reflexion hinaus in der mystischen Literatur meist ein diesen Wandel fördernder meditativer Übungsweg (↗Meditation) sowie eine die spirituelle Erfahrung integrierende Praxis in der Welt beschrieben.

Der Begriff M. ist sprachgeschichtlich abgeleitet von den in den griech. Mysterienreligionen der Antike verwendeten Begriffen myein: schließen (vor allem von Lippen und Augen) oder auch myeín: in das Mysterium einweihen, bzw. von dem Adjektiv mystikos (lat. mysticus): zum Geheimwissen (mysteria) gehörend, geheim, geheimnisvoll, verborgen. Die Bedeutung in bezug auf die unmittelbare Erfahrung des Absoluten ist zum ersten Mal bei Origines (3. Jh. n.Chr.) in dem Begriff der »mystischen Schau« (theoria) nachzuweisen. Mit dem Titel der Schrift über die »mystische Theologie« des Pseudo-Dionysius Areopagita (um 500 n.Chr.) wird dann der zentrale Begriff für eine auf spirituelle Erfahrung bezogene Theologie geprägt. Erst im 17. Jh. emanzipiert sich das Adjektiv mystisch von der Theologie und M. ist als eigenständiger Begriff nachzuweisen. M. wird aber bald von der gläubigen Orthodoxie als verdächtiges Phänomen beurteilt, das im Bereich religiöser Verstiegenheit geortet wird. Die Aufklärung verstand unter M. den Bereich des Okkulten, Magischen oder völlig Irrationalen. Diese negativen Beurteilungen von nur oberflächlich verstandener M. herrscht bis heute auf breiter Ebene fort. So scheint es notwendig, zwischen einem Verständnis von M., das populär-esoterische Themen wie Seelenreisen, okkultistische Phänomene usw. meint, sowie der Hochform eines philosophischen Begriffs von M. zu unterscheiden. Das Phänomen der philosophischen M. ist unabhängig von der Verwendung des Begriffs M. in nahezu allen Kulturen und Zeiten aufzuweisen. Im Abendland sind ihre Grundelemente schon in der antiken griech. Philosophie zu finden. Mit dem Begriff der »Einung« (henosis) als der ursprünglichen und eigentlichen Dimension von Erkenntnis und Sein ist dann im Neuplatonismus das zentrale Motiv der christlichen M. vorbereitet, das später in der Vorstellung von der »Einung« der Seele mit Gott (↗unio mystica) ihren Ausdruck findet. Als zentraler Vermittler dieses Denkens in das Christentum muß Pseudo-Dionysius Areopagita gelten, dessen Schriften bis zu Beginn der Neuzeit Geschichte machten. Bernhard v. Clairvaux, Hugo u. Richard v. St. Viktor legten im 12. Jh. die theologisch-philosophischen Fundamente der großen Zeit christlicher M. Es treten insbesondere Frauen als Autorinnen hervor (Hildegard v. Bingen, Mechthild v. Magdeburg (12.-13. Jh.). Texte der M. werden in den nationalen Sprachen verfaßt, wobei die deutsche M. des 14. Jh. hervorzuheben ist (Eckhart, Tauler, Seuse). Das neuzeitliche Denken scheint dann zunächst der mystischen Philosophie entgegenzulaufen. Ihre zentralen Motive treten jedoch im dt. Idealismus oder in der Romantik in gewandelter Sprache und Form wieder auf. Als man im 19. Jh. die fernöstliche M. zu entdekken begann, war in Folge auch eine Neuaufnahme der Beschäftigung mit der Tradition christlicher M. festzustellen, die im 20. Jh. weitergeführt wurde. **Lit.:** K. Albert: Einführung in die philosophische Mystik. Darmstadt 1996. – W. Beierwaltes: Denken des Einen. Frankfurt 1985. – P. Koslowski (Hg.): Gnosis und Mystik in der Geschichte der Philosophie. München 1988. – G. Ruhbach, J. Sudbrack (Hg.): Christliche Mystik. Texte aus zwei Jahrtausenden. München 1989. EWG

**Mythos,** bedeutet dem Wort nach Erzählung und wird in der Geschichte der Philosophie zumeist dem Logos in abwertender Bedeutung entgegengesetzt. M. kann sich nach Platon und Aristoteles der Wahrheit nur annähern (*Gorgias* 527a). Weil der M. uns etwas über Sachen und Bereiche mitteilt, die dem rationalen Diskurs (↗Logos) versperrt bleiben, wird ihm ein besonderer ethischer bzw. religiöser Wert zugesprochen. Erst viel später, in der Moderne, erlangt der M. seine Autonomie und wird dann als selbständige Lebens- und Denkform erforscht und ausgelegt. Nach G. B. Vico ist M. vera narratio und zeichnet sich durch seine Entstehungsgeschichte als fortdauernde Dimension der Weltgeschichte aus. Erneutes Interesse für den M. zeigt sich in der deutschen Frühromantik, die ihm eine hervorragende Rolle in der Poetik, aber auch in der Politik zuspricht (Herder, Schlegel). Zu dieser Zeit finden Forschungen und Sammlungen griechischer, indischer und nordischer Mythen statt, die dann in der Gründung der Mythologie als einer der Disziplinen der Altertumswissenschaft kulminieren (F. Creuzer). Den Höhepunkt der romantischen Mythosauffassung bildet Schelling, der im M. eine der Offenbarungen des Absoluten sieht. Im 20. Jh. wird der M. immer mehr im Zusammenhang mit der Rationalität reflektiert, sei es, um die Gefahr eines Verfalls im Mythischen des Aufklärungsprozesses zu beschwören (Horkheimer, Adorno), sei es, um dem M. innerhalb der Rationalität einen eigenen Stellenwert zu gewähren. **Lit.:** Th. W. Adorno/M. Horkheimer: Dialektik der Aufklärung. Frankfurt 1969. – H. Blumenberg: Arbeit am Mythos. Frankfurt 1979. – K.-H. Bohrer (Hg.): Mythos und Moderne. Frankfurt 1983. – E. Cassirer: Philosophie der symbolischen Formen. 3 Bde. Berlin 1925. – F. Creuzer: Symbolik und Mythologie der alten Völker. Bd. 1–4. Leipzig/Darmstadt 1837–1858. – G. B. Vico: Principi di una scienza nuova, 1725 (dt. Prinzipien einer neuen Wissenschaft. Hamburg 1990). MBO

**Nachahmung** (psychologisch; ↗Mimesis). Mit dem Begriff der N. wird die willkürliche oder unwillkürliche Reproduktion von Verhaltensweisen eines Modells seitens eines Beobachters angesprochen. Während die Psychologie zu Beginn dieses Jahrhunderts von der angeborenen Tendenz zur N. ausging, verstehen moderne psychologische Theorien dieses Phänomen als Resultat eines Lernprozesses. Als Mitbegründer dieses Ansatzes kann J. Piaget gelten, der 1945 eine eigene Konzeption vorlegte, die nachahmendes Verhalten als Ergebnis der aktiven Auseinandersetzung des Individuums mit den Gegebenheiten seiner Umwelt interpretiert. Im Unterschied zu anderen Ansätzen (z. B. demjenigen Banduras) grenzt Piaget die Gegenstände der N. nicht auf soziale Phänomene, also das Verhalten von Personen, ein, sondern versteht jede Reproduktion der Eigenschaften von Umweltgegebenheiten als Ausdruck nachahmenden Tuns. Seinem Ansatz entsprechend versucht Piaget die N. als Element eines umfassenderen Konzeptes der Intelligenzentwicklung auszuweisen. N. ist demnach als Manifestation eines spezifischen Ungleichgewichtes zu begreifen, bei dem, im Gegensatz zum Spiel, die ↗Akkommodation gegenüber der assimilierenden Verhaltenskomponente dominiert. So verändern die modellierten Objekte die Handlungsschemata des Subjektes, ohne daß diese Modelle selbst zum Gegenstand der intentionalen Aktivität des Subjektes gemacht werden. Obwohl das Subjekt sich in seiner N. nicht rein rezeptiv verhält, wird es durch die Dominanz der Akkommodation zum Spiegel seiner Umwelt bzw. Umwelterfahrung. Trotz dieses Sachverhaltes ist N. nicht allein als Resultat von Akkommodation zu verstehen. Für Piaget ist Ausmaß und Intensität von der Fähigkeit des Individuums abhängig, das modellierte Verhalten aufzunehmen und zu verarbeiten. Daher kann er die N. auch nur als einen Teilaspekt der Intelligenzentwicklung verstehen. Insofern man unter dem Begriff »Lernen« den Erwerb von neuen Kompetenzen überhaupt versteht, ist für Piaget so die Nachahmungsaktivität nur ein Teilaspekt des gesamten Lernprozesses. Im Unterschied dazu geht A. Bandura in seiner Theorie des sozialen Lernens von der grundlegenden Bedeutung der N. bei dem Erwerb neuer und v. a. sozialer Verhaltenskompetenzen aus. Während Piaget aber primär an der deskriptiven Erfassung der Entwicklung der Nachahmungsfähigkeit interessiert ist, bemüht sich Bandura die Bedingungen der Nachahmungsaktivität (z. B. das soziale Prestige des Modells), die er als »Moderatorvariablen« bezeichnet, zu erforschen. Darüber hinaus ist Bandura trotz seiner Betonung der Bedeutung kognitiver Faktoren für das Modellernen von der amerikanischen Lernpsychologie beeinflußt: Die Kognition ist keine unabhängige Bezugsgröße, sondern durch die soziale Erfahrung des Individuums vermittelt. Ferner nimmt die Umwelt durch Verstärkungswirkung auf die Realisierung der durch N. gelernten Verhaltensweisen Einfluß. **Lit.:** A. Bandura: Lernen am Modell. Stuttgart 1976. – J. Piaget: Nachahmung, Spiel und Traum. Stuttgart 1990. CZ

**Nacherleben.** Im Zuge der Herausbildung einer auf naturwissenschaftlicher Grundlage beruhenden experimentellen Psychologie (Fechner, Wundt) erfährt auch die Ästhetik einen erheblichen Wandel. Statt von Ideen abgeleitet zu sein, wird sie nun gleichsam »von unten« (Fechner) aufgebaut: Ausgangspunkt ist das subjektive Erlebnis bzw. das rezeptive N. Zentral in den Vordergrund rückt das N. dann im Diltheyschen Konzept der Hermeneutik und einer darauf basierenden allgemeinen Theorie der Geisteswissenschaften, die in der Trias Erlebnis, Ausdruck und Verstehen gründet. Während die Naturwissenschaften, so Diltheys Ansicht von der frühen Abhandlung *Ideen über eine beschreibende und zergliedernde Psychologie* (1894) bis zum *Aufbau der geschichtlichen Welt in den Geisteswissenschaften* (1910), die Natur kantisch als Dasein unter Gesetzen »erklären«, »verstehen« die Geisteswissenschaften die Objektivationen des Lebens und der Geschichte als Ausdruck menschlicher Erlebnisse. Den Vollzug des Verstehens definiert daher Dilthey unter Rückgriff auf romantische bzw. Schleiermachersche Überlegungen als N., Hineinversetzen und Nachbilden. Wir verstehen uns selber und andere nur, »indem wir unser erlebtes Leben hineintragen in jede Art von Ausdruck eigenen und fremden Lebens.« Diltheys Methode, die, worauf schon zeitgenössische Kritiker (etwa Lukács) hingewiesen haben, den Psychologismus nicht überwinden kann, hat dennoch im 20. Jh. eine erstaunliche Resonanz nicht nur in den Kunst- und Literaturwissenschaften (etwa Sedlmayr oder Staiger), sondern auch noch in der Pädagogik oder Philosophie (Nohl, Spranger, Bollnow, Gadamer) gefunden. **Lit.:** O. F. Bollnow: Dilthey. Eine Einführung. Schaffhausen [4]1980. – K. Sauerland: Diltheys Erlebnisbegriff. Berlin/New York 1972. WJ

**Nachhaltigkeit,** Bewirtschaftungs- und Entwicklungsprinzip, nach dem nicht mehr natürliche Ressourcen verbraucht werden als jeweils nachwachsen, so daß die (Lebens-)Chancen künftiger Generationen erhalten werden. Die historischen Wurzeln des Begriffs der N. liegen in der deutschen Forstwirtschaft. Darunter wurde zunächst eine Bewirtschaftungsweise verstanden, die auf einen möglichst hohen und dauerhaften Holzertrag der Wälder abzielte. Deshalb sollte pro Jahr nicht mehr Holz geschlagen werden, als jeweils nachwächst. Diese ressourcenökonomische Interpretation wurde erweitert, so daß alle Funktionen des Waldes wie z. B. Ökologie und Erholung einbezogen wurden. Die begriffliche Verallgemeinerung seit den 1980er Jahren integriert über die N. die Umwelt- und Entwicklungspolitik. Unter nachhaltiger Entwicklung versteht man einen globalen Zivilisationsprozeß, der die Lebenssituation der heutigen Generation verbessert (Entwicklung) und gleichzeitig die Lebenschancen zukünftiger Generationen nicht gefährdet (Erhalt der Umwelt). Geprägt wurde der Begriff durch die UN-Kommission für Umwelt und Entwicklung mit der Vorlage ihres Berichtes »Our Common Future« (Brundtland-Report 1987). Der wachsenden gesellschaftlichen Verbreitung der Idee korrespondiert jedoch bislang eine unzureichende Umsetzung in der praktischen Politik, die nicht zuletzt darauf zurückzuführen ist, daß eine allgemein akzeptierte Operationalisierung von N. bisher nicht erreicht werden konnte. Beispielsweise könnte ein schwindender Bestand an natürlichen Ressourcen für zukünftige Generationen hinnehmbar sein, wenn ein gleichwertiger Ersatz an produktivem Potential geschaffen wird (schwache N. der neoklassischen Ökonomie, auch qualitatives Wachstum). Demgegenüber kann argumentiert werden, daß ein Ersatz von Natur durch Humankapital nicht vollständig möglich ist, weil nachhaltiges Wirtschaften auf einen Mindestbestand an Natur nicht verzichten kann (starke N. der ökologischen Ökonomie; ↗Umweltethik). Damit stellt sich neben der Steigerung der Effizienz des Ressourceneinsatzes auch die Frage nach dem richtigen Maß der Ansprüche an die Versorgung mit Gütern und Dienstleistungen im globalen Maßstab (Suffizienz). **Lit.:** H.-P. Böhm u.a. (Hg.): Nachhaltigkeit als Leitbild für Technikgestaltung. Dettelbach 1996. JHI

**Nachsichtigkeitsprinzip** (principle of charity). In den sprachanalytischen Verstehens- und Interpretationstheorien ist das N. von zentraler Bedeutung. Es handelt sich hierbei um eine analytische Entsprechung zu dem aus der philosophischen Hermeneutik von Gadamer als hermeneutische Maxime des Verstehens bezeichneten »Vorgriff auf Vollkommenheit«. Das von Neil Wilson (*Substances without Substraction*, 1959) zur Bestimmung der Referenz von Eigennamen eingeführte Prinzip hat Quine in seine Übersetzungstheorie integriert. Es besagt: Jene Übersetzung ist vorzuziehen, die mit der kleinsten Abweichung von unserem Weltbild operiert (Quine: *Wort und Gegenstand*. Stuttgart 1987. S. 115). Denn es würde gegen die Sinnbedingungen jeder Kommunikation verstoßen, von einem Gesprächspartner zu behaupten, seine Meinungen seien allesamt falsch, da es unter dieser Voraussetzung keinen vernünftigen Grund mehr gäbe, daß wir seine falschen Ansichten noch für Ansichten zu diesem oder jenem Problem hielten. Mit der Maximierung der Meinungsverschiedenheiten minimieren wir die Möglichkeiten dafür, daß ein Gespräch möglich und nötig ist. – Im Anschluß an Quines Theorie der radikalen Übersetzung (radical translation) hat D. Davidson eine Interpretationstheorie entwickelt, die Verstehensprozesse mittels des N.s erklärt. Davidson geht davon aus, daß das N. eine nichthintergehbare Voraussetzung allen Verstehens ist, da nur unter der Voraussetzung dieses Prinzips sich das Verhalten eines Sprechers als Sprache interpretieren läßt. Von Davidson wird dieses Prinzip ohne alle Einschränkungen in Anschlag gebracht. Zum einen, um der zu interpretierenden Sprache eine quantorenlogische Struktur aufzuzwingen, wodurch der Unbestimmtheit der logischen Form kein Raum mehr gelassen wird, zum anderen, um auf diese Weise eine »methodische Maxime« der Interpretation zu gewinnen, die besagt, daß in der gelungenen Kommunikation der Interpret beim Verstehen sprachlicher Äußerungen im wesentlichen dasselbe meint bzw. glaubt wie der Sprecher. Ohne diese »Einigkeitsunterstellung« bzw. ohne dieses »Einigkeitsgebot«, das als regulative Idee des Sprach- und Bedeutungsverstehens gelesen werden muß, gibt es »grundsätzlich keine Möglichkeit… zu entscheiden zwischen der Auffassung, der andere habe die Wörter ebenso verwendet wie wir, … und der Auffassung, wir hätten seine Äußerungen falsch verstanden« (Davidson: *Sagen, daß*. In: Wahrheit und Interpretation. Frankfurt 1990. S. 152). Das N. ist daher eine Bedingung der Möglichkeit des Bedeutungsverstehens überhaupt. Dieses Prinzip ist uns aufgenötigt, da man es »immer schon« als eine normative Bedingung anerkannt haben muß, so Verständigungsprozesse überhaupt einen Sinn haben sollen — man kann auch sagen, daß dieses Prinzip eine quasi transzendentale Nötigung ausdrückt, da es uns keine Wahl läßt, wenn Verstehensprozesse überhaupt in Gang kommen bzw. in Gang gehalten werden sollen. – Das N. drückt also eine *Rationalitätsunterstellung* aus (genauer: eine Wahrheits- und Konsistenzunterstellung) und ist demnach nicht zu verwechseln mit einer *Rationalitätsverpflichtung*. Denn diese präsupponierten Voraussetzungen haben nicht den Charakter von Handlungsverpflichtungen. Mit dem N. konstituieren wir als vorgreifende Unterstellung eine Verständigungspraxis, die ohne diese vorgreifende Unterstellung nicht möglich wäre. Denn in jedem tatsächlich durchgeführten Verständigungsvorgang kommen die Teilnehmer nicht umhin, einen solchen Vorgriff faktisch vorzunehmen. Kontrafaktisch sind diese Präsuppositionen also nicht in dem Sinn, daß hier eine ideale Verständigungssituation in einer idealen Verständigungsgemeinschaft antizipiert wird, auf die sich die reale Verständigungspraxis zubewegt, sondern in dem viel schwächeren Sinn, daß in der realen Verständigungssituation ein »Vorgriff auf Vollkommenheit« unterstellt ist, obgleich nie auszuschließen sein wird, daß Verständigungsprozesse hoffnungslos fehlgehen können. Eben darum ist das Principle of Charity nicht bloß eine subjektive Interpretationsmaxime oder eine empirische Annahme, um trotz der »Unterbestimmtheit der Belege« die radikale Interpretation zu garantieren, sondern ein quasi transzendentales Prinzip des Verstehens selbst. Es handelt sich hierbei also um eine unhintergehbare und normativ gehaltvolle Voraussetzung, weil nur unter Voraussetzung dieses Prinzips das Verhalten eines Sprechers in einem bestimmten Kontext für den Interpreten sich als Sprache interpretieren läßt. Sein Zweck ist es, sinnvolle Meinungsverschiedenheiten zu ermöglichen, und das ist ganz und gar abhängig von einer Grundlegung – einer gewissen Grundlegung – in der Einigkeit«, d. h., eine Einigkeit in Form einer weitgehenden »Gleichheit der von Sprechern ›derselben Sprache‹ für wahr gehaltenen Sätze«, die letztlich auch nur eine »Übereinstimmung im großen und ganzen sein« kann (Davidson: *Was ist eigentlich ein Begriffsschema*. In: Wahrheit und Interpretation. Frankfurt 1990. S. 280). **Lit.:** G. Abel: Interpretationswelten. Gegenwartsphilosophie jenseits von Essentialismus und Relativismus. Frankfurt 1993. S. 395–426. – K. Glüer: Donald Davidson zur Einführung. Hamburg 1993. S. 63–80. – W. Künne: Prinzipien der wohlwollenden Interpretation. In: Intentionalität und Verstehen. Frankfurt 1990. S. 212–236. – U. Tietz: Rationalität des Verstehens. Zu Davidsons Sprach-Logos. In: K.-O. Apel/M. Kettner (Hg.): Die eine Vernunft und die vielen Rationalitäten. Frankfurt 1995. UT

**Namentheorie,** Teilbereich der Sprachphilosophie, der die semantische und pragmatische Funktion von Namen untersucht. Namen sind ein Typ ↗singulärer Termini, die dazu dienen, den Gegenstand der Aussage im Kontext der Rede eindeutig zu identifizieren und die ihm konventionell zugeordnet sind. Obwohl nicht ganz unstrittig, konzentriert sich die N. auf Eigennamen (EN) (Bsp. »Max«) und schließt Gattungsnamen (Bsp. »Tier«) aus. Die strittigen Punkte in der N. sind: (1) Haben EN semantische Bedeutung, oder referieren sie direkt auf ihren Gegenstand? (2) Wie ist die Rolle der ↗Referenz für die pragmatische Funktion zu bestimmen? Während nach Mill ein EN direkt für den bezeichneten Gegenstand steht, vertritt Frege die Position, daß EN auch Bedeutung haben: Ein Sprecher verbindet mit einem EN eine Kennzeichnung (K), die auf den bezeichneten Gegenstand zutrifft (Bsp. bei »Aristoteles« die K. »Lehrer Alexanders«). Russell verstärkt die Verknüpfung von EN und K. und behauptet die vollständige logische Ersetzbarkeit von EN durch K. Nach Searle dagegen ist die Bedeutung eines EN nicht synonym mit einer bestimmten K., sondern mit einem Bündel solcher K.en, die vom bezeichneten Gegenstand erfüllt werden. Strawson dagegen betont die pragmatische Funktion: Die primäre Leistung der EN ist es, für einen Hörer einen Gegenstand eindeutig zu identifizieren – dies unterscheidet EN von K.en. Gegen diese Analysen, die EN mit K.en in Verbindung bringen, entwickelt Kripke eine auf Mill zurückgehende N., derzufolge die Referenz entscheidend ist für EN. In einem »ursprünglichen Taufakt« wird ein EN mit einem Gegenstand kausal verknüpft und referiert von da an direkt – ohne Vermittlung einer Bedeutung – auf ihn. Die Bedeutung ist die von Sprechern tradierte Verwendung, die auf den Taufakt zurückgeht. Diese kausale (oder historische) N. leugnet nicht die Verbindung von EN mit K., hält aber die im Taufakt festgelegte Referenz für zentral. Hauptargument für Kripke ist, daß auf diese Weise EN auch in kontrafaktischen Situationen auf den gleichen Gegenstand verweisen können, selbst wenn zentrale Eigenschaften nicht mehr auf ihn zutreffen. (Bsp. »Goethe wäre immer noch Goethe, auch wenn er nichts geschrieben hätte.«) Trotz der Selbsteinschätzung sind kausale und Bündeltheorie möglicherweise vereinbar; sie betonen lediglich verschiedene semantische und pragmatische Elemente von EN. **Lit.:** U. Wolf (Hg.): Eigennamen. Dokumentation einer Kontroverse. Frankfurt 1985. MQ

**Narrativität.** Die Grundkategorien des Narrativen finden sich schon in der aristotelischen *Poetik* (1450b-1452b, 1456a). Die dort mit den Begriffen »Anfang«, »Mitte«, »Ende« vorgenommene Strukturbestimmung der griechischen Tragödie trifft auf alle Formen des Erzählbaren zu. Durch prägnante Anfangs- und Endpunkte hebt sich eine Geschichte überhaupt aus dem Fluß des sonst Erlebten heraus. Intern ist sie durch eine teleologische oder teleonomische Entwicklung charakterisiert, welche sich in der Sukzession ihrer Elemente (Ereignisse; Handlungen) ausbildet. Diese Entwicklung vom Anfang zum Ende ist nicht vorhersagbar, sondern verläuft über oft unerwartete Brüche und Richtungsänderungen (Peripetien). Geschichten sind demnach stets individuelle Sinngebilde, auch wenn es typische narrative Muster gibt.

Zentral ist das Phänomen der N. für die Literaturwissenschaften. Schon bei Lessing und Herder geht es um Abgrenzungsversuche zur Bestimmung des Epischen (im Gegensatz zum Dramatischen und Lyrischen), die durch die Entwicklung des Romans seit Cervantes immer wieder produktiv in Frage gestellt werden. Moderne Autoren des 20 Jh. brechen dann die klassischen »Bauformen des Erzählens« ganz auf und schreiben »anti-narrative« Geschichten, ohne eigentlichen Anfang, Ende und bestimmbare Richtung. – Eine längere Diskussion findet sich auch in den Geschichtswissenschaften darüber, ob Geschichten ein geeignetes Medium (bzw. N. eine geeignete Kategorie) zur Erfassung und Beschreibung historischer Vorgänge sind: Vollzieht sich Geschichte in Geschichten? Eine damit zusammenhängende Frage ist, ob sich Erfahrungs- und Handlungszusammenhänge schon im Leben selbst narrativ strukturieren oder ob die Ordnung des Narrativen bloß eine Konstruktion ist, die dem an sich unstrukturierten Leben nachträglich hinzugefügt wird. – Um eine eigenständige »Philosophie der Geschichten« bemüht sich als erster der Husserl-Schüler W. Schapp. Seine Grundthese ist die, daß der Mensch ein Wesen ist, das in allen seinen Handlungs- und Wahrnehmungsvollzügen »in Geschichten verstrickt« ist. Der Mensch ist demnach nicht das Subjekt seiner Sinnentwürfe, sondern erhält seine Identität erst in und mit den Geschichten, in die er verstrickt ist und die zudem das grundlegende Medium sind, in dem ihm überhaupt Sinnhaftes zugänglich ist. In jüngerer Zeit greift Ricœur sowohl die thematisch relevanten Klassiker der Philosophie (von Aristoteles und Augustin bis zu Husserl, Heidegger und Schapp) als auch die literatur- und geschichtswissenschaftliche Theoriebildung auf und integriert sie zur bisher umfassendsten Theorie der N. Ihr Kernstück ist eine Analyse der »dreifachen mimesis«. Schon unsere Lebens- und natürliche Erfahrungswelt ist »pränarrativ« strukturiert. Handlungen z.B. sind nur verständlich durch ihre Einordnung in einen narrativen Kontext (mimesis-I). Die bereits vorstrukturierten Handlungen und Erfahrungen erhalten dann, indem sie mit Hilfe der überlieferten narrativen Muster unserer Kultur erzählt werden, eine besondere Stabilität und Identität. Dieser Transformationprozeß in explizite Geschichten ist der Kern der narrativen Tätigkeit (mimesis-II), den Ricoeur im Anschluß an Kant

als eine innovative »Synthesis des Heterogenen« beschreibt. Aus den heterogenen und nur vorstrukturierten Handlungen und Ereignissen wird durch Selektion und Integration eine sinnvolle Geschichte. Die expliziten Geschichten werden dann über Rezeptionsvorgänge (mimesis-III) wieder zum selbstverständlichen Reservoir unserer lebensweltlichen Orientierungen. Die drei mimesis-Formen bilden somit einen kreisförmigen, aber sich ständig weiter entwickelnden einheitlichen Kulturprozeß. In einem weiteren Punkt gelingt Ricœuer auch ein interessanter Blick auf das philosophische Problem der personalen Identität. Ausgehend von Diltheys Autobiographietheorie und dessen Satz vom »Zusammenhang des Lebens« beschreibt er die Identität einer Person als narrative Einheit einer erzählten oder erzählbaren Lebensgeschichte.
N. ist mittlerweile auch zu einem fruchtbaren Begriff in verschiedenen Kultur- und Einzelwissenschaften geworden; außer in den Literatur- und Geschichtswissenschaften u. a. in einer strukturalistisch und sprachwissenschaftlich inspirierten Narratologie. In der Kulturpsychologie finden sich Ansätze, die aus der Kulturinvarianz des Erzählens und Verstehens von Geschichten auf eine allgemein menschliche kognitive Struktur oder Prädisposition schließen, mit deren Hilfe wir unsere Erfahrungen in narrative Muster bringen und auf diese Weise verarbeiten. Eine narrative Deutung der Psychoanalyse schließlich geht davon aus, daß neurotische Erkrankungen u. a. auf nicht erzählten, verdrängten Geschichten beruhen, die durch die Analyse in eine explizite Geschichte zu transformieren sind, für die das Subjekt wieder Verantwortung übernehmen kann. Aufgrund seiner interdisziplinären Verwendungsmöglichkeiten eignet sich N. dann auch als Grundbegriff für eine Wissenschaftstheorie der Kulturwissenschaften. **Lit.:** J. Bruner: Acts of Meaning. Cambrigde, Mass./London 1990. – D. Carr: Time, Narrative, and History. Bloomington, Indiana 1986. – A. C. Danto: Analytische Philosophie der Geschichte. Frankfurt 1974. – J. Kocka/Th. Nipperdey (Hg.): Theorie der Erzählung in der Geschichte. München 1979. – R. Koselleck: Vergangene Zukunft. Zur Semantik geschichtlicher Zeiten. Franfurt 1979. – E. Lämmert: Bauformen des Erzählens. Stuttgart 1955. – N. Meuter: Narrative Identität. Zum Problem der personalen Identität im Anschluß an Ernst Tugendhat, Niklas Luhmann und Paul Ricoeur. Stuttgart 1995. – L. O. Mink: Narrative Form as a Cognitive Instrument. In: R. H. Canary/H. Kozicki (Hg.): The Writing of History. Literary Form an Historical Understanding. Madison, Wisconsin 1978. – A. MacIntyre: Der Verlust der Tugend. Zur moralischen Krise der Gegenwart. Frankfurt/New York 1987. – D. E. Polkinghorne: Narrative Knowing and the Human Sciences. Albany 1988. – G. Prince: Narratoloy. The Form and Functioning of Narrative. Berlin/New York/Amsterdam 1982. – P. Ricoeur: Zeit und Erzählung. 3 Bde. München 1988–1991. – Th. R. Sarbin (Hg): Narrative Psychology. The Storied Nature of Human Conduct. New York/Westport/London 1986. – R. Schafer: A New Language for Psychoanalysis. New Haven 1976. – W. Schapp: In Geschichten verstrickt. Zum Sein von Mensch und Ding. Frankfurt [3]1985. – Ders.: Philosophie der Geschichten. Frankfurt [2]1981. NM

**Narzißmus,** nach der griechischen Sage des schönen Narziß, der die Liebe der Nymphe Echo verschmähte, woraufhin sie verkümmerte. Zur Strafe mußte er sein eigenes Spiegelbild in einem Teich begrübeln. Er verliebte sich in sich selbst, so daß sein eigener Anblick ihn nicht mehr losließ, er schließlich starb und in eine Narzisse verwandelt wurde. Heute wird N. in der Regel im psychoanalytischen Sinne verstanden. Nach Freud ist der »primäre Narzißmus«, d. h. die ursprüngliche Besetzung des Ich mit Libido, ein reguläres Stadium in der Sexualentwicklung des Menschen. Danach wird die Libido auf Objekte der Außenwelt gerichtet. Werden hier zu viele Frustrationen erfahren, kommt es zu einer regressiven Wiederbesetzung des Ich mit Libido und der Zurücknahme der Libido von Objekten. »Narzißtische Kränkung« bezeichnet eine Kränkung des Selbstwertgefühls. N. und narzißtische Kränkung werden in der Sozialpsychologie auch auf Gruppen und ganze Gesellschaften angewandt. Eine narzißtische Persönlichkeitsstörung ist gekennzeichnet durch Großartigkeit in der Selbsteinschätzung, Mangel an Einfühlungsvermögen sowie Überempfindlichkeit gegenüber Fremdeinschätzung. **Lit.:** S. Freud: Ges. Werke. Bd. 10, Zur Einführung des Narzißmus. Frankfurt 1914. – H. Kohut: Narzißmus. Frankfurt 1968. DL

**Nation,** besonderer Organisationszusammenhang, in dem Individuen aufgrund gemeinsamer Abstammung, Sprache, Kultur, Religion, Wohngebiet, territorialer Grenzen usw. ihre Zusammengehörigkeit artikulieren. Zu diesen kulturnationalen Aspekten kommen staatsnationale hinzu. N. bezeichnet danach »ein Volk im Besitz eines Staates« (K. W. Deutsch). Die Konstituierung eines Raums des allgemeinen politischen Räsonnements gehört zur N., von der als politische Wirkgröße dann auch erst seit der Durchsetzung der bürgerlichen ↗Revolution gesprochen werden kann. Hat in den westlichen, industriellen Gesellschaften die N. als politische Polarisationskraft weitgehend ausgedient, so stellt sich für viele Gesellschaften der sog. Dritten Welt und des ehemaligen »realen Sozialismus« die nationale Frage mit großer Brisanz. TN

**Natur** (lat. natura von nasci, geboren werden, griech. physis), die Gesamtheit der Dinge, die frei von menschlichem Einfluß von selbst gewachsen bzw. entstanden sind, den Grund ihres Daseins in sich selbst tragen und in ihrer Entwicklung durch innere, ihnen eigentümliche Faktoren bestimmt sind. Mit der N. von Dingen kann dann auch das gemeint sein, was diese Dinge als Naturdinge auszeichnet, also das Ensemble der inneren, für ihr Dasein und ihre Entwicklung wesentlichen Eigenschaften oder Kräfte, d. h. ihr inneres Wesen. – Dieser traditionelle Begriff von N. ist von der Aristotelischen ↗Naturphilosophie geprägt. Nach Aristoteles folgen alle Dinge, sofern sie nicht menschlicher Planung entspringen, einer in ihnen angelegten Bestimmung auf ein Ziel hin (griech. telos). In dieser Zielgerichtetheit (↗Teleologie) drückt sich die innere N. der Dinge aus (↗Entelechie), die nur durch äußere Kräfte gestört werden kann. Die innere N. gilt dabei zugleich als principium individuationis der Naturdinge. N. dient als Gegenbegriff zur menschlich geplanten und ins Werk gesetzten Wirklichkeit (Technik, Kunst). Der Gegensatz von N. und Kultur wird in der Aristotelischen Philosophie dadurch gemildert, daß beide eine analoge teleologische Struktur aufweisen. Wie die N. bei der Erzeugung von Naturdingen verfährt, so müßte auch ein menschlicher Baumeister bei ihrer Herstellung vorgehen. Naturdinge sind danach von künstlichen Dingen allein dadurch unterschieden, daß erstere ihren Bauplan in sich selbst tragen. Die Vorsokratiker sahen in der N. (physis) das gemeinsame Urprinzip der Dinge (↗arche), und zwar sowohl in zeitlich-genetischer als auch (v.a. bei den Atomisten) in systematisch fundierender Hinsicht (z.B. Wasser als Urstoff aller Dinge bei Thales von Milet). Bei Demokrit und später bei Lukrez (*De rerum natura*) kann von einem atomistischen Begriff der N. gesprochen werden. Platon deutet die Urprinzipien der Dinge als unwandelbare, ideale Formen (↗Ideen), die ein Reich des eigentlich Wirklichen bilden. – Der platonische Begriff der N. kehrt in der Renaissance wieder. Bei Galilei werden die Gegenstände der Naturwissenschaft durch Idealisierung gewonnen. Nur über die idealisierten Gegenstände spricht die Sprache der N., die Mathematik. In der christlichen Philosophie wird N. auch als Gegenbegriff zum theologischen Begriff des Übernatürlichen verwendet. N. ist hier alles, was nicht selbst göttliche Offenbarung ist, aber als deren Träger dienen kann. In Voltaires Diktum »Alles ist Natur« drückt sich daher die Opposition gegen die Anwesenheit göttlicher Offenbarung in den Naturdingen aus (↗Naturalismus). Im 17. Jh. setzt sich ein mechanistischer Begriff der N. durch. N. wird zum Inbegriff einer komplexen kosmischen ↗Maschine, die nach unwandelbaren, von Gott als Schöpfer der N. eingerichteten Gesetzen funktioniert (↗Naturgesetz). So sollte N. nicht mehr als ein selbständiger Agent gesehen werden, sondern als »ein System von Regeln, demgemäß derartige Agenten und die Körper, auf die sie wirken, vom großen Schöpfer aller Dinge zu handeln und zu leiden bestimmt sind« (Boyle). Auch Kant bestimmt die N. als das »Dasein der Dinge, sofern es nach allgemeinen Gesetzen bestimmt ist« (*Prolegomena*, A 71). Zum Paradigma der mechanistischen N. wird das Planetensystem, dessen Dynamik von Isaac Newton erklärt worden war. Aristotelisch zeigt sich nur die von äußerem Eingriff ungestörte N. dem Betrachter in ihrem Wesen. Nach dem mechanistischen Begriff der N. ermöglicht das Wirken der Naturgesetze, die N. auch in künstlich hergestellten experimentellen Situationen zu erforschen. Hegel deutet den durch die neuzeitliche Wissenschaft hervorgetretenen Gegensatz von N. und Geist im Rahmen einer Geschichte des Geistes: N. ist der noch nicht zum Bewußtsein seiner selbst gekommene Geist; die Geschichte der N. kulminiert in der Domestikation der urwüchsigen N. Spinoza bestimmt Naturdinge als Einheit von Naturprodukt (natura naturata) und Zwecke setzendem Akteur (natura naturans). Schelling bestreitet die Exklusivität der Naturwissenschaft hinsichtlich wahrer Erkenntnis der N.; während diese N. als bloßes Produkt zum Gegenstand hat, ergänzt die Naturphilosophie die Naturforschung um die kreative, schöpferische Seite der N., also N. als Produktivität. Auch Goethe betont die kreative N., das Naturganze soll als ein lebendiger Wirkungszusammenhang erfaßt werden. In der Romantik erhält die wilde, unveränderte N. eine positive Wertung: Ihre (Wieder-)Aneignung wird als Bedingung wahrer Autonomie des Menschen verstanden. Bereits Rousseau hatte Natürlichkeit zu einem moralischen Standard des Menschen erhoben, die zivilisatorische Verfaßtheit der Gesellschaft als Vergehen an den von N. gegebenen Anlagen des Menschen gesehen. – Der seit Darwin in der Naturwissenschaft präsente Begriff der ↗Evolution führte im 20. Jahrhundert zu einer Renaissance des Gedankens der Geschichtlichkeit der N., nicht nur in der Biologie, sondern ebenso in Kosmologie, Geologie oder Kognitionsforschung. Themen der romantischen Naturphilosophie wie die Selbsttätigkeit (Selbstorganisation) der N. oder der Übergang zwischen toter und lebendiger Materie werden in modernen naturwissenschaftlichen Theorien der Selbstorganisation und der Lebensentstehung im Sinne empirischer Gesetzeswissenschaft behandelbar. In ihnen zeigt sich eine starke Einbindung der N. des Menschen in das Ganze der N. Das Bewußtsein der ökologischen Krise hat in den 80er Jahren ein verstärktes Interesse an N., philosophisch v.a. an praktischer Naturphilosophie ausgelöst. So ist es heute nach G. Böhme v.a. die Aufgabe der Naturphilosophie, die Beziehung des Menschen zur N., einschließlich des eigenen Körpers, in ethischer und ästhetischer Hinsicht zu reflektieren. Kritiker der modernen Naturwissenschaft und Technik, die ihr v.a. die Verantwortung für die ökologische Krise anlasten, fordern oft einen neuen Begriff der N. Dieser solle nicht mehr Verfügbarkeit und passive Objekthaftigkeit der Naturdinge konstatieren, sondern die Subjekt-Objekt-Einheit von N. und menschlicher Erkenntnis (vgl. Weizsäcker 1986) und die Selbsttätigkeit der N. formulieren. Umstritten ist die Forderung nach ethischen Eigenrechten der bzw. Pflichten gegen die N. (vgl. Jonas 1979, Birnbacher 1990). **Lit.:** Aristoteles: Physik. – D. Birnbacher: Rechte des Menschen oder Rechte der N.? In: H. Holzhey/J.P. Leyvraz: Persönliche Freiheit. Stuttgart 1990. – M. Heidelberger/S. Thiessen: N. und Erfahrung. Hamburg 1981. – H. Jonas: Das Prinzip Verantwortung. Frankfurt 1979. – I. Kant: Prolegomena. – F. Rapp (Hg.): Naturverständnis und Naturbeherrschung. München 1981; darin v.a. J. Mittelstraß: Das Wirken der N. – F.W.J. Schelling: Erster Entwurf eines Systems der Naturphilosophie. – Ders.: Ideen zu einer

Philosophie der Natur. – O. Schwemmer (Hg.): Über N. Frankfurt 1987. – C. F. von Weizsäcker: Die Einheit der Natur. München 1986. AB

**Natur, zweite** (lat. altera oder secunda natura), im allgemeinen die Bezeichnung für eine aus Gewohnheit und Erziehung stammende Prägung der Lebewesen, vornehmlich des Menschen sowohl in körperlicher als auch geistig-emotionaler und moralischer Hinsicht. Obwohl der Ursache nach von der Natur (griech. physis) verschieden, hat die z.N. ihrer Wirkung nach mit jener weitgehende Ähnlichkeit, sofern die durch Gewohnheit etablierten Akte mehr oder weniger unwillkürlich vollzogen werden. – Der Sache nach bereits im vorsokratischen Denken greifbar, ist in Platons *Staat* (395 c,d) ausdrücklich der Weg skizziert, der durch Nachahmung (mimesis) über Gewöhnung (ethos) zu naturhaftem Verhalten führt. Die besondere Bedeutung dieses Vorgangs für die Ausbildung sittlichen Handelns betont Aristoteles (*Eth. Nic.* 1103 a f). – Bei den Kirchenvätern (Tertullian, Augustinus) wird der Begriff z.N. verwendet zur Charakterisierung der menschlichen Existenz nach dem Sündenfall, durch den eine erste Natur paradiesischer Unschuld zu Ende gekommen sei. – In der Neuzeit gilt die z.N. je nach Perspektive als zu überwindender Zustand oder als zu leistende Aufgabe, letzteres besonders in der idealistischen Philosophie. Im Materialismus avanciert die z. N. zum Gegenstand kritischer Analyse. – A. Gehlen bezeichnet die Kultur als z.N. des Menschen, die er sich schafft, um die »Mängel« seiner ersten Natur zu bewältigen, und die er als ihm entsprechende, lebenssteigernde Welt selbst hervorbringt. **Lit.:** G. Funke: Gewohnheit. Bonn 1958. – W. L. Thieme: Die Gewohnheit als zweite Natur. In: Logos 19 (1930). S. 105 ff. RW

**Natura naturans/naturata** (lat. hervorbringende/hervorgebrachte Natur), Begriffspaar scholastischen Ursprungs, das zunächst dazu diente, Naturprodukte von Kunstprodukten zu unterscheiden. Naturprodukte haben keinen äußeren Ursprung oder Urheber. Durch einen natürlichen Prozeß können sie sich verändern und von einem hervorbringenden Anfangszustand in einen hervorgebrachten Endzustand übergehen. – Im frühen 13. Jh. verwendete der Übersetzer Michael Scottus das Begriffspaar, um das Verhältnis von Gott und Welt im Rahmen eines neuplatonischen Modells zu charakterisieren: Die Welt als hervorgebrachte Natur ist aus Gott, der hervorbringenden Natur, entstanden und weist deshalb intrinsisch göttliche Züge auf. Wer den inneren Ursprung der Welt verehrt, verehrt auch Gott. – An die ma. Tradition knüpfte im 17. Jh. Spinoza an, indem er behauptete, daß die Modi einer Substanz stets die Abhängigkeit von Gott, der hervorbringenden Natur, ausdrücken. **Lit.:** M. Gueroult: Spinoza. Bd. 1. Paris 1968. – O. Weijers: Contribution à l'histoire des termes ›natura naturans‹ et ›natura naturata‹. In: Vivarium 16 (1978). S. 70–80. DP

**Naturalismus,** philosophische Position des 20. Jh., wonach verläßliche Erkenntnisse darüber, was existiert und wie die Welt beschaffen ist, nur auf naturwissenschaftlichem Wege zu gewinnen sind. Gründe für den N. sind die Erfolge der modernen Naturwissenschaften und ein Interesse an einem einheitlichen Weltbild. Der N. ist eine zeitgemäße Version des ↗Materialismus und steht dem ↗Physikalismus sehr nahe, ist allerdings auch mit einem naturwissenschaftlichen Pluralismus vereinbar. – Man kann zwischen einer ontologischen, einer semantischen und einer methodologischen These des N. unterscheiden. (1) Die ontologische These (auch Identitätstheorie) besagt, daß nur natürliche, d. h. naturwissenschaftlich akzeptable, Entitäten existieren. Sie beschränkt sich entweder – in der schwächeren Version (Materialismus) – auf Einzeldinge, oder sie bezieht sich – in der stärkeren Version – auch auf Eigenschaften. (2) Die semantische These (auch ↗Reduktionismus) besagt, daß nur Beschreibungen, die sich auf ein naturwissenschaftliches Vokabular reduzieren lassen, wahr sein können. Je nachdem, ob die Reduktion durch empirische Forschung oder durch logische Analyse der Bedeutung erreicht werden soll, spricht man von einem *empirischen* oder einem *logischen* Reduktionismus. (3) Die methodologische These (auch Szientismus) besagt, daß nur naturwissenschaftliche Methoden zuverlässig sind. Sie leugnet, daß es eigenständige philosophische oder geisteswissenschaftliche Methoden der Erkenntnisgewinnung gibt. – Es sind unterschiedliche Kombinationen dieser Thesen möglich und auch historisch vertreten worden. So war z. B. Carnap ein Anhänger eines logischen Reduktionismus, der heute nicht mehr akzeptabel erscheint. Der amerik. N. (Dewey) hat dagegen den Szientismus in den Mittelpunkt gestellt. Ein schwacher ontologischer N. ist auch ohne Reduktionismus und Szientismus möglich. In der analytischen Philosophie ist gegenwärtig jedoch der reduktionistische und szientistische N. am verbreitetsten. Danach sind traditionelle Gegenstände der Philosophie sowie lebensweltliche Phänomene entweder mit Hilfe naturwissenschaftlicher Methoden reduktionistisch erklärbar, oder sie werden als nicht-existent eliminiert. – Anwendungsbereiche naturalistischer Forschungsprogramme sind z. B. Bewußtsein, Intentionalität sowie normative Begriffe der Erkenntnistheorie und Ethik. **Lit.:** P. French u. a. (Hg.): Philosophical Naturalism. Midwest Studies in Philosophy 19 (1994). – G. Keil: Kritik des Naturalismus. Berlin/New York 1993. – Y. Krikorian (Hg.): Naturalism and the Human Spirit. New York 1944. – D. Papineau: Philosophical Naturalism. Oxford 1993. TG

**Naturalismus, ethischer,** (a) Bezeichnug für eine normative Ethik, die die Entfaltung der natürlichen Anlagen des Menschen zum moralischen Ziel erklärt; (b) Bezeichnung für eine metaethische Position, die die Bedeutungsgleichheit des Moral-Ausdruckes »gut« mit einem Ausdruck, der eine natürliche Eigenschaft bezeichnet wie »bringt den höchsten Lustgewinn«, behauptet. Eine solche Gleichsetzung wird als ↗naturalistischer Fehlschluß (Moore) oder ↗deskriptiver Fehlschluß (Hare) bezeichnet. PP

**Naturalistischer Fehlschluß** ↗Fehlschluß, naturalistischer

**Naturethik,** thematisiert den ↗moralischen Status alles Natürlichen, vor allem des organischen Teils der Natur (↗Bioethik). N. im engeren Sinn befaßt sich mit dem moralischen Status der außermenschlichen Natur. In bezug auf ihren empfindungsfähigen Teil hat sich die ↗Tierethik als eigenständige Disziplin herausgebildet. Die ↗Umwelt- bzw. ökologische Ethik thematisiert den moralischen Status der belebten und unbelebten Natur (Tiere, Pflanzen, Ökosysteme, Landschaften, Materie) unter der Perspektive ihrer Umwelthaftigkeit (↗Ökologie) für den Menschen. Die der N. zugrundeliegende Frage lautet: Welche Verantwortungspflichten hat der Mensch gegenüber der außermenschlichen Natur und wie lassen sich diese begründen? Die Antwortversuche zu dieser Frage werden gewöhnlich in zwei Grundorientierungen unterteilt, den Anthropozentrismus und den Physiozentrismus.
Der *Physiozentrismus* geht auf Aristoteles zurück, nach dem der Natur aufgrund ihrer inneren Zielgerichtetheit (↗Teleologie) ein eigenständiger, von menschlichen Interessen unabhängiger, Wert zukommt. Die späteren religiösen, insbesondere christlichen Konzepte gründen die Werthaftigkeit der Natur auf ihre Schöpfung durch Gott. Analog zur Begründungsfigur des klassischen ↗Naturrechts folgern die wertethischen Ansätze aus der unterstellten Werthaftigkeit der Natur – formallogisch durchaus problematisch (empiristischer, naturalistischer ↗Fehlschluß; ↗Zirkelschluß) -, daß der Mensch Pflichten gegenüber der Natur um ihrer selbst willen habe. Mit dem Aufkommen des neuzeitlichen mechanistischen Naturverständnisses (Natur als wertneutraler Gegenstand der Naturwissenschaft) sind physiozentrische Auffassungen in den Hintergrund getreten. Die Erfahrung tiefgreifender Naturzerstörungen, als Wirkungen und Nebenwirkungen des technologischen Fortschritts (ökologische Krise), hat in den letzten Jahrzehnten jedoch zu einer Renaissance der physiozentrischen Naturethik geführt – freilich ohne daß die Begründungsprobleme damit gelöst worden wären. Gegenwärtig werden drei Versionen des Physiozentrismus vertreten: der *Pathozentrismus* (insbesondere utilitaristische und konsequentialistische Ansätze: z. B. D. Birnbacher, P. Singer), der allen empfindungsfähigen Lebewesen einen moralischen Wert zuspricht, der *Biozentrismus* (etwa A. Schweitzers Ethik der Ehrfurcht vor dem Leben), nach dem die Gesamtheit der Lebewesen als moralisch wertvoll zu betrachten ist, und der *radikale Physiozentrismus* (u. a. H. Jonas, K. M. Meyer-Abich, A. Naess), nach dem alles Natürliche, entweder jedes Naturelement je für sich oder die Natur im ganzen, einen moralischen Wert besitzt.
Die Ablösung des klassischen Naturrechts durch das neuzeitliche Vernunftrecht (Kant) scheint hingegen eine *anthropozentrische* N. zu bedingen. Wenn nur Menschen als vernunftfähige Wesen moralische Rechte und Pflichten haben, dann besteht eine Verantwortungspflicht gegenüber der außermenschlichen Natur vermeintlich allein unter der Bedingung, daß Einwirkungen auf die Natur berechtigte Interessen von Menschen tangieren. Kant führt lediglich ein pädagogisches Argument für den rücksichtsvollen Umgang mit der Natur an: Indem dieser den moralischen Charakter bzw. die moralische Empfindsamkeit der Menschen stärke, trage er auch zu einem rücksichtsvollen Umgang der Menschen untereinander bei. Ästhetische Argumente (z. B. M. Seel) verweisen darauf, daß ästhetische Naturerfahrung und eine durch die Natur angeregte ästhetische Kontemplation Voraussetzungen für ein gelungenes menschliches Leben sind. Daher müsse die Natur in ihrer Unversehrtheit, Schönheit und Erhabenheit bewahrt werden. Das gewichtigste anthropozentrische Argument macht geltend, daß ein intakter Naturhaushalt notwendige Bedingung für die Erfüllung menschlicher Grundbedürfnisse etwa nach Nahrung und Gesundheit ist. Noch grundlegender setzt die Ethik der ↗Zukunftsverantwortung (H. Jonas, K.-O. Apel) an. Sie begründet die Pflicht zum Naturschutz mit der Pflicht zur Erhaltung der Menschheit und der Pflicht, den zukünftigen Generationen die Bedingungen für ein menschenwürdiges und verantwortliches Leben zu bewahren. Insgesamt steht der Anthropozentrismus vor dem Problem, Verantwortungspflichten gegenüber der Natur zu begründen, die nicht bloß um der Menschen willen, sondern um der Natur willen zu befolgen sind. Versuche, dieses Problem zu lösen, stützen sich auf die Unterscheidung zwischen einem ontologischen Anthropozentrismus, der Menschen als die alleinigen Träger moralischer Rechte auszeichnet, und einem logischen Anthropozentrismus, der die menschliche Argumentationsgemeinschaft als Geltungsinstanz für die Anerkennungswürdigkeit von Rechten der Natur begreift. Auf diese Weise soll ein ethischer Gradualismus begründet werden, der weder in einen ethischen ↗Speziesismus mündet noch die Gattungsunterschiede einebnet. **Lit.:** D. Birnbacher (Hg.): Ökologie und Ethik. Stuttgart 1980. – A. Brennan: Environmental Ethics. In: E. Craig (Hg.): Routledge Encyclopedia of Philosophy. Vol. 3. London/New York 1998. S. 333–336. – H. Gronke: Die »ökologische Krise« und die Verantwortung gegenüber der Natur. In: D. Böhler u. a. (Hg.): Zukunftsverantwortung in der Marktwirtschaft. Berlin 1999. – A. Krebs (Hg.): Naturethik. Grundtexte der gegenwärtigen tier- und ökoethischen Diskussion. Frankfurt 1997. – Dies.: Naturethik im Überblick. A.a.O., S. 337–379. – G. Skirbekk: Ethischer Gradualismus: jenseits von Anthropozentrismus und Biozentrismus. In: Deutsche Zeitschrift für Philosophie 43 (1995). S. 419–434. HGR/JPB

**Naturgesetz.** N.e sind (hypothetisch wahre) gesetzesartige Aussagen einer wissenschaftlichen Theorie, also generelle Aussagen, die im Gegensatz zu akzidentellen Allaussagen nicht mit einer Konjunktion über endlich viele Einzelaussagen äquivalent sind. Der Versuch, N.e von akzidentellen Allaussagen durch rein logische Kriterien abzugrenzen, stößt aber auf Schwierigkeiten: Die Forderung, nach der N.e keine Bezugnahme auf bestimmte Zeitpunkte, Orte oder Objekte enthalten sollten, ist zu stark, weil z. B. biologische N.e auf konkrete endliche Gesamtheiten wie biologische Arten Bezug nehmen. Kutschera schlägt daher einen pragmatisch relativierten Begriff des N. vor (1972, S. 330): N.e sind gegenwärtig wissenschaftlich akzeptierte Sätze. Die Akzeptierung eines N. gründet sich auf seine Rolle als Mittel wissenschaftlicher Erklärungen, Begründungen und Prognosen (Hempel 1977). N.e bestimmen wesentlich das moderne Bild der ↗Natur. **Lit.:** D. Armstrong: What is a Law of Nature? Cambridge 1983. – C.G. Hempel: Aspekte wissenschaftlicher Erklärung. Berlin 1977. – F. v. Kutschera, Wissenschaftstheorie II. München 1972. – E. Schrödinger: Was ist ein Naturgesetz? München 1967. – W. Stegmüller: Probleme und Resultate der Wissenschaftstheorie und Analytischen Philosophie. Bd. 1. Berlin 1983. AB

**Naturphilosophie,** dient in ihrem allgemeinsten Sinne dem Naturverständnis. Sie läßt sich dabei auf zwei verschiedene Arten definieren: Zum einen als philosophische Beschäftigung mit der ↗Natur selbst, zum anderen als Philosophie der ↗Naturwissenschaften, d.h. als Metawissenschaft oder Wissenschaftstheorie. Zentrale Themen der N. sind u.a. ↗Raum, ↗Zeit, ↗Materie, ↗Bewegung, ↗Kosmos, Ordnungsstrukturen, Determinismus. Die N. durchlief in ihrer Entwicklung mindestens drei unterscheidbare Phasen:
(1) N. als Naturwissenschaft: Von der Antike über das MA. bis in die frühe Neuzeit, mit Einschränkung bis zur Mitte des 18. Jh., kann die N. als Philosophie der Natur nicht von den Naturwissenschaften getrennt werden. Die charakteristischen Fragestellungen der N., besonders in Hinsicht auf das Problem der Kosmogonie, wurden erstmals in der Philosophie der Vorsokratiker gestellt. Die erste wissenschaftliche Systematisierung erfolgte durch Aristoteles, dessen N., zum Teil durch arabische Vermittlung, bis weit ins MA. bestimmend war. Erste Kritik an Aristoteles in bezug auf naturwissenschaftliche Einzelfragen wurde zur Zeit W. Ockhams (14. Jh.) laut. Die Autonomie der N. gegenüber der Theologie, die während des MA. nicht bestand, wurde erstmals von G. Bruno gefordert. Mit F. Bacons und G. Galileis Entwicklung der induktiv-experimentellen Methode wurde die Wendung zur exakten Naturwissenschaft eingeleitet, die sich in der Folgezeit von der N. trennte, wenn auch Newton und seine Zeitgenossen ihre naturwissenschaftlichen Arbeiten noch als N. bezeichneten.
(2) Metaphysik der Natur und romantische N.: Mit der Entstehung der exakten Naturwissenschaften zu Beginn der Neuzeit und der von ihr betriebenen Kritik an spekulativen Methoden trennten sich die Wege von N. und empirischer Wissenschaft. Kants transzendentalphilosophischer Ansatz brachte die erste N. hervor, die nicht mehr Philosophie der Natur sein wollte, sondern eher Metatheorie der Naturwissenschaften. Seine »Metaphysik der Natur« sollte die apriorischen Anteile jeder empirischen Naturwissenschaft klären. Die spekulative »romantische N.« Schellings im Übergang vom 18. zum 19. Jh. war hingegen wie die N. der Antike und des MA. eindeutig als Philosophie der Natur gedacht, sie war jedoch in keiner Weise identisch mit der Naturwissenschaft, die sich um eine zunehmende Objektivierbarkeit bemühte. Schelling sah die Natur als organisches Ganzes (Subjekt) und zielte gerade auf ein Erkennen der empirischen Methoden unzugänglichen Anteile der Natur ab. Sein erkenntnistheoretischer Idealismus brachte einen absoluten, metaphysischen Naturbegriff hervor. Die romantische N. geriet im Aufwind der exakten Naturwissenschaften in Verruf.
(3) Gegenwärtige synthetische N. und Wissenschaftstheorie der Naturwissenschaften: Ein Neuaufleben der N. im 20. Jh. war v.a. der exakten Grundlegung ihrer Methoden und der konsequenten Einschränkung ihrer Ansprüche zu verdanken. Ausgangspunkt dieses Neuansatzes war der ↗Wiener Kreis des logischen Empirismus (M. Schlick, R. Carnap, O. Neurath, H. Reichenbach, u.a.), der die Überprüfung der semantischen Basis und der syntaktischen Zusammenhänge in naturwissenschaftlichen Theorien zum einzigen Bereich naturphilosophischer Tätigkeit erklärte. Metaphysische Komponenten wurden hierbei als sinnlose Fragestellungen ausgeklammert. Die heutige Wissenschaftstheorie der Naturwissenschaften baut auf diesem analytischen Ansatz auf, aber sie faßt das Spektrum sinnvoller Fragestellungen weiter. Ihr zur Seite steht eine synthetische N., die unter Einbeziehung von Aussagen der Naturwissenschaften die Klärung inhaltlich-philosophischer Fragen über die Natur anstrebt (z.B. ↗Kausalität, ↗Determinismus, Endlichkeit der Welt, Teleologie). Diese neue N. ist gleichzeitig Philosophie der Natur als auch Philosophie der Naturwissenschaften. Ihre Fragestellungen beziehen sich direkt auf die Natur; bei den Antworten benutzt sie und stützt sie sich auf Ergebnisse und Argumente aus den empirischen Wissenschaften. Sie reflektiert die naturwissenschaftliche Theorien- und Modellbildung und gewinnt auf diese Weise (theoriegebundene) Erkenntnisse über die Natur. Als Philosophie (bzw. Wissenschaftstheorie) der Naturwissenschaften untersucht sie die Grundlagen und philosophischen Implikationen der empirischen Wissenschaften und ergänzt diese durch Meta-Betrachtungen, die nicht von den Naturwissenschaften selbst geleistet werden können. Die Einbeziehung von Aussagen der empirischen Wissenschaften in der synthetischen N. überträgt den Vorläufigkeitscharakter der Naturwissenschaften auf die N., die sich somit immer nur auf ein hypothetisches Bild der Natur im Rahmen der bestehenden empirischen Wissenschaften beziehen kann. **Lit.:** Aristoteles: Metaphysik – G. Böhme (Hg.): Klassiker der Naturphilosophie. München 1989. – M. Drieschner: Einführung in die Naturphilosophie. Darmstadt 1981. – P. Duhem: Le système du monde 1–10. Paris 1914–1959. – B. Kanitscheider: Philosophie und moderne Physik. Darm-

stadt 1979. – Ders.: Wissenschaftstheorie der Naturwissenschaften. Berlin 1981. – G. Sarton: Introduction to the History of Science. Baltimore 1927–47. – M. Stöckler: Was kann man heute unter Naturphilosophie verstehen? In: Philosophia naturalis 26 (1989). S. 1–18. RH

**Naturrecht,** Vorstellung von einem überpositiven Recht, das unabhängig von menschlicher Verfügung gilt und als höherwertige Normordnung Maßstäbe für die Bewertung jeglichen positiven Rechts definiert. N. kann daher seinem Anspruch nach bestehende Rechtsordnungen sowohl legitimieren als auch kritisieren oder limitieren. – Bei insgesamt gleichbleibender Funktion wurde das N. im Laufe seiner Geschichte unterschiedlich begründet: Wurde zunächst von den Sophisten die gesetzmäßig strukturierte Ordnung der Natur selbst als normgebende Instanz erkannt, so wurde das N. schon wenig später von dem teleologisch aufgefaßten Wesen des Menschen abgeleitet und als Mittel menschlicher Wesenserfüllung gerechtfertigt (z.B. bei Aristoteles). Während die Patristik und die Scholastik das N. als Teil der göttlichen Schöpfungsordnung auffaßten, bildete sich vor allem im 17. Jh. ein profanes N. heraus, das zwar weitgehend anthropologisch argumentierte, zugleich aber auf das von Kant als Vernunftrecht begründete N. vorauswies. Unabhängig von theologischen Anleihen und empirischen Zusatzannahmen definierte Kant das N. als ein »auf lauter Prinzipien a priori« beruhendes Recht, das »durch jedes Menschen Vernunft« erkennbar ist und »zu aller positiven Gesetzgebung die unwandelbaren Prinzipien« formuliert. Während naturrechtliche Normen, die ursprünglich nur postulativ formuliert waren, in den Verfassungsurkunden moderner Staaten Eingang fanden und auf diese Weise positiviert wurden, ist das N. seit dem beginnenden 19. Jh. der massiven Kritik der verschiedenen Spielarten des ↗Rechtspositivismus ausgesetzt. Dem N. wurde vorgeworfen, trotz des unübersehbaren geschichtlichen Wandels an überzeitlichen, universal gültigen Normen festzuhalten, die – so ein weiterer Vorwurf – in ihrer Abstraktheit keinerlei Anhaltspunkte für rechtspraktische Konkretisierungen bieten. Das mit dem N. immer schon verbundene doppelte Problem der Begründung einer normgebenden Instanz einerseits und der stringenten Ableitung naturrechtlicher Normen andererseits konnte nach Auffassung des Rechtspositivismus nicht befriedigend gelöst werden. Er hielt dem N. – durchaus nicht immer zu Recht – vor, normative Aussagen aus deskriptiven Sätzen über Naturtatsachen formallogisch fehlerhaft (Sein-Sollen-Fehlschluß, ↗empiristischer Fehlschluß) abzuleiten (vgl. Kelsen).

Dennoch ist der ursprüngliche Impuls des N.s, die Frage nach dem richtigen Recht vor allem als Frage nach der Legitimität des positiven Rechts, nicht ohne weiteres abweisbar (vgl. auch Rawls). So wird gegenwärtig – etwa von Höffe – versucht, die Naturrechtstradition einer überpositiven Rechts- und Staatskritik mit Begriffen der »politischen Gerechtigkeit« fortzusetzen. Es geht dabei um ein nicht-dogmatisches, »kritisches N.«, das wesentliche Einsichten des Rechtspositivismus berücksichtigt und durch die an Kant orientierte Art ihrer sittlichen Fundierung dem Sein-Sollen-Fehlschluß entgeht. Auch Habermas' Bemühungen, die Legitimität des positiven Rechts auf der Basis einer kommunikativen Vernunft, die sich im Prozeß der Rechtsetzung geltend macht, zu begründen, zehrt in letzter Konsequenz noch von den ursprünglichen Intentionen des N.s. Dies läßt sich feststellen, obwohl sein auf das Rationalitätspotential der Sprache vertrauender subjektdezentrierter Vernunftbegriff bewußt nachmetaphysisch konzipiert ist und sich daher von den metaphysischen Prämissen des älteren N.s und des auf praktischer Vernunft beruhenden Vernunftrechts distanziert. **Lit.:** K. Graf Ballestrem (Hg): Naturrecht und Politik. Berlin 1993. – E. Bloch: Naturrecht und menschliche Würde. Frankfurt 1961. – R. Bubner: Welche Rationalität bekommt der Gesellschaft? Frankfurt 1996. – G. Ellscheid: Das Naturrechtsproblem. In: A. Kaufmann/W. Hassemer (Hg.): Einführung in die Rechtsphilosophie und Rechtstheorie der Gegenwart. Heidelberg $^{6}$1994. – J. Habermas: Faktizität und Geltung. Frankfurt 1992. – O. Höffe: Politische Gerechtigkeit. Frankfurt 1987. – K.-H. Ilting: Naturrecht und Sittlichkeit. Stuttgart 1983. – M. Kaufmann: Rechtsphilosophie. Freiburg 1996. – H. Kelsen: Reine Rechtslehre. Wien $^{2}$1960. – D. Mayer-Maly/P.M. Simons (Hg.): Das Naturrechtsdenken heute und morgen. Berlin 1988. – W. Maihofer (Hg.): Naturrecht oder Rechtspositivismus? Darmstadt 1962. – J. Rawls: Eine Theorie der Gerechtigkeit. Frankfurt $^{7}$1993. – L. Strauss: Naturrecht und Geschichte. Frankfurt 1977. – S. Zurbuchen: Naturrecht und natürliche Religion. Würzburg 1991. FG

**Naturwissenschaften.** Objekt der N. ist die ↗Natur. Ausgegrenzt bleibt, was der menschliche Geist hervorbringt oder mit intentionalem Handeln zu tun hat. – In der Antike wurde das Naturgeschehen v.a. als blinde Notwendigkeit gesehen, nur die göttliche Sphäre der Himmelsbewegungen galt als rational erfaßbar. Erst in der Renaissance setzte sich das Programm durch, die Natur mit Hilfe der Mathematik zu verstehen. Die neuzeitlichen N. begannen zur Zeit Galileis, wobei sich theoretisch-naturphilosophische Untersuchungen mit praktisch-handwerklichen Traditionen verbanden. – Die Leitwissenschaft war zunächst die mechanistische Physik, die im Wechselspiel von experimenteller Erfahrung und mathematisch formulierter Theorie nach ↗Naturgesetzen und nach Erklärungen der Naturphänomene sucht. Wegen der überprüfbaren Methoden und der Kontrolle durch die Erfahrung wurde sie zum Musterbeispiel für sicheres und objektives Wissen. Die Suche nach Ursachen verdrängte Erklärungen, die sich auf Zwecke und Ziele beriefen. – Im 18. und 19. Jh. konstituierten sich Chemie und Biologie als neue N. Neben diesen Grundlagenfächern gibt es heute eine Fülle angewandter Disziplinen. Daraus folgen Probleme der Einheit der N. – ist z.B. Biologie im Prinzip auf Physik reduzierbar? – und der Abgrenzung zur Technik. – In der neueren Entwicklung untersuchen die N. zunehmend Bereiche, die sich den menschlichen Sinnen entziehen, sowie evolutionäre Prozesse, die Teil einer Geschichte der Natur sind. Die N., die lange als Garanten des Fortschritts galten, werden gegenwärtig oft wegen ihrer Vorgehensweise kritisiert, in der eine Ursache der Umweltzerstörung gesehen wird. Das Bild der N. ist vielfach geprägt durch die sich im 19. Jh. herausbildende Spaltung in N. und ↗Geisteswissenschaften, die sich gegen einen Totalitätsanspruch der Methoden der N. abgrenzten. Die Wissenssoziologie beschreibt die N. meist als technisch orientiert und nur der Beherrschung der Natur dienend. Der Anspruch auf objektives Wissen über die Natur wird dabei als Selbstmißverständnis zurückgewiesen. Es erscheint jedoch sinnvoll, neben den empirisch überprüfbaren Aussagen der N. auch ihre naturphilosophischen Konsequenzen zu untersuchen, die sich allerdings nur bei Hinzunahme philosophischer Prämissen ergeben. **Lit.:** Enzyklopädie Naturwissenschaft und Technik. München 1979. – G. Böhme/E. Schramm (Hg.): Soziale Naturwissenschaft. Frankfurt 1984. – W. Büchel: Gesellschaftliche Bedingungen der Naturwissenschaften. München 1975. – E.J. Dijksterhuis: Die Mechanisierung des Weltbildes. Berlin 1956 (Nachdr. Berlin 1983). – J. Habermas: Technik und Wissenschaft als »Ideologie«. Frankfurt [2]1975. – M. Heidelberger/S. Thiessen: Natur und Erfahrung. Reinbek 1981. MS

**Naturzustand,** auch Urzustand. Im Rahmen der ↗Vertragstheorien stellt der »N.« ein Gedankenexperiment dar, in dem die Bedingungen des Lebens in einem vorgesellschaftlichen oder vorstaatlichen Zustand fiktiv rekonstruiert werden. Er zeigt die natürlichen Freiheiten und Rechte auf und benennt die denkbaren Konflikte. Durch ein solches Konstrukt soll der Nachweis erbracht werden, daß es rationale Gründe gibt, einen solchen N. zu verlassen und einen ↗Gesellschaftsvertrag zu schließen. Er ist durch eine absolute Ungebundenheit der einzelnen gekennzeichnet, in dem die Koexistenz mit anderen Individuen nicht sichergestellt ist. In den klassischen Vertragstheorien ist er bestimmt durch die Gefährdung des Lebens aufgrund der unbeschränkten Freiheit aller (Hobbes), die Unsicherheit im Hinblick auf die Respektierung der natürlichen Rechte (Locke), durch das Selbsterhaltungsrisiko, dem der einzelne unterworfen ist (Rousseau). – In der rechtfertigungstheoretischen Vertragstheorie von Rawls übernimmt das Konstrukt »Schleier des Nichtwissens« die Funktion eines Urzustandes (»original position«). Der in einer Entscheidungssituation Befindliche soll kein Wissen über seine gesellschaftliche Situation, seine körperlichen und geistigen Fähigkeiten in die Überlegung einfließen lassen, damit sichergestellt ist, daß er nach allgemeinen Gesichtspunkten die Entscheidung für bestimmte gesellschaftliche Prinzipien des Zusammenlebens trifft. Das allen gemeinsame Interesse richtet sich auf die für alle gleichermaßen günstigste Verteilung der grundlegenden Güter (Rechte, Freiheit, Chancen, Einkommen). **Lit.:** ↗Gesellschaftsvertrag. PP

**Negation,** Verneinung. (1) Logisch: Die N. wird unterschieden nach dem, was sie verneint: entweder eine Aussage, ein Prädikat oder einen Begriff. Aristoteles unterscheidet eine absprechende N. (apophasis) und eine privative N. (steresis). Begriffe der Form »nicht-p« heißen im Anschluß an Aristoteles infinite (unbestimmte) Begriffe, woraus bei Kant die »unendlichen« Urteile resultieren. Für Bolzano ist die N. der Behauptung gleich, etwas sei nicht wahr. Frege erklärt die aussagenlogische N. über die ↗Wahrheitswertetafel. (2) Metaphysisch: Im MA. wird das Eine als N. der Vielheit des Seienden begriffen. Bei Nikolaus von Kues ist die absolute mentale Einheit die N. der Disjunktion von N. und Affirmation und der Verbindung von N. und Affirmation. (3) Transzendentalphilosophisch: Bei Kant gehört der Begriff der N. zu den Kategorien der Qualität, abgeleitet aus den verneinenden Urteilen. Fichte gewinnt die Kategorie der N. aus dem 2. Grundsatz der Wissenschaftslehre, der das Entgegensetzen des Nicht-Ich ausdrückt. In der Identitätsphilosophie bezeichnet Schelling die Einzelnheit als absolute N. der Allgemeinheit. Bei Hegel gewinnt der Begriff der N. und der der Negativität erst ab 1801 seine dominierende Stellung. N. ist für ihn eine Handlung des Verstandes, der unterscheidet und trennt und die Unterscheidung festhält. Die Negativität wird daher zur treibenden Kraft der dialektischen Bewegung von Ich und Substanz. Die Bewegung geht durch N. der N. zurück in sich selbst, ohne in die Einfachheit des Anfangs zurückzufallen und ist nun gewordene, bestimmte Einfachheit. In diesem Prozeß gewinnt der Gehalt durch N. und N. der N. auf immanente Weise an Bestimmtheit, ein Prozeß der seine existentielle Qualität beweist durch den »Ernst, den Schmerz, die Geduld und die Arbeit des Negativen« (*Ges. Werke* 9, 18). **Lit.:** B. Mojsisch: Nichts und Negation. Meister Eckhart und Nikolaus von Kues. In: B. Mojsisch/O. Pluta (Hg.): Historia Philosophiae Medii Aevi. Studien zur Geschichte der Philosophie des Mittelalters. Amsterdam 1991. S. 675–693. – M. Wolff: Der Begriff des Widerspruchs. Eine Studie zur Dialektik Kants und Hegels. Königstein/Ts. 1981. CHA

**Negation der Negation,** zentraler Begriff der Hegelschen Dialektik, der als (1) Prozeßbegriff die Methode der Selbsterzeugung und Selbstdifferenzierung der ↗Kategorien bezeichnet, während er als (2) Resultatbegriff den Subjektcharakter der Substanz ausdrückt. »Negation« bedeutet bei Hegel Tätigkeit der Substanz und umfaßt ↗energeia und ↗dynamis (Aristoteles). Zugleich wird diese Tätigkeit im Sinne Spinozas als Bestimmen (determinatio) gedacht. Das Verhältnis von sich selbst bestimmender Substanz und einzelnen Bestimmungen als Resultat der ersten Negation stellt für Hegel einen Widerspruch – zwischen unendlicher Substanz und endlicher Bestimmung – dar. Die Negativität dieses Widerspruchs wird in einem zweiten

Schritt wiederum durch die Substanz selbst »negiert«. Als Prozeß (1) ist diese zweite Negation der ersten Negation die Aufhebung des Widerspruchs zwischen Substanz und Bestimmung, eine Bewegung, in der die (Selbst-)Bestimmungen der Substanz differenzierter und »wahrer« werden. Als Resultat (2) erweist sich die Substanz in dieser N.d.N. als Einheit von selbstbestimmender Negation und Negation der darin enthaltenen Negativität des Widerspruchs zwischen Substanz und Bestimmung. Die Bewegung der N.d.N. stellt daher nach Hegel zugleich eine Integration der Bestimmungen der Substanz dar. Beides zusammen – die Selbsthervorbringung von sich ausdifferenzierenden Bestimmungen durch eigene Tätigkeit (erste Negation) und die Fähigkeit der Integration der darin enthaltenen Negativität des Widerspruchs in eine Einheit (Negation der ersten Negation) – erweist den Subjektcharakter der Substanz. MQ

**Negentropie,** die negative ↗Entropie eines physikalischen Systems. Nach Brillouin sind N. und Information äquivalente Begriffe. Der 2. Hauptsatz der Thermodynamik wird als Prinzip der Abnahme von Information interpretiert. **Lit.:** L. Brillouin: Scientific Uncertainty and Information. New York 1964. AB

**Neid,** ungerechtfertigte Mißgunst über Besitz oder Wohlergehen eines anderen. Aristoteles hebt den N. (phtonos) ab vom Unwillen gegen solche, die zu unrecht Güter besitzen (nemesis). Für Thomas v. Aquin ist N. (invidia) ein Gefühl, das als an sich unvernünftig (aliquid de se inconveniens rationi) gilt. N. ist seiner Art nach (ex sua specie) schlecht. Theologisch betrachtet ist N. Sünde. Kant sieht im N. ein »Laster des Menschenhasses«. Die politische Philosophie Hobbes spricht dem N. auch einen konstruktiven Aspekt zu. Der menschliche N. rechtfertigt die Akzeptanz einer Staatsmacht. Kierkegaard sieht im N. ein einigendes Prinzip der Gesellschaft, allerdings eines, das auf negative Weise wirkt, v. a. in leidenschaftslosen, stark reflektierten Zeiten. Nach Rawls vermeidet eine gerechte Gesellschaft jeden entschuldbaren allgemeinen N. ihrer Mitglieder. **Lit.:** Aristoteles: Rhetorik. 1386b-1387b. – Th. Hobbes: De cive. Op.lat.II. Hg. G. Molesworth. Reprint Aalen ²1966. S. 209 ff. – S. Kierkegaard: Eine literarische Anzeige (Gesammelte Werke 17. Abtlg.). Düsseldorf 1954. S. 86. – J. Rawls: Eine Theorie der Gerechtigkeit. Frankfurt 1975. S. 575–587. – Thomas v. Aquin: S.th.I-II, q.24,a.4; II-II, q.36, a.2. CK

**Neigung,** nach Kant die »Abhängigkeit des Begehrungsvermögens von Empfindungen« (*Akad.-Ausg.* 4, S. 413), daher das mit dem Gegenstand des Wollens eng verknüpfte Gerichtetsein des Handelnden. Sie unterscheidet sich als das Hingezogensein zum Objekt in Aussicht auf Lust von der Abscheu als dem Abgestossensein in Aussicht auf Unlust. Als »habituelle sinnliche Begierde« (*Akad.-Ausg.* 7, S. 251) und damit objekt-abhängiger Wille ist ihr Gegenstück das vernunftgeleitete Interesse, als subjektives Gefühl die ↗Achtung vor dem Gesetz, als Handlungsprinzip die ↗Pflicht. Moralisches Handeln findet also ohne oder sogar gegen die N. statt. Allgemein neigt der Mensch zur ebenfalls kein Kriterium des Sittlichen liefernden Glückseligkeit (↗Eudaimonie), der Befriedigung aller N.en. der Mannigfaltigkeit, dem Grade und der Dauer nach. **Lit.:** H. Reiner: Die Grundlagen der Sittlichkeit. Meisenheim a. G. 1974. OFS

**Neoaristotelismus,** methodisch auf Aristoteles zurückgreifende, politische und ethische Position mit konservativen Tendenzen. Aspekte, die bereits Aristoteles' Auseinandersetzung mit Platon bestimmten, rücken in den Vordergrund. Im Anschluß an die aristotelische Unterscheidung von Theorie und Praxis vermindert die Praxisrelevanz einer Theorie die Ansprüche an deren Exaktheit. Für eine praktische Philosophie ist die ↗Phronesis bestimmend. Aristoteles' Unterscheidung von ↗Poiesis und ↗Praxis wirkt sich auf den Handlungsbegriff aus. Der Bezug auf Praxis, die nach Aristoteles ihr Ziel in sich selbst hat, führt zu einer Kritik an technischen Handlungsorientierungen. Schließlich betont der Begriff des ↗Ethos den Erfahrungsbezug. Erfahrung verweist auf eine immer bereits gelebte Ethik. Politische Utopien wie moraltheoretische Letztbegründungen werden abgelehnt. – Bereits Hegels Kant-Kritik rekurriert auf Sittlichkeit und Ethik im neoaristotelischen Sinn. Die Kritik an spätkapitalistischen Gesellschaften, die der N. impliziert, hat verschiedene Aspekte. Einmal ist sie im Zusammenhang mit neokonservativen Tendenzen zu sehen, die gegen politischen Liberalismus und moralischen Pluralismus argumentieren. Eine kommunitaristische Variante beanstandet das formalistische und ahistorische Erbe der Aufklärung und verbindet dies mit einer Kapitalismus- und Technologiekritik. Die Aufwertung des Begriffes der Gemeinschaft solle sich jedoch innerhalb der demokratischen Staatsorganisation vollziehen. Eine dritte Richtung knüpft an Gadamers Wiederentdeckung der aristotelischen Phronesis an. Eine situationsorientierte praktische Vernunft ist Voraussetzung für diese hermeneutische Ethik, die sowohl vom aristotelischen Denken wie von Hegels Kant-Kritik geprägt ist. Hier steht die Urteilsfähigkeit der einzelnen im Zentrum. **Lit.:** S. Benhabib: Im Schatten von Aristoteles und Hegel. Kommunikative Ethik und Kontroversen in der zeitgenössischen praktischen Philosophie. In: Selbst im Kontext. Frankfurt 1995. S. 33–75. – R. Elm: Klugheit und Erfahrung bei Aristoteles. Paderborn u. a. 1996. – H.-G. Gadamer: Wahrheit und Methode. Tübingen 1960. – J. Habermas: Die Kulturkritik der Neokonservativen in den USA und in der Bundesrepublik. In: Die neue Unübersichtlichkeit. Frankfurt 1985. S. 30–56 – H. Schnädelbach: Was ist Neoaristotelismus? In: W. Kuhlmann (Hg.): Moralität und Sittlichkeit. Das Problem Hegels und die Diskursethik. Frankfurt 1986. S. 38–64. BES

**Neokonfuzianismus,** Schule des chinesischen ↗Konfuzianismus, 11. Jh.–16. Jh. Sie wird in zwei Richtungen eingeteilt: die Schule des Prinzips (Li Xue), deren wichtigster Vertreter Zhu Xi (1130–1200) ist, und die

Schule des Bewußtseins (Xin Xue), deren wichtigster Vertreter Wang Yangming (1472–1529) ist. Gemeinsam ist beiden ein expliziter Antibuddhismus und Antidaoismus sowie der Anspruch, unmittelbar an die Lehre von Konfuzius, an dessen Schüler und v.a. an Mencius, anzuknüpfen. Die Neokonfuzianer bezeichneten sich daher selbst als die Vertreter der »wahren Lehre der rechten Tradition« (Dao Xue). Die inhaltliche Erneuerung durch den N. verdankt der Konfuzianismus einer intensiven Rezeption des Buddhismus und Daoismus. Zhu Xis Synthese der Lehren der sog. »fünf frühen Neokonfuzianer« (Zhou Dunyi, Zhang Zai, Shao Yong, Chen Hao, Chen Yi) des 11. Jh. ist die umfassendste philosophische Systematik Chinas. Zentrale These ist, daß Prinzipien (↗Li, Logos) den Dingen und dem veranlagten menschlichen Wesen zugrundeliegen und im Bewußtsein angelegt sind. In einem Wechselspiel der Erforschung der Prinzipien der Dinge und des eigenen moralischen Wesens gelangt der Mensch zur vollkommenen Erkenntnis und der Realisation der Harmonie. Die ursprüngliche Harmonie des absoluten Prinzips (Tai Ji) ist in der notwendigen Differenzierung des kosmogenetischen Prozesses im Wechselspiel zwischen Prinzipien (Li) und der dynamischen Materie (↗Qi) verschattet worden. Erkenntnisgewinn dient der Rückgewinnung der ursprünglichen Ausgeglichenheit als Harmonie. Individueller Erkenntnisgewinn und moralische Vervollkommnung werden systematisch in ein kosmogenetisches Modell eingebunden und zur Voraussetzung eines geordneten Sozialwesens. Hierdurch erfolgte eine ontologische Fundierung der konfuzianischen Sozialethik und Morallehre. Der von Zhu Xi geschaffene Kanon von Schriften und seine Auslegung erhalten ab 1313 den Status der staatlich sanktionierten Orthodoxie. Bis 1905 bilden sie die Grundlage der Ausbildung zum Staatsbeamten. In der Ming-Zeit wendet sich Wang Yangming gegen Zhu Xis erkenntnistheoretischen Ansatz. Er negiert die Trennung von Bewußtsein (↗Xin) und Prinzip. Prinzipien können demzufolge nur in der erkenntnissuchenden Aktivität des Bewußtseins auftreten. Die Kultivierung des eigenen ursprünglich guten Wesens und Wissens (↗Liang Zhi), die ethische Läuterung, bestimmt daher die Qualität der Dinge und der Welt. Neben diesen beiden Hauptrichtungen des Neokonfuzianismus vertraten eine Reihe von Repräsentanten der Dao Xue-Bewegung divergente Lehrmeinungen, darunter Zhang Zai (1020–1077), der der dynamischen Materie (Qi) das Primat vor dem Prinzip einräumte. Die volksrepublikanische Philosophiegeschichtsschreibung hat dieser dritten Richtung, die sie als »materialistisch« einstuft, große Beachtung geschenkt. Weitere Vertreter dieser Richtung sind Ye Shi (1132–1224), Chen Liang (1143–1567) und Wang Tingxiang (1474–1544). In Japan, Korea und Vietnam wurde der N. intensiv rezipiert, und es haben sich eigene neokonfuzianische Schulen gebildet. **Lit.:** Wing-tsit Chan: A Source Book in Chinese Philosophy. Princeton 1963. – A. Forke: Geschichte der neuen chinesischen Philosophie. Hamburg [2]1964. – Fung Yulan (D. Bodde, übers.): A History of Chinese Philosophy. Bd. 2. Princeton 1953. – K. Shimada: Die Neo-Konfuzianische Philosophie. Die Schulrichtungen Chu Hsis und Wang Yangmings. Berlin 1987. MLE

**Neomarxismus,** Traditionslinie des ↗Marxismus, der es unabhängig und jenseits von ideologischen wie herrschaftslegitimatorischen Indienstnahmen von seiten der Machteliten des »Realen Sozialismus« darum zu tun war und ist, das Marxsche Erbe kritisch und undogmatisch anzueignen und fortzuentwickeln. Während für die dogmatischen Versionen des Marxismus bis in die jüngste Zeit hinein die »Arbeiterklasse« in ihrem revolutionären Auftrag im Zentrum der »marxistisch-leninistischen Weltanschauung« stand, ist spätestens seit dem Ende des 2. Weltkrieges für den N. ein Einbekenntnis des tendenziellen Verschwindens des »revolutionären Subjekts« und seine Substitution durch allgemeiner gefaßte Hoffnungsträger für die von Marx in Auftrag gegebene Überwindung der entfremdeten gesellschaftlichen Verhältnisse im Kapitalismus kennzeichnend. – Einer so zu nennenden Philosophie der revolutionären Praxis geht es darum, den revolutionären Charakter der von Marx begründeten materialistischen Geschichtsphilosophie herauszustreichen und wieder ins Zentrum der theoretischen Arbeit zu rükken. Dabei setzen die beiden ital. Vertreter Labriola und Gramsci ihre Hoffnung noch völlig ungebrochen auf die Kraft der proletarischen Bewegung, die erkannt hat, daß sich die gesellschaftlichen Verhältnisse ändern lassen und daß das Mittel der angezielten Veränderung die revolutionäre Praxis dieser Bewegung selbst ist. Demgegenüber liegt den beiden frz. Vertretern Sartre und Merleau-Ponty daran, nach dem für die europäische Arbeiterbewegung tiefgreifenden Einschnitt des 2. Weltkrieges die Grenzen dieser revolutionären Perspektive der Philosophie der Praxis näher zu bestimmen. – Bereits im Begriff einer ↗Kritischen Theorie der Gesellschaft wird deutlich, daß deren Vertretern vor allem anderen an einer kritischen Gesellschaftsanalyse gelegen ist. Dabei ist es für Adler wesentlich, daß die Marxsche Theorie in einzigartiger Weise »Wissenschaft von den sozialen Gesetzmässigkeiten« ist, daß mit ihrer Hilfe die Gesetze der gesellschaftlichen Entwicklung herauszuarbeiten sind. Horkheimer, der seit 1930 Leiter des Frankfurter »Instituts für Sozialforschung« war und mit diesem 1933 emigrieren mußte, legte in seiner 1937 erschienenen und für die »Frankfurter Schule der kritischen Theorie« namengebenden Studie »Traditionelle und kritische Theorie« den Schwerpunkt der letzteren auf die Selbstaufklärung der Menschen im und aus dem praktischen Horizont ihres gesellschaftlichen Lebens; die »gesellschaftliche Funktion« der »Kritischen Theorie« liegt ihm zufolge in der »Kritik des Bestehenden«. Während für Horkheimer das Proletariat erklärtermaßen nicht mehr allein das revolutionäre Subjekt der gesellschaftlichen Emanzipation ist, ersetzt Adorno in den 60er Jahren die Marxsche Dialektik der ↗Negation der Negation durch eine »Negative Dialektik« und gibt damit die Hoffnung auf die prinzipielle Möglichkeit einer Aufhebung der Entfremdung vollends preis. Einzig eine kritische Theorie ist noch zum Widerstand fähig, jede revolutionäre Praxis steht grundsätzlich vor der Gefahr, in blinden Aktionismus umzuschlagen. Diesen Geschichtspessimismus teilt der dritte Vertreter der Frankfurter Schule, Marcuse, nicht. Ins Zentrum seiner Kritik stellt er die »Eindimensionalität« der gesellschaftlichen Entwicklung im Kapitalismus und ruft – vor dem Hintergrund des Vietnamkrieges wie der Studentenrevolte – zur »Großen Weigerung« auf. – Eine dritte Traditionslinie des westlichen N. folgt wohl am problembewußtesten der von Marx ausgearbeiteten Dialektik und wäre deshalb als Dialektische Praxisphilosophie anzusprechen. Sie setzt ein mit den 1923 gleichzeitig erscheinenden Werken *Marxismus und Philosophie* von Korsch sowie dem bekannteren *Geschichte und Klassenbewußtsein* von Lukàcs. Beide stellen das theoretische Begreifen der gesellschaftlichen Praxis als Teil dieser Praxis selber dar und verweisen damit auf die materielle Bedingtheit der Theorie aus dem gesellschaftlichen Gesamtzusammenhang. In der Folge geht es Bloch zwar auch um dieses im Marxismus bis dahin traditionell im Zentrum stehende, dialektische Verhältnis von Mensch und Gesellschaft, darüber hinaus aber ist er der erste, der den dialektischen Zusammenhang von gesellschaftlicher Praxis und Natur ins Bewußtsein hebt und damit eine noch ausstehende »Allianztechnik« einfordert, die das bisherige ausbeuterische Verhalten des Menschen der Natur gegenüber beenden soll. Bei Lefèbvre schließlich kommt der eingangs angesprochene historische Tatbestand einer fortgeschrittenen Dissoziierung des Proletariats als revolutionärer Klasse am deutlichsten zum Ausdruck, wenn er das bereits von Marx in Auftrag gegebene Projekt einer »Aufhebung und Verwirklichung der Philosophie« nicht mehr traditionell an die Arbeiterklasse bindet, sondern von einer Aufhebung der Philosophie in eine »Metaphilosophie« des Alltagslebens spricht, die sich die Aufgabe einer prinzipiell nicht ein für allemal abschließbaren radikalen Veränderung der Alltäglichkeit stellt, an der mitzuarbeiten alle Menschen aufgerufen sind. Anzuknüpfen ist dabei an die »Residuen« des menschlichen Lebens, die der immer totaler werdenden Entfremdung bislang widerstanden haben. – Neben diesen westlichen Repräsentanten des N. dürfen diejenigen aus den mittel- und osteuropäischen Ländern nicht vergessen werden; hier wären v. a. die jugoslawische »Praxis«-Gruppe um Petrovic und Markovic, der tschechische Philosoph Kosik sowie die seit längerem emigrierte ungarische Gruppe um Heller und Markus hervorzuheben. **Lit.:** W. Schmied-Kowarzik: Kritische Philosophie der gesellschaftlichen Praxis. In: H. Stachowiak (Hg.): Pragmatik. Bd. 3. Hamburg 1990. ER

**Neopositivismus,** oft auch ↗Logischer Empirismus genannt, an den ↗Positivismus, den englischen ↗Empirismus und den ↗Empiriokritizismus (E. Mach) anschließende philosophische Strömung, die im ↗Wiener Kreis um M. Schlick ihren Ausgang nahm. Weitere Hauptvertreter sind R. Carnap, H. Reichenbach, G. Hempel. Der N. verstand sich weitgehend als Wissenschafts- bzw. Erkenntnislogik und Grundlagenforschung, wobei er sich stark auf die moderne formale Logik stützte. Gehaltvoll sind nur empirische Aussagen, Mathematik und Logik gelten als Tautologien (d. h. als nichtssagend), sind aber für die Wissenschaften von großem Wert. Die Erörterung von Sinn- und Verifikationskriterien nehmen im N. einen breiten Raum ein. Charakteristisch ist die Ablehnung der ↗Metaphysik. Viele Ansätze des N. sind später in die Analytische Philosophie und in die Wissenschaftstheorie eingegangen. **Lit.:** V. Kraft: Der Wiener Kreis. Wien 1950. VP

**Neopragmatismus** ↗Pragmatismus

**Neostrukturalismus** ↗Poststrukturalismus

**Neuhegelianismus,** aus dem Umfeld des Marburger und Südwestdeutschen ↗Neukantianismus hervorgehendes Bemühen um eine »Erneuerung des Hegelianismus« (W. Windelband). Zumeist durch weltanschauliche Orientierungssuche veranlaßt, bleibt diese Besinnung auf Hegels Philosophie im ganzen uneinheitlich: Teils ist es die Philosophie des objektiven Geistes, teils die dialektische Methode der Anknüpfungspunkt der Autoren. Entscheidende philosophiegeschichtliche Arbeiten (R. Kroner, H. Glockner und T. L.Haering), Studien zu systematischen Einzelfragen (J. Cohn, J. Ebbinghaus, H. Freyer) sind ebenso aus dem N. hervorgegangen wie Neuausgaben der Hegelschen Werke durch G. Lasson und H. Glockner. Die neuhegelianische Bewegung hatte in den Niederlanden durch Bolland und Wigersma, in Italien durch Croce, in Frankreich durch Hyppolite, Kojève, und Koyré, in England durch Bradley und Bosanquet, in Russland und Polen durch Herzen und Cieszkowski sowie in den Vereinigten Staaten durch McTaggert, Harris und Royce, um nur einige zu nennnen, zahlreiche Entsprechungen. **Lit.:** W. H. Goetzmann: The American Hegelians. New York 1973. – P. Honigsheim: Zur Hegelrenaissance im Vorkriegs-Heidelberg. In: Hegel-Studien 2 (1963). S. 291–301. – H. Höhne: Der Hegelianismus in der englischen Philosophie. Halle 1936. – H. Levy: Die Hegel-Renaissance in der deutschen Philosophie. Berlin 1927. – T. Tschizewskij (Hg.): Hegel bei den Slawen. Darmstadt $^{2}$1961. EWL

**Neukantianismus,** philosophische Schulrichtung, deren Wurzeln bis in die 50er Jahre des 19. Jh. zurückreichen und die ihre Vertreter nahezu ausschließlich in Deutschland gefunden hat. Notorisch wird der Titel erst zum Ende der 70er Jahre. Seine Blütezeit erlebt der N. in der Zeit zwischen 1870 und dem Ende des Ersten Weltkriegs.

Von N. ist sowohl in positiv-identifizierender wie in polemisch-abgrenzender Bedeutung die Rede. Einerseits suchte die akademische Philosophie des ausgehenden 19. Jh. angesichts der diskreditierten Stellung des ↗deutschen Idealismus nach einem dritten Weg

zwischen den Alternativen historistischer ↗Skepsis und materialistischem ↗Positivismus. Sie fand ihn in der Besinnung auf die kritische Methode Kants. J.B. Meyer (1829–1897), H. Cohen (1842–1918) und A. Riehl (1844–1924) zählten zu den ersten Philosophen, die das »Zurück zu Kant«, die vielzitierte Forderung O. Liebmanns (1840–1912), in ihren Werken umzusetzen suchten. Der Versuch der Rückgewinnung eines vermeintlich »urkundlichen« Kant war andererseits jedoch auch vielfacher Kritik ausgesetzt und wurde als »Kantomanie« (E. v. Hartmann) oder »Autoritätsphilosophie« (W. Wundt) diffamiert. Entsprechend galt der Titel N. zeitweise auch als »Parteiname« eines dogmatischen und jedenfalls unproduktiven Philosophierens. Diese Phase der umstrittenen Kant-Kommentierung wurde jedoch bereits in den 90er Jahren durch eigene systematische Fortarbeit am kritizistischen Programm abgelöst.
Innerhalb des N. sind v.a. zwei Hauptrichtungen voneinander zu unterscheiden, die gemeinhin als ↗Marburger und als ↗südwestdeutsche Schule des N. bekannt sind. Als bedeutendste Vertreter der Marburger Richtung gelten der Schulgründer Cohen sowie P. Natorp (1854–1924) und E. Cassirer (1874–1945). Die südwestdeutsche Schule wurde v.a. durch W. Windelband (1848–1915) und H. Rickert (1863–1936) repräsentiert. Sie verfocht einen werttheoretischen Kritizismus und nahm mit ihrem Modell eines wissenschaftlichen Methodendualismus (↗idiographisch/nomothetisch) am Streit um die Autonomie der sich neu konstituierenden Geistes- gegenüber den Naturwissenschaften teil.
Die beabsichtigte Restauration des ↗Kritizismus bei den Vertretern des N. drückte sich v.a. in einer Restriktion der Philosophie auf Erkenntnistheorie aus. Sie war gegen die Übernahme eines naiven naturwissenschaftlichen Objektivismus gerichtet, der die subjektive Komponente im Erkenntnisvorgang glaubte ignorieren zu dürfen. Gleichzeitig wurden die positiven Wissenschaften paradigmatisch zur Ausgangsbasis der sog. »transzendentalen Methode« erklärt (Cohen). Die kantische Frage nach den Bedingungen der Möglichkeit synthetischer Urteile apriori, also Erfahrungsurteilen, wurde gemäß dem analytischen Programm der *Prolegomena* (vgl. bes. § 4) am »Faktum« der Wissenschaften ausgerichtet. Erfahrung wird hier mit wissenschaftlicher Erfahrung identifiziert und Erkenntnistheorie dadurch nahezu bedeutungsgleich mit Wissenschaftstheorie. – Mit der Erweiterung der kritischen Geltungsfrage über das Gebiet theoretisch-wissenschaftlicher Gegenstandskonstitution hinaus auf die transzendentalen Grundlagen vor- und außertheoretischer Wirklichkeitserkenntnis (Ethik, Recht, Kunst, Religion) legt der N. jedoch noch ein zweites Schwergewicht seiner Forschungen auf das Gebiet der ↗Kulturphilosophie (besonders Cassirer). Insbesondere in dieser Hinsicht ist der N. auch für die philosophische Entwicklung des 20. Jh. von großer Bedeutung geblieben. **Lit.:** W. Flach/H. Holzhey (Hg.): Erkenntnistheorie und Logik im Neukantianismus. Hildesheim 1980. – H. Holzhey: Cohen und Natorp. Basel/Stuttgart 1986. – K. Chr. Köhnke: Entstehung und Aufstieg des Neukantianismus. Frankfurt 1986. – G. Lehmann: Geschichte der nachkantischen Philosophie. Berlin 1931. – H.-L. Ollig: Der Neukantianismus. Stuttgart 1979. – Th. E. Willey: Back to Kant. Detroit 1978. KHL

**Neuplatonismus,** einflußreiche philosophische Richtung der Spätantike, welche unter Integration anderer philosophischer und außerphilosophischer Elemente eine Weltdeutung im Sinne der platonischen Transzendenzphilosophie anstrebte. Als »Begründer« der neuplatonischen Bewegung gilt der Ägypter Ammonios Sakkas (gest. um 242), dessen Persönlichkeit aber, da er keine Schriften hinterließ und die Überlieferung spärlich ist, nur schwer zu erfassen ist. Sein »Schüler« Plotin (205–270) gründet 244 in Rom eine Philosphenschule und verfaßt 54 Abhandlungen (sog. Enneaden). Damit ist Plotin die mit Abstand wichtigste Quelle des frühen N., sein Schülerkreis wird zum eigentlichen Träger der Bewegung. Der N. avanciert schnell zur führenden philosophischen Richtung der späten Kaiserzeit und breitet sich in den Bildungszentren des Reiches aus (Syrien: Jamblichos; Pergamon: Sallustios, Kaiser Julian; Alexandrien: Hierokles). Spätestens seit Plutarch v. Athen (gest. 433) gibt er in der traditionellen platonischen Lehr- und Forschungsstätte, der Athener ↗Akademie, den Ton an. Unter dem Scholarchen Proklos erreicht die Akademie ihre letzte große Blüte. Als Kaiser Justinian 529 die Schule schließen läßt, verlassen die verbliebenen Mitglieder (darunter Damaskios, Simplikios) das Reich für drei Jahre. Auch im lateinischen Westen bestimmt neuplatonisches Denken das geistige Leben sowohl der heidnischen (Macrobius, Symmachus) wie der christlichen Bildungsschicht. Als deren bedeutendste Vertreter können Marius Victorinus, (der frühe) Augustinus und Boethius gelten. – Bei aller Verschiedenheit der einzelnen neuplatonischen Philosophen besteht Einigkeit in ihren Grundanschauungen: Sie alle sehen sich in der »wahren« Nachfolge Platons als Erneuerer seiner Philosophie nach einer Periode der Skepsis (↗Akademie). Die »Erneuerung« besteht hauptsächlich in der Besinnung auf die platonische Metaphysik, speziell die Ideenlehre. Diese Transzendenzphilosophie – bei Platon nur ein Moment seines Gesamtwerkes – wird zum Zentrum, dem praktisch alle anderen Disziplinen dienstbar gemacht werden. Platons »Idee des Guten«, seine höchste Wesenheit, entfaltet Plotin in drei »Hypostasen« (Eines-Geist-Seele), seine Nachfolger differenzieren diese zu einem hierarchischen Emanationssystem aus, um so das platonische Chorismos-Problem, die Trennung bzw. das Verhältnis von Endlichem und Unendlichem, Immanenz und Transzendenz, zu lösen. In diesem Bemühen greift der N. auch auf andere Denkrichtungen zurück und bemüht sich, besonders Aristoteles und seine Schule, aber auch die Stoa und den Neupythagoreismus (nicht jedoch den diesseitsbezogenen Epikureismus) zu integrieren.

Desgleichen öffnet sich der N. östlichen Mysterienkulten und Religionen bis hin zur Magie. Dabei sieht er sich in einer zunehmend christlich werdenden Welt betont als philosophisch-religiöse Alternative (überliefert sind z.T. heftige Polemiken gegen die Christen). Dies wieder führt zu der paradoxen Erscheinung, daß christliche Apologeten, zu intensiver Beschäftigung mit dem N. herausgefordert, diesen ins Christliche übersetzen und zur philosophischen Fundamentierung ihrer Glaubenslehren benutzen. Auf diese Weise wirkt der N. in starkem Maße in der Patristik weiter und über sie das ganze MA. hindurch (wichtig: Pseudo-Dionysius Areopagita). Nach der arabischen Eroberung des östlichen Mittelmeerraums im 7. Jh. dringt der N. auch in die Philosophie des Islam ein (Farabi, Avicenna, Sufismus) und wirkt von dort auch auf die christliche Philosphie des MA. Eine neue Blüte erfährt er im Westen in der Renaissance (Akademie von Florenz). **Lit.:** W. Beierwaltes: Denken des Einen. Frankfurt 1985. – W. Theiler: Forschungen zum Neuplatonismus. Berlin 1966. – C. Zintzen (Hg.): Die Philosopie des Neuplatonismus. Darmstadt 1977. JS

**Neupythagoreismus,** durch mystisch-religiöse Vorstellungen des Orients gekennzeichnete philosophische Strömung des 1. Jh. v. Chr. bis 2. Jh. n. Chr. Der N. erneuert die Lehre der ↗Pythagoreer, v.a. deren Zahlenspekulation, und verbindet sie mit platonischen, aristotelischen und stoischen Gedanken. Typisch für den N. ist die Forderung nach völliger Reinheit der Lebensführung. Im 3. Jh. n. Chr. tritt der ↗Neuplatonismus die Nachfolge des N. an. Hauptvertreter: Nigidius Figulus, Apollonius von Tyana, Nikomachos von Gerasa, Numenios von Apameia. Die Arithmetische Theologie des Nikomachos identifiziert Zahlen und Gottheiten. Nach Numenios muß die Theologie über Platon hinaus auf Pythagoras zurückgehen und die Lehren der Brahmanen, Juden, Magier und Ägypter aufnehmen. Platon nennt er einen attisch redenden Moses und lehrt drei rangverschiedene Götter: den Vater, den göttlichen Weltbildner und die Welt selbst. **Lit.:** W. Burkert: Weisheit und Wissenschaft. Nürnberg 1962. – H. Dörrie: Die geschichtlichen Wurzeln des Platonismus. Stuttgart-Bad Cannstadt 1987. – H.-J. Krämer: Der Ursprung der Geistmetaphysik. Amsterdam 1964. – Numénius. Fragments. Texte établi et traduit par E. des Places. Paris 1973. – C. Zintzen (Hg.): Der Mittelplatonismus. Darmstadt 1981. TH

**Neurophilosophie,** Projekt innerhalb der analytischen Philosophie des Geistes, das v.a. von Paul M. Churchland und Patricia S. Churchland verfolgt wird. Ausgangspunkt des Projektes ist der eliminative ↗Materialismus. Die Vertreter der N. gehen davon aus, daß eine wissenschaftlich akzeptable, funktionierende Theorie des Geistes nur zu erreichen ist, wenn man den mentalistischen Diskurs der ↗»folk psychology« verläßt und sich stattdessen an den ↗Kognitionswissenschaften und insbesondere der Neurobiologie orientiert. Die N. versucht, die Unfruchtbarkeit des mentalistischen Idioms nachzuweisen und zu zeigen, daß eine Theorie, die sich auf die Rede von neurologischen Entitäten und Eigenschaften beschränkt, weitaus erfolgreicher ist bzw. in der Zukunft sein wird. Die Entwicklungsaussichten der Kognitionswissenschaften und der N. werden entsprechend enthusiastisch bewertet. **Lit.:** P. S. Churchland: Neurophilosophy. Toward a Unified Science of the Mind-Brain. Cambridge/London [2]1986. – P. M. Churchland: A Neurocomputational Perspective. The Nature of Mind and the Structure of Science. Cambridge/London 1992. MBI

**Neuscholastik,** im strikten Sinn eine Rückwende zur ma. Tradition in der katholischen Theologie und der ihr nahestehenden Philosophie mit Schwerpunkt im 19. Jh., in Abhebung etwa von der Barockscholastik. Die Motivation, sich wieder der »Überlieferung« zuzuwenden, liegt sicher auch in der Ablehnung der Philosophie der Aufklärung und des Idealismus. Daher sagt man der N. ein wesentlich ungeschichtliches Verständnis von Wahrheit nach, obwohl das gesteigerte Interesse an den Quellen zu einer fruchtbaren historischen Forschung führte: Entgegen der Tendenz, das scholastische Denken als geschlossenen Corpus aus- und weiterzugeben, ergaben sich wesentliche Korrekturen besonders im Bild von Thomas (z.B. die Rolle des Neuplatonischen), dessen Denken im Zentrum des Interesses stand. **Lit.:** E. Coreth u.a. (Hg.): Christliche Philosophie im katholischen Denken des 19. und 20. Jh. Graz 1989. – G. Söhngen: Art. Neuscholastik. In: LThK. PK

**Neustik/Phrastik,** zwei Termini, die Hare für seine Rekonstruktion einer Logik der Imperative eingeführt hat. Er versucht diese dadurch zu klären, daß er für jeden Imperativ die analytische Trennung in einen deskriptiven und einen auffordernden Teil geltend macht, z.B. enthält der Imperativ »schließ die Tür« die deskriptive Komponente »daß du die Tür schließt« und die auffordernde Komponente »bitte!« (oder »handle so!«). Den deskriptiven Teil bezeichnet er als »Phrastik«, den auffordernden Teil als »Neustik«. **Lit.:** R.M. Hare: Die Sprache der Moral. Frankfurt 1983. S. 19ff. PP

**Neuthomismus,** unscharfe Sammelbezeichnung für eine Reihe philosophischer Ansätze des 19. und 20. Jh., die teilweise zur ↗Neuscholastik zählen und ausdrücklich, aber in unterschiedlicher Weise an Thomas von Aquin anknüpfen. Wurzeln des N. liegen in der ungebrochenen thomistischen Tradition einiger Ordensschulen besonders der Dominikaner, später der Lazaristen und anderer Orden, die sich parallel zu sonstigen Entwicklungen in der katholischen Schulphilosophie (Barockscholastik, Verbindungen mit Rationalismus, Sensualismus u.a.) hielt. Als bewußte Reaktion auf derlei Tendenzen entstand zunächst in der 2. Hälfte des 18. Jh. in Italien eine Bewegung des Rückgriffs auf Thomas, im 19. Jh. auch im dt. und frz. Sprachraum, teilweise als Reaktion auf historisch orientierte dt. Theologieentwürfe. Diese Entwicklungen führten zur Enzyklika *Aeterni Patris* (1879), in der Leo XIII eine an Thomas orientierte Philosophie für die katholischen Bildungseinrichtungen empfahl, sowie zu den ersten einigermaßen kritischen Thomaseditionen (Editio Leonina, 1882 ff.). In der Folge wurde der N. zur vorherrschenden Denkschule im katholischen Raum bis zum 2. Vatikanischen Konzil (1962–65); der Versuch der Vatikanischen Studienkongregation, einen strikten N. zu verordnen (1914), setzte sich nicht durch. Neben dem N. hielten sich im Rahmen der Neuscholastik auch stärker an der spanischen Scholastik (Suarez, Molina u. a.) sowie an der Franziskanerschule (Duns Scotus, Ockham) orientierte Richtungen. Zum N., aber nicht mehr zur Neuscholastik i.e.S. zählen Ansätze im 20. Jh., die die Anliegen und Ergebnisse Thomas' unter kritischer Berücksichtigung der Transzendentalphilosophie Kants und anderer neuzeitlicher Philosophien zu rekonstruieren versuchen (Maréchal, Rahner, Maritain, Bochenski u. a.). – Eine Bewertung des N. wird differenziert ausfallen: Im 19. Jh. führte die problematische Quellenlage und der großteils ahistorische Rückgriff auf Thomas unter Ausblendung neuzeitlicher Problemlagen häufig zur Berufung auf Autoritätsargumente, ungeklärte Evidenzen und zu einem naiv-vergegenständlichenden Denken. Verstärkte Bemühungen um ein historisch angemessenes Thomasverständnis seit dem späten 19. Jh. (Grabmann, Gilson u. a.) erleichterten die Trennung von Thomas' bleibend relevanten Einsichten und deren überholter weltbildbedingter Einbettung. **Lit.:** E. Coreth/W. M. Neidl/G. Pfligersdorffer (Hg.): Christliche Philosophie im katholischen Denken des 19. und 20. Jahrhunderts. Bd. 2. Graz/Wien/Köln 1988. WL

**Neutralismus, methodischer,** Bezeichnung für eine von Carnap vertretene Auffassung, daß die Wahl einer Sprache (bzw. Sprachsystems) oder einer Sprechweise als arbiträr anzusehen und daß mit einer solchen Wahl keine inhaltliche Festlegung auf eine philosophische oder metaphysische Position verbunden ist. In *Die logische Syntax der Sprache* formuliert er es als »Toleranzprinzip«: Jeder mag seine Logik, d. h. seine Sprachform, aufbauen, wie er will. Nur muß er deutlich die syntaktischen Bestimmungen angeben anstatt philosophischer Erörterungen. **Lit.:** R. Carnap: Die logische Syntax der Sprache. Wien/New York ²1968. S. 45. PP

**Neutralitätsthese.** Die ↗Metaethik stellt sich als Aufgabe, moralische Aussagen und Ausdrücke auf ihre sprachliche Form hin zu untersuchen, und enthält sich jeder inhaltlichen Aussagen über das sittliche Gute einzelner Handlungen und ihrer Regeln. Diese Enthaltung wird als N. bezeichnet. Die N. läßt sich in verschiedenen Deutungsmöglichkeiten verstehen: (1) Methaethische Theorien dürfen keinen kausalen Einfluß auf unsere moralischen Überzeugungen haben; (2) die von uns akzeptierten metaethischen Theorien dürfen keine logische Folgerungen aus den von uns akzeptierten normativen Moralurteilen darstellen; (3) aus den metaethischen Theorien dürfen keine normativen Moralurteile logisch ableitbar sein, d. h. nicht auf die Zustimmung zu bestimmten normativen Moralurteilen festlegen; (4) bestimmte metaethische Bedeutungstheorien dürfen nicht bestimmte metaethische Begründungstheorien zur Folge haben; (5) metaethische Theorien sind rein deskriptiv und dürfen keine Vorschriften für die Verwendung bzw. Interpretation des moralischen Diskurses beinhalten; (6) metaethische Analysen dürfen keine moralisch-normative Funktion beinhalten. **Lit.:** H. Albert: Ethik und Meta-Ethik. In: Ders.: Konstruktion und Kritik. Hamburg 1972. S. 127–167. – W. T. Blackstone: Are Metaethical Theories Normatively Neutral? In: Australasian Journal of Philosophy 1961/62. S. 65–74. – H. Lenk: Der ›Ordinary Language Approach‹ und die Neutralitätsthese der Metaethik. In: H. G. Gadamer (Hg.): Das Problem der Sprache. München 1967. S. 183–206. PP

**Neuzeit.** Entsprechend dem herkömmlichen Epochenschema kennzeichnet der historiographische Begriff »N.«, neben den und in Ergänzung zu den Termini »Altertum« (↗Antike) und ↗»Mittelalter«, häufig die einzige noch nicht beendete Periode in dieser Historientrias. Der Begriff »N.« für »neue Zeit« oder »neue Geschichte« und als Äquivalent zu »historia nova«, »modern times« oder »temps modernes« ist frühestens im 19. Jh. nachzuweisen, so u. a. bei Heine und Campe. In der Philosophiegeschichte finden sich aber bereits im 16. Jh. Werke, die im Titel die N. und die ↗Moderne als Programm verkünden: Patrizis *Nova de universis philosophia*, Cardanos *Opus novum de proportionibus numerorum*, Bacons *Novum organum* u. a. Der Beginn der N. wird gemeinhin als relativ fixiert angenommen und liegt grosso modo um 1400. Die Festlegung ihres Endes hingegen ist trotz zahlreicher Versuche bisher erfolglos geblieben. Dies liegt zum einen an ihrer zeitlichen Relation zur Gegenwart, verbunden mit der Idee der Unabgeschlossenheit des Neuzeitlichen und des Fehlens eines adäquaten Folgebegriffs, zum anderen an der »ständigen Wechselbeziehung der Gegenbegriffe (i.e. Altertum und MA.) untereinander«. Wegen der zeitlichen Verlängerung der Gegenwart und der systematischen Umgruppierung der als relevant erachteten Aspekte während dieses Zeitraums verändert sich somit kontinuierlich diese historiographische Trias zugunsten einer perpetuierten Ausweitung der »neuen Zeit«. – Mit Einsetzen periodologischer und methodologischer Überlegungen innerhalb der Geschichtswissenschaften manifestierte sich in den 50er und 60er Jahren dieses Jahrhunderts zunehmend die Tendenz, die ersten 300 Jahre der N. als »Frühe N.« zu bezeichnen. In Anlehnung an die Unterscheidung von »histoire moderne« und »histoire contemporaine« bieten sich als Periodisierungskriterien für eine solche periodologisch-chronologische Zwischeneinteilung einerseits die Entdeckung Amerikas, Ostindiens und etwas später Mexikos an, andererseits aber auch konkrete historische Ereignisse wie etwa Luthers Thesenanschlag, durch die die »Frühe N.« ihre Neuartigkeit und Selbständigkeit reklamieren soll. JM

Auf dem kulturgeschichtlichen Hintergrund ist auch

die mit der frühen Neuzeit beginnende Neubesinnung in der Philosophie zu sehen. Die Geistesbewegung des ↗Humanismus entzündet sich an der Abneigung gegen die verfestigte Tradition der Scholastik und fordert eine Wiedergeburt des Menschen aus dem Geist der Antike heraus. Freiheit und Würde des Menschen erhalten eine neue Bewertung, seine schöpferische Kraft läßt ihn als einen »zweiten Gott« erscheinen, der fähig ist, sich selbst und die Welt neu zu erschaffen. Er sieht sich imstande, die Welt mit Hilfe seiner Vernunft neu zu ordnen und sie technisch den Anforderungen einer instrumentellen Rationalität zu unterwerfen. Damit einher geht der Aufschwung der mathematischen Naturwissenschaft. Die Philosophie soll in der Lage sein, ihre Gewißheit, ohne Rekurs auf Autoritäten und die Tradition, in der Selbstergründung der Vernunft zu fundieren. Repräsentativ dafür kann Descartes stehen. Emanzipation durch Vernunft und sozialer, politischer und ökonomischer Fortschritt durch Wissenschaft ist schließlich die Leitidee der Aufklärung. Dieser – ohnehin nur idealtypisch zu verstehende – »Geist der Neuzeit« gerät auch philosophisch ab dem 19. Jh. zunehmend in die Kritik und wird durch eine Pluralität von konkurrierenden wissenschaftlichen Paradigmen, die Perspektivenvielfalt unterschiedlicher Kulturen und die Einsicht in die Grenzen des Machbaren erweitert. [FPB] **Lit.:** D. Gerhard: Alte und Neue Welt in vergleichender Geschichtsbetrachtung. Göttingen 1962. – E. Hassinger: Das Werden des neuzeitlichen Europa. 1300–1600. Braunschweig 1964. – E. Hinrichs: Einführung in die Geschichte der Frühen Neuzeit. München 1980. – R. Koselleck: Neuzeit. Zur Semantik moderner Bewegungsbegriffe. In: Ders. (Hg.): Studien zum Beginn der modernen Welt. Stuttgart 1977. S. 264–299. – S. Skalweit: Der Beginn der Neuzeit. Epochengrenzen und Epochenbegriff. Darmstadt 1982. – E. Walder: Zur Geschichte und Problematik des Epochenbegriffs »Neuzeit« und zum Problem der Periodisierung der europäischen Geschichte. In: Festgabe Hans von Greyerz. Bern 1967. JM

**Newtonsche Mechanik,** einheitliche Darstellung der Mechanik, die auf zwei grundlegenden physikalischen Feststellungen Newtons beruht und in den *Philosophiae naturalis principia mathematica* (1687) formuliert ist. Die N.M. ist die Summe des Newtonschen Bewegungsgesetzes, das einen quantitativen Zusammenhang zwischen der Änderung des Bewegungszustandes und der ihr zugrundeliegenden Kraft herstellt (*Kraft = Masse · Beschleunigung*), und des Massenanziehungs- oder universellen Gravitationsgesetzes für die zwischen zwei Körpern wirkende Anziehungskraft, die proportional zum Produkt der Massen und indirekt proportional zum Quadrat des Abstandes der Körper ist. Die N. M. in Verbindung mit Descartes Anspruch, irdische und himmlische Erscheinungen einheitlich erklären zu wollen, führt zu einem neuen physikalischen Weltbild, das die peripatetische Dynamik, die Bewegung als einen Prozeß definierte und die sub- und translunare Erscheinungen unterschiedlich erklärte, endgültig überwand. **Lit.:** E. J. Dijksterhuis: Die Mechanisierung des Weltbildes. Berlin 1983. – R. Dugas: La Méchanique au XVIIe siècle. Neuchâtel 1954. – K. Simonyi: Kulturgeschichte der Physik. Leipzig/Jena/Berlin 1990. JM

**Nicht-Andere, das,** ist für Nikolaus von Kues im Anschluß an Eckharts indistinctum-Theorie (»in deo ... non est aliud« – *Lat. Werke* IV, S. 270) die Definition, die sich und alles Andere, das gedacht oder gesagt werden kann, definiert; daher spiegelt es den »unnennbaren Namen« Gottes wider (*De non aliud* II). Weil das N.-A. nichts anderes als das N.-A. ist, kann es durch Anderes nicht definiert werden. Dagegen sind der Stein, das Gute usw. – die dem Nicht-Stein, dem Nicht-Guten usw. gegenüber jeweils ein Anderes sind – nichts anderes als der Stein, das Gute usw.; die in ihrer Definition ausgedrückte Selbstidentität setzt also das N.-A. voraus. Als das Andere des Anderen besteht das N.-A. im gegensatzlosen Gegensatz der Gegensätzlichkeit: Insofern es selbst kein Anderes ist, setzt es sich dem Anderen nicht entgegen, sondern ist ihm immanent; zugleich unterscheidet sich das N.-A. vom Anderen und ist ihm gegenüber transzendent. **Lit.:** B. Mojsisch: Meister Eckhart. Hamburg 1983. – R.P. Scharlemann: God as Not-Other. In: Ders. (Hg.): Naming God. New York 1985. S. 116–132. – G. Schneider: Gott – das Nichtandere. Münster 1970. OFS

**Nicht-Ich,** Grundbegriff von Fichtes Philosophie neben dem Prinzip des Ich, der im 2. Grundsatz der *Grundlage der gesamten Wissenschaftslehre* von 1794 in § 2 zum Ausdruck kommt: »Dem Ich wird ein Nicht-Ich entgegengesetzt.« Fichte weist ausdrücklich die Meinung zurück, der Begriff des N.-I. sei ein »durch Abstraction von allem Vorgestellten entstandener Begriff« (ebd.). Er ist nicht Abbreviatur des Vorgestellten, sondern dessen Grundlage. Im Entgegensetzen des N.-I. erweist sich das Ich als Prinzip der Objektivität bzw. als Prinzip der Gegenstandskonstitution schlechthin. Darin liegt die Pointe des Sinnes des 2. Grundsatzes. Am Ende der ersten Anmerkung des § 1 erwähnt Fichte, daß er mit seiner Ichtheorie den Skeptizismus Maimons und Schulzes überwinden will. Im 2. Grundsatz allen menschlichen Wissens zeigt sich, daß das absolute Ich kraft seiner Entgegensetzung des N.-I. Garant der Objektivität der Erkenntnis ist. Mit seiner Theorie vom Setzen des Ich und Entgegensetzen des N.-I. hat Fichte das Subjekt-Objekt-Modell des Bewußtseins, wie es im Reinholdschen Satz des Bewußtseins zum Ausdruck kommt, prinzipiiert. CI

**Nichtkreativität,** bedeutet, daß aus einer Nominaldefinition eines Zeichens als einer bloßen sprachlichen Abkürzung keine neuen Tatsachenbehauptungen folgen dürfen. Die Postulate der Eliminierbarkeit der definierten Ausdrücke und die Forderung der N. von Definitionen werden als Pascals Forderungen bezeichnet und gelten in der traditionellen Logik als Kriterien für korrekte Nominaldefinitionen. PP

**Nichts,** hat in der Geschichte der Philosophie zwei verschiedene Stellenwerte gehabt: (1) N. als absolutes

N.; (2) N. als Privation, Änderung, Mangel. Die erste Bedeutung wird durch Parmenides (*VS* 28 B6, 2) definiert: »Das N. ist nicht«, das N. kann weder gedacht noch aufgezeigt werden. Diese sogenannte eleatische Lehre setzt das N. als das Undenkbare und Unnennbare und allein das Sein ohne Vielfalt und Werden als denkbar und aussagbar fest. Dieser These zufolge kam die Sophistik zu der Position, daß das N. nicht ist, trotzdem führt der prädikative Gebrauch des Wortes »ist« in dem Satz »das Nichtssein ist Nichtssein« zu eine Relativierung des Seins. N. als absolutes N. findet man erneut bei Plotin. Laut Plotin ist die Materie N., weil potentiell Alles und deswegen ohne Gestalt. Weiter wird dieser Begriff in der ↗creatio ex nihilo und in der negativen Theologie (↗Mystik) gebraucht. Für Scotus Eriugena ist Gott N., weil er jedes Seiende überragend höher steht. Für Descartes ist das N. eine negative Idee: Das N. ist, was unendlich entfernt von der Vollkommenheit ist. Dergleichen definiert Kant das N. als leeren Begriff ohne Objekt. Für Hegel ist es besonders wichtig herauszustellen, wie das N. in das Kategoriensystem einzuordnen ist. Hegel zufolge ist das N. der Ausgangspunkt der Logik bzw. der Wissenschaft der Logik, weil es das reine Sein ist, an dem es N. anzuschauen, N. zu denken gibt. Das N. ist das Unmittelbare, Unbestimmte. Das N. ist andererseits in unserem Anschauen und Denken (*Logik*, Ges. Werke 11, S.44 ff.). Der vereinende Bezugspunkt dieser zwei entgegengesetzten Momente, das Sein und das N., ist das Werden. Insofern ist der Satz der Metaphysik ex nihilo nihil fit (aus N. wird N.) eine leere Tautologie. Wenn aber das Werden wirkliche Bedeutung haben soll, dann nur, weil das N. nicht N. bleibt, sondern in sein Anderes, in das Sein übergeht (↗Dialektik). Von diesem Standpunkt her läßt sich die Negation vom N. ableiten und nicht umgekehrt. Gleichen hervorragenden Stellenwert findet das N. in der ersten Bedeutung im Denken Heideggers. N. ist etwas ohne weitere Bestimmung, d. h. das transzendentale Objekt des ontologischen Horizonts der Transzendenz. Das Wort »das N. nichtet« (*Was ist Metaphysik?*) bedeutet, daß das Seiende seine Gegenwärtigkeit aus dem N. gewinnt, daß nur im Horizont des N. das Seiende von der Selbstverständlichkeit sich ablöst und zur ↗Frage wird. – Die zweite Bedeutung des N. als Änderung oder Negation ist von Platon (*Sophistes*) begründet worden. Das N. ›ist‹ und wird folglich als Andersheit das Seiende positiv mitkonstituieren. Das N. ist nicht mehr absolut, sondern relational, unterscheidend. Durch das N. wird die Verflechtung der Ideen, die Vielfalt, die Teilbarkeit, die Relation der Seienden untereinander erklärbar und v. a. ausdrückbar. – Von seiten der Logiker wird das N. radikal verneint: N. bedeutet bloß »nicht-etwas«; aber auch phänomenologisch wird das N. als spekulative Illusion auf praktisches Erfahren beschränkt und deshalb als Ersetzbarkeit bzw. Privation aufgefaßt (z. B. H. Bergson: *L'évolution créatrice.* Paris 1911. S. 298–323). ↗Leere **Lit.:** K. Riesenhuber: Nichts. In: Hdb. philosophischer Grundbegriffe. Hg. v. H. Krings u. a. Bd. 2. München 1973. S. 991–1008. – B. Welte: Über die verschiedenen Bedeutungen des Nichts. In: A. Schwan (Hg.): Denken im Schatten des Nihilismus. Darmstadt 1975. S. 26–33. MBO

**Nichtwissen.** Innerhalb des sokratischen Denkens stellt die Einsicht in das eigene N. zum einen ein Moment der Selbstbegrenzung des menschlichen Wissens gegenüber dem göttlichen dar, da »die menschliche Weisheit sehr weniges nur wert ist oder gar nichts« (*Apologie* 23a), zum anderen ist sie ein wesentliches Moment in der reflexiven Selbstbegründung des Wissens. In dem von Sokrates angewandten elenktischen Verfahren (↗Elenktik) der Wissensprüfung kommt es im Sinne des delphischen »Erkenne dich selbst« wesentlich darauf an, scheinbares von gesichertem Wissen zu unterscheiden. Die Gesprächspartner des Sokrates befinden sich zumeist auf der Stufe eines naiven Selbstbewußtseins, bis durch die Prüfung ihr vorgebliches Wissen als Scheinwissen entlarvt wird und das Selbstbewußtsein sich in Unsicherheit und Verlegenheit wandelt bis hin zur zunächst zögernden Einsicht in das eigene N. Ist dieser Punkt erreicht, so ist der Weg offen für die Suche nach wirklichem Wissen und die Bereitschaft zu lernen. Daher ist Sokrates dafür berühmt, daß er die Menschen dahin bringt, daß sie nicht mehr weiter wissen (*Theaitet* 149a). In der ↗Aporie, der Ausweglosigkeit, erfolgt die Destruktion des Scheinwissens, die die Voraussetzung für eigentliches Wissen ist, denn wer glaubt zu wissen, der sucht nicht mehr. So heißt es im *Menon*: »Glaubst du nun, er würde sich vorher bemüht haben, das zu suchen oder zu lernen, was er glaubte zu wissen, ohne es zu wissen, bevor er überzeugt, nicht zu wissen, in die Aporie geriet und sich nach dem Wissen sehnte« (84c). Auch im *Symposion* (204a–b) wird das Wissen des N.s als Antrieb des Philosophierens bezeichnet: Es philosophieren weder die Weisen, denn sie sind im Besitz des Wissens, noch die ganz Unverständigen, denn sie wissen nicht, daß ihnen etwas fehlt, sondern diejenigen, die erkennen, daß sie nicht wissen. Der Dialog *Charmides* erwägt als Bestimmung der Besonnenheit (sophrosyne) die Verbindung von reflexiver Selbsterkenntnis mit Sacherkenntnis: »Denn wenn, wie wir anfänglich annahmen, der Besonnene wüßte, was er weiß und was er nicht weiß, das eine, daß er es weiß, und das andere, daß er es nicht weiß, und auch einen anderen, wie es eben hierin mit ihm steht, zu beurteilen imstande wäre, dann wäre es uns, das können wir behaupten, höchst nützlich, besonnen zu sein« (171d). ↗docta ignorantia. **Lit.:** F.-P. Burkard: Die menschliche Weisheit. Gedanken zu Sokrates. In: W. Baumgartner (Hg.): Gewißheit und Gewissen. Würzburg 1987. S. 63–78. FPB

**Nihilismus,** bezeichnet eine individuelle Geisteshaltung oder Welterfahrung und kulturhistorische Strömung, in der moralische Normen und Werte sowie vorgegebene Sinngehalte des Daseins und Erkenntnismöglichkeiten der Welt radikal negiert werden. Im ethischen N. wendet sich der Nihilist von tradierten Handlungsmaximen ab, weil Freiheit sein höchstes Lebensprinzip darstellt. Der ontologische Nihilist leugnet das Sein und setzt diesem das Nichts als letztgültige Wahrheit entgegen. – Erstmalig wichtig wird der Begriff des N. im ↗Dt. Idealismus, als Jacobi Kant und Fichte vorwirft, ihre Philosophie zerstöre das, was bisher als Wirklichkeit gesehen wurde, durch Verstandestätigkeit und sei daher nihilistisch. Nietzsche sieht im N. eine dekadente Entwicklung der abendländischen Kultur seit Sokrates, die mit der Verabsolutierung christlich-metaphysischer Werte und der Fiktion eines möglichen Seelenheils nach dem Tod sich selbst betrügende, zerstörerische, schizoide Menschen entstehen läßt. Dies äußert sich in Opportunismus, Mittelmäßigkeit und Schwäche (»Sklavenmoral«) oder skrupelloser Ausbeutung anderer. Der N. soll, da er ein historisch wie psychologisch notwendiges Durchgangsstadium bildet, durch die Umwertung aller Werte überwunden werden. Dies geschieht durch die Triebkraft des ↗Willens zur Macht, der beständig die Ewige Wiederkehr des Gleichen vorantreibt. Die Metapher der Ewigen Wiederkehr stellt in ihrer Sinnlosigkeit die extremste Form des N. dar, und doch liegt im Durchlaufen des endlosen Kreislaufs die Möglichkeit und Notwendigkeit, den ↗»Übermenschen« hervorzubringen, der den N. überwindet. Nach Heideggers Ansicht ist Nietzsches Philosophie erst der Höhepunkt des N., da er mit dem Willen zur Macht eine metaphysische Grundstruktur voraussetze, die das Seiende regiere, aber das Sein leugne. Die Bedrohung durch die Sinnlosigkeit und das existentielle Nichts hat auch für die Existenzphilosophie große Bedeutung. **Lit.:** D. Arendt (Hg.): Nihilismus. Die Anfänge von Jacobi bis Nietzsche. Köln 1970. – W. Weier: Nihilismus. Paderborn 1980. KS

**Nirvāṇa** (sanskrit, »Wegwehen, Erlöschen«, Pāli: nibbāna), von Hegel und Schopenhauer als »Nichts« aufgefaßt, einer der frühesten im Westen rezipierten philosophischen indischen Begriffe. Im Brahmanismus-Hinduismus kommt (brahma-)N. mehrere Male in der *Baghavad-Gītā* vor (2.72., 5.24.ff.), scheint aber dort eher tautologisch die Erlösung im ↗brahman zu bedeuten. N. ist zentraler Begriff der buddhistischen Erlösungslehre. N. ist die dritte der buddhistischen vier edlen Wahrheiten (↗Buddhismus). Im ↗Hīnayāna bedeutet N., negativ gefaßt, »das restlose Erlöschen alles in Gier, Haß und Verblendung sich äußernden, das Leben bejahenden und krampfhaft sich daran klammernden Willenstriebes, und damit die endgültige, restlose Befreiung von allem künftigen Wiedergeborenwerden, Altern und Sterben, Leiden und Elend« (Nyanatikloka: Buddhistisches Wörterbuch). Im ↗Mahāyāna kann N. auch mit positiven Attributen belegt werden (sukha »Seligkeit«, amatadhātu »unsterbliche Sphäre« (H.-J. Klimkeit), wird aber auch als leer (śūnya) charakterisiert. Nāgārjuna (↗Mādhyamika, *Madhyamaka-Śāstra* 25) lehnt sowohl eine positive Aussage – N. ist bhāva »Sein« 25.5 ff. – als auch eine paradoxe Aussage – N. ist Sein (bhāva) und Nichtsein (abhāva) 25.11 ff., oder: N. ist weder Sein noch Nichtsein (25.15 f.) – ab. **Lit.:** Th. Stcherbatsky: The Conception of Buddhist Nirvāṇa. Leningrad 1927. – L. de la Vallée-Poussin: Nirvāṇa. Paris 1925. MD

**Nivellierung,** sozialwissenschaftlich die Tendenz zur Vereinheitlichung sozialer Strukturen, z. B. des Konsum- und Freizeitverhaltens oder der Ziel- und Wertvorstellungen bestimmter Schichten oder der Gesellschaft insgesamt. Jaspers sieht die N. mit der modernen, technisch organisierten Massengesellschaft einhergehen. Marcuse analysiert die Tendenz zur Vereinheitlichung in seiner Theorie des eindimensionalen Menschen. **Lit.:** K. Jaspers: Die geistige Situation der Zeit. Berlin 1931 u.ö. – H. Marcuse: Der eindimensionale Mensch. Neuwied/Berlin 1964. FPB

**Noesis/Noema.** In der Phänomenologie von Husserl wird die intentionale Struktur des Bewußtseins auf seine wesenseigentümlichen Strukturmomente hin analysiert. Die N. ist das Moment des intentionalen Vollzugs. Sie enthält zwei Komponenten: die Empfindungskomplexionen (oder hyletischen Daten) und die sinngebende Komponente, wodurch den Empfindungen ein gegenständlicher Sinn verliehen wird. Das Nm. stellt das intentionale Korrelat solcher N. dar. Es ist der Inbegriff eines intentionalen Sinngehalts, der als identischer Gehalt in einer Vielzahl konkreter noetischer Erlebnisse konstituiert sein kann. **Lit.:** E. Husserl: Ideen zu einer reinen Phänomenologie und phänomenologischen Philosophie. Hua III/1. S. 299 f. PP

**Noetisch** (griech. noetos: erkennbar, gedacht, vernünftig, intelligibel; zu nous, noesis). Im *Phaidon*, wo Sokrates die Ideen als etwas bezeichnet, »was wir immer im Munde führen« (76 d 7), wird auch die Trennung der seienden Dinge in sinnlich wahrnehmbare (aistheta) und in n.e (noeta) als bekannt vorausgesetzt (79 a): Die eine Art ist sichtbar, die andere unsichtbar; die unsichtbare verhält sich immer auf die gleiche Weise, die andere aber niemals gleich usw. So stehen sich zwei Reihen von Objekten gegenüber (80 b 1): Die eine Reihe enthält das Göttliche, Unsterbliche, Vernünftige (noeton), Eingestaltige, Unauflösliche und immer einerlei und sich selbst gleich Verhaltende: Diesem ist die Seele am ähnlichsten; die andere aber enhält das Menschliche und Sterbliche, Unvernünftige (anoeton), Vielgestaltige, Auflösliche und nie einerlei und sich selbst gleich Bleibende: Diesem ist der Leib am ähnlichsten. Diese Trennung der Seinsbereiche liegt ebenfalls dem ↗Liniengleichnis zugrunde (*Staat* 509 d 4 ff.), wo die beiden großen Einteilungen der Bereiche des Sichtbaren (aistheton) (Bilder und die Originale, Pflanzen, Lebewesen) und des Denkbaren (noeton, noumenon) sind: Dieser Bereich umfaßt die Gegenstände der Mathematik und die ↗Ideen. Aristoteles unterscheidet gelegentlich das Noetische als Gegenstand des intuitiven Denkens vom ↗Dianoetischen als dem Gegenstand des reflexiven, diskursiven Denkens (*Met.* 1012 a 2) MSU

**Nominalismus** (lat. nomen und seit dem 12. Jh.: nominales), bezeichnet die Lehre, daß nur Einzeldinge existieren und jede Annahme einer allgemeinen Natur, die auf einem realen Fundament in den Dingen beruhen soll, ungegründet ist. Unsere Allgemeinbegriffe entsprechen keinem allgemeinen Wesen von von uns unabhängigen Dingen. Die Erkenntnisrelation wird als unmittelbar vorgestellt, wie es auch der Lehre Duns Scotus' und Ockhams von der intuitiven Erkenntnis entspricht. Zu unterscheiden sind ein »starker N.«, für den die Annahme von ↗Universalien gänzlich unhaltbar ist, der ↗Konzeptualismus, für den diese nicht bewußtseinsunabhängig sein können, und der Terminismus, für den es Universalien nur in Verbindung mit Worten gibt. Alle Versionen des N. haben zum Gegensatz den Platonismus bzw. Universalienrealismus. Am häufigsten in der Antike und im MA. ist die zweite Version, die vielleicht bei Aristoteles, bei den Stoikern sowie bei Abelard, Ockham, Leibniz und Locke zu finden ist. Ockham insbesondere verband den N. mit einer kausalen Vorstellung des Zusammenhangs zwischen Objekt und Erkenntnis. Den Terminismus vertritt z.B. in der Frühscholastik der aus theologischen Gründen von Anselm kritisierte Roscelin (der den Allgemeinbegriff als »flatus vocis« bezeichnet haben soll). In der Neuzeit heißt es ähnlich bei Hobbes, es gebe nichts Universales in der Welt außer Namen, wobei die von diesen benannten Dinge allesamt individuell und einzeln seien (vgl. *Leviathan* Kap. 4). – Ein starker N. findet sich bei Berkeley sowie bei Brentano oder in Kontarbinskis Reismus und in jüngster Zeit bei H. Field. In diesem Jahrhundert hat die Diskussion um den N. wesentlich im Zusammenhang der Frage nach der Existenz abstrakter (z.B. mathematischer) Objekte stattgefunden. Mit den Universalien fallen auch Mengen oder Zahlen als Gegenstände hinweg (vgl. Goodman und Quine 1947, die nur Individuen als Werte für Variablen zulassen, nicht aber Mengen oder Attribute). Auch wurde versucht, die Mengenlehre nominalistisch mit Hilfe der ↗Mereologie zu rekonstruieren (Lesniewski). Nominalistische Varianten, die abstrakte Objekte gemeinhin betreffen, sind ↗Formalismus, Fiktionalismus (Field) sowie ↗Konstruktivismus (Brouwer, schwacher N.). **Lit.:** D.M. Armstrong: Nominalism and Realism. Cambridge 1978. – R.E. Eberle: Nominalistic Systems. Dordrecht 1970. – H. Field: Science without Numbers. Oxford 1980. – N. Goodman/ W.V.O. Quine: Steps towards a Constructive Nominalism. In: Journal of Symbolic Logic 12 (1947). S. 105–122. – E.C. Luschei: The logical systems of Lesniewski. Amsterdam 1962. – J. Pinborg: Logik und Semantik im Mittelalter. Stuttgart-Bad Cannstatt 1972. – W. Stegmüller: Das Universalienproblem. Darmstadt 1978. WH

**Nominator.** In einer elementaren Aussage, in der einem Gegenstand eine bestimmte Eigenschaft zugeordnet wird, kann der Gegenstand der Aussage durch einen Namen oder eine eindeutige Beschreibung ersetzt werden. In diesem Fall sagt man, der Gegenstand wird durch einen N. vertreten, die Eigenschaft durch einen Prädikator. – Frege (Begriffsschrift) hat die in der traditionellen Urteilslehre übliche Zuordnung von Subjekt- und Prädikatsbegriff durch den elementaren Aussagesatz ersetzt und diesen als Spezialfall des Verhältnisses von Argument(en) und Funktion angesehen: Die von den N.en bzeichneten Gegenstände sind Argumente der Funktion, die durch den ihnen zugesprochenen Prädikator bezeichnet werden. PP

**Nomokratie** (griech. nomos: Gesetz; kratein: herrschen), staatliche Herrschaft auf der Grundlage von und in Übereinstimmung mit geschriebenem Recht. Der Begriff entstand im 18. Jh. in Anlehnung an die antike Lehre der ↗Herrschaftsformen. N. ist jedoch keine (bestimmte) Staats- und Regierungsform, sondern geht aus von einem Grundgedanken, der auf verschiedene Weise realisiert werden kann: daß Gesetze und nicht Menschen über Menschen herrschen sollten. Konkreter faßbar wird das rechtsstaatliche Prinzip in dem sich im 19. Jh. herausbildenden Gedanken, daß keine Behörde ohne gesetzliche Ermächtigung handeln darf. Das Prinzip einer rigorosen N. – vertreten z.B. von Kant: »Wider das gesetzgebende Oberhaupt des Staats giebt es also keinen rechtmäßigen Widerstand des Volks; denn nur durch Unterwerfung unter seinen allgemein-gesetzgebenden Willen ist ein rechtlicher Zustand möglich« (Akad.-Ausg., Bd. 6, S. 320) – birgt die Gefahr einer Identifikation von ↗Legalität und Legitimität und damit die Tendenz, einen rein formalen Legalismus gegen jegliche Willensbildungsprozesse im Volk abzuschließen. So wurde N. häufig mit der eigentlich entgegengesetzen Herrschaftsform der ↗Autokratie vereinigt. Seit dem 19. Jh. ist N. verdrängt worden durch den Begriff ↗Rechtsstaat. WST

**Nomos** (griech. Brauch, Sitte, Konvention, Gesetz). Zur Etymologie: N. leitet sich her aus nemein (urverwandt mit dem deutschen »nehmen«), das zuteilen, aber auch weiden bedeutet; es bezeichnete also ursprünglich wohl das Zugeteilte, nämlich das zugeteilte Weidegebiet.

(1) In der archaischen Zeit, bei Hesiod (op. 276ff.), bezeichnet N. die einer Gruppe von Lebewesen »zugeteilte« und bei ihnen geltende Ordnung, die als unverbrüchlich und objektiv akzeptiert wird: Der N. ist das Geltende. Solange man sich des subjektiven Ursprungs dieser geltenden Ordnung nicht bewußt wurde, wurde der N. als absolut gültig und richtig angesehen. Bekanntester Ausdruck dafür ist das Pindar Frg. 169, in dem es heißt: »der N. ist König über alle, Sterbliche und Unsterbliche; er tut mit überlegener Hand das Gewalttätigste, indem er es zugleich zu Recht macht«, d.h. sogar Gewalttaten lassen sich rechtfertigen, wenn sie im Namen des N. geschehen.

(2) Aus der Geschichtsschreibung und Ethnographie, wie bei Herodot, kommt allmählich eine Relativierung in diese Heiligkeit und Unantastbarkeit des N. Zwar beschreibt Herodot die verschiedenen Bräuche der Völker so, daß er ihren verpflichtenden Charakter für die Völker, bei denen sie gelten, akzeptiert, aber er beurteilt sie doch von der griechischen Warte aus als besser, weiser oder schlechter.

(3) Aber damit war der Boden für die allmählich ein-

setzende Kritik am N. bereitet: Der Brauch steht jetzt der Vernunft oder der Wahrheit gegenüber als etwas, was »nur« eine Konvention ist, so, wenn Demokrit die allgemein üblichen Vorstellungen von Farbe, Geschmack usw. als nur auf N. beruhend bezeichnet, weil sie nicht das wirkliche Wesen der Dinge treffen, das in den Atomen und dem Leeren besteht. Nur der Sprachgebrauch hat die Bezeichnungen für die Eindrücke der Sinne geschaffen, für den Physiker ist dieser N. falsch, da er nicht das wahre Wesen der Dinge bezeichnet. Hier beginnt sich der Wissenschaftler von der unwissenden Menge abzusetzen, deren Meinung sich im N. niederschlägt.

(4) Aus der ursprünglichen Achtung vor dem N., der durch die Verachtung der ohne N. lebenden Barbaren noch gesteigert wurde, entwickelte sich unter dem Einfluß der vergleichenden Ethnographie einerseits, der ionischen Naturphilosophie andrerseits allmählich die Kritik am N. als »nur« konventionell. Ob Archelaos wirklich der erste war, der die allgemein geltenden Wertungen für nur konventionell erklärte (Diogenes Laertios II, 16), ist umstritten. Faßbarer ist für uns Protagoras. In der langen Rede, die Platon ihn im *Protagoras* halten läßt, geht hervor, daß Protagoras den N. als für das Überleben der Menschheit notwendig ansieht: Es ist ein Teil der politischen Kunst, eine gerechte Ordnung einzuführen und zu akzeptieren. Es ist für den Menschen unter pragmatischen Gesichtspunkten einfach zwingend, sich an die bestehenden Gesetze zu halten. Diese Haltung stimmt überein mit Protagoras' Theorie, daß der Mensch das Maß aller Dinge sei, die Platon im *Theaitet* darstellt. Wenn alles das für einen jeden wahr ist, was sich jeder vorstellt (*Theaitet* 158 e 5 ff.), scheinen zwar einerseits alle objektiven Maßstäbe verschwunden; aber dennoch gibt es nützlichere und unnützere Meinungen, sodaß letztlich die Meinung der Polis insgesamt den Maßstab abgibt. Daraus folgt aber, daß uns die Natur kein Vorbild bieten kann, daß wir nichts anderes haben, an das wir uns halten können, als den N. Der N. ist zwar »nur« N., aber wenn das, was für wahr gehalten wird, auch wahr ist, folgt, daß man den geltenden N. als verpflichtend ansehen muß.

(5) Aber die relativistischen Implikationen dieser Lehre erwiesen sich bald als stärker als Protagoras' eigene Interpretation des ↗homo-mensura-Satzes: In dem Maße nämlich, wie man der ↗Konvention die wahre Natur (physis) als Maßstab gegenüberstellte. Diese Gegenüberstellung ergab sich einerseits aus der vergleichenden Ethnographie, andererseits aus der naturwissenschaftlichen Medizin: Die Relativierung der Gültigkeit der Bräuche einerseits und der Vorbildcharakter der natürlichen Beschaffenheit gegenüber der nur menschlichen Ordnung führte zu einer Höherbewertung der physis gegenüber dem N. Diese Konsequenzen sehen wir in den platonischen Dialogen von Sophisten wie Kallikles im *Gorgias* und Thrasymachos im *Staat* vertreten. Platon selbst versucht, diesen so aufgerissenen Gegensatz zwischen N. und physis in seiner Philosophie zu lösen, indem er den N. auf die wahre, nämlich geistige physis des Menschen gründet.

**Lit.:** F. Heinimann: Nomos und Physis. Darmstadt 1965. MSU

**Noologie** (griech. nous: Geist, Intellekt), im 17. Jh. in der Auseinandersetzung von Empirismus und Idealismus entstandener Begriff, der die metaphysische und geistorientierte Philosophie insbesondere Platons und Aristoteles' beschreibt. Kant bezeichnet die idealistischen Philosophien von Platon, Leibniz und Berkeley als N., weil in ihnen die These ausgesprochen sei, daß die reine Vernunfterkenntnis unabhängig von der Erfahrung bloß der Vernunft entstamme. In R. Euckens neoidealistischer Kulturtheorie heißt die Methode, den Werdegang des menschlichen Geistes an Kultur, Wissenschaft und Moral zu deuten, N. **Lit.:** R. Eucken: Die Einheit des Geistelebens in Bewußtsein und Tat der Menschheit. Leipzig 1888. MFM

**Norm.** In der praktischen Philosophie bedeutet N. entweder einen Beurteilungsmaßstab für richtiges oder falsches Handeln oder stellt eine Handlungsaufforderung dar: In einem normativen Sinn gelten (a) Gebote, Verbote, Erlaubnisse; (b) Handlungsanweisungen, für die allgemeine Anerkennung gefordert wird; (c) Werte oder Wertestandards (mit allgemeiner Anerkennungsforderung); (d) alle Begriffe, die zum Kriterium für die Beurteilung einer Handlung im Hinblick auf ihre Legalität gemacht werden können. Im sozialphilosophischen Sinn beinhaltet der Begriff über die Handlungsorientierung hinaus, daß die Geltung einer N. im Sozialen (bzw. der Idee des Sozialen) selbst begründet ist. PP

**Normal, Normalität,** deskriptiv zur Beschreibung der statistischen Häufigkeit, der »Normalverteilung«, und präskriptiv zur Beschreibung einer Norm verwendet. Diese Zweideutigkeit kommt auch im Gegenbegriff zu N., der Anomalie, zum Ausdruck. Die griechische philosophische Tradition setzte »Normalität« mit »Naturgemäßheit« gleich. Daraus erklärt sich die Verwendung des Begriffs in der Psychologie, die »Anomalie« als »Pathologie« verstand. Diese Gleichsetzung hat massive Kritik (Cooper, Foucault, Laing) erfahren, die an den Begriff der N. die Machtfrage – wer definiert aufgrund welcher Legitimation »N.«? – herantrug.

**Lit.:** D. Cooper: Psychiatrie und Antipsychiatrie. Frankfurt 1971. – M.-T. Fögen (Hg.): Fremde der Gesellschaft. Frankfurt 1991. – M. Foucault: Wahnsinn und Gesellschaft. Frankfurt [8]1989. – Ders.: Psychologie und Geisteskrankheit. Frankfurt [9]1991. – R. Heinz (Hg.): Wahnwelten im Zusammenstoß. Berlin 1993. – R. D. Laing: Das geteilte Selbst. München [3]1991. CSE

**Normalismus.** Mit Bezug auf Foucault und im Anschluß an G. Canguilhem und H. Ritter wird unter N. ein historisch-spezifischer Diskurskomplex gefaßt, der sich seit der Industrialisierung in okzidentalen Gesellschaftsordnungen herausgebildet und im 19. und 20. Jh. etabliert hat. Der N. setzt statistische Dispositive (Foucault) als der jeweiligen Bestimmung von Normalem und Normalitäten mittels der Festlegung von Durchschnitten und Grenzwerten durch Massenverdatung voraus. Haben Gesellschaftsordnungen immer schon Normen und Regulative entwickelt, die für subjektive Handlungsweisen prä-existent sind, so ist Normalität in normalistischen Ordnungen dem Handeln wesentlich post-existent, da sich dem Subjekt (idealtypischerweise) die Position der Handlung innerhalb statistischer Verteilungen erst nachträglich erschließt. Während normative Regulative strikt binäre Entscheidungen (Erfüllung/Nichterfüllung innerhalb normativer Toleranzen) implizieren, besteht das Wesen von Normalitäten in breit gestreuten »normal ranges« (W. Cannon) mit prinzipiell in der historischen Entwicklung verschiebbaren Normalitätsgrenzen. Dementsprechend können sich die Subjekte je individuell und flexibel in den Spektren von Normalitäten positionieren. Historisch haben sich nach J. Link (idealtypisch) zwei polare diskursive Strategien herausgebildet. Eine erste proto-normalistische Strategie sucht sich gegen das Risiko flexibler Grenzen durch Anlehnung an fixe Normen zu versichern, während sich umgekehrt eine flexible normalistische Strategie auf das Spiel mit flexiblen Grenzen, die Erweiterung von Normalitätsspektren einläßt und auf die Selbstnormalisierung der Subjekte zielt. So ist es z. B. eine flexibel-normalistische Strategie, solche in proto-normalistischer Perspektive a-normalen Formen der Sexualität wie etwa der Homosexualität weitestmöglich in das Spektrum der Normalität zu integrieren und somit zu normalisieren. In ethischer Perspektive und ausgehend von der Phänomenologie des Fremden mit Bezug auf Husserl, A. Schütz, Merleau-Ponty erweist sich der N. bei B. Waldenfels insbesondere in der Psychologie (Therapie) und Handlungstheorie als Instanz der Produktion von Normalitäten. ↗Norm, ↗Normal. **Lit.:** G. Canguilhem: Le normal et le pathologique. Paris 1966. – M. Foucault: Surveiller et punir. Paris 1975 (dt. Überwachen und Strafen. Frankfurt 1977). – J. Link: Versuch über den Normalismus. Opladen 1996. – B. Waldenfels: Die Grenzen der Normalisierung. Frankfurt 1998. AD

**Normalform,** in der Logik eine syntaktisch normierte Gestalt der sprachlichen Ausdrücke einer gegebenen Kategorie. So ist eine Formel in konjunktiver (adjunktiver) N., wenn sie eine endliche Konjunktion (Adjunktion) $A_1 \wedge \ldots \wedge A_n$ ($A_1 \vee \ldots \vee A_n$) von endlichen Adjunktionen (Konjunktionen) von Atomformeln oder negierten Atomformeln (sog. Primformeln) ist, so daß

$$A_i = B_{i_1} \vee \ldots \vee B_{i_m} \ (B_{i_1} \wedge \ldots \wedge B_{i_m}) \text{ und } B_{ik} = p \text{ oder } B_{ik} = \neg p, \text{ für } 1 \leq i \leq n, \ 1 \leq k \leq m$$

und eine Atomformel p. Da die für jede Formel mögliche Überführung in eine logisch äquivalente konjunktive (adjunktive) N. nicht eindeutig ist, lassen sich auch sog. kanonische N.en betrachten, die diese in der Aussagenlogik für Entscheidungsverfahren bequeme Eindeutigkeit gewährleisten. In der ↗Modallogik finden sich auch sog. modale konjunktive N.en, bei denen die Modaloperatoren ›nach innen‹ verlagert werden, d. h. eine Formel A ist in modaler konjunktiver N., wenn A eine Konjunktion von Adjunktionen ist, die aus aussagenlogischen Formeln (nicht unbedingt prim) oder modalisierten ausagenlogischen Formeln bestehen. – Pränexe N.en der Prädikatenlogik sind Formeln, bei denen sämtliche Quantoren einer Formel einer quantorenfreien, nur junktorenlogisch zusammengesetzten Matrix vorangestellt werden. Eine pränexe N. ist zudem eine Skolemsche N., wenn dabei in dem Quantorenpräfix alle Existenzquantoren allen Allquantoren vorangestellt sind. Pränexe N. sind von Bedeutung für Entscheidbarkeitsfragen der Prädikatenlogik. UM

**Normalsinnigkeit.** In der Konsenstheorie der Wahrheit werden für den Prozeß der Konsensbildung die Zusatzannahmen der Gutwilligkeit, Vernünftigkeit, Sprachkundigkeit und N. aufgestellt. Die Annahme der N. bedeutet, daß keiner der Konsenssuchenden hinsichtlich seiner Wahrnehmungs- und Urteilsfähigkeit beeinträchtigt sein darf. ↗Konsenstheorie. PP

**Normativ,** Bezeichnung für wertende (evaluative) oder vorschreibende (präskriptive) Urteile oder sprachliche Ausdrücke. Im Unterschied zu den deskriptiven Urteilen, die nach »wahr/falsch« im Hinblick auf ihre Übereinstimmung mit dem beschriebenen Sachverhalt beurteilt werden können, bedarf es für n.e Urteile einer eigenen nicht-empirischen Begründungsinstanz. Entweder eine Person ist durch eine bestimmte Handlung eine Verbindlichkeit, die für diese Handlung konstitutiv ist (wie z. B. ein Versprechen abgeben), eingegangen, dann resultiert der n.e Charakter aus der vollzogenen Sprechhandlung (unter der Aufrichtigkeitsbedingung einer wahren Intention), oder es werden Gründe für ein n.es Urteil eingebracht, die allgemein anerkannt werden können. **Lit.:** R. M. Hare: Freiheit und Vernunft. Frankfurt 1983. – Ders.: Die Sprache der Moral. Frankfurt 1983. – J. R. Searle: Sprechakte. Frankfurt 1973. S. 88 ff. PP

**Notio** (lat. Vorstellung, Begriff). Von Cicero (*Topica* VII, 31) als Übersetzung des griechischen »ennoia« und »prolepsis« geprägt, kann der Ausdruck in der Antike Begriff, Vorstellung, Erkenntnis, Kenntnisnahme, angeborene Idee sowie – in der Kombination »notiones communes« – allen Menschen gemeinsame Vorstellungen oder Einsichten bedeuten. Im MA. wird N. im Gefolge Augustinus' (*De trinitate* V, 6) zu einem theologischen Terminus: notiones Divinae sind jene relationalen Kennzeichnungen, die die trinitarischen Personen für das theologische Erkennen unterscheidbar machen, ohne damit eine Vielheit von Göttern vorauszusetzen (Vaterschaft, Sohnschaft, Hervorgang u. a., siehe z. B. Thomas v. Aquin, *S.th.* I, 32). Seit dem Spätma. wird N. zunehmend zum logisch-erkenntnistheoretischen Terminus und bezeichnet den Begriff von konkreten oder abstrakten Gegenständen oder unsere Erfassung dieses Begriffs. Der Unterschied zum inhaltlich ähnlichen Terminus »conceptus« liegt im Akzent darauf, daß die N. Objekt bzw. Produkt unserer Erkenntnistätigkeit ist; in diesem Sinne auch B. Lonergans »notion of being« als erkenntnismetaphysische Entfaltung des Seinsbegriffs. **Lit.:** W.L. Gombocz: Notion, notio; J. Schneider: Notiones communes. In: HWPh, Bd. 6, Sp. 935–938 bzw. 938–940. – B. Lonergan: Insight. London [2]1958 (dt.: Die Einsicht. Cuxhaven 1995). WL

**Notionale Welt,** Bezeichnung für die Gesamtheit der Überzeugungen eines Subjekts, für die keine Voraussetzungen hinsichtlich der Existenz oder Beschaffenheit tatsächlicher Dinge, auf die sich die Gedanken beziehen, gemacht werden. Die Gesamtheit solcher Überzeugungen bildet die Beschreibung der n.n W. eines Subjekts. **Lit.:** D. Dennett: Beyond Belief. In: A. Woodfield (Hg.): Thought and Object. Oxford. PP

**Notwehr.** Die zur Abwehr eines gegenwärtigen rechtswidrigen Angriffs erforderliche Verteidigung ist als N. gerechtfertigt (§ 32 StGB). Ratio der gesetzlichen Wertung ist nur sekundär der Schutz individueller ↗Rechtsgüter, primär der des Rechts (dualistische Begründung der N.); zu dessen Wahrung erlaubt N. in extremis die Tötung des Angreifers bei der Verteidigung von Sachwerten. Gegen diese Konsequenz propagieren jüngere Ansätze – über einzelfallbezogene sozialethische Restringierungen der N. hinaus und systematisch wenig überzeugend – eine generelle Güterabwägung. Das Notwehrrecht ist in seinem Kernbereich naturrechtlich vorgeformt (Cicero, *Pro Milone*, 10; Th. v. Aquin, S.th. II–II, 64.7) und abweichender Positivierung nur eingeschränkt zugänglich. Als prominenteste Ausnahme zum staatlichen Gewaltmonopol ist es ideengeschichtlich eng mit dem ↗Widerstandsrecht verknüpft. **Lit.:** K. Kühl: Die Notwehr. In: K. Schmoller (Hg.): Festschrift für O. Triffterer. Wien/New York 1996. S. 149–167. – E. Schmidhäuser: Die Begründung der Notwehr. In: Goldammer's Archiv 1991. S. 97–139. – H. Wagner: Individualistische oder überindividualistische Notwehrbegründung. Berlin 1984. FW

**Notwendigkeit.** Die Bedeutung von N. hängt von dem Gegenstandsbereich seiner Anwendung ab: In bezug auf Naturphänomene wird von kausal-mechanischer N. gesprochen, wenn wie bei Descartes damit eine durchgängige Determination im Bereich des physisch-ausgedehnten Seins behauptet wird. Neben dieser strengen Kausalität wird von Hume eine N. der Kausalverknüpfung vertreten, die auf subjektiver Gewöhnung bzw. subjektiver Nötigung des Vorstellens beruht; Beobachtungen empirischer Regelmäßigkeiten sollen eine gewohnheitsmäßige Neigung des Verstandes hervorrufen, gleiche Ereignisfolgen auch in Zukunft zu erwarten. Der Kantische Begriff der N. wird zwar in bezug auf Erkenntnis behauptet, der N.charakter der Begriffe ist aber in apriorischen Erkenntnissen begründet. In transzendentallogischer Bestimmung wird der Begriff N. bzw. Kausalität als konstitutiv für Erkenntnis ausgewiesen. – Leibniz thematisiert die Unterscheidung zwischen Vernunft- und Tatsachenwahrheiten anhand des Begriffs der N. Die Vernunftwahrheiten gründen in dem Widerspruchsprinzip, d.h. sie sind logisch notwendig wahr, während für die Tatsachenwahrheiten auf der Grundlage des Prinzips des zureichenden Grundes nur hypothetische N. behauptet werden kann. – In bezug auf den Bereich der Handlung betrifft der Begriff der N. das Verhältnis von Freiheit und Determination. N. kann bedeuten, daß der einzelne nicht anders handeln konnte, als er gehandelt hat – das entspricht einer Position des ↗Determinismus. Dadurch stellt N. den Gegenbegriff zu Freiheit dar. Wright spricht im Zusammenhang des praktischen ↗Syllogismus von praktischer N., um anzuzeigen, daß sich eine Handlung aus zwei Prämissen logisch notwendig ergibt. In den beiden Prämissen muß eine Absicht geäußert werden und eine Meinung über das geeignete Mittel zur Realisierung dieser Absicht. Aus der Angabe der logischen N. folgt nicht, daß eine solche Handlung auch notwendig vollzogen werden muß, wenn diese Absicht und die zugehörige Mitteleinschätzung vorliegen. ↗Modallogik. **Lit.:** R. Descartes: Regeln zur Ausrichtung der Erkenntniskraft. Hamburg 1973. – D. Hume: Ein Traktat über die menschliche Natur. Buch I. Hamburg 1989. 3. Teil. – I. Kant: Kritik der reinen Vernunft. A 1. B 232f. – G.W. Leibniz: Metaphysische Abhandlung. Hamburg [2]1985. – D. Wandschneider: Notwendigkeit. In: HWPh. – G.H. v. Wright: Erklären und Verstehen. Frankfurt 1974. PP

**Noumenon/Phainomenon** (griech. Verstandes-/Sinneswesen), Benennung zweier zusammengehöriger Begriffe in Kants kritischer Philosophie, die zur Unterscheidung aller Gegenstände überhaupt in ↗Dinge an sich und ↗Erscheinungen dienen. Ein Ph. ist nicht Schein, sondern besitzt empirische Realität, d.h. Wirklichkeit in Beziehung auf die Sinnlichkeit und den Verstand; es ist die Art und Weise, wie sich das Wirkliche in den Formen der Anschauung (Raum und Zeit) und des Verstandes (Kategorien) allgemein für alle erkennenden Subjekte darstellt. Daher ist das Ph. weder etwas vom Bewußtsein völlig Unabhängiges, noch die bloße Summe subjektiver Erlebnisse, sondern der Gegenstand möglicher Erfahrung, der in für alle Subjekte gleichen, gesetzmäßigen Zusammenhängen besteht. Die Phainomena sind kategorial bestimmte Glieder möglicher Erfahrung, denen Kant die Noumena als unerkennbare Dinge an sich gegenüberstellt. – Ein N. ist ein bloß im Verstand existierender Gegenstand, der ohne Beziehung auf die Sinnlichkeit als Ding an sich vom Verstand gedacht werden muß, wobei dieser zugleich begreift, daß er keinen Gebrauch von seinen Kategorien machen kann, weil diese »nur in Beziehung auf die Einheit der Anschauungen in Raum und Zeit Bedeutung haben« (*KrV* B 308). Der Begriff des N. ist nach Kant nicht widersprüchlich und zudem notwendig, um die sinnliche Anschauung von der falschen Anmaßung zu bewahren, daß keine andere Wirklichkeit als die durch unsere Art raumzeitlicher Anschauung bestimmte konzipiert werden kann. Demnach handelt es sich beim N. um einen Begriff mit nur negativer Verwendung, d.h. einen Grenzbegriff. Daraus folgt, daß N. ein problematischer (d.h. möglicher, aber nicht einlösbarer) Begriff ist, der zur Grenzbestimmung der Reichweite der theoretischen Erkenntnis dient. Über den Bereich der Phainomena hinaus gibt es keine positive Erkenntnis der spekulativen Vernunft. Die Noumena lassen sich jedoch aufgrund des Sittengesetzes bestimmen, da dieses als Faktum der reinen Vernunft auf eine intelligible Welt hinweist. Von den Noumena gibt es daher nur eine praktische Erkenntnis. **Lit.:** I. Kant: Kritik der reinen Vernunft. – G. Prauss: Erscheinung bei Kant. Berlin 1971. – Ders.: Kant und das Problem der Dinge an sich. Bonn ²1977. RS

**Nous** (nicht eindeutig aus dem griech. übersetzbar: »Geist«, »Verstand«, »Vernunft«, »Einsicht«; lat. intellectus; ↗Intellekt), kosmologischer und erkenntnistheoretischer Terminus mit wechselnden Bedeutungen, wird erstmals bei Anaxagoras (geb. um 500 v.Chr.) zur Bezeichnung eines die Welt bewegenden und durchwaltenden, aber nicht persönlich gedachten, feinstofflichen (d. h. wohl nicht immateriellen) teleologischen Prinzips gebraucht. Bei Aristoteles ist N. eine der Kennzeichnungen des Wesen Gottes (des unbewegten Bewegers), der sich ewig selbst denkt (*Metaphysik* XII, 9). Auch dem Menschen eignet N. als rationaler Seelenteil (neben dem vegetativen und sensitiven); zuweilen wird er »göttlich« genannt (*Eth. Nic.* X, 7). Funktion des N. insgesamt ist die spontane Erfassung von Situationen, allgemeinen Zusammenhängen, des Wesens von Gegenständen u. a. Erkenntnisgehalten. Dabei wird die »rezeptive« Kraft des N. (N. pathetikos, intellectus passibilis/possibilis) zur hinnehmenden Erkenntnis des Seins von der »tätigen« Kraft des N. (N. poietikos, intellectus agens) zur ↗Abstraktion intelligibler Gehalte unterschieden. Obwohl diese Seelen-»teile« nicht als selbständig zu verstehen sind, deuten einige Passagen (*de an.* III, 5) auf die Abtrennbarkeit, Unsterblichkeit und Einzigkeit/Überindividualität des N. poietikos hin. Konsistenz und werkgeschichtliche Einordung der aristotelischen Aussagen zur Seelenlehre sind umstritten. In den spekulativen Ontologien des ↗Neuplatonismus ist N., wiederum deutlicher kosmologisch verstanden, i. d. R. ein entscheidender Bestandteil (N. als eine der fünf wahrhaft seienden Substanzen bei Apuleios, eine der drei Hypostasen – neben dem Einen und der Seele – bei Plotin, u. a.m.). **Lit.:** A. Kenny: Aquinas on Mind. London 1993. – H. J. Krämer: Der Ursprung der Geistmetaphysik. Amsterdam ²1967. – K. Rahner: Geist in Welt. Innsbruck/Leipzig 1939, Neuausg. Freiburg 1996. – H. Seidl: Der Begriff des Intellekts (nous) bei Aristoteles. Meisenheim 1971. WL

**Numinose, das** ↗Heilige, das

**Nutzen.** N. oder die Nützlichkeit einer Handlung wird subjektiv von einer Person für je sich selbst bewertet. In konsequentialistischen ethischen Theorien, insbesondere dem klassischen ↗Utilitarismus wird der N. einer Handlung gleichgesetzt mit der Tendenz, das subjektiv empfundene Glück der betroffenen Personen zu befördern. Der Begriff des N.s ist also inhaltlich oder psychologisch so bestimmt, daß ihm ein handlungsleitendes Moment inhärent ist. Eine inhaltliche Bestimmung des N.s einer Kaufhandlung als offenbarte Meinung über die Vorzüglichkeit alternativer Produkte, den Geschmack einer Person findet sich auch in frühen ökonomischen Schriften zur Nutzentheorie. Modale Ziele werden so direkt auf finale Ziele zurückgeführt. In der modernen ↗Entscheidungstheorie, die von ↗Handlungstheorien im weiteren Sinne zu unterscheiden ist, wird der Begriff des N.s formal über den Begriff der Präferenzordnung definiert. Die ↗Präferenz einer Person ist formal als zweistellige Relation zwischen Handlungen definiert. Eine Präferenzordnung ist eine Ordnung über alternative Handlungen, die bestimmten Ansprüchen, Reflexivität, Vollständigkeit, Transitivität genügt. Diese Präferenzordnungen sind unter Zuordnung eines numerischen Wertes zu jeder Handlung in Nutzenfunktionen abbildbar. Das in der Ökonomie vertretene präskriptive Prinzip der Nutzenmaximierung ist als Teil einer ökonomischen Handlungstheorie unabhängig von der Präferenztheorie begründungsbedürftig. – Versuche, die Nutzentheorie in präskriptive Theorien der Ethik oder Ökonomie aufzunehmen, sind mit dem Problem der Meßbarkeit und Vergleichbarkeit von N. verbunden. Im klassischen Utilitarismus übernahm diese Aufgabe der wohlinformierte, unparteiische Beobachter. In der modernen Nutzentheorie haben v. Neumann/Morgenstern eine Lösung vorgelegt, die unabhängig von einer in der ökonomischen Theorie mit dem Geld gegebenen gemeinsamen materialen Maßeinheit ist. Präferenzordnungen sind ordinal skaliert und erlauben nur eine schwache, nämlich ordinale, intrapersonelle Vergleichbarkeit alternativer Handlungen. Über die Zuordnung von Wahrscheinlichkeiten zu Güterbündeln, Lotterien, können die Präferenzen jedoch kardinalisiert werden. Daraus wird i.a. eine interpersonelle Vergleichbarkeit abgleitet. **Lit.:** M. Hollis/R. Sugden: Rationality in Action. Oxford 1993. – A. Lowe: Politische Ökonomik. Königstein 1984. – J. St. Mill: Utilitarianism. 1869 (dt. Der Utilitarismus. Stuttgart 1991). – A. Page (Hg.): Utility Theory – A Book of Readings. New York 1968. – L. Savage/P. Ehrlich (Hg.): Philosophical and Foundational Issues in Measurement Theory. New Jersey 1992. KRL

**Nyāya** (sanskrit, Regel, Argument). Die indische Tradition betrachtet den N. zusammen mit dem ↗Vaiśeṣika als komplementäre Teile eines übergeordneten Systems. Beide Systeme erkennen zwar den Veda (↗Veden) als letzte Autorität an, aber es geht ihnen weniger um dessen Erklärung, wie etwa der ↗Mīmāṃsā, sondern darum, wie und was man innerhalb einer anerkannten und vorausgesetzten Realität erkennen kann. Für eine solche Erkenntnis gibt es für den N. vier Möglichkeiten (pramāṇa): 1. die Wahrnehmung (pratyakṣa); 2. der Schluß (anumāna); 3. die Analogie (upamāna); 4. die (sprachliche) Überlieferung (śabda). Das Grundwerk des N. sind die N.-Sūtra des Gotama. Als Analyse- und Argumentationsmethode war der N. v.a.

auf dem Gebiet der Dialektik und Logik produktiv. Der N. schafft letztlich den indischen Syllogismus (anumāna) in fünf Gliedern: 1. Behauptung (pratijñā): »auf dem Berg ist Feuer«; 2. Begründung (hetu): »denn er raucht«; 3. Beispiel (udāharaṇa): »wo Rauch ist, ist Feuer – wie am Herd«; 4. Zurückführung [zum Ausgangspunkt] (upanaya): »der Berg raucht«; 5. Ergebnis (nigamana): »also ist auf ihm Feuer«. In diesem Bsp. ist Berg das (empirisch beobachtete) Subjekt (pakṣa), Feuer das Festzustellende (sādhya), Rauch 1. das Merkmal (liṅga) des Feuers, 2. das Mittel zur Feststellung (sādhana) und 3. der logische Grund (hetu). Rauch ist immer von Feuer begleitet (vyāpya), während Feuer nur dessen Begleiterscheinung (vyāpaka) ist, d. h. der Schluß: »wo Rauch ist, ist auch Feuer« ist nicht umkehrbar. Die zur Erlösung führende richtige Erkenntnis hat als Gegenstände »Seele, Körper, Sinnesorgane, Objekte, Erkenntnis, psychisches Organ, Betätigung, Laster, Fortleben nach dem Tode, Vergeltung, Leid und Erlösung« (E. Frauwallner): Diese Aufzählung zeigt schon, daß es sich beim N. eigentlich um ein analytisch-logisches System auf naturphilosophischer Grundlage handelt, in das eine Erlösungslehre aufgenommen wurde. Erkenntnis führt in einer kausalen Zwangsläufigkeit zur Erlösung, »... indem von Leid, Geburt, Betätigung, Lastern und falscher Erkenntnis durch die Aufhebung des jeweils Folgenden das Vorhergehende verschwindet« (ebda). **Lit.:** H. v. Glasenapp: Die Philosophie der Inder. Stuttgart 1974. S. 232 ff. – A. B. Keith: Indian Logic and Atomism. London 1921. – K. H. Potter (Hg.): Encyclopaedia of Indian Phil. Bd. 2. Delhi 1977. – W. Ruben: Die Nyāyasūtras. Leipzig 1926 (Übersetzung). MD

**O.** In der formalisierten Schreibweise werden die partikular verneinenden Urteilsarten mit dem Buchstaben o gekennzeichnet: Einige S sind nicht P (Abk.: SoP). ↗Quadrat, logisches, ↗Syllogismus. PP

**Oberbegriff/Unterbegriff** (auch terminus maior/terminus minor). In der klassischen Logik werden die drei Termini des Syllogismus unterschiedlich bezeichnet: O., U. und ↗Mittelbegriff. Das Schlußurteil in einem Syllogismus, das aus zwei vorangehenden Aussagen (i. e. den Prämissen) folgen soll, muß ein von den beiden Prämissen verschiedenes Urteil sein und trotzdem eine Gemeinsamkeit mit beiden Prämissen aufweisen. Dies geschieht dadurch, daß im Schlußsatz aus der einen Prämisse der Subjektbegriff enthalten ist, aus der anderen der Prädikatsbegriff. Dabei ist zu beachten, daß nicht der Subjektsausdruck und der Prädikatsausdruck, die den Mittelbegriff ausmachen, im Schlußsatz wieder erscheinen. Z. B. 1. Alle leiblichen Wesen sind nahrungsbedürftig, 2. Alle Menschen sind leibliche Wesen, 3. (Schluß) Alle Menschen sind nahrungsbedürftig. In dem Syllogismus bildet »leibliches Wesen« den Mittelbegriff, der Prädikatsausdruck der Konklusion wird als O. bezeichnet und die zugehörige Prämisse, aus der der Schlußsatz seinen Prädikatsausdruck entnimmt, als Obersatz, (man rückt sie in der Reihenfolge der Prämissen an die erste Stelle), der Subjektausdruck der Konklusion wird als Unterbegriff bezeichnet und die zugehörige Prämisse, aus der der Subjektbegriff entnommen ist, als Untersatz (man rückt sie in der Reihenfolge der Prämissen an die zweite Stelle). ↗Mittelbegriff, ↗Syllogismus. PP

**Obersatz** ↗Oberbegriff/Unterbegriff, ↗Syllogismus

**Objekt** (lat. obiectum: wörtl. Gegenwurf bzw. Vorwurf), entwickelt sich aus der ma. Übersetzung der griech. Wörter »antikeimenon« und ↗»hypokeimenon« zum neuzeitlichen Begriff für einen Gegenstand, auf den sich das ↗Subjekt bezieht. Kann »antikeimenon« bereits bei Aristoteles u. a. auch den Gegenstand einer Wissenschaft bezeichnen, so wird das O. im Anschluß an die von Descartes eingeleitete Ausbildung des neuzeitlichen Subjektbegriffs vorrangig als ein dem Subjekt entgegenstehendes Erkenntnis-Objekt gedacht. – Vermittelt ist dies durch die scholastische Auffassung des O.s als eines Gegenstandes von Seelenvermögen, wie sie etwa im Zusammenhang mit der Unterscheidung von Material-Objekt und Formal-Objekt, d. h. der undifferenzierten Gesamtheit des Seienden, auf die sich ein Vermögen richtet, und dem spezifischen Gesichtspunkt, unter dem dies geschieht, anzutreffen ist.

In der Auseinandersetzung mit dem Problem der Subjekt-Objekt-Spaltung werden äußere O.e der sinnlichen Wahrnehmung von inneren O.en der ↗Reflexion unterschieden, in denen sich die Verstandestätigkeiten selbst zum O. machen (Locke, Leibniz). Dabei führt v. a. die Frage, ob und inwiefern den äußeren O.en ein vom Subjekt unabhängiges Sein zugesprochen werden muß, zu divergierenden Antworten: Zielt der idealistische Ansatz auf eine Identifikation von O. und subjektivem Erkenntnisinhalt (Berkeley, Dt. Idealismus), halten sowohl der transzendentale Ansatz, nach der das O. nur im Hinblick auf seine Erkennbarkeit vom Subjekt konstituiert wird (Kant, Neukantianismus), wie der intentionale Ansatz, der das O. gegenstandsintendierender Akte von der Weise seines Gemeintseins unterscheidet (Brentano, Husserl), an deren Differenz fest. – In Abhängigkeit davon meint der Begriff »Objektivierung« entweder das Gegenständlichwerden eines die Differenz von Subjekt und O. übergreifenden Absoluten (idealistisch), die Vergegenständlichung eines subjektiv Gegebenen (transzendental) oder die Gegenstandskonstitution durch ein subjektives Meinen (intentional). Der seltenere Begriff »Objektivation«, der besonders durch Diltheys Rede von der Objektivation des Lebens zur geschichtlichen Welt Eingang in den philosophischen Sprachgebrauch gefunden hat, kann von der Objektivierung nicht klar unterschieden werden. – Unter dem Titel »Objektivismus« werden zumeist Positionen kritisiert, die wie die antike Ontologie noch nicht über einen als grundlegend unterstellten Begriff des Subjekts verfügen oder dessen Bedeutung bestreiten, indem sie das O. auf etwas bloß Gegebenes reduzieren. – Die sprachanalytische Philosophie faßt das O. zumeist als das im Fluß raum-zeitlicher Ereignisse mit sich selbst Identische und konzentriert sich weithin auf die Frage, welchen Arten von O.en Existenz zuzusprechen ist. Dabei ist besonders die Existenz sog. abstrakter O.e umstritten. **Lit.:** L. Dewan: »Obiectum«. In: Moyen Age 48 (1981). S. 37–96. – W. Dilthey: Der Aufbau der geschichtlichen Welt in den Geisteswissenschaften (Ges. Schriften Bd. 7). Leipzig 1927. – M. Heidegger: Die Frage nach dem Ding (Gesamtausgabe Bd. 41). Frankfurt 1984. – D. Henrich: Identität und Objektivität. Heidelberg 1976. – E. Husserl: Ideen I. Hua III/1. Den Haag 1950ff. § 41. – I. Kant: Kritik der reinen Vernunft. Transzendentale Analytik § 17. – G.W. Leibniz: Nouveaux essais (Werke Bd. III/1. Hg. v. W. v. Engelhardt und H.H. Holz). Darmstadt [2]1985. S. 99ff. – J. Locke: Essay. Hamburg 1968. II, 1. – H.W. Noonan: Objects and Identity. Den Haag 1980. – W.V.O. Quine: Word and Objects. Stuttgart 1980. WAM

**Objektivation** ↗Objekt

**Objektive Notwendigkeit,** bei Kant die transzendentale Notwendigkeit apriorischer Erkenntnisse. D.h. die subjektiven Bedingungen von Erfahrung erhalten objektive Bedeutung (d.h. sie werden gegenstandskonstitutiv), begründet in der transzendentalen Einheit des Selbstbewußtseins. Wenn man gar nicht anders denken kann als in bestimmten Strukturen, besitzen diese o. N. Dazu gehört also alles, was konstitutiv für das Denken ist. O.N. gibt es nur in Beziehung auf den Verstand, sie besitzt also keine ontologische Realität. In Kants Ethik ist die »Pflicht die objektive Notwendigkeit einer Handlung aus Verbindlichkeit« (*Grundlegung zur Metaphysik der Sitten*, BA 87). JSC

**Objektivismus,** hat im wesentlichen zwei Bedeutungen: (1) dem ↗Universalismus verwandte Auffassung, daß die Gültigkeit von Bewußtseinsinhalten, Gedanken, Sätzen, Theorien usw. nicht auf faktische Denkvorgänge zurückgeführt werden kann. Zwischen Genese (Entstehung) von Gedanken und deren Geltung sei strikt zu unterscheiden. Im Gegensatz hierzu stehen ↗Subjektivismus, ↗Psychologismus, ↗Relativismus und ↗Kontextualismus. Bolzano, Frege und Meinong, vor allem aber Husserls Psychologismuskritik in den *Logischen Untersuchungen* (1900/01) haben dem geltungslogischen O. zum Durchbruch verholfen. Seit der hermeneutischen und pragmatisch-linguistischen Wende in der Philosophie, die von Heideggers Aufweis der Geschichtlichkeit der Vernunft und Wittgensteins Sprachspielpragmatik angestoßen wurde, herrscht jedoch wieder eine skeptisch-relativistische Vernunftauffassung vor. Dieser Tendenz in der Gegenwartsphilosophie sind u.a. Putnam, Habermas und Apel entgegengetreten. Sie verweisen darauf, daß in die pragmatische Dimension der Sprache, in ihre Verwendung in realen Redesituationen, idealisierende Voraussetzungen, insbesondere die regulative Idee des objektive Wahrheit verbürgenden idealen argumentativen Konsenses, eingebaut sind. Relativistische Konzeptionen, die die Möglichkeit objektiver Wahrheit bestreiten, seien daher pragmatisch selbstwidersprüchlich.

(2) die neuzeitliche Wissenschaft kennzeichnende Auffassung, daß objektive Wahrheit nur durch Ausschalten subjektiver Einflüsse (Emotionen, Interessen, Perspektiven) zugänglich werde. Der O. ist besonders für die ↗Bewußtseinsphilosophie charakteristisch, in der unter Absehung ihrer sozialen Dimension Erfahrungserkenntnis lediglich solipsistisch, als Relation zwischen einem einsamen Subjekt (solus ipse) und einem dinglichen, an sich selbst bedeutungslosen Objekt, verstanden wird. Descartes' ontologischer O., der die Subjekt-Objekt-Relation der Erkenntnis als Verhältnis zweier Wesenheiten (res cogitans und res extensa) deutet, findet ihre Entsprechung im naturalistischen Empirismus Humes, der die subjektiven Willenshandlungen zu Objekten der Kausalerfahrung erklärt. Kants transzendentaler Subjektivismus bereitet den methodologischen O. (↗Positivismus, ↗Behaviorismus, ↗Logischer Empirismus, ↗Kritischer Rationalismus) vor, indem er den naturwissenschaftlichen Objektbegriff und den kausalistischen Erfahrungsbegriff generalisiert. Gegen die einheitswissenschaftliche Orientierung von Philosophie und Wissenschaft hat Husserl in seiner Spätphilosophie geltend gemacht, daß wissenschaftliche Konzepte ihren Sinn aus der anschaulichen, vortheoretischen Lebenswelt erhalten und ihre Objektivierungen bzw. Idealisierungen daher nicht verabsolutiert werden dürfen. Diese Kritik hat in der hermeneutischen (Heidegger, Gadamer) und sprachspielpragmatischen Philosophie (Wittgenstein, Ryle) eine relativistisch-skeptische, in der universal- und transzendentalpragmatischen Philosophie (Habermas, Apel) eine universalistische Form angenommen. Hierbei wird der Aspekt der kommunikativen und sozialen Dimension der Erfahrung in den Vordergrund gerückt. **Lit.:** Th. W. Adorno u.a. (Hg.): Der Positivismusstreit in der deutschen Soziologie. Neuwied und Berlin 1969. – K.-O. Apel: Transformation der Philosophie. Frankfurt 1973. – D. Böhler: Rekonstruktive Pragmatik. Frankfurt 1985. – J. Habermas: Erkenntnis und Interesse. Frankfurt 1968. – E. Husserl: Die Krisis der europäischen Wissenschaften und die transzendentale Phänomenologie. Hua VI. Den Haag 1954. – K.R. Popper: Objektive Erkenntnis. Hamburg 1973. – H. Skjervheim: Der moderne Objektivismus und die Wissenschaft vom Menschen. In: D. Böhler u.a. (Hg.): Die pragmatische Wende. Frankfurt 1986. S. 9–35. HGR

**Objektsprache.** Bezeichnung für diejenige Sprache, in der wir uns auf außersprachliche Gegenstände beziehen. Alle Sätze der Objektsprache lassen sich in zwei Gruppen aufteilen: (a) in solche, deren Wahrheit nur durch die Kenntnis eines empirischen Faktums entschieden werden kann – sie werden als F-wahr bezeichnet, und (b) solche, die aus rein logischen Gründen wahr sind – sie werden als L-wahr bezeichnet. (Ein Satz, der entweder L-wahr oder L-falsch ist, wird als L-determiniert bezeichnet (z.B. ›heute regnet es oder es regnet nicht‹). PP

**Obligatio** (lat. Verpflichtung, Verbürgung), geht der Sache nach auf das klassische römische Recht zurück und bezeichnet ein Rechtsverhältnis, »vermöge dessen der Schuldner (debitor) dem Gläubiger (creditor) zu einer Leistung verpflichtet ist«. – Nach dem christlich-religiösen Verständnis der Spätantike und des Mittelalters wird zwischen einer »o. ex contractu« und einer »o. ex delicto« unterschieden: Erstere versteht das Verhältnis zwischen Gott und Mensch als Vertrag, letztere definiert die Sünde als Verstoß gegen ein Verpflichtetsein. Bei Thomas von Aquin erstreckt sich das sittliche Verpflichtetsein neben der Tat auch auf den Willen. In der Scholastik ändern sich die Vertrags- bzw. Deliktobligationen: Statt eines Gläubigers (Gott) fordert das sittliche Gesetz Gehorsam und Erfüllung. Naturnotwendige O.nen finden sich bei Hobbes im Trieb zur Selbsterhaltung und bei Thomasius in der O. des »Ratschlags«, der zur Beachtung von Gefahr oder Gewinn verpflichtet. **Lit.:** M. Kaser: Das römische Privatrecht. In: Rechtsgeschichte des Altertums 3, 3/1 (1955). – H. Reiner: Die philosophische Ethik. Heidelberg 1964. – H.-P. Schramm: »Obligatio« – Verbindlichkeit. Freiburg i. Br. 1964. JM

**Obliquer Kontext.** Im Rahmen seiner Bedeutungstheorie räumt Frege ein, daß die Bedeutung eines Ausdrucks auch kontextabhängig sein kann. Während bspw. in der Aussage »Fritz hat das Buch gelesen« die Bedeutung der Ausdrücke die Person Fritz und das Buch, das gelesen wird, sind, wird in der Aussage »Fritz behauptet, daß er das Buch gelesen habe« keine Aussage über das Buch gemacht, sondern einzig über den Sinn des Nebensatzes (»daß er das Buch gelesen habe«). In einem solchen Fall, wenn sich der Ausdruck nur auf einen Sinn (und nicht auf ein Referenzobjekt) bezieht, spricht Frege von indirekten oder o.n K.en, die in der Regel immer durch einen Nebensatz ausgedrückt werden (wie in den Fällen: »P glaubt, daß«, »P hofft, daß«). In diesen Fällen ist die Anwendbarkeit des ↗Substitutionsprinzips eingeschränkt. PP

**Obszön** (lat. schmutzig, unzüchtig), Wertbegriff, der die moralische Anstößigkeit von Gegenständen oder Handlungen bezeichnet. Dabei gilt dem Wortsinn nach vor allem der Verstoß gegen gesellschaftlich anerkannte Maximen der Sexualmoral als o. Das Wort findet häufig Anwendung in bezug auf Kunstwerke. Der für künstlerisches Schaffen spezifische Zug der Grenzsprengung durch Imagination und Provokation führt unter diesem Aspekt häufig zum Konflikt zwischen künstlerischen Intentionen und den Vorstellungen von Obszönität, die in einer Gesellschaft oder einer gesellschaftlichen Gruppierung vorherrschen. Geschichtlich zeigt sich die Idee des O.en als äußerst wandlungsfähig. Viele Werke der Kunst und Literatur galten bei ihrem Erscheinen als o., heute dagegen als Meisterwerke der erotischen Literatur und Kunst. Obwohl daher die Grenze zwischen erotischer Kunst und o.er Darstellung nicht endgültig fixiert werden kann, läßt sich doch formal feststellen, daß als o. zu gelten hat, was in der erotischen Darstellung das Schamgefühl der jeweils Betroffenen verletzt. In aufgeklärten pluralistischen Gesellschaften gilt die Grundregel, daß nur die öffentliche, insbesondere die Jugendlichen zugängliche Darstellung o.er Art der staatlichen Kontrolle unterliegt, der private Umgang mit dem O.en dagegen allein in der Verantwortung des erwachsenen Individuums liegt. **Lit.:** P. Gorsen: Das Prinzip Obszön. Reinbek 1968. – D. H. Lawrence: Pornography and Obscenity. London 1929 (dt. Pornographie und Obszönität. Zürich 1971). – L. Marcuse: Obszön. München 1962. RL

**Occasionalismus,** Lösungsversuch für das mit Descartes' Trennung von res cogitans und res extensa einhergehende ↗Leib-Seele-Problem. Der O. behauptet, daß Seele und Körper, da es sich um getrennte Substanzen handelt, nicht aufeinander einwirken können. Vielmehr sorgt Gott durch unmittelbares Eingreifen bei Gelegenheit (occasio) oder durch das Bewirken einer dauerhaften Entsprechung dafür, daß physische und psychische Ereignisse in Verbindung gebracht werden. Hauptvertreter sind G. de Cordemoy, A. Geulincx und N. Malebranche. **Lit.:** R. Specht: Commercium mentis et corporis. Stuttgart-Bad Cannstatt 1966. FPB

**Ochlokratie** (griech. ochlos: Haufen; kratein: herrschen), die nicht an eine Verfassung und Gesetze gebundene Herrschaft des »Pöbels«, der »Masse«. In der antiken Lehre der ↗Herrschaftsformen ist O. eine Entartungsform der ↗Demokratie, bei der die Hochschätzung der Freiheit und Gleichheit in eine Despotie des Volkes umschlägt, das die Stimmen der Vernunft unterdrückt und die Herrschaft der Gesetze außer Kraft setzt. Diese Beschreibung findet sich bereits bei Aristoteles, der Terminus erscheint jedoch erstmals bei Polybios (200–120 v. Chr.). O. bezeichnet hier das Endstadium im Zyklus der Herrschaftsformen: der Staat löst sich auf und die Gesellschaft fällt zurück in ein allgemeines Chaos, wo nicht nur jeder einzelne allein seinen Vorteil und sein Glück sucht, sondern die Individuen selbst jede Disziplin einbüßen und zum Opfer blinder Triebe und Begierden werden, bis ein neuer Alleinherrscher die Macht übernimmt und der Gemeinschaft wieder Gesetze gibt. Der Gedanke eines vorzivilisatorischen Urzustandes, in dem allein egoistische Einzelinteressen und ungezügelte Leidenschaften herrschen und zu einem allgemeinen Krieg führen (↗Bellum omnium contra omnes) bildet bis in die Neuzeit eine Legitimationsgrundlage absoluter Herrschaft (↗Autokratie). WST

**Ockham's razor** (engl. Ockhams Rasiermesser), auch Sparsamkeits- oder Ökonomieprinzip genannt, besagt, daß zur philosophischen und wissenschaftlichen Erklärung einer Sache keine unnötigen Entitäten angenommen werden sollen. Die häufigste Formulierung bei Ockham lautet: »Pluralitas non est ponenda sine necessitate (Eine Vielheit ist ohne Notwendigkeit nicht zu setzen).« Damit ist eine Kritik am Universalienrealismus (↗Universalien, ↗Universalienstreit) verbunden, allgemein eine kritische Haltung in der Erkenntnistheorie und Metaphysik. Es sollen nur solche Begriffe in Anwendung kommen, die evident sind oder eine Grundlage in der Erfahrung haben. Sprachkritisch wendet sich das Prinzip gegen die naive Haltung, daß jedem sprachlichen Ausdruck auch eine Realität entspreche, die die unbegründete Vermehrung von Entitäten aufgrund bloßer sprachlicher Gegebenheiten zur Folge hat. Das Prinzip war seinem Sinn nach schon vor Ockham bekannt. Im 20. Jh. wird seine Bedeutung von Russell betont und vor allem im Rahmen der Sprachphilosophie bei der Eliminierung überflüssiger Begriffe angewandt. ↗Denkökonomie. FPB

**Ockhamismus,** ursprünglich polemischer Begriff, um die Vertreter der ↗via moderna mit einem Namen in Verbindung zu bringen. Zuerst geschah dies in dem sog. Nominalistenstatut der Pariser Universität von 1340. Hier sollte der Einfluß der sich ausbreitenden Denkweise Wilhelms von Ockham offiziell bekämpft werden. Gegen den ↗Thomismus und gegen die ↗Scotisten tritt der von Ockham verfochtene ↗Nominalismus dafür ein, den ↗Universalien als bloßen Zeichen rein mentale Bedeutung zuzumessen und nur die Realität der singulären Dinge zuzugestehen. Die aus universellen Begriffen nach dem Widerspruchsprinzip gebildeten Sätze der Wissenschaft haben keinen Abbildcharakter; ihre Beziehung zur extramentalen Realität wird von radikalen Vertretern des O. wie Nicolaus von Autrecourt geradezu bestritten. Ockham selbst lehrte noch eine intuitive Erkenntnis, die auf die Einzeldinge gerichtet ist. In der Theologie, die, anders als bei Thomas von Aquin, strikt von der Philosophie geschieden ist, wird die Allmacht, nicht die Vernunft als das primäre Wesensmerkmal Gottes bestimmt und die Kontingenz der Welt gelehrt. Der O. ist nicht eigentlich eine Schule, sondern die nominalistische Denkrichtung, die auch ohne offizielle Traditionsbildung vom 14. Jh. an sich an den Universitäten immer mehr durchsetzte und im sog. Wegestreit des 15. und 16. Jh. gegen zuweilen heftigen kirchlichen Widerstand schließlich die Oberhand gewann, mit Auswirkungen weit über den akademischen Bereich hinaus. Die Vertreter des O. kommen deshalb schon in der ersten Generation aus verschiedenen Schulen. Adam Wodeham (gest. 1358), und Robert Holcot (gest. 1349) lehrten in Oxford, Albert von Sachsen (gest. 1390), Johannes Buridan (ca. 1300–1358) und Nicolaus von Autrecourt (1300- ca. 1350) in Paris und standen in manchen Punkten in Kontroverse zueinander. Im 15. Jh. sind Pierre d'Ailly (1350–1420), Johannes Gerson (1363–1429) und Gabriel Biel (gest. 1495) hervorgetreten. In dieser Zeit wird der O. auch an den neugegründeten deutschen Universitäten wie Wien, Heidelberg, Prag und Erfurt herrschende Richtung. **Lit.:** E. P. Bros/H. A. Krop (Hg.): Ockham and Ockhamists. Nimwegen 1987. – F. Ehrle: Der Sentenzenkommentar Peters von Candia. In: Franziskanische Studien, Beih. 9 (1925). – R. Paque: Das Pariser Nominalistenstatut. Berlin 1970. – G. Ritter: Studien zur Spätscholastik. 2 Bde. Heidelberg 1921/22. GME

**Oculus triplex** (lat. dreifaches Auge), bezeichnet ein wichtiges Modell der christlichen ↗Mystik des Hochmittelalters, das von Hugo v. St. Viktor entworfen und durch Bonaventura systematisiert wurde. Neben der sinnlichen Anschauung (oculus carnis, Auge des Fleisches) und der rationalen Reflexion (oculus rationis, Auge des Verstandes) ist hiernach als ursprüngliches menschliches Erkenntnisvermögen eine dritte Dimension eines Lebens aus der Transzendenz (oculus contemplationis, Auge der Kontemplation) beschrieben. Durch die »Sünde« wurde jedoch das kontemplative Auge ausgelöscht und das Auge des Verstandes »triefäugig«, so daß der Mensch heute sein Erkenntnisvermögen in erster Linie auf die sinnliche Anschauung stützen muß. In bezug auf Fragen der Transzendenz bleibt ihm deshalb nur noch die Möglichkeit des »Glaubens«. Aufgabe der christlichen Religion ist es somit, zur »restauratio« jenes ursprünglichen Lebens aus der Transzendenz zu führen. Für den »Aufstieg« zur Vorbereitung der ↗»Erleuchtung« des o.t. wurde insbesondere von den Viktorinern eine diffizile kontemplative Übungspraxis entwickelt, welche die ma. Spiritualität prägte (↗meditatio, ↗contemplatio). **Lit.:** H. v. St. Viktor: De Sacramentis. PL 176,I.10.2. – K. Wilber: Die drei Augen der Erkenntnis. München 1988. EWG

**Offenbarung,** in einem weiten Sinn die Selbstmitteilung Gottes an den Menschen. Die theologischen Positionen trennen sich an den Fragen (1) der Quellen der O., z. B. ob sie schon in der Schöpfung ansetzt. Extreme Standpunkte sind K. Barths kategorisches »Nein!« an Versuche, der O. Gottes in Christus eine natürliche Ur-O. vorausgehen zu lassen, und K. Rahner, der in der Frage der O. sieht, »wie wirkliches von unten erwirktes Werden des Höheren aus dem sich selbst überbietenden Niederen *und* dauernde Schöpfung von oben nur zwei gleich wahre Seiten des einen Wunders … sind«. Allgemein steht damit die Möglichkeit einer vor- oder auch außerchristlichen O. in Frage. – (2) Die Frage nach der geschichtlichen Dimension: Wie erstreckt sich die in Christus vollkommene O. durch die Zeit? Gilt als einziges Dokument die Bibel, wird zum zentralen Problem die Vermittlung der Botschaft für die jeweilige Gegenwart des Hörers, was »hermeneutisches« Denkens fordert. Katholischerseits tritt neben die Schrift die Tradition, die eine organisch-geschichtliche Entfaltung kennt. **Lit.:** K. Rahner: Hörer des Wortes. München [3]1985. – E. Simons: Philosophie der Offenbarung. Stuttgart 1966. – H. Zahrnt: Die Sache mit Gott. München [8]1988. PK

**Öffentlich/privat.** Die Unterscheidung von ö. und p. wird mit rechtlichem, politischem oder auch soziologischem Akzent getroffen. Sie kommt erstmals im römischen Recht vor; ihr vorgängig ist diejenige zwischen ↗Oikos und ↗Polis. Sie hatte zuerst juristischen Charakter: ö. meint den Bezug auf das Ganze des Staates; p. ist das, was den einzelnen betrifft. In der Zeit der Aufklärung wird Öffentlichkeit im Sinne des ö.en Rechts zum Kennzeichen des bürgerlichen Zustandes nach der Befreiung aus feudaler und klerikaler Vormundschaft. Sie ist wesentliches Merkmal des status civilis im Gegensatz zur Rechtlosigkeit des status naturalis. Schließlich wird in Kants Maxime der Publizität Öffentlichkeit zum einzigen Kriterium für Recht und Politik; dies ist auch mit Blick auf damalige Zensurpraktiken zu verstehen. Unter Rückgriff auf die griechische Trennung von Oikos und Polis unternimmt Arendt eine Neubewertung der beiden Begriffe. Mit ihr verbindet sie eine Neubestimmung des Politischen. Der ö.e (= politische) Raum, für den eine juristische Charakterisierung nicht ausreiche, sei in der Moderne durch zu viele soziale und ökonomische Fragen geprägt. Das P.e ist für Arendt ein Rückzugsraum, der der Naturnotwendigkeit untersteht, während das Ö.e der Bereich ist, innerhalb dessen sich menschliche Freiheit handelnd entfalten kann. Neben dieser kritischen Verwendung des Begriffs des Ö.en, gibt es eine soziologische, die unterschiedliche ö.e und p.e Kommunikationsformen beschreibt. Beide Verwendungsweisen vermischen sich in Habermas' Arbeit über Entstehung und Veränderung der bürgerlichen Öffentlichkeit. – Wichtige gesellschaftliche Veränderungen gehen meist mit einem Ö.-Werden bislang ins P.e verwiesener Interessen einher. So spielt auch in der feministischen Philosophie die Kritik an der traditionellen Unterscheidung von ö. und p. ein wichtige Rolle. Beim Kampf um die Gleichberechtigung der Frau stand deren Zulassung in den ö.en Bereich im Zentrum. Die Folgen dieser Veränderung sind noch nicht abzusehen. Die meisten Autor/innen stimmen darin überein, daß die Unterscheidung selbst beizubehalten sei, um sowohl eine Totalisierung des Ö.en zu vermeiden, wie auch das P.e als Schutzraum von Intimität zu bewahren. **Lit.:** H. Arendt: Vita activa. München 1958. – S. Benhabib: Selbst im Kontext. Frankfurt 1995. – J. Bethke Elshtain: Public Man – Private Woman. Princeton 1991. – J. Habermas: Strukturwandel der Öffentlichkeit. Neuwied/Berlin 1992. – I. Kant: Zum ewigen Frieden. 1795. – Ders.: Die Metaphysik der Sitten. 1797. – W. Martens: Öffentlich als Rechtsbegriff. Bad Homburg 1969. BES

**Öffentliche Meinung,** das Ensemble der öffentlich vorfindlichen Ansichten über Personen, Handlungen und Ereignisse. In der philosophischen Staatstheorie steht die ö.M. als Instanz sozialer Kontrolle in gespanntem Verhältnis zum normativ-kritischen Anspruch des Begriffs der ↗Öffentlichkeit. – Der Konformitätsdruck der ö.M. veranlaßt nach Noelle-Neumann die Individuen aufgrund ihrer »sozialen Isolationsfurcht« dazu, sich unkritisch den vorherrschenden, massenmedial verbreiteten Meinungen anzuschließen. Diese sozialpsychologische Fassung des Begriffs der ö.M. wird v. a. kritisiert wegen des »Kurzschlusses« (Habermas) zwischen administrativ bzw. massenmedial hergestellter und demoskopisch erhobener ö.M., wodurch an die Stelle vernünftiger öffentlicher Willensbildung eine rein strategisch-politische Legitimationsbeschaffung tritt. – Aus systemtheoretischer Sicht wird ö.M. als System der Selbstbeobachtung der Gesellschaft betrachtet, das durch den Mechanismus der Themenselektion die öffentliche Aufmerksamkeit fokussiert und strukturiert und so Themen und Meinungen sozial kommunizierbar macht. **Lit.:** J. Habermas: Strukturwandel der Öffentlichkeit. Frankfurt 1990 (Neuaufl.). – W. R. Langenbucher (Hg.): Politik und Kommunikation. München/Zürich 1979. – E. Noelle-Neumann: Die Schweigespirale. München 1980. BD

**Öffentlichkeit,** verweist auf die Bedeutungsebenen des allgemein Zugänglichen, des Staatlichen und des Publizistischen (↗öffentliche Meinung). Alle drei rechtlich, politisch, kommunikationstheoretisch, sozialpsychologisch definierten Ebenen konstituieren in der bürgerlichen Gesellschaft den Raum der Ö. Ihr ist die Konnotation einer über die argumentative Einlösung von politischen Geltungsansprüchen zu erreichenden konsensualen Vernunft inhärent. Die Ö. setzt aufgrund ihrer kommunikativen Vernunft gegenüber anderen Machtträgern eine besonders legitimierte Gegengewalt. Allerdings ist durch die Einhegung wesentlicher Lebensbereiche (↗Ökonomie) in die Sphäre des Privaten dieser kontrollierenden Rationalität der Ö. enge Grenzen gesetzt. **Lit.:** L. Hölscher: Öffentlichkeit und Geheimnis. Stuttgart 1979 TN

**Officium,** in den frühlateinischen Komödien des Plautus das »Tun« bzw. eine »Handlungsweise«. Philosophisch bedeutsam geworden ist der als »Pflicht« übersetzte Begriff erst durch Ciceros in *De officiis* dargelegte Ethik. Cicero selbst (vgl. *Ad Atticu*m 16.14.3) entnahm den Terminus dem Sprachgebrauch der Stoa, wo der Terminus »to kathekon«, das dem Menschen (von Natur aus) Zukommende, von Zenon an im Zentrum der ethischen Diskurse stand. Gemäß der platonischen Lehre, daß jedem das seinige zukomme, diskutiert auch Cicero in *De officiis* die Pflichten für bestimmte Personenklassen, ferner unterscheidet er die *o. perfecta* (vollkommenen und naturgemäßen) von den *o. media* (mittelbaren, an rationaler Güterabwägung orientierten). Durch die Schrift des Ambrosius *De officiis ministrorum* (Von den Pflichten der Kleriker) wurde eine christlich begründete Pflichtenlehre für die Ethik des MA. bestimmend. 1783 wurde Ciceros Ethik auf Veranlassung Friedrich des Großen von Chr. Garve ins Dt. übersetzt, was nicht unwesentlich zum preußisch-militärischen Pflichtkultus beigetragen hat. MFM

**Oikeiosis** (griech. Zueignung), in der Ethik der Stoa das ursprüngliche Selbstverhältnis der Lebewesen, das zugleich der Ursprung ihres Selbsterhaltungstriebs ist. So wird der Mensch vom Augenblick der Geburt an nicht allein seiner Umwelt, sondern auch seiner selbst gewahr und entwickelt noch vor allem Gefühl der Lust oder Unlust ein fürsorgliches Selbstverhältnis, dem gemäß er das seiner Natur Schädliche meidet und das ihr Entsprechende erstrebt. Der Begriff der O. bringt so zum Ausdruck, daß der Mensch, indem er sich sein Dasein zueignet, von Anfang an über ein – wie rudimentär auch immer ausgeprägtes – ursprüngliches Selbstbewußtsein verfügt und danach trachtet, sich in seinem Dasein zu erhalten. Der in der O. angelegte

Selbsterhaltungstrieb ist daher der erste und grundlegende Trieb des Menschen. **Lit.:** T. Engberg-Pedersen: The Stoic Theory of Oikeiosis. Aarhus 1990. – S.G. Pembroke: Oikeiosis. In: A.A. Long (Hg.): Problems in Stoicism. London 1971. S. 114–149. – G. Striker: The Role of Oikeiosis in Stoic Ethics. In: Oxford Studies in Ancient Philosophy 1 (1983). S. 145–167. BK

**Oikos** (griech. Haus, Hausgemeinschaft, Hauswirtschaft). Aristoteles entwickelt die Lehre vom O. (oikonomia: Ökonomie) im Zusammenhang mit der Politik (*Politik* I) und der Ethik. Der O. ist Teil der ↗Polis: Diese setzt sich aus Dörfern, die ihrerseits aus Häusern bestehen, zusammen. Als soziales Gebilde konstituiert sich der O. aus drei Beziehungsarten, deren einer Bezugspunkt jeweils im Hausherrn repräsentiert ist: (a) Herr und Sklave, (b) Mann und Frau, (c) Vater und Kind. Aristoteles stellt diese in Parallele zu drei Herrschaftsarten (*Eth. Nic.* VIII, 12): zu (a) Despotie oder Tyrannis, zu (b) Aristokratie, zu (c) Monarchie. Darüber hinaus bezeichnet O. auch die materielle Basis der Hausgemeinschaft, die Haus- und Landwirtschaft. Aristoteles nimmt daher im Rahmen der Lehre vom Haus eine Erörterung der Erwerbskunst vor und unterscheidet hinsichtlich der Ziele, also in ethischer Perspektive, zwei Arten: Deckung des Bedarfs mit dem (richtigen) Ziel des guten Lebens und die Überschußwirtschaft mit dem (verfehlten) Ziel unbegrenzten Gewinnes (Chrematistik). W.H. Riehl prägte 1854 für die beschriebenen sozialen und wirtschaftlichen Strukturen des O. den Begriff »das ganze Haus«. RD

**Ökologie** (griech. oikos: Haus, Haushalt), Teildisziplin der Biologie, bezeichnet nach der 1866 von E. Haeckel gegebenen Definition die Wissenschaft von den Wechselbeziehungen der Organismen zueinander und zu deren biotischer (belebter) und abiotischer (unbelebter) Umwelt. Der von A.G. Tansley 1935 eingeführte Begriff des Ökosystems steht im Zentrum der neueren System-Ö., die das Zusammenspiel der Umweltfaktoren untersucht. Der Selbstregulierungsmechanismus von intakten Ökosystemen beruht auf deren Fähigkeit, Schwankungen einzelner Komponenten, z.B. der Populationsdichten, des Energiehaushalts, des Stoffumsatzes, systemimmanent so zu regulieren, daß ein ökologischer Gleichgewichtszustand erhalten bleibt. – Die moderne wissenschaftlich-technische Entwicklung hat Eingriffe in das natürliche Beziehungsgefüge ermöglicht, die den Erhalt des ökologischen Gleichgewichts zunehmend gefährden. Die unbeabsichtigten Nebenwirkungen technischer Naturbeherrschung können eine Vernichtung der gesamten Biosphäre und damit der Existenzgrundlage jeglichen Lebens zur Folge haben. Innerhalb der praktischen Philosophie hat die ökologische Krise zu einer Neubesinnung auf das Mensch-Natur-Verhältnis geführt. Der Neoaristotelismus fordert, die »anthropozentrische« Orientierung der Ethik durch eine »physiozentrische« zu ersetzen. Eine universalistische Verantwortungsethik hat H. Jonas entworfen. »Das Prinzip Verantwortung« erklärt die Erhaltung der menschlichen Lebensgrundlagen zur ersten Pflicht. In der ↗Diskursethik (Apel, Habermas) wird die planetare Verantwortung als bezogen auf kritische Öffentlichkeit gedacht. Die Pflicht zur Bewahrung der Biosphäre wird mit der Pflicht zur Bewahrung und Verbesserung der Verständigungsverhältnisse verbunden. **Lit.:** D. Böhler (Hg.): Ethik für die Zukunft. München 1994. – E. Haeckel: Generelle Morphologie der Organismen 2. Berlin 1866. – H. Jonas: Das Prinzip Verantwortung. Frankfurt 1979. – E.P. Odum: Grundlagen der Ökologie. 2 Bde. Stuttgart/New York 1980. – L. Trepl: Geschichte der Ökologie. Frankfurt 1987. HGR/BR

**Ökologische Ethik** ↗Umweltethik

**Ökonomie,** (griech. oikos: Haus, Hauswirtschaft) den gesellschaftlichen Bereich der materiellen Produktion und Distribution. Setzt sich mit der Differenzierung von Staat und Gesellschaft im engl./frz. Sprachraum die Bezeichnung politische Ö. (political economy/ l'économie politique) durch, so werden in Deutschland eher Begriffe wie National-Ö., Volkswirtschaftslehre etc. eingeführt. Die klassische politische Ö. (A. Smith) versucht die wirtschaftliche Handlungslogik als Konstituente gesellschaftlicher Beziehungen schlechthin zu begreifen. Ö. entsteht in diesem Kontext als umfassende Gesellschaftstheorie und Moralentwurf. Nicht zufällig steht die scheinbare Versöhnung individueller ökonomischer Interessenverfolgung mit allgemeinen, öffentlichen Interessen im Mittelpunkt der Überlegungen (Theorie der »unsichtbaren Hand«). In der Nachfolge Smiths legt D. Ricardo eine erste systematische Faktorentheorie ökonomischer Kalkulation (Profit, Lohn, Bodenrente) und Arbeitswertlehre vor. Gerade an letztere knüpfen Marx/Engels an, indem sie die Frage nach dem Fundament des in der Produktion entstehenden »Mehrwertes« mit einem Hinweis auf die in die Produktion eingeflossene Arbeitskraft beantworten. Dadurch glauben sie, eine »objektive« ökonomische Grundlage für die Kritik privatkapitalistischer Produktions- und Aneignungsformen zu erhalten. Diese Arbeitswertlehre wird im Hauptstrang ökonomischer Wissenschaft durch eine Theorie des subjektiven Grenznutzens kritisiert (Böhm-Bawerk). Diese Subjektivierung und Relativierung geht mit der Herausbildung einer Verwissenschaftlichung ökonomischer Theorie einher, die sich als Spezialdisziplin jenseits klassischer »politischer« Ansprüche versteht. Ö. wird so zum Gegenstand angeblich reiner Sachnotwendigkeit. M. Weber fordert demgegenüber eine ökonomische Theorie, die sich der Interdependenz von Ö. und Gesellschaft/Staat/Politik bewußt wird. Dieser Verbindung geht eine *neue politische* Ö. nach, die die offene Analyse wechselseitiger Beziehungen zwischen politischem und ökonomischem System anstrebt. Die neue politische Ö. arbeitet mit einem Modell der rationalen Entscheidung (rational choice) und wendet dieses auf ökonomische und politische Entscheidungen und Handlungen an. So gelingt M. Olson (*Logik kollektiven Handelns*. Tübingen 1965) eine Kritik pluralistischer Konzepte (↗Pluralismus) der gegenseitigen Interessenkontrolle. Olson weist nach, daß und warum sich partikulare Interessen leichter durchsetzen als auf kollektive Güter zielende, allgemeine Interessen. Die neue politische Ö. bietet einen Ansatz interdisziplinärer Untersuchung der Verschränkung politischer und ökonomischer Prozesse. **Lit.:** A. Downs: Ökonomische Theorie der Demokratie. Frankfurt 1957. – J. Elster: Subversion der Rationalität. Frankfurt/New York 1987. – B. S. Frey: Democratic Economic Policy. Oxford 1983. TN

**Ökonomieprinzip,** stellt einen Grundsatz der nominalistischen Philosophie dar und beinhaltet das Postulat, nicht mehr ontologische Annahmen zu machen als unbedingt notwendig, d. h. die Annahme von Entitäten möglichst gering zu halten. Als ontologisches Ö. spielt es eine bedeutende Rolle in der Frage, ob die Annahme von Universalien zulässig bzw. notwendig ist. Das Ö. wird häufig als »Ockhams Rasiermesser«, ↗Ockham's razor, zitiert. ↗Universalienstreit. PP

**Ökozentrismus.** In der gegenwärtigen Debatte zu Problemen der angewandten Ethik vertritt der Ö. die (weitreichendste) Auffassung, daß alles, was in der Natur auf unserer Erde und auch außerhalb dieser vorkommt, um seinetwillen moralisch berücksichtigungswürdig ist. Dabei läßt sich innerhalb dieser Auffassung die Unterscheidung zwischen einer individualistischen Position und einer holistischen Position (↗Holismus) festhalten: Der individualistische (oder atomistische) Ö. bezieht die Würdefähigkeit auf alle individuellen natürlichen Einheiten (einschließlich der Steine oder Meteoriten), der holistische Ö. auch auf kollektive Einheiten wie Arten, Landschaften, Ökosysteme. ↗Biozentrismus, ↗Naturethik. **Lit.:** D. E. Marietta: For People and the Planet. Holism and Humanism in Environmental Ethics. Philadelphia 1994. – K. M. Meyer-Abich: Aufstand für die Natur. Von der Umwelt zur Mitwelt. München 1990. PP

**Olberssches Paradoxon** (nach H. W. M. Olbers benannt). Wenn das Weltall unendlich ist und wenn die Sterne darin ungefähr gleich verteilt sind, müßte der Himmel Tag und Nacht hell erleuchtet sein, denn der Anteil des Lichts eines Sternes, der die Erde erreicht, sinkt mit dem Quadrat seiner Entfernung, die Anzahl der Sterne aber steigt mit dem Kubus der Entfernung. Je weiter also ein bestimmter Teil des Alls von uns entfernt ist, desto mehr Licht müßte uns von dort erreichen. Dafür, daß das nicht der Fall ist, gibt es viele Erklärungsversuche; meist nimmt man an, daß die Expansion des Weltalls dafür verantwortlich ist. VP

**Oligarchie** (griech. oligoi: wenige; archein: herrschen), in der antiken Lehre der ↗Herrschaftsformen eine Entartung der ↗Aristokratie, die entsteht, wenn die aristokratische Elite den Staat nicht mehr im Sinne des Allgemeinwohls regiert, sondern nurmehr Eigeninteressen vertritt. Aristoteles bestimmt O. näher als Herrschaft der Reichsten und damit als Gegensatz zur Demokratie, die den Vorteil der Armen sucht, also auch als Ausdruck von Gruppeninteressen verstanden wird, dafür hat sich jedoch der Terminus Plutokratie eingebürgert, während O. allgemeiner jede Herrschaft einer kleinen Gruppe über den Staat bezeichnet. Oligarchische Elemente finden sich in nahezu allen Staatsformen, auch in Teilbereichen moderner demokratischer Systeme. Das »eherne Gesetz der Oligarchisierung«, das R. Michels in seiner für die moderne Politik-Theorie grundlegenden Studie *Zur Soziologie des Parteiwesens in der modernen Demokratie* (1911) in der faktischen Herrschaft kleiner, sich abkapselnder und intern ergänzender Führungseliten wirken sieht, wird durch zwei gegenläufige Strategien eingegrenzt: ein strikter Legalismus möchte die Herrschaft von Menschen durch die Herrschaft von Gesetzen bezwingen, während Bürgerbewegungen gegenüber verkrusteten politischen Strukturen die Mobilisierung breiter Teile der Bevölkerung – bis hin zu zivilem Ungehorsam – anstreben. WST

**Ontogenese,** die gesamte Entwicklung eines Individuums von der aktivierten Eizelle oder einem anderen Fortpflanzungskörper (Spore, Ausläufer u. a.) bis zur Fortpflanzungsfähigkeit. Die O. umfaßt quantitative (Wachstum) u. qualitative Veränderungen (Differenzierung). Die zur O. notwendige Information ist bereits im befruchteten Ei (oder anderen Fortpflanzungskörpern) enthalten, und zwar in Form der genetischen und cytoplasmatischen Information. Diese Information und alle übrigen auf den Keim einwirkenden Umweltfaktoren bestimmen die O. MK

**Ontologie.** (1) Namenserklärung: Der Name »O.«, den Goclenius (1613) neu gebildet hatte, setzte sich als Bezeichnung für den aristotelischen Titel »erste Philosophie« in der deutschen Schulmetaphysik des 17. Jh. nur zögernd durch, bis ihn Ch. Wolff allgemein zum Disziplinbegriff ausgestaltete. Auch heute versteht man O. als Disziplin der Philosophie neben Logik, Erkenntnistheorie, Ethik oder Anthropologie. Aber ihr Rang, »erste Philosophie« zu sein, ist sehr umstritten. Man verdeutscht O. (on: Seiendes; logos: Lehre) durch: »Lehre vom Seienden als solchem« oder auch: »Seinslehre«.

(2) Begriffsgeschichte: In dem Schriftwerk, das uns in vierzehn Büchern unter dem Titel »Metaphysik« überliefert ist, versucht Aristoteles den Gegenstand und die Methode einer Wissenschaft zu bestimmen, die im Vergleich mit allen anderen möglichen Wissenschaften als »erste Philosophie« ausgezeichnet wird, weil sie unvergleichlich mit dem »Ersten« (proton) zu tun hat, nämlich mit den ersten »Prinzipien und Ursachen des Seienden« (*Met.* E1, 1025b), und zwar für alles Seiende allgemein und im ganzen (*Met.* K3, 1060b31), das die Einzelwissenschaften, die ja je nur mit einem besonderen Seienden befaßt sind, unthematisch voraussetzen. Die aristotelische Umschreibung des Gegenstandes der »ersten Philosophie« ist das to on e on, das Seiende als Seiendes, das ens quatenus ens. Die wesentliche Frage danach, was das Seiende ist (ti to on – *Met.* Z1, 1028b4), kann darum nur beantwortet werden, wenn man die »ersten Gründe« ermittelt. Unter dieser Rücksicht ist die erste Wissenschaft die »Wis-

senschaft des Warum« (*an. post.* 78a22 – 79a32; *Met.* 980a21 – 982a3), also – der Sache nach – Prinzipienwissenschaft. Daß die Warumfrage angesichts der Mannigfaltigkeit von Gründen und Ursachen zunächst undifferenziert auf einen »ersten« Einheitsgrund hinzielt, kann bei dem anfänglichen Problemstand nicht verwundern. Indem aber Aristoteles hinsichtlich der anderen Wissenschaften das Seiende nach Gattungen unterscheidet, sieht er sich gezwungen, für den schlechthin zureichenden Seinsgrund ein »höchstes Seiendes« als den vorzüglichsten Gegenstand der »ersten Wissenschaft« herauszuheben, von dem er als dem »Göttlichen« und dem »Gott« spricht. Deswegen nennt er die »erste Philosophie« auch »Theologie«. Obwohl klar ist, daß das, was unter dem Rangtitel »erste Philosophie« verhandelt wird, nicht in der »Theologie« aufgeht, prägt Aristoteles weder einen inhaltsbezogenen Begriff für den Teil der Seinslehre, die das Seiende als solches und das ihm notwendig Zukommende im ganzen untersucht, noch für das alle übrigen Teile umfassende Ganze. Erst der nach Aristoteles aufkommende Name ↗»Metaphysik« schaffte hier die erforderliche Klarheit und Eindeutigkeit, auch wenn der sachliche Zusammenhang historisch lange Zeit im Dunkeln blieb, da sich der Peripatos, die an Aristoteles anknüpfende Schulrichtung, nicht in der direkten Auseinandersetzung mit den Schriften des Schulgründers entwickelte und dessen Schriften daher nicht, weil überhaupt nicht, unter dem Titel »Metaphysik« tradiert wurden. Daß dieser Titel aber bereits unmittelbar in der Nachfolge Aristoteles für die Sache der »ersten Philosophie« verwendet wurde, kann heute mit »größter Wahrscheinlichkeit« behauptet werden. Ein bibliothekarischer Verlegenheitstitel, wie man in neueren Zeiten immer wieder annehmen zu müssen meinte, ist er keineswegs; denn er trägt sowohl dem didaktischen als auch dem systematischen Gesichtspunkt Rechnung, falls man die griechische Vorsilbe »meta« aus dem platonisch-aristotelischen Sachzusammenhang deutet. Danach ist Metaphysik als erste Philosophie die für uns, unter didaktischer Rücksicht, schwerste Wissenschaft und folgt im Gang des natürlichen Erkennens zeitlich »nach« der »Physik«, sofern diese mit den Gründen und Ursachen des sinnenfälligen Kosmos zu tun hat. Der Übergang von diesem systematisch Späteren zu dem systematisch Früheren und Ersten ist ein »Hinüber zu den ersten Gründen«, ein ta meta tas archas, wie Theophrast es formulierte, ein Schritt von der Problemebene der Tatsachen in die Dimension der Prinzipien, also nicht zu einem »Über« oder »Hinter« dem Sinnlichen oder einem »Jenseits« des Sinnenfälligen in ein und derselben Problemebene, sondern ein Schritt in die Dimension der Prinzipien, der sich in dem Ausdruck »ta meta ta physika«, kurz »Metaphysik« schürzt und der seit Andronikos von Rhodos (1. Jh. v. Chr.) als Sachtitel für die »erste Wissenschaft« in seiner ganzen Spannweite der von Aristoteles zuerst artikulierten Themen gilt. Bis ins hohe MA. war es selbstverständlich, daß die »erste Philosophie« nichts anderes ist als Metaphysik und »Metaphysik« nichts anderes als philosophia prima, unbeschadet des Umstandes, daß das Problembewußtsein der Scholastik zum Teil nicht mehr auf der Höhe der aristotelischen Problemsituation war. Erst in der Umbruchphase der Neuzeit von der Renaissance über die Reformation zum Humanismus beginnt dieses Selbstverständnis brüchig zu werden. Die Wende kündigt sich durch eine neue Art der Auseinandersetzung mit der aristotelischen Metaphysik an. Während man sich vorher damit begnügte, das Werk zu kommentieren, ohne seine Anordnung und Einheit der Bücher anzutasten, bemühte man sich nun um eine selbständige systematische Aneignung, nicht zuletzt in der Absicht, es als Lehrbuch im Schulbetrieb zu gebrauchen. Bahnbrechendes auf diesem Gebiet leistete F. Suarez mit seinen *Disputationes Metaphysicae* (1597). Obwohl ihr systematischer Aufbau das Neue ist, abgesehen von dem nie gekannten Umfang, hält Suarez unangefochten an dem überlieferten Metaphysikbegriff fest. So lautet die erste Disputation auch: De natura primae philosophiae seu metaphysicae. Sein älterer Landsmann B. Pererius dagegen sah es als notwendig an, zwei Wissenschaften zu unterscheiden, wo eine war. Da er die verschiedenen Aufgaben der Metaphysik nicht mehr unter eine Sacheinheit bringen konnte, trennte er sie in eine scientia univeralis und in eine scientia particularis; diese nannte er Metaphysik, jene Erste Philosophie. Damit ist zum ersten Mal auch terminologisch die »erste Philosophie« nicht mehr »Metaphysik« und umgekehrt. Zwar hat sein Beispiel keine unmittelbare Nachfolge gefunden, aber die Unterscheidung von zwei Wissenschaften sollte nun allgemein Schule machen. So nimmt Goclenius sie in seiner *Isagoge* (1589) mit Bezug auf Pererius auf. Ihm folgen Alsted mit der Einteilung der Metaphysik in pars generalis und pars specialis. Was einstmals Sachtitel war, ist nun Oberbegriff, der die Einheit nur noch äußerlich wahrt. Schon Alsted verwendet den von Goclenius neugebildeten Ausdruck O. für die philosophia prima; nach ihm Calov, Micraelius, Clauberg und andere. Inzwischen war es selbstverständlich geworden, daß die O. als allgemeine Metaphysik das Seiende, sofern es seiend ist, untersucht, während sich die besondere Metaphysik mit Gott, Engeln und der abgetrennten Seele befaßt; sie ist Theologie, Pneumatologie oder Psychologie. Aus den Teilen entwickeln sich allmählich die Disziplinen, was zur Folge hat, daß der Begriff Metaphysik in seiner tieferen Bedeutung entleert und im Grunde genommen gar nicht mehr als »erste Philosophie« verstanden wird. Nicht nur, daß der Gottesbegriff zu einem Spezialfall wird, auch der Seinsbegriff verliert seine Problemdimension der Prinzipien. Diese Entwicklung kommt mit Chr. Wolff zu einem ersten Abschluß, der durch sein lateinisches Werk *Philosophia prima sive ontologia* (1730) zugleich der weiteren Entwicklung vorgearbeitet hat. Von Wolff bis Kant ist nun die Unterscheidung von metaphysica generalis und metaphysica specialis schulphilosophisches Gemeingut. In seiner

*Deutschen Metaphysik* (1720) hat Wolff noch versucht, das Ganze darzustellen. Die O. ist Grundwissenschaft aller Wissenschaften und innerhalb der Metaphysik der erste Teil, wobei die Subjektivität im cartesianischen Sinne zum einheitsstiftenden Band wird. Weil ihm aber bereits in Wahrheit ein inhaltlich fundierter Metaphysikbegriff fehlt, der zwischen den Problemebenen zu unterscheiden lehrt, Wolff also nur einen logischen Allgemeinbegriff verwendet, handelt er die Subjektivität des Subjektes, deren ontologische Allgemeinbegriffe übereinkommen sollen mit den allgemeinsten Bestimmungen des Seienden, aller Dinge überhaupt, in derselben Problemebene ab wie die Gegenstände der besonderen Teile (Welt, Seele, Gott), so daß die Einheit der Sache nur in der durchgängig demonstrativen Lehrart erhalten bleibt. Indem Wolff dann im Übergang zu seiner lateinischen O. den cartesianischen Ausgangspunkt vom Subjekt unterschlägt, verselbständigen sich ihm unterderhand die Teile der Metaphysik und werden eigenständige Werke und Disziplinen, für welche die O. allenfalls noch das terminologische Lehrfundament bildet. Diese Gestalt von Metaphysik und O. lernt Kant über die Vermittlung des Wolff Schülers A. Baumgarten kennen. Da Kant so wenig wie seine Vorgänger ein kritisches Quellenstudium trieb, mußte ihm nach dem Erwachen aus dem »dogmatischen Schlummer« (*Proleg.* A13) diese Metaphysik mit allen vorausgehenden Versuchen völlig grundlos erscheinen. Sie hatte für ihn den Status, überhaupt Wissenschaft zu sein, noch gar nicht erreicht. Deshalb sollte Metaphysik allererst grundgelegt werden. Zwar ist sein Anliegen legitim, da sich kein philosophisches Denken der Aufgabe entschlagen darf, das aristotelische Projekt einer »ersten Wissenschaft« vom Ansatz her je neu überprüfend zu durchdenken, sonst knüpfte man unkritisch an tradierte Wissensbestände an. Aber indem Kant sein kritisches Unternehmen der *Kritik der reinen Vernunft* (1781) ohne Vorbild in Angriff nahm und sich lediglich auf das begriffliche Instrumentarium der Logik und des Satzes vom zu vermeidenden Widerspruch stützte, mußte ihm fast notwendig die wesentliche Sachunterscheidung der Problemebenen von Vernunft als Prinzip und Faktum entgehen. Deshalb kam er in seiner transzendentalen Fragestellung auch nur dazu, nach den Bedingungen der Möglichkeit, nicht jedoch nach dem Grund von etwas überhaupt zu fragen. Für ihn ist die Dimension des Grundes identisch mit der Dimension der Bedingungen. Damit gelingt ihm nun zwar die Destruktion der tradierten Schulmetaphysik, indem er in der »Transzendentalen Dialektik« die vorzüglichen Gegenstände der metaphysica specialis (Welt, Seele, Gott) ad absurdum führt und in der »Transzendentalen Analytik« die metaphysica generalis ihres ontologischen Wahrheitsgehaltes beraubt und »Sein« nur noch auf die Funktion der Kopula im Urteil einschränkt. Aber Kant scheitert an seiner Aufgabe der Grundlegung, denn seine Transzendentale Logik vermag nicht mehr den Anspruch einzulösen, den die Schulmetaphysik behauptete. Darum mußte der »stolze Name einer Ontologie … dem bescheidenen, einer bloßen Analytik des reinen Verstandes, Platz machen« (*KrV* B303). – Mit Kant scheint das Schicksal der O. endgültig besiegelt zu sein. Das Auflehnen des ↗Deutschen Idealismus gegen die Prämissen Kants gewann noch einmal – besonders in der Gestalt Hegels – die ganze Spannweite und Einheit der »ersten Philosophie« als Metaphysik zurück. Hegel hebt die Scheidungen der metaphysischen Disziplinen auf und läßt an ihre Stelle seine *Wissenschaft der Logik* (1812/16) treten, deren »objektiver« Teil die Stelle der »vormaligen Metaphysik« (*Logik*, Einl.) einnimmt, freilich unter der Rücksicht eines absoluten Standpunktes auf der Spitze der neuzeitlichen Subjektivität, was die Grundlegung der Metaphysik in der Seinsnatur des Menschen, so wie sie bei Aristoteles – wenn auch noch nicht explizit – angelegt ist, letztlich verhindert. – Nach dem sogenannten »Zusammenbruch des Deutschen Idealismus« wurde es zunächst ruhig um die O. ↗Positivismus und ↗Neukantianismus waren je auf ihre Weise antimetaphysisch eingestellt. Erst im letzten Drittel des 19. Jh. erwachte mit dem Aufkommen der ↗Neuscholastik thomistischer Observanz wieder das Interesse an der Disziplin O. Unter dem Vorzeichen einer Wende zum Objektiven oder zu den »Sachen selbst« erneuerten sowohl die ↗Phänomenologie Husserls als auch der kritische Realismus N. Hartmanns zu Beginn des 20. Jh. die O., ohne jedoch die Voraussetzungen der neuzeitlichen Bewußtseinsphilosophie zu verlassen noch gar hinter Kant zurückzugehen. Der wohl aufsehenerregendste Versuch, Heideggers Fundamentalontologie, ist lebensphilosophisch, neukantianisch und phänomenologisch motiviert; er bleibt bei einem nicht zu bestimmenden Seinsbegriff und damit bei einer »negativen O.« stehen. Überhaupt hat die sogenannte »neue O.« (Hartmann) daher weder etwas mit der O. Wolffscher Prägung gemein, noch will sie die Sache der philosophia prima fortführen. War die Schulphilosophie des 16./17. Jh. in Verlegenheit, für einen abgezweigten Sachbereich der Metaphysik einen passenden Namen zu finden, so sah man sich nun vor dem Problem, ihn mit »neuem Inhalt« zu füllen. Allgemein ist der Ansatz, vom Gegebenen auszugehen und den Seinsbegriff auf Letztgegebenheiten einzuschränken. Daß man sich dadurch den Weg zu einer Prinzipienreflexion, die das Sachproblem O. im problemgeschichtlichen Zusammenhang der Frage nach der »ersten Philosophie« grundzulegen vermöchte, abschneidet, scheint man zu übersehen. Die neuen O.n, so verschieden und gegensätzlich sie sich in der Spannweite von Heidegger bis Quine darstellen, sind allesamt darum im Kern ametaphysisch.

(3) Sachproblem: Obwohl die Geschichte des Begriffes O. eine Traditionslinie nachzeichnet, in welcher sich das Grundproblem der »ersten Philosophie« als »Metaphysik« aus seiner Ursprungsdimension entfernte, wäre es verfehlt, gänzlich auf den Terminus O. verzichten zu wollen, falls man ihn in systematischer

Absicht problemgeschichtlich thematisiert. Dann aber wird man vor allem jene epochalen Wissensentwürfe nicht übersehen können, die einer Metaphysik des Geistes (Platon, Augustinus, Anselm, Eckhart, N. v. Cues) verpflichtet sind. Denn sie bewegt durchgehend das eine kardinale Problem der Apriorität oder Seinswirklichkeit, worauf die Grundfrage »Warum« zielt. Am Leitfaden dieser Urfrage hat sich das Sachproblem dergestalt differenziert, daß man zwischen zwei Weisen von »Grund« zu unterscheiden weiß: einem universalen und einem absoluten, jener als der Seinsgrund der Möglichkeit im Menschen, genannt »Welt« oder »Weltall des Geistes« – in sich notwendig, an sich zufällig –, dieser als der schlechthin zureichende Grund, genannt »Gott« oder das »Absolute«, das sich freilich als »das höchste Thema der Metaphysik … nur im Welthorizont des Denkens, im Auslegungshorizont des Weltsubjektes Mensch, im Horizont der endlichen mens einlösen läßt, insofern auch Welt oder das Weltall des Geistes in der physis anthropon (Seinsnatur des Menschen) das ist, über das nicht hinausgedacht werden kann« (W. Schrader, 1983, S. 329). – Unter dieser Rücksicht meint der Begriff O. weder eine Disziplin noch eine Spezialtheorie über Sein und Seiendes im allgemeinen. Um ihn aber von seiner Wirkungsgeschichte abzuheben, muß er mit dem Begriff Metaphysik zusammengedacht werden. Sobald sich Metaphysik und O. sachlich wechselweise auslegen, ohne darum synonym zu sein, ordnet sich der Terminus »O.« dem Begriff »Metaphysik« attributiv unter, so daß sich eine ontologische Metaphysik einreiht in die übergreifende Tradition einer von Aristoteles vorskizzierten Problematik. **Lit.:** H. Krings: Fragen und Aufgaben der Ontologie. Tübingen 1954. – M. Müller: Sein und Geist. Systematische Untersuchung über Grundproblem und Aufbau mittelalterlicher Ontologie. Freiburg/München $^{2}$1981. – H. Reiner: Die Entstehung und ursprüngliche Bedeutung des Namens Metaphysik. In: Zeitschrift für philosophische Forschung 8 (1954). – W. Schrader: Zur Erneuerung der Frage nach der Ersten Wissenschaft. In: Perspektiven der Philosophie 9 (1983). – B. Weißmahr: Ontologie. Stuttgart 1985. LR

**Ontologie, Typen der.** O. als »Lehre vom Sein« tritt in der Geschichte der Philosophie in zweierlei Gestalten auf: Diejenige, die schon bei Aristoteles und später bei Kant zur Geltung kommt, fordert eine Verständigung darüber ein, was die allgemeinsten Begriffe (oder ↗Kategorien) sind, durch die das, was ist, bestimmt ist. Dieser Typ von O. ist gleichzusetzen mit der Kategorienlehre, d. h. der Analyse und der Theorie von Begriffen. Fragen nach dem ontologischen Status von Begriffen können auf dieser Ebene nicht gestellt werden. Der zweite (auch auf Aristoteles zurückreichende) Typ von O. rückt die Klärung der Frage, was es gibt, in den Vordergrund: z. B. ob es verschiedene Seinsweisen gibt, ob es außer Einzeldingen auch noch andere Arten von Gegenständen gibt, ob es ontologisch selbständige Entitäten gibt. Hinsichtlich dieser Fragen lassen sich wiederum zwei ontologische Modelle unterscheiden: Als monistische O. bezeichnet man jene Position, die nur eine einzige Entität oder eine einzige Art von Entitäten als selbständig existierend annimmt, als pluralistische O. jene Auffassung, die mehr als eine einzige Entität zuläßt (bspw. James: *Pragmatism and other Essays*). Die monistischen Positionen innerhalb der O. lassen sich wiederum untereinander unterscheiden nach der Art von Entität, die sie jeweils als den einzig realen, d. h. im ontologischen Sinne wirklichen Sachverhalt anerkennen. Repräsentativ für einen substanzontologischen Monismus steht Spinoza, der einzig die Substanz als realen Sachverhalt identifiziert. Demgegenüber postuliert Hegels begriffsontologischer (oder subjektivitätsontologischer) Monismus, daß die zentrale ontologische Aufgabe nur im Rahmen einer Theorie des Begriffs zu leisten ist. Die durch die Theorie des Begriffs geforderten Bestimmungen zeigen an, was »in Wahrheit« ist. PP

**Ontologische Reduktion.** Im Rahmen seiner Überlegungen zu einer philosophischen Semantik formuliert Quine als Aufgabe des Ontologen, die Ontologie zu reduzieren. Er beschreibt es als »ontologische Loslösung«, wenn es darum geht, die Prädikatenkonstanten einer Theorie von unnützen Prädikaten zu säubern. Als Mittel der Reduktion dient ihm die Definition: Einen Begriff definieren, heißt für ihn, zu zeigen, wie man ohne ihn auskommen kann (definire est eliminare). Für die Reduktion gibt es keine allgemein akzeptierte Methode. **Lit.:** W. V. O. Quine: Ontological Reduction and the World of Numbers. In: Ders.: The Ways of Paradox and Other Essays. New York 1966. PP

**Ontologische Relativität.** Die von Quine vertretene These der o.n R. stellt zunächst eine Kritik an jenen Formen philosophischer Sprachanalyse dar, die davon ausgehen, daß syntaktische Systeme interpretiert werden können, indem man den Bereich der Werte der Variablen und die Extensionen der Prädikate festlegt. Tarskis Konzeption, die Wahrheit zu einer Funktion der ↗Referenz von Satzteilen zu machen, bestimmte dabei die sprachphilosophischen Überlegungen. Quine hält das deshalb für eine verkürzte Sichtweise, weil eine vollständige Interpretation (immer schon) auf dem Boden einer umfassenden Theorie, in der wir bereits von Objekten und Wahrheiten sprechen, vollzogen wird. Die Festlegung eines Bereiches, wie sie solche formalsprachlichen Systeme vorzunehmen beabsichtigen, bedeutet für Quine nur, daß man diesen Bereich auf einen Teil des Universums einer Hintergrundtheorie reduziert. Eine Konstruktion eines (Sprach-) Modells wird also die Prädikate des zu interpretierenden Systems mit denjenigen der umgreifenden (Hintergrund-)Theorie so in Beziehung setzen, daß jede These des Systems mit einer bereits anerkannten Wahrheit der Hintergrundtheorie übereinstimmt. Bei der Wahrheitsbestimmung werden Sätze auf solche in der Hintergrundtheorie bereits akzeptierten Sätze zurückgeführt. »Diese Abhängigkeit von einer Hintergrundtheorie wird klar, wenn wir unser Universum U auf ein anderes Universum V reduzieren, und dabei von der Ersetzungsfunktion Gebrauch machen. Denn wir können der Ersetzungsfunktion nur innerhalb einer Theorie mit einem umfassenderen Universum, welches gleichzeitig U und V einschließt, einen Sinn geben. Diese Funktion bildet U auf V ab und braucht aus diesem Grund ebenso die alten Objekte von U wie ihre neuen Bilder in V« (*Ontologische Relativität*, S. 81). Deshalb erweist sich seiner Meinung nach ein solches Vorgehen als nicht geeignet, eine absolute Grundlage für eine Erklärung semantischer Begriffe abzugeben. **Lit.:** W. V. O. Quine: Ontologische Relativität und andere Schriften. Stuttgart 1975. S. 41 ff. PP

**Ontologisches Kriterium.** Im Rahmen seiner Überlegungen zu einer verhaltensorientierten Semantik argumentiert Quine für die These der ↗Übersetzungsunbestimmtheit, die ihrerseits die These der Unerforschlichkeit der Referenz und die These der Relativität der Ontologie nach sich zieht. Nach Quine können wir zur Ontologie einer Theorie legitimerweise nur relativ zu einer Hintergrundtheorie etwas sagen, die selbst eine als primitiv akzeptierte und unhintergehbare Ontologie hat. Zur weiteren Klärung formuliert er ein Kriterium der ontologischen Festlegung: »Allgemein gilt, daß eine Theorie Entitäten einer bestimmten Art dann und nur dann annimmt, wenn einige davon zu den Werten der Variablen gerechnet werden müssen, um die Wahrheit der in der Theorie behaupteten Sätze zu sichern« (*Von einem logischen Standpunkt*, S. 100). Als Kriterium dient es dazu, die ontologischen Positionen auf ihre Tragfähigkeit und Brauchbarkeit hin zu überprüfen. Es beinhaltet zudem die These, daß es keine Möglichkeit gibt, sich der ontologischen Festgelegtheit des eigenen Diskurses zu entziehen. In erster Linie bezieht sich das o.e K. auf die quantifizierten Aussageformen (ein Prädikatenkalkül erster Ordnung): Eine Sprache setzt genau jene Bereiche von Entitäten voraus, wofür in ihr solche freie Variablen, die in Aussagen der Sprache durch Quantoren gebunden werden können, stehen können. Das o.e K. ist von ontologischen Annahmen zu unterscheiden, denn diese stellen Aussagen der Objektsprache (über die Realität) dar, während das o.e K. nur ein Indikator ist, der implizite ontologische Annahmen aufdeckt. Das o.e K. gehört der Metasprache an: Es beschreibt entweder eine semantische Beziehung, die die gebundenen Variablen einer Aussage in einer Theorie mit bestimmten Entitäten (im allgemeinen nichtsprachlicher Art) verbindet, oder eine pragmatische Beziehung zwischen einem diese Ausdrücke benützenden Sprecher und den außerhalb der Sprache bestehenden Entitäten. Die Nützlichkeit des o.en K.s erweist sich in der Konstruktion: Der Ontologe versucht, eine kanonische, in ihren Annahmen möglichst arme Notation zu konstruieren, die jedoch für die Darstellung der in den Einzelwissenschaften anerkannten wissenschaftlichen Wahrheiten ausreicht. Die Suche nach einer kanonischen Notation mit möglichst einfacher und klarer Gesamtstruktur kommt der Suche nach fundamentalen Kategorien und der Klärung der allgemeinsten Merkmale der Wirklichkeit gleich (*Wort und Gegenstand*, S. 282). **Lit.:** P. Gochet: Quine zur Diskussion. Frankfurt/Berlin/Wien 1984. S. 97 ff. – W. V. O. Quine: Ontologische Relativität und andere Schriften. Stuttgart 1975. S. 41 ff. – Ders.: Von einem logischen Standpunkt. Frankfurt/Berlin/Wien 1979. S. 99 ff. – Ders.: Wort und Gegenstand. Stuttgart 1980. PP

**Ontologismus,** Begriff der theologischen Philosophie des 19. Jh. in Italien: die Lehre von der Vorrangigkeit der absoluten Seinserkenntnis vor der Erkenntnis aus Erfahrung und Sinnlichem. Der Terminus »ontologismo« meint bei V. Gioberti (1801–1852) in Abgrenzung zum cartesianischen Psychologismus jene Lehren, die annehmen, daß die Bedingung der Möglichkeit aller Erkenntnis zuerst in der Erkenntnis des höchsten und göttlichen Seins gegründet sein müsse. Kernformel des von Malebranche, im sog. Kapuziner-O. des 17. Jh. und der sog. Tiroler Schule des 18. Jh. vorgeprägten O. ist der Satz: »Ente crea l'esistente« – das göttliche Sein schafft das Seiende. Das Wesen der ontologistischen Erkenntnis wird von Gioberti, der die Tradition des O. bei Denkern wie Augustinus, Anselm von Canterbury, Bonaventura und Gerdil begründet sieht, als apriorisch-intuitiver Akt verstanden. MFM

**Ontotheologie,** nach Kants Definition die Basis der transzendentalen Theologie; denn sie beweist das Dasein des höchsten Wesens – Gottes – allein durch dessen Begriff, also gänzlich a priori oder ›ontologisch‹; ihr Ideal ist das ens realissimum, das jedes Ding als ein ens partim reale, partim negativum voraussetzt. Heidegger sieht den Prototyp der O. in der aristotelischen Ersten Philosophie, die als Lehre vom Sein und Theorie des Göttlichen zugleich die ontologische ↗Differenz in den ontischen Unterschied zwischen dem göttlichen und dem nicht-göttlichen Seienden auflöst, indem sie die Idee des Seins am höchsten Wesen als dem Grundbeispiel sowie dem Urgrund alles Seienden abliest; ihr Inbegriff ist die causa sui, ihre Vollendung Hegels Wissenschaft der absoluten Subjektivität. Als Gegenbegriff zur philosophischen Anthropologie setzt Löwith die theistische – und d. h. nihilistische – Religionsphilosophie als O. herab, während sie Derrida zufolge in einer Metaphysik der unmittelbaren Präsenz besteht, die den Unterschied zwischen Signifikant und ↗Signifikat aufheben und damit dem Spiel der Interpretation ein Ende setzen würde. **Lit.:** O. F. Summerell: The Philosophical-Theological Significance of the Concept of Ontotheologie in Martin Heidegger's Critique of G. W. F. Hegel. Diss. Charlottesville 1994. OFS

**Opaker Kontext.** In der Sprachphilosophie wird dann von einem o.m K. gesprochen, wenn ein bezeichnender Ausdruck nicht eindeutig auf ein Referenzobjekt verweist. Dies ist für Frege dann der Fall, wenn ein sprachlicher Ausdruck als Name seines Sinnes verwendet werden: Z. B. drücken die beiden sprachlichen Ausdrücke »Abendstern« und »Morgenstern« einen unterschiedlichen Sinn für dasselbe Referenzobjekt, nämlich den Planeten Venus, aus. PP

**Open-question-argument** (Argument der offenen Frage). Moore benutzt diese Fragefigur, um aufzuzeigen, daß das ethische Prädikat »gut« weder durch eine natürliche Eigenschaft wie »lustvoll« oder »tüchtig« noch überhaupt definiert werden kann. Bei jedem Versuch, »gut« zu definieren, kann immer gefragt werden, ob der Begriff, mit dessen Hilfe »gut« definiert wird, tatsächlich mit »gut« identisch ist. In erster Linie richtet sich das Argument gegen den ethischen Naturalismus, der behauptet, daß »gut« soviel bedeute wie »bringt den größten Lustgewinn«. In zweiter Linie dient das Argument dazu, die Selbständigkeit der Ethik herauszustellen. **Lit.:** G.E. Moore: Principia Ethica. Stuttgart 1970. S. 46. – L.K. Sosoe: Naturalismuskritik und Autonomie der Ethik. Freiburg/München 1988. – M. Riedinger: Das Wort »gut« in der angelsächsischen Metaethik. Freiburg/München 1984. S. 29 ff. PP

**Operationalismus,** wissenschaftstheoretische Position, die als Postulat enthält, daß alle wissenschaftlichen Begriffe so formuliert sein müssen, daß jederzeit entschieden werden kann, ob ein solcher Begriff zutrifft oder nicht. Der operationale Begriff muß Anweisungen für bestimmte Operationen (wie Beobachtungen oder Experimente) enthalten, aufgrund derer über das Vorliegen des Begriffs entschieden werden kann. Eine radikale Position vertrat Bridgman, der die Operationalisierung aller, nicht nur der physikalischen Begriffe, forderte. Eine modifizierte, gemäßigte Form wurde in Verbindung mit dem ↗Behaviorismus entwickelt: Es sollten nur noch solche Begriffe zulässig sein, die sich unmittelbar auf Beobachtbares beziehen. Die erkenntnistheoretische Annahme des O. besagt, daß Wissenschaft als ein System menschlicher Handlungen zu verstehen ist, d. h. durch die spezifische Form des wissenschaftlichen Zugangs werden die Objekte erst konstituiert. **Lit.:** J. Klüver: Operationalismus. Stuttgart 1971. – Operationalisierung, Operationalismus. In: J. Speck (Hg.): Handbuch wissenschaftstheoretischer Grundbegriffe. Bd. 2. Göttingen 1980. S. 464 ff. PP

**Operations research** (auch operational research, Unternehmensforschung), Anwendung mathematischer und naturwissenschaftlicher Methoden auf die Managementaufgaben in Organisationseinheiten von Militär, Verwaltung, Wirtschaft und Industrie. Besondere Anwendung finden hier die mathematische Spieltheorie, lineare Optimierung, Netzplantechniken und Computersimulationsmodelle aller Art. VP

**Operativ,** Bezeichnung für zentrale Begriffe einer Reflexionsmethode, die selber nicht ausdrücklich thematisiert werden, d. h. die in unthematischer Weise fungieren. **Lit.:** E. Fink: Operative Begriffe in Husserls Phänomenologie. In: Zs. für philosophische Forschung 1957. S. 321–337. PP

**Operator,** in der formalen Logik Zeichen, das dazu dient, aus schon gegebenen Ausdrücken einen neuen Ausdruck zu bilden oder diese in einen neuen Ausdruck umzuformen. Z. B. stellen die Junktoren solche O.en dar, mit deren Hilfe aus Aussagen neue Aussagenverbindungen gebildet werden können, die Modaloperatoren (notwendig, möglich), die deontischen Operatoren (sollen, dürfen), die Quantoren. ↗logische Partikel. PP

**Opfer.** Religionspsychologisch sind O. Ausdruck der Haltung des Menschen vor Gott und in allen großen Religionen bekannt. O. entsprechen dem zwischenmenschlichen Brauch, Zuneigung und Ehrerbietung in Geschenken zu manifestieren, und drücken eine gewisse Hingabebereitschaft aus. Anlässe, Gott/den Göttern zu opfern, sind Bitte und Dank, Sühne oder die Besiegelung eines Vertrags. Eine ausführliche Opferkritik – sind die Götter auf unsere O. angewiesen? – bietet Platons *Euthyphron*. Opferkritik wird auch von den Propheten des Alten Testaments wie Amos, Jesaja, Hosea, Malachias geübt, die das rechte Leben vor Gott über den äußeren Opferkult stellen (z. B. Amos 5). Auch Jesus kritisiert den äußeren Opferkult (Mt 9:13, 12:7). Der Opferbegriff ist für das Christentum von großer Bedeutung (»Sühneopfer Christi«, »Meßopfer« als anamnetische Wiederholung dieser Opfertat), führte aber zu heftigen Auseinandersetzungen in der Reformationszeit und ist theologisch heute umstritten. **Lit.:** W. Burkert: Homo Necans. Berlin 1972. – H.-P. Hasenfratz: Die toten Lebenden. Leiden 1982 – D. Power: The Sacrifice we offer. Edinburgh 1987. CSE

**Opponent/Proponent.** In der von Lorenzen begründeten Dialogischen Logik wird aufgezeigt, daß die Gültigkeit einer Aussage dialogisch in der Form eines geregelten Dialogs zwischen einem P.en und einem O.en entschieden wird. Der P. ist derjenige, der die Aussage behauptet, der O. die Person, demgegenüber er die Aussage zu verteidigen hat. PP

**Optativ.** Den Wunsch- und Befehlssätzen und den Sätzen, die ein Wollen oder eine Präferenz ausdrücken, werden o.e Bedeutungskomponenten zugeschrieben. PP

**Ordnungsbegriff.** In der Wissenschaftstheorie bezeichnet man jene Begiffe als O.e, mit denen Eigenschaften gewissen Gegenständen als mehr oder minder stark ausgeprägt zugesprochen werden, so daß sich eine reihenartig geordnete Klasse ergibt. PP

**Ordo** (lat. Reihe, Ordnung; griech.: kosmos, taxis). Der O., die Ordnung der Welt und des Seins, entstand nach Platon durch das Werk eines Demiurgen aus dem Chaos, während Aristoteles von einer vorgängigen Ewigkeit der O. ausging. Für Augustinus (*De civitate Dei* XIX, 13) ist O. die »Zusammenstellung gleicher und ungleicher Dinge durch Zuweisung des einem jeden zukommenden Standorts«, eine Ordnung, die von Augustinus über Thomas bis zu Luther als von Gott gesetzt betrachtet wurde und in der auch dem Bösen sein Platz zugewiesen war. Mit dem Aufkommen der Wissenschaften im modernen Sinn verliert der O. seine Zuordnung auf Gott, wird als der Natur innewohnend betrachtet und von Kant schließlich ins Subjekt verlegt: »Die Ordnung und Regelmäßigkeit also an den Erscheinungen, die wir Natur nennen, bringen wir selbst hinein…« (*KrV* A 125). Der Ordo-Begriff qualifiziert nicht länger den Stellenwert einzelner Elemente in einer hierarchisch aufgebauten Schöpfungsordnung. Er wird abhängig vom Menschen selbst, der Ordnungen erkennt oder sie frei schafft, die »alten« (auch im politischen Sinn) durch »neue« Ordnungen ersetzt. Durch die Relativierung und Pluralisierung des O. entsteht ein formaler, funktionaler Ordnungsbegriff, der heute in Begriffe wie Struktur, Gestalt, System oder Regelsystem übergeht und nur noch in der Theologie seinen absoluten Sinn behalten hat. **Lit.:** H. Krings: Ordo. Philosophisch-historische Grundlegung einer abendländischen Idee. Neuausg. Hamburg 1982. – HWPh Bd. 6. Art. Ordnung. Sp. 1249–1309. MWÖ

**Organismus** (Lebewesen), Bezeichnung für das Gesamtsystem der Organe des lebenden Körpers (vielzelliger Lebewesen), das sich aus verschiedenen, der Entwicklung, Erhaltung und Vermehrung des Lebens dienenden, funktionellen Einheiten aufbaut. Auch einzellige Lebewesen werden als O. bezeichnet. Der Begriff O. beschreibt hier das System von Organellen (differenzierte Zellbestandteile als Funktionsentsprechungen zu Organen bei Vielzellern). Auch bei Pflanzen spricht man in diesem Sinn von O. Als Organe werden hier z. B. Wurzeln, Sproß, Blätter etc. bezeichnet. MK

**Organizismus,** sich gegen den einseitigen Reduktionismus mechanistischer und atomistischer Weltbilder richtende Theorie, die, nicht zuletzt aufgrund ihrer unklaren Terminologie, schwer von einem ↗Holismus oder ↗Vitalismus abzugrenzen ist. Historisch geht der O. vor allem auf eine kritische Auseinandersetzung mit der französischen, materialistischen Aufklärung zurück, so schon bei Leibniz und Wolff, besonders aber bei Kant. Im ↗Deutschen Idealismus und in der Romantik, vor allem bei Schelling, gewinnt die Vorstellung an Bedeutung, daß der gesamte Kosmos ein hierarchisch geordnetes, lebendiges System bildet, welches aufgrund einer fundamentalen Polarität durch eine unendlich zeugende Produktivität gekennzeichnet ist. Insbesondere Goethe verarbeitet diese organizistischen Vorstellungen literarisch. Im Frankreich des 19. Jh. vertreten Rosten oder Bergson organizistische Positionen, in England H. Spencer. Der O. lebt im 20. Jh. vor allem bei Haldane und in der einflußreichen Kosmologie Whiteheads weiter. In Deutschland betonte A. Meyer-Abich den Anspruch des Primates eines organizistischen, biologischen Weltbildes. Angesichts der ökologischen Krise scheint der O. wieder eine Renaissance zu erleben. Im Namen eines organizistischen Biologismus versucht etwa H. Jonas, das Verhältnis Mensch-Natur neu zu bestimmen. – Gleichwohl ist der O. ideologiekritisch zu betrachten: Vor allem aufgrund seiner antiaufklärerischen Tendenzen, die im 20. Jh. zunehmend völkische und volkstümelnde Untertöne bekamen, aber auch aufgrund jüngster irrationalistischer Bewegungen (New Age) muß jeder Form von O. kritisch-prüfend begegnet werden. **Lit.:** M. Ewers: Philosophie des Organismus in teleologischer und dialektischer Sicht. Münster 1986. – J. S. Haldane: Mechanism, Life and Personality. London 1913. – H. Jonas: Das Prinzip Verantwortung. Frankfurt 1979. – A. Meyer-Abich: Ideen und Ideale der biologischen Erkenntnis. Leipzig 1934. – L. Rostan: Exposition des principes de l'organisme. Paris 1846. – F. W. J. Schelling: Von der Weltseele. In: Sämtl. Werke II. S. 347–583. – A. N. Whitehead: Prozeß und Realität. Frankfurt ²1984. AG

**Organon** (griech. Werkzeug), allgemein ein Instrument oder Mittel zum richtigen Denken und Forschen. Diese Bezeichnung tragen die logischen Schriften des Aristoteles, da sie als O. zur Erkenntnis der Wahrheit dienen sollen. F. Bacons Absicht zielt auf die Entwicklung von grundlegend neuen Werkzeugen der Erkenntnis (z. B. der sachanalytisch-induktiven Methode). Kant versteht unter O. den Inbegriff der Prinzipien zur Erweiterung um alle Erkenntnisse a priori der reinen Vernunft. **Lit.:** Aristoteles: Organon. – F. Bacon: Neues Organon (lat.-dt.). Hamburg 1990. – I. Kant: Kritik der reinen Vernunft. RS

**Organonmodell.** Das O. ist ein Funktionsschema der Sprache, das K. Bühler 1934 in seinem Buch *Sprachtheorie. Die Darstellungsfunktion der Sprache* vorstellte. Ausgangspunkt ist dabei das Sprechereignis, das drei konstitutive außersprachliche Komponenten hat. Den Sender, den Empfänger und einen Gegenstand bzw. Sachverhalt, von dem die Rede ist. Bühler ordnet jeder dieser Komponenten eine Sprachfunktion zu. Dem Sender die Ausdrucksfunktion, dem Empfänger die appellative Funktion und dem Gegenstand bzw. Sachverhalt, von dem die Rede ist, die darstellende Funktion. Beim Sprechereignis sucht der Sprecher eine wahre oder nur vorgetäuschte Haltung, z. B. eine Überzeugung, auszudrücken. Dies ist die Ausdrucksfunktion der Sprache. Das Gerichtetsein der Ausdrücke an einen Adressaten, das vor allem beim Vokativ und Imperativ zur Geltung kommt, ist die appellative Funktion der Sprache. Ist im Sprechereignis von einem Gegenstand oder Sachverhalt die Rede, kennzeichnet dies die darstellende Funktion der Sprache. Die im Mittelpunkt eines aktuellen Sprechereignisses stehende Komponente bestimmt, welche der Sprachfunktionen dominiert. Der Aufbau ist also hierarchisch. – Mitglieder des Moskauer und des Prager Linguistenkreises, allen voran R. Jakobson, hatten bereits weit vor 1934 auf eine weitere, bei Bühler nicht genannte Funktion der Sprache verwiesen, die poetische Funktion. So wurde schrittweise das Dreifunktionenmodell zum Sechsfunktionenmodell der Sprache ausgebaut. Während für Bühler nur drei außersprachliche Komponenten für das Sprechereignis konstitutiv sind und er ihnen je eine Sprachfunktion zuschreibt, nennt Jakobson in *Linguistik und Poetik* (1960) zusätzlich drei Komponenten (die Mitteilung, den Kontakt und den Kode), die sich auf das sprachliche Zeichen selbst beziehen. Auch diesen drei sprachlichen Komponenten ordnet Jakobson je eine Funktion zu: der Mitteilung die poetische Funktion, dem Kontakt die phatische Funktion und dem Kode die metasprachliche Funktion. Die poetische Funktion bezieht sich auf das

Sprachmaterial selbst. Sie zeigt sich z. B. in den unterschiedlichen Reimformen. In der Poesie ist sie die dominante Sprachfunktion. Aber auch in der Alltagssprache spielt sie eine Rolle, auch wenn der Sprecher dort in der Regel unbewußt z. B. zu Alliterationen bei der Wortwahl greift. Die phatische Funktion bezieht sich auf den Kanal und dient vor allem dem Zweck, Kommunikation zu erstellen, zu verlängern und zu kontrollieren. Die metasprachliche Funktion bezieht sich auf den Kode selbst und spielt, wie Jakobson gezeigt hat, für den Spracherwerb eine wichtige Rolle. **Lit.:** K. Bühler: Sprachtheorie. Die Darstellungsfunktion der Sprache. Stuttgart $^{2}$1965. – R. Jakobson: Poetik. Ausgewählte Aufsätze 1921–1971. Frankfurt $^{2}$1989. TF

**Original, Originalität** (von lat. origo: Ursprung, Quelle, Stamm). Das O. bezeichnet zunächst das »Urbild«, das der Reihe seiner abkünftigen Versionen, den Kopien, zugrundeliegt. In seiner adjektivischen Verwendung ist die Rede von o. gleichbedeutend mit: ursprünglich, schöpferisch. Die engere, philosophisch relevante Bedeutung von Original bzw. Originalität hat sich vor allem im Bereich der Ästhetik und Poetik ausgeprägt und ist im 18./19. Jh. in der frz., engl. und dt. Kunstdebatte im Zusammenhang mit dem Begriff des ↗Genies diskutiert worden. Von Originalität in diesem Sinn ist die Rede, wenn die Manifestation einer starken persönlichen Eigenheit im Schaffen eines Künstlers, Denkers usw. bezeichnet werden soll. Unter Originalität kann jedoch in einer etwas anderen Akzentuierung prinzipiell die schöpferische Fähigkeit eines Künstlers, Denkers usw. verstanden werden, Neues hervorzubringen.

Ursprünglich im 14. Jh. zur Übersetzung des lat. »peccatum originale« (Erbsünde) verwendet, findet der Begriff im Englischen und Französischen des 17. Jh. Eingang in die wissenschaftlich-philosophische Terminologie, wo er die semantische Verschiebung zur Charakterisierung eines originalen Menschen bzw. Werkes erfährt. In dieser Bedeutung wird er im 18./19. Jh. in die philosophisch-ästhetische Debatte in Deutschland übernommen. Eine letzte Zuspitzung erfährt der Begriff im spekulativen Idealismus Schellings, wo die Bedeutung von Originalität endgültig auf den Bereich des Ästhetischen begrenzt und zugleich ihrer individuellen Aspekte entkleidet wird. Seit der zweiten Hälfte des 19. Jh. ist keine einheitliche Entwicklung des Begriffs mehr zu verfolgen. **Lit.:** B. Fabian: Der Naturwissenschaftler als Originalgenie. In: H. Friedrich/F. Schalk (Hg.): Europäische Aufklärung. 1967. S. 47–68. – H. J. Krämer: Zu Konzept und Diagnose der Originalität. 1979. – A. Nivelle: Kunst- und Dichtungstheorien zwischen Aufklärung und Klassik. Berlin 1960. – F. W. J. Schelling: Philosophie der Kunst (Sämtl. Werke. Bd. 5. S. 444 ff.). – L. P. Smith: Four Words: Romantic, Originally, Creative, Genius. Oxford 1924. AC

**Orphik,** sich an die Gestalt des Orpheus anschließende religiöse Strömung dionysisch-mystischen Charakters, die um 600 v. Chr. von Thrakien aus nach Griechenland eindrang. In ihrem Zentrum steht eine Theogonie und Anthropogonie, die die praktische Seite der O. begründen: Um die in die Körperwelt verbannten Seelen von ihrer Wanderung zu erlösen, bedarf es der Reinigungsriten und Enthaltsamkeitsvorschriften. Die Frommen erwartet ein glückliches Leben im Jenseits; die Frevler werden bestraft. **Lit.:** R. Böhme: Orpheus. Bern/München 1970. – H. Diels/W. Kranz (Hg.): Die Fragmente der Vorsokratiker. Bd. 1. Berlin 1951. – F. Graf: Eleusis und die orphische Dichtung Athens in vorhellenistischer Zeit. Berlin/New York 1974. RS

**Orthos logos** (griech. richtige Einsicht). Der Begriff bezieht sich in der Antike ganz allgemein auf die das Richtige treffende Vernunft. Dabei wurde er sowohl im Kontext theoretischer als auch praktischer Fragen verwendet. Bei Aristoteles dominiert die praktische Bedeutung. Der richtigen Einsicht kommt zentrale Bedeutung innerhalb seiner ↗Mesotes-Lehre zu, nach der eine richtige Handlung bzw. rechte Haltung ein Mittleres zwischen zwei einander entgegengesetzten Extremen ist. Tapferkeit z. B. kann als die richtige Mitte zwischen Furcht und Verwegenheit (Tollkühnheit) verstanden werden (*Eth. Nic.* 1107a34). Obgleich man dieses Mittlere beschreiben kann, bleibt unklar, wie es in jeweils konkreten Fällen zu bestimmen ist. Aristoteles deutet den O.l. als Maßstab für die jeweils angemessene Bestimmung des Mittleren in einer konkreten Situation. In der älteren Stoa bedeutet O.l. objektiv die gesetzmäßige Weltordnung, der die allgemeine ethische Norm entspringt, subjektiv die darauf bezogene richtige Einsicht. **Lit.:** K. Bärthlein: Zur Lehre von der ›recta ratio‹ in der Geschichte der Ethik von der Stoa bis Ch. Wolff. In: Kantstudien 56 (1966). S. 125–155. – K. Jacobi: Aristoteles über den rechten Umgang mit Gefühlen. In: J. Craemer-Ruegenberg (Hg.): Pathos, Affekt, Gefühl. Freiburg/München 1981. S. 21–52. ML

**Ortlogik** (jap. basho no ronri bzw. bashoteki ronri). Angeregt von dem chora-Gedanken in Platons *Timaios* und dem ↗Hypokeimenon bei Aristoteles versucht Nishida (↗Kyôto-Schule) ab 1927 ein »Etwas« zu denken, das Ich und Welt in seinem Innern, als seine Selbstbestimmung, zustande kommen läßt. Der Ort, als das schlechthin Unscheinbare, wird selber nie Gegenstand und ist in seiner tiefsten Dimension ↗absolutes Nichts; ohne selber eine Gestalt anzunehmen, läßt er in sich Ich und Welt hervorgehen. Der Gedanke weist in bestimmter Hinsicht eine Nähe zu Heideggers »Ereignis« auf. **Lit.:** K. Nishida: Die intelligible Welt. Drei philosophische Abhandlungen. Berlin 1943. – R. Ohashi: Zeitlichkeitsanalyse der Hegelschen Logik. Zur Idee einer Phänomenologie des Ortes. Freiburg/München 1984. RE

**Ousia** (griech.), oft als Substanz oder Wesen übersetzt. Allerdings stellen diese Begriffe eine Verengung dar, weshalb man »Ou.« besser unübersetzt verwendet. Die Frage nach der Ou. ist von Platon explizit in die Philosophie eingeführt worden. Sie ist als das gegenüber anderem Seienden primär Seiende aufzufassen, weil von ihr alles übrige Seiende in seinem Sein abhängt und weil von ihr aus alles Sein zu erklären ist. Platon hat die *Ideen* in seiner Ideenlehre auf verschiedene Art und Weise als »ousiai« bestimmt. – Die Definition der Ou. im Buch Z der aristotelischen *Metaphysik* ist sehr differenziert. Aristoteles stellt in *Met.* D und in Z zwei »Kataloge« von Anforderungen an eine Ou. auf: (1) Sie muß primärer Seinsgrund (= erste Ursache) der Dinge sein, und zwar sowohl aller Dinge wie auch der Einzeldinge, denen sie inhäriert. (2) Sie muß etwas Unbedingtes in der Reihe des Bedingten sein. D.h. sie muß zugrundeliegen, sie kann nicht als Prädikat irgendeines Subjekts ausgesagt werden. Sie ist nicht Eigenschaft eines anderen, sondern alle relevanten Eigenschaften beziehen sich auf sie. (3) Die Ou. ist das Wesen einer ↗Entität, d.i. dasjenige, welches ein Etwas zu diesem Etwas, zu einem »Dies von der Art« macht. D.i. der »Teil« der besagten Entität, ohne den diese nicht mehr sie selbst wäre. D.h. die Ou. wäre der Aspekt, mit dessen Aufhebung das Ganze aufgehoben wird (hier sieht man, daß eine alleinige Bestimmung der Ou. als Wesen sie auf (3) reduziert). (4) Die Ou. muß ein »Dies von der Art«, d.h. etwas Individuelles sein. (5) Sie muß in einer bestimmten Hinsicht abtrennbar (= eigenständig) sein. Damit will Aristoteles nicht den Platonismus verteidigen, sondern die Ou. »in begrifflicher Hinsicht« als »abtrennbar« bezeichnen. Zur Definition der Ou. muß auf kein anderes Sein, sondern nur auf die potentielle Materie rekurriert werden. In diesem Sinne ist die Ou. abtrennbar. (6) Sie ist eine unteilbare Einheit. Das, was diesen Vorgaben genügt, kann als Ou. bezeichnet werden, die der Definition, der Erkenntnis (logisch) und der Zeit (kausal) nach gegenüber anderem Seienden primär ist. In *Met.* Z vertritt Aristoteles die Auffassung, daß die den Dingen inhärierende individuelle Form die Ou. sei (d.i. bei Lebewesen die Seele). In seiner *Kategorienschrift* geht Aristoteles jedoch davon aus, daß die Ou. (als sekundäre Substanz) auch etwas Allgemeines sein könne. Das hat einen langen Streit darüber verursacht, ob die Ou. individuell ist oder nicht. Platon hat mindestens die Punkte »Inhärenz«, »Individualität« und »Abtrennbarkeit« des obigen Katalogs anders gefaßt. Diese Aspekte bilden den Hauptstreitpunkt zwischen Platon und Aristoteles. Da für beide Philosophen die Frage nach der Ou. das Zentrum ihrer Philosophie ausmacht, bildet die Kontroverse um die benannten Punkte auch das Zentrum der gesamten antiken Philosophie. **Lit.:** M. Frede/G. Patzig: Aristoteles ›Metaphysik Z‹. München 1988. BG

**Oxford Philosophy,** eine in den späten 30er Jahren sich entwickelnde, nach dem 2. Weltkrieg sehr einflußreiche Richtung innerhalb der analytischen Philosophie (↗Sprachphilosophie, analytische). Ihre Hauptvertreter waren die in Oxford lehrenden Philosophen G. Ryle und J.L. Austin, außerdem P.F. Strawson und H.P. Grice. Trotz divergierender Motive, Interessen und methodologischer Vorstellungen ist ihnen die Hinwendung zur normalen Sprache als der Grundlage eines an den Kriterien der Rechtfertigbarkeit und Verbindlichkeit orientierten Philosophierens sowie die Überzeugung gemeinsam, daß philosophische Probleme aus Mißverständnissen über das Funktionieren bestimmter Begriffe in unserer Sprache entstehen und durch eine korrekte, am normalen Sprachgebrauch orientierte Analyse dieser Begriffe aufgelöst werden können (↗»Philosophie der normalen Sprache«). **Lit.:** R. Rorty (Hg.): The Linguistic Turn. Chicago 1967. – E. v. Savigny: Die Philosophie der normalen Sprache. Eine kritische Einführung in die »ordinary language philosophy«. Frankfurt [2]1974 BBR

**Oxymoron** (griech. oxys: scharf, spitz; moros: dumm), paradoxe rhetorische Zusammenstellung einander widersprechender Begriffe, z.B. »Eile mit Weile«, »beredtes Schweigen«. VP

**Pädagogik,** als Begriff der Wissenschaft von der Erziehung im 18. Jh. geprägt. Im Anschluß an Kant wurde die Aufgabe der P. darin gesehen, mit Hilfe von Ethik und Psychologie eine erfahrungsgebundene Analyse der Möglichkeiten und Grenzen erzieherischen Handelns vorzunehmen, die dabei vorausgesetzten Bedingungen begrifflich zu bestimmen und in einen systematischen Begründungszusammenhang zu stellen. Diese Ansätze zu einer P. als angewandter Transzendentalphilosophie, die vor allem von Trapp, Niethammer und Greiling, aber auch von Ritter entwickelt wurden, werden von Herbart systematisch ausgearbeitet. Sein Ziel ist es, die P. als eine eigenständige philosophische Wissenschaft auszuweisen, die auf empirischen Vorgehensweisen aufbaut, wobei dies nicht mit einer objektivierten naturwissenschaftlichen Methodik gleichzusetzen ist. Vielmehr begründet er die Notwendigkeit einer spezifisch pädagogischen Sichtweise, welche auf die Subjektivität von Erzieher und Zögling bezogen ist und die prinzipielle Offenheit der pädagogischen Situation erfaßbar macht. Allerdings geht er über die bloße Deskription der Erziehungssituation hinaus und betont die Notwendigkeit, die Ziele pädagogischen Handelns werttheoretisch zu bestimmen und in den Zusammenhang der kulturellen Progresion einzuordnen. Dies setzt eine Bezugnahme auf die Ethik voraus, die Herbart explizit vornimmt, ohne jedoch die Eigenständigkeit der P. in Frage zu stellen. Auch Schleiermacher sieht in der Ethik die entscheidende philosophische Grundlegungsdisziplin der P. Aber im Gegensatz zu Herbart, der von einem prinzipientheoretischen Ethikverständnis ausgeht und daraus allgemeingültige Aussagen über den Vollzug des Erziehungshandelns gewinnt, stellt Schleiermacher die geschichtliche Bedingtheit der pädagogischen Theoriebildung heraus und negiert die Möglichkeit allgemeingültiger Aussagen über die Erziehungswirklichkeit. Die P. erscheint damit durch eine hermeneutische Fragestellung bestimmt, die die Erziehungsrealität in den Kontext geistesgeschichtlicher und gesellschaftlicher Entwicklungen einordnet. In der Folgezeit des 19. Jh. wird der pädagogische Grundlegungsansatz Schleiermachers vor allem von Dilthey weitergeführt, wobei philosophisch-anthropologische und weltanschauungstheoretische Fragestellungen im Vordergrund stehen. Darauf stützend werden zu Beginn des 20. Jh. von Frischeisen-Köhler, Spranger, Nohl, Litt, Flitner und Weniger Ansätze zu einer philosophisch fundierten, hermeneutisch ausgerichteten Erziehungswissenschaft erarbeitet. Alternativ dazu entwickeln Natorp, Cohn und Hönigswald wert- und prinzipientheoretische Ansätze, die sich darauf konzentrieren, eine transzendentalphilosophische Grundlegung der P. vorzunehmen. Diese Grundlegungsmodelle bestimmen die gegenwärtige Diskussion zu einer normativ-transzendentalkritischen Pädagogik einerseits und einer phänomenologischen Erziehungs- und Bildungstheorie andererseits, ohne daß eine Synthese der beiden Theorieansätze erreicht werden konnte. Darin dürfte ein wichtiger Grund zu sehen sein, daß bei der Klärung des Systemzusammenhanges der Erziehungswissenschaft auf eine philosophische Grundlegung weitgehend verzichtet wurde und primär empirisch zugängliche Problemstellungen verfolgt werden. **Lit.:** D. Benner: Die Pädagogik Herbarts. Weinheim/München 1986. – Ders.: Pädagogik als Wissenschaft, Handlungstheorie und Reformpraxis. Bd. 1–3. Weinheim/München 1995. – F. Nicolin: Pädagogik als Wissenschaft. Darmstadt 1969. – W. Ritzel: Philosophie und Pädagogik im 20. Jahrhundert. Darmstadt 1980. – J. Schurr: Schleiermachers Theorie der Erziehung. Düsseldorf 1975. WSU

**Pädagogik/Erziehungswissenschaft.** In kritischer Haltung zum bisherigen Hauptstrom geisteswissenschaftlicher P. entstehen ab der Mitte des 20. Jh. neue Theorieansätze. An der empirischen Sozialforschung und dem ↗ Kritischen Rationalismus orientiert, entwickelt sich eine empirisch-analytische Erziehungswissenschaft. Die durch Rezeption der ↗ Kritischen Theorie herausgebildete kritisch-emanzipatorische Erziehungswissenschaft macht geltend, daß es notwendig ist, die Erziehungswirklichkeit nicht nur hermeneutisch zu erfassen, sondern gesellschaftskritisch zu hinterfragen und damit verändernd auf sie einzuwirken. Weitere wissenschaftliche Paradigmen, an denen verschiedene pädagogische Theoriebildungen ansetzen konnten, boten der Historische ↗ Materialismus, ↗ Systemtheorie, ↗ Phänomenologie und ↗ Strukturalismus. Die unterschiedlichen Ansätze können sich dabei vorwiegend analytisch-deskriptiv oder normativ verstehen, jedoch muß das Problem der Vermittlung beider zu den grundlegenden Aufgaben der P. als einer auf die Praxis gerichteten Wissenschaft gehören. ↗ Pädagogik. **Lit.:** D. Benner: Hauptströmungen der Erziehungswissenschaft. München [2]1978. – B. Fichtner u. a. (Hg.): Pädagogik zwischen Geistes- und Sozialwissenschaft. Meisenheim 1985. – W. Fischer/D.-J. Löwisch: Pädagogisches Denken von den Anfängen bis zur Gegenwart. Darmstadt 1989. – D.-J. Löwisch: Einführung in die Erziehungsphilosophie. Darmstadt 1982. – C. Wulf: Theorien und Konzepte der Erziehungswissenschaft. München 1977. FPB

**Paideia** (griech.), ursprünglich Kindheit, Kinderaufzucht, -erziehung, bezeichnet den Prozeß selbst und sein Ergebnis sowie die vermittelten Inhalte, vergleichbar dem deutschen Wort »Bildung«. – Vor jeder Theorie einer P. steht im frühen Griechenland die praktische Anleitung zur lebensdienlichen persönlichen »Bestheit« (arete) in hohem Ansehen; nach den Vorbildern bei Homer reicht sie über die Kindheit hinaus, um in den Heranwachsenden die körperlichen und geistigen Anlagen für die Lebenspraxis zu entfalten. Von Fakten und Institutionen, auch über eine P. der Mädchen und jungen Frauen sagen die Quellen weniger aus als über das Ziel, in einer aristokratischen Gesellschaft zu bestehen. – Der Übergang der Macht auf die Stadtbürger verlangt neben dem geistigen Führungsanspruch in Athen für die politische Praxis seit dem 5. Jh. die Ausbildung gesellschaftsrelevanter Fähigkeiten, besonders der praktisch-rhetorischen. Neben ihnen und bald auch gegen sie wird P. philosophisch reflektiert. Die ↗ Sophisten hatten die bezahlte Unterweisung in Grammatik, Rhetorik, Dialektik und allgemeinen Kenntnissen, auch in den mathematischen Disziplinen eingeführt, während für Demokrit und Sokrates eine moralische, auf die je eigene Lebensführung orientierte P. im Vordergrund steht. Platon ist vom Modell der pythagoreischen Gemeinschaft beeinflußt, als er in seiner *Politeia* ein Gesamtsystem körperlicher und geistiger Bildung mit höchsten theoretischen Ansprüchen ausarbeitet, das er auch Frauen zugänglich macht. Etwa gleichzeitig (391/90) gründet der Rhetor Isokrates seine Schule durchaus mit dem Anspruch einer philosophisch fundierten P., um Rede nicht nur zur Funktion der Überzeugung, sondern um Sprache als Ausdruck der Vernunft zum Instrument der Forschung und Erziehung zu machen. Rhetorisches Können will auch die durch P. erreichten Tugenden preisen. Sprache als Kommunikation bringt philanthropia hervor, jene spezifische Menschenfreundlichkeit, die Cicero humanitas (↗ Humanität) nennt. – In Platons Akademie und in den späteren Philosophenschulen ist das Verhältnis zur Polis bzw. zur Gesamtgesellschaft immer mitgedacht, als philosophische Bildung für und durch sie oder als Distanzierung von ihr; die noch von Platon geforderte gymnastische Erziehung tritt allmählich hinter die intellektuell-moralische und die literarische Bildung zurück; die Lehrgegenstände werden in dem schon bei den Sophisten angelegten umfassenden System der »enkyklios paideia« objektiv verdinglicht, ihre Einzeldisziplinen »wie in einem Kreis« abgeschritten.

Auch in Rom werden die ↗ septem artes liberales, die »freien Künste«, als Bildungssystem verstanden, das in den studia humanitatis über das Lebensnotwendige hinausgeht und zur Philosophie erst eigentlich befähigt. Nach Gellius (2. Jh.) ist Ciceros humanitas das Äquivalent zur P., der lateinischen eruditio. Stärker noch als im hellenistischen Griechenland wächst im Imperium Romanum der Bedarf an staatlichen Dienstleistungen, für die eine weniger allgemeine Ausbildung genügt. – Im frühen Christentum (Clemens Alexandrinus: *Paedagogus* I, 7; 53, 1) erscheint Christus als der göttliche Erzieher schlechthin, später tritt bei den Kirchenvätern die immer noch anerkannte Bildungsidee antiker P. hinter die Notwendigkeit zurück, eine in Form und Inhalt geregelte eruditio in den artes liberales dem Studium der Theologie zugrundezulegen. – An der Terminologie Ciceros orientieren sich die Karolingische Renaissance, das lateinische MA. und die studia humanitatis, die schließlich im »Humanistischen Gymnasium« aufgehen. Sie sind reglementiert, die Rückgriffe auf Platons idealistisch überhöhte P. wie im Florenz des 15. Jh. bleiben ohne große Wirkung, so sehr die Platon-Kenntnis wächst. Erasmus von Rotterdam und Melanchthon stehen für ein Programm, in dem eruditio und humanitas die Persönlichkeit formen und das Bewußtsein einer einheitlich gebildeten Gemeinschaft herstellen können. Auch platonisch geprägte Erziehungsmodelle für künftige Herrscher (»Fürstenspiegel«) ändern nichts daran, daß P. im ursprünglichen Sinn nicht wiederherzustellen ist. – Das monumentale, auch mißverstandene »Paideia«-Werk W. Jaegers versucht, die Überzeitlichkeit der Idee als »Formung des griechischen Menschen« für einen Dritten Humanismus wiederzubeleben. – Die enkyklios paideia, ursprünglich Sammlung der artes, deren Studium der Philosophie vorausging, nimmt das im Lauf der Jahrhunderte erweiterte Wissen auf: ein Gesamt der Lehrgegenstände in den Enzyklopädien des orbis disciplinarum bis hin zu Hegel. Derzeit können beliebige Sammlungen von Informationen so bezeichnet werden. **Lit.:** W. Jaeger: Paideia I-III. Berlin 1934–47. – E. Lichtenstein: Der Ursprung der Pädagogik im griechischen Denken (Paideia I). Hannover 1970. KHG

**Palingenesie** (griech. palin: wieder; genesis: Entstehung), bezeichnet allgemein eine Wiederentstehung oder -erzeugung. Bei Heraklit bedeutet P. die ständige Erneuerung alles Seienden durch das Urfeuer. Die Stoa nahm einen periodischen Wechsel von Auflösung und P. an. – Der Begriff gewann v. a. in der Evolutionstheorie E. Haeckels Bedeutung. Im biogenetischen Grundgesetz definiert er die Individualgeschichte als Wiederholung der Stammesgeschichte. Später unterscheidet er zwischen der originären Wiederholung der Phylogenese und der Cenogenie als Entwicklung embryospezifischer Strukturen. In diesem Sinne spricht auch die neo-darwinistische Evolutionstheorie von »P«. **Lit.:** E. Haeckel: Generelle Morphologie der Organismen. Berlin 1866. Nachdr. Berlin 1988. – G. Heberer: Der gerechtfertigte Haeckel. Stuttgart 1968. RS

**Panpsychismus** (griech. pan: alles; psyche: Seele), Theorie, nach der alles, was es gibt, beseelt ist. In der Antike wird der P. von Vorsokratikern wie Thales vertreten (*VS* 11 A 22) (↗Hylozoismus). Dieser P. wirkt noch nach in Platons Auffassung der Sinnenwelt als einem beseelten Lebewesen und seiner Theorie einer Weltseele (*Timaios* 30a-c, 34a-b): Hier wird zwar nicht mehr jedes materielle Ding als beseelt angesehen, aber dem materiellen Seinsbereich insgesamt eine Seele zugesprochen. In der Neuzeit wird der P. als Lösung für das Problem vertreten, wie mentale Eigenschaften mit einer mechanistisch gedachten Natur zusammenhängen können. Spinozas Parallelismus impliziert, daß jedem Auftreten einer körperlichen Eigenschaft das Auftreten genau einer mentalen Eigenschaft korrespondiert (und umgekehrt) (*Ethik* II, prop. 7 u. 13 schol.). Im allgemeinen wird der P. in einer schwächeren Form vertreten: Jedem Körper kommen in irgendeiner Weise auch mentale Eigenschaften zu; aber es muß nicht jeder körperlichen Eigenschaft auch eine mentale Eigenschaft entsprechen. **Lit.:** G. G. Globus: Mind, Structure, and Contradiction. In: G. G. Globus/ G. Maxwell/I. Savodnik (Hg.): Consciousness and the Brain. New York 1976. S. 271–93. – B. Rensch: Biophilosophie auf erkenntnistheoretischer Grundlage. Stuttgart 1968. Bes. Kap. 6L. ME

**Pansophie** (aus griech. pan: alles, ganz und sophia: Weisheit, Wissen), Allweisheit, Allwissen. Ein vor allem im Barock geläufiger Begriff für eine universale Wissenschaft religiös-naturphilosophischen Einschlages, derzufolge allen Menschen grundsätzlich die Fähigkeit zu eigen ist, vermittels Einsicht in ihre Natur des göttlichen Allwissens teilhaftig zu werden. Ziel dieses utopischen Programms ist es, wie es der Neuplatoniker Comenius in seiner Schrift *Prodromus Pansophiae* (*Weg der Allweisheit*) formuliert, durch Erziehung zur Einsicht die Zwietracht unter den Menschen aufzuheben und einen universalen Frieden zu stiften. – Bereits Ende des 17. Jh. vermochten im Lichte des cartesischen Rationalismus diese enthusiastischen Bildungspläne nicht mehr zu überzeugen. Der Begriff P. nahm in der Folge eine schillernde, zuweilen auch abwertende Bedeutung an. Im 18./19 Jh. blieb der Begriff philosophisch folgenlos. Krug schließlich definiert die gelegentlich auch als »Pantosophie« bezeichnete P. als: »(1) Allweisheit, (2) der Dünkel, Alles mit eigenem Verstand umfassen«. – Eine neuerliche Renaissance erlebte die P. erst in den zwanziger Jahren dieses Jh., wo sie im Zuge theosophischer Strömungen zu jenem Sammelbecken mystischen, kabbalistischen und okkultistischen Gedankenguts avancierte, als welches sie vornehmlich in den Werken Peuckerts verwendet wird. **Lit.:** G. Beisswänger: Amos Comenius als Pansoph. Stuttgart 1904. – J. A. Comenius: Prodromus pansophiae. London 1639 (erste Ausg. unter dem Titel: Conatuum Comenianorum praeludia. Hg. S. Hartlib. Oxford 1637). – W. T. Krug: Allgemeines Handwörterbuch der philosophischen Wissenschaften 3 ($^2$1833). Art. »Pantosophie«. – W.-E. Peuckert: Pansophie. Berlin $^2$1956. – K. Schaller: Untersuchung zur Comenius-Terminologie. Den Haag 1958. – H. Tränker (Hg.): Die Pansophie der hermetischen Bruderschaft vom Rosenkreuz. München 1981. AC

**Panta rhei** (griech. alles fließt), seit der Antike Heraklit zugeschriebene Formel, mit der seine sog. Flußfragmente (VS 22B91, 22B12; 22B49a gilt als unecht) zusammengefaßt werden. In diesen zeigt Heraklit den

Kontrast zwischen Identität und Wandel: »Denen, die in dieselben Flüsse hineinsteigen, strömen andere und wieder andere Wasserfluten zu« (VS 22B12). Nicht nur durch unsere Benennungen werden Sachen festgestellt, die in Wirklichkeit bewegte sind; Diogenes Laertius gibt den Schlüssel zum Denken Heraklits, wenn er über dessen Lehre sogar schreibt: »Alles (panta) entsteht nach Art der Gegensätze, und das Ganze fließt (rhein) wie ein Fluß (potamos) [Frg. 12, 91]. Das All (to pan) ist vollendet (peraino), und es ist nur eine Weltordnung (kosmos)« (VS 22A1). Platon beschreibt in seinem, dem Herakliteer Kratylos gewidmeten Dialog (*Kratylos* 402a) unter Rückgriff auf den Meister (vgl. VS 22B91), »daß alles davongeht und nichts bleibt«, indem Heraklit »alles Seiende einem strömenden Fluß vergleicht.« Aristoteles nutzt das Heraklit zugeschriebene Diktum sowohl im Kontext der Aussagbarkeit von Wahrheit des veränderlich Seienden (Kritik an Protagoras *Met.* Τ5, 1010a10–15 und vorher. Vgl. dazu VS 22B91), als auch im Rahmen seiner Kritik an der platonischen Ideenlehre: »Die Ideenlehre ergab sich für ihre Anhänger deshalb, weil sie von der Wahrheit durch die Worte Heraklits überzeugt waren, daß alle Sinnesdinge in stetem Flusse seien: sollte es also eine Wissenschaft und eine Einsicht von etwas geben, so müßte es neben den sinnlich erfaßbaren Naturen noch von diesen verschiedene, bleibende geben; denn vom Fließenden existiert keine Wissenschaft« (*Met.* M4, 1078b12–17). – Es war Hegel, der in seinen Vorlesungen über die Geschichte der Philosophie ohne direkten Quellenvermerk Heraklit das p.r. im Wortlaut unterstellt: »Heraklit sagt nämlich: Alles fließt (p.r.), nichts besteht, noch bleibt es je dasselbe« (S. 324). Heraklit ist für Hegel der erste, bei dem die Dialektik, wie Hegel selbst sie faßte, in Grundzügen erschien. Und Heraklit war es, dem der Übergang vom Sein zum Werden in der (antiken) Prinzipiendiskussion gelang, dem selbst die Identität von Sein und Nichtsein mit seinem p.r. als bloße Abstraktion ohne Wahrheit erschien, obwohl sie – als Entgegengesetzte – an demselben faßbar sind. – K. Held schließlich gelang es, der griffigen Formel des p.r. ihre angemessene Stellung in der Heraklit-Auslegung zuzuweisen. Die »Selbstunterscheidung« des Denkens (der »Einsicht«) vom Nichtdenken (den »Ansichten« als Erkenntnisarten vorphilosophischen Denkens) bei Heraklit führt den Leser als Ariadnefaden zum Verständnis von Formen des »Umschlagens« (vgl. VS 22 B88) und der »Identität«: Die Periodizität selbst ist Gesetzmäßigkeit, das Maß (vgl. VS 22 A1). **Lit.:** Diogenes Laertius: Leben und Meinungen berühmter Philosophen. Buch I-X. Hamburg [2]1967. – G. W. F. Hegel: Vorlesungen über die Geschichte der Philosophie I (Werke Bd. 18). Frankfurt 1986. – K. Held: Heraklit, Parmenides und der Anfang von Philosophie und Wissenschaft. Eine phänomenologische Besinnung. Berlin/ New York 1980. CL

**Pantheismus.** P. wird verschiedenen religiösen und religionsphilosophischen Positionen zugesprochen, die darin übereinkommen, Gott und Welt ineinszusetzen. Die geschichtlichen Positionen ließen sich so ordnen: (1) als von Gott ausgehend: P. deutet dann die Welt als Ausfluß des Göttlichen. Zu nennen wäre der ↗Neuplatonismus (v. a. Plotins) und seine Lehre vom überfließenden Einen. Folgen zeitigt diese Art von P. (über Dionysios' christliche Korrektur hinweg) in den Lehren von Eriugena (die Einteilung der Natur in vier Formen, wobei Gott am Anfang und am Ende steht) oder bei G. Brunos All-Einheit (in die alles eingefaltet ist, dessen Entfaltung die Einzeldinge darstellen.) – (2) als von der Welt ausgehend: Etwa in der Theologie der Stoiker in der Lehre vom alles durchwaltenden Logos. Anders variiert bei Spinoza, für den alles Attribute der unendlichen göttlichen Substanz sind (dem Menschen nur unter den Modi Ausdehnung und Denken zugänglich). Schließlich in der Reduktion auf Natur allein, die dann »Gott« genannt wird. **Lit.:** G. Bruno: De la causa, principio et uno. 1584 (dt. Von der Ursache, dem Prinzip und dem Einen. Hamburg [6]1982). – Dionysios Areopagita: Peri theion onomaton (dt. Von den Göttlichen Namen). – J. Scotus Eriugena: De divisione naturae (dt. Über die Einteilung der Natur. Hamburg 1983). – B. d. Spinoza: Ethica. 1677 (dt. Ethik. Sämtl. Werke. Bd. 2. Hamburg 1990). PK

**Parabel** (griech. parabole: Vergleichung, von paraballein: nebeneinanderstellen). Unter P. wird im allgemeinen eine auf der Grundlage von Vergleichung operierende Erzählung belehrenden oder erbaulichen Inhalts verstanden. Die Grenzen der P. zu anderen lehrhaft-argumentierenden literarischen Gebilden sind jedoch fließend. Denn nicht nur teilt sie das Kriterium der Vergleichung, welches sie in etymologischer Hinsicht kennzeichnet, mit anderen auf Vergleich beruhenden Formen, wie Fabel, Gleichnis, Beispiel und Allegorie, sie kann darüber hinaus sowohl als rhetorischer Tropus, als literarische Gattung (Äsop, Lafontaine, Kafka), wie auch als spezifischer Verstehensmodus (Allegorese) beschrieben werden.

Es lassen sich zwei maßgebliche Traditionen des Begriffs unterscheiden: (1) der von Aristoteles ausgehende Bedeutungsstrang, welcher die P. zu den Beweis- und Verdeutlichungsmitteln aus allgemein anerkannter Erfahrung zählt. Beurteilungskriterien dieser Bedeutung von P. sind die an der rhetorischen perspicuitas orientierten Werte Klarheit, Eindeutigkeit und psychologische Eingängigkeit. (2) die auf die frühchristliche Überlieferung zurückgehende Auffassung von P. als Bezeichnung für die Gleichnisse Jesu Christi. Der P. erwächst in diesem Kontext die Eigenschaft, die im Vergleich veranschaulichte Wahrheit gleichzeitig zu verhüllen. Ihr Verständnis setzt besonderes Wissen, hermeneutische Technik und eine bestimmte Einstellung des Hörers (Glaube) voraus. **Lit.:** Aristoteles: Rhetorik II, 20. – J. Billen (Hg.): Die dt. Parabel. Zur Theorie einer neuen Erzählform. Darmstadt 1986. – R. Bultmann: Geschichte der synoptischen Tradition. Göttingen 1921. – W. Harnisch (Hg.): Gleichnisse Jesu. Positionen der Auslegung von A. Jülicher bis zur

Formgeschichte. Darmstadt 1982. – R. v. Heydebrandt: Parabel. In: Archiv für Begriffsgeschichte 32 (1989). – E. Wäsche: Die verrätselte Welt. Ursprung der Parabel. Lessing-Dostojewskij-Kafka. Meisenheim 1976. AC

**Paradigm Case Argument,** Bezeichnung für eine Gruppe bzw. Familie von Argumentationsformen, in der Standardbeispiele (paradigm cases) eine zentrale Rolle spielen, die vornehmlich auf die Kritik des ↗Skeptizismus (bezüglich der Außenwelt und ihren Gegenständen, der Willensfreiheit, der ↗Induktion u.a.m.) abzielen und die hauptsächlich in der analytischen Philosophie entwickelt, verwendet und kritisiert werden. P.c.A.s versuchen, mit Hilfe von als gültig angesehenen Sprachregeln und korrekten Standardbeispielen auf wahre Konklusionen zu schließen. Ihre ursprüngliche Grundform kann grob und näherungsweise wie folgt skizziert werden: a ist Standard für »F«; also gilt Fa, wobei mitbehauptet wird: Wäre a nicht der/ein Standard für »F«, wäre »F« unverständlich. »F« ist aber verständlich, also gilt Fa. Varianten argumentieren statt mit Verständlichkeit mit Lehrbarkeit bzw. der Möglichkeit, daß »F« mit dem Hinweis auf a eingeführt werden kann, so daß es etwas gibt, daß F ist. Weitere Versionen gehen von Fällen aus, die Kriterien erfüllen, haben also grob gesagt die Form: Fälle von G erfüllen »F«, daher sind Fälle von G Fälle mit der Eigenschaft F. Wiederum andere Varianten appellieren an das Vorwissen oder berufen sich auf (scheinbare) Evidenzen. Zuletzt beziehen sich einige weitergehende Spielarten auf Präsuppositionen, die die Sprachverwendungen betreffen und bestimmte Zweifelsformulierungen ausschließen sollen. Anwendung finden P.c.A.s u.a. in der Erkenntnistheorie (bei N. Malcolm und G.E. Moore z.B.), in der Ethik (beispielsweise bei St. Toulmin) und der Anthropologie (z.B. bei G. Ryle). **Lit.:** E. v. Savigny: Das sogenannte »Paradigm Case Argument«: Eine Familie von anti-skeptischen Argumentationsstrategien. In: Grazer Philosophische Studien 14 (1981). S. 37–72. WK

**Paradigma** (griech. Beispiel), bezeichnet sprachwissenschaftlich (a) ein Deklinations- oder Konjugationsmuster, nach dem Wörter derselben Klasse flektiert werden (z.b. a-Konjugation im Lateinischen), oder (b) sprachliche Einheiten, die in einem gegebenen Kontext zur Wahl stehen (z.B. naß, trocken, feucht). Die klassische Rhetorik versteht unter einem P. eine als Beleg angeführte Figur für eine typische Begebenheit. In der klassischen Metaphysik steht P. für ein Urbild eines innerweltlich Seienden. – In der modernen Wissenschaftsphilosophie bezeichnet der P.-Begriff das mehr oder weniger bewußte Vorverständnis von einem wissenschaftlichen Gegenstand bzw. von der zur Anwendung kommenden Forschungsmethode. Ein P. bleibt nach T.S. Kuhn unangetastet und zumeist unreflektiert, bis Anomalien auftreten und »normale Wissenschaft« und deren herrschende P.ta durch neue Forschungsergebnisse relativiert werden. Kuhns wissenschaftshistorische Analysen zeigen aber, daß der Wechsel von P.ta keineswegs als rationaler, begründungsorientierter Prozeß kontinuierlichen Erkenntnisfortschritts verläuft, sondern ein eher irrationaler Vorgang ist, der den Charakter eines Generations- und Glaubenskampfes annimmt. **Lit.:** T.S. Kuhn: Die Struktur wissenschaftlicher Revolutionen. Frankfurt 1967. AN

**Paradoxie, paradox** (griech. para: gegen, doxa: Meinung, Erwartung). Das Adjektiv spezifiziert im weiteren Sinne Sachverhalte oder Aussagen, die der geläufigen Meinung oder Erwartung entgegenstehen und alogisch, unsinnig oder widersprüchlich erscheinen; im engeren Sinne wird Paradoxon gleichbedeutend mit ↗Antinomie gebraucht und stellt einen Widerspruch in Form einer ↗Kontradiktion dar. P.n haben als Möglichkeit, Modelle revolutionärer Entwicklungen darzustellen, eine fördernde Funktion in der Geistesgeschichte. Sobald sich ein Problem nicht mehr innerhalb des dafür zuständigen Bezugssystems lösen läßt, kann eine paradoxe These zur Veränderung oder Aufgabe des Systems führen. – Es gibt mehrere Typen von P.n: (1) Logische P.n sind z.B. Zenons Aufweise der Grenzen mathematischer Beschreibungen der Bewegung. (2) Erkenntnistheoretische P.n basieren auf selbstbezüglichen Prozessen. (3) Moralische, soziale und metaphysische P.en thematisieren Fragen der Lebensführung, theologische Probleme wie die Vorstellung vom Gott-Menschen. (4) Rhetorische P.n, besonders in der sophistischen Lobrede oder im Spott-Encomium, dienen u.a. zur Perfektionierung der Argumente und des Effekts. – Charakteristische Elemente sind: scheinbarer Widerspruch, Ausnutzung von relativen und konkurrierenden Wertsystemen, Selbstbezug, ↗Zirkelschluß und ↗Ambiguität. ↗Zenonsche Paradoxie, ↗Lügner, ↗Bertrandsche Paradoxie, ↗Olberssches Paradoxon, ↗Rabenparadoxie, ↗Vorhersageparadoxon, ↗Zwillingsparadoxon. **Lit.:** B. Bolzano: Paradoxien des Unendlichen. Nachdr. Darmstadt 1964. – N. Falletta: Paradoxon. München 1985. DGR

**Paralogismus** (Fehlschluß; griech. para: gegen; logismos: Schluß), bezeichnet in der traditionellen Logik einen Schluß, bei dem aus wahren Prämissen unbeabsichtigt eine falsche Conclusio unter Verletzung der logischen Gesetze und Regeln gezogen wird. Eine neue Bedeutung tritt bei Kant auf, der den Begriff des transzendentalen P. einführt und ihn vom logischen P. abgrenzt. Dieser besteht »in der Falschheit eines Vernunftschlusses der Form nach... Ein transcendentaler P. aber hat einen transcendentalen Grund, der Form nach falsch zu schließen«, der in der Natur der Vernunft liegt (*KrV* A 341/B 399). Er bildet den ersten der dialektischen Vernunftschlüsse und schließt auf die Bedingung allen Denkens überhaupt, die selbst unbedingt ist. Dieser P. ist ein Fehlschluß, dessen sich die rationale Psychologie der Schulphilosophie bediente, um der Seele bestimmte Prädikate (z.B. Substantialität, Einfachheit) zusprechen zu können. **Lit.:** Aristoteles: Topica. – L. Gabe: Die Paralogismen der reinen Vernunft in der 1. und in der 2. Aufl. von Kants Kritik der reinen Vernunft. Marburg 1954. – H. Heimsoeth: Ideenlehre und Paralogismen. In: Transzendentale Dialektik. Bd. 1. Berlin 1966. – I. Kant: Kritik der reinen Vernunft. – Thomas v. Aquin: De fallaciis. In: Opera omnia. Bd. 13. Rom 1976. RS

**Parasitär.** In seiner Analyse der sprachlichen Bedeutung geht Austin von der Sprache als Handlung aus, die mit der bestimmten Absicht, etwas mitzuteilen, vollzogen wird. Dieser kommunikative Charakter unterstellt einen »ernsthaften Sprachgebrauch« i.S. der ernsthaften Absicht, etwas mitzuteilen. In Abgrenzung dazu ist – nach Vorschlag Austins – die p.e Gebrauchsweise zu sehen, die dadurch zu charakterisieren ist, daß sie einerseits den ernsthaften Sprachgebrauch unterstellt (oder zumindest scheinbar vorgibt), andererseits eine Sprachhandlung vollzieht, die mit der Ernsthaftigkeitsunterstellung nicht in Einklang zu bringen ist. Z. B. kann Lügen (als Sprachhandlung) nur gelingen, wenn der oder die Belogenen von der Annahme der Wahrhaftigkeit ausgehen und der Lügner sie in diesem Glauben beläßt. **Lit.:** J. L. Austin: Zur Theorie der Sprechakte. Stuttgart 1972. PP

**Pareto-Prinzip,** Pareto-Kriterium, Name eines Beurteilungsmaßstabes für die Rationalität ökonomischen Handelns, das von dem italienischen Nationalökonom und Soziologen Pareto entwickelt wurde. Das Beurteilungskriterium zielt auf einen Gleichgewichtszustand ab, in dem sich die Mitglieder einer Gesellschaft eines Maximums an persönlich erfahrbarem Nutzen erfreuen, d. h. daß eine Verbesserung für einige Mitglieder der Gesellschaft nicht zur Verschlechterung für andere führen würde. Mit Hilfe der analytischen Kategorie des Gleichgewichtszustandes kann diejenige wirtschaftspolitische Maßnahme als Verbesserung der gesellschaftlichen Wohlfahrt angesehen werden, die darin besteht, daß sie mindestens einem Mitglied der Gesellschaft nützt ohne ein anderes Mitglied der Gesellschaft schlechter zu stellen. Ein Zustand, der als Pareto-Optimum bezeichnet werden kann, ist genau dann gegeben, wenn eine Verbesserung der gesellschaftlichen Wohlfahrt i.S. des Kriteriums nicht denkbar ist. PP

**Parteilichkeit,** i.e.S. Teil einer erkenntnistheoretischen Position, nach der P. jede Form der Wissensproduktion bestimmt. Das hier bestehende Problem des Verhältnisses von P. und Objektivität löst eine durch die ↗kritische Theorie inspirierte Erkenntnistheorie mit dem Hinweis, daß mit der notwendigen Manifestation der Vernunft in der Menschheitsgeschichte Tatsachenbeschreibung und Wertung zusammenfallen können. Erst die P. für diesen Geschichtsprozeß läßt den Sinn oder Unsinn gesellschaftlicher Verhältnisse deutlich werden. Wissenschaft weist so »auf das richtige Zusammenleben der Menschen hin« (M. Horkheimer). Im Marxismus-Leninismus verengt sich P. dann auf P. zugunsten des ↗Proletariats. Außerhalb dieser Erkenntnistheorie bleibt ein Spannungsverhältnis zwischen P. und intersubjektiven Geltungsansprüchen bestehen, wobei der scientific community die entscheidende Vermittlungsfunktion zufällt. **Lit.:** R. Koselleck/W. J. Mommsen/J. Rüsen (Hg.): Objektivität und Parteilichkeit. München 1977. TN

**Partikularisierung.** In der formalen Logik bedeutet P., daß es für eine Variable in einer Aussageform mindestens eine Einsetzung einer Konstante gibt, durch die eine wahre Aussage entsteht – symbolsprachlich: $\exists x\ f(x)$. $\exists x$ bestimmt eine Aussageform mit der Variablen x und erzeugt aus ihr eine wahre Aussage. Den Funktor nennt man Partikularisator oder Existenz-Quantor, auch Eins-Quantor. PP

**Partizipation.** Partizipatorische Aktivität gilt seit den sechziger Jahren als wesentliche Kerneigenschaft demokratischer Industriegesellschaften. Die Verfechter des demokratischen Partizipationspostulats führen eine Reihe gewichtiger Argumente an: So führe P. zum Abbau von Fremdbestimmung bei gleichzeitiger Erweiterung der Selbstbestimmungsmöglichkeiten des Individuums. Durch die partizipative Einbringung von Sachkompetenz könne die Qualität politisch-administrativer Entscheidungen erheblich verbessert werden; Bürgerpartizipation trage so zur Rationalisierung, Effektivierung, Akzeptanz und Vertrauen in staatliches Handeln von politischen Repräsentanten und Verwaltungen bei. P. meint in diesem Sinne generell eine Demokratisierung aller gesellschaftlichen Lebensbereiche. Den euphorischen Verfechtern des Partizipationspostulats muß aber entgegengehalten werden, daß Partizipationsbereitschaft sich zumeist auf Mittelschichtangehörige und Mittelschichtinteressen konzentriert. Demokratie sollte deshalb nicht nur Repräsentation und P., sondern ebenso ein hohes Maß an ↗Responsivität als Kerneigenschaft entfalten. **Lit.:** A. Etzioni: Die aktive Gesellschaft. Eine Theorie gesellschaftlicher und politischer Prozesse. Opladen 1975. – A. Waschkuhn: Partizipation und Vertrauen. Grundlagen von Demokratie und politischer Praxis. Opladen 1984. RP

**Parusie,** Anwesenheit des Allgemeinen oder der platonischen Ideen in den Einzeldingen. So heißt es z. B. im *Phaidon* (100 d), nur die P. oder Gemeinschaft (koinonia) mit dem Schönen macht alle schönen Dinge schön. PK

**Passivität,** auf Humes *A Treatise of Human Nature* (1739) zurückgehend, wo sinnliche Wahrnehmung als passives Aufnehmen von Sinneseindrücken aufgefaßt wird. Auch für Kant ist die sinnliche Seite des Erkenntnisvermögens durch Rezeptivität, d. h. die passive Aufnahme von Sinneseindrücken ausgezeichnet. Als eigenständiger Terminus findet P. mit der Phänomenologie Husserls Eingang in die Philosophie. Zunächst wird dabei P. mit Rezeptivität von Empfindungsdaten gleichgesetzt, wobei aber keine Außen-Affektion des Bewußtseins erfolgt. P. steht hier für das niedrigste Maß bzw. für das gänzliche Fehlen von Ichaktivität. Neben dieser Art von P. kennt Husserl noch weitere Formen, die er als passive Synthesen bezeichnet. Hierzu zählen die passiven Synthesen des ursprünglichen Zeitbewußtseins, in denen die einzelnen Phasenmomente der Zeit zur Einheit der Sukzession verschmelzen; weiterhin die passiven Synthesen der Assoziation. Die genannten Formen von P. bilden zusammen die unterste Stufe konstitutiver Leistungen, die bewußtseinsmäßig Welt konstituieren. Der Gedanke der P. wurde innerhalb der französischen Phänomenologie von Sartre und Merleau-Ponty aufgegriffen. Insbesondere letzterer sieht in der Konstitution der Zeit ein passives Geschehen. **Lit.:** E. Husserl: Ideen zu einer reinen Phänomenologie und phänomenologischen Philosophie 2 (1952). – Ders.: Analysen zur passiven Synthesis (1966). – D. Hume: A Treatise of Human Nature (1739). – I. Kant: Kritik der reinen Vernunft (1781/87). – M. Merleau-Ponty: Phenomenologie de la perception (dt. Phänomenologie der Wahrnehmung. Berlin [2]1976). – I. Yamaguchi: Passive Synthesis und Intersubjektivität bei E. Husserl. Den Haag 1982. TBL

**Paternalismus,** spezifischer Legitimationsanspruch ökonomischer und politischer Herrrschaft, der in Analogie zur Stellung des familialen Patriarchen konstruiert wird, wobei neben der strafenden Gewalt des jeweiligen Haus-, Unternehmens-, Landesvaters seine sozialfürsorgerischen Pflichten betont werden. P. verweist immer auf diese beiden Aspekte der Herrschaftsentfaltung und der Gehorsamsproduktion. TN

**Pathozentrismus.** In der Debatte zu Problemen der angewandten Ethik besagt die Auffassung des P., daß alle und nur empfindungsfähige Lebewesen, einschließlich der empfindungsfähigen Tiere, um ihretwillen moralisch zu berücksichtigen sind. Der P. stellt steht damit im Gegensatz zur Auffassung des ↗Anthropozentrismus. ↗Naturethik. **Lit.:** W. Frankena: Ethik und die Umwelt. In: A. Krebs (Hg.): Naturethik. Frankfurt 1997. – P. Singer: Praktische Ethik. Stuttgart [2]1993 PP

**Patriarchat,** bezeichnet ganz allgemein – und entsprechend ungenau – die Herrschaftsposition des Mannes in Familie, Gesellschaft, Politik. Die Merkmale dieser Herrschaftsstruktur bestehen im engeren Sinn in der väterlichen Entscheidungsgewalt über die Kinder, einer herausgehobenen Vater – Sohn – Beziehung mit entsprechendem Erbgang, der Kontrolle weiblicher Sexualität und einer autoritären Fürsorgepflicht des Vaters, der über eine uneingeschränkte Strafgewalt innerhalb des Familienverbandes verfügt. Der heuristische Wert des P.-Begriffs erscheint der neueren ethnologischen Forschung allerdings zu begrenzt. Über den Rahmen agrarisch bestimmter Formationen mit großfamilialen Geflechten hinaus spricht M. Weber bei der Typologisierung von vor-modernen Herrschaftsverhältnissen vom P. In der feministischen Theoriebildung wird P. weit gefaßt als Synonym einer spezifisch männlichen, naturvergessenen, instrumentellen, kalkulierenden Rationalität. **Lit.:** K. E. Müller: Die bessere und die schlechtere Hälfte – Ethnologie des Geschlechterkonflikts. Frankfurt/New York 1989. TN

**Patriotismus,** besondere Hingabe von Individuen an das staatlich-politische Ganze. Dabei drückt sich im P. nicht nur die Übereinstimmung mit einer bestimmten politischen Ordnung aus, sondern ein Gefühl der Zugehörigkeit zu und des Eingebettetseins in Staat und Gesellschaft, das der Symbolisierung bedarf (Fahne, Hymne, Prunkentfaltung, etc.). In neueren Ansätzen wird an einen ethisch-politisch begründeten P., z. B. in Form eines »Verfassungs-P.« (Habermas), appelliert. TN

**Patristik,** Bezeichnung seit dem 17. Jh. für die nachapostolische Epoche der Kirchenväter in Theologie und Philosophie (je nach Lesart also etwa das 2.–8. Jh.). In der P. erfolgen prägende Weichenstellungen, z. B. Bestimmung des Schriftkanons und seiner Auslegung, der Sukzession, der Ämter, der Sakramente, oft durch Abscheidung »häretischer« Positionen (↗Pelagianismus; ↗Gnosis), auch durch Entfaltung der christlichen Lehre durch die Reflexion der Offenbarung im Bezug auf die biblischen Schriften und die zeitgenössische Philosophie. Die Lehren der Väter werden das ganze MA. hindurch hoch geschätzt, zitiert und kommentiert. Als überragend darf dabei das Werk des Augustinus gelten. Dessen im theologischen Kontext entstandenen Überlegungen z. B. zum Problem der Zeit (*Confessiones* XI), zum Stellenwert menschlicher Freiheit (im Streit um die Gnade) oder zur strukturierten Einheit der Seele (Verstand, Wille, Erinnerung als Abbild der Trinität) bleiben darüber hinaus dauerhaftes Thema.

Am Beginn (z. B. Justin, Tertullian) steht die Verteidigung des Christentums gegen die heidnische Umwelt (die sog. »Apologeten«). Später bestimmen innerkirchliche Streitfragen (z. B. Christologie oder Gnadenlehre) die Diskussion. – Der Rückgriff auf die »heidnische« Philosophie war nicht unumstritten (z. B. setzt Tertullian »Jerusalem« gegen »Athen« ab), häufiger sah man in ihr eine »Vorschule« (propaideia, so Klemems v. Alexandrien). Gängige Praxis war die Übernahme der Terminologie, z. B. des »Logos«, der außer griechischen auch biblische (Joh. 1, 1–5) Konnotationen hatte. Gegenüber dessen Inkarnation erscheint die griechische und jüdische Tradition als eine Art »Proto-Offenbarung«. – Besondere Affinität zeigt sich im Verhältnis zum Platonismus in verschiedener Spielart (platonischer Vorrang von Geistigem vor dem Körperlichen, z. B. Gregor v. Nyssa; mittelplatonische Betonung der Tranzendenz Gottes, z. B. Justin; neuplatonisches Schema von Ausgang und Rückkehr, z. B. Origenes); aber mit Blick auf die biblische Überlieferung wird die philosophische Lehre modifiziert. Platon (v. a. im *Timaios*) und der Neuplatonismus kennen eine Entstehung der Welt. Die christliche Einschränkung betont die voraussetzungslose Souveränität Gottes bei der ↗Schöpfung. Die klare Trennung zwischen Gott und Geschöpf erlaubt keine kontinuierliche Seinshierarchie; besonders virulent wirkt diese Trennung auf den Status des Sohnes (als »Logos Gottes«), der nicht geschaffen sein kann (↗Arianismus). Die (leibliche) Auferstehung bildet die Schranke gegen eine rein geistige Anthropologie und (zusammen mit der Gutheit der Schöpfung) gegen einen Dualismus, der das Böse der Materie zuweist (vgl. Stead, S. 63f). – Ein philosophisches Novum bildet die Geschichtsphilosophie der P., in der Christus – bei Irenäus ist er »recapitulatio«, Wiederholung und Korrektur – die Mitte zwischen Schöpfung und Vollendung bildet. Origenes sieht ihn als Beginn eines Übergangs, der stufenweise zu einer Wiederherstellung (↗Apokatastasis) der aus freiem Willen gefallenen Wesen führt. Augustinisch ist die Geschichte Schauplatz eines Dualismus zwischen dem irdischen und dem Gottes-»Staat«, an dessen Ende beide getrennt und die »civitas Dei« als Sieger hervorgehen wird.

Zum Erbe der P. gehören ferner: die Fundierung mystischen Denkens, v.a. bei Dionysios (Pseudo-) Areopagita; das denkerische Durchschreiten der Namen Gottes, die aus der Welt stammen (Licht, Sein), führt über der Negation hinaus zur Rückkehr zum unaussprechlichen Einen; die Einführung wichtiger philosophischer Begriffe (z. B. »Person« stammt aus der Trinitätstheologie); die Kompilierung, Kommentierung und Weitergabe der klassischen Philosophie (bes. durch Boethius). **Lit.:** Texte in: J. P. Migne: Patrologiae cursus completus. (PG: Series graeca; PL: Series latina) – BKV (Bibliothek der Kirchenväter) – Auswahl in: A. M. Ritter: Alte Kirche ³1985. – K. Flasch: Augustin. Stuttgart 1980. – Ders.: Das philosophische Denken im Mittelalter (Teil I). Stuttgart 1986. – E. v. Ivánka: Plato christianus. Einsiedeln 1964. – E. Osborn: Anfänge christlichen Denkens. Düsseldorf 1987. – Ch. Stead: Philosophie und Theologie I. Stuttgart/Berlin/Köln 1990. PK

**Pazifismus.** Im weiten Sinn bedeutet P. die Zusammenfassung aller Kräfte, die auf internationale Versöhnung hinarbeiten; im engen Sinn drückt P. eine weltanschauliche Haltung – Überzeugungen und Verhaltensweisen – derjenigen aus, die aus ihrem Gewissen heraus den Krieg als ein Mittel zur Konfliktlösung absolut verwerfen. In der klassischen Definition von J. B. Richard de Radonville: »Systeme de pacification, de paix; tout ce qui tend à établir, à maintenir la paix«. Das Friedensideal, bereits bei Sekten im MA. – etwa den Waldensern – programmatisch geworden, wird philosophisch von Rousseau und Kant (*Zum ewigen Frieden*) ausformuliert und drückt sich im 19. Jh. in Friedensgesellschaften aus, die seit 1843 internationale Kongresse abhielten und sich zu Beginn des 20. Jh. als Friedensbewegung organisierten, die Gestalten wie B. v. Suttner, K. Hiller oder den Philosophen B. Russell hervorbrachte. Der Zweite Weltkrieg – Internationalisierung und Anonymisierung des Kriegsgeschehens – motivierte eine neue Welle des P. **Lit.:** A. Einstein: Über den Frieden. Bern 1975. – S. Matzenberger: Von der Friedensethik zur Friedenspolitik. Wien 1963. – C. Rajewsky/D. Riesenberger (Hg): Wider den Krieg. München 1987. – B. Russell: Sieg ohne Waffen. Darmstadt 1986. CSE

**Pelagianismus,** dem Mönch Pelagius (ca. 354–420) zugeschriebene Position in der Frage von Freiheit des Menschen und Gnade Gottes. Neben Pelagius waren auch Caelestius und Julian v. Eclanum in den Streit (v. a. mit Augustinus) verwickelt. Eine genaue Rekonstruktion bleibt schwierig, da sich ihre Lehren in den z.T. polemischen Schriften der Gegner finden. Pelagius selbst erfuhr wieder eine Aufwertung mit Rücksicht auf das ernsthafte moralische Interesse, das ihn dazu führt, Nachdruck auf die menschliche Freiheit zu legen. Die »Erbsünde« (durch »fleischliche Abstammung« bei Augustin, *Ep.* 217) lehnt er ab (die Schuld wird nur durch schlechtes »exemplum« weitergegeben). Die Gnade allein setzt nur beim Können des Menschen an, bei seinem Wollen und Sein kommt ihr nur die Funktion einer Hilfe (auxilium) zu. Damit kann der Mensch auch sündelos sein. **Lit.:** R. F. Evans: Pelagius. Inquiries and Reappraisals. New York 1968. PK

**Performanz** (engl. performance). In der Linguistik wurde von Chomsky das Begriffpaar ↗»Kompetenz« und »P.« eingeführt, um zwei wesentliche Aspekte der Sprache differenziert benennen zu können: zum einen das Vermögen der Sprache, wie es allen Personen einer Sprachgemeinschaft eigen ist (Kompetenz), zum anderen die Aktualisierung dieses Vermögens in konkreten Sprechhandlungen (Performanz). Mit dieser Unterscheidung lehnt sich Chomsky an Saussures Begriffspaar ↗»langue«-»parole« an. Diese Differenzierung zwischen Kompetenz und P. ist für Chomsky deshalb angezeigt, da das Sprachvermögen in der aktuellen Verwendung situativen Beeinträchtigungen unterliegt (bspw. begrenztes Gedächtnis, Zerstreutheit, zufällige oder typische (Verwendungs-)Fehler). Über Chomsky hinaus grenzte man die allgemeine P., die sich in den Sprachverwendungen zeigt, von einer spezifischen P. ab, in der sich bestimmte typische Formen der Sprachverwendung wie bspw. Dialektformen oder schichtenspezifische Ausprägungen einer Sprache zeigen. **Lit.:** N. Chomsky: Aspekte der Syntax-Theorie. Frankfurt 1970. PP

**Performativ.** In der Sprechakttheorie von Austin werden diejenigen sprachlichen Akte, mit Hilfe derer bestimmte Handlungen vollzogen werden, als p. bezeichnet – z. B. wird mit der p.en Aussage »ich nenne dieses Schiff Queen Elizabeth« eine Schiffstaufe vollzogen. P.e Äußerungen haben keinen beschreibenden Charakter und sind deshalb weder wahr noch falsch. Mit Hilfe der p.en Äußerungen vollziehen wir konventionsbedingte Handlungsweisen (wie Schiffstaufe, Eheversprechen), so daß zwei Regeln dafür geltend gemacht werden müssen: (1) Die in der p.en Äußerung angesprochene Konvention muß existieren und akzeptiert sein; (2) die Umstände, in denen wir durch p.e Äußerungen auf solche Konventionen Bezug nehmen, müssen passend sein. Die Standardform p.er Äußerungen ist die ich-Form, durch explizit p.e Verben wird demnach signalisiert, welchen Akt die ich-Person mit ihrer Äußerung vollzieht. – Strawson hat in seiner Wahrheitstheorie diejenigen Äußerungen als p. bezeichnet, in denen die Anerkennung oder Bestätigung einer (zuvor geäußerten) Behauptung zum Ausdruck gebracht werden, z. B. mit dem Satz »das ist wahr«. Eine solche p.e Äußerung ist zu unterscheiden von metasprachlichen Äußerungen über die Wahrheit eines objektsprachlichen Satzes. – In der Theorie des kommunikativen Handelns von Habermas wird die Teilnahme an einer Kommunikation, in der eine Person (in der Rolle der ersten Person) eine Beziehung mit mindestens einer anderen Person eingeht und sich am Prozeß der Verständigung beteiligt, als p.e Einstellung bezeichnet. Die p.e Einstellung ist charakteristisch für jedes Mitglied einer Kommunikationsgemeinschaft, die sich durch gemeinsame Standards, Geltungsansprüche und deren Einlösbarkeit auszeichnet. ↗Geltungsanspruch. **Lit.:** J.L. Austin: Performative Äußerungen. In: Gesammelte Aufsätze. Stuttgart 1986. S. 305 ff. – J. Habermas: Theorie des kommunikativen Handelns. Frankfurt 1981. Bd. 1, S. 164. – F. Strawson: Wahrheit. In: R. Bubner (Hg.): Sprache und Analysis. Göttingen 1968. S. 96 ff. PP

**Peripatos** (griech. Wandelgang), die Schule des Aristoteles, deren Name sich vom Wandelgang des Gymnasiums Lyceum, in dem er lehrte, ableitet. (1) Die älteren Peripatetiker (Theophrast, Dikaiarch u.a.), d.h. seine Schüler in der ersten Generation nach seinem Tod, bemühten sich zunächst darum, die Lehren des Meisters zu vervollständigen, Widersprüchlichkeiten zu glätten und seine empirischen Forschungen weiterzuführen. Dabei trat eine Spezialisierung ein, während das Interesse an einem transzendenten Überbau nachließ. (2) Die Peripatetiker der hellenistischen Zeit (Strato, Aristarch u.a.) beschäftigten sich fast nur mit fachwissenschaftlichen Themen. So widmet sich z.B. Strato der Physik und weicht hier entscheidend von Aristoteles ab. Kennzeichnend ist der Verzicht auf transzendente Erklärungsprinzipien (unbewegter Beweger, unsterbliche Nus-Seele, Teleologie). (3) Die Tätigkeit der Aristoteles-Kommentatoren (Andronicus von Rhodos, Alexander von Aphrodisias u.a.) äußert sich in der philologischen und exegetischen Beschäftigung mit den Aristotelischen Schriften, die nach deren Sammlung, Ordnung und Herausgabe durch Andronicus einsetzt. **Lit.:** J.P. Lynch: Aristotle's School. Berkeley 1972. – F. Wehrli: Die Schule des Aristoteles. Texte und Kommentar. Basel [2]1967–68 + 1974/78. – Ders.: Der Peripatos bis zum Beginn der römischen Kaiserzeit. In: H. Flashar (Hg.): Die Philosophie der Antike. Bd. 3. Basel/Stuttgart 1983. S. 459–599. RS

**Perlokutionär.** In der ↗Sprechakttheorie von Austin werden diejenigen Sprechhandlungen als p. bezeichnet, mit denen eine Wirkung beim Hörer erreicht werden soll, z.B. die Ausdrücke »überreden«, »überzeugen«, »warnen«, »zu etwas auffordern«. **Lit.:** J.L. Austin: Zur Theorie der Sprechakte. Stuttgart 1972. S. 116–122. PP

**Permissiv.** Als p. werden sprachliche Ausdrücke bezeichnet, die eine Erlaubnis bzw. ein absichtliches Nichtverhindern (i. S. von gewähren lassen) beinhalten. PP

**Person,** von lat. persona, was ursprünglich die Maske des Schauspielers bezeichnet. Von daher übertragen das Verständnis in der römischen Antike: die Rolle, die jemand in der Gesellschaft spielt, sein Ansehen und seine Würde. Juristisch ist bis heute die Rechtsfähigkeit an den P.-Status gebunden (im Unterschied zu Sachen), wovon in der Antike z.B. die Sklaven ausgenommen waren.

Der philosophische Begriff geht aus den trinitätstheologischen und christologischen Überlegungen der Patristik hervor. Die Frage, wie die Dreiheit Gottes (Vater, Sohn und Heiliger Geist) mit seiner Wesenseinheit zusammen gedacht werden kann, wurde in der trinitarischen Formel: tres personae, una substantia (drei P.en, ein Wesen) beantwortet. Als weiteres Problem stellte sich dann die Frage, wie die Einheit der P. Christi mit seinen zwei Naturen, der göttlichen und menschlichen, in Einklang zu bringen sei. Auf diesem Hintergrund hat Boethius die klassische Definition der P. geprägt: »persona est naturae rationalis individua substantia« (P. ist die individuelle Substanz einer vernünftigen Natur). Damit beschränkt er P. auf vernunftbegabte Wesen (Mensch, Gott, Engel) und auf Individuen. Thomas von Aquin greift diese Bestimmung auf und betont den Selbstand der P. (»per se existere«), die individuell von allen anderen unterschieden (»per se unum«) und frei, weil aus sich heraus handelnd (»per se agere«), ist.

Der Aspekt der Individualität wirft in der Neuzeit die Frage nach dem Grund der Identität der P. auf, durch die sie zu verschiedenen Zeiten und in verschiedenen psychischen Zuständen als diesselbe angesprochen werden kann (↗Identität, personale). Dadurch tritt das Bestimmungsmoment des Selbstbewußtseins in den Vordergrund. Für Locke besteht die Identität der P. nicht in der Einheit einer Substanz, sondern wird durch das Selbstbewußtsein konstituiert, d.h. als Einheit der auf mich selbst bezogenen Vorstellungen. Kant verwendet P. sowohl im Hinblick auf das Vermögen, sich seiner als identisches Ich in verschiedenen Zuständen bewußt zu sein (*Anthropologie* § 1) als auch zur Kennzeichnung der moralischen Qualität des Menschen: Vernünftige Wesen werden P.en genannt, weil sie im Unterschied zu Sachen und unvernünftigen Wesen von der Natur schon dadurch ausgezeichnet sind, daß sie Zweck an sich selbst sind. Die Autonomie (Selbstgesetzlichkeit) der P. ist Voraussetzung für die Existenz kategorischer Imperative. P. kennzeichnet den Menschen als ein zur Sittlichkeit fähiges Wesen. »Person ist dasjenige Subjekt, dessen Handlungen einer Zurechnung fähig sind. Die moralische Persönlichkeit ist also nichts anders, als die Freiheit eines vernünftigen Wesens unter moralischen Gesetzen…, woraus dann folgt, daß eine Person keinen anderen Gesetzen, als denen, die sie (entweder allein, oder wenigstens zugleich mit anderen) sich selbst gibt, unterworfen ist« (Kant: *Metaphysik der Sitten* A 22).

In der Philosophie der Gegenwart finden sich zahlreiche unterschiedliche Bestimmungen des P.-Begriffs und verschiedene Strömungen, in denen er eine Rolle spielt. So in der ↗Lebensphilosophie, ↗Existenzphilosophie, ↗Phänomenologie und Dialogphilosophie (↗Dialog). Dabei kann sich P. mit Begriffen wie Existenz, Selbst, Individuum decken oder dezidiert davon unterschieden werden. Seinem emphatischen Gebrauch in den mit Personalismus bezeichneten, wiederum heterogenen, Strömungen liegt wohl die – mit der Existenzphilosophie geteilte – Intention zugrunde, das besondere Wesen des Menschen gegenüber der Reduktion auf eine naturwissenschaftliche Sichtweise herauszustellen und die geschichtliche Einmaligkeit jedes einzelnen Menschen gegenüber einer auf Nivellierung drängenden, technisierten Massendaseinsordnung zur Geltung zu bringen. Dabei kann der P.-Begriff mehr individualistisch (W. Stern) oder mit sozialer (E. Mounier) und dialogischer (M. Buber) Perspektive gesehen werden. M. Scheler bestimmt P. als »die konkrete, selbst wesenhafte Seinseinheit von Akten verschiedenartigen Wesens«. Die P. erlebt sich, indem sie Akte unterschiedlicher Art (Denken, Wollen, Fühlen, Lieben) vollzieht. Scheler spricht auch von »Gesamtpersonen« (Staat, Kirche), insofern diesen interpersonale Akte zugeschrieben werden können.

In der Frage, wer P. ist, lassen sich zwei grundsätzliche Positionen unterscheiden: (a) Personsein wird entweder allen Menschen und nur diesen zugeschrieben, oder (b) an bestimmte Eigenschaften gebunden (wobei diese je nach ihrer Bestimmung dann auch andere Lebewesen haben können). Solche Kriterien für P. können sein: Bewußtsein, Vernunft, Selbstbewußtsein, Kommunikation, andere P.en als solche anerkennen zu können, Wertbezogenheit bzw. sittliches Bewußtsein. Die Festlegung bestimmter »Leistungsmerkmale« läßt wiederum einen aktualistischen oder essentialistischen Standpunkt zu. Ersterer bindet das Personsein an die Fähigkeit, solche Leistungen auch tatsächlich vollziehen zu können, während für den zweiten das potentielle Vorhandensein der Eigenschaften, qua Zugehörigkeit zur Gattung Mensch, ausschlaggebend ist. Ethisch relevant wird diese Unterscheidung vor allem in den in der angewandten Ethik diskutierten Grenzfällen, wenn die Zuschreibung bestimmter Rechte an den P.-Status gebunden wird. **Lit.:** Boethius: De duabus naturis et una persona Christi. – W. Bongard: Zu den philosophisch-theologischen Grundlagen des Personbegriffs. In Salzburger Jahrbuch für Philosophie XXIII/XXIV (1978/79). S. 167–182. – W. Hartmann: Das Wesen der Person. In: Salzburger Jahrbuch für Philosophie X/XI (1966/67). S. 151–168. – I. Kant: Grundlegung zur Metaphysik der Sitten. – J. Lenz: Die Personwürde des Menschen bei Thomas von Aquin. In: Philosophisches Jahrbuch 49 (1936). S. 138–166. – M. Scheler: Der Formalismus in der Ethik und die materiale Wertethik. Bern [5]1966. – M. Theunissen: Skeptische Betrachtungen über den anthropologischen Personbegriff. In: H. Rombach (Hg.): Die Frage nach dem Menschen. Freiburg/München 1966. – Thomas von Aquin: Summe der Theologie II,I. – A. Trendelenburg: Zur Geschichte des Wortes Person. In: Kantstudien 13 (1908). S. 1–17. FPB

**Personale Identität** ↗Identität, personale

**Personalismus** ↗Person

**Perspektive.** Der Begriff gehört ursprünglich zur angewandten Mathematik, zur Optik, und ist eine Lehre von der Projektion. Dabei wird durch ein geometrisches Verfahren der dreidimensionale Raum auf eine zweidimensionale Ebene abgebildet. Nach einem Experiment von F. Brunelleschi (1425/26) und der künstlerischen Praxis durch Masaccio (Trinitätsfresko in S. Maria Novella), beides in Florenz, entwickeln L. B. Alberti (1435) und P. de Francesca die theoretischen Grundlagen der sog. Zentral-P. als Schnitt durch die Sehpyramide, wobei deren Basis in den gesehenen Gegenständen und deren Spitze im betrachtenden Auge verortet wird. Alle Tiefenlinien treffen sich in einem Fluchtpunkt auf dem Horizont. Leonardo da Vinci ergänzt die Linear-P. um eine Luft- und Farb-P.: In Relation zur Entfernung verschwimmen die Umrisse, bzw. verblassen die Farben. Ende des 19. Jh. wird die Zentral-P. in der Avantgarde, etwa bei P. Cézanne und im Kubismus, zugleich mit der nachbildenden Funktion der Kunst aufgelöst. **Lit.:** E. Ströker: Die Perspektive in der bildenden Kunst. In: Jahrbuch für Ästhetik und Allgemeine Kunstwissenschaft 4 (1958/59). S. 140–231. – K. H. Veltman: Linear Perspective an the Visual Dimensions of Science and Art. München 1986. CHA

**Perspektivenübernahme** (auch Perspektivenwechsel). Die Theorie der P. nimmt als einen für soziale Interaktionen und Handlungen grundlegenden Prozeß an, daß ein Subjekt (ego) innerhalb einer gegebenen Situation oder eines Bezugssystems, in dem es mit (mindestens) einem anderen Subjekt (alter ego) steht, sich virtuell in die Position des (bzw. der) anderen versetzen kann und dadurch deren Sichtweise von der gegebenen Situation rekonstruiert. Für die Handlungstheorie begründet das Rekonstruieren der Perspektive des anderen das Vermögen, die Handlung des anderen zu verstehen. Schütz interpretiert den Schritt von der P. zum Handlungsverstehen als eine fiktive »Personenvertauschung«, in dem das fremde Handlungsziel gleichsam als eigener Handlungsentwurf gedeutet wird. – Bei G. H. Mead wird die als »taking the attitude of the other« bezeichnete Operation zum einen als Grundlage einer Theorie der Interaktion entwickelt: Das Individuum antizipiert die Sichtweise und Erwartungen anderer, hat seinerseits Erwartungen an das Verhalten anderer und nimmt an, daß die anderen sich ihrerseits genauso orientieren. Zum anderen stellt die P. die fundamentale Bedingung für die Konstitution des Subjekts dar: Jeder Handlung oder Haltung des Einzelnen korrespondiert ein Spektrum von möglichen sozialen Reaktionen der anderen. Aufgrund der Fähigkeit des Einzelnen, die Haltungen der anderen (bzw. der gesellschaftlichen Erwartung) einzunehmen und sie als Reaktionen auf seine Handlung vorwegzunehmen, wird er sich seiner eigenen Identität bewußt. Wobei die Identität zwei Komponenten des Ich beinhaltet: (a) ein Wissen um die gesellschaftlichen Erwartungen, die in seinen eigenen Haltungen und Handlungsmöglichkeiten präsent sind, (b) eine subjektive Reaktion auf diese Erwartungen (↗Symbolischer Interaktionismus). Für Piagets Konzept der kognitiven Entwicklung stellt die P. einen Entwicklungsschritt dar, der die Perspektive des Egozentrismus (d.i. Beschränkung auf die eigene Sichtweise) ablöst. Sie stellt die Bedingung sowohl für das soziale (kommunikative und moralische) Verhalten dar, als auch für das Erkennen räumlicher Strukturen: Sich an eine soziale Situation oder an eine ganz bestimmte physische Umgebung anzupassen besteht darin, eine Gruppe von Relationen zu konstruieren und durch eine Operation der Koordination, die ihrerseits eine Anpassung und Reziprozität der Gesichtspunkte beinhaltet, sich selbst eine Stelle in dieser Gruppe zuzuweisen. **Lit.:** D. Geulen (Hg.): Perspektivenübernahme und soziales Handeln. Frankfurt 1982. S. 24ff. – W. Edelstein/M. Keller (Hg.): Perspektivität und Interpretation. Frankfurt 1982. S. 9ff. – G.H. Mead: Geist, Identität und Gesellschaft. Frankfurt 1973. S. 207ff. – J. Piaget: Psychologie der Intelligenz. Zürich 1966. – Ders.: Denken und Sprechen des Kindes. Düsseldorf 1972. – A. Schütz: Der sinnhafte Aufbau der sozialen Welt. Frankfurt 1974. S. 158f. PP

**Perspektivismus,** meint primär die Abhängigkeit von Theorien, Konzepten, Aussagen, Einschätzungen und Meinungen von einem Standpunkt der Betrachtung. Große Bedeutung hat der P. für die Erkenntnistheorie, in der dieser Gedanke erstmals entwickelt wurde, gleichfalls jedoch auch für die Philosophie der Moral, der Geschichte, für die Ästhetik sowie für Theologie und Literaturwissenschaft. Der P. ermöglicht es, den absoluten Geltungsanspruch von Prinzipien zu vermeiden, ohne deshalb einen Relativismus oder Skeptizismus befürworten zu müssen. Bei Nikolaus von Kues findet sich bereits zum Ende des 15. Jh. eine perspektivische Epistemologie als Mentalphilosophie. Der Geist selbst (mens ipsa) entfaltet sich in vier mentalen Einheiten, Körper, Verstand, Intellekt und Gott, die jeweils auf ihnen eigentümliche Weise, d.h. perspektivisch, erkennen und aussagen. In der Monadologie Leibniz' ist die Welt in eine Vielheit von Perspektiven zerlegt, die jedoch durch eine objektive Einheit transzendent geeint ist. Bei J.M. Chladenius wird erstmals der Versuch unternommen, den P. für eine historische Hermeneutik fruchtbar zu machen. Entscheidend für den neuzeitlichen P. ist die Transzendentalphilosophie Kants, in der die konstitutive Subjektivität zum unhintergehbaren Blickwinkel theoretischer und praktischer Gehalte wird. Daran anschließend entwickelt Fichte in seiner Theorie der fünf apriorischen Weltansichten, Sinnlichkeit, Legalität, Sittlichkeit, Religion und Philosophie als Wissenschaft, einen hierarchischen P., in dem die Philosophie eine alles dominierende und in sich schließende Rolle einnimmt (*Ges. Ausg.* I, 9, S. 103–114). Gegenüber dem allgemeinen Charakter transzendentaler Subjektivität betont Nietzsche einen individuellen P.: Jedes Erkennen, jedes Sehen ist perspektivisch. Die Welt hat keinen Sinn hinter sich, sondern unzählige Sinne (*Krit. Gesamtausg.* VIII/1, S. 323). Ferner finden sich ein P. der Wahrnehmung bei Husserl und Merleau-Ponty, ein P. als Weltpluralismus (insbes. in der Anwendung auf die Ästhetik) bei N. Goodman, ein P. in der Methodologie der Geschichtswissenschaften bei J. Rüsen. Eine Philosophie des P. im Ausgang von Kant, Hegel und Nietzsche entwickelte F. Kaulbach. **Lit.:** V. Gerhardt/N. Gerold (Hg.): Perspektiven des Perspektivismus. Würzburg 1992. – N. Goodman: Languages of Art. Indianapolis/Cambridge 1968. – F. Kaulbach: Wahrheit und Perspektive bei Kant, Hegel und Nietzsche. Tübingen 1990. – J. Rüsen: Grundzüge einer Historik II. Göttingen 1986. CHA

**Persuasiv,** sprachlicher Ausdruck, der zum Zweck der Beeinflussung der emotionalen Einstellung oder Meinung einer anderen Person eingesetzt wird. In der metaethischen Diskussion wird von Stevenson die These vertreten, daß moralische Ausdrücke nur die Funktion haben, die emotionale Einstellung anderer Personen zu beeinflussen. ↗Metaethik. **Lit.:** C.L. Stevenson: Facts and Values. New Haven 1963. PP

**Perzeption** (lat. perceptio: Wahrnehmung), allgemein die Wahrnehmung sowohl als geistiger Akt als auch als Inhalt des Bewußtseins. Im Rahmen der verschiedenen philosophischen Konzeptionen erhält P. eine jeweils spezifische Bedeutung. Seit der Stoa bildet P. das Vermögen des durchsichtigen, unfehlbaren Wahrnehmens, aber erst in der neuzeitlichen Erkenntnistheorie entwickelt sich P. zu einem Grundbegriff: Die Dinge werden als Dinge eines perzipierenden Subjekts betrachtet, das ihre Präsenz und Erfaßbarkeit sicherstellt. In der Substanzenlehre Descartes' ist die P. der eigentümliche Vollzug der denkenden oder vorstellenden Substanz (res cogitans). Zum gemeinsamen Begriff der P. oder des Denkens oder des Bewußtseins gehören u.a. »erkennen«, »wollen«, »sich etwas einbilden« und »empfinden«. Leibniz differenziert als erster Denker zwischen der P. (passive Wahrnehmungsfähigkeit) und der ↗Apperzeption (aktives Selbstbewußtsein). Im Zusammenhang mit seiner Lehre vom Stufenreich der ↗Monaden, die durch den Grad an Klarheit und Deutlichkeit ihrer P.en geordnet sind, schuf er den Begriff der unbewußten Wahrnehmungen oder Vorstellungen (petites oder insensibles perceptions), deren Bereich er für wesentlich größer hält als den Bereich der P.en, die durch Apperzeption ins Bewußtsein gelangen. Leibniz vertritt die Annahme der Wesenseinheit von P. und willenhaftem Streben (appetitus). Locke lehnt die Existenz unbewußter P.en ab: Alles Wahrgenommene kommt ins Bewußtsein. Der Umfang des Bewußten ist identisch mit der Gesamtheit der P.en, da die Seele eine ↗tabula rasa ist. Nach Berkeleys Prinzip ↗»Esse est percipi« konstituiert das Wahrgenommenwerden durch das Subjekt die Dinge. A.N. Whitehead entwickelt in Auseinandersetzung mit Berkeleys Erkenntnistheorie den Begriff der Prehension, die eine Erfassungshandlung des Subjekts im Kontext seiner Selbstentfaltung darstellt. Damit wird P. zum schöpferischen

Akt. **Lit.:** R. Descartes: Regulae ad directionem ingenii. In: Oeuvres. Bd. 10. Paris 1946 (dt.: Regeln zur Ausrichtung der Erkenntniskraft. Hamburg 1973). – R. J. Hirst: The Problems of Perception. London 1978. – G.W. Leibniz: Neue Abhandlungen über den menschlichen Verstand (frz.-dt.). Darmstadt 1959/61. – J. Locke: An Essay concerning Human Understanding. London/New York 1961 (dt. Versuch über den menschlichen Verstand. Hamburg 1981). – G.J. Warnock (Hg.): The Philosophy of Perception. London 1967. – A.N. Whitehead: Prozeß und Realität. Frankfurt 1979. RS

**Pessimismus,** Weltanschauung, die die gesamte Einrichtung der Welt als verfehlt betrachtet und die Möglichkeit einer Sinnerfüllung verneint. Pessimistische Grundhaltungen finden sich in der ganzen Geistesgeschichte, wobei vor allem auf die Unausweichlichkeit des ↗Leidens, die Endlichkeit des Daseins und die Unerfüllbarkeit persönlichen Sinnstrebens und sozialer Utopien verwiesen wird. Als eine eigene Strömung ist der P. in Europa wohl als Gegenbewegung zum Fortschrittsoptimismus der ↗Aufklärung zu sehen, demgegenüber er die Welt als »schlechteste aller möglichen Welten« sieht. Voltaires *Candide* ist ein Beispiel für die sich an Leibniz' ↗Theodizee entzündende kritische Reaktion. Schopenhauer (*Die Welt als Wille und Vorstellung*, 1819/1844) hat den P. philosophisch umfassend aus dem Widerspruch zwischen Idee und Erscheinung begründet. FPB

**Petitio principii** (lat. Beanspruchung des Beweisgrundes), Ausdruck für einen logischen Fehler, der mit der Verletzung des Satzes vom zureichenden Grunde im Beweisverfahren zusammenhängt. Dabei wird bei einem Beweis ein Satz als Beweisgrund für einen anderen Satz angeführt, obgleich er selbst noch eines Beweises bedarf; d.h. es wird ein noch zu beweisender, aber nicht offensichtlich falscher Satz vorausgesetzt. **Lit.:** A. Czech: Grundkurs der Logik. Bonn 1970. – I. Kant: Logik. RS

**Pflicht.** Der Begriff der P. erscheint in der Philosophie in zwei Formen: als objektive und als in subjektiver Verbindlichkeit begründete P. Die objektive Form hat ihre Vorläufer in solchen Konzeptionen, die von einem natürlichem, der vernünftigen Natur entsprechendem Verhalten ausgehen. Die Stoa weist in der Lehre des natürlichen Verhaltens diejenigen Handlungen als verpflichtend aus, die der Erhaltung und Entwicklung der menschlichen Natur dienen. Ein solches naturgemäßes Leben kann (entsprechend dem menschlichen Logos) nur als Gemeinschaftsleben vollzogen werden, so daß der P.begriff zugleich an Recht und Sitte ausgerichtet ist. Dadurch erhält P. die Konnotation »sittliche P.« – In Pufendorfs Naturrechtstheorie findet der P.begriff eine deutliche Erweiterung. Die in der göttlichen Ordnung fundierten normativen Gehalte des Rechts, der P. und des moralischen Verdienstes erhalten eine inhaltliche Ausrichtung durch die Grundregel des Solidaritätsprinzips: Jeder Mensch soll, so sehr es in seiner Macht steht, das friedliche Zusammenleben mit anderen pflegen und bewahren, in Übereinstimmung mit der Anlage und dem Ziel des ganzen Menschengeschlechts. Pufendorf erörtert in diesem Zusammenhang den Unterschied zwischen vollkommenen und unvollkommenen P.en: Die vollkommmenen betreffen das Sein des Menschen und der Gesellschaft insgesamt, deren Einhaltung deshalb erzwungen werden können. Dagegen dienen die unvollkommenen nur dem Gutsein der Gesellschaft, ihre Einhaltung ist nur auf freiwilliger Basis zu erreichen. Bei den unvollkommen P.en spielen kontingente Faktoren wie persönliche Umstände oder unterschiedliche individuelle Fähigkeiten eine Rolle, so daß sie letztlich nur noch als Ausübungspflichten aufgefaßt werden. Eine andere wesentliche Unterscheidung stammt von Crusius: Alle natürlichen Pflichten haben nach seiner Auffassung ihre Verbindlichkeit aus dem Gehorsam gegenüber Gott – entsprechend gelten diejenigen als schlechterdings notwendig, die sich auf ein Gesetz beziehen, das dem Wesen Gottes und der vernünftigen Natur entspricht. Die hypothetisch notwendigen P.en beziehen sich auf die von den Menschen eingerichteten Ordnungen. – Kant bestimmt das praktische Gesetz als Regel für den Willen eines jeden vernünftigen Wesens. Damit es auch wirksam wird, muß es die Bestimmbarkeit des Willens durch das formelle Prinzip des Wollens überhaupt verlangen, welches zu übersetzen ist als das reine Moment der Gesetzesförmigkeit. Für den Menschen muß damit die Gesetzesförmigkeit seiner Handlungsregel zum Bestimmungsgrund des Handelns werden. Im Begriff der P. kommt zum Ausdruck, daß ein freier Wille einem unbedingten Sollen unterstellt ist. **Lit.:** Ch. A. Crusius: Anweisung vernünftig zu leben. 1744. § 203. – I. Kant: Kritik der praktischen Vernunft. Akad.-Ausg. Bd. 5. S. 38f. S. 48f. – Ders.: Grundlegung zur Metaphysik der Sitten. Akad.-Ausg. Bd. 4. S. 400 – W. Kersting: Pflicht. In: HWPh. – S. Pufendorf: De Jure Naturae et Gentium. – H. Wenzel: Die Naturrechtslehre Samuel Pufendorfs. Berlin 1958. PP

**Pflichtethik.** Bezeichnung für jene Form der Ethik, die von der Auffassung geleitet ist, daß einzig die Pflicht als diejenige Haltung des Menschen anzusehen ist, durch die der Mensch erst und allein in der sittlich-geistigen Ordnung lebt und durch die er erst seine Freiheit verwirklicht. Dabei enthält der Begriff der Pflicht den Gedanken einer gesetzgebenden Instanz oder Ordnung und den der menschlichen Willensfreiheit. Die Vorstellung einer Ordnung bzw. des Gesetzes wird in der Tradition der Philosophie unterschiedlich interpretiert: in der Antike in Gestalt des wohlgeordneten Kosmos, im MA. durch den Willen Gottes, seit Kant durch die Selbstgesetzgebung der Vernunft. Nur in dieser Selbstgesetzgebung realisiert sich der Mensch als vernünftiges und gleichzeitig autonomes Wesen. Der Grund der Verpflichtung bzw. die Forderung des Gehorsams ist allein in einem solchen Begriff der Pflicht verankert. Als grundsätzlicher Einwand gegen eine solche P. wird vorgetragen, daß durch die Verknüpfung von Pflicht und sittlicher Welt die prinzipielle Bedeutung der Gegenseitigkeit (der Menschen) nicht hinreichend zur Geltung kommt. PP

**Phänomen.** Der Terminus wird in der Philosophie nicht in einheitlicher Bedeutung verwendet. Bei Platon wird mit Ph. das sinnlich Gegebene bezeichnet, das sich allerdings aufgrund seines Scheincharakters vom wahren Sein, wie es die Vernunft erkennt, unterscheidet. In der Neuzeit herrscht die Bedeutung des in sinnlicher Anschauung unmittelbar Gegebenen vor. Im erkenntnistheoretischen Kontext spricht die empiristische Tradition von Ph.en i.S. von Empfindungen, Ideen, ↗Sinnesdaten, die dem Bewußtsein durch äußere oder innere Erfahrung gegeben sind. Als Ph. werden atomare psychische Einheiten des Bewußtseins bezeichnet. Diese Annahme von atomaren Bausteinen einer begriffsfreien Basis der Erkenntnis ist von einem transzendentalen Verständnis her als metaphysische Konstruktion abzulehnen. Kant macht die Unterscheidung in Phaenomenon und ↗Noumenon als transzendentale Gesichtspunkte ein und desselben Objekts geltend: Als »Ding an sich«, sofern es dem Subjekt durch die sinnliche Affektion gegeben ist, stellt es die Bedingung der menschlichen Erkenntnis dar. Diese Bedingung kann aber nicht als ursächliche Beziehung gedacht werden, da sie der menschlichen Erkennbarkeit entzogen ist; als Ph. oder Erscheinung ist das Objekt dem Bewußtsein in der Erkenntnis nie anders als unter den subjektiven Bedingungen der Sinnlichkeit und des Verstandes gegeben. Fichte erweitert diese Auffassung dahingehend, daß nicht nur die Form, sondern auch die Materie der Dinge durch aktive Selbstbestimmung im absolut gesetzten Ich ihren Ursprung hat. Damit ist die passive Affektion in Dingen an sich aufgehoben und das Ich als die dem Subjekt-Objekt-Gegensatz vorgängige Einheit postuliert. Brentano unterteilt den gesamten phänomenalen Bereich in physische bzw. äußere und psychische bzw. innere Ph.e. Den psychischen Ph.en schreibt er einen höheren Realitätscharakter zu, da sie dem Bewußtsein in unmittelbarer Evidenz zugänglich sind, den physischen gesteht er nur den Status von Zeichen von etwas Wirklichem zu. Husserl verfährt i. S. der Kantischen Kritik des empiristischen Phänomenbegriffs, indem er aufzeigen versucht, daß und wie das Ph. durch das transzendentale Subjekt konstituiert ist. Der transzendentalen Fassung des Ph.s steht Schelers Auffassung entgegen, wonach Ph.e nicht Erscheinungen, sondern apriori gegebene reine Tatsachen darstellen. Sie werden durch die phänomenologische Einstellung erschlossen als »reine Wesenheiten«, die eine Synthese von anschaulichem Gehalt und rationalem Bedeutungsgehalt darstellen. **Lit.:** G. Berkeley: Eine Abhandlung über die Prinzipien des menschlichen Geistes. Hamburg 1979. – F. Brentano: Psychologie vom empirischen Standpunkt. Bd. I. Hamburg 1973. – W. Halbfass: Phänomen. In: HWPh. – E. Husserl: Ideen zu einer reinen Phänomenologie und phänomenologischen Philosophie. Hua III/1 – I. Kant: Kritik der reinen Vernunft. B XXVII, B 306, A 19/B 33. – J. Locke: Versuch über den menschlichen Verstand. Hamburg $^{4}$1981. 2. Buch. PP

**Phänomenalismus,** Bezeichnung für die im ↗Positivismus vollzogene Rückbindung des Erkennens auf die Sinnesdaten, Empfindungs- und Erlebnisqualitäten. Die Ausgangsbasis von den Sinnesdaten soll eine unmittelbare, theoriefreie und nicht täuschungsfähige Gegebenheitsweise der Erfahrung gewährleisten. Auf der Basis von Empfindungen sind uns nur solche qualitativen Elemente wie Farben, Töne, Gerüche gegeben. Was wir als Körper bezeichnen, sind bloß relativ konstante Komplexe solcher Elemente. Ebenso sind der Leib und das eigene Ich eine Zusammenballung von Empfindungs-, Vorstellungs-, Erinnerungs- und Gefühlselementen. **Lit.:** E. Mach: Die Analyse der Empfindungen. Leipzig $^{4}$1911. – W. Stegmüller: Der Phänomenalismus und seine Schwierigkeiten. In: Archiv für Philosophie 8 (1958). S. 36–100. PP

**Phänomenalismus, linguistischer,** Bezeichnung für die ↗Philosophie der normalen Sprache. PP

**Phänomenologie** (griech. phainomenon: das Erscheinende). »Phänomen« ist ein Grundbegriff der Erkenntnistheorie. Ursprünglich diente er zur Bezeichnung der Erscheinungen der Wirklichkeit, wie sie in Raum und Zeit, in ihrer Mannigfaltigkeit und Veränderlichkeit dem menschlichen Bewußtsein gegeben sind, in Abgrenzung zur eigentlichen Wirklichkeit, wie sie in den hinter diesen Erscheinungen waltenden Ideen, der eigentlichen und unveränderlichen Wesenheit, begründet liegt (Platon). Die Philosophie Kants bringt eine grundlegend veränderte Sichtweise des bewußtseinsmäßigen Bezugs zur Wirklichkeit: Die Wirklichkeit besteht in nichts anderem als der Erscheinung, dem Gegenstand der Erfahrung, wie er sich dem wahrnehmenden Bewußtsein zeigt. Aussagen über eine darüber hinaus bestehende eigentliche Wirklichkeit überschreitet demnach den Bereich des sinnvoll Aussagbaren. – Für das 20. Jh. verbindet sich der Begriff der Ph. mit der Philosophie E. Husserls. Ausgangspunkt seiner Philosophie ist die Annahme der Korrelation von Bewußtsein und Welt. Der grundlegende Begriff der ↗Intentionalität des Bewußtseins zeigt an, daß Bewußtsein immer Bewußtsein von etwas ist. So ist alles raum-zeitliche Sein der Wirklichkeit nur insofern, als es auf ein erfahrendes, wahrnehmendes, denkendes, sich erinnerndes Bewußtsein bezogen ist. Die Welt ist das Korrelat von Bewußtseinsleistungen. Die Sinnstiftungen des Bewußtseins ermöglichen erst das Verstehen der Welt in Bedeutungsdimensionen und hinsichtlich ihres Geltungscharakters als etwas Existierendes. Die Ph. als Erkenntniskritik macht es sich zur Aufgabe, diese konstituierenden Leistungen des Bewußtseins in ihrer allgemeinen Struktur auszuweisen. Unsere als fraglos gültig angenommenen Vorstellungen der Welt, wie sie sich in der natürlichen Einstellung der Alltagswelt zeigen, werden eingeklammert (↗Epoché) und bleiben hinsichtlich ihrer Geltung zunächst dahingestellt, bis in der phänomenologischen Reflexion die dafür grundlegenden allgemeinen Sinnkonstitutionsleistungen des Bewußtseins aufgezeigt sind. Der Begriff der transzendentalen Subjektivität soll diese Grundlegungsfunktion des Bewußtseins zum Ausdruck bringen. Aufgabe der Ph. ist es, die allgemeinen Strukturen jener Bewußtseinsleistungen namhaft zu machen, die die Konstitution einer möglichen Welt begründen und mit der objektiven Sinngeltung zugleich deren intentionales Korrelat, die Welt als universalen intentionalen Verweisungszusammenhang vertrauter Sinngeltungen begründen. Als grundlegende Struktur weiß Husserl die Korrelation zwischen subjektiven Auffassungsmodi und ihren gedanklichen Gegenständen im intentionalen Bewußtseinserlebnis auszuweisen. Diese noetisch-noematische Korrelativität wird in ihren Wesenszusammenhängen gegliedert: Bei einer solchen Korrelation handelt es sich um einen immanenten Bezug zwischen zwei voneinander unterscheidbaren Bewußtseinsmomenten. Das Noema ist der Inbegriff eines intentionalen Sinngehalts, auf den das intentionale Erlebnis ausgeht, die ↗Noesis ist das Moment des intentionalen Vollzugs, das den Empfindungskomplexionen einen gegenständlichen Sinn verleiht. In den weiteren Analysen zeigt sich, daß ein identischer noematischer Gehalt in einer Vielzahl konkreter noetischer Erlebnisse konstituiert sein kann und daß ein noematischer Gegenstand in verschiedenen noematischen Gehalten gegeben sein kann. Die Leistungen des transzendentalen Subjekts werden im weiteren im Hinblick auf die Konstitution von Ding, Raum, Zeit, Intersubjektivität und objektive Welt thematisiert. – Husserl unterscheidet zwischen einer statischen und einer genetischen Ph.: Die statische folgt in ihren Analysen den regionalen Gliederungen der Welt, die genetische zeigt den zeitlichen Verlauf der Selbst- und Weltkonstitution der transzendentalen Subjektivität auf.

In bezug auf die weitere Entwicklung der Ph. lassen sich unterschiedliche Tendenzen ausmachen, die sich zum Teil schon parallel zu Husserls Forschen etabliert hatten. Dazu zählen Pfänders »Phänomenologie des Wollens«, in dem es um die Beschreibung des eigenwesentlichen Gehalts der psychischen Phänomene geht. Reinach versteht die phänomenologische Einstellung als Wesensschau, in der die Wesenheiten unmittelbar erfaßt werden. Scheler befaßt sich mit den Wesenheiten und Wesenszusammenhängen, die in der durch die phänomenologische Reduktion gewonnenen Einstellung unmittelbar in einer hinnehmenden Anschauung zur Selbst-Gegebenheit kommen können. Bei Heidegger hat die Methode der phänomenologischen Deskription den Charakter der verstehenden Auslegung des Sinns des Seins von Dasein. Merleau-Ponty wendet sich gegen die intellektualistisch-kartesische Form der phänomenologischen Reduktion, in der die Welt als Korrelat transzendental-subjektiver Vollzüge betrachtet wird. Für ihn bedeutet die phänomenologische Reduktion, daß der Leib als Bedingung der Möglichkeit aller Wahrnehmung, als notwendige Grundlage unseres Zur-Welt-Seins bestimmt wird.

**Lit.:** E. Husserl: Die Idee der Phänomenologie. Fünf Vorlesungen. Hua II. – Ders.: Ideen zu einer reinen Phänomenologie und phänomenologischen Philosophie. Bd. I, Hua III/1. Den Haag 1976. – Ders.: Logische Untersuchungen. 2. Band. Hua XIX. 1984. – P. Janssen: Edmund Husserl. Einführung in seine Philosophie. Freiburg/München 1976. – K.-H. Lembeck: Einführung in die phänomenologische Philosophie. Darmstadt 1994. – W. Marx: Die Phänomenologie Edmund Husserls. München 1987. – P. Prechtl: Husserl zur Einführung. Hamburg 1991. – E. Ströker/P. Janssen: Phänomenologische Philosophie. Freiburg/München 1989. – W. Strube: Phänomenologie. In: HWPh. PP

**Phänotyp,** Gesamtheit der Merkmale des vollentwikkelten Individuums, sein »Erscheinungsbild«, als Ergebnis der Ausprägung der Erbanlagen (Genotyp des Individuums), sowie innerer und äußerer (Umwelt-) Einflüsse während der ↗Ontogenese. Aufgrund wechselnder Außeneinflüsse ist der Ph. ständigen Veränderungen unterworfen. MK

**Phantasie** (griech.: Vorstellung, Erscheinung), von Kant maßgebend definiert als das Vermögen, auch willkürlich Vorstellungen (»Einbildungen«) zu erzeugen. Die Ph. ist ein Spezialfall der Einbildungskraft, welche ihrerseits definiert ist als das Vermögen der Anschauung auch ohne Gegenwart des Gegenstands. Insoweit ähnelt die Ph. der Erinnerung und der in die Zukunft gerichteten Erwartung. Im engeren Sinne aber ist sie produktiv und bezeichnet das Vermögen, insbesondere von Künstlern, aber auch von anderen schöpferisch tätigen Menschen, aus Erinnerungen, Vorstellungen, Gedanken und Träumen durch freie Ergänzung, Weglassung und Kombination neue Vorstellungen zu schaffen. Ph. gibt es in allen Lebensbereichen und in sehr vielen beruflichen und nicht-beruflichen Tätigkeiten von Menschen. Ihre anthropologische Bedeutung besteht darin, daß sie die strikte Zeitgebundenheit des Menschen in gewissem Sinne aufhebt: In der Ph. ist der Mensch nicht mehr ausschließlich an die Welt der jeweiligen Gegenwart und der sich in ihr präsentierenden sinnlichen Realität gebunden. Vielmehr erreicht der Intellekt dadurch eine neue Dimension von Freiheit, daß er sich imaginativ seine eigene Vorstellungsgegenwart schafft. Insgesamt hängt Ph. aufs engste mit der Vorstellung des Schöpferischen zusammen. **Lit.:** W. Dilthey: Die Einbildungskraft des Dichters. In: Ges. Schriften Bd. 6. Göttingen $^{6}$1978. – D. Kamper: Zur Geschichte der Einbildungskraft. Reinbek 1990. – I. Kant: Anthropologie in pragmatischer Hinsicht (1798). – H. Kunz: Die anthropologische Bedeutung der Phantasie. Basel 1946. – B. Raensch-Trill: Phantasie: Welterkenntnis und Welterschaffung. Zur philosophischen Theorie der Einbildungskraft. Würzburg 1996. – T. Ribot: Die Schöpferkraft der Phantasie. Bonn 1902.– Ch. Unger: Die ästhetische Phantasie. Begriffsgeschichte, Diskurs, Funktion, Transformation. Frankfurt 1996. RL

**Philosophia perennis.** Der Ausdruck geht zurück auf den italienischen Humanisten und Theologen Augustinus Steuchos (1497–1548; auch: Steuchus Eugubinus, Agostino Steuco), der eine grundlegende Übereinstimmung der christlichen Glaubenslehre mit der Weisheit der nichtchristlichen Völker postulierte (*De philosophia perenni libri X*, Lyon 1540). Steuchos' Hintergrund ist ein christlich gedeuteter, von Marsilio Ficino und Pico della Mirandola geprägter Platonismus, aufgrund dessen es nur ein oberstes Prinzip aller Dinge und nur ein zeitlich und örtlich gleiches Wissen darüber bei den Völkern gibt. In der Folgezeit verschiedentlich zur Interpretation der Philosophiegeschichte benützt, schwankt das Verständnis von Ph.p. zwischen einem mehr inhaltlichen/ergebnisorientierten und einem mehr formalen/problemorientierten: zwischen Ph.p. als einem festen Bestand von Hauptthesen bzw. Grundwahrheiten, die von allen großen Philosophen zu allen Zeiten vertreten wurden, und Ph.p. als einem Grundbestand wichtiger weltanschaulicher Probleme, die sich – wenn nicht terminologisch, so zumindest ihrer formalen Struktur nach – in jeder Epoche und Kultur in gleicher Weise stellen und nach einer neuen, im jeweiligen Kontext verstehbaren Antwort verlangen (etwa: die Fragen nach dem sittlich Guten, nach Seele und Bewußtsein, der Analyse von Werden und Veränderung, der Existenz eines letzten Grundes aller Dinge, etc.). Eine Mittelstellung nimmt die Auffassung Leibniz', Trendelenburgs u. a. von Ph.p. als einer (trotz Rückschlägen und Irrtümern) im ganzen doch fortschreitenden Wahrheitserkenntnis der Philosophie ein; der Sache nach ähnlich (wenngleich nicht terminologisch) ist Hegels Deutung der Philosophiegeschichte als Fortgang auf ihren Zielpunkt, die in seinem Werk gegebene Philosophie des absoluten Geistes. Im 19. und frühen 20. Jh. übernahmen manche Vertreter des ↗Neuthomismus und der sonstigen ↗Neuscholastik den Terminus Ph.p. zur Kennzeichnung und Legitimation der im Werk Platons und Aristoteles' grundgelegten, durch Thomas v. Aquin systematisch vollendeten und seither nicht mehr entscheidend überbietbaren Philosophie. Aufgabe zeitgenössischer philosophischer Arbeit wird aus dieser Sicht hauptsächlich die Bereinigung kleinerer Lücken und Unstimmigkeiten sowie Anwendung und Ausbau im Hinblick auf neue Entwicklungen in Philosophie und Wissenschaft sein. Eine kritische Einschätzung der Berechtigung verschiedener Auffassungen von Ph.p. wird u. a. folgende Fakten berücksichtigen: (1) die offenkundige terminologische und inhaltliche Vielfalt der in der Philosophiegeschichte vertretenen Thesen, insbesondere unter Berücksichtigung der nicht-abendländischen Traditionen; dabei aber (2) die ebenso offenkundige Beeinflussung des Philosophierens durch vorhandene Traditionen; (3) die Perspektivität philosophiegeschichtlicher Arbeit, d. h. hier die nicht nur psychologisch, sondern auch sachlich nicht völlig vermeidbare Neigung, die Philosophiegeschichte im Lichte der eigenen Auffassungen und Denkkategorien zu interpretieren. **Lit.:** J. Barion: Philosophia perennis als Problem und als Aufgabe. München 1936 (Lit.). – N. Hartmann: Der philosophische Gedanke und seine Geschichte (Abhandl. d. Preuß. Akad. d. Wiss., Phil. Hist. Klasse 5). Berlin 1936. – L. E. Loemker: Perennial Philosophy. In: Dictionary of the History of Ideas, Bd. 3. New York 1973. S. 457–463. – J. Mittelstraß: Philosophia perennis. In: Enzyklopädie Philosophie und Wissenschaftstheorie, Bd. 3. Stuttgart 1995. S. 130. – C. B. Schmitt: Studies in Renaissance Philosophy and Science. London 1981. – H. Schneider: Philosophie, immerwährende. In: HWPh Bd.7, 898–900.

WL

**Philosophie, analytische.** Der Begriff wird nicht einheitlich verwendet, teilweise wird er gleichgesetzt mit analytischer ↗Sprachphilosophie, teilweise mit ↗Wissenschaftstheorie. Eine pragmatisch begründete Unterscheidung wäre derart vollziehbar, daß »Wissenschaftstheorie« als Bezeichnung für jene Überlegungen vorbehalten bleibt, die sich unmittelbar auf die Untersuchung der Probleme wissenschaftlicher Erkenntnis beziehen. Eine Trennunschärfe ergibt sich allerdings auch dann noch, da der sprachlogische Aspekt, d. h. die logisch semantischen und syntaktischen Analysen natürlicherweise auch eine Rolle spielen bei der Klärung der Wissenschaftssprachen. Der a.n Ph. liegt die empiristische These, daß alle Erkenntnis auf Erfahrung beruhe und daß alles Wissen um die uns umgebende Realität sich auf Erfahrung stützen muß, zugrunde. Der Ausdruck »Erfahrung« seinerseits beinhaltet eine Vielfalt von Problemen, um deren Klärung sich die a. Ph. wie die Wissenschaftstheorie gleichermaßen bemühen. Ein erster Problemkomplex behandelt die Fragen, die sich mit der wissenschaftlichen Begriffs- und Theoriebildung befassen. Das seitens des ↗Logischen Empirismus eingebrachte Kriterium der empirischen ↗Signifikanz verlangt eine Klärung, welchen Begriffen ein empirischer Gehalt zugesprochen werden kann. In diesem spielen die Fragen nach dem Verhältnis zwischen Beobachtungssprache und theoretischer (Wissenschafts-)Sprache eine besondere Rolle. Zu dem Bereich der Begriffsbildung gehören Definitionslehre und Axiomatisierung erfahrungswissenschaftlicher Theorien, ebenso die Theorie der Begriffsformen und die Lehre von der Begriffsexplikation. Ein zweiter großer Problemkomplex behandelt diejenigen Fragen, die für die Prüfung, Begründung und Bestätigung erfahrungswissenschaftlicher Theorien von besonderer Relevanz sind: Das ↗Induktionssproblem, das Problem der ↗Gesetzesartigkeit, die Überprüfung wissenschaftlicher Hypothesen. In einem dritten Problemkomplex werden Formen der ↗Erklärung und verschiedene Erklärungsbegriffe thematisiert und wird die Frage der wissenschaftlich adäquaten Erklärungsart aufgeworfen. PP

**Philosophie, arabische** (falsafa). Das Studium der arab. Philosophie hat sich auf diejenigen Problemstellungen zu beschränken, welche zwar innerhalb der arabischen Zivilisation entstanden sind, aber aufgrund ihres besonderen Charakters Teil dessen sind, was die Griechen »Philosophie« nannten. Dieser Terminus wurde im Arabischen durch das Wort »falsafa« wiedergegeben, um eine Denkform zu bezeichnen, die eindeutig griech. Herkunft war. Die philosophische Reflexion wurde durch die Übersetzung großer Teile der griech. Philosophie – darunter des größten Teils der aristotelischen und neuplatonischen Philosophie – ermöglicht. Dies geschah entweder direkt aus dem Griechischen oder vermittels des Syrischen. Die ersten intellektuellen Anstrengungen der Muslime waren der Koranauslegung gewidmet, und schon das heilige Buch des Islam appelliert an das rationale Erkenntnisstreben und brachte andere Wissenszweige des islamischen Denkens hervor: Theologie, Recht, Grammatik, Geschichte usw.

Die rege Übersetzertätigkeit, die im letzten Drittel des 8. Jh. begann, hatte schon im 10 Jh. ihren Abschluß gefunden. Sie wurde maßgeblich durch die abbassidischen Kalifen al-Manṣūr und al-Ma'mūn, dem Gründer der *Dar al-Ḥikma*, des Hauses der Weisheit in Bagdad, gefördert. Die Übersetzer überprüften nicht nur die Übersetzungen und kollationierten Handschriften, sondern trugen durch selbständiges Denken zur Entwicklung einer eigenen Philosophie bei.

Der Islam etablierte sich in einem kulturellen Umfeld, in dem der Neuplatonismus das herrschende Denken prägte. Letzterer vereinte zusätzlich pythagoräische, aristotelische und stoische Elemente, welche mit religiösen Komponenten durchsetzt waren. Dieser Synkretismus hatte eine große Affinität mit dem grundsätzlichen Prinzip des Islams, nämlich der Einheit Gottes. Die philosophische Auslegung konnte an neuplatonische Überlegungen über das Eine anknüpfen, wie sie v. a. in den Werken von Plotin und Proklos niedergelegt sind. Die originale Quelle der Philosophie im Islam ist im Pseudo-Aristoteles zu suchen, d. h. in denjenigen Schriften, die Aristoteles zugeschrieben wurden und in denen neuplatonische Lehren vertreten wurden: z. B. die *Theologie*, die nichts anderes als die Paraphrase der *Enneaden* von Plotin beinhaltet, das *Liber de Causis* (eine Bearbeitung von Abschnitten aus Proklos *Institutio Theologica*), der *Tractatus de pomo*, usw.

Mit al-Kindī (795–870) beginnt die arabische philosophische Produktion. Er förderte in Bagdad die Übersetzung der aristotelischen *Metaphysik* und korrigierte die der *Theologie*. Seine philosophischen Ansichten sind in der Einführung zu seinem Werk *De prima Philosophia* niedergelegt, in der er die allmähliche Vervollkommnung der Wahrheitskenntnis beschreibt, die durch die Anstrengungen der Philosophen erfolgte. Für ihn kann jede beliebige Quelle zur Wahrheitsfindung dienen, und ferner müssen die Meinungen der früheren Philosophen überprüft und vervollständigt werden.

Al-Fārābī (gest. 950) aus Transoxanien verbrachte den größten Teil seines Lebens am Hof von Sayf al-Daula in Damaskus. Avicenna (Ibn Sina, geb. Buchara 980, gest. Hamadan 1037), der sich für einen Schüler von al-Farabi hielt, stellte die Ansichten der früheren Philosophen zusammen und organisierte sie in einem vollständigen System, für welches er als Grundlage die aristotelische Einteilung der Wissenschaften heranzog. Das Werk des al-Gazālī (Churasan 1070–1111) bildet den Abschluß der islamischen Philosophie im Osten. Darin lehnt er mit Hilfe philosophischer Methodik die Philosophie ab und führt die Dekadenz des damaligen Islam auf die Faszination für die griech. Philosophen zurück.

Die arabische Philosophie fand jedoch ihre Fortsetzung am anderen Ende der islamischen Welt, nämlich im maurischen Spanien, seit im 12. Jh. die Werke der östlichen Philosophen rezipiert wurden. Die drei größten spanisch-arabischen Philosophen waren Avempace (Ibn Bāǧǧa), Ibn Ṭufayl und Averroes (Ibn Rušd). Der Erstgennante (gest. 1138) setzte die Philosophie von al-Kindī fort, indem er im islamischen Westen die politischen Konzeptionen des al-Fārābī einführte und ethisch und individuell umsetzte. Ibn Ṭufayl aus Granada (gest. 1185) war im mittelalterlichen christlichen Europa durch sein Werk *Philosophus autodidactus* berühmt. Mit Averroes (gest. 1198) aus Cordoba fand der philosophische Rationalismus im Islam seinen Höhepunkt und Abschluß. Auf das lat. MA. übte er bedeutenden Einfluß durch seine umfangreichen Aristoteles-Kommentare aus. **Lit.:** H. Corbin: Histoire de la philosophie islamique. I (1964), II (1974); jetzt zusammen in engl. Übersetzung u. d. T.: History of Islamic Philosophy. London/New York 1993. – G. Endreß: Die Wissenschaftliche Literatur. In: Grundriß der arabischen Philologie II: Hg. von H. Gätje. Wiesbaden 1987. S. 400–506 (mit Bibliographie). – Ders.: Philosophie. In: Grundriß der arabischen Philologie III. Hg. von Fischer. Wiesbaden 1992. S. 25–61. – M. Fakhry: A History of Islamic Philosophy. London/New York 1970. – M. Marmura: Die islamische Philosophie des Mittelalters. In: Der Islam II. Hg. v. Watt/Marmura. Stuttgart 1985. S. 320–392 – R. Ramón Guerrero: El pensamiento filosófico árabe. Madrid 1985. – G. Strohmaier: Denker im Reich der Kalifen. Jena/Berlin 1979. – W. M. Watt: Islamic Philosophy and Theology. Edinburgh 1962. CP

**Philosophie, chinesische**, neben der indischen und westlich-abendländischen eine der drei großen autochthonen Weltphilosophien. Auch sie hat die Erträge der denkenden Erfahrung über den Menschen, die Welt und den Ursprung und das Wesen aller Dinge in Schriftwerken fixiert, so daß sie sich in den historisch überschaubaren Epochen in großer Kontinuität als Einheit von Klassikerauslegung und Reflexion neuer Welterfahrung entfaltet. Ihre Geschichte wird von den Chinesen selbst in die Epochen der Dynastien des Reiches der Mitte gegliedert. Die Anfänge liegen in der Epoche der Zhou-Dynastien (11. Jh.–256 v. Chr.), innerhalb derer die »Frühlings- und Herbstzeit« (770-476) sowie die »Zeit der Streitenden Reiche« (475-221) mit den Gründerfiguren Lao Zi, Kong Zi u. a. eine erste Hochblüte, vergleichbar der vorsokratischen abendländischen Gründungsphase, brachte. Nach der kurzen, durch ihre Büchervernichtungen unrühmlichen Qin-Dynastie (221-207) bildet die Han-Zeit (206 v. Chr.–220 n. Chr.) – ebenso wie im Abendland die Zeitenwende – die absolute Achsenzeit für das staatliche und kulturelle Selbstverständnis Chinas: Sie bringt die Reichseinheit, eine vielfältige Blüte der Kultur in allen Bereichen und geradezu eine Explosion philosophischer Schulen, darunter auch das Eindringen des Buddhismus von Indien aus. Von daher verstehen sich die Chinesen bis heute als »Han-Menschen« und genuin chinesische Kultur gilt als »Han-Kultur«, so wie das Abendland sich traditionell als das »christliche« verstanden hat. In dieser Epoche etabliert auch der Konfuzianismus (Ru Jia) seine dominierende Stellung in Staat und Kultur, so daß diese nachmals so wesentlich als schlechthin konfuzianisch gelten konnten, vor allem vom Ausland her gesehen. Unter den mehr als zwei Dutzend Dynastien nach den Han ragen nur noch einige wenige als Epochen kultureller und philosophischer Blüte hervor. Hier sind zu nennen die Südlichen und Nördlichen Dynastien (Nan Bei Chao, 420–589), vergleichbar unserer Spätantike und Patristik, in der der Antibuddhist und Materialist Fan Zhen hervorragt; die Tang-Zeit (618–907), vergleichbar unserer Frühscholastik, in welcher einerseits der Buddhismus seine größte Blüte erlebte, andererseits Han Yu und Liu Zong-yuan mit dem Alte-Schrift-Stil dem Konfuzianismus sein philologisch-historisch gesichertes Fundament schufen; die Song-Zeit (960–1279), eine chinesische Hochscholastik, die wie die unsere durch den Kampf zwischen idealistischen und realistisch-materialistischen Metaphysiken gekennzeichnet ist – auf der idealistischen Seite die Brüder Cheng Hao und Cheng Yi sowie Zhu Xi und Lu Jiu-yuan – auf der materialistischen Seite Zhang Zai und Cheng Liang – aber auch mit bedeutender Weiterbildung des Daoismus wie bei Zhou Dun-yi; die Ming-Zeit (1468–1644) während unserer Renaissance mit ebenso bedeutenden Vermittlern des Alten und zugleich Neuerern wie Wang Shou-ren (Wang Yang-ming), Wang Gen, Wang Ting-xiang, Chen Que und Liu Zong-zhou; die Qing-Zeit (1644–1911) als chinesische Moderne mit Yan Yuan, Tan Si-tong, Kang You-wei, Zhang Bing-lin und auch Sun Zhong-shan (Sun Yatsen), dem Begründer der Republik (1912-1949), während der China sich mit den westlichen Ideen vertraut machte und zu manchen west-östlichen Ideensynthesen gelangte; schließlich die Zeit der Volksrepublik (ab 1949) mit ihrer antikonfuzianischen Kulturrevolution und ihrem mao-marxistischen Synkretismus, der heute auf dem Prüfstand steht, wie weit er sich durch Renaissancen genuin chinesischer Gedankenpotentiale und westlicher Ideenzuflüsse in einer neuen Weltlage erhalten kann.

Die disziplinäre Entfaltung der chinesischen Philosophie ist das Werk der Schulen und Richtungen, die mit ihrem jeweils spezifischen Interesse für einzelne Wirklichkeitsbereiche zugleich eine »enzyklopädische« Architektonik dessen entwarfen, was in China als Gegenstand gelehrter Wissenschaft gelten konnte. Schon in der Zeit der Streitenden Reiche sprach man – für damals gewiß übertreibend – von »hundert Schulen« (Bai Jia), aber in der Han-Zeit etablierte sich – in der Bibliographie (im Han Shu, Yi Wen Zhi, Geschichte der Han, Literaturbibliographie, des Ban Gu), im Bibliothekswesen und seinen Katalogen, die bis heute kanonisch blieben – ein System der »*neun Schulen*«. Es sind die folgenden: (1) Ru Jia bzw. Konfuzianer im Anschluß an Kong Zi, Meng Zi und Xun Zi; (2) Dao Jia bzw. Daoisten (Taoisten) im Anschluß an Lao Zi und Zhuang Zi; (3) Mo Jia bzw. Moisten (Mohisten) im Anschluß an Mo Zi; (4) Ming Jia bzw. Logiker (»Namen-Schule«, oft auch als »Sophisten« bezeichnet) im Anschluß an Hui Shi und Gong-sun Long; (5) Yin Yang Jia bzw. Naturphilosophen (Yin Yang-Schule) im Anschluß an Zou Yan; (6) Fa Jia bzw. Legisten (»Rechtsphilosophen«) im Anschluß an Shang Yang, Shen Bu-hai, Shen Dao und besonders Han Fei; (7) Zong Heng Jia bzw. Politikphilosophen (Diplomaten der »senkrechten« und »waagerechten« Allianzen) im Anschluß an Su Qin und Zhang Yi; (8) Za Jia bzw. Eklektiker im Anschluß an Lü Bu-wei bzw. an das Huai Nan Zi-Klassikerwerk des Liu An; (9) Nong Jia bzw. Landwirtschaftsschule im Anschluß an Xu Hang. Der gemeinsame Denkhintergrund aller dieser Schulen, gleichsam ihr ursprüngliches Ideenarsenal, liegt in den ältesten Schriftdokumenten Chinas, die von Kong Zi redigiert und zu den »fünf Klassikerschriften« (Wu Jing; sie wären besser als »Heilige Schriften« anzusprechen und sind an Rang auch nur mit der »Bibel« zu vergleichen) zusammengestellt worden sind. Es handelt sich dabei um das Buch der Wandlung (*Yi Jing*), das Buch der Dokumente (bzw. der Geschichte, *Shu Jing*), die Frühlings- und Herbstannalen (*Chun Qiu*, *Chronik des Fürstentums Lu*), das Buch der Gedichte (*Shi Jing*) sowie das Buch der Sitten (*Li Ji*). Die beiden Geschichtswerke enthalten auch Philosophiegeschichtliches, das *Yi Jing* wurde schon im ältesten Kommentar (*Yi Zhuan*) als kosmogonische Spekulation gedeutet, das *Shi Jing* wurde ästhetischer Kanon und immer wieder auch metaphorisch ausgelegt, und das *Li Ji* mit seinen Hauptbestandteilen Große Lehre (*Da Xue*) und Mitte und Maß (*Zhong Yong*) wurde zum durch den »mos maiorum« illustrierten Moralkodex Chinas. Neben diesen gewann nur noch das Buch von Dao und seinen Wirkungen (*Dao De Jing*) ein vergleichbares Ansehen und historische Nachwirkung (und es bleibt auch zweifelhaft, ob es angesichts seines metaphysischen Tiefsinns, spekulativen Raffinements und einiger Widersprüche das Werk eines einzigen Denkers – Lao Zi – und nicht vielmehr einer langen Denktradition sein kann). Auch die Buddhisten nannten ihre Übersetzungen der indischen buddhistischen Klassikerschriften durchweg Jing, aber es gelang ihnen nur zeit- und teilweise, sie in den Ideenkommerz der Schulen einzubringen, dies vor allem durch Verschmelzungen mit dem Daoismus. Obwohl einige dieser Schulen ein bestimmtes Jing zu ihrem Kultbuch machten und sich von daher »dogmatisch« definierten, waren doch die Grundbegriffe und Denkfiguren aller Jing gemeinsamer Besitz aller Schulen, freilich in jeweils spezifischer Schulauslegung. Das gilt für Li (Sitte) der Kunfuzianer, Fa (Gesetz) der Legisten, Yin und Yang der Naturphilosophen, Ming (Name, Begriff) der Logiker ebenso wie für das Dao der Daoisten.

Der Ausbau des Diziplinensystems ging ineins mit dem Niedergang und Verschwinden einzelner Schulen und dem Ausgreifen gelehrter Beschäftigung auf neue Gebiete, in der Neuzeit vor allem auch mit dem Import westlicher Wissenschaften, denen man genuin chinesische Disziplinen an die Seite stellte. Der Katalog des im 18. Jh. (1766 ff.) auf kaiserlichen Befehl veranstalteten Druckes der »Vier Bibliotheken aller Bücher« (*Si Ku Quan Shu*, 3460 Bände) kann hierzu als verbindlicher Anzeiger gelten. Seine vierteilige Gesamtgliederung umfaßt noch immer nach den alten Vorlagen Klassiker bzw. »Heilige Schriften« (Jing), Geschichtswerke (Shi), Denker (Zi) und Sammelwerke (Ji). Die hier interessierende dritte Abteilung der Zi enthält ihrerseits noch immer die Denkerschulen, damit zugleich aber auch die philosophischen Disziplinen (die noch mit »Wissenschaften« identisch sind). Es sind nun die folgenden: (1) Ru Jia (Konfuzianer), (2) Bing Jia (Militärwesen, »Strategen«), (3) Fa Jia (Legisten), (4) Nong Jia (Landwirtschafts-Ökonomen), (5) Yi Jia (Mediziner, Pharmazeuten), (6) Tian Wen (Astronomie, wörtl. »Himmelsprobleme«, (7) Shu Shu (Mathematik und Methodenlehre), (8) Yi Shu (Bildende Kunst, Kalligraphie), (9) Pu Lu (Musik- und allg. Ästhetik), (10) Za Jia (Eklektiker), (11) Lei Shu (Sammel- und Gesamtausgaben verschiedener Gattungen), (12) Xiao Shuo Jia (Literatoren), (13) Shi Jia (Buddhisten), (14) Dao Jia (Daoisten).

Dieses Schulen- bzw. Disziplinenschema hat für die chinesischen Vorstellungen von dem, was Philosophie sein konnte, zumindest soviel Prägekraft gehabt, wie es das aus dem Platonischen Bildungskanon der »freien Künste« entwickelte Disziplinenschema der trivialen und quadrivialen Disziplinen der Philosophischen Fakultät für unseren Philosophiebegriff (oder die Begriffe davon) bewiesen hat. Beide lassen verständlich erscheinen, daß der gelehrte Philosoph auf vielen und sehr diversen Gebieten, wenn vielleicht auch schwerpunktmäßig, kompetent sein mußte. Es ging immer darum, die Ideen der Schule auf dem betreffenden Gebiet zur Problembewältigung anzuwenden. Der sog. Theorienpluralismus verdankte sich dabei immer gerade dem Einfluß der leitenden Ideen verschiedener Schulen. Ersichtlich war es aber in China eine alte, im Westen ist es eine neue Erscheinung, daß sich philosophische Schulrichtungen ihrerseits aus der metaphysischen Hochstilisierung und Totalisierung des Ideen- und Einsichtenpotentials einzelner Diziplinen (oder Einzelwissenschaften) herleiten lassen, wie man am Physikalismus und Mathematizismus des Wiener Kreises, am Biologismus der Lebensphilosophie, am Linguistizismus der Common- und Ideal-language-philosophy neueren Datums sehen kann.

Ein disziplinär so weitgespannter Philosophiebegriff, der noch bis ins 18. Jh. als selbstverständlich gelten konnte, ist heute durch ein eher positivistisches Philosophieverständnis abgelöst worden, das Philosophie als Fach unter Fächern begreift. Da wird Philosophiegeschichtsschreibung zur Dogmatik dessen, was als philosophische Strömung, als Parteiung, als Werk und wer als philosophischer Denker angesehen werden kann, in China nicht anders als im Westen. Versuchen wir eine vergleichende Einschätzung als Verständnishilfe.

China hat drei Großideologien entwickelt: den Konfuzianismus, den Daoismus und den Buddhismus. In ihren Rahmungen entfalten sich die (mehr als) »hundert Schulen« (Bai Jia) und Parteiungen (Xue Pai) als deren Epochengestalten, als Extremalisierungen ihrer metaphysischen Prinzipien, aber auch als Synkretismen und Verschmelzungen. Als realistische (zuweilen auch materialistische) Seinsphilosophie und kulturgestaltende »naturrechtliche« (dem Naturrecht entspricht in China ↗Li, Sitte) praktische Philosophie kann man den *Konfuzianismus* am ehesten mit der vereinigten Wirkungsmächtigkeit des Aristotelismus und des Stoizismus im Abendland vergleichen. Er ist die Hintergrundsphilosophie der Institutionen, eines solidarischen Menschenbildes und einer optimistisch-diesseitigen Lebenseinstellung. Der Daoismus ist seine platonisch-neuplatonische Alternative. Er ist die Philosophie eines »geistigen« Hintergrunds der diesseitigen Welt, den er als ↗ Dao (oft als Übersetzung des abendländischen Gottesbegriffs verwendet), und seine Wirkmächte (↗De, Tugend) benennt, aber auch (wie die negative Theologie) als reines Nichts (↗Wu) bestimmt. Er ist esoterisch, elitär und anti-institutionell, seine Metaphysik idealistisch, sein Menschenbild ist individualistisch und spiritualistisch. Aus ihm erwuchs China auch seine einzige genuine Religion, die mit rituellem Kultus in Tempeln und Klöstern das Dao anbetet (während in den konfuzianischen und buddhistischen Tempeln nur die Gründer und deren Schüler als »heilige Menschen« verehrt wurden). Der ↗Buddhismus drang im 1. Jahrhundet n. Chr. von Indien in China ein. Dies gelang ihm (anders als im Abendland), weil er sich als die wahre Interpretation und als Fortentwicklung der Dao-Lehre ausgeben und auch so rezipiert werden konnte. Er erklärt das materielle Sein (der Konfuzianer) als illusionäres Leeres (Kong), das Dao der Daoisten als Bewußtsein (↗Xin), das in meditativer Selbsterkenntnis sich selbst wie den Ursprung aller Dinge als reines Nichts (Wu) offenbart. Metaphysisch ist er als phänomenaler Nihilismus zu charakterisieren. Für sein Menschenbild sind die Ausgestaltungen seiner Bewußtseinslehre bestimmend: Sie reichen vom radikalen Solipsismus bis zu All-Bewußtseinslehren. Entsprechend oszilliert seine Ethik zwischen krassem Egoismus und kollektivistischer Solidarität mit allem Lebendigen. Der philosophische Buddhismus wird in China nach der Anfangssilbe des Namens Shi Jia Mon Ni (Siddharta Gautama) als Shi Jia (Shi-

Schule) bezeichnet. Zur weiten Verbreitung in gebildeten Kreisen verhalf ihm vor allem die Schule der »spekulativen Lehre« (Xuan Xue) der Wei- und Jin-Zeit (3. und 4. Jh.), die sowohl Elemente des Konfuzianismus wie auch der Shi Jia mit dem Daoismus verschmolz und insofern zeitweilig als die »katholische« (allumfassende) Philosophie Chinas gelten konnte. Breitenwirksamer wurden aber seine beiden »religiösen« Ableger, die Bo Ruo Xue (Bo Ruo = sankrit: prajna, Weisheit) im Süden und die Chan Zong (Zen-Richtung) im Norden Chinas, deren Dogmatik sich enger an die indischen Klassikerschriften anschloß.

Gewiß haben die historischen Erfahrungen Chinas mit dem Eindringen und der Assimilation des Buddhismus durch »aneignende Interpretation« (Ge Yi) auch die Einstellung der neuzeitlichen Gelehrten gegenüber dem westlichen Denken nachhaltig geprägt: Nur was zu eigenen Denkströmungen paßt, wird assimiliert, das Unpassende aber abgestoßen. Auch der Marxismus wurde auf das ↗Da Tong (»Große Gemeinschaftlichkeit«)-Denken der Konfuzianer aufgepfropft, ehe er als Mao-Marxismus zur Staatsideologie werden konnte. Unter seiner Kruste ist auch jetzt noch manche der übrigen Bai Jia recht lebendig. **Lit.:** Wing-tsit Chan: A Source Book of Chinese Philosophy. Princeton [4]1973. – A. Forke: Geschichte der alten (mittelalterlichen und neuen) chinesischen Philosophie. 3 Bde. Hamburg [2]1964. – Yu-lan Fung: A History of Chinese Philosophy. Übers. v. D. Bodde. 2 Bde. Princeton 1983. – L. Geldsetzer/H.-d.Hong: Chinesisch-deutsches Lexikon der Klassiker und Schulen der chinesischen Philosophie. Aalen 1991. – Dies.: Chinesisch-deutsches Lexikon der chinesischen Philosophie. Aalen 1986. – Dies.: Chinesisch-deutsches Lexikon der Klassikerwerke der chinesischen Philosophie. Aalen 1995. – H. Schleichert: Klassische chinesische Philosophie. Frankfurt [2]1990. – R. Wilhelm (Hg.): Die Philosophie Chinas. Die chinesischen Klassiker. 5 Bde. Köln 1982 LG

**Philosophie, christliche,** läßt sich als Terminus inhaltlich kaum füllen. Relativ unproblematisch ist das Wort in Abgrenzung zu philosophischen Strömungen außerchristlicher Kulturkreise (etwa zur arabischen des MA.). Vor der wissenschaftstheoretischen Trennung von Theologie und Philosophie im Hoch-MA. kann die Philosophie ab der Patristik als ch. Ph. insofern bezeichnet werden, als sie Themen aus der christlichen Offenbarung mitbedenkt (z.B. Schöpfung, Geschichte, Gottesebenbildlichkeit des Menschen) und selten eine Grenze zwischen Theologie und Philosophie zieht. Ch. Ph. bleibt ein problematischer Begriff, der sich nur schwer gegen die Vermischung mit der (Fundamental- oder auch Moral-)Theologie sichern läßt. Ch. Ph. erscheint damit nicht nur der Philosophie in der Frage der Voraussetzungslosigkeit suspekt, auch Strömungen der Theologie (z.B. die dialektische) achten sorgsam auf die Grenzziehung zwischen menschlichem Denken und göttlicher Offenbarung.

Entscheidend ist die Frage, in welcher Hinsicht eine Philosophie »christlich« genannt werden soll: Ob damit eine weltanschauliche Festlegung gemeint ist, die Übernahme bestimmter Themen, die Behauptung inhaltlicher Positionen oder nur auf die Konfessionsangehörigkeit des Autors angespielt wird. Dabei kann gedacht sein an (a) ein Denken, das keine Inhalte des Glaubens übernimmt, aber einem besseren Verständnis desselben dient, etwa als philosophische Klärung der gundlegenden weltanschaulichen oder methodischen Fragen (z.B. bei Newman), (b) eine »reine« Philosophie, deren Autoren sich weltanschaulich dem Christlichen verbunden fühlen – so bei D. v. Hildebrand, der ausdrücklich seine religiösen von den philosophischen Schriften abhebt, (c) eine ch. Ph., deren Inhalte sich aus der Offenbarung oder deren Entfaltung in der christlichen Tradition speist – etwa A. Dempfs ch. Ph., der als solche Lehren anführt: Schöpfung, Freiheit, Gewissen, Unsterblichkeit, Menschheitsgeschichte, (d) im katholischen Raum zeitweise als philosophia perennis gehandelte Philosophie des Aristoteles und Thomas und die sich darauf berufende Neuscholastik. **Lit.:** A. Dempf: Christliche Philosophie. Bonn [2]1952. – J. Friese: Die säkularisierte Welt. Frankfurt 1967. – J. Maritain: La philosophie chretienne. Paris 1933. PK

**Philosophie, feministische.** Das Faktum, daß Frauen in allen Lebensbereichen diskriminiert werden, bildet hier den Ausgangspunkt des Denkens. Zu einem Schwerpunkt der Forschung wurde diese Problematik mit der Neuen Frauenbewegung, also nach 1968. F. Ph. ist keine einheitliche Theorie, sondern ein Diskurs von mitunter sehr kontroversem Charakter. Das zentrale Anliegen ist ein Philosophieren am Leitfaden des Interesses an der Befreiung der Frau. Alle Gebiete der Philosophie werden aus dem Blickwinkel dieses Interesses neu durchdacht. Demgemäß entstanden Forschungsprojekte, die von einer feministischen Rechts-, Sozial- und politischen Philosophie über feministische Ethik und Ästhetik bis zur feministischen Erkenntnis- und Wissenschaftstheorie reichen. – In historisch-kritischer Hinsicht wird zunächst untersucht, wie weit die bisherige Tradition der Philosophie zur Herausbildung geschlechterhierarchischer Denk- und Handlungsmuster beigetragen hat. Dabei stehen nicht nur solche Theorien zur Debatte, in denen die Frau explizit abqualifiziert wird; thematisiert wird auch, daß eine Reihe philosophischer Konzeptionen, die allgemeine Gültigkeit beanspruchen, patriarchalen Charakter haben. So sind etwa in der Philosophie der Aufklärung die Bürger, die den Gesellschaftsvertrag abschließen, ausnahmslos als männliche Haushaltsvorstände gedacht. Darüber hinaus wird erörtert, welche philosophischen Ansätze sich für eine feministisch motivierte Theoriebildung nutzen lassen. Besondere Relevanz erlangten u.a.: der liberalistische Begriff formaler Gleichheit, Foucaults Theorien von Macht und Sexualität, Derridas Kritik des binären Denkens und, im Bereich der Moralphilosophie, Humes Empathiebegriff ebenso wie die Diskursethik. – In systematischer Hinsicht stellt sich die Frage: Welche Mittel bietet die Philosophie, um die Subordination der Frau kritisch zu analysieren und um Möglichkeiten zu ihrer Überwindung zu entwerfen? Zur Debatte steht beispielsweise, wie weit von einer »Gleichheit« und wie weit von einer »Differenz« der Geschlechter auszugehen ist. Eine heftige Kontroverse wird auch zum Begriff »Geschlecht« als solchem geführt, insbesondere zur Unterscheidung von biologischen und kulturellen Aspekten (↗sex/gender). HND

Innerhalb der f.n Ph. ist zwischen einem kritischen Feminismus, auch Gleichheitsfeminismus, und einer Theorie der ↗Geschlechterdifferenz, auch Differenzfeminismus, zu unterscheiden. Während der Gleichheitsfeminismus patriarchalische Verhältnisse mit traditionellen Mitteln philosophischer Kritik angeht und so den Ausschluß der Frauen zu beheben versucht, geht es dem Differenzfeminismus darum, den bisherigen Verhältnissen neue, an Frauen orientierte Werte entgegenzusetzen. Eine Femininisierung der Gesellschaft soll vor allem auf der Entwicklung neuer Beziehungen unter Frauen aufbauen. Die Frage danach, was weibliche Werte inhaltlich kennzeichnet, soll zu einer Anerkennung der Geschlechterdifferenz führen, die symbolisch und nicht in erster Linie biologisch zu verstehen ist.

Historisch sowie systematisch lassen sich drei Phasen oder Akzentsetzungen der f.n Ph. unterscheiden: (1) *Gleicheitsfeminismus* oder *humanistischer Feminismus*. Dieser fand seinen ersten Ausdruck in der Suffragettenbewegung und dem Kampf um das Frauenstimmrecht. Er schließt sich meist an die politischen Forderungen der Aufklärung an und klagt Emanzipation auch für die Frauen ein. Zentraler Gedanke ist die Gleichberechtigung von Mann und Frau. Der Ausschluß der Frauen wird als ein Selbstmißverständnis der Aufklärung verstanden. (2) *Differenzfeminismus* oder *Gynozentrismus*. Er rückt die Frauen selbst in den Vordergrund. Seine Kritik am Gleichheitsfeminismus hat folgende Motive: Die Ideale der Aufklärung werden fragwürdig, da sie auf das Bürgertum begrenzt, eurozentristisch und am Eigentum orientiert sind. Aus feministischer Perspektive wird vor allem die Männlichkeit des Rationalitätsverständnisses kritisiert und auf die Gefahr der Anpassung an die bestehende patriarchalische Gesellschaftsordnung hingewiesen, die zu Lasten einer weiblichen Andersheit geht. Diese ist zu bevorzugen, selbst wenn sie in traditionellen weiblichen Lebenszusammenhängen wurzelt. Die Forderung nach Anerkennung eigenständiger Weiblichkeit wird in der Kritik am Gynozentrismus als dessen essentialistischer Hang hervorgehoben (↗Essentialismusdebatte). Die beiden Phasen unterscheiden sich auch durch ihre unterschiedliche Beantwortung der Frage, wie grundsätzlich eine Befreiung der Frau die bestehende Gesellschaft verändert. (3) Eine *dritte Phase* soll die Forderungen der beiden vorangehenden Phasen miteinander in Einklang bringen. Einerseits ist das Ziel der Gleichberechtigung innerhalb einer bestehenden Ordnung nicht zu vernachlässigen. Andererseits ist der Differenzfeminismus unerläßlich, um eine formale Gleichheit inhaltlich zu füllen und Alternativen zum Bestehenden entwickeln. **Lit.:** S. Benhabib: Quellen des Selbst in der zeitgenössischen feministischen Theorie. In: Die Philosophin 11 (1995). S. 12–32. – Diotima, Philosophinnengruppe aus Verona: Der Mensch ist zwei. Wien 1989. – A. M. Jaggar/I. M. Young (Hg.): A Companion to Feminist Philosophy. Oxford 1998. – J. Kristeva: Die Zeit der Frauen. In: Die neuen Leiden der Seele. Hamburg 1994. S. 226–252. – Libreria delle Donne di Milano: Wie weibliche Freiheit entsteht. Berlin 1991. – H. Nagl-Docekal (Hg.): Feministische Philosophie (mit Bibliogr.). Wien/München [2]1994. – R. Tong: Feminist Thought: A Comprehensive Introduction. Boulder/San Francisco 1989 – I. M. Young: Humanismus, Gynozentrismus und feministische Politik. In: E. List/H. Studer (Hg.): Denkverhältnisse. Feminismus und Kritik. Frankfurt 1989. S. 37–65. BES

**Philosophie, indische**. Da Indien drei Hochreligionen hervorgebracht hat, ist die i.Ph. zunächst nach diesem Gesichtspunkt zu gliedern: ↗Hinduismus, ↗Buddhismus und ↗Jainismus, wobei man den orthodoxen hinduistischen Denkschulen (↗Brahmanismus, ↗Systeme, indische) Buddhismus, Jainismus (und Materialisten, ↗Lokāyata) gegenüberstellt, die im Gegensatz zu jenen den Veda (↗Veden) nicht als Autorität anerkennen. Neben Logik, Epistomologie, Ontologie, Kosmologie u. a., hat die i.Ph. ein existentielles Interesse an religiösen Fragestellungen, deren wichtigste die nach der Erlösung (↗Mokṣa) ist. Voraussetzung für Erlösung ist, daß alle indischen religiösen und philosophischen Systeme – außer den Materialisten (Lokāyata) – eine Wiedergeburt lehren, ohne dabei unbedingt darin übereinzustimmen, was denn wiedergeboren wird: Während die meisten Systeme eine den Tod überdauernde, individuelle Substanz, eine Seele (↗Jīva, ↗Ātman) lehren, lehnt der Buddhismus, auch wenn er in bestimmten Ausprägungen der Vorstellung einer Seele sehr nahe kommt (Pudgalavāda ↗Mahāyāna), die Existenz einer Seele, die den dauerhaften Kern der individuellen Persönlichkeit ausmacht, strikt ab (anātman-Lehre). Die Verbindung zwischen Wiedergeburt und Erlösungsstreben schafft wiederum die Vorstellung, daß dieser eigentlich ewige Geburtenkreislauf (↗Saṃsāra) qual- und leidvoll sei, und daß es darauf ankommt, einen Weg finden, der es ermöglicht, aus diesem auszuscheiden. Was ursprünglich eine sehr konkrete Angelegenheit war, nämlich das Verlangen nach materiellem Wohlstand und Heil im Diesseits durch entsprechend wirksame Opferwerke (↗Karma), wird in Verbindung mit der Wiedergeburtslehre moralisch-kausalistisch umgedeutet in das Prinzip, daß das Verhalten und die Taten (Karma) in diesem (oder in vorangegangenen) Leben bestimmend sind dafür, in welcher Existenz man in der folgenden Existenz geboren wird oder wie schnell man zur Erlösung kommen kann. Von einer reinen Werkgerechtigkeit unterscheidet sich die Karma-Theorie jedoch dadurch, daß Erlösung nicht dadurch erreicht wird, daß man gutes Karma anhäuft, sondern dadurch, daß das alte Karma aufgezehrt und kein neues mehr produziert wird. Dies kann erreicht werden entweder durch die Hingabe an eine bestimmte Gottheit (↗Bhakti), wobei diese dann aktiv in den Erlösungsprozeß eingreift; die andere Möglichkeit besteht jedoch in der Erkenntnis der grundlegenden religiösen oder philosophischen Wahrheit, die häufig nicht auf rational-logischem Weg gewonnen werden kann, sondern durch Intuition; durch diese wird die die Erlösung hindernde und an den Samsāra fesselnde Unwissenheit (↗Avidyā) aufgehoben. Der Weg zu dieser intuitiven Erkenntnis führt dann meist über meditative (↗Meditation) und asketische (↗Tapas) Praktiken. In fast allen philosophischen Systemen kommt zusätzlich der Erkenntnis eines Unterschied zwischen empirischer Erfahrung und transzendenter Wirklichkeit (↗Ātman-Brahman-Konzeption, ↗Advaita, ↗Puruṣa-Prakṛti, Śūnyatā ↗Mādhyamika) eine wesentliche Bedeutung auf dem Weg zur Erlösung zu, die mittels Meditation erreicht werden kann. In den meisten Denkschulen nimmt das Verhältnis des Geistes als Seelenmonade oder Urgrund und letzte Wirklichkeit zur Materie hierbei eine wichtige Stellung ein; lediglich für den Materialismus und den Buddhismus, der ja sowohl eine individuelle wie auch eine kosmische geistige und ewige Entität leugnet, ist diese Frage sekundär. Der Buddhismus legte besonderen Wert darauf zu erklären, nach welchen Kausalitäten die Welt funktioniert und wie man sich diese Kausalitäten auf dem Weg zur Erlösung zunutze machen kann. Dabei werden sowohl die Objekte der Außenwelt als auch subjektive Persönlichkeit selbst, die ja nach buddhistischer Auffassung kein Ganzes ist und keinen Wesenskern hat, analysiert und kategorisiert. Diesen Hang zum Zerlegen der materiellen und geistigen Welt in einzelne Bestandteile und Kategorien und dem Feststellen von deren Zusammenhang und Zusammenwirken findet man auch im Jainismus und in einigen indischen Systemen (↗Nyāya, ↗Sāṃkhya, ↗Vaiseṣika). *Historische Entwicklung*: Die ältesten philosophischen Fragmente findet man in den jüngeren Partien des *Ṛgveda* (↗Veden) (X. Maṇḍala) im Bereich der Kosmogonie, indem z.B. hinterfragt wird, was denn eigentlich vor dem Seienden und dem Nichtseienden gewesen sei (X, 129). Philosophisches Denken erwächst in Indien also auf dem Boden des vedischen ↗Brahmanismus, dem Vorläufer des Hinduismus. Zur Zeit der Brāhmaṇas, einer Masse ritual-exegetischer Texte, entstehen zahlreiche Spekulationen über die mikrokosmisch-makrokosmischen Zusammenhänge und Identifikationen von Opfer und Kosmos. Aus ihnen heraus entwickeln sich die philosophischen Ansätze der Upaniṣaden, in denen die Vorstufen des Idealismus des späteren ↗Vedānta sichtbar werden. Die Mitte des 1. Jahrtausends v.Chr. war eine sehr fruchtbare Zeit für die Entwicklung der indischen Philosophie; mit dem Entstehen von städtischer Kultur und den ersten Großreichen kommt es in Nordindien – u. a. aus den Kreisen des Kriegerstandes (kṣatriya) – zur Herausbildung neuer religiöser, sozialer und philosophischer Ideen, die mit der brahmanischen Tradition in mehr oder weniger starkem Maße brechen: Nichtanerkennung des Veda als letzte religiöse und philosophische Autorität und des Kastensystems als soziale Gegebenheit (Jainismus), sowie das Leugnen einer Seele (Buddhismus) oder einer sittlichen Weltordnung wie der Karma-Lehre bei den Materialisten (↗Lokāyata). Eine weitere Blüte erlebt die i. Ph. im ersten Jahrtausend n.Chr., in dem die religiösen Bhakti-Bewegungen hervortreten, die buddhistischen Schulen ihre Blütezeit hatten (↗Mahāyāna, ↗Mādhyamika) und sich darauf die brahmanische Gegenreformation (↗Vedānta, ↗Advaita) herausbildete. Mit der Eroberung Nordindiens durch den Islam (1206) verschwindet der Buddhismus in Indien fast völlig von der Bildfläche und die traditionelle Philosophie war weitgehend auf die hinduistischen Reiche des Südens beschränkt. Vorherrschend waren bis zum Einbruch abendländischer, v.a. naturwissenschaftlicher und politisch-ideologischer Gedanken durch die britische Kolonialisierung (ab 18. Jh.) die Schulen der śivaitischen oder viṣṇuitischen Sekten oder des Vedānta. **Lit.:** S. Dasgupta: A History of Indian Philosophy. 5 Bde. Oxford 1922 (Nachdr. Delhi). – P. Deussen: Allgemeine Geschichte der Philosophie. Leipzig 1920 ff. – E. Frauwallner: Geschichte der indischen Philosophie. 2 Bde. Salzburg 1953–56. – H. v. Glasenapp: Die Philosopie der Inder. Stuttgart [3]1974. – W. Halbfaß: Einführung in die Indologie. Darmstadt [2]1993. S. 138 ff. – Ders.: Tradition and Reflection: Explorations in Indian Thought. Albany 1991. – B. Heimann: Studien zur Eigenart indischen Denkens. Tübingen 1930. – M. Hiriyanna: Vom Wesen der indischen Philosophie. München 1990. – H. Nakamura: Religions and Philosophies of India: A Survey with Bibliographical Notes. Tokyo 1974. – K. H. Potter (Hg.): The Encyclopedia of Indian Philosophies. 5 Bde. Delhi 1974 ff. (Band 1: Bibliographie, [2]1983). – Ders.: Presuppositions of India's Philosophies. Delhi 1991. – S. Radhakrishnan: Indische Philosophie. Baden-Baden 1955. – P. Ruben: Geschichte der indischen Philosophie. Berlin 1954. – O. Strauß: Indische Philosophie. München 1925. – H. Zimmer: Philosophie und Religion Indiens. Frankfurt 1973. – Textanthologien: H. v. Glasenapp: Indische Geisteswelt. Bd. 1. Hanau 1986. – J. Mehlig: Weisheit des alten Indien. 2 Bde. München 1987.

MD

**Philosophie, ionische,** Sammelbezeichnung für diejenigen Vertreter der vorsokratischen antiken Philosophie, die im 7. und 6. Jh. in den griechischen Pflanzstädten der kleinasiatischen Westküste (Ionien) lebten und deren Werke uns nur noch fragmentarisch überliefert sind. Zu ihnen werden in erster Linie die Milesier Thales (ca. 624–547), Anaximander (ca. 610–550) und Anaximenes (ca. 575–525) gezählt. Schon nach antiker Tradition galten diese mit ihrer Grundfrage nach der ↗arche, dem einheitlichen Urprinzip bzw. Urstoff, aus dem die Vielfalt der sinnlich wahrnehmbaren Phänomene erklärend abgeleitet werden sollte, als die Begründer der Naturphilosophie. Während Thales und Anaximenes von einem materialem Urstoff ausgingen – jener vom Element Wasser, dieser von dem der Luft, aus der durch Verdichtung und Verdünnung alle anderen Elemente entstehen sollten –, nahm Anaximander ein unvergängliches Unbegrenztes (↗apeiron), das mittels einer rational erfaßbaren Gesetzmäßigkeit verfährt, als abstraktes Erklärungsprinzip an. Rückblikkend gesehen besteht die wissenschaftliche Leistung der milesischen Naturphilosophen weniger in den inhaltlichen Antworten, die sie formulierten, als formal in ihren methodischen Einsichten (hier ist vor allem an die dem Thales zugeschriebene Entdeckung der Möglichkeit des theoretischen Satzes und des Beweises innerhalb seiner geometrischen Überlegungen zu denken, die das Vorbild für philosophisch-begründendes Denken lieferten) und in ihrem grundsätzlichen Ansatz: Im Gegensatz zu und in Abhebung von der ihnen vorausgehenden narrativen Welterklärung des Mythos ersetzten sie dessen Vielzahl von konkreten, individuellen und meist personifizierten Erklärungsgründen und -instanzen durch die Angabe eines abstrakten (oder zumindest abstrakteren) Prinzips (so wird z. B. – was schon Aristoteles bemerkt hat – im Falle Thales' der personifizierte Meeresgott Okeanos der mythischen Kosmogonie durch den Urstoff Wasser ersetzt). Damit bilden sie nicht nur den Anfang der griechischen Philosophie, sondern zugleich den Beginn des spezifisch abendländischen Projekts wissenschaftlicher Rationalität. – Aufgrund ihrer geographischen Herkunft werden manchmal auch noch Xenophanes von Kolophon (ca. 570–475/70) und Heraklit von Ephesos (ca. 536–470) zur i. Ph. gerechnet, was in der Regel dazu führt, die naturwissenschaftlichen Teile ihrer Werke in den Vordergrund zu rücken: Dann sieht man in Xenophanes weniger den Kritiker des anthropomorphen Götterglaubens als vielmehr den Vertreter der Lehre des unveränderlichen göttlichen Einen, der damit zum Lehrer des Parmenides und zum Begründer der eleatischen Philosophie wird, und in Heraklit den Vertreter des Feuers als Urstoff im Sinne der Milesier.

JV

**Philosophie, japanische.** Die j. Ph. läßt sich prinzipiell in zwei Abschnitte unterteilen: (1) Die traditionelle, für die der Shintoismus die lebensweltliche Grundlage bildete, in die der ↗Konfuzianismus (6. Jh.) und später der ↗Neokonfuzianismus (13. Jh.) inkulturiert werden konnten. Zudem bildet der aus Indien stammende ↗Buddhismus, der durch die Übersetzung in die chinesische Kultur tiefgreifende Veränderungen erfuhr und von dort aus seinen Weg nach Japan fand, ein wesentliches Moment im traditionellen japanischen Denken. (2) Die moderne j. Ph., die durch die Rezeption der europäisch-westlichen Philosophie seit 1868 entsteht.

(1) Aus dem Shintoismus und Konfuzianismus stammen in Japan keine wesentlichen philosophischen Entwürfe. Ihre Lehren bildeten vielmehr einen allgemeinen lebensweltlichen Hintergrund für die japanische Kultur. Aus dem Buddhismus sind vor allem Kukai für seine sprachphilosophischen Erörterungen und Dôgen für seine zen-buddhistischen Überlegungen zum Zeit-Problem von philosophischem Interesse. Der Neokonfuzianismus blühte in Japan vor allem in der Edo-Zeit (1600–1868) und hat dem traditionellen Denken in Japan verschiedene Impulse verliehen. – (2) Bei der Rezeption der westlichen Philosophie wurde in Japan zunächst der angelsächsischen Philosophie besonderes Interesse entgegengebracht. Dann allerdings wurde gegen Ende des 19. Jh. die deutsche Philosophie (Kant, Hegel u. a.) dominant. 1911 erschien der erste eigenständige Entwurf einer Philosophie von Nishida in seinem Buch »Studie über das Gute«. Seit dieser Zeit entwickelte sich die Philosophie in Japan in verschiedene Richtungen weiter. Zum einen finden wir eine breite Erforschung aller westlichen Philosophen (Platon-, Kant-, Hegel-Forschung usw.), zum anderen entstehen immer wieder eigenständige Versuche zur Philosophie u. a. auch in Rückbezug auf die eigenen asiatischen Traditionen. Für die letztere Strömung ist insbesondere die ↗Kyoto-Schule ein herausragendes Beispiel, deren Themen gegenwärtig u. a. von Ôhashi Ryôsuke (geb. 1944) in verschiedenen Richtungen weiterentwickelt werden. – Neben der Kyôto-Schule hat die moderne japanische Philosophie verschiedene Ansätze hervorgebracht, die philosophisch sehr unterschiedlich motiviert sind. Seit den 20er Jahren (Miki Kiyoshi, 1897–1945) und nach dem zweiten Weltkrieg (Hiromatsu Wataru, 1933–1994) spielte die marxistische Philosophie eine besondere Rolle im Hinblick auf die Kritik der eigenen Kultur. Kuki Shûzô (1888–1941), der bei Heidegger und Bergson studierte, legte 1930 einen philosophischen Versuch vor, bei dem er ausgehend von einem ästhetischen Phänomen (dem sogenannten »iki«) die lebensweltlichen Grundlagen der japanischen Kultur durch die phänomenologisch-hermeneutische Methode aufzuhellen suchte. Watsuji Tetsurô (1889–1960) entwarf einerseits eine Philosophie des Klimas, die gegen die Heideggersche Betonung der Zeit die grundlegende Dimension des Raumes in den Vordergrund rückte. Andererseits entwikkelte er im Bereich der Ethik einen Ansatz, der dem ostasiatischen Menschenbild entsprechen sollte. Dieses zeichnet sich nach Watsuji vor allem dadurch aus, daß es nicht von der einzelnen Person ausgeht, sondern der einzelne Mensch sich durch ein Zwischenverhältnis (aidagara) bestimmt, wodurch sich grundlegende Konsequenzen für die Ethik ergeben. Aufgrund der besonderen kulturellen Situation entstand in Japan schon sehr früh eine vergleichende Philosophie, deren Repräsentant Nakamura Hajime (geb. 1912) ist. Auffällig ist eine besondere Betonung der Leibphilosophie seit den 60er Jahren. Insbesondere die eine Vernunft wird im Namen der Sinnlichkeit und Verleiblichung kritisiert (Mori Arimase 1911–1976, Sakabe Megumi geb. 1936, Nakamura Yûjirô, geb. 1925). – Die moderne j.

Ph. zeichnet sich generell durch eine große Vielfalt aus, die u.a. eine Frucht der ausgedehnten Rezeption westlicher Philosophie ist. Es ist aber wohl vor allem dann sinnvoll, von moderner »j.« Ph. zu sprechen, wenn neue Wege des Denkens durch die Auseinandersetzung verschiedener Kulturtraditionen (hier vor allem asiatischer und westlicher) gewonnen wurden. **Lit.:** L. Brüll: Die japanische Philosophie. Eine Einführung. Darmstadt 1989. – Junko Hamada: Japanische Philosophie nach 1868. Leiden 1994. – G. Paul: Philosophie in Japan. Von den Anfängen bis zur Heian-Zeit. München 1993. – G.K. Piovensana: Recent Japanese Philosophical Thought. 1868–1994. [3]1996. – P. Pörtner/J. Heise: Die Philosophie Japans. Stuttgart 1995. RE

**Philosophie des Geistes** ↗Philosophy of Mind

**Philosophie der idealen Sprache.** Die Analysen der Ph. i. S. zielen darauf ab, ein System der Sprache zu erstellen, in dem der semantische Begriff der Wahrheit präzise definiert werden kann. Gegenstand der Analyse sind die Aussagen der natürlichen Sprache speziell im Hinblick auf den ↗Wahrheitswert ihrer Sätze. Dies stellt bereits eine Einschränkung des natürlichen Sprachgebrauchs auf beschreibende, d.i. deskriptive Aussagen dar. Entsprechend formuliert die Ph. i. S. dazu ein Kriterium: Ein Satz einer natürlichen Sprache S ist eine Aussage genau dann, wenn er in eine interpretierte ↗künstliche Sprache $S_n$ übersetzbar ist. Dieses Kriterium bringt die normierende Absicht zum Ausdruck: Eine Aussage der natürlichen Sprache soll als Aussage in einer künstlichen Sprache, die in ihrer logischen Syntax und logischen Semantik vollständig bestimmt ist, definiert werden. Der Zweck der Übersetzung in die künstliche Sprache besteht darin, die Aussagen in eine Sprache zu transformieren, deren Aussagen und Aussageformen die Eigenschaft »logisch wahr« oder »logisch falsch« zugeschrieben werden kann. Das intendierte Ziel sind solche Aussagen, die bei jeder beliebigen Interpretation zu wahren oder falschen Aussagen von $S_n$ werden. Repräsentative Vertreter dieser Position sind Russell, Wittgenstein, Frege, Schlick, Carnap, Goodman. **Lit.:** R. Carnap: Logische Syntax der Sprache. Wien [2]1968. – Ders.: Bedeutung und Notwendigkeit. Wien/New York 1972. – G. Frege: Funktion, Begriff, Bedeutung. Göttingen 1969. – G. Patzig: Sprache und Logik. Göttingen 1970. – W.V.O. Quine: Von einem logischen Standpunkt. Frankfurt/Berlin/Wien 1979. – B. Russell: An Inquiry into Meaning and Truth. New York 1940. – Ders.: Logic and Knowledge. London/New York 1956. – M. Schlick: Meaning and Verification. In: Gesammelte Aufsätze. Hildesheim 1969. – J. Sinnreich (Hg.): Zur Philosophie der idealen Sprache. München 1972. – E. v. Savigny: Analytische Philosophie. Freiburg/München 1970. – L. Wittgenstein: Tractatus logico-philosophicus (Schriften Bd. 1). Frankfurt 1960. PP

**Philosophie der normalen Sprache,** auch ordinary language philosophy, wird repräsentiert durch L. Wittgensteins *Philosophische Untersuchungen*, durch G. Ryle, J.L. Austin u.a. Die Ph. n. S. stellt eine Abkehr von der ↗Philosophie der idealen Sprache und den damit verbundenen Forderungen nach expliziter Definiertheit der Wörter und exakter Festlegungen durch Regeln dar. Die Idee einer exakten Sprache erweist sich für Wittgensteins *Philosophische Untersuchungen* als eine Schimäre: Die Forderung einer idealen Sprache gründet in einer verfehlten Vorstellung davon, was es heißt, einer Sprachregel zu folgen. Grundlegend für die Entwicklung der Ph. n. S. ist Wittgensteins Argumentation gegen die Festlegung einer Wortbedeutung durch eine explizite, dem Gebrauch vorgängige Sprachregel. Um nicht in den mit einer solchen Bedeutungsfestlegung verbundenen unendlichen Regreß zu verfallen, wenn wir die Bedeutung durch eine Regel festlegen wollen und für diese Festlegung ihrerseits wieder eine Regel der richtigen Festlegung benötigen, müssen wir letztlich auf ein Sprachverständnis ohne explizite Regelkenntnis rekurrieren. Die Regelkenntnis als Quelle des Sprachverständnisses wird von Wittgenstein ersetzt durch die Festlegung der Wortbedeutung durch den geregelten Gebrauch. Die grundlegende Annahme für diese Argumentation ist, daß es keine Wirklichkeit an sich gibt, die durch die Sprache abgebildet wird (↗Abbildtheorie), sondern erst in der sprachlichen Bedeutung erschließt sich uns die Welt. D.h. die Welt ist uns immer nur in sprachlicher Interpretation gegeben. – Ryle hat zur Begründung des Verfahrens der Normalsprachanalyse nochmals das Argument des unendlichen Regresses in Gestalt einer Kritik an der »intellektualistischen Legende« vorgebracht, d.h. an der Vorstellung, daß der Handelnde die für die betreffende Situation einschlägige Regel auszuwählen hat. Die Kenntnis der Regel ist ihrerseits noch keine Gewähr für die richtige Wahl und für die richtige Anwendung auf eine gegebene Situation, so daß für beide Fälle nochmals Regeln für die verständige Wahl und die verständige Anwendung erforderlich wären, und für die Anwendung dieser Regel bedürfte es wiederum eigener Regeln usw. Mit dieser Kritik zielt er gleichzeitig auf die Theorie des menschlichen Geistes und deren Annahme, daß eine verständige Handlung durch einer innere geistige Haltung verursacht ist. Ähnlich argumentiert Ryle in bezug auf die Frage nach der Willentlichkeit von Handlungen. Diese ist seiner Meinung nach nicht durch die Annahme einer vorgängigen Instanz »Wille«, die als Ursache für Handlungen fungiere, erklärbar. In letzter Konsequenz betrifft die Kritik der »Legende« auch die Theorie des ↗Selbstbewußtseins bzw. die Annahme des Wissens des Geistes von sich selbst, die in der traditionellen Philosophie als Grundlage der Erkenntnis (allerdings in anderer als der von Ryle kritisierten Form) angeführt wird. Nach Ryle besteht die philosophische Aufgabe der Sprachanalyse darin, die logische Struktur von Sachverhalten über die syntaktische Struktur von Sachverhaltsbeschreibungen aufzudecken. Mit Hilfe der Alltagssprache erscheint es ihm entscheidbar, ob ein vorliegender Satz sinnvoll oder absurd ist. Bspw. zeigt der Vergleich der Sätze »gestern habe ich Stephan getroffen« und »gestern habe ich den durchschnittlichen Steuerzahler getroffen« die Sinnlosigkeit des zweiten Satzes. Wenn ein sprachlich sinnloser Satz auf die geschilderte Weise entstanden ist, handelt es sich um einen ↗»Kategorienfehler«. Dieses Analyseverfahren konnte Ryle fruchtbar machen im Hinblick auf die Unterscheidung zwischen Wörtern für Ereignisse und Wörtern für Dispositionen (bspw. Hans ist gerade damit beschäftig, sein Fahrrad zu flikken – Hans ist gerade damit beschäftigt, sein Fahrrad zu besitzen). Diese Differenzierung soll verhindern, Dispositionen wie »sich beeilen«, »mit Überlegung handeln«, »etwas absichtlich tun« nach dem Muster von Vorgängen (wie laufen, schreien, singen) zu behandeln und entsprechend falsche Problemstellungen daraus zu entwickeln. – Austin versucht eine systematische Antwort darauf zu finden, was man mit den Wörtern tun kann (how to do things with words). Er beläßt es nicht bei der Unterscheidung von Gebrauchsweisen, sondern versucht, über deren systematische Ordnung die Funktionen der Sprache zu bestimmen. Seine Analysen führten zur Entwicklung der ↗Sprechakttheorie. – Das kennzeichnende Merkmal der Ph. n. S. ist es, bei der Arbeit an philosophischen Problemen die Untersuchung der Alltagssprache zur Basis der Argumentation zu machen. Das dafür spezifische Philosophieverständnis läßt sich anhand der vierfachen Funktion solcher Untersuchungen bestimmen: (a) Die klärende Funktion liegt in der Aufgabe, durch den Bezug auf die Umgangssprache die sinnlosen von den sinnvollen Fragen zu unterscheiden. Die Klärung vollzieht sich durch den Rückgriff auf die normalen Verwendungsregeln der Sprache, um die verwendeten Wörter in ihrer Eindeutigkeit festzulegen. (b) Die therapeutische Funktion besteht darin, daß man die Bedeutung eines Ausdrucks durch Bezug auf die Verwendungsregeln klärt, um entscheiden zu können, ob das Problem (nur) in der falschen Formulierung besteht und aufgrund eines falschen Sprachverständnisses entstanden ist und damit durch korrekten Sprachgebrauch beseitigt werden kann. (c) Um die beweisende Funktion zu erfüllen, bezieht sich die Ph. n. S. zum einen auf die Ausdrücke, mit deren Hilfe wir in der alltäglichen Sprache über die Sachverhalte sprechen, zu denen ein bestimmtes philosophisches Problem formuliert wurde, und zum anderen auf Ausdrücke der Alltagssprache, mittels derer wir uns auf die typischen Sachverhalte eines scheinbar verwandten Sachverhalts beziehen. Z. B. können wir die Ausdrücke für Willenshandlungen mit den typischen Ausdrücken zur Beschreibung der Ursache-Wirkungs-Beziehung eines äußeren Ereignisses vergleichen. Das in Frage stehende Problem entpricht nur dann dem Sachverhalt, wenn die Regeln für den Gebrauch der einen Ausdrücke den Regeln der anderen gleichen. (d) Die heuristische Funktion zeigt sich darin, daß man durch die Untersuchung der Verwendungsweise der Wörter auf Sachverhalte geführt wird, deren Unterscheidung für philosophische Probleme bedeutsam sind. Die grundlegende Annahme dafür ist, daß unterschiedliche Ausdrücke immer auch unterschiedliche Sachverhalte repräsentieren. **Lit.:** J. L. Austin: Zur Theorie der Sprechakte. Stuttgart 1972. – Ders.: Sinn und Sinneserfahrung. Stuttgart 1975. – G. Ryle: Der Begriff des Geistes. Stuttgart 1969. – E. v. Savigny: Analytische Philosophie. Freiburg/München 1970. – Ders.: Philosophie der normalen Sprache. Freiburg/München Frankfurt [2]1974. – L. Wittgenstein: Tractatus logico-philosophicus (Werke Bd. 1). Frankfurt 1984. PP

**Philosophiedidaktik.** Didaktik (griech. didaskein: lehren) bedeutet in einem engeren Sinne »Lehrkunst«, »Lehrverfahren« (Methodik) bzw. die entsprechende theoretische Untersuchung; in einem weiteren Sinne umfaßt Didaktik zusätzlich die Untersuchung der Ziele, Inhalte und Medien eines Faches. Philosophen haben zwar traditionellerweise auch über ihre eigenen Vermittlungsweisen reflektiert, etwa Platon in den sokratischen Frühdialogen, Kant in den Methodenkapiteln seiner Hauptschriften oder Hegel in seinen beiden Gutachten zum Philosophieunterricht von 1812 und 1822. Die Herausbildung der Ph. als einer eigenen Fachdisziplin aber ist erst jüngeren Datums und bisher im Unterschied zu den herkömmlichen Einzeldidaktiken institutionell kaum etabliert. Erst mit der (im Vergleich vor allem mit den romanischen Ländern) späten Einführung von Philosophie als einem Wahl- oder Wahlpflichtfach in der Reform der gymnasialen Oberstufe von 1972 ergibt sich in der Bundesrepublik Deutschland der pragmatische Zwang, für die Lehrerausbildung auch Studienanteile in Ph. anzubieten. Als Zusatzmotiv kommt die sukzessive Einrichtung des Ethikunterrichts als Ersatz- oder Alternativfach für den Religionsunterricht hinzu, vor allem in den neuen Bundesländern. Auch die weiteren Lernorte von Philosophie, wie das »Philosophieren mit Kindern«, Philosophie in der Erwachsenenbildung, in den öffentlichen Medien oder in der Wirtschaft machen verstärkt ein didaktisches Wissen und Können erforderlich, nicht zuletzt auch die hochschuldidaktische Praxis des akademischen Fachstudiums der Philosophie selbst.

Die Ph. stützt sich, analog zu den sonstigen Fachdidaktiken zum einen auf ihre spezifische Bezugsdisziplin Philosophie und die Praxiserfahrungen des Philosophierens, zum anderen auf die Allgemeine Didaktik nebst Lern- und Motivationspsychologie. Sie ist daher von ihrem Gegenstandsbereich her interdisziplinär ausgerichtet. Die inhaltliche Konstituierung der Ph. als einer eigenen Fachdisziplin hängt jedoch von der jeweiligen Auffassung von Philosophie und Didaktik ab. So hat beispielsweise die Analytische Philosophie in Kombination mit einer Theorie effektiven Lernens weniger Probleme mit der Lehr- und Lernbarkeit von Philosophie als die Existenzphilosophie in Verbindung mit einer Theorie reflexiver Bildungsprozesse. Auch die Eigenständigkeit einer Ph. stellt sich dementsprechend unterschiedlich dar. Für eine ohnehin selbstre-

flexive Philosophie kann Didaktik als überflüssig erscheinen, gestützt durch die Vorstellung des »pädagogischen Naturtalents«; für eine Philosophie als Inbegriff von Sätzen oder Systemen der Tradition oder analytischer Provenienz kann Didaktik ferner als nachträgliche Anwendungstechnik (Methodik) nützlich oder als simplifizierende Verkaufstechnik schädlich sein.
Nützlich ist Ph. auch dann, wenn sie die Fachphilosophie in ihren Zielen, Inhalten und Methoden zu einer kritischen Reflexion provoziert. Als individueller, je nach institutionellem Rahmen unterschiedlich und stets nur annäherungsweise realisierbarer Verständigungsprozeß oder Dialog wäre praktizierte Didaktik sogar konstitutiv für die philosophische Einsicht des jeweils neuen Individuell-Allgemeinen. Auch die Bestimmung der Ziele, Inhalte, Methoden und Medien hängt nicht nur von den kontroversen erziehungswissenschaftlichen Prämissen ab, sondern auch vom jeweiligen Philosophiebegriff, nicht zuletzt von der konkreten didaktischen Situation. Daher lassen sich viele Kontroversen wie Selbstdenken versus Nachvollzug, Dialogmethode versus Textarbeit, Klassikerorientierung versus Alltags- oder Gesellschaftsbezug, verbales versus bildhaftes Philosophieren sowie Philosophieren für eine Elite versus für jederman entweder als bloße Scheinprobleme auflösen oder auf ungeklärte Prämissen zurückführen. **Lit.:** E. Martens: Einführung in die Didaktik der Philosophie. Darmstadt 1984. – Ders.: Sich im Denken orientieren. Philosophische Anfangsschritte mit Kindern. Hannover 1990. – W. D. Rehfus: Der Philosophieunterricht. Stuttgart-Bad Cannstatt 1985. – W. D. Rehfus/H. Becker (Hg.): Handbuch des Philosophieunterrichts. Düsseldorf 1986. – V. Steenblock: Auszug aus dem Elfenbeinturm. In: F. Hermanni/V. Steenblock (Hg.): Philosophische Orientierung. München 1995. S. 187–214. – Zeitschrift für Didaktik der Philosophie. Hannover 1979 ff. EM

**Philosophiegeschichte,** als Geschichte der Philosophie der Versuch, philosophische Ideen und ihre Entwicklung systematisch-kritisch darzustellen. Die Darstellung der P. – ob sie objektive historische Realität nachzeichnet oder subjektive Erinnerung reflektiert – orientiert sich dabei an einer bestimmten Perspektive, diese mag problem-, ideen-, begriffs-, wirkungs-, kultur-, geistesgeschichtlicher oder biographischer Art sein. Die ersten Sammlungen und Archive in philosophiegeschichtlicher Tradition gehen auf Aristoteles und Theophrast zurück. Als einzige der frühen Ph.n blieb *De Vita et moribus Philosophorum* (3. Jh. n. Chr.) des Diogenes Laertios von den zahllosen Kompendien und Archiven der Antike erhalten. MA. und Renaissance sind in philosophiegeschichtlicher Hinsicht eher konventionell und bereiten die bekannten Argumente, Ideen und Meinungen in Summen und Enzyklopädien auf. Erst im 18. Jh. entsteht eine wissenschaftliche Methodenreflexion mit Heumanns *Acta Philosophorum* (1715 ff.), und im Anschluß an Kants Erörterung der »apriorischen Ph.« erhält die Ph. gar wissenschaftlichen Charakter. Im Zuge des ↗Historismus des 19. Jh. entstehen die großen und einschlägigen philosophiegeschichtlichen Werke: Ueberweg, Windelband, Deussen, Lewes, Janet/Séailles u. a., die alle einer bestimmten philosophischen oder historischen Richtung verpflichtet sind. Die Ph.n werden in diesem Kontext zu Lehrbüchern der Philosophien. Im 20. Jh. setzt sich die philologisch-historische Tradition fort und wird um die Ph. anderer Kulturkreise (Indien, China, Afrika) erweitert. **Lit.:** M. Dal Pra: La storiografia filos. antica. Mailand 1950. – L. Geldsetzer: Art. Philosophiegeschichte. In: HWPh. Bd. 7. Sp. 912–921. – W. Totok: Handbuch der Geschichte der Philosophie. Frankfurt 1964 ff. JM

**Philosophy of Mind,** in der englischsprachigen Philosophie die Bezeichnung der philosophischen Teildisziplin, die sich mit Fragen hinsichtlich des menschlichen Geistes und der verschiedenen Arten geistiger (»mentaler«) Vorgänge befaßt. Dabei steht die Frage im Mittelpunkt, was genau geistige Eigenschaften und ihre Träger sind und wie sie mit körperlichen Vorgängen zusammenhängen (↗»Leib-Seele-Problem«). Häufig wird dies als Frage nach der Bedeutung der sprachlichen Ausdrücke formuliert, die uns über geistige Vorgänge und Eigenschaften zu sprechen erlauben. – Darüber hinaus zählen zur Ph.o.M. u. a. die Theorie der ↗Intentionalität, der mentalen Repräsentation, der Wahrnehmung, des ↗Bewußtseins, des Gedächtnisses und der ↗personalen Identität. Im weiteren Sinn wird auch die philosophische Analyse von Methode und Gegenstand der Psychologie (philosophy of psychology) und Sprachwissenschaft (philosophy of linguistics) zur Ph.o.M. gezählt. **Lit.:** ↗Leib-Seele-Problem. MW

**Phrastik** ↗Neustik

**Phronesis** (griech. ↗Klugheit). Bei Platon und Aristoteles bezeichnet der Begriff der Ph. die praktische Weisheit, d. h. das Wissen um das in ethischer Hinsicht Gute, Zuträgliche und Angemessene. Während der platonische Sokrates Tugend und Wissen identifiziert, differenziert Aristoteles verschiedene Tugenden, die für jeweils besondere Bereiche zuständig sind. Anders als Techne und Episteme befähigt uns die Ph. zu Handlungen, die das für uns, bezogen auf das gesamte Leben, Gute und Schlechte betreffen. Im Gegensatz zum auf das Allgemeine gerichtete Wissen (↗episteme) hat es die Ph. mit dem einzelnen und Konkreten zu tun; sie führt zur Erkenntnis dessen, was hier und jetzt zu tun ist. Die Ph. steht in einem engen Zusammenhang mit den moralischen Tugenden. Bloße Klugheit im Sinne des geschickten und »cleveren« Umgangs mit den Lebenssituationen ist noch nicht Ph.; von Ph. spricht Aristotles nur im Kontext einer moralischen Lebensführung, sie betrifft die Erkenntnis des ethischen Richtigen. **Lit.:** Aristoteles: Nikomachische Ethik, Buch VI. – P. Aubenque: La prudence chez Aristotle. Paris 1963. – H.-G. Gadamer: Praktisches Wissen. In: Gesammelte Werke Band 5. Tübingen 1985. – A. Kenny: Wisdom in Aristotles Ethics. In: Aristotelian Ethics. Oxford 1978. ML

**Phylogenese,** stammesgeschichtliche Entwicklung der Lebewesen (Organismen). Meist auf bestimmte Verwandtschaftsgruppen bezogen, z.B. die Ph. der Wirbeltiere. Zur Rekonstruktion der Ph. einer Gruppe dienen Untersuchungen der Erbeigenschaften lebender Arten (Eigenschaftsanalyse) oder fossiler Vertreter (Homologieforschung). Durch die Ph. können die Verwandschaftsverhältnisse innerhalb von Stämmen, z.B. verschiedener Arten näher geklärt werden. Die Erkenntnisse über die Ph. können in Form eines Stammbaumes dargestellt werden. MK

**Physei/thesei.** Die sprachphilosophische Frage, wodurch die Richtigkeit der die Dinge benennenden Namen und Wörter begründet ist, entweder (a) durch die Natur der Sprache (d.i. physei) oder (b) durch Setzung kraft Vereinbarung (d.i. thesei), wird repräsentativ schon in Platos *Kratylos* diskutiert: (a) Für die These der Naturhaftigkeit wird die Überlegung vorgebracht, daß Sprache und Namen nicht ein willkürliches Erzeugnis einer Sprachgemeinschaft sein können, vielmehr müsse jedem Ding das ihm von Natur aus zukommende Wort zugeordnet sein. Für diese Zuordnung wird der verständige, wortprägende Gesetzgeber angeführt. (b) Die These der Setzung modifiziert die Annahme der natürlichen Richtigkeit durch den Hinweis, daß das sprachliche Zeichen infolge seines Zeichencharakters verschieden ist von der bezeichneten Sache. Insofern hat es immer den Charakter einer durch Brauch und Übereinkunft legitimierten Setzung. PP

**Physik,** die empirische Wissenschaft, die sich mit dem gesetzmäßigen Verhalten (↗Naturgesetz) der materiellen Welt und vor allem dessen fundamentalen Aspekten beschäftigt. Die Ph. begann in der griechischen Antike als allgemeine Lehre von der ↗Natur. Zur ↗Naturphilosophie bestand keine eindeutige Trennung. Die neuzeitliche Ph., die sich zunehmend auf experimentelle Vorgehensweisen stützte und zu einem erheblichen Maße auf mathematischen Methoden aufbaute, fand mit I. Newton im späten 17. Jh. ihren ersten großen Höhepunkt. Der Hauptstützpfeiler der Ph. war zu dieser Zeit die Mechanik, auf die man im Rahmen eines umfassenden Mechanizismus alle Phänomene zu reduzieren versuchte. In den folgenden zwei Jh.en wurde die Ph. um Gebiete wie die Wärmelehre und die Lehre von Elektrizität und Magnetismus erweitert. Auf theoretischer Seite war eine immer stärkere Ausrichtung auf die Methoden der Infinitesimalrechnung und der Extremalprinzipien zu beobachten. Die fundamentalen Gesetze der Ph. wurden in Form von Differentialgleichungen formuliert; mögliche Verhaltensweisen physikalischer Systeme entsprachen den Lösungen dieser Gleichungen. Der Determinismus physikalischer Modelle war unumstritten. Eine wichtige Rolle spielte die zunehmende Vereinheitlichung der physikalischen Grundgesetze: So wie Newton erstmals irdische Mechanik und Himmelsmechanik einheitlich beschreiben konnte, vereinigte J.C. Maxwell zu Beginn der 2. Hälfte des 19. Jh. Elektrizität, Magnetismus und Optik. Unzulänglichkeiten und Ungereimtheiten innerhalb dieser »klassischen Ph.« führten zu Beginn des 20. Jh. zu entscheidenden Umbrüchen. Zwischen 1905 und 1916 formulierte A. Einstein zuerst die spezielle, dann die allgemeine ↗Relativitätstheorie, die noch heute als adäquate Beschreibung des globalen Verhaltens der Raum-Zeit-Struktur angesehen wird. Um 1925 kristallisierte sich aufgrund von Schwierigkeiten bei der Beschreibung der materiellen Mikrostruktur die ↗Quantenmechanik heraus. Als Erweiterung der Quantenmechanik sind die Quantenfeldtheorien und die Elementarteilchenphysik zu nennen, die Ansätze zur Vereinheitlichung in der Beschreibung der fundamentalen Wechselwirkungen bieten. Die elektromagnetische, die schwache und die starke Wechselwirkung lassen sich heute in einem einheitlichen Ansatz erfassen. Eine Vereinheitlichung mit der allgemeinen Relativitätstheorie, d.h. mit der gravitativen Wechselwirkung, zeigte bisher erhebliche Probleme. In neuester Zeit kam zum Spektrum der Ph. noch ein weiterer interessanter Zweig hinzu: die Ph. komplexer Systeme, die v.a. für den mesoskopischen Bereich Bedeutung besitzt. Zu ihr zählen z.B. die ↗Chaostheorie und die Ph. der Selbstorganisation und Strukturbildung. **Lit.:** K. Simonyi: Kulturgeschichte der Physik. Thun/Frankfurt 1990. RH

**Physikalismus,** von Neurath eingeführte Bezeichnung für die Auffassung, daß die logisch-mathematisch strukturierte, mit raum-zeitlichen Parametern operierende Sprache der Physik diejenige Sprache sei, auf die sich alle anderen in den Einzelwissenschaften verwendeten Sprachen zurückführen ließen. Carnap, der auch von »methodischem Materialismus« spricht, spitzt diese Auffassung zu der »These von der Universalität der physikalischen Sprache« zu (1931, S. 449, 462), d.h., daß jeder sinnvolle Satz in die sowohl »intersensuale« wie »intersubjektive« Sprache der Physik übersetzt werden bzw. daß jeder Sachverhalt in ihr ausgedrückt werden könne. Zusammen mit der daraus ableitbaren »These von der Einheitswissenschaft«: »alle Sätze sind in *einer* Sprache ausdrückbar, alle Sachverhalte sind von *einer* Art, nach *einer* Methode erkennbar« (Carnap 1931, S. 432), bildet sie den Kern der »wissenschaftlichen Weltauffassung« des ↗Wiener Kreises. Unabhängig von den besonderen semantischen und methodologischen Prämissen der Philosophie des Wiener Kreises, ist die Anwendung des physikalistischen Grundgedankens auf das Gebiet der Psychologie von außerordentlichem Einfluß auf die Entwicklung der analytischen Philosophie des Geistes gewesen. Im Rahmen der dort geführten Diskussionen um das sog. ↗Leib-Seele Problem kommt der Ausdruck »Ph.« in zwei verschiedenen Bedeutungen vor. Einerseits bezeichnet er das Programm einer materialistischen Theorie des Geistes überhaupt. In diesem Fall wird er bedeutungsgleich verwendet mit dem Ausdruck ↗»Materialismus«. Andererseits funktioniert er auch als Name für eine spezielle Form des Materialismus: die Identitätstheorie. Im einen wie im anderen

Fall steht »Ph.« für eine bestimmte (Hypo-)These über die Natur mentaler Phänomene. In der Regel unterscheidet man: (a) den partikularen Ph. (token physicalism: Behauptet wird eine numerische Identität zwischen einzelnen Vorkommnissen von mentalen und physikalischen Phänomenen) vom generellen Ph. (type physicalism: Behauptet wird eine Identität zwischen mentalen und physikalischen Phänomenen überhaupt) und (b) den reduktiven Ph. (oder Materialismus): d. h. Varianten der These, daß mentale Phänomene nichts anderes seien als physikalische Phänomene, vom nicht-reduktiven Ph. (oder Materialismus): z. B. die Thesen des Funktionalismus oder des Anomalen Monismus. **Lit.:** P.Bieri (Hrsg.): Analytische Philosophie des Geistes. Königstein/Ts. 1981. – R. Carnap: Die physikalische Sprache als Universalsprache der Wissenschaft. In: Erkenntnis Bd.2 (1931). S. 432–465. – O. Neurath: Soziologie im Physikalismus. In: Erkenntnis Bd. 2 (1931). S. 393–431. BBR

**Physiozentrismus** ↗Naturethik

**Physis** (griech. Natur). Da das lat. Wort natura die Übersetzung von physis ist, teilt unser Begriff der Natur einerseits die Bedeutung und Bedeutungsvielfalt des griech. Wortes, läßt uns andererseits leicht übersehen, daß die Entdeckung der Natur als eines eigenständigen Bereichs eine der ungewöhnlichsten Leistungen der griech. Philosophie war. Diese Entdeckung erfolgte auf verschiedenen Gebieten, und deshalb haftet dem Begriff der Ph. von Anfang an eine tiefe Zweideutigkeit an. Bei Parmenides wie bei Empedokles bezeichnet Ph. die Welt des Werdens im Gegensatz zum wahren Sein und ist deshalb Gegenstand der Meinung, doxa, im Ggs. zur Wahrheit. Hier tritt also mit der Entdeckung der Natur zugleich der erkenntnistheoretische Gegensatz von Meinung und Wahrheit auf. In der griech. Medizin dagegen, bei Hippokrates, bezeichnet Ph. den Normalzustand, das Natürliche, und damit das Normative: Die Natur gilt dem Arzt als maßgebend und vorbildlich, im Gegensatz zur techne, dem von Menschen Beeinflußbaren und Gemachten. Daraus entwickelt sich die Auffassung von der Ph. als dem wahren Wesen, der wirklichen Beschaffenheit der Dinge. Mit der Sophistik entsteht daraus der Gegensatz von Ph. und ↗nomos. Während die Ethnographie (Herodot) dieses Gegensatzpaar noch ganz neutral zur Beschreibung des Einflusses von Bräuchen auf die Natur, etwa den Körper des Menschen, und der Natur, also z. B. des Klimas, auf die Bräuche verwendet, wird dieser Gegensatz bald dazu verwendet, um die kulturelle Überlegenheit der Griechen über die Perser, aber auch, um die natürliche Überlegenheit des Adels über die Bürger zu erklären. Der Adel versucht, seine ↗arete durch Hinweis auf seine angeborene Ph. zu rechtfertigen, die Griechen erklären ihre Überlegenheit über die Perser mit Hinweis auf ihre bessere Gesetzgebung, ihren besseren nomos, der sie zu freien und damit zu tapferen Menschen gemacht habe. Einmal wird also der nomos höher als die Ph., das andere Mal die Ph. höher als der nomos bewertet. So sieht (der platonische) Kallikles die Natur als vorbildlich und das Gesetz »nur« als einen vernunftwidrigen Brauch an, Protagoras dagegen den Brauch als maßgeblich.

Aristoteles hat versucht, in diese verschiedenen Bedeutungen eine Art Ordnung zu bingen. Er zählt im »philosophischen Lexikon« (*Met.* 5.4) sieben aufeinander aufbauende Bedeutungen auf, die das Wort Ph. im Griechischen hatte. (1) Das Entstehen, (2) Der Grundstoff, Samen, (3) der Ursprung der Bewegung oder Veränderung, (4) die ursprüngliche Materie, aus der Dinge bestehen, (5) das Wesen oder die Form natürlicher Dinge, (6) Wesen oder Form im allgemeinen, (7) Wesen der Dinge, die einen Anfang der Bewegung in sich selbst haben. Aristoteles betrachtet die letzte Bedeutung als die grundlegende: Es ist die Natur eines Dinges, die es zu dem Verhalten veranlaßt, das es von sich her zeigt: Ph. wird primär als das innere Wesen von etwas gesehen, dagegen nicht so sehr als die Gesamtheit der natürlichen Dinge, als Kosmos – diese Bedeutung, die dem modernen Leser die nächste ist, führt Aristoteles überhaupt nicht an.

Die Zweiteilung des Begriffs Natur in die äußere Welt des Werdens und das innere Wesen findet sich deutlich in Platons Gebrauch des Wortes ausgeprägt. Ph. kann bei ihm gelegentlich die Natur im Sinne des konkreten Naturganzen bezeichnen (*Phaidon* 96 a 7), häufiger bezeichnet es die Naturordnung in der Welt (*Phaidon* 80 a 1), oft im Gegensatz etwa zu ↗techne, tyche und ↗nomos (*Gesetze* 888 e 6), sowie die natürliche Anlage des Menschen; von größerer Bedeutung ist jedoch bei Platon die Bedeutung der wesentlichen Natur, des wahren Wesens sowohl der seienden Dinge (*Kratylos* 390 d11) wie der Tugenden (die Natur der Gerechtigkeit, *Staat* 359 b) und der Ideen überhaupt (*Timaios* 37 a4).

In *Physik* B, 1. unterscheidet Aristoteles die Dinge, die von Natur sind, von anderen Dingen, die aus anderen Ursachen entstehen, wie aus Kunst (techne), aus Zufall (tyche) und Absicht (prohairesis). Die Dinge, die von Natur aus sind, also etwa die Tiere und deren Teile, die Pflanzen usw., unterscheiden sich von dem, was nicht von Natur aus ist, dadurch, daß sie ihre Bewegung und ihre Ruhe einem inneren Prinzip oder Anfang verdanken (b 13–14), während Dinge, die aus techne entstehen, diesen Anfang der Bewegung (in den verschiedenen Bedeutungen, die dieser Begriff hat) nicht in sich selbst haben. Die Dinge, die einen solchen Anfang der Bewegung in sich selbst haben, »haben eine Natur«. Solche Dinge sind Substanzen. Darüber, worin diese Natur und das Wesen der natürlichen Dinge bestehen, gibt es freilich verschiedene Ansichten: (a) Von einigen wird das erste in einem jeden Vorfindliche, der erste Stoff, für die Natur gehalten, also etwa das Erz für die Natur eines Standbildes (das entspricht etwa der Auffassung der ionischen physiologoi wie Thales und Anaximander); (b) andere halten die ↗Morphe und das ↗Eidos, die in der Definition des Dinges enthalten sein sollten, für die Natur dieses Dinges (wie z. B. Platon). Nun ist ein Ding am wahrhaftesten es selbst, wenn es wirklich und nicht nur potentiell existiert, und sein Wesen, seine Natur, sollte deshalb nicht mit dem Material identifiziert werden, aus dem es sich entwickeln kann, sondern mit der Form, die es aufweist, wenn es sich entwickelt hat. Die erreichte, gewordene Form ist also das natürliche Wesen, die Ph. Auf diese Weise versucht Aristoteles, die verschiedenen Ansätze seiner Vorgänger in seiner Begrifflichkeit zu vereinen. ↗Natur. **Lit.:** F. Heinimann: Nomos und Physis. Darmstadt 1965. – H. Patzer: Physis. Marburg 1945. – W. Theiler: Zur Geschichte der teleologischen Naturbetrachtung bis auf Aristoteles. Berlin ²1965. – W. Wieland: Die aristotelische Physik. Göttingen ²1970. MSU

**Pietismus** (lat. pietas: Frömmigkeit), auf religiöse Verinnerlichung und praktische Betätigung des Glaubens ausgerichtete Frömmigkeitsbewegung im dt. ↗Protestantismus, die im 17. Jh. entsteht (J. Arndt, Ph. J. Spener) und in der ersten Hälfte des 18. Jh. ihre Blütezeit hat (A. H. Francke, J. A. Bengel, N. L. Graf von Zinzendorf). Der P. versteht sich als Strömung zur Erneuerung der Landeskirchen nach dem Vorbild der frühen christlichen Gemeinden, wobei v. a. das Neue Testament Quelle und Norm ist. Die Betroffenheit des einzelnen vom Wort Gottes rückt dabei ins Zentrum. Als Reaktion gegen die rationalistische Schultheologie und die Veräußerlichung von Religion geht es dem P. um den »neuen Menschen«, der durch den Prozeß von Sündenbekenntnis, Buße, Umkehr und Wiedergeburt den Ernst der Glaubensentscheidung, die Einheit von Glauben und Leben des Einzelnen und der Gemeinde neu ins Bewußtsein gehoben hat. Infolge seines Ansatzes beim Subjekt und dessen freier Willensentscheidung, des moralischen und pädagogischen Akzentes sowie der konfessionellen Toleranz bildet der P. indirekt einen Wegbereiter für die Aufklärung. **Lit.:** E. Beyreuther: Geschichte des Pietismus. Stuttgart 1978. – M. Greschat (Hg.): Orthodoxie und Pietismus. Stuttgart 1982. – N. Hinske (Hg.): Halle. Aufklärung und Pietismus. Heidelberg 1989. – P. Kurten: Umkehr zum lebendigen Gott. Paderborn 1985. – Ph. J. Spener: Pia desideria. Frankfurt 1676. RS

**Pistis** (griech. Überzeugung, Vertrauen). Bei Platon wird P. dem Bereich der bloßen Meinung (doxa) zugeordnet und bezeichnet im ↗Liniengleichnis die auf der sinnlichen Wahrnehmung beruhende Erkenntnisform. Da die Empirie für Platon kein sicheres Wissen liefert, steht P. im Gegensatz zu der durch die Vernunft ermöglichten Wahrheitserkenntnis. In der Rhetorik bedeutet P. die Methode, durch die beim Zuhörer Glaubwürdigkeit erreicht wird (z. B. durch das Argument oder die Person des Redners). In der Spätantike erhält der Begriff seine Bedeutung als christlicher ↗Glaube. FPB

**Platonismus,** Bezeichnung für die von Platon ausgehende philosophische Tradition. Die Fortführung seiner Lehre erfolgte zunächst in der von ihm selbst um 385 v.Chr. gegründeten ↗Akademie, die bis 529 n. Chr. bestand. Deren erste Leiter, Speusippos und Xenokrates, griffen in Verbindung mit dem Pythagoreismus besonders die Zahlenspekulationen des platonischen Spätwerkes auf und bemühten sich um die Bestimmung metaphysischer Grundprinzipien. Die mittlere Akademie (ab ca. 265/264 v.Chr.) nahm mit Arkesilaos eine Wendung zum ↗Skeptizismus, wobei sich dieser auf den problematisierenden und aporetischen Charakter der frühen platonischen Dialoge berufen konnte. Karneades führte die skeptische Methode fort und erweiterte sie um eine Theorie der Wahrscheinlichkeit. Unter Philon (ab ca. 110/109 v.Chr.) wird der Skeptizismus wieder aufgegeben und mit seinem Nachfolger Antiochos wird die eklektische Verbindung verschiedener Denkrichtungen kennzeichnend für die Akademie. Die Zeit nach Antiochos bis zum Beginn des Neuplatonismus (ab ca 200 n.Chr.) wird auch unter dem Begriff mittlerer P. gefaßt. Mit dem hauptsächlich von Plotin geprägten ↗Neuplatonismus erlangt der P. in der Antike eine neue Blüte und beeinflußt die Entwicklung der frühen christlichen Theologie. Im MA. war von Platons Werken zunächst nur der *Timaios* bekannt. Wirksam war der P. durch Augustinus und in seiner neuplatonischen Gestalt. In der italienischen Renaissance wird das gesamte Werk Platons wieder zugänglich und ins Lateinische übersetzt. Die Gründung der Platonischen Akademie in Florenz (1459–1522) durch Cosimo de' Medici versucht an die antike Tradition wiederanzuknüpfen. Bedeutendster Schulleiter war M. Ficino. In England wirkte der Renaissance-P. durch die Cambridger Schule bis ins 17. Jh. nach. Im Laufe der Rezeption der Gedanken Platons gab es zahlreiche Bemühungen, die Vereinbarkeit der platonischen und aristotelischen Lehren aufzuzeigen und die Gedanken der beiden bedeutendsten Vertreter der antiken Philosophie zu einem einheitlichen System zu verbinden. – In späterer Zeit ist der Einfluß platonischer Gedanken bis in die Gegenwart bei zahlreichen Philosophen lebendig, jedoch gibt es keine eigentliche Schultradition. Als epochemachender Schritt in der Platonforschung gilt die Übersetzung Schleiermachers, der damit zugleich Platons Dialoge als eine eigenständige Form des Philosophierens herausstellt, die eine ihr angemessene Weise der Interpretation erfordert. Die Bedeutung Platons für die Geistesgeschichte hat Whitehead besonders hervorgehoben und in die überspitzte Formel gebracht, daß die europäische Philosophie nichts anderes als eine Reihe von Fußnoten zu Platon sei. – Systematisch versteht man unter P. vor allem die Behauptung der ontologisch eigenständigen Realität von idealen oder abstrakten Entitäten, Begriffen oder mathematischen Größen. Weiterhin auch die Abhängigkeit der empirischen von der intelligiblen Welt und eines transzendenten Ursprungs der Welt aus dem Guten oder Einen. **Lit.:** W. Beierwaltes (Hg.): Platonismus in der Philosophie des Mittelalters. 1969. – H. Dörrie/M. Baltes (Hg.): Der Platonismus in der Antike. 12 Bde. Stuttgart-Bad Cannstatt 1987 ff. – E. Hoffmann: Platonismus und christliche Philosophie. Zürich 1960. FPB

**Pluralismus,** (politik)wissenschaftlicher Theoriebegriff für die Kritik an der »Omnikompetenz« (H.

Laski) staatlicher Souveränität. Dabei bezweifelt der P. die Begründbarkeit von a priori formulierten Vorstellungen des Gemeinwohls, des allgemeinen Willens. Das politisch und gesellschaftlich »Gute« entzieht sich einem Erkenntnisprozeß und kann nur aus dem Streit partikularer Interessen hervorgehen. Dem Staat kommt hier keine besondere Souveränität zu, seine Legitimität steht nicht über der Legitimität partikularer Interessen. Verbände, Interessengruppen gelten nicht als Bedrohung staatlicher Handlungsmacht. Strategische Überlegungen der Arbeiterbewegung stehen dann etwa auch am Beginn des europäischen Diskurses über P. (G.D.H. Cole/H. Laski/E. Fraenkel). Das Allgemeinwohl konstituiert sich vor dem Hintergrund einer regulativen Idee der Konfliktaustragung. In diesem Sinn ist P. ein wichtiges Merkmal industrieller, liberaldemokratischer Systeme. Auf der deskriptiven Ebene beinhalten pluralistische Theorieansätze eine Analyse jener gesellschaftlichen Strukturen (↗Ökonomie), die die regulative Idee beschädigen. Gerade in der Ablehnung eines – etwa wissenschaftlich festzulegenden, verbindlichen »Guten« – bindet der P. seine Normen an die Realität der gesellschaftlichen Konflikte. **Lit.:** E. Fraenkel: Deutschland und die westlichen Demokratien. Frankfurt [6]1991. TN

**Pneumatologie** (griech. pneuma: Hauch, Wind). Der Begriff P. wird in einem mehrfachen Sinn verwendet. Unter Pneuma verstand die griechische Philosophie zunächst eine materiell gedachte elementare Lebenskraft (Aristoteles). Die Gnosis spiritualisierte den Begriff. Der Sarx (Fleisch) wurde das Pneuma als geistige und aus dem göttlichen Bereich stammende Substanz des Menschen gegenübergestellt, die P. so zur Lehre vom pneumatischen Wesen des Menschen. In der Metaphysik des 17. Jh. (J.H. Alsted) entwickelte sich die P. zu einer Theorie der vernunftbegabten und stofflosen Geister (Gott, Engel, Seelen der Menschen), die dann von Kant als »Erdichtung« aufgelöst wurde. Die von einer philosophischen P. behandelten Themen fallen seitdem vor allem unter die Begriffe Spiritismus und Spiritualismus. Heute ist die P. in erster Linie in der Theologie beheimatet, wo Pneuma sowohl das innere Lebensprinzip des Menschen (im hebr. AT »ruach«, von der Septuaginta als »pneuma« übersetzt) als auch die Wirkmächtigkeit Gottes (Geist Gottes, Heiliger Geist, vor allem im NT) bezeichnet. Eng gefaßt ist P. der Teil der Dogmatik, der sich mit dem Heiligen Geist als einer der drei Personen Gottes beschäftigt. **Lit.:** J. Comblin: Der Heilige Geist. Düsseldorf 1988. – J. Moltmann: Der Geist des Lebens. Eine ganzheitliche Pneumatologie. Gütersloh 1991. MWÖ

**Poetik,** Lehre von Form, Wesen und Wirkung der Dichtung. Aristoteles etabliert die P. als selbständige Disziplin innerhalb der ↗Ästhetik und neben der (älteren) ↗Rhetorik in seiner Schrift *Poetik*. Seine Ausführungen dienen der Normierung der Tragödie, sind aber für alle Gattungen prägend geworden. Er definiert: »Die Tragödie ist Nachahmung einer guten und in sich geschlossenen Handlung von bestimmter Größe, in anziehend geformter Sprache...« (*Poetik*, Kap.6). Die Einheit von Ort und Zeit fordert Aristoteles nur indirekt, nämlich im Dienste einer übersichtlichen Handlung. Es sollen Handlungen künstlerisch nachgeahmt werden, die menschliche Charaktere aufgrund eines Konflikts in ihrer Lebenswirklichkeit ausführen. Durch Identifikation mit der dargestellten Konfliktsituation und deren Lösung auf der Bühne oder beim Lesen bauen sich Affekte beim Zuschauer ab. Er wird seelisch entlastet und erfährt so eine Läuterung (↗Katharsis). Die Beziehung von Form und Inhalt wird schon hier als zentrales Problem der P. erkannt. – Im Verlauf der römischen Antike und des MA. bis zur Aufklärung reglementieren die Poeten die künstlerische Gestaltung durch Formstrenge in Anlehnug an Aristoteles, stützen sich auf das ↗Mimesis-Prinzip und implantieren poetischen Schriften einen moralischen Lehrsatz (im 18. Jh. v.a. Gottsched und Breitinger). Lessing wendet sich gegen die strenge Auslegung aristotelischer Forderungen durch den französischen Klassizismus (z.B. Corneille). Als früher Aufklärer will Lessing das Korsett der Regel von der Einheit von Handlung, Ort und Zeit sprengen, um der natürlichen Schaffenskraft des Künstlers und der Vernunft im Verstehensprozeß der Werke freien Lauf zu lassen (*Hamburgische Dramaturgie*, 1767–69). – Die Dichter und Philosophen des Sturm und Drang und der Romantik lehnen das Mimesis-Prinzip und jede Formstrenge ab und entwickeln die Genietheorie, nach der das göttliche Individuum Kunst durch Freiheit und Intuition schafft. Das ↗Genie besitzt »geniale Schöpferkraft« (Herder), wodurch ihm auch die Fähigkeit zum Entwerfen fiktiver Welten (anderer »möglicher Welten« nach Leibniz) und zur autonomen Formgebung der poetischen Werke zukommt. Seine Kreativität nährt sich aus der Tiefe subjektiver psychischer Empfindungen. Mit dem Begriff der »Universalpoesie« drücken F. Schlegel und Novalis die Überzeugung der Romantik aus, daß Poesie alle Lebensbereiche durchdringen und verzaubern soll. Die Poesie gelangt so in den Rang einer Ersatz-Religion. Aber auch die Philosophen des Dt. Idealismus weisen ihr eine mindestens ebenbürtige Stellung in der Wissenschaftshierarchie neben anderen Künsten und der Philosophie zu (z.B. Schelling). Hegel erkennt den überhöhten Anspruch der Poesie, gleichfalls Philosophie und Wissenschaft sein zu wollen. Dies unterdrücke ihre eigentliche Intention, emotionale Belange zu artikulieren. – Dilthey sieht in der P. eine Zugangsmöglichkeit zur Geschichte, da sie kraft ihrer Analysemethoden poetische Werke in ihrem historischen wie überzeitlichen Kontext zu erfassen vermag (*Die Einbildungskraft des Dichters. Bausteine für eine Poetik*, 1887).

Der Untersuchungsgegenstand der P. ist die Dichtung, ein Begriff, der ein Einzelwerk, eine literarische Gattung (heute: »Lyrik«) oder den künstlerischen Schaffensprozeß bezeichnet. Zur Gattung der Dichtung zählt man auch mündlich überlieferte poetische Werke, während sich »Literatur« durch Schriftlichkeit auszeichnet. Dichtung lebt von ihrer bildhaften Sprache und kunstvollen Lautgestaltung. Daher kann man z. B. Nietzsches *Also sprach Zarathustra* (1883–85) hier ansiedeln und Nietzsche als »Dichterphilosophen« bezeichnen. – Das »Drama« als literarische Gattung neben Lyrik und Epik zeigt einen Konflikt in schriftlicher Darstellung oder unmittelbar auf der Bühne. Shakespeare stellt erstmals das Subjekt mit seinen innerpsychischen Konflikten – und nicht eine Handlungskette – in den Mittelpunkt des Dramas. Er stößt deshalb auf Sympathie bei Lessing, der in ihm einen genialen Schöpfergeist sieht. In der Dt. Klassik kommt es zum Höhepunkt des sog. Ideen-Dramas, in dem sich philosophische und weltanschauliche Ideen im konkreten Handeln und dialogischen Kommunizieren der Figuren manifestieren. Im naturalistischen Drama soll Wirklichkeit möglichst »naturgetreu«, d. h. auf der Erkenntnisgrundlage des Positivismus abgebildet werden (z. B. Zola), während der Impressionismus und Symbolismus die Beschreibung einer mittelbaren Welterfahrung postulieren. Im epischen Drama Brechts wird dem Mimesis-Prinzip mit der Verfremdungstechnik Einhalt geboten. Der Eindruck der Entfremdung wird noch gesteigert im absurden Drama seit 1950, in dem sich die in der Existenzphilosophie artikulierte Angst vor dem Nichts und die Ohnmacht angesichts der Sinnlosigkeit und Absurdität der Welt äußert. **Lit.:** E. Auerbach: Mimesis. Dargestellte Wirklichkeit in der abendländischen Literatur. Bern/München [5]1971. KS

**Poiesis** (griech. Machen, Hervorbringung, Erzeugnis, Dichtung). Bei Platon heißt es (*Symposion* 205 b): »Was nur für irgendetwas Ursache wird, aus dem Nichtsein in das Sein zu treten, ist insgesamt P. Daher liegt auch den Hervorbringungen aller Künste P. zugrunde.« Die Bedeutung dieses Begriffs wird klar durch seinen Unterschied zu ↗Praxis (*Charmides* 163 b ff.; *Politikos* 256 b 6 ff., wo es freilich praktike statt poietike heißt). Im *Charmides* unternimmt Sokrates den ersten (und von seinen Mitunterrednern nicht verstandenen) Versuch einer Unterscheidung. Bei der Untersuchung des Satzes, daß Besonnenheit darin bestehe, »das Seine zu tun« (ta heautou prattein, *Charmides* 161 b 6), soll das prattein deutlich gemacht werden. Ein Schuster macht (poiei: 162 e 9 ff.) Schuhe, er bringt einen materiellen Gegenstand »aus dem Nichtsein ins Sein«, indem er einem bestimmten Material (Leder) für einen bestimmten Zweck (Schutz der Füße) eine bestimmte Form aufprägt. Darin, daß er dies kann, besteht seine ↗techne. Das Ziel seiner Tätigkeit liegt in dem Produkt, um dessentwillen er tätig ist. Davon verschieden aber ist sein Handeln als Bürger in einem Gemeinwesen; daß er das Seine tut (ta heautou prattei) bedeutet, daß er seine Funktion als Schuster erfüllt, daß er sein Werk verrichtet, für das er geeignet ist; wenn er diese Aufgabe gut macht (eu prattei), geht es ihm gut (eu prattei): Hier liegt das Ziel des Handelns in dem Gut-Handeln selbst, und das unterscheidet den Begriff des prattein von dem des poiein. Aristoteles unterteilt später (*Met.* 1025 b 22 ff.) alles Wissen (episteme) in die drei großen Gruppen der praktischen, der poietischen und theoretischen ↗episteme: Poietische episteme ist techne. In der *Eth. Nic.* definiert Aristoteles techne als »ein auf das Hervorbringen abzielendes Verhalten (hexis poietike), das von richtigem Planen geleitet wird« (1140 a 20 ff). MSU

**Polis** (griech. ursprüngl. Burg, Siedlungszentrum, schließl. Stadtstaat), im klassischen Griechenland die wichtigste Staatsform. Die P. ist die Gemeinschaft der freien Bürger, die sich selbst regiert und verwaltet und nach außen hin autonom ist. Sie basiert auf Gerechtigkeit, Freundschaft und Einigkeit, weshalb die sittlich-politische Reife ihrer Bürger als eine Voraussetzung ihrer Beständigkeit gilt. Die Frage nach ihrem Ursprung wird bei den Sophisten, Platon und Aristoteles mit dem Hinweis auf die mangelnde Autarkie des einzelnen beantwortet. Jedoch besteht die zum Zweck des Überlebens gegründete Gemeinschaft letztlich um des guten Lebens willen. Für Aristoteles ist der Mensch von Natur aus ein gemeinschaftsbildendes Wesen, das außerhalb der P. nur ein elendes, unfreies Leben führen kann. Die P. sieht er als einen Zusammenschluß von immer größer werdenden Gemeinschaften: der von Zweien (Mann-Frau, Eltern-Kinder, Herr-Sklave) zur Hausgemeinschaft, dieser zum Dorf und schließlich zur P. Sie ist Voraussetzung für Freiheit und die geistig-sittliche Vervollkommnung des Menschen. FPB

**Politeia** (griech., abgeleitet von polites: Bürger), bezeichnet seit der Mitte des 5. Jh. v. Chr. die Bürgerschaft und ihre politische Ordnung, die Verfassung. In der Verfassungstheorie wird P. als Oberbegriff für die verschiedenen Verfassungen und Staatsordnungen und ihre Entartungen (Demokratie, Ochlokratie; Aristokratie, Oligarchie; Monarchie, Tyrannis) verwendet. Die staatstheoretische Diskussion ist seit dem Ende des 5. Jh. bestimmt durch die Suche nach der besten P. und die Diskussion über den Kreislauf der Verfassungen (vgl. die Diskussion bei dem Historiker Herodot 3, 80–82). Platon setzt sich damit vor allem in seiner *Politeia* und den *Gesetzen* auseinander. In der *Politeia* entwirft er in Parallelisierung der Seelenteile des Menschen mit den Ständen seinen aus drei Schichten (Handwerker, Wächter, Regenten [Philosophenkönig]) bestehenden utopischen Staat, in dem völlige Gleichheit in der Ausbildung von Mann und Frau bei Wächtern und Regenten sowie die Beseitigung von Familie und Privtabesitz vorherrschen. In den sich an der Praxis orientierenden *Gesetzen* wird dagegen der Staat aus der bestehenden Familienordnung heraus entwickelt, ein breiter Behörden- und Verwaltungsapparat wird entworfen und besonderes Gewicht auf ein funktionierendes Rechtssystem gelegt. In der *Politik* des Aristoteles ist die ideale P. eine Mischung von Demokratie und Oligarchie, in der Freiheit und Reichtum entscheidend sind und die mittlere Schicht staatstragend ist. Cicero rezipiert formal mit dem *Staat (De re publica)* und den *Gesetzen (De legibus)* Platons *Politeia* und *Gesetze*, inhaltlich schließt er sich mit der in *De re publica* entwickelten Mischverfassung, die dem Verfassungskreislauf ein

Ende setzt und die er in der römischen Verfassung verwirklicht sieht, Aristoteles an. **Lit.:** J. Bleicken: Die athenische Demokratie. Paderborn 1985. – A.B. Hentschke: Politik und Philosophie bei Plato und Aristoteles. Frankfurt 1971. – P. Weber-Schäfer: Das politische Denken der Griechen. München 1969. BZ

**Politie,** erstmals von Aristoteles konzipierte Bezeichnung für eine Mischverfassung, bei der Strukturelemente aus der demokratischen und der oligarchischen bzw. aristokratischen Herrschaftsform zu einem neuen System zusammengesetzt werden. Angestrebt wird die Vermeidung der ↗Tyrannis und der Anarchie durch die Ausbalancierung der Macht mittels Mischung und Durchbrechung der reinen Herrschaftsformen von ↗Monarchie, ↗Aristokratie und ↗Demokratie. Dieses schon bei Platon in den *Nomoi* angedeutete Konzept findet bei Aristoteles seine paradigmatische Ausformulierung: als schichtenverbindendes System für politische Partizipation ist die P. dem Prinzip der distributiven Gerechtigkeit gewidmet. Von daher begünstigt die Ordnung der P. stets die Position der gesellschaftlichen Mitte. Polybios stilisiert dieses Konzept zu einem Erfolgsmodell für die Römische Republik, das zum Siegeszug des Imperium Romanum maßgeblich beigetragen habe. Seit der Prämoderne gewinnt dieses Paradigma erneut an Attraktivität, sei es im republikanischen Diskurs, wie er z.B. bei Machiavelli und Harrington geführt wird, sei es im Konzept der monarchia limitata, die auf die konstitutionelle Monarchie nach dem Westminster-Modell hinausläuft. Folgerichtig führt das Mischverfassungsmodell zur Frage der Gewaltenteilung und ist damit konstitutiv für die moderne Demokratie. **Lit.:** Aristoteles: Politik. – J. Morrow: History of Political Thought. Houndmills/London 1998. PN

**Politik** (griech. politika: bürgerliche Angelegenheiten; politike episteme, techne: die Wissenschaft von den politika). (1) P. bezeichnet zielorientiertes Handeln, das auf die Ordnung oder die Willensbildung in einem Gemeinwesen gerichtet ist. Staatliche Organe, aber auch Individuen, Gruppen, Organisationen etc. mit dieser Ausrichtung, betreiben P. (2) Im nichtstaatlichen Bereich spricht man bei Ordnungstätigkeiten, die auf eine bestimmte Gruppe zielen, von »P.« (z.B. Firmen-P., Personal-P.). (3) Schließlich wird »P.« mit Bezug auf individuelles Verhalten auch synonym mit »Strategie« gebraucht. Im Gegensatz zum heute vorherrschenden etatistischen, d.h. am Staat und seinen Organen orientierten Begriff gab es zur Entstehungszeit des Wortfelds im 5. Jh. v. Chr. in den griech. Poleis keine von den Bürgern verschiedene Instanz »Staat«. Die P. bezog sich auf Gemeinschaftsaufgaben; die Grundlage privaten Lebens, das autarke Hauswesen, blieb ausgespart. Platon wandte sich in seinen Schriften zur P. (*Der Staatsmann*, *Der Staat*, *Gesetze*) gegen die die Gemeinschaft auflösenden Parteiinteressen und begründete die Einheit des Stadtstaats mit einer zu Kosmos und Seele analogen Idealordnung. Aristoteles (*Politik*) sah dagegen die Polis als Vielheit. P. ist als Teil der praktischen Philosophie wesentlich auf Gesetzgebung gerichtet. Ihre Zielgrößen sind gute Ordnung (Gerechtigkeit, Gesetzesherrschaft, Regierung zugunsten der Beherrschten) sowie die Dauerhaftigkeit der Verfassung. Beide Autoren sprechen, natürlich unter Auslassung der Souveränität, bereits Fragen der Gerechtigkeit, Staatsformenlehre sowie Art und Umfang der Bürgerbeteiligung am politischen Entscheidungsprozeß an, die fortan mit P. verknüpft sind. – Das mit P. ebenfalls verbundene Problem der Legitimierung von Machtausübung tritt zuerst im Christentum hervor, weil die dort leitende Zugehörigkeit des Menschen sowohl zu Gott als auch zu einem Gemeinwesen den Gehorsam gegenüber der weltlichen Macht fragwürdig werden ließ. Aristotelische Muster verarbeitend faßt das MA. P. als erste der praktischen Wissenschaften, in der intellektuelle wie sittliche Klugheit erfordert sind. P. dient wesentlich der Friedensstiftung und -sicherung als Voraussetzung für die Entfaltung des religiösen Lebens. – Historisch-deskriptiv oder technisch auf Machterhalt bzw. -erwerb abzielend faßt Machiavelli (*Der Fürst*) die vormals ethischen Begriffe der P. Die Naturrechtslehren von J. Locke und S. v. Pufendorf tragen in der Folge dazu bei, P. als diesseitig orientiertes, auf Gemeinwohl zielendes Handeln zu bestimmen, das frei von moralisch-religiösen Implikationen ist. Eine Übersteigerung erfährt diese Tendenz mit der »Real-Politik« (L. A. v. Rochau, 1853), die die Macht zum einzigen Prinzip der P. erhebt. – Im frz. und angelsächsischen Sprachraum wird erst spät zwischen dem Politischen als Theoriephänomen und P. als konkretem Vollzug unterschieden, eine durch das Auseinanderfallen von Reflexion über P. und tatsächlicher Beteiligung an P. in Deutschland bereits im 19. Jh. geläufige Differenz. Bis zum 2. Weltkrieg gilt P. bei uns als gegenüber der Kultur minderwertiges Banales, Machtverfallenes und Technisches. **Lit.:** R.A. Dahl: Die politische Analyse. München 1973. – F.I. Greenstein/N.W. Polsby (Hg.): Handbook of Political Science. Reading (Ma.) u.a. 1975. – H. Meier u.a. (Hg.): Klassiker des politischen Denkens. 2 Bde. München $^{6}$1986 (Bd. 1), $^{3}$1974 (Bd. 2). – Ch. Meier: Die Entstehung des Politischen bei den Griechen. Frankfurt 1980. – D. Sternberger: Die drei Wurzeln der Politik. Frankfurt 1984. – E. Vollrath: Grundlegung einer philosophischen Theorie des Politischen. Würzburg 1987. UB

**Politische Philosophie.** Politisches Denken begleitet das politische Handeln seit dessen Anfängen, p. Ph. jedoch setzt eine entwickelte politische und philosophische Kultur voraus. Aufgabe und Gegenstand der p.n Ph. ist die sozialwissenschaftlich orientierte, anthropologisch begründete und ethisch reflektierte normative Kritik der sozialen und politischen Verhältnisse von Gesellschaften. Als Teildisziplin der Philosophie ist sie in ihrem Verhältnis zu den anderen Disziplinen der praktischen Philosophie zu bestimmen: Ethisch reflektiert und als normative Kritik Ethik voraussetzend, erweitert p. Ph. den Kreis des ethischen Fragens. Von der

↗Sozialphilosophie unterscheidet sie sich durch den engeren Bezug auf das politische System und die Politik von Gesellschaften, von der ↗Rechtsphilosophie durch den umfassenderen Gegenstand und die Nähe zur Ethik gegenüber dem faktischen Bezug auf die positive Rechtswissenschaft. Von den Sozialwissenschaften insgesamt und deren eigenen analytischen Theorien (wie ↗Gesellschaftstheorie, politische Theorie, Rechtstheorie) unterscheidet sie sich durch den ethisch reflektierten, kritisch-normativen Anspruch. Durch die Ansetzung der menschlichen Praxis als Grund aller Verhaltensregeln und -normen unterscheidet sie sich von der sich auf religiöse Offenbarung beziehenden politischen Theologie. Die naturrechtliche Tradition der p.n Ph. ist heute deshalb in die Anthropologie zurückgenommen.

(1) Die Rede von p.r Ph. klingt vertraut. Landläufig ist alles irgendwie politisch, also auch die Philosophie. Dann allerdings wird Philosophie insgesamt als politisch verstanden. P. Ph. meint dann Ideologiekritik der Wissensform Philosophie unter dem Gesichtspunkt ihrer »Widerspiegelung« der gesellschaftlichen Verhältnisse. Die Wissenschaftlichkeit der Philosophie bezieht sich dann auf die Adäquanz ihrer Widerspiegelung, auf ihr Vermögen, die »versteinerten Verhältnisse dadurch zum Tanzen (zu) zwingen, daß man ihnen ihre eigne Melodie vorsingt« (K. Marx, MEW 1, S. 381). Eine solche Auslegung p.r Ph. als Programm der Ideologiekritik philosophischer Reflexion der gesellschaftlichen Verhältnisse kann Soziologie institutionell formierter Philosophie sein, nicht aber philosophische Wissenschaft. Von p.r Ph. läßt sich sinnvoll nur sprechen als einer Teildisziplin der Philosophie; sie bleibt dabei bezogen auf die sozialen und politischen Verhältnisse sowie deren einzelwissenschaftliche Beschreibung und ist deshalb in sich geschichtlich. – Das Gefüge der praktischen Philosophie bildete sich zwischen Sokrates, Platon und Aristoteles aus. Aristoteles verdanken wir die klassische Einteilung des Systems der theoretischen, praktischen und poietischen Philosophie; er unterschied die praktische Philosophie in Politik, Ethik und Ökonomik. Die Politik bestimmte er dabei als Wissenschaft vom »Guten für den Menschen« (*Eth. Nic.* 1094b, 1098a). Seinem naturrechtlichen Grundansatz zufolge ist der Mensch als kommunikatives, vernunft- und sprachfähiges Wesen »von Natur aus« auf Gemeinschaft angelegt und angewiesen; die kommunikative und die politische Natur des Menschen gehören zusammen und bestimmen sich wechselseitig. Heißt das Gute für den Menschen formal sein Handeln um der »Glückseligkeit« (↗Eudaimonie) willen, so ist das politische Gute ein gemeinwohlorientiertes Handeln um der (Glückseligkeit der) Gemeinschaft willen. Höchstes Gut der politischen Gemeinschaft ist die »Autarkie«: die Selbständigkeit der Polis in freier Selbstgesetzgebung nach der Ordnung der (menschlichen) Vernunft. Die politische Selbständigkeit und Freiheit erschien Aristoteles dabei, wie schon Sokrates und Platon, als der faktische wie normative Grund der Möglichkeit individueller Selbständigkeit und Freiheit: Das wahrhaft philosophische Leben setzt nach klassisch-antiker Anschauung wohlgeordnete politische Verhältnisse voraus. Zwar hatte schon Sokrates die mögliche Spannung der philosophischen zur politischen Existenz vorgelebt; wie Platon in der *Apologie* begriff, hatte er selbst jedoch mit der Anerkennung seiner Verurteilung durch seinen Tod noch seine Einstimmung in die Lebensgesetze der Polis signalisiert. Diese antike Ansetzung eines faktischen wie normativen Vorrangs der politischen Einheit und Gemeinschaft vor dem Individuum und dessen Moralität ist die klassische Herausforderung der p.n Ph. an die Ethik.

Zur antiken Spannung des politischen und philosophischen Lebens trat die religiöse Spannung des Christentums zu den irdischen und somit auch zu den politischen Dingen. Diese entschärfte sich (nach Augustinus) mit der Formierung des christlichen MA. allmählich zu einer keineswegs unproblematischen Unterscheidung der »Zwei Schwerter« von Kirche und Reich. Bei relativer Konstanz der »alteuropäischen« Sozialverfassung blieb der politische Aristotelismus dabei weiterhin tradierbar und blühte mit dem ma. Städtewesen unter christlichem Vorzeichen neu auf (Marsilius von Padua). Erst mit der Entstehung des neuzeitlichen Staates und dessen Übernahme merkantiler Aufgaben, mit der Ausbildung des absolutistischen »Wohlfahrtsstaates« wie der allmählichen Emanzipation der »bürgerlichen Gesellschaft« von diesem monarchisch-paternalistischen Staat änderten sich die Verhältnisse in einer Weise, die die für den politischen Aristotelismus konstitutive Unterscheidung von Haus und Staat, Oikos und Polis aufhob, so daß es zu einem Zusammenbruch des politischen Aristotelismus und einer fundamentalen Umbildung des Systems der praktischen Philosophie und Wissenschaften kam.

(2) Der politische Aristotelismus wurde also lange nicht nur als p. Ph., sondern bei seiner Adäquanz und Anschlußfähigkeit an die jeweiligen Sozialverhältnisse lange auch als (korrektur- und ergänzungsbedürftiges) System der praktischen Wissenschaften tradiert. Unter christlichem Vorzeichen jedoch war der klassisch-antike Vorrang der Sozialethik vor der Individualethik stets prekär und fragwürdig. Dabei erwiesen sich die moralischen und religiösen Differenzen zunehmend auch als Politikum. Die konfessionellen Bürgerkriege des ausgehenden MA. und der frühen Neuzeit verlangten nach Schlichtung durch den vom Autoritätsanspruch der konkurrierenden Kirchen und Konfessionen sich emanzipierenden Staat der Neuzeit, der seinen Loyalitätsanspruch auf den bloßen Gehorsam einschränkte und das Gewissen des einzelnen freiließ. Dieser Staat bedurfte des Entwurfs, der Beschreibung und Rechtfertigung durch eine neue politische Theorie und Philosophie. Die Rechtfertigungsbedürftigkeit politischer Herrschaft wurde dabei zum zentralen Thema der p.n Ph.; sie erörterte es als Legitimitätsproblem und antwortete mit dem vertragstheoretischen

Kontraktualismus. Dieser kontraktualistische Neuansatz ist mit seiner Umstellung der Verpflichtungskraft aller Verhaltenserwartungen auf die faktische Selbständigkeit und moralische Selbstverpflichtung des Individuums derart bedeutsam und wirkmächtig geworden, daß man die Geschichte der neuzeitlichen p.n Ph. in ihrer Ganzheit und Einheit als eine Geschichte des Kontraktualismus in dessen diversen Varianten auffassen kann. Klassiker dieses Kontraktualismus sind Hobbes, Locke und Rousseau. Man unterschied ↗Gesellschafts- und Herrschaftsvertrag, den Zusammenschluß einer Menge einzelner zu einer politischen Einheit und Gemeinschaft von der Institution legitimer Herrschaft in dieser Gemeinschaft. Mit der Formierung des modernen Staats kam es zu einem Aufstieg des positiven Rechts als Instrument der staatlichen Herrschaft, dem ein Aufstieg der Rechtswissenschaft und Rechtsphilosophie im System der praktischen Wissenschaften und Philosophie korrespondierte. Indem Kant den »ursprünglichen Vertrag« in die bloße »Idee« eines Urteilskriteriums der Rechtmäßigkeit staatlicher Herrschaft und Gesetzgebung umdeutete, bahnte er die zentrale Bedeutung der Rechtsphilosophie im deutschen Idealismus an. Hegel erörterte das ganze Pensum der überkommenen praktischen Philosophie bald unter dem Titel der »Rechtsphilosophie«. Wirkungsgeschichtlich geriet der liberale Ansatz beim Individuum als Subjekt aller Verpflichtung dabei im Verlauf des 19. Jh. in Deutschland zunehmend in Verruf, während die angelsächsische Diskussion die Tradition des liberalen Kontraktualismus weiter pflegte. In der Gegenwart kam es durch Rawls zu einer neuen Synthese, die intensive Diskussionen bis in die jüngsten Auseinandersetzungen um »Liberalismus« und »Kommunitarismus« hinein auslöste und noch das gegenwärtige Erscheinungsbild der p.n Ph. prägt.

(3) Durch Kants kritische Philosophie wurde die Aufgabe einer Klärung der moralphilosophischen Voraussetzungen und Implikationen des politischen Denkens erneut eindringlich gestellt. P. Ph. gibt dabei einen besonderen Zugang zur Moralphilosophie, insoweit sie geschichtlich konkrete Formationen sozialen Handelns zum Gegenstand hat. Moralphilosophisch rezipiert, gerät sie jedoch nur zum Prüfstein und Anwendungsdiskurs ethischen Fragens. Liest man die Entwicklung der neuzeitlichen p.n Ph. von Hobbes über Kant bis in die Gegenwart als einen Fortschritt in der moralphilosophischen Bestimmung des Politischen, so engt man deren Fragekreis ein. Traditionell fragt die p. Ph. unter der Idee des gerechten und tugendhaft-guten Lebens auch nach der Qualität der Herrschaft und Verfassung, der politischen Kultur, den Institutionen und der Politik einer Gemeinschaft. Dieses Fragen bedarf der Orientierung durch die sozialwissenschaftliche Forschung. Im rechten Verhältnis faktischer Kenntnisse zu normativen Fragen liegt eine besondere Schwierigkeit p.r Ph. Eine einseitig rechts- oder moralphilosophische Auslegung verliert dabei nicht nur den orientierenden Anwendungsbezug der Frage nach dem guten Leben und den entsprechenden Institutionen aus dem Sinn, sondern verdeckt auch die klassisch-politische Herausforderung, einen Vorrang der Sittlichkeit vor der Moralität anzunehmen. Profiliert man derart die Eigenart p.r Ph. gegenüber der Moralphilosophie (als einer möglichen Fragerichtung), so ist abschließend noch die eigene Grundfrage p.r Ph. zu skizzieren.

(4) Die klassische Antike begriff die Frage nach dem gerechten und tugendhaft-guten Leben in der selbständigen und selbstgesetzgebenden Gemeinschaft als Grundfrage der p.n Ph. Die Neuzeit ging vom Selbstbestimmungsanspruch des bürgerlich selbständigen Individuums (als moralisches Subjekt) aus und begriff die Legitimität gesellschaftlicher Ansprüche und politischer Herrschaft gegenüber dem einzelnen als Grundproblem und Grundfrage der p.n Ph. Fragen der Konstitution von Subjektivität und Moralität führten jedoch zu einer komplexeren Anschauung des Verhältnisses der Individuen zu Gesellschaft und Gemeinschaft. Deshalb wurde der Ansatz beim Vorrang der Sittlichkeit im politischen Existentialismus des 20. Jh. auch als Grundfrage nach dem Wesen und Begriff des Politischen reformuliert. So ging Carl Schmitt mit seinem – die Unterscheidung von Freund und Feind als konstituierendem Kriterium hervorhebenden – Begriff des Politischen von der Existenzbedeutung politischer Selbstbestimmung aus und thematisierte diese im Kontext seiner Verfassungstheorie und -politik vor allem an der politischen Gefährdung des Daseins. Hannah Arendt dagegen betrachtete das politische Handeln politischer Subjekte mehr unter einem Identitätsanspruch des politischen Handelns vor der Mitwelt und hob dabei eine Identitätsbedeutung der politischen Gemeinschaft als Ort kommunikativer Selbsterklärung, Bestätigung und Zuschreibung von Identität im Handeln hervor. Damit legte sie den aristotelischen Grundansatz bei der Zusammengehörigkeit der kommunikativen und politischen Natur des Menschen neu aus. In solchen Ansätzen tritt die Eigenart politischer Ethik vor der Moralphilosophie wieder hervor. Die eigene philosophische Fragestellung und Disziplin der p.n Ph. steht und fällt mit der Annahme solcher Existenz- und Identitätsbedeutungen des Politischen für das Individuum. **Lit.:** H. Arendt: Vita activa oder Vom tätigen Leben. Stuttgart 1960. – I. Fetscher/H. Münkler (Hg.): Pipers Handbuch der politischen Ideen. 5 Bde. München 1985/1993. – V. Gerhardt (Hg.): Der Begriff der Politik. Stuttgart 1990. – W. Kersting: Die Politische Philosophie des Gesellschaftsvertrags. Darmstadt 1994.

RM

**Polysyllogismus**, auch Schlußkette, Bezeichnung für eine Folge von mindestens zwei syllogistischen Einzelschlüssen, die mehr als zwei Vordersätze besitzt wie z. B. in der Verknüpfung mehrer Syllogismen, wobei jedesmal der Schlußsatz, d. h. die Konklusion, des vorangehenden zum Obersatz (oder auch Untersatz), d. h. zur Prämisse des folgenden Syllogismus gemacht wird.

PP

**Polytheismus,** der Glaube an eine, meist hierarchische, Vielheit von Göttern. Deren Anzahl und Stellung variiert durch Übernahme von Göttern anderer Religionen, aufgrund monotheistischer Tendenzen oder der demographischen Entwicklung. Ob Monotheismus oder P. die ursprüngliche Religionsform ist, war eine in der evolutionistisch geprägten Religionswissenschaft umstrittene Frage, die heute aber kaum noch diskutiert wird, da der Rekonstruktionsversuch einer Urreligion als fragwürdig gilt. Erklärungsversuche für seine Entstehung sehen im P. die Vergöttlichung von Naturphänomenen oder besonderen Ereignissen, die Widerspiegelung soziologischer Gegebenheiten oder auch das Ergebnis sprachlich motivierter Übertragungen. FPB

**Polytomie** ↗Einteilung

**Popularphilosophie,** Bezeichnung für die zweite Phase der deutschen Hochaufklärung (1750–1780). Der Begriff deckt eine Reihe unterschiedlicher Phänomene ab, so u.a. das Zurückgehen auf die praktischen Absichten der Frühaufklärung, die popularisierte Darstellung der Schulphilosophie und die unter Vermeidung metaphysischer Prinzipienfragen vorgenommenen Versuche, klar und einfach zu denken. P. zielt darauf, Philosophie einer breiteren Öffentlichkeit in leichtfaßlicher Form nahezubringen; sie ist praxisorientiert, neigt inhaltlich zur Eklektik, formal zur methodischen Gefälligkeit und Allgemeinverständlichkeit. **Lit.:** N. Hinske (Hg.): Eklektik, Selbstdenken, Mündigkeit. Hamburg 1986. – W. Schneiders: Hoffnung auf Vernunft. Hamburg 1990. RS

**Positionalität, exzentrische.** Der Begriff kennzeichnet in der Anthropologie Plessners die spezifisch menschliche Seinsweise. Alles Lebendige zeichnet sich durch seine Positionalität aus, indem es sich selbst gegen die außer ihm bestehende Umwelt absetzt, auf die es bezogen ist und von der es Rückwirkungen erhält. Durch seine Grenze nimmt der lebendige Körper eine ihm selbst gegebene Position ein, er hat einen eigenen Ort, von dem aus er auf sein Umfeld gerichtet ist. Bei der Pflanze ist die Organisationsform *offen*, da sie sich unmittelbar ihrer Umgebung eingliedert und unselbständiger Abschnitt des ihr entsprechenden Lebenskreises ist. Die geschlossene Form der Tiere zentriert den Organismus stärker auf sich selbst und ermöglicht eine größere Selbständigkeit durch die Ausbildung von Organen, Selbstbeweglichkeit, Trennung von Sensorik und Motorik und dem Vorhandensein eines Zentralorgans. Die Organisationsform des Tieres ist *zentrisch*, weil es »aus seiner Mitte heraus lebt«, ihm seine eigene Seinsweise aber nicht noch einmal reflexiv gegeben ist. Vermöge seines Selbstbewußtseins steht der Mensch in Distanz zu sich, er nimmt eine *exzentrische* Position ein, von der aus er sich zu sich selbst verhält. Die Folge ist, daß der Mensch nicht einfach lebt, sondern sein Leben führen muß, er muß sich zu dem, was er sein kann, erst machen. Die reflexive Distanz macht dem Menschen sein eigenes Sein und die Gegebenheitsweise der Welt problematisch. **Lit.:** F. Hammer: Die exzentrische Position des Menschen. Bonn 1967. – H. Plessner: Die Stufen des Organischen und der Mensch (Gesammelte Schriften Bd. 4). Frankfurt 1981. FPB

**Positiv.** Der Term wird in verschiedenen Kontexten in unterschiedlicher Bedeutung gebraucht. In der traditionellen Logik wird ein affirmatives Urteil als p. bezeichnet. Die ↗Rechtsphilosophie verwendet den Term in bezug auf das gesetzte Recht. Eine bedeutsame Rolle kommt ihm in der Philosophie Hegels zu: In seinen Jugendschriften drückt er in der Bedeutung »das, was nicht autonom ist« den Gegensatz zu »natürlich« aus. Positivität meint Herrschaftsanspruch und wird mit Fremdbestimmung gleichgesetzt, den Ausdruck »Positivierung« verwendet Hegel für die Dogmatisierung einer Lehre. In bezug auf die dialektische Entwicklung spricht Hegel von dem p.en Resultat der Dialektik: Das Spekulative oder Positiv-Vernünftige faßt die Einheit der Bestimmung in ihrer Entgegensetzung auf (*Enzyklopädie* § 82). Für Hegel ist das Spekulative das Vernünftige, das gedacht wird. In bezug auf das Bewußtsein bestimmt Hegel all das als p., was auf das Bewußtsein auf äußerliche Weise zukommt: das Sinnliche ebenso wie die Gesetze des Staates. Als Form des P.en bestimmt er alles Geltende, d.h. was in der Form des Gesetzes oder der Vernunft gilt (*Vorlesungen über die Philosophie der Religion*). So ist das Recht p. durch die Form, in einem Staat Gültigkeit zu haben. – Bei Comte wird als p. das Tatsächliche und Wirkliche und das Nützliche bezeichnet. Er bezeichnet jene Philosophie als p., die den Zustand der Unentschiedenheit (der theologischen und metaphysischen Debatten) überwunden hat und deren Aussagen zur Gewißheit führen. **Lit.:** J.-G. Blühdorn/Ch. Jamme: Positiv, Positivität. In: HWPh. PP

**Positivismus,** Bezeichnung für eine philosophische Position, die vor allem durch A. Comte mit Anspruch auf wissenschaftliche Methodik vorgetragen wurde. Der Term »positif« dient ihm als programmatische Forderung an die Philosophie, sich auf einen erkenntnistheoretischen Grundsatz des Faktischen und Nützlichen zu besinnen. Nützlich ist nach Comte nur die Wissenschaft, die sich an die Tatsachen hält. Faktisches gibt den Bestimmungsgrund für Nützliches ab. Damit zusammenhängend ergeben sich als weitere Erkenntnisgrundssätze die Gewißheit und die Genauigkeit des Wissens. Sie hängen davon ab, in welchem Maße die Menschen fähig sind, ihre Einbildungskraft den Tatsachen unterzuordnen. Comte formuliert in seinem *Discours sur l'esprit positif* die Leitlinien für eine positive Philosophie: (1) Der Objektbereich wissenschaftlicher Analysen ist durch die Tatsachen bestimmt und deren gesetzesmäßigen Zusasmmenhänge. Die Fragen der Metaphysik nach der Ursache und dem Wesen der Phänomene sind nur Scheinprobleme. (2) Die Gewißheit einer Erkenntnis wird nur als sinnliche Gewißheit erreicht, da sie die Möglichkeit intersubjektiver systematischer Beobachtung sicherstellt. (3) Die Wissenschaft hat sich auf die Beschreibung der Tatsachen zu beschränken und die Ergebnisse kontrollierter

Beobachtung müssen auf Theorien rückbezogen werden. (4) Die Kenntnisse von gesetzesmäßigen Zusammenhängen ermöglichen die technische Verfügungsgewalt des Menschen über Natur und Gesellschaft – bei Comte mit dem Zusatz: im Sinne der Humanität und historischen Notwendigkeit. (5) Es gibt keine Identität von Realität und Bewußtsein, vielmehr ist unser Wissen prinzipiell unabgeschlossen. Die programmatische erkenntnistheoretische These des P. von Comte lautet: Eine nützliche, sichere, genaue und konstruktiv-wertvolle Erkenntnis kann sich nur auf der Basis des faktisch Realen, der Welt der Tatsachen begründen. – Als eine erkenntnistheoretische Position enthält der P. die Forderung, die Erkenntnis auf der Basis von unbezweifelbaren Daten, d. h. in bezug auf sinnliche Wahrnehmung und Erfahrung zu begründen. Das ↗Sinnesdatum fungiert als unbezweifelbares Element für jede Erkenntnis. Eine prägnante Ausformung dieses Ansatzes findet sich in Machs Überzeugung, daß das unteilbar Einfache i. S. von sensuellen Erlebnissen die Basis möglicher Rekonstruktionen gültiger Erkenntnisse ausmache. Der P. radikalisiert die empiristische Grundthese, alles auf Erfahrung zu begründen, dahingehend, daß allein Erfahrung über die Wahrheit oder Falschheit eines Satzes entscheidet und daß alle wissenschaftlich zulässigen Sätze, d. h. jede empirisch-wissenschaftliche Erkenntnis sich restlos auf Erfahrung i.S. von Wahrnehmungserlebnissen zurückführen lassen muß. Die positiven Tatsachen unserer unmittelbaren Erlebnisse sind nach dieser Ansicht das einzige, was wir im empirischen Gebiet als vollkommen sicher bezeichnen können. Als positivistische Grundthese gilt: Alle wissenschaftlichen Aussagen müssen sich grundsätzlich in Aussagen über Erlebnisse umformen lassen. Das hat die Auffassung zur Konsequenz, daß Naturgesetze nur als zusammenfassende Berichte anzusehen sind. ↗Sensualismus, ↗Logischer Empirismus. **Lit.:** A. Comte: Discours sur l'esprit positif (dt. Rede über den Geist des Positivismus. Hamburg [2]1966). – E. Mach: Die Analyse der Empfindungen. Leipzig [4]1911. – Ders.: Erkenntnis und Irrtum. Darmstadt [6]1968. – K. Popper: Die beiden Grundprobleme der Erkenntnistheorie. Tübingen 1979. S. 42 ff. – H. Przybylski: Positivismus. In: HWPh. – M. Schlick: Die Kausalität in der gegenwärtigen Physik. In: Gesetz, Kausalität und Wahrscheinlichkeit. Wien 1948. – H. Schnädelbach: Erfahrung, Begründung und Reflexion. Versuch über den Positivismus. Frankfurt 1971. PP

**Positivismusstreit,** jene Auseinandersetzung, die zwischen Vertretern der ↗Kritischen Theorie auf der einen Seite und des ↗Kritischen Rationalismus auf der anderen Seite geführt wurde. Die Auseinandersetzung entzündete sich an einen Vortrag von Popper auf dem Soziologentag 1961 über »Die Logik der Sozialwissenschaften« und der darauf bezogenen scharfen Entgegnung von Adorno. Die Kernüberlegungen des von Popper vorgetragenen Kritischen Rationalismus lauten: (1) Unter erkenntnistheoretischen Aspekten behauptet er die prinzipielle Fehlbarkeit der Vernunft (Fallibilismus). Die menschliche Vernunft ist irrtumsanfällig und deshalb nicht in der Lage, zu einem absolut gesicherten und ein für allemal gewissen wahren Erkenntnissen zu gelangen, wie dies optimistische Erkenntnislehren nahelegen. Wissenschaftliche Erkenntnis muß versuchen, durch Versuch und Irrtum »Fehlerkorrektur« zu betreiben, um der Wahrheit näher zu kommen, ohne allerdings Gewißheit zu erlangen (↗Falsifikationsprinzip). (2) In geschichtsphilosophischer Hinsicht werden alle jene Theorien kritisiert, die den Geschichtsverlauf durch determinierende Gesetzmäßigkeiten geformt sehen. Dieser Historizismusvorwurf wendet sich insbesondere gegen die Geschichtsphilosophien hegelianisch-marxistischer Prägung. Damit einhergehend kritisiert der Kritische Rationalismus jene Denkhaltungen, die aus einer vagen Ganzheits- und Totalitätsidee die »Gesellschaft als Ganzes« erfassen wollen und behaupten, daß die bestehende Gesellschaft nur als »Ganzes« (revolutionär) verändert werden könne (Holismusvorwurf). Gegen die »Logik der totalen Revolution« stellt er die Auffassung des »piecemeal social engineering«, wonach die politisch Handelnden in reformischer Absicht permanent gesellschaftliche Institutionen verändern. Politik muß sich auf die Minimierung von Leid beschränken. Wo Politik mit großen Erlösungs- und Heilsversprechen operiert, wird die gesellschaftliche Ordnung totalitär (Totalitarismusvorwurf). (3) In ideologiekritischer Hinsicht lehnt der Kritische Rationalismus jegliche theoretischen und praktischen Absolutheitsansprüche ab und wendet sich gegen manifeste und latente Interpretationsprivilegien. Damit ist gesagt, daß keine gesellschaftliche Elite oder »Denkschule« das Erkenntnismonopol auf »letzte« Wahrheiten und Gewißheiten reklamieren kann. (4) Aufgrund dieser Basisüberlegungen wird der Staat primär als sozialtechnisches Instrument aufgefaßt, mit dessen Hilfe Institutionen, Regeln, Gesetze etc. installiert werden, die die Macht und Herrschaftsambitionen von Einzelpersonen und Gruppen kontrollieren und beschränken. Freiheit wird im wesentlichen negativ bestimmt, d. h. als Freiheit von Zwang und Unterdrückung durch andere.

Diese Grundüberlegungen des Kritischen Rationalismus werden von Adorno scharf kritisiert, wobei er versucht, die Grundfiguren einer dialektischen Erkenntnis- und Gesellschaftstheorie zu entwickeln. (1) Adorno insistiert auf einem Begriff von gesellschaftlicher Totalität, der besagt, daß das kapitalistische Tauschprinzip fundamental für Handlungs-, Erlebnis-, Wahrnehmungs- und Denkweisen ist. Der totale Zusammenhang hat die konkrete Gestalt, daß sich alle dem Tauschgesetz unterwerfen müssen, wenn sie nicht zugrunde gehen wollen, gleichgültig, ob sie subjektiv von einem Profitmotiv geleitet werden oder nicht. (2) Dialektische Theorie will mehr als bloße positivistische Fakten- und Datensammlung; sie will die antagonistische Beschaffenheit der Gesellschaft dechiffrieren, muß den Widerspruch von Rationalität und Irrationalität begreifen und so zur wertenden Kritik an der Gesellschaft schreiten. (3) Nach Adornos Auffassung verordnet der Positivismus »reglementierte Erfahrung«. Die Kritische Theorie begreift die »verwaltete Welt« als ein System von Verdinglichung. Damit ist die Hoffnung ausgedrückt, daß die Menschen sich ihrer Verdinglichung erwehren, Subjekte ihrer Gesellschaft werden und so Individualität entwickeln, wo das Leben dann nichts »Totenhaftes« mehr hätte. (4) Dialektische Theorie hält an einem emphatischen Begriff von Wahrheit fest. In diesem Begriff von Wahrheit ist die richtige Einrichtung einer Gesellschaft mitgedacht, so wenig sie auch als »Zukunft auszupinseln ist«. Adorno wirft dem Kritischen Rationalismus deshalb Positivismus, Szientismus und Anti-Intellektualismus vor, weil er diese Idee einer richtigen Gesellschaft nicht mehr zu artikulieren vermag. Jedoch gibt es ironischerweise noch ein »Wahrheitsmoment des Positivismus«: daß nämlich die Fakten undurchdringliche Gewalt angenommen haben, die dann der szientifische Faktenkult im wissenschaftlichen Gedanken verdoppelt. **Lit.:** T. W. Adorno (Hg.): Der Positivismusstreit in der deutschen Soziologie. Darmstadt 1969. – H.-J. Dahms: Die Auseinandersetzungen der Frankfurter Schule mit dem logischen Positivismus. Frankfurt 1994. RP

**Possest** (lat. Können-Ist), von Cusanus geprägtes Kunstwort, mit dem die Einheit von Möglichkeit (posse: Können) und Wirklichkeit (est: ist) in Gott bezeichnet wird. Gott ist zugleich alles, was überhaupt sein kann, während die Dinge in der Welt hinter ihrem Seinkönnen zurückbleiben. **Lit.:** N. von Kues: Trialogus de possest (Lat./dt. Dreiergespräch über das Können-Ist. Hamburg $^{3}$1991). FPB

**Postkonventionelle Moral** ↗konventionell/postkonventionell

**Postmoderne, Postmodernismus,** faßt eine Reihe von Positionen in der Philosophie zusammen, deren wesentliche Gemeinsamkeit in der Kritik an den Paradigmen der Moderne liegt, an deren »grands récits« (»große Erzählungen«), seien es Rationalismus oder Humanismus, seien es Christentum, Marxismus oder gar Nationalismus, seien es Kapitalismus oder Technokratie: nicht nur Skepsis sei ihren Beschreibungen und Erklärungen gegenüber angebracht, auch ihre Ansprüche erscheinen inakzeptabel, ihre Versprechen unattraktiv; auch alle Begriffe, die das Denken in der Moderne geprägt haben (»Einheit«, »Wahrheit«, »Wissenschaft«, »Begriff«, »Sinn«) verfallen dem postmodernen Verdikt, universalistisch und totalitär zu sein. Die neuzeitliche Wissenschaft und Politik beruhte auf dem Ausschluß von Heterogenität und der Reduktion auf abstrakte Identitäten – der Dinge nicht anders als der Menschen. Stattdessen setzt das postmoderne Denken auf Vielfalt, Schein, Kunst, Metapher, Form, Körper, Zufall und Spiel: postmoderne Philosophie versucht die Ideologien zu verabschieden (deren realen Niedergang nach mehr oder weniger katastrophischen Erfahrungen sie teilweise nur zu konstatieren hat) und dagegen eine radikale Pluralität zu exponieren, sowie die Möglichkeiten eines neuen Wissens und einer neuen Gerechtigkeit unter den Bedingungen irreduzibler Heterogenität und radikaler Inkommensurabilität zu reflektieren.

Jean-François Lyotard hat den Begriff der »P.« in die philosophische Diskussion 1979 in seiner Schrift *La condition postmoderne* (dt. *Das postmoderne Wissen*) eingeführt, nachdem »P.« als deutlich konturierter Begriff sich bereits nach 1959 in der amerikanischen Kunst- und Literaturkritik (bei Leslie Fiedler oder Susan Sontag) herausgebildet hatte und von dort in die Architekturtheorie (bei Charles Jencks und Robert Stern) übernommen worden war. In beiden Diskursen war der Begriff zunächst einfach die Formel für einen Rückfall hinter die Ideale der Moderne – danach wandelte sich »P.« aber zur Forderung nach einer neuen Form der Literatur oder Kunst, die wesentlich die Kluft zwischen elitärer und populärer Kultur zu überbrücken habe, nicht durch Aufgabe der Moderne, sondern durch ihre Aufhebung in einer Pluralität von Verfahren, in einer Kombination verschiedener Sprachen. Dieses Konzept bedeutet einerseits ein Ende der Moderne, andererseits ihre ironische Fortsetzung, so daß »P.« sowohl eine neue Epoche wie eine Geisteshaltung (wie bei Lyotard) bezeichnen kann; so kann denn Lyotard bereits bei Aristoteles postmoderne Ansätze finden (z. B. in dessen Kritik an »modernen«, also elitären und universalistischen Tendenzen der platonischen Philosophie), wie die Literaturwissenschaft postmoderne Strategien bereits bei Rabelais oder Sterne konstatiert. – Zu den namhaften Vertretern der postmodernen Philosophie können neben Lyotard auch Gianni Vattimo, Michel Foucault, Gilles Deleuze, Jacques Derrida und Jean Baudrillard gerechnet werden, deren Auffassungen von P. durchaus mehr oder weniger voneinander abweichen und die sich gelegentlich sogar von dem Begriff P. überhaupt distanziert haben. Auch bezieht sich die philosophische P. dabei auf ganz unterschiedliche Traditionen: auf Nietzsche (wie Foucault, Derrida, Vattimo), auf Heidegger (wie Derrida, Vattimo) auf Saussure und Freud (wie Derrida), auf Kant und Wittgenstein (wie Lyotard). – In den letzten Jahren haben sich die Überlegungen der P. in nahezu allen Wissenschaften und Künsten ihren Platz gefunden, von der Physik bis zur Soziologie, von der Malerei bis zum Film und sogar in der Theologie. **Lit.:** – T. Eagleton: Die Illusionen der Postmoderne. Stuttgart/Weimar 1997. – G. Eifler/Otto Saame (Hg.): Postmoderne. Wien 1990. – W. Welsch: Unsere postmoderne Moderne. Berlin 1993. – W. Welsch (Hg.): Wege aus der Moderne. Berlin 1994. – P. V. Zima: Moderne/Postmoderne. Tübingen/Basel 1997. BKO

**Poststrukturalismus** (auch Neostrukturalismus), Resultat der Reaktion auf die idealistischen Konsequenzen des klassischen ↗Strukturalismus, ohne dessen Instrumentarium in summa preiszugeben. Seitens des P. wird sowohl die Vorstellung einer überhistorisch wirkenden, geschlossenen Struktur kritisiert, wie dessen

Annahme eines strukturübergreifenden Zentrums. Die Idee eines Strukturzentrums entspringe selbst der differentiellen Anordnung der Signifikanten und könne daher nicht jenseits der Zeichensysteme gedacht werden. Unter Rückgriff auf Heidegger wird das Wissenschaftsverständnis des Strukturalismus als neuzeitliche Metaphysik abgelehnt. Die Vertreter des P. versuchen, dezentrale Strukturen ohne Zentrum zu denken. Von Nietzsche geprägt, macht sich der P. daran, strukturell wirkende Mechanismen der Macht in der Gesellschaft auf dem Gebiet der Sprache wie in Institutionen freizulegen und zu unterlaufen. Als Vorläufer des P. gelten Barthes Texttheorie, die beabsichtigt, den »faschistischen Charakter« der Sprache zu hintergehen, und Lacans Versuch eines »subversiven Diskurses« des Begehrens in der Psychoanalyse. Hauptvertreter des methodisch äußerst heterogenen P. sind Foucault, Deleuze, Derrida und Lyotard. **Lit.:** M. Frank: Was ist Neostrukturalismus? Frankfurt 1983. – J. Habermas: Der philosophische Diskurs der Moderne. Frankfurt 1985. – G. Schiwy: Poststrukturalismus und ›Neue Philosophen‹. Reinbek 1985. MR

**Postulat,** bezeichnet in einem weiten Sinne unbewiesene Voraussetzungen, die für das richtige Argumentieren oder für das richtige Handeln notwendig sind. – (1) Mit P. übersetzt man üblicherweise den griechischen Ausdruck »aitema«, der bei Aristoteles soviel bedeutet wie eine Annahme, die für argumentationstechnische Zwecke erforderlich ist. Aristoteles unterscheidet in den *Zweiten Analytiken* innerhalb seiner Lehre von den wissenschaftlichen Prinzipien zwischen Axiom, Hypothese (hypothesis) und P. (aitema). Unter Hypothesen und P.en versteht er dort Thesen, die zwar beweisbar sind, aber nicht bewiesen, sondern in der Argumentation zum Zwecke der Beweisführung vorausgesetzt werden. Sie unterscheiden sich darin voneinander, daß Hypothesen vom Gesprächspartner auch akzeptiert werden, während P.e. zwar ebenfalls vorausgesetzt, vom Gesprächspartner aber nicht für wahr gehalten werden (*An. post.* I, 10, 76b31–34). (2) Als P.e bezeichnet man auch die Forderungen, die Euklid in den *Elementen* formuliert. Er legt für die Geometrie drei Gruppen von Sätzen zugrunde: Definitionen, P.e. und allgemeine Grundsätze (Axiome). Bei den fünf P.en handelt es sich um Konstruktionsforderungen für Figuren. (3) Seine philosophiegeschichtlich entscheidende Prägung erfährt der Ausdruck durch Kant. Als P.e versteht Kant solche Annahmen, die in dem Sinne von der Vernunft gefordert sind, daß es sich um die notwendigen Voraussetzungen für den Gebrauch sowohl der theoretischen als auch der praktischen Vernunft handelt. P.e sind diejenigen Annahmen oder Voraussetzungen, unten denen der Vernunftgebrauch allererst möglich ist. So versteht Kant in der theoretischen Philosophie die Grundsätze der Modalität, nämlich Möglichkeit, Wirklichkeit und Notwendigkeit als P.e, in denen die Weise formuliert wird, in der man sich in Verstandeshandlungen auf die Gegenstände der Erfahrung beziehen kann. Eine Schlüsselfunktion in der Kantischen Ethik erfüllen die praktischen P.e. Als die drei großen Themen der Metaphysik bestimmt Kant Gott, Freiheit und Unsterblichkeit. Die Fragen nach der Existenz Gottes, der Willensfreiheit (als einer Kausalität aus Freiheit, die nicht den Gesetzen der Natur unterworfen ist) und nach der Unsterblichkeit der Seele bilden nach Kant die wesentlichen Fragen, um deren Beantwortung sich die Philosophie in letzter Instanz bemüht. Nun lassen sich diese Fragen mit der theoretischen Vernunft nicht zufriedenstellend beantworten, da sie das Vermögen der menschlichen Vernunft »übersteigen«. Dennoch sind die Annahmen, daß Gott existiert, daß wir aus freiem Willen handeln können und daß unsere Seele unsterblich ist, für die richtige Lebensführung unverzichtbar. Diese drei Voraussetzungen versteht Kant als praktische P.e, nämlich als »theoretische, in praktischer Vernunftabsicht notwendige Hypothesen« (*Akad.-Ausg.* 9, 112). Denn nur unter der Voraussetzung der Existenz Gottes, der Willensfreiheit und der Unsterblichkeit der Seele ist nach Kant die vollständige Erfüllung des moralischen Gesetzes überhaupt möglich. Die praktischen P.e erweitern somit den Gebrauch der praktischen Vernunft. In dieser Hinsicht fungieren sie als Handlungsmaximen: Das P. ist ein a priori gegebener, keiner Erklärung seiner Möglichkeit (mithin auch keines Beweises) fähiger praktischer Imperativ. Man postuliert also nicht Sachen, oder überhaupt das Dasein irgend eines Gegenstandes, sondern nur eine Maxime (Regel) der Handlung eines Subjekts (*Akad.-Ausg.* 8, 418, Anm.). Bei Hegel und Schopenhauer stößt der Kantische Begriff des praktischen P.s hingegen auf Kritik. **Lit.:** K. Düsing: Die Rezeption der Kantischen Postulaten-Lehre in den frühen philosophischen Entwürfen Schellings und Hegels. In: R. Bubner (Hg.): Das älteste Systemprogramm. Studien zur Frühgeschichte des deutschen Idealismus. Bonn. 1973. S.53–90. – K. v. Fritz: Die ARCHAI in der griechischen Mathematik. In: Archiv für Begriffsgesch. I (1955). S.13–103. – G. Morrow: Proclus. A Commentary on the First Book of Euklid's Elements. Translated with Introduction and Notes by Glenn R. Morrow. Princeton 1970. JH

**Potentia** ↗ actus/potentia

**Potentiell** (lat. der Möglichkeit nach), Gegensatz zu »aktuell«; bezeichnet nicht verwirklichte Möglichkeiten. Das entsprechende griechische Wort ↗ dynamis, eine der zehn Kategorien bei Aristoteles, bezeichnet dort die nicht aktuelle Wirklichkeit eines Seienden, die durch entsprechende Bewegung und Entwicklung zur Aktualität wird. Aristoteles kann durch die Entgegensetzung von Potentialität und Aktualität einen Unterschied einführen zwischen Nichts und Noch-Nicht. So erhalten die sinnlich gegenwärtigen Dinge ihr Sein nicht erst dadurch, daß sie sichtbar, fühlbar oder hörbar werden, sondern schon durch ihre Zugehörigkeit zu einem vom Denken unabhängigen Sein. Z. B. sieht Aristoteles die Daseinsweise eines Baumes im Samenkorn als p. an, während der konkrete Baum die verwirklichte Potentialität darstellt. Ebenso ist die Fallbewegung eines Apfels, solange er am Ast hängt nur p., löst er sich jedoch von dort, so schlägt auch hier Potentialität in Aktualität um. Letzteres Beispiel ist auch für die physikalische Naturerklärung maßgeblich. Hier wird die Energie eines höher gelagerten Körpers als p. bezeichnet, sobald er in den freien Fall übergeht, wandelt diese sich in kinetische Energie um. KJG

**Potenzen,** nach Aristoteles die graduell angeordneten Fähigkeiten der Seele, sich vegetativ durch die Nahrungsaufnahme und Zeugung, animalisch durch die Wahrnehmung, das Streben und die Ortsbewegung und menschlich durch die Vorstellung und das Denken (mögliche und tätige Vernunft) zu verwirklichen. Im MA. wurde diese Theorie, besonders der Status des ↗intellectus agens, kontrovers diskutiert. – In seiner Identitätsphilosophie betrachtet Schelling die nur außerhalb der absoluten Identität zu denkenden quantitativen Differenzen der Subjektivität und Objektivität als deren P. Während die Bestimmungslosigkeit ihrer Indifferenz die lautere Freiheit Gottes definiert, potenziert sich das »Übergewicht« vom subjektiven bzw. objektiven Faktor, d. h. deren »Größe«, real in der Natur als Materie, Licht und Organismus, ideal im Geist als Wissenschaft, Religion und Kunst (Sämtl. Werke I 4, 125 ff.; 412 ff.). Später begreift Schelling unter den P. die drei auf das Nicht-Göttliche bezogenen »Mächte«: das Sich-Verbergen, das Sich-Offenbaren und beider Einheit, weiterhin das Sein-Können, das Sein-Müssen und das Sein-Sollen, die sich wiederum von dem relationsfreien Gott, dem »Herrn des Seins«, unterscheiden (Sämtl. Werke I 8, 217 ff.; 10, 259 ff.; *Initia philos. univ.* XVIff.). **Lit.:** E. Cassirer: Aristoteles' Schrift »Von der Seele«. Tübingen 1932 (ND Darmstadt 1968). – K. Hemmerle: Gott und das Denken nach Schellings Spätphilosophie. Freiburg 1968. OFS

**Potenzmenge.** Die P. einer Menge M ist die Menge aller Teilmengen von M. Es gilt, daß wenn m die Anzahl der Elemente von M ist, $2^m$ die Anzahl der Elemente der P. von M ist. UM

**Prä-Animismus,** religionsethnologischer Sammelbegriff für Theorien, die in Abgrenzung zur Behauptung, daß der ↗Animismus die früheste Religionsform (E. B. Tylor) sei, eine noch ursprünglichere religiöse Erfahrung annehmen, die nicht auf einer Seelenvorstellung beruht. Hierher gehören der ↗Dynamismus, der das Erlebnis einer unpersönlichen Macht als ursprünglich ansieht, oder der Animatismus, nach dem zunächst alles als belebt erscheint. Der besonders von W. Schmidt vertretene Urmonotheismus sieht im Glauben an »Höchste Wesen« die älteste Religionsform, die sich später in den Polytheismus auflöste. **Lit.:** R. R. Marett: The Threshold of Religion. London 1909. – W. Schmidt: Der Ursprung der Gottesidee. 12 Bde. Münster 1912–1955. FPB

**Prädestination,** göttliche Vorherbestimmung. Der Gedanke der P. taucht nicht nur im Christentum, sondern ebenso im Islam und in der indischen Religionsgeschichte auf. Für die christliche P.-Lehre ist Paulus grundlegend (Röm. 9–11). Als weitere Stationen sind Augustinus und besonders die Reformatoren zu nennen. Die Lehre von der »doppelten P.«, wie sie von Calvin vertreten wurde, nach der die einen angeblich zur Rettung, die anderen zum Verderben vorherbestimmt sind, ist abzulehnen, da sie sowohl der göttlichen Liebe als auch der göttlichen Macht widerspricht. P. ist vielmehr als ↗Vorsehung in Hinsicht auf unser ewiges Schicksal zu verstehen. In diesem Sinne setzt sie den freien Willen geradezu als ihre Folie voraus. **Lit.:** G. Kraus: Vorherbestimmung. Freiburg 1977. – D. Perler: Prädestination, Zeit und Kontingenz. Amsterdam 1988. WS

**Prädikabilien** (von lat. praedicabile: aussagbar), die möglichen Prädikate, die von vielen Subjekten aussagbar sind. In seiner Einleitungsschrift zu den Kategorien des Aristoteles unterschied Porphyrios fünf P.: Gattung, Art, Unterschied, eigentümliches Merkmal und akzidentelles Merkmal. Im MA. entwickelte sich im Rahmen des ↗Universalienstreits eine rege Debatte über den Status der P. Die Nominalisten oder Konzeptualisten, darunter Petrus Abaelard und Wilhelm von Ockham, vertraten die These, die P. seien nichts anderes als gesprochene, geschriebene oder mentale Prädikatsausdrücke, die individuelle Entitäten bezeichnen. Die gemäßigten Realisten hingegen, z. B. Petrus Hispanus und Albertus Magnus, behaupteten, die P. seien universale Entitäten, die in den Individuen existieren und ihre Zugehörigkeit zu einer Gattung, Art usw. bestimmen. – In der modernen analytischen Philosophie hat Geach wieder an die ma. Debatte angeknüpft. Er faßt P. als potentielle Prädikate auf, denen im Gegensatz zu Namen kein vollständiger Sinn zukommt. **Lit.:** P. Geach: Reference and Generality. Ithaca 1962. – N. J. Green-Pedersen: The Tradition of the Topics in the Middle Ages. München/Wien 1984. – D. P. Henry: Predicables and Categories. In: The Cambridge History of Later Medieval Philosophy. Cambridge 1982. S. 128–142. DP

**Prädikat,** dasjenige, was von einem Subjekt in einem Urteil ausgesagt wird, bezeichnet man als P. (1) In der klassischen Logik werden die Elemente innerhalb einer Aussage analysiert, wobei nur Aussagen der Form Subjekt-Kopula-Prädikat zugrundegelegt werden. Das Subjekt einer Prädikataussage gibt an, auf welchen Gegenstand (↗Suppositum) sich die Aussage bezieht, das Prädikat drückt eine bestimmte Eigenschaft des Subjekts, nicht aber den ganzen Gegenstand der Wirklichkeit aus. In einem Urteil wird einem Subjekt ein P. zugesprochen (affirmativ) oder abgesprochen. (2) In der logischen ↗Semantik ist es eine Bezeichnung für Attribute eines logischen Subjekts oder die Beziehungen zwischen Subjekten, d. h. das P. ist der Name für eine Beschaffenheit. Bezüglich des P.s gilt, daß seine Bedeutung mit dem Begriff identifiziert wird, d. h. es gibt kein bedeutungsvolles P., das nicht für einen Begriff steht, so daß P.e immer Begriffe ausdrücken. Ein P. bezeichnet die Klasse derjenigen Dinge, die unter den Begriff fallen, den das P. ausdrückt. Die Prädikate werden unterteilt in einstellige, die Eigenschaften benennen, und mehrstellige, die Beziehungen oder Relationen ausdrücken. Als P.e der ersten Stufe gelten jene, die Eigenschaften von Gegenständen oder Beziehungen angeben, als P.e zweiter Stufe oder als Prädikatenprädikate solche, die Eigenschaften von Eigenschaften oder Beziehungen zwischen Eigenschaften angeben. PP

**Prädikatenlogik,** Teil der formalen Logik. In der P. werden einfache Aussagen entsprechend dem sprachlichen Subjekt-Prädikat-Schema zerlegt und mit einem ↗ Quantor, dem Allquantor oder dem Existenzquantor, versehen. Die P. erster Stufe bezieht die Quantoren auf die Individuensymbole, in zweiter und höherer Stufe auf die Typen von Eigenschaften als mögliche Werte. Die P. entwickelt die Gesamtheit der wahrheitserhaltenden Schlüsse von Prämissen auf Behauptungen, soweit die dabei erwähnten Urteile junktoren- oder prädikatenlogisch analysierbar sind. PP

**Prädikation.** Der Sprechakt des Prädizierens läßt sich auf vier Ebenen charakterisieren: (1) Auf der syntaktischen Ebene besteht er darin, einen Prädikatausdruck mit einem Subjektausdruck zu einem (bejahenden oder verneinenden) Satz zu verbinden. (2) Unter dem semantischen Gesichtspunkt wird dabei dem vom Satzsubjekt bezeichneten Gegenstand das Prädikat zu oder abgesprochen. (3) Ontologisch gesehen wird bei der P. diesem Gegenstand die durch das Prädikat bezeichnete Eigenschaft zu- oder abgesprochen. (4) In erkenntnistheoretischer Hinsicht wird hierbei ein Subjektbegriff mit einem Prädikatbegriff zu einem durch den Satz insgesamt ausgedrückten Gedanken verbunden. MQ

**Prädikator,** das von einem Begriffswort Bezeichnete. Allgemein heißt derjenige Ausdruck P., der dazu verwendet wird, einen Gegenstand zu bezeichnen. D.h. einem Gegenstand wird ein P. zugesprochen (oder auch abgesprochen), wobei die P.en die sprachliche Form eines Substantivs, eines Adjektivs (und bedingt auch eines Verbs) haben können: z.B. »dies (dieser Gegenstand) ist ein Buch«, »dies ist schwer«, »die Person x (z.B. der gegenwärtige König von Frankreich) ist lebend«. Spezifisch bezogen auf die Begriffslehre wird derjenige sprachliche Ausdruck als P. bezeichnet, (a) der sich nicht wie ein Eigenname auf jeweils genau einen Gegenstand (oder Person) bezieht, sondern im allgemeinen auf mehrere Gegenstände, und (b) der dazu dient, diesen Gegenständen bestimmte Eigenschaften zuzusprechen. Der für eine solche Prädikation verwendete Ausdruck heißt P. In der formalen Logik heißt der Ausdruck P., der einem Argument a ein Prädikat F zuordnet (Abk.: F(a)), wobei a für eine Individuenkonstante steht und F für ein Prädikat, d.h. einen Namen für eine Beschaffenheit. PP

**Praedeterminatio physica,** im späten 16. Jh. geprägter Zentralbegriff der vor allem von Dominikanergelehrten vertretenen bañezianischen Position (nach D. Bañez, 1528–1604) im sog. »Gnadenstreit« um die Weise der Vereinbarkeit der menschlichen Freiheit mit Gottes Allwissenheit und Mitwirkung an den freien Akten des Menschen. Danach erkennt Gott die freien und bedingt freien Handlungen des Menschen im Zuge seiner Willensentschlüsse, die gleichzeitig das freie Wollen des Menschen ermöglichen und bestimmen (prädeterminieren). Diese Erkenntnis ist nicht von der Erkenntnis der ↗ Futuribilien abhängig. Die Freiheit des Menschen wird durch die P. deshalb nicht aufgehoben, weil es sich um erstursächliche Einwirkung Gottes handelt, die das (zweitursächliche) freie menschliche Handeln erst ermöglicht. Die genaue Weise des Zusammenwirkens entzieht sich unserer Vorstellung. »Physica« heißt die P., da sie nicht als moralische Beeinflussung (durch Eingießung bestimmter Erkenntnisse, Vorstellungen etc. als Handlungsmotive) erfolgt, sondern über die ontologische Konstitution des Handlungssubjekts selbst. **Lit.:** W. Brugger: Summe einer philosophischen Gotteslehre. München 1979. – W. Hübener: Praedeterminatio physica. In: HWPh, Bd. 7. Sp. 1216–1225 (umfangreiche Bibliographie). WL

**Präexistenz.** P. wird im Zusammenhang mit der Unsterblichkeit der ↗ Seele der Sachverhalt genannt, daß der Seele eine eigene, dem Leib zeitlich vorhergehende Seinsweise zugesprochen wir. Obwohl das Wort P. erst in der Hochscholastik aufkommt, geht das ihm zugrundeliegende Philosophem auf Platon zurück. Platon spricht im Seelengleichnis des *Phaidros* (248a-259d) davon, daß die Seelen vor ihrer Einkörperung die idealen Wahrheiten am überhimmlischen Ort (hyperuranion topon) geschaut hätten. Alles Wissen – hier wiederholt er die Kerndoktrin des *Menon* – sei deshalb nur Wiedererinnerung (↗ Anamnesis). Je nach Grad des Geschauten werde die Seele entweder in den Körper eines Philosophen, Musenfreundes, Königs oder Kriegers »eingepflanzt«. Da Platon das Seelengleichnis allerdings in der literarischen Form eines (der orphisch-pythagoreischen Tradition entlehnten) demonstrativen Mythos vorträgt, ist nicht entschieden, ob Platon wirklich eine P. der Seele angenommen hat. MFM

**Präferenz,** Wertentscheidung, die aufgrund von Neigungen und Vorlieben, von Zweckmäßigkeitserwägungen oder in bezug auf die Lebensgestaltung und Lebensführung vollzogen wird. Im Hinblick auf den Gegenstandsbereich wird die Unterscheidung vorgenommen zwischen schwachen oder trivialen P.en und starken P.en. Schwache P.en sind in persönlichen Neigungen begründet und beziehen sich auf situativ kontingente Angebote zur Bedürfnisbefriedigung. Starke P.en resultieren aus den Überlegungen, in welcher Art eine Person ihr Leben führen und in welche Richtung sie ihr Leben gestalten will. Sie betreffen neben den Fragen der Lebensgestaltung auch das Selbstverständnis einer Person. Die schwachen P.en können als eine erste Ebene der Wertorientierung, die starken als eine zweite Ebene der Wertorientierung, von der aus die Wünsche erster Ordnung nochmals einer Beurteilung unterzogen werden, gedeutet werden. **Lit.:** Ch. Taylor: The Concept of a Person. In: Philosophical Papers. Vol I. Human Agency und Language. Cambridge 1985. S.

97 ff. – Ders.: Was ist menschliches Handeln. In: Negative Freiheit. Frankfurt 1992. S. 9 ff. PP

**Pragmatik.** Im Rahmen der Grundlegung einer Zeichentheorie unterscheidet Morris zwischen Syntax (d.i. die Lehre von der Zeichenkombinatorik), Semantik (d.i. die Lehre von der Zeichenbedeutung) und P. (d. i. die Lehre von der Zeichenverwendung). Grundlegend für die Erweiterung der Syntax und Semantik ist seine Annahme, daß ein Zeichenprozeß sich zusammensetzt aus einem Zeichenträger, dem Bezeichneten (d.i. dem Designat) und Zeichenverwender (bzw. die Beziehung des Zeichens zu seinem Interpreten). Die Erweiterung durch die P. findet Morris bereits in der ↗Semiotik von Peirce begründet. Dessen Definition des Zeichens als dreistellige Relation beinhaltet neben dem materiellen Zeichen und dem Zeichenobjekt als dritte Komponente den Interpretanten. Durch den Terminus »Interpretant« wird angezeigt, daß das Zeichen beim Interpreten eine Handlung oder ein Gefühl hervorruft. Dieses dritte Element des Zeichens macht das Zeichen zu einem Phänomen der Konvention, der Auslegung, der Gesellschaftlichkeit. In diesem Sinne ist die Erklärung, das Zeichen rufe eine Gewohnheit hervor, zu verstehen.

Morris nimmt eine deutliche Akzentverschiebung zugunsten einer behavioristischen Deutung vor, wenn er die P. in ein Reiz-Reaktionsschema einfügt: Der Interpret eines Zeichens ist ein Organismus, der Interpretant die Gewohnheit des Organismus, aufgrund der Anwesenheit des Zeichens auf abwesende Objekte, die für die Bewältigung der jeweiligen Situation relevant sind, so zu reagieren, als ob sie anwesend wären. Er folgt darin G.H. Mead (*Geist, Identität und Gesellschaft*), wenn er den einzelnen konkreten Zeichenträger als Reiz bestimmt, der den Organismus eine Situation von einer spezifischen Art erwarten läßt und ihn in die Lage versetzt, sich aufgrund dieser Erwartung teilweise im voraus auf die künftige Entwicklung einzustellen (Morris, S. 54 f.). Das führt zu folgenden Erklärungen der P.: Die Beziehung eines Zeichenträgers zu seinem Designat ist gleichzusetzen mit dem wirklichen Vorgang im Verhalten des Interpreten, der dazu führt, daß der Interpret durch die Reaktion auf die Zeichenträger von einer Klasse von Dingen, den Designaten, Notiz nimmt. Der semantischen Regel entspricht in der pragmatischen Dimension die Gewohnheit des Interpreten, den Zeichenträger unter bestimmten Umständen zu verwenden, bzw. bei dessen Wahrnehmung bestimmte Umstände zu erwarten. Zur Aufgabe der P. gehört die Definition jener Ausdrücke, die innerhalb der Syntax und der Semantik nicht definiert werden können, ebenso die Klärung des pragmatischen Aspekts verschiedener semiotischer Ausdrücke und schließlich die Feststellung, was psychologisch, biologisch und soziologisch beim Auftreten der Zeichen geschieht. Carnap deutet die P. als deskriptiven Bestandteil der Sprache und teilt deren Erforschung empirischen Disziplinen zu.

Der P.-Aspekt der Sprache wurde in verschiedener Hinsicht für weitere Analysen der Sprechakttheorie, der Kontextabhängigkeit, der Sprecherbedeutung und der Struktur des diskursiven Redens relevant: (a) Die von Austin entwickelte Theorie der Sprechakte (↗Sprechakttheorie) trifft im Hinblick auf die sprachliche Äußerung die Unterscheidung zwischen der Bedeutung und der Rolle (force) einer Aussage. Jeder Äußerung kommt ein Aussageinhalt (↗propositionaler Gehalt) und eine spezifische Aussage-Intention (illokutionärer Akt) zu. Jeder Aussageinhalt kann in einem Sprechakt mit verschiedenen Intentionen, die durch die illokutionäre Rolle angezeigt werden, geäußert werden. Z.B. kann der Aussageinhalt »der Hund ist bissig« im Sinne einer Feststellung, einer Warnung, einer Empfehlung (als Wachhund) geäußert werden. Der intentionale Charakter der illokutionären Rolle stellt den Aspekt der P. dar. (b) Die semantischen Analysen von Bar-Hillel befassen sich mit solchen Ausdrücken der Sprache, deren Interpretation durch den Kontext ihres Gebrauchs bestimmt ist. Dazu sind Indexausdrücke wie Personalpronomina und Zeitadverbien zu rechnen. Montague setzt diesen Gedanken um in bezug auf die Analyse von Sprachen, die kontextabhängige Ausdrücke enthalten. Z. B. kann damit der semantische Wert von Sätzen als Abbildung der Sprecher-Adressat-Paare auf Wahrheitswerte expliziert werden. (c) Die handlungstheoretische ↗Semantik von Grice untersucht das interaktionale Funktionieren von Verständigung in Gesprächen. Sie benennt dazu eine Reihe von Grundsätzen, die aus den allgemeinen Annahmen über die Natur rationaler Kommunikation abgeleitet werden können (↗Konversationsimplikatur). (d) Die Annahmen einer Sprachpragmatik werden von Apel und Habermas für eine ↗Transzendentalpragmatik bzw. eine ↗Universalpragmatik fruchtbar gemacht.

**Lit.:** K.-O. Apel: Sprachpragmatik und Philosophie. Frankfurt 1976. – J.L. Austin: Zur Theorie der Sprechakte. Stuttgart 1972. – Bar-Hillel: Indexical Expressions. In: Mind 63 (1954). S. 359 ff. – H.P. Grice: Logik und Konversation. In: G. Meggle (Hg.): Handlung, Kommunikation, Bedeutung. Frankfurt 1979. S. 243 ff. – G.H. Mead: Geist, Identität und Gesellschaft. Frankfurt 1973. S. 100 ff. – R. Montague: Pragmatics. In: R.H. Thomason (Hg.): Formal Philosophy. New Haven 1974. – Ch. W. Morris: Grundlagen der Zeichentheorie, Ästhetik der Zeichentheorie. Frankfurt 1988. PP

**Pragmatische Maxime.** Peirce formuliert den Zusammenhang von Bedeutung und Handeln durch seine p. M.: »Überlege, welche Wirkungen, die denkbarerweise praktische Relevanz haben könnten, wir dem Gegenstand unseres Begriffs in unserer Vorstellung zuschreiben. Dann ist unser Begriff dieser Wirkungen das Ganze unseres Begriffs des Gegenstandes.« **Lit.:** Ch. S. Peirce: How to Make Our Ideas Clear (dt. Über die Klarheit unserer Gedanken. Frankfurt $^{3}$1985. PP

**Pragmatismus, Neopragmatismus.** Der P. wurde von Peirce begründet und stellt die erste eigenständige amerikanische Philosophie dar. Seine zentrale Maxime fordert, Vorstellungen aller Art im Hinblick auf ihre möglichen praktischen Wirkungen zu beurteilen. Peirces P. resultiert aus einer grundsätzlichen Kritik am Fundamentalismus: Unmittelbare Erkenntnisse durch Intuition oder Introspektion sind nicht möglich. Darüberhinaus ist weder die im ↗Rationalismus hervorgehobene Selbstgewißheit des Ich noch sind die vom ↗Empirismus favorisierten Sinneswahrnehmungen in dem gewünschten Maß fundamental. Vielmehr liegen sämtliche Vorstellungen immer schon in zeichenvermittelter und damit eventuell fehlerhafter Form vor. Dem Skeptizismus begegnet der P. Peircescher Provenienz durch die Forderung, nur solche Hypothesen als sinnvoll zuzulassen, die an ihren möglichen praktischen Wirkungen experimentell und damit intersubjektiv nachvollziehbar getestet und gegebenenfalls korrigiert werden können. Peirce nimmt an, daß eine prinzipiell indefinite Forschungsgemeinschaft durch fortlaufende Korrektur ihrer Ergebnisse langfristig zu übereinstimmenden und damit zugleich zu wahren Überzeugungen gelangen wird. Es ist ein wesentliches Merkmal pragmatischen Denkens, »Wahrheit« nicht allein als Korrespondenz zwischen Aussage und zugrundeliegendem Sachverhalt zu definieren, sondern als Konsens einer Forschungsgemeinschaft zu bestimmen. Die Bedeutung wissenschaftlicher Hypothesen manifestiert sich in den experimentellen Testmöglichkeiten; analog liegt im Kontext alltäglicher Lebensführung der Bedeutungsgehalt jeder Überzeugung in der Verhaltensgewohnheit, die sie involviert, und die bei gegebener Situation in konkrete Handlungen umsetzbar ist. Auf diese Weise gelingt dem P. eine besondere Vermittlung von Theorie und hieraus resultierender Forschungs- bzw. Lebenspraxis, die im 20. Jh. in unterschiedlichen Akzenten, zum Teil gegen Peirces Intention weiterverfolgt wurde.

Auffälliges Kennzeichen pragmatischer Philosophie in der ersten Hälfte des 20. Jh. ist der Primat der konkreten Handlung. Nicht mehr die Handlungsdisposition und der hierdurch gewährleistete mögliche Bezug zur Handlung, sondern die tatsächlichen einzelnen Realisierungen werden als bedeutungstheoretisches Korrelat unserer Vorstellungen aufgefaßt. Beispiele dieses handlungsorientierten P. sind zunächst der Praktikalismus von W. James, der Humanismus von F. C. S. Schiller sowie der Instrumentalismus von Dewey. James, Schiller und Dewey gaben dem P. zusätzlich ein utilitaristisches Image und machten ihn in dieser Interpretation in Amerika und in Europa publik. Der Praxisbezug dient hier nicht mehr einer intersubjektiv überprüfbaren Konsensbildung einer Gemeinschaft, sondern avanciert als individuelle Situations- und Lebenspraxis zum Selbstzweck. Entsprechend ordnet z. B. James auch den Wahrheitsbegriff dem Handlungskontext unter, wenn er wahre Erkenntnisse als nützliches Mittel zur praktischen Bedürfnisbefriedigung versteht. – Zu nennen sind hier ferner der ↗Operationalismus sowie der ↗Behaviorismus, deren jeweilige Grundprinzipien mit dem handlungsorientierten P. übereinstimmen: Bridgmans Operationalismus fordert, wissenschaftliche, insbesondere physikalische Begriffe mit ihrer experimentellen Verifikation zu identifizieren, und die behavioristische Psychologie lehnt introspektive Methoden ab und konzentriert sich auch zum Studium innerer Bewußtseinszustände ausschließlich auf das hieraus resultierende beobachtbare Verhalten. Die hier jeweils vorgenommene Reduktion allgemeiner Vorstellungen auf konkrete singuläre Handlungen fand vor allem in Europa vielfach Ablehnung.

Um die Jahrhundertmitte erhielt der P. vor allem durch Quine neue Impulse, die heute unter dem Terminus Neopragmatismus diskutiert werden. Die Vielfalt dieser neuen Untersuchungsaspekte ist von Stachowiak systematisiert und kommentiert worden. – Quine kombiniert die pragmatische Auffassung des Bedeutungsbegriffs mit dem ↗Holismus/Konventionalismus Duhemscher Prägung: Nach Duhem repräsentieren Theorien Gesamtheiten, deren einzelne Sätze nicht isoliert testbar sind, ferner sind experimentelle Tests stets selbst theoriegeladen. Also erfordert jede Verifikation bzw. Falsifikation Entscheidungen, die nicht nur in der Sachlage begründet sind. In bezug auf den Bedeutungsbegriff folgt, daß die praktischen Konsequenzen, auf die der P. rekurriert, nicht eindeutig und objektiv interpretierbar sind, so daß der Bedeutungsbegriff nach Quine keine feste Größe darstellt, sondern immer nur die interesse- und konventionsabhängigen Verhaltensweisen einer Gemeinschaft ausdrückt. Durch die Nähe zum ↗Konventionalismus werden zusätzliche Entscheidungshilfen zur Theorienbeurteilung erforderlich; dieser Aufgabe ist z. B. Reschers methodologischer Neopragmatismus gewidmet. Eine Anwendung neopragmatischer Methoden auf normative Systeme leistet der Korporatismus von M. White. Nicht zuletzt stellt die Eigendynamik von Forschungsprogrammen einen aktuellen neopragmatischen Untersuchungsgegenstand dar, der derzeit auf einer grundlegenden kybernetischen Basis und unter Rückbesinnung auf Peirces Zeichentheorie erarbeitet wird. – Gemeinsames Kennzeichen neopragmatischer Ansätze ist eine dynamische Epistemologie, die den Erkenntnisprozeß auf der Grundlage des Versuch und Irrtum Modells erklärt. **Lit.:** J. Dewey: Logic. The Theory of Inquiry. New York 1938. – W. James: Pragmatism, a New Name for Some Old Ways of Thinking. London 1908 (dt. Der Pragmatismus. Hamburg 1977). – H. Lenk: Pragmatische Philosophie. Hamburg 1975. – E. Martens: Pragmatismus. Ausgewählte Texte von Ch. S. Peirce, W. James, F. C. S. Schiller, J. Dewey. Stuttgart [2]1992. – Ch. S. Peirce: Schriften zum Pragmatismus und Pragmatizismus. Frankfurt [2]1991. – N. Rescher: Methodological Pragmatism. Oxford 1977. – H. Stachowiak: Neopragmatismus als zeitgenössische Ausformung eines philosophischen Paradigmas. In: Ders. (Hg.): Pragmatik. Handbuch pragmatischen Denkens. Bd. II. Hamburg 1987. S.391–435. IR

**Prägnanz.** Die Gestaltpsychologie formuliert ein Gesetz der P., auch Gesetz der guten Gestalt, das besagt, daß die Organisation des Wahrnehmungsfeldes immer so gut ist, d.h. abgerundet, zusammenhängend, geschlossen, wie es unter den gegebenen Umständen möglich ist. **Lit.:** K. Koffka: The Principles of Gestalt Psychology. London 1935. S. 110. PP

**Prägnanz, symbolische,** zentraler Begriff in Cassirers *Philosophie der symbolischen Formen.* Unter s.r P. wird die Art verstanden, in der ein Wahrnehmungserlebnis als sinnliches Erlebnis immer zugleich einen bestimmten nicht-anschaulichen Sinn in sich faßt und zur unmittelbaren konkreten Darstellung bringt. Durch diesen Begriff grenzt er sich ab von der Kantischen Vorstellung einer Synthesisleistung des Bewußtseins, in dem sinnliches Material erst durch die Verstandesbegriffe in eine gegenständliche Einheit gebracht wird. Cassirers These ist: Es gibt so wenig »Stoff an sich«, wie es »Form an sich« gibt, es gibt immer nur Gesamterlebnisse. **Lit.:** E. Cassirer: Philosophie der symbolischen Formen. Bd. III. Darmstadt (ND) 1982. S. 231; 235. PP

**Prakṛti** (sanskrit: Natur), die Bezeichnung der Urmaterie, die im dualistischen ↗Sāṃkhya dem geistigen Prinzip, dem ↗Puruṣa, gegenübersteht (auch pradhāna: Grundlage, genannt). Der Begriff ist in dieser Bedeutung ab der mittleren ↗Upaniṣaden-Zeit (*Śvetāśvatara-U.* 4.10.) faßbar und hat auch auf den ↗Vedānta Einfluß gehabt (*Bhagavad-Gītā* 13.19.). Seine volle Bedeutung hat P. jedoch im Sāṃkhya erlangt, wo sie als ewiges, unableitbares Prinzip neben dem geistigen (Puruṣa) Prinzip steht. Die zunächst unentfaltete (avyakta) P. entfaltet sich durch die Vermischung der drei Guṇas (↗) in der Emanations- oder Evolutionsphase durch einen Vergröberungsprozeß nacheinander in die Vernunft oder das Erkennen (buddhi oder mahat) von Unterschieden der P., und dann in den ↗Ahaṃkāra, der die Unterscheidung von Subjektivem und Objektivem ausmacht. Dieser Unterscheidung entsprechend entstehen so auf der einen Seite die Organe, wobei das Sāṃkhya unterscheidet zwischen Denkorgan (manas), Organen des Erkennens (buddhīndriya: Hören, Fühlen usw.) und solchen der Tat (karmendriya: Sprechen, Greifen, Gehen, Entleeren, Zeugen), auf der anderen Seite die fünf Feinelemente (tanmātra), aus deren Vermischung wiederum die groben, sichtbaren Elemente (bhūta) entsehen: Somit zählt das Sāmkhya 24 Prinzipien (tattva) auf, wovon nur die P. ewig ist. MD

**Prälogisch** (lat.-griech. vorlogisch), vor dem Bereich des Logischen liegend, z.B. der rationalen Erfassung und Bearbeitung vorgegeben. Die Bezeichnung p. steht für das primitive, natürliche, emotionale, einfallsmäßige Denken, das sich zunächst seines Gegenstandes ohne die Kontrolle durch die Vernunft zu bemächtigen versucht. Es geht dem logischen Denken voraus und läßt intuitiv gewonnene Einsichten erst eine formulierbare Gestalt annehmen. **Lit.:** L. Levy-Bruhl: Die geistige Welt der Primitiven. München 1927. – R. Thurnwald: Des Menschengeistes Erwachen, Wachsen und Irren. Berlin 1951. RS

**Präskriptiv.** Dient ein sprachlicher Ausdruck dazu, zu einer Handlung aufzufordern oder sie in einem positiv bewerteten Sinne zu empfehlen, wird ihm p.e Bedeutung zugesprochen. Für die Sprache der Moral ist es kennzeichnend, daß wertende Begriffe wie »gut«, »richtig«, »anständig« mit diesem Aufforderungscharakter versehen sind. – In dem von Hare vertretenen metaethischen Ansatz des ↗Präskriptivismus wird für die p.en Moralurteile gefordert, daß sie universalisierbar sein müssen, d.h. was für eine bestimmte Handlungssituation gilt, muß für alle anderen Situationen, die dieser in den relevanten Gesichtspunkten gleichen, auch gelten. **Lit.:** R.M. Hare: Freiheit und Vernunft. Frankfurt 1983. PP

**Präskriptivismus,** von Hare entwickelte Theorie der Metaethik, die den Moralurteilen die logischen Eigenschaften, präskriptiv und universalisierbar zu sein, zuschreibt. Die Eigenschaft der Präskriptivität kennzeichnet die moralischen Aussagen als Imperative (»Du solltest die Handlung H tun!«, »Tue H!«). Die Eigenschaft der Universalisierbarkeit zeigt an, daß wir nur dann zur Äußerung eines Moralurteiles berechtigt sind, wenn wir bereit sind, für ein gefälltes Moralurteil Gründe anzuführen. Die Angabe eines Grundes impliziert, daß ein solcher Grund und ein solches Urteil auch in den hinreichend ähnlich zu beurteilenden Fällen in Geltung ist. Begründen bedeutet universalisieren. **Lit.:** G. Grewendorf/G. Meggle: Seminar: Sprache und Ethik. Frankfurt 1974. S. 7ff. – R.M. Hare: Die Sprache der Moral. Frankfurt 1983. – Ders.: Freiheit und Vernunft. Frankfurt 1983. PP

**Prästabilierte Harmonie** (lat. prae: vorher; stabilis: feststehend), von Leibniz geschaffener Begriff, der eine Erklärung für die Ordnung des Weltalls ohne direkte Wechselwirkung liefern soll. Die Theorie der p.n H. besagt, daß Gott alle Beziehungen sowohl zwischen den einzelnen Dingen (↗Monaden) als auch zwischen Seele und Leib von Anfang an so geordnet hat, daß alles Geschehen gesetz- und zweckmäßig ablaufen muß, obgleich nur ein Parallelismus, eine Koordination der Geschehnisse, besteht. Leibniz verdeutlicht den Kerngedanken der p.n H. im Uhrengleichnis: Um zwei Uhren zu synchronisieren, kommt für ihn nur eine von vornherein perfekt eingestellte Eigengesetzlichkeit in Betracht. **Lit.:** R. Finster/G. van den Heuvel: G.W. Leibniz. Reinbek 1990. – G.W. Leibniz: Monadologie. Hamburg ²1982. RS

**Präsupposition.** (1) In der logischen Semantik beinhaltet die P. einer Aussage, daß die in der Aussage vorkommenden Eigennamen oder Kennzeichnungen auch jeweils genau einen bestehenden Gegenstand benennen. Frege hat (*Über Sinn und Bedeutung,* 1892) die P. unter dem Begriff der Voraussetzung eingeführt und ihn dem Begriff der Behauptung gegenübergestellt. So setzt z.B. die Aussage »Kepler ist im Elend gestorben« die Existenz von Kepler voraus, ohne sie zu behaupten. In der weiteren Diskussion hat Strawson die Differenzierung zwischen behaupteten, implizierten und präsupponierten Behauptungen vorgeschlagen. Die P.

wird durch die folgende Eigenschaft charakterisiert: Wenn eine Aussage A eine andere Aussage B präsupponiert, wird B auch von der Verneinung von A präsupponiert. (2) Der pragmatische Begriff der P. bezieht sich auf ein propositionales Verhalten. Einen Aussageinhalt (d.i. eine Proposition) im pragmatischen Sinn zu präsupponieren, heißt, seine Wahrheit für selbstverständlich anzunehmen, und beinhaltet gleichzeitig die Annahme, daß andere Personen, die in den Kontext einbezogen sind, dasselbe tun. Diese Sprecher-P. stellt die Annahme dar, daß der Aussageinhalt Teil des gemeinsamen Hintergrundwissens der Gesprächspartner ist. Die von den Teilnehmern in Sprechsituationen (wie Behaupten, Fragen, Befehlen u. a.) geteilten P.en konstituieren den gemeinsamen Kontext, d. h. sie müssen implizit angenommen sein, ehe das relevante sprachliche Geschehen vollzogen wird. Die pragmatische Satz-P. setzt den Zusammenhang zwischen einer Aussage und ihren möglichen Kontexten, in denen sie angemessen verwendet wird, voraus. Durch die P.en werden nach zwei Seiten Grenzen festgelegt: Zum einen kann man nicht behaupten, befehlen, versprechen oder vermuten, was mit dem Präsupponierten unvereinbar ist, zum anderen kann man nicht sinnvollerweise behaupten, befehlen, versprechen oder vermuten, was selbst schon präsupponiert ist. Die Menge aller P.en, die von einer Person in einem gegebenen Kontext gemacht werden, bestimmt diejenige Klasse möglicher Welten (↗Welt, mögliche), die mit allen P.en konsistent sind. Diese Klasse setzt die Grenze der sprachlichen Situation. **Lit.:** B.C. van Fraassen: Presupposition, Implication and Self Reference. In: Journal of Philosophy 65 (1968). S. 136–151. – R.C. Stalnaker: Pragmatik. In: A. J. Schmidt (Hg.): Pragmatik I. München 1974. S. 156 ff. – Ders.: Pragmatik. In: J. Speck (Hg.): Hb. wissenschaftstheoretischer Grundbegriffe. Bd. 2. Göttingen 1980. S. 504 f. – P. F. Strawson: Einzelding und logisches Subjekt. Stuttgart 1972. S. 243 ff., 255 ff. PP

**Praxeologie.** Die P. als »Theorie des wirkungsvollen Handelns« wurde 1890 durch den Artikel »Les origines de la technologie« von A. Espinas begründet. Das menschliche Handeln wird unter der Rücksicht des Nutzens, der Effizienz und der Zweckrationalität betrachtet. Es werden Handlungsalternativen und die Adäquatheit von Mitteln unter dem Gesichtspunkt der Realisierung gewählter Zwecke untersucht, menschliches Handeln als zweckbezogene Anordnung von Mitteln verstanden. Die P. wurde vor allem in den Wirtschaftswissenschaften angewendet (L. von Mises), aber auch als allgemeine Handlungstheorie, als »Grammatik des Handelns« (T. Kotarbinski) konzipiert. **Lit.:** A. Espinas: Les origines de la technologie. In: Revue philos. France Etr. 30 (1890). S. 113–135, S. 295–314. – T. Kotarbinski: Praxiology. Oxford 1963. CSE

**Praxis** (griech. Handeln). Sowohl poietisches Wissen oder Können (dies wird leider sehr oft mit »praktisches Können« wiedergegeben, was nur zur Verwirrung führt, da das poietische Wissen in der platonisch-aristotelischen Terminologie vom praktischen ja gerade unterschieden wird), wie praktisches Wissen (praktike episteme) sind Kräfte (dynameis), Ursachen der Veränderung »in einem anderen«. Darin unterscheiden sie sich von dem rein theoretischen Wissen. Aber es gibt auch einen Unterschied zwischen poietischem und praktischem Wissen selbst. Das Ziel des praktischen Wissens besteht darin, auf eine bestimmte Weise zu handeln oder zu leben. Das Ziel einer ↗techne ist es, ein Ding mit bestimmten Eigenschaften hervorzubringen (ergon), das vom Tun oder Machen unabhängig ist. Der Künstler oder Handwerker verwirklicht eine Idee, indem er in dem, »was der Veränderung fähig ist«, einen Prozeß in Gang setzt und steuert, indem er einem äußeren Material eine Form auferlegt, die ihm zunächst als eine bloße Idee vorschwebte. Worauf es aber ankommt, ist das Produkt, nicht seine geistige Verfassung, der Zustand seines Willens oder seine Absicht beim Herstellen, sondern der Charakter dessen, was hervorgebracht wird. Die Produkte der technai, der herstellenden Künste, sind relativ frei oder unabhängig von der Persönlichkeit des Herstellers. Sie haben ihre Güte oder ihre Schlechtigkeit in sich selbst. Ein Künstler ist gut, wenn seine Werke gut sind: Der Wert seiner Werke liegt in ihnen selbst. Dies unterscheidet die techne von dem praktischen Wissen. In beiden sind die Prozesse des Denkens und Überlegens nur als Mittel für die Verwirklichung bestimmter Vorstellungen wichtig. Weder der Künstler noch der Handelnde denken einfach nur um des Verstehens willen. Ihr Nachdenken dient dem, was sie tun, sein oder machen wollen und ist dadurch bedingt. Aber während beim Handeln das Wichtigste der geistige Zustand des Handelnden ist, sein Wille, seine Absicht, seine Motive – denn sein Ziel ist es, auf eine bestimmte Weise zu handeln, »gut zu leben«, und nichts über das Handeln Hinausliegendes –, sind beim Herstellen der Wille, die Motive, Methode der Operation und das wirkliche Machen nur soweit von Bedeutung, als sie den Charakter des Produktes beeinflussen.

Man kann den Ursprung dieser Unterscheidung von machen (hervorbringen, poiein) und handeln (prattein) bis auf den platonischen *Charmides* zurückverfolgen. Als Charmides dort (162 a7 ff) die Besonnenheit (↗sophrosyne) mit der – von ihm offenbar nicht recht verstandenen – Formel »das Seinige tun« (ta heautou prattein) definiert, versucht Sokrates den Unterschied zwischen dem Machen (poiein) und dem Handeln (prattein) am Beispiel eines Handwerkers zu verdeutlichen (163 b 1): Ein Handwerker, der das Seinige tut, bringt nicht etwa nur Werke hervor, die ihm selbst nützen, sondern für alle brauchbare und nützliche Werke. Und eben darin besteht sein »das Seinige Tun«, nämlich seine Aufgabe als Handwerker richtig und gut zu erfüllen. Das Objekt des Machens ist also ein gutes und nützliches Werk, wenn er ein guter Technit ist; das Objekt des »das Seinige Tuns«, der Besonnenheit, ist das »gute« Handeln selbst (163 e 4). Das Ziel des Handelns liegt hier nicht außerhalb des Handelns, wie das Objekt des Hervorbringens ein vom Künstler unabhängiges Werk ist, sondern ist eben die Art und Weise des Tuns: Folgerichtig wendet sich der *Charmides* der Frage nach dem Selbstbewußtsein des Handelnden zu. Im *Staat* bildet das Gegensatzpaar »das Seinige tun« (to heautou prattein) und die »Vielgeschäftigkeit« (polypragmosyne, 444 b 2) die beiden Pole, an denen sich die gute und gerechte und die schlechte und ungerechte Seele und Stadt orientieren: »das Seinige zu tun« bedeutet für alle drei Klassen, ihre jeweilige Aufgabe auf eine bestimmte Weise, nämlich besonnen, zu tun; dieses Ziel ist aber kein von ihnen unabhängiges oder ablösbares Werk.

Aristoteles unterscheidet drei Arten des Wissens (episteme): das praktische, das poietische und das theoretische Wissen; das theoretische Wissen wiederum unterteilt sich nach den verschiedenen Objekten in mathematisches, physikalisches und theologisches Wissen (*Met.* 1025 b 3 ff.). (1) Theoretische Episteme. Soweit die intelligente Tätigkeit des Menschen darauf gerichtet ist, die Natur der Dinge zu verstehen, einfach nur um des Verstehens willen, erhält sie ihre Verkörperung in den epistemai, deren Ziel es ist, die Wahrheit zu sehen (theorein talethes, *Met.* 997 a 14–15). Die geistige Tätigkeit des Menschen ist in diesem Falle die Betrachtung (theoria). (2) Poietische und praktische episteme. Sofern die intelligente Tätigkeit des Menschen primär darauf gerichtet ist, in einer bestimmten Weise zu handeln oder ein bestimmtes Werk hervorzubringen, erhält sie ihre Verkörperung im praktischen und hervorbringenden Wissen – der Kunst, sein Leben zu führen und den Handwerken und schönen Künsten. Das Ziel des Mensch hier ist es, in einer bestimmten Weise zu leben oder zu handeln, bestimmte Dinge zu machen, nicht dagegen zu verstehen, außer insoweit dieses Verstehen ein Mittel zum Handeln oder Hervorbringen ist. Diese episteme ist Gegenstand der Ethik. Denn die Ethik befaßt sich mit der P., dem Handeln, das das richtige Streben verwirklichen soll. Also muß das Handeln sich auf etwas richten, was Veränderung zuläßt. In der *Eth. Nic.* 1139 b14 ff. erklärt Aristoteles deshalb den Unterschied zwischen theoretischer und praktischer episteme genauer und zwar im Zusammenhang mit der Behandlung der dianoetischen Tugenden. Denn die Trefflichkeit des Charakters besteht darin, das Richtige zu tun; in diesem Falle zielt also das Denken und Erfassen des Richtigen auf ein Handeln. Aristoteles unterscheidet zunächst fünf Grundformen, durch welche die Seele bejahend und verneinend die Erkenntnis des Richtigen vollzieht: (1) techne, Können, (2) episteme oder theoretisches Wissen, (3) phronesis, sittliche Einsicht, (4) sophia, philosophische Weisheit und (5) nous, intuitiver Verstand. Die Unterscheidung zwischen der theoretischen episteme und dem praktischen Wissen liegt darin, daß sich die wissenschaftliche Erkenntnis auf Dinge richtet, die den Charakter der Notwendigkeit haben, d. h. ewig und unveränderlich sind, während sich das praktische Wissen auf Handlungen bezieht, d. h. auf einen Stoff, der Veränderungen zuläßt. Hier muß man aber zwischen (a) poiesis und (b) P. unterscheiden. (a) Das Können, die techne, ist ein auf das Hervorbringen abzielendes, von richtigem Reflektieren geleitetes Verhalten. Ihm geht es um das Entstehen und seine Ausübung ist ein Ausschauhalten, wie etwas entstehen könne, was dasein und auch nicht dasein kann und dessen Seinsgrund im Schaffenden liegt und nicht in dem, was geschaffen wird. Denn poietisches Können bezieht sich weder auf das notwendige Seiende oder Werdende noch auf das, was sein Dasein oder Werden dem Wirken der Natur verdankt – denn dies hat den Grund seines Daseins in sich selbst. Da nun poietisches Können und Handeln (P.) zwei verschiedene Dinge sind, richtet sich die techne auf das Hervorbringen. Techne ist also ein auf das Hervorbringen abzielendes Verhalten, das von richtigem Planen geleitet wird. (b) Phronesis, sittliche Einsicht hat der, welcher die Fähigkeit zu richtiger Überlegung besitzt. Nun stellt aber niemand Überlegungen an über das, was keine Veränderung zuläßt oder zu dessen Ausführung er keine Möglichkeit hat; also kann die sittliche Einsicht nicht wissenschaftliche Erkenntnis sein und auch nicht poietisches Können; wissenschaftliche Erkenntnis (↗episteme) nicht, weil das Gebiet des Handelns veränderlich ist; techne nicht, weil Handeln und Hervorbringen der Gattung nach verschieden sind. So bleibt denn das Ergebnis, daß sittliche Einsicht (phronesis) mit richtigem Planen verbundene, zur Grundhaltung verfestigte Fähigkeit des Handelns ist, des Handelns im Bereiche dessen, was für den Menschen wertvoll oder nicht wertvoll ist. Denn das Hervorbringen hat ein Endziel (telos) außerhalb seiner selbst, beim Handeln aber kann dies nicht so sein, denn wertvolles Handeln (eupraxia) ist selbst Endziel. **Lit.:** G. Bien: Das Theorie-Praxis-Problem bei Platon und Aristoteles. In: Philosophisches Jb. 76 (1968/69). S. 264–314. – T. Ebert: Praxis und Poiesis. In: Zs. für philosophische Forschung 30 (1976). S. 12–31. MSU

**Praxisphilosophie,** in den 60er Jahren, insbesondere in Osteuropa, aus der antistalinistischen Opposition entwickelte Denkrichtung, die im Rückgriff auf Husserl, den Heidegger von *Sein und Zeit* und die Arbeiten des frühen Marx einen »schöpferischen Marxismus« entwickelte. Zentral für das Philosophiekonzept der P. ist der Begriff der ↗Entfremdung, wie ihn der Marx der Pariser Manuskripte aus einer anthropologisch gefaßten Vorstellung gesellschaftlicher ↗Arbeit als Akt der Entäußerung entwickelt. Es unterstellt eine Wesensbestimmung des Menschen. Der Arbeit kommt neben ihrer instrumentellen Dimension eine moralisch-praktische wie expressiv-ästhetische Funktion zu. Sie ist Praxis der Selbstverwirklichung. Geschichte wird von der P. als reale Möglichkeit menschlicher Emanzipation (die zu realisierende Utopie nichtentfremdeter Arbeit) gelesen. Zahlreiche Praxisphilosophen gelten als Befürworter eines »Sozialismus mit menschlichem Antlitz«. In den von der P. als

Klassengesellschaften denunzierten Ländern des bürokratischen Sozialismus waren ihre Vertreter politischer Repression ausgesetzt. Zu den berühmtesten Denker(inne)n der P. gehören Kosik in der ehemaligen CSSR, in Ungarn die Lukács-Schüler der Budapester Schule (Heller, Fehér, Vajda u. a.). In Jugoslawien gruppierte sich eine Philosophengruppe um die bald verbotene Zeitschrift »Praxis« (Petrovič, Supek, Markovič, Stojanovič u. a.). Vorläufer eines praxisphilosophischen Marxismus sind der frühe Marcuse und Sartres *Kritik der dialektischen Vernunft*. Prominentester Vertreter der P. im Westen ist heute Castoriadis. **Lit.:** C. Castoriadis: Gesellschaft als imaginäre Institution. Frankfurt 1984. – H. Fahrenbach: Sich-Verhalten, Handeln, Praxis. Anthropologische Grundbestimmungen kritischer Gesellschaftstheorie. In: Kasseler Philosophische Schriften 13 (1985). S. 179–212. – A. Heller: Theorie der Bedürfnisse bei Marx. Hamburg 1976. – K. Kosik: Dialektik des Konkreten. Frankfurt 1967. – M. Markovič: Dialektik der Praxis. Frankfurt 1968. – H. Marcuse: Über konkrete Philosophie. In: Ders.: Schriften Bd. 1. Frankfurt 1978. S. 385–408. – G. Petrovič: Philosophie und Revolution. Reinbek 1971. MR

**Prima facie,** (1) innerhalb der Wissenschaftstheorie: »p.f.-Ursache«: Damit soll der Gedanke, daß ein Ereignis A möglicherweise eine Ursache eines Ereignisses B ist, ausgedrückt werden. Damit wird zwar eine positive kausale Relevanz für ein anderes Ereignis behauptet, allerdings mit der Vorsichtsklausel »p.f.«, mit der zum Ausdruck gebracht wird, daß sich bei einer genaueren Analyse A nur als scheinbare Ursache herausstellen könnte. (2) In der Ethik besagt die von dem englischen Moralphilosophen Ross vertretene Auffassung, daß es ein intuitives Erkennen einer ethischen Verpflichtung bzw. einer ethischen Plicht gibt. Eine p.f.-Plicht ist dann zu erfüllen, wenn sie nicht zu einer anderen Pflicht in Widerspruch steht. Die Bezeichnung »p.f.« drückt den Vorbehalt aus, (a) daß für konkrete Handlungssituationen solche gegensätzlichen Pflichten nicht auszuschließen sind, die dann gegeneinander abzuwägen sind, (b) daß die p.f. Pflicht solange in Geltung ist, bis sich ein solcher Gegensatz einstellt. **Lit.:** W. D. Ross: Foundation of Ethics. Oxford 1939. – Ders.: The Right and the Good. Oxford 1939. – W. Stegmüller: Probleme und Resultate der Wissenschaftstheorie und analytischen Philosophie. Bd. I. Berlin/Heidelberg [2]1983. S. 602 ff. PP

**Primitiv,** v. a. im ethnologischem Zusammenhang mit Bezug auf Gesellschaften, Kulturen oder deren Elemente. Diese werden, ausgehend vom Entwicklungsgedanken, mit der Bezeichnung p. auf einer frühen Stufe verortet. In dieser Bedeutung ist p. synonym mit archaisch. Häufig hat p. auch die Beibedeutung naturnah (Primitive als »Naturvölker«). P. kann auch abwertend gemeint sein im Sinne von einfach, unterentwickelt, undifferenziert oder behelfsmäßig. **Lit.:** L. Levy-Bruhl: La mentalité primitive. Paris 1922 (dt.: Die geistige Welt der Primitiven. 1927). RD

**Primordialsphäre.** Husserl bezeichnet so den Bereich der Sphäre des Subjekts, der diesem in originaler Erfahrung zugänglich ist. Diese Eigenheitssphäre wird von ihm bestimmt als das Erfahrungsfeld des transzendentalen Ego: Dazu ist der jeweilig eigene Leib eines solchen Ego als Orientierungszentrum zu rechnen, ebenso sein personales Ich in Raum und Zeit. Die P. stellt für Husserl die grundlegende Erfahrungsschicht dar, von der aus geklärt werden soll, wie die Konstitution eines anderen Ego und damit der Intersubjektivität zu denken ist. Die Intentionalitätsanalyse des anderen benennt dazu mehrere Schritte: Auszugehen ist von meinem kinästhetischen Bewußtsein, d.h einem Bewußtsein von meinem Körper als Wahrnehmungsorgan. Indem ich einen anderen Körper wahrnehme, appräsentiere ich ihm ein ebensolches Leibbewußtsein wie das meinige. Da der wahrgenommene Körper dem meinen gleicht, verstehe ich dessen Körper in gleicher Weise als kinästhetisches System, wie es mir durch mein Leibbewußtsein gegeben ist. Somit unterschiebe ich diesem ein eigenständiges transzendentales Ego. Der Schritt zur Intersubjektivität wird durch zwei Momente vollzogen: (a) Aufgrund der Appräsentation stellt der andere für mich ein eigenes intentionales Bewußtsein mit eigenen Sinnkonstitutionen dar; (b) aufgrund der Appräsentation weiß sich das Ich gleichzeitig von diesem Bewußtsein apperzipiert und als anderes Ego appräsentiert. Das Ich weiß sich in derselben Weise konstituiert, wie es das andere konstituiert. **Lit.:** E. Husserl: Cartesianische Meditationen. Hua I. S. 124 ff. PP

**Principium rationis sufficientis** (lat. Prinzip vom zureichenden Grunde), auch Satz oder Prinzip vom bestimmenden Grund. »Nihil est sine ratione cur potius sit, quam non sit« (Wolff: *Ontologia* § 70; Nichts ist ohne Grund, weshalb es eher ist, als daß es nicht ist). Nach Leibniz (*Theodicee* I, § 44) das Grundgesetz der Tatsachenwahrheiten (das der logischen Wahrheiten ist das principium contradictionis, der Satz vom Widerspruch). **Lit.:** A. Schopenhauer: Über die vierfache Wurzel des Satzes vom zureichenden Grunde. In: Sämtl. Werke Bd. 1. Hg. v. A. Hübscher. Wiesbaden 1948. VP

**Prinzip,** das, wovon etwas dem Sein oder der Erkenntnis nach seinen Ausgang nimmt. In ontologischer und erkenntnismetaphysischer Redeweise versteht man unter einem P. jeweils ein Erstes, aus dem eine Sache entweder besteht oder entsteht oder erkannt wird (Aristoteles: *Metaphysik* 1013 a), einen letzten ↗Grund des Seins, des Werdens und Erkennens. Die aristotelische P.ien stellen die Grundlage für die weiterführenden Diskussionen dar: Er führt das Axiom als ein unbeweisbares erstes P. an, daß jeder besitzen muß, der etwas wissenschaftlich begreifen will; daneben stellt die Thesis bzw. die Hypothese oder die Definition die Grundlage für die Forschungsprozesse eines begrenzten Bereichs dar. In der Tradition der Philosophie werden eine Fülle solcher Seins- oder Erkenntnisprinzipien diskutiert. Repräsentativ für die Neuzeit stehen

Descartes' Überlegungen zur Erkenntnisbegründung. Die ersten Ursachen oder P.ien der Philosophie müssen zwei Bedingungen erfüllen: Sie müssen klar und evident sein, d. h. ihre Erwägung darf zu keinem Zweifel führen, und sie müssen eine deduktive Erkenntnis von anderen Dingen ermöglichen. Durch seinen methodischen Zweifel gewinnt er ein erstes P., das cogito-ergo-sum, das als Grundlage der Erkenntnis des anderen Seienden angesehen werden kann. In der weiteren Entwicklung ist es Leibniz, der zwei weitere P.ien benennt: das P. des Widerspruch und das des zureichenden Grundes. Das P. des Widerspruchs genügt, um alle Vernunftwahrheiten wie die mathematischen P.ien zu beweisen, für die Tatsachenwahrheiten bedarf es des P.s des zureichenden Grundes. – Bei Kant werden die Termini »P.« und »Grundsatz« gleichbedeutend verwendet. Die Vernunft wird als das Vermögen der Einheit der Verstandesregeln unter P.ien bezeichnet. Die Frage nach der Möglichkeit objektiver Gegenstände und Erfahrung wird zur Leitfrage der *KrV*, die ihre Beantwortung findet, wenn geklärt ist, wie synthetische Urteile apriori möglich sind. Denn die Verbindung einer Anschauungsvielfalt nach Maßgabe von Begriffen ermöglicht synthetische Urteile, die Verbindung nach Maßgabe reiner Begriffe (d.i. den Kategorien) synthetische Urteile apriori. – Die P.ien der praktischen Vernunft können die Kausalität des Willens auf zweierlei Art bestimmen: Als technisch-praktische P.ien fungieren sie i.S. von Klugheitsregeln, dagegen haben die moralisch-praktischen P.ien den Freiheitsbegriff zu ihrer Grundlage. – Husserl formuliert als P. aller P.ien, daß jede originär gebende Anschauung eine Rechtsquelle der Erkenntnis sei. Die Grundlage i.S. des absoluten Anfangs aller Erkenntnis bildet die Intuition. ↗Arche. **Lit.:** Aristoteles: Metaphysik. – R. Descartes: Discours de la méthode. ND Hamburg 1990. – H. Holzhey: Prinzip. In: HWPh. – E. Husserl: Ideen zu einer reinen Phänomenologie und phänomenologischen Philosophie. Hua III/1. S. 87. – I. Kant: Kritik der reinen Vernunft. A XII, B 356 f. – Ders.: Grundlegung zur Metaphysik der Sitten. Akad.-Ausg. Bd. 4. S. 420. – G. W. Leibniz: Vernunftprinzipien der Natur und der Gnade. Monadologie. Hamburg ²1982. §§ 31 ff. – J. Locke: Versuch über den menschlichen Verstand. Bd. I. Hamburg ⁴1981. 1. Buch. PP

**Prinzip des Satzzusammenhangs.** Das von Wittgenstein im *Tractatus* (3.314) formulierte P. besagt, daß ein Ausdruck nur im S. Bedeutung hat. Das bedeutet, daß der Satz die kleinste selbständige Sinneinheit darstellt und daß kleine Einheiten wie bspw. Wörter nicht für sich eine Bedeutung haben können. PP

**Prinzipien mittlerer Reichweite** (axiomata media), solche moralischen Prinzipien, über deren Geltung erfahrungsgemäß ein großes Maß an Einverständnis hergestellt werden kann und die mit verschiedenen, auch sich wechselseitig ausschließenden, Begründungsansätzen vereinbar sind. Als Prinzipien mit dem Charakter von Prima-facie-Verpflichtungen haben sie darüber hinaus den Vorteil, nicht nur interpretationsbedürftig (die Prinzipien sind jeweils im Hinblick auf die Entscheidungssituation gegeneinander abzuwiegen) sondern auch interpretationsfähig (sie sind für eine Vielzahl von moralischen Problemsituationen offen) zu sein. Sie eignen sich daher besonders gut für die moralische Diskussion solcher Probleme, in denen trotz unterschiedlicher Grundorientierungen ein Konsens hergestellt werden muß. In der ↗Medizinischen Ethik wurden z. B. die Prinzipien der Autonomie, der Nichtschädigung, des Wohltuns und der Gerechtigkeit als P. m. R. vorgeschlagen. **Lit.:** T. L. Beauchamp/J. F. Childress: Principles of Biomedical Ethics. Oxford ³1989. JA

**Privation** (griech. steresis; lat. privatio: Beraubung, Mangel), bezeichnet das Nichtvorhandensein einer Eigenschaft oder eines Zustands an einem Seienden, zu denen dieses gemäß seines Wesens fähig sein sollte, z. B. »der Sehfähigkeit beraubt sein«. Das ↗Böse läßt sich von hier aus als P. auffassen. Ein privatives Merkmal ist ein Prädikat, das das Fehlen natürlicher Merkmale zum Ausdruck bringt. – Der Begriff der P. ist von zentraler Bedeutung in der aristotelischen Naturphilosophie. Alles Werden erfolgt durch Hinzutreten einer Form. Es ereignet sich an einem Zugrundeliegenden (↗Hypokeimenon), an dem sich eine frühere Form verliert, um einer späteren Platz zu machen, im Nacheinander von »Abwesenheit und Anwesenheit« (Aristoteles: *Physik* I, 7, 191 a 7) einer Form. Die P. bezeichnet die Abwesenheit einer wesentlichen Form. Sie ist der allgemeine negative Ausdruck einer natürlichen Phase jedes Werdens. **Lit.:** Aristoteles: Metaphysik V, 22.; Physik I, 7. – J. Fritsche: Privation. In: HWPh. Bd. 7. TH

**Privatsprache** (engl. private utterance). Unter einem privatsprachlichen Ausdruck ist zu verstehen (a) ein Ausdruck, den eine Person für ihren eigenen Gebrauch einführt, der aber nicht der intersubjektiven, von einer Sprachgemeinschaft gesprochenen Sprache angehört, (b) ein Ausdruck, der für ein inneres Erlebnis eines Subjekts (z. B. Gefühl oder Schmerz) steht. Zentral für die Argumentation Wittgensteins gegen die Möglichkeit einer P. sind folgende Argumente: (a) Ein Ausdruck hat nur dann eine Bedeutung, wenn es Regeln für deren korrekten Gebrauch gibt. Der richtige Gebrauch zeigt sich im Einklang mit der Wortverwendung der Sprachgemeinschaft. Ein korrekter Gebrauch privater Ausdrücke ist nicht definiert und nicht definierbar, da eine private Regelbefolgung nicht von einer willkürlichen Einstellung unterscheidbar ist. Mit den Regeln werden auch die Anwendungsbedingungen festgelegt. Im Gegensatz zu den Anwendungskriterien durch den allgemeinen Sprachgebrauch gibt es für den privaten Bereich keine allgemeinen Anwendungskriterien, da im privaten Bereich das als richtig gilt, was immer mir als richtig erscheint, so daß kein verbindliches Kriterium von »richtig« zur Anwendung kommt. (b) Ein Prädikat für Privates wie z. B. »Schmerzen haben« können wir nur introspektiv , d. h. in Anwendung auf eigene Schmerzen erlernen, nicht aber durch Beobachtung der Schmerzgefühle anderer, da diese einer Wahrnehmung nicht zugänglich sind. Die Möglichkeit, diese in die gemeinsame Sprache einzuführen, sieht Wittgenstein darin, daß es ein natürliches Schmerzverhalten gibt, das alle Menschen zeigen und in Aussagen über ihr Schmerzverhalten artikulieren. PP

**Probabilistisch.** In der Erkenntnistheorie und Wissenschaftstheorie werden jene empirischen Theorien als p. bezeichnet, deren Aussagen auf wahrscheinlichkeitstheoretischen Annahmen oder statistischen Methoden beruhen. PP

**Problem** (griech. das Vorgelegte), bezeichnet in der Antike (Demokrit, Platon, Aristoteles) einen Handlungsdruck, der auf eine gegebene Situation von außen einwirkt und Entscheidungen fordert, etwas zu tun, ohne darauf vorbereitet zu sein. Dieses Überraschungsmoment äußerte sich daher häufig auch – einem Rätsel gleich – in der Form eines Wissens vom Nichtwissen: P.e standen mitunter für das Unbekannte schlechthin. Heutzutage würde man von dieser rein externen Zurechnung von P.en dagegen eher absehen und stattdessen den konstruktiven Charakter von P.en betonen. P.e sind demnach immer auf bestimmte Einstellungen, Wünsche, Vorstellungen, kurz: Erwartungen zurechenbar, die – durch was auch immer – enttäuscht werden. Insofern tauchen P.e nur auf, weil jemand bestimmte Erwartungen nicht erfüllt sieht. Andere können das ganz anders sehen. P. kommt deshalb keine ontologische Qualität mehr zu. Was ein P. jeweils ist, hängt vom jeweiligen Beobachter ab. Der konstruktive Charakter von P.en trifft aber nicht nur für philosophische P.e, in denen erkenntnistheoretische, ethische oder ästhetische Fragestellungen im Mittelpunkt der Betrachtung stehen, sondern auch für soziale P.e zu. Bei sozialen P.en tritt jedoch hinzu, daß die Enttäuschung einer Erwartung einer Entscheidung einer anderen Person, Gruppe, Organisation oder gar der Gesellschaft als solcher zugerechnet wird, die dann für die Enttäuschung dieser Erwartung verantwortlich gemacht werden kann, selbst wenn sich eine eindeutige Zurechnung als schwierig erweisen sollte (z. B. bei Arbeitslosigkeit). Zur Lösung von P.en läßt sich sagen, daß man – ausgehend von der Unterscheidung von Erwartung und Enttäuschung – P.e dadurch lösen kann, daß man an der enttäuschten Erwartung trotz Enttäuschung festhält oder sie wegen der Enttäuschung ändert. In Anlehnung an die Kybernetik geht es gewissermaßen um den Versuch, die Abweichung vom Soll-Zustand dadurch rückgängig zu machen, daß entweder der Istzustand an den Sollzustand angepaßt wird oder umgekehrt. Wird eine Erwartung wegen einer Enttäuschung aber geändert, handelt es sich um Lernen, weshalb mit N. Luhmann von einer kognitiven Lösung gesprochen werden kann. Wird dagegen an der Erwartung trotz Enttäuschung festgehalten, liegt Nichtlernen vor, was als normative Lösung bezeichnet werden kann. Lösung bezeichnet somit Versuch und Verfahren, den Unterschied zwischen Erwartung und Enttäuschung aufzuheben und damit ein P. zum Verschwinden zu bringen. – Hinsichtlich der Lösung von P.en ist ferner von Interesse, daß der Äquivalenzfunktionalismus P.e als Vergleichsgesichtspunkte versteht, für die es jeweils unterschiedliche Lösungen gibt, die aber alle funktional äquivalent sind insofern, als sie das jeweilige P. gleichermaßen zu lösen versprechen. **Lit.:** W. Hartkopf: Die Strukturformen der Probleme. Berlin 1958. – F. Klix: Information und Verhalten. Berlin 1973. – M. Landmann: Problematik. Nichtwissen und Wissensverlangen im philosophischen Bewußtsein. Göttingen 1949. – N. Luhmann: Funktion und Kausalität. In: Kölner Zeitschrift für Soziologie und Sozialpsychologie, Jg. 14 (1962). – Ders.: Normen in soziologischer Perspektive. In: Soziale Welt, Jg. 10 (1969). – H. Parthey/H. Vogel/W. Wächter (Hg.): Problemstruktur und Problemverhalten in der wissenschaftlichen Forschung. Rostock 1966. – M. Spector/J. I. Kitsuse: Constructing Social Problems. New York 1987. – P. Watzlawick/J. H. Weakland/R. Fisch: Lösungen. Zur Theorie und Praxis menschlichen Wandelns. Bern/Stuttgart/Toronto 1974. – H. Wein: Untersuchungen über das Problembewußtsein. Berlin 1937. KH

**Problematisch,** dient der näheren Charakterisierung von Formen des Urteils: Eine p.e Aussage drückt aus: Es ist möglicherweise wahr (oder falsch), daß q. Die Charakterisierung geschieht in bezug auf den Begriff der Wahrheit, deshalb wird p. neben »apodiktisch« (es ist notwendig wahr, daß q) und »assertorisch« (es ist wirklich wahr, daß q) als alethische Modalität bezeichnet. ↗Modalität. PP

**Produktionsverhältnisse.** Unter P.n werden sowohl in der ↗Marxschen Theorie wie im ↗Marxismus die vom Willen der einzelnen Produzenten unabhängigen, sich naturwüchsig ergebenden gesellschaftlichen Verhältnisse (v. a.: Eigentumsformen) verstanden, »die einer bestimmten Entwicklungsstufe der materiellen ↗Produktivkräfte entsprechen« (MEW 13, S. 8) und in ihrer Gesamtheit die ökonomische Struktur einer Gesellschaft bilden. ER

**Produktivkräfte.** Während in der Hegelschen Geschichtsphilosophie der universalhistorische Fortschritt, durch die »Arbeit des Geistes« vorangetrieben, sich in einer Zunahme des »Bewußtseins der Freiheit« manifestiert, bemißt Marx diesen Fortschritt, vorangebracht durch die gesellschaftliche ↗Arbeit, an der geschichtlichen Entwicklung der P. und der mit diesen in dialektischem Zusammenhang stehenden gesellschaftlichen ↗Produktionsverhältnisse. Marx spricht von materiellen P.n (in Dienst genommene Naturkräfte, Werkzeuge, Produktionsmittel; im 20. Jh. kommen – worauf Habermas hingewiesen hat – Wissenschaft und Technologie hinzu), wesentlich ist aber, daß auch und gerade die historisch-gesellschaftlich bestimmte Art und Weise des Zusammenwirkens der Individuen in der Produktion selbst wiederum P. sind. Dies wird besonders deutlich mit Blick auf den Kapitalismus, der sich, nachdem die Produktivkraftentwicklung in den vorkapitalistischen Epochen kaum vorangekommen ist, aufgrund der konkurrierenden Einzelkapitale durch eine permanente Revolutionierung der P. auszeichnet, wenngleich dies eben nur »in entfremdeter Gestalt« geschehen kann, was ihn aber nichtsdestoweniger zum notwendigen Durchgangsstadium für die kommunistische Gesellschaftsordnung macht. Der marxistischen Geschichtsauffassung zufolge vollzieht sich der jeweilige Übergang von einer Entwicklungsstufe der P. zur nächsthöheren mittels des revolutionären Klassenkampfes, da die auf einer historischen Stufe gegebenen Produktionsverhältnisse »aus Entwicklungsformen der P. ... in Fesseln derselben« (MEW 13, S. 9) umschlagen. ER

**Profan** ↗ Heilige, das

**Prognose,** (1) Vorhersage von zukünftigen Ereignissen. Die Befugnis zur P. war in der vorrational-mythischen Zeit nur privilegierten Personengruppen, insbesondere den Priestern und Sehern, vorbehalten. Der Mensch verstand sich selbst als »zukunftsblind«, als Wesen, das nicht über den Tag hinausblickt (vgl. Semonides v. Amorgos Fr. 1). Eine begriffliche Vorstufe der P. ist die pronoia, die Vorsehung. Diese ist dem (normalen) Menschen nach Sophokles (*König Ödipus* 977 ff.) nicht gegeben. Auch nach Solon muß der Mensch ohne pronoesas (Voraussicht) auskommen. Mit der sophistischen Aufklärung des Zukunftshorizonts spielt auch die Prognostik als Mittel der (individuellen) Lebensplanung eine größere Rolle. Bei Platon (vgl. *Theaitet* 177 b) ist das Wissen um die Zukunft, die prodaxis, geradezu ein Kriterium für das Wissen: Wer einen in der Zukunft liegenden Sachverhalt richtig vorhersagen kann, gilt als wissender Fachmann und unterscheidet sich so von dem bloßen Laien. – P.n als wissenschaftlich begründete Aussagen über Entwicklungen und Eintreten künftiger Ereignisse spielen in heutigen Gesellschaften bei politischen und wirtschaftlichen Entscheidungen eine große Rolle. In der angewandten Ethik gehören Risikoabschätzungen (z. B. bei der Technikfolgenbewertung) zu den Größen, die ein verantworteter Umgang mit Technik und Wissenschaft zu berücksichtigen hat. **Lit.:** M. F. Meyer: Philosophie als Meßkunst. Münster 1994. S. 24–27. MFM

(2) In P.n werden zukünftige Ereignisse aus gegenwärtig gegebenen Anfangsbedingungen unter Hinzunahme bestimmter Randbedingungen abgeleitet. In der wissenschaftstheoretischen Diskussion von P.en spielt die von C. G. Hempel und P. Oppenheim vertretene Auffassung von der Strukturidentität von P. und Erklärung eine wichtige Rolle. Nach dieser Auffassung haben P.en dieselbe logische Struktur wie Erklärungen und unterscheiden sich allein in den pragmatischen Umständen. Danach erfolgen explanative und prognostische Aussagen nach denselben Erklärungsmodellen, d. h. nach der deduktiv-nomologischen oder nach der induktiv-statistischen Erklärung. Der pragmatische Unterschied besteht dann ausschließlich darin, daß das zu erklärende Ereignis (das Explanandum) bei Erklärungen bereits vorliegt, und die geeigneten Antezedensbedingungen und Gesetze nachträglich zur Verfügung stehen, aus denen man das Explanandum ableiten kann, während im Falle einer P. die Antecedensbedingungen und Gesetze gegeben sind und das Explanandum daraus abgeleitet wird, bevor das damit beschriebene Ereignis stattfindet (und das Ereignis in diesem Sinne erschlossen wird). Diese Auffassung enthält die beiden Annahmen, daß (a) jede adäquate P. auch eine mögliche Erklärung darstellt, insofern die adäquate P. auch als Erklärung hätte fungieren können, wenn sie nach dem Eintritt des Ereignisses erfolgt wäre, und (b) jede adäquate Erklärung auch als eine potentielle P. aufgefaßt werden kann, insofern jede Erklärung auch vor dem Eintritt des Ereignisses hätte erfolgen können. Gegen die erste Annahme sind verschiedene Argumente vorgebracht worden, deren wichtigstes das sog. Ursachenargument ist: Eine adäquate Erklärung erfordert die Angabe von Ursachen (als hinreichende Bedingungen für das Eintreten des Explandum-Ereignisses). Ursachen sind dabei diejenigen Tatsachen, die in den singulären Antezedensbedingungen angegeben werden. Hingegen orientiert man sich bei einer P. an Symptomen. Da man bei einer Erklärung jedoch nicht allein Symptome heranziehen kann, handelt es sich bei einer adäquaten P. nicht zugleich um eine adäquate Erklärung. Unabhängig von der Diskussion um die Hempelsche Auffassung wird die prognostische Kraft von Theorien gemeinhin als zentrales Merkmal ihrer Erklärungskraft angesehen. Die Erklärungskraft und die methodologische Dignität neuer Theorien bemißt sich vor allem darin, nicht allein einzelne Ereignisse, sondern darüber hinaus auch zuvor nicht entdeckte Gesetze vorhersagen zu können. Ein prominentes Beispiel aus der jüngeren Geschichte der Physik bietet hierfür die Allgemeine Relativitätstheorie mit der P. der korrekten Größe der Lichtablenkung im Gravitationsfeld. **Lit.:** C. G. Hempel: Aspects of Scientific Explanation and Other Essays in the Philosophy of Science. New York u. a. 1965. – W. Stegmüller: Probleme und Resultate der Wiss.theorie und Analytischen Philosophie. Bd 1: Wissenschaftliche Erklärung und Begründung, Kap. II. Berlin u. a. 1974. JH

**Progressiv/regressiv** (lat. progressus, regressus: Fortschritt, Rückkehr), verdeutlicht in der Logik zwei Beweisverfahren, sofern entweder von den Gründen auf die Folge (p.) oder von der Folge auf die Gründe geschlossen wird (r.). Beide logischen Verfahren gehen auf Aristoteles zurück, werden aber erst im 17. Jh. durch Zabarella u. a. aristotelische Logiker weiterentwickelt. Da man unter Gründe aber sowohl singuläre als auch allgemeine Sätze verstehen konnte, kam es immer wieder zu Verwechslungen der beiden logischen Verfahren. Die Angleichung der p./r. Verfahren an die aus Logik und Mathematik bekannte Differenzierung ↗ »analytisch/synthetisch« führt spätestens im 19. Jh. zu deren ausschließlich metaphorischen Gebrauch in nicht-logischen Kontexten so u. a. bei Sartre und Ricœur. **Lit.:** J. F. Maas: Novitas Mundi. Stuttgart 1995. – V. Krafft: Die Grundformen der wissenschaftlichen Methoden. Wien/Leipzig 1925. – W. Risse: Die Logik der Neuzeit. 1. Bd. Stuttgart-Bad Cannstatt 1964 ff. JM

**Prohairesis** (griech. das Vorziehen, Wählen). Aristoteles benutzt diesen Terminus, um damit diejenige Art von Entscheidung zu bezeichnen, die man nur nach abwägender Überlegung fällt (*Eth. Nic.* 1113a2–14). Aber P. bezeichnet nach Aristoteles nicht nur eine vernünftige Wahl, sondern macht darüber hinaus auf die Verschmelzung von Überlegung und Antrieben aufmerksam, aus der eine Handlung entsteht. In diesem Sinn ist die P. als Wirkursache von Handlungen zu verstehen (*Eth. Nic.* 1139a31). Der Begriff der P. übernimmt mehrere Funktionen in der aristotelischen Ethik: (1) Er dient dazu, die Frage zu klären, wie einer Person überhaupt eine Handlung zugeschrieben werden kann; nur wenn eine Person mit P. entscheidet, können wir nach Aristoteles sagen, daß sie eigentlich handelt. (2) Der Begriff dient zur Charakterisierung des gerechten Menschen; nur derjenige gilt als gerecht, der zunächst abwägend wählt und erst dann handelt (*Eth. Nic.* 1135a15–1136a9). **Lit.:** G.E.M. Anscombe: Thought and Action in Aristotle: What is ›Practical Truth?‹ In: Collected Papers Vol. I. Minneapolis 1981. S. 66–77. – H. Kuhn: Der Begriff der Prohairesis in der Nikomachischen Ethik. In: Die Gegenwart der Griechen im neuern Denken. Tübingen 1960. 123–140. ML

**Projektierbarkeit.** Goodman hat zu bestimmen versucht, welche Aussagen dem Kriterium der Gesetzesartigkeit entsprechen, nachdem sich gezeigt hat, daß nicht jede wahre ↗Allaussage als ein Gesetz betrachtet werden kann. Zu diesem Zweck führt er die Termini »projektierbares Prädikat« und »projektierbare Hypothese« ein. Diejenigen Prädikate, die sich dazu eignen, um mit Hilfe einer Hypothese von gegebenen auf nicht-gegebene Fälle übertragen zu werden, nennt er projektierbare Prädikate. Eine Hypothese wird als eine faktisch projektierte Hypothese bezeichnet, wenn die Hypothese zu einem Zeitpunkt tatsächlich angenommen worden ist, wenn nur solche die Hypothese stützenden Erfahrungstatsachen bekannt sind. Um aus der Klasse der faktisch projektierten Hypothesen die unprojektierbaren zu eliminieren, müssen die in den Hypothesen verwendeten Prädikate genau untersucht werden. Dazu müssen auch die mit diesen Prädikaten in der Vergangenheit gemachten faktischen Projektionen berücksichtigt werden (das Prädikat »grün« ist in der Sprache besser verankert als das Prädikat »grot«). Der Begriff der sprachlichen Verankerung eines Prädikats wird so zu einem Grundbegriff. **Lit.:** N. Goodman: Tatsache, Fiktion, Voraussage. Frankfurt 1988. S. 81 ff. PP

**Projektion** (lat. proiectio: Hinausverlegung), (1) wahrnehmungspsychologisch die Hinausverlegung der Empfindungsinhalte nach außen, in den Raum bzw. in den Gegenstand, d.h. in die Richtung, von der ein Reiz das Bewußtsein zu einer Reaktion veranlaßt. – (2) Bei L. Feuerbach ist Religion die P. der Wesenseigenschaften des Menschen auf Gott: »Die Religion, wenigstens die christliche, ist das Verhalten des Menschen zu sich selbst, oder richtiger: zu seinem Wesen, aber das Verhalten zu seinem Wesen als zu einem andern Wesen. ... alle Bestimmungen des göttlichen Wesens sind darum Bestimmungen des menschlichen Wesens« (*Das Wesen des Christentums*, 2. Kap.). – (3) Freud bestimmt die P. als Abwehrmechanismus: Gefühlsregungen, die als verboten oder unbefriedigbar empfunden werden, werden nach außen projiziert und anderen Personen unterschoben. Das Ich entlastet sich so von seinen eigenen (unbewußten) Triebregungen, indem es sie als die – gegebenenfalls gegen sich selbst gerichteten – eines anderen wahrnimmt. Dabei verwischt sich die Unterscheidungsfähigkeit zwischen den eigenen Motiven (P.en) und den tatsächlichen Motiven anderer Personen. **Lit.:** A. Freud: Das Ich und die Abwehrmechanismen. Neuausgabe München 1964. FPB

**Prolepsis** (griech. Vorwegnahme), bezeichnet bei Epikur und den Stoikern die natürliche Fähigkeit, aus der sinnlichen Wahrnehmung Allgemeinvorstellungen zu bilden. Wahrnehmungen werden aufgrund bestimmter Merkmale der Ähnlichkeit geordnet und ergeben so die Vorstellung eines für eine zusammengehörende Gruppe Typischen. Diese vorwissenschaftliche P. bereitet die gesicherte Vernunfterkenntnis vor. Auch im Bereich der moralischen Wertungen bildet sich das Kind aufgrund von Selbsterfahrung einen Vorbegriff von dem ihm Guten und Schädlichen, der dann mit der Vernunfteinsicht über das sittlich Gute in Einklang gebracht werden muß. FPB

**Proletariat,** die unterste, vermögenslose Schicht der römischen Gesellschaft, die außer ihren Nachkommen (proles) über keinen anderen Besitz verfügt. In dem besonders durch Marx/Engels bestimmten modernen Verständnis des Begriffs kennzeichnet P. (Synonym: Arbeiterklasse) diejenigen, die zwar rechtlich mit anderen Klassen und Schichten gleichgestellt, aber aufgrund ihres Ausschlußes vom Besitz an Produktionsmitteln gezwungen sind, ihre Arbeitskraft zu verkaufen. Die Wirklichkeit der kapitalistischen Gesellschaftsordnung findet danach in den elenden Lebensbedingungen des P.s ihren eigentlichen, »objektiven« Ausdruck. Wenn es als Klasse ein theoretisches Bewußtsein dieser Entmenschlichung gewinnt, kann das P. seine »Ketten« (Marx/Engels) abwerfen und durch seine eigene ↗Emanzipation die ganze Gesellschaft von der unvernünftigen und inhumanen Herrschaft der Kapitallogik befreien. Diesem Denken ist die Zuschreibung einer Avantgardefunktion des theoretisch aufgeklärten P.s inhärent (Diktatur des P.s). Hieraus leiten dann marxistisch-leninistische Parteien den Anspruch auf soziale und politische Führung ab. Die Rede vom P. impliziert ein dichotomes Gesellschaftsverständnis mit der Bourgeosie als Gegenbegriff und »Hauptfeind« des P.s. TN

**Propädeutik,** gewöhnlich mit »Vorübung«, »Vorbereitung«, »Vorschule«, »Vorerziehung« (griech. pro:

vor- und paideuein: erziehen, unterrichten) übersetzt. P. (propaideutike episteme) ist zwar kein Wort des Altgriech., denn es taucht erst zu Beginn des 17. Jh. (J. Jungius: *De propaedia Philosophica sive Propaedeutico Mathematum usu.* Rostock 1626) auf, aber sein Vorbild dürfte zweifellos die Platonische propaideia (*Staat* 536d) sein. Allgemein versteht man unter P. den ersten vorbereitenden oder einführenden Unterricht in einer Wissenschaft. Da zum Studium einer Reihe von Einzelwissenschaften auch Kenntnisse erfordert werden, die außerhalb ihres Fachgebietes liegen, z. B. Physik, Chemie für die Medizin oder alte Sprachen für die Theologie, so gehören die Hilfswissenschaften zur speziellen P. einer Einzelwissenschaft. – Aber von besonderer Bedeutung und im Gegensatz zu den Einzelwissenschaften ist die P. für die Philosophie. Im Zuge der Bildungsreform zu Beginn des 19. Jh. (Neuhumanisten wie Niethammer und Humboldt) ging die Philosophie an den höheren Schulen zunächst leer aus. Hegel forderte daher, daß sogenannte »Vorbereitungswissenschaften« der Philosophie auf dem Gymnasium zu lehren seien, damit die Universität an Vorkenntnisse anknüpfen könne, und setzte sich damit in Preußen auch durch. Aber anstatt man dieses vorbereitende Unterrichtsfach nun »Philosophie« nannte, führte man 1825 die Bezeichnung »philosophische P.« ein, was eine sonderbare Bedeutungsverschiebung nach sich zog. Denn aus der Funktionsbezeichnung P. wurde unterderhand ein zwitterhafter Auftrag, dessen umstrittener Lehrstoff weder philosophisch noch fachfremd sein sollte, weil man teils meinte, Philosophie nicht wie eines der übrigen Fächer schulmäßig lehren zu können, teils überhaupt darüber uneins war, ob ein nichtphilosophisches Fach – wie z. B. Mathematik, wofür einige plädierten – die P. der Philosophie sein müsse. Österreich, Frankreich und die Schweiz folgten dem preußischen Vorbild und richteten gleichfalls ein Schulfach »philosophische P.« ein. Während es sich aber in diesen Ländern unangefochten halten konnte, war es in Deutschland einer wechselhaften Geschichte ausgesetzt. Die wiederholte Abschaffung und Wiedereinführung des Schulfaches spiegelt den bis heute noch nicht ausgestandenen Streit um Aufgabe und Inhalt einer sinnvollen Vorbereitung auf die Philosophie wider. Es kommt darin nicht nur eine seit Kant anhaltende Krise der Philosophien zum Ausdruck, sondern ein Grundproblem der Philosophie selbst: ob nämlich die P. außerhalb als »Vorhof« oder innerhalb der Philosophie selbst anzusiedeln sei. Kant nannte seine *Kritik der reinen Vernunft* P. Nimmt man aber diese Gleichsetzung von »Kritik« und »P.« ernst, indem man der P. die Grundlegungsfrage der Kritik zumutet, so kann die P. der Philosophie nicht der Vorhof oder die Vorschule sein, ohne den notwendigen Anfang in der Philosophie zu verfehlen. LR

**Proponent** ↗Opponent/Proponent

**Proportion, Proportionalität** (griech. logos, lat. propositio, Verhältnis, Verhältnismäßigkeit). In der griechischen Antike hat sich in der Schule des Pythagoras eine bedeutende Proportionenlehre, d. h. eine Theorie der Zahlen- und Größenverhältnisse herausgebildet. Diese scheint vor allem von Eudoxos v. Knidos entwickelt worden zu sein und ist uns im 5. Buch der *Elementa* des Euklid überliefert. P.en erfüllen in der griechischen Mathematik eine wichtige Funktion: Die Definition der Zahl umfaßt nur die (nach modernem Verständnis) positiven ganzen Zahlen. Die rationalen und irrationalen Zahlen sind deshalb als P.en von Zahlen bzw. von geometrischen Größen ausgedrückt worden. P. bedeutet, daß zwei Größen im gleichen Verhältnis zueinander stehen. Nach der Definition 20 im 7. Buch der *Elementa* stehen vier Zahlen genau dann in P., wenn jeweils die erste und die dritte sich als m/n-faches der zweiten bzw. vierten darstellen lassen (wobei m und n teilerfremd sind). Das Verhältnis $a : b = c : d$ gilt dann, wenn $a : b \times m/n$ und $c = d \times m/n$. Die Proportionenlehre hat eine entscheidende Rolle für die Lösung eines Grundlagenproblems der griechischen Mathematik gespielt, nämlich bei der Bestimmung inkommensurabler Größen (irrationaler Zahlen), d. h. solcher Größen (wie die Quadratdiagonale), die sich nicht als Verhältnis zweier ganzer Zahlen darstellen lassen (vgl. Platon: *Theaitetos*, 147 d ff.). In der Proportionenlehre des 5. Buchs der *Elementa* werden Größen einer bestimmten Art (z. B. Strecken, Flächen) durch Zahlenverhältnisse dargestellt. Zwei Größenverhältnisse a,b (Strecken) und A, B (Flächen) heißen gleich, wenn für alle möglichen Zahlen m, n gilt: Aus $a/b > m/n$ folgt $A/B > m/n$; aus $a/b = m/n$ folgt $A/B = m/n$; aus $a/b < m/n$ folgt $A/B < m/n$. **Lit.:** Euklid: The Thirteen Books of the Elements. Übers., mit Einf. u. Komm. v. Sir Thomas L. Heath. New York 1956. – W. R. Knorr: The Evolution of the Euclidean Elements. Dordrecht u. a. 1975. – B. L. van der Waerden: Die Pythagoreer. Religiöse Bruderschaft und Schule der Wissenschaft. Zürich u. a. 1979. JH

**Propositionale Einstellung,** auf Frege und Russell zurückgehende Bezeichnung für psychologische Zustände intentionaler Art. Sätze, die eine propositionale Einstellung zuschreiben, haben dabei die Form eines psychologischen Verbs, dem ein abhängiger, mit »daß« eingeleiteter, Satz folgt; z. B.: Er glaubt, daß Borussia Dortmund 1995 deutscher Fußballmeister wird. Die p. E.en machen einen Großteil der Entitäten der Alltagspsychologie (↗folk psychology) aus und stehen u. a. aufgrund ihrer sprachlichen Standardform und dem damit verbundenen engen Zusammenhang mit Fragen der Semantik natürlicher Sprachen im Zentrum der Diskussion über die Zukunft derselben. MBI

**Propositionaler Gehalt.** Aufgrund der Unterscheidung der ↗Sprechakttheorie zwischen dem illokutionären Akt und dem propositionalen Akt hat der Ausdruck p. G. neben dem Ausdruck »Proposition« einen eigenen Stellenwert entwickelt. Er bezeichnet den Aussageinhalt, den ein Sprecher mit einer (durch die illokutionäre Rolle angezeigten) bestimmten Intention äußert. Bspw. stellt die Aussage »der Hund ist bissig« unter verschiedenen illokutionären Rollen den gleichbleibenden Aussageinhalt dar: »ich verspreche dir, daß der Hund bissig ist«, »ich behaupte, daß der Hund bissig ist«, »ich erwarte, daß...« usw. Der p. G. wird meist durch die Abkürzung »p« repräsentiert (»ich behaupte, daß p«). PP

**Propositionalismus,** allgemeine Bezeichnung für eine Reihe von sprachphilosophischen und erkenntnistheoretischen Theorien der Bedeutung, denen zum einen die Fragestellung gemeinsam ist: »Was wird in einem Satz gewußt, und wie konstituiert sich seine Bedeutung?«, zum anderen die Annahme, der Satz stelle den eigentlichen Bedeutungsträger dar. In der spätmittelalterlichen Philosophie stellt der P. eine Weiterführung der Untersuchungen der »proprietates terminorum« dar, d. h. die Terminusanalyse (d.i. die Frage: was bedeutet oder bezeichnet der unverknüpfte Terminus »a«?) wird zugunsten der Satzanalyse zurückgedrängt (d.i.: was bezeichnet oder bedeutet der Satz p bzw. der propositionale Ausdruck »daß p«?). Dabei werden zwei Definitionen von »propositio« zugrundegelegt: (a) der Satz als eine Zusammenstellung von Subjekt, Prädikat und Kopula – diese Definition führt zur Untersuchung der syntaktischen und semantischen Funktion der einzelnen Glieder, (b) der Satz als eine Rede, die Wahres oder Falsches bezeichnet – das führt zu einer Untersuchung der Bezeichnungsfunktion und des Bezeichneten. Der Schritt über die Analyse der Satzbedeutung hinaus zu einer Analyse des Inhalts von Wissensakten führt den P. zu erkenntnistheoretischen Fragen bzw. Fragen der epistemischen Logik, nämlich der Unterscheidung von Wissens- und Glaubensakten (d.i. den Fragen: »ich weiß, daß p« – »ich glaube, daß p«). **Lit.:** D. Perler: Satztheorien. Texte zur Sprachphilosophie und Wissenschaftstheorie im 14. Jahrhundert. Darmstadt 1990. S. 30 ff. PP

**Proprietates terminorum** (lat. Eigenheiten der Termini), Bezeichnung eines zentralen Lehrstücks der hoch- und spätmittelalterlichen Sprachphilosophie, der durch das völlige Ausblenden des Handlungscharakters von Sprache die Tatsache zum Problem wurde, daß ein und derselbe sprachliche Ausdruck (je nach Kontext) in verschiedenen Funktionen verwendet werden kann. Die Lehre der p.t., der Eigenheiten der Begriffswörter, läßt sich deshalb als der Versuch rekonstruieren, die komplexen und uneinheitlichen Verwendungsweisen der sprachlichen Ausdrücke auf einer »höheren«, logischen Ebene zu systematisieren und damit zu vereindeutigen, um die natürlichen Vieldeutigkeiten der Ausdrücke aufzulösen und so das aristotelische Ideal einer Sprache zu retten, in der zumindest prinzipiell eine eineindeutige Zuordnung von sprachlichem Ausdruck, innerseelischer Bedeutung und extramentalem Referenzobjekt gewährleistet bleibt. Diese völlige Vernachlässigung der Kontextbezogenheit jeder Semantik führte in der logica moderna dazu, die verschiedenen sprachlichen Verwendungsweisen besonderen Eigenschaften des Begriffs selbst zuzuschreiben, den sogenannten p.t., wie in erster Linie Bedeutung (↗ significatio) und Gegenstandsbezug (suppositio), ferner: Verbindung (copulatio), Bezeichnung von existierenden Gegenständen (↗ appellatio), Erweiterung der Extension eines Terminus (↗ amplificatio), Verminderung der Extension eines Terminus (restrictio, ↗ Restriktion) etc. Die Untersuchung der ↗ Supposition führte zu der wichtigen formalsemantischen Unterscheidung zwischen materialer Supposition (Bezug des Ausdrucks auf sich selbst) und formaler (Bezug des Ausdrucks auf etwas von ihm Verschiedenes), thematisierte also die Möglichkeit in Sprache metasprachlich über Sprache reden zu können (»›Katze‹ hat fünf Buchstaben«) oder sich objektsprachlich auf nichtsprachliche Sachverhalte beziehen zu können (»Die Katze sitzt auf ihren vier Buchstaben«). **Lit.:** J. Pinborg: Logik und Semantik im Mittelalter. Stuttgart-Bad Cannstatt 1972. JV

**Proprium** (lat. von griech. idion: Merkmal, Eigentümliches), neben ↗ Definition, ↗ Gattung und ↗ Art ein aristotelischer Grundtyp prädikativer Aussagen. P. ist jedes Prädikat, »was zwar nicht das Wesen eines Dinges bezeichnet, aber nur ihm zukommt und in der Aussage mit ihm vertauscht wird. So ist es eine Eigentümlichkeit des Menschen, daß er der Grammatik fähig ist; denn wenn er ein Mensch ist, ist er der Grammatik fähig, und wenn er der Grammatik fähig ist, ist er ein Mensch« (*Topik* I 5, 102a 19–22). Durch die Umfangsgleichheit von Prädikat und Subjekt kann das P. wie ein definitorisches Prädikat mit dem Subjekt vertauscht werden, nennt dabei aber keine wesentliche, sondern eine zusätzliche Bestimmung, die freilich, anders als ein Akzidens, mit dem Subjekt notwendig verbunden ist. Das P. ist durch seine modifizierte Fassung in der *Isagoge* des Porphyrios (*Einleitung in die Kategorien*) historisch wirksam geworden. Dort ist P. auf eine Art sowie die unter sie fallenden Individuen bezogen und klassifiziert in allgemeiner Weise neben Gattung, Art, Differenz und Akzidens prädikative Aussagen. P. bezeichnet eine Qualität, die zwar nicht als Wesensbestimmung, aber als eine natürliche Eigenschaft einer ganzen Art, und ihr allein, immer zukommt (*Isagoge* IV). UB

**Prosentential.** Innerhalb der Diskussion um den philosophischen Wahrheitsbegriff behauptet die p.e Theorie der Wahrheit, daß sich alle Verwendungsweisen von »wahr« zurückführen lassen auf solche, in denen »wahr« als unselbständiger Teil in Ausdrücken wie »das (gerade Gesagte) ist wahr« (sog. Prosentenzen) vorkomme und damit zur indirekten Behauptung einer durch den Äußerungskontext festgelegten Aussage beiträgt. ↗ Wahrheit. PP

**Prosyllogismus.** Wenn mehrere Syllogismen so miteinander verkettet werden, daß der Schlußsatz des einen der Vordersatz des folgenden ist, dann bezeichnet man den vorderen als P., den hinteren als Episyllogismus. PP

**Protention/Retention.** Husserl bezeichnet mit beiden Begriffen eine Grundart der Intentionalität. Unter P. versteht er den intentionalen Bezug des Bewußtseins auf solches Bewußte, dessen Eintritt in der Bewußtseinsgegenwart unmittelbar bevorsteht und unthematisch schon mitbewußt ist, unter R. den Bezug auf solches Bewußte, das gerade aus der Präsenzsphäre in die Vergangenheit übergeht. Die P. ist der Ermöglichungsgrund aller Formen ausdrücklicher und thematischer Erwartung, in der R. ist die thematische Wiedererinnerung fundiert. **Lit.:** E. Husserl: Zur Phänomenologie des inneren Zeitbewußtseins. Hua X. §§ 12–14. – K. Held: Lebendige Gegenwart. Den Haag 1966. – Ders.: Protention. In: HWPh. – Ders.: Retention. In: HWPh. PP

**Protestantismus,** sowohl ein konfessionskundlicher, als auch ein kulturgeschichtlicher Begriff. Als konfessionskundlicher Sammelbegriff steht P. für alle Kirchen und religiösen Gemeinschaften, die ihre Wurzeln in der Reformation des 16. Jh. sehen. Er umfaßt heute u. a. folgende Kirchen: evangelisch lutherische, reformierte und unierte Kirchen, die Kirchen der Methodisten, Baptisten, Kongregationalisten und Presbyterianer. Die anglikanischen Kirchen zählen sich teils zum P., teils zum Katholizismus. »Protestantisch« betont außerhalb des ökumenisch/religiösen Dialogs häufig weniger eine Kirchenzugehörigkeit, als vielmehr eine »geistige« Haltung (z. B. den Anspruch auf Mündigkeit, verbunden mit Autonomie des eigenen Gewissens, ein bestimmtes Arbeitsethos, ein Gebundensein an die Forderung der Vernunft usw.). Das kulturgeschichtliche Phänomen des P. gehört zum Bildungsbürgertum. Zu ihm zählen viele Philosophen der Aufklärung und des Idealismus, z. B. Leibniz, Locke, Kant und Hegel, sowie Herder und Schleiermacher als Theologen. Das Adjektiv »evangelisch« wird eher im Zusammenhang mit der Konfessionszugehörigkeit verwendet und betont häufig die alleinige Orientierung am Evangelium. Zunächst war der Name »Protestanten« eine negative Fremdbezeichnung für die Gruppe von Fürsten und Städtevertretern, die auf dem 2. Reichstag zu Speyer 1529 gegen den Majoritätsbeschluß der Altgläubigen zur Durchführung des Wormser Ediktes protestierten. Bis heute wird häufig mit dem Begriff P. eine Abwehr von Fremdbestimmung in Glaubensdingen, politische Aktivität, und eine antirömische Haltung verbunden. Ausgehend von den Reformatoren Luther in Wittenberg, Zwingli in Zürich und Calvin in Genf entstanden an verschiedenen Zentren in Europa reformatorische Bewegungen. Aus ihnen gingen voneinander unabhängige Kirchen und Gemeinschaften hervor, mit jeweils eigener Prägung. Folgende Charakteristika sind den meisten oder allen von ihnen, je nach Weite des Begriffs P., gemeinsam: Der Protestant ist nur an die Schrift, sein Gewissen und seine Vernunft gebunden. Nur die Schrift (NT, AT) darf absolute Autorität als Offenbarung Gottes beanspruchen, es gibt weder den autoritativen Anspruch der kirchlichen Tradition, noch ein autoritatives Lehramt (Schriftautorität, Formalprinzip). Die Autorität der Schrift muß aber keine gesetzliche Bindung an den Wortlaut bedeuten. Seit dem 19. Jh. werden bei der Schriftauslegung meist die Erkenntnisse der historisch-kritischen Methode vorausgesetzt (nicht z. B. im Pietismus). Die Heilsvermittlung geschieht allein aus der Gnade Gottes. Die Rechtfertigung des Menschen vor Gott und durch Gott geschieht allein im Glauben. Er ist die einzig mögliche Antwort auf die Gnade Gottes, jedoch theologisch gesehen kein Werk des Menschen, sondern ein Geschenk Gottes (Rechtfertigungslehre, Materialprinzip). Luther: »Ich gläube, daß ich nicht aus eigener Vernunft noch Kraft an Jesum Christ, meinen Herrn, gläuben oder zu ihm kommen kann, …« (*Kleiner Katechismus*, der Glaube, 3. Art.). Gute Werke haben in Hinblick auf die Erlösung, das Seelenheil keinen Nutzen. Im Verhältnis zum Mitmenschen gehören die guten Werke notwendig zum Glauben. Es gibt keine Mittlerschaft durch die Kirche, Heilige oder das Meßopfer. Die Kirche hat auch kein ethisches Mittleramt. Der Protestant ist in allem, auch in seinem Handeln, über sein Gewissen direkt an Christus gebunden. Kirchliche Verlautbarungen sind immer menschlich, zeitgebunden und somit im Glauben nicht verpflichtend. Die wahre Kirche ist geistlich und als Gemeinschaft der Gläubigen nicht mit der irdischen Kirche identisch. Grundsätzlich besitzt jeder Christ die gleiche Vollmacht Wort und Sakrament weiterzugeben, wenn er sich auch die Zustimmung der Gemeinschaft, bzw. seines Vorgesetzten holen muß (Allgemeines Priestertum der Gläubigen). Typisch ist zudem im Gegensatz zum Katholizismus eine geringere Betonung des Sakramentalen zugunsten des Wortes. **Lit.:** F. W. Graf/K. Tanner: Protestantische Identität heute. Gütersloh 1992. – W. Huber: Protestantismus und Protest. München 1991. – T. Rendtorff: Vielspältiges. Protestantische Beiträge zur ethischen Kultur. Stuttgart 1991. – P. Tillich: Der Protestantismus als Kritik und Gestaltung. Stuttgart 1962 (Ges. Werke Bd. VII). DL

**Protokollsatz.** Im ↗Logischen Empirismus hat man die atomaren Sätze bzw. Elementarsätze als P.e bezeichnet. Sie sollen die einfachsten erkennbaren Sachverhalte beschreiben und die unmittelbaren Erlebnisinhalte bezeichnen. In erster Linie waren damit Wahrnehmungsprotokolle mit objektiven Orts- und Zeitangaben gemeint. Solche Sätze sollten als Grundlage für alle übrigen Sätze der Wissenschaft gelten, da sie – nach Auffassung des Logischen Empirismus – selbst nicht der Bewährung bedürfen. Neurath hat diesbezüglich Zweifel angemeldet, da auch die P.e nicht frei sind von subjektiver Verarbeitung, subjektiven Elementen des Erfahrenden. Daraus wurde die Konsequenz gezogen: Es gibt keine absoluten Anfangssätze für den Aufbau der Wissenschaft. Es unterliegt einer Festlegung, welche Sätze als P.e zugrundegelegt werden. **Lit.:** O. Neurath: Protokollsätze. In: R. Haller/H. Rutte (Hg.): Gesammelte philosophische und methodologische Schriften. Bd. 2. Wien 1981. S. 577–586. PP

**Proton pseudos** ↗Beweisfehler

**Protophysik,** im Programm der konstruktiven Wissenschaftstheorie (Lorenzen, Janich) die der messenden Physik in der methodischen Ordnung vorausgehende präskriptive Theorie von Meßgeräten zur Bestimmung von Grundgrößen wie Länge und Dauer. Die Voraussetzungen der empirischen Physik werden auf der Grundlage von außerwissenschaftlichem Reden und Handeln und unabhängig von den Resultaten der modernen Physik rekonstruiert. Die Auseinandersetzung um die P. betrifft unterschiedliche Vorstellungen über Zwecke und Ziele von Physik und Wissenschaftstheorie. **Lit.:** G. Böhme (Hg.): Protophysik. Frankfurt 1976. – P. Janich: Protophysik der Zeit. Frankfurt 1980. – Philosophia naturalis 22 (1985) H. 1: »Protophysik heute« (mit Bibliographie). MS

**Protreptik,** Kunst der werbenden oder ermahnenden Überredung zu bestimmten Entscheidungen oder Handlungen, abgeleitet von griech. protrope (Zuraten) versus griech. apotrope (Abraten) als den rhetorischen Funktionen der Beratungsrede. Die von den ↗Sophisten entwickelte Gattung der Werbeschriften, mit denen sie zu einer Teilnahme an ihrem Unterricht zu überreden suchten, findet schon bei den Sokratikern seine Fortsetzung in ausführlichen Aufforderungen zur Beschäftigung mit der Philosophie. Zu den wirkungsvollsten Mustern der Gattung gehören der *Protreptikos* des Aristoteles und Ciceros *Hortensius*. Protreptische Schriften gibt es aber auch in anderen Disziplinen wie der Rhetorik oder der Medizin; auch die christliche Apologetik bringt eine eigene P. hervor. Die Empfehlungen folgen oft einer einfachen Topik, stellen Nutzen, Ansehen und Alter der jeweiligen Kunst oder Wissenschaft dar, betonen die Leichtigkeit ihrer Aneignung oder die Erfreulichkeit ihrer Ausübung, vor ihrer Vernachlässigung wird ausdrücklich gewarnt; zugleich werden mögliche Einwände gegen sie zurückgewiesen. Neben der Rede gehören Dialog und Brief zu den wichtigsten literarischen Formen der P. **Lit.:** K. Gaiser: Protreptik und Paränese bei Platon. Stuttgart 1959. BKO

**Prozeß,** die Aufeinanderfolge verschiedener Zustände und Handlungen, wobei ein Zustand kausal aus dem anderen hervorgeht. Der P.-Begriff hat heute vor allem juristische, naturphilosophische und erkenntistheoretische Bedeutung. (1) In der Jurisprudenz setzte sich der P.-Begriff erst seit der Neuzeit für ein systematisch nach Grundsätzen durchgeführtes Gerichtsverfahren durch. Bei Pufendorf etwa finden sich noch keine Ausführungen zum Verfahrensrecht. Erst die Durchsetzung des positiven Rechts begünstigt eine nähere Bestimmung des juristischen P. (2) In der Naturphilosophie geht der P.-Begriff vor allem auf den ↗Deutschen Idealismus und die Romantik zurück, die ihn aus der Terminologie der zeitgenössischen Chemie und der Alchemie übernimmt. Es ist vor allem Schelling, der von einem grundlegenden, biologistisch zu verstehenden Prinzip ausgeht, welches auch das nichtbiologische Universum durchdringt und in einem unendlichen Produktionsprozeß hält (↗Organizismus). Bei Hegel wird der P.-Begriff seines naturphilosophischen Gehaltes entkleidet und gewinnt vor allem geist- und geschichtsphilosophisch an Gewicht (↗Dialektik). Im 20. Jh. hat Whitehead den P.-Begriff im Rahmen seiner Kosmologie wieder als Fundamentalkategorie eingeführt. Für ihn ist das Universum als fortwährend sich entwickelndes P.-Ganzes zu verstehen, der P. ist die gesamte Wirklichkeit. (3) In der Erkenntnistheorie betont der P.-Begriff vor allem den dynamischen Charakter von Erkenntnis. Im Anschluß an Kant wird deutlich, daß Erkenntnis einen infiniten P. darstellt. Jeder vermeintliche Abschluß eines Erkenntnisprozesses scheitert an der Verfaßtheit menschlichen Erkenntisvermögens. In diesem Sinne ist der P.-Charakter der Erkenntnis vor allem durch Poppers Begriff der ↗Falsifikation in diesem Jh. erneut unterstrichen worden. **Lit.:** K. Popper: Logik der Forschung. Wien 1935. – F.W.J. Schelling: Von der Weltseele. In: Sämtl. Werke II. S. 347–583. – K. Röttgers: Der Ursprung der Prozeß-Idee aus dem Geiste der Chemie. In: Archiv für Begriffsgeschichte 27 (1983). S. 93–157. – A.N. Whitehead: Prozeß und Realität. Frankfurt [2]1984. AG

**Prozeßphilosophie,** Bezeichnung für die ontologische Position, daß »Sein« kein passives und gleichbleibendes Beharren, sondern prozessual verfaßt ist. Der Begriff der P. ist engstens mit dem Werk Whiteheads und der von ihm initiierten philosophischen Orientierung verbunden. Nach Whitehead ist alles Seiende als Prozeß oder als Bestandteil von Prozessen aufzufassen. Diese Position richtet sich gegen die Annahme eines substantiellen Seins im Sinne der cartesischen Definition, daß Substanz ein in sich selbst bestehendes Sein sei und für ihr Sein nur sich selbst benötige. Nach dieser Annahme sind die Relationen einer Substanz zu anderem für sie »äußerlich« und ontologisch unwesentlich. Demgegenüber behauptet Whitehead, daß Sein wesentlich relational ist. Jedes Seiende ist das, was es ist, wesentlich aufgrund seiner Relationen zu anderem Seienden. Jedes Seiende ist essentiell durch seine Umgebung konditioniert und gewinnt seine Realität aufgrund der Verarbeitung dieser Relationen. Das relational konstituierte Sein ist nicht zeitlos vorzustellen. Sein ist Ergebnis eines Verarbeitungsprozesses, ist Ergebnis je neuer Prozesse der Seinswerdung. Das prozessuale Geschehen ist aber kein formloses Werden, sondern hat die Gestalt von Prozeßeinheiten, die Whitehead »aktuale Entitäten« (actual entities) nennt. Aktuale Entitäten sind die letzten realen Dinge, aus denen die Wirklichkeit besteht. Diese Behauptung drückt das »ontologische Prinzip« aus. In bezug auf die aktualen Entitäten lautet das »Prozeßprinzip«, daß ihr Sein durch ihr Werden konstituiert wird. Aktuale Entitäten haben folgende allgemeine Struktur: (1) Sie entstehen ausgehend von den Ergebnissen anderer ihnen vorausgehender und sie verursachender aktualer Entitäten. Das anfängliche Erfassen kausal wirksamer Faktoren nennt Whitehead »Prähension« (prehension). Die Anfangsphase ist wesentlich eine Reproduktion der rezipierten aktualen Entitäten. Die rezipierten Entitäten werden aber bereits hinsichtlich ihrer Vereinbarkeit zu einem einheitlichen Muster bewertet und daher selektiv rezipiert. Aufgrund der leitenden Orientierung auf ein die Daten vereinheitlichendes Muster haben aktuale Entitäten eine teleologische Natur. (2) Die Anfangsphase geht in einen Vorgang des Zusammenwachsens, der »Konkreszenz« (concrescence) über. Hier wird der Modifikations- und Integrationsvorgang der angeeigneten Daten weitergeführt. Die Konkreszenz ist zwar durch die prähendierten Daten konditioniert, nicht aber vollständig determiniert. Es können völlig neue Integrationen stattfinden, die nicht aus den prähendierten Daten stammen und somit eine »Neuheit« (novelty) einführen. Daher ist Kreativität eine der ultimativen Charakterisierungen von Wirklichkeit. Die Konkreszenz verläuft nach Maßgabe des Ziels, solche Integrationen zu gewinnen, die sich durch eine hohe »Intensität« auszeichnen. (3) Mit der Bildung eines einheitlichen die Daten verbindenden Musters kommt die Konkreszenz an ihr Ende. Whitehead spricht von diesem Abschluß als einer »Befriedigung« (satisfaction). Das abschließende einheitliche Muster wird diffundiert. Mit seinem Realwerden zerfallen die aktualen Entitäten. Sie werden nun wirklich im Sinne von wirkungsmächtig und werden zum Ausgangspunkt neuer daran anschließender Realisierungsgeschehen. Jede aktuale Entität ist daher ein Übergang von der Öffentlichkeit der Welt hin zur Privatheit des Werdens, das mit ihrer Expression wiederum in die Öffentlichkeit der Wirkungen führt. Die Anfangsphase der aktualen Entitäten zeichnet sich durch eine hohe Unbestimmtheit aus, weil die rezipierten Daten auf viele verschiedene Weisen miteinander integriert werden können. Die aktualen Entitäten enden mit dem Gewinn einer vollständigen Bestimmtheit ihrer Elemente zueinander und zur vorausgegangenen Welt. Aufgrund dieser Position gibt es kein sich selbst identisch bleibendes Sein. Dinge, die uns als identisch erscheinen, sind lediglich die permanente Reproduktion der Muster der vorausgegangenen Prozesse. Aktuale Entitäten können in besonderen Vererbungszusammenhängen stehen und »Gesellschaften« (societies) bilden. Andererseits können sie sich intern ausdifferenzieren und in ihrer Konkreszenz »höhere Phasen« der Erfahrung ausbilden. Aktuale Entitäten sind Organismen. Aufgrund der schöpferischen Natur der aktualen Entitäten spricht Whitehead von einem »kreativen Fortschreiten der Natur«.

Ausgehend von dieser systematischen Formulierung der P. kann man dem Begriff eine weitere Bedeutung geben, indem man auf die philosophische Entwicklung zentraler prozeßphilosophischer Positionen zurückgreift. Die erste Formulierung der P. findet sich bei Heraklit. Nach ihm ist alles Seiende permanent »im Fluß« und in unaufhörlicher Veränderung. Der Seinsgrund der Dinge wird nicht als gleichbleibende Substanz, sondern als ein »ewig lebendiges« und sich permanent änderndes »Feuer« verstanden. Alle Dinge sind das Ergebnis seines Wirkens. Wenn man den Gedanken der »internen Relationen« als die zentrale prozeßphilosophische Position ansieht, so besteht in Hegels Philosophie eine wichtige Vorbereitung. Weitere Antizipationen der P. Whiteheads sind die verschiedenen Formen der Kritik an einem substantiellen Denken, so wie sie von W. James (in seiner Kritik an einem substantiellen Verständnis des Bewußtseins) oder Bergson (in seiner Kritik an einem verräumlichenden, statischen Denken, das Zeit und Werden nicht angemessen denken könne) formuliert wurden. **Lit.:** G. R. Lucas, Jr.: The Genesis of Modern Process Thought. A Historical Outline with Bibliography. London 1983. – Ders.: The Rehabilitation of Whitehead. An Analytic and Historical Assessment of Process Philosophy. New York 1989. – N. Rescher: The Promise of Process Philosophy. In: Process Studies 25 (1996). S. 55–71. – Ders.: Process Metaphysics. An Introduction to Process Philosophy. Albany 1996. – A. N. Whitehead: Science and the Modern World. New York 1967. – Ders.: Process and Reality. An Essay in Cosmology. Corrected Edition. New York 1978 (dt. Prozeß und Realität. Frankfurt [2]1984).

RLA

**Prüfbarkeit.** Von K. Popper wird der Grad der empirischen P. als Grad der Falsifizierbarkeit bestimmt: Wenn man die Gesamtheit der logisch möglichen Basissätze, die eine Aussage falsifizieren können, als die Klasse der Falsifikationsmöglichkeiten bezeichnet, so kann die Regel der P. lauten, daß ein Satz A besser prüfbar ist als ein Satz B, wenn die Klasse der Falsifikationsmöglichkeiten von B in denen von A enthalten ist.

PP

**Psychoanalyse.** Freud, der Begründer der P., hat drei Bedeutungen dieses Begriffs unterschieden, auf die hier Bezug genommen werden soll. P. ist der Name (1) eines methodischen Verfahrens zur Untersuchung psychischer Vorgänge und Inhalte, die sich dem alltäglichen Verstehen entziehen. Dabei handelt es sich vor allem um neurotische (z.T auch psychotische) Symptome (z. B. irrationale Ängste, Zwangsgedanken/-handlungen, Wahnvorstellungen etc.), um Träume und Phantasien. Ziel der Untersuchung ist es, den verlorenen Bezug zu den (unbewußten, d. h. verdrängten bzw. abgespaltenen) Motiven, die in den neurotischen Erlebens und Verhaltensmustern bzw. in imaginären Bildungen (Traum, Phantasie, Wahn) zum Ausdruck kommen, wiederherzustellen, um deren Sinn (lebensgeschichtliche Bedeutung) verstehen zu können. Da durch die Wiederherstellung des Motivzusammenhanges gleichermaßen eine Aussage über den Sinn wie über die Ursache der entsprechenden Handlungen, Gefühle und Vorstellungen getroffen wird, nimmt die psychoanalytische Methode eine wissenschaftstheoretische Position zwischen dem hermeneutisch (sinnverstehenden) Verfahren der Geistes- bzw. historischen Wissenschaften einerseits und dem kausal-erklärendem Vorgehen der Naturwissenschaften andererseits ein; (2) eines psychotherapeutischen Verfahrens zur Behandlung psychischen Leidens, das sich auf die in (1) genannte Untersuchung stützt. In der therapeutischen Behandlung wird dem klassisch-psychoanalytischen Krankheitsmodell zufolge davon ausgegangen, daß durch das emotionale Wiedererleben und Durcharbeiten verdrängter Motivkonflikte in der Beziehung zum Psychoanalytiker diese einer neuen, im Vergleich zum neurotischen Leiden, befriedigenderen Lösung zugefuhrt werden können; (3) eine Anzahl psychologischer Theorien, die auf den aus der psychoanalytischen Untersuchungs- und Behandlungsmethode gewonnenen Erkenntnissen basieren. – Die hier in Anlehnung an Freud formulierte Definition trifft auch auf die modernen Weiterentwicklungen der Psychoanalyse zu, wobei sich die Art der behandelten Störungen und damit einhergehend sowohl das Krankheitsmodell als auch die Methoden des therapeutischen Vorgehens erheblich geändert haben. **Lit.:** S. Freud: Psychoanalyse und Libidotheorie (Ges. Werke XIII); Vorlesungen zur Einführung in die Psychoanalyse (Ges. Werke XI). – W. Mertens (Hg.): Neue Perspektiven der Psychoanalyse. Stuttgart 1981. SP

**Psychodynamik.** Mit dem Begriff P. wird in der ↗Psychoanalyse eine Betrachtungsweise des Seelischen gekennzeichnet, die alle psychischen Vorgänge als Resultat unterschiedlicher (Trieb-)Kräfte ansieht, die sich verbinden oder in Widerstreit zueinander stehen, d. h. sich hemmen bzw. blockieren können (↗Triebtheorie). Das ↗Unbewußte wird von Freud nicht nur deskriptiv zur Bezeichnung der Inhalte außerhalb des aktuellen Bewußtseinsfeldes, sondern in erster Linie dynamisch verstanden: Er geht von der auf dem Energieerhaltungssatz basierenden Annahme aus, daß verdrängte Inhalte im Unbewußten energetisch wirksam bleiben und zu einer Wiederkehr ins Bewußtsein drängen. Dies kann nur durch entgegengesetzte Kräfte verhindert werden, so daß es zu einem (dynamisch wirksamen) Konflikt zwischen unbewußtem Wunsch und Abwehr kommt, der Freud zufolge Ursache von neurotischen Symptombildungen ist. Der dynamische Gesichtspunkt ist in der Freudschen Psychoanalyse und ihren späteren Weiterentwicklungen so zentral, daß diese oft zusammenfassend als psychodynamische Theorien bezeichnet werden. **Lit.:** S. Elhardt: Tiefenpsychologie. Stuttgart 1971. – S. Freud: Vorlesungen zur Einführung in die Psychoanalyse (Ges. Werke XI); Hemmung, Symptom und Angst (Ges. Werke XIV). – W. Mertens: Psychoanalyse. Stuttgart 1981. SP

**Psychogenese,** in der Psychologie und Psychiatrie die Beschreibung der Entwicklung einer Erkrankung im Hinblick auf ihre psychologischen Ursachen. Je nach theoretischem Ansatz bzw. anthropologischem Hintergrund wird dabei mehr Gewicht auf interne Faktoren (Konflikte) oder auf externe Faktoren (Umweltbedingungen) gelegt. Man geht davon aus, daß neurotische Störungen (wie z. B. Angstneurose, Zwangsneurose, hysterische Neurosen) überwiegend psychisch bedingt sind, psychosomatische Erkrankungen und Psychosen auf einer komplexen Wechselwirkung psychischer und somatischer Faktoren (Somatogenese) beruhen. **Lit.:** G. C. Davison/J. M. Neale: Klinische Psychologie. München $^{3}$1988. SP

**Psychologie, beschreibende und zergliedernde,** Diltheys Konzeption einer geisteswissenschaftlichen ↗Psychologie, die sich gegen die naturwissenschaftliche Methodik der gegen Ende des 19. Jh. vorherrschenden erklärenden Psychologie wendet. Dilthey hält eine nur naturwissenschaftlich verfahrende Psychologie für verfehlt, weil sich der psychische Gegenstand nicht exakt bestimmen lasse. Einen methodisch angemesseneren Zugang ermöglichen statt dessen Beschreibung und Analyse der seelischen Zusammenhänge. Die b. u. z. Ps. liefert nach Dilthey erst die nötige Terminologie und den theoretischen Rahmen für kausal-hypothetische Erklärungen. Sie dient deshalb als Fundament bei der Grundlegung der Geisteswissenschaften. Der Zusammenhang des Psychischen ist für Dilthey unmittelbar und unhintergehbar in der Erlebniswirklichkeit gegeben. Sie liefert in ihrer emotionalen Tönung den Ausgangspunkt jeder psychologischen Analyse, die nur so – gegen den Elementarismus der Assoziationspsychologie gewendet – die Vielfalt der Lebensbezüge erhalten kann. **Lit.:** W. Dilthey: Ideen über eine beschreibende und zergliedernde Psychologie, 1894 (Gesammelte Schriften Bd. 5). Leipzig 1924. – L. J. Pongratz: Problemgeschichte der Psychologie. München $^{2}$1984. KSH

**Psychologie, differentielle.** Im Unterschied zur allgemeinen Psychologie, die versucht, psychologische Gesetzmäßigkeiten zu finden, die für alle Menschen gleichermaßen zutreffen, ist der Gegenstandsbereich der d.n Ps. gerade durch die Abweichungen von diesen Gesetzmäßigkeiten definiert: Sie befaßt sich mit den spezifischen Unterschieden zwischen Individuen oder Gruppen, und versucht diese zu beschreiben und zu erklären. Für die Erfassung psychologischer Merkmale wie z. B. Intelligenz, Extra-/Introversion, Ängstlichkeit, Aggressivität, Kreativität, Reagibilität auf Psychopharmaka etc. (klassische Forschungsbereiche der d.n Ps.), die Bestimmung ihres jeweiligen Ausprägungsgrades und der Stärke ihres Zusammenhanges (Korrelation) werden Persönlichkeitsfragebögen, projektive Tests, Leistungstests, Interviews sowie psychophysiologische Methoden angewandt. Theoretische Ansätze zur Erklärung interindividueller Differenzen gehen heute nicht mehr von der Alternative: genetische Anlage oder Umwelt (Milieu), sondern von einer komplexen Wechselwirkung beider Faktorengruppen aus (Interaktionismus). Die Art der Zusammenhänge und Wechselwirkungen wird durch empirische Untersuchungen erforscht (Quer- und Längsschnittstudien, Experimente), die mit Hilfe komplexer statistischer Verfahren (z. B. Faktorenanalyse, Varianzanalyse) ausgewertet werden. **Lit.:** M. Amelang/D. Bartussek: Differentielle Psychologie und Persönlichkeitsforschung. Stuttgart u. a. $^{2}$1985. – A. Anastasi: Differentielle Psychologie. Weinheim 1976. SP

**Psychologie, geisteswissenschaftliche,** als Fortführung des Diltheyschen Programms einer beschreibenden und zergliedernden ↗Psychologie hat E. Spranger den Begriff der g. Ps. eingeführt. Weitere Vertreter dieser auch als verstehende Psychologie bezeichneten Richtung sind Jaspers, A. Pfänder und W.

Gruhle. Die g. Ps. nimmt an, daß psychische Prozesse notwendig in Sinn- und Wertzusammenhängen stehen. Die Struktur dieser Zusammenhänge soll nicht erklärt, sondern nur verstanden werden können. Daher verwendet die g. Ps. eine hermeneutische Methode, die vom einfühlenden Erfassen ausgeht. Zentral für die g. Ps. ist der Strukturbegriff, der exemplarisch an Lebensformen und an Weltanschauungstypen konkretisiert worden ist. Dem strukturellen Ansatz zufolge ist das Psychische nicht aus Teilen aufgebaut, sondern durch den Gesamtzusammenhang bestimmt. Als Aufbaugesetz der geistigen Welt liegt die Struktur dem individuellen wie objektiven Geist zugrunde. **Lit.:** H. W. Gruhle: Verstehende Psychologie. Stuttgart 1948. – K. Jaspers: Psychologie der Weltanschauungen. Berlin 1919. – E. Spranger: Lebensformen. Halle 1913. KSH

**Psychologie, genetische.** Bei F. Brentano und seinen Nachfolgern bezeichnet der Begriff eine Methode zur Untersuchung psychischer Phänomene. Dabei geht es hauptsächlich um die Bestimmung des kausalen Ursprungs psychischer Phänomene, sei dieser selbst psychisch oder physikalisch. Der g.n Ps., deren Gesetze durch ↗Induktion hergeleitet werden, setzt Brentano die deskriptive Psychologie entgegen, die apriorische und notwendige Gesetze zu liefern vermag. – In einem anderen Sinn gilt die g. Ps. als Untersuchung der psychischen Entwicklung des Individuums. Dabei wird die psychische Entwicklung des Kindes mit der in der ↗Evolutionstheorie untersuchten Entwicklung biologischer Organismen verglichen. Bei Piaget dient die g. Ps. als Grundlage der ↗genetischen Epistemologie. Er hat besonders die Stadien der psychischen Entwicklung der Erkenntnis beim Kinde untersucht. Als solche kann die g. Ps. als Teilbereich der Entwicklungspsychologie betrachtet werden. **Lit.:** F. Brentano: Psychologie vom empirischen Standpunkt. Leipzig 1874. – J. Piaget: Die Probleme der genetischen Psychologie. In: Ders.: Theorien und Methoden der modernen Erziehung. Wien 1972. S. 242–264. – Ders.: Abriß der genetischen Epistemologie. Stuttgart 1980. GSO

**Psychologie, objektive,** ausschließlich von objektiven, naturwissenschaftlich gewonnenen Meßdaten ausgehende Psychologie. Als Programm wurde die o. Ps. zuerst im Rahmen einer methodologischen Kritik der introspektiven Psychologie von F. A. Lange entworfen. Er sah seine Forderung nach einer »Psychologie ohne Seele«, die einer »somatischen Methode« folgt, in den psychophysischen Arbeiten E. H. Webers und Th. Fechners exemplarisch realisiert. Den Ausdruck »o. Ps.« hat vermutlich H. Spencer 1855 geprägt. W. Bechterev nahm ihn 1913 als Synonym für seine Reflexologie auf. Ihren größten Erfolg hatte die o. Ps. jedoch in Form des von I. B. Pavlov und J. B. Watson begründeten ↗Behaviorismus. Die o. Ps. bestreitet nicht notwendig die Existenz von Bewußtsein, ist also nicht zwangsläufig ein eliminativer ↗Materialismus. Im Sinne eines methodischen Materialismus schließt sie aber den Bezug auf subjektives Erleben und damit alle intentionalen Begriffe als unwissenschaftlich aus. **Lit.:** J. Brozek und S. Diamont: Die Ursprünge der objektiven Psychologie. In: H. Balmer (Hg.): Geschichte der Psychologie 2 (1982). S. 37–135. – F. A. Lange: Geschichte des Materialismus. Bd. II. Iserlohn 1866. – J. B. Watson: Psychology As the Behaviorist Views It. In: Psychological Review XX (1913). KSH

**Psychologie, phänomenologisch-deskriptive.** Die phd. Ps. verfolgt den Zweck, Eigenheiten und Leistungen psychischer Phänomene, i. e. Bewußtseinsphänomene, für den Erkenntnisprozeß analysierend zu beschreiben, mithin zu spezifizieren und ferner zu klassifizieren. Die phd. Ps. setzt sich damit von Hegels speziell dialektischer Phänomenologie ab. Als frühe Methodiker gelten u. a. D. Hume und J. Mill; doch im Unterschied zu diesen geht die phd. Ps. dezidiert darauf aus, den Assoziationismus der Gedankenverbindungen zu überwinden. Sie unternimmt dies dadurch, daß sie den Bewußtseinszusammenhang als durch dessen Momente psychisch motiviert und apperzeptiv bemerkt (innerlich erfahren) darstellt. Die »deskriptive Psychologie oder beschreibende Phänomenologie« (Brentano) mit ihrem Postulat des vollständigen, exakten und einsichtigen Erfassens (↗Deskription) der Bewußtseinstatsachen, ihrer intentionalen Beziehungsweisen und ihrer gegenständlichen Korrelate, erhebt den Anspruch, die phd. Ps. als grundlegende Wissenschaft zu etablieren (↗Psychologismus). Die sich aus Brentanos psychologischem Denken entwickelnde Phänomenologie als »das objektive Korrelat von Subjektivität« (K. Schuhmann) will dagegen, nach A. Pfänder, »die letzte Grundlage der Philosophie und aller Wissenschaften« sein. **Lit.:** F. Brentano: Deskriptive Psychologie. Hamburg 1982. – E. Husserl: V. Logische Untersuchung. Hua XIX. Den Haag 1975. – H. Lotze: Kleine Schriften. Bd. 2. Leipzig 1886. – K. Schuhmann: »Phänomenologie«: Eine begriffsgeschichtliche Reflexion. In: Husserl Studies 1 (1984). S. 31–68. WB

**Psychologie, rationale,** der Sache nach als Seelenlehre in der Antike entwickelt. Als eigenständige Disziplin läßt sie sich auf Chr. Wolff zurückführen, der sie als spezielle, deduktiv verfahrende Metaphysik behandelte. Sie fragt nach dem Träger der psychischen Erscheinungen. Da dieser traditionell in der substantiellen ↗Seele gesehen wurde, ist die r. Ps. Seelenmetaphysik. Wolff hatte die r. Ps. als Theorie der Seelenvermögen entwickelt, wobei er eine Elementarkraft annahm: die Vorstellungskraft. Über Baumgarten, Sulzer, Mendelssohn und schließlich Tetens bildete sich die Dreivermögenslehre heraus, die mit ihrer Unterscheidung von Vorstellung, Wille und Gefühl die Kantische Systematik beeinflußte. Die r. Ps., soweit sie Vermögenslehre war, kritisierte J. F. Herbart erfolgreich zu Beginn des 19. Jh.; spätestens mit W. Wundt verliert sie jede wissenschaftliche Bedeutung. **Lit.:** M. Dessoir: Geschichte der neueren deutschen Psychologie. Berlin 1894. – Chr. Wolff: Psychologia rationalis. Frankfurt 1734. KSH

**Psychologie, transzendentale,** entstammt als Begriff in der Bedeutung von rationaler Psychologie der vorkritischen Philosophie Kants. Nach seiner kritischen Wendung verwirft Kant jedoch die Möglichkeit einer t.n Ps., da das transzendentale Subjekt als Möglichkeitsbedingung der Erkenntnis nicht selbst zum Erkenntnisgegenstand werden kann. In der psychologistischen Rezeption Kants, vor allem durch J.M. Meyer, J.F. Fries oder F.E. Beneke, wird die t. Ps. dagegen als wesentlicher Teil des Kantianismus aufgefaßt. Inhaltlich wird sie nicht als logisches, apriorisches Verfahren verstanden, sondern als psychogenetische Untersuchung der Erkenntnisvermögen. Im Neukantianismus hat H. Rickert die t. Ps. als Versuch der Vermittlung von realen psychischen Prozessen und ihren ideellen Inhalten erneut aufgegriffen. Ähnlich wollte P. Natorp die t. Ps. als subjektive Grundlagenwissenschaft rehabilitieren. Einen neuesten Versuch hat P. Kitcher unternommen. **Lit.:** I. Kant: Kritik der reinen Vernunft. – P. Kitcher: Kant's Transcendental Psychology. Oxford 1990. – P. Natorp: Allgemeine Psychologie nach kritischer Methode. Tübingen 1912. – H. Rickert: Zwei Wege der Erkenntnistheorie. Transzendentalpsychologie und Transzendentallogik. In: Kantstudien 14 (1909). S. 169–228. KSH

**Psychologismus,** bezeichnet den Anspruch der (besonders seit dem 19. Jh. entwickelten) naturwissenschaftlich orientierten empirischen Psychologie, die Grundlagen des Denkens und Erkennens wissenschaftlich statt, wie bis dato, eher philosophisch-spekulativ zu eruieren. Danach ist Psychologie das systematische Rückgrad der Philosophie, speziell der Erkenntnislehre bzw. Logik (starke Version); oder sie ist das Allumfassende, so daß Logik zwar nicht auf Psychologie beruht, aber zu ihr gehört (schwächere Version; H. Lipps). Die Auseinandersetzung mit dem Ps. seitens der Philosophie verfolgt erstens die theoretische Intention der Reinerhaltung bzw. den Ausweis der Philosophie als strenger Wissenschaft und warnt vor »Gebietsvermengung« (E. Husserl), zum andern das wissenschaftspraktische Ziel der Erhaltung philosophischer Lehreinrichtungen. Der insbesondere von Anhängern transzendentalphilosophischer Orientierung gegen den P. erhobene Vorwurf lautet, er erkläre philosophische Erkenntnistheorie als vorläufig und suche, Allgemeingültigkeit der Erkenntnis durch deskriptiv erstellte empirisch-psychologische Gesetzmäßigkeiten der psychischen Funktionen oder ↗Akte, d.h. subjektiv erlebter Tatsachen des Bewußtseins, zu ersetzen. Der Ps. scheitere zweifach, erkenntnisthoeretisch und gegenstandstheoretisch: In seiner besonderen Berücksichtigung der Tatsache des ↗Erlebens wolle er Probleme der (rationalistischen) Erkenntnistheorie mit (empirisch-) psychologischen Mitteln lösen, verwechsle bzw. vertausche also Nicht-Psychologisches mit Psychologischem. In seiner »Erdenschwere« übersehe er überdies, daß Erkenntnistheorie nicht Vollzug der Erkenntnis, sondern Prüfung der Voraussetzungen sei. Ps. sei mithin »Psychologie am unrechten Ort« (R. Hönigswald). Die Deskription der Gegenstandsseite des Erlebens genüge auch nicht der Anforderung von Wissenschaft, nämlich Wissenschaft von der Möglichkeit des Gegenstandes (Gegenstandstheorie) zu sein. **Lit.:** F. Brentano: Deskriptive Psychologie (1885 ff). Hamburg 1982. – E. Husserl: I. Logische Untersuchung (1900). Hua XVIII. Den Haag 1975. – R. Hönigswald: Grundfragen der Erkenntnistheorie. Tübingen 1931. – T. Lipps: Grundtatsachen des Seelenlebens (1883). Bonn [2]1912. – M. Rath: Der Psychologismusstreit. In: Psychologiegeschichte heute. Göttingen/Toronto/Zürich 1990. S. 112–127. WB

**Psychomorphismus,** von J. Piaget geprägter Begriff, der die Tendenz des ↗Vitalismus kennzeichnet, Vorgänge auf niedrigen organischen Stufen mit Termini aus der Bewußtseinsebene zu versehen. So wäre z.B. der Satz »Das Genom strebt nach Erhaltung« ein Ps., der dem Genom ein Telos unterstellt. Piaget führt den Ps. auf den Begriff der ↗Entelechie zurück, der durch seinen Finalismus das Niedrigere aus dem Höheren ableite. **Lit.:** J. Piaget: Biologie der Erkenntnis. Frankfurt 1992. S. 44–46. JSC

**Psychophysik,** Untersuchung der Beziehung zwischen physikalischen Reizen und den davon verursachten Empfindungen. Für zwei Reize $R_1$ und $R_2$ desselben Typs (z.B. Helligkeit, Gewicht, Länge), besteht eine Schwelle, unter der physikalische Unterschiede nicht mehr bemerkt werden. Man nennt dies die Unterschiedsschwelle (engl.: just noticeable difference). E.H. Weber hatte bereits 1834 bemerkt, daß die Unterschiedsschwelle proportional dem relativen Reizzuwachs ist: je größer der Reiz, desto größer die Unterschiedsschwelle. Fechner konnte wenig später feststellen, daß die Empfindungsstärke dem Logarithmus der Reizstärke proportional ist (Weber-Fechner Gesetz). Eine Verdoppelung des Reizes führt demnach nicht zu einer Verdoppelung der Empfindung, sondern zu deutlich weniger. Weitere Befunde, besonders durch S. Stevens, haben allerdings gezeigt, daß bei sehr kleinen und sehr großen Werten die Ergebnisse von dem Weber-Fechner Gesetz deutlich abweichen. Es wurde auch festgestellt, daß der Zuwachs des Empfindungswertes bei verschiedenen Sinnen (Modalitäten) unterschiedlich ist. Man hat außerdem beobachtet, daß die Wahrnehmung der relativen Helligkeit von zwei Flächen durch einen dunkleren Streifen, der sie trennt, beeinflußt wird. Nicht die Helligkeit der Flächen allein bestimmt die Wahrnehmung, sondern die wahrgenommene Veränderung der Helligkeit an der Grenze zwischen zwei Flächen. **Lit.:** G. Th. Fechner: Elemente der Psychophysik. Leipzig 1860. – G.A. Gescheider: Psychophysics: Method, Theory and Application. Hillsdale (NJ) [2]1985. – S.S. Stevens: Psychophysics. New York 1975. GSO

**Puruṣa** (sanskrit: Mensch). Schon in *Ṛgveda* (↗Veden) 10.90. beginnen Spekulationen um den Begriff P., wenn in der Kosmogonie die Welt als aus einem Viertel des Urmenschen (P.) entstanden, die anderen drei Viertel als nach oben in den Himmel aufgestiegen betrachtet wird. Diese Spekulationen werden fortgeführt und ausgebaut in den ↗Upaniṣaden, wo der P. sowohl als individuelle Geistmonade (*Kaṭha-U.* 4.11., 6.17., *Maitrāyaṇa-U.* 2.3. 5) als auch als oberstes geistiges Prinzip der Welt verstanden wird (*Kaṭha-U.* 3.11. u. 6.7., *Śvetāśvatara-U.* 3.8.ff.). Im dualistischen ↗Sāṃkhya steht dem geistigen Prinzip P. das der Materie (↗Prakṛti) wie ein passiver Zuschauer dem agierenden Schauspieler gegenüber. Das klassische Sāṃkhya spaltet das Prinzip P. der empirischen Realität der Verschiedenheit der Wesen entsprechend in unendlich viele Geistmonaden auf. Die Vorstellung des P. konnte leicht von theistischen Systemen übernommen werden: P. und Prakṛti gelten dort als Emanationen des höchsten Gottes, der selbst wiederum als »höchster Purusa« (puruṣaḥ paraḥ) bezeichnet wird (*Bhagavad-Gītā* 13.19.ff.). MD

**Pyrrhonismus,** auf Pyrrhon von Elis (ca. 360–270 v.Chr.) zurückgeführte, vor allem durch Ainesidemos von Knossos (1. Jh. v. Chr.) und Sextus Empiricus (3. Jh. n. Chr.) systematisch entwickelte Richtung des antiken ↗Skeptizismus. Das Ziel des P. ist, im Unterschied zu fast allen anderen antiken und modernen Formen des Skeptizismus, ein praktisches: das glückliche Leben. Durch die pyrrhonische Art der Argumentation werden nicht Einsichten erreicht, vielmehr zielt sie auf eine bestimmte Art zu leben – der P. ist nicht Theorie, sondern, wie seine Vertreter sagen, Lebensform (agoge). Nach Erfahrung der Pyrrhoneer folgt die Glückseligkeit (Eudämonie) in Gestalt von seelenruhigem Dahinleben (↗Ataraxie) »wie ein Schatten« dem Verzicht auf bzw. der Unfähigkeit zur Stellungnahme in Sachfragen, der Urteilsenthaltung (↗Epoché, skeptische). Glückseligkeit erlangt demnach der, dem es gelingt, sich aller »dogmatischen« Meinungen zu entledigen. Die Epoché ist dabei keine Haltung, zu der man sich aufgrund eines Räsonnements entschließen könnte, vielmehr ist sie etwas, das dem einzelnen widerfährt infolge einer bestimmten Argumentationssituation, die im P. als »Gleichgewicht« von Pro und Contra in einer Frage (↗Isosthenie) gekennzeichnet wird. Die umfassenden argumentativen Anstrengungen des P., die sich bei Sextus auf den gesamten Kreis antiken Wissens erstrecken, dienen dazu, die Untersuchung jeder Frage in dies Gleichgewicht zu bringen. Dem schon in der Antike oft erhobenen, später z.B. von Augustinus und Hume erneuerten Einwand, wer nicht urteile, könne nicht handeln, begegnen die Pyrrhoneer mit dem Verweis auf die »alltägliche Lebenserfahrung«, die einen, auch ohne daß man irgendein Urteil fälle, zu dem normalen, unangespannten Leben bringe, in dem das Glück liege, und das durch die Vielzahl und den unablässigen Widerstreit der Meinungen verstellt werde.

Obgleich keine im eigentlichen Sinn erfolgreiche philosophische Richtung, ist der P. in verschiedenen Phasen der Philosophiegeschichte, z.B. in Renaissance (Montaigne), Aufklärung (Bayle, Hume) und in der ›nachkantischen‹ Diskussion des späten 18. und 19. Jh. (Maimon, Aenesidemus-Schulze, Hegel), wiederaufgenommen worden. Auch in der gegenwärtigen Philosophie begegnen Name wie Konzept des P. Diese Wiederaufnahmen sind unterschiedlich motiviert; bestimmend für die Attraktivität des P. scheint jedoch vor allem seine Kritik an »dogmatischer« Philosophie als einem Hindernis glücklichen Lebens zu sein. **Lit.:** J.-P. Dumont: Le Scepticisme et le phénomène. Essai sur la signification et les origines du pyrrhonisme. Paris 1985. – D. Hiley: Philosophy in Question. Essays on a Pyrrhonian Theme. Chicago 1988. – M. Hossenfelder: Stoa, Epikureismus und Skepsis. München 1985. – O. Marquard: Abschied vom Prinzipiellen. Stuttgart 1981. – A. Naess: Scepticism. London/New York 1968. – Sextus Empiricus: Grundriß der pyrrhonischen Skepsis. Übers. v. M. Hossenfelder. Frankfurt 1985. AE

**Pythagoreer,** Mitglieder der von Pythagoras gegen Ende des 6. Jh. v. Chr. in Unteritalien gegründeten Schule sowie die späteren Anhänger seiner Lehre. Die von Pythagoras ins Leben gerufene ordensähnliche Gemeinschaft lebte nach strengen Regeln und nahm ihre Mitglieder nur nach gründlichen Prüfungen auf. Dabei wurde zwischen dem weiteren Kreis der »Akusmatiker«, die nur eine Einführung in die Lehre erhielten und von einigen Ordensregeln befreit waren, und den »Mathematikern«, dem engeren eingeweihten Kreis, unterschieden. Die P. gewannen eine Zeitlang auch großen politischen Einfluß. Zu den Kerngedanken gehört die Seelenwanderungslehre und die Bedeutung der Zahl als das Wesen allen Seins. Die P. befaßten sich daher eingehend mit Mathematik, Astronomie und Harmonielehre. – Nachdem die Tradition der pythagoreischen Schule im 3. und 2. Jh. erloschen scheint, treten etwa ab dem 1. Jh. v. Chr. wieder P. auf. Dieser ↗Neupythagoreismus bildet aber keine einheitliche Strömung. Er neigt zum Teil zu magisch-okkultistischen Spekulationen, innerhalb der Philosophie zum Eklektizismus. FPB

**Qì** (Materie, Urstoff). Im altchinesischen *Buch der Wandlung* ist die Rede von Jing Qi, wörtlich »feinste Luft«. Es dürfte dem stoischen feinsten Atomstoff, dem Pneuma entsprechen und wurde daher wie dieses oft als »geistige Materie« übersetzt. Darüber heißt es: »Das Jing Qi wird zu den Dingen, seine Verwandlung bringt die Veränderungen hervor« (*Yi Jing,* Ji Ci). In der chinesischen Naturphilosophie, die immer an das *Buch der Wandlungen* mit seiner Lehre vom ↗Yin und Yang angeknüpft hat, wurde daher der Materiewandel (Qi Hua) und die Entstehung der Dinge daraus zu einem Hauptthema. Insbesondere bestimmte es auch die Grundannahmen über das Wesen des Menschen. Zhuang Zi (369–286) sagt dazu: »Das Leben des Menschen ist ein Qi-Komplex. Wenn Qi sich zusammenzieht, ist es Leben, wenn es auseinandergeht, ist es Tod … So kann man sagen: Durch die ganze Welt hindurch gibt es nur »Qi« (Zhuang Zi: *Zhi Bei You, Zhi auf Nordland-Reise*). Der chinesische Naturalismus und Materialismus entwickelt sich im Anschluß daran, indem er Qi als Urprinzip behauptet und alles andere als Qi Hua davon ableitet. Wang Chong (27–97) etwa behauptet: »Himmel und Erde in Qi vereinigt, lassen alle Dinge von selbst entstehen« (Wang Chong: *Lun Heng, Zi Ran, Theorie des Gleichgewichts, Über die Natur*). Kong Yin-da (574–648) interpretiert das Buch der Wandlungen: »Der Satz: Jing Qi wird zu den Dingen, bedeutet: Es gibt zwei Jing Qi: Yin und Yang. Diese verbinden sich zur Hervorbringung aller Dinge.« Zhang Zai (1020–1077) spekuliert – wie Demokrit – über das Verhältnis von Qi und Tai Xu (Ur-Vakuum) und kommt zu der These: Tai Xu kann nicht Nicht-Qi sein. Ohne Verdichtung von Qi entstehen keine Dinge. Wenn die Dinge nicht aufgelöst werden, entsteht kein Tai Xu« (Zhang Zai: *Zheng Meng, Tai He, Aufklärung von Dunkelheiten, Über Ur-Harmonie*). Wang Ting-xiang (1474–1544) spricht schließlich vom »ursprünglichen Qi« (Yuan Qi) und begründet damit den Materialismus als metaphysische Theorie: »Vor der Entstehung von Himmel und Erde gab es nur Yuan Qi. Erst nach Yuan Qi gab es Dao Li (Idee-Prinzipien) für die Entstehung von Menschen und Dingen. Darum gibt es über Yuan Qi hinaus kein Ding, kein Prinzip und keine Idee« (Wang Ting-xiang: *Ya Shu, Feinsinnige Bemerkungen*). Daher sind für ihn alle »Wesenheiten« (Xing) an Qi gebunden: Sein und Nichtsein von Wesen (Xing) ist abhängig von der Verbindung mit »Qi«. – Diese Traditionslinie von Qi-Lehren führt dann zum modernen chinesischen Materialismus und wird Grundlage für die Rezeption des westlichen. Wie auch im Westen erhält der Qi-Begriff sein Profil in der Auseinandersetzung mit idealistischen Geistlehren, die entweder Jing Qi direkt (wie im Westen der Neuplatonismus und manche Patristiker das Pneuma der Stoiker) zu etwas Geistigem erklären oder es auf etwas vorgängig Geistiges: Dao oder Li (Idee) zurückführen. Diese Auseinandersetzungen treten besonders seit der Song-Zeit (Mittelalter) hervor. Zhu Xi (1130–1200) betont als Wortführer der Ideen-Schule (Li Jia): »Unter dem Himmel gibt es kein Qi ohne Li (Idee), aber auch kein Li ohne Qi ... Li ist zuerst, Qi ist später... Wenn es Li gibt, dann gibt es Qi, aber Li ist das Ursprüngliche« (Vgl. ↗Li (Idee)). Von daher die umgekehrte Argumentation der Materialisten, Li oder Dao als »Gesetzlichkeit« von Qi zu deuten, wie etwa Wang Fu-zhi (1619–1692): »Zwischen Himmel und Erde im ganzen gibt es nichts außer Qi und auch nichts außer Li«, aber Qi ist Substanz, Li ist seine Gesetzlichkeit (Wang Fu-zhi: *Du Si Shu Da Quan Shuo, Kommentar zur Lektüre der vier Klassiker*, Bd.10). **Lit.:** L. Geldsetzer/H.-d. Hong: Chinesisch-deutsches Lexikon der chinesischen Philosophie. Aalen 1986. Art. Körperliches Wesen des Menschen (Qì Zhì Zhī Xìng), Materie (Qì), Materialisierung (Qì Huà), Pneuma (Jíng Qì). LG/HDH

**Qíng** (Leidenschaft, auch Affekt, Gefühl), eine wichtige Kategorie der chinesischen Ethik und Anthropologie. Wie in der westlichen Philosophie unterscheiden sich die philosophischen Hauptrichtungen hinsichtlich der positiven oder negativen Bewertung der entsprechenden psychischen Phänomene. Kong Zi (551–479) lenkt die Aufmerksamkeit darauf, indem er Qing mit dem ethischen Ideal der Menschheit (↗Ren, (Menschlichkeit)) verbindet: »Nur wer Menschlichkeit hat, kann Menschen lieben oder Menschen nicht mögen« (Kong Zi: *Lun Yü, Gespräche*). Mo Zi (468–376), der Ethiker der allgemeinen Menschenliebe und universaler Solidarität, hält sie für deren Hindernisse und fordert – wie manche Kyniker – ihre Beseitigung: »Man muß Freundlichkeit beseitigen, Haß beseitigen, so daß nur Menschlichkeit (Ren) und Gerechtigkeit (Yi) übrigbleiben« (Mo Zi: *Gui Yi, Hochschätzung der Gerechtigkeit*). Xun Zi (313–238) Nimmt die vermittelnde Stellung ein und plädiert – ähnlich den Stoikern – für Beherrschung und Kontrolle von Qing: »Wir müssen Qing, welche die Menschen täuschen, berichtigen ... Wir müssen diejenigen Qing, die die Menschen beunruhigen, kanalisieren« (Xun Zi: *Xing E, Vom schlechten Wesen des Menschen*). Die antiken Qing-Lehren werden in der Tang-Zeit durch Han Yu (768–824) in ein Schema zusammengefaßt. Er kanonisiert die Siebenzahl der Qing als Freude (Xi), Zorn (Nu), Traurigkeit (Ai), Furcht (Ju), Liebe (Ai), Haß (Wu) und Begierde (Yu) und führt sie auf die »Dinghaftigkeit«, d.h. Körperlichkeit des Menschen zurück. Jedes Qing wird weiterhin in ein »Oberes, Mittleres und Unteres« eingeteilt, d.h. es kann vom Menschen in (moralisch) gutem, neutralem und schlechtem Sinne ausgelebt werden. Insgesamt stehen sie im Gegensatz (und unter der Leitung) des »geistigen Wesens« (Xing), d.h. der (konfuzianischen) eingewurzelten Tugenden Menschlichkeit (Ren), Gerichtigkeit (Yi), Sittlichkeit (↗Li), Weisheit (Zhi) und Vertrauen (Xin) (Han Yu: *Yuan Xing, Eigentliches Wesen*). Letzteren Gegensatz, der offensichtlich dem abendländisch-neuplatonischen von »Geist und Fleisch« entspricht, drückt Li Ao (772–841) so aus: »Was Menschen zu Heiligen macht, ist Xing; was das Wesen des Menschen beeinträchtigt, ist Qing« (Li Ao: *Fu Xing Shu, Von der Wiedergeburt des Wesens*). Qing kann ggf. Xing »zudecken«, aber durch »richtiges Denken« (Zheng Si) kann es »vernichtet werden«, was dann zur geistigen Wiedergeburt (Fu Xing, eigentl. Wiederherstellung des geistigen Wesens) führt. Der Materialist Zhang Zai (1020–1077) bemerkt dazu spöttisch: »Die meisten Menschen halten Qing für eine Belastung. Aber die Heiligen werden ihr Qing auch nicht los« (Zhang Zai: *Zhi Yan, Über Wörterkenntnis*). Wang Shou-ren (1472–1529) nimmt in der Ming-Zeit die konfuzianische Position ein. Aber für seinen Idealismus werden die Qing zugleich das Mittel, den Reflexionsprozeß über die »eingewurzelten Ideen« im Bewußtsein in Gang zu setzen: »Wenn wir die sieben Qing gemäß der Natur kanalisieren, dann können sie für Liang Zhi (Bewußtmachung der apriorischen Ideen) dienen« (Vgl. ↗Liang Zhi). Er zielt damit – in chinesischer Unterkühltheit – in eine Richtung, die im Westen der Idealismus eines Giordano Bruno mit den

»Heroischen Leidenschaften« ebenfalls eingeschlagen hat. **Lit.:** L. Geldsetzer/H.-d. Hong: Chinesisch-deutsches Lexikon der chinesischen Philosophie. Aalen 1986. Art. Wesenslehre von den drei Wesenseigenschaften des Menschen (Xìng Sān Pǐn Shuō). – Art. Qíng. In: Großes Lexikon der chinesischen Philosophie. Shanghai 1985. S. 604–605. LG/HDH

**Quadrat, logisches.** In dem l.n Q. werden die vier Urteilsarten: universal bejahend (alle S sind P, Abk.: SaP), partikular bejahend (einige S sind P, SiP), universal verneinend (kein S ist P, SeP), partikular verneinend (einige S sind nicht P, SoP) veranschaulicht:

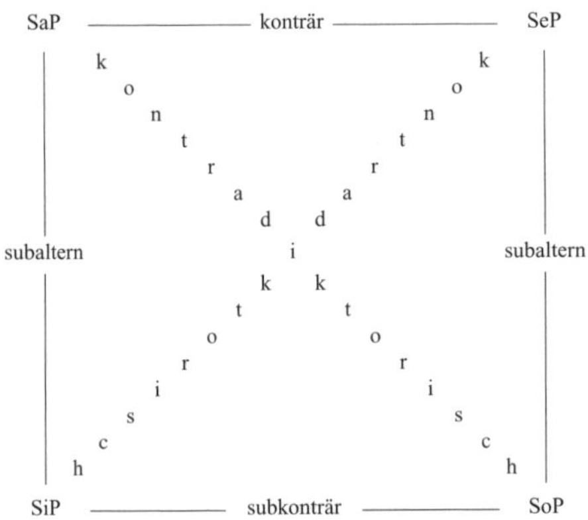


Die allgemein bejahenden und die partikular verneinenden Urteile (SaP und SoP) sowie die allgemein verneinenden und die partikular bejahenden Urteile (SeP und SiP) bilden jeweils ein Paar kontradiktorischer Aussagen, d.h. es können in jedem Paar nicht gleichzeitig beide wahr oder beide falsch sein, vielmehr ist die eine wahr, wenn die andere falsch ist, d.h. von der Wahrheit der einen kann auf die Falschheit der anderen geschlossen werden (alle Philosophen sind weltfremd – einige Philosophen sind nicht weltfremd: SaP – SoP; kein Mensch ist ein Analphabet – einige Menschen sind Analphabeten: SeP – SiP). Das allgemein bejahende Urteil und das allgemein verneinende Urteil (SaP und SeP) sind ein konträres Paar, d.h. beide Aussagen können nicht zugleich wahr, könnten aber zugleich falsch sein (alle Menschen haben Hautkrebs – kein Mensch hat Hautkrebs). Das partikular bejahende Urteil bildet mit dem partikular verneinenden Urteil (SiP und SoP) ein subkonträres Paar, d.h. beide Aussagen können zugleich wahr sein, nicht aber zugleich falsch (einige Menschen haben eine weiße Hautfarbe und einige nicht: einige S sind P und einige S sind nicht P). Die Subalternation bedeutet, daß von dem allgemein bejahenden Urteil auf das partikular bejahende (SaP auf SiP) und von dem allgemein verneinenden auf das partikular verneinende (SeP auf Sop) geschlossen werden darf, aber nicht umgekehrt (d.h. vom partikularen Urteil auf das allgemeine). PP

**Qualia,** sing. Quale (lat. »qualis, e«: wie beschaffen?, was für ein?), philosophisches Kunstwort, das vermutlich zuerst von C.I. Lewis verwendet wird. Lewis bezeichnet in seiner sowohl an Kant wie am amerikanischen Pragmatismus orientierten Erkenntnistheorie mit »quale« den wiederholbaren und wiedererkennbaren qualitativen Charakter eines unmittelbar gegebenen Erfahrungsinhaltes (e.g. die Unmittelbarkeit von Röte) in Abstraktion von seiner begrifflichen Interpretation.

Systematisch, und bezogen auf die Philosophie dieses Jahrhunderts, sind drei Begriffe zu unterscheiden (im folgenden durch die Indices »s«, »o« und »e« kenntlich gemacht): *Qualia* $_s$: In dem von Carnap (*Der logische Aufbau der Welt*) und Lewis beeinflußten System Goodmans bezeichnet »Q.« die Bausteine einer Konstitutionstheorie der Welterkenntnis. Die Q. oder »phenomenal individuals« dienen hier als Reduktionsbasis, »in order to explain everything ... that can be known at all ...« (Goodman, 1951, S. 99f.). – *Qualia*$_o$: Im Streit um den metaphysisch-ontologischen Status von Qualitäten (↗Universalien) taucht der Name »Q.« als Bezeichnung für individualisierte Eigenschaften auf (e.g. das Rot von a, das qualitativ gleiche, numerisch aber verschiedene Rot von b) und steht gleichberechtigt neben Ausdrücken wie »individuelle Momente«, »abstract particulars« oder »particularized qualities«. – *Qualia*$_e$: In der analytischen Philosophie des Geistes wird der Begriff »Q.« in engem Zusammenhang mit dem Thema Bewußtsein diskutiert. »Q.« steht hier für individuelle Erlebnisqualitäten, deren Existenz aus der logisch-semantischen Analyse von Erlebnisberichten zu folgen scheint. Als eine Standardformel für diese bereits bei Feigl auftauchende Bedeutung von »Q.« hat sich seit Nagel die Wendung »Wie es für jemanden ist, [das-und-das wahrzunehmen, in der-und-der Lage zu sein, das-und-das zu tun, etc.]« etabliert. Statt von »Q.« spricht man hier auch von »phenomenal qualities/properties«, »raw feels«, »the subjective/qualitative character of experience«, »the qualitative content of experience« oder, in Anknüpfung an Locke, von »secondary qualities«. Die meisten Autoren betrachten Q. als ein wesentliches Merkmal *einiger* mentaler Phänomene, nämlich der Empfindungs- und Gefühlszustände. Nagel betrachtet sie als das Wesensmerkmal *aller* mentalen Phänomene bzw. des Geistes überhaupt. In der seit den frühen 1970er Jahren geführten Qualia-Debatte, die einerseits die explanatorischen Grenzen funktionalistischer Theorien des Geistes (Fodor, 1972; Shoemaker, 1975; u.a.), andererseits die Unzulänglichkeiten des ↗Physikalismus überhaupt (Nagel, 1974; Jackson, 1982 u.a.) zum Thema hat, spielen Q. die Rolle einer möglichen Irreduzibilitätsbasis. Diese Rolle können Q. erfüllen, sofern ihnen bestimmte Eigenschaften zweiter Ordnung wahrerweise zugesprochen werden können. Die wichtigsten sind: »immediacy«, »ineffability«, »privacy«, »subjectivity« und »intrinsicness«: Q. sind jedem Individuum S, das sich in einem bestimmten mentalen Zustand M

befindet, unmittelbar bewußt, sie sind prinzipiell nicht vollständig mitteilbar, sie sind niemandem sonst epistemisch zugänglich als S, sie sind allein aus der subjektiven Perspektive von S begrifflich vollständig erfaßbar und Q. sind das, was sie sind, nicht relativ zu externen Faktoren, sondern allein vermöge dessen, was sie sind.
Die bislang überzeugendsten Argumente gegen die Annahme der Existenz von Q. und damit gegen die vermeintliche Irreduzibilität von Erlebnisqualitäten auf objektiv beschreibbare Sachverhalte und Ereignisse finden sich bei Dennett. **Lit.:** N. Block/J. F. Fodor: What Psychological States are not. In: Philosophical Review 81 (1972). S. 159–181 (bes. III.3). – D. Dennett: Quining Qualia. In: Marcel/Bisiach (Hg.): Consciousness in Contemporary Science. Oxford 1988. S. 42–77. – H. Feigl: The ›Mental‹ und the ›Physical‹. Minnesota Studies in the Philosophy of Science. Vol. II. Minneapolis 1958. S. 370–497. – N. Goodman: The Structure of Appearance. Harvard, Cambridge/Mass. 1951. – Fr. Jackson: Epiphenomenal Qualia. In: The Philosophical Quarterly 32 (1982). S. 127–136. – W. Künne: Abstrakte Gegenstände. Semantik und Ontologie. Frankfurt 1983. bes. S. 76–84. – C. I. Lewis: Mind and the World-Order. New York 1929. bes. Kap. II & V. – Th. Nagel: What is it like to be a Bat?. In: Philosophical Review 83 (1974). S. 435–450. – S. Shoemaker: Functionalismus and Qualia. In: Philosophical Studies 27 (1975). S. 291–315. BBR

**Qualitas occulta** (lat.: dunkle Eigenschaft), vor allem in der Naturlehre auftretende Bezeichnung für unerklärliche, weil nicht wahrnehmbare Ursachen und Kräfte. Nach griechischen Vorformen in der antiken Medizin und Kosmologie taucht der Begriff an der Wende vom Spät-MA. zur Neuzeit im Zusammenhang mit der Astrologie auf, wird dann jedoch v. a. in polemischer Absicht gegen die aristotelisch-scholastische Physik und ihr Ursachenverständnis (↗Ursache), zugleich aber auch in der mechanistischen Physik zur Kennzeichnung von Forschungsdesideraten verwendet. So spielt die Q.o. noch eine Rolle bei der Auseinandersetzung zwischen Leibniz und Newton um die Gravitation. Schopenhauer bezieht den Begriff auf die Naturwissenschaft überhaupt, deren Erklärungen letztlich alle auf unerklärlichen Grundkräften basierten. **Lit.:** P. R. Blum: Qualitas occulta. In: A. Buck (Hg.): Die okkulten Wissenschaften in der Renaissance. Wiesbaden 1992. MKO

**Qualität,** Beschaffenheit, Bestimmtheit, Eigenschaft von Dingen und Gegenstand der Sinneswahrnehmung. Die antike Physik und Ontologie behandelt die Q. als ein Strukturelement der dinglichen Welt, ihrer materiellen Grundlage und der in ihr vorfindlichen Prozesse. Die Erkenntnistheorie geht von der Einwirkung der Q.en auf die Sinnesorgane in der Wahrnehmung aus. In der allgemeinen Logik unterscheidet man die Bejahung (Affirmation) und Verneinung (Negation) als Q.en des Urteils, denen Kant das unendliche Urteil als drittes qualitatives Element in der transzendentalen Logik hinzugefügt hat (*KrV* B 95, 98). Als verborgene, »okkulte« Q.en galten Bestimmtheiten und Wirkungen oder deren Ursachen, die nicht unmittelbar wahrnehmbaren, übernatürlichen und spirituellen Kräften zugesprochen wurden, z. B. der Magnetismus.
Bei Aristoteles ist Q. als dritte ↗Kategorie das, auf Grund dessen etwas als irgendwie beschaffen genannt wird (*Kategorien* 8 b 25 ff.). Er unterscheidet ohne Anspruch auf Vollständigkeit vier Arten von Q.en: (1) Habitus als weitgehend konstante Eigenschaft, z. B. das Wissen oder die Tugend, und Zustand als leicht veränderliche Bestimmtheit wie Wärme und Kälte, Krankheit und Gesundheit, (2) natürliche Vermögen, die ihrem Träger erlauben, etwas leicht zu tun bzw. nicht leicht zu erleiden, etwa besondere Anlagen, Fähigkeiten und Talente, (3) affektive Q. als Eigenschaft von Dingen, die die Sinneswahrnehmung von Farben, Tönen, Wärmeempfindungen usw. hervorruft, und als Leidenschaften in der Seele, schließlich (4) Figur als die Eigenschaft geometrischer Gestalten und Form als die Bestimmtheit physischer Gegenstände. – Die Scholastik erarbeitet eine über die antike Kategorienlehre hinausgehende Ontologie der Kategorien, in welcher der Q. ein von der ↗Substanz unabhängiges Sein zugesprochen wird. Dies schien notwendig, um die Transsubstantiation in der eucharistischen Wandlung metaphysisch begründen zu können. – Locke unterscheidet unter Rückgriff auf Descartes und Boyle primäre und sekundäre Q.en. Primär sind solche Q.en, die ein Körper konstant beibehält und die nicht von ihm getrennt werden können. Dazu zählen Solidität, Ausdehnung, Gestalt, Bewegung oder Ruhe und Zahl. Sekundäre Q.en definiert er als Kräfte, welche ausgehend von den Primärqualitäten der Dinge die Sinneswahrnehmungen hervorrufen (*An Essay Concerning Human Understanding*, II 8, §§ 9 ff.). Objektiv gegeben seien nur die Primärqualitäten. Q.en bilden sodann den Ausgangspunkt seiner Erkenntnistheorie, insofern die qualitative Kraft der mit Primärqualitäten ausgestatteten Dinge die Ideen im menschlichen Geist erzeugt und in Verbindung mit der Reflexion zur Erkenntnis führt. – Hume bezweifelt den objektiven Charakter auch der Primärqualitäten und erklärt mit Berkeley alle Q.en als nur subjektiv gegeben. Er lehnt ebenfalls die Unterscheidung von Substanz und Q. ab, insofern Substanzen nichts anderes seien als Bündel bestimmter Q.en (*A Treatise of Human Nature* I 1, 6; I 4, 3 f.). – Nach Kant umfaßt Q. als die auf die Gegenstände der Anschauung gerichtete, mathematische Gruppe der reinen Verstandesbegriffe oder Kategorien Realität, Negation und Limitation (*KrV* B 106). Er wendet sich gegen die vollständige Subjektivierung der Q.en durch Hume, zumal alle Erscheinungen der Natur ihrer Verbindung nach unter den Kategorien stünden, »von welchen die Natur, als dem ursprünglichen Grund ihrer Gesetzmäßigkeit, abhängt« (*KrV* B 165). – Nach dem Gesetz des dialektischen ↗Materialismus vom Umschlag der ↗Quantität in Q. können qualitative Änderungen nur stattfinden »durch quantitativen Zusatz

oder quantitative Entziehung von Materie oder Bewegung (sog. Energie)« (MEW 20, S. 349). **Lit.:** Aristoteles: Kategorien. Kap. 8. – D. Hume: A Treatise of Human Nature. – I. Kant: Kritik der reinen Vernunft. – J. Locke: An Essay Concerning Human Understanding II 1, II 8. – K. Marx/F. Engels: Anti-Dühring (Werke Bd. 20). Berlin 1962. – Thomas von Aquin: Summa theologiae I 28, 2 c; I-II, 49, 2 c. CLK

**Qualität des Urteils,** betrifft die logische Form des Urteils und bezeichnet die Eigenschaft, positiv (bejahend) oder negativ (verneinend) zu sein. Im positiven Urteil wird das Prädikat dem Subjekt als zugehörig gedacht – z.B.: »Die Logik ist eine Wissenschaft« –, im negativen dagegen nicht. Umstritten ist die Berechtigung, neben dieser Haupteinteilung, in der sich die Bejahung oder Verneinung auf die Kopula bezieht, unter dem Titel Q.d.U. noch das unendliche Urteil, auch infinites oder limitatives genannt, anzuführen, in welchem sich die Verneinung auf Subjekt oder Prädikat bezieht, z.B.: »Der Ruhm ist unvergänglich«. Diese zusätzliche Spezifikation, die seit dem 17. Jh. verbreitet auftritt, wurde von Kant adaptiert in der Urteilstafel der *Kritik der reinen Vernunft* (§ 9), wozu er jedoch anmerkt, daß die unendlichen Urteile in der allgemeinen reinen Logik, die von allem Inhalt abstrahiert, zu recht kein besonderes Glied der Einteilung ausmachen. Auch für die moderne Logik ist darin keine besondere Urteilsart konstituiert. ↗Syllogismus. **Lit.:** R. Brandt: Die Urteilstafel. Hamburg 1991. – K. Reich: Die Vollständigkeit der Kantischen Urteilstafel. Hamburg $^{3}$1986. RW

**Quantenlogik,** logische Theorie für die Beschreibung quantenphysikalischer Systeme. Nach einer Interpretation der Quantentheorie sind die Ereignisse eines quantenphysikalischen Systems nicht als Boolsche Algebra, sondern als orthomodularer Verband darzustellen. Danach sind verschiedene Boolsche Schlußformen, vor allem das Distributivgesetz [$A \wedge (B \vee C) + (A \wedge B) \vee (A \wedge C)$] für quantenphysikalische Systeme nicht gültig. Mit der Q. versucht man nun, die Ereignisse in einer Weise darzustellen, die den besonderen Eigenschaften mikrophysikalischer Phänomene gerecht wird. Die Q. verhält sich dabei zu den orthomodularen Verbänden wie die klassische Aussagenlogik zu Boolschen Algebren. Die Q. läßt sich auf folgende Weise axiomatisieren:

1. $A \vdash A$
2. $A \wedge B \vdash A$
3. $A \wedge B \vdash B$
4. $A \vdash \neg\neg A$
5. $\neg\neg A \vdash A$
6. $A \wedge \neg A \vdash B$
7. wenn $A \vdash B$ und $B \vdash C$, dann $A \vdash C$
8. wenn $A \vdash B$ und $A \vdash C$, dann $A \vdash B \wedge C$
9. wenn $A \vdash B$, dann $\neg B \vdash \neg A$
10. $A \wedge (\neg A \vee (A \wedge B)) \vdash B$

Die Postulate 1–9 charakterisieren das System der Orthologik, oder minimalen Q., von dem man in quantenlogischen Beschreibungen in der Regel ausgeht. Wird das Distributivgesetz zu den 10 Postulaten der Q. hinzugefügt, so gelangt man zu einer Axiomatisierung der klassischen Aussagenlogik. **Lit.:** P. Mittelstaedt: Quantum Logic. Dordrecht u.a. 1978. – P. Mittelstaedt/E.-W. Stachow: Recent Developments in Quantum Logic. Mannheim u.a. 1985. – P. Mittelstaedt: Logik und Quantenlogik. In: Ders: Philosophische Probleme der modernen Physik. Mannheim u.a. 1989. S.172–218. JH

**Quantenmechanik.** Die Q. wird heute als allgemeinste Theorie des Verhaltens materieller Objekte angesehen. Ihre Anfänge gehen auf Schwierigkeiten der klassischen ↗Physik des 19. Jh. mit spezifischen Eigenschaften elektromagnetischer Strahlung und atomarer Systeme sowie der Wechselwirkung zwischen beiden (Atomspektren, Strahlungsverteilung des schwarzen Körpers, Stabilität der Elektronenbahnen, Photoeffekt, Compton-Effekt, etc.) zurück. Der mathematische Formalismus der Q. wurde, nach Vorarbeiten von M. Planck (Quantenhypothese), N. Bohr (Atommodell) und A. Sommerfeld, ab 1925 entwickelt. Er lag zuerst in zwei verschiedenen, aber äquivalenten Versionen vor, der Schrödingerschen Wellenmechanik und der Heisenbergschen Matrizenmechanik. In der Q. wurde erstmals deutlich, daß die z.T. erstaunlichen Eigenschaften der Mikrowelt nur unter Einschränkung der klassischen Kausalität und des klassischen Bahnkonzeptes erfaßt werden können. Die Grenzen der klassischen raumzeitlichen Beschreibung finden ihren Niederschlag in der Heisenbergschen ↗Unschärferelation. Die klassischen Konzepte der Welle und des Teilchens werden im Rahmen der Q. durch den Welle-Teilchen-Dualismus erweitert. Sie sind in der Sprache Bohrs zueinander »komplementär«. Der Formalismus der Q. beschreibt die Zustände eines physikalischen Systems durch Vektoren im mathematischen »Hilbert-Raum«. Meßbare Größen werden durch Differential-Operatoren repräsentiert. Der Zustandsvektor unterliegt zwei qualitativ verschiedenen, dynamischen Gesetzen: Zwischen den Messungen entwickelt er sich gemäß einer deterministischen Gesetzmäßigkeit, der »Schrödinger-Gleichung«. Die Messung selbst führt zu einer indeterministischen, spontanen Änderung, die als »Zustandsreduktion« bezeichnet wird. Umstritten ist bis heute die physikalische Bedeutung des Zustandsvektors und der Zustandsreduktion: Es stellt sich die Frage, ob der Zustandsvektor den Zustand eines individuellen Mikroobjektes oder den eines statistischen Ensembles von Mikroobjekten oder etwa gar nur unsere Kenntnis über ein Mikroobjekt oder ein Ensemble von Mikroobjekten beschreibt? So hervorragend der Formalismus der Q. mit den empirischen Ergebnissen übereinstimmt, so ungeklärt sind diese Interpretationsfragen der Q. noch heute. – Auf Schwierigkeiten mit der raumzeitlichen Einbettung mikrophysikalischer Prozesse, die über die Unschärferelation hinausgehen, und auf die Notwendigkeit eines neuen Realitätsverständnisses, deuten das aus dem Kontext des Interpretationsproblems der Q. heraus entwickelte, aber theorieunabhängige »Bellsche Theorem« und die in quantenmechanischen Systemen auftretenden, holistischen »EPR-Korrelationen« hin. **Lit.:** J. Audretsch/K. Mainzer (Hg.): Wieviele Leben hat Schrödingers Katze? Mannheim 1990. – K. Baumann/R. Sexl (Hg.): Die Deutungen der Quantenmechanik. Braunschweig [3]1987. – M. Jammer: The Philosophy of Quantum Mechanics. New York 1974. – F. Selleri: Die Debatte um die Quantenmechanik. Braunschweig 1983. RH

**Quantifikation,** auch Quantifizierung (lat. quantitas: Größe; facere: machen). (1) Allgemein: Einführung von Zahlengrößen für Eigenschaften und Beziehungen, z. B. durch Meßverfahren oder andere Zuordnungsverfahren; oft die Vorbedingung der Anwendung mathematischer Methoden. (2) In der formalen Logik: Bindung einer freien Variablen einer Aussageform durch einen ↗Quantor (z. B. Allquantor oder Existenzquantor). Dadurch entsteht eine Aussage(form), die eine freie Variable weniger hat. VP

**Quantifizierung,** in der formalen Logik die Anwendung von ↗Quantoren (All- oder Existenzquantor) zur Darstellung der logischen Formen universaler und partikularer Urteile. PP

**Quantität,** die zählbare Menge oder meßbare Größe von Dingen. Bei Aristoteles ist Q. die zweite ↗Kategorie nach der ↗Substanz (*Kategorien* 4 b 20 ff.; *Met.* 1020 a 7 ff.). Danach ist Q. allgemein das Teilbare. Handelt es sich beim Teilbaren um eine Menge, die in Zahlen ausgedrückt wird, spricht man von diskreter Q. Eine meßbare Größe hingegen heißt kontinuierliche Q. Größen fächern sich gemäß den räumlichen Dimensionen auf in Länge, Breite und Tiefe und damit verbunden in Linie, Fläche und Körper. Zahlen und Größen sind wesentliche Q.en, im Hinblick darauf, welche weiteren akzidentellen Q.en bestimmt werden können. So spricht man von »viel« weißer Farbe im Hinblick auf die Größe der bemalten Fläche oder von einer »langen« Bewegung im Hinblick auf Zeit und Strecke, in der sich etwas bewegt. – Die Mathematik bestimmt die Abhängigkeiten und Beziehungen zwischen Mengen und Größen in Abstraktion von ihrer physischen Gegebenheit. Die diskrete Q. der Zahlen ist Gegenstand der Arithmetik. Die kontinuierliche Q. von Punkt, Linie, Fläche und Körper ist Gegenstand der Geometrie. Die Naturwissenschaft baut auf der Mathematisierung der Q. auf. Sie bestimmt verschiedene Objekte nach Zahlen und Maßen und macht sie somit vergleichbar und aufeinander beziehbar. Sie bestimmt darüber hinaus die ↗Qualität von Objekten durch quantitative Analyse. Im Zusammenhang mit der sich ausbildenden Naturwissenschaft treten die Begriffe der Ausdehnung, der Kraft und der Masse zu Q. hinzu. – Im MA. nimmt der Begriff der Q. eine Sonderstellung unter den Akzidentien (↗Akzidenz) ein, und sein Verhältnis zu Substanz und Qualität wird im Rahmen der Transsubstantiationstheologie und der Frage nach der Gegenwart Christi in der eucharistischen Wandlung zu einem besonderen Problem. Thomas von Aquin behauptet eine realistische Position, wonach Q. ein von Substanz und Qualität real unterscheidbares Sein habe. Sie ermögliche der Substanz die Aufnahme einer Qualität, so wie die Oberfläche eines Gegenstandes die Voraussetzung seiner Farbigkeit ist, und habe deshalb Vorrang in der ontologischen Struktur (*S. th.* III, qu. 76 f.). Ockham und der ↗Nominalismus leugnen dagegen die eigenständige Existenz der Q. – Pufendorf kennt eine moralische Q., die den Geltungsbereich von Handlungsnormen betrifft und bessere von schlechteren Handlungen abgrenzen soll. – Kant unterscheidet bzgl. der ↗Q. des Urteils allgemeine, besondere und einzelne Urteile gemäß dem Verhältnis des Umfangs des Prädikats zum Subjekt (*KrV* B 95 f.). In der transzendentalen Logik umfaßt Q. als eine Gruppe der reinen Verstandesbegriffe oder Kategorien Einheit, Vielheit und Allheit (*KrV* B 102 ff.). – Unter Rückgriff auf Hegel betrachtet es der dialektische ↗Materialismus als eines seiner Grundgesetze, wonach quantitative Änderungen in qualitative umschlagen und zu neuen Qualitäten führen. Als Beispiel dient der qualitative Wechsel des Aggregatzustandes von Wasser durch die quantitative Änderung der Temperatur (MEW 20, 349). **Lit.:** Aristoteles: Kategorien. Kap. 6. – Ders.: Metaphysik. V, 13. – I. Kant: Kritik der reinen Vernunft. B 95 ff., B 102 ff. – A. Maier: Metaphysische Hintergründe der spätscholastischen Naturphilosophie. Rom 1955. – K. Marx/F. Engels: Anti-Dühring (Werke Bd. 20). Berlin 1962. – S. Pufendorf: De jure naturae et gentium. Nachdr. Frankfurt 1967. Bd. 1. Buch 5, Kap. 1, § 2. – Wilhelm v. Ockham: Opera theologica. St. Bonaventure 1984. Bd. 7. S. 71 ff. CLK

**Quantität des Urteils,** betrifft die logische Form des Urteils und bezeichnet in der Regel die Eigenschaft, universal (allgemeine Urteile) oder partikulär (besondere Urteile) zu sein. Im universalen Urteil ist das Subjekt ganz vom Prädikat ein- oder ausgeschlossen – z. B.: »Alle Menschen sind Lebewesen« –, im partikulären dagegen nur zum Teil, z. B.: »Einige Tiere sind Säugetiere«. Neben dieser Haupteinteilung ist unter dem Titel Q.d.U. vor allem noch das singuläre (einzelne) Urteil anzumerken, in welchem das Subjekt ein einzelnes bzw. Individuum benennt, z. B.: »Kant ist ein Philosoph«. – In den logischen Schriften des Aristoteles begründet, hat die Bestimmung der Urteile nach dem Gesichtspunkt der Quantität mannigfache Bedeutungsverschiebungen durchlaufen. Besonderer Einfluß ging im 18. Jh. von Kant aus, der in der Urteilstafel der *Kritik der reinen Vernunft* (§ 9), die den Leitfaden zur Entdeckung der ↗Kategorien liefert, allgemeine, besondere und einzelne Urteile unterscheidet, wobei, wie er bemerkt, die einzelnen Urteile in der Syllogistik keine besondere Klasse verdienten. – In der Folgezeit wurde die gesamte Einteilung als unzureichend kritisiert. Bezüglich der prädikatenlogischen Quantifikation siehe ↗Quantor, ↗Syllogismus. **Lit.:** R. Brandt: Die Urteilstafel. Hamburg 1991. – K. Reich: Die Vollständigkeit der Kantischen Urteilstafel. Hamburg [3]1986. RW

**Quantor,** die logischen Konstanten der Prädikatenlogik (auch Quantorenlogik): Der Allquantor ∀ dient der Darstellung universeller Urteile, der Existenzquantor ∃ der der partikularen Urteile. PP

**Quantorenlogik** ↗Prädikatenlogik

**Quasi-Indikator** heißt nach H.-N. Castañeda ein Ausdruck, wenn er verwendet wird, um jemandem eine indexikalische Bezugnahme (↗Indexikalität) zuzuschreiben. In dem Satz »Karen versprach Martin zur Jahreswende 1998/99 im Garten, daß sie* ihn* nun* dort* küssen werde«, sind die nach Castañedas Notationsweise mit einem Stern gekennzeichneten Ausdrücke Q.en, die Karen die Bezugnahmen mittels der Indikatoren (↗Indexikalität) »ich«, »dich«, »jetzt«, »hier« zuschreiben. Wichtige Eigenschaften eines Q.s sind: (a) Er kommt stets in indirekter Rede vor; (b) er ist syntaktisch und referentiell von einem Antezedens abhängig, das nicht innerhalb der indirekten Rede vorkommt, die ihn enthält; (c) er ist nicht ohne Änderung des Wahrheitswertes durch einen korreferentiellen Ausdruck ersetzbar. **Lit.:** H.-N. Castañeda: Indikatoren und Quasi-Indikatoren. In: Ders.: Sprache und Erfahrung. Frankfurt 1982. S. 160–200. CJ

**Quasianalyse,** von Carnap im *Logischen Aufbau der Welt* entwickelte Methode, relationale Beschreibungen, bei denen Objekte durch ihre Beziehungen zu anderen Objekten charakterisiert werden, durch Merkmalsbeschreibungen zu ersetzen, wo jedes Objekt »für sich« durch Quasieigenschaften charakterisiert werden kann. Diese Quasieigenschaften heißen durch Q. konstituierte Objekte. Carnap expliziert die allgemeine Theorie der Q. am Beispiel einer Beziehungsbeschreibung durch eine Ähnlichkeitsrelation. Die in diesem Fall konstituierten Objekte sind Qualitäten der quasianalysierten Gegenstände. Hat man eine Äquivalenzrelation, entsprechen die Qualitäten Äquivalenzklassen. In diesem Sinne kann die Q. als eine Verallgemeinerung der Abstraktionstheorie von Russell und Whitehead verstanden werden. Eine einflußreiche Kritik der Q. ist von Goodman vorgebracht worden. Danach ist dieser Ansatz grundsätzlich verfehlt, da die quasianalytische Merkmalsbeschreibung im allgemeinen nichteindeutig ist. Gegenargumente finden sich bei Proust. **Lit.:** R. Carnap: Der Logische Aufbau der Welt. Hamburg ²1961. – N. Goodman: The Structure of Appearance. Indianapolis 1954. – J. Proust: Questions de forme. Paris 1986. TM

**Quaternio terminorum,** Bezeichnung für einen fehlerhaften Schluß, der dadurch zustandekommt, daß der Ausdruck für den Mittelbegiff in zwei verschiedenen Bedeutungen im Ober- und Untersatz des Schlusses gebraucht wird, so daß statt der geforderten drei nun vier Termini die wesentlichen Bestandteile der Prämisse bilden wie z. B. in dem Schluß: (1) Vorstellungen existieren nur in bewußten Wesen, (2) die Außenwelt ist eine Vorstellung, also (Konklusion): Die Außenwelt existiert nur in bewußten Wesen. Dabei wird das Wort »Vorstellung« zuerst i. S. eines Gegenstandsbewußtseins verwendet, in der zweiten Prämisse aber i.S. eines Gegenstandes für ein solches Gegenstandsbewußtsein. ↗Beweisfehler, ↗Syllogismus. PP

**Quid iuris/quid facti.** Mit den beiden Ausdrücken wird die Unterschiedlichkeit von Fragestellungen gekennzeichnet: Die schlichte Tatsachenfrage, qu. f., erfährt ihre Antwort durch den Bezug auf empirisch vorfindbare Fakten, dagegen stellt qu. i. eine darüber hinausgehende Frage nach der Rechtfertigung der verwendeten Begriffe (von Erklärungsannahmen und -modellen) dar. PP

**Quidditas** (lat. Washeit), in der Scholastik Bezeichnung für die wesentliche Beschaffenheit eines Dings, für das, was etwas ist (als Übersetzung des aristotelischen to ti en einai). FPB

**Quintessenz** (lat. fünfte Wesenheit), der Stoff aus dem die Sterne sind, zumindest in der aristotelischen Kosmologie; auch Äther genannt. Aristoteles postulierte ein fünftes Element zusätzlich zu den vier Elementen Erde, Wasser, Luft und Feuer, da jedes Element unmittelbar an eine spezifische Bewegungsform geknüpft sei. Den vier letztgenannten Elementen sei von Natur aus die Auf- bzw. Abwärtsbewegung eigen. Weil aber offensichtlich die Himmelskörper eine unaufhörliche Kreisbewegung vollzögen, müßte auch ein Element existieren, das von Natur aus diese Bewegung ausführe. Aristoteles nannte diesen Stoff die quinta essentia. Vor Aristoteles sind nur vage Überlegungen über eine fünfte Natur angestellt worden. Seit dem 12. Jh. wird die Lehre von der Q. von Naturphilosophen kritisch verarbeitet und gelangt in der alchemistischen Tradition wieder zu Ruhm: sie ist der Stein der Weisen. Mit dem Aufkommen der Naturwissenschaften verliert die Q. jede naturphilosophische und wissenschaftliche Bedeutung. **Lit.:** W. E. Peuckert: Pansophie. Berlin 1956. KJG

**Quoad se/quoad nos** (lat. an sich/in bezug auf uns), geht auf Aristoteles' Unterscheidung zwischen dem an sich Früheren und dem für uns Früheren zurück und bezeichnet die Differenz zwischen ontologischer Ebene und Erkenntnisebene. Ontologisch gesehen ist das Allgemeine, letztlich das Sein, das Frühere im Sinne des Grundlegenderen; für die menschliche Erkenntnis hingegen ist das in der Erfahrung gegebene einzelne Seiende das Offenkundigere. Im ma. Denken, etwa bei Thomas v. Aquin, gewinnt diese Unterscheidung im Rahmen der Gottesbeweise an Bedeutung. Die Aussage, Gott existiere, ist an sich bekannt, weil das Prädikat mit dem Subjekt identisch ist. Weil der Mensch aber nicht weiß, *was* Gott ist, ist die Aussage für ihn nicht an sich bekannt, sondern bedarf eines Beweises durch das, was bekannter ist, nämlich die Weltwirklichkeit. **Lit.:** Aristoteles: Metaphysik V, 11 1018b 30 ff. – Thomas v. Aquin: S.th. I.2.1. – M. Heidegger: Der Satz vom Grunde. Pfullingen ⁴1971. S. 112 ff. RTH

**Rabenparadoxie,** auch Hempelsche Paradoxie, ↗Paradoxie des Bestätigungsbegriffs. Nach üblicher Auffassung wird die empirische Verallgemeinerung »Alle Raben sind schwarz« bestätigt durch jede Wahrnehmung eines schwarzen Rabens. Dieser Satz ist aber logisch gleichwertig mit »Alles Nicht-Schwarze ist kein Rabe«, und das wird bestätigt durch die Wahrnehmung irgendeines nicht-schwarzen Gegenstandes, der kein Rabe ist. Demnach wäre die Beobachtung einer braunen Kuh als Bestätigung des logisch gleichwertigen empirischen Gesetzes »Alle Raben sind schwarz« aufzufassen. **Lit.:** C. G. Hempel: Studies in the Logic of Confirmation. In: Ders.: Aspects of Scientific Explanation. New York 1965. S. 3–51. VP

**Radikaler Konstruktivismus,** spezieller Ansatz der konstruktivistischen Erkenntnistheorie, der unter anderem von H. Maturana, F. J. Varela, H. v. Foerster, E. v. Glasersfeld in den sechziger und siebziger Jahren dieses Jahrhunderts entwickelt wurde; Vertreter des R. K. in Deutschland sind etwa P. Watzlawick und S. J. Schmidt. Ausgehend von systemtheoretischen, neurophysiologischen und kybernetischen Forschungen formuliert der R. K. eine empirische Kognitionstheorie, die in Fortsetzung skeptischer und konstitutionstheoretischer Überlegungen jegliche Form der Erkenntnis – einschließlich des Erkannten selbst – als Konstruktion eines Beobachters begreift. Erkennen meint nicht passive Abbildung einer äußeren objektiven Realität, sondern bezeichnet einen Prozeß der eigenständigen Herstellung bzw. Konstruktion einer kognitiven Welt. Damit wird die Existenz bzw. die Realität der äußeren Welt nicht geleugnet, bestritten wird aber die erkenntnistheoretische Relevanz einer ontologischen Darstellung der Welt. Die reale Welt als solche ist keine erfahrbare Wirklichkeit; Wirklichkeit ist vielmehr immer wahrgenommene, beobachtete, erfundene, also konstruierte Wirklichkeit. Als Ausgangspunkt dient dem R. K. die neurophysiologische Einsicht, daß das menschliche Gehirn als Teil des Nervensystems über keinen direkten, unmittelbaren Zugang zu seiner Umwelt verfügt. Das Gehirn operiert als ein selbstreferentiell-geschlossenes System, das sich in seinen Aktivitäten ausschließlich rekursiv auf sich selbst bezieht und auf diese Weise eine semantisch und kognitiv abgeschlossene Welt erzeugt. Damit ist nicht ausgeschlossen, daß das Gehirn durch Umweltereignisse irritiert oder angeregt wird, aber allein die internen Operationen des Gehirns legen fest, in welchem Sinne die externen Ereignisse verarbeitet werden. Strenggenommen ist somit auch Irritation und Anregung ein systemeigener Zustand, für den es in der Umwelt des Gehirns keine Entsprechung gibt. Insofern operiert das Gehirn selbstexplikativ – das Gehirn muß alle Bewertungs- und Deutungsmuster mittels eigener Operationen aus sich selbst schöpfen. Auf Kritik ist die Annahme des R. K. gestoßen, daß jede Form der Kognition von lebenden Systemen erzeugt wird und somit als ein biologisches Phänomen zu begreifen ist (Reduktionismusvorwurf). Als aussichtsreichste Weiterentwicklung des R. K. kann derzeit die ↗ Systemtheorie von N. Luhmann gelten, der streng zwischen lebenden, psychischen und sozialen Systemen unterscheidet, die auf ihre je eigene Weise ihre Umwelt beobachten bzw. sich selbst beobachten. **Lit.:** S. J. Schmidt: Der Diskurs des Radikalen Konstruktivismus. Frankfurt 1987. GK

**Ramisten,** bzw. Semi-R., Philosophen und Logiker am Ende des 16. und zu Beginn des 17. Jh., die in der Tradition Ramus' gegen Aristoteles eine topische Logik vertraten. Zu ihnen gehören vorwiegend B. Keckermann, C. Timpler, R. Goclenius, J. H. Alsted, J. A. Komensky, T. Blundeville u. a. – Der Begriff R. selber entstammt dem aristotelischen Lager und verspottet wenn nicht den Ramismus selbst, so doch die verschiedenen Formen Ramistischer oder Lullistischer Logik und Philosophie. Analog zu R. findet man auch die Charakterisierungen »secta mixtorum«, »systematici« und »syncretistae«. Von den R. bzw. Semi-R., die vorwiegend an calvinistischen oder anglikanischen Hochschulen lehrten und das Ziel hatten, aristotelische und ramistische Problemlösungen im Zusammenhang mit Fragen der Subjekt-Objekt-Beziehung zu verbinden, unterscheidet man die sog. Philippo-R., die, ähnlich wie F. Beurhaus, H. Buscher und O. Casmann, eine Verbindung melanchthonscher und ramistischer Logik anstrebten. Die Verbindung von Metaphysik, topischer oder rhetorischer Universalwissenschaft, Epistemologie und averroistischer Methode prägt die wissenschaftstheoretischen Ansätze der R. **Lit.:** W. J. Ong: Ramus and Talon Inventory. Folcroft 1969. – W. Risse: Logik der Neuzeit. Bd. 1. Stuttgart-Bad Cannstatt 1964 ff. – W. Schmidt-Biggemann: Topica universalis. Hamburg 1983. JM

**Ratio** ↗ Vernunft, ↗ Verstand

**Ratiomorph.** Unsere ererbten Erkenntnisformen nannte E. Brunswik den ratiomorphen Apparat, K. Lorenz angeborene Anschauungsformen. Die genetisch programmierten Erkenntnisaprioris und Universalien des Sozial-, Aggressions- und Kommunikationsverhaltens heißen vernunftähnlich (ratiomorph), weil sie sich als System von hypothetischen Vorausurteilen und als Entscheidungshilfen verstehen lassen (R. Riedl). Raum, Zeit, Vergleichbarkeit, Konstanz- und Gestaltphänomene gehören zu den ratiomorphen Hypothesen über die Wirklichkeit (Alltagswelt). R. nennt Riedl auch die Anlage zu Wissenschaft, Kunst, Metaphysik und Religion. **Lit.:** R. Riedl: Begriff und Welt. Berlin/Hamburg 1986. BI

**Rationalismus,** (1) im weiten Sinn jede Position, die (a) erkenntnistheoretisch der Vernunft den Vorrang vor der Erfahrung einräumt, (b) metaphysisch Ursprung und Wesen des Kosmos in einem vernünftigen (und damit erkennbaren) Prinzip ansiedelt, an dem der Mensch Anteil hat, (c) ethisch die rationale Ausweisbarkeit von sittlichen Prinzipien und Normen gegenüber einer intuitiven, emotiven oder dezisionistischen Begründung vertritt. – Historisch betrachtet ist die abendländische Philosophie seit ihren Anfängen in der Antike bis in die Neuzeit hinein überwiegend rationalistisch geprägt. Beispielhaft kann hier die Position Platons stehen: Die Unzuverlässigkeit der Sinneswahrnehmung ermöglicht keine wahre Erkenntnis, sondern nur eine bloße Meinung. Nur die rein intelligible

Schau der apriorischen ↗Ideen, eröffnet eine voraussetzungslose (d.h. von aller Erfahrung unabhängige) Einsicht in das Wesen der Dinge und der in Begriffen gefaßten Zusammenhänge. Kosmologisch stellen die Ideen die Formen dar, im Hinblick auf die die Welt gestaltet wurde. In Platons Ethik besteht die sittliche Haltung in der Herrschaft des vernünftigen Seelenteils über den triebhaften.

(2) Als Epochenbegriff bezeichnet R. eine mit Descartes beginnende philosophische Richtung der Aufklärung, die in Opposition zum englischen ↗Empirismus und zum ↗Sensualismus steht. Leitend ist dabei der Gedanke, in der Selbstgewißheit des reinen Denkens ein sicheres Fundament gegen die Angriffe des ↗Skeptizismus zu finden. Bei Descartes ist es der methodische Rückgang auf das ↗Cogito als unbezweifelbare Gewißheit und die Inhalte, die klar und deutlich dem Selbstbewußtsein gegeben sind. Ein Charakteristikum des R. ist auch seine Lehre von den angeborenen, d.h. nicht aus der Erfahrung stammenden Ideen, im Unterschied zur empiristischen These vom Bewußtsein als eines ursprünglich »weißen Blattes«. Als methodisches Ideal dient die Mathematik, die als eine Universalwissenschaft gilt (Leibniz, ↗mathesis universalis), so daß Spinoza sogar seine Ethik »more geometrico« entwerfen konnte. In seinem ↗Kritizismus hat Kant versucht, R. und Empirismus zu einer Einheit zu bringen. **Lit.:** P. Kondylis: Die Aufklärung im Rahmen des neuzeitlichen Rationalismus. Stuttgart 1981. – R. Specht (Hg.): Rationalismus. Stuttgart 1979. FPB

**Rationalistische Sprachphilosophie.** Der mit dem Wissensideal der Renaissance anhebende Anspruch einer universalen Begründung wird schon von Descartes auch für die Sprache postuliert, aber erst Leibniz hat diesen Anspruch in einer r.n S. umgesetzt. Der Grundgedanke, daß eine identische Grundform der Erkenntnis, die menschliche Vernunft, in allen Einzelerkenntnissen am Werke sei, wird auf die Sprache als ein System von Zeichen übertragen. In der zu diesem Zweck in Analogiebildung zur Arithmetik und Algebra angestrebten Universalsprache soll gewährleistet werden, daß sich durch eine begrenzte Zahl sprachlicher Zeichen, wenn diese nur nach bestimmten allgemeingültigen Regeln verknüpft werden, die Gesamtheit der Denkinhalte und ihre Struktur erschöpfend bezeichnen lassen. Einerseits kann sich das Denken nur im Medium sprachlicher Zeichen vollziehen, andererseits kann Sprache nur dann als eine Technik des menschlichen Verstandes fungieren, wenn sie die Gestalt von ↗Kalkülen annimmt. Denn der Umstand, daß der sprachliche Ausdruck nach bestimmten Vorschriften regelgeleitet erzeugbar ist, wird zum Kriterium dafür, ob eine sprachliche Darstellung angemessen ist, d.h. ob ihr ein möglicher Gegenstand und damit ein Begriff entspricht. Das Kalkül ist der Garant der möglichen Existenz der Gegenstände des Erkennens. Dabei geht Leibniz davon aus, daß uns die Dinge nicht unmittelbar zugänglich sind, sondern in den Ideen zum Ausdruck kommen, daß der unmittelbare Gegenstand der Zeichen die Ideen von Dingen bzw. die Begriffe sind und daß wir zur Idee bzw. zum Begriff einer Sache gelangen können, wenn die Sache mit Hilfe von Zeichen darstellbar ist. Das Ziel einer allgemeinen Charakteristik ist es, einfache Ideen durch einfache Zeichen und komplexe Vorstellungen durch entsprechende Kombination solcher Zeichen auszudrücken. Eine derart allgemeine Grundsprache ersetzt die Besonderheit der kulturell verschiedenen Einzelsprachen. Da die Zeichen im Kalkül in einem eigenständigen System organisiert sind, kommt ihnen eine Unabhängigkeit gegenüber den möglichen Gegenständen ihrer ↗Referenz zu. Im Zuge der Verwendung des Deutschen als Wissenschaftssprache setzte im 18. Jh. das Bestreben konsequenter Definition ein, das jedes Wort systematisch mit wohldefinierter und verschiedener Bedeutung festzulegen versuchte. Die Rationalisierung der Sprache führte auch zu der Forderung einer logischen Abfolge der Satzglieder und Satzfunktionen mit der Konsequenz einer abwertenden Beurteilung jener Sprachen, deren Wortstellung freier geregelt war. Hinter diesem Anspruch auf Systematisierung verbirgt sich die Überzeugung, daß die nicht-rationalen Elemente des Geistes durch den Primat der Vernunft zu disziplinieren seien, was schon im Titel von J.W. Meiners allgemeiner Grammatik *Versuch einer an der menschlichen Sprache abgebildeten Vernunftlehre oder philosophische und allgemeine Sprachlehre* (1781) angezeigt wird. **Lit.:** E. Cassirer: Philosophie der symbolischen Formen. 1. Teil Die Sprache. Darmstadt 1985. S. 67ff. – S. Krämer: Berechenbare Vernunft. Rationalismus und Kalkül im 17. Jahrhundert. Berlin/New York 1991. PP

**Rationalität.** Vorbegriff: Es handelt sich um die Substantivierung des Prädikats ›rational‹, mit dem wir entweder eine Eigenschaft zusprechen [›$\text{rational}_e$‹] oder eine Disposition (Fähigkeit, Vermögen, Kompetenz) [›$\text{rational}_d$‹]. So bezeichnen wir zum einen Überzeugungen, Argumente, Entscheidungen, Handlungen, Pläne, Strategien oder auch institutionelle Regelungen (z.B. Organisationen) als $\text{rational}_e$ und meinen damit bestimmte Merkmale, die wir mit dem Eigenschaftswort ›$\text{rational}_e$‹ hervorheben. Wir verwenden diesen Ausdruck aber auch dispositional, und zwar dann, wenn wir sicher sind, daß wir von dem so als $\text{rational}_d$ Gekennzeichneten (z.B. Lebewesen, Personen, Institutionen, Systeme) all das erwarten können, was $\text{rational}_e$ ist – vor allem also rationale Äußerungen und Verhaltensweisen. In diesem Sinn ist es kein Einwand gegen die traditionelle Definition des Menschen als ›animal rationale‹ (vernünftiges Lebewesen), daß seine Meinungen, Äußerungen, Entscheidungen und Handlungen manchmal ziemlich irrational sind; wenn wir das zugeben, haben wir dem Menschen die R.skompetenz noch nicht abgesprochen. Umgekehrt macht es keinen Sinn, dort von Irrationalität zu sprechen, wo wir diese Kompetenz gar nicht vermuten – etwa bei Tieren oder Maschinen – und das bedeutet: Nur $\text{rationale}_d$ Wesen können sich $\text{rational}_e$ oder $\text{nichtrational}_e$

verhalten, was wir im zweiten Fall ›irrational‹ oder vernunftwidrig nennen; nichtrationale$_d$ Wesen hingegen, von denen wir gar kein rationales$_e$ Verhalten erwarten, nennen wir besser ›arational‹ oder vernunftlos. Zudem wird das Prädikatenpaar ›rational$_e$-irrational‹ in der Regel normativ oder wertend gebraucht, und so ist es in der Tat einen Tadel wert, wenn sich das animal rationale nicht rational$_e$ verhält, d. h. von seinen Fähigkeiten keinen Gebrauch macht; Tieren oder Maschinen hingegen machen wir keinen Vorwurf, wenn ihr Verhalten oder ihre Äußerungen nicht unseren R.sstandards entsprechen.

Zur Begriffsgeschichte: Obwohl bis ins 19. Jh. die Formel ›animal rationale‹ philosophisches Gemeingut war – und zwar weniger als Ausdruck einer unumstrittenen Überzeugung, sondern primär als Standardbeispiel der Schullogik dafür, was eine Definition durch Angabe der Gattung und einer differentia specifica sei – entfaltete der Terminus ›rationalitas‹ keine vergleichbare Wirkungsgeschichte. Die Formel selbst wurde von Cicero eingeführt als lateinische Übersetzung der aristotelischen Charakterisierung des Menschen als zoon logon echon – d. h. als des Lebewesens, das den logos hat, wobei ›logos‹ zugleich Denkvermögen und Sprache meint. Bei den Kirchenvätern kommt der Gebrauch von ›rationalitas‹ und von ›rationabilitas‹ auf, wobei Augustinus ›rationalis‹ als rational$_d$ versteht und ›rationabilis‹ als rational$_e$; Kant kehrt dies um und lehrt, daß der Mensch »als mit Vernunftfähigkeit begabtes Tier (animal rationabile), aus sich selbst ein vernünftiges Tier (animal rationale) machen« (*Anthropologie* A 315) könne; dabei kommt er unserer sprachlichen Intuition näher und ermöglicht zudem, trotz der faktischen Unvernunft der Menschen das animal rationale zu verteidigen. Durch die Herkunft von ›ratio‹ aus der Wortfamilie lat. reor, ratus sum mit der Grundbedeutung ›rechnen, berechnen‹ und verstärkt durch die Tatsache, daß bei Euklid und bei Platon das griechische Wort ›rhetos‹ (ausgesprochen, bestimmt – vgl. rhetor, der Redner) in mathematischen Zusammenhängen verwandt wird – und zwar im Sinne des Berechenbaren im Unterschied zum Inkommensurablen etwa des Verhältnisses von Seite und Diagonale im Quadrat oder der Zahl p (vgl. ›rationale Zahl‹) – ist ›rationalitas‹ im Unterschied zu ›logos‹ immer auch mit Assoziationen des menschlichen Rechnen- und Kalkulierenkönnens verbunden; verstärkt durch die Vorgeschichte der modernen Mathematik (s. Infinitesimalrechnung) wird dieses Rationalitätsverständnis vorherrschend in der Philosophie der Neuzeit. In seiner Lehre vom Menschen identifiziert Thomas Hobbes die Vernunft (reason) unmittelbar mit dem Rechnen-, d. h. Addieren- und Subtrahierenkönnen (Leviathan I, 5), und dieses operationale Vernunftverständnis bestimmt die gesamte empiristische Tradition (Specht). Dies ist dann auch der Grund, warum sich im deutschen Sprachraum, in dem seit Meister Eckhardt ›Vernunft‹ als Übersetzung von ›ratio‹ gebräuchlich ist, die Analogiebildung ›Rationalität‹ nicht durchzusetzen vermochte; sofern damit das höchste menschliche Denk- und Erkenntnisvermögen gemeint war, das sich der Metaphysik des Rationalismus zufolge in einer »reinen (d. h. erfahrungsunabhängigen) Vernunfterkenntnis aus bloßen Begriffen« (Kant, *Metaphys. Anfangsgründe*) realisieren sollte, sprach man lieber von Vernunft oder »Vernünftigkeit« und so ist es bis in unser Jahrhundert geblieben.

Der Aufstieg des uns geläufigen R.sbegriffs beginnt außerhalb des Hauptstroms der Philosophiegeschichte im späten 19. Jh., und das bedeutet, das seine moderne Geschichte nicht mehr von den metaphysischen Begleitvorstellungen des klassischen Vernunftbegriffs belastet ist. Nicht als Begriff, aber der Sache nach ist R. ein Leitthema der modernen Nationalökonomie und bezeichnet dort die Struktur und das Kriterium des wirtschaftlichen Handelns; John Stuart Mill formulierte dies in klassischer Weise im Modell des homo oeconomicus, der den höchsten Effekt mit dem niedrigsten Aufwand an Mitteln zu erzielen sucht (vgl. Gosepath Sp. 56). In diesem Zusammenhang sind ›rational‹ und ›ökonomisch‹ geradezu gleichbedeutend, was an dem sichtbar wird, was auch heute vielfach als ›Rationalisierung‹ gefürchtet wird: der Abbau von teuren Arbeitsplätzen zugunsten billigerer Maschinen. In den modernen Wirtschaftswissenschaften werden Fragen der R. fast ausschließlich in der Rationalen Entscheidungstheorie und in der Spieltheorie erörtert, wo in Modellen der verschiedensten Entscheidungssituationen – z. B. unter Sicherheit, unter Risiko oder in undurchsichtigen Interaktionssituationen wie beim sog. ↗Gefangenendilemma – das dabei erreichbare R.soptimum gesucht wird. Besonders interessant sind dabei die Untersuchungen der prinzipiellen Grenzen der ökonomischen R. (vgl. Elstner). – Die sozialwissenschaftliche Verallgemeinerung des ökonomischen Konzepts von R. ist das Werk von Max Weber; bei ihm wird es zu einem Merkmal von sozialem Handeln überhaupt, das er als ein Handeln bestimmt, »welches seinem von dem oder den Handelnden gemeinten Sinn nach auf das Verhalten anderer bezogen wird und daran in seinem Verlauf orientiert ist.« (1973, S. 542) Von den vier »Idealtypen«, die Max Weber dabei unterscheidet (↗Rationalitätstypen), ist der der »Zweckrationalität« so weit ins allgemeine und wissenschaftliche Bewußtsein eingedrungen, daß fast durchweg R. mit Zweckrationalität gleichgesetzt wird, und zwar in vereinfachter und verkürzter Fassung. Bei Weber heißt es: »Zweckrational handelt, wer sein Handeln nach Zweck, Mitteln und Nebenfolgen orientiert und dabei sowohl die Mittel gegen die Zwecke, wie die Zwecke gegen die Nebenfolgen, wie endlich auch die verschiedenen möglichen Zwecke gegeneinander rational abwägt« (S. 566); in der seit Max Horkheimer verbreiteten Rede von der »instrumentellen Vernunft«, die ihm zufolge die R.skultur der Neuzeit ausschließlich bestimmt, bleibt davon nur noch das reine Zweck-Mittel-Verhältnis übrig. Instrumentelle R. besteht demzufolge im bloßen Aufsuchen möglichst effektiver Mittel für die Realisierung vorgegebener und selbst nicht rational diskutierbarer Zwecke, während nach Max Weber der zweckrational Handelnde auch die Zwecke im Lichte der verfügbaren Mitteln, der zu erwartenden Nebenfolgen und der übrigen, auch sonst noch zu verfolgenden Zwecke kritisch betrachtet. Durch die These Webers, daß der Sonderweg der abendländischen Kultur bestimmt sei durch einen Prozeß der Rationalisierung i. S. einer Durchsetzung von Zweckrationalität in allen Lebensbereichen, gewinnt der zunächst nur handlungstheoretisch eingeführte R.sbegriff eine grundlegende sozial- und kulturgeschichtliche Bedeutung; R. wird so zum Kennzeichen der Moderne als einer ökonomisch und technologisch durchrationalisierten Welt (vgl. Horkheimer/Adorno und Habermas), die Max Weber selbst schon als das »eherne Gehäuse der Gegenwart« bezeichnet hatte.

R. ist zudem ein Grundproblem der Wissenschaftstheorie der Sozialwissenschaften, sofern sie sich als Handlungswissenschaften verstehen; auch dafür sind Überlegungen von Max Weber einschlägig. Ihm zufolge ist Soziologie eine Wissenschaft, »welche soziales Handeln deutend verstehen und dadurch in seinem Ablauf und seinen Wirkungen ursächlich erklären will.« (S. 542) Das »deutende Verstehen« ist dabei im Idealfall ein »rationales Motivationsverstehen« (S. 547), das es uns ermöglicht, den subjektiv gemeinten Sinn, den der Handelnde mit seinem Handeln verbindet und der ihn zum Handeln bewegt, im Lichte des Idealtypus der Zweckrationalität zu deuten. Ob es überhaupt möglich sei, Handlungen rational, d. h. aus den subjektiven Gründen, die Handelnde für ihr Handeln haben, kausal zu erklären, hat unter dem Stichwort »Gründe vs. Ursachen« die philosophische Handlungstheorie sehr lange beschäftigt. Konsens scheint inzwischen darüber zu bestehen, daß nicht Gründen unmittelbar, wohl aber dem Haben von Gründen eine ursächliche Bedeutung für wirkliches Handeln zugesprochen werden könne, was dann auch bedeutet, daß dies auch für die tatsächliche Qualität dieser Gründe gelten muß (Schwemmer). – Damit ist auch der Kontext angezeigt, in dem R. zum umstrittenen Thema der Ethnologie und ihrer Theorie wurde: Wenn uns fremde Kulturen als so fremd erscheinen, daß wir sie nicht verstehen können – dürfen wir sie dann als nicht-rational oder »prärational« einstufen, wie dies die ältere Völkerkunde tat? Und wenn wir sie zu verstehen glauben – projizieren wir dann nicht bloß unsere eigenen R.standards auf sie? Im Zuge der westlichen nachimperialistischen Selbstkritik drängte sich vielen Theoretikern der Gedanke einer Pluralität vollständig verschiedener R.sformen auf und damit ein kulturrelativistisches Verständnis von R., das in der Konsequenz die Möglichkeit von Ethnologie selbst ad absurdum führt: denn wie wollen Ethnologen eine andere Kultur *als* eine andere überhaupt identifizieren, wenn deren R. von ihrer eigenen völlig verschieden ist? (vgl. Wilson; Hollis/Lukes). – Solche Fragen führen auf die Frage, ob R. nicht doch ein Inbegriff von Bestimmungen und Fähigkeiten ist, der den Menschen als Gattungswesen auszeichnet; eine psychologisch, sprachwissenschaftlich und ethnologisch fundierte Theorie kultureller Universalien (Holenstein) könnte somit der traditionellen Anthropologie des animal rationale doch noch eine empirische Basis verschaffen. – Schließlich ist noch die Diskussion über die »Rationalitätslücke« in der Erklärung des Wissenschaftsfortschritts zu erwähnen, die sich in der Popper-Schule der Wissenschaftstheorie entzündete. In der gesamten Philosophie der Neuzeit galt die Existenz und das sichere methodische Fortschreiten der Naturwissenschaften stets als Vorbild und Garantie menschlicher R. überhaupt; die bürgerliche Aufklärungsbewegung kann man als das Projekt verstehen, diese R.sstandards gegen die Macht der Überlieferung und des Aberglaubens überall zur Geltung zu bringen. Nachdem Popper das traditionelle R.smodell der zureichenden Begründung selbst der Irrationalität überführt und durch das der kritischen Prüfung (trial and error) ersetzt hatte, versuchte er glaubhaft zu machen, daß auch die Wissenschaftsgeschichte insgesamt diesen Weg genommen habe (*Logik der Forschung* Kap.X). Mit diesem Bild aber sind, wie die wissenschaftshistorischen Detailuntersuchungen zeigten, die Tatsachen nicht zu vereinbaren; vor allem Thomas S. Kuhn zeigte in seinem Werk, daß die wissenschaftsgeschichtliche Entwicklung von der Abfolge sogenannter »Paradigmen« bestimmt ist. **Lit.:** J. Elster: Subversion der Rationalität. Frankfurt/New York 1987. – S. Gosepath: »Rationalität«. In: HWPh 8. Sp. 56. – E. Holenstein: Interkulturelle Beziehungen – multikulturelle Verhältnisse. In: Ders.: Menschliches Selbstverständnis. Frankfurt 1985. S. 104–180. – J. Habermas: Theorie des kommunikativen Handelns. Frankfurt 1981. – M. Hollis/S. Lukes (Hg.): Rationality and Relativism. Oxford 1982. – M. Horkheimer: Zur Kritik der instrumentellen Vernunft. Frankfurt 1967. – M. Horkheimer/Th. Adorno: Dialektik der Aufklärung. Frankfurt 1971. – I. Kant: Anthropologie in pragmatischer Hinsicht. – Ders.: Metaphysische Anfangsgründe der Naturwissenschaft. – Th. S. Kuhn: Die Struktur wissenschaftlicher Revolutionen. Frankfurt 1973. – K. Popper: Die Logik der Forschung. Tübingen [7]1982. – O. Schwemmer: Theorie der rationalen Erklärung. München 1976. – R. Specht: Die Vernunft des Rationalismus. In: H. Schnädelbach (Hg.): Rationalität. Frankfurt 1984. S. 70–93. – M. Weber: Gesammelte Aufsätze zur Wissenschaftslehre. Tübingen [4]1973. – B. Wilson (Hg.): Rationality. Oxford 1970. HS

**Rationalitätsethik, formale** ↗Verfahrensethik

**Rationalitätstypen.** Unübersichtliche Phänomenbereiche nötigen zu typisierender Begriffsbildung, um sich in ihnen orientieren zu können, und dies ist im Feld des modernen Begriffs ↗›Rationalität‹ der Fall. Dies ist insofern kein neuer Tatbestand, als auch die traditionelle Philosophie niemals über ein einheitliches Vernunftkonzept verfügte. So konnte ein und dasselbe Begriffswort sachlich Verschiedenes bezeichnen

oder umgekehrt das, was wir auf den ersten Blick als etwas Einheitliches ansehen, in verschiedener Hinsicht ausdifferenziert werden. So erscheint in der antiken griechischen Philosophie der logos einmal als die objektive Weltvernunft, die als ewiges Weltgesetz alle Dinge und Ereignisse bestimmt (Heraklit, Stoa), und dann auch als das subjektive Vermögen von Vernunft und Sprache, das den Menschen vom Tier unterscheidet (Aristoteles). Die platonische Unterscheidung zwischen noësis und dianoia, die man mit der zwischen dem intuitiven und diskursiven Erkennen übersetzen kann, wird in der lateinischen Tradition die zwischen intellectus und ratio, und diese wiederum wird nach einer merkwürdigen Vertauschung im Spätma. in der deutschen Terminologie mit ›Verstand‹ und ›Vernunft‹ wiedergegeben; Kant fügte dem dann noch die Urteilskraft als ein von Verstand und Vernunft zu unterscheidendes rationales Vermögen hinzu. Folgenreich war auch die aristotelische Unterscheidung zwischen den der Theorie und der Praxis zugeordneten dianoëtischen Tüchtigkeiten: Wissenschaftliches Erkennenkönnen (episteme) und intuitive Einsicht (nous) auf der einen Seite, Herstellenkönnen (techne) und Klugkeit (phronesis) auf der anderen, sowie Weisheit (sophia) als Einheit von episteme und nous; in diesem Sinne hat dann auch Kant grundsätzlich zwischen theoretischer und praktischer Vernunft unterschieden.
Diese traditionellen Vernunfttypen sind weiterhin im philosophischen Diskurs präsent, aber sie können im Umkreis der modernen Rationalitätstheorien nicht unbesehen übernommen werden. Als methodisches Vorbild bietet sich vor allem Max Webers handlungstheoretische Typologie an, die es gestattet, soziale Handlungen nach den Arten und Graden der Rationalität zu ordnen, die den Handelnden leitet; er geht davon aus, daß zweckrationales Handeln der Handlungstyp ist, der uns am verständlichsten erscheint, während wertrationales, affektuelles und traditionales Handeln als Abweichungen von jenem »reinen« Rationalitätstyps erscheinen. In allen Fällen handelt es sich deswegen um Rationalität, weil das Wort ›Rationalität‹ zunächst nicht mehr meint als den Inbegriff der Gründe, den Handelnde selbst für ihr Handeln haben; eine normative Stellungnahme dazu ist hier nicht im Spiel. Diese Typologie wurde von Jürgen Habermas aufgenommen und umgestaltet zur doppelten Unterscheidung zwischen verständigungs- und erfolgsorientiertem Handeln und monologischem und intersubjektivem Handeln, woraus sich – da verständigungsorientiertes Handeln in monologischer Hinsicht keinen Sinn macht – die Trias »instrumentelle, strategische und kommunikative Rationalität« ergibt. Im theoretischen Bereich war besonders Karl Poppers Vorschlag folgenreich, angesichts der unüberwindlichen Schwierigkeiten des traditionellen Rationalitätskonzepts zureichender Begründung (↗Münchhausen-Trilemma) einen alternativen Rationalitätstypus zu bevorzugen – den der kritischen Prüfung – von dem sich zeigen läßt, daß er viel besser mit dem modernen Wissenschaftsverständnis zusammenpaßt; dieser Rationalitätstypus ist die Grundlage der Philosophie des ↗Kritischen Rationalismus.
Eine leistungsfähige Rationalitätstypologie muß von dem Dispositionsprädikat ›rational‹ ausgehen, das nur Menschen zuschreibbar ist; Rationalität ist ein menschliches Vermögen und nicht mehr als ein metaphysischer Weltzustand behauptbar, wie die traditionelle Philosophie von Heraklit bis zu Hegel in ihrer Mehrheit geglaubt hatte. So können wir auch Dinge, Ereignisse oder Zustände nur dann rational nennen, wenn sie auf menschliches Handeln als ihre Herkunft verweisen; so gesehen ist ›Systemrationalität‹ (Luhmann) eine Metapher, die in Wahrheit ›Funktionalität‹ meint. Das lateinische Wort ›ratio‹ verweist überdies selbst auf das, was wir denen zuschreiben, die wir für rational halten: nämlich Gründe für ihre Meinungen, Überzeugungen und Handlungen. Rationalität als Disposition meint somit die Kompetenz, Gründe zu haben, über Gründe zu verfügen und Gründe zu präsentieren, und dies Dritte nennen wir ›Begründung‹. Eine Rationalitätstypologie beginnt darum am besten mit einer Typologie von Begründungen und konstruiert sie im Sinne von Antworten auf Warum-Fragen. Dabei empfiehlt es sich, theoretische von praktischen und objektive von subjektiven Begründungen zu unterscheiden. Theoretische Begründungen beantworten in objektiver Hinsicht Warum-Fragen die sich auf die Existenz oder Veränderung von Dingen, Ereignissen und Zuständen in der Welt beziehen; solche objektiven »Gründe« (rationes) nennen wir im Unterschied zur metaphysischen Tradition ›Ursachen‹ (causae) und die »Begründung« aus Ursachen ›Erklärung‹, aber es ist keine Frage, daß solche Erklärungen Rationalität voraussetzen, die man dem Typus ›*kognitive* Rationalität‹ zuordnen kann. – Die subjektiv-theoretischen Begründungen beantworten die Frage, warum es sinnvoll oder geraten ist, von der Existenz bestimmter Dinge, Ereignisse oder Zustände überzeugt zu sein; man nennt sie allgemein epistemische Begründungen, was es nahelegt, sie dem Typus ›*epistemische* Rationalität‹ zuzuordnen. – Antworten auf Warum-Fragen in praktischen Zusammenhängen, die sich auf objektive Gründe dafür beziehen, daß etwas zu tun oder zu lassen sei, kann man normative Begründungen nennen; wir kennen sie aus rechtlichen Zusammenhängen, aber auch Gebrauchsanweisungen gehören dazu, denn sie sagen uns, was wir tun müssen, um das zu erreichen, was wir wollen; dies verweist auf den Typus ›*normative* Rationalität‹. Schließlich erkundigen wir uns auch nach den subjektiven Gründen oder Motiven für das, was jemand getan hat oder zu tun vorhat; Antworten darauf sind subjektiv-praktische oder auch intentionale Begründungen, und in diesem Sinne kann man von *praktischer* Rationalität sprechen.
Unsere rationalen Fähigkeiten erschöpfen sich aber nicht darin, Warum-Fragen zu stellen und zu beantworten; Rationalität ist auch erfordert, wenn es darum geht, die in solchen Antworten enthaltenen Feststel-

lungen und somit Behauptungen überhaupt zu beurteilen. Im Unterschied zu Erklärungen und Begründungen, die sich sämtlich auf Dinge, Ereignisse und Zustände in der Welt beziehen, nennen wir die Thematisierung von Behauptungen Argumentation. Dabei geht es um die ↗ Geltungsansprüche, die wir immer dann erheben, wenn wir etwas behaupten; bezogen auf die vier Typen der Begründungsrationalität sind dies abgesehen vom logischen Anspruch der Stringenz die Geltungsansprüche ›Wahrheit‹ (kognitiv), ›Richtigkeit‹ (normativ), Plausibilität (epistemisch), Sinnvollsein (praktisch), aber in anderen Kontexten ist mit weiteren Geltungsansprüchen zu rechnen wie Wahrhaftigkeit, Authentizität oder ästhetischer Qualität. Die argumentative Erörterung von Geltungsansprüchen vollzieht sich im Wechselspiel von Kritik und Rechtfertigung, und sie ist der Ort dessen, was Popper und der Kritische Rationalismus als Kritische Rationalität ins Zentrum ihres Philosophieverständnisses rücken; es läßt sich zeigen, daß dies mit dem übereinkommt, was Kant als Einheit von Vernunft und Kritik in seinem Konzept kritischer Vernunft zusammengedacht hatte, wobei der Urteilskraft neben Verstand und Vernunft die führende Rolle zufällt. Die Unterscheidung zwischen kommunikativem Handeln und Diskurs bei Habermas läßt sich hier aufnehmen, denn unter ↗ ›Diskurs‹ ist bei ihm nichts anderes als die nur indirekt auf Fakten bezugnehmende argumentative Erörterung von Geltungsansprüchen gemeint, weswegen man an dieser Stelle auch von ›Diskursrationalität‹ sprechen könnte. – Wichtig ist, daß die Geltungsansprüche ›Wahrheit‹ und ›Richtigkeit‹ die Rationalität von Behauptungen und Begründungen mit dem in Verbindung bringen, was objektiv der Fall ist oder gilt, während das Plausible und praktisch für sinnvoll Gehaltene auch dann als rational gelten kann, wenn es sich nachträglich als irrig oder wenig sinnvoll herausstellt; hier entscheidet nur die subjektive Informationsbasis, die zur Verfügung stand. (In diesem Sinne unterscheidet Max Weber zwischen objektiver Richtigkeitsrationalität und subjektiver Zweckrationalität, die z. B. in Fragen der ökonomischen Rationalität allein zur Debatte steht.) Es stellt sich freilich die Frage, ob man unabhängig von der subjektiven Rationalitätsperspektive überhaupt feststellen kann, was objektiv wahr oder richtig ist, weswegen verschiedene Theoretiker das Wahre und Richtige mit dem, was man mit guten Gründen behaupten und gegen Kritik verteidigen kann, geradezu identifizieren (Habermas, Putnam u. a.); es ist aber keine Frage, das von Wissenschaft, Technologie, Justiz oder Moral zumindest der Anspruch, auf der Grundlage zutreffender Informationen das objektiv Richtige zu tun, vom Rationalitätsanspruch nicht getrennt werden kann. – Der Begründungsrationalität in ihren verschiedenen Gestalten und der Diskursrationalität liegt aber ein dritter Rationalitätstypus zugrunde, der das Vermögen betrifft, überhaupt etwas zu äußern, was als Einzelbehauptung in eine Begründung eingehen kann oder als Argument in Diskursen verwendbar ist; dies ist der logos, den Aristoteles dem Menschen als Spezifikum zugesprochen hatte, und der als ratio in der traditionellen Definition des Menschen als animal rationale wiedererscheint. Dieser weite, normativ neutrale Rationalitätsbegriff (↗ Rationalität) betrifft das Vermögen, etwas Verständliches zu äußern oder zu tun, wobei die ↗ Sprechakttheorie deutlich macht, daß im Felde der Sprechakte das Sichäußern und Tun zusammenfallen. Da man zeigen kann, daß Rationalität qua Verständlichkeit, die man auch als Kommunikationsrationalität bezeichnen kann, nur in einem intersubjektiv geteilten symbolischen Medium möglich ist, gewinnt die Theorie der Rationalitätstypen hier Anschluß an die Anthropologie des *animal symbolicum* (Cassirer).

Die hier vorgestellte Rationalitätstypologie ist das Ergebnis eines Versuchs, die Rationalitätstheorie auf eine möglichst breite Basis zu stellen sowie ein Maximum der Rationalitätsphänomene zur berücksichtigen, mit denen sich die philosophische Tradition ebenso wie die modernen Theoretiker der verschiedensten Disziplinen beschäftigten; natürlich sind hier Alternativen denkbar. Von Rationalitätstypen ist z. B. auch dort die Rede, wo verschiedene Denk- und Begründungsstile in Philosophie und Wissenschaft vergleichend untersucht werden; hier wird das Wort anders verwendet als im Zusammenhang einer Rationalitätstheorie im engeren Sinn. **Lit.:** E. Cassirer: Versuch über den Menschen. Hamburg 1996. S. 51. – J. Habermas: Theorie des kommunikativen Handelns. Frankfurt 1981. – C. G. Hempel: Der Begriff der Rationalität und die Logik der Erklärung durch Vernunftgründe. In: Ders.: Aspekte der wissenschaftlichen Erklärung. Berlin/New York 1977. S.191–222. – N. Luhmann: Zweckbegriff und Systemrationalität. Tübingen 1968. – M. Weber: Wirtschaft und Gesellschaft. Hg. J. Winckelmann. Köln 1964. HS

**Raum.** Räume begegnen uns in vielen Zusammenhängen im Alltag, aber auch als Weltraum oder als mathematische Strukturen (z. B. Vektorraum). Für die Philosophie ist der umfassende Begriff des R.es bedeutend, der die Anordnung und Ausdehnung von Gegenständen betrifft und als Behälter aller körperlichen Dinge dient. – Die Geschichte des R.es (vgl. Jammer und Gosztonyi) zeigt die Verknüpfung von physikalischen und metaphysischen Vorstellungen. Im griechischen ↗ Atomismus ist der R. die Voraussetzung für die freie Bewegung der Körper (Vakuum). In Platons Kosmologie vermittelt der R. zwischen den Welten des Seins und des Werdens. Aristoteles spricht vor allem über den Ort von Gegenständen (als Oberfläche des einschließenden Körpers). Sein Raumbegriff, von dem man sich erst im 14. Jh. wieder löst, erlaubt die Auszeichnung natürlicher Orte für die Elemente und kosmologisch die Endlichkeit der Welt. – Nach Descartes sind R. und körperliche Ausdehnung (Materie) nur begrifflich verschieden, er identifiziert R. und Stoff. Einer jüdischen Tradition folgend verknüpft H. More R. und Gott. Der R. ist Ausdruck der Allgegenwart Gottes. Auch Newtons Metaphysik des absoluten R.es ist dadurch beeinflußt, für die Mechanik wird sie aber nicht benötigt. Newton löst den R. von materiellen Eigenschaften, er bleibt unabhängig von den Gegenständen gleich und unbeweglich. Leibniz dagegen faßt den R. als eine Relation auf, als Ordnung des Zugleichseins für die wirklichen und möglichen Dinge. Unabhängig von den Dingen gibt es keinen R. Seit Newton und Leibniz werden R. und ↗Zeit aufeinander bezogen. Kant bestimmt R. und Zeit erkenntnistheoretisch als »reine Formen der Anschauung«, als subjektive Bedingungen jeder Erfahrung (↗Transzendentale Ästhetik). – Im 19. Jh. wird die Verknüpfung von R. und Geometrie wichtig. Euklids Kodifizierung der Geometrie galt als Vorbild für eine deduktive Wissenschaft. Die Entdeckung der nichteuklidschen Geometrie führte zu einer Trennung von mathematischer (uninterpretierter) und physikalischer (auf den empirischen R. angewandter) Geometrie. – Die Erörterung des Raumbegriffs in der ↗Relativitätstheorie konzentrierte sich vor allem auf die geometrische Struktur. Dabei differenzierte sich der Begriff des absoluten R.es (vgl. Friedman): Absolut kann dabei im Gegensatz stehen zu relational (ontologische Selbständigkeit), zu relativ (Unabhängigkeit vom Bezugssystem) und zu dynamisch. In der Allgemeinen Relativitätstheorie ist die Geometrie dynamisch, d. h. nicht mehr starrer Hintergrund, sondern veränderlicher Teilnehmer an physikalischen Prozessen. Aber auch diese Theorie trifft keine Entscheidung zugunsten einer relationalen R.-Zeit-Ontologie, so daß Machs Programm, das »begriffliche Ungetüm des absoluten Raumes« zu entfernen, nicht erfüllt ist. Es bleibt offen, ob sich R. und Zeit auf spezielle raum-zeitliche Beziehungen zwischen physischen Objekten zurückführen lassen oder ob sie unabhängig existierende Entitäten sind. In der relativistischen ↗Kosmologie wird die Entscheidung über Endlichkeit und Begrenztheit des Universums, ein altes Problem der Metaphysik, zu einer empirischen Frage. – Weitgehend unabhängig von der Physik gibt es erkenntnistheoretisch und anthropologisch orientierte Untersuchungen des Wahrnehmungsraumes und des Raumerlebens. In der Phänomenologie wird die Raumerfahrung vom Bewußtsein aus analysiert (Husserl, Becker). Daneben werden in »Erlebnisräumen« die vielfältigen Beziehungen von Menschen zu konkreten Räumen aufgezeigt. **Lit.:** J. Audretsch/K. Mainzer (Hg.): Philosophie und Physik der Raum-Zeit. Mannheim 1988. – A. Gosztonyi: Der Raum. 2 Bde. Freiburg/München 1976. – J. Earman: World Enough and Space-Time. Cambridge (Mass.) 1989. – M. Friedman: Foundations of Space-Time Theories. Princeton 1983. – M. Jammer: Das Problem des Raumes. Darmstadt $^{2}$1980. – B. Kanitscheider: Vom absoluten Raum zur dynamischen Geometrie. Mannheim 1976. – H. Reichenbach: Philosophie der Raum-Zeit-Lehre. Leipzig 1928. MS

**Raum-Zeit-Kontinuum** (R.), bezeichnet in der modernen Physik die stetige Mannigfaltigkeit von Raum-Zeit-Punkten, d. h. von Ereignissen, die durch Raum- und Zeitkoordinaten charakterisiert werden. Im weiteren Sinne kann man auch bereits in Bezug auf die Newtonsche Physik von einem R. sprechen, im engeren Sinne bezeichnet der Begriff jedoch die sogen. »Minkowski-Welt«, d. h. diejenige Raum-Zeit, die der speziellen ↗Relativitätstheorie (sp.R.) entspricht. Die Raum- und Zeitkoordinaten haben in der klassischen, Newtonschen Physik und in der sp.R. unterschiedliche metrische Eigenschaften. Nach Newtons Auffassung von einem absoluten Raum und einer absoluten Zeit sind Raum und Zeit voneinander unabhängige, absolute Größen. Dem zufolge läßt sich das Zeitintervall zwischen zwei Ereignissen eindeutig bestimmen, und diese Zeit ist, unabhängig von den Beobachtern, die das Zeitintervall messen, immer dieselbe. Danach ist es somit jederzeit objektiv bestimmbar, nämlich mit Standarduhren meßbar, ob zwei Ereignisse gleichzeitig und ob sie an demselben Ort stattfinden. Wenn man den Begriff R. in einem weiteren Sinne versteht, so bilden im Rahmen der Newtonschen Physik der drei-dimensionale Euklidsche (absolute) Raum und die (absolute) Zeit ein R. Die Metrik wird dabei durch den Bezug auf einen starren Körper festgelegt. – In der sp.R., in der Einstein die raumzeitlichen Beziehungen zwischen relativ zueinander bewegten Inertialsystemen formuliert, wird die Vorstellung einer absoluten Zeit aufgegeben. Einstein stützt sich bei der Entwicklung der sp.R. auf zwei Annahmen: das spezielle Relativitätsprinzip (R.p.) und die Konstanz der Lichtgeschwindigkeit im Vakuum. Nach dem klassischen R.p. der Newtonschen Mechanik gibt es kein gegenüber anderen empirisch vorrangiges Inertialsystem: In allen Inertialsystemen, die sich relativ zueinander in Ruhe befinden oder sich geradlinig-gleichförmig zueinander bewegen, gelten die gleichen Gesetze der Mechanik. Das klassische R.p. wird in der sp.R. noch erweitert. Nach dem speziellen R.p. betrifft die Gleichberechtigung von Inertialsystemen alle physikalischen Gesetze. Die Lichtgeschwindigkeit ist eine Invariante; sie ist in allen Inertialsystemen dieselbe. Eine wesentliche Konsequenz der sp. R. ist nun die Relativität der Gleichzeitigkeit. Aufgrund der Invarianz der Lichtgeschwindigkeit können zwei Ereignisse dann als gleichzeitig aufgefaßt werden, wenn ein Lichtsignal, das in der Mitte zwischen diesen beiden Ereignissen ausgesandt wird, beide erreicht. Wenn man nach diesem Kriterium die Relationen der Gleichzeitigkeit in relativ zueinander *bewegten* Inertialsystemen beurteilt, so zeigt sich, daß Beobachter in verschiedenenen Inertialsystemen unterschiedliche Ereignispaare als gleichzeitig auffassen, also in den Inertialsystemen unterschiedliche Gleichzeitigkeitsverhältnisse herrschen. Da die unterschiedlichen Gleichzeitigkeitsverhältnisse nach dem sp.R. empirisch gleichberechtigt sind, beziehen die Entscheidungen über die Gleichzeitigkeit sich stets auf das jeweilige Inertialsystem, in dem sie getroffen werden. An die Stelle von Raum und Zeit als voneinander unabhängiger Größen tritt in der sp.R. die einheitliche Raum-Zeit, die H. Minkowski vierdimensional dargestellt hat. Diese vierdimensionale Raum-Zeit-Struktur bildet das R., auf das sich seit der sp.R. die Beschreibungen von Ereignissen in der modernen Physik beziehen. Die entsprechende »Minkowski-Welt« setzt sich aus Einzelereignissen zusammen, die jeweils durch die drei Raumkoordinaten x,y,z und die Zeitkoordinate t beschrieben werden. Die Rede vom Kontinuum ist dabei so zu verstehen, daß es zu jedem Ereignis $E_1$ beliebige weitere Ereignisse gibt, deren Koordinaten sich von $E_1$ beliebig wenig unterscheiden. Die Raum-Zeit läßt sich dabei im Unterschied zur Newtonschen Physik ausschließlich aus den Kausalbeziehungen zwischen den Ereignissen ableiten. **Lit.:** J. Audretsch/K. Mainzer (Hg.): Philosophische Probleme der Raum-Zeit. Mannheim u.a. 1988. – A. Einstein: Grundzüge der Relativitätstheorie. Braunschweig 1956. – S.W. Hawking: Eine kurze Geschichte der Zeit. Die Suche nach der Urkraft des Universums. Reinbek 1988. – E. Schrödinger: Die Struktur der Raum-Zeit. Darmstadt 1993. JH

**Reaktion,** im allgemeinen Sinne diejenigen Verhaltensweisen, die auf ein externes, auslösendes Ereignis folgen, somit einen Teilaspekt der Theorie des Verhaltens resp. der Handlung betreffend. Im engeren Sinne bedeutet R. in der Physiologie die organischen Folgen der Aktivierung von Rezeptorsystemen. Verbunden mit dem Versuch, inhaltlich den Begriff Bewußtsein und methodologisch die Introspektion auszuschließen, dient das Begriffspaar Reiz/R. in der behavioristischen Verhaltens- und Lernpsychologie, etwa bei Watson und Skinner zur Beschreibung mentaler Prozesse. In bezug auf das Verhältnis von physischen und mentalen Vorgängen betrifft R. das ↗Leib-Seele-Problem. Der psychologische Terminus R. wird insofern als problematisch angesehen, als er Handlungsweisen primär als passive Vorgänge deutet und zudem die Vorstellung einer festen Zuordnung von externen Ursachen und Folgeaktionen nahelegt (vgl. z.B. die Kritik von Chomsky: 1980). **Lit.:** N. Chomsky: Rules and representations (dt. Regeln und Repräsentationen). Columbia 1980. JH

**Realgrund/Idealgrund.** Die Unterscheidung zwischen einem R. und einem I. ist innerhalb der in der deutschen Schulphilosophie geführten Diskussion um den »Satz vom zureichenden Grund« (↗principium rationis sufficiens) von Bedeutung. In ihrer deutschen Formulierung geht die Unterscheidung offenbar auf Ch.A. Crusius zurück, der sie als Übersetzung der lateinischen Ausdrücke »ratio essendi« und »ratio cognoscendi« wählt. Unter einem I. (oder Erkenntnisgrund) versteht Crusius einen Grund, »welcher die Erkenntnis einer Sache mit Überzeugung hervorbringt«, von dem er den R. unterschieden wissen will, der die Sache selbst ausserhalb den Gedanken hervorbringt oder möglich macht (*Met.* § 34). Crusius kommt es darauf an, daß man R.e im Sinne physischer Ursachen nicht mit Erkenntnisgründen verwechseln dürfe. In ethischer Hinsicht scheint mit einer mangelnden Unterscheidung der beiden Arten von Gründen nach Crusius zudem eine deterministische Auffassung einher zu gehen, da man dann, wenn man als hinreichende Gründe für Ereignisse nur die sogen. R.e auffaßt, die »Grundtätigkeiten der Freiheit« nicht erklären könne. Kant nimmt Crusius' Unterscheidung zunächst auf, wenn er von dem Unterschied zwischen einer »ratio essendi vel fiendi« und einer »ratio cognoscendi« spricht. Bei letzterer handelt es sich danach um eine »ratio antecedenter determinans«, d.h. um eine Ursache, die dem, was sie bewirkt, vorhergeht, während die ratio essendi lediglich eine »ratio consequenter determinans« ist, d.h. ein Grund, der in dem Sinne nachträglich bestimmend ist, daß er als ein Kennzeichen (criterium) fungiert. Der Sache nach nimmt Kant auch in seinem Gottesbeweis die Konzeption des R.es in Anspruch. In seiner späteren kritischen Philosophie spielt die Unterscheidung jedoch keine Rolle mehr. Die in der Schulphilosophie diskutierte Problematik, die um die Suche nach hinreichenden R.en und um die notwendige Unterscheidung der R.e von den I.en kreist, ist mit der Kantischen Konstitutionstheorie gegenstandslos geworden: »Der Satz: Alle Dinge haben ihren Grund, oder, mit anderen Worten, alles existiert nur als Folge, d.i. abhängig seiner Bestimmung nach, von etwas anderem, gilt ohne Ausnahme von allen Dingen als Erscheinungen im Raume und Zeit, aber keineswegs von Dingen an sich selbst« (*Akad.-Ausg.* 8, 213). Bei Fichte, Schelling und Hegel ist zwar gelegentlich von R.- und I.en die Rede, doch bleiben auch sie der Kantischen Kritik an der Auffassung von R.en verpflichtet. Hingegen knüpft Schopenhauer an das erkenntnistheoretische Motiv der Crusianischen Unterscheidung zwischen R.- und I.en an. Er unterscheidet vier Arten von Gründen und erblickt im Satz vom Grund die gemeinsame Grundlage aller apriorischen Erkenntnisformen und somit auch die »Grundlage aller Wissenschaft«. Auch für ihn bleibt aber die Kantische Restriktion der Kausalität auf den Bereich der »Erscheinungen« maßgeblich. Im Anschluß an Schopenhauer nimmt im 20. Jh. N. Hartmann das Konzept des R.es wieder auf. **Lit.:** S. Majetschak: Realgrund. In: HWPh. 8. S.136–140. – A. Schopenhauer: Über die vierfache Wurzel des Satzes vom zureichenden Grund. Sämtl. Werke 7. Wiesbaden 1950. JH

**Realisieren** (aus lat. res: Ding, Sache bzw. realis: sachlich, wesentlich), wirklich machen, verwirklichen (z.B. eine Idee); sich einer Sache, der Wirklichkeit eines Tatbestandes bewußt werden. – Im engeren erkenntnistheoretischen Zusammenhang meint R. den Übergang von der bloßen Realmeinung, von der Annahme, daß ein bestimmter Gegenstand unabhängig vom erkennenden Subjekt, d.h. an sich besteht, zur eigentlichen Erkenntnis der Realität, zur Realsetzung, d.h. zu der Feststellung, daß die Annahme des Denkens über die Realität eines Gegenstandes zutrifft. Dieser Übergang kann grundsätzlich auf dem Weg der Erfahrung oder auf dem Weg des reinen Denkens versucht werden. – Ursprünglich wohl aus der frz. Rechtssprache übernommen, gewinnt der Begriff vor allem im ↗Deutschen Idealismus an theoretischer Bedeutung. Die Frage nach dem Wirklichkeitsgehalt der Kategorien, welche Kant durch das Ineinandergreifen von reinen Verstandesformen und den apriorischen Formen der Anschauung beantwortete, bleibt in unterschiedlichen Akzentuierungen auch für die Systementwürfe Fichtes, Schellings und Hegels maßgeblich. – Danach erscheint der Begriff vor allem in wissenschaftstheoretischen Ansätzen (Külpe, Whitehead) und in modelltheoretischen Überlegungen (Tarski). – Unabhängig davon etablierte sich in der frz. Kunstkritik des ausgehenden 19. Jh. anknüpfend an Cézannes Verständnis der »réalisation« eine Bedeutung, die die Kunstdiskussion des 20. Jh. entscheidend prägte (Rilke, Heidegger, Merleau-Ponty). R. ist hier in Abgrenzung gegen ein mimetisches Kunstkonzept als Hervorbringung, als Sichtbarmachung verstanden. **Lit.:** G. Boehm: P. Cézanne. Montagne Ste. Victoire. Frankfurt 1988. – W. Bugger: Grundprobleme metaphysischer Begriffsbildung. In: Zs. für philosophische Forschung 4 (1950). – R. Jelke: Die Realisierung in Natur- und Geisteswissenschaften. In: Kantstudien 28 (1923). S. 221–265. – J. A. Petrov: Logische Probleme der Realisierungs- und Unendlichkeitsbegriffe. Berlin 1971. – N. Rotenstreich: Practice and Realization. Den Haag 1979. AC

**Realismus.** Der Ausdruck »R.« dient in der Philosophie zur Bezeichnung einer Vielzahl unterschiedlicher Positionen. Es lassen sich drei grundlegende Bedeutungen unterscheiden: (1) Die Auffassung, daß Universalien (z. B. Eigenschaften, Relationen), abstrakte Gegenstände (Zahlen, Propositionen) oder kollektive Einzeldinge (Mengen, Klassen) als irreduzible Bestandteile der Wirklichkeit existieren (Gegensatz: ↗Nominalismus). (2) Die Auffassung, daß die Wirklichkeit von subjektiven, geistigen Leistungen und Fähigkeiten wie Denken, Erkenntnis oder Sprache unabhängig ist (Gegensatz: ↗Idealismus). (3) Laut Dummett die sowohl (1) als auch (2) zugrundeliegende semantische These, daß die Wahrheit einer Aussage und damit auch deren Bedeutung von der Möglichkeit ihrer ↗Verifikation oder Rechtfertigung unabhängig ist (Gegensatz: Anti-R.).

(1) Bereits innerhalb der ersten Bedeutung wird »R.« als Bezeichnung verschiedener Theorien verwendet. Ihr Zusammenhang ergibt sich vor allem aus ihrer Opposition zu einem umfassenden Nominalismus, dem zufolge alles, was existiert, konkret, individuell und partikulär ist, d. h.: raum-zeitlich lokalisierbar und nicht rein begrifflich charakterisierbar (konkret, nicht abstrakt); entweder ohne Teile oder eindeutig in Teile zerlegbar, die selbst keine Teile haben (individuell, nicht kollektiv); ein einmaliges Einzelding, keine Eigenschaft oder Relation (partikulär, nicht universal). Dagegen gehören den verschiedenen Arten des R. zufolge zu den irreduziblen Bestandteilen der Welt: (a) abstrakte individuelle Einzeldinge (z. B. Zahlen, Propositionen, Tatsachen) und/oder (b) abstrakte kollektive Einzeldinge (z. B. Klassen, Mengen) und/oder (c) Universalien (Eigenschaften und Relationen, die verschiedenen Dingen gemeinsam sein können).

Für den R. scheint zunächst vor allem die Überlegung zu sprechen, daß einem sinnvollen sprachlichen Ausdruck etwas »in der Welt« entsprechen muß: ein abstrakter mathematischer Gegenstand dem Zahlwort »sieben«, eine sowohl in A als auch in B vorkommende (»instantiierte«) universale Farbeigenschaft dem Prädikat in »A ist rot« und »B ist rot«. Dies ist jedoch zu Recht als ↗»Fido-Fido-Theorie der Bedeutung« (Ryle) kritisiert worden: Nicht jedes Wort einer Sprache ist ein Name (wie »Fido«), der seine Bedeutung durch die Zuordnung zu einem Gegenstand (dem Hund Fido) erhält. – Dennoch ist nicht zu bestreiten, daß wir in vielen wahren Sätzen tatsächlich auf abstrakte, kollektive oder universale Gegenstände Bezug nehmen (»17 ist eine Primzahl«). Daher sprechen für den R. weiterhin gewichtige Gründe, die sich vor allem aus den Schwierigkeiten nominalistischer Versuche ergeben, die Bezugnahme auf die fraglichen Gegenstände zu vermeiden.

Die erste überlieferte und zugleich wohl auch radikalste realistische Position ist diejenige Platons. Danach erhalten die veränderlichen, raum-zeitlichen Gegenstände ihre bestimmten Eigenschaften erst durch ihre Beziehung zu unveränderlichen Ideen, worunter Platon vor allem mathematische Objekte sowie die Gegenstände abstrakter Individualbegriffe (»die Menschheit«) und substantivierter Eigenschaftsworte (»das Gute«) verstand. Die Ideen existieren Platon zufolge unabhängig von den konkreten Einzeldingen (»universalia ante res«). – In kritischer Abgrenzung von Platon gelangte Aristoteles zu einer anderen, gemäßigteren Form des Universalien-Realismus. Danach gibt es zwar Dinge, die »ihrer Natur nach in mehrerem zu sein« vermögen, doch ist deren Existenz nicht von den konkreten Einzeldingen unabhängig: Unverwirklichte (nicht »instantiierte«) Universalien gibt es nicht (»universalia in rebus«). Auch Aristoteles zufolge ist die Existenz von Universalien und Abstrakta jedoch nicht auf die von konkreten Individuen zurückführbar. – Mit dem Aufkommen der sprachanalytischen Philosophie seit Frege und der mengentheoretischen Reformulierung der Arithmetik hat sich der Schwerpunkt der Diskussion in neuerer Zeit immer mehr zur Frage nach der Existenz abstrakter Individuen (z. B. Propositionen) als Bedeutung sprachlicher Ausdrücke einerseits und der Existenz von Mengen und Klassen andererseits verlagert. Gegen den R. sprechen vor allem die nicht weiter analysierbare Beziehung zwischen den konkreten Einzeldingen und den universalen oder abstrakten Gegenständen (Objekt-Eigenschaft, Äußerung-Proposition) sowie die Frage, wie Menschen mit ihren endlichen Fähigkeiten die fraglichen Gegenstände erkennen oder verstehen können. Andererseits sehen sich jedoch auch die unterschiedlichen nominalistischen oder nur auf dem Mengenbegriff basierende Versuche, jede Bezugnahme auf abstrakte und/oder universale Gegen-

stände zu vermeiden, noch immer schwerwiegenden Einwänden ausgesetzt.
(2) »R.« in der zweiten Bedeutung bezeichnet die These, daß es Dinge gibt, deren Existenz davon unabhängig ist, ob in geistigen Vorgängen wie Denken, Vorstellen oder Sprechen auf sie Bezug genommen wird (bzw. werden kann). Während ein solcher R. in der Antike und im MA. (mit Ausnahme des Neuplatonismus) offenbar als selbstverständlich galt, tritt er erst nach seiner Infragestellung durch den methodischen Zweifel Descartes und besonders durch den Idealismus Berkeleys als ausdrückliche These auf. Dabei ging es zunächst v. a. um die von Geistigem unabhängige Existenz materieller Gegenstände, die Berkeley mit seiner These »Esse est percipi« (Sein ist Wahrgenommenwerden) bestritten hatte.
Die klassischen Argumente gegen den R. gehen von der Annahme aus, daß unser gesamtes Wissen von »äußeren« Gegenständen (und jede geistige oder sprachlichen Bezugnahme auf sie) durch ein »inneres«, geistiges Medium vermittelt ist (z. B. durch »Sinnesdaten« oder sprachliche »Bedeutungen«). Dann aber gibt es für uns keine Gewißheit, daß die »äußeren« Gegenstände auch unabhängig von ihrer geistigen (oder sprachlichen) Repräsentation existieren. Da es außerdem für den Zusammenhang zwischen materiellen Gegenständen und geistigem Medium keine überzeugende Erklärung gibt (ein kausaler Einfluß gilt vielen Philosophen als ausgeschlossen), erscheint es konsequent, die Existenz materieller Gegenstände zu bestreiten (↗Idealismus) bzw. auf ihre geistige Repräsentation zurückzuführen (↗Phänomenalismus).
Dem Realisten stehen vier grundsätzliche Auswege offen: Er kann die Prämisse bestreiten, daß unser gesamtes Wissen von der Vermittlung durch ein geistiges Medium abhängt, indem er entweder (a) den nicht-materiellen Charakter sogenannter »geistiger« Vorgänge leugnet (↗Materialismus) oder (b) die Möglichkeit einer unmittelbaren geistigen Bezugnahme auf materielle Gegenstände annimmt (z. B. direkter R. der Wahrnehmung). Akzeptiert der Realist die Prämisse, so kann er die Folgerung bestreiten, indem er entweder (c) eine überzeugende Erklärung für den Zusammenhang zwischen materiellen Gegenständen und geistigem Medium gibt oder (d) auch unabhängig von einem solchen Zusammenhang auf der Existenz »äußerer« Gegenstände besteht, was allerdings skeptische Konsequenzen nahelegt. Alle vier Optionen sind in verschiedenen Formen immer wieder vertreten worden. Darüber hinaus gibt es Versuche, R. und Idealismus miteinander zu verbinden. Sie gehen auf Kant zurück, der einen »empirischen Realismus« in Hinblick auf die raum-zeitliche Wirklichkeit in einen umfassenderen »transzendentalen Idealismus« einzubetten versuchte. – In neuerer Zeit hat Putnam die Auffassung kritisiert, es gebe eine sprach- und denkunabhängige Gesamtheit von Gegenständen, die sich in genau einer vollständigen Theorie beschreiben lasse, wobei die Wahrheit der Theorie in einer Korrespondenz zu den beschriebenen Gegenständen bestehe. Von diesem *»metaphysischen«* unterscheidet Putnam seinen eigenen *»internen R.«*, dem zufolge es mehrere zulässige Beschreibungen der Wirklichkeit geben kann, deren Wahrheit in ihrer (idealen) rationalen Akzeptierbarkeit besteht.
(3) Die heute weit verbreitete These, daß der R. mit einer bestimmten Bedeutungstheorie und Wahrheitsdefinition verknüpft ist, geht v. a. auf Dummett zurück. Der R. hinsichtlich eines bestimmten Gegenstandsbereichs besteht danach in der semantischen These, daß Aussagen über diesen Bereich eindeutig wahr oder falsch sind, und zwar unabhängig von unseren Möglichkeiten, dies festzustellen. Anti-R. ist dagegen die Auffassung, daß die Wahrheit von Aussagen des fraglichen Bereichs in ihrer berechtigten Behauptbarkeit besteht, so daß eine Aussage, die berechtigterweise weder behauptet noch bestritten werden kann, weder wahr noch falsch ist. Dummett vermutet, daß sich sowohl die oben unter (1) als auch die unter (2) genannten Formen des R. und ihre Gegenpositionen im wesentlichen auf den Gegensatz zwischen R. und Anti-Realismus zurückführen lassen und führt semantische Argumente für einen allgemeinen Anti-Realismus an. Speziellere realistische Positionen werden häufig nach ihrem besonderen Gegenstandsbereich benannt: So besagt der sog. Wissenschaftsrealismus (scientific realism), gegen die Auffassungen des wissenschaftstheoretischen Intrumentalismus, des logischen ↗Positivismus und des wissenschaftshistorischen Relativismus, daß wissenschaftliche Theorien auf eine wahre und vollständige Beschreibung der Wirklichkeit hin »konvergieren« und ihre singulären Termini sich auf theorieunabhängige Gegenstände beziehen. – Der moralische R. behauptet die Objektivität moralischer Urteile und/oder die Existenz moralischer Werte unabhängig von menschlichen Interessen und Wünschen. Der modale R. besagt, daß modale und konditionale Aussagen eindeutig wahr oder falsch sind und/oder daß es andere mögliche Welten als die für uns »wirkliche« gibt. **Lit.:** Zu (1) D. M. Armstrong: Universals. Boulder 1989. – W. Stegmüller (Hg.): Das Universalien-Problem. Darmstadt 1978. – Zu (2) und (3): H. Putnam: Realism with a Human Face. Cambridge 1990. – M. Dummett: Truth and Other Enigmas. Cambridge 1978. – Forum für Philosophie Bad Homburg (Hg.): Realismus und Antirealismus. Frankfurt 1991.

MW

**Recht,** Normensystem, das das äußere Verhalten der Menschen regelt und das im Gegensatz zu anderen sozialen Normen mit Zwangsmaßnahmen durchgesetzt werden kann. R. erfordert daher (1) eine staatlich organisierte Macht, die als »Sanktions-, Organisations- und Exekutivgewalt« (Habermas) auf rechtlich geregelte Weise R. setzt und durchsetzt, und (2) eine der Wirksamkeit des R.s entgegenkommende prinzipielle Anerkennung des rechtlichen Normensystems durch die Normadressaten. Strittig ist die Frage nach dem Verhältnis zwischen R. und ↗Moral: Während naturrechtlich orientierte Theorien die Übereinstimmung

von R. und Moral postulieren (zuletzt Habermas), bestreitet der Rechtspositivismus (Kelsen, Hart, Luhmann) einen notwendigen Zusammenhang von moralischen und rechtlichen Normen. Positives R., das verfahrensgerecht zustandegekommen ist, ist demnach auch dann noch R., wenn sein Inhalt unverkennbar den Prinzipien der ↗Gerechtigkeit zuwiderläuft. Die Legitimität des positiven R.s beruht damit nicht auf seiner materialen Gerechtigkeit, sondern allein auf der legitimierenden Kraft akzeptierter Rechtsetzungsverfahren (z. B. Luhmann). – Weitgehend unstrittig sind dagegen die Funktionen des R.s. Indem es äußeres Verhalten wirksam regelt und – ähnlich wie andere soziale Normen – Handlungen, Situationen und soziale Rollen typisiert, schafft es stabile Verhaltenserwartungen: Verhalten wird kalkulierbar, die Erfolgschancen von Handlungen werden vergrößert und ihr Risiko verkleinert. Neben Konfliktlösung und Konfliktvorbeugung gehören – insbesondere im Rechtsstaat – auch die Gewährleistung rechtlicher Gleichheit, die soziale Sicherung und die Freiheitssicherung als Schutz vor den Übergriffen anderer und als Schutz vor den Ansprüchen Staates zu den Funktionen des R.s (vgl. Kausch).
**Lit.:** R. Alexy: Begriff und Geltung des Rechts. Freiburg/München 1992. – R. Dreier: Der Begriff des Rechts. In: Ders.: Recht – Staat – Vernunft. Frankfurt 1991. – J. Habermas: Faktizität und Geltung. Frankfurt 1992. – H. L. A. Hart: Der Begriff des Rechts. Frankfurt 1973. – A. Kaufmann/W. Hassemer (Hg.): Einführung in Rechtsphilosophie und Rechtstheorie der Gegenwart. Heidelberg [6]1994. – M. Kaufmann: Rechtsphilosophie. Freiburg/München 1996. – E. Kausch: Die gesellschaftlichen Funktionen des Rechts. In: D. Grimm (Hg.): Einführung in das Recht. Heidelberg 1985. – H. Kelsen: Reine Rechtslehre. Wien [2]1960. – N. Luhmann: Legitimation durch Verfahren. Frankfurt [2]1989. – Ders.: Das Recht der Gesellschaft. Frankfurt 1993. – W. Maihofer (Hg.): Begriff und Wesen des Rechts. Darmstadt 1973. – K. Seelmann: Rechtsphilosophie. München 1994. – R. Zippelius: Einführung in das Recht. München [2]1978.
FG

**Rechtfertigung** ↗Verfahrensethik

**Rechtfertigung, semantische.** Ein deduktiv aufgebautes wissenschaftliches System wird dadurch erstellt, daß eine Gesamtheit von wahren Sätzen (über einen Gegenstandsbereich) systematisiert wird. Dies geschieht mit Hilfe eines axiomatisch-deduktiven Systems, d.i. einem ↗Kalkül. Für diesen Kalkül muß eine semantische R. gegeben werden, die den Nachweis der Adäquatheit des Kalküls zu erbringen hat. Die semantische R. erfordert den Nachweis, daß (a) der Kalkül semantisch vollständig ist, d. h. daß im Kalkül sämtliche wahren Sätze über das betreffende Gebiet aus den Axiomen ableitbar sind, und (b) der Kalkül semantisch korrekt ist, d. h. daß im Kalkül nur wahre Sätze über den Gegenstandsbereich ableitbar sind.
PP

**Rechtsethik,** fragt danach, welches Recht gerechtfertigt ist. Sie nimmt damit eine Zwitterstellung zwischen der Philosophie und der Rechtswissenschaft ein. Zum einen ist sie als Bereich der angewandten ↗Ethik Teil der Ethik und damit der Philosophie. Zum anderen kann sie als der normative Kern der ↗Rechtsphilosophie angesehen werden, die als ein Grundlagenfach der Rechtswissenschaft daneben noch die ↗Rechtstheorie und die deskriptiv-historische Rechtsphilosophie umfaßt. Erkenntnisziel der R. ist dabei nicht die Beschreibung des Rechts oder eine kausale Erklärung seiner Entstehung, sondern die normative Rechtfertigung oder Kritik bestehenden oder künftigen Rechts. Thematisiert wird damit das umstrittene Verhältnis zwischen Recht und Moral. Die Extrempole dieser Debatte sind auf der einen Seite universalistisch orientierte Theorien, die die Übereinstimmung von Recht und Moral postulieren (Habermas, Rawls), während auf der anderen Seite der Rechtspositivismus (Kelsen, Hart, Luhmann) einen notwendigen Zusammenhang von moralischen und rechtlichen Normen bestreitet. In diesem Spannungsfeld ist ein breites Bündel von materialen Theorien der R. angesiedelt. Naturrechtlich inspirierte Theorien suchen das Recht in überzeitlichen Gegebenheiten wie z. B. göttlichen Geboten, dem Sein oder der Vernunft zu fundieren. Vertrags- und Konsenstheorien stellen auf das aufgeklärte Eigeninteresse der Individuen ab und diskutieren die rationalen Bedingungen der gerechtfertigten Konsensbildung in einer Gesellschaft. Wertorientierte Theorien postulieren höchste Werte wie z. B. Gerechtigkeit oder Rechtssicherheit, an denen sich das Recht zu orientieren habe. Der Utilitarismus beurteilt das Recht anhand des Kriteriums des höchstmöglichen Glücks der größtmöglichen Anzahl von Menschen. Vom Recht unterscheidet sich die R. somit dadurch, als sie zumeist die rechtspositivistische Position bestreitet, die die Verbindlichkeit verbürgende Instanz in der Sanktionsgewalt des Staates sucht. Statt dessen fragt die R. nach einem gerechtfertigten Verständnis einer solchen Verbindlichkeit. Von anderen Bereichen angewandter Ethik unterscheidet sich die R. in zwei Aspekten: Zum einen treffen hier ethische und moralische Normen nicht auf einen stärker naturgesetzlich strukturierten Wirklichkeitsausschnitt, sondern auf das Recht als einer Normenordnung, die die Wirklichkeit in ähnlicher Weise gestaltet wie Moral und Ethik. Zum anderen ist die Grundfrage der R., diejenige nach der Rechtfertigung des Rechts, anders als manche Fragen in anderen Bereichen der angewandten Ethik – etwa der Umweltethik oder der Genethik – nicht neu, sondern beschäftigt die Menschen schon, seit es Recht und Philosophie gibt.
**Lit.:** J. Habermas: Faktizität und Geltung. Frankfurt 1992. – H. L. A. Hart: Der Begriff des Rechts. Frankfurt 1973. – H. Kelsen: Reine Rechtslehre. Wien 1960. – D. v.d. Pfordten: Rechtsethik. In: J. Nida-Rümelin (Hg.): Angewandte Ethik. Stuttgart 1996. S.200–289. – J. Rawls: Eine Theorie der Gerechtigkeit. Frankfurt 1979.
JHI

**Rechtsgut, Rechtsgüterschutz.** Nach der Rechtsgutslehre sollen Ge- und Verbote aller Rechtsbereiche (Grundrechte, Deliktsrecht, vor allem Strafrecht) Güter vor negativen Einwirkungen schützen. R. ist dabei die Möglichkeit der Realisation des Interesses, das der einzelne und/oder die Allgemeinheit in bezug auf körperliche und andere Gegenstände, vorhandene oder zu schaffende Zustände oder Entwicklungen hat. Die Identifizierung von Rechtsgütern dient der Systematisierung und Auslegung von Ge- und Verboten und im Strafrecht dem Ausdruck der Strafwürdigkeit eines Verhaltens abstrakt-generell als Rechtsgutsverletzung. Der Versuch, mit dem Rechtsgutsdogma eine materielle Definition von Straftaten zu erreichen, führte zwar tatsächlich zur Entkriminalisierung von Verstößen gegen staatliche Anordnungen und von bloßen Moralwidrigkeiten wie Sodomie, hat aber als kritisches Konzept nur begrenztes Potential. Denn selbst wenn der Rechtsgutsbegriff nicht auf den jeder Norm beigegebenen Zweck angewendet wird, kann der Rechtsgutsgedanke weder begründen, warum bestimmte Sachverhalte des strafrechtlichen Schutzes bedürfen, noch warum das Strafrecht immer auf Güter bezogen sein muß. **Lit.:** K. Amelung: Rechtsgüterschutz und Schutz der Gesellschaft. Frankfurt 1972.

ATA

**Rechtsphilosophie.** Im Unterschied zur systemimmanent argumentierenden Rechtswissenschaft transzendiert die R. den Rahmen des geltenden Rechts. Als Wissenschaft von der Grundlegung und den Grundlagen des Rechts ist es Aufgabe der R., die in der rechtswissenschaftlichen Arbeit immer stillschweigend und unreflektiert getroffenen Voraussetzungen zu explizieren und zu begründen. Die relativ kurze Begriffsgeschichte der R. beginnt Ende des 18. Jh. In der Ersetzung der Lehre vom sog. ↗Naturrecht durch die R. drückt sich das gewachsene Interesse an dem historisch entstandenen positiven Recht aus. Die darüber hinausgehenden Bestrebungen, entsprechend der wissenschaftstheoretischen Wende in der Philosophie, die R. traditioneller Art durch eine sich primär als Methodologie der Rechtswissenschaft verstehende ↗Rechtstheorie zu ersetzen, konnten sich bislang nicht durchsetzen.

Mit Engisch lassen sich drei klassische Dimensionen der R. unterscheiden: Die methodisch-logische Dimension hat sich weitgehend in der »Juristischen Methodenlehre« disziplinär verselbständigt. Als methodisches Grundproblem verbleibt innerhalb der R. das Verhältnis von Sein und Sollen. Für die Vertreter des Methodenmonismus umschließt das Sein auch die Ebene der Werte und des Sollens. Dagegen verbietet sich den Vertretern des Methodendualismus mit ihrem Verständnis des Seins als bloßer Faktizität jeder Schluß vom Sein auf ein Sollen. – Das methodische Problem der R. ist eng mit der ontologischen Dimension verknüpft, der Frage nach dem Wesen des Rechts. Die verschiedenartigen Versuche, das Recht allgemein und überzeitlich zu definieren, lassen vier Elemente des Rechtsbegriffs hervortreten: Positivität, Normativität, Allgemeinheit und Sozialität. Die klassische Bestimmung des Rechtsbegriffs aus der Gegenüberstellung von Zwang und Freiheit weist zugleich auf den traditionellen Basiskonflikt der R. zwischen Naturrechtslehre und Rechtspositivismus. Wer im Zwang das Wesensmerkmal des Rechts sieht, ist nicht imstande, das Recht von bloßer Gewalt durch materiale Merkmale zu unterscheiden; Gesetz und Recht werden gleichgesetzt. Naturrechtslehren gehen demgegenüber von der Annahme absoluter und überzeitlicher Rechtsinhalte aus. Soweit ein Gesetz diesen materialen (Moral-)Normen widerspricht, ist es nicht nur »Gesetzliches Unrecht«, sondern entbehrt überhaupt des Rechtscharakters. – Ungeachtet der rechtspositivistischen Trennung von Recht und Moral bildet die axiologische Dimension, die Rechtsethik, das zentrale Thema der R. Die spezifischen Rechtswerte Rechtssicherheit und ↗Gerechtigkeit sind formaler Natur: Rechtssicherheit bedeutet in erster Linie die Sicherheit des Rechts selbst, seine Erkennbarkeit, Praktikabilität und Durchsetzbarkeit, während sich die Idee der Gerechtigkeit adäquat durch die Begriffe »Gleichheit«, »Proportionalität« und »Äquivalenz« ausdrücken läßt. Diese formalen Prinzipien bedürfen der Konkretisierung, sie müssen durch materiale Wertgesichtspunkte erfüllt werden. Dabei ist für die R. neben dem Rekurs auf die ↗Menschenrechte und auf die Rechtsanthropologie die Formulierung allgemeiner Rechtsprinzipien – wie das Fairneßprinzip (Rawls) oder das Toleranzprinzip (Kaufmann) – von besonderer Bedeutung. **Lit.:** R. Dreier: Recht-Moral-Ideologie. Frankfurt 1981. – K. Engisch: Auf der Suche nach der Gerechtigkeit. München 1971. – H. L. A. Hart: Der Begriff des Rechts. Frankfurt 1973. – A. Kaufmann: Grundprobleme der Rechtsphilosophie. München 1994. – G. Radbruch: Rechtsphilosophie. Stuttgart [9]1983. – J. Rawls: Eine Theorie der Gerechtigkeit. Frankfurt 1975. CM

**Rechtspositivismus,** schränkt die Betrachtung des Rechts auf seine empirischen Merkmale ein. Dabei wird nur diejenige Norm als Recht aufgefaßt, die unabhängig von ihrem Inhalt formal fehlerfrei durch eine dazu befugte Instanz gesetzt wurde (etatistischer R.) und/oder sozial wirksam ist. Die soziale Wirksamkeit des Rechts hält der psychologische R. dann für gegeben, wenn die Normadressaten die Rechtsregel als verpflichtend erleben und als solche anerkennen. Dagegen beobachtet der soziologische R. die tatsächliche Befolgung des Rechts durch die Rechtsgenossen bzw. seine tatsächliche Anwendung durch den eingesetzten Rechtsstab. Fragen normativer Richtigkeit, wie sie für eine naturrechtliche Rechtsbetrachtung (↗Naturrecht) typisch sind, klammert der R. aus, insofern kann nach seiner Auffassung »jeder beliebige Inhalt Recht sein« (Kelsen). Die damit implizierte Trennung von Recht und Moral soll das Recht von ethischen Begründungslasten befreien, und die nicht zuletzt dadurch ermöglichte Formalisierung des Rechts soll ein möglichst hohes Maß an Rechtssicherheit gewährleisten. Die Moralneutralität des Rechts bedeutet indessen nicht, daß rechtliche Normen nicht auf genuin moralische Vorstellungen zurückgeführt werden könnten, und sie schließt auch nicht aus, daß ursprünglich moralische Ideale – etwa durch eine Verfassungsgesetzgebung – in das positive Recht aufgenommen werden können. Weil Recht seinen Rechtscharakter nicht durch seine (immerhin mögliche aber nicht notwendige) Übereinstimmung mit moralischen Normstandards erwirbt, kann es ihn auch nicht durch eine (gegebenenfalls berechtigte) moralische Kritik verlieren. **Lit.:** R. Dreier (Hg.): Rechtspositivismus und Wertbezug des Rechts. Stuttgart 1990. – N. Hoerster: Verteidigung des Rechtspositivismus. Frankfurt 1989. – M. Kaufmann: Rechtsphilosophie. Freiburg/München 1996. – H. Kelsen: Reine Rechtslehre. Wien $^{2}$1960. – W. Ott: Der Rechtspositivismus. Berlin $^{2}$1992. – K. Seelmann: Rechtsphilosophie. München 1994. FG

**Rechtssicherheit** ist die »Sicherheit durch das Recht« (Radbruch, S. 28), die »Zuverlässigkeit der Geltung« des Rechts (Germann, S. 55), mithin die Gewißheit der Normadressaten über Bestand, Durchsetzbarkeit und Dauerhaftigkeit ihrer konkreten Rechte und Pflichten nach dem positiven Recht. Die R. gilt neben Zweckmäßigkeit und Gerechtigkeit als eines der Elemente der Rechtsidee (Radbruch, S. 23 ff.) und gleichzeitig als eine der zentralen Garantien des Rechtsstaatsprinzips. Sie setzt unter anderem die Klarheit, Bestimmtheit, Übersichtlichkeit und effektive Durchsetzbarkeit des Rechts voraus und ist dadurch aufs engste mit der Verkörperung des Rechts in Gesetzen, dem Gewaltmonopol des Staates, einer funktionierenden Gerichtsbarkeit und der ↗Gesetzesbindung aller Staatsgewalten verknüpft. Die R. erfordert den Schutz des Vertrauens auf rechtliche Regelungen und Nichtregelungen. Das zwingt im Einzelfall zu Übergangsregelungen oder führt, insbesondere im Strafrecht, zu ↗Rückwirkungs- und Analogieverboten (nullum crimen, nulla poena sine lege scripta, certa, praevia). Angesichts der Auslegungsbedürftigkeit von unbestimmten Rechtsbegriffen und Generalklauseln (»Gute Sitten«, »Treu und Glauben«) setzt die R. außerdem ein gewisses Beharrungsvermögen bei Präjudizien sowie eine entwickelte Jurisprudenz mit systematisierter Methodik voraus. Innerhalb eines Rechtssystems bildet die R. den wichtigsten Rechtfertigungsgrund für Ausschlußfristen, Ersitzungs- und Verjährungstatbestände, Altersgrenzen sowie die Bestandskraft von Hoheitsakten, insbesondere für die materielle Rechtskraft gerichtlicher Entscheidungen, durch welche - abgesehen von eng definierten Ausnahmen (Wiedereinsetzung, Wiederaufnahme) - Gerichte im Falle späterer Prozesse gebunden sind, so daß für alle Beteiligten eines Rechtsstreits eine unverrückbare Rechtsposition geschaffen wird. **Lit.:** O. A. Germann: Rechtssicherheit. In: Ders.: Methodische Grundfragen. Basel 1946. S. 54 ff. – G. Radbruch: Vorschule der Rechtsphilosophie. Göttingen $^{3}$1965. S. 28 ff. AT

**Rechtsstaat.** Der R. bildet zusammen mit den anderen Staatsstruktur- und Staatszielprinzipien (Demokratie, Sozialstaat und Bundesstaat) die zentralen Säulen des gegenwärtigen dt. Verfassungsgebäudes (Art. 20, Abs.1; Art. 28, Abs.1, S.1 GG). Unter ihnen kommt der R.idee die Hauptrolle bei der Entstehung des modernen deutschen Verfassungsstaates zu. Sie entwikkelt sich in Konfrontation mit der absolutistischen Staatstheorie, nach der Staatszweck die allumfassende Sorge des Staates um das Wohl der Untertanen ist, alle Staatsgewalt in der Person des Monarchen vereint wird und seine Souveränität absolut und zeitlich unbegrenzt ist, sieht man von der Unveränderbarkeit von Fundamentalnormen, »leges imperii«, ab (Bodin). Folglich sieht sie in der Begrenzung und Teilung der monarchischen Herrschaftsgewalt (»séparation des pouvoirs«, Montesquieu) und der Vernunftrechtsorientierung der Staatlichkeit die Mittel zur Wahrung der Freiheit des Bürgers, ihrer fundamentalen Zielsetzung: Die Staatsdefinition »l'état, c'est moi« (Louis XIV.) wird abgelöst durch »Vereinigung von Menschen, die unter Rechtsgesetzen leben« (Kant). Vorgezeichnet ist dieser Staatsbegriff in der englischen Verfassungstheorie des ausgehenden 17. Jh.: Die Begrenzung der Staatsfunktion auf die Sicherung von life, liberty und property (Locke). – Die Forderungen nach allein durch Gesetz legitimierter Staatstätigkeit, Verteilung der staatlichen Herrschaft auf mehrere sich gegenseitig kontrollierende Träger, Souveränität des Volkes, die als unabdingbare Voraussetzungen für die Umsetzung der liberal-utilitaristischen Maxime »das größtmögliche Glück der größtmöglichen Zahl«(Bentham) angesehen werden, können als das Ergebnis der Rezeption von Kategorien und Forderungen der Aufklärung verstanden werden (»Handle so, daß die Maxime deines Handelns jederzeit zugleich als Prinzip einer allgemeinen Gesetzgebung gelten kann«, Kant). Dies spiegelt sich auch begrifflich wider: R. wird in seiner ursprünglichen Bedeutung als der »Staat der Vernunft« (Welcker), der »Verstandesstaat« (von Mohl) definiert. – Den damit verbundenen Anspruch versucht man zunächst institutionell, d. h. über die Herausbildung einer eigenen Gerichtsbarkeit für die Verwaltung und damit der Möglichkeit, Akte der Exekutive durch eine von ihr unabhängige Staatsgewalt überprüfbar zu machen, umzusetzen, ergänzt durch ehrenamtliche Tätigkeit des Bürgers in der Verwaltung (von Gneist). Neben die solchermaßen zu ereichende Gesetzmäßigkeit der Verwaltung tritt in der Weimarer Republik die Herausbildung grundrechtlicher Abwehrrechte gegenüber der staatlichen Herrschaft (Art. 109 ff. WRV). Diese erfahren nach dem Scheitern des »formalen R.s« im 3. Reich wesentliche Stärkung: Staatliche Herrschaft wird auf den Schutz der Menschenwürde als oberstem Ziel aller staatlichen Aktivität ausgerichtet (Art. 1 GG), die Grundrechte werden als unmittelbar geltendes Recht konzipiert, ihre Durchsetzbarkeit über die Verfassungsgerichtsbarkeit garantiert (Art. 93 (1) 4a GG). – Die moderne, industrielle Massendemokratie erweitert den liberalen Gehalt des R.s um eine soziale Dimension: Die Idee der individuellen Freiheit als oberstem Ziel der politischen Ordnung muß sich erneut gegen – mit der Formel der (sozialen) Gerechtigkeit zunächst ausreichend legitimierte – (Umverteilungs-)Eingriffe (wohlfahrts-)staatlicher Herrschaft behaupten, so daß das Gewährleisten ausgewogener Politikgestaltung, die den Dualismus von Freiheit und Gleichheit so aufzulösen vermag, daß die Legitimation der politischen Ordnung nicht angetastet wird und eine ausreichend stabile Unterstützung der staatlichen Herrschaft durch die Wähler besteht, als Hauptaufgabe des modernen R.s angesehen werden kann. **Lit.:** J. Bentham: An Introduction to the Principles of Moral and Legislation, 1789. – J. Bodin: Six livres de la République, 1576 (Sechs Bücher über den Staat, 1981). – E.-W. Böckenförde: Staat, Gesellschaft, Freiheit. Frankfurt 1976. – R. v. Gneist: Der Rechtsstaat, 1879. – I. Kant: Metaphysik der Sitten, 1797. – J. Locke: The Second Treatise on Government, 1690 (Über die Regierung, 1978) – P.-C. Mayer-Tasch: Politische Theorie des Verfassungsstaates. München 1991. – R.v. Mohl: Das Staatsrecht des Königreichs Württemberg, 1829. – Ch.-L. Montesquieu: De l'ésprit des lois, 1748 (Vom Geist der Gesetze, 1976). – U. Scheuner: Staatstheorie und Staatsrecht. Berlin 1978. – K. Stern: Der Rechtsstaat. Krefeld 1971. – C. Th. Welcker: Die letzten Gründe von Recht, Staat und Strafe, 1813. MB

**Rechtstheorie.** Die R. ist weniger eine inhaltlich eindeutig strukturierte und konturierte Theorie als vielmehr ein Sammelbegriff für unterschiedliche Theorieansätze, die entweder die Wissenschaftlichkeit der Rechtswissenschaft insgesamt oder eines ihrer Teilgebiete zu fundieren und zu sichern suchen. Dabei wird R. häufig als »Basisdisziplin der Rechtswissenschaft« (Maihofer) begriffen, die als Wissenschaftstheorie des Rechts nicht nur innerjuristische Theoriebestände und -desiderate nach wissenschaftlichen Standards bearbeitet und systematisiert, sondern darüber hinaus auch außerrechtliche Theorien wie Erkenntnistheorie, Sprachtheorie sowie psychologische und soziologische Theorien für den juristischen Diskurs fruchtbar macht. Daher bezeichnet Dreier die R. im Anschluß an I. Agge als »Grenzpostendisziplin«, »die nachbarwissenschaftliche Informationen, und zwar empirische wie theoretische, auf ihre Relevanz für die Rechtswissenschaft im engeren Sinne prüft«. Dagegen betont Luhmann die interne Funktion der R. für das Rechtssystem: R. ist in systemtheoretischer Lesart als ständig »mitlaufende Selbstreferenz« eine Form der Selbstbeschreibung des Rechtssystems, die Eigenart und Autonomie des Rechts reflektiert und die Identität des Systems sichert. – Obwohl R. als Theorie von unmittelbarer Praxis entlastet ist, bleibt sie doch an der juristischen Praxis orientiert: So ist es nicht zuletzt ihre Aufgabe, der Rechtsdogmatik in analytischer, empirischer und normativer Hinsicht zuzuarbeiten (vgl. Dreier), sie ist daher als »Reflexionstheorie« des Rechts immer auch »praktische Theorie« (Luhmann). – Wenn auch gelegentlich noch darauf hingewiesen wird, daß eine definitive Unterscheidung zwischen R. und ↗Rechtsphilosophie im Einzelfall nur schwer durchzuführen ist (vgl. z.B. Kaufmann), hat sich die R. als Theorie des positiven Rechts doch in Abgrenzung von der Rechtsphilosophie formiert. Daher wird historisch die R. erst mit den Arbeiten der ›Historischen Rechtsschule‹ (Savigny u.a.) angesetzt, die juristisches Denken unabhängig von den Paradigmen der praktischen Philosophie als eigenständige Reflexion etablierte. Noch die von Kelsen inspirierte »Internationale Zeitschrift für Rechtstheorie« (1926ff.) grenzte sich ausdrücklich von der Rechtsphilosophie ab und definierte »eine Theorie des positiven Rechts« als ihr originäres Arbeitsgebiet, zu dessen Aufgaben rechtsphilosophische Fragen der »Gerechtigkeit, des richtigen, gerechten, des natürlichen oder absoluten Rechts« nicht mehr gehören sollten. **Lit.:** R. Dreier: Was ist und wozu Allgemeine Rechtstheorie? Tübingen 1975. – G. Jahr/W. Maihofer (Hg.): Rechtstheorie. Frankfurt 1971. – A. Kaufmann/W. Hassemer (Hg.): Einführung in Rechtsphilosophie und Rechtstheorie der Gegenwart. Heidelberg $^{6}$1994. – H. Kelsen: Reine Rechtslehre. Wien $^{2}$1960. – N. Luhmann: Rechtssoziologie. Opladen $^{2}$1983. – W. Maihofer: Rechtstheorie als Basisdisziplin der Jurisprudenz. In: H. Albert u.a. (Hg.): Rechtstheorie als Grundlagenwissenschaft der Rechtswissenschaft. Düsseldorf 1972. – G. Roellecke (Hg.): Rechtsphilosophie oder Rechtstheorie? Darmstadt 1988. – I. Tammelo: Was ist von der Rechtstheorie heute zu erwarten? In: Rechtstheorie. Jg. 11,1 (1980). FG

**Rectitudo** (lat. Rechtheit, Richtigkeit). Im Denken Anselms von Canterbury wird R. dem zugeschrieben, das erfüllt, was es soll. Ein solches je spezifisches Sollen wird allem Seienden von Gott aufgegeben. Als die höchste Wahrheit ist er zugleich die höchste Rechtheit, die selbst keinem heteronomen Sollen unterworfen ist und als die Ursache aller anderen rectitudines gilt. R. fungiert bei Anselm in seinem ethisch-teleologischen Gehalt als Oberbegriff für Wahrheit und Gerechtigkeit. Wahr und zugleich recht ist eine Aussage dann, wenn sie aussagt, was ist und damit vollzieht, was sie soll. Während die Wahrheit eine allein durch den Geist faßbare R. darstellt, ist die Gerechtigkeit eine Rechtheit des Willens: Der Gerechte tut nicht nur, was er soll, sondern er will dies aus freien Stücken und allein um der R. selbst willen. **Lit.:** Anselm von Canterbury: De veritate – Über die Wahrheit. Lat.-dt. Ausg. von F.S. Schmitt. Stuttgart-Bad Cannstatt 1966. – R. Pouchet: La Rectitudo chez Saint Anselme. Paris 1964. – K. Kienzler: Glauben und Denken bei Anselm von Canterbury. Freiburg u.a. 1981. – H. Külling: Wahrheit als Richtigkeit. Bern u.a. 1984. FG

**Reductio ad absurdum** ↗Beweis

**Reduktion.** R. besteht in der Rückführung eines Gegenstandsbereichs (einer Theorie) auf einen anderen Gegenstandsbereich (eine andere Theorie). Diese R. kann einmal als Elimination des ursprünglichen Gegenstandsbereichs (einer Theorie) angesehen werden (»Gegenstände der Art X gibt es nicht«); zweitens als Konsolidierung des zu reduzierenden Gegenstandsbereichs aufgefaßt werden (»Gegenstände der Art X sind eigentlich Gegenstände der Art Y«); oder aber drittens als eine Transformation (»die Gesetzesaussagen der Theorie A sind Spezialfälle der Gesetzesaussagen der Basistheorie B«). – Zu unterscheiden ist zwischen einer methodologischen und einer ontologischen R. Die methodologische R. stellt die stärkere Form dar und fordert neben der ontologischen Rückführung die Ableitbarkeit der zu reduzierenden Theorie A aus der Basistheorie B. Dazu ist entweder die Möglichkeit der Ableitung der Gesetze von A aus den Gesetzen von B erforderlich, oder sogar die Möglichkeit der Definition des Vokabulars der Theorie A mittels des Vokabulars der Theorie B. Während die methodologische R. die ontologische R. umfaßt, kann man eine ontologische Reduktionsthese aufstellen (Theorie A hat keinen von Theorie B unterschiedenen Gegenstandsbereich), ohne eine weitergehende methodologische R. für möglich zu halten (die Gesetze und das Vokabular von Theorie A sind gegenüber der Theorie B selbständig). Die Unterscheidung zwischen ontologischen und methodologischen Reduktionsthesen ist z. B. zentral für Fragestellungen und mögliche Positionen innerhalb der Philosophie des Geistes (anomaler ↗Monismus). ↗Reduktionismus. **Lit.:** E. Nagel. The Structure of Science. New York 1961. Kap. 11. MQ

**Reduktion, eidetische,** methodischer Schritt in der Phänomenologie Husserls, durch die er – in Abgrenzung zur empirischen Wissenschaft – den Weg zu einer Wesensforschung eröffnen und den Anspruch einer apriorischen Erkenntnis sichern will. Husserls Vorgehen der Wesensbestimmung vollzieht sich im Verfahren der ↗eidetischen Variation. Die e. R. findet zu einer allgemeinen Wesensstruktur, indem von den Zufälligkeiten und individuellen Besonderheiten der faktisch vollzogenen Denkakte abstrahiert wird. **Lit.:** E. Husserl: Ideen zu einer reinen Phänomenologie und phänomenologische Philosophie. Hua III/1. § 3. PP

**Reduktion, phänomenologische,** methodischer Schritt in der phänomenologischen Philosophie von Husserl und Scheler. Husserl gebraucht dabei die Bezeichnung nicht einheitlich: Zum einen meint er die phänomenologische ↗Epoché, d. h. die Einklammerung der fraglosen Gültigkeit dessen, was wir in der natürlichen Einstellung für die Wirklichkeit halten. Zum anderen bezeichnet er damit den methodischen Zugang zur transzendentalen Subjektivität, d. h. zu einer Theorie der transzendentalen Konstitution. – Bei Scheler bedeutet die ph. R. das Absehen von den Besonderheiten und die Erfassung des Wesens (d.i. des reinen So-seins) des Gegebenen. **Lit.:** E. Husserl: Ideen zu einer reinen Phänomenologie und phänomenologischen Philosophie. Hua III/1. § 33. §§ 56–62. – M. Scheler: Zur Ethik und Erkenntnislehre. In: Schriften aus dem Nachlaß 1. Bern/München $^{2}$1957. S. 394. PP

**Reduktion, transzendentale.** Husserl bezeichnet damit den methodischen Zugang zur Sphäre der transzendentalen Subjektivität. Er gebraucht dabei den Begriff häufig gleichbedeutend mit dem Begriff der phänomenologischen ↗Epoché, die den Blick für das reine Bewußtsein eröffnet. In einem strengen Sinn bedeutet t. R., daß der Bewußtseinsbegriff auch noch von allen Horizontimplikationen gereinigt werden muß und die Selbstauffassung des Bewußtseins nicht mehr in einem verweltlichendem Sinne vollzogen werden darf. **Lit.:** E. Husserl: Ideen zu einer reinen Phänomenologie und phänomenologischen Philosophie. Hua III/1. § 33. – Ders.: Cartesianische Meditationen. Hua I. V. Meditation. § 45. PP

**Reduktionismus.** Es gibt drei Arten reduktionistischer Thesen. In ihrer ontologischen Form besagt die Reduktionismusthese, daß man Entitäten eines Bereichs auf Entitäten eines anderen Bereichs zurückführen kann (z. B. mentale Ereignisse auf physikalische Ereignisse oder materielle Gegenstände auf Sinnesdaten). Hinter dem ontologischen R. steht häufig ein ontologischer Monismus, der in der zeitgenössischen Philosophie zumeist in Form des ↗Physikalismus vertreten wird. – Als methodologische These beinhaltet R. die Vorstellung, daß alle Wissenschaften von der Ontologie und den Methoden der Basiswissenschaft, die zumeist mit der Physik gleichgesetzt wird, auszugehen haben. Hinter dieser Auffassung steht das Programm einer Einheitswissenschaft mit einer Basis und darauf aufbauenden abgeleiteten Spezialwissenschaften. – Als epistemische These zielt der R. auf die Zurückführung von Aussagen einer Theorie in Aussagen der Basistheorie. – Kritiker an diversen Versuchen der Rückführung verschiedener Wissenschaften auf eine Basiswissenschaft und Anhänger dualistischer Ontologien verwenden den Terminus häufig in einem pejorativen Sinne: »R.« bezeichnet dann z. B. die ungerechtfertigte Übertragung naturwissenschaftlicher Methoden auf die Geisteswissenschaften (↗Erklären-Verstehen-Kontroverse) oder aber die fälschliche Rückführung eines selbständigen Bereichs von Entitäten auf einen anderen Bereich (Philosophie des Geistes). MQ

**Redundanztheorie,** Bezeichnung für eine Auffassung, nach der die Anwendung der Prädizierung von »wahr« überflüssig ist. So besagt der Satz »Es ist wahr, daß 2 eine Primzahl ist« im Grunde nicht mehr als der Satz »2 ist eine Primzahl«. Das Wort »wahr« ist in gewissem Sinne überflüssig und ohne Sinnverlust eliminierbar. In beiden Aussagen wird der Satz »2 ist eine Primzahl« (symbolisiert: p) als wahr hingestellt. Allgemein formuliert gilt die Äquivalenz: »es ist wahr, daß p« äquivalent »p«. Nach der von Ramsey und Ayer vertretenen Auffassung erschöpft sich die Bedeutung von »wahr« in dieser Äquivalenz. ↗Wahrheit. **Lit.:** A. J. Ayer: Sprache, Wahrheit und Logik. Stuttgart 1970. S. 114 ff. – F. P. Ramsey: Tatsachen und Propositionen. In: G. Skirbekk (Hg.): Wahrheitstheorien. Frankfurt 1977. S. 224 f. PP

**Referenz** (auch: Bezug, Bezugnahme, Denotation), i.e.S. die Beziehung zwischen einem singulären Terminus (einem ↗Eigennamen, einer ↗Kennzeichnung oder einem indexikalischen Ausdruck) und dem damit bezeichneten Gegenstand (Referenzobjekt, Denotat). Häufig wird auch die Beziehung eines Prädikats zu der

ihm zugeordneten Menge von Gegenständen als »R.« bezeichnet. Man kann R. dann allgemein als die Beziehung eines sprachlichen Ausdrucks zu seiner Extension definieren und von seiner Bedeutung (↗Intension/Extension; Frege: »Sinn«; engl. meaning) unterscheiden. Umstritten ist, ob die Beziehung eines ganzen Aussagesatzes zu einer entsprechenden Tatsache oder Situation bzw. zu einem Wahrheitwert (Frege) ebenfalls als R. betrachtet werden kann. Die Frage, auf welchen sprachlichen Mechanismen die R. von Ausdrükken beruht und um welche Art von Beziehung zu den bezeichneten Gegenständen es sich dabei handelt, ist eines der zentralen Themen der sprachanalytischen Philosophie des 20. Jh., bei dem es letztlich um den Zusammenhang zwischen Denken, Sprache und außersprachlicher Wirklichkeit geht. – Die verschiedenen Beiträge zu einer Theorie der R. lassen sich idealisierend auf drei Grundpositionen zurückführen:
(1) Den Kennzeichnungs- oder Merkmalstheorien der R. (z.B. Frege, Russell) zufolge ist die R. eines Ausdrucks abhängig von seiner Bedeutung: Ein singulärer Terminus (S) referiert auf einen Gegenstand (O), wenn zur Bedeutung von S die Angabe von Merkmalen gehört, die auf O und nur auf O zutreffen (Analoges gilt für die Extension von Prädikaten). Klassisch ist Russells Analyse von Kennzeichnungen: »Der deutsche Kanzler« bezieht sich auf einen bestimmten Politiker, wenn es genau einen Gegenstand gibt, auf den das Prädikat »ist deutscher Kanzler« zutrifft. Die R. der wichtigsten indexikalischen Ausdrücke sowie von nicht weiter analysierbaren Prädikaten läßt sich auf diese Weise allerdings nicht erklären. Außerdem ergeben sich paradoxe Konsequenzen: Gehört es zur referenzfestlegenden Bedeutung des Namens »Aristoteles«, daß es sich um den Lehrer Alexanders handelt, so ist »Aristoteles war der Lehrer Alexanders« ein analytisch wahrer Satz. Dieses Problem vermeidet die Bündeltheorie der R. (z.B. Searle): Danach besteht die Bedeutung referierender Ausdrücke in einem Bündel (cluster) von Merkmalen, von denen jedoch nicht unbedingt alle auf einen bestimmten Gegenstand zutreffen müssen, um die R. festzulegen. – Ebenfalls zu den Kennzeichnungstheorien zu rechnen ist die sprachpragmatisch orientierte Auffassung, daß der R. eines singulären Terminus die Handlung des Referierens (durch den Gebrauch dieses Terms als Teil einer prädikativen Aussage) zugrundeliegt. Ein Sprecher referiert auf einen bestimmten Gegenstand, indem er ihn für sein Publikum identitifiziert, d.h. indem er zu verstehen gibt, von welchem Gegenstand die Rede ist. Dafür ist die raum-zeitliche Lokalisierung des Referenzobjekts grundlegend (z.B. Strawson, Tugendhat).
(2) Der kausalen oder historischen Theorie der R. zufolge wird die R. eines Ausdrucks nicht durch dessen Bedeutung, sondern unmittelbar durch einen ursprünglichen Taufakt festgelegt, bei dem ein Name mit einem bestimmten Gegenstand oder ein Prädikat mit einem paradigmatischen Exemplar der relevanten Menge verknüpft wird (z.B. Kripke, Putnam). Diese Verbindung wird mit den späteren Verwendungen des Ausdrucks tradiert. So referiert z.B. ein Name auf denjenigen Gegenstand, mit dem er durch eine ununterbrochene Kette von Verwendungen, bis zurück zu einem Taufakt, kausal verbunden ist. Anders als bei Kennzeichnungstheorien kann der kausalen Theorie zufolge die R. eines Ausdrucks auch dann gleich bleiben, wenn seine Bedeutung und die mit ihm verbundenen Merkmale sich ändern. Umstritten ist allerdings, ob sich die für die R. konstitutive Kausalkette in einem rein physikalistischen Vokabular beschreiben läßt.
(3) Quines These der Unerforschlichkeit der R. zufolge ist die R. eines Ausdrucks abhängig von der Wahl eines Übersetzungsmanuals (z.B. Wörterbuch): Ob das Wort »gavagai« einer Dschungelsprache auf Hasen, unabgeschnittene Hasenteile oder auf etwas ganz anderes referiert, liegt unabhängig von der Entscheidung für eine bestimmte Übersetzung nicht fest. Da es Quines berühmtem Argument für die Unbestimmtheit der Übersetzung zufolge zu jeder Übersetzung zulässige Alternativen gibt, verfügt kein einzelner Ausdruck über eine eindeutige R.; nur bestimmte beobachtungsnahe Sätze stehen als ganze in einer eindeutigen Beziehung zur außersprachlichen Wirklichkeit. Wie auch der Bedeutungsbegriff spielt der Begriff der R. Quine zufolge daher in einer wissenschaftlichen Bescheibung der Welt keine Rolle. **Lit.:** G. Evans: The Varieties of Reference. Oxford 1982. – W. Kellerwessel: Referenztheorien in der analytischen Philosophie. Stuttgart-Bad Cannstatt 1995. – Ders. (Hg.): A Bibliography on Reference and Some Related Topics in Analytical Philosophy. Frankfurt 1996. – A. Newen: Kontext, Referenz und Bedeutung. Paderborn u. a. 1996. – U. Wolf (Hg.): Eigennamen. Frankfurt 1985. MW

**Reflexion** (lat. reflectere: zurückbeugen), aus der Optik stammender Grundbegriff der neuzeitlichen Philosophie, der zunächst den Selbstbezug des denkenden Ich bezeichnet, wie er von Descartes als Grundlage aller Wissenschaft in Anspruch genommen wurde. – Die Selbstbezüglichkeit des Denkens hatte zwar schon in der Antike eine bedeutsame Rolle gespielt. Dennoch kommt weder der platonischen Deutung des delphischen »Erkenne dich selbst!«, noch dem aristotelischen »Denken des Denkens« oder der neuplatonischen »Rückwendung« des Geistes eine systematische Bedeutung zu, wie sie die R. im Zusammenhang mit der Herausbildung des neuzeitlichen ↗Subjekts gewinnen konnte. – Nachdem Descartes hierfür den sachlichen Ansatzpunkt geliefert hatte, setzt sich mit Lockes Unterscheidung von R. und Wahrnehmung äußerer Objekte auch der bereits bei Thomas von Aquin anzutreffende Terminus »R.« durch. Demnach kann nur die R. zu ↗Ideen von den Tätigkeiten unseres eigenen Verstandes führen. – Wenn die Wahrnehmung bei Locke gleichwohl häufig als einzig wirkliche Quelle von Erkenntnis erscheint, so führt Kant dies auf eine »Amphibolie der Reflexionsbegriffe« zurück, die sich als eine Verwechslung von Ding an sich und Erscheinung unweigerlich einstelle, solange nicht in einer transzendentalen R. geklärt worden sei, zu welchem Erkenntnisvermögen gegebene Begriffe gehörten. Derselben Verwechslung, wenn auch mit der umgekehrten Konsequenz der Intellektualisierung von Erscheinungen, erliege auch Leibniz. Daneben kennt Kant eine ästhetisch bzw. teleologisch reflektierende Urteilskraft, die anders als die in der Wissenschaft angesiedelte bestimmende Urteilskraft nicht subsumierend vorgehe, sondern zu einem gegebenen Besonderen allererst ein Allgemeines suche.

Eine zentrale, wenn auch ambivalente Stellung erlangt der Begriff der R. im ↗Deutschen Idealismus. So wird der bis auf Rousseaus Kulturkritik zurückgehende Gedanke, daß R. wesentlich Trennung sei und insofern für die Zerrissenheit der modernen Welt verantwortlich gemacht werden müsse, im Anschluß an Fichte immer wieder mit der Auffassung verbunden, allein durch R. könne die verlorene Einheit wiederhergestellt werden. Zu denken ist dabei v.a. an Hegel, der dies durch eine »Reflexion der Reflexion« zu erreichen versucht. Dabei gelangt er zu einer Bestimmung der R., nach der sie keine bloß subjektive Tätigkeit mehr ist, sondern das sich in sich selbst Reflektieren des Seins bzw. des aus dem Sein resultierenden Wesens. – Hatte sich im Psychologismus des 19. Jh. die alte Auffassung der R. als einer Tätigkeit des Subjekts bis zu ihrer Behandlung als etwas bloß empirisch Gegebenes radikalisiert, knüpft Husserl wieder an den cartesischen Grundgedanken an, indem er R. als Bezeichnung jener selbstbezüglichen Akte versteht, in denen sich das Bewußtsein durchsichtig und durch eine phänomenologische »Bewußtseinsmethode« überhaupt analysierbar wird. Gleichwohl überwiegt in der Philosophie des 20. Jh. die aus einer Kritik an Husserl hervorgegangene und an Hegel erneuerte Überzeugung, daß R. eine Trennung produziere, die auch durch ihren Selbstbezug nicht aufgefangen werden könne. **Lit.:** W. Benjamin: Der Begriff der Kunstkritik in der deutschen Romantik. Bern 1920. – D. Henrich: Hegels Logik der Reflexion. In: Ders.: Hegel im Kontext. Frankfurt 1971. – E. Husserl: Ideen I. Hua Bd. 3. Den Haag 1950ff. Bes. § 78. – I. Kant: Kritik der reinen Vernunft. Anh. zur Transzendentalen Analytik. – J. Locke: Essay. Hamburg 1968. II, 6, 7. – K. Oehler: Die Lehre vom Noetischen und Dianoetischen Denken bei Platon und Aristoteles. München 1962. – W. Schulz: Das Problem der absoluten Reflexion. Frankfurt 1963. – J. Starobinski: J.-J. Rousseau et le péril de la réflection. In: Ders.: L'il vivant. Paris 1961. – H. Wagner: Philosophie und Reflexion. München 1959. WAM

**Reflexivität,** in der formalen Logik eine Eigenschaft der ↗Relation: Eine Relation heißt genau dann reflexiv, wenn jedes Relationsglied die Relation R zu sich selbst hat (symbolsprachlich: $\forall xF(x,x)$). Bsp.: x ist aus dem gleichen Material wie y. Irreflexiv heißt eine Relation genau dann, wenn kein Gegenstand diese Relation R zu sich selbst hat (z.B. x ist nicht Vater von x, d.h. von sich selber); non-reflexiv ist eine Relation genau dann, wenn es wenigstens einen Gegenstand gibt, der nicht einer Relation R zu sich selber steht (z.B. x verachtet y). PP

**Regel, Goldene,** Name eines Moralprinzips, das in beinahe allen Kulturbereichen und Religionen anzutreffen ist. Die G.R. wird in einer positiven und in einer negativen Form durch die Tradition vermittelt, während im alltagssprachlichen Kontext überwiegend die negative Form: »Was du nicht willst, daß man dir tu', das füg' auch keinem anderen zu!« zur Sprache kommt. Eine positive Formulierung der G.R. findet sich in der durch die Evangelisten Lukas und Matthäus übermittelten Bergpredigt von Jesus: »Alles nun, von dem ihr wollt, daß es die Menschen euch tun, das tut auch ihr ihnen; denn das ist das Gesetz und die Propheten!«. Der Gehalt der G.R. liegt in der Bestimmung eines Standpunktes, von dem aus über eine Handlungsweise gerecht geurteilt werden kann. Die Regel fordert einen in einer Handlungssituation sich Befindenden dazu auf, sich in einer Art Gedankenexperiment in die Situation oder an die Stelle dessen zu versetzen, der von der Handlung primär betroffen sein wird. In der gegenwärtigen Diskussion wird die G.R. als Verpflichtungssatz rekonstruiert: Wenn ich will, daß niemand in einer solchen Situation irgend jemand so behandelt, dann bin ich verpflichtet, in einer solchen Situation niemanden so zu behandeln (Hoche). Die G.R. formuliert damit ein für jede Sozietät grundlegendes Prinzip der Gegenseitigkeit. **Lit.:** I. Craemer-Ruegenberg: Moralsprache und Moralität. Freiburg/München 1975. – R.M. Hare: Freiheit und Vernunft. Frankfurt 1973. – H.-U. Hoche: Die Goldene Regel. Neue Aspekte eines alten Moralprinzips. In: Zeitschrift für philosophische Forschung 32 (1978). S. 355ff. – N. Hoerster: Utilitaristische Ethik und Verallgemeinerung. Freiburg/München 1971. – Ders.: R.M. Hares Fassung der Goldenen Regel. In: Philosophisches Jahrbuch 81 (1974). S. 186ff. – M.G. Singer: Verallgemeinerung in der Ethik. Frankfurt 1975. PP

**Regressus** (lat. regredi: zurückgehen), bezeichnet ein Zurückschreiten des Denkens vom Bedingten zur Bedingung, von der Wirkung zur Ursache. Ist ein solches Zurückschreiten nicht abschließbar, heißt es regressus ad infinitum. TF

**Regularitätsthese,** Bezeichnung für Hume's Umformulierung des Kausalzusammenhanges. Aus seiner Kritik an der Vorstellung, daß zwischen Ursache und Wirkung ein notwendiger Zusammenhang bestehe, kommt Hume zu der These, der Zusammenhang zwischen zwei Ereignissen resultiere aus einem psychischen Mechanismus der menschlichen Wahrnehmung: Aufgrund wiederholter Erfahrungen entwickelt sich beim Menschen eine Gewohnheit, d.h. eine subjektive Erwartung, daß sich die beobachteten Ereignisse auch weiterhin so verhalten werden. Die R. gründet in der Gewohnheit des Menschen. **Lit.:** D. Hume: Eine Untersuchung über den menschlichen Verstand. Hamburg [12]1993. PP

**Regulativ** ↗Konstitutiv/regulativ

**Rein.** Die in der Rede von etwas R.em zum Ausdruck kommenden Vorstellungen von Lauterkeit, Unverfälschtheit und Originalität betreffen sowohl den Zustand der Reinheit als auch dessen Herbeiführung durch eine Reinigung. Diese in vermutlich allen Kulturen anzutreffenden Vorstellungen haben einen starken Bezug zur kultischen Sphäre und zu religiösen Praktiken wie zeremoniellen Waschungen u. ä. – Im hellenistisch-christlichen Kulturkreis ist zum einen die aristotelische Vorstellung einer »kathartischen« Reinigung von Mitleid und Furcht durch die »Nachahmung« eben solcher Affekte in der Tragödie bedeutsam geworden. – Zum andern ist die Geschichte des Christentums von Anfang an durch die von Sünden reinwaschende Taufe wie durch die Frage gekennzeichnet, inwieweit die Zeugnisse der Apostel das r.e Wort Jesu darstellen. Dieses hermeneutisch relevante Problem der »r.en Lehre« wurde im Sinne eines orthodoxen Purismus vielfach ideologisch und politisch mißbraucht. – In Kants *Kritik der reinen Vernunft* heißen diejenigen »Erkenntnisse[n] a priori … rein, denen gar nichts Empirisches beigemischt ist« (*KrV*, B 3). **Lit.:** Aristoteles: Poetik. – M. Luther: Wider Hans Worst. 1541. – I. Kant: Kritik der reinen Vernunft. 1781/²1787. – M. Douglas: Reinheit und Gefährdung. Frankfurt 1988.

DIK

**Reine Erfahrung** (jap. junsui keiken). Ausgehend von der Erfahrung im Zen-Buddhismus, versucht Nishida (↗Kyôto-Schule) in seinem Werk *Über das Gute* die Philosophie neu aufzubauen. R. E. (der Begriff ist entlehnt von W. James) bezeichnet dabei ein unmittelbares Wissen vor jeder Reflektion, in dem das Tatsächliche so bewahrheitet wird, wie es ist. Dabei ist entscheidend, daß »die Erfahrung nicht aufgrund des Individuums, sondern das Individuum aufgrund der Erfahrung ist«. Was wie ein bloßer Empirismus klingt, ist der Versuch, die ostasiatische Wirklichkeitserfahrung philosophisch zu erfassen. Der Begriff der R. E. wird von Nishida im Fortgang seines Denkens als zu subjektorientiert verworfen, zugunsten der sog. ↗Ortlogik. **Lit.:** K. Nishida: Über das Gute. Frankfurt 1989. RE

**Rekonstruktion,** in literarischen (historischen, philologischen, philosophischen) Disziplinen: aktives gedankliches Nachbilden eines vorwissenschaftlichen oder wissenschaftlichen Gedankenzusammenhanges unter systematischem Gesichtspunkt im Unterschied zu (passiv rezeptiven) Verstehen (Schleiermacher). In der Wissenschafts- und Erkenntnistheorie zu einem Zentralbegriff der Philosophie entwickelt, ist rationale R. ein die Wissenschaft als »erkenntnismäßig-logisches System der Gegenstände und Begriffe« legitimierendes Verfahren (Carnap). Rationale R. im Sinne Carnaps und Stegmüllers fordert: (1) Adäquatheit des Interpretandums und seiner rekonstruktiven Explikation, (2) so weit wie möglich präzise Begriffe, (3) konsistente Resultate. Während dieser von dem ↗Logischen Empirismus geprägte Ansatz rationale R. naturwissenschaftlicher Phänomene als streng nomologisches Wissen und exakt bedingte Prognosen durch »objektive ↗Protokollsätze« (Carnap) nach dem Ideal einer interpretationsunabhängigen Wissenschaftssprache intendiert (und dabei sich selber gleichsam methodisch vergißt), wird in der sprachpragmatischen Wende und ihrer Transformation der Transzendentalphilosophie (Apel) eine reflexive R. der pragmatischen Dimension durchgeführt. Reflexiv-pragmatische R. im weiten Sinne klärt die Sinn- und Geltungsbedingungen der historischen und Sozial-Wissenschaften als fallibler Verstehensmethoden der sozialen Welt, deren Kommunikationszusammenhängen sie selbst zugehören (hermeneutische Methodologie). Reflexiv-pragmatische R. im engeren Sinne vollzieht systematisch das »Sich-Wissen« des Argumentierenden nach: Dessen logisch dialogische Rolle als Subjekt von Geltungsansprüchen und als Mitglied des unbegrenzten Diskursuniversums muß stets mit dem Gehalt seiner Aussagen vereinbar sein. **Lit.:** D. Böhler: Rekonstruktive Pragmatik. Frankfurt 1985. – R. Carnap: Der logische Aufbau der Welt. Hamburg 1928. – J. Habermas: Nachmetaphysisches Denken. Frankfurt 1992. – W. Stegmüller: Probleme und Resultate der Wissenschaftstheorie und analytischen Philosophie. Berlin 1969. TB

**Rekursiv,** Bezeichnung für eine Form der Definition, die in einem ersten Schritt das Zeichen für einen ganz bestimmten Fall definiert, in einem zweiten Schritt die Kenntnis der Bedeutung des Zeichens für den bestimmten Fall voraussetzend den nächsten Fall definiert. Die r.e Definition besteht mindestens aus zwei impliziten Definitionen. Sie ist häufig dann gegeben, wenn mit Hilfe von »und so weiter« definiert wird. Bspw. in dem Fall »x ist Vorfahr von y, wenn x ein Elternteil von y ist oder ein Elternteil eines Elternteils von y oder der Elternteil eines Elternteils eines Elternteils von y usw.«. **Lit.:** E. v. Savigny: Grundkurs im wissenschaftlichen Definieren. München ²1971. S. 140. PP

**Relation,** allgemein eine Beziehung oder ein Verhältnis zwischen mehreren Objekten. In der Mengentheorie wird eine n-stellige Relation extensional als Menge von n-Tupeln $<a_1,\ldots,a_n>$ verstanden und ist somit Teilmenge eines n-fachen kartesischen Produkts von Mengen. Eine zweistellige R. $\mathfrak{R}$ besteht aus einem Argumentbereich, definiert als die Menge aller x, so daß für ein y: $<x,y> \in \mathfrak{R}$, und einem Wertebereich, definiert als die Menge aller y, so daß für ein x: $<x,y> \in \mathfrak{R}$ (für ›$<x,y> \in \mathfrak{R}$‹ schreibt man auch ›$x\mathfrak{R}y$‹). Häufig werden R.en durch Bedingungen charakterisiert. So heißt eine R. $\mathfrak{R}$

- reflexiv, wenn für alle x: $x\mathfrak{R}x$
- symmetrisch, wenn für alle x, y aus $x\mathfrak{R}y$ $y\mathfrak{R}x$ folgt
- antisymmetrisch, wenn für alle x, y gilt, daß aus $x\mathfrak{R}y$ und $y\mathfrak{R}x$ $x=y$ folgt
- transitiv, wenn für alle x,y,z aus $x\mathfrak{R}y$ und $y\mathfrak{R}z$ $x\mathfrak{R}z$ folgt und
- konnex, wenn für alle x, y entweder $x\mathfrak{R}y$ oder $y\mathfrak{R}x$.

R.en, die reflexiv, symmetrisch und transitiv sind, heißen Äquivalenzrelationen. Sind sie reflexiv und transitiv heißen sie Quasi-Ordnungen. Halbordnungen sind reflexive, antisymmetrische und transitive R.en. Besteht zudem Konnexität, so liegt eine lineare Ordnung vor. – Die algebraische Behandlung der R.en wurde, nach Ansätzen von De Morgan, in der sog. relationalen Algebra von Peirce, Schröder und Tarski weiterentwickelt. Sie ist ein unentscheidbares Fragment der Prädikatenlogik. Die mathematische Nützlichkeit des mengentheoretischen Relationsbegriffs ergibt sich daraus, daß auf seiner Grundlage Ordnungen und Funktionen mathematisch exakt und übersichtlich definiert werden können. **Lit.:** A. Tarski: On the Calculus of Relations. In: Journal of Symbolic Logic 6 (1941). S.73–89. UM

**Relationsausdruck.** In der formallogischen Schreibweise (bzw. einer Modellsprache) steht bei der Interpretation einer Sprache der R. für die Beziehung zwischen zwei Dingen bzw. für die Gesamtheit von geordneten Paaren von Dingen. Dabei wird unterschieden zwischen zweistelligen R.en wie »verliebt in, »Bruder von«, dreistelligen wie »Sohn des ..und der..« usw. Bei geordneten Paaren von zwei Dingen spricht man von geordneten Tupeln, bei drei Dingen von geordneten Tripeln. Die R.e zählen zum Grundbestand einer ↗Modellsprache. PP

**Relationspotenz,** Bezeichnung für eine Relation, die aus zwei gleichen Relationen besteht wie z. B. »der Nachbar des Nachbars von…«, »der Freund des Freundes von…«. PP

**Relationsprodukt,** Produkt der Verkettung zweier Relationen. Unter dem R. (Schreibweise: R/S) zweier Relationen R und S versteht man diejenige Relation, die dann und nur dann zwischen x und y besteht, wenn es ein z gibt und x zu z die Relation R und z zu y die Relation S bildet. Z. B. beinhalten manche Verwandschaftsbezeichnungen ein solches R.: Der Begriff »Schwiegertochter« stellt das R. »Ehefrau eines Sohnes von …« dar. PP

**Relativ, Relativität, Relativismus.** Etwas (z. B. Gegenstände, Wertungen, Erkenntnisse) wird als relativ (im Gegensatz zu absolut) bezeichnet, wenn es hinsichtlich eines bestimmten Gesichtspunktes nur durch Bezugnahme auf etwas anderes bestimmt werden kann. In dieser Bezogenheit liegt seine Relativität. Die Ablehnung eines Absoluten kennzeichnet die Auffassung des Relativismus, nach dem Sein und Geltung von etwas von den Erfahrungs- und Erkenntnisbedingungen eines oder mehrerer Subjekte abhängen.
Der Relativismus tritt u. a. als ↗Subjektivismus (z. B. bei Protagoras), als ↗Historismus (Heidegger, Gadamer) und als ↗Kontextualismus (Wittgenstein, Rorty) auf. Der ontologische R., nach dem die Existenz von Dingen nur als Existenz für ein Subjekt zu denken sei, findet seine mentalistische Ausprägung bei Berkeley, der die Existenz von Dingen auf ihr Wahrgenommensein zurückführt: »Esse est percipi«. Die im 19. Jh. einsetzende Entdeckung der Sprachlichkeit des Denkens und dessen Eingebundenheit in reale Sprachgemeinschaften sowie die moderne Einsicht in die Geschichtlichkeit und Kulturverhaftetheit subjektiver Erkenntnisbedingungen haben größtenteils zu einer skeptischen Bewertung der Idee absoluter Gültigkeit geführt. Quine und Whorf gelten als Hauptvertreter eines linguistischen R.: Alles, was Bezugsobjekt der Rede werden kann, sei durch das jeweilige sprachliche Begriffssystem vorgezeichnet, wobei entsprechend dem »linguistischen Relativitäts-Prinzip« die Gleichwertigkeit der unterschiedlichen Sprachsysteme zu unterstellen sei. Ähnlich behauptet Goodman die mögliche Wahrheit mehrerer einander widersprechender »Weisen der Welterzeugung«. Der wissenschaftstheoretische R., der den Gedanken allgemeingültiger Wahrheit vollends aufgibt, ist seit Th. Kuhns These des R. wissenschaftlicher Paradigmata in Mode gekommen. Gleichfalls hat ein ethischer R. (Gadamer, Rorty, Lyotard) um sich gegriffen. Da die normative Verbindlichkeit moralischer Normen von ihrem faktischen Anerkanntsein abhänge, könne keine Norm eine über die geschichtliche und kulturelle Faktizität hinausgehende, absolute Gültigkeit beanspruchen. Konsequenterweise dürfte daher auch nicht für die Menschenrechte universale Geltung beanprucht werden.
Die Widerlegung des R. stützt sich auf den Nachweis seiner Selbstwidersprüchlichkeit. So hat etwa die ↗Transzendentalpragmatik die Sinnlosigkeit des uneingeschränkten R. daraus abgeleitet, daß er sich selbst nicht ohne Selbstwiderspruch als gültig behaupten kann. **Lit.:** K.-O. Apel: Die Herausforderung der totalen Vernunftkritik und das Programm einer philosophischen Theorie der Rationalitätstypen. In: Concordia 11 (1987). S. 2–23. – D. Böhler: Die deutsche Zerstörung des politisch-ethischen Universalismus. Über die Gefahr des – heute (post-)modernen – Relativismus und Dezisionismus. In: Forum für Philosophie Bad Homburg (Hg.): Zerstörung des moralischen Selbstbewußtseins. Frankfurt 1988. S. 166–216. – N. Goodman: Weisen der Welterzeugung. Frankfurt 1984. – J. Habermas: Der philosophische Diskurs der Moderne. Frankfurt 1985. – M. J. Herskovits: Cultural Relativism. New York 1973. – Th. Kuhn: Die Struktur wissenschaftlicher Revolutionen. Frankfurt 1962. – J. Ladd (Hg.): Ethical Relativism. Belmont/Cal. 1973. W. V. O. Quine: Ontologische Relativität und andere Schriften. Stuttgart 1975. – H. Schnädelbach: Relativismus: In: J. Speck (Hg.): Handbuch wissenschaftstheoretischer Grundbegriffe. Bd. 3. Göttingen 1980. S. 556–560. – B. L. Whorf: Sprache – Denken – Wirklichkeit. Reinbek 1963. HGR

**Relativitätstheorie.** Unter R. werden zwei Theorien der Physik zusammengefaßt, die spezielle R. und die allgemeine R. Die spezielle R. wurde von A. Einstein 1905 gefunden. Kern der Theorie sind zwei Prinzipien: (1) Das spezielle Relativitätsprinzip. Es besagt, daß physikalische Prozesse für alle Beobachter bzw. Bezugssysteme, die sich gegeneinander gradlinig und gleichförmig bewegen (Inertialsysteme), in gleicher Weise verlaufen, d. h. Beobachter in verschiedenen Inertialsystemen stellen bei Experimenten die Gültigkeit der gleichen Naturgesetze fest. (2) Das Prinzip der Konstanz der Lichtgeschwindigkeit. Die Lichtgeschwindigkeit nimmt in allen Inertialsystemen denselben konstanten Wert c = 300.000 km/sek an. Die beiden Prinzipien der speziellen R. führen zu den Lorentz-Transformationen, die angeben, wie sich die Werte physikalischer Größen beim Übergang zwischen verschiedenen Inertialsystemen verändern. Danach führt die Messung räumlicher und zeitlicher Abstände in verschiedenen Inertialsystemen zu verschiedenen Ergebnissen (Lorentz-Kontraktion bewegter Maßstäbe, Verlangsamung des Gangs bewegter Uhren). Zwei Ereignisse, die in einem Inertialsystem gleichzeitig sind, sind es i.a. nicht in einem anderen Inertialsystem (Relativität der Gleichzeitigkeit). Die spezielle R. ist eine Rahmentheorie für alle physikalischen Theorien, die die Größen Raum und Zeit enthalten. Physikalische Gesetze sollen in einer gegen Lorentz-Transformationen invarianten Form formuliert werden. Wichtige Konsequenzen der relativistischen Mechanik sind die Geschwindigkeitsabhängigkeit der ↗Masse eines Körpers und die Masse-Energie-Äquivalenz ($E = mc^2$). – Die allgemeine R. wurde von Einstein 1915 gefunden. Sie ist eine Feld-Theorie der Gravitation, die die Newtonsche Gravitationstheorie abgelöst hat. Aufgrund der schon Galilei bekannten Tatsache, daß alle Körper im Gravitationsfeld gleich beschleunigt werden, erfährt ein frei fallender Beobachter keine Gravitationskraft (Schwerelosigkeit). Für Einstein entspringt daraus das Äquivalenzprinzip: Die Trägheits-Wirkungen in einem beschleunigten Bezugssystem sind von den Wirkungen eines homogenen Gravitationsfeldes in einem ruhenden Bezugssystem ununterscheidbar. Daher werden, in Erweiterung des Relativitätsprinzips, in der allgemeinen R. auch beschleunigte Bezugssysteme gleichberechtigt zur Beschreibung der Natur zugelassen. Nach der allgemeinen R. erzeugt die Materie und andere Energieformen eine von der euklidischen Geometrie abweichende Riemannsche Geometrie der Raum-Zeit. Die »gekrümmte« Riemannsche Raum-Zeit-Struktur zeigt sich z.B. in der Ablenkung von Sternenlicht am Sonnenrand, deren Bestätigung (1919) zusammen mit der Erklärung des Merkur-Perihels den Durchbruch der allgemeinen R. bewirkte. Der Zusammenhang zwischen gravitierender Materie-Energie und Gravitationsfeld (Raum-Zeit-Struktur) wird in Einsteins Feldgleichungen dargestellt, die u.a. die Grundlage der modernen physikalischen ↗Kosmologie und ihrer Weltmodelle bilden. **Lit.:** A. Einstein: Über die spezielle und die allgemeine Relativitätstheorie. Braunschweig 1988. – A. Einstein/H. A. Lorentz/H. Minkowski: Das Relativitätsprinzip. Stuttgart 1982. – M. Friedman: Foundations of Space-Time-Theories. Princeton 1984. – C.W. Misner/K.S. Thorne/J.A. Wheeler: Gravitation. San Francisco 1973. – C. Moller: Relativitätstheorie. Mannheim 1976. – H. Reichenbach: Philosophie der Raum-Zeit-Lehre. Ges. Werke. Braunschweig 1977. – J. Schwinger: Einsteins Erbe. Heidelberg 1987. – L. Sklar: Philosophy and Spacetime Physics. Berkeley 1985. AB

**Relativname,** Bezeichnung für Ausdrücke wie »Menge«, »Gruppe«, die in Verbindung mit Individuennamen wie »eine Menge Zuschauer« oder »eine Gruppe von Reitern« einen ↗Kollektivbegriff ergeben. PP

**Reliabilität** (engl. reliability: Verläßlichkeit), bezeichnet eine Eigenschaft zweiter Ordnung von repräsentierenden Zuständen wie Anzeigen, Meinungen usw. Ein solcher Zustand gehört zu einem reliablen Typ, wenn unter Normalbedingungen zwischen allen Zuständen seines Gehalts und den sie wahr machenden Tatsachen ein gesetzmäßiger Zusammenhang besteht. So ist nach einem Beispiel von Armstrong, auf den der Begriff der R. im wesentlichen zurückgeht, die Temperaturanzeige eines Thermometers reliabel, weil die von ihm angezeigten Werte mit den tatsächlichen Temperaturen generell übereinstimmen, sofern das Thermometer unbeschädigt ist und die physikalischen Rahmenbedingungen konstant bleiben. Daneben spricht man seit Goldman auch von der R. von Prozessen, wenn sie gesetzmäßig oder probabilistisch wahre Meinungen erzeugen. Der Begriff der R. hat große Bedeutung für den ↗Naturalismus in der Erkenntnistheorie. Danach gilt eine Meinung als gerechtfertigt, wenn sie zu einem reliablen Typ gehört oder durch einen reliablen Prozeß verursacht wird. Mit Hilfe der R. kann Wissen ohne Rücksicht auf die Perspektive des Subjekts direkt durch eine objektive Relation zwischen Meinungen und Außenwelt definiert werden. **Lit.:** D. Armstrong: Belief, Truth and Knowledge. Cambridge 1973. – F. Dretske: Knowledge and the Flow of Information. Cambridge, MA 1981. – A. I. Goldman: What is Justified Belief? In: G.S. Pappas (Hg.): Justification and Knowledge. Dordrecht 1979. S. 1–23. TG

**Religion,** als Begriff in Philosophie (↗Religionsphilosophie), Theologie und Religionswissenschaft (einschließlich Religionssoziologie, -psychologie, -phänomenologie) in z.T. erheblich divergierenden Bezügen verwendet. Die Grenzen zu verwandten Feldern, etwa zu Magie in Hinblick auf die praktische, zu Weltanschauung oder Moral auf die theoretische Leistung, sind nicht immer eindeutig zu ziehen. Eine Herleitung des Wortes aus religari, zurückbinden, deutet an, daß in der R. der Bezug hergestellt wird an eine »andere Wirklichkeit [oder eine andere Seite dieser Wirklichkeit], deren Wirkung auf die gegebene Lebenswirklichkeit … als etwas Entscheidendes angesehen wird« (Waardenburg, S. 19f). Diese andere Dimension wird in der R. bezeichnet als Gott oder das Heilige, philosophisch eher als Transzendenz oder das Absolute; die Erfahrung von ihr verleiht dem Objekt, an dem sie sich entzündet, Heiligkeit. Ihre Wirkung auf den Menschen im Hinblick auf die empirische Wirklichkeit beschreiben die R.en als Heil, Erlösung, Erwachen, Befreiung. Für den Religösen ist R. Bezugspunkt seines Welt- und Selbstverständnisses, geprägt von dem sich in ihr zeigenden umfassenden Zugang zur Wirklichkeit. Zu den Äußerungen der R. gehört die Verehrung des Heiligen (als Ort, Schrift, Wort, Werk, Mensch), Gedenken oder Reverenz an die Künder des letztlich Realen, der Kontakt zum Göttlichen in Gebet und Meditation und die Reflexion über die religiöse Erfahrung und die in ihr sich manifestierende Wirklichkeit. Für die religiöse Gemeinschaft ist Bezugspunkt der Kultus, die öffentliche Feier und Verehrung des Heiligen in mannigfachen Formen.

R. entzieht sich indes einer in jeder Hinsicht zutreffenden Definition. Die Gründe sind mehrschichtig: (1) Die Vielfalt der historisch gewordenen Formen der R., die untereinander etwas wie »Familienähnlichkeiten« im Wittgensteinschen Sinne aufweisen. Kein mögliches Bestimmungsstück der R. ist durchgängig in allen R.en anzutreffen. Selbst scheinbare Universalien wie »Gott« oder das »Heilige« zeigen sich in kritischer Sicht nicht eigentlich als Konstanten, da z.B. ↗Gott, selbst wo er als Begriff erscheint, innerhalb verschiedener Religionsformen eine so unterschiedliche Einordnung erfährt, daß die Verwendung des Wortes nicht als analog, sondern als äquivok anzusehen sein könnte. Die Alternative besteht in Definitionen, in denen zwar die R.en subsumierbar sind, die aber nach der Inhalt-Umfang-Regel kein spezifisches Kriterium mehr beinhalten, die R. eindeutig von Verwandtem abzugrenzen. – (2) Das Vorverständnis von R., das in jeden Definitionsversuch einfließt, sei es Menschings »Begegnung mit dem Heiligen« oder Hicks Zielformulierung »salvation/liberation«, selbst Ottos Versuch, die R. auf eine apriorische Kategorie des ↗Heiligen zurückzuführen, zeigt den (hier: liberal-protestantischen) Hintergrund noch in der Abgrenzung des Numinosen als »das Heilige *minus* seines sittlichen Momentes« (Otto, S. 6). – (3) Die Perspektive, von der aus R. beschrieben wird. Religionsphänomenologische und theologische Ansätze beziehen sich auf eine Innenansicht der R., der gegenüber die R. auch von außen, in erster Linie ihrer Funktion nach, definiert werden kann, etwa als »Kontingenzbewältigungspraxis« (Lübbe). Funktionale Definitionen, die die R. in ihrer Leistung für die Gesellschaft oder das Individuum analysieren, treffen dann nicht mehr das Selbstverständnis der R. Erschwert wird die exakte Abgrenzung durch Einbeziehung (oder Ausschließung) sogenannter Ersatz-R. oder Pseudo-R., die mit der R. Anspruch oder Ausdruck teilen.

Die Einteilung der R. erfolgt kategorial unter Aspekten des Ursprungs (Natur-, Offenbarungsreligion), der Verbreitung (Stammes-, Volks-, Staats-, Universalreligion), des Gottesbildes (poly-, heno-, mono-, atheistisch), des Weltverhältnisses, wobei der »mystischen« R. (z.B. dem Buddhismus) ein zyklisches Bild zugrundeliegt, das die Welt als etwas zu Fliehendes bewertet. Die »prophetische« R. (Judentum, Islam) fordert dagegen weltbezogenes Engagement des geschichtlich einmaligen Individuums. **Lit.:** F. Heiler: Erscheinungsformen und Wesen der Religion. Stuttgart 1961. – J. Hick: An Interpretation of Religion. Basingstoke/London 1989. – H. Lübbe: Religion nach der Aufklärung. Graz/Wien/Köln 1986. – R. Otto: Das Heilige. Nachdruck München 1987. – J. Waardenburg: Religion und Religionen. Berlin/New York 1986. PK

**Religion, natürliche,** darf nicht mit der natürlichen ↗Theologie verwechselt werden; denn während es der natürlichen Theologie um einen rein erkenntnismäßigen Zugang zu ↗Gott geht, glaubt die n. R., aus den Prinzipien der Vernunft ein Gottesverhältnis begründen zu können, also unabhängig oder gar in Opposition zur geoffenbarten, d.h. übernatürlichen ↗Religion. So führt Herbert von Cherbury in *De veritate* folgende fünf allgemeinen Wahrheiten der n. R. auf: (1) Es gibt ein höchstes Wesen. (2) Man muß dieses Wesen verehren. (3) Die Tugend, verbunden mit der Frömmigkeit, ist die beste Gottesverehrung. (4) Man muß seine Sünden bereuen. (5) Nach dem Leben gibt es Strafen und Belohnungen. – Während sich also die n. R. aus der menschlichen Natur ergibt, ist letztere in der Offenbarungsreligion nur rezeptiv und in keiner Weise produktiv. Bei Hegel und Schelling wird der Begriff der n. R. schließlich auf die primitive Religion bzw. auf die Mythologie bezogen. Bei Scheler meint n. R. eine naive Gotteserkenntnis, die jeder vernunftbegabte Mensch erwerben kann, wobei der Weg dazu nicht unbedingt zu Bewußtsein kommt. Und die natürliche Theologie hat auf dieser n. R. aufzubauen, nicht auf der ↗Metaphysik. **Lit.:** P. Byrne: Natural Religion and the Nature of Religion. London 1989. WS

**Religionsphänomenologie.** Die religionswissenschaftliche R. ist von der philosophischen Phänomenologie, v.a. von Scheler und Husserl beeinflußt, aber sowohl in ihren Methoden, als auch in ihrer Begrifflichkeit von ihr zu unterscheiden. – Die klassische R. faßt Religion als autonome Größe auf, die nicht auf psychologische oder soziologische Momente reduzierbar ist. Sie sucht über kulturelle und zeitliche Zusammenhänge hinweg nach übergreifenden Strukturen, in denen sich religiöse Erscheinungsweisen ordnen lassen. Dabei geht es wesentlich um das Verstehen, weniger um das Erklären des religionsgeschichtlichen Materials. Die empirischen Religionen werden als Erscheinungsweise eines gemeinsamen Grundes aufgefaßt, der häufig mit der Kategorie des Heiligen (R. Otto) bezeichnet wird. Die Annahme eines einheitlichen Menschseins ermöglicht ein zeit- und kulturübergreifendes Nachvollziehen fremden religiösen Erlebens. Dies soll zum Verständnis des Sinnes und Wesens religiöser Erscheinungsweisen bzw. religiöser Phänomene führen.

Van der Leeuw bestimmt ein Phänomen als etwas, das sich zeigt. Dabei wird es weder von demjenigen, dem es sich zeigt, produziert, noch existiert es unabhängig von ihm. Das Phänomen ist nicht die Wirklichkeit an sich, die sich hinter den Erscheinungen verbirgt. Die Wirklichkeit an sich, das reine Leben selbst ist unfaßbar, denn jedes Erleben unterliegt Deutungen. So wird selbst die Wahrnehmung des eigenen Lebens immer rekonstruiert. Die Rekonstruktion ist eine Strukturierung der Wirklichkeit, deren Hervorgang in der Span-

nung von Erleben und Konstruieren die Trennung von verstehendem Subjekt und verstandenem Objekt übersteigt. Hierdurch entsteht »sinnvoll gegliederte Wirklichkeit«. Verstehen kann sich nie auf Einzelnes beziehen, sondern sieht dieses immer schon in einem Zusammenhang. Denn anderes wird zugleich mitverstanden, das durch Ähnlichkeit oder Verschiedenheit in Beziehung gesetzt wird. So spielen in der Wahrnehmung »Typen«, oder auch ↗»Idealtypen« eine Rolle. Ein Typus besitzt zwar für sich keine Realität, aber er zeigt sich als Zusammenhang in der historischen Realität. – Van der Leeuw unterscheidet folgende Momente des phänomenologischen Arbeitens, die nicht in einem strikten Nacheinander, sondern in gegenseitigem Bedingtsein zu verstehen sind: Die R. gibt den Phänomenen Namen, z. B. Opfer, Gebet, Heiland, Mythos. Eine Deutung dessen, was sich zeigt ist nur möglich, wenn dieses in das eigene Leben eingeschaltet wird. Die R. ist sich dessen bewußt, sie will »methodisch er-leben« (*Phänomenologie der Religion*, Epilegomena, § 107, 2). Sie stellt die Phänomene in idealtypische Zusammenhänge, und aus all dem ergibt sich das Verstehen. In ihrer Methode übt sie »epoché«, d. h. sie beschränkt sich auf »das, was sich zeigt« und schließt die Wahrheitsfrage aus. Sie bemüht sich jegliches Vorverständnis und wertendes Beurteilen zu vermeiden. Das verbietet nicht das Einbringen eigener Religiosität, die ohne dogmatische Voreingenommenheit gerade in dem Einleben in fremde Zusammenhänge ihre Berechtigung hat.
Der klassischen R. wird häufig vorgeworfen, einzelne Phänomene unter Mißachtung ihrer historischen Entwicklung und ihrer spezifischen Bedeutung im kulturellen und religiösen Gesamtsystem in übergeordnete Strukturen einzuordnen. – Einen Neuansatz bietet J. Waardenburgs »Neustilphänomenologie«. Tatbestände besitzen keinen religiösen Wert an sich, sondern werden erst durch ihre subjektive Deutung durch die Gläubigen zu religiösen Tatbeständen, indem ihnen ein »Mehrwert« zugeschrieben wird. Der Deutung religiöser Handlungen, Vorstellungen etc. liegen Intentionen zugrunde, die sich auf eine Sinnwirklichkeit richten, die eine absolute Qualität beansprucht. Intentionen selbst sind zwar empirisch nicht meßbar, aber sie bieten den Interpretationsschlüssel für die in der Empirie vorfindlichen Daten. Das Verstehen richtet sich so im Gegensatz zur klassischen R. nicht auf allgemeine Strukturen, sondern auf die subjektive Bedeutung religiöser Tatbestände für den einzelnen, bzw. eine Gruppe, d. h. im besonderen auf die darin enthaltenen Intentionen, unter Einbezug des historischen Kontextes. **Lit.:** E. Hirschmann: Phänomenologie der Religion. Würzburg 1940. – G. Van der Leeuw: Phänomenologie der Religion. Tübingen 1933. – J. Waardenburg: Religionen und Religion. Berlin 1986. DL

**Religionsphilosophie** thematisiert die Beziehung des Menschen zu Gott bzw. zum Bereich des Heiligen, und zwar als das, was einen unbedingten Geltungsanspruch an sein Dasein erhebt. Sie hat die Form, das Wesen und den Gehalt dieser Beziehung begrifflich zu erschließen; ferner darf sie weder zur Theologie im Sinne einer Glaubenslehre werden noch sich selbst widersprechen, indem sie den von ihr zu erkennenden Gegenstand kritisch auflöst. – Seit der Antike gehört die R. zum Kern der abendländischen Philosophie und ihrer Entwicklungsgeschichte, ebenso wie der einheitliche Logos selbständiger Reflexion aus dem vielheitlichen Mythos poetischer Vorstellung durch Ausarbeitung der Wahrheitsfrage entsteht und diese seine Entstehung immer wieder bedenkt und begründet; seit der Spätantike erklärt sich diese wesentliche Zugehörigkeit durch die Ineinanderverflochtenheit der in der griechischen Metaphysik und Intellekttheorie ausgebildeten Seinserfahrung einerseits und der die jüdische, christliche bzw. arabische Offenbarungslehre initiierenden Gotteserfahrung andererseits, die sich auch in der ↗Ontotheologie niederschlägt. Zudem aber lassen sich beide: Religion und Philosophie, als die Gesinnung für die Glaubwürdigkeit bzw. Intelligibilität einer ersten Möglichkeit bzw. letzten Wirklichkeit verstehen. Dennoch allein durch das zunächst im späten MA. und in der Renaissance vorbereitete, erst danach in der Aufklärung vollzogene Heraustreten der Philosophie aus ihrer disziplinären Unterordnung unter die Theologie und der Religion aus ihrer konfessionellen Einengung verselbständigt sich die R. zu einer eigenen Wissenschaft in Nachfolge der ↗natürlichen Theologie, wobei sie hauptsächlich zur Bezeichnung für die auf praktischem Fundament ruhende Moraltheologie dient: Diese bildet gegenüber der spekulativen Theologie den einzigen konstruktiven Teil der philosophischen Religionslehre Kants, der gemäß die sich nur durch verschiedene Glaubensarten differenzierende eine wahre Religion die sittlichen Pflichten der reinen Vernunft als göttliche Gebote vorstellt. In Fichtes Konzeption Gottes als der moralischen Weltordnung gestaltet sich diese frühe, den Atheismusstreit belebende Bestimmung der R. auf radikalste Weise (*Ges. Ausg.* I 8, 289). Darüber hinaus übernimmt die R. im Zuge der Romantik eine mannigfach geartete Vermittlungsrolle zwischen Rationalität und Religiosität. Sodann schreibt Schleiermacher der R. einen geschichtskundlichen, jedoch normativen Charakter zu, insofern er sie als die »kritische Darstellung der verschiedenen gegebenen Formen frommer Gemeinschaften« definiert, die allesamt durch das unmittelbare Selbstbewußtsein des schlechthinnigen Abhängigkeitsgefühls geformt sind (*Der christliche Glaube*, § 2, Zus. 2). Demgegenüber stellt Hegel der R. die grundsätzliche Aufgabe, Gott und nichts als Gott zu beweisen, indem sie »die logische Notwendigkeit in dem Fortgang der Bestimmungen des als das Absolute gewußten Wesens« erkennt (*Enc.* § 562 Anm.): Dies leistet die R. dadurch, daß sie die sinnlich bedingte Bildersprache der Religion, deren historische Entwicklung eins mit der Weltgeschichte ist, in die allgemeine Begrifflichkeit der Philosophie als des reinen Wissens aufhebt. Die Hegelsche R. soll das Selbstbewußtsein Gottes als die denkende Erkenntnis des Absoluten vollkommen verwirklichen. Nachfolgende Theorien der R. wenden sich zumeist von einer derartigen philosophisch-theologischen Spekulation ab zugunsten ästhetischer, entwicklungsgeschichtlicher, erkenntnistheoretischer, ethischer, existenzialistischer, kulturanthropologischer, phänomenologischer, psychologischer, soziologischer, transzendentalphilosophischer oder werttheoretischer Deutungen der religiösen Beziehung, selbst wenn sie das besonders im ↗Neukantianismus angestrebte Ideal einer rationalen Begründung der Religion nicht völlig aufgeben. Zugleich resümierend und konstruierend, grenzt dann Tillich zwei Typen von R. gegeneinander ab: Während die »ontologische« R. von einer gewissen Identität zwischen Gott und der Macht des Seins ausgeht, die dem Unterschied zwischen Subjektivität und Objektivität zugrunde liegt, und nach einer sinnvertiefenden Korrelation von religiösen Symbolen und philosophischen Begriffen verlangt, die der Unbedingtheit des göttlichen Anspruchs in seiner Glaubwürdigkeit und Intelligibilität zu entsprechen vermag, führt die »kosmologische« R. unumgänglich zum Atheismus, weil sie Gott als ein objektiv bestimmbares Seiendes gegenüber dem betrachtenden Subjekt betrachtet und damit die religiöse Beziehung zersetzt (*Ges. Werke* V, 122 ff.). In Auseinandersetzung mit dem logisch-empiristischen Vorwurf der prinzipiellen Sinnlosigkeit religiöser Rede untersucht indes die analytische R. ihre Verifizierbarkeit und Falsifizierbarkeit anhand naturwissenschaftlicher Kriterien und entwickelt anschließend zwei verschiedene Ansätze: Aufgrund einer nicht-realistischen Perspektive auf den Wirklichkeitsbezug religiöser Rede ermittelt sie die Struktur der ↗Lebensform und die Regeln des ↗Sprachspiels, die deren sinnvollen Gebrauch elementar bedingen, sowie die affektiven, expressiven oder performativen Momente, die sie aufweist. Infolge einer realistischen Sichtweise hingegen prüft die analytische R. die kognitive Funktion theologischer Begriffe und die rationale Akzeptierbarkeit, Kohärenz, Konsequenz und Stichhaltigkeit von Aussagen über Transzendentes, die in den göttlichen Attributen (etwa der Allmacht, Allwissenheit, Ewigkeit, Einfachheit und Notwendigkeit), in den ↗Gottesbeweisen (etwa den ontologischen, kosmologischen, moralischen und teleologischen Argumenten für die Existenz Gottes) und in der das Übel und die Willensfreiheit problematisierenden ↗Theodizee zum Ausdruck kommen. Ferner ermittelt sie den epistemologischen Status religiöser Erfahrung als einer Grundlage für religiöse Überzeugungen. **Lit.:** J. Collins: The Emergence of Philosophy of Religion. New Haven 1967. – A. Halder u. a. (Hg.): Experiment Religionsphilosophie. 3 Bde. Düsseldorf 1986–1988. – K. Hammacher/R. Schottky/W.H. Schrader (Hg.): Religionsphilosophie (Fichte-Studien 8 [1995]). – J. Hessen: Die Religionsphilosophie des Neukantianismus. Freiburg [2]1924. – Th. H. Jørgensen: Das religionsphilosophische Offenbarungsverständnis des späten Schleiermacher. Tübingen 1977. – Chr. Jäger (Hg.): Analytische Religionsphilosophie. Paderborn u. a. 1998. – W. Jaeschke: Die Vernunft in der Religion. Studien zur Grundlegung der Religionsphilosophie Hegels. Stuttgart 1986. – Ders. (Hg.): Religionsphilosophie und spekulative Theologie. 2 Bde. Hamburg 1994. – F. Niewöhner (Hg.): Klassiker der Religionsphilosophie. München 1995. – G. Picht: Kants Religionsphilosophie. Stuttgart 1985. – P. Quinn/C. Taliaferroi (Hg.): A Companion to Philosophy of Religion. Oxford 1997. – R. P. Scharlemann: Reflection and Doubt in the Thought of Paul Tillich. New Haven/London 1969. – Ders.: The Being of God. Theology and the Experience of Truth. New York 1981. – R. Schaeffler: Religionsphilosophie. Freiburg/München 1983. – A. P. F. Sell: The Philosophy of Religion 1875–1980. London u. a. 1988. – W. Weischedel: Der Gott der Philosophen. Grundlegung einer Philosophischen Theologie im Zeitalter des Nihilismus. Darmstadt 1971. OFS

**Rén** (Mensch). Das chinesische Denken über den Menschen hat sich auf drei – auch im Abendland thematisierte – Aspekte konzentriert: Die Stellung des Menschen im Kosmos; das Leib-Seele-Verhältnis und die moralische Qualität. Fragen von Tod und Unsterblichkeit, Individualität und Individuierung, die im Abendland ebenfalls zentrale Bedeutung erlangten, ergeben sich allenfalls als Anhangprobleme einzelner Schulmeinungen.

(1) Die Stellung des Menschen im Kosmos wird in einem langwährenden »Streit über das Verhältnis von Himmel und Mensch« (Tian Ren Zhi Bian) diskutiert. Ähnlich wie Protagoras (»der Mensch als Maß aller Dinge«) und Sophokles hebt zuerst Lao Zi (313–238) die Sonderstellung des Menschen hervor: »Dao ist groß, der Himmel (Tian) ist groß, die Erde (Tu), ist groß, aber der Mensch (Ren) ist auch groß. Im Kosmos gibt es vierfaches Großes. Der Mensch ist eines davon« (Lao Zi: *Dao De Jing*). Xun Zi erhebt den Menschen als Kulturwesen über die Naturwesen: »Wasser und Feuer haben Materie (↗Qi), aber kein Leben (Sheng). Gras und Bäume haben Leben, aber keine Erkenntnis (Zhi). Große und kleine Tiere haben Erkenntnis, aber keine Gerechtigkeit (Yi). Aber der Mensch hat Materie, Leben, Erkenntnis und Gerechtigkeit. Darum ist der Mensch das Beste in der Welt« (Xun Zi: *Wang Zhi, Kaiserliches System*). Auf diesem Hintergrund diskutieren die Denker und Schulen dann das Verhältnis bzw. den Vorrang von kosmischer Naturgesetzlichkeit (Tian Dao) und menschlich-kultureller Autonomie (Ren Dao). Die ältesten Klassiker, insbesondere Lao Zi, betonen den Vorrang des »Himmelsweges« (Tian Dao) und das Durchschlagen des »Himmelswillens« (Tian Zhi) und des »Himmlischen Mandats« (Tian Ming, vgl. ↗Ming (Schicksal)) auf die menschlichen Dinge und kritisieren von daher die Kultur: »Tian Dao reduziert das Übermäßige und ergänzt das Unvollständige. Ren Dao hingegen beeinträchtigt, was schon unvollkommen ist und ›verbessert‹ noch das schon Übermäßige« (Lao Zi: *Dao De Jing*). Aber schon Zi Chan (-522) wendet dagegen ein: »Tian Dao

ist so weit, Ren Dao so nahe. Daher besteht kein Einfluß« (Zi Chan: *Zuo Zhuan, Kommentar zur alten chinesischen Geschichte,* 18. Regierungsjahr des Zhao Gong). Xun Zi plädiert für »Trennung von Himmel und Mensch« (Tian Ren Zhi Fen) und setzt der Naturnotwendigkeit menschliche Freiheit und Autonomie entgegen. Letztere steigert er zu der Forderung: »Das Himmels-Mandat kontrollieren und benutzen!« (Zhi Tian Ming Er Yong Zhi). Das bedeutet am Beispiel: »Wenn wir die Güter bewahren und wenig verbrauchen, dann kann uns selbst der Himmel nicht arm machen... Wenn wir uns ordentlich pflegen und erhalten, kann selbst der Himmel uns nicht krank machen. Wenn wir Dao in uns ausbilden, kann selbst der Himmel uns keine Katastrophen bescheren. Wenn Menschen den Unterschied zwischen Himmel und Mensch erkennen, kann man sie Heilige nennen« (Xun Zi: *Tian Lun, Über den Himmel*). Sein Schüler Han Fei (280–233), bedeutendster Vertreter der Rechts-Schule (Fa Jia, vgl. ↗Fa (Rechtsgesetz)), begründet damit die Durchsetzungsfähigkeit und Effizienz menschlicher Gesetzgebung. In der Tang-Zeit entwickelt Liu Yu-xi (772–842) daraus die Lehre vom Gegeneinander und Sich-Überwinden (Jiao Xian Sheng) und von der gegenseitigen Benutzung (Huan Xiang Yong) von Himmel und Mensch. Die Leistung des Himmels ist das Hervorbringen aller Dinge, die des Menschen das Ordnen aller Dinge: »Der Himmel ist das größte Ding; der Mensch ist das ausgezeichnetste Tier. Der Mensch erreicht freilich nicht die Fähigkeiten des Himmels, aber der Himmel auch nicht die Fähigkeiten des Menschen« (Liu Meng-de *Wen Ji, Schriften* des Liu Meng-de). Die konfuzianische Orthodoxie schloß sich im allgemeinen an die Lehre des Dong Zhong-shu (179–104) von der Entsprechnung von Himmel und Mensch (Tian Ren Gan Ying) an.

(2) Das Leib-Seele-Verhältnis wird in der chinesischen Philosophie als Topos von Xing Shen (gestalthaft Körperliches und Geist) verhandelt. Vorstellungen von Geistern, Dämonen und abgeschiedenen Seelen sind in der Mythologie der Vorzeit und im Ahnenkult verwurzelt. Ersichtlich bildeten sie auch den Hintergrund für Lao Zis Lehre vom ↗Dao und seinen Wirkungskräften (Dao De). Der von Indien eingedrungene ↗Buddhismus, der vielfach mit der Dao-Lehre verschmolz, lieferte mit seiner Seelenwanderungs- und ↗Karma-Lehre verfeinerte Begriffe vom Geistigen (↗Shen) und Seelen bzw. vom Bewußtsein (Xin). Beide Richtungen vertreten in China die idealistisch-spiritualistische Position vom Vorrang des Geistigen im Menschen und in der Natur, während die Konfuzianer ihnen gegenüber im allgemeinen eine materialistisch-realistische Position vom Vorrang des Körperlich-Materiellen einnahmen. Im Sinne des Daoismus behauptet Zhuang Zi (ca. 369–286) »Geist geht hervor aus dem Dao, Körper geht hervor aus dem Geist« (Zhuang Zi: *Zhi Bei You, Zhi auf Nordlandreise*), Xun Zi (313–238) hält dagegen: »Zuerst muß man einen Körper haben, dann entsteht Geist« (Xun Zi: *Tian Lun, Theorie des Himmels*). Berühmt wurde im gleichen Sinne das Kerzen-Feuergleichnis des Huan Tan (gest. 56 n. Chr.): »Der Geist wohnt im Körper wie das Feuer in der Kerze« (Huan Tan: *Xin Lun, Xing Shen, Neue Theorie, Über Körper und Geist*). Wang Chong (27–97) interpretiert: »Unter dem Himmel gibt es kein aus sich heraus brennendes Feuer; gibt es dann in der Welt einen körperlosen erkennenden Geist?« (Wang Chong: *Lun Heng, Lun Si, Theorie des Gleichgewichts, Über den Tod*). Für ihn beruhen Leben und Geist des Menschen auf feinster Materie (Jing Qi, vgl. ↗Qi), die im Tod verschwindet. In der Auseinandersetzung mit dem Buddhismus formuliert Fan Zhen (ca. 450–510) seine Theorie von Leib und Seele als Substanz-Funktions-Verhältnis: »Der Körper ist die Substanz (Zhi) des Geistes, der Geist ist eine Funktion (Yong) des Körpers«, und er vergleicht dies mit dem Verhältnis von Schneide und Schärfe des Messers. Daher gilt für ihn: »Solang der Körper existiert, existiert der Geist. Sobald der Körper vergeht, wird der Geist vernichtet« (Fan Zhen: *Shen Mie Lun, Theorie von der Vernichtung des Geistes*). Diese Theorien bilden die Grundlage für die Rezeption moderner materialistischer Theorien des Westens.

(3) Aus den Voraussetzungen von 1 und 2 speist sich die Diskussion um das Wesen des Menschen (Xing). Es geht dabei wesentlich um das Verhältnis des himmlischen bzw. geistig-ideellen (Tian Li (Himmelsidee)) zum materiell-körperlichen (Ren Yu (Begierde, Triebhaftes)) Anteil im Menschen. Der Topos heißt daher »Himmelsidee und menschlicher Trieb« (Tian Li Ren Yu). Immer geht es dabei auch um den moralischen Charakter des Menschen. Die Diskussion geht von einer Stelle im alten *Buch der Sitte* aus: »Weil die Beeindruckbarkeit durch Dinge beim Menschen grenzenlos ist, und weil der Hang zum Bösen beim Menschen unbeschränkt ist, daher bedrängen die Dinge den Menschen, und der Mensch wird selbst zu einem Ding. Wenn der Mensch verdinglicht wird, dann wird Tian Li zerstört und Ren Yu wird verstärkt« (*Li Ji, Yue Ji, Über Musik*). Ausprägung der Himmelsidee im Menschen sind für die Konfuzianer die Kardinaltugenden der Menschlichkeit (↗Ren), Gerechtigkeit (Yi), Sittlichkeit (↗Li) und Weisheit (Zhi), Ren Yu ist vor allem Selbsterhaltungs- und Geschlechtstrieb. Je nach Bewertung dieser Komponenten ergeben sich fünf kanonisch gewordene Theorien: (a) Theorie der Wesensgüte des Menschen (Xing Shan Lun) des Meng Zi (372–289): »Das Wesen (Xing) des Menschen ist gut (Shan), wie Wasser seinem Wesen nach nach unten fließt. Es gibt keine Menschen, die nicht gut sind, ebenso wie es kein Wasser gibt, das nicht nach unten fließt« (*Meng Zi, Gao Zi*). – (b) Theorie vom schlechten Wesen (Xing E Lun) des Xun Zi: »Das Wesen des Menschen ist eigentlich schlecht. Sein sogenanntes Gutes ist künstlich gemacht... Folgt man dem Wesen des Menschen und trägt seinen Begierden Rechnung, so muß man in Streit geraten, verstößt gegen die Ordnung und verwirrt die Prinzipien, schließlich gerät man in die Diktatur. Daher muß es

Ausbildung im Recht und einen Weg zur Sittlichkeit und zum Recht geben« (Xun Zi: *Xing E, Die Schlechtigkeit des Wesens*). – (c) Theorie von der Mischung des Guten und Schlechten im Wesen (Xing Shan E Hun Lun) des Yang Xiong (53 v. Chr.-18 n. Chr.): »Das Wesen des Menschen ist eine Mischung aus Gutem und Schlechtem (Shan E Hun). Wenn man sein Gutes ausbildet, dann wird man ein guter Mensch. Wenn man sein Schlechtes ausbildet, dann wird man ein schlechter Mensch« (Yang Xiong: *Fa Yan, Xiu Shen, Strenge Ermahnungen, Über Ausbildung*). – (d) Theorie von den guten und schlechten Anteilen des Wesens (Xing You Shan You E Lun), womit Wang Chong (27–97) ältere Theorien zusammenfaßt: »Das Wesen des Menschen hat Gutes und hat Schlechtes (You Shan You E). Wenn man das Gute im menschlichen Wesen hebt und bis zum äußersten pflegt, dann erwächst das Gute. Wenn man das Schlechte im menschlichen Wesen bis zum äußersten fördert, dann erwächst das Schlechte« (Wang Chong: *Lun Heng, Ben Xing, Theorie des Gleichgewichts, Über das eigentliche Wesen*). – (e) Theorie des indifferenten Wesens (Xing Wu Shan E Lun) des Gao Zi (425–339), von Meng Zi überliefert und bekämpft: »Das Wesen des Menschen erlaubt keine Unterscheidung hinsichtlich gut und nicht gut, wie Wasser keine Unterscheidung hinsichtlich Ost und West erlaubt« (*Meng Zi, Gao Zi*). – Eine Vereinigung aller dieser Gesichtspunkte stellt die Theorie von den drei Wesenseigenschaften des Menschen (Xing San Pin Shuo) des Dong Zhong-shu (179–104) aus der Han-Zeit und des Han Yu (768–824) aus der Tang-Zeit dar. Ersterer teilt das Wesen in ein Oberes, d. h. Gutes, ein Mittleres, d. h. Indifferentes, und ein Unteres, d. h. Schlechtes ein und behauptet: »Das Wesen wird weder nach dem Oberen noch nach dem Unteren, sondern nach dem Mittleren benannt«, weil es sich sowohl nach oben wie unten ausrichten kann (Dong Zhong-shu: *Chun Qiu Fan Lou, Üppiger Tau von den Frühlings- und Herbstannalen*, Bd. 10). Han Yu bezieht die Drei-Qualitäten-Lehre (San Pin Shuo) außer auf Xing auch auf die Leidenschaften (↗Qing). Damit werden auch diese, nämlich Freude (Xi), Zorn (Ni), Traurigkeit (Ai), Furcht (Ju), Liebe (Ai), Haß (Wu) und Begierde (Yu) vom indifferenten Mittleren her definiert, und erst Ausbildung und Gebrauch macht sie zu guten oder schlechten Leidenschaften (Han Yu: *Yuan Xing, Eigentliches Wesen*). **Lit.:** L. Geldsetzer/H.-d. Hong: Chinesisch-deutsches Lexikon der chinesischen Philosophie. Aalen 1986. Art.: Entsprechung von Himmel und Mensch (Tiān Rén Gǎn Yīng), Geistiges Wesen des Menschen (Yì Lǐ Zhī Xīng), Geistiges und Triebhaftes im Menschen (Tiān Lǐ Rén Yù), Himmel-Mensch-Beziehungsstreit (Tiān Rén Zhī Biàn), Himmel und Mensch als Einheit (Tiān Rén Hé Yī), Körper und Geist (Xíng Shén), körperliches Wesen des Menschen (Qì Zhì Zhī Xìng), Trieb des Menschen (Rén Yù), Wesen (Xìng), Wesenslehre von den drei Wesenseigenschaften des Menschen (Xìng Sān Pǐn Shuō), sowie die 5 Artikel zur Wesenslehre bez. guter und schlechter Veranlagung. LG/HDH

**Rén** (Menschlichkeit, Humanität), Tugendideal der konfuzianischen Ethik. Das älteste chinesische Wörterbuch definiert: »Ren ist freundschaftliche Anerkennung, (das Schriftzeichen besteht) aus ›Mensch‹ und ›Zwei‹« (*Shuo Wen*). Im alten *Buch der Sitte*, Mitte und Maß, heißt es: »Ren ist das Menschliche, daher ist Freundes-Freundschaft am wichtigsten« (*Li Ji, Zhong Yong*). Kong Zi (551–479) legt als seine Inhalte die folgenden Tugenden fest: Hochachtung (Gong), Verzeihen (Kuan), Vertrauen (Xin), Klugheit (Min), Fürsorge (Hui), Weisheit (Zhi), Tapferkeit (Yong), Loyalität (Zhong), Bescheidenheit (Shu), Ehrerbietung (Xiao), Wertschätzung (Di). Seit Meng Zi (372–289) werden sie zu fünf Kardinaltugenden bzw. fünf Standards (Wu Chang), nämlich Ren Yi Li Zhi (Menschlichkeit, Rechtlichkeit, Sittlichkeit, Weisheit) zusammengezogen. Meng Zi definiert: »Das Wesen von Ren ist der Respekt vor den Voreltern; das Wesen von Yi (Rechtlichkeit) ist es, älteren Brüdern zu folgen; das Wesen von Zhi (Weisheit) ist es zu wissen, daß dies beides nie fehlen darf; das Wesen von Li (Sittlichkeit) ist es, beides mit Bescheidenheit und Takt zu praktizieren« (*Meng Zi, Li Lou*). Kong Zi und Meng Zi verpflichten die Herrscher zugleich auf Menschlichkeitspolitik (Ren Zheng): »Was ein rechter Kaiser ist, der muß der Welt Ren bringen« (Kong Zi: *Lun Yu, Gespräche*); »Kaiser sei einer, der durch Tugend Ren ausübt« (Meng Zi: *Gong-sun Chou*) und: »Alle Menschen unter dem Himmel zu gewinnen, das heißt Ren« (Meng Zi: *Teng Wen Gong*). Die Umsetzung und den Erfolg dieser Menschlichkeitspolitik schildert Meng Zi so: »Wenn Du, Herrscher, den Menschen Ren Zheng gibst, die Gefängnisstrafen abschaffst, die Steuern verminderst, das Unkraut tief auspflügst, die Starken sich in ihrer Freizeit in Ehrerbietung, Geschwisterliebe, Loyalität und Vertrauen üben, beim Eintritt ins Haus sich um ihren Vater und die Brüder kümmern und beim Ausgang ihrer Obrigkeit dienen läßt, dann kannst Du sie Holzspeere machen lassen, um gegen die harten Panzer und die vorzüglichen Waffen der Qin und Chu loszuschlagen« (Meng Zi: *Liang Hui Wang, König Wang Hui*). **Lit.:** L. Geldsetzer/H.-d. Hong: Chinesisch-deutsches Lexikon der chinesischen Philosophie. Aalen 1986. Artikel: Menschlichkeit (Rén), Menschlichkeitspolitik (Rén Zhèng), Kardinaltugenden (Rén Yì Lǐ Zhì), Rangstellungstrias und die fünf Normen (Sān Gāng Wǔ Cháng). LG/HDH

**Replikation**, auch konverse Subjunktion, in der formalen Logik Verknüpfung zweier Aussagen, in welcher der Vordersatz von dem Hintersatz abhängig ist, z. B. »die Person ist nur wahlberechtigt, wenn sie volljährig ist«. Hinsichtlich ihrer formalen Struktur entspricht die R. der notwendigen Bedingung (»nur dann wenn, so«, »$p \leftarrow q$«). Die R. ist nur dann falsch, wenn der Vordersatz falsch und der Hintersatz wahr ist (sonst immer wahr). Der Operator (Funktor) der R. heißt Replikator. PP

**Repräsentation.** Das Verhältnis von R. und Realität umfaßt eine erkenntnistheoretische und eine sprachphilosophische Problemstellung in gleicher Weise. In Frage steht in beiden Fällen, ob eine vorgegebene Wirklichkeit durch das Denken bzw. durch die Sprache richtig abgebildet wird. Das Kriterium der Richtigkeit mag dabei unterschiedlich bestimmt werden, gemeinsam ist solchen Konzeptionen, die dieser Problemstellung nachgehen, daß sie auf irgendeine Art einen objektivistischen Wahrheitsbegriff unterstellen, der mehr oder weniger durch das menschliche Erkenntnisvermögen eingelöst werden kann. Die dafür vorgebrachte Bezeichnung einer R.sphilosophie oder -theorie kennzeichnet dabei den zugrundeliegenden Dualismus von erkennendem Subjekt und der dem Erkennen gegenüberstehenden Objektivität. Dem Denken sind die Ideen zugeordnet, d.h. Ideen sind einerseits unmittelbarer Gegenstand des Denkens und repräsentieren andererseits Gegenstände. Dieser Dualismus von erkennendem Subjekt und zu erkennendem Objekt bzw. zwischen Geist und Welt artikuliert sich in Standardversionen einer üblichen Zweiteilung zwischen Wörtern und Dingen, Ideen (oder Vorstellungen) und Realität (oder Wirklichkeit), Begriffen und Gegenstände, darstellende Aussage und dargestellter Sachverhalt.

Die Annahme einer R. spielt vor allem bei J. Locke und bei Leibniz eine herausragende Rolle. In seinen Überlegungen zur Lehre von der Natur der Zeichen nimmt Locke folgende Zweiteilung vor: Das Mittel der Erkenntnis sind die Ideen, die als Stellvertreter (representations) der Dinge fungieren, die Wörter wiederum sind die Zeichen der Ideen. Wörter sind die von Menschen eingesetzten willkürlichen Zeichen für Ideen. Das schließt ein, daß Wörter nicht unmittelbar für Dinge stehen, sondern für die Vorstellung von Dingen. Wir haben damit zwei Arten von Zeichen: Die Ideen stellen die geistigen Zeichen dar, ihnen zugeordnet sind die (verbalen) Zeichen. Die R.sfunktion reduziert sich auf den Zeichencharakter. Denn die im Verstand gebildeten abstrakten bzw. allgemeinen Ideen und ihre sprachlichen Bezeichnungen sind nicht die Realität selbst, sondern zeigen diese nur an. Den Ideen kommt somit die Funktion zu, die Wirklichkeit vertretende Instrumente der Erkenntnis zu sein. Locke stellt explizit klar, daß die meisten der durch Sensationen gewonnenen Ideen keinerlei Ähnlichkeit mit dem außerhalb des Bewußtseins Existierenden haben. Die pauschale Annahme, die Ideen seien grundsätzlich Abbilder von etwas, was den Gegenständen inhärent ist, hält Locke für unakzeptabel. Nur den einfachen Ideen kommt ein besonderer Stellenwert hinsichtlich der R.funktion zu: Unsere einfachen Ideen sind alle real und stimmen ausnahmslos mit der Wirklichkeit überein. Ihre Realität besteht nach Locke darin, daß sie der verschiedenen Beschaffenheit der realen Dinge regelmäßig entsprechen. Da unsere einfachen Ideen nichts anderes als die Wirkungen gewisser Kräfte sind, so müssen sie notwendig diesen Kräften entsprechen und ihnen adäquat sein. Der zweite R.scharakter, den Locke ins Spiel bringt, beschränkt sich auf die Gestaltungsfunktion von Wörtern, insofern diese komplexen Ideen durch die Namensgebung Dauer verleihen. Das ist so zu verstehen, daß erst durch die Benennung bestimmte Ideenkombinationen als Einheiten gedacht und stabilisiert werden. Eine erkenntnisbegründende Funktion ist daraus nicht abzuleiten. – Leibniz trifft die Feststellung, daß die natürliche Sprache die Dinge nicht unvermittelt abbildet, sondern nur insofern, als sich die Wirklichkeit im Bewußtsein des Menschen spiegelt. Er weist darauf hin, daß man nicht von einer Ähnlichkeitsbeziehung zwischen Ausdruck und Ausgedrücktem, noch weniger von einer notwendigen Beziehung zwischen sprachlichem Zeichen und Gedanken ausgehen könne. Die Frage, wie man das Verhältnis Sprache – Wirklichkeit repräsentationstheoretisch erklären könne, klärt Leibniz in seiner Lehre von der Natur der Zeichen. Als Ausgangsbasis fungiert ein erkenntnistheoretischer Realismus, wonach die Wirklichkeit dem Menschen vorgegeben sei. Für Leibniz ist jede Erkenntnis durch Begriffe vermittelt. Daraus folgt, daß es keine von den Begriffen unabhängige Möglichkeit gibt, das Denken auf seine Übereinstimmung mit dem Sein hin zu überprüfen. Vielmehr muß man davon ausgehen, daß der menschliche Verstand auf die Zeichen als Instrumente, um Gegenstände zu repräsentieren, angewiesen ist. Die konstitutive Funktion der Zeichen kann aber nun nicht in einem einfachen Abbildungsverhältnis gesehen werden, vielmehr beziehen sich die Zeichen zunächst auf Ideen (oder Begriffe), die wiederum als Ideen von Dingen zu sehen sind. In seinen weiteren Ausführungen zur Begriffslehre kommt Leibniz zu dem Resultat, daß einer wahren Idee ein möglicher Begriff entspricht, während einer falschen Idee entweder ein unmöglicher oder ein komplexer Begriff korrespondiert, dessen Teilbegriffe miteinander unverträglich und damit widersprüchlich sind. Die Möglichkeit der den Ideen entsprechenden Begriffe kann nach Leibniz auf zwei Wegen erkannt werden: Entweder erbringt man den Nachweis der Existenz des Dinges, das unter den Begriff fällt. Damit hat man die Möglichkeit des Begriffs durch die Wirklichkeit ausgewiesen: Was wirklich ist, ist auch möglich. Oder man zerlegt den Begriff in seine Grundbegriffe oder in andere Begriffe, deren Möglichkeit bereits bekannt ist. Dann muß nur noch darüber befunden werden, ob in diesen Begriffen keine miteinander unverträglichen Teilbegriffe enthalten sind. Die Idee ist das unmittelbare innere Objekt unseres Denkens, der Begriff ist eine dem Bewußtsein verfügbare Idee als solches immer Ergebnis des jeweiligen Denkaktes. Seine Auffassung, daß sich die Ideen sowohl im Verstand wie in der Wirklichkeit finden, gewinnt ihre Plausibilität einzig darin, daß Leibniz Gott als Urheber der Ideen und der Welt gleichermaßen namhaft macht.

Cassirer kritisiert das herkömmliche Modell der R., in dem eine Vorstellung auf einen Gegenstand, der »hinter« ihr steht, verweist. Das Zeichen ist dabei von grundsätzlich anderer Natur als das Bezeichnete und gehört auch einem anderen Bereich des Seins an. Sein Begriff der R. ist zu verstehen als Ausdruck einer ideellen Regel, die ein Gegebenes in einer gedanklichen Synthese zusammenfaßt. Dabei ist von den verschiedenen Stufen und kulturellen Gebilden, in denen sich Formen des geistigen Lebens zeigen, auszugehen. Wenn von der symbolischen Form die Rede ist, dann nicht allein in bezug auf die Begriffswelt der Erkenntnis, sondern auch im Hinblick auf die anschauliche Welt der Kunst, wie des Mythos. Die erkenntnistheoretischen Fragestellungen selbst sind erst auf der Grundlage dieser symbolischen Formen formulierbar und als Problem verstehbar. R. bedeutet zum einen eine Grundfunktion des Bedeutens, zum anderen die Konstitution der Wirklichkeit im Sinne einer Einheit der Bedeutung. Diese Einheitsbildung vollzieht sich in Gestalt einer ideellen Regel, »die das besondere, hier und jetzt Gegebene, an das Ganze knüpft und mit ihm in einer gedanklichen Synthese zusammenfaßt«. Zu den konstitutiven Bedingungen eines Erfahrungsinhaltes zählt, daß er einbezogen ist in ein System von Relationen, die ihm erst seine örtliche und zeitliche, wie seine begriffliche Bestimmtheit geben. Für den Begriff der Realität bedeutet das, daß uns das als objektive Erfahrung gilt, was in das System der Erfahrung einbezogen werden kann. Erkenntnis wird als Konstanz bestimmter Prädikate und schließlich als (gesetzesartige) Festigung von Urteilszusammenhängen begriffen. – Im Rahmen der Forschungen zur Analogie zwischen menschlichem Bewußtsein und Computer vertritt Fodor die Theorie der mentalen R. Die mentalen R.en sind als neuronale Konstellationen zu begreifen. Eine konkrete mentale R. ist die Eigenschaft eines Hirnzustands, aus der sich ergibt, daß dieser Hirnzustand unter bestimmten Umständen zustandekommt und zusammen mit anderen Hirnzuständen bestimmte Wirkungen hat. **Lit.:** E. Cassirer: Substanzbegriff und Funktionsbegriff. Darmstadt 1980. S. 359 ff. – Ders.: Philosophie der symbolischen Formen. I. Teil: Die Sprache. Darmstadt 1985. S. 42 ff. – J. Fodor: Representations. Cambridge 1981. – G. W. Leibniz: Die Philosophischen Schriften. Hg. C. I. Gerhardt, 7 Bde. Berlin 1875–1890. ND Hildesheim 1965. Hier: Bd. IV. S. 422 ff., VII, S. 31, S. 204 f. – J. Locke: Versuch über den menschlichen Verstand Buch I-IV. Hamburg 1981/1988. Hier: Buch IV, 5. Kap. 8. Abschn.; Buch II, 1. Kap. 2. Abschn. – P. Prechtl: Repräsentation und Realität. In: Perspektiven der Philosophie 24 (1998). PP

**Repression.** Terminus der ↗Kritischen Theorie, die ihrem eigenen Anspruch nach eine doppelte Perspektive verfolgt: Einerseits die Kritik an den theoretischen und normativen Konstrukten zur Interpretation der gesellschaftlichen Wirklichkeit, andererseits eine immanente Kritik an der Wirklichkeit selber, indem sie diese an ihren eigenen Ansprüchen vor dem Hintergrund der tatsächlichen sozialen Verhältnisse bemißt. Die Kritik an den theoretischen Konstrukten konkretisiert sie an den Vorgaben des modernen Wissenschaftsschaftsverständnisses, die durch den Maßstab der Gesetzesmäßigkeit und der Quantifizierung die Wirklichkeit auf den Gesichtspunkt der Berechenbarkeit reduziert. Eine Sozialwissenschaft, die nach diesen Maßstäben einer instrumentellen Vernunft verfährt, reduziert das menschliche Subjekt auf ein manipulierbares Objekt, das sich den Maßstäben des Berechenbaren zu fügen hat. Der Begriff der R. bemißt sich an dem damit einhergehenden Verlust von Subjektivität. Die immanente Kritik formuliert Marcuse in der Kritik der repressiven Toleranz. Er unterscheidet diese von der befreienden Toleranz, um seine Vorstellung einer humanen Gesellschaft von der kritisierten abzugrenzen. Das Telos von Toleranz ist Wahrheit, und die Wahrheit, an dem sich die Toleranz zu messen hat, ist die Autonomie des Individuums. Die intersubjektiv vermittelte autonome Freiheit des Einzelnen bildet den Maßstab der befreienden Toleranz. Die repressive Toleranz führt im Gegensatz dazu zu einer unzulässigen Neutralisierung der Gegensätze. Die scheinbar unparteiische Toleranz akzeptiert gesellschaftliche Zustände der Ungleichheit, die vom Standpunkt der Humanität aus gesehen nicht akzeptabel sind. Dadurch verkörpert sie das konservative Interesse an der Festschreibung der etablierten Verhältnisse und verhindert die Schritte zur gesellschaftlichen Veränderung. **Lit.:** H. Marcuse: Repressive Toleranz. In: R. P. Wolff/B. Moore/H. Marcuse (Hg.): Kritik der reinen Toleranz. Frankfurt 1970. S. 91 ff. PP

**Reproduktion** (evolutionstheoretisch), die ungeschlechtliche oder geschlechtliche Erzeugung neuer, eigenständiger Nachkommen durch ein oder zweigeschlechtliche Eltern. R. ist die den individuellen Tod kompensierende Eigenschaft aller Lebewesen. Durch R. wird Ausbreitung und in der Generationsfolge ↗Evolution ermöglicht. Abhängig von der individuellen Reproduktionswahrscheinlichkeit ermöglicht die R. genetische Rekombination innerhalb der Artgrenzen. Zusammen mit Mutation und Selektion ist R. ein Hauptevolutionsfaktor. MK

**Res** (lat. Ding, Sache), bezeichnet in der Philosophie meist die durch einen Namen bezeichnete (materielldinghafte) Sache bzw. Substanz. Das Bedeutungsfeld von R. ist allerdings so weit, daß die spezifischen Bedeutungen je nach Autor stark variieren. Ähnlich wie das griech. pragma stammt R. ursprünglich aus der Rechtssprache, bei Cicero (res publica, res divina, res familia, res naturalis, etc.) bezeichnet das Wort daher auch eine Reihe von Fällen, die durch das nachgeordnete Substantiv eingegrenzt werden. MFM

In der Scholastik wird die Bedeutung von R. unterschiedlich bestimmt. Bonaventura unterscheidet drei Verwendungsweisen: R. kann ganz allgemein ausgesagt werden, von allem, was entweder Sein im Denken (»Gedankendinge«) oder außerhalb des Denkens hat. Im engeren Sinn bezeichnet R. nur Seiendes, das unabhängig vom Denken besteht (an sich Seindes oder an einem anderen Seiendes, d. h. Substanzen und Akzidentien). Im engsten Sinn meint R. nur an sich Seiendes (Substanzen). Bei Thomas von Aquin und anderen

Autoren zählt R. zu den ↗Transzendentalien und wird gewöhnlich von ens unterschieden, indem es die »Washaltigkeit« des Seienden zum Ausdruck bringt (ens reale). FPB

**Res cogitans/res extensa** (lat. res: Ding, Sache; cogitans: denkend, zweifelnd; extensa: ausgedehnt). R.c. und r.e. sind die Zentralbegriffe des cartesischen Dualismus, einer erkenntnistheoretischen Unterscheidung von denkender Substanz und ausgedehnter Substanz, von Geist und Materie. Mittels methodischen Zweifels gelangt Descartes zur ersten Gewißheit der Existenz des zweifelnden, einsehenden, wollenden, vorstellenden und empfindenden Subjektes (r.c.) als Ausgangspunkt des Weltverständnisses. Im Gegensatz zur immateriellen Innenwelt des Erkenntnissubjekts ist die Außenwelt der materiellen Körper wesentlich durch Ausdehnung bestimmt. Die r.e. mit ihren allgemeinsten Modi Gestalt und Bewegung bildet die Basis für eine mathematisch-geometrische Naturwissenschaft. Konsequent ergibt sich auch eine mechanistische Physiologie, eine Auffassung von Organismen als nach mechanischen Grundsätzen funktionierenden Automaten. Das resultierende Problem der Wechselwirkung von Leib und Seele (bei der Wahrnehmung oder der willentlichen Bewegung des Leibes) avanciert zu einer wirkungsmächtigen Fragestellung der neuzeitlichen Philosophie. **Lit.:** R. Descartes: Meditationes de prima philosophia. 1641/1642. AW

**Resolutiv-kompositive Methode,** Erklärungskonzept, gemäß dem das zu Erklärende in Bestandteile bzw. Ursachen zu zerlegen (Resolution oder Analysis) und von diesen aus dann systematisch zu rekonstruieren ist (Komposition oder Synthesis). Je nachdem, was erklärt werden soll, kann mit Analysis und Synthesis in dreifacher Hinsicht Verschiedenes gemeint sein: (1) ein gegebenes, komplexes Ganzes (wie z. B. eine Uhr) in Teile zu zerlegen und das Verhalten dieses Ganzen durch die Bewegungen von Teilen von ihm zu erklären; (2) von einer gegebenen Wirkung aus die Kette ihrer möglichen Ursachen zurückzuverfolgen und durch eine genetische Definition ein Verfahren, diese Wirkung zu erzeugen, anzugeben; (3) einen gegebenen Begriff in universellere Begriffe zu zerlegen und durch Zusammensetzung der universelleren Begriffe zu dem zu erklärenden Begriff zurückzugelangen. Diese Methode geht zurück auf Zabarella und die Schule von Padua. Bedeutend ist sie in der frühneuzeitlichen Philosophie, z. B. bei Descartes und bei Hobbes. **Lit.:** R. Descartes: 2. Responsiones (Oeuvres VII, 155–56). – Th. Hobbes: De corpore 1, 3; 6, 1; 20, 6; De cive, Vorwort (Works, Clarendon Edition, II, 79). – J. H. Randall Jr.: The School of Padua and the Emergence of Modern Science. Padua 1961. ME

**Responsivität.** Der Begriff »responsiveness« ist erstmalig von R. Pennock in die demokratietheoretische Diskussion eingeführt worden und bezeichnet die »Reflexion und Verbalisierung des Volkswillens« durch politische Entscheidungsträger. In der deutschen Diskussion versuchte H. Uppendahl am nachhaltigsten das Konzept der R. für eine zeitgemäße Demokratietheorie fruchtbar zu machen. Mit R. wird die Fähigkeit von politischen Repräsentanten in Politik und Verwaltung bezeichnet, sich den Wünschen, Bedürfnissen und Interessen der Bürger gegenüber aufgeschlossen zu zeigen. R. zielt darauf ab, daß auch nicht-mehrheitsfähige Interessen berücksichtigt werden, daß vorhandene (nicht-organisierbare) Bedürfnisse und Interessen einer Gruppe nicht auf Kosten anderer Gruppen befriedigt werden und daß antizipierbare Bedürfnisse zukünftiger Generationen in politischen Entscheidungsprozessen angemessen berücksichtigt werden. **Lit.:** R. Pennock: Responsiveness, Responsibilitiy und Majority Rule. In: American Political Science Review 46 (1952). S. 790–807. – H. Uppendahl: Repräsentation und Responsivität. Bausteine einer Theorie responsiver Demokratie. In: Zeitschrift für Parlamentsfragen 1 (1981). S. 123–134. – Ders.: Responsive Demokratie. In: D. Thränhardt/H. Uppendahl (Hg.): Alternativen lokaler Demokratie. Königstein 1981. S. 85–111. RP

**Ressentiment** (frz. ressentir: nachhaltig empfinden), Montaigne bezeichnet damit eine nachhaltige Schmerzempfindung wie auch ein daraus resultierendes Rachegefühl. Den Aspekt der Revolte und des Widerstandes betont auch Sartre, indem er die Jugend das Alter des R.s nennt. – In Nietzsches sozialpsychologischen Analysen (*Jenseits von Gut und Böse*, 1886; *Zur Genealogie der Moral*, 1887) ist das R. ein subtil aggressives Gefühl gegen den schlechthin Anderen aufgrund der Erfahrung, vom sozial Stärkeren unterdrückt werden zu können. So begegnet der Schwache jedem Mächtigeren mit Haß und Ohnmacht, aber auch mit Unterwürfigkeit und Opportunismus. Als Folge des Zu-kurz-Gekommenseins projiziert er die Eigenschaft der Boshaftigkeit auf das starke Gegenüber und besetzt aus Motiven der Rache und der Distanzierung von ihm die eigene Schwäche mit dem Attribut »gut«. Auf diese Weise erlangt der Schwache eine geistig-moralische Überlegenheit, mit der er seine geringe körperliche und soziale Machtposition und seinen erfolglosen Kampf darum kompensieren kann. Das R. ist die wertesetzende Quelle der Sklavenmoral, die von der Herrenmoral zu unterscheiden ist (↗Herrenmoral/Sklavenmoral). Scheler (»Das Ressentiment im Aufbau der Moralen«) knüpft an Nietzsches R.-Begriff mit der phänomenologischen Analyse an, das R. sei eine psychische Selbstvergiftung, durch welche das bürgerliche Wertesystem mit dem obersten Wert der Nützlichkeit entstehen konnte. KS

**Restrictio,** in der mittelalterlichen Logik (als Gegenbegriff zu ↗ampliatio) die Einschränkung eines Begriffs auf einen geringeren Umfang, bzw. die Beschränkung des Geltungsbereichs eines Urteils (vgl. Prantl: *Geschichte der Logik II*, S. 31, III, S. 58 ff.). Im umgangssprachlichen Latein meint die »restrictio mentalis« eine Beschränkung des Geistes. MFM

**Resultat,** Ergebnis, Erfolg. Fichte bezeichnet das bloße R. als etwas Unlebendiges. Es ist für ihn ein Gegenbegriff zur Genese. In der Popularphilosophie – so Fichte – werden nur die R.e mitgeteilt, nicht aber die Beweise gegeben. Für Hegel erschöpft sich die Philosophie nicht in ihrem R. oder Zweck. Vielmehr ist sie wesentlich die Ausführung. »Das nackte Resultat ist der Leichnam, der die Tendenz hinter sich gelassen« (*Ges. Werke* 9, S. 11). Das philosophische Ganze ist bei Hegel ein in sich geschlossener Kreis. Deshalb ist das R. der Philosophie wieder der Anfang, denn der Anfang ist Zweck. CHA

**Retorsion,** argumentatives Verfahren, in dem eine Argumentation dadurch umgedreht wird, daß aus den Voraussetzungen der These des Argumentationsgegners die Verneinung seiner These erschlossen wird. PP

**Reversibilität/Irreversibilität,** (lat. Umkehrbarkeit/Unumkehrbarkeit). Die Begriffe R. und I. kommen aus der Physik, speziell aus der Thermodynamik, und bezeichnen Prozeßeigenschaften. Der Terminus R. bezeichnet eine solche Veränderung eines isolierten Systems, bei der das System in den Ausgangszustand zurückkehren kann. Die R. ist stets eine Idealisierung realer Prozesse. I. liegt vor, wenn Veränderungen eines isolierten Systems die Eigenschaft haben, nicht umkehrbar zu sein. Das System kann dann nicht mehr in seinen Ausgangszustand rückgeführt werden. I. ist eine wesentliche Eigenschaft aller biologischen Prozesse. TF

**Revisionismus,** besonders von E. Bernstein vorgetragene Kritik (*Voraussetzungen des Sozialismus und die Aufgaben der Sozialdemokratie.* 1899) an der marxistischen These vom notwendigen Zusammenbruch der kapitalistischen Produktionsweise. V.a. das »Gesetz des tendenziellen Falls der Profitrate« durch zwangsläufige überproportionale Zunahme des »fixen« Kapitals (Sachanlagen) zu Lasten des »variablen« Kapitals (Arbeitskraft) war für Bernstein empirisch nicht unterfüttert. Daneben kritisierte er Marx' geschichtsphilosophische Ausrichtung und wies damit auf unterschiedliche Arumentationsfiguren innerhalb des marxistischen Denkens hin. So gilt zum einen der Konflikt zwischen ↗»Produktivkräften« und ↗»Produktionsverhältnissen« als Dynamo der geschichtlichen Entwicklung. Dieser funktionalistischen, systemischen Analysefigur steht aber gleichzeitig im Marx'schen Werk eine eher handlungstheoretische Analyse gegenüber (Kampf der Klassen ist Motor der Geschichte). Beide Vorstellungen vom Gang der Geschichte boten aber nach Bernstein dem sozialdemokratischen Handeln in der Gegenwart keine Orientierung. Stattdessen votierte er dafür, von der Stabilität kapitalistischer Verhältnisse auszugehen und in ihnen den politischen und sozialen Handlungsrahmen der Arbeiterbewegung auszudehnen. ↗Demokratie wird damit zum Ziel und Mittel sozialer Reformpolitik. Bernstein fand mit seinen Thesen keine innerparteiliche Mehrheit. Obwohl die SPD – u.a. auf Drängen R. Luxemburgs (Sozialreform oder Revolution?) – an ihrem marxistischen Vokabular der Systemtranszendenz festhielt, markiert Bernsteins R. letztlich doch den Weg der sozialistischen/sozialdemokratischen Parteien westlicher, hochindustrieller Systeme (z.B. Godesberger Programm der SPD, 1959). Mit der Bindung des ↗Kommunismus-Begriffs an die Herrschaftspraxis der UdSSR erhält R. eine weitere Bedeutungsebene. So kritisiert die KPdSU kommunistische Parteien, die dem sowjetischen Sozialismus nicht nachfolgen als revisionistisch, während gleichzeitig – etwa von der KPCH – ihr selbst der R.-Vorwurf gemacht wird. In anderem Zusammenhang meint R. den Bruch mit bisher gültigen Theorien, Paradigmen, Schulmeinungen. So wird beispielsweise in der Historiographie oder der Psychoanalyse von revisionistischen Theorien etc. gesprochen. TN

**Revolution,** allgemein für einen gesellschaftlichen, politischen, wissenschaftlichen, ökonomischen Bruch mit traditionellen Strukturen, Formen, Inhalten. In der politischen Theorie markiert der R.-Begriff bis ins 17. Jh. hinein eine quasi schicksalhafte Kreislaufbewegung politischer Verfassungsformen. Damit verbunden war die Vorstellung einer revolutionären Rückkehr zum alten Recht. Mit der Entwicklung eines modernen linearen Zeitbegriffs erhält R. die Bedeutung eines progressiven, mehr oder minder gewalttätigen Umsturzes herrschender sozialer und politischer Strukturen. In der Folge kann von wissenschaftlichen, technischen, industriellen R.en gesprochen werden. Sie steigen damit zu Knotenpunkten des Fortschritts, zu »Lokomotiven der Geschichte« (Marx) auf. Allerdings ist die Gleichsetzung von R. und Modernisierung problematisch. Schon für W. Benjamin waren R.en eher die »Notbremsen« der Geschichte und einige neuere R.-Legitimationen betonen gerade die Rückkehr zu vormodernen gesellschaftlichen und politischen Organisationsformen (z.B. islamischer Fundamentalismus). Diese unterschiedlichen Zuschreibungen verweisen darauf, daß sich der zum politischen Parteibegriff gewandelte R.-Begriff einer wissenschaftlichen Annäherung weitgehend entzieht. Versuche, eine komparative Revolutionsanalyse zu betreiben (B. Moore), befinden sich noch in den Anfängen. Wobei allerdings einige Bestimmungen von politischen R.en allgemeine Gültigkeit beanspruchen können. So verweist die Rede von der R. auf einen Wechsel in der Herrschaftsstruktur, den Eliten und Ideologien. Dieser Wechsel muß auf Dauer angelegt sein (im Gegensatz zur Rebellion) und von einem großen Teil der Bevölkerung unterstützt werden (im Gegensatz zum Putsch). **Lit.:** R. Koselleck: Vergangene Zukunft. Frankfurt 1979. – B. Moore: Social Origins of Dictatorship and Democracy. Boston 1966. TN

**Rezeptivität, rezeptiv** (lat. recipere: aufnehmen, erhalten, empfangen). Die terminologische Verwendung des Begriffs in der Philosophie geht in ihren Grundzügen auf I. Kant zurück. In seiner Analyse der Bedingungen der Möglichkeit von Erkenntnis erweist sich R. als konstitutives Moment der Sinnlichkeit und mithin als Voraussetzung dafür, daß uns Gegenstände anschaulich gegeben sein können. Als Fähigkeit, sich sinnlich affizieren zu lassen, d.h. »Vorstellungen durch die Art, wie wir von Gegenständen affiziert werden, zu bekommen« (*KrV* B 33), ist sie Grundcharakteristikum der Sinnlichkeit, neben dem Verstand einer der beiden Erkenntnisquellen des menschlichen Gemüts. Der R. im Bereich der Sinnlichkeit steht dementsprechend im Kantischen Modell die Spontaneität des Verstandes in der Bildung und Anwendung von Begriffen gegenüber. Erst die Vereinigung beider, in der Subsumption von Anschauungen unter Begriffe, ermöglicht die Konstitution eines Gegenstandes. Sie ist Voraussetzung jeglicher Erfahrungserkenntnis. R. markiert in diesem Prozeß insofern erfahrungslogisch einen Ausgangspunkt, als mittels ihrer Empfindung hervorgerufen wird, die wiederum das Ausgangsmaterial bildet, dessen Mannigfaltigkeit durch die Synthesis der Apprehension in der Wahrnehmung zusammengefaßt und organisiert wird. Der Unterschied zwischen r.er Sinnlichkeit und Verstandeserkenntnis läßt sich Kant zufolge nicht auf die ›logische Form‹ (Verworrenheit oder Deutlichkeit) beschränken, sondern ist ein transzendentaler, da in der Sinnlichkeit nicht die Beschaffenheit der Objekte selbst präsent ist, sondern nur die Art, wie das Subjekt affiziert wird. **Lit.:** I. Kant: KrV 2. Aufl. 1787. AW

**Reziprozitätsgesetz.** Ausgehend von der Unterscheidung zwischen dem Inhalt des Begriffs und seinem Umfang, wie sie seit der Logik von Port-Royal vorgenommen wird, kann man als Inhalt des Begriffs alle diesem Begriff übergeordneten Begriffe verstehen, als Umfang alle diesem Begriff untergeordneten Begriffe. Dabei resultiert das Kriterium der Über- und Unterordnung aus der aristotelischen Unterscheidung von genus (Gattungsbegriff, übergeordneter oder allgemeinerer Begriff) und species (Artbegriff, untergeordneter oder speziellerer Begriff). Auf der Grundlage dieses Verständnisses wird das R. formuliert: Vermehrung des Inhalts bewirkt eine Verminderung des Umfangs und umgekehrt, d.h. Inhalt und Umfang eines Begriffs verhalten sich reziprok (Bolzano hat durch Gegenbeispiele aufgezeigt, daß das R. als allgemeines Gesetz falsch ist). Versteht man aber unter Umfang des Begriffs die Anzahl der Individuen, die unter den Begriff fallen, und unter Inhalt die Gesamtheit der Bestandteile, aus denen der Begriff besteht, gilt das R. nicht. PP

**Rhetorik,** Lehre von der Kunst der Rede. Die R. umfaßt alle Aspekte der Redekunst: Grundlegend sind ihre technischen Aspekte (z.B. die mustergültige Gliederung einer Rede), ihre politisch-gesellschaftliche Bedeutung (z.B. vor Gericht, im Parlament, in der Werbung) und ihr philosophischer Stellenwert, die Erkenntnisbedeutung und Wahrheitsfähigkeit der Redekunst zwischen Überredung und Überzeugung. Die Probleme der R. sind sachlich und historisch eng verknüpft mit den Fragen der ↗Poetik und der ↗Hermeneutik.

Die vielsträngige und verwickelte Geschichte der R. nimmt im 5. Jh. v. Chr. ihren Ausgangspunkt bei den Sophisten, die, von Sizilien kommend, nach dem Ende der Tyrannenherrschaft in Athen die Kunst erfolgreicher Gerichtsreden mittels Musterreden unterrichteten. Hervorzuheben ist Gorgias von Leontinoi, der die rhetorische Streitkunst in ihrer manipulativen Macht, unabhängig von Recht oder Unrecht, erkannte und entwickelte. Die von Platon dargestellte Auseinandersetzung zwischen Sokrates und Gorgias (*Gorgias*) gilt bis heute als Paradigma der Kritik der R., die von Platon/Sokrates als eine unphilosophische Schmeichelkunst, als geradezu erkenntnisverhinderndes, beliebiges Meinungsspiel entlarvt wird. Platons Kritik und Ablehnung der R., gemessen an der einen philosophischen Wahrheit, hat in der Antike ihr ebenso grundlegendes Gegenstück in der positiven Würdigung der R. durch Aristoteles. Aristoteles bestimmt die R. zusammen mit der Dialektik als Theorie des Wahrscheinlichen und seiner glaubwürdigen Darlegung auf dem Gebiete menschlicher Praxis und stellt sie der philosophischen Wissenschaft, die sich mit dem unveränderlich Wahren beschäftigt, an die Seite. Auch für die technische Ausarbeitung des antiken Systems der R. ist Aristoteles von zentraler Bedeutung, sei es für die Unterscheidungen der Gattungen der Rede, sei es für die Gliederung ihres Aufbau oder sei es für ihre spezifische Argumentationslogik, die Topik. Weitere wichtige Stationen der antiken R. markieren Cicero mit seinem Ideal des universal gebildeten politischen Redners und Quintilian, der die Erziehung zum Redner, zum »vir bonus« als eine sittliche Aufgabe versteht. – Im MA. bildet die R. im Rahmen der sieben freien Künste zusammen mit Grammatik und Dialektik/Logik das Trivium, und sie wird insbesondere in der christlichen Predigtlehre fortgeführt. Eine erneute Blüte erlebt die R. in der humanistischen Neuzeit in Schule, Hochschule, Literatur und Politik, philosophisch wird sie aber zunehmend von dem analytischen Wissenschaftsideal cartesianischer Prägung verdrängt bzw. in den Schatten gestellt – ein Prozeß, der in der Rhetorikkritik der Aufklärung und Kants Verurteilung der R. kulminiert. – Erst die Einsicht in die falsche Verabsolutierung der technisch-wissenschaftlichen Rationalität der Moderne sowie die gegenläufige Einsicht in die spezifische Rationalität menschlicher Praxis und Weltaneignung durch Sprache führt dann im 20. Jh. zu einer ernsthaften philosophischen Rehabilitierung der R. im Sinne der aristotelischen Auffassung. Zunächst zögerlich, dann etwa in den letzten 20 Jahren geradezu stürmisch ist die R. und die rhetorische Fundierung praktischer Rationalität zu einem beherrschenden Thema der Philosophie geworden: in der philosophischen Hermeneutik Gadamers, in den ↗Argumentationstheorien Perelmans und Toulmins, in der Diskursphilosophie Apels und Habermas', in der Metaphorologie Blumenbergs oder zuletzt in der postmodernen und dekonstruktivistischen Philosophie französischer Provenienz, etwa bei Derrida und Lyotard, um nur einige herausragende Positionen und Autoren zu nennen. **Lit.:** J. Kopperschmidt (Hg.): Rhetorik. Zwei Bände. Darmstadt 1990/1991. – H. Schanze/J. Kopperschmidt (Hg.): Rhetorik und Philosophie.

München 1989. – G. Ueding/B. Steinbrink: Grundriß der Rhetorik. Geschichte-Technik-Methode. Stuttgart/ Weimar [3]1994. PCL

**Richtigkeit,** in der Regel begrifflich abgegrenzt von ↗Wahrheit, wobei R. häufig entweder einem Bereich zugeordnet wird, der im strengen Sinne als nicht wahrheitsfähig gilt, oder eine im Vergleich zur Wahrheit mindere Wertigkeit unterstellt wird. Aristoteles verbindet beide Aspekte: R. kann nur von einer Denkbewegung ausgesagt werden, die sich auf die je besondere und veränderliche Praxis bezieht; ein Rat oder eine Überlegung ist richtig, wenn er oder sie der Realisierung eines sittlich wertvollen Zwecks dient. Dagegen ist Wahrheit das Ziel einer auf allgemeine und unveränderliche Gegenstände gerichteten Erkenntnis, deren Geltungsanspruch über das situationsabhängige, hier und jetzt Gegebene hinausweist. Noch in der aktuellen Diskussion wird unter R. vorwiegend eine auf ethische Belange eingeschränkte normative R. als die Übereinstimmung von Handlungsmaximen und ethischen Normen verstanden. So unterscheidet etwa Habermas die normative R. von der propositionalen Wahrheit und der subjektiven Wahrhaftigkeit und faßt alle drei als kritisierbare ↗Geltungsansprüche auf, die in verständigungsorientierten Sprechhandlungen notwendigerweise erhoben werden. Der Anspruch auf normative R. soll dabei ebenso rational begründbar sein wie der Anspruch auf propositionale Wahrheit. Dagegen markiert Hegels Differenzierung zwischen R. und Wahrheit v.a. deren unterschiedliche Wertigkeit: Während er die Entsprechung zwischen »äußerlichen Dingen« und »meinen Vorstellungen« als »bloße R.« auffaßt, bezeichnet er als Wahrheit nur die »absolute Einheit des Begriffs und der Objektivität«: Die »Gegenstände sind wahr, wenn sie das sind, was sie sein sollen, d.h. wenn ihre Realität ihrem Begriff entspricht.« N. Goodman formuliert schließlich einen Begriff von R., der sie weder theoretisch abwertet noch auf ethische Fragestellungen einschränkt. Angesichts einer Vielfalt konfligierender und dennoch legitimer – wissenschaftlicher wie künstlerischer – Weltbeschreibungen hält Goodman es für notwendig, eine Vorstellung von systemrelativer R. einzuführen, die Maßstäbe für die Akzeptierbarkeit von Aussagen, Darstellungen und Beschreibungen definiert. Indem dann als richtig gelten soll, was innerhalb eines bestimmten Bezugsrahmens als passend und damit als akzeptabel erscheint, können einander widerstreitende Beschreibungsversionen dennoch als je richtige zugelassen werden. **Lit.:** Aristoteles: Nikomachische Ethik. Buch VI. – N. Goodman: Weisen der Welterzeugung. Frankfurt [2]1993. – J. Habermas: Theorie des kommunikativen Handelns. Bd. 1. Frankfurt 1981. – G.W.F. Hegel: Enzyklopädie der philosophischen Wissenschaften. Bd. 1. FG

**Risikogesellschaft,** von U. Beck eingeführter Begriff, mit dem die moderne Industriegesellschaft in mehreren Dimensionen neu bestimmt wird: (1) Risikoproduktion und -wahrnehmung: Die selbsproduzierten technisch-wissenschaftlichen Modernisierungsrisiken haben globalen Charakter und sind zumeist irreversibel (z.B. Kernkraft, Gentechnologie, Mikroelektronik etc.). Modernisierungsrisiken erfassen alle Gesellschaftsmitglieder: »Not ist hierarchisch, Smog ist demokratisch.« Erst wenn die objektiven Gefährdungsgemeinsamkeiten politisch nicht mehr geleugnet werden können, ergibt sich die Chance einer »Solidarität aus gemeinsamer Angst«. (2) Lebensformen in der R.: Der rapide Individualisierungsprozeß entwertet traditionelle Klassen- und Schichtzugehörigkeiten. Lebensbiographien müssen ständig neu entworfen, gelebt und stabilisiert werden. Geschlechterbeziehungen werden risikoreicher und instabiler, Bildungszertifikate garantieren keine »normale« lebenslange Erwerbsbiographie mehr. (3) Politik in der R.: Das Zentrum der Politik, das Parlament, wird entmachtet, und die Umwälzung der Gesellschaft vollzieht sich in den technisch-wissenschaftlichen Bereichen der Wirtschaft. Die »Entgrenzung der Politik« in der R. eröffnet aber auch die Möglichkeit, daß andere Politik-Mächte wie z.B. Medien-Öffentlichkeit, Verbände, Gerichte und einzelne Bürgerbewegungen wirksam sind, die die funktionalen Imperative und Fortschrittsfatalismen der Industriegesellschaft kritisieren und politische Handlungsalternativen offerieren und durchzusetzen versuchen. **Lit.:** U. Beck: Risikogesellschaft. Auf dem Weg in eine andere Moderne. Frankfurt 1986. – Ders.: Gegengifte. Die organisierte Unverantwortlichkeit. Frankfurt 1988. RP

**Ritual.** Es gibt keine eindeutige Definition des R.s. Ob in der Form sozialen Handelns oder als Aspekt eines Verhaltens, das mit sakralen oder profanen Praktiken verbunden ist, ist der Begriff des R.s immer als eine analytische Kategorie innerhalb eines bestimmten Diskurses zu verstehen. Die meisten ihm zugeschriebenen Differenzierungsadjektive sind: formal, stereotypisch, repetitiv, zweckmäßig, paradigmatisch, zeitlos, performativ. Daß die Axiomatik der analytischen Begriffsbildung innerhalb eines wissenschaftlichen Diskurses nicht objektiv, neutral und unvoreingenommen bleibt, zeigt die Geschichte ihrer Anwendung. Die von Robertson-Smith beeinflußte Theorie Durkheims sieht das R. als Mittel für die Unterstützung der sozialen Solidarität innerhalb kleiner, traditioneller Gesellschaften, was nichts anderes als eine Reaffirmation des sozialen status quo bedeutet. Die öffentlichkeitsbezogene Natur des R.s und seine Auswirkung auf die Kontinuität der sozialen Strukturen – vertreten von Malinowski und Radcliffe-Brown – finden ihren Ausdruck in einem moderneren Paradigma des ökologischen Funktionalismus bei Rappaport. Aufgrund der strukturalistischen Analysen Lévi-Strauss' verstehen E. Leach und M. Douglas das R. als eine Art Kommunikation, in der die Bedeutung als Konstituent anerkannt wird. In seinem symbolischen Aspekt wird das R. als »model of« und »model for« zum Inbegriff kultureller Interpretationen bei C. Geertz. – Eine neue Perspektive in der Ritualtheorie ist von den Turnerschen Begriffen Antistruktur und communitas gekennzeichnet. Anschließend an die Grundgedanken van Genneps der »rites de passage«, betont Turner nicht mehr die konservativen Momente des R.s, sondern seine Dynamik und Prozessualität. Durch die liminale Phase, die die Bedingung der Antistruktur darstellt, ermöglicht das rituelle Handeln communitas als ein transzendentales Gefühl des sozialen Zusammenseins. Erst aufgrund der communitas als Antistruktur ist eine Transformation der alten sozialen oder symbolischen Ordnung in eine neue möglich. Die Wende in der Ritualforschung kam mit der Anthropologie der Erfahrung, die den einzelnen rituellen Akteuren große Bedeutung zuschreibt. Sie spielen keine Mythen mehr, sie kreieren sie aufs neue. Mit Einbeziehung der Erfahrbarkeit in die Ritualtheorie versucht man die Individuationsprozesse zu erkennen, die gleichzeitig eine Universalität beanspruchen, in der das R. und seine Akteure identisch werden, weil das Leben als Ganzes ritualisiert wird. Solche Ansätze eröffnen den Raum für einen neuen Diskurs (Ritual Studies), in dem das R. nicht mehr als ein hermeneutischer Begriff zur Repräsentation von Religion, Gesellschaft oder Kultur dient. **Lit.:** É. Durkheim: Die elementaren Formen des religiösen Lebens. Frankfurt 1994. – C. Geertz: The Interpretation of Cultures. Selected Essays. New York 1973. – B. Malinowski: Magie, Wissenschaft, Religion. Frankfurt 1973. – R. Rappaport: Pigs for the Ancestors. Ritual in the Ecology of a New Guinea People. New Heaven 1968. – V. W. Turner: From Ritual to Theatre. The Human Seriousness of Play. New York 1982. SZ

**Rollentheorie,** soziologische Theorie zur Bestimmung sozialer Rollen. Als soziale Rollen werden reziproke Verhaltenserwartungen an den Inhaber einer sozialen Position verstanden. – Trotz der soziologisch fachuniversalen Verwendung des Rollenbegriffs stützt sich die soziologische R. keineswegs auf ein einheitliches Paradigma. Die wichtigsten klassischen rollentheoretischen Ansätze stammen aus dem ↗symbolischen Interaktionismus G. H. Meads und aus der ↗strukturell-funktionalen Theorie T. Parsons'. Nach Mead entstehen reziproke soziale Rollen dadurch, daß Interaktionspartner das Verhalten alter Egos wechselseitig antizipieren und diese Antizipation ihrem eigenen Verhalten zugrundelegen. Dieses »role-taking« führt dazu, daß Interaktionspartner allmählich gemeinsame und intersubjektiv verbindliche Verhaltenserwartungen, d. h. soziale Rollen hervorbringen. Parsons dagegen setzt soziale Rollen unter dem funktionalen Aspekt der normativen Integration sozialer Handlungen an. So dienen reziproke Verhaltenserwartungen aus der Perspektive des sozialen Systems der Stabilisierung der Struktur, aus der Perspektive des einzelnen der Orientierung und Motivation. – Die nachfolgende Weiterentwicklung der R. orientierte sich stets an der Frage des Verhältnisses von gesellschaftlich vorgeordneten Rollenstrukturen und dem je individuellen Beitrag zur Rollenübernahme. So betont R. Turner die aktive Selbstdefinition sozialer Beziehungen durch Rollenträger (»role-making«), während E. Goffman das Phänomen der »Rollendistanz« herausarbeitet. R. Dahrendorf dagegen stellt auf den sanktionsdrohenden Zwangscharakter von sozialen Rollen ab. J. Habermas schließlich arbeitet Kriterien für Freiheitsgrade individuellen Handelns im Hinblick auf geforderte Rollenkonformität heraus. **Lit.:** R. Dahrendorf: Homo Sociologicus. Köln/Opladen [15]1977. – E. Goffman: Interaktion. München 1973. – J. Habermas: Kultur und Kritik. Frankfurt [2]1977. – G. H. Mead: Geist, Identität und Gesellschaft. Frankfurt 1969. – T. Parsons: Beiträge zur soziologischen Theorie. Darmstadt/Neuwied [3]1973. – R. Turner: The Role and the Person. In: Am. Journ. Soc. 84 (1978/79). S. 1–23. AN

**Romantik,** Epoche europäischer Philosophie, Literatur und Kunst zwischen etwa 1790 und 1840. Sie entsteht im Anschluß an die Strömung des Sturm und Drang und als Gegenbewegung zur ↗Aufklärung, deren Fixierung auf die Vernunft als Vereinseitigung menschlicher Seinsmöglichkeiten empfunden wird. Die sozialökonomisch belastenden Lebensumstände und politische Unsicherheit beschwören ein Krisenbewußtsein herauf, das sich darin äußert, einerseits schwärmerisch ins Volkstümliche und in die vermeintlich »harmonische« Vergangenheit (geordnete Verhältnisse im christlichen MA.) zu flüchten und andererseits im pathetisch-revolutionären Wunsch, ein neues Ich-Bewußtsein und damit eine neue »romantisierte« Welt zu schaffen. – Den Ansatz dazu liefert Fichte, der im Anschluß an Kant dem absoluten Ich die Fähigkeit zuspricht, die Welt handelnd zu prägen, indem es sich der praktischen Vernunft bedient. Das Ich zeigt seine, als göttlich interpretierte, Schöpferkraft vor allem in der Kunst, in der es sein Selbst- und Weltverhältnis im Ausgleich von natürlicher Begrenzung und freiheitlichem Streben ausdrücken kann. Schelling geht über Fichte hinaus und postuliert in seiner Identitätsphilosophie ein gemeinsames Fundament von Natur und Geist, von spekulativer ↗Naturphilosophie und transzendentalem ↗Idealismus: die absolute Indifferenz des Subjektiven und Objektiven. Zu dieser ursprünglichen Einheit soll mittels Kunst und Philosophie zurückgefunden werden. Schellings statischer Begriff der »Identität« wird durch Hegels These abgelöst, das Absolute sei prozessual. Die Romantiker verspüren die Zerrissenheit des Seins in den Oppositionen von Welt – Individuum, Wirklichkeit – Phantasie, Vergangenheit – Jetzt, Form – Freiheit. Sie wollen die Gegensätze aber nicht aufheben (wie die dt. Klassik und deren griechische Ideale) in einer alles vereinheitlichenden Harmonie, sondern sich gegenseitig durchdringen und durchleiden lassen (A. W. Schlegel). Novalis weist der Poesie die Aufgabe zu, alle Lebensbereiche zu »romantisieren«, d. h., »dem Endlichen einen unendlichen Schein zu geben«. **Lit.:** G. Hoffmeister: Deutsche und europäische Romantik. Stuttgart [2]1990. – H. Prang (Hg.): Begriffsbestimmung der Romantik. Darmstadt [2]1972. KS

**Rückwirkungsverbot.** Dem R. zufolge darf jemand nicht für eine Handlung bestraft werden, die zur Tatzeit noch nicht mit einer gesetzlichen Strafandrohung versehen war. Dieses an Gesetzgeber wie Richter gleichermaßen adressierte Gebot der lex praevia ist gemeinsam mit denen der lex certa (Bestimmtheitsgebot), lex scripta (Ausschluß des Gewohnheitsrechts) und der lex stricta (Analogieverbot) in Art. 103 Abs. 2 GG verfassungsrechtlich und in § 1 StGB einfachgesetzlich verankert (»nulla poena sine lege«, so zuerst J. P. A. Feuerbach 1801). Das R. bezieht sich im Kern auf Kriminalstrafen, umgreift aber auch das Ordnungswidrigkeiten-, Disziplinar- und Standesrecht; für das sonstige öffentliche Recht ist hingegen der allgemeinere und weniger strenge rechtsstaatliche Vertrauensschutzgedanke maßgeblich. Das R. wirkt nur zugunsten des Beschuldigten, indem es sich auf neue gesetzliche Straftatbestände und Strafverschärfungen beschränkt, schließt freilich Änderungen der Rechtsprechung nicht aus. Es erfaßt nach herrschender Auffassung nicht verfahrensrechtliche Normen wie z. B. Verjährungsfristen, wohl aber Rechtfertigungs- und Schuldausschließungsgründe. Obwohl in den Menschenrechtsdokumenten des ausgehenden 18. Jh. erstmals klar ausformuliert, läßt sich das R. rechts- und ideengeschichtlich sehr viel weiter bis in das römische und kanonische Recht zurückverfolgen, soweit dort Materien dem Natur-, Gewohnheits- oder Richterrecht versperrt werden sollten. Seinen tragenden Sinn findet es weniger im Schuldgrundsatz als im Gedanken der Verläßlichkeit der Rechtsordnung und der Rechtssicherheit. Der einzelne soll auf das bestehende Recht vertrauen können; dem Gesetzgeber soll verwehrt sein, die Vergangenheit nach seinen aktuellen Vorstellungen umzuwerten. Zur in Art. 7 Abs. 2 EMRK vorgesehenen Ausnahme vom R. hat die Bundesrepublik mit Blick auf Art. 103 Abs. 2 GG einen Vorbehalt erklärt. Die gleichwohl vom Bundesverfassungsgericht in der sog. Mauerschützen-Entscheidung (BVerfGE 95, 96) vertretene These, das R. entfalte seine strikte Schärfe nur in rechtsstaatlichen Demokratien, könne aber für »extremes Unrecht« Ausnahmen erleiden, ist irrig. Eher käme wegen der in rechtsstaatlichen Demokratien vorhandenen zusätzlichen Sicherungen das Gegenteil in Betracht. Daß selbst Hobbes (*Leviathan*, Kap. 27) das R. propagierte, belegt dessen umfassenden, gerade auch absolutistische und andere vorrechtsstaatliche Systeme umfassenden Anspruch. **Lit.:** H. Dreier: Gustav Radbruch und die Mauerschützen. In: Juristenzeitung 1997. S. 421–434. – V. Krey*:* Keine Strafe ohne Gesetz. Berlin/New York 1983. – G. Schöckel*:* Die Entwicklung des strafrechtlichen Rückwirkungsverbotes bis zur französischen Revolution (Diss. Göttingen 1952). Göttingen 1968. – H.-L. Schreiber*:* Gesetz und Richter. Frankfurt 1976. – B. Schünemann: Nulla poena sine lege? Berlin/New York 1978. HD

**Russellsche Antinomie** (nach B. Russell), syntaktische ↗Antinomie. (1) Mengentheoretische Fassung: Wir nennen eine Menge normal, wenn sie sich nicht selbst als Element enthält. Fragen wir uns, ob die Menge N aller normaler Mengen normal ist oder nicht, so verstricken wir uns in Widersprüche. Nimmt man an, N sei selbst normal, so muß N sich selbst als Element enthalten (weil N alle normalen Mengen enthält), ist also nicht normal (weil N sich selbst als Element enthielte). Nimmt man an, N sei nicht normal, so bedeutet das, N enthält sich selbst als Element; da N aber nur normale Mengen enthält, müßte N dann normal sein. (2) Logische Fassung: Ein Prädikat heiße autonomisch, wenn es von sich selbst ausgesagt werden kann, ansonsten heiße es heteronomisch. In diesem Sinne ist das Prädikat rot heteronomisch, abstrakt aber ist selbst abstrakt, also autonomisch. Fragen wir uns, ob das Prädikat heteronomisch autonomisch oder heteronomisch ist, so verstricken wir uns in Widersprüche. Nehmen wir an, heteronomisch sei heteronomisch. Dann kann es von sich selbst ausgesagt werden, also ist es autonomisch. Nehmen wir an, heteronomisch sei autonomisch. Dann kann es von sich ausgesagt werden, also ist heteronomisch heteronomisch. – Die R. A. brachte Freges System und damit dessen Versuch einer logischen Grundlegung der Arithmetik zu Fall (↗Logizismus). Eine scherzhafte Form dieser A. ist der ↗Dorfbarbier. **Lit.:** G. Frege: Die Grundgesetze der Arithmetik. Bd. 2. Nachdr. Darmstadt 1962. S. 253–265. VP

**Sachlichkeit,** bei Scheler die den Menschen vom Tier unterscheidende Fähigkeit, das Gegenständlichsein (Objektcharakter) von Gegenständen als solches zu erfassen, ohne die aus der Instinktgebundenheit der Tiere resultierende Einschränkung der Gegebenheitsweise von Welt. – H.-E. Hengstenberg nennt S. die Haltung eines Wesens, das das Seiende angeht, wie dieses von sich selbst her angegangen sein will. Dagegen handelt ein Mensch unsachlich, der ein Seiendes nur als Mittel für seine eigenen Zwecke einsetzt. **Lit.:** H.-E. Hengstenberg: Philosophische Anthropologie. Stuttgart [3]1966. S. 9–50. FPB

**Sachverhalt.** Ein S. ist im Unterschied zu einem ↗Ding ein abstrakter und in dem Sinn komplexer Gegenstand, daß er sprachlich nur mit einem Daß-Satz bzw. einem substantivierten Infinitiv bezeichnet werden kann. Genau dies meint der ma. Begriff des nur mit einem Satz Bezeichenbaren (tantum complexe significabile, bei Adam v. Wodeham, Gregor v. Rimini u. a. im 14. Jh.), welches nicht nur als Satzbedeutung, sondern auch als Gegenstand von Akten des Glaubens, Wissens und dgl. fungiert. Schon im 12. Jh. heißt es bei Abälard, daß Sätze keine Dinge bezeichnen, sondern »eine gewisse Weise des Sichverhaltens der Dinge (quidam rerum modus habendi se) ausdrücken« (*Dialectica*. Hg. de Rijk. Assen 1956. S. 160). Seit dem 19. Jh. ist der Begriff des S.s als des Gegenstands bzw. Inhalts von Urteilen im Unterschied zu Vorstellungen (Stumpf u. a.) sehr gebräuchlich. Nach Wittgenstein sind nicht Dinge, sondern Tatsachen, d. h. bestehende S.e als »Verbindung von Gegenständen (Sachen, Dingen)« die Grundbestandteile der Wirklichkeit (*Tract.*, 1–2.011). Im Anschluß an Husserl wird heute manchmal der S.

als Wahrmacher von der Proposition als Bedeutung des Urteils und als Wahrheitsträger unterschieden. **Lit.:** B. Smith: Sachverhalt. In: HWPh. Bd. 8. Sp. 1102–1113. – E. Tegtmeier: Grundzüge einer kategorialen Ontologie. Freiburg/München 1992. HB

**Sachzwang,** aus der soziologischen Handlungs- und Gesellschaftstheorie stammender Begriff einer Legitimationsstrategie, in der Handlungsmotive nicht auf autonom gesetzte Zwecke, sondern verkürzt zweckrational auf nicht zur Disposition gestellte gesellschaftliche oder naturgesetzliche Zwänge zurückgeführt werden. Die Zwecksetzung wird so als aus äußeren Gegebenheiten resultierende Notwendigkeit begründet und scheint in ihrer Sachgesetzlichkeit einer moralischen Legitimierung enthoben. Sie steht damit unter dem Primat der instrumentellen ↗Vernunft, denn sie übergeht, daß die Notwendigkeit erst in der Anerkennung übergeordneter Ziele (z.B. Systemerhalt, Fortschritt) konstituiert wird. Eine Handlungsrechtfertigung muß diese Anerkennung als wertrationale reflektieren und im Blick auf die aus ihr abgeleiteten Zwecksetzungen erneut zur Disposition stellen. Die Voraussehbarkeit von aus Ersthandlungen folgenden Zwecksetzungsketten mit Sachzwangcharakter wird jedoch insbesondere für die technologische Zivilisation kritisch beurteilt. **Lit.:** F. Tenbruck: Freiheit und Sachzwang. Opladen 1977. EJ

**Säkularisierung,** im ursprünglichen Sinne ein rechtlich-politischer Begriff, der die vom 16. bis 19. Jh. erfolgte staatliche Einziehung von Vermögen, Gegenständen, Territorien oder Institutionen aus kirchlichem Besitz bezeichnet. Als kulturphilosophischer Begriff meint er die Kritik der Aufklärung an religiösen Weltbildern als letzte Erklärungs- und Autoritätsinstanz. S. wird hier als Entzauberung der christlichen Religion verstanden, weil sowohl die modernen (Natur-)Wissenschaften als auch die großen politischen Ideologien des 19. Jh. nunmehr den kollektiven Weltlauf und den individuellen Lebenslauf erklären sollen. Die politischen Ideologien übernehmen nun von der Religion die Funktion als Erlösungs- und Heilslehren. Die Theorie der Postmoderne intendiert im 20. Jh. nochmals einen Säkularisierungsschub, indem die großen Erlösungvostellungen und »Meta-Erzählungen« vom vernünftigen Fortschritt, umfassenden Wohlstand und klassenloser Gleichheit verworfen werden. Im alltagspolitischen Sinne bedeutet Säkularisierung heutzutage die strikte Trennung von Staat und Kirche, aber keineswegs eine anti-religiöse Gesellschaft. So wird beispielsweise in der Präambel des Grundgesetzes auf die »Verantwortung vor Gott« Bezug genommen. Grundsätzlich gilt aber, daß säkularisierte Gesellschaften Sinnfindung und Selbstbehauptung individualisiert haben. **Lit.:** P.L. Berger: Der Zwang zur Häresie. Religion in der pluralistischen Gesellschaft. Frankfurt 1980. – H. Blumenberg: Säkularisierung und Selbstbehauptung. Frankfurt 1974. RP

**Sāṃkhya** (sanskrit: auf Zahlen beruhend(e Lehre)). Der Name S. rührt wohl von der Besonderheit dieses philosophischen Systems her, die die Welt konstituierenden Prinzipien aufzuzählen. Mit dem S. macht die indische Philosophie den Schritt vom Monismus zum Dualismus: es stehen sich die Materie (↗Prakṛti oder pradhāna) und Seele oder Geistmonade (↗Puruṣa) gegenüber. Das klassische Werk des S. ist die *S.-Kārikā* (»Lehrsprüche des S.«) des Īśvarakṛṣṇa (vor 500 v.Chr.), die ein atheistisches System insofern lehrt, als es als ewige Prinzipien neben der Prakṛti eine Vielheit von Puruṣas (*S.-Kārikā* 18), aber keinen allem übergeordneten Hochgott (Īśvara) gibt. Wichtig ist dabei, daß dem Puruṣa keinerlei Eigenaktivität innewohnt, sondern daß er rein geistig-passiver Natur ist (*S.-Kārikā* 19), während der Prakṛti durchaus alle psychischen Funktionen zugerechnet werden. Das S. bietet eine Evolutionslehre (pariṇāmavāda), die jedoch davon ausgeht, das ein jeweiliges Produkt oder eine Wirkung schon vorher vorhanden war und sozusagen nur in Erscheinung tritt (*S.-Kārikā* 9, satkāryavāda »Lehre von den existierenden Produkten oder Wirkungen«). Die (Ur-)Materie befindet sich innerhalb des kosmischen Kreislaufes von ↗Emanation und Reabsorption zunächst in einem Ruhezustand, der durch das Gleichgewicht der drei ihr innewohnenden Konstituenten (↗Guṇa: sattva, rajas, tamas, *S.-Kārikā* 12f.) gewährt ist. Bei der Evolution der Welt entsteht durch die Vermischung der Guṇas und die Entfaltung der Prakṛti (*S.-Kārikā* 22ff.) eine scheinbare Verbindung der Puruṣas mit der Prakṛti (*S.-Kārikā* 55), insofern, als die Illusion von den Puruṣas als aktive Täter in der Prakṛti hervorgerufen wird, somit also der Anschein, daß es geistige Seelenmonaden (↗Jīva) gebe. Die Metaphysik des S. erkennt die Gesetzmäßigkeiten von ↗Saṃsāra und ↗Karma an und lehrt, daß die Unterscheidung (viveka) von Prakṛti und Puruṣa zur Erlösung führt, die in reinem Geistsein, dem ursprünglichen Zustand des Puruṣa, besteht (*S.-Kārikā* 65f.). **Lit.:** E. Frauwallner: Geschichte der indischen Philosophie. Bd. 1. Salzburg 1953. S. 275ff. – R. Garbe: Die Sāṃkhya-Philosophie. Leipzig $^{2}$1917. – M. Hiriyanna: Vom Wesen der indischen Philosophie. München 1990. S. 152ff. – M. Hulin: Sāṃkhya Literature. Wiesbaden 1978. – G.J. Larson: Classical Sāṃkhya. Delhi 1967. – G.J. Larson/R.S. Bhattacharya: Sāmkhya: A Dualist Tradition in Indian Thought. Princeton 1987. – J. Mehlig: Weisheit des alten Indien. Bd. 1. München 1987. S. 506ff. (Übersetzung). – A. Sengupta: The Evolution of the Sāṃkhya School of Thought. Lucknow 1959. MD

**Saṃsāra** (sanskrit: Zusammenfluß). Der Sanskrit-Terminus S. bezeichnet den Strom der Wiedergeburten, in den nach indischer Vorstellung jedes Wesen eingebunden ist und aus dem es sich nur befreien kann (↗Mokṣa), indem es den Erlösungsweg der einzelnen religiösen oder philosophischen Schulen verfolgt. In der Regel geschieht dies dadurch, daß es sich durch entsprechend moralisches Verhalten (↗Karma) in der Hierarchie der Wesen von Geburt zu Geburt auf die Erlösung hinarbeitet. Der Kreislauf der Wiedergeburten ist eine der grundlegenden Konzeptionen indischer Religion und Philosophie, die in der Kosmologie aller nachvedischen Systeme anerkannt wird. Ausgangspunkt war die Idee eines Wiedertods (punar-mṛtyu) im Jenseits und einer darauffolgenden Wiedergeburt im Diesseits. Dieser sich ständig wiederholende Vorgang wurde als leidvoll empfunden, und es galt folgerichtig, einen Ausweg aus diesem ewigen Leiden, die Erlösung, zu finden. Vgl. a. ↗Fünf-Feuer-Lehre. **Lit.:** E. Frauwallner: Geschichte der indischen Philosophie. Bd. I. Salzburg 1953. S. 50 ff. – J. Gonda: Die Religionen Indiens. Bd. 1. Stuttgart [2]1978. S. 279 ff. – W. D. O'Flaherty (Hg.): Karma and Rebirth in Classical Indian Tradition. Delhi 1983. MD

**Sān Shì Shuō**, Drei-Stadien-Lehre der geschichtlichen Entwicklung des He Xiu (129–182) aus der Han-Zeit. Sie bildet das chinesische Gegenstück zur Drei-Etappen-Kreislauflehre des Dong Zhong-shu (179–104) aus der frühen Han-Zeit und wurde Grundlage der teleologischen Geschichtsdeutung der konfuzianischen Gong Yang-Schule, die an den Kommentar des Gong-yang zu den Frühlings- und Herbstannalen anschloß. Die drei Stadien sind – in schöner Analogie zur kantischen Geschichtsphilosophie – die Epochen der Überwindung von Krieg und Unordnung durch den Nationalstaat und schließlich eine Weltfriedensordnung. He Xiu formuliert: »In der Epoche des Hörensagens (der Vorzeit) sieht man das Aufkommen von Ordnung in der Unordnung. Der Gebrauch der Denkkraft war damals noch kleintiermäßig und beschränkt. Darum unterschied man sein (eigenes) Land als Inland von den fremden chinesischen Staaten… In der Epoche der (quellenmäßigen) Berichterstattung sieht man die Entwicklung hin zum Frieden. Ganz China wird Inland und Fremdes wird Ausland… Seit der Epoche der Augenzeugenschaft (der damaligen Gegenwart) kündigt sich der große Frieden (Tai Ping) an. Ausländer assoziieren sich als (chinesische) Fürsten, und die ganze Welt, Fernes und Nahes, Großes und Kleines wird zur Einheit« (He Xiu: *Erklärungen zum Chun Qiu Gong-yang Zhuan*, d. h. zum Kommentar des Gong-yang zu den Frühlings- und Herbstannalen, Bd. 1). Trotz mannigfaltiger »Parusieverzögerungen« bleibt diese Denkform eine Konstante im konfuzianischen Geschichtsdenken. Noch der Reformer Kang You-wei (1858–1927) huldigt ihr und verbindet die Vorstellung vom Großen Frieden mit der Realisierung der Idee von der Großen Gemeinschaftlichkeit (↗Da Tong) aus dem alten *Buch der Sitten*. Er begründet insbesondere die Notwendigkeit, vom Westen zu lernen, mit der Diagnose, daß China sich noch in der »Epoche der Unordnung« befinde, während der Westen schon in die »Epoche des beginnenden Friedens« eingetreten sei und sieht voraus, daß »künftig die ganze Welt, Großes und Kleines, Fernes und Nahes eine Einheit« werde. **Lit.:** L. Geldsetzer/H.-d. Hong: Chinesisch-deutsches Lexikon der chinesischen Philosophie. Aalen 1986. Art. Epochen-Triaden-Lehre (Sān Shì Shuō). LG/HDH

**Sàn Tǒng Shuō** (Drei-Etappen-Kreislauflehre), eine geschichtsphilosophische Kreislauflehre des Dong Zhong-shu (179–104) aus der Han-Zeit. Auf der Grundlage des konfuzianischen Prinzips der Entsprechung von Himmel und Mensch (Tian Ren Gan Ying), wonach die kosmische (»himmlische«) Gesetzlichkeit die menschlichen und insbesondere staatlichen Angelegenheiten determiniere, stellte Dong Zhong-shu auf Grund seiner historischen Studien über die Abfolge der vorangegangenen Dynastien (vgl. sein Werk *Chun Qiu Fan Lou, Üppiger Tau von den Frühlings- und Herbstannalen*) diese Theorie über einen Drei-Dynastien-Zyklus auf. Er beschreibt die älteste Dynastie der Xia als die schwarze Epoche (Mo Tong), die folgende Shang-Dynstie als die weiße Epoche (Bai Tong), die nächstfolgende Zhou-Dynastie als die rote Epoche (Chi Tong) gemäß den vorherrschenden Farben der Staatssymbole und Gewänder. Für jede Epoche gilt auch ein besonderer Kalender mit bestimmten Jahresanfängen. Die Abfolge soll sich dann zyklisch wiederholen. Um den wohltätigen Einfluß des Himmels zu gewährleisten, müssen die Kaiser für die richtige Staatsfarbe und die genaue Berechnung des Dynastienkalenders sorgen. Die Theorie des Dong Zhong-shu wurde dann auch zur Grundlage der kaiserlichen Prognose-Praxis (Chen Wei) der Östlichen Han, wie sie im berühmten *Bai Hu Tong Yi* (etwa: *Verhandlungen aus dem Bai Hu-Tempel*) überliefert ist. Darin wie auch bei Dong Zhong-shu wird die gelehrte Diagnose himmlischer Lob- und Tadelanzeichen (z. B. Katastrophen) zur Rechtfertigung der politischen Beratung, insbesondere der Reformvorschläge der Philosophen benutzt. Die San Tong Shuo ist die einzige chinesische Entsprechung zu westlichen zyklischen Geschichtstheorien wie etwa derjenigen von Ibn Khaldun und G. Vico (»Corsi e ricorsi«). **Lit.:** L. Geldsetzer/H.-d. Hong: Chinesisch-deutsches Lexikon der chinesischen Philosophie. Aalen 1986. Art. Kreislauf-Triaden-Lehre (Sàn Tǒng Shuō) und Prognostizierungsdoktrin (Chèn Wěi). LG/HDH

**Satz,** (1) korrekt gebildete und in gewissem Sinne vollständige Zeichenkette einer Sprache. Für formale Sprachen läßt sich allein aufgrund syntaktischer Merkmale definieren, worin die Vollständigkeit eines S.es besteht. Für nicht-formale Sprachen gibt es neben syntaktischen Kriterien eine Reihe von semantischen und pragmatischen. So kann ein S. pragmatisch bestimmt werden als eine Zeichenkette, die in einem Sprechakt, d. h. einer Behauptung, Frage, Befehl, usw., geäußert werden kann. Semantisch wird der S. vom einzelnen Wort dadurch unterschieden, daß er nicht der Bezeichnung oder Prädikation dient. – Oft wird »S.« nur im engeren Sinne von »Aussage-S.« verstanden. Semantisch läßt sich ein Aussage-S. fixieren als eine Zeichenkette, die etwas Wahres oder Falsches sagt, einen Sachverhalt beschreibt oder – wie bei Platon, Aristoteles und auch im MA. – durch die Verknüpfung von Nomina und Verben Gegenständen Eigenschaften zuweist. Pragmatisch gesehen können Aussage-Sätze zur

Kundgabe von Urteilen oder Überzeugungen verwendet werden. MSI

(2) Quine nimmt innerhalb seiner Theorie eine Differenzierung in Gelegenheitssätze, stehende Sätze, zeitlose Sätze, Beobachtungssätze und theoretische Sätze vor: Gelegenheitssätze sind dadurch charakterisiert, daß sie in dem zeitlichen Zusammenhang der verursachenden Stimulierung (↗Stimulusbedeutung) stehen, z. B. »das tut weh«, »das ist rot« oder »da ist ein Kaninchen«, d. h. die Zustimmung erfolgt nur, wenn die Frage in einem zeitlichen Zusammenhang mit der verursachenden Stimulierung steht. Den stehenden S.en kann der Sprecher wiederholt zustimmen bzw. sie ablehnen, ohne daß dafür eine gleichzeitige Stimulierung vorhanden sein müßte. Die zeitlosen S.e bilden eine Teilmenge der stehenden S.e, sie sind unabhängig von den Umständen ihrer schriftliche oder mündlichen Äußerung wahr oder falsch, bspw. die S.e der Mathematik und Physik oder Aussagen wie »am 9. Februar 1995 schneit es in Berlin«. Eine Teilmenge der Gelegenheitssätze bilden die Beobachtungssätze, die sich auf die Beschreibung von Sinnesdaten oder auf Dinge beziehen können (bspw. »da ist ein Kaninchen«). Die Darstellung Quine's führt zu der grundlegenden Differenz zwischen Beobachtungs-/Gelegenheitssätzen, die für sich unabhängig ihre Bedeutung haben, und den stehenden Sätzen, die abhängig sind. Deshalb gesteht er nur den Beobachtungs-/Gelegenheitssätzen eine autonome empirische Bedeutung zu. PP

**Lit.:** P. Gochet: Quine zur Diskussion. Frankfurt/Berlin/Wien 1984. S. 63. – D. Koppelberg: Die Aufhebung der analytischen Philosophie. Frankfurt 1987. S. 202 ff. – B. L. Müller: Der Satz. Definition und sprachtheoretischer Status. Tübingen 1985. – J. Ries: Was ist ein Satz? Prag 1931. – E. Seidel: Geschichte und Kritik der wichtigsten Satz-Definitionen. Jena 1935. – W. V. O. Quine: Die Philosophie der Logik. Stuttgart u. a. 1973. S. 22 f. – Ders.: Wort und Gegenstand. Stuttgart 1980. S. 74 ff. MSI/PP

**Satz, geschlossener oder offener.** In der formalen Logik wird ein S. dann als geschlossener S. bezeichnet, wenn er keine freien Variablen enthält, d. h. wenn er entweder nur Konstanten oder nur (durch Quantoren) gebundene Variablen enthält. Als offener S. wird er dann bezeichnet, wenn er (ungebundene) Variablen enthält. Statt von einem offenen S. kann dann auch von »Satzform« gesprochen werden. PP

**Satzoperator,** diejenigen Wörter oder Wortgruppen der Umgangssprache und Zeichen der logischen Symbolik, mit denen aus Sätzen neue (komplexere) Sätze gebildet werden. Für die ↗Aussagenlogik gilt die Einschränkung, daß nur solche Ausdrücke als S.en akzeptiert werden, die zwei Teilsätze zu einem komplexen Satz derart verknüpfen, daß der Wahrheitswert des komplexen Satzes von den Wahrheitswerten der Teilsätze abhängt. Dadurch scheiden solche umgangssprachlichen Ausdrücke wie »möglicherweise«, »vermutlich«, »weil«, »daher« aus, statt dessen beschränkt sich die Aussagenlogik auf folgende Satzoperatoren: »nicht«, »und«, »oder« (in einem nicht-ausschließenden Sinne, d.h »und-oder«), »wenn-dann«(↗Implikation), »genau dann-wenn« (↗Äquivalenz). Die Aussagenlogik ist die Theorie der S.en. Die von ihr verwendeten S.en führt sie durch Definition mit Hilfe der Wahrheitswerttabelle ein. ↗Aussagenlogik. PP

**Satzradikal,** Bezeichnung Wittgensteins (*Philosophische Untersuchungen*) für den gemeinsamen deskriptiven Gehalt mehrerer Sätze. Z. B. haben die drei Sätze (a) »du stehst auf«, (b) »stehst du auf?« und (c) »stehe auf« einen gemeinsamen deskriptiven Gehalt, d. h. das S. bildet einen bestimmten Sachverhalt ab, also stimmen sie hinsichtlich ihrer abbildenden Funktion überein. Dennoch haben diese Sätze einen verschiedenen Sinn, da bei (a) zum deskriptiven Gehalt ein indikativer Modus hinzutritt, der den Satz als Behauptungssatz auszeichnet, bei (b) der Modus interrogativ und bei (c) der Modus imperativ ist. PP

**Satztyp,** im Gegensatz zu einem Satzvorkommnis, das als konkreter, physikalischer Gegenstand etwa aus Tinte oder Kreide besteht, ein abstraktes Satzmuster, das von verschiedenen Vorkommnissen exemplifiziert werden kann. In einem Text können Satzvorkommnisse auftauchen, die zwar numerisch verschieden sind, aber aufgrund gemeinsamer Merkmale zu einem gemeinsamen S. gehören. Im Sinne Tarskis läßt sich der zu einem Satzvorkommnis gehörige S. definieren als die Menge aller Satzvorkommnisse, die mit dem gegebenen Vorkommnis gleichgestaltet sind. Dabei entstehen dann allerdings Schwierigkeiten, wenn weiter erklärt werden soll, unter welchen Bedingungen zwei Vorkommnisse dieselbe Gestalt haben. Manchmal werden Satzvorkommnisse auch zum selben S. gerechnet, wenn sie synonym sind. Die Unterscheidung zwischen Vorkommnissen und Typen ist von Peirce eingeführt worden. Autoren wie Goodman und Scheffler versuchen, sprachphilosophische Fragen ohne die Annahme von S.en zu klären, weil ihnen abstrakte Entitäten suspekt sind. **Lit.:** C. S. Peirce: Collected Papers IV. Cambridge/M. 1960. 4.537. MSI

**Satzzusammenhang** ↗Prinzip des Satzzusammenhangs

**Schaden,** Ereignis, das den Interessen einer Person zuwiderläuft und das aus diesem Grund von einer Gruppe oder der Gesellschaft negativ bewertet wird. Ein Sch. kann natürliche Ursachen haben oder Folge von Handlungen sein. Juristisch ist ein Sch. eine Rechtsgutverletzung. Philosophisch relevant ist insbesondere der Gebrauch des Sch.s-Begriffs in der Umweltdebatte: Dort ist umstritten, ob und inwieweit dieser Begriff auf Tiere und Umweltsysteme generell ausgedehnt werden kann und ob in diesen Fällen von intrinsischem Sch. oder nur von Sch. relativ auf menschliche Interessen gesprochen werden kann. **Lit.:** M. Berg u. a. (Hg.): Was ist ein Schaden? Zürich 1994. ME

**Schein,** seit dem frühen MA. im Deutschen gebräuchliches Wort, das mehrere Bedeutungen hat: Zum einen verweist Sch. auf Leuchten, Strahlen von Gestirnen, auch in übertragenem Sinne für Ruhm, Glanz oder Schönheit; zum anderen meint Sch. die Bildhaftigkeit des Wirklichen, wobei dann Sch. einen Doppelcharakter zeigt: das Bild als Sichtbarmachung und Offenbarung einer Erscheinung, andererseits das Bild als Täuschung. In diesem Bedeutungsfeld hält sich die neuzeitliche Philosophie auf, wenn sie – ausgehend von Platons Höhlengleichnis, das die Welt der Erscheinungen als Schatten gegenüber der wahren Welt der Ideen ausweist – den Sch. bis hin zu den sog. »Scheinproblemen der Metaphysik« thematisiert. Die Perspektivenvielfalt reicht von idealistischen Positionen der strikten Zurückweisung des Sch.s bis zur nietzscheschen Deutung, wonach die scheinbare Welt noch die einzige überhaupt sei. Im Zusammenhang damit entsteht eine seit dem 18. Jh. heftig geführte Debatte um den ästhetischen Sch., der den spezifischen Modus des Kunstwerks meint und maßgeblich auf Schiller zurückgeht. Von weitreichender Bedeutung ist auch Hegels Feststellung aus seinen kunstphilosophischen Vorlesungen, daß der Sch. dem Wesen wesentlich sei und im Sch. der Kunst schließlich dieses Wesentliche, das das Geistige sei, hindurchscheine – eine Position, die im Anschluß an Hegel über diverse Spielarten des Marxismus bis weit ins 20. Jh. (u.a. Adorno, Bloch, Lukács, Marcuse) hineinreicht und erst im Zuge einer Diskussion um die »Ästhetik der elektronischen Medien« mehr und mehr in den Hintergrund gerät. **Lit.:** N. Bolz: Eine kurze Geschichte des Scheins. München 1991. – W. Henckmann: Schein. In: W. Henckmann/K. Lotter (Hg.): Lexikon der Ästhetik. München 1992. S. 211 f. – W. Oelmüller (Hg.): Ästhetischer Schein. Kolloquium Kunst und Philosophie 2. Paderborn 1982. – F. Rötzer (Hg.): Digitaler Schein. Ästhetik der elektronischen Medien. Frankfurt 1991. – G. Santel/P. Rohs/ D. Liebsch: Schein. In: HWPh. VIII (1992). Sp. 1230–1243. WJ

**Scheinbegriff, Scheinsatz,** eine Bezeichnung des ↗Logischen Empirismus für jene Begriffe, für die die Bedingungen der Bedeutungsangabe nicht erfüllbar sind, d.h. wenn keine empirischen Kennzeichen für den Begriffsgegenstand angegeben werden können (↗Sinnkriterium), und für jene Sätze, die entweder solche Scheinbegriffe enthalten oder in denen Wörter mit Bedeutung in einer Weise zusammengestellt werden, die den Regeln der logischen Grammatik widerspricht, auch wenn sie nach den Regeln der philologischen Grammatik korrekt gebildet sind. Z.B.: Cäsar ist eine Primzahl – eine unzulässige Kombination von syntaktischen Kategorien: eine Wortart, die Zahl-Eigenschaften bezeichnet, wird verwendet wie eine Wortart, die Ding-Eigenschaften bezeichnet. PP

**Scheitern,** bei Jaspers eine Grunderfahrung, die mit der antinomischen Struktur der Welt und des Daseins notwendig verbunden ist. So ist Leben nicht ohne Tod, Freude nicht ohne Schmerz, Handeln nicht ohne Wagnis und Verlieren. Bei Jaspers hat das Scheitern eine positive Funktion, weil der Mensch darin erfährt, daß das bloße (existenzlose) ↗Dasein brüchig ist und keinen Halt zu geben vermag. Der Mensch wird so auf sein ↗Selbstsein als den eigentlichen Ursprung seiner Freiheit verwiesen. **Lit.:** K. Jaspers: Philosophie. Bd. 3. Berlin u.a. [4]1973. S. 219–236. FPB

**Schemainterpretieren** ↗Interpretationismus, methodologischer

**Schematismus** (griech. schema: Gestalt, Figur). Die Sch.lehre wird von Kant in der Transzendentalen Analytik der *KrV* entwickelt und stellt darin das erste Hauptstück der Analytik der Grundsätze dar. Hier geht es um die sinnliche Bedingung, unter der die reinen Verstandesbegriffe gebraucht werden können. Wie können also Begrifflichkeit und Sinnlichkeit im menschlichen Erkennen vermittelt werden? Wenn ein Gegenstand unter einen Begriff subsumiert wird, so müssen beide Seiten gleichartig sein. Da Verstandesbegriffe aber nicht in einer Anschauung angetroffen werden, stellt sich die Frage, wie die Anwendung der Kategorie auf die Erscheinung möglich ist. Kant fordert ein Drittes, das mit der Kategorie und der Erscheinung gleichartig sein muß. Dieses Dritte muß also intellektuell und sinnlich sein und ist das transzendentale Schema (B 178). Da der Verstandesbegriff eine synthetische Einheit des Mannigfaltigen enthält und die Zeit die formale Bedingung des Mannigfaltigen des inneren Sinnes ist, ist die transzendentale Zeitbestimmung relevant für die Anwendung von Kategorien auf Erscheinungen. Sie ist mit der Kategorie und der Erscheinung gleichartig, weil sie sowohl allgemein ist und auf einer Regel a priori basiert als auch in der empirischen Vorstellung des Mannigfaltigen enthalten ist. Die transzendentale Zeitbestimmung ist also ein Schema der Verstandesbegriffe. Sch. nennt man das Verfahren des Verstandes mit den Schematen, die ein Produkt der Einbildungskraft sind, wobei Kant das Schema sinnlicher Begriffe von dem Schema eines reinen Verstandesbegriffes unterscheidet (B 181). Der Sch. des Verstandes durch die transzendentale Synthesis der Einbildungskraft läuft auf die Einheit der Apperzeption hinaus (B 185). Kants Lehre vom Sch. wurde in der Philosophiegeschichte bis zur Gegenwart sowohl kritisiert als auch konstruktiv weiterentwickelt. **Lit.:** P. Baumanns: Grundlagen und Funktion des transzendentalen Schematismus bei Kant. In: H. Busche u.a. (Hg.): Bewußtsein und Zeitlichkeit. Ein Problemschnitt durch die Philosophie der Neuzeit. Würzburg 1990. S. 23–59. – E.R. Curtius: Das Schematismuskapitel in der KrV. Philologische Untersuchung. In: Kant-Studien 19 (1914). S. 338–366. – W.H. Walsh: Schematism. In: Kant-Studien 49 (1957). S. 95–106. AS

**Schichtentheorie,** seit der Antike ein Modell ontologischer Betrachtungen, um die Gesamtwirklichkeit zu deuten. Als vertikal aufgebaute Schichtenfolge gedacht, nennt Aristoteles Materie, Dingwelt, Lebewesen, Seele und Geist. – N. Hartmann (*Der Aufbau der realen Welt*) analysiert anorganisches, organisches, psychophysisches Sein, überbaut vom Sein des objektiven Geistes. Auf Kategorien stößt man bei der phänomenalen Durchmusterung des Gegebenen als Seinsprinzipien, die speziell für eine Schicht gelten, aber auch abgewandelt in der nächsthöheren auftauchen: z.B. gelten die Gesetze des Anorganischen auch im Organischen. Die höhere, sinnreichere Schicht zeichnet sich zusätzlich durch ein Novum aus, ein neues spezifisches Merkmal: z.B. Wachstum im Organischen, Sinn und Verstand im geistigen Sein. Die Schichten sind also relativ eigengesetzlich und gleichzeitig aufeinander bezogen. **Lit.:** N. Hartmann: Der Aufbau der realen Welt. Meisenheim $^{2}$1949. – F. Lieben: Vorstellungen vom Aufbau der Materie im Wandel der Zeiten. Wien 1953. WM

**Schicksal,** Einwirkung auf das Leben des Menschen, die außerhalb seiner Verfügungsgewalt liegt. Die Schicksal-Idee ist älter als die Philosophie. Die griech. Epiker und Dramatiker begreifen das Sch. als blinde Macht (tyche, lat. fortuna) oder als Los (moira), die frühen Naturphilosophen (Thales, Anaximander, Heraklit) faßten Naturgesetze als Sch. auf (↗heimarmene, ↗ananke). In der Stoa, wo die Vorstellung an Präzision gewinnt, wird Sch. mit dem Weltlogos oder dem alldurchdringenden Pneuma gleichgesetzt, das das individuelle Geschehen mit dem kosmischen verknüpft. Dieser Kausaldeterminismus wirft das ethische Problem der Willensfreiheit und Verantwortlichkeit sowie das theologische der Vorsehung (pronoia, lat. providentia) auf, die die christlichen Schicksalsdiskussionen bis in die Neuzeit beeinflußten, wobei sowohl die Kirchenväter als auch Boethius u.a. auf Erklärungsmuster des Mittel- und Neuplatonismus zurückgreifen. Nachdem der Begriff in der Neuzeit zum Teil bewußt vermieden wurde – Kant will ihn aus dem philosophischen Vokabular gestrichen sehen – erfährt er im Dt. Idealismus eine Verlagerung ins Innere des Menschen (Hegel) und wird zu einem geschichtsphilosophischen Begriff (u.a. Schelling und Hölderlin). Beide Tendenzen beeinflussen die Schicksalsvorstellungen des 20. Jh. Die Remythisierung des Schicksal-Begriffs zwischen den beiden Weltkriegen, so u.a. bei Spengler und Heidegger, führte jedoch in der Folgezeit zu seiner Abwertung. – Unter religiösem Gesichtspunkt wandelt sich die Schicksalsvorstellung in den Begriff der göttlichen ↗Prädestination, unter naturwissenschaftlichem tritt der Begriff der Determination an die Stelle von Sch., ohne daß dieses als subjektive Erfahrung verschwinden würde. Zur Schicksalsthematik gehört wesentlich und unabhängig von der spezifischen Begrifflichkeit das Ineinandergreifen von Selbst- und Fremdbestimmung, das in seiner Spannweite in zwei extreme Richtungen ausschlagen kann: Entweder ist alles Sch. im Sinne der Fremdbestimmung und der Mensch damit auch der Verantwortung entzogen, oder aber das sog. Sch. ist die unerkannte, aber natürliche Folge individueller Taten und Anschauungen, ist nicht der Gegenspieler, sondern das Resultat der jeweiligen Absichten. **Lit.:** A. Dihle: Die Schicksalslehren der Philosophie in der Alten Kirche. In: J. Wiesner (Hg.): Aristoteles. Werk und Wirkung. Berlin 1987. 2. S. 52–71. – J.C. Frakes: The Fate of Fortune in the Early Middle Ages. Leiden 1988. – W.C. Greene: Moira, Fate, Good, and Evil in Greek Thought. New York 1963. – Ch. Graf von Krockow: Die Entscheidung. Eine Untersuchung über E. Jünger, C. Schmitt, M. Heidegger. Stuttgart 1958. – M. Landmann: Eine Lanze für das Schicksal. In: Ders.: Das Ende des Individuums. Stuttgart 1971. S. 208–214. – O. Marquard: Ende des Schicksals? (1977). In: Ders.: Abschied vom Prinzipiellen. Stuttgart 1981. M.E. Reesor: Necessity and Fate in Stoic Philosophy. In: J.M. Rist (Hg.): The Stoics. Berkeley 1978. – U. Sonnemann: Negative Anthropologie. Vorstudien zur Sabotage des Schicksals. Hamburg 1969. – R. Schulthess: Ich, Freiheit, Schicksal. Tübingen 1959. – Schicksal? Grenzen der Machbarkeit. Ein Symposion. München 1977. EE/REW

**Schiffsmetapher.** Neurath argumentiert innerhalb des ↗Wiener Kreises gegen die Möglichkeit, ein gesichertes Fundament der Wissenschaft in Sätzen und Aussagen über das unmittelbar Gegebene finden zu können. Seine Einsicht, daß man nicht hinter die Sprache (auf einen unmittelbaren Weltbezug) zurück kann, illustriert er mit der Sch.-M.: Wir sind wie Schiffer, die ihr Schiff auf offener See umbauen müssen, ohne es jemals in einem Dock zerlegen und aus neuen Bestandteilen neu errichten zu können. Entsprechend gibt es auch kein Mittel, um endgültig gesicherte saubere Protokollsätze zum Ausgangspunkt der Wissenschaften zu machen. **Lit.:** O. Neurath: Protokollsätze. In: Gesammelte philosophische und methodologische Schriften. Bd. 2. Wien 1981. S. 579. PP

**Schließen,** Kalkül des natürlichen S.s. Um entscheiden zu können, ob eine vorgelegte Behauptung logisch wahr ist bzw. ob sie aus einer Gesamtheit von Aussagen logisch folgt, bedarf es eines Verfahrens, welches das Erkennen von logischen Wahrheiten und logischen Folgerungsbeziehungen ermöglicht. Ein solches Verfahren stellt der Kalkül des natürlichen S.s dar, mit dessen Hilfe intuitive Argumentationen in formale Argumentationen überführt werden können. Er kann auf folgende Weise charakterisiert werden: Die logische Argumentation ist eine Folge von Sätzen, von denen einige Annahmen sind und andere aus diesen mittels bestimmter Regeln gewonnen werden können. Dabei ist anzugeben, (a) welche Sätze als Annahmen (Setzungen, Prämissen) eingeführt sind, deren Wahrheit Bedingung für die Wahrheit eines weiteren Satzes ist, (b) welche Regeln zur Gewinnung dieses weiteren Satzes angewandt werden. **Lit.:** W.K. Essler: Analytische Philosophie I. Stuttgart 1972. S. 71f. PP

**Schluß** ↗Syllogismus

**Scholastik** (griech. schole: Muße). Zu ihr gehört in Anlehnung an den Theoriebegriff des Aristoteles eine von den Problemen der Selbsterhaltung und Lebensdienlichkeit freigesetzte Erforschung der Wahrheit. Von daher bezeichnet man als Schule den Ort, an dem man sich zu dieser freien Forschung versammelt. Die Sch. entwickelt sich seit dem 12. Jh. und erreicht im 13. Jh. ihren Höhepunkt. Nach einem Erstarrungsprozeß verliert sie seit der zweiten Hälfte des 14. Jh. ihre führende Stellung. Fortsetzungen gab es in der spanischen Sch. des 16. Jh. und der Neuscholastik im 19. Jh. Nicht die gesamte Philosophie des ↗Mittelalters ist als Sch. zu bezeichnen. Man würde damit ihrer Vielfalt nicht gerecht. Auch der Versuch, sie vom Problem der Synthese zwischen Vernunft und Glaube her zu definieren, bleibt unbefriedigend. Denn nicht alle Scholastiker hatten dieses Ziel. Sch. bezeichnet vielmehr das Wissensschaftsverständnis und den Rationalitätstyp der genannten Zeit. Sie entwickelten sich in enger Verbindung mit der Aristoteles-Rezeption, einer neuen Zuwendung zu antiken Autoren überhaupt und der Ausbreitung des Schulwesens, vor allem den Universitätsgründungen. Die scholastische Form der Rationalität erhebt einen alle Wissensgebiete umfassenden Anspruch. Methodisch sind Lesung, aristotelisch orientierte Beweisverfahren, ansatzweise empirische Forschung (Albert von Köln), vor allem aber das Streitgespräch zu erwähnen. Scholastisch ist auch die Summa als methodisch geordnete Darstellung eines schematischen Gesamtzusammenhangs. ↗Neuscholastik. **Lit.:** J.B. Beckmann u.a. (Hg.): Philosophie im Mittelalter. Hamburg 1987. – W. Kluxen: Die geschichtliche Erforschung der mittelalterlichen Philosophie und die Neuscholastik. – H.M. Schmidinger: »Scholastik« und »Neuscholastik« – Geschichte zweier Begriffe. In: Christliche Philosophie im katholischen Denken des 19. und 20. Jhs. Hg. von E. Coreth u.a. Bd. 2. Graz/Wien/Köln 1988. S. 362–390 u. 23–53. GS

**Schönheit.** Zusammen mit dem Wahren und dem Guten ist das Schöne für die Philosophie seit deren Beginn in der griechischen Antike ein wesentliches Element der Trias der obersten Werte. Traditioneller Auffassung nach realisiert sich das Schöne sowohl in der Natur als auch in der Kultur. – Das Naturschöne tritt in verschiedenen Gestalten auf, etwa als »erhabene« Sch. schneebedeckter Berggipfel und schaumgekrönter Meereswogen oder als »anmutige« Sch. zierlicher Blüten oder sanfter Bewegungen menschlicher Körper. Das Kulturschöne ist im wesentlichen verwirklicht im Kunstschönen. Dieses ist der zentrale Wert gelungener Werke der verschiedenen Kunstgattungen. Dabei kann paradoxerweise auch das ästhetische Spiel mit dem Häßlichen den Wert »Kunstschönheit« realisieren. Typische Gestalten des Kunstschönen sind z.B. das Komische und das Tragische, das Heitere und das Melancholische, das Besinnliche und das Dramatische etc. Diese Gegensatzpaare sind insbesondere für die literarischen Künste von Bedeutung. Kunstschönes kann sich aber auch realisieren als die Harmonie von Farben und Formen (in Architektur und bildender Kunst) oder als Aufbau und Auflösung der Spannung zwischen Akkorden (in der Musik).

Die dem Schönen korrespondierende Form des subjektiven Erlebens ist das Wohlgefallen. Im Gegensatz zum Wohlgefallen am Angenehmen oder auch am Guten ist (nach Kant) das Wohlgefallen am Schönen ohne alles Interesse, d.h. es setzt weder die reale Existenz noch das (z.B. besitzmäßige) Verfügen über den vorgestellten schönen Gegenstand voraus. Die dem interesselosen Wohlgefallen zugrundeliegende Bewußtseinshaltung ist die Kontemplation. Sie ist charakterisiert durch eine Distanz zum Wollen und Handeln. Die verschiedenen Formen des Wohlgefallens können terminologisch gefaßt werden als Vergnügen (am Angenehmen), Schätzung/Billigung (des Guten) und Gefallen (am Schönen). Das Erlebnis des Schönen ist eine elementare existentielle Erfahrung. Es trägt in der Regel entscheidend zur Steigerung der Lust an der eigenen Existenz bei. – Das mißlungene Kunstschöne wird terminologisch als Kitsch bezeichnet. Bei aller Verschiedenheit der Formen des Kitsches kommen diese doch darin überein, daß ihnen ein Moment der Übertreibung (z.B. Überdeutlichkeit) oder ein Mangel an Echtheit (Originalität, Genuinität) eigen ist. Die Vermeidung ästhetischer Übertreibung erfordert Geschmack. Insofern ist Produktion und Genuß von Kitsch Ausdruck des Mangels an Geschmack. Geschmack wäre seinerseits zu definieren als Sinn für das richtige Maß. **Lit.:** H.-G. Gadamer: Die Aktualität des Schönen. Stuttgart 1977. – I. Kant: Kritik der Urteilskraft (1790); – F. Kaufmann: Das Reich des Schönen. Stuttgart 1960. – C. Mühleck: Schönheit und Freiheit. Die Vollendung der Moderne in der Kunst. Würzburg 1989. RL

**Schöpfung,** zentrales Thema im Judentum, Christentum und Islam. Aus dem Gedanken an die Geschöpflichkeit der Welt entspringen weitere Elemente der weltanschaulichen Grundauffassung, die sich in der christlich geprägten Philosophie an folgenden Punkten zeigen lassen: (a) die Souveränität Gottes, der frei erschafft. Ausgeschlossen ist eine notwendige Emanation (ein »Ausfließen« des »Einen« wie im Neuplatonismus) oder eine »Wahl« der besten aller Welten (Leibniz). Ebenso ist Sch. mehr als nur ordnender Eingriff auf eine bereits vorhandene Materie (gegen eine Gleichsetzung mit einem Demiurgen). – (b) Die Sch. wird als gut behauptet. Gegenpole bilden das Denken im Sinne eines ursprünglichen Gut- Böse- Dualismus (↗Manichäismus) oder eines kosmischen Sturzes in die Materialität, wie ihn die ↗Gnosis lehrt. – (c) Die (zeitliche) Endlichkeit der Welt (Lösungsversuche z.B. Augustinus: Die Zeit ist selbst Element der Sch.; »doppelte Wahrheit«: Philosophisch gesehen ist die Welt – möglicherweise – unendlich, nur die Offenbarung lehrt ihre Endlichkeit) blieb strittiger als ihre Einmaligkeit. Der biblisch-christliche Einfluß verdrängte weitgehend das zyklische Denken, wie es anderen Weltanschauungen eignet, zugunsten einer Linearität, die jedem einzelnen unwiederholbare Einzigkeit zuweist. – (d) Ein besonderes Thema ist die Verbindung von Gott und Sch. (↗analogia entis). Die Geschöpfe sind wesentlich von Gott verschieden, haben aber an seinem Sein (und seinen Attributen wie »gut«, »schön«, »wahr«) teil. Gott erhält die Sch. im Sein (creatio continua). Der ↗Deismus behauptet eine Indifferenz Gottes nach dem Schöpfungsakt. PK

**Schranke** ↗Grenze/Schranke

**Schuld.** Der Begriff ist mehrdeutig und drückt ebenso das Geschuldete (das Gesollte, bis hin zur Geldschuld) wie das Verschuldete (das Verursachte, bis hin zur Verfehlung) aus. Philosophisch ist nur die zweite Wortverwendung von Bedeutung, die auf dem Hintergrund von Handlungsnormen plausibel gemacht werden kann. Allerdings ist Sch. in der philosophischen Ethik von sekundärer Bedeutung, die Rede von Sch. ist in der Rechtswissenschaft und der Theologie zu beheimaten.

(1) Dem juristischen Sprachgebrauch kann der Verursachungsbegriff der aristotelischen Handlungstheorie – »Von allem, wovon der Mensch Ursprung und worüber er Herr ist, ist er Ursache« – zugrundegelegt werden. Die Rede von Sch. kann damit nicht von der Rede von ↗Verantwortung gelöst werden und wird in der Rechtssprache mit dem Begriff der Strafe verknüpft. Von Kant stammt der Gedanke, daß Sch. nur dem Menschen als Person zukomme, daß die Sch. »verantwortliche Entscheidung für das Unrecht« ist, wobei weithin zwischen moralischer und rechtlicher Sch. unterschieden wird. Rechtsphilosophisch belebt wurde die Diskussion um die Verwendung des Sch.-Begriffes in der Diskussion um die Kollektiv-Sch. nach dem Zweiten Weltkrieg. Jaspers unterschied dabei eine kriminelle (trifft alle Verbrecher), eine politische (trifft alle Staatsangehörigen), eine moralische (trifft die Untätigen) und metaphysische (trifft alle Überlebenden) Sch.

(2) In der Theologie sagt der Begriff Sch. etwas über das Verhältnis des Menschen zu Gott aus und deutet die Übertretung einer göttlichen Norm durch den Menschen an; diese Übertretung – als »erste Übertretung«, peccatum originale – ist in der Theologie im Konstrukt der »Erbschuld« (»Erbsünde«) systembildend geworden; diese kennzeichnet das Verhältnis Mensch-Gott durch einen schuldhaften Malus, den nur die sühnende Erlösungstat Christi kompensieren kann. Theologische Voraussetzung für das Schuldigwerden des Menschen ist die Willensfreiheit, von der die Verantwortung des Menschen für sein Tun abgeleitet wird. Spezifisch theologisch ist der Begriff der Sünde – Handlung, Vergehen –, der vom Begriff der Sch. – Konsequenz der Sünde – unterschieden wird.

(3) Im phänomenologischen Klassiker P. Ricœurs *La symbolique du mal* wird die Sch., gerade umgekehrt, als subjektives Moment der Verfehlung, der Begriff der Sünde zur Charakterisierung des ontologischen Moments charakterisiert. **Lit.:** K. Jaspers: Hoffnung und Sorge. München 1965. – A. Köpcke-Duttler (Hg.): Schuld-Strafe-Versöhnung. Mainz 1990. – P. Ricœur: Die Symbolik des Bösen. Freiburg 1971. CSE

**Scintilla** (lat. Funke), in metaphorischer Sprache das Ur-Licht, den überrationalen und unsagbaren Grund des Menschen, der letztendlich in Einheit mit dem Absoluten gesehen wird. Es ist in dieser Weise von einem »Funken der Seele« (animae), des »Geistes« (mentis), der »Vernunft« (rationis) oder in paralleler Weise von dem »Verborgenen des Geistes« (abditum mentis), der »Spitze des Geistes« (apex oder acies mentis), dem »Höchsten der Seele« (supremum animae), dem »Seelengrund« oder der »Burg der Seele« die Rede. Die Beschreibung des Phänomens hat im Abendland in der griech. Philosophie der Antike ihre Ursprünge und wurde vor allem durch die Vermittlung des Neuplatonismus zu einem zentralen Thema der ma. ↗Mystik. **Lit.:** H. Hof: Scintilla animae. Lund 1952. EWG

**Scotisten,** Anhänger der Philosophie und Theologie des Johannes Duns Scotus, seit dem 14. Jh. vor allem im Franziskanerorden. Hauptelemente der Lehre sind: die Univokation des Seins, die ↗distinctio formalis, der Indeterminismus und die ↗haecceitas als Prinzip der Individuation. Die enorme spekulative Verdichtung in den Werken des Begründers der Richtung verflachte bis ins 17. und 18. Jh., und der Scotismus wurde zum Inbegriff hohler Spitzfindigkeit. Die S. standen in Opposition zum ↗Thomismus, erreichten aber nie dessen Bedeutung in Kirche und katholischen Universitäten. Einen Höhepunkt hatte ihr Einfluß zur Zeit der Gegenreformation und des Konzils von Trient, sie spielten aber auch in der Neuscholastik nach 1900 eine gewisse Rolle. Wichtigste Vertreter sind: Antonius Andreas (gest. ca. 1320), Franciscus Mayronis (gest. 1325), Petrus Tartaretus (gest. ca. 1500), Andreas de Vega (gest. 1560). **Lit.:** E. Bettoni: Vent'anni di studi scotistici. Mailand 1943. – C. R. S. Harris: Duns Scotus. New York 1959. – U. Smeets: Lineamenta bibliographicae scotisticae. Rom 1942. GME

**Seele.** Die Vorstellung einer vom Körper unterschiedenen Lebenskraft findet sich bereits bei sehr frühen Kulturen (↗Animismus). Die S. gilt als eine unsichtbare, in allem, was Wirkung und Bewegung hervorbringt, herrschende Kraft, die der tote Körper nicht mehr besitzt. Zumeist werden verschiedene »Seelentypen« bzw. Aspekte einer S. unterschieden. So etwa eine »Vitalseele«, die das allgemeine Prinzip des Lebendigen ist, eine »Ich-S.«, die die Persönlichkeit ausmacht, oder eine sog. »Freiseele« (oder Doppelgänger), die, obwohl dem Individuum zugehörig, relativ selbständig ist. In vielen Sprachen (griech. psyche, lat. anima, indisch atman) gehört S. in das Wortfeld »Wind, Hauch, Atem«, was auf das Atmen des lebenden Körpers, aber auch auf die Vorstellung eines nicht Greifbaren, Flüchtigen verweist. Die verschiedenen frühen Anschauungen über das Wesen der S. spiegeln bereits die Fragestellungen wider, denen sich die Philosophie zuwendet: Die S. kann als materiell oder immateriell, als sterblich oder unsterblich, als eigene Substanz oder Eigenschaft des Körpers gesehen werden.

In der philosophischen Tradition gilt die S. als das formgebende Prinzip des Lebens, die ↗Weltseele als die den Kosmos durchdringende und ordnende Kraft. Sie fungiert außerdem als Einheitsbegriff der Akte des Denkens, Erinnerns, Wahrnehmens, Fühlens, Wollens, kurz der in der Innenwahrnehmung bewußtwerdenden Akte des eigenen Selbst. Aristoteles betrachtet die S. als erste ↗Entelechie (Vollendung, Form) des lebendigen Körpers. Er unterscheidet eine vegetative S. als belebendes Prinzip (bereits bei der Pflanze vorhanden), eine sensitive S., die Wahrnehmung, Begehren und Selbstbewegung ermöglicht, und die erst beim Menschen auftretende Geistseele (nous; nochmals unterschieden in einen rezeptiven und einen tätigen Geist). Während die niederen Seelenformen an den Leib gebunden sind und somit mit dem Tod vergehen, ist die tätige Geistseele zwar unsterblich, aber dann nicht mehr individuell. – Platon unterscheidet drei Seelenteile beim Menschen: den Begehrenden, den Mutvollen und den Vernünftigen. Er nimmt eine Seelenwanderung an, während der die S. in ihrer vom Körper befreiten Existenz die Wesensformen alles Seienden (Ideen) geschaut hat. Die Wiedererinnerung an diese präexistente Schau ermöglicht die Erkenntnis des Wesens der Dinge. Die Aufgabe des Menschen besteht darin, durch eine philosophische Lebensführung den vernünftigen Seelenteil zur Herrschaft über die anderen zu bringen. Umstritten ist, ob Platon nur die Unsterblichkeit des vernünftigen Seelenteils oder der S. als ganzer angenommen hat, da seine in mythischer Sprache gehaltenen Aussagen über die Prä- und Postexistenz der S. selbst nicht eindeutig sind. Darin spiegelt sich das Problem der Rede von »Seelenteilen« wider, das sich auch später durchhält, insofern nicht deutlich wird, ob es sich um jeweils eigenständige Substanzen handelt, oder um Vermögenseigenschaften, die z. B. bei den »niederen« Seelenteilen auch dem körperlichen eigen sein können. Im *Timaios* spricht Platon von einer den gesamten Kosmos erfüllenden Weltseele. – Bei den Stoikern wird die S., die ein Teil der Weltseele ist, stofflich gedacht, ebenso wie bei Epikur und sogar noch bei einem Teil der frühchristlichen Denker. Bei den Neuplatonikern steht die S. zwischen der Seinsstufe des Geistes, von der sie geprägt wird, und des Körperlichen, das sie ihrerseits prägt. – Die aristotelische Lehre verschiedener Seelenvermögen, die Unterscheidung von tätigem und rezeptivem Geist (↗intellectus agens und possibilis), sowie die Frage nach der Unsterblichkeit eines Teils oder der ganzen S. prägen auch die ma. Diskussion. Das Verhältnis von Leib und S. bleibt umstritten. Thomas von Aquin vertritt die Einheit von S. (Form) und Leib (Stoff) im Menschen und unterscheidet mit der Tradition verschiedene Vermögen, wie Lebenskraft, Sinneswahrnehmung, Ortsbewegung, Trieb, Verstand. – Die ontologisch verstandene Schichtenlehre der S. kommt in der frühen Neuzeit emphatisch im Verständnis des Menschen als »Mitte der Welt« (Pico della Mirandola), als Mikrokosmos, in dem sich der Aufbau der gesamten Welt wiederfindet, zum Ausdruck. Der Mensch umfaßt in sich alle ontischen Eigenschaften, von denen die anderen Wesen nur einen Teil besitzen: vom Anorganischen, über das Vegetative und Sinnliche, bis hin zum Geistigen.

Die Diskussion der Neuzeit ist weitgehend geprägt durch das von Descartes aufgeworfene ↗Leib-Seele-Problem. Da Descartes die geistige (res cogitans) und die materielle Substanz (res extensa) als völlig getrennt betrachtet, erhebt sich die Frage, wie S. und Körper in Verbindung stehen können. Descartes beantwortete sie mit der Theorie der psychophysischen Wechselwirkung aufgrund derer psychische Phänomene körperliche verursachen können. Diese Antwort erscheint dann unbefriedigend, wenn man tatsächlich von einem strengen Dualismus zweier getrennter Substanzen ausgeht und wird u. a. vom ↗Occasionalismus kritisiert, wenngleich nur mit Hilfe der ad hoc Konstruktion eines beständig eingreifenden Gottes gelöst. In der Folgezeit werden als Gegenpositionen zu einem Leib-Seele-Dualismus ein materialistischer Monismus, der die seelischen Phänomene als unselbständige Eigenschaft des Körperlichen betrachtet oder ein idealistischer Monismus, der umgekehrt das Körperliche als Erscheinungsform der S. auffaßt, vertreten. – Kant hat die metaphysischen Seelentheorien als ↗Paralogismus betrachtet und eine Erkenntnismöglichkeit der S. als einfache, unsterbliche, immaterielle Substanz verneint. Dagegen bleibt bei ihm die Unsterblichkeit der S. ein Postulat der praktischen Vernunft. In der Aufklärung vollzieht sich zunehmend die Abkehr von einem Verständnis der S. als eigener Substanz und sie erscheint als eine nur funktionale Einheit unterschiedlicher Momente. Die Bestimmung von S. findet sich im Umfeld verschiedener Begriffe, sei es Geist, Wille, Affekt, Gefühl, Unbewußtes oder Leben, je nach der besonderen Vorstellung, die man dem Seelenbegriff unterlegt.

In der modernen Psychologie und Anthropologie findet der Seelenbegriff wegen seiner metaphysischen und letztlich unausweisbaren Voraussetzungen zunehmend keine Anwendung mehr. An seine Stelle tritt die Beschreibung und Erklärung von Akten des Denkens, Fühlens, Vorstellens etc. und des Verhaltens. Allerdings bleibt dabei die Frage nach dem Grund der Identität des Ich, auf das sich diese Akte beziehen, noch offen. Ein weiteres gegenwärtiges Problem, das in der Tradition der Leib/S.-Diskussion steht, ist die Frage, wie das Verhältnis von geistigen Phänomenen und neurophysiologischen Prozessen zu denken ist, bzw. wie sich die Beschreibungsebenen von innerem Erleben und äußerlich konstatierbaren physiologischen Vorgängen vermitteln lassen. Es ist allerdings fraglich, ob im Rahmen dieser, sowie der Diskussion in der analytischen Philosophie, der tradierte Seelenbegriff zu recht im Spiel bleibt. Zu den letzteren Problemfeldern ↗Bewußtsein, ↗Funktionalistische Theorien des Geistes, ↗Kognitionswissenschaft, ↗Leib-Seele-Problem, ↗Neurophilosophie. **Lit.:** G. Jüttemann u. a. (Hg.): Die Seele. Ihre Geschichte im Abendland. Weinheim 1991.

FPB

**Seelengrund,** bzw. Seelenfunke, bezeichnet bei Eckhart die Tiefe und Innerlichkeit, d. h. das Wesen der menschlichen Seele. Im durch Abgeschiedenheit oder ↗Gelassenheit zu erreichenden S. (lat. substantia bzw. scintilla animae, aliquid in anima) ist aber auch Gott »mit aller sîner gotheit« zu finden, denn »hie ist gotes grunt mîn grunt unde mîn grunt gotes grunt« (Deutsche Werke I, 162; 90). Diese originale Kongruenz bildet die ortlose Stätte der Gottesgeburt in der Seele, wo »ich der selbe sun und niht ein ander« bin (Deutsche Werke I, 72). Im unerschaffenen und unerschaffbaren S. sind aber Mensch und Gott ein einfaches ↗Eines und zwar als Ich. Abstrahiert vom analogischen Verhältnis der Schöpfung und meinem Eigenen zugewandt, bin ich »sache mîn selbes«; sogar »daz got ›got‹ ist, des bin ich ein sache« (Deutsche Werke II, 492; 504). Dieser in das Pronomen der 1. Person Singular transformierte Begriff der ↗causa sui bestimmt den S. in seiner radikalen Ununterschiedenheit von der unterschiedslosen Gottheit als universale Subjektivität. Sprachlich entspringt »S.« wohl dem gefühlsbetonten »herzen grunt« der höfischen Literatur, inhaltlich dem abditum mentis bei Augustin und dem ↗intellectus agens bei Dietrich von Freiberg. **Lit.:** B. Mojsisch: Meister Eckhart. Hamburg 1983. OFS

**Seelenvermögen,** bezeichnet die als Grundfunktionen der Seele aufgefaßten psychischen und kognitiven Fähigkeiten des Menschen. Aristoteles unterscheidet fünf hierachisch gegliederte S., die einfachen vegetativen Funktionen, das Begehren, das Empfinden, das Bewegen und das Denken. Wie schon bei diesem wird auch im MA., hier in Analogie zur Einheit Gottes in der Dreifaltigkeit, und in der frühen Neuzeit, etwa in Descartes' Begriff der res cogitans, die Einheit der Seele in ihren Funktionen betont, was bedeutet, daß die S. nicht als Teile der Seele verstanden werden dürfen. Im 18. Jh. gewinnt der Begriff der S. insbesondere in der Vermögenspsychologie Tetens' an Bedeutung. Tetens, der Kants Verständnis der S. maßgeblich beeinflußte, entwickelt – in Auseinandersetzung mit dem Sensualismus – die Trichotomie von Erkenntnis-, Bejahungs- und Gefühlsvermögen und unterscheidet zwischen einem aktiven und einem rezeptiven Moment der Seele. Im 19. Jh. verlor die Vorstellung von S., vor allem aufgrund der Entwicklung der empirischen Psychologie, an Bedeutung. Aspekte der Diskussion der S. leben in der zeitgenössischen Diskussion der analytischen Philosophie (↗Leib-Seele-Problem, Identitätstheorie) weiter. **Lit.:** Aristoteles: De anima. – P. Bieri (Hg.): Analytische Philosophie des Geistes. Königstein 1981. – J.N. Tetens: Philosophische Versuche über die menschliche Natur und ihre Entwicklung. Bd. 1. Nachdruck Berlin 1913. EE

**Seelenwanderung** (auch Metempsychose, Reinkarnation), der wiederholte Übergang einer nach dem Tod des Körpers von ihm losgelösten Seele in einen anderen Körper. Je nach Vorstellung kann die Seele in einen Menschen, ein Tier, eine Pflanze, einen Gott, Geist oder in einen Gegenstand wiedergeboren werden. Von der S. sind alle Seelen betroffen, bis sie evtl. erlöst werden. Manchmal wird eine Vergeltungslehre damit verbunden, so daß das Verhalten im vorherigen Leben Konsequenzen im darauffolgenden nach sich zieht (z.B. ↗Karma-Lehre, ↗Saṃsāra, Pythagoreer, Platon). Die Seele kann als ewig weiter existierende Einzelseele gedacht werden oder als Teil des Absoluten, das durch die Erlösung in dasselbe zurückkehrt (↗Vedānta). Der Begriff Seele wird hier so weit gefaßt, daß darunter der Teil des Menschen verstanden wird, der den Tod des physischen Körpers überlebt. Die Seele muß nicht mit Selbstbewußtsein und Individualität verbunden sein. – Im Buddhismus kann nicht von S. gesprochen werden, da hier keine Seelen wiedergeboren werden. Es sind dagegen immer neu sich formierende Daseinsfaktoren (Körperlichkeit, Empfindungen, Wahrnehmungen, psychische Formkräfte, Bewußtsein), die sich nur aus der gegenseitigen Bezogenheit aufeinander definieren. Insofern kommt ihnen kein fester Wesenskern zu, der wiedergeboren werden könnte. Platon nimmt die Prä- und Postexistenz der Seele an. In ihrer Präexistenz schaut sie die ↗Ideen und besitzt apriorische Erkenntnis von mathematischen und philosophischen Inhalten. Sie stammt aus dem Göttlichen, Vernünftigen und inkarniert sich auf Grund der sinnlichen Begierde immer wieder in einen menschlichen Körper, wobei die Lebensführung das Los im nächsten Leben bestimmt. DL

**Sehen.** Lichtstrahlen werden im Auge durch die Linse auf die Netzhaut (Retina) projiziert. Auf der Netzhaut befinden sich zwei Arten von photosensorischen Zellen. Die Zapfen sind für das Farbsehen des Tages (photopisches S.) verantwortlich, die Stäbchen für das Schwarz-Weiß-Sehen der Dämmerung (skotopisches S.). Diese Zellen enthalten Sehfarbstoffe, die bei Lichtabsorption zerfallen und somit eine Veränderung des Membranenpotentials bewirken. Damit werden die daran geknüpften Nervenzellen aktiviert. Die Information wird dann bis zu dem visuellen Cortex weitergeleitet. Dieser ist für das bewußte S. unentbehrlich. Fällt er aus, so können zwar visuelle Informationen auf das motorische Zentrum weiter geleitet werden, das Subjekt ist sich dessen aber nicht bewußt (»blindsight«, blindes S.). – Vom philosophischen Standpunkt stellt sich die Frage, ob S. über die Qualität der bewußten Erfahrung definiert wird, über den Vorgang der Informationsverarbeitung oder über die dafür verantwortlichen äußeren Eigenschaften. Im ersten Fall ist die geschilderte »blindsight« keine Form von S. Es ist vorstellbar, daß die Erfahrung des S.s auch über Vorgänge hervorgerufen wird, die das Auge nicht involvieren. Wir würden nach der ersten Auffassung trotzdem von einem S. sprechen, während die zweite Auffassung dies nicht zulassen würde. Definiert man schließlich das S. über die äußeren Eigenschaften, die dafür kausal verantwortlich sind, so wären weder die innere Erfahrung noch die Informationsverarbeitung ausschlaggebend. Man kann Farben und Formen sehen, aber keine Laute, Gerüche oder Temperaturen. Als S. gelten dann nur die inneren Zustände, die durch äußere Eigenschaften eines bestimmten Typs verursacht werden. **Lit.:** N. Birnbauer/R. F. Schmidt: Biologische Psychologie. Berlin 1991. – F. Dretske: Seeing and Knowing. Chicago 1969. – D. Marr: Vision. San Francisco 1982. – Spektrum der

Wissenschaft: Wahrnehmung und visuelles System. Heidelberg 1987. GSO

**Sein** (griech. to einai; lat. esse). Einer der grundlegenden, aber auch vieldeutigsten und bis in die Gegenwart umstrittenen Begriffe in der abendländischen Philosophie, dessen Bedeutung je nach Verwendung in einer bestimmten philosophischen Disziplin oder einem bestimmten Kontext erheblich variiert.

Seit den ↗Vorsokratikern, insbesondere bei Parmenides fungiert S. als metaphysischer Zentralbegriff, insofern das S. die innere Einheit und Notwendigkeit alles Seienden begründet: Nur Seiendes kann als Wahres gedacht werden, Nichtseiendes ist unmöglich. – Platon relativiert gerade in seinen Spätdialogen diese strenge Disjunktion von S. und Nichtsein durch das Prinzip der Teilhabe eines Verschiedenen bzw. Andersseienden am S., da die Möglichkeit des Sprechens über Nichtseiendes zeigt, daß dieses in irgendeiner Weise *ist*. Nach dem Prinzip der Teilhabe ist auch das höchste, unveränderliche, ewige S. der ↗Ideen vom zeitlich-kontingenten S. der sinnlich wahrnehmbaren Einzelgegenstände zu unterscheiden. – Eine grundsätzlich andersartige Differenzierung der Bedeutungsvarianten von S., deren Wirkungsgeschichte bis in die Gegenwart hineinreicht, findet sich bei Aristoteles. Aristoteles unterscheidet nicht nur ausdrücklich den substantivierten Infinitiv von S. (to einai) vom substantivierten Partizip Präsens: »das Seiende« (to on), sondern er begründet auch mit der Frage nach dem jedem Einzelding wesensmäßig zukommenden S. diejenige Wissenschaft, welche das Seiende *als* Seiendes (to on he on) zu erfassen sucht, die ↗Ontologie. Aristoteles zeigt, daß S. kein einheitlicher Gattungsbegriff ist, sondern die verschiedenen kategorialen Verwendungen des Begriffs in einem ↗Analogie-Verhältnis zueinander stehen, wobei jedoch dem Begriff der ↗Substanz, der »Seiendheit« bzw. dem »Wesen« (griech. ousia, lat. essentia) eine herausgehobene Stellung zukommt, denn diese allein macht es möglich, ein Einzelding als ein solches zu identifizieren. Alle anderen Bedeutungen von S.: Existenz, Wirklichsein/Möglichsein, Wahrsein/Falschsein, sowie das S. im Sinne der ↗Ursachen und ↗Kategorien sind auf das eine Substanzsein hin (pros hen) ausgerichtet, d.h. sie dienen allein dazu, die immanenten Voraussetzungen von Einzeldingen, sofern diese sind, zu klären. Da die verschiedenen Bedeutungsvarianten von S. nach Aristoteles' Konzeption am Seienden quasi »abgelesen« werden, kommt diesen sowohl ein ontologischer wie sprachlich-logischer Status zu. – Während sowohl der ↗Neuplatonismus mit der Identifikation von S. und Denken wie auch die Augustinische Entgegensetzung von göttlichem ungeschaffenen S. und kreatürlichem Seienden den Seinsbegriff noch als metaphysischen Zentralbegriff beanspruchen, bereitet bereits die Aristotelische Depotenzierung des S. zugunsten der »Substanz« die neuzeitliche Substanzmetaphysik vor. Die Differenz zwischen Seiendem und S. tritt im Laufe der Metaphysikgeschichte, z.B. bei Anselm von Canterbury zunehmend zurück; dagegen behaupten sich im MA. als grundlegende Unterscheidungen u.a. die von S. im Sinne von Existenz (existentia) und Wesen (essentia, quidditas) sowie von Notwendigsein und Möglichsein, so Thomas v. Aquin, wobei umstritten bleibt, ob S. univok, äquivok oder analog gelten soll. Ferner kennt auch die ma. Logik den Gebrauch von S. im Sinne der Kopula nach dem Muster »S ist P«.

Mit Beginn der Neuzeit bei Descartes und Spinoza verliert der Seinsbegriff seine dominierende Stellung innerhalb der ↗Metaphysik zugunsten des Substanzbegriffs, zugleich wird auf inhaltlicher Ebene der zentrale Dualismus von ideellem S. der »res cogitans« und körperlichem S. der »res extensa« propagiert, den Leibniz' Konzeption eines monadologischen S.s der einfachen, unteilbaren Substanzen wieder zu überwinden sucht (↗Monadologie). – Eine weitere, wirkungsgeschichtlich bedeutsame, Depotenzierung des Seinsbegriffs, die z.T. schon durch den ma. ↗Nominalismus vorbereitet wird, vollzieht sich in Kants kritischer Philosophie, insbesondere mit der Kritik am ontologischen Gottesbeweis in der *Kritik der reinen Vernunft*: S. ist kein »reales Pädikat« (*KrV* A 598/B 626), d.h. keine positive sachhaltige Bestimmung irgendeines Erkenntnisgegenstandes, sondern bezeichnet entweder die bloße »Position«, d.h. Setzung eines Dinges oder dient innerhalb der Logik als Kopula nur der Verknüpfung von Begriffen. Sofern der »Wert der Copula in Beziehung auf das Denken überhaupt« angegeben werden soll (*KrV* A 74f./B 99f.), geschieht dies nach den Kategorien der ↗Modalität: Möglichkeit – Unmöglichkeit, Dasein – Nichtsein, Notwendigkeit – Zufälligkeit (*KrV* A 80/B 106). – Diese Beschränkung des S.s auf die Funktionen der Position und der Kopula wird im ↗Deutschen Idealismus, v.a. von Hegel in der *Wissenschaft der Logik*, wieder zurückgenommen: Zwar ist das »reine Sein« (Gesammelte Werke Bd. 11, Hamburg 1978, S. 43f.) im Sinne des »unbestimmten Unmittelbaren« der abstrakteste und leerste Begriff und insofern gleichbedeutend mit dem »Nichts«, doch entspringt aus der ↗Dialektik beider Begriffe das »Werden« und damit die gesamte weitere dialektische Begriffsentwicklung bis hin zur »absoluten Idee«. – Der dialektische ↗Materialismus des 19. Jh. thematisiert besonders den Gegensatz zwischen ideelem S. und materiell-gesellschaftlichem S., ohne daß ein grundsätzlich neuartiger Allgemeinbegriff von S. geprägt würde; desgleichen können auch die modale, prädikative und veritative Verwendung von S. sowie die Existenzprädikation im Rahmen der Logik wesentlich an traditionelle Differenzierungen anschließen.

Zu Beginn des 20. Jh. entwirft N. Hartmann eine ontologische ↗Schichtenlehre, welche das »Reale« in verschiedene »Seinsschichten« zu untergliedern sucht; in anderer Weise strebt M. Schelers »Metaphysik des Weltgrundes« eine Typisierung des S.s nach »Realsein«, »Sosein«, »Wertsein« etc. an. – Eine grundlegende Neubestimmung des S.-begriffs unternimmt die ↗Fundamentalontologie Heideggers, nach der die

Seinsweise des geschichtlich, umwillen seiner selbst existierenden ↗Daseins, die Existenz, von derjenigen des alltäglichen Umgangs mit Gebrauchsdingen, der Zuhandenheit, sowie der Seinsweise von Gegenständen, sofern sie der theoretischen Betrachtung unterliegen, der Vorhandenheit, abzuheben ist. Nur der Mensch als Dasein versteht sein eigenes S. und das von anderem Seienden im »Entwurf« desselben auf die Zeit. Da die gesamte abendländische Ontologie nach Heidegger das Seiende immer nur als Vorhandenes aufgefaßt hat, trifft sie der Vorwurf der »Seinsvergessenheit«. – An Heideggers Neubestimmung des Existenzbegriffs, der zusätzlich nach den Modi der ↗Eigentlichkeit und Uneigentlichkeit näher ausdifferenziert wird, knüpfen, unter z.T. gravierenden Umdeutungen, die ↗Existenzphilosophie bzw. der Existentialismus des 20. Jh. an. – Innerhalb der modernen ↗analytischen Philosophie fällt der Seinsbegriff einer z.T. vernichtenden Kritik anheim: Jeglicher Gebrauch von S. im Sinne der ↗Transzendentalien ist sinnlos bzw. zeigt einen Kategorienfehler an, der zu Scheinproblemen führt. Nur hinsichtlich der normalsprachlichen Verwendung von »ist« können logisch sinnvolle Bedeutungsvarianten unterschieden werden. **Lit.:** Aristoteles: Metaphysik. (griech.-dt.). Hamburg [2]1982/84. – R. Carnap: Der logische Aufbau der Welt. Scheinprobleme in der Philosophie. Hamburg [2]1961. – N. Hartmann: Zur Grundlegung der Ontologie. Meisenheim/Glan [3]1948. – Ders.: Platons Logik des Seins. Berlin [2]1965. – G. W. F. Hegel: Logik. Ges. Werke Bd. 11/12. Hamburg 1978 f. – M. Heidegger: Sein und Zeit. Tübingen [12]1972. – Ders.: Die Grundprobleme der Ontologie. Gesamtausgabe 24. Frankfurt 1975. – Artikel »Sein« in HWPh. S. 170–234. – C. H. Kahn: The Verb ›Be‹ in Ancient Greek. In: The Verb ›Be‹ and its Synonyms. Philosophical and Grammatical Studies (6). Hg. J. W. M. Verhaar. Dordrecht 1973. – I. Kant: Kritik der reinen Vernunft. – J. König: Sein und Denken. Halle 1937. – J.-P. Sartre: Das Sein und das Nichts. Reinbeck/Hamburg 1991. – M. Scheler: Idealismus – Realismus. In: Ges. Werke. Bd.9: Späte Schriften. Bern 1976. – Thomas v. Aquin: Über das Sein und das Wesen (dt.-lat.). Darmstadt 1989. – R. W. Trapp: Analytische Ontologie. Der Begriff der Existenz in Sprache und Logik. Frankfurt 1976. – E. Tugendhat: Die Seinsfrage und ihre sprachliche Grundlage. In: Philosophische Rundschau 24 (1977). S. 161–176. DKÖ

**Sein-Sollen-Differenz.** David Hume hat in bezug auf das in der Moralphilosophie postulierte sittliche ↗Sollen hingewiesen, daß kein Sollen aus einem Sein, sprich: aus einer empirischen Tatsache, logisch abgeleitet werden kann. Tatsachenurteile und Werturteile lassen sich in keinen logisch einwandfreien Zusammenhang bringen. Ähnlich argumentiert G. E. Moore anläßlich seiner Erörterung der Wertbegriffe »gut« und »sollen«. Jeder Versuch, solche Wertbegriffe durch Bezug auf natürliche Begriffe (die natürliche Eigenschaften zum Ausdruck bringen) definieren zu wollen, führt zu einem ↗naturalistischen Fehlschluß. Was mit »gut« bezeichnet wird, ist nicht definierbar, es besitzt intrinsischen Wert (d. h. eine durch Intuition feststellbare Eigenschaft). In der weiteren Diskussion hat Hare den präskriptiven Stellenwert von »sollen« folgendermaßen herausgehoben: Wer ein Sollensurteil ausspricht, verpflichtet sich damit, eine Handlung auch in anderen hypothetischen Situationen zu akzeptieren. Searle unternimmt dagegen den Versuch, über die »institutionelle Handlung«, eine Sollensaussage mit einer deskriptiven Aussage zu verbinden. **Lit.:** R. M. Hare: Freiheit und Vernunft. Frankfurt 1983. S. 45 ff. – D. Hume: Traktat über die menschliche Natur. III. Buch 1.1. – G. E. Moore: Principia Ethica. Stuttgart 1970. S. 74–101. – J. R. Searle: How to derive ›ought‹ from ›is‹. In: W. D. Hudson (Hg.): Modern moral Philosophy. London 1970. S. 130. – G. H. v. Wright: Sein und Sollen. In: Normen, Werte und Handlungen. Frankfurt 1994. S.19–43. PP

**Seinsgeschichte.** Bereits für den frühen Heidegger erwächst dem Menschen aus der ↗Sorge um sein Sein die Verdeckung des Seins. Durch die Bewegung dieser Verdeckung ist der Mensch in seinem Eigensten, seinem Verhältnis zum Sein, geschichtlich. In der Folge von Platon und Aristoteles wird das Sein vom Seienden her bestimmt und so als es selbst vergessen. Damit ist die S. als Metaphysikgeschichte durch eine wachsende ↗Seinsvergessenheit geprägt, in der sich das Sein des Seienden von der Anwesenheit der Antike zur neuzeitlichen Vorhandenheit wandelt, bis im Zeitalter der Technik (↗Gestell) der Mensch letztlich selbst schon die Frage nach dem Sein für unnötig hält. Da die Verdeckungsgeschichte des Seins aber vom Sein selbst bewegt ist, versucht der Heidegger der »Kehre« das innige Verhältnis von Sein und Mensch (↗Geschick) und die diesen eigene Geschichtlichkeit nicht mehr vom Menschen (vom ↗Dasein), sondern vom Sein selbst her zu denken. Das Sein selbst ist geschichtlich, da seine eigene ↗Unverborgenheit stets in Verborgenheit wurzelt. Die Frage nach einem Zusammenhang in der S. und wie solcher etwa als ↗Lichtung zu denken ist, bewegt das späte Werk Heideggers. **Lit.:** M. Heidegger: Nietzsche II. Pfullingen 1961. – W. Marx: Heidegger und die Tradition. Stuttgart 1961. – O. Pöggeler: Der Denkweg Martin Heideggers. Pfullingen 1963. BA

**Seinsgrund** (bei Kant auch Realgrund), bedeutet in den ontologischen, d. h. vom Sein herkommenden Philosophien, daß ein Prinzip, Ding oder Ereignis für das Sein eines oder mehrerer anderer ursächlich ist. Aristoteles definiert S. (*Anal. post.* 71b) als dasjenige, wodurch wir die Ursache (aitia) einer Sache (pragma) erkennen, d. h. bei ihm sind S. und logischer bzw. Erkenntnisgrund noch ungeschieden. MFM

**Seinsurteil.** In der traditionellen Urteilslehre werden solche Urteile als S.e bezeichnet, in denen einem Subjektgegenstand eine bestimmte Seinsart zugeschrieben wird bzw. in dem der Subjektgegenstand nach seiner realen oder ideellen Seinsart bestimmt wird. Die Existentialurteile stellen die herausragendste Gruppe solcher S.e dar. Sie behaupten das reale Sein eines Gegenstandes und geben Antwort auf die Frage, ob ein bestimmter angegebener Gegenstand existiert oder nicht (in der Form: »S existiert, ist real, ist wirklich«). ↗Urteilslehre. **Lit.:** A. Pfänder: Logik. Tübingen ³1963. PP

**Seinsvergessenheit,** läßt sich – so Heidegger in *Sein und Zeit* – am Versäumnis der Frage nach dem Sinn von Sein sowie am Verfehlen einer angemessenen Interpretation des ↗Daseins erkennen; zur Vorbereitung der Fundamentalontologie, die die Zeit als Horizont des Seins betrachtet, bekämpft die Daseinshermeneutik die S. hinsichtlich des theoretischen Vorranges der Cartesischen Subjektivität vor der Primordialität des ↗In-der-Welt-seins und der faktischen Verlorenheit der ↗Jemeinigkeit an das ↗Man. Später bedeutet die S. bei Heidegger die metaphysische Tendenz, das Sein als die Allgemeinheit des Seienden – die Seiendheit – bzw. als das höchste Seiende – den Gott -, d. h. in Form der ↗Ontotheologie zu konzipieren und somit nicht aus der ontologischen Differenz heraus bzw. vom ↗Ereignis her zu denken. Aus seinsgeschichtlicher Perspektive gesehen, stellt die S. keine Verfehlung dar; denn sie läßt sich nicht auf ein menschliches Defizit reduzieren: Das Sein geht als entbergende ↗Unverborgenheit auf und entzieht sich als ein lauteres Nichts dem bloß vorstellenden Denken. **Lit:** O. Pöggeler: Der Denkweg Martin Heideggers. Pfullingen ³1990. JOP

**Selbst.** Das »S.« gibt es im Sinne eines Gegenstands nicht, und die Substantivierung ist problembehaftet (Tugendhat). Als reflexives Indikatorwort zeigt »selbst« eine Operation an, die auf Eigentlichkeit abzielt. »S.« begründet die engstmögliche Zuschreibung und Sicherung welcher Entität auch immer und verweist so auf Identität. Aus der relativ unproblematischen, intentionalen Verweisungsstruktur entspringt dennoch die Grundproblematik des S., insofern, erstens, auf der Objektebene die Identität als Differenz: »a« qua »a«, auftritt (Heidegger), dieses Selbstverhältnis aber, zweitens, in Abhängigkeit von einem weltoffenen Subjekt steht. Damit gewinnt »S.« erst seine spezifische, wenngleich problematische Kennzeichnung durch Bewußtsein und Ichbezug. Die Formel: »a« versteht »a« qua »a«, kann als Strukturbeschreibung von Kierkegaards Bestimmung des S. als »Verhältnis, das sich zu sich selbst verhält« (*Die Krankheit zum Tode*) gelesen werden, aber auch in Heideggers, gegen die Auffassung des S. als Substanz gerichteter Bestimmung des Daseins als »Selbständigkeit« des existierenden S. in der Sorge um sein Sein (*Sein und Zeit*) wiedergefunden werden. Sucht man die Substanzialisierung der Subjektstelle (Descartes) wie die Auflösung in Assoziationsbündel von Wahrnehmungen (Hume) zu vermeiden, so wäre »S.« am ehesten als Prozeß der konstituierenden Vergewisserung von Ursprung als eigentlichem Ziel zu verstehen. Die Fragen nach »S.« und »Ich« überkreuzen sich hier. W. James unterschied das S. als Objekt, »me«, den im weitesten Sinn (material, sozial und geistig) empirischen Gegenstand des Selbstverständnisses, von dem S. als Subjekt, »ego«, das die personale Identität im Wissen des Objekt-Selbst leistet. Neben Konzeptionen in denen »S.« mit »Ich« strukturanalog gesehen wird, nützt z. B. Nietzsche, der »S.« als Arche und Telos in der Formel »werde der du bist« faßt, die Gegenstellung der Begriffe konzeptionell. Das positiv konnotierte S. versteht er aus dem Gegensatz zu dem negativ konnotierten Ich des Bewußtseins als reine Antriebskraft vor jeder Gegenstandsbestimmung. Heideggers Denkfigur der Eigentlichkeit und Entschlossenheit steht analog zu Nietzsche im Gegensatz zum Ich-sagen und dem entsprechenden, uneigentlichen »Man-Selbst« einer öffentlichen Rolle. Die »Selbigkeit des eigentlich existierenden Selbst« ist dabei für Heidegger durch eine Kluft getrennt von der »Identität des in der Erlebnismannigfaltigkeit sich durchhaltenden Ich«. Ricœur artikuliert mit seiner analytischen Aufspaltung der Identität in »Idem-Identität« und »Ipse-Identität« eine Unterscheidung, die es ermöglicht, das S. als vermittelte Unmittelbarkeit über den/das Andere zu bestimmen, und es hermeneutisch jenseits der Dichotomien zu situieren, wodurch dem Anliegen, S. als ethische Referenzstelle zu gewinnen, Rechnung getragen wird. ↗Selbstbewußtsein, ↗Selbstsein, ↗Identität, personale. **Lit.:** W. James: Principles of Psychology (1890). – B. Kienzle/H. Pape (Hg.): Dimensionen des Selbst. Frankfurt 1991. – P. Ricoeur: Das Selbst als ein Anderer. München 1996. – Ch. Taylor: Quellen des Selbst. Frankfurt 1996. – E. Tugendhat: Selbstbewußtsein und Selbstbestimmung. Frankfurt ⁴1989. – P. Ricoeur: Soi-meme comme un autre. Paris 1991. JR

**Selbstbejahung, voluntative.** Eine positive Beziehung zum eigenen Sein, die sich im Weiterlebenwollen zeigt, setzt eine wertende S. voraus, die durch eine positive affektive Einstellung der Bezugspersonen zum Kind entwicklungslogisch begründet ist. **Lit.:** E. Tugendhat: Retraktationen. In: Probleme der Ethik. Stuttgart 1984. S. 132–176. PP

**Selbstbesinnung,** tritt als Begriff vornehmlich in der Philosophie des späten 19. und des 20. Jh. auf, und zwar zum einen in der ↗Erkenntnistheorie und -psychologie sowie in der Logik, zum anderen in der ↗Anthropologie, ↗Ethik und ↗Lebensphilosophie. S. hat damit zwei grundsätzliche Bedeutungen: (1) Sie ist Reflexion auf die Vollzugsakte des Denkens und eine grundlegende wissenschaftliche Methode der Erkenntnisgewinnung. (2) Sie ist der lebensweltlichen Orientierung dienende Bewußtmachung der eigenen Lebenssituation und Besinnung des Menschen auf sich selbst in seinen verschiedenen Bezügen, Lebensbereichen und Wertsystemen. Eine zentrale Stellung hat der Begriff S. in der Philosophie des Lebens und der Grundlegung und Theorie der ↗Geisteswissenschaften Diltheys, in denen beide Bedeutungsaspekte eng verzahnt sind. Im 20. Jh. bleibt S. philosophisch bedeutsam, besonders innerhalb der Dilthey-Schule (B. Groethuysen, G. Misch), der ↗Phänomenologie Husserls und der an die Philosophien Diltheys und Heideggers anknüpfenden philosophischen ↗Hermeneutik, die v. a. den Zusammenhang von wissenschaftlicher und philosophischer bzw. historischer S. thematisiert. Daneben ist die S., indem sie den Zusammenhang des eigenen Lebens reflektiert und strukturiert, ein wichtiges Motiv der Autobiographie. **Lit.:** G. Kühne-Bertram: Artikel Selbstbesinnung II. In: HWPh 9 (1995). – Th. Litt: Die Selbsterkenntnis des Menschen. Hamburg [2]1948. – G. Pfafferott: Die Bedeutung des Begriffs Selbstbesinnung bei Dilthey und Husserl. In: E. W. Orth (Hg.): Dilthey und die Philosophie der Gegenwart. Freiburg/München 1985. S. 351–380. GKB

**Selbstbestimmung,** enthält zwei Momente: (a) In negativer Hinsicht bedeutet S. das Frei-sein und die Unabhängigkeit der Person von natürlichen, gesellschaftlichen und politischen Einschränkungen bzw. Determinationen, (b) in positiver die Möglichkeit, daß der Einzelne oder die Gesellschaft ihrem Handeln einen frei gewählten Inhalt geben können. ↗ Autonomie. PP

**Selbstbewußtsein.** Mit dem Begriff des S.s ist in der Tradition der Philosophie der Anspruch einer letzten Begründung des Wissens oder Erkennens und der einer Selbstvergewisserung des Menschen als praktisches Subjekt verbunden. Der methodische Zweifel Descartes' führt zu jenem unbezweifelbaren ego cogito, das seiner Ansicht nach auch das unmittelbare Bewußtsein von sich selbst als denkendem Sein (res cogitans) einschließt. Von diesem Versuch, einen absolut sicheren Boden für das Wissen aus dem S. zu gewinnen, ist der Kantische Begriff des S.s zu unterscheiden. Für Kant stellt sich die Frage nach dem notwendigen Einheitspunkt der synthetisierenden Leistungen des Bewußtseins. Kant unterscheidet dabei das empirische von dem transzendentalen Bewußtsein. Die Einheit des Bewußtseins ist der Grund aller Gegenstandskonstitution. Ohne Bezug auf ein empirisches Bewußtsein gäbe es die Vorstellungen nicht. Andererseits hat alles empirische Bewußtsein einen notwendigen Bezug auf ein transzendentales Bewußtsein. Es stellt den obersten einheitsstiftenden Bezugspunkt allen empirischen Bewußtseins dar. Die Notwendigkeit eines solchen Einheitspunktes begründet Kant mit dem Hinweis, daß alles Erkennen in der Verbindung einer Vielfalt von Vorstellungen zu einer Einheit bestehe. Unter dem gesuchten obersten Prinzip aller Verbindung (Synthesis) versteht Kant jene Verstandeshandlung, die allen Formen der Synthesis zugrundeliegt. Dieses Einheitsmoment wird durch das »ich denke, das alle meine Vorstellungen begleiten können muß« (*KrV* B 131 f.) repräsentiert. Er bezeichnet es als transzendentale Einheit des Bewußtseins. Wir haben damit nur eine leere Vorstellung des »ich denke«, ein »bloßes Bewußtsein« zur Verfügung, das insofern eine ursprüngliche Apperzeption darstellt, als sie aus keiner anderen Vorstellung abgeleitet wurde. Die transzendentale Synthesis der Apperzeption stellt nur eine logische Bestimmung dar, die nicht dazu verleiten darf, dieses Ich in einem gegenständlichen Sinne zu deuten. – Für Fichte ist im S. das Bewußtsein der eigenen Autonomie verankert. Das Ich ist zugleich das Handelnde und das Produkt der Handlung; das Tätige und das, was durch die Tätigkeit hervorgebracht wird; Handlung und Tat sind Eins und ebendasselbe, und dabei ist das: Ich bin, Ausdruck einer Tathandlung. Als praktisches Ich wird es sich seiner allbildenden Aktivität bewußt, indem es sich in seinen Produkten der Tätigkeit anschaut. Aus diesem Verständnis von S. heraus kann Fichte auch behaupten, daß jede historische Form der Kultur eine Entwicklungsstufe des S.s darstellt. – In Hegels Philosophie hat das S. die Bedeutung eines fundamentalen ontologischen Prinzips der Bildung der gesamten Wirklichkeit. Alles ist ein Moment des Prozesses des Sichselbstsetzens, -bildens und -bestimmens des Geistes. Die Subjektivität repräsentiert für Hegel das Prinzip, aus dem man die Mannigfaltigkeit der Wirklichkeit und ihre Einheit erklären kann. Er denkt es als prozessuales Prinzip, das sich als die Bewegung des Sichselbstsetzens oder die Vermittlung des Sichanderswerdens mit sich selbst begreift. In der *Phänomenologie des Geistes* zeigt er auf, wie das S. die Struktur der Entwicklungsstufen des Bewußtseins bestimmt. Die Erfahrung des Bewußtseins beinhaltet auf jeder Stufe seiner Entwicklung zwei Aspekte: Es ist einerseits Bewußtsein des Gegenstands und andererseits Bewußtsein seiner selbst, d. h. es weiß um sein Wissen und dessen mögliche Beschränkungen. PP

In der Alltagssprache meinen wir im Deutschen mit S. ein positives Selbstwertgefühl, im Englischen bezeichnet das Adjektiv »self-conscious« das negative Gegenstück dazu: Befangenheit, Gehemmtheit. In beiden Fällen verwendet die Alltagspsychologie das Prädikat »selbstbewußt« wertend. In der Philosophie hingegen ist S. ein wertneutraler, psychologisch unspezifizierter Oberbegriff für Phänomene, bei denen Subjekte etwas von sich selbst oder ihren eigenen mentalen Zuständen wissen. Descartes hat mit seinem Grundsatz »cogito (ergo) sum«, »ich denke, (also) ich bin«, beide Momente verbunden: das Wissen von meinen mentalen Zuständen (cogito) und die Gewißheit meiner Existenz als Subjekt dieser Zustände (sum). Das epistemische Charakteristikum der Infallibilität (Unbezweifelbarkeit, Unkorrigierbarkeit) des Wissens von meinen mentalen Zuständen geht einher mit der direkten Referenz von »ich« auf das Subjekt der Zustände. Mentale Zustände im Sinne der cogitationes haben die Eigenschaft, daß ihr Auftreten nicht nur faktisch der Fall ist, sondern davon auch ein unfehlbares Wissen möglich ist. Alle drei Momente des S.s sind aufklärungsbedürftig: das Subjekt (Ist es ein Ego bzw. Ich? Ein anonymes Bewußtsein? Eine Person?); das Objekt (Sind es die verschiedenen mentalen Zustände? Das Ich? Ein anonymes Bewußtsein? Eine Person?); die Relation zwischen beiden (Ist S. begrifflich-propositionales Wissen oder nicht-begriffliches Gewahren? Ist es ein »Spüren«? Unmittelbare Bekanntschaft mit sich?). – Ausgangspunkt einer Selbstbewußtseinstheorie kann die Analyse von S. artikulierenden Sätzen sein, in denen ein Subjekt sich selbst eigene Zustände bzw. entsprechende Prädikate zuschreibt. Solche Sätze haben die Form »Ich weiß, daß ich F«. Dabei steht »F« als Variable für alle Arten von Eigenschaften (Zuständen) bzw. Prädikaten, die einem Objekt irgendeiner Art zugeschrieben werden können. Im Hinblick auf Personen, verstanden als Wesen, die ein bewußtes Leben führen, können zwei Prädikatenklassen unterschieden werden: (1) Prädikate, die materielle Eigenschaften (körperliche Merkmale, raumzeitliche Situationen) zuschreiben (M-Prädikate); (2) Prädikate, die mentale Zustände zuschreiben (P-Prädikate) (vgl. P. Strawson). Die zweite Klasse kann wiederum in drei Unterklassen differenziert werden: (2.1) Prädikate, die gegenwärtige Bewußtseinszustände zuschreiben ($P^*$-Prädikate); (2.2) Prädikate, die Verhaltensdispositionen oder Bewußtseinszustände als vergangene, zur Geschichte einer Person gehörige zuschreiben (G-Prädikate); (2.3) Prädikate, die Verhaltensdispositionen zuschreiben und damit Persönlichkeitscharakterisierungen treffen (V-Prädikate). Alle vier Prädikatentypen sind auf eine Person anwendbar. In einer Selbstbewußtseinstheorie ist nicht das Wissen, das eine Person von ihren eigenen körperlichen Eigenschaften hat (M-Prädikate), von Interesse; dieses Wissen ist lediglich ein Sonderfall unseres Wissens von Dingen oder Tatsachen einer objektivierbaren Welt in Raum und Zeit und wird als solches in jeder Erkenntnistheorie, die die allgemeinen Bedingungen menschlichen Wissens untersucht, mitbehandelt. Der Erwerb von Informationen über den Körper der Person A ist unabhängig davon, ob A selbst irgendetwas über ihren Körper weiß. Dafür, daß einer Person körperliche Eigenschaften zugeschrieben werden können, ist S. seitens dieser Person keine notwendige Bedingung. Auch das Wissen, das eine Person A von ihren vergangenen Bewußtseinszuständen (G-Prädikate) oder Verhaltensdispositionen (V-Prädikate) hat, ist kein Fall von S. im engeren Sinne. In beiden Fällen können andere Personen über mehr und bessere Anhaltspunkte verfügen als die betroffene Person A selbst. Das Phänomen des S.s zieht gerade in denjenigen Hinsichten die Aufmerksamkeit der Philosophen auf sich, in denen es sich spezifisch von anderen Bewußtseins- und Erkenntnisformen unterscheidet. Eine Selbstbewußtseinstheorie interessiert sich in erster Linie für die Selbstzuschreibunq eigener gegenwärtiger mentaler Zustände ($P^*$-Prädikate). Selbstzuschreibende Sätze dieser Klasse haben die Form: »Ich weiß, daß ich Φ«, wobei Φ eine Variable für eigene gegenwärtige mentale Zustände ist. An die Stelle des Verbs »wissen« können auch andere Verben treten, die eine epistemische (im Unterschied zu einer voluntativen) Einstellung bezeichnen, wie glauben oder spüren.

Selbstbewußtseinstheorien bemühen sich vor allem um eine Aufklärung (1) des spezifisch subjektiven Erlebnischarakters, den bewußte mentale Zustände für die Person haben, die sich in ihnen befindet, und (2) des Identitätswissens, das (mindestens implizites) konstitutives Moment des Bewußtseins einer Person von sich selbst ist. Für mentale – nicht für physikalische – Zustände ist es wesentlich, daß sie immer jemandes Bewußtseinszustände sind. Sie sind nicht anonym, sondern mindestens prima facie subjektiv und gehören einer Person zu: meine, deine, ihre, seine. Dies impliziert nicht, daß alle mentalen Zustände ipso facto bewußt wären; es gibt gute Gründe dafür, die Möglichkeit unbewußter mentaler Zustände nicht auszuschließen. Den subjektiven Erlebnischarakter hat Th. Nagel auf die Formel gebracht: Es ist mir so-und-so zumute. Erlebe ich etwas so-und-so, dann ist es für mich auch so. Anders als bei Wahrnehmungen raumzeitlicher Gegenstände und deren Qualitäten gibt es hier keine Möglichkeit, anhand von Kriterien, die von meiner Erlebnisperspektive unabhängig sind, zu überprüfen, ob zwischen meinem Erleben und dem Erlebten eine Divergenz besteht. Die Behauptung, es sei da etwas Rotes, läßt sich anhand von objektiven Kriterien korrigieren. Aber daß ich diese Rot-Wahrnehmung, ein Rot-Erlebnis habe, das wird durch eine solche Korrektur nicht betroffen. Meine Meinung darüber, daß ich etwas und was ich erlebe (empfinde, spüre etc.), ist ipso facto wahr, sie ist infallibel und unkorrigierbar. Es gibt keine Fehlattribution (Fehlprädikation). – Dasselbe gilt für mein Bewußtsein, daß *ich* es bin, der erlebt. Habe ich das Bewußtsein, daß ich dies-und-jenes erlebe (empfinde, spüre etc.), so bin ich es, der erlebt (empfindet, spürt etc.). Beim S. können keine Kriterien für die Identifizierung des Referenten von »ich« angewandt werden. Obwohl »ich« ein ↗deiktischer Ausdruck ist und solche Ausdrücke zur Klasse der ↗singulären Terme gehören, die gewöhnlich identifizierende, individuierende Funktion haben, wird durch »ich« nichts im gewöhnlichen Sinne individuiert oder identifiziert. Die Selbstzuschreibung gegenwärtig bewußter mentaler Zustände ist auch hinsichtlich des Referenten von »ich« kriterienlos (direkte Referenz). Allerdings ist nicht jede, sondern nur eine bestimmte Klasse von Prädikaten unmittelbar und kriterienlos selbstzuschreibbar. Bei M-Prädikaten, G-Prädikaten und V-Prädikaten ist Fehlprädikation genauso möglich, wie bei jeder anderen Erkenntnisform. Lediglich bei $P^*$ Prädikaten sind Fehlprädikation und Fehlidentifikation ausgeschlossen. Nur bei dieser Prädikatenklasse gelten Infallibilität und Unkorrigierbarkeit. Bei $P^*$-Prädikaten gibt es weder Verifikationskriterien für die Attribution (M) noch Identifikationskriterien für den Referenten (ich). Im S. habe ich einen privilegierten Zugang zu mir selbst und meinen gegenwärtigen Bewußtseinszuständen. Es besteht daher zwischen der erstpersönlichen und der drittpersönlichen Kenntnis der gegenwärtigen bewußten mentalen Zustände einer Person A eine epistemische Asymmetrie. Ich weiß von mir, daß ich Φ, aus anderen Gründen (auf einer anderen epistemischen Grundlage) als ein Dritter von mir weiß, daß ich Φ. Die epistemische Asymmetrie ist aber gekoppelt an eine veritative Symmetrie zwischen erst- und drittpersönlichen Berichten über die fraglichen mentalen Zustände. Die Wahrheitsbedingungen sind dieselben bei (1) »Ich weiß, daß ich Φ« und (2) »Er weiß, daß er

Φ«, vorausgesetzt, der Referent von »ich« in (1) ist identisch mit dem Referenten von »er« in (2).
Nach Strawson ist das S. eines Subjekts A an zwei Bedingungen geknüpft: (1) Auf A müssen sowohl Prädikate, die mentale Zustände zuschreiben (P-Prädikate), als auch Prädikate, die körperliche Eigenschaften zuschreiben (M-Prädikate), anwendbar sein. (2) Von den P-Prädikaten, die sich das Subjekt A selbst zuschreibt, muß prinzipiell gelten, daß (a) sie A auch aus der Perspektive dritter fremdzugeschrieben werden können und (b) A sie seinerseits dritten fremdzuschreiben kann. Der Referent der Selbstzuschreibung von $P^*$-Prädikaten und damit das Subjekt des S.s bin ich als Person, d. h. als Einheit von Bewußtsein und Körper, nicht als reines Ego. D. Davidson gibt auf die Frage nach den epistemischen Charakteristika von S. eine sprachphilosophische Antwort: Die »first person authority« beschränkt sich darauf, daß der Sprecher gewöhnlich weiß, was er meint. D. Dennett interpretiert S. im Zusammenhang seines Konzepts narrativer Identität. Nach R. Rorty (eliminativer ↗Materialismus) wird die Frage hinfällig, sobald man den erkenntnistheoretischen Fundamentalismus als ein insgesamt verfehltes Projekt verabschiedet. Die Kriterienlosigkeit der Selbstzuschreibung mentaler Zustände ist kein epistemologisches Fundament und hat auch kein solches, sondern sie ist lediglich eine sozial-kulturelle Konvention, erstpersönliche Aussagen über eigene gegenwärtige Bewußtseinszustände nicht anzuzweifeln. Physikalistische Theorien reduzieren S. auf Selbstreferenzstrukturen in neuronalen Systemen.
S. kann sprachanalytisch im Rekurs auf selbstzuschreibende Sätze zwar hinsichtlich einiger wesentlicher Strukturmerkmale analysiert werden. Eine solche Analyse legt S. jedoch auf propositionales Wissen und sprachstrukturelle Bedingungen fest. Demgegenüber wird verschiedentlich die Nicht-Propositionalität uninterpretierter Empfindungsdaten und Gefühle (↗Qualia; raw feels) einerseits, und eines ursprünglichen Vertrautseins des Bewußtseins mit sich selbst andererseits, geltend gemacht.
Neben den epistemischen und veritativen Bedingungen ist die Struktur von S. aufklärungsbedürftig. Im S. weiß ich nicht nur um meine Bewußtseinszustände qua Inhalte, sondern auch um mich als einheitliches Subjekt meiner Zustände qua formaler Bedingung von S. (Ich, Selbst). Numerische Identität des Subjekts und Pluralität-Diversität der Zustände sind konstitutiv für S. Kant führt daher die Unterscheidung zwischen reinem S. (Einheit der ↗Apperzeption), die für den Identitäts-Gedanken aufkommt, und empirischem S. (innerem Sinn), wodurch stets eine Pluralität von Vorstellungen gegeben ist, ein. Aufgrund des mit der Kriterienlosigkeit gegebenen Gewißheitsprivilegs ist S. von Descartes zum geltungstheoretischen Maßstab und Ausgangspunkt der Philosophie gemacht worden. Die Erkenntnistheorie der Neuzeit bleibt über Kant, Fichte, Schelling bis zu Husserl und Sartre maßgeblich von dieser Grundidee beeinflußt. Bis in die Gegenwart wird S. immer wieder ins Zentrum der Diskussion über die Begründung der Philosophie gestellt und die Frage erörtert, ob S. ein ursprüngliches Phänomen und fundamentale Bedingung allen Bewußtseins ist oder lediglich ein Sonderfall intentionaler Zustände ohne besondere begründungstheoretische Funktion. – Entwicklungspsychologisch (Piaget) ist S. kein ursprüngliches Phänomen, sondern bildet sich erst im Verlauf der Persönlichkeitsentwicklung des Kindes aus. Es ist Ergebnis der Differenzierung der frühkindlichen ungetrennten Subjekt-Objekt-Einheit in Ich und Welt durch Erfolg und Mißerfolg im Umgang mit den Dingen.

**Lit.:** F. Brentano: Psychologie vom empirischen Standpunkt (1874). – R. Descartes: Discours de la méthode. Hamburg 1990. – Ders.: Meditationes de prima philosophia (1641). – J. G. Fichte: Grundlage der gesamten Wissenschaftslehre (1794). – Ders.: Versuch einer neuen Darstellung der Wissenschaftslehre (1797/98). – M. Frank: Selbstbewußtsein und Selbsterkenntnis. Stuttgart 1991. – Ders. (Hg.): Selbstbewußtseinstheorien von Fichte bis Sartre. Frankfurt 1991. – Ders. (Hg.): Analytische Theorien des Selbstbewußtseins. Frankfurt 1994. – G. W. F. Hegel: Phänomenologie des Geistes (1807). – D. Henrich: Fichtes ursprüngliche Einsicht. Frankfurt 1967. – Ders.: Selbstbewußtsein. In: Hermeneutik und Dialektik. Tübingen 1970. Bd. 1, S. 257–284. – D. Hume: Treatise of Human Nature (1739/40). – E. Husserl: Logische Untersuchungen (1900/01). – I. Kant: Kritik der reinen Vernunft (1781/1787). – B. Kienzle/H. Pape (Hg.): Dimensionen des Selbst. Frankfurt. 1991. – G. W. Leibniz: Monadologie (1714). – J. Locke: Essay Concerning Human Understanding (1690). – U. Pothast: Über einige Fragen der Selbstbeziehung. Frankfurt 1971. – J.-P. Sartre: L'Etre et le Neant. Paris 1943 (dt. Das Sein und das Nichts. Reinbek 1962). – Ders.: Conscience de soi et connaissance de soi. Paris 1948 (dt. Bewußtsein und Selbsterkenntnis. Reinbek 1973). – S. Shoemaker: Self-Knowledge and Self-Identity. Ithaca/London 1963. – P. F. Strawson: Individuals. 1959. – E. Tugendhat: Selbstbewußtsein und Selbstbestimmung. Frankfurt 1979.

GMO/MQ

**Selbsterkenntnis,** alltagssprachlich die Erkenntnis der eigenen Fähigkeiten, Einstellungen, Motivationen und – nicht zuletzt – Grenzen der je individuellen Persönlichkeit, die sich im Laufe der Lebensgeschichte herausgebildet haben bzw. sichtbar werden. Oft gilt S. als Voraussetzung der Selbstverwirklichung, als die für notwendig erachtete Einsicht in die idealerweise aufzuhebende Diskrepanz zwischen Selbstbild und Selbstideal. Kritisch gegen die Forderung der S. im Sinne introspektiver Selbstbeobachtung hatte sich z. B. Goethe gewendet: »Wie kann man sich selbst kennen lernen? Durch Betrachten niemals, wohl aber durch Handeln.«
Philosophiegeschichtlich gewinnt die S. zum ersten Mal in der Antike als Imperativ des Delphischen Orakels an Bedeutung. In Form der Inschrift »gnothi seauton« (»Erkenne Dich Selbst!«) hat sie in wechselnden

Auslegungen die abendländische Philosophiegeschichte maßgeblich mitbestimmt. – Während die griechische Philosophie S. primär in praktisch-ethischen Bezügen forderte, nämlich um sich selbst zu bessern, diente sie der christlichen Philosophie, vor allem Augustinus, als Voraussetzung der Gotteserkenntnis. Descartes verbindet die S. dann innerhalb seines methodischen Programms des Zweifelns mit den Eigenschaften der Gewißheit und Unkorrigierbarkeit und schaltete sie damit zur Evidenzsicherung unseres Wissens dem Naturerkennen vor. In diesem methodischen Sinn erreichte die S. ihren Höhepunkt im Idealismus. – Die Annahme sich selbst transparenter Subjekte ist spätestens seit Nietzsche fraglich geworden; damit wird auch die S. als erkenntnistheoretisches Grundprinzip problematisch. Dies betrifft nicht so sehr ihren praktischen Nutzen, sondern ihre innere epistemische Struktur. Weitgehende Einigkeit besteht darin, daß S. als die Reflexion auf das eigene Selbst immer schon eine unmittelbare, nicht-reflexive Selbstbeziehung voraussetzt. Kontrovers bleibt jedoch, was unter einer inneren Erfahrung, von der die S. auszugehen habe, überhaupt zu verstehen ist, und ob sie ein nicht-propositionales Wissen mit besonderem Gewißheitsstatus beinhaltet. ↗Selbstbewußtsein. **Lit.:** M. Frank: Selbstbewußtsein und Selbsterkenntnis. Stuttgart 1991. – D. Henrich: Fichtes urspüngliche Einsicht. Frankfurt 1967. – E. Tugendhat: Selbstbewußtsein und Selbstbestimmung. Frankfurt 1979. KSH

**Selbstorganisation,** Begriff aus der ↗Kybernetik und ↗Systemtheorie. Im schwachen Sinn liegt S. für die Strukturen eines Systems oder für die von Systemelementen vor, sofern diese durch die dynamische Interaktion der Elemente hervorgebracht werden. Die Zuschreibung von S. zu einem System hängt von dessen Abgrenzung von der Umwelt durch einen Beobachter ab, d. h., je nach Grenzbestimmung können Systeme S. aufweisen oder nicht. Deshalb fordert der starke Begriff von S. darüber hinaus, daß das System sich von seiner Umwelt selbständig abgrenzt durch die im System erfolgende Reproduktion der Wechselwirkung von System und Umwelt in Form von rekursiv entstehenden und wirkenden Strukturen. – Da thermodynamisch geschlossene Systeme nach gewisser Zeit Gleichverteilung (d. i. maximale Unordnung) aufweisen, tritt S. dauerhaft nur bei Systemen auf, die energetisch oder materiell offen sind und sich nicht im thermodynamischen Gleichgewicht befinden. – Die Synergetik von Haken gilt zur Zeit als die am besten durchgestaltete Theorie der S. **Lit.:** H. Haken: Advanced Synergetics. Berlin ²1987. – W. Krohn/G. Küppers (Hg.): Emergenz: Die Entstehung von Ordnung, Organisation und Bedeutung. Frankfurt 1992. UB

**Selbstsein.** Der Begriff hat zentrale Bedeutung innerhalb der ↗Existenzphilosophie und bezieht sich darauf, daß jeder Mensch über seine konkrete Seinsweise selbst entscheidet, seine Haltung, sein Denken und sein Leben gestaltet und darin selbstbestimmt oder fremdbestimmt sein kann. Ob der Einzelne sich zu sich selbst verhält und darin zum Bewußtsein dessen gekommen ist, was er selbst ist und sein will, oder vorgegebene Rollen, Wertungen und Handlungsmuster unbefragt übernimmt, kennzeichnet den Unterschied zwischen einer eigentlichen und uneigentlichen Existenzweise. – Kierkegaard bestimmt das Selbst so: »Das Selbst ist ein Verhältnis, das sich zu sich selbst verhält, oder ist das am Verhältnis, *daß* das Verhältnis sich zu sich selbst verhält« (*Die Krankheit zum Tode*, Ges. Werke, 24./25. Abtlg. S. 8). S. bedeutet das aktive Verhalten zu den Momenten, die das konkrete menschliche Leben bestimmen. Das S. kann verfehlt werden, was Kierkegaard mit dem Begriff der ↗Verzweiflung, als eines Mißverhältnisses im Selbstverhältnis faßt, und in der *Krankheit zum Tode* zu einer Typologie verzweifelter Existenzweisen ausbaut. Für Kierkegaard charakteristisch ist die christliche Ausrichtung seines Verständnisses von S.: Der Einzelne wird nur er selbst, indem er sich vorbehaltlos in Gott gründet. Kierkegaards Begriff des Selbst hat auch eine zeitkritische Dimension: Er richtet sich gegen das philosophische und gesellschaftliche Verschwinden des konkreten Individuums im System des reinen Denkens (Dt. Idealismus, besonders Hegel) und in der Vorherrschaft der Masse. Wo der Einzelne qualitativ seine Bedeutung verloren hat, versucht er sie quantitativ wiederzugewinnen in der Teilnahme am anonymen »Man«, dessen Meinen, Wünschen, Handeln. Diese Nivellierung erschafft ein neues Subjekt: das Publikum und dessen Organ: die Presse. Publikum entsteht in der Teilhabe an dem, was die Presse als allumfassende, anonyme »Wirklichkeit« erschafft, und an das sie sich als fiktive Wirklichkeit wendet. Der Einzelne ist darin kein Teil einer Gemeinschaft, gegenüber der er Verantwortung trägt, sondern verschwindet in der nicht zu fassenden »Öffentlichkeit«. Diese Analysen erinnern an Heideggers Begriff des ↗Man. Das menschliche Dasein ist je seine Möglichkeit und kann sich daher in seinem Sein ergreifen oder verlieren. Es kann eigentlich es selbst sein (»Ichselbst«) oder in der Durchschnittlichkeit und Alltäglichkeit des »Man-selbst« aufgehen. Auch bei Jaspers bezeichnet S. die je eigene Möglichkeit des Seinkönnens, über die sich der einzelne in einem dauernden kommunikativen Bewußtwerdungsprozeß und im Durchleben von ↗Grenzsituationen Klarheit verschaffen muß. Das S. steht gegen die Nivellierungstendenzen einer technisch geprägten Massendaseinsordnung. **Lit.:** F.-P. Burkard: Selbstwahl. Zum Selbstverhältnis des Menschen bei Sören Kierkegaard. In: Struktur und Freiheit. Hg. v. G. Müller. Würzburg 1990. S.38–59. – M. Heidegger: Sein und Zeit (Gesamtausgabe Bd. 2). Frankfurt 1977. – K. Jaspers: Philosophie. Bd. 2: Existenzerhellung. Berlin/Heidelberg/New York ⁴1973. – S. Kierkegaard: Die Krankheit zum Tode (Ges. Werke. 24./25. Abtlg.) Düsseldorf 1954. FPB

**Selbstverursächlichung,** neuplatonische Theorie positiver Freiheit im Sinne vollkommener Selbstbestimmung – letztlich des göttlichen Primats. Laut einer aphairetisch motivierten heuristischen Formel Plotins bringt das ↗Eine sich selbst hervor aufgrund seiner absoluten Autarkie, da es über jede Andersheit, einschließlich des Seins, erhaben ist (*Enneaden* VI 8, 14–16). Während Marius Victorinus die Konsubstantialität des dreieinigen Gottes durch dessen S. sichert, vermitteln der *Liber de causis* (prop. XXV) und Proklos' *Elementatio theologica* (prop. 46) dem MA. eine Theorie der Simultaneität von Ursache und Verursachtem bei jeder Substanz, die durch ihr Wesen Selbstand besitzt und somit unvergänglich ist. Kommentatoren wie Thomas v. Aquin und Berthold v. Moosburg verlegen die eigentliche Seinsbegründung der Substanz in die ursprungslose Erstursache, Gott (dem eher ↗Aseität zugerechnet wird), und erkennen die S. ausschließlich als ethische Autonomie an; als Ausnahme schreibt Eckhart die S. dem egologisch begriffenen ↗Seelengrund und damit der Gottheit selbst zu. Anders Descartes: Das Wesen Gottes impliziert dessen Existenz und somit dessen S. Im Anschluß an Spinozas Auffassung der einen unendlichen Substanz als Ursache ihrer selbst, die existiert und begriffen wird allein durch sich selbst, vollendet Hegel die spekulativ-idealistische Rezeption dieser Theorie durch seine Konzeption der sich selbst produzierenden absoluten Subjektivität. Schließlich bezeichnet die S. die Selbstwerdung der Person in Lavelles Philosophie der Teilhabe an der Totalität des Seins und das letzte Wirklichkeitsprinzip in Whiteheads Kosmologie. **Lit.:** B. Mojsisch: Die neuplatonische Theorie der Selbstverursächlichung (causa sui) in der Philosophie des Mittelalters. In: L. G. Benakis (Hg.): Néoplatonisme et Philosophie Médiévale. Brepols 1997. S. 25–33. – O. F. Summerell: The Philosophical-Theological Significance of the Concept of Ontotheology in Martin Heidegger's Critique of G. W. F. Hegel. Diss. Charlottesville 1994. OFS

**Selektion,** Auswahl, mit oder ohne Einwirkung des Willens. In diesem letzteren Sinn wurde die natürliche S. bei Darwin definiert, als Grundlage der ↗Evolution. Die natürliche S. dient zur Erklärung sowohl der Differenzierung der natürlichen Arten (Makroevolution) wie der genetischen Veränderungen innerhalb einer Art (Mikroevolution). Die natürliche S. setzt ein, wenn drei Bedingungen erfüllt sind: (1) unter den betroffenen Individuen besteht eine Variation hinsichtlich ihrer Eigenschaften; (2) dieser Variation entspricht eine unterschiedliche Anpassung an die vorhandene Umwelt; (3) die dadurch ausgesonderten Eigenschaften sind vererbbar. Eine Differenzierung der Arten findet statt, wenn sich unterschiedliche Bevölkerungsgruppen einer gegebenen Art unterschiedlichen Umweltbedingungen anpassen müssen. Innerhalb einer Art fördert die S. die Reproduktion jener Individuen, deren Eigenschaften besser angepaßt sind. **Lit.:** E. Sober: The Nature of Selection. Cambridge (MA) 1984. GSO

**Semantik,** eine der drei Disziplinen der allgemeinen Zeichentheorie (Semiotik, Semiologie). Im Gegensatz zur Syntaktik, die die interne Struktur sprachlicher und anderer Zeichensysteme untersucht, und der Pragmatik als Theorie der Zeichenverwendung behandelt die S. die verschiedenen Beziehungen zwischen Zeichen und Bezeichnetem. Dabei stehen sprachliche Zeichen im Mittelpunkt. – Allerdings ist die Möglichkeit einer klaren Abgrenzung zwischen Syntaktik und S. einerseits, S. und Pragmatik andererseits, aus verschiedenen Gründen umstritten. – Zwei Ebenen semantischer Untersuchungen lassen sich unterscheiden: (1) die Zuordnung von außersprachlichen Gegenständen, Mengen, Sachverhalten etc. zu den Ausdrücken einer bestimmten (entweder natürlichen oder formalen) Sprache und (2) die Behandlung von damit verbundenen generellen Fragen nach dem Verhältnis zwischen Sprache, Denken und außersprachlicher Wirklichkeit. Geht es bei Untersuchungen der ersten Ebene um natürliche Sprachen (wie Deutsch oder Chinesisch), so ist die S. eine empirische Teildisziplin der Sprachwissenschaft. Handelt es sich dagegen um formale Sprachen (v. a. in der Mathematik), so besteht die S. in der (↗»Interpretation« genannten) Zuordung einer Struktur (eines ↗»Modells«) zu rein syntaktisch definierten Ausdrükken. – In den Aufgabenbereich der Philosophie fallen dagegen v. a. die Fragestellungen der zweiten Ebene, auf der es um die Beziehungen zwischen Sprache, Denken und außersprachlicher Wirklichkeit im allgemeinen geht. Grundlegend sind dabei v. a. die Fragen nach dem Verhältnis zwischen den folgenden Begriffen: (a) zwischen ↗Bedeutung (Sinn, ↗Intension) und ↗Referenz (Bezug, Extension), (b) zwischen Bedeutung, Wahrheit und ↗Verifikation und (c) zwischen Bedeutung und ↗Gebrauch. Weitere wichtige semantische Begriffe und Unterscheidungen sind die zwischen analytischen und synthetischen Sätzen, zwischen Sprache und Metasprache (↗Wahrheit) sowie der Übersetzungs-, der Interpretations- und der Synonymiebegriff. Wegen der grundlegenden Wichtigkeit des Bedeutungsbegriffs für die Fragestellung der philosophischen S. wird deren Gebiet häufig auch mit dem einer Bedeutungstheorie gleichgesetzt. Gelegentlich wird jedoch auch zwischen der Theorie der Referenz und der Theorie der Bedeutung als zwei Teilbereichen der S. unterschieden.

Die unterschiedlichen Semantiktheorien lassen sich (idealisierend) auf zwei Grundtypen zurückführen, die man als realistische und als pragmatische S. bezeichnet. (1) Den realistischen Semantiktheorien zufolge muß einem sprachlichen Zeichen zunächst eine Bedeutung (Intension) und/oder eine Referenz (Extension) zugeordnet werden, bevor es in sinnvollen Aussagen verwendet werden kann. Einer ersten Variante zufolge stehen sprachliche Zeichen in einer konventionell festgelegten Beziehung zu einem begrifflichen oder anschaulichen Gehalt (Bedeutung, Intension), den sie ausdrücken und der seinerseits die Extension (d. h. die bezeichneten Gegenstände) bestimmt. (So handelt es sich Frege zufolge bei den Bedeutungen sprachlicher Zeichen um zeitlose, abstrakte Entitäten). Einer anderen Auffassung nach ist der Rekurs auf Bedeutungen überflüssig. Dem Zeichen wird unmittelbar ein Gegenstand (Ding, Eigenschaft,

Menge oder Sachverhalt) zugeordnet, den es bezeichnet. (2) Dagegen muß den pragmatischen Semantiktheorien zufolge die Bedeutung dem Zeichen nicht in einem ersten Schritt zugeordnet werden, um in sinnvollen Aussagen verwendet werden zu können. Die Bedeutung eines Zeichens ergibt sich vielmehr erst aus den Weisen seiner Verwendung, durch die auch die Referenz festgelegt wird (dies führt zu einer weitgehenden Zurücknahme der Unterscheidung zwischen Semantik und Pragmatik). So ist einer berühmten Formulierung des späten Wittgenstein zufolge in vielen Fällen die Bedeutung eines Wortes sein regelgeleiteter »Gebrauch in der Sprache«. – Quine, der die Frage nach der S. einer natürlichen Sprache als Frage nach der Übersetzung von einer fremden in die eigene Sprache formuliert, betrachtet das faktische Sprachverhalten als einzige zulässige Basis der S., die jedoch die Bedeutung sprachlicher Äußerungen unbestimmt lasse und auch die Referenz nicht eindeutig festlege. Quine verwirft den Begriff der Bedeutung daher ganz; selbst die Referenz liegt danach nur relativ zu einer Metasprache fest. – Andere Formen pragmatischer Semantiktheorien, die z. B. an die ↗Sprechakttheorie oder das Kommunikationsmodell von H. P. Grice anknüpfen, kommen zu weniger skeptischen Ergebnissen. **Lit.:** S. Blackburn: Spreading the Word. Oxford 1984. – F. v. Kutschera: Sprachphilosophie. München [2]1975. Kap.2. MW

**Semantik, handlungstheoretische,** von Grice initiierter Ansatz, der eine handlungstheoretische Begründung für die zentralen Termini der Kommunikationsregeln untersucht. In einem ersten Schritt wird mit Hilfe handlungstheoretischer Termini ein allgemeiner Kommunikationsbegriff expliziert, ohne daß dabei für die Explikation sprachliche Bedeutungsbegriffe benützt werden. Grice unterscheidet zu diesem Zweck das natürliche von dem nicht-natürlichen Bedeuten. Das natürliche Bedeuten ist bei einer Anzeigefunktion eines Zeichens gegeben, bspw. wenn ein Klingelzeichen das Schließen der Omnibus-Türe anzeigt. Etwas mit einer Äußerung meinen (bzw. zum Ausdruck bringen wollen), ist ein Fall von nicht-natürlicher Bedeutung. Dessen handlungstheoretischer Aspekt wird durch folgende Umformulierung ersichtlich: Der Satz »S (ein Sprecher) meinte mit x (einer Tätigkeit oder Äußerung) etwas« ist äquivalent dem Satz »S beabsichtigte, daß die Äußerung von x bei einem Hörer eine Wirkung mittels des Erkennens dieser Absicht (des Sprechers) hervorruft«. Dadurch erweist sich nach Grice die intendierte Wirkung als grundlegend für die Bestimmung der nicht-natürlichen Bedeutung. Ein von dem Sprecher gezeigtes Verhalten läßt sich dann als erfolgreicher Kommunikationsversuch bestimmen, wenn das Ziel in der vom Sprecher intendierten Weise erreicht wird. Für die adäquate Bestimmung des Kommunikationsversuchs ist es erforderlich, daß sie folgender Reflexivitätsbedingung genügt (Meggle): Ein von einem Sprecher gezeigtes Verhalten x ist nur dann ein an einen Hörer gerichteter Kommunikationsversuch, wenn der Sprecher will, daß von seiten des Hörers sein Verhalten x als ein Kommunikationsversuch verstanden wird. In einem zweiten Schritt ist zu zeigen, wie sich die sprachlichen Bedeutungsbegriffe mit Hilfe des eingeführten Kommunikationsbegriffs (d. h. handlungstheoretisch) bestimmen lassen. Diese Aufgabe löst Lewis durch die Angabe von Sprachkonventionen (↗Konvention), die sich aus dem gemeinsamen Interesse, mit Hilfe von Zeichen oder Lauten die Handlungen anderer beeinflussen zu können und daraus Nutzen zu ziehen, ableitet. Dabei handelt es sich um die Konvention der Wahrhaftigkeit (des Sprechers) und des Vertrauens (in diese Wahrhaftigkeit seitens des Hörers). Wahrhaftigkeit bedeutet, daß irgendwelche Sätze nur dann geäußert werden, wenn man von ihrer Wahrheit überzeugt ist. Die Mitglieder einer Population glauben, daß diese Regularität der Wahrhaftigkeit und des Vertrauens unter ihnen tatsächlich vorliegt. Die Erwartung der Konformität gibt gewöhnlich jedem einen Grund für eigenes konformes Verhalten. Von den kommunikativen Konventionen (des ersten Schritts) her lassen sich jetzt Sprachkonventionen bestimmen, durch die sprachlichen Ausdrücken als den Produkten von Handlungsweisen Bedeutungen zugeordnet werden. In einem dritten Schritt sind diejenigen Annahmen zu benennen, die Sprecher und Hörer gleichermaßen bei einer Aussage unterstellen. Grice bezeichnet diese Annahmen als ↗Konversationsimplikaturen: (1) die Annahme, daß der Sprecher das Kooperationsprinzip (seinen Gesprächsbeitrag gemäß den Erfordernissen des gemeinsam akzeptierten Zwecks des Gesprächs zu gestalten) und die Konversationsmaximen beachtet, (2) die Annahme, daß der Sprecher der bewußten Überzeugung hinsichtlich seines Aussageinhalts (oder Bedeutung seiner Tätigkeit) ist, (3) die Annahme, daß der Sprecher glaubt, daß der Hörer in der Lage ist zu erfassen, daß die Annahme der bewußten Überzeugung nötig ist. **Lit.:** H. P. Grice: Intendieren, Meinen, Bedeuten. In: G. Meggle (Hg.): Handlung, Kommunikation, Bedeutung. Frankfurt 1979. S. 2 ff. – Ders.: Sprecher-Bedeutung, Satz-Bedeutung, Wort-Bedeutung. In: a.a.O. S. 85 ff. – Ders.: Logik und Konversation. In: a.a.O. S. 243 ff. – D. Lewis: Die Sprache und die Sprachen. In: a.a.O. S. 197 ff. – G. Meggle: Einleitung zu: Handlung, Kommunikation, Bedeutung. In: a.a.O., S. VIIff. PP

**Semantisch geschlossen.** Nach Tarski heißen Sprachen, die eine Formulierung ihrer eigenen semantischen Verhältnisse erlauben, s. g. Insbesondere gilt eine Sprache S als s. g., wenn die Wahrheit von Aussagen von S in S prädizierbar ist. Sofern nicht besondere Vorkehrungen getroffen werden, wie z. B. eine Einschränkung der Negation oder eine semantische Interpretation im Rahmen einer nicht-klassischen Logik, ist in s. g.en Sprachen die ↗Lügner-Antinomie formulierbar. **Lit.:** A. Tarski: The Semantic Conception of Truth and the Foundations of Semantics. In: Philosophy and Phenomenological Research 4 (1944). S. 341–376. UM

**Semiose,** Bezeichnung für den Prozeß, in dem etwas als Zeichen fungiert. Dieser Zeichenprozeß besteht aus vier Faktoren: (1) dem sinnlichen Material, das als Zeichen wirkt – der Zeichenträger, (2) einem Objekt, worauf das Zeichen referiert – das Designat, (3) einem Effekt, der in irgendeinem Rezipienten durch das Zeichen hervorgerufen wird – der Interpretant, (4) dem Interpreten, der Akteur dieses Zeichenprozesses, der ein Objekt als Zeichen deutet bzw. versteht. Diese die vier Faktoren bezeichnenden Begriffe sind voneinander abhängig, denn sie verweisen auf die einzelnen Aspekte, die für den Zeichenprozeß grundlegend sind, d.h. sie sind relationale Eigenschaften, welche die Dinge annehmen, wenn sie an dem Funktionsprozeß der S. beteiligt sind. ↗Semiotik. **Lit.:** Ch. W. Morris: Grundlagen der Zeichentheorie. München 1972. S. 20ff. PP

**Semiotik.** Die S. beschäftigt sich mit den Gegenständen, die an einem Zeichenprozeß beteiligt sind. Der Terminus wird seit der griech. Antike für die »Lehre von den Zeichen« verwendet. Wenn man die Erörterungen über die Natur der Zeichen, über die Beziehung von Bezeichnendem und Bezeichnetem, über die Rollen von Sprecher und Hörer, über die Kombinierbarkeit der Wörter u.a.m., wie sie auch schon in der Antike angestellt wurden, in Rechnung stellt, dann könnte man die Überlegungen der Vorsokratiker, der Sophisten und Platons bereits als semiotische Untersuchungen bezeichnen. Die differenzierten sprachphilosophischen Untersuchungen der Scholastik (↗Significatio, ↗Supposition) sind ebenso dazu zu zählen wie die Ausführungen zum Verhältnis von Wort-Ideen-Gegenständen von Locke, Leibniz, Berkeley, Hume (↗Sprachphilosophie, ↗Erkenntnistheorie).
Die moderne S. wird durch die Abhandlung von Peirce »On a New List of Categories« (1867) begründet. In der weiteren Entwicklung seiner Überlegungen beantwortet er die Frage, was ein Zeichen sei, mit der These, daß sich das Zeichen logisch als eine dreistellige Relation darstellt. Jedes Zeichen weist diese Aspekte auf: (1) das Zeichen selbst, (2) das Zeichen in Beziehung zu seinem Objekt, (3) das Zeichen in Beziehung zu seinem Interpretanten. Die Besonderheit der Peirceschen S. stellt der Interpretant dar. Er ist das, was ein Zeichen in einem Interpreten erzeugt, indem es ihn zu einem Gefühl, einer Handlung oder einem Zeichen determiniert. Für den Zeichenprozeß ist die weitere Differenzierung des Interpretanten von besonderer Bedeutung. Peirce benennt einen unmittelbaren, einen dynamischen und einen finalen Interpretanten: Der unmittelbare beruht auf dem Umstand, daß jedes Zeichen seine eigene besondere Interpretierbarkeit besitzt – er zeigt sich im richtigen Verstehen des Zeichens, d.h. in der Bedeutung; der dynamische Interpretant ist ein aktuelles singuläres Ereignis, d.h. das, was in jedem Interpretationsakt verschieden bzw. auf spezifische Weise erfahren wird – er zeigt sich in der tatsächlichen Wirkung, d.h. der Reaktion, die das Zeichen hervorruft. Der finale Interpretant ist das interpretative Ergebnis, zu dem jeder Interpret gelangen müßte, wenn er das Zeichen nur hinreichend betrachtet – er zeigt sich in der Wirkung, die das Zeichen in jedem Bewußtsein hervorrufen würde, wenn die Umstände die volle Entfaltung des Zeichens zuließen. Das Zeichen kann nur dann als Zeichen fungieren, wenn es von dem dritten Element, dem Interpretanten, vermittelt wird. Dieses dritte Element macht das Zeichen zu einem Phänomen der Konvention, der Auslegung, der Gesellschaftlichkeit. Peirce nimmt noch weitere Differenzierungen vor: Der Zeichenaspekt gliedert sich in das Qualizeichen (d.h. die sinnliche Qualität, seine punktuelle wahrnehmbare Erscheinung), das Sinzeichen (d.h. die individuelle singuläre Gegebenheit eines Zeichens wie bspw. ein Straßenschild) und das Legizeichen (d.h. ein genereller Typus eines Zeichens wie bspw. das Wort »Baum«). Den Objektbezug unterscheidet er nach dem Ikon, dem Index und dem Symbol. Ein Ikon ist ein Zeichen, das mit seinem wirklichen oder fiktiven Objekt eine Ähnlichkeit besitzt (bspw. ein Bild, ein Schema oder ein Diagramm). Das Index-Zeichen steht in einer realen Beziehung (als Hinweis) zu seinem Objekt (bspw. ein Wegweiser oder ein Wetterhahn oder das Symptom einer Krankheit). Das Symbol wird objekthaft interpretiert (bspw. eine Fahne). Die Beziehung zum Interpretanten unterteilt er in: Rhema (bzw. den Term) – das Zeichen kann weder wahr noch falsch sein (bspw. ein einzelnes Wort), Dicent (bzw. Proposition) – ein Zeichen, das als Aussage übersetzbar ist, und Argument – ein Zeichen, das als vernunftnotwendig erkennbar ist. Die dreistellige Relation bringt es mit sich, daß ein Zeichen immer nur in Verbindung mit anderen Zeichen existiert. Jedes Zeichen muß interpretiert werden und jede Interpretation setzt ihrerseits wieder Zeichen voraus. Daraus resultiert die prinzipielle Unabgeschlossenheit des Zeichenprozesses und die Unabschließbarkeit aufgrund des Vorbehalts der Täuschungsmöglichkeit (↗Fallibilismusvorbehalt). – Morris kommt auf der Grundlage der dreistelligen Zeichenrelation zwischen Zeichenträger, Designat und Interpret zu der Unterscheidung der semantischen, der syntaktischen und der pragmatischen Dimension des Zeichenprozesses: Die semantische Dimension zeigt sich in der Beziehung zwischen den Zeichen und den bezeichneten Gegenständen, die syntaktische Dimension in der Beziehung der Zeichen zu anderen Zeichen, die pragmatische in der Beziehung zwischen Zeichen und Interpret. Morris führt für die Bezeichnung der speziellen Relationen eigene Termini ein: (a) für die Beziehung Zeichen-Zeichen den Terminus »impliziert«, d.h. syntaktische Regeln legen die zulässige Zeichenkombination von Zeichenklassen (Individuen- und Prädikatenkonstanten, Individuen- und Prädikatenvariablen, Operatoren usw.) und zulässige Objektzusammenstellung als selbständige Kombination (von Sätzen) fest (↗Formationsregel, Transformationsregel); (b) für die Beziehung Zeichen-Objekt die Termini »designiert« und »denotiert«, d.h. die semantischen Regeln geben die Bedingungen an, unter denen

ein Zeichen auf einen Gegenstand oder einen Sachverhalt anwendbar ist; (c) für die Beziehung Zeichen-Interpret den Terminus »ist Ausdruck von«, d. h. die semantische Dimension wird mit dem Verhalten des Interpreten, von den bezeichneten Dingen Notiz zu nehmen, in Beziehung gesetzt und die syntaktischen Regeln mit den Konventionen des Zeichengebrauchs durch Interpreten und den tatsächlich verwendeten Zeichenkombinationen. **Lit.:** A. Eschbach: Pragmatische Semiotik und Handlungstheorie. In: Ch. W. Morris: Pragmatische Semiotik und Handlungstheorie. Frankfurt 1977. S. 11 ff. – Ders.: Grundlagen der Zeichentheorie. München 1972. S. 21 ff. – W. Nöth: Handbuch der Semiotik. Stuttgart 1985. – K. Oehler: Idee und Grundriß der Peirceschen Semiotik. In: Zeitschrift für Semiotik 1 (1979). S. 9–22. – Ders.: Charles Sanders Peirce. München 1993. – Ch. S. Peirce: Prolegomena zu einer Apologie des Pragmatizismus. In: Ch. S. Peirce: Semiotische Schriften. Bd. 3. Frankfurt 1993. S. 75 ff. – Ders.: Die Grundbegriffe der Semiotik und formalen Logik. In: Semiotische Schriften Bd. 1. Frankfurt 1986. S. 336 ff. PP

**Sensation,** bezeichnet in der empiristischen Erkenntnistheorie Lockes und seiner Anhänger die durch die äußeren Sinne vermittelte Wahrnehmung der Außenwelt. Sie bildet nach Ansicht Lockes die eine Quelle der Erfahrung. Allein mit Hilfe der S. erhalten wir Ideen, d. h. Bewußtseinsinhalte, von den wahrnehmbaren Eigenschaften der Dinge. Dabei drängen sich diese unseren Sinnen auf und hinterlassen Einwirkungen ihrer Tätigkeit. Der Verstand als das Vermögen, von den Sinnen durch Vermittlung der Nerven Eindrücke zu empfangen, kann sie weder abweisen noch verändern oder vernichten. Die S. geht der zweiten Quelle der Erfahrung, nämlich der Reflexion als der inneren Selbstwahrnehmung der eigenen geistigen Operationen, zeitlich voraus, da die an sich leere, nur gewisse angeborene Dispositionen und Verhaltensweisen besitzende, Seele (↗tabula rasa) erst durch die äußeren Eindrücke zu ihren Tätigkeiten angeregt werden muß. – Condillac lehnt Lockes Annahme zweier Erfahrungsquellen ab und versucht, alle physischen Inhalte und psychischen Vermögen aus der S. als einzigem Prinzip abzuleiten. **Lit.:** P. Alexander: Ideas, Qualities and Corpuscles. Cambridge 1985. – E. B. de Condillac: Essai sur l'origine des connaissance humaines. – Traité des sensations. In: Oeuvres phil. Bd. 1/2. Paris 1947/48 (dt.: Versuch über den Ursprung der menschlichen Erkenntnis. Leipzig 1780. – Abhandlung über die Empfindungen. Berlin 1870). – J. Locke: An Essay concerning Human Understanding. London/New York 1961 (dt.: Versuch über den menschlichen Verstand. Hamburg 1981). – J. W. Yolton: John Locke and the Way of Ideas. Oxford 1956. RS

**Sensualismus** (lat. sensus: Empfindung, Sinn), Bezeichnung für diejenige erkenntnistheoretische Richtung, die die sinnliche Stufe der Erkenntnis verabsolutiert und annimmt, daß alle Erkenntnis auf sinnliche Wahrnehmung (Empfindung, Impression) zurückgeht, zwischen Denken und Wahrnehmen kein wesentlicher Unterschied besteht und sich alle Resultate des Denkens in Sinneswahrnehmungen auflösen lassen. Der S. bildet eine besondere Form des ↗Empirismus und beschäftigt sich primär mit der Art des Zustandekommens der sinnlichen Wahrnehmungen, deren Wahrheit und Gewißheit sowie der Erklärung des allgemeinen und abstrakten Wissens aus der Wahrnehmung. Nach Ansicht des S. ist die Erkenntnis der gesamten Wirklichkeit durch die Sinne in Form von Wahrnehmungen und daraus abgeleiteten Vorstellungen gegeben. Allgemein ist im Denken nichts zu finden, dessen Kenntnis man nicht aus sinnlichen Gegebenheiten besitzt. Daher stellt jede Erkenntnis letztlich ein Produkt der Sinnesfunktionen dar und setzt keine weiteren Fähigkeiten oder Prinzipien voraus. Der S. faßt die Seele in der Regel als ↗tabula rasa auf, verneint oft das Vorliegen der aktiv-formenden Spontaneität des Verstandes und lehnt ein in den Formen des Denkens gelegenes Apriori der Erkenntnis ab. Da er in den Wahrnehmungen das eigentliche Objekt des Erkennens sieht und nicht ein Mittel zur Erkenntnis, berücksichtigt er nicht, daß die Wahrnehmungen als solche, d. h. als absolut elementare Inhalte, nichts primär Gegebenes, sondern schon das Produkt einer abstrahierenden Analyse des Denkens sind und einerseits auf transsubjektive Faktoren, andererseits auf das erlebende Subjekt hinweisen. – Sensualistische Auffassungen vertreten z. B. die Stoiker, Hobbes, Hume, Condillac, L. Feuerbach, Moleschott und E. Mach. **Lit.:** E. B. de Condillac: Traité des sensations. In Oeuvres phil. Bd. 2. Paris 1948 (dt.: Abhandlung über die Empfindungen. Berlin 1870). – L. Feuerbach: Wider den Dualismus von Leib und Seele, Fleisch und Geist. In: Werke. Bd. 4. Frankfurt 1975. – Th. Hobbes: Elemente der Philosophie. Bd. 1 (Vom Körper). Berlin 1967. – D. Hume: Enquiry concerning Human Understanding (dt.: Eine Untersuchung über den menschlichen Verstand. Hamburg 1984). RS

**Sephiroth** (von hebr. Sephirah: Grundzahl), bezeichnet in der jüdischen Mystik (↗Kabbala) die zehn Emanationen der göttlichen Kraft und damit innergöttliches Schöpfungs- und Erlösungswirken sowie innergöttlich dynamisches Leben. Sie sind nach kabbalistischer Sicht untereinander durch Akte fortschreitender Emanation, in denen die Gottheit (En-sof) sich ausbreitet und näher bestimmt, verbunden. Dabei dient das Bild des Sephiroth-Baumes zur Veranschaulichung. Zur Deutung der emanierenden göttlichen Wirkungskräfte untereinander, zur Welt hin und der Beeinflussung von dieser her durch Frömmigkeit (positiv) und Sünde (negativ) wurde v. a. die hebräische Bibel (als verschlüsselte Beschreibung der Sephiroth-Vorgänge) herangezogen. Der Emanationsprozeß führt von der Einheit in der ersten Sephirah (»Krone«), welche den Übergang von der transzendenten Gottheit her bildet, zur Vielheit der unteren materiellen Seinsstufe hinab. Der Zweck kabbalistischer Meditation und Praxis besteht darin, über die Vielheit durch die Emanationsstufen hinweg die Einheit zu erkennen und wiederherzustellen. **Lit.:** E. Müller: Der Sohar und seine Lehre. Zürich 1959. – G. Scholem: Die jüdische Mystik in ihren Hauptströmungen. Frankfurt 1967. – Ders.: Von der mystischen Gestalt der Gottheit. Zürich 1962. RS

**Septem artes liberales** (lat. Die sieben freien Künste). In der römischen Antike werden mit artes liberales die Künste bzw. Wissenschaften bezeichnet, die von freien Bürgern (die also Zeit zur Muße haben) betrieben werden. In der Spätantike bildet sich bereits der Kanon von sieben Fächern aus, die dann an den ma. Universitäten in der Artistenfakultät gelehrt werden: Grammatik, Rhetorik, Dialektik (Trivium) und Geometrie, Arithmetik, Astronomie, Harmonielehre (Quadrivium). Sie stellen die Propädeutik für die oberen Fakultäten der Theologie, Rechtswissenschaft und Medizin dar. Mit der Zeit gewinnt die Artistenfakultät einen eigenständigen Rang, woraus sich die Philosophische Fakultät entwickelt. FPB

**Setzen.** (1) Methodologisch bedeutet S., etwas als gegeben annehmen. Eine Setzung in diesem Sinne ist eine Hypothese. (2) Angeregt durch die Terminologie Kants, entwickelt Fichte einen transzendentalphilosophischen Gebrauch von S. Das transzendentale Ich konstituiert sich selbst durch ein S. und vermittelst dessen die Realität, die Weltgehalte, die Natur und die Sittlichkeit. Schelling folgt Fichte zunächst und gebraucht S. in der transzendentalphilosophischen Bedeutung, betrachtet später aber Welt und Vernunft als Setzungen Gottes, der sich darin sich selbst entgegensetzt. Schöpfung ist S. durch absolute Freiheit. (3) Terminologisch ist S. verwandt mit Gesetz, Satz, Grundsatz. **Lit.:** Th. Leinkauf: Setzen, Setzung. In: HWPh. Bd. 9. CHA

**Sex/Gender.** S. bezeichnet in der angloamerikanisch orientierten theoretischen Diskussion das biologische Geschlecht, G. kulturell produzierte Geschlechterdifferenzen. Je nachdem, wo man die Grenze zwischen Biologie und Kultur zieht, ist damit auch die Zuständigkeit von Sozialwissenschaften und Philosophie abgesteckt: S. wird als naturwissenschaftlich zu untersuchende anthropologische Konstante angesehen, die kulturell überformt wird, und nur die Überformung kann Gegenstand sozialtheoretischer und philosophischer Reflexion sein. Diese disziplinäre Arbeitsteilung wird jedoch neuerdings bestritten mit dem Argument, auch biologisch-medizinische Geschlechtsbestimmungsmethoden seien soziale Praktiken, die in Rechtssysteme eingebunden seien: Uneindeutige Fälle werden künstlich vereindeutigt, um dem sozialen Zwang zur Exklusivität der Geschlechtskategorien nachzukommen; man darf nur entweder Frau oder Mann, aber weder beides noch keines von beidem sein. Diese Argumentation behandelt S. als ein soziales Konstrukt, das Bestandteil des euro-amerikanischen Geschlechtsbegriffs ist, der mit der S./G.-Unterscheidung eine Biologie oder Natur jenseits von Kultur und Sprache unterstellt. **Lit.:** Feminist. Studien. Jg. 11. Nr. 2/1993. HL

**Sexismus,** Diskriminierung aufgrund des ↗Geschlechts. Von S. spricht man dann, wenn aus als geschlechtsspezifisch unterstellten individuellen Eigenschaften besondere Befähigungen, Inkompetenzen oder auch Aufgaben normativ Frauen oder Männern zugewiesen werden, v. a. als explizite Abwertung von Frauen (Misogynie) etwa in Werbung, die Frauen ausschließlich als Sexualobjekt typisiert. – S. ist von ↗Androzentrismus strikt zu unterscheiden. HL

**Shén** (Geist). In der ältesten chinesischen Mythologie ist der Glaube an Geister, Gespenster und an die Präsenz der Seelen der Verstorbenen verbreitet. Er hat sich im Ahnenkult und einem verbreiteten Aberglauben niedergeschlagen. Konfuzianische »Aufklärung« beginnt damit, daß festgestellt wird: »Der Meister spricht nicht über Gespenster (Guai), Kräfte (Li), Teufel (Luan, eigentlich: Verwirrungsstifter, vgl. Diabolos) und Geister (Shen)« (Kong Zi: *Lun Yu, Gespräche*). He Yan (-249 n.Chr.) erklärt dazu: »Shen nennt man eine dämonische Sache (Gui Shen Zhi Shi)«, insbesondere die Seele des Menschen nach dem Tode. Auch der Geistes-bzw. Bewußtseinszustand des Lebenden kann Shen heißen. Xun Zi (313–238) bemerkt: »Wenn alle (körperlichen) Organe funktionieren entsteht Shen« (Xun Zi: *Tian Lun, Theorie des Himmels*). Über »Geistesabwesenheit« bzw. Bewußtlosigkeit kann dann gesagt werden: »Wenn Auge und Ohr nicht fehlen, wieso kann einer dann (manchmal) nicht antworten? Weil sein Shen abwesend ist« (*Huai Nan Zi, Yuan Dao Xun, Huai Nan-Klassiker-Werk, Gespräche über das ursprüngliche Dao*). Naturphilosophisch wird Shen im Zusammenhang mit ↗Yin und Yang diskutiert. Im Buch der Wandlung heißt es dazu: »Was im Yin und Yang(verhältnis) nicht auslotbar ist, das heißt Shen« (*Yi Jing, Ji Ci*). Hier herrscht insbesondere die Vorstellung, daß daraus zuerst ein Urstoff (Jing Qi, vgl. ↗Qi), oft auch mit »geistige Materie« im Sinne des stoischen Pneuma übersetzt, entstehe, das in seinen Verwandlungen die Dinge erzeuge. Zheng Xuan (127–200) interpretiert diesen Urstoff selbst als Shen: »Was man Jing Qi nennt, ist Shen. Was man wandelbare Seele nennt, ist Gui (etwa: Dämonisches).« Gui Shen wird von Späteren dann materialistisch als Hin und Her bzw. Auf und Nieder der Luftbewegung gedeutet. Z.B. sagt Zhang Zai (1020–1077): »Gui Shen ist eigentlich ein Vermögen der zwei Lüfte (gemeint ist hier Yin und Yang).« Und weiter: »Das Höchste heißt Shen, weil es nach oben aufsteigt. Das Unterste heißt Gui, weil es nach unten absteigt« (Zhang Zai: *Zheng Meng, Klarstellung von Dunkelheiten,* Über Urharmonie, und Über bewegte Dinge). Ebenso behauptet Zhu Xi (1030–1200): »Gui Shen ist nur Luft. Es ist Luft in ihrem Hin und Her, Auf und Nieder« (Zhu Xi: *Yu Lei, Gespräche,* Bd. 3). In Anwendung auf das Leib-Seele-Problem (vgl. ↗Ren (Mensch)) führten derartige Spekulationen auch schon früh zu Theorien über die Vernichtung des Geistes beim Tode des menschlichen Körpers, wie etwa in Fan Zhens (ca. 450-ca.510) *Abhandlung über die Vernichtung des Geistes (Shen Mie*

*Lun).* Sie richten sich gegen die buddhistische Theorie von der »Erhaltung des Geistes«, die wegen der Karma-Kausalität (Seelenwanderung) in aufeinander folgenden Lebensschicksalen postuliert wurde. Daraus entstand ein langer »Streit über die Vernichtung oder Nicht-Vernichtung des Geistes« (Shen Mie Shen Bu Mie Zhi Zheng) zwischen materialistischen und buddhistischen Denkern. **Lit.:** L. Geldsetzer/H.-d. Hong: Chinesisch-deutsches Lexikon der chinesischen Philosophie. Aalen 1986. Art. Dämon und Gott (Guǐ Shén), Gottheit (Shén). – Guan-zhi Ding: Art. Shenmie shenbumie zhi zheng. In: Große Chinesische Enzyklopädie. Philosophie II. Beijing 1987. S. 774–775. LG/HDH

**Sheng Ren** (berufener Mensch, heiliger Mensch), Ideal des Philosophen und Herrschers in der chinesischen ↗Philosophie, v. a. im ↗Konfuzianismus. Für Konfuzius selbst war der S. R. ein Idealbild, dem nur die Kulturheroen der Vergangenheit entsprochen hatten. Diesen Heiligen ordnete er für die Gegenwart den Begriff des Edlen (Jun Zi) bei. »Ich habe noch keinen S. R. gesehen; ich wäre schon zufrieden, begegnete ich einem Edlen« (*Lunyu* 7,26). Im Gegensatz zum Xian (meist als »Würdiger« übersetzt und teilweise nicht eindeutig vom S. R. differenziert, als Ideal v. a. im ↗Daoismus) vereint der S. R. ethische Ideale und als Herrscher die Möglichkeit zur aktiven Gestaltung der sozialen Welt in einer Person. *Mo Zi* (Kap. 14): »Der S. R. ist derjenige, der sich das Ordnen der menschlichen Angelegenheiten zur Aufgabe macht.« Allerdings sind auch für die Mohisten die S. R. Heroen der historischen Frühzeit. Sheng kann daher besonders auch im ↗Mohismus attributiv zu König (Wang) verwendet werden. Allerdings steht es jedem Menschen, der seinem Wesen (↗Xing) entspricht, offen, ein S. R. zu werden. »Der Berufene (S. R.) und wir alle sind von ein und der gleichen Kategorie« (*Mencius* VI A 7). Seit dem 4. Jh. v. Chr. wird S. R. im konfuzianischen Kontext zum Synonym für Konfuzius. »Seit es Menschen gibt, gab es keinen S. R., der so vollkommen war wie Konfuzius« (*Mencius* II A 2). Der Konfuzianer Xun Zi betonte die Bedeutung des Studiums und der Umsetzung tradierter Vorbilder zur Verwirklichung des S. R. »Es ist besser etwas zu wissen, als es nur wahrgenommen zu haben; noch besser als etwas zu wissen, ist es, etwas auszuführen; ideal ist es, das Erlernte auszuführen. Etwas auszuführen bedeutet es klarzumachen. Der S. R. ist höchste Klarheit. Dabei begründet er sich in Mitmenschlichkeit (↗Ren) und Sittlichkeit (Yi) und legt richtig und falsch fest« (*Xun Zi* Kap. 8). Besinnung auf die und Förderung der eigenen moralischen Grundlagen und die Durchsetzung dieser Normen charakterisieren den S. R. Im ↗Neokonfuzianismus wird die Einheit von Wissen und Handeln zum wesentlichen Merkmal für die Definition eines S. R. **Lit.:** R. Moritz: Die Philosophie im alten China. Berlin 1990. – H. Schleichert: Klassische chinesische Philosopie. Frankfurt [2]1990. MLE

**Sic et non.** Durch die fortschreitende Organisation der Verschulung und die daraus resultierende bessere Ausbildung der Philosophen und Theologen des MA. wurden bald die Widersprüche im Corpus der Väterliteratur deutlich. Bereits Bernold v. Konstanz und Ivo v. Chartres versuchten durch richtige Interpretation sich widersprechender Stellen deren eigentliche Übereinstimmung zu erweisen. Peter Abaelard gab dieser Methode mit einem seiner Hauptwerke ihren Namen: Sic et non (Ja und nein). Zu 158 philosophischen und theologischen Fragen führt er verschiedene Lösungen aus der Bibel und den Kirchenvätern an, jedoch ohne eine Synthese zu bieten; er beläßt es bei einigen hermeneutischen Hinweisen im Prolog. Die »sic-et-non-Methode« hat auf die Philosophie und Theologie des MA. allergrößten Einfluß gehabt: Neben verschiedenen Sammlungen von Sentenzen (besonders wichtig: Petrus Lombardus) bildet die Gegenüberstellung verschiedener Lehrmeinungen den Grundstock der ma.en ↗quaestio. **Lit.:** M. Grabmann: Die Geschichte der scholastischen Methode I. Freiburg 1909. S. 234–246. – K. Flasch: Von Augustin zu Machiavelli. Das philosophische Denken im Mittelalter. Stuttgart 1986. S. 211–225. – Petrus Abaelardus: Sic et non. Hg. v. B. B. Boyer/R. McKeon. Chicago/London 1976. FBS

**Significatio,** Terminus der ma. Logik und Sprachphilosophie zur Kennzeichnung der Verwendungsweise der Termini: Die S. sagt etwas über den Gegenstand aus (Konnotierung), den sie bezeichnet, während die Suppositio nur der Bezeichnung (Denotierung) dient. ↗Konnotation, ↗Denotation, ↗Supposition. PP

**Signifikanz.** (1) Der ↗Logische Empirismus hat durch seine beiden Theoreme, das Sinntheorem (↗Sinnkriterium) und das ↗Basistheorem, festgelegt, alle Sätze ohne empirische S. als wissenschaftlich sinnlos zu bezeichnen. Die empirische S. ist allgemein dadurch bestimmt, daß sich jede synthetische Aussage (bzw. Aussagen mit dem Anspruch auf Realerkenntnis) entweder als wahr oder als falsch ausweisen lassen muß. Die Diskussion über das Signifikanzkriterium, die eine Präzisierung bieten sollte, führte zu einer Abfolge von Festlegungen des Kriteriums in folgenden Thesen: 1. Die Beobachtungssätze bilden die Klasse empirisch sinnvoller Aussagen; 2. eine synthetische Aussage ist genau dann empirisch signifikant, wenn es Beobachtungssätze gibt, zu denen diese Aussage in der deduktiven Relation steht, d. h. sich daraus ableiten läßt (d.i. relationale Kriterien der S.); 3. eine synthetische Aussage ist genau dann empirisch signifikant, wenn sie in eine empiristische Sprache übersetzbar ist (d.i. Übersetzungskriterium der empirischen S.); 4. da die wissenschaftlichen Theorien zu einem Teil aus der Beobachtungssprache bestehen, zu einem größeren Teil aus der theoretischen Sprache (in der alle Grundgleichungen der naturwissenschaftlichen Theorie gebildet werden), ist es erforderlich, beide Teilsprachen durch spezielle Regeln miteinander zu verknüpfen, nämlich die Zuordnungs- oder Korrespondenzregeln. Diese Regeln enthalten Ausdrücke aus beiden Sprachen, d. h. Beobachtungsterme und theoretische Terme. Auf die Verknüpfung stützt sich die empirische Interpretation der Theorie (Carnaps Zweistufenkriterium der empirischen S.).

(2) In der Theorie des ↗Symbolischen Interaktionismus von G. H. Mead wird denjenigen Symbolen S. zugesprochen, die ein gemeinsames Wissen von sozialen Handlungen für die Personen einer Gemeinschaft (d.i. die Teilnehmer eines gemeinsamen gesellschaftlichen Erfahrungs- und Verhaltensprozesses) verkörpern. Ein einfacher Reiz wird dann zu einem signifikanten Symbol, wenn dadurch das Individuum für sich wie für andere die Vorstellung einer bestimmten Verhaltensweise in bezug auf diesen Reiz hervorzurufen vermag. Die S. eines Dinges besteht darin, daß es für ein Individuum nicht nur eine bestimmte Reizbedeutung besitzt, sondern auch die Komponente sinnvollen Verhaltens in bezug auf dieses Ding beinhaltet. Das Kriterium für die S. von Symbolen und damit für das gemeinsame Wissen von Bedeutungen kann nur im erfolgreichen Vollzug der sozialen Handlung selbst liegen. Ein signifikantes Symbol repräsentiert dann nicht partikulare Reaktionsmuster und Situationen, vielmehr bilden diese Symbole ein umfassendes System allgemeiner Bedeutungen (i.S. von Universalien). Nur so ist es vorstellbar, daß die Personen einerseits auf eine Vielzahl (d. h. eine unabgeschlossene Menge) von Reizen sinnvoll sich verhalten können und andererseits einen Spielraum von Möglichkeiten der Verständigung zur Verfügung haben. Im Hinblick auf die Funktionsweise signifikanter Symbole ist von einer Situation auszugehen, in der mindestens zwei Organismen wechselseitig auf Handlungsimpulse so reagieren, daß unter Berücksichtigung der antizipierten Handlungsweise des anderen die angestrebten Handlungsziele realisiert werden können. Signifikante Gesten werden dann zu siginifikanten Symbolen, wenn die in der Interaktion entstandenen Gesten für die an der Handlung beteiligten Individuen gleiche Bedeutung aufweisen. Die Bedeutungsgleichheit der signifikanten Symbole besteht in dem Verweis auf eine spezifische Handlungstendenz. Entsprechendes gilt für die sprachlichen Zeichen: Sie werden von den an der Interaktion beteiligten Personen wahrgenommen und in der gleichen Weise interpretiert. Sprache als System gemeinsamer Bedeutungen ist in ein System gemeinsamer Handlungen integriert. **Lit.:** G. H. Mead: Geist, Identität und Gesellschaft. Frankfurt 1973. S. 107ff. – W. Stegmüller: Theorie und Erfahrung. Probleme und Resultate der Wissenschaftstheorie und Analytischen Philosophie. Bd. II. Berlin/Heidelberg/New York 1970. S. 181ff. PP

**Signifikat/Signifikant,** die beiden Relata des ↗Zeichens. Das Signifikat bezeichnet die Inhaltsseite, der Signifikant die Ausdrucksseite des Zeichens. Gebräuchlich sind auch die Begriffspaare signatum/signans und Bezeichnetes/Bezeichnendes. Je nachdem, ob ein Zeichen hauptsächlich als Index, Ikon oder Symbol fungiert, ist das Verhältnis zwischen Signifikat und Signifikant jeweils verschieden bestimmt. Beim Index (↗Anzeichen) ergibt sich das Verhältnis zwischen Signifikat und Signifikant durch eine tatsächliche, vorgegebene Kontiguität (Rauch verweist auf Feuer), beim Ikon ist das Verhältnis zwischen Signifikat und Signifikant ein Ähnlichkeitsverhältnis (Abbild eines Gegenstandes hat Ähnlichkeit mit Gegenstand) und beim ↗Symbol kommt das Verhältnis zwischen Signifikat und Signifikant durch eine gesetzte und gelernte Kontiguität, das heißt durch Konvention zustande (z. B. bei Sprachzeichen). F. de Saussure bezeichnet Signifikat und Signifikant speziell bei sprachlichen Zeichen als Vorstellung und Lautbild, und ihr Verhältnis zueinander als ↗arbiträr. **Lit.:** R. Barthes: Elemente der Semiologie. Frankfurt 1983. – F. de Saussure: Grundfragen der allgemeinen Sprachwissenschaft. Berlin [2]1967. TF

**Simulation,** bezeichnet bei J. Baudrillard, der den Begriff S. in die Philosophie eingebracht hat, eine »Wucherung« des Zeichenprozesses, dahingehend, daß ↗Zeichen zunehmend selbstreferentiell werden, und gleichzeitig ↗Bedeutung und Bezug (↗Referenz) zusammenfallen. Dieser Vorgang, den Baudrillard in allen Bereichen unserer Kultur, wie z. B. Politik und Kunst diagnostiziert, hat zur Folge, daß Realität »verschwindet« bzw. Realität und Fiktion sich gegenseitig bis zur Ununterscheidbarkeit durchdringen. **Lit.:** J. Baudrillard: Die Agonie des Realen. Berlin 1978. RD

**Singulär.** In bezug auf Gegenstände wird von s. gesprochen, wenn wahrnehmbare, indviduelle Entitäten gemeint sind. PP

**Singulärer Term,** ein nicht wahrheitsfähiger, wohlgeformter Bestandteil einer singulären prädikativen Aussage; er bezeichnet den »Gegenstand«, von dem etwas prädiziert wird. In »Der Ball ist rot« ist »der Ball« ein s. T., während in »Rot ist eine Farbe« der Ausdruck »Rot« als s. T. fungiert, von dem »eine Farbe sein« prädiziert wird. MQ

**Sinn,** (1) Fähigkeit durch Sinnesorgane Reize aufzunehmen, die durch entsprechende Empfindungen beantwortet werden. ↗Wahrnehmung.

(2) Die Frage nach dem S. eines Geschehens zielt zumeist auf die Angabe eines Zweckes, des Worumwillen als Ziel einer Handlung. Dabei ist die Fragestellung und ihre »sinnvolle« Beantwortung abhängig von Voraussetzungen und einem jeweils umgreifenderen Sinnhorizont. So kann z. B. die Frage nach dem S. der Ausübung eines bestimmten Berufes je nachdem durch den materiellen Gewinn, der wiederum andere Handlungsspielräume eröffnet, oder durch eine innere Befriedigung, die für den einzelnen in dieser Tätigkeit liegt, beantwortet werden. In diesem Kontext gelten bestimmte Mittel als sinnvoll, wenn sie dem Erreichen des Zieles dienen. Dabei läßt jede Antwort wiederum eine erneute Sinnfrage zu, was schließlich in der übergreifenden Frage nach dem »S. des Lebens«, dem »S. des Ganzen« seinen Abschluß findet. Damit zielt sie auf die klassische Frage nach dem »höchsten Gut« im aristotelischen Verständnis, als dasjenige um dessentwillen alles andere und das selbst nur um seinetwillen

erstrebt wird. Ein unterschiedliches Sinnverständnis ergibt sich daraus, ob ein objektiver (d. h. vom Menschen unabhängiger) S. angenommen wird, der durch die Natur oder Gott vorgegeben ist, oder ob der Mensch selbst den S. seines Seins setzt. Letzteres wird in der ↗Existenzphilosophie besonders herausgestellt. Die Verneinung eines transzendenten S. ergibt sich für Sartre aus der atheistischen Haltung und der Ablehnung eines vorgängigen Wesensbegriffs des Menschen. Der Mensch ist nur das, was er in der Folge seiner Handlungen aus sich machen wird. Camus sieht die objektive Sinnfrage an der Kluft zwischen dem Menschen, der fragt, und der Welt, die vernunftwidrig schweigt, scheitern. Um seiner eigenen Identität willen, muß der Mensch aber an seinem Sinnstreben festhalten. Indem er auf einen jenseitigen S. verzichtet, macht er das Leben zu einer menschlichen Angelegenheit, die unter Menschen geregelt werden muß und der Solidarität und dem Gedanken des Maßes verpflichtet ist. – Im sozialethischen Kontext meint die »Sinnforderung«, daß die gesellschaftlichen Lebens- und Handlungsbedingungen des Menschen so beschaffen sein sollen, daß die Erfüllung seiner grundlegenden Bedürfnisse, sein Streben nach Glück und Entfaltung seiner Person verwirklichbar sind. Die Umsetzbarkeit des eigenen Lebensentwurfes im Rahmen der sozio-kulturellen Gegebenheiten stellt ein wesentliches Moment für ein als sinnvoll empfundenes Leben dar. Andererseits kann die Erfahrung des Scheiterns und der Sinnentleerung dazu Anlaß geben, bisherige Ziele im Hinblick auf neue Wertsetzungen zu überdenken.

(3) Die Sinnfrage kann analog auch an die Natur herangetragen werden. Vorausgesetzt ist dann, daß man die Natur selbst oder einen Schöpfer als bewußt Zwecke setzendes Wesen annimmt. In der modernen Naturwissenschaft spielt eine solche teleologische Betrachtungsweise keine Rolle mehr, hier kann S. als Beschreibungsgröße fungieren, die die Funktion eines Teiles im Hinblick auf das vorausgesetzte Ganze bestimmt, so kann z. B. eine bestimmte Organausstattung sinnvoll für das Überleben einer Art im Hinblick auf eine bestimmte Umwelt sein. – Wiederum analog stellt sich die Frage nach dem S. der Geschichte. Im Unterschied zum reinen Naturgeschehen prägt hier der Mensch als handelndes Subjekt und bewußt Ziele setzend den Ablauf der Geschichte. Welchen S. man im Geschichtsverlauf sehen kann, hängt aber wiederum von Voraussetzungen ab: ob die Geschichte gesehen wird als ein organisches Geschehen auf die Entfaltung der Humanität hin (Herder), als das Zu-sich-selbst-Kommen des Geistes im Verlaufe dessen sich die List der Vernunft nur des Menschen bedient, um ihre höheren Zwecke zu verwirklichen (Hegel), als durch die gesellschaftlichen Antagonismen vorangetriebener dialektischer Prozeß (Marx), oder gar als eine »Sinngebung des Sinnlosen« (Th. Lessing).

(4) Im hermeneutischen Zusammenhang meint S. die verstehbare Bedeutung eines Textes, Kunstwerkes, einer Mitteilung oder Handlung, allgemein eines Kulturphänomens. Dabei ist die Rekonstruktion des S.es davon abhängig, daß der Interpret die verwendeten Bedeutungsträger (Zeichen, Symbole) kennt und den Kontext, in dem sie stehen. Das Sinnverständnis ist erreicht, wenn der Empfänger die Gegenstände, Erlebnisqualitäten, Handlungen mit der Aussage verbindet, die der Mitteilende intendiert hat. Die Interpretation komplexer Sinngebilde ist allerdings nie rein rekonstruktiv, sondern selbst sinnstiftend, da es sich dabei immer um die Übersetzung von einem Kontext in einen anderen handelt. Die Übertragung von einer Sprache in eine andere, von einem historischen Kontext, einer Kultur, einer subjektiven Lebenssituation in eine andere schafft jeweils neuen S., da dieser immer nur aufgrund bestimmter Voraussetzungen und innerhalb eines Kontextes konstituierbar ist. ↗Hermeneutik, ↗Verstehen.

(5) In spezifischer Weise hat Frege Bedeutung und S. unterschieden. Die Bedeutung eines Zeichens ist der bezeichnete Gegenstand, der S. dagegen die Weise, wie dieser gegeben ist. Freges bekanntes Beispiel: »Morgenstern« und »Abendstern« haben die gleiche Bedeutung (der Planet Venus), aber nicht den gleichen S. Die beiden Begriffe werden allerdings in der Sprachphilosophie nicht einheitlich verwendet. – S. im Rahmen der analytischen Philosophie ↗Bedeutung, ↗Intension/Extension, ↗Sinnkriterium. **Lit.:** G. Frege: Über Sinn und Bedeutung. In: Funktion, Begriff, Bedeutung. Göttingen 1980. – R. Lauth: Die Frage nach dem Sinn des Daseins. München 1953. – Th. Lessing: Geschichte als Sinngebung des Sinnlosen. München 1919, Neuausgabe München 1983. – M. Schramm: Natur ohne Sinn? Das Ende des teleologischen Weltbildes. Graz u. a. 1985. – K. Spinner (Hg.): Zeichen, Text, Sinn. Göttingen 1977. – R. Wisser (Hg.): Sinn und Sein. Tübingen 1960. FPB

**Sinnesdatum.** Im englischen Empirismus werden damit innere Erlebnisse bezeichnet, die im Bewußtsein durch Einwirkung äußerer Gegenstände auf die menschlichen Sinnesorgane hervorgerufen werden. In Russells Position des logischen ↗Atomismus stellen die S.en das Fundament der Wahrnehmung dar, den S.en korrespondieren die atomaren Sätze. Im ↗Phänomenalismus gilt das S. als unmittelbarer Wahrnehmungsgegenstand und als Grundlage der Erkenntnis. Der erkenntnistheoretische Gehalt der Annahme von S.en läßt sich in einer allgemeinen These zusammenfassen: »Wir sehen oder fühlen oder perzipieren nie materielle Gegenstände (oder Dinge); oder jedenfalls nehmen wir sie nie direkt, unmittelbar wahr, sondern nur Sinnesdaten (d. h. unsere Eindrücke, Sensa, Sinneswahrnehmungen, Perzepte oder unsere eigenen Ideen usw.).« **Lit.:** J. L. Austin: Sinn und Sinneserfahrung. Stuttgart 1975. S. 12. PP

**Sinnestäuschung,** ↗Illusion in der Wahrnehmung. Bei allen Sinnen können Täuschungen vorkommen. Die meist untersuchten sind allerdings die visuellen Täuschungen. Beispiele von S. sind: ein teilweise im

Wasser liegender Stock, der gebrochen erscheint; zwei Gleise, die sich in der Entfernung zu treffen scheinen; zwei gleichlange Linien, die unterschiedlich lang erscheinen, wenn sie durch entgegengesetzte Pfeilspitzen begrenzt werden (Müller-Leyer-Illusion). Die S. läßt sich durch die Tatsache, daß sie als solche erkannt wird, nicht beheben. Dies wird manchmal als Beleg für die These betrachtet, daß Wahrnehmungen unabhängig von Überzeugungen sind. S.en sind dann aber von kognitiven Täuschungen zu unterscheiden, die erst bei der Verarbeitung der Wahrnehmung entstehen. Ein Beispiel einer kognitiven Täuschung ist der sog. Nekker-Würfel, dessen Vorder- und Hinterseite in der Wahrnehmung irrtümlich ausgetauscht werden. **Lit.:** B. Gillamm: Geometrisch-optische Täuschungen. In: M. Ritter: Wahrnehmung und visuelles System. Heidelberg 1987. S. 104–113. – J.O. Robinson: The Psychology of Visual Illusion. London 1972. GSO

**Sinnkriterium**, Sinntheorem. (1) für den ↗Logischen Empirismus stellt das S. neben dem ↗Basistheorem eine grundlegende Annahme dar und besagt erstens, daß alle sprachlichen Zeichenfolgen entweder sinnvoll oder sinnlos sind, und zweitens, daß nur deskriptive, tautologische und ↗kontradiktorische Sätze als sinnvoll anzusehen sind (Carnap). Schlick beschränkt das Kriterium auf die deskriptiven und tautologischen Sätze, Wittgenstein nur auf die deskriptiven Sätze. Damit ist gemeint, daß alle wissenschaftlichen Aussagen entweder rein logisch (Tautologie oder Kontradiktion) begründbar oder zumindest im Prinzip empirisch nachprüfbare Aussagen sein müssen. Das S. soll der Sicherstellung einer strengen Allgemeinverbindlichkeit der Begriffe dienen. Nach Ansicht des Logischen Empirismus sollten damit jene Sätze aus der Philosophie ausgesondert werden, die nicht nach wahr und falsch beurteilbar sind, und jene Begriffe – abgesehen von den formalen der Mathematik und Logik –, über deren Anwendbarkeit man nicht in jedem konkreten Fall allein mit Hilfe von Beobachtungen entscheiden kann. So muß die Bedeutung eines Prädikats so verständlich zu machen sein, daß ein empirisches Kennzeichen für die Gegenstände angegeben werden kann, welche unter den durch das Wort bezeichneten Begriff fallen sollen. Die Bedeutung eines Satzes besteht in der Methode seiner ↗Verifikation. Die Verifizierbarkeit einer Aussage bildet eine notwendige und hinreichende Bedingung dafür, daß sie als empirisch sinnvoll gelten kann. Die Verifikationsmöglichkeit ist allerdings in einem logischen und nicht in einem empirischen Sinne zu verstehen: Auch wenn die empirische Verifikation (noch nicht) durchführbar ist, sie aber logisch denkbar wäre, so ist die Aussage als sinnvoll anzusehen. – Nach Maßgabe des S. würden alle normativen Aussagen der Ethik dem Vorbehalt der Sinnlosigkeit unterliegen. – Die Bestimmung des Sinnes durch Verifizierbarkeit hat zahlreiche kritische Einwände durch Petzäll, Ingarden, Weinberg, Lewis, Nagel, Reichenbach, Neurath und Popper erfahren: Zum einen wurde auf die unhaltbaren Konsequenzen dieses Sinnbegriffs hingewiesen, der sowohl die theoretischen Gesetze der Physik wie die meta-logischen Sätze als sinnlos erscheinen ließ. Zum anderen hat Popper darauf hingewiesen, daß mit einer solchen willkürlichen Festsetzung der Sinnhaftigkeit die Diskussion über den Sinnbegriff selbst sinnlos würde, daß damit aber auch unbequeme Fragen vorschnell als sinnlos abqualifiziert werden könnten.

(2) Für die Theorie des Zeichens bei Peirce und die daraus entwickelte transzendentale Sprachpragmatik bei Apel benennt das S. die Voraussetzungen einer jeden möglichen Argumentation: (1) die Existenz der sprachlichen Kommunikation als gelebter menschlicher Praxis, (2) eine reale Kommunikationsgemeinschaft und (3) eine reale Welt außerhalb des Bewußtseins. Für Peirce hat man davon auszugehen, daß jedes Zeichen drei Bezüge aufweist: Erstens ist es ein Zeichen in Relation zu einem Gedanken, der es interpretiert; zweitens ist es ein Zeichen für ein Objekt, für das es in jedem Gedanken äquivalent steht; drittens ist es ein Zeichen in einer Hinsicht oder Qualität, die es mit seinem Objekt in Verbindung bringt. Die drei Aspekte des Zeichens bilden seine dreistellige Relation. Der erste Aspekt, von Peirce als Interpretant bezeichnet, ist dabei in dem Sinne als allgemeine Bedeutung des Zeichens zu verstehen, daß sie den Zeichenbenutzer zu einem Gefühl, einer Handlung oder logischen Begriff determiniert (dabei charakterisiert er bewußte Handlungen dadurch, daß er sie als Resultat eines induktiven Schlußprozesses auffaßt: Bestimmte Sinneswahrnehmungen, die jeweils eine allgemeine Idee involvieren, führen zu gleichen Handlungs-Reaktionen). Diese Zeichentheorie der Erkenntnis hat zur Konsequenz, daß der Begriff der Realität zum einen notwendig mit einer Zeichenrepräsentation verbunden ist und zum anderen mit der Idee einer Forschergemeinschaft, d.h. einem intersubjektiven Zeichenprozeß verbunden ist: Die Konstitution des Realen ist immer schon durch die intersubjektive Interaktion der Gemeinschaft der Menschen, die die Zeichen produziert, gegeben. Real ist, was im Prinzip durch jedes mögliche Mitglied einer (unendlichen) Gemeinschaft verifiziert werden kann. Die Realität ist somit bestimmt durch die Bedingungen der Möglichkeit eines unendlichen, realen Prozesses der Erkenntnis (i.S. der semiotischen Einheit einer konsistenten Interpretation). **Lit.:** K.-O. Apel: Die Kommunikationsgemeinschaft als transzendentale Voraussetzung der Sozialwissenschaften. In: Ders.: Transformation der Philosophie. Bd. II. Frankfurt 1973. S. 220ff. – R. Carnap: Überwindung der Metaphysik durch logische Analyse der Sprache. In: Erkenntnis 2 (1931). S. 219–241. – C.I. Lewis: Experience and Meaning. In: Philosophical Review 43 (1934). S. 125–146. – E. Nagel: Verifiability, Truth and Verification. In: Journal of Philosophy 31 (1934). S. 141–148. – Ch. S. Peirce: Von der Erkenntniskritik zur Sinnkritik. In: K.-O. Apel (Hg.): Schriften zum Pragmatismus und Pragmatizismus. Frankfurt [2]1976. S. 11ff. – A. Petzäll: Logischer Positivismus. Göteborg

1931. – K. Popper: Logik der Forschung. Tübingen [2]1966. – H. Reichenbach: Wahrscheinlichkeitslehre. Leiden 1935. – M. Schlick: Gibt es ein materiales apriori. In: Gesammelte Aufsätze. Hildesheim 1969. S. 19–30. – J. R. Weinberg: An Examination of Logical Positivism. London 1936. – L. Wittgenstein: Tractatus logico-philosophicus. In: Schriften 1. Frankfurt 1967. S. 9–83 (hier: 4.024, 4.461). PP

**Sinnlichkeit.** Im erkenntnistheoretischen Kontext bedeutet S. das Affiziertwerden der Sinnesorgane durch äußere Reize. Der Stellenwert der S. wird in den verschiedenen erkenntnistheoretischen Positionen unterschiedlich beurteilt. Im ↗Empirismus (Locke, Hume) wird die These vertreten, daß alles Wissen über die Wirklichkeit aus der Sinneserfahrung stammt bzw. daß alle Begriffe von der Sinneserfahrung abgeleitet sind, im ↗Sensualismus (Mach) die These, daß alle Erkenntnis aus den Sinneseindrücken stamme. Kant dagegen (*KrV*) beschreibt die S. als Rezeptivität, die uns in der Gegenstandsbegegnung Anschauung ermöglicht. Bei Hegel (*Phänomenologie des Geistes*) stellt die sinnliche Gewißheit ein erstes unmittelbares Wissen dar. – Als S. des Menschen werden seine Affekte und Leidenschaften, die ihm aus Körperreizen und triebhaften Regungen erwachsen, bezeichnet. Die spontane Funktion der Triebe wird dabei in einem Gegensatz zum geistigen Willen gesehen, sofern diese sich der bewußten und gewollten Steuerung des Menschen entziehen. Bei Kant gründet sich der Rechtsanspruch auf Freiheit des Willens auf die Unabhängigkeit der Vernunft von den bloß-subjektiv bestimmenden Ursachen, die unter die allgemeine Benennung der S. gehören (*GMS*. Akad.-Ausg. 457). ↗Passivität. PP

**Sittengesetz.** In einer allgemeinen Bedeutung wird das S. dadurch erklärt, daß der Mensch das Gute als gesollt erkennt und aufgrund dieser Erkenntnis sich ihm verpflichtet fühlt. Kant spricht in bezug auf das S. davon, daß es uns als Sollen, als unbedingte Verbindlichkeit in Gestalt der Pflicht anspricht. PP

**Sittlichkeit,** bezeichnet ein Verständnis des Menschen, sich aus eigener Verpflichtung heraus an einer allgemeinen (sozialen) Verbindlichkeit zu orientieren, und bezeichnet gleichermaßen eine soziale und geschichtliche Wirklichkeit, in der sich solche Verbindlichkeiten (in Institutionen und Lebensformen) realisieren. Der Begriff akzentuiert einen deutlichen Unterschied zur bloß gelebten Sitte, d. h. zu einem Verständnis des Richtigen, das durch die vorgegebene Ordnung und die sozial geprägten Lebensgewohnheiten determiniert ist. Deshalb ist der volle Anspruch der S. mit an die Ausbildung des Gedankens der Selbstbestimmung gebunden. – Bei Aristoteles kann in zweierlei Hinsicht von S. gesprochen werden. Zum einen umfaßt der Tugendbegriff den Aspekt der bewußten Entscheidung: Der Tugendhafte – verstanden i.S. der sittlichen Tüchtigkeit – wird als jemand charakterisiert, der sich nicht von Lust und Unlust leiten läßt. Er weiß das scheinbar Gute vom wirklich Guten zu unterscheiden und vollzieht aus einer klaren Entscheidung heraus eine Handlung um ihrer selbst willen. Auch die Wahl der richtigen Mittel ist als sittliche Erwägung einzuschätzen. Der andere – damit verbundene Aspekt – hängt mit dem Strebensbegriff zusammen, bei dem das Ziel im Handeln selbst liegt, d. h. in einer dem Handeln immanenten Vollkommenheit. Es stellt ein Streben dar, das als in sich selbst sinnvoll gilt. Aber die – im Vergleich zur Neuzeit – eingeschränkte S. bei Aristoteles zeigt sich darin, daß der Handelnde die Norm des Ethos internalisiert haben muß und die verbindliche Ordnung zum Ziel des Handelns nehmen muß.
Seit Kant versteht man unter S. die Übereinstimmung einer Handlung mit den als universal verbindlich anerkannten Normen. Deren universale Verbindlichkeit basiert auf ihrer rationalen Begründbarkeit, die frei anerkannt und nicht durch Anwendung von Zwang oder kraft Tradition durchgesetzt werden soll. Das zugehörige subjektive Verständnis entspricht dem einer Selbstbestimmung und Selbstbindung. Dieses Selbstverständnis repräsentiert jener Wille, der Stellung nimmt zu seinen Begierden, statt ihnen blindlings zu folgen. Als sittlicher Wille ist er aufgefordert, sich selbst nach eigenen Regeln zu bestimmen und diese Regeln nach allgemeinen (und nicht subjektiv beliebigen) Maximen zu gestalten. Von Kant her läßt sich S. als jene Form der Verbindlichkeit bestimmen, kraft derer eine Praxis für sich und als sie selbst auf ihren Sinn und ihre Verantwortbarkeit hin beurteilt wird. – Hegels Kritik an Kant klagt die S. als eine in der Wirklichkeit zu realisierende und realisierte Vernunft ein. Er kritisiert an Kant die Beschränkung des vernünftigen Seins auf die reine Innerlichkeit. Er kritisiert dies als halbierte praktische Vernunft, da von der äußeren Wirklichkeit, der das Individuum angehöre und in der es zu handeln habe, abgesehen wird. Seine Auseinandersetzung mit Kant mündet in die These, die Kantische Moralität als Form der S. lasse den Gedanken einer Realisierung des Vernünftigen in der Wirklichkeit gar nicht zu. Wenn die Zweiteilung in rein vernünftige Willensbestimmung einerseits und Handeln unter äußeren Bedingungen andererseits aufgehoben werden soll, müssen Vorkehrungen in der sozialen Wirklichkeit getroffen werden, die solcher moralischen Einstellung objektiv korrespondieren. Die Moralität der Gesinnung muß durch S. der historischen Lebensformen ersetzt werden. **Lit.:** Aristoteles: Nikomachische Ethik. – R. Bubner: Moralität und Sittlichkeit – die Herkunft eines Gegensatzes. In: W. Kuhlmann (Hg.): Moralität und Sittlichkeit. Frankfurt 1986. S. 64 ff. – G. W. F. Hegel: Grundlinien der Philosophie des Rechts. §§ 151 ff. – O. Höffe: Sittlichkeit. In: H. Krings/H. M. Baumgartner/Ch. Wild (Hg.): Handbuch philosophischer Grundbegriffe. Bd. 5. München 1974. S. 1341 ff. – I. Kant: Grundlegung zur Metaphysik der Sitten. – J. Ritter: Moralität und Sittlichkeit. In: Metaphysik und Politik. Frankfurt 1969. S. 281 ff. PP

**Situation.** S.en sind Konglomerate von »Umständen«, handlungsrelevante Weltausschnitte, die augenblickliche innere und äußere Lage des Handelnden. Handeln kann als Übergang von einer S. zu einer anderen bestimmt werden, die für das Handeln relevanten Situationselemente bilden Sachverhalte aus. Unter S. kann man daher auch ein System relevanter Sachverhalte verstehen, d. h. ein System von raum-zeitlich strukturierten Elementen, psychischen Faktoren wie Einstellungen und Überzeugungen und sozialen Beziehungsgefügen. »Die Welt« kann daher als nur gedachte Einheit aller Folgen von S.en, als Gesamtsystem von Sachverhalten aufgefaßt werden. In der Ethik wurde der Begriff der S. relevant als die »Einmaligkeit und Unwiederbringlichkeit aller dem Erleben und der Betätigung sich öffnenden Lebenslagen, deren Mannigfaltigkeit die Fülle des Menschenlebens ausmacht« (N. Hartmann). Auf diesem Postulat der Einmaligkeit von S.en, aufgrund derer das konkret Gute nicht allgemeingültig festgemacht werden kann, beruht die Situationsethik. Die Existenzphilosophie spricht von ↗Grenzsituationen wie Krankheit, Tod und Leid, in denen sich der Mensch bewähren muß oder erst zu seinem Menschsein findet. **Lit.:** D. v. Hildebrand: Wahre Sittlichkeit und Situationsethik. Düsseldorf 1957. – K. Jaspers: Philosophie. Bd. 2. Berlin u. a. [4]1973. S. 201–254. CSE

**Skepsis** (griech.), zunächst unspezifisch für »Untersuchung«, »Betrachtung«. Der Begriff erhält dann, v. a. durch Sextus Empiricus, die speziellere Bedeutung einer argumentativen Tätigkeit, die umfassende Enthaltung des Urteils (↗Epoché, skeptische) anzielt. Seit der Renaissance finden statt des Begriffs S. die lat. Bildung »scepticismus« und ihre Entsprechungen Verwendung. S. begegnet neben diesen Begriffen erst wieder in der Philosophie des späten 19. und des 20. Jh., vorwiegend in deutschsprachigen Arbeiten (z. B. bei Nietzsche, P. Natorp, R. Hönigswald, M. Horkheimer). Dabei legt die überwiegend synonyme Verwendung von S. und Skeptizismus die Vermutung nahe, ausschlaggebend für die Wiederaufnahme des Begriffs S. seien weniger Sachargumente als die Anlehnung an griechische Quellen und stilistische Vorlieben. – Vorschläge, systematisch zwischen S. und Skeptizismus zu unterscheiden – etwa derart, daß S. einen allgemeinen Zweifel meine, Skeptizismus hingegen einen zum philosophischen System entwickelten Zweifel (Caramella), oder Skeptizismus pejorativ unkritische skeptische Positionen bezeichne, S. hingegen einen selbstreflektierten Zweifel (Wild) – sind weder historisch gedeckt noch sachlich notwendig. Praxisnäher ist die synonyme Verwendung beider Begriffe, wobei dem insgesamt verbreiteteren Sprachgebrauch entsprechend »Skeptizismus« den Primärbegriff bildet. ↗Skeptizismus. **Lit.:** S. Caramella: Scetticismo. In: Enciclopedia Filosofica. Vol. V. Firenze 1967. Sp. 1044–1054. – R. Eisler: Skeptizismus. In: Ders.: Wörterbuch der philosophischen Begriffe. 3. Bd. Berlin [4]1930. S.100–103. – Chr. Wild: Philosophische Skepsis. Königstein/Ts. 1980. AE

**Skeptizismus,** zumeist synonym mit ↗Skepsis verwandt, abgeleitet von griech. skeptomai, suchen, Ausschau halten. Die Bezeichnung »Skeptiker« wurde in der Spätantike geläufig für jene Philosophen, die vorher »sich des Urteils über alles Enthaltende« (↗Epoché, skeptische) genannt worden waren. Im engeren Sinne bezeichnet S. also eine philosophische Position, deren Vertreter noch suchen, sich im Ungewissen sind, zweifeln (↗Zweifel). Begründet wird diese Haltung durch das ›Gleichgewicht‹ von pro- und contra-Argumenten in philosophischen Fragen (↗Isosthenie; ↗Tropen, skeptische) und das Fehlen eines unumstrittenen Wahrheitskriteriums. In den Begründungsfragen auftretende systematische Differenzen führten in der Antike zur Unterscheidung zweier Typen von S., dem uns in der Darstellung von Sextus Empiricus überlieferten, ethisch motivierten ↗Pyrrhonismus und dem vor allem durch Cicero bekannten S. der späteren platonischen Akademie.

Die gegenwärtig meistdiskutierte Form des S. ist der epistemologische S. (scepticism about knowledge), der behauptet, keine unserer Meinungen erfülle die für Wissen erforderlichen Bedingungen. Nach der Standardkonzeption von Wissen (↗Erkenntnistheorie) weiß jemand dann, daß p, wenn er erstens glaubt, daß p, wenn er zweitens gute Gründe hat zu glauben, daß p, und wenn drittens p wahr ist. Nur zugleich begründete und wahre Meinungen bilden somit Wissen, und vom epistemologischen S. wird bestritten, daß unsere Meinungen wahr seien bzw. daß wir feststellen könnten, ob sie wahr seien. Argumentiert wird im Anschluß an Descartes zumeist mit der unabweisbaren Möglichkeit umfassender Täuschung (↗Genius malignus). Gelegentlich wird epistemologischer S. als partieller S. vertreten, der zwar ausschließt, daß unsere Meinungen wahr sind bzw. als wahr erwiesen werden können, nicht jedoch, daß sie begründet sein mögen. Im allgemeinen ist epistemologischer S. jedoch universeller S., dem zufolge wir nicht nur nichts wissen, sondern nicht einmal begründete oder vernünftige Meinungen haben können, da sich aus der Unmöglichkeit, ihre Wahrheit festzustellen, die Unmöglichkeit einer Begründung von Meinungen ergebe. – Neben dem epistemologischen S. begegnen vielerlei partielle, auf einen bestimmten Typ von Aussagen bzw. auf einen bestimmten Erkenntnisbereich eingeschränkte S.en wie z. B. ethischer (moral scepticism), juristischer, ästhetischer, pädagogischer, religiöser S.

Mit Blick auf die ursprüngliche Bedeutung des Begriffs ist für die gegenwärtige S.-Diskussion zweierlei festzuhalten: Erstens werden vielfach Positionen als S. bezeichnet, die nicht mehr suchen, sondern behaupten, gefunden zu haben – etwa daß es keine objektiven Werte gibt, daß ein ästhetisches Urteil oder religiöser Glaube nicht gerechtfertigt werden kann, daß es unmöglich ist, Wissen zu erlangen. In der Terminologie Sextus Empiricus' heißen solche Positionen nicht S., sondern (negativer) Dogmatismus. Zweitens wird S. vielfach nicht als philosophische Position vertreten, sondern lediglich als Instrument philosophischer Forschung benutzt. Dieser Umgang mit dem S. beginnt bereits bei Descartes, der mittels eines (methodisch restringierten) S. ein fundamentum inconcussum des Wissens findet. Er tritt ferner auf in manchen Teilen der Philosophie Humes, in denen S. in gewisser Weise als Mittel zur Entwicklung psychologischer Theorien fungiert, wie auch bei Kant, der mittels »skeptischer Methode« die Widersprüchlichkeit aller Erkenntnis jenseits der Grenzen möglicher Erfahrung zeigen will. In der gegenwärtigen Philosophie wird S. instrumentell benutzt etwa bei Wittgenstein, der (zumindest in Kripkes Interpretation) seine Theorie der Bedeutung und sein Privatsprachenargument mittels eines Bedeutungs-S. (meaning scepticism) entwickelt und begründet, bei Th. Clarke, für den der S. ein Instrument zur Analyse des alltäglichen, nicht-philosophischen Wissens bildet, ferner bei P. Unger, der S. als Mittel zur Korrektur der normalen Sprache etablieren will. **Lit.:** P. Bieri (Hg.): Analytische Philosophie der Erkenntnis. Frankfurt [2]1992. – Cicero: De Natura Deorum. Academica. Lat.-Engl. London 1956. – Th. Clarke: The Legacy of Scepticism. In: Journal of Philosophy 69 (1972). S. 754–769. – R. Descartes: Meditationen über die Grundlagen der Philosophie. Hamburg 1972. – D. Hume: A Treatise of Human Nature. (dt.: Traktat über die menschliche Natur. Marburg 1989). – S. Kripke: Wittgenstein über Regeln und Privatsprache. Übers. v. H. Pape. Frankfurt 1987. – Sextus Empiricus: Grundriß der pyrrhonischen Skepsis. Frankfurt 1985. – B. Stroud: The Significance of Philosophical Scepticism. Oxford 1984. – P. Unger: Ignorance. A Case for Scepticism. Oxford 1975. AE

**Slippery slope-Argument,** auch Dammbruchargument oder Argumente der schiefen Ebene. Der Begriff spielt gegenwärtig insbesondere in Auseinandersetzungen über medizinethische Themen eine große Rolle. Argumente dieses Typs werden aber auch in anderen Kontexten und in Alltagsdiskussionen häufig herangezogen. Das Ziel von Argumenten der schiefen Ebene besteht darin, einen Proponenten davon zu überzeugen, daß der Vollzug einer Handlung oder Praxis einen ersten Schritt auf einer »schiefen Ebene« bedeute, der unweigerlich weitere Schritte nach sich ziehen werde. Dies führe schließlich zu Konsequenzen oder könne zumindest zu Konsequenzen führen, die vermeidenswert oder sogar katastrophal seien. Ob ein solches Argument überzeugen kann, hängt davon ab, ob erstens der Eintritt der befürchteten Folgen als plausibel bzw. als wahrscheinlich und zweitens die behauptete Konsequenz als tatsächlich vermeidenswert oder sogar katastrophal ausgewiesen werden kann. Der Status von Argumenten des Typs eines »slippery slope« ist allerdings umstritten. Während manche Autoren S.-A.e grundsätzlich für schlechte, wenn nicht gar Scheinargumente halten, sehen andere in Argumenten der schiefen Ebene einen besonderen Typ von pragmatischen Argumentationen, die als der Versuch zu verstehen seien, in einer Diskussionssituation die Beweislast zu verlagern. Wieder andere sind der Auffassung, es sei möglich, notwendige Bedingungen anzugeben, die erfüllt sein müssen, damit es sich bei S.-A.en um »gute« Argumente handelt. In der Literatur wird häufig zwischen empirisch-kausalen (»Domino-Argument«) und begrifflich-logischen (»Haufen-Argument«) Varianten, einem Präzedenzfall-S.-A. (»Keil-Argument«) sowie Mischformen unterschieden. **Lit.:** B. Guckes: Das Argument der schiefen Ebene. Schwangerschaftsabbruch, die Tötung Neugeborener und Sterbehilfe in der medizinethischen Diskussion. Stuttgart 1997. – D. Lamb: Down the Slippery Slope. Arguing in Applied Ethics. London 1988. – D. Walton: Slippery Slope Arguments. Oxford 1992. JA

**Sokratiker,** die Schüler des Sokrates. Sie bilden eine sowohl bezüglich der Inhalte ihrer Lehren als auch der philosophischen Bedeutung und Wirkung sehr heterogene Gruppe. Zu den Hauptvertretern gehören Aischines, Antisthenes (↗Kyniker), Aristippos (↗Kyrenaiker), Eukleides, Phaidon, Platon und Xenophon. FPB

**Sokratisches Gespräch, sokratisch-platonischer Dialog.** Den Ursprung des S.G.s bilden die Sokratikoi logoi, die argumentativen Zwiegespräche, die Sokrates in der zweiten Hälfte des 5. Jh. v. Chr. mit Bürgern Athens – jungen Männern, Intellektuellen (↗Sophisten), Politikern und Handwerkern – auf dem Marktplatz führte. Aufgrund seiner kritischen Distanzierung von der normativen Autorität der Institutionen im ↗Dialog, kann Sokrates als Begründer der Meta-Institution des argumentativen ↗Diskurses bzw. der ↗Kritik aufgefaßt werden. Wenngleich von Sokrates selbst nichts Schriftliches überliefert ist, erhielten seine Dialoge bei den ↗Sokratikern vielfältige literarische Fassungen, von denen jedoch nur diejenigen Platons und Xenophons erhalten sind. Die Dialoge Platons, in denen Sokrates als bestimmender Gesprächsführer auftritt, haben für den Begriff und die Methode der Philosophie ebenso herausragende wie wirkungsmächtige Bedeutung erlangt. Sie sind getragen von der argumentativen Suche nach Wahrheit. Im Dialog *Gorgias* legt Sokrates das Wissen des Wahren (↗episteme) und das wahrhaftige Äußern der eigenen Einsichten und Zweifel als den wesentlichen Unterschied der Philosophie zur ↗Rhetorik bzw. ↗Eristik dar, für die der Glaube des Plausiblen und Angenehmen (↗doxa) und die Täuschung der Gesprächspartner kennzeichnend sei. Die den Sokratischen Dialogen zugrundeliegende vernunftkritische Einstellung kommt im sog. Logos-Grundsatz des Sokrates zum Ausdruck: »Denn nicht jetzt nur, sondern schon immer habe ich ja das an mir, daß ich nichts anderem von mir gehorche, als dem ↗Logos, der sich mir bei der Untersuchung als der beste zeigt« (*Kriton*, 46 b). Mit ihm unterstellte Sokrates sich und seine Gesprächspartner dem Gebot einer autonomen Vernunftorientierung, die sich nicht von bloßer Tradition, von verbreiteten Vorurteilen, von der Meinung der Menge, von Gefühlen, von Autoritäten usw. leiten läßt. In seinen mittleren und – deutlicher noch – in seinen späten Dialogen ordnet Platon das sokratisch-dialogische Denken der ↗theoria als der kontemplativen Schau der ewigen ↗Ideen unter und führt damit das Paradigma der einsamen, akommunikativen Erkenntnis ein. Die Dialogform erscheint hier lediglich als Illustrationsmittel der monologisch aufgefaßten Methode der ↗Dialektik, die mittels der Unterscheidung des Wahren und Falschen die Schau der Ideen vorbereitet. Hierbei verhilft die Geburtshelferkunst (↗Mäeutik) des Sokrates einer mit sich selbst im Zwiegespräch stehenden Seele zur Erkenntnis, indem sie ihr den Weg der Wiedererinnerung (↗anamnesis) zu dem ihr immer schon innewohnenden Wissen weist. In den frühen Dialogen Platons steht noch die ursprüngliche, kommunikativ orientierte Denkweise des historischen Sokrates im Vordergrund. Diese genuin sokratischen Dialoge stellen zum erstenmal in der abendländischen Philosophiegeschichte ausdrücklich die Frage nach dem geltungslogisch ↗Allgemeinen als solchem, nach dem allgemeinen ↗Wesen menschlicher Handlungs- und Lebensweisen. Die Untersuchung der sokratischen »Was ist-Frage« (z. B. »Was ist Frömmigkeit?«, »Was ist Tapferkeit?«) endet gewöhnlich ergebnislos – in einer ↗Aporie. In jene treibt Sokrates seine Gesprächspartner mittels des indirekten Beweisverfahrens der ↗Elenktik, eines Verfahrens der sinnkritischen Prüfung aufgestellter Behauptungen durch das Erinnern der Gesprächspartner an ihr widersprechende frühere Behauptungen, aus denen sie scheinbar hervorgehen (↗reductio ad absurdum). Hierbei ist es für das Gelingen der Argumentation entscheidend, daß es sich um echte Überzeugungen handelt, die tief im Leben der Gesprächspartner verankert sind. S.G.e basieren auf dem Postulat einer Kohärenz von Leben und Wissen. An die Stelle dieses Postulats tritt in modernen ↗Diskurstheorien (Apel, Habermas), für die das S. G. Paradigma ist, das Postulat der pragmatischen Konsistenz, der Widerspruchsfreiheit zwischen dem Aussageteil einer Behauptung (↗propositionaler Gehalt) und den Voraussetzungen (↗Präsuppositionen), die für die performative Praxis des Behauptens konstitutiv sind. Indem die Diskurstheorie die reflexive Orientierung der S.G.e kommunikationsphilosophisch erneuert, transformiert sie die sokratische Elenktik zum diskursreflexiven Verfahren der strikten Reflexion auf die Bedingungen der Möglichkeit sinnvollen Argumentierens (↗Argumentationstheorie). Zu diesen Bedingungen gehört die Orientierung an der regulativen Idee des herrschaftsfreien Diskurses und des idealen Konsenses (↗Konsenstheorie), die in der Idee des S.G.s vorgebildet sind. Die Realisierungsform des S.G.s hat in der Geschichte der Philosophie und Pädagogik viele, dessen Idee größtenteils verfälschende, Umgestaltungen erfahren. Die ursprüngliche Idee des S.G.s hat L. Nelson zu Beginn des 20. Jh. in seinem sokratischen Gesprächsmodell wieder aufgenommen und in Form einer allgemeinen Methode des (philosophischen) Unterrichts erneuert. Seine Schüler, insbesondere G. Heckmann, haben die sokratische Lehr- und Lernmethode in den nachfolgenden Jahrzehnten – seit einigen Jahren im Rahmen der Gesellschaft für Sokratisches Philosophieren – weiterentwickelt. Kennzeichnend für das neo-sokratische Gesprächsmodell ist vor allem die weitgehende Aufhebung der asymmetrischen Kommunikationsbedingungen des klassischen sokratischen Dialogs und seine Umgestaltung zu einem Gruppengespräch. An die Stelle eines Sokrates, der zumeist die einseitige Rolle des suggestiv Fragenden und des inhaltlichen Lenkers des Gesprächs innehat, tritt der sich inhaltlich zurückhaltende, jedenfalls keine inhaltliche Vorzugsposition beanspruchende, Leiter eines Gruppengesprächs, der den Teilnehmern dabei behilflich ist, in möglichst gleichberechtigter Argumentation einen rationalen Konsens zu erreichen. **Lit.:** K.-O. Apel: Das Sokratische Gespräch und die gegenwärtige Transformation der Philosophie. In: D. Krohn u. a. (Hg.): Das Sokratische Gespräch. Ein Symposion. Hamburg 1989. S. 55–77. – G. Heckmann: Das sokratische Gespräch. Frankfurt 1993. – D. Horster: Das Sokratische Gespräch in Theorie und Praxis. Opladen 1994. – C.H. Kahn: Socratic Dialogues. Art. in: A. Craig (Hg.): Routledge Encyclopedia of Philosophy. A.a.O., S. 19 ff. – D. Krohn u. a. (Hg.): Diskurstheorie und Sokratisches Gespräch. Frankfurt 1996. – D. Krohn: Theorie und Praxis des Sokratischen Gesprächs. In: K. R. Lohmann/Th. Schmidt: Akademische Philosophie zwischen Anspruch und Erwartung. Frankfurt 1998. S. 119–132. – D. Krohn u. a. (Hg.): Das Sokratische Gespräch. Möglichkeiten in philosophischer und pädagogischer Praxis. Frankfurt 1999. – R. Loska: Lehren ohne Belehrung. Leonard Nelsons neosokratische Methode der Gesprächsführung. Bad Heilbrunn 1995. – L. Nelson: Die sokratische Methode. Kassel 1996. – U. Siebert: Das Sokratische Gespräch: Darstellung seiner Geschichte und Entwicklung. Kassel 1996. HGR/JPB

**Solidarität,** kennzeichnet nach E. Durkheim als »mechanische« (in vorindustriellen Gesellschaften durch äußeren Zwang erzeugte) oder »organische« (in modernen Gesellschaften durch die moralische Bedingtheit gesellschaftlichen Lebens entstehende) S. den Zusammenhalt gesellschaftlicher Institutionen. Ferner gehört S. zum Vokabular der im Prozeß von Modernisierung, Industrialisierung und Segmentierung entstehenden sozialen Bewegungen, insbesondere der Arbeiterbewegung. Die Begründung des Füreinander-Einstehens zielt dabei zunächst auf eine gemeinsame Interessenlage ab, wird darüber hinaus aber auch mit dem Gefühl der Verpflichtung in Verbindung gebracht, andere Individuen oder Gruppen zu unterstützen. Bei der Einforderung von S. mit Benachteiligten, Schwachen jenseits der engeren individuellen Interessen verweisen (im Kontext christlicher Soziallehren, aber auch der Existenzphilosophie z. B. von Camus angesiedelte) Begründungen eher auf eine im menschlichen Wesen angelegte Fähigkeit zur S. Ziel der Argumentationen ist es, auf Gefühle sozialer Zusammengehörigkeit und die Einheit bzw. wechselseitige Abhängigkeit von Individuum und Gesellschaft aufmerksam zu machen. In der zeitgenössischen Philosophie wird

S. charakterisiert als Mitgefühl der Subjekte, die eine jeweilige zeitliche oder soziale Lage teilen, ohne auf eine allgemeinverbindliche Moralbegründung zurückgreifen zu können (R. Rorty), ferner im Rahmen der Kommunitarismusdebatte als eine Form der sozialen Orientierung, die die Rückbindung der in der modernen Gesellschaft immer stärker vereinzelten Individuen durch die Ausbildung von Gemeinsinn anstrebt. **Lit.:** E. Durkheim: Über die Teilung der sozialen Arbeit (1893), Neuwied 1977. – A. Honneth: Kommunitarismus: Eine Debatte über die Grundlagen moderner Gesellschaften. Frankfurt/New York 1993. TN/JHI

**Solipsismus,** philosophische Position, die in zwei Varianten auftreten kann: In der ersten Variante besagt der S., daß einzig das dem Bewußtsein unmittelbar Gegebene real ist. Die schwächere Lesart dieser Variante deutet die These epistemologisch: Alles Wissen über die Welt außerhalb des Selbst beruht auf dem Bewußtsein unmittelbar gegebener Wahrnehmungsdaten. Die radikale Lesart deutet den S. metaphysisch: Einzig das Selbst wird als real anerkannt. In der radikalen Version ist der S. außer von Max Stirner wohl nie ernsthaft vertreten worden, wird aber von Descartes als methodischer Ausgangspunkt in seinen *Meditationes* verwendet, um dann zum Abschluß der Untersuchung allerdings als absurde These hingestellt zu werden. In der zweiten Variante ist S. die Bezeichnung für eine negative Position bezüglich des Problems des Fremdpsychischen. So wird einigen Theorien des Geistes vorgeworfen, sie hätten zur Folge, daß ein Subjekt lediglich sich selbst, aber keinem anderen Wesen geistige Zustände zuschreiben könne.

Von diesen beiden Varianten des S. ist der sogenannte methodologische S. zu unterscheiden. Dieser Begriff findet in der analytischen Theorie des Geistes Verwendung. Er wurde von Putnam in *The Meaning of ›Meaning‹* geprägt und spielt eine bedeutsame Rolle in der Dikussion um ↗Externalismus vs. Internalismus. In Putnams ursprünglicher Formulierung wird ein Standpunkt als »methodologischer S.« bezeichnet, der davon ausgeht, daß ein psychologischer Zustand die Existenz keines anderen Individuums voraussetzt als die Existenz des Individuums, das sich in ihm befindet. Dies trifft also auf jede Theorie zu, die davon ausgeht, daß die Supervenienzbasis (↗Supervenienz) mentaler Zustände der Körper (meistens das Gehirn) des Individuums ist, dem sie zugeschrieben werden. MBI

Carnap (*Der logische Aufbau der Welt*) hat in seiner Entwicklung eines ↗Konstitutionssystems als Basis nur solche Gegenstände zugelassen, die bewußt einem Subjekt zugehören (i.e. das Eigenpsychische). Diese Art der Grundlegung nennt er »methodischen S.«, der nicht als Beschränkung auf ein Subjekt verstanden werden darf, sondern als methodische Beschränkung auf das tatsächlich Erlebte. [PP] **Lit.:** Zum methodologischen Solipsismus: J. A. Fodor: Methodological Solipsism Considered as a Research Strategy in Cognitive Psychology. In: Behavioral & Brain Sciences 3 (1980). S. 63–73. – H. Putnam: The Meaning of ›Meaning‹. In: Ders.: Mind, Language and Reality. Philosophical Papers. Bd. 2. Cambridge 1975. S. 215–271. MBI

**Sollen.** Im S. wird eine unbedingte Aufforderung (an den Willen des Menschen) zum Ausdruck gebracht. Für die Moralphilosophie hat Kant in besonderer Weise den Anspruch eines unbedingten S.s formuliert: Im Begriff der ↗Pflicht kommt eine solche unbedingte Aufforderung an einen freien Willen zur Sprache. Die Vernunft nötigt den Willen, dem Sittengesetz zu gehorchen. Eine solche unbedingte Verbindlichkeit, d.i. praktische Notwendigkeit, kann nach Kant einzig daraus abgeleitet werden, daß die Vernunft dieses S. gebietet und nicht irgendwelche Vorstellungen von Nützlichkeit oder Glückseligkeit. Die Bezeichnung S.sethik weist auf diesen besonderen Umstand der Verpflichtung hin. Bei Fichte wird das Freiheitsprinzip zum absoluten Grund des S.s: Das Ich in absoluter Selbstbestimmung realisiert sich als ein Streben, das seinen eigenen Gesetzen bedingungslos gehorchen will. Auch Schelling folgt den Kantischen Vorgaben, wenn er das S. als die objektivierende Forderung des Selbstbestimmens darstellt: Das Ich soll die reine Selbstbestimmung wollen. Hegel kritisiert daran, daß mit dem S. einzig eine Idee formuliert ist. Er hält Kant entgegen, daß ein Sittengesetz, das sich auf das S. beschränkt, nur ein postuliertes Sein ist, das in einen unendlichen Progreß führt, ohne jemals in der Wirklichkeit Gestalt annehmen zu können. Schopenhauer beurteilt das Kantische S. als Relikt einer theologischen Moralvorstellung, das nur in Beziehung auf Strafe und Belohnung einen Sinn hat (und insofern nicht unbedingt gelten kann). Ähnlich argumentieren Anscombe und Foot, wenn sie in Zweifel ziehen, daß das S. einzig aus einer vernünftigen Begründung (die keiner weiteren Begründung mehr bedarf und insofern als unbedingt gelten kann) resultiere. Die besondere Kraft des moralischen S.s ist bestenfalls ein Relikt des Glaubens an einen göttlichen Gesetzgeber. Also handle es sich nicht um eine Begründung, sondern um eine psychologische Erklärung. In der ↗Transzendentalpragmatik und ↗Diskurstheorie wird dagegen geltend gemacht, daß ein unbedingtes S. sich aus jenen implizit immer schon anerkannten Normen ableiten läßt, die jedem Sprechen und Argumentieren zugrunde liegen. Diesen nach-kantischen Begründungsformen stellt Tugendhat eine teilweise empirisch begründete Form des moralischen S.s entgegen. Sie basiert auf der Annahme einer spezifischen moralischen Sanktion, die sich in der Empörung anderer Personen und in der eigenen Scham über ein negativ bewertetes Verhalten äußert. Voraussetzung für die Wirksamkeit einer solchen Sanktion ist, daß es zum eigenen Selbstverständnis des betreffenden Individuum gehört, Mitglied in der moralischen Gemeinschaft sein zu wollen. In der Diskussion der Metaethik hat Hare dem präskriptiven Stellenwert von »sollen« folgendermaßen herausgehoben: Wer ein S.surteil ausspricht, verpflichtet sich damit, eine Handlung auch in anderen hypothetischen Situationen zu akzeptieren. ↗Sein-Sollen-Differenz. **Lit.:** G. E. M.

Anscombe: Moderne Moralphilosophie. In: G. Grewendorf/G. Meggle (Hg.): Seminar: Sprache und Ethik. Frankfurt 1974. S. 217–243. – J. G. Fichte: System der Sittenlehre. Ges. Ausg. I/5. S. 68 ff., S. 145. – R.M Hare: Freiheit und Vernunft. Frankfurt 1983. S. 45 ff. – I. Kant: Grundlegung zur Metaphysik der Sitten. Akad.-Ausg. 4. S. 344 ff. – W. Kuhlmann: Ethikbegründung – empirisch oder transzendentalphilosophisch? In: Sprachphilosophie. Hermeneutik. Ethik. Würzburg 1992. S. 176–207. – P. Prechtl/A. Schöpf: Das Verhältnis von Moralentwicklung und Geltung. In: Phil. Rundschau 39 (1992). S. 29–51. – E. Tugendhat: Vorlesungen über Ethik. Frankfurt 1993. – Ders.: Probleme der Ethik. Stuttgart 1984. – U. Wolf: Das Problem des moralischen Sollens. Berlin/New York 1984. PP

**Sonnengleichnis,** neben ↗Linien- und ↗Höhlengleichnis eines der Gleichnisse, mit denen Platon im *Staat* (506e-509b) seine Ideenlehre veranschaulicht. Die Stellung der Idee des Guten im Bereich des Intelligiblen wird mit der der Sonne in der empirischen Welt verglichen. Wie die Sonne dem Seienden Sichtbarkeit, Werden und Wachstum und durch das Licht dem Auge die Fähigkeit des Sehens gibt, so verleiht die Idee des Guten den geistigen Erkenntnisobjekten (Ideen) Existenz, Wesen und Erkennbarkeit und dem Subjekt das Vermögen der Erkenntnis. Die Idee des Guten steht noch über den Ideen als deren Urgrund. FPB

**Sophia** ↗Weisheit

**Sophismata,** auch Fangschlüsse, Bezeichnung für Fehlschlüsse, die nur scheinbar Folgerichtigkeit beanspruchen. PP

**Sophisten** (griech. sophos: weise), Gelehrte und Weisheitslehrer. Als S. werden außerhalb der philosophischen Fachsprache und bis in die Gegenwart Personen bezeichnet, deren Rede die Hörer durch Trugschlüsse und sogar Lügen verwirrt. In diesem Verständnis mißbrauchen S. die Weisheit (sophia), deren Vertreter sie zu sein behaupten. Das Wort wird in der 2. Hälfte des 5. Jh. v. Chr. geläufig, zunächst in wertneutraler Bedeutung: S. sind die legendären Sieben Weisen, darunter der Staatsmann und Redner Solon (Herodot I, 29); zwei Generationen später verwendet Xenophon sophistes neben sophos und philosophos ohne negativen Beiklang, während Platon im 4. Jh. die auf Dauer prägende abwertende Konnotation anlegt. Letztere folgt aus der Lehrtätigkeit der S., die weithin in der bürgerlichen Öffentlichkeit Griechenlands wirken. Denn mit den gewandelten gesellschaftlichen Strukturen, dem Übergang zu demokratischen Verfassungsformen, erstreben weitere Kreise nicht nur die bei den Dichtern tradierten Bildungsinhalte der alten Aristokratie, sondern neben der Allgemeinbildung auch Praxiswissen (techne) für ein Leben »in wohlberatener Einsicht« (eubulia). Zum Unterricht in allgemeinen Kenntnissen gehören Literatur, Grammatik, Rhetorik, Politik und Mathematik/Naturwissenschaften. Die Bürger müssen, um ihre Ansichten und Ziele vertreten zu können, erfolgreiches Auftreten in Versammlungen und vor Gericht lernen. Diesen Bedarf deckt das Angebot von Spezialisten, eine von ihnen als Weisheit bezeichnete techne zu lehren: überzeugende Darstellung des eigenen Argumentes (logos), auch wenn es das schwächere ist, so daß es mehrheitsfähig wird. Die oft zitierte Maxime der S., den unterlegenen logos zum stärkeren zu machen, begründet das Verdikt, mit dem sie belegt werden. – Für Wahrheitssucher zeitigen die »zu Fall bringenden, umwerfenden Reden« (kataballontes logoi, mit einem Terminus aus der Ringersprache, so der plakative Anspruch des S. Protagoras) nur »Meinungen« (doxai) und können sie nach Belieben ändern. Das führt in einen erkenntnistheoretischen Subjektivismus, für den vordergründig der Satz vom Menschen als dem »Maß aller Dinge« steht. Gegenüber einem stringenten Wahrheitsanspruch erscheint der logos der S. relativ und willkürlich, er wirkt als Instrument gefährlicher Dialektik und destruierender Kritik, auch der Götter- und Religionskritik. Mehrere Dialoge Platons demonstrieren die »eristische« Technik des Streitgesprächs: Gorgias, der eher überreden als überzeugen will, der Tugendlehrer Protagoras, die »Diskursmeister« Kallikles und Thrasymachos werden widerlegt (letztere mit ihrer These vom Recht des Stärkeren). Sokrates erscheint bei Platon als ein jenen durchaus ebenbürtiger Diskussionspartner, auch er ist »gewaltig im Reden« – so rechnen Zeitgenossen ihn den S. zu (Aristophanes in seiner Komödie *Die Wolken*) und lassen entsprechende Vorwürfe in die Anklage gegen ihn einfließen. – Emotionale Abneigung gegen die sophistische Dialektik, gegen ihren willkürlichen Umgang mit dem logos darf eine rationale Auseinandersetzung mit den philosophischen Ansprüchen der S. nicht ausschließen; das betrifft die Sprachtheorie, die Rhetorik/Stilistik oder die Politik und Ethik, auch wenn ihre Thesen paradox oder provozierend vorgebracht werden. Nach Platon läßt Aristoteles sich ernsthaft prüfend auf sophistische Lehren und Argumentationsstrukturen ein; in seiner Rhetorik greift er, wie später die Römer Cicero und Quintilian, auf die S. zurück.

Die antiken Quellen nennen von den älteren S. viele Buchtitel, von ihren Werken ist aber nur wenig mehr überliefert als Fragmente, die von anderen Autoren zitiert werden. Im späteren Hellenismus und in der Römischen Kaiserzeit wird die Rhetorik formal-stilistisch neu belebt (sog. Asianismus der 2. Sophistik), dafür sind zahlreiche Beispiele erhalten, zudem eine Sammlung von S.-Biographien (Flavius Philostratus, um 238); S. sind damals als Redelehrer und Redner, auch in diplomatischer Mission tätig. Philosophische Innovationen gehen von ihnen nicht mehr aus. – Als Erfinder des bezahlten Unterrichts, d. h. als die eigentlichen Ahnherren des Lehrerberufes sind die S. weithin vergessen. Auf ihre Funktion als desillusionierende, unbequeme Kritiker beruft sich die Europäische Aufklärung, doch bleibt das schon bei dem ersten Aufkommen der S. entstandene Verdikt in der öffentlichen Meinung erhalten. **Lit.:** T. Buchheim: Die Sophistik als Avantgarde normalen Lebens. Hamburg 1986. – C.J. Classen (Hg.): Sophistik. Darmstadt 1976. KHG

**Sophrosyne** (griech. Besonnenheit), zeichnet den selbstbeherrschten und maßvollen Menschen aus. Bei Platon ist sie eine der Kardinaltugenden und tritt zum einen als spezifische Tugend des begehrenden Seelenteils auf, der die Herrschaft der Vernunft anerkennt, zum anderen als die harmonische Ordnung der Seele insgesamt unter der Leitung der Vernunft und nähert sich somit der Bedeutung von Gerechtigkeit an. Der Dialog *Charmides* erwägt als Bestimmung der S. die Verbindung von reflexiver Selbsterkenntnis und Sacherkenntnis: »Denn wenn, wie wir anfänglich annahmen, der Besonnene wüßte, was er weiß und was er nicht weiß, das eine, daß er es weiß, und das andere, daß er es nicht weiß, und auch einen anderen, wie es eben hierin mit ihm steht, zu beurteilen imstande wäre, dann wäre es uns, das können wir behaupten, höchst nützlich, besonnen zu sein« (171d). Bei Aristoteles meint S. den erreichten Einklang von natürlichen Begehrungen und Vernunft, im Unterschied zur Beherrschtheit (enkrateia), die die Begierden lediglich unterdrückt. **Lit.:** H. North: Sophrosyne. Ithaca, N.Y. 1966. FPB

**Sorge,** zentraler Begriff in Heideggers Analyse des menschlichen ↗Daseins (*Sein und Zeit*). S. bezeichnet das Sein des Daseins in seiner Einheit und Ganzheit. Strukturmomente der S. sind: (1) Sich-vorweg-sein: Das Dasein entwirft bestimmte Möglichkeiten seines Seins und versteht sich aus diesen; (2) Schon-sein-in: Das Dasein ist in eine vorgegebene Welt geworfen; (3) Sein-bei: Das Dasein hat sich im Umgang mit den »Dingen« seiner Umwelt zunächst und zumeist selbst vergessen. S. meint nicht eine bestimmte Verhaltensweise oder Befindlichkeit des Daseins, sondern seine Grundverfaßtheit. Aspekte der S. sind: Besorgen als Verhältnis des Daseins zu den »Dingen«; Fürsorge als Verhältnis zum Mitmenschen und S. um das Selbst. Das, was S. in seiner Einheit und Ganzheit ursprünglich bedeutet, wird erst aus dem Rückgang auf die ↗Zeitlichkeit des Daseins verständlich. Die Zeitlichkeit ist der Sinn der S. **Lit.:** G. Figal: Martin Heidegger. Phänomenologie der Freiheit. Frankfurt 1988. – C.F. Gethmann: Dasein: Erkennen und Handeln. Heidegger im phänomenologischen Kontext. Berlin 1993. BA

**Sorites** (griech. soros: Haufen), bezeichnet einerseits eine Form des zusammengesetzten ↗Syllogismus, der als Haufen- oder Kettenschluß neben dem Schlußsatz der gesamten Konstruktion lediglich bestimmte Prämissen der in ihm verbundenen Syllogismen aufführt. Der S. nach Aristoteles besteht aus Obersatz und Untersatz des ersten Teilsyllogismus, den Obersätzen aller folgenden Syllogismen und dem Schlußsatz des letzten Syllogismus. Der S. nach Goclenius (1547–1628) unterscheidet sich von der aristotelischen Form dadurch, daß er statt der Obersätze der folgenden Syllogismen deren Untersätze enthält. Der S. bezeichnet anderseits eine ↗Aporie, die nach Aristoteles (*Physik* H 5, 250a 19f.) auf Zenon von Elea zurückgeht. Unter S. faßt man heute eine Vielzahl von Paradoxien gleichen Typs zusammen, die nach folgendem Muster schließen: Ein Sandkorn ist kein Sandhaufen. Fügt man ein einzelnes Korn hinzu, wird aus dem Aggregat kein Haufen. Bei genügender Wiederholung des Hinzufügens entsteht offensichtlich ein Sandhaufen, der jedoch nach der Logik des parallel laufenden Kettenschlusses nicht als Sandhaufen angesprochen werden darf. **Lit.:** R.M. Sainsbury: Paradoxien. Stuttgart 1994. Kap. 2: Vagheit: die Haufenparadoxie. S.39–72. UB

**Sortaler Ausdruck.** Die sprachanalytische Auffassung, daß ein sprachlicher Ausdruck insofern Bedeutung hat, als er sich auf einen Gegenstand bezieht, wird von Strawson und Tugendhat problematisiert: Die Referenz ist nicht als eine vorgebene Relation zwischen sprachlichen Ausdrücken und Gegenständen der Welt aufzufassen, sondern als ein Sich-beziehen eines Sprechers, als Tätigkeit des deskriptiven Sprechens. Zur Erklärung dieser Tätigkeit führt Strawson den s.n A. ein: Mit ihm sind die Kriterien des Identifizierens und Unterscheidens gegeben, die gleichermaßen für die Konstituierung von Gegenständen ausschlaggebend sind. Die s.n A.e, die für die individualisierende (und damit identifizierende) Funktion verwendet werden, lassen sich dadurch charakterisieren, daß sie (a) in der Subjektposition (d.i. substantivische Verwendung) vorkommen, (b) eine Art und Sorte von Dingen kennzeichnen (z.B. wird durch den sortalen Ausdruck »Kuh« vorgezeichnet, was alles zu einem so bezeichneten Gegenstand gehört), (c) die Möglichkeit der Pluralbildung haben (verweist auf die Zählbarkeit als notwendige und hinreichende Bedingung dafür, daß man sinnvoll von einzelnen Dingen einer Sorte sprechen kann). Hat jemand den Sinn eines s.n A.s verstanden, so hat er das Prinzip erfaßt, das es ihm erlaubt, die Dinge, auf die er sich bezieht, zu identifizieren, d.h. voneinander zu unterscheiden und zu zählen. Die s.n A.e geben – nach Strawson und Tugendhat – die Kriterien der Identifizierung an. ↗Identifizierung. **Lit.:** W. Carl: Existenz und Prädikation. München 1974. – E. Runggaldier: Zeichen und Bezeichnetes. Berlin/New York 1985. S. 95ff. – P. Strawson: Einzelding und logisches Subjekt. Stuttgart 1972. S. 17ff. – E. Tugendhat: Vorlesungen zur Einführung in die sprachanalytische Philosophie. Frankfurt 1976. S. 391ff. PP

**Sosein.** Gegen das »Vorurteil zugunsten der Wirklichkeit« betont A. Meinong in seiner ↗Gegenstandstheorie, daß es Gegenstände gibt, die nicht existieren oder gar nicht existieren können (z.B. ein rundes Viereck). Selbst wenn ein Gegenstand nicht existiert, kann von ihm ein Sosein bzw. Soseinsobjektiv ausgesagt werden (z.B. das Rundsein oder Viereckigsein vom runden Quadrat). Ernst Mally formuliert das Meinongsche »Prinzip der Unabhängigkeit des Soseins vom Dasein« folgendermaßen: »Das Sosein eines Gegenstandes ist unabhängig von dessen Dasein.« MA

**Sozialdarwinismus,** Übertragung der von Ch. Darwin beschriebenen Mechanismen der »Entstehung der Arten durch natürliche Zuchtwahl« auf Sozialbeziehungen des Menschen. Insbesondere H. Spencer, der auch die Formel vom »Überleben der Tüchtigsten« (survival of the fittest) prägte, legt die Grundsteine des S. Der S. geht davon aus, daß eine übergroße Population nur diejenigen überleben läßt, die sich im »Kampf ums Dasein« überlegen zeigen. Selektion ist damit der Motor jeden Fortschritts. Bejahung umfassender sozialer Auslese und Legitimation der vorhandenen gesellschaftlichen Ungleichheiten leitet der S. aus dieser Biologisierung sozialer Verhältnisse ab. Als rational kann danach nur eine Politik gelten, die den schon vorhandenen Selektionsdruck ungehindert walten läßt, bzw. noch verstärkt. Wirkungsmächtig wurden sozialdarwinistische Konzepte v. a. im ausgehenden 19. und im 20. Jh. In diesem Zusammenhang ist auf zwei folgenreiche Ausformungen hinzuweisen. So greifen Rassenlehren Kampfsemantik und Ausmerzungsvokabular des S. auf (Vacher de Lapouge, Niceforo, H. St. Chamberlain); der S. dient zur Begründung des kolonialistischen Ausgreifens europäischer Staaten und der USA. Binnengesellschaftlich entwickelt sich eine sozialdarwinistische Eugenik, die in der Existenz von körperlich und geistig »Minderwertigen« eine Bedrohung für den »Überlebenskampf« der jeweiligen Gesellschaft, des »Volkes« sieht (in Deutschland v. a. O. Ammon, A. Ploetz, in den USA W. G. Sumner). Faschismus und Nationalsozialismus greifen diese Ideen auf und legitimieren mit den wissenschaftlich unhaltbaren Vereinfachungen des S. ihre Ausrottungspolitik. **Lit.:** K. Dörner: Tödliches Mitleid. Gütersloh 1989. – R. Hofstadter: Social Darwinism in American Thought. New York 1959. TN

**Soziale Kontrolle.** Der von E. Ross geprägte Begriff bezieht sich auf die Verhaltenskoordination von Individuen in einem sozialen Kontext, zu dessen Aufrechterhaltung und Stabilisierung individuelle Handlungsweisen normiert und abweichende Handlungsweisen sanktioniert werden. Diese sozial akzeptierten und erwünschten Verhaltensmuster werden im Rahmen der Sozialisation vermittelt und über explizite und implizite Handlungsnormen gesteuert, die vom Individuum verinnerlicht (internalisiert) werden und einen Teil der Persönlichkeit bilden. Ziel und Lohn dieses Vergemeinschaftungsprozesses ist die soziale Integration, die über Rollenerwartungen und den »Druck der anderen« gesteuert wird – sozial erwünschtes Verhalten wird verstärkt, sozial unerwünschtes Verhalten wird verhindert. Träger und Medien der s.n K. sind nicht nur alle Bezugsgruppen eines Individuums und institutionalisierte Apparate – wie Polizei oder Gerichte –, sondern auch Medien und die »öffentliche – »veröffentlichte« – Meinung«. Damit öffnen sich neue Wege für soziale Kontrolle und »social pressure«. **Lit.:** G. Albrecht (Hg.): Soziale Probleme und Soziale Kontrolle. Opladen 1982. – L. L. Bernard: Social Control. New York 1939. – G. Bruns: Ordnungsmacht Psychiatrie? Opladen 1993. – M. Douglas: Wie Institutionen denken. Frankfurt 1991. – H. Peters: Devianz und soziale Kontrolle. Weinheim 1989. – E. Ross: Social Control. New York 1901. CSE

**Sozialethik.** Im Gegensatz zur Individualethik, der es – allgemein ausgedrückt – um die Normen oder Handlungsmaximen für das Handeln des einzelnen in bezug auf andere Personen zu tun ist, stehen für die S. die Fragen nach den Normen des sittlich wohlgeordneten Handelns im sozialen Bereich im Vordergrund. Sie thematisiert den einzelnen als Teil einer gesellschaftlichen Gesamtheit und dessen Handeln in bezug auf seinen sozietären Zusammenhang. Sie basiert auf der grundlegenden Annahme, daß der Mensch ein soziales Wesen ist, für dessen Selbstwertgefühl und Selbstachtung die Anerkennung durch die anderen Voraussetzung ist und das für seine Bedürfnisbefriedigung auf Formen kooperativen Handelns angewiesen ist. Im Verhältnis zueinander ist keiner dem anderen über- oder untergeordnet, vielmehr wird jeder als Glied der gesellschaftlichen Gesamtheit betrachtet. Daraus resultiert eine doppelte Verantwortlichkeit: (a) die Verantwortung des einzelnen für die Gesamtheit und für seine Handlungen in bezug auf diesen gesellschaftlichen Zusammenhang und (b) die Verantwortung des Ganzen (d.i. Gesellschaft, Staat) für jedes seiner Glieder. Die ethischen Grundprinzipien der Freiheit, Gleichheit, Gerechtigkeit, Solidarität und Menschenwürde normieren (a) das Handeln in bezug auf das allgemeine Wohlergehen und die materiale Gerechtigkeit und (b) die Rechtsordnung in bezug auf die Gemeinwohlgerechtigkeit (iustitia socialis). Die S. hat es demnach mit jenen Formen menschlicher Vergesellschaftung zu tun, die auf dem Boden eines freiheitlich-verantwortlichen Miteinandergehens mündiger Handlungssubjekte entstanden oder als solche zu rechtfertigen sind (Pieper). In der christlichen S. spielt die Liebe in dem Sinne eine besondere Rolle, daß die einzelnen in aufrichtigem Wohlwollen einander ihren Anteil am Gemeinwohl gönnen und wünschen und über das rechtliche Pflichtmaß hinaus fördern. **Lit.:** O. v. Nell-Breuning: Einzelmensch und Gesellschaft. 1950. – A. Pieper: Einführung in die Ethik. Tübingen 1991. S. 88 f. PP

**Sozialeudaimonismus.** Bei Hutcheson und Bentham findet sich die für den S. klassisch gewordene Formel, das oberste Ziel des sittlichen Handelns sei in der Förderung des größten Glücks der größten Zahl (the greatest happiness of the greatest number) zu sehen. In anderer Form formuliert es Mill: Er vertritt die These, daß nur diejenigen glücklich sein können, die ihren Geist auf etwas anderes richten als auf das eigene Glück. Ein edles Verhalten (nobleness of conduct) zeichne sich dadurch aus, andere Menschen glücklicher zu machen, wovon schließlich die Welt im Ganzen einen Gewinn hat. Die Glücksidee wird so zu einem Nebenprodukt sozialen Verhaltens. Eine solche Sichtweise ist schon in der ↗moral-sense-Theorie (Shaftesbury, Butler, Hutcheson) angelegt, in der von der Sympathie als einem Grundgefühl des Menschen ausgegangen wird, das die Gewähr dafür bietet, daß sich die auf das eigene Selbst bezogenen Affekte nicht verselbständigen, sondern sich in einem Gleichgewicht mit den die Sozialität betreffenden Affekten bewegen. **Lit.:** J. Bentham: Eine Einführung in die Prinzipien der Moral und der Gesetzgebung. In: O. Höffe (Hg.): Einführung in die utilitaristische Ethik. München 1975. S. 35 ff. – F. Hutcheson: Erläuterungen zum moralischen Sinn. Stuttgart 1984. – J. St. Mill: Utilitarismus. Stuttgart 1975. – H.-H. Schrey: Einführung in die Ethik. Darmstadt 1972. S. 49 f. PP

**Sozialismus,** gehört mit ↗Liberalismus und ↗Konservativismus zu den grundlegenden ideologischen Antworten auf die sozialen und politischen Problemlagen sich in Richtung industrieller Moderne entwickelnder Gesellschaften. Obwohl der große Variantenreichtum von S.-Konzepten eine übergreifende Charakterisierung schwierig macht, kann doch festgestellt werden, daß allen eine Kritik an der ungerechten Verteilung des volkswirtschaftlichen Reichtums, die Wahrnehmung eines Verlustes an gesellschaftlichem Zusammenhalt, eine skeptische Bewertung von Prozessen der Individualisierung, die Konstatierung zunehmender individueller und sozialer ↗Entfremdung, die Perzeption politischer Ohnmacht gemeinsam ist. Dabei werden sozialpathologische Erscheinungen vor allem an der uneingeschränkten privaten Eigentumsverfügung besonders an den Produktionsmitteln festgemacht. Zur Begründung ihrer Kritik an bestehenden Gesellschaftsstrukturen verweisen S.-Konzepte auf naturrechtliche Argumentationen, spezifische Vernunftethiken, religiöse Vorstellungen oder geschichtsphilosophische, teleologische Konstrukte. Der frühe S. konstituiert sich im ersten Drittel des 19. Jh. als neue moralische Ordnung und als Ausdruck rationaler Gesellschaftsorganisation schlechthin (Saint-Simon, Owen, Fourier). Gegen die hier noch erkennbaren utopischen, chiliastischen Elemente treten Marx/Engels mit dem Anspruch an, einen »wissenschaftlichen« S. begründen zu können. Wirkungsmächtig wird dieser Begründungsweg v. a. durch seinen Bezug auf das ↗Proletariat als geschichtsphilosophischem Subjekt, das den S. erkämpfen werde. Die allgemein-menschliche Befreiung von den Übeln der privat-kapitalistischen Gesellschaftsordnung gerät so zur Aufgabe der Arbeiterbewegung und ihrer Organisationen. Allerdings ist für die Entwicklung der westeuropäischen Arbeiterbewegung eher das Verständnis eines demokratischen S. relevant gewesen, der die Pluralität der Begründungswege des S. anerkennt, von einer geschichtsphilosophischen Finalität Abschied nimmt und den pluralistischen, demokratischen Rechtsstaat bejaht, wobei schließlich auch Forderungen nach umfassender Vergesellschaftung der Produktionsmittel zurücktreten. So heißt es in der 1951 verabschiedeten Gründungserklärung der Sozialistischen Internationale: »Gleichviel, ob Sozialisten ihre Überzeugung aus den Ergebnissen marxistischer oder anders begründeter sozialer Analysen oder aus religiösen und humanitären Grundsätzen ableiten, alle erstreben ein gemeinsames Ziel: eine Gesellschaftsordnung der sozialen Gerechtigkeit, der höheren Wohlfahrt, der Freiheit und des Weltfriedens«. Demgegenüber beharrt der marxistisch-leninistische S.-Begriff auf der wissenschaftlichen Kompetenz des historischen Materialismus, in dem der S. als Stadium auf dem Weg zur kommunistischen Gesellschaft definiert wird. Daneben sind noch Entwürfe erwähnenswert, die zwar z. T. eher randständige Diskurse markieren, aber gleichzeitig zeigen, daß viele Ideologien und Bewegungen des 20. Jh. nicht auf das Vokabular des S. verzichten wollten. Das gilt etwa für den christlichen S. (Barth, Tillich), den deutschen S. (Moeller van den Bruck), den National-S. Über die Ebene einer ideengeschichtlichen Diskussion hinaus kann die Rede vom S. auch auf Theorie und Praxis von Gruppen, Parteien etc. und auf eine bestimmte Gesellschaftsstruktur (realer Sozialismus) hinweisen. Insbesondere in der Selbstbeschreibung antikolonialistischer Bewegungen und postkolonialistischer Systeme spielt der S.-Begriff eine große Rolle. Eine politikwissenschaftliche Theorie des S. kann es nicht geben, weil sich S. als politischer Kampfbegriff einer intersubjektiv gültigen Definition entziehen muß. Gerade seine irisierenden Eigenschaften machen seine Anziehungskraft aus. **Lit.:** J. Droz (Hg.): Geschichte des Sozialismus. Frankfurt 1974 ff. – R. Medvedev: Leninism and Western Socialism. London 1982. TN

**Sozialphilosophie,** thematisiert die normativen und begrifflichen Grundlagen sozialen Zusammenlebens. Der aristotelische Begriff des ↗Ethos beinhaltet bereits die beiden Aspekte, zwischen denen sich die sozialphilosophische Fragestellung bewegt. Ethos bedeutet zum einen, daß der Mensch durch Erziehung daran gewöhnt wird, sein Handeln an den allgemeinen Sitten der Polis auszurichten und deren Moralkodex zu befolgen. In einem anderen Sinne von Ethos handelt derjenige, der sich nicht darauf beschränkt, den überlieferten Maßstäben gemäß zu handeln, sondern der es sich zur Gewohnheit macht, aus eigener Einsicht das erforderliche Gute zu tun. Während der erste Aspekt den Ausgangspunkt der Fragestellungen der S. beschreibt, verweist der zweite Aspekt auf die eigene Einsicht als notwendiger Voraussetzung richtigen Handelns. In sozialphilosophischer Hinsicht ist eigene Einsicht ihrerseits rückgebunden an ein Selbstverständnis des einzelnen als soziales Wesen und an ein Verständnis davon, worin die Grundlage der sozialen Beziehungen zu sehen sind. Wie die ↗Ethik geht auch die S. von der möglichen Differenz zwischen Sein und Sollen aus. Mit der Ethik hat sie die Annahme gemein, daß die Übereinstimmung von Handlungen mit den faktisch geltenden Normen einer Gesellschaft nicht die letzte Instanz der Rechtfertigung darstellen kann. Denn die Sein-Sollen-Differenz betrifft in gleicher Weise die sozial geltenden und tradierten Normen. Diese sind vielmehr ihrerseits daraufhin zu befragen, welche soziale Ordnung und welche Formen der Interaktion durch sie geschaffen werden. Diese Fragen ergeben sich zwangsläufig, wenn man in Rechnung stellt, (1) daß der Mensch diese Normen selbst geschaffen hat, (2) daß diese Normen ebenso in den geschichtlich-kulturellen Entwicklungsprozeß eingebunden sind wie der Mensch selbst. Von Aristoteles her ergibt sich noch ein weiterer für die S. relevanter Aspekt: Die Idee des Guten bzw. des guten Lebens soll sich konkretisieren in bezug auf die gesellschaftliche Praxis des Menschen. D.h. es geht um die Maßstäbe des Guten, Gerechten und Vernünftigen und darum, wie diese in der realen Praxis des gesellschaftlichen Lebens und den Interaktionsformen zur Geltung kommen (bzw. beeinträchtigt werden). Bei ihrer Reflexion über Handlungstypen und Interaktionsformen kann die S. nicht auf einen Maßstab außerhalb der eigenen gesellschaftlichen Praxis zurückgreifen, von dem aus das Gute, Gerechte und Vernünftige bestimmt werden könnte.

Für Aristoteles, aber auch für das christliche Naturrecht des MA. ist der Mensch begrifflich als ein gemeinschaftsfähiges Wesen betrachtet worden, das zur Verwirklichung seiner eigenen Natur auf den Rahmen des Gemeinwesens angewiesen ist. Die sittliche Gemeinschaft der Polis und der Civitas zeichnen sich durch die Existenz intersubjektiv geteilter Tugendvorstellungen aus. Die sozialphilosophische Fragestellung wird erst da explizit gestellt, wo die antike und ma. Konzeption des Menschen aufgehoben ist. D.h. die Frage wird dann aktuell, wenn es nicht mehr selbstverständlich ist, daß der Mensch seine Verwirklichung nur im Gemeinwesen zu finden vermag. Die veränderten sozialontologischen Voraussetzung des individuellen Strebens nach Selbsterhaltung und die daraus resultierende Möglichkeit gegensätzlicher Interessen lassen die Frage nach dem verbindlichen Gemeinsamen in ihrer Relevanz erst deutlich werden. Nachdem in der geschichtlich-gesellschaftlichen Entwicklung der Gedanke der individuellen Selbsterhaltung das Selbstverständnis des Menschen beherrscht, ergibt sich als vorrangige sozialphilosophische Frage, unter welchen Bedingungen noch ein Zusammenleben der Menschen denkbar ist. Hobbes entwickelt seine Antwort darauf auf der Grundlage eines rational kalkulierenden Menschen, der zum Zweck des Überlebens einen Teil seiner unbeschränkten Freiheit und Macht an den Staat als einer übergeordneten, von ihm selbst autorisierten Instanz abtritt – unter der Voraussetzung, daß auch alle anderen sich zu diesem Verzicht bereit erklären. Was die Individuen noch miteinander verbindet, ist einzig der allen gemeinsame Wille nach Überlebenssicherung. Zu einer anderen Antwort kommen Shaftesbury, Butler, Hutcheson, Vertreter der ↗moral-sense-Theorie: Ihre anthropologische Annahme ist nicht die Selbstsucht des Menschen, vielmehr wird der Mensch ihrer Meinung nach durch verschiedenartige Affekte motiviert. Den auf Selbsterhaltung zielenden egoistischen Affekten stehen gleich starke soziale Affekte (der Menschenfreundlichkeit, der Hilfsbereitschaft) gegenüber. Der Sozialkontrakt nach Hobbesschen Vorbild kann in ihren Augen nicht die Lösung darstellen, wenn nicht gleichzeitig von einem sensus communis ausgegangen wird. Dieser zeichnet sich durch ein grundlegendes Verständnis dafür aus, was im Interesse der Gemeinschaft und der menschlichen Gattung insgesamt liegt. D.h. der Sinn für das Wohl der Menschheit (humanity sense of public good) und ein entsprechender Sinn für das Gute und Rechte bildet die Grundlage des Zusammenlebens. In dieser Annahme schwingt noch die Vorstellung einer vollkommenen Ordnung mit, in der das Individuum als Teil eines Ganzen und das Zusammenwirken der Teile in einem allgemeinen Zweck gedacht werden. Der ↗Utilitarismus war mit solchen Annahmen zurückhaltender und beschränkte sich auf das dem Allgemeinwohl Rechnung tragende aufgeklärte Selbstinteresse. Einen entscheidenden, weil nicht mehr hintergehbaren Schritt in der Entwicklung der sozialphilosophischen Fragestellung stellt Kants Begriff der Moralität dar. In ihm wird Freiheit als unbedingter Anspruch gedacht: als Freiheit des sich selbst bestimmenden Subjekts, aber auch Freiheit um der Freiheit willen als höchstes menschliches Gut. Dadurch kommt ein Standpunkt zur Geltung, der sich um der Freiheit aller willen an Normen und Werte bindet, durch die der größtmögliche Handlungsspielraum eröffnet wird. In Freiheit realisiert sich das Subjekt nur, wenn es seine Handlungsmaximen der Prüfung der Verallgemeinerbarkeit unterwirft, d.h. wenn es aus einem vernünftigen Willen heraus handelt. Hegels Kritik an Kant richtet sich nicht gegen diesen Freiheitsanspruch, der nicht mehr aus dem Selbstverständnis des Menschen zu streichen ist, sondern an der Kantischen Aufteilung von subjektiver praktischer Vernunft und äußerer Wirklichkeit. Durch eine solche Aufteilung sei der Gedanke einer Realisierung des Vernünftigen in der Wirklichkeit in Frage gestellt. Sein Begriff der Sittlichkeit, den er der Kantischen Moralität gegenüberstellt, beinhaltet das Postulat, daß sich die praktische Vernunft in den als äußere Wirklichkeit bezeichneten Lebensformen und Institutionen geschichtlich verwirklichen müsse. Die nun bestimmende Form der sozialphilosophischen Sein-Sollen-Differenz umfaßt einen doppelten Anspruch: Das moralische Bewußtsein muß in der konkreten Sittlichkeit des sozialen Gemeinwesens reale Gestalt gewinnen und – gleichsam die Kehrseite der Medaille – nur diejenigen Lebensformen und Institutionen können Legitimität beanspruchen, die der Freiheit des Subjekts hinreichend Rechnung tragen.

Im Anschluß an Hegel läßt sich die grundlegende Fragestellung der S., wie das Verhältnis von Individuum und Gemeinschaft (von Besonderem und Allgemeinen) konzipiert sein muß, nach zwei Aspekten differenzieren: (a) Aufgrund welcher Bedingungen ist das Individuum auf die Gemeinschaft angewiesen? (b) Welchen normativen Momenten müssen die sozialen Lebensformen entsprechen, damit Selbstbestimmung und Integrität für das einzelne Individuum gewahrt bleiben? Wie sehr beide Aspekte ineinander verschränkt sind, wird offenkundig, wenn das konkrete Subjekt in seinem Handlungsanspruch und -kontext thematisiert wird. Einerseits ist der einzelne auf die sozialen Institutionen verwiesen, in denen die Gemeinsamkeit des Handelns begründet ist und ohne die der einzelne keine Möglichkeit eines Handlungsvollzuges hätte. Insofern stellen gesellschaftliche Institutionen die Möglichkeitsbedingungen des Handelns und der Bewältigung praktischer Probleme dar. Andererseits unterliegen diese Bedingungen ihrerseits der kritischen Beurteilung, inwieweit diese Institutionen der geschichtlichen Entwicklung entsprechend Handlungsvollzüge ermöglichen oder einschränken (gemessen an der aufgrund der Entwicklung möglichen Erweiterung von Handlungsspielräumen), inwieweit sie diese stabilisieren oder destruieren. Sie werden auch daran gemessen, inwieweit der innere Zusammenhang der Handlungsvollzüge und der verschiedenen Lebensformen für die Akteure hinreichend durchschaubar und bestimmbar ist, so daß dem praktischen Selbstverständnis des Individuums und seinem Anspruch auf Selbstbestimmung entsprochen wird (Bubner, 1984, S. 208 ff.). Die Gesellschaft stellt noch in einem anderen Sinne ein Bedingungsverhältnis für das Individuum dar. In unserem Alltagsverständnis ist ein Wissen davon angelegt, daß sich die Integrität des Menschen der Zustimmung und Anerkennung durch andere Subjekte verdankt. In der Anerkennungslehre von Hegel und Mead ist dies expliziert worden: Die Individuierung des Menschen ist als ein Prozeß zu betrachten, in dem der einzelne in dem Maße zu einer praktischen Identität gelangen kann, wie er sich der Anerkennung seiner selbst durch einen Kreis von Kommunikationspartnern zu vergewissern vermag. Sprach- und handlungsfähige Subjekte werden als Individuen dadurch konstituiert, daß sie sich aus der Perspektive zustimmender anderer heraus auf sich selbst als eigene Identität zu beziehen lernen. Der Begriff des sich selbst bestimmenden und selbstbewußten Subjekts verweist auf spezifische Entwicklungsbedingungen. Das Postulat Hegels, das Vernünftige müsse sich verwirklichen, erhält seine sozialphilosophische Relevanz aufgrund dieses Bedingungsverhältnisses. Die Einseitigkeit früherer Konzepte der Selbstbehauptung erweisen sich angesichts der gezeigten Verschränkung von Individualisierung und Anerkennung und der Abhängigkeit der personalen Integrität von intersubjektiver Anerkennung (Honneth) als unhaltbare Verkürzungen. Die skizzierte Konzeption einer S. verweist auf »Anerkennung«, »Integrität« und »Freiheit« (auch im Sinne der Freiheit von nicht begründbaren Einschränkungen) als den grundlegenden Begriffen. **Lit.:** Aristoteles: Nikomachische Ethik. – R. Bubner: Rationalität, Lebensform und Geschichte. In: H. Schnädelbach (Hg.): Rationalität. Frankfurt 1984. S. 198 ff. – Ders.: Geschichtsprozesse und Handlungsnormen. Frankfurt 1984. – Ders.: Moralität und Sittlichkeit. Die Herkunft eines Gegensatzes. In: W. Kuhlmann (Hg.): Moralität und Sittlichkeit. Frankfurt 1986. S. 64 ff. – G. W. F. Hegel: Jenaer Schriften 1801–07 (Werke. Bd. 2. Hg. K. M. Michel/E. Moldenhauer). Frankfurt 1970. – Ders.: System der Sittlichkeit. In: Schriften zur Politik und Rechtsphilosophie (Sämtl. Werke Bd. VII. Hg. G. Lasson). Leipzig 1913. – A. Honneth: Kampf um Anerkennung. Frankfurt 1992. – Ders.: Integrität und Mißachtung. In: Merkur 44 (1990). S. 1043 ff. – Th. Hobbes: Leviathan. – F. Hutcheson: Erläuterungen zum moralischen Sinn. Stuttgart 1984. – G. H. Mead: Geist, Identität und Gesellschaft. Frankfurt 1973. – A. Shaftesbury: Characteristic of Men, Manners, Opinions, Times. Bd. I. London 1900. ND New York 1964. PP

**Sozialschädlichkeit** wurde in der kriminalpolitischen Diskussion seit den sechziger Jahren als Kriterium für die Strafwürdigkeit einer Handlung eingeführt: ein Verhalten sollte nur dann unter Strafe gestellt werden, »wenn es mit den Bedingungen eines friedlichen, freiheitlichen und materiell gesicherten Zusammenlebens der Bürger unvereinbar ist« (Roxin). Damit sind alle Handlungen von der Strafwürdigkeit ausgenommen, die aus bloß religiösen und moralischen Erwägungen für verwerflich gehalten werden. Die inhaltliche Unschärfe des Begriffs hat in neuester Zeit Zweifel an seiner Handhabbarkeit aufkommen lassen. **Lit.:** K. Amelung: Rechtsgüterschutz und Schutz der Gesellschaft. Frankfurt 1972. – G. Kaiser: Kriminologie. Heidelberg [10]1998. – C. Roxin/G. Arzt/K. Tiedemann: Einführung in das Strafrecht und Strafprozeßrecht. Heidelberg [3]1994. FG

**Sozialwahltheorie** (engl. social choice theory), Zweig der Theorie rationaler Entscheidungen (↗Entscheidungstheorie), der sich mit den Beziehungen zwischen den kollektiven Entscheidungen einer Gruppe von Individuen und den Präferenzen dieser Individuen, insbesondere der Möglichkeit der Aggregation (Zusammensetzung) der individuellen Präferenzen zu einer kollektiven Entscheidung befaßt. Aufgrund ihrer inhaltlichen Nähe zu und teilweisen Abstammung von Fragestellungen der Wohlfahrtsökonomie hat sich die S. vor allem um die Klärung der Frage bemüht, bis zu welchem Grad eine kollektive Entscheidung Ausdruck individueller Präferenzen ist bzw. mit diesen, gerade wegen der zwischen diesen bestehenden Unterschiede und Spannungen, im Sinne des Gemeinwohls harmonieren kann. Das erste, und für alle weiteren Entwicklungen der S. richtungsweisende Ergebnis war das von K. J. Arrow bewiesene Theorem, daß (unter der Voraussetzung rein ordinaler und interpersonell nicht vergleichbarer, individueller Präferenzen) keine Funktion definiert werden kann, die beliebige individuelle Präferenzprofile zu einer kollektiven Präferenzanordnung aggregiert, wenn dabei die anschaulich naheliegenden Bedingungen der Nicht-Diktatur (d. h. kein Individuum kann die kollektiven Präferenzen verordnend festlegen), der Pareto-Optimalität (d. h. wenn alle Individuen Alternative a der Alternative b vorziehen, dann sollte a auch in der kollektiven Anordnung b vorgezogen werden) und der Unabhängigkeit von irrelevanten, d. h. nicht zur Auswahl stehenden Alternativen erfüllt sein sollen. Dieses sog. Unmöglichkeitstheorem und weitere derartige Resultate, wie das von A. Sen über die Unvereinbarkeit von (minimalen) Freiheitsrechten und Pareto-Optimalität (sog. Unmöglichkeit eines Pareto-Liberalen) oder das auf A. Gibbard und M. Satterthwaite zurückgehende Theorem über die Manipulierbarkeit von Wahlverfahren, haben zu inhaltlich weitreichenden Diskussionen über die Möglichkeit von Kooperation und gemeinwohlorientiertem Handeln in freiheitlichen Gesellschaften geführt. Im Rahmen der Gerechtigkeitstheorie hat die S. zu einer Präzisierung und besseren Vergleichbarkeit von utilitaristischen und Rawlsschen Gerechtigkeitskonzeptionen beigetragen. Methoden der S. haben mittlerweile auch in die Erkenntnistheorie Eingang gefunden. **Lit.:** K. J. Arrow: Social Choice and Individual Values. New Haven/London ²1963. – J. S. Kelley: Social Choice Theory. Berlin/New York 1988. – L. Kern/J. Nida-Rümelin: Logik kollektiver Entscheidungen. München/Wien 1994. – A. Sen: Collective Choice and Social Welfare. San Francisco/Edinburgh 1970. – Ders.: Choice, Welfare and Measurement. Oxford 1982. UM

**Soziobiologie,** Form der Verhaltensforschung, die Sozialverhalten nach seiner in Kosten-Nutzen-Rechnungen erfaßbaren Ökonomie beschreibt. Vor allem spieltheoretische Modelle sollen zu abstrakten Vorhersagen über beobachtbares Verhalten führen. Die These vom »Eigennutz der Gene« bietet eine einheitliche Erklärung für Kooperation und Konkurrenz, und zwar in Abhängigkeit vom Verwandtschaftsgrad. Dieses Kriterium ersetzt K. Lorenz' These von der arterhaltenden Selektion. Gemäß der S. dienen soziale Interaktionen primär der Genausbreitung. Dies verändert den Bedeutungsgehalt der Vokabeln »altruistisch« und »egoistisch«. Handlungen, die den Eigenanteil an Genen in der Nachkommenschaft erhöhen, können wir als direkt eigennützig bezeichnen (engl. selfish), solche, die den Verwandtenanteil erhöhen, als indirekt eigennützig (engl. altruistic). Mit den aus der ethischen Diskussion bekannten Begriffen egoistisch und altruistisch haben diese allerdings nur recht wenig gemeinsam. S. dient auch als Grundlage für eine evolutionäre ↗Ethik. **Lit.:** R. Dawkins: Das egoistische Gen. Berlin/Heidelberg/New York 1978. – B. Irrgang: Lehrbuch der Evolutionären Erkenntnistheorie. München/Basel 1993. – W. Wickler/U. Seibt: Das Prinzip Eigennutz. München ³1990. BI

**Soziologie.** Will man einen Begriff von S. bilden und nicht einfach nur aufzählen, womit Soziologen befaßt sind oder befaßt waren, gerät man vor unterschiedliche Ausgangspunkte, deren Verhältnis in der Geschichte des Faches immer umstritten war. Begreift man die S. als Wissenschaft, mag man sie mit Durkheim als Wissenschaft von den sozialen Tatsachen ansehen. Begreift man dagegen auch die Wissenschaft als einen Teil der Gesellschaft, kann man die S. nur als eine Selbstbeschreibung dieser Gesellschaft verstehen. Der Begriff der Tatsache setzt dabei für das Verhältnis der S. zu ihrem Gegenstand eine Unabhängigkeit voraus, die mit dem Begriff der Selbstbeschreibung bestritten wird. Im einen Fall gilt das Modell der Objekterkenntnis, im anderen dagegen dasjenige der Reflexion. Im einen Fall wäre die Wissenschaftstheorie, im anderen die Gesellschaftstheorie für den Begriff der S. zuständig. In der bisherigen Geschichte des Faches wurden diese beiden Ausgangspunkte jeweils für sich ausgearbeitet, und das Verhältnis zwischen ihnen mußte dann als Konflikt inszeniert werden. Das gilt schon für den Konflikt über den epistemologischen Soziologismus, den K. Mannheim ausgelöst hatte, und es gilt noch für den Konflikt zwischen positiven und kritischen Fassungen von S., der in den 1960er Jahren publik wurde. Die Vorstellung, daß man zwischen Objekterkenntnis und Reflexion wählen müsse, folgt zunächst aus der Themengeschichte der neuzeitlichen Philosophie. Neuere Entwicklungen in der Systemtheorie machen es jedoch möglich, Selbstreflexion als einen Fall von Objekterkenntnis zu begreifen. Eine S., die diese Anregungen aufgreift, würde am Objekt der Gesellschaft zugleich etwas darüber lernen, wie sie selbst als dasjenige Teilsystem dieser Gesellschaft, für das allein die Gesellschaft zum Objekt werden kann, überhaupt möglich ist. N. Luhmann hat dafür den Ausdruck der soziologischen Aufklärung vorgeschlagen. **Lit.:** Th. W. Adorno u. a.: Der Positivismusstreit in der deutschen Soziologie. Neuwied 1969. – P. Halfpenny/P. McMylor: Positivist Sociology and its Critics. 3 Bde. Cambridge 1994. – N. Luhmann: Soziale Systeme. Frankfurt 1984. – V. Meja/N. Stehr (Hg.): Der Streit um die Wissenssoziologie. 2 Bde. Frankfurt 1982. AK

**Species** (lat. Art), gibt im MA. v. a. das griechische eidos im Sinne der aristotelischen Kategorienlehre wieder. Sofern das Wesen einer konkreten Einzelsubstanz das ist, was durch die Definition bezeichnet wird, ist die Art im Unterschied zur Gattung Wesen im engeren Sinne. Denn die S. bezeichnet das artspezifische Was, das mehreren gleichartigen Einzelsubstanzen gemeinsam ist, während die Gattung weniger spezifisch ist und das umfaßt, was mehreren S. gemeinsam ist. Insofern die s. vermittels der Sinne erkannt wird, unterscheidet man die s. sensibilis als sinnliches Bild der Sache von der vom Intellekt erfaßten s. intelligibilis. **Lit.:** Thomas v. Aquin: S.th. q. 3 a. 5; q. 14 a. 12; q. 85 a. 2. CS

**Spekulation, spekulativ** (lat. speculari: beobachten), ursprünglich das Denken, das die Wahrheit an sich zum Gegenstand hat, unabhängig von einem praktischen Bezug; es richtet sich im Unterschied zur praktisch ausgerichteten Erfahrung auf das Wesen der Dinge und ihre ersten Prinzipien. Die Bedeutungsvielfalt des Begriffs S. und der historische Wandel seiner Bestimmung und Bewertung rühren daher, daß er von Anfang an im Spannungsfeld von intuitivem und diskursivem bzw. reinem und empirischen Denken angesiedelt ist. – Speculatio war die lat. Übersetzung von griech. »theoria« (Betrachtung) und zunächst auch gleichbedeutend mit contemplatio (↗Kontemplation). In ihrer Unabhängigkeit von lebenspraktischen Zusammenhängen war die theoria als reine Tätigkeit des Denkens gefaßt, die es nur mit sich selbst und nicht mit einem ihr fremden Stoff zu tun hat; sie ist damit auch reine Wirklichkeit (energeia). Aber schon bei Aristoteles war dieses Denken, das seine Gegenstände selbst anschauend hervorbringt, ein göttliches Ideal, an dem der Mensch, dessen Denken an sinnliche Wahrnehmung gebunden ist, nur teilhat. – Angesichts der Problematik des Zusammenbestehens von freiem Denken und inhaltlicher Gebundenheit an die Sinne wurde die Umdeutung des S.sbegriffs durch Augustinus bedeutsam, der S. in bewußter Abgrenzung zur Tradition und unter Berufung auf 1. Cor. 13, 12 von »speculum« (Spiegel) herleitete: In der S. erblickt der Mensch die Wahrheit wie in einem dunklen Spiegel, wobei er selbst als das Abbild Gottes in seinem geistigen Wesen den Spiegel darstellt, der infolge des Sündenfalls verdunkelt ist und durch die gläubige Hinwendung zu Gott klarer werden kann. Die wesentliche Reflexivität des s.en Denkens wird hierbei also gewahrt, aber mit Elementen der neuplatonischen Emanations- und Aufstiegslehre dynamisch überformt, wobei die S. gegenüber der ursprünglichen Bedeutung auch einen moralisch-praktischen Zug erhält. – Im christlichen MA. wird S. als die Erkenntnis der Dinge in Gott durch die Begriffe des Denkens zur Form des Erkennens schlechthin. Dabei hat das menschliche diskursive Denken dadurch Anteil am göttlichen intuitiven, daß es auf höchste Prinzipien und oberste Begriffe (↗Transzendentalien) zurückgeführt wird, die zwar der sinnlichen Wahrnehmung entnommen sind, aber nur dadurch ihre Funktion erfüllen, daß sie intentional nicht auf das Wahrgenommene, sondern auf ihr Erkanntsein durch Gott bezogen werden. Daher spielt in der S. des MA. das formale Verfahren (↗Syllogismus) eine große Rolle, in dem der Mensch das Wesen der Dinge zwar nicht unmittelbar, aber auf unbestimmte vermittelte Weise begreift. Mit der Unbestimmtheit, die durch den Begriff der ↗Analogie gefaßt wird, enthält die ma. S. ein erkenntniskritisches Moment, das in der neuzeitlichen Sicht verlorengeht. – Die an Aristoteles und Augustinus anknüpfende Auffassung der S. im MA. beruhte auf der Einheit von Denken und Wirklichkeit. Mit der Überwindung des Universalienrealismus (↗Universalienstreit) durch Ockham wurde diese Basis entzogen. An die Stelle der Vermittlung des Erkennens über die Teilhabe an der göttlichen Intuition setzt Ockham die unmittelbare, zur sinnlichen Wahrnehmung parallel verlaufende intuitive Erkenntnis der Einzeldinge und bereitet damit den neuzeitlichen ↗Empirismus vor, der in stärksten Gegensatz zur S. tritt. Ockhams eigene Abgrenzung des s.en Wissens gegen das praktische knüpft an die mit der Aristotelesrezeption wieder stärker in den Vordergrund getretene ursprüngliche Bedeutung an, wie sie sich etwa auch in der zur gleichen Zeit entstehenden s.en Grammatik dokumentiert. – Aus der Sicht des in der Neuzeit die Vorherrschhaft gewinnenden empiristischen Ansatzes wird die S. überflüssig, weil ihr zum einen die Fundierung in der sinnlichen Erfahrung fehlt und zum anderen infolge der pragmatischen Ausrichtung des neuen Ansatzes eine rein theoretische Wissenschaft nicht mehr begründet werden kann. Dabei wird übersehen, daß die mittelalterliche S. durchaus die Gebundenheit allen menschlichen Erkennens an sinnliche Wahrnehmung berücksichtigte und einen moralisch-praktischen Zug hatte. So entstand durch empiristische Deutung die Rede von der unnützen, abstrakten S. Dieser Begriff von S. ist seitdem der vorherrschende: ein Denken in bloßen Möglichkeiten, das allenfalls als heuristisches Mittel der Hypothesenbildung anerkannt ist. Von ihm leitet sich auch der Gebrauch des Ausdrucks S. in der Ökonomie her. – Kant steht mit seiner *KrV* in der Tradition der empiristischen Sichtweise und bestimmt s.e Erkenntnis dementsprechend als eine solche, die den Bereich möglicher Erfahrung übersteigt; doch sieht er in seiner Transzendentalen Dialektik einen regulativen Gebrauch der Ideen der s.en Vernunft als legitim und notwendig an, der nur in moralisch-praktischer Hinsicht erkenntniserweiternd sein kann. – An diesem Gedanken Kants, der durchaus Anklänge an die ma. S. erkennen läßt, setzt ohne explizite Kenntnis der ma. Formen die Rehabilitation des S.sbegriffs durch den Deutschen Idealismus an. Während bei Fichte und Schelling mit der intellektuellen ↗Anschauung des Absoluten der intuitive Aspekt der S. im Vordergrund steht, entwickelt Hegel das s.e Denken auf der Basis der Diskursivität als Bewegung des Begriffs, der das Absolute ist. Das Absolute wird in Anknüpfung an Kants Gedanken der transzendentalen Einheit der Apperzeption als die Selbstanschauung des Denkens in seiner Tätigkeit bestimmt. Schellings s.e Wissenschaft unterscheidet sich dadurch von der empirischen, daß sie deren Resultate aus dem Absoluten konstruiert und damit zu notwendigen Erkenntnissen macht. Für Hegel bleibt ein derartiges Konstruieren dem Absoluten äußerlich; es muß in dieses selbst als freie Selbsttätigkeit des Begriffs gelegt werden, durch die das Denken eine immanente dialektische Notwendigkeit hat. Diese logische Notwendigkeit, die Grundlage aller Wissenschaft ist, wird von Hegel als das allein S.e bezeichnet. Sie zeigt sich im »s.en Satz«, bei dem Subjekt und Prädikat wechselseitig ineinander übergehen. – Im Anschluß an die Systematik des Hegelschen Denkens findet sich die Bezeichnung »s.« beim späten Whitehead für den organisch-systematischen Charakter seiner Philosophie. Peirce knüpft mit seiner s.en Grammatik und Rhetorik an die spätma. Bedeutung an. **Lit.:** W. Becker: Selbstbewußtsein und Spekulation. Freiburg 1972. – S. Ebbersmeyer: Art. »Spekulation«. In: HWPh 9 (1995). Sp. 1355–1372. – L. Kerstiens: Die Lehre von der theoretischen Erkenntnis in der lateinischen Tradition. In: Philos. Jb. 66 (1958). S. 375–424. – G. Wohlfart: Der spekulative Satz. Berlin/New York 1981. MKO

**Speziesismus.** Der Begriff des S., in polemischer Absicht den Begriffen des Rassismus und Sexismus nachgebildet, kritisiert eine Haltung des »Art-Egoismus« oder »Art-Chauvinismus«, die die Angehörigen anderer biologischer Arten gegenüber allen Menschen (moralisch) diskriminiert, weil sie die Zugehörigkeit zur menschlichen Spezies per se für moralisch relevant hält (unqualifizierter S.) oder das biologische Gattungsmerkmal mit anderen für wertvoll gehaltenen Eigenschaften (Gottesebenbildlichkeit, Sprachbegabung, Rationalität u.a.) verknüpft sieht (qualifizierter S.). Kritiker halten den S. im allgemeinen für eine nicht zu rechtfertigende Verletzung des Gleichheitsprinzips. ↗Moralischer Status. JA

Nicht die Zugehörigkeit zu einer biologischen Spezies dürfe von Belang sein, sondern die Empfindungsfähigkeit (↗Pathozentrismus), Bewußtheit und Personalität. ↗Naturethik, ↗Anthropozentrismus. **Lit.:** P. Singer. Befreiung der Tiere. München 1982. PP

**Spezifisch, Spezifikation** (lat. species: Art; meist im Zusammenhang mit dem Oberbegriff genus: Gattung verwendet), spezifisch: eine Art betreffend, eigenartig, kennzeichnend. Als s. bezeichnet man in der Logik generell diejenigen Merkmale eines Gegenstandes, die ihn als einen besonderen kennzeichnen, d.h. die seine s.e Differenz (differentia specifica ↗Definition) zu anderen Gegenständen derselben Gattung ausmachen. In der Physik wird unter dem S.en eines Stoffes eine bestimmte Eigenschaft in bezug auf eine bestimmte Größe (Wärme, Gewicht etc.) verstanden. So wird z.B. das s.e Gewicht eines Stoffes durch eine Zahl ausgedrückt, welche angibt, um wieviel schwerer ein Körper als ein gleiches Volumen von 4° warmem Wasser ist. – Spezifikation: Besonderung, Unterteilung in Unterabteilungen wie z.B. einer Gattung in Arten, einer Art in Unterarten oder einer Klasse in Teilklassen usw. Die Aufforderung zur S. eines Begriffs stellt meist eine Aufforderung zu einer differenzierteren Bestimmung von Geltung und Umfang dieses Begriffs dar. Unter S. kann deshalb auch die vollständige Aufzählung aller Bestimmungen verstanden werden, die unter einen Begriff fallen. AC

**Spezifizierung.** Innerhalb der sprachanalytischen Philosophie wird dem ↗singulären Term die Funktion zugesprochen, in einer prädikativen Behauptung einen von vielen Gegenständen als den gemeinten herauszustellen, auf den das Prädikat zutreffen soll. Diese Funktion wird von Tugendhat terminologisch als S. bezeichnet. **Lit.:** E. Tugendhat: Vorlesungen zur Einführung in die sprachanalytische Philosophie. Frankfurt. S. 369. PP

**Spielraum/Spielraumregel** ↗L-Semantik

**Spieltheorie,** mathematische Theorie, deren Gegenstand die Analyse von strategischen Entscheidungssituationen von Personen (Spielern) ist, wobei das Ergebnis der Entscheidung eines Spielers für eine mögliche Handlung von der Entscheidung seiner Mitspieler nicht unabhängig ist. Die S. findet in den Sozialwissenschaften Anwendung und wird neben der ↗Entscheidungstheorie und deontischen ↗Logik auch zur formalen Analyse in der praktischen Philosophie eingesetzt. Ein Spiel ist vollständig beschrieben durch (a) die Menge der Spieler, (b) den Strategieraum, d.h. die Menge der möglichen Handlungen ($H=\{h_1 \ldots h_n\}$) und bei wiederholten Spielen ggf. ihrer Kombinationen, (c) die Auszahlungsfunktion jedes Spielers, die jeder möglichen Strategie eine Auszahlung (Nutzen) zuordnet und (d) die Spielregeln des Spieles oder der Rationalitätsannahmen, die für das Verhalten aller oder einzelner Spieler getroffen werden. In der Regel wird unterstellt, daß (a)-(d) gemeinsames Wissen aller Spieler ist. Es lassen sich also mit der S. Interaktionen zwischen mindestens zwei Spielern rekonstruieren. Man unterscheidet dabei kooperative und nicht-kooperative Spiele. In kooperativen Spielen können ex ante gemeinsame verbindliche Regeln festgelegt werden. Diese Annahme wird in der häufiger verwendeten Form des nicht-kooperativen Spieles fallengelassen. Im Gegensatz zur Entscheidungstheorie entstehen in der nicht-kooperativen S. keine Probleme der Vergleichbarkeit der Auszahlungen verschiedener Spieler. Das einfachste Spiel ist das 2-Personen Spiel, das auch auf nicht-natürliche Personen wie Staaten oder Unternehmen übertragen wird. N-Personen Spiele erlauben zusätzlich die Rekonstruktion von Entscheidungen in Koalitionen. Jedes Spiel läßt sich entweder in einer strategischen Normalform (Matrix) oder in einer extensiven Form (Folge von Entscheidungsknoten) abbilden. Beide Formen erlauben durch entsprechende Kennzeichnung die Analyse von gleichzeitigen Wahlhandlungen, also solchen die in Unkenntnis der Entscheidung des Mitspielers getroffen werden (imperfekte Information), oder von Entscheidungsfolgen. Ein bekanntes Beispiel für ein einfaches 2-Personen Spiel ist das Prisoner's Dilemma: Zwei eines schweren Verbrechens Verdächtige werden in Einzelhaft genommen. Der Staatsanwalt weist jeden der Gefangenen in der Vernehmung auf das mögliche Strafmaß der beiden alternativen Handlungen »Nicht-Gestehen« ($h_1$) oder »Gestehen« ($h_2$) hin: Gesteht keiner von beiden werden beide wegen minderschwerer Delikte zu drei Jahren Haft verurteilt, gesteht einer und sagt als Kronzeuge gegen den anderen aus, wird der Geständige freigelassen, der andere wird zu sieben Jahren Haft verurteilt, gestehen beide werden beide zu je fünf Jahren Haft verurteilt. Es läßt sich spieltheoretisch zeigen, daß die Gefangenen, verhalten sie sich rational, beide gestehen werden, also eine pareto-inferiore Strategie wählen – deshalb »Prisoner's Dilemma«. Dieses Spiel kann formal wie folgt dargestellt werden: (s. S. 489) Bei den Auszahlungen gibt die erste Zahl den Wert für Spieler 1, die zweite den für Spieler 2 wieder; eine niedrige Zahl ist aufgrund des besonderen Spieldesigns besser als eine höhere Zahl (also 0>3>5>7). In der extensiven Form kennzeichnet die gestrichelte Linie zwischen den beiden Entscheidungspunkten von Spieler 2, daß die beiden Situationen zu einem Entscheidungsset gehören; Spieler 2 also bei gleichzeitiger Wahl nicht weiß, welche Handlung Spieler 1 wählt. Die Spieler wählen (hier) diejenige Handlung, die gegeben die Handlung des je anderen die niedrigste Auszahlung ergibt (dominante Strategie). Im obigen Spiel ist $h_2$ für beide Spieler die dominante Strategie. Das Ergebnis $h_2/h_2$ bezeichnet man als (Nash)Gleichge-

| | | Spieler 1 | |
|---|---|---|---|
| | | $h_1$ | $h_2$ |
| Spieler 2 | $h_1$ | 3;3 | 0;7 |
| | $h_2$ | 7;0 | 5;5 |

(Normalform)

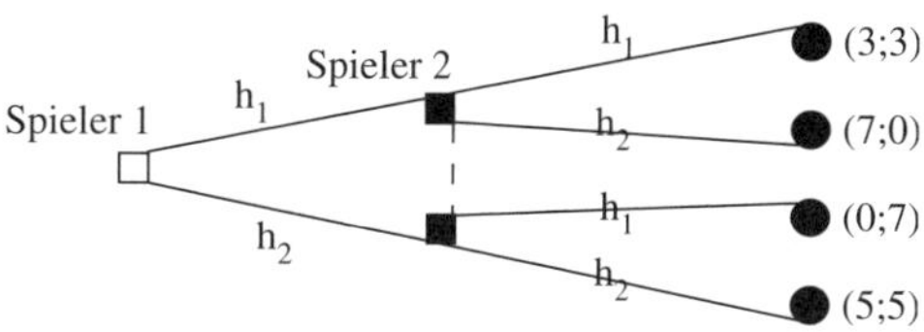


(Extensive Form bei imperfekter Information)

wicht. Jedes eindeutig definierte Spiel hat mindestens ein Nash-Gleichgewicht. Die gegeben die Spielregeln erreichbare Gleichgewichtslösung erweist sich in diesem Spiel im Ergebnis für beide Spieler als suboptimal. In anderen Spielen gibt es mehrere Gleichgewichtslösungen, so daß nicht eindeutig bestimmt werden kann, welche Entscheidung die Spieler treffen (sollen). Diese kontraintuitiven Resultate (Dilemmata) haben zu einer Vielzahl von Variationen in der S. geführt. Zum einen versucht man die Entscheidungsregel so anzupassen, daß entweder mehr Lösungen zulässig sind oder aus einer Reihe zulässiger Lösungen eindeutig eine ausgezeichnet werden kann. Zum anderen betrachtet man wiederholte Spiele (sog. iterierte Spiele), die den Spielern erlauben, durch Drohung mit zukünftigem Verhalten die Wahl des Mitspielers zu beeinflussen oder auf der Basis vergangener Spiele weitergehende Annahmen über Verhaltensdispositionen der Mitspieler zu machen, die von der Wahl der dominanten Strategie abweichen (Lernen). Neuere Ansätze verknüpfen die S. mit der Verhandlungstheorie (theory of bargaining) oder erweitern die zulässigen Annahmen über das Verhalten der Spieler, so daß auch moralische Normen und Konventionen abbildbar sind. **Lit.:** R.B. Braithwaite: Theory of Games as a Tool for the Moral Philosopher. Cambridge/Mass. 1955. – M. Holler/G. Illing: Einführung in die Spieltheorie. Berlin/New York 1991. – D.M. Kreps: Game Theory and Economic Modelling. Oxford 1990. – R. Selten (Hg.): Game Equilibrium Modells II. Berlin/New York 1991. KRL

**Spiritualismus** (lat. spiritus: Geist), bezeichnet die Lehre von der Wirklichkeit des ↗Geistes oder geistiger Wesen. Unter dem im 17. Jh. gebildeten Begriff werden solche philosophischen Richtungen zusammengefaßt, die in Gegenposition zum ↗Materialismus und ↗Positivismus die Anerkennung einer vorrangigen Wirklichkeit und Wirksamkeit des Geistes verteidigen. Für den *metaphysischen* oder *ontologischen* S. ist die Wirklichkeit durch ein immaterielles, geistiges Prinzip geformt oder erzeugt. Hierbei betont die monistische Form des S., daß alle Wirklichkeit ein absoluter Geist ist (↗Deutscher Idealismus), während für die pluralistische Form des S. die Wirklichkeit aus einer Mehrheit von Geistwesen besteht. Den Körpern kommt hier kein eigenständiges Sein zu (vgl. den ↗Idealismus Berkeleys und die Monadenlehre (↗Monade) Leibniz'). Dem *psychologischen* S. geht es um den Nachweis, daß die ↗Seele Geist ist. Eine Form dieses S. findet sich in Descartes' Philosophie, mit ihrer Entgegensetzung von Geist und Materie (↗Cartesischer Dualismus). **Lit.:** L. Brunschvicq: La philosophie de l'esprit. Paris 1949/50. – A.C. Doyle: The History of Spiritualism, I-II. New York 1926 (ND New York 1975). – R. Pesch u.a.: Spiritualismus in Geschichte und Gegenwart. Linz 1974. – E. Rossi: Das menschliche Begreifen und seine Grenzen. Bonn 1968. TH

**Spontaneität,** Freiheit zu selbsttätigem Ordnen in theoretischer und praktischer Hinsicht, ohne das zu Ordnende selbst hervorzubringen. S. des Denkens ermöglicht nach Kant Begriffe, indem die vereinheitlichende Handlung des Denkens verschiedene Vorstellungen unter einer gemeinschaftlichen ordnet. Sie ist eine gesetzmäßige Freiheit, die auch im praktischen Gebrauch eine ordnende Funktion hat und nicht wie in theoretischer Hinsicht Begriffe nur bestimmt, sondern sie auch verwirklicht. S. ist im Unterschied zur Rezeptivität und ↗Passivität das identische Moment in allen Vorstellungen und Handlungen. Soll S. selbst der theoretischen Bestimmung zugänglich sein, so muß sie als an das logische Gesetz vom verbotenen Widerspruch gebunden aufgefaßt werden. So ist eine durchgängige Einheit der Natur ohne Sprünge garantiert, in der dennoch Bestimmungsreihen ursprünglich gesetzt werden können. **Lit.:** I. Heidemann: Spontaneität und Zeitlichkeit. Köln 1958. – R. Hiltscher: Kant und das Problem der Einheit der endlichen Vernunft. Würzburg 1987. – M. Wiegels: Die Logik der Spontaneität. Zum Gedanken der Schöpfung bei Bonaventura. Freiburg 1969. AR

**Sportethik,** befaßt sich mit der Analyse und Bewertung praktischer und theoretischer Implikationen moralischer Einstellungen und Handlungen im Sport. Da die eigentliche S. als Theorie der sportmoralischen Praxis einen metaethischen Überbau trägt, der nach den Bedingungen einer solchen Theorie fragt, reicht ihr Gegenstandsgebiet von der Moral des einzelnen Athleten über die Verantwortung sportlicher Organisationen bis hin zu der Beschäftigung mit sportwissenschaftlichen Prozeduren. Die S. steht in enger Beziehung mit der Soziologie, Psychologie, Didaktik, Pädagogik und Anthropologie. Weil jede Ethik die generelle Frage nach dem Wesen des Menschen einschließt, ist die Untersuchung der Moralität sportlicher Handlungen nur möglich, wenn die Anthropologie der S. fundamentale Kategorien wie Interesse, Würde, Personalität, Vernunft oder Sinnlichkeit liefert. Umgekehrt kann die S. in ihrer beispielhaften Analyse individueller Selbst- und Situationsbegriffe in institutionell vorgegebenen Handlungsfeldern als Exempel für die allgemeine Ethik fungieren. – Der institutionelle Ansatz (Lenk) untersucht die Spannung individueller und sozialer Ansprüche an das Handlungssubjekt am Kernbegriff der ↗Verantwortung. Seine Analyse erscheint besonders brennend, da in einer Welt zunehmender sozialer Anforderungen der bloß individualistische Verantwortungsbegriff zu kurz greift. Die pragmatische Deutung (Franke, Lenk) ist eine Sonderform der institutionenethischen und hat zum Gegenstand eine gleichberechtigte Untersuchung individueller und sozialer Handlungsprämissen und -folgen. Ihre Methode liegt in einer Synthese verschiedener Gegensatzpaare als Grundstrukturen sportmoralischer Praxis, die dem Hauptgegensatz von Gesinnungs- und Verantwortungsethik entstammen. In jüngster Zeit hat die *Ethik des dritten Weges* (Meinberg) den Versuch unternommen, normative und deskriptive sowie individuelle und soziale Elemente in einer umfassenden Theorie zu vermitteln. Sie nennt sich auch co-existential, weil sie den Menschen und die über sein Handeln reflektierenden Theorien als Ausdruck einer wechselseitig aufeinander bezogenen Seins- und Sollenssphäre versteht. – Den breitesten Raum nehmen Theorien ein, die sich in irgendeiner Form als normen- oder wertethische Positionen verstehen. Extreme Versuche stellen einmal die formalistische Variante (De Wachter) dar, die Moral als für sportliches Handeln nicht konstitutiv betrachtet, und einmal die materialwertethische (Kuchler), die auf philosophischem und theologischem Fundament das Sportethos als Ausfluß eines idealen Wertreichs betrachtet. Vermittelnde Deutungen fragen stattdessen nach der Funktion der Moral für den Sport. Die diskursethische Variante (Apel) untersucht die Funktion von Fairneß und Gerechtigkeit als Modell einer allgemeinen Theorie, während Heringer rein immanent bleibt und die Funktion der Fairneß an das gemeinsame Wissen der Spieler bindet. Gerhardt nimmt eine mittlere Position ein, indem er nach einer Funktion des Selbst- und Situationsverständnisses fragt, die in jeder Moral gültig ist, gleichwohl aber bereichspezifische Analysen gestattet. Für ihn ist Fairneß die Tugend des Sports, und ihre Funktion besteht in der Sicherung selbstbestimmter Teilnahme an ihm. **Lit.:** V. Caysa (Hg.): Sportphilosophie. Leipzig 1997. – J. Court: Pragmatisierte Sportethik zwischen Gesinnungs- und Verantwortungsethik. In: Theorie und Praxis der Körperkultur 39 (1990). S. 368–377. – V. Gerhardt: Die Moral des Sports. In: Sportwissenschaft 20 (1991). S. 1–28. – E. Meinberg: Die Moral im Sport. Aachen 1991. JC

**Sprachausdruck.** Nach Frege sind S.e einerseits Namen von konkreten oder abstrakten Gegenständen (Nominatum), andererseits drückt der S. einen Sinn aus, womit die Art und Weise gemeint ist, wie er sein Nominatum wiedergibt: Die beiden Ausdrücke »Abendstern« und »Morgenstern« haben einerseits dasselbe Nominatum, d.h. sind Namen für ein und denselben Gegenstand (nämlich den Planeten Venus), andererseits einen unterschiedlichen Sinn, weil sie das gemeinsame Nominatum in jeweils verschiedener Weise darstellen. Frege wendet dies vor allem auf Sätze an. Danach ist der Sinn eines Satzes die durch ihn ausgedrückte Proposition (bei Frege: der Gedanke), das Nominatum entspricht dem ↗Wahrheitswert des Satzes. Der Sinn (Intension) eines S. liegt deshalb im Bereich der logischen Wahrheit, sein Nominatum (Extension) im Bereich der faktischen Wahrheit. **Lit.:** G. Frege: Über Sinn und Bedeutung. In: I. Angelelli (Hg.): Kleine Schriften. Darmstadt 1967. – F. v. Kutschera: Gottlob Frege. Eine Einführung in sein Werk. Berlin/New York 1989. PP

**Sprache.** Die philosophischen Betrachtungen zur S. umfassen verschiedene Fragestellungen aus den Bereichen der Ästhetik, der Anthropologie, der Existenzphilosophie und der Ethik. In unterschiedlicher Weise wird dabei ihre wirklichkeitserschließende Kraft einerseits und ihre normative Verbindlichkeit andererseits thematisiert. Diejenigen Fragen, in denen der Wirklichkeitsbezug der S. problematisiert wird, führen zu dem für die ↗Sprachphilosophie spezifischen Bereich.

Die Diskussion solcher Fragen zeichnet sich bereits in der Antike ab: Den Sophisten (u.a. Demokrit) wird es zugeschrieben, daß sie durch ihre Skepsis in bezug auf die erkenntniserschließende Kraft der S. die Diskussion darüber eröffnet haben, wie die Entsprechung von Namen (Worten) und Sachen sicherzustellen ist. Platons *Kratylos*-Dialog steckt in einer ersten Antwort die Möglichkeiten ab: Entweder ist die Richtigkeit in der Naturgemäßheit (physei) der S. verbürgt oder S. stellt eine reine Konvention (thesei) dar. Wenn aber die S. in einer sozialen Übereinkunft ihre Grundlage hat, dann erscheint sie in ihrem Bedeutungsgehalt beliebig. Dadurch wird Platons Auffassung, der Name sei ein Werkzeug, durch welche wir das Wesen der Dinge unterscheiden können, in Zweifel gezogen. Eine deutliche Akzentverschiebung hin zum repräsentationalistischen Charakter der S. stellt sich mit Aristoteles' Auffassung ein, Worte seien Zeichen für Vorstellungen. Ein Zeichen ist eine gegenwärtige wahrnehmbare Sache, das auf einen nichtgegenwärtigen Sachverhalt schließen läßt. Für die weitere Diskussion ist es wesentlich, die verschiedenen Aspekte auseinanderzuhalten: Neben der Bezeichnungsfunktion und Kommunikationsfunktion tritt die Bedeutungsfunktion. Letztere führt zu einer Verschiebung von der Perspektive des Sprechers zu der des Hörers: Daraus bildet sich die Hermeneutik als Frage nach dem Verstehen der in Worte gefaßten Meinungen (vgl. Augustinus). – Im MA. wird der gewöhnliche Sprachgebrauch unterschieden nach zweierlei Funktionen der S.: der appellatio (d.i. Benennung) und der significatio (d.i. Bedeuten). Mit Boethius wird schließlich in der weiteren Diskussion die S. in einer dreistelligen Relation festgehalten, um das Verhältnis von Sprache, Denken und

Wirklichkeit zu bestimmen: Das Verständnis (intellectus) einer Sache (res) wird mit Hilfe des Worts (vox) benannt und kann so anderen mitgeteilt werden. Bei Ockham werden die Begriffe (conceptus) als Bestandteil der S. aufgefaßt, mit deren Hilfe der Mensch die Wirklichkeit deutet. Dabei haben die Begriff einen spezifischen ontologischen Status: Sie sind Intentionen des menschlichen Geistes, die sich auf etwas außerhalb des Mentalen liegenden richten. Die Bezeichnungsfunktion der S. wird durch den Bezug auf selbständig existierende Einzeldinge sichergestellt. Dagegen hält Johannes Buridanus an einer Bedeutungstheorie fest, die einzig in der Verständigung einer Sprachgemeinschaft begründet ist.

Die nominalistische Auffassung (Hobbes, Locke, Hume) von S. geht davon aus, daß ein an sich wortloses Denken zur Fixierung und Erinnerung der Gedanken und für deren Mitteilung S. nötig ist. Die Sprachzeichen weisen dabei keinerlei Ähnlichkeit oder Vergleichbarkeit mit den Dingen auf, sondern sind arbiträr. Sprachausdrücke sind damit nicht als Abbildungen der Dingen zu verstehen, sondern als Zeichen für Vorstellungen und Vorstellungskomplexe, die Menschen auf der Grundlage ihrer äußeren Sinneseindrücke (sensations) und inneren Wahrnehmung der Operationen des Geistes (reflection) bilden (Locke). In dieser Auffassung kommt der S. die Funktion der ↗Repräsentation der äußeren Realität (vermittelt über die Ideen) zu. – Auch in der rationalistischen Auffassung von S., wie sie repräsentativ von Leibniz entwickelt wird, sind die Worte (als Grundbestandteile der S.) Zeichen für Begriff, Gedanken und Ideen. Er schreibt dem Sprachzeichen vier Funktionen zu: der Mitteilung von Gedanken zu dienen (kommunikative Funktion), Gedächtnisstütze zu sein (mnemonische Funktion), das Denken (das es ohne Zeichen nicht gibt) zu ermöglichen, und schließlich die erkenntnisfundierende Funktion. Sein Interesse an der Erkenntnisfundierung der S. führt ihn zu dem Versuch, eine ideal konstruierte S. (d.i. lingua universalis) zu entwerfen. Dabei schwebt ihm vor, die grammatische Analyse so weit zu entwickeln, daß der Schritt zum Aufbau einer logischen Syntax im Sinne eines logischen Kalküls möglich wird. Für diese künstliche S. (characteristica universalis) wird ein Isomorphismus zwischen den Dingen, den Begriffen und den Zeichen behauptet. Das eröffnet die Möglichkeit, daß nach durchgeführter Analyse und Zuordnung der Zeichen ohne Mühe erkannt werden könnte, ob eine gegebene Verbindung von Zeichen einem wahren Satz entsprechen kann. Damit wäre auch die Frage zu beantworten, wie die natürliche Ordnung von Ideen zu klären sei. Gemeinsam ist den genannten Positionen, daß sie S. überwiegend in ihrer Funktion begreifen, die Realität vermittels Ideen und Begriffen zu repräsentieren.

In Abgrenzung dazu sind jene Positionen zu sehen, die vor allem die wirklichkeitserschließende Kraft der S. herausstellen. So gilt für die Sprachauffassung im Humanismus (Petrarca, Pico della Mirandola, Montaigne), daß die S. Darstellung des Seienden ist, d.h. daß es kein vorsprachliches Seiendes und auch kein sprachunabhängiges Denken geben kann. Durch den Bezug auf die Sprachgemeinschaft wird auch der geschichtliche Charakter der S. bewußt gemacht. In besonderer Weise wird der Stellenwert der S. für die Konstitution von Gedanken von Vico herausgestellt. – Auch wenn vor allem im Zuge der französischen Aufklärung (Condillac, Rousseau) Überlegungen zum Ursprung und zur Entwicklungslogik (d.h. die Ausdrücke für Empfindungen als erste Sprachzeichen) der S. eine Rolle spielen, steht doch die Frage, wie die S. als Tätigkeit des Geistes bei der Schaffung der menschlichen Wirklichkeit zu erklären ist, im Vordergrund: Die S. ist dabei nicht als ein abgeschlossenes Bezeichnungssystem zu begreifen, sondern als Tätigkeit des Sprechens, in dem sich Gedanken herausbilden (Hamann, Herder). Die Resultate dieser individuellen Tätigkeit des Sprechens finden Eingang in das semantische System der S. Aber erst im Bezug auf die anderen Subjekte bildet sich eine objektive Wirklichkeit heraus, d.h. ein intersubjektives Verständnis von Sachgegenständen und damit auch Objekte der Bezugnahme (Humboldt). Eine Entsprechung dazu findet sich schon in Hegels Auffassung, die S. (bzw. das Wort) sei der Gedanke des allgemeinen Bewußtseins der Individuen. Cassirer stellt an Humboldt anknüpfend heraus, daß die S. nicht als ein einfaches Produkt zu verstehen ist, sondern als ein kontinuierlicher Prozeß, in dem sich für den Menschen die Umrisse seiner Welt immer klarer abzeichnen. Cassirers Auffassung hat über Goodman Eingang gefunden in die analytische Sprachphilosophie. Für die gegenwärtige Diskussion der S. als ein Zeichensystem (Eco) hat Saussure durch die Bestimmung der S. als ein System die entscheidende Vorarbeit geleistet. Innerhalb einer Semiotik kann sowohl der Aspekt der Welterschließung gerade auch im Hinblick auf die Repräsentationsfunktion umfassender thematisiert werden. ↗Semiotik, ↗Sprachphilosophie, ↗Sprachphilosophie, analytische.

**Lit.:** K.-O. Apel: Die Idee der Sprache in der Tradition des Humanismus von Dante bis Vico. Bonn 1963. – E. Cassirer: Philosophie der symbolischen Formen. Bd. I: Die Sprache. Darmstadt 1985. – U. Eco: Semiotik und die Philosophie der Sprache. München 1985. – N. Goodman: Weisen der Welterzeugung. Frankfurt 1990. – P. Prechtl: Sprachphilosophie. Stuttgart/Weimar 1998. PP

**Sprache, formale** ↗Modellsprache

**Sprache, natürliche.** In Abgrenzung zu Kunstsprachen, die als einheitliches System entworfen sind und deren Vokabular und Grammatik dadurch eindeutig festgelegt sind, spricht man dann von natürlichen S.n, wenn das Vokabular und die Grammatik der S. sich mit der Zeit aufgrund des wechselnden Gebrauchs mehr oder weniger stark ändert – wie es in der Umgangs- oder Alltagssprache der Fall ist. PP

**Sprachgebrauch,** auch Wortgebrauch. Der Gebrauch der Sprache wie der eines Wortes wird in der ↗Philosophie der normalen Sprache durch die soziale Verwendungsweise in Situationskontexten, nicht aber durch die Angabe einer Menge von Gebrauchsinstanzen bestimmt. Zur Bestimmung der Bedeutung eines Wortes bezieht man sich auf die Standards korrekter Gebrauchsweisen in einer Sprachgemeinschaft. PP

**Sprachkundigkeit.** In der Konsenstheorie der Wahrheit werden für den Prozeß der Konsensbildung die Zusatzannahmen der Gutwilligkeit, Vernünftigkeit, Normalsinnigkeit und der S. gestellt. Die Annahme der S. bedeutet, daß die an der Konsenssuche Beteiligten in bezug auf den zu untersuchenden (Forschungs-) Gegenstand dieselbe Sprache sprechen müssen, z. B. die physikalische oder die mathematische Sprache. ↗Konsenstheorie. PP

**Sprachphilosophie.** In der Vielfalt der Ansätze und Formen sprachphilosophischer Reflexionen läßt sich als gemeinsamer Nenner herauskristallisieren, daß sie in der Thematisierung der Sprache gleichzeitig über den Menschen als sprachfähiges Wesen und damit über die mit der Sprache einhergehenden Möglichkeiten reflektieren. Dabei verschwimmen die Grenzen zwischen S. und sprachphilosophisch orientierter Philosophie. Zur letzteren sind die anthropologischen Reflexionen über die Sonderstellung des Menschen als sprach- und vernunftfähiges Wesen zu rechnen: die Sprache als Ausdruck des Geistes (Scheler), als Vermögen zur Selbstreflexion und Stellungnahme (Plessner) und die Sprache in ihrer anthropo-biologischen Funktion, den Menschen durch Symbolisierung vor Reizüberflutung zu entlasten (Gehlen). Im Rahmen existenzphilosophischer Fragestellungen steht die Bedeutung der Sprache für den Zusammenhang zwischen dem Wesen des Menschen und seinem Verhältnis zum Sein im Vordergrund. So fragt Heidegger nach demjenigen Existenzial, das allem konkreten Sprechen zugrundeliegt. Er findet den gesuchten Grund in der Rede, die er in ihren einzelnen Strukturmomenten darlegt. Die Rückführung auf die Seinsstruktur des Daseins richtet sich gegen eine instrumentalistische Auffassung der Sprache. Bei Jaspers wird Sprache vom Bewußtsein her bestimmt: Sprache ist in ihrem Verhältnis zu den verschiedenen Weisen des Umgreifenden, in denen wir das eine Sein begreifen, bestimmt. Für Merleau-Ponty muß Sprache im Zusammenhang mit dem leiblichen Ausdrucksvermögen gesehen werden. Sie ist eine besondere Form der Gebärde. Sie stellt den Bezug zu einer kulturellen Welt her, indem sie Sinn konstituiert und jeder Sprecher sich auf einen tradierten Bestand von Bedeutung beziehen kann, auf dessen Grundlage wieder neuer Sinn entstehen kann.

Von solchen sprachorientierten Reflexionen lassen sich diejenigen Positionen der S. abheben, die der Frage nachgehen, auf welche Weise die Sprache zum Vehikel des Denkens und der Kommunikation werden kann. Die unterschiedlichen Positionen der S. lassen sich im Hinblick auf die gemeinsame Perspektive, nämlich die Bedeutung der Sprache für den Menschen zu thematisieren, in einen systematischen Bezug bringen. Dabei ist die Bedeutung der Sprache für den Menschen in einem doppelten Sinne zu verstehen: (a) in dem Verständnis, daß der Mensch sich erst über Sprache einen Sinnbezug zu dem verschafft, was für ihn Welt bedeutet, und (b) daß in der Sprache der mögliche Garant der Richtigkeit eines Wirklichkeitsbezugs zu suchen und zu finden sei. In dieser allgemeinen Charakterisierung ist noch nicht festgelegt, ob es sich dabei um eine gegenständliche oder eine soziale Welt handelt, ob hinsichtlich der gegenständlichen Welt diese als eine der Sprache vorgängige Wirklichkeit angenommen oder als eine erst qua Sprache konstituierte gedacht wird. Der Wirklichkeitsbezug mittels Sprache spezifiziert die Betrachtung der Sprache auf den Aspekt ihrer Leistung für die Formung und Organisation der Erfahrung. Der Stellenwert der Wirklichkeit findet seine erkenntnistheoretische Relevanz in der Frage: Besteht Sprechen nur im Ausdrücken sprachunabhängiger Denk- und Wahrnehmungsinhalte, an denen sich durch den Ausdruck nichts ändert, oder sind diese Inhalte immer schon sprachlich bestimmt, so daß die Formen unserer Sprache die Formen unserer Erfahrung sind. In diesem Fragezusammenhang erhält das Bedeutungsproblem seine besondere Relevanz für die S. Für beide Möglichkeiten des Bedeutungsverständnisses lassen sich repräsentative Autoren benennen, die auch die späteren Entwicklungen in entscheidendem Maße geprägt haben: Die Diskussionen der Neuzeit können dabei auf zahlreiche sprachphilosophische Überlegungen der Antike und des MA. (↗Significatio) zurückgreifen. Für die gegenwärtige Diskussion lassen sich einige deutliche Akzentsetzungen benennen: Ockham stellt sich die Sprache als ein Zeichensystem vor, das der primär vorsprachlich gegebenen Welt nachträglich zugeordnet ist. Dieses Verhältnis von sprachfreier Intuition der individuellen Außenweltdinge und nachträglicher Bezeichnung der intuitiv gewonnenen Vorstellungen durch Namen bestimmt die sprachphilosophische und erkenntnistheoretische Position des ↗Nominalismus. Von dieser Auffassung her kristallisieren sich zwei Positionen heraus: der Rationalismus und der Empirismus. Für Leibniz gibt es keine von den Begriffen unabhängige Möglichkeit, das Denken auf seine Übereinstimmung mit dem Sein hin zu überprüfen. Diese durch die ↗rationalistische S. repräsentierte Auffassung sieht den Bezug zur Wirklichkeit durch die Konstruktion einer Kalkülsprache (↗Universalsprache) nach dem Muster der mathematischen Symbolik gewährleistet. Die Leistung der Sprache wird durch den Aufbau einer ideal funktionierenden Sprache sichergestellt. In ihrer normierenden Absicht ist die ↗Philosophie der idealen Sprache diesem Anspruch verpflichtet. Die Sprachkritik der durch Locke repräsentierten Position des Empirismus führt den Ursprung der Begriffe und Bedeutungen auf die sinnlichen Ideen zurück, die wir entweder aus sinnlichen Eindrücken von Gegenständen außer uns oder aus der inneren Tätigkeit des Geistes haben. Im Wort drückt sich immer nur die subjektive Art, in der der menschliche Geist bei der Zusammenfassung der einfachen Ideen verfährt, aus. Der Sprache kommt eine Repräsentationsfunktion, eine Merkfunktion und eine Gestaltungsfunktion zu. In der Konsequenz dieser Annahmen liegt es, den Wahrheitsanspruch einzig und allein in dem Gebrauch der Worte zu verorten: veritas in dicto, non in re consistit. Die wirklichkeitsbezogenen singulären Ausdrücke, die Namen, sind Zeichen für Begriffe, nicht für objektive Gegenstände. Wenn die Sprache nicht ein Spiegelbild des sinnlichen Daseins abgibt, sondern der geistigen Operationen, dann eröffnen sich von dieser Auffassung aus zwei Möglichkeiten der sprachphilosophischen Weiterentwicklung. Die eine zeigt sich in dem Unternehmen der analytischen ↗Sprachphilosophie, die semantischen Grundausdrücke, die die Beziehung zwischen Sprache und Welt gewährleisten, zu analysieren. In der Theorie der ↗Referenz werden die dafür in Frage kommenden Ausdrücke und deren Beziehung zu den Gegenständen thematisiert.

Der andere Weg zeigt sich in der Sinnanalyse der Wirklichkeit. Von der Leistung geistiger Operationen läßt sich auch in dem Sinne sprechen, wie Humboldt die Sprache als eine dem Menschen eigentümliche Form anzusehen: Alles geistige Sein wurzelt in einem schöpferischen Prozeß (↗Energeia). Sprache wird zur Mittlerin zwischen Mensch und Welt, indem sie dem Menschen sowohl die Welt eröffnet als auch seine Weltorientierung leitet und prägt. Sinnlichkeit und Intellekt sind die Konstitutiven von Mensch und Sprache gleichermaßen. Die Sprache gibt die Mittel an die Hand, um Einheit in die Mannigfaltigkeit, Ordnung und Struktur in die Vielfalt zu bringen. In der Konsequenz dieser Auffassung liegt es, die an die einzelne Sprache rückgebundene geistige Auffassungsweise i.S. einer individuellen Weltansicht zu verstehen. Objektivität wird dann nicht abgebildet, sondern durch den Prozeß der geistigen Formung errichtet und in der Intersubjektivität von Weltansichten erreicht. – Durch Herder und später durch Cassirer wird diese Ansicht erkenntnistheoretisch gegen den Dualismus von Sprache und Welt gewendet, indem schon für jeden sinnliche Eindruck der konstitutive Charakter der Sprache geltend gemacht wird. Jeder sprachliche Ausdruck faßt einen selbständigen Charakter der Sinngebung in sich, ist also nicht Abdruck einer gegebenen Anschauungswelt. Die Bedeutung ist erst in der sprachlichen Produktion gesetzt. Diese Konzeption führt zur transzendentalen Grundlegung der Welt durch Sprache: Welt bedeutet immer Sinnbezug, der nur durch sprachliche Leistung erbracht werden kann. Eine solche Auffassung weist auf den humanistischen Sprachbegriff zurück, der die gemeinschaftsbildende Funktion der Sprache herausgestellt und Sprache als intersubjektive und geschichtlich konstante Form des Menschsein betrachtet hat. **Lit.:** K.-O. Apel: Die Idee der Sprache. In: Archiv f. Begriffsgeschichte Bd. 8 (1963). – E. Cassirer: Philosophie der symbolischen Formen. Bd. 1. Die Sprache. Darmstadt [9]1988. – H. Gipper: Das Sprachapriori. Sprache als Voraussetzung menschlichen Denkens und Erkennens, Stuttgart-Bad Cannstatt 1987. – J. Hennigfeld: Die Sprachphilosophie des 20. Jahrhunderts. Berlin/New York 1982. – P. Prechtl: Sprachphilosophie. Stuttgart/Weimar 1998. – S.J. Schmidt: Sprache und Denken als sprachphilosophisches Problem von Locke bis Wittgenstein. Den Haag 1968. – J. Simon: Sprachphilosophie. Freiburg/München 1981. – J. Villers: Kant und das Problem der Sprache. Konstanz 1997. PP

**Sprachphilosophie, analytische,** in einer allgemeinen Charakterisierung läßt sich die a. S. als eine methologisch bestimmte Form des Philosophierens beschreiben (Hoche), deren Gegenstand die Sprache bzw. die Verwendungsweise sprachlicher Ausdrücke ist. Ihr liegt die Annahme zugrunde, daß die Sprache uns die Welt erschließt und in der Sprache unser Verhältnis zur Welt zum Ausdruck kommt. Analyse und Kritik dieses Weltverhältnisses haben daher von der Sprache auszugehen: »Alle Philosophie ist ›Sprachkritik‹« (Wittgenstein: *Tract.* 4.0031). Von einer Philosophie der Sprache unterscheidet sich die a. S. dadurch, daß ihre Sprachuntersuchungen immer zugleich (nicht-sprachliche) Sachuntersuchungen einschließen, so daß die Analysen in allen philosophischen Disziplinen oder Sachgebieten Anwendung finden können. Diese Beziehung zwischen Sprachanalyse und Sachklärung drückt Wittgenstein in zwei Thesen aus: (1) Der Zweck der Philosophie ist die logische Klärung der Gedanken – insofern ist Philosophie als Tätigkeit der Kritik und nicht als Lehre zu begreifen (*Tract.* 4.112). (2) Der Gedanke ist der sinnvolle Satz (*Tract.* 4). Die Analyse der Sprache ist zugleich Analyse des Denkens und unserer Vorstellungen über die Welt. Daraus resultiert der programmatische Anspruch, sich erst über die Analyse der Sprache zu versichern, daß wir nicht aufgrund eines falschen Gebrauchs der Sprache zu philosophischen Scheinproblemen gelangen. In der Untersuchung der Verwendung sprachlicher Zeichen geht es der a.S. um die Klärung der Frage, was es heißt, daß ein Ausdruck Bedeutung hat und sich auf Gegenstände bezieht. Nicht die Gegenstände in der Welt, sondern die Aussagen über Gegenstände werden zum Thema der Analyse (Dieser methodische Schritt zur Analyse der Ausagen wird als »semantic ascent« bezeichnet).

Das thematische Spektrum der a. S. kann nur in allgemeinen Zügen durch Benennung der grundlegenden Positionen und der systematischen Fragestellungen skizziert werden. Zwei unterschiedliche Strömungen lassen sich innerhalb der a. S. ausmachen: Von Frege, Russell, Wittgenstein (*Tractatus*) und Carnap ausgehend, unternimmt sie eine logische Analyse der Wissenschaftssprache und der philosophischen Sprache (↗Philosophie der idealen Sprache). Im Unterschied dazu setzt sich die von Wittgenstein (*Philosophische Untersuchungen*) und Moore geprägte Ordinary-Language-Philosophy (↗Philosophie der normalen

Sprache) zum Ziel, durch die Analyse des umgangssprachlichen Gebrauchs der Ausdrücke die philosophischen Begriffe und Probleme einer Klärung zuzuführen. Das Interesse des als »conceptual analysis« bezeichneten Analyseverfahrens richtet sich vor allen Dingen auf eine Klärung der Begriffe der kognitiven Organisation unserer Welt bzw. der mentalen Sprache, der politischen und der ethischen Begriffe (↗Metaethik). – Die semantische Analyse der Sprache konzentriert ihre Überlegungen zum einen auf die Art unserer sprachlichen Bezugnahme auf Gegenstände und zum anderen auf die Frage, wie sich die Bedeutung eines zusammengesetzten Ausdrucks aus der Bedeutung der Teilausdrücke ergibt. Daraus resultieren die unterschiedlichen Themenbereiche der a. S.: Im Vordergrund steht zunächst die Frage, was Gegenstandsbezug heißt und mit welchen Sprachmitteln er vollzogen wird. Eine erste Antwort darauf heißt: Durch den Subjektausdruck gibt der Sprecher den Gegenstand an, über den er eine Aussage machen will, und durch den Prädikatausdruck, was er über den Gegenstand aussagen will. Diese noch unspezifische Aussage wird in Detailproblemen konkretisiert: Zur eindeutigen Identifizierung eines einzelnen Gegenstandes bedarf es geeigneter sprachlicher Ausdrücke: der ↗singulären Termini. Die Identifikation ist Voraussetzung dafür, daß eine Aussage über einen Gegenstand gemacht werden kann. In dem Umstand, daß das Bezugnehmen (Referieren) einerseits noch keine Aussage enthält und das Prädizieren andererseits als Aussage über einen Gegenstand einen eindeutigen Bezug voraussetzt, zeigt sich, daß Referieren und Prädizieren aufeinander verwiesen sind. Deshalb ist davon auszugehen, daß der Satz die kleinste sprachliche Einheit darstellt, der Bedeutung zukommen kann. Mit den Ausführungen über die Zuordnung von singulären Termen zu ihren Referenzgegenständen (d.i. den Individuen eines Individuenbereichs) sind Fragen der extensionalen und intensionalen Bedeutungsbestimmung (↗Intension/Extension) und des Stellenwerts von ↗Eigennamen bzw. ↗Kennzeichnungen verbunden. Die Kennzeichnungs- und Merkmalstheorie der ↗Referenz von G. Frege und B. Russell machen die Referenz eines Ausdrucks von seiner Bedeutung, d.h. von der Angabe von Bezeichnungsmerkmalen abhängig. Erweiterte Fassungen dieser Kennzeichnungstheorie finden sich zum einen in der Position der ↗Bündeltheorie der Referenz (J.R. Searle), in der die Bedeutung referierender Ausdrücke durch ein Bündel von Merkmalen bestimmt ist, von denen für die Festlegung der Referenz nicht alle gleichzeitig zutreffen müssen, zum andern in der Auffassung der mit der Prädikation einhergehenden raumzeitlichen Lokalisierung des Referenzobjekts (P.F. Strawson, E. Tugendhat). Der pragmatischen Semantiktheorie zufolge ergibt sich die Bedeutung eines sprachlichen Zeichens aus dem Wesen seines Gebrauchs. Die ↗Sprechakttheorie bindet die Bedeutung einer Aussage bzw. Proposition an den spezifischen Status der Äußerungsform (z.B. Behauptung, Frage, Befehl, Wunsch) zurück, der in der illokutionären Rolle angezeigt ist (Austin, Searle). Ein weiterer zentraler Problemkreis resultiert aus dem Erfordernis, eine Bedeutungstheorie für die natürlichen Sprachen zu bilden. Freges diesbezügliche Behauptung, daß die ↗Bedeutung eines Satzes durch seine Wahrheitsbedingungen festgelegt ist, ist so zu verstehen, daß eine Person die Bedeutung eines Satzes dann versteht, wenn sie die Bedingungen kennt, unter denen der Satz wahr sein würde. Der Auffassung, es würde für eine Bedeutungstheorie genügen, die Wahrheitsbedingungen eines Satzes angeben zu können (Davidson), wird von anderer Seite entgegengehalten, daß eine solche Theorie auch erklären müßte, über welche praktischen Fertigkeiten ein Sprachbenutzer verfügt, von dem man sagen kann, daß er die Wahrheitsbedingungen eines Satzes kenne (Dummett; ↗Wahrheit). Freges Behauptung von der Bedeutung des Satzes wird noch in einer anderen Hinsicht kontrovers diskutiert. Seiner Auffassung, daß nur das im Aussagesatz Ausgesagte (d.i. die Proposition) nach wahr oder falsch bestimmt werden kann, liegt die Vorstellung zugrunde, daß Propositionen klar voneinander unterscheidbare und identifizierbare Entitäten darstellen. Mit seinem Zweifel an dieser Annahme eröffnet Quine einen weiteren Diskussionsstrang der a.n S. **Lit.:** G. Evans: The Varieties of Reference. Oxford 1982. – H.-U. Hoche: Einführung in das sprachanalytische Philosophieren. Darmstadt 1990. – W. Kellerwessel: Referenztheorien in der analytischen Philosophie. Stuttgart-Bad Cannstatt 1995. – F. v. Kutschera: Sprachphilosophie. München [2]1975. – P. Prechtl: Sprachphilosophie. Stuttgart/Weimar 1998. – E. Runggaldier: Zeichen und Bezeichnetes. Sprachphilosophische Untersuchungen zum Problem der Referenz. Berlin 1985. – Ders.: Analytische Sprachphilosophie. Stuttgart/Berlin/Köln 1990. – E. Tugendhat: Vorlesungen zur Einführung in die sprachanalytische Philosophie. Frankfurt 1976. – U. Wolf (Hg.): Eigennamen. Frankfurt 1985. PP

**Sprachspiel,** in Wittgensteins *Philosophischen Untersuchungen* geprägter Terminus zur Kennzeichnung der Sprache als einer Handlung in Lebenskontexten. Wie jede Handlung ist auch die Sprache in verschiedene Handlungs- und Situationskontexte eingefügt und somit immer ein Teil solcher von Wittgenstein als Lebensformen bezeichneten Kontexte. Entsprechend der (nicht beschränkten) Anzahl von Lebensformen gibt es verschiedene von Wittgenstein als S.e bezeichnete Verwendungsformen von Sprache, z.B. befehlen, bitten, fragen, beschreiben, erklären, grüßen u.a.m. Der Terminus S. soll zum Ausdruck bringen, daß der Sprachgebrauch in den verschiedenen Lebensformen jeweils spezifischen Regeln folgt, entsprechend den verschiedenen Regelsystemen, die für die einzelnen S.e konstitutiv sind. Die Regelhaftigkeit ist ihrerseits Voraussetzung für die Verständigung mittels Sprache. Ohne feste, im Sprachgebrauch erlernte Regeln für die Verwendung eines Wortes in den sozialen Kontexten gibt es keine feste Bedeutung. PP

**Sprachstufentheorie.** Die Grundlage für die S. ist die notwendige Unterscheidung (in einer Sprache) zwischen der Verwendung und der Erwähnung eines Ausdrucks. Z. B. kann in der Aussage »Lars ist einsilbig« mit »Lars« eine Person bezeichnet werden, der eine bestimmte Eigenschaft zugeschrieben wird, oder das Namenwort »Lars« gemeint sein, das nur aus einer Silbe besteht. Im ersten Fall wird »Lars« verwendet, im zweiten erwähnt, d. h. es wird sprachlich auf den sprachlichen Ausdruck Bezug genommen. Bei der Verwendungsweise der Sprache bezieht man sich auf außersprachliche Gegenstände (Objekte), beim Erwähnen sind sprachliche Entitäten der Bezugsgegenstand. Diejenige Sprache, mit der man sich auf außersprachliche Entitäten bezieht, wird als Objektsprache bezeichnet, während die Sprache, in der über die vorgegebene Sprache gesprochen wird, als Metasprache bezeichnet wird. Die Sätze der Metasprache werden dazu verwendet, um über Ausdrücke und Sätze der Objektsprache zu sprechen, die Sätze der Meta-Metasprache dienen dazu, um über Ausdrücke und Sätze der Metasprache zu sprechen (usw.: Meta-Meta-Metasprache). Die Hierarchie der Metasprachen kann beliebig fortgesetzt werden. ↗Typentheorie. PP

**Sprachwissenschaft** (auch: Linguistik), wissenschaftliche Disziplin, die sich mit der Beschreibung und Erklärung von Sprache, Sprachen und sprachlicher Kommunikation befaßt. Das Gesamtgebiet der S. ist in eine Reihe einzelner Teildisziplinen gegliedert, die sich in Gegenstandsbereichen, Methoden und Erkenntnisinteressen vielfach scharf voneinander unterscheiden. Kern der S. ist die Erforschung von sprachlichen Zeichen auf unterschiedlichen Hierarchieebenen, in die Sprache zum Zwecke ihrer Beschreibung eingeteilt werden, namentlich: Phonetik (Analyse der menschlichen Lautproduktion unter artikulatorischen, akustischen und auditiven Aspekten), Phonologie (Analyse von Phonem-, Silben-, Akzent- und Intonationsstrukturen, bei Tonsprachen auch: Tonologie), Graphematik (Analyse der Schriftstruktur und der »Orthographie«), Morphologie (»Formenlehre« bei flektierenden, agglutinierenden und inkorporierenden Sprachen), Lexikologie und Wortbildungslehre (Ableitung und Komposition), Syntax (»Satzlehre«) und Semantik (»Bedeutungslehre«).
Textlinguistik und Stilistik befassen sich mit sprachlichen Einheiten jenseits der Satzebene (z. B. pronominalen und anderen anaphorischen Verweisstrukturen). In der linguistischen Pragmatik werden die Bedingungen und Regularitäten sprachlichen Handelns untersucht. Mit dem Studium genereller Eigenschaften von Sprache überhaupt befaßt sich die allgemeine S.; die Sprachphilosophie gilt als ihr Teilgebiet, obwohl auch andere Bereiche der S. offenkundige sprachphilosophische Bezüge aufweisen (etwa die linguistische Pragmatik, die ihre Entstehung der ↗Philosophie der normalen Sprache und den ↗Sprechakttheorien verdankt). Die linguistische Universalienforschung sucht allgemeine formale und substantielle Eigenschaften von Sprache empirisch (in der Sprachtypologie) und theoretisch (in nativistischen (kognitivistischen) Denkrichtungen, v. a. in der generativen Grammatik) herauszufinden. Mit dem bi- und multilateralen Vergleich von Sprachen beschäftigen sich die vergleichende und die kontrastive (konfrontative) S., letztere vielfach im Hinblick auf Zweitspracherwerb und Fremdsprachenunterricht, also Teilbereiche der angewandten S., die sich mit der praktischen Nutzbarmachung linguistischer Forschungsresultate im Sprachunterricht, beim Dolmetschen und Übersetzen usw. befaßt. Ihr wird mitunter eine theoretische S. gegenübergestellt, als deren Charakteristikum das Fehlen von empirischen und praktischen Bezügen bzw. die Beschränkung auf die inneren Strukturen von Sprache (das Sprachsystem) und das Entwickeln von Modellen über solche Strukturen gilt. Ähnlich gelagert ist die Unterscheidung zwischen innerer und äußerer S.: erstere behandelt innersprachliche Sachverhalte und Entwicklungen, letztere die »äußeren« kulturellen, sozialen, ökonomischen, politischen usw. Bedingungen der Existenz und der Geschichte von Sprachen; mitunter wird erstere als »Linguistik« letzterer als »S.« gegenübergestellt. Die historische und die historisch-vergleichende S. erforschen die geschichtliche Entwicklung von Sprachen bzw. Sprachgruppen, oft unter Einbeziehung »äußerer« Faktoren; hingegen betrifft die auf F. de Saussure zurückgehende Unterscheidung zwischen diachroner und synchroner S. ausschließlich »innere« Faktoren. In Abgrenzung zur theoretischen und angewandten S. werden solche Teildisziplinen, die sich dem Erheben, Auswerten und Analysieren konkreter sprachlicher Daten widmen, mitunter als empirische (deskriptive) S. bezeichnet. Die zahlreichen sog. »Bindestrichlinguistiken«, die sich seit den 1960er Jahren entwickelt haben, befassen sich mit Gegenständen, die gleichzeitig zum Objektbereich anderer Disziplinen gehören und deren Untersuchung entsprechend modifizierte Methodiken und Modellbildungsverfahren bedarf, z. B. die Psycholinguistik, die Neurolinguistik, die Soziolinguistik, die Computerlinguistik, die Sprachsoziologie, die Sprachstatistik. **Lit.:** Metzler Lexikon Sprache. Hg. von H. Glück. Stuttgart/Weimar 1993. – F. J. Newmeyer (Hg.): Linguistics: The Cambridge Survey. 5 vols. Cambridge 1988. – F. de Saussure: Cours de linguistique générale. Paris 1916 (dt. Grundfragen der allgemeinen Sprachwissenschaft. Berlin 1931, [2]1967. HG

**Sprechakttheorie,** von Austin und Searle entwickelte Position der Sprachphilosophie. Sie geht von der grundlegenden Annahme aus, daß das Sprechen einer Sprache eine regelgeleitete Form des Verhaltens ist. Damit verbindet sich als zweite Annahme, daß die Grundeinheit der sprachlichen Kommunikation nicht das Wort oder der Satz ist, sondern der Vollzug eines Sprechaktes, in dem ein sprachliches Symbol geäußert wird. Um den Handlungscharakter der Sprache näher zu bestimmen, wird von Searle im Anschluß an Austin folgende Unterscheidung vorgenommen: Bei jeder

Äußerung vollzieht ein Sprecher gleichzeitig drei Akte: den Äußerungsakt, den propositionalen Akt und den illokutionären Akt. Äußerungsakte bestehen einfach in der Äußerung von Wortreihen, propositionale und illokutionäre Akte dagegen lassen erkennen, daß Wörter im Satzzusammenhang mit einer bestimmten Intention des Sprechers in bestimmten Kontexten und unter bestimmten Bedingungen geäußert werden. Die Notwendigkeit der Unterscheidung zwischen der illokutionären und der propositionalen Rolle zeigt sich in dem Umstand, daß derselbe Aussageinhalt (d.i. der propositionale Gehalt) wie bspw. »der Hund ist bissig« von einem Sprecher mit verschiedener Intention geäußert werden kann; bspw. als Warnung an andere, als (vorsichtige) Frage, als Empfehlung (eines Hundeverkäufers), als Feststellung (einer spezifischen Eigenart eines ganz bestimmten Hundes oder einer Hunderasse). Die Intentionen werden durch die illokutionäre Rolle des Sprechakts zum Ausdruck gebracht, der propositionale Gehalt verweist auf ein Objekt (den Hund) und prädiziert das Objekt (»ist bissig«). Auf der Grundlage dieser Unterscheidung erscheint es plausibel, daß jeder propositionale Akt in Abhängigkeit von einem illokutionären steht, d.h. man kann nicht auf ein Objekt verweisen und es prädizieren, ohne irgendeinen illokutionären Akt zu vollziehen (wie bspw. eine Behauptung aufstellen oder eine Frage stellen). Für jeden möglichen Sprechakt muß es deshalb ein sprachliches Element geben, dessen Bedeutung gewährleistet, daß seine aufrichtige Äußerung den Vollzug des betreffenden Sprechaktes darstellt.
Damit Regeln für die Äußerung bestimmter sprachlicher Elemente mit Regeln für den Vollzug von Sprechakten gleichgesetzt werden können, muß die Voraussetzung erfüllt sein, daß man alles, was man meinen kann, auch sagen kann. Diese Voraussetzung formuliert Searle als Prinzip der Ausdrückbarkeit. Es besagt, daß auch für den Fall von sprachlichen Beschränkungen eines Sprechers (zu einem gebenen Zeitpunkt) diese keine notwendige, sondern nur eine kontingente Grenze darstellen, die zumindest potentiell zu überwinden ist, so daß dem Sprecher ein sprachliches Element für die Äußerung einer Intention zur Verfügung steht. In der weiteren sprachphilosophischen Erörterung zeigt Searle auf, wie Sprechakte dadurch vollzogen werden, daß in Übereinstimmung mit einer Reihe konstitutiver Regeln Ausdrücke geäußert werden. Die Grundlegung durch konstitutive Regeln besagt, daß diese Regeln (oder Regelsysteme) die Form und die Möglichkeit des Sprachverhaltens erst schaffen – vergleichbar den Regeln des Schachspiels. Searle bringt diesen Sachverhalt in die These, daß die semantische Struktur einer Sprache als eine auf Konventionen beruhende Realisierung bestimmter zugrundeliegender Regeln zu begreifen ist. Folgende Regeln gibt Searle dazu an: (1) Die Regel des propositionalen Gehalts (rules of propositional content) legt fest, daß der propositionale Akt dem illokutionären entsprechen muß, bspw. darf bei einem Versprechen der propositionale Akt nicht in der Vergangenheit liegen (»ich verspreche, etwas getan zu haben«). (2) Die Einleitungsregeln (prepatory rules) bestimmen die sprechhandlungstypischen Einschränkungen des Kontextes, bspw. macht ein Versprechen nur dann Sinn, wenn die versprochene Handlung seitens des anderen auch erwünscht ist, oder eine Aufforderung zu einer Tätigkeit, wenn diese nicht ohnehin schon vollzogen wird. (3) Die wesentliche Regel (essential rule) legt den mit einem illokutionären Akttyp verbundenen Charakter der pragmatischen Verbindlichkeit oder Ernsthaftigkeit fest, bspw. bei einem Versprechen die Verpflichtung zu dessen Einlösung, bei einer Frage das Interesse an einer Information, bei einem Befehl die Erwartung der Befolgung. (4) Die Aufrichtigkeitsregel (sincerity rule) legt für einen gebenen Typus von Sprechakten bestimmte Einschränkungen im Hinblick auf die Einstellung des Sprechers fest, bspw. bei einem Versprechen die Bereitschaft des Einlösens, bei einer Bitte den wirklichen Wunsch nach Erfüllung. Der konstitutive Charakter dieser Regeln zeigt sich darin, daß sie die unabdingbaren Voraussetzungen für die Sprache als regelgeleitete Form intentionalen Handelns darstellen und deren Erfüllung die Voraussetzungen für das Gelingen von Sprechhandlungen sind. **Lit.:** J. L. Austin: Zur Theorie der Sprechakte. Stuttgart 1972. – R. B. Nolte: Einführung in die Sprechakttheorie John R. Searles. Freiburg/München 1978. – E. v. Savigny: Die Philosophie der normalen Sprache. Frankfurt 1974. – J. R. Searle: Sprechakte. Frankfurt 1973. – D. Wunderlich: Pragmatik und sprachliches Handeln. Frankfurt 1972. – Ders.: Zur Kontextualität von Sprechhandlungen. In: D. Wunderlich (Hg.): Linguistische Pragmatik. Frankfurt 1972. PP

**Sprechsituation, ideale.** Habermas bezeichnet die Bedingungen, unter denen ein vernünftiger Konsens möglich ist, als i. S. Sie ist dadurch gekennzeichnet, daß eine unbegrenzte Diskussion sichergestellt ist, die frei ist von verzerrenden Einflüssen, die auf offene Herrschaft, auf strategisches Handeln oder subtilere Kommunikationshindernisse zurückzuführen sind. Die Freiheit von inneren und äußeren Zwängen wird durch die Forderung unterstützt, daß für alle Beteiligten an einem praktischen Diskurs gleiche Chancen bei der Wahl und der Ausführung von Sprechakten gegeben sein müssen. Die i. S. stellt ein Ideal dar, dem man sich in der Wirklichkeit annähern kann, das als Orientierung für die Institutionalisierung von Diskursen und als kritischer Maßstab dienen kann, an dem sich jeder faktisch erreichte Konsens messen läßt. **Lit.:** J. Habermas: Wahrheitstheorien. In: Vorstudien und Ergänzungen zur Theorie des kommunikativen Handelns. Frankfurt 1984. S. 127 ff. PP

**Spur.** Umgangssprachlich ein sinnlich wahrnehmbares ↗Zeichen, das auf einen zeitlich und räumlich abwesenden Ursprung verweist. Als philosophischer Terminus (1) innerweltlicher Verweis, (2) metaphysischer Verweis, (3) eine vom Denken nicht einholbare Andersheit. – (1) Platon verwendet S. im Rahmen einer

Gedächtnistheorie. Das Wiedererkennen bekannter Personen beruht auf einem Vergleich zwischen einer aktuellen Gesichtswahrnehmung und der in den Geist eingeprägten S. einer vergangenen Wahrnehmung. Die Grundlage des Gedächtnisses wird bis in die Psychologie des 20. Jh. als S. bezeichnet. Freud beschreibt die Erinnerungsspur als unbewußten seelischen Vorgang. Chomsky führt in seine generative Transformationsgrammatik eine Spurtheorie ein, derzufolge die bei der Umwandlung aus Tiefenstrukturen bewegten Phrasen eine S. als reales Element der mentalen Repräsentation hinterlassen. (2) Im ↗Neuplatonismus wird S. im Sinne eines Verweises auf das transzendente Eine verwendet. Plotin bezeichnet alles Seiende als S.en von Denken und Geist. Augustinus sieht die S.en der heiligen Trinität in jedem Teil der Schöpfung. Die triadische Struktur jedes Dinges macht die sinnliche Welt zu einer S. Gottes. (3) Heidegger, Levinas und Derrida betonen die ursprüngliche Abwesenheit eines einheitlichen, begrifflich zu denkenden Ursprungs des Seins. S. ist Aufweis einer Andersheit, die die Autonomie der Vernunft und des begrifflichen Denkens begrenzt. Heidegger sieht die S. des Rückzugs Gottes in der dichterischen Sprache. Bei Levinas zeigt sich die S. einer absoluten Transzendenz in einem unmittelbaren ethischen Appell zur Verantwortung im Antlitz des Anderen. S. wird als Riß in der Zeit und als Einbruch in die Identität des Subjekts gedacht. Nach Derrida gibt es nur S.en, die wiederum auf S.en verweisen. Den Ermöglichungsgrund dieses unendlichen Spiels der Differenzen nennt Derrida Ur-S. **Lit.:** N. Chomsky: Rules and Representations. New York 1980. – J. Derrida: Positions. Paris 1972. – H.-J. Gawoll: Spur: Gedächtnis und Andersheit I; II. In: Archiv für Begriffsgeschichte 30; 32. Bonn 1986/87; 1989. – E. Levinas: La trace de l'autre. In: En découvrant l'existence avec Husserl et Heidegger. Paris [3]1982. – Platon: Theaet. 193b. – Plotin: Enneade V 3. ARE

**Staat,** Begriff der modernen politischen Philosophie, der zunächst bei Machiavelli, unabhängig von der Regierungsform alle institutionellen Gewalten, die Macht über Menschen haben, bezeichnet. Zurückgehend auf die mittelalterliche Stände-Bezeichnung (status) nimmt daneben der S.-Begriff auch vorneuzeitliche Sinngehalte an. Ältere Bezeichnungen wie polis, res publica, civitas, regimen, imperium, aber auch die fiskalische Organisation und durchorganisierte territoriale Herrschaft prägen den S.-Begriff. Eine schulmäßige Definition ist aufgrund konkurrierender S.-Begriffe kaum möglich und orientiert sich deshalb an idealtypischen Abstraktionen, die zu einer ethisch indifferenten formalen Bestimmung führen, wie sie z. B. Max Weber im Monopol legitimer physischer Gewaltsamkeit gibt. Am bekanntesten ist die juristisch-politologische Bestimmung der drei notwendigen Elemente des St.es als politische Ordnung, die das Staatsvolk, als Gesamtheit der zum S. in einem besonderen Rechtsverhältnis stehenden Personen (↗Bürger), innerhalb des Staatsgebietes dauerhaft verbindet und der Staatsgewalt, d. h. einer einheitlichen Entscheidungs-, Verfügungs- und Befehlsgewalt unterwirft. Da die fortschreitende Globalisierung und Universalisierung des politischen Handlungsbedarfs diese an autarker Selbstbestimmung orientierte Definition zunehmend fragwürdig macht, wird häufig auf die allgemeinere Bestimmung des S. als organisierte Einheit zurückgegriffen. Der S. wird dabei meist als eine durch praktische Vernunft hervorgebrachte zweckrationale Organisation verstanden, der eine Einheit durch seine Institutionen herstellt und sichert. Je nach der Bestimmung des S.-Zweckes (Frieden, Ordnung, Soziabilität, Kultur) kann die Einheit näher gefaßt werden als Friedens-, Entscheidungs-, Handlungs-, Wirkungs-, Rechts-, Macht- oder Solidareinheit. Die unterschiedliche Gewichtung von sittlichen, rechtlichen, ökonomischen, soziokulturellen und anthropologischen Argumenten führt zu differierenden S.-Ideen: Der sittliche S. soll zur Vollendung der Tugenden seiner Bürger beitragen; der eschatologische S. vollendet die Schöpfungsordnung; der *Macht*-S. zielt auf Erwerb, Erhaltung und Entfaltung der souveränen Macht; der Rechts-S. wird durch die Grundwerte Freiheit, Gleichheit und Gerechtigkeit bestimmt; der Wohlfahrts-S. soll den materiellen Wohlstand, der Kultur-S. die Bildung, Erziehung und Kultur der Bürger fördern. Der totale S. behauptet die Identität von S. und Gesellschaft und ergreift tendenziell von allen Lebensbereichen seiner Untertanen Besitz.

Die Entstehung des S.es wird meist aus der ↗Vertragstheorie, bei der ein rationaler Abschluß eines ↗Gesellschaftvertrages vorausgesetzt wird, abgeleitet. Als mögliche Alternativen gelten die Herrschaftstheorie, derzufolge der S. durch gewaltsame Unterwerfung entstanden ist, und die Entwicklungstheorie, die eine natürliche, kontinuierliche und organische Entwicklung zum S. annimmt.

Das neuzeitliche Zeichen von Staatlichkeit ist die ↗Verfassung. Nur durch sie nimmt der S. seine vollständige Gestalt an, wird die S.-Form bestimmt. Seit der Antike werden die »guten«, dem ↗Gemeinwohl nützlichen Verfassungen, Monarchie (Regentschaft eines Königs), ↗Aristokratie (Regentschaft der Besten) und Politie (gemischte Regentschaft) von den korrumpierten Gegenbildern, Tyrannis (despotische Alleinherrschaft), ↗Oligarchie (Herrschaft der Besitzenden) und ↗Demokratie (Herrschaft der Besitzlosen) unterschieden. Das Mittelalter sah in der theologisch-eschatologisch begründeten Monarchie die einzig legitime S.-Form. In der Neuzeit, vor allem seit der Aufklärung wird die Monarchie als Gegenmodell zur Republik, die Autokratie als Gegensatz zur Demokratie bestimmt. Heute steht der autoritäre und totale S. dem demokratischen Rechts- und Verfassungs-S. antagonistisch gegenüber. Die historische Entwicklung vom Stadt-S. über den Flächen-S. zum National-S. ist, wie die Auflösung der »Blöcke« und die Anforderungen einer global und international bestimmten Politik zeigen, keinesfalls abgeschlossen (↗Bürger, ↗Gemeinwesen).

**Lit.:** J. Isensee: »Staat«. In: Staatslexikon. Bd. 5. Freiburg/Basel/Wien 1988. Sp. 133ff. – G. Jellinek: Allg. Staatslehre. Berlin 1900, Nachdr. Darmstadt 1959. – H. Kelsen: Der soziologische und der juristische Staatsbegriff. Tübingen 1922, Nachdr. Aalen 1962. – R. Koselleck/W. Conze u.a.: Staat und Souveränität. In: Geschichtliche Grundbegriffe. Bd. 6. Stuttgart 1978. S. 1ff. – M. Kriele: Einführung in die Staatslehre. Opladen $^{3}$1988. – C. Schmitt: Verfassungslehre. München 1928, Berlin $^{7}$1989. – S. Skalweit: Der »moderne Staat«. Ein historischer Begriff und seine Problematik. Opladen 1975. JP

**Staatsraison,** der Sache nach auf Machiavelli zurückgehend. Eine erste dem Begriff gewidmete Arbeit hat 1589 Botero vorgelegt (*Della Ragion di Stato*). Mit Berufung auf die S. soll die Durchbrechung von geltenden Normen besonders des ↗Rechts, des ↗Naturrechts und der ↗Ethik legitimiert werden: Zugunsten des allgemeinen Nutzens oder des staatlichen Interesses (Wahrung und Sicherung der Macht) beansprucht der Staat eine Rechtsdurchbrechungsbefugnis, die vor allem individuelle Rechtspositionen und Rechtsgüter aufhebt. – Insbesondere im 16. und 17. Jh. erfüllte der Begriff eine politische Funktion: Er begleitete den Übergang vom ma. Personenverbandsstaat zum neuzeitlichen Territorialstaat, mit seiner Hilfe gelang die Konzentration politischer Macht in den Händen eines souveränen Fürsten und die weitgehende Ausschaltung traditioneller intermediärer Gewalten. Zugleich impliziert S. die Rationalisierung politischer Beziehungen und die Depersonalisierung der Macht, denn der Bezug auf objektivierbare Interessen des Staates abstrahiert von den persönlichen Interessen seiner Agenten. – Von S. läßt sich im Zusammenhang mit dem demokratischen, gewaltengeteilten Rechtsstaat nicht mehr in der ursprünglichen Bedeutung, allenfalls noch in abgeschwächter oder metaphorischer Form reden. **Lit.:** N. Luhmann: Staat und Staatsräson im Übergang von traditionaler Herrschaft zu moderner Politik. In: Ders.: Gesellschaftsstruktur und Semantik. Bd. 3. Frankfurt 1989. – F. Meinecke: Die Idee der Staatsräson in der neueren Geschichte. München/Berlin 1924. – H. Münkler: Im Namen des Staates. Frankfurt 1987. – P. Nitschke: Staatsräson contra Utopie? Stuttgart/Weimar 1995. – R. Schnur (Hg.): Staatsräson. Berlin 1975. – M. Stolleis: Staat und Staatsräson der frühen Neuzeit. Frankfurt 1990. FG

**Stabilitätsprinzip,** Lehrsatz der Aussagen- oder Junktorenlogik, der besagt, daß aus einer Aussage auch deren doppelte Negierung folgt. Das S. stellt eine Umkehrung der Regel, daß man aus einem doppelt negierten Urteil auf das unnegierte Urteil selber schließen kann, dar. PP

**Starrer Designator** (engl. rigid designator), auch starrer Bezeichnungsausdruck, ein von Kripke im Zuge der sprachanalytischen Diskussion über ↗Eigennamen und ↗Kennzeichnungen eingeführter Terminus. Er vertritt die These, daß wir die Eigennamen wie starre Bezeichnungsausdrücke verwenden, d.h. sie denselben Gegenstand in allen möglichen ↗Welten oder kontrafaktischen Situationen bezeichnen. Während der Kennzeichnungstheorie zufolge der Träger eines Eigennamens derjenige Gegenstand ist, der als einziger die Kennzeichung oder die Mehrzahl aus einem Bündel von Kennzeichnungen erfüllt, die wir mit dem Namen verbinden, vertritt Kripke die These, daß ein Gegenstand auch dann Träger eines Namens bleibt, wenn die Kennzeichnungen, die wir mit dem Namen verbinden, sich als falsch erweisen (z.B. wenn Kolumbus, mit dessen Namen sich die Kennzeichnung »der Entdecker Amerikas« verbindet, nur irrtümlich als Entdecker vermeint worden wäre). Kripke vertritt die Theorie, daß wir jeden Namen mit der Intention verwenden, wie er in einer Kommunikationskette einer Sprachgemeinschaft verwendet und uns übermittelt wird. ↗Namentheorie, ↗Beschreibung, bestimmte. **Lit.:** S.A. Kripke: Sprecher-Referenz und semantische Referenz. In: U. Wolf (Hg.): Eigennamen. Dokumentation einer Kontroverse. Frankfurt 1985. S. 208ff. – Ders.: Name und Notwendigkeit. Frankfurt 1981. PP

**Staunen.** Im S. (thaumazein) liegt für Aristoteles der Ursprung der Philosophie: »Denn Staunen veranlaßte zuerst wie noch heute die Menschen zum Philosophieren ... Wer aber fragt und staunt, hat das Gefühl der Unwissenheit ... Um also der Unwissenheit zu entkommen, begannen sie zu philosophieren« (*Met.* 982b). FPB

**Stetigkeit,** bezeichnet fortlaufenden Prozeß, lückenlosen Zusammenhang oder auch kontinuierliche Grenzen und Übergänge und steht daher in Opposition zur Diskretheit. Als dt. Entsprechung zu lat. continuitas und griech. synecheia ist S. auch sachlich verwandt mit ↗Kontinuität. Aristoteles bestimmt das Stetige als dasjenige, dessen Teile durch gemeinsame Grenzen verbunden sind (*Metaphysik* XI 1069a5 f). Im Zusammenhang mit dem Satz vom Grund (↗principium rationis sufficientis) bildet S. ein sowohl logisches als auch ontologisches »Prinzip der durchgängigen Bestimmtheit alles Seienden« bei Leibniz und Kant. Leibniz postuliert ein Gesetz der S. bzw. Gesetz der Kontinuität (»loi de continuité«), demzufolge es in der Natur keine Lücken oder Sprünge gibt, vielmehr alle Phänomene durch stetige Übergänge verbunden sind. Der Gedanke der S. erscheint bei Kant in der Bestimmung von Raum und Zeit als »quanta continua«; da »kein Teil derselben gegeben werden kann, ohne ihn zwischen Grenzen einzuschließen, mithin nur so, daß dieser Teil wiederum ein Raum oder eine Zeit ist« (*KrV* B 211). **Lit.:** F. Kaulbach: Der philosophische Begriff der Bewegung. Köln u.a. 1965. JH

**Stimmung,** im heutigen Sprachgebrauch eine von psychisch externen oder internen Bedingungen abhängige Gefühlslage bzw. Gemütsverfassung. Der Terminus S. leitet sich der Sache nach von griech. harmonia ab. Das Zusammenstimmen von Aussagen bildet die begriffliche Vorstufe des logisch stimmigen. Platon diskutiert im *Phaidon* (85e ff.), ob die Seele eine bloße S. (Harmonie des Körpers) sei. Wie er lehnt auch Aristoteles (*De Anima* I.4.) diese ursprünglich aus der pythagoreischen Lehre stammende Ansicht ab. Mit der deutschen Rezeption der antiken Seelenlehre ist der Ausdruck S. insbesondere seit der Mitte des 19. Jh. wieder in die psychologische Diskussion (etwa bei Stumpf, Biunde, Beneke, Volkmann) eingetreten. So nennt Lotze die S. »dauernde Färbungen des Gemütszustandes.« **Lit.:** O.F. Bollnow: Das Wesen der Stimmungen. Frankfurt $^{8}$1995. MFM

Für Kierkegaard ist S. die Weise der ästhetischen Erschlossenheit der Welt, die existentiell unverbindlich bleibt, im Unterschied zum Ernst, der den Anspruch der Wirklichkeit an das eigene Selbstsein geltend macht und Entscheidung verlangt. In Heideggers *Sein und Zeit* ist S. eine Verfaßtheit des Daseins, in der ihm bereits vor allem Erkennen und Wollen sein In-der-Welt-Sein primär erschlossen ist. **Lit.:** M. Heidegger: Sein und Zeit (Gesamtausgabe, Bd. 2). Frankfurt 1977. § 29. – S. Kierkegaard: Entweder-Oder (Gesammelte Werke 2./3. Abtlg.). FPB

**Stimulusbedeutung,** auch Reizbedeutung (engl. stimulus meaning). Den Terminus affirmative S. führt Quine im Rahmen seiner Auseinandersetzung mit den Bedeutungstheorien von Frege und Russell ein. Seiner Kritik an der »platonistischen Semantik« Freges und der »mentalistischen Semantik« Russells läßt Quine die von Deweys Naturalismus (↗Pragmatismus) inspirierte Semantik als Lösungsvorschlag folgen: »Bedeutung ist keine psychische Entität, sondern eine Eigenschaft des Verhaltens«. Das von Quine favorisierte naturalistische und behavioristische Herangehen an das linguistische Phänomen wird durch die Figur des ethnologischen Forschers repräsentiert. Die einzigen Daten, die ihm verfügbar sind, sind einerseits die sensorischen Stimulationen, die er auf die Sinnesorgane der beobachteten Personen wirken sieht und andererseits deren verbale Äußerungen, die von den Stimulationen ausgelöst werden. Wenn die Korrelationen zwischen sensorischer Stimulation und verbaler Reaktion die einzigen Daten objektiver Beobachtung sind, dann muß eine sich empirisch verstehende Bedeutungstheorie auf einem Bedeutungsbegriff aufbauen, der unter Bezug auf sensorische Stimulation und verbale Reaktion definiert ist. Dazu dient ihm der Begriff der S.: Die affirmative S. des Satzes S für den Sprecher a zum Zeitpunkt t ist die Menge $\sigma$ der Stimuli, die Zustimmung von der Person a zu S zum Zeitpunkt t verursachen würden. Diese Definition der Bedeutung wird vom Bezeichneten her formuliert. Vom Subjekt her, das den Satz hört und ihn interpretieren soll, ist die S. des Satzes S für den Sprecher a der Dispositionsvorrat des Sprechers a, der S unter Einwirkung der Stimuli $\sigma$ zustimmt. Z.B. unterscheiden sich die Stimulationen, die dazu führen, daß jemand dem Satz »da ist ein Einhorn« zustimmt, von den Stimulationen, die zur Zustimmung des Satzes »da ist ein Heinzelmännchen« führten. Die affirmative Reizbedeutung erinnert an die Protokollsätze des ↗Logischen Empirismus. Sie besitzen einen von unserem theoretischen Wissen über die Welt unabhängigen empirischen Gehalt. **Lit.:** P. Gochet: Quine zur Diskussion. Frankfurt/Berlin/Wien 1984. S. 60ff. – W.V.O. Quine: Wort und Gegenstand. Stuttgart 1980. S. 69ff. PP

**Stoa,** um 300 v.Chr. von Zenon von Kition gegründete, nach der als Versammlungsort dienenden »bunten Säulenhalle« (stoa poikile) in Athen benannte, weitverbreitete Richtung der hellenistischen Philosophie. Gemäß der Einteilung des Akademikers Xenokrates gliedert sich die stoische Lehre in Logik, Physik und Ethik. – Die Logik der S. umfaßt die Rhetorik, die Erkenntnistheorie und die Dialektik; in der Erkenntnistheorie wird die »erfassende Vorstellung« (phantasia kataleptike) als Wahrheitskriterium bestimmt, während sich die Dialektik aus der Lehre vom sprachlichen Zeichen, der sprachlichen Bedeutung und aus einer auf die Megariker zurückgreifenden, formalen Aussagenlogik zusammensetzt. – In ihrer Physik geht die S. von zwei kosmologischen Prinzipien aus: dem Tätigen und dem Leidenden. Sie bestimmt die göttliche Weltvernunft, den tätigen Logos, als ein kosmisches Wirkprinzip, das als Feuer oder Pneuma die eigenschaftslose, leidende Materie durchwaltet und zu Körpern ausformt. Der Kosmos wird dabei als Organismus gedacht, dessen Entstehen und Vergehen im Plan des göttlichen Logos vorgezeichnet ist. Einerseits ist die Welt nun gemäß göttlicher Vorsehung (pronoia) teleologisch strukturiert; ihr Ziel ist die Selbsterhaltung der Vernunft. Andererseits unterliegt sie den unabänderlichen Gesetzen des Logos und somit dem Schicksal (heimarmene) als durchgängiger kausaler Determination alles Geschehens. – Die Ethik der S. faßt die vernunft- und naturgemäße Apathie (Affektfreiheit) als höchstes Gut und identifiziert das Glück mit der im Ideal des Weisen verkörperten Tugend als der Einsicht in die sittliche Gleichgültigkeit aller anderen Güter. Sozialethisch vertritt die S. ein Naturrecht, das auf dem Gefühl der Zusammengehörigkeit aller Vernunftwesen beruht. – In der Geschichte der S. werden drei Perioden unterschieden: Die ältere S. mit Zenon, Kleanthes und Chrysipp, der der stoischen Lehre ihre systematische Grundlage gibt. Sie versteht sich als eigentliche Fortsetzung und Erneuerung der Sokratik und setzt sich von daher kritisch mit der ↗Akademie und dem ↗Peripatos auseinander. Die mittlere Periode mit Panaitios und Poseidonios als wichtigsten Vertretern modifiziert das altstoische System und öffnet sich in späterer Zeit zunehmend eklektisch dem Einfluß platonischen und aristotelischen Gedankenguts. Die späte S. der Kaiserzeit dringt in breite Kreise der römischen Bildungsschicht ein, verliert aber an eigenständiger philosophischer Kraft. Zu ihr zählen Seneca, Epiktet und Kaiser Marc Aurel. **Lit.:** M. Forschner: Die stoische Ethik. Stuttgart 1981. – M. Hossenfelder: Die Philosophie der Antike 3. Stoa, Epikureismus und Skepsis. München 1985. – M. Pohlenz: Die Stoa. 2 Bde. Göttingen $^{6}$1984/$^{6}$1990. – J.M. Rist: Stoic Philosophy. Cambridge $^{2}$1980. – F.H. Sandbach: The Stoics. Bristol $^{2}$1989. MBO

**Stoff** (griech. hyle; lat. materia), seit der klassischen Antike Gegenbegriff zu ↗Form und ↗Idee. Aristoteles unterscheidet in der *Metaphysik* (1029a, 3 ff.) die erste ↗Materie (prote hyle, auch »Stoff an sich«) als ungeformte gleichförmige, vollkommen unbestimmte Masse von der etwa durch den Handwerker geformten Materie. Diese zweite Bestimmung der Materie kommt dem deutschen S.-Begriff wesentlich näher, da das Stoffliche (i.S. von Material) zumeist als das zu formende bezeichnet wird. Nur durch den Akt der Formung kommt es nach Aristoteles der Materie zu, Wesen (ousia) als aus Stoff und Form zusammengesetztes zu sein. Diese aristotelische Position heißt ↗Hylemorphismus im Unterschied zu jenen Lehren, die alles Sein auf Form und Idee zurückführen (↗Idealismus) bzw. jenen, die alles Sein auf Materie reduzieren (↗Materialismus, ↗Physikalismus). **Lit.:** H. Happ: Hyle – Studien zum aristotelischen Materie-Begriff. Berlin 1971. MFM

**Strafe,** im juristischen Kontext Maßnahmen von Seiten einer Rechtsgemeinschaft, mit denen sie auf ein begangenes Unrecht reagiert. Dem Schuldigen wird entweder ein physisches Übel zugeführt (poena sensus), ein Gut vorenthalten (poena damni) oder seine elementaren Rechte, wie das auf Freiheit, eingeschränkt. – Sahen die in der Aufklärungszeit entstandenen Strafgesetzbücher den Zweck der St. noch fast ausschließlich in der Vergeltung, so liegt ihr Zweck für die moderne Notwehrtheorie im Schutz der Gesellschaft vor ihren Feinden. Durch ihre abschreckende Funktion sollen Verbrechen verhütet werden (Abschreckungstheorie) und die Schuldigen wenn möglich resozialisiert werden (Besserungstheorie). Nach diesen Theorien wird die St. nicht deswegen erhoben, weil ein Verbrechen begangen wurde (quia peccatum est), sondern um zukünftige zu verhindern (ne peccatur), eine Strafauffassung, die schon von Plato im Dialog *Protagoras* vertreten wurde. **Lit.:** M. Foucault: Surveiller et Punir (dt. Überwachen und Strafen. Die Geburt des Gefängnisses. Frankfurt 1976). – W. Grasnick: Über Schuld, Strafe und Sprache. Tübingen 1987. – M. Köhler: Der Begriff der Strafe. Heidelberg 1986. – K. Volk: Der Begriff der Strafe in der Rechtsprechung des Bundesverfassungsgerichts. In: Zs. für die gesamte Strafrechtswissenschaft 83 (1971). EE

**Straftheorien.** Als Antwort auf die Frage nach Sinn und Rechtsgrund der ↗Strafe lassen sich zwei Grundpositionen formulieren: *Absolute S.* (Kant, *MS* nach § 49; Hegel, *Rechtsphil.* § 99) betonen losgelöst von Zweckerwägungen den Vergeltungscharakter der Strafe als Ausdruck ausgleichender ↗Gerechtigkeit. *Relative S.* (Platon, *Protagoras* 3.22; v. Feuerbach, v. Liszt) stellen den Bezug zum Schutz der Gesellschaft heraus und erkennen den maßgeblichen Strafzweck in der Vorbeugung. Im Rahmen der zeitgenössischen Vereinigungstheorien dominieren relative Ansätze der Prävention bzw. Resozialisierung; sie werden kombiniert mit dem Schuldprinzip als Versatzstück absoluter S. – Die genannten S. orientieren sich einseitig an der öffentlichen Strafe; die Abwendung der Rache des Opfers als historisch greifbare Minimalfunktion von Sanktionen vermögen sie nicht sachgerecht zu erfassen. **Lit.:** H.-H. Jescheck/Th. Weigend: Lehrbuch des Strafrechts. Berlin [5]1996. § 8. – P. Noll: Die ethische Begründung der Strafe. Tübingen 1962. – E. Schmidhäuser: Vom Sinn der Strafe. Göttingen [2]1971. FW

**Streben,** zielgerichtete Tätigkeit des Menschen. Als naturphilosophischer Begriff erscheint er, wenn biologische oder organische Prozesse als vegetatives oder animalisches S. beschrieben werden. Dadurch wird eine charakteristische Form der Lebensaktivität bezeichnet, wobei das Ziel durch die Naturanlagen festgelegt, also nicht frei gewählt ist. S. in einem eigentlichen Sinn ist eine mit eigenen Kräften und nicht aus äußerem Zwang vollzogene, aus eigenem Antrieb auf eine Zielvorstellung hin orientierte Aktivität. S. setzt voraus, daß man sich ein Ziel vorstellt, es bejaht und mit den entsprechenden Mitteln zu verfolgen sucht. **Lit.:** O. Höffe: Streben. In: Handbuch philosophischer Grundbegriffe. München1974. S. 1419. PP

**Strebensethik.** In Abgrenzung zur einer Moralphilosophie, der es um eine kategorische Verbindlichkeit von moralischen Kriterien und Normen zu tun ist, postuliert die S. die Einbeziehung der alltäglichen Lebensführung und Bedürfnisbefriedigung in den Bereich des ethisch Relevanten. Während die Moralphilosophie überwiegend an das Verantwortungs- und Pflichtgefühl appelliert, sucht die S. nicht verbindlich, sondern anratend über Handlungsziele aufzuklären und das entsprechende richtig regulierte Verhalten in Gang zu setzen oder zu verbessern. Sie setzt ein unklares Streben voraus, bei dem das eigentlich Gewollte nicht aktuell gewollt oder nicht gekonnt wird. Ihre Aufgabe ist es, einen Lernprozeß einzuleiten, der insgesamt zum Lebenkönnen führen soll. Ihr obliegt die Aufklärung über das, was wir selber wollen oder können. Damit verbunden ist ein affirmativer Begriff des Guten: Das Gute als Handlungsziel ist gut für den Akteur selbst und gleichzusetzen mit dem Gewollten. Die S. geht von vier grundlegenden Voraussetzungen aus: (1) Für ein gelungenes Leben müssen eigene Leistungen erbracht werden; (2) die Annahme, daß das Leben grundsätzlich mißlingt, ist nicht plausibel; (3) die Lebensführung ist nicht unveränderlich, sondern verbesserungsfähig; (4) es gibt keine Garantie für bestimmte Lösungen, aber der einzelne Akteur kann immer wieder von Grund auf neu mit seinem Leben experimentieren und dabei auch auf die von anderen gemachten Erfahrungen zurückgreifen. Der einzelne wird in der S. nicht als der zu disziplinierende potentielle Amoralist gesehen, sondern primär als bedürftiges, aber der Entfaltung und Lebensführung mächtiges Wesen. In der S. treten neben die moralischen Grundtugenden der Gerechtigkeit, Solidarität, Rücksichtnahme, Hilfsbereitschaft oder Aufrichtigkeit solche selbstaffirmative Haltungen wie Eigenkompetenz, Selbstmächtigkeit, Klugheit und Habenkönnen von Gütern. Ein relativer Primat der S. liegt darin, daß sie über die evaluativen Gesichtspunkte und Kriterien verfügt und darum die Inhalte und die Wertmaterie liefert, ohne die die Normen der Gruppenmoral nicht funktionieren können. Sie muß klären können, was generell und im Einzelfall Güter und Werte sind, welche Rangordnung sie bilden und für wen. **Lit.:** H. Krämer: Integrative Ethik. Frankfurt 1992. PP

**Strukturalismus,** wissenschaftliche Methode (1), die in den 1950er Jahren Eingang in die Sozial- und Geisteswissenschaften fand (2). – (1) Methodisch ist zwischen mathematischem und linguistischem S. zu unterscheiden. Beide gehen komparatistisch vor. Ein Vorläufer ist Carnap, der gefordert hatte, wissenschaftliche Aussagen in inhaltsfreie Strukturaussagen, also in reine Aussageformen zu überführen. Durch mathematische Modelle, die Isomorphien zwischen untersuchten Mengen freilegen, können übergreifende Strukturen bestimmt werden. Der berühmteste Vertreter dieses Ansatzes ist M. Serres, der versucht, synchrone Entsprechungen zwischen Wissenschaftssystemen und anderen Bereichen der gesellschaftlichen Lebenswelt aufzudecken. – In der Linguistik ist der S. an de Saussure (Genfer Schule) gebunden, der unabhängig von den realen Äußerungen der Subjekte (parole) ein übergreifendes System der Sprache annimmt (↗langue). Darin ist die Bedeutung eines Zeichens nicht inhaltlich bestimmt, sondern durch die Verschränkung des Begriffs (signifié) mit dem Wert einer Lautkette (signifiant), der durch sprachinterne Ausdifferenzierungen determiniert ist. Nicht die realen Äußerungen von Subjekten sind konstitutiv für das Funktionieren von Sprache, sondern ihr System legt unhintergehbar die Form individuellen Sprechens fest. Weitergeführt wurde dieser Ansatz vor allem im russischen Formalismus und der Prager Phonologischen Schule (Jakobson, Trubetzkoj) sowie im Kopenhagener Linguistenkreis (Hjelmslev).
(2) Saussure verstand die Sprache nur als Teilgebiet einer umfassenderen Wissenschaft von den ↗Zeichen (Semiologie). In Frankreich wurde in Opposition zur subjektphilosophisch konzipierten ↗Phänomenologie versucht, die Methode des S. auf andere Gegenstandsbereiche zu übertragen. Für die Ethnologie entwickelte Lévi-Strauss Modelle zur formalen Rekonstruktion der Funktionsweise von Mythen bzw. von Regeln verwandtschaftlicher Verhältnisse. Lévi-Strauss unterstellt eine überhistorisch existierende, unbewußte Struktur des menschlichen Geistes. Die empirisch protokollierbaren Objektivationen werden unabhängig vom Inhalt als funktionstragende Elemente aufgefaßt. Historische Transformationen gelten als Variationen. – Für die Gesellschaftstheorie hat Althusser eine strukturale Marxlektüre vorgeschlagen. Die Abfolge von Produktionsweisen werden als variable Kombinationen der überdeterminierten Bereiche Ökonomie, Politik und Ideologie innerhalb einer »Struktur mit Dominante« aufgefaßt. – Die Methode des S. fand starke Resonanz in der Literaturwissenschaft (Barth, Goldmann) und der Psychoanalyse (Lacan). Lacan und der späte Barthes gelten als Vorläufer des ↗Poststrukturalismus. **Lit.:** R. Barthes: Die strukturalistische Tätigkeit. In: Kursbuch 5 (1966). S. 190–196. – G. Deleuze: Woran erkennt man den Strukturalismus? In: F. Châtelet: Geschichte der Philosophie Bd. 8. Frankfurt 1974. S. 269–302. – V. Descombes: Die Semiologie. In: Ders.: Das Selbe und das Andere. Frankfurt 1981. S. 91–130. – F. Dosse: Geschichte des Strukturalismus. Hamburg 1997. – G. Schiwy: Der französische Strukturalismus. Reinbek 1984. – F. Wahl: Qu'est-ce que le structuralisme? Paris 1968. MR

**Strukturell-funktionale Theorie,** soziologische Methode, die von R.K. Merton und v.a. T. Parsons entwickelt wurde und an den Funktionsbeziehungen zwischen den strukturellen Elementen in sozialen Systemen ansetzt. Vorläufer der s.-f. T. sind in H. Spencer und E. Durkheim sowie in B. Malinowski und A.R. Radcliffe-Brown zu sehen, die soziale Einzelerscheinungen stets als positiven oder negativen Beitrag zur Erhaltung der Gesellschaft bzw. ihrer Teile bestimmen. – Parsons untersucht Systeme sozialen Handelns im Hinblick auf ihre Struktur und die Funktionen, die zur Bestandserhaltung des Systems erfüllt sein müssen. Eine soziale Struktur besteht aus einem System von sozialen Beziehungsmustern zwischen möglichen Handlungen bzw. Handlungsmustern. Die s.-f. T. untersucht nun einzelne Handlungen bzw. Handlungsmuster, inwiefern diese für den Bestand des Systems eine positive oder negative Funktion haben, d.h. ob sie als funktional oder dysfunktional zu bewerten sind. Parsons' Strukturbegriff beschränkt sich zunächst auf die normative Integration und Stabilisierung sozialer Systeme, wobei die wesentlichen funktionalen Prozesse die der Sozialisation und sozialen Kontrolle sind. Später erweitert Parsons sein Funktionskonzept in Richtung eines Vier-Funktionen-Schemas (AGIL-Schema). Danach muß jedes System seine Anpassung an die Systemumwelt gewährleisten (adaption), Ziele festsetzen (goal-attainment), seine Systemelemente normativ integrieren (integration) und die Grundstruktur durch kulturelle Werte stabilisieren (latent pattern maintenance). Trotz dieser Weiterentwicklung des Funktionskonzepts ist die s.-f. T. v.a. wegen ihrer fast ausschließlichen Orientierung an struktureller Stabilität und wegen ihrer Unterbestimmung sozialen Wandels kritisiert worden. **Lit.:** T. Parsons: Beiträge zur soziologischen Theorie. Darmstadt/Neuwied [3]1973. – Ders.: Das System moderner Gesellschaften. München 1972. AN

**Stufe.** Der Begriff der S. dient zur Unterscheidung sprachlicher oder logischer Ebenen. G. Frege prägt die für die moderne Logik und Semantik zentrale Unterscheidung zwischen Begriffen erster und Begriffen zweiter S.: Begriffe erster S. beziehen sich auf die Gegenstände, die unter einen Begriff fallen, während Begriffe zweiter S. sich auf Begriffe beziehen. So ist z.B. der Begriff »nicht leer« ein Begriff zweiter Stufe, der bedeutet, daß ein Begriff genau dann nicht leer ist, wenn es mindestens einen Gegenstand gibt, der unter ihn fällt. Eine entsprechende grundlegende Stufenunterscheidung ist die im Anschluß an Tarski getroffene Unterscheidung zwischen einer Objektstufe und einer Metastufe sprachlicher Ausdrücke. Objektsprachliche Ausdrücke referieren auf Gegenstände, während metasprachliche Ausdrücke auf objektsprachliche Ausdrücke referieren. **Lit.:** G. Frege: Über Begriff und Gegenstand. In: G. Patzig (Hg.): G. Frege. Funktion, Begriff, Bedeutung. Fünf logische Studien. Göttingen 1966. S. 66–80. JH

**Subalternation,** bezeichnet die zulässige logische Schlußform von den universal bejahenden Urteilen zu den partikular bejahenden, von den universal verneinenden zu den partikular verneinenden (und verbietet die umgekehrte Schlußform vom partikularen zum universalen Urteil). PP

**Subjekt** (lat. subiectum: wörtl. »das Daruntergeworfene«), wird im Aristotelismus des MA. zum terminologischen Ausdruck für eine zugrundeliegende Wirklichkeit, von der anderes in seinem Sein abhängt und im Ausgang von der es aufgefaßt werden muß, wenn es gewußt werden soll. In dieser ontologischen Bedeutung rückt der Begriff des S.s in enge Nähe zum Begriff der ↗Substanz, ohne doch einfach mit ihm identifiziert werden zu können. So ist bereits nach Aristoteles das Zugrundeliegende (griech. ↗hypokeimenon) lediglich eine der verschiedenen Bedeutungen von »Substanz« und auch dies nur, sofern es ein erstes Zugrundeliegendes ist, das als solches von keinem anderen mehr ausgesagt werden kann. – Die Differenz zur Substanz verweist damit auf eine logische Bedeutung des Zugrundeliegenden, nach der es etwas ist, von dem anderes ausgesagt wird. Von hier aus hat sich unter Vernachlässigung des ontologischen Aspekts die auch heute noch geläufige grammatische Unterscheidung von S. und Prädikat entwickelt. Gleichwohl darf nicht übersehen werden, daß das S. noch weit über das MA. hinaus vom Zusammenhang dieser Bedeutungen bestimmt und demgemäß ebenso als Gegensatz zu Attributen wie zu Prädikaten gedacht war.

Erst Descartes leitet eine Entwicklung ein, in deren Verlauf das S. eine erkenntnistheoretische Bedeutung annimmt, die an die Stelle der alten ontologischen Bedeutung tritt. Entscheidend ist dabei sein Versuch, die Gewißheit des denkenden Selbstbezugs als einzig unbezweifelbare Gewißheit zu erweisen. Denn dadurch wird das denkende Ich zur eigentlichen Grundlage aller Wissenschaft, zum letzten Zugrundeliegenden wissenschaftlich überhaupt erfaßbarer Wirklichkeit. Obwohl Descartes vom S. noch ausschließlich in der alten scholastischen Bedeutung spricht, ist damit der Sache nach doch bereits bei ihm eine Identifikation von S. und denkendem Ich vollzogen, die für die Philosophie der Neuzeit insgesamt prägend wurde. Ihr deutlichster Ausdruck ist der neue Gegensatz von S. und ↗Objekt und das neue Problem, wie dieser Gegensatz durch das S. im Erwerb objektiver Erkenntnis überwunden werden kann.

Hatte Descartes Existenz und Wißbarkeit von Objekten noch durch einen problematischen Gottesbeweis zu bestätigen versucht, gelangt Kant zu der Einsicht, daß objektive Erkenntnis nur möglich ist, wenn Objekte in ihrer Erkennbarkeit durch das Erkenntnisvermögen des S.s konstituiert werden. Vorausgesetzt ist dabei die Unterscheidung von transzendentalem und empirischem S. Denn objektive Erkenntnis kann offenkundig nicht von den empirisch auftretenden Eigenheiten verschiedener Individuen abhängig sein, sondern allenfalls von einer alle Individuen verbindenden intersubjektiven Charakteristik. – Entsprechendes gilt nach Kant im Bereich der Praxis. So ist das S. für ihn nur insofern moralische Person, als es den intersubjektiv verbindlichen kategorischen Imperativ gegen empirisch vorherrschende Neigungen in eine freie Willensbestimmung umzusetzen vermag. Die erkenntnistheoretische Bedeutung des S.s hängt deshalb eng mit einer ethisch-moralischen Bedeutung zusammen.

Es war zunächst Fichte, von dem dieser Zusammenhang weiter herausgearbeitet wurde, indem er das S. jenseits der Differenz von Theorie und Praxis ansiedelte und nicht mehr als ein besonderes Sein, sondern wesentlich als Aktivität auffaßte. Noch weiter ging Hegel, der im Anschluß an Schellings Kritik der fichteschen Unterscheidung von Ich und Nicht-Ich die idealistische Systemkonstruktion durch die Bestimmung der Substanz als S. zum Abschluß zu bringen versuchte. Da damit v.a. gemeint ist, das Sein dürfe nicht nur als Objekt der Reflexion, sondern müsse als in sich reflektiert begriffen werden, ist Hegels Auffassung des S.s zugleich als Radikalisierung seiner modernen Verankerung im Ich, wie als Rückgriff auf die logisch-ontologische Bedeutung zu verstehen, die er in der Antike besaß. Auf dieser Grundlage soll der Begriff der Sittlichkeit auch den Gegensatz zwischen praktischem S. und der objektiven Welt der Institutionen vermitteln.

Im Zuge der nicht zuletzt gegen Hegel gerichteten Metaphysikkritik des 19. und 20. Jh. ist auch der Begriff des S.s zunehmend unter Druck geraten. Eine wirkliche Ausnahme stellt hier allein die Husserlsche Phänomenologie dar, die sich noch einmal ausdrücklich in die cartesianische Tradition stellt. Prägend wirken dagegen bis heute eher Versuche ihrer Überwindung, wie etwa Heideggers Daseinsanalytik, sein hierin noch radikaleres seinsgeschichtliches Denken oder Wittgensteins Spätphilosophie, die sich an Sprachspielen bzw. Lebensformen orientiert. Selbst im Kontext einer weithin kantianisch inspirierten Moral- und Rechtsphilosophie verhindern metaphysikkritische Vorbehalte eine emphatische Bezugnahme auf dessen dualistischen Subjekt-Begriff. **Lit.:** R. Bubner: Rationalität, Lebensform und Geschichte. In: H. Schnädelbach (Hg.): Rationalität. Frankfurt 1984. – H. Caton: The Origin of Subjectivity. New Haven/London 1973. – R. Descartes: Meditationen. Hamburg 1977. – K. Düsing: Das Problem der Subjektivität in Hegels Logik. Bonn 1976. – H.-G. Gadamer: Hegels Dialektik des Selbstbewußtseins (Ges. Werke Bd. 3). Tübingen 1987. – D. Henrich: Selbstverhältnisse. Stuttgart 1982. – I. Kant: Kritik der reinen Vernunft. Transzendentale Deduktion. – M. Heidegger: Sein und Zeit (Gesamtausg Bd. 2). Frankfurt 1977. – Ders.: Die Frage nach dem Ding (Gesamtausgabe Bd. 41). Frankfurt 1984. – E. Husserl: Cartesianische Meditationen. Hua Bd. I. Den Haag 1950. – G. Ryle: The Concept of Mind. London 1949. WAM

**Subjekt-Objekt-Spaltung,** Folgeproblem der bewußtseins-philosophischen Verabsolutierung der S.-O.-Relation der Erkenntnis, der Annahme, daß Erfahrungserkenntnis ausschließlich als zweigliedrige Relation zwischen Erkenntnissubjekt und zu erkennendem Objekt zu verstehen sei. Erkenntnistheoretisch relevant ist das Problem der S.-O.-S., insofern gültige Erkenntnis voraussetzt, die Kluft zwischen Subjekt und Objekt überwinden zu können. Im ↗Rationalismus Descartes' hat die S.-O.-S. die quasi-ontologische Form eines Auseinander von selbstgewissem ego (res cogitans) und materieller Außenwelt (res extensa). Das Subjekt könne nur über seine eigene Existenz Gewißheit erlangen, wahre Erkenntnis der Außenwelt garantiere hingegen ein wahrhaftiger Gott. Die subjektphilosophische Verabsolutierung des S.-O.-Schemas setzt sich in Kants ↗Transzendentalphilosophie fort. Indem Kant in den Naturwissenschaften das Paradigma der Erkenntnis sieht und die für die Geistes- und Sozialwissenschaften grundlegende kommunikative S.-S.-Relation ausblendet, muß er eine hinter der subjektiv konstituierten Erscheinungswelt liegende, unerkennbare Welt-an-sich annehmen, um objektive Erfahrung und gültige Erkenntnis denken zu können. Husserls transzendentale ↗Phänomenologie hat den Widersinn des erkenntnistheoretischen ↗Dualismus durch Aufweis der Intentionalitätsstruktur des Bewußtseins aufzuheben versucht. Da Husserl den Geltungsboden für die Erkenntnis der Außenwelt in das reine Bewußtseinsleben eines einsamen ego verlegen will, erneuert sich bei ihm die S.-O.-S. als Spaltung zwischen einer erkennbaren Welt-für-mich und einer unerkennbaren Welt-für-alle. – Peirces sinnkritischer Realismus löst das Problem der S.-O.-S. auf, indem er die Vorstellung einer vermeintlich unerkennbaren Welt-an-sich in die regulative Idee eines für die unbegrenzte Forschergemeinschaft auf lange Sicht Erkennbaren transformiert. An Peirce knüpft die ↗Transzendentalpragmatik (Apel) an, indem sie die, eine gemeinsame, sprachlich erschlossene Welt schon voraussetzende, S.-S.-Relation der sprachlichen Kommunikation als Sinnbasis der S.-O.-Relation der Erkenntnis aufweist. **Lit.:** K.-O. Apel: Transformation der Philosophie. Frankfurt 1973. – D. Böhler: Rekonstruktive Pragmatik. Frankfurt 1985. – E. Husserl: Cartesianische Meditationen. Den Haag 1950. – W. Kuhlmann: Zum Problem des Ding an sich. Kant, Peirce, transzendentalpragmatische Sinnkritik. In: Ders.: Kant und die Transzendentalpragmatik. Würzburg 1992. S. 79–99. HGR/BR

**Subjektivismus,** (1) bezeichnet eine Form des ↗Relativismus. Allgemein ist unter S. die Auffassung zu verstehen, daß Bedeutung und Wahrheit auf die sinn- und geltungsbildenden Leistungen des Subjekts bezogen sind. Vorherrschend ist das im Gegensatz zum geltungslogischen ↗Objektivismus stehende Verständnis als skeptischer S. geworden: Da Sinn und Geltung von Begriffen, Urteilen, Aussagen usw. relativ auf das Subjekt, seine Leiblichkeit, geschichtlichen und kulturellen Perspektiven, persönlichen Interessen, seien, müsse die Vorstellung einer allgemeingültigen Erkenntnis von Tatsachen und Normen aufgegeben werden. Der skeptische S. geht auf Protagoras zurück, dessen ↗Homo-mensura-Satz paradigmatisch für ihn ist: »Der Mensch ist das Maße aller Dinge, der seienden, daß sie sind, der nicht seienden, daß sie nicht sind.« Im skeptischen Empirismus Hume's wird der Wissensanspruch der Tatsachenwissenschaften auf eine psychologische Komponente, den auf Gewohnheit beruhenden Glauben an eine kausale Abfolge von Ereignissen reduziert. Nietzsche denunziert den Gedanken der Wahrheit (ebenso wie jenen des moralisch Guten) als subjektives Interesse an Selbsterhaltung und -befriedigung. Sartres Existentialismus geht davon aus, daß mangels eines objektiven Sinns das einzelne Subjekt seiner Existenz einen Sinn aus sich selbst heraus neu stiften muß. – Eine dem skeptischen S. entgegengesetzte Bedeutung liegt im transzendentalen S. Descartes', Kants und Husserls vor. Der Sinn von objektiver Wahrheit und gültiger Erkenntnis wird hier zu retten versucht, indem vermeintlich universale, sinn- und geltungskonstitutive Strukturen des Bewußtseins (z. B. Verstandeskategorien) aufgedeckt werden. HGR

(2) Dem ethischen S. zufolge sind Werturteile nichts anderes als Beschreibungen von psychologischen Zuständen. Das Urteil »x ist gut« oder die Forderung »die Handlung y sollte vollzogen werden« drücken dann nicht mehr aus als den subjektiven Glauben, daß x gut sei oder daß man y tun sollte, und die positive Einstellung gegenüber x und y. Als metaethische Position stellt der ethische S. eine Sonderform des Naturalismus dar, da er die Bedeutung der Aussagen in der Form »ich glaube, daß x oder y gut ist« als Beschreibung psychischer Zustände, d. h. positiver oder negativer Einstellungen, interpretiert. [PP] **Lit.:** G. Grewendorf/G. Meggle (Hg.): Seminar: Sprache und Ethik. Frankfurt 1976. – D. Hume: An Enquiry Concerning Human Understanding (1748; dt. Eine Untersuchung über den menschlichen Verstand. Hamburg [11]1984). – E. Husserl: Ideen zu einer reinen Phänomenologie und phänomenologischen Philosophie. Hua. Bd. III/1. Den Haag 1976. – I. Kant: Kritik der reinen Vernunft. – F. Nietzsche: Jenseits von Gut und Böse. HGR/PP

**Subjektivität,** bezeichnet umgangssprachlich ein willkürliches, nicht an allgemeinverbindlichen Normen und Erwartungen orientiertes Verhalten einzelner Personen. Philosophisch ist mit S. ein Begründungsprinzip neuzeitlicher Philosophie und zusammen damit ein Selbstverständnis der modernen Kultur gemeint. Zentraler Referenzpunkt dafür sind Descartes' *Meditationen*: Descartes versucht, Philosophie von einem sicheren Fundament aus aufzubauen, das im Denkenden selbst liegt und durch Reflexion auf die eigene Bewußtseinstätigkeit gewonnen wird (cogito, ergo sum). Diesen Denkenden bestimmt Descartes als res cogitans im Gegensatz zur Natur als res extensa. Er entwickelt damit ein Selbstverständnis des Menschen als Subjekt im Unterschied zur Natur als Objekt (↗Cartesianismus, ↗cartesischer Dualismus). Er faßt aber das Denken inhaltlich noch weitgehend in aristotelisch-scholastischen Begriffen, nämlich als denkende Substanz (res cogitans), die durch passiv-rezeptives Perzipieren von Ideen charakterisiert ist. Von seinem Zeitgenossen Hobbes wird S. der Sache nach hingegen als eigenständige Aktivität des Menschen konzipiert: Menschen schaffen aus sich selbst heraus Begriffe und Theorien; sie greifen planmäßig in die Natur zu ihrer Selbsterhaltung und Selbststeigerung ein; und sie schöpfen aus sich selbst heraus mit dem Staat einen künstlichen Menschen (*Leviathan*, Einl.). In Kants ↗Transzendentalphilosophie werden diese beiden Aspekte von S. – Begründungsprinzip und eigenständige Aktivität – zusammengefaßt: Philosophie wird von der Reflexion auf die im Denkenden liegenden Bedingungen der Möglichkeit der Erfahrung aus begründet. Oberste Bedingung für Erfahrung ist die Einheit des Selbstbewußtseins. Von dieser sind die Anschauungsformen Raum und Zeit abhängig, und aus Sätzen über diese sollen die Kategorien und Grundsätze (wie der Satz von der Erhaltung der Substanz und das Prinzip der Kausalität) deduziert werden. Aufgrund dieser Bedingungen wird durch eine eigenständig-spontane Aktivität des Denkenden die Natur als Erscheinung konstituiert. Von Fichte wird dieses Konzept dahingehend radikalisiert, daß durch S., das absolute Ich, die Natur (das Nicht-Ich) auch ihrem Sein nach hervorgebracht wird. Hegel versucht, in seinem System des absoluten Idealismus das neuzeitliche Prinzip der S. mit der antiken Metaphysik der Substanz zu verbinden. Im 20. Jh. wird die Philosophie der S. in ihren beiden Aspekten erschüttert: Zum einen wird eine Sprach-, Zeit- und Kulturabhängigkeit allen Denkens vertreten und damit S. als Begründungsprinzip angegriffen. Zum anderen wird das Selbstverständnis des Menschen als eines eigenständig-aktiven Subjekts, dem die Natur als Objekt gegenübersteht, von der Reflexion auf die ökologische Krise aus in Frage gestellt. **Lit.:** K. Cramer et al. (Hg.): Theorie der Subjektivität. Frankfurt 1990. – M. Frank (Hg.): Selbstbewußtseinstheorien von Fichte bis Sartre. Frankfurt 1991. ME

**Subjunktion.** In der Aussagenlogik ist die S. eine Verknüpfung zweier Aussagen durch den Operator »wenn-dann«. Der Wahrheitswert »falsch« kommt der S. nur dann zu, wenn der wenn-Satz wahr und der dann-Satz falsch ist (sonst immer wahr). Die S. entspricht der ↗Implikation. – Als konverse S. wird in der formalen Logik (Aussagenlogik) jene Verknüpfung zweier Aussagen bezeichnet, in welcher der Vordersatz vom Hintersatz abhängig ist, bspw. »die Person ist nur dann wahlberechtigt, wenn sie volljährig ist«. Die S. ist nur dann falsch, wenn der Vordersatz falsch und der Hintersatz wahr ist. Sie entspricht der formalen Struktur der notwendigen Bedingung: ›nur dann wenn, so‹ (symbolsprachlich: $p \leftarrow q$). ↗Replikation. PP

**Subkonträr.** In der formalen Logik stehen Sätze in einer subkonträren Beziehung, wenn beide Sätze zugleich wahr, nicht aber zugleich falsch sein können (↗Quadrat, logisches). Z. B. die partikular bejahenden Urteile: einige S sind P, und die partikular verneinenden Urteile: einige S sind nicht P (einige Menschen haben weiße Hautfarbe, einige nicht). PP

**Subsidiaritätsprinzip.** Als Kernstück katholischer Soziallehre hat das S. seine präzise Formulierung unter Rückgriff auf die scholastische Lehre vom Gemeinwohl in der Enzyklika *Quadragesimo Anno* (1931) erfahren. Ihm liegt die Annahme einer Stufenfolge zugrunde, die ausgehend vom einzelnen über immer umfassendere Gemeinschaften zum Staat führt und in umgekehrter Perspektive die Hinordnung staatlicher wie gesellschaftlicher Organisation auf den Menschen impliziert. In diesem Rahmen gilt der Grundsatz, daß eine gesellschaftliche Aufgabe von der jeweils kleinsten Einheit wahrgenommen wird, die sie aus eigener Kraft zu erfüllen vermag. Als Kompetenzverteilungsregel vereint es Aspekte der Sicherung individueller Freiräume (insoweit übereinstimmend mit Grundpositionen des ↗Liberalismus) mit Effizienzkriterien. – Das S. entfaltet sein unbestrittenes Problemlösungspotential vornehmlich innerhalb hierarchisch vorstrukturierter Systeme; seine Kapazität zur Erfassung multipolarer Strukturen ist begrenzt. Ferner erweist sich das Effizienzargument als Einfallstor für Konzentrationsprozesse; besondere Skepsis ist insofern gegenüber der Aufnahme des S. in das Vertragswerk der Europäischen Union (Art. 3b) angebracht. **Lit.:** Enzyklika Quadragesimo Anno. In: Acta Apostolicae Sedis 23 (1931). S. 177–228. – R. Herzog: Subsidiaritätsprinzip und Staatsverfassung. In: Der Staat 2 (1963). S. 399–423. – J. Isensee: Subsidiaritätsprinzip und Verfassungsrecht. Berlin 1968. – H. Lecheler: Das Subsidiaritätsprinzip. Berlin 1993. – A. F. Utz (Hg.): Das Subsidiaritätsprinzip. Heidelberg 1953. FW

**Subsistenz,** bedeutet in der scholastischen Philosophie selbständige Existenz, wird jedoch mitunter auch synonym für Existenz verwendet. Die Prägung des Neologismus »subsistentia« dürfte auf Marius Victorinus (4. Jh.) zurückgehen. Im eigentlichen Sinne subsistiert die ↗Substanz, im Gegensatz zu den nur unselbständig existierenden (der Substanz inhärierenden) ↗Akzidentien. Sonderstellungen nehmen Gott und die Seele ein: Die Seele ist zwar im Sinne der Materie-Form-Lehre als substantielle Form einzuordnen, kann jedoch auch getrennt von der Materie existieren (forma in se subsistens); Gott existiert zwar selbständig, ist aber keine Substanz, sondern das Sein selbst (esse subsistens). – In der Sozialphilosophie bezeichnen die Termini Subsistenzproduktion die auf die unmittelbare Bedarfsdeckung und Selbsterhaltung der Wirtschaftssubjekte gerichteten Tätigkeiten, bzw. Subsistenzwirtschaft eine auf Sicherung des Lebensunterhalts und nicht auf Wachstum gerichtete Wirtschaftsweise. Feministische Theorieansätze benutzen den Begriff S. z.T. zur Analyse der Ausbeutung der Frau (als Hauptträger der Subsistenzproduktion). In der marxistischen Theorie bezeichnet Subsistenzlohn den Lohn, der gerade die Reproduktionskosten der Arbeit deckt. **Lit.:** Thomas v. Aquin: Summa theologiae I, q. 29 a. 2. – J. de Vries: Grundbegriffe der Scholastik. Darmstadt 1980. WL

**Substanz** (griech. ousia). S. ist nach Aristoteles das, was im eigentlichen Sinne seiend ist (*Met.* VII.1). In der *Kategorienschrift* definiert er eine S. als dasjenige, was nicht von einem Zugrundeliegenden prädiziert werden kann und nicht in einem Zugrundeliegenden ist (2a 11–13). Eine S. ist also ein letztes Subjekt der Prädikation. Als weiteres zentrales Merkmal einer S. gibt er an, als dasselbe zu beharren und wechselnde Eigenschaften annehmen zu können (4a 10–11). In der *Kategorienschrift* sieht er einzelne Dinge wie Menschen und Pferde als S. an (2a 11–14), im 7. Buch der *Metaphysik* hingegen nur deren Form (eidos, Wesen). Umstritten ist, ob diese Form etwas Individuelles oder etwas Allgemeines ist. Descartes verschärft Aristoteles' Merkmale dahingehend, daß eine S. von anderem Seienden unabhängig und unvergänglich ist. S. (res) im strikten Sinne ist daher nur Gott (*Principia* I, 51). Ausdehnung (res extensa) und Geist (res cogitans) erfüllen das Kriterium der Unvergänglichkeit, sind aber von Gott abhängig. In der Nachfolge Descartes' erkennt Spinoza nur Gott, den er mit der Natur identifiziert (↗Deus sive natura), als S. an und spricht ihm Ausdehnung und Denken als Attribute zu. Nach Kant ist das Substanzkonzept eine der Kategorien. Es hat somit nur für Dinge als Erscheinungen Gültigkeit (↗Transzendentalphilosophie). Er bestimmt die S. als das Beharrende in den Erscheinungen, das bei dem Wechsel von Eigenschaften erhalten bleibt (*KrV* A 182/B 224; A 189/B 232). Kant legt sich nicht darauf fest, ob es numerisch eine oder mehrere S.en gibt. – S. wird im Kontext der neuzeitlichen Physik allgemein mit beharrendem Materiellen und damit mit Erhaltungssätzen in Verbindung gebracht. In der Philosophie der ↗Quantenmechanik wird die Anwendbarkeit des Substanzbegriffs in Frage gestellt. – Seit Hume (*Treatise*, I. 4) wird aus verschiedenen Gründen bestritten, daß es überhaupt S.en gibt. Whitehead setzt einer Substanzontologie eine Prozeßontologie entgegen. **Lit.:** M. Frede/G. Patzig: Aristoteles »Metaphysik Z«. Text, Übersetzung, Kommentar. 2 Bde. München 1988. – W. Kneale: The Notion of a Substance. Proceedings of the Aristotelian Society. New Series 40 (1939). S. 103-134. – P. Mittelstaedt: Philosophische Probleme der modernen Physik. Mannheim/Wien/Zürich [7]1989. Kap. 4. – W. Stegmaier: Substanz. Grundbegriff der Metaphysik. Stuttgart-Bad Cannstatt 1977. – A.N. Whitehead: Prozeß und Realität. Frankfurt 1979. ME

**Substanzontologie,** geht von der Annahme aus, daß als basale Entitäten der Welt voneinander unabhängige Substanzen zu gelten haben, die durch ihnen zukommende oder nicht zukommende akzidentielle Merkmale individuell bestimmt sind. PP

**Substitutionsprinzip.** (1) Im Rahmen seines Prinzips der Identität legt Leibniz fest, daß zwei Individuen der tatsächlich existierenden Welt dann und nur dann identisch sind, wenn ihre vollständigen Begriffe identisch sind. Das Prinzip der Identität besagt, daß Dinge dieselben sind, wenn es möglich ist, überall das eine durch das andere zu ersetzen (d.i. zu substituieren), ohne daß sich der Wahrheitswert verändert (d.i. salva veritate). Daß A dasselbe ist wie B, bedeutet, daß das eine für das andere in jeder beliebigen Aussage salva veritate substituiert werden kann. Als S. legt es Frege als Kriterium für die Entscheidung, ob der durch einen Satz ausgedrückte Gedanke als dessen Sinn oder als dessen Bedeutung aufzufassen ist, zugrunde. Dabei ist in Rechnung zu stellen, daß bei Frege ein Satz einen Wahrheitswert bezeichnet und einen Gedanken ausdrückt. Die Bedeutung des Satzes ist dabei abhängig von den Bedeutungen (d.i. den Bezügen) der in ihm vorkommenden Namen, ebenso ist der Sinn des Satzes abhängig von dem Sinn der Namen. Daraus ergeben sich die beiden S.ien: (a) Die Bedeutung des Satzes ist invariant gegenüber der Substitution bezugsgleicher Ausdrücke; (b) der Sinn eines Satzes ist invariant gegenüber der Substitution sinngleicher Ausdrücke. – (2) In der formalen Logik besagt das S.: Gilt $a = b$, so kann man die Individuenkonstante a und b überall durcheinander ersetzen, ohne daß sich der Wahrheitswert der Sätze ändert. Dasselbe gilt in bezug auf die Äquivalenz von Aussagen: Sind zwei Aussagen A und B miteinander äquivalent, so entsteht aus einer Behauptung, in der A als Teilsatz vorkommt, eine damit äquivalente Behauptung, in der A durch B ersetzt wird. **Lit.:** W.K. Essler/R.F.M. Cruzado: Grundzüge der Logik I. Das logische Schließen. Frankfurt 1991. S. 149. – G. Frege: Kleine Schriften. Hg. I. Angelelli. Darmstadt 1967. S. 148. – F.v. Kutschera: Gottlob Frege. Eine Einführung. Berlin/New York 1989. S. 67. PP

**Substrat** (lat. substernere: unterbreiten), in den lat. Übersetzungen der aristotelischen *Metaphysik* das dort als Zugrundeliegendes (↗hypokeimenon) Bezeichnete. S. wird oft auch mit ↗Subjekt übersetzt. Als S. definiert Aristoteles (*Met.* 1028b 36 ff.) das, von dem alles übrige ausgesagt wird, welches aber selbst nicht von einem anderen ausgesagt wird (z.B. Mensch). Das Zugrundeliegende ist also das eigentliche Wesen einer jeden ↗Substanz, es selbst ist daher ohne jede weitere Bestimmung und, da alle Bestimmungen an ihm wie an einem Träger nur haften, frei von Akzidentien. Eine inhaltliche Bestimmung bekommt der Terminus, wenn Aristoteles (1033a 7) das S. als Stoff bezeichnet, der dafür geeignet sei, bestimmte Formbestimmungen aufzunehmen. Alles Werdende (etwa kranker zu gesunder

Mensch) hat daher das (stoffliche) S. (Mensch) und die Privation (nicht-krank) zur Voraussetzung. MFM

**Subsumtionstheorie,** Bezeichnung für das Gesetzesschema der Erklärung, in der individuelle Sachverhalte unter hypothetisch angenommene allgemeine Naturgesetze subsumiert werden. ↗Erklärung, ↗Hempel-Oppenheim-Modell. PP

**Südwestdeutsche Schule,** werttheoretische Richtung des sog. ↗Neukantianismus. W. Windelband (1848–1915) und H. Rickert (1863–1936), die in Straßburg und Heidelberg resp. Freiburg und Heidelberg lehrten, gelten als ihre Hauptvertreter. Drei Themenkreise beherrschte die Philosophie der s.S.: das Wertmotiv in der Erkenntnis, das Problem der Wissenschaftsklassifikation sowie die Bedeutung der Philosophiegeschichtsschreibung. In methodischer Rückbesinnung auf die kritische Fragestellung Kants sollte Philosophie als Wissenschaft von den allgemeingültigen Werten (auf theoretischem, ethischem und ästhetischem Gebiet) entwickelt werden. Kants Vernunftideen werden als geltende Werte verstanden. Der Primat der praktischen Vernunft durchherrscht den Bewußtseinsbegriff – alles Bewußtsein ist Bewußtsein von Normen (»Normalbewußtsein«), die objektiv gelten und subjektiv verwirklicht werden sollen – und er begründet auch die an Fichte erinnernde ethische Ausrichtung des Kulturbegriffs. Aus der ↗Werttheorie folgt überdies ein Methodendualismus (↗idiographisch/nomothetisch), der die Differenzierung von Geistes- und Naturwissenschaft ermöglicht. Während letztere allgemeine Gesetzeswissenschaften sind, die die heterogene Wirklichkeit in eine homogene Einheit fassen müssen, so machen die am Individuellen orientierten Geisteswissenschaften die singulären Gegebenheiten in Kultur und Geschichte durch Bezugnahme auf ein überhistorisches Wertsystem in ihrer Besonderheit verständlich. Schließlich ist für die Philosophie als kritische Wertwissenschaft die historische Selbstreflexion als Problemgeschichte von besonderer Bedeutung, insofern die systematische Stellung der Gegenwart darin als Glied eines übergeordneten geistesgeschichtlichen Ganzen erscheinen konnte. So sollte die historistische Skepsis für die Philosophie überwunden werden. Windelbands *Lehrbuch der Geschichte der Philosophie* (1892) gilt auf dem Gebiet der Philosophiegeschichtsschreibung noch heute als vorbildlich. **Lit.:** B. Jakowenko: W. Windelband. Prag 1941. – H.-L. Ollig: Der Neukantianismus. Stuttgart 1979. – H. Rickert: Die Grenzen der naturwissenschaftlichen Begriffsbildung. Freiburg 1896 ff. – H. Rickert: W. Windelband. Tübingen 1915. – W. Windelband: Präludien. Tübingen 1884. KHL

**Sūnyatā.** ↗Mâdhyamika

**Supererogatorisch.** In der Ethikdiskussion werden jene Pflichten, die das Maß des gemeinhin Geschuldeten übersteigen, als s.e Pflichten bezeichnet, ebenso jene ethischen Prinzipien, deren Erfüllung das Maß der Zumutbarkeit für den Einzelnen übersteigt. Z.B. wird gegen solche ethische Prinzipien, die einen ununterbrochenen Einsatz im Dienste der Maximierung einer Form des Gemeinnutzens beinhalten würden, das Argument der praktischen Unzumutbarkeit angeführt. S.e Leistungen gelten per definitionem als gut und sogar als hoch lobenswert, aber nicht als unbedingt forderbar. In moralphilosophischer Hinsicht gilt Supererogation als spezieller Bereich, der mit den »unvollkommenen Pflichten« zusammenhängt, in psychologischer Hinsicht berühren die s.en Pflichten den Konflikt zwischen moralischem und persönlichem Standpunkt. Der persönliche Standpunkt wird dabei nicht im Sinne einer subjektiven Willkür oder Beliebigkeit angeführt, vielmehr wird für den persönlichen Standpunkt gegenüber dem Bereich der Moral ein legitimer Rechtfertigungsgrund geltend gemacht. **Lit.:** J. Feinberg: Supererogation and Rules. In: Ethics 1971. S. 276–288. PP

**Supervenienz,** bezeichnet die Abhängigkeitsbeziehung zwischen zwei Gegenstandsbereichen (Eigenschaften) oder Vokabularen (Prädikaten). Der Begriff wird vor allem in der Philosophie des Geistes (mentale und physikalische Eigenschaften), in der Moralphilosophie (moralische und nichtmoralische Eigenschaften) oder in der Philosophie der Kunst (ästhetische und nichtästhetische Eigenschaften) verwendet. Die S. soll eine Abhängigkeitsbeziehung zwischen den »hinzukommenden«, supervenienten Eigenschaften von den unterliegenden Basiseigenschaften ausdrücken. Die Grundidee ist dabei, daß sich eine Entität hinsichtlich einer supervenienten Eigenschaft nur dann ändern kann, wenn sich auch hinsichtlich der Basiseigenschaften eine Änderung vollzieht. Umgekehrt formuliert besagt die Supervenienzthese, daß zwei Entitäten, die identische Basiseigenschaften aufweisen, auch hinsichtlich der supervenienten Eigenschaften identisch sind (z.B. zwei Situationen, die hinsichtlich sämtlicher nichtmoralischer Eigenschaften identisch sind, sind auch hinsichtlich ihrer moralischen Eigenschaften identisch). Diese Abhängigkeit der supervenienten Eigenschaften von den Basiseigenschaften gilt nicht in der umgekehrten Richtung: Es ist möglich, daß zwei hinsichtlich der Basiseigenschaften unterscheidbare Entitäten hinsichtlich der supervenienten Eigenschaften identisch sind (im Kontext der Philosophie des Geistes besagt dies, daß ein und dieselbe mentale Eigenschaft von Ereignissen mit unterschiedlichen physikalischen Eigenschaften aufgewiesen werden kann). **Lit.:** J. Kim: Supervenience and Mind. Cambridge 1993. MQ

**Supposition** (lat. suppositio), Suppositionslehre, zunächst ein Terminus der ma. Logik und Sprachphilosophie zur Kennzeichnung der Verwendungsweise der Termini: Während die S. den Gegenstand auf den sie angewandt wird, nur bezeichnet (↗Denotation), sagt die ↗Significatio über den Gegenstand etwas aus (↗Konnotation). Unter der S. eines Wortes versteht man die Art und Weise, in der das Wort angewandt wird. Z.B. ist in den folgenden Sätzen die Weise zu unterscheiden, wie das Wort »Hamburg« gebraucht wird: (a) »Hamburg ist der bedeutendste deutsche Hafen«, (b) »Hamburg ist ein Eigenname«. In (a) wird mit »Hamburg« der Hafen einer Stadt bezeichnet – das entspricht einer formalen S., in (b) wird auf »Hamburg« als Wort Bezug genommen, d.h. das Wortmaterial ist Bezugsgegenstand – das entspricht einer materialen S. Die formale S. kann unterschieden werden nach begrifflicher (auch logischer) oder realer S.: In der begrifflichen S. wird die Art des Begriffs thematisch (z.B. »»Lebewesen« ist eine Gattung(sbezeichnung)«, »»Mensch« ist eine Art(bezeichnung)«), in der realen S. steht das Wort für eine Sache (z.B. »Helgoland ist eine Insel«). Die reale S. kann differenziert werden in eine absolute und eine persönliche S.: In der absoluten S. bezieht sich das Wort auf den allgemeinen Begriff, ohne auf die unter diesen Begriff fallenden Gegenstände abzuzielen (z.B. »der Mensch ist ein vernunftbegabtes Wesen«), dagegen bezieht die persönliche S. neben dem allgemeinen Begriff die einzelnen Exemplare mit ein (»jeder Mensch ist ein vernunftbegabtes Wesen«). Die persönliche S. heißt kopulativ (verbindend), wenn das Wort auf alle Exemplare des allgemeinen Begriffs bezogen wird (z.B. »die Vögel sind gefiedert«, d.h. alle Exemplare), und disjunktiv (trennend), wenn nur einige Gegenstände gemeint sind (»einige Vögel sind Raubvögel«). Die kopulative S. kann kollektiv oder distributiv sein: distributiv, wenn das Wort alle Exemplare des Begriffs und explizit jedes einzelne meint (»jeder Mensch ist sterblich«), kollektiv, wenn das Wort die Träger seines Inhalts nur als ganzes verbunden meint (»alle Spieler bilden eine Mannschaft«). – Die Suppositionslehre dient dazu, die Vermengung von analogen Ausdrükken zu vermeiden, d.h. Zeichen für Dinge von Zeichen für Zeichen zu unterscheiden, und ist ein Beitrag zur Sicherung der Eindeutigkeit und damit Folgerichtigkeit von Schlüssen. **Lit.:** A. Menne: Einführung in die Logik. Tübingen $^{4}$1986. S. 19ff. – J. Pinborg: Logik und Semantik im Mittelalter. Stuttgart 1972. S. 58ff. PP

**Suppositum.** Die Aristotelische Logik entwickelt eine Theorie von Schlußfolgerungen, bei der die Elemente innerhalb der Aussage analysiert werden. Dabei wird das Zeichen von dem Gegenstand, auf den es sich bezieht, unterschieden: Das Zeichen bildet das Subjekt, die Sache, auf die es sich bezieht, wird als S. bezeichnet. Damit ist das Subjekt einer Prädikataussage dasjenige Wort, das angibt, auf welches S. sich die Aussage bezieht. Das Prädikat drückt dabei eine gewisse Vorstellung aus, die wir uns vom Subjekt bilden. PP

**Surrealismus** (frz. Überwirklichkeit, »absolute« Wirklichkeit), kunsthistorische und literarische Strömung zwischen 1919 und 1944 v.a. in Frankreich. Der S. wendet sich gegen jede realistische oder naturalistische Darstellung der Realität; vielmehr schafft er überwirkliche, irrationale Welten mit alogischen Gesetzen. In diesen traumartigen, autonomen Welten verweisen mehrdeutige Metaphern und Symbole auf ein Unbewußtes (im Sinne der Psychoanalyse S. Freuds) und lassen den Grenzbereich zwischen Wirklichkeit und Phantasie verschwimmen. So finden sich paradoxe Kombinationen von gegenständlichen und abstrakten Formen in der bildenden Kunst (z.B. bei S. Dalí, J. Miro, M. Ernst, H. Arp) sowie Wörter und Wortfetzen mit starker Assoziativkraft in der Literatur (vgl. Dadaismus). Für ihr Postulat, den Schöpfungsakt eines Kunstwerkes der dionysischen Ekstase zu überlassen, finden die Surrealisten in Nietzsche und Bergson philosophische Vorkämpfer. In der Literatur lassen sie sich von der Neuromantik um 1900 mit ihrer Konzentration auf Innerlichkeit zu einem magischen-mystischen Empfindungsreichtum inspirieren. Hier kann auch die Absurdität des Daseins in Anlehnung an Expressionismus und Symbolismus ihren Ausdruck finden. – Theoretiker des S. sind Ph. Soupault, L. Aragon und vor allem A. Breton, der definiert: »Surrealismus, Subst., m. – Reiner psychischer Automatismus, durch den man mündlich oder schriftlich oder auf jede andere Weise den wirklichen Ablauf des Denkens auszudrücken sucht. Denk-Diktat ohne jede Kontrolle durch die Vernunft, jenseits jeder ästhetischen oder ethischen Überlegung« (*Erstes Manifest des Surrealismus*, 1924). **Lit.:** G. Metken (Hg.): Als die Surrealisten noch recht hatten. Stuttgart 1976. KS

**Syllogismus.** Der S. stellt ein formales logisches Verfahren dar, in dem aus zwei (oder mehreren) Urteilen ein drittes Urteil abgleitet wird. Das abgeleitete Urteil wird als Conclusio bezeichnet, die logisch vorausgehenden Urteile als Prämissen. Der Übergang von den Prämissen zur Conclusio ist ein formallogisch gültiger Schluß, wenn durch entsprechende Schlußregeln sichergestellt ist, daß die Wahrheit der Prämissen mit der Falschheit der Conclusio unverträglich ist (eine solche Schlußregel ist bspw. die Abtrennungsregel, ↗Modus ponens). Eine falsche Conclusio kann nur dann aus den Prämissen gültig geschlossen werden, wenn mindestens eine der beiden Prämissen falsch ist. D.h. für einen gültigen Schluß ist nicht vorauszusetzen, daß Prämissen und Conclusio wahr sein müssen, aber eine wahre Conclusio verbürgt die Wahrheit der Prämissen und wahre Prämissen können nur zu einer wahren Conclusio führen. Für jeden formallogisch gültigen Schluß ist es charakteristisch, daß die Conclusio logisch notwendig aus den Prämissen folgt. – In der Antike behandelt Aristoteles die Formen gültigen Schließens ausführlich unter dem Titel »Syllogistik«. Sie befaßt sich mit Schlußformen, die in der modernen formalen Logik der einstelligen Prädikatenlogik zuzuordnen wären. Dagegen spielen Formen der Aussagen- und Relationslogik noch keine Rolle. Für diese einfachsten Arten eines Schlusses wird die Aristotelische Bezeichnung »S.« beibehalten. Eine solche syllogistische Theorie hatte für ein Wissenschaftsmodell besondere Bedeutung, in dem es darum ging, Gegenstände unter allgemeine Begriffe zu bringen und ein hierarchisches Begriffssystem aufzubauen.

Ein S. besteht aus (mindestens) drei Urteilen, von denen eines das Schlußurteil (die Conclusio), die anderen die Prämissen sind. Die Urteilssätze werden in der Subjekt-Kopula-Form ausgedrückt. Sie können hinsichtlich ihrer Quantität und ihrer Qualität unterschieden werden: Die Quantität bestimmt die Allgemeinheit (alle Menschen) oder Partikularität (einige), die Qualität die Bejahung oder Verneinung. Durch diese Festlegung ergeben sich vier verschiedene Möglichkeiten von Urteilssätzen: Allgemein bejahende (alle S sind P: SaP), allgemein verneinende (kein S ist P: SeP), partikular bejahende (einige S sind P: SiP) und die partikular verneinenden (einige S sind nicht P: SoP). Die Syllogistik macht es sich zur Aufgabe festzustellen, welche Arten gültiger Schlüsse es gibt. Bei einer Kombination von drei Urteilssätzen ergeben sich folgende Möglichkeiten: (1) Die beiden Prämissen haben verschiedene Subjektbegriffe, aber die gleichen Prädikatbegriffe; (2) die beiden Prämissen haben die gleichen Subjektbegriffe, aber verschiedene Prädikatbegriffe; (3) der Prädikatbegriff der einen Prämisse stimmt mit dem Subjektbegriff der anderen Prämisse überein. In jedem der Fälle enthalten die beiden Prämissen insgesamt drei verschiedene Begriffe (außer der Kopula). Der in beiden Prämissen gemeinsam vorkommende Begriff »stellt die Verbindung her« zwischen den Prämissen und die Verbindung zum Schlußsatz – er wird als »Mittelbegriff« bezeichnet (gekennzeichnet mit »M«). Die Conclusio, die aus den beiden Urteilen erfolgen soll, muß zwar ein von beiden Prämissen verschiedenes Urteil sein, aber aus der einen Prämisse den Subjektbegriff und der anderen den Prädikatbegriff, auf keinen Fall aber den Mittelbegriff enthalten. Als weitere terminologische Festlegung gilt, daß der Prädikatausdruck in der Conclusio als terminus maior (oder Oberbegriff), der Subjektbegriff der Conclusio als terminus minor (oder Unterbegriff) bezeichnet wird, entsprechend die Prämisse mit dem terminus maior als Obersatz (oder maior), die mit dem terminus minor als Untersatz (oder minor). Der Konvention entsprechend wird der Obersatz zuerst angeführt, der Untersatz als zweiter. – Aristoteles definierte die beiden Termini nicht durch ihre Funktion in der Conclusio, sondern durch die Reihenfolge ihres Auftretens in den Prämissen (weshalb er die gültigen S.en der IV. Figur als Sonderfälle der I. Figur mit konvertierter Conclusio beurteilte). Aristoteles erkannte 14 (bzw. mit der IV. Figur 19) Modi als gültig an. Ausgehend von der I. Figur, die er als evident gültig beurteilte, leitete er die anderen Figuren ab und widerlegte die ungültigen S.en durch Gegenbeispiele. Folgende Figuren und Modi werden als gültig anerkannt (für die Schreibweise der Abkürzungen werden folgende Zeichen verwendet: »M« für Mittelbegriff, »S« für Subjektbegriff, »P« für Prädikatbegriff, »a« für allgemein bejahendes Urteil, »e« für allgemein verneinendes, »i« für partikular bejahendes und »o« für partikular verneinendes):

I. Figur und ihre vier Modi:

| | | | |
|---|---|---|---|
| 1. MaP | 2. MeP | 3. MaP | 4. MeP |
| SaM | SaM | SiM | SiM |
| SaP | SeP | SiP | SoP |

In der I. Figur geht es im ersten Satz (aller Modi) um eine allgemeine Regel über den Zusammenhang zweier Prädikate, im zweiten Satz um die Behauptung, daß ein Fall dieser Regel vorliege, im dritten Satz um die Anwendung der Regel auf diesen Fall. Beispielsätze:

1. Alle leiblichen Wesen sind nahrungsbedürftig<br>alle Menschen sind leibliche Wesen<br>alle Menschen sind nahrungsbedürftig.
2. Kein leibliches Wesen lebt ewig<br>alle Menschen sind leibliche Wesen<br>kein Mensch lebt ewig.
3. Alle leiblichen Lebewesen sind nahrungsbedürftig<br>einige Körper sind leibliche Lebewesen<br>einige Körper sind nahrungsbedürftig.
4. Kein leibliches Lebewesen lebt ewig<br>einige Körper sind leibliche Lebewesen<br>einige Körper leben nicht ewig.

Die Modi erhielten im MA. folgenden Merknamen, wobei die Vokale der Namen die Kennzeichnungen für bejahend und verneinend (Qualität der Prämissen), für allgemein und partikular (Quantität) enthalten: 1. Barbara, 2. Celarent, 3. Darii, 4. Ferio.

II. Figur:

| | | | |
|---|---|---|---|
| 1. PeM | 2. PaM | 3. PeM | 4. PaM |
| SaM | SeM | SiM | SoM |
| SeP | SeP | SoP | SoP |

In der II. Figur bestreitet der zweite Satz das Zutreffen eines Prädikats, der dritte Satz stellt fest, daß kein Fall der allgemeinen Regel vorliegt.

Merknamen 1. Cesare, 2. Camestres, 3. Festino, 4. Baroco.

III. Figur:

| | | | | | |
|---|---|---|---|---|---|
| 1. MaP | 2. MeP | 3. MiP | 4. MaP | 5. MoP | 6. MeP |
| MaS | MaS | MaS | MiS | MaS | MiS |
| SiP | SoP | SiP | SiP | SoP | SoP |

In der III. Figur behauptet der erste Satz, daß etwas eine Eigenschaft hat bzw. nicht hat, der zweite Satz, daß etwas zu einer bestimmten Klasse gehört, der dritte Satz stellt fest, daß keine allgemeine Regel gelten kann, die der Klasse das fragliche Prädikat zu- oder abspricht.

Merknamen: 1. Darapti, 2. Felapton, 3. Disamis, 4. Datisi, 5. Bocardo, 6. Ferison.

IV. Figur:

| | | | | |
|---|---|---|---|---|
| 1. PaM | 2. PaM | 3. PiM | 4. PeM | 5. PeM |
| MaS | MeS | MaS | MaS | MiS |
| SiP | SeP | SiP | SoP | SoP |

Merknamen: 1. Bamalip, 2. Calemes, 3. Dimatis, 4. Fesapo, 5. Fresion.

Die Figur eines S. wird durch die Funktion des Mittelbegriffs bestimmt: In der I. Figur ist der Mittelbegriff der Subjektbegriff des Obersatzes und Prädikatbegriff des Untersatzes, in der II. Figur in beiden Prämissen der Prädikatbegriff, in der III. Figur beide Male der Subjektbegriff, in der IV. Figur der Prädikatbegriff des Obersatzes und der Subjektbegriff des Untersatzes.

In der Tradition stützte man sich auf die folgenden formalen Regeln der Gültigkeit: (a) den Distributionsre-

geln: 1. In einem gültigen S. muß der Mittelbegriff wenigstens einmal in den Prämissen distribuiert werden, 2. kein Terminus darf in der conclusio distribuiert vorkommen, ohne wenigstens in einer Prämisse distribuiert zu erscheinen; (b) die Regeln der Qualität: 1. Wenigstens eine Prämisse eines gültigen Schlusses muß bejahend sein, 2. wenn eine Prämisse verneinend ist, muß es auch die Conclusio sein – eine negative Conclusio erfordert wenigstens eine negative Prämisse; (c) die Regeln der Quantität: 1. Wenigstens eine Prämisse muß allgemein sein, 2. wenn eine Prämisse partikular ist, muß auch die Conclusio partikular sein. Jeder S., der diese Regeln erfüllt, ist gültig; wird eine Regel verletzt, ist der S. ungültig.
Zur Gültigkeit der Schlüsse sind folgende Regeln zu beachten: 1. Es darf nur drei Terme geben, wobei der Mittelbegriff nicht in der Konklusion auftreten darf. Im Schlußsatz darf kein Term auftreten, der in keiner der Prämissen enthalten war. 2. Der Mittelbegriff muß in beiden Prämissen denselben Inhalt haben und mindestens in einer universell gelten (Distributionsregel). Wenn der Mittelbegriff in zwei verschiedenen Bedeutungen im Ober- und Untersatz gebraucht würde, hätte das zur Folge, daß vier Terme die wesentlichen Bestandteile der Prämisse bilden. Ein solcher Fall wird als Trugschluß des Quaternio terminorum bezeichnet. 4. Im Schlußsatz darf kein Term mit einer Quantität auftreten, die größer wäre als seine Quantität in der Prämisse. 5. Zwei affirmative Prämissen können keinen negativen Schluß ergeben. 6. Wenn eine Prämisse negativ ist, dann muß auch die Conclusio negativ sein. 7. Aus zwei negativen Prämissen läßt sich nichts schließen. **Lit.:** Th. Bucher: Einführung in die angewandte Logik. Berlin/New York 1987. S. 138 ff. – G. Patzig: Schluß. In: H. Krings u. a. (Hg.): Handbuch philosophischer Grundbegriffe. München 1974. S. 1251–1260. – A. Pfänder: Logik. Tübingen ³1963. S. 288 ff. PP

**Syllogismus, disjunktiver.** In der traditionellen Logik hat man damit entweder den adjunktiven S. oder den S. der Kontravelanz bezeichnet. Beim adjunktiven S. enthält eine Prämisse das nicht-ausschließende »oder«, so daß wenigstens einer der beiden Sachverhalte besteht: (a) Aus den beiden Ausssagen »A oder (auch) B« und »Nicht-A« folgt logisch »B«; (b) aus den beiden Aussagen »A oder (auch) B« und »Nicht-B« folgt logisch »A«. Die beiden durch »oder (auch)« verknüpften Teilsätze schließen sich nicht gegenseitig aus. Beim S. der Kontravalenz besteht höchstens einer der beiden in den Teilsätzen formulierten Sachverhalte: (a) Aus den beiden Aussagen »A oder (aber) B« und »A« folgt logisch »Nicht-B«; (b) aus den beiden Aussagen »A oder (aber) B« und »Nicht-A« folgt logisch »B«. **Lit.:** W. K. Essler/R. F. M Cruzado: Grundzüge der Logik I. Das logische Schließen. Frankfurt ⁴1991. S. 49. PP

**Syllogismus, hypothetischer,** in der traditionellen Logik wird der ↗Modus ponens als hypothetischer S. bezeichnet. PP

**Syllogismus, praktischer,** auch praktisches Schließen. In der gegenwärtigen Diskussion wird der p. S. zur Rekonstruktion der praktischen Erkenntnis und als Modell intentionalistischer Erklärung der Handlung verwendet. Anscombe weist darauf hin, daß sich im p. S. zeigt, inwiefern praktische Erkenntnis als ein Wissen, wie und daß ein bestimmter Gegenstand hervorgebracht wird, zu verstehen ist. Damit soll herausgestellt werden, daß das Praktische nicht als eine Form des Theoretischen zu interpretieren ist. Denn der Zweck des theoretischen Schlusses besteht im Beweis der Konklusion aus den Prämissen. In einem gültigen theoretischen Schluß folgt die Wahrheit der Konklusion aus der Wahrheit der Prämissen. Dagegen ist der Zweck des p.n S. eine Handlung. Der p. S. stellt eine Kalkulation dar, was zu tun ist. Die in der Konklusion angeführte Handlung ist als die Realisierung des in der Prämisse geäußerten Willens anzusehen. In der ersten Prämisse drückt der Handelnde aus, was er will; die zweite Prämisse nennt das für die Absicht geeignete Mittel; die Handlung stellt die Realisierung dieses Mittels dar. Ein p. S. ist allerdings nur dann wirksam, wenn der Handelnde ihn zum Handlungsgrund wählt und entsprechend handeln will. Wright stellt den p.n S. als intentionalistische Erklärung der Handlung vor: (1) Prämisse: A beabsichtigt, p herbeizuführen; (2) A glaubt, daß er p nur dann herbeiführen kann, wenn er a tut; Konklusion: Folglich macht sich A daran, a zu tun. Die Erklärung besteht darin, denjenigen p.n S. anzugeben, aus dem hervorgeht, was der Handelnde mit seiner Handlung erreichen wollte. ↗Erklärung. **Lit.:** G. E. M. Anscombe: Absicht. Freiburg/München 1986. §§ 33–44. – G. H. v. Wright: Erklären und Verstehen. Frankfurt 1974. S. 83 ff. PP

**Symbol.** Während S. umgangssprachlich als Synonym für ↗Zeichen verwendet wird, ist in der Philosophie damit meist eine besondere Art von Zeichen gemeint. Etymologisch verweist der Begriff (von griech. symbolon: das ›Zusammengeworfene‹) auf zwei Teile eines Ganzen, die (wie z. B. die beiden Hälften eines zerschnittenen Geldscheins) jeder für sich den Wert des Ganzen repräsentieren. – Ist in dieser ursprünglichen Begriffsbedeutung die Möglichkeit einer Rückkehr von der symbolischen auf eine nicht-symbolische Ebene (z. B. durch Zusammenkleben des Geldscheins) noch prinzipiell möglich, so hat sich der heutige philosophische Sprachgebrauch gewandelt: Durch ein S. wird gerade auf etwas verwiesen, bei dem der Übergang von einer symbolischen zu einer nicht-symbolischen Ebene nicht mehr ohne weiteres möglich ist. Das S. vertritt das von ihm Repräsentierte sinnbildhaft und ermöglicht so erst (z. B. in der Kunst oder durch sprachliche S.e) die sinnliche Wahrnehmbarkeit abstrakter Ideen oder geistiger Inhalte. – Wie bei sonstigen Zeichen auch, kommt es dabei durch Interpretation zu einer laufenden Aktualisierung der Inhalte. Die Bedeutung eines S.s läßt sich daher nur unter Einbeziehung des jeweiligen Interpretanten und in Abhängigkeit von ↗Konventionen bestimmen.

Umstritten ist, wie willkürlich die beteiligten Konventionen sind: Für Peirce, der Zeichen in Ikon, Index und S. unterteilt, ist es für S.e gerade charakteristisch, daß sie die Verbindung zu ihren Objekten einer willkürlichen Entscheidung verdanken. Saussure dagegen bezeichnet als S. das, was Peirce »Ikon« nennt, nämlich Zeichen, die mit dem von ihnen Bezeichneten (auch) dank dem Rudiment einer natürlichen Verbindung (»rudiment de lien naturel«) verbunden sind. Beide Autoren, Saussure wie Peirce untersuchen S.e unter systematischen Gesichtspunkten. – Cassirer dagegen stellt kulturhistorische Aspekte eines erst durch Zeichen möglichen Gegenstandbezugs in den Mittelpunkt seiner Überlegungen. Dabei unterscheidet er drei Dimensionen der symbolischen Formung, nämlich Ausdruck, Darstellung und Bedeutung. Symbolisch ist, a) das Verstehen (Wahrnehmen) eines Sinns in einem unmittelbaren sinnlichen Erlebnis (=Ausdruck), b) das Verstehen, das auf einen objektiven Sachverhalt hinweist (=Darstellung), und c) das Verstehen, das Zeichenbeziehungen und Entsprechungen im Sinn einer abstrakten Zuordnung erfaßt (=Bedeutung). Von dieser Verwendung des Symbolbegriffs in bezug auf Dimensionen der symbolischen Formung ist der Begriff der symbolischen Form zu unterscheiden. Damit bezeichnet Cassirer die für Abschnitte in der Menschheitsentwicklung jeweils typischen »Energien des menschlichen Geistes«, einen geistigen Bedeutungsgehalt an ein konkretes sinnliches Zeichen binden zu können. – Eine behavioristische Analyse symbolischer Prozesse findet sich bei dem amerikanischen Philosophen Mead: Die jeweilige Bedeutung eines S.s ergibt sich aus der hervorgerufenen Handlung (»act«) bzw. Reaktion (»response«), und zwar sowohl auf Seiten des Empfängers wie auch auf Seiten desjenigen, der das S. gebraucht. Durch die gemeinsam-geteilte (»shared«) Bedeutung eines S.s wird nämlich auch derjenige, der es hervorbringt, dazu veranlaßt, auf den eigenen Stimulus in der gleichen Weise wie andere Personen zu reagieren. – Der Semiotiker Morris dagegen nutzt den Symbolbegriff, um Zeichen in Signale und S.e zu untergliedern. Charakteristisch für S.e ist es, daß sie durch einen Interpreten hervorgebracht werden und als Synonym andere Zeichen ersetzen. Sonstige Zeichen (auf die dies nicht zutrifft) sind für Morris Signale.

In der analytischen Philosophie spielt der Symbolbegriff nur implizit eine Rolle, da hier die sprachliche (semantische) Ebene im Mittelpunkt der Überlegungen steht. Eine Ausnahme ist die Diskussion von Problemen der ↗Künstlichen Intelligenz-Forschung im Rahmen der analytischen Philosophie des Geistes. Der Symbolbegriff dient hier zur Unterscheidung von zwei kognitiven Modellen. Während in einem klassischen, symbolverarbeitenden Ansatz, das Vorhandensein einzelner, aber systematisch verbundener interner (symbolischer) Repräsentationen als konstitutiv für Kognition angenommen wird, geht ein zweiter, konnektionistischer Ansatz, von einer netzwerkartigen Repräsentationsstruktur aus, in der den einzelnen Elementen meist kein Inhalt mehr zugeordnet werden kann (↗Konnektionismus). Ob sich hieraus Konsequenzen für die Verwendung des Symbolbegriffs in der analytischen Philosophie des Geistes ergeben werden, bleibt abzuwarten. **Lit.:** E. Cassirer: Philosophie der Symbolischen Formen. 3 Bände. Berlin 1923–1929. – Ders.: Wesen und Wirkung des Symbolbegriffs. Darmstadt [6]1977. – Ders.: Das Symbolproblem und seine Stellung im System der Philosophie. Abgedruckt in: E. Cassirer: Symbol, Technik, Sprache. Hamburg 1985. – A. Collins/E. E. Smith (Hg.): Readings in Cognitive Science. San Mateo, Cal. 1988. – U. Eco: Semiotica e filosofia del linguaggio. Turin 1984 (dt.: Semiotik und Philosophie der Sprache. München 1985). – G. H. Mead: Mind, Self, and Society. Chicago [8]1950 (dt.: Geist, Identität und Gesellschaft. Frankfurt 1973). – Ch. Morris: Signs, Language and Behavior. New York [5]1955. – H. Pape: Erfahrung und Wirklichkeit als Zeichenprozeß. C. S. Peirces Entwurf einer spekulativen Grammatik des Seins. Frankfurt 1989. WvH

**Symbolischer Interaktionismus.** Die von Mead entwickelte sozialpsychologische Theorie des S. I. geht davon aus, daß sich ein gesellschaftliches System nur durch die soziale Natur seiner Mitglieder beschreiben läßt. In dieser Annahme schließt sich Mead an den Organismusbegriff von Whitehead an. Die besondere Betonung kooperativer Aktivität und die kreative Bestimmung menschlicher Handlungsbeziehungen führt nach Meads Auffassung gerade nicht zur Gefährdung des Gesamtsystems, vielmehr etabliert sich über die Verhaltensantizipationen der voraussichtlichen Handlungsweisen anderer Mitglieder der Gesellschaft ein gemeinsamer Sinn von Welt. Mead zeigt auf, daß die Identität eines Ich sich erst in der Beziehung zu anderen Interaktionspartnern entwickeln kann. Soziales Handeln kommt dadurch zustande, daß interagierende Subjekte die Einstellung des jeweils anderen Interaktionspartners antizipieren und sich selbst aus dessen Perspektive wahrnehmen (»taking the role of the other«). Diese Übernahme der Einstellung anderer ist als ein Prozeß der Selbst-Werdung zu begreifen. Die Person entwickelt durch die Internalisierung von Fremderwartungen ein Bild von sich selbst (»me«). Das »me« repräsentiert die Summe der Erwartungen des »generalized other«. Das »I« bezeichnet im Subjekt die Spontaneität des Ich, auf diese Verhaltenserwartungen in einer individuellen Weise zu reagieren. Beide Komponenten zusammen ergeben das »Selbst«. Die Übernahme der Rolle des anderen geschieht grundsätzlich im Interesse einer möglichen zukünftigen Handlungsrealisation. **Lit.:** A. Eschbach: Pragmatische Semiotik und Handlungstheorie. In: Ch. W. Morris: Pragmatische Semiotik und Handlungstheorie. Hg. v. A. Eschbach. Frankfurt 1977. S. 11 ff. – H. Jonas: Praktische Intersubjektivität. Frankfurt 1980. – Ders. (Hg.): Das Problem der Intersubjektivität. Frankfurt 1985. – G. H. Mead: Geist, Identität und Gesellschaft. Frankfurt 1973. PP

**Symbolisierung, präsentative.** Der von S. K. Langer eingeführte Begriff dient der Abgrenzung einer sich von der *diskursiven* S. grundlegend unterscheidenden Symbolisierungsform. Der Typ der diskursiven S. bezeichnet den Fall der Artikulation einer Bedeutung aufgrund eines bereits vorhandenen konventionell gesicherten Bestands an bedeutungsdefiniten Symbolen. Beispiele hierfür sind Idealsprachen, so wie sie in den Wissenschaften oder künstlichen Symbolsystemen (z. B. der Mathematik) entwickelt werden. Hier hat jedes Symbol aufgrund von Definitionen eine eindeutige und konstante Bedeutung. Aufgrund der vorgängigen Definition ändert sich die Bedeutung des Symbols je nach dem Verwendungszusammenhang nicht. Da die sinnliche Manifestation eines Symbols aufgrund konventioneller Vereinbarung für die Bedeutung des Symbols ohne Belang ist, besteht keine interne Verbindung zwischen der sinnlichen Realisierung einer S. und ihrer Bedeutung. Das Prinzip der diskursiven S. macht sich – allerdings nicht durchgängig – in der Sprache geltend. Die diskursive S. darf aber nicht mit »Sprache« gleichgesetzt werden. In der Alltagssprache mischen sich diskursive und präsentative Symbolisierungsformen. – Im Gegensatz dazu besteht ein *präsentatives* Symbol nicht aus der Anordnung von bedeutungsdefiniten und -stabilen Elementen. Beispiele hierfür sind Kunstwerke, Mythen, Träume oder Rituale. Auch in präsentativen Symbolen wird eine Bedeutung artikuliert und objektiviert. Das zugrundeliegende Bedeutungsprinzip ist aber ein anderes. Präsentative Symbole bedeuten etwas aufgrund einer bestehenden Formentsprechung zwischen ihrer anschaulichen Artikulation und anderen Erfahrungen. Sie können alles bedeuten, wozu sie aufgrund ihrer komplexen Artikulation eine Formentsprechung aufweisen. Daher kann es zahlreiche Bedeutungen für ein präsentatives Symbol geben. Die Bedeutung etwa eines Bildes oder eines Musikstücks wird nicht in einem sukzessiven Auffassen feststehender Bedeutungen verstanden, sondern nur im Gesamt der Anordnung ihrer jeweiligen Elemente. Die Bedeutung jedes Tons hängt von seiner Stellung in der gesamten Artikulation ab. P. S.en operieren mit Elementen, die keine kontextinvariante Eigenbedeutung haben. Daher findet hier kein sukzessives, sondern nur ein auf dem synoptischen Erfassen des Gesamtkomplexes beruhendes Verstehen ihrer Bedeutung(en) statt. Die Bedeutung ist an die konkrete sinnliche Realisierung gebunden und kann nicht von ihr abgelöst werden. Präsentative Symbole sind daher singuläre Symbole. Sie ermöglichen keinen Aufbau eines Symbolsystems. Die Bedeutung wird lediglich präsentiert.

Aus diesem basalen Unterschied folgen weitere Differenzen zwischen beiden Symbolisierungsprinzipien. Weil bei präsentativen Symbolen die Bedeutung der einzelnen Elemente hochgradig von ihrer Plazierung im jeweiligen Artikulationszusammenhang abhängt, kann es keine Definition der Elemente geben. Selbst die Identifikation einzelner oder kleinster Elemente ist unmöglich. Anders als in der diskursiven S. gibt es keine semantischen Einheiten, die in Form realer Identitäten identifizierbar wären. Dies schließt die Möglichkeit der Übersetzung aus. Aufgrund der semantischen Spezifität sind in präsentativen Symbolen auch Negationen, Widersprüche oder Abgrenzungen nicht formulierbar. Präsentative Symbole haben eine bleibende Ambiguität, da ihre Bedeutung allein durch die artikulierte Struktur und nicht durch Definitionen oder deiktische Hinweise fixiert werden kann. Die Struktur bleibt für verschiedene Interpretationen offen. Sie kann alles zum Ausdruck bringen, wozu sie eine Formentsprechung aufweist. Die Bedeutungsbeziehung umfaßt hier nicht den Aspekt der Referenz auf ein bestimmtes Objekt. Präsentative Symbole haben eine besondere Symbolisierungsfähigkeit. Vorausgesetzt, daß Symbole u. a. aufgrund ihrer Formentsprechung mit Erfahrungen etwas bedeuten, ist verständlich, daß präsentative Symbole ein geeignetes Ausdrucksmittel lebendiger und dynamischer Phänomene sind. Aufgrund der wechselseitigen Modifikation aller an ihrer Artikulation beteiligten Elemente, weisen diese Symbole formale Eigenschaften auf, die auch etwa für dynamische Prozesse und etwa die Morphologie unseres Fühlens typisch ist. Dies ist die Grundidee, mit der Langer in *Feeling and Form* eine allgemeine Philosophie der Kunst entwickelt. Langers symboltheoretische Unterscheidung wurde von N. Goodman in *Languages of Art* weitergeführt. **Lit.:** N. Goodman: Languages of Art. Indianapolis 1968. – S. K. Langer: Philosophy in a New Key. A Study in the Symbolism of Reason, Rite, and Art. Cambridge 1942 (Dt.: Philosophie auf neuem Wege. Frankfurt 1984). – S. K. Langer: Feeling and Form: A Theory of Art Developed from Philosophy in a New Key. New York 1953. – P. Welsh: Discursive and Presentational Symbols. In: Mind 64 (1955). S. 181–199. RLA

**Symmetrie.** In der formalen Logik heißt eine Relation R genau dann symmetrisch, wenn sie jedesmal sowohl einem geordneten Paar von Gegenständen wie dem umgekehrt geordneten, aus denselben Gegenständen bestehenden Paar zukommt: Eine zweistellige Relation R in einer Menge M, bei der für alle Elemente x, y aus M neben der Relation xRy stets zugleich auch yRx richtig ist; (symbolsprachlich: $\forall x\ \forall y\ (F(x,y) \supset F(y,x))$. Z. B. besteht S. in der Relation »Geschwister von« oder in der Gleichheit x=y und der Gleichheit y=x, nicht aber in der (asymmetrischen) Relation »kleiner als«. PP

**Symmetrieprinzip,** die wissenschaftstheoretische und forschungslogische Auffassung, daß wissenschaftliche Theorien Symmetrieeigenschaften aufweisen sollten, die in Entsprechung zu fundamentalen symmetrischen Strukturen in der Natur stehen. Man hat das S. oft auch als die klassische methodologische Regel verstanden, derzufolge eine Theorie möglichst einfach und einheitlich beschaffen sein muß. Allerdings ist es umstritten, ob das S. eine solche methodologische Forderung oder ob es nicht vielmehr auch einen ontologischen Grundsatz formuliert, demzufolge die Symmetrie eine ontologisch fundamentale Struktur darstellt. Eine historisch frühe Ausprägung des S. findet sich in Platons kosmologischer Annahme, nach der die Symmetrien der fünf regulären Körper die fundamentalen Beziehungen zwischen den Elementen des Kosmos darstellen. Ein prominentes neuzeitliches Beispiel für die Annahme des S. ist J. Kepler, der die Symmetrien der Euklidschen Geometrie als fundamentale Eigenschaften des Kosmos betrachtet, die in (im mathematischen Sinne) einfachen und einheitlichen Naturgesetzen formuliert werden. Nach den Grundsätzen der modernen Theorie mathematischer Gruppen haben Gesetze (und Theorien) dann Symmetrieeigenschaften, wenn sie sich gegenüber jeweils entsprechender Symmetrietransformationsgruppen invariant verhalten. **Lit.:** K. Mainzer: Symmetrien der Natur. Ein Handbuch zur Natur- und Wissenschaftsphilosophie. Berlin u. a. 1988. JH

**Sympathie** (griech. sympatheia: Mitempfindung), seit den Vorsokratikern Ausdruck eines seelisch-vitalistischen Konzepts des Alls und seiner Kräfte. Das Begriffspaar »S./Antipathie« findet sich in allen kosmologisch-mystischen Philosophien, so u. a. in der Stoa oder im Neuplatonismus ebenso wie in der deutschen Mystik und Romantik bei Novalis u. a. Als Ausdruck antagonistischer Wirkkräfte wird S. in den Naturphilosophien des 16. Jh. benutzt und hier besonders in der Medizin und der sog. Humoralpathologie bei G. Fracastoro als Erklärungsprinzip von Infektionskrankheiten (*De sympathia et antipathia rerum*, 1550) wie auch im Kontext der Diskussion des »horror vacui« bei G. Cardano (*De rerum varietate*, 1557). In phänomenologischer bzw. kulturphilosophischer Hinsicht bestimmt M. Scheler S. als den zentralen Bereich des emotionalen Lebens (*Wesen und Formen der S.*, 1913). **Lit.:** E. Cassirer: Das Erkenntnisproblem in der Philosophie und Wissenschaft der neueren Zeit. Darmstadt 1974 (bes. 2. Buch). – J. F. Maas: Novitas Mundi. Stuttgart 1995. JM

**Syndikalismus,** revolutionäre, anarchistische Form gewerkschaftlicher Betätigung, die z. B. in der deutschen Arbeiterbewegung der Weimarer Zeit, aber auch im Spanischen Bürgerkrieg 1936 eine wichtige Rolle spielte. Zweck des S. ist die Beseitigung der Lohnarbeit durch die Enteignung der Großkapitalisten an Grund und Boden, an Fabriken und Produktionsmitteln, zur Errichtung einer freien, staatenlosen Gesellschaft. Der S. verweigert die Beteiligung am bürgerlichen Parlamentarismus und nennt als Mittel zur Durchsetzung der Ziele die direkte Aktion, d. h. Solidaritäts- und Generalstreik, Sabotage und Boykottmaßnahmen. Der S. lehnte jede Art von Zentralgewalt in den Organisationen der Arbeiter ab und kritisierte damit im Deutschland der Weimarer Zeit vor allem den marxistisch-leninistischen Parteikommunismus und sein Verständnis der »Diktatur des Proletariats«. Die ökonomische Neuordnung nach der sozialen Revolution soll nicht durch eine zentralistische Planwirtschaft bestimmt sein, sondern ohne übergeordnete politische Zentralinstanz sollen die Arbeiter und Bauern in Selbstverwaltung Ackerland und Fabriken übernehmen. Als wichtigste Theoretiker des S. gelten P.-J. Proudhon, M. Bakunin und P. A. Kropotkin. Die größte deutsche syndikalistische Organisation war die seit Dezember 1919 reichsweit operierende »Freie Arbeiter-Union Deutschlands (Syndikalisten)«. Auf ihre Initiative hin wurde im Dezember 1922 in Berlin die »Internationale Arbeiter-Assoziation« gegründet. Am erfolgreichsten wurden syndikalistische Konzepte während des Spanischen Bürgerkrieges durch die Gründung von Kollektivwirtschaften durch Kleinbauern in Katalonien und Aragonien realisiert. **Lit.:** H. M. Bock: Syndikalismus und Linkskommunismus von 1918 bis 1923. Darmstadt [2]1993. – R. Rocker: Aus den Memoiren eines deutschen Anarchisten. Frankfurt 1974. – A. Souchy: »Vorsicht: Anarchist!«. Ein Leben für die Freiheit. Politische Erinnerungen. Reutlingen [4]1982. – Ders.: Nacht über Spanien. Bürgerkrieg und Revolution in Spanien. Reutlingen [6]1983. TF

**Synkatathesis** (griech. Zustimmung). Der auf Zenon von Kition zurückgehende Begriff kennzeichnet in der Philosophie der ↗Stoa die freie Zustimmung der Vernunft. (1) Die stoische Erkenntnistheorie geht davon aus, daß die rein passiv aufgenommenen Vorstellungen erst durch den spontanen Zustimmungsakt der S. zu wahrem Wissen werden. Als Wahrheitskriterium fungiert dabei die kataleptische (erfassende) Vorstellung, der gemäß geprüft wird, ob eine Wahrnehmung von einem wirklich existierenden Gegenstand herrührt und dessen Eigenschaften so einprägt, wie sie tatsächlich sind. Ist dies gegeben, fällt die Vernunft durch die S. ein entsprechendes Urteil. (2) Von besonderer ethischer Relevanz ist die S., da durch sie ein Impuls des Triebs von der Vernunft geprüft, gebilligt und dann erst in Handeln umgesetzt wird. In dieser Funktion läßt sich die S. daher als bewußte Zwecksetzung verstehen, in der sich die Willensfreiheit des Menschen manifestiert. – Schon früh wurde freilich kritisiert, daß die S. als Akt der freien Vernunft zum physikalischen Determinismus des stoischen Systems in einen Widerspruch gerät, den die Stoa letztlich nicht auszuräumen vermochte. **Lit.:** W. Görler: Asthenes synkatathesis. Zur stoischen Erkenntnistheorie. In: Würzburger Jb. für die Altertumswissenschaft NF. 3 (1977). S. 83–92. – M. Hossenfelder: Die Philosophie der Antike 3. Stoa, Epikureismus und Skepsis. München 1985. – G. B. Kerferd: The Problem of synkatathesis and katalepsis. In: J. Brunschwig (Hg.): Les stoïciens et leur logique. Paris 1978. S. 251–272. BK

**Synkretismus** (griech.-neulat. Mischung, Verschmelzung). Plutarch leitete den Begriff S. von einem kretischen Wort ab, das die »Klüngelei der Kreter« bezeichnete, die trotz innerer Streitigkeiten nach außen stets geschlossen auftraten. Eng gefaßt, meint S. eine Erscheinung im Hellenismus, der unter dem Einfluß des Neuplatonismus die Mythen der überkommenen Religionen als Veranschaulichung von ewigen Ideen verstand und ihnen damit eine relative Wahrheit und Bedeutung für die Philosophie einräumte. In einem allgemeinen Sinn ist S. die Übernahme von Gedanken verschiedener Herkunft und ihre Verbindung zu einem eigenen Zusammenhang. Eine synkretistische Philosophie wäre also eine solche, die entweder unter Verzicht auf geistige Durchdringung bereits Vorhandenes zusammenfügt oder, positiv gewendet, den Versuch unternimmt, auf der Suche nach Einheit und Allgemeingültigkeit die Übereinstimmung verschiedener Denkschulen zu belegen und in einem übergreifenden System zu verbinden. – In der Religionswissenschaft benennt S. die Übernahme von kultischen oder lehrhaften Elementen aus einer Religion in die andere. Der S. stellt vor allem auch ein Problem der Missionsbemühungen des Christentums dar, weil es einerseits seine Identität wahren, sich andererseits aber in ihm fremden Kulturen inkarnieren will. **Lit.:** U. Berner: Untersuchungen zur Verwendung des Synkretismus-Begriffes. Wiesbaden 1982. – H. Siller (Hg.): Suchbewegungen. Synkretismus – kulturelle Identität und kirchliches Bekenntnis. Darmstadt 1991. MWÖ

**Synonymie.** S. ist dann gegeben, wenn zwei Wörter die gleiche Bedeutung haben. J. Lyons unterscheidet zwischen deskriptiver, expressiver und sozialer Bedeutung (↗Semantik). Häufig kombinieren Lexeme zwei oder gar alle drei dieser Bedeutungsaspekte. Wenn ein Lexem in all seinen Bedeutungsaspekten gleich ist, kann man von vollständiger S. sprechen. Von unvollständiger S. ist die Rede, wenn Bedeutungsgleichheit nicht in allen Aspekten gegeben ist. Dies ist z. B. der Fall bei den Lexemen »Toilette« und »Klo«. Hier ist nur deskriptive S. gegeben. **Lit.:** J. Lyons: Language and Linguistics. Cambridge 1981 (dt.: Die Sprache. München 1983). TF

**Syntax.** In einem weiten Sinne bezeichnet der Begriff S. die Gesamtheit der Regeln eines (natürlichen oder formalen) Zeichensystems, nach denen elementare Einheiten miteinander kombiniert werden können. Ch.W. Morris unterscheidet ↗Pragmatik, ↗Semantik und S. als die drei Bereiche der ↗Semiotik. Im engeren, sprachwissenschaftlichen Sinne versteht man unter S. das System derjenigen Regeln einer Einzelsprache, nach denen Wörter (oder ↗Lexeme) auf korrekte Weise miteinander zur höheren Einheit des Satzes verknüpft werden. Die moderne Theorie der S. ist durch die von N. Chomsky (in verschiedenen Fassungen) entwickelte generative Transformationsgrammatik geprägt. Chomsky unterscheidet zwischen einer syntaktischen Oberflächen- und Tiefenstruktur. L. Wittgenstein prägt im *Tractatus logico-philosophicus* den Begriff der logischen S., worunter er eine auf dem Wege der logischen Analyse der natürlichen Sprache gebildete logische Grammatik versteht, die frei ist von den Fehlerquellen und Unschärfen der umgangssprachlichen Rede und somit irreführende Auffassungen über die Welt vermeiden hilft, die mit dem alltäglichen Sprachgebrauch einhergehen. Diese Idee wird allerdings in seinen *Philosophischen Untersuchungen* vom Begriff der Tiefengrammatik abgelöst. **Lit.:** N. Chomsky: Aspekte der Syntax-Theorie. Frankfurt 1969. – Ch.W. Morris: Signs, Language and Behavior. New York 1964. JH

**Synteresis** (griech. Bewahrung). S. nannten Thomas von Aquin, Bonaventura und später Meister Eckhart – dem durch Hieronymus überlieferten griech. Ausdruck folgend – das ↗Gewissen und definierten es als einen, auch durch das Böse nicht auszulöschenden, Lichtfunken der praktischen Vernunft (scintilla conscientiae) zum Zwecke der Erkenntnis des Guten. Der Terminus (oft auch Synderesis) geht auf Demokrit (syneidesis) zurück und bedeutet dort die Gesamtheit aller bei einer Willensentscheidung mitwirkenden inneren Bestimmungsgründe bzw. das Bewußtsein und Wissen von dem, was wir zu tun oder zu lassen haben. MFM

**Synthese** ↗Analyse, ↗analytisch/synthetisch

**System** (griech.: Gebilde, Zusammenstellung). (1) *Deutscher Idealismus:* Generell meint der Begriff des S.s einen Zusammenhang von einzelnen Teilen, die voneinander abhängig sind und so ein Ganzes bilden, das einer bestimmten Ordnung unterliegt. In dieser Hinsicht ist das S. auch im Deutschen Idealismus relevant. Kant definiert den S.begriff in der *KrV* als »die Einheit der mannigfaltigen Erkenntnisse unter einer Idee« (B 860). Die Idee postuliert dabei ein »nach notwendigen Gesetzen zusammenhängendes S.« (B 673), während das zufällige Aggregat der Gegensatz zum S. ist. Auch die Vernunft ist ein S., das »in ihrem reinen Gebrauche, vermittels bloßer Begriffe« nach »Grundsätzen der Einheit« forscht (B 766). In der *KU* tritt das S. im Hinblick auf die Natur, die ein teleologisches S. ist, auf. So zeigt sich bei Kant eine umfassende Bestimmung des S.begriffs, der auf die weitere Entwicklung des Deutschen Idealismus einen großen Einfluß nahm. – Im Anschluß an Kant entwickelt Fichte einen S.begriff in der *Wissenschaftslehre*, die er seit 1794 immer wieder neu überarbeitet und somit sein S. modifiziert hat und deren Objekt »das S. des menschlichen Wissens« (GA I, 2, 140) ist. Diese Suche nach der Möglichkeit von Wissen offenbart sich in einem S. von Bewußtsein und Tathandlung, das Fichte in Grundsätzen darlegt. In der Tathandlung weiß oder setzt sich das Bewußtsein bzw. Ich selbst. Zugleich weiß es um ein von ihm Unterschiedenes, also sind es und das von ihm Unterschiedene teilbar. Im *S. der Sittenlehre* (1798) leitet er das Sittliche aus dem Ich ab, das als tätiges in der Welt ist. – Hegels Bemühungen um ein S. zeigen sich bereits im sog. *Ältesten Systemprogramm des Deutschen Idealismus* (1796/97), in dem die Ethik (im Sinne der Kantischen Postulatenlehre) ein S. aller Ideen ist. Die Ideen sind hier die Freiheit und die Schönheit. Des weiteren fordert Hegel eine sinnliche Religion, die in Einklang mit der Vernunft steht. In den Jahren 1801 bis 1807 arbeitet Hegel in Jena an S.entwürfen, in denen er eine dialektische Methode zur Erkenntnis des Absoluten entwickelt. In der *Phänomenologie* (1807) zeigt Hegel, daß die

Wahrheit nur in einem wissenschaftlichen S. sein kann. S., Wissenschaft und Philosophie werden hier gleichgestellt, wobei die *Phänomenologie* als der erste Teil des S.s (GW 9, 24) auf dem Wege einer Bildungsgeschichte des Bewußtseins zum absoluten Wissen führen soll. Die S.konzeption ändert sich in der *Logik* (1812–1816 und 1832), und die *Phänomenologie* verliert ihre Einleitungsfunktion in dieses Werk. Als Einheit von Logik und Metaphysik ist die *Logik*, deren Form und Inhalt das reine Denken ist, die begriffliche Basis für das gesamte S. Auch in der *Encyclopädie* (1817, 1827, 1830) fordert Hegel, daß die Philosophie S.charakter haben muß, so daß ihre Teile ein durch die Idee strukturiertes Ganzes bilden. – Schellings Arbeit an einem S. beginnt bereits in der frühen Schrift *Vom Ich als Princip der Philosophie* (1795), in der die Philosophie als S.philosophie entwickelt wird, wobei das Ich als Prinzip der Philosophie ihre Einheit und damit die Einheit allen Wissens ist. In den *Ideen zu einer Philosophie der Natur* (1797), der ersten naturphilosophischen Schrift Schellings, sollen sich das S. der Natur und das S. des Geistes entsprechen. Das S. der Naturphilosophie entwickelt Schelling in den folgenden Schriften weiter, indem er die Stufenleiter in der Natur, die unbedingt und tätig ist, zu einem Höchsten darlegt. Als Gegenstück hierzu versucht Schelling im *S. des Transzendentalen Idealismus* (1800) transzendentalphilosophisch ein »S. des gesamten Wissens« (SW III, 330), das die theoretische, praktische Philosophie, die Teleologie der Natur und die Philosophie der Kunst umfaßt, zu entfalten. In seinen späteren Schriften wird von Schelling das Verhältnis und die Vereinbarkeit von S. und Freiheit in einem theologischen Kontext neu gedacht. – Die verschiedenen Konzeptionen des S.begriffs sind aus der Diskussion der Zeit und damit aus dem kritischen Bezug der genannten Philosophen aufeinander entstanden. Die Wandlungen dieses Begriffes sind dabei immer auch Ausdruck einer Entwicklung des philosophischen S.s, so daß von einem einheitlichen Begriff nicht gesprochen werden kann, sondern immer aus dem Kontext des jeweiligen Werkes und der Entwicklungsgeschichte erschlossen werden muß. **Lit.:** D. Henrich (Hg.): Stuttgarter Hegel-Kongreß 1975. Ist systematische Philosophie möglich? Hegel-Studien Beiheft 17. Bonn 1977. – K. Düsing/D. Henrich (Hg.): Hegel-Tage Zwettl 1977: Hegel in Jena 1801–1805. Die Entwicklung des Systems und die Zusammenarbeit mit Schelling. Hegel-Studien Beiheft 20. Bonn 1980. – E. Kraus: Der Systemgedanke bei Kant und Fichte. Berlin 1916. – A. Mues (Hg.): Transzendentalphilosophie als System. Die Auseinandersetzung zwischen 1794–1806. Hamburg 1989. – A. Schurr: Philosophie als System bei Fichte, Schelling und Hegel. Stuttgart-Bad Cannstatt 1974. AS

(2) Auch die *Politikwissenschaft* spricht von S.en und ihrem Vergleich, wenn nach den Leitkanten unterschiedlicher gesellschaftlicher und politischer Ordnungen gefragt wird. In dem politikwissenschaftlichen Begriff schwingt aber auch schon das die soziologische Theoriebildung (↗Systemtheorie) bestimmende Systemverständnis eines durch interdependente Beziehungen der Systemelemente und ihrem Austausch mit der »Umwelt« des S.s definiertes Ganzes mit. Von S. kann nach N. Luhmann erst mit der Auflösung religiöser/kosmologischer Welterklärungen gesprochen werden, die zu einer Pluralisierung des gesellschaftlichen, politischen, ideologischen Ordnungsbegriffs führt. Unterschiedliche S.e treten an die Stelle der Ordnung. Danach ist es möglich, unterschiedliche Wirklichkeitsbereiche als S.e zu beschreiben und das Vokabular der Systemwahrnehmung bestimmt heute einen großen Teil der Wissenschaftssprache. Es kann von politischen S.en, von psychischen, ökonomischen, biologischen S.en gesprochen werden. Im sozialen S. können Personen, Gruppen, Rollen, Kommunikation, Interaktion, Institutionen, Teilsysteme Elemente des zu beschreibenden S.s sein. Das sozialwissenschaftliche Denken in Systembegriffen verweist mit der Pluralisierung von Ordnungsentwürfen nicht nur auf die mögliche Vielzahl und Kontingenz von S.en, sondern bringt zwangsläufig die Reflexion der Systemgrenze mit sich. Nicht zufällig wird in der Politikwissenschaft im Hinblick auf bestimmte Organisationsleistungen schon von Welt-Systemen gesprochen. Habermas stellt den Mechanismen und Leitkanten der Ausdifferenzierung von gesellschaftlichen und politischen Teil-Systemen (Wirtschaft), deren Selbstregulierungstechniken tendenziell andere Elemente des S.s organisieren, »Lebenswelt« (unverstellte Kommunikation) als prekäre Systemgrenze gegenüber. **Lit.:** J. Habermas: Theorie des kommunikativen Handelns. Bd. 2. Frankfurt 1981. S. 171 ff. TN

**Systeme, indische** (sanskrit ṣaḍdarśana: Sechs Anschauungen). Unter Ṣaḍdarśana versteht man die »orthodoxen« philosophischen Systeme des Hinduismus oder ↗Brahmanismus, die man traditionellerweise aufgrund innerer Zusammenhänge als paarig zusammenfaßt: ↗Sāṃkhya-Yoga, ↗Nyāya-Vaiśeṣika, ↗Vedānta-Mīmāṃsā, wobei das letzte Paar der Systematik wegen, weniger aus tatsächlicher inhaltlicher Verwandtschaft heraus gebildet wurde. Sāṃkhya und Yoga gehören als Theorie und Praxis, bzw. als atheistischer und theistischer Aspekt eines Ganzen zusammen, Nyāya und Vaiśeṣika ergänzen sich als Logik und Kategorienlehre. Die Grundtexte aller sechs Systeme sind im Sūtra-Stil abgefaßt, in kurzen Lehrsätzen, von denen jeder durch eine Masse von Kommentarliteratur erschlossen und interpretiert wird. **Lit.:** E. Frauwallner: Geschichte der indischen Philosophie. 2 Bde. Salzburg 1953 u. 1955. – H. v. Glasenapp: Die Philosophie der Inder. Stuttgart [3]1974. S. 136 ff. – M. Hiriyanna: Vom Wesen der indischen Philosophie. München 1990. S. 62. – M. Müller: The six Systems of Indian Philosophy. London 1899. Weitere Lit. ↗Philosophie, indische. MD

**Systemtheorie,** wissenschaftliches Denken in Systembegriffen, wobei die sozialwissenschaftliche Theorieformulierung seit ihrem Entstehen Systembegriffe zumeist in Analogie zu nicht-sozialen Systemen entwickelt hat (Mechanismus, Organizismus, Kybernetik). Nach T. Parsons strukturell-funktionalistischem Theorieansatz sollte Soziologie danach fragen, welche Muster der Verknüpfung von Handlungen zu Strukturen vorliegen. Funktionale Prozesse sind danach solche, welche zur Erhaltung der Strukturen beitragen. Parsons Systembegriff stellt Gleichgewicht, Stabilität, Homöostase ins Zentrum. Erkenntnistheoretisch folgenreich ist sein AGIL-Schema, das die Funktionen des Systems angibt: Adaption (Anpassung), Goal-attainment (Bestimmung und Erreichung von Zielen), Integration (Integration), Latent pattern-maintenance (Strukturbewährung, Spannungsregulierung). Parsons Bestimmungen von Systemen als Differenz von Teilen zum Ganzen hat die Frage nach dem Wandel des und der Inkorporation ins System hervorgerufen. N. Luhmann versucht, mit seiner Definition des Systems als Differenz zwischen Umwelt und System einen Weg für die Beschreibung evolutionärer Systemveränderungen zu öffnen. Diese Idee wird in Vorstellungen von Selbstreferentialität und Autopoeisis (Selbsterschaffung) des Systems und seiner Elemente umgesetzt. Insbesondere die Übernahme biologischer Regelungsmechanismen (so ist etwa die Komplementierung der Basen bei der Replikation der Erbsubstanz selbstreguliert) markiert einen Paradigmenwechsel der S. Die Selbstbezogenheit sozialer Systeme verweist auf Begriffe wie Wiederholung, Erwartung von Handlungen. Systeme müssen die »Anschlußfähigkeit« von Handlungen sicherstellen und deshalb ihre eigentliche Funktion der Selektion von möglichen Systementwicklungen und die Reduzierung des Angebots möglicher Systemalternativen organisieren. Das gelingt am besten durch Reproduktion anschlußfähiger Elemente. Selbsterschaffung wird damit zum Kern der fortgeschrittenen S.: »Strukturen müssen ... die Anschlußfähigkeit der autopoietischen Reproduktion ermöglichen, wenn sie nicht ihre eigene Existenzgrundlage aufgeben wollen, und das limitiert den Bereich der möglichen Änderungen... Eine wichtige strukturelle Konsequenz, die sich aus einem selbstreferentiellen Systemaufbau zwangsläufig ergibt, muß besonders erwähnt werden. Es ist der Verzicht auf Möglichkeiten der unilateralen Kontrolle« (N. Luhmann: *Soziale Systeme. Grundriß einer allgemeinen Theorie*. Frankfurt 1984. S. 62f). Durch die Einführung von Vorstellungen der Selbstrefrentialität und Autopoiesis können jetzt Wandlungsprozesse systemtheoretisch erklärt werden. Dem System muß nicht – wie implizit noch bei Parsons – ein organisierendes Zentrum (Subjekt) zugeschrieben werden. Die Übertragung autopoietischer Steuerungen auf soziale Gebilde ist jedoch umstritten. Gerade im Hinblick auf Aussagen über mögliche Steuerungsalternativen werden Defizite der S. konstatiert. Sowohl ihre analytischen als auch ihre normativen Komponenten stehen im Zentrum einer Kritik, die auf die empirische Bedeutung von Handlungen/Akteuren hinweist. Darüber hinaus belebt sich mit dem Anspruch der S. »allgemeine Theorie« zu sein, wieder die Debatte, ob S. eine besondere Methode der Beschreibung sozialen Geschehens ist, oder ob S. als Korrespondenztheorie realer »Systemifizierungen« anzusehen ist. **Lit.:** K. v. Beyme: Theorie der Politik im 20. Jh. Frankfurt 1991. – N. Luhmann: Soziologische Aufklärung 3. Opladen 1981. – T. Parsons: Das System moderner Gesellschaften. München 1972. TN

**Tabu,** Begriff aus dem Polynesischen; T. gilt als der älteste, ungeschriebene Gesetzeskodex, der die religiösen, politischen, moralischen und sozialen Verhältnisse in den Stammesgesellschaften regelte. In ihm symbolisiert sich das »besonders Gemerkte« oder »zu Merkende«, vor allem: das Verbotene. Die Herkunft des T. ist unbekannt; es bedarf keiner Begründung, und im Falle der »Übertretung wird die Strafe einer inneren, automatisch wirkenden Einrichtung überlassen. Das verletzte Tabu rächt sich selbst« (Freud, Studienausgabe Bd. 9, S. 312). Von den Personen, Gegenständen, Zuständen, Örtlichkeiten und Handlungen, die mit einem T. versehen sind, geht eine besondere Kraft aus, das Mana, das die Schutzverhältnisse sichert. In ihm verkörpert sich nicht nur die Macht in ihrer gegensätzlichen Qualität des Heiligen und des Unreinen; es verweist auch auf die Ohnmacht derer, die dem T. unterworfen sind. Somit ist die Anziehung, die vom T. ausgeht, wie das T. selbst, ambivalent. Diese Doppeldeutigkeit führt Freud in seiner kulturtheoretischen Schrift *Totem und Tabu*, in der er über die Aufklärung der psychologischen Bedeutung des T.s hinaus, eine Erklärung für die Genese der Moral formuliert, zurück auf eine innere Gefühlsambivalenz: Liebe und Haß als Antwort auf die Herrschaftsverhältnisse. In der Institution des T. soll der destruktive, die Gemeinschaft bedrohende Aspekt sozialisiert werden. **Lit.:** J. G. Frazer: Der goldene Zweig. Bd. 1. Frankfurt 1977. – S. Freud: Totem und Tabu (Studienausgabe Bd. 9. Frankfurt 1969–75). – K.-H. Kohl: Fetisch, Tabu, Totem. In: B. Gladigow/H. G. Kippenberg (Hg.): Neue Ansätze in der Religionswissenschaft. München 1983. S.59–74. – H. Webster: Taboo. New York 1973. EF

**Tabula rasa** (lat. abgeschabte Schreibtafel), ist nach Auffassung Lockes und des ↗Sensualismus eine die Seele vor dem Vorhandensein aller Erfahrung als ein leeres, unbeschriebenes Blatt charakterisierende Bezeichnung. Die Ansicht über die Seele als T. r. richtet sich gegen die Lehre von den angeborenen ↗Ideen. Locke vertritt die These, daß die Fähigkeit des Erkennens angeboren ist, aber die Erkenntnisse selbst erworben sind. Im extremsten Fall werden alle angeborenen Begriffe oder Erkenntnisse abgelehnt, das Vorhandensein vorempirischer Anlagen und Potenzen verneint und der Seele keinerlei Spontaneität zugestanden. Diese wird vielmehr als rein passiv und rezeptiv betrachtet; d. h. ihre Funktion erstreckt sich nur auf das Sammeln und Ordnen des von der Außenwelt Empfangenen. **Lit.:** J. Locke: Versuch über den menschlichen Verstand. Hamburg 1981. – K. Squadrito: Locke's Theory of Sensitive Knowledge. Washington 1978. RS

**Tài Jí** (Ur-Prinzip, wörtlich: Großes Äußerstes, Extremales), Grundbegriff der alten chinesischen kosmologischen Ursprungsspekulation. Er findet sich zuerst im *Buch der Wandlung*, wo es heißt: »Wandlung (Yi) hat Tai Ji, es bringt zwei ›Flügel‹ (Yi, d. h. Yang und Yin bzw. Himmel und Erde) hervor. Die zwei ›Flügel‹ bringen vier Dimensionen (Xiang, d. h. Vierergruppierungen z. B. der Elemente, der Jahreszeiten) hervor. Die vier Dimensionen bringen die acht Strukturmuster (Gua, d. h. die bekannten aus Yin- und Yangstrichen zusammengesetzten Grundsymbole, die sich dann zu den 65 Symbolen aller Dinge kombinieren) hervor« (*Yi Jing, Ji Ci*). In der naturphilosophischen Tradition, die vor allem an den alten *Kommentar zum Buch der Wandlung* (*Yi Zhuan;* er ist zusammen mit dem *Yi Jing* als *Zhou Yi, Buch der Wandlung aus der Zhou-Dynastie,* überliefert), anschließt, taucht ein »Vorwelt-Diagramm« (Xian Tian Tu) auf, das die Verhältnisse graphisch darstellt. Es setzt unter buddhistischem Einfluß dem Tai Ji noch ein Wu Ji (d. h. extremales Nichts, engl. Ultimate of Non-Being) voraus, und es ersetzt die vier Dimensionen unter konfuzianischem Einfluß durch die fünf Elemente Feuer, Wasser, Erde, Holz und Metall (Gold). Die neokonfuzianische Metaphysik seit der Zeit der nördlichen Song-Dynastie (960–1127 n.Chr.) diskutiert seither metaphysische und kosmologische Grundprobleme durch Interpretation der hier vorliegenden Begriffe, insbesondere von Tai Ji. Ausgang dazu war der *Kommentar zum Tai Ji-Diagramm (Tai Ji Tu Shuo)* des Zhou Dun-yi (1017–1073) sowie dessen *Traktat zum Durchdringen des Buchs der Wandlungen (Tong Shu).* Zhou Dun-yi sagt über Tai Ji: »Tai Ji bringt durch Bewegung Yang hervor. Wenn seine Aktivität an ihre Grenze gelangt, wird es ruhig. Durch Ruhe erzeugt Tai Ji das Yin« (Zhou Dun-yi: *Tai Ji Tu Shuo*). Sein Zeitgenosse Shao Yong (1011–1077) identifiziert Tai Ji mit dem Dao der Daoisten und mit Bewußtsein (↗Xin, ↗Dao). Im Sinne eines kosmischen und historischen Kreislaufprozesses legt er dar: »Tai Ji bewegt nicht, das ist sein Wesen (Xing). Wenn es hervortritt, ist es Geist (Shen). Wenn es Geist ist, ist es Zahl bzw. Struktur (Shu). Wenn es Zahl ist, ist es Erscheinung (Xiang). Wenn es Erscheinung ist, ist es Ding (Qi). Wenn es Ding ist, verwandelt es sich und kehrt zum Geist zurück« (Shao Yong: *Huang Ji Jing Shi, Guan Wu Wai Bian, Die Welt des Absoluten, Anschauung der Dinge,* 2. Teil). Zhu Xi (1130–1200) erklärt Tai Ji als »Idee der Gesamtheit von Himmel und Erde und aller Dinge« (Zhu Xi: *Yu Lei, Gespräche,* Bd. 9). Zhang Zai (1020–1077) bringt Tai Ji zuerst mit der Entstehung der Materie (↗Qi, wörtl. Luft) in Zusammenhang (Zhang Zai: *Zheng Meng, Da Yi, Aufklärung von Dunkelheiten, Über die Große Wandlung*), was dann für die Materialisten verbindlich blieb, wie etwa für Wang Ting-xiang (1474–1544) in seiner Diskussion über Tai Ji (Tai Ji Bian). Noch Sun Yatsen (1866–1925) deutete in dieser materialistischen Traditionslinie Tai Ji als das, was man in der westlichen Physik damals viel diskutierte, suchte, aber nicht experimentell dingfest machen konnte: den Äther. Er schrieb: »Am Uranfang ist Tai Ji (dieser Begriff bedeutet den westlichen Begriff des Äthers). Seine Bewegung erzeugt die Elektrizität. Die Verdichtung der Elektrizität erzeugt die Elemente. Die Verbindung der Elemente erzeugt die Materie. Die Anhäufung von Materie erzeugt die Erde. Das ist die erste Epoche der kosmischen Evolution« (Sun Zhong-shan: *Sun Wen Xue Shuo, Lehre des Sun Wen* = Sun Yatsen). **Lit.:** Wing-Tsit Chan: A Source Book in Chinese Philosophy. Princeton 1963. S. 463–480. – L. Geldsetzer/H.-d. Hong: Chinesisch-deutsches Lexikon der chinesischen Philosophie. Aalen 1986. Art. Unbestimmtes (Wú Jí), Ur-Idee (Tài Jí). LG/HDH

**Tapas** (sanskrit: Hitze, Askese), der indische Terminus für die Glut, die auf der Basis von Askese bei der Meditation entsteht und im Schamanismus als magische Beherrschung über das Feuer eine nicht nur indische Grunderfahrung ist. Der Ausdruck taucht in dieser Bedeutung schon früh, im *Ṛgveda* (↗Veden), auf. In den Spekulationen der Brāhmaṇas wird die asketische Glut die Grundlage für die Schaffung der Welt. Die Wahl des Begriffes erscheint verständlich vor dem Hintergrund der starken Betonung des Feuers (agni) im Ritual und in den mystischen Spekulationen über das Feuer in den Upaniṣaden (↗Fünf-Feuer-Lehre). Ab der Herausbildung des ↗Yoga ist das T. eine grundlegende Vorstellung religiöser Theorie und Praxis in Indien; im klassischen Yoga ist T. dann neben dem Veda-Studium und der Hingabe an Gott eine Vorbereitung (kriyāyoga, »Werkyoga«) für die eigentlichen yogischen Übungen. Für den jainistischen Mönch (↗Jainismus) stellen asketische Übungen die Möglichkeit dar, das ↗Karma frühzeitig zur Wirkungslosigkeit zu bringen. Der Buddha (↗Buddhismus) lehnte die übermäßige Askese ab, die die Asketen (Pāli: samaṇa, sanskrit: śramaṇa) seiner Zeit und auch er selbst vor seiner Erleuchtung praktizierten, erließ jedoch gleichfalls Regeln der Enthaltsamkeit für die Mönche. **Lit.:** M. Eliade: Yoga. Frankfurt 1985. – Ders.: Schamanismus und archaische Ekstasetechnik. Frankfurt 1975. MD

**Tapferkeit** (griech. andreia, lat. fortitudo), eine der Kardinaltugenden, die im Platonischen *Laches* die auf Einsicht gegründete Beharrlichkeit der Seele (192b9-c1) bei der Überwindung von Gefahr bzw. von Furcht vor zukünftigen Übeln (198b2–199c4) bezeichnet. Sie wird so weiterhin gegenüber den extremen Verfallsformen Feigheit (ebd. 191e4–7) und Tollkühnheit (ebd. 197a6-c1) abgegrenzt, wobei die letztere – angesichts der Aussichtslosigkeit der vorliegenden Situation – die unvernünftige, weil sinnlose Aktualisierung mutigen Verhaltens darstellt (ebd. 192e1–197c1). Aristoteles definiert die T. allgemeiner als die freiwillige Inkaufnahme von Verlust oder Beeinträchtigung äußerer oder sekundärer Güter wie Wohlstand und Gesundheit, bisweilen auch des Lebens, zugunsten des Erwerbs bzw. der Beibehaltung höherer Werte wie Ehre, Ansehen, aber auch des Erhalts der ↗Polis (*Eth. Nic.* III,8; 9). **Lit.:** T. H. Irwin: The Parts of the Soul and the Cardinal

Virtues (Book IV 427d-448e). In: O. Höffe (Hg.): Platon. Politeia. Berlin 1997. S. 119–141. – G. Santas: Socrates at Work on Virtue and Knowledge in Plato's Laches. In: G. Vlastos (Hg.): The Philosophy of Socrates. A Collection of Critical Essays. New York 1971. S. 177–209. MDB

**Tatbestand,** (1) prozessual: neben Urteilsformel und Entscheidungsgründen einer der drei Abschnitte des gerichtlichen Urteils. Im T. des Urteils werden Parteivorbringen, Beweisergebnisse und Prozeßgeschichte systematisch dargestellt. Diese Darstellung genießt die erhöhte Beweiskraft einer öffentlichen Urkunde und ist für die (auf Rechtsfragen beschränkte) Urteilsüberprüfung in der Revision bindend. (2) Material: Bezeichnung für die einem Rechtsfall zugrundeliegenden Tatsachen (Lebenssachverhalt, Tatfragen) im Gegensatz zu den auf diesen Sachverhalt anzuwendenden Rechtsnormen (Rechtsfragen). (3) Normtheoretisch: T. bezeichnet die Bedingung, unter der die Rechtsfolge einer Norm ausgelöst wird, und damit gleichzeitig die erste Hälfte eines jeden juristischen Konditionalsatzes der Form »Wenn X, dann Y« (Rechtssatz). Dabei ist der T. ein gesetzlicher, und nicht etwa identisch mit den ihm durch Subsumtion im Einzelfall zuzuordnenden Lebenssachverhalten (Engisch, S. 13). Der gesetzliche T. kann an objektive ebenso wie an subjektive (Vorsatz), an deskriptive ebenso wie an präskriptive Merkmale (gute Sitten) anknüpfen. (4) Strafrechtsspezifisch: Begriff für die Gesamtheit der zu einem Delikt im Strafgesetz festgelegten Merkmale (Tatbestandselemente), allerdings unter Ausnahme von Rechtswidrigkeits- und Schuldvoraussetzungen, obwohl diese ebenfalls Bedingungen der Strafdrohung bilden: die Straftat verwirklicht sich erst in demjenigen Handeln (Tun oder Unterlassen), das sowohl tatbestandsmäßig als auch rechtswidrig und schuldhaft erfolgte. **Lit.:** K. Engisch: Einführung in das juristische Denken. Stuttgart $^{9}$1997. S. 8 ff. AT

**Tathandlung,** bei Fichte Bezeichnung für einen gewaltsamen Akt, die das kein Objekt und kein Substrat des Bewußtseins voraussetzende, vielmehr sich selbst konstituierende Tun bestimmt, das an der Spitze der Wissenschaftslehre steht. Die unhintergehbare »Grundlage des menschlichen Wissens« ist keine bloße Tatsache, sondern muß notwendig gedacht werden: Weil das Ich sein eigenes Sein im eigenen Denken setzt, wird in ihm das Handeln unmittelbar zur Tat; Handeln und Tat sind »Eins und eben dasselbe«, was im selbstevidenten Satz »ich bin« ausgedrückt wird; denn »Sich selbst setzen, und Seyn, sind, vom Ich gebraucht, völlig gleich« (*Ges. Ausg.* I 2, S. 259 f.). Die intellektuelle Anschauung bezeugt den Vollzug dieses ursprünglich synthetischen, schlechthin unbedingten Aktes freier Selbstbestimmung, durch den das Ich für sich als Subjekt-Objekt allererst entsteht und dadurch den Grund des praktischen sowie theoretischen Wissens – einschließlich des Identitätsprinzips selbst – legt. Dagegen begreift Schelling die T. als das »Für-sich-selbst-Sein« der Ichheit und somit als deren —Abfall bzw. Ur-Sprung aus der absoluten Identität (*Sämtl. Werke* VI, 42). Lit.: L. Hühn: Fichte und Schelling oder: Über die Grenze menschlichen Wissens. Stuttgart 1994. OFS

**Tätigkeit, Tun.** Der philosophische Begriff von Tätigkeit (Tk.) und von Tun (T.) steht im Kontrast zur Begriffsbestimmung von ↗Handlung. Das Unterscheidungskriterium liegt in der Art der praktischen Zwecksetzung. In Anlehnung an die Aristotelische Unterscheidung zwischen ↗Praxis und ↗Poiesis läßt sich die Unterscheidung zwischen Handlung und Tk. nachvollziehen. Spezifisch für die Tk. und das T. ist ihre Orientierung auf die Herstellung eines Produkts und ein damit verbundenes vorgängiges Wissen, das die Durchführung anleitet. Aufgrund dieses Herstellungswissens weist die Tk. drei charakteristische Merkmale auf: Tk. ist (a) zu einer technischen Anleitung fähig, (b) aufgrund des vorgängigen Wissens lehrbar, (c) aufgrund der Lehrbarkeit auch überprüfbar. **Lit.:** R. Bubner: Handlung, Sprache und Vernunft. Frankfurt 1976. S. 74 ff. PP

**Tatsache.** Der Ausdruck »T.« wird umgangssprachlich häufig mit dem Ausdruck »reale Existenz« gleichbedeutend gebraucht. Das erklärt sich aus dem Verständnis, daß eine Tatsache das sei, was wirklich existiert. Semantisch korrekt wäre dagegen die unterscheidende Formulierung: Ein Ding existiert, eine T. ist der Fall, nicht aber: sie existiert. Die Notwendigkeit der Unterscheidung zwischen Ding und Tatsache ergibt sich daraus, daß zu jedem wahren Urteil eine bestimmte Tatsache gehört. Da aber auch falsche Urteile Objekte haben, ist eine Differenzierung zwischen zwei Arten von Urteilsobjekten notwendig.

Entsprechend der ↗Korrespondenztheorie der Wahrheit ist der Terminus T. eine Bezeichnung für das, was einer Aussage (wenn sie wahr ist) in einer nichtsprachlichen Wirklichkeit entspricht (wobei diese Annahme einer nicht-sprachlichen Wirklichkeit noch näher zu bestimmen wäre). Nach Russells Erklärung sind mit T.n Dinge gemeint, die eine Aussage wahr (oder falsch) machen. Bspw. Für die Aussage »es regnet« ist der Zustand des Wetters, der diese Aussage wahr macht, dasjenige was man T. nennt. In Wittgensteins Erklärung stellt die T. einen bestehenden Sachverhalt dar: Die Welt ist die Gesamtheit der T.n, d. h. die Gesamtheit aller und nur der bestehenden T.n. Während die T. stets etwas betrifft, was der Fall ist, stellt ein Sachverhalt etwas dar, was bloß möglicherweise der Fall ist. Was ein beliebiger, nicht rein logisch gültiger Satz behauptet, ist somit stets ein Sachverhalt. Ist der Satz wahr, dann besteht dieser Sachverhalt, der dann T. genannt wird. – Die Erkenntnistheorie und Wissenschaftstheorie thematisieren den Begriff der T. hinsichtlich des spezifischen Phänomenbereichs der unterschiedlichen Wissenschaften. Nach dem naturwissenschaftlich-empiristischen Verständnis beruhen Tatsachenaussagen auf der empirisch-deskriptiven Methode, die sich auf das Feststellen von empirisch wahrnehmbaren Daten beschränken. Ein erweiterter Begriff von T. bezieht sich auf soziale Institutionen (wie bspw.

eine Taufe, ein Vertrag, eine Eheschließung). Aussagen über solche T.n lassen sich nicht auf deskriptive Aussagen über physische oder psychische Eigenschaften bestimmter Sachverhalte zurückführen. Searle schlägt die Unterscheidung zwischen natürlichen und institutionellen T.n vor. Institutionelle T.n setzen ein System konstitutiver Regeln voraus, die eine bestimmte Tätigkeit (bspw. das Ja-Wort und das Ringe-Tauschen) in einem bestimmten Kontext (Standesamt) als eine bestimmte Handlung (Eheschließung) erklären. **Lit.:** R. M. Chisholm: Person and Object. London 1976. – G. Patzig: Satz und Tatsache. In: Sprache und Logik. Göttingen $^{2}$1981. S. 39 ff. – B. Russell: An Inquiry into Meaning and Truth. London $^{4}$1951. S. 298 ff. – J. R. Searle: Sprechakte. Frankfurt 1971. S. 78 ff. – E. Stenius: Wittgensteins Traktat. Frankfurt 1969. Kap. VI u. VII. – P. Winch: Die Idee der Sozialwissenschaften und ihr Verhältnis zur Philosophie. Frankfurt 1974. – L. Wittgenstein: Tractatus logico-philosophicus (Werkausgabe Bd. 1). Frankfurt 1984. Abschnitt 2.1141, 3.14. PP

**Tautologie,** Aussage, die immer wahr bleibt, welcher konkrete Sachverhalt auch immer vorliegen mag (Bsp.: entweder es regnet oder es regnet nicht). In der formalen Logik wird die T. durch die urteilslogische ↗Wahrheitsfunktion bestimmt, die bei allen Auslegungen ihrer Variablen, (d. h. bei allen Wahrheitswerten) wahr ist: p oder non-p. PP

**Techne** (griech. Kunst, Handwerk, Kunstfertigkeit. Können, Wissen). Wenn es in Platons *Gorgias* heißt, die Kochkunst sei eben keine wirkliche Kunst, »weil sie keine Einsicht hat von dem, was sie anwendet, was es wohl seiner Natur nach ist, und also den Grund von einem jedem nicht anzugeben weiß« (465 a), so kommt darin der Unterschied des Begriffs T. von unserem Begriff der Kunst deutlich zum Ausdruck. Für uns verbindet sich der Begriff der Kunst mit der schöpferischen, keiner begrifflichen Regel unterworfenen Hervorbringung einmaliger Werke. Das Wort »T.« dagegen betont den Zusammenhang zwischen Hervorbringen und der Kenntnis fester Regeln, der Einsicht in die Gründe und die Natur der Sache. Mit T. wird daher jeder auf Fachkenntnis beruhende Beruf bezeichnet, also nicht nur Malerei und Bildhauerei, sondern auch Heilkunst, Kriegskunst und Steuermannskunst. Weil solches Wissen nicht auf bloßer Erfahrung (empeiria) beruht, sondern auf allgemeinen Regeln, erlangt der Begriff T. bei Platon und Aristoteles die Bedeutung Wissen, im Gegensatz zur bloßen Geübtheit. Im *Protagoras* wie im *Gorgias* ist das Thema die wahre politische T., die in Kontrast gesetzt wird zu ihrem Scheinbild, das die Sophisten und Rhetoren lehren: die politische T. muß auf dem Wissen vom Guten beruhen, sie darf nicht nur eine Gewandtheit sein, den Leuten nach dem Munde zu reden (vgl. Aristoteles *Eth. Nic.* VI, 4). MSU

**Technik.** (1) Unter T. wird im Gegensatz zur Natur als dem Vorfindlichen und nur um seiner selbst willen Seienden die Gesamtheit der Artefakte verstanden, d. h. alle gegenständlichen, künstlichen und den menschlichen Bedürfnissen, Zwecken oder Zielen dienenden Gebilde, sowie die menschlichen Tätigkeiten und Einrichtungen zur Herstellung und Verwendung von Artefakten. (2) T. steht als Begriff für die erlernbaren Regeln, Kunstfertigkeiten und Kenntnisse bei einer bestimmten Tätigkeit (z. B. T. des Gesangs) im Gegensatz zum Handlungsvollzug. (3) Der Begriff T. wird im Gegensatz zum Handwerk und zur Kunst gebraucht als die auf Bedürfnisbefriedigung und Arbeitsentlastung zielende, naturwissenschaftlich basierte sowie mehrheitlich maschinell erfolgende Naturausbeutung und Güterproduktion. – Die Reflexion über die T. setzt bei den antiken ↗Sophisten ein. Protagoras etwa begründet die T. aus der naturgegebenen Hilflosigkeit des Menschen als zweckorientiertes Handeln, ohne das menschliches Leben weder erhalten noch befördert werden könne. Platon macht dagegen den Mittelcharakter von T., der T. zu beliebigen, auch schändlichen Zwecken tauglich macht, als ihren Mangel geltend. Diese Ambivalenz verschärft sich mit der explosionsartigen Entwicklung der T., die durch die im 18. Jh. einsetzende naturwissenschaftliche Fundierung möglich wird. Die frz. Aufklärer sehen in der T. eine Säule der menschlichen Vervollkommnung; Rousseau macht dagegen die T. für den moralischen Niedergang verantwortlich. Für Marx wirkt die T. einerseits als Entlastung von schwerer Arbeit, anderseits durch Produktivitätssteigerung als Grund für Arbeitslosigkeit und Armut. – In unserem Jh. stützt sich die apologetische Deutung der T. wesentlich auf Kapp und Dessauer. Für beide Autoren sind Erfindungen, verstanden als materielle Konkretisierungen von Vorstellungsgehalten, das Wesen der T. Leitend ist dabei nach Kapp die »Organprojektion«, d. h. der Entwurf von Artefakten nach dem Vorbild menschlicher Organe (etwa der Hammer als Nachbildung des Armes mit geballter Faust). Dessauer begreift das Erfinden als das Auffinden der jeweils einzig richtigen und prästabilierten Problemlösung. Technische Verbesserungen sind daher asymptotische Annäherungen an die prästabilierte Lösung. In der T. führe Gott die Schöpfung vermittels menschlicher Erfindungen fort. Nach Gehlen dient die T. der »Entlastung« und Selbsterhaltung des durch Instinktarmut gekennzeichneten »Mängelwesens« Mensch. Zur T. bestehe ein triebhaftes, nicht auf Nützlichkeit beruhendes Verhältnis, denn der in der T. geschaffene Gleichlauf der Maschinen erfülle das menschliche Bedürfnis, die Instinktarmut durch sich wiederholende gewohnte Handlungen zu kompensieren. Gehlen unterteilt die Technikentwicklung vermittels zweier Zäsuren, nämlich der »neolithischen Revolution« (nomadische Jägervölker werden zu seßhaften Ackerbauern und Viehzüchtern) und dem Übergang zur »Maschinenkultur« des Industriezeitalters. Über Zahl und Art solcher Epochenschwellen herrscht allerdings Uneinigkeit in der Technikphilosophie. Eindeutig negativ wird T. etwa von der Frankfurter Schule (↗Kritische Theorie) bewertet, wenn sie den Imperialismus von T. und technischer Rationalität hervorhebt. Mit dem Begriff »Gestell« kritisiert Heidegger die T., die zum fortschreitenden Vergessen der Seinsbedingungen führe. Mit »Gestell« sind drei Grundzüge der T. zusammengefaßt, nämlich Herausforderung, Bestand und Bestandssicherung. Die T. »stellt« die Natur im Sinne von Herausfordern, d. h., die Natur kann sich nicht entfalten, sondern wird durch das technische Her*stellen* in Dienst ge*stellt* und be*stell*bar wie eine Pauschalreise gemacht. Was bestellbar ist, wandelt sich zum verfügbaren Bestand, wie etwa ein Wasserkraftwerk einen Fluß zum Bestand technischer Prozesse degradiert. Die Sicherung dieses Bestandes erfordert weitere T., so daß die ursprüngliche Herausforderung der Natur zurückschlägt in den sich fortschreibenden, die Natur zunehmend verdeckenden Zwang, der T. mit T. zu begegnen. ↗Technikphilosophie. **Lit.:** E. Cassirer: Form und Technik. In: Ders.: Symbol, Technik, Sprache. Hamburg 1985. S. 39–91. – F. Dessauer: Philosophie der Technik. Bonn 1927. – A. Gehlen: Die Seele im technischen Zeitalter. Hamburg 1957. – J. Habermas: Technik und Wissenschaft als ›Ideologie‹. Frankfurt 1968. – M. Heidegger: Die Technik und die Kehre. Pfullingen 1962. – E. Kapp: Grundlinien einer Philosophie der Technik. Braunschweig 1877. – H. Lenk/G. Ropohl (Hg.): Technik und Ethik. Stuttgart [2]1993. – K. Marx: Das Kapital (MEW. Bd. 23–25). – F. Rapp: Analytische Technikphilosophie. Freiburg/München 1978. – J. Rohbeck: Technologische Urteilskraft. Frankfurt 1993. – G. Ropohl: Technologische Aufklärung. Frankfurt 1991. – H. Stork: Einführung in die Philosophie der Technik. Darmstadt [3]1991. UB

**Technikfolgenabschätzung.** Als T. versteht man die Bereiche innerhalb der praktischen Philosophie sowie der Sozialphilosophie, die sich mit den ethischen und sozialen Aspekten der Folgen beschäftigen, die sich aus der Anwendung wissenschaftlich-technischer Methoden ergeben. Neuere technische Entwicklungen, so etwa Verfahrensweisen in der Gentechnologie und der Reproduktionsmedizin können zu tiefgreifenden Veränderungen der Biosphäre und ebenso der Lebenswelt der Menschen führen. Den Prognosemöglichkeiten der etwaigen Nebenfolgen sind oft enge Grenzen gesetzt. Die Gefährdung der gesamten Biosphäre und ebenso die möglichen Gefahren, die neuere Technologien für die Sicherung der natürlichen und sozialen Umwelt der Menschen in sich bergen, haben die Notwendigkeit erkennen lassen, die Folgen der Technisierung im Hinblick auf die ethische Bewertung und die etwaige Einschränkung der Anwendung von Techniken abzuschätzen. In der T. geht es dabei u. a. um den Verbrauch von natürlichen Ressourcen und deren Folgelasten, die Sicherung der natürlichen Lebensgrundlagen der Menschen und ebenso des artgerechten tierischen Lebens, die Sicherung der menschlichen Würde und einer humanen Arbeitswelt. Eine wichtige Rolle spielt die T. auch für die moralische Bewertung von Biotechnologien (↗medizinische Ethik). **Lit.:** K. Bayertz: Wissenschaft, Technik und Verantwortung. Grundlagen der Wissenschafts- und Technikethik. In: Ders. (Hg.): Praktische Philosophie. Grundorientierung angewandter Ethik. Hamburg 1991. – C. Hubig: Technik- und Wissenschaftsethik. Heidelberg 1993. – H. Lenk: Zwischen Wissenschaft und Ethik. Frankfurt 1992. JH

**Technikphilosophie,** Gesamtheit der philosophischen Theorien zur Modellierung und Deutung technischer Artefakte, ihres Entstehungs- und Verwendungszusammenhangs. – Die Erfindung und Herstellung von Technik(en) und deren Bedeutung für den Menschen wurde in verschiedensten philosophischen Zusammenhängen thematisiert, so insbesondere in der ↗Anthropologie und der Philosophie der Arbeit (↗Entfremdung), als philosophische Disziplin hat sich die T. aber neuerdings etablieren können. Erste explizit technikphilosophische Arbeiten betrachten Technik vorwiegend in optimistischem Fortschrittsglauben als jeweils individuelle Erfindung einzelner, die Handlungsmöglichkeiten wertneutral erweiternder Mittel. Erst mit Zunahme der technischen Überformung aller Lebensbereiche und nicht beabsichtigter, unvorhergesehener negativer Technikfolgen öffnet sich der Blick für Technik als zusammenhängendes Gesamtsystem, das tief mit individuellen und gesellschaftlichen Handlungs- und Bedeutungszusammenhängen verflochten ist. Die vermehrt fortschrittsskeptische, v. a. soziologisch orientierte T. der 1920er Jahre sieht Technik als konstitutives Element des modernen Menschen und kritisiert ihre zunehmend sichtbare eindimensional-rationale Ausrichtung auf materielle Zweckgerichtetheit, auf Normierung und Effektivität als Bedrohung von Kultur und menschlicher Persönlichkeit. In zugespitzter Sicht der 60er Jahre gewinnt die aus ihren Entstehungszusammenhängen gelöste, Handlungswissen vergegenständlichende Technik als komplexes System eine Eigendynamik, der nicht nur individuelles Handeln und politische Entscheidungen, sondern gesellschaftliche Entwicklung und menschliche Selbstbestimmung überhaupt unterliegen. Diese als ideologisch und pauschalisierend kritisierte Deutung wird in den 70er Jahren vermehrt abgelöst von eher praxisorientierten Analysen konkreter, durch einzelne Techniken und Technologien ermöglichte oder bedingte Veränderungen individueller Handlungsmuster, gesellschaftlicher Organisation, wirtschaftlicher und politischer Entscheidungswege. Die handlungsnormierenden Wirkungen von Technik, ihre kaum überschaubare Komplexität, die instrumentelle Verfügbarkeit fremder Fähigkeiten, die scheinbare Abkopplung der Einzelhandlung von ihren im technisch hochvernetzten System hervorgerufenen Folgen, die Technisierung von Information, Kommunikation und Wirklichkeitserfahrung, die zunehmende Abhängigkeit von bestehenden technischen Handlungsangeboten werden zu Schwerpunkten der T. Der Verlust der Handlungskompetenz im Umgang mit technischen Systemen, die sich in ihrer Komplexität einer subjektbestimmten Mittelwahl entziehen, und die Unvorhersehbarkeit zunehmend global vernetzter Folgen führen zu einer umfassenden Diskussion der Verantwortbarkeit und Steuerungsmöglichkeit technischen Handelns. Dies wird in der Technikethik einer normativen Diskussion zugänglich gemacht, die Technikgenese und -entwicklung v. a. im Spannungsfeld wirtschaftlicher, ökologischer und individuellen Interessen problematisiert. In handlungs- und erkenntnistheoretisch orientierter Sicht wird insbesondere die erkenntniserweiternde wie auch prägende Kraft der in Alltag und Wissenschaft überwiegend technikvermittelten Welterfahrung und deren anthropologische Dimension analysiert. In interdisziplinär geöffneten Debatten wird dies in pragmatisch-politische Konzepte zu Technikfolgenabschätzung, Technikbewertung, ↗Wirtschaftsethik und ökologieorientierter Techniksteuerung überführt. **Lit.:** J. Habermas: Technik und Wissenschaft als ›Ideologie‹. Frankfurt 1969. – Fr. G. Jünger: Die Perfektion der Technik. Frankfurt 1946. – H. Lenk: Zur Sozialphilosophie der Technik. Frankfurt 1982. – Ders.: Zwischen Wissenschaft und Ethik. Frankfurt 1992. – G. Ropohl: Die unvollkommene Technik. Frankfurt 1985. – H. Schelsky: Der Mensch in der wissenschaftlichen Zivilisation. Köln/Opladen 1961. EJ

**Teil/Ganzes.** Es handelt sich hierbei um korrelative Begriffe, die nur wechselseitig zu definieren sind. Ihre Beziehung ist durch die Begriffe Teilung oder Zerlegung bzw. Zusammensetzung festgelegt. Im allgemeinen kann der Begriff T. zweifach gedeutet werden: Von den extensiven T.en, den wirklich ablösbaren Fragmenten und Bestandstücken, sind die intensiven T.e oder Aspekte, Momente, die nur begrifflich abtrennbar sind, zu unterscheiden. Dementsprechend muß zwischen bloß summativen (Aggregaten) und einheitlich strukturierten G.en unterschieden werden.

Obwohl von diesem thematischen Komplex schon im vorsokratischen Denken Spuren zu finden sind, wird er erst bei Platon und insbesondere dann bei Aristoteles Gegenstand spezifischer Betrachtung. Aristoteles verwendet das T.-G.-Korrelat in allen seinen Schriften in verschiedensten Forschungszusammenhängen: auf logisch-definitorischer Ebene, um die gegenseitigen Beziehungen zwischen Genus und Spezies innerhalb der Definition festzulegen, auf physischem Gebiet, insbesondere bei der Behandlung des Kontinuumproblems, auf metaphysischem Gebiet, um den organischen Charakter des Seienden in seiner kategorialen (Substanz-Akzidenz-Beziehung) und hylemorphischen (Materie-Form-Zusammenhang) Struktur hervorzuheben. Es ist ein vorwiegend intensionaler, mit der Wesensfrage eng verbundener T.-G.-Begriff, der hierbei ausgearbeitet wird. – Durch die Vermittlung des Boethius knüpfte die ma. Scholastik bei der Wiederaufnahme des T.-G.-Problems weitgehend an Aristotelische Ansätze an. Von Abälard bis zur Spätscholastik wird es zum Zentralpunkt der ma. Logik und Metaphysik. Einen neuen Gesichtspunkt stellt die Unterscheidung von Abälard zwischen kollektivem und distributivem G.en dar. Ein kollektives (oder integrales) G. liegt vor, wenn das G. in seinem individuellen und konkreten Bestand betrachtet wird. Als solches ist es in integrale, quantitative oder substantielle, formelle und materielle Teile auflösbar, doch kann weder das G. von den T.en prädiziert werden noch diese von ihm. Das distributive (oder universelle) G. dagegen (in heutiger Diktion: die ↗Klasse) ist von seinen Elementen prädizierbar. Während bei kollektiven G.en G. und T. gleichartig sind, ist eine Klasse von ihren Elementen wesentlich verschieden. – Im neuzeitlichen Denken rückt das metaphysische T.-G.-Problem durch fortschreitende Akzentuierung des erkenntnistheoretischen Interesses in den Hintergrund. Die Wiederaufnahme ist Leibniz zu verdanken, dessen ↗Monadologie eng mit dem T.-G.-Problem zusammenhängt. Was die logisch-mathematische Behandlung angeht, ist Leibniz ebenfalls Ansatzpunkt der heutigen formallogischen ↗Mereologie. – Die zeitgenössische Diskussion entwickelt sich im Rahmen einer Tradition, die direkt oder indirekt auf Brentano zurückgeht, der durch seine T.-G.-Lehre eine wissenschaftliche Psychologie und Metaphysik zu begründen suchte. Im Anschluß an Brentano entwickelte E. Husserl in der III. *Logischen Untersuchung* den ersten Entwurf einer formalen T.-G.-Lehre; diesen Ansatz führte Lesniewski in seiner »Mereologie« weiter. Die gegenwärtige Diskussion sieht in der formalontologischen Behandlung des T.-G.-Problems ein Verbindungsglied zwischen analytischer und phänomenologischer Tradition. Aber auch die Entwicklung der Gestalt- und Ganzheitspsychologie, die die alte atomistische und assoziationistische Psychologie überwunden hat, geht über Chr. von Ehrenfels auf Brentano zurück. **Lit.:** D. P. Henry: Medieval Mereology. Amsterdam 1991. – P. M. Simons: Parts. A Study in Ontology. Oxford 1987. – B. Smith: Parts and Moments. München 1982. – Brentano Studien Bd. 4: Teil und Ganzes (1992/93). MA

**Teilhabe** ↗Methexis

**Teilhabeethik.** In den jüngsten Debatten zur Umweltpolitik und Umweltethik wird das Ziel verfolgt, in der T. eine neue ethische Ausrichtung zu schaffen, die eine positive Selbstregulierung ohne Einschränkungen der individuellen Freiheit ermöglichen soll. Eine der Voraussetzungen für die T. ist ein Energiesystem aus erneuerbaren Energieträgern. Dadurch, daß die Energie aus nicht versiegenden Quellen wie der Sonne kommt, können menschliche Bedürfnisse technisch befriedigt werden, ohne Umwelt und Lebensraum zu zerstören (Lehmann, 195 ff.). Durch den Verbrauch von Energie aus erneuerbaren Quellen wird man umweltbewußter, was zu einem sparsameren Umgang mit Energie führt und die Umwelt schont. Die T. unterscheidet sich von asketischen ethischen Systemen, indem sie das Selbstinteresse verpositiviert und die negativen Folgen des Energieverbrauchs für den Menschen und die Natur durch eine umweltgerechte Sicherung des Gemeinwohls verringert. Weil die Umweltethik einen universalen Gemeinsinn voraussetzt, sind die Geltungsansprüche der T. im Unterschied zu anderen partikularen Ethiken universell auf alle Aspekte menschlichen Handelns anwendbar (Apel, S. 369 ff.). In einer T. befriedigt der Mensch seine Bedürfnisse, wissend, daß auch alle anderen am Gemeinwohl teilhaben. Dies bedeutet eine moralische Entlastung für den einzelnen und die Gesellschaft und ist der Kern der Botschaft der T. Politisches Ziel der T. ist es, mehr Engagement durch eine Dezentralisierung der Energieversorgung zu ermöglichen. Jede Ethik, die fordert, daß alle ohne Vorbehalt am Gemeinwohl teilhaben, kann als T. bezeichnet werden. **Lit.:** K.-O. Apel: Die ökologische Krise als Herausforderung für die Diskursethik. In: D. Böhler (Hg.): Ethik für die Zukunft. Im Diskurs mit Hans Jonas. München 1994. – D. Birnbacher (Hg.): Ökologie und Ethik. Stuttgart 1988. – H. Lehmann/T. Reetz: Zukunftsenergien. Berlin, 1995. – H.-J. Sandkühler (Hg.): Europäische Enzyklopädie zu Philosophie und Wissenschaften. Bd. 4, Artikel »Verzicht«. Hamburg 1990. – B. Stoeckle (Hg.): Wörterbuch der ökologischen Ethik. Freiburg 1986. DR

**Teleologie** (griech. telos: Ziel, Zweck). Unter T. wird die Annahme der Zielgerichtetheit eines Prozesses oder einer Handlung verstanden. Als deskriptives Interpretationsschema dient es zur Beschreibung ganz unterschiedlicher Phänomene. In bezug auf Naturphänomene unterstellt eine teleologische Betrachtungsweise eine innere Zweckgerichtetheit eines Prozesses. Die aristotelische Unterscheidung zwischen causa materialis und causa finalis gibt die Grundlage dafür ab, um bestimmte Vorgänge in der Welt nicht aus ihren Wirkursachen, sondern von den Zielzuständen (sog. Endursachen) her zu erklären. Solche Deutungen unterscheiden sich hinsichtlich der Annahmen, wodurch der Zweck oder das Ziel begründet ist. Eine solche Zielorientierung allen Werdens kann durch eine Seinsordnung begründet sein, wodurch in jedem Ding angelegt ist, sich auf seinen immanenten Zweck hin zu entfalten und in ihm zur Vollendung zu gelangen. Eine solche Vorstellung findet sich im Anschluß an Aristoteles: Jedes Wesen strebt danach, des Guten nach Maßgabe seiner Kapazität teilhaftig zu werden. Diese Zielorientiertheit kann auch in einer göttlichen Zwecksetzung begründet sein, wie es für die christliche Philosophie im Anschluß an Augustinus maßgebend war. Eine teleologische Beschreibung der Naturphänomene lieferten die Vertreter des ↗Vitalismus, für die chemische und physikalische Gesetzmäßigkeiten keine hinreichenden Antworten boten, um die typischen Lebensvorgänge wie Reproduktion und Selbstregulation zu erklären. Erst die Annahme von zielbewußt handelnden, unsichtbaren ↗Entelechien boten ihrer Meinung nach einen hinreichenden Erklärungsgrund. Im heutigen wissenschaftlichen Denken kommt die T. in Theorien von selbstgesteuerten Automaten zur Geltung. Das kybernetische Modell des Regelkreises ermöglicht eine Rekonstruktion von Prozessen ohne die Annahme eines immanenten Zielstrebens. – Bereits Kant kritisierte die Annahme einer objektiven Zweckbestimmung der Natur. In bezug auf die Objekterkenntnis kann T. nicht sinnvoll behauptet werden. Sie ist bestenfalls als regulative Idee nützlich, d.h. als Vernunftleitfaden für die Zusammenfassung der Verstandeserkenntnisse zur systematischen Einheit (*KdU* § 74).

Im Hinblick auf die Analyse menschlichen Handelns ist der Stellenwert teleologischer Erklärung umstritten. Der von Hempel, Oppenheim, Popper und Stegmüller vertretenen Auffassung, daß nur kausale Erklärungen wissenschaftlichen Status haben, stellt v. Wright sein Modell intentionaler bzw. teleogischer Erklärung gegenüber (↗Erklärung). Die intentionale oder teleologische Handlung basiert auf zwei Annahmen: (1) einem Wissen, daß mit einem bestimmten Verhalten (d.i. einer Tätigkeit) ein Ergebnis erreicht werden kann; (2) der Absicht einer Person, mittels dieser Tätigkeit das intendierte Ergebnis zu erreichen. V. Wright erläutert die intentionale Handlung durch die Form des praktischen Schlusses: 1. Prämisse: Die Person A beabsichtigt, ein Ereignis p herbeizuführen; 2. Prämisse: A glaubt, daß sie p nur herbeiführen kann, wenn sie eine Tätigkeit a ausführt; 3. Konklusion: Folglich macht sich A daran, a zu tun. Anhand dieses praktischen Schlusses demonstriert er, daß die H. keine kausale Erklärung sein kann, da die Konklusion aus den Prämissen logisch gefolgert werden kann. Für eine kausale Ursache (i. S. Humes) ist es dagegen charakteristisch, daß Ursache und Wirkung logisch voneinander unabhängig sind und nur zu einer Aussage über eine empirische Notwendigkeit führt. Der praktische Schluß zeigt auf, daß Intention und Handlung miteinander logisch verknüpft sind (was nicht heißt, daß die Prämissen notwendig die Handlung zur Folge haben müssen). Wenn der praktische Schluß als Konklusion eine wahre Behauptung darüber ergibt, was die betreffende intentionale Handlung ist, dann stellen die Prämissen dieses Schlusses auch eine teleologische Erklärung dieser Handlung dar. Die Prämissen des praktischen Schlusses implizieren eine Aussage über einen intentionalen Akt und erklären somit diesen Akt teleologisch, weil die Prämissen die Bedingungen niederlegen, mit Hilfe derer das betreffende Verhalten zu verstehen ist. – Im Kontext der Ethik wird jene Position als teleologisch bezeichnet, die die Richtigkeit des Handelns danach beurteilt, ob durch das Handeln ein Zustand herbeigeführt wird, der unabhängig von diesem konkreten Handeln und ohne Rekurs auf moralische Pflichten als erstrebenswert gilt und gerechtfertigt ist. Der ↗Utilitarismus repräsentiert eine teleologische Ethik. ↗Funktionalanalyse. **Lit.:** N. Hartmann: Teleologisches Denken. Berlin 1966. – R. Löw: Die Philosophie des Lebendigen. Frankfurt 1980. – R. Spaemann/R. Löw: Die Frage Wozu? Geschichte und Wiederentdeckung des teleologischen Denkens. Stuttgart 1981. – W. Stegmüller: Probleme und Resultate der Wissenschaftstheorie und analytischen Philosophie. Bd. 1. Berlin/Heidelberg/New York 1969. Kap. VIII. – G.H. v. Wright: Erklären und Verstehen. Frankfurt 1974. S. 83 ff. PP

**Teleonomie,** Ausdruck für Strukturen und Funktionen mit systemerhaltendem (arterhaltendem) Charakter im Bereich des Lebenden. Derartige Vorgänge werden als zielgerichtet aber nicht zielintendiert beschrieben und als Optimierung genetischer Programme durch ↗ Mutation und ↗ Selektion innerhalb des Evolutionsgeschehens erklärt. Durch T. ist z. B. die erreichte Anpassung verschiedener Organismen an extremste Umweltbedingungen besser zu verstehen (↗ Evolution). MK

**Terminus maior/minor** ↗ Oberbegriff, ↗ Syllogismus

**Tertium non datur** (lat. ein drittes gibt es nicht), das Prinzip, nach dem ein (deskriptiver, d. h. aussagehaltiger) Satz entweder wahr oder falsch ist. Grundsatz der zweiwertigen Logik (bei der eben nur die zwei Wahrheitswerte wahr und falsch angenommen werden). VP

**Tetratomie** ↗ Einteilung

**Thanatologie** (griech. thanatos: der Tod). Unter Th. lassen sich inter- und multidisziplinäre Forschungen zum Problem des menschlichen Todes und des Sterbens subsummieren. Das Thema der menschlichen Endlichkeit ist stets ein zentrales Thema philosophischer Systeme und Entwürfe gewesen. Jedoch ist die Th. nicht den klasssischen eigenständigen philosophischen Disziplinen zuzurechnen, sondern ordnet sich den jeweiligen philosophischen Systemen unter. In der antiken Philosophie wurde der Tod als Trennung der unsterblichen Seele vom Körper (Platon: *Phaidon* 80b-82b, 105d-106d; Aristoteles: *De anima* II, 430a) oder aber im Hinblick auf seine Bedeutungslosigkeit angesichts der im Tod zu erwartenden Empfindungslosigkeit (Epikur) thematisiert. In der Hochscholastik, bes. durch Thomas v. Aquin, wurde die platonisch-aristotelische Unsterblichkeitslehre mit der neutestamentlichen Auferweckungslehre verbunden. Thomas hält am klassischen Gedanken der Seelensubstanz fest und sieht in der Unzerstörbarkeit der Seele die Möglichkeit der Auferweckung des ganzen Menschen am Ende der Tage in der Identität von Gestorbenem und Auferwecktem verbürgt (*S.th.* I, 75 f.). Hält Descartes noch am platonischen Dualismus fest, indem er der res cogitans wegen ihrer Immaterialität Unsterblichkeit zuschreibt, die vom Tod der res extensa nicht berührt wird, beginnt mit der Philosophie Kants eine neue Form der philosophischen Th. Bestimmt Kant in der Anthropologie den Tod als »bloß mechanische Reaktion der Lebenskraft«, wandelt sich der Gedanke der Unsterblichkeit der Seele von einer metaphysischen Kategorie zu einem bloßen Postulat der »reinen praktischen Vernunft«, das die Erreichung des »höchsten Guts in der Welt« – »die völlige Angemessenheit der Gesinnungen zum moralischen Gesetze« – aufgrund des Widerspruchs von Sinnlichkeit und Vernunft an die Denkmöglichkeit »einer ins Unendliche fortdauernden Existenz« bindet (*KpV* A 220–222). In der philosophischen Th. des 19. und frühen 20. Jh. wird der Tod schließlich ganz an die konkrete Existenz des einzelnen Menschen gebunden. Sowohl existenzphilosophische als auch lebensphilosophische Ansätze setzen an den konkreten, existentiellen Erfahrungen des sterblichen Individuums an und gewinnen daraus religiös-existentielle Motive sowie Motive der innerweltlichen und transzendenten Selbstvervollkommnung (Kierkegaard, Jaspers, Marcel, Sartre, Scheler, Simmel). – In der Geschichte der philosophischen Th. läßt sich eine durchgängige Tendenz zur Individualisierung und Verinnerlichung der Todeserfahrung ausmachen. Während das Unsterblichkeitsmodell der antiken Metaphysik die individuelle Identität von innerweltlichem und postmortalem Leben nicht einmal eindeutig thematisiert, kulminiert in der Existenzphilosophie des frühen 20. Jh. im Tode die Individualität des Menschen schlechthin. Diese Entwicklung findet ihren Höhepunkt in Heideggers Daseinsanalytik, in der der Tod als letzte methodische Bedingung figuriert, die »Ganzheit des Strukturganzen des Daseins« analytisch zu fassen. Dabei wird der Tod nicht als Tod thematisiert, sondern als Bevorstand, zu dem sich das Dasein stets verhält (»Sein zum Tode«). Die Möglichkeit einer philosophischen Begründung von Unsterblichkeit wird damit methodisch ausgeschlossen. Nach H. Ebeling vollendet sich darin eine »Inversion der Th.«, d. h. eine irreversible Abwendung von der philosophischen Frage nach der postmortalen Existenz. – Die philosophische Th. nach ihrer Inversion thematisiert neben existenzphilosophischen Motiven v. a. ethische Fragen bzgl. des Umgangs mit Sterbenden, den Freitod sowie die Problematik der Todesdefinition angesichts des medizinischen Fortschritts (Hirntod/personaler Tod). – Neben der philosophischen Th. haben sich – abgesehen von Theologien und Religionswissenschaften – thanatologische Teildisziplinen in Psychologie, Soziologie, Geschichte, Pädagogik und Medizin etabliert.

**Lit.:** J. Choron: Der Tod im abendländischen Denken. Stuttgart 1967. – H. Ebeling (Hg.): Der Tod in der Moderne. Königstein/Ts. 1979. – A. Nassehi/G. Weber: Tod, Modernität und Gesellschaft. Opladen 1989. – G. Scherer: Das Problem des Todes in der Philosophie. Darmstadt 1979. AN

**Theismus,** in der Aufklärung geprägter Begriff, der in einer weiter gefaßten Lesart zunächst nur die Annahme das Daseins Gottes bejaht. Enger gefaßt unterscheidet er sich z. B. vom ↗ Deismus dadurch, das sein Gottesbegriff den eines vernünftigen und freien Wesens in sich schließt. Kant (*KrV*, B 659 f.) kennzeichnet als Th. die Position, die einen Welturheber, nicht nur eine Weltursache unbestimmter und unbestimmbarer Art kennt. Noch spezifischer beziehen (v. a. christliche) Autoren Th. auf eine Auffassung von ↗ Gott als einem personalen, freiem Wesen, dessen Vorsehung in das Weltgeschehen eingreift. Dies schließt ein, daß es nur einen Gott gibt (Monotheismus), nicht mehrere (Polytheismus), auch nicht unter Hervorhebung (durch Verehrung) eines besonderen aus ihnen (Henotheismus). Polytheistisch ist eine Konkurrenz von Göttern denkbar, die nicht alle gut oder dem Menschen wohlgesonnen sein müssen. Dieser Th. behauptet ferner die Transzendenz Gottes, d. h. Gott ist nicht Teil der Welt oder mit ihr wesenseins (↗ Pantheismus). PK

**Theodizee** (griech. theos: Gott; dike: Recht), bezeichnet die von der Stoa und Gnosis versuchte, später v. a. von Leibniz (von dem auch dieser Begriff stammt)

systematisch durchgeführte Rechtfertigung Gottes hinsichtlich des von ihm zugelassenen, aber nicht gewollten Übels in der Welt. Leibniz' klassisches Werk zur Thematik der Th. sind die *Essais de theodicée* (1710), die die zentrale Frage behandeln, weshalb in der bestmöglichen Welt das Übel existiert. Die Th. enthält die Rechtfertigung Gottes als des gütigen Weltschöpfers angesichts des offenbaren innerweltlichen Übels und Bösen, deren Ursprung sie in der Freiheit der Geschöpfe sucht. Leibniz unterscheidet zwischen verschiedenen Arten des Übels und versucht zu zeigen, daß sie eigentlich keine Übel sind: Das metaphysische Übel besteht in der Kreatürlichkeit: Alles Geschaffene ist unvollkommen, denn sonst wäre es wie sein Schöpfer göttlich. Der Wunsch nach Aufhebung dieses Übels hieße, die Aufhebung der Schöpfung zu wünschen. Das physische Übel (z. B. Leid, Schmerz) rechtfertigt sich aus seiner Funktion: Es kann nützlich sein (z. B. Erhaltung des Individuums) oder als Strafe zur Besserung dienen. Das moralische Übel, d. h. die Sünde, läßt sich durch den Nachweis rechtfertigen, daß es Anlaß des Guten werden kann; es ist die Folge der menschlichen Freiheit und der Grund für die christliche Erlösung der Menschheit. Entscheidend ist nach Leibniz, daß diese Übel nicht in erster Linie als Mängel zu deuten sind, sondern als Chance zur Vervollkommnung. Gott hat nicht das Böse an sich schaffen wollen, sondern allein die Menschen zerstören den Zustand des Paradieses. Die menschliche Freiheit besteht im vernunftgeleiteten, selbständigen Handeln des Individuums, weil nur so der göttliche Schöpfungsplan durchschaut und der Weg zur Vervollkommnung beschritten werden kann. Die Erkenntnis der Übel führt dazu, Gott nicht mehr wegen ihres Vorhandenseins anzuklagen, sondern verpflichtet vielmehr, die Welt zum Guten hin zu verändern. **Lit.:** H.- G. Janßen: Gott-Freiheit-Leid. Darmstadt 1988. – G. W. Leibniz: Die Theodicee von der Güte Gottes, der Freiheit des Menschen und dem Ursprung des Übels (frz.-dt.). Darmstadt 1985. – W. Oelmüller (Hg.): Theodicee. Gott vor Gericht? München 1990. – W. Sparn: Leiden, Erfahrung und Denken: Materialien zum Theodicee-Problem. München 1981. RS

**Theokratie,** die vollständige Absorption von staatlicher durch religiöse Macht, im einzelnen als die Herrschaft religiöser Amtsträger (Priester oder charismatischer Führer) und die Gültigkeit religiöser Vorschriften als staatliche Gesetze, einschließlich der strafrechtlichen Konsequenzen von Verletzungen religiöser Vorschriften. Flavius Josephus hat mit Blick auf das alte Israel dafür den Terminus »Th.« geprägt, der andeuten soll, das sich die staatliche Führung dort nur als Stellvertretung des einzig legitimen Herrschers, Gott selber, zu verstehen hatte. Erst der liberale Staat der Neuzeit ermöglicht eine Trennung der Einflußsphären. PK

**Theologie.** Th. als Rede oder Lehre von ↗Gott gibt es als solche in vielen ↗Religionen, die eine hinreichende Reflexion als Durchdenken ihrer Religion von innen ausbilden. Im Unterschied dazu bestehen Wahrheitsanspruch und -kriterium der ↗Religionsphilosophie und der Religionswissenschaft nicht in der Richtigkeit der Aussage in bezug auf Gott, sondern auf die Religion. – Die abendländische Wortverwendung ist Spiegelbild der wechselnden geistesgeschichtlichen Einstellung zum Gottesgedanken. Platon übernimmt die Bedeutung als Rede von den Göttern, und bewahrt damit auch die sophistische Skepsis gegen die mythische und kultische Tradition. Ganz anders füllt Aristoteles den Begriff, im Einklang mit seinem Verständnis vom Göttlichen: Die Th. stellt er als betrachtende Wissenschaft in die Reihe von Mathematik und Physik, aber noch über diese, denn ihrem Gegenstand nach ist sie die erhabenste (*Met.* 1026a). Im christlichen Umfeld setzt sich der heidnisch »vorbelastete« Begriff nur zögernd durch und dann in Konkurrenz zum beliebteren »oikonomia«, was stärker das Handeln Gottes in Schöpfung, Erlösung und Vollendung zum Ausdruck bringen kann. Umgekehrt führt die Wiederentdeckung des Aristoteles zu einer natürlichen Th. im Sinne einer Metaphysik des höchsten Seins, nebst der nötigen Zuordnung von Natur und Gnade, von Glauben und Wissen, von Philosophie und Th., die das thomasische und das Denken der ↗Neuscholastik durchzieht. Die christliche Th. bezog und bezieht aus der jeweils zeitgenössischen Philosophie Denkmodelle, mit denen sie ihre Botschaft, wie sie sich in der Schrift (und der Tradition) findet, explizieren und rechtfertigen kann. Dies trifft nicht nur für die Gotteslehre zu (die Dogmen z. B. über Trinität werden auf dem Hintergrund des Gemeinguts spätantiker philosophischer Begrifflichkeit formuliert), sondern auch andere Kernbereiche der Dogmatik wie die Christologie, theologische Anthropologie und die Schöpfungslehre. Umgekehrt wirken im Rahmen der Th. konzipierte Begriffe und Modelle auf die Philosophie ein, wie z. B. der Personbegriff. Der These Löwiths (*Weltgeschichte und Heilsgeschehen*, 1949) folgend, steht die Eschatologie (die Lehre vom Ende der Welt) am Anfang der Geschichtsphilosophie. Weitere dogmatische Themen sind die Kirche in der Ekklesiologie und die Sakramentenlehre.

Die Einteilung bzw. der Aufbau der Th. folgt heute einer Unterscheidung zwischen »spekulativen« und »positiven« Disziplinen. Sie trägt damit auch gegenwärtigen methodischen Ansprüchen Rechnung, da verschiedene Aspekte des Gegenstands der Th., die Lehre von Gott, seiner Botschaft und seines Handelns, und deren Entfaltung in der Kirche je angemessene wissenschaftliche Beschäftigung erfahren. Zur »positiven« Th. gehören die biblischen Fächer (Exegese) und die Kirchengeschichte, die sich weitgehend an den methodischen Vorgaben entsprechender »profaner« Wissenschaften (z. B. der Philologie) orientieren. Die »spekulativen«, heute meist »systematisch« genannten Disziplinen der Dogmatik, Moraltheologie und Fundamentaltheologie (früher: Apologetik) beziehen ihr Instrumentarium aus der Philosophie (bedeutend Heideggers Einfluß auf die Transzendentaltheologie und die kerygmatische Th.) und der Hermeneutik. Zu den praktischen Fächern zählen Kirchenrecht, Liturgik, Pastoraltheologie (mit Homiletik), Religionspädagogik (Katechetik) und Sozialethik, in die Erkenntnisse benachbarter Humanwissenschaften einfließen können. **Lit.:** J. B. Metz: Theologie. In: Lexikon für Theologie und Kirche. Bd. 8. S. 62–71. – G. Picht (Hg.): Theologie – was ist das? Stuttgart/Berlin 1977. – R. Schaeffler: Wechselbeziehungen zwischen Philosophie und katholischer Theologie. München 1978. – H. Zahrnt: Die Sache mit Gott. München [8]1988. PK

**Theologie, natürliche** (lat. theologia naturalis bzw. rationalis), auch Theologik, Philosophische Gotteslehre oder Philosophische Theologie genannt, neben der ↗Ontologie ein Teil der ↗Metaphysik. N. Th. fällt nicht mit der Annahme rationaler ↗Gottesbeweise (Aristoteles, Thomas, Descartes, Leibniz) zusammen, die die Kantische Kritik angeblich vernichtet hat, denn es finden sich auch andere Formen n.r Th., so wenn Plotin aufgrund der Vielheit in der Welt nach der Einheit fragt, Cusanus meint, daß jede Frage über Gott das Gefragte bereits voraussetze, Jaspers das *Daß* Gottes mit dem Freiheitsbewußtsein in Verbindung bringt oder Scheler glaubt, vom religiösen Akt her einen erkenntnismäßigen Zugang zu Gott zu bekommen. Damit ist auch schon klar, daß die n. Th. kein Gottesverhältnis begründet, also nicht identisch ist mit der ↗natürlichen Religion. Das Natürliche der n.n Th. ist nicht die Natur, sondern die Vernunft, wenn es auch verschiedene erkenntnismäßige Zugänge zu Gott gibt, die den Weg über den Weltbezug nehmen wie der kosmologische Gottesbeweis. Daneben gibt es aber auch Wege, die rein über die Vernunft laufen wie der ontologische Gottesbeweis. – Neben dem *Daß* Gottes kommt die n. Th. auch zu einigen wenigen Wesensaussagen über Gott: Daß Gott einer ist, daß er unveränderlich ist (i. S. der reinen Aktualität, die absolute Lebensfülle impliziert) und daß er ewig ist (also der Zeit enthoben); wobei das nicht bedeutet, daß ich damit weiß, wie diese Eigenschaften in Gott realisiert sind. – Die n. Th. hat mit der Theologie die sog. praeambula fidei gemeinsam (partielle Identität), ihr kommt aber auch in bezug auf die Glaubensgeheimnisse der Charakter eines negativen Kriteriums zu: Was den Erstprinzipien (Thomas) oder den ewigen Wahrheiten (Leibniz) widerstreitet, kann nicht von Gott sein; das bedeutet aber keine Rationalisierung der Glaubenswahrheiten. Der Gott der Philosophen und der Gott der Religiösen ist zwar real identisch, aber intentional verschieden (Scheler). **Lit.:** H. Beck: Natürliche Theologie. Grundriß philosophischer Gotteserkenntnis. Salzburg [2]1988. – G. Kraus: Gotteserkenntnis ohne Offenbarung und Glaube? Natürliche Theologie als ökumenisches Problem. Paderborn 1987. WS

**Theologie, negative,** setzt prinzipiell auf Verneinung im aphairetischen sowie apophatischen Sinne als geeignete Methode der Erkenntnis Gottes in seiner absoluten Einfachheit sowie reinen Negativität. Sie gründet auf der religiösen Erfahrung der Unverfügbarkeit Gottes als des ↗Ganz Anderen sowie auf philosophischen Aporien bezüglich der Determination eines ersten Ursprungs von Denken und Sein – dies besonders im Anschluß an die Platonische Bestimmung der Idee des Guten als letzten Seins-, Erkenntnis- und Wertprinzips, das »noch jenseits des Seins« steht und als »das Unbedingte« gilt (*Politeia* 509b; 511b), sowie an die erste Hypothese des Platonischen Dialoges *Parmenides*, der zufolge es vom ↗Einen »weder Namen noch Definition noch Erkenntnis noch Wahrnehmung noch Vorstellung« gibt (142a). Beide Grundzüge spiegeln sich im neuplatonischen Begriff des nun emphatisch als göttlich verstandenen Einen wider, auf das – so Proklos – ein »theologischer Hymnus … durch die Negationen« emporgesandt werden kann (*In Parmenidem* 1191, 32 ff.). Philon, Clemens v. Alexandrien, Gregor v. Nyssa, Gregor v. Nazianz, Johannes Chrysostomus, Augustin u. a. bekräftigen gemeinsam, wenngleich in unterschiedlicher Akzentuierung, die Unerkennbarkeit der Wesenheit Gottes. Zuerst jedoch beim intensiv im MA. rezipierten Dionysius Pseudo-Areopagita vollziehen explizit »apophatische Theologien« als Gegenstück zur positiven Prädikation den alle Bestimmungen absprechenden Aufstieg zum »überguten« und »überseienden«, sogar »übergöttlichen« und »überunerkennbaren« Gott als der jeder Setzung und Verneinung erhabenen »Ursache von allem«: In der dadurch erzielten ↗unio mystica soll eine nicht-erkennende Erkenntnis, d. h. eine ekstatische Erfahrung des »völlig Unerkennbaren« stattfinden (*De mystica theologia* 1, 2–5). An diese Lehre der nicht-kategorialen Definierbarkeit und somit Unendlichkeit der göttlichen Natur als »Nichts von Allem« schließen Eriugena, Thomas v. Aquin, Eckhart, Marsilio Ficino, Nikolaus v. Kues, Charles de Bovelles u. a. sowie die Hermetik und die christliche Kabbala ausdrücklich an. Wesentliche Motive der n. Th. – wie die Unabschließbarkeit und die Andersheit, nicht jedoch deren Grundabsicht der Einung mit einem überwesentlichen Wesensprinzip – nimmt die ↗Dekonstruktion auf. **Lit.:** D. Carabine: The Unknown God. Louvain 1995. – J. Derrida: Wie nicht sprechen. Wien 1989. – J. Hochstaffl: Negative Theologie. München 1976. – M. J. Krahe: Von der Wesensart negativer Theologie. Diss. München 1975. – J.-L. Marion: L'idole et la distance. Paris 1977. – J. Miernowski: Le Dieu Néant. Leiden 1997. – R. P. Scharlemann (Hg.): Negation and Theology. Charlottesville 1992. – É. Zum Brunn/A. de Libera: Métaphysique du Verbe et Théologie négative. Paris 1984. OFS

**Theophanie,** »Gotteserscheinung«, bezeichnet als religionswissenschaftlicher Begriff in Verwandtschaft mit Epiphanie und Hierophanie das Erscheinen und Sich-zeigen Gottes oder der Götter in Geschichte oder Natur. Die zugehörigen Erfahrungen sind dadurch gekennzeichnet, daß sich in ihnen eine Wirklichkeit vergegenwärtigt, die den Sinnen, aber auch den Begriffen des Menschen entzogen ist. Dennoch werden Gegenstände der Natur, z. B. Steine, Pflanzen und Tiere, hohe Berge oder die Weite des Meeres Medium der göttlichen Anwesenheit und Wirksamkeit. Auf diese Weise wird das an sich Unsichtbare in der sinnlich erfahrbaren Welt sichtbar, sie zugleich sprengend und übersteigend. Auch in geschichtlichen Ereignissen, z.B. in Königen und Kaisern, die als Söhne eines Gottes angesehen werden, oder bei der Hilfe, welche Götter den Menschen zuteil werden lassen, öffnet sich die normale Welt über sich hinaus. Darum wird die Sprache, in welcher Th.n mitgeteilt werden, aufs äußerste beansprucht. Es gilt darum, Symbole und Metaphern zu finden, welche auf das Gemeinte verweisen und zugleich ihren eigenen Bildcharakter verdeutlichen und sich dadurch zurücknehmen. **Lit.:** M. Eliade: Die Religionen und das Heilige. Salzburg 1954. – E. v. Rad: Theologie des AT. 2 Bde. München $^{3}$1962. – W.F. Otto: Theophania. Der Geist der altgriechischen Religion. Frankfurt 1975. GS

**Theorem** (griech. Lehrsatz), Aussage, die in einem wissenschaftlichen System aus dessen Grundannahmen bzw. Axiomen bewiesen bzw. abgeleitet worden ist. VP

**Theoretisch** (griech. theoretikos: betrachtend), bei Aristoteles im Gegensatz zu praktisch auf Erkenntnis durch begriffliches Denken ausgerichtet. Einer ↗Theorie zugehörig oder aus einer solchen abgeleitet. Ein Begriff ist th., wenn er zum Vokabular einer Theorie gehört, aber sich nicht direkt auf etwas im Gegenstandsbereich der Theorie bezieht. Nach Sneed ist ein Begriff th., wenn er sich nur unter Voraussetzung erfolgreicher Anwendungen der Theorie explizieren läßt. **Lit.:** J.D. Sneed: The Logical Structure of Mathematical Physics. Dordrecht $^{2}$1979. VP

**Theoria** ↗Kontemplation

**Theorie** (griech. das Anschauen, wissenschaftliche Betrachtung), ursprünglich die geistige Schau dessen, was der Wahrnehmung nicht zugänglich ist, später die reine Erkenntnis und das systematisch geordnete Wissen. Th. als Gegensatz zu ↗Praxis ist das reine Wissen ohne Rücksicht auf seine Anwendung, mitunter auch pejorativ gemeint (»bloße Th.«). Stellt man Th. in Gegensatz zu ↗Empeiria und ↗Erfahrung, so ist sie das durch reines Denken gewonnene Wissen. Heute meist eine systematisch geordnete, oft reich strukturierte, deduktiv zusammenhängende Sammlung von zumeist gesetzesartigen Aussagen über einen bestimmten Gegenstandsbereich. Umfangreichere Th.n entstehen durch Zusammenschluß von Einzelgesetzen, Hypothesen und kleineren Th.n zu Erklärungssystemen von immer größerer Reichweite. – In strukturalistischer Sicht ist eine Th. keine Menge von Aussagen, sondern eine komplexe Hierarchie von Modellen und beispielhaften Anwendungsfällen. – In der modernen Logik ist Th. eine deduktiv abgeschlossene Satzmenge, d.h. daß jede Folgerung aus Sätzen einer Th. wieder zu dieser Th. gehört. Kann man alle Sätze einer Th. aus einer aufzählbaren Teilmenge dieser Sätze folgern, so heißt die Th. axiomatisierbar. Die Sätze dieser Teilmenge heißen dann die Axiome, die daraus ableitbaren Sätze die Theoreme dieser Th. **Lit.:** I. Kant: Das mag in der Theorie richtig sein, taugt aber nicht in der Praxis (1793). – W. Leinfellner: Struktur und Aufbau wissenschaftlicher Theorien. Wien/Würzburg 1965. – Ders.: Die Entstehung der Theorie. Freiburg/München 1966. – W. Stegmüller: The Structuralist View of Theories. Berlin/Heidelberg/New York 1979. VP

**Theorie/Praxis.** Das Begriffspaar Th./P. wird sowohl unter dem Gesichtspunkt des Verhältnisses zwischen theoretischer, wissenschaftlicher Reflexion, das auf methodischer Abstraktion beruht, und jeweils konkretem Handeln, als auch im Hinblick auf die Erklärung des Handelns, d.h. in Form einer Th. der P. thematisiert. Das Verhältnis von Th. und P. wird bereits in der Antike erörtert; allerdings stehen Th. und P. dabei noch nicht in einem so starken Spannungsverhältnis, wie es für die Moderne charakteristisch ist. Für Platon kommt es darauf an, die theoretische Erkenntnis mit dem politischen Handeln zu verknüpfen, das stets von Einsicht geleitet sein muß (*Politeia*, 7. Buch). Auf Aristoteles geht die Unterscheidung zwischen theoretischer und praktischer Philosophie zurück. In der praktischen Philosophie geht es um das moralisch richtige Handeln. Als P. versteht Aristoteles das richtige Handeln, das um seiner selbst willen geschieht und in letzter Instanz auf die Glückseligkeit zielt. Davon unterscheidet er die Poiesis; das Hervorbringen, das nicht um seiner selbst willen, sondern um eines bestimmten Zweckes willen erfolgt. Th. und P. entsprechen ihm zufolge zwei geistige Dispositionen, nämlich das theoretische Wissen resp. die praktische Klugheit. Die Analyse des Handelns und zugleich die Orientierung des Handelns am richtigen Ziel bilden für Aristoteles den Gegenstand einer Th. der P., deren Konzeption für die Geschichte der praktischen Philosophie richtungsweisend bleiben sollte. – Einen speziellen Begriff von P. prägt dann Kant. Er unterscheidet strikt zwischen »praktisch« im Sinne von moralisch-praktischen Regeln und »technisch« im Sinne einer jeweils konkreten Anwendung von Regeln, die sich auf den Gebrauch von »Wissenschaft zu Geschäften« beziehen. Als P. begreift er in einem engeren Sinne das moralische Handeln, das dem freien Willen als einer »Kausalität aus Freiheit« entspringt: »Praktisch ist alles, was durch Freiheit möglich ist« (*KrV* B 828). Ein wesentlichen Anstoß zur Diskussion des Verhältnisses von Th. und P. gibt Hegel, der die philosophische Reflexion von der unmittelbaren Bezogenheit auf P. unterschieden wissen will: Wie sich die zeitliche, empirische Gegenwart aus ihrem Zwiespalt herausfinde, wie sie sich gestalte, ist ihr zu überlassen und ist nicht die unmittelbare praktische Sache der Philosophie. Marx vertritt einen emphatischen Begriff von P. und wirft der traditionellen Philosophie vor, die praktischen, d.h. ökonomischen materiellen Bedingungen der Bewußtseins- und ebenso der wissenschaftlichen Theoriebildung kaum berücksichtigt zu haben. In den *Thesen über Feuerbach* sieht er den Hauptmangel alles bisherigen Materialismus' darin, daß der Gegenstand, die Wirklichkeit, nur unter der Form des Objekts oder der Anschauung gefaßt wird; nicht aber als menschliche sinnliche Tätigkeit, P. Die »tätige Seite« sei nun zwar im Idealismus thematisiert worden, aber nur auf abstrakte Weise, nämlich ohne sie als praktisch-menschliche Tätigkeit und das heißt als gesellschaftliche P. aufgefaßt zu haben: »Die Frage, ob dem menschlichen Denken gegenständliche Wahrheit zukomme, ist keine Frage der Theorie, sondern eine praktische Frage« (*M/E-Stud.ausg.* I, 142). Im Anschluß an die ↗Kritische Theorie und an Max Weber unternimmt Habermas eine moderne Vermittlung von Th. und P. in seiner Theorie des kommunikativen Handelns. **Lit.:** Th. W. Adorno: Marginalien zu Theorie und Praxis. In: Ders.: Stichworte. Kritische Modelle 2. Frankfurt 1969. – Aristoteles: Eth. Nik. – G. Bien: Das Theorie-Praxis-Problem und die politische Philosophie bei Platon und Aristoteles. In: Philos. Jb. 76 (1968/69). – J. Habermas: Theorie und Praxis. Frankfurt 1971. – Ders.: Theorie des kommunikativen Handelns. Frankfurt 1981. – O. Höffe: Ethik und Politik: Grundmodelle und Probleme der praktischen Philosopie. Frankfurt 1981. – K. Marx/F. Engels: Studienausgabe in 4 Bänden. Hg von I. Fetscher. Frankfurt 1966. – O. Schwemmer: Philosophie der Praxis. Versuch zur Grundlegung einer Lehre vom moralischen Argumentieren in Verbindung mit einer Interpretation der praktischen Philosophie Kants. Frankfurt 1971. JH

**Theorie des kommunikativen Handelns** ↗Kommunikatives Handeln, Theorie des k. H.s

**Theoriendynamik.** Die traditionelle analytische ↗Wissenschaftstheorie befaßte sich vorwiegend mit der Struktur wissenschaftlicher Theorien, die Explikation ihrer diachronischen Entwicklung dagegen wurde lange Zeit vernachlässigt und der Wissenschaftsgeschichte überlassen. Mit Hilfe des von Stegmüller geprägten Begriffs der Th. sollten im Rahmen der strukturalistischen Wissenschaftstheorie die von Kuhn, Lakatos, Feyerabend und anderen aufgeworfenen Probleme des wissenschaftlichen Fortschritts, der Inkommensurabilität und der Reduktion wissenschaftlicher Theorien einer exakten Behandlung, die auch Mittel der formalen Logik und der Mathematik benutzt, zugänglich gemacht werden. Mittlerweile wird Th. auch ohne direkten Bezug auf die strukturalistische Wissenschaftstheorie verwendet. Häufig gebrauchte andere Bezeichnungen sind Theorienwandel und Theorienevolution. **Lit.:** P.K. Feyerabend: Changing Patterns of Reconstruction. In: The British Journal for the Philosophy of Science 28 (1974). S. 451–369. – I. Niiniluoto: Is Science Progessive? Dordrecht 1984. – W. Stegmüller: Theoriendynamik. Probleme und Resultate der Wissenschaftstheorie und Analytischen Philosophie. Band II. Heidelberg 1973. TM

**Theosophie** (»Gottesweisheit«), allgemein eine der ↗Gnosis nahestehende Form der religiösen Spekulation, die göttliche Geheimnisse verkündet. Die Lehre ist esoterisch und wird direkt geschaut, d. h. sie ist nicht Ergebnis rationaler Erklärung. Ihr Kern ist meist eine Deutung des Weltgeschehens als Prozeß Gottes. In diesem weiteren Sinne lassen sich z. B. Kabbala und Albingenser der Th. zurechnen. – Im engeren Sinne meint man die Lehre der von H. P. Blavatsky u. a. 1875 gegründeten »Theosophischen Gesellschaft«. Ihre Lehre enthält die Entfaltung von Logoi (in Sein, Nicht-Sein, Bewußtsein des Sein), die Seelenwanderung und die »Mahatama«-Lehre einer Bruderschaft der großen Meister der Weisheit. **Lit.:** G. Bichlmayr: Christentum, Theosophie und Anthroposophie. Wien 1955. PK

**Thermodynamik.** Bereich der Physik, der alle physikalischen und chemischen Phänomene umfaßt, bei denen Arbeits-und Wärmewirkungen auftreten. Für die Vorgeschichte der modernen Th. ist die Interpretation von Wärme als einer Substanz charakteristisch. Bis zur Mitte des 19. Jh. herrschte die Auffassung vor, daß es sich bei der Wärme um eine Art Stoff handelt und die Temperatur eines Körpers demnach von seinem Gehalt an Wärmestoff abhängig ist. Ein entscheidender Beitrag zur Entwicklung der Th. ist mit Untersuchungen zu Wärmekraftmaschinen verknüpft. Auf der Basis der Annahme eines Wärmestoffs, der bei allen Austauschprozessen insgesamt erhalten bleibt, entwickelt S. Carnot 1824 erstmals eine Theorie über Dampfmaschinen, deren Funktionsweise er sich zunächst nach dem Modell eines Wasserrades vorstellte. Ihm zufolge wird in den Maschinen eine bewegende Kraft, also die physikalische Arbeit, dadurch erzeugt, daß der Wärmestoff von einem heißeren zu einem kälteren Körper übergeht (›fällt‹). Er kam zu dem Ergebnis, daß der Wirkungsgrad, also das Verhältnis der erzeugten Arbeit und der dafür aufgewendeten Wärme, bei einem solchen Austauschvorgang proportional ist zum Temperaturunterschied zwischen den beteiligten Körpern. J. R. Mayer konnte 1842 auf theoretischem und J. P. Joule 1842–1850 auf experimentellem Wege nachweisen, daß zwischen der aufgewendeten mechanischen Arbeit und der erzeugten Wärmeenergie eine eindeutige Beziehung besteht, womit der Grundstein für eine kinetische Wärmetheorie gelegt war. Clausius gelang schließlich 1850 der Nachweis für den umgekehrten Vorgang, also für die Umwandlung von Wärmeenergie in Arbeit. Die noch bei Carnot zugrundeliegende Wärmestofftheorie ist um 1850 durch die *phänomenologische* (klassische) Th. abgelöst worden, die auf dem Grundsatz von der Äquivalenz von Wärme und Arbeit beruht: Beide sind wechselseitig ineinander umwandelbar und Ausdrucksformen der umfassenden physikalischen Größe Energie, die in allen Vorgängen erhalten bleibt (erster Hauptsatz). Wärme ist nur bis zu einer Obergrenze (Carnotscher Kreisprozeß) in mechanische Arbeit umwandelbar; bei der Energieumwandlung erfolgt eine Dissipation mechanischer Energie. Clausius prägt dafür den Begriff der ↗Entropie. Bei reversiblen (umkehrbaren) Prozessen bleibt die Entropie konstant, bei irreversiblen nimmt sie zu. In der klassischen Th. werden folgende *Hauptsätze* aufgestellt: (1) Die Gesamtenergie (Bewegungs-, elektrische, thermische, und chemische Energie) in einem abgeschlossenen System ist unveränderlich. Dies ist eine Verallgemeinerung des Satzes von der Erhaltung der Energie. Aus diesem ersten Hauptsatz folgt u.a. die Unmöglichkeit eines perpetuum mobile erster Art, d.h., daß es unmöglich ist, daß ein bestimmter Systemzustand (eine Maschine) kontinuierlich Energie abgibt, ohne diese Energie (in irgendeiner Form) aufzunehmen. (2) Wärme kann nur von einer Zone jeweils höherer zu einer Zone jeweils niedrigerer Temperatur übergehen. Dieser zweite Hauptsatz ist das Theorem von der Zunahme der Entropie (als des thermodynamischen Ordnungszustands) abgeschlossener Systeme bei allen makrophysikalischen Vorgängen. (3) Nach dem dritten Hauptsatz (Nernstsches Wärmetheorem) ist der absolute Nullpunkt unerreichbar. Beim absoluten Nullpunkt (-273,16° Kelvin) erreichte die Entropie eines Körpers den Wert Null, d.h. daß keine thermische Molekülbewegung (keine Wärmebewegung) mehr stattfindet und somit kein Wärmetausch erfolgen kann. Dieser Zustand läßt sich deshalb nur näherungsweise erreichen. In der neueren Th. beschäftigt man sich im Rahmen der Th. der *irreversiblen* Prozesse mit Ungleichgewichtszuständen (I. Prigogine). **Lit.:** P. Mittelstaedt: Philosophische Probleme der modernen Physik. Mannheim u.a. 1989. S.172–218. – M. Tribus: Thermostatics and Thermodynamics. An introduction to Energy, Information and States of Matter, with Engineering Applications. Princeton u.a. 1961. JH

**Thomismus,** philosophische und theologische Denkrichtung in der Nachfolge des hl. Thomas von Aquin. Zu unterscheiden ist der Th. des späten MA. von dem der frühen Neuzeit und dem der neuscholastischen Bewegung, die sich bis in die Gegenwart auswirkt. – Der Th. entstand in den Kontroversen nach der kirchlichen Verurteilung des ↗Averroismus 1277. In einigen Punkten war hiervon die thomasische Lehre betroffen. Um die Angriffe vor allem der konservativen franziskanischen Gegner abzuwehren, formierte sich die dominikanische Schülerschaft des Aquinaten und erklärte sein Denken zur Ordensdoktrin. Drei wesentliche Punkte waren: Die Einheit der substantiellen Form im Menschen, die Lehre von der Materie als Individuationsprinzip, die Möglichkeit einer ewigen Weltschöpfung. Protagonisten des Th. in dieser ersten Epoche waren Hervaeus Natalis (gest. 1323) und der Augustinereremit Aegidius Romanus (ca. 1247–1316). – Im 15. und 16. Jh. wurde der Th. zu einer im Kern konservativen Position. Gegen den Wandel in der Kosmologie seit Kopernikus, in der Philosophie seit Ockham und in der Theologie seit Luther stellten Johannes Capreolus (gest. 1444), Juan de Torquemada (1388–1468) und Thomas de Vio Cajetan (1468–1534) den Th. als geschlossenes dogmatisches System zur Legitimation kirchlicher Ansprüche auf weltliche Vorherrschaft dar. – Der Th. des 19. und 20. Jh. versteht sich gegen alle Richtungen der Moderne als philosophia perennis, die aus einer vom 1. Vatikanischen Konzil 1870 ausdrücklich angeordneten Rückbesinnung auf Thomas zu gewinnen sein soll. Charakteristisch ist die Rationalität der Vorgehensweise bei gleichzeitiger dogmatischer Gebundenheit der Resultate. Der Th. der ↗Neuscholastik vertritt einen »gemäßigten« Realismus in Metaphysik und Erkenntnistheorie, ein traditionell theologisches Naturrecht und, zumindest einige seiner Vertreter, eine ständische Staats- und Soziallehre. Verurteilt wird durchweg der moderne Subjektivismus und Individualismus. Seit dem 2. Vatikanischen Konzil tritt der Einfluß des Th. zurück, ohne sich gänzlich zu verlieren. Zahlreiche Autoren, u.a. J. Kleutgen (1811–1883), J. Maritain (1882–1973), E. Gilson (1884–1978), K. Rahner (1904–1984). **Lit.:** E. Coreth: Christliche Philosophie. Graz/Wien/Köln 1988–90. – P. Glorieux: Les premieres pol'emiques thomistes. Le Saulchoir 1927. – K.H. Haag: Kritik der neueren Ontologie. Stuttgart 1960. – G. Manser: Das Wesen des Thomismus. Freiburg (Schweiz) [3]1949. GME

**Tian** (Himmel, Natur, oberstes Prinzip), Kategorie der ↗chinesischen Philosophie, die in allen Schulen von Bedeutung ist, allerdings unterschiedlich verstanden wird. Himmel und Erde stellen als oberste und unterste Begrenzung des menschlichen und weltlichen Raumes überhaupt (Tian Di Zhi Jian) den Bereich der sich vollziehenden Natur und sozialen Welt dar. Die Dreiheit von Himmel, Mensch und Erde ist der Rahmen von Ontologie und jeglichem Handeln. Im ↗Daoismus konnte T. Ausdruck für die Gesamtheit des natürlichen Vollzuges des ↗Dao sein. »Daß Rinder und Pferde vier Beine haben, ist von Natur aus so (T.), daß sie Zaumzeug und Nasenringe haben, nennt man menschengemacht« (*Zhuang Zi*, Kap. 17). Und der neodaoistische Kommentator des *Zhuang Zi* Guo Xiang schreibt: »T. ist die Gesamtheit der Dinge.« Und weiter: »T. ist einfach der Selbsterweis (Zi Ran) [der Dinge].« Als Bezeichnung für den Himmel wurde T. ab dem 11. Jh. v. Chr. zum legitimierenden Herrschaftsprinzip (Mandat des Himmels: Tian Ming). Der Vollzug der Natur wurde zum Ausdruck des Willens des Himmels. Naturkatastrophen oder Aufstände konnten die Legitimation eines Herrscherhauses in Frage stellen. Wichtigstes kaiserliches Ritual war seit der Zeitenwende das Opfer am Himmelsaltar. Als oberstes Prinzip wurde es in der konfuzianischen Philosophie des Mencius bedeutsam (↗Konfuzianismus). Qua T. besaß der Mensch Bewußtsein (↗Xin) und moralisches Wesen (↗Xing). Aufgabe des menschlichen Denkens und Handelns war es, T. gerecht zu werden. »Indem der Mensch sein Bewußtsein erforscht, versteht er sein Wesen; hat er sein Wesen erst verstanden, so erkennt er T.« (*Meng Zi*: VII A). Der ↗Neokonfuzianismus erweiterte die epistemologische und ontologische Bedeutung von T., indem die Brüder Cheng T. mit ↗Li (Logos, Struktur) gleichsetzen. Im Gegensatz zu Meng Zi reduzierte Xun Zi T. ausschließlich auf den physikalischen Himmel und die Vorgänge der Natur. »Die Bahnen des Himmels sind beständig. Der Himmel würde sich nicht für Yao (»Heiliger« (↗Sheng Ren) des Konfuzianismus) einsetzen und würde Jie (Tyrann der Frühzeit) nicht den Untergang bringen« (*Xun Zi*, Tian Lun). In der Tradition der ↗Yin-Yang-Schule war T. als Himmel und als erster Ausdruck des männlichen Prinzips in einen kosmogenetischen Generationsprozeß eingebunden. **Lit.:** R. Moritz: Die Philosophie im alten China. Berlin 1990. MLE

**Tiefenstruktur/Oberflächenstruktur,** Begriffspaar, das in der Beschreibung der Relation von Mikro- zu Makroeigenschaften eines Systems Verwendung findet. So kann man bei einem Tisch z. B. zwischen seiner O. und deren Eigenschaften wie Festigkeit und Glattheit und seiner T., seinem Material, und dann, noch »tiefer«, seinen mikrophysikalischen Eigenschaften unterscheiden. In der analytischen Philosophie wird diese Relation v. a. in Diskussionen um den Realismus und in der Philosophie des Geistes thematisiert. – In der Realismusdebatte steht die Frage im Mittelpunkt, ob die Oberflächeneigenschaften von Gegenständen zu den wissenschaftlich respektablen, grundlegenden Bausteinen der Welt gehören, ob es sie im strengen Sinne wirklich gibt. In der exaktesten, generellsten Theorie, die wir besitzen, der Mikrophysik, tauchen diese Eigenschaften ja nicht auf. Hier wie auch in der Philosophie des Geistes ist es entscheidend, die Abhängigkeit der Oberflächen- von der Tiefenstruktur zu analysieren. Kann die Relation besser als Konstitution oder besser als Verursachungsrelation gedacht werden? Speziell für die Philosophie des Geistes wird diese Relation interessant, da etliche Philosophen die Relation des Geistes zum Körper (meistens zum Gehirn) als Relation von Oberflächeneigenschaften zu Eigenschaften der T. deuten. MBI

**Tier.** T.e ernähren sich im Unterschied zu Pflanzen von anderen Lebewesen, sind meist frei beweglich und mit Sinnesorganen versehen. Von den ca. 1,2 Mio heute bekannten und lebenden Tierarten (ausgestorben ca. 500 Mio) sind die meisten Mehrzeller und relativ geschlossene Systeme mit Stoffwechselaustausch. Sie weisen einen hohen Differenzierungsgrad und entsprechende Anpassungsfähigkeit auf. Die Grenze zwischen T. und Pflanze ist nicht immer ganz eindeutig zu ziehen. In der Philosophie wurde insbesondere seit Descartes der Tier-Mensch-Unterschied, seit Darwin das Tier-Mensch-Übergangsfeld diskutiert. Aus der Nutzungsperspektive des Menschen lassen sich Wild-, Nutz- und Haustier unterscheiden. Angesichts der Bedrohung vieler Tierarten wird heute oft eine ↗Tierethik gefordert. **Lit.:** E. Mayr: Grundlagen der zoologischen Systematik. Hamburg/Berlin 1975. BI

**Tierethik,** Formen eines sittlich vertretbaren Umgangs des Menschen mit Tieren. Hier sind unterschiedliche Einstellungen möglich, nämlich (1) anthropozentrische, (2) pathozentrische und (3) biozentrische. Ethisch entscheidend ist, warum wir Tieren gegenüber zu einem sittlichen Verhalten (z. B. Rücksicht) verpflichtet sind. Die klassische Anthropozentrik (I. Kant) hält grausame Behandlung der Tiere für eine Verletzung der Pflicht des Menschen gegen sich selbst, weil durch Abstumpfung Moralität geschwächt bzw. zerstört wird. Für die Vertreter der Pathozentrik (P. Singer und M. St. Dawkins) im Fahrwasser des ↗Utilitarismus ist die Leidensfähigkeit das entscheidende Kriterium. Sie gehen im Anschluß an Benthams These vom Einbezug auch der Tiere aufgrund ihrer Leidensfähigkeit in Interessenabwägungen aus. Schwierig zu bestimmen sind jedoch empirische Kriterien für tierisches Leiden, z. B. das Phänomen Streß (z. B. Messung des Herzschlages) oder das Verhalten eines Tieres in schmerzhaften Situationen. Die Deutungsspielräume sind erheblich. Diesen methodischen Schwierigkeiten entgehen die Vertreter der Biozentrik (A. Schweitzer, G. M. Teutsch, T. Regan) mit ihrer Forderung einer Gesinnung der »Ehrfurcht vor dem Leben«. Moderne biozentrische Positionen berufen sich auf das Bewußtsein von Tieren und ihre Interessen. Von vielen Biozentrikern wird der Unterschied im Bewußtseinsleben von Tier und Mensch als nur graduell und nicht als wesensmäßig eingeschätzt, eine problematische Prämisse. Sie fordern daher eine weitgehende Gleichheit von Tier und Mensch. Eine vermittelnde Position nimmt O. Höffe mit seinem Gedanken einer (nach der Organisation der Sinnesorgane und des Zentralnervensystems) abgestuften Solidarität zwischen Mensch und Tier ein. Als Dringlichkeitskriterium interpretiert mündet sie in die Forderung der Gleichbehandlung von Tier und Mensch in vergleichbaren Umständen. Aufgrund dieses Dringlichkeitskriteriums können dann konkrete Forderungen im Umgang mit Wild-, Nutz- und Haustieren begründet werden. **Lit.:** B. Irrgang: Christliche Umweltethik. München/Basel 1992. – G. M. Teutsch: Lexikon der Tierschutzethik. Göttingen 1987. BI

**Timokratie** (griech. time: Ehre, Steuerschätzung; kratein: herrschen), Modell einer ↗Herrschaftsform, in der die Wahrnehmung politischer Rechte gemäß Vermögen und Besitz gestaffelt und verfassungsmäßig geregelt ist, im Unterschied zur ↗Ochlokratie und Plutokratie, der faktischen Herrschaft der Reichen über den Staat. Mit der von Solon ausgearbeiteten, 594 v. Chr. in Kraft getretenen Verfassung wurde Athen zur ersten T. der griechischen Antike. Die grundbesitzenden Bürger werden hier nach Bodenertrag und Produktion vier Klassen zugeteilt, die in unterschiedlichem Maß am politischen Leben teilhaben können – die zentralen Funktionen im Staat bleiben der obersten Klasse vorbehalten, aktives und passives Wahlrecht differieren nach Klassenzugehörigkeit. Ein nach Grundbesitz oder Steueraufkommen (Zensuswahlrecht) gestaffeltes Wahlrecht findet sich häufig noch in den konstitutionellen ↗Monarchien der Neuzeit, etwa im »Dreiklassenwahlrecht« der preußischen Verfassung von 1849. WST

**Tod,** im weitesten Sinne das Aufhören des individuellen ↗Lebens, das Aussetzen der organischen Tätigkeit eines menschlichen, tierischen oder pflanzlichen Lebewesens, dessen körperliche Überreste von da an den Gesetzen des Anorganischen unterstehen. – In einem engeren Sprachgebrauch bezeichnet T. das Sterben des Menschen, wobei sich drei Bedeutungen unterscheiden lassen: (1) Tod als der Zustand nach dem Leben,

das Totsein; (2) Tod als der Übergang vom Leben zum Nicht-mehr-Leben; (3) Tod als die personifizierte Ursache des Lebensendes.
Zum Phänomen des T.es scheint die Philosophie seit ihrem Anbeginn, d. h. seit der Antike ein besonders enges Verhältnis unterhalten zu haben; einiges spricht dafür, daß das Bewußtsein des T.es ein Beweggrund ist, aus dem heraus überhaupt philosophiert wird. Das eigentümliche Erkenntnisproblem, das mit der Frage nach dem T. verbunden ist, ist in der Geschichte der Philosophie jedoch erst vergleichsweise spät, d. h. in der Moderne, gesehen worden. Im Hinblick auf dieses zwischen 1831/32 (Tod Hegels und Goethes) und 1927 (Heidegger: *Sein und Zeit*) aufbrechende Problembewußtsein und die daraus erwachsenden theoretischen Neuansätze lassen sich grob zwei philosophische Konzeptionen des T.es unterscheiden: eine metaphysische und eine nachmetaphysisch-existentialphilosophische. – (1) Das metaphysische Todesverständnis, erstmals von Platon im *Gorgias* (523e) und eindringlicher dann im *Phaidon* (61c, 63e-64a, 64e-65a, 67d-e) ausgesprochen, begreift den T. als Scheidung von Seele und Leib. Hinter dieser Konzeption steht der Glaube an die Unsterblichkeit der Seele, welche immateriell und präexistent nach ihrer vorübergehenden Wohnsitznahme im Körper sich von diesem wieder befreit. Der metaphysische Todesbegriff ist demnach unablösbar gebunden an die Annahme eines »Lebens« nach dem Leben bzw. nach dem T. – (2) Für das nachmetaphysische Todesverständnis hingegen ist diese Annahme nicht mehr verbindlich. Mit der von Kierkegaard eingeleiteten Subjektivierung des Todes tritt die Bedeutung der privilegierten Erfahrungsweise des je eigenen T.es in den Vordergrund. Der T. betrifft nun das Individuum als ganzes, seine volle Existenz und nicht mehr nur seine sterblichen Anteile. Dementsprechend verlagert sich das nachmetaphysische Erkenntnisinteresse auf die Frage nach der Gegenwart des T.es im Leben. Die sich darin abzeichnende »Inversion der Thanatographie« (H. Ebeling) findet in Heideggers *Sein und Zeit* ihre konzeptionelle Vollendung. Die spezifische menschliche Seinsweise, das Dasein als solches, ist nach Heidegger nun wesentlich ein »Sein zum Tode« (*Sein und Zeit*, §§ 46–53). Diese existentielle Ausrichtung auf den T. kann nach Heidegger entweder verfehlt oder in ihrer ganzen Tragweite erkannt und übernommen werden. Allein letzteres ermöglicht dem Dasein einen ausgezeichneten, »von der Verlorenheit in die zufällig sich andrängenden Möglichkeiten« (§ 53) gereinigten Selbstbezug, eröffnet ihm die »ontologische Möglichkeit« eines »eigentlichen Ganzseinkönnens« (§ 53).
Gegen die fortschreitende Subjektivierung der Todesproblematik in der Moderne ist von verschiedener Seite Kritik erhoben worden. Sartre betont gegen Heidegger, das Moment des Unbegreiflichen, der Absurdität des T.es, welches sich einer Reduktion auf subjektive Seinsmöglichkeit widersetzt (*L'Etre et le Néant*). Er erneuert damit das Argument von der Unerkennbarkeit des T.es, das sich in der philosophischen Debatte von Epikur bis Feuerbach durchhält und das in modifizierter Form auch in das Denken Blochs und Marcuses Eingang findet. **Lit.:** Ph. Ariès: Geschichte des Todes. München 1980. – J. Choron: Der Tod im abendländischen Denken. Stuttgart 1967. – H. Ebeling (Hg.): Der Tod in der Moderne. Frankfurt [3]1992. – L. Feuerbach: Gedanken über Tod und Unsterblichkeit. In: Sämtliche Werke. Hg. v. W. Bolin u. F. Jodl. Bd. 1. S. 3–90. – E. Fink: Metaphysik und Tod. Stuttgart 1969. – R. Fulton (Hg.): Death and Identity. New York 1965. – M. Heidegger: Sein und Zeit. Tübingen [16]1986. – S. Kierkegaard: An einem Grabe (1845). In: Ges. Werke. 13. u. 14. Abt. Düsseldorf/Köln 1952. – H. Marcuse: The Ideology of Death. In: H. Feifel (Hg.): The Meaning of Death. New York [2]1965. S. 64–76. – R. Marten: Der menschliche Tod. Eine philosophische Revision. Paderborn/München 1987. – J.-P. Sartre: L'Etre et le Néant. Paris 1943 (dt.: Das Sein und das Nichts. Reinbek b. Hamburg 1993.) – G. Scherer: Das Problem des Todes in der Philosophie. Darmstadt 1979. – W. Schulz: Zum Problem des Todes. In: A. Schwan (Hg.): Denken im Schatten des Nihilismus. Darmstadt 1975. S. 313–333. – M. Theunissen: Negative Theologie der Zeit. Frankfurt 1991. – A. Toynbee (Hg.): Vor der Linie. Der moderne Mensch und der Tod. Frankfurt a. M. 1970. AC

**Toleranz,** in mehrfachem Sinn und in recht unterschiedlichem Umfang gebraucht: Verständnis und Anwendungsbereich, im Privaten wie im Politischen und Ideologisch-Dogmatischen, erstrecken sich von bloßem vorübergehenden Dulden zum prinzipiellen, aktiven Seinlassen des Andern als Anderem, von abgerungenem Geduldigsein zur Reibungen vermeidenden Tugend weitherzigen und friedfertigen Gewährenlassens, vom ungern gegebenen Zugeständnis in unentscheidbaren Sachen zum skeptischen Offenlassen strittiger Angelegenheiten, vom Zulassen von Ungenauigkeiten (Meß-T.) bis hin zur schieren Gleichgültigkeit. – Eine Analyse von Begriff, Forderung, Motiv, Begründung, Anerkennung und Grenzen der T. zeigt: T. ist ihrem Begriff nach von intentionaler Aktstruktur; sie wird von Personen oder Institutionen jemandem (Einzelpersonen, Gruppen) gewährt, von woher sie gefordert wird. Die Forderung der T. impliziert ihrerseits einen Zustand der Ungleichheit und die Forderung nach Überwindung einer einseitigen Abhängigkeit bzw. Erfüllung eines Anerkennungszustands. Als Motive für (pragmatische) T. fungieren argumenta ↗ad hominem, z. B. die Wirtschaftskraft von T. Begehrenden. Die Begründung der T.-Forderung rekurriert auf die in einer Kultur als autoritativ erkannten sog. hl. Schriften (etwa die Bibel), um aus ihnen die Berechtigung der Forderungen (der Gleichheit vor Gott) abzuleiten und/oder auf naturrechtlich universell verbürgte Gleichheit aller Menschen, schließlich auf die gemäß der klassischen liberalen Tradition geltende Autonomie vernünftiger Individuen. Die Anerkennung des Gleichheitszustands bezieht sich zunächst auf Menschen, nicht in gleicher Weise auf ihre Ideologien. Hinsichtlich der Ideologien stellt sich gleichzeitig die Frage nach den Grenzen der T. Ideologien mit politisch-dogmatischen Ambitionen aufgrund eines Berechtigungs- oder Wahrheitsanspruchs müssen sich rationaler Überprüfung und den oben genannten Begründungskriterien stellen. Dies gilt für T.-Geber wie T.-Fordernde. **Lit.:** J. Locke: (4) Letters on Toleration. In: Works. VI. London 1823. Aalen 1963. S. 1–574. – W. Baumgartner: Naturrecht und Toleranz. Würzburg 1979. – G. Mensching: Toleranz und Wahrheit in der Religion: München/Hamburg 1966. – H. Mieville: Toleranz und Wahrheit. Ein philosophisches und politisches Problem. Bern 1955. – R. P. Wolff/B. Moore/H. Marcuse: Kritik der reinen Toleranz. Frankfurt 1968. WB

**Toleranzprinzip,** von Carnap in *Logische Syntax der Sprache* (1934) formulierter Grundsatz, daß jeder seine Logik, d. h. seine Sprachform nach eigenem Gutdünken aufbauen kann, wenn er deutlich die syntaktischen Bestimmungen anzugeben vermag. PP

**Topik,** Methode der Auffindung von Argumenten. Ihre erste, grundlegende Ausarbeitung geht auf Aristoteles zurück: T. gilt ihm als ein Verfahren, »über jedes vorliegende Problem aufgrund der geltenden Meinung zu einem schlüssigen Urteil zu kommen« (*Topica* 100a). Damit gehört die T. zum Instrumentarium von Dialektik und Rhetorik, deren Aufgabe im Begründen oder Widerlegen einer unter den Beteiligten einer Redesituation zweifelhaften Behauptung oder umstrittenen Entscheidung liegt; Problemlösung und Interessendurchsetzung rekurrieren hier auf den Fundus der gemeinsamen Ansichten, auf ein vorläufiges Einverständnis, das strategisch aktualisiert wird, um zu plausiblen und damit konsensfähigen Folgerungen zu kommen. Weil Reflexion oder Argumentation ihre Prämissen hier nicht einem gesicherten Wissen sondern bloß der geteilten Meinung entnehmen, können ihre Folgerungen zwar auch nicht wahr, aber doch wahrscheinlich sein. Dabei versichert sich die T. der gesellschaftlichen Geltung und ermöglicht die inhaltliche Fülle der Gesichtspunkte; sie garantiert eine Rationalität außerhalb aller Wissenschaft, die philosophisch gerade dort relevant wird, wo es Fachkompetenzen in ihren Gegenständen und Grundsätzen erst zu definieren gilt oder dort, wo es sichere Erkenntnis und zwingende Beweise nicht geben kann: im Bereich menschlicher Praxis. Die T. expliziert dafür die in der alltäglichen Kommunikation, in Sprache und Kultur latent vorhanden Potentiale des Verstehens und Bewertens, indem sie sie als Topoi (↗Topos) benennt. Neben dieser formalen heuristischen T. steht, erstmals ausgeführt bei Cicero, eine amplifikatorische materiale T., die nicht offene Suchkategorien sondern bereits vorgeformte Redeelemente bereitstellt. – Im 20. Jh. ist die rhetorische T., angeregt durch den literaturwissenschaftlichen Ansatz einer »historischen Topik« von Curtius, von verschiedenen Disziplinen wiederentdeckt worden, besonders von der Soziologie (Kesting, Negt) und der Jurisprudenz (Viehweg). **Lit.:** ↗Topos. BKO

**Topos,** Begriff der Dialektik und Rhetorik, allgemeiner Gesichtspunkt unter dem ein Argument sowohl zur Stützung oder wie auch zur Bestreitung (»in utramque partem«-Prinzip) einer beliebigen Behauptung über jeden möglichen Gegenstand gefunden werden kann; in einer zweiten, abgeleiteten Bedeutung kann T. auch das einzelne Argument selbst meinen. Jeder T. kann verschiedene gesellschaftlich anerkannte Ausgangssätze für eine überzeugende Argumentation liefern, er muß daher einerseits genügend unbestimmt und entsprechend unterschiedlich auslegbar und vielseitig verwendbar, andererseits im konkreten Fall treffend sein. Cicero entwickelt diesen aristotelischen Ansatz weiter: Er kennt neben den aristotelischen Fundorten (lat. loci) noch Gemeinplätze, d. h. bestimmte Argumente selbst in ihrer sprachlichen Gestaltung. Als ein solcher Gemeinplatz (griech. topos koinos, lat. locus communis) kann T. daher auch ein literarisches Motiv, ein soziales Klischee bezeichnen. Die Lehre von den Topoi, ihre Systematisierung oder Katalogisierung, heißt ↗Topik. **Lit.:** M. L. Baeumer (Hg.): Toposforschung. Darmstadt 1973. – L. Bornscheuer: Topik. Frankfurt 1976. – D. Breuer/H. Schanze (Hg.): Topik. München 1981. – R. Bubner: Dialektik als Topik. Frankfurt 1990. BKO

**Totalität,** bereits in Kants *Kritik der reinen Vernunft* auftauchender Begriff, der auf das Vermögen der Vernunft abzielte, um dem Verstand die Richtung auf höchste Einheit vorzuschreiben. Karriere hat der Begriff dann in Hegels Philosophie gemacht, etwa in der berühmten Bestimmung (*Phänomenologie*), wonach das Wahre das Ganze sei, das die Philosophie auf den spekulativen Begriff bringe. In den verschiedenen Hegelschulen (Rosenkranz auf der rechten, Ruge und Marx/Engels auf der linken Seite) hat die T. anhaltend Konjunktur und bezeichnet die systematische Erfassung dessen, was an der Zeit ist bzw. worin das Wesen von Geschichte u. Gesellschaft allererst zusammenläuft (z. B. Arbeit u. Bedürfnisbefriedigung; vgl. MEW Bd.3). Insbesondere der Neomarxismus begreift unter Rückgriff auf Hegel bzw. auf einen anthropologisch (Marcuse) oder ontologisch (Lukács) gewendeten Marx anhand der Totalität die Bewegungsgesetze u. den Prozeßcharakter der gesellschaftlichen Realität. Selbst noch die »Negative Dialektik« der Frankfurter Schule bezieht sich kritisch auf den Totalitätsbegriff, wenn sie – mit Adorno – das Ganze als das ganz Falsche diskreditiert, um dagegen die Utopie des Ästhetischen einzuklagen. **Lit.:** P. Anderson: Über den westlichen Marxismus. Frankfurt 1978. – P. Grim: The Incomplete Universe. Cambridge/Mass. u. London 1991. – S. Rücker: Totalität bei G. Lukács und in nachfolgenden Diskussionen. Münster 1975. – A. Tosel: Totalität. In: Kritisches Wörterbuch des Marxismus. Hg. v. G. Labica. Hamburg 1988. Bd. 7. S. 1310 ff. WJ

**Totemismus.** Der religionswissenschaftliche Begriff bezeichnet die in verschiedenen Formen auftretenden spezifischen Bindungen von Verwandtschaftsgruppen oder Individuen zu Tieren, Pflanzen, seltener zu Naturerscheinungen oder Orten, als Totems, aus denen sich eine Reihe von Vorschriften und Riten ergeben. Je nachdem, ob sich eine Gruppe oder ein einzelner einem Totem zugehörig fühlen, unterscheidet man Gruppen- und Individualtotemismus, sowie Geschlechtstotemismus (Frauen und Männer haben je ein eigenes Totem), wobei Mischformen vorkommen können. Kennzeichen des T. sind eine emotionale, mystische und mythische Beziehung zu dem Totem, das als Schutzgeist oder auch Ahnherr gedacht werden kann und mit dem sich die Gruppe/das Individuum identifiziert. In der Regel bestehen Tabu-Vorschriften in bezug auf das Totem (Eß- und Tötungsverbot), sowie ein Heiratsverbot innerhalb der gleichen Totemgruppe. Die deutliche soziale Funktion des T. – Gliederung des Stammes nach Totemgruppen, denen zum Teil spezifische Aufgaben zukommen, Identifikation der Gruppe mit dem Totemnamen/-emblem, Exogamie-Vorschriften – lassen Zweifel aufkommen, ob es sich beim T. um eine eigene religiöse Erscheinung handelt und nicht vielmehr die darin auftretende Ahnen- und Tierverehrung bzw. der Geisterglaube die religiösen Elemente darstellen. E. Durkheim (*Les formes élémentaires de la vie religieuse*, 1912) konnte den T. so für seine These vom gesellschaftlichen Ursprung der Religion dienstbar machen. Lévi-Strauss hält den T. als Religionsform für ein Konstrukt, vielmehr handele es sich dabei um ein besonderes Klassifikationssystem, mit dem das »wilde Denken« die sozialen Verhältnisse in Analogie zur natürlichen Welt (Tiere und Pflanzen) differenziert und ordnet. **Lit.:** E. Durkheim: Die elementaren Formen des religiösen Lebens. Frankfurt 1994. – J. G. Frazer: Totemism and Exogamy. London 1910. – J. Haekel: Der heutige Stand des Totemismusproblems. In: Mitteilungen der Anthropologischen Gesellschaft in Wien 82 (1953). S. 33–49. – C. Lévi-Strauss: Das Ende des Totemismus. Frankfurt 1965. – Ders.: Das wilde Denken. Frankfurt 1968. – H. Nevermann u. a.: Die Religionen der Südsee und Australiens. Stuttgart 1968. – B. Spencer/F. J. Gillen: The Native Tribes of Central Australia. London 1899. FPB

**Tragisch,** Komplementärbegriff zu ↗»komisch«, wie »Tragödie« zu »Komödie«. Als t. wird allgemein die Unausweichlichkeit eines unverschuldet erlittenen schweren Schicksals empfunden. Wie das Komische mit der Empfindung der Heiterkeit verbunden ist, ist das T.e mit dem existentiellen Gefühl der Trauer oder Melancholie gepaart und entspringt der Erfahrung des Leids. In der künstlerischen Darstellung des Leidens (etwa in der Tragödie) drückt sich dementsprechend eine existentielle Grundhaltung aus, die das menschliche Leben eher als schwere Aufgabe und Last denn als Vergnügen und Quelle fortgesetzter Freude auffaßt. Der Zweideutigkeit menschlicher Existenz entspricht es, daß dennoch auch Mischformen des T.en und Komischen denkbar sind und in der Kunst wie im Leben realisiert werden, dann etwa, wenn einem eher traurigen Schicksal doch auch etwa Heiteres anhängt, weil das schwere Schicksal sich etwa böser eigener Absicht verdankt (z. B. die gerechte, wenngleich harte Bestrafung eines Übeltäters durch das Schicksal). Diese Form des Tragisch-Komischen bezeichnet man auch als t.e Ironie oder Ironie des Schicksals, und zwar insbesondere dann, wenn das schwere Schicksal gerade dadurch befördert wurde, daß die Person methodisch bemüht war, alles Bedrohliche von sich selbst fernzuhalten. – In der Ethik besteht ein t.er Konflikt im Widerstreit zweier gleichrangiger Werte in einer bestimmten Entscheidungssituation, so daß der Handelnde nicht einen Wert verwirklichen kann, ohne den anderen zu zerstören und daher in jedem Fall schuldig wird. **Lit.:** K. Jaspers: Über das Tragische. München [2]1954. – W. Kaufmann: Tragedy and Philosophy. Princeton 1969. – M. Scheler: Zum Phänomen des Tragischen (1915). In: Ges. Werke Bd. 3. Bern 1955. – F. Schiller: Über die tragische Kunst (1792). – S. Söring: Tragödie. Notwendigkeit und Zufall im Spannungsfeld tragischer Prozesse. Stuttgart 1983. – K. P. Szondi: Versuch über das Tragische. Frankfurt 1961. RL

**Transformationsregel** ↗Formationsregel

**Transitiv.** Eine Relation heißt dann transitiv, wenn je zwei Gegenstände, die mit einem dritten in der Relation R stehen, auch unter sich in dieser Relation R stehen. Z. B. x ist größer als y, y ist größer als z, dann ist x auch größer als z. Intransitiv ist eine Relation dann, wenn eine solche Transitivität nie gilt wie z. B. in »x ist Vater von y«. Non-transitiv ist eine Relation dann, wenn es der Fall ist, daß transitive Relationen mindestens in einem Fall intransitiv sind. PP

**Transsubjektivität** (auch Prinzip der T.), eine von Lorenzen und Schwemmer eingeführte Bezeichnung für das Vernunftprinzip der praktischen ↗Beratung. Es besagt, daß die aufgrund von miteinander unverträglichen Handlungen oder Zwecken in eine Konfliktsituation geratenen Beratenden zum Zweck einer gemeinsamen Zwecksetzung von ihren bloß subjektiven Meinungen und Zwecksetzungen Abstand nehmen sollen, d.i. die Subjektivität transzendieren sollen. **Lit.:** P. Lorenzen/O. Schwemmer: Konstruktive Logik, Ethik und Wissenschaftstheorie. Mannheim 1973. S. 117 ff. PP

**Transzendental, Transzendentalphilosophie,** Bezeichnung für die von Kant ausgehende philosophische Richtung. Im Unterschied zu transzendent bezieht sich t. nicht auf Seiendes jenseits des Empirischen, sondern auf die Bedingungen, die erfüllt sein müssen, damit Erkenntnis von Seiendem – welcher Art auch immer – möglich ist (*KrV* A 11–12/B 25). Diejenige Reflexion ist t., welche die notwendigen, durch das Subjekt a priori erfüllten Bedingungen für etwas angibt. Indem Kant vor eine gegenstandsbezogene Philosophie eine Reflexion auf die Bedingungen der Möglichkeit für Erkenntnis bzw. Erfahrung setzt, vollzieht er seines Erachtens eine ↗kopernikanische Wende in der Philosophie. Seine Theorie wird aus diesem Grund auch als ↗Kritizismus sowie als transzendentaler Idealismus bezeichnet. Erfahrung ist dabei nach Kant gesetzmäßig strukturiert; die Gesetze basieren auf synthetischen Urteilen, die a priori gültig sind.

Oberste Bedingung für Erfahrung in diesem Sinne ist nach Kant die t.e Einheit der ↗Apperzeption (des Selbstbewußtseins); alle Bewußtseinsgehalte müssen auf diese bezogen werden können (*KrV* B 131–32). Von dieser ursprünglichen Einheit des Selbstbewußtseins sind auch die ↗Anschauungsformen Raum und Zeit abhängig (*KrV*, Anm. zu B 161); diese sind die notwendige Bedingung dafür, daß Sinnesdaten gegeben werden können. Von der Beschreibung der t.en Einheit der Apperzeption aus versucht Kant, ↗Kategorien und Grundsätze zu deduzieren (wie den Satz der Erhaltung der Substanz und das Prinzip der Kausalität). Die Kategorien und Grundsätze sind die notwendigen Bedingungen dafür, Sinnesdaten auf objektiv gültige Urteile über Gegenstände hin überschreiten zu können. Damit sind sie nach Kant zugleich die Konstitutionsbedingungen für die Gegenstände der Erfahrung (*KrV* A 158/B197). In seiner praktischen Philosophie geht Kant analog vor: Vor inhaltlichen Aussagen über das, was gut ist, steht die Reflexion auf die Bedingungen der Möglichkeit für gutes Handeln; diese Bedingungen sind nach ihm ↗Willensfreiheit und das Sittengesetz (*KpV* Akad.-Ausg. V, 62–63). – Kants T. wird von Fichte dahingehend radikalisiert, daß das erkennende Subjekt sich selbst setzt und die Gegenstände seiner Erkenntnis auch ihrem Sein nach hervorbringt. Nach dem ↗Dt. Idealismus erreicht die T. in Husserls ↗Phänomenologie und im ↗Neukantianismus zu Beginn des 20. Jh. einen neuen Höhepunkt. Wichtige Vertreter einer an Kant orientierten T. sind nach dem 2. Weltkrieg in Deutschland W. Cramer, H. Wagner, D. Henrich und G. Prauss. – K.-O. Apel und im Anschluß an ihn W. Kuhlmann entwickeln eine Transformation der T., die den linguistic turn der Philosophie zu Beginn dieses Jahrhunderts aufnimmt (↗Transzendentalpragmatik). Zentral für diesen Ansatz ist die Diskussion um t.e Argumente. Das sind Argumente, die anzugeben beanspruchen, was der Fall sein muß, damit etwas, das nur schwer bestritten werden kann, der Fall sein kann. Die stärksten t.en Argumente sind strikt reflexiv: Sie sollen Bedingungen der Möglichkeit dafür angeben, überhaupt etwas bestreiten oder bezweifeln zu können. Die Grundfigur eines solchen Arguments ist Descartes' »cogito, ergo sum« (↗Cartesianismus). **Lit.:** K.-O. Apel: Transformation der Philosophie. 2 Bde. Frankfurt 1973. – W. Cramer: Grundlegung einer Theorie des Geistes. Frankfurt [3]1975. – D. Henrich: Selbstbewußtsein. Kritische Einleitung in eine Theorie. In: R. Bubner/K. Cramer/R. Wiehl (Hg.): Hermeneutik und Dialektik. Bd. 1. Tübingen 1970. S. 257–284. – W. Kuhlmann: Reflexive Letztbegründung. Freiburg/München 1985. – M. Niquet: Transzendentale Argumente. Frankfurt 1991. – G. Prauss: Die Welt und wir. Bd. I/1 u. 2. Stuttgart 1990 ff. – H. Wagner: Philosophie und Reflexion. München/Basel 1959. ME

**Transzendental-semiotischer Ansatz.** Apel bezeichnet damit eine erkenntnistheoretische Position, die zum einen davon ausgeht, daß menschliche Erkenntnis immer schon sprachvermittelt ist, und zum anderen die Bedingungen der Sprachvermittlung mit Hilfe von Peirces Zeichentheorie expliziert. Von Peirce wird die Zeichenfunktion als eine nicht weiter reduzierbare dreistellige Relation dargestellt: (1) für die Zeichen-Funktion ist ein zu bezeichnendes Reales und die Existenz von Zeichen-Interpreten vorausgesetzt; (2) das interpretierende Erkenntnissubjekt kann nur gedacht werden unter der Voraussetzung realer Zeichen (die auch einen materialen Aspekt haben) und der zu bezeichnenden Realität; (3) das Reale selbst kann von uns als das Reale nicht gedacht werden, ohne daß seine Interpretierbarkeit vermittels Zeichen bzw. Sprache vorausgesetzt ist. Die Dreistelligkeit der Zeichen-Relation zeigt sich darin, daß ein Zeichen (1. Aspekt) für einen Interpreten (2. Aspekt) etwas (in einer bestimmten Hinsicht) bedeutet (3. Aspekt). **Lit.:** K.-O. Apel: Zur Idee einer Transzendentalpragmatik. In: J. Simon (Hg.): Sprachphilosophische Aspekte der neueren Philosophiegeschichte. Freiburg/München 1974. S. 285 ff. PP

**Transzendentale Argumente.** Um den Status und die Reichweite t.r A. ist seit dem Erscheinen von Strawsons *Individuals: An Essay in Descriptive Metaphysics* eine heftige Diskussion geführt worden. Mit diesen Argumenten verbindet sich im Rahmen der zeitgenössischen Sprachphilosophie der Versuch, trotz Verzicht auf eine transzendentale Deduktion, d.h. auf einen Beweis für die objektive Geltung unserer Begriffe von Gegenständen möglicher Erfahrung und der damit verbundenen Einschränkung herkömmlicher Begründungsansprüche, Kants Verfahren der transzendentalen Reflexion mit sprachphilosophischen Mitteln zu reformulieren. Und zwar dergestalt, daß die quidjuris-Frage aus der *Kritik der reinen Vernunft* und das damit verbundene Rechtsverfahren der »freien und öffentlichen« Prüfung so umformuliert wird, daß Objektivitäts- und ↗Geltungsansprüche weiter erhoben werden können, ohne daß diese Ansprüche an eine transzendentale ↗Deduktion und damit an eine transzendentale ↗Apperzeption zurückgebunden werden, die ja bei Kant als unableitbare Leistung einer ursprünglich angesetzten Synthesis angesehen werden muß.

Innerhalb der analytischen Kant-Rezeption, die am Anfangspunkt der Diskussion um die t.n A. steht, hat Strawson mit einer kritischen Erneuerung und partiellen Rekonstruktion Kantischer Problemstellungen Position bezogen, indem er unter Verwendung sprachanalytischer Mittel die Grundzüge jener Begriffsschemata aufzuklären suchte, die wir immer schon voraussetzen müssen, weil wir zu ihnen keine Alternative haben. Das Ziel besteht darin, mittels einer transzendental-semantischen Untersuchung der ↗Präsuppositionen von Erfahrungsurteilen (Strawson) bzw. mittels einer transzendental- bzw. universalpragmatischen Untersuchung von Argumentationsvoraussetzungen (Apel, Habermas) ein unserer Erfahrung zugrunde liegendes Begriffssystem bzw. die Bedingungen und Regeln der ↗Argumentation durch den Nachweis ihrer Alternativ-

losigkeit als notwendig und als unhintergehbar auszuzeichnen.
Die Pointe dieses Verfahrens besteht dabei in folgendem Nachweis: Wenn das, was bestritten wird, im Bestreiten schon präsupponiert werden muß, dann haben diese Präsuppositionen – je nach Stärke der mit diesem Verfahren verbundenen Ansprüche – einen transzendentalen bzw. einen quasi transzendentalen Status, da sie pragmatisch für den Bestreitenden unhintergehbar und alternativlos sind. Auch der Skeptiker muß diese nicht-hintergehbaren Regeln und Präsuppositionen als gültig akzeptieren, da er sie nicht bestreiten kann, ohne sich in einen performativen Selbstwiderspruch zu verwickeln. Wie leicht ersichtlich, sind t. A. antiskeptische Argumente. Jedoch im Unterschied zu Descartes Widerlegung des Zweiflers, wie er sie in den *Meditationen* durchgeführt hat, oder im Unterschied zu Kants Widerlegung des Skeptikers durch ein apriorisches Nachweisverfahren haben wir es hier nicht mehr mit einer Begründung letzter Prinzipien mittels Deduktion zu tun, sondern mit einem durch transzendentale Argumente erbrachten Nachweis (oder Aufweis) der Unausweichlichkeit von Präsuppositionen bestimmter Begriffsschemata (Strawson) bzw. bestimmter ↗Diskurse (Apel, Habermas).
Kants Fragestellung nach den Bedingungen der Möglichkeit von Erkenntnis, die zugleich die Frage nach den Bedingungen der Möglichkeit der Erkenntnisgegenstände ist, wird die Frage nach den Bedingungen der Möglichkeit sprachlicher Verständigung vorgeschaltet, so daß an die Stelle der transzendentalphilosophischen Reflexion auf die von Kant als obersten Bezugspunkt gedachte nicht-hintergehbare Einheit des Gegenstandsbewußtseins und des ↗Selbstbewußtseins, d. h. der transzendentalen Einheit der Subjekt-Objekt-Beziehung, die Reflexion auf die Subjekt-Subjekt-Relation der sprachlichen Kommunikation tritt. Mit dieser Vorschaltung der Frage nach den Bedingungen der Möglichkeit sprachlicher Verständigung wird nicht nur der methodische ↗Solipsismus der Erkenntnistheorie überwunden, der mit der Voraussetzung steht und fällt, daß ein empirisches (Hume, Locke) bzw. ein transzendentales Subjekt (Kant, Husserl) zu gültigen Erkenntnissen gelangen kann, ohne sprachliche Bedeutungen mit anderen Ko-Subjekten teilen zu müssen; mit dieser Vorschaltung der Frage nach den Bedingungen der Möglichkeit sprachlicher Verständigung ist gleichzeitig eine sprach- und sinnkritische Transformation der Philosophie verbunden, die von den dualistischen Hintergrundannahmen der Kantischen Metaphysik befreit.
Das Subjekt jener Vernunftleistungen, welche einst die Transzendentalphilosophie in ihren Leistungen und in ihren Grenzen aufzuklären gedachte, kann sinnvoll nur als Gemeinschaft von Kommunizierenden rekonstruiert werden. Durch diese kommunikationstheoretische Transformation des Kantischen Vernunftbegriffs wird die sprachliche Kommunikation in ihrer semantischen, syntaktischen und pragmatischen Dimension zum Medium der transzendentalen Reflexion. Mit der Ansetzung der Sprache als Thema und als Medium der transzendentalen Reflexion verschiebt sich das Begründungsproblem. An die Stelle der Begründung als Ableitung aus etwas tritt eine »strikte Reflexion auf das eigene Argumentieren und seine Präsuppositionen«, eine Reflexion, die jene Ansprüche unter Geltung stellt, die keiner weiteren Begründung aus etwas anderem bedürfen, weil man sie nicht verstehen kann, ohne gleichzeitig zu wissen, daß sie wahr sind und demzufolge auch nicht ohne performativen Selbstwiderspruch bestreitbar sind: »Etwas, das ich nicht, ohne einen aktuellen Selbstwiderspruch zu begehen, bestreiten und zugleich nicht ohne formallogische petitio principii deduktiv begründen kann, gehört zu jenen transzendentalpragmatischen Voraussetzungen der Argumentation, die man immer schon anerkannt haben muß, wenn das Sprachspiel der Argumentation seinen Sinn behalten soll« (Apel, 1976, S. 72 f.).
T. A. sind also Präsuppositionsargumente. Als Präsuppositionen bezeichnen wir in theoretischen Diskursen jene Voraussetzungen, deren Gegebenheit darüber entscheidet, ob bestimmte Behauptungen wahrheitsfähig sind oder als moralisch richtig resp. falsch qualifiziert werden können. Ob die Behauptung »Schnee ist weiß« wahr ist, hängt davon ab, ob Schnee tatsächlich weiß ist und nicht etwa grün. Klarerweise handelt es sich hierbei jedoch um kein t.s A. Zwar werden auch hier Voraussetzungen präsupponiert, diese haben jedoch keinen transzendentalen Status. Präsuppositionsargumente mit einem transzendentalen Status beziehen sich weder auf Dinge und Ereignisse noch auf die Konstitutionsleistungen eines transzendentalen Subjekts im Sinne Kants (wenngleich auch Kant dieses präsupponieren muß, soll die Frage nach den Bedingungen der Möglichkeit der Erfahrung überhaupt einen Sinn haben), sondern auf das Faktum einer »pragmatic self refutation«. T. A. involvieren eine Ebene, die sich der logisch-semantischen Analyse sperrt und pragmatisch erschlossen werden muß: Sie präsupponieren Handlungen, genauer Sprachhandlungen. Zur transzendentalen Verwendung des Präsuppositionsarguments gehört es, daß eine Handlung, also auch das Sagen eines Satzes, die Bedingungen der Möglichkeit ihres Tuns präsupponiert. Insofern man mit dem Vorbringen einer Behauptung zugleich eine Handlung vollzieht, muß der Inhalt dieser Behauptung mit der durch sie vollzogenen Handlung verträglich sein, da andernfalls der Vorwurf der »pragmatischen Inkonsistenz« nach dem Muster erhoben werden kann: »Wenn p wahr wäre, dann kannst du nicht sinnvoll behaupten, daß p.«
Für das Verfahren transzendentaler Argumentation wird damit jene selbstexplikative Leistung der Sprache genutzt, die auf der performativ-propositionalen Doppelstruktur aller Sprechakte beruht, so daß Geltungsansprüche nicht nur vorgetragen, sondern auch reflektiert werden. Zu beachten ist jedoch, daß das Prinzip vom zu vermeidenden performativen Selbstwider-

spruch, mit dem die durch t. A. unter Geltung gestellten Präsuppositionen aufgewiesen werden, kein Generationsprinzip inhaltlicher Kriterien, Normen, Theorien oder Methoden darstellt, sondern ein Verfahrensprinzip für theoretische und praktische Diskurse. Die Besonderheit t.r A. besteht also nicht mehr im Nachweis einer unerschütterlichen Grundlage, die sich einem apriorischen Nachweisverfahren verdankt, sondern in dem Nachweis der Alternativlosigkeit von Präsuppositionen. Dieser Nachweis, oder besser, diese Aufweisung notwendiger und nicht-hintergehbarer Präsuppositionen ist empirisch nicht zu führen. Die Strategie transzendentaler Argumentation ist also darin zu sehen, »durch den Nachweis der Alternativlosigkeit das vorhandene Wissen auch als legitimes Wissen auszuzeichnen« (Bubner, 1984, S. 70). Unterstellt, der Nachweis gelingt, daß entweder vorhandene Alternativen kein wirkliches Wissen erbringen, oder aber daß vermeintliche Alternativen keine wirklichen Alternativen darstellen, da sie Teile des bestrittenen Alternativvorschlags in Anspruch nehmen, dann muß dieses Wissen als legitimes Wissen gelten.
Kontrovers ist in diesem Zusammenhang, ob die Reichweite t.r A. auch noch die Möglichkeit des Nachdenkens über Alternativen selbst betreffen und ob die vermittels Argumentation aufgewiesene Basis eine Basis absoluter Unbezweifelbarkeit ist, eine Basis, die als systematische Grundlage der Erkenntnis und gleichzeitig als Kriterium ihrer Prüfung gelten kann. Kann mittels t.r A. gezeigt werden, daß diese Argumente ein »Reden ohne Alternativen« erzwingen, da sie auf Grund ihrer Selbstbezüglichkeit den Regreß in die Metaebenen verbauen und den Fallibilismus für diesen Bereich als unzuständig erklären, dann ist die dargelegte Alternativlosigkeit nicht nur als historisch-faktische und damit als fakultative aufzufassen, sondern als logisch-notwendige und damit als prinzipielle. – Genau gegen diesen Nachweis einer prinzipiellen Alternativlosigkeit hat Rorty eingewendet, daß mittels t.r A. weder der Regreß in die Metaebenen gestoppt werden kann, noch daß der Fallibilismus (↗Fallibilismusvorbehalt) für diesen Bereich als unzuständig erklärbar ist. Mit derartigen Beweisprozeduren ist Rorty zufolge bloß eine faktische Alternativlosigkeit demonstrierbar, wohingegen es dem Transzendentalpragmatiker (Apel, Böhler, Kuhlmann) um den Nachweis einer prinzipiellen Alternativlosigkeit gehen muß, soll auch noch das Nachdenken über Alternativen dem Zuständigkeitsbereich transzendentaler Reflexion überantwortet werden. Aus der Tatsache, daß wir uns hier und jetzt keine Alternativen zu bestimmten Argumentationsstandards bzw. zu Präsuppositionen der Argumentation denken können, folgt für Rorty nicht, daß es auch tatsächlich keine gibt. T.A. sind für Rorty ↗ad hominem Argumente, d.h. Argumente ohne positive Kapazität. Da diese Argumente Rorty nicht geeignet scheinen, einen positiven Nachweis der Exklusivität eines bestimmten Begriffsschemas im Sinn von Strawson bzw. von Bedingungen und Regeln der Argumentation im Sinn von Apel und Habermas zu erbringen, können sie auch nicht über den negativen Nachweis des parasitären Charakters skeptischer Argumente hinausführen. – Rorty bestreitet, daß die Bedingungen der Möglichkeit der Beschreibung von argumentativ nicht-hintergehbaren Präsuppositionen der Argumentation regreßfrei beschreibbar sind, da eine solche »Möglichkeit der Beschreibbarkeit das selbstbezügliche Problem ihrer eigenen Möglichkeit aufwirft« (Rorty, 1991, S. 75). Allein im immanent-semantischen Nachweis des parasitären Charakters der Skepsis sieht Rorty im Anschluß an Stroud eine gewisse Restkapazität t.r A., wobei es in diesem Zusammenhang einerlei sein soll, ob diese Widerlegung in Form von Kants Widerlegung des Idealismus, von Wittgensteins Privatsprachenargument oder dem Objektivitätsargument von Strawson geführt wird. Will man dieses Argument nun trotzdem für ein t.s A. halten, dann wäre es ein Argument über Implikationsbeziehungen zwischen Sprachspielen, Elementen von Sprachspielen und Wortverwendungsregeln, wobei dann derartige Argumente kaum noch vor einem Abgleiten ins hoffnungslos Triviale zu retten wären. **Lit.:**
K.-O. Apel: Sprache als Thema und Medium der transzendentalen Reflexion. In: Transformation der Philosophie. Bd. 2. Frankfurt 1988. – Ders.: Das Problem der philosophischen Letztbegründung im Lichte einer transzendentalen Sprachpragmatik. In: B. Kanitscheider (Hg.): Sprache und Erkenntnis. Innsbruck 1976. – P. Bieri/R.-P. Horstmann/L. Krüger (Hg.): Transcendental Arguments and Science. Dordrecht 1974. – R. Bubner: Selbstbezüglichkeit als Struktur transzendentaler Argumente. In: E. Schaper/W. Vossenkuhl (Hg.): Bedingungen der Möglichkeit. ›Transcendental Arguments‹ und transzendentales Denken. Stuttgart 1984. – M. Niquet: Transzendentale Argumente. Kant, Strawson und die sinnkritische Aporetik der Detranszendentalisierung. Frankfurt 1991. – E. Schaper/W. Vossenkuhl (Hg.): Bedingungen der Möglichkeit. ›Transcendental Arguments‹ und transzendentales Denken. Stuttgart 1984. – R. Rorty: Transcendental Arguments, Self-Reference and Pragmatism. In: P. Bieri/R.-P. Horstmann/L. Krüger (Hg.) (s.o.). – Ders.: Wittgenstein, Heidegger und die Hypostasierung der Sprache. In: »Der Löwe spricht... und wir können ihn nicht verstehen«. Frankfurt 1991. – U. Tietz: Transzendentale Argumente versus Conceptual Scheme. Bemerkungen zum Begründungsstreit zwischen Universalisten und Kontextualisten. In: Deutsche Zeitschrift für Philosophie 8 (1992). S. 916–936. UT

**Transzendentale Ästhetik**, bei Kant im Zusammenhang der *Kritik der reinen Vernunft* die Lehre von der Sinnlichkeit (aisthesis: Wahrnehmung, Anschauung) und ihren reinen Formen, ↗Raum und ↗Zeit, als Formen der »Rezeptivität des Gemüths« im Hinblick auf deren Funktion als formale Bedingung der Möglichkeit (»transzendentale Bedingung«) von empirischer Erkenntnis überhaupt sowie von deren Gegenständen. Die Tr.Ä. ist Teil der Transzendentalen Elementarlehre der *Kritik der reinen Vernunft* und enthält die Grundlagen für die Einführung der kritischen Unterscheidung von ↗Ding an sich und ↗Erscheinung. Gegenstand einer objektiv gültigen empirischen Erkenntnis kann für Vernunftwesen wie Menschen nur das sein, was sich zeitlich datieren und/oder räumlich lokalisieren läßt. Als solches, z.B. als Gegenstand empirischer Alltags- oder wissenschaftlicher Erkenntnis, unterliegt es notwendig den subjektiven Bedingungen der »reinen Formen einer möglichen Anschauung« – Zeit und Raum –, denn nur unter diesen Bedingungen kann uns etwas als Gegenstand empirisch gültiger Erkenntnis »gegeben« werden. Eine Erkenntnis, wie Gegenstände unabhängig von dieser Bedingung beschaffen sein mögen, ist für Vernunftwesen wie Menschen keine mögliche Erkenntnis. – Als apriorisches Konstrukt eines philosophischen Systementwurfs steht die Tr. Ä. in spannungsreicher Beziehung zu grundlegenden Ergebnissen des wissenschaftlichen Erkenntnisfortschritts (nicht-euklidische Geometrien, ↗Relativitätstheorie, ↗Quantenmechanik). Im Umkreis der ↗Protophysik sind Reformulierungsversuche – »Protophysik von Raum und Zeit« – unternommen worden; erfahrungstheoretische Ansätze aus dem Bereich der Analytischen Philosophie haben zu »nüchternen« Modellen des Verhältnisses von Begriff und Anschauung, raumzeitlichen Einzeldingen und Erkenntnis geführt. **Lit.:** G. Böhme (Hg.): Protophysik. Frankfurt 1976. – J. Ebbinghaus: Kants Lehre von der Anschauung a priori. In: G. Prauss (Hg.): Kant. Köln 1973. S. 44–61. – I. Kant: Kritik der reinen Vernunft (Akad.-Ausg. Bd. III). – P.F. Strawson: Individuals. London 1959 (dt.: Einzelding und logisches Subjekt. Stuttgart 1972). – Ders.: The Bounds of Sense. London 1966 (dt.: Die Grenzen des Sinns. Frankfurt 1992). MN

**Transzendentalien.** Als Thema bereits in Ansätzen bei Platon, Aristoteles, Plotin, Augustinus, Dionysios vorgeformt, wird die eigentliche Lehre von den T. erst im Mittelalter systematisch entfaltet. Man kennt hier eine Fünfzahl von T.: res, unum, aliquid, verum, bonum (vgl. Thomas v. Aquin: *De Veritate* I.1). Bekannter ist jedoch die, vermutlich zuerst bei Philippus Cancellarius in der *Summa de Bono* (1231), später auch bei Thomas v. Aquin anzutreffende Dreizahl unum (das Eine), verum (das Wahre), bonum (das Gute), denen später auch noch das pulchrum (das Schöne) – obwohl dies weniger konsensfähig ist – hinzugefügt wurde. Über F. Suarez gelangt die Transzendentalienlehre in die rationalistische Metaphysik des 17. und 18. Jh., etwa bei Chr. Wolff. T. sind »proprietates transcendentales entis«, also solche Seinsgehalte, die alle Gattungen übersteigen (transzendieren) und als Grundeigenschaften oder als Selbstauslegungen des ↗Seins mit diesem konvertibel sind (ens et unum convertuntur usw.). Die T. drücken insofern Seinsweisen aus, die durch das Wort Sein nicht zum Vorschein kommen, ohne deswegen bloße Synonyma zu sein. Sie unterscheiden sich voneinander, je nachdem sie im Hinblick auf das Sein selbst (res, unum) oder im Hinblick auf anderes Seiendes (aliquid) bzw. den menschlichen Geist (verum, bonum) gesehen werden. **Lit.:** E. Coreth: Metaphysik. Innsbruck [2]1964. S. 323ff. – L. Lachance: L'être et ses propriétés. Montréal 1950. – G. Schulemann: Die Lehre von den Transzendentalien in der scholastischen Philosophie. München 1929. RTH

**Transzendentalpragmatik,** von Apel entwickelter Ansatz zur Ethikbegründung, der mit dem doppelten Anspruch auftritt, sowohl bestimmte Grundnormen als unbedingt gültig wie auch als notwendig verbindlich für jeden auszuweisen. Den Ausgangspunkt der Problemstellung charakterisiert Apel als Paradoxie, denn einerseits besteht angesichts der technologischen Konsequenzen der Wissenschaft ein Bedürfnis nach einer universalen Ethik. Die Menschen sind vor die Aufgabe gestellt, die solidarische Verantwortung für die Auswirkungen ihrer Handlungen auf das Schicksal der Menschheit insgesamt zu übernehmen. Eine solche Verantwortung müßte durch die intersubjektive Geltung der Normen begründet sein. Die andere Seite der »Paradoxie« stellt die Diskrepanz zwischen wissenschaftlicher Rationalität und Begründungsanspruch der Ethik dar. Im Anschluß an das Sinnkriterium des ↗Logischen Empirismus wird die Möglichkeit intersubjektiver Geltung von Argumenten auf den Bereich der logisch-mathematischen Formalwissenschaften oder den Bereich der empirischen Realwissenschaften eingeschränkt. Moralische Normen oder Werturteile werden dadurch in den Bereich unverbindlicher Subjektivität verwiesen. Die Paradoxie besteht in der Diskrepanz zwischen Erfordernis und Möglichkeit. Die T. von Apel versucht dem drohenden Relativismus mit Hilfe einer spezifischen Argumentation zu begegnen. Die logische Struktur seiner Überlegung läßt sich folgendermaßen rekonstruieren: (1) Wie ist eine Begründung für Normen denkbar, die jedermann verpflichten? (2) Wie können letztgültige Normen gerechtfertigt werden? Es gilt zunächst solche Normen zu identifizieren, um anschließend den Charakter der Letztgültigkeit einsichtig zu machen. Letztgültigkeit besagt, daß sie allgemein und notwendig anerkannt werden müssen und keiner weiteren Begründung mehr bedürfen. Eine weitere Begründung erübrigt sich dann, wenn eine Norm deshalb als schlechthin notwendig anerkannt werden muß, weil sie eine notwendige Voraussetzung für etwas darstellt, das für keine Person hintergehbar ist. Hintergehbarkeit wäre gegeben, wenn der einzelne darüber entscheiden könnte, ob er an einem Geschehen bzw. an einer Interaktion teilnehmen will oder einem solchen zustimmen will (oder nicht). Für den Nachweis der Nicht-Hintergehbarkeit ist es deshalb erforderlich aufzuzeigen, daß jede Person immer schon an einer bestimmten Interaktion teilnimmt, und für den Nachweis der notwendigen Anerkennung einer Grundnorm, daß diese (bzw. deren Einhaltung) die notwendige Voraussetzung (d.i. die Bedingung der Möglichkeit) für diese Interaktion darstellt.

Der erste Schritt der Antwort besteht in der Feststellung, daß wir uns immer schon in einer Kommunikationsgemeinschaft bewegen. Dieser pragmatische Kontext zeichnet sich dadurch aus, daß Personen sich durch Sprechhandlungen verständigen. Diese Sprechhandlungen zeichnen sich durch eine gewisse Doppelstruktur aus: Mit jeder Aussage wird ein Aussageinhalt vermittelt und gleichzeitig eine personale Beziehung eingegangen, indem der Sprecher seine Aussage immer mit bestimmten ↗Geltungsansprüchen versieht. Die Geltungsansprüche der Verständlichkeit, der Wahrheit, der Wahrhaftigkeit und der normativen Richtigkeit sind unabdingbar, soll eine Verständigung gelingen können. Mit jedem Geltungsanspruch ist ein Verständnis der Verbindlichkeit verbunden, diese bei Bedarf (d. h. bei Rückfrage oder Zweifel des Hörers) durch rationale Argumentation einzulösen. Jede rationale Argumentation setzt bestimmte Argumentationsregeln voraus. Daran knüpft Apel sein Argument der Letztbegründung, das besagt, daß jeder die Bedingungen sinnvollen Argumentierens implizit schon anerkannt haben muß und selbst derjenige, der bspw. bestimmte Aussagen oder Normen in Zweifel zieht, argumentieren muß und insofern auch diese Bedingungen akzeptiert haben muß. Apel kann mit Hilfe eines reflexiven Arguments eine erste Begründung abgeben: Was der sinnvoll Argumentierende notwendig in Anspruch nehmen und voraussetzen muß, stellt die Bedingung der Möglichkeit und Gültigkeit sinnvoller Argumentation dar. Dieses Argument stellt insofern eine Letztbegründung dar, als nicht endlose Begründungsschritte oder eine Deduktion aus einem höheren Prinzip vollzogen werden, sondern der Verweis auf die Nichthintergehbarkeit und Nichtbezweifelbarkeit der Bedingungen sinnvoller Argumentation keiner weiteren Begründung mehr bedarf. In dieser reflexiv aufzudeckenden Argumentationsstruktur sind zugleich die Fundamente einer normativen ↗Ethik enthalten. Wenn wir immer schon als Argumentierende in einer Kommunikationsgemeinschaft stehen und Argumentation (aufgrund der Geltungsansprüche) eine Form der Kooperation ist, dann bedeutet das, daß wir immer schon Regeln der Interaktion anerkannt haben, die sich auf das Miteinander von handelnden Menschen beziehen. Wenn wir zudem diese Regeln nicht sinnvoll in Zweifel ziehen können, dann haben wir mit ihnen absolut verbindliche und verpflichtende Regeln anerkannt. Folgende Grundnormen benennt die T.: (1) sich rational argumentierend um die richtige Handlungsalternative zu bemühen, (2) alle praktischen Fragen konsensuell aufzulösen, so daß über alle Ansprüche ein vernünftiger Konsens hergestellt wird, dem sowohl jeder Beteiligte wie jeder Betroffene zustimmen können muß, (3) alle möglichen Ansprüche aller Mitglieder der Kommunikationsgemeinschaft, die durch vernünftige Argumente gerechtfertigt werden können, anzuerkennen und eigene durch Argumente zu rechtfertigen, (4) sich in allem Handeln daran zu orientieren, das Überleben der menschlichen Gattung (als der realen Kommunikationsgemeinschaft) sicherzustellen und die reale Kommunikationsgemeinschaft im Sinne des idealen Maßstabs der Argumentation zu verändern.

**Lit.:** K.-O. Apel: Das Apriori der Kommunikationsgemeinschaft und die Grundlagen der Ethik. In: Transformation der Philosophie. Bd. 2. Frankfurt 1973. S. 358 ff. – Ders.: Sprechakttheorie und transzendentale Sprachpragmatik zur Frage ethischer Normen. In: Ders. (Hg.): Sprachpragmatik und Philosophie. Frankfurt 1976. S. 10 ff. – W. Kuhlmann: Reflexive Letztbegründung. Freiburg/München 1985. – Ders. (Hg.): Kommunikation und Reflexion. Frankfurt 1982. PP

**Transzendenz** (lat. transcendere: hinübersteigen), meint allgemein das Überschreiten eines bestimmten Bereichs von Unterscheidungen, Vorstellungen oder Seinsweisen. *Erkenntnistheoretisch* besagt T. Bewußtseinsunabhängigkeit und bezeichnet einen Ort oder Zustand, der unabhängig vom erkennenden Bewußtsein existiert bzw. einem Sachverhalt zukommt, der als selbständiger jeden möglichen Erkenntnisakt übersteigt. T. meint weiterhin die grundlegende erkenntnistheoretische Differenz zwischen Innen- und Außenwelt. – Vor allem in Kants ↗Transzendentalphilosophie wird die Erfahrungstranszendenz bestimmter begrifflicher Spekulationen kritisch betont. Ein Begriff ist nach Kant transzendent, wenn er den Bereich möglicher Erfahrungen überschreitet und so einer kritischen Überprüfung oder Begründung durch die Erfahrung nicht mehr zugänglich ist. Demgegenüber verbleibt Kants Nachweis und Analyse der transzendentalen Erfahrungsbedingungen auf mögliche Erfahrung bezogen und zeigt, daß Erfahrungsgegenstände ↗Erscheinungen und nicht ↗Dinge an sich sind. – In der *logisch-ontologischen Spekulation* (↗Ontologie) der Scholastik bedeutet T. Überweltlichkeit. Höchste T. kommt Gott zu, der alles geschöpfliche Sein übersteigt, aber schon die Seele des Menschen ist transzendent, da sie kraft ihrer Geistigkeit die Welt auf Unendlichkeit hin zu übersteigen vermag. Transzendent sind die ↗Transzendentalien, die als allgemeinste Begriffe alle kategorialen Bestimmungen des Seienden auf das Sein hin übersteigen. – In der *Existenzphilosophie* meint T. bei Heidegger das Übersteigen des einzelnen Seienden auf Welt überhaupt und Sein hin. Jaspers versteht unter T. das Sein als das ↗Umgreifende, das zugleich die Sphäre des Göttlichen ist. **Lit.:** I. Kant: KrV. – A. Rosales: Transzendenz und Differenz. Den Haag 1970. – E. Simons: Transzendenz. In: Handbuch philosophischer Grundbegriffe. Bd. 6. München 1974. – F. Zimmermann: Einführung in die Existenzphilosophie. Darmstadt [3]1992. TH

**Traum.** Der T. wurde in der Antike weitgehend als göttlichen Ursprungs und in prophetischer Funktion gesehen. Platon bestimmt den T. als Ort des Ausdrucks der niederen vernunftlosen Seelenteile. Prophetische T.e haben daher keinen Wahrheitsgehalt im Sinne einer vernunftgeleiteten Erkenntnis (*Timaios*). Aristoteles definiert den T. als Seelenleben während des Schlafes und weist auf dessen Abhängigkeit von Wahrnehmungsinhalten hin, deren Eindrücke durch die im Schlaf ungehemmte Sinnestätigkeit bewegt werden

(*De insomnia*). Der Rationalismus nutzt die Begriffsopposition T.-Wirklichkeit methodisch für den Zweifel an der Wahrheit der Sinneserkenntnis (Descartes, *Meditationes*), indem die Hypothese aufgestellt wird, das Leben sei ein T. und das Wahrnehmen könne daher nicht vom Träumen unterschieden werden. – Als eigenständige Erkenntnisform gewinnt der T. erst in der Romantik Beachtung. Für Novalis vermittelt der T. eine Ahnung vom Göttlichen (*Lehrlinge zu Sais*). Mit Bezug auf die Antike wird der prophetische Inhalt der T.e als eine durch die Bilderwelt des T.es vermittelte Verbindung des Menschlichen zum Göttlichen gegenüber dem Denken aufgewertet (*Heinrich von Ofterdingen*). Im Gegensatz zum Rationalismus sieht die Romantik den T. als ergänzende Kraft zum denkenden Selbstbewußtsein und der bewußten Willenstätigkeit. Für Schopenhauer bietet die willens- und vorstellungsgeleitete Wirklichkeit kein sicheres Kriterium für die Abgrenzung vom T. Erst die Verneinung des Willens zum Leben konstituiert ein reines Subjekt der Erkenntnis, das sich vom Zustand des Träumens unterscheidet (*Die Welt als Wille und Vorstellung*). KG

**Triage** (frz. aussortieren, auswählen). In der Medizinethik werden unter diesem Begriff (zurückgehend auf Napoleons Militärarzt Jean Larrey) die Auswahl- und Verteilungsprobleme etwa bei der Behandlung auf dem Schlachtfeld Verwundeter, bei Katastrophen, Epidemien usw. erörtert. Der T.-Begriff bezieht sich auf Situationen der Knappheit lebenswichtiger Güter oder Behandlungen, die Auswahlentscheidungen erzwingen, von denen Leben und Tod der Betroffenen abhängen. Beispiele aus der jüngeren Medizingeschichte sind die Einführung neuer Medikamente, die zunächst nicht in ausreichendem Maße verfügbar waren. Die zentrale Frage ist, welche ethische Zielorientierung in solchen Situationen zur Geltung zu bringen ist und nach welchen Kriterien und Regeln Personen bevorzugt behandelt werden sollen. Eine dominierende Leitorientierung ist der utilitaristische Grundsatz, einen größtmöglichen Nutzen für die größtmögliche Anzahl zu erreichen. Demnach sollen diejenigen Patienten höchste Priorität haben, deren Gesundheitslage zwar sehr kritisch ist, die aber bei einer Behandlung eine große Erfolgswahrscheinlichkeit haben. An zweiter Stelle sollen diejenigen Patienten stehen, bei denen der Behandlungserfolg ungewiß ist. Erst danach kommen diejenigen Patienten an die Reihe, deren Gesundheitszustand noch keine so große Dringlichkeit aufweist, obwohl sich ihr Gesundheitszustand zunehmend verschlechtert. Gar nicht behandelt werden nach diesem Schema diejenigen Patienten, für die keine Erfolgsaussichten mehr bestehen. **Lit.:** R. Baker/M. Strosberg: Triage and Equality: An Historical Reassessment of Utilitarian Analyses of Triage. In: Kennedy Institute of Ethics Journal 2 (1992). S. 103–123. – G. R. Winslow: Triage and Justice. Berkeley 1982. RLA

**Triangulation.** Mit der Überwindung des erkenntnistheoretischen Schema-Inhalt-Dualismus innerhalb analytischer Bedeutungs- und Verstehenstheorien im Anschluß an den »linguistic turn« und der damit verbundenen Einsicht, daß sich die Frage der Objektivität der Erkenntnis nicht von der in der Sprache inkorporierten Rationalität trennen läßt, breitete sich die Einsicht aus, daß die objektive Welt eine in der Sprache intersubjektiv zugängliche und intersubjektiv geteilte Welt ist. Da Verstehen voraussetzt, daß Sprecher und Hörer bzw. Interpret in einer gemeinsamen geteilten und intersubjektiv zugänglichen Welt leben, kann die grundlegende Relation zwischen Interpret und Welt einerseits und zwischen Interpret und Sprecher andererseits nicht mehr die erkenntnistheoretische Subjekt-Objekt-Beziehung sein, sondern, ähnlich wie in der ↗Organontheorie K. Bühlers, ein »Dreieck«. Dieses Dreieck, bei D. Davidson wird es auch als »the ultimate source of both objectivity and communication« bezeichnet, verbindet in einem Triangulationsszenario »speaker, interpreter, and the world«. »Es ist eine Bedingung der für das Denken unerläßlichen T., daß diejenigen, die miteinander kommunizieren, einsehen, daß sie ihre Standpunkte in einer gemeinsamen Welt einnehmen. Daher sind die Erkenntnis des Fremdpsychischen und die Erkenntnis der Welt wechselseitig abhängig; keine von ihnen ist möglich ohne die andere« (Davidson: Subjektiv, Intersubjektiv, Objektiv. In: Merkur 512, 1991. S. 1007). Also allein unter der Voraussetzung, daß das Triangulationsszenario Sprecher, Interpret und Welt verbindet, kann es als die grundlegende Quelle sowohl von Kommunikation als auch von Objektivität aufgefaßt werden. Anders läge der Fall, wenn der Interpret auf der Erde fest verankert wäre. Die Rückbindung an einen fixen Kontext ließe zwar noch immer die Möglichkeit zu, erfolgreich mit Objekten zu interagieren. Der Frage aber, wo diese Objekte sind bzw. welche Entfernung sie von mir haben, ließe sich kein Sinn geben. **Lit.:** D. Davidson: The Structure and Content of Truth. The Deway Lectures 1989. In: The Journal of Philosophy 87 (1989). – Ders.: Rational Animals. In: Dialectica 36 (1982). UT

**Trichotomie** ↗Einteilung

**Trieb.** Unter T. kann eine Strebung des Organismus verstanden werden, (1) deren energetischer Ursprung physiologischer Natur ist, (2) die psychisch als auf Erfüllung drängend und zu Aktivität motivierend empfunden wird, (3) die kognitiv mit mehr oder weniger klaren Zielvorstellungen verbunden ist und (4) deren Realisierung/Versagung als lustvoll/unlustvoll erlebt wird. Inhaltlich wird eine Vielzahl menschlicher Aktivitäten mit dem Triebbegriff in Verbindung gebracht (Aggressionstrieb, Explorationstrieb, Geselligkeitstrieb, Machttrieb, Schaffenstrieb, Selbsterhaltungstrieb, Sexualtrieb, Spieltrieb, Wissenstrieb), wobei die Gefahr besteht, den Triebbegriff so zu überdehnen, daß er seine verhaltenserklärende Bedeutung verliert. In der philosophischen Tradition war es Schopenhauer, der erstmals eine Anthropologie entwarf, in deren Mittelpunkt die Triebkräfte des Menschen stehen. Dieser Ansatz ist von Nietzsche aufgegriffen und von Freud in seiner ↗Triebtheorie systematisiert worden. **Lit.:** S.

Freud: Drei Abhandlungen zur Sexualtheorie (Ges. Werke V); Triebe und Triebschicksale (Ges. Werke X). – W. McDougall: Aufbaukräfte der Seele. Stuttgart 1947. – H. Thomae (Hg.): Motivation. Hdb. der Psychologie. Bd. 2. Göttingen 1970. SP

**Triebtheorie.** Die im Hinblick auf ihre Systematik und ihren Einfluß wichtigste Theorie der menschlichen Triebe stammt von Freud. Die Analyse des Sexualtriebes hat Freud zu der Unterscheidung von Quelle, Ziel und Objekt eines Triebs geführt. Sie stellen die drei konstitutiven Momente dar, die später (1915) um das des Dranges ergänzt werden. – (1) Die Triebquelle bezeichnet das somatische Moment am Trieb. Freud geht davon aus, daß jedem Trieb eine für ihn spezifische (Erregungs-)Quelle (z. B. ein Organ oder eine erogene Zone) zugeordnet werden kann. – (2) Das Ziel eines Triebs besteht in einer Aktivität, die zur Lösung des an der Triebquelle herrschenden Spannungszustandes (= Befriedigung) führt. Die Bestimmung eines Triebs z. B. als Sexual- oder als Selbsterhaltungstrieb (Hunger) ist durch seine Quelle und das ihr korrespondierende Ziel vollständig definiert: »Was die Triebe voneinander unterscheidet und mit spezifischen Eigenschaften ausstattet, ist deren Beziehung zu ihren somatischen Quellen und ihren Zielen« (Ges. Werke V, S. 67). – (3) Das Objekt kann als das Mittel verstanden werden, durch das das jeweilige Triebziel erreicht werden soll. Es kann sich hierbei um reale oder phantasierte Objekte handeln. Im Gegensatz zu Quelle und Ziel ist das Objekt kein biologisch determiniertes Merkmal des Triebs. »Es ist das Variabelste am Trieb, nicht ursprünglich mit ihm verknüpft, sondern ihm nur infolge seiner Eignung zur Ermöglichung der Befriedigung zugeordnet« (Ges. Werke X, S. 215). – (4) Den Drang, mit dem ein Trieb erlebt wird, versteht Freud ökonomisch als »eine Arbeitsanforderung, die dem Seelischen infolge seines Zusammenhanges mit dem Körperlichen auferlegt ist« (Ges. Werke X, S. 214).
Der Trieb ist bei Freud ein Grenzbegriff zwischen dem Somatischen und dem Psychischen. Da seine seelische Repräsentanz auf der Vorstellungs- und Affektebene weitgehend von lebensgeschichtlichen Faktoren abhängig ist, kann gesagt werden, daß der Ursprung eines Triebs somatischer, sein »Schicksal« hingegen psychischer Natur ist. Das menschliche Triebleben ist nach Freud durch polare Kräfte gekennzeichnet, die sich seiner ersten T. zufolge in dem Antagonismus von Sexual- und Selbsterhaltungs-, bzw. Ich-Trieb manifestieren. Die durch das Lustprinzip regierten Ansprüche der Sexualtriebe stehen im Widerstreit zu den vom Realitätsprinzip bestimmten Zielen des Ich (Selbsterhaltung durch Nahrungsbeschaffung etc). Der drängenden Energie der Sexualtriebe wirkt die verdrängende Potenz der Selbsterhaltungstriebe entgegen, was zum psychischen Konflikt führen kann. Der erste Dualismus wird nach einer monistischen Übergangsphase in der späteren T. abgelöst vom Antagonismus zwischen Lebens- und Todestrieb (ab 1920). Bei diesen handelt es sich weniger um Triebe im oben definierten Sinn als vielmehr um zwei polare Grundprinzipien, die, je nach Mischungsverhältnis, für den Aufbau oder den Verfall lebendiger Strukturen entscheidend sind. Freud sieht den ursprünglich postulierten Antagonismus zwischen Sexual- und Selbsterhaltungstrieb in den Lebenstrieben aufgehoben, insofern diese nach der Bewahrung alter und der Schaffung neuer, komplexerer Bindungen streben (Eros). Ihnen entgegen wirken die Todestriebe (Thanatos), deren Ziel die Auflösung lebendiger Einheiten und die Rückkehr zum anorganischen Ursprung ist. Die ursprünglich nach innen gerichtete Kraft des Todestriebs (Selbstdestruktion) kann sekundär in Form von Aggression nach außen gerichtet werden. **Lit.:** S. Freud: Drei Abhandlungen zur Sexualtheorie (Ges. Werke V); Triebe und Triebschicksale (Ges. Werke X); Jenseits des Lustprinzips (Ges. Werke XII). – J. Laplanche/J.-B. Pontalis: Das Vokabular der Psychoanalyse. Frankfurt 1972. SP

**Tripel.** Um zu kennzeichnen, daß Beziehungsausdrücke für geordnete »Paare« von Dingen bzw. von Klassen stehen, spricht man im Fall von dreistelligen Beziehungsausdrücken (z. B. der alltagssprachliche Begriff: »... liebt ... mehr als ...«) davon, daß diese für Beziehungen zwischen drei Dingen bzw. Klassen von geordneten T.n stehen. PP

**Tropen, skeptische,** von Ainesidemos von Knossos im 1. Jh. v. Chr. bei seiner Erneuerung des ↗ Pyrrhonismus eingeführte »Weisen« (tropoi) skeptischer Argumentation, deren Ziel es ist, jede Sachfrage durch ein »Gleichgewicht« von Pro und Contra (↗ Isosthenie) unbeantwortbar werden zu lassen und so schließlich zur umfassenden Urteilsenthaltung (↗ Epoché, skeptische) zu führen. – Überliefert sind (durch Sextus und Diogenes Laertius) drei verschiedene Tropenlisten. Die erste mit 10 T. geht auf Ainesidemos zurück, die zweite mit 5 T. wird einem Agrippa zugeschrieben, die dritte mit 2 T. ist unbekannter Herkunft. Unklar ist, ob die späteren Listen die jeweils früheren ergänzen, ersetzen oder ökonomisch reduzieren sollten. – Eine ›Technisierung‹ der skeptischen Argumentation, wie sie die T. versuchen, drängt sich aufgrund ihrer potentiellen Unendlichkeit im Pyrrhonismus auf. Es ist dort nicht so, daß etwa zunächst eine übergeordnete Frage, z. B. die, ob es ein Wahrheitskriterium gebe, unbeantwortbar gemacht werden und dann die Unbeantwortbarkeit aller übrigen Fragen deduziert werden kann. Das »Gleichgewicht« von Pro und Contra in einer Frage ist nichts, was behauptet und mit logischen Mitteln gezeigt werden könnte, vielmehr ist es subjektives und punktuelles Erlebnis. Um dies Erlebnis bezüglich aller Fragen zu erreichen – was er aus ethischen Gründen anstrebt –, muß der Pyrrhoneer daher das Pro und Contra in jeder einzelnen Frage betrachten und jede neu auftretende Behauptung einbeziehen, was ohne allgemein anwendbare Argumentationsschemata, wie sie die T. bieten wollen, nicht praktikabel erscheint. – Vor allem die 10 T. des Ainesidemos, die mit Hilfe von vielerlei Beispielen zeigen sollen, daß wir nicht sagen können, wie die Dinge an sich beschaffen sind, sondern nur, wie sie uns erscheinen, sind in der skeptischen Literatur seit der Renaissance vielfach rezipiert und, teilweise mit Ergänzungen, zur Kritik der Sinneserkenntnis verwandt worden. In gegenwärtigen Wiederbelebungen des Pyrrhonismus spielen sie keine Rolle mehr. Daß jedoch zumindest einige der T. nach wie vor von großer Durchschlagskraft sind, zeigt sich daran, daß man ihrem Schema entsprechende Argumente vielfach in der modernen philosophischen Literatur findet. **Lit.:** J. Annas/J. Barnes: The Modes of Scepticism. Cambridge 1985. – Diogenes Laertius: Leben und Meinungen berühmter Philosophen. Hamburg 1967. – Sextus Empiricus: Grundriß der pyrrhonischen Skepsis. Frankfurt 1985. AE

**Trost** (griech. paramythia, lat. consolatio), freundschaftliche Hilfe, gegenseitige Unterstützung, Linderung der Trauer bei menschlichem Leid und Tod. Bereits bei Platon (*Menex.* 247c5-e2) und Aristoteles (*Eth. Nic.* IX, 11, 1171a35-b4) wird der T. philosophisch thematisiert; besonderes Gewicht erhält er bei den lateinischen Denkern, z. B. bei Cicero (*Tusculanae disputationes* III, 82): T. als durch die Philosophie verabreichbare Medizin für die Seele, bei Seneca (Naturales quaestionbes VI, 2, 6): Trost als Einsicht in die Unumgänglichkeit menschlicher Sterblichkeit, besonders aber bei Boethius. Dessen intensiv rezipierte Schrift *Trost der Philosophie* ist Ausgangspunkt für die ma.e Gattung der Trostliteratur, in der jedoch die lindernde Rolle der Philosophie zumeist von der Theologie bzw. den Evangelien übernommen wird. Die Dominanz der Theologie schwindet erst in der Renaissance, im Humanismus, in der Aufklärung und nicht zuletzt in den religions- und metaphysikkritischen Entwürfen des 18. und 19. Jh. **Lit.:** R. Kassel: Untersuchungen zur griechischen und römischen Konsolationsliteratur. München 1958. – Th. Schumacher: Heilung im Denken. Zur Sache der philosophischen Tröstung bei Boethius. In: Freiburger Zs. f. Philos. u. Theol. 40 (1993). S. 93–121. – F.-B. Stammkötter: Art. »Trost«. In: HWPh Bd. 10. KK

**Tugend.** In der späteren Bedeutung gibt es den Begriff zur Zeit der Abfassung der Homerischen Epen noch nicht. Die Helden sind als Menschen in ihrer Ganzheit Vorbilder, nicht Träger bestimmter, von ihnen ablösbarer Eigenschaften, die als anstrebbar gelten könnten. Auch im oikos, dem naturwüchsigen antik-griechischen Gemeinwesen, weiß jeder Mensch aufgrund seiner sozialen Stellung, was zu tun gut ist. Hier wie dort gibt es keinen Tugendkatalog und somit auch keine ↗Tugendlehre. Von T.en kann erst gesprochen werden, wenn es sich um moralische Eigenschaften handelt, die jeder Mensch haben kann. Erst Platon stellt in der *Politeia* einen Tugendkatalog auf. Die Erkenntnis der T. geschieht am besten dadurch, daß man sie sich im Großen ansieht. Der gerechte Staat sei besser zu analysieren als der einzelne gerechte Mensch. Dieser Zugang war für Platon insofern kein Problem, als öffentliches Recht und die Moral des einzelnen Bürgers in der Antike noch in Einklang standen. Platon entdeckt auf diese Weise die T.en: Weisheit, Tapferkeit, Maßhaltung. Diese haben ihre Entsprechung in den drei Ständen des Staates: Lehrstand (Führer), Wehrstand (Wächter), Nährstand (Handwerker und Bauern) und in den Körper- und Seelenteilen des Menschen: Kopf, Brust, Leib oder Geist (Logistikon), Gemüt (Thymos), Leidenschaft (Epithymia). Sind alle drei Stände im Staate in Übereinstimmung, so daß jeder »das Seinige tut und sich nicht in vielerlei mischt« (*Politeia* 433 d), kann man von einem gerechten Staat sprechen. Und ebenso wird die Gerechtigkeit als höchste T. des einzelnen Menschen ausgezeichnet. Die sokratische Frage nach dem Wesen der T., die Thema in den platonischen Frühdialogen ist, zeigt, daß es zwar anerkannte T.en gibt, deren inhaltliche Bestimmung aber unklar ist. Die Harmonisierung aller T.en (also Gerechtigkeit) ist für den Staat wie für den einzelnen Menschen das Ziel. Weder für den Staat noch für den einzelnen Menschen könne es eine T. allein für sich geben. Die T.en entfalteten nur dann ihre Kraft, wenn sie miteinander in Harmonie gegenwärtig seien. Über die Benennung hinaus ist es schwer zu sagen, was für Platon der Inhalt einer jeden T. ist. Und das ist nicht nur ein Übersetzungsproblem. Im Laufe der geschichtlichen Entwicklung können wir andere Bedeutungen der einzelnen T.en ausmachen. Auch innerhalb einer Gesellschaft lassen sich mehrere Lesarten ein und derselben T. ermitteln. So sagt Aristoteles zur Glückseligkeit, die das telos aller T.en sei: »Die einen erklären sie für etwas Greifbares und Sichtbares wie Lust, Reichtum und Ehre, andere für etwas anderes, mit unter auch dieselben Leute bald für dies, bald für das« (*Eth. Nic.* 1095 a). – Die Aristotelische Tugendlehre, gleichermaßen dem harmonischen Einklang der T.en verpflichtet, sieht das geglückte Leben in der vernunftgemäßen Tätigkeit der Seele, die von der T. angeleitet wird, verankert. Unter einer menschlichen T. versteht Aristoteles die Tüchtigkeit der Seele. Die Seele hat bei ihm einen mit und einen ohne Vernunft ausgestatteten Seelenteil. Dementsprechend sind auch die T.en eingeteilt. Es gibt dianoetische oder Verstandestugenden und ethische oder sittliche T.en. Verstandestugenden sind Weisheit, Verstand und Klugheit, sittliche sind z. B. Freigebigkeit und Mäßigkeit (vgl. *Eth. Nic.* 1102). Die Verstandestugenden erlange der Mensch durch Belehrung und die sittlichen T.en durch Gewohnheit. Die T.en sind uns nach Aristoteles also nicht von Natur gegeben. Um ein geglücktes Leben führen zu können, müßten in einem Menschen die beiden Seelenteile zusammenwirken. Die Willenswahl des Menschen muß harmonisch mit Verstand und sittlichem Habitus in Übereinstimmung sein. Die T. wählt dabei das richtige Ziel, der Verstand das richtige Mittel, um das Ziel zu erlangen. Entscheidend für die Mittelwahl ist das Treffen der rechten Mitte zwischen zwei Extremen. – Im christlichen MA. sind die T.en Eigenschaften, die den Menschen in die Lage versetzen, das Erden-Tal unbeschadet durchschreiten zu können und jenseitige Glückseligkeit zu erlangen. Die T.en sind mit dem Glauben verbunden und erwachsen aus ihm. Lebt man tugendhaft, dann wird »gewährt, in das ewige Reich unseres Herrn und Retters Jesus Christus einzutreten« (vgl. 2. Petrusbrief 1, 3 – 11). – Kant stellt keinen Tugendkatalog auf, so wie wir ihn in der Antike und im Neuen Testament finden, sondern er entwickelt den Kategorischen ↗Imperativ als rein formalen rationalen Verfahrensgrundsatz: Jeder kann prüfen, ob seine Handlungsmaximen mit denen der anderen Handelnden verträglich sind. Nur Maximen, die eine solche Prüfung bestehen, sind gerecht, weil das »Reich der reinen praktischen Vernunft« selbst gerecht sei (vgl. Akad.-Ausg. VIII, S. 378). Und ein Mensch, der stets unter Anleitung von so gefundenen Maximen handelt, ist tugendhaft. T. ist bei Kant also die moralische Verfassung des Menschen. Ein Verstoß gegen das praktische Gesetz, das der Mensch sich als vernünftiges Wesen gegeben hat, widerspricht seiner Würde und seiner Selbstachtung. Darum habe der Mensch die Pflicht, nach diesem Grundsatz zu handeln. Kant spricht in diesem Zusammenhang in seiner »Tugendlehre« auch von einer Tugendpflicht (vgl. Akad.-Ausg. VI, S. 394 ff.). – Hegel nimmt in seinen *Grundlinien der Philosophie des Rechts* Bezug auf die antike Vorstellung unter gleichzeitiger Kritik an der Formalität der Kantischen Tugendlehre: »Was der Mensch tun müsse, welches die Pflichten sind, die er zu erfüllen hat, um tugendhaft zu sein, ist in einem sittlichen Gemeinwesen leicht zu sagen, – es ist nichts anderes von ihm zu tun, als was ihm in seinen Verhältnissen vorgezeichnet, ausgesprochen und bekannt ist« (§ 150 A). – In der Gegenwart besteht Uneinigkeit darüber, ob die ↗Gerechtigkeit, die in der Antike noch als grundlegende T. angesehen wurde, überhaupt eine T. sei. Auf der einen Seite (K.-O. Apel, P. Dworkin, J. Habermas, J. Rawls) wird die Gerechtigkeit im Sinne von Kant verstanden: Gerecht sind die Maximen, die im rationalen Verfahren ermittelt wurden. Auf der anderen Seite wird unter Berufung auf Aristoteles die Auffassung vertreten, daß die Gerechtigkeit eine T. sei (A. MacIntyre, M. Sandel, Ch. Taylor, M. Walzer). Was unter Gerechtigkeit verstanden werde, könne – in Anlehnung an Hegel – nur innerhalb einer bestimmten Kultur Geltung haben. Darum könne eine Theorie der Gerechtigkeit keinen verallgemeinerungsfähigen Geltungsanspruch erheben. Auch Kants Theorie sei schon kulturell kontextbezogen gewesen. Seiner Gerechtigkeitstheorie lägen christliche – speziell protestantische – Prinzipien (MacIntyre) oder die Gewißheit von der Würde des Menschen (Taylor) zugrunde. Eine rationale ↗Verfahrensethik, das zeige sich hier, sei substantiell. Allerdings sei heute in der modernen Demokratie ebenso wie in der griechischen Antike umstritten, was Gerechtigkeit sei. Taylor konstatiert, daß sich zwei unversöhnliche Auffassungen gegenüberstehen, die wir seit der Antike kennen (iustitia commutativa und iustitia distributiva, vgl. *Eth. Nic.* 1129 ff.), die allerdings heute anders interpretiert würden als bei Aristoteles. Die eine gehe davon aus, daß die Verteilung der Güter nach den Beiträgen zu richten sei, die jeder für die Gemeinschaft leiste. Wer mehr leiste, müsse auch mehr bekommen (austeilende oder distributive Gerechtigkeit). Die andere Auffassung ginge von dem Gleichverteilungsprinzip (ausgleichende oder commutative Gerechtigkeit) aus: Ganz gleich, was der einzelne leiste, alle Güter müßten gleich verteilt werden. – Hier zeigt sich dasselbe Problem wie im antiken Athen: Zwar ist man sich einig darin, daß der Staat wie der einzelne Bürger die T. der Gerechtigkeit haben müsse, doch ist man sich uneinig über den Inhalt der T. Nicht nur mit historisch unterschiedenen Interpretationen haben wir es zu tun, sondern auch innerhalb einer Gesellschaft sind die Auffassungen über den Inhalt der T.en verschieden. **Lit.:** J. Ebbinghaus: Gesammelte Aufsätze, Vorträge und Reden. Darmstadt 1968 (S. 1–193 zu Kant). – H. Gadamer: Platons dialektische Ethik. Hamburg 1931 (bes. §§ 5 und 6). – W. Kuhlmann (Hg.): Moralität und Sittlichkeit. Frankfurt 1986 (zur Gegenwarts-Diskussion). – A. MacIntyre: Der Verlust der Tugend. Frankfurt 1987. – G. Mensching: Gut und Böse im Glauben der Völker. Stuttgart [2]1950. – C. Prantl: Über die dianoetischen Tugenden in der Nikomachischen Ethik des Aristoteles. München 1952. – J. Ritter: Metaphysik und Politik. Frankfurt 1969 (S. 57–179 zu Aristoteles und S. 256–309 zu Hegel). DH

**Tugendethik.** In der gegenwärtigen Ethikdiskussion zeigt sich in Abgrenzung zur Pflichtethik Kants eine Rückbesinnung auf den Tugendbegriff und ein allgemeines Interesse an einer Wiedergewinnung der Tugendvorstellung als leitende Idee ethischer Einstellung. A. MacIntyre (*Der Verlust der Tugend*) stellt aus kulturkritischer Perspektive heraus eine moralische Krise der Gegenwart fest. Seine Kritik zielt gleichermaßen auf die angelsächsische Metaethik, die Pflichtethik Kants und die Nützlichkeitsethik des ↗Utilitarismus. Darin wird das Ideal einer wissenschaftlich begründeten und universalistischen Moral als ein unerreichbares und irreführendes Unterfangen dargestellt. Seiner Ansicht nach müsse die Moral an die Tugenden zurückgebunden werden, die als Veranschaulichung von Lebenshaltungen zu begreifen sind. Die Grundlegung der Moral kann demzufolge nicht über eine rationale Konstruktion gelingen, sondern bedarf der Einübung in moralischen Gemeinschaften. Die Moral hat ihre Grundlage in einer Lebenswelt und ist geprägt vom Kontext eines sozialen Gruppenethos. An die Stelle der rationalen Argumentation setzt MacIntyre die Orientierung an einer geschichtlich vielfältigen, kontextuellen ↗Tugendlehre. Für den Rückgriff auf die Tugend lassen sich drei Intentionen ausmachen: (1) Die Theorie der Moral soll nicht abstrakt reflektiert werden, da sie ihre eigentliche motivationale Grundlage in der sozialen Lebenswelt hat. (2) Nicht die Beurteilung einer einzelnen Handlung steht im Vordergrund, sondern die Frage: Wie will ich leben?, Was für ein Mensch will ich sein? Damit wird die Identität einer Person in den unterschiedlichen Lebenszusam-

menhängen zur Sprache gebracht. (3) Nicht das vernünftige Kalkül, sondern erst die Verwurzelung in der Tradition ermöglicht die Praxis des guten Lebens.
In den neueren Beiträgen zum Thema T. wird wiederholt darauf hingewiesen, daß die vorliegenden Ausführungen zur T. nur als Vorarbeiten, nicht aber ausgearbeitete Positionen zu verstehen sind. Gemeinsam ist den verschiedenen Ansätzen zur T. die Forderung, daß nicht die Handlungen im Vordergrund ethischer Überlegungen zu stehen haben, sondern die moralischen Akteure. Grundlegend für die Ethik sind also die Urteile über die Tugenden i.S. von Charaktereigenschaften. Dabei wird betont, daß die Tugenden kontextrelativ, d. h. bezogen auf eine konkrete soziale Lebenswelt sind. Das hat zur Folge, das der Katalog des Tugendhaften je nach gesellschaftlicher Praxis anders aussehen könnte. Obwohl die T. durch ihren Kontextbezug im Gegensatz zu normativen Ethiken steht, für die ethische Postulate und Normen universal, d. h. für alle Gesellschaften gültig sein sollen, wird doch zumindest der Anspruch erhoben, daß auch Tugenden universale Geltung haben sollen. Die Herausstellung des Primats der Tugend hat zur Folge, daß eine Handlungsweise danach zu beurteilen und als moralisch zu qualifizieren ist, ob ihre Wahl durch den Wunsch motiviert war, einer Tugend zu entsprechen. Das Wesen der Moral wäre dann nicht in der Befolgung gewisser Grundsätze zu sehen, sondern in der Ausbildung gewisser Dispositionen und Eigenschaften. T. thematisiert jene Gestalt des Charakters, den ein moralisch guter Mensch haben soll. – Strittig ist, ob die T. in praktischen Fragen eine Orientierung erbringen kann. Darüber hinaus ist es fraglich, ob die Beschränkung auf die Beurteilung des Charakters und die Ausgrenzung der einzelnen Handlungen nicht zu einer unzulässigen Verkürzung moraltheoretischer Probleme führt (bspw. wenn sich jemand tugendhaft für eine falsche Sache einsetzt). – Nietzsche formulierte eine polemische Kritik der Tugendlehre und T. Er sieht im tugendhaften Menschen die Verkörperung des Moralisten, da der Mensch seinen Wert einzig dadurch erhält, indem er sich dem Schema Mensch gemäß verhält. **Lit.:** G. E. M. Anscombe: Moderne Moralphilosophie. In: G. Grewendorf/G. Meggle (Hg.): Seminar: Sprache und Ethik. Frankfurt 1974. S. 217–243. – Ph. Foot: Virtues and Vices and Other Essays in Moral Philosophy. Berkeley 1978. – Dies.: (Hg.) A.Leist/U. Wolf: Die Wirklichkeit des Guten. Frankfurt 1997. – M. Honnecker: Schwierigkeiten mit dem Tugendbegriff. In: K. P. Rippe/P. Schaber (Hg.): Tugendethik. Stuttgart 1998. S. 166–184. – A. MacIntyre: After Virtue. A Study in Moral Theory. London 1981 (dt. Der Verlust der Tugend, Frankfurt 1987). – D. Mieth: Die neuen Tugenden. Ein ethischer Entwurf. Düsseldorf 1984. – O. O'Neill: Tugend und Gerechtigkeit. Berlin 1996. – F. Nietzsche: Werke in 3 Bden. Hg. Karl Schlechta. München/Darmstadt 1954–56. Bd. III. S. 604, 691. – K. P. Rippe/P. Schaber (Hg.): Tugendethik. Stuttgart 1998. – A. Schuster: Moralisches Können. Würzburg 1997. PP

**Tugendlehre,** Anweisung zur Verwirklichung der Tugenden. Die Potenzen zum tugendhaften Leben sind für Aristoteles schon im Menschen angelegt, müssen aber erst ausgebildet werden, da sie ansonsten sogar Schaden anrichten können (*Eth. Nic.* 1144 b). Darum muß der Mensch die dianoetischen Tugenden durch Belehrung und die ethischen durch Gewohnheit lernen. – Zur T. gehört ein Tugendkatalog. In den Paulusbriefen wird folgender Tugendkatalog mitgeteilt: Demut, Liebe, Freude, Friede, Langmut, Freundlichkeit, Güte, Treue, Sanftmut und Selbstbeherrschung. Wie Menschen diese tugendhaften Eigenschaften erlangen können, lehrt die Bergpredigt, die T. des Neuen Testaments (Matthäus-Evangelium, Kap. 5–7). Um das Böse zu vermeiden, müsse – so Jesus – die Gesinnung verändert werden. Schon im Vorfeld der Sünde soll gearbeitet werden: Um die Tugend der Liebe zu verwirklichen, solle man seine Feinde lieben, lehrt Jesus. Um den Frieden zu bewahren, soll man sich unverzüglich mit seinem Gegner aussöhnen. Diejenigen, die die im Tugendkatalog genannten Tugenden haben, preist Jesus selig. – Kant nennt den zweiten Teil seiner *Metaphysik der Sitten* »T«. »Tugend ist die Stärke der Maxime des Menschen in Befolgung seiner Pflicht.« (Akad.-Ausg. VI, S. 394) Tugendhaft ist der Mensch mit einer Gesinnung, in der sein ↗ Wille mit der Pflicht, das moralische ↗ Gesetz (den Kategorischen ↗ Imperativ) zu befolgen, übereinstimmt. Wenn der Mensch auf diese Weise der Gesetzgebung seiner eigenen Vernunft verpflichtet ist, kann ausgeschlossen werden, daß er etwas tut, was gegen die Regel des Kategorischen Imperativs verstößt. Beispielsweise kann man ausschließen, daß der Mensch lügt, weil die Maxime, lügen zu sollen, nicht zum Prinzip einer allgemeinen Gesetzgebung werden könne. – In der Gegenwart spricht Charles Taylor z. B. von »starken Werten« wie Menschenwürde oder Solidarität, die uns in unserer Sozialisation mitgeteilt werden. Sie sind Maßstäbe für die Beantwortung der Frage, warum man nach einer bestimmten Norm verfahren soll. Nach Taylor ist Sozialisation die T. der Moderne. In dieser Auffassung kommt der Einfluß Hegels zutage, für den die geschichtlich gewandelten Sitten, Bedürfnisse und Meinungen eines Volkes die Tugenden seien, sofern die staatlichen Gesetze sich auf dem Wege der Reform diesen Einstellungen angepaßt hätten. Gerechtigkeit ist für Hegel die Übereinstimmung der Gesetze des Staates mit diesen subjektiven Einstellungen. Also ist auch für Hegel Sozialisation die T. **Lit.:** ↗ Tugend. DH

**Tychismus** (griech. tyche: Schicksal, Zufall). (1) T. heißen jene (meist esoterischen) Lehren, die Zufall und Schicksal als Grund alles Seienden annehmen. Die Schicksalsgöttin Tyche ist jünger als die bereits bei Homer und Hesiod erwähnte Schicksalsmacht Moira: Sie wird erst bei Pindar (*Olympische Hymne* XII 1–10) als jene Göttin bezeichnet, welche die politische und ökonomische Praxis des Menschen vollständig determiniert. Eine Entmythisierung des Tychebegriffs findet erst bei Aristoteles (*Physik*, 196b 17–

27) statt, wo tyche (i. S. von Zufall) als unwahrscheinliche, nichtintendierte (ou kata prohairesis) Nebenfolge (kata symbebekos) einer Handlung definiert wird. Auch Demokrit hat für die Tychegläubigkeit seiner Zeitgenossen nur Spott übrig, so führten nur die Unwissenden ihre Persönlichkeitsstruktur auf die Unzuverlässigkeit von Zufall und Schicksal zurück. MFM
(2) Im Zuge seines Entwurfs einer evolutionären Kosmologie vertritt Peirce die These, daß unsere Naturbeobachtungen nie frei von Momenten der Irregularität und des Irrtums sind. Das legt seiner Ansicht nach den Schluß nahe, daß im Universum absoluter Zufall herrsche. Seine Theorie des T. gründet auf der Annahme, daß absoluter Zufall eine real existierende Indeterminiertheit bedeute, die nicht allein durch unsere Unwissenheit zu erklären sei. Er hält es für abwegig, die Phänomene des Wachstums, die Zunahme der Komplexität und das Faktum irreversibler Prozesse in der Natur durch mechanistische Kräfte erklären zu wollen. Zudem könne die Natur aufgrund der Vielzahl unabhängiger Quantitäten nicht mit Hilfe von Gesetzen der Mechanik erklärt werden. Damit wendet sich seine Theorie des T. gegen die Behauptung, daß die These des Determinismus (der Natur) ein gültiges Postulat der Wissenschaft sei. PP
**Lit.:** Ch. S. Peirce: Collected Papers. Vol. I-VI. Cambridge, Mass. 1958. Bd. V, S. 342; Bd. 6, S. 553. – H. Strohm: Tyche. Stuttgart 1944. MFM/PP

**Type/Token,** vor allem in der Logik und Sprachwissenschaft verbreitetes Begriffspaar, das mit »Typ/Einzelding« oder »Typ/Vorkommnis« zu übersetzen ist. Ein Einzelding ist dabei das Vorkommnis eines Typs, ein Typ die entsprechende abstrakte Entität, die alle aktualen und möglichen Vorkommnisse des Typs umfaßt. D.h.: Wenn z.B. in einer Aussage oder Formel Vorkommnisse eines bestimmten Typs häufiger auftauchen, taucht der Typ lediglich einmal auf. In der Buchstabenfolge »abddde« sind somit 3 Vorkommnisse des Typs »d« vorhanden; insgesamt enthält sie 4 Typen und 6 Vorkommnisse. Eine Mißachtung der Unterscheidung von Typ und Einzelding kann zu Verwirrungen führen, da beide kategorial andere Eigenschaften haben und somit Erkenntnisse, die über einen Typ gewonnen werden, nicht ohne weiteres auf ein Vorkommnis des Typs übertragbar sind und vice versa. MBI

**Typentheorie** (auch Typenlogik). Russell und Whitehead haben das Postulat formuliert und begründet, daß die Sprach- und Beschreibungsebenen hierarchisch gegliedert sein müssen, so daß die erste Ebene die Individuen umfaßt, die zweite die Klasse oder Menge aller Individuen, die dritte die Klasse aller Klassen oder Menge aller Mengen usw. Jeder Terminus hat seinen eigenen Bedeutungsbereich, nämlich die Menge der Gegenstände, von denen er sinnvoll ausgesagt werden kann. Die Menge oder Klasse hat immer einen höheren Typ als ihre Elemente, so daß es zu der Aussage »die Menge aller Mengen« oder »Klasse aller Klassen« nicht in einem selbstbezüglichen Sinn kommen kann. Mit Hilfe der T. soll die Antinomie beseitigt bzw. verhindert werden, die sich durch die Selbstreferenz von Klassen oder Mengen ergibt. ↗Logizismus. **Lit.:** R. Rheinwald: Semantische Paradoxien. Typentheorie und ideale Sprache. Berlin/New York 1988. S. 57 ff. – B. Russell/A. N. Whitehead: Principia mathematica. Bd. I. Cambridge 1910. PP

**Typus** (griech. Prägung, Muster). (1) Die allgemeine »komparative« Bedeutung des T. als Vergleichsmaßstab besteht darin, daß an einer Vielzahl von Phänomenen durch die Bildung eines T. die wesentlichen gemeinsamen Merkmale hervorgehoben werden, die weder in einer einzigen Form vollständig empirisch vorzufinden sind, noch auf dem Wege induktiver Verallgemeinerung gewonnen werden. Als heuristisches Konstrukt bildet der T. ein Mittelglied zwischen der Beschreibung von Einzelphänomenen und deren begrifflicher Klassifikation. Der im heutigen philosophischen Sprachgebrauch kaum mehr verwendete Begriff ist im 17. und 18. Jh. zunächst im Kontext primär vergleichender Beschreibungs- und Analyseverfahren auf den Gebieten Naturphilosophie und Anthropologie entwickelt worden. In Form eines Beschreibungsmodells umfaßt der T. die charakteristischen Eigenschaften dynamischer, prozeßhafter Sachverhalte. In dieser Funktion verwendet Goethe in seiner Naturphilosophie den Begriff eines »anatomischen Typus, ..., worin die Gestalten sämtlicher Tiere, der Möglichkeit nach, enthalten wären« (Goethe: Sämtl. Werke MA 1989. Bd. 12. S. 122). Im Rückgriff auf Goethe weist W. v. Humboldt dem T. eine analoge Funktion in der »Vergleichenden Anthropologie« zu, wobei dessen komparative Bedeutung später auch in die Sprachwissenschaft eingeht. – Der logische Status des T.-Begriffs kommt auch in M. Webers Begriff der Idealtypen zum Ausdruck. Als Gegenbegriff zum Gesetz konstruiert Weber den Ideal-T. als methodologischen Begriff zur »Vergleichung und Messung« historischer Entwicklungen. Der Ideal-T. »wird gewonnen durch einseitige Steigerung ... einiger Gesichtspunkte und durch Zusammenschluß einer Fülle von diffus und diskret ... vorhandenen Einzelerscheinungen« (Weber, 1974, S. 235). – (2) Eine Theorie logischer Typen entwickelt Russell zur Klassifikation logischer Objekte. Die logische T.-Theorie dient der Auflösung syntaktischer Paradoxa. Eliminiert werden dabei Aussagen, in welchen an der Subjektstelle ein Ausdruck des gleichen oder höheren T. steht als an der Stelle des Prädikats. **Lit.:** D. Di Cesare: The Philosophical and Anthropological Place of W. v. Humboldt's Linguistic Typology. In: Leibniz, Humboldt, and the Origins of Comparativism. Amsterdam u.a. 1990. S. 157–180. – C.G. Hempel: Typological Method in the Social Sciences. In: American Philos. Association, Eastern Division. Vol. 1. Philadelphia 1952. – U. Pörksen: »Alles ist Blatt«. Über Reichweite und Grenzen der naturwissenschaftlichen Sprache und Darstellungsmodelle Goethes. In: Berichte zur Wissenschaftsgeschichte 11. S. 133–148. – B. Russell: Mathematical Logic as Based on the Theory of Types. In: American Journal of Mathematics 1908. – M. Weber: Soziologie, Universalgeschichtliche Analysen, Politik. Stuttgart 1974. JH

**Tyrannis.** Der Begriff kennzeichnet eine unumschränkte Alleinherrschaft. Im Gegensatz zur Monarchie basiert diese auf Gewalt und dem Einsatz illegitimer Machtmittel. In der griechischen wie römischen Antike ist die T. oft populistisch und ausgesprochen antiaristokratisch. Der Tyrann autorisiert sich selbst zugunsten des Volkes; ihm gehorcht man ad personam. Als Negativvariante im Zyklus der Herrschaftsformen fungiert die T. in den Lehren von Platon und Aristoteles als degenerierteste Fassung von politischer Ordnung. Gleichwohl ist die antike T.-Debatte ambivalent. Schon Platon wollte mit dem Tyrannen von Syrakus seine neue Form der politischen Ordnung gestalten. Auch zeigen die Verfassungskämpfe beim Untergang der Römischen Republik, daß das Diktatorenmodell als Angebot für den Ausnahmezustand positiv verstanden werden kann. – Den Stabilitätsaspekt von politischer Ordnung unterstreichend, wird besonders in der ma.en politischen Theologie ein Widerstandsrecht gegen Tyrannen auf äußerste Notfälle hin minimiert. So kann bei Luther dann nur noch gegen den Welttyrannen als vicarius diaboli vorgegangen werden. Ansonsten gilt gottgegebene Fügung in den Gang der Dinge. Erst mit dem jüngeren Naturrecht seit der Aufklärung wird der Ordnungsgedanke der T. erneut entschieden delegitimiert. Allerdings zeigt gerade das Despotie- und Diktatorenproblem der Moderne, wie ambivalent das Thema nach wie vor ist. **Lit.:** Aristoteles: Politik. – L. Strauss: Über Tyrannis. Neuwied/Berlin 1963. PN

**Über-Ich,** nach Freuds zweiter Theorie des psychischen Apparates bezeichnet das Ü.-I. eine Instanz der Persönlichkeit, die die Gedanken, Gefühle und Handlungen des Ichs gleich einem inneren Richter oder Zensor (strafend) beurteilt. Genetisch gesehen ist das Ü.-I. eine Teilstruktur des Ichs, die sich von diesem löst, sich ihm »gegenüberstellt, es kritisch wertet, es gleichsam zum Objekt nimmt« (Freud, Ges. Werke X, S. 433). Nach Freud geschieht diese Herauslösung mit dem Untergang des Ödipuskomplexes (ca. 5. Lebensjahr), neueren Ansätzen zufolge nimmt die Ü.-I.-Entwicklung bereits in den präödipalen Stadien ihren Anfang. Inhaltlich sind für die Beurteilung v. a. die in der frühen Kindheit erlebten und verinnerlichten Ge- und Verbote der Eltern maßgeblich, die im Laufe der späteren Entwicklung um die kulturellen und sozialen Forderungen der Gesellschaft (Religion, Moral) erweitert werden. Während die Ansprüche des ↗Gewissens auf einem der Reflexion und damit der Prüfung zugänglichen (Mit-)Wissen (lat. conscientia) beruhen, schließt der Begriff des Ü.-I.s auch die unbewußten Gebote (Ichideal) und Verbote ein, deren Wirksamkeit sich bspw. aus situationsunangemessenen Selbstvorwürfen, -anklagen und Schuldgefühlen bzw. aus neurotischen Entwicklungen (Zwangsneurose, Masochismus, Depression) erschließen lassen. SP

**Überführungssatz, Überführungstheorem.** In der Prädikatenlogik wird mit Hilfe des Begriffs der ↗Interpretation der Begriff der prädikatenlogischen Wahrheit definiert: Ein Satz ist prädikatenlogisch genau dann wahr, wenn alle Interpretationen A erfüllen. Für den Umgang mit dem Interpretationsbegriff sind das Koinzidenztheorem und das Überführungstheorem wichtig. Der Ü. lautet: Wenn aus einer freien Aussage A(a), die die Individuenkonstante a enthält, durch freie durchgehende Umbenennung der Individuenkonstante a zu einer Individuenkonstante b der Satz A(b) entsteht, und wenn sich die Interpretation I von der Interpretation J höchstens bezüglich a unterscheidet, und wenn die Interpretation J der Individuenkonstante a das gleiche Objekt zuordnet wie die Interpretation I der Individuenkonstante b, dann gilt: Die Aussage A(a) ist bei der Interpretation J über den Objektbereich U genau dann wahr, wenn die Aussage A(b) bei der Interpretation I über den Objektbereich U wahr ist. **Lit.:** W.K. Essler/ R.F.M. Cruzado: Grundzüge der Logik I. Das logische Schließen. Frankfurt [4]1991. S. 328 f. – F. v. Kutschera/ A. Breitkopf: Einführung in die moderne Logik. Freiburg/München 1971. S. 92 f. PP

**Übergehen, Übergang.** (1) Physikalisch: Veränderung des energetischen Zustands eines Teilchens. (2) Kontinuierliche Veränderung von etwas in etwas anderes. Ü. findet terminologische Verwendung vornehmlich bei Fichte und Hegel. Für Fichte ist die Form des Wechsels zweier Glieder ein Ü. als Ü. und damit deren synthetische Einheit. Bei Hegel ist das Ü. in Anderes der dialektische Prozeß in der Seinslogik; in der Wesenslogik ist er das Scheinen, in der Begriffslogik dagegen Entwicklung (*Enc.* § 161, § 244). Ü. ist allgemein Werden, betont allerdings nicht wie das Werden das Außereinanderliegen der Momente, sondern das, was »zwischen« ihnen geschieht (*Logik* 1831, Anm. 3). CHA

**Übermensch,** Nietzsches Entwurf eines zukünftigen Menschentyps (hauptsächlich in *Also sprach Zarathustra*, 1883–1885). Der Ü. muß in einem dynamischen Schaffensprozeß vom heutigen Menschen unter Einsatz des ↗Willens zur Macht hervorgebracht werden. Damit ist ein Anrufen höchster menschlicher Seinsmöglichkeiten beabsichtigt. Sie können zur Entfaltung gelangen, indem sich der Mensch auf sein schöpferisches Wesen besinnt und auf die Sinnhaftigkeit seines Daseins durch die Verinnerlichung diesseitigen Weltsinns. Daher fordert Nietzsche den Menschen auf, die christlich-metaphysische Weltdeutung und den ↗Nihilismus zu überwinden, sowie sein Leben in Übereinstimmung mit der Erde zu führen. Der Ü. kann als stark, lebenstüchtig und selbstbestimmt charakterisiert werden. Er ist psychisch gesund, weil er eine Spaltung seines Wesens in eine leiblich-unmoralische und geistig-moralische Seite nicht mehr zu läßt (im Gegensatz zum »Herdenmenschen«). Von dem selbstzerstörerischen Moraldenken im Sinne einer Sklavenmoral (↗Herrenmoral) hat sich der Ü. ebenfalls befreit, er setzt autonom neue Handlungsmaßstäbe. KS

**Übersetzungsregel,** allgemeine Regel, die angibt, auf welche Weise alle Aussagen, in denen ein bestimmter Begriff bzw. der Name eines Gegenstandes in allen Kontexten zu ersetzen ist durch einen (grundlegenderen) anderen Begriff. In einem ↗Konstitutionssystem der Begriffe wird ein Stammbaum der Begriffe derart konstruiert, daß aus gewissen Grundbegriffen alle übrigen Begriffe abgeleitet werden können. Die Ü. zeigt an, wie die höherstufigen Begriffe auf die niederstufigen zurückgeführt werden können. PP

**Übersetzungsunbestimmtheit** (engl. indeterminacy of translation). Zentrale These von Quines Philosophie, die zum einen eine Kritik an Carnaps Versuch einer empirischen Bestimmung von Bedeutung, Synonymie und Analyzitität (↗Analyzititätspostulat) darstellt, zum anderen die Begründung der ↗Stimulusbedeutung als objektiven empirischen Bedeutungsbegriff beinhaltet. Quine bedient sich bei seiner Argumentation eines Modells, bei dem ein Ethnologe die Sprache eines (Urwald-)Eingeborenen untersucht (Dieses Modell wäre für ihn vergleichbar der Situation, wie ein Kind seine Muttersprache lernt, indem es nämlich die Bedeutung von »stehenden Sätzen« (↗Satz) nur dadurch lernt, daß es lernt, Sätze in Wörter zu zerlegen und mit den alten Wörtern neue Sätze zu bilden). Quine läßt den Forscher die »Gelegenheitssätze« von den »stehenden Sätzen« unterscheiden: Für die »Gelegenheitssätze« erhält er nur dann die Zustimmung des eingeborenen Sprechers, wenn er die Frage zeitlich direkt nach der verursachenden Stimulierung stellt, während die »stehenden Sätze« unabhängig von einer gleichzeitigen Stimulierung die Zustimmung (oder Ablehnung) des Eingeborenen erhalten können. Wenn der Urwald-Linguist von der Übersetzung von »Gelegenheitssätzen« zur Übersetzung von »stehenden Sätzen« fortschreiten will, beginnt er zunächst damit, Sätze zu segmentieren: Er zerlegt die gehörten Äußerungen in ausreichend kurze, wiederkehrende Teile und erstellt so eine Liste der »Wörter« der Eingeborenen. Dann stellt er Hypothesen hinsichtlich der Korrelation von diesen Wörtern mit Wörtern oder Ausdrükken der eigenen Sprache auf. Diese Hypothesen bezeichnet Quine als die »analytischen Hypothesen« des Linguisten, die dieser benötigt, wenn er herausfinden will, ob der Eingeborene unter dem Wort »Gavagai« z. B. ein Kaninchen versteht oder nur einen Teil des Kaninchens oder einen Kaninchenzustand oder so etwas wie Kaninchentum (das Wesen des Kaninchens) benennt, d. h. wenn er herausfinden will, welche Äußerungen der Eingeborenensprache als Termini aufzufassen sind. Zudem muß der Linguist noch Ausdrücke der Eingeborenen erlernt haben, die den deutschen Ausdrücken »ist dasselbe wie« und »ist verschieden von« entsprechen. Der Linguist befindet sich nun in der Situation, daß er auf der Grundlage rivalisierender analytischer Hypothesen und der Beobachtung des entsprechenden Verhaltens denselben Satz des Eingeborenen mit verschiedenen deutschen Sätzen in Korrelation bringen kann. Diese Situation kennzeichnet für Quine den Fall einer indeterminierten Übersetzung bzw. Ü. Quine glaubt mit diesem Fallbeispiel gegen Carnap gezeigt zu haben, daß der Gebrauch eines Wortes als Gelegenheitssatz die Extension dieses Wortes als Terminus nicht festlegt. Die verschiedenen Übersetzungsvarianten von »Gavagai« lassen erkennen, daß die Unbestimmtheit nicht nur die Bedeutung, sondern auch den Gegenstandsbezug, die ↗Referenz, betrifft. Carnap würde also unzulässigerweise bei seinem empirischen Verfahren die Bestimmtheit von Termen und Prädikaten voraussetzen. Einer verhaltensbeobachtenden (d.i. behavioralen) Vorgehensweise stehen als erstes nur »Gelegenheitssätze«, nicht aber Terme zur Verfügung. Die These der Ü. bildet die Grundlage für die These der Unerforschlichkeit der Referenz und für die These der Relativität der Ontologie. ↗Referenz, ↗ontologisches Kriterium, ↗Wahrheit. **Lit.:** P. Gochet: Quine zur Diskussion. Frankfurt/Berlin/Wien 1984. S. 79 ff. – D. Koppelberg: Die Aufhebung der analytischen Philosophie. Frankfurt 1987. S. 237 ff. – W. V. O. Quine: Wort und Gegenstand. Stuttgart 1980. S. 129 ff. PP

**Überzeugung/Zweifel** (engl. belief/doubt). In der semiotisch begründeten Erkenntnis- und Handlungstheorie von Peirce stellt die Ü. eine bewußte dauerhafte Handlungsregel dar, deren Anwendung immer mit der Möglichkeit verbunden ist, daß sich (neue) Zweifel hinsichtlich der Tauglichkeit der betreffenden Handlungsschemata einstellen. Zweifel entsteht demnach dann, wenn eine Ü. durch ein überraschendes Ereignis in Frage gestellt wird, so daß die fraglose Gültigkeit der spezifischen Handlungsgewohnheit aufgehoben wird und in einen Zustand »regelloser Aktivität« übergeht, der seinerseits zu einer neuen Verhaltensgewohnheit (i.S. der Ü.) führen muß. Das mit dem Verlust einer zweifelhaft gewordenen Ü. einhergehende Unbehagen fungiert als Motor dafür, neue Ü.en aufzubauen. Als intentional geleiteter Denk- und Forschungsprozeß führt es zur Etablierung einer erneuten Ü. und damit zu Handlungsfähigkeit und -sicherheit. **Lit.:** Ch. S. Peirce: Die Festigung der Überzeugung. Hg. E. Walther. Frankfurt/Berlin/Wien 1985. S. 42 ff. PP

**Umgangssprache.** In Abgrenzung zu tradierten Fachsprachen oder den durch Wissenschaften bzw. Berufssparten geprägten Spezifizierungen stellt die U. als Sprache des alltäglichen Lebens einen für die gegenseitige Verständigung (über Alltägliches) unproblematischen Kern dar. PP

**Umgreifendes,** zentraler Begriff in Jaspers Periechontologie (Lehre vom umgreifenden Sein). Das U. bezeichnet das alles umfassende Sein im Unterschied zu dem innerweltlich je bestimmten und begrenzten Seienden. Obwohl an sich eines, erscheint es dem begriffl. Denken in sieben gleichursprüngliche Weisen zerfallen: Dasein, Bewußtsein überhaupt, Geist, Existenz, Welt, Transzendenz und Vernunft. Sie sind der ungegenständliche umgreifende Ursprung, aus dem alles Gegenständliche als Erscheinung hervortritt. Nach Jaspers eigenem Verständnis soll die Lehre vom Umgreifenden ein »Grundwissen« darstellen, das jedem philosoph. Denken zugrundegelegt werden kann und somit eine kommunikative Funktion ausübt. Der Sinn der Periechontologie liegt nicht im Aufstellen einer neuen Ontologie, sondern in einer Veränderung des Seinsbewußtseins. **Lit.:** F.-P. Burkard: K. Jaspers. Würzburg 1985. S. 21–53. – K. Jaspers: Von der Wahrheit. München 1947. – J. Thyssen: Jaspers Buch »Von der Wahrheit«. In: Archiv für Geschichte der Philosophie 5 (1954). S. 170–224 FPB

**Umsicht,** bezeichnet für Heidegger die gründliche sowie zielbewußte pragmatische Auffassung des Werkzusammenhanges, die dem ↗Dasein ermöglicht, mit dem zuhandenenen Zeug wirksam zu hantieren und damit seine Projekte durchzuführen; somit entspricht sie der ↗Klugheit. Weil die U. das zu besorgende Seiende als etwas Bestimmtes – allerdings vorprädikativ – völlig im Blick hat, entspricht sie der ursprünglichen Erschlossenheit der Welt: Durch Überlegung der geeigneten Mittel zum Ende – dem Dasein selbst als letztem Worumwillen – läßt sie das Besorgte gegenwärtig werden; sie weist also eine zeitliche Struktur und ein Seinsverständnis auf. Ihr korrespondieren die Rücksicht und Nachsicht im fürsorglichen Umgang mit Anderen. **Lit.:** G. Prauss: Erkennen und Handeln in Heideggers »Sein und Zeit«. Freiburg/München 1977. OFS

**Umweltethik,** auch ökologische Ethik, derjenige Teilbereich der ↗Bioethik, der die Kritik und Begründung moralischer Wertvorstellungen und moralischer Prinzipien und Normen bezüglich des menschlichen Umgangs mit der nicht-menschlichen Natur zum Gegenstand hat. Die U. entstand zu Beginn der 1970er Jahre als Reaktion auf die sich immer deutlicher abzeichnende globale ökologische Krise, für die, neben anderen Ursachen, ein die nicht-menschliche Natur zur bloßen Ressource für menschliche Interessen herabsetzender Anthropozentrismus verantwortlich gemacht und die als Krise der modernen Zivilisation begriffen wurde. Besondere philosophische und ethische Beachtung verdienen solche (technischen) Eingriffe in die Umwelt, deren Folgen möglicherweise oder sicher irreversibel sind und deren räumliche und zeitliche Fernwirkungen nur schwer oder überhaupt nicht kontrollierbar sind. Die verschiedenen Ansätze der U. unterscheiden sich v. a. in Hinsicht darauf, welchen Naturwesen sie einen eigenen, intrinsischen moralischen Wert zuschreiben (↗Moralischer Status). Umstritten ist z. B. ob auch Tiere (↗Tierethik), Pflanzen, biologische Arten, Ökosysteme, Landschaften oder die Natur als Ganze moralische Ansprüche oder (moralische und juridische) Rechte besitzen. Während Tier- und Naturschutz mit verschiedenen Begründungsansätzen vereinbar sind, bezeichnet der Begriff Umweltschutz diejenigen Zielsetzungen in bezug auf die Natur, die, wie z. B. die langfristige Sicherung der Lebensgrundlagen, im aufgeklärten Eigeninteresse der gegenwärtig wie zukünftig lebenden Menschen (↗intergenerationelle Gerechtigkeit) liegen. **Lit.:** R. Attfield/A. Belsey (Hg.): Philosophy and the Natural Enviroment. Cambridge 1994. – D. Birnbacher (Hg.): Ökologie und Ethik. Stuttgart 1980. – Ders.: Mensch und Natur. Grundzüge einer ökologischen Ethik. In: K. Bayertz (Hg.): Praktische Philosophie. Grundorientierungen angewandter Ethik. Reinbek bei Hamburg 1991. S. 278–321. – D. VanDeVeer und Ch. Pierce (Hg.): People, Penguins, and Plastic Trees. Basic Issues in Enviromental Ethics. Belmont (CA) 1986 JA

**Unableitbarkeitsprinzip** oder Gesetz des ex falso quodlibet sequitur, zählt in der formalen Logik zu den Paradoxien der ↗Implikation und besagt, daß man mit einer falschen Voraussetzung jede beliebige Aussage beweisen kann, bzw. in einer anderen Formulierung: Wenn aus einer Gesamtheit von Annahmen ein Widerspruch ableitbar ist, so kann daraus mit dem U. jeder Satz und damit auch ein Widerspruch deduziert werden. PP

**Unbedingt.** Im Anschluß an die Moralphilosophie Kants wird ein Handeln nur dort als u. bezeichnet, wo der Wille sich selbst die Gesetze gibt. Überall dort, wo Triebe und Leidenschaften, ebenso Gefühle von Sympathie oder Antipathie oder auch soziale Zwänge den Willen des Handelnden bestimmen, unterliegt er einer Fremdbestimmung. Der ↗Wille ist nach Kant nur dann als frei zu bezeichnen, wenn nicht die sinnlichen Antriebe und die gesellschaftlichen Determinanten die letzten Bestimmungsgründe des Handelns sind. Dem Prinzip der Autonomie ist nur dort entsprochen, wenn der Wille keine der genannten Bedingungen zu seiner Voraussetzung hat. PP

**Unbestimmtheit,** diejenige Eigenschaft eines Individuums oder eines Systems, die es unmöglich macht, dessen Zustand vollständig und zugleich exakt zu erfassen, oder aus der Kenntnis eines Zustandes eindeutige Schlüsse über das zukünftige Verhalten zu ziehen. In der Naturwissenschaft sind es die Aussagen der Quantentheorie (↗Quantenmechanik), die dem Phänomen der U. atomarer Ereignisse Rechnung tragen. Aus der Existenz der von Planck und Einstein nachgewiesenen Naturkonstante des Wirkungsquantums folgt, daß physikalische Observablenpaare, die die Dimension einer Wirkung haben, z. B. Zeit/Energie, nicht gleichzeitig beliebig genau bestimmt sind (Heisenbergsche ↗Unschärferelation). Die daher unvermeidliche Wechselwirkung zwischen Meßobjekt und Meßgerät macht den Bezug auf Einzelvorgänge unsinnig und führt zu einem probabilistischen Begriff der Vorhersagbarkeit mikrophysikalischer Prozesse. Erst diese statistische Behandlung erlaubt den Übergang von der U. der Einzelereignisse zur determinierten Gesetzmäßigkeit der Makrophysik. In der praktischen Philosophie bezeichnet U. die gegen den ↗Determinismus gerichtete Überzeugung, daß das menschliche Wollen und Handeln nicht in allen Fällen ursächlich durch bewußte oder unbewußte Motive bestimmt wird, sondern daß es einen Spielraum der freien Entscheidung gibt. **Lit.:** E. Cassirer: Determinismus und Indeterminismus in der modernen Physik. Göteborg 1937. GOS

**Unbewußte, das.** Das U. als philosophischer Begriff hat seine Wurzeln in der Romantik. Anders als in Augustins Gedächtnistheorie (vergessene Erinnerungen im »Versteck des Geistes«), in Thomas v. Aquins Rückschluß auf eine unbewußte Denktätigkeit oder in Leibniz' Lehre von den dunklen Vorstellungen, in denen jeweils zur Erklärung kognitiv perzeptiver Funktionen ein U.s vorausgesetzt wird, gewinnt das U. in der Romantik metaphysische Qualität. Es ist der fundamentale, irrationale, schöpferische Urgrund allen bewußten Lebens, der die Einheit zwischen Mensch und Natur konstituiert (C. G. Carus). Schopenhauers Metaphysik des blinden Willens verleiht dem U.n einen volitiv-dynamischen Charakter. In E. v. Hartmanns spätromantischer »Philosophie des Unbewußten« wird dem Bewußtsein jede Eigenständigkeit gegenüber der steuernden Macht des U.n aberkannt. Die Romantik übte einen wesentlichen Einfluß auf die Auffassung des U.n in der Lebensphilosophie (insbes. Nietzsche, Klages) und in der Tiefenpsychologie (Freud, Jung) aus. In Freuds erster Theorie des psychischen Apparates wird das U. als ein System verstanden, das von in der frühen Kindheit verdrängten Erlebnissen gebildet wird. Die aus dem System Vorbewußt-Bewußt verdrängten Inhalte bleiben im U.n dynamisch aktiv (↗Psychodynamik). Durch bestimmte Abwehrmechanismen entstellt äußern sie sich in alltäglichen Fehlleistungen, Träumen und neurotischen Symptomen (↗Psychoanalyse). In der zweiten Theorie Freuds (ab 1920) wird das U. vorwiegend adjektivisch zur Bezeichnung unbewußter Anteile der drei Instanzen »Es«, »Ich« und »Über-Ich« gebraucht. Im Gegensatz zu Freud betont Jung nicht das im Laufe der Ontogenese gebildete individuelle, sondern das phylogenetisch entstandene kollektive U., das das gemeinsame Erbgut aller Menschen darstellt. Seine Inhalte sind die ↗Archetypen, in deren Dynamik Jung sowohl die gesunde Selbstverwirklichung (Individuation) des Menschen als auch neurotische bzw. psychotische Fehlentwicklungen begründet sieht. SP

**Unendlichkeit** (griech. apeiron, lat. infinitum). Das mathemathische Phänomen der endlosen Erweiterbarkeit von Zahlenwerten und Zahlenmengen wird bereits in der vorsokratischen Philosophie im Begriff des ↗apeiron (Unbegrenztes) als oberstes Seinsprinzip, besonders jedoch als Grundbestimmung der physischen Welt und ihrer Gegenstände diskutiert, bevor es durch Platon in einer v. a. terminologischen Übernahme der pythagoreischen Tradition in seiner Entgegensetzung zur ↗Grenze (peras) in epistemologischer Hinsicht fruchtbar gemacht wird. Hier ist es die unüberschaubare, widersprüchliche und so nicht rationalisierbare Vielzahl der äußeren Bestimmungen (Relationen und Aspekte) eines auf die Weise der ↗doxa erfaßten Gegenstandes, der sich so vollständig auf seine unterschiedlichen Erscheinungsweisen reduziert (*Philebos* 14c1-e4). Erst durch den Prozeß der Hinzufügung der durch das peras bezeichneten wesentlichen Verhältnis- und Maßbestimmungen kann der Gegenstand als ein Gemischtes aus beidem über seinen durch einen logos aufgezeigten Ort innerhalb eines ↗techne-Bezugsrahmens verstanden werden (vgl. ebd. 23c1–26e9). – Aristoteles definiert das Unendliche als ein nicht in diskursiver Weise abschließend Erfaßbares (*Physik* 204a14) und negiert so die Existenz eines »aktual« unendlichen Gegenstandes als diskreter Größe oder Menge sowohl in sinnlicher als auch in nicht-sinnlicher Hinsicht (III, 3). U. kann vielmehr nur als eine »mögliche« gedacht werden (ebd. 203b24; 207b10 f.), d. h. als die allein durch gedankliche Operationen vollziehbare, potentiell endlose Wiederholung oder Aneinanderreihung bisweilen unterschiedlicher endlicher Glieder – etwa bei der Teilung des Kontinuums oder der stetigen Erweiterung der Zahlenreihe. Unendliche Gegenstände sind für Aristoteles einerseits die Bewegung als Prinzip der physikalischen Welt, die – obgleich nicht in sinnlicher Hinsicht unendlich – ebenso unvergänglich ist wie die Zeit (ebd. 207b22–25), zum anderen das Denken als Ort und Instanz der Konstruktion der U. (208a15–16). – Im Neuplatonismus wird in der Nachfolge Philons v. Alexandria durch Plotin der Begriff der U. um diejenige Gottes, des in seiner Vollkommenheit von aller Vielheit freien ↗Einen bzw. ↗Guten, der als absolute Potentialität die Hervorbringung aller Dinge leistet, erweitert (vgl. *Enneaden* II, 4, 15, 19–20; V, 5, 10, 18–25). – Hegel, ähnlich Schelling (*Sämtl. Werke* IV, S. 381 ff.), unterscheidet drei logische Formen der U.: Sie erscheint zunächst im Rahmen der einfachen »affirmativen« Bestimmung der Selbst-Identität des Endlichen als dessen bloße Negation. Sodann bezeichnet sie als »schlechte U.« das dem Verstandesdenken verhaftete, sich allein im abgrenzenden Gegensatz zum Endlichen befindliche und deshalb selbst begrenzte »verendlichte Unendliche«. Erst in der darüber hinaus zu vollziehenden höheren, d. h. konkret affirmativen Bestimmung der Realität des Endlichen, die beide Pole dynamisch im Enthalten des je anderen ihrer selbst erfaßt bzw. aufhebt, erweist sich die U. als »wahrhaft Unendliches« (Hegel, *Logik* (1832), Hamburg 1990. S. 111 ff.). **Lit.:** E. E. Benitez: Forms in Plato's *Philebus*. Assen, Maastricht 1989. – H. Buchner. Plotins Möglichkeitslehre. München/ Salzburg 1970. – P. Stekeler-Weithofer: Hegels Analytische Philosophie. Paderborn u. a. 1992. – W. Wieland: Die aristotelische Physik. Göttingen 1962. MDB

**Unentscheidbar.** Ein Satz heißt u. (in einem formalen deduktiven System T), wenn (in T) weder er noch seine Negation ableitbar ist. Ein in einem System T unentscheidbarer Satz kann in einem T umfassenden System T' entscheidbar sein. Ist ein Satz S in einem widerspruchsfreien System T u., so kann man S oder die Negation von S zu T hinzufügen, ohne daß das so entstehende System formal widersprüchlich würde. VP

**Ungleichzeitigkeit.** (1) Nach den theoretisch und experimentell vielfach bestätigten Aussagen der von Einstein formulierten ↗Relativitätstheorie besitzt die Aussage der Gleichzeitigkeit bzw. U. mehrerer räumlich getrennter Ereignisse nur relative, auf ein einziges physikalisches Bezugssystem beschränkte Gültigkeit. Diese Relativität ist eine Konsequenz des zweiten Postulates der speziellen Relativitätstheorie, demzufolge die Lichtgeschwindigkeit, die die oberste Grenze der Ausbreitungsgeschwindigkeit eines Informationssignales darstellt, für alle gleichförmig bewegten Beobachter gleich sein muß. Die zur Feststellung der U. benötigten Signale von den Ereignisorten, werden von relativ zur Signalquelle verschieden bewegten Beobachtern zu unterschiedlichen Zeiten empfangen und abweichend interpretiert. Dabei ist es den Beobachtern gemäß des ersten Postulates der speziellen Relativitätstheorie nicht möglich, eine Aussage über den eigenen Bewegungszustand zu machen. – (2) Mit dem Begriffspaar gleichzeitig/ungleichzeitig versucht E. Bloch subjektive und objektive Motive und Verfassungen zu kategorisieren, die zur Entstehung des Faschismus in Deutschland beigetragen haben. **Lit.:** E. Bloch: Erbschaft dieser Zeit. Frankfurt 1962. – A. Einstein: Zur Elektrodynamik bewegter Körper. In: Annalen der Physik, 4. Folge, Bd. 17. Leipzig 1905. – B. Kanitschneider: Das Weltbild A. Einsteins. München 1988. GOS

**Unglück,** Erfahrung einer destruktiven Kontingenz, die in die individuellen Lebenszusammenhänge folgenschwer eingreift. U. ist die unerwartete und meist unverschuldete Leiderfahrung in verschiedensten Bereichen, so z. B. körperliches Leid bis hin zum Tod durch Krankheit oder Unfall, ökonomisch-materieller Zusammenbruch der Existenzbedingungen, soziale Entwurzelung, seelisches Leid z. B. durch den Tod einer geliebten Person. Unabhängig davon, in welchem Teilbereich das U. wirkt, erfaßt es den Betroffenen in seiner ganzen Existenz. Philosophisch wird das U., im Gegensatz zum ↗Glück, kaum eigens thematisiert. Einen theorierelevanten Ort kann es im Kontext der Theodizeefrage (↗Theodizee), der Kontingenzproblematik und der Existenzphilosophie haben. **Lit.:** H. Pilcher: Besinnung über Glück und Unglück. [2]1936. – S. Weil: Das Unglück und die Gottesliebe. München 1953. REW

**Ungrund,** in der Philosophie Jacob Boehmes jene Dimension sowohl des göttlichen als auch des menschlichen Seins, die den Bereich von Gründendem und Begründetem unterfängt. Der U. Gottes ist kein gedachter oder auch nur denkbarer, vielmehr ein existentiell zu lebender Grund. Es handelt sich um jenes Ungründige, das sich dem denkenden Ergreifen entzieht und nur im Gründungsprozeß selbst zu erfahren ist. Der Begriff hatte besonders Einfluß auf die Romantik und findet sich insbesondere in der Spätphilosophie Schellings ausgearbeitet. Verwandt ist vor allem die Vorstellung vom »Abgrund« als grundloser Tiefe Gottes, der in eins gesetzt wird mit dem menschlichen Abgrund (Eckhart, Tauler) oder dem »Abgrund« des Daseins in der Existenzphilosophie der Gegenwart. EWG

**Uniformitätsprinzip.** In bezug auf die empirische Erfahrung besagt das U., daß die in der Vergangenheit beobachteten Regelmäßigkeiten von Ereignissen auch in Zukunft gelten werden. Das U. kann nicht logisch bewiesen werden. PP

**Unio mystica** (lat. mystische Einung), bezeichnet das Grundphänomen der christlichen ↗Mystik. Die Frage nach dem Ersten als dem Einen geht auf die Ursprünge des griech. Denkens in der Antike zurück. Für die Ausbildung der Vorstellung der U.m. wirkte dann besonders die Konzeption der henosis (griech. Einung) im Neuplatonismus prägend, die dann durch Pseudo-Dionysius Areopagita dem christlichen MA. vermittelt wurde. Wenn auch die U.m. meist als Erfahrung der Einung des Menschen mit Gott verstanden wurde, so wird doch immer wieder betont, daß es sich letztendlich nicht um die Vereinigung von zunächst Getrenntem, sondern um das Bewußtwerden einer ursprünglichen Einheit als Erwachen des Menschen zu sich selbst gehe. Gemeint ist eine existentielle Grunderfahrung, die begrifflich zwar nicht zu fassen ist, jedoch immer wieder in vielfacher Ausdrucksweise benannt wird (z. B. visio essentiae Dei, ↗contemplatio, cognitio Dei experimentalis, uniri Deo, Gottesgeburt im Seelengrund usw.). EWG

**Universalien,** in der traditionellen Philosophie Name für etwas, »das seiner Natur nach in mehrerem zu sein vermag« (Aristoteles) und den Einzeldingen gegenübergestellt wird. Vorzuziehen ist die neutralere Kennzeichnung »abstrakter Gegenstand«, da obige Definition U. auf Allgemeinbegriffe einschränkt, die von mehreren Elementen einer Klasse erfüllt werden können. So verstanden decken U. nicht einmal alle Eigenschaften ab (Bsp. »die einzige durch 2 teilbare Primzahl«). Die wichtigsten, aber allesamt nicht unumstrittenen Kriterien zur Definition von U. sind: (1) Atemporalität, (2) Nicht-Wahrnehmbarkeit, (3) Nicht-kausal-wirksam und (4) rein begriffliche Identifizierbarkeit. So ist fraglich, ob (1) oder (4) nur hinreichende oder auch notwendige Bedingungen sind, während (2) und (3) zwar notwendige, vielleicht aber nicht hinreichende Bestimmungen von U. sind. Neben dem Problem der Definierbarkeit von U. besteht in der philosophischen Tradition ein immerwährender Disput (z. B. der ↗Universalienstreit im MA.) um den ontologischen Status der U. Haben U. eine eigenständige Existenz (↗Realismus), oder sind sie auf geistige Leistungen (Abstraktion aus Klassen von Gegenständen) zurückführbar, die in Erfahrung und Sprache vorgenommen werden (↗Konzeptualismus)? Oder können U. gar als bloße Zeichen oder Worte zur Zusammenfassung des Einzelnen verstanden werden, denen ontologisch nichts entspricht (↗Nominalismus)? Der Konzeptualismus verfolgt in erster Linie eine epistemologische Fragestellung und läßt sich ontologisch sowohl realistisch wie nominalistisch interpretieren. **Lit.:** D. M. Armstrong: Nominalism & Realism. 2 vol. Cambridge 1978. – W. Künne: Abstrakte Gegenstände. Frankfurt 1983. – W. Stegmüller: Das Universalien-Problem einst und jetzt. Darmstadt 1965. MQ

**Universalienstreit,** Auseinandersetzung um den ontologischen Status von ↗Universalien (z. B. die Gattung Lebewesen, die Art Mensch), die in der Spätantike mit Porphyrios begann und ihren Höhepunkt im

12. und im 14. Jh. erreichte. Zwei Hauptpositionen standen einander gegenüber: Für die gemäßigten Realisten, darunter Thomas von Aquin und Walter Burley, sind Universalien allgemeine Entitäten, die gleichzeitig in mehreren Individuen instantiiert sind. Sie können zwar nur in diesen Individuen existieren, sind aber nicht mit den Individuen selbst identisch. Die Universalien werden durch allgemeine Begriffe bezeichnet, existieren jedoch unabhängig von diesen Begriffen. Für die nominalistischen und konzeptualistischen Gegner hingegen, darunter Petrus Abaelard und Wilhelm von Ockham, sind Universalien nichts anderes als allgemeine mentale Begriffe (oder allgemeine gesprochene und geschriebene Ausdrücke), die ausschließlich Individuen bezeichnen. Die Nominalisten erklären die Entstehung solcher Begriffe mit Verweis auf einen Abstraktionsprozeß: Bestimmte Eigenschaften eines Gegenstandes weisen Ähnlichkeiten mit den Eigenschaften anderer Gegenstände auf. Diese ähnlichen Eigenschaften werden von allen unähnlichen Eigenschaften abstrahiert und schließlich mit Hilfe allgemeiner Begriffe erfaßt. – In der neueren Diskussion haben vor allem Armstrong und Goodman an den ma. U. angeknüpft, die nominalistische Position wieder aufgenommen und mit Hilfe der modernen Klassenlogik präzisiert. **Lit.:** D.M. Armstrong: Universals. An Opiniated Introduction. Boulder/San Francisco/London 1989. – M. McCord Adams: William Ockham. Notre Dame 1987. – P. Dronke (Hg.): A History of Twelfth-Century Western Philosophy. Cambridge 1988. – H.-U. Wöhler (Hg.): Texte zum Universalienstreit. 2 Bde. Berlin 1992/1994. DP

**Universalismus** (von lat. universalis: zur Gesamtheit gehörig, allgemein, umfassend), bezeichnet eine Auffassung, die das Allgemeine dem Besonderen überordnet. U. steht heute für eine dem Relativismus, insbesondere ↗Subjektivismus und ↗Kontextualismus, entgegengesetzte ethische Position, die den Nachweis der moralischen Richtigkeit von Normen und Handlungsweisen von der Bezugnahme auf ein überindividuelles und transkulturelles, insofern universalgültiges Prinzip abhängig macht, das keinen Einschränkungen unterliegen darf. Der ethische U. wurde von Kant begründet. In der *Grundlegung zur Metaphysik der Sitten* und *Kritik der praktischen Vernunft* rekonstruiert Kant den Kategorischen ↗Imperativ als zugrundeliegendes Prinzip der Verallgemeinerung, etwa in der Formulierung »Handle nur nach derjenigen Maxime, durch die du zugleich wollen kannst, daß sie ein allgemeines Gesetz werde.« Die unzureichende Situationsbezogenheit dieses Verallgemeinerungsprinzips, die zu rigoristischen Konsequenzen führen kann, regte zu vielfältigen Reformulierungen des Universalisierungsgrundsatzes (z.B. von M.G. Singer und R.M. Hare) an. Eine vertragstheoretische Fassung des U. gibt Rawls *Theorie der Gerechtigkeit*, die die Vorstellung politischer ↗Gerechtigkeit von dem Gedankenexperiment eines fiktiven Urzustands unter dem Schleier des Nichtwissens (der eigenen sozialen Stellung) her entwickelt. Die ↗Diskursethik (Apel, Habermas) deckt den sog. Diskursgrundsatz als unhintergehbares, daher unbedingt verpflichtendes Prinzip der Moralbegründung auf: »Bemühe dich um einen idealen Konsens, der sich in einem unbegrenzten Diskursuniversum gleichberechtigt Argumentierender einstellen würde.« Im 20. Jh. bringen die Erfahrungen von Faschismus und Rassismus und die menschheitsbedrohenden Nebenwirkungen technischer Entwicklungen (z.B. ökologische Krise) die Notwendigkeit einer universalistischen Ethik deutlich vor Augen. **Lit.:** K.-O. Apel: Der postkantische Universalismus in der Ethik im Lichte seiner aktuellen Mißverständnisse. In: A. Schwan/K.W. Kempfer (Hg.): Grundlagen der politischen Kultur des Westens. Berlin 1987. S. 280–300. – Ders.: Das Problem einer universalistischen Makroethik der Mitverantwortung. In: Deutsche Zeitschrift für Philosophie 41 (1993). S. 201–215. – D. Böhler: Die deutsche Zerstörung des politisch-ethischen Universalismus. In: Forum für Philosophie Bad Homburg (Hg.): Zerstörung des moralischen Selbstbewußtseins. Frankfurt 1988. S. 166–216. – R.M. Hare: Universalisierbarkeit. In: Seminar: Sprache und Ethik. Frankfurt 1974. S. 198–216. – H. Hoppe: Ethische Positionen im Vergleich: Utilitarismus (Hare) – Vertragstheorie (Rawls) – Diskursethik (Apel/Habermas). In: Deutsche Zeitschrift für Philosophie 40 (1992). S. 503–512. – J. Rawls: Eine Theorie der Gerechtigkeit. Frankfurt 1993. – J.M. Singer: Verallgemeinerung in der Ethik. Frankfurt 1975. HGR

**Universalpragmatik.** In der von Habermas entwickelten Theorie der U. wird das Regelsystem benannt und beschrieben, das einer jeden Sprechhandlung notwendig zugrundeliegt. Zur Feststellung der allgemeinen Bedingungen für eine jede Sprechhandlung bedient sich Habermas der rekonstruktiven Methode, die von zwei Annahmen ausgeht: (1) Die Sprechhandlungen bzw. Äußerungen stellen die grundlegenden Bestandteile einer verständigungsorientierten Kommunikation dar (↗Sprechakttheorie). (2) Das handelnde Subjekt stützt sich in den kommunikativen Akten auf implizite Fähigkeiten und Kenntnisse, ohne explizit angeben zu können, welchen Regeln es folgt oder welche Operationen es beim Sprechen vollzieht. Das methodische Verfahren der rekonstruktiven Analyse hat zum Ziel, die allgemeinen Voraussetzungen (d.i. die fundamentalen Regeln) von konsensuellem Handeln auszuweisen, die als ↗Hintergrundkonsens immer schon unterstellt bzw. anerkannt sein müssen, wenn solche Sprechhandlungen gelingen sollen. Das Verfahren hat seine Vorbilder in Chomsky's linguistischer Analyse der Sprachkompetenz und in Piaget's Rekonstruktion der Entwicklungsstufen kognitiver Schemata. Der empirische Charakter dieses Verfahrens zeigt sich durch seinen Bezug auf das intuitive (d.i. noch vortheoretische) Wissen des kompetenten (erwachsenen) Sprechers. Trotz des empirischen Bezugs entspricht dieses Verfahren nicht einer Beschreibung beobachtbarer Daten, sondern stellt eine methodische

Befragung der Sprecher mittels systematisch angeordneter Beispiele dar, mit deren Hilfe das intuitive Verständnis von Korrektheit der Sprechhandlungen in ein explizites Wissen von Regeln übersetzt wird. Diese Regeln stellen die universalen Bedingungen für jede Sprechhandlung und deren Beherrschung die Grundlage der kommunikativen ↗Kompetenz dar.
Die U. geht von folgender Doppelstruktur der Kommunikation aus: Jede Verständigung zwischen einem Sprecher und einem Hörer impliziert eine Ebene der interpersonalen Beziehung und eine Ebene der Erfahrung, über die kommuniziert wird. Diese Doppelstruktur entnimmt Habermas den Analysen zur Sprechakttheorie von Austin und Searle und deren Unterscheidung zwischen ↗illokutionärer Rolle und ↗propositionalem Gehalt. D.h. jeder Sprecher äußert einen Aussageinhalt (d.i. den propositionalen Gehalt) mit einer bestimmten Absicht (bspw. zu behaupten, zu fragen, zu versprechen), die durch die illokutionäre Rolle zum Ausdruck kommt. Durch diese Rolle zeigt der Sprecher an, daß er zum einen eine personale Beziehung zu einem anderen aufnehmen möchte und zum anderen, daß er diese Beziehungsaufnahme mit einem thematisch hervorgehobenen ↗Geltungsanspruch verbindet, durch den er dem anderen gegenüber eine bestimmte Art der Verbindlichkeit eingeht. Habermas benennt dazu grundlegende Formen solcher Sprechakte, die zugehörigen Geltungsansprüche und Möglichkeiten ihrer Einlösung: (1) Die konstativen Sprechakte, mit denen wir eine Aussage über die Realität machen, sind mit dem Geltungsanspruch verbunden, wahr zu sein. Die mit diesem Wahrheitsanspruch eingegangene Begründungsverpflichtung wird dadurch eingelöst, daß der Sprecher bei Rückfragen auf die entsprechenden Erfahrungsquellen verweist. Diese Sprechakte werden durch die Ausdrücke »behaupten«, »berichten«, »erklären«, »voraussagen«, »bestreiten« usw. angezeigt. (2) Die regulativen Sprechakte, mit denen wir auf normative Gehalte Bezug nehmen oder ein Sollen zum Ausdruck bringen, sind mit dem Geltungsanspruch verbunden, richtig zu sein. Die mit diesem Richtigkeitsanspruch eingegangene Verpflichtung wird durch Verweis auf den gemeinsamen normativen Kontext eingelöst. Sie werden repräsentiert in Ausdrücken wie »befehlen«, »warnen«, »entschuldigen«. (3) Mit den repräsentativen Sprechakten drückt der Sprecher eine bestimmte intentionale Einstellung bezüglich der Beziehungsaufnahme aus, die als Anspruch auf Wahrhaftigkeit zu verstehen ist und durch die er eine Bewährungsverpflichtung übernimmt. Seinem Anspruch genügt er damit, daß er sich entsprechend seiner Äußerung verhält, bspw. eine Versprechen tatsächlich auch einlöst oder eine Behauptung auch begründet. Die genannten Geltungsansprüche sind konstitutiv für jede Sprechhandlung, so daß jede Person im Vollzug eines solchen Sprechakts sie als allgemeine Voraussetzung für das Gelingen der Kommunikation akzeptiert haben muß: Er muß einen verständlichen Ausdruck zu wählen, er muß die Absicht haben, einen wahren propositionalen Gehalt mitzuteilen, damit der Hörer das Wissen teilen kann, er muß seine Intentionen wahrhaftig äußern wollen, damit der Hörer ihm vertrauen kann, er muß eine im Hinblick auf soziale Erwartungshaltungen und Werte oder auf bestehende Normen richtige Äußerung wählen, damit der Hörer die Äußerung akzeptieren kann bzw. damit beide auf der Basis eines gemeinsamen normativen Hintergrunds miteinander übereinstimmen können. Sprecher und Hörer können sich auf dieser Grundlage gegenseitig zur Anerkennung von den kognitiv überprüfbaren Geltunsansprüchen bewegen. Die illokutionäre Kraft des Sprechakts erzeugt zwischen den Beteiligten eine interpersonale Beziehung, da der Sprecher mit dem Sprechakt bereit ist, eine bestimmte Bindung und Verbindlichkeit einzugehen und in der Konsequenz seiner Äußerung die sprechhandlungstypisch geforderten Kontextbedingungen zu erfüllen. Soweit der Sprechakt eine Handlung ist, aktualisiert er ein bereits etabliertes Beziehungsmuster, das den soziokulturell eingewöhnten Lebensformen zugrundeliegt. **Lit.:** J. Habermas: Was heißt Universalpragmatik. In: Vorstudien und Ergänzungen zur Theorie des kommunikativen Handelns. Frankfurt 1984. S. 353 ff. – Th. McCarthy: Kritik der Verständigungsverhältnisse. Frankfurt 1980. PP

**Unmittelbar** (unvermittelt, direkt, intuitiv, plötzlich), bezogen auf Erkenntnis: Etwas, gleich welcher Provenienz, ist dem Erkennenden und aus der angeschauten Sache heraus (sachlich) im Moment dieser Anschauung (persönlich) klar, direkt einsichtig oder evident. U.e Einsicht in etwas, ↗Evidenz von etwas, ereignet sich ohne Vermittlung eines Dritten, ohne Beweisführung, Syllogistik. Sie ist per definitionem eines Beweises oder einer Erklärung weder fähig noch bedürftig. Es ist unsinnig und überflüssig, das u.e erkenntnishafte Präsenthaben von etwas in seiner Unmittelbarkeit erweisen zu wollen. WB

**Unschärferelation,** von W. Heisenberg 1927 gefundene Konsequenz der ↗Quantenmechanik, derzufolge zwei physikalische Größen, deren quantenmechanische Operatoren nicht kommutieren (d. h. für die $AB - BA \neq 0$ gilt), nicht gleichzeitig wohlbestimmte Werte haben können (Dies manifestiert sich als statistische Streuung in Ensembles). Für die Unschärfen bei gleichzeitigen Messungen z. B. von Ort ($\Delta q$) und Impuls ($\Delta p$) gilt die Relation $\Delta p \Delta q = h/4\pi$ (h: Plancksches Wirkungsquantum), d. h. es ist unmöglich, gleichzeitig Ort und Impuls eines Teilchens beliebig genau zu messen. Nach Heisenbergs Ansicht haben Mikroobjekte nicht gleichzeitig scharfe Werte für Ort und Impuls. Die U. ist eines der wichtigsten Indizien für das nicht-klassische Verhalten von Mikroobjekten und die Grenzen des klassischen Bahnbegriffs. RH

**Unsicherheit,** subjektiv Ausdruck für Unwissen in bezug auf etwas und einen entsprechenden emotionalen Zustand, objektiv Ausdruck dafür, daß zukünftige Ereignisse noch nicht festgelegt sind. U. bezieht sich insbesondere auf den möglichen Eintritt eines ↗Schadens infolge von Handlungen sowie auf dessen Art und Höhe. Drei Formen der U. können unterschieden werden: (1) Risiko: Wahrscheinlichkeit im Sinne der Häufigkeit sowie Art und Höhe des Schadens sind bekannt; (2) Ungewißheit: Art und Höhe des Schadens sind bekannt, nicht aber die Wahrscheinlichkeit seines Eintritts; (3) Unbestimmtheit: Weder die Art oder die Höhe des Schadens noch die Wahrscheinlichkeit für dessen Eintritt sind bekannt. Letztere ist insbesondere für Umweltsysteme relevant: z. B. fällt der Klimawandel infolge der Emission von Treibhausgasen unter diese Form von U. **Lit.:** E. Karni/D. Schmeidler: Utility Theory with Uncertainty. In: W. Hildenbrand/H. Sonnenschein: Handbook of Mathematical Economics. Bd. 4. Amsterdam 1991. Kap. 33. – B. Wynne: Uncertainty and Environmental Learning. In: Global Environmental Change 2 (1992). S. 111–27. ME

**Unsterblichkeit.** Die Ursprünge des Unsterblichkeits-Denkens sind in religiös motivierten Seelenwanderungsmythen zu finden. Nach pythagoräischer Lehre wandert die ↗Seele mit dem Tod des Menschen gemäß seines Wohlverhaltens in den Leib eines niedereren oder höheren Wesens. Ziel ist die Erlösung vom Kreislauf der Wiedergeburten. Platon führt erstmals philosophisch reflektierte Gründe für die U. der Seele an. Er geht dabei von einem strikten Leib-Seele-Dualismus aus. Die Deutung intellektueller Vermögen, u. a. der Wiedererinnerung an eine vorgeburtliche Ideenschau, erweist sich als inadäquat, will man sie gleich jener vergänglicher körperlicher Funktionen vornehmen. Ferner hat die Seele Eigenschaften, u. a. die, einfach zu sein, welche sie von kontingent Seienden abheben. Für Aristoteles ist die Seele Erstverwirklichung (prote entelecheia) der für ein Lebewesen einer Art charakteristischen Lebensfunktionen. Nur ein Teil des menschlichen Intellekts (nous poietikos) weist Merkmale der Unvergänglichkeit auf. Averroes deutet diesen unsterblichen Aspekt der Seele als überindividuelles Prinzip, an dem einzelne Menschen zeit ihres Lebens partizipieren. Für Thomas v. Aquin ist die Seele des Menschen forma substantialis, die in gewisser Weise auch ohne ihren Körper zu subsistieren vermag. Sie muß demnach mit dem Tod des Menschen nicht zugrundegehen. Auch im Denken der Neuzeit kommt die Vorstellung von der U. zur Geltung. Leibniz' ↗Monaden sind einfache, unteilbare und auf natürliche Weise nicht vergängliche Substanzen. – Für Kant ist die U. Postulat der praktischen Vernunft. Ohne die Möglichkeit, das höchste Gut zu erlangen, wäre sittliches Handeln sinnlos. Ein Aspekt des höchsten Gutes ist sittliche Vollkommenheit, welche im diesseitigen Leben nicht erreicht werden kann. Vor dem Hintergrund der zeitgenössischen Philosophie kann die Vorstellung von der U. nur bestehen bleiben, wenn man rein materialistische Deutungen menschlicher Personen zurückweist. Die Frage nach der (Ir-)Reduzibilität des Geistigen auf rein materielle Zusammenhänge wird heute in der »philosophy of mind« breit und vielfältig diskutiert. In der Ontologie werden Voraussetzungen der U., wie die Identität von Personen durch die Zeit, erörtert. **Lit.:** Aristoteles: De anima, 430a, 10–25. – G. Brüntup: Das Leib-Seele-Problem. Eine Einführung. Stuttgart 1996. – I. Kant: Kritik der praktischen Vernunft (Akad.-Ausg. Bd. 5). – G. Leibniz: Monadologie. – Platon: Phaidon, 72e-77d; 78b-84b. – Th. Nagel: Die Grenzen der Objektivität. Stuttgart 1991. – Thomas v. Aquin: S.th.I, q.75, a.2. CK

**Unterbegriff, Untersatz** ↗Oberbegriff/Unterbegriff, ↗Syllogismus

**Unverborgenheit/Verborgenheit.** Heidegger deutet das griechische Wort aletheia, das gewöhnlich mit Wahrheit übersetzt wird, als U. Er geht hierbei zum einen von der Etymologie dieses Wortes aus, andererseits vom Verständnis der Vorsokratiker, die aletheia als den Charakter des Seienden erfuhren, als dessen U. – Die U. des Seienden faßt Heidegger dabei als Voraussetzung von Wahrheit im Sinne der ↗Adäquationstheorie. Die U. eines einzelnen Seienden ist jedoch unauflöslich mit der V. des Seienden im Ganzen (Welt) verbunden. Denn das Seiende im Ganzen, in das wir durch die Befindlichkeit der ↗Stimmung eingelassen sind, ermöglicht zwar erst unser Verhalten zu einzelnem Seienden, verbirgt sich dadurch aber gerade selbst. Diese V. ist selbst darüber hinaus vergessen. So waltet eine doppelte V. Das Verhältnis von U. und V. wurzelt nach Heidegger wiederum in einer ursprünglicheren U., der U. des Seins in der ↗Lichtung. **Lit.:** M. Heidegger: Vom Wesen der Wahrheit. Frankfurt 1986. – Ekkehard Fräntzki: Die Kehre. Heideggers Schrift »Vom Wesen der Wahrheit«. Pfaffenweiler 1987. BA

**Unverträglichkeit.** In bezug auf Handlungen und Zwecke bedeutet U., daß die Ausführung von Handlungen und die Erreichung verschiedener Zwecke sich wechselseitig verhindern. Die U. dient zur Charakterisierung einer Konfliktsituation. Dabei lassen sich verschiedene Arten von U. unterscheiden: (a) i. S. der logischen Widersprüchlichkeit, wenn eine Handlung oder ein Zweck die Negation einer anderen Handlung oder eines anderen Zweckes darstellen, (b) weil sich nach unserem Wissensstand auch dann nicht alle befolgen lassen, wenn neue Mittel bereitgestellt werden oder weil die bereitstehenden Mittel nicht in der erforderlichen Weise eingesetzt werden. **Lit.:** P. Lorenzen/O. Schwemmer: Konstruktive Logik, Ethik und Wissenschaftstheorie. Mannheim 1973. S. 112. PP

**Unvollständigkeitssatz** (von K. Gödel). Jedes (einigermaßen ausdrucksstarke) widerspruchsfreie formale deduktive System ist unvollständig, d. h. es gibt einen darin formulierbaren Satz, der in diesem System ↗unentscheidbar ist, d. h. nicht bewiesen und nicht widerlegt werden kann. Damit ist sowohl der ↗Formalismus als auch der ↗Logizismus zum Scheitern verurteilt, da keine mathematische Disziplin in einem solchen formalen System völlig adäquat erfaßt werden kann. Ein wichtiges Korollar zu diesem Satz besagt, daß die Widerspruchsfreiheit eines formalen deduktiven Systems nur mit Mitteln bewiesen werden kann, die stärker sind als die Mittel dieses Systems. **Lit.:** K. Gödel: Über formal unentscheidbare Sätze der Principia Mathematica und verwandter Systeme. In: Monatshefte für Mathematik und Physik (1931). S. 173–198. VP

**Unwissenheit, Prinzip der vernünftigen.** In der sprachanalytischen Diskussion über die Theorie der ↗Bedeutung bzw. Theorie der Referenz formuliert Putnam neben dem Prinzip des ↗Vertrauensvorschusses als zweites das Prinzip der vernünftigen U. Es besagt, daß ein Sprecher ein Wort »besitzen« kann im Sinn der gewöhnlichen Fähigkeit, es im Gespräch zu gebrauchen, ohne den Mechanismus der Referenz dieses Terminus explizit oder auch nur implizit zu kennen. Dieses Prinzip stellt gleichzeitig eine Kritik an Russells Modifikation der Referenztheorie durch die Theorie der ↗Kennzeichnung dar, da nach Putnams Meinung der Gebrauch eines Wortes wie z. B. »Gold« zwar ein implizites Wissen voraussetzt, aber nicht ein Wissen der Art, daß man Kriterien dafür angeben könnte, daß etwas Gold ist, und ohne überhaupt eine klare Vorstellung davon zu haben, wie das Wort »Gold« mit etwas verbunden ist, was immer das sein mag. ↗Kennzeichnung. **Lit.:** H. Putnam: Sprache und Wirklichkeit. In: Von einem realistischen Standpunkt. Reinbek 1993. S. 59. PP

**Upaniṣaden** (sanskrit: upaniṣad). Die U. sind Appendices ritualistisch-spekulativen, philosophischen Inhalts, die den liturgischen Brāhmaṇas (↗Veden) angehängt sind. Literaturgeschichtlich unterscheidet man vier Schichten: die älteren U. *Bṛhadāraṇyaka-, Chāndogya-, Taittirīya-, Aitareya-, Kauṣītaki-* und *Kena-U.;* die mittleren U. in metrischer Sprache *Mahānārāyaṇa-, Kaṭha-, Iṣā-, Śvetāśvatara-* und *Muṇḍaka-U.;* die jüngeren U. *Praśna-, Māṇḍūkya-, Maitrāyaṇī-U.* (in ungefährer relativer chronologischer Reihenfolge). Die jüngeren U. weisen z.T. buddhistischen Einfluß auf und liefern somit einen terminus post quem 483 v.Chr. (Todesdatum des Buddha). Die übrigen, meist dem Atharva-Veda zugeordneten U. sind beträchtlich jünger und inhaltlich heterogen. Während die ältere vedische Literatur anonym, bzw. von mythischen Weisen überliefert ist, treten in den U. zum erstenmal individuelle Denkerpersönlichkeiten auf, an die sich bestimmte Grundkonzepte der U.-Philosophie festmachen lassen: Śāṇḍilya (*Chāndogya-U.* 3.14), Yājñavalkya (*Bṛhadāraṇyaka-U.* 2.4., 3.1.ff.), Uddālaka Āruṇi (*Chāndogya-U.* 5.17., 6.1.ff.) und sein Sohn Śvetaketu (*Bṛhadāraṇyaka-U.* 6.2.). Philosophisch gesehen enthalten die U. verschiedene Gedanken unterschiedlicher Entwicklungsstufen, als einheitliche »Grundlehre« kann man jedoch die der Identität von ↗Brahman und ↗Ātman ansehen, die den Ausgangspunkt für das System des ↗Vedānta bildete. Daneben sind die U. voll an Spekulationen über das (Opfer-)Feuer (↗Fünf-Feuer-Lehre), Atem (prāṇa, z. B. *Kauṣītaki-U.* 2. 14., *Bṛhadāraṇyaka-U.* 3.9.26., 6.1.7.), den Kosmos (sarvam, *Bṛhadāraṇyaka-U.* 1.2.5.) usw. Während in den Brāhmaṇas makro-mikrokosmische Identifikationen im rituellen Zusammenhang angestellt wurden, verlagert sich nun der Schwerpunkt des Denkens in den Bereich des individuellen Seins: es gilt die Probleme des menschlichen Daseins – Geburt, Tod, Seele – zu lösen. Dies spielt sich im Bereich der Konzepte Unsterblichkeit (amṛta, *Bṛhadāraṇyaka-U.* 2.5.10.), Wiedergeburt (↗Saṃsāra), Tatvergeltung (↗Karma, *Bṛhadāraṇyaka-U.* 3.2.13., 4.4.5.) ab. Mit dem Aufkommen und Zusammengehen dieser verschiedenen Vorstellungen vollzieht sich eine Änderung in der Beurteilung des Seins. Das durch das Karma endlose Wiedergeboren-Werden wird als leidvoll empfunden (*Maitrāyaṇa-U.* 4.2.), die Erlösung in der Erkenntnis der Einheit von individueller Seelen-Monade (Ātman) und Allseele (Brahman) gefunden (*Bṛhadāraṇyaka-U.* 3.5.1.). In den U. vollzieht sich nach Glasenapp »der Übergang von der mythischen zur eigentlichen philosophischen Weltdeutung«. **Lit.:** P. Deussen: Allgemeine Geschichte der Philosophie. Bd. I.2. Leipzig 1922. – A. B. Keith: The Religion and Philosophie of the Veda and Upanisads. 2 Bde. Cambridge/London 1925. – K. Mylius: Geschichte der Literatur im alten Indien. Leipzig 1983. S. 78 ff. – H. Oldenberg: Die Lehre der Upaniṣaden und die Anfänge des Buddhismus. Göttingen 1915. – R. D. Ranade: A Constructive Survey of Upanishadic Philosophy. Poona 1926. – W. Ruben: Die Philosophen der Upanisaden. Bern 1947. – Übersetzungen: P. Deussen: Sechzig Upanishad's des Veda. Leipzig 1897. – E. Hanefeld: Philosophische Haupttexte der älteren Upanisaden. Wiesbaden 1976. – J. Mehlig: Weisheit des alten Indiens. Bd. 1. München 1987. MD

**Urmaterie,** der einheitliche Stoff, aus dem alle Dinge zusammengesetzt oder entstanden sind. Die Vorstellung einer U. spielte eine wichtige Rolle für den Versuch der Vorsokratiker, die Vielgestaltigkeit der Welt auf Gemeinsamkeiten zurückzuführen. Für Thales war die U. das Wasser, für Anaximenes Luft. Anaximander erklärte eine qualitativ vollkommen unbestimmte Substanz, das apeiron, zur U., aus der die Dinge durch Ausdifferenzierung in entgegengesetzte Qualitäten wie Wärme und Kälte entstehen. In ähnlicher Weise verbindet Thomas v. Aquin die 4-Elementen-Lehre von Empedokles mit aristotelischen Gedanken: Die Elemente bestehen aus einer gestaltlosen materia prima, die mit dem Vermögen ausgestattet ist, in Form der Elemente aufzutreten, indem sie warm oder kalt und feucht oder trocken wird. Platon kommt auf der Grundlage einer pythagoräisch umgedeuteten Elementenlehre zu einer abstrakt-geometrischen U.: Die Elemente sind regelmäßige Körper, die selbst aus Dreiecken bestehen. Die moderne Physik ist insbesondere in der Person von Heisenberg hierdurch beeinflußt worden. In der Urknall-Theorie gibt es zu Beginn des Universums eine konzentrierte U., die sich dann in die Elementarteilchen aufspaltet. **Lit.:** Aristoteles: Physik I. – P. Seligman: The Apeiron of Anaximander. London 1962. – Thomas v. Aquin: De ente et essentia 2–4. MSI

**Ursache** (lat. ↗causa), steht durch das Prinzip der ↗Kausalität im Verhältnis zur ↗Wirkung, die mit Notwendigkeit als hervorgebracht gedacht wird. Der Begriff der U. hat einen engen Zusammenhang mit dem des ↗Grundes (ratio). Aristoteles unterscheidet vier Arten von U.n: causa materialis als die materielle Grundlage, causa formalis als das die Materie formende Prinzip, causa efficiens als Wirk-U. und causa finalis als Zweck-U. Hume lehnt den rationalen Begriff der U. als metaphysisches Seinsprinzip ab – nach dem aus dem Dasein einer Sache als U. das Dasein einer Wirkung folgt –, da weder durch unmittelbare Wahrnehmung noch durch rationales Begreifen die Bedeutung von Gesetzmäßigkeit, von wirkender Kraft, für ein Geschehen in der Erfahrung erfaßt werden kann. Nach Hume ist das Wissen um die Gültigkeit der Naturgesetze nichtrationaler Art: Erst durch die wiederholte Erfahrung von stets zusammenhängenden (conjoined) Ereignissen glaubt der Geist aufgrund des Prinzips der Gewohnheit instinktiv an die notwendige Verknüpfung (connection) von U. und Wirkung. Der Glaube an die Gültigkeit der Kausalität vollzieht sich als ein inneres Gefühl, das keine Erkenntnis der geheimen Kräfte in den Dingen bedeutet. Kant gesteht in der Vorrede der *Prolegomena*, daß er durch Humes Zweifel an dem Anspruch des metaphysischen Denkens, durch den Begriff der Verknüpfung von U. und Wirkung a priori Verknüpfungen der Dinge zu denken, aus dem »dogmatischen Schlummer« geweckt worden sei. Ebenso wie für Hume ist für Kant unsere Erkenntnis und somit auch das Begreifen der Relation von U. und Wirkung ein Wissen der bloßen Erscheinung, das keine Behauptung der Existenz bzw. des Entstehens und Vergehens einer Sache mehr enthält. Nach Kant steht die mögliche Erfahrung, deren Bedingung die ↗Transzendentalphilosophie untersucht, unter dem Grundsatz der Erzeugung oder der Kausalität (zweite Analogie der Erfahrung). Der Verstand macht die Vorstellung eines Gegenstandes erst möglich, insofern der Gedanke des Objektes geschieht als das Gesetz, das das Erfassen des Gedankens als produktives Anschauen bedeutet: Durch eine ursprüngliche Synthesis wird die Erscheinung in ihrer objektiven Bedeutung hervorgebracht – die Erscheinung als Erscheinung ist das Gesetz, das bloß formalen Charakter hat und nicht die Aufeinanderfolge von inhaltlich bestimmten Ereignissen meint. **Lit.:** Aristoteles: Metaphysik. – D. Hume: Enquiries Concerning Human Understanding. Oxford 1975 (dt.: Eine Untersuchung über den menschlichen Verstand. Hamburg [11]1984). – I. Kant: Prolegomena. Akad.-Ausg. Bd IV. Berlin 1968. HPS

**Ursprung,** (1) das Entspringen, der erste Moment der Entstehung eines Seienden; (2) der erste Entstehungsgrund, der Grund des Seins einer Sache (↗Ursache). – Dem philosophischen Gehalt nach geht U. auf den griech. Begriff ↗arche und dessen lat. Äquivalent principium (↗Prinzip) zurück. Beiden antiken Begriffen ist die auch in U. etymologisch enthaltene Zweideutigkeit von zeitlichem Anfang und Wirkungsmacht eigentümlich. – In der Philosophie der Neuzeit hat sich U. jedoch terminologisch nicht durchgesetzt. Der Begriff Prinzip bleibt (zusammen mit dem Fichteschen »Grundsatz«) weiterhin maßgeblich. AC

**Urteil,** auch Aussage, engl. proposition, Bezeichnung für das, was durch einen oder mehrere Sätze ausgedrückt wird, d.h. das, was jemand mit einem Satz meint oder was den Sinn dieses Satzes bildet. PP

**Urteilskraft.** Lateinische Vorläufer des Begriffs finden sich u.a. in der scholastischen Tradition (vis aestimativa) sowie bei G.W. Leibniz (ars iudicandi). In der deutschen Form wird er von J.Chr. Gottsched in seinem Kompendium der Lehre Chr. Wolffs eingeführt, einerseits als Beschreibung des Aktes des iudicium, der gedanklichen Verbindung oder Trennung von Begriffen, andererseits in der Definition des Geschmacks als »Kraft der Seele, von einer klar empfundenen Vollkommenheit oder Unvollkommenheit zu urtheilen« (*Erste Gründe* I. § 929). Daran anknüpfend begründet A.G. Baumgarten den terminologischen Gebrauch des Ausdrucks »Beurtheilungskraft« (facultas diiudicandi) als Fähigkeit zur Wahrnehmung von Vollkommenheit und Unvollkommenheit (*Metaphysica* § 606). – Die philosophisch bedeutendste Prägung erfuhr der Begriff durch I. Kant, demzufolge U. die Verknüpfung der verschiedenen menschlichen Erkenntnisvermögen (Einbildungskraft, Verstand, Vernunft) gewährleistet und damit eine wesentliche Rolle im Erkenntnisprozeß erlangt. U. überhaupt wird dabei gefaßt als »das Vermögen, unter Regeln zu subsumieren« (*KrV* B172) bzw. »das Besondere als enthalten unter dem Allgemeinen zu denken« (*KU* B XXV). Sie ist ein ›besonderes Talent‹ und kann als Entscheidungsinstanz über die Anwendung von Regeln nicht selbst gemäß bestimmter Regeln oder Vorschriften der allgemeinen Logik gelehrt, sondern nur von Fall zu Fall ›geübt‹ werden. Ihre Tätigkeit ist mithin selbst logisch/begrifflich nicht demonstrierbar. Im speziellen unterscheidet Kant zwei Formen der U. (1) Bestimmende U. ist die Fähigkeit der Subsumption des in der Anschauung gegebenen Besonderen unter das Allgemeine, die Regeln des Verstandes. Sie ermöglicht es, etwas ›unter Begriffe zu bringen‹, mithin einen Begriff durch eine gegebene empirische Vorstellung zu bestimmen. (2) Reflektierende U. wird demgegenüber das Vermögen genannt, exemplarisch für einen vorliegenden Fall die Regel zu finden bzw. »über eine gegebene Vorstellung, zum Behuf eines dadurch möglichen Begriffs, nach einem gewissen Prinzip zu reflektieren« (*KU* Erste Einl., V). Letztere ist zentrales Thema der *Kritik der Urteilskraft*, innerhalb derer Struktur und Geltungsanspruch ästhetischer und teleologischer Urteile untersucht werden. Aufgenommen und kritisch diskutiert wird der Begriff u.a. bei K.L. Reinhold und G.W.F. Hegel sowie im hermeneutischen Kontext bei H.-G. Gadamer. **Lit.:** A.G. Baumgarten: Metaphysica. 1739. – J.Chr. Gottsched: Erste Gründe der gesammten Weltweisheit. 1732. – I. Kant: KrV 2. Aufl. 1787. – Ders.: KU. 1790. AW

**Urteilslehre,** neben der Lehre vom Begriff und der Lehre vom Schluß wesentlicher Bestandteil der traditionellen Logik. Grundlegend für die U. sind die Ausführungen von Aristoteles in *De Interpretatione* (4.

Kap.), in denen er den Satz (logos) als eine mit Bedeutung verbundene Verlautbarung definiert. Diese Definition beinhaltet zum einen, daß Namen und Zeitwörter die kleinsten bedeutungstragenden Einheiten der Sprache sind, und zum anderen, daß der Satz die kleinste Verständigungseinheit ist. Dabei stellt Aristoteles die apophantischen Sätze heraus (d.i. Aussagesätze oder assertorische Sätze), die deshalb etwas aufzeigen können, weil sie wahr oder falsch sein können (d.i. aufzeigen, daß etwas der Fall ist). Durch das Kriterium wahr/falsch lassen sich die apophantischen Sätze von Wunsch- und Fragesätzen unterscheiden. Diese Struktur des Satzes, in dem das Nomen das Subjekt angibt und das Zeitwort das Prädikat, welches vom Subjekt ausgesagt wird, bildet die Grundstruktur des prädikativen Satzes, wie er für die traditionelle U. grundlegend ist. PP

**Urzeugung** (Abiogenese, Archigonie, Autogonie, Generatio spontanea), die Entstehung von Lebewesen aus unbelebter Materie allein durch materielle (chemisch-physikalische) Kräfte; heute in der Biowissenschaft »kein Thema« mehr. Diese trennt seit dem 18. Jh. belebte von unbelebter Materie, wonach Lebewesen nur von anderen Lebewesen gleicher Art abstammen können (omne vivum ex vivo). Der Lebensbegriff der U. ist zu differenzieren von (1) chemischer Nomenklatur, die anorganische von organischer Chemie als »Kohlenstoffchemie« mit dem Gerüstatom $^{12}C$ separiert und (2) von generatio aequivoca der aristotelischen Philosophie, nach der Leben aus Anorganischem durch Wirkung höherer Kräfte (Himmelswesen) entsteht. Die Vorstellung der U. war in der Antike weitverbreitet (Theophrastos), doch erst das von islamischen Philosophen (al-Dschahiz) verbreitete Gedankengut beeinflußte die spätantike Vorstellung der Tierkunde. Ihre Wissenschaftsauffassung der Tiergenese klassifiziert: voll ausgebildete, gebärende Tiere, eierlegende und unvollkommen ausgebildete Tiere, die aus Fäulnis entstehen. Diese islamische Vorstellung von U. fand Eingang in die griech.-hellenistischen Schriften, wurde mit der binären Nomenklatur (Linné) verknüpft und systematisiert. Durch iatrophysikalische Schulen (Borelli) erfolgte die religiöse Überformung, wonach »Gott bei der Erschaffung der tierischen Organismen Geometrie trieb«. Weil der zeitgenössische Stand der Einzelwissenschaften den natürlichen Vorgängen nicht gerecht wurde, kam es zur Erklärung mit vitalistischen Prinzipien (Stahl). Bis Mitte des 17. Jh. galt die U. als beweisbare Hypothese und wurde erst mit der Verfügbarkeit leistungsfähiger Mikroskope (Hooke, van Leeuwenhoek) und der Erschließung der Mikrowelt durch geändertes Verständnis der Genese von Lebewesen fallengelassen. Pasteur als Begründer der Mikrobiologie konnte mit seinem Nachweis (daß alle Fäulnisvorgänge an die Lebenstätigkeit von Mikroben gebunden sind) die spontane U. aus lebloser Materie endgültig widerlegen. Heute ist U. nur noch als Frage nach dem Ursprung organischen Lebens überhaupt zu verstehen. Diese Diskussion, die auch von erheblicher philosophischer Tragweite ist, spaltet momentan drei biowissenschaftliche Lager (Chargaff, Oparin, Miller; Wächtershäuser; Eigen). Eine rein naturwissenschaftliche Beantwortung scheint nicht möglich, da die zur endgültigen Verifikation/Falsifikation benötigten Parameter nicht nachweisbar sind (das Problem gleicht dem des ↗Lamarckismus). Eine philosophisch geführte Diskussion wendet sich dem Kernproblem zu, was das Leben seinem Wesen nach sei (ob Lebewesen rein materielle Körper seien oder ob dem Stofflichen im Organismus noch ein immaterielles Prinzip hinzukommt). Solche gestalterischen Faktoren werden von Entelechie und ↗Vitalismus (Driesch) behauptet. Diese Fragestellung ist rein metaphysischer Natur und mündet in der Annahme eines göttlichen Schöpfungsaktes. KE

**Utilitarismus**, Position der Ethik, welche die Richtigkeit einer Handlung nach der Nützlichkeit ihrer Folgen beurteilt. Die anthropologische Grundlage stellt das natürliche menschliche Streben nach Lust und Vermeiden von Unlust dar. Ein solches hedonistische Prinzip gibt zwar den Beurteilungsmaßstab für den Nutzencharakter ab, stellt aber nicht das Handlungsziel dar. Das Handeln ist vielmehr an möglichst großer Erfüllung der menschlichen Bedürfnisse und Interessen ausgerichtet. Daraus ergibt sich die Definitionskette: Lust bestimmt das Streben nach Glück, Glücksstreben erfüllt sich in der Bedürfnisbefriedigung, die Möglichkeit und das Ausmaß der Befriedigung ergibt den Nutzencharakter. Dabei ist unterstellt, daß sich die Befriedigungen hinsichtlich ihrer Lustquantität und -qualität unterscheiden und eindeutig beurteilen lassen. Bentham führt zu diesem Zweck als rationalen Beurteilungsmaßstab einen hedonistischen Kalkül an: Der individuelle Gratifikationswert einer Handlungsfolge bemißt sich (1) an der Intensität des aus der Handlungsfolge zu erwartenden Lustgewinns, (2) an der Dauer und dem Grad der Wahrscheinlichkeit, mit der der Lustgewinn zu erwarten ist, (3) an der zeitlichen und räumlichen Nähe des Eintreffens der Folgen, (4) an der Frage, ob mit diesen Handlungsfolgen weitere (sekundäre) positive oder negative Folgen verbunden sind. Bentham war der Ansicht, daß man für jeden einzelnen den individuellen Lustgewinn errechnen und von dem individuellen Gratifikationswert auf den kollektiven Gratifikationswert schließen könne. Als rational i.S. des utilitaristischen Prinzips ist die Wahl jener Handlung zu werten, deren kollektiver Gratifikationswert größer ist als der jeder anderen möglichen Handlungsalternative. Mit Hilfe dieses Kalküls wird das hedonistische Prinzip, das primär auf den eigenen Lustgewinn ausgerichtet ist, übersetzt in ein universalistisches Beurteilungsprinzip, das besagt, daß diejenige Handlung als die ethisch wertvollste einzuschätzen ist, die das größtmögliche Glück der größten Zahl (der Betroffenen) hervorruft. Durch diese Verbindung von hedonistischem Prinzip und Universalisierung unterstellt Bentham ein Subjekt, das aus aufgeklärtem Eigeninteresse heraus urteilt und handelt und nicht nur sein individuelles Glück erstrebt. Eine solche Annahme der Übereinstimmung von persönlichem und allgemeinen Wohlergehen ist unter der Perspektive denkbar, daß der einzelne aufgrund der vielfältigen Abhängigkeiten der Menschen untereinander sein Glück nur dadurch realisieren kann, wenn er auch das allgemeine Wohlergehen zum Ziel seiner Handlungen macht. – Benthams Intention richtete sich darauf, einen Beurteilungsmaßstab bereitzustellen, nach dessen Maßgabe rechtliche und gesetzliche Maßnahmen zur Sicherstellung einer langfristigen Interessensharmonie in Gesellschaft und Staat getroffen werden können. Im Unterschied zu Benthams Kalkül trifft Mill eine grundlegende Unterscheidung zwischen den Formen von Lust und bewertet die geistigen Freuden höher als die leiblichen Lustempfindungen. – Die kritische Diskussion des U. problematisierte mehrere Aspekte: (a) das Problem der Vergleichbarkeit und der Quantifizierung: Um zwischen Handlungsalternativen rational entscheiden zu können, bedürfte es geeigneter Maßstäbe und Kriterien, mittels derer unterschiedliche Freuden vergleichbar gemacht würden; (b) das Problem der Verallgemeinerbarkeit hinsichtlich der individuellen Einschätzung, was Lust und Bedürfnisbefriedigung bereitet; (c) das Prinzip des größten Nutzens für die größten Zahl der Betroffenen läßt zum einen unbestimmt, wie der Kreis der Betroffenen festzulegen ist, und zum anderen läßt es ohne die Zusatzannahme eines Prinzips der Gerechtigkeit die Benachteiligung einzelner Personen(gruppen) zu; (d) G.E. Moore (*Principia Ethica*) kritisiert an Mills Ausführungen, daß er das Gute, nach dem jeder strebt und worauf sich jeder Wunsch richtet, als natürliche Qualität definiere. Er kritisiert einen solchen Definitionsversuch als ↗naturalistischen Fehlschluß, da die Frage der ethischen Beurteilung des Wertes (d.i. des Wünschenswerten) durch das Aufzeigen des Wünschbaren beantwortet wird. – Im Verlaufe der Diskussion hat sich eine Differenzierung zwischen Handlungsutilitarismus und Regelutilitarismus herausgebildet. Der Handlungsutilitarismus entspricht den dargestellten Positionen von Bentham und Mill. Der Regelutilitarismus bestimmt das Prinzip der Nützlichkeit nicht mehr in bezug auf einzelne Handlungen, sondern in bezug auf Regeln von Handlungen oder Handlungstypen. Danach ist jede Handlung sittlich erlaubt, die mit einer an dem sozialen Wohlergehen ausgerichteten Handlungsregel übereinstimmt (Urmson, Brandt). **Lit.:** J. Bentham: An Introduction to the Principles of Morals and Legislation. London 1789 (dt.: Eine Einführung in die Prinzipien der Moral und der Gesetzgebung. In: O. Höffe (Hg.): Einführung in die utilitaristische Ethik,. München 1975. S. 35 ff.). – H. Brandt: Einige Vorzüge einer bestimmten Form des Regelutilitarismus. In: O. Höffe (Hg.): a.a.O. S. 133 ff. – O. Höffe: Einleitung zu: Einführung in die utilitaristische Ethik. In: a.a.O.. S. 77 f. – N. Hoerster: Utilitaristische Ethik und Verallgemeinerung. Freiburg/München [2]1977. – J. St. Mill: Utilitarismus: Stuttgart 1975. – J. Rawls: Zwei Regelbegriffe. In: O. Höffe (Hg.): a.a.O. S. 96. – H. Sidgwick: Methods of Ethics. London 1875. – J.J.C. Smart: Extremer und eingeschränkter Utilitarismus. In: O. Höffe (Hg.): a.a.O. S. 121 ff. – R.W. Trapp: Nicht-klassischer Utilitarismus. Frankfurt 1988. – J.O. Urmson: Zur Interpretation der Moralphilosophie J. St. Mills. In: O. Höffe (Hg.): a.a.O. S. 87 ff. – B. Williams: Kritik des Utilitarismus. Frankfurt 1979. PP

**Utopie,** in Anlehnung an Thomas Mores *Utopia* (1516) entwickelte Bezeichnung für literarische Gegenentwürfe zur bestehenden gesellschaftlich-politischen Ordnung. U.n beschreiben dabei einen phantasierten Ort der Realisation der vom jeweiligen Autor für positiv gehaltenen Leitkanten gesellschaftlicher und staatlicher Organisation. Mit der Ausweitung des U.-Begriffs von der literarischen Gattungsbezeichnung zur allgemeinen politischen Kategorie erhält U. neben der Bedeutung einer ortlosen Kritik an bestehenden Verhältnissen die Konnotation einer positiven Zukunftsvorstellung. Wobei sich an den jeweiligen utopischen Zielbestimmungen eine Auseinandersetzung knüpfen kann. U. wird damit auch zum politischen Kampfbegriff; zur U. gesellt sich schließlich die Gegen-U. (bspw. Orwells *1984*, Bradburys *Fahrenheit 451*, Semjatins *Wir*). Gegen diese dem utopischen Denken vorgeworfene Beliebigkeit seiner Konzeptionen des besseren Lebens traten Marx/Engels mit ihrem Anspruch an, statt Rezepten aus den »Garküchen der Zukunft« wissenschaftliche Aussagen über zukünftige gesellschaftliche Entwicklung formulieren zu können. Während konservative Kritiker die utopische Zielbestimmung der idealen Gemeinschaft überhaupt ablehnen. Zwischen diesen Polen ist der politisch-wissenschaftliche Diskurs über den Stellenwert utopischen Denkens angesiedelt. Wobei gerade in neueren Veröffentlichungen auf die Qualität von U. als Zeugnisse bestimmter zeitdiagnostischer Wahrnehmungsrahmen hingewiesen wird. Nach K. Mannheim ist: »U. ... ein Bewußtsein, das sich mit dem es umgebenden ›Sein‹ nicht in Deckung befindet. Diese Inkongruenz erweist sich stets darin, daß ein solches Bewußtsein im Erleben, Denken und Handeln sich an Faktoren orientiert, die dieses ›Sein‹ als verwirklicht nicht enthält.« (K. Mannheim: *Ideologie und Utopie*. Berlin 1929. S. 157). In der U. manifestiert sich danach ein über Gegenwart und Realität hinauszielendes Denken. Im Gegensatz zur ↗Ideologie jedoch, ist in dieser wissenssoziologischen Formbestimmung utopisches Bewußtsein in seiner Zukunftsorientierung unsystematisch und voluntaristisch. Auch die Verzeitlichung und Dynamisierung der ehemaligen Raum-U. hätte somit an ihrer Funktion einer literarischen Gegenwartskritik nichts geändert. Anders argumentiert E. Bloch, für den utopisches Bewußtsein eine anthropologische Grundfigur darstellt: »Wir haben Sehnsucht und kurzes Wissen, aber wenig Tat und, was deren Fehlen mit erklärt, keine Weite, keine Aussicht, keine Enden, keine innere Schwelle, geahnt überschritten, keinen utopisch prinzipiellen Begriff. Diesen zu finden, das Rechte zu finden, um dessentwillen es sich ziemt zu leben, organisiert sein, Zeit zu haben, dazu gehen wir, hauen wir die phantastisch konstitutiven Wege, rufen was nicht ist, bauen ins Blaue hinein und suchen dort das Wahre, wirkliche, wo das bloß Tatsächliche verschwindet – incipit vita nova« (E. Bloch: *Geist der Utopie* (1918). Frankfurt 1971. S.9). In der Menschheitsgeschichte entfaltet sich danach eine Kraft der U., die allerdings »konkret« werden müsse, um das Sein wirklich transzendieren zu können. Eine solche Konkretion sah Bloch etwa in der proletarischen Revolution. Er versucht die utopische Spekulation, den Tagtraum, das Luftschloß historisch-materialistisch (hier eher ein Synonym für Lebenswelt) zu unterfüttern. **Lit.:** E. Bloch: Das Prinzip Hoffnung. 3 Bde. Frankfurt 1959. – L. Hölscher: Utopie. In: O. Brunner/W. Conze/R. Koselleck: Geschichtliche Grundbegriffe. Lexikon zur Politisch-Sozialen Sprache in Deutschland. Bd. 6. Stuttgart 1990. S. 733 ff. – T. Franz: Revolutionäre Philosophie in Aktion. Hamburg 1985. TN

**Vaiśeṣika** (sanskrit: Unterscheidung(-slehre)). Die beiden klassischen ↗indischen Systeme V. und ↗Nyāya haben sich im Laufe der Geistesgeschichte so aneinander angenähert, daß die beiden nicht nur nach traditioneller Anschauung als zusammengehörig oder einander ergänzend betrachtet werden (Frauwallner, Hiriyanna, u. a.). Der Grundtext des V. sind die *V.-Sūtra* des Kaṇāda, an die sich – wie bei den anderen indischen Systemen – eine umfangreiche Kommentarliteratur anschließt. Das V. läßt sich nur schwer an andere Strömungen der indischen Geistesgeschichte anschließen. Es geht von einer objektiv erkennbaren Realität aus. Seine Leistung besteht in der Erstellung einer Ontologie, in der konsequent zwischen sechs Kategorien (padārtha) des Erkennbaren unterschieden wird: Substanz (dravya), Qualität (↗Guṇa), Bewegung oder Handlung (karma), Gemeinsamkeit (sāmānya), Verschiedenheit (viśeṣa) und Inhärenz (samavāya). Dabei bezeichnen die drei letzteren die Beziehung alles objektiv Existierenden zueinander. Im gemeinsamen System von V. und Nyāya wird noch eine siebte Kategorie aufgeführt, das Nicht(da)sein (abhāva), die den anderen sechs Kategorien des Seins (bhāva) gegenübersteht. Substanz ist die wichtigste Kategorie, da Substanzen die Voraussetzung für Qualität und Bewegung sind. Von einem reinen ↗Materialismus unterscheidet sich das V. jedoch dadurch, daß es zu seinen Substanzen neben Erde (kṣiti), Wasser (āp), Feuer (tejas), Luft (marut) – den vier Elementen (bhūta) – auch das psychische Organ (manas) und Äther (ākāśa), Zeit (kāla), Raum (diś) und Seelen (ātman) zählt, wobei die fünf erstgenannten atomistisch und unendlich klein, die vier letzteren aber unendlich groß und alldurchdringend sind. Die kleinsten Elemente der erkennbaren Realität sind also für das V. die Atome (aṇu, paramāṇu). Erlösung besteht für das V. in der Erkenntnis der Kategorien; durch diese gelangt die Seele in einen Zustand, in dem ihr die Qualitäten, die sie an den ↗Saṃsāra binden, nicht mehr manifest sind. **Lit.:** E. Frauwallner: Geschichte der indischen Philosophie. Bd. 2. Salzburg 1957. – W. Halbfass: On Being and What There Is: classical Vaiśeṣika and the History of Indian Ontology. Albany 1992. – M. Hiriyanna: Vom Wesen der indischen Philosophie. München 1990. S. 120 ff. – S. Jambuvijaya: Vaiśeṣikasūtra of Kaṇāda with the Commentary of Candrānanda. Baroda 1961 (Übersetzung) – G. Kaviraj: Gleanings from the History and Bibliography of the Nyāya-Vaiśeṣika-Literature. Calcutta 1961. – K. H. Potter (Ed.): Encyclopedia of Indian Philosophies. Indian Metaphysics and Epistemology. The Tradition of Nyāya-Vaiśeṣika up to Gangeśa. Delhi 1977. MD

**Variable,** mit einem älteren Ausdruck auch Veränderliche genannt. Symbol, das stellvertretend für Werte aus einem vorgegebenen Wertebereich steht, über dem die V. interpretiert wird. Eine V. markiert damit eine Stelle, an der Einsetzungen vorgenommen werden können. So kann z. B. in dem sprachlichen Ausdruck ›x+5‹ für die durch ›x‹ angegebene V. eine Ziffer ersetzt werden, die ihrerseits eine Zahl bezeichnet, welche als Argument der arithmetischen Funktion den Funktionswert ergibt. Die Zuordnung eines Wertes zu einer V.n geschieht dabei durch eine Variablenbelegung. V.n lassen sich einteilen anhand der Werte, die sie bei einer Belegung annehmen. So vertreten Individuen-V.n die Objekte eines Gegenstandsbereichs, wie z. B. in der Arithmetik und Analysis Zahlen. – In der Aussagenlogik treten daneben sog. Aussagen-V.n auf. Bei diesen handelt es sich eigentlich um Schemabuchstaben, für die (logisch einfache) Aussagen oder Sätze eingesetzt werden können, ohne daß sie so verstanden werden müssen, daß sie diese Aussagen in unbestimmter Weise bezeichnen. Sie sind zu unterscheiden von metasprachlichen V.n, die tatsächlich über einem Bereich logischer Formeln interpretiert werden. In der Prädikatenlogik höherer Stufe werden auch Prädikaten-V.n benützt, die über einem Bereich von Eigenschaften bzw. bei extensionaler Interpretation von Mengen oder Relationen gedeutet werden. – Von grundlegender Bedeutung ist die Unterscheidung in freie und gebundene V. Eine V. heißt gebunden, wenn sie sich, grob formuliert, im Bereich eines variablenbindenden Operators befindet. Dazu zählen quantifizierende Ausdrücke »für alle x gilt:_«, »für die meisten x gilt:_«, der Kennzeichnungsoperator »dasjenige x, so daß_«, der Abstraktionsoperator »die Menge der x derart, daß_«, aber auch mathematische Ausdrücke wie der Ableitungs- oder Integrationsoperator, z. B. »$dx^2/dx$«. Während freie V.n grundsätzlich durch Ausdrücke der gleichen syntaktischen Kategorie ersetzt werden können, sofern in dem ersetzenden Ausdruck keine V. vorkommt, die in dem Kontext der Ersetzung zu einer gebundenen würde, kann für gebundene V. nur eine sog. gebundene Umbenennung vorgenommen werden, wiederum unter Beachtung der ursprünglichen Bindungsverhältnisse. So darf etwa der Ausdruck »für alle x: _« umbenannt werden zu »für alle y: _«, sofern nicht bereits ein anderer quantifizierender Ausdruck, der sich über den Bereich erstreckt, in dem die Umbenennung vorgenommen wird, die V. ›y‹ benützt.

Anschaulich lassen sich freie V. wie indexikalische Pronomen, gebundene V. dagegen wie Relativpronomen verstehen. Letztere bleiben von Variablenbelegungen unberührt. **Lit.:** W. Quine: The Variable. In: W. Quine: The Ways of Paradox and Other Essays. Cambridge, Mass. $^{2}$1976. S. 272–282. UM

**Variable, freie und gebundene.** In atomaren Sätzen und ihren aussagenlogischen Verknüpfungen (molekularen Sätzen) kommt eine Gegenstandsvariable frei vor. Sie wird gebunden, indem man von derartigen Sätzen zu Aussagen übergeht, denen man (nach vorangehendem In-Klammern-Setzen der Aussage) einen Allquantor oder Existenzquantor voranstellt. PP

**Vedānta** (sanskrit: Ende, Endziel des Veda). Unter dem Begriff V. werden die indischen philosophisch-religiösen Schulen zusammengefaßt, die davon ausgehen, daß der gesamte Kosmos auf ein Prinzip zurückführbar ist, das ↗Brahman. Dem Begriff V. begegnet man schon in den ↗Upaniṣaden und in der *Bhagavad-Gītā*, in denen auch schon die wesentlichen Grundvorstellungen des V. zu finden sind. Das grundlegendste Werk, auf dessen Interpretation alle V.-Schulen aufbauen, sind jedoch die *Brahma-Sūtra* des Bādarāyaṇa (ca. 2./3. Jh. n.Chr.); einer der berühmtesten Kommentare zu diesen schwer verständlichen und mysteriösen Merkversen ist das Bhāṣya des Śaṅkara (um 800 n.Chr.), des Begründers der ↗Advaita-Lehre des V. Das eine, unveränderliche und ewige Brahman erscheint durch die illusionistische Kraft der ↗Māyā als Vielheit, als die Welt. Die Seelenmonaden (↗Ātman, ↗Jīva) glauben sich in einem Zustand der Unwissenheit (↗Avidyā) getrennt und geschieden vom Brahman. Die Erlösung (↗Mokṣa) wird erlangt durch das Bewußtwerden der Identität mit dem Brahman. Bei Śaṅkara ist das Brahman, dem allein Realität zukommt, nicht personifiziert, sondern neutral; die beiden anderen großen V.-Philosophen, Rāmānuja (11./12. Jh. n.Chr.) und Madhva (13. Jh.), lehren dagegen einen theistischen V., in dem die letzte Realität mit dem Gott Viṣṇu identifiziert wird. Während Śaṅkara einen idealistischen und absolut monistischen Panentheismus lehrt, d. h., der materiellen Welt und selbst den Seelenmonaden keine eigenständige Realität zuerkennt, sondern nur dem Brahman, wird Rāmānujas V. als viśiṣṭa-advaita (»qualifizierter Monismus«) bezeichnet, nach dem Gott natürlicherweise die Seelenmonaden und die materielle Welt als Qualitäten hat (viśeṣa); die Erlösung besteht dann in ewiger Gemeinschaft mit Gott. Madhva geht noch einen Schritt weiter, indem er drei ewige Entitäten ansetzt: Gott Viṣṇu, die geistigen Seelenmonaden und die ungeistige materielle Welt; seine Lehre wird deshalb auch als Dualismus (Geist : Materie) bezeichnet (dvaita). Beide Schulen rechnen der Verehrung Gottes (↗Bhakti) einen hohen Stellenwert zu. **Lit.:** M. S. Chari: Fundamentals of Viśiṣṭadvaita. Delhi 1988. – P. Deussen: Das System des Vedānta. Leipzig $^{3}$1920. – V. S. Ghate: The Vedānta. Poona 1926. – M. Hiriyanna: Vom Wesen der indischen Philosophie. München 1990. S. 214 ff. – M. Walleser: Der ältere Vedānta. Heidelberg 1910. – E. Wood: Vedānta Dictionary. New York 1964. – Übersetzungen: P. Deussen: Die Sūtra's des Vedānta, ... nebst dem vollständigen Commentare des Çaṅkara. Leipzig $^{2}$1920. – G. Thibaut: The Vedānta-sūtras with the Commentary of Śaṅkarācārya. 2 Bde. Oxford 1890 u. 1896. MD

**Veden** (sanskrit: veda (heiliges) Wissen). Der Begriff V. bezieht sich auf folgende zeitlich aufeinanderfolgende und voneinander abhängige Gattungen der altindischen Literatur: (1) Saṃhitās: *Ṛg-V., Sāma-V.,* Schwarzer und Weißer *Yajur-V.* und *Atharva-V.* Die Hymnen des *Ṛg-V.* bilden die älteste der Saṃhitās (1200–1000 v.Chr.), weisen untereinander jedoch beträchtliche Unterschiede hinsichtlich des Alters auf. Jünger sind die Liedersammlung des *Sāma-V.,* des *Atharva-V.,* eine Sammlung magischer Sprüche, und die stark mit Prosapartien durchsetzten *Yajurveden* in den Fassungen verschiedener Schulen. Jede dieser Saṃhitās war beim Opfer Text- und Handbuch einer bestimmten Klasse von Priestern: Der *Ṛg-V.* gehörte zum Hotṛ, dem Priester, der mit Götterhymnen die Götter zum Opfer rief, der *Sāma-V.* zum Udgātṛ, der das Opfer mit Gesängen begleitete, die *Yajurveden* zum Adhvaryu, dem das Opfer vollziehenden Priester, und der erst relativ spät als orthodox anerkannte *Atharva-V.* zum Brahman, dem Oberpriester, der mit magischen Sprüchen eventuell entstandene Fehler beim komplizierten Opfervorgang ausglich. An die einzelnen Saṃhitās schließen sich Prosatexte an: (2) Brāhmaṇas, liturgisch-exegetischen Inhalts (800–600 v.Chr.). (3) Daran anschließend die Āraṇyakas (»Waldtexte«), die ritualistische Geheimlehren enthalten. (4) ↗Upaniṣaden, philosophisch-mystische Auslegungen des Opferrituals. Die älteren Upaniṣaden entstanden noch vor dem Aufkommen des Buddhismus (5./4. Jh. v.Chr.), die mittleren und jüngeren danach. (5) Sūtras, Handbücher für die großen Opfer (Śrauta-S.), die Hausopfer (Gṛhya-S.), die Anlage des Opferplatzes (Śulva-S.) und das Recht (Dharma-S.). Der philosophische Gehalt des Veda ist, seiner Eigenschaft als Rituallliteratur entsprechend, eher dürftig; immerhin bilden sich ab den Brāhmaṇas die großen Konzepte der indischen Geistesgeschichte wie Wiedergeburt, Tatvergeltung, zyklisches Weltbild usw., heraus (↗Karma, ↗Saṃsāra, ↗Brahmanismus). Die besondere Bedeutung des Veda für die indische Philosophie ist eine traditionelle: Alle hinduistischen Systeme erkennen die Autorität des Veda an, auch wenn sie inhaltlich diesem teilweise widersprechen (↗Sāṃkhya). **Lit.:** J. Gonda: Vedic Literature. Wiesbaden 1975. – Ders.: Die Religionen Indiens. Bd. 1. Stuttgart $^{2}$1978. – A. B. Keith: The Religion and Philosophy of the Veda and the Upaniṣads. 2 Bde. Cambridge 1925. – K. Mylius: Geschichte der Literatur im alten Indien. Leipzig 1983. MD

**Verallgemeinerung,** auch Universalisierung. In der Ethik wird die V. als Kriterium der Geltung von Normen oder als Bestandteil normativer Ausdrücke diskutiert. Für eine normative Ethik, die die V. als Kriterium moralischer Verpflichtungsurteile angibt, stehen Kant und M. G. Singer repräsentativ. Kant formuliert in Gestalt des Kategorischen ↗Imperativs ein Prinzip der V., nach dem alle Maximen daraufhin zu überprüfen sind, ob sie widerspruchsfrei gedacht und widerspruchsfrei gewollt werden können. Durch das Prinzip der V. soll sichergestellt werden, daß das Wollen durch die Vernunft und nicht durch partikuläre Interessen bestimmt ist. In anderer Weise wir die V. von Singer als Bestandteil einer normativen Ethik eingeführt: V. soll die moralischen Fragen rational beantwortbar machen. Das Prinzip der V. fordert, daß zur Rechtfertigung einer Regel ein Grund genannt werden muß, der unabhängig von einer ganz bestimmten Person unter ganz bestimmten Umständen für eine Klasse von Leuten in bestimmten Situationstypen gilt. Aus dem Prinzip der V. ist nach Singer das Argument der V. abzuleiten. Dieses und das Prinzip der V. der Folgen sollen dazu verhelfen, die Legitimität universeller Normen zu beurteilen. Die V. des Prinzips fordert: Wenn die Folgen davon, daß jeder die Handlung x ausführen würde, nicht wünschenswert wären, dann sollte keiner x tun. Daraus läßt sich das Argument der V. ableiten: Wenn das jeder täte, wären die Folgen verheerend, daher sollte niemand das tun – bzw. wenn die Folgen davon, daß niemand das täte, nicht wünschenswert wären, dann sollte jeder das tun. Für die Metaethik formuliert Hare die (in einem logischen Sinne zu verstehende) These: Die Bedeutung von moralischen Ausdrücke wie »sollte« legt den Sprecher auf eine universelle Regel fest. Er muß bereit sein, die für eine bestimmte Situation erstellte (und durch das »sollte« ausgedrückte) Norm auch in allen anderen Situationen, die der ersten in allen relevanten Gesichtspunkten gleichen, als gültig zu betrachten. In der Metaethik besagt V. nicht, daß eine Person bzw. jeder solchen verallgemeinerbaren Regeln folgen sollte. – Für die V. als Kriterium praktischer Rationalität können zwei Adäquatheitsbedingungen (Hegselmann) formuliert werden: (1) Ein Prinzip der V. sollte ausschließen, daß jedes moralische Urteil verallgemeinerbar ist – darin besteht die selektive Kraft des Kriteriums. (2) Ein Kriterium der V. darf im Falle des Konflikts zwischen zwei Individuen um kontradiktorische Normen jeweils nur eine der einander ausschließenden Normen für verallgemeinerbar erklären. **Lit.:** A. P. Griffiths: M. G. Singer-Generalization in Ethics. In: Philosophical Books. Vol.III. 1962. S. 18 ff. – R. Hegselmann: Normativität und Rationalität. Frankfurt 1979. – R. M. Hare: Freiheit und Vernunft. Frankfurt 1983. – Ders.: Die Sprache der Moral. Frankfurt 1983. – I. Kant: Grundlegung zur Metaphysik der Sitten. – M. G. Singer: Verallgemeinerung in der Ethik. Frankfurt 1975. – R. Wimmer: Universalisierung in der Ethik. Frankfurt 1980. PP

**Verantwortung.** In der neuzeitlichen Ethik schließt der Begriff der V. an den in der christlichen Philosophie des MA. ausgebildeten Begriff der imputatio an. Aus dieser begrifflichen Tradition resultiert die Zurechenbarkeit der Handlung als ein Aspekt der V. Die menschliche Willensfreiheit stellt die unabdingbare Voraussetzung für V. dar. Der Begriff der V. kann aber nicht hinreichend aus der Sichtweise des einzelnen moralischen Subjekts expliziert werden. Vielmehr muß er ergänzt werden durch einen universalen Zusammenhang, der die Mitwelt der anderen Personen umfaßt. Der Gedanke der V. für sein Handeln ergibt nur dann einen Sinn, wenn Handeln nicht allein nach allgemeinen Normen beurteilt wird, sondern die Handlungsfolgen aus der Perspektive der gemeinsamen Mitwelt beurteilt werden. V. wird dort konkret, wo es um die Bewältigung von Sachaufgaben geht, die sich aus den Bedürfnissen der Mitwelt ergeben. Wo wir auf Unrecht, Gewalt, Unfreiheit stoßen, stellt sich die Frage der Zuständigkeit nicht mehr in einem auf das einzelne Subjekt reduzierten Sinne. D.h. die V. wird dort zu einem obersten Grundsatz, wo es um die Verwirklichung einer menschenwürdigen Welt geht. Insofern bezieht sie sich nicht allein auf die vollzogene Handlung eines einzelnen, sondern auch auf die unterlassene Handlung einer Mehrheit. **Lit.:** K. Löwith: Das Individuum in der Rolle des Mitmenschen. Darmstadt 1962. – G. Picht: Der Begriff der Verantwortung. In: Wahrheit, Vernunft, Verantwortung. Stuttgart 1969. – J. Schwartländer: Verantwortung. In: Handbuch philosophischer Grundbegriffe. München 1974. S. 1577 ff. PP

**Verantwortung, Verantwortungsethik.** M. Weber hat die Bezeichnung »V.ethik« in Abgrenzung zur ↗Gesinnungsethik eingeführt, um die besondere Einstellung zu kennzeichnen. Er teilt nicht die Ansicht der traditionellen Moralphilosophie, daß sittliche und moralische Werte die Wirklichkeit bestimmen (können) und rechnet deshalb auch nicht mit der moralischen Güte der Menschen. Weber will damit gleichzeitig die metaphysischen Annahmen eines vernünftigen Wollens relativieren: Auch wenn die Erfolglosigkeit ethischer Maximen in Rechnung zu stellen ist, darf man sich nicht auf die »Reinheit des Herzens« zurückziehen, sondern muß als Handelnder für die Folgen einstehen. Als Maxime der V. hat zu gelten, daß man für die (voraussehbaren) Folgen seines Handelns aufkommen kann und soll. – In der weiteren Diskussion wird der V. zunehmend der Status eines ethischen Prinzips zugesprochen. Er tritt an die Stelle des Pflichtbegriffs, gegen den seitens der V.ethik eingewandt wird, daß in ihm die prinzipielle Bedeutung der Gegenseitigkeit und der Anerkennung nicht hinreichend zur Geltung kommt. Zudem wird in Zweifel gezogen, daß die mit der ↗Pflichtethik verbundene Annahme einer objektiven Welt des Seins oder der Werte (ewiger Kosmos, Schöpfung Gottes) als Verpflichtungsgrund für den menschlichen Willen angesehen werden kann. Für die V.ethik sind vielmehr die Annahmen grundlegend, daß der Mensch nicht umhin kann, seine Welt zu gestalten (d.i. Offenheit der Welt), und daß die menschlichen Verhältnisse (d.i. Ordnungen und Institutionen) sich im Verlauf der Geschichte verändern. Der Begriff der V. kann nicht hinreichend aus der Sichtweise des einzelnen moralischen Subjekts expliziert werden. Der Gedanke der V. für eigenes Handeln ergibt nur dann einen Sinn, wenn das Handeln nicht allein nach allgemeinen Normen beurteilt wird, sondern die Handlungsfolgen aus der Perspektive der gemeinsamen Mitwelt beurteilt wird. V. wird dort konkret, wo es um die Bewältigung von Sachaufgaben geht, die sich aus den Bedürfnissen der Mitwelt ergeben (Picht). Wo wir auf Unrecht, Gewalt, Unfreiheit stoßen, stellt sich die Frage der Zuständigkeit nicht mehr in einem auf das einzelne Subjekt reduzierten Sinne. D.h. die V. wird dort zu einem obersten Grundsatz, wo es um die Verwirklichung einer menschenwürdigen Welt geht. Daraus wird ersichtlich, daß erst durch die weitere grundlegende Annahme der mitmenschlichen Gegenseitigkeit jenes Moment der Verbindlichkeit hervortritt, durch die uns die eigentümliche Sinn- und Wirklichkeitsdimension der V. erst eröffnet wird (Schwartländer). – Der Begriff der V. erfährt in der Tradition der Philosophie eine unterschiedliche Deutung: In Anlehnung an den juristischen Kontext wird V. mit »Zurechnung« (in der christlichen Philosophie des MA. als Begriff der imputatio) verknüpft. Entsprechend wird zur grundlegenden Voraussetzung für V., daß Handlungen einem Subjekt nur dann zugerechnet werden können, wenn ↗Willensfreiheit bzw. ein freier Willensentschluß zu einer Handlung gewährleistet und wenn ↗Handlungsfreiheit gegeben ist. Bei komplexen Handlungssituationen ist Verantwortlichkeit nur dann einklagbar, wenn zwischen den zeitlich aufeinander folgenden Handlungen ein innerer Zusammenhang hergestellt werden kann, so daß die Handlungskette einem Akteur zuschreibbar ist.

Im Kantischen Sinne wird die moralische V. als Selbstverantwortung vor dem eigenen Gewissen gedeutet. Grundlegend ist dabei einzig die Gesinnung, d.i. das sittliche Bewußtsein, und die mit der Idee der Autonomie (des vernünftigen Willens) verbundene Würde der Person. Die Kantische Argumentation nimmt dabei auf das transzendentale Subjekt Bezug, d. h. auf die in jedem Subjekt liegenden erfahrungsunabhängigen (d.i. apriorischen) Bedingungen der Möglichkeit des Handelns (und Erkennens). Bei N. Hartmann wird die V. zu einer real-ethischen Tatsache, die in einem realen Akt der Selbstzurechnung begründet ist: Der Handelnde weiß sich als Urheber der Tat (a priori) selbstverantwortlich. Zum metaphysischen Wesen der Person gehört das Eintreten des Menschen für sein Verhalten. – Das transzendentale Subjektschema wirkt prinzipiell verstellend im Hinblick auf die soziale Grundsituation des Sich-Verantwortens. Erst aus dieser erweiterten Perspektive kann neben der einzelnen Person auch ein kollektiver oder institutioneller Akteur (bspw. eine Regierung oder ein Unternehmen) als Subjekt der V. betrachtet werden. Aber auch die Verantwortungsinstanz verlagert sich von dem eigenen Gewissen auf die Gesellschaft oder die Menschheit, vor der man sich zu verantworten hat. Die V.ethik hat nicht nur abzuklären, wem man Rechenschaft schuldet, sondern auch wofür (d.i. das Objekt der V.) und weswegen. Als Objekt der V. werden primär konkrete unmittelbare Handlungsfolgen, die andere Personen oder Sachen betreffen, angesehen. Darüber hinaus können aber auch in bestimmten Fällen mittelbare Folgen oder Unterlassungen zum Bereich des Verantwortbaren gerechnet werden. Durch die Einbeziehung der mittelbaren Folgen kann bspw. die Lebenssituation künftiger Generationen einbezogen werden. Dadurch wird nicht erst die vollzogene Handlung, sondern schon die Notwendigkeit der vorausschauenden Beurteilung der Handlungsfolgen dem Bereich der V. zugerechnet. Eine Unterlassung zählt insofern zum Bereich der V., als die Ausführung einer Handlung einen Schaden verhindert hätte, diese Ausführung im Bereich des Möglichen gelegen hätte und einer Person auch zumutbar gewesen wäre. Die Grundlage der V. kann nur im Rückgriff auf bestimmte Werte ausgewiesen werden, die als normative Orientierungskonzepte gewisse Handlungen oder Handlungsfolgen als erstrebenswert oder als verwerflich charakterisieren. Als allgemeine Maxime der V.ethik kann schließlich das gute Leben aller gelten. Diese Maxime setzt sich aus den Prinzipien der Nützlichkeit, des Wohlwollens und der Gerechtigkeit zusammen (Ropohl).

Aufgrund der unterschiedlichen Gewichtung der angeführten Bedingungen für V. haben sich verschiedene Arten der V.ethik herausgebildet: Wenn nur die vergangen Taten einbezogen werden spricht man von kausaler V., wenn auch zukünftige Taten in Rechnung zu stellen sind, von Präventionsv. In Gestalt der Seinsverantwortung (Jonas, Schweitzer, Meyer-Abich) wird einerseits die zukünftige Entwicklung ins Blickfeld gerückt und andererseits von der Natur her, die sich der Mensch verfügbar macht, ein Anspruch der Pflicht zur Bewahrung des Seins formuliert (Treuhänderverantwortung). ↗Zukunftsverantwortung. **Lit.:** K.-O. Apel: Diskurs und Verantwortung. Frankfurt 1990. – K. Bayertz (Hg.): Verantwortung. Prinzip oder Problem?. Darmstadt 1995. – D. Birnbacher: Verantwortung für die zukünftige Generation. Stuttgart 1988. – Ders.: Tun und Unterlassen: Stuttgart 1995. – R. Ingarden: Über die Verantwortung. Stuttgart 1970. – H. Lenk: Komplexe Ebenen der Verantwortung. In: M. Sänger (Hg.):Verantwortung. Stuttgart 1991. S. 64–73. – K. Löwith: Das Individuum in der Rolle des Mitmenschen. Darmstadt 1962. – G. Picht: Der Begriff der Verantwortung. In: Wahrheit, Vernunft und Verantwortung. Stuttgart 1969. – G. Ropohl: Neue Wege, die Technik zu verantworten. In: Technik und Ethik. Hg. H. Lenk/G. Ropohl. Stuttgart 1987. S. 154–158. – J. Schwartländer: Verantwortung. In: Handb. philosophischer Grundbegriffe. München 1974. S. 1577 ff. – W. Schulz: Philosophie in der veränderten Welt. Pfullingen 1972. S. 629 ff. – M. Weber: Ges. Politische Schriften. Tübingen [2]1958. S. 538 ff. – W. Weischedel: Vom Wesen der Verantwortung. Frankfurt [2]1958. – J.-C. Wolf: Kollektive Verantwortung – Ausräumung einiger Mißverständnisse. In: Philos. Jb. 100. S. 337–356.

PP

**Verbrechen** wurden noch im MA. als Störung der göttlichen Ordnung aufgefaßt, dagegen setzte sich zu

Beginn der Neuzeit ein säkularisierter und zugleich weitgehend positivierter Verbrechensbegriff durch, der das V. als eine mit Strafe bedrohte Zuwiderhandlung gegen ein gesetzlich bestimmtes Ver- oder Gebot definiert. – Die mit rechtswidrigen Handlungen befaßten wissenschaftlichen Disziplinen nehmen ihren Gegenstand aus unterschiedlichen Perspektiven in den Blick: Die Soziologie und die Sozialphilosophie erkennen in der Schädigung durch den Rechtsbruch insofern ein Moment sozialer Produktivität, als durch ihn die normative Selbstversicherung der Rechtsgemeinschaft mobilisiert wird (z. B. Durkheim, Mead). Dagegen ist die Strafrechtswissenschaft auf die Vorgaben des Gesetzes verpflichtet: Aus ihrer Sicht liegt nur dann ein V. vor, wenn (1) ein gesetzlich bestimmter Tatbestand erfüllt ist, (2) wenn Rechtfertigungsgründe, wie z. B. ↗Notwehr, nicht gegeben sind und die Tat daher definitiv rechtswidrig ist, und (3) wenn die tatbestandsmäßige rechtswidrige Tat dem Täter schuldhaft zugerechnet werden kann. Die Kriminologie will sich aus der Enge des strafgesetzlichen Verbrechensbegriffs lösen und den größeren sozialen und politischen Zusammenhang von Kriminalität in den Blick bekommen. Nachdem frühere Bemühungen um einen zeitenthobenen materiellen V.sbegriff notwendigerweise erfolglos blieben, befürworten neuere Ansätze eine sozialdynamische V.sdefinition, die V. als das Ergebnis einer erfolgreichen Kriminalisierung auffassen und den Interaktionszusammenhang zwischen Täter und Opfer einerseits und zwischen Täter und den Instanzen einer informellen und formellen Reaktion andererseits betonen. **Lit.:** U. Neumann/U. Schroth: Neuere Theorien von Kriminalität und Strafe. Darmstadt 1980. – C. Roxin/G. Arzt/K. Tiedemann: Einführung in das Strafrecht und Strafprozeßrecht. Heidelberg $^{3}$1994. – H. J. Schneider: Einführung in die Kriminologie. Berlin/New York $^{3}$1993. FG

**Verdinglichung.** Obwohl als Terminus bei Marx nicht vorkommend, vielmehr erst durch G. Lukács in Umlauf gebracht, handelt es sich dennoch um eine Marxsche Idee, da die Analyse des Warenfetischismus im Band I des *Kapitals* dem »verdinglichten Bewußtsein« gewidmet ist. Dieses verdinglichte Bewußtsein ist dadurch gekennzeichnet, daß es (1) gesellschaftliche Qualitäten der Dinge (z. B. Tauschwert, Geldwert) für natürliche Qualitäten dieser Dinge hält (= Fetischismus) und daß es (2) alle Qualitäten und Beziehungen nach dem Tauschwertprinzip interpretiert. – Lukács bezeichnet mit V. den systeminternen Zwang zur Assimilation zwischenmenschlicher Beziehungen an die Dingwelt, der eintritt, wenn soziale Normen ausschließlich über das Medium des Tauschwertes koordiniert werden. Horkheimer und Adorno lösen den Begriff nicht nur vom speziellen historischen Kontext der Entstehung des kapitalistischen Wirtschaftssystems, sondern überhaupt von der zwischenmenschlichen Dimension ab und generalisieren ihn zeitlich und sachlich. Damit wird sie zur totalen V. **Lit.:** M. Horkheimer/Th. W. Adorno: Dialektik der Aufklärung. Amsterdam 1947. – G. Lukács: Geschichte und Klassenbewußtsein. Berlin 1923. DHB

**Vererbung,** die Weitergabe von genetischer Information, die das spezifische Zellgeschehen und damit die Ausbildung bestimmter Merkmale steuert, von einer Generation auf die nächste. Die Gesamtheit dieser Information wird als »Genotyp« bezeichnet, die Gesamtheit der von dieser genetischen Information abhängigen Merkmale als ↗Phänotyp (äußeres Erscheinungsbild). Mit Art und Funktionsweise der genetischen Information, sowie mit den Mechanismen ihrer Weitergabe beschäftigt sich als biologische Teildisziplin die (Molekular-) Genetik. MK

**Verfahren.** Im Rückblick auf die institutionellen Errungenschaften des politischen Liberalismus überzeugt die ihnen zugrundeliegende Idee des V.s heute vor allem in Theorien, die sich um einen prozedural definierten Begriff von Rationalität bemühen. Entspricht ein V. den Idealisierungen, die der Rationalitätsbegriff auszeichnet, und garantiert es zum Beispiel die unparteiliche Würdigung heterogener Interessenlagen und Wertperspektiven, dann haben seine Ergebnisse die generalisierte, von keiner materialen Prüfung mehr abhängige Vermutung der Rationalität für sich. Über die Bestimmung dieser Idealisierungen wird unter Autoren wie Rawls und Habermas kontrovers diskutiert. Unterhalb solcher Kontroversen bindet sich ein philosophischer Begriff des V.s an die Prämisse einer Kongruenz von Struktur und Funktion. Für das unter diesem Gesichtspunkt naheliegende Beispiel des Gerichtsverfahrens gibt es jedoch auch soziologische Analysen, die mit den Begriffsmitteln der modernen Systemtheorie zeigen, daß die spezifische Funktion dieser Einrichtung primär durch latente Strukturen erfüllt wird. **Lit.:** J. Habermas: Faktizität und Geltung. Frankfurt 1992. – N. Luhmann: Legitimation durch Verfahren. Neuwied 1969. – J. Rawls: Theorie der Gerechtigkeit. Frankfurt 1975. AK

**Verfahrensethik,** auch formale Rationalitätsethik. Die V. kann allgemein als eine Theorie der Moral bezeichnet werden, die die Frage nach dem richtigen Handeln ohne Bezug auf Vorstellungen des guten Lebens zu beantworten sucht. Repräsentative Gegenposition dazu ist die aristotelische Ethik, in der die Vorstellung des guten Lebens die Grundlage für Maßstäbe des richtigen Handelns abgibt. Die V. bezieht sich auf das Kantische Argument, daß aufgrund der Heterogenität solcher Vorstellungen, worin die gute Lebensform oder das Glück des Menschen bestehe, allein formale Kriterien den Maßstab des Richtigen liefern können. Der kategorische ↗Imperativ gibt gleichsam das Modell ab, denn er fordert die subjektiven Maximen daraufhin zu überprüfen, ob jedermann sich diese Maximen zu eigen machen könnte. Die einzigen Maßstäbe, von denen verlangt werden kann, daß jeder Mensch sie erfüllen müsse, sind solche des formalen Verfahrens. Als wesentliche Eigenschaften einer solchen prozeduralen Rationalität (oder prozeduralistischen Moraltheorie) gelten: (1) Sie zielt auf die kategorische Sollgeltung von Normen ab, die allgemein mit Gründen gerechtfertigt werden können. Die Sollgeltung ist in dem Sinne unbedingt, als sie impliziert, daß niemand in einem normativen Sinne gute Gründe vorbringen kann, diese Geltung nicht zu akzeptieren. Diese Normen beantworten die Frage nach dem richtigen Zusammenleben von Personen. (2) Sie setzt voraus, daß moralische Fragen im Prinzip rational-allgemein begründete Antworten zulassen. Die Richtigkeit bemißt sich an der vernünftigen Geltung der Moral, d. h. auf einem wechselseitig (d.i. reziprok) und allgemein begründeten Konsens freier und gleicher vernünftiger Wesen. Die Vernünftigkeit ist in der kognitiven Fähigkeit begründet, die Perspektiven (↗Perspektivenübernahme) anderer einnehmen zu können, so daß geteilte Gründe allgemein als gute Gründe einsehbar sind. (3) Der Verpflichtungscharakter beruht auf dem Verfahrensprinzip der Rechtfertigung. Das bedeutet, daß die Moralnormen allgemein und reziprok zu rechtfertigen sein müssen. In der Struktur der Rechtfertigung ist bereits die Perspektive der Wechselseitigkeit enthalten. (4) Die Allgemeinheit (d.i. der universalistische Charakter), die der Geltung einer moralischen Norm zugrundeliegt, bezieht sich auf alle moralischen Menschen und muß im Prinzip vor einer jeden Person zu rechtfertigen sein. – Als Grundsatz einer V. kann formuliert werden: Als allgemein gerechtfertigt gilt das, auf das sich freie und gleiche Personen im wechselseitigen und allgemeinen Interesse einigen können. **Lit.:** R. Forst: Kontexte der Gerechtigkeit. Frankfurt 1994. S. 270 ff. – J. Habermas: Diskursethik – Notizen zu einem Begründungprogramm. In: Moralbewußtsein und kommunikatives Handeln. Frankfurt 1983. S. 53 ff. – Ch. Taylor: Die Motive einer Verfahrensethik. In: Moralität und Sittlichkeit. Hg. v. W. Kuhlmann. Frankfurt 1986. S. 101 ff. PP

**Verfassung.** Unter terminologischem Anspruch wird von V. heute meist im Sinne von Rechtsverfassung gesprochen. Dabei ist nicht das Rechtssystem als Gesamt positiver Gesetzesbestimmungen gemeint, sondern enger das Verfassungsrecht als (fragmentarisch offene) Rahmennormierung der politischen Daseinsweise einer Gesellschaft. Als Verfassungsgesetz ist die V. die oberste Norm der Rechtsnormen einer Gesellschaft (Norm der Normen). Diese reflektiert aber den normativen Anspruch und das Selbstverständnis einer Gesellschaft von deren humaner und politischer Existenz. Die V. ist somit ein Grenzbegriff der Artikulation und Umsetzung der moralischen und politischen Vorstellungen in rechtliche Existenz. Die Eigenart der Verfassungslehre gegenüber der Rechtslehre, mit deren Unterscheidung von V. und Verfassungsgesetz (Staat und Rechts-V.), wurde in den verfassungstheoretischen Diskussionen der Weimarer Republik (R. Smend, C. Schmitt, H. Heller) begrifflich expliziert. Dabei öffnete sich die juristische Betrachtung, die in der Rechtslehre H. Kelsens ihren konsequentesten Verfechter hatte, verfassungshistorischen, -soziologischen und -politischen Fragestellungen und Einsichten und entdeckte damit zugleich die ethische Frage nach dem Verhältnis der Rechtsnormen zu metajuristischen normativen Voraussetzungen der Sittlichkeit des Daseins einer Gesellschaft neu. Damit berührte die Verfassungslehre klassisch-politische Fragen nach der ↗Gerechtigkeit der V. im System der Sittlichkeit. Von der verfassungstheoretischen Unterscheidung von V. und Verfassungsgesetz her läßt sich wieder fragen, ob wir (als politische Einheit) nicht nur eine gute V. haben, sondern auch in guter (humaner) V. sind. **Lit.:** U.K. Preuß (Hg.): Zum Begriff der Verfassung. Frankfurt 1994. – C. Schmitt: Verfassungslehre. München 1928. RM

**Vergehen** werden von ↗Verbrechen nach § 12 des Strafgesetzbuches lediglich formal durch das gesetzlich angedrohte Strafmaß unterschieden: Verbrechen sind mit einer Freiheitsstrafe von mindestens einem Jahr bedroht, V. sind dagegen rechtswidrige Taten, für die eine Geldstrafe oder eine Freiheitsstrafe unter einem Jahr vorgesehen ist. Die gesetzestechnische Dichotomisierung wirkt sich etwa auf die unterschiedliche strafrechtliche Würdigung des Versuchs und der Anstiftung aus: bei Verbrechen sind beide immer strafbar, bei V. bleibt Anstiftung generell straflos, der Versuch wird nur in bestimmten Fällen bestraft. **Lit.:** C. Roxin: Strafrecht. Allgemeiner Teil. Band I. München [3]1997. – L. Welzel: Verbrechen oder Vergehen – keine Preisfrage. In: Kriminalistik (1991). S.489. FG

**Vergeltung,** eine Gerechtigkeit herstellende Reaktion auf menschliches Verhalten: Jedem soll das widerfahren, was seine Taten wert sind. V. wird meist als Strafe im Sinne der Verletzung einer Verletzung verstanden, durch die das Verbrechen aufgehoben wird (Hegel). Nach der Theorie der V. als Straftheorie darf kein Strafzweck die Bestraften zum Mittel übergeordneter Zwecke machen (Kant). V. begründet Strafen aber nur dort abschließend, wo strafende Instanzen wie bspw. Gott umfassend zur Herstellung von Gerechtigkeit berufen sind; besonders für staatliche ↗Strafen müssen andere Begründungen angegeben werden. Der Gedanke der V. behält dabei Bedeutung als Maßstab für das gerechte Maß der Strafe, wodurch die Bestraften nicht nur zum Mittel für Strafzwecke werden. V. gilt dabei nicht im Sinne des alttestamentarischen ius talionis, wonach Gleiches mit Gleichem zu vergelten ist. Vielmehr muß die Strafe der Verletzung dem Werte nach angemessen sein, wobei die Veränderlichkeit der Bewertung je nach Zeit und Gesellschaft anerkannt wird. **Lit.:** I. Kant: Metaphysik der Sitten (Akad.-Ausg. Bd. VI), Rechtslehre, Allg. Anm. E. – G.W.F. Hegel: Rechtsphilosophie §§ 97 ff. – J.-C. Wolf: Verhütung oder Vergeltung?. Freiburg 1992. ATA

**Verhalten/Handlung.** Beiden Begriffen liegen unterschiedliche Erklärungsmuster zugrunde: Die methodologische Festlegung auf das Beobachtbare (und die damit einhergehende Absage an mentale Prozesse), wie sie durch den ↗Behaviorismus vollzogen wird, führt zum Begriff des »V.s«. V. wäre demnach zu beschreiben als Folge einer unbewußten Reaktion auf nicht weiter beeinflußbare Regularitäten oder Gesetzmäßigkeiten einer naturhaft statthabenden Situation. Im Gegensatz dazu verweist die teleologische Erklärungsweise auf das »Handeln«. Im Unterschied zu den determinierten Verhaltensfolgen sind H.en im Hinblick auf ein vom Handelnden intendiertes Ziel zu beschreiben. H.en erweisen sich als bewußte Einwirkungen auf vorliegende (soziale) Situationen. ↗Type/Token, ↗Handlung. PP

**Verhalten (behavior),** Schlüsselbegriff der psychologischen Theorie des Behaviorismus, bei dem man versucht, in der Beschreibung des V. vollständig auf Introspektion zu verzichten, u. a. deshalb, um damit den Cartesianischen Geist-Körper-Dualismus zu überwinden (Watson 1913). Im Behaviorismus wird das V. nach dem Schema von Reiz und Reaktion aufgefaßt und davon ausgegangen, daß die Ursachen des V. vollständig objektiv beobachtbar sind. Man hat dem Behaviorismus zu Recht vorgeworfen, aus Einzelbeobachtungen, die unter experimentell kontrollierten Bedingungen gewonnen werden, in methodisch unzulässiger Weise auch komplexere V.-strukturen erklären zu wollen. Die vergleichende Verhaltensforschung untersucht als Teilbereich der Biologie die Wechselwirkung zwischen den V.sweisen von Tieren und ihrer natürlichen Umwelt. An Ergebnisse der Verhaltensforschung knüpft die Evolutionäre ↗Erkenntnistheorie an, die sich im Hinblick auf die Frage, wie sich die verschiedenen Erkenntnisleistungen im Laufe der Evolution entwickelt haben, auf interdisziplinäre Weise mit den phylogenetischen Aspekten der menschlichen kognitiven Fähigkeiten beschäftigt. Nach Vollmer (S. 102) ist der »Erkenntnisapparat« auch »ein Ergebnis der (biologischen) Evolution. Die subjektiven Erkenntnisstrukturen passen auf die Welt, weil sie sich im Laufe der Evolution in Anpassung an diese reale Welt herausgebildet haben.« **Lit.:** G. Vollmer: Evolutionäre Erkenntnistheorie. Stuttgart 1981. – Ders.: Was können wir wissen? 2 Bde. Stuttgart 1988. – J. B. Watson: Psychology as a behaviorist views it. Dt. in: Ders.: Behaviorismus. Köln 1968. JH

**Verifikation, Verifizierbarkeit.** Die Bedeutung eines Satzes wird bestimmt durch die Methode seiner V. (Wittgenstein: *Tractatus*). Dabei kommt es nur auf die mögliche, grundsätzliche Verifizierbarkeit einer Aussage an, nicht auf ihre tatsächlich Verifiziertheit. Nur wenn eine Aussage tatsächlich verifiziert ist, ist sie wahr. – Die V. einer empirischen Aussage ist das Resultat einer Überprüfung dieser Aussage mit Hilfe von Beobachtungen bzw. Experimenten. In bezug auf den Forschungsprozeß der Wissenschaften kommt der Verifizierbarkeit eine besondere Rolle zu, da dadurch (hypothetische) Aussagen auch über den jeweiligen Stand der Wissenschaft hinaus möglich werden: Eine V. ist (a) empirisch möglich, wenn ihre Bedingungen nicht den Naturgesetzen widersprechen, (b) logisch möglich, wenn die Struktur des Satzes nicht den logischen Regeln bzw. den Verwendungsweisen seiner Wörter widerspricht. – Nach Ansicht des ↗Logischen Empirismus kommt es für den Sinn eines Satzes nur auf seine logische Verifizierbarkeit an. **Lit.:** E. Nagel: Verifizierbarkeit, Wahrheit und Verifikation. In: L. Krüger (Hg.): Erkenntnisprobleme der Naturwissenschaften. Köln/Berlin 1970. S. 294 ff. PP

**Verisimilitude.** Der Anspruch wissenschaftlicher Theorien, umfassende Erklärungen der Wirklichkeit zu liefern, führt im Zusammenhang der ↗Korrespondenztheorie der Wahrheit zu der Frage, was es heißt, eine Theorie sei der Wahrheit näher gekommen als eine andere und liefere eine bessere Erklärung der Wirklichkeit. Poppers Überlegungen dazu führten zum Begriff einer komparativen V. zweier Theorien: »Vorausgesetzt daß der Wahrheitsgehalt und Falschheitsgehalt zweier Theorien A und B vergleichbar sind, können wir sagen, daß B der Wahrheit näher ist oder besser mit den Tatsachen übereinstimmt als A, genau dann, wenn entweder (a) der Wahrheitsgehalt, nicht aber der Falschheitsgehalt von B den von A übersteigt, oder (b) der Falschheitsgehalt von A, nicht aber sein Wahrheitsgehalt den von B übersteigt« (*Conjectures and Refutations*, S. 233). Da keine sicheren Kriterien für die V. einer Theorie zur Verfügung stehen, ist der Bewährungsgrad einer Theorie ein denkbarer Indikator für die Wahrheit einer Theorie. Der Erkenntnisfortschritt wird dabei als (im Prozeß der Wissenschaften stattfindende) Annäherung an die Wirklichkeit gedacht. Im Hinblick auf das Ziel einer umfassenden Erklärung der Wirklichkeit räumt Popper ein, daß eine sehr allgemeine, gehaltvolle, wenn auch im nachhinein sich als falsch herausstellende Theorie (z. B. Newtons) der ganzen Wahrheit näher kommen kann als eine Theorie, die zwar wahr, aber gehaltsarm ist. **Lit.:** K. Pähler: Qualitätsmerkmale wissenschaftlicher Theorien. Tübingen 1986. – K. Popper: Conjectures and Refutations. London (Repr.) 1985. – G. Radnitzky/G. Andersson (Hg.): Fortschritt und Rationalität. Tübingen 1980. PP

**Verknüpfung,** Ausdruck der Aussagenlogik: das Entstehen von neuen Aussagen durch die Verbindung von sog. Elementarsätzen (z. B.: Peter liest Zeitung *und* Karl schreibt Briefe). Die Zuordnung von Wahrheitswerten (↗Wahrheitswerttafel) einer Aussageverknüpfung zu den Wahrheitswerten der in ihr enthaltenen Elementaraussagen heißt Wahrheitsfunktion bzw. logische Funktion. Die gängigsten Verknüpfungsmodi sind *und* (Konjunktion), *oder* (Disjunktion), *wenn … dann* (Subjunktion) und *genau wenn … dann* (Bisubjunktion). **Lit.:** K. Schick: Aussagenlogik. Freiburg 1971. MFM

**Vermittlung.** (1) Vereinigung unterschiedener Bestimmungen, Begriffe, Sätze, Erkenntnisse durch ein verbindendes Mittleres. (2) Akt und Resultat der Diskursivität: V. nicht-sprachlicher oder vorsprachlicher Entitäten durch ein Medium. Die Anschauung agiert unmittelbar, der Verstand dagegen durch V. Dadurch gewinnt der Terminus V. Bedeutung für Pädagogik, Sprachphilosophie und Ästhetik. – Der Deutsche Idealismus nutzt beide Bedeutungskomponenten. Für Fichte ist V. (1794) der Prozeß der Vereinigung von Ich und Nicht-Ich (*Ges. Ausg.* I, 2, S. 300), bei dem Mittelglieder zwischen die Extreme eingeschoben werden. Die Vereinigung kann aber nur in der Vernichtung der Beschränkung durch das Nicht-Ich eintreten, die für Fichte daher nur als gesollte möglich ist. Später (*Wissenschaftslehre* 1804) erkennt Fichte, daß absolute V. nur möglich ist durch Unmittelbarkeit: »Unmittelbar seyende V.« (II, 7, S. 165), die die Autonomie und Authentizität des Absoluten verbürgt. Im Gegensatz dazu optiert Hegel für eine vermittelte Unmittelbarkeit, wiederhergestellte, gewordene Einfachheit. Der aus seinen Momenten sich gewinnende Begriff ist in Rücksicht seiner Gewordenheit V. eben dieser Momente, in Rücksicht auf die qualitative Neuheit des Begriffs Unmittelbarkeit. CHA

**Vermögen,** in der antiken Physik und Ontologie eine bewegende und bewirkende Kraft, die in einer konstanten Beziehung zu ihrer spezifischen Wirkung, dem Ergon, steht. Allgemein ist V. eine Fähigkeit oder Anlage zu etwas, insbesondere in der Psychologie die Seelenvermögen sowie in der Erkenntnistheorie die V. des Geistes. In der antiken Geometrie bezeichnet der Begriff bestimmte flächenhafte Strukturen und geometrische Operationen, in der Medizin bezieht er sich auf die Wirkungsweise von Heilmitteln. – Platon definiert V. (dynamis) ontologisch als »eine gewisse Art des Seienden, wodurch sowohl wir vermögen, was wir vermögen, als auch jegliches andere, was etwas vermag« (*Politeia* 477 c). Auf Grund der prinzipiellen Immaterialität der V. zählen hierzu auch die Wirkkräfte ethischer Tugend und rein geistiger Fähigkeiten als elementare Handlungskräfte. – Aristoteles unterscheidet kinetische von ontologischen V. (*Met.* 1048 a 25 ff.). Ein kinetisches V. ist als Bewegungskraft das Prinzip einer Veränderung in einem anderen als einem anderen (*Met.* 1046 a 11). Hiervon ausgehend bestimmt er den Begriff der Natur, insofern die natürlichen Dinge im Unterschied zu künstlichen das V. der Bewegung in sich selbst haben (*Met.* 1015 a 13). Das Bewegungsvermögen kann sowohl als aktives wie auch als passives vorliegen. V. bezeichnet weiterhin eine spezifische Seinsweise von Dingen und ist in dieser Bedeutung ein Grundbegriff der aristotelischen Ontologie und das direkte Korrelat von ↗Energeia und ↗Entelechie. Das dem V. nach Vorliegende ist noch nicht zur Wirklichkeit herausgetreten, aber auf eine Wirklichkeit bezogen, von der es im Prozeß der Entstehung formend bestimmt wird. Dies ist primär der Stoff (hyle) in seiner konkreten wie theoretischen Funktion (*Met.* 1042 a 28). Die Verwirklichung eines niederen V.s ist eine Entelechie, die ihrerseits in Hinordnung auf eine höhere Entelechie als V. fungieren kann. Aus dieser Struktur ergibt sich die hierarchische Ordnung alles Lebendigen. – Die Scholastik übersetzte die aristotelische V.slehre in die Unterscheidung von Akt und Potenz (↗actus/potentia). – Reid definierte V. als eine natürliche und aktive, die Konstitution des Geistes bestimmende Kraft. Die Vermögenstheorie der empirischen Psychologie des 18. Jh. erklärte die verschiedenen Tätigkeiten der Seele durch Seelenvermögen. Gall erweiterte die Theorie zur Phrenologie als einer physiognomischen Schädellehre. Schon früh wurde kritisiert, man könne den Gehalt einer psychologischen Funktion nicht erklären, indem man ihn mit dem problematischen Begriff des V.s verbinde. Die Kritik ist formuliert u. a. bei Schulze, Herbart, Beneke und Hegel (*Enzyklopädie* § 445). – Kant unterscheidet als Grundvermögen des menschlichen Gemüts das Erkenntnisvermögen, das Gefühl der Lust und Unlust und das Begehrungsvermögen (*KU* Einl. III, H 10). **Lit.:** Aristoteles: Metaphysik. Buch V und IX. – F. E. Beneke: Lehrbuch für Psychologie. §§ 11 f., 61. [2]1845. Nachdr. Amsterdam 1964. S. 9 ff., 55 f. – J. Fodor: The Modularity of Mind. Cambridge, Mass. 1983. – G. W. F. Hegel: Enzyklopädie der philosophischen Wissenschaften im Grundrisse (1830). – Ders.: Grundlinien der Philosophie des Rechts. – J. F. Herbart: Lehrbuch zur Einleitung in die Philosophie. § 159. Hamburg 1993. S. 316 ff. – I. Kant: Kritik der Urteilskraft. Einleitung III. – G. Plamböck: Dynamis im Corpus Hippocraticum. Wiesbaden 1964. – T. Reid: Essays in the Intellectual Powers of Man, I, 1. In: Philosophical Works. Bd. 1. [8]1895. Nachdr. Hildesheim 1967. S. 221. – J. Stallmach: Dynamis und Energeia. Meisenheim 1959. – A. Szabó: Anfänge der griechischen Mathematik. Wien 1969. CLK

**Vernunft** (griech. nous, logos, dianoia; lat. intellectus, ratio), etymologisch von »vernehmen« abgeleitet, hatte V. im ältesten Deutschen die Bedeutung von »richtig auffassen« sowie von »Überlegung« als dem Vermögen, das Aufgefaßte im Geiste zu verarbeiten. Die antiken Griechen grenzten den ↗logos als objektive Kosmos-V., die zu klarer Einsicht in die ewigen und unveränderlichen Seinsstrukturen befähigt, sowohl vom Mythos als auch von der ↗aisthesis (sinnliche Wahrnehmung) ab. Im MA. wurde V. als Vermögen übersinnlicher Erkenntnis (intellectus) vom diskursiven, schlußfolgernden Denken (ratio) unterschieden. Seit der auf Eckhart und Luther zurückgehenden Übersetzungstradition von ratio wurde V. gewöhnlich mit dem im Gegensatz zu Verstand (intellectus) stehenden niederen Erkenntnisorgan identifiziert, das Sinneswahrnehmungen unter Begriffe bringt. Kant legt den philosophischen Gebrauch endgültig fest, indem er V. (ratio) dem diskursiven Verstand als das »Vermögen der Einheit der Verstandesregeln unter Prinzipien« überordnet.

Charakteristisch für die Begriffsgeschichte von V. in der abendländischen Philosophie ist das Gegensatzpaar von intuitiver und diskursiver V.-Erkenntnis. Seine Wurzeln liegen in der antiken Philosophie. Platon unterscheidet die intellektuelle Anschauung (noesis), die mittels des ↗nous, dem »Auge des Geistes«, die erfahrungstranszendenten ↗Ideen erschaut, von der dianoia, die durch methodisches, begriffliches Denken zur Ideenerkenntnis aufsteigt. Indem Platon diese Bestimmungen als Formen der theoria (geistige Schau der Ideen) versteht, und diese wiederum dem dialogi-

schen Denken überordnet, etabliert er ein solipsistisches V.-Verständnis. Obwohl bei Aristoteles der ursprüngliche Gebrauch von logos in der Doppelbedeutung von Rede und Denken festgehalten ist, verfestigt sich hier die Auffassung einer sprach- und kommunikationsunabhängigen V. dadurch, daß von einer bloß konventionellen, für wahre Erkenntnis daher vermeintlich irrelevanten, Zuordnung der sprachlichen Zeichen zu den Gedanken ausgegangen wird.
Die antike Vernachlässigung der Redefunktion und die einseitige Hervorhebung der logisch-semantischen Dimension des Denkens, von Apel als »Logosvergessenheit« charakterisiert, prägt die V.-Auffassung bis in die Gegenwart. Paradigmatisch für die mittelalterliche Wirkungsgeschichte der aristotelischen V.-Konzeption steht Thomas von Aquin. Mittels ratio (schlußfolgerndem Denken) sollen Urteile auf Grundeinsichten zurückgeführt bzw. aus Grundeinsichten abgeleitet werden können, die durch cognitio intellectualis (V.) intuitiv erfaßt werden. – Die Vorstellung eines einsamen, von der öffentlichen Kommunikation enthobenen Denkens wird in der ↗Bewußtseinsphilosophie (von Descartes bis Husserl) radikalisierend fortgetragen. Sie liegt auch Kants »Aufhebung« der überlieferten spekulativen Vorstellung einer durch unausweisbare Intuition und darauf aufbauender Deduktion bestimmten V. zugrunde. Kant betont den reflexiven Charakter der V., die sich in Form einer Kritik der reinen (theoretischen und praktischen) V. über die Bedingungen objektiver Erkenntnis und deren Grenzen Rechenschaft ablegen können müsse. Dies führt Kant zu einer Theorie der Verstandeserkenntnis, die nicht über den Bereich der Gegenstände möglicher Erfahrung hinausgehen dürfe. Der konstitutiven Erkenntnisfunktion des Verstandes sei hinsichtlich des erfahrungstranszendenten Bereichs eine lediglich regulative Funktion der V. zur Seite zu stellen, die Verstandeshandlungen auf die Einheit eines obersten intelligiblen Zweckes beziehe. Die »Vergesellschaftung« der bei Kant noch gänzlich subjektiv auf die Einheit eines Selbstbewußtseins bezogenen V. kündigt sich im objektiven Idealismus Hegels an, der die Abhängigkeit der subjektiven V. von der sich in gesellschaftlichen Institutionen veräußernden, objektiven V. hervorhebt. Nachdem Herder und vor allem W. v. Humboldt auf die Sprachlichkeit der V. hingewiesen hatten, Wittgenstein die konstitutive Funktion einer intersubjektiv geteilten Umgangssprache für das Denken erwiesen hatte, explizierte schließlich die ↗Universal- und ↗Transzendentalpragmatik (Habermas, Apel) in Anknüpfung an Peirces ↗Pragmatismus V. als Inbegriff von Argumentation bzw. ↗Diskurs. Sie gewinnt damit das dialogisch-pragmatische Moment von V. zurück, das im Logos-Grundsatz des Sokrates (*Kriton*, 46 b), der den Anspruch auf dialogische Geltungsprüfung formulierte, implizit schon enthalten war. Durch das zweifache Sprach- und Kommunikationsapriori allen Denkens sei sowohl der intersubjektive Sinnanspruch der V. (durch Bezugnahme auf die reale ↗Kommunikationsgemeinschaft) als auch ihr intersubjektiver Geltungsanspruch (Bezugnahme auf die regulative Idee eines idealen Konsenses der idealen Argumentationsgemeinschaft) gesichert. Durch diese V.-Konzeption kann der modernen Einsicht in die geschichtliche und kulturelle Relativität der V. ebenso Rechnung getragen werden wie dem unverzichtbaren Anspruch der V. auf universelle Geltung. Von einer Rekonstruktion der in jeder Äußerung notwendig erhobenen ↗Geltungsansprüche (Verständlichkeit, Wahrheit, Richtigkeit, Wahrhaftigkeit) ausgehend, entwirft die Transzendentalpragmatik eine Theorie der Rationalitätstypen (praktische und theoretische V.; kommunikative, strategische, instrumentelle Rationalität), die Differenzierungen in den V.-Begriff einzuführen vermag, mit denen einer auf Kritik der ↗instrumentellen V. zurückgehenden prinzipiellen V.-Skepsis entgegengetreten werden kann. **Lit.:** U. Anakker: Art. Vernunft. In: H. Krings u. a. (Hg.): Handbuch philosophischer Grundbegriffe. München 1974. Bd. 6. S. 1597–1612. – K.-O. Apel: Die Herausforderung der totalen Vernunftkritik und das Programm einer philosophischen Theorie der Rationalitätstypen. In: Concordia 11 (1987). S. 2–23. – A. Berlich/D. Böhler: Art. Vernunft. In: Th. Meyer u. a. (Hg.): Lexikon des Sozialismus. Köln 1986. S. 696 ff. – D. Böhler/H. Gronke: Art. Diskurs. In: G. Ueding (Hg.): Historisches Wörterbuch der Rhetorik. Bd. 2. Tübingen 1994. Sp. 764–819. – H. Schnädelbach (Hg.): Rationalität. Frankfurt 1984. – Ders.: Vernunft. In: E. Martens/H. Schnädelbach (Hg.): Philosophie. Ein Grundkurs. Bd. 1. Reinbek 1991. S. 77–115. – Ders.: Vernunft und Geschichte. Frankfurt 1987. HGR

**Vernunft, instrumentelle,** von M. Horkheimer geprägter Begriff, der sich kritisch gegen den neuzeitlichen Typ des zweckrationalen Handelns (M. Weber) wendet. Zweckrationalität umfaßt in ihrer ursprünglichen Bedeutung sowohl die wertrational orientierte Zwecksetzung als auch die rationale Mittelwahl. Im Begriff der i. V. wird der Aspekt der vernünftigen Bestimmung von Zwecken ausgeblendet. Damit geht die Behauptung einher, daß die menschliche Vernunft, sobald sie der Bereitstellung technischer und ökonomischer Mittel diene, ihre Zwecksetzungskompetenz verliere. Dieser Prozeß läßt sich in folgenden Schritten rekonstruieren: (1) Die Vernunft dient seit der Neuzeit nur noch einem einzigen Zweck, d. h. der Selbsterhaltung des Individuums, die keine rationale Wahl mehr zuläßt. Folglich wird die Vernunft »blind« gegenüber der Vielfalt möglicher Zwecke. (2) Die Vernunft dient nur noch dazu, Mittel zur Selbsterhaltung bereitzustellen; dadurch wird sie selbst zu einem bloßen Mittel »instrumentalisiert«, eben auf i. V. reduziert. (3) Alle Gegenstände und Handlungen verwandeln sich in eine »Welt von Mitteln«; waren sie ursprünglich Selbstzwecke (wie Wahrheit und Kunst), werden sie nun (unter den Bedingungen der Kulturindustrie) als Mittel unter den einen Selbsterhaltungszweck subsumiert. Auf diese Weise verkehren sich Zweck und Mittel. (4) Die technischen und ökonomischen Mittel verselbständigen sich gegenüber den menschlichen Zwecken und nehmen den Charakter »autonomer Wesenheiten« an. Hier mündet die Kritik der i. V. in die zeitgenössische und spätere Technokratiedebatte ein. ↗Zweckrationalität, ↗Mittel/Zweck. **Lit.:** J. Habermas: Theorie des kommunikativen Handelns. Frankfurt 1981. – M. Horkheimer: Zur Kritik der instrumentellen Vernunft. Frankfurt 1967. JRO

**Vernunft, praktische.** In einer allgemeinen Bestimmung kann p. V. als der Anspruch des Menschen bezeichnet werden, sein Handeln an allgemeinen Grundsätzen zu orientieren und gemäß der Weisung allgemeinverbindlicher Normen begründen und rechtfertigen zu können. In dieser Fassung ist die p. V. ihrer Idee nach handlungsleitende Vernunft (Wieland). Dadurch sucht sie eine Antwort darauf zu geben, wie der Mensch sein Leben gestalten soll. Dieses allgemeine Verständnis tritt in der Tradition der Philosophie in verschiedenen Gestalten auf. Die Verschiedenheit resultiert aus der veränderten Auffassung, worin der Maßstab des Allgemeinen zu finden ist. Insofern stellt die p. V. immer auch eine Reflexion über das praktisch Vernünftige und den Maßstab des Vernünftigen dar. Dadurch beinhalten die Reflexionen der p.n V. eine doppelte Perspektive: Einerseits eine Vorstellung darüber, was Vernunft im Praktischen bedeute, und andererseits, was es heißt, das Handeln vernünftig zu bestimmen.

Für die Etablierung der p.n V. als einer gegenüber der theoretischen Vernunft selbständigen Fragerichtung sind zwei Unterscheidungen von Aristoteles grundlegend: (a) Der vernünftige Seelenteil (das Logistikon) unterscheidet sich von dem Epistemonikon (dem erkennenden Seelenteil) durch seine eindeutige Ausrichtung auf den Bereich der ↗Praxis, d. h. auf die Fähigkeit, in Bezug auf das Handeln, richtige Überlegungen anzustellen. (b) Das Handeln unterscheidet sich vom Herstellen (↗Techne) hinsichtlich seiner spezifischen Zielstruktur. Beim Herstellen stellen die Ziele ganz bestimmte Produkte dar, die durch eine Tätigkeit hervorgebracht werden. Insofern ist die Redeweise berechtigt, daß das Ziel außerhalb der Tätigkeit liegt. Dagegen ist für das Handeln (Praxis) spezifisch, daß das Ziel im Akt bzw. durch den Vollzug verwirklicht wird. Die Relevanz der Differenzierung wird erst plausibel, wenn man hinzuzieht, worin das allgemeine Ziel des menschlichen Lebens bei Aristoteles besteht. Die ↗Eudaimonie stellt das innere Ziel des Menschen dar, in dem sich der Mensch als Mensch realisiert. Eudaimonie heißt das »gute Leben« als »gelungenes Handeln«, das der Mensch um seiner selbst willen anstrebt und verwirklicht. Er sucht sein Ziel nicht außerhalb, da er sein Ziel nur durch die Verwirklichung seiner Natur, d. h. durch logoshaftes Handeln erreichen kann. Was der Vernunft gemäß ist, ist erkennbar und entscheidet sich an dem, was Sitte und Gesetz in der Polis ist. Die Vernunft im Praktischen ist bei Aristoteles durch den allgemeinen Zweck, nämlich das gute Leben in der Polis, vorgegeben. Der Wertmaßstab des guten Lebens ist im Vollzug der Handlung selbst zu suchen, nur die gelungene Praxis verbürgt p. V. Nur ein Wesen, das sich an dem Guten orientiert, handelt vernünftig. – Der Stellenwert der p.n V. verändert sich grundlegend, wenn diese teleologische Zweckstruktur nicht mehr ein Element des menschlichen Selbstverständnisses ist. Denn dadurch ist auch der Rahmen des Allgemeinverbindlichen nicht mehr selbstverständlich. Der p.n V. ist es nunmehr aufgegeben, von sich aus einen Maßstab zu finden, an dem sich das Handeln allgemein auszurichten hat. Der ↗Utilitarismus verweist auf eine dem Handeln immanente Rationalitätsstruktur, nämlich die Abwägung der Handlungsfolgen nach subjektiver Nützlichkeit und Zuträglichkeit. Die p. V. erhält eine doppelte Struktur: Das hedonistische Kalkül stellt einerseits eine rein rechnerische, auf die Handlungswirklichkeit bezogene Vernunft dar – die Frage nach subjektiven Beweggründen erübrigt sich. Das von Bentham in dieses Kalkül projizierte Prinzip des größten Glücks der größten Zahl formuliert andererseits einen allgemeinen Ordnungsgedanken der ausgewogenen Verteilung der Güter, ohne daß ersichtlich ist, wie dieser allgemeine Maßstab sich mit dem Interesse nach subjektiver Befriedigung verbinden läßt. J. St. Mill kann der p.n V. nur den Sinn abgewinnen, daß sich der Handelnde diejenigen Regeln, die eine rationale Praxis ermöglichen, aus wissenschaftlichen Theorien beschaffen muß. Die Allgemeinheit der Regeln gründet in der wissenschaftlichen Erkenntnis, d. h. dem Wissen um allgemeine Gesetze, um Ursache-Wirkungs-Zusammenhänge. Die p. V. hat nunmehr den Status einer Prüfung von Konsistenz und Zweckrationalität: Der Mensch hat zu prüfen, ob die intendierten Zielzustände mit anderen basalen Zielzuständen verträglich sind und ob der Zweck mit anderen wünschenswerten Zwecken kollidiert. Der Mensch ist prinzipiell in Situationen gestellt, in denen er aufgefordert ist, in Erfahrung zu bringen, wie die jeweilige Situation beschaffen ist, in der er handeln soll oder muß. Er muß den Weg zu einer effektiven Handlungswirklichkeit (mit Hilfe der Wissenschaften) begründet angeben können. Eine derartige p. V. kann aber keine Aussage darüber machen, ob und warum ein Zweck erstrebenswert ist und warum alle danach streben sollen, und bietet somit keine Antwort auf die Frage, wie der Mensch sein Leben gestalten soll. – Kant bestreitet dem auf Nützlichkeit ausgerichteten Denken nicht generell den Charakter einer p.n V. In solchen subjektiven Regeln, die sich der Handelnde gesetzt hat, kommt seiner Ansicht nach die einfache p. V. zur Geltung. Er macht allerdings darauf aufmerksam, daß solche Zwecksetzungen nicht den Charakter des Allgemeinen für sich in Anspruch nehmen können. Wenn aber Handeln nicht ohne Zweckstruktur zu denken ist, die subjektiven Zwecksetzungen aber zu heterogenen Glückseligkeitsvorstellungen führen, bedarf es eines besonderen Verfahrens, um die Allgemeinheit sicherzustellen. Der kategorische ↗Imperativ bietet dazu die geeignete Handhabe, die Übereinstimmung der subjektiven ↗Maximen mit einer uneingeschränkten Allgemeingültigkeit herzustellen, indem er fordert: Handle so, daß die Maxime deines Willens jederzeit zugleich als Prinzip einer allgemeinen Gesetzgebung gelten könne. Er fordert zu keiner konkreten Handlung auf, sondern verlangt eine bestimmte Weise des Handelns im Allgemeinen, die unbedingte Geltung beanspruchen kann. Kant erreicht damit die doppelte Frageperspektive der p.n V., nämlich wie der Mensch sein Handeln an einer selbstgesetzten Perspektive ausrichten kann und welcher Maßstab des Vernünftigen dabei in Rechnung zu stellen ist. Wenn die Materie den Willen bestimmt, dann wird der Mensch von seinen Neigungen zu irgendeinem Inhalt (oder Glücksvorstellung) gelenkt. Dadurch kann er nicht seinem Anspruch auf p. V. entsprechen, vielmehr begibt er sich damit in Abhängigkeit einer Fremdbestimmung der naturhaften Triebe. Zu einer Selbstbestimmung findet er nur in Absehung von jedem Objekt. Das entspricht zunächst der negativen Bestimmung von Freiheit (von Fremdbestimmung). In positiver Bestimmung realisiert sich die Freiheit in der ↗Autonomie. Das Prinzip der Autonomie wiederum schließt bei Kant ein, daß sich das Subjekt nur unter dasjenige Gesetz stellt, welches es sich selbst gegeben hat. Freiheit wird von der p.n V. positiv als Bestimmung der Willkür durch die bloße allgemeine gesetzgebende Form begriffen, d. h. der Mensch hat zu prüfen, ob seine subjektiven Maximen sich unter eine solche allgemeine Form subsumieren lassen. Das Prüfungsinstrument dazu stellt der kategorische Imperativ dar. – Der von Apel und Habermas vertretene Ansatz einer kommunikativen p.n V. unternimmt den Versuch, den kategorischen Imperativ Kants, der sich an das einzelne Vernunftsubjekt richtet, in einen rationalen Dialog zu transponieren. Der Geltungsanspruch moralischer Normen soll von einer intersubjektiven Rechtfertigung in einem Verfahren wechselseitiger argumentativer Begründung abhängig gemacht werden. P. V. wird so zur kritischen, begründenden Vernunft, die Prinzipien nur dann als begründet gelten läßt, wenn sie allgemein gerchtfertigt sind. Dadurch sucht sie den moralischen Autonomiebegriff intersubjektiv-prozedural zu reformulieren. Als programmatischer Satz gilt: P. V. ist das Vermögen und die Bereitschaft, begründet zu handeln – p. V. ist begründende Vernunft in intersubjektiven Kontexten. Eine solcherart p. V. trägt zum einen dem Umstand Rechnung, daß wir auf keine objektiven Werte oder lebensweltlichen Gewißheiten rekurrieren können, wenn die Frage beantwortet werden soll, wie wir zu handeln haben. Sie unterläßt es aber auch, solche Normvorgaben zu erstellen. Vielmehr trägt sie der geschichtlichen Veränderbarkeit einerseits und der möglichen Partikularität solcher Vorstellungen andererseits dadurch Rechnung, daß sie ein kritisches Fragepotential an gesellschaftlich vorfindliche normative Gehalte heranträgt. P. V. ist kommunikativ begründende, aber auch sich selbst hinterfragende Vernunft. Sie fordert die Gründe ein, auf denen die Geltung bestimmter Werte oder Normen in den Gemeinschaften beruht. **Lit.:** K.-O. Apel: Das Apriori der Kommunikationsgemeinschaft und die Grundlagen der Ethik. In: Tranformation der Philosophie. Bd. II. Frankfurt 1973. S. 358 ff. – R. Bubner: Handlung, Sprache und Vernunft. Frankfurt 1976. – Ders.: Geschichtsprozesse und Handlungsnormen. Frankfurt 1984. – R. Forst: Kontexte der Gerechtigkeit. Frankfurt 1994. – J. Habermas: Vom pragmatischen, ethischen und moralischen Gebrauch der praktischen Vernunft. In: Erläuterungen zur Diskursethik. Frankfurt 1991. S. 100 ff. – Ders.: Theorie des kommunikativen Handelns. Frankfurt 1981. – H. Schnädelbach: Vernunft. In: E.Martens/H. Schnädelbach (Hg.): Philosophie. Reinbek/Hamburg 1985. S. 77 ff. – W. Wieland: Aporien der praktischen Vernunft. Frankfurt 1989. – G. Zenkert: Konturen praktischer Rationalität. Würzburg 1989. PP

**Vernunft, theoretische,** Spezifizierung des Vernunftbegriffes, die den bestimmten Gegensatz zur praktischen V. darstellt. Th. V. bezeichnet generell – im Unterschied zur bloßen sinnlichen Wahrnehmung – das Ensemble geistiger Vermögen, die das Erkennen prinzipiieren. Praktische V. hingegen ist begründend für das Handeln. *Platons* Vernunftkonzept ist theoretisch fundiert und orientiert. Im *Phaidon* (79 a-e) nennt Platon den Verstand resp. th. V. als eigentliches Seelenfundament des Menschen, das die rezeptive Schau der Ordnung des Seins ermöglicht. Im *Staat* (35–444) unterscheidet er den rationalen Seelenteil (logistikon) vom Mut (thymos) und der Begierde (epithymia), differenziert somit zwischen theoretischer, kontemplativer Rationalität – in die auch die Idee des Guten gehört – und leibabhängigen Seelenteilen (der Vorbedingung der praktischen Rationalität). Der rational-theoretische Seelenteil ist eindeutig den »praktischen« Teilen vorgeordnet, denn nur dem rationalen Seelenteil kommt die Postexistenz zu. Die Seele erkennt am besten nach dem Tode, wenn sie von den praktischen, erkenntnisverstellenden Ansprüchen der leibbedingten Seelenteile – dem muthaften und begierdehaften – getrennt ist (*Staat* 611c und *Phaidon* 64–67). – Für Aristoteles ist der tätige Verstand den Gegebenheiten der Sinnlichkeit gegenüber genauso souverän wie der Künstler gegenüber seinem Stoff (*de an.* 430a ff.). Aristoteles differenziert zwischen th. V. (nous theoretikos) einerseits und praktischer V. (nous praktikos) oder auch praktischem Verstand (dianoia praktike) andererseits (*de an.* 433 a 13ff). Die praktische V. ist von der theoretischen durch das Ziel (to telei) geschieden. Die th. V. hat nicht in einem Zweck ihr Prinzip und ist im Gegensatz zur praktischen eine solche, die nicht durch Streben nach Zwecken »bewegt« wird. – Mit Kant erfährt der Vernunftbegriff die letzte neuzeitliche Prägung. Th. V. hat für Kant eine engere und weitere Bedeutung. Im weiteren Sinne ist sie das System aller Prinzipien des Denkens, die die Erkenntnis ermöglichen. Die konstitutiven Denk-Bedingungen der Gegenständlichkeit, die über die Prinzipien der Anschauung hinaus auch noch den Anschauungsge-

genstand letztfundieren, nennt er ↗Kategorien. Sie sind Resultat einer Transformation der Urteilsformen (*KrV*, Transzendentale Deduktion). Kant lehrt, daß die Eigenbestimmtheit des Denkens, die die formale Logik darlegt, zu Bedingungen transformierbar sein müsse, denen jeder Gegenstand zu genügen habe, soll er auch nur als Gegenstand in der Anschauung gegeben werden können. Das Totum der gegenstandskonstitutiven Prinzipien des Denkens heißt bei Kant reiner Verstand. Neben dem ↗Verstand ist th. V. im engeren Sinne der zweite Hauptbestandteil von th.r V. im weiteren Sinne. Auch die Weisen, wie Vernunftschlüsse vollzogen werden, gehören zur Eigenbestimmtheit des Denkens – genauso wie die Urteilsformen. Deshalb können die Schlußarten zu Ideen transformiert werden (*KrV*, Transzendentale Dialektik). Die drei Ideen sind Seele, Welt und Gott. Die Ideen beziehen sich nicht ↗konstitutiv auf Anschauungsgegenstände, sondern regulativ auf die Erfahrungsoperation des Verstandes. Somit fallen unter die Ideen keine Gegenstände, sondern sie sind vielmehr strukturierend für den Erfahrungsgebrauch des Verstandes. Die jeweilige Vernunftidee projektiert die durchgängige, systematische Einheit der Gegenstände ihrer Sphäre und veranlaßt den Verstand, durch stetigen Rückgang zu immer neu empirisch konstatierbaren Bedingungen im empirischen Forschen, diese Einheit nachzuweisen. Aus Gründen der Urteilstheorie, die auch das Fundamentalprinzip der Unbestimmtheit als notwendiges Moment des Urteils aufweist, kann dies aber der Verstand nie realiter leisten. Hält man die Vernunftidee fälschlich für den konstitutiven Begriff eines Gegenstandes, so wird V. dialektisch und gerät in Antinomien. – Im Gegensatz zum unendlichen Streben der praktischen V., alle Realität zu sein, hat für den frühen Fichte die th. V. die Funktion, das Ich gegenüber dem Nicht-Ich zu begrenzen und dadurch als endliche V. auszuweisen (*Grundlage der gesamten Wissenschaftslehre*). – In Hegels absoluter Idee ist V. das Totum aller Realität, so daß Rationalität der durchgängige Selbstgegenstand seiner selbst ist. Th. und praktische V. können deshalb als Momente der Selbstentfaltung der einen Idee verstanden werden. ↗Vernunft, ↗Vernunft, praktische.
**Lit.:** H. Albert: Traktat über kritische Vernunft. Tübingen $^{5}$1991. – H. M. Baumgartner: Endliche Vernunft. Zur Verständigung der Philosophie über sich selbst. Bonn 1991. – W. Flach: Grundzüge der Erkenntnislehre. Würzburg 1994. – K. Konhardt: Die Einheit der Vernunft. Zum Verhältnis von theoretischer und praktischer Vernunft in der Philosophie Kants. Königstein/Ts. 1979. – Gerold Prauss: Kant über Freiheit als Autonomie. Frankfurt 1983. – G. Schönrich: Zeichenhandeln. Untersuchungen zum Begriff einer semiotischen Vernunft im Ausgang von Ch. S. Peirce. Frankfurt 1990. – H. Wagner: Philosophie und Reflexion. München/Basel $^{3}$1980. RHI

**Vernunftbegriffe,** auch transzendentale Ideen, wie Gott, Freiheit, Unsterblichkeit, gründen nach Kant in der »Natur« der Vernunft. Diese sind notwendige Begriffe einer reinen Vernunft, also keine Fiktionen, durch die aber keine Gegenstände – wie durch Verstandesbegriffe (↗Kategorien) – erkannt werden können. Der gegenstandsgerichtete – im Sinne Kants ↗»konstitutive« – Gebrauch von V.n führt unweigerlich zu ↗Antinomien. V. können nur »regulativ« verwendet werden; als solche beziehen sie sich »auf die Vollständigkeit, d.i. die collective Einheit der ganzen möglichen Erfahrung«; sie gehen damit »über jede gegebene Erfahrung hinaus« (*Proleg.* § 40). Die Unterscheidung von Vernunft- und Verstandesbegriffen ist entscheidend für die Begründung einer »kritischen« Philosophie. »Die Unterscheidung der Ideen, d.i. der reinen Vernunftbegriffe, von den Kategorien oder reinen Verstandesbegriffen, als Erkenntnissen von ganz verschiedener Art, Ursprung und Gebrauch, ist ein so wichtiges Stück zur Grundlegung einer Wissenschaft, welche das System aller dieser Erkenntnisse a priori enthalten soll, daß ohne eine solche Absonderung Metaphysik schlechterdings unmöglich oder höchstens ein regelloser, stümperhafter Versuch ist…« (*Proleg.* § 41). **Lit.:** I. Kant: Prolegomena zu einer jeden künftigen Metaphysik, die als Wissenschaft wird auftreten können (Akad.-Ausg. Bd. IV). MN

**Vernünftigkeit.** In der Konsenstheorie der Wahrheit werden für den Prozeß der Konsensbildung die Zusatzannahmen der Gutwilligkeit, Sprachkundigkeit, Normalsinnigkeit und V. aufgestellt. Die Annahme der V. besagt, daß die bei der Konsenssuche Beteiligten in einem Forschungsprozeß nicht durch unreflektierte Denkgewohnheiten bestimmt sein dürfen. ↗Konsenstheorie. PP

**Vernunftwahrheit/Tatsachenwahrheit,** in der von Leibniz und Hume getroffenen Unterscheidung wird die V. durch das Prinzip des Widerspruchs bestimmt: V.en sind notwendig und ihr Gegenteil kann nicht widerspruchsfrei gedacht werden. Die T.en werden durch das Prinzip des zureichenden Grundes bestimmt: Die T.en sind zufällig und ihr Gegenteil ist möglich (und kann auch widerspruchsfrei gedacht werden). Keine Tatsache kann als wahr oder existierend, keine Aussage als wahrhaftig befunden werden, ohne daß ein zureichender Grund angegeben werden könne. In der Version des Kausalprinzips von Leibniz heißt das: »nichts geschieht ohne Ursache«, in der Version des Kausalgesetz von Hume: »gleiche Ursachen haben gleiche Wirkung«. **Lit.:** D. Hume: Untersuchung über den menschlichen Verstand. Hamburg 1961. S. 35 f. – G. W. Leibniz: Monadologie. Stuttgart $^{2}$1963. §§ 31–35. PP

**Verpflichtung.** (1) In bezug auf das moralische Handeln gilt die V. als die bestimmende Grundlage. Ihrem motivationalen Gehalt (für das Handeln) nach unterscheidet sie sich von Klugheitserwägungen einerseits und Bedürfnis, Wunsch, Begehren, Präferenzen usw. andererseits. Sie läßt sich nach folgenden allgemeinen Merkmalen bestimmen: (1) Mit ihr verbindet sich das Gefühl des (so) Handelnmüssens; (2) dieses Gefühl ist in einem (wenn auch verschwommenen oder unartikuliertem) Bewußtsein von einem »Ideal« begründet, d.h. einer Vorstellung eines Gehalts der personalen oder sozialen Welt, der als etwas über das einzelne Individuum Hinausweisendes verstanden wird, das den Handlungen ihren Wert verleiht; (3) das »Ideal« wird in der Weise aufgefaßt, daß es einen nicht-willkürlichen, gleichsam objektiven Anspruch erhebt. Als solche Ideale können firmieren: Vorstellungen (a) von gutem oder lebenswerten Leben (d.i. inhaltliche, über die Einzelsituationen hinausweisende allgemeine Vorstellungen der Lebensgestaltung), (b) von Gerechtigkeit und Fairneß (d.i. der formale Aspekt, wie Handlungsbezüge für alle gleichermaßen gestaltet sein müssen), (c) von Wohlwollen und Verbundenheit (d.i. die affektiv-kognitive Komponente des personalen Bezugs), (d) von Gehorsam und Beziehung zu Autoritäten (d.i. Orientierung auf vorgegebene Ordnungen), (e) von »Ultra-Verpflichtungen« i.S. von Grice, (f) von selbstbezogenen Verpflichtungen gegenüber der eigenen Person. **Lit.:** A. Blasi: Psychologische oder philosophische Definition der Moral. In: W. Edelstein/G. Nunner-Winckler (Hg.): Zur Bestimmung der Moral. Frankfurt 1986. S. 55ff. PP

**Verstand.** Insofern der V. den Gegenbegriff zur ↗Vernunft bildet, stehen beide in der Nachfolge des griech. Begriffspaars dianoia/nous einerseits, des lat. ratio/intellectus andererseits. – Während die dianoia bei Aristoteles das abstrakte Vermögen bezeichnet, die immanente logische Struktur gedanklicher Inhalte beispielsweise mit Hilfe von Definitionen oder Schlußfolgerungen zu analysieren, befaßt sich der nous mit der Frage nach den gewissermaßen externen ersten und letzten Gründen bzw. Ursachen von Denken und Sein. Die Schwierigkeiten einer sachlich begründeten Grenzziehung zwischen nous und dianoia einerseits, ihrer Verhältnisbestimmung, u.a. zum ↗logos, andererseits, sorgten für eine überaus wechselvolle Begriffsgeschichte und einen sehr schwankenden Gebrauch der jeweiligen Übersetzungen. – Im lat. geprägten MA. kann »ratio« deshalb sowohl als Oberbegriff für das gesamte geistige Vermögen dienen, so bei Augustinus. Sie kann aber auch die heute noch, etwa in Freuds Rede von der verkürzenden »Rationalisierung« komplexer, »unbewußter« Zusammenhänge, anklingende Beschränkung auf »dianoetische«, formale Schluß- und Ableitungsbeziehungen erfahren, so etwa bei Thomas. – In wiederum auffälliger Akzentverschiebung erscheint der V. bei Kant als zentraler Begriff von dessen »kritischem« Versuch, die transzendentalen »Bedingungen der Möglichkeit von Erkenntnis« herauszuarbeiten. Der V. figuriert dort als Inbegriff derjenigen Regeln und Grundsätze, die für die »objektive Gültigkeit« von Erkenntnis »konstitutiv« sind. Er ist Sitz der logischen »Urteilsformen« und vor allem der diesen entsprechenden »reinen Verstandesbegriffe« oder ↗Kategorien, die als »wahre Stammbegriffe des reinen Verstandes« (*KrV* B 107) angesehen werden. – In der Nachfolge Kants kritisierte insbesondere Hegel die Fixierung des V.es auf bloß endliche Bestimmungen, ohne zur vernünftigen Struktur des Wirklichen durchzudringen. **Lit.:** Aristoteles: Analytica Posteriora. – Thomas v. Aquin: Summa Theologiae. – I. Kant: Kritik der reinen Vernunft. 1781/[2]1787. – K. Oehler: Die Lehre vom noetischen und dianoetischen Denken bei Platon und Aristoteles. München 1962. DIK

**Verstandesbegriffe** ↗Kategorien

**Verständigung,** Form sozialer Interaktion, die zum Ziel hat, ein gemeinsames Einverständnis zwischen kommunizierenden Individuen bezüglich strittiger Fragen herzustellen. In der Theorie des ↗kommunikativen Handelns von Habermas verweist der Begriff der V. auf ein rational motiviertes Einverständnis im Hinblick auf die Begründungen von Äußerungen über empirische Tatsachen bzw. Sachverhalte (d.i. der objektiven Welt), über Normen bzw. normativ geregelte soziale Beziehungen (d.i. die soziale Welt) und über subjektive Erlebnisse (d.i. die subjektive Welt). In solchen Äußerungen artikulieren sich unterschiedliche ↗Geltungsansprüche: (a) der Wahrheit, d.h. daß ein Sachverhalt besteht; (b) der normativen Richtigkeit, d.h. daß eine Sprechhandlung mit Bezug auf einen geltenden normativen Kontext richtig ist bzw. der normative Kontext selbst legitim ist; (c) der Wahrhaftigkeit, d.h. ein Sprecher seine Äußerung (z.B. eine Behauptung oder ein Versprechen) auch ernsthaft und nicht nur zum Schein so meint, wie er sie geäußert hat. ↗Geltungsanspruch. **Lit.:** J. Habermas: Theorie des kommunikativen Handelns. Frankfurt 1981. Bd. 1. S. 114. PP

**Verstärkung, Gesetz der formalen,** besagt in der formalen Logik, daß in einer komplexeren Aussage ein und dieselbe Bedingung nicht wiederholt vorangestellt werden muß, sondern daß es ausreicht, diese Bedingung einem Satz nur *einmal* voranzustellen, z.B. aus A folgt (wenn A, dann B), daraus ist ableitbar wenn A, dann B ($A \rightarrow (A \rightarrow B) \vdash A \rightarrow B$). PP

**Verstehen.** In einem allgemeinen Sinne kann man V. als eine Weise des Sinnerfassens erklären. Die Art des Sinnerfassens unterscheidet sich je nach Gegenstandsbezug. Es lassen sich (zumindest) vier grundlegende Formen des V.s ausmachen: das Sprachverstehen, das Handlungsverstehen, das V. von Erlebnisausdrücken, das V. von Ereignissen und Sachverhalten. Beim Sprachverstehen ist zu unterscheiden zwischen dem Erfassen des buchstäblichen Sinnes eines Wortes oder Textes und dem Erfassen des Satz-Sinnes in bezug auf seinen Äußerungskontext. Zum Sprachverstehen gehört ebenso, einen Satz als Ausdruck einer bestimmten psychischen Verfassung des Sprechenden zu begreifen. Das V. eines Textes stellt jene Form dar, mit der sich die ↗Hermeneutik beschäftigt. Das Handlungsverstehen kann sich darauf beziehen, wie man etwas macht, was gemacht wird und warum etwas gemacht wurde. Der erste Bezug stellt eine Lernsituation dar und erfordert technische Intelligenz. Beim zweiten Bezug ist es erforderlich, daß man entweder die Absicht der Handlung oder den Handlungstyp (bspw. das Unterschreiben eines Vertrages) oder die Handlungssituation begriffen hat. Um zu verstehen, warum etwas ge-

tan wurde, muß man die Handlungsabsicht in bezug zu den situativen Umständen oder zu den persönlichen Einstellungen bzw. Charaktereigenheiten einer Person setzen können. Der Kontext der äußeren Umstände erlaubt eine Beurteilung der Handlung nach objektiv-rationalen Kriterien, der Kontext der persönlichen Einstellungen nach subjektiv-rationalen Kriterien. Das Sachverhalts- oder Ereignisverstehen zeigt sich in dem Verständnis, um welches Ereignis es sich gehandelt hat, oder warum das Ereignis eingetreten ist. Im letzten Fall berührt sich V. mit der ↗Erklärung. Das V. von Erlebnis- und Gefühlsausdrücken zeigt sich, wenn ich einen Ausdruck als Gefühlsausdruck verstanden habe und gleichzeitig auch verstanden habe, um welchen Gefühlsausdruck es sich handelt. Um das Warum des Gefühlsausdrucks zu verstehen, benötige ich Kenntnisse zur Person und zu den situativen Umständen.
Neben diesen Formen des V.s kennzeichnet der Begriff auch eine spezifische Methode. Auch wenn die methodologische Unterscheidung zwischen »Erklären« und »Verstehen« explizit erst im *Grundriß der Historik* von Droysen ausgesprochen wurde, muß doch die Grundlegung der modernen Hermeneutik bei Schleiermacher gesucht werden. Er stellt die Frage nach allgemeinen Prinzipien der Auslegung und legt das Problem des V.s als ein allgemeines, erkenntnistheoretisches und methodologisches Problem offen, das sich dann einstellt, wenn Äußerungen als Zeichen für einen darin zum Ausdruck kommenden geistigen Gehalt zu erfassen sind. Das gilt für jede Art von Sprachverstehen. Schleiermacher geht davon aus, daß die symbolisierende Tätigkeit des Geistes den Charakter einer schöpferischen Synthese hat, die sich nicht auf den Bezeichnungscharakter der Sprache reduzieren läßt. Wenn Sinn nämlich seinem Wesen nach als Funktion eines individuellen Inneren aufgefaßt wird, so tritt in der fremden Äußerung dem Hörer etwas seiner Individualität Fremdes entgegen. Das V. muß dann als die Kehrseite des Gebrauchs der Sprache zur Herstellung von Sinnzusammenhängen begriffen werden. Schleiermacher führt dazu zwei Aspekte des methodischen V.s an: zum einen die Fähigkeit zu einer produktiv entwerfenden Erfassung eines individuellen Zusammenhangs, zum andern das Vermögen, eine betreffende Rede in Vergleich zu bekannten Schemata und Bedeutungen zu bringen – die divinatorische und komparative Methode. Dieses doppelte Verfahren des Vorgreifens und Vergleichens läßt das V. zu einem nicht abschließbaren Prozeß der Interpretation werden. Dilthey schließt hier an mit seiner Auffassung, das Phänomen des Geistigen sei an die Erfahrung des eigenen Bewußtseins gebunden. Er erweitert den Gegenstandsbereich des V.s über die Sprache hinaus auf jede Art individueller geistiger Tätigkeit. Er unterscheidet dazu zwischen elementaren und höheren Formen des V.s Bei den elementaren handelt es sich um Äußerungen und Äußerungsformen, bei denen die Beziehung zwischen Ausdruck und dem dadurch ausgedrückten Geistigen durch die traditionelle Einbettung in das gemeinsame Leben einer Gemeinschaft regelmäßig und vertraut geworden ist. Bei den höheren Formen des V.s geht es darum, die Bedeutung von Lebensäußerungen aus dem Ganzen des Lebenszusammenhangs einer Person zu verstehen. Ein solcher Übergang zum gesamten Lebenszusammenhang hat den Charakter des Induktionsschlusses.
Im Zuge der Überlegungen zum V. von Handlungen und zur Methodologie der Sozialwissenschaften zeigte es sich, daß der V.begriff in Bezug gesetzt werden muß zur Eigenart und den Bedingungen sozialer Erfahrung, die als Erfahrung von Subjekten in interaktiven kommunikativen Bezügen zu begreifen ist. Die für den Aufbau einer sinnhaft strukturierten Wirklichkeit und einer sozialen Lebenswelt konstitutiven Regeln, wie sie im Anschluß an Husserl von Schütz thematisiert wurden, geben die Grundlage für das V. der Handlungen anderer ab. Winch setzt im Anschluß an Wittgensteins *Philosophische Untersuchungen* den Begriff »einer Regel folgen« als zentral an. Gadamers These vom Universalitätsanspruch der Hermeneutik verweist darauf, daß das V. die Vollzugsform menschlichen Soziallebens ist. Dadurch wird die geschichtliche Dimension allen Sinns und Sinnverstehens, in der sich Akteure und Interpreten gleichermaßen befinden, herausgestellt. Der Begriff der intentionalen Handlung, wie er im Schema des praktischen ↗Syllogismus zur Geltung kommt, bietet nach Ansicht v. Wrights die Möglichkeit, sowohl die Handlung einer anderen Person, aber ebenso den Grund und die Rationalität der Handlung zu verstehen. **Lit.:** W. Dilthey: Einleitung in die Geisteswissenschaften. Ges. Schriften Bd. I. Stuttgart 71973. – Ders.: Die geistige Welt. Einleitung in die Philosophie des Lebens. Ges. Schriften Bd. V. Stuttgart 71982. – Ders.: Der Aufbau der geschichtlichen Welt in den Geisteswissenschaften. Frankfurt 1970. – H.-G. Gadamer: Wahrheit und Methode. Tübingen 31972. – J. Habermas: Erkenntnis und Interesse. Frankfurt 1973. – Th. Haussmann: Erklären und Verstehen. Frankfurt 1991. S. 132 ff. – E. Kaleri: Die Grundlegung der modernen Hermeneutik durch Friedrich Schleiermacher. In: H. Lenk (Hg.): Philosophie und Interpretation. Frankfurt 1993. S. 44 ff. – M. Riedel: Verstehen oder Erklären: Zur Theorie und Geschichte der hermeneutischen Wissenschaften. Stuttgart 1978. – F. D. E. Schleiermacher: Hermeneutik und Kritik. Frankfurt 1977. – P. Winch: Die Idee der Sozialwissenschaft und ihr Verhältnis zur Philosophie. Frankfurt 1966. – G. H. v. Wright: Erklären und Verstehen. Frankfurt 1974. PP

**Verstehen, interkulturelles.** Die Frage nach der Möglichkeit i.n V.s ist von Beginn an das konstitutive Grundproblem der ↗Ethnologie. Lassen sich fremde Kulturen überhaupt in ihrer Fremdheit verstehen oder handelt es sich letztlich immer nur um ein V. mit den Kategorien der je eigenen Kultur? Die Ethnologie selbst, aber auch andere Kulturwissenschaften (in besonderer Weise die Germanistik) und zunehmend auch die Philosophie reagieren darauf mit der Entwicklung einer interkulturellen Hermeneutik, deren Grundbegriffe »das Fremde« und »das Eigene« sind. Sie ist allerdings erst wenig ausgearbeitet. Kritisiert wird zumeist Gadamers hermeneutische Konzeption der ↗Horizontverschmelzung«. Mit dieser lasse sich das Kulturfremde nur integrieren oder assimilieren, nicht aber in seiner Fremdheit verstehen. Gerade mit Gadamer aber muß V. als ein Prozeß rekonstruiert werden, der sich in der Polarität von Vertrautheit und Fremdheit bewegt. Und auch Dilthey wußte bereits: V. ist unmöglich, wenn das Zuverstehende ganz fremd, und unnötig, wenn es gar nicht fremd wäre. Die klassische hermeneutische Tradition bietet demnach durchaus Anschlußmöglichkeiten für eine Theorie des i.n V.s. Auch die Ethnologie bestätigt die Annahme, daß Kulturen zwar ein hohes Maß an Fremdheit aufweisen können, aber keine in sich abgeschlossenen Sinnsysteme sind, zwischen denen eine vollständige Inkommensurabilität bestünde. I. V. bewegt sich daher stets im Spannungsfeld zwischen kulturrelativen und universal-anthropologischen Faktoren, die den Verstehensprozeß wechselseitig ermöglichen und fortführen. Die universal-anthropologischen Faktoren (z. B. körpergebundene Ausdrucksformen emotionaler Grundzustände) bedeuten erste Orientierungspunkte, die das i. V. in eine bestimmte Richtung leiten, die im weiteren Prozeß aber auch wieder korrigiert werden kann. **Lit.:** F.-P. Burkard: Malinowskis unartige Kinder. Hermeneutische Probleme in der Ethnologie. In: D. Lüddeckens (Hg.): Begegnung von Religionen und Kulturen. Dettelbach 1998. S. 35–58. – K.-H. Kohl: Ethnologie. Die Wissenschaft vom kulturell Fremden. München 1993. – D. Krusche/A. Wierlacher (Hg.): Hermeneutik der Fremde. München 1990. – J. Loenhoff: Interkulturelle Verständigung. Zum Problem grenzüberschreitender Kommunikation. Opladen 1992. – R. A. Mall: Philosophie im Vergleich der Kulturen. Darmstadt 1996. – W. Rudolph: Der kulturelle Relativismus. Kritische Analyse einer Grundsatzfragen-Diskussion in der amerikanischen Ethnologie. Berlin 1968. – A. Wierlacher (Hg.): Kulturthema Fremdheit. Leitbegriffe und Problemfelder kulturwissenschaftlicher Fremdheitsforschung. München 1993. NM

**Vertragstheorie,** auch Kontraktualismus. Das Problemfeld der politischen Philosophie der Neuzeit ist durch den Verlust des Glaubens an die Existenz vorgegebener objektiver Normen und Ordnungen gekennzeichnet. Die Vertragstheorie soll den früheren Autoritätsglauben dadurch ersetzen, daß sie ein Modell offeriert, nach dem Individuen aufgrund ihrer natürlichen Interessen zu einer Vereinbarung über eine legitime gesellschaftliche oder staatliche Ordnung gelangen. Eine solche Vereinbarung wird als Vertrag gedacht, den die Individuen aus freiem Willen und eigenem Interesse eingehen. Die grundlegende Idee der V. ist, daß durch einen solchen vertraglichen Zusammenschluß eine Selbstverpflichtung für jeden einzelnen und gleichzeitig eine wechselseitige Verbindlichkeit entsteht, die als Grundlage einer Herrschaftsordnung die Zustimmung aller Vertragspartner finden kann. Die logische Struktur dieser Idee der V. ist in drei Schritten aufgebaut: (1) der Natur- oder Urzustand als fiktive Annahme, von der die rationale Überlegung auszugehen hat, (2) der Vertragsschluß als Resultat einer rationalen Überlegung und dessen Bedingungen, (3) die Benennung der Aufgaben der Herrschaftsordnung und deren Sicherstellung.

Auszugehen ist von einem vorvertraglichen Zustand, in dessen Beschreibung jene Probleme namhaft gemacht werden, die die Vorzüge der für den Naturzustand charakteristischen unbegrenzten Freiheiten beeinträchtigen. Gleichzeitig muß ersichtlich werden, daß deren Beseitigung in dem wohlverstandenen Interesse eines jeden einzelnen liegen muß. Wenn die Beseitigung der Probleme die Beschränkung der absoluten Freiheiten zur Voraussetzung hat, so darf diese doch nicht über das unbedingte Mindestmaß hinausgehen. Da diese Aspekte die für eine rationale Entscheidung zu berücksichtigenden Elemente darstellen, können sie als die Eingangsbedingungen der vertragstheoretischen Argumentation bezeichnet werden. Ihnen kommt insofern eine Bedeutung für die weitere Argumentation zu, als die Charakterisierung der Probleme bereits implizit die Zielvorgaben für den Vertragsschluß enthalten. Der zweite Schritt der Argumentation kennzeichnet den Vertragsschluß als möglichen Weg zur Beseitigung der Probleme. Eine Beschränkung der natürlichen Freiheiten wird nur dann freiwillig eingegangen, wenn sie dem natürlichen Eigeninteresse aller entspricht. D.h. in der Vielzahl der individuellen Interessen müssen sich einige für alle Individuen gleichermaßen fundamentale Interessen ausmachen lassen, so daß eine Interessensidentität gegeben ist, die in letzter Konsequenz in das gemeinsame Interesse am Verlassen des Naturzustandes einmündet. Die Sicherung der menschlichen Grundgüter: Leben, Anspruch auf körperliche Unversehrtheit und Freiheit stellen solche gemeinsame Interessen dar. Gleichzeitig sind diese unter den Bedingungen des Naturzustandes bedroht. Wenn plausibel gemacht werden kann, daß keine Person sich dieser Gefährdung aus eigener Kraft auf Dauer erwehren kann, dann entspricht es dem rationalen Interesse aller, zumindest eine beschränkte Kooperation mit anderen einzugehen. Insofern ist eine auf dem Vertragsschluß beruhende Ordnung in einer ersten Hinsicht rational begründet. Die vollständige rationale Begründung ergibt sich erst, wenn die Bedingungen der Vereinbarung hinreichend gekennzeichnet sind. Kooperation bedeutet in diesem Zusammenhang, daß die Individuen sich in bezug auf das gemeinsame Interesse einer gegenseitigen Respektierung versichern, d. h. daß jeder zur Einschränkung seiner Freiheit angesichts der angemessenen Gegenleistung im normativ geordneten Vertragszustand bereit ist (und nur dann), wenn es der andere auch und in gleicher Weise ist. Diese wechselseitige Bereitschaft (d.i. die Reziprozitätsbedingung) zur Aufgabe der unbegrenzten Freiheit ist Teil der Rationalitätsbedingung, da im Vertragsschluß die natürliche Autonomie durch den

Grundsatz der Gleichheit und Reziprozität gewährleistet sein muß. Im dritten Argumentationsschritt werden die Ausführungsbedingungen des Vertragsinhalts bestimmt. Diese unterscheiden sich je nach Zielvorstellungen. Soll die staatliche Herrschaft legitimiert werden, wie es in den staatsphilosophischen Konzeptionen von Hobbes und Locke der Fall ist, werden die seitens des Staates zu erbringenden Leistungen und das Verhältnis der Bürger zu diesem Staat näher bestimmt. In der rechtfertigungstheoretischen V. werden die Verfassung oder bestimmte Normen einer Beurteilung im Hinblick auf ihre Rechtfertigbarkeit unterzogen. Dabei soll das vertragstheoretische Verfahren aufzeigen, wie Prinzipien ermittelt werden können, die als allgemein gerechtfertigt angesehen werden können. – Die staatsphilosophische V. liefert die Legitimation von Herrschaft in Gestalt einer rationalen Nachkonstruktion der Entstehung des Staates aus dem vereinten Willen der Vertragsschließenden und fordert als Gegenleistung die Beseitigung der Unsicherheit unter Naturzustandsbedingungen (Hobbes) bzw. die Sicherstellung der natürlichen Rechte (Locke) ein. Die rechtfertigungstheoretische V., wie sie von Kant und Rawls vorgetragen wird, stellt ein Gedankenexperiment zur Bestimmung allgemeiner Prinzipien des Zusammenlebens dar, denen jeder aufgrund einer allgemeinen Ausgangssituation hätte zustimmen können. In der skizzierten Gestalt soll die V. den Glauben an die Autorität vorgegebener Herrschaftsordnungen ersetzen und gleichzeitig dem Begriff der Verpflichtung (aufgrund wechselseitiger Vereinbarung) und der Legitimität (aufgrund des Vertrages) einen neuen Inhalt geben. Der in der V. konzipierte ↗Gesellschaftsvertrag löst den im ma. Denken etablierten Herrschaftsvertrag ab, der eine reale oder fiktive Vereinbarung zwischen einem Herrscher und einer Volksgemeinschaft darstellt.
**Lit.:** W. Euchner: Naturrecht und Politik bei John Locke. Frankfurt 1969 – I. Fetscher: Rousseaus politische Philosophie. Frankfurt 1975. – Th. Hobbes: Leviathan. Frankfurt 1984. – I. Kant: Metaphysik der Sitten. Akad.-Ausg. Bd. 4. – W. Kersting: Die politische Philosophie des Gesellschaftsvertrages. Darmstadt 1994. – Ders.: Die Logik des kontraktualistischen Arguments. In: V. Gerhardt (Hg.): Der Begriff der Politik. Stuttgart 1990. S. 216ff. – J. Locke: Zwei Abhandlungen über die Regierung. Frankfurt 1977. – J. Rawls: Eine Theorie der Gerechtigkeit. Frankfurt 1975. – J.-J. Rousseau: Der Gesellschaftsvertrag. Stuttgart 1971. – Ders.: Abhandlung über den Ursprung und die Grundlagen der Ungleichheit. In: Schriften zur Kulturkritik. Hamburg 1983. S. 77ff. – B. Willms: Die Antwort des Leviathan. Neuwied/Berlin 1970.
PP

**Vertrauensvorschuß, Prinzip des.** In bezug auf die in der sprachanalytischen Diskussion entwickelte Theorie der Referenz bzw. Theorie der Kennzeichnung formuliert Putnam neben dem Prinzip der vernünftigen Unwissenheit das Prinzip des V.es Es geht davon aus, daß die Bedeutung eines Wortes bzw. dessen Gebrauch kausal mit der Situation verbunden ist, in der das Wort eingeführt wurde. Eine solche Einführungssituation stiftet eine Verbindung zwischen dem Wort und der Entität, worauf es referiert. Das Prinzip besagt, man solle annehmen, daß ein Sprecher, der ein solches Wort eingeführt hat, selbst dann auf diesen Gegenstand referiert, wenn seine Beschreibung (d.i. die Liste der Kennzeichnungen) dieses Gegenstandes nicht ganz zutreffend ist. Der V. beinhaltet die Unterstellung, der Sprecher würde eine vernünftige Modifikation seiner Liste der Kennzeichnungen akzeptieren. Putnam bezeichnet es als methodologisches Prinzip mit einem deskriptiven und einem normativen Gehalt. Der deskriptive Gehalt zeigt sich in der Annahme, daß wir alle den V. für uns reklamieren, wenn wir diejenigen wären, die einen bezeichnenden Ausdruck einführen (d.i. die sachkundig »Taufenden«) – also beschreibt das Prinzip Intentionen, die wirklich existieren und die von der sprachlichen Gemeinschaft meist berücksichtigt werden. Der normative Gehalt verweist auf die Konsequenzen: Wir sollten das Prinzip berücksichtigen, denn andernfalls wäre eine stabile Referenz auf theoretische Entitäten unmöglich. Das Prinzip des V. wird untermauert durch das Prinzip der sprachlichen Arbeitsteilung. Es besagt, daß die Referenz eines Ausdrucks nicht allein durch das Wissen eines einzelnen Sprechers bestimmt wird. Man gesteht bestimmten Experten aus der Sprachgemeinschaft eine Autorität zu und läßt sie entscheiden, was als Elektron oder was als Gold zählen soll. Der »Experte«, dessen Gebrauch des Wortes bestimmt, worauf andere Personen referieren, wenn sie einen Terminus verwenden, könnte (muß aber nicht) die Person sein, die den Terminus ursprünglich eingeführt hat. ↗Unwissenheit, Prinzip der vernünftigen; ↗Kennzeichnung.
**Lit.:** H. Putnam: Sprache und Wirklichkeit. In: Von einem realistischen Standpunkt. Reinbek 1993. S. 54ff.
PP

**Verursachung, mentale.** Bei der Untersuchung der Möglichkeit m. V. geht es um die Frage, ob mentale Ereignisse Ursachen sein können. Dabei sind zwei Fälle zu unterscheiden: (1) Verursachung innerhalb des Mentalen und (2) mentale Ereignisse als Ursachen von physikalischen Ereignissen. Alltäglichen Annahmen zufolge können Absichten als mentale Ereignisse Handlungen als Körperbewegungen verursachen. In der kausalen Handlungstheorie und der Philosophie des Geistes geht es primär um eine Deutung dieser Kausalrelation. Unterstellt man, daß mentale Ereignisse nicht mit physikalischen Ereignissen identisch sind, handelt es sich um genuine m. V. Unter der Voraussetzung der These, daß mentale Ereignisse immer auch physikalische Ereignisse sind, kann man dagegen behaupten, daß es keine genuin m. V. gibt: Absichten oder Wünsche als Ursachen sind in jedem Fall physikalische Ereignisse, die zudem auch noch mentale Eigenschaften aufweisen. Im Rahmen einer solchen identitätstheoretischen Philosophie des Geistes haben mentale Eigenschaften von Ereignissen zwar explanatorische Kraft in Kausalerklärungen, sind selbst aber nicht kausal wirksam. **Lit.:** J. Heil/A. Mele (Hg.): Mental Causation. Oxford 1993. MQ

**Verwerfung.** Um die Möglichkeit zu eröffnen, daß auch gezeigt werden kann, was in einem System der Logik *nicht* beweisbar ist, hat der Logiker J. Lukasiewicz die Verwerfungstheorie (1951) entwickelt. Durch die Theorie der V. läßt sich aus einigen axiomatisch verworfenen Ausdrücken und bestimmten Verwerfungsregeln herleiten, welche Ausdrücke zu verwerfen sind. Z. B. bedeutet der Ausdruck ›⊣x = df x wird verworfen‹: falls X für eine bestimmte einzelne Aussage (d.i. Aussagenkonstante) steht, bedeutet das, daß diese Aussage falsch ist; falls X für eine Aussagen-Variable steht oder für eine Aussageform, bedeutet das, daß sich bei einer Einsetzung von Konstanten in wenigstens einem Falle eine falsche Aussage ergibt. Ein verworfener Ausdruck ist also nicht allgemeingültig, kann nicht als Gesetz bewiesen werden. – Als Verwerfungszeichen wurde ›⊣‹ eingeführt. Wird vor eine Formel G mit Variablen das Verwerfungszeichen ›⊣‹ gesetzt (also ⊣G), heißt das, daß die Formel G nicht bewiesen ist; damit ist nicht ausgesagt, daß sie sicher ungültig ist, sondern nur, daß ihre Gültigkeit nicht bewiesen ist. **Lit.:** A. Menne: Einführung in die formale Logik. Darmstadt $^{2}$1991. S. 53. PP

**Verworren** (lat. confusa), nach Leibniz das klar (clare) Erkannte, wenn es nicht möglich ist, die Merkmale einzeln aufzuzählen, die zur Unterscheidung einer Sache von einer anderen ausreichen, anderenfalls wäre das klar Erkannte deutlich (distincta). Von dieser Art sind die Ideen der sinnlichen Qualitäten wie die der Farben, Gerüche, Geschmäcke usw. Wir erkennen diese zwar klar, d. h. wir können sie voneinander unterscheiden; sie sind also nicht dunkel (obscura). Aber dies geschieht nur durch ein einfaches Zeugnis der Sinne und nicht durch angebbare Merkmale. »Daher können wir weder einem Blinden erklären, was das Rote ist, noch anderen etwas Derartiges klarmachen, wenn wir sie nicht vor die gegenwärtige Sache führen und bewirken, daß sie dasselbe sehen, riechen oder schmecken, oder wenn wir sie nicht wenigstens an eine frühere ähnliche Perzeption erinnern« (Ausgabe Gerhardt, IV 422). Leibniz spricht in diesem Zusammenhang auch von einem »Ich weiß nicht was« (»nescio quid«, ebd. 423). **Lit.:** W. Schüßler: Leibniz' Auffassung des menschlichen Verstandes (intellectus). Berlin 1992. WS

**Verzeitlichung,** wird unter (neu-)platonischen Voraussetzungen auf einer vertikalen Achse als Weg der Seele aus der Ewigkeit in die weltliche Zeit gedacht, in der sie die horizontale, von Augustinus beschriebene »Zerspannung« (»distentio animi«) zwischen den Horizonten vergegenwärtigter Vergangenheit und Zukunft erleidet. Die Erfahrung des Verzeitlichtseins macht einen radikalen, für die weltliche Zeit schlechthin geltenden ontologischen Mangel spürbar und motiviert eine regressive Entzeitlichung, die zum Anderen der Zeit zurück führen soll. – Die Karriere des Begriffs V. beginnt freilich erst, als die »vertikale« Orientierung auf ein Anderes der Zeit hin unter neuzeitlichen Voraussetzungen an Glaubwürdigkeit verliert. Die (weltliche) Zeit, um ihr Anderes verkürzt, impliziert universale V. (Kierkegaard). Als schwaches Äquivalent des Anderen der Zeit kann zunächst noch ein eschatologischer Sinn der Geschichte erscheinen – doch nur unter der Voraussetzung einer V. der Geschichte selbst, infolge derer, nach Koselleck, Geschichte nicht länger nur als sich in der Zeit, sondern durch sie sich vollziehend gedacht wird. Geschichte vollzieht sich demnach in der Erwartung einer prinzipiellen Andersartigkeit der Zukunft. In diesem Sinne ist die V. dann vollstreckt, wenn diese Andersartigkeit auch jeglichen Sinn von Geschichte mit erfaßt. Als teleologisch unbestimmt, kann so die Zeitlichkeit von Geschichte der der evolutionären Naturgeschichte der Gattung verwandt erscheinen, die wissenschaftsgeschichtlich im Rahmen der Idee einer Genealogie der Arten im Sinne einer verzeitlichten »Archäologie der Natur« in den Blick kommt. Diese unterstellt eine radikal kontingente Zeitlichkeit des Lebens, der der Mensch selbst als real verzeitlichte Endlichkeit angehört. Der naturgeschichtlichen Bestimmung selbst der Seele als eines »objektiv verzeitlichten kausalen Annex' des physischen Leibes« (Hua IX, S. 217) setzt die Phänomenologie eine primordiale V. in der Dimension innerer Zeiterfahrung gegenüber, von der aus auch die historische und kosmologische Zeit als konstituiert einsichtig werden sollen. Heidegger radikalisiert das Denken dieser V. (frz.: temporalisation primordiale) im Sinne einer Zeitlichkeit des Daseins, die durch kein Anderes der Zeit mehr polarisiert wird. Heidegger denkt eine ontologische V., die durch das die Zeit zeitigende Dasein geschieht, nicht eine reale V., wie man sie der »neuzeitlichen« Geschichte und der Evolution im Sinne Darwins als prinzipiell zukunftsoffenen, ateleologischen Prozessen zuschreibt. In diesen beiden Fällen soll V. besagen: „in der Zeit sein", d. h. »verzeitlicht« sein, wobei die Zeit ggf. spezifiziert wird – etwa als »historische« Zeit, in der eine Generation lebt. Vielfach findet sich auch eine Gleichsetzung von V. mit »Temporalisierung« i. S. realer gesellschaftlicher Beschleunigungsprozesse. **Lit.:** W. Beierwaltes: Denken des Einen. Frankfurt 1985. – R. Koselleck: Vergangene Zukunft. Frankfurt 1979. – W. Lepenies: Das Ende der Naturgeschichte. Frankfurt 1978. – N. Luhmann: Weltzeit und Systemgeschichte. In: H. M. Baumgartner/J. Rüsen (Hg.): Seminar: Geschichte und Theorie. Frankfurt 1976. S. 337–387. – P. Ricœur: Zeit und Erzählung. Bd.I, III. München 1988/91. BL

**Verzichtsethik.** Als V. wird jene Ethik bezeichnet, die Handlungen auf ein erreichbares Ziel hin untersagt. Die ethisch-normative Untersagung einer Handlung ist hauptsächlich auf die Traditionen der ↗Askese und der ↗Tugendlehre zurückzuführen und ist bestimmend für Konzepte wie ↗Menschenwürde oder ↗Freiheit. Der Verzicht auf eine verfügbare Sache soll zu dem Erlangen einer höher bewerteten, aber nicht verfügbaren Sache führen. Eine V. muß sich mit der Frage der Verfügbarkeit auseinandersetzen. Verzicht wird ethisch gefordert, um das Selbstinteresse und das ↗Gemeinwohl in einem harmonischen Verhältnis zu halten und dabei dem Individuum ein menschenwürdiges Maß an Freiheit zuzugestehen (Taylor, S. 145 ff.). Im weiteren Sinne können der Buddhismus und der Hinduismus mit ihren Postulaten der Askese und des Verzichtes als Formen einer V. gewertet werden. In der gegenwärtigen Diskussion wird gefordert, daß eine aufklärerische Ethik die ›dignitas humanae naturae‹ hervorheben sollte, d.h. eine zum Verzicht unter Anweisung der Vernunft geleitete besonnene Einstellung (Forschner, S. 3 ff.). Ihren besonderen Stellenwert erhält die V. innerhalb einer modernen Wirtschaftsethik, die vom Standpunkt der relativen Knappheit der Güter ausgeht. Für die Umweltethik sind Postulate der V. charakteristisch: Weil die Ökosphäre durch die Folgen der industriellen Produktion bedroht ist, muß die Produktion eingeschränkt werden. Atomenergie und alle Energie aus nicht erneuerbaren Quellen sowie rücksichtslose Ausbeutung der Ressourcen stellen eine Gefahr dar. Der einzelne müsse durch einen sparsamen Umgang mit Ressourcen die Umwelt schonen und auf Güter und Handlungen, die Umwelt und Lebensraum schaden können, verzichten (Stoeckele, S. 108 ff.). ↗Teilhabeethik. **Lit.:** M. Forschner: Über das Handeln im Einklang mit der Natur. Grundlagen ethischer Verständigung. Darmstadt 1998. – A. Hirschman: Leidenschaft und Interessen. Frankfurt 1987. – Ch. Taylor: Negative Freiheit? Zur Kritik des neuzeitlichen Individualismus. Frankfurt 1992. DR

**Verzweiflung.** Kierkegaard bestimmt das Selbst des Menschen als ein »Verhältnis, das sich zu sich selbst verhält«. V. ist das Mißverhältnis in diesem Selbstverhältnis. Das Wesen jeder Form der V. ist: sich selbst loswerden wollen, nicht man selbst sein wollen oder nicht ein Selbst sein wollen. Das Mißverhältnis kann sich in verschiedenen Aspekten zeigen: (a) in der einseitigen Verwirklichung nur eines der Verhältnismomente, die den Menschen bestimmen (Endliches-Unendliches, Notwendigkeit-Möglichkeit, Leib-Seele); (b) darin, sich überhaupt nicht bewußt zu sein, ein Selbst zu haben; (c) darin, sich bewußt zu sein, ein Selbst zu haben, aber dennoch entweder nicht man selbst sein zu wollen oder verzweifelt man selbst sein zu wollen. Letzteres bedeutet für Kierkegaard, ohne Gott, der den Menschen als Selbst geschaffen hat, selbst sein zu wollen. Demgegenüber lautet die Kierkegaardsche Bestimmung für ein Selbst ohne V.: »Dies ist nämlich die Formel, die den Zustand des Selbst beschreibt, wenn die Verzweiflung ganz beseitigt ist: Indem es sich zu sich selbst verhält und indem es es selbst sein will, gründet das Selbst durchsichtig in der Macht, die es setzte« (*Die Krankheit zum Tode*, Ges. Werke, 24./25. Abtlg. S. 10). ↗Selbstsein. **Lit.:** B. Heimbüchel: Verzweiflung als Grundphänomen der menschlichen Existenz. Frankfurt/Bern/New York 1983. – S. Kierkegaard: Die Krankheit zum Tode (Ges. Werke. 24./25. Abtlg.). Düsseldorf 1954. – M. Theunissen: Das Selbst auf dem Grund der Verzweiflung. Frankfurt 1991. FPB

**Via moderna/via antiqua** (lat. zeitgenössischer und alter Weg), Unterscheidung zweier Strömungen der Wissenschaftstheorie und -praxis im 14./15. Jh. Die beiden Wege markieren die Auseinandersetzung um die von Boethius in das MA. getragene Frage nach der Wirklichkeit, die dem Allgemeinen (den ↗Universalien) zukomme. Neben die ältere »realistische« Vorstellung (Thomas von Aquin, Duns Scotus) trat in der späteren Scholastik die »nominalistische« (Ockham), so daß die Realisten auf der via antiqua, die Nominalisten auf der via moderna gingen. Die Unterscheidung wirkte auf die einzelnen Disziplinen (Logik, Grammatik) und auf den Unterricht nach Maßgabe der Ordensgemeinschaft, die an den Schulen und Hochschulen lehrte. Hinter der Verteidigung des jeweiligen Weges standen auch konkrete Interessen von Kirche, Obrigkeit und akademischen Lehrern, die auf ihren »Wegen« beharrten, ohne noch bedeutende Fortschritte zu machen. Das ließ bei wachsendem Einfluß des Humanismus den wissenschaftstheoretischen Streit obsolet werden und macht es verständlich, daß ein Würzburger Theologe (Johann Reyß, 1517) auf die Frage, welchen Weg er gehe, antwortet, er gehe den Weg Christi. ↗Universalienstreit, ↗Nominalismus. KHG

**Vielheit,** Verschiedenheit, ↗Mannigfaltigkeit, in sich unterschiedene Menge. V. ist ein Gegenbegriff zu ↗Einheit. Der Terminus V. ist gebräuchlich vor allem in den platonisch-neuplatonisch orientierten Theoriebildungen. Platon entwickelt in mehreren ein- und ausschließenden Argumentationsgängen das Verhältnis von Einheit und V. in seinem Dialog *Parmenides*. An den ersten dieser Argumentationsgänge knüpft insbesondere der Neuplatonismus an (z.B. Plotin, Proklos) mit seiner Kosmologie des seins-, erkenntnis- und prädikationstranszendenten Einen. Bei Kant ist V. neben Einheit und ↗Allheit eine Kategorie der Quantität. Hegel bezieht sich auf den zweiten Argumentationsgang des *Parmenides*: V. und Einheit sind verschieden und doch wesentlich eines. Die Dialektik von Eins und Vielem entwickelt Hegel in der Logik, indem er das leere Eins übergehen läßt zur V. der Eins, was schließlich zum Begriff der Quantität führt. CHA

**Virtù** (ital. Tugend), das höfische Tugendideal der Renaissance im Zuge der italienischen Platonrezeption. Die V. als vaterländisch-militärisches Tugendideal ist bereits in den Versen Petracas (*Canzone* 16, 13–16) festgehalten: »Tapfere Kraft ergreift die Waffen, zu kurzem Kampf gegen wilde Wut, noch zeigt Italien kein Erschlaffen in seinem altererbten Heldenmut.« Machiavelli verwendet in seinem *Il principe* die Begriffe V. und Fortuna, um den Geschichtsverlauf zu charakterisieren. V. ist allgemein die ordnende Kraft, personifiziert in der Macht des Herrschers. Diesem kann Fortuna zur günstigen Gelegenheit verhelfen, er muß aber vor allem die Tatkraft besitzen sich dem reißenden Strom der Fortuna ordnend entgegenzustellen. FPB/MFM

**Virtuell,** der Kraft oder dem Vermögen nach. Nach Leibniz ist das Eingeborene nicht aktuell, sondern bloß virtuell oder latent in uns, also nicht sogleich sichtbar. Leibniz wird nicht müde, diesen entscheidenden Unterschied in der Sicht des Eingeborenen gegenüber der Kritik Lockes immer wieder zur Geltung zu bringen. Man darf hier Nicht-Sein und Nicht-Erscheinen nicht miteinander verwechseln. Das, was natürlich ist, braucht uns darum doch nicht von der Wiege an *als solches* bekannt zu sein. Nicht die aktuelle, sondern allein die virtuelle Erkenntnis von bestimmten ↗Ideen und Wahrheiten ist eingeboren. Und aktualisiert wird dieses Virtuelle mit Hilfe der Sinneswahrnehmung. – Neben dieser erkenntnistheoretischen Bedeutung spielt der Begriff der Virtualität auch noch eine wichtige Rolle bei Leibniz' Bestimmung der individuellen ↗Substanz, die auf dem Satz »Praedicatum inest subjecto« aufbaut. **Lit.:** W. Schüßler: Leibniz' Auffassung des menschlichen Verstandes (intellectus). Berlin 1992. WS

**Visio beatifica,** die das Ziel aller Geistwesen bildende und schlechthinnige Glückseligkeit bedingende unmittelbare, intellektuale und essentielle Schau Gottes. Die sich erst im 14. Jh. voll herausbildende christliche Lehre von der v.b. wurzelt in dem auf Platon rekurrierenden (*Symposion* 209e-212a; *Staat* 506b-517c) paganen Mittel- und ↗Neuplatonismus, der jedoch mit der Integration der mystischen Einung in die Schau (theoria, thea) die These der christlichen-negativen Theologie von der Unmöglichkeit der Wesenserkenntnis motiviert. Die auf die Essentialität der Schau abhebende Lehre von der v.b. verdankt ihre Entwicklung Irenäus v. Lyon, Clemens v. Alexandrien, Origenes, aber v. a. der – dem Intellektualismus Plotins verpflichteten – augustinischen Differenzierung der möglichen visiones in corporales, spirituales und intellectuales vor dem Hintergrund der Diskussion um den raptus Pauli: Gott kann unter Erhalt der Individualseele auf intellektualem Wege von Angesicht zu Angesicht in seiner Wesenheit geschaut werden. Nachlombardische Autoren (Mag. Martinus, Wilhelm v. Auxerre, Summa Duacensis) differenzieren die visio intellectualis nach Maßgabe ihres vermittelten bzw. unvermittelten Charakters in aenigmatica, mediastina und praesentaria (comprehensiva, aperta, intuitiva). Die gnadenreiche Präsenz Gottes in der Seele der Seligen – bei Albertus Magnus als lumen gloriae – ermöglicht die Unmittelbarkeit der Schau, die nach dem Gegenentwurf Dietrichs v. Freiberg durch die natürliche Hinwendung des intellectus agens zu Gott als seinem Prinzip gewährleistet wird. Im Streit des 13. Jh. um die Möglichkeit der v.b. bestimmt die Kompromißformel sie als unmittelbare essentielle Schau ohne Vordringen zur Totalität der ↗Quidditas. Eine eschatologische Prozeßhaftigkeit im Hinblick auf die Intensität der v.b. wird besonders im 14. Jh. diskutiert. **Lit.:** Augustinus: Über Schau und Gegenwart des unsichtbaren Gottes. Texte mit Einführung u. Übers. v. E. Naab. Stuttgart-Bad Cannstatt 1998. – H.-F. Dondaine: L'objet et le »medium« de la vision béatifique chez les théologians du XIIIe siècle. In: Recherches de Théol. anc. et méd. 19 (1952). S. 60–130 (mit Quellentexten). – Ch. Trottmann: La vision béatifique des disputes scolastiques à sa définition par Benoît XII. Rom 1995. – F. Wetter: Die Lehre Benedikts XII. v. intensiven Wachstum der Gottesschau. Rom 1957. – N. Wicki: Die Lehre von der himmlischen Seligkeit. Freiburg/Schweiz 1954. Bes. S. 95–174. TW

**Vita contemplativa** (bios theoretikos), die dem Menschen wesenseigene und daher Glückseligkeit bedingende Lebensweise, die im Vollzug des geistigen, auf die ehrwürdigsten, unwandelbaren Gegenstände gerichteten Schauens als weisheitsgemäßer Tätigkeit des göttlichen Seelenvermögens (nous) besteht. Diese von Aristoteles in Abgrenzung vom politisch-praktischen, den ethischen Tugenden gemäßen Leben bestimmte philosophische Lebensführung, die in besonderem Maße den Kriterien der Muße, Dauerhaftigkeit, Selbstzweckhaftigkeit und Autarkie genügt, wird bis in das MA. hinein der für die christlich-abendländische Ethik maßgebende Imperativ der Lebensgestaltung. Strukturgleich mit der göttlichen Lebensweise erweist sich die v.c. als Nachahmung Gottes. Im Hellenismus v. a. durch die peripatetischen Schulen (Theophrast), aber auch den Mittelplatonismus (Philo v. Alexandrien) vertreten und dann durch die aristotelische Kommentarliteratur (Alexander v. Aphrodisias) hochgehalten, gelangt die Lehre von der v.c. unter starker Betonung des religiösen Elementes in die ↗Patristik und den ↗Neuplatonismus. Hier werden insbes. der kathartische Charakter der v.c. für die Epoptik Gottes (Clemens v. Alexandrien) und die an die Gottesschau gebundene Form der Tugenden in der v.c. (Plotin) thematisiert, während Augustinus unter den Begriff auch das Leben der Seligen im himmlischen Vaterland faßt. Die komplementäre Lebensweise der vita activa wird in der Alternative von Nächsten- und Gottesliebe als Propädeutikum (Isidor) oder als periodischer Ausgangs- und Zielpunkt der v.c. (Greg. Magnus) begriffen. – Im MA. bildet sich die schon bei Augustinus vorhandene Tendenz aus, die am aristotelischen Modell orientierte Bevorzugung der v.c. vor der vita activa in Hinblick auf den Zeitpunkt (in via/in patria) und in ontologischer Perspektivität (Zweckdienlichkeit/Substanz) zu relativieren (Heinrich von Gent, Albertus Magnus). Meister Eckhart gibt dann nach dem Vorbild der biblischen Einheit von Gottes- und Nächstenliebe die Präferenz zugunsten einer Synthese auf. **Lit.:** Aristoteles: Nik. Eth. X. 6–9. 1176a30–1179a32. – M.E. Mason: Active Life and Contemplative Life. Milwaukee/Wisc. 1961. – D. Mieth: Die Einheit von Vita activa und Vita contemplativa. Regensburg 1969. – Ders.: Gotteserfahrung und Weg in die Welt oder: Die Einheit von Vita contemplativa und Vita activa. In: Ders.: Meister Eckhart. Olten/Freiburg i. Br. [2]1984. S. 52–64. – J.-H. Nicolas: Contemplazione e vita contemplativa nel christianesimo. Vatikanstadt 1990. – B. Vickers (Hg.): Arbeit – Muße – Meditation. Studies in the Vita activa and Vita contemplativa. Zürich/Stuttgart [2]1991. TW

**Vitalismus,** biologisch-naturphilosophische Lehren, die eine wie auch immer geartete Lebenskraft (vis vitalis) zum dominanten Prinzip ihrer Naturerklärung erheben. Der V. war ursprünglich (bei Louis Dumas, 1765–1813) eine Erwiderung auf die damals vorherrschende mechanistische Weltdeutung, er verlor aber aufgrund der zunehmenden Fundierung der naturwissenschaftlichen Erkenntnisse an Bedeutung. Zu Beginn des 20. Jh. formierte sich unter dem Eindruck der darwinschen Evolutionstheorie und mithin der Chance einer Renaissance des teleologischen Aristotelismus insbesondere des dort vertretenen Entelechiebegriffs eine neovitalistische Strömung, angeführt vor allem durch E. Haeckel (*Die Lebenswunder*, 1904), später H. Driesch (*Geschichte des Vitalismus*, 1922) und J. v. Uexküll (*Theoretische Biologie*, [2]1928). MFM

**Völkerpsychologie.** Im ersten Band der »Zeitschrift für Völkerpsychologie und Sprachwissenschaft« (1860) formulierten die Herausgeber, M. Lazarus und H. Steinthal, das Forschungsprogramm der V., die sie als die »Lehre von den Elementen und Gesetzen des geistigen Völkerlebens« definierten. Forschungsgegenstand war der Volksgeist, verstanden als »ein gleiches Bewußtsein Vieler mit der Bewußtheit von dieser Gleichheit«. Der Volksgeist manifestiert sich in seinen Elementen Sprache, Sitte, Mythos etc. und deren Beziehung untereinander in jeweils volksspezifischer Weise. Erkenntnisziel war die Erstellung von »Biographien« der verschiedenen Völker durch Bearbeitung des vorliegenden Materials über verschiedene Kulturen mittels philologisch-historischer Methoden. Vordringlich sollten dabei die von den Völkerpsychologen angenommenen Entwicklungsgesetze des Volksgeistes erforscht werden, das Verhältnis zwischen dem Einzelnen und der Gesamtheit, sowie der Einfluß äußerer, z. B. klimatischer Faktoren. A. Bastian wollte die unendliche Vielfalt sozial-kultureller Erscheinungen auf eine exakt bestimmbare Anzahl von »Völker-» oder »Elementargedanken« zurückführen. W. Wundt verstand die V. als notwendige Ergänzung zur Individualpsychologie und als »Untersuchung derjenigen psychischen Vorgänge, die der allgemeinen Entwicklung menschlicher Gemeinschaften und der Entstehung gemeinsamer geistiger Erzeugnisse von allgemeingültigem Wert zugrunde liegen«. L. Lévy-Bruhl stellte das Denken der Naturvölker in einen scharfen Gegensatz zu dem der Kulturvölker (*La mentalité primitive*, 1922). Die V. existiert nicht mehr als eigenständige Wissenschaft. Sie ist aufgegangen in Sozialpsychologie, Ethnologie, Kulturanthropologie und anderen Wissenschaften. RD

**Vollkommenheit,** in der aristotelischen Philosophie das Ziel, auf welches hin die Dinge und die menschliche Tugend sich entwickeln sollen; in der scholastischen Philosophie dient der Begriff zur Bestimmung Gottes. Vollendet (teleion) heißt nach Aristoteles (*Met.* 1021b, 12) erstens das, »außerhalb dessen sich auch nicht ein einziger Teil finden läßt«, zweitens, »was nach seiner Tüchtigkeit und Güte nicht übertroffen werden kann« und drittens, was »einen guten Zweck in sich trägt.« Die Scholastiker unterschieden zwischen der perfectio prima als Attribut Gottes und der perfectio secunda als Zweckbestimmung der ↗Substanzen. Nach Leibniz ist das Universum als Ganzes vollkommen; für Kant ist V. vor allem ein ethischer Begriff (V. der Pflicht); nach Hegel wohnt der Geschichte ein »Trieb zur Perfektibilität« inne. MFM

**Vollständigkeit.** Ein Logikkalkül ist für eine vorgegebene Objektsprache genau dann vollständig, wenn er jede logische Folgerung abzuleiten und damit auch jede logische Wahrheit zu beweisen erlaubt. Neben der Korrektheit oder semantischen Widerspruchsfreiheit zählt die V. zu den Adäquatheitsbedingungen dieses Kalküls. PP

**Volonté générale/volonté de tous.** V. g. ist nach Rousseau der selbständige und einheitliche Gemein- oder Gesamtwille eines als personale ↗Gemeinschaft geltenden Sozialverbandes politischer Subjekte. Sie beruht auf der inneren Übereinstimmung der Bürger und ist zu trennen von der auf Solidarität individueller Interessen basierenden Summe von Einzelwillen der partikularen Gesellschaftsmitglieder, der V. de tous. Die V. g. ist keine verbindlich vereinbarte juristische Fiktion, sondern eine »moralisch-metaphysische Wesenheit« (Fetscher) mit normativem Geltungsanspruch und insofern unfehlbar, absolut, unzerstörbar, unveräußerlich und unzerteilbar. Ihre Triebfeder liegt im Wollen des ↗Gemeinwohls. **Lit.:** I. Fetscher: Rousseaus politische Philosophie. Frankfurt [3]1981. – R. Stammler: Begriff und Bedeutung der volonté générale bei Rousseau. Berlin 1925. JP

**Voluntarismus,** Bezeichnung für Positionen, die die Ansicht vertreten, daß das Grundlegende des Menschen sein Wille ist: Der psychologische V. stellt den Willen als blinde Begierde über die Vernunft (Schopenhauer). Die These des metaphysischen V. ist, daß der Wille als Grund des Daseins als das eigentlich Wirkliche anzusehen ist. Als ethischer V. wird ein Standpunkt bezeichnet, der im Willen die eigentlich wertsetzende Instanz und existentielle Grundlage der Werte sieht (Nietzsche). Die moralische Qualität bemißt sich einzig daran, daß es (ein Zweck oder ein Gut) vom Menschen gewollt ist. **Lit.:** L. Klages: Der Geist als Widersacher der Seele. Leipzig 1929–1932. – F. Nietzsche: Zur Genealogie der Moral. – A. Schopenhauer: Die Welt als Wille und Vorstellung. PP

**Voraussagerelevanz,** auch prognostische Relevanz. Die Festlegung des ↗Logischen Empirismus, daß nur Beobachtungssätze zur Klasse sinnvoller Aussagen zu zählen sind, erwies sich als revisionsbedürftig angesichts der Geltung theoretischer Gesetze in den Wissenschaften. Die Wissenschaft enthält neben der Beobachtungssprache (d.i. den Beobachtungssätzen) auch eine theoretische Sprache, die nur mit Hilfe von ↗Zuordnungsregeln bzw. ↗Korrespondenzregeln mit den Termen der Beobachtungssprache verknüpfbar ist. Um ein solches System von theoretischen Begriffen, die nur zum Teil bzw. nur partiell auf Beobachtbares zurückführbar sind, von beliebigen Spekulationen unterscheiden zu können, formuliert Carnap für die theoretische Sprache ein Signifikanzkriterium: Ein theoretischer Begriff, der weder durch Definitionen noch durch Korrespondenzregeln ganz oder teilweise auf Beobachtbares zurückführbar ist, muß eine V. oder prognostische Relevanz besitzen, um als empirisch zulässig bezeichnet werden zu können. D.h. es muß wenigstens eine Aussage der theoretischen Sprache, die diesen theoretischen Begriff enthält, geben, mit deren Hilfe Voraussagen beobachtbarer künftiger Ereignisse abgeleitet werden können, die sich ohne diese Aussage nicht gewinnen lassen. **Lit.:** R. Carnap: Beobachtungssprache und theoretische Sprache. In: Dialectica 12 (1958). S. 236–248. – W. Stegmüller: Theorie und Erfahrung. Probleme und Resultate der Wissenschaftstheorie und Analytischen Philosophie. Bd. II. Berlin/Heidelberg/New York 1970. S. 319 ff. – Ders.: Hauptströmungen der Gegenwartsphilosophie. Stuttgart $^4$1969. S. 461 ff. PP

**Vorentscheidung** nennt H.-E. Hengstenberg den Vollzug der Person, in dem sie sich dem ihr Begegnenden aufschließt (im positiven Fall) oder sich verschließt. Sie liegt als spontane Äußerung menschlicher Freiheit noch weit vor der Mittelwahl o. ä. Vorausgesetzt wird dabei ein gemeinmenschliches Interesse an den Dingen und Personen (»naive Sachlichkeit«) und zumindest umrißhafte Kenntnis von ihnen. Am Punkt der V. kann der Mensch sich entweder auf sie einlassen und mit ihnen konspirieren (bewährte ↗Sachlichkeit) oder sein Engagement verweigern. Erkenntnismäßig bildet die V. damit die Grundlage zu einer angemessenen Erfassung im Nachvollzug der inneren Ordnung des Erkannten, praktisch die Wurzel gütiger Gesinnung, durch die die V. alle folgenden Vollzüge der Person überformt. An ihr sind alle Kräfte der Person, Geist, Wille und Gefühl beteiligt. **Lit.:** H.-E. Hengstenberg: Philosophische Anthropologie. Stuttgart 1966. – Ders.: Grundlegung der Ethik. Würzburg $^2$1989. – P. Kunzmann: Vorentscheidung als personale Initiative. Dettelbach 1993. PK

**Vorhandenheit,** bei Heidegger (*Sein und Zeit*) der Inbegriff der Dinge, wie sie sich einem wissenschaftlichen Zugang erschließen. V. ist in bewußter Absetzung gegen Descartes in der ↗Zuhandenheit fundiert und läßt sich aus dieser ableiten. Zunächst und zumeist erschließen sich dem Menschen die »Dinge« als Zeug im praktischen Umgang (Zuhandenheit). Erst wenn dieses unbrauchbar ist, achten wir eigens auf die »Dinge«; sie werden uns hier vorübergehend zu purem Vorhandenem, das wir nur noch »anstarren«. Dies ist der existentielle Ort, aus dem heraus Wissenschaft möglich wird. In den Wissenschaften wird das Seiende ausdrücklich innerhalb des Rahmens einer vorausliegenden Bestimmung seiner Grundmerkmale thematisiert. Der Zeug-Charakter des Seienden wird dabei übersehen; das Seiende hat nun vielmehr die Seinsart der V. Es kann »objektiv« befragt und bestimmt werden. **Lit.:** C. F. Gethmann: Dasein: Erkennen und Handeln. Heidegger im phänomenologischen Kontext. Berlin 1993. – G. Prauss: Erkennen und Handeln in Heideggers »Sein und Zeit«. München 1977. BA

**Vorhersageparadoxon.** Ein Lehrer kündigt eine überraschende Schularbeit für die nächste Woche an. Die Schüler überlegen: Am Samstag kann die Arbeit nicht stattfinden, da sonst schon am Freitag vorhersehbar wäre, daß sie samstags stattfinden muß. Am Freitag kann sie nicht stattfinden, denn dann stünde schon donnerstags fest, daß sie am Freitag stattfinden muß (da ja der Samstag als Möglichkeit ausfällt), usw. bis zum Montag. Die Schüler glauben also, daß diese Arbeit gar nicht stattfinden könne, daß der Lehrer eine uneinlösbare Willenserklärung abgegeben habe. Um so überraschter sind sie, als mittwochs die Schularbeit stattfindet. – Das V. beruht darauf, daß sich der Umfang (nicht aber der Inhalt) des Begriffes »überraschend« im Laufe der Argumentation verändert. **Lit.:** V. Pittioni: Das Vorhersageparadoxon. In: Conceptus 42 (1983). S. 88–92. VP

**Vorsehung** (lat. providentia), bezeichnet jenen göttlichen Plan, der alles ordnet. Damit entsteht die Frage, ob die V. noch Raum für die menschliche ↗Freiheit läßt, denn eine freie Handlung muß doch unberechenbar sein und kann somit nicht vorausgewußt werden. Die klassische Lösung dieses Dilemmas hat Boethius gegeben, wenn er die göttliche V. nicht im Sinne eines Voraussehens (praevidentia) oder Vorauswissens (praescientia) eines gleichsam Zukünftigen versteht, sondern als das Wissen einer niemals erlöschenden Gegenwart (*De consolatione philosophiae*, V 6). Dahinter steht die Einsicht in die Ewigkeit Gottes i.S. der Zeitlosigkeit. Denn ein gegenwärtiges Sehen legt den Dingen keine absolute Notwendigkeit auf. – In unserem Jahrhundert hat N. Hartmann (*Ethik*, Berlin $^4$1962) in Verkennung der göttlichen V. einen »postulatorischen« ↗Atheismus vertreten. Nur so glaubt er, der menschlichen Freiheit gerecht werden zu können. Dazu ist zu sagen, daß die in der göttlichen V. enthaltene ↗Finalität und ↗Teleologie für den Menschen nur den Sinn des Sollens und nicht des Zwanges hat; sie setzt also gerade die Freiheit voraus. **Lit.:** K. Kremer: Gottes Vorsehung und menschliche Freiheit. In: Mitteilungen und Forschungsbeiträge der Cusanus-Gesellschaft 18 (1989). S.227–261. – Th. Schneider/L. Ullrich (Hg.): Vorsehung und Handeln Gottes. Freiburg 1988. WS

**Vorsokratiker,** Sammelname für die griech. Philosophen der verschiedenen Richtungen und Schulen vor dem Auftreten des Sokrates. Die Berechtigung, sie als geschlossene Gruppe zu betrachten, ergibt sich daraus, daß Sokrates mit seiner Art des Fragens eine neue Art des Philosophierens einleitet. Bei den V. finden wir die ersten Ansätze der abendländischen Philosophie, die in engem Zusammenhang mit der historischen Entwicklung in den griech. Kolonien an den Küsten des Mittelmeers, im ionischen Kleinasien und Unteritalien im 7. und 6. Jh. v. Chr. entsteht. Der dort herrschende rege Handel vermittelt Kenntnisse über andere Völker und erweitert den geistigen Horizont. Ein Kennzeichen dieser Zeit ist der beginnende Übergang von der Aristokratie zu anderen politischen Herrschaftsformen (Tyrannis, Demokratie) und die damit verbundenen innenpolitischen Krisenerscheinungen. Den geistigen Umbruch jener Zeit hat W. Nestle mit dem Schlagwort »Vom Mythos zum Logos« charakterisiert. Die Erklärung durch anthropomorphe Götter wird jetzt durch die Suche nach natürlichen, rationalen Prinzipien ersetzt, die zu einer neuen Deutung der Ordnung der Welt und der Stellung des Menschen dienen. Dieser Übergang vollzieht sich jedoch nicht plötzlich, so daß mythisches Denken bei den V.n noch an vielen Stellen sichtbar wird.

Die V. beschäftigten sich mit einer Fülle sehr unterschiedlicher Probleme: (1) Die ionischen Naturphilosophen Thales von Milet, Anaximander und Anaximenes stellten die ersten philosophischen Theorien auf. Deren Grundgedanke besteht in der Annahme eines für alles Seiende gemeinsamen Urgrundes (↗arche), der als einheitlicher Urstoff der Vielheit der Dinge zugrunde liegt und als Ursache die erfahrbaren Veränderungen bewirkt. (2) Im Mittelpunkt der Lehre des Pythagoras und seiner Schüler steht die Theorie der Zahlen. Die Dinge der Welt sind wesentlich durch Zahlenverhältnisse bestimmt, d.h. ihr Wesen besteht in Zahlen. (3) Die Eleaten (Xenophanes, Parmenides, Zenon) behandeln die Frage nach der arche als metaphysische Frage. In der Lehre vom einen, unveränderlichen Sein wird besonders das Verhältnis der Einheit des Seienden und der Vielheit der Dinge untersucht. Dabei erfolgt die Unterscheidung von zwei Seinsbereichen (reines Sein – die veränderlichen Dinge der Erfahrung) und zwei Erkenntnisbereichen (Vernunfteinsicht – Wahrnehmungserkenntnis). (4) Heraklit thematisiert vorrangig den Prozeß des ununterbrochenen ↗Werdens und Vergehens. Das Urfeuer, das zugleich vernünftig gestaltende Kraft (↗logos) ist, bildet nach ihm den Urstoff, aus dem alle Dinge ständig hervorgehen und wieder zurückströmen. (5) Zu den jüngeren Naturphilosophen gehören Empedokles und Anaxagoras. Während dieser die Ansicht vertritt, daß es unendlich viele, qualitativ verschiedene Grundstoffe gibt, bei deren beliebig fortgesetzter Teilung stets dem ursprünglichen Ganzen gleichartige Teile (Homöomere) resultieren, nimmt jener vier unveränderliche Elemente (Erde, Luft, Wasser, Feuer) als »Wurzeln« der Dinge und zwei auf sie einwirkende Kräfte (Liebe, Streit bzw. Haß) an. (6) Für die Atomisten (Leukipp, Demokrit) besteht die Welt aus unteilbaren (atomos) Körperchen, die stofflich völlig gleich sind. Zwischen den Atomen existiert nur der leere Raum. Die Dinge entstehen allein aus der Gruppierung der Atome. Das Kausalprinzip bildet das universelle Prinzip der Wirklichkeit. (7) Die ↗Sophisten (Protagoras, Gorgias, Prodikos u.a.) beschäftigen sich überwiegend mit der Natur des Menschen und seiner sittlichen und gesellschaftlichen Bestimmung; besonders widmen sie sich dabei der Entwicklung von Theorien über die Beschaffenheit der Seele, untersuchen die Tugend sowie das Verhältnis von natürlichem Recht (physei) und Satzung (nomos).

**Lit.:** H. Althaus: Götter, Dichter und Atome. Bonn 1990. – H. Diels/W. Kranz (Hg.): Die Fragmente der Vorsokratiker. Bd. 1–3. Berlin 1951. – H.-G. Gadamer (Hg.): Um die Begriffswelt der Vorsokratiker. Darmstadt 1989. – G.S. Kirk/J.E. Raven/M. Schofield: Die vorsokratischen Philosophen. Stuttgart 1994 – J. Mansfeld (Hg.): Die Vorsokratiker. Stuttgart 1987. – W.H. Pleger: Die Vorsokratiker. Stuttgart 1991. – W. Röd: Die Philosophie der Antike 1. München 1988. RS

**Vorstellung,** gehört zu den bedeutungsreichsten und vieldeutigsten philosophischen Termini. Generell kann sich »V.« (a) auf einen mentalen Prozeß oder Zustand sowie (b) auf deren (potentiellen) Gehalt beziehen. Im weitesten Sinne ist eine V. jede Art von Bewußtseinsinhalt bzw. psychischer Tätigkeit. Häufig wird der Terminus jedoch in engerer Bedeutung verwendet, wobei exemplarisch auf folgende begriffsgeschichtlich einschlägige Konzeptionen hingewiesen sei. – Aristoteles bestimmt die phantasia als eine auf sinnlicher Wahrnehmung (aisthesis) beruhende psychische Veränderung (kinesis), deren Produkt das phantasma ist (*De anima*, 427b, 428b). – Die Stoiker faßten die phantasia als einen Abdruck (typosis) der Dinge in der Seele auf (vgl. Diogenes Laertios, VII, 45ff.). – Für Ockham, der sich damit gegen (mittelalterliche) Abstraktions- und ↗Abbildtheorien wandte, sind intentiones animae mentale Zeichen der Dinge (vgl. *Summa logicae*, I, Cap. 3, 11). Auch hier kann in einem bestimmten Sinne mit »V.« übersetzt werden. – Descartes kontrastiert die imaginatio als bildliche V. mit der intellectio im Sinne eines unanschaulichen Verstehens und betont, daß es zum bildlichen Vorstellen einer besonderen Anstrengung der Seele (animi contentio) bedarf (vgl. *Meditationes* VI). – Eine ähnliche Gegenüberstellung findet sich bei Spinoza (vgl. *Ethica*, Pars I, Appendix). Dieser definiert die imaginatio als eine »Idee« (idea), durch die der Geist (mens) »ein Ding als gegenwärtig betrachtet«, wobei jedoch – und dies nicht deutlich, sondern verworren – mehr der gegenwärtige Zustand des menschlichen Körpers (des Körpers des Vorstellenden) als die Natur des äußeren (vorgestellten) Körpers angezeigt wird (*Ethica*, Pars V, Propositio XXXIV, Demonstratio; Pars IV, Propositio I, Scholium). – Bei Leibniz bestehen alle inneren Tätigkeiten (actions internes) der Monaden in ↗Perzeptionen und ihren Veränderungen (perceptions et leurs changements). Der vorübergehende Zustand der Perzeption »repräsentiert« – stellt vor und vertritt – die Vielheit in der Einheit der Monade als dem Spiegel des Universums (vgl. *Monadologie*, 14–17). – Locke bezeichnet als idea »whatever is meant by phantasm, notion, species, or whatever it is, which the mind can be employ'd about in thinking« (*An Essay concerning Human Understanding*, Buch I, Kap. I, Abschn. 8; vgl. v.a. Buch II). Alle ideas (auch images) haben ihren Ursprung in der Erfahrung (experience), wobei die Wahrnehmung (perception) externer Gegenstände sensation heißt und die »perception of the operations of our own minds« reflection. Neben diesem Dualismus, der sich vielfach (in mehr oder weniger ähnlicher Form) in Unterscheidungen wie zwischen äußerer und innerer V. wiederfindet, vertritt Locke die Auffassung, daß der Verstand die durch sensation und reflection gelieferten einfachen Erfahrungsprodukte zu komplexen verarbeitet (simple vs. complex ideas). – Während bei Berkeley sowohl unmittelbare als auch mittelbare Bewußtseinsinhalte ideas heißen, teilt Hume die Klasse der perceptions of the mind einerseits in ursprüngliche impressions oder sensations (auch sentiments) und andererseits in deren mittels des Vermögens der imagination hervorgebrachten, blasseren Reproduktionen, die ideas oder thoughts (auch conceptions), ein. Sämtliche dieser Termini sind schon mit »V.« übersetzt worden (vgl. *Enquiry Concerning Human Understanding*, Abschn. II). – Bei Kant ist der Oberbegriff V. überhaupt (repraesentatio); die V. mit Bewußtsein (perceptio) ist entweder bloß subjektive Empfindung (sensatio), eine »Modifikation des Zustandes des Subjekts«, oder objektive Erkenntnis (cognitio), bei der wiederum die einzelne V. (repraesentatio singularis) als Anschauung (intuitus) von der allgemeinen oder reflektierten V. (repraesentatio per notas communes bzw. repraesentatio discursiva) als Begriff zu unterscheiden ist (vgl. *KrV*, B 376 f., Logik, Akad.-Ausg. Bd. IX, 91). – Eine zentrale Rolle spielt der Begriff der V. in Bolzanos *Wissenschaftslehre* (s. v. a. 2. Teil, 1. Hauptstück). V.en werden hier als subsententiale Teile von Sätzen bestimmt, wobei die subjektive oder gedachte bzw. gehabte V. von ihrem »Stoff«, der objektiven V. oder V. an sich unterschieden wird. – Ausführlich setzt sich auch Husserl mit dem Terminus auseinander. Ausgehend von der von F. Brentano betonten Gegenüberstellung von bloßer Vorstellung und Urteil unterscheidet Husserl die V. v. a. als spezielle, grundlegende Aktqualität von der Bedeutung des Begriffs im Sinne einer Aktmaterie (5. Logische Untersuchung). – Wichtige Konsequenzen für die Verwendung des Begriffs hatte schließlich die sog. Psychologismuskritik insbesondere in der Form, wie sie von Frege vorgebracht wurde. Bei Frege sind V.en – im Gegensatz zu »Gedanken« als objektiven, interpersonal invarianten Inhalten propositionaler Einstellungen – rein subjektive, der »Innenwelt« einer Person angehörende ↗ Entitäten, zu denen Sinneseindrücke, Phantasiebilder, aber auch Gefühle, Wünsche, Neigungen etc. gezählt werden. Wahr oder falsch sind nur »Gedanken«, während V.en als Wahrheitswertvehikel ausscheiden und stets an einen und nur einen Träger gebunden sind: »Nicht zwei Menschen haben dieselbe Vorstellung« (*Der Gedanke*). – In jüngerer Zeit ist dagegen im Rahmen der ↗ philosophy of mind die Frage der mentalen Repräsentation wieder ins Zentrum epistemologischer Diskussionen gerückt (vgl. z. B. J. Fodor: *Representations*. Cambridge/Mass. 1981) – Ferner ist auf die (vorwiegend umgangssprachlichen) Verwendungen von V. im emphatischen Sinne von bloßer Fiktion oder Illusion, Überzeugung, utopischer Antizipation sowie die Bedeutung des Begriffs im Sinne (künstlerischer) Präsentation hinzuweisen. CJ

**Vorurteil.** Der Begriff des V.s umfaßt die Einstellungen, das Vorwissen und die Einschätzungen, die jemand bezüglich eines Sachverhalts oder einer Person ungeprüft für wahr hält. Die in dieser Definition ausgedrückte negative Beurteilung des V.s ist ein zentraler Topos der neuzeitlichen Erkenntnis- und Wissenschaftstheorie, die seit F. Bacons ↗ Idolenlehre und Descartes' skeptischer Methode (↗ Cartesianismus) das sichere, methodisch erwerbbare Wissen von den Irrtümern und Fehleinschätzungen der illegitimen V.e zu reinigen beansprucht. Als Quellen der V.e gelten u. a. überkommene Meinungen, übereilte Begriffs- und Theoriebildung, persönliche Voreingenommenheit und mangelndes methodisches Verfahren. Die abwertende Sicht der V.e, die zentral auch die Philosophie der Aufklärung beherrscht, ist zwar immer wieder bestritten worden, hat aber erst im 20. Jh. vor allem durch Heidegger und Gadamer eine grundlegende, hermeneutische Kritik erfahren. Beide machen die Vorurteilshaftigkeit jeder Erkenntnis und Erfahrung deutlich, denn diese sind qua Sprachlichkeit und Geschichtlichkeit unseres Weltzugangs immer schon durch ein Vorverständnis bedingt bzw. überhaupt nur ermöglicht (↗ Hermeneutischer Zirkel). Der in der Philosophie, nicht aber in den Sozialwissenschaften, damit gegen die aufklärerische Tradition aufgelöste strikte Gegensatz zwischen V. und wahrer Erkenntnis zwingt zu schwierigen und bloß noch heuristischen Unterscheidungen zwischen beispielsweise unvermeidlichen Vorausurteilen im Sinne des Vorverständnisses, produktiven und irreführenden V.en, psychisch bedingten oder sozial determinierten V.en (↗ Ideologie). **Lit.:** H.-G. Gadamer: Wahrheit und Methode. Tübingen [5]1986. – W.-G. Jankowitz: Philosophie und Vorurteil. Meisenheim am Glan 1975. PCL

**Wagnis,** Begriff, der besonders in der ↗ Existenzphilosophie eine entscheidende Rolle spielt. Was ich als einzelner in einer geschichtlichen Situation als Anspruch Gottes zu hören glaube, bleibt nach Jaspers immer W., schließt also die Gewißheit aus: »Der philosophierende Einzelne glaubt, wo er aus der Tiefe entschieden ist, Gott zu gehorchen, ohne in objektiver Garantie zu wissen, was Gott will, vielmehr in ständigem Wagnis. Gott wirkt durch freie Entschlüsse der Einzelnen« (*Einführung in die Philosophie*, München [23]1983, S. 57). – P. Wust stellt diese Thematik in den Mittelpunkt seines Denkens, wenn er in seinem Hauptwerk *Ungewißheit und Wagnis* von der grundsätzlichen Insecuritas-Situation des Menschen spricht. Nach P. Tillich (*Dynamics of Faith*, New York 1957) ist der Zweifel ein notwendiges Element des Glaubens; er bedeutet also ein W. und verlangt darum einen Akt des Mutes. **Lit.:** A. Leenhouwers: Ungesichertheit und Wagnis. Essen 1964. WS

**Wahrheit.** Der philosophische Wahrheitsbegriff kommt sprachlich vor allem in der prädikativen Verwendung von »wahr« und »falsch« zum Ausdruck. Er bezieht sich auf propositionale Gebilde wie z. B. Aussagen, Sätze oder Urteile, wenn diese als Behauptungen verwendet werden (sog. Aussagen-Wahrheit). Ob es sich dabei primär um eine Eigenschaft einzelner sprachlicher Äußerungen, Typen solcher Äußerungen oder aber der zum Ausdruck gebrachten Bedeutung (Proposition) handelt, ist umstritten (Im folgenden wird »Aussage« als in dieser Hinsicht neutral gebraucht). – Von der prädikativen Verwendung abgeleitet ist ein attributiver Gebrauch (»ein wahrer Freund«) sowie das Substantiv »W.«. – Seit Frege bezeichnet man »W.« und »Falschheit« auch als die möglichen Wahrheitswerte einer behauptenden Aussage. – Von W. zu unterscheiden ist die Wahrhaftigkeit (im Gegensatz zur Lüge), die als das subjektive Für-Wahr-Halten der eigenen Aussage den Begriff der Aussagewahrheit jedoch ebenfalls voraussetzt.

Der Begriff der W. wird seit jeher außerordentlich kontrovers diskutiert. Trotz Nietzsches Kritik der W. als konventioneller Lüge und Heideggers Erweiterung des Wahrheitsbegriffs zur »Unverborgenheit« und »Erschlossenheit des Daseins« steht im Mittelpunkt der Diskussion immer noch die genaue Bestimmung des Wahrheitsbegriffs in Anwendung auf nicht-analytische Aussagen, da man sich von der Aufklärung dieses Begriffs Aufschluß über das Verhältnis des menschlichen Denkens und Sprechens zur Wirklichkeit erhofft. Die verschiedenen sogenannten Wahrheitstheorien verfolgen eines oder mehrere der folgenden drei Ziele: (1) Angabe der Funktion oder Verwendungsweise des sprachlichen Ausdrucks »wahr«, (2) Definition oder Analyse des Wahrheitsbegriffs und (3) Angabe eines oder mehrerer Wahrheitskriterien. Allerdings ist strittig, wie weit diese drei Punkte voneinander unabhängig sind. – Unstrittiger Ausgangspunkt der verschiedenen Wahrheitstheorien ist das sogenannte Äquivalenzschema: »Es ist wahr, daß p genau dann, wenn p«. Das bedeutet: Wenn man von einer beliebigen Aussage behauptet, sie sei wahr, dann ist die auf diese Weise gebildete Aussage unter denselben Umständen wahr oder falsch wie die Ausgangsaussage selbst. Diese schon von Platon hervorgehobene Äquivalenz kommt deutlich auch in der berühmten Wahrheitsdefinition des Aristoteles zum Ausdruck: »Denn zu behaupten, das Seiende sei nicht oder das Nichtseiende sei, ist falsch. Aber zu behaupten, daß das Seiende sei und das Nichtseiende nicht sei, ist wahr« (*Met.* 1011 b26 ff). Die verschiedenen Wahrheitstheorien unterscheiden sich unter anderem darin, welchen Stellenwert sie dem Äquivalenzschema einräumen.

Redundanz-Theorien: Die zuerst von Ramsey und Ayer vertretene Redundanztheorie der W. besagt, daß das Äquivalenzschema die Bedeutung des sprachlichen Ausdrucks »wahr« vollständig erfaßt: Zu sagen, ein bestimmter Satz sei wahr, bedeutet nicht mehr, als diesen Satz selbst zu behaupten. Die Ausdrücke »wahr« und »falsch« sind also für die Bedeutung des Satzes überflüssig (redundant) und dienen lediglich als Zeichen der Bejahung bzw. Verneinung. »Wahr« ist in logischer Hinsicht kein Prädikat und drückt keine Eigenschaft aus. Eine Fortführung dieses Ansatzes ist die sogenannte performative Theorie der W. (Strawson). Sie besagt, daß man mit einem Satz des Typs »Es ist wahr, daß p« keine andere Aussage macht als mit »p« selbst, wohl aber eine andere Handlung vollzieht, nämlich üblicherweise die des Bestätigens oder Bekräftigens einer vorangegangenen Aussage; »wahr« ist ein performatives (vollziehendes) Wort. Daran anknüpfend behauptet die prosententiale Theorie der W. (Grover/Camp/Belnap), daß sich alle Verwendungsweisen von »wahr« auf solche Fälle zurückführen lassen, in denen »wahr« als unselbständiger Teil in Ausdrücken wie »Das [gerade Gesagte] ist wahr« (sog. Prosentenzen) vorkommt und damit zur indirekten Behauptung einer durch den Äußerungskontext festgelegten Aussage beiträgt. Der Gebrauch von »ist wahr« ist danach ein Ersatz für die in natürlichen Sprachen nicht übliche Quantifikation über Aussagenvariable. – Wenn aber der sprachliche Ausdruck »wahr« lediglich Ausdruck einer besonderen Form des Behauptens ist, stellt sich die Frage, warum wir einige Aussagen behaupten und andere nicht. Die naheliegende Antwort, daß wir einige Aussagen für wahr halten und andere nicht, steht der Redundanztheorie nicht offen. Wenn sich nicht ein Begriff gerechtfertigten Behauptens angeben läßt, der von dem der W. unabhängig ist, läuft diese Theorie deshalb Gefahr, unser Sprachverhalten auf kognitiv gehaltlose Reaktionen auf Umweltreize zu reduzieren.

Tarskis semantische Theorie der W.: Von besonderer Bedeutung für die wahrheitstheoretische Diskussion in der analytischen Philosophie ist die Wahrheitsdefinition Tarskis. Das Wahrheitsprädikat in den natürlichen Sprachen erlaubt Paradoxien der Form: »P: Der mit ›P.‹ bezeichnete Satz ist falsch« (z. B. die »Antinomie des Lügners«). Solche Paradoxien beruhen nach Tarski auf der »semantischen Geschlossenheit« natürlicher Sprachen: Semantische Prädikate wie z. B. »wahr« oder »bedeutet« betreffen das Verhältnis der Ausdrücke einer Sprache L zu den mit L-Ausdrücken bezeichneten Gegenständen. Natürliche Sprachen enthalten aber ihre »eigenen« semantischen Prädikate. Will man dies vermeiden, so muß man semantische Prädikate wie Ausdrücke einer anderen, der sogenannten »Metasprache« (ML) behandeln. Durch diese Unterscheidung der Sprachebenen können die Wahrheitsantinomien tatsächlich vermieden werden. – Die Definition eines Wahrheitsprädikats (*für* eine Sprache L *in* einer Metasprache ML) ist Tarskis »Konvention W« zufolge sachlich adäquat, wenn aus ihr alle Sätze der Form »X ist wahr gdw. p« folgen, wobei »X« durch den Namen eines Satzes von L und »p« durch die Übersetzung dieses Satzes in ML zu ersetzen ist. Gebrauchen wir zur Veranschaulichung Englisch als Objekt- und Deutsch als Metasprache, so ergibt sich z. B.: »›Snow is white‹ ist wahr-in-Englisch gdw. Schnee weiß ist«. Einen solchen sog. »W-Satz« betrachtet

Tarski als »partielle Definition« des Wahrheitsprädikats der betreffenden Sprache (hier Englisch). – Tarskis Leistung liegt in dem Nachweis, daß sich für bestimmte formale Sprachen (endlicher Ordnung), die neben einfachen Prädikaten auch Quantoren und wahrheitsfunktionale Verknüpfungen (wie Negation und Konjunktion) enthalten können, ein Wahrheitsprädikat definieren läßt, daß der »Konvention W« genügt. Dabei erhält jede Sprache Lk ihr eigenes metasprachliches Wahrheitsprädikat »wahr-in-Lk«. Extrem vereinfacht beruht Tarskis Definition auf folgender Grundidee: Ein Satz wie z. B. »Die Erde ist rund« ist wahr, wenn der darin vorkommende singuläre Terminus (»die Erde«) einen Gegenstand bezeichnet, der unter das in dem Satz vorkommende Prädikat (»ist rund«) fällt. Tarski gibt nun in der (rekursiven) Definition eines semantischen Grundprädikats (»Erfüllung«) für jedes einfache Prädikat P der Sprache L in Form einer Liste an, wann ein Gegenstand x darunter fällt (»X fällt unter P, wenn P = ist weiß und x weiß ist … oder wenn P = ist rund und x rund ist…«). Diese Liste erlaubt eine explizite Defintion von »ist-wahr-in-L«, aus der sich tatsächlich alle W-Sätze ableiten lassen. – Für natürliche Sprachen ist ein solches Vorgehen allerdings nicht durchführbar. Außerdem setzen die rekursive Definition des Erfüllungsbegriffs und die Übersetzung von Objekt- in Metasprache die Kenntnis semantischer Relationen bereits voraus. Während der Wert der Tarski'schen Definition für Logik und Mathematik außer Zweifel steht, ist ihre philosophische Relevanz daher umstritten. – Eine Übertragung der Grundidee Tarskis auf natürliche Sprachen stellt die Disquotations- oder Zitat-Tilgungstheorie der W. dar (nach Quines berühmtem Diktum »Truth is disquotation«): Mit »Es schneit ist wahr« behauptet man nicht mehr, als daß es schneit; »wahr« ist lediglich ein sprachliches Mittel zum »semantischen Aufstieg« von der Objekt- in die Metasprache, um mit Hilfe des Namens eines Satzes (»Es schneit«) dasselbe zu sagen wie mit dem benannten Satz selbst. Im Fall natürlicher Sprachen verfügen wir jedoch nicht über eine vollständige Defintion des Wahrheitsprädikats, sondern nur über die einzelnen W-Sätze. Wie die ihr verwandte Redundanztheorie bestreitet die Disquotationstheorie die philosophische Relevanz des Wahrheitsbegriffs.

Korrespondenztheorie: Diese im Alltag wie auch in der Geschichte der Philosophie wohl verbreitetste Wahrheitsauffassung besagt, daß W. in einer Übereinstimmung (Korrespondenz) zwischen einem geistigen oder sprachlichen Gegenstand (z. B. Vorstellung, Urteil, Satz) und (einem Teil) der Wirklichkeit besteht. Klassischer Ausdruck dafür ist die scholastische Formel »Veritas est adaequatio rei et intellectus«. Gegen diese Auffassung sind jedoch v. a. seit dem 19. Jh. immer wieder Einwände erhoben worden: Welcher Art soll die angenommene Übereinstimmung sein? Offenbar kann ein Urteil oder eine Aussage über einen Tisch mit diesem nicht so übereinstimmen wie ein Bild mit seinem Gegenstand. Eine mögliche Antwort besteht darin, daß nicht einzelne Gegenstände, sondern Tatsachen oder Sachverhalte mit den Aussagen übereinstimmen sollen. Die Korrespondenz ließe sich dann z. B. als strukturelle Isomorphie zwischen Aussagen und Tatsachen verstehen (Russell, Wittgenstein). Eine solche Theorie, der zufolge W. in einer echten Relation zwischen Aussagen einerseits und denk- und sprachunabhängig individuierten Tatsachen, Situationen oder Gegenständen andererseits besteht, kann man als starke Korrespondenztheorie bezeichnen. Sie steht jedoch vor dem Problem, welche Tatsachen allgemeinen, negierten oder disjunktiven Aussagen entsprechen sollen. Nimmt man zu jeder wahren Aussage eine entsprechende Tatsachen an, so trivialisiert man die unterstellte Korrespondenz und verschiebt das Problem auf die Beziehung zwischen den Tatsachen und den in ihnen »vorkommenden« Gegenständen. – Läßt man dagegen den Rekurs auf Tatsachen ganz fallen und nimmt an, daß die fragliche Korrespondenz vollständig in den trivialen W-Sätzen Tarskis zum Ausdruck kommt, so gelangt man zu einer *schwachen* Korrespondenztheorie. Sowohl die Disquotationstheorie als auch die Aristotelische Definition (s.o.) lassen sich in diesem Sinne verstehen.

Wahrheitskriterien und epistemische Theorien der W.: Natürlich ist es nicht ausreichend, die Definition der W. zu kennen, denn schließlich möchte man auch von einzelnen Aussagen feststellen können, ob sie wahr oder falsch sind. Daraus ergibt sich die Frage nach einem Kriterium, das es erlaubt, wahre von falschen Aussagen zu unterscheiden. Kandidaten für ein solches Kriterium sind vor allem: (1) eine intuitive ↗Evidenz, insbesondere bei einfachen oder grundlegenden Aussagen wie unmittelbaren Beobachtungsprotokollen oder mathematischen Axiomen; (2) die Kohärenz (ein innerer Zusammenhang) eines Aussagesystems, deren Teil die fragliche Aussage ist; (3) die Nützlichkeit einer der Aussage entsprechenden Überzeugung; (4) der Konsens (Übereinstimmung) einer faktischen oder idealen Gemeinschaft von Forschern oder Laien. – Allerdings sprechen schwerwiegende Gründe dagegen, in einem der möglichen Kriterien eine notwendige oder hinreichende Bedingung der W. zu sehen: (1) Evidenzen können bloß scheinbar sein und somit täuschen. (2) Zu jedem kohärenten Aussagesystem A gibt es unverträgliche alternative Aussagesysteme, die ebenfalls kohärent sind; nur eines von ihnen kann wahr sein. (3) Es gibt auch Fälle nützlicher Täuschungen. (4) Ein faktischer Konsens in einer Gemeinschaft kann auf einem gemeinsamen Irrtum beruhen, während ein idealer Konsens offenbar kein handhabbares Kriterium ist. – Es scheint, als ergebe sich für jedes mögliche Kriterium die Alternative, entweder die Möglichkeit eines Irrtums offen zu lassen oder ebenso schwer feststellbar zu sein wie die W. selbst. Darüber hinaus droht ein infiniter Regress, da die Aussage über das Vorliegen des fraglichen Kriteriums natürlich selbst wahr oder falsch sein kann. Daher ist die Auffassung verbreitet, daß es ein allgemeines Wahrheitskriterium nicht gibt und man die genannten Kriterien allenfalls als heuristische Anzeichen betrachten sollte. – Eine Radikalisierung dieser Haltung, die aus analogen Gründen auch eine Korrespondenzrelation als Definiens der W. ablehnt, aber gegenüber der Redundanz- und Disquotationstheorie darauf besteht, daß W. eine echte (gehaltvolle) Eigenschaft bestimmter Aussagen ist, führt zur »sui-generis«-Auffassung, wie sie zeitweise etwa von Moore oder Frege vertreten worden ist: W. ist ein undefinierbares Grundprädikat, das eine nicht weiter analysierbare Beziehung zwischen Aussagen oder »Gedanken« (Frege) und der Wirklichkeit bezeichnet. Eine »Theorie« der W. kann es dann nur in einem sehr eingeschränkten Sinn geben. – Dennoch sind immer wieder Wahrheitskriterien formuliert und häufig auch in Wahrheitsdefinitionen verwendet worden. Während das Evidenzkriterium meist mit einem Wahrheitsbegriff im Sinne der starken Korrespondenztheorie zusammengeht (Descartes, Brentano, Husserl), beruhen die Kohärenztheorie, die Konsenstheorie und die sogenannte pragmatische Theorie (Nützlichkeit als Wahrheitskriterium) zumeist auf der verifikationistischen Voraussetzung, daß die W. einer Aussage nicht unabhängig von der Möglichkeit sein kann, diese W. festzustellen. Man bezeichnet sie daher auch als epistemische Wahrheitstheorien. So vertritt insbesondere Dummett die Auffassung, daß W. mit gerechtfertigter Behauptbarkeit zusammenfällt. Die damit verbundenen Veränderungen in unserem Verständnis von Logik und Metaphysik (Aufgabe der zweiwertigen Logik, keine Tatsachen über die entfernte Vergangenheit etc.) sprechen jedoch gegen diesen Vorschlag. Andererseits steht aber eine Wahrheitstheorie, die unserem alltäglichen Vorverständnis wie auch allen philosophischen Anforderungen gerecht wird, noch aus. **Lit.:** M. Fleischer: Wahrheit und Wahrheitsgrund. Berlin/New York 1984. – W. Franzen: Die Bedeutung von »wahr« und »Wahrheit«. Freiburg/München 1982. – H.D. Heckmann: Was ist Wahrheit. Heidelberg 1981. – A. Hoven: Wege zur Wahrheit. Frankfurt 1989. – P. Horwich: Truth. Oxford 1990. – R.L. Kirkham: Theories of Truth. Cambridge 1992. – B.L. Puntel: Wahrheitstheorien in der neueren Philosophie. Darmstadt 1983. – Ders.: Grundlagen einer Theorie der Wahrheit. Berlin/New York 1990. – Ders. (Hg.): Der Wahrheitsbegriff. Darmstadt 1986. – G. Skirbekk (Hg.): Wahrheitstheorien. Frankfurt 1977. MW

**Wahrheitsbedingung.** Für Aussagen einfachster Form wird als W. festgelegt: Sie sind wahr, wenn dem durch den Namen bezeichneten Gegenstand die durch das Prädikat bezeichnete Eigenschaft oder Beziehung tatsächlich zukommt. In der Aussagenlogik wird für die durch Junktoren (Negation, Konjunktion, Disjunktion, Implikation) zusammengesetzten Aussagen die W. durch die ↗Wahrheitswerttafel geregelt. Die Wahrheit einer allgemeinen Aussage ist eine Funktion der Wahrheit aller einzelnen Aussagen, die unter diese allgemeine Aussage fallen und die durch eine direkte W. bestimmt werden. Eine allgemeine Aussage muß deshalb als Konjunktion von einfachen Aussagen formuliert werden können (Diese Festlegung einer allgemeinen Aussage wird von der als ↗Finitismus bezeichneten Position, hauptsächlich von Wittgenstein, Ramsey, Schlick, Kaufmann vertreten und gegen die Akzeptanz unbeschränkter All-Aussagen im Bereich wissenschaftlicher Erkenntnis geltend gemacht). PP

**Wahrheitsdefinitheit.** Als Postulat der W. gilt die Forderung, daß jede Aussage, die keine Indikatoren enthält ( wie »ich«, »du«, »hier«, »jetzt«), entweder wahr oder falsch ist. PP

**Wahrheitsfunktion.** Wenn die Wahrheit eines durch logische Operatoren (Konjunktion, Disjunktion, Implikation) zusammengesetzten Satzes von der Wahrheit der einfachen Teilsätze abhängt, ist sie eine W. dieser Teilsätze. PP

**Wahrheitskonservierend.** Jene logischen ↗Folgebeziehungen werden als w. bezeichnet, bei denen sich die Wahrheit der Prämissen, sofern diese wahr sind, auf die Wahrheit der Konklusion überträgt. PP

**Wahrheitswert.** In der klassischen, zweiwertigen Logik unterscheidet man zwischen zwei möglichen W.en einer Aussage: Wahrheit und Falschheit (auch »wahr/falsch« oder »das Wahre/das Falsche«). Die Bezeichnung geht auf Frege zurück, der bemerkte, daß die Bestandteile einer elementaren Aussage (»Paris ist eine Hauptstadt«) sich zueinander wie ↗Funktion (»Ist eine Hauptstadt [x]«) und ↗Argument (»Paris«) verhalten. Die Wahrheit oder Falschheit der Aussage läßt sich daher als Wert einer Funktion betrachten, der mit dem eingesetzten Argument variiert. – In nicht-klassischen Logiken, in denen das Prinzip der Zweiwertigkeit (der Bivalenz) bzw. das Prinzip des Ausgeschlossenen Dritten nicht gilt, kann eine Aussage einen von drei oder mehr W.en annehmen. MW

**Wahrheitswerttafel.** In der Aussagenlogik werden die Wahrheitswerte mit Hilfe der W. nach Maßgabe des Zweiwertigkeitsprinzips (entweder »wahr« oder »falsch«) und des Postulats der ↗Wahrheitsdefinitheit wiedergegeben. Der Wahrheitswert einer komplexen Aussage ist bestimmt durch die Wahrheitswerte ihrer Teilaussagen. Bestimmung der Wahrheitswerte:

(a) Negation: eine Aussageform p ist genau dann wahr, wenn non-p falsch ist:

| p | . | non-p (¬p) |
|---|---|---|
| w(ahr) | . | f(alsch) |
| f(alsch) | . | w(wahr) |

(b) Konjunktion: die Verknüpfung zweier Aussageformen p und q mittels Konjunktion ist genau dann wahr, wenn p und q beide wahr sind, ansonsten falsch:

| p | q | . | p und q (p∧q) |
|---|---|---|---|
| w | w | . | w |
| w | f | . | f |
| f | w | . | f |
| f | f | . | f |

(c) Adjunktion oder nicht-ausschließende ↗Disjunktion: genau dann wahr, wenn von zwei Aussageformen p und q mindestens eine oder beide zusammen wahr sind:

| p | q | . | p oder q (p∨q) |
|---|---|---|---|
| w | w | . | w |
| w | f | . | w |
| f | w | . | w |
| f | f | . | f |

(d) Implikation: genau dann falsch, wenn in der Aussageform »wenn p, dann q« die Aussage q als falsch, p aber als wahr gilt, sonst immer wahr, auch wenn p falsch, q aber wahr ist oder p und q beide falsch sind:

| p | q | . | p impliziert q (p⊃q) |
|---|---|---|---|
| w | w | . | w |
| w | f | . | f |
| f | w | . | w |
| f | f | . | w |

(Die umgangssprachliche Formulierung »wenn – dann« legt die Auffassung nahe, daß bei einer derartigen Kombination zweier Teilsätze die Wahrheit des zweiten Satzes vom Inhalt des ersten abhängig ist. Für die Implikation ist dagegen nicht der Inhalt, sondern sind einzig die Wahrheitwerte der Teilsätze von Bedeutung.)

(e) Äquivalenz: genau dann wahr, und nur dann, wenn p und q beide wahr oder beide falsch sind, also denselben Wahrheitswert haben:

| p | q | . | p äquivalent q (p≡q) |
|---|---|---|---|
| w | w | . | w |
| w | f | . | f |
| f | w | . | f |
| f | f | . | w |

Die W. dient der Aussagenlogik zur Definition der (Satz-)Operatoren: nicht, und, oder, impliziert, genau dann – wenn. In komplexeren Verknüpfungen von Teilsätzen ist bei der symbolischen Darstellung zu beachten, daß den Operatoren eine unterschiedliche Bindungsstärke zugewiesen ist. In der Reihenfolge der abnehmenden Stärkegrade dargestellt: Negation, Konjunktion, Adjunktion (Disjunktion), Implikation, Äquivalenz (vgl. in der Mathematik: Multiplikation geht vor Addition – hier: Negation geht vor Konjunktion usw.). PP

**Wahrnehmung.** Man unterscheidet verschiedene Formen: W. durch unser Sensorium (sinnliche W., äußere Erfahrung), ästhetische W. oder begrifflich-geistige (innere) W. Im Alltagsgebrauch oder common sense-Verständnis nehmen wir die Dinge, äußere, bewußtseinstranszendente Phänomene, unbefangen für das, als was sie uns in unseren Sinnen gegenwärtig erscheinen, nämlich für real existierend; z. B. einen Ton, den man gerade hört und dessen Vibrieren man vielleicht zusätzlich spürt; eine Farbe, die man sieht; das Tintenfaß vor ihm auf dem Schreibtisch, an dessen Wirklichkeit G. E. Moore keinen vernünftigen Grund zu zweifeln fand. Findet man diesen Ton, diese Farbe darüber hinaus auch noch als angenehm oder schön, bezieht man zum gehörten Ton, zur sinnlich wahrgenommenen Farbe bereits Stellung in ästhetischer Hinsicht. Insofern ist in ästhetischer W. eine sinnliche W. als deren Voraussetzung eingeschlossen. – Soll ästhetische W. auf den Begriff gebracht werden, bedarf es nicht-sinnlicher, geistiger W. als Beurteilungskriterium von »Schönheit« oder »Kunst«. Diese Einteilung ist der abendländischen Tradition seit Aristoteles entnommen. Dieser traf die Unterscheidung in sog. sinnliche W. (aisthesis, sensus) und geistige W. (noesis, intellectus, einsichtiges Erfassen). Erstere ist, da in ihr die materialen sinnfälligen Dinge unmittelbar empirisch gegeben sind, Grundlage der zweiten, in welcher diese mit Hilfe der Vorstellung (phantasia) in ihrer intelligiblen Form und ihrem Wesen (ohne ihre Materie) erfaßt werden. Die Vorstellung ist dabei dasjenige Medium, welches das Wahrgenommene in seiner qualitativen, nicht mehr in seiner stofflichen Natur, unabhängig von seiner tatsächlichen Präsenz oder Existenz, in sich aufnimmt und der geistigen W. zur (passiven) Rezeption und (aktiven, reflexiven) ↗ Apperzeption präsentiert. – Das alltägliche und ursprüngliche Verständnis von W. als direktes Präsenthaben von etwas durch die Sinne geht ein in wissenschaftliche Untersuchungen der W. Wird primär die Gegenstandsseite, das Gegenüber der W., so wie es sich den Sinnen darstellt, als »objektiv« angenommen, kann man von W. in noch naiver, naturalistischer Einstellung (Husserl) sprechen. In philosophischer Einstellung versteht man unter W. das Ereignis des Gewahrwerdens und den (mentalen) Zustand des Fürwahrhaltens und Einsehens von etwas. W. weist somit generell zwei intentionale Pole auf, die bewußte Fremd-Beziehung auf etwas als ihr Objekt und die gleichzeitig damit einhergehende Selbst-Beziehung (Aristoteles; Thomas v. Aquin). Eine Theorie der W. hat demgemäß beide Bezugsrichtungen zu eruieren. Je nachdem, welchem Pol der W. der Primat seiner Untersuchung gilt, kann man von eher gegenstandstheoretischer W.s-Psychologie respektive von Phänomenologie der W. selbst sprechen. – In der heutigen empirischen, experimentellen W.s-Psychologie werden insbesondere Aufbau, Prozesse und Leistungen sinnesphysiologischer (z. B. auditiver, akustischer, haptisch-taktiler) Systeme in Hinsicht auf das Wahrgenommene untersucht. Dabei gelten Sinnesdaten, Empfindungen, Vorstellungen und Gedächtnisinhalte nicht als isoliert gedachte Faktoren, sondern als das komplexe Ganze des Wahrnehmungserlebnisses konstituierende subsystemartige, leistungsfähige Teilinhalte. Sie bilden die Grundlage dafür, daß etwas (ein außerpsychischer Gegenstand) als sinnvoll, geordnet und gestalthaft erscheint. Stimmungslagen, Interessen, Erwartungen, Aufmerksamkeit sind Faktoren, die den Wahrnehmungsprozeß von etwas spezifisch ausrichten und »färben« können. – Während bei der (nicht introspektiven) W.s-Psychologie die Erforschung des phänomenal Wahrgenommenen im Vordergrund steht, wird in der philosophischen Psychologie und Phänomenologie die Rezeptivität und Produktivität der W.s-Akte untersucht. Damit rückt, neben dem Objekt (Terminus) der W., insbesondere das Subjekt (Fundament) der W. in den Vordergrund. W. selbst zeigt sich introspektiv (im Sinne von Selbst-W., nicht von Selbst-Beobachtung) als komplexes Phänomen, denn sie weist intentional auf etwas außer sich als ihrem (primären) Gegenstand hin und hat sich zugleich selbst zum (sekundären) Gegenstand. Der außerpsychische Gegenstand der W. kann, muß aber nicht existieren. In phänomenologischer Einstellung kann (Brentano, Meinong), bzw. muß (Husserl) von ihm in ↗Epoché abgesehen werden, nicht aber vom erlebten Inhalt bzw. dem immanentem Objekt oder dem inneren Gegenstand bzw. dem einwohnenden Datum der (inneren) W., dem Wahrgenommenen oder Gedachten als solchem, das den »äußeren« Gegenstand repräsentiert. Nach Meinongs gegenstandstheoretischer Version ist es nicht der wirkliche Kirchturm, über dessen Dasein uns die innere W. Auskunft gibt, sondern nur der »vorgestellte Kirchturm«. Wenngleich strittig bleibt, ob dieser Kirchturm als lediglich vorgestellter (und damit nicht real, sondern modifiziert) präsent ist (Meinong) oder ob eine reale Kirchturmvorstellung als Grundlage der inneren W. fungiert (Brentano) oder ob es sich dabei um ein ideales Datum am Horizont des Mitgemeinten handelt (Husserl), so ist doch jedesmal die Hereinnahme eines Objekts durch seine ursprüngliche Vorstellung ins Psychische, den Kompetenzbereich der inneren W., konstatiert; desweiteren, daß eine Vorstellungstätigkeit als fundierendes Moment der W. generell wahrnehmungsimplizit ist und die ihrer selbst bewußte innere W. dies wiederum verbürgt. – Dieser immanente Inhalt der W. kann weiter analysiert werden nach den Weisen, wie er der W. gegeben ist. Die Gegebenheitsweisen in der W. werden im Moment des Erfassens evident erlebt; als solche können sie kategorisiert und deskribiert werden. W. kann mithin als mit dem Wahrgenommenen gleichzeitiges, evidentes, urteilsartiges, für-wahr-nehmendes Ereignis in strengem Sinn des Wortes charakterisiert werden.

Die W. dieser höheren Denkvorgänge wurden besonders durch die Würzburger Denkpsychologie introspektiv erfaßt, experimentell bestätigt und schriftlich fixiert. Nach Husserl greift dieser Ansatz zu kurz. Eine wissenschaftliche Psychologie der W. habe deren Leistungscharakter nicht durch experimentelle und psychophysische und sonstige Außenpsychologie, sondern qua intentionaler Innenpsychologie in ihrem apriorischen Wesen universal (die Allheit möglichen Bewußtseins überhaupt, bezogen auf die Allheit möglicher Gegenstände überhaupt) zu eruieren. Weist Husserl jede herkömmliche, natürlich-naive, positive W.s-Auffassung strikt ab, so wird alle introspektive W.s-Psychologie durch Watsons ↗Behaviorismus, der sich wieder dezidiert als naturwissenschaftlicher Ansatz versteht, als unbeweisbar radikal zurückgewiesen. Seit der neueren sog. Kognitiven Wende (Th. A. Ryan u. a.) gegen den Behaviorismus unterliegen Untersuchungen des W.s-Prozesses innerhalb der Psychologie nicht mehr dem Verdikt der Unwissenschaftlichkeit. In der neueren Philosophie des Geistes wird W. in der Bedeutung referentiellen, propositionalen und selbstreferentiellen Wissens verwendet. **Lit.:** Aristoteles: De Anima III. – Thomas von Aquin: Sentencia libri de sensu et sensato. (Aristoteleskommentar). In: Opera omnia. XLV, 2. Rom/Paris 1985. – H. Bergmann: Evidenz der inneren Wahrnehmung. Halle 1908. – F. Brentano: Psychologie vom empirischen Standpunkt. Hamburg 1973. – Ders.: Untersuchungen zur Sinnespsychologie. Hamburg ²1979. – D. Hume: Eine Untersuchung über den menschlichen Verstand. 4. Abschn. 2. Teil. Stuttgart 1971. – E. Husserl: Phänomenologische Psychologie. Hua IX. Den Haag 1968. – A. Meinong: Über Gegenstände höherer Ordnung und deren Verhältnis zur inneren Wahrnehmung. In: Gesamtausgabe II. Graz 1971. S. 377–469. – M. Merleau-Ponty: Phänomenologie der Wahrnehmung. Berlin/New York 1966. – Th. A. Ryan: Intentional Behavior. An Approach to Human Motivation. New York 1970. – J. R. Watson: The Ways of Behaviorism. New York 1928. WB

**Wahrscheinlichkeit.** Als klassische W. bezeichnet man die auf Laplace zurückgehende Definition der W.

$$P(A) \equiv \frac{\text{Anzahl der für A günstigen Ergebnisse}}{\text{Anzahl aller möglichen Ergebnisse}}$$

für ein Ereignis A. Ihr Wert wird unabhängig von der Erfahrung allein durch Symmetrieüberlegungen gewonnen, dagegen entstammt die statistische W. der Erfahrung. Zählt man bei häufiger Wiederholung des Experiments, wie oft ein bestimmtes Versuchsergebnis eintritt, und teilt diese Zahl durch die Anzahl der Versuche, so erhält man die relative Häufigkeit $h_n(A)$ des Ereignisses A. Von Mises definiert die statistische W. P(A) eines Ereignisses A als

$$P(A) = \lim_{n \to \infty} h_n (A).$$

Diesem objektiven Begriff gegenüber steht die subjektive W., der Grad der Neigung, etwas für wahr zu halten. – Die moderne Mathematik verwendet anstelle solcher expliziter Definitionen der W. eine implizite; ein Axiomensystem legt hier die geforderten Eigenschaften der W. fest. In Beiträgen von Keynes und Jeffreys wird der Begriff der W. definiert als logische Relation zwischen Propositionen und Sätzen, womit das Fundament für einen logisch-analytischen Wahrscheinlichkeitsbegriff gelegt ist. Carnap unterscheidet hier zwei Begriffe der W.: $W_1$ ist der Grad der Bestätigung einer Hypothese durch Tatsachenaussagen, $W_2$ wird als statistisch ermittelte durchschnittliche Häufigkeit, mit der ein bestimmter Fall eintritt, definiert. **Lit.:** R. Carnap: Logical Foundation and Probability. Chicago 1950 (dt.: Induktive Logik und Wahrscheinlichkeit. Wien 1959). – W. Stegmüller: Probleme und Resultate der Wissenschaftstheorie und analytischen Philosophie IV. Personelle und statistische Wahrscheinlichkeit. Berlin 1973. SIK

**Warum-Frage.** In der Wissenschaftstheorie werden zwei Arten der W. unterschieden: (a) die erklärungsuchende W. erwartet als Antwort die Angabe einer Ursache, die als der kausale Grund für ein bestimmtes Ereignis anzusehen ist; (b) die epistemische W. hat zur Antwort die Angabe von rationalen Gründen, warum geglaubt werden soll, daß sich etwas Bestimmtes ereignet. In einem Handlungskontext bedeutet die W. die Aufforderung zur Angabe der Absicht oder Zielvorstellung als Grund bzw. Motiv der Handlung oder zur Begründung, warum eine bestimmte Handlung das geeignete Mittel zur Erreichung eines Zieles darstellt. Die W. in einem moralischen Kontext erwartet Antworten der Rechtfertigung: (a) Entweder warum eine Handlungsweise als normativ verbindlich für alle angesehen werden soll, oder (b) warum einer Norm allgemeine Verbindlichkeit zugesprochen werden kann. **Lit.:** W. Stegmüller: Der Begriff der Erklärung und seine Spielarten. In: Probleme und Resultate der Wissenschaftstheorie und Analytischen Philosophie. Bd. I. Berlin/Heidelberg/New York 1974. S. 74. PP

**Was ist X-Frage** (W.). Als W. (auch als Definitionsfrage) bezeichnet man die zentrale Fragestellung in Platons Dialogen. So läßt Platon Sokrates und dessen Gesprächspartner z. B. die Fragen »Was ist Tapferkeit« (*Laches*), »Was ist Frömmigkeit?« (*Euthyphron*), »Was ist Besonnenheit« (*Charmides*) oder »Was ist Wissen?« (*Theaitetos*) erörtern. Für die W. sind drei Merkmale charakteristisch: (1) Die Frageform bezieht sich stets auf ein Prädikat oder ein entsprechendes abstraktes Nomen, nicht auf singuläre Termini. (2) Sie bezieht sich nicht auf Ausdrücke, deren Bedeutung den Dialogpartnern unbekannt ist; am Anfang der entsprechenden Erörterungen steht vielmehr ein Vorverständnis der jeweils gemeinten Sache, das sich darin zeigt, daß die Dialogpartner die Prädikate zu gebrauchen wissen. (3) Die W. zielt auf eine Definition der Bedeutung des Prädikats und damit zugleich auf eine (Real-)Definition der gemeinten Sache, d. h. eine hinreichende Erklärung dessen, »was etwas ist«. Sie bezieht sich somit auf das gegenständliche Korrelat der Prädikate; auf das Allgemeine, das den einzelnen Dingen, die man bspw. als gerecht bezeichnet, gemeinsam ist. Das so intendierte Allgemeine bezeichnet Platon auch mit den Ausdrücken »eidos« oder »idea«, deren spezielle philosophische Bedeutung in der Platonliteratur mit »Idee« wiedergegeben wird (im angelsächs. Sprachraum spricht man üblicherweise von »Form«). Die Beantwortung der W. zielt auf ein Wissen (episteme) von der gemeinten Sache, vermöge dessen man in der Lage ist, über seine Meinungen, etwa über das Gerechte, das Schöne etc. im Dialog Rechenschaft zu fordern und zu geben. Die Methode zur Beantwortung der W. ist in den früheren Dialogen die Sokratische Fragetechnik, der Elenchos (↗Elenktik), d. h. die Verfahrensweise, mit der Platon Sokrates die Wissensansprüche seiner Gesprächspartner prüfen läßt. **Lit.:** W. Bröcker: Platons Gespräche. Frankfurt 1967. – W. Detel: Zur Argumentationsstruktur im ersten Hauptteil von Platons Aretedialogen. In: Archiv für Geschichte der Philosophie 55 (1973). S. 1–29. – P. Stemmer: Platons Dialektik. Die früheren und mittleren Dialoge. Berlin u. a. 1993. – G. Vlastos: The Sokratic elenchus. In: Oxford Studies in Ancient Philosophy 1 (1983) S. 27–58. – B. Waldenfels: Das sokratische Fragen. Meisenheim 1961. JH

**Wechselwirkung,** allgemein eine Vielzahl solcher Phänomene, bei denen das Aufeinanderwirken mehrerer Objekte zu einer Veränderung eines jeden in W. tretenden Objekts infolge der Einwirkung aller übrigen Objekte führt. W. impliziert deshalb stets ein Verhältnis der Interdependenz verschiedener ↗Entitäten und verweist damit zugleich auf den Begriff ↗System. Wechselwirkende Entitäten können, in Form von physikalischen Körpern sowohl gegenständlicher, als auch, etwa in Form von Kräften, spezifisch relationaler Art sein. Die Mehrdeutigkeit von W. zeigt sich darin, daß neben einer weiten physikalisch-kosmologischen Bedeutung, die Rede von W. sich auch auf soziale Entitäten, so z. B. auf soziale oder ökonomische Tendenzen, oder auch auf das ↗Leib-Seele-Problem, das Verhältnis von Physischem und Mentalem, beziehen kann. In der Physik hängt W. im engeren Sinne zusammen mit den Größen Kraft und Feld. W.en zwischen Feldern erscheinen hier als Ursache insbesondere mikrokosmischer Kräfte. Im mikrokosmischen Bereich werden zwei Formen der W. postuliert: die starke (»hadronische«) und die schwache W. Makrokosmische W.-Kräfte sind Gravitations- und elektromagnetische W. Allgemein werden W.en in der Physik besonders dann relevant, wenn ein Ereignis nicht monokausal erklärt werden kann. **Lit.:** F. Hund: Grundbegriffe der Physik. 2 Bde. Mannheim u. a. 1979. – F. v. Kutschera: Grundfragen der Erkenntnistheorie. Berlin u. a. 1981. S. 303 ff., 384 ff. JH

**Wechselwirkung, psychophysische.** Die Annahme der psychophysischen Wechselwirkung besteht aus zwei Teilen: (1) Mentale Ereignisse verursachen physische Ereignisse (z. B. eine Überzeugung und ein Wunsch verursachen eine Handlung) und (2) physische Ereignisse verursachen mentale Ereignisse (z. B. ein Vorgang im Gehirn verursacht eine bestimmte Überzeugung). Der erste Bestandteil behauptet die Möglichkeit ↗mentaler Verursachung, während der zweite Bestandteil die umgekehrte Verursachungsrichtung postuliert. Positionen, denen zufolge es keine mentale Verursachung, wohl aber die Verursachung mentaler Ereignisse durch physikalische Ereignisse gibt, bezeichnet man als Epiphänomenalismus. Unter Voraussetzung der Identität von mentalen mit physikalischen Ereignissen lassen sich die Abhängigkeitsbeziehungen zwischen Mentalem und Physikalischem mit anderen als der Kausalrelation deuten (↗Emergenz, ↗Supervenienz). MQ

**Weisheit** (griech. sophia). Während in der Antike als Sophisten die berufsmäßigen Lehrer der W. bezeichnet werden, impliziert der Begriff Philosophie (philo-sophia), daß der Mensch, im Unterschied zum allwissenden Göttlichen, nur ein beständig nach W. Strebender ist. Dem entspricht die Behauptung des Sokrates, daß nur der weise ist, der die Begrenztheit seiner menschlichen W. (anthropine sophia) erkennt, also unterscheiden kann zwischen dem, was er weiß und was er nicht weiß. Bei Platon ist sophia eine der Kardinaltugenden, die dem obersten, vernünftigen Seelenteil zukommt. Der Philosoph ist getragen von dem aus dem Ungenügen an der eigenen Unwissenheit entspringenden Streben hin zur Schau der Ideen (*Symposion*). Auch bei Aristoteles bezeichnet sophia die höchste philosophische Einsicht. Der Begriff kennzeichnet (als ↗Tugend) nicht nur den Besitz von Wissen, sondern auch die dem Streben nach Einsicht entsprechende Lebensführung, weshalb der Weise als Ideal für die Einheit von Wissen und Leben steht. – Auch im weiteren Verlauf bezeichnet W. ein vollendetes Wissen, nicht im Sinne eines wissenschaftlichen Systems, sondern der geistigen Vervollkommnung, die ein Mensch durch Studium und Lebenserfahrung erlangen kann. Schopenhauer faßt das Verständnis von W. in dem Satz zusammen: »Weisheit scheint mir nicht bloß theoretische, sondern auch praktische Vollkommenheit zu bezeichnen. Ich würde sie definieren als die vollendete, richtige Erkenntnis der Dinge im Ganzen und Allgemeinen, die den Menschen so völlig durchdrungen hat, daß sie nun auch in seinem Handeln hervortritt, indem sie sein Tun überall leitet« (*Paralipomena*, § 339). **Lit.:** W. Oelmüller (Hg.): Philosophie und Weisheit. Paderborn u. a. 1989. FPB

**Welt.** (1) Die vorherrschende Bedeutung von W. ist unserem alltäglichen Sprachgebrauch zufolge die Vorstellung unserer Erde, sofern sie von Menschen bevölkert und kulturell geprägt ist. Sie umfaßt also die gesamte Menschheit in räumlicher und geschichtlicher Erstreckung, worauf sich beispielsweise Sachverhalte wie Weltgeschichte oder Weltwirtschaft beziehen. Die Bestimmung des Umfassenden und des alles mit allem darin Zusammenhängenden leitet hinüber zu der weiteren und ebenfalls geläufigen Bedeutung von W. als dem Universum, in dem unsere W. lediglich als Teil- und Weltkörper unter anderen zahllosen Weltkörpern des Weltalls vorkommt. Daß sich die Bedeutung W. jedoch keineswegs in dieser astronomischen Vorstellung erschöpft, ja, daß sie nicht einmal die Grundbedeutung ist, erweist sich an der Möglichkeit, das Wort W. auf vielfältige Weise zu verwenden, ohne den einen durchtragenden Sinn zu wechseln. Denn »überall, wo der Sprecher auf ein abgeschlossenes Ganzes, auf universale Fülle, welcher Art auch immer, zielt, springt das Wort Welt als Bezeichnung ein« (*Grimmsches Wörterbuch*, Sp. 1459). So spricht man von der »W. der Physik« oder von der »W. des Tieres«, von der »W. der Zahlen« oder der »Arbeitswelt«, von der »sinnlichen, geistigen, seelischen W.«

(2) Diesem mannigfaltigen Sprachgebrauch liegt trotz aller historischer Bedingtheit im Einzelfall ein hochabstrakter Begriff zugrunde, dessen wesentliche Merkmale vor allem sind: Ganzheit, Zusammenhang, Ordnung, Allheit oder Totalität von etwas Mannigfaltigem, so daß nicht nur alles, was unter eine Gattung fällt, den Begriff W. erfüllt, sondern alles, was je eine mögliche Verbindung dazu eingehen kann.

(3) Für das philosophische Verständnis des Begriffs ist es zweckmäßig, die historische Entwicklungslinie nach drei Sachphasen zu unterscheiden, wobei die zentrale Frage nach dem Grund von W. allererst eine Differenzierung nicht nur ermöglicht, sondern notwendig macht, da ohne sie die Frage nach der W. über den historischen und logischen Befund nicht hinauskäme. (a) Die Griechen faßten das Ganze des Wirklichen, die Totalität alles Seienden unter dem Begriff des ↗Kosmos. Sie unterschieden innerhalb des einen Kosmos den sinnlichen vom geistigen, die Sinnenwelt (kosmos aisthetos, mundus sensibilis) von der Welt des Geistes (kosmos noetos, mundus intelligibilis). Während der Grund des Kosmos zwar der sinnfälligen Erscheinungswelt transzendendent ist, bleibt er dennoch kosmosimmanent. Das denkende Wesen Mensch betrachtet sich als ausgezeichneter Teil der W. – (b) Mit der jüdisch-christlichen Vorstellung eines Schöpfergottes tritt das Verhältnis von Grund und W. als Geschöpf Gottes, als das All alles Geschaffenen auseinander. Der Grund wird welttranszendent – der Mensch imago dei. Als saeculum und mundus nimmt nun der Begriff W. auch Bedeutungen an, die dem griechischen Kosmosdenken fremd waren, nämlich: Diesseitigkeit, Endlichkeit und Vergänglichkeit alles in Zeit Gewordenen. Außerdem tritt die Welt als »aliud Dei« (Augustinus) in den Gegensatz zum Unendlichen (Gott). In der säkularisierten neuzeitlichen Version wird die Welt ohne Bezug auf den transzendenten Grund schließlich »das mathematische Ganze aller Erscheinungen und die Totalität ihrer Synthesis« (*KrV* B348). – (c) Innerhalb dieser Entwicklung jedoch bereitete sich jenes philosophische Verständnis von W. vor, das spätestens seit der Renaissance für die Neuzeit entscheidend wurde. Das treibende Motiv in der Linie der Selbstvergewisserung des Menschen war der Gedanke vom Menschen als Ebenbild Gottes. Der Mensch wird dadurch allem Geschaffenen und damit der W. gegenüber in unvergleichlicher Weise herausgehoben und gewinnt seinen Selbstand zur W. als »homo creator« (N. v. Kues) oder »ut Deus alter« (Bovillus). Er begreift sich als Subjekt und Prinzip von W. Das Verhältnis von Makrokosmos und Mikrokosmos hat sich dergestalt umgepolt, daß nun die W. im Großen ein Abbild der Welt im Kleinen ist. Der Mensch ist »humaner Seinsgrund von Welt«; die W. ist der Auslegungshorizont seiner Kreativität in Endlichkeit. Dies zwingt freilich dazu, die Frage nach dem Grund zu differenzieren, indem man den schlechthin zureichenden Grund von Wirklichkeit überhaupt, das Absolute oder Gott, von dem zwar in sich notwendigen, aber an sich kontingenten Grund von W. unterscheidet. Denn »das weltseiende Wesen Mensch ist dieser Grund deshalb nur in aporetischer Weise, weil … es sich nämlich nicht nur als das ontologische Weltsystem zur Anschauung bringen kann,

sondern auch zur Anschauung bringen muß, wenn es überhaupt irgend etwas aus dem Grunde seiner Möglichkeit begreifen will« (R. Berlinger: *Philosophie als Weltwissenschaft*. Bd. 1. Amsterdam 1975. S. 15). LR

**Welt, mögliche,** seit Leibniz ein für die Untersuchung von Modalitäten verwendeter Begriff metaphysischer Herkunft. So wird Notwendigkeit, bei Leibniz allerdings nur gelegentlich, als Wahrheit in allen möglichen Welten verstanden. Dieser Gedanke wird von der v. a. von S. Kripke ausgearbeiteten Semantik der m.n W.en übernommen und formal umgesetzt (↗ intensionale Semantik). – Die semantische Darstellung einiger Modalsysteme erfodert die Einführung m.r W.en, in denen alles möglich und nichts notwendig ist. Diese werden als nicht-normale m. W.en bezeichnet. – Eine realistische Auffassung von m.n W.en, die diesen tatsächliche Existenz zubilligt wie analog die Mengentheorie Mengen, wird von D. Lewis vertreten. **Lit.:** G. Huhges/M. Cresswell: An Introduction to Modal Logic. London [2]1972. – D. Lewis: The Plurality of Worlds. Oxford 1986. UM

**Weltanschauung,** erstmals bei I. Kant in der *Kritik der Urteilskraft* nachgewiesen, bezeichnet die in ein System gebrachte Gesamtauffassung vom Ursprung, Wesen und Ziel der Welt und des Menschen in ihr. Insofern fungiert W. im Unterschied zum Weltbild nicht als bloß beschreibendes, sondern als erklärendes, sinnstiftendes Prinzip, das wie ein Horizont die Sicht auf die Welt begrenzt, ohne als solches erfahrbar zu sein – allenfalls im Kontakt mit anderen W.en. In diesem Sinne haben W.en universalen Charakter, da man nicht mehrere zugleich hat, gerade wenn es mehrere gibt. – Mittlerweile stellen sich W.en jedoch, aufgrund von Modernisierung und Individualisierung, insofern als Beobachterleistungen dar, als eine W., die jemand hat, weniger über die Welt aussagt, die angeschaut wird, als über den, der sie so anschaut. Denn auch W.en sind bloß Konstruktionen, wenngleich sie zumeist latent bleiben und als solche nicht bewußt werden, sondern nur selektiv zur Geltung kommen. Anders ist das, wenn es sich um wissenschaftliche W. handelt, die von vornherein reflexiv gearbeitet sind. Heutzutage würde man im wissenschaftlichen Kontext jedoch eher von ↗ Paradigma sprechen, so wie man im politischen Kontext von ↗ Ideologie spricht. Der Begriff der W. hat indes an Bedeutung etwas verloren, wenngleich Konflikte wegen unterschiedlicher W.en durch den Prozeß der Globalisierung zunehmen (z. B. Fundamentalismus). **Lit.:** P. L. Berger/Th. Luckmann: Die gesellschaftliche Konstruktion der Wirklichkeit. Eine Theorie der Wissenssoziologie. Frankfurt 1969. – W. Denner (Hg.): Wandlungen und Fortschritte in Wissenschaft und Weltanschauung. Leipzig 1931. – W. Dilthey: Weltanschauungslehre. Abhandlungen zur Philosophie der Philosophie (Ges. Schriften Bd. VIII. Stuttgart/Göttingen 1962). – K. Jaspers: Psychologie der Weltanschauungen. Berlin 1925. – H. G. Meier: ›Weltanschauung‹. Studien zur Geschichte eines Begriffs. Münster 1970. – M. Scheler: Philosophische Weltanschauung. Bonn 1929. – P. Watzlawick: Die erfundene Wirklichkeit. Wie wir wissen, was wir zu wissen glauben? Beiträge zum Konstruktivismus. München/Zürich 1981. KH

**Weltanschauungslehre,** entsteht aus dem Scheitern der großen metaphysischen Systeme im 19. Jh., deren jeweiliger Anspruch auf Allgemeingültigkeit ein Widerspruch ist. Für die W. ist alles Hervorgebrachte (Politik, Wirtschaft, Kunst, Religion) nicht im begrifflichen Denken, in der Objektivität gegründet, sondern »die letzte Wurzel der Weltanschauung ist das Leben« (Dilthey, *GW* VIII, S. 78). Die ↗ Weltanschauung ist die natürliche Entwicklung des Gefühlstrieblebens zum Selbstbewußtsein, W. selbst die Vergegenständlichung jener Weltansichten. Jede Weltanschauung ist also ein Erzeugnis der Geschichte, die selbst eine Propädeutik zu einer empirisch definierten Philosophie ist. W. ist demnach eine Erkenntnistheorie, die das Erkennen als ein Vorstellen definiert, dessen Subjekt die Seele ist (G. Simmel): Alles Hervorgebrachte ist eine Seelenbewegung. Daher steht die W. vor der paradoxalen Aufgabe, aus etwas Individuellem doch ein allgemeines Wissen zu ziehen, will sie eine Philosophie sein. Für Dilthey garantiert die Selbigkeit der Welt die Einheit aller Philosophien: »Die Sonne Homers leuchtet immerdar« (Dilthey, *GW* VIII, S. 267). Simmel definiert W. als eine angewandte Psychologie. **Lit.:** W. Dilthey: GW VIII. Stuttgart 1960. – G. Simmel: Die Probleme der Geschichtsphilosophie. Leipzig 1907. VR

**Weltbegriff,** Terminus der Philosophie Kants, der in der *Kritik der reinen Vernunft* eine zweifache Bedeutung hat. Einerseits charakterisiert er die kosmologischen Ideen, die auf die absolute Totalität in der Synthesis der Erscheinungen aus sind. Kant bezeichnet diese regulativen Ideen als W.e. Andererseits trifft Kant eine Unterscheidung zwischen Schulbegriff und W. einer Wissenschaft. Der W. bezieht sich auf das, was jedermann notwendig an ihren Ergebnissen und Fragen interessiert. Der Schulbegriff faßt die Wissenschaft als »eine der Geschicklichkeiten zu gewissen beliebigen Zwecken« (*Krv* B 867 A). Die philosophische Wissenschaft ist nach ihrem Schulbegriff das System der Vernunfterkenntnisse aus Begriffen. Nach ihrem W. ist sie die Wissenschaft von den letzten Zwekken der menschlichen Vernunft. Erst der W. verschafft der Philosophie ihre höchste Bedeutung. Die letzten Zwecke der menschlichen Vernunft nach dem W. werden in den vier Fragen »Was kann ich wissen? – Was soll ich tun? – Was darf ich hoffen? – Was ist der Mensch?« als Fundamentalprobleme formuliert. **Lit.:** K. Düsing: Die Teleologie in Kants Weltbild. Bonn 1968. – H. Heimsoeth: Transzendentale Dialektik. Ein Kommentar zu Kants Kritik der reinen Vernunft. 4 Bde. Berlin 1966–1971. – I. Kant: Kritik der reinen Vernunft (Transzendentale Dialektik, Transzendentale Methodenlehre). RHI

**Weltbild.** Die Begriffsverwendung von W. ist schwankend. Mitunter wird der Begriff W. synonym mit dem umfassenderen Begriff der ↗ »Weltanschauung« verwendet, deutet jedoch im Unterschied dazu die Zusammenfassung wissenschaftlicher Ergebnisse zu einer Gesamtschau an, die nicht die letzten Fragen nach dem Woher und Wohin von Welt, die Sinnfrage, stellt. Nach Wittgenstein (*Über Gewißheit* §§ 93–97) ist das W. das unhinterfragte Fundament unseres Sprechens und Handelns, das unserer Kultur grundgelegt ist. Dieses unhinterfragte Fundament und die Aufeinanderfolge von W.ern sind dennoch nach gewissen Gesetzmäßigkeiten zu untersuchen, was G. Dux (*Die Logik der Weltbilder*) unternommen hat. **Lit.:** G. Dux: Die Logik der Weltbilder. Frankfurt 1982. CSE

**Weltgeist,** Zentralbegriff der Hegelschen Philosophie – gleichsam die Spitze des spekulativen Systems, die Hegel, mit dem Begriff der ↗Totalität zusammengeschlossen, dahingehend bestimmt, daß in ihr äußerlich »der nur erst an sich seiende Geist sich zum Bewußtsein und Selbstbewußtsein und damit zur Offenbarung und Wirklichkeit seines an und für sich seienden Wesens bringt…« (*Enzyklopädie* 1830, § 549). Dadurch realisiere sich schließlich auch der »Endzweck« in der Weltgeschichte, nämlich die »Vernunft in der Geschichte« (ebd.). Kryptisch knüpfen noch Marx und Engels an die Hegelschen Bestimmungen des W.es an, wenn sie in der *Deutschen Ideologie* materialistisch präzisieren, daß sich die Schikane des W.es bzw. die List der Vernunft »in letzter Instanz als Weltmarkt ausweist.« (MEW Bd. 3, S. 37) **Lit.:** H. Glockner: [Einträge zu] Weltgeist. In: Hegel-Lexikon (Sämtliche Werke. Jubiläumsausgabe. Hg. v. H. Glockner. Stuttgart 1927–1940. Bd. 26). S. 2665 f. – Art. Weltmarkt. In: J. Bischoff (Hg.): Grundbegriffe der marxistischen Theorie. Hamburg 1981. S. 248 f. WJ

**Weltkonzepte.** (1) Habermas unterscheidet drei W. entsprechend den ↗Geltungssansprüchen der Wahrheit, der normativen Richtigkeit und der Wahrhaftigkeit, wie sie in den Sprechhandlungen implizit erhoben werden: (a) die objektive Welt als die Gesamtheit aller Entitäten, über die wahre Aussagen möglich sind; (b) die soziale Welt als die Gesamtheit aller legitim geregelten interpersonalen Beziehungen; (c) die subjektive Welt als die Gesamtheit der nur dem sich äußernden Individuum zugänglichen Erlebnisse. (2) Popper hält folgende drei Welten oder Universen für unterscheidbar entsprechend der Art, in der Sachverhalte existieren: (a) die Welt der physikalischen Gegenstände oder physikalischen Zustände, (b) die Welt der Bewußtseinszustände oder geistigen Zustände, (c) die Welt der objektiven Gedankeninhalte, d.i. der wissenschaftlichen und dichterischen Gedanken und der Kunstwerke. **Lit.:** J. Habermas: Theorie des kommunikativen Handelns. Frankfurt 1981. Bd. 1. S. 149. – K. Popper: Objektive Erkenntnis. Hamburg 1973. S. 123. PP

**Weltoffenheit,** Begriff der philosophischen Anthropologie, der die besondere Struktur des menschlichen Weltbezugs kennzeichnen soll: Dem Menschen steht nicht eine durch biologische Instinkte strukturierte Welt gegenüber, vielmehr ist er aufgrund seiner Instinktarmut einer Fülle von Reizen und Wahrnehmungseindrücken ausgesetzt. Die (im Vergleich zum Tier) fehlende Entsprechung zwischen menschlichem Organismus und seiner Umwelt läßt sich als die eine Seite der W. beschreiben. Die andere Seite zeigt sich in der damit verbundenen (potentiell) grenzenlosen Möglichkeit des Menschen, die für seine Lebensbewältigung nötigen Mittel zu finden bzw. zu erfinden, um so die eigentätige Bewältigung seiner W. zu schaffen. Diese Leistungen vollbringt er durch seine Handlungen. Durch sie bewältigt er die Wirklichkeit, indem er diese ins Lebensdienliche verändert. **Lit.:** A. Gehlen: Der Mensch. Wiesbaden 1976. S. 35 ff. PP

**Weltordnung,** im passiven Verständnis ein sinnvoll geordneter Kosmos. Je nach der Bestimmung der Ursache der W. sind verschiedene Ordnungen unterscheidbar wie die physikalische, metaphysische oder finale, die sich auch ergänzen können. Wird die Ordnung als kontingent gedacht, wird sie in einem unbedingten Grund fundiert. Ordo bedeutet im römischen Recht die Körperschaft gegenüber dem Volk. Antike Schriftsteller und Kirchenväter wie Hieronymus und Tertullian haben das Geschichtsbild des Katechon vertreten, die christliche Welt als Ordnungsmacht und Aufhalter des Antichrist. An den Gedanken des Katechon war das christliche MA. gebunden. Das Völkerrecht bei Kant gründet auf einem Föderalismus freier Staaten unter der Idee des Weltbürgerrechts. **Lit.:** I. Kant: Zum ewigen Frieden. Ein philosophischer Entwurf. Darmstadt $^{4}$1983. – H. Krings: Ordo. Philosophisch-historische Grundlegung einer abendländischen Idee. Hamburg $^{2}$1982. – C. Schmitt: Der Nomos der Erde im Völkerrecht des Jus Publicum Europaeum. Berlin 1988. AR

**Weltseele,** das Einheit stiftende Prinzip der Natur und des Lebens. Wie etwa die Bewegungskraft Teil der das ganze Weltall bewegenden Kraft ist, so ist nach platonischer Vorstellung die Einzelseele Teil der allgemeinen und alles bewegenden W. Die körperliche Realität wird als die Vergegenständlichung psychischer Vermögen verstanden (*Timaios*). Dieses Konzept wird vom ↗Neuplatonismus (Plotin) übernommen und durch Ficinos Begriff der »anima mundi« der Renaissance zugänglich. Die Goethe-Zeit (Goethe, Herder) setzt unter der Annahme der monistischen Identität von Materie und Geist W. mit ↗Weltgeist gleich. Von Schelling wird das Konzept der W. aufgegriffen und zu einer panpsychistischen Naturphilosophie erweitert (*Von der Weltseele*, 1798). Im Zusammenhang mit psychophysischen Theorien und im Kontext des ↗Leib-Seele-Problems wird auch heute zum Teil noch von W., häufiger aber von ↗Panpsychismus gesprochen. **Lit.:** E. Becher: Die fremddienliche Zweckmäßigkeit der Pflanzengallen und die Hypothese eines überindividuellen Seelischen. Leipzig 1917. – Ph. Delhaye: Une controverse sur l'âme universelle au IXe siècle. Namur 1950. – E. Hoffmann: Drei Schriften zur griech. Philosophie: Platons Lehre von der Weltseele. Heidelberg 1964. – A. Rau: Der moderne Panpsychismus. Berlin 1901. JM

**Werden** ist ein Grundzug der Wirklichkeit, daher nicht im eigentlichen Sinn definierbar und stellt insbesondere in seinem Verhältnis zum ↗Sein ein Zentralproblem der ↗Metaphysik dar. Umschreibungen für W. sind: Der in der ↗Zeit stattfindende Übergang von einem Zustand, Sachverhalt etc. in einen anderen, insbesondere der Übergang vom Nichtsein eines Gegenstandes oder seiner Eigenschaften zum Sein; Entstehen; ↗Entwicklung; Wechsel; Veränderung; ↗Prozeß; Geschehnis. Das philosophische Problem des W.s besteht allgemein darin, in der dauernd erfahrenen Veränderung Strukturen und Zusammenhänge zu erkennen und denkerisch-sprachlich festzuhalten, da unser Erkenntnisstreben auf die Erkenntnis dessen geht, was der Fall ist; näherhin in dem Problem, wie im Verlauf des W.s etwas sein kann, was vorher nicht war bzw. etwas nicht mehr sein kann, was vorher war, wie also Nichtseiendes in Seiendes übergehen kann bzw. umgekehrt, und ob in irgendeinem Augenblick des W.s ein und derselbe Sachverhalt zugleich sein und nicht sein muß. Erstmals philosophiegeschichtlich faßbar wird das Problem (verbunden mit der Frage nach dem Verhältnis von Einheit und Vielheit) bei den ↗Vorsokratikern Heraklit (der die Wirklichkeit als Inbegriff dauernd im W. sich verändernder Dinge deutete und dadurch die ↗Identität der Dinge durch die Zeit in Frage stellte) und Parmenides (der eine einzige, unveränderliche Wirklichkeit annahm und das W. zum Schein erklärte). Zur Lösung schlug Aristoteles eine metaphysische Rahmenbegrifflichkeit vor, die ein widerspruchsfreies Reden über W. und Veränderung ermöglicht. Ihr Grundgedanke ist die Unterscheidung zwischen einem sich durchhaltenden »Zugrundeliegenden« (↗Hypokeimenon, ↗Hyle, ↗Substanz) und seinen wechselnden Bestimmungen (↗Morphe, ↗Form/Materie, ↗Akzidens). Sie ist auf mehreren Ebenen (substantielle und akzidentelle Veränderung) anwendbar und systematisch mit der Lehre von ↗Akt/Potenz und von den vier ↗Ursachen verbunden. Gegenüber Sein, ↗Wesen und Substanz als Zentralbegriffen der Metaphysik tritt W. damit eher in den Hintergrund. In einer Reihe spekulativer Neuansätze seit dem frühen 19. Jh. wird W. dagegen wieder zur grundlegenden Kategorie: das Wesen der Natur wird verstanden als Tätigkeit und fortdauerndes W., in dem die »Dinge« nur Verdichtungen und Hemmungen sind (Schellings spekulative Naturphilosophie); die Wirklichkeit insgesamt als das W. des ↗Absoluten (Hegels Ontologie in der *Wissenschaft der Logik*); die Daseinsweise der Wirklichkeit, d. h. der Materie wird verstanden als beständiges W., als Auflösung und Neuentstehung widersprüchlicher Verhältnisse (Engels, dialektischer Materialismus, ↗Dialektik); der Bewußtseinsstrom oder auch die Wirklichkeit insgesamt wird verstanden als beständiges W. qualitativ bestimmter Ereignisse (Bergson u. a.; ↗Lebensphilosophie); in den Prozeßontologien des 20. Jh. (Whitehead, Hartshorne u. a.) kehren Motive von Leibniz, Hegel, Bergson u. a. wieder. Neuere Fragestellungen betreffen u. a. die Deutung von W. angesichts geänderter physikalischer Auffassungen von ↗Raum und ↗Zeit sowie die Entwicklung temporaler Logiken zur Interpretation von Prozessen des W.s in der Zeit. ↗Logik, intensionale. **Lit.:** J. Mittelstraß: Werden. In: Enzyklopädie Philosophie und Wissenschaftstheorie. Bd. 4. Stuttgart 1996. S. 659 ff. (Lit.). WL

**Werte** ↗Wertephilosophie, ↗Werttheorie

**Wertephilosophie, Werteethik.** Thematisch eingeführt wird der Wertbegriff von Lotze durch die Forderung, die reine Kausalbetrachtung der Welt als Mechanismus müsse durch die »ideale Ausdeutung ihres Wertes« ergänzt werden. Seinem teleologischen Idealismus entsprechend unterstellt er, daß ein solcher Mechanismus über seine Funktionalität hinaus einen Sinn im Gesamtzusammenhang der Welt zu erfüllen hat. Im Neukantianismus wird die Philosophie als eine Wissenschaft von Werten interpretiert. Windelband bestimmt die Werthaftigkeit in Beziehung auf ein wertendes Bewußtsein. Logische, ästhetische und ethische Werte entsprechen den menschlichen Seelentätigkeiten. Rickert sieht in der Wertproblematik das zentrale Problem der Philosophie. Er weist darauf hin, daß Sinnprobleme auf allen Gebieten nur durch Deutung aufgrund einer Wertlehre, nicht aber durch Beschreibung und Erklärung des Psychischen behandelt werden können. Werte stellen weder objektive Gegebenheiten dar, noch lassen sie sich auf subjektive Wertungen reduzieren. Die Wertlehre begründet die Kulturphilosophie, denn die Kultur stellt eine »wertbehaftete Wirklichkeit« dar. Die Kultur eröffnet sich dem Betrachter erst als Wirklichkeitsbereich von Werten. – Scheler und N. Hartmann entwickeln eine W. Bei Scheler kommen in den Gefühlen die Werte als echte und wahre Qualitäten bzw. als »ideale Objekte« zur Selbstgegebenheit. Werterkenntnis vollzieht sich als Vorziehen und Zurücksetzen, als Höher- und Niedriger-Einstufung. In solchen Akten erfährt der Mensch die Rangordnung der Werte. Seine Kritik an Kants Formalismus in der Ethik führt zu der Annahme des Apriori-Materialen in der Ethik, die sich in den apriorischen Rangbeziehungen der Wertmodalitäten bekunden. Scheler führt vier Modalitätskreise an: die sinnlichen Werte des Angenehmen und Unangenehmen, die durch die Lust- und Schmerzgefühle erlebt werden; die Werte des vitalen Fühlens des Edlen, des Gemeinen und des Wohls; die geistigen Werte des Schönen und Häßlichen, des Rechten und Unrechten sowie der Wahrheitserkenntnis; die Werte des Heiligen. N. Hartmann teilt mit Scheler die Ansicht, daß Werte nicht nur formale Gebilde darstellen, sondern Inhalte, die eine bestimmte Qualität an Dingen, Verhältnissen und Personen ausmachen: neben dem Subjekt anhaftende Werte die Güterwerte, die sittlichen Werte und die Personen- oder Tugendwerte. **Lit.:** N. Hartmann: Ethik. Berlin [2]1935. – H. Lotze: Metaphysik. Leipzig 1841. – H. Rickert: Unmittelbarkeit und Sinndeutung. Tübingen 1939. – M. Scheler: Der Formalismus in der Ethik und die materiale Wertethik. Bern [5]1954. – H. Schnädelbach: Philosophie in Deutschland 1831–1933.

Frankfurt 1983. S. 205 ff. – W. Windelband: Einleitung in die Philosophie. Tübingen 1914. PP

**Wertfreiheit.** Das Postulat der W. geht auf M. Weber zurück, der diese Position erstmalig 1909 im sog. ↗Werturteilsstreit mit Vehemenz artikulierte und deshalb gerade von Anhängern der »Frankfurter Schule« als Erzpositivist charakterisiert wurde. Bis heute hat das Prinzip der W. immer wieder Mißverständnisse provoziert. Das Postulat besagt zunächst nichts anderes, als daß Wissenschaft Erkenntnisse für Problemlösungen und Nebenfolgen (z. B. Zielkonflikte zwischen Ökologie und Ökonomie) gewinnen solle. Wissenschaft kann die Probleme nicht entscheiden, sondern nur entscheidungsfähig aufbereiten, indem sie empirische und theoretische Alternativen artikuliert. Die Entscheidungen selbst müssen Politiker und Beamte treffen, die dafür die politische Verantwortung übernehmen müssen. Seins- und Sollensaussagen müssen also strikt getrennt werden. W. meint in diesem Sinne dann auch die Unabhängigkeit der Wissenschaft, die sich nicht in politische Vorgaben einbinden läßt. Hinter dem erkenntnistheoretischen Prinzip der W. verbergen sich aber noch andere Motive: (1) So plädiert Weber rigoros dafür, daß jeder wissenschaftlich Lehrende wissenschaftliche Zusammenhänge ohne Werturteile darzulegen habe. Er verbindet dies mit der Aufforderung, daß der Lehrende sich »treubleiben« müsse, daß er sich nicht täuschen und auch seine Studenten nicht mit »ethisch richtigen« Weltanschauungsfragen täuschen solle. Weber meint deshalb, »daß von allen Arten der Prophetie die in diesem Sinne ›persönlich‹ gefärbte Professoren-Prophetie die einzige ganz und gar unerträgliche ist« (Weber, 1973, S. 492). (2) Wie von Hennis immer wieder herausgestellt wurde, bedeutet W. auch, daß Wissenschaft »voraussetzungslos« und »unbefangen« sein müsse, d. h. sie muß frei sein von politischen oder ökonomischen Normvorgaben. Weber wendet sich damit gegen die seinerzeit in Hörsälen häufig anzutreffende Instrumentalisierung der Wissenschaft für politische Zwecke; er wendet sich dagegen, daß politische Positionen, die mit nationalistischen, rassistischen, biologistischen oder ähnlichen Argumentationsmustern arbeiten, zu wissenschaftlichen Einsichten hochstilisiert werden. Er wendet sich gleichfalls dagegen, daß liberale und demokratische Positionen (insbesondere die sozialdemokratische Arbeiterbewegung) in Hörsälen verdammt und verurteilt werden. Insofern hat Weber sein Wertfreiheitspostulat auch als ein kämpferisches Plädoyer gegen die Instrumentalisierung der Wissenschaft durch einseitige reaktionäre »Kathederwertungen« verstanden wissen wollen. (3) Das Wertfreiheitspostulat gewinnt aber noch in einem weiteren Sinne seine tiefere Bedeutung. Weber greift nämlich ebenso in die seinerzeit häufig geführten lebensphilosophischen Debatten nach dem Sinn des Lebens ein. In Webers Augen könne Wissenschaft niemandem eine Lebensorientierung bieten, sondern immer nur deren »empirischen Entstehungsbedingungen, Chancen und erfahrungsgemäß praktischen Folgen« herausarbeiten. Wertfreie Wissenschaft besteht in der Analyse von unterschiedlichen (religiösen, ökonomischen, ethischen, sexuellen etc.) Lebensorientierungen, aber nicht in deren Bewertung. Webers Plädoyer für die W. ist eben kein »Erzpositivismus« oder ↗Dezionismus, sondern eher ein Ansinnen für wissenschaftliche Unbefangenheit und Offenheit, für Unabhängigkeit und Deutlichkeit der Alternativen – mit Sicherheit keine Verengung auf bloße Tatsachenfeststellung. **Lit.:** W. Hennis: Der Sinn der Wertfreiheit. Zu Anlaß und Motiven von Max Webers »Postulat«. In: O. W. Gabriel u. a. (Hg.): Der demokratische Verfassungsstaat. Theorie, Geschichte, Probleme. München 1993. S. 97–114. – M. Weber: Der Sinn der »Wertfreiheit« der soziologischen und ökonomischen Wissenschaften (1918). In: Gesammelte Aufsätze zur Wissenschaftslehre. Tübingen [4]1973. S. 489–540. RP

**Werttheorie.** Die W. befaßt sich in kritischer Absicht mit der Klärung dessen, was als Wert bzw. (Be-)Werten begründet aufgefaßt werden kann. Der Terminus Wert oszilliert seit jeher zwischen seiner Auffassung in wirtschaftlichem (merkantilem) und philosophischem (axiologischem, moralischem und ethischem) Sinn. Beiden Auffassungen ist gemein, daß ein Wert im Sinne eines ermangelten positiven »Gutes« begehrt und, sofern erreichbar, erstrebt wird. Dieses Begehren kann ein natürliches instinkthaftes Gefallen an, eine Vorliebe für etwas (und die Verachtung seines Gegenteils) sein oder ein »natürliches Verlangen nach Wissen« (Aristoteles). Wird das Wissen um seiner selbst willen erstrebt, gibt man damit zum Ausdruck, daß man es als wertvoll in sich, als primären Wert erachtet; erstrebt man es um etwas anderen willen, hält man es für nützlich, wertvoll um eines andern willen, für einen äußeren, sekundären Wert. – Diese Differenz ist bedeutsam für eine »Logik« der W. Analog der Unterscheidung von wahr (in sich)/falsch (in sich) in der Logik kann hier das Werturteil über etwas als wertvoll (in sich)/nicht wertvoll (in sich) vorgenommen werden. Das als in sich wertvoll Erkannte ist dann begründet seinem Gegenteil vorzuziehen; ebenso dem sekundären Wert. Auch im Alltag, wo reine Werte selten, relative Werte jedoch meist gegeben sind, wird die Last der abwägenden, gerechten (billigen) Bewertung bzw. Bevorzugung unter Berücksichtigung der konkreten Situation (Ort, Zeit, Umstände, Bedürfnisse) und merkantiler Einschätzungen (Gebrauchswert, Tauschwert, Preis, Nachfrage etc.) auferlegt. – Diese Auffassung der W., welche das konkrete Bedürfnis, dessen richtige Einschätzung und gerechte Vergeltung als das Maß der Werte darstellt (sog. »subjektive« oder »psychologische W.«), ist von Aristoteles eingeführt und nachhaltig beeinflußt worden. Demgegenüber nimmt eine sog. »objektive W.« ihren Ausgang von einer Ontologie der Werte, vom Wert der Güter. Sie betrachtet die innere Beschaffenheit der Objekte, den Wert des Seins überhaupt, ist am »Naturgesetz« als fixem Maßstab für das Wertgesetz orientiert; das subjektive Bedürfnis als variable Bewertungsgrundlage wird ausgeschaltet.

Die philosophische Frage nach der Erkennbarkeit und dem Status eines Wertes wird erneut diskutiert, nämlich, ob Werte in einer eigenständigen, vom Subjekt unabhängigen idealen hypostasierten Region (»Reich der Werte«) angesiedelt seien und ihre ideale Seinsweise und Geltung erschaut und aus ihr Sollensansprüche deduziert werden können, oder ob ein Wert menschlicher Erkenntnis qua Bedürfnis empirisch zugänglich wird, so daß er auch erstrebt und diesem gefühlten Mangel abgeholfen werden kann. – Mit dieser Frage ist nicht nur die Apriorität oder Aposteriorität von Werten und die der Priorität von Sein oder Bewußtsein gestellt, sondern auch nach einem Wert, Gut an sich, oder einem tatsächlich erreichbaren W., menschlichem Gut, als Teil des erstrebten Glücks (Eudaimonie). Wird letzteres bejaht, hält der Wert-Gedanke nicht vornehmlich bei seiner theoretischen Kontemplation und seinem Soll-Sein inne, sondern bezieht Überlegungen mit ein betreffend seiner praktischen Realisierung einschließlich der konkreten Bedingungen, unter denen ein Wert verwirklicht werden kann, der Richtigkeit des Strebens und der Wahl entsprechender Mittel, um ihn voll (angemessen, in gerechter Weise) zu erlangen und damit das zuvor bestehende Verlangen nach ihm zu befriedigen (diese Intention zu erfüllen); dies am besten dadurch, daß das praktisch Wertvollste, Vorzügliche das »Beste unter dem Erreichbaren«, das »praktisch zu Wollende«, das »jetzt Notwendige, … das absolut Gesollte« gewählt und realisiert wird (Brentano, Husserl; ähnlich schon Aristoteles). **Lit.:** Aristoteles: Nikomachische Ethik V, 8. – F. Brentano: Vom Ursprung sittlicher Erkenntnis (1889). Hamburg $^{5}$1969. – L. Brentano: Die Entwickelung der Wertlehre. München 1908. – Ch. v. Ehrenfels: Werttheorie (Philosophische Schriften 1). München 1982. – W. Grassl/B. Smith (Hg.): Austrian Philosophy and Social Thought. München 1983. – H. H. Gossen: Entwicklung des menschlichen Verkehrs und der daraus fließenden Regeln für menschliches Handeln (1853). Berlin $^{3}$1927. – E. Husserl: Vorlesungen über Ethik und Wertlehre. Hua Bd. 28. Den Haag 1988. – R. Kaulla: Die geschichtliche Entwicklung der modernen Werttheorien. Tübingen 1906. – O. Kraus: Die Werttheorien. Geschichte und Kritik. Brünn 1937. – A. Meinong: Abhandlungen zur Werttheorie (Gesamtausgabe Bd. 3). Graz 1968. – C. Menger: Grundsätze der Volkswirtschaftslehre. Wien 1871. – M. Scheler: Der Formalismus in der Ethik und die materiale Wertethik (Ges. Werke. Bd. 2). Bern $^{5}$1966. – F. v. Wieser: Theorie der gesellschaftlichen Wirtschaft. Tübingen $^{2}$1923. – The Journal of Value Inquiry. WB

**Werturteilsstreit,** jene Auseinandersetzung, die auf der Wiener Tagung 1909 des »Vereins für Sozialpolitik« ausgetragen wurde. Der Streit entzündete sich zunächst an Äußerungen des Nationalökonomen E. v. Philippovich, der in seinem Tagungsvortrag »Das Wesen der volkswirtschaftlichen Produktivität« den Volkswohlstand als obersten Wert definierte. M. Weber, W. Sombart und G. v. Ottlilienfeld kritisierten vehement die Unbrauchbarkeit dieses Begriffes, weil hierbei keine deutliche Trennung zwischen Tatsachenfeststellung und Tatsachenbewertung festzustellen ist. Der »rechte Flügel« des Vereins (insb. v. Philippovich, Wagner, Spann, v. Wiese u. a.) betonte dagegen, daß die Aufgabe des »Vereins für Sozialpolitik« darin bestehen müßte, Stellungnahmen zu sozialpolitischen Themen abzugeben. Bekanntlich hat Weber das Postulat der Wertfreiheit generell auf wissenschaftliche Tätigkeit erweitert und empirische Soziologie als wertfreie Wissenschaft verstanden, auch damit sie sich im Lehrbetrieb etablieren könne. Auf zwei weiteren Tagungen (1912 und 1914) des »Vereins für Sozialpolitik« wurden nochmals Positionen zur Wertfreiheit artikuliert. Ein methodologisches Einverständnis kam jedoch auch hier nicht zustande. Der ganze Streit wurde in diesen Jahren ebenso in der »Deutschen Gesellschaft für Soziologie« geführt, an deren Gründung 1909 Weber entscheidenden Anteil hatte. Nachdem Weber sich auch dort nicht mit seinem Postulat der Wertfreiheit durchsetzen konnte, kehrte er der »Gesellschaft« 1913 enttäuscht den Rücken. **Lit.:** H. Albert/E. Topitsch (Hg.): Werturteilsstreit. Darmstadt 1979. – H. Keuth: Wissenschaft und Werturteil. Zu Werturteilsdiskussion und Positivismusstreit. Tübingen 1989. RP

**Wesen** (griech. ↗ousia, lat. essentia). Der Begriff besitzt in der Philosophie keine festumrissene Bedeutung. Er wurde durch Meister Eckhart in die dt. philosophische Terminologie als Übersetzung für ↗essentia eingeführt und bedeutet, entsprechend dem althochdt. wesan, sein, das Beständige, Bleibende gegenüber dem Veränderlichen. Die abendländische Metaphysik versteht unter W. zunächst das nur geistig faßbare typische Wassein eines Seienden, seine Grundgestalt oder ↗Form (griech. eidos, lat. species). Als korrelativer Begriff bezeichnet W. das Identisch-Bleibende im Gegensatz zur Mannigfaltigkeit der ständig wechselnden Erscheinungen und hebt damit hervor, was als notwendig und überindividuell-allgemein in einem Seienden liegt, im Gegensatz zur Vielheit der zufälligen Bestimmungen. Als wahrhaftes oder eigentliches Sein der Dinge bringt das W. die Erscheinungen hervor, trägt sie und macht sie verständlich. Das W. wird deshalb auch als dem Seienden zugrunde liegend (↗Hypokeimenon, ↗Substrat, ↗Substanz) gedacht. Man unterscheidet zwischen Eigenschaften, die einem Seienden ↗wesentlich, essentiell sind, und unwesentlichen, ↗akzidentiellen Eigenschaften. – Weiterhin versteht man unter dem W. eines Seienden etwas, das erst noch verwirklicht werden muß. Das Bleibende besteht dann nicht in einer Anzahl von festen Eigenschaften, sondern in einer Tendenz bzw. Disposition (↗Teleologie, ↗dynamis/energeia). Als Zweck betrachtet kommt dem W. die Bedeutung einer immanenten Norm zu, an der das Einzelseiende gemessen wird. – Die scholastische Philosophie unterscheidet das W. oder die Wesenheit als Sosein oder Essenz vom Dasein oder der ↗Existenz. Das Dasein antwortet auf die Frage, *ob* ein Sei-

endes ist, das Sosein oder W. auf die Frage, *was* ein Seiendes ist. Von daher wird das W. auch als Washeit (lat. quidditas) bezeichnet. Beim endlichen Seienden beinhaltet es eine feste, ewige Möglichkeit (potentia) für die Existenz als dem Prinzip der Wesensverwirklichung (↗actus/potentia). – Heidegger, dessen Philosophie sich vom Gegensatz W. und Dasein unabhängig macht, bezeichnet die abendländische Philosophie seit Platon als Wesensphilosophie. Dies nicht, weil sie das Prinzip der Existenz vernachlässigt, sondern vielmehr, weil sie bei der Betrachtung des W.s und seines Unterschieds zum Seienden das ↗Sein vergessen habe. Für Heidegger fallen W. und Dasein zusammen: »Das Wesen des Daseins liegt in seiner Existenz« (*Sein und Zeit* § 9). – Schließlich wird W. im Sinne von Seiendem, z.B. »dieses lebende W.«, oder als Sammelbezeichnung, z.B. »Schulwesen«, verwendet.
Während Platon die Wesenserkenntnis als Anamnese der von den Einzeldingen getrennten ewigen, unveränderlichen ↗Ideen bestimmt, liegt für Aristoteles das W. in den Einzeldingen selbst, aus denen der allgemeine Wesensbegriff durch Abstraktion gewonnen wird. Auch Thomas v. Aquin erklärt die Wesenserkenntnis durch Abstraktion. Sie geschieht kraft des natürlichen Lichts, das es ermöglicht, das W. der Einzeldinge zu erfassen. Der ↗Empirismus hält eine Erkenntnis unabhängig von den Sinnen für unmöglich, weshalb er das W. für unerkennbar bzw. für die Erfahrung folgenlos bestimmt. Im 20. Jh. geht die von Husserl entwickelte ↗Phänomenologie wieder von einer Wesenserkenntnis aus. Das W. zeigt sich in der Wesensschau oder Ideation. ↗Positivismus und Neupositivismus fragen nicht nach dem W. eines Seienden. Ihnen geht es allein um die Erscheinungen und ihre Bedingungszusammenhänge. Der Positivist M. Schlick z.B. leugnet eine Trennung der Faktenwelt von der Wesenssphäre, mit der Begründung, es gebe nur eine Wirklichkeit. **Lit.:** Aristoteles: Metaphysik VII. – D.H. Degrood: Philosophy of Essence. Groningen 1970. – K. Flasch: Wesen. In: Handbuch philosophischer Grundbegriffe. Bd. 6. München 1974. – E. Gilson. L'etre et l'essence. Paris 1948. – M. Heidegger. Sein und Zeit. Tübingen [15]1979. – E. Husserl: Ideen zu einer reinen Phänomenologie und phänomenologischen Philosophie. Hua III/1. – Thomas v. Aquin: De ente et essentia. – E. Tugendhat: Ti kata tinos. Freiburg/München [3]1982. – J. de Vries: Grundbegriffe der Scholastik. Darmstadt 1980. TH

**Wesensschau,** (1) im engeren Sinne die von Husserl und der ↗Phänomenologie beanspruchte besondere Art der geistigen ↗Anschauung, die in einem direkten intuitiven Erfassen des Wesens (↗Eidos), d.h. der unveränderlichen und unabdingbaren Eigenschaften eines Erkenntnisgegenstandes in seiner phänomenalen Gegebenheit besteht. Zur Ermöglichung der W. muß von Behauptungen über die Umstände des Wahrnehmungsaktes, insbesondere von Urteilen über die tatsächliche Existenz des Wahrnehmungsobjekts methodisch abgesehen werden (eidetische ↗Reduktion); durch faktische oder gedankliche ↗eidetische Variation des Wahrnehmungsaktes kann das Wesensmäßige im Unterschied zum Zufällig-Umstandsgebundenen erkannt werden. Wahrheitskriterium für die W. ist ↗Evidenz, die klare und deutliche (↗clare et distincte), »originäre« Gegebenheit des Wesens. Husserl anerkennt, daß gelingende W. eine Idealisierung ist und daß ihre Aussichten auf verschiedenen Gebieten unterschiedlich sind (»Wesenswissenschaften« sind in erster Linie Logik, Mathematik und phänomenologisch betriebene Philosophie). Kritiker weisen jedoch auf die problematische Zwischenstellung der W. zwischen empirischer Anschauung und logischer Bedeutungsanalyse sowie auf das Intersubjektivitätsproblem bezüglich W. und Evidenz hin. Letzteres wird umso gravierender, je weiter der behauptete Anwendungsbereich der W. ausgedehnt wird, insbesondere in den Bereich der Werterkenntnis. (2) Im weiteren Sinne, aber häufig mißverständlich, wird von W. mitunter auch bei der Darstellung sonstiger erkenntnistheoretischer Positionen, die mit der Möglichkeit einer Wesenserkenntnis rechnen, gesprochen. Etwa deutet Platon Wesenserkenntnis als Wiedererinnerung an das von der präexistenten Seele geschaute Urbild, und nach Aristoteles und Thomas v. A. abstrahiert der Verstand (↗Nous) aus den sinnlich faßbaren Gehalten Wesenszüge des Wahrgenommenen. **Lit.:** E. Husserl: Ideen zu einer reinen Phänomenologie und phänomenologischen Philosophie I. Halle 1913. – E. Levinas: Théorie de l'intuition dans la phénoménologie de Husserl. Paris 1963. – W. Stegmüller: Hauptströmungen der Gegenwartsphilosophie, Bd. 1. Stuttgart [7]1989. – C. Thiel: Wesensschau. In: Enzyklopädie Philosophie und Wissenschaftstheorie, Bd. 4. Stuttgart/Weimar 1996. S. 675f. (Lit.). WL

**Wesentlich.** W. oder zum ↗Wesen gehörend ist das, was ein Seiendes konstituiert, in seiner Eigenart bestimmt und was als notwendig zu ihm gehörend seinen Begriff ausmacht. Man unterscheidet zwischen wesentlichen, essentiellen Eigenschaften, also solchen Eigenschaften, die ein Seiendes nicht verlieren kann, ohne aufzuhören, es selbst zu sein, und unwesentlichen, akzidentiellen Eigenschaften, also solchen Eigenschaften, die den Bestand eines Seienden nicht weiter berühren. TH

**Widerlegungsregel,** auch inverser hypothetischer Syllogismus oder modus tollens, eine Regel der formalen Logik bzw. des Schließens, die als gültige Folgerung bestimmt: Wenn eine Wenn-dann-Aussage (Implikation) gegeben ist und gleichzeitig die Negation des dann-Teils der Implikation, dann kann die Negation des wenn-Teils gefolgert werden. D.h. würde in einem ersten Satz »wenn A, dann B« das Urteil A gelten, dann würde gemäß der Voraussetzung auch das Urteil B gelten. Die Geltung von B widerspricht aber der zweiten Aussage, daher gilt A als widerlegt bzw. es gilt non-A; z.B.: (1) wenn A, dann B, (2) non-B ist gegeben, daraus folgt non-A; oder: (1) wenn non-A, dann B, 2. non-B ist gegeben, daraus folgt A; oder: 1. wenn

A, dann non-B, (2) B ist gegeben, daraus folgt non-A; oder (1) wenn non-A, dann non-B, (2) B ist gegeben, daraus folgt A. PP

**Widerspiegelungstheorie,** die erkenntnistheoretische Behauptung, daß die menschliche Erkenntnis die ideelle Widerspiegelung bzw. Abbildung einer außerhalb und unabhängig vom Bewußtsein vorhandenen, objektiven Realität sei. Die vielfältige Verwendung der Termini »Widerspiegelung« bzw. »Abbild« seit der Antike läßt in der Fundamentalkritik R. Rortys die W. zum Charakteristikum nahezu der ganzen bisherigen Philosophie werden. Im engeren Sinne ist W. Schlagwort einer »marxistisch-leninistischen Erkenntnistheorie«, die sich auf W. I. Lenins *Materialismus und Empiriokritizismus* (1909) beruft. Die Kanonisierung dieser Schrift erfolgte in der Sowjetunion seit dem Ende der 20er Jahre in der Auseinandersetzung um die »Leninsche Etappe« in der Philosophie, wobei Lenins metaphorischer Gebrauch von »Widerspiegelung« bzw. »Abbild« unabhängig vom polemischen Kontext systematisiert wurde. ↗Abbildtheorie. **Lit.:** A. Arndt: Lenin – Politik und Philosophie. Bochum 1982. – W. I. Lenin: Materialismus und Empiriokritizismus (Werke, Bd. 14). Berlin 1962. – T. Pawlow: Die Widerspiegelungstheorie. Berlin 1973 (russ. 1936). – R. Rorty: Der Spiegel der Natur. Eine Kritik der Philosophie. Frankfurt 1981. AA

**Widerspruch, Satz vom zu vermeidenden,** auch Satz vom ausgeschlossenen W., zählt neben dem Satz von der Identität, dem Satz vom ausgeschlossenen Dritten und dem Satz der Kontravalenz zu den elementaren Gesetzen der Logik. Er gilt bei Aristoteles als das oberste und sicherste Prinzip allen Beweisens. Er wird durch das Argument begründet: Jedem Gesprächspartner, sofern er nur in der Diskussion standhält, kann man zeigen, daß er weder etwas behaupten noch etwas bestreiten kann, wenn er diesem Prinzip zuwiderhandeln sollte. D.h. für die Möglichkeit einer sinnvollen Rede ist es Voraussetzung, daß nicht gleichzeitig bezüglich desselben Sachverhalts zwei sich (nach wahr-falsch) widersprechende Aussagen gemacht werden. Der Satz vom zu vermeidenden W. gilt bei Leibniz als oberstes Prinzip der Formalwissenschaft (d.i. Logik und Mathematik). **Lit.:** Aristoteles: Metaphysik, 1006 a 11 ff., 1006 a 23 ff., 1008 a, 1062 b 6 ff., 1063 b 7 ff. PP

**Widerspruchsfreiheit.** Ein Logikkalkül ist für eine vorgegebene Objektsprache genau dann semantisch widerspruchsfrei oder korrekt, wenn er nur logische Folgerungen ableitet und damit nur logische Wahrheiten beweist, wenn seine Regeln also nicht von Wahrem zu Falschem führen können. PP

**Widerstand.** Im Sinne des Trägheitsprinzips der Newtonschen Mechanik kann W. in übertragener Redeweise verstanden werden als die Eigenschaft eines Körpers, auf ein externes physikalisches Agens, das mit einer best. Kraft auf ihn einwirkt, mit einer proportionalen Gegenkraft in umgekehrter Richtung zurückzuwirken. Newton hat in seinen *Principia philosophia naturalis* zwei distinkte Kräfte oder Wirkungen (vis) angenommen; eine externe Kraft – vis impressa – (Definition IV zu Axiom I), die zur Veränderung des Zustandes eines Körpers führt, und eine jedem Körper immante »Trägheitskraft« – vis inertiae – (Def. III), die jeder Veränderung entgegenwirkt. Der Sache nach ist diese Trägheitskraft für Newton identisch mit dem Axiom der Trägheit der Materie (erstes Newtonsches Axiom), wonach jeder Körper ohne äußere Einwirkung im Zustand der Ruhe oder der gleichförmigen, geradlinigen Bewegung verharrt. Als Vermögen der Körper aufgrund der »vis inertia« im physikalischen Sinne zu »widerstreben« ist W. bei Newton daher ein Definiens des Trägheitsaxioms, das sich im W. gegen eine physikalische Zustandsänderung manifestiert. **Lit.:** E. J. Dijksterhuis: Die Mechanisierung des Weltbildes. Berlin u. a. 1956. S. 518 ff. – J. Herivel: The Background to Newtons Principia. Oxford 1965. JH

**Widerstandsrecht,** stellt ein Abwehrrecht des Bürgers gegenüber der Staatsgewalt dar. Mittels W. sollen im konkreten wie strukturellen Fall Fehlfunktionen der Staatsgewalt kompensiert bzw. die herkömmliche Rechtsgrundlage wiederhergestellt werden. Die Anwendungsmöglichkeiten des W. zeichnen sich durch passive, aktive, gewaltlose wie gewaltsame Formen aus. – Klassischer Topos für die Begründung des W. ist seit der Antike die Tyrannenherrschaft. Als legitime Rechtshandlung ist der Tyrannenmord vor allem auf der Grundlage des christlichen ↗Naturrechts seit dem MA. (Thomas v. Aquin) ein normatives Credo gegenüber Fehlbestimmungen des ↗Rechtspositivismus. Nachdem das W. im Deutschen Bauernkrieg (1525) politisch relevant war (Th. Müntzer), ist es später theoretisch in der monarchomachischen Literatur u. a. bei J. Althusius ausformuliert worden. Allerdings sind die Konnotationen des W. bis zur Aufklärung nicht individualistisch, sondern korporativ fixiert. Insofern ergibt sich erst auf der Basis des modernen Naturrechts der universale zivilrechtliche Anspruch, wie er sich im 20. Jh. u. a. bei Gandhi, Martin L. King und vertragstheoretisch bei J. Rawls findet. **Lit.:** A. Kaufmann: Vom Ungehorsam gegen die Obrigkeit. Heidelberg 1991. – Thomas v. Aquin: Über die Herrschaft der Fürsten. Stuttgart 1987. PN

**Wiedererinnerung** ↗Anamnesis

**Wiederholung.** Der Begriff reflektiert bei Kierkegaard das Problem der Kontinuität im Prozeß des Selbstwerdens. Soll der einzelne im Verlauf dieses Prozesses er selbst und nicht ein anderer werden, ist die Weise entscheidend, wie das Selbst seine Vergangenheit und Zukunft in die Einheit seines gegenwärtigen Vollzuges hineinnimmt. Erinnerung und W. sind zwei von Kierkegard unterschiedenen Weisen dieser bewußten Hineinnahme. Während die Erinnerung im Vergangenen als Vergangenem verbleibt, bedeutet die W. das Hineinnehmen des Vergangenen in die Gegenwart, um es von da in den auf die Zukunft zielenden Entwurf mithinüberzutragen. Die W. ermöglicht so die Kontinuität der Existenz, ohne die sie sich gleichsam in Einzelbegebenheiten zersplittern würde. In ihr bindet sich das Selbst an seine Geschichte, aber so, daß es diese entschieden auf die Gegenwart und den ihr innewohnenden Entwurf auf die Zukunft hin bezieht. W. bedeutet daher nicht »das Gleiche nochmal«, weil das Hineinnehmen in die neue Gegenwart dem Wieder-geholten eine neue Qualität in bezug auf den Existenzentwurf gibt. – Bei Heidegger findet sich der Begriff W. in der Analytik der Zeitlichkeit des Daseins. In der »vorlaufenden Entschlossenheit« (Zukunft), mit der sich das Dasein auf sein Seinkönnen hin entwirft, kommt es auf sein eigenstes Selbst zurück. »Im Vorlaufen holt sich das Dasein wieder in das eigenste Seinkönnen vor. Das eigentliche Gewesen-sein nennen wir die Wiederholung« (*Sein und Zeit*, § 68). Demgegenüber gründet das uneigentliche Sichentwerfen auf dem Vergessen des eigenen Seinkönnens. **Lit.:** V. Guarda: Die Wiederholung. Königstein 1980. FPB

**Wiener Kreis,** Name für einen philosophischen Gesprächskreis, der sich in den 1920er Jahren in Wien um M. Schlick bildete und sich im Zuge gemeinsamer Kongresse und wissenschaftlicher Tagungen zu einer philosophischen Schule entwickelte. Ihm gehörten neben Schlick G. Bergmann, R. Carnap, H. Feigl, Ph. Frank, K. Gödel, H. Hahn, V. Kraft, K. Menger, M. Natkin, O. Neurath, O. Hahn-Neurath, Th. Radakovic, F. Waismann, E. Zilsel an. Neben den Mitgliedern der Berliner Gesellschaft für empirische Philosophie wie W. Dubislav, K. Grelling, H. Reichenbach vertraten auch noch A. A. Ayer, C. G. Hempel, J. Jörgensen eine mit dem W. K. übereinstimmende philosophische Position. – Als eigenständige Gruppe trat der W. K. zum ersten Mal bei der Tagung der Deutschen Physikalischen Gesellschaft und der Deutschen Mathematiker Vereinigung im September 1929 in Prag auf. Im Anschluß daran folgten eigene Tagungen (1930 Königsberg, 1934 Prag, 1935 Paris, 1936 Kopenhagen, 1937 Paris, 1938 Cambridge/England), die thematisch auf die Erkenntnislehre der exakten Wissenschaften und die Einheit der Wissenschaft ausgerichtet waren. Die philosophische Position des W. K. wird mit unterschiedlichen Bezeichnungen belegt: Logischer Positivismus, Wissenschaftlicher Empirismus, Analytische Philosophie, Wissenschaftliche Philosophie, Logischer Empirismus. ↗Logischer Empirismus. **Lit.:** R. Carnap/H. Hahn/O. Neurath: Wissenschaftliche Weltauffassung – der Wiener Kreis. Wien 1929. – V. Kraft: Der Wiener Kreis – Der Ursprung des Neopositivismus. Wien 1968. – M. Schlick: Die Wende der Philosophie. In: Gesammelte Aufsätze. Hildesheim 1969. S. 31–39. – W. Stegmüller: Hauptströmungen der Gegenwartsphilosophie. Stuttgart $^{4}$1969. S. 346–428. PP

**Wille.** Neben dem Erkennen wird der W. bzw. das Wollen in der Tradition der Philosophie zu den Grundweisen der geistigen Betätigung des Menschen gerechnet. In der gegenwärtigen Diskussion steht die ethische Bedeutung des W.ns im Vordergrund. Der W. zeichnet den Menschen als ein freies Wesen aus, das nicht naturhaft determiniert ist. Nur aufgrund eines freien W.ns kann ihm Verantwortung für seine Entscheidungen und Handlungen zugeschrieben werden. Dadurch erhält der W. den Stellenwert einer notwendigen Voraussetzung für die Möglichkeit sittlichen Handelns. Bei Kant zeigt sich der W. in dem Vermögen, sich frei von den Antrieben der Sinnlichkeit oder den sozialen Zwängen bestimmen zu können. Charakteristisch für den Menschen ist seine Fähigkeit, von seinen Neigungen und Trieben Abstand nehmen und sie einer eigenen Beurteilung unterziehen zu können. Der W. wird bei Kant als ein Vermögen gedacht, der Vorstellung gewisser Gesetze gemäß sich selbst zum Handeln zu bestimmen (*GMS* 427). Der W. zeichnet sich durch die vernünftige Selbstbestimmung aus. – Die Diskussion über den Stellenwert des W.s konzentriert sich im wesentlichen auf zwei Aspekte: (1) Kommt dem Menschen mit seinen Naturanlagen, Neigungen und Trieben tatsächlich eine solche Freiheit des W.ns zu? (2) Kommt dem W.n der Status einer selbständigen Substanz zu? Die erste Frage, die auch Kants Auffassung betrifft, wurde von Descartes durch die Annahme zweier Substanzen, nämlich Geist und Körper, beantwortet: Nur die Naturseite des Menschen könne der Determination unterliegen, dagegen ist er als Vernunftwesen frei, sich selbst zu bestimmen. Die Gegenposition dazu wird durch Hobbes' Annahme markiert, daß der Mensch durch seine Leidenschaften bestimmt sei und die letzte Neigung oder Abneigung, die unmittelbar mit der Handlung oder Unterlassung zusammenhängt, als W. bezeichnet werden könne. W. ist deshalb die Neigung, die beim Überlegen am Schluß überwiegt (*Leviathan* Kap. 6). Der Status einer selbständigen Substanz wird u. a. durch die sprachanalytischen Untersuchungen von Ryle bestritten (↗Philosophie der normalen Sprache). Ein solches Substanzenmodell unterstellt seiner Ansicht nach, daß der W. als Ursache und das Wollen als Handlung zu begreifen sei. Seine Kritik an dieser Auffassung begründet er durch den Nachweis, daß man Willensakte nicht durch Tätigkeitsverben beschreiben kann, weshalb das Ursache-Handlungs-Modell als sprachlich sinnlose Konstruktion auszuscheiden ist. Der Begriff W. ist dann als Aspekt des menschlichen Handelns zu verstehen, nämlich willentlich bzw. absichtlich eine Tätigkeit zu vollziehen. **Lit.:** Aristoteles: Nikomachische Ethik. Kap. III. – R. Descartes: Meditationen über die Erste Philosophie. 4. Meditation. – Th. Hobbes: Leviathan.- I. Kant: Grundlegung zur Metaphysik der Sitten. Akad.-Ausg. S. 412 ff. – G. Ryle: Der Begriff des Geistes. Stuttgart 1969. Kap 3. – A. Schöpf: Wille. In: Handbuch philosophischer Grundbegriffe Bd. 6. Hg. v. H. Krings/H. M. Baumgartner/Ch. Wild. München 1974. PP

**Wille zur Macht,** in Nietzsches Spätwerk dionysische Urkraft und Antrieb des »Rad des Seins« (*Also sprach Zarathustra*. 3. Teil, Der Genesende). Er wirkt im Menschen und in der Welt als Grundstruktur alles Werdens und Vergehens zum Zweck der Selbsterhaltung und Selbststeigerung. Beim Menschen entfaltet sich der W. z. M., den es nur im Vollzug gibt, in der Bejahung der Kreisläufe von Leben und Tod, Lust und Schmerz. Nur durch emphatisches Vorantreiben aller natürlichen Zyklen kann der ↗»Übermensch«, das Ziel der Menschheit, hervorgebracht werden. Wird dem W. z. M. kein freier Lauf gelassen, zeigt sich seine Ambivalenz: Es kommt zur Sublimierung von sonst natürlichen menschlichen Affekten und Trieben wie Freude, Aggression, Kreativität. Sie wenden sich einerseits selbstzerstörerisch nach innen, anderseits erzeugen sie ein ↗Ressentiment gegen den anderen. Daher sind für Nietzsche das christliche Moralsystem (↗Herrenmoral/Sklavenmoral) sowie die abendländische »theoretische« Kultur Folgen des Wirkens des W. z. M. KS

**Willensfreiheit.** Für die W. ist die Freiheit von inneren Fremdbestimmungen von Bedeutung. Dazu zählen solche inneren Motivationen wie Leidenschaften, Affekte, Triebe, die den Menschen gleichsam fortreißen, oder Neigungen, die ihn zu bestimmten Handlungen veranlassen. Von solchen Formen des Strebens hebt sich jene des Willens ab. Für diesen ist das Ziel ausdrücklich gewußt und aus Freiheit intendiert. Charakteristisch für die W. ist nun, daß die Willensintention aus dem Menschen selbst entspringt. Auch wenn sich das Wollen des Menschen auf äußere Ziele richtet, so wird es zum Willensziel erst dadurch, daß der Mensch es sich ausdrücklich als von ihm selbst intendiert zueigen macht. Für die Theorie der W. ist es maßgeblich, daß der Wille hinsichtlich seines Ursprungs als reine Selbsttätigkeit verstanden wird. Er stellt ein bewußtes Streben nach einem Ziel dar, das in der Spontaneität des Menschen seinen Ursprung hat. Nur insofern das wollende Ich sich selbst bestimmt, kann von W. die Rede sein. Die Willensfreiheit kann in zweierlei Hinsicht als Wahlfreiheit verstanden werden: entweder in dem grundsätzlichen Sinne, daß man überhaupt eine Handlung wählen kann (libertas specificationis), oder in dem Sinne, daß man eine Handlung auch unterlassen kann (libertas executionis). ↗Wille, ↗Handlungsfreiheit. **Lit.:** W. Weischedel: Skeptische Ethik. Frankfurt 1976. S. 124 ff. PP

**Willkür.** (1) Im Kontext der Ethik wird W. zunächst allgemein als freier und ungebundener Wille bezeichnet. Kant hat eine Differenzierung ins Spiel gebracht zwischen einer W., die durch die sinnliche Affizierung angetrieben ist (»pathologisch necessitiert«, *KrV* A 534), und einer W., dem ein Vermögen des Menschen innewohnt, sich unabhängig von der Nötigung durch sinnliche Antriebe selbst zu bestimmen. Letztere ist der vernünftige Wille des Menschen. (2) In sozialphilosophischem Kontext bedeutet W. zum einen eine Handlungsweise, für die charakteristisch ist, daß ihre keine intersubjektive Regel und keine subjektiv und intersubjektiv verbindlichen, über eine konkrete Situation hinausreichenden Normen zugrundeliegen, d. h. die Handlungsweise ist beliebig. Zum anderen wird eine Handlungsweise als W. bezeichnet, wenn der Betroffene in einem Abhängigkeitsverhältnis zum Handelnden steht und der Handelnde sein Verhalten weder nach allgemeinen Regeln ausrichtet noch sein Verhalten gegenüber dem Betroffenen zu begründen beabsichtigt. PP

**Wirkung,** steht durch das Prinzip der ↗Kausalität in Relation zur ↗Ursache. Aristoteles führt die allem Seienden innewohnende Bewegung, das Streben von der Möglichkeit zur Wirklichkeit, auf Gott – der erste unbewegte Beweger – als oberste Wirkursache (causa efficiens) zurück. Unsere Erkenntnis ist nach Aristoteles gebunden an das dem Sein nach Spätere, von dem durch Denken zu dem dem Sein nach Früheren, zur ersten Ursache (causa prima), übergegangen werden soll. Diese Überzeugung kennzeichnet auch den kosmologischen Gottesbeweis Thomas von Aquins: Das Sein Gottes offenbart sich dem menschlichen Erkennen durch seine W.en in der Welt, insofern Gott innere Ermöglichung der weltlichen Dinge ist und im Ausgang von seinen W.en bewiesen werden kann. Kant lehnt eine solche Rückführung der W. auf eine notwendig existierende erste Ursache ab: Das Prinzip der Kausalität ist ein bloßes Wissen der ↗Erscheinung, das als synthetische Erkenntnis a priori nur dadurch gedacht werden kann, daß es die formale Bedingung einer möglichen Erfahrung ausdrückt, nicht aber das Dasein der Dinge oder die – über die mögliche Erfahrung hinausgehende – Notwendigkeit des göttlichen Seins. Hegel zufolge sind Ursache und W. unterschieden und identisch zugleich: Die Ursache ist nur Ursache, insofern sie eine W. hat – und die W. ist nur W., insofern sie eine Ursache hat. »Ursache und W. sind somit ein und derselbe Inhalt, und der Unterschied derselben ist zunächst nur der des Setzens und des Gesetztseins, welcher Formunterschied sich dann aber auch ebenso wieder aufhebt…« (*Logik*. Bd. 1. Frankfurt 1986. S. 299). **Lit.:** W. Stegmüller: Zur Frage der kausalen Notwendigkeit. München 1982. HPS

**Wirtschaft,** die Gesamtheit aller Einrichtungen und Maßnahmen, die sich auf die Produktion und den Konsum knapper Güter beziehen. Der Mensch mit seinen potentiell unbegrenzten Bedürfnissen und knappen Mitteln ist Subjekt und Objekt des Wirtschaftens. Wirtschaften begreift sich als vernünftiges Handeln, das Mittel nach vorgegebenen Zielen organisiert (der homo oeconomicus der Neoklassik als anthropologische Grundannahme, die instrumentelle und ökonomische Rationalität weitgehend identifiziert). Es schafft Nutzenwerte, insbesondere in der Produktion als Umwandlung von Gütern durch menschliche Arbeit. Arbeit und wirtschaftliches Handeln läßt sich neben der instrumentell-zweckrationalen Komponente auch als Kooperation und Interaktion verstehen, insbesondere in der modernen Form des Wirtschaftens, das durch Arbeitsteilung charakterisiert ist. Instrumentelle Rationalität und praktische Vernunft greifen hier ineinander. Geld ist das Steuerungsmittel einer Markwirtschaft, in der jeder einzelne anders als in autoritär gelenkten W.en darüber selbst entscheidet, welche Bedürfnisse er befriedigt und welche nicht. Im Sinne eines Selbstorganisationsprozesses gestaltet sich der wirtschaftliche Kreislauf über Haushalte, Unternehmen, den Staat und das Ausland. Entscheidend für die Freiheit ökonomischen Handelns und die Art der Organisation der W. ist die Wirtschaftsordnung. Die Extreme sind Individualismus (die reine Marktwirtschaft) und Kollektivismus (die Zentralverwaltungswirtschaft), wobei es eine Reihe von Mischformen gibt. Ökonomisches Handeln ist abhängig von Rahmenbedingungen, die Produktion und Konsum lenken und durch die Wirtschaftspolitik gerade im Hinblick auf die Folgen des Wirtschaftens (für die Menschen, die Gesellschaft und die Natur) gesetzt werden müssen. Ökonomisches Handeln erzeugt aber auch ein Verteilungsproblem durch unterschiedliche Zugangschancen zum Produzierten. Die Sozialpolitik mildert nach dem Wohlfahrtsstaatsprinzip die Folgen ökonomischer Konkurrenz durch Verwirklichung von sozialer Gerechtigkeit und Fürsorge für die ökonomisch Schwächeren. **Lit.:** P. Ulrich: Transformation der ökonomischen Vernunft. Bern/Stuttgart [2]1987. – A. Woll: Allgemeine Volkswirtschaftslehre. München [10]1990. BI

**Wirtschaftsethik,** wurde durch viele Probleme des ökonomischen Systems und Handelns von der individuellen Ebene bis hin zur Weltwirtschaftsordnung auf den Plan gerufen, kann aber als Theorie oder als angewandte Ethik mit Praxisbezug konzipiert werden. Für W. gibt es drei Ansatzmöglichkeiten. Modell (1) geht von einer Dominanz der Ethik über die Ökonomie aus. Dieser Typ leitet Normen häufig aus dem ↗Naturrecht (Bedürfniswesen Mensch) oder aus dem Kategorischen ↗Imperativ ab. Modell (2) entwickelt W. aus dem ökonomischen Rationalitätsbegriff oder möchte normative Grundlagen der Wirtschaftswissenschaften erhellen (Dominanz der Ökonomie). Drittens gibt es Interdependenzkonzepte. Diese basieren auf der wechselseitigen Kritik und Limitierung von Ökonomie und Ethik und setzen eine Theorie der Interdisziplinarität voraus. W. bezieht ihre Legitimität aus den Folgen ökonomischen Handelns (↗Wirtschaft) auf Mensch und Natur. Ökonomisches Handeln wird inkonsistent, wenn es um des kurzfristigen Erfolges willen die eigenen Grundlagen langfristig zerstört. Dies ist dort der Fall, wo Ökonomie die Handlungsfreiheit der Menschen wie die natürlichen Ressourcen aufzehrt. W. muß angesichts des hochkomplexen Systems Wirtschaft auf unterschiedlichen Ebenen ansetzen. Die erste Ebene stellt das handelnde Subjekt in den Mittelpunkt. Hier ist W. Konsumenten-, Arbeitnehmer- oder Unternehmerethik. Auch in der Meso- und Makroebene, bei Institutionen, Organisationen und Systemen z.B. bei Unternehmen sollte W. helfen, Handlungsspielräume richtig einzuschätzen und Alternativen aufzuzeigen sowie die Entscheidungen an ihren langfristigen Folgen nach inviduellen, nationalen und internationalen Gerechtigkeits-, Nützlichkeits-, Sozialverträglichkeits-, Humanverträglichkeits- und Umweltverträglichkeitsgesichtspunkten zu bewerten. **Lit.:** K. Homann/F. Blome-Drees: Wirtschafts- und Unternehmensethik. Göttingen 1992. – H. Steinmann/A. Löhr (Hg.): Unternehmensethik. Stuttgart 1989. BI

**Wissen,** bezeichnet einen Erkenntniszustand allgemeiner intersubjektiv-vermittelbarer Sicherheit bzgl. der Kenntnis einzelner Gegenstände oder prozessualer Vorgänge. W. wird abgegrenzt von Erfahrung, Erkenntnis, Gewißheit, Empfinden, Meinen und Glauben. Die in der Wissenschaft zusammengefaßten Kenntnisse sind nach Aristoteles W. (*an. post.* 72 b5, *an. pr.* 67 a1 ff). Nur wer etwas beweisen kann, hat W. W. ist deshalb notwendig (*an. post.* 73 a22). Wissenserwerb beruht auf der in »höherem Grade« bestehenden Kenntnis der Prinzipien und dem größeren Glauben an die Prinzipien als an das zu Beweisende (*an. post.* 72 b1 ff). W. von Gegenständen haben wir durch diesen »Besitz des allgemeinen und des besonderen Wissens« oder direkt durch Wahrnehmung als »aktuelles, wirkliches Wissen« (*an. pr.* 67 b1 ff). Der Ort für alle Denkformen ist ein Teil der Seele, die Denkseele. Diese muß die Fähigkeit haben, die Form aufzunehmen (*de anima* 429 a10 ff). Während man nach Aristoteles W. dank analytischer Beweisverfahren hat, wird in der Platonischen Philosophie die Teilhabe der erkennenden Seele an der Idee als W. bezeichnet. Im ↗Liniengleichnis werden ↗nous (intellectus) und ↗sophia (sapientia) als höchste Formen des W.s dem Meinen und Glauben übergeordnet (*Politeia* 509 d ff, 477 b-e; *Gorgias* 454 d). Nach dem Neuplatonismus (Proclus) beruht W. auf der Partizipation der Individual-Seele an einer allgemeinen Intellektual-Seele. Nach Proclus ist jede Seele eine lebendige und wissende Substanz, ein substantielles und wissendes Prinzip des Lebens und ein Prinzip des W.s als eine Substanz und ein Lebensprinzip. Alle drei Bestimmungen existieren in allen und für sich in der Seele (*Elem. Theol. prop.* 197, 101). Das MA betont die cognitio ex principiis gegenüber einer cognitio principiorum. W. bedeutet die Darlegung der Ordnung der Dinge (Duns Scotus: *Tractatus de primo principio*, cap. IV, 6. et 7. concl.). Im neuplatonischen Erkenntniskonzept G. Brunos in der Renaissance beruht W. auf einer Erkenntnishierarchie: Nach der Wahrnehmung übersetzt der diskursive Verstand (ratio) die einzelnen im Gedächtnis gespeicherten Dinge in ein Allgemeines und ordnet sie in einer logischen Aufeinanderfolge durch analytische Beweisführung. Die Vernunft (intellectus) nimmt durch eine Intuition in einer inneren Anschauung die Ergebnisse des Verstandes auf. Schließlich identifiziert der Geist (mens) die vorherigen Ebenen miteinander und erfaßt unmittelbar, wie in einem lebendigen Spiegel, alle Formen und Gestalten ohne logisch-diskursives Denken. W. findet sich nur auf dieser höchsten Stufe (Opera latine I 4, 32). In der frz. Aufklärung (Condillac, d'Alembert) wird W. als sicherer Schluß aus Vernunftgründen interpretiert, der mehr als nur Wahrscheinlichkeit hat. W. bezeichnet eine zuverlässige und bewiesene Kenntnis. Unkenntnis setzt eine Idee von der Sache voraus, ohne daß ein angemessenes Urteil gebildet werden könnte (Diderot). Den Status des Fürwahrhaltens sieht Kant als Kriterium für Meinen, Glauben und W.: »Meinen ist ein mit Bewußtsein sowohl subjektiv, als objektiv unzureichendes Fürwahrhalten. Ist das letztere nur subjektiv zureichend und wird zugleich für objektiv unzureichend gehalten, so heißt es Glauben. Endlich heißt das sowohl subjektiv als objektiv zureichende Fürwahrhalten das Wissen« (*KrV* B 850). Wer meinen will, muß zuvor w. Schließlich thematisiert Hegel das reine W., dessen Gegenstand das in seiner Vielfalt zu bestimmende W. selbst ist (absolutes W.; *Phänom.* VIII). Das System der Wissenschaften gilt Hegel als eine Darstellung des reinen W.s. – In einem schwächeren Sinn ist von W. als Expertensystem in der ↗Künstlichen Intelligenz die Rede (Ryle). **Lit.:** J. d'Alembert: Essai sur les éléments de philosophie. – Aristoteles: De anima; Analytica priora; Analytica posteriora. – G. Bruno: Opera latine conscripta. Neaple/Florenz 1879–1891. – E. B. Condillac: Logik. – D. Diderot u. a.: Enzyklopädie. – G. W. F. Hegel: Phänomenologie des Geistes. – I. Kant: Kritik der reinen Vernunft. – Platon: Politeia; Gorgias; Charmides. – Proclus: Elem. Theol. – G. Ryle: Der Begriff des Geistes. Stuttgart 1969. – J. Duns Scotus: Tractatus de primo principio. WN

**Wissenschaft,** die rationale, operable und lehrbare Gesamtdarstellung aller Einzelerkenntnisse eines definierbaren Gegenstandsbereichs mit dem Ziel steter Wissensvermehrung, -erweiterung und -korrektur. Einzelwissenschaften werden durch ihren Gegenstandsbereich definiert. Dementsprechend muß man Natur- und Geisteswissenschaften unterscheiden. W. wird abgegrenzt von Mythos, Kunst und Religion, Meinen und Glauben. Neben der theoretischen Erklärung von Wirklichkeitszusammenhängen gelten die empirische Bestätigung einer wissenschaftlichen Theorie und die prinzipielle Reproduzierbarkeit der Ergebnisse als grundlegende Kriterien für strenge Wissenschaftlichkeit. Die W. ist selbst Gegenstand wissenschaftlicher Bewertungen und Untersuchungen im Rahmen einer Wissenschaftswissenschaft. In der *Nikomachischen Ethik* (1139a28 ff; 6. Buch) beschreibt Aristoteles W. als Teil der Wahrheitserkenntnis. Theoretische und praktische Vernunft streben nach Unterscheidung von Wahrem und Falschem. W. folgt aus der Annahme, daß der Gegenstand des Wissens aufgrund von Notwendigkeit besteht, lehrbar ist aufgrund des Zugangs zum Wissen durch die Analytik, der Erzeugung eines Allgemeinen durch Induktion und der Schlußfolgerung aus dem Allgemeinen. Platon unterscheidet (*Politeia* 511a ff) dialektische und mathematische W., die sich durch den Status ihrer Voraussetzungen unterscheiden: Während die mathematische W. ihre Axiome und Definitionen als geltend voraussetzt, ohne sie zu reflektieren, ist es die Aufgabe der dialektischen W., gerade über den Wahrheitsgehalt ihrer Voraussetzungen zu reflektieren. – Im MA. wird im Anschluß an Aristoteles im Kontext des Universalienstreits über den Status des Allgemeinen (Universalia) z. B. bei Ockham eine Realwissenschaft, die von Dingen handelt, von einer Nominalwissenschaft, die Bezeichnungen thematisiert, unterschieden. Der Gegenstandsbereich hängt davon ab, ob die »Intention der Seele« für einen Namen oder ein Ding steht. Methodisch wird die Reduktion auf die einfachsten, notwendigen Erklärungsgründe verlangt (»Ockhams Rasiermesser«). Nachdem seit dem 14. Jh. die artes, d.i. die Fertigkeiten vermittelnde Reflexion, mehr und mehr durch die auf theoretische Begründung bedachte Lehre (scientia), abgelöst werden und eine platonische Auffassung von Mathematik (im 16. Jh.) akzeptabel erscheint, wird eine moderne Naturwissenschaft denkbar. Ihr Wissenschaftsideal wird seit der Renaissance entwickelt: Die W.en entwickeln sich zum theoretischen Hilfsinstrument für das Handwerk. F. Bacon fordert den systematischen Ausbau und die systematische Erweiterung, eine »Industrialisierung« der W. Diese Aufgabe erfüllen seit dem 18. Jh. Erfindergesellschaften und Akademien. Mit Galilei beginnt die Mathematisierung des empirisch erworbenen Wissens von der Natur. Mit Descartes setzt sich das mechanistische Weltmodell und die rationalistische Methode durch. Newton betont zwei methodische Aspekte: die mathematische Deduktion und die Induktion aus der Erfahrung, d.i. die Herleitung des gesamten Wissens von der Natur aus einem verallgemeinerten Kraftbegriff und die Verallgemeinerung der Erfahrung zu einer Kraftvorstellung. Newton lehnt in der W. eine materiale Hypothese ab, jedoch nicht die theoretische, die das Erklärungskonzept darstellt und deren theoretische Deduktion durch die Erfahrung überprüfbar wird. Die französischen Aufklärer (D'Alembert, Lagrange) radikalisieren diesen Ansatz. Kant unterscheidet reine Naturwissenschaft, die ihre Begriffe a priori konstruiert, von empirischer Naturwissenschaft. Gemeinsam mit der reinen Mathematik, die in die Anschauung konstruiert, ist die reine Naturwissenschaft, die auf die reine Anschauung Bezug nimmt, eigentliche Naturwissenschaft (*KrV* B 344f, B 741, *MA* Vorwort). Diese liefert so die Bedingungen der Möglichkeit von Naturerfahrung im Rahmen mathematischer Konstruktion. Die Methode der Naturwissenschaften ist die Analyse. Dies gilt bis in das 20. Jh. als Methodenideal, zum Teil auch für Geisteswissenschaften. Wegen der Einmaligkeit historischer Ereignisse und der daraus folgenden Unmöglichkeit der Reproduzierbarkeit wird die Wissenschaftlichkeit historischer Untersuchungen gelegentlich angezweifelt. In der Renaissance beginnt dennoch durch Vico eine Begründung einer historischen W. Die Methode der Geschichtswissenschaften ist die Hermeneutik. Seit den 20er Jahren des 20. Jh. formuliert die Philosophie insbesondere für den empirisch-mathematischen Typus von Wissenschaft ein differenziertes Methodenkonzept in Form einer ↗Wissenschaftstheorie. WN

Aus wissenschaftstheoretischer Sicht zeichnet sich die wissenschaftliche Erkenntnisweise, vereinfacht ausgedrückt, durch die folgenden beiden Grundsätze aus: Erstens beschränkt sich die W. nicht auf das Feststellen von beobachtbaren Tatsachen, sondern sucht nach ihren Ursachen. Zweitens bezieht sich ihr Erklärungsanspruch nicht allein auf einzelne Tatsachen und deren Ursachen, sondern vielmehr auf allgemeine Strukturen und Beziehungen. Die W. bezieht sich somit auf etwas Allgemeines, nämlich insofern, als man versucht, diejenigen allgemeinen Strukturen zu entdecken und diejenigen allgemeinen Gesetze zu formulieren, die den Phänomenen zugrunde liegen. Da nun diese Strukturen und Gesetze in der Regel selber nicht wahrnehmbar sind, beschäftigt sich die W. mit nicht-materiellen Strukturen und Sachverhalten. Das so verstandene nicht-materielle Allgemeine bildet den Gegenstandsbereich der W.en; diesen Gegenstandsbereich hat man in der Antike als Prinzipien bezeichnet (Aristoteles, *Zweite Analytik*, A2, A4). Die Erkenntnisse der W. werden in wahren, begründbaren Sätzen formuliert. Die wissenschaftliche Argumentation zeichnet sich aus durch Beweise, d.h. durch Aussagen, die aus Prämissen, die als wahr vorausgesetzt werden, logisch korrekt abgeleitet werden. Man unterscheidet bis heute zwischen den Axiomen, d.h. den vorausgesetzten, wahren Behauptungen einerseits und den Theoremen, d.h. den aus den Axiomen hergeleiteten Behauptungen, andererseits. Das *klassische* Modell von W., dem zufolge man im wissenschaftlichen Handeln Ursachenforschung betreibt; sich um die Erkenntnis von nicht-materiellen Prinzipien bemüht, die in wahren, beweisbaren und zweifelsfreien Sätzen formuliert wird; auf axiomatisch-deduktive Weise argumentiert und die Erkenntnisse schließlich in widerspruchsfreien Theorien zusammenfaßt, wird zumeist als das klassische Rechtfertigungsmodell der W. bezeichnet. Dieses Modell ist einerseits bis in die frühe Neuzeit maßgeblich geblieben, andererseits jedoch auch entscheidend modifiziert worden, und zwar im Hinblick auf die Möglichkeit einer Naturwissenschaft. – Charakteristisch für die *neuzeitliche* W. ist in erster Linie das Experiment, und mit der Entwicklung der Naturwissenschaften ist der Gedanke der technischen Anwendung der Erkenntnisse mit dem Ziel der Naturbeherrschung aufs engste verflochten. Das neuzeitliche Rechtfertigungsmodell unterscheidet sich vom klassischen darin, daß ihm zufolge nicht die Prinzipien im klassischen Verständnis der Gegenstand der W. sind, sondern die mathematisch beschreibbaren Strukturen der Natur, die sich auf experimentellem Wege erschließen lassen und deren Erkenntnis technische Anwendungen ermöglichen. An dem Begründungsanspruch und am Methodenideal des klassischen Modells hält man allerdings auch in der Neuzeit fest. In methodologischer Hinsicht läßt sich dabei idealtypisch zwischen der Wissenschaftstheorie des Rationalismus und derjenigen des Empirismus unterscheiden. Nach der rationalistischen Auffassung liegt die zweifelsfreie, unerschütterliche Basis des Erkennens in apriorischen Vernunfturteilen, die sich in der Reflexion unabhängig von der wechselhaften Erfahrung erschließen. Solche Urteile bilden die Grundlage alles je speziellen empirischen Wissens und mit dieser Annahme hängt das Ideal einer Universalwissenschaft zusammen, das in der Rede von der W. more geometrico prägnanten Ausdruck findet. Diese rationalistische Auffassung basiert in letzter Instanz auf der Annahme einer von Gott geschaffenen Übereinstimmung zwischen den Strukturen der Welt und der menschlichen Vernunft. Dieser Anspruch und ebenso das einheitliche Methodenideal stößt im Empirismus auf vehemente Kritik. Nach dieser Auffassung ist es unmöglich, die Natur durch bloße Reflexion zu ergründen, sondern nur durch strenge Beobachtung und experimentelles Vorgehen. Gegenüber dem rationalistischen Ideal einer Einheitsw. kommt es im Empirismus auch entscheidend auf die Unterscheidung zwischen formalen und empirischen W.en an. Auch das Kantische Programm einer Transzendentalphilosophie läßt sich als eine Form von Wissenschaftstheorie verstehen, nämlich insofern, als es Kant darum geht, die konstitutiven Bedingungen des empirischen Erkennens zu analysieren und der empiristischen Kritik Rechnung zu tragen. An der Auseinandersetzung zwischen rationalistischer und empiristischer Wissenschaftstheorie wird ein für die neuere Wissenschaftstheorie zentraler Problembereich sichtbar, nämlich das Verhältnis von Theorie und Erfahrung (Stegmüller). Aufgrund der mit dem Rechtfertigungsmodell verknüpften Schwierigkeiten und vor allem auch aufgrund der Etablierung der modernen Naturwissenschaften und der im Zuge der Industrialisierung fortschreitenden Technisierung ist dieses Modell schließlich ins Wanken geraten. – Das maßgebliche Kriterium für die moderne W. ist ihre Erklärungskraft für empirische Phänomene. Für den kritischen Rationalismus zeichnet sich eine wissenschaftliche Theorie durch ihren empirischen Gehalt aus, worunter die Menge der Beobachtungssätze (oder ↗Basissätze) verstanden werden kann, die sich aus einer Theorie herleiten lassen. Nach dieser Auffassung kommt es nicht so sehr auf die Begründung und Rechtfertigung wahrer, möglichst sicherer Sätze an, sondern vielmehr darauf, Theorien anhand der Erklärungen und Prognosen, die sich aus ihnen herleiten lassen, harten Tests zu unterwerfen und kritisch zu überprüfen. JH

**Lit.:** J. D'Alembert: Anfangsgründe der Philosophie (1759). – F. Bacon: Neues Organon der Wissenschaft. – R. Descartes: Die Prinzipien der Philosophie. – W. Detel: Wissenschaft. In: E. Martens/H. Schnädelbach (Hg.): Philosophie. Ein Grundkurs. Band I. Reinbek 1998. S. 172–216. – G. Galilei: Dialog über die beiden hauptsächlichsten Weltsysteme. – I. Kant: Kritik der reinen Vernunft. – Ders.: Metaphysische Anfangsgründe der Naturwissenschaft. – D.C. Lindberg: Von Babylon bis Bestiarum. Stuttgart/Weimar 1995. – J. Mittelstraß: Neuzeit und Aufklärung. Studien zur Entstehung der neuzeitlichen Wissenschaft und Philosophie. Berlin 1970. – Ders.: Die Möglichkeit von Wissenschaft. Frankfurt 1974. – W. Neuser: Natur und Begriff. Stuttgart/Weimar 1995. – W. v. Ockham: Texte zur Theorie der Erkenntnis und der Wissenschaft. Übers. u. hg. von R. Imbach. Stuttgart 1987. – M. Serres: Elemente einer Geschichte der Wissenschaften.

Frankfurt 1994. – D. de Solla Price: Little Science, Big Science. Frankfurt 1974. – W. Stegmüller: Probleme und Resultate der Wissenschaftstheorie und Analytischen Philosophie. Berlin 1969–1973. – G. Vico: Die neue Wissenschaft. Frankfurt 1981. – A. Zimmermann: Mensch und Natur im Mittelalter. Berlin/New York 1991. JH/WN

**Wissenschaftsethik.** Wissenschaft setzt sich zusammen aus Forschungshandeln (mit einem argumentativen und einem operativen Teil), aus schriftlicher und mündlicher Kommunikation, Wissenschaftspolitik, Lehre, technologischer Umsetzung und dem öffentlichen Diskurs zu ihrer Legitimierung. Das traditionelle Verständnis des wissenschaftlichen Ethos betrachtete Wissenschaft als System von Sätzen und stritt sich um deren Geltung. Als sittlich vertretbar galt alles, was der Objektivität diente. Die Art der Erzeugung dieses Wissens wurde nur als Bestätigung bzw. Falsifikation dieses Wissens zugelassen, damit im strengen Sinn als irrelevant für das Wissen und seine Geltung betrachtet. Das besagt das klassische Objektivitätsideal und Wertfreiheitspostulat (↗Wertfreiheit) der empirischen Naturwissenschaften, dem ein Plädoyer für die Freiheit der Forschung und gegen eine gesellschaftliche Kontrolle der Wissenschaft korrespondierte. Methodisch gesehen ist es legitim, in der Beschreibung des Gesetzeswissens von seiner Erzeugung abzusehen, nicht aber wenn es um die sittliche Bewertung von Forschung und Technologieentwicklung hinsichtlich ihrer gesellschaftlichen und natürlichen Voraussetzungen und ihrer Folgen für die Gesellschaft und die Natur geht. Obwohl die Arbeitsteilung in Forschung, Vermittlung, Umsetzung und Lehre, also die Wahrnehmung von Verantwortung in der Wissenschaft erschwert, ist die Vorstellung eines subjektlosen Forschungsprozesses unangemessen. Grundlagenforschung kann mittels Versuch und Irrtum Neues und Unvorhergesehenes erkennen. Dafür tragen die Forscher im Rahmen der Vorhersehbarkeit der Folgen Verantwortung. W. bewertet Ziele und Folgen der Forschung und technologischen Umsetzung im Diskurs. Damit wird die Folgenbetrachtung und Folgenbewertung, die Prognostik stärker betont als in der herkömmlichen ergebnisorientierten Forschung. **Lit.:** H. Spinner: Das wissenschaftliche Ethos als Sonderethik des Wissens. Tübingen 1985. BI

**Wissenschaftslehre.** Als W. tritt J. G. Fichtes Philosophie auf. Ihre leitende Idee ist, die gesamte Philosophie von einem Grundgedanken aus systematisch neu zu begründen. Der Anspruch der philosophischen Letztbegründung allen Wissens durch ein Prinzip macht Fichte zum Begründer des Deutschen Idealismus. Für Fichte ist dieses letztbegründende Prinzip das Ich bzw. das Selbstbewußtsein. Dieser Grundgedanke macht Philosophie allererst zur exakten und nachprüfbaren Wissenschaft: daher der Name W.: Lehre vom Wissen bzw. der Wissenschaft. – Die W. beansprucht, die Grundstrukturen allen Wissens zu prinzipiieren. In seiner Schrift *Über den Begriff der Wissenschaftslehre* von 1794 geht Fichte von zwei grundlegenden Gedanken aus: Erstens muß Philosophie Wissenschaft sein. Dazu gehört neben der absoluten Gewißheit ihres obersten Grundsatzes, daß sie systematische Form hat. Prinzipienreflexion und Systemgedanke machen die Philosophie zu einer demonstrierenden Wissenschaft. Philosophie ist nach Fichte aber nicht nur Wissenschaft, sondern als höchste Wissenschaft Metawissenschaft von den Prinzipien aller Einzelwissenschaften. Dieser Gedanke von Fichtes W. ist grundlegend für den gesamten Deutschen Idealismus. CI

**Wissenschaftstheorie,** ein als Zweig der Philosophie betrachteter Forschungsbereich, der seit etwa dem frühen 19. Jh. in relativer Eigenständigkeit gegenüber dem Gebiet der ↗Erkenntnistheorie sowie der Tätigkeit der Wissenschaften selbst einen Bereich logischer, epistemologischer und metaphysischer Probleme behandelt, die sich in den systematischen und primär experimentell orientierten Wissenschaften stellen. Eine mehr spekulative Orientierung weist in die Richtung der ↗Naturphilosophie. Für um Grundlegungen der ↗Geisteswissenschaften bemühte W. siehe ↗Hermeneutik, und für im folgenden nicht berücksichtigte Positionen ↗Kritische Theorie und ↗Konstruktivismus. Probleme der W.: Zu den Grundproblemen gehört der Status von Naturgesetzen, die von wissenschaftlichen Theorien zur Erklärung von Regularitäten in den natürlichen Phänomenen aufgestellt werden. Problematisch ist zudem, insbesondere in mathematischen Theorien, der Status und Realitätsgehalt theoretischer, nicht-empirischer Terme, die in diesen Theorien vorkommen. Die Frage entsteht, ob wissenschaftliche Theorien allein aus der empirischen Beobachtung entstehen und in einer sich aus dieser entwickelnden Verallgemeinerung allein induktive Rechtfertigungsgründe haben, oder aber ob der Gebrauch von theoretischen Termen in Theorien nicht auch einen anderen Rechtfertigungsgrund haben kann. Für die Vertreter der letzteren Position erschöpft sich die Bedeutung dieser Terme nicht darin, Funktionen von Observablen zu sein. Sie verdankt sich anderen Wurzeln von Rationalität, als durch die formale Logik beschreibbar wäre. Während Poincare in diesem Streit eine Mittelstellung zukommt, sind z. B. Mill, Mach, Duhem, Hempel, Carnap, Braithwaite Vertreter der erstgenannten Position, und Whewell, Boltzmann, Campbell Vertreter der zweiten. Die realistische Position kann sich mit einem Essentialismus verbinden, wenn die in den Wissenschaften vorgenommene Klassifikation, empirische Verallgemeinerung und gesetzmäßige Strukturierung natürlicher Phänomene als reale Größen interpretiert werden, die wesentlich die Natur der von uns unabhängigen Fakten ausmachen. Demgegenüber haben insbesondere Kuhn und Feyerabend betont, daß die Bildung wissenschaftlicher Theorien nicht in theoretischen Vacua und unbeeinflußt von sozialen bzw. wissenschaftsexternen Faktoren entstehen. So relativiert Kuhn, anders als der ↗Kritische Rationalismus Poppers und Lakatos', Rationalität auf ein sogenanntes ↗Paradigma, innerhalb dessen eine Forschergemeinschaft denkt; die Abfolge dieser Paradigmen wird von Kuhn als diskontinuierlich vorgestellt. Ähnlich ist auch jede Historiographie der Wissenschaften von Paradigmen metaphysischer und erkenntnistheoretischer Art bestimmt, die stets mitzureflektieren sind.

Geschichte: Einer der Ursprünge der modernen W. ist die Debatte zwischen Mill und Whewell, in der Mill, an Hume orientiert, eine antitheoretische und induktivistische Sichtweise entwickelte. Whewell dagegen vertrat die Position, daß sich das Wissen nicht allein der sinnlichen Erfahrung verdankt; der Wissenschaftler spielt selber eine aktive Rolle in der Konzeptualisierung des empirischen Materials. Das Subjekt selbst legt notwendig Muster und konzeptuelle Prägungen, die nicht aus der Empirie stammen, apriorisch der eigenen Naturforschung zugrunde. Für Mills – jede Idee von Notwendigkeit ausschließende – Theorie ist ↗Kausalität lediglich eine Regularität in zufälligen Folgen von Ereignissen. Mills grenzenloser ↗Empirismus führte ihn sogar dazu, auch das Prinzip der ↗Induktion selbst als eine induktive Verallgemeinerung von ursprünglichen Beobachtungsdaten und Regelmäßigkeiten zu erklären. E. Mach, der in der Kausalität eine Gewohnheit, in Theorien nur eine ökonomische Weise sah, unsere Erfahrung zu ordnen, lehnte die Idee einer Realität »hinter den Phänomenen« ab. Im Gegensatz zu Mach und später auch Duhem, sah Boltzmann in der Bildung von wissenschaftlichen Modellen und abstrakten Termen, um Beobachtungsdaten zu erklären, mehr als nur eine Heuristik oder ein nützliches Instrument. Mach und Duhem aber erwiesen sich als entscheidender für den ↗Phänomenalismus des logischen Positivismus des ↗Wiener Kreises, der Modelle überhaupt durch axiomatisierte formale Systeme ersetzen wollte, in denen durch deduktive Argumentation Beziehungen zwischen Sinnesdaten adäquat Ausdruck finden können sollten. Grundlage dieses Ansatzes sind die neue Logik Russells und die Möglichkeit eines scharfen Unterscheidungskriteriums zwischen empirischen und metaphysischen Sätzen, die mit einer Identifzierung von bedeutungsvollen und verifizierbaren Sätzen einherging. Der ebenfalls wichtige logische ↗Atomismus Russells und auch Wittgensteins wurde von diesem später selbst als Dogma zurückgewiesen. Der formal-deduktive Ansatz der ↗Positivisten gilt dem Realisten als unfruchtbar. Eine klassische Verteidigung dieser Position ist Campbell's *Physics* (1920), wo der Wert der Modellbildung und der Verwendung theoretischer, nicht von der Erfahrung abstrahierter Begriffe in der Hypothesenbildung auf der Basis von Analogien zu Termen bereits bestehender Theorien verteidigt wird. Andererseits wird der Realitätsgehalt dieser Modelle aber auch wieder in Frage gestellt. Für eine Aufnahme dieser Position in neuerer Zeit vgl. Hesse. Für eine Mittelstellung zwischen dem kruden Empirismus Mills und einem starken ↗Realismus trat auch Poincarés sog. commodisme ein, eine (schwache) Version eines linguistischen ↗Konventionalismus. So gelten ihm einige Konventionen besser als andere; und Tatsachen bleiben mit sich selbst identisch, auch wenn verschiedene Sprachen und Symbolsysteme sie ausdrücken.

Die jüngere Geschichte der W. erkannte die Beschränktheit im positivistischen Konzept des Schlusses vom Einzelnen zum Allgemeinen und seiner formal-mathematischen Analyse, was zu Verwerfungen des induktiven Prinzips oder zu Versuchen seiner Verbesserung im Wahrscheinlichkeitskalkül führte, etwa in Jevons' Versuch, bekannte Einzelbeobachtungen nicht zum Ausgangspunkt zu wählen, sondern von einer allgemeinen Hypothese abzuleiten. Die positivistische W. hat ihre nicht-empirischen Dogmen einer kritischen Revision unterziehen müssen. So hat Popper als erster das Verifizierbarkeitsprinzips des Positivismus, das zu unbefriedigenden Konsequenzen hinsichtlich der stark restringierten potentiellen Bedeutsamkeit von Sätzen führt, durch das Prinzip der potentiellen ↗Falsifizierbarkeit ersetzt. Nach Popper besteht die Logik der Wissenschaften wesentlich in der Zurückweisung von Vermutungen. Der spätere Carnap versuchte den Aporien des positivistischen Sensualismus, der maßgeblich auch durch den späten Wittgenstein in Verruf geraten war, durch einen ↗Physikalismus zu ersetzen, demzufolge idealiter die Sprache der Physik die Einheitssprache aller Wissenschaft bildet. Grundlage aller Wissenschaft sind nicht Sinnesdaten, aus denen physikalische Objekte erst zu rekonstruieren sind, sondern die Objekte, die die beste existierende physikalische Theorie als existierend annimmt. Solcher ↗Reduktionismus wird freilich dort noch kontrovers diskutiert, wo es um die physikalische Reduktion etwa biologischer, aber vor allem auch gesellschaftlicher und moralischer Fakten geht.

Die heute vielleicht am weitesten verbreitete Auffassung wissenschaftlicher Theoriebildung ist die sog. semantische Konzeption. Anders als in logisch-positivistischer Sicht sind Theorien hier keine axiomatischen Systeme oder linguistischen Entitäten, sondern mengentheoretische Entitäten, was erlaubt, eine Änderung in der Theorieformulierung nicht als eine Änderung ihrer Semantik zu betrachten (wobei Semantik als formale Theorie im Sinne der ↗Modelltheorie der mathematischen Logik verstanden wird). Ist eine solche semantische Interpretation der Theorieformulierung gegeben, ist eine Theorie als ↗Referenz ihrer Formulierung eine genuin extralinguistische Entität. Die semantische Konzeption kann mit einer antirealistischen Wissenschaftskonzeption (van Fraassen) kombiniert werden, einer quasirealistischen (Suppes), oder einer realistischen (siehe Leplin). Die erstere ist empiristisch orientiert, nimmt epistemische Grenzen von Wißbarkeit an und konstruiert wissenschaftliche Tätigkeit so, daß Theorien empirisch adäquat sein müssen: Die Theorie muß wenigstens eine Interpretation erlauben, die mit allen aktualen Beobachtungsdaten übereinstimmt, wobei der letztere Begriff freilich wiederum die Probleme der Theorieunabhängigkeit von

Beobachtungen aufwirft. Theorien müssen aber nicht wahr sein, um brauchbar zu sein. Der Quasirealismus hat einen weiteren Begriff von Beobachtung als der Antirealismus und ist eine Mittelposition, derzufolge Theorien nicht »wörtlich«, aber doch kontrafaktisch wahr sein müssen. Für den Realisten jedoch involviert die Akzeptanz einer Theorie den Glauben, daß sie wahr ist und tatsächlich das Wesen der Natur widerspiegelt. **Lit.:** A. J. Ayer (Hg.): Logical Positivism. New York 1959. – N. R. Campbell: The Foundations of Science. New York 1957. – R. Carnap: Testability and Meaning. Philosophy of Science 3 (1936). S. 419–471. – Ders.: Philosophical Foundations of Physics. New York 1966. – C. G. Hempel/P. Oppenheim: Studies in the Logic of Explanation. In: Philosophy of Science 15 (1948). S. 135–175. – M. Hesse: Models and Analogies in Science. London 1962. – W. S. Jevons: The Principles of Science. New York 1958. – T. Kuhn: The Structure of Scientific Revolutions. Chicago [2]1970 (dt. Die Struktur wissenschaftlicher Revolutionen. Frankfurt 1967). – I. Lakatos: The Methodology of Scientific Research Programmes. Philosophical Papers I. Mathematics, Science, and Epistemology. Philosophical Papers II. Hg. Worrall/Currie. Cambridge 1978 (dt. Die Methodologie wissenschaftlicher Forschungsprogramme – Philosophische Schriften I; Mathematik, empirische Wissenschaft und Erkenntnistheorie – Phil. Schriften II. Hg. Worrall/Currie. Braunschweig 1982). – J. Leplin: Scientific Realism. Berkeley 1984. – E. Mach: Erkenntnis und Irrtum. Leipzig [3]1917. – J. S. Mill: A System of Logic. 3. Buch. London [8]1872. – E. Nagel: The Structure of Science. London/New York 1961. – H. Poincare: La science et l'hypothese. Paris 1968 (dt.: Wissenschaft und Hypothese. Leipzig [3]1928). – F. Suppes: The Semantic Conception of Theories and Scientific Realism. Urbana/Chicago 1989. – B. van Fraassen: The Scientific Image. Oxford 1980. – W. Whewell: The Philosophy of the Inductive Sciences. London 1840. WH

**Wissenschaftstheorie, evolutionäre.** Die von Popper, Campbell und Toulmin entwickelte e.W. will Strukturgesetze der biologischen Evolution auf das »Wachstum« des theoretischen Wissens transferieren. Häufig wird auch das »Wachstum« der Kultur insgesamt, d. h. die kulturelle Evolution thematisiert. Der Gegenstand der wissenschaftlichen Evolution sind Theorien. Diese entstehen nach der e.W. durch zufällige Abänderungen ihrer Vorläufer (»Mutation«) und werden durch die wissenschaftliche Kritik »selektiert«. Die »überlebenden« Theorien sollen der Wahrheit näher kommen als die ausgeschiedenen. D.h. die wissenschaftliche Evolution läuft am Ziel der Wahrheit orientiert ab. Der Unterschied zur biologischen Evolution: Diese bewirkt Fitness, d. h. sie duldet verschiedene Lösungen eines »Überlebensproblems« (vgl. »ökologische Nischen«). Die wissenschaftliche Evolution akzeptiert jedoch nur eine Lösung eines theoretischen Problems. Weitere Unterschiede bestehen darin, daß die Termini der e.W. bloß metaphorisch zu verstehen sind, da sie Mutation und Selektion nicht in dem biologischen Sinn erfassen, der es erlaubt, diese auf Grundlage biochemischer und physikalischer Gesetze zu interpretieren. Die wissenschaftliche Evolution ist im Gegensatz zur biologischen ein bewußter und gesteuerter Prozeß, der sich in Jahrzehnten und Jahrhunderten abspielt. Gegenstand, Modus und Ziel von biologischer und wissenschaftlicher Evolution sind verschieden. **Lit.:** K. R. Popper: Objektive Erkenntnis. Hamburg 1973. – G. Vollmer: Was Evolutionäre Erkenntnistheorie nicht ist. In: R. Riedl/F. M. Wuketits (Hg.): Die Evolutionäre Erkenntnistheorie. Berlin/Hamburg 1987. S.140–155. BG

**Wissenssoziologie,** Disziplin der Soziologie, welche die sozialen Bedingungen der Entwicklung wissenschaftlicher Theorien untersucht. In der W. geht es vor allem um das Verhältnis wissenschaftsinterner und wissenschaftsexterner Motive sowie um den Einfluß normativer Faktoren auf die wissenschaftliche Theoriebildung. In Deutschland ist die W. als eigene Disziplin von M. Scheler und K. Mannheim etabliert worden, die sich dabei vor allem mit dem historischen ↗Materialismus auseinandersetzen. Die französische Tradition der W. geht auf É. Durkheim und L. Lévy-Bruhl zurück. Der Sache nach finden sich wissenssoziologische Untersuchungen bereits bei F. Bacon, A. Comte, N. Elias, K. Marx und F. Engels, F. Nietzsche, V. Pareto und M. Weber. Die neuere Diskussion wissenssoziologischer Fragen ist geprägt von der Auseinandersetzung mit der einflußreichen wissenschaftshistoriographischen Arbeit von Th. S. Kuhn. Im Unterschied zum ↗Kritischen Rationalismus, dem zufolge die Wissenschaft sich nach wissenschaftsinternen Rationalitätskriterien kontinuierlich entwickelt, hebt Kuhn die Diskontinuität und die Rolle theorieexterner Gründe in der Wissenschaftsgeschichte hervor. Im Zentrum seiner Untersuchungen steht das wissenschaftliche ↗Paradigma, worunter er den Umstand versteht, daß bestimmte von einer Gemeinschaft von Experten anerkannte Theorien als Modelle und Vorbild für die wissenschaftliche Problemlösung fungieren, und mit solchen Modellen auch die Maßstäbe dessen festgelegt werden, was in der Gemeinschaft der Wissenschaftler als rational gilt. Kuhn unterscheidet drei Phasen der Wissenschaftsentwicklung: In einer vornormalen Phase konkurrieren verschiedene Theorien miteinander. In der normalen Phase hat sich ein Paradigma durchgesetzt; die wissenschaftliche Praxis folgt einer einheitlichen Methodologie und es etabliert sich ein anerkannter Wissenskanon, der u. a. durch Schulenbildung auch institutionell gefestigt wird. In der revolutionären Phase vollzieht sich ein Paradigmenwechsel. Anstelle von Paradigma spricht Kuhn (aufgrund zahlreicher Einwendungen) später auch von der disziplinären Matrix oder dem disziplinären System, das er durch vier Merkmale charakterisiert: Symbolische Verallgemeinerungen als »die formalen oder leicht formalisierbaren Bestandteile des disziplinären Systems«; Modellvorstellungen, die Analogien und

Metaphern bereitstellen; bestimmte Werte für die Beurteilung wiss. Aussagen; Musterbeispiele (Paradigma im engeren Sinne) in Form konkreter Problemlösungen, auf die man als Standardlösungen immer wieder zurückgreift. **Lit.:** B. Barnes: Th.S. Kuhn and Social Science. London 1982. – E. Grünwald: Das Problem der Soziologie des Wissens. Versuch einer kritischen Darstellung der wissenssoziologischen Theorien. Wien u. a. 1934. – Th.S. Kuhn: Die Struktur wissenschaftlicher Revolutionen. Frankfurt 1967. – E. Topitsch (Hg): Logik der Sozialwissenschaften. Königstein/Ts. 1984. – R.K. Merton: Entwicklung und Wandlung von Forschungsinteressen. Frankfurt 1985.

JH

**Wohlfahrt,** ursprünglich das individuelle und staatliche Wohlbefinden umfassend, bezeichnet heute die staatlich organisierte soziale Absicherung von Gesellschaftsmitgliedern durch ein garantiertes Mindestmaß an materiellem Wohlstand. Diese Leistung der kollektiven Daseinsfürsorge wird jedoch, anders als bei dem auf Subsidiarität beruhenden Sozialstaat von dem Wohlfahrtsstaat als Recht und Pflicht verstanden, durch Fürsorge und ggf. Zwang das von ihm bestimmte ↗Gemeinwohl und den individuellen Wohlstand zu fördern. Im Unterschied zum sozialen Rechtsstaat ordnet der an der W. orientierte Polizei-, Verwaltungs- oder Versorgungsstaat die persönliche Freiheit der sozialen Sicherheit unter. JP

**Wohlwollen,** (1) Bezeichnung für eine ethische Einstellung gegenüber dem anderen oder der Gemeinschaft. Aristoteles erörtert das W. nach zwei Aspekten: (a) Als sittliche Haltung strebt sie das Gute für den anderen an, ohne weitere Absicht dadurch belohnt oder gelobt zu werden; (b) in bezug auf den zwischenmenschlichen Bereich tritt sie in Verbindung mit dem Begriff der ↗Gerechtigkeit auf, aufgrund dessen jedem das ihm Zukommende zugeteilt werden soll. (2) Im ↗Utilitarismus ist W. das Ergebnis eines aufgeklärten Selbstinteresses, das sich als Streben nach dem größten Glück der größten Zahl (der Betroffenen) artikuliert. (3) Die Ethik des ↗moral sense macht den moralischen Sinn namhaft, der zur Billigung altruistischer Motive und zur Mißbilligung menschenfeindlicher (unnatürlicher) Neigungen veranlaßt. Der Altruismus ist eine wohlwollende Einstellung, die sich auf die größtmögliche Vervollkommnung des sozialen Ganzen und das Wohl des Mitmenschen richtet. (4) In gegenwärtigen Ethiken fungiert das Prinzip des W.s neben dem Prinzip der Gerechtigkeit als Postulat, das allgemeine Wohl zu fördern, Schaden abzuwenden und Gutes zu tun (Frankena). In der Diskursethik von Habermas hat W. den Stellenwert einer moralischen Intuition, die uns darüber informiert, wie wir uns am besten verhalten sollen, um durch Schonung und Rücksichtnahme der extremen Verletzbarkeit von Personen entgegenzuwirken. Als Prinzip der ↗Solidarität verweist sie auf das gemeinsame Wohl einer intersubjektiv geteilten Lebensform. **Lit.:** Aristoteles: Nikomachische Ethik. Buch VII und IX. – J. Bentham: Eine Einführung in die Prinzipien der Moral und der Gesetzgebung. In: O. Höffe (Hg.): Einführung in die utilitaristische Ethik. München 1975. S. 35 ff. – W. Frankena: Analytische Ethik. München 1972. S. 62 ff. – J. Habermas: Moralität und Sittlichkeit. In: W. Kuhlmann (Hg.): Moralität und Sittlichkeit. Frankfurt 1986. S. 16 ff. – F. Hutcheson: Erläuterungen zum moralischen Sinn. Stuttgart 1984. – A. Schöpf: Wohlwollen. In: O. Höffe (Hg.): Lexikon der Ethik. München [3]1986. S. 287. PP

**Writing Culture.** Der Begriff stammt aus der Selbstkritik der Anthropologie in den 80er Jahren an ihrer Methode der Feldforschung (*Dort-Sein*) und deren Textualisierung (*Hier-Schreiben*). Die Visualität als Grundlage jeder Repräsentation des Anderen und damit die ganze monologische Rhetorik der Kulturanthropologie wurde in Frage gestellt, die die Rolle der Informanten marginalisierte und sich autoritär mit Hilfe der alten romantischen Forderung, eine längere Zeit an einem exotischen Ort mit Eingeborenen das Leben zu teilen, behauptete. Im Zusammenhang mit der interpretativen Dimension eines hermeneutischen Ansatzes im Umgang mit den Feldforschungsdaten ergab sich die Frage nach den Gattungen der Textualisierungsprodukte als Kritik am ethnographischen Realismus, der meinte, die Wirklichkeit und Lebensweise einer anderen Welt holistisch und objektiv repräsentieren zu können. Die Epistemologie der Feldforschung forderte die Wende von der teilnehmenden Beobachtung zu einer dialogischen Begegnung, wobei die vernachlässigten Probleme des historischen Kontextes, der sozialen Ungleichheiten und Machtrelationen an Bedeutung gewannen. Damit wurde auch eine andere Rhetorik erforderlich, die keinen Anspruch mehr auf objektive Wahrheiten und große Theorien stellt, die in ihrem Zwang nach Affirmation universeller Werte alle Differenzen auf die für weitere Vergleiche erforderlichen Allgemeinbegriffe reduzieren. Wahrheiten sind partielle geworden, womit nicht ein neuer Relativismus konstruiert wird, sondern gerade dessen weitere Dekonstruktion mit der Absicht, die einzelnen kulturellen Wirklichkeitsinterpretationen mit ihren Auswirkungen auf das soziale Handeln zu erläutern. In diesem Sinn sind auch die anthropologischen Texte Fiktion. In den Textualisierungsprozessen der Feldforschungserfahrungen sehen die Autoren von *Writing Culture* die Möglichkeit der Entwicklung einer »Polyphonie der Stimmen«, in der die Informanten als Ko-Autoren der ethnographischen Texte erscheinen. Damit kam es zur literarischen Wende in der Anthropologie. ↗Beschreibung, dichte/dünne. **Lit.:** J. Clifford/ G.E. Marcus (Hg.): Writing Culture. The Poetics and Politics of Ethnography. Berkeley 1986. – J. Clifford: The Predicament of Culture. Twentieth-Century Ethnography, Literature, and Art. Harvard 1988. – P. Atkinson: The Ethnographic Imagination. Textual Construction of Reality. London 1990. SZ

**Wú** (Nichts). Der Begriff des Nichts wird in der chinesischen Philosophie zuerst von Lao Zi (nach chin.

Konvention 580–500) zum Thema kosmologischer Ursprungsspekulation gemacht. Er sagt: »Alle Dinge unter dem Himmel entstammen dem Sein (You); das Sein entstammt dem Wu« (Lao Zi: *Dao De Jing*). Durch Wang Bi (226–249) wird diese Auffassung auch im Konfuzianismus rezipiert. Er interpretiert das ↗Dao des Lao Zi als »Name für Wu« und lehrt ebenfalls: »Alles Sein (You) stammt aus Wu« (Wang Bi: *Lao Zi Zhu, Kommentar zu Lao Zi*). Seine eigene Lehre stellt er als Theorie von der »Hochschätzung des Nichts« (Gui Wu) dar. Ersichtlich haben diese Spekulationen über ein absolutes Nichts in China auch dem Eindringen des Buddhismus den Weg bereitet. Unter seinen sechs Schulen (Liu Jia) gibt es die Ben Wu (Nichts als Wesen, d. h. radikaler Nihilismus) des Dao An (314–385) und die Xin Wu (Bewußtsein als Nichts) des Zhi Min-du. Die Gegenreaktion der Seinsphilosophie macht Wu zu einem relativen Begriff. Pei Wei (267–300) etwa stellt dem Gui Wu des Wang Bi seine Theorie der Seinsschätzung (Chong You) entgegen und betont: »Schöpfer von allem Sein ist Sein. Ein leeres Wu ist nicht Grund für das Entstehen der Dinge« (*Jin Shu, Pei Wei Zhuan, Geschichte der Jin-Dynastie, Lebensbeschreibung des Pei Wei*). Auf diesem Hintergrund werden Wu und andere sinnverwandte Begriffe wie das Leere (Kong und Tai Xu) oder das absolut Unbestimmte (Wu Ji bei Lao Zi) als Seins- oder Form- und Gestaltmangel gedeutet. So etwa bei Liu Yu-xi (772–842), wo es heißt: »Was ist die sogenannte Gestaltlosigkeit (Wu Xing); ist sie das Leere (Kong)? Das Leere ist nur Gestaltmangel« (Liu Yu-xi: *Tian Lun, Theorie des Himmels*). Insbesondere Materialisten erklären dann das Wu als Zustandsform der luftartigen Materie (↗Qi). Wang Fu-zhi (1619–1692) erklärt: »Alles Leere ist Materie (wörtl. Luft). Zusammengepreßt ist sie das Klare, wir nennen es Wu« (Wang Fu-zhi: *Zhang Zi Zheng Meng Zhu, Tai He, Anmerkungen zu Zhang Zais »Aufklärung von Dunkelheiten«*, Abschn. *Große Einheit*). **Lit.:** L. Geldsetzer/H.-d. Hong: Chinesisch-deutsches Lexikon der chinesischen Philosophie. Aalen 1986. Art. Sein und Nichts (Yǒu Wú) und Unbestimmtes (Wú Jí). LG/HDH

**Wú Wèi** (Nichthandeln, Nichteingreifen), politische Regierungsmaxime im alten China. Sie entspricht am ehesten dem »Laisser faire, laisser aller« der Physiokraten des 18. Jh., aber offensichtlich hat sie auch – allzu wörtlich genommen – die »Tu nix«-Parolen westlicher Aussteiger und Verweigerer inspiriert. Als Wu Wei hat zuerst Lao Zi (nach chin. Konvention 580–500) das »Wirken« des ↗Dao beschrieben, das alle Dinge ihrer eigenen Natur gemäß zur Vollendung reifen läßt. Er betont zugleich seine Vorbildlichkeit für die Regierung: »Dao ist oft Wu Wei. Wenn Fürsten und Könige dies einhalten können, dann entwickeln sich alle Dinge von selbst« (Lao Zi: *Dao De Jing*). Das wurde im Daoismus zur Maxime des Herrschens ohne Eingriff (Wu Wei Er Zhi). Kong Zi (551–479) übernahm die Maxime und projizierte sie auf die Herrschaftsausübung der Vorzeit zurück: »Derjenige, der mit Wu Wei herrschte, war nur (der Kaiser) Shun. Wie brachte er das fertig? Er bildete demütig seine eigene Tugend aus und saß aufrecht auf seinem nach Süden gewandten Thron« (*Lun Yu, Gespräche*). Zhu Xi (1130–1200) kommentiert das später so: »Wenn heilige Männer voller Tugend sind, dann zivilisiert sich das Volk von selbst und bedarf ihres Handelns nicht« (Zhu Xi: *Ji Zhu, Gesammelte Anmerkungen*). In der frühen Han-Zeit vertrat vor allem Liu An (König von Huai Nan, 179–122) die Dao-Lehre und die Maxime vom Herrschen ohne Eingriff: »Wenn man Dao erreicht hat, dann kehrt man in die Stille zurück, weiß um das Wesen der Dinge und endet beim Wu Wei« (Liu An: *Yuan Dao Xun, Über das ursprüngliche Dao*). Nach dem Ende der Han-Dynastie verschmolz He Yan (-249 n.Chr.) daoistisches und konfuzianistisches Gedankengut. Er schrieb eine spezielle *Abhandlung über das Nichthandeln* (*Wu Wei Lun*), in der er die Forderung aufstellte, daß die Könige durch Wu Wei herrschen müßten. Daraus resultierte eine »liberalistische« Auffassung von der Zurücknahme des Staates und der Freisetzung der gesellschaftlichen Kräfte in der landwirtschaftlichen und handwerklichen Produktion und im Handel, die am Ende des 19. und im frühen 20. Jh. auch den Boden für die Übernahme kapitalistischer Wirtschaftsmodelle bereitete. Die »staatstragenden« Konfuzianer schwankten indes in ihrer Stellung gegenüber dem Wu Wei zwischen Ablehnung und Anerkennung. Zur Kompromißlinie wurde die – auch in westlichen Monarchien vielfach vertretene – Maxime: Der König herrscht, aber er regiert nicht. D.h. die Minister und Beamten sind tätig (Wu Bu Wei) und damit für die Staatstätigkeit verantwortlich, der König wird nicht selber tätig und bleibt grundsätzlich unverantwortlich. **Lit.:** L. Geldsetzer/H.-d. Hong: Chinesisch-deutsches Lexikon der chinesischen Philosophie. Aalen 1986. Art. Nicht-Handeln (Wú Wèi). LG/HDH

**Würde.** Der Begriff der Menschenwürde ist im 20. Jh. zu einem vielzitierten Bezugspunkt in der Normenbegründung geworden. Ausgehend von seiner Aufnahme in zahlreiche Verfassungen und in universale Menschenrechtskonventionen, so etwa in das »Grundgesetz der Bundesrepublik Deutschland« und in die »Allgemeine Erklärung der Menschenrechte« der Generalversammlung der Vereinten Nationen, ist er sowohl Thema der Rechtsphilosophie als auch der ethischen Auseinandersetzung um die Probleme, die die Entwicklung moderner Gesellschaften und Wissenschaften (Technik, Medizin, Genetik) mit sich bringt. Die Menschenwürde steht in Zusammenhang mit der Formulierung der ↗Menschenrechte, da ihr die Funktion zukommt, diesen fundierend vorauszugehen. Über ihre nähere inhaltliche Bestimmung besteht jedoch keineswegs Einigkeit. Unterschiedliche Standpunkte über die Voraussetzungen der Begründung, den Begriffsinhalt und seine Anwendungsrelevanz beherrschen die Diskussion.

(1) Zur Begriffsgeschichte: Im römischen Sprachgebrauch bezieht sich »dignitas« zunächst auf das Her-

kommen oder das Amt und vor allem auf die individuelle politische Leistung und moralische Integrität. Bei Cicero zeigt sich der entscheidende Umbruch zum Begriff der W., die auf der menschlichen Natur beruht, d. h. in der ihm aufgrund seines Geistes zukommenden Sonderstellung. Bei ihm finden sich auch zwei weitere Begriffsmomente, die für die Geschichte folgenreich sind: Der Bezug der W. zur sittlichen Bestimmung des Menschen in der Gemeinschaft und ihre Fundierung in der Wesensähnlichkeit zwischen Gott und Mensch. – Letzterer Gedanke findet sich wieder in der christlichen Vorstellung des Menschen als Imago Dei. Die Gottebenbildlichkeit ist das entscheidende Fundament der christlichen Würdebegründung von der Patristik bis heute, wobei die Frage des Verhältnisses von Urbild und Abbild zu klären ist und wie eine Beeinträchtigung der menschlichen W. durch den Sündenfall zu denken ist. Die mittelalterlich-christliche Tradition kristallisiert sich bei Thomas von Aquin. Er sieht die Ebenbildlichkeit in der Vernunftbegabtheit, Wahlfreiheit und Selbstmächtigkeit, durch die der Mensch zum Urheber seiner Werke wird. Dabei ist die Vorstellung der dignitas eng verbunden mit dem Begriff der Person, insofern sie Träger der W. ist. Person wird mit Boëthius bestimmt als die unteilbare Substanz der vernünftigen Natur. Sie ist Selbstand, da »per se existens«, und somit innerhalb der Teilhabe an der menschlichen Natur ein für sich Seiendes; hinzu kommt als Zeichen ihrer Freiheit der Aspekt des »per se agere«. Thomas betont aber auch die Zusammengehörigkeit von Seele und Leib, weshalb die W. der ganzen Person und nicht nur ihrem Geistaspekt zukommt. Die Dignitas-hominis-Literatur der frühen Neuzeit stellt einen Neuansatz in der Frage nach dem Menschen dar, zeigt aber zugleich die Weiterwirkung in der Tradition der Imago-Dei-Begründung. In Picos della Mirandola *Oratio de hominis dignitate* gewinnt der Autonomie-Gedanke eine zentrale Stellung. Grund seiner besonderen W. ist die schöpferische Selbstmächtigkeit des Menschen, die in seiner ontischen Ortlosigkeit wurzelt und ihn zur eigenen Selbstbestimmung zwingt. Bedeutsam ist, daß Pico nicht in der Geistverfaßtheit des Menschen den eigentlichen Kern der spezifisch menschlichen Würde sieht, sondern darin, daß er durch keine vorgegebene Form festgelegt ist und sich selbst entscheiden muß, wozu er sich gestalten will. Dies ist möglich, weil der Mensch nicht nur erkennend an der Welt teilhat, sondern selbst substantiell alles, was Welt ist, in sich enthält. Der schöpferische Aspekt ist ein wesentliches Merkmal der Renaissance-Argumentation. Der menschliche Geist spiegelt nicht nur die Verhältnisse der Welt wider, wie sie an sich vorliegen, vielmehr vollendet er die Welt kraft seiner eigenschöpferischen Tätigkeit und schafft sie gleichsam neu. – In der weiteren neuzeitlichen Entwicklung findet sich der Begriff der Menschenwürde dann vor allem im Umfeld der ↗Naturrechts- bzw. Menschenrechtsfrage. Damit taucht der für die gegenwärtige Rechtsphilosophie relevante Aspekt des Begründungszusammenhangs von Menschenwürde und Menschenrechte auf, und der Begriff gewinnt seine politisch-rechtliche Dimension (u.a. bei Hobbes, Locke, Hume, Pufendorf).

Bei Kant erhält die Menschenwürde schließlich ihren klassischen Stellenwert innerhalb der Ethik. Grund der W. ist die Autonomie, die Selbstgesetzlichkeit des Willens. W. kommt dem Menschen als ein zur Sittlichkeit fähiges Wesen zu. Als solches steht er unter der Bedingung, unter der allein etwas Zweck an sich selbst sein kann und hat damit nicht einen relativen Wert (Preis), sondern einen inneren Wert (W.). Die der W. entsprechende innere Haltung ist ↗Achtung. Achtung als subjektiver Bestimmungsgrund des Willens bedeutet den Ausschluß von Neigungen und Selbstliebe als sinnliche Affektionen des Willens, oder, wie Kant sagt, die »Demütigung« der sinnlichen Natur des Menschen unter das Sittengesetz. Insofern W. der Menschheit in jedem einzelnen zukommt, impliziert Verachtung eines anderen die Selbstverachtung.

Im 19. Jh. werden einige kritische Stimmen zum Würde-Begriff laut. Schopenhauer etwa kritisiert die inhaltliche Unbestimmtheit der kantischen Selbstzweckformel und verweist auf das Problem ihrer Anwendbarkeit. Für Marx ist W. etwas durch Veränderung der gesellschaftlichen Verhältnisse erst Herzustellendes und bei Nietzsche verfällt sie der Kritik der christlich-abendländischen Wertvorstellungen. – In der Diskussion des 20. Jh. stellt sich daher auch die Frage, wie W. bestimmbar sein kann, ohne auf theologische, metaphysische oder axiomatische Vorannahmen zu rekurrieren. Sartre will den Menschen von jeder vorgängigen teleologischen Inanspruchnahme frei machen. Die besondere Auszeichnung und W. des Menschen liegt hierbei darin, überhaupt erst in einer Folge von Entscheidungen sich zu entwerfen. Damit wird aber jeder dieser Selbstentwürfe ein einmaliges Ereignis und in seinem Zur-Erscheinung-Kommen ein unersetzbarer Seinsbestand. Die Achtung der W. des Menschen liegt dann darin, die Bedingungen zu wollen, unter denen jeder sich frei Ziele setzend und verfolgend entwerfen kann, unter der Rücksicht jedoch, daß jede Wahl den anderen impliziert und sich somit an seiner Freiheit begrenzt. – Bei Camus sieht sich der Mensch durch die Erfahrung des ↗Absurden in seinem Sinnstreben auf sich selbst zurückgeworfen und gelangt zur ersten Gewißheit: das Absurde hat nur dann einen Sinn, wenn man sich *nicht* mit ihm einverstanden erklärt, und zur ersten Haltung: der Auflehnung. Im Übergang vom Absurden zur Auflehnung findet eine Sinn- und Wertgebung des Lebens statt. Die Revolte ist die Auflehnung des Menschen gegen die Bedingungen seiner Existenz. Das Nein der Auflehnung steht aber auf dem Hintergrund der Bejahung eines Wertes, den die Existenzbedingungen verletzen. Diesen Wert, aufgrund dessen sich die Revolte erhebt, bezeichnet Camus als dignité. Er ist für ihn eine fundamentale, nicht weiter zurückführbare Erfahrungsgröße im Hinblick auf die kollektive Praxis. In der Auflehnung erfährt der

Mensch, daß es sich nicht um einen privaten, sondern allen gemeinsamen Wert handelt, insofern die Verletzung beim Anderen eine solidarische Betroffenheit bewirkt. – Für N. Luhmann stehen W. und Freiheit in sich ergänzendem Zusammenhang. Freiheit bezieht sich auf die äußeren, W. auf die inneren Bedingungen der Selbstdarstellung des Menschen als individueller Persönlichkeit. Letztere ist das Ergebnis komplexer, sich im sozialen Rahmen vollziehender Darstellungsleistungen. W. ist für Luhmann der Wunschbegriff gelungener Selbstdarstellung und die staatliche Achtung der W. bedeutet, den Raum zu schützen, in dem die Konstitution der Persönlichkeit möglich wird. – Die Achtung des Eigenstandes eines Seienden darf sich nach H. Jonas nicht nur auf den Menschen beziehen. Alles Organische und die Natur in ihrer Gesamtheit ist ein Selbstand, dem W. zukommt und der somit nicht einer willkürlichen Behandlung unterworfen werden darf.

(2) Systematisch gesehen besteht das Problem, wie sich Menschenwürde ontologisch bzw. anthropologisch begründen läßt und wie aus einer solchen Begründung der Übergang zu ethisch-normativen Aussagen stattfinden kann. – Die ontologische Begründung folgt dem Hauptstrom der Philosophiegeschichte. Der Mensch nimmt im Ganzen des Seins eine herausragende Stellung ein aufgrund seiner Vernunftbestimmtheit und Freiheit. Diese Begründung ist eng verbunden mit dem christlichen Verständnis des Menschen als Imago Dei. Insofern Gott die menschliche W. verleiht, läßt sich ihre Unantastbarkeit aus der transzendenten Verankerung begründen. Innerhalb des ontologischen Ansatzes wird der Begriff der Menschenwürde zumeist an den der Person gebunden. Person zeichnet sich im klassischen Sinne durch Eigenständigkeit, Einheit, Selbstbezüglichkeit und Handlungsmächtigkeit aus. Strittig ist zuweilen, ob Personsein an eine Aktualisierung bestimmter Eigenschaften gebunden ist und ob W. daher mit einer bestimmten »Würdeleistung« verknüpft ist. Wird sie als zum Wesensbestand des Menschen unverlierbar gehörig begriffen, stellt sich die Frage, wie im moralisch-rechtlichen Sinn von einem Verlust bzw. einer Verletzbarkeit der Würde gesprochen werden kann. Die ontologische Fundierung verweist somit weiter auf die ethische Fragestellung und auf die Bestimmung des Menschen als eines sittlichen Wesens. – Der im engeren Sinn anthropologische Begründungsansatz versucht aus den fundamentalen Grundlagen des Menschseins den Begriff der W. als Unantastbarkeit der Verwirklichungsbedingungen dieses Menschseins zu gewinnen. So kann etwa mit Gehlen der Mensch verstanden werden als ein Wesen, das, um zu leben, erst handelnd seine Welt und sich selbst gestalten muß. Seine Selbstbestimmungsmöglichkeit, im Rahmen derer aller, gehört so zu den grundlegenden und damit zu schützenden Bedingungen seines Menschseinkönnens. Dieser Ansatz intendiert, ohne Rückgriff auf metaphysische oder theologische Annahmen auszukommen und den Würdebegriff damit weltanschaulich neutral zu halten. – Die ethisch-normativen Ansätze betonen die Funktion des Würdebegriffs innerhalb der Normenbegründung. Insofern die Berufung auf Menschenwürde daraufhin abzielt zu zeigen, daß aufgrund bestimmter Wesenseigenschaften des Menschen ein bestimmtes Verhalten (zu sich selbst und zu anderen) sittlich gefordert ist, müssen zum einen die Grundsätze geklärt werden, nach denen solch ein Schluß möglich ist (Sein-Sollen-Übergang) und zum anderen, welche Anwendungskriterien im konkreten Fall in Anschlag zu bringen sind. Hierher gehören auch Untersuchungen, die die Tragfähigkeit des Würdearguments im Rahmen bestimmter Bezugsfelder überprüfen, wie z. B. Psychiatrie, Gentechnologie, heutige Arbeitswelt. W. bezieht sich auf ein bestimmtes Verhältnis zwischen den Eigenschaften der Vernunftbegabtheit, Wahlfreiheit oder Selbstbestimmung und der diese tangierenden Haltung und Handlung und drückt so eine Adäquatheitsbeziehung zwischen Sein und Verpflichtung aus. Unantastbarkeit bedeutet die Entzogenheit des Selbstseins des Anderen gegenüber jeglicher Handlungsmächtigkeit. Jeder Verstoß gegen die Würde ist ein Durchbrechen der Solidarität der Menschen untereinander. Ihre Achtung erkennt an, daß das Menschsein in jedem Einzelnen in unersetzlicher, weil individueller Weise repräsentiert ist und somit die Selbstbestimmung, innerhalb der Grenzen der Selbstbestimmung aller, eine grundlegende Entfaltungsbedingung des Menschen ist. – Die rechtsphilosophische Tradition des Würdearguments im deutschsprachigen Raum gründet sich vor allem auf den Artikel 1 des Grundgesetzes. Menschenwürde wird übereinstimmend als Fundamentalnorm angesehen, die »Maßstab für alle einzelnen Grundrechtsbestimmungen und deren Auslegung« und »Mittelpunkt des Wertsystems der Verfassung« (Bundesverfassungsgericht) ist. Dem steht die Auslegungsbedürftigkeit des Begriffs gegenüber. Nach der gängigen Verfassungsinterpretation beruht die Menschenwürde auf der Vernunftbegabtheit und dem freien Willen, weshalb der Mensch niemals bloß als Mittel, sondern immer als unverfügbarer Zweck an sich selbst behandelt werden muß. Die Grundlage für diese Auslegung bildet der Würdebegriff Kants. In der Anwendung ist dieser Grundsatz allerdings selbst wieder problematisch. Die Freiheit zur Selbstbestimmung etwa steht in gemeinschaftsbezogenem Kontext und muß sich an der Freiheit anderer begrenzen lassen. Ein weiteres Problem erwächst im Hinblick auf internationale Menschenrechtskonventionen, insofern hier eine interkulturell gültige Begründung notwendig ist. **Lit.:** A. Auer: G. Manetti und Pico della Mirandola. De hominis dignitate. In: Vitae et Veritati. Festgabe für Karl Adam. Düsseldorf 1956. S. 83–102. – H. Bielefeldt u. a. (Hg.): Würde und Recht des Menschen. Würzburg 1992. – U. Eibach: Medizin und Menschenwürde. Wuppertal 1976. – T. Geddert-Steinacher: Menschenwürde als Verfassungsbegriff. Berlin 1990. – B. Giese: Das Würde-Konzept. Berlin 1975. – R. Gotesky/E. Laszlo (Hg.): Human Dignity. New York 1970. – W.

Maihofer: Rechtsstaat und menschliche Würde. Frankfurt 1968. – H.-C. Nipperdey: Die Würde des Menschen. In: Neumann/Nipperdey/Scheuner: Die Grundrechte, Bd. 2. Berlin 1954. – V. Pöschl: Der Begriff der Würde im antiken Rom und später. Heidelberg 1989. – J. Santeler: Die Grundlegung der Menschenwürde bei Kant. Innsbruck 1962. – Ch. Trinkaus: In Our Image and Likeness. 2 Bde. London 1970. – W. Wertenbruch: Grundgesetz und Menschenwürde. Köln/Berlin 1958. – W. Wolbert: Der Mensch als Mittel und Zweck. Münster 1987. FPB

**Xīn** (Bewußtsein), in der alten chinesischen Philosophie; in moderner Terminologie Xin Li, wie in Xin Li Xue: Psychologie. Das Schriftzeichen bedeutet eigentlich Herz, wie auch jetzt noch in der Umgangssprache, im übertragenen Sinne auch Inneres, wie auch jetzt noch z. B. in Zhong Xin: Zentrum (= Mitte des Herzens). Als Radikal ist das Zeichen Bestandteil vieler zusammengesetzter Schriftzeichen für psychische Akte. Meng Zi (372–289) hat es zuerst in einem *Traktat über die »Anstrengung des Bewußtseins«* (*Jin Xin*, wörtlich: Sein Innerstes nach Kräften ausschöpfen!) zum philosophischen Thema gemacht. Er meint, daß die konfuzianischen Kardinaltugenden Menschlichkeit (↗Ren), Gerechtigkeit (Yi), Sittlichkeit (↗Li) und Weisheit (Zhi) in Xin eingewurzelte Himmelsideen oder eingewurzeltes Wissen (↗Liang Zhi) seien, die man daher nicht zu lernen, sondern sich nur – modern gesprochen – zu Bewußtsein zu bringen hätte (Meng Zi: *Jin Xin*). An anderer Stelle nennt er daher das Denken eine Funktion von Xīn (Meng Zi: *Gao Zi*). Daran knüpft später die idealistische Lu Wang-Schule von Lu Jiu-yuan (= Xiang Shan, 1139–1193) und Wang Shou-ren (= Wang Yang-ming, 1472–1529) an. Lu Jiu-yuan vertritt einen kosmologischen und hermeneutischen Bewußtseinsmonismus, der in gewissen Zügen Leibniz' Monadenlehre entspricht. Er behauptet: »Der Kosmos ist mein Xin, mein Xin ist Kosmos« (Xiang Shan: *Sämtliche Werke, Za Shuo, Nebenbemerkungen*); entsprechend gilt ihm vom Sinngehalt der Klassikerschriften: »Die sechs Klassiker sind sämtlich meine Interpretation (Liu Jing Jie Wo Zhu Jiao!)«. Sein philosophisches Forschungsprogramm lautet daher auch: »Entdeckung des Xin als des Eigentlichen (Fa Ming Ben Xin!)«. Ähnlich betont Wang Shou-ren: »Unter dem Himmel gibt es keine Dinge außer Xīn« (Wang Shou-ren: *Chuan Xi Lu, Das Buch vom Lehren und Lernen*, Bd. 3). Er entwickelt auf dieser Grundlage seine Erkenntnistheorie der »Ideenintentionalität« (vgl. ↗Zhi Liang Zhi). Die Nähe dieser Lehren zu buddhistischen Bewußtseinslehren, insbesondere der zenbuddhistischen Maxime von der Bewußtseinsreflexion und Wesensschau (Ming Xin Jian Xing!) wurde immer gesehen. Luo Qin-shun (1465–1547) stellt etwa fest: »Die sogenannte buddhistische Bewußtseinserhellung und Wesensschau (Ming Xin Jian Xing) und unsere konfuzianische Bewußtseinsanstrengung und Wesenserkenntnis (Jin Xīn Zhi Xing) ähneln sich, sind aber in der Tat nicht dasselbe« (Luo Qin-shun: *Kun Zhi Ji, Aufzeichnung schwieriger Erkenntnisse*). Aber auch er kann den Unterschied nur durch den Rekurs auf die materiell-körperliche Unterlage des Bewußtseins, wie sie die übrigen konfuzianischen Schulen im Begriff der luftartigen feinsten Materie (↗Qi) zu fassen suchten, herausarbeiten. Dieser realistische bzw. materialistische Standpunkt wird von Wang Fu-zhi (1619–1692) bündig so formuliert: »Die Rede vom Xin, vom Wesen (Xing), vom Himmel (Tian) und von Sitte (Li) muß man auf die Materie (Qi) beziehen. Wo es keine Materie gibt, gibt es dies alles nicht« (Wang Fu-zhi: *Du Si Shu Da Quan Shuo, Große Kommentarsammlung zur Lektüre der vier Klassiker*, Bd. 10). **Lit.:** L. Geldsetzer/H.-d. Hong: Chinesisch-deutsches Lexikon der chinesischen Philosophie. Aalen 1986. Art. Bewußtsein (Xīn), Bewußtsein und Wesen des Menschen (Xīn Xìng), Bewußtseinsentwicklung und Wesenserkenntnis (Jìn Xīn Zhī Xìng), Ideen-Intentionalität (Zhì Liāng Zhī), Reflexion und Wesensschau (Míng Xīn Jiàn Xìng). LG/HDH

**Xing** (Wesen, Natur), Kategorie in der chinesischen Philosophie. Die erste systematische Verwendung des Begriffs erfolgt im Denken von Mencius (ca. 379–289 v. Chr.). Nach Mencius ist im Menschen qua Mandat (↗Ming) des Himmels X. als Wesen angelegt. Als Ausdruck des Himmels, der auch letzte ethische Instanz ist, begründet es menschliche Moralität (»Das Wesen ist gut.«) und enthält die fünf konfuzianischen Kardinaltugenden. Aufgabe des Menschen ist es, seinem ursprünglichen Wesen gerecht zu werden, das sich im Bewußtsein widerspiegelt. Auch das Bewußtsein ist auf das moralisch Gute gerichtet. Jeder Mensch ist daher auf sein Wesen unmittelbar ansprechbar. Mencius nennt dafür das Beispiel eines Kindes, das gerade in einen Brunnen zu stürzen droht. In diesem Moment würde demnach jeder Anwesende, unabhängig von Bildung, sozialer Stellung oder Lebenswandel, spontan zu Hilfe eilen. X. ist im Denken von Mencius die entscheidende Kategorie menschlicher Moralität. Eine Gegenposition wird im Buch *Guan zi* vertreten (Guan zi, gest. 645 v. Chr.; das Buch *Guan zi* ist ein heterogenes Werk und enthält Texte, die zwischen dem 5. Jh. v. Chr. und dem 2. Jh. v. Chr. verfaßt wurden). X. bezeichnet dort die instinktiven Fähigkeiten von Mensch und Tier. Eine ähnliche Position vertritt Xunzi. X. ist Ausdruck der natürlichen Fähigkeiten des Menschen. Es ist keine moralische Instanz. Läßt man den einzelnen Wünschen, die sich aus dem instinktiven und egoistischen Lebenserhaltungstrieb ergeben, freien Lauf, so kommt es zum Kampf der Egoismen. Da der Mensch im Unterschied zum Tier Gesellschaftlichkeit und institutionalisierte Ethik als höheren Wert kennt, muß die instinktive Natur im *Xun Zi* negativ beurteilt werden: »Die menschliche Natur ist böse, und was am Menschen gut ist, ist das Ergebnis (zivilisatorischer) Bemühungen« (*Xun Zi*: Xing E). Wesen ist für Xunzi kein metaphysisch legitimierter Ausdruck menschlicher Moralität. Moralität ist das Ergebnis der Einrichtung und Durchsetzung eines (konfuzianisch) geordneten Gemeinwesens. Die Auseinandersetzung zwischen diesen beiden Positionen durchzieht die chinesische Philosophiegeschichte. Der Legist Han Fei (Zi) (gest. 233 v. Chr.) verstand unter X. die rein triebhafte Natur des Menschen, die bar jeder Moralität ist. Ihr muß der Herrscher des Gemeinwesens mit formalen und rigiden Gesetzen entgegenwirken. In den Übersetzungen buddhistischer Schriften ins Chinesische wurde *X.* v. a. für den Sanskritterminus ↗*prakrti* gewählt, der das fundamentale Wesen jenseits der Erscheinungsformen bezeichnet. Die Neubewertung von X. im ↗Neokonfuzianismus wurde von Li Ao (gest.798) eingeleitet. Er unterscheidet zwischen dem eigentlichen Wesen und dem verschatteten Wesen. Die Rückbesinnung auf das eigentliche Wesen (*fu xing*) ist die zentrale Aufgabe des Menschen. In Zhu Xis Neokonfuzianismus wird X. in eine epistemologische und ethische Systematik eingebunden, indem es mit dem Begriff ↗*Li* (Prinzip) gekoppelt wird. **Lit.:** R. Moritz: Die Philosophie im alten China. Berlin 1990. – H. Schleichert: Klassische chinesische Philosopie. Frankfurt [2]1990. MLE

**Yīn Yáng** (Yin und Yang), zwei Grundprinzipien der alten chinesischen Naturphilosophie. Der ursprüngliche Sinn der Wörter ist Schattenseite von Berg oder Tal (Yin) bzw. Sonnenseite (Yang). Im weiteren Sinne und auch jetzt noch umgangssprachlich in vielen damit gebildeten Komposita bedeutet Yin das Schattige, Dunkle, Geheimnisvolle, Verborgene, »Unterirdische«, auch das Weibliche, insbesondere dient es zur Übersetzung von »negativ«; Yang bedeutet entsprechend das Klare, Helle, Offenbare, Hervortretende, auch das Männliche, dann auch die Übersetzung von »positiv«.

Im alten *Buch der Wandlung* (*Zhou Yi*, *Buch der Wandlung aus der Zhou-Dynastie*) werden Yin und Yang zuerst als Grundprinzipien behandelt und graphisch notiert: Yang als einfacher Querstrich, Yin als durchbrochener Querstrich. Zu jeweils dreien (untereinander notiert) ergeben sich acht komplexe Symbole (Ba Gua). Das ausschließlich aus Yangzeichen bestehende (Qian) wird dem Himmel zugeordnet, das nur aus Yinzeichen bestehende (Kun) der Erde. Sie werden in der Interpretation als Vater und Mutter aller Dinge angesprochen. Die gemischten Gua vertreten ihre »Kinder«, nämlich Donner (Zhen), Wind (Xun), Wasser (Kan), Feuer (Li), Berg (Gen) und See (Dui). Aus je zwei Gua werden dann 64 Neben-Gua (Bie Gua) mit jeweils sechs Yin- oder Yangstrichen kombiniert und ihnen weitere Dinge, Sachverhalte oder Situationen zugeordnet. Die Anzahl, Rangstellung oben oder unten und das Lageverhältnis zueinander der einzelnen Yin- und Yangstriche in den Gua und Nebengua dient als Grundlage für die diagnostische Erkenntnis des Wesens der zugeordneten Dinge und Verhältnisse: Erkenntnis der Dinge ist reduktive Erklärung aus den Yin Yang-Konstellationen. Mit Münzen oder glatten und geknickten Stäbchen geworfen, sind sie im alten China auch für Orakel, Horoskope und Prognosen verwendet worden, und so wurden sie wahrscheinlich auch zum Ursprung vieler Glücks- und Geschicklichkeitsspiele. Der Dualismus der Yin-Yang-Spekulation – der im Abendland im spätantiken Manichäismus und in der bipolaren »romantischen« Naturphilosophie Schellings eine Parallele hat – wurde in China zur Grundlage des naturphilosophischen und naturwissenschaftlichen Denkens. Unter den neun klassischen Schulen der chinesischen Antike trat eine Yin Yang-Schule (Yin Yang Jia) auf, für welche die Interpretation des *Buches der Wandlung* Ausgang ihrer Theoriebildung über Kosmos und Menschlichkeit wurde. Ihr Hauptvertreter Zou Yan (ca. 305–240) brachte die Yin Yang-Lehre mit der (älteren) Lehre von den fünf Naturelementen Wasser (Shui), Feuer (Huo), Holz (Mu), Gold (bzw. Metall Jin) und Erde (Tu) und ihrem Wirkungszusammenhang in Verbindung und etablierte so ein (dem empedokleischen vergleichbares) Natursystem von zwei antagonistischen Grundkräften und Elementen, die in zyklischer Folge die Dinge hervorbringen. Die Naturkreisläufe parallelisierte er zugleich mit der Abfolge der Dynastien und suchte daraus politische Prognosen zu gewinnen. Dies wurde später zur Grundlage des politischen Orakel- bzw. Prognosesystems (Chen Wei; vgl. ↗San Tong Shuo). Die »monistischen« Schulen suchten ihrerseits Yin und Yang von ihrem Grundprinzip abzuleiten. Da auch Lao Zi schon davon gesprochen hatte, daß »alle Dinge eine hintere Yin-Seite und eine vordere Yang-Seite haben«, stellt schon der Verfasser des ältesten *Kommentars zum Buch der Wandlungen* bündig fest: »Ein Yin und ein Yang, das heißt Dao« (*Yi Zhuan*). Diese Einheit wird von Lao Zi und im Daoismus auch als das »Urprinzip« (↗Tai Ji) bezeichnet, daneben ist bei Lao Zi auch vom Nichts (↗Wu) und vom absolut Unbestimmten (Wu Ji) die Rede, aus dem alles Sein (You) entstehe, so daß auch diese als Prinzipien vor Yin und Yang gesetzt werden konnten. Im berühmten *Vorwelt-Diagramm* (*Xian Tian Tu*, vgl. ↗Tai Ji), einem kosmogonischen Schema des Hervorganges der fünf Elemente und aller Dinge aus dem Tai Ji und dem Wu Ji, steht ganz oben ein leerer Kreis als Wu Ji, links davon aber zugleich Yin und rechts Yang. Tai Ji steht als zweiter halb heller und halb dunkler Kreis darunter. Zhou Dun-yi (1017–1073) kommentiert: »Tai Ji bringt durch Bewegung Yang hervor. Wenn eine Aktivität an ihre Grenze gelangt, wird es ruhig. Durch Ruhe erzeugt Tai Ji das Yin« (Zhou Dun-yi: *Tai Ji Tu Schuo, Kommentar zum Tai Ji-Diagramm*).

Das Yin Yang-Schema ist von chinesischen Gelehrten als Vorläufer oder als Pendant zu vielerlei westlichen dualistischen Denkformen in Anspruch genommen worden. Vor allem gilt es als Grundentsprechung zum Denken im positiv-negativen Gegensatz und zum dialektischen Entgegensetzen. Insofern konnte auch das marxistische Denken und insbesondere die engelssche Naturdialektik bruchlos an die Yin Yang-Philosophie anknüpfen und hätte wohl kaum ohne diese genuin chinesische Traditionslinie in China so weiten Anklang gefunden. Auch im Westen hat es anregend gewirkt. Leibniz, der sich intensiv mit dem Gua-Formalismus der Yin Yang-Darstellungen beschäftigt hatte, hat ihm zweifellos Anregungen für den Entwurf des binären Zahlensystems zu verdanken. Er vermutete darüber hinaus, daß die chinesischen Schriftzeichen ursprünglich auf Gua-Kombinationen zurückzuführen seien und verwertete diese Idee in seinem Projekt einer charakteristica universalis. Nimmt man die Gua-Darstellung als Formalismus für die graphische Notierung der Gradabstufungen von Merkmalen in polaren Typologien, so gibt es freilich bisher noch keine Entsprechung für die Yin Yang-Symbolik im abendländischen Formelschatz der Logik oder Mathematik. **Lit.:** L. Geldsetzer/H.-d. Hong: Chinesisch-deutsches Lexikon der chinesischen Philosophie. Aalen 1986. Art. Gua als Symbole (Guà), Prognostizierungsdoktrin (Chèn Wěi), Ur-Idee (Tài Jí), Unbestimmtes (Wú Jí), Wirkungszusammenhang der fünf Elemente (Wǔ Dé Zhōng Shǐ), Yin und Yang (Yīn Yáng), Yin und Yang und ihr Wirkungszusammenhang mit den fünf Elementen (Yīn Yáng Wǔ Xíng Shuō). – R. Widmaier: Die Rolle der chinesischen Schrift in Leibniz' Zeichentheorie (Studia Leibnitiana, Suppl. XXIV). Wiesbaden 1983. LG/HDH

**Yoga** (sanskrit: Anschirrung, Anspannung). Die Philosophie des Y. lehnt sich in vieler Hinsicht an die des ↗Sāṃkhya an, mit dem er nach traditioneller indischer Aufteilung der ↗indischen Systeme zusammengefaßt wird, hat aber auch viele Gemeinsamkeiten mit dem ↗Buddhismus. Tatsächlich ergänzen sich Y. und Sāṃkhya, da das Sāṃkhya ein logisches Denksystem bietet, während es dem Y. v.a. um die Praxis der zur Erkenntnis und Erlösung (↗Mokṣa) führenden Versenkung geht, auf einen philosophischen Überbau jedoch nicht verzichten konnte. Der Begriff des Y. in seiner philosophisch-systematischen Bedeutung kommt in der indischen Literatur schon ab den ↗Upaniṣaden vor, die Anfänge des Y. reichen jedoch wahrscheinlich viel weiter zurück, in die Zeit des ↗Veda oder gar in die vorarische Periode der Induskultur (3. Jh. v.Chr.). Der klassische Y. erschließt sich durch die *Y.-Sūtras* des Patañjali und durch den Kommentar (Bhāṣya) des Vyāsa (ca. 600 n.Chr.). Wie im Sāṃkhya stehen sich im Y. die ↗Puruṣas als geistiges und die ↗Prakṛti als materielles Prinzip gegenüber (*Y.-Sūtra* 2.21.), aber im Unterschied zu dessen drei psychischen Prinzipien gibt es im Y. nur ein psychisches Organ, das citta, das aus den drei ↗Guṇas besteht und mit dem der Puruṣa erkennt. Ziel des Y. ist das Aufheben des Denkens (*Y.-Sūtra* 1.2.), das auf einem Stufenweg der acht Glieder des Y. (yogāṅga) erreicht wird (*Y.-Sūtra* 2.29.ff.): »Die Selbstbezwingung (yama), die Zurückhaltung (niyama), das Sitzen (āsana), die Unterdrückung des Atems (prāṇāyama), das Zurückziehen (der Sinne von den Objekten = pratyāhāra), das Zurückhalten (des Denkens = dhāraṇa), die Meditation und die Versenkung (dhyāna, samādhi)« (vgl. Mehlig, S. 539). Im Gegensatz zum Sāṃkhya lehrt Patañjalis System die Existenz eines Gottes (Īśvara, *Y.-Sūtra* 1.23.ff.), der ein Puruṣa höchster Vollkommenheit ist; für den Y. stellt die hingebungsvolle Verehrung (↗Bhakti) dieses Gottes eine weitere Möglichkeit dar, die Erlösung zu erreichen. Da der Y. sich v.a. als praktische Anleitung zur Erlangung der Erlösung versteht, konnte er sich mit vielen verschiedenen philosophischen und religiösen Strömungen verbinden (Mantra-Y., Haṭha-Y., Laya-Y.) **Lit.:** M. Eliade: Yoga. Frankfurt 1985. – E. Frauwallner: Geschichte der indischen Philosophie. Bd. 1. Salzburg 1953. S. 408 ff. – J. W. Hauer: Der Yoga. Ein indischer Weg zum Selbst. Stuttgart 1983. – J. Mehlig: Weisheit des alten Indien. Bd. 1. München 1987. S. 531 ff. (Übersetzung) – G. Oberhammer: Strukturen yogischer Meditation. Wien 1977. – J. Varenne: Yoga and the Hindu Tradition. Delhi 1989. MD

**Zahl,** funktionale Einheit in der ↗Mathematik. Im Mittelpunkt der philosophischen Diskussion des Z.-Begriffs steht die Frage nach dem ontologischen und epistemischen Status mathematischer Entitäten wie Z. oder Mengen. Die Frage: »Was sind Zahlen?« wird, zumal in gegenwärtigen Debatten, in der Philosophie der Mathematik unterschiedlich beantwortet. Grundsätzlich lassen sich drei »klassische« Sichtweisen unterscheiden, die sich grob als Nominalismus (resp. Formalismus), Konzeptualismus und Platonismus charakterisieren lassen. In neueren Theorien der Mathematik dominieren hingegen modalistische, konstruktivistische und strukturalistische Positionen (vgl. P. Benacerraf/H. Putnam). Betrachtet man die Geschichte der philosophischen Reflexion des Z.-Begriffs, so gelten mathematische ebenso wie geometrische Sätze stets als Inbegriff sicherer, eindeutiger und klarer deduktiver Erkenntnisse. Strittig ist indessen die Frage, in welcher Weise Z.en »existieren«.

Nach nominalistischer Ansicht sind Z.en keine abstrakten Entitäten, sondern lediglich formale Zeichen, die in der Sprache der Mathematik verwendet werden. Eine psychologistische Variante dieser Sichtweise, die besonders im Ausgang des 19. Jh. heftig diskutiert wurde, betrachtet Z.en primär als psychische Konstrukte, die wir beim Zählen jeweils bilden. Als Konzeptualismus wird zumeist die Ansicht gekennzeichnet, derzufolge Z.en zwar als abstrakte Entitäten existieren, aber nur insoweit, als sie Produkte des menschlichen Denkens sind. Z.en werden danach als a priorische Formen betrachtet. Bei Kant, der als klassischer Vertreter einer konzeptualistischen Ansicht gilt, gehört die Z. zwar »an sich … zu den Verstandesbegriffen, … dessen Verwirklichung [erfordert] jedoch die Hilfsbegriffe der Zeit und des Raumes« (*De Mundi sensibilis* § 12). Die Z. ist, nach der *Kritik der reinen Vernunft*, als »Einheit der Synthesis des Mannigfaltigen einer gleichartigen Anschauung überhaupt« an die Anschauungsform der Zeit gebunden. Als platonistische (resp. realistische) Theorie der Z. kann eine Betrachtungsweise verstanden werden, derzufolge mathematische Entitäten selbständige, d.h. unabhängig vom individuellen Denken existierende »Wesenheiten« sind.

In einer Theorie der Z.en geht es demnach um die Beschreibung nicht-empirischer »idealer« Objekte, die weder als raum-zeitlich situierbare, noch als allein »intramentale« Objekte aufgefaßt werden können. Als Hauptrepräsentant dieser Position gilt Frege. Nach Frege ist »jede einzelne Zahl ... ein selbständiger Gegenstand« (Frege, 1986, S. 66f). **Lit.:** P. Benacerraf/H. Putnam (Hg.): Philosophy of Mathematics – Selected readings. Englewood Cliffs [2]1983. – G. Frege: Die Grundlagen der Arithmetik. Hamburg 1986. – Ch. Parsons: Mathematics in Philosophy – Selected essays. Ithaca 1983. – R. Rheinwald: Der Formalismus und seine Grenzen. Königstein 1984. JH

**Zeichen.** In der formalen Logik wird unterschieden zwischen Grundzeichen, die in einem System S nicht definiert sind, und abgeleiteten Z., die in dem System S mittels anderer Zeichen des Systems S definiert sind. In den sprachphilosophischen Positionen wird der Begriff des Z.s unterschiedlich bestimmt. Traditionell wird von einer zweistelligen Relation zwischen dem Wort als dem Bezeichnendem und einem Gegenstand als dem Bezeichneten ausgegangen. Eine solche Deutung der Funktion des sprachlichen Zeichens gilt überwiegend für jene Positionen, die sich an Locke anlehnen, u. a. auch für Vertreter der sprachanalytischen Philosophie wie Russell. Locke führt den Ursprung der Begriffe und Bedeutungen auf Ideen zurück, die entweder aus sinnlichen Eindrücken von Gegenständen außerhalb unseres Bewußtseins oder aus der inneren Tätigkeit des Bewußtseins entspringen. Im Wort kommt immer nur die subjektive Art, in der der menschliche Geist bei der Zusammenfassung der einfachen Ideen verfährt, zum Ausdruck. Nach Lockes Auffassung sind Wörter Z. für Vorstellungen im Bewußtsein, die Vorstellungen wiederum Z. für Gegenstände außerhalb unseres Bewußtseins, die mit diesen Wörtern bezeichnet werden. – Dieses einfache Beziehungsmodell hat in mehrfacher Hinsicht eine Modifikation erfahren. Die strukturalistische Sprachtheorie von Saussure behält zwar in Gestalt des Begriffspaares »Signifikant-Signifikat« die Zweistelligkeit bei, verändert aber das Zuordnungsmodell von Wort und Gegenstand, indem es die spezifische Struktur des Z.s anders darstellt: Die Sprache bildet ein System von Z., in dem einzig die Verbindung von Sinn und Lautzeichen wesentlich ist und in dem beide Seiten des Z.s gleichermaßen psychisch sind. Diesem (semiologischen) Ansatz zufolge entspringt jenes Verständnis, das von Wörtern ausgeht, die dann erst auf eine Gegenständlichkeit appliziert werden, um diese als Dinge zu benennen, einer falschen Methode. Sprache wird dadurch auf eine Nomenklatur zur Etikettierung für bereits sprachunabhängig existierende Vorstellungen reduziert. Saussure stellt dieser Konzeption die These gegenüber: Es gibt keine von vornherein feststehenden Vorstellungen, Denken ist nur möglich, sofern es in eine sprachliche Form gefaßt ist. Der materiale Laut kann erst als Bedeutungsträger zu einem sprachlichen Laut werden, das Denken kann erst in der Fassung eines sprachlichen Lautes zu einer Vorstellung werden. Einem Z. ist die Doppelstruktur Lautbild-Bedeutungsgehalt eigen und aufgrund dieser Struktureigenheit wird von Saussure geltend gemacht, Sprache als Form und nicht als Substanz (i.S. von feststehenden Lautgebilden und feststehenden Bedeutungen) zu betrachten. Sprache ist vielmehr als ein System von Gegensätzen aufzufassen, als ein Gewebe von Werten, die sich aus abgrenzenden Bezügen zu anderen Werten erst konstituieren. Ein Z. besteht nur, indem es in einer spezifischen Bedeutung in Abgrenzung zu anderen interpretiert und indem sein Lautbild von anderen Lautbildern unterschieden wird, d. h. sowohl nach seiner materialen (d.i. lautlichen) wie nach seiner bedeutungshaften Seite durch Abgrenzungen zu anderen Wörtern, d. h. durch seine Stellung zu Gegensatzpaaren, seine Bestimmtheit erfährt.

Die Sprachtheorie Bühlers hebt die Begrenzung der Sprache auf ihre benennende Funktion auf und erweitert diese Darstellungsfunktion um die Ausdrucks- und die Appellfunktion. Der Sprecher bringt eine Überzeugung zum Ausdruck, indem er eine Aussage über einen Gegenstand oder Sachverhalt macht (darstellende Funktion) und sich an einen Adressaten richtet (appellative Funktion; ↗Organonmodell). – Mit Bezug auf Saussure und Bühler erörtert Jakobson sechs Funktionen des sprachlichen Z.s: die referentielle, die emotive, die konative, die phatische, die metasprachliche und die poetische Funktion. – Einer grundlegenden Veränderung wird das Modell Bezeichnendes-Bezeichnetes in der ↗Semiotik von Peirce und Morris unterzogen. Sie postulieren eine Dreistelligkeit eines jeden Z.s, da neben dem Zeichenträger (d.i. der materialen Zeichengestalt) und dem Designat (d.i. dem Objektbezug) als drittes Moment des Z.s der Interpretant in Rechnung zu stellen ist. Durch dieses dritte Moment wird die Besonderheit des Bedeutungsgehalts des Z.s charakterisiert: Das Z. repräsentiert nicht einfachhin ein Objekt, sondern ruft beim Zeichenbenutzer eine bestimmte Handlungsdisposition oder einen Denkprozeß hervor. Damit ein Z. als Z. fungieren kann, muß es eine Reaktion hervorbringen können, was nur möglich ist, wenn es von einem dritten Element (Interpretant) vermittelt wird. Es ist dasjenige Element, welches das Z. zu einem Phänomen der Konvention, der Auslegung, der Gesellschaftlichkeit macht. Peirce und Morris differenzieren zudem zwischen dem ikonischen, dem indexikalischen und dem symbolischen Z., bzw. da jedem Z. diese drei Momente in unterschiedlicher Stärke eigen sind, zwischen diesen drei Merkmalen: Für das ikonische Z. ist es charakteristisch, daß es eine unmittelbar wahrnehmbare strukturelle Ähnlichkeit zur bezeichneten Sache aufweist, d. h. eine abbildhafte Wiedergabe der bezeichneten Sache (bspw. bei manchen Verkehrszeichen) ist. Das indexikalischen Z. weist einen unmittelbaren konkreten (d.i. zeitlichen und räumlichen) Zusammenhang mit dem Bezeichneten auf (bspw. ist der Rauch ein Index für Feuer). Das Symbol entspricht dem begrifflichen Z. und steht (zumindest für Peirce) als allgemeines Z. für eine Klasse von Gegenständen (↗Semiotik). **Lit.:** M. Bense: Allgemeine Theorie der Zeichen. 1967. – K. Bühler: Sprachtheorie. Die Darstellungsfunktion der Sprache. Frankfurt/Berlin/Wien 1978. – U. Eco: Einführung in die Semiotik. München [6]1988. – Ders.: Zeichen. Eine Einführung in den Begriff und seine Geschichte. Frankfurt 1977. – R. Jakobson: Poetik. Ausgewählte Aufsätze 1921–71. Frankfurt [2]1989. – Ch. W. Morris: Grundlagen der Zeichentheorie. Frankfurt 1988. – Ders.: Pragmatische Semiotik und Handlungstheorie. Frankfurt 1977. – K. Oehler: Charles Sanders Peirce. München 1993. – Ch. S. Peirce: Über Zeichen. In: E. Walther (Hg.): Die Festigung der Überzeugung. Frankfurt/Berlin/Wien 1985. S. 143 ff. – P. Prechtl: Saussure. Hamburg 1994. – F. de Sausure: Grundfragen der allgemeinen Zeichentheorie. Berlin [2]1967. PP

**Zeichenträger,** in der Zeichentheorie oder Semiotik das sinnliche Material (Anzeichen, Signal, Wort u. a.), das in einer bestimmten Hinsicht auf etwas anderes verweist (auf einen Sachverhalt oder einen Gegenstand) und von einem Interpreten in diesem Verweisungscharakter, d.i. als Zeichen, aufgefaßt wird. ↗Zeichen, ↗Semiose. PP

**Zeigehandlung,** von Kamlah und Lorenzen eingeführter Terminus, der neben dem Terminus »Verständigungshandlung« diejenigen Handlungen, die die Herstellung kommunikativer Beziehungen zum Zweck haben, als eine besondere Gruppe von Handlungen herausstellt. Charakteristisch für Z.en ist: (1) Sie sind an andere Menschen gerichtet, von denen man erwartet, daß sie die Z.en in Verstehenshandlungen aufgreifen, d.h. sie implizieren die Bereitschaft des Handlungspartners, die wahrgenommene Geste als sinnvoll aufzufassen und einem Zeigeschema zuzuordnen (d.h. der Partner versteht, welche Bedeutung die Z. hat). (2) Ihnen muß eine bestimmte Anzeige-Funktion zukommen, wodurch der Bezug der aktuellen Geste des Handelnden zur umgebenden Realität hergestellt wird: Sie kennzeichnen die spezifischen Ausschnitte der umgebenden Umwelt und ermöglichen die Bezugnahme (seitens des Partners) auf die Sichtweise der Welt. (3) Die Interpersonalität der Z.en ist Voraussetzung dafür, daß die jeweils Interagierenden Einigkeit über ihre Geltung erzielt haben. **Lit.:** W. Kamlah/P. Lorenzen: Logische Propädeutik. Mannheim [2]1973. S. 58 f. – J. Trabant: Elemente der Semiotik. München 1976. PP

**Zeigwörter** heißen bei Karl Bühler singuläre Terme, die man heute üblicherweise »indexikalisch« oder »deiktisch« (↗Indexikalität) nennt. Die drei Zeigwörter »hier«, »jetzt«, »ich« repräsentieren nach Bühler die Origo der subjektiven Orientierung eines Sprechers im objektiven Koordinatensystem eines »Zeigfeldes«. **Lit.:** K. Bühler: Sprachtheorie. Jena 1934. Nd. Stuttgart/New York 1982. Kap. II. CJ

**Zeit.** Die Z. ist mit Naturvorgängen und mit unserem Erleben und Handeln eng verknüpft. Der Umgang mit ihr ist vertraut, eine befriedigende Definition scheint jedoch unmöglich. – Zur Geschichte: Während die Vorsokratiker über Bleibendes und Veränderungen (Sein und Werden) nachdenken, wird die Natur der Z. zuerst bei Platon zum Thema, der z.B. die Zeitmodi (Vergangenheit, Gegenwart und Zukunft) charakterisiert. Aristoteles bestimmt die Z. als die »Zahl der Bewegung«. Zeitpunkte (»Jetzte«) sind nicht Einheiten der Z., sondern Grenzen von Zeitintervallen, deren Länge mit Hilfe der Himmelskörper gemessen wird. Plotin stellt die Z. der ↗Ewigkeit gegenüber. Augustinus betont die Rolle des Bewußtseins in der Zeitwahrnehmung und erörtert die Gegenwart als Umschlagpunkt von Vergangenheit und Zukunft: Die Vergangenheit *ist* nicht mehr, die Zukunft noch nicht. Auch aus theologischen Gründen argumentiert er für einen Anfang der Z., die mit der Welt geschaffen worden sei. – In der Neuzeit wird der Zeitbegriff zunehmend von der Physik bestimmt und oft parallel zum ↗Raum diskutiert. Leibniz betont den relationalen Charakter der Z. (als Ordnung des Nacheinanderkommenden), während Newton sie als ontologisch selbständig (absolut) betrachtet. Nach Kant sind Raum und Z. keine Gegenstände, sondern Instrumente zur Ordnung aller Erfahrungen. Die Zeit ist kein Begriff, sondern eine »reine Form der Anschauung« (↗Transzendentale Ästhetik). Gegenwärtige Positionen: (1) Im Rahmen des Empirismus (etwa bei Reichenbach) wird die Zeitkonzeption entscheidend von Theorien der Physik beeinflußt. Mit Hilfe der Thermodynamik (↗Entropie) wird nach einer objektiven Basis für die Richtung der Z. (einem »Zeitpfeil«) gesucht. Üblicherweise wird diese Asymmetrie, d.h. die Auszeichnung einer Prozeßrichtung (etwa beim Mischen von Tinte und Wasser), auf spezielle Anfangsbedingungen zurückgeführt. Neuerdings beansprucht Prigogine, sie auf der Gesetzesebene verankert zu haben (»Physik des Werdens«). Die ↗Relativitätstheorie macht die Gleichzeitigkeit bezugssystemabhängig und unterstützt so die Auffassung, daß der »Fluß« der Z., das »Werden«, das Wandern des Jetzt-Punktes kein Gegenstück in der Physik hat. Das bedeutet jedoch nicht, daß in der Welt eigentlich nichts »geschieht«. Die relativistische Kosmologie legt die Existenz eines Anfangs der Z. nahe. Im Zuge der Objektivierung des Zeitbegriffs entwickelt Reichenbach eine Kausaltheorie der Z., die die Zeitordnung auf die Reihenfolge von Ursache und Wirkung zurückführt. – (2) Ein wichtiger Zweig der Philosophie des 20. Jh. konzentriert sich auf die Zeiterfahrung des Menschen. Bergson setzt die qualitative, nur durch Intuition erfaßbare erlebte Z. (»Dauer«) der an der Analogie zum Raum orientierten Z. der Physik entgegen. Husserl analysiert die immanente Z. des Bewußtseins unter Ausschaltung der objektiven Z. (↗Zeitbewußtsein). Nur durch Erinnerung und Erwartung schließt sich das gegenwärtig Erlebte zu einer Erlebnisganzheit (etwa einer Melodie). Heidegger hebt die Zeitlichkeit als einen Wesenszug des menschlichen Daseins hervor. Grundlegend ist die »Zukünftigkeit«, die Ausrichtung auf die Möglichkeiten des Lebens. – (3) Wichtige Begriffsklärungen bringen die Untersuchungen der Zeitsprache in der analytischen Philosophie (s. bei Bieri und Horwich): z. B. die Unterscheidung der Ordnung der Ereignisse nach der Relation »früher als«, die konstant ist, von der Ordnung nach vergangen, gegenwärtig, zukünftig, die sich laufend ändert (»zeitliches Werden«), sowie die Analysen zur Metapher vom »Fluß« der Zeit und zum »jetzt« als indexikalischem Ausdruck (vergleichbar zu »hier«). – Die verschiedenen Ansätze stehen noch unverbunden nebeneinander. Ist die Z. objektiv (real), oder existiert sie nur im Erleben der Menschen? Kann das Zusammenspiel von objektiven und subjektiven Faktoren durch eine Theorie des Selbstbewußtseins erfaßt werden? Die Rolle der Z. in den Naturwissenschaften und in der Kulturgeschichte (vgl. Burger, Gumin/Meier, Fraser) führt zu einer Vielfalt von Fragen, deren Antworten die Philosophie vereinheitlichen und für den Umgang mit der Vergänglichkeit des menschlichen Lebens fruchtbar machen muß. **Lit.:** Aristoteles: Physik IV 10–14. – Augustinus: Confessiones XI. – H. Bergson: Essai sur les données immédiates de la conscience. Paris 1889 (dt.: Zeit und Freiheit. Frankfurt 1989). – P. Bieri: Zeit und Zeiterfahrung. Frankfurt 1972. – G. Böhme: Zeit und Zahl. Frankfurt 1974 (zu Platon, Aristoteles, Leibniz u. Kant). – H. Blumenberg: Lebenszeit und Weltzeit. Frankfurt 1986. – H. Burger (Hg.): Zeit, Natur und Mensch. Berlin 1986. – J. T. Fraser: Die Zeit. München 1991 (mit Bibliographie). – H. Gumin/H. Meier (Hg.): Die Zeit. München $^{2}$1990 (mit Bibliographie). – M. Heidegger: Der Begriff der Zeit. Tübingen 1989. – P. Horwich: Asymmetries in Time. Cambridge (Mass.) 1987. – E. Husserl: Zur Phänomenologie des inneren Zeitbewußtseins. Hua X. Den Haag. – H. R. Jauß: Zeit und Erinnerung in M. Prousts »A la recherche du temps perdu«. Frankfurt 1986. – I. Kant: KrV B 46–58, B 176–187. – P. Kroes: Time: Its Structure and Role in Physical Theories. Dordrecht 1985. – Platon: Timaios. – Plotin: Enneade III,7. – H. Reichenbach: The Direction of Time. Berkeley/Los Angeles 1956 – L. Sklar: Space, Time, and Spacetime. Berkeley 1974. – S. Toulmin/J. Goodfield: Entdeckung der Zeit. Frankfurt 1985 (London 1963). – H. Weinrich: Tempus. Stuttgart 1964. – G. J. Whitrow: The Natural Philosophy of Time. Oxford 1980. MS

**Zeitbewußtsein, inneres,** bezeichnet in der Phänomenologie Husserls den Modus der Zeiterfahrung. Dieser Modus wird phänomenologisch nicht in Beziehung zur objektiven Weltzeit bzw. zur Zeit, die an realer Bewegung erscheint (Aristoteles), sondern im Hinblick darauf untersucht, wie er in der Erfahrung Zeit zum Erscheinen bringt. Dabei gilt die phänomenologisch entscheidende Prämisse einer Ausschaltung aller transzendierenden Voraussetzungen von Existierendem (*Zur Phänomenologie des inneren Zeitbewußtseins*, Hua. X, S. 4). Demgemäß ist in der Phänomenologie des inneren Z.s auch nicht von der wirklichen Dauer realer Dinge, sondern nur von »erscheinender Dauer« die Rede. Diese Prämisse unterläuft auch die Dimension wahrgenommener Zeit, sofern diese sich auf die Zeit von wirklich Existierendem bezieht, und beschränkt den phänomenologischen Ansatz zunächst auf empfundene Zeit als Gegebenheit »ursprünglichen Zeitbewußtseins« (*Analysen zur positiven Synthesis*, Hua. XI, S. 72). Dieses Z. erfährt, wie Husserl im Anschluß an Brentano am Beispiel des Hörens einer Melodie erläutert, im Zuge einer passiven Synthesis bzw. »ursprünglicher Assoziation« eine temporale Ausdehnung, durch die in der Gegenwart auch die unmittelbare Vergangenheit und Zukunft des Empfindens präsent sein soll. Die Präsenz des Vergangenen wird dabei gerade nicht auf eine »vergegenwärtigende« (= »sekundäre«) Erinnerung zurückgeführt, sondern auf eine »retentionale« Erfahrung des Vergangenen (etwa des eben gehörten Tons) im Jetzt (= »primäre Erinnerung«). In ähnlicher Weise soll eine Präsenz von unmittelbar Bevorstehendem erklärt werden durch den Begriff der Protention, der eine Art »vorgreifenden Meinens« bezeichnet, in dem sich die Zeiterfahrung in ihre unmittelbar bevorstehende Zukunft hinein kontinuiert. Die re- und protentionale Kontinuität und Ausdehnung der Gegenwart kann als Struktur erfahrener Zeit nicht auf die Dimension realer Zeit zurückgeführt werden, sondern bedarf einer subjektiven Konstitutionsanalyse der Weise, in der Zeiterfahrung »gezeitigt« wird und sich dabei selbst als zeitlich darstellt. Die Leistung einer Konstitution der Zeiterfahrung wird einem transzendentalen Ich zugeschrieben, das freilich in dieser Funktion nicht selbst in der Zeit (»verzeitlicht«) sein kann. Das Ich erscheint nicht in der »immanenten Zeit« der Zeiterfahrung. Hauptprobleme der Phänomenologie des inneren Zeitbewußtseins liegen in der Frage, ob diese Phänomenologie überhaupt ohne Anleihen bei einer anderen (realen) Zeit zu entwickeln ist; ob die Prämisse, derzufolge jeglicher Bezug auf Wirklichkeit von Existierendem ausgeschlossen sein soll, nicht damit auch die Wahrnehmung und Sichtbarkeit von Zeit ausschließt; ob Husserls Begriff des Jetzt einer Metaphysik der Präsenz und einer instantanen Temporalität verhaftet bleibt, die in der Begründung der Kontinuität von Retentionen und Protentionen auf den Abweg eines unendlichen Regresses zu führen droht. Aporetisch droht die Idee des »Jetzt« auch zu werden, wenn es nur retrograd, von der Spur her als solches in den Blick kommen kann, die es im Späteren hinterläßt. Dann gilt: »Das Bewußtsein von Zeit ist keine Reflexion über die Zeit, sondern die Zeitigung selbst: Die Nachträglichkeit der Bewußtwerdung ist das eigentliche Nachher der Zeit« (E. Levinas: *En découvrant l'existence avec Husserl et Heidegger*. Paris $^{3}$1974. S. 154). **Lit.:** G. Brand: Welt, Ich und Zeit. Den Haag 1955. S.73. – M. Frank: Zeitbewußtsein. Pfullingen 1990. – K. Held: Lebendige Gegenwart. Den Haag 1966. – M. Merleau-Ponty: Phänomenologie der Wahrnehmung. Berlin 1966. BL

**Zeitgeist,** Begriff des 18. Jh. vermutlich in Anlehnung an das frz. esprit du siècle. Daneben sind im 18. und 19. Jh. die Ausdrücke genius saeculi und Geist der

Zeit(en) gebräuchlich. Der Z. manifestiert sich in allen Bereichen der Kultur und Gesellschaft und nimmt so Einfluß auf die Lebensgestaltung, Gesellschaftsorganisation und die kulturelle und geistige Produktion. Er bezeichnet ein geistig Gemeinsames, das den verschiedenen, auch heterogenen, Strömungen, Tendenzen, Denk- und Empfindungsweisen, Idealen und Werten eines bestimmten Zeitabschnitts ein charakteristisches Gepräge gibt und diesen damit von anderen Epochen unterscheidet. Was der Z. ist, läßt sich in seiner Ganzheit erst rückschauend beschreiben; dies ist die Aufgabe der Geistesgeschichte und der Zeitgeistforschung (H. J. Schoeps). Vom späten 18. bis ins mittlere 19. Jh. stehen die Begriffe Volksgeist und Nationalgeist, die vermutlich auf Montesquieus Begriff des esprit de la nation (*Vom Geist der Gesetze*, Buch 19, Kap.4) zurückgehen, in nächster Verwandtschaft zu Z. (Hegel, Herder). **Lit.:** E. Brandes: Ueber den Einfluß und die Wirkungen des Zeitgeistes auf die höheren Stände Deutschlands als Fortsetzung der Betrachtungen über den Zeitgeist in Deutschland (1810). Kronberg/Ts. 1977. – J. Duboc: Hundert Jahre Zeitgeist in Deutschland. Geschichte und Kritik. Leipzig 1889. – Pädagogische Rundschau 40 (1986). Thema: Zeitgeistforschung. – H. J. Schoeps: Was ist und was will die Geistesgeschichte? Göttingen ²1970. GKB

**Zeitlichkeit,** der zentrale Begriff in Heideggers *Sein und Zeit*. Das menschliche ↗Dasein ist ursprünglich und letztlich durch Z. bestimmt; erst aus dieser wird das Sein des Daseins (↗Sorge) in seiner Einheit und Ganzheit verständlich. Die Z. ist für Heidegger die ursprüngliche Zeit; d. h., daß er jedes andere Verständnis von ↗Zeit daraus ableitet. Hieraus ergibt sich eine neuartige Bestimmung der »Dimensionen« der Z.: *Zukunft* als die Möglichkeit des Daseins, in seiner »wahren Existenz« auf sich zuzukommen; *Gewesenheit* als die Möglichkeit des Daseins, zurückzukommen auf sich, wie es je schon gewesen ist; *Gegenwart* als die Möglichkeit des Daseins, Anwesendes begegnen zu lassen. Die Einheit der Z. liegt darin, daß ihre »Dimensionen« notwendig miteinander verbunden sind. Die ursprüngliche Z. ist endlich, in dem Sinne, daß sie es dem Dasein ermöglicht, den Tod als das eigene Ende anzunehmen. Wegen dieses Charakters spielt die Zukunft für die ursprüngliche Z. die wichtigste Rolle. In der Z. liegt auch die ↗Geschichtlichkeit des Daseins begründet. **Lit.:** G. Figal: Martin Heidegger. Phänomenologie der Freiheit. Frankfurt 1988. – F.-W. von Herrmann. Subjekt und Dasein. Interpretationen zu »Sein und Zeit«. Frankfurt 1974. BA

**Zen,** Abkürzung des Wortes »zenna«, der jap. Lesart von chin. »chan na«, das wiederum die lautliche Übertragung des Sanskrit-Wortes »dhyana« (Sammlung des Geistes, Versenkung) ist. Diese Praxis der Versenkung, deren Ursprung aus dem Indischen (↗Yoga) stammt, wurde der chin. Überlieferung zufolge durch Bodhidharma (ca. 470–543), dem ersten chin. Zen-Patriachen, von Indien nach China gebracht. Die erste Kenntnisnahme des ↗Buddhismus in China geht auf das 1. Jh. n. Chr. zurück. Die folgende Zeit der Rezeption war durch eine zunehmende Übersetzungstätigkeit geprägt, wobei man vor allem auf taoistische Begriffe und Konzepte (↗Dao, ↗Wu Wei) zurückgriff. Dies führte zu einer Auseinandersetzung zwischen Buddhismus und Daoismus (Lao-zi, Zhuang-zi), wodurch die Diesseits-bezogenheit des Buddhismus in besonderer Weise betont wurde. Die Schule des Zen-Buddhismus ist eine Frucht der Begegnung und Durchdringung von Buddhismus und Daoismus in China. Der Zen-Buddhismus hatte seine Hauptentwicklungszeit in China vom 6. – 13. Jh. und in Japan vom 13. – 18. Jh.

Zen-Buddhismus ist dem Anspruch nach weder Religion noch Philosophie, sondern die Übung des Alltäglichen als Weg, wodurch die Wirklichkeit – so wie sie von sich her ist – gelebt und erfahren werden kann. Um dies zu realisieren, ist die Versenkungsübung (jap.: zazen) ein wichtiges Mittel, aber zugleich ist jede Tätigkeit im Alltag eine Möglichkeit das Erwachen (jap.: satori) zu realisieren. Ein chin. Meister charakterisierte Z. in vier kurzen Sprüchen: (1) »(Eine) besondere Überlieferung außerhalb der (orthodoxen) Lehre« (jap.: kyoge-betsuden); (2) »Unabhängigkeit von (heiligen) Schriften« (furyu-monji); (3) »unmittelbares Deuten (auf des) Menschen Herz/Geist (jikishininshin); (4) »Erwachen (zum eigenen) Wesen (und zum) Buddha Werden« (kensho-jobutsu). Z. lehnt jede Dogmatisierung und eine mögliche sprachliche Erfassung der Erfahrung des Erwachens ab. Die Übertragung des Z. ist somit wesentlich nicht an Sprache gebunden, sondern erfolgt unmittelbar von »Herz-Geist zu Herz-Geist« (jap.: ishin-denshin). Im Z. geht es nicht darum, die Wahrheit zu denken, sondern darum, die Wahrheit jeweils unmittelbar und konkret zu zeigen und damit als Geschehen zu realisieren.

Mit dem Bekanntwerden des Zen-Buddhismus im Westen (zunächst vor allem vermittelt durch D. T. Suzuki, 1870–1966) und der Aufnahme der westlichen Philosophie in Japan (besonders des Deutschen Idealismus und der Phänomenologie) wurde die im Zen-Buddhismus überlieferte Erfahrung in neuer Weise auch für das philosophische Denken westlicher Prägung fruchtbar. Insbesondere in der japanischen ↗Kyôto-Schule wurde die Spannung und die gegenseitige Durchdringung von Z. und Philosophie in vertiefter Weise entwickelt. In der westlichen Philosophie ist Heidegger und seine Schule und neuerdings auch die Philosophie Derridas in die Nähe zen-buddhistischer Erfahrungen gelangt. **Lit.:** H. Buchner (Hg.): Japan und Heidegger. Sigmaringen 1989. – H. Dumoulin: Geschichte des Zen-Buddhismus. 2 Bde. Bern 1985/86. – K. Nishida: Über das Gute. Frankfurt 1989. – K. Nishitani: Was ist Religion? Frankfurt 1982. – S. Odin: Derrida and the Decentered Universe of Cha`an Buddhism. In: The Journal of Chinese Philosophy 17,1 (1990). – R. Ohashi: Zen und Philosophie. Kontinuität und Diskontinuität. In: F. Wimmer (Hg.): Vier Fragen zur Philosophie in Afrika, Asien und Lateinamerika. Wien 1988.

– D. T. Suzuki: Leben aus Zen. Bern/München 1987. – Ders.: Der westliche und der östliche Weg. Frankfurt 1986. RE

**Zen-Kunst.** Hisamatsu (↗Kyôto-Schule) arbeitet sieben Grundcharakteristika der Z. heraus: (1) Unebenmäßigkeit (oder Asymmetrie), (2) Schlichtheit, (3) herbe Würde, (4) Natürlichkeit, (5) unergründliche Tiefe und Feinsinnigkeit, (6) entweltlichte Freiheit, (7) Stille. Diese Merkmale sind verwirklicht in der Zen-Malerei, dem Teeweg, der Kalligraphie usw. und bilden zudem die Grundlage für Hisamatsus »Philosophie des Teeweges«. **Lit.:** S. Hisamatsu: Zen and the Fine Arts. Tôkyô/New York [3]1982. RE

**Zenonsche Paradoxien,** benannt nach Zenon von Elea, der damit die Lehre des Parmenides stützen wollte, nach der das Seiende eines und unveränderlich ist. Die Z. P. sollen daher die Realität von Vielheit und Bewegung widerlegen, indem sie aus der Annahme, daß Vielheit und Bewegung real seien, absurde Konsequenzen ableiten. Bleibende Leistung der Z. P. ist die Einführung der Methode des indirekten Beweises, die Zenon meisterhaft handhabt. Die bekannteste der Z. P. ist Achilles und die Schildkröte: Der schnelle Achilles kann die langsame Schildkröte nie einholen, wenn sie einen Vorsprung hat. Denn wenn er den Ort erreicht, an dem die Schildkröte gestartet ist, ist diese schon ein Stückchen weiter. Hat er diesen Ort erreicht, hat auch die Schildkröte schon wieder eine gewisse Strecke zurückgelegt, usw. Die übliche mathematische »Auflösung« dieser Paradoxie, nach der hier eine unendliche geometrische Reihe mit endlicher Summe vorliege, verfehlt das Argument Zenons, das darauf beruht, daß eine unendliche Folge von Akten nie abgeschlossen sein kann. **Lit.:** W. I. McLaughlin: Eine Lösung für Zenons Paradoxien. In: Spektrum der Wissenschaft 1/1995. S. 66–71. – H. Rüdiger: Sokrates ist nicht Sokrates. Zürich/München [2]1978. VP

**Zhì Liáng Zhī** (Ideenintentionalität, Terminus des Wang Shou-ren (= Wang Yang-ming, 1472–1529)). Auf dem Hintergrund eines idealistischen Bewußtseinsimmanentismus bezeichnet er die Einheit von (eingeborenen) Ideen und Sachhaltigkeit sowie von reflektierender Erkenntnis und Handeln. Der Begriff erhält sein Bedeutungsprofil aus der Zusammenführung zweier anderer: ↗Liang Zhi bedeutet seit Meng Zi (372–289) ein moralisches »eingewurzeltes Wissen« um die (konfuzianischen) Tugendideen. Zhi Zhi heißt Erkenntnisgewinnung oder Erreichen von Wissen. Seine Problematik wurde im Anschluß an eine Stelle im *Buch der Sitten* diskutiert, wo von der »Erkenntnisgewinnung durch Umgang mit den Dingen« (↗Ge Wu Zhi Zhi) die Rede ist. Für den Idealismus des Wang Shou-ren gilt nun: »In der Welt gibt es eigentlich keine Dinge, an die man herankommen könnte, vielmehr ist die Übung des sogenannten Ge Wu (Ding-Erfassung) nur eine Tätigkeit in unserem Bewußtsein«, d. h. die Ideen sind selbst die »Substanz der Dinge«, und sie werden in Erkenntnishandlungen geklärt. Wang Shouren formuliert das so: »Nur wenn die himmlische Idee in unserem Bewußtsein (↗Xīn, wörtlich: Herz) zu den Dingen und Sachen hingewendet wird, erhalten die Dinge und Sachen ihre Ideen« (*Antwortbrief an Gu Dong-qiao*). Die Parallele zum scholastischen und phänomenologischen Intentionalitätsbegriff, den wir zur Übersetzung verwenden, dürfte auf der Hand liegen. Die scholastische »prima intentio« der Ideen versteht sich auf realistischem Hintergrund als »Sachbezug«. Für einen wohlverstandenen Idealismus gibt es nur die »intentio secunda«, d. h. Bedeutungskonstitution von »Sachhaltigkeit« im Bewußtsein selber. Letzteres dürfte auch Wang Shou-ren gemeint haben, obwohl er es in der Sprache der »prima intentio« ausdrückt. **Lit.:** Ai-min Deng: Art. Zhiliangzhi. In: Große Chinesische Enzyklopädie. Philosophie I. Beijing 1987. S. 1181–1182. – L. Geldsetzer/H.-d. Hong: Chinesisch-deutsches Lexikon der chinesischen Philosophie. Aalen 1986. Art. Ideen-Intentionalität (Zhì Liáng Zhī). LG/HDH

**Zirkelschluß,** auch circulus vitiosus oder Diallele, Fehlschluß, wenn eine Aussage B aus einer Aussage A gefolgert wird und die Aussage A wiederum aus der Aussage B gefolgert wird. PP

**Zirkuläre Definition.** Eine Definition gilt dann als z., wenn sie einen Begriff mit Hilfe dieses Begriffs zu definieren versucht, z. B. in dem Satz: »der Mensch ist ein spielender Mensch«. Bei z.n Definitionsketten entsteht die Zirkularität durch die Verknüpfung zweier zirkelfreier Definitionen, z. B. ist die Definition von »F« mittels »G« ebenso zirkelfrei wie die von »G« mittels »F«, erst die Verknüpfung wirkt zirkulär, wie in dem Beispiel ersichtlich wird: »Mensch« wird definiert als »Menschen sind denkende Primaten«, und »Primat« wird definiert durch »Primaten sind Menschen oder Menschenaffen oder Affen«. Die Verknüpfung ergibt: »Menschen sind denkende Menschen oder denkende Menschenaffen oder denkende Affen«. **Lit.:** W. K. Essler: Analytische Philosophie I. Stuttgart 1972. S. 140 ff. PP

**Zivilisation** (von lat. civis: Bürger), in der Regel verstanden als eine dem sog. Naturzustand nachfolgende Vorstufe zur Kultur. Seit dem 18. Jh. wird zunehmend Kritik an der Z. geübt (z. B. Nietzsche, Spengler, Klages). Wichtigster Kritiker in der Geschichte des Begriffes der Z. ist Rousseau, für den das Denken in der Epoche der Z. gekennzeichnet ist durch Entfremdung und somit allgemein Sittenverfall und Verderbtheit ausdrückt. Während der Mensch des Naturzustandes sich noch durch eine ursprüngliche Sympathie auf den anderen Menschen in seiner allgemeinen Bedeutung als Mensch bezieht, findet mit der Einführung von Akkerbau und Eisenverarbeitung eine zufällig bedingte geschichtliche Weiterentwickelung zur Z. statt, die zur Einrichtung des Privateigentums und einem daraus resultierenden Verständnis des Menschen als Individuum von seinen materiellen, veräußerlichten und vereinzelten Produkten her führt und »Ursprung der Ungleichheit« unter den Menschen ist. Kant zufolge fehlt der Z. das moralische Verständnis, das demgegenüber die Kultur auszeichnet und das durch die philosophische Reflexion herbeigeführt werden soll. **Lit.:** N. Elias: Über den Prozeß der Zivilisation. Basel 1976. – I. Kant: Idee zu einer allgemeinen Geschichte in weltbürgerlicher Absicht. Akad.-Ausg. Bd. VIII. Berlin 1962. S. 15–31. – J. J. Rousseau: Schriften zur Kulturkritik. Hamburg 1978. HPS

**Zorn,** intentionales Gefühl, das zweifach gerichtet ist: auf einen erzürnenden Sachverhalt und mit einem Angriffsimpuls auf die Person, die als verantwortlich wahrgenommen wird. Im Vergleich zu der auch gegen Sachen gerichteten Wut ist Z. in seiner Angriffsrichtung wesentlich konzentrierter. Z. ist eine kathartische Erregung mit großer Spontaneität, die sich plötzlich und heftig entzündet und schnell steigert. Z. impliziert eine Situation, in der jemand anderes einer moralischen, einer konventionellen oder einer Geschicklichkeits-Norm zuwiderhandelt, die für den Zürnenden mindestens situativ subjektive Geltung hat, ohne daß ihm dies bewußt sein muß. Nach Schmitz hat Z. die Tendenz, sich im »Auslassen« am Grad des subjektiv empfundenen »Unrechts« zu »messen« und dann jäh zu verebben. Im Z. sind die Bewegungsimpulse zentrifugal nach außen gerichtet, während sie in der Scham genau umgekehrt nach innen gerichtet sind. – Z. ist als moralische Empörung ein Rechtsgefühl, das auf das Wettmachen einer Schädigung oder Rechtsverletzung oder auf die Vergeltung einer Kränkung, die einem selbst oder jemand anderem zugefügt wurde, gerichtet ist. Im Z. wird im Gegensatz zur Scham, dem konträren moralischen Gefühl, das wahrgenommene Unrecht prinzipiell jemand anderem zugeschrieben. **Lit.:** H. Schmitz: System der Philosophie. Bd. III.3. Bonn 1973. S. 24–34 und 44–47. HL

**Zufall.** Z. und Zufälligkeit (= Zk.) sind zu unterscheiden: Z. bezeichnet im allgemeinen ontologischen Sinne diejenigen Ereignisse, die sich weder als gesetzmäßige Folge eines objektiven Kausalzusammenhangs noch als intendiertes Folgeereignis subjektiv-rationaler Planung erklären lassen, während Zk. bzw. das Attribut »zufällig« als modallogische Kategorie verwendet wird und als solche im Gegensatz zur ↗Notwendigkeit steht. Z. entspricht etwa dem griech. tyche und dem lat. casus. Mit Zk. werden griech. endechomenon und lat. contingentia übersetzt: Zk. entspricht sachlich dem älteren lat. Terminus Kontingenz, der begriffsgeschichtlich auf griech. endechomenon zurückgeht. Die Begriffsgeschichte von dt. Z. resp. Zk. ist jedoch unklar. Zwei Ableitungen kommen in Betracht: Z. ist einmal eine Lehnübersetzung aus ↗Akzidens (lat. accidens, von accidere, wörtlich: zufallen). Z. läßt sich in Form von »Kontingenz« historisch jedoch ebenfalls ableiten von lat. contingentia (contingere, wörtlich: »sich berühren«, »zusammenfallen« im örtlichen Sinn). Für die Herkunft von »contingentia« spricht die etymologische Verwandtschaft sowie die inhaltliche Nähe zu Kontingenz im modallogischen und metaphysischen Sinne als Gegensatz zum Notwendigen. Für Z. als Äquivalent von »Akzidens« spricht der ontologische Aspekt des Z.s als desjenigen, das nicht im Wesen der Sache, der Substanz als Analogon zu griech. ousia, begründet ist. Offenbar sind in der philosophischen Bedeutung von Z. und Zk. beide terminologischen Stränge verflochten, was die Synonymie zu Kontingenz, und ebenso zu Akzidens als Bezeichnung des Nicht-Wesenhaften einer Sache, erklärt.

Endechomenon heißt bei Aristoteles zunächst etwa dasselbe wie dynaton: möglich. In *Peri hermeneias* erörtert Aristoteles endechomenon unter der Frage nach dem Verhältnis von Möglichkeit und Notwendigkeit. Als logischer Begriff steht er in den *Analytica Priora* im Gegensatz zur Notwendigkeit. Diese Distinktion gründet sich auf den metaphysischen Begriff Möglichkeit oder Vermögen (dynamis). Zugleich erscheint endechomenon im Sinn von Zk. als symmetrisch verteilte Möglichkeit dessen, daß etwas existiert (ist): Etwas kann der Möglichkeit nach entweder sein oder nicht sein. In *Peri hermeneias* heißt es, »daß nicht alles [Seiende] notwendig ist oder entsteht, sondern das eine [ist so beschaffen], wie es eben zufällig kommt [also auch wesenhaft anders sein könnte], so daß weder die Bejahung noch die Verneinung einen Vorzug der Wahrheit hat« (9, 19a 18–22). Zu beachten ist, daß die Wahrheitswerte wahr/falsch und ebenso die Modalterme möglich/notwendig bei Aristoteles nicht allein logische Attribute von Urteilen sind, sondern zugleich eine ontologische Bedeutung haben. – Im MA. kündigt sich in den Kommentaren zu *Peri hermeneias* eine Bedeutungsverengung von Kontingenz, fortan für endechomenon verwandt, an, indem Zk. oder Kontingenz im strikten Gegensatz steht zur Notwendigkeit. Modale Zk. und Z. sind der Sache nach getrennt, wobei Zk. der weitere Begriff ist. Die Definition von Zk. hängt zusammen mit dem Widerspruchsprinzip. Kontingent, mithin zufällig ist nach Thomas v. Aquin, »quod potest esse et non esse« (*S. th.*, I, 86 3c). Z. meint bei Thomas im Anschluß an Aristoteles in Form von lat. casus eine von drei Gattungen kontingenter Ereignisse, und zwar solche, die auf Z. oder Glück beruhen (a casu vel fortuna). Zk. hat in der frühen Neuzeit stets einen logisch-metaphysischen Doppelcharakter, der letztlich in der theologischen Prädestinationslehre fundiert ist (Th. v. Aquin und später Wolff, Leibniz). Leibniz erörtert zudem das Problem Determination und freie Handlung, das sich bei ihm aus seiner Kritik des Cartesianischen Substanzbegriffs ergibt. Mit Kant findet schließlich der dt. Begriff Zk. als Äquivalent zu Kontingenz Eingang in die philosophische Tradition. Zk. erscheint im Begriffspaar Notwendigkeit-Zk. in der Transzendentalen Analytik der *Kritik der reinen Vernunft*. Zk. ist im Bereich Modalität der Kategorientafel die Negation zu Notwendigkeit und somit eine Urteilsmodalität. Empirische Urteile beziehen sich auf Zufälliges. Dies zufällig Existierende: das »im Dasein bedingte«, kann durch ein Urteil nur bestimmt, d. h. »begriffen« werden durch Beziehung auf eine Ursache, d. h. im Rückgriff auf Kausalität. Zk. ist ebenfalls von Bedeutung in der »Antinomienlehre« der Transzendentalen Dialektik: »Zufällig, im reinen Sinne der Kategorie, ist das, dessen kontradiktorisches Gegenteil möglich ist« (*KrV*, B 488). Aus der empirischen Zk. könne jedoch nicht auf intelligible Zk. geschlossen werden. **Lit.:** D. Frede: Aristoteles und die »Seeschlacht«. Göttingen 1970. – M. Meyer: Philosophie als Meßkunst. Münster 1994. S. 14–45. – H. Schepers: Zum Problem der Kontingenz bei Leibniz. In: E.-W. Böckenförde u. a.: Collegium Philosophicum. Joachim Ritter zum 60. Geburtstag. Basel u. a. 1965. JH

**Zuhandenheit,** zentraler Begriff in Heideggers Analyse des menschlichen ↗Daseins (*Sein und Zeit*). Z. ist die Kategorie für die grundlegenden Merkmale von Zeug. Zeug ist der Name für die »Dinge«, wie sie sich dem Menschen im alltäglichen Umgang erschließen. Maßgeblich für das Verständnis von Z. sind: (1) Verweisungsganzheit: jedes Zeug verweist durch seine spezifische Verwendung auf anderes Zeug, sowie auf die »Materialien« seiner Herstellung und auf seinen Benutzer. (2) Unauffälligkeit: Zeug wird nicht eigens thematisiert. Vielmehr ist der angemessene Umgang damit (3) sein Gebrauch. Dieser ist geleitet von einem »praktischen Wissen«, (4) der Umsicht, und charakterisiert durch (5) Vertrautheit mit dem Zeug und durch die Tatsache, daß sich der Benutzer selbst dabei (6) vergißt. Z. ist gegenüber der ↗Vorhandenheit bei Heidegger der ontologisch fundamentalere Begriff, da sich für ihn die grundlegende Seinsweise der »Dinge« aus dem alltäglichen Umgang mit diesen, nicht aus dem wissenschaftlichen Zugang erschließt. **Lit.:** C. F. Gethmann: Dasein: Erkennen und Handeln. Heidegger im phänomenologischen Kontext. Berlin 1993. – G. Prauss: Erkennen und Handeln in Heideggers »Sein und Zeit«. München 1977. BA

**Zukunftsverantwortung.** Ausgehend von einem allgemeinen Begriff der ↗Verantwortung pointiert der Begriff der Z. – in Abgrenzung zu einer auf gegenwärtige und vergangene Handlungsfolgen bezogenen Orientierung – die prospektive Orientierung verantwortlichen Handelns. Hierbei richtet sich Z. im Gegensatz zu kurzfristiger Erfolgsverantwortung (M. Weber) auf die zeitlich fernen Folgen und Wirkungen bzw. Nebenwirkungen menschlichen Handelns, wie sie insbesondere mit der Entwicklung und dem Einsatz von Hochtechnologien in der modernen Gefahrenzivilisation verbunden sein können. Vor allem H. Jonas hat herausgestellt, daß die moderne Ethik angesichts der Grenzen der Belastbarkeit der Biosphäre (↗Ökologie, ↗Umweltethik) die neue Dimension der Z. erhält. Ihre Herausforderung besteht wesentlich darin, menschlichem Handeln unter den Bedingungen kollektiv-vernetzter Handlungsabläufe und unter Berücksichtigung prinzipiell unzureichenden Wissens (↗Unsicherheit) über die potentiellen Folgen großtechnologischer Eingriffe in die Natur eine moralisch-rationale Orientierung zu geben. Das von H. Jonas postulierte »Prinzip Verantwortung« erklärt die Erhaltung der »Permanenz echten menschlichen Lebens auf Erden« zur obersten Pflicht. Da das Totalrisiko einer Vernichtung der menschlichen und außermenschlichen Natur nicht eingegangen werden dürfe, müsse bei großtechnologischen Eingriffen in die Natur der Unheilsprognose vor der Heilsprognose Vorrang eingeräumt werden: In dubio contra projectum. Jonas konzipiert die zugrundeliegende Verantwortungsrelation asymmetrisch (die Schutzbedürftigkeit der Natur und die Handlungsmacht des Menschen bedingen dessen Verantwortung gegenüber der Natur) und stützt seine Konzeption der Z. auf (metaphysische) Annahmen über die Werthaftigkeit der Natur. Der ↗Utilitarismus hingegen macht mittels eines Nutzenkalküls den Grundsatz der ↗intergenerationellen Gerechtigkeit geltend. Als Prinzip der Z. postuliert er die Maximierung des zu erwartenden Nettonutzens der Naturressourcen für die kontinuierliche Interessenbefriedigung der gegenwärtigen und zukünftigen Generationen. Die ↗Diskursethik bzw. ↗Transzendentalpragmatik rekonstruiert die Pflicht zur Z. aus der strikten Reflexion auf die unhintergehbaren Voraussetzungen der Argumentationssituation. Aus den normativen Argumentationsbedingungen leitet sie die kategorische Pflicht aller argumentationsfähigen Wesen ab, Mit-Verantwortung zu übernehmen für die Bewahrung der Existenzbedingungen der gegenwärtigen und zukünftigen Kommunikationsgemeinschaft sowie zur Verbesserung ihrer Lebens- und Kommunikationsbedingungen auf lange Sicht. ↗intergenerationelle Gerechtigkeit. **Lit.:** K.-O. Apel: Diskurs und Verantwortung. Frankfurt 1988. – D. Birnbacher: Verantwortung für zukünftige Generationen. Stuttgart 1988. – D. Böhler (Hg.): Ethik für die Zukunft. Im Diskurs mit Hans Jonas. München 1994. – D. Böhler u. a. (Hg.): Zukunftsverantwortung in der Marktwirtschaft. Berlin 1999. – R. A. Duff: Responsibility. In: A. Craig (Hg.): Routledge Encyclopedia of Philosophy. Vol. 8. London/New York 1998. S. 290–294. – H. Jonas: Das Prinzip Verantwortung. Frankfurt 1979. – M. J. Zimmermann: Responsibility. In: L. C. Becker/C. B. Becker (Hg.): Encyclopedia of Ethics. New York/London 1992. S. 1089–1095. JPB/HGR

**Zulässigkeit.** In der formalen Logik versucht man im Hinblick auf die Regeln des Schließens zu differenzieren zwischen zulässigen und unzulässigen Regeln. Im junktorenlogischen Kalkül des natürlichen Schließens kann die Z. einer Regel so bestimmt werden: Die Regel R ist genau dann zulässig, (a) wenn R aus einer endlichen (und eventuell auch leeren) Gesamtheit von unmittelbaren Prämissen und aus *einer* Konklusion besteht – dabei beschreibt die Regel, welche der Voraussetzungen der unmittelbaren Prämissen auch als Voraussetzungen der Konklusion erscheinen, (b) wenn es eine endliche und nichtleere Folge von Sätzen gibt, die mit den unmittelbaren Prämissen beginnt und mit der Konklusion endet – dabei ist jeder auf die Prämissen folgende Satz entweder durch Annahmeeinführung oder durch eine der anderen Grundregeln aus den vorangehenden Sätzen gewonnen. So gelten z. B. alle Lehrsätze, die eine Ableitbarkeitsbeziehung formulieren, als zulässige Regeln. **Lit.:** W. K. Essler/R. F. M.

Cruzado: Grundzüge der Logik I. Das logische Schließen. Frankfurt 1991. S. 102 f. PP

**Zuordnung.** Im mathematischen Sinne wird der Begriff der Z. meist als Synonym für Abbildung oder Funktion, manchmal jedoch auch allgemeiner für Relation gebraucht. Im ersten Sinne ist eine Z. der Elemente einer Menge A zu Elementen der Menge B eine Abbildung f: A→B, im zweiten eine Teilmenge des cartesischen Produktes A x B. Die Verwendungen des Begriffes Z. in der Philosophie hängen lose mit derjenigen in der Mathematik zusammen. So ist in der Semantik oft von der Z. von Zeichen zu bezeichneten Objekten die Rede. Cassirer und Schlick zufolge ist Z. das wesentliche Merkmal der wissenschaftlichen Begriffsbildung. Der Logische Empirismus ging davon aus, ein wesentlicher Bestandteil empirischer Theorien bestehe in der Z. von theoretischen zu beobachtbaren Größen durch Zuordnungsdefinitionen. **Lit.:** E. Cassirer: Substanzbegriff und Funktionsbegriff. Darmstadt [5]1980. – H. Reichenbach: Philosophie der Raum-Zeit-Lehre. Berlin 1928. – M. Schlick: Allgemeine Erkenntnislehre. Frankfurt 1979. TM

**Zuordnungsdefinition.** Von Reichenbach wurden die Zuordnungsregeln als Z.en bezeichnet. Dabei vertrat er die Auffassung, daß *alle* in einem physikalischen System vorkommenden theoretischen Terme mit Beobachtbarem verknüpft werden müssen und daß diese Verknüpfung auch eine vollständige empirische Deutung zu erbringen habe. **Lit.:** H. Reichenbach: Philosophische Grundlagen der Quantenmechanik. Basel 1949. PP

**Zuordnungsregel.** Wenn entsprechend der ↗Zweistufentheorie der Sprache von einer Beobachtungssprache und einer theoretischen Wissenschaftssprache ausgegangen wird, dann kann den deskriptiven Konstanten der theoretischen Sprache mit Hilfe von Z.en eine partielle oder indirekte empirische Deutung gegeben werden. Dies geschieht dadurch, daß Terme der theoretischen Sprache durch gemischte Sätze, die sowohl deskriptive Konstanten aus der Beobachtungs- wie der theoretischen Sprache enthalten, mit Termen der Beobachtungssprache verknüpft werden. Diese gemischten Sätze sind die Z.en, auch als Z-Regeln bezeichnet. Erst durch die Z.en wird aus einem Kalkül ohne Realitätsbezug eine realwissenschaftliche Theorie. PP

**Zurechnung** (lat. imputatio). In der Ethik bedeutet Z., daß eine Person als Urheber einer Handlung angesehen werden und dadurch auch für seine Handlung verantwortlich gemacht weden kann. PP

**Zurechnungsfähigkeit.** Grundlegend für die Struktur menschlicher Beziehung, auf der die Humanität des Umgangs unter Menschen beruht, ist die Annahme der Z. Sie besagt, daß die andere Person als Subjekt zu betrachten ist und folglich zu unterstellen ist, daß sie bei ihren Handlungen weiß, was sie tut, warum sie es tut, daß sie eine Meinung intentional vertritt und Ziele intentional verfolgt und daß sie die Meinung und Ziele notfalls mit Gründen verteidigen kann und bereit ist, es zu tun. **Lit.:** J. Habermas: Vorbereitende Bemerkung zu einer Theorie des kommunikativen Handelns. In: J. Habermas/N. Luhmann (Hg.): Theorie der Gesellschaft oder Sozialtechnologie. Frankfurt 1971. S. 118 ff. PP

**Zustandsbeschreibung** ↗L-Semantik

**Zweck.** Als Z. wird ein Ziel bezeichnet, um dessentwillen etwas geschieht. Diese Zielorientierung kann in unterschiedlicher Weise interpretiert werden: Es kann i. S. einer höheren Seinsordnung, auf die der Mensch ausgerichtet ist, verstanden werden oder als eine immanente Seinsordnung, die in ihm (wie in jedem Lebewesen) angelegt ist. In einer solchen ontologischen Seinsordnung ist dem Menschen der Zweck vorgegeben. Mit unserem modernen Selbstverständnis läßt sich eine solche Konzeption nicht mehr vereinbaren. Der Z. verweist auf den sozialen und kulturellen Kontext. Was wir uns als Z. einer Handlung vorsetzen, stammt aus diesem gesellschafltichen Zusammenhang. Z.setzung erfordert allerdings eine erste Stellungnahme des einzelnen. Sie entspringt nicht einem blinden Treibenlassen, sondern einer Entscheidung darüber, welche Handlungsziele man verwirklichen will. Mit der Z.setzung verbinden sich zweierlei Rationalitätskriterien: einerseits die geeignete Mittelwahl, um diesen Z. zu realisieren, andererseits die Prüfung, ob sich die selbst gesetzten Zwecke miteinander vereinbaren lassen. Durch eine solche Z.setzung zeichnet sich der Mensch als ein bewußt handelndes Wesen aus. Gleichzeitig liegt darin die Möglichkeit begründet, das Handeln einer anderen Person zu verstehen. Nur insofern wir der beobachtbaren Tätigkeit eine Z.orientierung unterlegen können, verstehen wir den Sinn seiner Handlung, bzw. eine Handlung stößt auf völliges Unverständnis, wenn wir sie ihn keinen Z.zusammenhang einordnen können. **Lit.:** G. E. M. Anscombe: Intention. Freiburg/München 1986. – A. Kenny: Act, Emotion and Will. London [4]1969. – M. Weber: Soziologische Grundbegriffe. In: Methodologische Schriften. Frankfurt 1968. S. 299 ff. – G.H. v. Wright: Erklären und Verstehen. Frankfurt 1974. S. 83 ff. PP

**Zweckrationalität.** Zweckrational heißt nach M. Weber ein menschliches Handeln, das von bestimmten Erwartungen an die Außenwelt ausgeht und zur Realisierung dieser Erwartungen bestimmte Mittel einsetzt, um zu dem angestrebten Erfolg zu gelangen. Weber unterscheidet diesen Handlungstyp von wertrationalem, affektuellem und traditionellem Handeln und charakterisiert ihn sozialgeschichtlich als Ausdruck der Neuzeit. Entscheidend ist nun, daß sich zweckrationales und wertrationales Handeln keineswegs ausschließen, sondern beide Handlungstypen greifen so ineinander, daß in die Zwecksetzung auch wertrationale Orientierungen eingehen. Zweckrationales Handeln kann daher als solches zugleich auch wertrational sein, sofern mehrere zur Auswahl stehende Zwecke nach Wertgesichtspunkten beurteilt werden. Während sich jedoch das rein wertrationale Handeln nach Normen richtet, ohne auf die vorauszusehenden Folgen der Handlung Rücksicht zu nehmen, orientiert sich das zweckrationale Handeln an Zweck, Mittel und Folge der Handlung. Dabei können sowohl die Mittel gegen die Zwecke als auch die Zwecke gegen die Mittel und ihre Nebenfolgen so abgewogen werden, daß daraus eine in diesem umfassenden Sinn rational begründete Handlung hervorgeht. Auch wenn die Spezifik der Zweckrationalität gegenüber der reinen Wertrationalität in der Berücksichtigung technischer Mittel besteht und somit der Eindruck entsteht, daß sich die neuzeitliche Rationalität auf das Kalkül von Mitteln beschränke, ist die Reduktion auf »instrumentelle ↗Vernunft« zunächst nicht gerechtfertigt. Denn das zweckrationale Handeln umfaßt nach der ursprünglichen Definition ausdrücklich die beiden Komponenten der rationalen Zweckwahl und der rationalen Mittelwahl einschließlich ihrer wechselseitigen Abwägung. ↗Mittel/Zweck. **Lit.:** J. Habermas: Theorie des kommunikativen Handelns. Frankfurt 1981. – M. Horkheimer: Zur Kritik der instrumentellen Vernunft. Frankfurt 1967. – M. Weber: Wirtschaft und Gesellschaft. Köln 1964. JRO

**Zweifel.** Zustand der Unsicherheit, der Abwesenheit von ↗Gewißheit bezüglich der Wahrheit einer Meinung, der Berechtigung eines Imperativs o. ä., der durch gleichzeitiges ernsthaftes Miterwägen des (↗konträren oder ↗kontradiktorischen) Gegenteils der Meinung, des Imperativs o. ä. gekennzeichnet ist. Nach dem Gegenstand des Z.s wird *theoretischer* und *praktischer* Z. unterschieden, nach dem Grad seiner Ernsthaftigkeit bzw. nach der Wahrscheinlichkeit des Gegenteils zwischen *möglichem* und *begründetem* Z. Anlaß begründeten Z.s können u. a. Erfahrungen des Irrtums, des Handlungsmißerfolgs oder des Widerspruchs seitens anderer sein. Eine Sonderform des möglichen Zweifels ist der *scheinbare/fingierte* Zweifel, der im bewußten, methodischen Absehen von der bereits bestehenden spontanen ↗Gewißheit besteht, um Erkenntnisgründe herauszuarbeiten, sie zu prüfen und so zu reflexer Gewißheit zu gelangen. Der *methodische* Zweifel an sämtlichen Überzeugungen, wie er von Descartes als Ausgangspunkt des Philosophierens vorgeschlagen wurde, ist ein solcher fingierter Z. Die Nichtbeachtung des Unterschieds zwischen begründetem und möglichem Zweifel begünstigt erkenntnistheoretische Extrempositionen, etwa den ↗Solipsismus bezüglich der Existenz der Außenwelt, den ↗Certismus bezüglich der Gewißheitsforderungen, die an vertretbare Behauptungen zu stellen sind, und verschiedenen Versionen des ↗Skeptizismus, die die Möglichkeit begründeter Erkenntnis überhaupt leugnen. Als Wege zur Verteidigung philosophisch bedeutsamer Behauptungen gegen jeden Z. wurden u. a. vorgeschlagen: als direktes Verfahren der Verweis auf die ↗Evidenz ihrer Wahrheit; als indirektes Verfahren, insbesondere für philosophische Grundprinzipien wie das Nichtwiderspruchsprinzip, die Rechtfertigung mittels ↗Retorsion, d. h. der Nachweis, daß im Vollzug des Aktes des Bezweifelns die Wahrheit der bezweifelten These schon wieder implizit vorausgesetzt wird. **Lit.:** R. M. Chisholm: Erkenntnistheorie. München 1979. – C. F. Gethmann: Retorsion. In: Enzyklopädie Philosophie und Wissenschaftstheorie, Bd. 3. Stuttgart/Weimar 1995. S. 597–601 (Lit.). – J. Mittelstraß: Zweifel. In: Enzyklopädie Philosophie und Wissenschaftstheorie, Bd. 4. Stuttgart/Weimar 1996. S. 868 f. (Lit.). – F. v. Tessen-Węsierski: Wesen und Bedeutung des Zweifels. Breslau 1928. – J. de Vries: Grundfragen der Erkenntnis. München 1980. WL

**Zweistufentheorie der Sprache,** geht von zwei unterschiedlichen Formen der Sprache aus: (a) von einer grundlegenden, für sich verständlichen Sprache, die für die Mitteilung von Beobachtungsergebnissen und für die Kommunikation (auch zwischen Wissenschaftlern) unentbehrlich ist, bezeichnet als Beobachtungssprache; (b) diese Beobachtungssprache wird zumindest innerhalb der Wissenschaft überlagert durch eine theoretische Sprache. Durch sogenannte ↗Zuordnungsregeln werden sie mit den Begriffen der Beobachtungssprache verbunden und erhalten eine gewisse, wenn auch nicht vollständige Deutung. Die Z. der Sprache spielt eine bedeutende Rolle in der Diskussion über die empirische ↗Signifikanz von Sätzen und Termen, wie sie von seiten des ↗Logischen Empirismus geführt wurde. **Lit.:** W. Stegmüller: Theorie und Erfahrung. Probleme und Resultate der Wissenschaftstheorie und Analytischen Philosophie. Bd. II. Berlin/Heidelberg/New York 1970. S. 181 ff., S. 213 ff. PP

**Zweiwertigkeitsprinzip,** bedeutet in der formalen Logik, daß jede Aussage entweder den Wert »wahr« oder den Wert »falsch« haben kann, d. h. entweder als »wahr« oder als »falsch« beurteilbar ist. PP

**Zwillingsparadoxon.** Nach der ↗Relativitätstheorie gilt, daß in einem bewegten System die Zeit gegenüber einem unbewegten System langsamer abzulaufen scheint. Wenn daher von zwei Zwillingen der eine zu Hause bleibt, der andere eine sehr weite Reise durchs All mit sehr hoher Geschwindigkeit macht, wird der Weitgereiste, wenn er wieder zurück kommt, jünger sein als der zu Hause Gebliebene. So unglaublich dies scheinen mag, so ist dieser Effekt dennoch in der Teilchenphysik experimentell sehr gut bestätigt. VP

**Zynismus,** im Anschluß an die antike Schule der ↗Kyniker eine Haltung, die die Werte und Zielvorstellungen der Gesellschaft mißachtet und dies mit bissigem Spott und in einer provokatorischen Lebensweise zum Ausdruck bringt. Während die antiken Kyniker, modern gesprochen, »Aussteiger« waren, findet der Begriff heute vor allem auch Anwendung auf den Machtmißbrauch der Mächtigen, der faktischen Verletzung von Menschenrechten, während zugleich nach außen hin humanitäre Gesinnung behauptet wird. **Lit.:** H. Niehues-Pröbsting: Der Kynismus des Diogenes und der Begriff des Zynismus. München 1988. – P. Sloterdijk: Kritik der zynischen Vernunft. Frankfurt 1982. FPB